Müller / Lipp / Plüss
Der Verwaltungsrat

Der Verwaltungsrat

Ein Handbuch für Theorie und Praxis

Roland Müller
Prof. Dr. iur., Rechtsanwalt und Notar

Lorenz Lipp
Lic. oec., dipl. Wirtschaftsprüfer

Adrian Plüss
Dr. iur., Rechtsanwalt, MBA

Vierte, ergänzte und überarbeitete Auflage

Schulthess § 2014

Bibliografische Information der Deutschen Nationalbibliothek
Die Deutsche Nationalbibliothek verzeichnet diese Publikation in der Deutschen Nationalbibliografie; detaillierte bibliografische Daten sind im Internet über http://dnb.d-nb.de abrufbar.

Alle Rechte, auch die des Nachdrucks von Auszügen, vorbehalten. Jede Verwertung ist ohne Zustimmung des Verlages unzulässig. Dies gilt insbesondere für Vervielfältigungen, Übersetzungen, Mikroverfilmungen und die Einspeicherung und Verarbeitung in elektronische Systeme.

© Schulthess Juristische Medien AG, Zürich · Basel · Genf 2014
ISBN 978-3-7255-6901-4

www.schulthess.com

Vorwort zur 4. Auflage

Noch ist der Abschluss der grossen Aktienrechtsrevision in weiter Ferne. Doch seit der GmbH-Revision, mit der auch eine kleine Aktienrechtsrevision per 1.1.2008 verbunden war, haben zahlreiche Publikationen und Gerichtsurteile offene Fragen geklärt. Andere Fragen sind jedoch hinzugekommen, welche einer Beantwortung bedürfen. Insbesondere der neue Abs. 3 von Art. 95 BV bzw. die entsprechende Verordnung gegen übermässige Vergütungen bei börsenkotierten Aktiengesellschaften (VegüV) sowie die neuen Rechnungslegungsvorschriften im 32. Titel des OR, verbunden mit diversen Streichungen von Artikeln im Aktienrecht, bedürfen einer Erörterung und Klarstellung für die amtierenden und zukünftigen Verwaltungsräte.

Mit der vierten, ergänzten und überarbeiteten Auflage des Standardwerkes für Verwaltungsräte sollen die neuen Vorschriften und die Konsequenzen der aktuellen Rechtsprechung, inklusive der Business Judgment Rule, auf verständliche und dennoch wissenschaftlich fundierte Weise erörtert werden. Gleichzeitig erfolgt eine Auseinandersetzung mit der schon beinahe unübersehbar gewordenen Flut an Literatur zu den Bereichen Gesellschaftsrecht, Corporate Governance sowie Buchführungs- und Rechnungslegungsrecht. Eine Selektion war dabei unumgänglich, um den Umfang des Werkes nicht noch weiter zu vergrössern. Aktualität und Praxisbezug wurden dabei als Kriterien zur Selektion verwendet. Ergänzt und überarbeitet wurden insbesondere folgende Kapitel:

- Zusammensetzung des Verwaltungsrates und Suche nach geeigneten Kandidaten
- Konstituierung des Verwaltungsrates und Bildung von Ausschüssen
- Sorgfaltspflichten und Haftung des Verwaltungsrates
- Haftungsprävention und Versicherungsfragen
- Kommunikation des Verwaltungsrates gegen innen und aussen
- Einladung zur und Durchführung der Generalversammlung
- Umsetzung der neuen Anforderungen zur VR- und GL-Vergütung
- Risikomanagement
- Ausgestaltung Rechnungswesen und Revision

Dem Wunsch vieler Verwaltungsräte entsprechend haben wir die Sammlung von Mustern und Checklisten weiter ausgebaut. Waren es in der letzten Ausgabe noch 55 direkt verwendbare Word- und Excel-Vorlagen, so sind es nun bereits 105 aktuelle Muster und Checklisten. Auch komplexe Muster, wie z.B. ein Aktionärbindungsvertrag, ein vollständiger Geschäftsbericht inkl. Lagebericht oder ein Whistleblowing-Reglement sind jetzt vorhanden. Wie schon bei den früheren Auflagen sollten diese Vorlagen aber noch individuell auf die einzelne Gesellschaft angepasst werden. Neu können die Muster und Checklisten unter www.schulthess.com/vrmuster bequem heruntergeladen werden. Gleichzeitig wird ein Update-Service geboten, mit dem die Dokumente zweimal jährlich aktualisiert werden. Damit können auch neue Vorlagen schnell und unkompliziert den interessierten Verwaltungsrätinnen und Verwaltungsräten zugänglich gemacht werden.

Wir danken an dieser Stelle allen, welche zur Realisierung der Herausgabe dieser 4. Auflage beigetragen haben. Dies waren insbesondere viele Absolventen der Swiss Board

School, die nach einem VR-Intensivkurs ihr Wissen nun gezielt einsetzen können. Ein besonderer Dank gebührt den Professoren Martin Hilb und Andreas Binder für ihre stets konstruktiven Inputs sowie Frau lic. iur. Cornelia Rupp für die sorgfältige Administration des Manuskripts. Möge auch die neue Auflage wieder zu einem Standardwerk in Theorie und Praxis werden.

Staad/St. Gallen/Zürich im Januar 2014

Roland Müller/Lorenz Lipp/Adrian Plüss

Vorwort zur 3. Auflage

Die dritte, wiederum vollständig überarbeitete und erweiterte Auflage erscheint unmittelbar vor dem Inkrafttreten von Gesetzesänderungen, welche einerseits dem Handlungsbedarf aufgrund internationaler Entwicklungen nachkommen und andererseits den Entwicklungen im Bereiche Corporate Governance (insbesondere bezüglich Transparenz und Kontrolle) Rechnung tragen. Diese Gesetzesänderungen, aber auch die von der Rechtsprechung verschärften Anforderungen an die strategische Führung einer Gesellschaft, beeinflussen die Tätigkeit des Verwaltungsrates massgebend.

Wesentliche Änderungen und Ergänzungen in der 3. Auflage betreffen folgende Bereiche: Ausschüsse des Verwaltungsrates, besondere VR-Funktionen (Delegierter und Sekretär), Entschädigung und Honorierung, Organisation der Berichterstattung, Verwaltungsrat als Finanzintermediär, Insiderdelikte, IKS und Risk Management, IT-Governance und finanzielle Führung. Um den geänderten Revisionsbestimmungen gerecht zu werden, wurde der ganze Teil «Verwaltungsrat und Revisionsstelle» neu gestaltet. Schliesslich wurde dem Bereich Corporate Governance im Hinblick auf seine Bedeutung nun ein separates Kapitel gewidmet.

Die Sammlung der Muster und Checklisten ist auf über 50 aktuelle Vorlagen für die Praxis angewachsen. Auf vielfältigen Wunsch der Benutzer unseres Buches werden nun insbesondere auch folgende Bereiche abgedeckt:

- Domizilvertrag und Domizilerklärung
- Business Conduct Guidelines
- Risk Management inkl. IT-Checkliste und Angaben für den Anhang zur Jahresrechnung
- Stellenbeschrieb für VR-Präsidenten und VR-Sekretär
- Management-Informations-System (MIS)

Zur Erleichterung der Arbeit mit den Mustern und Checklisten enthält die 3. Auflage eine separate CD, auf welcher sämtliche Muster und Checklisten in direkt umsetzbarer Form als Vorlagen enthalten sind. Anregungen zur Verbesserung und Erweiterung dieser Mustersammlung nehmen wir Autoren jederzeit gerne entgegen.

Wir danken an dieser Stelle allen, welche dieses Werk mit kritischen Stellungnahmen und konstruktiven Anregungen gefördert haben. Ein spezieller Dank geht an lic. iur. Alexandra Mathà, Rechtsanwältin, welche als Projektleiterin wesentlich zur zeitgerechten Fertigstellung des Manuskriptes beigetragen und die Koordination übernommen hat.

Die Aufgaben und Verantwortlichkeiten des Verwaltungsrates haben weiter zugenommen. Es ist damit zu rechnen, dass sich dieser Trend auch in Zukunft weiter fortsetzen wird. Umso mehr hoffen wir, dass die vorliegende Neuauflage unseres Buches wiederum zu einem wichtigen Hilfsmittel für den Verwaltungsrat bei seiner täglichen Arbeit wird.

Staad/St. Gallen/Zürich im November 2007

Roland Müller/Lorenz Lipp/Adrian Plüss

Vorwort zur 2. Auflage

Seit dem Inkrafttreten des neuen Aktienrechts am 1. Juli 1992 ist eine fast unüberschaubare Menge von Publikationen zum Aktienrecht erschienen. Darunter befinden sich auch Standardwerke, welche bereits in zweiter Auflage vorliegen. Viele neue Probleme im Zusammenhang mit dem Verwaltungsrat wurden dabei aufgeworfen, und bestehende Auseinandersetzungen haben sich konkretisiert. Allein dies würde bereits eine überarbeitung des Handbuches rechtfertigen. Aber auch in der Rechtsprechung sind bereits einige massgebende Entscheidungen ergangen, welche den amtierenden Verwaltungsräten bekannt sein sollten. Während die Judikatur in der zweiten Auflage so weit als möglich vollständig eingearbeitet wurde, war dies bezüglich der Literatur unmöglich. Eine Auswahl musste getroffen werden, wobei der Praxisbezug stets in den Vordergrund gestellt wurde. Insbesondere haben wir dort auf eine vollständige Zitierung aller Literatur verzichtet, wo keine abweichenden Meinungen vertreten werden.

Vollständig neu ist das Kapitel über den Verwaltungsrat im Konzern. Da immer mehr Gesellschaften in einem Konzern zusammengeschlossen werden, haben sich auch die daraus resultierenden Probleme für die entsprechenden Verwaltungsräte in der Praxis gehäuft. Die übrigen Kapitel wurden nicht nur überarbeitet, sondern wo notwendig auch ergänzt. Da heute bereits viele Verwaltungsräte, insbesondere aber Verwaltungsratsdelegierte, in ihrer Funktion hauptberuflich tätig sind, wurde dabei auch den spezifischen Problemen des Arbeitsrechts Rechnung getragen. Schliesslich ist die Muster- und Checklistensammlung am Schluss des Buches auf vielfältigen Wunsch aktualisiert und erweitert worden.

Wir danken an dieser Stelle allen, welche dieses Werk mit kritischen Stellungnahmen und konstruktiven Anregungen gefördert haben. Dazu gehören insbesondere jene Handelsregisterführer, welche trotz grosser Arbeitslast noch Zeit gefunden haben, uns bei der Aktualisierung und Ergänzung unserer Mustersammlung zu unterstützen. Möge auch die zweite Auflage des Handbuches wiederum zu einem nützlichen Hilfsmittel für amtierende und zukünftige Verwaltungsräte oder deren Berater werden!

Staad/St. Gallen/Zürich im Frühjahr 1999

Roland Müller/Lorenz Lipp/Adrian Plüss

Vorwort zur 1. Auflage

Der Verwaltungsrat einer Aktiengesellschaft führt deren Geschäfte, soweit er die Geschäftsführung nicht mit statutarischer Ermächtigung und nach Massgabe eines Organisationsreglements übertragen hat. Doch selbst bei übertragener Geschäftsführung hat der Verwaltungsrat unentziehbare Aufgaben, die er mit aller Sorgfalt zu erfüllen hat. Verletzt er seine Pflichten absichtlich oder fahrlässig, so haftet er nicht nur den einzelnen Aktionären, sondern auch den Gesellschaftsgläubigern für den verursachten Schaden.

Die über 187 000 Verwaltungsräte in den schweizerischen Aktiengesellschaften haben demnach eine verantwortungsvolle Aufgabe. Trotzdem sind ihre Rechte und Pflichten gesetzlich nur sehr knapp geregelt. Dies ist zwar im Hinblick auf die stetig zunehmende Gesetzesflut zu begrüssen, doch sind in diesem Falle die vorhandenen Unsicherheiten durch Rechtsprechung und Literatur zu beheben.

Mit dem vorliegenden Werk soll dem Verwaltungsrat ein Mittel in die Hand gegeben werden, seine Rechte und Pflichten rasch und praxisorientiert abzuklären. Die zahlreichen Muster und Checklisten im letzten Teil des Buches bieten überdies eine echte Hilfe bei den häufigsten Aufgaben des Verwaltungsrates. Auch wenn das Handbuch des Verwaltungsrates dadurch einen respektablen Umfang erreicht hat, soll niemand von der Übernahme eines Verwaltungsratsmandates abgeschreckt werden – unsere Wirtschaft braucht fähige und entschlussfreudige Verwaltungsräte!

Für die wertvolle Mithilfe bei dieser Arbeit danken wir namentlich den Herren Dr. oec. et lic. iur. Urs Rechsteiner und lic. iur. Alain Fischer, beides Mitarbeiter im Advokaturbüro Dr. iur. Roland Müller, sowie den Herren Kurt Fischer, dipl. Bücherexperte, und Rechtsanwalt lic. iur. Markus Binder, beides Partner der Schweizerischen Treuhandgesellschaft – Coopers & Lybrand AG.

Staad/St. Gallen im Frühjahr 1994

Roland Müller/Lorenz Lipp

Inhaltsübersicht

Vorwort V
Inhaltsverzeichnis XV
Literaturverzeichnis XXXVII
Abkürzungsverzeichnis LXXIII

1. Das Verwaltungsratsmandat 1
2. Rechte des Verwaltungsrates 91
3. Pflichten des Verwaltungsrates 150
4. Zivilrechtliche Verantwortlichkeit 337
5. Strafrechtliche Verantwortlichkeit 395
6. Haftungsprävention 407
7. Verwaltungsrat und Generalversammlung 459
8. Verwaltungsrat und Revisionsstelle 542
9. Der Verwaltungsrat im Konzern 661
10. Der Verwaltungsrat und Corporate Governance 695
11. Muster und Checklisten 747

Sachregister 1175

Inhaltsverzeichnis

Vorwort V
Inhaltsübersicht XIII
Literaturverzeichnis XXXVII
Abkürzungsverzeichnis LXXIII

1.	**Das Verwaltungsratsmandat**		1
1.1	Notwendigkeit und Bedeutung von Verwaltungsräten		1
	1.1.1	Gesetzliche Vorschriften	1
	1.1.2	Statutarische Vorschriften	3
	1.1.3	Konsequenzen bei fehlendem Verwaltungsrat	4
	1.1.4	Nutzen für die Gesellschaft	5
	1.1.5	Anforderungsprofil und Zusammensetzung	7
	1.1.6	Anzahl Verwaltungsratsmitglieder	9
	1.1.7	Mehrfachverwaltungsräte und Überkreuz-Mandate ...	10
	1.1.8	Einsitznahme von GL-Mitgliedern im VR	11
1.2	Voraussetzungen für ein Verwaltungsratsmandat		13
	1.2.1	Aktionärseigenschaft	13
	1.2.2	Urteilsfähigkeit	14
	1.2.3	Wohnsitz	14
	1.2.4	Unabhängigkeit	15
	1.2.5	Statutarische Voraussetzungen	18
	1.2.6	Persönliche Voraussetzungen	18
	1.2.7	Vorprüfung vor Mandatsannahme	21
1.3	Wahl des Verwaltungsrates		22
	1.3.1	Suche und Vorselektion von VR-Kandidaten	22
	1.3.2	Einladung zur Generalversammlung	26
	1.3.3	Auskunftspflicht	27
	1.3.4	Abstimmung	28
	1.3.5	Annahmeerklärung	30
	1.3.6	Der stille Verwaltungsrat	31
	1.3.7	Suppleanten	32
	1.3.8	Der delegierte Verwaltungsrat nach Art. 762 OR	33
1.4	Recht auf einen Verwaltungsratssitz		34
	1.4.1	Das Anrecht der Aktionärsgruppen	34
	1.4.2	Das Anrecht der Partizipanten	36
	1.4.3	Das Anrecht aus anderen Gründen	37
	1.4.4	Die Stellung des Vertreters zur vertretenen Aktionärsgruppe	38
1.5	Rechtsnatur des Verwaltungsratsmandates		39
	1.5.1	Organschaftliches Verhältnis als Grundlage	39

		1.5.2	Sonderstellung VR-Delegierter und VR-Präsident	40
			1.5.2.1 Sonderstellung des VR-Delegierten	40
			1.5.2.2 Sonderstellung des VR-Präsidenten	43
		1.5.3	Auswirkungen der rechtlichen Qualifikation	44
	1.6	Der Verwaltungsrat als Arbeitnehmer		45
		1.6.1	Problematik einer Doppelstellung	45
		1.6.2	Voraussetzungen und Zulässigkeit einer Doppelstellung	47
		1.6.3	Konsequenzen aus einer Doppelstellung als VR und Arbeitnehmer	48
			1.6.3.1 Arbeitsrechtliche Konsequenzen	48
			1.6.3.2 Gesellschaftsrechtliche Konsequenzen	49
			1.6.3.3 Versicherungsrechtliche Konsequenzen	49
			1.6.3.4 Prozessrechtliche Konsequenzen	50
	1.7	Beginn des Verwaltungsratsmandates		50
		1.7.1	Wahl und Annahmeerklärung	50
		1.7.2	Eintragung im Handelsregister	51
		1.7.3	Funktion und Unterschriftsberechtigung	51
	1.8	Ende des Verwaltungsratsmandates		53
		1.8.1	Beendigungsgründe im Überblick	53
		1.8.2	Ende der Amtsdauer	54
		1.8.3	Abberufung durch die Generalversammlung	56
		1.8.4	Rücktritt des Verwaltungsrates	59
		1.8.5	Auflösung der Gesellschaft	59
		1.8.6	Weitere Beendigungsgründe	60
	1.9	Konstituierung		61
		1.9.1	Notwendigkeit und Möglichkeiten der Konstituierung	61
		1.9.2	Der gemeinsam handelnde Verwaltungsrat	63
		1.9.3	Ausschüsse des Verwaltungsrates	64
		1.9.4	Die interne Aufgabenverteilung	68
		1.9.5	Delegation an Dritte	70
		1.9.6	Das Organisationsreglement	72
		1.9.7	Das Funktionendiagramm	75
		1.9.8	Der Präsident des Verwaltungsrates	76
		1.9.9	Der Vizepräsident	79
		1.9.10	Der Delegierte des Verwaltungsrates	80
			1.9.10.1 Der Begriff des VR-Delegierten	80
			1.9.10.2 Die Funktion des VR-Delegierten	81
		1.9.11	Der Sekretär des Verwaltungsrates	82
		1.9.12	Der Lead Director	84
	1.10	Handelsregistereintrag		85
		1.10.1	Eintragungspflicht	85
		1.10.2	Eintragungsanmeldung	86
		1.10.3	Publizitätsprinzip	88
		1.10.4	Öffentlicher Glaube des Handelsregisters	89

	1.10.5	Wirkung des Handelsregistereintrages	90
	1.10.6	Ausscheiden aus dem Verwaltungsrat	90

2. Rechte des Verwaltungsrates — 91

2.1	Die Rechte des Verwaltungsrates im Allgemeinen		91
	2.1.1	Überblick über die Rechte des Verwaltungsrates	91
	2.1.2	Die Rechte des Gesamtverwaltungsrates	91
	2.1.3	Gliederung nach Funktionen	93
	2.1.4	Möglichkeiten der Einschränkung	94
	2.1.5	Die Rechtsstellung von delegierten Vertretern im Verwaltungsrat	95
	2.1.6	Die Rechtsstellung von fiduziarischen Verwaltungsräten	96
	2.1.7	Rechtsanmassung	96
2.2	Einsichts-, Auskunfts- und Zutrittsrecht		98
	2.2.1	Überblick	98
	2.2.2	Die in Frage stehenden Rechtsgüter	98
	2.2.3	Auskunftspflichtige Personen	99
	2.2.4	Internes Informationssystem	100
	2.2.5	Informationspflicht vor der Sitzung	101
	2.2.6	Informationsrecht innerhalb der Sitzung	102
	2.2.7	Informationsrecht ausserhalb der Sitzungen	102
	2.2.8	Einsicht in Akten und Daten	103
	2.2.9	Abweisung eines Gesuches	104
	2.2.10	Einzelfragen	104
		2.2.10.1 Einsichts- und Auskunftsrecht von Beratern	104
		2.2.10.2 Einsichts- und Auskunftsrecht bei öffentlichen Unternehmen	105
		2.2.10.3 Auskunftsrecht und Arztgeheimnis	106
		2.2.10.4 Erstellen von Kopien und Abschriften	107
		2.2.10.5 Durchsetzung und Ende des Einsichts-, Auskunfts- und Zutrittsrechts	107
	2.2.11	Informationsrechte im Konzern	108
2.3	Recht auf Sitzungseinberufung		109
	2.3.1	Zeitpunkt	109
	2.3.2	Form	110
	2.3.3	Häufigkeit	111
	2.3.4	Voraussetzungen	112
	2.3.5	Traktanden	113
2.4	Weisungsrecht		115
	2.4.1	Bedeutung	115
	2.4.2	Form der Ausübung des Weisungsrechtes	116
	2.4.3	Schranken des Weisungsrechtes	117
2.5	Honorierung von VR- und GL-Mitgliedern aus rechtlicher Sicht		117
	2.5.1	Legalität und Legitimität	117

	2.5.2	Aktienrechtlicher Minderheitenschutz	119
	2.5.3	Empfehlungen des Swiss Code of Best Practice	119
	2.5.4	Empirische Angaben zur Entschädigung der VR-Mitglieder	121
		2.5.4.1 Schwierigkeiten bei der Untersuchung	121
		2.5.4.2 Ergebnisse der Studie durch die BDO Visura	122
	2.5.5	Art der Entschädigung	123
	2.5.6	Festsetzung der Entschädigung	126
	2.5.7	Kumulation von Lohn- und Honoraranspruch	129
		2.5.7.1 Grundsätzlicher Anspruch auf Lohn und Verwaltungsratshonorar	129
		2.5.7.2 Lohnanspruch bei organunabhängiger Tätigkeit	131
		2.5.7.3 Lohnanspruch bei organabhängiger Tätigkeit	132
		2.5.7.4 Selbständige oder unselbständige Tätigkeit	134
	2.5.8	Vorhandene Möglichkeiten zur Begrenzung der VR-Honorare	134
		2.5.8.1 Bei börsenkotierten Gesellschaften	134
		2.5.8.2 Bei nicht börsenkotierten Gesellschaften	136
	2.5.9	Offenlegung der Entschädigung	138
2.6	Stimmrecht		140
	2.6.1	Stimmrecht in den Verwaltungsratssitzungen	140
		2.6.1.1 Recht zur Teilnahme und Abstimmung an VR-Sitzungen	140
		2.6.1.2 Vertretungsrecht an VR-Sitzungen	141
	2.6.2	Stimmrecht in der Generalversammlung	143
		2.6.2.1 Stimmrecht als Aktionär	143
		2.6.2.2 Stichentscheid als Vorsitzender	143
	2.6.3	Stimmrecht in den Geschäftsleitungssitzungen	144
2.7	Recht auf Anrufung des Richters		145
	2.7.1	Allgemeines	145
	2.7.2	Schadenersatzklagen	146
	2.7.3	Strafklagen	146
2.8	Recht auf Mandatsniederlegung		147
	2.8.1	Voraussetzungen	147
	2.8.2	Wirkung	148
	2.8.3	Selbstanmeldung beim Handelsregisteramt	148

3. Pflichten des Verwaltungsrates ... 150

3.1	Übersicht über die Pflichten des Verwaltungsrates		150
	3.1.1	Allgemeines	150
	3.1.2	Unübertragbare Pflichten	152
	3.1.3	Übertragbare Pflichten	153
	3.1.4	Handlungsbedarf	154
	3.1.5	Überprüfung der eigenen Tätigkeit	155
3.2	Oberleitung und Organisation der Gesellschaft		156
	3.2.1	Oberleitung der Gesellschaft	156
		3.2.1.1 Oberleitung im Strategiebereich	156

		3.2.1.2	Oberleitung im Informatikbereich	158
		3.2.1.3	Oberleitung im Sicherheitsbereich	162
	3.2.2	Festlegung der Organisation		166
		3.2.2.1	Zuteilung von Aufgaben, Kompetenzen und Verantwortung	166
		3.2.2.2	Regelung der Zeichnungsberechtigung	167
		3.2.2.3	Organisation beim Verwaltungsrat als Finanzintermediär	169
	3.2.3	Bestellung, Beaufsichtigung und Abberufung der Geschäftsführung		171
3.3	Delegation			173
	3.3.1	Voraussetzungen		173
	3.3.2	Rechtswirkungen		174
	3.3.3	Interne Delegation		175
	3.3.4	Externe Delegation		176
	3.3.5	Rückdelegation an die Generalversammlung		177
		3.3.5.1	Gesetzliche Basis	177
		3.3.5.2	Konsultativabstimmungen	177
3.4	Finanzielle Führung			178
	3.4.1	Die finanzielle Gesamtführung des Unternehmens		178
		3.4.1.1	Die Bedeutung der finanziellen Führung	178
		3.4.1.2	Die Dimensionen der finanziellen Unternehmensführung	178
		3.4.1.3	Die finanzielle Gesamtführung	179
		3.4.1.4	Finanzmanagement	185
		3.4.1.5	Finanzcontrolling	185
	3.4.2	Ausgestaltung des Rechnungswesens		187
		3.4.2.1	Funktion des Rechnungswesens	187
		3.4.2.2	Elemente des Rechnungswesens	187
		3.4.2.3	Aufgaben des Verwaltungsrates bei der Ausgestaltung des Rechnungswesen	188
	3.4.3	Buchführung und Rechnungslegung		189
		3.4.3.1	Gesetzliche Grundlagen	189
		3.4.3.2	Allgemeine gesetzliche Bestimmungen zu Buchführung und Rechnungslegung	190
		3.4.3.3	Differenzierung nach der wirtschaftlichen Bedeutung	196
		3.4.3.4	Offenlegungsvorschriften	198
		3.4.3.5	Projekt Umstellung auf das neue Rechnungslegungsrecht	200
		3.4.3.6	Aufgaben des Verwaltungsrates im Rahmen der Buchführung und Rechnungslegung	203
		3.4.3.7	Aufgaben der Geschäftsleitung im Rahmen der Buchführung und Rechnungslegung	207
	3.4.4	Jahresrechnung		207
		3.4.4.1	Bilanz	207
		3.4.4.2	Erfolgsrechnung	210
		3.4.4.3	Anhang	211
		3.4.4.4	Rechnungslegung für grössere Gesellschaften	213
		3.4.4.5	Weitere speziell zu beachtende Bestimmungen	216
	3.4.5	Bewertung		217
		3.4.5.1	Herausforderungen der Bewertung	217

		3.4.5.2	Gesetzliche Höchstbewertungsvorschriften	218
		3.4.5.3	Kontrolle über stille Reserven	222
	3.4.6	Abschluss nach einem anerkannten Standard zur Rechnungslegung		228
		3.4.6.1	True and Fair View	228
		3.4.6.2	Duale Rechnungslegung	229
		3.4.6.3	Befreiung von der Erstellung eines Abschlusses nach einem anerkannten Standard	231
		3.4.6.4	Wahl des anerkannten Standards zur Rechnungslegung	232
		3.4.6.5	Die transparente Rechnungslegung im Dienste einer glaubhaften Kommunikation	242
	3.4.7	Konzernrechnung		243
		3.4.7.1	Allgemeines	243
		3.4.7.2	Gesetzliche Konsolidierungspflicht: Kontrollprinzip	244
		3.4.7.3	Befreiung von der Konsolidierungspflicht	245
		3.4.7.4	Aufhebung der Befreiung von der Konsolidierungspflicht	246
		3.4.7.5	Grundsätze der Konsolidierung	246
	3.4.8	Ausgestaltung der Finanzkontrolle		248
		3.4.8.1	Allgemeine Grundlagen	248
		3.4.8.2	Das interne Kontrollsystem IKS: Begriff und Ziele des internen Kontrollsystems	250
		3.4.8.3	Komponenten eines IKS	251
		3.4.8.4	Aufgaben und Verantwortlichkeiten des Verwaltungsrats beim IKS	255
		3.4.8.5	Mindestanforderungen an das IKS	257
		3.4.8.6	Einführung des IKS als Projekt	258
	3.4.9	Ausgestaltung der Finanzplanung		261
3.5	Sitzungs- und Verhandlungsteilnahme			263
	3.5.1	Allgemeines		263
	3.5.2	Recht und Pflicht zur Teilnahme		264
	3.5.3	Vorbereitungspflicht		265
	3.5.4	Verhandlungsleitung		267
	3.5.5	Ausstandspflicht		268
3.6	Protokollführung			268
	3.6.1	Notwendigkeit der Protokollführung		268
	3.6.2	Form der Protokollführung		269
	3.6.3	Inhalt des Protokolls		270
	3.6.4	Zirkulationsbeschluss		272
	3.6.5	Telefon- und Videokonferenzen		274
	3.6.6	Elektronische Aufbewahrung von Protokollen		275
3.7	Pflichten im Zusammenhang mit den Statuten			275
	3.7.1	Grundsatz		275
	3.7.2	Mindestliberierung		277
	3.7.3	Amtsdauer		278
	3.7.4	Beachtung der Aktionärsrechte		279

3.8		Treuepflicht und Konkurrenzierungsverbot	280
	3.8.1	Grundsatz	280
	3.8.2	Treuepflicht	282
	3.8.3	Sorgfaltspflicht	283
	3.8.4	Gleichbehandlungspflicht	285
	3.8.5	Konkurrenzierungsverbot	285
	3.8.6	Der Verwaltungsrat als Interessenvertreter	287
	3.8.7	Geheimhaltungspflicht	288
3.9		Führung des Aktienbuches	289
	3.9.1	Gesetzliche Vorschriften	289
	3.9.2	Gestaltung des Aktienbuches	289
	3.9.3	Aktienübertragung	291
		3.9.3.1 Allgemeines	291
		3.9.3.2 Kauf/Tausch/Schenkung börsenkotierter Namenaktien	291
		3.9.3.3 Erwerb börsenkotierter Namenaktien durch Erbgang, Erbteilung und eheliches Güterrecht	292
		3.9.3.4 Kauf/Tausch/Schenkung nicht börsenkotierter Namenaktien	292
		3.9.3.5 Erwerb nicht kotierter Namenaktien durch Erbgang, Erbteilung, eheliches Güterrecht und Zwangsvollstreckung	293
		3.9.3.6 Probleme mit der «Lex Friedrich»	293
	3.9.4	Einsichtsrecht in das Aktienbuch	294
		3.9.4.1 Grundsatz	294
		3.9.4.2 Einsichtsrecht des Aktionärs über Eintragungen von Mitaktionären	294
		3.9.4.3 Einsichtsrecht der Revisionsstelle	295
3.10		Übrige Pflichten des Verwaltungsrates	295
	3.10.1	Erstellung des Geschäftsberichts	295
		3.10.1.1 Verantwortung des Verwaltungsrates	295
		3.10.1.2 Inhalt des Geschäftsberichts	296
		3.10.1.3 Jahresrechnung	296
		3.10.1.4 Lagebericht	297
		3.10.1.5 Konzernrechnung	302
		3.10.1.6 Der Geschäftsbericht als Instrument der Unternehmenskommunikation	302
	3.10.2	Erstellung des Vergütungsberichts	303
	3.10.3	Einberufung der Generalversammlung	306
	3.10.4	Ausführung der Generalversammlungsbeschlüsse	307
	3.10.5	Abgabe von Patronatserklärungen	307
	3.10.6	Aufgaben im Zusammenhang mit der Veränderung des Aktienkapitals	309
		3.10.6.1 Anmeldung im Handelsregister	309
		3.10.6.2 Durchführung von Kapitalerhöhungen	312
		3.10.6.3 Einforderung der noch nicht geleisteten Einlage bei teilliberierten Namenaktien	312
		3.10.6.4 Durchführung von Kapitalherabsetzungen	313

	3.10.7	Anzeigepflichten und Massnahmen bei Kapitalverlust und Überschuldung		317
		3.10.7.1	Grundlagen	317
		3.10.7.2	Verantwortlichkeit des Verwaltungsrates bei hälftigem Kapitalverlust	319
		3.10.7.3	Verantwortlichkeit des Verwaltungsrates bei begründeter Besorgnis der Überschuldung	321
		3.10.7.4	Vorbeugende Massnahmen	326
	3.10.8	Beurteilung der Leistung der Revisionsstelle		327
	3.10.9	Pflicht zur Anhebung von Anfechtungs- oder Verantwortlichkeitsklagen		328
		3.10.9.1	Anfechtungsklage	328
		3.10.9.2	Klage auf Feststellung der Nichtigkeit	330
		3.10.9.3	Anhebung von Verantwortlichkeitsklagen	332
		3.10.9.4	Klage auf Rückerstattung	333
	3.10.10	Feststellung des Opting-out		334
	3.10.11	Aktenrückgabe		334

4. Zivilrechtliche Verantwortlichkeit ... 337

4.1 Allgemeines ... 337

	4.1.1	Grundlagen für die zivilrechtliche Verantwortlichkeit		337
		4.1.1.1	Formelle und materielle Grundlagen	337
		4.1.1.2	Schaden	337
		4.1.1.3	Pflichtwidriges Verhalten	339
		4.1.1.4	Adäquater Kausalzusammenhang	340
		4.1.1.5	Verschulden	341
	4.1.2	Unterschied zur strafrechtlichen Verantwortlichkeit		342
	4.1.3	Bedeutung der zivilrechtlichen Verantwortlichkeit		343
	4.1.4	Umfang der zivilrechtlichen Verantwortlichkeit		345
		4.1.4.1	In personeller Hinsicht	345
		4.1.4.2	In materieller Hinsicht	346
		4.1.4.3	In zeitlicher Hinsicht	346
	4.1.5	Durchsetzung		347
		4.1.5.1	Vorbemerkung	347
		4.1.5.2	Aktivlegitimation	348
		4.1.5.3	Passivlegitimation	350
		4.1.5.4	Zuständigkeit	351
		4.1.5.5	Vollstreckung des Urteils	352
	4.1.6	Zivilrechtliche Verantwortlichkeit des faktischen Organs		352
	4.1.7	Einredemöglichkeiten der Verwaltungsräte		354

4.2 Prospekthaftung ... 355

	4.2.1	Gesetzliche Grundlagen		355
		4.2.1.1	Die Regelung des Art. 752 OR	355
		4.2.1.2	Der massgebende Zeitpunkt	356
		4.2.1.3	Die massgebenden Kundgebungen	356
		4.2.1.4	Sonderfragen	357

	4.2.2	Klagevoraussetzungen		357
		4.2.2.1	Allgemeines	357
		4.2.2.2	Schaden	357
		4.2.2.3	Widerrechtlichkeit	358
		4.2.2.4	Adäquater Kausalzusammenhang	358
		4.2.2.5	Verschulden	359
		4.2.2.6	Aktivlegitimation	360
		4.2.2.7	Passivlegitimation	360
	4.2.3	Kasuistik		361
4.3	Gründungshaftung			362
	4.3.1	Gesetzliche Grundlagen		362
		4.3.1.1	Die Regelung des Art. 753 OR	362
		4.3.1.2	Das Gründungsstadium einer Aktiengesellschaft	363
		4.3.1.3	Die massgebenden Handlungen	363
	4.3.2	Klagevoraussetzungen		364
		4.3.2.1	Aktivlegitimation	364
		4.3.2.2	Passivlegitimation	365
		4.3.2.3	Die übrigen Klagevoraussetzungen	366
	4.3.3	Kasuistik		366
4.4	Haftung aus Verwaltung und Geschäftsführung			367
	4.4.1	Gesetzliche Grundlagen		367
		4.4.1.1	Die Regelung von Art. 754 OR	367
		4.4.1.2	Sorgfaltspflichtverletzung	368
	4.4.2	Klagevoraussetzungen		369
		4.4.2.1	Aktiv- und Passivlegitimation	369
		4.4.2.2	Möglichkeit der Haftungsbefreiung	370
		4.4.2.3	Die übrigen Klagevoraussetzungen	370
	4.4.3	Kasuistik		372
4.5	Haftung für öffentlich-rechtliche Forderungen			372
	4.5.1	Steuerrecht		372
		4.5.1.1	Allgemein	372
		4.5.1.2	Verrechnungssteuer	373
		4.5.1.3	Direkte Bundessteuer	376
		4.5.1.4	Weitere Steuerarten	376
		4.5.1.5	Beispiel eines Mantelhandels	377
		4.5.1.6	Beispiel einer faktischen Liquidation	377
	4.5.2	Sozialversicherungsrecht		378
		4.5.2.1	Allgemeines	378
		4.5.2.2	Die Haftpflichtigen	380
		4.5.2.3	Schaden	381
		4.5.2.4	Die Pflichtverletzung und das Verschulden	382
		4.5.2.5	Adäquater Kausalzusammenhang	383
		4.5.2.6	Beispiel eines Rechtfertigungsgrundes	384
		4.5.2.7	Beispiel der Wirkung einer Demission	384
		4.5.2.8	Beispiel einer Haftung ausserhalb eines Konkurses	385
	4.5.3	Umweltschutzrecht		385
	4.5.4	Übrige öffentlich-rechtliche Belange		386

4.6		Weitere Haftungstatbestände	387
	4.6.1	Haftung aus Vertrag	387
	4.6.2	Haftung aus unerlaubter Handlung	388
	4.6.3	Übrige Haftungstatbestände	390
4.7		Haftungssolidarität und Rückgriff	390
	4.7.1	Gesetzliche Grundlage	390
	4.7.2	Solidarität	391
		4.7.2.1 Die Regelung von Art. 759 OR	391
		4.7.2.2 Beispiel	393
	4.7.3	Rückgriff	394

5. Strafrechtliche Verantwortlichkeit — 395

5.1		Bedeutung und Besonderheiten	395
	5.1.1	Bedeutung	395
	5.1.2	Verantwortlichkeit der Organe und des Unternehmens selbst	396
	5.1.3	Verwaltungsstrafrecht	398
5.2		Mögliche Straftatbestände	398
	5.2.1	Überblick	398
	5.2.2	Ungetreue Geschäftsbesorgung	400
		5.2.2.1 Die gesetzliche Regelung	400
		5.2.2.2 Kasuistik	400
	5.2.3	Ausnützung vertraulicher Tatsachen, Kursmanipulation	401
	5.2.4	Geheimnisverletzung	402
	5.2.5	Gläubigerbevorzugung	403
5.3		Besonderheiten des Strafverfahrens	403
	5.3.1	Unschuldsvermutung	403
	5.3.2	Vergleich und Klagerückzug	404
	5.3.3	Kostenfolge	405
	5.3.4	Adhäsionsweise Zivilklage	405

6. Haftungsprävention — 407

6.1		Allgemeines	407
	6.1.1	Begriff und Bedeutung der Haftungsprävention	407
	6.1.2	Zivilrechtliche und strafrechtliche Haftungsprävention	407
	6.1.3	Zulässigkeit der Haftungsprävention	408
6.2		Generelle Möglichkeiten der Haftungsprävention	408
	6.2.1	Allgemeines	408
		6.2.1.1 Zeitliche Unterteilung	408
		6.2.1.2 Massnahmen vor der Mandatsannahme	409
		6.2.1.3 Massnahmen bei der Mandatsausübung	409
		6.2.1.4 Massnahmen nach der Mandatsniederlegung	411
	6.2.2	Auswahl der Gesellschaft	411

	6.2.3	Zusammensetzung des Verwaltungsrates		413
	6.2.4	Organisation		414
	6.2.5	Vermeidung einer faktischen Organschaft		415
6.3	Spezielle Präventionsmöglichkeiten			416
	6.3.1	Mandatsvertrag		416
	6.3.2	Versicherungen für Verwaltungsräte		417
	6.3.3	Entlastungsbeschluss		421
		6.3.3.1	Die gesetzliche Regelung des Art. 758 OR	421
		6.3.3.2	Wirkungen der Entlastung	422
		6.3.3.3	Wirkungen der Beschlussdelegation	423
		6.3.3.4	Beispiel einer Einzelfall-Décharge	425
		6.3.3.5	Beispiel einer Décharge durch Erben	425
	6.3.4	Ehevertrag		426
6.4	Risikomanagement auf Stufe Verwaltungsrat			427
	6.4.1	Grundlagen		427
		6.4.1.1	Notwendigkeit des Risikomanagements	427
		6.4.1.2	Entwicklungstendenzen des Risikomanagements	429
		6.4.1.3	Gesetzliche Grundlagen des Risikomanagements	432
		6.4.1.4	Begriffe	433
	6.4.2	Risikomanagement als Führungsaufgabe		435
		6.4.2.1	Risikomanagement als Kreislauf	435
		6.4.2.2	Festlegung der Risikomanagementstrategie	435
		6.4.2.3	Risikoidentifikation (Erkennen und Erfassen der Risiken)	437
		6.4.2.4	Risk Assessment (Risikoanalyse, Risikobewertung und Risikoaggregation)	438
		6.4.2.5	Risikokommunikation/-berichterstattung	442
		6.4.2.6	Risikosteuerung	444
		6.4.2.7	Überwachung und Anpassung des Risikomanagements	445
	6.4.3	Einführung eines Risikomanagement-Prozesses		446
	6.4.4	Organisation des Risikomanagements		446
		6.4.4.1	Organisation auf Stufe Verwaltungsrat	446
		6.4.4.2	Organisation auf Stufe Geschäftsführung	448
		6.4.4.3	Risikomanagement im Konzern	448
6.5	Notfallmanagement			449
	6.5.1	Ziele		449
	6.5.2	Prozess des Notfallmanagements		449
	6.5.3	Abgrenzung Störung, Notfall und Krise		450
	6.5.4	Verantwortung		451
	6.5.5	Inhalt der Leitlinie zum Notfallmanagement		452
	6.5.6	Alarmierung		452
		6.5.6.1	Alarm- oder Eskalationsstufen	452
		6.5.6.2	Alarmierungs- und Eskalationsverfahren	453
		6.5.6.3	Sofortmassnahmen	453
	6.5.7	Krisenkommunikation		453
		6.5.7.1	Interne Krisenkommunikation	454
		6.5.7.2	Externe Krisenkommunikation	455

7. Verwaltungsrat und Generalversammlung ... 459

- 7.1 Allgemeines zur GV ... 459
  - 7.1.1 Kompetenzen der Generalversammlung ... 459
  - 7.1.2 Abgrenzung der Kompetenzen von GV und Verwaltungsrat ... 462
- 7.2 Vorbereitung der Generalversammlung ... 464
  - 7.2.1 Vorbereitungspflichten des VR ... 464
  - 7.2.2 Prüfung von Minderheitsbegehren auf Einberufung und Traktandierung ... 466
  - 7.2.3 Vorprüfung von Statutenänderungen ... 468
  - 7.2.4 Einberufung der Generalversammlung ... 469
    - 7.2.4.1 Pflicht des VR zur Einberufung ... 469
    - 7.2.4.2 Adressaten der Einberufung ... 470
    - 7.2.4.3 Form der Einberufung ... 470
    - 7.2.4.4 Fristen der Einberufung ... 471
    - 7.2.4.5 Einberufung zur Universalversammlung ... 472
  - 7.2.5 Art der Bekanntgabe der Information ... 473
  - 7.2.6 Inhalt der Einberufung ... 474
    - 7.2.6.1 Ort der Generalversammlung ... 474
    - 7.2.6.2 Zeitpunkt der Generalversammlung ... 474
    - 7.2.6.3 Traktandenliste ... 475
    - 7.2.6.4 Bekanntgabe der Anträge ... 476
    - 7.2.6.5 Hinweis auf Geschäfts- und Revisionsbericht ... 477
    - 7.2.6.6 Anordnungen zur Kontrolle der Stimmberechtigung ... 477
    - 7.2.6.7 Berücksichtigung der Partizipanten ... 479
    - 7.2.6.8 Teilnahme von Mitgliedern des Verwaltungsrats ohne Aktionärseigenschaft ... 479
    - 7.2.6.9 Einbindung einer allfälligen Sonderprüfung ... 479
  - 7.2.7 Änderung und Widerruf der Einberufung ... 480
    - 7.2.7.1 Änderung der Einberufung ... 480
    - 7.2.7.2 Widerruf der Einberufung ... 480
  - 7.2.8 Rechtsfolgen einer mangelhaften Einberufung ... 481
  - 7.2.9 Vorbereitung auf Eventualitäten ... 482
- 7.3 Durchführung der Generalversammlung ... 484
  - 7.3.1 Teilnehmerkreis ... 484
    - 7.3.1.1 Grundsatz ... 484
    - 7.3.1.2 Teilnahmepflicht des Verwaltungsrats ... 485
    - 7.3.1.3 Teilnahmepflicht der Revisionsstelle ... 485
    - 7.3.1.4 Teilnahmepflicht einer Urkundsperson ... 486
    - 7.3.1.5 Teilnahme der Aktionäre ... 486
    - 7.3.1.6 Teilnahme von Nichtaktionären ... 487
  - 7.3.2 Vertretung an der Generalversammlung ... 488
  - 7.3.3 Konstituierung der Generalversammlung ... 492
  - 7.3.4 Leitung der Generalversammlung ... 492
  - 7.3.5 Behandlung der Traktanden ... 493
  - 7.3.6 Abstimmung ... 495
    - 7.3.6.1 Grundprinzip ... 495

		7.3.6.2	Ausnahmen	496
		7.3.6.3	Durchführung der Abstimmung	499
		7.3.6.4	Quorumsvorschriften	501
	7.3.7	Protokoll der Generalversammlung		503
7.4	Auskunfts- und Informationspflicht			506
	7.4.1	Auskunftspflicht des Verwaltungsrates an der Generalversammlung		506
	7.4.2	Auskunfts- und Einsichtsrecht ausserhalb der Generalversammlung		509
7.5	Sonderprüfung			510
	7.5.1	Wesen und Bedeutung		510
	7.5.2	Voraussetzungen und Verfahren		512
	7.5.3	Verhalten bei einer Sonderprüfung		514
	7.5.4	Konsequenzen der Sonderprüfung		516
7.6	Verhalten bei Übernahmen			517
	7.6.1	Motive für Übernahmen		517
	7.6.2	Interessenkonflikte		518
	7.6.3	Übernahmerecht bei kotierten Gesellschaften		519
		7.6.3.1	Gesetzliche Grundlagen	519
		7.6.3.2	Übernahmerecht	520
	7.6.4	Pflichten des Verwaltungsrates bei kotierter Zielgesellschaft		521
		7.6.4.1	Langfristige Vorkehrungen	521
		7.6.4.2	Sofortmassnahmen	523
		7.6.4.3	Schriftliche Stellungnahme zum Angebot	524
		7.6.4.4	Spätere Anpassungen	526
		7.6.4.5	Ausserordentliche Generalversammlung	527
		7.6.4.6	Weitere Gebote für den Verwaltungsrat	527
		7.6.4.7	Verbot bestimmter Massnahmen	529
		7.6.4.8	Zulässige Abwehrmassnahmen	532
	7.6.5	Abwehrmassnahmen bei nicht kotierten Gesellschaften		535
	7.6.6	Exkurs zum Anbieter bei kotierten Gesellschaften		537
		7.6.6.1	Rechtliche Grobbeurteilung der Zielgesellschaft	537
		7.6.6.2	Aufbau von Beteiligungen	537
		7.6.6.3	Letter of Intent	538
		7.6.6.4	Voranmeldung oder direktes Übernahmeangebot	538
		7.6.6.5	Festsetzung des Angebotspreises unter dem Aspekt der Gleichbehandlung	539
		7.6.6.6	Bedingungen	539
		7.6.6.7	Squeeze-out und Dekotierung	540

8. Verwaltungsrat und Revisionsstelle — 542

8.1	Funktion der Revisionsstelle			542
	8.1.1	Allgemeines		542
	8.1.2	Informations- und Bestätigungsfunktion		543
		8.1.2.1	Selbstschutz für das Unternehmen	544
		8.1.2.2	Entscheidungsbasis für die Aktionäre	545
		8.1.2.3	Kapitalschutz für die Gläubiger	545

		8.1.2.4	Information für die übrigen Interessierten	547
	8.1.3	Prävention		547
	8.1.4	Detektivfunktion		548
	8.1.5	Revisionsstelle als sekundäres Organ		548
	8.1.6	Grenzen der Revision		550
8.2	Gesetzliche Revisionspflicht			551
	8.2.1	Differenzierte Revisionspflicht		551
		8.2.1.1	Differenzierte Prüfpflicht	551
		8.2.1.2	Art der Revision	552
	8.2.2	Wahlrechte und Gestaltungsmöglichkeiten		557
		8.2.2.1	Opting-up (Einführung einer ordentlichen Revision)	558
		8.2.2.2	Opting-out (gänzlicher Verzicht auf eine Revision)	560
		8.2.2.3	Opting-down (Verzicht auf gewisse Anforderungen an die Revisionsstelle)	561
		8.2.2.4	Opting-in	562
		8.2.2.5	Weitere Gestaltungsmöglichkeiten	562
8.3	Anforderungen an die Revisionsstelle			563
	8.3.1	Formelle Voraussetzungen		563
	8.3.2	Differenzierte Anforderungen an die Revisionsstelle		564
	8.3.3	Zulassung		564
	8.3.4	Voraussetzungen an Integrität, Ausbildung und Erfahrung		565
	8.3.5	Unabhängigkeit		567
		8.3.5.1	Einführung	567
		8.3.5.2	Gesetzliche Vorschriften zur Unabhängigkeit bei der ordentlichen Revision	568
		8.3.5.3	Gesetzliche Vorschriften zur Unabhängigkeit bei der eingeschränkten Revision	569
		8.3.5.4	Gesetzliche Vorschriften zur Unabhängigkeit bei der freiwilligen Revision	570
		8.3.5.5	Zusätzliche Vorschriften zur Unabhängigkeit bei der Prüfung von Publikumsgesellschaften	570
		8.3.5.6	Umsetzung der Unabhängigkeitsvorschriften	571
	8.3.6	Weitere Anforderungen an eine Revisionsstelle		572
		8.3.6.1	Verschwiegenheit	572
		8.3.6.2	Branchenerfahrung	574
		8.3.6.3	Einbindung in ein (internationales) Netzwerk	574
		8.3.6.4	Zusätzliches Angebot an Dienstleistungen	574
		8.3.6.5	Finanzielle Sicherheiten und Reputation	575
8.4	Wahl der Revisionsstelle			576
	8.4.1	Auswahl		576
	8.4.2	Traktandierung der Wahl und Wahlvorschlag		580
	8.4.3	Wahl an der Generalversammlung		580
	8.4.4	Annahme der Wahl		581
	8.4.5	Handelsregistereintrag		581
	8.4.6	Amtsdauer		582
		8.4.6.1	Gesetzliche Grundlagen	582

		8.4.6.2	Beginn	582
		8.4.6.3	Ende	583
8.5	Hauptaufgaben der Revisionsstelle bei der ordentlichen Revision			587
	8.5.1	Prüfung des Abschlusses		587
		8.5.1.1	Prüfungsauftrag	587
		8.5.1.2	Prüfungsgegenstand Rechnungslegung allgemein	590
		8.5.1.3	Prüfungsgegenstände im Einzelnen	590
		8.5.1.4	Abgrenzung des Prüfungsgegenstands	598
	8.5.2	Prüfung der Gewinnverwendungsanträge des Verwaltungsrates		599
		8.5.2.1	Allgemeine Regelung	599
		8.5.2.2	Spezialfälle	600
	8.5.3	Prüfung der Existenz eines internen Kontrollsystems (IKS)		601
		8.5.3.1	Grundlagen	601
		8.5.3.2	Prüfung der Existenz des IKS	603
		8.5.3.3	Berichterstattung über die Prüfung der Existenz des IKS	604
	8.5.4	Berichterstattung über die Abschlussprüfung an die Generalversammlung		606
		8.5.4.1	Gesetzliche Grundlagen	606
		8.5.4.2	Standardtext	607
		8.5.4.3	Modifikationen im Prüfungsurteil	609
		8.5.4.4	Hervorhebungen eines Sachverhalts	610
		8.5.4.5	Hinweise	611
		8.5.4.6	Empfehlung zur Abnahme oder Rückweisung der Jahresrechnung	611
	8.5.5	Umfassende Berichterstattung an den Verwaltungsrat		613
		8.5.5.1	Umfassender schriftlicher Bericht an den Verwaltungsrat	613
		8.5.5.2	Ergänzende mündliche Berichterstattung	615
		8.5.5.3	Ergänzende schriftliche Berichterstattung	616
	8.5.6	Anzeigepflichten		617
		8.5.6.1	Meldung von Verstössen an den Verwaltungsrat	617
		8.5.6.2	Meldung von wesentlichen Verstössen an die Generalversammlung	618
	8.5.7	Teilnahme und Auskunftserteilung an der Generalversammlung		619
		8.5.7.1	Teilnahme	619
		8.5.7.2	Auskunftspflicht an der Generalversammlung	620
	8.5.8	Ersatzweise Handlungspflichten		621
		8.5.8.1	Ersatzweise Einberufung der Generalversammlung	621
		8.5.8.2	Benachrichtigung des Richters bei offensichtlicher Überschuldung	622
	8.5.9	Geheimhaltungspflicht		625
8.6	Hauptaufgaben der Revisionsstelle bei der eingeschränkten Revision			626
	8.6.1	Gesetzliche Grundlage		626
	8.6.2	Unabhängigkeit, Mitwirkung bei der Buchführung, andere Dienstleistungen		628
	8.6.3	Eingeschränkte Revision der Jahresrechnung		630
		8.6.3.1	Ziel der eingeschränkten Revision	630
		8.6.3.2	Prüfungsvorgehen	631

	8.6.4	Eingeschränkte Prüfung des Antrages der Verwendung des Bilanzgewinnes	632
	8.6.5	Berichterstattung an die Generalversammlung	633
	8.6.6	Ersatzweise Benachrichtigung des Richters	634
	8.6.7	Allenfalls Anwesenheit an der Generalversammlung	634
	8.6.8	Notfalls Pflicht zur Einberufung einer Generalversammlung	635
	8.6.9	Geheimhaltungspflicht	635
8.7	Übrige gesetzliche Prüfpflichten der Revisionsstelle		635
	8.7.1	Gründungsprüfung	635
	8.7.2	Kapitalerhöhungsprüfung	637
		8.7.2.1 Allgemeines	637
		8.7.2.2 Prüfungsbericht	638
		8.7.2.3 Prüfung bei der bedingten Kapitalerhöhung	638
	8.7.3	Kapitalherabsetzungsprüfung	639
	8.7.4	Umstrukturierungsprüfungen	640
		8.7.4.1 Vorgesehene Prüfungen und Bestätigungen	640
		8.7.4.2 Die Rechtstellung des Umstrukturierungsprüfers und seine Unabhängigkeit	
		8.7.4.3 Unabhängigkeit des Umstrukturierungsprüfers	642
	8.7.5	Prüfung der Zwischenbilanz gem. Art. 725 OR	643
		8.7.5.1 Grundlage	643
		8.7.5.2 Prüfung der Zwischenbilanz durch die Revisionsstelle	643
		8.7.5.3 Berichterstattung der Revisionsstelle	644
	8.7.6	Prüfung des Vergütungsberichts bei kotierten Gesellschaften	644
8.8	Rechte der Revisionsstelle		646
	8.8.1	Informationsrecht: umfassende Auskunfts- und Meldepflicht des Verwaltungsrats	646
		8.8.1.1 Gesetzliche Grundlage und Verantwortlichkeit	646
		8.8.1.2 Vollständigkeits-/Bilanzerklärung	647
	8.8.2	Recht auf Entschädigung	649
	8.8.3	Recht auf Selbständigkeit	650
	8.8.4	Rücktrittsrecht	650
8.9	Verantwortlichkeit der Revisionsstelle		651
	8.9.1	Einleitung	651
	8.9.2	Gesetzliche Grundlagen für zivilrechtliche Verantwortlichkeit	652
	8.9.3	Klageberechtigung	653
	8.9.4	Schaden	655
	8.9.5	Pflichtverletzung	656
	8.9.6	Adäquater Kausalzusammenhang	657
	8.9.7	Verschulden	657
	8.9.8	Weitere Aspekte zivilrechtlicher Verantwortlichkeit	658
		8.9.8.1 Reduktion	658
		8.9.8.2 Solidarität/Regress	658
		8.9.8.3 Verjährung	659
	8.9.9	Strafrechtliche Verantwortlichkeit	659

9. Der Verwaltungsrat im Konzern ... 661

- 9.1 Ausgangslage ... 661
- 9.2 Gründe für die Konzernbildung ... 661
- 9.3 Zum Wesen des Konzerns ... 662
  - 9.3.1 Neue Rechnungslegung: Übergang zum Kontrollprinzip ... 662
  - 9.3.2 Konzernbegriff ... 663
  - 9.3.3 Gelöste und ungelöste Fragestellungen ... 665
- 9.4 Eingliederung und Organisation ... 666
  - 9.4.1 Problematik ... 666
  - 9.4.2 Kompetenzdelegation an die Obergesellschaft oder eine Managementgesellschaft ... 666
  - 9.4.3 Eingliederung der Untergesellschaft in den Konzern ... 667
- 9.5 Der Verwaltungsrat in der Konzernobergesellschaft ... 668
  - 9.5.1 Kompetenzdelegation bzw. -attraktion in der Konzernobergesellschaft ... 668
  - 9.5.2 Aufgaben des Verwaltungsrates in der Konzernobergesellschaft bei hoher Kompetenzattraktion ... 669
  - 9.5.3 Durchsetzungsmittel der Konzernleitung bei Kompetenzattraktion ... 670
- 9.6 Stellung des Verwaltungsrats in der Konzerntochtergesellschaft ... 671
  - 9.6.1 Wahl ... 671
  - 9.6.2 Kompetenzdelegation an die Obergesellschaft oder eine Managementgesellschaft ... 672
  - 9.6.3 Residuelle Aufgaben des Verwaltungsrates der Konzerntochtergesellschaft ... 672
  - 9.6.4 Umsetzungsfragen ... 674
    - 9.6.4.1 Gegenseitige Information ... 674
    - 9.6.4.2 Beschlussfassung ... 674
    - 9.6.4.3 Verkürzte Unterstellungsverhältnisse ... 675
    - 9.6.4.4 Weisungen von der herrschenden Gesellschaft (Konzernweisungen) ... 676
    - 9.6.4.5 Verfolgung von Konzerninteressen ... 677
  - 9.6.5 Mandatsverträge ... 678
- 9.7 Der Verwaltungsrat bei bedeutendem aussenstehenden Aktionariat ... 680
  - 9.7.1 Das Aushandlungskonzept ... 680
  - 9.7.2 Missbrauch bzw. Pflichtverletzung des Verwaltungsrates im Konzern ... 681
- 9.8 Aktienrechtliche Verantwortlichkeit ... 682
  - 9.8.1 Vorbemerkungen ... 682
  - 9.8.2 Haftungsgrundsätze ... 683
- 9.9 Sonderfragen ... 685
  - 9.9.1 Zur Institutionalisierung einer Konzernstruktur ... 685
    - 9.9.1.1 Abstimmung des Gesellschaftszwecks auf das Konzernverhältnis ... 685
    - 9.9.1.2 Delegation von gesetzlichen Kompetenzen ... 686

		9.9.1.3	Allfällige weitere Statutenänderungen	686
		9.9.1.4	Stellung von Minderheitsaktionären	686
		9.9.1.5	Stellung von Gläubigern	687
	9.9.2	Darlehen in Konzernverhältnissen		687
		9.9.2.1	Darlehen von der Obergesellschaft an die Konzernuntergesellschaften	687
		9.9.2.2	Darlehen von Konzernuntergesellschaften an die Obergesellschaft	688
		9.9.2.3	Cash Pooling	689
	9.9.3	Patronatserklärungen für Konzerngesellschaften		690
	9.9.4	Wechselseitige Beteiligungen		691
	9.9.5	Konzernklauseln		692
	9.9.6	Haftung aus Konzernvertrauen		693
	9.9.7	Internationale Konzernsachverhalte		694

10. Der Verwaltungsrat und Corporate Governance — 695

10.1	Begriff und Wesen der Corporate Governance		695
	10.1.1	Entstehung des Begriffs Corporate Governance	695
	10.1.2	Begriff der Corporate Governance	695
	10.1.3	Doppelte Ebene der Corporate Governance	697
	10.1.4	Mehrwert durch Corporate Governance	699
10.2	Entwicklung der Corporate Governance		701
	10.2.1	Entwicklung in den USA	701
	10.2.2	Entwicklung in Grossbritannien	703
	10.2.3	Entwicklung in der EU	705
	10.2.4	Die Entwicklung von Corporate Governance in der OECD	708
	10.2.5	Die nachfolgende internationale Entwicklung von Corporate Governance	709
10.3	Corporate Governance in der Schweiz		709
	10.3.1	Die Entwicklung von Corporate Governance in der Schweiz	709
	10.3.2	Grundsatz des Comply or Explain	711
	10.3.3	Swiss Code of Best Practice for Corporate Governance (SCBP)	711
	10.3.4	Richtlinie Corporate Governance (RLCG)	717
	10.3.5	Expertenbericht Corporate Governance	721
	10.3.6	Best Practice in KMU	723
10.4	Einzelfragen zur Corporate Governance		724
	10.4.1	Gewaltentrennung als Forderung von Corporate Governance	724
	10.4.2	Kapitalstruktur: one share – one vote	727
10.5	Bedeutung von Corporate Governance für nicht kotierte Gesellschaften und KMU		730
	10.5.1	Charakteristika und Herausforderungen für KMU	730
	10.5.2	Kernpunkte guter Corporate Governance in KMU	733
	10.5.3	Eigner-Interessen	737

	10.5.4	Vermeidung von Interessenkonflikten	739
	10.5.5	Erforderlichkeit von regulatorischen Massnahmen	739
	10.5.6	Prinzipien guter Governance in KMU	741
10.6	Corporate-Governance-Zwischenbilanz		741
10.7	Der Verwaltungsrat und Ethik		743
	10.7.1	Ausgangspunkt	743
	10.7.2	Bedeutung ethischen Verhaltens	743
	10.7.3	Anregungen zu Ethik-Codes	744

11. Muster und Checklisten ... 747

11.1	Aktienbuch dynamisch	751
11.2	Aktienbuch statisch	760
11.3	Aktionärbindungsvertrag	762
11.4	Anforderungsprofil Verwaltungsrat	772
11.5	Anlagereglement KMU	779
11.6	Anlagereglement Konzern	781
11.7	Anmeldung zur Eintragung eines VR	785
11.8	Annahmeerklärung als Revisionsstelle	788
11.9	Annahmeerklärung als VR	789
11.10	Audit-Committee-Reglement/Prüfungsausschuss	790
11.11	Aufgaben VR-Checkliste	798
11.12	Auftragsbestätigung eingeschränkte Revision	804
11.13	Auftragsbestätigung ordentliche Revision	807
11.14	Cash-Pool-Überprüfung	810
11.15	Cockpit Charts jährlich	812
11.16	Cockpit Charts rollierend	813
11.17	Code of Conduct	814
11.18	Domizilannahmeerklärung	822
11.19	Domizilvertrag	823
11.20	Ehrenpräsident Reglement	826
11.21	Eignerstrategie Familie	828
11.22	Eignerstrategie öffentliches Unternehmen	832
11.23	Einladung GV KMU	836
11.24	Einladung GV Publikumsgesellschaft	839
11.25	Einladung Strategietagung	844
11.26	Einladung VR-Sitzung	847
11.27	Entschädigungsreglement	850

11.28	Evaluation VR durch GL	854
11.29	Evaluation VR durch VR (Selbstbeurteilung)	857
11.30	Führungskalender	862
11.31	Funktionendiagramm	863
11.32	Geschäftsbericht Checkliste	868
11.33	Geschäftsbericht	871
11.34	Gruppenführung	883
11.35	Inhaltsverzeichnis VR-Ordner (Sitzungsordner)	886
11.36	Interne Revision Reglement	887
11.37	Jahresrechnung Checkliste	892
11.38	Kapitalerhöhung Checkliste	907
11.39	Kennzahlen	909
11.40	Kommunikationsreglement	910
11.41	Konstitiuierungsbeschluss	921
11.42	Krisenkommunikation	922
11.43	Liquiditätsplan	926
11.44	Mandatsbestätigung	928
11.45	Mandatsübernahme Vorprüfung	930
11.46	Mandatsvertrag	934
11.47	Master Risk List Inhaltsverzeichnis	937
11.48	MIS Konzept	939
11.49	Monatsreport CEO	941
11.50	Monatsreport CFO	943
11.51	Monatsreport Übersicht	945
11.52	Nominations- und Vergütungsausschuss	946
11.53	Offenlegung Risikobeurteilung	949
11.54	Organisationsreglement Alternativklauseln	951
11.55	Organisationsreglement	953
11.56	Periodische Risikoüberprüfung	964
11.57	Personalbericht	966
11.58	Projektliste	984
11.59	Protokoll ordentliche GV	986
11.60	Protokoll Universalversammlung	990
11.61	Protokoll VR-Sitzung	993
11.62	Rangrücktrittsvereinbarung	1008
11.63	Rechnungswesen Checkliste	1010

11.64	Reklamationsauswertung	1020
11.65	Reklamationsformular	1021
11.66	Reserven Checkliste	1022
11.67	Revisionsbericht KMU Modifikation	1029
11.68	Revisionsbericht KMU Standard	1031
11.69	Revisionsbericht Konzern nach Handelsrecht	1032
11.70	Revisionsbericht Konzern nach IFRS Standard	1034
11.71	Revisionsbericht ord. Revision Einschränkung	1036
11.72	Revisionsbericht ord. Revision Hervorhebung	1039
11.73	Revisionsbericht ord. Revision Standard	1042
11.74	Revisionsbericht ord. Revision versagtes Prüfungsurteil	1044
11.75	Revisionsunterlagen	1046
11.76	Risikobeurteilung Einzelrisiko	1060
11.77	Risikobeurteilung IKS	1063
11.78	Risikoinventar	1066
11.79	Risikoliste aus Umfrage	1071
11.80	Risk Policy	1075
11.81	Rücktrittserklärung	1087
11.82	Sitzungsdokumentation	1088
11.83	Spesenreglement Verwaltungsrat	1089
11.84	Statuten Alternativklauseln	1094
11.85	Statuten vinkulierte Namenaktien	1097
11.86	Stellenbeschrieb Compliance Officer	1107
11.87	Stellenbeschrieb Geschäftsführer	1111
11.88	Stellenbeschrieb Risk Manager	1115
11.89	Stellenbeschrieb VR-Präsident	1118
11.90	Stellenbeschrieb VR-Sekretär	1123
11.91	Strategieprozess	1127
11.92	Umfrage Risk Management	1128
11.93	Unterschriftenregelung	1130
11.94	Verbesserungsvorschlag	1131
11.95	Verhaltenskodex	1132
11.96	Vermögensdelikte Aufdeckung	1136
11.97	Versicherungsüberprüfung	1138
11.98	Vollmacht zur Aktienvertretung	1144
11.99	Vollständigkeitserklärung eingeschr. Revision	1145

11.100	Vollständigkeitserklärung ord. Revision	1147
11.101	Vorbereitung GV Checkliste	1150
11.102	Wahlverfahren	1153
11.103	Weisung betreffend Rechtsfälle	1159
11.104	Whistleblowing Reglement	1161
11.105	Zirkulationsbeschluss	1171

Sachregister 1175

Literaturverzeichnis

AEBI DIETER, Interzession, Kreditsicherungsgeschäfte im Interesse des beherrschenden Aktionärs und des Konzerns, Diss. Zürich 2001.

AEPLI VIKTOR, Die Entschädigung des Verwaltungsrates, in: ZSR 128/2009 I, 3 ff.
- Zur Entschädigung des Verwaltungsrates, in: SZW 5/2002, 269 ff. (zit. Aepli, Entschädigung).

AMHOF ROGER, Verwaltungsrat und Umgang mit Risiko, in: Müller Roland/Volkart Rudolf (Hrsg.), Handbuch für den Verwaltungsrat, Zürich 2002 (Bilanz Verlag).

AMSTUTZ MARC, Konzernorganisationsrecht – Ordnungsfunktion, Normstruktur, Rechtssystematik, in: ASR Bd. 551, Bern 1993 (zit. Amstutz, Konzernorganisationsrecht).

AMSTUTZ MAX, Macht und Ohnmacht des Aktionärs: Möglichkeiten und Grenzen der Corporate Governance bei der Wahrung der Aktionärsinteressen, Zürich 2007 (zit. Amstutz, Macht und Ohnmacht des Aktionärs).

ANDERSON RICHARD, Risk Appetite & Tolerance, Guidance Paper, Institute of Risk Management, London 2011.

APPENZELLER HANSJÜRG/WALLER STEFAN, Haftungsrisiken beim IPO und ihre Minimierung aus Sicht der Gesellschaft, in: GesKR, 3/2007, 256 ff.

ARZT GUNTHER, In dubio pro reo vor Bundesgericht, in: ZBJV 129/1993, 1 ff.

BACHMANN DANIEL, Compliance – Rechtliche Grundlagen und Risiken, in: ST 81/2007, 93 ff. (zit. Bachmann, Compliance).

BACHMANN ROLAND, Aktienrechtliche Verantwortlichkeit im Konkurs, in: AJP 12/2003, 499 ff. (zit. Bachmann, Verantwortlichkeit).

BÄCHTOLD THOMAS CHRISTIAN, Die Information des Verwaltungsrates, in: ASR Bd. 601, Bern 1998.

BAK RUDOLF, Audit Committee Instrument der Unternehmensüberwachung des Verwaltungsrates, Diss. Zürich 2006.

BANDLE DANIEL, L'Assurance D&O, Analyse de l'assurance responsabilité civile des dirigeants de sociétés en droit suisse, comparée aux solutions en droits français et anglais, Diss. Lausanne 1999.

BÄRTSCHI HARALD, Verantwortlichkeit im Aktienrecht, SSHW Bd. 210, Diss. Zürich 2001.

BASLER KOMMENTAR ZUM SCHWEIZERISCHEN PRIVATRECHT, Obligationenrecht II, 4. Aufl. Basel 2012 (zit. Autor, in: Basler Kommentar).

BAUEN MARC/VENTURI SILVIO, Der Verwaltungsrat, Zürich 2007.

BAUMANN HANSPETER/SPICHIGER STEPHAN, Die Erfolgsrechnung im neuen Rechnungslegungsrecht, in: ST 11/2012, 875 ff.

BAZZANI CLAUDIO, Vertragliche Schadloshaltung weisungsgebundener Verwaltungsratsmitglieder, Diss. Luzern 2007.

BDO Visura, Wieviel verdienen Verwaltungsräte?, Zürich 1999/2002/2005/2008.

Becker Wolfgang/Ulrich Patrick, Corporate Governance in mittelständischen Unternehmen. Ein Bezugsrahmen. Zeitschrift für Corporate Governance, 6/2008, 261-266.

Beck'sches IFRS-Handbuch, Kommentierung der IFRS/IAS, 4. Aufl. München/Bern 2013.

Beeler Lukas, Bucheffekten, SSHW Bd. 317, Diss. Zürich 2013.

Behr Giorgio, Die Schweiz steht mit der neuen Rechnungslegung gut da, in: ST 11/2012, 796 ff. (zit. Behr, Rechnungslegung).

- Expectation Gap – Rolle der Rechnungslegung, in: ST 10/1996, 539 ff. (zit. Behr, Expectation Gap).
- Grundzüge des neuen Revisionsrechts – Überblick und internationaler Kontext, in: ST 80/2006, 306 ff. (zit. Behr, Revisionsrecht).

Behr Giorgio/Leibfired Peter, Rechnungslegung, Zürich 2011.

Berndt Thomas, Die Sehnsucht nach dem alles sehenden Abschlussprüfer, in: NZZ Nr. 39 vom 16. Februar 2011, 31.

Bernet Beat/Denk Christoph L., Finanzierungsmodelle für KMU, Bern, 2000.

Berset Marie-France, L'administrateur non directeur de la société anonyme en droit suisse et américain, Diss. Neuenburg 1988.

Berti Stephen, Zur prozessualen Geltendmachung des Anspruchs auf Ersatz des sog. mittelbaren Schadens im schweizerischen Aktienrecht, in: ZSR 109/1990 I, 439 ff.

Bertschinger Urs, Aktienrechtliche Verantwortlichkeit, Weisungen des Aktionärs an die Verwaltungsräte, in: SZW 72/2000, 197 ff. (zit. Bertschinger, Verantwortlichkeit).

- Arbeitsteilung und aktienrechtliche Verantwortlichkeit, Zürich 1999 (zit. Bertschinger, Arbeitsteilung).
- Ausgewählte Fragen zur Einberufung, Traktandierung und Zuständigkeit der Generalversammlung, in: AJP 8/2001, 901 ff. (zit. Bertschinger, Einberufung).
- Der eingeordnete Berater – ein Beitrag zur faktischen Organschaft, in: Festschrift Peter Forstmoser, Zürich 2003, 455 ff. (zit. Bertschinger, faktische Organschaft).
- Einschränkungen der Unabhängigkeit bei der eingeschränkten Revision, in: ST 5/2013, 317 ff. (zit. Bertschinger, Eingeschränkte Revision).
- Organisationsreglement, Orientierungsanspruch über die Organisation der Geschäftsführung und aktienrechtliche Verantwortlichkeit bei Delegation, in: SZW 69/1997, 185 ff. (zit. Bertschinger, Organisationsreglement).
- Verantwortlichkeit der Revisionsstelle – Aktuelle Fragen und Perspektiven, in: ZSR 124/2005, 569 ff. (zit. Bertschinger, Verantwortlichkeit Revisionsstelle).
- Zuständigkeit der Generalversammlung der Aktiengesellschaft – ein unterschätzter Aspekt der Corporate Governance, in: Festschrift Jean Nicolas Druey, Zürich 2002 (zit. Bertschinger, FS Druey).

- Zuständigkeit der Generalversammlung der Aktiengesellschaft – ein unterschätzter Aspekt der Corporate Governance, in: Festschrift Jean Nicolas Druey, Zürich 2002 (zit. Bertschinger, FS Druey).

BESSENICH BALTHASAR, Zum Erfordernis der Aktionärseigenschaft der Vertreter einer juristischen Person im Verwaltungsrat (Art. 707 Abs. 2 OR), in: AJP 4/1995, 455 ff.

BESWICK KELSEY/BLOODWORTH JANE, Risk Mapping-Dilemmas and Solutions, Risk Management Topic Paper No. 4, London 2003, 2.

BEYELER KARIN, Konzernleitung im schweizerischen Privatrecht, Diss. Zürich 2004.

BIANCHI FRANÇOIS, Die Traktandenliste der Generalversammlung der Aktiengesellschaft, SSHW Bd. 64, Diss. Zürich 1982.

BIBER RENÉ/WATTER ROLF, Notariatspraxis bei Gründung und ordentlicher Kapitalerhöhung, in: AJP 6/1992, 701 ff.

BIGLER-EGGENBERGER MARGRITH, Basler Kommentar zu Art. 11 – 21 ZGB, in: Honsell/Vogt/Geiser (Hrsg.), Zivilgesetzbuch I, 4. Aufl. 2012.

BILAND SUSANNE, Die Ausgestaltung der konsolidierten Rechnungslegung (Gruppen-Rechnungslegung) als nicht delegierbare Aufgabe des Verwaltungsrates, Jahrbuch zum Finanz- und Rechnungswesen 1995 (zit. Biland, Rechnungslegung).

- Finanzielle Führung im Unternehmen – Controlling für den Verwaltungsrat im KMU, Rechnungswesen und Controlling 1/1997, 13 ff. (zit. Biland, Controlling).

BILAND SUSANNE/HILBER MARIA LUISE, Verwaltungsrat als Gestaltungsrat, Zürich 1998.

BINDER ANDREAS, Die aktienrechtliche Rückerstattung ungerechtfertigter Leistungen, in: GesKR 3/2008, 66 ff.

BINDER ANDREAS/ROBERTO VITO, Handkommentar zum Schweizer Privatrecht zu Art. 752–763 OR, Personengesellschaften und Aktiengesellschaft, 2. Aufl. Zürich 2012 (zit. CHK-Binder/Roberto).

BLANC OLIVIER/ZIHLER FLORIAN, Die neuen aktienrechtlichen Vergütungsregeln gemäss dem Entwurf vom 5. Dezember 2008, in: GesKR 4/2009, 66 ff.

BLUM OLIVER, Cash Pooling: gesellschaftsrechtliche Aspekte, in: AJP 6/2005, 705 ff.

BOCHUD LOUIS, Darlehen an Aktionäre aus wirtschaftlicher-, zivil- und steuerrechtlicher Sicht, Bern 1991.

BÖCKLI PETER, Audit Committee, Der Prüfungsausschuss des Verwaltungsrates auf Gratwanderung zwischen Übereifer und Unsorgfalt, in: SZA Bd. 22, Zürich 2005 (zit. Böckli, Audit Committee).

- Cadbury Report, CORPORATE GOVERNANCE: The Cadbury Report and the Swiss Board Concept of 1991, in: SZW 68 (1996) 149 ff. (zit. Böckli, Cadbury Report).
- Corporate Governance: Der Stand der Dinge nach den Berichten «Hampel», «Viénot» und «OECD» sowie dem deutschen «KonTraG», in: SZW 71/1999, 1 ff. (zit. Böckli, Corporate Governance).
- Corporate Governance, in: Boemle M. et. al. (Hrsg.), Geld-, Bank- und Finanzmarkt-Lexikon der Schweiz, Zürich 2002, 267 (zit. Böckli, CG).

- Corporate Governance auf Schnellstrassen und Holzwegen, in: ST 74/2000, 133 ff. (zit. Böckli, Schnellstrassen und Holzwege).
- Das neue OR-Rechnungslegungsrecht, Die Fassung des Ständerats unter der kritischen Lupe, in: ST 4/2010, 160 ff. (zit. Böckli, Rechnungslegungsrecht).
- Der Rangrücktritt im Spannungsfeld von Schuld- und Aktienrecht, in: Innominatverträge, Festgabe Schluep, Zürich 1998, 339 ff. (zit. Böckli, Rangrücktritt).
- Die Abberufung von Geschäftsleitungsmitgliedern durch den Verwaltungsrat: Befugnis, Verpflichtung, Verhältnismässigkeit, in: Aktienrecht 1992–1997: Versuch einer Bilanz, Festschrift Bär, Bern 1998, 35 ff. (zit. Böckli, Abberufung).
- Die Leitungsbefugnisse des Präsidenten in der Generalversammlung, in: Rechtsfragen um die Generalversammlung, Zürich 1997 (zit. Böckli, Leitungsbefugnisse).
- Doktor Eisenbart als Gesetzgeber? – Volksinitiative Minder und bundesrätlicher Gegenvorschlag zu den Vergütungen an Verwaltungsrat und Geschäftsleitung, in: Festschrift Anne Petitpierre-Sauvain, Genf 2009. (zit. Böckli, Minder).
- Existenz eines internen Kontrollsystems. Eine neue Pflichtprüfung der Revisionsstelle, in: Die Unternehmung, Swiss journal of business research and practice; Organ der Schweizerischen Gesellschaft für Betriebswirtschaft (SGB), 61/2007, 463 ff. (zit. Böckli, Revisionsstelle).
- Gemisch von Neuerungen und Altgewohntem in der OR-Rechnungslegung Modell 2011, in: ST 10/2012, 701 (zit. Böckli, Neuerungen OR-Rechnungslegung).
- Haftung des Verwaltungsrates für Steuer, in: Die Haftung des Verwaltungsrates, Zürich 1986, 87 ff. (SSHW Bd. 87) (zit. Böckli, Haftung).
- Insichgeschäfte und Interessenkonflikte im Verwaltungsrat: Heutige Rechtslage und Blick auf den kommenden Art. 717a E-OR, in: GesKR 3/2012, 354 ff., 356 (zit. Böckli, Insichgeschäfte).
- Insiderstrafrecht und Verantwortung des Verwaltungsrates, SSHW Bd. 120, Zürich 1988 (zit. Böckli, Insiderstrafrecht).
- Neue OR-Rechnungslegung, Herausgegriffene Probleme, in: ST 11/2012, 820 ff. (zit. Böckli, neue OR-Rechnungslegung).
- Neuerungen im Verantwortlichkeitsrecht für den Verwaltungsrat, in: SZW 65/1993, 261 ff. (zit. Böckli, Neuerungen).
- Revisionsstelle und Abschlussprüfung, Zürich/Basel/Genf 2007 (zit. Böckli, Abschlussprüfung).
- Revisionsfelder im Aktienrecht und Corporate Governance, in: ZBJV 138/2002, 709 ff. (zit. Böckli, Revisionsfelder).
- Schweizer Aktienrecht, 4. Aufl. Zürich 2009 (zit. Böckli, Aktienrecht).
- Verantwortlichkeit der Organmitglieder: Hürdenlauf der direkt Geschädigten, in: Charlotte M. Baer (Hrsg.), Aktuelle Fragen zur aktienrechtlichen Verantwortlichkeit, Bern 2003, 27 ff. (zit. Böckli, Verantwortlichkeit der Organmitglieder).
- Was darf ein Verwaltungsratsmitglied wissen? Stellungnahme gegenüber *André Aloys Wicki* zum Informationsrecht des Aktionärs, NZZ vom 7. Oktober 2000, 25, und Die entscheidende Differenz, in: NZZ vom 27. Oktober 2000, 23 (zit. Böckli, Informationsrecht).

– Zum Vorentwurf für eine Revision des Aktien- und Rechnungslegungsrechts, in: GesKR 1/2006, 4 ff. (zit. Böckli, Vorentwurf).

Böckli Peter/Bodmer Bernhard, Abwahl eines VR während der Amtszeit? in: NZZ Nr. 186 vom 14. August 2001, 22/23.

Böckli Peter/Bühler Christoph B., Vorabinformationen an Grossaktionäre: Möglichkeiten und Grenzen nach Gesellschafts- und Kapitalmarktrecht, in: SZW 77/2005, 101 ff.

Böckli Peter/Huguenin Claire/Dessemontet François, Expertenbericht der Arbeitsgruppe «Corporate Governance» zur Teilrevision des Aktienrechts, in: SZA Bd. 21, Zürich 2004.

Bodmer Daniel/Kleiner Beat/Lutz Benno, Kommentar zum schweizerischen Bankgesetz, Zürich 1976 ff.

Böguelin Jacques, La responsabilité fiscale des liquidateurs des sociétés anonymes, Mélanges Henri Zwahlen, Lausanne 1977, 535 ff.

Boemle Max/Lutz Ralph, Der Jahresabschluss, Bilanz, Erfolgsrechnung, Geldflussrechnung, Anhang, 5. Aufl. Zürich 2008.

Boemle Max/Stolz Carsten, Unternehmensfinanzierung, 14. Aufl. Zürich 2010.

Bossard Ernst, Zürcher Kommentar zu Art. 957–964 OR, Teilband V/6/3b: Die kaufmännische Buchführung, Zürich 1984.

Bosshart Walter/Brunner Hans, Sitzungen leiten – praktisch, Basel 1988.

Botschaft des Bundesrates über die Revision des Aktienrechts vom 23. Februar 1983, BBl. 1983 II, 745 ff. (zit. Botschaft, Revision Aktienrecht).

Botschaft des Bundesrates zur Änderung des Obligationenrechtes (Aktienrecht und Rechnungslegungsrecht sowie Anpassungen im Recht der Kollektiv- und der Kommanditgesellschaft, im GmbH-Recht, Genossenschafts-, Handelsregister- sowie Firmenrecht) vom 21. Dezember 2007, BBl 2008, 1589 ff. (zit. Botschaft, Änderung Rechnungslegungsrecht 2008).

Botschaft des Bundesrates zur Revision des Obligationenrechtes (GmbH-Recht sowie Anpassungen im Aktien-, Genossenschafts-, Handelsregister- und Firmenrecht) vom 19. Dezember 2001, BBl 2002, 3148 ff. (zit. Botschaft, Revision GmbH-Recht).

Botschaft des Bundesrates zur Änderung des Obligationenrechtes (Revisionspflicht im Gesellschaftsrecht) sowie zum Bundesgesetz über die Zulassung und Beaufsichtigung der Revisorinnen und Revisoren vom 23. Juni 2004, BBl. 2004, 3969 ff. (zit. Botschaft, Revisionspflicht im Gesellschaftsrecht).

Botschaft des Bundesrates zur Änderung des Obligationenrechts (Transparenz betreffend Vergütungen an Mitglieder des Verwaltungsrates und der Geschäftsleitung) vom 23. Juni 2004, BBl 2004 (zit. Botschaft, Transparenz).

Botschaft des Bundesrates zur Volksinitiative «gegen die Abzockerei» und zur Änderung des Obligationenrechts (Aktienrecht) vom 5. Dezember 2008, BBl 2009, 299 ff. (zit. Botschaft, Volksinitiative gegen die Abzockerei).

BOUTILLIER ROMAN/BARODTE BERTHOLD/MONTAGNE ERIC, Risikomanagement für kleinere und mittlere Unternehmen, in: ST 3/2008, 135 ff.

BRECHBÜHL BEAT, Haftung aus erwecktem Konzernvertrauen, Diss. Bern 1998.

BRÖNNIMANN THOMAS, Corporate Governance und die Organisation des Verwaltungsrates, Bern 2003.

BRUGGER DANIEL/VON DER CRONE HANS CASPAR, Gerichtliche Beurteilung von Geschäftsentscheiden, in: SZW 2013, 178 ff.

BRÜHWILER BRUNO, Risikomanagement als Führungsaufgabe, Unter Berücksichtigung der neuesten Internationalen Standardisierung, 2. Aufl. Zürich 2006 (zit. Brühwiler, Risikomanagement).

BRÜHWILER JÜRG, Kommentar zum Einzelarbeitsvertrag, Zentralverband schweizerischer Arbeitgeber-Organisationen (Hrsg.), 2. Aufl. Bern/Stuttgart/Wien 1996 (zit. Brühwiler, Einzelarbeitsvertrag).

BUCHMANN RENÉ/JOLANDA DOLENTE, Rechnungslegung in Fremdwährung, in: ST 11/2012, 890–896.

BUFF HERBERT G., Compliance. Führungskontrolle durch den Verwaltungsrat, Diss. Zürich 2000.

BÜHLER CHRISTOPH B., Regulierung im Bereich der Corporate Governance, Habil. Zürich 2009 (zit. Bühler, Regulierung).

BÜHLER CHRISTOPH B./HÄRING DANIEL, Décharge im Konzern, in: SZW 81/2009, 103 ff.

BÜHLER PETER/SCHWEIZER MARKUS, Was bedeutet der Sarbanes-Oxley Act für die Swiss Corporate Governance? in: ST 76/2002, 997 ff.

BÜHLER THEODOR, Ein neues schweizerisches Recht der Handelsgesellschaften, in: SJZ 102/2006, 173 ff. (zit. Bühler, Recht der Handelsgesellschaften).

BUOB FRANZISKA, Interessenkonflikte und Haftungsrisiken des Staates als Aktionär, in: AJP 2/2009, 142 ff.

BÜRGI ALEXANDER C./VON DER CRONE HANS CASPAR, Haftung für AHV-Beiträge, in: SZW 6/02, 348 ff.

BÜRGI WOLFHART F., Zürcher Kommentar zu Art. Art. 698–739 OR, Bd. V/5b/2: Die Aktiengesellschaft, Zürich 1969.

BURKHALTER THOMAS, Zur KMU-Relevanz des Swiss Code of Best Practice, in: Jusletter vom 15. Dezember 2003.

BUSCH IRENE, Die Übertragung der Geschäftsführung auf den Delegierten des Verwaltungsrates, in: Neues zum Gesellschafts- und Wirtschaftsrecht, Festschrift Forstmoser, Zürich 1993, 69 ff.

BSI-BUNDESAMT für Sicherheit in der Informationstechnik, Standard 100-4, Bonn, 2008 (zit. BSI Standard).

CAGIANUT FRANCIS/HÖHN ERNST, Unternehmenssteuerrecht, 3. Aufl. Bern 1993.

Camenzind Christian A., Prospektzwang und Prospekthaftung bei öffentlichen Anleihensobligationen und Notes, Diss. Zürich 1989.

Camponovo Rico A., Anzeige der öffentlichen Überschuldung durch die Revisionsstelle, alte und neue Probleme zu den Art. 728c Abs. 3 bzw. 729c revOR, in: ST 80/2006, 382 ff. (zit. Camponovo, Überschuldung).
- Aufgaben und Stellung der Revisionsstelle im Umfeld von Art. 725 OR, in: ST 9/1997, 765 ff. (zit. Camponovo, Aufgaben).
- Die Unabhängigkeit der Revisionsstelle, in: ST 12/1997, 1145 ff. (zit. Camponovo, Revisionsstelle).
- Die Verantwortlichkeit der Revisionsstelle im Spiegel von Rechtsprechung und Literatur, in: ST 1-2/2004, 71. ff. (zit. Camponovo, Verantwortlichkeit).

Camponovo Rico A./Lorandi Franco/Auckenthaler Jörg, Neues Aktienrecht: Handlungsbedarf? Eine Checkliste, in: AJP 4/1997, 360 ff.

Camponovo Rico A./von Graffenried-Albrecht Monique, Neues Revisionsrecht – Offene juristische Fragen, in: ST 82/2008, 204 ff.

Casutt Andreas, Die Sonderprüfung im künftigen schweizerischen Aktienrecht, SSHW 136, Zürich 1997.

Catalan Philippe, Schadloshaltung und Haftungsausschluss bei Leitungsorganen einer Aktiengesellschaft – Möglichkeiten und Grenzen nach Schweizer Recht, Veröffentlichungen aus dem Nachdiplomstudium Internationales Wirtschaftsrecht der Universität Zürich und dem Europa Institut Zürich, Bd. 43, Zürich 2007.

Chammartin Catherine/von der Crone Hans Caspar, Der Déchargebeschluss, in: SZW 77/2005, 329 ff. (zit. Chammartin/von der Crone, Déchargebeschluss).
- Kausalität in der Prospekthaftung, in: SZW 78/2006, 452 ff. (zit. Chammartin/von der Crone, Prospekthaftung).

Coso (Committee of Sponsoring Organizations of the Treadway Commission), Interne Überwachung der Finanzberichterstattung, Leitfaden für kleinere Aktiengesellschaften, 2006.

Daeniker Daniel, Vergütungen von Verwaltungsrat und Geschäftsleitung schweizerischer Publikumsgesellschaften, Eine Bestandesaufnahme aus rechtsvergleichender Sicht, in: SJZ 101/2005, 381 ff.

Daeniker Daniel/Nikitine Alexander, Golden Handshakes, Golden Parachutes und ähnliche Vereinbarungen bei M&A-Transaktionen, in: Tschäni (Hrsg.), Mergers & Acquisitions XI, Europa Institut Zürich, Zürich 2007.

Daeniker Daniel/Waller Stefan, Freund oder Feind, Zur Stellung des Verwaltungsrates bei Proxy Fights, in: Rudolf Tschäni (Hrsg.), Mergers & Acquisitions XI, Europa Institut Zürich, , Zürich 2009, 76 ff.

de Capitani Werner, Der delegierte Verwaltungsrat, in: SJZ 90/1994, 347 ff.

Dellmann Klaus, Bilanzierung nach neuem Aktienrecht, 3. Aufl. Bern 1996.

DENK/EXNER-MERKELT/RUTHNER, Risikomanagement im Unternehmen, Ein Überblick, in: Wirtschaft und Management, Mai 2006.

DE PURY DAVID, Corporate Governance – Herausforderung für die Unternehmensführung, in: ST 12/1995, 1029 ff.

DETTWILER EMANUEL MAX, Informationelle Gleichbehandlung der Aktionäre, St. Galler Diss. Basel 2002.

DIETRICH MARCEL, Der Verwaltungsrat und seine Information, Bern 1990.

DIEZI ALFRED, Versicherbarkeit der aktienrechtlichen Verantwortlichkeit, SSHW Bd. 62, Zürich 1982.

DOBLER SARAH/VON DER CRONE HANS CASPAR, Aktivlegitimation zur Geltendmachung von Verantwortlichkeitsansprüchen, in: SZW 77/2005, 211 ff.

DOMENICONI ALEX/VON DER CRONE HANS CASPAR, Verantwortlichkeit des Verwaltungsrates bei der Delegation der Geschäftsführung, Bemerkungen zum Entscheid des Schweizerischen Bundesgerichts 4A.501/2007 vom 22. Februar 2008 in: SZW 80/2008, 512 ff.

DÖRNER DIETRICH /HORVATH PETER/KAGERMANN HENNING (Hrsg.), Praxis des Risikomanagements, Stuttgart 2000.

DROSTEN MICHAEL, Stabile Honorare für das oberste Exekutivorgan, in: KMU-Magazin Juli 2011.

DRUEY JEAN NICOLAS, Das Informationsrecht des einzelnen Verwaltungsratsmitglieds, in: SZW 65/1993, 49 ff. (zit. Druey, Informationsrecht).
- Die drei Paradoxe des Konzernrechts, in: Aktienrecht 1992–1997: Versuch einer Bilanz, Festschrift Bär, Bern 1998, 75 ff. (zit. Druey, Paradoxe).
- Die Haftung des Abschlussprüfers, in: Festschrift Roland Ruedin, Basel 2006, 205 ff. (zit. Druey, Haftung Abschlussprüfer).
- Die Information des Outsiders in der Aktiengesellschaft, in: von Büren Roland/Hausheer Heinz/Wiegand Wolfgang (Hrsg.), Grundfragen des neuen Aktienrechts, Bern 1993, 69 ff. (zit. Druey, Outsider).
- Die materiellen Grundlagen der Verantwortlichkeit des Verwaltungsrates, in: Die Verantwortlichkeit der Verwaltung nach neuem Aktienrecht, Freiburg 1993, 108 ff. (zit. Druey, Verantwortlichkeit).
- Die Unabhängigkeit des Revisors, in: SZW 2007, 439 ff. (zit. Druey, Unabhängigkeit Revisor).
- Interessenkonflikte, in: Charlotte M. Baer (Hrsg.), Verwaltungsrat und Geschäftsleitung, Studien zum Privat-, Handels- und Wirtschaftsrecht, Bern 2006, 59 ff. (zit. Druey, Interessenkonflikte).
- Leitungsrecht und -pflicht im Konzern, in: Vom Gesellschafts- zum Konzernrecht, Bern 2000, 1 ff. (zit. Druey, Leitungsrecht).
- Neues aus dem Konzernrecht, in: AJP 9/2005, 1083 ff. (zit. Druey, Konzernrecht).

DRUEY JEAN NICOLAS/VOGEL ALEXANDER, Das schweizerische Konzernrecht in der Praxis der Gerichte, Zürich 1999.

Dubs Dieter, Das Traktandierungsbegehren im Aktienrecht, Zürich/St. Gallen 2008 (zit. Dubs, Traktandierungsbegehren).

– Q&A zum Traktandierungsbegehren nach Art. 699 Abs. 3 OR, in: GesKR 2-3/2006, 155 ff. (zit. Dubs, Q&A).

Dubs Dieter/Truffer Roland, Basler Kommentar zu Art. 698 – 706b OR, in: Honsell/Vogt/Watter (Hrsg.), Obligationenrecht II, 4. Aufl. Basel 2012.

Dubs Rolf, Verwaltungsrats-Sitzungen – Grundlegung und Sitzungstechnik, Bern 2006 (zit. Dubs, VR-Sitzung).

Dürr Roger, Die Rückerstattungsklage nach Art. 678 Abs. 2 OR im System der ungerechtfertigten Vermögensverlagerungen, SSHW Bd. 245, Diss. Zürich 2005.

Duss Marco/Duss Fabian, Währungsdifferenzen aus Umrechnung bei Buchführung in Fremdwährung, in: ST 6-7/2010, 213 ff.

Eberle Reto, Buchwertkonsolidierung-Auslaufmodell oder Normalfall, in: ST 11/2012, 896–900.

Ebke Werner F., Die Revisionshaftung aus schweizerischer und europäischer Sicht, in: ST 5/1993, 199 ff.

Eckert Martin K., Basler Kommentar zu Art. 927–943 OR, in: Honsell/Vogt/Watter (Hrsg.), Obligationenrecht II, 4. Aufl. Basel 2012.

Eggmann Irene, Die Aktienrechtliche Verantwortlichkeit der Revisionsstelle, Zürich 1997.

Eigenmann Ernst J., Das Reglement der Aktiengesellschaft, Zürich 1952.

Ehrat Felix R., Mehr Klarheit für den Verwaltungsrat, in: AJP 6/1992, 789 ff.

Emch Urs: Dornenvolle Verantwortlichkeitsprozesse, in: NZZ vom 4. September 2003 (im Folgenden «NZZ»), 27.

Erb Catrina, Die richterliche Einberufung von Verwaltungsratssitzungen, in: Zindel/Peyer/Schott (Hrsg.), Festschrift Peter Forstmoser, Zürich 2008, 3 ff.

Erny Dominik, Oberleitung und Oberaufsicht, Zürich 1999.

Europäische Kommission, Grünbuch Weiteres Vorgehen im Bereich der Abschlussprüfung: Lehren aus der Krise.

Facincani Nicolas/Sutter Reto, Schriftliche Beschlussfassungen bei Organen von juristischen Personen, in: ST 10/2013, 723 ff.

Fässler Patrik/Berendonk Björn/Grueb Thomas, Die Berechnung des Fortführungsschadens in der aktienrechtlichen Verantwortlichkeit, in: ST 9 und 10/2012, 674.

Felber Markus, Bundesgerichtsentscheide – Die vollständigen NZZ-Berichte zu publizierten und unpublizierten Urteilen, Zürich 1998.

Felder Silvan, Verwaltungsrat und Corporate Governance, in: ST 76/2002, 1010.

Fellmann Walter, Berner Kommentar zu Art. 394–406 OR, Bd. VI/2/4: Der einfache Auftrag, Bern 1992.

FILIZ AYDIN, The Company Secretary within the Corporate Governance Framework, Diss. St. Gallen 2013.

FLURY EDGAR, Neue Anforderungen in Rechnungslegung und Abschlussprüfung, in: Entwicklungen im Gesellschaftsrecht, Bern 2007, 255.

FORSTER MARC, Die Bundesgerichtspraxis zur strafrechtlichen Unschuldsvermutung – Marschhalt oder Ende einer Odyssee? in: ZBJV 129/1993, 428 ff.

FORSTMOSER PETER, Alter Wein in neuen Schläuchen? in: ZSR 111/1992, 1 ff. (zit. Forstmoser, Alter Wein).
- Beschränkung des Risikos als Verwaltungsrat – aber wie? in: Die Haftung des Verwaltungsrates, SSHW Bd. 87, Zürich 1986, 27 ff. (zit. Forstmoser, Beschränkung).
- Corporate Governance – besser als ihr Ruf, Symposium Meier-Hayoz (2002), 15 ff. (zit. Forstmoser, Corporate Governance).
- Corporate Governance – eine Aufgabe auch für KMU? in: Forstmoser Peter/von der Crone Hans Caspar/Weber Rolf H./Zäch Roger (Hrsg.), Aktuelle Fragen des Bank- und Finanzmarktrechts. Festschrift Zobl, Zürich 2004, 475 ff. (zit. Forstmoser, Aufgabe für KMU).
- Die aktienrechtliche Verantwortlichkeit, 2. Aufl., Zürich 1987 (zit. Forstmoser, Verantwortlichkeit).
- Die Verantwortlichkeit des Revisors, in: ST 5/1997, 389 ff. (zit. Forstmoser, Revisor).
- Eingriffe der Generalversammlung in den Kompetenzbereich des Verwaltungsrates – Möglichkeiten und Grenzen, in: SZW 46/1994, 169 ff. (zit. Forstmoser, Eingriffe).
- Gewinnmaximierung oder soziale Verantwortung?, Festgabe Simon, Frankfurt am Main 2005, 207 ff. (zit. Forstmoser, Gewinnmaximierung).
- Haftung im Konzern, in: Vom Gesellschafts- zum Konzernrecht, Bern 2000, 89 ff. (zit. Forstmoser, Haftung im Konzern).
- Informations- und Meinungsäusserungsrechte des Aktionärs, in: Druey Jean Nicolas/Forstmoser Peter (Hrsg.), Rechtsfragen um die Generalversammlung, SZA 11, Zürich 1997, 105 ff. (zit. Forstmoser, Informations- und Meinungsäusserungsrechte).
- Organisation und Organisationsreglement nach neuem Aktienrecht, Schriften zum neuen Aktienrecht Bd. 2, Zürich 1992 (zit. Forstmoser, Organisation).
- Profit – das Mass aller Dinge? in: FG Schweizerischer Juristentag, Zürich 2006, 55 ff. (zit. Forstmoser, Profit).
- Shareholder value: die Welt der Gesetzes-, Aktionärs- und Arbeitnehmerinteressen im Visier, in: NZZ vom 16. Dezember 1996, 58 f. (zit. Forstmoser, Shareholder value).
- Vom alten zum neuen Aktienrecht, in: SJZ 88/1992, 137 ff. und 157 ff. (zit. Forstmoser, Aktienrecht).
- Zulässigkeit des Festübernahmeverfahrens für Kapitalerhöhungen unter neuem Aktienrecht, in: SZW 65/1993, 101 ff. (zit. Forstmoser, Festübernahmeverfahren).

FORSTMOSER PETER/JAAG TOBIAS, Der Staat als Aktionär, Haftungsrechtliche Risiken der Vertretung des Staates im Verwaltungsrat von Aktiengesellschaften, Schriften zum neuen Aktienrecht, Bd. 15, Zürich 2000.

FORSTMOSER PETER/KÜCHLER MARCEL, Vertreter im Verwaltungsrat und ihr Recht auf Weitergabe von Information, in: Sethe et al. (Hrsg.), Kommunikation, Festschrift für Rolf H. Weber zum 60. Geburtstag, Bern 2011, 35 ff.

FORSTMOSER PETER/MEIER-HAYOZ ARTHUR/NOBEL PETER, Schweizerisches Aktienrecht, Bern 1996.

FORSTMOSER PETER/PLÜSS ADRIAN, Probleme von Publikumsaktiengesellschaften mit der «Lex Friedrich», in: SJZ 89/1993, 297 ff.

FORSTMOSER PETER/SPRECHER THOMAS/TÖNDURY GIAN ANDRI, Persönliche Haftung nach Schweizer Aktienrecht, Risiken und ihre Minimierung, Zürich 2005, N 152/153.

FREI NINA J., Basler Kommentar zu Art. 78–82 ZPO, in: Spühler/Tenchio/Infanger (Hrsg.), Schweizerische Zivilprozessordnung, 2. Aufl. Basel 2013 (zit. Frei, in: Basler Kommentar).

FREI STEPHAN, Verantwortlichkeit des Verwaltungsrates aus strafrechtlicher Sicht, Diss. Zürich 2004 (zit. Frei, Verantwortlichkeit aus strafrechtlicher Sicht).

FREI WALTER, Die Verantwortung des Verwaltungsrats im Steuerrecht, Diss. ZSTP 1998, 267 (zit. Frei, Verantwortung im Steuerrecht).

FRICK JOACHIM, Die Business Judgment Rule als Beitrag zur Systematisierung des Verantwortlichkeitsrechts, in: Festschrift Forstmoser, Zürich 2003, 509 ff.

GAMPER PETER, Ausscheiden aus der Verwaltung einer juristischen Person, in: Jahrbuch des Handelsregisters 1992, Zürich 1992, 30 ff.

GARBARSKI ANDREW M., La responsabilité civile et pénale des organes dirigeants de sociétés anonymes, SSHW Bd. 247, Diss. Zürich 2006.

GASSER URS/HÄUSERMANN DANIEL MARKUS, Beweisrechtliche Hindernisse bei der Digitalisierung von Unternehmensinformationen, in: AJP 3/2006.

GASSMANN RICHARD, Aktienrechtliche Sonderprüfung – doch mehr als nur ein Papiertiger? in: recht 13/1995, 234 ff.

GEHRIGER PIERRE-OLIVIER, Faktische Organe im Gesellschaftsrecht unter Berücksichtigung der strafrechtlichen Folgen, SSHW Bd. 34, Zürich 1979.

GEIGER ROMAN, Organisationsmängel als Anknüpfungspunkt im Unternehmensstrafrecht, Diss. Zürich 2006.

GEISER THOMAS/MÜLLER ROLAND, Arbeitsrecht in der Schweiz, 2. Aufl., Bern 2012.

GERHARD FRANK, Der Lagebericht, in: ST 11 und 12/2012, 901 ff.

GERICKE DIETER/WALLER STEFAN, Basler Kommentar zu Art. 754–761 OR, in: Honsell/Vogt/Watter (Hrsg.), Obligationenrecht II, 4. Aufl. Basel 2012.

GIANNINI MARIO, Anwaltliche Tätigkeit und Geldwäscherei, Diss. Zürich 2006 in: ZStSR 43.

GIEGERICH UDO, Techniken des zentralen Cash Management – Wichtige Elemente der Optimierung des Working Capital, in: ST 2002, 869 ff.

GIETL GERHARD/LOBINGER WERNER, Risikomanagement für Geschäftsprozesse – Leitfaden zur Einführung eines Risikomanagementsystems, München/Wien 2006.

GIGER ERNST, Der Erwerb eigener Aktien aus aktienrechtlicher und steuerrechtlicher Sicht, Diss. Bern 1995 (zit. Giger, Erwerb Aktien).
- Die Steuerschulden bei der Liquidation, IWIR 1999, 5 ff. (zit. Giger, Steuerschulden).

GIGER GION, Corporate Governance als neues Element im schweizerischen Aktienrecht. Grundlagen sowie Anpassungsbedarf in den Bereichen Aktionärsrechte und Unternehmensleitung bei Publikumsgesellschaften, SSHW Bd. 224, Diss. Zürich 2003 (zit. Giger Corporate Governance).

GINDI GEORG, Normen zu NORMA, Hannover 2003.

GIRSBERGER DANIEL/GABRIEL SIMON, Handkommentar zu Art. 689–697h, 2. Aufl. Zürich 2012 (zit. CHK-Girsberger/Gabriel).

GLANZMANN LUKAS, Ab wann gilt das neue Rechnungslegungsrecht? in: NZZ Nr. 5 vom 8.1.2013, 26 (zit. Glanzmann, neues Rechnungslegungsrecht).
- Das neue Rechnungslegungsrecht, in: SJZ 108/2012, 205–214 (zit. Glanzmann, Rechnungslegungsrecht).
- Die Pflicht zur angemessenen Kapitalausstattung der Aktiengesellschaft, in: AJP 1/1997, 51 ff. (zit. Glanzmann, Kapitalausstattung).
- Die Haftung der Revisionsstelle gegenüber Dritten, in: AJP 7/1998, 1235 ff. (zit. Glanzmann, Revisionsstelle).
- Die Verantwortlichkeitsklage unter Corporate Governance-Aspekten, Referate und Mitteilungen, in: ZSR 119/2000 II, 135 ff. (zit. Glanzmann, Verantwortlichkeitsklage).
- Rangrücktritt oder Nachrangvereinbarung, in: GesKR 1/2007, 6 ff. (zit. Glanzmann, Rangrücktritt)

GLASL DANIEL, Die kollozierte Forderung im Verantwortlichkeitsprozess, in: SZW 4/2005, 157 ff.

GLAUS BRUNO U., Unternehmensüberwachung durch schweizerische Verwaltungsräte, SSTR Bd. 93, Zürich 1990.

GLEISSNER WERNER/ROMEIKE FRANK, Risikomanagement, Freiburg/Berlin/München/Zürich 2005.

GOLDKAMP CHRISTIAN, Ist die Institution des Verwaltungsrates reformierbar? – Ein Diskussionsbeitrag, in: NZZ vom 8. Oktober 1992, 37.

GONZENBACH RAINER, Von rührender Schlichtheit, Walt Disney-Schweinchen und losgetretenen Lawinen – oder der Richter als Gesetzgeber des Konzernrechts? in: Aktienrecht 1992–1997: Versuch einer Bilanz, Festschrift Bär, Bern 1998, 107 ff.

GRABER CHRISTOPH, GwG – Geldwäschereigesetz, Zürich 2003.

GRÄDEL ROLF/HEINIGER MATTHIAS, Basler Kommentar zu Art. 319–323 StPO, in: Niggli/Heer/Wiprächtiger, Schweizerische Strafprozessordnung, Basel 2010.

GRASS ANDREA R., Business Judgment Rule, Schranken der richterlichen Überprüfbarkeit von Management-Entscheidungen in aktienrechtlichen Verantwortlichkeitsprozessen, SSHW Bd. 186, Diss. Zürich 1998.

GRONER ROGER, Art. 52 AHVG – Praxis und Zweck der Arbeitgeberhaftung, in: SZW 2/2006, 81 ff.

GROSS KURT J., Analyse der haftpflichtrechtlichen Situation des Verwaltungsrates, Bd. 33 der Schriftenreihe zum Konsumentenschutz, Zürich 1990.

GUHL THEO/KOLLER ALFRED/SCHNYDER ANTON K./DRUEY JEAN NICOLAS, Das Schweizerische Obligationenrecht, 9. Aufl., Zürich 2000.

GWLESSIANI MICHAEL, Praxiskommentar zur Handelsregisterverordnung, Zürich 2008.

HABLÜTZEL OLIVER, Solidarität in der aktienrechtlichen Verantwortlichkeit, Diss. St. Gallen, SSHR Bd. 278, Zürich 2009.

HALLAUER PHILIPP/WATTER ROLF, Das neue Transparenzgesetz – Fragen zur Umsetzung, in: ST 9/2007, 2 ff.

HALLER MAX, Organhaftung und Versicherung: Die aktienrechtliche Verantwortlichkeit und ihre Versicherbarkeit unter besonderer Berücksichtigung der D&O-Versicherung, Diss. Zürich 2008.

HWP, Schweizer Handbuch der Wirtschaftsprüfung, Treuhand-Kammer (Hrsg.), Zürich 2009 Band 1–4, (zit. HWP (2009), Band 1–4).

HWP, Schweizer Handbuch der Wirtschaftsprüfung, Treuhand-Kammer (Hrsg.), Zürich 2013, Band Eingeschränkte Revision (zit. HWP (2014), Band Eingeschränkte Revision).

HANDKOMMENTAR ZUM SCHWEIZER PRIVATRECHT, Personengesellschaften und Aktiengesellschaft, 2. Aufl., Zürich 2012 (zit. CHK-Autor N X zu Art. XXX OR).

HANDSCHIN LUKAS, Der Konzern im geltenden schweizerischen Privatrecht, Zürich 1994 (zit. Handschin, Konzern).
- Die Verantwortlichkeit des Verwaltungsrats ausserhalb des Konkurses seiner Gesellschaft, in: Aargauischer Anwaltsverband (Hrsg.), Festschrift 100 Jahre Aargauischer Anwaltsverband, Zürich 2005, 237 ff. (zit. Handschin, Verantwortlichkeit).
- Einige Überlegungen zum Cash pooling im Konzern, Festschrift Roland Ruedin (2006), 273 ff. (zit. Handschin, Cash Pooling im Konzern).
- Rechnungslegung im Gesellschaftsrecht, Basel 2012 (zit. Handschin, Rechnungslegung).
- Zur Unabhängigkeit der Revisionsstelle: Beratung und Buchhaltungsarbeiten durch die Revisionsstelle für die revidierte Gesellschaft, in: SJZ 90/1994, 344 ff. (zit. Handschin, Unabhängigkeit).

HARTMANN STEPHAN, Die Unterscheidung zwischen dem unmittelbaren und dem mittelbaren Gläubigerschaden im Konkurs der Aktiengesellschaft, in: SZW 5/2006, 321 ff.

HAUSAMANN FREDY, Personal Governance als unverzichtbarer Teil der Corporate Governance und Unternehmensführung, Bern, 2007.

Häusermann Daniel M., «Abzocker»-Initiative umsetzen – aber wie? in: SJZ 109/2013 7, 153–162.

Häusermann Markus, Scharfe Kausalhaftung, Die neue Tragweite von Art. 52 AHVG unter revidiertem SchKG, in: Insolvenz und Wirtschaftsrecht, 4/1998, 135 ff.

Helbling Carl, Bilanz- und Erfolgsanalyse, 10. Aufl., Bern 1997 (zit. Helbling, Bilanz- und Erfolgsanalyse).

- Falsche Erwartungen in die Revisionsstelle, in: ST 4/1996, 181 ff. (zit. Helbling, Erwartungen).
- Geschichte der Treuhand und Revisionsbranche, Zürich 2006 (zit. Helbling, Geschichte).
- Unternehmensbewertung und Steuern, 9. Aufl. Düsseldorf 1998 (zit. Helbling, Unternehmensbewertung).

Herren Peter, Die Misswirtschaft gemäss Art. 165 StGB, Diss. Zürich 2006.

Hilb Martin, Einwände gegen die Amerikanisierung der Gehälter, in: Personalwirtschaft, Sonderheft 9/2000 (zit. Hilb, Amerikanisierung der Gehälter).

- Integrierte Corporate Governance, Ein neues Konzept zur wirksamen Führung und Aufsicht von Unternehmen, 5. überarbeitete Aufl. Berlin/Heidelberg 2013 (zit. Hilb, Integrierte Corporate Governance).
- Integrierte Erfolgsbewertung von Unternehmen, 5. Aufl. Berlin 2013 (Hilb, Integrierte Erfolgsbewertung).
- Integriertes Management des Verwaltungsrats, in: Jean-Paul Thommen (Hrsg.), Management-Kompetenz, Zürich 1995 (zit. Hilb, Integriertes Management).
- Neues integriertes Konzept der VR-, GL- und Personal-Honorierung, Bern 2007 (zit. Hilb, VR-Honorierung).
- Transnationales Management der Human-Ressourcen, 2. Aufl., Neuwied 2002 (zit. Hilb, Transnationales Management).

Hilb Martin/Hösly Balz/Müller Roland, Wirksame Führung und Aufsicht von öffentlichen Unternehmen, Bern 2012.

Hill Wilhelm, Sind grosse Verwaltungsräte effizient? in: NZZ Nr. 82 vom 9./10. April 1994, 33/34.

Hirschle Matthias/von der Crone Hans Caspar, Vinkulierung und Stimmrechtsvertretung bei nicht börsenkotierten Gesellschaften, in: SZW 80/2008, 103 ff.

Hochreutener Hans Peter, Verfahrensfragen im Bereich der Stempelabgaben und der Verrechnungssteuer, in: ASA 57/1988/89, 593 ff.

Hofer Hermann, Die Geschäftsführung der Aktiengesellschaft nach schweizerischem und deutschem Recht, Diss. Bern, Zürich 1944.

Hoffmann-Novotny Urs H., Geimeinsame Einklagung für den Gesamtschaden, in: Festschrift Hans Caspar von der Crone, Zürich 2007, 427 ff.

Hoffmann-Novotny Urs H./von der Crone Hans Caspar, Solidarität, Vergleich und Rückgriff in der aktienrechtlichen Verantwortlichkeit, in: SZW 79/2007, 261 ff.

HOFSTETTER KARL, Corporate Governance in der Schweiz – Bericht im Zusammenhang mit den Arbeiten der Expertengruppe, Zürich 2002 (zit. Hofstetter, Corporate Governance Bericht).
- Corporate Governance im Konzern, in: Festschrift Peter Forstmoser, Zürich 2003, 301 ff. (zit. Hofstetter, Konzern).
- Erkenntnisse aus der Corporate Governance-Diskussion in der Schweiz, in: ST 76/2002, 975 ff. (zit. Hofstetter, Erkenntnisse).
- Neue Schweizer Corporate Governance bietet Gestaltungsspielraum, in: Ernst & Young (Hrsg.), Praxis Special-Corporate Governance, Zürich 2002 (zit. Hofstetter, Neue Corporate Governance).
- Sachgerechte Haftung für multinationale Konzerne, Tübingen 1995 (zit. Hofstetter, Haftungsregeln).
- Verantwortlichkeit des Verwaltungsrates im Konzern, in: Weber/Isler (Hrsg.), Verantwortlichkeit im Unternehmensrecht IV, Europa Institut Zürich, Zürich 2008, 1 ff. (zit. Hofstetter, Verantwortlichkeit).

HOMBURGER ERIC, Zürcher Kommentar zu Art. 707–726 OR, Bd. V/5/b: Der Verwaltungsrat, Zürich 1997 (zit. Homburger, Zürcher Kommentar).

HONEGGER URS, Corporate Governance in der Ausschreibung des Prüfungsmandats, in: PricewaterhouseCoopers (Hrsg.), Disclose, Zürich 2005.

HONOLD KERSTEN ALEXANDER, Zur Dritthaftung der Revisionsstelle, in: ST 10/1998, 1071 ff.

HOPT KLAUS J., Erwartungen an den Verwaltungsrat in Aktiengesellschaften und Banken. Bemerkungen aus deutscher und europäischer Sicht, in: SZW 88/2008, 235 ff.

HORBER FELIX, Das Auskunftsbegehren und die Sonderprüfung – Siamesische Zwillinge des Aktienrechts, in: SJZ 91/1995, 165 ff. (zit. Horber, Auskunftsbegehren).
- Das Traktandierungsrecht des Aktionärs, in: REPRAX 2000, 72 ff. (zit. Horber, Traktandierungsrecht).
- Die Konsultativabstimmung in der Generalversammlung der Aktiengesellschaft, in: SJZ 101/2005, 101 ff. (zit. Horber, Konsultativabstimmung).
- Die Sonderversammlung im Aktienrecht, Schriften zum neuen Aktienrecht 9, Zürich 1995 (zit. Horber, Sonderversammlung).

HUGUENIN JACOBS CLAIRE, Das Gleichbehandlungsprinzip im Aktienrecht, Zürich 1994 (zit. Huguenin, Gleichbehandlungsprinzip).
- Insichgeschäfte im Aktienrecht in: Kramer/Nobel/Waldburger (Hrsg.), Festschrift für Peter Böckli, Zürich 2006, 521 ff. (zit. Huguenin, Insichgeschäfte).

HUMMLER KONRAD, Schmutzige Gamellen, eine Betrachtung zum Thema «Corporate Governance», in: Festschrift Nobel, Zürich 2005, 161 ff.

HUNGERBÜHLER IVO W., Der Verwaltungsratspräsident, SSHW Bd. 219, Diss. Zürich 2003.

HUNZIKER ARTHUR, Pflichterfüllung und Pflichtverletzung der Kontrollstelle, in: Rechtsgrundlagen und Verantwortlichkeit des Abschlussprüfers, SSTR Bd. 45, Zürich 1980.

HÜTTCHE TOBIAS, Umstellung auf das neue Rechnungslegungsrecht, in: ST 10/2013, 666 ff.

HÜTTE KLAUS, Besondere Risiken aufgrund des revidierten Aktienrechts im Blickwinkel der Schadenerledigung in: Die Verantwortlichkeit der Verwaltung nach neuem Aktienrecht, Freiburg 1993, 145 ff. (zit. Hütte, Verantwortlichkeit).

- Die Verantwortlichkeit des Revisors, in: Der Revisor als Berater, SSTR Bd. 86, Zürich 1988, 85 ff. (zit. Hütte, Revisor).
- Fragen rund um die Versicherbarkeit aktienrechtlicher Verantwortlichkeitsansprüche, in: AJP 11/1998, 1294 ff. (zit. Hütte, Versicherbarkeit).

IMARK LUKAS, Aufgaben des Verwaltungsrates bei der Risikobeurteilung, in: Pricewaterhouse Coopers (Hrsg.), Disclose, Juni 2007.

IMARK LUKAS/LIPP LORENZ, Handkommentar zum Schweizer Privatrecht zu Art. 662 – 674 OR, Personengesellschaften und Aktiengesellschaft, 2. Aufl. Zürich 2012 (zit. CHK-Imark/Lipp).

INFANGER DOMINIK, Basler Kommentar zu Art. 9–12 ZPO, in: Spühler/Tenchio/Infanger (Hrsg.), Schweizerische Zivilprozessordnung, 2. Aufl. Basel 2013.

ISELI THOMAS, Führungsorganisation im Aktien-, Banken- und Versicherungsrecht, Diss. Zürich/St. Gallen 2008.

ISLER PETER, Ausgewählte Aspekte der Kapitalerhöhung, in: AJP 6/1992, 726 ff.

- Das Übernahmeverschulden des Verwaltungsrates, in: Rolf H. Weber (Hrsg.), Verantwortlichkeit im Unternehmensrecht III, Zürich 2006, 1 ff. (zit. Isler, Übernahmeverschulden).
- Der aussergerichtliche Vergleich mit einzelnen aktienrechtlich verantwortlichen Organpersonen, in: Robert Waldburger et al. (Hrsg.), Festschrift Peter Nobel, Bern 2005, 195 ff. (zit. Isler, aussergerichtlicher Vergleich).
- Die Einreden des Verwaltungsrates bei Verantwortlichkeitsansprüchen im Konkurs der AG, in: Festschrift Peter Forstmoser, Zürich 2003, 439 ff. (zit. Isler, Verantwortlichkeitsansprüche im Konkurs).
- Verantwortlichkeit des Verwaltungsrates für Strategie-Entscheide, in: Rolf H. Weber (Hrsg.), Praxis zum unternehmerischen Verantwortlichkeitsrecht, Zürich 2004, 39 ff. (zit. Isler, Verantwortlichkeit).

ISLER PETER R./FISCHER RENÉ, Warum sind Verantwortlichkeitsklagen der Gesellschaft gegen ihre Organe so selten? in Verantwortlichkeit im Unternehmensrecht VI, Zürich 2012, 27 ff.

ISLER PETER R./SCHOTT BERTRAND G., Die Décharge – eine überflüssige Institution des Gesellschaftsrechts? in Verantwortlichkeit im Unternehmensrecht V, Zürich 2010, 197 ff.

JÄGGI PETER, Vom Abstimmungsverfahren in der Aktiengesellschaft, in: Festgabe Obrecht, Solothurn 1961, 394 ff., (zit. Jäggi, Abstimmungsverfahren).

- Von der Beratung an der Generalversammlung der Aktiengesellschaft, Bern 1968 (zit. Jäggi, Beratung).

JAGMETTI LUCA, Cash Pooling im Konzern, Diss. Zürich/St. Gallen 2007.

Jean-Richard-dit-Bressel Marc, Das Desorganisationsdelikt, Habil. Zürich 2013.

Jetzer Rolf P./Grosjean Sibylle C., Schweizerisches Umweltschutzrecht, Zürich 2000.

Jörg Florian S., Das Mitglied des Verwaltungsrates als Superman? – Pflichten und Tipps, in: Florian S. Jörg/Oliver Arter (Hrsg.), Entwicklungen im Gesellschaftsrecht I, Bern 2006, 279 ff.

Jung Peter, Insichgeschäfte im Gesellschaftsrecht oder vom gefahrlosen Umgang mit sich selbst, in: Kunz/Arter/Jörg (Hrsg.), Entwicklung im Gesellschaftsrecht VI, Bern 2011, 273 ff., 281 ff.

Jutzi Thomas, Verwaltungsratsausschüsse im schweizerischen Aktienrecht, ASR Heft 755, Diss. Bern 2008.

Käch Simon, Die Rechtsstellung des Vertreters einer juristischen Person im Verwaltungsrat der Aktiengesellschaft, Diss. Zürich 2001.

Käfer Karl, Berner Kommentar zu Art. 957 OR, Band VIII/2/1 und VIII/2/2: Die kaufmännische Buchführung, Bern 1976/1981.

Kägi Thomas/Pauli Rudolf, Risk Management und konjunkturelle Sturmwarnung, in: UBS Outlook 4/2003, Zürich 2003.

Kalia Vinay/Müller Roland, Risk Management at Board Level, Bern 2007.

Kammerer Adrian, Die unübertragbaren Kompetenzen des Verwaltungsrates, SSHW Bd. 180, Zürich 1997.

Kartscher Peter/Rossi Bruno/Suter Daniel, Finanzberichterstattung, systematischer Überblick für Verwaltungsrat und Geschäftsleitung, Zürich 2012 (zit. Kartscher/Rossi/Suter, Finanzberichterstattung).
- Wirtschaftsprüfung – interne und externe Revision, Zürich/Basel/Genf 2013 (zit. Kartscher/Rossi/Suter, Wirtschaftsprüfung).

Keller Susanne, Verantwortlichkeit des Verwaltungsrates – Bedeutung und Entwicklung von zivilrechtlichen Verantwortlichkeitsklagen gegen Verwaltungsräte, in: Jusletter vom 24. Oktober 2011.

Kienbaum (Schweiz) AG, Kadersalärstudie 2003, in: HandelsZeitung vom 18.6.2003, Nr. 25/2003, 1 und 17.

Kieser Ueli, Der Verwaltungsrat im Sozialversicherungsrecht in: SZW 78/2006, 181 ff.

Kissling Mischa, Der Mehrfachverwaltungsrat, SSHW Bd. 250, Diss. Zürich 2006.

Kläy Hanspeter, Die Vinkulierung-Theorie und Praxis im neuen Aktienrecht, Basel und Frankfurt am Main 1997.

Kleibold Thorsten, Bilanzierungs- und Bewertungsprinzipien im neuen Rechnungslegungsrecht, in: ST 11/2012, 870.

Knöpfel Martin/Räss Bruno, in: PricewaterhouseCoopers (Hrsg.), Disclose, Juni 2012, 24 ff.

Koller Thomas/Ralph Schäfli, Geldflussrechnung und Anhang, in: ST 11/2012, 880.

KPMG's Audit Committee Institute, Audit Committee Newsletter, 6/2004.

Krauskopf Lutz, Missbräuchliche Insidergeschäfte, in: ST 6/1989, 432 ff.

Krneta Georg, Praxiskommentar Verwaltungsrat, 2. Aufl., Bern 2005.

Küchler Marcel, Besondere Vorteile nach Art. 628 Abs. 3 OR, in: Zindel/Peyer/Schott (Hrsg.), Wirtschaftsrecht in Bewegung, Festgabe zum 65. Geburtstag von Peter Forstmoser, Zürich 2008.

Kummer Andreas, Organisationsreglement in der Aktiengesellschaft, in: ST 80/2006, 916 ff.

Küng Manfred, Unzureichende Beratung bei regulatorischen Fragen, Anwaltsrevue 3/2007, 115 ff.

Küng Manfred/Schoch Niklaus, Basler Kommentar zu Art. 732–735, in: Honsell/Vogt/Watter (Hrsg.), Obligationenrecht II, 4. Auflage, Basel 2012

Kunz Peter V., Das Informationsrecht des Aktionärs in der Generalversammlung, in: AJP 8/2001, 883 ff. (zit. Kunz, Informationsrecht).
- Der Minderheitenschutz im schweizerischen Aktienrecht, Habil. Bern 2001 (zit. Kunz, Minderheitenschutz).
- Der Partizipant im aktienrechtlichen Verantwortlichkeitsrecht, in: ZBJV 129 (1993), 727 ff. (zit. Kunz, Partizipant).
- Die Auskunfts- und Einsichtsrechte des Verwaltungsratsmitglieds, in: AJP 5/1994, 572 ff. (zit. Kunz, Auskunfts- und Einsichtsrechte).
- Die Klagen in Schweizer Aktienrecht, in: Schriften zum neuen Aktienrecht Bd. 12, Zürich 1997 (zit. Kunz, Klagen).
- Ein- und Zweipersonen-Aktiengesellschaften in der Schweiz – Ausgewählte Probleme, in: ST 1–2/1997, 65 ff. (zit. Kunz, Ausgewählte Probleme).
- Rechtsnatur und Einredeordnung der aktienrechtlichen Verantwortlichkeitsklage, BBSW Heft 7, Bern 1993 (zit. Kunz, Einredeordnung).
- Zur Subsidiarität der Sonderprüfung, in: SJZ 92/1996, 1 ff. (zit. Kunz, Subsidiarität).

Kunz Rudolf, Die Annahmeverantwortung von Mitgliedern des Verwaltungsrates, Diss. St. Gallen, Zürich 2004 (zit. Kunz, Annahmeverantwortung).

Kurer Peter/Kurer Christian, Basler Kommentar zu Art. 675–682 OR, in: Honsell/Vogt/Watter (Hrsg.), Obligationenrecht II, 4. Aufl. Basel 2012.

Kuy André, Der Verwaltungsrat im Übernahmekampf. Eine aktienrechtliche Analyse der Verteidigungsmassnahmen der Zielgesellschaft, SSHW Bd. 119, Zürich 1988.

Kuzmic Kristina, Haftung aus «Konzernvertrauen», SSHW Bd. 187, Zürich 1998.

Lachat Anne Héritier, Corporate Governance – quo vadis? in: SemJud 2002, 207 ff.

Lalive d'Epinay Thierre, «Wettbewerb in komplexen Systemen – die SBB in der Fitnesskur», in: NZZ vom 20.4.1999, Nr. 90, 17.

Lambert Claude, Das Gesellschaftsinteresse als Verhaltensmaxime des Verwaltungsrats der Aktiengesellschaft, ASR Bd. 535, Bern 1992 (zit. Lambert, Gesellschaftsinteresse).

– Verhalten des unabhängigen Stimmrechtsvertreters bei fehlenden Weisungen, Festschrift Zobl, Zürich 2004, 525 ff. (zit. Lambert, unabhängiger Stimmrechtsvertreter).

Lanz Rudolf, Kapitalverlust, Überschuldung und Sanierungsvereinbarung, SSTR 68, Winterthur 1985.

Länzlinger Andreas D., Basler Kommentar zu Art. 690–695 OR, in: Honsell/Vogt/Watter (Hrsg.), Obligationenrecht II, 4. Aufl. Basel 2012.

Lazopoulos Michael, Interessenkonflikte und Verantwortlichkeit des fiduziarischen Verwaltungsrates, Diss. Zürich 2004 (zit. Lazopoulos, Verantwortlichkeit).

– Massnahmen zur Bewältigung von Interessenkonflikten im Verwaltungsrat, in: AJP 2/2006, 139 ff. (zit. Lazopoulos, Interessenkonflikte).

Leibfried Peter, Leitfaden für den IFRS-Anhang, Berlin 2006.

Leibfried Peter/Häuptli Daniel: Vorschläge der Europäischen Kommission zur Regulierung der Abschlussprüfung. Sicht der Wissenschaft, in: ST 1-2/2012, 2–7.

Leimgruber Jürg./Prochinig Urs., Bilanz und Erfolgsanalyse, SKV, Zürich 7. Aufl.

Lenz Christian/Von Planta Andreas, Basler Kommentar zu Art. 659–659b OR, in: Honsell/Vogt/Watter (Hrsg.), Obligationenrecht II, 4. Aufl. Basel 2012.

Leu Daniel, Variable Vergütungen für Manager und Verwaltungsräte, Diss. Zürich 2005.

Leu Daniel/von der Crone Hans Caspar, Stimmrechtsvertretung beim Déchargebeschluss, in: SZW 74/2002, 205 ff.

Leuenberger Matthias A., Die Anonymität des Inhaberaktionärs, ASR Bd. 576, Bern 1996.

Lipp Lorenz, Rechnungslegungsrecht und Minderheitenschutz, in: ST 11/2012, 862 ff. (zit. Lipp, Minderheitenschutz).

– Kommentar zu Art. 958–963 OR sowie Übergangsbestimmungen der Änderungen vom 23. Dezember 2011, in: Handkommentar zum Schweizer Privatrecht, Ergänzungsband: Revidiertes Rechnungslegungsrecht 2013, Zürich 2013 (zit. CHK-Lipp, OR ErgBd *Art, N*).

– Unabhängigkeit der Revisionsstelle bei der eingeschränkten Revision, in: ST 12/2013, 916 ff. (zit. Lipp, Eingeschränkte Revision).

Lips-Rauber Christina, Die Rechtsbeziehung zwischen dem beauftragten fiduziarischen Verwaltungsrat und dem Fiduzianten, Diss. Zürich 2005.

Luterbacher Thierry, Verantwortlichkeit und Versicherung, in: Baer Charlotte M. (Hrsg.), Aktuelle Fragen zur aktienrechtlichen Verantwortlichkeit, Bern 2003 (zit. Luterbacher, Verantwortlichkeit).

– Versicherung und Revisionshaftung, in: ST 11/2006, 864 (zit. Luterbacher, Versicherung).

Lutz Benno, Die finanzielle Führung der Unternehmung, in: Die Orientierung, Schweizerische Volksbank Nr. 62, Bern 1976.

MAIZAR KARIM/WATTER ROLF, Transparenz der Vergütungen und Beteiligungen von Mitgliedern des Verwaltungsrats und der Geschäftsleitung (Art. 663b^{bis} und 663c Abs. 3 OR), in: GesKR 4/2006, 349 ff.

MALACRIDA RALPH/SPILLMANN TILL, Corporate Governance im Interregnum, in: GesKR 2013, 485–507.

MALIK FREDMUND, Die neue Corporate Governance, 3. Aufl. Zürich 2002 (zit. Malik, Corporate Governance).

- Die richtige Corporate Governance: Mit wirksamer Unternehmensaufsicht Komplexität meistern, Frankfurt am Main 2008 (zit. Malik, Komplexität).
- Wirksame Unternehmensaufsicht, Frankfurt am Main 1997 (zit. Malik, Wirksame Unternehmensaufsicht).

MARGIOTTA ADRIANO, Interessenkonflikt des Verwaltungsrates im Rahmen öffentlicher Übernahmeangebote, in: Schweiz. Übernehmerrecht in der Praxis, Zürich 2005, 131 ff.

MAROLDA MARTINEZ LARISSA, Information der Aktionäre nach schweizerischem Aktien- und Kapitalmarktrecht, Diss. Zürich 2006.

MASON DAVID, Wer setzt die Standards? in: PricewaterhouseCoopers (Hrsg.), Disclose, Zürich, Juni 2007.

MAURENBRECHER BENEDIKT/SCHOTT ANSGAR, Private Rechtsgeschäfte von Organpersonen, in: GesKR 1/2007, 24 ff.

MAUTE WOLFGANG, Die Durchführung der Generalversammlung, Schriften zum neuen Aktienrecht Bd. 4, Zürich 1993.

MEIER MARCEL, Strafrechtliche Unternehmenshaftung – Einführung in der Schweiz unter Berücksichtigung prozessualer Folgeprobleme im Konzern, Diss. Zürich 2006.

MEIER-HAYOZ ARTHUR/FORSTMOSER PETER, Schweizerisches Gesellschaftsrecht, 11. Aufl. Bern 2012.

MEIER-SCHATZ CHRISTIAN J., Der unabhängige Verwaltungsrat, Ein Beitrag zur Corporate-Governance-Diskussion, in: Festschrift Jean Nicolas Druey, Zürich 2002, 479 ff. (zit. Meier-Schatz, unabhängiger Verwaltungsrat).

- Die Entscheidung durch die Generalversammlung von Fragen aus dem Kompetenzbereich des Verwaltungsrates, in: Festschrift Rolf Bär, Bern 1998, 264 ff. (zit. Meier-Schatz, Entscheidung).
- Über die Zusammenarbeit des Verwaltungsrates mit der Generalversammlung, in: ST 10/1995, 823 ff. (zit. Meier-Schatz, Zusammenarbeit).

MEISE UWE, Versicherungsschutz für persönliche Haftung, in: Aufsichts- und Verwaltungsrat, Zürich 2003.

MEISTER THOMAS, Kommentar zum Schweizerischen Steuerrecht II/2 zu Art. Art. 15 VStG, in: Martin Zweifel/Peter Athanas/Maja Bauer-Balmelli (Hrsg.), Basel 2004.

MEISTERHANS CLEMENS, Verzögerte Publikation von Handelsregistereintragungen, in: Jahrbuch des Handelsregisters 1992, Zürich 1992, 33 ff.

MESSERLI BEAT, Die Verweigerung zur Übertragung vinkulierter Namenaktien gemäss Art. 685*b* revOR – Verfahrenstechnische Aspekte, in: SJZ 89/1993, 241 ff.

METZLER LUKAS/SCHMUKI MARKUS, Voraussetzungen und Folgen der Déchargeerteilung der Generalversammlung an den Verwaltungsrat einer Aktiengesellschaft, in: AJP 10/2001, 945 ff.

MEYER CONRAD, Betriebswirtschaftliches Rechnungswesen, Zürich 1992, Umsetzung der Corporate-Governance-Richtlinie, in: ST 3/2006, 132 ff. (zit. Meyer, Betriebswirtschaftliches Rechnungswesen).
- Konzernrechnung, Schriftenreihe der Treuhandkammer Bd. 179, Zürich 2007 (zit. Meyer, Konzernrechnung).
- Swiss GAAP FER, Erläuterungen, Illustration und Beispiele, Zürich 2009 (zit. Meyer, Swiss GAAP FER).

MEYER KURT, Die rechtliche Stellung des Delegierten des Verwaltungsrats nach schweizerischem Recht, Diss. Zürich 1946 (zit. Meyer, Stellung des Delegierten).

MEYER MAX, Vinkulierte Aktien in der Zwangsverwertung, in: SJZ 93/1997, 22 ff. (zit. Meyer, Zwangsverwertung).

MEYER PHILIPPE, Der unabhängige Stimmrechtsvertreter im schweizerischen Aktienrecht, Diss. Basel/Zürich/St. Gallen 2006 (zit. Meyer, unabhängiger Stimmrechtsvertreter).

MÖLLER MANUELA/PFAFF DIETER, Die Neuregelungen in der Schweiz zur Revision und zur Prüfung der Existenz des internen Kontrollsystems, Finanz- und Rechnungswesen, Jahrbuch 2008, Zürich 2008, 11 ff.

MÜLLER LUKAS, Eigenkapitalbasierte Vergütung de lege ferenda, in: AJP 22/2008, 527 ff.

MÜLLER MARIE-THERESE, Unübertragbare und unentziehbare Verwaltungskompetenzen und deren Delegation an die Generalversammlung, in: AJP 6/1992, 784 ff.

MÜLLER ROLAND, Aktionärbindungsvertrag, in: Der Treuhandexperte I/1998, 4 ff. (zit. Müller, Aktionärbindungsvertrag).
- Betriebliches Disziplinarwesen, in: SSA Bd. 21, Bern 1983 (zit. Müller, Disziplinarwesen).
- Corporate Governance für Organisationen und Unternehmen im öffentlichen Sektor des Landes Liechtenstein, Bericht der Arbeitsgruppe Corporate Governance im Auftrag der Regierung des Fürstentums Liechtenstein, Vaduz 2007 (zit. Müller, Bericht der Arbeitsgruppe Corporate Governance).
- Corporate Governance und KMU, in: Vater/Bender/Hildenbrand (Hrsg.), Corporate Governance, Bern/Stuttgart/Wien 2004 (zit. Müller, Corporate Governance).
- Der Verwaltungsrat als Arbeitnehmer, Zürich 2005 (zit. Müller, Verwaltungsrat als Arbeitnehmer).
- Der Verwaltungsrat im Arbeitsrecht, in: ArbR 1997, 67 ff. (zit. Müller, Verwaltungsrat).
- Der Verwaltungsrat in Krisensituationen, in: Der Treuhandexperte, Sonderausgabe 1996, 8 ff. (zit. Müller, Krisensituationen).

- Die Suche nach Mitgliedern der strategischen Führungsebene, in: Rolf Wunderer (Hrsg.), Corporate Governance – zur personalen und sozialen Dimension, Köln 2008 (zit. Müller, VR-Suche).
- Haftung für Unterschriften im Namen einer Gesellschaft, in: Peter V. Kunz/Florian S. Jörg/Oliver Harter (Hrsg.), Entwicklungen im Gesellschaftsrecht V, Bern 2010 (zit. Müller, Haftung für Unterschriften).
- Honorierung von Verwaltungsräten aus rechtlicher Sicht, in: ZBJV 147/2011, 113 ff. (zit. Müller, Honorierung).
- HR-Committees: Bedeutung von Nominierungs- und Entschädigungsausschüssen auf Stufe Verwaltungsrat, in: AJP 3/2013, 315 ff. (zit. Müller, HR-Committees).
- Mitarbeiterbeteiligung, in: Bernhard Ehrenzeller/Hans Furer/Thomas Geiser (Hrsg.), Die Mitwirkung in den Betrieben, St. Gallen 2010, 61 ff. (zit. Müller, Mitarbeiterbeteiligung).
- MWST und Verwaltungsrat – Nur die Haftung ist klar, in: Finanzen für Unternehmen und Unternehmer, 3/1996, 12 ff. (zit. Müller, Mehrwertsteuer).
- Protokollführung und Protokollauswertung bei Sitzungen und Versammlungen, Zürich/St. Gallen 2009 (zit. Müller, Protokollführung).
- Rechte und Pflichten des Verwaltungsrates, in: ST 10/1995, 807 ff. (zit. Müller, Rechte und Pflichten).
- Übertragung neuer Aufgaben und Zuweisungen eines neuen Arbeitsortes ohne Änderung des Arbeitsvertrages, in: AJP 4/1999, 454 ff. (zit. Müller, neue Aufgaben).
- Unsorgfältige Führung eines Verwaltungsratsmandates, in: Schaden-Haftung-Versicherung, Handbücher für die Anwaltspraxis, Bd. V, Basel und Frankfurt am Main, § 17 (zit. Müller, Unsorgfältige Führung).
- VR-Sitzung: Vorbereitung, Einberufung, Durchführung, Beschlussfassung, Protokollierung, in: SJZ 107/2011 Nr. 3, 45 ff. (zit. Müller,VR-Sitzung).

MÜLLER ROLAND/THALMANN PHILIPP, Stellvertretung und Rechtsvertretung im Verwaltungsrat, in: REPRAX, 2/2011, 1 ff.

MÜLLER ROLAND/VOLKART RUDOLF (Hrsg.), Handbuch für den Verwaltungsrat, Zürich 2002.

NAENI MATTHIAS/VON DER CRONE HANS CASPAR, Auskunft und Einsicht im Konzern, in: SZW 78 (2006) 150 ff.

NEUHAUS MARKUS R./BLÄTTLER JÖRG, Basler Kommentar zu Art. 660 – 663b OR, in: Honsell/Vogt/Watter (Hrsg.), Obligationenrecht II, 4. Aufl. Basel 2012.

NEUHAUS MARKUS/WATTER ROLF, Handels- und steuerrechtliche Aspekte von Up-, Down- und Sidestream-Garantien zugunsten von Konzerngesellschaften, in: Kramer/Nobel/Waldburger (Hrsg.), Festschrift für Peter Böckli, Zürich 2006, 173 ff.

NIGGLI MARCEL A./GFELLER DIEGO R., Basler Kommentar zu Art. 102 StGB, in: Niggli/Wiprächtiger (Hrsg.), Strafgesetzbuch I, 3. Aufl. Basel 2013.

Niggli Marcel A./Gfeller Diego R., Strafrechtliche Verantwortlichkeit im Konzern, in: Niggli/Amstutz (Hrsg.), Verantwortlichkeit im Unternehmen, Basel 2007, 151 ff. (zit. Niggli/Gfeller, Konzern).

Nikitin Alexander, Die aktienrechtliche Organverantwortlichkeit nach Art. 754 Abs. 1 OR als Folge unternehmerischer Fehlentscheide, Diss. Zürich 2007.

Nikulina Anna, Internal Guidelines on Corporate Governance of Listed Banks in Switzerland, Diss. St. Gallen 2012.

Nobel Peter, Corporate Governance – Der Brückenschlag vom Aktionariat zum Verwaltungsrat zum Management, in: INDEX 3/1998, 8 ff. (zit. Nobel, Brückenschlag).
- Corporate Governance – Möglichkeiten und Schranken gesellschaftsrechtlicher Gestaltung, in: ST 69/1995, 1057 ff. (zit. Nobel, Corporate Governance).
- Corporate Governance und Aktienrecht – Bedeutung für die KMU? in: Festschrift Forstmoser, Zürich 2003, 325 ff. (zit. Nobel, Corporate Governance und Aktienrecht).
- Der Anwalt im Spannungsfeld zwischen Beratung und Organschaft, in: Die Sorgfalt des Anwalts in der Praxis, Bern 1997, 45 ff. (zit. Nobel, Sorgfalt des Anwalts).
- Formelle Aspekte der Generalversammlung, in: Rechtsfragen um die Generalversammlung, Zürich 1997, in: SnA 11 (zit. Nobel, Formelle Aspekte).
- Grundsätze der OECD zu Corporate Governance, in: SZW 71/1999, 244 ff. (zit. Nobel, Grundsätze der OECD).
- Klare Aufgaben für den Verwaltungsrat, Verwaltungsrat und Geschäftsführung im neuen Aktienrecht, in: ST 11/1991, 531 ff. (zit. Nobel, Aufgaben).
- La rôle du président du conseil, in: SZW 2004, 23 ff. (zit. Nobel, rôle du président).
- Monismus oder Dualismus: Ein corporatologisches Scheinproblem? in: Charlotte M. Baer (Hrsg.), Verwaltungsrat und Geschäftsleitung, Bern 2006, 9 ff. (zit. Nobel, Monismus oder Dualismus).
- Patronatserklärung und ähnliche Erscheinungen im nationalen und internationalen Recht, in: Personalsicherheiten, Berner Bankrechtstag, Bd. 4, Bern 1997, 53 ff. (zit. Nobel, Patronatserklärung).
- Schweizerisches Finanzmarktrecht, 2. Aufl. Bern 2004 (zit. Nobel, Finanzmarktrecht).

Nösberger Thomas A, Wesentlichkeit als Grundsatz ordnungsmässiger Rechnungslegung im schweizerischen Aktienrecht, Diss. Freiburg 1998.

Noth Michael/Grob Evelyne, Rechtsnatur und Voraussetzungen der obligationenrechtlichen Prospekthaftung – ein Überblick, in: AJP 11/2002,) 1435 ff.

Nussbaumer Thomas, Die Haftung des Verwaltungsrates nach Art. 52 AHVG, in: AJP 1996, 1076 ff.

Nussbaumer Annemarie/von der Crone Hans Caspar, Ausschüttung von Tantiemen in: SZW 77/2005, 92 ff.

Oberson Raoul, La responsabilité de l'administrateur en matière fiscale, in: La responsabilité des administrateurs de sociétés anonymes, Lausanne 1987, 79 ff.

O'Neill Patrick, Die faktische Liquidation der Aktiengesellschaft, SSHW Bd. 258, Diss. Zürich 2007.

Oertle Matthias/du Pasquier Shelby R., Basler Kommentar zu Art. 683–688 OR, in: Honsell/Vogt/Watter (Hrsg.), Obligationenrecht II, 4. Aufl. Basel 2012.

Oertli Reinhard/Hänni Rolf, Handkommentar zum Schweizer Privatrecht zu Art. 727–731a OR, Personengesellschaften und Aktiengesellschaft, 2. Aufl. Zürich 2012 (zit. CHK-Oertli/Hänni).

Oesch Klaus, Verwaltungsrat und Unternehmungskrisen, Aufgaben eines Verwaltungsrates unter veränderten Umweltbedingungen, 2. Aufl. Zürich 2002.

Patak Sacha Daniel, Die virtuelle Generalversammlung im schweizerischen Aktienrecht, SSHW Bd. 239, Diss. Luzern 2005.

Paulsen Terje/Meierhofer Peter, Vom Sklaven zum Aufseher der eigenen Risiken, in: ST 78/2004, 1066 ff.

Peter Henry, «Spaghetti-Konzernrecht», in: Festschrift Nobel, Zürich 2005, 251 ff.

Peyer Patrik R., Das «vernünftige» Verwaltungsratsmitglied oder der objektivierte Fahrlässigkeitsbegriff in der aktienrechtlichen Verantwortlichkeit in: Zindel/Peyer/Schott (Hrsg.), Festschrift Peter Forstmoser, Zürich 2008, 85 ff.

Pfaff Dieter, Angaben über die Durchführung einer Risikobeurteilung in Anhang und Lagebericht, in: Festschrift Max Boemle, Zürich 2008, 315 ff.

Pfaff Dieter/Ruud Flemming, Schweizer Leitfaden zum Internen Kontrollsystem (IKS), 5. Aufl. Zürich 2011.

Pfeifer Michael, Mögliche Auswirkungen der kleinen und der grossen Aktienrechtsrevision auf die Stellung und die Haftung des Verwaltungsrats, in: AJP 18/2009, 12 ff.

Pic Jean-Jacques, A glance at Corporate Governance around the world, Paris 1997.

Plüss Adrian, Die Rechtsstellung des Verwaltungsratsmitgliedes, SSHW Bd. 130, Diss. Zürich 1990 (zit. Plüss, Rechtsstellung).
- Können Richter Verwaltungsräte absetzen? in: AJP/PJA 2/2014 (zit. Plüss, Richter).
- Haftung aus faktischer Organschaft – Risiken von Aktionärpools, Beiräten und Steuerungsausschüssen, in: IWIR, 1/2002, 25 ff. (zit. Plüss, Haftung).
- Zur Rechtsstellung des «Konzernführers», in: Neues zum Gesellschafts- und Wirtschaftsrecht, Festschrift Forstmoser, Zürich 1993, 147 ff. (zit. Plüss, Konzernführer).

Plüss Adrian/Jetzer Rolf P., Die Produkthaftpflicht, Ein Handbuch für die Praxis, Zürich 1999.

Plüss Adrian/Kunz Dominique, Organverantwortlichkeit nach schweizerischem Recht, in: Schwärzler/Wagner, Verantwortlichkeit im liechtensteinischen Gesellschaftsrecht, Stuttgart u.a. 2007, 245 ff.

Plüss Adrian/Kunz Dominique/Künzli Astrid, Handkommentar zum Schweizer Privatrecht zu Art. 707–726 OR, Personengesellschaften und Aktiengesellschaft, 2. Aufl. Zürich 2012 (zit. CHK-Plüss/Kunz/Künzli).

Plüss Adrian/Reichenbach Jürg, Rücktritt aus dem Verwaltungsrat – Haftungsbegrenzung oder zusätzliches Haftungsrisiko? in: IWIR 3/2001, 105 ff.

Portmann Wolfgang, Suspendierung von Exekutivmitgliedern einer juristischen Person, Festschrift Hans Michael Riemer, Bern 2007, 273 ff.

Pöschel Ines/Watter Rolf, Rechtliche Pflichten und Verantwortung der Führungsorgane, in: ST 11/2006, 816 ff.

PricewaterhouseCoopers, Deutschland (Hrsg.), Internes Kontrollsystem-Führungsinstrument im Wandel, Frankfurt 2006 (zit. PwC, Kontrollsystem).

- Risk Management Benchmarking Studie 2011–12, Frankfurt 2012 (zit. PwC, Benchmarking).
- Unternehmensweites Risikomanagement, Frankfurt 1999 (zit. PwC, Risikomanagement).
- Von der Krise zu einer neuen Risikokultur, Eine Untersuchung zu den Konsequenzen, die deutsche Unternehmen aus der Wirtschaftskrise ziehen, Frankfurt 2011 (zit. PwC, Wirtschaftskrise).

Raemy Alain/Gabriel Simon/Girsberger Daniel, Handkommentar zum Schweizer Privatrecht zu Art. 689–697h OR, Personengesellschaften und Aktiengesellschaft, 2. Aufl. Zürich 2012.

Raess Bruno/Knoepfel Martin, Was für eine freiwillige Revision spricht, in: PricewaterhouseCoopers (Hrsg.), Disclose, Juni 2012, S. 24 ff.

Rapp Marc Steffen/Wolf Michael, Studienbericht Effizienzprüfungen des Aufsichtsrats, Göttingen 2013.

Raschein Rolf, Die Abtretung von aktienrechtlichen Verantwortlichkeitsansprüchen im Konkurs, in: Festschrift 100 Jahre SchKG, Zürich 1989, 357 ff.

Rauber Georg, Der mittelbare Gläubigerschaden – alte und neue Ungereimtheiten im Verantwortlichkeitsrecht, in: Neues zum Gesellschafts- und Wirtschaftsrecht, Festschrift Forstmoser, Zürich 1993, 157 ff.

Rehbinder Manfred, Berner Kommentar zu Art. 319–330a OR, Bd. VI/2/2/1: Der Arbeitsvertrag, Bern 1985.

Reichmuth Marco, Die Haftung des Arbeitgebers und seiner Organe nach Art. 52 AHVG, Diss. Freiburg/Zürich 2008.

Reutter Thomas U., Basler Kommentar zu Art. 730–730b OR, in: Honsell/Vogt/Watter (Hrsg.), Obligationenrecht II, 4. Aufl. Basel 2012.

Reutter Thomas U./Rasmussen Sten E. D., Basler Kommentar zu Art. 730c–731a OR, in: Honsell/Vogt/Watter (Hrsg.), Obligationenrecht II, 4. Aufl. Basel 2012.

Rhein Mirjam Simone, Die Nichtigkeit von VR-Beschlüssen, Diss. Zürich 2001 (SSHW 203).

Richner Felix/Frei Walter/Kaufmann Stefan/Meuter Hans Ulrich, Handkommentar zum DBG, N 3 zu Art. 55 DBG, 2. Aufl. Zürich 2009.

Rieder Stefan, Whistleblowing als interne Risikokommunikation, RiU Bd. 2, Zürich 2013.

Riemer Hans Michael, Die Einstellung eines von der Generalversammlung der Aktiengesellschaft gewählten Verwaltungsratspräsidenten oder eines sonstigen Verwaltungsratsmitgliedes durch den Verwaltungsrat (Art. 726 Abs. 2 OR), in: Festschrift Jean Nicolas Druey, Zürich 2002, 527 ff.

Rippe Klaus-Peter, Wirtschaftsethik, Skript, Zürich 2005.

Rist M., IKS: Auch für KMU überwiegen die Vorteile, in: PricewaterhouseCoopers (Hrsg.), Disclose, Juni 2007.

Roads Christopher, OECD pushes Global Guidelines for Governance of Corporations, in: The Wall Street Journal Europe vom 12. Januar 2004, Nr. 239, A2.

Rohr Andreas, Bin ich Finanzintermediär?, Bern 2004.

Roth Rudolf, Das aktuelle schweizerische Aktienrecht, Zürich 1992 ff.

Roth Pellanda Katja, Organisation des Verwaltungsrates: Zusammensetzung, Arbeitsteilung, Information und Verantwortlichkeit, Diss. Zürich 2007 (zit. Roth Pellanda, Organisation).

- Q&A zur Klage auf Durchführung einer Sonderprüfung nach Art. 697a ff. OR, in: GesKR 3/2007, 294 ff. (zit. Roth Pellanda, Sonderprüfung).

Ruedin Roland, Rémuneration de société anonyme, in: Robert Waldburger et al. (Hrsg.), Festschrift Nobel, Bern 2005, 313 ff.

Ruepp Ronald U., Die Aufteilung der Konzernleitung zwischen Holding- und Managementgesellschaft, Diss. Zürich 1994.

Ruffner Markus, Die ökonomischen Grundlagen eines Rechts der Publikumsgesellschaft, Zürich 2000.

Ruoss Reto Thomas, Sorgfalt und Haftung der Revisionsstelle, in: Rolf H. Weber (Hrsg.), Verantwortlichkeit im Unternehmensrecht, Zürich/Basel/Genf 2003.

Rüttimann Markus, Finanzielle Führung in den mittelständischen Unternehmen der Schweiz, Zürich 1999.

Sanwald Reto, Aktuelle parlamentarische Vorstösse im Bereich des Gesellschaftsrechts, in: REPRAX 3/2001, 26 ff.

Sauber Thomas, Zur aktienrechtlichen Verantwortlichkeit stiller und verdeckter Verwaltungsratsmitglieder, Zürich 1987.

Schaad Hans-Peter, Basler Kommentar zu Art. 689–689e OR, in: Honsell/Vogt/Watter (Hrsg.), Obligationenrecht II, 4. Aufl. Basel 2012.

Schaub Marc-Antoine, Die Abberufung von Revisoren, in: ST 12/1992 (zit. Schaub, Abberufung).

- Droit des sociétés anonymes: Quelle majorité au conseil d'administration? in: SJZ 82/1986, 159 ff. (zit. Schaub, Conseil d'administration).

SCHEDLER KUNO/MÜLLER ROLAND/SONDEREGGER ROGER W., Führung, Steuerung und Aufsicht von öffentlichen Unternehmen – Public Corporate Governance für die Praxis, Bern 2013.

SCHELLENBERG/WITTWER RECHTSANWÄLTE (Hrsg.), Übernahmeangebot aus Sicht des Anbieters, Newsletter vom März 2007, Zürich/Genf 2007.

SCHERRER ERIC R., Die Stimmrechtsausübung durch Depotvertreter, SSHW Bd. 178, Diss. Zürich 1997.

SCHETT ALFRED, Stellung und Aufgaben der Verwaltung einer AG bei der Durchführung der ordentlichen GV, Zürich 1977.

SCHILDKNECHT KURT, Corporate Governance, Zürich 2004.

SCHILTKNECHT RETO, Arbeitnehmer als Verwaltungsräte abhängiger Konzerngesellschaften, Diss. Bern 1997.

SCHLEIFFER PATRICK, Der gesetzliche Stimmrechtsausschluss im Schweizerischen Aktienrecht nach bisherigem und revidiertem Recht, ASR Bd. 545, Zürich 1993.

SCHMID NIKLAUS, Die strafrechtliche Verantwortlichkeit des Revisors, SSTR Bd. 141, Zürich 1996 (zit. Schmid, Verantwortlichkeit).
- Einige Aspekte der strafrechtlichen Verantwortlichkeit von Gesellschaftsorganen, in: ZStrR 1988, 156 ff. (zit. Schmid, Gesellschaftsorgane).
- Schweizerisches Insiderstrafrecht, Bern 1988 (zit. Schmid, Insiderstrafrecht).

SCHNEIDER UWE H., Konzern-Corporate-Governance, in: Festschrift Nobel, Zürich 2005, 337 ff.

SCHNYDER ANTON K., Patronatserklärungen – Haftungsgrundlage für Konzerngesellschaften, in: SJZ 86/1990, 57 ff. (zit. Schnyder, Patronatserklärungen).
- «Volenti non fit iniuria» im Verantwortlichkeitsrecht, in Verantwortlichkeit im Unternehmensrecht V (Zürich/Basel/Genève 2010), 43 ff. (zit. Schnyder, Verantwortlichkeitsrecht).

SCHNYDRIG ANDRIN/VISCHER MARKUS, Die Transaktionsvereinbarung bei öffentlichen Übernahmen, in: AJP/PJA 10/2006.

SCHOTT ANSGAR, Insichgeschäft und Interessenkonflikt, Diss. Zürich 2002.

SCHUBARTH MARTIN, Insidermissbrauch – Zur Funktion und zum Hintergrund eines neuen Straftatbestandes, in: Gedächtnisschrift für Peter Noll, Zürich 1984 (zit. Schubarth, Insidermissbrauch).
- Kommentar zum schweizerischen Strafrecht, 2. Bd.: Delikte gegen das Vermögen, Art. 137–172 StGB, Bern 1990 (zit. Schubarth, Kommentar).

SCHUCANY EMIL, Verantwortlichkeit wegen Absenz und Stimmenthaltung im Verwaltungsrat, in: SJZ 60/1964, 229 ff.

SCHULTHESS BERNHARD, Funktionen der Verwaltung einer Aktiengesellschaft, Diss. Zürich 1967.

SCHULTZ GÜNTHER, Die Zusammenarbeit zwischen Verwaltungsrat und Revisionsstelle, in: ST 3/1996, 139 ff.

SCHÜRMANN LEO, Rechtsfragen zur Haftung von Mitgliedern des Regierungsrates als Verwaltungsräte in öffentlichen und gemischtwirtschaftlichen Unternehmen, in: ZBl 91/1990, 337 ff.

SCHWARZ JÜRG M., Ein Corporate-Governance-Konzept auch für KMU? Spezifische Corporate-Governance-Regeln für KMU unerlässlich? in: SJZ 99/2003, 487 ff.

SCHWEINGRUBER PASCAL, Die Versicherung der aktienrechtlichen Verantwortlichkeit in der Schweiz, Zürich 1997.

SCHWEIZER HANDBUCH DER WIRTSCHAFTSPRÜFUNG, Treuhand Kammer (Hrsg.), Zürich 2009, Bd. 1–4 (zit. HWP (2009), Band 1-4).

SCHWEIZER PRÜFUNGSSTANDARDS (PS), Ausgabe 2013, Treuhand-Kammer, Zürich 2013 (zit. PS).

SCHWENZER INGEBORG, Schweizerisches Obligationenrecht Allgemeiner Teil, 5. Aufl. Bern 2009.

SENN DOROTHEA, Die Haftung des Verwaltungsrates bei der Sanierung der AG, Basler Diss. Zürich 2001.

SIBBERN ERIC, Einfluss der Generalversammlung auf die Geschäftsführung, in: Festschrift Hans Caspar von der Crone, Zürich 2007, 229 ff.

SIEGWART HANS, Der Cash-Flow als finanz- und ertragswirtschaftliche Lenkungsgrösse, 3. Aufl. Stuttgart/Zürich 1994.

SIFFERT RINO/TAGMANN ADRIAN, in: Handkommentar zur HRegV, (Hrsg. Siffert Rino/Turin Nicholas), Stämpfli Handkommentar, Bern 2013.

SIFFERT RINO/TURIN NICHOLAS, in: Stämpflis Handkommentar zur HRegV, Stämpfli Handkommentar, Bern 2013 (zit. Autor in Siffert/Turin Handkommentar zur HRegV).

SOMMER UELI, Die rechtliche Qualifikation von Verwaltungsrats- und anderen Organverträgen, in: AJP 13/2004, 1059 ff.

SPIELMANN NINA, Internationale Corporate Governance – Best Practice Empfehlungen für Klein- und Mittelunternehmen, Diss. St. Gallen, Bern/Stuttgart/Wien 2012.

SPRECHER THOMAS, Der Organtreuhandvertrag, in: «Verantwortlichkeits-, Zivilprozess- und Versicherungsrecht», Zürich/St. Gallen 2012, 239 ff.

SPRÜNGLI LUZIUS, Die neue Rolle des Verwaltungsrates, Veränderte Stellung und Aufgaben sowie mögliche Ausgestaltung des Verwaltungsrates in mittelgrossen schweizerischen Industrieunternehmungen, Bern 1991.

SPÜHLER KARL/DOLGE ANNETTE/GEHRI MYRIAM: Schweizerisches Zivilprozessrecht, 9. Aufl. Bern 2010, § 28 N 105.

STAEHELIN THOMAS, Die unübertragbaren Aufgaben des Verwaltungsrates einer Familienaktien-Gesellschaft, in: SZW 64/1992, 200 ff.

STAEHELIN ADRIAN/VISCHER FRANK, Zürcher Kommentar zu Art. 319–362 OR, Bd. V 2c: Der Arbeitsvertrag, Zürich 1997.

STÄMPFLI MICHAEL, Die gemischtwirtschaftliche Aktiengesellschaft, ASR Bd. 553, Bern 1991.

STANDARD ZUR EINGESCHRÄNKTEN REVISION, Ausgabe 2007, Treuhand-Kammer/ Schweizerischer Treuhänder-Verband, Bern/Zürich 2007 (zit. SER).

STEIN MATTHIAS, Die Management Holding: Analyse eines Struktur- und Führungskonzeptes, Diss. St. Gallen 1993.

STEINER ERNST, Die Vertretung des Gemeinderats im Verwaltungsrat einer AG, in: SAG 20, 143 ff.

STEINMANN MARKUS, Präventive Abwehrmassnahmen zur Verhinderung unfreundlicher Übernahmen mit Mitteln des Aktienrechts, Diss. St. Gallen 1989.

STENZ THOMAS/RUFER MARKUS, Der neue Prüfungsbericht, in: ST 1/2007, 8 ff.

STIFTUNG FÜR FACHEMPFEHLUNGEN ZUR RECHNUNGSLEGUNG (Hrsg.), Fachempfehlung zur Rechnungslegung, Zürich 2006.

STÖCKLI JEAN-FRITZ, Unübertragbare Aufgaben des Verwaltungsrates, in: AJP 5/1994, 581 ff.

STÖCKLI HANSJÖRG/ZAENHER HEINZ, Standard zur eingeschränkten Revision, in: ST 12/2006, 400 ff.

STOFFEL ARMIN, Beamte und Magistraten als Verwaltungsräte von gemischtwirtschaftlichen Aktiengesellschaften, Diss. Diessenhafen 1975 (St. Gallen).

STOFFEL WALTER A./HEINZMANN MICHEL, Interessendurchgriff? Eine problematische Beurteilung von Eigeninteressenkonflikten der Organe in der Aktiengesellschaft, in: Festschrift Peter Forstmoser, Zürich 2003, 199 ff.

STREIFF ULLIN/VON KAENEL ADRIAN/RUDOLPH ROGER, Praxiskommentar zu Art. 319–362 OR, Arbeitsvertrag, 7. Aufl. Zürich/Basel/Genf 2012.

STUDER CHRISTOPH D., Die Einberufung der Generalversammlung der Aktiengesellschaft, Bern 1995.

STUTZ BETTINA/VON DER CRONE HANS CASPAR, Kündigung des Arbeitsverhältnisses mit dem Vizedirektor einer Aktiengesellschaft, in: SZW 74/2002, 260 ff.

SÜCHTING J., Finanzmanagement, 5. Aufl., Wiesbaden 1989.

SUTER CLAUDIA, Der Schaden bei der aktienrechtlichen Verantwortlichkeit, Zürich 2012, 171.

SUTER DANIEL, Ergänzende Fachempfehlung für kotierte Unternehmen, in: PricewaterhouseCoopers (Hrsg.), Disclose, Juni 2013, 34.

TANNER BRIGITTE, Generalversammlung ohne Tagungsort, zur Flexibilisierung der Generalversammlung von Aktiengesellschaften gemäss dem Vorentwurf zur Aktienrechtsreform, in: Zindel/Peyer/Schott (Hrsg.), Festschrift Peter Forstmoser, Zürich/St. Gallen 2008, 165 ff. (zit. Tanner, Generalversammlung).

- Handkommentar zum Schweizer Privatrecht zu Art. 698–706b OR, Personengesellschaften und Aktiengesellschaft, 2. Aufl. Zürich 2012 (zit. CHK-Tanner).
- Quoren für die Beschlussfassung in der Aktiengesellschaft, SSHW 100, Zürich 1987 (zit. Tanner, Beschlussfassung).
- Zürcher Kommentar zu Art. 698–706b OR, Die Aktiengesellschaft. Die Generalversammlung: Teilband V 5b 2. Aufl. Zürich 2003.

TERCIER PIERRE, La solidarité et les actions récursoires, in: Die Verantwortlichkeit der Verwaltung nach neuem Aktienrecht, Freiburg 1993, 123 ff.

THALMANN ANTON, Die Treuepflicht der Verwaltung der Aktiengesellschaft, Diss. Bern 1975.

THELESKLAF DANIEL/WYSS RALPH/ZOLLINGER DAVE, GwG – Geldwäschereigesetz, Zürich 2003.

TISSOT NATHALIE, Urteil des Bundesgerichts vom 25.11.1992, in: SZW 65/1993, 295 ff.

TOPHINKE ESTHER, Basler Kommentar zu Art. 10 StPO in: Niggli/Heer/Wiprächtiger (Hrsg.), Schweizerische Strafprozessordnung, Basel 2010.

TRECHSEL STEFAN, Schweizerisches Strafgesetzbuch, Kurzkommentar, 2. Aufl. Zürich 1997.

TRECHSEL STEFAN/CRAMERI DEAN, in: Trechsel/Pieth (Hrsg.), Schweizerisches Strafgesetzbuch, Praxiskommentar, 2. Aufl. Zürich/St. Gallen 2012.

TRECHSEL STEFAN/ERNI LORENZ in: Trechsel/Pieth (Hrsg.), Schweizerisches Strafgesetzbuch, Praxiskommentar, 2. Aufl. Zürich/St. Gallen 2012.

TRECHSEL STEFAN/JEAN-RICHARD-DIT-BRESSEL MARC in: Trechsel/Pieth (Hrsg.), Schweizerisches Strafgesetzbuch, Praxiskommentar, 2. Aufl. Zürich/St. Gallen 2012.

TRECHSEL STEFAN/OGG MARCEL in: Trechsel/Pieth (Hrsg.), Schweizerisches Strafgesetzbuch, Praxiskommentar, 2. Aufl. Zürich/St. Gallen 2012.

TREUHAND-KAMMER (Hrsg.), Eingeschränkte Revision und Mitwirkung bei der Buchführung, Positionspapier der Treuhand-Kammer vom 25. Oktober 2011, in: ST 12/2011, 1000 ff. (zit. Treuhand-Kammer, Eingeschränkte Revision).
- Richtlinien zur Unabhängigkeit, Ausgabe 2007 (zit. Treuhand-Kammer, Unabhängigkeit).
- Schweizer Handbuch der Wirtschaftsprüfung 2009, Bd. 1–4, Zürich 2009 (zit. HWP (2009), Band 1–4).
- Standes- und Berufsregeln, 2007 (zit. Treuhand-Kammer, Standes- und Berufsregeln).

TRINDADE RITA TRIGO, Le conseil d'administration de la société anonyme, Basel 1996, 188 f.

TROTTMANN MARKUS, Können die Statuten einer Aktiengesellschaft vorsehen, dass sich ein Verwaltungsrat bei der Beschlussfassung des Rates durch ein anderes Ratsmitglied vertreten lassen kann? in: Jahrbuch des Handelsregisters, Zürich 1993, 51 ff.

TRÜEB HANS RUDOLF, Handkommentar zum Schweizer Privatrecht zu Art. 657–659*b* OR, Personengesellschaften und Aktiengesellschaft, 2. Aufl. Zürich 2012.

TSCHÄNI RUDOLF, M&A-Transaktionen nach Schweizer Recht, Zürich 2003.

TSCHÄNI RUDOLF/DIEM HANS-JAKOB, Die Pflichten des Verwaltungsrates der Zielgesellschaft bei Übernahmeangeboten, in: Rudolf Tschäni (Hrsg.), Mergers & Acquisitions VII, Europa Institut Zürich, Zürich 2005.

TUOR PETER/SCHNYDER BERNHARD/SCHMID JÖRG, Das Schweizerische Zivilgesetzbuch, 11. Aufl. Zürich 2009.

TURIN NICHOLAS, Aspekte einer neuen Interpretation von Art. 716a Abs. a Ziff. 4 OR, in: REPRAX 1 (1999), 42 ff.

UBS OUTLOOK 2002, Online Brochure Risikomangement, Zürich 2002.

ULRICH PETER, Zivilisierte Marktwirtschaft, Freiburg im Breisgau 2005.

UMBACH PATRICK/WEBER ROLF H., Schadensberechnung in Verantwortlichkeitsprozessen, in: Rolf H. Weber (Hrsg.), Verantwortlichkeit im Unternehmensrecht, Zürich 2003, 111 ff.

VETTER MEINRAD, Der verantwortlichkeitsrechtliche Organbegriff gemäss Art. 754 Abs. 1 OR, Diss. St. Gallen, Zürich 2007.

VETTIGER THOMAS/VOLKART RUDOLF, Finanzielle Unternehmensführung aus Sicht des Verwaltungsrates, in: ST 12/2006, 908 ff.

VISCHER MARKUS, Schadloshaltungsklauseln in Mandatsverträgen fiduziarischer Verwaltungsräte, in: AJP 12/2003, 491 ff.

VISCHER MARKUS/ENDRASS YVES, Die Einberufung einer Sitzung des Verwaltungsrates, in: AJP 4/2009, 405 ff.

VOCK DOMINIK, Basler Kommentar zu Art. 40–45 ZPO, in: Spühler/Tenchio/Infanger (Hrsg.), Schweizerische Zivilprozessordnung, 2. Aufl. Basel 2013.

VOGEL ALEXANDER, Die Haftung der Muttergesellschaft als materielles, faktisches oder kursgebendes Organ der Tochtergesellschaft, Diss. St. Gallen, Bern 1997 (zit. Vogel, Haftung).

– Handkommentar zum Schweizer Privatrecht zu Art. 927–943 OR, Personengesellschaften und Aktiengesellschaft, 2. Aufl., Zürich 2012 (zit. CHK-Tanner).

– Kapitalersetzende «Sanierungs»-Darlehen im Konzern, Bemerkungen zum Urteil des Obergerichts des Kantons Zürich vom 18. Januar 1993, in: SZW 65/1993, 299 ff. (zit. Vogel, Sanierungs-Darlehen).

– Neue Tendenzen im Konzern(haftungs)recht, in: Festschrift Druey, Zürich 2002, 607 ff. (zit. Vogel, Neue Tendenzen).

VOGT HANS-UELI, Der öffentliche Glaube des Handelsregisters, SSHW Bd. 220, Diss. Zürich 2003 (zit. Vogt, öffentlicher Glaube).

– Solidarität in der aktienrechtlichen Verantwortlichkeit, in: Weber/Isler (Hrsg.), Verantwortlichkeit im Unternehmensrecht IV, Europa Institut Zürich, Zürich 2008, 21 ff. (zit. Vogt, Solidarität).

Vogt Hans-Ueli/Bänziger Michael, Das Bundesgericht anerkennt die Business Judgment Rule als Grundsatz des schweizerischen Aktienrechts, in: GesKR 2012, 607 ff.

Vogt Hans-Ueli/Fischer Pascal M., Neue Haftungsrisiken für die Revisionsstelle aufgrund des neuen Revisionsrechts? in: Rolf H. Weber (Hrsg.), Verantwortlichkeit im Unternehmensrecht III, Europa Institut Zürich, Zürich 2006, 111 ff.

Volkart, Rudolf, Beiträge zur Theorie und Praxis des Finanzmanagements, 5. Aufl. Zürich 1993 (zit. Volkart, Beiträge).

- Corporate Finance-Grundlagen von Finanzierung und Investition, 2006 (zit. Volkart, Corporate Finance).
- Strategische Finanzpolitik, Zürich 1997 (zit. Volkart, Finanzpolitik).
- Überlegungen zur finanziellen Führung im Mittelbetrieb, in: ST 11/1996, 881 ff. (zit. Volkart, Überlegungen).

Vollmar Jürg, Grenzen der Übertragung von gesetzlichen Befugnissen des Verwaltungsrats an Ausschüsse, Delegierte und Direktoren, Diss. Bern, Lenzburg 1986.

von Büren Roland, Der Konzern, in: Schweizerisches Privatrecht, Handelsrecht, Band VIII/6, Basel und Frankfurt am Main 1997, 1 ff. (zit. von Büren, Konzern).

- Die einheitliche Leitung im Konzern: Einordnungskonzept oder Aushandlungskonzept? in: Kramer/Nobel/Waldburger (Hrsg.), Festschrift für Peter Böckli, Zürich 2006, 429 ff. (zit. von Büren, einheitliche Leitung im Konzern).
- Erfahrungen schweizerischer Publikumsgesellschaften mit dem neuen Aktienrecht, in: ZBJV 131/1995, 57 ff. (zit. von Büren, Erfahrungen).

von Büren Roland/Stoffel Walter A./Weber Rolf H., Grundriss des Aktienrechts, 3. Aufl. Zürich 2011.

von der Crone Hans Caspar, Arbeitsteilung im Verwaltungsrat, in: Charlotte M. Baer (Hrsg.), Studien zum Privat-, Handels- und Wirtschaftsrecht, Bern 2006, 79 ff. (zit. von der Crone, Arbeitsteilung).

- Die Internet-Generalversammlung, in: Festschrift Peter Forstmoser, Zürich 2003, 155 ff. (zit. von der Crone, Internet-Generalversammlung).
- Haftung und Haftungsbeschränkung in der aktienrechtlichen Verantwortlichkeit, in: SZW 78/2006, 2 ff. (zit. von der Crone, Haftung und Haftungsbeschränkung).
- Interessenkonflikte im Aktienrecht, in: SZW 66/1994, 1 ff. (zit. von der Crone, Interessenkonflikte).
- Strategische Leitung und Qualitätssicherung in der Aktiengesellschaft, in: SJZ 98/2002, 1 ff. (zit. von der Crone, strategische Leitung).
- Übernahmerechtliche Grundsätze: Transparenz, Gleichbehandlung und Lauterkeit, in: Schweizerisches Übernahmerecht in der Praxis, UEK Zürich, 2005 (zit. von der Crone, Übernahmerecht).

von der Crone Hans Caspar/Bloch Benjamin, Was kann die aktienrechtliche Verantwortlichkeit leisten? in: Verantwortlichkeit im Unternehmensrecht VI, Zürich/Basel/Genf 2012, 83 ff.

von der Crone Hans Caspar/Carbonara Antonio/Hunziker Silvia, Aktienrechtliche Verantwortlichkeit und Geschäftsführung – Ein funktionaler und systematischer Überblick, ZSR Beiheft 43, Basel 2006.

von der Crone Hans Caspar /Huber Adriano R., Festlegung von Vergütungen in Publikumsgesellschaften – Umsetzungsvorschlag für Art. 95 Abs. 3 BV, in: SJZ 109/2013, 297–308.

von der Crone Hans Caspar/Roth Katja, Der Sarbanes-Oxley Act und seine extraterritoriale Bedeutung in: AJP 2/2003, 131 ff.

von der Crone Hans Caspar/Walter Maria, Konzernerklärung und Konzernverantwortung, in: SZW 2001, 53 ff.

von Greyerz Christoph, Prüfung, Berichterstattung und Vorgehen bei Kapitalverlust und Überschuldung, in: Aufgaben und Verantwortlichkeit der Kontrollstelle, SSTR Bd. 36, Zürich 1979.

von Planta Flurin, Der Interessenkonflikt des Verwaltungsrates der abhängigen Konzerngesellschaft, Diss. Zürich 1988.

von Rechenberg Andrea, Die praktische Führungsaufgabe des Verwaltungsrats-Präsidenten, Chur 2001.

von Salis Ulysses, Die Gestaltung des Stimm- und Vertretungsrechts im Schweizerischen Aktienrecht, SSHW Bd. 174, Zürich 1996.

von Steiger Fritz, Das Recht der Aktiengesellschaft in der Schweiz, 4. Aufl. Zürich 1970.

Waldburger Martin, Die Gleichbehandlung von Mitgliedern des Verwaltungsrats, SSPHW Bd. 66, Diss. St. Gallen, Bern/Stuttgart/Wien 2002.

Walker Felix, NR, in seiner Motion «Corporate Governance in der Aktiengesellschaft» vom 20.6.2001 (Nr. 01.3329).

Waser Patrick, Drei Jahre Corporate-Governance-Richtlinie der SWX, in: ST 80/2006, 643 ff.

Watter Rolf, Basler Kommentar zu Art. 716–722, 726–729c, 752, 753 OR, in: Honsell/Vogt/Watter (Hrsg.), Obligationenrecht II, 4. Aufl. Basel 2012.

- Die Verpflichtung der AG aus rechtsgeschäftlichem Handeln ihrer Stellvertreter, Prokuristen und Organe, SSHW Bd. 81, Zürich 1985 (zit. Watter, Verpflichtung).
- Minderheitenschutz im neuen Aktienrecht in: AJP 2/1993, 117 ff. (zit. Watter, Minderheitenschutz).
- Pflichten und Handlungsmöglichkeiten des Verwaltungsrates in Übernahmesituationen, in: Rolf Tschäni (Hrsg.), Mergers & Acquisitions IV, Europa Institut Zürich, Zürich 2002, 1 ff. (zit. Watter, Übernahmesituationen).
- Prospekt(haft)pflicht heute und morgen, in: AJP 1/1992, 48 ff. (zit. Watter, Prospekthaftpflicht).
- Prospektpflicht und Prospekthaftpflicht, in: ST 9/1991, 669 ff. (zit. Watter, Prospektpflicht).
- Unternehmensübernahmen, Zürich 1990 (zit. Watter, Unternehmensübernahmen).

- Verwaltungsratsausschüsse und Delegierbarkeit von Aufgaben, in: Festschrift Forstmoser, Zürich 2003, 183 ff. (zit. Watter, Verwaltungsratsausschüsse).

WATTER ROLF/DUBS DIETER, Der Déchargebeschluss, in: AJP 10/2001, 908 ff.

WATTER ROLF/MAIZAR KARIM, Basler Kommentar zu Art. 663b^{bis} und Art. 663c OR, in: Honsell/Vogt/Watter (Hrsg.), Obligationenrecht II, 4. Aufl. Basel 2012.

- Basler Kommentar zu Art. 727, 727a–727c OR, in: Honsell/Vogt/Watter (Hrsg.), Obligationenrecht II, 4. Aufl. Basel 2012.

WATTER ROLF/NOTH MICHAEL G., Basler Kommentar zu Art. 1156 OR, in: Honsell/Vogt/Watter (Hrsg.), Obligationenrecht II, 4. Aufl. Basel 2012.

WATTER ROLF/PFIFFNER DANIEL C., Basler Kommentar zu Art. 728a–728b OR, in: Honsell/Vogt/Watter (Hrsg.), Obligationenrecht II, 4. Aufl. Basel 2012.

WATTER ROLF/PÖSCHEL INES, Neinsager und Nichtstimmer: ihre aktienrechtliche Verantwortlichkeit, in: GesKR 1/2011, 14 ff.

WATTER ROLF/RAMPINI, Basler Kommentar zu Art. 728–729 OR, in: Honsell/Vogt/Watter (Hrsg.), Obligationenrecht II, 4. Aufl. Basel 2012.

WATTER ROLF/ROHDE THOMAS, Die Spendenkompetenz des Verwaltungsrates, in: Roger Zäch (Hrsg.), Individuum und Verband – Festgabe zum Schweizerischen Juristentag, Zürich 2006, 329 ff.

WATTER ROLF/ROTH PELLANDA KATJA, Basler Kommentar zu Art. 716–717 OR, in: Honsell/Vogt/Watter (Hrsg.), Obligationenrecht II, 4. Aufl. Basel 2012.

- Geplante Neuerungen betreffend die Organisation des Verwaltungsrates, in: GesKR Sondernummer 2008, 129 ff.

WATTER ROLF/TRUFFER ROLAND A., Aktienrechtliche Verantwortlichkeit, in: AJP 1996, 1572 ff.

WEBER MARTIN, Vertretung im Verwaltungsrat, Qualifikation – Zulässigkeit – Schranken, SSHW Bd. 155, Zürich 1994 (zit. Weber, Vertretung).

WEBER ROLF H., Basler Kommentar zu Art. 696–697h, 801a, 802, 856–857 OR, in: Honsell/Vogt/Watter (Hrsg.), Obligationenrecht II, 4. Aufl. Basel 2012.

- Praktische Merkpunkte für die Beurteilung der Verantwortlichkeit im Unternehmensrecht, in: Rolf H. Weber (Hrsg.), Praxis zum unternehmerischen Verantwortlichkeitsrecht, Zürich 2004, 1 ff. (zit. Weber, Praktische Merkpunkte).
- Schweizerisches Verantwortlichkeitsrecht – Stolpersteine heute – Potentiale morgen, in Verantwortlichkeit im Unternehmensrecht VI, Zürich/Basel/Genf, 2012, 161 ff. (zit. Weber, Verantwortlichkeitsrecht).
- Sonderprüfung – Hürdenlauf ohne Ende für den Aktionär? in: Aktienrecht 1992–1997 Versuch einer Bilanz, Festschrift Bär, Bern 1998, 401 ff. (zit. Weber, Hürdenlauf).
- Verantwortlichkeit der Unternehmensorgane für regulatorische Interventionen, in: Weber/Isler (Hrsg.), Verantwortlichkeit im Unternehmensrecht IV, Europa Institut Zürich, Zürich 2008, 115 ff. (zit. Weber, Unternehmensorgane).

WEGMÜLLER MICHAEL, Die Ausgestaltung der Führungs- und Aufsichtsaufgaben des schweizerischen Verwaltungsrates, Diss., Bern 2008.

WEIDACHER RETO, Die Rechtsbeziehungen zum unabhängigen Stimmrechtsvertreter im Schweizerischen Aktienrecht, in: Neues zum Gesellschafts- und Wirtschaftsrecht, Festschrift Forstmoser, Zürich 1993, 187 ff.

WEISS GOTTFRIED, Zum Schweizerischen Aktienrecht, ASR Heft 385, Bern 1968.

WEISSENBERGER PHILIPPE, Basler Kommentar zu Art. 29 StGB, in: Niggli/Wiprächtiger (Hrsg.), Strafgesetzbuch I, 3. Aufl. Basel 2013.

WEKA, Management Dossier, Der Verwaltungsrat, Juni 2007, Nr. 7.

WERNLI MARTIN/RIZZI MARCO A., Basler Kommentar zu Art. 707–715a OR, in: Honsell/Vogt/Watter (Hrsg.), Obligationenrecht II, 4. Aufl. Basel 2012.

WICKI ANDRÉ ALOYS, Klagbares Informationsrecht? Wie sich ein isolierter Verwaltungsrat wehren könnte, in: NZZ vom 2./3. September 2000, 29.

– Informationsblockade im Verwaltungsrat, in: NZZ vom 27. Oktober 2000, 23.

WIDMER DIETER, Lösung der Haftungsfrage wird greifbar, in: ST 11/2006, 856 ff.

WIDMER DIETER/CAMPONOVO RICO A., Haftung der Revisionsstelle im Entwurf zum Aktien- und Rechnungslegungsrecht, in: ST 82/2008, 110 ff.

WIEGAND WOLFGANG, Die Verantwortlichkeit des Verwaltungsrates, in: Grundfragen des neuen Aktienrechtes, Symposium aus Anlass der Emeritierung von Rolf Bär, Bern 1993.

WINKELJOHANN NORBERT, Rechnungslegung nach IFRS, Ein Handbuch für mittelständische Unternehmen in Kooperation mit PricewaterhouseCoopers, Berlin, 2004.

WITMER JÖRG, Der Rangrücktritt im schweizerischen Aktienrecht, Winterthur 1999.

WOHLMANN HERBERT, Zur Organvertretung im neuen Schweizerischen Aktienrecht, in: SJZ 90/1994, 116 f.

WOHLMANN HERBERT/AMBAUEN IRMA, Der Rückzug von angekündigten Traktanden und die Änderung von Anträgen nach der Einladung zu einer Generalversammlung, in: SZW 4/2010, 294 ff.

WUNDERER FELIX ROLF, Der Verwaltungsrats-Präsident – Gestaltungsansätze aus juristischer und managementorientierter Sicht, SSHW Bd. 163, Zürich 1995 (zit. Wunderer, VR-Präsident).

WUNDERER ROLF, Führung und Zusammenarbeit, 7. Aufl. München 2007 (zit. Wunderer, Führung).

WÜRSCH DANIEL, Der Aktionär als Konkurrent der Gesellschaft, SSHW Bd. 124, Zürich 1988.

WÜSTINER HANSPETER, Basler Kommentar zu Art. 725–725a OR, in: Honsell/Vogt/Watter (Hrsg.), Obligationenrecht II, 4. Aufl. Basel 2012.

WYSS HANSPETER/MITTELSTEADT STEPHEN R., Fair value Accounting, in: ST 11/2012, 885–899.

Wyss Lukas, Das IKS und die Bedeutung des (Legal) Risk Management für VR Und Geschäftsleitung im Lichte der Aktienrechtsreform 2007, in: SZW 1/2007, 27 ff.

Wyttenbach Michael, Formelle, materielle und faktische Organe – einheitlicher Organbegriff? BStR A 108, Diss. Basel 2012.

zCapital AG Zug (Hrsg.) zRating – Corporate Governance in kotierten Small & Mid Cap-Unternehmen 2012, Empirische Studie 25. Mai 2012 (zit. zCapital 2012).

Zehnder Egon P., Corporate Governance in den USA, in: NZZ vom 23./24.10.1999.

Zenhäusern M./Bertschinger P., Konzernrechnungslegung, Zürich 1993.

Zihler Florian, Die Konzernrechnung gemäss zukünftigem Rechnungslegungsrecht, in: ST 5/2012, 284 ff.

– Überblick über das neue Rechnungslegungsrecht, in: ST 11/2012, 806 ff.

Zihler Florian/Krähenbühl Samuel, Zeichnungsberechtigungen und Funktionen in der handelsregisterrechtlichen Praxis, in: REPRAX 3/2010.

Zimmermann Harry, Grundfragen der Stellung der Verwaltungsratsmitglieder, Direktoren und Prokuristen der AG, Zürich 1946.

Zindel Gaudenz G./Honegger Peter C./Isler Peter R./Benz Ulrich., Statuten nach neuem Aktienrecht, 2. Aufl., Schriften zum neuen Aktienrecht Bd. 5, Zürich 1997.

Zindel Gaudenz G./Isler Peter R., Basler Kommentar zu Art. 650–653i OR, in: Honsell/Vogt/Watter (Hrsg.), Obligationenrecht II, 4. Aufl. 2012.

Zobl Dieter, Probleme der organschaftlichen Vertretungsmacht, in: ZBJV 125/1989, 289 ff. (zit. Zobl, Vertretungsmacht).

– Sicherungsgeschäfte der Aktiengesellschaft im Interesse des Aktionärs, in: Banken und Bankrecht im Wandel, Festschrift Kleiner, Zürich 1993, 183 ff. (zit. Zobl, Sicherungsgeschäfte).

Zünd Andre, Expectation Gap – die Revisionsstelle im Clinch von Erwartung und Auftrag, in: ST 7–8/1992, 371 ff.

Zürcher Johann, Der Schaden im Verantwortlichkeitsrecht, in Verantwortlichkeit im Unternehmensrecht VI, Zürich/Bern/Genf 2012, 7 ff.

Zürcher Kommentar zu Art. 739–771 OR, Die Aktiengesellschaft, Zürich 1979 (zit. Autor, in: Zürcher Kommentar).

Abkürzungsverzeichnis

Abs.	Absatz
a.M.	anderer Meinung
AktG	[deutsches] Aktiengesetz
Anm.	Anmerkung
AG	Aktiengesellschaft
AHV	Alters- und Hinterlassenenversicherung
AJP	Aktuelle Juristische Praxis (Lachen)
ALV	Arbeitslosenversicherung
ASA	Archiv für Schweizerisches Abgaberecht
ASR	Abhandlungen zum schweizerischen Recht (Bern)
aOR	altes Obligationenrecht in der Fassung vor dem 1.7.1992
ArG	Bundesgesetz über die Arbeit in Industrie, Gewerbe und Handel (Arbeitsgesetz)
Art.	Artikel
Aufl.	Auflage
BankG	Bundesgesetz über die Banken und Sparkassen (Bankengesetz)
BBl.	Bundesblatt
BBSW	Berner Beiträge zum Steuer- und Wirtschaftsrecht
Bd.	Band
BEHG	Bundesgesetz über die Börsen und den Effektenhandel
BEHV	Verordnung über die Börsen und den Effektenhandel
BGE	Entscheidungen des Schweizerischen Bundesgerichts
BGer.	Schweizerisches Bundesgericht
bspw.	beispielsweise
bzw.	beziehungsweise
CEO	Chief Executive Officer (Geschäftsführer)
CFO	Chief Financial Officer (Finanzchef)
CG	Corporate Governance
CHK	Handkommentar zu Schweizer Privatrecht, Schulthess Verlag, Zürich 2010 und 2012
COSO	Committee of Sponsorship (Organisation, die ein IKS-Rahmen-Werk entwickelt hat)
d.h.	das heisst
D&O	Director's and Officer's [Insurance] (Organhaftpflichtversicherung)
Diss.	Dissertation
EBK	Eidg. Bankenkommission

EHRA	Eidgenössisches Handelsregisteramt
ERP	Enterprise Resource Planning (Planung der Verwendung von Unternehmensressourcen)
Erw.	Erwägung
etc.	et cetera/und so weiter
EU	Europäische Union
f.	und folgende (Seite, Note etc.)
ff.	und fortfolgende (Seiten, Noten etc.)
FER	Fachempfehlungen zur Rechnungslegung
FINMA	Finanzmarktaufsicht
Fn.	Fussnote
FusG	Bundesgesetz über Fusion, Spaltung, Umwandlung und Vermögensübertragung (Fusionsgesetz)
GeBüV	Verordnung über die Führung und Aufbewahrung der Geschäftsbücher (Geschäftsbücherverordnung)
GesKR	Gesellschafts- und Kapitalmarktrecht (Zürich)
GestG	Bundesgesetz über den Gerichtsstand in Zivilsachen (Gerichtsstandsgesetz)
GL	Geschäftsleitung
gl.M.	gleicher Meinung
GmbH	Gesellschaft mit beschränkter Haftung
GV	Generalversammlung
GVP	St.Gallische Gerichts- und Verwaltungspraxis
GwG	Bundesgesetz zur Bekämpfung der Geldwäscherei im Finanzsektor (Geldwäschereigesetz)
GzA	Grundsätze zur Abschlussprüfung in der Schweiz
HRegV	Handelsregisterverordnung
Hrsg.	Herausgeber
HWP	Schweizer Handbuch der Wirtschaftsprüfung (2009)
IAFC	International Federation of Accountants
IAS	International Accounting Standards (neu IFRS)
IASC	International Accounting Standard Committee Foundation (erarbeitet die IFRS)
i.d.R.	in der Regel
IFRS	International Financial Reporting Standards, herausgegeben vom IASB International Standards Board, London (früher IAS)
IKS	Internes Kontrollsystem
insb.	insbesondere
Int.	International(e)

IOSCO	International Organization of Securities Commissions (Int. Vereinigung der Börsenaufsichtsbehörde)
IP	Internet Protocol
i.S.	im Sinne/in Sachen
ISA	International Standards on Auditing (Internationale Prüfungsgrundsätze der IAFC)
IT	Information Technology
i.V.m.	in Verbindung mit
IWIR	Insolvenz- und Wirtschaftsrecht (Zug)
Kap.	Kapitel
KMU	Kleine und Mittlere Unternehmungen (englisch SME; französisch PME)
KonTraG	[Deutsches] Bundesgesetz zur Kontrolle und Transparenz im Unternehmensbereich
KPI	Key Performance Indicators
lit.	Litera
M&A	Mergers and Acquisitions (Fusionen und Übernahmen)
Mgt	Management
MIS	Management-Informationssystem
m.w.H.	mit weiteren Hinweisen
MWST	Mehrwertsteuer
n.a.	nicht anwendbar
N	Note
NF	Neue Folge
Nr.	Nummer
NR	Nationalrat
NZZ	Neue Zürcher Zeitung
OECD	Organisation for Economic Co-operation and Development
öffentl.	öffentlich
OR	Bundesgesetz über das Obligationenrecht
ord.	ordentlich
Pra.	Die Praxis des Bundesgerichts (Basel)
PS	Partizipationsschein
PS	Schweizer Prüfungsstandards (PS) der Schweizerischen Treuhand-Kammer (Ausgabe 2013)
RAG	Bundesgesetz über die Zulassung und Beaufsichtigung der Revisorinnen und Revisoren (Revisionsaufsichtsgesetz)
RAS	Remote Access Server
RCLG	Richtlinie SWX betreffend Informationen zur Corporate Goverenance
ROS	Return of Sales

ROI	Return of Investment
ROIC	Return of Invested Capital
REPRAX	Zeitschrift zur Rechtsetzung und Praxis im Gesellschafts- und Handelsregisterrecht (Zürich)
RHW	Reihe Handels- und Wirtschaftsrecht
RiU	Recht in privaten und öffentlichen Unternehmen (Zürich)
Rz.	Randziffer
S.	Seite
s.	siehe
SchKG	Bundesgesetz über Schuldbetreibung und Konkurs
SER	Standard zur eingeschränkten Revision der Schweizerischen Treuhand-Kammer, Bern/Zürich 2007
SJ	La semaine judiciaire
SJZ	Schweizerische Juristenzeitung (Zürich)
SME	Small and Medium-sized Enterprises (deutsch KMU; französisch PME)
sog.	sogenannt
SR	Systematische Sammlung des Bundesrechts
SSA	Schriften zum Schweizerischen Arbeitsrecht
SSHW	Schweizer Schriften zum Handels- und Wirtschaftsrecht
SSPHW	St.Galler Studien zum Privat-, Handels- und Wirtschaftsrecht (Bern/Stuttgart/Wien)
SSTR	Schriftenreihe der Schweizerischen Treuhand- und Revisionskammer
ST	Der Schweizer Treuhänder (Zürich)
StGB	Schweizerisches Strafgesetzbuch
Swiss Code	Swiss Code of Best Practice
Swiss GAAP FER	Fachempfehlungen zur Rechnungslegung, Fachkommission für Empfehlungen zur Rechnungslegung (FER)
SWX	Swiss Exchange (Zürcher Börse)
SZA	Schriften zum neuen Aktienrecht bzw. Schriften zum Aktienrecht (Zürich)
SZW	Schweizerische Zeitschrift für Wirtschafts- und Finanzmarktrecht
u.a.	und andere/unter anderem
u.Ä.	und Ähnliches
u. dgl.	und dergleichen
u.E.	unseres Erachtens
UK	United Kingdom (Grossbritannien)
USA	United States of America
USB	Universal Serial Bus

US GAAP	Generally Accepted Accounting Standards (allgemein anerkannte Rechnungslegungsstandards in den USA)
US GAAS	Generally Accepted Auditing Standards (allgemein anerkannte Prüfungsgrundsätze in den USA)
usw.	und so weiter
u.v.a.	und viele andere
VegüV	Verordnung gegen übermässige Vergütungen bei börsenkotierten Aktiengesellschaften
vgl.	vergleiche
VoIP	Voice over IP
VPN	Virtual Private Network
VR	Verwaltungsrat
VRP	Verwaltungsratspräsident
z.B.	zum Beispiel
Zbl.	Zentralblatt für Staats- und Gemeindeverwaltung
ZBJV	Zeitschrift des Bernischen Juristenvereins (Bern)
ZGB	Schweizerisches Zivilgesetzbuch
Ziff.	Ziffer
zit.	zitiert
ZSR	Zeitschrift für schweizerisches Recht (Basel)
ZR	Blätter für Zürcherische Rechtsprechung (Zürich)

1. Das Verwaltungsratsmandat

1.1 Notwendigkeit und Bedeutung von Verwaltungsräten

1.1.1 Gesetzliche Vorschriften

Bei Gesellschaften, in denen die Geschäftsführung vollständig an eine Geschäftsleitung delegiert ist und sich der Verwaltungsrat[1] auf seine unentziehbaren und unübertragbaren Kompetenzen beschränkt, stellen sich Mitglieder der Geschäftsleitung gelegentlich die Frage nach dem Sinn des Verwaltungsrats. Diese Frage könnte jedoch auch ein Indiz dafür sein, dass der Verwaltungsrat seinen Verpflichtungen nicht oder nur ungenügend nachkommt. Der Verwaltungsrat hat als oberstes strategisches Führungsgremium tatsächlich eine zentrale Bedeutung im Bereich von Aufsicht und Kontrolle. Zudem ist er ein Bindeglied zwischen dem Management und den Aktionären.

In Familiengesellschaften, in denen möglicherweise ein Familienmitglied die Mehrheit des Aktienkapitals innehat und die Geschäftsleitung besorgt, kann der Verwaltungsrat eine wichtige Funktion als Gegenpol einnehmen, der die Vorstellungen des Hauptaktionärs und Geschäftsführers kritisch hinterfragt, in grössere Zusammenhänge rückt und zusätzliche Impulse gibt.

Der Verwaltungsrat einer Aktiengesellschaft besteht gemäss Art. 707 Abs. 1 OR aus einem oder mehreren Mitgliedern.[2] Mit dieser Formulierung wird indirekt von Gesetzes wegen die Notwendigkeit der Bestellung eines Verwaltungsrates statuiert. Allerdings liefert das Gesetz selbst keine Begriffsbestimmung des Verwaltungsrates.[3]

Bei der Gründung einer Aktiengesellschaft haben die Gründer in der öffentlichen Urkunde die Organe zu bestellen.[4] Überdies sind die Organe zwingend im Handelsregister des Ortes einzutragen, an dem die Aktiengesellschaft ihren Sitz hat.[5] Rein formell gilt deshalb jede Person als Verwaltungsrat, welche unter der entsprechenden Rubrik im Handelsregister eingetragen ist. Ob im Übrigen die Voraussetzungen zur Mandatsführung,

---

1 Der Begriff «Verwaltungsrat» bzw. «Verwaltungsräte» wird nicht nur für die Gesamtheit dieses Gesellschaftsorgans, sondern auch für das einzelne Mitglied bzw. die einzelnen Mitglieder verwendet (ebenso MÜLLER, Verwaltungsrat als Arbeitnehmer, Fn. 1). In der herrschenden Lehre wird der Begriff «Verwaltungsrat» ebenfalls gelegentlich im doppelten Sinne gebraucht (vgl. BÖCKLI, Aktienrecht, insbesondere § 13 Rz. 1 und 32; explizit FORSTMOSER/MEIER-HAYOZ/NOBEL, § 19 N 6 Fn. 1). Das Bundesgericht hat diesen Begriff stets im doppelten Sinne aufgefasst (so z.B. bereits in BGE 28 II 106 oder im neueren BGE 128 III 129). Um bei den Zitaten von Literatur- und Judikaturstellen eine Verwirrung zu vermeiden, wird auch in diesem Werk beim Begriff «Verwaltungsrat» von der zweifachen Bedeutung ausgegangen und nur wo nötig eine Präzisierung vorgenommen. Dies entspricht dem allgemeinen Sprachgebrauch in der Schweiz, wonach die doppelsinnige Verwendung des Wortes «Rat» auch in anderem Zusammenhang vorkommt. Schliesslich umfasst der Begriff «Verwaltungsrat» sowohl männliche als auch weibliche Personen.
2 Weitere Ausführungen zur optimalen Anzahl Verwaltungsratsmitglieder hinten unter Ziff. 1.1.6, S. 9 f.
3 Art. 43 Abs. 1 lit. c HRegV schreibt lediglich vor, dass bei der Gründung einer Aktiengesellschaft der Nachweis über die Wahlannahme der Verwaltungsratsmitglieder einzureichen ist. Zu den Konsequenzen bei fehlendem Verwaltungsrat vgl. hinten Ziff. 1.1.3, S. 4 f.
4 Vgl. SIFFERT/TURIN, in: Handkommentar zur HRegV, Art. 43 N 5.
5 Art. 640 und Art. 931a OR.

namentlich die Urteilsfähigkeit, erfüllt sind, ist für die formelle Zugehörigkeit zum Verwaltungsrat bedeutungslos.

Die Bestellung und die Eintragung eines Verwaltungsrates genügen jedoch u.U. nicht. Nach Art. 718 Abs. 4 OR muss die Gesellschaft durch eine Person vertreten werden können, die Wohnsitz in der Schweiz hat. Dieses Erfordernis kann durch ein Mitglied des Verwaltungsrates oder einen Direktor erfüllt werden. Zudem muss gemäss Art. 718 Abs. 3 OR mindestens ein VR-Mitglied zur Vertretung berechtigt sein. Es ist demnach zwar zulässig, dass alle VR-Mitglieder ausländische Staatsangehörige mit Wohnsitz ausserhalb der Schweiz sind, doch muss dann zumindest ein vertretungsberechtigter Direktor Wohnsitz in der Schweiz haben.[6]

Seit dem Jahre 2000 wurden zahlreiche Änderungen und Ergänzungen der gesetzlichen Grundlagen im Wirtschaftsrecht vorgenommen, welche auch für Verwaltungsräte von Bedeutung sind:

- Senkung des Mindestnennwerts von Aktien auf einen Rappen (Art. 622 Abs. 4 OR), in Kraft seit 1. Mai 2001.
- Teilrevision des Buchführungsrechts (inkl. Verordnung über die Führung und Aufbewahrung der Geschäftsbücher), in Kraft seit 1. Juni 2002.
- Swiss Code of Best Practice for Corporate Governance der economiesuisse (bezieht sich v.a. auf Zusammensetzung, Arbeitsweise und Kontrolle von VR und GL) sowie Richtlinie betreffend Informationen zur Corporate Governance der SWX (nur relevant für börsenkotierte Unternehmen), beide in Kraft seit 1. Juli 2002.
- Neuer StGB 100^{quater} I betr. subsidiäre strafrechtliche Verantwortlichkeit von Unternehmen, in Kraft seit 1. Oktober 2003.
- Fusionsgesetz und entsprechende Änderungen der Handelsregisterverordnung, in Kraft seit 1. Juli 2004 (Liberalisierung von Umstrukturierungen aller Art).
- Neue Regeln im Obligationenrecht/Aktienrecht zur Vergütungstransparenz (Pflicht zur Offenlegung der Vergütungen an Mitglieder des VR und der GL von Gesellschaften, deren Aktien an der Börse kotiert sind), in Kraft seit 1. Januar 2007.
- Revisionsaufsichtsgesetz (RAG), Inkrafttreten per 1. September 2007 (Details siehe Botschaft zur Revision des OR vom 23. Juni 2004 und Memorandum vom 22. November 2006).
- «Kleine Aktienrechtsrevision» (im Zuge der Revision des GmbH-Rechts wurde auch das Aktienrecht insbesondere im Bereich der Revisionsstelle sowie weiteren Teilen punktuell angepasst), Inkrafttreten am 1. Januar 2008.
- Totalrevision der Handelsregisterverordnung (HRegV) vom 17. Oktober 2007, Inkrafttreten am 1. Januar 2008.
- Erhöhung der Schwellenwerte für die ordentliche Revision (Art. 727 Abs. 1 Ziff. 2 OR) auf den 1.1.2012 mit entsprechenden Folgen für die allenfalls nurmehr eingeschränkt zu prüfenden Gesellschaften.
- Neue Regelung der Rechnungslegung (Art. 957–963*b* OR), u.a. Einführung einer nach der wirtschaftlichen Bedeutung der Gesellschaft differenzierten Rechnungslegung, Einführung von neuen Rechten von Minderheitsbeteiligten, verbunden mit

---

6 Dazu ausführlich MÜLLER, Haftung für Unterschriften, 187 ff.

einer Aufhebung zahlreicher bisheriger spezialrechtlicher Bestimmungen im Aktienrecht; Inkrafttreten auf den 1. Januar 2013 (mit Übergangsfristen).

– Verordnung gegen übermässige Vergütungen bei börsenkotierten Aktiengesellschaften (VegüV) vom 20. November 2013, Inkrafttreten am 1. Januar 2014.

1.1.2 Statutarische Vorschriften

Die Statuten müssen unter anderem Bestimmungen enthalten über die Organe für die Verwaltung (Art. 626 Ziff. 6 OR). Zudem hat der Handelsregisterführer bei der Gesellschaftsgründung zu prüfen, ob der öffentlich beurkundete Errichtungsakt Angaben über die Bestellung der Mitglieder des Verwaltungsrates enthält (Art. 44 Abs. 1 lit. e HRegV).[7] Die Anzahl der Verwaltungsräte muss demnach *zwingend* in den Statuten angegeben werden.[8]

In vielen Statuten werden konkrete Angaben zur Anzahl der Verwaltungsräte gemacht, beispielsweise genau «fünf» oder limitiert «drei bis fünf». Bei gleichzeitigem Rücktritt oder Hinschied mehrerer Verwaltungsratsmitglieder kann es jedoch in solchen Fällen vorkommen, dass die statutarische Anzahl unterschritten wird. In der Praxis hat sich deshalb mehrheitlich jene Statutenbestimmung durchgesetzt, nach welcher der Verwaltungsrat aus «einem oder mehreren Mitgliedern» besteht.[9] Im Organisationsreglement können zusätzliche Bestimmungen über den Verwaltungsrat aufgenommen werden. Hervorzuheben ist, dass diese reglementarischen Vorschriften leichter zu ändern sind als statutarische Bestimmungen.

> **Empfehlung:**
> Aus Praktikabilitätsgründen ist folgende Statutenbestimmung zu empfehlen:
> «Der Verwaltungsrat besteht aus einem oder mehreren Mitgliedern.»

Werden dagegen mehr Verwaltungsräte gewählt als nach der statutarischen Obergrenze zulässig, ist die Wahl der Überzähligen schwebend unwirksam.[10]

Die Statuten können noch weitere Vorschriften im Zusammenhang mit dem Verwaltungsrat enthalten, so insbesondere bezüglich persönlicher Voraussetzungen.[11] Bei *kotierten* Gesellschaften müssen die Statuten zudem gemäss 12 VegüV Bestimmungen enthalten über:

1. die Anzahl der zulässigen Tätigkeiten der Mitglieder des Verwaltungsrates, der Geschäftsleitung und des Beirates;

---

[7] Siffert/Tagmann, N 16 ff. zu Art. 44 HRegV, in: Siffert/Turin, Handkommentar zur HRegV.
[8] In der Schweiz ist gemäss Art. 707 Abs. 1 OR nur mindestens ein Verwaltungsratsmitglied vorgeschrieben; in Österreich werden dagegen genau drei Mitglieder vorgeschrieben gemäss § 86 Abs. 1 Aktiengesetz.
[9] Musterstatuten sind hinten unter Ziff. 11.84 und Ziff. 11.85, S. 1094 ff., abgedruckt; vgl. aber auch diejenigen von Zindel/Honegger/Isler/Benz. Für Banken werden gesetzlich mindestens drei VR-Mitglieder vorgeschrieben (vgl. dazu hinten Ziff. 1.1.6 auf S. 9 f.).
[10] Vgl. Böckli, Aktienrecht, § 13 Rz. 97.
[11] Vgl. dazu nachstehend Ziff. 1.2.6 auf S. 18 ff.

2. die maximale Dauer der Verträge, die den Vergütungen für die Mitglieder des Verwaltungsrates und der Geschäftsleitung zugrunde liegen, und die maximale Kündigungsfrist für unbefristete Verträge;
3. die Grundsätze über die Aufgaben und Zuständigkeiten des Vergütungsausschusses;
4. die Einzelheiten zur Abstimmung der Generalversammlung über die Vergütungen.

Nach der gleichen Vorschrift bedürfen bei kotierten Gesellschaften zu ihrer Verbindlichkeit der Aufnahme in die Statuten Bestimmungen über:

1. die Höhe der Darlehen, Kredite und Vorsorgeleistungen ausserhalb der beruflichen Vorsorge für die Mitglieder des Verwaltungsrates, der Geschäftsleitung und des Beirates;
2. die Grundsätze über die erfolgsabhängigen Vergütungen an die Mitglieder des Verwaltungsrates, der Geschäftsleitung und des Beirates.

1.1.3 Konsequenzen bei fehlendem Verwaltungsrat

Erfüllt ein Verwaltungsrat die Voraussetzungen zur Mandatsführung nicht mehr, beispielsweise wegen Eintritt von Urteilsunfähigkeit, stellt dies noch keinen Fehltatbestand im Hinblick auf eine statutarische Mindestzahl dar, solange diese Person formell als Verwaltungsrat im Handelsregister eingetragen bleibt. Vom Fehlen eines Verwaltungsrates kann nur dann gesprochen werden, wenn durch *Löschung* im Handelsregister die vorgeschriebene Anzahl Verwaltungsräte nicht mehr bestellt ist.

Ist in den Statuten mehr als ein Verwaltungsrat vorgeschrieben und wird die entsprechende Anzahl zufolge Rücktritt bzw. Löschung eines Verwaltungsrates nicht mehr erreicht, so fehlt zwar offensichtlich ein Verwaltungsrat, doch hat dies nicht ohne weiteres handelsregisterrechtliche Konsequenzen für die Gesellschaft. Die Handelsregisterämter sind heute nicht mehr gehalten, bei den Aktiengesellschaften eine eigene Rubrik über die Anzahl der Verwaltungsräte zu führen. Eine Kontrolle der statutarischen Vorschriften bezüglich Anzahl Verwaltungsratsmitglieder erfolgt deshalb nicht mehr. Zudem ist eine derartige Kontrolle unnötig, solange bei der Löschung von Verwaltungsräten der *Fortbestand der gesellschaftsrechtlichen Handlungsfähigkeit* geprüft wird. Genau diese Prüfung findet aber nach wie vor statt. Solange die Gesellschaft trotz Rücktritt eines Verwaltungsrates ohne Ersatzwahl handlungsfähig bleibt, werden demzufolge vom Handelsregisteramt aus keine Massnahmen unternommen. Die Handlungsfähigkeit der Gesellschaft ist dann formell gewahrt, wenn der einzige im Handelsregister eingetragene Verwaltungsrat den gesetzlichen Vorschriften genügt und einzelzeichnungsberechtigt ist.[12]

Tritt der einzige Verwaltungsrat einer Aktiengesellschaft ohne Ersatzwahl zurück und ersucht gemäss Art. 938*b* Abs. 2 OR selbst um Löschung, so ergeben sich für die Gesellschaft ernste Konsequenzen. Der Registerführer hat vorab der Gesellschaft das Löschungsgesuch sofort mitzuteilen. Gleichzeitig fordert er die Gesellschaft auf, innert einer Frist von 30 Tagen den gesetzmässigen Zustand wiederherzustellen (Art. 154 HRegV).

---

12 In der Checkliste für das Wahlverfahren eines Verwaltungsrates, hinten unter Ziff. 11.102, S. 1153 ff., werden alle notwendigen Punkte zur Beantwortung dieser Fragen berücksichtigt.

In der Regel wird von den Handelsregisterämtern eine Nachfrist gewährt, um genügend Zeit zur Durchführung einer Generalversammlung und Neuwahl des Verwaltungsrates zu belassen. Wird dieser Aufforderung innert Frist nicht Folge geleistet, so hat der Registerführer dem Gericht bzw. der Aufsichtsbehörde den Antrag zu stellen, die erforderlichen Massnahmen zu ergreifen.[13]

Fehlt der Verwaltungsrat gänzlich oder ist er nicht rechtmässig zusammengesetzt, so kann gemäss Art. 731*b* OR ein Aktionär, ein Gläubiger oder der Handelsregisterführer dem Richter beantragen, die erforderlichen Massnahmen zu ergreifen. Dabei kann der Richter der Gesellschaft unter Androhung ihrer Auflösung eine Frist ansetzen, binnen deren der rechtmässige Zustand wiederherzustellen ist. Der Richter kann aber auch das fehlende Organ selbst benennen oder einen Sachwalter einsetzen. Im Gesetz nicht aufgeführt wird die Möglichkeit, dass der Richter selbst VR-Mitglieder absetzen kann. Dies würde zu unlösbaren Problemen führen, insbesondere dann, wenn es sich um den Hauptaktionär handelt und damit völlig unklar wäre, wie lange der Abgewählte sich nicht selbst wieder als VR-Mitglied wählen darf. Dennoch hat das Bundesgericht am 28. Juni 2013 mit Entscheid 4A_161/2013 ein Urteil des Handelsgerichtspräsidenten St. Gallen bestätigt, mit dem dieser ein Verfahren gestützt auf Art. 731*b* OR dadurch abgeschlossen hatte, dass er kurzerhand sämtliche Verwaltungsräte einer Immobiliengesellschaft absetzte, einen Sachwalter berief und diesen damit betraute, zur Wahl eines neuen Verwaltungsrats eine Generalversammlung einzuberufen und durchzuführen. Es ist davon auszugehen, dass dies ein einmaliger Sonderfall ist, aus dem keine richterliche Kompetenz zum Absetzen von VR-Mitgliedern abgeleitet werden kann.

1.1.4 Nutzen für die Gesellschaft

Bei Gesellschaften, in denen die Geschäftsführung vollständig an eine Geschäftsleitung delegiert ist und sich der Verwaltungsrat auf die unentziehbaren und unübertragbaren Kompetenzen beschränkt, kann sich – wie bereits einleitend erwähnt – die Frage nach dem Nutzen des Verwaltungsrats stellen. Die Frage führt zur weiter gehenden Frage, ob auf dieses Gremium verzichtet werden könnte.[14] Solche Fragen werden umso nachvollziehbarer, wenn man sich Erhebungen über Organisation, Tätigkeit und Zusammensetzung von Verwaltungsräten bei kleineren und mittleren Unternehmungen in der Schweiz vor Augen hält, die zum Teil erhebliche Defizite aufzeigen.[15] Stichwortartig kann die nutzbringende Rolle des Verwaltungsrats etwa mit folgenden Stichworten umrissen werden:

- Verwaltungsrat als «Bindeglied» zwischen den Eignern (bei kleineren und mittleren Unternehmen häufig Familienmitglieder oder bedeutendere Minderheits- oder Mehrheitsaktionärsgruppen) und der Geschäftsleitung;
- Verwaltungsrat als «Sparringpartner» für die Geschäftsleitung;

---

13 Art. 154 Abs. 3 HRegV. Vgl. Art. 941*a* und Art. 731*b* OR.
14 Wie früher in verschiedenen Aktienrechtsordnungen (vgl. BÖCKLI, Aktienrecht, § 13 Rz. 6 und Anm. 9) und heute bei der GmbH.
15 Vgl. AMSTUTZ, Macht und Ohnmacht des Aktionärs, 126 ff., wo die klassischen Schwachstellen in der Verwaltungsarbeit aufgezeigt werden.

- Verwaltungsrat als «Beobachter» von Entwicklungen (technische Entwicklungen, Gesetzesanpassungen, Änderungen des Nachfrageverhaltens, Konzentrationsbewegungen) mit Auswirkungen auf die Märkte, auf denen das Unternehmen tätig ist;
- Verwaltungsrat als «Initiant und Motivator» für Strategieentwicklung und Strategieumsetzung;
- Verwaltungsrat als «Kontrollorgan», um Fehlentwicklungen zu erkennen und zu korrigieren.

Der Verwaltungsrat wird deshalb oft auch als Gestaltungs- und Controlling-Rat tituliert.[16] Diese Funktionen können von grossem Wert für ein Unternehmen werden:

- Nicht selten bilden die Aktionäre – auch wenn sie aus einer Gründerfamilie stammen – keine homogene Gruppe. Sie verfolgen gelegentlich verschiedenste, nicht parallele Interessen, die auch – je nach Sachfrage – zu unterschiedlichen Mehrheitsverhältnissen führen können. Dem Verwaltungsrat obliegt es dann, ausgleichend zu wirken, die verschiedenen Interessen so zu kanalisieren, dass sie mit den Bedürfnissen des Unternehmens in Einklang kommen und die Generalversammlung in ihrem Kompetenzbereich zu effizienten, sachgerechten und glaubwürdigen Entscheidungen findet.
- Strategiefindungen und Planungen sind zwangsläufig auf zahlreiche, einfacher oder schwieriger zu treffende Annahmen abgestützt. In solchen Prozessen kann es sehr wertvoll sein, der Sichtweise einer hauptsächlich mit dem «Tagesgeschäft» befassten Geschäftsleitung eine etwas distanziertere Betrachtungsweise gegenüberzustellen, um Annahmen und Schlussfolgerungen daraus kritisch zu hinterfragen.

Damit diese Funktionen erfüllt werden können, sind aber verschiedene Voraussetzungen notwendig:

- Zunächst ist wesentlich, dass der Verwaltungsrat aus den «richtigen» Personen zusammengesetzt ist.[17]
- Die Tätigkeit und Arbeitsweise des Verwaltungsrats muss zweckdienlich und sachgerecht organisiert werden. Dies bedeutet einmal, dass die wesentlichen Fragestellungen thematisiert und diskutiert und dass die dazu erforderlichen Unterlagen beschafft und den Mitgliedern zur Verfügung gestellt werden müssen. Die bereits erwähnten Untersuchungen zeigen auf, dass sich viele Gremien zu sehr als «Verwaltungs-», denn als «Gestaltungs-»Rat verstehen, dass es an Strategiekonzepten, an Kontrollsystemen fehlt, dass Entwicklungen zu wenig beobachtet und zu spät erkannt werden und dass der Kommunikation zu wenig Bedeutung zugemessen wird.[18]
- Schliesslich muss die Tätigkeit in einem Verwaltungsrat als dynamische Aufgabe verstanden werden. Dies bedeutet, dass Weiterbildung betrieben werden muss,[19] dass Abläufe, Strukturen und Organisationen nicht nur einmal festgelegt, sondern immer wieder überprüft werden müssen und dass Neuerungen als Chancen und nicht als Unannehmlichkeiten verstanden werden.

---

16 So insbesondere HILB, Integrierte Corporate Governance, 48 und BILAND/HILBER, passim.
17 Vgl. dazu nachstehend Ziff. 1.1.5, S. 7 ff.
18 Illustrativ KÜNG, 115 ff., der aufzeigt, wie auch Rechtsdienste von Grossunternehmen Gesetzesänderungen verpassen können.
19 Im Sinn einer Formulierung von FORSTMOSER muss es dem Verwaltungsrat gestattet sein, «klüger zu werden».

Wie gross der Nutzen des Verwaltungsrats für die Gesellschaft letztlich tatsächlich sein kann, zeigt die Checkliste zur Aufgabenerfüllung des Verwaltungsrats hinten unter Ziff. 11.11 auf S. 798 ff. Auch wenn sich der Verwaltungsrat auf die strategischen Aufgaben beschränken und nur in Krisensituationen operativ eingreifen soll, hat er mit der undelegierbaren Aufgabenliste gemäss Art. 716a OR immer noch eine bedeutende Funktion, die für den Erfolg des Unternehmens entscheidend ist.

1.1.5 Anforderungsprofil und Zusammensetzung

Systematisch aufgestellte Anforderungsprofile für Verwaltungsratsmitglieder dürften derzeit bei schweizerischen Gesellschaften noch wenig verbreitet sein.[20] Dies ist erstaunlich, denn ein Anforderungsprofil sollte die Grundlage für die Suche nach VR-Kandidaten sein.[21] Es kann von den amtierenden VR-Mitgliedern ausgearbeitet und gegebenenfalls im Rahmen einer Eignerstrategie[22] auch den Aktionären vorgelegt werden. Hinten unter Ziff. 11.4, S. 772 ff., findet sich das Muster eines solchen Anforderungsprofils. Dabei wird von folgender Gliederung ausgegangen:[23]

I. Grundlagen
   1. Zielsetzung des Anforderungsprofils
   2. Relevante Gesetzesbestimmungen
   3. Finanzielle Rahmenbedingungen
II. Herausforderungen und Profil für den zukünftigen Verwaltungsrat
   1. Aktuelle und zukünftige Herausforderungen
   2. Bedeutung und Bewertung der Anforderungen
   3. Fachliche und personelle Anforderungen
      a) Anforderungsprofil für das Gremium als Ganzes
      b) Anforderungsprofil für jedes Mitglied des Verwaltungsrates
      c) Anforderungsprofil für den Präsidenten
   4. Entschädigung
   5. Haftung
   6. Anforderungsmatrix zur Profilerfüllung
III. Umsetzung des Anforderungsprofils
   1. Suchprozess
   2. Beurteilung der Profilerfüllung

Im Hinblick auf die zwingenden Aufgaben des Verwaltungsrats gemäss Art. 716a OR müssen strategisches Denken, Führungs- und Fachkompetenz als grundlegende Anforderungen für VR-Mitglieder definiert werden. Zur Erfüllung der Sorgfalts- und Treuepflicht be-

---

20 Es gibt darüber allerdings keine aktuelle wissenschaftliche Studie.
21 MÜLLER, VR-Suche, 184. Die Suche nach einem GL-Mitglied beginnt auch erst dann, wenn das Stellenprofil klargestellt ist.
22 Muster solcher Eignerstrategien finden sich hinten in Ziff. 11.21, S. 828 ff. (Familienunternehmen), und Ziff. 11.22, S. 832 ff. (öffentliches Unternehmen).
23 In Anlehnung an MÜLLER, VR-Suche, 185.

darf es zudem der Integrität und Loyalität gegenüber dem Unternehmen. Die Erfahrung zeigt, dass Branchenkenntnisse vor betriebswirtschaftlichem, finanztechnischem und rechtlichem Know-how eine zentrale Rolle spielen, dass praktische Erfahrung von grossem Wert ist und dass diese Kenntnisse durchaus auf die verschiedenen Verwaltungsräte verteilt sein können («Spezialisierung»). Zu berücksichtigen ist schliesslich, dass das Gremium als Ganzes funktionieren muss. Jedes VR-Mitglied sollte daher ein gewisses Mass an Teamfähigkeit aufweisen,[24] und die Zusammensetzung mit verschiedenen Charaktertypen sollte zu einer ausgleichenden Wirkung führen.[25] Schliesslich sollten potenzielle Interessenkollisionen vermieden werden, weshalb die Einsitznahme von wichtigen Geschäftspartnern oder der Hausbank im Verwaltungsrat problematisch sind.[26]

In öffentlichen Unternehmen muss entschieden werden, ob Mitglieder der Exekutive (z.B. Regierungsräte) direkt im VR Einsitz nehmen sollen. Bei einer Abwägung aller Vor- und Nachteile[27] zeigt sich, dass die öffentliche Hand nur dann Exekutivmitglieder in den VR eines öffentlichen Unternehmens entsenden sollte, wenn sich die öffentlichen Interessen anderweitig nicht im erforderlichen Mass wahrnehmen lassen;[28] dies dürfte nur selten der Fall sein.

Am Beginn der Suche nach einem neuen Verwaltungsratsmitglied muss eine Selbstbeurteilung der bisherigen Verwaltungsräte stehen: Welche Spezialkenntnisse sind im Verwaltungsrat vertreten? Welche fehlen, wären aber nötig oder nützlich? Welche Charaktertypen stellen die bisherigen Verwaltungsräte dar? Welche Teamrolle soll ein neues VR-Mitglied übernehmen?[29] Als Grundlage zur Beantwortung dieser Fragen könnte folgende Matrix dienen:[30]

Teamrolle / Fachrolle	Koordinator Organisator	Inspirator	kritischer Denker	Integrator	Coach
Strategie/Internat. Erfahrung					
Finanzen/Controlling					
Führung/Organisation					
Recht/Risk Management					
Branchenkompetenz					
Unternehmer					
HR-Kompetenz					

---

24 Vgl. KRNETA, N 100.
25 Neben dem «Gestalter» braucht es auch den «Umsetzer», neben dem «kreativen» auch den «kritischen» Denker usw.
26 So auch KRNETA, N 123 ff.
27 Auflistung bei SCHEDLER/MÜLLER/SONDEREGGER, 139.
28 Gl.M. SCHEDLER/MÜLLER/SONDEREGGER, 143.
29 Weitere Hinweise zur gezielten Gewinnung von VR- und GL-Mitgliedern finden sich bei HILB/HÖSLY/MÜLLER, 23 ff.
30 In Anlehnung an HILB, Integrierte Corporate Governance, 117. Eine Anpassung an das jeweilige Unternehmen ist aber unerlässlich.

Die Angaben in den Zeilen und Spalten sind je nach Art und Grösse des Unternehmens anzupassen bzw. zu ergänzen. Es zeigt sich sehr rasch, dass es viel schwieriger ist, mit einer kleinen Anzahl an VR-Mitgliedern diese Matrix zu erfüllen, als bei einer grösseren Anzahl.

1.1.6 Anzahl Verwaltungsratsmitglieder

Von Gesetzes wegen ist grundsätzlich nur ein einziges Verwaltungsratsmitglied vorgeschrieben.[31] An dieser gesetzlichen Minimalvorschrift ändert sich auch dann nichts, wenn der einzige Verwaltungsrat gleichzeitig Alleineigentümer des gesamten Aktienkapitals ist. Schon im Hinblick auf die Problematik der Stellvertretung und die Corporate-Governance-Empfehlung, keine Einzelzeichnungsberechtigungen zu vergeben, sollte der Ein-Mann-VR aber die Ausnahme bleiben.[32] Umgekehrt ist es unzweckmässig, den VR mit mehr als neun Mitgliedern zu bestellen.[33] Die Terminplanung wird bei zu grossen VR-Gremien extrem schwierig und auch eine konstruktive Diskussion bzw. Entscheidungsfindung wird behindert. HILB gibt deshalb folgende, klare Empfehlung zur Anzahl der VR-Mitglieder ab:[34]

- In kleinen Unternehmen: 3 VR-Mitglieder
- In mittleren Unternehmen: 5 VR-Mitglieder
- In grossen Unternehmen 7 VR-Mitglieder

In den internationalen Empfehlungen zur Corporate Governance für Best Practice in KMU[35] findet sich folgende Empfehlung:

- In kleinen Unternehmen bis zu 50 Mitarbeitenden: 3 VR-Mitglieder
- In mittleren Unternehmen bis zu 250 Mitarbeitenden: 5 VR-Mitglieder

Es gibt keine «Idealzahl» von VR-Mitgliedern und in der Literatur finden sich unterschiedlichen Auffassungen.[36] Sinnvoll ist es grundsätzlich, eine ungerade Zahl zu wählen, um Pattsituationen (und die Anwendung von Stichentscheiden) zu vermeiden.[37] Doch kann ein VR-Mitglied auch krank werden, dann führt dies ebenfalls zu einer geraden Anzahl der Stimmenden.

Die Fülle von Aufgaben, welche der Verwaltungsrat als Gremium zu bewältigen hat,[38] zwingt meist zu einer Arbeitsteilung bzw. zur Bestellung von VR-Ausschüssen. Werden einem solchen VR-Ausschuss keine Entscheidungskompetenzen zugewiesen, sondern hat

---

31 Art. 707 Abs. 1 OR. Lediglich bei Banken sind gemäss Art. 8 BankV mindestens drei VR-Mitglieder erforderlich.
32 Die Studie von MÜLLER, Verwaltungsrat als Arbeitnehmer, 103 Abb. 7, im Jahre 2000 hat jedoch gezeigt, dass rund 45% aller Unternehmen ihren VR nur mit einem einzigen Mitglied besetzen.
33 Gl. Meinung SCHEDLER/MÜLLER/SONDEREGGER, 172. HILB, Integrierte Corporate Governance, 56, verweist auf die Tatsache, dass bereits Gremien mit über 7 Mitgliedern schwieriger zu führen sind und sich automatisch Untergruppen bilden.
34 HILB, Integrierte Corporate Governance, 55.
35 SPIELMANN, 379.
36 DE PURY, passim; BÖCKLI, Corporate Governance, passim.
37 Vgl. BÖCKLI, Aktienrecht, § 13 Rz. 20; KRNETA, N 28.
38 Vgl. dazu die Checkliste zur Erfüllung der VR-Aufgaben hinten unter Ziff. 11.11, S. 798 ff.

er nur vorberatende Funktion, können auch Personen als Ausschuss-Mitglieder bestellt werden, die nicht Mitglied des Verwaltungsrats sind.[39] Auf diese Weise kann z.B. das fehlende HR-Fachwissen in einem Nominierungs- und Entschädigungsausschuss durch einen externen HR-Spezialisten gelöst werden.

Statutenbestimmungen enthalten nicht selten Mindest- und Maximalzahlen für den Verwaltungsrat.[40] Wird die Mindestzahl unterschritten, hat dies i.d.R. keine rechtlichen Folgen und löst keine Handlungen der Handelsregisterbehörden aus (es sei denn, die Gesellschaft habe nicht mehr genügend Vertretungsberechtigte oder der letzte Verwaltungsrat sei weggefallen).[41] Werden überzählige Verwaltungsräte gewählt, sind die Wahlbeschlüsse schwebend unwirksam, aber keineswegs nichtig.[42] In der Praxis weisen die Handelsregisterämter solche Anmeldungen zurück, sodass entweder der Wahlbeschluss rückgängig gemacht oder die Statutenbestimmung geändert werden muss.[43]

Empfehlung:

Die Anzahl der VR-Mitglieder sollte auf maximal neun begrenzt werden. Eine ungerade Zahl von VR-Mitgliedern ist zu bevorzugen. Für kleine Unternehmen erscheint eine Anzahl von drei, für mittlere eine Anzahl von fünf und für grosse Unternehmen eine Anzahl von sieben VR-Mitgliedern i.d.R. als angemessen.

1.1.7 Mehrfachverwaltungsräte und Überkreuz-Mandate

Das schweizerische Aktienrecht enthält – im Gegensatz etwa zum deutschen (§ 100 AktG) und zum österreichischen (§ 86 AktG) – keine Bestimmung, welche die Anzahl der Verwaltungsratsmandate begrenzt, die eine Person innehaben kann; auch der «Swiss Code of Best Practice» verzichtet auf eine solche Beschränkung. Die Frage ist damit der Gestaltungsautonomie der einzelnen Gesellschaften überlassen.

Bei kotierten Gesellschaften schreibt Art. 12 VegüV vor, dass die Statuten zwingend die Anzahl der zulässigen Tätigkeiten der Mitglieder des Verwaltungsrates vorgeben muss.[44] Bei nicht kotierten Gesellschaften kann die Anzahl der zulässigen Mandate ebenfalls eingeschränkt werden.

Gelegentlich kommen in der Praxis auch «Überkreuz»-Mandate vor (Geschäftsleitungsmitglied der A. AG ist gleichzeitig Verwaltungsrat der B. AG und Geschäftsleitungsmitglied der B. AG ist gleichzeitig Verwaltungsrat der A. AG). Früher bestand namentlich eine enge Verflechtung zwischen Banken- und Industrieunternehmungen; Organpersonen von Banken wurden in die Verwaltungsräte von Industrieunternehmen entsandt, die wiederum über ihre Organpersonen im Verwaltungsrat der Banken vertreten waren. Obwohl die Probleme solcher Verflechtungen offensichtlich sind, sind derartige Konstella-

---

39 Dazu ausführlich MÜLLER, HR-Committees, 323 f. Ausgeschlossen ist dies beim Vergütungsausschuss von börsenkotierten Unternehmen, wo gemäss Art. 7 Abs. 2 VegüV nur VR-Mitglieder wählbar sind.
40 Bspw. «Der Verwaltungsrat besteht aus 3–5 Mitgliedern.»
41 Vgl. dazu vorne Ziff. 1.1.3, S. 4 f.; BÖCKLI, Aktienrecht, § 13 Rz. 94; FORSTMOSER/MEIER-HAYOZ/NOBEL, § 27 N 64; KRNETA, N 332; WERNLI/RIZZI, in: Basler Kommentar, N 5 zu Art. 710 OR.
42 Vgl. PLÜSS, Rechtsstellung, 27.
43 BÖCKLI, Aktienrecht, § 13 Rz. 97.
44 Vgl. dazu ausführlich hinten Ziff. 1.2.6, S. 18 ff., mit einem konkreten Vorschlag für entsprechende Statutenbestimmungen.

tionen rechtlich nicht ausgeschlossen (sie sind jedoch bei kotierten Gesellschaften offenzulegen: Ziff. 3.3 des Anhangs zur SWX-«Corporate-Governance-Richtlinie»).

Rechtlich ausgeschlossen sind Überkreuz-Mandate zwischen der Gesellschaft und der Revisionsstelle. Damit würde die von Art. 728 Abs. 2 Ziff. 1 und 3 OR geforderte Unabhängigkeit der Revisionsstelle verletzt.[45]

1.1.8   Einsitznahme von GL-Mitgliedern im VR

Im aktuellen UK Corporate Governance Code[46] wird unter Ziff. B.1 empfohlen, den Verwaltungsrat aus einer angemessenen Anzahl von exekutiven und nicht exekutiven Mitgliedern zusammenzusetzen. In den internationalen Corporate-Governance-Best-Practice-Empfehlungen für KMU findet sich keine entsprechende Empfehlung, doch wird die Einsitznahme von GL-Mitgliedern im VR auch nicht ausgeschlossen.[47] Dies entspricht der Empfehlung von Ziff. 12 im Swiss Code of Best Practice[48], wonach die Mehrheit der VR-Mitglieder aus nicht exekutiven Mitgliedern bestehen soll. Art. 718 Abs. 2 OR bestimmt ausdrücklich, dass der Verwaltungsrat die Vertretung einem Mitglied (Delegierter) oder Direktor übertragen kann, wobei mit Vertretung das ganze Spektrum der Geschäftsführung gemeint ist.[49] Das Obligationenrecht lässt somit die Einsitznahme eines Geschäftsführers in der Funktion als VR-Delegierter ausdrücklich zu.

In Art. 8 Abs. 2 der Verordnung über die Banken und Sparkassen[50] wird vorgeschrieben, dass kein Mitglied des für die Oberleitung, Aufsicht und Kontrolle verantwortlichen Organs einer Bank der Geschäftsführung angehören darf. Damit wird eine Doppelstellung als Verwaltungsrat und GL-Mitglied bei Banken ausgeschlossen. Die FINMA kann gemäss Art. 8 Abs. 3 BankV in besonderen Fällen einer Bank eine an Bedingungen geknüpfte Ausnahme bewilligen. Die Spezialvorschrift in der BankV ist die einzige Bestimmung, welche in privatrechtlichen Aktiengesellschaften die Doppelstellung ausschliesst. Es stellt sich deshalb die Frage, mit welchen Vor- und Nachteilen die Einsitznahme von GL-Mitgliedern im VR verbunden ist.

Gemäss Art. 716a Abs. 1 Ziff. 5 OR übt der Verwaltungsrat die Oberaufsicht über die mit der Geschäftsführung betrauten Personen aus. Die GL-Mitglieder werden demnach direkt durch die VR-Mitglieder beaufsichtigt. Wenn nun ein GL-Mitglied selbst dem Verwaltungsrat angehört, dann hat er zumindest im Hinblick auf die Oberaufsicht über seine Person einen offensichtlichen Interessenkonflikt.[51] Doch dieses Problem lässt sich einfach

---

45 Nachstehend wird unter Ziff. 1.2.4 auf die Voraussetzungen der Unabhängigkeit detailliert eingegangen.
46 Herausgegeben vom FINANCIAL REPORTING COUNCIL, aktuelle Fassung vom Sept. 2012, abrufbar unter www.frc.org.uk.
47 SPIELMANN, 139, empfiehlt ein unabhängiges Mitglied bei einem Gremium von drei Verwaltungsräten und zwei unabhängige Mitglieder bei einem Gremium von fünf Mitgliedern.
48 Herausgegeben von der ECONOMIESUISSE, aktuelle Fassung von 2007, abrufbar unter www.economiesuisse.ch.
49 Ebenso BAUEN/VENTURI, Rz. 34.
50 Bankenverordnung, BankV, vom 17. Mai 1972 (Stand am 1. Januar 2013), SR 952.02.
51 Zur Definition des Interessenkonfliktes vgl. DRUEY, Interessenkonflikte, 3 ff. und 13.

lösen, indem dieses GL-Mitglied in den Ausstand tritt,[52] wenn es um Diskussionen und Abstimmungen um seine Person geht. Problematischer ist es, wenn Mitarbeiter unterer Stufen Einsitz im Verwaltungsrat nehmen, wie dies bei paritätisch zusammengesetzten VR-Gremien meist der Fall ist.[53] Verschiedene Autoren raten deshalb von solchen Konstellationen dringend ab mit dem Hinweis, Konflikte seien vorprogrammiert.[54]

Für eine Einsitznahme von GL-Mitgliedern im Verwaltungsrat können insbesondere folgende Vorteile angeführt werden:[55]

- Der Verwaltungsrat verfügt über eine direkte Informationsquelle zum operativen Geschäft, wobei dieser Vorteil dann evident wird, wenn das betroffene GL-Mitglied von sich aus relevante Informationen einbringt.
- Die Entscheidungen und Vorgaben des VR sind für die Geschäftsleitung verständlicher, denn allfällige Unklarheiten können durch das GL-Mitglied im VR direkt hinterfragt werden.
- Die Geschäftsleitung kann zu den Diskussionen im VR schon vor der Entscheidung Stellung nehmen, womit Wiedererwägungsgesuche und Umsetzungsschwierigkeiten vermieden werden können.
- Entscheidungen des VR müssen schon aus Haftungsgründen zumindest vom betroffenen GL-Mitglied mitgetragen werden.
- Gegenüber den Mitarbeitern wird eine enge Zusammenarbeit von VR und GL manifestiert, denn zumindest das betroffene GL-Mitglied muss die VR-Entscheidungen mittragen.
- In Konzernen ist die Besetzung von Tochtergesellschaften mit GL-Mitgliedern üblich, wozu sich ein GL-Mitglied mit Einsitz im VR der Konzerngesellschaft besonders eignet.

Gegen ein Einsitznahme von GL-Mitgliedern im Verwaltungsrat können insbesondere folgende Nachteile angeführt werden:

- Zumindest das betroffene GL-Mitglied ist stets über alle geplanten Aktivitäten des VR informiert, insbesondere auch über personelle Massnahmen auf Stufe Geschäftsleitung, womit die latente Gefahr von Indiskretionen besteht.
- Der Verwaltungsrat kann in einer offiziellen VR-Sitzung nicht mehr ohne Einbezug der Geschäftsleitung diskutieren, ausser das betroffene GL-Mitglied müsse in den Ausstand treten.
- Die Doppelstellung als Verwaltungsrat und Arbeitnehmer führt zu zahlreichen Konsequenzen, die sich auch negativ auf das betroffene GL-Mitglied auswirken.[56]

Insgesamt ist festzustellen, dass die Vorteile für eine Einsitznahme von GL-Mitgliedern im Verwaltungsrat überwiegen. Der Entscheid muss jedoch im Einzelfall sorgfältig abge-

---

52 Eine konkrete Ausstandsregelung findet sich in den Mustern des Organisationsreglements hinten unter Ziff. 11.54 und Ziff. 11.55, S. 951 ff.
53 So z.B. bei der Trisa AG, die für ihre weitreichende Mitbeteiligung und Mitbestimmung der Mitarbeiter bekannt ist; dazu ausführlich MÜLLER, Mitarbeiterbeteiligung, 79 f.
54 Ausdrücklich KRNETA, N 89 zu Art. 707 OR und BAUEN/VENTURI, Rz. 34.
55 Dazu ausführlich MÜLLER, Verwaltungsrat als Arbeitnehmer, 9 ff.
56 Auflistung und Kommentierung bei MÜLLER, Verwaltungsrat als Arbeitnehmer, 257 ff.

wogen werden und hängt nicht zuletzt auch von der Loyalität und Integrität der betroffenen GL-Mitglieder ab.

Auch in kotierten Gesellschaften ist es zulässig, dass ein VR-Mitglied gleichzeitig einen Arbeitsvertrag als GL-Mitglied innehat. Allerdings sind die entsprechenden Honorare und Löhne gemäss Art. 14 VegüV gesondert im Vergütungsbericht anzuführen. In Konzernverhältnissen ist überdies Art. 21 VegüV zu beachten, wonach Vergütungen an Mitglieder des Verwaltungsrates für Tätigkeiten in Unternehmen, die durch die Gesellschaft direkt oder indirekt kontrolliert werden, unzulässig sind, sofern diese Vergütungen:

1. unzulässig wären, wenn sie direkt von der Gesellschaft ausgerichtet würden;
2. in den Statuten der Gesellschaft nicht vorgesehen sind; oder
3. von der Generalversammlung der Gesellschaft nicht gutgeheissen worden sind.

1.2 Voraussetzungen für ein Verwaltungsratsmandat

1.2.1 Aktionärseigenschaft

Art. 707 OR schreibt keine besonderen Voraussetzungen an die Wählbarkeit eines Verwaltungsrats vor. Insbesondere wird keine Aktionärseigenschaft vorausgesetzt.[57,58]

Es ist aber zulässig, in den Statuten die Aktionärseigenschaft für Verwaltungsräte vorzuschreiben. Dabei kann die früher übliche Formulierung in den Statuten verwendet werden: «Der Verwaltungsrat besteht aus einem oder mehreren Mitgliedern, welche Aktionäre sein müssen.»[59]

Aus grundsätzlichen Überlegungen wäre es durchaus erwünscht, wenn jeder Verwaltungsrat eine je nach seinen finanziellen Verhältnissen mehr oder weniger ins Gewicht fallende Beteiligung an der von ihm mitgeleiteten Gesellschaft erwirbt und behält.[60] Der Verwaltungsrat könnte ohne besondere gesetzliche Regelung wie jeder andere Aktionär auch an der Generalversammlung teilnehmen und würde überdies direkt am Shareholder Value partizipieren. Es verwundert daher nicht, dass in grossen und kotierten Gesellschaften oft ein Teil des VR-Honorars in Aktien oder Aktienoptionen ausgerichtet wird. Allerdings birgt dies für die Aktionäre einen Verwässerungseffekt, weshalb derartige Performance abhängige variable Entschädigungen für den Verwaltungsrat grundsätzlich keine optimale Lösung darstellen.[61]

---

57 Die entsprechende frühere Ordnungsvorschrift wurde im Rahmen der Revision 2005 aufgehoben; vgl. dazu KÄCH, passim; BÖCKLI, Aktienrecht, § 13 Rz. 32 ff.; DE CAPITANI, passim.
58 Nach Art. 702a OR haben dann folgerichtig auch die Verwaltungsräte, die nicht Aktionäre sind, das Recht, an der Generalversammlung teilzunehmen und Anträge zu stellen, nicht aber das Recht, mitzustimmen, und auch keine anderen Mitwirkungsrechte wie etwa das Anfechtungsrecht (BÖCKLI, Aktienrecht, § 13 Rz. 34). Ebenso ist ihre Anwesenheit oder Vertretung für eine Universalversammlung nicht erforderlich (BÖCKLI, a.a.O.).
59 So noch Art. 18 im Muster von Statuten mit vinkulierten Namenaktien in der 2. Auflage des vorliegenden Werkes.
60 BÖCKLI, Aktienrecht, § 13 Rz. 34.
61 Gl.M. AMSTUTZ, Macht und Ohnmacht des Aktionärs, 218.

1.2.2 Urteilsfähigkeit

Die Urteilsfähigkeit ist ein Element der Handlungsfähigkeit, die ihrerseits wiederum einen Obergriff in Bezug auf die Geschäftsfähigkeit darstellt.[62] Urteilsfähig ist nach Art. 16 ZGB grundsätzlich jeder, dem nicht wegen seines Kindesalters oder infolge von Geisteskrankheit, Geistesschwäche, Trunkenheit oder ähnlichen Zuständen die Fähigkeit mangelt, vernunftgemäss zu handeln. Vorausgesetzt wird also ein bestimmtes Mindestmass an Intelligenz und Erfahrung.

Im Gesetz wird die Urteilsfähigkeit als Voraussetzung für ein Verwaltungsratsmandat nicht direkt vorgeschrieben. Aus den in Art. 716a OR aufgelisteten unübertragbaren Aufgaben des Verwaltungsrates ergibt sich jedoch indirekt eine entsprechende Notwendigkeit. Eine weiter gehende Forderung, beispielsweise nach Buchhaltungskenntnissen, lässt sich daraus aber nicht ableiten.[63]

Das Kriterium der Urteilsfähigkeit wird wohl zu Beginn eines Verwaltungsratsmandates nur in den allerwenigsten Fällen zur Diskussion stehen. Im Zusammenhang mit der Beendigung dieses Mandates ergeben sich jedoch durchaus entsprechende Fragen.[64]

Unseres Erachtens muss darüber hinaus verlangt werden, dass ein Verwaltungsrat voll handlungsfähig ist;[65] das Argument für die gegenteilige Ansicht, der nur beschränkt handlungsfähige Verwaltungsrat verpflichte ja die Gesellschaft und nicht sich selbst,[66] ist begriffsjuristisch und daher verfehlt. Hält man sich vor Augen, wie der unmündige oder umfassend verbeiständete Verwaltungsrat von Zustimmungen des gesetzlichen Vertreters abhängig wäre, um sein Amt ausüben zu können, leuchtet ohne weiteres ein, dass dies nicht die Meinung des Gesetzes sein kann; zudem sind nicht voll Handlungsfähige in aller Regel auch hinsichtlich ihrer Urteilsfähigkeit eingeschränkt, sodass sie das Amt des Verwaltungsrates überfordern würde. Die hypothetische Möglichkeit, den tüchtigen, aber noch nicht volljährigen Sohn des Unternehmensinhabers frühzeitig in das Unternehmen integrieren zu können,[67] ist ebenfalls praxisfremd.

1.2.3 Wohnsitz

Im Rahmen der Anpassungen des Aktienrechtes zusammen mit der GmbH-Revision wurde Art. 708 OR aufgehoben und somit auf das Nationalitäts- und Wohnsitzerfordernis verzichtet. Demnach müssen die Mitglieder des Verwaltungsrates nicht mehr mehrheitlich Personen sein, die in der Schweiz wohnhaft sind und das schweizerische Bür-

---

62 Vgl. dazu u.a. TUOR/SCHNYDER/SCHMID, 82/84, und BIGLER-EGGENBERGER, in: Basler Kommentar, N 1 ff. zu Art. 16 ZGB.
63 Zu Recht verlangt DRUEY, Verantwortlichkeit, 118, für die Verwaltungsratstauglichkeit der «Tante Eulalia» denn auch nur «dass sie eine rechte allgemeine Intelligenz aufweist und in Geschäftsdingen eine gewisse Erfahrung hat.»
64 Vgl. dazu hinten Ziff. 1.8.6, S. 60 f.
65 Dies muss aus Art. 718 Abs. 1 OR gefolgert werden, wonach grundsätzlich jedem VR-Mitglied die Vertretung der Gesellschaft anvertraut ist (vgl. dazu hinten Ziff. 1.2.6, S. 18 ff. Gl.M. BÖCKLI, Aktienrecht, 36; PLÜSS, Rechtsstellung, 7 f.; KRNETA, N 34, WERNLI/RIZZI, in: Basler Kommentar, N 21 zu Art. 707 OR; HOMBURGER, in: Zürcher Kommentar, N 75 ff. zu Art. 707 OR.
66 Vgl. die Belege bei WERNLI/RIZZI, in: Basler Kommentar, N 22 zu Art. 707 OR.
67 Vgl. etwa BÜRGI, N 14 zu Art. 707 OR.

gerrecht besitzen. Dies gilt auch für Gesellschaften mit einer Bankenbewilligung in der Schweiz, denn Art. 7 Abs. 4 BankV schreibt nur vor, dass die Bank tatsächlich von der Schweiz aus geleitet werden muss.

Es wird nur verlangt, dass die Gesellschaft durch eine Person vertreten werden kann, die Wohnsitz in der Schweiz hat. Dies kann gemäss Art. 718 Abs. 4 OR ein Mitglied des Verwaltungsrates oder ein Direktor sein. Allerdings wird in Abs. 3 des gleichen Artikels zusätzlich vorausgesetzt, dass mindestens ein Mitglied des Verwaltungsrates zur Vertretung befugt ist.[68] Ist dieses Erfordernis nicht mehr erfüllt (bspw. wegen eines Wegzugs oder eines Rücktrittes), geht das Handelsregisteramt gemäss Art. 154 Abs. 3 HRegV vor und räumt der Gesellschaft eine Frist zur Behebung des Mangels ein.[69]

Mit dieser neuen Regelung wurde ein Standortnachteil für Schweizer Aktiengesellschaften und eine Diskriminierung von in der Schweiz lebenden Personen mit ausländischem Bürgerrecht beseitigt. Im Zusammenhang mit den Aufgaben des Verwaltungsrates nach Art. 716*a* OR wird es künftig jedoch schwieriger sein, ein fehlbar gewordenes Mitglied des Verwaltungsrates aus Verantwortlichkeit zu belangen, sobald es Wohnsitz im Ausland hat.

Es ist zulässig, in den Statuten Anforderungen an den Wohnsitz der Verwaltungsräte aufzustellen. Insbesondere bei öffentlichen Unternehmen kann eine derartige Vorschrift sinnvoll sein. Allerdings dürfen die Voraussetzungen nicht diskriminierender Art sein.[70]

1.2.4 Unabhängigkeit

Die Notwendigkeit, dass der Verwaltungsrat von der Revisionsstelle unabhängig ist, ergibt sich *indirekt* aus Art. 728 OR. Danach muss die Revisionsstelle unabhängig sein und sich ihr Prüfungsurteil objektiv bilden. Die Unabhängigkeit darf weder tatsächlich noch dem Anschein nach beeinträchtigt sein.[71] Das Unabhängigkeitserfordernis wird also erst dann relevant, wenn zwischen dem Verwaltungsrat und der Revisionsstelle persönliche oder vertragliche Beziehungen bestehen bzw. entstehen. Konkret sind gemäss Art. 728 Abs. 2 OR mit der Unabhängigkeit insbesondere nicht vereinbar: (siehe eingehend hinten Ziff. 8.3.5, S. 567 ff.)

- die Mitgliedschaft im Verwaltungsrat der Revisionsgesellschaft;
- ein arbeitsrechtliches Verhältnis mit der Revisionsgesellschaft;
- eine direkte oder bedeutende indirekte Beteiligung am Gesellschaftskapital der Revisionsstelle;
- eine enge Beziehung zum leitenden Prüfer der Revisionsstelle.

Ein zentrales Anliegen unter Corporate-Governance-Aspekten ist, dass namentlich Ausschüsse des Verwaltungsrats mit Personen besetzt werden, die nicht bereits operative Führungsfunktionen innehatten.[72] Als unabhängig gilt ein Verwaltungsratsmitglied, das weder gegenwärtig an der operativen Geschäftsführung beteiligt ist noch dies in den letzten

---

68 Dazu ausführlich MÜLLER, Haftung für Unterschriften, 187 ff.
69 Zu den Konsequenzen bei fehlendem Verwaltungsrat vgl. vorne Ziff. 1.1.3, S. 4 f.
70 Unzulässig wäre beispielsweise eine statutarische Regelung, wonach nur die weiblichen, nicht aber die männlichen VR-Mitglieder ihren Wohnsitz in der Schweiz haben müssen.
71 Zur Unabhängigkeit der Revisionsstelle ausführlich hinten Ziff. 8.3.5, S. 567 ff.
72 Vgl. Ziff. II./12. Swiss Code of Best Practice.

drei Jahren war und mit der Gesellschaft in keiner oder nur verhältnismässig geringfügigen Geschäftsbeziehungen steht.[73] Es ist den einzelnen Gesellschaften überlassen, Einzelheiten zu regeln.[74]

Ein Verwaltungsrat kann demnach namentlich auch Mandate anderer Gesellschaften innehaben und/oder an solchen beteiligt sein; bei Konkurrenzunternehmen besteht jedoch ein latenter Interessenkonflikt.[75] In diesem Falle ist er aber gezwungen, das Geschäftsgeheimnis strikte einzuhalten, gegebenenfalls bei Abstimmungen in den Ausstand zu treten und auch sonst die Interessen der Gesellschaft zu wahren.[76] Aus zivilrechtlicher Sicht widerspricht es dem Mandatsverhältnis, dass der Verwaltungsrat anderen Personen oder Institutionen Informationen zugänglich macht, die dann wider die Interessen der Gesellschaft ausgewertet werden können. Der fehlbare Verwaltungsrat würde damit zweifelsohne eine Pflichtverletzung begehen und dementsprechend schadenersatzpflichtig werden. Auf möglicherweise zur Anwendung gelangende Straftatbestände wird weiter hinten eingegangen.[77]

Oftmals wird bewusst eine Verbindung zwischen den Mandaten angestrebt, und eine solche ist durchaus auch sinnvoll. Dies kann etwa der Fall sein bei Unternehmen unterschiedlicher Absatzstufen. Auch die Einsitznahme in den Verwaltungsrat einer Gesellschaft, mit der häufig Geschäfte abgeschlossen werden, kann sich als überaus nützlich erweisen.[78] Problematischer ist dagegen die – früher gängige – Vertretung von Banken im Verwaltungsrat von Unternehmenskunden. Bei der Neuwahl eines Verwaltungsrates scheint es daher angebracht, seine bisherigen Mandate zu durchleuchten. Im Organisationsreglement kann eine Klausel aufgenommen werden, wonach jedes VR-Mitglied verpflichtet ist, die Annahme von neuen Mandaten umgehend offenzulegen.

Empfehlungen:

Die Geheimhaltungspflicht des Verwaltungsrates sollte explizit in das Organisations- und Geschäftsreglement und/oder in den Mandatsvertrag aufgenommen werden. Es sollten ferner Regelungen entwickelt werden, mit denen bei Interessenvertretern im Verwaltungsrat Kollisionen zwischen Interessen der Gesellschaft und Interessen der vertretenen Personen oder Institutionen verhindert werden.

---

73 Ziff. II./22. Abs. 1 Swiss Code of Best Practice.
74 BÖCKLI, Aktienrecht, § 13 Rz. 17a.
75 Der Gesetzgeber hat für verschiedene Gesellschaften ausdrücklich ein Konkurrenzverbot statuiert, so bei der einfachen Gesellschaft (Art. 536 OR), bei der Kollektivgesellschaft (Art. 561 OR) und bei der GmbH (Art. 803 Abs. 3 OR). Im Aktienrecht fehlt eine analoge Regelung, sodass grundsätzlich Verwaltungsratsmandate bei konkurrierenden Gesellschaften zulässig sind. Möglich ist jedoch ein Ausschluss im Organisations- und Geschäftsreglement (vgl. die Klausel 2.8.3 im Muster eines Organisationsreglements hinten unter Ziff. 11.55, S. 953 ff.) oder sogar in den Statuten. THALMANN, 96 ff., vertritt dagegen die Auffassung, aus der allgemeinen Treuepflicht könne auch für die Aktiengesellschaft ein Konkurrenzverbot bezüglich des Verwaltungsrates abgeleitet werden; allerdings schränkt er ein, dass nur vertragliche Abmachungen zwischen Verwaltungsrat und AG eine klare und sichere Grundlage zur Beurteilung konkurrierenden Verhaltens seitens des Verwaltungsrates schaffen.
76 Vgl. dazu ausführlich hinten Ziff. 3.5.5, S. 268. Ebenso BÖCKLI, Aktienrecht, § 13 Rz. 643.
77 Vgl. hinten Ziff. 5.2.3, S. 401 f., insbesondere Ausnützung vertraulicher Tatsachen und Geheimnisverletzung.
78 Zur schwierigen Stellung des Bankverwaltungsrats vgl. BÖCKLI, Aktienrecht, § 13 Rz. 645, und DE CAPITANI, 348 f.

Um allfällige Komplikationen zu vermeiden, scheint es angebracht, vor der Wahl eines Verwaltungsrates seine bisherigen Mandate und Beteiligungen zu durchleuchten und ihn zu verpflichten, nach der Wahl neue Mandate dem Gesamtverwaltungsrat offenzulegen. Gleichzeitig ist die Unabhängigkeit des Verwaltungsrates von der Revisionsstelle periodisch zu überprüfen.

Wesentlich sind vor allem Transparenz und klare Regeln zur Verhinderung von und zum Umgang mit Interessenkollisionen. Notwendig sind daher einzelfallgerechte Bestimmungen in Statuten und Reglementen.

Kommt trotz fehlender Unabhängigkeit eine Wahl zustande, so kann der entsprechende Beschluss und damit die Wahl selbst gestützt auf Art. 706a Abs. 1 OR innert zwei Monaten nach der Generalversammlung gerichtlich angefochten werden. Unterlässt es der übrige Verwaltungsrat, die Erfüllung der Unabhängigkeitsvoraussetzung vor und auch noch nach der Wahl zu überprüfen, so kann er für einen allfällig daraus entstehenden Schaden haftbar gemacht werden.

Im Zusammenhang mit der Unabhängigkeitsvorschrift ist schliesslich das vielfach in Mandatsverträgen statuierte *Weisungsrecht des Mandanten* zu prüfen. Oftmals stellte der Mandant «seinem» Verwaltungsrat noch treuhänderisch eine Aktie zur Verfügung, damit dieser Aktionär wurde. Es ist daher verständlich, dass der Auftraggeber seinen Einfluss auf den von ihm bestellten Verwaltungsrat mittels Weisungen durchsetzen will. Diese Weisungen sind jedoch, mit Blick auf die aktienrechtliche Grundstruktur und namentlich die Funktion des Verwaltungsrats, nur insoweit verbindlich, als sie nicht gegen Gesetz, Statuten oder die Interessen der Gesellschaft verstossen und dem Verwaltungsrat keine einseitigen, verbindlichen Vorgaben im Bereich seiner unübertragbaren und unentziehbaren Aufgaben gemäss Art. 716a OR machen.[79] Um allfälligen Missverständnissen vorzubeugen, sollte deshalb eine entsprechende Einschränkung in den Mandatsvertrag aufgenommen werden.[80] Fehlt eine derartige Einschränkung oder ist sie unvollständig, so ist damit die Unabhängigkeit des Verwaltungsrates noch nicht verletzt. Vielmehr ist der Mandatsvertrag widerrechtlich bzw. zumindest in diesem Punkt nicht durchsetzbar. Allenfalls beweist dieser Umstand sogar, dass der Mandant als faktisches Organ der Gesellschaft mithaftet.[81]

> **Empfehlung:**
> Allfällige Weisungsrechte von Mandanten in Mandatsverträgen sollten unbedingt so beschränkt werden, dass sie nur verbindlich sind, wenn sie nicht gegen Gesetz, Statuten und Reglemente oder gegen die Gesellschaftsinteressen verstossen.

Wegen der oben angeführten Einschränkungen sind Mandatsverträge zwar problematisch, sie sind aber nach herrschender Lehre und Rechtsprechung zulässig.[82] Ebenfalls gestattet ist die «Doppelfunktion» von Verwaltungsrat und Geschäftsführer, oder Vorsitzenden

---

79 Zulässig ist dagegen, den Verwaltungsrat zu verpflichten, bei Ermessensentscheidungen die Interessen des Mandanten voranzustellen. Zum Ganzen Böckli, Aktienrecht, § 13 Rz. 624 ff.; Homburger, in: Zürcher Kommentar, N 528 zu Art. 716a OR; Forstmoser/Meier-Hayoz/Nobel, § 28 N 175 ff.
80 Vgl. dazu das Muster eines Mandatsvertrages hinten unter Ziff. 11.46, S. 934 ff.; Wernli/Rizzi, in: Basler Kommentar, N 37 zu Art. 707 OR.
81 Auf die zivilrechtliche Verantwortlichkeit des faktischen Organs wird hinten unter Ziff. 4.1.6, S. 352 ff., näher eingegangen.
82 Namentlich auch in Konzernverhältnissen; dazu ausführlich hinten Ziff. 6.3.1, S. 416 f. und Ziff. 9.6.5, S. 678 ff.

der Geschäftsleitung u.Ä. in einer Person. Bei Lichte betrachtet geht es um nichts anderes, als dass das Pflichtenheft des Doppelfunktionärs um die entsprechende Aufgabe des Geschäftsführers oder Vorsitzenden der Geschäftsleitung erweitert wird, was im Rahmen der aktienrechtlichen Delegationsnormen ohne weiteres zulässig ist. Nur bei den Banken und den Sparkassen wird von Gesetzes wegen eine strikte Trennung dieser Funktionen verlangt.[83]

1.2.5 Statutarische Voraussetzungen

Die gesetzlichen Voraussetzungen für ein Verwaltungsratsmandat setzen nur einen groben Rahmen. Durch statutarische Bestimmungen kann festgelegt werden, welche zusätzlichen Voraussetzungen ein Verwaltungsrat erfüllen muss.[84] Grenzen solcher statutarischer Bestimmungen bilden einzig die allgemeinen gesetzlichen Vorschriften, wobei insbesondere der *Persönlichkeitsschutz* und das *Gleichbehandlungsprinzip* hervorgehoben seien.

Unzulässig wären demnach Vorschriften bezüglich Hautfarbe oder Geschlecht. Zulässige statutarische Vorschriften könnten dagegen sein:

- abgeschlossene Berufslehre oder Matura;
- keine persönlichen oder vertraglichen Beziehungen zu Konkurrenzunternehmen;
- keine offenen Betreibungen oder Verlustscheine;
- keine Eintragungen im Zentralstrafregister;
- weitere persönliche Voraussetzungen[85].

Zusätzliche Voraussetzungen an VR-Mitglieder werden auch von Aufsichtsbehörden bei Unternehmen verlangt, die einem besonderen Bewilligungsregime unterstehen (bspw. Banken, Effektenhändler, Finanzintermediäre).[86] In Analogie können entsprechende Anforderungen durchaus in die Statuten von nicht beaufsichtigten Gesellschaften übernommen werden.

Werden statutarische Vorschriften bei der Wahl eines Verwaltungsrates durch die Generalversammlung missachtet, so ergeben sich dieselben Konsequenzen wie bei der Verletzung von gesetzlichen Vorschriften. Demnach ist die Wahl eines Verwaltungsrates, welche unter Verletzung statutarischer Bestimmungen zustande kommt, nicht einfach nichtig, sondern lediglich anfechtbar gestützt auf Art. 706 Abs. 2 Ziff. 1 OR.

1.2.6 Persönliche Voraussetzungen

Im Obligationenrecht werden keine konkreten persönlichen Voraussetzungen für den Verwaltungsrat ausdrücklich vorgeschrieben. Insbesondere gibt es keine Vorschrift bezüglich Wohnsitz, Begrenzung der Mandatsanzahl, der maximalen Amtszeit oder des biologi-

---

83 Art. 8 Abs. 2 BankV.
84 Zu den allgemeinen Vorschriften in den Statuten vgl. vorne Ziff. 1.1.2, S. 3 f.
85 Vgl. dazu nachstehend Ziff. 1.2.6.
86 Vgl. Art. 3 Abs. 2 lit. c BankG, wonach eine Bankenbewilligung u.a. nur dann an eine Gesellschaft erteilt wird, wenn die mit der Verwaltung und Geschäftsführung der Bank betrauten Personen einen guten Ruf geniessen und Gewähr für eine einwandfreie Geschäftstätigkeit bieten. Die Vorlage eines Betreibungs- und Zentralregisterauszuges ist deshalb in solchen Fällen zwingend notwendig.

schen Alters. Wie bereits vorne unter Ziff. 1.2.2 ausgeführt wurde, muss ein VR-Mitglied jedoch zwingend urteilsfähig sein, um seine Funktion ausüben zu können. Es ist deshalb unbestritten, dass nur eine urteilsfähige Person in den Verwaltungsrat gewählt werden kann, auch wenn diese Voraussetzung nicht ausdrücklich im Gesetz genannt wird.[87] Das Amt des Verwaltungsrates kann zudem nur antreten, ausüben und beibehalten, wer voll handlungsfähig ist.[88] Dies muss aus Art. 718 Abs. 1 OR gefolgert werden, wonach grundsätzlich jedem VR-Mitglied die Vertretung der Gesellschaft anvertraut ist.

Aus Art. 728 Abs. 2 Ziff. 1 und 3 OR ergibt sich indirekt, dass ein VR-Mitglied von der Revisionsstelle unabhängig sein muss. Die Unabhängigkeit ist dann nicht mehr gegeben, wenn das betroffene Mitglied eine bedeutende direkte oder indirekte Beteiligung am Revisionsunternehmen hält oder eine enge Beziehung zum Revisor oder zum leitenden Prüfer pflegt.[89] Im Zweifelsfall sollte von fehlender Unabhängigkeit ausgegangen werden, um Verantwortlichkeitsansprüche zu vermeiden.

Bei kotierten Gesellschaften müssen gemäss Art. 12 VegüV die Statuten zwingend Bestimmungen enthalten über die Anzahl der zulässigen Tätigkeiten der Mitglieder des Verwaltungsrates in den obersten Leitungs- oder Verwaltungsorganen von Rechtseinheiten, die verpflichtet sind, sich ins Handelsregister oder in ein entsprechendes ausländisches Register eintragen zu lassen, und die nicht durch die Gesellschaft kontrolliert werden oder die Gesellschaft nicht kontrollieren. Konkret heisst dies, dass in den Statuten von kotierten Gesellschaften die maximale Mandatsanzahl für VR-Mitglieder festgelegt werden muss. Damit soll insbesondere dem Umstand Rechnung getragen werden, dass das Pflichtenheft des Verwaltungsrates stetig zunimmt und insgesamt ein umfassenderes Engagement verlangt. In angrenzenden Ländern wie etwa Deutschland[90], Frankreich[91] oder Österreich[92] bestehen entsprechende gesetzliche Beschränkungen. Auch unter Corporate-Governance-Gesichtspunkten ist es heute kaum möglich, mehrere Mandate in grösseren und Publikumsgesellschaften nebenamtlich zu bewältigen.[93] Sinnvoll wäre demnach in kotierten Gesellschaften eine Statutenklausel, wonach VR-Mitglieder maximal noch in neun anderen Gesellschaften eine VR-Funktion ausüben dürfen, jedoch maximal nur in drei anderen bedeutenden oder kotierten Gesellschaften, wobei mehrere Mandate innerhalb des gleichen Konzerns nur als ein einziges Mandat gezählt werden. Mandate bei Non-Profit-Unternehmen (wie z.B. beim Roten Kreuz) sollten dabei nicht gesondert behandelt werden, da der entsprechende Zeitaufwand nicht unbedingt kleiner sein muss.

Im Zusammenhang mit der anstehenden grossen Aktienrechtsrevision wurde auch eine *Begrenzung der Amtszeit* diskutiert.[94] Eine diesbezügliche gesetzliche Regelung wäre wohl

---

87 KRNETA, N 31.
88 BÖCKLI, Aktienrecht, 36; gl.M. auch PLÜSS, Rechtsstellung, 7 f.; KRNETA, N 34; HOMBURGER, N 77 zu Art. 707; WERNLI/RIZZI, in: Basler Kommentar, N 21 zu Art. 707 OR; a.M. mit Hinweis auf BGE 84 II 677 CHK-PLÜSS/KUNZ/KÜNZLI, N 5 zu Art. 707 OR.
89 Diesbezüglich besteht grosser Interpretationsspielraum mit entsprechender Unsicherheit (vgl. CHK-OERTLI/HÄNNI, N 9 zu Art. 728 OR).
90 10 Mandate nach § 100 Abs. 2 Ziff. 1 Aktiengesetz («Lex Abs»).
91 8 Mandate gemäss Art. 92 Loi sur les sociétés commerciales.
92 Grundsätzlich 10 Mandate, bei speziellen Verhältnissen maximal 20 Mandate nach § 86 Abs. 2 Aktiengesetz.
93 Darauf weist BÖCKLI, Aktienrecht, § 13 Rz. 14, hin mit der Vorgabe, dass mehr als höchstens drei VR-Mandate in Publikumsgesellschaften im Nebenamt kaum mehr zeitlich zu bewältigen sind.
94 Vgl. dazu BÖCKLI, Aktienrecht, § 13 Rz. 16.

illusorisch. Bereits bei Gesellschaften mit geschlossenem Aktionärskreis würde eine solche Regelung grosse Probleme aufwerfen. Bei Einmannaktiengesellschaften ergäbe sich ein geradezu unlösbares Dilemma. Es scheint auch kaum vertretbar, dass sich der Gesetzgeber auf diese Art in die Gesellschaft einmischt. Letztlich ist es der Generalversammlung übertragen, die ihr genehmen und zudem fähigen Verwaltungsräte zu bestimmen. In Bezug auf die Befähigung darf nun aber gerade die Amtszeit nicht ein Selektionskriterium darstellen, weil mit der Länge der Amtszeit auch die Erfahrung wächst. Sollte es das Ziel einer solchen Bestimmung sein, den Verwaltungsrat von Zeit zu Zeit durch die Zuführung von «frischem Blut» zu inspirieren, so ist ganz klar festzuhalten, dass dies in anderer Weise viel besser erfolgen kann. Mit einer uniformen Regelung würde der Unterschiedlichkeit der einzelnen Verwaltungsräte nicht Rechnung getragen.

Auch eine *Begrenzung des Alters* scheint als zusätzliche persönliche Voraussetzung unzweckmässig. Damit würde keine Rücksicht genommen auf die unterschiedliche körperliche und geistige Flexibilität der einzelnen Mandatsträger. Obwohl es zutreffen mag, dass zumindest tendenziell die geistige Beweglichkeit mit dem Alter abnimmt, muss andererseits festgestellt werden, dass gelegentlich jüngeren Verwaltungsräten die notwendige Erfahrung und Teamfähigkeit für ein solches Amt fehlt. Auch hier gilt wieder, dass auf anderen Wegen die Befähigung der Verwaltungsräte besser sichergestellt werden kann.[95]

Ganz allgemein stellt sich die Frage, ob das Verwaltungsratsmandat hinsichtlich *Befähigung* an einige qualitative Mindestvoraussetzungen zu knüpfen wäre, wie dies etwa für die Revisionsstelle eingeführt wurde.[96] Die sehr unterschiedliche Ausgestaltung der einzelnen Aktiengesellschaften, insbesondere hinsichtlich der Grösse, dürfte es kaum erlauben, für sämtliche Aktiengesellschaften dieselben Befähigungskriterien an die Verwaltungsräte zu stellen. Zumindest wäre also eine Aufteilung der Gesellschaften vorzunehmen.[97] Ebenso wären die Zusammensetzung des Verwaltungsrates und das besondere Know-how einzelner Mitglieder zu berücksichtigen. Indirekt lassen sich aber durch Pflichtenhefte und Strukturierung der Abläufe sehr wohl gewisse Anforderungsprofile durchsetzen.[98] Einigkeit besteht auch darin, dass die Mitglieder eines Prüfungsausschusses (Audit Committee) und der Präsident bilanzsicher («financially literate»), d.h. mit dem Finanz- und Rechnungswesen vertraut sein müssen.[99]

Richtig und auch wünschenswert ist, dass der Gesetzgeber eine allgemeine Mindestanforderung an die Inhaber von Verwaltungsratsmandaten stellt (Urteilsfähigkeit bzw. Handlungsfähigkeit). Jeder weitere Eingriff schein nicht nur unnötig, sondern sogar zweckfremd. Das letztlich entscheidende Kriterium zur Auswahl und zum Einsatz eines Verwaltungsrates ist wohl einzig die Fähigkeit, die gesetzlich auferlegten Pflichten erfüllen und die ihm im Unternehmen zugewiesenen Funktionen ausüben zu können. Nach

---

95 Solche «Altersguillotinen» sind allerdings in den Statuten von Publikumsgesellschaften nicht selten zu finden.
96 Vgl. Art. 4 und 5 RAG; BÖCKLI, Aktienrecht, § 13 Rz. 15 bezeichnet dies aber pointiert als «Irrlicht».
97 Nach SPRÜNGLI, 278, sollte jeder Verwaltungsrat u.a. die einschlägige Gesetzgebung kennen, Kenntnisse der Unternehmensorganisation mitbringen und Kennzahlen analysieren können. Dies ist zwar sicher von Vorteil, kann jedoch unmöglich von allen Verwaltungsräten gleichzeitig gefordert werden. Vgl. auch etwa VOLKART, Überlegungen, Abbildung 5 (Anforderungen an den KMU-Verwaltungsrat und an die VR-Mitglieder).
98 BÖCKLI, Aktienrecht, § 13 Rz. 15a.
99 Vgl. dazu BÖCKLI, Aktienrecht, § 13 Rz. 18, und ROTH PELLANDA, Organisation, 146 ff.

der hier vertretenen Ansicht ist eine Verschärfung der Voraussetzungen zur Ausübung eines Verwaltungsratsmandates nicht praktikabel. Allein schon die revidierten Haftungsbestimmungen – die insbesondere im Falle von Pflichtverletzung und nicht ordnungsgemässer Pflichterfüllung zur Anwendung kommen – dürften eigentlich für die Verwaltungsräte ein hinreichendes Argument dafür sein, nur solche Mandate zu übernehmen, bei denen ihnen eine Erfüllung der Pflichten auch möglich ist.

Gemäss Art. 3 Abs. 2 lit. c BankG wird eine Bankenbewilligung u.a. nur dann an eine Gesellschaft erteilt, wenn die mit der Verwaltung und Geschäftsführung der Bank betrauten Personen einen guten Ruf geniessen und Gewähr für eine einwandfreie Geschäftstätigkeit bieten. Bei Banken wird deshalb von der FINMA nicht nur geprüft, ob die gemäss Art. 8 Abs. 1 BankV vorgeschriebenen drei VR-Mitglieder ordnungsgemäss eingetragen sind, sondern es wird zusätzlich abgeklärt, ob diese Verwaltungsräte auch «fit and proper» sind. Konkret werden demnach bei Banken die fachliche Qualifikation und die persönliche Integrität der VR-Mitglieder im Hinblick auf eine solide und vorsichtige Geschäftsführung geprüft.

Zusammenfassend ist festzustellen, dass abgesehen von der bereits bestehenden Sonderregelung bei Banken eine Verschärfung der persönlichen Voraussetzungen zur Ausübung eines Verwaltungsratsmandates einen zwecklosen Eingriff vom Gesetzgeber in die Privatautonomie der Gesellschaft darstellen würde. Die Generalversammlung hat die Möglichkeit, durch entsprechende Statutenbestimmungen Wählbarkeitsvoraussetzungen zu schaffen, die der Gesellschaft individuell angepasst sind. Überdies entscheidet letztlich die Qualität der Aufgabenerfüllung über die Einsitznahme und den Verbleib im Verwaltungsrat. Wird die geforderte Leistung nicht erbracht oder werden obliegende Pflichten nicht erfüllt, liegt es in der Macht der Generalversammlung, entsprechende Abwahlen vorzunehmen.

Hinzuweisen ist schliesslich darauf, dass Politikern häufig nach öffentlichem Recht die Annahme eines Verwaltungsmandats nicht ohne weiteres gestattet ist. Soweit solche Vorschriften grundsätzlich und ohne Rücksicht auf die Verhältnisse im Einzelfall Einschränkungen festlegen, sind sie allerdings problematisch.[100]

1.2.7 Vorprüfung vor Mandatsannahme

Vor der Annahme eines Verwaltungsratsmandats sollten die wichtigsten Bereiche (persönliche und formelle Voraussetzungen, Zusammensetzung des Verwaltungsrats und der Geschäftsleitung, Revisionsstelle, Strategie, Finanzen, Corporate Governance, Risk Management und Compliance) geprüft werden.

Hinten in Ziff. 11.45, S. 930 ff., findet sich eine Liste von Fragen, die dazu dienen, den Entscheid zur Übernahme eines VR-Mandates sorgfältig vorzubereiten. Es ist nicht die Mei-

---

100 Der Fall von Moritz Leuenberger hat im Jahr 2011 eine entsprechende Diskussion ausgelöst. Der Politiker nahm wenige Monate nach seinem Rücktritt als Bundesrat im Verwaltungsrat eines grossen Bauunternehmens Einsitz. Besonders delikat war diese Mandatsübernahme, weil er bis zu seinem Rücktritt Vorsteher des Departements für Umwelt, Verkehr, Energie und Kommunikation war. In dieser Funktion war er immer wieder für grosse Infrastruktur-Projekte des Bundes verantwortlich. Obwohl er zwei Jahre später aus dem Verwaltungsrat austrat, sprach sich der Nationalrat am 18.9.2013 für eine gesetzliche Beschränkung aus.

nung, dass alle Fragen positiv beantwortet werden müssen, bevor ein Mandat übernommen wird. In ihrer Vielfalt helfen die Fragen jedoch, ein genügend umfassendes Bild des Unternehmens zu verschaffen, für das die Verantwortung als VR-Mitglied übernommen werden soll. Im Zweifelsfall ist auf eine Mandatsannahme zu verzichten.

Bei börsenkotierten Gesellschaft sollte sowohl von den amtierenden VR-Mitgliedern als auch vom interessierten VR-Kandidaten geprüft werden, ob die statutarischen Vorschriften gemäss Art. 12 VegüV erfüllt sind und dass keine unzulässigen Vergütungen im Sinne von Art. 20 VegüV in Aussicht gestellt werden.

1.3 Wahl des Verwaltungsrates

1.3.1 Suche und Vorselektion von VR-Kandidaten

Nach Art. 698 Abs. 2 Ziff. 2 OR ist die Wahl des Verwaltungsrates zwar von der Generalversammlung vorzunehmen, doch hat auch der amtierende Verwaltungsrat diesbezügliche Aufgaben. Dabei lassen sich grundsätzlich folgende Ausgangssituationen unterscheiden:

- Wahl bei der Gründung
- Wahl zur Erweiterung des Verwaltungsrates
- Wahl zum Ersatz eines bisherigen Verwaltungsrates
- Wahl des Präsidenten (bei kotierten Gesellschaften)
- Wahl der Mitglieder des Vergütungsausschusses (bei kotierten Gesellschaften).

Bei der Gründung der Aktiengesellschaft werden die Mitglieder des Verwaltungsrates in aller Regel aus dem Kreis der Gründeraktionäre rekrutiert. Dabei handelt es sich allerdings nicht um ein zwingendes Erfordernis. Die Gründer können auch Drittpersonen wählen. Gleichzeitig müssen die Gründer bei einer Mehrzahl von Verwaltungsräten festlegen, wer das VR-Präsidium übernehmen soll.

Möglicherweise wird es im Laufe des Bestehens einer Aktiengesellschaft notwendig, die Zahl der Verwaltungsräte zu erhöhen. Dies kann etwa eintreten, wenn das Unternehmen stark expandiert, wenn man beabsichtigt, die Aktivitäten auch in bisher fremde Bereiche auszudehnen oder in Fällen von Fusionen und ähnlichen Reorganisationen und Restrukturierungen. Die Überbeanspruchung des bestehenden Verwaltungsrates kann dabei sowohl in zeitlicher als auch in fachlicher Hinsicht zutage treten. Die Suche nach neuen Verwaltungsräten mit spezifischem Know-how wird sich an den jeweiligen Bedürfnissen auszurichten haben.

Der Ersatz eines bisherigen Verwaltungsrates ist wohl die häufigste Ursache dafür, dass sich die Generalversammlung mit der Wahl eines neuen Verwaltungsrates zu befassen hat. Es spielt dabei keine Rolle, ob ein Rücktritt eingereicht wurde oder ein bestehender Verwaltungsrat nicht mehr wiedergewählt wurde.

Bei kotierten Gesellschaften ist gemäss Art. 2 Ziff. 2 VegüV die Generalversammlung unabhängig von den Statuten immer zuständig zur Wahl des VR-Präsidenten. Zudem hat sie gemäss Art. 2 Ziff. 2 VegüV auch die Mitglieder des Vergütungsausschusses aus den Verwaltungsräten einzeln zu wählen.

Wer ist nun aber für die Suche und die Vorselektion von geeigneten VR-Kandidaten zuständig? Im Gründungsstadium liegt die alleinige Zuständigkeit und Verantwortung bei den Gründern. Ist dagegen eine Erweiterungs- oder Ergänzungswahl bzw. im Falle von kotierten Gesellschaften die Wahl der Mitglieder des Vergütungsausschusses notwendig, obliegt die Vorschlagsverantwortung dem Verwaltungsrat.[101] Dies ergibt sich aus Art. 716a Abs. 1 Ziff. 6. OR, wonach der Verwaltungsrat für die Vorbereitung der Generalversammlung zu sorgen hat. Bei öffentlichen Unternehmen übernehmen gelegentlich die politischen Parteien diese Suche und Auswahl. Damit ist aber vorbestimmt, dass der Verwaltungsrat nicht primär entsprechend den objektiven Anforderungen, sondern zwangsläufig eher nach politischen Kriterien zusammengesetzt wird. Viel zielgerichteter und objektiver ist der Einsatz einer unabhängigen Findungskommission[102] oder eines integrierten HR-Committees[103].

Gemäss Art. 700 Abs. 2 OR hat der Verwaltungsrat den Aktionären in der Einladung zur Generalversammlung unter dem Traktandum «Wahlen» entsprechende Anträge zu stellen. Um solche Anträge konkret unterbreiten zu können, müssen jedoch zuerst entsprechende Kandidaten gesucht und vorselektioniert werden.[104] Die Suche nach geeigneten VR-Kandidaten ist grundsätzlich auf vier verschiedene Arten möglich, wobei selbstverständlich auch Kombinationen anzutreffen sind:

- Jedes VR-Mitglied sucht selbst im eigenen Bekanntenkreis;
- die Suche wird mittels Anzeigen oder Bekanntgabe in Netzwerken ausgeweitet;
- einzelne oder alle Aktionäre werden gebeten, sich an der Suche zu beteiligen;
- dritte werden mit der Suche nach geeigneten Kandidaten beauftragt.

Alle Varianten haben ihre Vor- und Nachteile. Bei der beschränkten Suche durch die einzelnen VR-Mitglieder entstehen keine zusätzlichen Kosten und der Suchprozess kann weitgehend vertraulich durchgeführt werden; allerdings ist das Suchspektrum sehr begrenzt und zudem besteht die Gefahr, dass nur «gleichdenkende» Kandidaten gesucht werden. Die Suche mittels Anzeigen in Zeitschriften ist in der Schweiz nur wenig verbreitet, da dies i.d.R. speziell «Mandate-Sammler» anlockt. Schon verbreiteter sind Suchaktionen in den Social Media und in Netzwerken, wie z.B. dem VR-Pool[105] basierend auf der Swiss Board School der Board Foundation[106]. Hier besteht auch die Möglichkeit, über den Female Board Pool gezielt weibliche Kandidaten zu suchen. In Gesellschaften mit weni-

---

101 Gl.M. BÖCKLI, Aktienrecht, § 13 Rz. 397a, mit dem Hinweis, dass der VR nicht nur über die Wählbarkeitsvoraussetzungen zu wachen hat, sondern auch eine nachvollziehbare, sachlich begründete Personalpolitik zu betreiben habe.
102 Zur personellen Besetzung der Findungskommission vgl. MÜLLER, VR-Suche, 185 f.
103 Bei HR-Committees können auch externe HR-Spezialisten beigezogen werden, vgl. MÜLLER, HR-Committees, 323; beim integrierten HR-Committee werden Nominierungs- und Entschädigungsausschuss vereint (entgegen der Empfehlung im Swiss Code zur Trennung) und zudem mit weiteren HR-Aufgaben bedacht.
104 Dazu sollte aber, wie bereits vorne unter Ziff. 1.1.5 auf S. 7 ff. ausgeführt, zuerst ein entsprechendes Anforderungsprofil erstellt und der Suchprozess definiert werden (vgl. MÜLLER, VR-Suche, 185). Das Muster eines solchen Anforderungsprofils findet sich hinten unter Ziff. 11.4 auf S. 772 ff.
105 Dieses Netzwerk bietet einen «VR-Marktplatz» mit offenen VR-Positionen und kompetenten VR-Kandidaten bzw. VR-Kandidatinnen.
106 Die unabhängige Schweizer Stiftung Board Foundation betreibt das International Center for Corporate Governance (www.icfcg.org), welches seinerseits in Kooperation mit dem IMP-HSG der Universität St. Gallen die Swiss Board School und den Female Board Pool betreibt.

gen Aktionären kann es durchaus hilfreich sein, auch die Aktionäre in die Suche einzubeziehen, wogegen dies bei grösseren oder kotierten Gesellschaften nicht zu empfehlen ist. Schliesslich besteht noch die Möglichkeit, spezialisierte Search-Agenturen[107] zu beauftragen. Mit dem Beizug von professionellen Beratern verläuft die VR-Suche schneller und mit grösserer Aussicht auf Erfolg; allerdings sind damit meist erhebliche Kosten verbunden.[108]

In der Praxis hat sich folgendes Vorgehen zur erfolgreichen Suche und Auswahl von VR-Kandidaten bewährt:[109]

Phase 1: Definition bzw. Aktualisierung des Anforderungsprofils[110], um Klarheit zu schaffen, welche sozialen und fachlichen Fähigkeiten ein Kandidat mitbringen sollte und welche Aufgaben ihm zugedacht werden; bei diesen Überlegungen ist auch die lang- und mittelfristige Nachfolgeplanung zu aktualisieren.

Phase 2: Entwicklung eines Rekrutierungsplans und Bestimmung der Findungskommission, sofern nicht bereits ein Nominierungs- oder HR-Committee für solche Aufgaben vorgesehen ist.[111]

Phase 3: Systematische Umsetzung des Rekrutierungsplans und dabei gegebenenfalls Zusammenarbeit mit vorbestimmten Netzwerken oder professionellen Beratern.

Phase 4: Sitzung der Findungskommission bzw. des VR-Ausschusses zur Auswertung und Vorselektion der Bewerberinformationen mit dem Ziel, eine Liste der möglichen VR-Kandidaten zu erstellen.

Phase 5: Telefonische Kontaktaufnahme mit den vorselektionierten Kandidaten für weitere Abklärungen und Terminvereinbarungen.

Phase 6: Treffen der Findungskommission bzw. des VR-Ausschusses mit den VR-Kandidaten und anschliessend Entscheid über eine Short List.

---

107 Dazu gehören in alphabetischer Reihenfolge insbesondere folgende professionellen Beratungsunternehmen, die im Rahmen einer Veranstaltung der Swiss Board School über ihre Suchstrategie auf VR-Ebene Auskunft gaben:
  – aebi + kuehni (www.aebi-kuehni.ch)
  – Amrop (www.amrop.ch)
  – Choice Ltd. (www.choice-ltd.com)
  – EgonZehnder (www.egonzehnder.com)
  – Heidrick & Struggles (www.heidrick.com)
  – Korn/Ferry (www.kornferry.com)
  – Roy C. Hitchman (www.roy-hitchman.com)
  – Topwork (www.topwork.ch)
  – Wilhelm (www.wilhelm-gruppe.ch)
  – witena (www.witena.com).
108 Die Honorare sind unterschiedlich, werden aber meist in Relation zum jährlichen VR-Honorar der Kandidaten festgelegt.
109 In Anlehnung an Hilb, Integrierte Corporate Governance, 114.
110 Vgl. das Muster eines Anforderungsprofils hinten unter Ziff. 11.4, S. 772 ff.
111 Vgl. das Muster eines Reglements für einen Nominations- und Vergütungsausschuss hinten unter Ziff. 11.52, S. 946 ff.

Phase 7: Einholen von Referenzen und evtl. Assessments der VR-Kandidaten gemäss Short List.

Phase 8: Sitzung der Findungskommission bzw. des VR-Ausschusses zur Antragstellung an den Verwaltungsrat mit maximal drei Kandidaten für einen VR-Sitz.

Phase 9: Treffen des Verwaltungsrates mit den vorgeschlagenen letzten VR-Kandidaten und anschliessend VR-Entscheid über den konkreten Antrag an die Generalversammlung.

Phase 10: Nach der Wahl durch die GV Dokumentation des neuen VR-Mitglieds und gezieltes Programm zur Einführung.

Umgekehrt stellen sich insbesondere die Absolventen von VR-Kursen[112] die Frage, wie sie mit vernünftigem Aufwand zu einem VR-Mandat ohne übermässige Risiken gelangen können. Nach Angaben der massgebenden Beratungsunternehmen sind zurzeit weibliche VR-Kandidaten mit mehrjähriger Erfahrung als CEO in einem internationalen Unternehmen sehr gesucht. Wer dieses Profil nicht erfüllt, muss zuerst auf den «Radar» der Beratungsunternehmen gelangen. Dies kann durch Teilnahme an Netzwerkveranstaltungen, durch Referate oder Publikationen geschehen. Die unaufgeforderte Zustellung eines Lebenslaufs bzw. einer Blindbewerbung hilft i.d.R. nicht weiter. Sodann müssen die Interessenten für ein VR-Mandat klar aufzeigen können, welchen Mehrwert sie einem Unternehmen bringen. Schliesslich sollten die Interessenten bei entsprechenden Anfragen kritisch bleiben und vor der Mandatsübernahme eine entsprechende Prüfung durchführen.[113]

Nach welchen Kriterien hat in der Folge die Vorselektion der Kandidaten zu erfolgen? Eine erste Hürde, die jeder künftige Verwaltungsrat zu nehmen hat, ist die Erfüllung der Wählbarkeitsvoraussetzungen, wozu sowohl die gesetzlichen als auch die statutarischen zu zählen sind.[114] Ein weiterer wichtiger Punkt ist die Verträglichkeit mit dem bisherigen Verwaltungsrat; Rivalität oder gar Feindschaft verunmöglichen die notwendige Zusammenarbeit innerhalb des Gremiums. Ein weiteres wichtiges Kriterium ist die Fähigkeit, die übertragenen Pflichten zu erfüllen. Besonders zu nennen sind dabei die fachlichen Fähigkeiten; neben besonderem Know-how spielen aber auch die Team- und Kommunikationsfähigkeit sowie die berufliche Vernetzung eine gewichtige Rolle. Spezielle Qualifikationen wird der potenzielle Verwaltungsrat dann vorzuweisen haben, wenn er innerhalb des Verwaltungsrates mit besonderen Aufgaben betraut werden soll (Mitglied eines Ausschusses, Zuständigkeit für das Finanzwesen etc.) oder wenn er zur Erfüllung spezifischer Aufgaben berufen wird (Durchführung einer Restrukturierung, eines Turnaround, einer Sanierung etc.).

Als generelle Kriterien werden – wie bereits erwähnt – etwa folgende genannt:[115]

- Grundkenntnisse der Rechnungslegung («basic financial understanding»; ergibt sich aus der Verantwortung des Verwaltungsrats für den Jahresabschluss);

---

112 Z.B der sechsteilige VR-Intensivkurs der Swiss Board School (vgl. www.boardfoundation.org).
113 Vgl. dazu das Muster zur Prüfung der Mandatsübernahme hinten unter Ziff. 11.45, S. 930 ff.
114 Vgl. dazu vorne Ziff. 1.2, S. 13 ff.
115 Vgl. BÖCKLI, Aktienrecht, § 13 Rz. 38 ff., unter Verweisung auf ROTH PELLANDA, Organisation, 130 ff. – Weiter gehen namentlich die Kriterien für die Mitglieder eines Prüfungsausschusses; vgl. dazu Art. II./23. Abs. 2 des Swiss Code of Best Practice.

– Grundkenntnisse der rechtlichen Zusammenhänge (ergibt sich aus dem Pflichtengefüge und der Haftung des Verwaltungsrats);
– Grundkenntnisse der wirtschaftlichen Zusammenhänge.

Bei Publikumsgesellschaften bestehen gewisse Offenlegungspflichten, die Rückschlüsse auf die persönliche Qualifikation der Verwaltungsratsmitglieder zulassen.[116]

Bei der Auswahl von Verwaltungsratsmitgliedern ist ferner darauf zu achten, dass verschiedene Rollenfunktionen im Gremium vertreten sind.[117] Für international tätige Unternehmen ist sodann eine Zusammensetzung des Verwaltungsrats wichtig, die auch multikulturelle Kompetenzen zusammenführt. Je nach der Unternehmenstätigkeit müssen verschiedene fachliche Kompetenzbereiche im Verwaltungsrat vertreten sein, damit dieser seine Gestaltungs- und Controllingfunktion erfolgreich erfüllen kann. Dazu kommen Rollenfunktionen, welche den Diskussions- und Entscheidungsfindungsprozess im Gremium beeinflussen und ausbalancieren.[118]

Bei der Wahl eines Verwaltungsrates wird insbesondere bei kleineren Unternehmungen noch sehr stark auf persönliche Kriterien abgestellt, dagegen werden fachliche Voraussetzungen zurückgestellt. Im Interesse der Gesellschaft sollten jedoch Wissen und Erfahrung der Kandidaten den Ausschlag für eine Wahl geben.

1.3.2 Einladung zur Generalversammlung

Im besten Fall hat die Vorselektion zum Ergebnis geführt, dass mehrere Verwaltungsratskandidaten in die engere Auswahl gezogen werden. Es gehört nun zu den Aufgaben des amtierenden Verwaltungsrates, gestützt auf die Vorselektion der Generalversammlung einen Antrag zur Wahl eines oder mehrerer VR-Kandidaten zu unterbreiten. Dazu sind die entsprechenden Kandidaten zur nächsten Generalversammlung einzuladen, insbesondere dann, wenn sie nicht bereits als Aktionäre an der Generalversammlung teilnehmen. Grundsätzlich ist es allerdings auch möglich, einen nicht anwesenden Kandidaten zu wählen. Dann haben die Aktionäre aber keine Möglichkeit zur direkten Fragestellung an den Kandidaten.

Die Verwaltungsratskandidaten sind möglichst früh anzufragen, ob sie gegebenenfalls zu einer Mandatsübernahme bereit wären.[119] Damit steht im Falle einer Absage genügend Zeit für eine weitere Suche zur Verfügung. Zu beachten ist auch, dass ein ernsthafter Kandidat seine Entscheidung nicht ohne genauere Prüfung fällen wird und deshalb entsprechend Zeit benötigt.[120] Dazu ist es unerlässlich, sich ein genaues Bild über die Gesell-

---

116 Ziff. 3.1 ff. RLCG.
117 Vgl. Hilb, Integrierte Corporate Governance, 70, der folgende Rollenfunktionen unterscheidet: Coaching-Funktion, Gestaltungs-Funktion, Know-how-Funktion, Controlling-Funktion, Netzwerk-Funktion, Balancierungs-Funktion .
118 Hilb, Integrierte Corporate Governance, 82 ff., unterscheidet hier etwa den «kritischen Denker», den «kreativen Denker», den «Board-Networker» usw.
119 Da niemand gegen seinen Willen in dieses Gremium gewählt werden kann, empfiehlt es sich zur Vermeidung von Überraschungen an der Generalversammlung, vorab die Kandidaten zu informieren. Ziel ist es, möglichst schon vor der Versendung der Einladungen eine Stellungnahme zu erhalten.
120 Vgl. dazu auch die Auflistung der zu prüfenden Punkte hinten unter Ziff. 6.2.1, S. 408 ff.

schaft zu machen.[121] Neben der bisherigen Entwicklung, dem momentanen Stand und den Zukunftsplänen dürften insbesondere die personelle Zusammensetzung von Aktionariat und Verwaltungsrat und die finanzielle Situation der Gesellschaft von entscheidender Bedeutung sein. Mit Vorteil werden alle diese Punkte, insbesondere auch die Frage der Bereitschaft des potenziellen Verwaltungsrates, in einem persönlichen Gespräch mit dem bestehenden Gesamtverwaltungsrat geklärt.

In administrativer Hinsicht ist darauf zu achten, dass einem künftigen Verwaltungsrat, der noch nicht Aktionär ist, mit der Einladung zur Generalversammlung auch eine Zutrittsberechtigung ausgestellt wird. Im Falle von speziell beaufsichtigen Gesellschaften, wie z.B. Banken oder Luftfahrtunternehmen, sollte zudem vorab von den Kandidaten ein aktueller Betreibungs- und Zentralstrafregisterauszug verlangt werden.

Empfehlungen:
Verwaltungsratskandidaten sollten zur Generalversammlung eingeladen werden, an der sie gewählt werden sollen. Es muss ihnen dazu – wenn sie nicht schon Aktionär sind – eine Zutrittsberechtigung ausgestellt werden.

1.3.3 Auskunftspflicht

Den Aktionären sollte im Rahmen der Wahlvorbereitung an der Generalversammlung die Möglichkeit eingeräumt werden, direkte Fragen an die Kandidaten zu richten. Der Schwerpunkt der Fragen dürfte dabei insbesondere beim bisherigen Werdegang, den Qualifikationen und der hinter der Übernahme des Amtes stehenden Motivation liegen. Selbstverständlich steht es im Ermessen des Kandidaten, Fragen nicht zu beantworten; keinesfalls kann er zu Aussagen gezwungen werden. Ein Nichtbeantworten oder auch die nur verschleiernde Beantwortung dürften dann allerdings bei der Wahl negativ gewertet werden. Die Generalversammlung hat zu beachten, dass die gestellten Fragen die Persönlichkeitsrechte des Kandidaten nicht tangieren.

Das Auskunftsrecht dürfte besonders dann Bedeutung erlangen, wenn die Generalversammlung aus ihren Reihen einen Kandidaten vorschlägt. In diesem Fall stehen nämlich keine Vorabinformationen zur Verfügung. Schwieriger wird es, wenn am Versammlungstage ein Nichtanwesender vorgeschlagen wird. Die Generalversammlung ist dann nämlich gezwungen, ohne direkte Kenntnis des Kandidaten abzustimmen.

Auf der anderen Seite muss auch der Umfang der Auskunftspflicht der Gesellschaft gegenüber dem Kandidaten näher betrachtet werden. An sich stellt sich dieses Problem nur dann, wenn der designierte Verwaltungsrat mit der Gesellschaft noch nicht vertraut ist oder Zusatzinformationen verlangt. Grundsätzlich sind alle Auskünfte zu erteilen, die auch den Aktionären zur Verfügung stehen. Bei weiter gehenden Anfragen muss das Problem dadurch gelöst werden, dass zwischen der Gesellschaft und dem interessierten VR-Kandidaten eine entsprechende Geheimhaltungserklärung mit Konventionalstrafe abgeschlossen wird. Ein seriöser Verwaltungsrat wird eine Wahl jedenfalls nur dann annehmen, wenn er genügend über die Gesellschaft informiert ist. Welche Informationen zur Vorprüfung

---

121 Dies kann durchaus haftungsrelevant sein, wenn der neue Verwaltungsrat bei seriösen Abklärungen auf Missstände gestossen wäre oder hätte stossen oder die Wahl hätte ablehnen müssen (wegen mangelnder Fähigkeiten, Interessenkonflikten o.Ä.).

der Mandatsübernahme benötigt werden und welche Fragen konkret zu stellen sind, ergibt sich aus dem Muster 11.45 hinten, S. 930 ff.

1.3.4 Abstimmung

Nach Art. 703 OR fasst die Generalversammlung ihre Beschlüsse und vollzieht ihre Wahlen, soweit das Gesetz oder die Statuten es nicht anders bestimmen, mit der *absoluten Mehrheit* der vertretenen Aktienstimmen.[122] Es spielt demnach ohne anderslautende statutarische Vorschrift keine Rolle, ob nun alle, nur die Hälfte oder gar nur 10% aller Aktien vertreten sind. Eine Wahl kommt gültig zustande, wenn mehr als die Hälfte aller vertretenen Aktienstimmen für den Kandidaten abgegeben werden. Eine einzige Stimme über der Hälfte genügt. Stimmenthaltungen wirken somit wie Gegenstimmen!

Die Durchführung von Wahlen ist für die Aufrechterhaltung der Gesellschaft auf längere Frist gesehen von unabdingbarer Bedeutung. Dies ergibt sich schon aus dem Umstand, dass die Amtsdauer der Mitglieder des Verwaltungsrates (Art. 710 OR) und jene der Revisionsstelle (Art. 730*a* Abs. 1 OR) beschränkt ist und somit in gewissen zeitlichen Rhythmen entweder Bestätigungs- oder Neuwahlen abgehalten werden müssen.[123]

Da also Wahlen periodisch stattzufinden haben, dabei aber oftmals Probleme hinsichtlich des Abstimmungsmodus entstehen, stellt sich die Frage, ob dieses Prozedere nicht institutionalisiert werden soll. Dies wäre beispielsweise im Rahmen eines Reglements zur Durchführung der Generalversammlung möglich. Hervorzuheben ist, dass die Festlegung des Wahlverfahrens der Zustimmung der absoluten Mehrheit in der Generalversammlung bedarf. Unabhängig von der Festlegung des Wahlverfahrens in einem speziellen Reglement hat sich die Generalversammlung bezüglich einiger Grundsätze zur Wahldurchführung festzulegen:

– Konsequenzen bei Nichtzustandekommen einer Wahl: Es besteht die Möglichkeit, die Wahl zu wiederholen oder sie abzubrechen.
– Art der Abstimmung: Die Generalversammlung muss sich entscheiden, ob Wahlen offen oder geheim durchgeführt werden.
– Quoren: Die Generalversammlung muss darüber Klarheit haben, ob nur das gesetzliche Minimum (absolute Mehrheit der vertretenen Aktienstimmen) oder allenfalls qualifizierte Resultate gemäss Statuten verlangt werden.[124]
– Wahlleitung: Grundsätzlich steht es dem Präsidenten des Verwaltungsrates zu, die Generalversammlung zu leiten und dementsprechend auch Wahlen durchzuführen. Unternehmensspezifische Besonderheiten oder andere Gründe können aber dazu führen, dass eine andere Person mit dieser Aufgabe betraut werden soll. Üblich ist, dass der Präsident des Verwaltungsrates die Versammlungsleitung einem anderen Mitglied überträgt, wenn es um die Wahl seiner Person geht.

---

[122] Zum «cumulative voting» vgl. BÖCKLI, Aktienrecht, § 13 Rz. 80 f.
[123] Zu den Konsequenzen bei Nichtvornahme von Wahlen trotz Ablauf der Amtszeit vgl. hinten Ziff. 1.8.2, S. 54 ff.
[124] Zur Problematik von statutarischen Quorumsvorschriften für Wahlen vgl. eingehend BÖCKLI, Aktienrecht, § 12 Rz. 420 ff. Die Auffassung, dass für die Wahl der notwendigen Gesellschaftsorgane auch statutarisch kein qualifiziertes Quorum eingeführt werden kann, lässt sich mit der zwingenden Notwendigkeit einer Beschlussfassung darüber begründen.

- Wahlprozedere: Betreffend die Durchführung von Wahlen schweigt sich das Gesetz aus. Dies bedeutet, dass der Generalversammlung grundsätzlich ein weiter Spielraum offensteht. Auf alle Fälle ist es wichtig, dass man sich schon vor der Durchführung der Wahlen über das zu wählende Vorgehen einigt.[125] Sichergestellt werden muss, dass eine unverfälschte Willenskundgabe der Aktionäre möglich ist und dass alle Aktionäre gleich behandelt werden.
- Stimmabgabe: Stehen mehr Kandidaten zur Verfügung als Sitze vakant sind, so gibt es für den *ersten* Wahlgang verschiedene Verfahrensmöglichkeiten. Erstens kann vorgesehen werden, dass jeder Stimmberechtigte nur so viele Stimmen abgeben kann, wie Sitze vakant sind; zweitens kann das Wahlverfahren vorsehen, dass pro Abstimmungsgang jeder Stimmberechtigte nur eine Stimme abgeben kann. Und drittens wäre es denkbar, dass jeder Stimmberechtigte nur so viele Stimmen zur Verfügung hat, wie es der Anzahl Kandidaten minus eins entspricht. Bei den folgenden Wahlgängen ist man nicht an das Verfahren des ersten Wahlganges gebunden.

Empfehlung:
Sofern das Wahlverfahren nicht in Reglementen der Gesellschaft festgelegt wird, sollte der Vorsitzende vor der Wahl das anzuwendende Verfahren erläutern und durch die Generalversammlung genehmigen lassen. Damit wird einerseits das Wahlprozedere vereinfacht, und andererseits kann dadurch die Gefahr von Anfechtungs- oder gar Nichtigkeitsklagen reduziert werden. Bei Protesten über die Durchführung der Wahlen ist unverzüglich das gewählte Vorgehen genehmigen zu lassen, Ordnungs- und Wiedererwägungsanträge sind jeweils sofort zu behandeln.[126]

Kann über einen Kandidaten abgestimmt werden, der nicht anwesend ist? Dieser Fall tritt dann ein, wenn entsprechende Wahlvorschläge an der Generalversammlung von Aktionären vorgebracht werden. Grundsätzlich ist dazu festzuhalten, dass den an- wie auch die abwesenden Kandidaten die Möglichkeit offensteht, die Annahmeerklärung nicht abzugeben. Durch eine Wahl an sich werden die Rechte des abwesenden Kandidaten somit nicht beschnitten, und es spricht nichts dagegen, dass eine solche Wahl gültig durchgeführt werden kann.

Es stellt sich auch die Frage, ob ein Verwaltungsrat bei Neu- oder Wiederwahlen *für sich selbst stimmen* kann. Rechtlich ist dies an sich kein Problem, da er seine Stimme als Aktionär und nicht als Verwaltungsrat abgibt und das Aktienrecht nur für den Beschluss der Generalversammlung über die Entlastung, nicht aber über die Wahl von Verwaltungsratsmitgliedern einen Stimmrechtsausschluss der Betroffenen festlegt.

In der Praxis taucht oftmals das Problem auf, dass in den Statuten zwar eine fixe Amtsdauer festgelegt ist, aus bestimmten Gründen aber *vorgezogene Wahlen* durchgeführt werden sollen. Gegner einer vorzeitigen Wahl vertreten dann bisweilen den Standpunkt, dass die vorgegebene Amtsdauer fest sei und deshalb vor deren Ablauf keine Wahlen mehr durchgeführt werden könnten. Dem ist selbstverständlich nicht so! Auch während ei-

---

[125] Hinten unter Ziff. 11.102, S. 1153 ff. ist eine ausführliche Checkliste für das Wahlverfahren abgedruckt; damit kann unter Berücksichtigung aller Eventualitäten eine Wahl korrekt durchgeführt werden. Es sei jedoch auch an dieser Stelle ausdrücklich darauf hingewiesen, dass dieser Verfahrensvorschlag nur eine Möglichkeit unter vielen darstellt.

[126] Zu den Befugnissen des Vorsitzenden vgl. Böckli, Leitungsbefugnisse, passim.

ner laufenden Amtsperiode können Wahlen durchgeführt werden.[127] Somit beginnt unmittelbar eine neue (ordentliche) Amtsdauer für den Gewählten zu laufen. Aktuell wird diese Fragestellung etwa bei Holdinggesellschaften, bei denen für alle Tochtergesellschaften gleichzeitig eine Generalversammlung durchgeführt werden soll.

Empfehlung:
Bei Holdinggesellschaften, bei denen die Generalversammlungen mehrerer Tochtergesellschaften gleichzeitig durchgeführt werden sollen, empfiehlt es sich, die Amtsdauer und den Amtsbeginn der Verwaltungsratsmitglieder in den jeweiligen Statuten zu koordinieren, um von vornherein Diskussionen bezüglich der Zulässigkeit vorgezogener Wahlen auszuschliessen.

Bei börsenkotierten Gesellschaften sind zusätzlich insbesondere folgende Vorschriften der Verordnung gegen übermässige Vergütung (VegüV) zu beachten:

- Über die Wahl der VR-Mitglieder ist zwingend einzeln abzustimmen (Art. 3 Abs. 1 VegüV).
- Die Aktionäre müssen die Möglichkeit haben, dem unabhängigen Stimmrechtsvertreter auch elektronisch Vollmachten und Weisungen zu erteilen (Art. 9 Abs. 1 VegüV).
- Hat der unabhängige Stimmrechtsvertreter keine Weisungen erhalten, so enthält er sich der Stimme (Art. 9 Abs. 2 VegüV).
- Die Organ- und die Depotstimmrechtsvertretung nach den Artikeln 689c und 689d OR sind unzulässig. (Art. 11 VegüV).

1.3.5 Annahmeerklärung

Mit der Wahl alleine ist der angehende Verwaltungsrat noch nicht rechtsgültig in sein Amt eingesetzt. Zusätzlich ist zwingend die Annahmeerklärung durch den Gewählten erforderlich.[128] Ist der nominierte Kandidat an der Generalversammlung anwesend, kann dies durch die direkte mündliche Bekanntgabe («Ich nehme die Wahl an») geschehen, die protokolliert wird. Die Handelsregisterbehörden akzeptieren auch die (Mit-)Unterzeichnung der Handelsregister-Anmeldung als konkludente Annahmeerklärung. Selbstverständlich kann sich der Anwesende aber auch eine Bedenkzeit ausbedingen, innerhalb der er die definitive Entscheidung treffen will. Eine Pflicht zur Annahme der Wahl besteht ohnehin – auch für die bisherigen Aktionäre – nicht.[129] Ist der nominierte Kandidat nicht anwesend, muss ihm das Ergebnis mitgeteilt werden, und er hat in der Folge seine Entscheidung (vorzugsweise schriftlich) bekanntzugeben. Sinnvollerweise wird jedoch die Annahmeerklärung (unter dem Vorbehalt der allfälligen Wahl) vorgängig schriftlich eingeholt. Mit Abgabe der Annahmeerklärung wird der nominierte Verwaltungsratskandidat zum Verwaltungsrat.

---

127 Dies ergibt sich einerseits aus dem unentziehbaren Recht der Generalversammlung, den Verwaltungsrat zu wählen, und andererseits aus der Qualifikation des Verwaltungsratsmandates (vgl. hinten Ziff. 1.5, S. 39 ff.).
128 Vgl. BÖCKLI, Aktienrecht, § 13 Rz. 47; FORSTMOSER/MEIER-HAYOZ/NOBEL, § 27 N 23; PLÜSS, Rechtsstellung, 29. Ein Muster einer Annahmeerklärung befindet sich hinten in Ziff. 11.9, S. 789).
129 Ein Amtszwang kann auch nicht auf statutarischer Ebene eingeführt werden, da dies Art. 680 OR widersprechen würde: vgl. FORSTMOSER/MEIER-HAYOZ/NOBEL, § 27 N 24.

Zu prüfen ist in diesem Zusammenhang die Frage, ob Kandidaten gewisse Bedingungen für eine Wahlannahme stellen dürfen. Diese Frage wird dann aktuell, wenn ein Kandidat nicht mit einem bereits gewählten Verwaltungsrat oder einem anderen Kandidaten zusammenarbeiten will. Im Hinblick auf die ohnehin nach der Wahl abzugebende Annahmeerklärung sind solche Bedingungen in der Praxis ohne Belang. Steht die Zusammensetzung des Verwaltungsrates aufgrund der Wahl fest, ist es dem Verwaltungsrat immer noch freigestellt, ob er die Annahmeerklärung unterzeichnen will oder nicht; mit anderen Worten, der Kandidat kann auch noch zu diesem Zeitpunkt die Erfüllung seiner Bedingungen überprüfen. Die Annahmeerklärung selbst kann aber nicht mit einer Bedingung versehen werden.

1.3.6 Der stille Verwaltungsrat

Als *stiller Verwaltungsrat* wird eine Person bezeichnet, welche zwar ordnungsgemäss von der Generalversammlung zum Verwaltungsrat gewählt worden ist und diese Wahl auch angenommen hat, aber – meistens absichtlich – nicht im Handelsregister eingetragen und publiziert worden ist.[130] Der stille Verwaltungsrat hat dieselben Rechte und Pflichten wie ein eingetragener Verwaltungsrat. Auch bezüglich der straf- und zivilrechtlichen Haftung bestehen keine Unterschiede.[131]

Der Kontrolle durch die Handelsregisterführer entgehen all jene Verwaltungsräte, die zwar ordnungsgemäss gewählt, nicht aber im Handelsregister eingetragen sind. Dies bedeutet für Dritte, dass sie die Existenz eines stillen Verwaltungsrates nur von den Aktionären oder aus den Protokollen erfahren können.

Neben dem Verwaltungsrat gemäss Gesetz (gültig gewählt und im Handelsregister eingetragen) und dem stillen Verwaltungsrat (gültig gewählt, aber nicht im Handelsregister eingetragen) werden noch der verdeckte Verwaltungsrat und der Verwaltungsrat infolge Kundgabe unterschieden.[132] Der verdeckte Verwaltungsrat ist weder offiziell gewählt noch im Handelsregister eingetragen; er handelt demnach lediglich als faktisches Organ. Als verdeckter Verwaltungsrat tritt bspw. der Allein- oder Hauptaktionär in Erscheinung, wenn er sich in die Geschäftsführung einmischt oder an organtypischen Entscheidungen mitwirkt; ebenso in Konzernverhältnissen die Organe einer Obergesellschaft, die Massnahmen zur Durchsetzung der einheitlichen Leitung treffen.[133] – Wichtiger als die Begriffsbildung ist allerdings das Vermeiden solcher Irregularitäten bzw. sind die Haftungsfolgen; auch der stille und der verdeckte Verwaltungsrat haften für ihre Tätigkeit wie für

---

130 Vgl. dazu ausführlich SAUBER, 52 und BÖCKLI, Aktienrecht, § 13 Rz. 91; FORSTMOSER/MEIER-HAYOZ/NOBEL, § 28 N 181/182; WERNLI/RIZZI, in: Basler Kommentar, N 29 zu Art. 707 OR. – Dadurch verletzen die Beteiligten die gesetzliche Anmeldepflicht von Art. 641 Ziff. 9 OR und wohl auch Art. 153 StGB; BÖCKLI, Aktienrecht, § 13 Rz. 91.
131 Ebenso ROTH, Teil 11 Kap. 2, 2. In der Zusammenfassung von SAUBER, 151 f., wird ausdrücklich festgehalten, dass dies sowohl für das gesellschaftsinterne als auch für das gesellschaftsexterne Verhältnis gilt.
132 Vgl. SAUBER, 35.
133 Zum Ganzen ausführlicher BÖCKLI, Aktienrecht, § 13 Rz. 92 ff. mit weiteren Hinweisen, auch auf neuere Bundesgerichtsentscheide (BGE 128 III 29, 4C.107/2005 vom 29.6.2005 und 4A.507/2007 vom 22.2.2008).

ihre Unterlassungen.[134] Behauptet jemand von sich oder einem anderen, er sei Verwaltungsrat einer Gesellschaft, und wird dies von der Gesellschaft selbst toleriert oder sogar unterstützt, so wird diese Person als Verwaltungsrat infolge Kundgabe bezeichnet. Sowohl der verdeckte Verwaltungsrat wie auch der Verwaltungsrat infolge Kundgabe haben keine formelle Organfunktion.

Empfehlung:
Es ist sicherzustellen, dass neu gewählte Verwaltungsratsmitglieder innert nützlicher Frist zur Eintragung ins Handelsregister angemeldet werden.

1.3.7 Suppleanten

In der Praxis wurden gelegentlich sog. *Suppleanten* gewählt und im Handelsregister eingetragen. Diese VR-Ersatzmitglieder sollten dann und nur solange im Verwaltungsrat mitwirken, als ein anderes VR-Mitglied an seiner Funktionsausübung verhindert ist. Im Gesetz sind Suppleanten nicht vorgesehen. Unklar ist deshalb, ob ein Suppleant für jedes VR-Mitglied einspringen kann oder ob er nur zur Vertretung eines bestimmten VR-Mitglieds berechtigt ist. Die Zulässigkeit von Suppleanten wird von der Lehre mehrheitlich bejaht.[135] Im Handelsregister werden Suppleanten hingegen seit dem Jahre 2011 nicht mehr eingetragen.[136]

Um seiner Aufgabe gerecht werden zu können, müsste ein Suppleant dieselben Informationen wie die übrigen VR-Mitglieder haben. Zudem sollte der Suppleant, sobald ein anderes VR-Mitglied ausfällt, sofort für dieses einspringen können. Die Figur des Suppleanten ist damit widersprüchlich:[137] Einerseits sollte er alle Rechte und Pflichten eines Verwaltungsrats haben, gleichzeitig kommt ihm jedoch zunächst kein Teilnahme- und Stimmrecht zu. Erst im Fall der Verhinderung eines anderen VR-Mitglieds nimmt er für dieses an der VR-Sitzung teil. Obwohl der Suppleant nur zum Teil zur Willensbildung beiträgt, ist er aber grundsätzlich als Organ zu betrachten. Als solches hat er dieselben Pflichten wie die übrigen VR-Mitglieder und haftet auch entsprechend.[138] Den Suppleanten kann also eine gleichsam latente Verantwortlichkeit für Vorgänge zum Schaden der Gesellschaft treffen, die sich ausserhalb seiner Mitwirkung abgespielt haben.[139]

Die widersprüchliche Situation beim Einsatz von Suppleanten ist rechtlich kaum lösbar und die Haftungsfolgen sind zudem für die Betroffenen unbefriedigend. Die Bestellung von Suppleanten ist deshalb in Übereinstimmung mit ZIHLER/KRÄHEN-BÜHL[140] generell abzulehnen.

---

134 Zur zivilrechtlichen Haftung vgl. hinten unter Ziff. 4.1.6, S. 352 ff. Die Haftung wird betont von BÖCKLI, Aktienrecht, § 13 Rz. 93.
135 FORSTMOSER/MEIER-HAYOZ/NOBEL, § 28 N 189 ff.; KRNETA, N 298 ff.; a.M. ZIHLER/KRÄHENBÜHL, 74.
136 ZIHLER/KRÄHENBÜHL, 74; FORSTMOSER, Organisation, § 11 N 49.
137 MÜLLER/THALMANN, 14.
138 BÖCKLI, Aktienrecht, § 13 Rz. 99a und b, sowie auch WERNLI/RIZZI, in: Basler Kommentar, N 28 zu Art. 707 OR; anders wohl HOMBURGER, in: Zürcher Kommentar, N 49 ff. zu Art. 707 OR; FORSTMOSER/MEIER-HAYOZ/NOBEL, § 28 N 189 ff.; KRNETA, N 298 ff.
139 A.M. KRNETA (Anm. 1), N 305.
140 ZIHLER/KRÄHENBÜHL, 74; ebenso MÜLLER/THALMANN, 14.

1.3.8 Der delegierte Verwaltungsrat nach Art. 762 OR

Art. 762 Abs. 1 OR bietet die Möglichkeit, statutarisch einer Körperschaft des öffentlichen Rechts (wie Bund, Kanton oder Gemeinden) die Befugnis einzuräumen, Vertreter in den Verwaltungsrat zu delegieren, ohne dass diese oder die Körperschaft des öffentlichen Rechts Aktionäre sein müssen.[141] Die entsprechende Statutenbestimmung kann nicht nur bei der Gründung, sondern auch noch später aufgenommen werden. Soweit dadurch die Gewinnstrebigkeit der Gesellschaft nicht eingeschränkt wird, genügt dazu die absolute Mehrheit der vertretenen Aktienstimmen.[142] Die Statuten können vorsehen, dass die öffentliche Körperschaft nicht nur ein einzelnes, sondern auch mehrere VR-Mitglieder oder sogar den ganzen Verwaltungsrat bestellen kann.[143]

Im gleichen Artikel wird klargestellt, dass die delegierten Vertreter im Verwaltungsrat weder durch die Generalversammlung gewählt noch abberufen werden können. Die öffentlich-rechtliche Körperschaft kann also ohne Mitwirkung der Generalversammlung einen delegierten Verwaltungsrat bestimmen und auch selbst wieder der Funktion entheben.[144] Grundsätzlich haben diese delegierten Verwaltungsräte die gleichen Rechte und Pflichten wie die übrigen Mitglieder des Verwaltungsrates,[145] doch haftet für sie zusätzlich die öffentliche Körperschaft, die sie eingesetzt hat.[146]

Da die Vertreter der öffentlich-rechtlichen Körperschaft des öffentlichen Rechts konkrete Rechte und Pflichten gegenüber der Gesellschaft haben, stehen sie mit dieser offensichtlich in einem Rechtsverhältnis. Ein Vertrag kann dies nicht sein, da zwischen den Parteien keinerlei Willenserklärungen ausgetauscht wurden und auch keine stillschweigende Vertragsschliessung im Sinne von Art. 6 OR angenommen werden kann.[147] Der Generalversammlungsbeschluss zur Aufnahme einer entsprechenden statutarischen Grundlage kann nicht als Offerte der Gesellschaft verstanden werden, da sich die Statutenbestimmung direkt an die Körperschaft des öffentlichen Rechts und nicht an den abgeordneten Vertreter im Verwaltungsrat richtet. Hier zeigt sich in besonderem Masse, dass es sich beim Grundverhältnis eines Verwaltungsratsmitglieds zur Gesellschaft nicht um einen privatrechtlichen Vertrag, sondern um ein spezielles organschaftliches Verhältnis im Sinne des Gesellschaftsrechts handeln muss.[148]

Die öffentliche Körperschaft ist gegenüber dem delegierten Verwaltungsrat genau gleich weisungsberechtigt, wie wenn sie mit ihm einen entsprechenden Mandatsvertrag abgeschlossen hätte.[149] Derartige Weisungen sind demnach nur insoweit verbindlich, als sie

---

141 Vgl. für den Bund SCHEDLER/MÜLLER/SONDEREGGER, 90.
142 Ebenso WERNLI/RIZZI, in: Basler Kommentar, N 10 zu Art. 762 OR.
143 WERNLI/RIZZI, in: Basler Kommentar, N 11 zu Art. 762 OR.
144 LIPS-RAUBER, 22; allerdings kann auch bloss ein verbindliches Vorschlagsrecht vorgesehen werden.
145 Vgl. STEINER, 143 ff.; WERNLI/RIZZI, in: Basler Kommentar, N 1 zu Art. 762 OR.
146 Ausdrücklich vorgesehen in Art. 762 Abs. 4 OR. Eine vertiefte Darstellung der haftungsrechtlichen Risiken der Vertretung des Staates im Verwaltungsrat von Aktiengesellschaften findet sich bei FORSTMOSER/JAAG, Der Staat als Aktionär, Zürich 2000.
147 Ebenso schon VON STEIGER, 220, doch ignoriert er diesen Sonderfall und stellt allgemein fest, dass es sich beim Rechtsverhältnis zwischen Verwaltungsrat und Gesellschaft um ein Mandat im Sinne von Art. 394 ff. OR handle.
148 MÜLLER, Verwaltungsrat als Arbeitnehmer, 79. A.M.WERNLI/RIZZI, in: Basler Kommentar, N 15 zu Art. 762 OR.
149 Dazu ausführlich hinten Ziff. 6.3.1 auf S. 416 f.

nicht gegen Gesetz, Statuten oder die Interessen der Gesellschaft verstossen und dem Verwaltungsrat keine einseitigen, verbindlichen Vorgaben im Bereich seiner unübertragbaren und unentziehbaren Aufgaben gemäss Art. 716a OR machen.[150] Umgekehrt darf der nach Art. 762 OR delegierte Verwaltungsrat gegenüber der öffentlichen Körperschaft nur soweit Informationen offenlegen, als das Gesellschaftsinteresse nicht geschädigt wird.[151]

1.4 Recht auf einen Verwaltungsratssitz

1.4.1 Das Anrecht der Aktionärsgruppen

Bestehen in Bezug auf Stimmrecht oder vermögensrechtliche Ansprüche der Aktionäre mehrere Kategorien von Aktien, so ist gemäss Art. 709 Abs. 1 OR den einzelnen Aktionärskategorien in den Statuten die Wahl wenigstens eines Vertreters in den Verwaltungsrat zu sichern.[152] Wie dieser Statuteninhalt im konkreten Einzelfall auszusehen hat, wird vom Gesetz nicht explizit ausgeführt. Wegleitend in dieser Frage ist immer noch ein älterer Bundesgerichtsentscheid aus dem Jahre 1940.[153] Die Aktionärsgruppen haben danach kein direktes Entsenderecht in den Verwaltungsrat, sondern lediglich ein *Vorschlagsrecht*, das aber grundsätzlich mit verbindlicher Wirkung ausgestattet ist. In die Statuten ist demnach eine Bestimmung aufzunehmen, wonach es den Aktionären der verschiedenen Aktienkategorien möglich ist, in einer auf diese Personen beschränkten Versammlung (im Sinne einer Sondergeneralversammlung) ihren Vertreter im Verwaltungsrat zu bestimmen. In einer ordentlichen oder ausserordentlichen Generalversammlung der Gesellschaft als Ganzes werden sodann die betreffenden Vertreter zur Wahl vorgeschlagen. Die Wahl durch die Gesamtgeneralversammlung gilt als zwingend; aus Natur und Bedeutung von Art. 709 OR lässt sich leicht folgern, dass eine Ablehnung nur aus wichtigem Grund erfolgen darf.[154] Wird keine Wahl durch die Sondergeneralversammlung oder die Generalversammlung angesetzt, erfolgt die Ablehnung grundlos oder ist der angeführte Grund nicht wichtig, so muss den Betroffenen die Möglichkeit einer Klage auf Durchführung bzw. Anerkennung der Wahl zur Verfügung stehen.[155] Infolge der «Verbindlichkeit» der Vorwahl stellt sich in der Generalversammlung nur noch die Frage, ob Gründe für eine Ablehnung vorhanden und ob diese stichhaltig genug sind. Sofern die Statuten keine Regelung über den Vertretungsanspruch der verschiedenen Aktiengruppen im Verwal-

---

150 Gl.M.wohl auch WERNLI/RIZZI, in: Basler Kommentar, N 24 zu Art. 762 OR.
151 Diese Frage ist umstritten (CHK-BINDER/ROBERTO, N 3 zu Art. 762 OR), doch legen WERNLI/RIZZI, in: Basler Kommentar, N 24 zu Art. 762 OR, überzeugend dar, dass in jedem Falle das Gesellschaftsinteresse vorzugehen hat.
152 Weshalb das Recht auch in vielen Aktiengesellschaften missachtet wird; BÖCKLI, Aktienrecht, § 13 Rz. 173; KRNETA, N 358.
153 BGE 66 II 43 ff.
154 Vgl. BÖCKLI, Aktienrecht, § 13 Rz. 68; FORSTMOSER/MEIER-HAYOZ/NOBEL, § 27 N 81; HOMBURGER, in: Zürcher Kommentar, N 199 zu Art. 709 OR; WERNLI/RIZZI, in: Basler Kommentar, N 14 zu Art. 709 OR; KRNETA, N 369. Als wichtig sieht das Bundesgericht etwa die geschäftlichen Beziehungen sowie Fähigkeit und Charakter des Vertreters an. – «Gegenanträge» stehen dem Verwaltungsrat und den Aktionären nicht zu.
155 Vgl. WERNLI/RIZZI, in: Basler Kommentar, N 15 zu Art. 709 OR; BÖCKLI, Aktienrecht, § 13 Rz. 70; KRNETA, N 374; FORSTMOSER/MEIER-HAYOZ/NOBEL, § 27 N 84 ff.

tungsrat enthalten, muss den betroffenen Aktionären die Möglichkeit zugestanden werden, ihr Recht unabhängig von einer statutarischen Grundlage durchzusetzen.

Empfehlung:

Bestehen verschiedene Aktienkategorien, sollte in die Statuten eine Bestimmung aufgenommen werden, die das Recht der einzelnen Kategorien auf einen Vertreter im Verwaltungsrat und das Wahlverfahren im Einzelnen regelt. Dies ist mit den übrigen statutarischen Bestimmungen über die Durchführung der Generalversammlung und über Wahlen und Abstimmungen zu koordinieren.

Art. 709 Abs. 1 OR bezieht sich in erster Linie auf Aktien, die sich hinsichtlich ihres Stimmrechts oder der vermögensmässigen Rechte unterscheiden.[156] Die Bestimmung zielt darauf ab, das Gefälle zwischen Stimmrechts- und Stammaktionären auszuebnen. Grundsätzlich lässt sich die Unterscheidung in Inhaber- und Namenaktien nicht darunter subsumieren.[157] Ebenso wenig können sich Partizipanten und Aktionäre ohne Stimmrecht gemäss Art. 685f Abs. 3 OR auf diese Bestimmung berufen. Die Gestaltungsfreiheit bei statutarischen Bestimmungen lässt es aber zu, auch für weitere Aktienarten einen Einsitz im Verwaltungsrat zu sichern.[158]

Inwieweit die verschiedenen Aktiengruppen tatsächlich das Unternehmens- oder Gesellschaftsgeschehen mitbestimmen können, hängt primär von der Handhabung der Aufgabenverteilung innerhalb des Verwaltungsrates ab. Durch Art. 709 OR wird lediglich das Recht zum Einsitz festgelegt. Unmittelbar lässt sich daraus allerdings kein konkreter Anspruch betreffend Einflussnahme auf die Unternehmensentwicklung ableiten. Zudem kann aus Art. 709 OR auch nicht gefolgert werden, dass den verschiedenen Aktionärsgruppen Einsitz in spezielle Funktionen, wie etwa Ausschüssen, zu gewähren sei.[159]

Art. 709 Abs. 2 OR sieht vor, dass in den Statuten Bestimmungen aufgestellt werden können, die dem *Schutz von Minderheiten* oder einzelnen Gruppen von Aktionären dienen.[160] Aus der Systematik lässt sich ableiten, dass damit lediglich eine Erweiterung von Abs. 1, also dem verbindlichen Vorschlagsrecht für einen Einsitz in den Verwaltungsrat, gemeint ist. Mit dieser Bestimmung sind insbesondere jene Gruppen angesprochen, welche von Abs. 1 nicht erfasst werden. – Der Begriff der «Minderheit» kann in den Statuten beliebig definiert werden. Unter diesem Titel könnte beispielsweise sowohl den Namen- als auch den Inhaberaktionären je ein Sitz im Verwaltungsrat zugesprochen werden.[161]

Besonders hervorzuheben ist in diesem Zusammenhang die Möglichkeit, auch den Inhabern von *Mitarbeiteraktien* das entsprechende Recht einzuräumen. Der zitierte Gesetzesartikel wirft die Frage nach der Definition von Minderheiten auf. Es stellt sich nämlich

---

156 Vgl. dazu auch BGE 120 II 540 ff.
157 BÖCKLI, Aktienrecht, § 13 Rz. 73; FORSTMOSER/MEIER-HAYOZ/NOBEL, § 27 N 83; HOMBURGER, in: Zürcher Kommentar, N 191 zu Art. 709 OR; KRNETA, N 363.
158 Bezüglich Partizipationsscheinen wird auf die Ausführungen nachstehend unter der Ziff. 1.4.2, S. 36 f., verwiesen.
159 Vgl. aber Art. 708 Abs. 4 Satz 2 aOR.
160 Dazu vgl. BÖCKLI, Aktienrecht, § 13 Rz. 75 ff.; HOMBURGER, in: Zürcher Kommentar, N 195 ff. zu Art. 709 OR; KRNETA, N 376 ff.; WERNLI/RIZZI, in: Basler Kommentar, N 20 ff. zu Art. 709 OR.
161 Nach BÖCKLI, Aktienrecht, § 13 Rz. 77, können auch willkürliche Kategorien (Kategorie «A», Kategorie «B» gebildet werden. – Zur Frage einer späteren Aufhebung dieser Minderheitenvertretung vgl. BÖCKLI, Aktienrecht, § 13 N 78.

das Problem, dass die angesprochenen Minderheiten keine homogene, klar abgrenzbare Gruppe darstellen; die Abgrenzung hängt hauptsächlich vom eingenommenen Blickwinkel ab.

In der Praxis wird die Vertretung von Minderheitsaktionären im Verwaltungsrat häufiger in Aktionärbindungsverträgen geregelt.[162] Ein vertragliches Vertretungsrecht kann jedoch nur den jeweiligen Vertragspartnern und nicht der Gesellschaft entgegengehalten werden. Ein übergangener Minderheitsaktionär muss daher gegen den säumigen oder pflichtwidrigen Vertragspartner auf Abgabe einer Willenserklärung klagen.

Der Vollständigkeit halber sei noch auf Art. 762 OR hingewiesen. Diese Bestimmung legt fest, dass den *Körperschaften des öffentlichen Rechts* wie Bund, Kanton, Bezirk oder Gemeinde durch die Statuten ein Sitz im Verwaltungsrat zugestanden werden kann.[163] Vorausgesetzt wird dabei nicht, dass die betreffende Körperschaft Aktionärin ist, sondern nur, dass ein öffentliches Interesse an der Aktiengesellschaft besteht. Wird durch die Statuten ein Verwaltungsratsmandat zugesprochen, oder handelt es sich um ein gemischtwirtschaftliches Unternehmen (die Körperschaft des öffentlichen Rechts ist Aktionärin), so steht das Recht zur Abberufung des entsprechenden Verwaltungsrates nur der öffentlichen Körperschaft selbst zu. Mit dieser Regelung kann sich das Gemeinwesen Einsitz in wichtige Unternehmen sichern.

Empfehlung:

Es besteht ein enger Zusammenhang zwischen der Anzahl Verwaltungsratssitze und der Anzahl Aktienkategorien. Es ist deshalb sowohl bei der Festsetzung der Statuten als auch bei der Bildung neuer Aktienkategorien darauf zu achten, dass ausreichend Verwaltungsratssitze statutarisch vorgesehen sind.

Zum Verhältnis von Art. 709 zu Art. 762 OR hat das Bundesgericht festgehalten, das Entsendungsrecht des Gemeinwesens von Vertretern in den Verwaltungsrat einer gemischtwirtschaftlichen Aktiengesellschaft begründe noch keinen Anspruch der Privataktionäre auf ein Vorschlagsrecht für einen Vertreter im Verwaltungsrat.[164]

1.4.2 Das Anrecht der Partizipanten

Die Vorschrift von Art. 709 Abs. 1 OR zur zwingenden Vertretung im Verwaltungsrat bei verschiedenen Aktienkategorien gilt nicht zugunsten der Inhaber von Partizipationsscheinen.[165] Nach Art. 656e OR können die Statuten den Partizipanten, also den Inhabern von Partizipationsscheinen, freiwillig einen Anspruch auf einen Vertreter im Verwaltungsrat einräumen. Problematisch wurde diese Regelung im Zusammenhang mit alt Art. 707 Abs. 2 OR, wonach Nichtaktionäre zwar als Verwaltungsratsmitglieder wählbar waren, die Ausübung eines Verwaltungsratsmandates aber ausdrücklich an die Aktionärseigenschaft geknüpft war. Nachdem die Voraussetzung der Aktionärseigenschaft seit 1.1.2008 nicht

---

162 Böckli, Aktienrecht, § 13 Rz. 78. Ein Beispiel einer solchen Vereinbarung findet sich hinten in Ziff. 11.3, S. 762 ff.
163 Dazu ausführlich vorne Ziff. 1.3.8, S. 33 f.
164 BGE 120 II 47 ff.
165 Böckli, Aktienrecht, § 13 Rz. 73a.

mehr besteht,[166] erübrigen sich auch Überlegungen, ob der allfällige Partizipantenvertreter Aktionär sein muss.

Empfehlung:

Sollen Partizipanten Anrecht auf einen Sitz im Verwaltungsrat haben, so muss dies ausdrücklich in den Statuten der Aktiengesellschaft festgehalten werden. Allenfalls ist auch eine statutarische Regelung des Vorschlags- und Wahlverfahrens zu empfehlen, um Unklarheiten vorzubeugen.

1.4.3 Das Anrecht aus anderen Gründen

Es stellt sich die Frage, ob allenfalls noch andere Gründe ein Recht auf Einsitz im Verwaltungsrat bewirken können. Zu denken ist dabei insbesondere an gesellschaftsunabhängige Bestimmungen oder Abkommen zwischen Aktionären. Andere Rechtsbeziehungen entfalten aber ihre Wirkung nur unter den betroffenen Parteien und haben in diesem Sinne keinen direkten Einfluss auf die Gesellschaft. So kann beispielsweise durch einen Ehe- oder einen Erbvertrag ein Verwaltungsratsmandat nicht an Familienangehörige weitergegeben werden. Dies ergibt sich schon daraus, dass das Verwaltungsratsmandat persönlicher Natur und grundsätzlich nicht übertragbar ist.

Auch durch *Aktionärbindungsverträge* können Verwaltungsratsmandate nicht rechtlich bindend zugewiesen werden. Aktionärbindungsverträge entfalten ihre Wirkung nur gegenüber den Beteiligten; das Verhältnis untereinander und nach aussen ist dasjenige einer einfachen Gesellschaft. Es können also lediglich die Vertragschliessenden gebunden werden, keinesfalls aber die Gesellschaft.[167]

Hat jemand schon sehr lange Zeit Einsitz im Verwaltungsrat, stellt sich allenfalls die Frage, ob diese Person ein «wohlerworbenes Recht» auf das Mandat besitzt. Diese Frage ist klar zu verneinen.[168] In der heutigen Wirtschaftswelt sind vielmehr substanzielle Unternehmensinteressen sowie Erfahrungsschatz, Ausbildung und besondere Fähigkeiten die ausschlaggebenden Selektionskriterien.[169]

Die Generalversammlung kann jedoch freiwillig den erwähnten Rechtsbeziehungen Beachtung schenken und die darin enthaltenen Ansprüche umsetzen. Insbesondere in Familienaktiengesellschaften wird es oftmals geradezu als moralische Verpflichtung angesehen, die etwa durch Erbvertrag oder Testament festgelegten Nachfolger im Verwaltungsrat auch effektiv zu bestellen.

---

166 Vgl. dazu vorne Ziff. 1.2.1, S. 13.
167 Zum Aktionärbindungsvertrag im Einzelnen: MÜLLER, Aktionärbindungsvertrag, 4, und die Literaturübersicht bei BÖCKLI, Aktienrecht, § 12 Rz. 572 ff., Anm. 1369. Zur Klage auf Abgabe einer Willenserklärung vgl. BÖCKLI, Aktienrecht, § 13 Rz. 79. Ein Muster eines Aktionärbinungsvertrages findet sich hinten in Ziff. 11.3, S. 762 ff.
168 Ein solches wohlerworbenes Recht liesse sich auch nicht mit Art. 705 Abs. 1 OR vereinbaren.
169 Vgl. dazu vorne Ziff. 1.3.1, S. 22 ff.

1.4.4 Die Stellung des Vertreters zur vertretenen Aktionärsgruppe

Fragen ergeben sich gelegentlich zur Stellung des Vertreters gegenüber der vertretenen Aktionärsgruppe. Während bei grossen oder börsenkotierten Gesellschaften kaum von einem besonderen Rechtsverhältnis zwischen dem Vertreter und den vertretenen Aktionären gesprochen werden kann, ist durchaus denkbar, dass in kleineren Verhältnissen darüber eine Vereinbarung abgeschlossen wird.

Nach Art. 762 Abs. 3 OR haben die von einer Körperschaft des öffentlichen Rechts abgeordneten Mitglieder des Verwaltungsrats die gleichen Rechte und Pflichten wie die von der Generalversammlung gewählten;[170] umso mehr muss dies auch für die Vertreter von Aktionärsgruppen (oder Vertreter einer juristischen Person nach Art. 707 Abs. 3 OR) gelten.[171] Alle Vertreter haben sich bei ihrer Tätigkeit am Gesellschaftsinteresse zu orientieren. Versteht man diesen Begriff[172] richtigerweise offen und an die unternehmerische Tätigkeit bzw. den diese ausübenden Betrieb geknüpft, erscheint die Verpflichtung darauf durchaus auch zu erlauben, dass Einzelinteressen – etwa jene einer Aktionärsgruppe oder eines Gemeinwesens – im Rahmen eines Entscheidfindungsprozesses stärker gewichtet werden können.[173]

Eine aktuelle wichtige Frage betrifft schliesslich die Weitergabe von Informationen durch den Vertreter aus dem Verwaltungsrat an die von ihm vertretenen Aktionäre. Unseres Erachtens ist dabei zu differenzieren:[174]

- Informationen, die als Geschäftsgeheimnisse qualifiziert werden müssen,[175] dürfen nicht weitergegeben werden.
- Der Gleichbehandlungsgrundsatz nach Art. 717 Abs. 2 OR ist dadurch zu wahren, dass die betreffenden Informationen auf Anfrage hin auch den übrigen Aktionären zugänglich gemacht werden.[176]
- Informationen, die den übrigen Aktionären nicht erteilt würden, dürfen auch den vertretenen Aktionären nicht erteilt werden.[177]

Empfehlung:
Die Grundsätze zur Weitergabe von Informationen durch den Vertreter aus dem Verwaltungsrat an die vertretenen Aktionäre sollten im Organisationsreglement festgelegt werden.

---

170 Dazu bereits ausführlich vorne Ziff. 1.3.8, S. 33 f.
171 Vgl. BÖCKLI, Aktienrecht, § 13 Rz. 72; KRNETA, N 368; DE CAPITANI, 348.
172 Vgl. dazu LAMBERT, unabhängiger Stimmrechtsvertreter, passim.
173 KÜCHLER, 46. Vgl. auch BGE 66 II 43 ff., 51; BGer. vom 23.6.2003, H217/02, E.5.2.1.
174 Börsenkotierte Gesellschaften haben die börsenrechtlichen Informationspflichten zu beachten.
175 Absolute Geschäftsgeheimnisse wären etwa Bankkundendaten (Art. 47 BankG) oder andere einer gesetzlichen Geheimhaltungspflicht unterworfene Daten, relative Geschäftsgeheimnisse solche Interna, an denen ein Geheimhaltungsinteresse besteht (etwa Fabrikationsgeheimnisse nach Art. 162 StGB). Vgl. dazu die Darstellungen bei KÜCHLER, 50 ff., oder BÖCKLI/BÜHLER, 106 ff.
176 KÜCHLER, 55; BÖCKLI/BÜHLER, 111; a.M. KUNZ, Minderheitenschutz, § 8 N 75 ff.
177 Differenzierend KÜCHLER, 58 ff. Vgl. auch LIPS-RAUBER, 90 ff. (für Vertreter von juristischen Personen). Zum Einsichts- und Auskunftsrecht bei öffentlichen Unternehmen vgl. hinten Ziff. 2.2.10.2, S. 105.

1.5 Rechtsnatur des Verwaltungsratsmandates

1.5.1 Organschaftliches Verhältnis als Grundlage

Das Rechtsverhältnis zwischen Verwaltungsrat und Aktiengesellschaft kann auf unterschiedliche Weise ausgestaltet werden.[178] Beim ordnungsgemäss im Handelsregister eingetragenen Verwaltungsrat besteht unbestritten eine formelle Organstellung, unabhängig von den Aufgaben, welche er tatsächlich erfüllt.[179] Doch der Handelsregistereintrag ist nach der Botschaft zur Revision des Aktienrechts vom 23. Februar 1983 nicht das alleinige Kriterium für eine Organstellung.[180] Das Bundesgericht hat in einem Entscheid vom 24. Oktober 1988 klargestellt, dass weder der Handelsregistereintrag noch die Unterschriftsberechtigung massgebend für die Organstellung sei; entscheidend sei vielmehr, ob eine Person die eigentliche Geschäftsführung besorge und so die Willensbildung der Gesellschaft massgebend mitbestimme.[181] Das Grundverhältnis eines Verwaltungsratsmitglieds zur Gesellschaft ist demnach korrekterweise als eigenständiges, «organschaftliches Grundverhältnis» zu qualifizieren, zu dem weitere eigenständige Rechtsverhältnisse wie Auftrag oder Arbeitsvertrag hinzukommen können.[182]

Das organschaftliche Grundverhältnis weist vertragsrechtliche und gesellschaftsrechtliche Komponenten auf, doch enthält es keinen eigenständigen Vertragsteil im Sinne eines Innominatkontrakts sui generis. Dies ergibt sich bspw. indirekt bereits aus Art. 762 OR, wonach bei entsprechenden statutarischen Bestimmungen ein Verwaltungsratsmitglied direkt von einer Körperschaft des öffentlichen Rechts abgeordnet werden kann;[183] dadurch entsteht ein Rechtsverhältnis ohne Mitwirkung der Gesellschaft. Zudem kann jeder Verwaltungsrat jederzeit von der Generalversammlung (bzw. der abgeordnete Verwaltungsrat von der Körperschaft des öffentlichen Rechts) rechtsgültig abberufen werden, ohne dass das einzelne Verwaltungsratsmitglied von dieser Abberufung tatsächlich oder fiktiv Kenntnis nehmen müsste. Solche und andere Besonderheiten widersprechen den fundamentalen Grundsätzen des Vertragsrechts, weshalb das primäre Grundverhältnis eines Verwaltungsratsmitglieds zur Gesellschaft nicht als mehrfaches Rechtsverhältnis, sondern nur als einheitliches organschaftliches Verhältnis qualifiziert werden kann.

Akzeptiert ein Verwaltungsratsmitglied eine Zusatzfunktion bspw. als VR-Delegierter oder VR-Präsident,[184] so werden die Rechte und Pflichten des organschaftlichen Grundverhältnisses diesbezüglich konkretisiert bzw. erweitert, ohne dass durch die Zusatzfunktion allein ein zusätzliches Rechtsverhältnis begründet würde. Insbesondere entsteht kein Auftragsverhältnis zwischen dem Gesamtverwaltungsrat und dem besonderen Funktionsträger. Der VR-Delegierte bzw. der VR-Präsident kann aber im Zusammenhang mit seiner Funktionsausübung oder ausserhalb deren ein zusätzliches Rechtsverhältnis in Form

---

178 Vgl. dazu MÜLLER, Verwaltungsrat als Arbeitnehmer, 40 ff. mit weiteren Verweisen; PLÜSS, Rechtsstellung, 112 ff.
179 Vgl. FORSTMOSER, Verantwortlichkeit, Rz. 654 f.
180 BOTSCHAFT, Revision Aktienrecht, 935.
181 BGE 114 V 213 E. 4. e.
182 MÜLLER, Verwaltungsrat als Arbeitnehmer, 80. In einer Mandatsbestätigung kann dies ausdrücklich festgehalten werden (vgl. dazu das Muster hinten unter Ziff. 11.44, S. 928 f.).
183 Dazu ausführlich vorne Ziff. 1.3.8, S. 33 f.
184 Üblicherweise werden solche Beschlüsse des Gesamtverwaltungsrats nicht ohne die Zustimmung des betroffenen Mitglieds gefasst.

eines Auftrages oder Arbeitsvertrages mit der Gesellschaft eingehen, wobei bestimmte Wechselwirkungen mit dem organschaftlichen Grundverhältnis denkbar sind und vereinbart werden können. Ohne die Vereinbarung von solchen Wechselwirkungen ist das rechtliche Schicksal des zusätzlichen Vertragsverhältnisses vom organschaftlichen Grundverhältnis grundsätzlich unabhängig.

In der Lehre wurde das Rechtsverhältnis des Verwaltungsrats zur Gesellschaft je nach Stand der Rechtsentwicklung völlig unterschiedlich qualifiziert.[185] Betont wurde regelmässig, dass der Inhalt des Rechtsverhältnisses weitgehend durch die zwingenden Normen des Aktienrechts bestimmt wird. In der neueren Literatur wurde die Qualifikation als organschaftliches Verhältnis verwendet, doch wurde meistens nicht geprüft, wie sich dieses Rechtsverhältnis zu einem allfälligen zusätzlichen Auftrag oder Arbeitsvertrag verhält.

Noch widersprüchlicher war die Judikatur und dabei insbesondere diejenige des Bundesgerichts.[186] Zu Recht wird in den letzten Entscheiden nun festgestellt, dass im Einzelfall zu prüfen sei, ob neben den vertrags- und gesellschaftsrechtlichen Komponenten des organschaftlichen Verhältnisses noch ein eigenständiger Auftrag oder Arbeitsvertrag bestehe.

1.5.2 Sonderstellung VR-Delegierter und VR-Präsident

1.5.2.1 Sonderstellung des VR-Delegierten

Verschiedene Autoren gehen beim VR-Delegierten von einem besonderen Rechtsverhältnis zur Gesellschaft aus.[187] Bei einem Direktor, der nachträglich in den Verwaltungsrat gewählt wird, anerkennen sie ein mehrfaches Rechtsverhältnis mit einem eigenständigen Arbeitsvertrag. Beim VR-Delegierten vertreten sie jedoch die Auffassung, es liege stets nur ein einheitliches Rechtsverhältnis vor,[188] da der VR-Delegierte bezüglich seiner Funktion kein neues Vertragsverhältnis mit der Gesellschaft abschliesse, sondern lediglich eine separate Aufgabe im Rahmen seiner Verwaltungsratsfunktion wahrnehme. Dieser Begründungsansatz geht davon aus, dass ein Direktor nie als VR-Delegierter amte, was nicht den tatsächlichen Verhältnissen entspricht.[189] Ebenso ist es möglich, dass der VR-Präsident in kleinräumigen Verhältnissen selbst als VR-Delegierter amtet und insofern kein Arbeitsvertrag besteht.

Es lässt sich nicht bestreiten, dass ein VR-Delegierter ebenso wie jedes übrige Mitglied des Verwaltungsrats neben dem organschaftlichen Grundverhältnis noch in ein zusätzliches eigenständiges Rechtsverhältnis zur Gesellschaft treten kann, sei dies nun in Form eines Auftrages oder eines Arbeitsvertrages. Zu prüfen ist, ob die blosse Übernahme der Delegiertenfunktion bereits zu einem solchen zusätzlichen Rechtsverhältnis führt, oder ob

---

185 Vgl. BÖCKLI, Aktienrecht, § 13 Rz. 88; FORSTMOSER/MEIER-HAYOZ/NOBEL, § 28 N 2 ff.; KRNETA, N 272 ff.; WERNLI/RIZZI, in: Basler Kommentar, N 9 zu Art. 710 OR; STUTZ/VON DER CRONE, 260 ff.; ROTH PELLANDA, Organisation, 275 ff.; SOMMER, 1059 ff.
186 Vgl. BGE 125 III 81; 128 III 129, 130 III 213; dazu SOMMER, 1059.
187 Vgl. MEYER, Stellung des Delegierten, 62 ff.; VOLLMAR, 99; FORSTMOSER/MEIER-HAYOZ/NOBEL, § 28 N 54; BÖCKLI, Aktienrecht, § 13 Rz. 89; SOMMER, 1059 ff.; WATTER/ROTH PELLANDA, in: Basler Kommentar, N 34 zu Art. 716b OR.
188 MEYER, Stellung des Delegierten, 43, bezeichnet dies als «Unterbeauftragung», weshalb er beim VR-Delegierten einen nachträglichen Arbeitsvertrag mit der Gesellschaft ausschliesst.
189 Vgl. MÜLLER, Verwaltungsrat als Arbeitnehmer, 73 ff., mit weiteren Verweisen.

dies nichts anderes ist als eine Spezifizierung der besonderen Rechte und Pflichten des betreffenden Verwaltungsratsmitglieds.

Bestimmt der Verwaltungsrat aus seiner Mitte einen Delegierten, so tut er dies in aller Regel nach (vorgängiger) Zustimmung des Betroffenen und mit Blick auf die im Organisationsreglement (bzw. in einem Funktionendiagramm) umschriebenen Kompetenzen, Rechten und Pflichten eines Delegierten. Eine zusätzliche vertragliche Regelung ist nicht notwendig, und es bleibt grundsätzlich beim organschaftlichen Grundverhältnis, das nun jedoch bezüglich der resultierenden Rechte und Pflichten konkretisiert und teilweise erweitert wird.

Der Gesamtverwaltungsrat kann dem zukünftigen VR-Delegierten offerieren, gleichzeitig mit der Funktionsübernahme ein zusätzliches Auftrags- oder Arbeitsverhältnis mit der Gesellschaft einzugehen in dem bspw. versicherungsrechtliche Belange geregelt werden können.[190] Der zukünftige VR-Delegierte kann auch seinerseits die Funktionsübernahme davon abhängig machen, dass er haftungs- oder sozialversicherungsrechtlich durch einen Arbeitsvertrag abgesichert wird. Ist er jedoch Inhaber einer eigenen Beratungsgesellschaft, so wird er stattdessen allenfalls verlangen, dass seine eigene Gesellschaft gestützt auf einen Beratervertrag das zusätzliche Honorar verrechnen kann.[191] Kommt in einem solchen Falle ein Vertragsabschluss zustande, bestehen folgende Rechtsverhältnisse zwischen den Beteiligten:

Rechtsverhältnisse beim VR-Delegierten mit eigener Beratungsgesellschaft

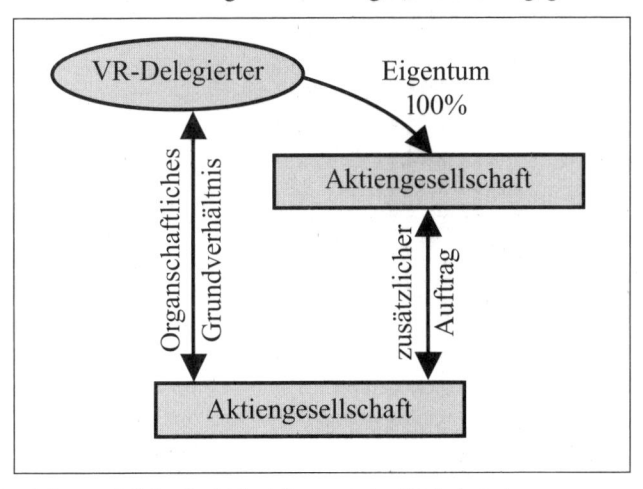

Quelle: Eigene Darstellung möglicher Rechtsbeziehungen beim VR-Delegierten

Eine derartige Vertragskonstruktion kann in der Praxis auch bei Verwaltungsratsmitgliedern ohne Zusatzfunktion beobachtet werden, wobei die Beratungsgesellschaft bisweilen auch im Eigentum Dritter steht, dafür dann ein Arbeitsvertrag zwischen jener und

---

190 Zur Präzisierung sei festgehalten, dass ein solcher Arbeitsvertrag rechtlich auch gültig ist, wenn er nichts anderes enthält als eine nochmalige Umschreibung der gesetzlichen, statutarischen und reglementarischen Kompetenzen, Rechte und Pflichten. Die vertragsrechtliche Bindung erscheint dann allerdings sinnlos, da sie nichts bewirkt, was nicht schon sonst gelten würde.
191 Dadurch entfällt die Pflicht zur Ablieferung von Sozialversicherungsbeiträgen gemäss Art. 7 lit. h AHVV, doch entsteht allenfalls eine MWST-Pflicht, falls die Beratungsgesellschaft die entsprechenden Umsatzzahlen gemäss Art. 21 Abs. 1 MWSTG erreicht.

dem Verwaltungsratsmitglied besteht.[192] Alle diese Konstruktionen sind möglich, ohne dass die Rechtstheorie eines organschaftlichen Grundverhältnisses dadurch beeinträchtigt würde.

Wird von der Aktiengesellschaft für die Übernahme der Delegiertenfunktion keine zusätzliche Entschädigung geleistet oder wird ausdrücklich vereinbart, dass der VR-Delegierte ohne Weisungen des Gesamtverwaltungsrats zu handeln habe, so kommt nur ein zusätzliches Auftragsverhältnis in Frage. Behält sich der Gesamtverwaltungsrat jedoch ausdrücklich ein Weisungsrecht vor, wird eine regelmässige Entschädigung vereinbart und steht dem VR-Delegierten zudem in den Räumen der Gesellschaft die notwendige Infrastruktur zur Ausübung seiner Tätigkeit zur Verfügung, so kann im Einzelfall u.U. auch dann ein Arbeitsvertrag bestehen, wenn dies von den Parteien nicht ausdrücklich so vereinbart wurde.[193] Diese Feststellung korrespondiert mit der Tatsache, dass der Verwaltungsrat gemäss Art. 718 Abs. 2 OR die Vertretung nicht nur einem Mitglied, sondern auch einem Dritten übertragen kann; in diesem Falle ist es offensichtlich, dass ein separates Rechtsverhältnis mit der Gesellschaft zustande kommt, welches nur als Auftrag oder Arbeitsvertrag qualifiziert werden kann. Im Rahmen des gesetzlich Zulässigen können überdies Wechselwirkungen zwischen dem organschaftlichen Grundverhältnis und dem zusätzlichen Rechtsverhältnis vereinbart werden, so insbesondere bezüglich Befristung auf die Amtsdauer als Mitglied des Verwaltungsrats oder bezüglich Schadenersatzansprüche.[194]

Vereinzelt wird die Frage aufgeworfen, ob durch die Funktionsübernahme nicht auch ein Rechtsverhältnis zwischen dem VR-Delegierten und dem Gesamtverwaltungsrat begründet wird.[195] Hier ist festzuhalten, dass nur die Gesellschaft verpflichtet wird. Die Abhängigkeit vom Gesamtverwaltungsrat bzw. das Weisungsrecht desselben darf nicht mit einem persönlichen Rechtsverhältnis gleichgesetzt werden; der Gesamtverwaltungsrat handelt in seiner Organfunktion und nicht als eigenständige rechtliche Gemeinschaft, die sich im Zusammenhang mit der Übertragung von Kompetenzen an einen Delegierten selber rechtlich verpflichten würde. – Würde man unsinnigerweise vom Gegenteil ausgehen, so hätte der Gesamtverwaltungsrat auch persönlich für die Funktionsentschädigung an den VR-Delegierten einzustehen. Diese Konsequenz zeigt, dass mit der Übertragung von Vertretungs- und Geschäftsführungskompetenzen an einen VR-Delegierten kein separates Rechtsverhältnis mit dem Gesamtverwaltungsrat zustande kommt. Der VR-Delegierte erhält dadurch aber eine Sonderstellung gegenüber den übrigen Mitgliedern des Verwaltungsrats, indem er nun den Weisungen des Gesamtverwaltungsrats unterworfen werden kann.[196] Gerade dieses Subordinationsverhältnis ist aber wiederum Voraussetzung dafür, dass zwischen dem VR-Delegierten und der Gesellschaft überhaupt rechtsgültig ein Arbeitsvertrag abgeschlossen werden kann.[197]

---

192 Die Beratungsgesellschaft stellt ihren Arbeitnehmer gegen entsprechende Verrechnung der Aktiengesellschaft als Verwaltungsrat zur Verfügung; der Betroffene erhält für seine Tätigkeit kein VR-Honorar von der Aktiengesellschaft, sondern Lohnzahlungen von der Beratungsgesellschaft.
193 Zu den Besonderheiten eines faktischen Arbeitsvertrages ausführlich MÜLLER, Verwaltungsrat als Arbeitnehmer, 191 ff.
194 Vgl. die Musterklauseln in MÜLLER, Verwaltungsrat als Arbeitnehmer, 518 ff.; zur Zulässigkeit solcher Klauseln vgl. MÜLLER, Verwaltungsrat als Arbeitnehmer, 34 ff.
195 Vgl. BUSCH, 75 f.; MEYER, Stellung des Delegierten, 43; VOLLMAR, 99, m.w.H.
196 In diesem Sinne auch BUSCH, 76.
197 Zu dieser zwingenden Voraussetzung ausführlich MÜLLER, Verwaltungsrat als Arbeitnehmer, 178 ff.

Schliesslich ist das Rechtsverhältnis des VR-Delegierten zur Gesellschaft auch danach zu beurteilen, wie es wieder aufgehoben werden kann. Gemäss Art. 718 Abs. 2 OR ist der Gesamtverwaltungsrat für die Bestellung eines VR-Delegierten zuständig. Folglich fällt auch dessen Abberufung in die Kompetenz des Gesamtverwaltungsrats, wobei sich an der Stellung des Betroffenen als Verwaltungsratsmitglied dadurch nichts ändert.[198] Während beim VR-Präsidenten die Kompetenz zur Wahl bzw. Abwahl gestützt auf Art. 712 Abs. 2 OR statutarisch der Generalversammlung übertragen werden kann, ist dies beim VR-Delegierten nicht möglich. Ist die Generalversammlung mit dem vom Gesamtverwaltungsrat bestimmten VR-Delegierten nicht (mehr) einverstanden, so hat sie nur die Möglichkeit einer indirekten Abwahl, indem sie ihn als Mitglied des Verwaltungsrats abwählt.[199] Damit entfällt automatisch auch die Funktion als VR-Delegierter, denn nach Art. 718 Abs. 2 OR wird die Mitgliedschaft im Verwaltungsrat für die Delegiertenfunktion vorausgesetzt. Allerdings bleibt es dem Gesamtverwaltungsrat unbenommen, dem abgewählten Mitglied nun als Drittem im Sinne des Gesetzes, allenfalls mit dem offiziellen Titel eines Direktors, die Vertretung der Gesellschaft mit bestimmten Geschäftsführungskompetenzen zu übertragen bzw. im Rahmen eines bereits bestehenden Auftrages oder Arbeitsvertrages zu belassen. Ist die Generalversammlung auch damit nicht einverstanden, so bleibt ihr nichts anderes übrig, als den gesamten Verwaltungsrat auszuwechseln.

Diese Überlegung verdeutlicht, dass ein VR-Delegierter klar in einem doppelten Rechtsverhältnis zur Gesellschaft stehen kann; nur so ist es möglich, dass trotz Abwahl als Verwaltungsrat die Übertragung der Vertretungs- bzw. Geschäftsführungskompetenz bestehen bleiben kann. Die Beendigung des Rechtsverhältnisses ist dabei klar von der Zuteilung einer Funktionsbezeichnung oder einer Zeichnungsberechtigung zu trennen.[200]

1.5.2.2 Sonderstellung des VR-Präsidenten

Die Überlegungen zur Sonderstellung des VR-Delegierten können in analoger Weise auf den VR-Präsidenten übertragen werden. Auch wenn das Recht zur Wahl des Präsidenten gemäss Art. 712 Abs. 2 OR statutarisch der Generalversammlung zugewiesen werden kann, so legt dennoch der Verwaltungsrat gestützt auf Art. 716*a* Abs. 1 Ziff. 2 OR die Organisation fest. Dazu gehört auch der Abschluss von Rechtsgeschäften, welche allenfalls zusätzlich zum organschaftlichen Grundverhältnis für eine ausreichende Organisation nötig sind. Die Funktion des VR-Präsidenten ist demnach ebenso wie diejenige des VR-Delegierten nichts anderes als eine Konkretisierung und Erweiterung der Rechte und Pflichten aus dem organschaftlichen Grundverhältnis. Dadurch wird aber entgegen einzelner Meinungen in der Literatur ein zusätzliches Arbeitsverhältnis zwischen Aktienge-

---

[198] Genau dieser Fall war in ZR 85 (1986) Nr. 41, 90 zu beurteilen. Das Zürcher Obergericht gelangte dabei in seinem Entscheid vom 23. Oktober 1984 zur Auffassung, dass die oberste Kontrollfunktion über Verwaltungsratsausschüsse, Delegierte und Direktoren – vorbehältlich der konkreten Kontrolle durch die Generalversammlung – beim Gesamtverwaltungsrat verbleibe. Dieses Kontrollrecht des Verwaltungsrats schliesse aber als ultima ratio die Befugnis ein, einzelne Personen der Gremien einstweilen in ihren Funktionen einzustellen.

[199] Gl.M. Busch, 75; a.M. Meyer, Stellung des Delegierten, 45, welcher aus Art. 705 OR ableitet, die GV könne einen VR-Delegierten wie jeden anderen Bevollmächtigten oder Beauftragten abberufen; dabei übersieht Meyer, dass ein VR-Delegierter nicht von der GV, sondern vom VR bestellt wird, weshalb auch nur diesem ein direktes Abberufungsrecht zusteht.

[200] Vgl. Müller, Verwaltungsrat als Arbeitnehmer, 77.

sellschaft und VR-Präsident nicht ausgeschlossen.[201] Auch der VR-Präsident ist den Weisungen des Gesamtverwaltungsrats unterworfen. Es ist deshalb nicht notwendig, dass der VR-Präsident zusätzliche operative Aufgaben übernimmt, nur damit ein Arbeitsvertrag möglich wird.

1.5.3 Auswirkungen der rechtlichen Qualifikation

Die Qualifikation des Verwaltungsratsmandates ist rechtlich von grosser Bedeutung. Dies zeigt sich beispielsweise im Falle einer Unternehmensübernahme. Würde das Verhältnis der Gesellschaft zum Verwaltungsratsdelegierten als Arbeitsvertrag qualifiziert, so müsste eine ordentliche Kündigung unter Einhaltung der Kündigungsfrist erfolgen. Wird dagegen Auftragsrecht angewendet, so sind eine jederzeitige Abberufung und Neubestellung durch die Generalversammlung möglich. Entsprechend sind auch die Entschädigungsansprüche des Abberufenen nach Art. 705 Abs. 2 OR verschieden zu beurteilen.[202] Auch im Zusammenhang mit der Mehrwertsteuer zeigt sich ein Problembereich. Gemäss Art. 20 des Mehrwertsteuergesetzes sind auf Verwaltungsratshonorare keine Mehrwertsteuern abzuliefern. Dies entspricht Art. 7 lit. h der AHV-Verordnung, wonach Verwaltungsratsentschädigungen Lohncharakter haben. Zahlreiche Verwaltungsräte weigerten sich deshalb schon bei der Einführung der Mehrwertsteuer zu Recht, Mehrwertsteuer auf ihre Entschädigungen abzuliefern.[203]

Vielfach wird es dem Rechtsanwender unmöglich sein, konkrete Normen für die ihn interessierenden Fragen zu finden. In solchen Fällen stellt sich das Problem, welche Normen subsidiär zur Anwendung gelangen sollen. Oben wurde ausgeführt, dass allgemeine schuld-, vertrags- und gesellschaftsrechtliche Elemente das Verwaltungsratsmandat bestimmen. Sofern keine gesellschaftsrechtlichen Normen vorhanden sind, müssen deshalb allgemeine schuldrechtliche oder konkrete vertragsrechtliche Bestimmungen zur Problemlösung herangezogen werden. So wird beispielsweise die Frage, ob ein Verwaltungsrat seine Wahlannahmeerklärung zufolge eines wesentlichen Irrtums als unverbindlich erklären kann, nach den allgemeinen Bestimmungen des Obligationenrechts (Art. 23 ff. OR) beurteilt werden müssen.[204]

Rechte und Pflichten des Verwaltungsrates sind durch den gesetzlichen Rahmen vorgegeben. Ausführende und ergänzende Bestimmungen sind in den gesellschaftsinternen Normen wie etwa Statuten oder Organisationsreglementen festzulegen. Es zeigt sich, dass durch eine umfassende und detaillierte gesellschaftsinterne Umschreibung der Rechte und Pflichten von Verwaltungsräten die Qualifikationsproblematik weitgehend umgangen werden kann. Dabei ist zu beachten, dass nicht nur die eigentliche Ausübung, sondern auch die Begründung und die Auflösung des Verwaltungsratsmandates detailliert zu regeln sind. Sind solche Bestimmungen unklar und treten deswegen in der Folge Auslegungsprobleme auf, kommen die allgemeinen Regeln über die Stateninterpretation zur Anwendung.[205]

---

201 HUNGERBÜHLER, 170; KRNETA, N 676 f.
202 Vgl. SCHUCANY, 139.
203 Vgl. dazu eingehend MÜLLER, Mehrwertsteuer, 12 ff.
204 Dazu vgl. bereits PLÜSS, Rechtsstellung, 125.
205 Dazu statt vieler FORSTMOSER/MEIER-HAYOZ/NOBEL, § 7 N 33 ff.; BÖCKLI, Aktienrecht, § 1 Rz. 625 ff. mit zahlreichen Belegen.

Es empfiehlt sich, die Stellung und Aufgaben der besonderen Funktionsträger innerhalb des Verwaltungsrates, wie etwa des Verwaltungsratspräsidenten, des Delegierten oder der Mitglieder von Ausschüssen, in Statuten oder Organisationsreglementen detailliert zu regeln.[206] Fehlen solche statutarischen oder reglementarischen Regelungen, sind Auseinandersetzungen geradezu vorprogrammiert. Der besondere Funktionsträger gelangt nämlich durch die Übernahme der spezifischen Aufgaben in ein zusätzliches Rechtsverhältnis zum Gesamtverwaltungsrat, doch ist ohne besondere Regelung unklar, nach welchen Regeln dieses Rechtsverhältnis wieder aufzulösen ist.

> **Empfehlung:**
> Um der Qualifikationsproblematik des Verwaltungsrates soweit als möglich zu entgehen, sind detaillierte Regelungen über Wahl, Stellung, Aufgaben, Kompetenzen und Verantwortung des Verwaltungsrates in Statuten und Organisationsreglement aufzunehmen. Ist ein Verwaltungsrat gleichzeitig als Geschäftsführer tätig, so kann diesbezüglich ein separater Arbeitsvertrag abgeschlossen werden.

1.6 Der Verwaltungsrat als Arbeitnehmer

1.6.1 Problematik einer Doppelstellung

Eine Doppelstellung als Verwaltungsrat und Arbeitnehmer ist dann gegeben, wenn das organschaftliche und das arbeitsrechtliche Verhältnis rechtsgültig zur selben Zeit und zur gleichen Gesellschaft bestehen.[207] Unter dem Begriff «Arbeitnehmer-Verwaltungsrat» ist dagegen ein Arbeitnehmer zu verstehen, der dem Verwaltungsrat einer oder mehrerer Konzerngesellschaften angehört, ohne mit jenen Gesellschaften jedoch direkt in einem Arbeitsverhältnis zu stehen.[208] Eine Doppelstellung im hier verstandenen Sinne liegt generell dann nicht vor, wenn der Arbeitnehmer einer Gesellschaft bei einer anderen Gesellschaft als Verwaltungsrat tätig ist. In solchen Fällen spricht man entweder vom abhängigen bzw. fiduziarischen Verwaltungsrat oder aber vom entsandten Verwaltungsrat.[209]

In der Praxis kommen Doppelstellungen in dem hier verwendeten Sinn überraschend häufig vor.[210] Bei Grossgesellschaften sind die Fälle von Doppelspitzen (Personalunion von VR-Präsident und CEO) bekannt, die oftmals von den Medien kritisiert werden. Im Swiss Code of Best Practice for Corporate Governance wird dem Verwaltungsrat die Entscheidung über Personalunion oder Doppelspitze freigestellt mit folgender Einschränkung: «Entschliesst sich der Verwaltungsrat aus unternehmensspezifischen Gründen oder weil die Konstellation der verfügbaren Spitzenkräfte es nahe legt, zur Personalunion, so

---

206 Vgl. dazu die Ausführungen über das Organisationsreglement hinten unter Ziff. 1.9.6, S. 72 ff., sowie die Muster eines Organisationsreglements hinten unter Ziff. 11.54 und 11.55, S. 951 ff.
207 Vgl. MÜLLER, Verwaltungsrat als Arbeitnehmer, 2 f. In diesem Sinne wird der Begriff Doppelstellung erstmals verwendet von HOFER, 37.
208 Vgl. SCHILTKNECHT, 3.
209 In Grosskonzernen ist das Entsenden von leitenden Arbeitnehmern in den Verwaltungsrat von Tochtergesellschaften ein echtes Bedürfnis, um eine einheitliche Leitung im Konzern sicherzustellen (vgl. SCHILTKNECHT, 20).
210 Im Jahre 2000 hatten von den damals über 9200 VR-Delegierten rund 73% ein zusätzliches Arbeitsverhältnis zur gleichen Gesellschaft (vgl. MÜLLER, Verwaltungsrat als Arbeitnehmer, 156).

sorgt er für adäquate Kontrollmechanismen.»[211] Zur Erfüllung dieser Aufgabe kann der Verwaltungsrat ein nicht exekutives, erfahrenes Mitglied bestimmen (Lead Director). Dieses ist befugt, wenn nötig selbständig eine Sitzung des Verwaltungsrates einzuberufen und zu leiten.[212]

Eine Doppelstellung kann unabhängig davon entstehen, welche Rechtsverhältnisse zur Gesellschaft bereits bestehen:[213]

- Ein ordnungsgemäss gewählter und als solcher tätiger Verwaltungsrat erhält einen Arbeitsvertrag.
- Ein ordnungsgemäss vertraglich verpflichteter Arbeitnehmer wird als Verwaltungsrat gewählt oder nimmt die Funktion eines faktischen Verwaltungsrates wahr.
- Ein Aktionär wird zum offiziellen oder zum faktischen Verwaltungsrat und übernimmt gleichzeitig eine Arbeitnehmerfunktion.
- Ein unbeteiligter Dritter wird gleichzeitig Verwaltungsrat und Arbeitnehmer.

Während die Übernahme eines Verwaltungsratsmandates bereits im Arbeitsvertrag vorgesehen werden kann,[214] ist es der Generalversammlung verwehrt, die Wahl eines Verwaltungsrats an die Bedingung knüpfen, dass dieser einen Arbeitsvertrag mit der Gesellschaft abzuschliessen habe.[215] In den Statuten kann untersagt werden, dass die Mitglieder des Verwaltungsrats in einem zusätzlichen Arbeitsverhältnis zur Gesellschaft stehen. Zulässig wäre auch eine statutarische Regelung zur paritätischen Zusammensetzung des Verwaltungsrates aus Arbeitnehmer- und Arbeitgebervertretern.[216] Nichtig wäre aber eine Statutenbestimmung, wonach die Generalversammlung einen von der Belegschaft vorgeschlagenen Verwaltungsrat zu wählen hat.

Es ist rechtlich nicht möglich, in einem Arbeitsvertrag zwingend die Übernahme eines VR-Mandates zu vereinbaren. Ebenso unzulässig ist es, die Wahl eines Verwaltungsrats mit der aufschiebenden Bedingung zu verknüpfen, dass zwingend ein Arbeitsvertrag mit der Gesellschaft abgeschlossen werden muss.

Um Konflikte im Zusammenhang mit einer Doppelstellung als Verwaltungsrat und Arbeitnehmer zu vermeiden, sollten zwischen der Gesellschaft und dem Betroffenen klare Regelungen bezüglich des organschaftlichen und des arbeitsrechtlichen Verhältnisses getroffen werden. Solche Regelungen sind möglich in den Statuten, im Organisationsreglement und in Verträgen (Arbeitsvertrag, Mandatsvertrag oder Aktionärbindungsvertrag). Konkret sind insbesondere folgende Regelungen möglich:[217]

- Enthaftungs- bzw. Freistellungsklausel im Mandatsvertrag
- Beschränkung der Haftung auf grobe Fahrlässigkeit im Arbeitsvertrag

---

211 Eine Aufzählung möglicher Kontrollinstrumente (Control Self Assessment) findet sich bei PAULSEN/MEIERHOFER, 1066 f.
212 Swiss Code Ziff. 18.
213 Die Doppelstellung kann dabei auch unbewusst entstehen (vgl. MÜLLER, Verwaltungsrat als Arbeitnehmer, 20 ff. mit entsprechenden Beispielen).
214 Dazu ausführlich MÜLLER, Verwaltungsrat als Arbeitnehmer, 34 ff.
215 Vgl. MÜLLER, Verwaltungsrat als Arbeitnehmer, 37 ff.
216 Dies ist z.B. bei der Trisa Bürstenfabrik AG in Triengen der Fall, wo seit 1973 die Hälfte der sechs Mitglieder des Verwaltungsrates von der Belegschaft gestellt werden dürfen.
217 Entsprechende Musterklauseln finden sich bei MÜLLER, Verwaltungsrat als Arbeitnehmer, 386 ff.

- Verpflichtung zum Abschluss einer «Director's and Officer's»-Versicherung im Organisationsreglement
- Verwaltungsratshonorar und Arbeitslohn sind getrennt festzulegen und gesondert abzurechnen.

1.6.2 Voraussetzungen und Zulässigkeit einer Doppelstellung

Entscheidendes Kriterium für den Bestand eines Arbeitsvertrages ist auch bei Mitgliedern des Verwaltungsrates gemäss Art. 319 OR das Subordinationsverhältnis.[218] Besteht ein Verwaltungsrat nur aus einem einzigen Mitglied, so erscheint eine Doppelstellung unmöglich. Bei der Einmann-AG ist ein Arbeitsverhältnis des einzigen Verwaltungsrats tatsächlich ausgeschlossen. Ist der wirtschaftliche Eigentümer jedoch vom einzigen Verwaltungsrat verschieden, so kann u.U. doch ein Arbeitsverhältnis möglich sein. Dabei ist zwischen organabhängiger und organunabhängiger Tätigkeit zu unterscheiden.[219] Im ersten Fall muss das Weisungsrecht delegiert werden, während im zweiten Fall eine mehrstufige Organisationsstruktur vorhanden sein muss. Die Voraussetzungen und die Zulässigkeit einer Doppelstellung lassen sich am einfachsten tabellarisch darstellen:

VR-Zusammensetzung	Arbeitstätigkeit	Zulässigkeit einer Doppelstellung
Mehrere VR-Mitglieder	Organunabhängige Tätigkeit	Zulässig, sofern alle Voraussetzungen erfüllt sind und keine Einschränkungen in den Statuten oder im Organisationsreglement bestehen.
Mehrere VR-Mitglieder	Organabhängige Tätigkeit	Zulässig, sofern alle Voraussetzungen erfüllt sind und keine Einschränkungen in den Statuten oder im Organisationsreglement bestehen.
Nur ein VR-Mitglied	Organunabhängige Tätigkeit	Nur wenn mehrstufige Organisationsstruktur vorliegt und wenn das VR-Mitglied nicht gleichzeitig die Gesellschaft wirtschaftlich beherrscht.
Nur ein VR-Mitglied	Organabhängige Tätigkeit	Grundsätzlich unzulässig, ausser in Konzernverhältnissen, wenn das Weisungsrecht an die Muttergesellschaft delegiert ist.

Quelle: MÜLLER, Der Verwaltungsrat als Arbeitnehmer[479]

Die Aussage, dass auch bei einem Verwaltungsrat mit nur einem Mitglied allenfalls ein Arbeitsverhältnis bestehen kann, erscheint auf den ersten Blick absurd. Folgendes Beispiel vermag den Blickwinkel jedoch zu verschieben: Ein Direktor ist schon seit mehreren Jahren Mitglied des vierköpfigen Verwaltungsrates. Bei der Fahrt zu einer Firmenbesichtigung sterben die anderen drei Mitglieder. Soll nun der Direktor plötzlich seinen Arbeitsvertrag verlieren und ohne Sozialschutz dastehen, nur weil er noch der einzige amtierende Verwaltungsrat ist?

---

[218] Vgl. BGE 125 III 78 E. 4 und 130 III 213 E. 2.1; grundsätzlich GEISER/MÜLLER, Rz. 108 ff., und STREIFF/VON KAENEL, N 11 zu Art. 319 OR im Teil Organpersonen.
[219] Als organunabhängige Tätigkeit ist jede Arbeitsleistung zu qualifizieren, welche keine Organfunktion voraussetzt (z.B. Marketingberater); unter organabhängiger Tätigkeit ist dagegen jede Arbeitsleistung zu verstehen, welche eine Organfunktion voraussetzt (z.B. Direktor).

Im Swiss Code of Best Practice for Corporate Governance wird empfohlen, dass nur eine Minderheit der VR-Mitglieder eine solche Doppelstellung einnimmt.[220] Arbeitsverträge zwischen VR-Mitgliedern und der Gesellschaft sind durch den Gesamtverwaltungsrat zu genehmigen, dabei hat der Betroffene in den Ausstand zu treten. Eine Genehmigung ist zu verweigern, wenn der Vertragsabschluss nicht zu Drittbedingungen erfolgen würde. Börsenkotierte Gesellschaften haben Arbeitsverträge mit ihren VR-Mitgliedern offenzulegen, soweit diese eine operative Führungsfunktion ausüben.[221] Zudem sind bei solchen Gesellschaften gemäss Art. 12 VegüV in den Statuten die maximale Dauer der Verträge, die den Vergütungen für die Mitglieder des Verwaltungsrates und der Geschäftsleitung zugrunde liegen, und die maximale Kündigungsfrist für unbefristete Verträge anzugeben. Art. 95 BV schreibt in Punkt 22 vor: «Die Organmitglieder erhalten keinen zusätzlichen Berater- oder Arbeitsvertrag von einer anderen Gesellschaft der Gruppe.» Damit wird aber die Doppelstellung als VR und Arbeitnehmer nicht grundsätzlich ausgeschlossen.

1.6.3 Konsequenzen aus einer Doppelstellung als VR und Arbeitnehmer

1.6.3.1 Arbeitsrechtliche Konsequenzen

Ein Verwaltungsrat mit einer Doppelstellung hat nicht nur die gesellschaftsrechtliche Treuepflicht nach Art. 717 OR, sondern auch die arbeitsrechtliche Sorgfalts- und Treupflicht nach Art. 321a OR zu beachten.[222] Da die gesellschaftsrechtliche Treuepflicht weiter geht als die arbeitsrechtliche, wird die Stellung eines Arbeitnehmers aus haftpflichtrechtlicher Sicht durch die Wahl in den Verwaltungsrat verschlechtert. Dies ist bei Arbeitnehmervertretern in paritätisch zusammengesetzten Verwaltungsräten jedoch praktisch unbekannt.

Zudem gilt während der Dauer des Arbeitsvertrages ein verschärftes Konkurrenzverbot, da ein umfassender Einblick in Geschäfts- und Fabrikationsgeheimnisse besteht. Nach Beendigung des Arbeitsvertrages bleibt die höhere Treuepflicht im Sinne von Art. 321a OR zumindest während einer beschränkten Zeit bestehen, da der Arbeitnehmer seine als Verwaltungsrat erlangten Kenntnisse über die Gesellschaft nicht einfach mit dem Ende des Verwaltungsratsmandats verliert. Bei Streitigkeiten im Zusammenhang mit schriftlich vereinbarten Konkurrenzverboten über das Ende des Arbeitsverhältnisses hinaus haben die Gerichte deshalb nicht nur eine aktuelle, sondern auch eine frühere Doppelstellung im Einzelfall zu prüfen und angemessen zu berücksichtigen.

Die VR-Tätigkeit ist anspruchsvoll und mit dem Risiko einer Verantwortlichkeitsklage behaftet. Wenn ein VR-Mitglied auch noch als Arbeitnehmer der Gesellschaft angestellt ist, kann er dennoch nicht geltend machen, er übe eine schadensgeneigte Tätigkeit aus. Viel-

---

220 Swiss Code Ziff. 12.
221 Ziff. 3.1 der Richtlinie betr. Informationen zur Corporate Governance.
222 BGE 4C.258/2003 vom 9. Januar 2004, veröffentlicht unter BGE 130 III 213, vgl. die Kommentierungen durch MARKUS FELBER, in: SJZ 100 (2004), 215, durch PETER FORSTMOSER/PATRIK R. PEYER, in: SJZ 100 (2004), 518, und durch JOSEPH KÜNG in der Anwaltsrevue 10/2004, 384 f., sowie die ausführliche Entgegnung von SOMMER, 1059 ff.

mehr ist er unabhängig von seiner VR-Stellung als Arbeitnehmer für den von ihm verursachten Schaden gegenüber der Gesellschaft nach Art. 321e OR schadenersatzpflichtig.[223]

In börsenkotierten Gesellschaften sind die Art. 20 und 21 VegüV bzgl. unzulässiger Vergütungen zu beachten. Insbesondere dürfen danach einem VR-Mitglied aufgrund eines Arbeitsvertrages keine vertraglichen Abgangsentschädigungen ausgerichtet werden.

1.6.3.2 Gesellschaftsrechtliche Konsequenzen

Eine Doppelstellung als Verwaltungsrat und Arbeitnehmer führt immer dann zu einer besonderen Verantwortlichkeit im Rahmen der Organhaftung nach Art. 754 OR, wenn die Kenntnisse aus dem Arbeitsverhältnis als besonderes Spezialwissen zu qualifizieren sind, welches eine allfällige Pflichtverletzung als gravierender erscheinen lässt. Besteht die Arbeitstätigkeit in einer Geschäftsführungsfunktion, so verletzt der Arbeitnehmer durch eine Missachtung der Geschäftsführungspflichten stets auch die Pflicht als Verwaltungsrat zur Oberaufsicht über die Geschäftsführung, womit auch das Verschulden schwerer wiegt. Der Beizug von Hilfspersonen führt dabei zu keiner Reduktion der Verantwortlichkeit; der betroffene Verwaltungsrat hat sich die fehlbaren Handlungen und Unterlassungen der beigezogenen Hilfspersonen vollumfänglich anrechnen zu lassen. Im Unterschied dazu führt eine berechtigte Delegation zu einer Beschränkung der gesellschaftsrechtlichen Verantwortlichkeit auf die Auswahl, die Instruktion und die Überwachung des Delegationsempfängers.[224]

In börsenkotierten Gesellschaften ist bei Konzernverhältnissen zusätzlich Art. 21 VegüV zu beachten. Danach sind Vergütungen an Mitglieder des Verwaltungsrates in Unternehmen unzulässig, die durch die Gesellschaft direkt oder indirekt kontrolliert werden, sofern diese Vergütungen:

1. unzulässig wären, wenn sie direkt von der Gesellschaft ausgerichtet würden;
2. in den Statuten der Gesellschaft nicht vorgesehen sind; oder
3. von der Generalversammlung der Gesellschaft nicht gutgeheissen worden sind.

1.6.3.3 Versicherungsrechtliche Konsequenzen

Eine Doppelstellung als Verwaltungsrat und Arbeitnehmer kann bedeutende Konsequenzen bei Regressansprüchen von Drittversicherungen haben.[225] Der Deckungsausschluss für Regressansprüche Dritter gegenüber Arbeitnehmern wird in der Regel durch eine Doppelstellung als Verwaltungsrat und Arbeitnehmer aufgehoben. Die Betriebshaftpflichtversicherungen werden deshalb bei ihrer Prämienfestsetzung diesen Umstand berücksichtigen. Umgekehrt werden die Sachversicherer bei der Prüfung von möglichen Regressansprüchen gegen Schadensverursachende Arbeitnehmer mit Vorteil prüfen, ob diese keine Doppelstellung als Verwaltungsrat haben.[226]

---

223 Zu den arbeitsrechtlichen Konsequenzen ausführlich MÜLLER, Verwaltungsrat als Arbeitnehmer, 268 ff.
224 Zu den gesellschaftsrechtlichen Konsequenzen ausführlich MÜLLER, Verwaltungsrat als Arbeitnehmer, 320 ff.
225 Zur Überprüfung der versicherungsrechtlichen Situation vgl. das Muster hinten unter Ziff. 11.97, S. 1138 ff.
226 Vgl. MÜLLER, Verwaltungsrat als Arbeitnehmer, 370 ff., und das dort angeführte Beispiel.

Art. 52 AHVG führt praktisch zu einer Kausalhaftung des Verwaltungsrats für nicht abgelieferte Arbeitnehmerbeiträge. Wird ein Arbeitnehmer in den Verwaltungsrat gewählt, trifft ihn diese Haftung unmittelbar und uneingeschränkt. Im Konkurs einer Gesellschaft gelangen die Ausgleichskassen mit ihren Forderungen immer zuerst an die in der Schweiz wohnhaften Mitglieder des Verwaltungsrats; damit ersparen sie sich mühsame Abklärungen, ob ein Geschäftsleitungsmitglied überhaupt für die Belange der Sozialversicherung zuständig war. Für einen Arbeitnehmer führt deshalb die Einsitznahme im Verwaltungsrat unter diesem Aspekt zu einer gravierenden Verschärfung der Verantwortlichkeit.

1.6.3.4 Prozessrechtliche Konsequenzen

In einem Verantwortlichkeitsprozess kann ein Verwaltungsrat mit einer Doppelstellung als Arbeitnehmer u.U. bei einem Gericht eingeklagt werden, bei dem er ohne seine Doppelstellung dafür nicht belangt werden könnte. Konkret ist dies der Ort, an dem er gewöhnlich seine Arbeit verrichtet. Führt die Gesellschaft eine Betriebsstätte, wo sich weder der Sitz noch eine Zweigniederlassung der Gesellschaft befindet, und verrichtet der beklagte Verwaltungsrat mit einer Doppelstellung dort seine Arbeitstätigkeit, so kann er dort für gesellschaftsrechtliche Ansprüche mit einem sachlichen Zusammenhang zu arbeitsrechtlichen Ansprüchen eingeklagt werden.

Ein zusätzliches Arbeitsverhältnis zur Gesellschaft kann für das betroffene VR-Mitglied bei Verantwortlichkeitsprozessen Auswirkungen auf die Beweislastverteilung haben. Im Falle einer Doppelstellung gilt die vertragliche Verschuldensvermutung, falls sich die Pflichtverletzung auch auf den Arbeitsvertrag bezieht (z.B. eine arbeitsrechtliche Treuepflichtverletzung nach Art. 321a OR, welche gleichzeitig auch eine gesellschaftsrechtliche Treuepflichtverletzung nach Art. 717 OR darstellt).[227]

1.7 Beginn des Verwaltungsratsmandates

1.7.1 Wahl und Annahmeerklärung

Hinsichtlich Verfahren und Ablauf der Wahl und Abgabe der Annahmeerklärung sei auf Ziff. 1.3.4, S. 28 ff., vorne verwiesen.[228] Hier soll es darum gehen, die Stellung der Wahl und Annahmeerklärung im chronologischen Ablauf zur Entstehung des Verwaltungsratsmandates darzustellen.

Wahl und Annahmeerklärung sind formelle Voraussetzungen für die Entstehung des Verwaltungsratsmandats. Stellt man sich den Weg einer Person in den Verwaltungsrat als Treppe vor, so kann die Vorselektion als erste Stufe betrachtet werden. Die Wahl bedeutet dann die zweite Stufe, und die Annahmeerklärung stellt die dritte Stufe dar. Die Annahmeerklärung ist Bedingung für die spätere Eintragung im Handelsregister und muss sich aus dem entsprechenden Protokoll der Generalversammlung ergeben,[229] sofern die Anmeldung nicht von allen VR-Mitgliedern unterzeichnet wird (Art. 23 Abs. 3 HRegV).

---

[227] Zu den versicherungsrechtlichen Konsequenzen ausführlich MÜLLER, Verwaltungsrat als Arbeitnehmer, 365 ff.
[228] Ein Muster einer Annahmeerklärung befindet sich hinten in Ziff. 11.9, S. 789.
[229] BGE 105 II 130 E. 1; SIFFERT/TURIN, N 24 zur Art. 28 HRegV.

Im internen Verhältnis ist der gewählte Kandidat, wenn er die Wahl angenommen hat, denn auch ohne weiteres als Verwaltungsrat zu behandeln.[230] Dies führt dazu, dass er gesellschaftsintern Handlungen rechtsgültig vornehmen kann, dafür aber auch die Verantwortung trägt.

Wird Drittparteien mit Kenntnis und Zustimmung der Gesellschaft mitgeteilt, dass eine bestimmte Person Verwaltungsrat der Gesellschaft geworden ist, so sind die Handlungen dieser Person für die Gesellschaft gegenüber diesen Dritten ebenfalls bindend. Die Gesellschaft kann sich diesbezüglich nicht darauf berufen, dass der entsprechende Verwaltungsrat noch nicht im Handelsregister eingetragen ist.[231]

1.7.2 Eintragung im Handelsregister

Die gewählten Verwaltungsräte sind im Handelsregister einzutragen.[232] Diese Pflicht lässt sich einerseits aus Art. 720 OR und andererseits aus Art. 45 Abs. 1 lit. n HRegV ableiten, wo festgehalten ist, dass die Namen der Mitglieder des Verwaltungsrates und der zur Vertretung befugten Personen in das Handelsregister einzutragen sind. Doch auch ohne Eintragung hat der ordnungsgemäss gewählte Verwaltungsrat bereits entsprechende Rechte und Pflichten; insbesondere haftet er als sog. stiller Verwaltungsrat für VR-Beschlüsse, an denen er teilnahm oder hätte teilnehmen sollen.[233]

Verantwortlich für die ordnungsgemässe und rechtzeitige Eintragung im Handelsregister sind die bereits eingetragenen bzw. amtierenden VR-Mitglieder; dies kann aus der undelegierbaren Pflicht zur Festlegung der Organisation gemäss Art. 716a Abs. 1 Ziff. 2 OR abgeleitet werden. Die Unterlassung der Anmeldung kann gemäss Art. 942 OR zu Haftungsfolgen führen, sofern ein Schaden entsteht.[234]

Weder im Obligationenrecht noch in der Handelsregisterverordnung wird eine konkrete Frist vorgegeben, innert deren die Eintragung im Handelsregister vorzunehmen ist. Das Handelsregisteramt kann jedoch mittels Mahnung die Säumigen zur Vornahme der Anmeldung anhalten. Wird der Mahnung trotz Ansetzen einer Nachfrist von 30 Tagen keine Folge geleistet, können die Fehlbaren gemäss Art. 943 Abs. 1 OR mit einer Ordnungsbusse bis zu 500 Franken belegt werden.[235]

1.7.3 Funktion und Unterschriftsberechtigung

Grundsätzliche Fragen der Konstituierung des Verwaltungsrates werden hinten unter Ziff. 1.9, S. 61 ff., behandelt. Hier wird die Konstituierung nur im Zusammenhang mit dem Beginn des Verwaltungsratsmandates erörtert. Insbesondere ist zu prüfen, wie weit

---

230 Die Eintragung ins Handelsregister hat keine konstitutive Wirkung; FORSTMOSER/MEIER-HAYOZ/NOBEL, § 27 N 28.
231 Zu den stillen und verdeckten Verwaltungsräten vgl. vorne Ziff. 1.3.6, S. 31 f.
232 Zu den weiteren Details des Handelsregistereintrags vgl. hinten Ziff. 1.10, S. 85 ff.
233 Zu den Rechten und Pflichten des stillen Verwaltungsrats ausführlich vorne Ziff. 1.3.6, S. 31 f.
234 Anspruchsberechtigt sind insbesondere Gläubiger und Aktionäre (VOGEL, Handkommentar zum Privatrecht, N 1 zu Art. 942 OR).
235 Vgl. ECKERT, in: Basler Kommentar, N 3 zu Art. 943 OR.

mit der Konstituierung auf die Handlungsmöglichkeiten und die daraus folgenden Bindungswirkungen für die Gesellschaft eingewirkt werden kann.

Im Handelsregister sind nur die Funktionen der einzelnen Mitglieder (Präsident, Vizepräsident, Delegierter) eingetragen. Daraus lässt sich nicht erkennen, ob und wie die einzelnen Verwaltungsräte durch gesellschaftsinterne Beschränkungen der Vertretungsbefugnis gebunden sind. Die Gesellschaft wird dementsprechend auch gegenüber gutgläubigen Dritten durch die Handlungen ihrer Verwaltungsräte verpflichtet, selbst wenn dadurch gesellschaftsinterne Beschränkungen missachtet werden.[236] Die Vertretungsmacht steht nach Art. 718 Abs. 1 OR grundsätzlich *jedem Mitglied einzeln* zu, sofern die Statuten oder das Organisationsreglement nichts anderes bestimmen. Die Vertretungsmacht kann nun aber auch einem oder mehreren Mitgliedern (z.B. dem Verwaltungsratspräsidenten und dem -delegierten) alleine übertragen werden.[237] Möglich ist auch die Beschränkung der Vertretungsmacht auf die Haupt- oder eine Zweigniederlassung.[238]

Im Zusammenhang mit der Vertretungsmacht steht auch die Frage, inwieweit Insichgeschäfte (d.h. Fälle von Selbstkontrahieren oder Doppelvertretung bei der die Gesellschaft durch diejenige Person vertreten wird, mit der sie das Geschäft abschliesst) zulässig sind.

Nach herrschender Rechtsprechung[239] sind solche Geschäfte nur dann rechtswirksam, wenn:

– eine Benachteiligung der Gesellschaft ausgeschlossen ist, weil bspw. auf einen Marktpreis (Börsenkurs) abgestellt wird,[240] oder
– eine vorgängige oder nachträgliche Ermächtigung dazu vorliegt.[241]

Eine eigene Regelung gilt für Einpersonengesellschaften.[242] Zusätzlich verlangt Art. 718*b* OR, dass solche Verträge schriftlich abgefasst werden, wenn es nicht um Verträge des laufenden Geschäfts geht und die Leistung der Gesellschaft weniger als CHF 1000 beträgt.

Die Konstituierung ist im Zusammenhang mit dem Beginn eines Verwaltungsratsmandates unbestreitbar von grosser Bedeutung. Erst durch die Regelung der Vertretung wird geklärt, wie und durch welche Verwaltungsräte die Gesellschaft rechtswirksam vertreten werden kann. Keinesfalls ist es so, dass ein Verwaltungsrat unbedingt unterschriftsberechtigt für die Gesellschaft sein muss. Im Gegenteil kann die Einräumung von Einzelunterschriften unter dem Aspekt einer Good Corporate Governance sogar problematisch sein. Wird einem VR-Mitglied, welches für die Finanzen zuständig ist, oder einer besonders dafür bezeichneten Person Einzelunterschrift eingeräumt, und treibt diese die Gesellschaft

---

236 Dazu statt vieler FORSTMOSER/MEIER-HAYOZ/NOBEL, § 30 N 91 ff.; BÖCKLI, Aktienrecht, § 13 Rz. 509; WATTER, in: Basler Kommentar, N 8 ff. und 15 ff. zu Art. 718*a* OR; HOMBURGER, in: Zürcher Kommentar, N 1167 ff. zu Art. 718*a* OR; alle mit weiteren Hinweisen.
237 Art. 718 Abs. 2 OR.
238 Art. 712*a* Abs. 2 OR.
239 Vgl. BGE 126 III 361, E. 3a; 89 III 321, 324; 127 III 332.
240 So BGE 93 II 461 E. 6.
241 So BGE 126 III 361 E. 3a; dies soll auch stillschweigend möglich sein, BGE 83 II 461 E. 6. Die Genehmigung muss richtigerweise durch die übrigen – durch den Interessenkonflikt nicht betroffenen – Verwaltungsratsmitglieder erfolgen; BGE 127 III 332, 334.
242 JÖRG, 301 und Anm. 138.

durch Veruntreuung oder Unterzeichnung von ruinösen Verträgen in den Konkurs, so kann dem Verwaltungsrat allenfalls ein Organisationsverschulden angelastet werden.[243]

Empfehlung:
Im Rahmen der organisatorischen und personellen Möglichkeiten sollte weder einem VR-Mitglied noch einer anderen Person im Handelsregister eine Einzelunterschrift oder Einzelprokura eingeräumt werden. Vielmehr sind zur Durchsetzung einer angemessenen Kontrolle nur Kollektivunterschriften zu zweien bzw. Kollektivprokura zu zweien zu erteilen. Im Organisationsreglement bzw. im Funktionendiagramm oder im individuellen Stellenbeschrieb können besondere Funktionsträger wie z.B. VR-Präsident, CEO oder CFO, für genau umschriebene und limitierte Geschäfte (z.B. gegenüber Bank und Post bis CHF 50 000 und für einmalige Verträge bis CHF 10 000) ausserhalb des Handelsregistereintrages mit einer Einzelunterschriftsberechtigung im Sinne einer Spezialvollmacht ausgestattet werden.

1.8 Ende des Verwaltungsratsmandates

1.8.1 Beendigungsgründe im Überblick

Aus Art. 710 Abs. 1 OR könnte indirekt gefolgert werden, dass ein Verwaltungsratsmandat mit Ablauf der Amtsdauer ordentlich endet, sofern keine Wiederwahl erfolgt. Wie jedoch nachstehend unter Ziff. 1.8.2, S. 54 f., erörtert wird, ist dieser Schluss nicht zwingend; vielmehr sind die Rechtsfolgen im Einzelnen zu prüfen. Daneben gibt es jedoch mehrere, gesetzlich vorgeschriebene und in der Praxis häufig vorkommende Gründe, welche zwingend eine ausserordentliche Auflösung des Mandatsverhältnisses bewirken:

- Abberufung durch die Generalversammlung
- Rücktritt durch den Verwaltungsrat selbst
- Wegfall von Wählbarkeitsvoraussetzungen
- Tod oder Urteilsunfähigkeit des Verwaltungsrates
- Auflösung der Gesellschaft.

Diese Beendigungsgründe beenden im internen Verhältnis das Verwaltungsratsmandat sofort und ex nunc.[244] Das Mitglied verliert sogleich seine Organstellung und die Vertretungsmacht. Unabhängig vom jeweiligen Grund endet mit dem Verwaltungsratsmandat gleichzeitig auch eine allfällige Sonderfunktion im Gesamtverwaltungsrat z.B. als Verwaltungsratspräsident oder Verwaltungsratsdelegierter. Im Gegensatz dazu unterliegen nachgeordnete oder kumulierte Verträge zwischen dem Verwaltungsrat und der Gesellschaft den eigenen rechtlichen Beendigungsgründen; dies gilt namentlich für Beratungs-, Arbeits-, Mietverträge und Ähnliches. Derartige Verträge enden nur dann gleichzeitig mit dem Verwaltungsratsmandat, wenn dies im Vertrag selbst ausdrücklich statuiert wurde. Dabei sind jedoch die besonderen gesetzlichen Kündigungsbestimmungen für die entsprechende Vertragsart zu berücksichtigen.

---

243 Ein Beispiel für die Unterschriftenregelung findet sich hinten in Ziff. 11.93, S. 1130.
244 BÖCKLI, Aktienrecht, § 13 Rz. 56 f.; FORSTMOSER/MEIER-HAYOZ/NOBEL, § 27 N 55 ff.; HOMBURGER, in: Zürcher Kommentar, N 233 zu Art. 710 OR, WERNLI/RIZZI, in: Basler Kommentar, N 11d zu Art. 710 OR; BGE 111 II 483, 484.

Im Zusammenhang mit der Beendigung des Verwaltungsratsmandats ergeben sich je nach Art des Beendigungsgrunds und je nach allfälligen Zusatzfunktionen des Verwaltungsrats unterschiedliche Probleme. Im Überblick lassen sich diese Probleme ohne Anspruch auf Vollständigkeit wie folgt auflisten:

- Honorar- und Spesenabrechnung
- Beendigung eines zusätzlichen Arbeitsvertrags
- Schadenersatzansprüche
- Löschung im Handelsregister
- Aktenrückgabe
- Fortdauer der Geheimhaltungspflicht
- Nachversicherung.

Da es sich beim reinen Verwaltungsratsmandat um ein organschaftliches Verhältnis handelt,[245] hat ein ausscheidender Verwaltungsrat keinen Anspruch auf ein Zeugnis oder Lohnfortzahlungen. Dazu müsste eine separate Vereinbarung mit der Gesellschaft oder ein zusätzlicher Arbeitsvertrag abgeschlossen werden.[246]

1.8.2 Ende der Amtsdauer

Gemäss Art. 710 Abs. 1 OR darf die in den Statuten festgelegte Amtsdauer eines Verwaltungsrates sechs Jahre nicht übersteigen. Wiederwahl ist jedoch unter Vorbehalt von abweichenden statutarischen Vorschriften unbeschränkt möglich. Finden sich in den Statuten keine Vorschriften zur Amtsdauer, so beträgt diese drei Jahre.[247] Möglich sind auch statutarische Regelungen, wonach jährlich eine bestimmte Anzahl von Verwaltungsräten wieder gewählt wird.[248] Bei börsenkotierten Gesellschaften endet die Amtsdauer gemäss Art. 3 VegüV zwingend jeweils mit dem Abschluss der nächsten ordentlichen Generalversammlung. Diese kurze Amtsdauer hat ihre entsprechenden Vor- und Nachteile.[249]

Wie die Amtsdauer zu berechnen ist, wird im Gesetz nicht geregelt. Folglich ist es gestattet, die Berechnung der Amtsdauer in den *Statuten* festzulegen. Fehlt eine derartige statutarische Regelung, was allein schon aus praktischen Gründen durchaus verständlich ist, so ist die Generalversammlung bei der Wahl des Verwaltungsrates frei, die Amtsdauer innerhalb der gesetzlichen und statutarischen Grenzen zu präzisieren. Auch dies wird in der Praxis jedoch nur selten der Fall sein, weshalb nichts anderes übrigbleibt, als den Begriff «Amtsdauer» durch Auslegung zu ermitteln. Dabei wird primär ausschlaggebend sein, wie die Berechnung der Amtsdauer in früheren Fällen erfolgte; sowohl Aktionäre als auch Verwaltungsrat haben Anspruch auf Gleichbehandlung in gleichartigen Fällen. Fehlt es auch an gleichartigen Fällen innerhalb derselben Gesellschaft bzw. im gleichen Konzern, so ist auf die gesetzliche Regelung abzustellen, wonach der Verwaltungsrat grundsätzlich

---

245 Vgl. dazu vorne Ziff. 1.5.1, S. 39 f.
246 Zur Abgangsentschädigung vgl. hinten Ziff. 2.5.6, S. 128, bzw. zur Offenlegung hinten Ziff. 2.5.9, S. 137 ff.
247 Art. 710 Abs. 1 OR ist als gesetzliche Vermutung zu interpretieren; gl.M. Krneta, Rz. 402.
248 Vgl. Böckli, Aktienrecht, § 13 Rz. 53, und Roth Pellanda, Organisation, Rz. 402.
249 Vgl. die Auflistung bei Roth Pellanda, Organisation, Rz. 397 ff.; ganz entschieden gegen die einjährige Amtsdauer Böckli, Aktienrecht, § 13 Rz. 53d bis 53g.

durch eine ordentliche Generalversammlung gewählt wird. Fehlen präzisierende statutarische Vorschriften und konstante Praxis, endigt deshalb eine Amtsdauer mit *dem Ende der ordentlichen Generalversammlung* des entsprechenden Jahres,[250] und nicht etwa mit Ablauf des Rechnungsjahres.

Das Ende der statutarischen oder gesetzlichen Amtsdauer führt jedoch nur dann zu einer Beendigung des Verwaltungsratsmandates, wenn trotz Traktandierung anlässlich der ordentlichen Generalversammlung in jenem Jahr keine Wiederwahl stattfindet. Dies ist nur dann der Fall, wenn unter dem Traktandum «Wahl des Verwaltungsrates» die notwendige Stimmenzahl für eine Wiederwahl nicht erreicht wird. Gelangt jedoch das Traktandum «Wahl des Verwaltungsrates» bewusst oder unbewusst nicht zur Behandlung oder wird im entsprechenden Jahr überhaupt keine Generalversammlung durchgeführt, so liegt ein anderer Fall vor. Zu beachten ist dabei, dass die Durchführung der Generalversammlung eine gesetzliche Pflicht ist. Das Unterlassen einer ordentlichen Generalversammlung sollte demnach überhaupt nicht vorkommen. In der Praxis kann dagegen relativ häufig beobachtet werden, dass die Wiederwahl des Verwaltungsrates schlicht und einfach vergessen wird. Vor allem bei mehrjährigen Amtsdauern und unterschiedlicher Amtsdauer von Verwaltungsrat und Revisionsstelle ist die Gefahr des «Vergessens» latent.

Findet trotz Ablauf der Amtsdauer eines Verwaltungsrates im entsprechenden Jahr keine Generalversammlung statt, an der die Wahl des Verwaltungsrates behandelt wird, so dauert das Verwaltungsratsmandat bis zur nächsten Generalversammlung fort, an der das Traktandum «Wahl des Verwaltungsrates» zur Abstimmung gelangt.[251] Dies ergibt sich aus folgenden Gründen:

– Ohne Verwaltungsrat wäre die Gesellschaft handlungsunfähig und es wären Massnahmen im Sinn von Art. 731*b* OR anzuordnen.

– Die Aktionäre haben es in der Hand, jederzeit einen neuen Verwaltungsrat zu wählen; bleiben sie untätig, so ist zu vermuten, dass sie mit einer Fortsetzung der bestehenden Verwaltungsratsmandate einverstanden sind.

– Jeder Verwaltungsrat ist berechtigt, jederzeit von seinem Amt zurückzutreten; verzichtet ein Verwaltungsrat auf seinen Rücktritt, so ist ebenfalls zu vermuten, dass er mit der Fortsetzung seines Verwaltungsratsmandates einverstanden ist.

– Aus dem Eintrag im Handelsregister ist für einen Dritten nicht ersichtlich, wann die Amtsdauer eines Verwaltungsrates endet; folglich muss er sich darauf verlassen können, dass der Eintrag aktuell ist, unabhängig davon, ob die Amtsdauer abgelaufen ist oder nicht.

– Das Bundesgericht hat in BGE 86 II 171 bezüglich der Amtsdauer einer Revisionsstelle in analoger Weise bereits in diesem Sinne entschieden, um die Haftung der Revisionsstelle zu begründen.

---

[250] Vgl. FORSTMOSER/MEIER-HAYOZ/NOBEL, § 27 N 36; WERNLI/RIZZI, in: Basler Kommentar, N 3 zu Art. 710 OR; BÖCKLI, Aktienrecht, § 13 Rz. 53c; KRNETA, N 404 ff. zu Art. 710 OR; HOMBURGER, in: Zürcher Kommentar, N 223 zu Art. 710 OR; ZR 97 (1998) N 38, 118 f.

[251] Vgl. aber BÖCKLI, Aktienrecht, § 13 Rz. 58. Aus Art. 699 Abs. 2 OR ein automatisches Ende der Amtsdauer sechs Monate nach Ablauf des Geschäftsjahres anzunehmen, geht indessen zu weit. – Vgl. auch Urteil des Kassationsgerichts des Kantons Zürich vom 6. Oktober 1997, ZR 97 (1998) Nr. 38.

Zusammenfassend kann festgestellt werden, dass ein «Vergessen» der Wiederwahl für die Gesellschaft ohne gravierende Konsequenzen bleibt, da die Handlungen des Verwaltungsrates bis zur Löschung im Handelsregister weiterhin gültig bleiben. Die Bedingung «unter der Annahme, dass der Aktienbesitz des Verwaltungsrates unverändert bleibt» entfällt, nachdem die Aktionärseigenschaft für die Ausübung des Verwaltungsratsmandates keine Voraussetzung mehr ist.

Empfehlung:
Um das «Vergessen» einer Wiederwahl zu vermeiden, kann eine einjährige Amtsdauer analog zu den börsenkotierten Gesellschaften eingeführt werden, sodass das Traktandum «Wiederwahl» unter die Traktanden jeder Generalversammlung aufgenommen werden kann. Dazu ist eine Statutenänderung nicht zwingend notwendig, aber auf jeden Fall zu empfehlen.

1.8.3   Abberufung durch die Generalversammlung

Gemäss Art. 705 Abs. 1 OR ist die Generalversammlung berechtigt, die Mitglieder des Verwaltungsrates abzuberufen. Die Durchführung einer solchen Abberufung setzt ein entsprechendes Traktandum voraus, wobei als Bezeichnung «Wahl des Verwaltungsrats» nicht genügt.[252] Vielmehr muss klargestellt werden, dass es um eine Abwahl geht; nicht erforderlich ist es anzugeben, über wessen Abwahl beschlossen werden soll.[253]

Die Aufstellung der Gegenstände, über die an der Generalversammlung Beschluss gefasst werden soll, obliegt grundsätzlich dem Verwaltungsrat. Soll ein bestimmter Verwaltungsrat abberufen werden, wird dieses Begehren in aller Regel durch die anderen Verwaltungsräte formuliert. Eine solche Situation ist etwa dann gegeben, wenn interne Unstimmigkeiten dazu führen, dass ein förderliches Zusammenwirken der amtierenden Verwaltungsräte nicht mehr gewährleistet ist. In sehr vielen Fällen wird diese Unmöglichkeit der Zusammenarbeit in der Person eines einzigen Verwaltungsrates liegen (womit allerdings noch nicht gesagt ist, dass sich gerade dieser Verwaltungsrat betriebswirtschaftlich oder rechtlich «falsch» verhält). Stehen sich zwei oder mehrere Gruppen von Verwaltungsräten gegenüber, die nicht mehr gewillt sind, mit der jeweils anderen Gruppe zusammenzuarbeiten, aber auch nicht zurücktreten wollen, so muss eine Generalversammlung einberufen werden. An dieser Versammlung können die Aktionäre entscheiden, welche Verwaltungsräte abberufen werden sollen oder ob allenfalls der Verwaltungsrat komplett auszuwechseln ist.

Strebt ein Verwaltungsrat selbst das Ausscheiden an, wird er dies der Einfachheit halber nicht über das Prozedere der Abberufung tun, sondern seinen Rücktritt einreichen.[254]

Gemäss Art. 699 Abs. 3 OR können Aktionäre, welche zusammen mindestens 10% des Aktienkapitals vertreten, die Einberufung einer Generalversammlung verlangen. Auf diese Weise können sie auch die Traktandierung einer Wahl bzw. Abberufung verlan-

---

252   Böckli, Aktienrecht, § 13 Rz. 62; Krneta, N 445; Tanner, in: Zürcher Kommentar, N 74 zu Art. 705 OR; Dubs/Truffer, in: Basler Kommentar, N 5a zu Art. 705 OR. Ein nicht traktandierter Abberufungsbeschluss wäre anfechtbar (Böckli, Aktienrecht, § 13 Rz. 623).
253   Soweit Anträge vorliegen, wird dies daraus ersichtlich.
254   Dazu ausführlich nachstehend Ziff. 1.8.4, S. 59.

gen. Entsprechend können Aktionäre vorgehen, die Aktien im Nennwert von einer Million Franken vertreten.

Ist in der Einberufung zu einer ordentlichen bzw. ausserordentlichen Generalversammlung die Ansetzung des Traktandums «Abberufung von Verwaltungsrat X» rechtsgültig zustande gekommen, steht es den an der Generalversammlung zusammengekommenen Aktionären zu, über diesen Antrag zu befinden. Lehnen die Aktionäre eine Abberufung ab, entsteht für die betroffenen Parteien eine heikle Situation. Weigert sich die Generalversammlung etwa, der Abberufung eines Verwaltungsrates zuzustimmen, bei dem die Wählbarkeitsvoraussetzungen weggefallen sind, so bleibt dieser weiterhin im Amt, bis die gesetzliche bzw. statutarisch festgelegte Amtsdauer abgelaufen ist. Wurde das Traktandum der Abberufung eines Verwaltungsratskollegen durch andere Verwaltungsräte eingebracht, konnte dafür in der Generalversammlung aber keine Mehrheit gefunden werden, müssten konsequenterweise diese «übrigen» Verwaltungsräte ihr Mandat durch Rücktritt niederlegen, da ja aus ihrer Sicht eine Zusammenarbeit nicht mehr möglich ist. Tun sie dies nicht, steht ihnen die Möglichkeit offen, einen Rückkommensantrag zu stellen oder eine weitere Generalversammlung einzuberufen, anlässlich welcher die versammelten Aktionäre die verfahrene Situation zu bereinigen haben.

Art. 705 Abs. 1 OR sieht für die Abberufung weder *zeitliche Schranken* noch *sachliche Voraussetzungen* vor.[255] Diese Bestimmung schafft *zwingendes Recht*, sodass keine Möglichkeit besteht, auf statutarischer Ebene *Fristen festzulegen*, *Abberufungsgründe* zu umschreiben oder eine *Konventionalstrafe* vorzusehen. Solche Vorkehren sind auch nicht im Rahmen eines Abwehrdispositivs gegen feindliche Übernahmen zulässig.[256]

Beschränkt ist dagegen die Möglichkeit der Generalversammlung, *gesetzlich vorgesehene Interessenvertreter* abzuwählen:

– Art. 762 Abs. 2 OR bestimmt ausdrücklich (und zwingend), dass *Vertreter öffentlich-rechtlicher Körperschaften* nur durch das delegierende Gemeinwesen abberufen werden können. Immerhin hat das Bundesgericht in zwei älteren Urteilen relativiert, «die Gesellschaft [werde] beim Vorliegen wichtiger Gründe verlangen können, dass [die Vertreter] vom Gemeinwesen abberufen werden».[257]

– Auch *Gruppenvertreter* nach Art. 709 Abs. 1 OR können nicht einfach grundlos abberufen werden; wenn die Generalversammlung bereits Wahlvorschläge der Aktionärsgruppe nur aus wichtigen Gründen verwerfen kann, muss konsequenterweise auch die Abberufungsmöglichkeit in gleicher Weise begrenzt sein, sodass Gruppenvertreter nur *aus wichtigen Gründen* abgewählt werden können.[258] Allerdings ist die grundlose Abberufung rechtlich gültig und kann nur zu Schadenersatzforderungen führen, denn das Abberufungsrecht der Generalversammlung ist zwingender Natur.[259] Dagegen haben die *Aktionärsgruppen selber keine Handhabe*, die Abberufung

---

255 Vgl. BGE 117 II 313/314; Böckli, Aktienrecht, § 13 Rz. 63; Forstmoser/Meier-Hayoz/Nobel, § 27 N 39; Krneta, N 436; Dubs/Truffer, in: Basler Kommentar, N 6 zu Art. 705 OR; Plüss, Rechtsstellung, 90; BGE 104 Ib 221 ff., 323.
256 Böckli, Aktienrecht, § 13 Rz. 63.
257 BGE 51 II 330 ff., 340 und 59 II 264 ff., 288.
258 Plüss, Rechtsstellung, 92; Dubs/Truffer, in: Basler Kommentar, N 6 zu Art. 705 OR; Forstmoser/Meier-Hayoz/Nobel, § 27 N 39.
259 Ebenso Dubs/Trufffer in: Basler Kommentar, N 6 zu Art. 705 OR.

eines gewählten Vertreters durch die Generalversammlung zu erzwingen.[260] Anzunehmen ist aber wohl, dass der Gruppenvertreter durch die Generalversammlung abgewählt werden kann, wenn gleichzeitig die Mehrheit der Gruppe dies unterstützt.

– Räumen die Statuten Drittpersonen *unverbindliche Vorschlagsrechte* für die Wahl von Vertrauensleuten in den Verwaltungsrat ein, ist auch denkbar, dass sie gleichzeitig ein entsprechendes Vorschlagsrecht für deren Abberufung vorsehen. Steht schliesslich Minderheitsaktionären eine Vertretung im Verwaltungsrat zu, müsste wohl das Recht der Generalversammlung auf Abberufung des Minderheitsvertreters ebenfalls auf Fälle wichtiger Gründe beschränkt werden können.

Schliesslich ist zu erwähnen, dass in den Statuten besondere *Quoren für Abwahlbeschlüsse* festgelegt werden können.[261] Ein strengeres Beschlussquorum für die «Einzelabberufung» erscheint problematisch; zulässig ist jedoch etwa eine Bestimmung, dass die gleichzeitige Abberufung einer Mehrzahl von Verwaltungsräten einem bestimmten Quorum untersteht.[262]

Stimmt die Generalversammlung der Abberufung zu, wird der Verwaltungsrat beauftragt, die entsprechende Löschung im Handelsregister vorzunehmen.

Ist mit der Abberufung nicht gleichzeitig eine Neuwahl verbunden, ist darauf zu achten, dass die gesetzlich oder statutarisch vorgeschriebene Zahl von Verwaltungsräten nicht unterschritten wird und dass zugleich die gesetzlichen Bestimmungen hinsichtlich Wohnsitz und Zeichnungsberechtigung eingehalten werden.

Um den rechtsstaatlichen Anforderungen an das Verwaltungsverfahren zu genügen, müssen bei öffentlichen Unternehmen in Form einer Aktiengesellschaft den Betroffenen vor der Abwahl die Gründe der Abberufung mitgeteilt werden.[263] Zudem ist ihnen eine angemessene Frist zur Stellungnahme einzuräumen, um dem Gebot des rechtlichen Gehörs zu genügen. Werden diese Vorgaben nicht eingehalten, ist die Abberufung zwar dennoch gültig, doch können daraus langwierige Schadenersatzprozesse resultieren. Ein Beispiel dafür ist die Abberufung des Präsidenten und eines weiteren Mitglieds des Verwaltungsrates des Liechtensteinischen Rundfunks durch die Landtagssitzung vom 23.11.2005. Die abberufenen Mitglieder reichten beim Staatsgerichtshof Beschwerde gegen die Abberufungsbeschlüsse des Landtags ein wegen Verletzung von Rechten, die durch die Verfassung und durch die EMRK gewährleistet bzw. garantiert werden. Der Staatsgerichtshof hat in seiner Sitzung vom 1.9.2006 der Beschwerde Folge gegeben und erkannt, dass die Beschwerdeführer in ihren verfassungsmässig garantierten Rechten verletzt waren (Entscheidung StGH 2005/97). Gleichzeitig wurden die angefochtenen Beschlüsse des Landtags vom 23.11.2005 durch den Staatsgerichtshof aufgehoben.[264]

---

260 PLÜSS, Rechtsstellung, 91 f.; FORSTMOSER/MEIER-HAYOZ/NOBEL, § 27 N 41; BÖCKLI, Aktienrecht, § 13 Rz. 84; KRNETA, N 371; WERNLI/RIZZI, in: Basler Kommentar, N 17 zu Art. 709 OR.
261 PLÜSS, Rechtsstellung, 92; DUBS/TRUFFFER in: Basler Kommentar, N 7 zu Art. 705 OR.
262 Vgl. BÖCKLI, Aktienrecht, § 13 Rz. 65, unter Hinweis auf BGE 117 II 290 ff. Auf diese Weise können unerfreuliche Übernahmeversuche unattraktiver gemacht werden.
263 HILB/HÖSLY/MÜLLER, 61.
264 MÜLLER, Bericht der Arbeitsgruppe Corporate Governance, 16 FN 3.

1.8.4 Rücktritt des Verwaltungsrates

Der Verwaltungsrat kann die Initiative zum Austritt aus dem Gremium selbst ergreifen, steht ihm doch jederzeit ein Rücktrittsrecht zu (dazu ausführlich hinten Ziff. 2.8.1, S. 147 f.).[265] Dieses Rücktrittsrecht besteht unabhängig von einer allfälligen Amtsdauer in den Statuten oder in einem Mandatsvertrag.[266] Ein Rücktritt kann notwendig werden, wenn etwa interne Spannungen im Verwaltungsrat, Überforderung oder weitere, allenfalls persönliche Gründe vorliegen. Während bei der Abberufung meistens Konfliktsituationen (persönliche Konflikte oder Konflikte mit gesetzlichen oder statutarischen Bestimmungen) vorliegen, wird der Rücktritt i.d.R. im Einvernehmen mit dem verbleibenden Verwaltungsrat eingereicht.

Aus Beweissicherungsgründen empfiehlt es sich, den Rücktritt schriftlich zu erklären, auch wenn dies nicht erforderlich ist und der Rücktritt auch mündlich – bspw. an der Generalversammlung – erklärt werden kann.[267] Nach herrschender Lehre kann das Rücktrittsschreiben an die Generalversammlung, den Präsidenten des Verwaltungsrats, in besonderen Fällen auch an den Hauptaktionär gerichtet werden.[268]

Versäumt es die Gesellschaft, die Löschung des zurücktretenden Mitglieds im Handelsregister zu veranlassen, kann der zurückgetretene Verwaltungsrat selbst die Löschung gemäss Art. 938*b* Abs. 2 OR beim Handelsregisteramt verlangen. Will der ausscheidende Verwaltungsrat die Löschung selbst vornehmen, hat er das entsprechende Verwaltungsratsprotokoll bzw. sein Rücktrittsschreiben dem Handelsregisterführer vorzulegen.

1.8.5 Auflösung der Gesellschaft

Eine Gesellschaft wird nach Massgabe ihrer Statuten, durch einen Beschluss der Generalversammlung, durch Eröffnung des Konkurses, durch Urteil des Richters oder in den übrigen, im Gesetz vorgesehenen Fällen aufgelöst.[269] Die Fälle des Konkurses oder des richterlichen Urteils ausgenommen, hat der Verwaltungsrat die Auflösung zur Eintragung in das Handelsregister anzumelden. Bei einer Auflösung ohne Liquidation (z.B. Fusion) bleibt der Verwaltungsrat bis zur Löschung der Gesellschaft im Handelsregister in Amt und Würden; mit der Löschung endet das Verwaltungsratsmandat dann aber automatisch.

In Fällen der Auflösung mit Liquidation steht es nach Art. 740 OR Abs. 1 grundsätzlich dem Verwaltungsrat zu, die Liquidation durchzuführen, sofern nicht durch Statuten, Generalversammlungsbeschluss oder richterliche Entscheidung andere Personen hierzu bestellt werden. Unabhängig davon, wer letztlich die Liquidation durchführt, bleiben die

---

[265] DUBS/TRUFFER, in: Basler Kommentar, N 7 zu Art. 705 OR; kritisch BÖCKLI, Aktienrecht, § 13 Rz. 56 f.; vgl. auch FORSTMOSER/MEIER-HAYOZ/NOBEL, § 22 N 30; BGE 117 II 313. Doch auch eine feste Amtsdauer kann das Recht auf Mandatsniederlegung nicht so weit einschränken, dass dadurch ein Rücktritt faktisch verunmöglicht wird; vgl. auch PLÜSS/REICHENBACH, 105, und MÜLLER, Verwaltungsrat als Arbeitnehmer, 36 m. weiteren Literaturhinweisen.
[266] Dazu PLÜSS/REICHENBACH, 105 ff.
[267] Das Muster eines entsprechenden Rücktrittsschreibens findet sich hinten unter Ziff. 11.81, S. 1087.
[268] BÖCKLI, Aktienrecht, § 13 Rz. 57; HOMBURGER, in: Zürcher Kommentar, N 225/226 zu Art. 710 OR; WERNLI/RIZZI, in: Basler Kommentar, N 116 zu Art. 710 OR; FORSTMOSER/MEIER-HAYOZ/NOBEL, § 27 N 44; KRNETA, N 429 zu Art. 710 OR.
[269] Art. 736 OR.

Verwaltungsräte im Handelsregister eingetragen, bis die Liquidation durchgeführt wurde, namentlich bis die Auseinandersetzung mit den Aktionären stattgefunden hat. Die Löschung des Verwaltungsrats im Handelsregister erfolgt gleichzeitig mit der Löschung der Gesellschaft.

Werden mit der Liquidation andere Personen als die amtierenden Verwaltungsräte beauftragt, so führt dies zu einer Beschränkung der Vertretungsmacht und -befugnis bei den bisherigen Gesellschaftsorganen. Nach Art. 739 Abs. 2 OR werden die Befugnisse der Organe mit Eintritt der Liquidation nämlich auf jene Handlungen beschränkt, welche für die Durchführung der Liquidation erforderlich sind, ihrer Natur nach jedoch nicht von den Liquidatoren vorgenommen werden können. Der Eintritt der Liquidation führt deshalb noch nicht zu einer Beendigung des Verwaltungsratsmandates.

1.8.6 Weitere Beendigungsgründe

Mit dem *Tod* eines Verwaltungsrates endet dessen Mandat ohne weiteres, da es sich um eine persönlich zu erbringende Leistung handelt, die nicht vererbt werden kann. An sich ist es in diesen Fällen Aufgabe der Gesellschaft, namentlich der verbleibenden Verwaltungsräte, dem Handelsregisteramt eine entsprechende Mitteilung zukommen zu lassen. Wird dies unterlassen, geht das Recht auf die Löschung im Handelsregister auf die Erben über. Stirbt der einzige Verwaltungsrat einer Gesellschaft, obliegt es der Generalversammlung bzw. einem neu gewählten Verwaltungsrat, das Handelsregisteramt entsprechend zu informieren. Allenfalls werden Massnahmen nach Art. 731*b* OR nötig.

Die Urteilsfähigkeit bzw. nach richtiger Auffassung die Handlungsfähigkeit ist eine unabdingbare Voraussetzung zur Ausübung des Verwaltungsratsmandates.[270] Fällt diese weg, können die Rechte und Pflichten als Verwaltungsrat nicht mehr wahrgenommen werden. In diesen Fällen erlischt das Verwaltungsratsmandat sofort und muss der betroffene Verwaltungsrat im Handelsregister gelöscht werden, wobei diese Aufgabe den verbleibenden Verwaltungsräten zukommt. Handelt es sich um den einzigen Verwaltungsrat der Gesellschaft dürften ebenfalls Massnahmen nach Art. 731*b* OR erforderlich werden.

Nach der hier vertretenen Auffassung führt der Eintritt der *Handlungsunfähigkeit* automatisch zur Auflösung des Mandatsverhältnisses, unabhängig von der Mitteilung an die Generalversammlung. Der Ordnung halber ist es jedoch angebracht, an der nächsten Generalversammlung den Aktionären eine entsprechende Mitteilung zukommen zu lassen. Dies dürfte ohnehin notwendig sein, wenn ein Ersatzmitglied gewählt werden muss. Die Eintragung des handlungsunfähig gewordenen Verwaltungsrats muss im Handelsregister gelöscht werden, was wiederum den verbleibenden Verwaltungsräten obliegt.

Der Wegfall von statutarischen Wählbarkeitsvoraussetzungen führt nicht automatisch zur Mandatsauflösung. Ein Einschreiten des Handelsregisteramts ist ebenfalls kaum denkbar.[271] Das Ausscheiden eines Verwaltungsrats kann auch nicht erzwungen werden, son-

---

270 Vgl. vorne Ziff. 1.2.2, S. 14.
271 Nur bei gravierenden Organisationsmängeln, wie z.B. bei einem vollständigen Fehlen des Verwaltungsrats, setzt das Handelsregister gemäss Art. 154 HRegV mittels eingeschriebenem Brief eine Frist von 30 Tagen, um den rechtmässigen Zustand wiederherzustellen und die entsprechende Eintragung anzumelden. Es weist dabei auf die massgebenden Vorschriften und die Rechtsfolgen der Verletzung dieser Pflicht hin.

dern es muss eine Lösung über Zuwahl, Rücktritt bzw. Abberufung gefunden werden. In den Statuten oder dem Organisations- und Geschäftsreglement kann selbstverständlich vorgesehen werden, dass in einem solchen Fall das «kritische» Mandat automatisch dahinfällt und die Löschung des Ausgeschiedenen im Handelsregister durch die verbleibenden Verwaltungsräte vorzunehmen ist.

Zu erwähnen ist auch die Regelung in Art. 726 Abs. 1 und 2, wonach die Mitglieder mit besonderen Funktionen (Präsident, Vizepräsident, Delegierter, Sekretär, Mitglied eines Ausschusses) und andere «Bevollmächtigte und Beauftragte» vom Verwaltungsrat selber in ihren Funktionen eingestellt (= suspendiert) werden können.[272] Aus der Gesetzessystematik und dem Gesetzeszweck ergibt sich, dass Verwaltungsratsmitglieder ohne besondere Funktionen nicht vom Verwaltungsrat in ihrem Amt eingestellt (suspendiert) werden können.[273, 274, 275]

Nicht vorgesehen ist im Obligationenrecht die Abberufung durch den Richter. Auch Art. 731b OR bietet dafür aufgrund seines Wortlautes eigentlich keine gesetzliche Grundlage. Trotzdem hat das Bundesgericht am 28. Juni 2013 mit Entscheid 4A_161/2013 ein Urteil des Handelsgerichtspräsidenten St. Gallen bestätigt, mit dem dieser gestützt auf Art. 731b OR sämtliche Verwaltungsräte absetzte, einen Sachwalter ernannte und diesen damit betraute, zur Wahl eines neuen Verwaltungsrats eine Generalversammlung einzuberufen und durchzuführen. In einem solchen Falle stellt sich die unlösbare Frage, wie lange die richterlich abgesetzten Verwaltungsräte von einer erneuten Wahl ausgeschlossen sind.

1.9 Konstituierung

1.9.1 Notwendigkeit und Möglichkeiten der Konstituierung

Bei der Organisation des Verwaltungsrats hat sich der Gesetzgeber Zurückhaltung auferlegt und bewusst darauf verzichtet, ein einheitliches Organisationsmodell durchzusetzen. Ganz offensichtlich herrscht die Auffassung vor, dass die Organisationsbedürfnisse von Gesellschaft zu Gesellschaft sehr unterschiedlich gelagert sind und die Gesellschaften die Möglichkeit haben sollen, innerhalb eines möglichst weiten Rahmens mit wenigen zwingenden Regelungen zu Funktionen, Strukturen und Abläufen die angemessene Organisa-

---

272 Der Präsident auch dann, wenn er von der Generalversammlung bestimmt worden ist (BÖCKLI, Aktienrecht, § 13 Rz. 98).
273 Die Bedeutung der Bezeichnung «Bevollmächtigte und Beauftragte» in Art. 726 Abs. 2 OR ergibt sich aus jener in Art. 726 Abs. 1 OR, wo klar nicht Verwaltungsräte ohne besondere Funktionen mitumfasst werden.
274 Die Suspendierung soll – auch wenn dies im Gesetz nicht gesagt wird – Amtsmissbrauch oder andere Amtsführung zum Schaden der Gesellschaft vermeiden. Bei einem Verwaltungsrat ohne besondere Funktion, der m.a.W. nur an Verwaltungsratssitzungen mitwirkt, seine Meinung äussert und an den Abstimmungen teilnimmt, ist das kaum denkbar bzw. wird dies durch die Ausstandsregeln verhindert.
275 BÖCKLI, Aktienrecht, § 13 Rz. 98/99 und 110/111. Zur – überwiegend gegenteiligen – Literatur vgl. die Belege bei BÖCKLI, a.a.O. Zur Frage der Ausstandspflicht des betroffenen Mitglieds bei der Abstimmung vgl. BÖCKLI, Aktienrecht, § 13 Rz. 113.

tionsform zu wählen.[276] Autonom ist der Verwaltungsrat insbesondere in seiner inneren Organisation durch Fällung eines entsprechenden Konstituierungsbeschlusses.[277]

Bei der Organisation des Verwaltungsrates ist zu beachten, dass vom Gesetz eine gewisse Minimalorganisation des Verwaltungsrates gefordert wird. Nach Art. 712 Abs. 1 OR bezeichnet der Verwaltungsrat seinen Präsidenten und den Sekretär.[278] Soll der Präsident von der Generalversammlung gewählt werden, was sinnvoll sein kann, um Spannungen im Aktionariat entgegenzuwirken, ist dies in den Statuten festzuhalten.[279] Fehlt eine entsprechende Statutenbestimmung, so wird bei der Gründung einer Aktiengesellschaft von den meisten Handelsregisterführern ein konstituierendes Verwaltungsratsprotokoll als Beleg verlangt.

Empfehlung:
Will die Generalversammlung einen direkten Einfluss auf die Konstituierung des Verwaltungsrates ausüben und soll dies durch eine direkte Wahl des Präsidenten erfolgen, so ist dies zwingend in die Statuten aufzunehmen analog zu der zwingenden Regelung bei börsenkotierten Gesellschaften.

Wird die Geschäftsführung ganz oder teilweise übertragen, so sind die entsprechenden Aufgaben, Kompetenzen und Verantwortungen in einem Organisationsreglement festzuhalten. Das Gesetz verlangt neben der statutarischen Ermächtigungsklausel zur Delegation die Aufstellung eines Organisationsreglements nur dann, wenn die Geschäftsführung effektiv übertragen und nicht vom Verwaltungsrat selbst ausgeübt wird.[280]

Mit diesen wenigen Bestimmungen ist der rechtliche Rahmen bereits abgesteckt. Das gesetzliche Organisationsrecht wird allerdings immer mehr überlagert durch die Grundsätze einer effizienten «Corporate Governance», die aber grundsätzlich nur den Charakter von «Soft Law» haben. Die Umsetzung dieser Grundsätze führt zu verstärkt arbeitsteiligen Organisationsstrukturen mit flankierenden Sicherungselementen im Sinne von «Checks and Balances» und mit formalisierten Abläufen.[281]

Bereits für mittelgrosse Unternehmen wird es zur Notwendigkeit, die Geschäftsführung weitgehend oder vollständig einer Geschäftsleitung mit vollamtlichen Mitgliedern

---

276 BÖCKLI, Aktienrecht, § 13 Rz. 102; FORSTMOSER, Organisation, § 2 N 21 ff.; HOMBURGER, in: Zürcher Kommentar, N 551; KRNETA, N 1120; ROTH PELLANDA, Organisation, Rz. 96; WERNLI/RIZZI, in: Basler Kommentar, N 4 zu Art. 712 OR;
277 Das Muster eines Konstituierungsbeschlusses findet sich hinten in Ziff. 11.41, S. 921.
278 Ob der Sekretär auch im Ein-Personen-Verwaltungsrat zwingend vorgeschrieben ist, ist umstritten. Vgl. FORSTMOSER, Organisation, § 3 N 18; a.M. wohl ROTH PELLANDA, Organisation, N 632 und WERNLI/RIZZI, in: Basler Kommentar, N 35 Art. 713 OR.
279 Bei börsenkotierten Gesellschaften ist die Wahl des VR-Präsidenten durch die Generalversammlung gemäss Art. 2 Ziff. 1 VegüV zwingend. Nach SPRÜNGLI, 233, ist die Position des VR-Präsidenten ganz entscheidend für die Aufgabenerfüllung durch den Verwaltungsrat: «Wie der Verwaltungsrat arbeitet, und ob er seine Aufgaben und Verantwortlichkeiten wirklich wahrnimmt, hängt i.d.R. von ihm ab.» Vgl. zur Rolle des VR-Präsidenten generell auch WUNDERER, VR-Präsident, passim, und HUNGERBÜHLER, passim. Die zentrale Rolle des Präsidenten betont auch BÖCKLI, Aktienrecht, § 13 Rz. 105 f. Meistens ist der Präsident jedoch für die formelle Abwicklung und Koordination zuständig, während die Hauptaufgaben beim Delegierten des Verwaltungsrates liegen.
280 Art. 716b Abs. 1 und 2 OR; BÖCKLI, Aktienrecht, § 13 Rz. 321; FORSTMOSER/MEIER-HAYOZ/NOBEL, § 11 N 17; HOMBURGER, in: Zürcher Kommentar, N 555 zu Art. 716a OR.
281 Vgl. im Einzelnen hinten Ziff. 10.4.2, S. 727 ff.

zu übertragen. Ebenso zwingen aufsichtsrechtliche Regelungen – etwa im Finanzmarktrecht – mehr und mehr dazu, wichtige Funktionen (wie z.B. Risikomanagement oder Compliance) auf geschäftsleitende Stellen oder leitende Stabsstellen zu verlagern. Bei Publikumsgesellschaften besteht nicht selten eine mehrstufige Gliederung im Verwaltungsrat (Präsidium, Vizepräsidium, Ausschüsse, Gesamtverwaltungsrat).[282]

Grundsätzlich können drei Gestaltungsvarianten unterschieden werden, nach denen sich der Verwaltungsrat organisieren kann:

a) der gemeinsam handelnde Verwaltungsrat, bei dem weder intern noch extern eine Aufgabenteilung oder eine Delegation stattfindet;

b) die interne Aufgabenteilung, welche zwar durch den Eintrag eines Verwaltungsratsdelegierten im Handelsregister gegen aussen manifestiert werden kann, bei der jedoch keine Delegation an Dritte erfolgt;

c) die Delegation an Dritte, welche wiederum durch die Publikation der geschäftsführenden Dritten im Handelsregister gegen aussen sichtbar gemacht wird.

Auf diese drei Gestaltungsvarianten wird nachstehend näher eingegangen. Dabei ist jedoch stets zu beachten, dass innerhalb der drei Möglichkeiten zusätzlich noch eine individuelle Ausgestaltung zulässig ist.

1.9.2 Der gemeinsam handelnde Verwaltungsrat

Die wohl *einfachste Form* der Organisation des Verwaltungsrates besteht darin, dass der Gesamtverwaltungsrat in Bezug auf Geschäftsführung und Vertretung gemeinsam auftritt und die anfallenden Aufgaben innerhalb des Gesamtgremiums erledigt. Im Handelsregister sind demnach nur der Verwaltungsratspräsident und die übrigen Mitglieder des Verwaltungsrates zu unterscheiden.

Für mittlere und grössere Unternehmen ist diese Organisationsform impraktikabel. Die Aktionsfähigkeit des Verwaltungsrats wird bei einem gemeinsam disponierenden Gremium sehr stark beschränkt, weil für nahezu jede Entscheidung ein Verwaltungsratsbeschluss gefasst werden muss. Häufig anzutreffen ist diese Form bei kleineren Aktiengesellschaften, insbesondere Familienaktiengesellschaften. Bei Produktions-, Handels- oder Dienstleistungsbetrieben mit einfachen Verhältnissen, bei Holding- und Immobiliengesellschaften hat eine solche einfache Organisation durchaus ihre Berechtigung und kann angemessen erscheinen.

Dass diese interne Organisationsform allerdings von sehr grosser praktischer Bedeutung ist, zeigt allein schon der Umstand, dass der überwiegende Teil der Aktiengesellschaften in der Schweiz nur mit dem notwendigen Mindestkapital ausgestattet ist, dieses zudem nur auf wenige Aktionäre verteilt ist und meistens weder ein Verwaltungsratsdelegierter noch ein Geschäftsführer im Handelsregister eingetragen sind. Für sich genommen sind diese Unternehmen zwar klein, insgesamt stellen sie aber ein enormes Wirtschaftspotenzial dar.

---

282 Zu den einzelnen Funktionen siehe Stellenbeschriebe hinten in Ziff. 11.89, S. 1118 ff. (VR-Präsident), Ziff. 11.90, S. 1123 ff. (VR-Sekretär), Ziff. 11.87, S. 1111 ff. (Geschäftsführer), Ziff. 11.86, S. 1107 ff. (Compliance Officer) und Ziff. 11.88, S. 1115 ff. (Risk Manager).

Da bei dieser ersten Organisationsform keine Aufgaben zugewiesen werden, wäre es an sich nicht nötig, spezifische Regelungen zu erlassen.[283,284] Trotzdem ist festzuhalten, dass es aus praktischen Erwägungen zweckmässig ist, bei mehreren Verwaltungsräten auch in diesem Fall für das interne Zusammenwirken Vorschriften zu erlassen. Zu regeln ist beispielsweise die Kompetenz zur Einberufung einer Sitzung (Präsident, Sekretär oder ein anderes Verwaltungsratsmitglied bei Verhinderung des Präsidenten), Beschlussfähigkeit, Quoren, Ausstand, usw.

Bei börsenkotierten Gesellschaften ist diese einfache Organisationsform nicht möglich, da gemäss Art. 7 Abs. 1 VegüV die Generalversammlung die Mitglieder des Vergütungsausschusses einzeln zu wählen hat und damit indirekt die Existenz eines solchen Ausschusses vorgeschrieben wird.[285] Durch diese zwingende Kompetenz der Generalversammlung wird der Grundsatz, wonach der Verwaltungsrat sich selbst konstituiert, punktuell verdrängt.[286]

1.9.3 Ausschüsse des Verwaltungsrates

Art. 716a Abs. 2 OR gewährt dem Verwaltungsrat die Möglichkeit, die Vorbereitung und die Ausführung seiner Beschlüsse oder die Überwachung von einzelnen Geschäften Ausschüssen zuzuweisen.[287] Unterschieden werden können Ausschüsse *ohne* und solche *mit Entscheidungskompetenzen*.[288] Generell ist aber zu empfehlen, den Ausschüssen keine Entscheidungskompetenz zuzuweisen, damit nicht ein Teil der VR-Mitglieder plötzlich von wichtigen Entscheidungen ausgeschlossen ist oder entsprechend übergangen wird, aber dennoch die Gesamtverantwortung trägt.[289]

---

283 Das Gesetz enthält selber alle notwendigen organisatorischen Regelungen; vgl. diesbezüglich die Aufzählung bei FORSTMOSER, Organisation, § 3 N 5 ff.
284 Allerdings verbleibt doch die Pflicht, für eine angemessene Organisation zu sorgen; Art. 716a Abs. 1 Ziff. 2 OR. Vgl. FORSTMOSER, Organisation, § 3 N 14 ff.; ROTH PELLANDA, Organisation, N 710.
285 Gl.M. MALACRIDA/SPILLMANN, 500; wohl auch schon HÄUSERMANN, 158. Sowohl im Erläuternden Bericht zum Vorentwurf zur Verordnung gegen die Abzockerei (VgdA) vom 14. Juni 2013 als auch im Zusatzbericht zum Entwurf zur Verordnung gegen übermässige Vergütungen bei börsenkotierten Aktiengesellschaften (VegüV) vom 8. Oktober 2013 wird diese Frage aber offen gelassen.
286 VON DER CRONE/HUBER, 302.
287 Es ist unbestritten, dass Ausschüssen auch Geschäftsführungsaufgaben übertragen werden können: FORSTMOSER, Organisation, § 5 Anm. 1.
288 Zur Relativierung der Unterscheidung für die Praxis vgl. FORSTMOSER, Organisation, § 5 N 13.
289 Dazu ausführlich MÜLLER, HR-Committees, 321.

Unter dem Einfluss der Corporate-Governance-Diskussion haben sich namentlich bei Publikumsgesellschaften folgende Ausschüsse eingebürgert:[290]

- *Nominierungsausschuss («Nomination Committee»)*

  Dem Nominierungsausschuss[291] bzw. HR-Ausschuss[292] obliegt die Nominierung von Kandidaten für den Verwaltungsrat, häufig auch für die Geschäftsleitung. Der Nominierungsausschuss ist gelegentlich auch für die Weiterbildung der Verwaltungsratsmitglieder in HR-Belangen[293] und allgemein für Corporate-Governance-Belange zuständig.[294] Der Nominierungsausschuss setzt sich eher aus unabhängigen Mitgliedern zusammen.[295] Die mögliche Stellung des Präsidenten des Verwaltungsrats in diesem Ausschuss wird kontrovers beurteilt.[296] Sinnvollerweise wird der Nominierungsausschuss mit dem Entschädigungsausschuss zusammengelegt und mit erweiterten Aufgaben als «HR-Committee» bezeichnet.[297]

- *Vergütungsausschuss oder Entschädigungsausschuss («Remuneration Committee»)*

  Der Vergütungsausschuss[298] oder Entschädigungsausschuss[299] kümmert sich um die Entschädigungspolitik; er erarbeitet die Grundsätze der Salärpolitik für das Top-Management, unterbreitet sie dem Gesamtverwaltungsrat zur Genehmigung (bzw. Antragstellung an die GV bei kotierten Gesellschaften[300]) und überwacht deren Umsetzung. In der Regel legt dieser Ausschuss das Salär der Mitglieder der Geschäftsleitung fest oder stellt einen entsprechenden Antrag an den Gesamtverwaltungsrat.[301] Der Entschädigungsausschuss setzt sich in der Regel aus nicht exekutiven und unabhängigen Mitgliedern zusammen.[302]

---

290 Verlangt werden solche Ausschüsse unter gewissen Voraussetzungen für Bankinstitute; FINMA-Rundschreiben 2008/24: Überwachung und interne Kontrolle Banken. Bei börsenkotierten Gesellschaften ist der Vergütungsausschuss gemäss Art. 7 Abs. 1 VegüV zwingend zu wählen.

291 Dazu weiterführend FORSTMOSER, Organisation, § 8 N 121 ff.; BÖCKLI, Aktienrecht, § 13 Rz. 427 ff.; KRNETA, N 1663 ff.; JUTZI, 104 ff.; ROTH PELLANDA, Organisation, N 612 ff. – Swiss Code Ziff. 27.

292 Dazu ausführlich MÜLLER, HR-Committees, passim.

293 Vgl. MÜLLER, HR-Committees, 317.

294 Bei Novartis gibt es dazu das «Governance, Nomination and Corporate Responsibilities Committee»; das entsprechende Reglement (Charter) kann unter www.novartis.com/investors/corporate-governance.shtml heruntergeladen werden.

295 FORSTMOSER, Organisation, § 5 N 126; BÖCKLI, Aktienrecht, § 13 Rz. 413.

296 Vgl. die Zusammenfassung bei FORSTMOSER, Organisation, § 5 Anm. 184.

297 Die Begründung findet sich bei MÜLLER, HR-Committees, 316: «Die Unterteilung in einen Entschädigungs- und einen Nominierungsausschuss erstaunt bei näherer Prüfung, denn es ist wohl kaum möglich, eine vakante GL-Stelle zu besetzen, ohne dass nicht gleichzeitig über die Selektion der Kandidaten und auch über deren Entlöhnung diskutiert wird. Hinten unter Ziff. 11.52, S. 946 ff., findet sich deshalb nur das Muster eines vereinigten Nominations- und Vergütungsausschusses.

298 In Art. 7 VegüV wird diese Bezeichnung verwendet; tatsächlich kann dieser Ausschuss jedoch z.B. auch Entschädigungsausschuss genannt werden, sofern aus den Statuten klar hervorgeht, dass ihm die Aufgaben des gesetzlich vorgeschriebenen Vergütungsausschusses zukommen (vgl. Praxismitteilung EHRA 3/13 publ. in REPRAX 3/13, S. 47).

299 Dazu im Einzelnen FORSTMOSER, Organisation, § 5 N 100 ff., 103 ff.; BÖCKLI, Aktienrecht, § 13 Rz. 426 f.; KRNETA, N 1661 f.

300 Bei kotierten Gesellschaften erfolgt gemäss Art. 2 Ziff. 4 VegüV die Genehmigung der Vergütungen durch die Generalversammlung selbst.

301 Vgl. FORSTMOSER, Organisation, § 5 N 107.

302 Swiss Code Ziff. 25, 1. Lemma; FORSTMOSER, Organisation, § 5 N 103.

Bei *kotierten* Gesellschaften wählt die Generalversammlung jährlich zwingend (einzeln) die Mitglieder des Vergütungsausschusses.[303] Die Statuten bestimmen die Grundsätze über die Aufgaben und die Zuständigkeiten des Vergütungsausschusses. Zwingend ist bei kotierten Gesellschaften ein Vergütungsbericht zu erstellen. (Art. 13 VegüV). In solchen Gesellschaften stimmt zudem die GV über die Vergütungen an den Verwaltungsrat, die Geschäftsleitung und den Beirat ab (Art. 18 VegüV).

– *Prüfungsausschuss («Audit Committee»)*

Der Prüfungs- oder Revisionsausschuss[304] wird «als Bindeglied zur Revisionsfunktion» betrachtet.[305] Die Hauptaufgaben eines derartigen Ausschusses werden im Swiss Code[306] und in der Finanzmarktgesetzgebung[307] für Banken und Effektenhändler näher umschrieben. Hinten in Ziff. 11.10, S. 790 ff., findet sich ein detaillierter Aufgabenbeschrieb; wesentlich sind dabei insbesondere folgende Aufgaben:

– Der Revisionsausschuss beurteilt das Funktionieren der internen und externen Revision.[308]
– Er beurteilt das interne Kontrollsystem.[309]
– Er überzeugt sich, dass die Jahresrechnung (und allenfalls die Konzernrechnung) den anwendbaren Rechnungslegungsgrundsätzen entspricht.[310]
– Er unterbreitet den geprüften Jahresabschluss dem Gesamtverwaltungsrat und orientiert den Präsidenten bei besonderen Erkenntnissen.[311]

Der Revisionsausschuss prüft nicht selbst; er ist auch keine «Oberrevisionsstelle».[312] Er mischt sich nicht in die Tätigkeit der Geschäftsleitung oder die Prüfungsarbeit der internen oder externen Revision ein.[313] Der Revisionsausschuss besteht aus nicht exekutiven, unabhängigen und mit Rechnungslegungsstandards vertrauten Personen.[314]

Gelegentlich sind auch andere Ausschüsse anzutreffen (Strategieausschuss, Governance-, Shareholder-, Corporate-Responsibility- oder Ethik-Ausschuss, Finanzausschuss, Risikoausschuss, Investitions- oder Anlageausschuss, Forschungs- und Entwicklungsausschuss).[315] Selbstverständlich kann der Verwaltungsrat auch einen Ad-hoc-Ausschuss bestimmen, z.B. im Zusammenhang mit einem grossen Projekt.

---

303 Art. 2 VegüV.
304 Dazu ausführlich Forstmoser, Organisation, § 5 N 84 ff.; Böckli, Aktienrecht, § 13 Rz. 385 ff.; Krneta, N 1652 ff.; Jutzi, 59 ff.
305 Böckli, Aktienrecht, § 13 Rz. 385.
306 Swiss Code Ziff. 24.
307 FINMA-Rundschreiben 2008/24 «Überwachung und interne Kontrolle Banken» vom 20. November 2008.
308 Forstmoser, Organisation, § 5 N 88; Böckli, Aktienrecht, § 13 Rz. 390 mit weiteren Hinweisen und Belegen.
309 Forstmoser, Organisation, § 5 N 89.
310 Swiss Code Ziff. 24, 3. Lemma; Forstmoser, Organisation, § 5 N 90; Böckli, Aktienrecht, § 13 Rz. 386; Jutzi, 62 ff.
311 Böckli, Aktienrecht, § 13 Rz. 388.
312 Forstmoser, Organisation, § 5 N 95; Krneta, N 1658; Jutzi, 58.
313 Böckli, Aktienrecht, § 13 Rz. 388.
314 Swiss Code Ziff. 22.; Forstmoser, Organisation, § 5 N 85; Böckli, Aktienrecht, § 13 Rz. 386.
315 Vgl. dazu weiterführend Forstmoser, Organisation, § 5 N 133 ff., 136 ff., 138 ff., 141, 142 f., 144.

Wenn ein Verwaltungsrat nur aus drei oder vier Mitgliedern besteht, stellt sich die Frage nach der Zweckmässigkeit eines VR-Ausschusses. Bei wenigen VR-Mitgliedern dürfte es einfach sein, rasch und unkompliziert Sitzungen zu vereinbaren und alle notwendigen Beschlüsse im Gremium zu diskutieren. Zudem werden auf diese Weise keinem VR-Mitglied Informationen vorenthalten, da niemand von der Teilnahme an einer Besprechung ausgeschlossen ist. Auf den ersten Blick scheint es, als würden die Vorteile eines Verzichts auf die Bildung von Ausschüssen überwiegen. Doch bei genauerer Betrachtung ergibt sich das Gegenteil[316]. Wenn der VR immer nur als gesamtes Gremium tagt, werden i.d.R. auch nur die vordringlichsten Hauptaufgaben des VR abgearbeitet. Weitere wichtige Aufgaben werden aus Zeitgründen vielfach vernachlässigt, wie z.B. die Sicherstellung der Nachfolgeplanung in der Geschäftsleitung inkl. Bestimmung von Stellvertretern für kurzfristige Ausfälle und Wechsel sowie die Überwachung von Arbeitsgerichtsprozessen. Werden solche Aufgaben reglementarisch und explizit einem VR-Ausschuss zugewiesen, steigt die Wahrscheinlichkeit der entsprechenden Aufgabenerledigung sofort massiv.[317] Da gerade in kleineren Gesellschaften aus Kostengründen oft nur wenige VR-Mitglieder gewählt werden, besteht die zusätzliche Gefahr, dass mangels ausreichender Fachkenntnisse ohnehin nur ein Teil der anstehenden Aufgaben erkannt und abgearbeitet wird. Ausschüsse sind deshalb auch für kleinere Gesellschaften mit Sicherheit von grossem Nutzen.[318]

Wird ein Ausschuss nur zur Überwachung der Geschäftsführung eingesetzt, so erlischt dadurch die Verantwortung des Gesamtverwaltungsrats nicht.[319] Der Verwaltungsrat hat namentlich für eine angemessene Berichterstattung zu sorgen.[320] Anders ist die Rechtslage in jenen Fällen, in denen ein gesamter Aufgabenbereich an den Ausschuss delegiert wird und dies im Reglement von Art. 716b OR erfolgt.[321]

Schliesslich stellt sich (mit Ausnahme des Vergütungsausschusses bei börsenkotierten Gesellschaften[322]) die Frage, ob und in welchem Umfang in einem VR-Ausschuss auch Personen Einsitz nehmen können, die nicht Mitglied des Verwaltungsrates sind. Die Mehrheit der Ausschussmitglieder muss wohl aus Verwaltungsräten bestehen, denn sonst kann letztlich nicht mehr von einem VR-Ausschuss gesprochen werden.[323] Im Übrigen ist die Grundsatzfrage aber umstritten. Ein Teil der Lehre vertritt explizit die Meinung, dass nur VR-Mitglieder einem VR-Ausschuss angehören dürfen.[324] Andere Autoren lassen auch Personen als voll stimmberechtigte Mitglieder in einem Ausschuss zu, die nicht dem VR angehören.[325] In der Praxis weitaus am häufigsten anzutreffen ist die pragmatische Lö-

---

316 A.M. KRNETA, N 1643 zu Art. 716b OR, basierend auf der Begründung, dass nur ein grosser VR mit über 7 Mitgliedern gezwungen sei, einen VR-Ausschuss zu schaffen, zudem werde durch einen VR-Ausschuss der Nachteil einer zusätzlichen Hierarchiestufe geschaffen.
317 Konsequenterweise fasst BERTSCHINGER Arbeitsteilung, 125, pointiert zusammen: «Zu diesem Zweck soll er sich, wenn immer möglich, von delegierbaren Aufgaben entlasten. Es besteht eine Delegationspflicht. Verwaltungsräte, die sich trotz beschränkter Sitzungszeit übermässig mit Vorbereitungs- und Ausführungshandlungen beschäftigen, kommen ihren Pflichten nicht sorgfältig nach.»
318 MÜLLER, HR-Committees, 322.
319 So ausdrücklich WATTER, in: Basler Kommentar, N 297 zu Art. 716b OR.
320 Art. 716a Abs. 2 OR.
321 Vgl. BÖCKLI, Aktienrecht, § 13 Rz. 109.
322 Dort sind gemäss Art. 7 Abs. 2 VegüV nur Mitglieder des Verwaltungsrats wählbar.
323 Ebenso FORSTMOSER, Organisation, § 5 N 59, mit der Präzisierung, dass den VR-Mitgliedern im Ausschuss zumindest eine «beherrschende Position» zukomme.
324 BÖCKLI, Aktienrecht, § 13 Rz. 408a.
325 KUNZ, Annahmeverantwortung, 147 Fn. 794; FORSTMOSER, Organisation, § 5 N 59.

sung, dass gewisse Personen (CEO, CFO etc.) als ständige Teilnehmer zu Ausschusssitzungen eingeladen sind, sich an den Beratungen beteiligen, jedoch ohne Stimmrecht bei allfälligen Entscheiden. Es gilt zu berücksichtigen, dass jedes Mitglied eines VR-Ausschusses mit Entscheidungskompetenz faktisch zum Organ mit entsprechenden Haftungsfolgen wird.[326] Umgekehrt zeigt diese Überlegung, dass korrekterweise nur VR-Mitglieder in einem VR-Ausschuss mit Entscheidungskompetenz Einsitz nehmen sollten.[327]

1.9.4 Die interne Aufgabenverteilung

Nach dem Grundsatz der internen *Selbstorganisation* konstituiert[328] sich der Verwaltungsrat selbst.[329] Bestimmte Funktionen (Präsident, Sekretär) sind gesetzlich vorgeschrieben, andere (wie z.B. Vizepräsident oder VR-Delegierter) sind nicht obligatorisch und müssen daher gegebenenfalls besonders vorgesehen werden.[330] Der Verwaltungsrat kann seine Befugnisse unter die Mitglieder frei aufteilen. Bei mittleren und grösseren Aktiengesellschaften kommt man nicht umhin, die einzelnen Aufgaben entsprechend den Kenntnissen und Fertigkeiten der Verwaltungsräte aufzuteilen. Im Rahmen der Vorselektion[331] wurde bereits ausgeführt, dass die Verwaltungsräte eben gerade auch im Hinblick auf die später einzunehmende Position innerhalb des Verwaltungsrates ausgewählt werden. So wird man, wenn etwa der für die Finanzen zuständige Verwaltungsrat ausscheidet, von seinem Nachfolger spezielle Kenntnisse in diesem Gebiet verlangen. Wichtig ist daher umgekehrt, die mit Blick auf die Unternehmenstätigkeit und die Positionierung einer Aktiengesellschaft wesentlichen Aufgabenbereiche und Problemfelder zu erkennen, und den Verwaltungsrat mit Personen zu besetzen, die gerade diese abdecken können.

Das Hauptproblem, das sich bei der internen Organisation des Verwaltungsrates stellt, ist doppelter Natur. Einerseits sind die anfallenden Aufgaben in sinnvolle Bereiche aufzuteilen, und andererseits sind diese Funktionsbündel den einzelnen Verwaltungsräten so zuzuteilen, dass jeder seinen Fähigkeiten gemäss eingesetzt wird. In vielen Fällen können nicht beide Forderungen gleichzeitig optimal erfüllt werden. Um dennoch zu einer Lösung zu gelangen, sind die Aufgaben des Verwaltungsrates dem jeweiligen Gesellschaftszweck entsprechend zu gewichten und erst anschliessend in der resultierenden Reihenfolge zu verteilen.

Obwohl dem einzelnen Verwaltungsrat an und für sich ein möglichst grosser Freiraum zur Erfüllung seiner Aufgaben gegeben werden sollte, um die nötige Eigeninitiative zu entwickeln und Innovationen auszulösen, dürfen demgegenüber die legitimen Interessen der übrigen Verwaltungsräte und der Gesellschaft, beispielsweise bezüglich Information und

---

326 Die Frage nach der Notwendigkeit der VR-Mitgliedschaft von Ausschussmitgliedern ist deshalb letztlich rein theoretischer Natur; gl.M. schon BERTSCHINGER, Arbeitsteilung, 125.
327 MÜLLER, HR-Committees, 323.
328 Ein Muster des Konstituierungsbeschlusses findet sich hinten in Ziff. 11.41, S. 921.
329 Die Wahl des Präsidenten kann aber der Generalversammlung vorbehalten werden (Art. 712 Abs. 2 OR). Bei kotierten Gesellschaften ist dies zwingend (VegüV Art. 2). Zur organisatorischen Gestaltungsfreiheit des Verwaltungsrats vgl. TRINDADE, 176 und 182 f.; KAMMERER, 90; KRNETA, N 1220; WERNLI/RIZZI, in: Basler Kommentar, N 4 zu Art. 712 OR; HOMBURGER, in: Zürcher Kommentar, N 551.
330 Die Regelung sollte im Organisationsreglement erfolgen (vgl. dazu das Muster hinten in Ziff. 11.55, S. 953 ff. Die Generalversammlung ist nur im engen Rahmen für eine Regelung zuständig; vgl. BÖCKLI, Aktienrecht, § 13 Rz. 102.
331 Vgl. vorne Ziff. 1.3.1, S. 22 ff.

Mitsprache, nicht verletzt werden. Es müssen deshalb bei der Konstituierung jeweils individuelle Lösungen angestrebt werden, die sowohl der Persönlichkeitsstruktur der einzelnen Verwaltungsräte als auch der von ihnen zu erledigenden Aufgaben gerecht werden. Die Bedeutung der Konstituierung ist deshalb im Hinblick auf eine erfolgreiche Zusammenarbeit keineswegs zu unterschätzen. Wesentlich ist schliesslich, dass neben der Aufgabenaufteilung auch sinnvolle und effiziente Arbeitsabläufe festgelegt werden (etwa hinsichtlich Berichterstattung[332]).

Es stellt sich die Frage, inwieweit die interne Aufgabenaufteilung den Gesamtverwaltungsrat von seiner Überwachungsfunktion entbindet. Obwohl innerhalb des Verwaltungsrates ein besonderes Vertrauensverhältnis herrschen sollte,[333] darf eine Überwachung der Aufgabenerfüllung durch die einzelnen Verwaltungsratsmitglieder nicht unterlassen werden. Diese Überwachung stellt mithin eine der wichtigsten Aufgaben dar.

Sobald mehrere VR-Mitglieder gewählt werden, ist zwingend ein Präsident zu bezeichnen. Diesem Funktionsträger kommt eine zentrale Rolle zu, die weit über die im Gesetz aufgezählten formellen Belange hinausgeht. Aus diesem Grund kann in den Statuten vorgesehen werden, dass der VR-Präsident direkt von der Generalversammlung bezeichnet werden kann.[334] Der Präsident des Verwaltungsrats prägt entscheidend die Sitzungskultur des Verwaltungsrats und damit indirekt oftmals die Gesellschaft selbst. Neben dem Präsidenten kann zusätzlich auch noch ein VR-Delegierter ernannt werden. Auf diese beiden Funktionsträger wird weiter hinten noch im Detail näher eingegangen.[335]

Art. 716*a* Abs. 2 OR gestattet die Bildung von *Ausschüssen*.[336] Solchen Ausschüssen kann «die Vorbereitung und die Ausführung von Beschlüssen des Verwaltungsrats oder die Überwachung von Geschäften» zugewiesen werden. In der Praxis sind es nicht nur rein verwaltungsinterne Aufgaben, die übertragen werden, sondern oftmals wird auch ein erheblicher Teil der Geschäftsführung im Sinn von Art. 716*b* OR delegiert. Die Einrichtung von Ausschüssen hat in sehr vielen Fällen zu einer beschleunigten Erledigung der Geschäfte des Verwaltungsrats geführt. So werden etwa die Delegierten, aber insbesondere auch der Präsident, beträchtlich entlastet und können sich mit vordringlichen Aufgaben befassen. Wird ein Ausschuss nur zur Überwachung der Geschäftsführung eingesetzt, so erlischt dadurch die Verantwortung des Gesamtverwaltungsrates nicht.[337] Der Verwaltungsrat hat namentlich für eine angemessene Berichterstattung zu sorgen.[338] Anders ist die Rechtslage in jenen Fällen, wo ein gesamter Aufgabenbereich an den Ausschuss delegiert wird und dies im Reglement von Art. 716*b* OR erfolgt.[339]

Nach Art. 712 Abs. 1 OR bestimmt der Verwaltungsrat seinen Präsidenten und den Sekretär, der dem Verwaltungsrat nicht angehören muss und nicht einmal Aktionär zu sein

---

332 Vgl. dazu das Muster eines MIS-Konzeptes hinten unter Ziff. 11.48, S. 939 f.
333 Geschützt durch die Geheimhaltungs- und Schweigepflicht.
334 Bei börsenkotierten Gesellschaften ist der VR-Präsident gemäss Art. 2 Ziff. 1 VegüV zwingend durch die Generalversammlung zu wählen.
335 Vgl. dazu die Ausführungen hinten unter Ziff. 1.9.8, S. 76 ff.
336 Zu den Ausschüssen bereits ausführlich vorne Kap. 1.9.3 auf S. 64 ff.
337 So ausdrücklich WATTER, in: Basler Kommentar, N 297 zu Art. 716*b* OR.
338 Art. 716*a* Abs. 2 OR; FORSTMOSER, Organisation, § 4 N 69 ff.; ROTH PELLANDA, Organisation, N 671 ff.; WEGMÜLLER, 139 ff., deshalb ist hinten unter Ziff. 11.48, S. 939 f., das Muster für ein MIS-Konzept abgedruckt.
339 Vgl. BÖCKLI, Aktienrecht, § 13 Rz. 109.

braucht. Der Sekretär kann vom Verwaltungsrat auch für jede Sitzung ad hoc bestimmt werden; er muss deshalb auch nicht zwingend im Handelsregister eingetragen werden. Aber auch bei Einpersonen-Verwaltungsräten ist ein Sekretär obligatorisch.[340] Die Tätigkeit des Sekretärs beschränkt sich auf Aufgaben rein administrativer Natur und umfasst keinerlei Geschäftsführungsfunktionen. Im Rahmen der Selbstorganisation des Verwaltungsrats können dem Sekretär aber auch noch weitere Aufgaben zugewiesen werden.[341]

1.9.5 Delegation an Dritte

Die Statuten können den Verwaltungsrat ermächtigen, die Geschäftsführung nach Massgabe eines Organisationsreglements ganz oder zum Teil an einzelne Mitglieder oder an Dritte zu übertragen.[342] In den Statuten selbst können Art und Schranken der Delegation vorgegeben werden.[343] Delegationen in einem blossen Generalversammlungsbeschluss sind nicht zulässig.[344] Im gleichen Zusammenhang ist Art. 718 Abs. 2 OR zu sehen, der in Bezug auf die Vertretung festlegt, dass diese einem oder mehreren Mitgliedern (Delegierten) oder Dritten (Direktoren) übertragen werden kann. Mit diesen beiden Bestimmungen steht dem Verwaltungsrat ein breiter Delegationsraum zur Verfügung. Ausserhalb des Finanzmarktbereichs, für den besondere Regelungen bestehen,[345] können im Einzelfall verschiedenste Organisationsformen gewählt werden, die sich eher dem monistischen oder dem dualistischen System annähern.[346]

Nach dem klaren Gesetzeswortlaut können nicht nur Verwaltungsratsmitglieder mit Aufgaben betraut werden, sondern auch Dritte, eine Geschäftsleitung (Direktoren) oder aber aussenstehende Personen.[347] Denkbar ist auch ein «Outsourcing» im Sinne einer Delegation der Geschäftsführung an eine aussenstehende «Managementgesellschaft».[348] Überdies lässt es das Gesetz zu, dass die Kompetenzen in einer ausserordentlich weit gehenden Art und Weise übertragen werden: Die Geschäftsführung kann mit Ausnahme der Aufgaben in Art. 716a OR voll und ganz delegiert werden. Auch dies trägt dazu bei, dass die Organisation der Unternehmensspitze individuell nach den jeweils spezifischen Bedürf-

---

340 FORSTMOSER, Organisation, § 5 N 254; a.M. HOMBURGER, in: Zürcher Kommentar, N 263 zu Art. 712 OR.
341 Vgl. die weiterführenden Ausführungen zum VR-Sekretär hinten unter Ziff. 1.9.10, S. 80 f., und das Muster eines Stellenbeschriebs hinten unter Ziff. 11.90, S. 1123 ff.
342 Art. 716b Abs. 1 OR.
343 Vgl. die Beispiele bei BÖCKLI, Aktienrecht, § 13 Rz. 525. Unzulässig wäre aber ein statutarischer Genehmigungsvorbehalt für das Organisationsreglement; BÖCKLI, Aktienrecht, § 13 Rz. 332. A.M. ROTH PELLANDA, Organisation, 242; KRNETA, N 1634 ff.; BERTSCHINGER, FS Druey, 325; TRINDADE, 176; HOMBURGER, in: Zürcher Kommentar, N 751 ff. zu Art. 716b OR.
344 BÖCKLI, Aktienrecht, § 13 Rz. 522 f.
345 Dazu im Einzelnen BÖCKLI, Aktienrecht, § 13 Rz. 560 f. und FORSTMOSER, Organisation, § 8 N 150 ff.
346 Dazu im Einzelnen BÖCKLI, Aktienrecht, § 13 Rz. 531 ff., 533 ff., 535 ff., 540 ff., 551 ff. und 558 ff. und FORSTMOSER, Organisation, passim.
347 Dazu FORSTMOSER, Organisation, § 6 N 1 und Anm. 1 sowie § 7 N 1 ff. Zur Delegation an gesellschaftsexterne Personen vgl. FORSTMOSER, Organisation, § 7; BÖCKLI, Aktienrecht, § 13 Rz. 558 f.; KRNETA, N 1709 ff.; WATTER/ROTH PELLANDA, in: Basler Kommentar, N 12 zu Art. 716b OR; HOMBURGER, in: Zürcher Kommentar, N 758 ff. zu Art. 716b OR; WEGMÜLLER, 117, 119; KAMMERER, 251; ISELI, N 184 f.
348 Zu den Problemen einer solchen Lösung vgl. ausführlich FORSTMOSER, Organisation, § 7 und BÖCKLI, Aktienrecht, § 13 Rz. 559. Vgl. auch HOMBURGER, in: Zürcher Kommentar, N 759 zu Art. 716b OR und KRNETA, N 1713 f.

nissen ausgestaltet werden kann.³⁴⁹ So wäre es auch möglich, das grundsätzlich dem Monismus³⁵⁰ nachempfundene Modell des Leitungsorgans im schweizerischen Aktienrecht dem dualistischen System anzunähern. Begrenzt wird diese Möglichkeit aber durch die unentziehbaren Aufgaben in Art. 716a OR. Die Statuten können keine vollständige Delegation vorschreiben und damit dem Verwaltungsrat auch nicht die Möglichkeit nehmen, die Delegation jederzeit zu widerrufen.³⁵¹

Hinsichtlich Delegation gilt es zu bedenken, dass solche Massnahmen Sinn und Zweck des Verwaltungsrats als Institution nicht aushöhlen dürfen. In Art. 716a OR sind diesbezüglich Vorkehren getroffen worden, indem Aufgaben explizit aufgeführt werden, die unübertragbar und unentziehbar sind (Oberleitung der Gesellschaft, Festlegung der Organisation, Ausgestaltung des Rechnungswesens, Finanzkontrolle und Finanzplanung, Ernennung und Abberufung der mit Geschäftsführung und Vertretung betrauten Personen, Oberaufsicht, Aufgaben im Zusammenhang mit der Generalversammlung). Diese Aufgaben sind auch nicht delegierbar. Mit dieser Bestimmung wurden die bestehende Unsicherheit und eine endlose Auseinandersetzung betreffend die Delegationsmöglichkeit einzelner Aufgaben beendet. Erfolgt die Kompetenzdelegation in umfassender Weise, so verändern sich die Aufgaben des Verwaltungsrats grundsätzlich. Es kann dann nicht mehr von direkter Leitungsfunktion, sondern nur noch von Oberleitung der Gesellschaft gesprochen werden.

Die Geschäftsführung kann vorab an Mitglieder des Verwaltungsrats übertragen werden. Werden Delegierte eingesetzt, sind diese allen anderen Angestellten des Unternehmens übergeordnet und können überall aktiv in den Prozess der Geschäftsführung eingreifen.³⁵² Sehr oft ist damit eine enorme Machtkonzentration verbunden, insbesondere dann, wenn der Delegierte gleichzeitig noch das Amt des Verwaltungsratspräsidenten ausübt.³⁵³ Der Gesamtverwaltungsrat hat die Aufgabenerfüllung des Delegierten zu überwachen. Gleich-

---

349 Zur «Qualitätssicherung» in der Unternehmensleitung vgl. STÖCKLI, 586.
350 Im Monismus wird keine Unterteilung in ein Leitungs- und ein Aufsichtsorgan vorgenommen, wie dies im dualistischen System geschieht. Anschaulich zur Unterscheidung von monistischem und dualistischem System sind die Ausführungen des EG-Rates im Vorschlag für eine Verordnung über das Statut der Europäischen Aktiengesellschaft (Amtsblatt der Europäischen Gemeinschaft vom 16.10.1989 Nr. C 263/41 ff.; teilweise geändert und ergänzt im Amtsblatt der Europäischen Gemeinschaft vom 24.1.1991 Nr. C 48/72 ff.). Unter Art. 66 ist dort festgehalten, dass das aus mindestens drei Mitgliedern bestehende Verwaltungsorgan die Europäische Aktiengesellschaft verwaltet und vertritt. Die Geschäftsführungsbefugnis wird an eines oder mehrere Mitglieder übertragen, wobei die nicht mit Aufgaben der Geschäftsführung betrauten Mitglieder des Verwaltungsorgans die anderen Mitglieder zu überwachen haben.
351 Dazu vgl. BÖCKLI, Aktienrecht, § 13 Rz. 557a, mit weiteren Belegen.
352 Zum Delegierten ausführlich MÜLLER, Verwaltungsrat als Arbeitnehmer, 70 ff., mit einer entsprechenden empirischen Studie, 110 ff.; vgl. auch FORSTMOSER, Organisation, § 5 N 206 ff.; BUSCH, 69 ff.; BERTSCHINGER, Arbeitsteilung, N 227; BÖCKLI, Aktienrecht, § 12 Rz. 533 ff.; HOMBURGER, in: Zürcher Kommentar, N 747 ff. zu Art. 716b OR; KRNETA, N 1668 ff.; ROTH PELLANDA, Organisation, N 596 ff.
353 Zur Kritik der «Doppelspitze» vgl. auch BÖCKLI, Aktienrecht, § 13 Rz. 554 ff.; KRNETA, N 1674 ff.; HOMBURGER, in: Zürcher Kommentar, N 647 ff. und 1674 ff.; ROTH PELLANDA, Organisation, 83, 155 f. und 281; WERNLI/RIZZI, in: Basler Kommentar, N 10 zu Art. 716b OR; WATTER/ROTH PELLANDA, in: Basler Kommentar, N 10 zu Art. 716b OR; WUNDERER, VR-Präsident, 45 f.; WEGMÜLLER, 199 ff. und 211 f.

zeitig hat der Gesamtverwaltungsrat ein Einstellungs- und Abberufungsrecht[354] gegenüber dem Delegierten und kann gegebenenfalls Auskunft über den Geschäftsgang und Einsicht in die Bücher verlangen.[355]

Faktisch hat der Delegierte an den Verwaltungsratssitzungen einen enormen Informationsvorsprung, wodurch er die übrigen Verwaltungsratsmitglieder von sich abhängig machen kann. Der Gesamtverwaltungsrat wird – bedingt durch das Informationsgefälle – wohl nur bei einer offensichtlichen Verletzung von Pflichten direkt gegen den Delegierten einschreiten. Die herkömmliche Übung bei Publikumsgesellschaften, ein Mitglied des Verwaltungsrats als Delegierten einzusetzen und ihm die Geschäftsführung zu übertragen, ist in den letzten Jahren mehr und mehr aufgegeben worden. Weit verbreitet ist heute, ein eigenständiges, mehrgliedriges Organ «Geschäftsleitung» zu institutionalisieren und diesem die Geschäftsführung zu übertragen.

Die Geschäftsführung der Gesellschaft kann auch an Dritte delegiert werden. Den Direktoren kommt eine ähnliche Stellung wie den Delegierten zu. Die augenfälligste Unterscheidung liegt darin, dass die Direktoren i.d.R. nicht gleichzeitig Verwaltungsräte sind. Tendenziell dürften die Delegierten auch mit mehr Macht ausgestattet sein, da sie ihrerseits gegenüber den Direktoren ein Weisungsrecht haben und überdies an deren Beaufsichtigung teilnehmen. Obwohl es dem Verwaltungsrat obliegt, die Grundsatzentscheidungen zu treffen, sind es letztlich die Direktoren, welche die dazu notwendigen Informationen zusammenstellen und durch die Kumulation der Daten ihre Entscheidungsprioritäten kundtun können. Auch das Direktorium unterliegt der Überwachung durch den Verwaltungsrat. Wird eine Geschäftsleitung institutionalisiert, ist daher eine enge Begleitung durch den Präsidenten oder den Delegierten des Verwaltungsrats und einen funktionierenden Informationsfluss zwischen dem Verwaltungsrat und der Geschäftsleitung zu regeln.[356]

1.9.6 Das Organisationsreglement

Nach Art. 716*a* Abs. 1 Ziff. 2 OR ist der Verwaltungsrat zur Festlegung der Organisation verpflichtet. In einem sogenannten Organisationsreglement[357] sind sowohl die Regelungen hinsichtlich einer allfälligen *Delegation der Geschäftsführung* als auch jene in Bezug auf die *Vertretungsbefugnisse* festzulegen. Grundsätzlich stehen dazu sämtliche beschriebenen Gestaltungsvarianten offen. Vor allem geht es darum, die in den Statuten eher generell und abstrakt gefassten Aussagen zu konkretisieren, zu operationalisieren und auf die jeweiligen Bedürfnisse der Gesellschaft auszurichten. Je nach den konkreten Verhältnissen der inneren Organisation sind im Organisationsreglement die Konstituierung, Beschlussfassung sowie die Aufgaben und Befugnisse von Verwaltungsrat, Delegierten, Ausschüssen und der Geschäftsleitung festzulegen. Zur Übertragung der Geschäftsführung

---

354 Art. 726 Abs. 1 OR. Viele VR-Delegierte stehen in einem Arbeitsverhältnis zur Gesellschaft (vgl. dazu MÜLLER, Verwaltungsrat, 68).
355 Art. 715*a* Abs. 2 OR.
356 BÖCKLI, Aktienrecht, § 13 Rz. 550.
357 Wie das Reglement exakt betitelt wird, ist nicht von Bedeutung. Möglich wäre daher auch eine Bezeichnung «Geschäftsordnung» oder «Organisations- und Geschäftsreglement». Vgl. dazu das Muster hinten unter Ziff. 11.55, S. 953 ff.

an einzelne Verwaltungsratsmitglieder oder Dritte ist jedoch gemäss Art. 716*b* Abs. 1 OR zwingend eine entsprechende statutarische Ermächtigung notwendig.

In der Regel werden ins Organisationsreglement folgende Inhalte aufgenommen:
- Aufzählung und Ordnung der Stellen, die sich mit den verschiedensten Bereichen der Geschäftsführung befassen sollen
- Umschreibung und Abgrenzung der Aufgaben (bspw. auch Genehmigungsvorbehalte; Notkompetenzen)
- Umschreibung der Funktionsweise dieser Stellen
- Möglichkeit zum Erlass weiterer Reglemente
- Zeichnungsberechtigung
- Regelung der Berichterstattung (sachlich/zeitlich)
- Konstituierung (des Verwaltungsrats)
- Grundsätze der Entschädigung bzw. Vergütung
- Präsenz- und Beschlussquoren (im Verwaltungsrat)
- Protokollführung
- Informationsrechte
- Ausstandsregeln und Offenlegungsvorschriften.

Das Organisationsreglement stellt die Grundlage für weiter gehende Organisationsentscheide der verschiedenen Stellen dar. Namentlich die Ausgestaltung der Organisation des Gesamtunternehmens, des Rechnungswesens, von Finanzplanung und Finanzkontrolle u.Ä. können bspw. in blossen Verwaltungsratsbeschlüssen erfolgen. Will der Verwaltungsrat jedoch aufgrund einer entsprechenden statutarischen Ermächtigung die Geschäftsführung ganz oder zum Teil an einzelne Mitglieder oder Dritte übertragen, so ist dazu zwingend ein Organisationsreglement zu erstellen.[358]

Die Generalversammlung hat grundsätzlich keinen Einfluss auf die Konstituierung des Verwaltungsrates.[359] Bei *kotierten* Gesellschaften wählt die GV zwingend den VR-Präsidenten und die Mitglieder des Vergütungsausschusses,[360] bei den *übrigen* Gesellschaften nur dann, wenn dies die Statuten ausdrücklich vorsehen.[361] Entsprechend sind auch keine statutarischen Bestimmungen mehr zulässig, welche dem Verwaltungsrat bestimmte Beschlussquoren, Sitzungsvorschriften oder andere Einschränkungen hinsichtlich seiner

---

[358] Das Muster eines Organisationsreglements ist hinten unter Ziff. 11.55, S. 953 ff., abgedruckt; zusätzlich finden sich unter Ziff. 11.54, S. 951 f., Alternativklauseln zur Verwendung in einem Organisationsreglement. Bei Forstmoser, Organisation, findet sich im Anhang, 45 ff., die Checkliste für ein Organisations- und Geschäftsreglement. Ehrat, 794, gibt einen stichwortartigen Entwurf eines Organisationsreglements. Vgl. auch die Inhaltsübersicht bei Böckli, Aktienrecht, § 13 Rz. 324 ff. Zur Möglichkeit der Regelung in einem Protokoll der VR-Sitzung vgl. Urteil des BGer. vom 22.2.2008 4A.507/2007.
[359] Meier-Schatz, Zusammenarbeit, 824; gl.M. Forstmoser, Aktienrecht, § 11 N 26; Böckli, Aktienrecht, § 13 Rz. 101 ff., 332; Krneta, N 1723; a.M. Ehrat, 791 Anm. 33.
[360] Art. 2 VegüV.
[361] Art. 712 Abs. 2 OR.

Organisation oder Arbeitsweise auferlegen.[362] Ebenfalls ist es nicht zulässig, das Organisationsreglement der Genehmigung der Generalversammlung zu unterwerfen.[363]

Ein Organisationsreglement ist nach Art. 718 Abs. 1 OR auch dann erforderlich, wenn nicht jedem Verwaltungsratsmitglied einzeln die Vertretungsmacht zukommen soll und eine entsprechende Statutenbestimmung fehlt.

> **Empfehlung:**
> Will der Verwaltungsrat die Geschäftsführung an einzelne Mitglieder oder Dritte übertragen, so hat er für eine entsprechende statutarische Ermächtigung zu sorgen und gestützt darauf ein Organisationsreglement zu erlassen. Für jedes Gremium (Verwaltungsrat, Ausschuss, Präsident, Delegierter, Geschäftsleitung usw.) ist die Zusammensetzung und die Funktionsweise zu regeln, sind die Aufgaben zu umschreiben und ist die Beschlussfassung festzulegen. Weiter ist die Berichterstattung und Stellvertretung zu regeln, sind Informationsrechte zu umschreiben und sind Regelungen zur Vermeidung und Abwicklung von Interessenkollisionen zu entwickeln. Auch zur Aufhebung oder Beschränkung der gesetzlich vorgesehenen Einzelunterschrift von allen Verwaltungsratsmitgliedern ist ein Organisationsreglement notwendig, ausser es sei eine entsprechende Statutenbestimmung vorhanden.

Generell kann der Erlass eines Organisationsreglements auch dann empfohlen werden, wenn keine gesetzliche Notwendigkeit besteht.[364] Konstituierung, Beschlussfassung, Aufgaben und Befugnisse des Gesamtverwaltungsrates, des Präsidenten, von Ausschüssen usw. können damit klargestellt werden. Ohnehin sollten die organisatorischen Entscheide (namentlich bezüglich des Rechnungswesens, der Finanzplanung und Finanzkontrolle) in Verwaltungsratsbeschlüssen geregelt werden.

Es ist unmöglich, ein für alle Gesellschaften gleichermassen direkt anwendbares Organisationsreglement zu entwerfen. Bei kleineren Gesellschaften wird es keine Aufgliederung des Verwaltungsrats (in mehrere Ausschüsse, Delegierte usw.) brauchen. Der gesetzlich vorgesehene Stichentscheid[365] des Präsidenten in VR-Sitzungen ist je nach Zusammensetzung des Aktionariats unzweckmässig, und manchmal sind verschärfte Quorumsvorschriften für spezielle Beschlüsse nötig. Auch die Zeichnungsberechtigung kann nicht ohne individuelle Beurteilung geregelt werden, selbst wenn in den meisten Fällen Kollektivunterschrift zu zweien zu empfehlen ist. Sogar die Abhängigkeitsverhältnisse einer Gesellschaft haben einen Einfluss auf die Gestaltung des Organisationsreglements. So muss bspw. in einer Konzerngesellschaft bei der Formulierung der Ausstandsklausel darauf geachtet werden, dass Geschäfte, welche Mutter- und Tochtergesellschaft betreffen, nicht zu einer Ausstandsverpflichtung führen. Die hinten unter Ziff. 11.54 und Ziff. 11.55, S. 951 ff., vorgeschlagenen Organisationsreglemente sind deshalb in jedem Fall an die individuellen Bedürfnisse anzupassen.

---

362 Gl.M. Meier-Schatz, Zusammenarbeit, 824; a.M. Böckli, Aktienrecht, § 13 Rz. 102, bzgl. Generalversammlungsbeschlüssen, wo das Gesetz «für solche Regelungen Raum lässt».
363 Böckli, Aktienrecht, § 13 Rz. 332; Forstmoser/Meier-Hayoz/Nobel, § 11 N 20; Krneta, N 1723; Meier-Schatz, Zusammenarbeit, 824.
364 So auch Forstmoser, Organisation, § 15 N 5.
365 Dazu ausführlich hinten Ziff. 2.6.1, S. 140 ff.

1.9.7 Das Funktionendiagramm

In einem Funktionendiagramm können die Aufgaben der Gesellschaftsorgane tabellarisch dargestellt werden.[366] Gleichzeitig ist eine Zuordnung zu den einzelnen Funktionsträgern (Gesamtverwaltungsrat, Präsident, Delegierter, Sekretär, Geschäftsleitung etc.) möglich. Das Funktionendiagramm kann deshalb als Vorstufe zu den noch detaillierter ausgestalteten Stellenbeschrieben bzw. Pflichtenheften angesehen werden.

Funktionendiagramme sind in der Betriebswirtschaft seit Langem gebräuchlich, auch ohne dass eine entsprechende rechtliche Notwendigkeit bestehen würde. Mit der Einführung des Organisationsreglements als gesetzlich zwingend vorgeschriebene Organisationsmassnahme hat nun aber das Funktionendiagramm an Bedeutung gewonnen. Mit ihm kann das wenig aussagekräftige und unübersichtliche Organisationsreglement veranschaulicht und gleichzeitig präzisiert werden. Deshalb bildet das Funktionendiagramm meistens einen Anhang zu diesem Reglement.

In der Praxis hat sich bei der Gestaltung des Funktionendiagramms die zweispaltige Variante durchgesetzt.[367] In der linken Spalte werden die Hauptaufgaben aufgelistet, während in der rechten Spalte die Zuordnung zu den Funktionsträgern erfolgt. Die Hauptaufgaben lassen sich beispielsweise gliedern in:

– Leitungsaufgaben
– Organisation und Personal
– Finanz- und Rechnungswesen
– Produktion, Marketing und Verkauf.

Selbstverständlich sind je nach Gesellschaft weitere Bereiche denkbar, wie z.B. Forschung und Entwicklung oder Immaterialgüterrechte. Es ist deshalb genauso wie beim Organisationsreglement unmöglich, ein allgemeingültiges Muster zu entwickeln. Bei dem hinten unter Ziff. 11.31, S. 863 ff., abgedruckten Funktionendiagramm handelt es sich um einen Vorschlag, der den individuellen Bedürfnissen angepasst werden muss.

> **Empfehlung:**
>
> Wenn ein Organisationsreglement erstellt werden muss, dann soll es durch ein Funktionendiagramm als Anhang ergänzt werden. Darin sind die Hauptaufgaben den einzelnen Funktionsträgern klar zuzuordnen. Gleichzeitig ist die Funktion aufzuteilen in: Antragstellung und -vorbereitung, Beratung, Entscheid und Genehmigung, Kontrolle und Überwachung, Vollzug, Informationsanspruch etc.

---

366 Das Muster eines Funktionendiagramms ist hinten unter Ziff. 11.31, S. 863 ff., abgedruckt.
367 Vgl. das Muster bei SPRÜNGLI, 294, auch wenn dort die Bezeichnung «Funktionendiagramm» fehlt.

1.9.8 Der Präsident des Verwaltungsrates

Bei einem mehrköpfigen Gremium[368] bezeichnet der Verwaltungsrat nach Art. 712 Abs. 1 OR seinen *Präsidenten*.[369] Diesem kommen einige spezifische Aufgaben zu, die explizit im Gesetz erwähnt sind:[370]

– Einberufung einer VR-Sitzung, gegebenenfalls auf Verlangen eines VR-Mitgliedes (Art. 715 OR)
– Unterzeichnung der Protokolle über Verhandlungen und Beschlüsse des Verwaltungsrates (Art. 713 Abs. 3 OR)[371]
– Beurteilung eines Gesuchs um Auskunft, Anhörung oder Einsicht (Art. 715a Abs. 3, 4 und 5 OR)
– Fällen des Stichentscheides bei VR-Beschlüssen, sofern die Statuten nichts anderes vorsehen und der Präsident selbst den Vorsitz in der Sitzung ausübt (Art. 713 Abs. 1 OR).[372]

Erwähnt ist der Präsident auch im Swiss Code mit den Funktionen «Leitung des Verwaltungsrats» und der «Sicherstellung angemessener Information».[373]

Aus diesen gesetzlichen Bestimmungen lassen sich für den Verwaltungsratspräsidenten klare Hauptaufgaben ableiten:[374]

– Er hat zunächst dafür zu sorgen, dass der Gesamtverwaltungsrat als Organ funktioniert und seine Aufgaben den gesetzlichen, statutarischen und reglementarischen Vorschriften entsprechend wahrnimmt.[375] Dazu gehören formelle Obliegenheiten (Einberufung von VR-Sitzungen, Festlegung der Traktanden, Bereitstellung der Unterlagen,[376] Leitung von VR-Sitzungen, Unterzeichnung der Protokolle), aber namentlich auch materielle Belange. Der Präsident ist verantwortlich für die Informati-

---

368 S. BGer. 5.1.2011 4A_457/2010.
369 Zum Präsidenten vgl. allgemein WUNDERER, VR-Präsident, sowie FORSTMOSER, Organisation, § 5 N 155 f.; BÖCKLI, Aktienrecht, § 13 Rz. 314 ff.; KRNETA, N 481 ff.; WERNLI/RIZZI, in: Basler Kommentar, N 6 ff. zu Art. 712 OR; ROTH PELLANDA, Organisation, 278 ff.; HUNGERBÜHLER, passim; WALDBURGER, 209 ff.; BÜHLER, Regulierung, N 627 ff. Nach Art. 712 Abs. 2 OR können die Statuten bestimmen, dass der Präsident durch die Generalversammlung gewählt wird. Andere Gestaltungsformen sind nicht zulässig (BÖCKLI, Aktienrecht, § 13 Rz. 104).
370 Die Aufgaben des Verwaltungsratspräsidenten sind im Gesetz jedoch nur marginal geregelt. Je nach Grösse und Organisation des Unternehmens sowie je nachdem, ob es Ausschüsse und VR-Delegierte gibt, variieren die Aufgaben des VR-Präsidenten. Vgl. dazu das Muster «Stellenbeschrieb des VR-Präsidenten» unter Ziff. 11.89, S. 1118 ff., welches für KMU (ohne VR-Delegierten) erarbeitet wurde.
371 Zur Unterzeichnung von Handelsregisteranmeldungen vgl. Art. 931a Abs. 2 OR und Art. 17 Abs. 1 lit. c HRegV.
372 Eine analoge Gesetzesbestimmung für die Generalversammlung fehlt. Folglich hat der Vorsitzende der Generalversammlung keinen Stichentscheid, wenn die Statuten dies nicht ausdrücklich vorsehen.
373 Swiss Code, Ziff. 15.
374 Dazu allgemein HUNGERBÜHLER, 61 ff.; WUNDERER, VR-Präsident, 139 ff.; FORSTMOSER, Organisation, § 5 N 174 ff.
375 Nach BÖCKLI, Aktienrecht, § 13 Rz. 116, kommt dem Präsidenten die «Gesamtheit der funktional für eine zweckmässige Tätigkeit des Verwaltungsrats nötigen Leitungskompetenzen» zu.
376 Zu den Details der Sitzungsvorbereitung durch den VR-Präsidenten siehe MÜLLER, VR-Sitzung, 46, und DUBS, VR-Sitzung, 11 f. sowie Swiss Code, Ziff. 15. Zur Sitzungsdokumentation siehe hinten Ziff. 11.82, S. 1088.

onsbeschaffung für die Mitglieder und für die Weiterleitung an diese.[377] Er hat auch für die Aus- und Weiterbildung der Verwaltungsräte zu sorgen. Von seinem Vorgehen und Verhalten hängt es ab, ob und wie sehr die Mitglieder zum Einsatz für die Gesellschaft motiviert werden können, wie sehr ihre Kenntnisse und Fähigkeiten für die Gesellschaft nutzbar gemacht werden können und dass sich daraus innovative Ideen und Strategien für die künftige Tätigkeit der Gesellschaft entwickeln lassen. Eine anspruchsvolle Aufgabe für den VR-Präsidenten ist zudem die Koordination der Tätigkeiten besonderer Ausschüsse oder Committees.

– Der Verwaltungsratspräsident hat ferner eine entscheidende Funktion als Ansprechpartner der Geschäftsleitung.[378] Er hat zum einen dafür zu sorgen, dass die Geschäftsleitung die Entscheide und Vorgaben des Verwaltungsrats nachhaltig umsetzt,[379] zum anderen aber auch Anliegen, Anregungen und Vorbehalte der Geschäftsleitung in den Verwaltungsrat hineinzutragen und für eine angemessene Berücksichtigung zu sorgen. Diese Funktion ist umso wichtiger, wenn neben Verwaltungsrat und Geschäftsleitung ein starkes Aktionariat, ein Mehrheitsaktionär oder eine Familie besteht, die eigene Interessen verfolgen und eigene Vorstellungen von der Ausgestaltung und Tätigkeit der Gesellschaft haben. Der Präsident ist sodann auch Bindeglied zu den Aktionären.[380]

– Der Präsident leitet die Generalversammlung und trägt dabei die Verantwortung für die ordnungsgemässe Einladung und Durchführung, die namentlich bei grösseren Gesellschaften anspruchsvolle logistische Probleme mit sich bringen kann (Aktionärskontrolle, Stimmabgabe und -zählung, Anpassung der Traktandenliste an Anträge, die während der Versammlung gestellt werden usw.).[381]

– Der Präsident vertritt die Gesellschaft nach innen und aussen. Publikumsgesellschaften wie auch bekanntere kleinere und mittlere Gesellschaften werden vor allem mit der Person des CEO, gelegentlich aber auch mit dem Verwaltungsratspräsidenten identifiziert. Der Präsident hat daher mit seinem Verhalten in der Öffentlichkeit, gegenüber den Medien und an Generalversammlungen grossen Einfluss auf die Wahrnehmung und Reputation des Unternehmens.

– Schliesslich trägt der Präsident eine «Auffangkompetenz»,[382] um das reibungslose Funktionieren der Gesellschaft sicherzustellen, in dringlichen Fällen selbst unverzüglich die erforderlichen Massnahmen zu ergreifen und ganz allgemein die Geschicke der Gesellschaft zu fördern.[383]

---

377 Swiss Code of Best Practice Ziff. 15: «Der Präsident sorgt im Zusammenwirken mit der GL für eine rechtzeitige Information über alle für die Willensbildung und die Überwachung erheblichen Aspekte der Gesellschaft. Der VR erhält die übersichtlich aufbereiteten Unterlagen, soweit möglich, vor der Sitzung zugestellt; andernfalls lässt der Präsident die Unterlagen mit genügender Zeitvorgabe vor der Sitzung zum Studium auflegen.»
378 BÖCKLI, Aktienrecht, § 13 Rz. 314a; FORSTMOSER, Organisation, § 13 N 179; KRNETA, N 617 ff.; BÜHLER, Regulierung, N 629; JÖRG, 324; WATTER/ROTH PELLANDA, 74.
379 Vetorecht, vgl. BÖCKLI, Aktienrecht, § 13 Rz. 314b; KRNETA, N 1196; WUNDERER, VR-Präsident, 200 f. und HUNGERBÜHLER, 128.
380 FORSTMOSER, Organisation, § 5 N 182 ff.
381 Vgl. dazu die Checkliste zur Vorbereitung einer Generalversammlung hinten unter Ziff. 11.101, S. 1150 ff.
382 CHK-PLÜSS/KUNZ/KÜNZLI, N 4 zu Art. 712 OR; TRINDADE, 188 f.
383 WERNLI/RIZZI, in: Basler Kommentar, N 9 zu Art. 712 OR. Diese Notkompetenz setzt eine ausdrückliche Bestimmung im Organisationsreglement voraus; BÖCKLI, Aktienrecht, § 13 Rz. 147; FORSTMO-

Diese Hauptaufgaben wirken sich auf das Anforderungsprofil[384] des VR-Präsidenten aus. Dazu gehören namentlich folgende Anforderungen:

- Persönlichkeitskompetenz (Integrität, Souveränität, Engagement und Durchsetzungsvermögen)
- Sozialkompetenz (Teamfähigkeit, Integrationsfähigkeit und Motivationsfähigkeit)
- Führungskompetenz («Leadership»).

Wichtig sind sodann unternehmerisches Denken und Handeln, Branchenkenntnisse und strategische/analytische Fähigkeiten. Schliesslich hat der Präsident eine entscheidende Bedeutung als Initiator und Impulsgeber, sowie als eigentlicher Repräsentant der Gesellschaft.

Vom ordentlichen und gesetzlich vorgesehenen VR-Präsidenten strikte zu unterscheiden ist der nicht im Gesetz erwähnte Ehrenpräsident, welcher in der Praxis gelegentlich vorkommt.[385] Mit dieser Titelverleihung soll i.d.R. ein abtretender VR-Präsident gewürdigt werden. Unklar ist dabei, welche Aufgaben und Kompetenzen dem Ehrenpräsidenten zukommen, zumal meist statutarische oder reglementarische Vorgaben fehlen. Klar ist lediglich, dass die Zusatzfunktion des Ehrenpräsidenten nicht im Handelsregister eingetragen werden kann.[386] Ist der Ehrenpräsident weiterhin Mitglied des Verwaltungsrats, hat er auch entsprechende Informations- und Mitwirkungsrechte. Ist er aber aus dem Verwaltungsrat ausgeschieden, stehen ihm grundsätzlich keine solchen Rechte mehr zu. Verlangt er dennoch weiterhin Informationen bzw. Auskünfte und nimmt er sogar Einfluss auf die Willensbildung des Verwaltungsrats, muss er allenfalls als faktisches Organ qualifiziert werden mit entsprechenden Haftungsfolgen. Um solchen Problemen vorzubeugen, sollte die Zusatzfunktion des Ehrenpräsidenten konkret in einem entsprechenden Reglement geregelt werden.[387] Möglich ist die Gewährung folgender Rechte, ohne eine faktische Organschaft zu riskieren:

- Führung des Titels Ehrenpräsident im Umgang mit Mitarbeitern, Kunden, Lieferanten und Behörden
- Empfang aller offiziellen schriftlichen Informationen der Gesellschaft, wie Mitarbeiterzeitschriften, Aktionärsbrief, Newsletter
- Information mit zusätzlichen mündlichen Informationen zum Geschäftsgang durch den amtierenden VR-Präsidenten
- Kontakt mit Mitgliedern des Verwaltungsrates oder der Geschäftsleitung über den amtierenden VR-Präsidenten
- Zugang zum Showroom und zum Besprechungszimmer im Marketinggebäude, sofern diese Räume nicht belegt sind

---

SER, Organisation, § 5 N 178. Diesbezügliche Beschlüsse sind anschliessend vom Gesamtverwaltungsrat zu ratifizieren; BÖCKLI, Aktienrecht, § 13 Rz. 147; FORSTMOSER/MEIER-HAYOZ/NOBEL, § 31 N 53; HUNGERBÜHLER, 128/29. Vgl. auch BGE 109 V 86 E. 6.

384 Zum Anforderungsprofil des VR-Präsidenten vgl. das Muster «Stellenbeschrieb des VR-Präsidenten» hinten unter Ziff. 11.89, S. 1118 ff.

385 Nach der Studie von GLAUS, 120, wählten 29% der untersuchten Grossgesellschaften einen oder mehrere Ehrenpräsidenten oder Ehrenmitglieder.

386 Vgl. MÜLLER, Verwaltungsrat als Arbeitnehmer, 75 und 262; bei den früher vereinzelt vorgenommenen Eintragungen handelt es sich um Fehleintragungen der kantonalen Handelsregister.

387 Vgl. dazu das Muster eines Reglements für den Ehrenpräsidenten hinten unter Ziff. 11.20, S. 826 f.

– Unterstützung bei Sekretariatsarbeiten nach Rücksprache mit dem amtierenden VR-Präsidenten
– Einladung zu offiziellen Anlässen der Gesellschaft.

Umgekehrt können dem Ehrenpräsidenten im Gegenzug auch Pflichten auferlegt werden. Dazu gehört insbesondere die Verpflichtung, Informationen betr. die Gesellschaft nur über den amtierenden VR-Präsidenten als Ansprechpartner zu beziehen. Zudem sollte der Ehrenpräsident verpflichtet werden, nichts zu unternehmen, was dem Ansehen der Gesellschaft in der Öffentlichkeit oder bei der Belegschaft schaden könnte.

1.9.9 Der Vizepräsident

Der Vizepräsident des Verwaltungsrates wird im Gesetz nicht erwähnt, obwohl ihm besondere Aufgaben zugewiesen werden können.[388] Auch bei börsenkotierten Gesellschaften besteht keine gesetzliche Notwendigkeit zur Bestimmung eines Vizepräsidenten. Im Swiss Code wird der Vizepräsident lediglich in Ziff. 16 erwähnt, ohne jedoch seine Funktion zu konkretisieren. Im Gegensatz zum VR-Präsidenten kann der VR-Vizepräsident niemals durch die Generalversammlung bestimmt werden.[389]

Ausser bei der Ein-Mann-AG sollte unabhängig von der fehlenden gesetzlichen Notwendigkeit in jeder Gesellschaft ein Vizepräsident des Verwaltungsrats nominiert werden. Es besteht einerseits immer die Möglichkeit, dass der VR-Präsident an der Ausübung seiner Funktion verhindert ist, sei dies nur kurzfristig für eine Sitzung oder längerfristig wegen Unfall oder schwerer Krankheit. In einem solchen Falle ist es mühsam, wenn zuerst ein Stellvertreter ernannt werden muss. Zudem muss dieser zuerst im Handelsregister eingetragen werden, bevor er anstelle des Präsidenten Anmeldungen unterzeichnen kann. Andererseits kann sich auch der VR-Präsident in einem Interessenkonflikt befinden oder er hat gemäss internem Offenlegungsreglement besondere Sachverhalte offenzulegen. In solchen Fällen kann sich der VR-Präsident zuerst an den Vizepräsidenten wenden, ohne dass zuerst noch besondere Regelungen im Verwaltungsrat getroffen werden müssen.[390]

Dem Vizepräsidenten können nicht nur reine Stellvertretungsfunktionen übertragen werden. In der Praxis hat es sich als vorteilhaft erwiesen, wenn gewisse Repräsentationsaufgaben durch den Präsidenten und den Vizepräsidenten gemeinsam wahrgenommen werden. Zudem kann der Vizepräsident auch als Sparring-Partner des Präsidenten fungieren, indem monatlich ein entsprechendes Treffen vereinbart wird.[391]

Empfehlung:

Ausser bei einer Ein-Mann-Aktiengesellschaft sollte in jedem Verwaltungsrat ein Vizepräsident bestimmt werden. Dieser ist mit einer entsprechenden Zeichnungsberechtigung im Handelsre-

---

388 FORSTMOSER, Organisation, § 5 N 192 ff.; KRNETA, N 668 ff.
389 BÖCKLI, Aktienrecht, § 13 Rz. 107.
390 Hinten im Muster eines Organisationsreglements unter Ziff. 11.55, S. 953 ff., wird deshalb in Art. 2.2 ausdrücklich die Bestimmung eines Vizepräsidenten bei der Konstituierung des Verwaltungsrats vorgeschrieben.
391 Zu möglichen Funktionen des Vizepräsidenten als Sparring Partner des Präsidenten vgl. KRNETA, N 661 ff.

gister einzutragen. Die Stellung und Funktion des Vizepräsidenten sollte im Organisationsreglement umschrieben werden.

1.9.10 Der Delegierte des Verwaltungsrates

1.9.10.1 Der Begriff des VR-Delegierten

Im Obligationenrecht wird der Begriff des Delegierten lediglich in Art. 718 Abs. 2 OR explizit verwendet.[392] Danach kann der Verwaltungsrat die Vertretung einem oder mehreren Mitgliedern (Delegierte) oder Dritten (Direktoren) übertragen.[393] Mit dieser Formulierung ist klargestellt, dass es sich beim Delegierten im Gegensatz zum Direktor um ein Mitglied des Verwaltungsrats handeln muss.[394] Der Begriff des VR-Delegierten lässt sich damit wie folgt bestimmen: Ein Mitglied des Verwaltungsrats, welchem vom Gesamtverwaltungsrat die Vertretung der Gesellschaft, allenfalls mit teilweiser oder vollständiger Geschäftsführung, übertragen wurde.[395]

In der Praxis ist der VR-Delegierte relativ häufig anzutreffen; es kann davon ausgegangen werden, dass in rund 5,6% der Aktiengesellschaften ein VR-Delegierter eingesetzt wird.[396] Bei Banken und Versicherern ist eine solche Position jedoch nicht zulässig.[397] Eher selten geworden ist in den letzten Jahren die früher verbreitete Doppelstellung als VR-Präsident und VR-Delegierter.[398]

Der VR-Delegierte muss nicht zwingend Mitglied der Geschäftsführung und schon gar nicht Vorsitzender der Geschäfts- oder Konzernleitung sein,[399] weshalb er auch nicht unbedingt in einem Arbeitsverhältnis zur Gesellschaft stehen muss. Über 70% aller VR-De-

---

[392] Implizit jedoch auch in Art. 716*b* Abs. 1 OR. Zum Begriff und zur Sonderstellung des VR-Delegierten ausführlich MÜLLER, Verwaltungsrat als Arbeitnehmer, 70 ff.

[393] WATTER, in: Basler Kommentar, N 11 bzw. 15 zu Art. 718 OR und HOMBURGER, in: Zürcher Kommentar, N 1129 zu Art. 718 OR, bedauern, dass in diesem Artikel nur von der Übertragung der Vertretung und nicht auch von der Geschäftsführung gesprochen wird. Tatsächlich ist der Begriff «Vertretung» weit aufzufassen, sodass auch die Geschäftsführungsvertretung darunter zu verstehen ist.

[394] Ebenso schon MEYER, Stellung des Delegierten, 34; vgl. BÖCKLI, Aktienrecht, § 13 Rz. 518, und FORSTMOSER/MEIER-HAYOZ/NOBEL, § 28 N 149. Der frühere Streit in der Lehre um die Notwendigkeit einer Mitgliedschaft im Verwaltungsrat ist damit erledigt (vgl. VOLLMAR, 97, und BUSCH, 74, beide mit Hinweis auf die abweichenden Meinungen von BÜRGI, in: Zürcher Kommentar, N 26 zu Art. 717 aOR, und SCHULTHESS, 114.

[395] MÜLLER, Verwaltungsrat als Arbeitnehmer, 70. Vgl. zum Delegierten allgemein FORSTMOSER, Organisation, § 5 N 206 ff.; BÖCKLI, Aktienrecht, § 13 Rz. 533 ff.; HOMBURGER, in: Zürcher Kommentar, N 747 ff.; KRNETA, N 1668 ff.; ROTH PELLANDA, Organisation, N 596 ff.; BERTSCHINGER, Arbeitsteilung, N 227; BUSCH, 69 ff.

[396] Im Jahre 2000 gab es in den 161 944 registrierten Aktiengesellschaften insgesamt 9224 eingetragene VR-Delegierte (MÜLLER, Verwaltungsrat als Arbeitnehmer, 111 f.).

[397] Vgl. Art. 3 Abs. 2 lit. a BankG und Art. 8 BankVO sowie Art. 13 Abs. 1 BVO.

[398] Dazu vgl. FORSTMOSER, Organisation, § 5 N 232 ff., mit weiteren Hinweisen und Belegen.

[399] Die Auswertung der Basisdaten im Handelsregister durch MÜLLER, Verwaltungsrat als Arbeitnehmer, 122 ff., zeigt, dass es zahlreiche Gesellschaften gibt, in denen die Funktion des Geschäftsführers bzw. die Stelle des Vorsitzenden der Geschäfts- oder Konzernleitung personell vom VR-Delegierten getrennt wird; a.M. ohne Begründung BUSCH, 74; ebenso WALDBURGER, 222, welcher den Delegierten des Verwaltungsrats als «Inside Director par excellence» bezeichnet, doch muss ein Delegierter nach dem Wortlaut des Gesetzes eben gerade nicht zwingend der Geschäftsleitung angehören.

legierten dürften jedoch einen Arbeitsvertrag mit der Gesellschaft haben.[400] In der Praxis wird der VR-Delegierte gelegentlich nicht mit Geschäftsführungsaufgaben betraut, sondern als Bindeglied zwischen Verwaltungsrat und Geschäftsleitung zur Verbesserung des Informationsflusses eingesetzt.[401] Wie ist nun aber umgekehrt ein von der Gesellschaft angestellter Direktor zu bezeichnen, dem als Dritten im Sinne des Gesetzes zuerst die Geschäftsführung übertragen wurde und der erst später noch zusätzlich in den Verwaltungsrat gewählt wird? Nach dem Wortlaut von Art. 718 Abs. 2 OR müsste er nun automatisch als Delegierter bezeichnet werden. In der Literatur finden sich Befürworter und Gegner dieser Auslegung.[402] In der Praxis wird ein klarer Unterschied gemacht zwischen einem Direktor, welcher später noch in den Verwaltungsrat gewählt wird, und einem Delegierten, welcher ausdrücklich als solcher vom Verwaltungsrat bestimmt wurde. Dies zeigt sich insbesondere an den Formulierungen im Organisationsreglement, wo zwischen dem VR-Delegierten und Direktor unterschieden wird. Dabei wird beim VR-Delegierten ausdrücklich eine Mitgliedschaft im Verwaltungsrat vorausgesetzt, umgekehrt beim Direktor aber nicht ausgeschlossen.[403] Bereits aufgrund der Feststellungen in der Praxis ist zu vermuten, dass ein Direktor, welcher nachträglich in den Verwaltungsrat gewählt wird, damit nicht automatisch zum VR-Delegierten wird. Dazu ist vielmehr ein entsprechender Beschluss des Gesamtverwaltungsrates nötig.[404]

Delegierte sind aufgrund ihrer Mitgliedschaft im Verwaltungsrat ins Handelsregister einzutragen. Die Eintragung der besonderen Funktion ist möglich, aber nicht zwingend erforderlich.[405]

1.9.10.2 Die Funktion des VR-Delegierten

Gemäss Gesetz ist der VR-Delegierte nur als Vertreter der Gesellschaft vorgesehen. In der Praxis hingegen wird der VR-Delegierte auf vielfältige Weise eingesetzt. Auf seine hauptsächlichen Funktionen wird nachstehend kurz eingegangen.

Der VR-Delegierte kann als Geschäftsführer eingesetzt werden. Diesfalls wird kein separater Direktor oder Geschäftsführer mehr ernannt. Trotzdem muss ein Organisations- und Geschäftsreglement erlassen werden, wenn man dem VR-Delegierten Aufgaben nach Art. 716*b* OR geben will.

Der VR-Delegierte kann auch als Leiter eines Profitcenters bzw. einer Auslandgesellschaft oder in einem Konzern als Konzernchef eingesetzt werden, dem die CEOs der einzelnen Tochtergesellschaften unterstellt sind. In einem solchen Falle wird der Konzern i.d.R. über

---

400 MÜLLER, Verwaltungsrat als Arbeitnehmer, 127.
401 Nach den Ergebnissen der Umfrage von MÜLLER, Verwaltungsrat als Arbeitnehmer, 122 ff., sind rund 9% aller VR-Delegierten nicht direkt in die Geschäftsleitung integriert. Zu Recht bezeichnet deshalb VON STEIGER, 74 und 220, Delegierte als Personen, die mit besonderen Funktionen betraut worden sind, wie z.B. Leitung oder Überwachung des technischen oder kommerziellen Teiles des Betriebes, Geschäftsführung im engeren Sinne oder Vertretung nach aussen.
402 Für einen automatischen Bezeichnungswechsel: EIGENMANN, 66, und VOLLMAR, 111; gegen eine Gleichsetzung von Delegiertem und Direktor im VR spricht sich MEYER, Stellung des Delegierten, 65 f., aus.
403 Vgl. die entsprechenden Formulierungen in den Mustern eines Organisationsreglements hinten unter Ziff. 11.54 und 11.55, S. 951 ff.
404 MÜLLER, Verwaltungsrat als Arbeitnehmer, 70.
405 So FORSTMOSER, Organisation, § 5 N 221; a.M. offenbar ZIHLER/KRÄHENBÜHL, 1 ff., 71.

die Holdinggesellschaft nach der Einheitstheorie geführt. Der Holding-Verwaltungsrat agiert dabei als faktisches Organ aller Konzerngesellschaften.

Des Weiteren kann der VR-Delegierte eingesetzt werden als Bindeglied zwischen Verwaltungsrat und Geschäftsleitung bspw. mit gewissen Überwachungsfunktionen.[406] In diesem Fall wird die Geschäftsführung durch ein nicht dem Verwaltungsrat angehörenden CEO und weitere Geschäftsleitungsmitglieder (z.B. CFO) ausgeübt. Die Umsetzung von Verwaltungsratsbeschlüssen in der Geschäftsleitung wird durch den VR-Delegierten geleitet. Hier ist der VR-Delegierte auch direkter Ansprechpartner der Geschäftsleitung gegenüber dem Verwaltungsrat. Die Funktion der Verwaltungsratspräsidenten beschränkt sich dann in erster Linie auf formelle Funktionen.

1.9.11 Der Sekretär des Verwaltungsrates

Die Stellung und Bedeutung des VR-Sekretärs wird i.d.R. unterschätzt. Dies ist wohl darauf zurückzuführen, dass der VR-Sekretär im Aktienrecht lediglich an zwei Stellen erwähnt wird. Nach Art. 712 Abs. 1 OR bestimmt der Verwaltungsrat seinen Präsidenten und den Sekretär, der dem Verwaltungsrat nicht angehören muss. Gemäss Art. 713 Abs. 3 OR muss das VR-Protokoll vom Vorsitzenden und vom Sekretär unterschrieben werden. Tatsächlich werden einem VR-Sekretär in der Praxis jedoch weit mehr und bedeutendere Aufgaben zugewiesen.[407]

Im Zusammenhang mit dem VR-Sekretär hat der Verwaltungsrat folgende Organisationsmöglichkeiten:

– Der Verwaltungsrat besteht nur aus einer Person, welche in Personalunion die Funktion des Vorsitzenden und des VR-Sekretärs ausübt.[408]

– Der Verwaltungsrat besteht aus mehreren Personen, wovon eine als Sekretär bezeichnet wird.[409]

– Der Verwaltungsrat bezeichnet eine Person als Sekretär, die dem Verwaltungsrat nicht angehört.

---

406 So auch KRNETA, N 1680.
407 Dies zeigt schon der Stellenbeschrieb eines VR-Sekretärs im Muster hinten unter Ziff. 11.90, S. 1123 ff. In der Dissertation von FILIZ werden auf S. 268 ff. die vielfältigen Aufgaben des VR-Sekretärs detailliert aufgezeigt und anschliessend entsprechende Empfehlungen zur Besetzung dieser wichtigen Funktion gemacht.
408 Rechtlich ist diese Organisationsform im Hinblick auf Art. 713 Abs. 3 OR sehr problematisch, auch wenn die Handelsregisterführer nicht wegen einem Organisationsmangel einschreiten werden; völlig ablehnend deshalb MÜLLER, Protokollführung, 16: «Auf keinen Fall sollte der Protokollführer gleichzeitig auch noch den Vorsitz der Sitzung oder Versammlung übernehmen. Dies ist im Aktienrecht indirekt durch Art. 713 Abs. 3 OR ausgeschlossen, wonach das Protokoll vom Vorsitzenden und vom Sekretär zu unterzeichnen ist. Auch bei Einmann-Aktiengesellschaften ist deshalb ein separater Protokollführer zu bestellen.»
409 Auch dies ist keine optimale Lösung, da es für ein VR-Mitglied sehr schwierig ist, gleichzeitig das Protokoll zu führen und sich selbst auch noch in die Diskussion einzubringen (dazu ausführlich MÜLLER, Protokollführung, 15 f.)

Ist der Sekretär Mitglied des Verwaltungsrats, hat er die Rechte und Pflichten eines solchen;[410] andernfalls hat er grundsätzlich keine Organstellung inne.[411] Wenn sich jedoch der VR-Sekretär stets in den Entscheidungsprozess einmischt und insbesondere bei der Beschlussfassung selbst seine Stimme abgibt, statt nur Empfehlungen oder Wünsche zu äussern, läuft er letztlich Gefahr, als faktisches Organ qualifiziert zu werden.[412] Der VR-Sekretär tut deshalb gut daran, wenn er seine Voten entsprechend sorgfältig im Protokoll als Wünsche oder Empfehlungen formuliert.

Die Tätigkeit des Sekretärs beschränkt sich grundsätzlich auf Aufgaben rein administrativer Natur und umfasst keinerlei Geschäftsführungsfunktionen. Im Rahmen der Selbstorganisation des Verwaltungsrats können dem Sekretär etwa folgende Aufgaben zugewiesen werden:[413]

– Organisation der Sitzungen des Verwaltungsrats und Zustellung der dazu notwendigen Unterlagen an die VR-Mitglieder[414]
– Protokollführung (einzige zwingende gesetzliche Aufgabe)
– Pendenzenkontrolle
– Verwaltung der Akten des Verwaltungsrats
– Führen des Aktienbuchs[415]
– Zusammenstellung der Unterlagen für die Generalversammlung
– Versand der Geschäftsbeschlüsse und weitere Unterlagen an interessierte Aktionäre
– Anlaufstelle für Fragen im Zusammenhang mit dem Verwaltungsrat
– Handling von Pressemitteilungen
– Wahrnehmung administrativer Aufgaben vor, während und nach der Generalversammlung
– Verkehr mit dem Handelsregisteramt
– Bearbeitung rechtlicher Fragestellungen (juristische Kenntnisse vorausgesetzt).

In grösseren Unternehmen werden dem VR-Sekretär neben der Protokollführung weitere wichtige Aufgaben zugewiesen. Insbesondere unterstützt er den VR-Präsidenten bei der Erstellung der Traktandenliste und bei der Durchsetzung der Pendenzenerledigung. Unter den Mustern im Teil 11 wird deshalb auch ein möglicher Stellenbeschrieb für einen VR-Sekretär vorgestellt.[416]

Als Folge der Unterschätzung der wichtigen Funktion des VR-Sekretärs wird bei seiner Bestimmung gelegentlich nur auf die Schreibgewandtheit geachtet. Tatsächlich sind jedoch bereits die persönlichen Anforderungen sehr vielfältig und lassen sich oftmals nicht

---

410 Und trifft ihn auch die Verantwortlichkeit gemäss Art. 754 ff. OR.
411 Und es trifft ihn nur eine arbeitsvertragliche (oder allenfalls auftragsrechtliche) Haftung; KRNETA, N 689.
412 Zum faktischen Organ und zu den Haftungsfolgen vgl. vorne Ziff. 1.3.6, S. 31 f.
413 Vgl. dazu auch FORSTMOSER, Organisation, § 5 N 255 f.; KRNETA, N 679 ff.; ROTH PELLANDA, Organisation, N 634.
414 Siehe dazu ein Muster für die Sitzungsdokumentation hinten in Ziff. 11.82, S. 1088.
415 ROTH PELLANDA, Organisation, N 634. Zwei Muster von unterschiedlichen Aktienbüchern finden sich hinten unter Ziff. 11.1 und 11.2, S. 751 ff.
416 Vgl. das Muster Stellenbeschrieb VR-Sekretär hinten unter Ziff. 11.90, S. 1123 ff.

alle gleichzeitig erfüllen. Der VR-Sekretär sollte absolut integer sein. Er darf sich nicht durch einzelne Besprechungsteilnehmer und auch nicht durch den Vorsitzenden zu unrichtigen Formulierungen oder wahrheitswidrigen Änderungen des Protokolls bewegen lassen. Der VR-Sekretär sollte in der Lage sein, die Besprechung sachlich und neutral zu verfolgen, um eine objektive Protokollierung zu gewährleisten.[417] Versteht der VR-Sekretär ein relevantes Votum nicht, so muss er genügend Courage haben, um nachzufragen. Bei Anträgen und vor allem bei wichtigen Beschlüssen und Entscheidungen ist es zweckmässig, wenn er vorliest, was er bereits protokolliert hat, um späteren Unklarheiten vorzubeugen.

Bei kleineren Gesellschaften wird häufig ein Mitglied des Verwaltungsrates mit der Protokollführung beauftragt. Dies scheint auf den ersten Blick nur Vorteile zu haben. Der Sachverstand des Protokollführers ist gewährleistet, der Personalaufwand bleibt gering und die vertrauliche Behandlung der Sitzungsdiskussionen bleibt unverändert. Doch diese Variante hat zwei gravierende Nachteile: Der betroffene Verwaltungsrat verliert einen grossen Teil seiner Kapazität zur aktiven Mitwirkung an den Diskussionen bzw. Beratungen, da er sich gleichzeitig auf die Protokollierung konzentrieren muss; er wird faktisch zum «halben» Verwaltungsrat reduziert.[418] Zudem sollte der VR-Sekretär die VR-Sitzung sachlich und neutral protokollieren.

Wenn immer möglich, sollte deshalb die Personalunion von VR-Sekretär und VR-Mitglied vermieden werden. Auf keinen Fall sollte der VR-Präsident gleichzeitig auch noch die Protokollführung übernehmen. Dies ist im Aktienrecht indirekt durch Art. 713 Abs. 3 OR ausgeschlossen, wonach das Protokoll vom Vorsitzenden und vom Sekretär zu unterzeichnen ist. Auch bei Ein-Mann-Verwaltungsräten sollte deshalb eine zweite Person als Protokollführer bzw. VR-Sekretär beigezogen werden. Bei KMU-Verhältnissen kann es aus Kostengründen sinnvoll sein, den Finanzchef als VR-Sekretär einzusetzen.

Empfehlung:
Der VR-Sekretär ist sorgfältig auszuwählen. Dabei ist nicht nur auf Schreibgewandtheit zu achten. Wichtig sind insb. eine rasche Auffassungsgabe, Loyalität und Verschwiegenheit. Bei internationalen Gesellschaften sind zudem gute Sprachkenntnisse unabdingbar. Eine Personalunion von VR-Mitglied und VR-Sekretär ist zu vermeiden. Optimal ist die Besetzung mit einer unabhängigen Person. Die Funktion des VR-Sekretärs sollte in einem detaillierten Stellenbeschrieb geregelt werden.

1.9.12 Der Lead Director

Zu erwähnen ist schliesslich die im Swiss Code vorgesehene Funktion des Lead Directors.[419] Darunter wird ein nicht exekutives, unabhängiges Mitglied des Verwaltungsrats verstanden, das als Ansprechpartner für die übrigen Verwaltungsratsmitglieder (allenfalls

---

417 Es ist deshalb auch zu empfehlen, dass der VR-Sekretär die gleichen Unterlagen und Informationen erhält wie die übrigen VR-Mitglieder.
418 MÜLLER, Protokollführung, 15.
419 Swiss Code, Ziff. 18, 2. Lemma, vgl. dazu FORSTMOSER, Organisation, § 5 N 238 ff.; BÖCKLI, Aktienrecht, § 14 Rz. 135 bezeichnet ihn «Swiss independent director».

auch für Geschäftsleitungsmitglieder) wirkt und einen Gegenpol zum Präsidenten bildet, wenn dieser gleichzeitig auch Vorsitzender der Geschäftsleitung ist.[420]

Im Gegensatz zum Vizepräsidenten, der nur bei Handlungsunfähigkeit des VR-Präsidenten Bedeutung erlangt, kann der Lead Director bei Bedarf Verwaltungsratssitzungen ohne den Präsidenten einberufen und abhalten. Damit soll ein klares Gegengewicht zum VR-Präsidenten geschaffen werden.[421]

Auch der Lead Director sollte ausdrücklich im Organisationsreglement geregelt werden. Zudem ist seine Funktion in einem separaten Stellenbeschrieb genauer zu regeln. Dabei können ihm auch weitgehende Informationsrechte eingeräumt werden, so insbesondere das Recht, unabhängig von der Zustimmung des VR-Präsidenten direkt von den GL-Mitgliedern Auskünfte zu verlangen.[422]

1.10 Handelsregistereintrag

1.10.1 Eintragungspflicht

Bereits in Art. 629 Abs. 1 OR wird vorgeschrieben, dass die Gründeraktionäre in der öffentlichen Urkunde die Statuten festzulegen und die Organe zu bestellen haben. In der Handelsregisterverordnung wird diese Bestimmung konkretisiert. Nach Art. 43 Abs. 1 lit. e HRegV sind dem Registerführer bei der Gründungsanmeldung unter anderem das Protokoll des Verwaltungsrates über seine Konstituierung, insbesondere über die Wahl des Präsidenten und über die Erteilung der Zeichnungsbefugnisse, einzureichen. Dabei genügt ein Beschlussprotokoll.[423]

Besteht der Verwaltungsrat aus mehreren Mitgliedern, ist zwingend der Verwaltungsratspräsident zu bezeichnen.[424] Selbstverständlich muss auch die Zeichnungsberechtigung der Verwaltungsräte angegeben (und ihre Unterschrift hinterlegt) werden, da gemäss Art. 718 Abs. 4 OR wenigstens ein zur Vertretung der Gesellschaft befugtes Mitglied des Verwaltungsrates vorhanden sein muss. Interne Regelungen, z.B. aufgrund des Organisationsreglements oder Unterschriftsberechtigungen im Bankverkehr etc., sind dagegen nicht eintragungspflichtig.

Ist eine Tatsache im Handelsregister eingetragen, so muss gemäss Art. 27 HRegV auch jede Änderung dieser Tatsache eingetragen werden. Da von Gesetzes wegen keine Frist zur Anmeldung dieser Änderungen vorgegeben ist, wird der Anmeldungspflicht in der Praxis leider nur unvollständig oder aber mit Verzögerung nachgelebt.

> **Empfehlung:**
> Sofern vorhanden, soll im Organisationsreglement bzw. im Funktionendiagramm festgehalten werden, wer für die Eintragungskontrolle von anmeldungspflichtigen Änderungen beim Handelsregisteramt zuständig ist. Werden im Verwaltungsrat eintragungspflichtige Änderungen be-

---

420 Zu den Gründen vgl. FORSTMOSER, Organisation, § 5 N 235.
421 FORSTMOSER, Organisation, § 5 N 239, bezeichnet dies als «Korrektiv zur Machtkonzentration».
422 Ebenso FORSTMOSER, Organisation, § 5 N 240.
423 SIFFERT/TURIN, N 15 zu Art. 43 HRegV.
424 Art. 712 OR. Möglich, aber nicht Pflicht, ist die Eintragung des VR-Sekretärs.

schlossen, so soll im Verwaltungsratsprotokoll festgehalten werden, wer innert welcher Frist für die Anmeldung der Änderung besorgt ist.

1.10.2 Eintragungsanmeldung

Die in das Handelsregister einzutragenden Tatsachen können beim Handelsregisteramt in Papierform oder in elektronischer Form angemeldet werden (Art. 16 Abs. 2 HRegV). Allerdings muss für die elektronische Anmeldung die vorgeschriebene elektronische Eingabeform verwendet werden. Die Anmeldung ist gemäss Art. 17 Abs. 1 lit. c HRegV bei Aktiengesellschaften zwingend durch den Verwaltungsrat vorzunehmen. Besteht dieser aus mehreren Personen, so haben zwei kollektivzeichnungsberechtigte Mitglieder oder ein einzelzeichnungsberechtigtes Mitglied die Anmeldung zu unterzeichnen.[425] Bei der schriftlichen Anmeldung sind die Unterschriften beglaubigen zu lassen, sofern sie nicht schon früher für die gleiche Firma in beglaubigter Form abgegeben worden sind (vgl. Art. 21 HRegV).

Gemäss Art. 119 Abs. 1 HRegV sind folgende Personenangaben notwendig:

a) der Familienname

b) mindestens ein ausgeschriebener Vorname oder, sofern dies für die Identifikation der Person erforderlich ist, alle Vornamen

c) auf Verlangen, Ruf-, Kose- oder Künstlernamen

d) die politische Gemeinde des Heimatortes, oder bei ausländischen Staatsangehörigen, die Staatsangehörigkeit

e) die politische Gemeinde des Wohnsitzes, oder bei einem ausländischen Wohnsitz, der Ort und die Landesbezeichnung

f) falls belegt, schweizerische oder gleichwertige ausländische akademische Titel

g) die Funktion, welche die Person in der Rechtseinheit wahrnimmt

h) die Art der Zeichnungsberechtigung oder der Hinweis, dass die Person nicht zeichnungsberechtigt ist.

Aufgrund dieser Liste könnte davon ausgegangen werden, dass u.a. der Ledigname und das Geburtsdatum eines VR-Mitglieds bei der Anmeldung nicht anzugeben sind. In Art. 24a HRegV werden jedoch weitere Vorschriften bezüglich der Identifikation von natürlichen Personen gemacht. Die Identität der im Handelsregister eingetragenen natürlichen Personen muss auf der Grundlage eines gültigen Passes oder einer gültigen Identitätskarte oder einer Kopie eines gültigen Passes oder einer gültigen Identitätskarte geprüft werden. Das Handelsregisteramt darf zur Erfassung der für die Identifikation der Person erforderlichen Angaben eine Kopie des vorgelegten Dokuments erstellen. Der Nachweis der Identität von natürlichen Personen kann auch in einer öffentlichen Urkunde oder in einer Unterschriftsbeglaubigung erbracht werden, sofern diese folgende Angaben enthält:

a) der Familienname

b) gegebenenfalls der Ledigname

---

[425] Art. 18 Abs. 1 HRegV. Ein Muster für eine Anmeldung eines Eintrages findet sich hinten in Ziff. 11.7, S. 785 ff.

c) alle Vornamen in der richtigen Reihenfolge

d) das Geburtsdatum

e) das Geschlecht

f) die politische Gemeinde des Heimatortes, oder bei ausländischen Staatsangehörigen, die Staatsangehörigkeit

g) die Art, die Nummer und das Ausgabeland des Ausweisdokuments.

Eingetragen werden können auch akademische Titel wie Dr. oder Prof. In solchen Fällen kann das Handelsregister einen Nachweis der entsprechenden Berechtigung zur Führung dieses Titels verlangen.

Letztlich ist die Erstellung einer korrekten Anmeldung zur Eintragung eines Verwaltungsrates in das Handelsregister formell anspruchsvoll.[426] Der Eintrag im Handelsregister hat deklaratorischen Charakter; er stellt den *letzten Schritt* dar, der dazu führt, dass sich Dritte ohne weiteres auf die Rechtsstellung des Eingetragenen als Verwaltungsrat und die eingetragene Vertretungsmacht verlassen dürfen.[427]

Im Falle einer Neueintragung sind die Unterschriften amtlich beglaubigen zu lassen. Die Anmeldung wird als Eintragung im Tagebuch aufgenommen und aus diesem in das Hauptregister übertragen, sobald die Publikation im Schweizerischen Handelsamtsblatt erfolgt ist. Gegenüber Dritten werden somit Handlungen der eingetragenen Verwaltungsräte ab Datum der Publikation im Handelsamtsblatt durch die Publizitätswirkungen des Handelsregistereintrags sanktioniert.

Bei folgenden eintragungspflichtigen Tatsachen hat die Anmeldung auf einer öffentlichen Urkunde zu basieren:

- Gesellschaftsgründung (Art. 629 OR)
- Statutenänderung (Art. 647 OR)
- Beschluss der Generalversammlung zur ordentlichen (Art. 650 OR), genehmigten (Art. 651 OR) und bedingten (Art. 653 OR) Kapitalerhöhung
- Feststellungen des Verwaltungsrates bei ordentlicher und genehmigter Kapitalerhöhung (Art. 652*g* OR)
- Feststellungen des Verwaltungsrates bei bedingter Kapitalerhöhung (Art. 653*g* und 653*i* OR)
- Feststellung der Voraussetzungen zur Durchführung der Kapitalherabsetzung (Art. 734 OR)
- Nachliberierung (Art. 634*a* OR)
- Auflösung der Aktiengesellschaft (Art. 736 OR)
- Beschlüsse gemäss FusG (Art. 20, 44, 65 FusG).

In den übrigen Fällen ist ein unterzeichnetes Originalprotokoll oder ein unterzeichneter Protokollauszug des entsprechenden Organs als Beleg zur Anmeldung einzureichen. Es empfiehlt sich deshalb, das Protokoll so zu gliedern, dass problemlos ein Auszug erstellt

---

[426] Deshalb wird hinten unter Ziff. 11.7, S. 785 ff., das Muster einer vollständigen und korrekten Anmeldung vorgegeben.

[427] Sog. positive Publizitätswirkung; vgl. FORSTMOSER/MEIER-HAYOZ/NOBEL, § 16 N 52.

werden kann. Darin müssen nur noch die relevanten Feststellungen enthalten sein. Das Protokoll ist vom Vorsitzenden (i.d.R. der Verwaltungsratspräsident) und vom Protokollführer (bei Verwaltungsratssitzungen gemäss Art. 713 Abs. 3 OR der Sekretär) zu unterzeichnen. Wird eine Zeichnungsberechtigung erteilt oder geändert, so hat die betreffende Person beim Handelsregisterführer selbst zu zeichnen oder ihre Unterschrift in beglaubigter Form einzureichen.[428]

Gibt eine Eintragung zu Streitigkeiten zwischen beteiligten Personen Anlass (etwa über die Wahl oder Nichtwahl eines Verwaltungsratsmitglieds), hat sich der Handelsregisterführer auf die Prüfung zu beschränken, ob die Belege zum Eintragungsbegehren formell in Ordnung sind.[429]

Nach BGE 84 I 187 ff. soll die Eintragung in das Handelsregister primär der *Klarstellung der Haftungsverhältnisse* dienen. Das Publikum möchte daher möglichst rasch den Inhalt der Eintragungen erfahren. Eine publikationspflichtige Eintragung entfaltet ihre Wirksamkeit erst mit der Genehmigung durch das Eidgenössische Amt für das Handelsregister (EHRA) rückwirkend auf den Zeitpunkt der Eintragung in das Tagesregister.[430]

Nach der Genehmigung durch das EHRA kann das kantonale Handelsregisteramt einen beglaubigten Tagebuchauszug erstellen und dem Anmeldenden aushändigen. In der Regel wird dieser Auszug von Banken und Grundbuchämtern als Ausweis über die rechtsgültige Eintragung akzeptiert.[431] Gemäss Art. 10 HRegV ist das Hauptregister nicht nur für sich allein, sondern inkl. Anmeldungen und Belege öffentlich. Zudem müssen die Daten des zentralen Firmenindex (Zefix) unentgeltlich über Internet zugänglich sein.

Empfehlung:
Um nicht für jede Anmeldung ein vollständiges Protokoll vorlegen zu müssen, sollen die Traktanden so gegliedert werden, dass später problemlos ein Auszug mit den für das Handelsregister relevanten Feststellungen gemacht werden kann. Auch ein solcher Protokollauszug ist vom VR-Präsidenten und vom VR-Sekretär zu unterschreiben.

1.10.3 Publizitätsprinzip

Zur Rechtssicherheit statuiert Art. 933 Abs. 1 OR das *Prinzip der positiven Publizität*[432] des Handelsregistereintrages. Entspricht die vom Eidgenössischen Amt für das Handelsregister genehmigte Eintragung den Tatsachen, so kann ein Dritter sich nicht darauf berufen, er habe die Eintragung bzw. die eingetragenen Tatsachen nicht gekannt.[433] Das Prin-

---

[428] Vgl. Art. 21 HRegV.
[429] Vgl. dazu den anschaulichen Entscheid des Departements für Justiz und Sicherheit des Kantons Thurgau vom 24. Februar 1997, publiziert im Jahrbuch des Handelsregisters 1997, 205 ff., mit Hinweisen auf die Rechtsprechung.
[430] Art. 34 HRegV.
[431] Vgl. MEISTERHANS, 37 f.
[432] Dazu weiterführend ECKERT, in: Basler Kommentar, N 67 zu Art. 933 OR; MEIER-HAYOZ/FORSTMOSER, § 6 N 77.
[433] Vgl. BGE 117 II 581, 123 III 223. Auch ein im Ausland wohnhafter Ausländer kann sich nicht auf Unkenntnis des schweizerischen Registereintrags berufen; MEIER-HAYOZ/FORSTMOSER, § 6 N 77, unter Hinweis auf BGE 96 II 439 ff. Eine Berufung auf die Kenntnisfiktion kann allerdings gegen Treu und Glauben verstossen, wenn Organpersonen der eingetragenen Gesellschaft selbst einen anderen

zip der positiven Publizität hat keine Gültigkeit mehr, wenn der Dritte nachweisen kann, dass die Person, in deren Angelegenheiten die Eintragung erfolgt ist, gestorben ist oder entmündigt wurde.

Gestützt auf Vertrauensschutzüberlegungen wurde in Art. 933 Abs. 2 OR zugunsten gutgläubiger Dritter das *Prinzip der negativen Publizität*[434] des Handelsregistereintrages verankert. Wird eine obligatorische Eintragung nicht vorgenommen, so kann sich ein Dritter darauf berufen, er habe von der nicht eingetragenen Tatsache keine Kenntnis gehabt. Er kann sich also auf die Vollständigkeit des Registerbestandes verlassen. Kann aber nachgewiesen werden, dass der Dritte von der einzutragenden Tatsache positive Kenntnis gehabt hat, so findet Art. 933 Abs. 2 OR keine Anwendung mehr. Der Nachweis der fahrlässigen Unkenntnis genügt dabei nicht. Hinzuweisen ist darauf, dass die Kenntnis des Dritten dann nicht von Bedeutung ist, wenn der nicht vorgenommenen Eintragung ins Handelsregister konstitutive Wirkung zugekommen wäre.

1.10.4 Öffentlicher Glaube des Handelsregisters

Die positive Publizität wirkt sich grundsätzlich gegen einen Dritten aus. Dieser muss nämlich eingetragene Tatsachen gegen sich gelten lassen, auch wenn er sie nicht kannte. Umgekehrt ist aber in der Literatur umstritten und im Gesetz nicht geregelt, ob sich der Dritte zu seinen Gunsten auf die Richtigkeit eines Eintrages im Handelsregister verlassen kann.[435] Damit käme dem Handelsregister öffentlicher Glaube zu.

Diese Frage ist seit Langem in der Literatur umstritten und wurde auch gerichtlich noch nicht geklärt.[436,437] Während das Bundesgericht[438] den öffentlichen Glauben eher zu verneinen scheint, ist er in der Lehre dem Grundsatz nach anerkannt.[439] Immerhin lässt sich eine Tendenz feststellen, dass Drittpersonen zumindest gestützt auf einzelfallbezogene Erwägungen vor den Folgen falscher Einträge geschützt werden.

In diesem Zusammenhang muss auch auf Art. 9 ZGB hingewiesen werden. Danach erbringen öffentliche Register und öffentliche Urkunden für die durch sie bezeugten Tatsachen vollen Beweis, solange nicht die Unrichtigkeit ihres Inhaltes nachgewiesen ist. Mit einem Handelsregisterauszug kann deshalb in einem Gerichtsverfahren ein schlagkräftiger Beweis vorgelegt werden.

Eindruck erweckt haben; MEIER-HAYOZ/FORSTMOSER, § 6 N 77, BGE 106 II 351, 123 III 223; BGer. vom 16.4.2007, 5C.219/2006, E. 3.4; BGer. vom 10.3.2004, 6S.45/2004, E.2.2.

434 Dazu ECKERT, in: Basler Kommentar, N 8 f. zu Art. 933 OR; MEIER-HAYOZ/FORSTMOSER, § 6 N 78. Vgl. auch BGer. vom 21.11.2006, 7B.154/2006, E.2.2.
435 Vgl. MEISTERHANS, 34.
436 Vgl. ECKERT, in: Basler Kommentar, N 10 f. zu Art. 933 OR; MEIER-HAYOZ/FORSTMOSER, § 6 N 80.
437 Zur Darstellung der schwankenden Bundesgerichtspraxis vgl. MEIER-HAYOZ/FORSTMOSER, § 6 N 81 ff.; vgl. namentlich BGE 111 II 480 ff.; 484 und 104 Ib 321 ff.
438 BGE 121 V 80 ff., 85 f. E.5.
439 Dazu ausführlich VOGT, öffentlicher Glaube, passim. Vgl. auch ECKERT, in: Basler Kommentar, N 10 zu Art. 833 OR.

1.10.5 Wirkung des Handelsregistereintrages

Eine Aktiengesellschaft erlangt die Rechtspersönlichkeit und damit ihre Existenz erst durch den Handelsregistereintrag (Art. 643 Abs. 1 OR). Im Innenverhältnis entfaltet der Handelsregistereintrag ab dem Zeitpunkt der Eintragung in das Tagebuch seine entsprechenden rechtlichen Wirkungen. Für das Aussenverhältnis ist dafür der Werktag massgebend, welcher der Ausgabe des Schweizerischen Handelsamtsblattes mit Eintragungspublikation folgt.

Nach Art. 643 Abs. 2 wird das Recht der Persönlichkeit durch die Eintragung auch dann erworben, wenn die Voraussetzungen der Eintragung tatsächlich nicht vorhanden waren. Die Existenz der Aktiengesellschaft wird also trotz Vorliegen von Gründungsmängeln nicht in Frage gestellt, es sei denn, es handle sich geradezu um eine «Nicht-AG».[440] Für die Aktiengesellschaft sieht demnach auch das geltende Aktienrecht bezüglich des Aussen- und des Innenverhältnisses die erwähnte heilende Wirkung zur Sicherheit des Rechtsverkehrs vor.

1.10.6 Ausscheiden aus dem Verwaltungsrat

Das Ausscheiden eines Mitglieds des Verwaltungsrats muss vom Verwaltungsrat in der neuen Zusammensetzung angemeldet werden. Der Handelsregisterführer kann aus praktischen Gründen den abgewählten Verwaltungsrat um eine Stellungnahme ersuchen und ihm Gelegenheit geben, beim Richter eine vorsorgliche Massnahme zu erwirken. Macht der Verwaltungsrat davon keinen Gebrauch, ist die Löschung auch bei materiellrechtlichen Zweifeln grundsätzlich vorzunehmen.

Nach Art. 938*b* Abs. 2 OR ist die Selbstanmeldung der Löschung durch das ausgeschiedene Verwaltungsratsmitglied zulässig. Zusammen mit der Anmeldung ist ein entsprechender Beleg einzureichen. Dies kann ein Auszug aus einem Generalversammlungs- oder Verwaltungsratsprotokoll sein. Fehlt ein derartiges Protokoll, so genügt auch eine Kopie des Rücktrittsschreibens, wenn möglich zusammen mit dem postalischen Empfangsschein. Der ausscheidende Verwaltungsrat muss zusätzlich noch die erforderlichen Gebühren bezahlen sowie allfällige Einsprachefristen abwarten. Danach wird die Löschung vorgenommen.

Will das einzige Mitglied des Verwaltungsrates zurücktreten, so hat es eine Generalversammlung einzuberufen und anlässlich dieser den Rücktritt zu erklären. In diesem Falle muss sich das Verwaltungsratsmitglied allerdings bewusst sein, dass für die Gesellschaft zufolge Fehlens eines Verwaltungsrates ernste Konsequenzen resultieren können.[441]

---

[440] Allerdings ist zu bedenken, dass damit nicht die Mängel korrigiert sind, sondern nur das Bestehen der AG – trotz Mängeln – nicht in Frage gestellt wird. Die Mängel sind, sofern sie nicht untergeordneter Natur sind, zu beheben (MEIER-HAYOZ/FORSTMOSER, § 6 N 71; BGE 64 II 272 ff.).

[441] Vgl. dazu vorne Ziff. 1.1.3, S. 4 f. Ausführlich wird auf die Selbstanmeldung beim Handelsregisteramt hinten unter Ziff. 2.8.3, S. 148 f., eingegangen.

2. Rechte des Verwaltungsrates

2.1 Die Rechte des Verwaltungsrates im Allgemeinen

2.1.1 Überblick über die Rechte des Verwaltungsrates

Der Verwaltungsrat ist als gesetzliches Exekutivorgan der Gesellschaft mit deren Leitung beauftragt.[442] Um diese Hauptaufgabe und weitere wichtige Aufgaben den gesetzlichen Erfordernissen entsprechend erfüllen zu können, stehen dem Verwaltungsrat verschiedene Handlungsmöglichkeiten und Rechte zu, die das Verhältnis der Gesellschaft zu Dritten, das Verhältnis des Verwaltungsrats zu den übrigen Gesellschaftsorganen (Generalversammlung, Revisionsstelle) und schliesslich das innere Funktionieren des Verwaltungsrats betreffen. Diesen Handlungsmöglichkeiten und Rechten sind Schranken gesetzt.

Nach einem generellen Überblick werden folgende Punkte im Detail erörtert:
– Einsichts- und Auskunftsrecht
– Recht auf Sitzungseinberufung
– Weisungsrecht
– Recht auf Entschädigung
– Stimmrecht
– Recht auf Anrufung des Richters
– Recht auf Mandatsniederlegung.

Diese Aufzählung ist nicht vollständig, da auch das Recht zur Vertretung der Gesellschaft dazu gezählt werden könnte.[443] Zudem könnten auch noch abgeleitete Detailrechte angeführt werden, wie z.B. das Zutrittsrecht. Diesbezüglich werden je nach Gesellschaft und Notwendigkeit individuelle Regelungen getroffen, insbesondere im Organisationsreglement. Die Rechte können aber auch noch in weiteren Reglementen klargestellt werden, so z.B. in einem Entschädigungs- oder Spesenreglement.[444] Das Recht auf periodische Information wird in der Praxis vielfach in einem MIS-Konzept festgehalten.[445]

2.1.2 Die Rechte des Gesamtverwaltungsrates

Die aktienrechtlichen Gesetzesbestimmungen richten sich in aller Regel an «die Gesellschaft» oder «den Verwaltungsrat» als Gremium. Hat der Verwaltungsrat im Rahmen der Konstituierung keine Delegation an Ausschüsse, einzelne Mitglieder oder Direktoren vor-

---

442 Für eine klare Trennung des Verwaltungsrats in ein Aufsichts- und Kontrollorgan einerseits und ein Geschäftsführungsorgan andererseits: GOLDKAMP, 37. Vgl. ferner WATTER, Unternehmensübernahmen, Rz. 22 ff. Zu den möglichen Gestaltungsformen vgl. BÖCKLI, Aktienrecht, § 13, Rz. 5 ff., zum dualistischen System BÖCKLI, Aktienrecht, § 13 Rz. 896 ff. Vgl. auch Art. 716a Abs. 1 Ziff. 1 OR («Oberleitung der Gesellschaft»).
443 Vgl. vorne Ziff. 1.7.3, S. 51 ff.
444 Vgl. dazu das Muster eines Entschädigungsreglements unter Ziff. 11.27, S. 850 ff., und eines Spesenreglements unter Ziff. 11. 83, S. 1089 ff.
445 Vgl. das entsprechende Muster unter Ziff. 11.48, S. 939 ff.

genommen, haben die VR-Mitglieder die gesetzlichen Aufgaben des Verwaltungsrats gemeinsam auszuführen.[446]

Im Innenverhältnis der Gesellschaft führt die Unterscheidung von Gesamtverwaltungsrat und Einzelverwaltungsrat bezüglich der zustehenden Rechte zu keinen Problemen. Im Aussenverhältnis ist eine Differenzierung nötig. So kann beispielsweise nicht einfach der Gesamtverwaltungsrat als zeichnungsberechtigt im Handelsregister eingetragen werden (auch dann nicht, wenn sämtliche Mitglieder unterschriftsberechtigt sind).[447] Es muss vielmehr der einzelne Verwaltungsrat mit entsprechender Unterschriftsberechtigung im Handelsregister vermerkt sein, um die Gesellschaft gültig vertreten zu können.[448]

Es stellt sich die Frage, ob einzelne Rechte nur durch den Gesamtverwaltungsrat als Gremium ausgeschöpft werden können. Bestimmte Geschäfte können erst vollzogen werden, nachdem der Verwaltungsrat einen entsprechenden Beschluss gefasst hat.[449] Der Beschluss muss sich auch darüber aussprechen, wie allfällige Ausführungs- oder Umsetzungshandlungen vorgenommen werden sollen.[450] In aller Regel wird dies nicht dazu führen, dass der Gesamtverwaltungsrat die Ausführung oder Umsetzung gemeinsam vornimmt, sondern wird dies einzelnen Mitgliedern übertragen. Fehlt eine klare Anweisung in einem Verwaltungsratsbeschluss, obliegt es dem Präsidenten, die Ausführung oder Umsetzung zu organisieren. Besteht ein sofortiger Handlungsbedarf, ist schliesslich jedes Verwaltungsratsmitglied aufgerufen, zu handeln.[451]

Auf strategischer Führungsebene sollten die Beschlüsse im Zweifelsfall durch den Gesamtverwaltungsrat gefällt werden. Dies gilt zum Beispiel für den Abschluss eines Alleinvertriebsvertrages oder die Kündigung eines Agenturvertrages mit strategischer Bedeutung. Dagegen kann z.B. der Abschluss eines Mandatsvertrages mit dem Versicherungsbroker durchaus vom VR-Präsidenten und vom CFO allein beschlossen werden. Umgekehrt können genau diese beiden Personen nicht allein über die Festlegung des Geschäftsjahres entscheiden.[452] Der Gesetzgeber hat das Geschäftsjahr nicht festgelegt, auch nicht im Zusammenhang mit dem Lagebericht gemäss Art. 961c OR. Häufig wird deshalb das Geschäftsjahr in den Statuten der Gesellschaft festgelegt.[453] Fehlt nun aber eine entsprechende Statutenbetimmung, ist der Gesamtverwaltungsrat (und nicht das einzelne VR-Mitglied) berechtigt, das Geschäftsjahr festzulegen, ohne dass dazu ein öffentlich beurkundeter Be-

---

446 BÖCKLI, Aktienrecht, § 13 Rz. 101, bezeichnet den Verwaltungsrat deshalb als Beratungs- und Beschlussgremium.
447 Zur Eintragung der VR-Mitglieder im Handelsregister vgl. vorne Ziff. 1.10, S. 85 f.
448 Möglich ist auch, dass der Verwaltungsrat einem Mitglied eine erweiterte Vertretungsmacht gestützt auf eine Vollmacht einräumt.
449 So etwa Art. 634a OR betreffend nachträgliche Leistung von Einlagen auf nicht voll liberierten Aktien, Art. 689a OR betreffend Anordnung über die Art des Besitzesausweises bei Inhaberaktien oder Art. 699 OR betreffend Einberufung der Generalversammlung. Ebenso setzt eine Anfechtungsklage gemäss Art. 706 OR oder eine Verantwortungsklage gemäss Art. 754 ff. seitens des Verwaltungsrats einen entsprechenden Verwaltungsratsbeschluss voraus.
450 So muss im Beschluss über eine Anfechtungs- oder Verantwortlichkeitsklage seitens des Verwaltungsrats bspw. festgelegt werden, wer den Anwalt beauftragt und seine Vollmacht unterzeichnet.
451 Dies liesse sich auf Art. 419 OR stützen.
452 Das Geschäftsjahr wird in vielen Gesetzesartikeln erwähnt (z.B. Art. 653f, 653g, 653h, 699, 727, 730a, 805, 958, 958d, 958f, 959b, 960e OR).
453 «Die Dauer eines Geschäftsjahres geht bei der AG und den anderen juristischen Personen i.d.R. aus den Statuten hervor, …» (BOSSARD, in: Zürcher Kommentar, N 17 zu Art. 957 OR); vgl. Art. 22 der Musterstatuten hinten unter Ziff. 11.85, S. 1097 ff.

schluss notwendig wäre.[454] Er hat dabei zu berücksichtigen, dass als Geschäftsjahr der Zeitraum zwischen zwei Bilanzstichtagen gilt. Das Geschäftsjahr umfasst normalerweise 12 Monate und ist üblicherweise mit dem Kalenderjahr identisch; es kann aber auch kürzer als 12 Monate sein (Kurzjahr) oder länger sein (Langjahr).[455] Als Maximum wird allgemein eine Periode von 23 Monaten genannt, da nur dann noch von einem Jahr gesprochen werden kann.[456] Kurz- bzw. Langjahre kommen naturgemäss am Anfang oder Ende der Gesellschaft vor. Sie können sich aber auch bei Umstellungen der Rechnungslegungsperiode ergeben. Aus dem Grundsatz der Kontinuität bzw. Vergleichbarkeit der Rechnungslegung müssen solche Umstellungen allerdings auf ein Minimum begrenzt werden. Es müssen materielle, nachvollziehbare Gründe vorliegen (ansonsten würde die jährliche Rechenschaftspflicht des VR gemäss Art. 958c OR ad absurdum geführt).

Als Sonderfälle von Rechten des Gesamtverwaltungsrates gelten Art. 725a Abs. 2 OR und 740 Abs. 5 OR, die eine gesetzliche Einschränkung der Vertretungsbefugnis des Verwaltungsrats im Konkurs und eine mögliche richterliche Vertretung im Fall eines Konkursaufschubs und die Einsetzung eines Sachwalters vorsehen.

2.1.3 Gliederung nach Funktionen

Die Verteilung der Rechte auf den Gesamtverwaltungsrat und die Verwaltungsratsmitglieder bietet – wie gezeigt – grundsätzlich keine Probleme. Schwieriger wird die Abgrenzung und inhaltliche Ausgestaltung der zustehenden Rechte bei einer Funktionsaufteilung innerhalb des Verwaltungsrates. Hat beispielsweise der Delegierte des Verwaltungsrates ein detaillierteres Einsichtsrecht oder eine grössere Weisungsbefugnis als die übrigen Verwaltungsräte? Diese Frage kann nicht allgemein beantwortet werden. Entscheidend sind vielmehr die entsprechenden Regelungen in den Statuten und/oder im Organisationsreglement. Sodann ist zu berücksichtigen, dass diese Rechte in einem Funktionszusammenhang zu den Aufgaben des Verwaltungsrats bzw. der Pflichten der einzelnen Mitglieder stehen. Nachfolgend wird deshalb noch separat auf die Möglichkeit eingegangen, diese Rechte einzuschränken.

Unabhängig von Spezialregelungen in Statuten oder Organisationsreglement stehen dem Verwaltungsratspräsidenten von Gesetzes wegen besondere Rechte zu, die aber gleichzeitig auch als Pflichten aufzufassen sind:
- Recht zur Sitzungseinberufung, abgeleitet aus Art. 715 OR,
- Stichentscheid bei Verwaltungsratssitzungen, abgeleitet aus Art. 713 Abs. 1 OR, sofern der Präsident die Sitzung als Vorsitzender selbst leitet und die Statuten oder das Organisationsreglement nichts Gegenteiliges bestimmen,
- umfassendes Einsichts- und Auskunftsrecht, abgeleitet aus Art. 715a Abs. 3 und 4 OR.

Zusammenfassend ist demnach festzuhalten, dass vom Gesetz lediglich einige besondere Rechte des Präsidenten vorgesehen sind. Alle anderen Unterscheidungen und Präzisierungen zwischen Verwaltungsratsmitgliedern bzw. zu Gesamtverwaltungsrat oder nach

---

454 Gem. Art. 716 Abs. 1 OR kann der VR in allen Angelegenheiten Beschluss fassen, die nicht nach Gesetz und Statuten der Generalversammlung zugeteilt sind.
455 Vgl. KÄFER, in: Berner Kommentar, N 67 ff.
456 Entsprechend HWP (2009), Band 1, 53.

Funktionen liegen im Ermessen der Gesellschaft. Dieses Ermessen wird begrenzt, weil die gesetzliche Umschreibung der Rechte der Verwaltungsratsmitglieder in der Regel einen «Minimumstandard» festlegen.

2.1.4 Möglichkeiten der Einschränkung

Aus unterschiedlichen Gründen kann es sich in vielerlei Fällen aufdrängen, die dem Verwaltungsrat zustehenden Rechte zu differenzieren. Dies ist sowohl bezüglich des einzelnen Verwaltungsratsmitglieds als auch bezüglich des Gesamtverwaltungsrats möglich.[457] Grundsätzlich können Rechte bis zum gesetzlich festgelegten Minimum begrenzt werden. Dabei ist jedoch stets darauf zu achten, dass der Verwaltungsrat den ihm obliegenden Pflichten noch nachkommen kann. Die Differenzierungen können in zeitlicher und in sachlicher Hinsicht erfolgen, wobei zusätzlich stets noch funktionale oder persönliche Differenzierungen vorgenommen werden können.

Eine zeitliche Differenzierung kann darin liegen, dass während einer gewissen Zeit (Einarbeitungsphase) für neue Verwaltungsratsmitglieder ein erweitertes Auskunfts- und Einsichtsrecht besteht, damit sie sich gründlich in das Unternehmen, seine Geschäftsbereiche und seine Organisation einarbeiten sowie ein Grundwissen über das wirtschaftliche, technische und rechtliche Umfeld erwerben können.

Sachliche Einschränkungen sind oftmals notwendig, um den Betriebsablauf nicht zu gefährden oder um die Geheimhaltung sicherzustellen. So kann etwa das direkte Einsichtsrecht in das Buchhaltungsprogramm mit Passwortschutz auf den Finanzspezialisten im Verwaltungsrat begrenzt werden; oder der Zutritt zum Forschungs- und Entwicklungslabor wird nur in Gegenwart des entsprechenden Abteilungsleiters gestattet. Demgegenüber wird man einer Ansprechperson für die Medien im Verwaltungsrat allenfalls ein erweitertes Auskunfts- und Einsichtsrecht zugestehen müssen, damit er seine Funktion sachgerecht wahrnehmen kann.

Ein typisches Beispiel für die funktionale Differenzierung ist das Entschädigungsrecht. Es ist üblich, insbesondere dem Delegierten, oftmals aber auch dem Präsidenten des Verwaltungsrates ein höheres Verwaltungsratshonorar auszurichten. Damit können die mit der Funktion verbundene zusätzliche Arbeitslast und Verantwortung abgegolten werden.

Eine neue Einschränkung von Rechten ist den Betroffenen selbstverständlich mitzuteilen. Unternehmensintern und gegenüber den Verwaltungsräten erfolgt dies durch einfache Mitteilung, vorzugsweise in schriftlicher Form. Meistens wird ohnehin ein entsprechender Verwaltungsratsbeschluss die Grundlage bilden, sodass ein diesbezügliches Protokoll vorhanden ist. Unternehmensexterne Dritte werden ebenfalls durch entsprechende Mitteilung in Kenntnis gesetzt, ausser es liege einer der drei folgenden Fälle vor, in denen, gestützt auf Art. 718a Abs. 2 OR, ein Eintrag im Handelsregister möglich ist:

– Kollektivunterschrift statt Einzelunterschrift[458]
– keine Zeichnungsberechtigung

---

457 Besonders wichtig ist die Einschränkung beim Ehrenpräsidenten, welcher i.d.R. gar nicht mehr dem Verwaltungsrat angehört; vgl. dazu vorne Ziff. 1.9.8, S. 76 ff.
458 Eintragungsfähig sind auch Kombinationsvorschriften für Kollektivvertreter: BGE 121 III 368 ff. besprochen in AJP 2/96, 225 ff.

– Beschränkung der Vertretungsbefugnis auf die Hauptniederlassung oder eine Zweigniederlassung.[459]

Eine weiter gehende Beschränkung der Vertretungsbefugnisse hat gegenüber Dritten so lange keine Wirkung, als sie keine ausdrückliche Kenntnis von der vorgenommenen Einschränkung haben. Erst dann können sie nämlich diesbezüglich nicht mehr als gutgläubig bezeichnet werden.[460]

Empfehlung:

Sollen Rechte des Gesamtverwaltungsrates oder einzelner Mitglieder eingeschränkt werden, so ist eine konkrete Regelung in den Statuten bzw. im Organisationsreglement erforderlich, um Unklarheiten und Kompetenzüberschreitungen auszuschliessen. Vorübergehende Differenzierungen, wie z.B. abgestufte Entschädigung nach Funktion, sollen klar im Verwaltungsratsprotokoll festgehalten werden. Schliesslich ist darauf zu achten, dass nur drei Fälle von Vertretungsbeschränkungen im Handelsregister eingetragen werden können. Nur diese gelten ohne besondere Mitteilung gegenüber gesellschaftsexternen Dritten.

2.1.5 Die Rechtsstellung von delegierten Vertretern im Verwaltungsrat

Eine Vertretung im Verwaltungsrat ist grundsätzlich nicht möglich.[461] Bestehen in Bezug auf Stimmrecht oder vermögensrechtliche Ansprüche der Aktionäre jedoch mehrere Kategorien von Aktien, so ist gemäss Art. 709 Abs. 1 OR den einzelnen Aktionärskategorien in den Statuten die Wahl wenigstens eines Vertreters in den Verwaltungsrat zu sichern.[462] Zudem kann Körperschaften des öffentlichen Rechts gemäss Art. 762 Abs. 1 OR in den Statuten das Recht eingeräumt werden, Vertreter in den Verwaltungsrat abzuordnen.[463] Damit stellt sich die Frage, welche Rechte solchen delegierten Vertretern im Verwaltungsrat zustehen.

Die Rechtsstellung von delegierten Vertretern im Verwaltungsrat unterscheidet sich grundsätzlich nicht von jener der übrigen Verwaltungsräte. Insbesondere gilt die Geheimhaltungspflicht solcher Vertreter gegenüber den von ihnen vertretenen Aktionärsgruppen oder Aktionären uneingeschränkt, sodass auch keine privilegierte Informierung institutionalisiert werden könnte. Selbst der nach Art. 762 OR delegierte Verwaltungsrat darf gegenüber der öffentlichen Körperschaft nur soweit Informationen offenlegen, als das Gesellschaftsinteresse nicht geschädigt wird.[464]

---

459 Wird eine Vertretungsberechtigung vorbehaltlos für die Hauptniederlassung erteilt, gilt sie gemäss Art. 110 Abs. 1 lit. e. HRegV auch für die Zweigniederlassung.
460 Zum Prinzip der positiven Publizitätswirkung des Handelsregisters vgl. vorne Ziff. 1.10.3, S. 88 f.
461 Zum Stimmrecht in den Verwaltungsratssitzungen vgl. ausführlich hinten Ziff. 2.6.1, S. 140 ff.; auf den Spezialfall des problematischen Suppleanten wurde bereits vorne unter Ziff. 1.3.7, S. 32, eingegangen.
462 Zum Anrecht der Aktionärsgruppen vgl. vorne Ziff. 1.4.1, S. 34 ff.
463 Vgl. Ziff. 1.3.8, S. 33 f.
464 Diese Frage ist umstritten (CHK-BINDER/ROBERTO, N 3 zu Art. 762 OR), doch legen WERNLI/RIZZI, in: Basler Kommentar, N 24 zu Art. 762 OR, überzeugend dar, dass in jedem Falle das Gesellschaftsinteresse vorzugehen hat.

2.1.6 Die Rechtsstellung von fiduziarischen Verwaltungsräten

Nicht selten gehen Verwaltungsräte in Mandats- oder Treuhandverträgen[465] Verpflichtungen ein, sich bei der Ausübung ihrer Tätigkeit Weisungen von Aktionären (in der Regel des Haupt- oder Alleinaktionärs) zu unterwerfen.[466] Die herrschende Lehre versteht dies als «doppelten Pflichtennexus»,[467] wobei das Aktienrecht und damit die Verpflichtung auf das Gesellschaftsinteresse[468] dem vertraglichen Gestaltungsspielraum und damit der rechtlichen Verbindlichkeit der Weisungen Schranken setzen.[469] Rechtswidrige Weisungen dürfen auch von einem fiduziarischen Verwaltungsrat nicht befolgt werden.

Im Zusammenhang mit der Rechtsstellung von fiduziarischen Verwaltungsräten ist zu beachten, dass diejenige natürliche oder juristische Person, welche dem fiduziarischen Verwaltungsrat Weisungen erteilt, u.U. selbst zum faktischen Organ wird und damit entsprechende Verantwortlichkeiten eingeht. Dies ist dann der Fall, wenn der Mandant dauernd und selbständig für die Gesellschaft und ihr Unternehmen «in organtypischer Weise» wichtige Entscheide fällt.[470]

2.1.7 Rechtsanmassung

Als Rechtsanmassung wird die Überschreitung jener Rechte bezeichnet, die einer Person oder einem Gremium ordnungsgemäss zustehen. Beim Verwaltungsrat werden die Rechte und deren Umfang durch Gesetz, Statuten, Organisationsreglement und interne Beschlüsse umschrieben. Eine Rechtsanmassung bedeutet demnach immer auch eine Verletzung dieser Grundlagen. Beim Ehrenpräsident können seine Rechte in einem separaten Reglement festgehalten werden.[471]

Bei der Rechtsanmassung geht der Verwaltungsrat über die ihm legitimerweise zustehenden Rechte hinaus. Ob er dies vorsätzlich oder fahrlässig tut, spielt gesellschaftsrechtlich oft nur eine geringe Rolle. Hingegen ist das Motiv der Handlung für eine allfällige Schadenersatzpflicht von grosser Bedeutung. Handelt ein Verwaltungsrat in klarer Überschreitung seiner Kompetenzen, um die Gesellschaft vor Schaden zu bewahren, so gelangen die Regeln über die Geschäftsführung ohne Auftrag zur Anwendung. Ist der Verwaltungsrat jedoch nur auf seinen eigenen Vorteil bedacht, und werden dadurch die Gesellschaft, Aktionäre oder Dritte geschädigt, so sind die Vorschriften über unerlaubte Handlung oder ungerechtfertigte Bereicherung anzuwenden.

In der Praxis kommen zahlreiche verschiedene Fälle von Rechtsanmassungen vor: Vertragsabschlüsse ohne entsprechende Kompetenz, Verhandlungen mit Kunden oder Lieferanten ohne Auftrag des Gesamtverwaltungsrates, Weisungen zur Erledigung von Privatarbeiten (private Autoreparatur, private Sekretariatsarbeiten etc.), Auskunftserteilung

---

465 Vgl. Ziff. 3 des Mandatsvertrags unter Ziff. 11.46, S. 934 ff.
466 Dazu vgl. LAZOPOULOS, Interessenkonflikte, 139 ff. und LIPS-RAUBER, 41 ff.; vgl. auch BGer. 6B_54/2008 vom 9.5.2008. Illustrativ nach wie vor ZR 58 (1959) Nr. 70, 179 ff.
467 Die Formulierung geht auf GEORG GAUTSCHI zurück.
468 Zum Gesellschaftsinteresse vgl. statt aller LAMBERT, unabhängiger Stimmrechtsvertreter, passim.
469 Vgl. dazu BÖCKLI, Aktienrecht § 11 Rz. 356; FORSTMOSER/MEIER-HAYOZ/NOBEL, § 28 N 175 ff.; KÄCH, 97 f.; LAZOPOULOS, Verantwortlichkeit, 67 ff.; LIPS-RAUBER, 41 ff.
470 BOTSCHAFT, Revision Aktienrecht, 191 (935). Vgl. hinten Ziff. 4.1.6, S. 352 ff.
471 Vgl. das Muster unter Ziff. 11.20, S. 826 f.

gegenüber Medienvertretern trotz klarer Aufgabenzuweisung an den Verwaltungsratsdelegierten oder Bezug übermässiger Honorare und Spesen. Bedeutsam ist aber auch etwa die Frage, ob der Verwaltungsrat in Krisenzeiten das Unternehmen, sämtliche Produktionsanlagen oder anderweitig entscheidende Betriebsmittel veräussern darf. Das Bundesgericht hat dies in einem berühmten Fall bejaht,[472] allerdings ein solches Vorgehen auf Situationen beschränkt, in denen der Gesellschaftszweck – etwa wegen Überschuldung – ohnehin unerreichbar geworden sei und eine entsprechende Beschlussfassung der Generalversammlung ebenfalls unmöglich erscheine.

Bezüglich Rechtsanmassungen eines einzelnen Verwaltungsratsmitgliedes ist der Gesamtverwaltungsrat für Sanktionen zuständig. Bei Rechtsanmassungen des Gesamtverwaltungsrates muss die Generalversammlung einschreiten. Im Gesetz sind mit einer einzigen Ausnahme keine speziellen Sanktionsmöglichkeiten vorgesehen. Es gelangen deshalb neben den allgemeinen Bestimmungen über unerlaubte Handlung, ungerechtfertigte Bereicherung und Geschäftsführung ohne Auftrag die Vorschriften über die Verantwortlichkeit gemäss Art. 752 ff. OR zur Anwendung.

Mitglieder des Verwaltungsrates, sowie diesen nahestehende Personen, die ungerechtfertigt und in bösem Glauben Dividenden, Tantiemen, andere Gewinnanteile oder Bauzinse bezogen haben, sind gemäss Art. 678 OR zur Rückerstattung verpflichtet. Sie sind auch zur Rückerstattung anderer Leistungen der Gesellschaft verpflichtet, soweit diese in einem offensichtlichen Missverhältnis zur Gegenleistung und zur wirtschaftlichen Lage der Gesellschaft stehen.[473] Dies gilt insbesondere auch für Gewinnausschüttungen in Form von Darlehen ohne ausreichende Sicherheit oder zu einem unüblich tiefen Zins.[474] In allen diesen Fällen liegt eine Rechtsanmassung vor, auch wenn das Recht auf Entschädigung dem Verwaltungsrat grundsätzlich zusteht.

Empfehlung:

Der Verwaltungsrat hat bei all seinen Handlungen darauf zu achten, dass er die ihm zustehenden Rechte nicht überschreitet. Nur in einem Notfall soll er seine Rechte nach den Regeln der Geschäftsführung ohne Auftrag überschreiten, um Schaden von der Gesellschaft abzuwenden. Werden ungerechtfertigt Leistungen bezogen, namentlich Dividenden, Tantiemen und andere Gewinnanteile, so sind diese zurückzuerstatten. Die Pflicht zur Rückerstattung endet dabei nicht mit dem Verwaltungsratsmandat; die Verjährung tritt erst fünf Jahre nach Empfang der Leistung ein.

---

472 Pra. 79 (1990) Nr. 225; BGE 116 II 320 ff. («Kammgarnspinnerei Interlaken»). Eine umfassende Untersuchung dieses Problems – auch mit Blick auf die Börsengesetzgebung und das Fusionsgesetz – findet sich bei O'NEILL, 52 ff., mit Hinweisen auf Lehre und Rechtsprechung.

473 Dazu BÖCKLI, Aktienrecht, § 12 Rz. 547 ff., FORSTMOSER/MEIER-HAYOZ/NOBEL, § 50 N 112 ff.; KURER, in: Basler Kommentar, N 9 ff. zu Art. 678 OR; vgl. dazu auch DÜRR.

474 Dazu ausführlich BOCHUD, 293 ff.

2.2 Einsichts-, Auskunfts- und Zutrittsrecht

2.2.1 Überblick

Im Gesetz ist ein eingeschränktes Auskunfts- und Einsichtsrecht für Verwaltungsräte vorgesehen.[475] Konkret wird den Mitgliedern des Verwaltungsrates zugestanden, dass sie während den VR-Sitzungen von den übrigen VR-Mitgliedern und allenfalls anwesenden weiteren Personen, die mit der Geschäftsführung betraut sind, Auskunft verlangen können. Ausserhalb der Sitzungen kann ein VR-Mitglied Auskünfte über einzelne Geschäfte nur mit Ermächtigung des Präsidenten verlangen. Auch für die Einsichtnahme in Bücher und Akten ist grundsätzlich die Zustimmung des VR-Präsidenten nötig.[476]

Nicht im Gesetz geregelt wird das Zutrittsrecht des Verwaltungsrats zu den Räumlichkeiten der Gesellschaft. Das Zutrittsrecht kann nicht einfach aus dem Einsichtsrecht abgeleitet werden; dies zeigt sich bereits daran, dass in den Kommentaren zu Art. 715a OR nirgends das Zutrittsrecht erwähnt wird. Das Zutrittsrecht ist insbesondere dann relevant, wenn der Verwaltungsrat Vorwürfe abzuklären hat, wonach z.B. die Arbeitsbedingungen nicht ordnungsgemäss seien oder illegale Produkte hergestellt würden. In solchen Fällen ist es hilfreich, wenn im Organisationsreglement ausdrücklich auch das Zutrittsrecht geregelt ist.[477] Ohne eine besondere Regelung hat nur der VR-Präsident ein jederzeitiges und uneingeschränktes Zutrittsrecht zu allen Räumlichkeiten der Gesellschaft.

Es ist zweckmässig, die Ausgestaltung der Informationsrechte des Verwaltungsrats im Organisationsreglement näher zu regeln.[478] Die gesetzlichen Informationsrechte stellen dabei den Minimumstandard[479] dar, der erweitert, aber nicht eingeschränkt werden kann. Bei zusätzlichen Regelungen ist zu beachten, dass nicht dadurch Zuständigkeitsabgrenzungen und Verantwortlichkeiten verwischt oder Hierarchieordnungen aufgeweicht werden; die skizzierten Dienstwege sind einzuhalten.[480]

2.2.2 Die in Frage stehenden Rechtsgüter

Das Einsichts- und Auskunftsrecht steht in einem besonderen Spannungsfeld. Die umfassende Verantwortlichkeit des Verwaltungsrats für Pflichtverletzungen[481] setzt einen ebenso umfassenden Wissenstand und folglich auch einen umfassenden Zugang zu Informationen voraus.[482] Dem steht das Bedürfnis der Gesellschaft entgegen, Missbräuchen

---

475 Vgl. Art. 715a OR.
476 Wird die Zustimmung vom Präsidenten verweigert, so entscheidet der Gesamtverwaltungsrat. – Das Gesetz weist schliesslich darauf hin, dass das Einsichts- und Auskunftsrecht (im Organisationsreglement) erweitert werden kann.
477 Vgl. dazu Art. 3.2 im Muster eines Organisationsreglements unter Ziff. 11.55, S. 953 ff., womit der VR-Delegierte ein ausdrückliches Zutrittsrecht erhält.
478 Auch für die proaktive Berichterstattung im Rahmen eines internen Informationssystems ist das Organisationsreglement die Regelungsgrundlage; Böckli, Aktienrecht, § 13 Rz. 188 ff.; a.M. Druey, Informationsrecht, 51 Fn. 6.
479 Böckli, Aktienrecht, § 13 Rz. 197a.
480 Vgl. hinten Ziff. 2.2.3, S. 99 f.
481 Dazu vgl. hinten Ziff. 4.1.1.3, S. 339 f.
482 Dies betont besonders Böckli, Aktienrecht, § 13 Rz. 163; vgl. weiter Wernli/Rizzi, in: Basler Kommentar, N 3 ff. zu Art. 715 OR; Homburger, in: Zürcher Kommentar, N 443 ff. zu Art. 715 OR;

vorzubeugen. Missbrauchstatbestände können nicht nur bei der Weitergabe von absoluten[483] oder relativen[484] Geschäftsgeheimnissen entstehen, sondern auch bei der Verwendung von Informationen im Eigeninteresse eines Verwaltungsratsmitglieds, wenn solche Eigeninteressen dem Gesellschaftsinteresse zuwiderlaufen[485] und das Verwaltungsratsmitglied in den Ausstand treten müsste.[486, 487]

Schliesslich steht das Einsichts- und Auskunftsrecht in einem Bezug zur Tätigkeit und Funktionsweise des Gesamtverwaltungsrats, zu dessen Sitzungen und zu den Informationsabläufen vor, während und nach den Sitzungen. Das Einsichtsrecht muss deshalb funktional[488] und ablauforientiert[489] ausgestaltet sein und ausgeübt werden. In diesem Zusammenhang ist zu bedenken, dass auch Überinformation Wert und Nutzen der Information beeinträchtigen kann.[490] Bei der Festlegung des MIS-Konzeptes ist darauf besonders Wert zu legen.[491]

2.2.3 Auskunftspflichtige Personen

Auskunftspflichtig sind die Mitglieder des Verwaltungsrats und die mit der Geschäftsführung betrauten Personen.[492] Aus der Organisation und Funktionsweise des Verwaltungsrats ergibt sich folgender «Dienstweg»:

- In erster Linie sind Auskunftsbegehren an den Präsidenten zu richten, der darüber hinaus für die Information der Mitglieder im erforderlichen Rahmen[493] zuständig ist.[494]

FORSTMOSER/MEIER-HAYOZ/NOBEL, § 28 N 78; KRNETA, N 920 ff.; ROTH PELLANDA, Organisation, 322 ff.; HUNGERBÜHLER, 72 ff.; BERTSCHINGER, Arbeitsteilung, N 182 ff. und BGE 133 III 133 ff., 137; der Grundsatz ist in Art. 715a Abs. 1 OR besonders verankert.
483 D.h. gesetzlich begründeten Geheimnisse wie bpsw. das Bankgeheimnis (Art. 47 BankG).
484 Bspw. Fabrikationsgeheimnisse, an deren Wahrung die Gesellschaft ein stichhaltiges Interesse hat.
485 Vgl. BÖCKLI, Aktienrecht, § 13 Rz. 173.
486 BÖCKLI, Aktienrecht, § 13 Rz. 173.
487 Bereits an dieser Stelle ist festzuhalten, dass «Minderheitsvertreter, Angehörige einer oppositionellen Aktionärsgruppe oder sonst aufmüpfige Personen» nicht aus solchen Gründen bei der Geltendmachung ihrer Informationsansprüche eingeschränkt werden dürfen; BÖCKLI, Aktienrecht, § 13 Rz. 167a.
488 Die Information muss daher – direkt oder indirekt – sowohl die Kompetenzen des Verwaltungsrats als auch die Funktion des sie verlangenden Mitglieds betreffen; vgl. BÖCKLI, Aktienrecht, § 13 Rz. 170 und Fn. 427; FORSTMOSER/MEIER-HAYOZ/NOBEL, § 28 N 97; HOMBURGER, in: Zürcher Kommentar, N 474 zu Art. 715a OR; WERNLI/RIZZI, in: Basler Kommentar, N 4 zu Art. 715a OR; KRNETA, N 975; ROTH PELLANDA, Organisation, 332 f.
489 Grundlage muss eine proaktive, systematische Information über den Präsidenten des Verwaltungsrats bzw. in dringenden Fällen von der Geschäftsleitung an alle Mitglieder sein; vgl. dazu BÖCKLI, Aktienrecht, § 13 Rz. 188 ff. mit weiteren Hinweisen und Belegen. Das Auskunfts- und Einsichtsrecht soll diese proaktive, systematische Information ergänzen, aber nicht ersetzen und schon gar nicht – durch einen übermässigen Aufwand und eine übermässige Belastung der verpflichteten Organpersonen – behindern oder paralysieren; vgl. BÖCKLI, Aktienrecht, § 13 Rz. 171; KRNETA, N 985.
490 Vgl. dazu DRUEY, FS Böckli, passim und derselbe, FS Forstmoser passim («Überinformation ... verdrängt die relevante Information.»)
491 Vgl. dazu das Muster eines MIS-Konzeptes unter Ziff. 11.48, S. 939 ff.
492 Art. 715a Abs. 2 OR.
493 Dazu vgl. hinten Ziff. 2.2.7, S. 102 f., und BÖCKLI, Aktienrecht, § 13 Rz. 188 ff.
494 BÖCKLI, Aktienrecht, § 13 Rz. 186a; KRNETA, N 911, 986 und 994; DRUEY, FS Forstmoser, 130.

- Während der Sitzungen können Anfragen auch direkt an das betreffende Mitglied, an den Vorsitzenden eines Ausschusses oder an ein anwesendes Mitglied der Geschäftsleitung gestellt werden.[495]
- Ausserhalb der Sitzungen ist ohne andere Vorgabe im Organisationsreglement der «Dienstweg» einzuhalten; dies v.a. aus der Überlegung heraus, dass eine gleichmässige Information aller VR-Mitglieder[496] sichergestellt werden und der Präsident deshalb über das Auskunftsbegehren und dessen Beantwortung in Kenntnis gesetzt werden muss, um ggf. die übrigen VR-Mitglieder ebenfalls informieren zu können.[497]
- Davon ausgenommen sind lediglich Anfragen «über den Geschäftsgang».[498]

Ein anderer Dienstweg ergibt sich bei der Bildung von Ausschüssen, die nicht vom VR-Präsidenten geleitet werden;[499] einerseits müssen sich Mitglieder, welche diesen Ausschüssen nicht angehören, direkt beim Vorsitzenden des Ausschusses erkundigen[500], andererseits muss der Ausschuss im Rahmen seiner Arbeit auch direkt Informationen von Mitgliedern der Geschäftsleitung beschaffen können.

2.2.4 Internes Informationssystem

Die gesetzliche Regelung geht davon aus, dass der Verwaltungsrat ein internes Informationssystem einrichtet[501], überwacht[502] und grundsätzlich daraus die für die Erfüllung seiner Aufgaben erforderlichen Informationen bezieht.[503] Grundlage des internen Informationssystems ist dabei das Organisationsreglement.

Zu Recht wird auf die Schwierigkeit hingewiesen, die Informationen auf das Wesentliche zu verdichten, ohne aber – durch gezieltes Weglassen – zu manipulieren.[504] Letztlich unlösbar ist das Problem, dass der Verwaltungsrat zur Überwachung der ihm unterstellten Personen, insbesondere der Geschäftsleitung, auf Informationen angewiesen ist, die er nur

---

495 Dazu braucht es keine Ermächtigung des Präsidenten oder des Gesamtverwaltungsrats.
496 Analog zu Art. 717 Abs. 2 OR ist darunter aber auch eine relative Gleichbehandlung bzw. eine funktions- und stufengerechte Information zu verstehen; Böckli, Aktienrecht, § 13 Rz. 176; Krneta, N 937; Waldburger, 180 und 234.
497 Da gegenüber Mitverwaltungsräten keine Ermächtigung des Präsidenten erforderlich ist (worauf Böckli, Aktienrecht, § 13 Rz. 206a, hinweist), wäre zumindest zu verlangen, dass der Präsident über den Informationsaustausch informiert wird; vgl. diesbezüglich Böckli, Aktienrecht, § 13 Rz. 234 f.; Forstmoser/Meier-Hayoz/Nobel, § 28 N 97; Homburger, in: Zürcher Kommentar, N 471a zu Art. 715a OR; Krneta, N 975 ff.; Wernli/Rizzi, in: Basler Kommentar, N 5 und 11 zu Art. 715a OR; Bächtold, 133 ff.; Hungerbühler, 76 ff.
498 Zum Begriff des Geschäftsgangs vgl. Böckli, Aktienrecht, § 13 Rz. 201 ff.; Krneta, N 998; Bächtold, 121.
499 So bspw. das Audit Committee.
500 Vgl. auch Böckli, Aktienrecht, § 13 Rz. 206a; Krneta, N 958; Bächtold, 150; a.M. offenbar Kunz, Annahmeverantwortung, 208 ff.
501 Vgl. dazu hinten das Muster eines MIS-Konzeptes unter Ziff. 11.48, S. 939 f., die Reportingmuster unter Ziff. 11.49 bis 11.51, S. 941 ff., sowie Böckli, Aktienrecht, § 13 Rz. 191–196.
502 Böckli, Aktienrecht, § 13 Rz. 189; Krneta, N 908; Wernli/Rizzi, in: Basler Kommentar, N 8 zu Art. 715c OR; Homburger, in: Zürcher Kommentar, N 494 zu Art. 715a OR. Druey, Informationsrecht, 51; Bächtold, 73; Hungerbühler, 72 ff.
503 D.h., die Information muss stufengerecht und rechtzeitig vorliegen; Böckli, Aktienrecht, § 13 Rz. 190.
504 Böckli, Aktienrecht, § 13 Rz. 190a.

von den überwachten Personen selbst erhalten kann.[505] Mit einer internen Revision kann zumindest ein Instrument geschaffen werden, das dem Verwaltungsrat ermöglicht, bei Bedarf direkt vor Ort zusätzliche Informationen zu beschaffen.[506]

2.2.5 Informationspflicht vor der Sitzung

Die Information vor und zur Vorbereitung einer Verwaltungsratssitzung wird gesetzlich nicht besonders geregelt.[507] Es besteht aber Einigkeit darüber, dass die Mitglieder ein Recht auf umfassende Information haben.[508]

Gemäss Ziff. 15 Swiss Code hat der VR-Präsident im Zusammenwirken mit der Geschäftsleitung für eine rechtzeitige Information der VR-Mitglieder über alle für die Willensbildung und die Überwachung erheblichen Aspekte der Gesellschaft zu sorgen.[509] Der Verwaltungsrat sollte die übersichtlich aufbereiteten Unterlagen, soweit möglich, vor der Sitzung zugestellt erhalten; andernfalls lässt der Präsident die Unterlagen mit genügender Zeitvorgabe vor der Sitzung zum Studium auflegen. Damit wird sichergestellt, dass sich jedes VR-Mitglied eine fundierte Meinung bilden, die Ausgangslage wie auch mögliche Problemlösungen beurteilen und gestützt darauf eine sachlich begründete Entscheidung als Grundlage für seine Stimmabgabe treffen kann.[510]

Die Unterlagen müssen rechtzeitig vorliegen, sodass eine Verarbeitung vor der Verwaltungsratssitzung auch möglich ist.[511] Liegen sie nicht oder nicht rechtzeitig vor, müssen die Verwaltungsratsmitglieder aktiv werden, auf der nötigen Information beharren und gegebenenfalls an der Sitzung beantragen, das nicht oder zu wenig dokumentierte Geschäft abzulehnen oder zu vertagen.[512] Welche Frist noch als angemessen gilt, muss im Einzelfall beurteilt werden. In der Praxis hat es sich bewährt, wenn die Unterlagen zur VR-Sitzung 10 Tage vor dem Sitzungstermin zusammen mit der definitiven Einladung zugestellt werden.

Um die VR-Sitzung effizienter zu gestalten, sollte zuerst die Traktandenliste sorgfältig erstellt werden, welche mit der Einladung zu verschicken ist. Es lohnt sich dabei, stets folgende zwei Fragen im Kopf zu behalten: Muss der Punkt wirklich traktandiert werden oder lässt er sich auch auf andere Art erledigen? Soll nur informiert werden oder ist ein Entscheid zu fällen?[513] Zudem sollten die Unterlagen soweit möglich mit einem konkre-

---

505 Darauf weist BÖCKLI, Aktienrecht, § 13 Rz. 207, hin.
506 Vgl. dazu das Reglement Interne Revision unter Ziff. 11.36, S. 887 ff.
507 Das erwähnt BÖCKLI, Aktienrecht, § 13 Rz. 207.
508 BÖCKLI, Aktienrecht, § 13 Rz. 208; KRNETA, N 990 und 1036, 1036a; BÄCHTOLD, 60 und 166/167; umfassend ist immer zu verstehen in Bezug auf das jeweilige Traktandum.
509 Um die Aufgaben des VR-Präsidenten klarzustellen ist ein entsprechender Stellenbeschrieb zweckmässig (vgl. dazu das Muster unter Ziff. 11.89, S. 1118 ff.). Im Zusammenhang mit der VR-Sitzung könnten die Aufgaben z.B. wie folgt umschrieben werden: «Vorbereitung der VR-Sitzung, Festlegung der Traktanden und Unterlagenbereitstellung, Einberufung des VR» (MÜLLER, VR-Sitzung, 46).
510 Anschaulich der Katalog von BÖCKLI, Aktienrecht, § 13 N 208.
511 So auch BGer. 4C.201/2001 vom 19.06.2002, E. 2.1.2.
512 So auch implizit BGer. 4C.201/2001 vom 19.06.2002, E. 2.1.3.
513 MÜLLER, VR-Sitzung, 48.

ten Antrag versehen werden. Dazu hat sich eine entsprechende einseitige Übersicht als hilfreich erwiesen.[514]

2.2.6 Informationsrecht innerhalb der Sitzung

Nach Art. 715 Abs. 1 und 2 ist das Informationsrecht innerhalb von Verwaltungsratssitzungen nicht beschränkt; die übrigen Mitglieder des Verwaltungsrats und die mit der Geschäftsführung betrauten Personen sind uneingeschränkt auskunftspflichtig.[515] Damit ist mehr gemeint als nur das Antwortgeben auf gestellte Fragen. Vielmehr sind die bezeichneten Personen von sich aus auch spontan berichterstattungspflichtig. So liegt es etwa auf der Hand, dass jeder Sitzungsteilnehmer über die in seinem Bereich anfallenden Probleme informiert.

Der Präsident hat dafür zu sorgen, dass Zusatzfragen gestellt (und beantwortet) werden können.[516] Dazu sind entweder die sachlich zuständigen Personen aufzubieten[517] oder aber schriftliche Unterlagen zusammenzutragen; allenfalls kann auch der Präsident oder ein anderes Mitglied sich anhand dieser schriftlichen Unterlagen soweit mit dem Traktandum vertraut machen, dass er Zusatzfragen mündlich beantworten kann.[518]

Das Informationsrecht bezieht sich auch auf die Einsicht in Akten. Allerdings ist dieses Recht an die Zustimmung des Präsidenten oder des Gesamtverwaltungsrats gebunden.[519]

Die erteilten Auskünfte und vorgelegten Akten sind zu protokollieren. Von besonderer Wichtigkeit ist die Protokollierung, wenn Informationen verweigert oder die Einsichtnahme in Akten abgelehnt wird.[520]

2.2.7 Informationsrecht ausserhalb der Sitzungen

Ausserhalb der Sitzungen ist der einzelne Verwaltungsrat berechtigt, Auskunft über den Geschäftsgang[521] und – mit Genehmigung des Präsidenten – Auskunft über einzelne Geschäfte[522] zu verlangen. Die Ermächtigung ist mit Blick auf den Grundsatz, dass jedes Mitglied Anspruch auf Auskunft über alle Angelegenheiten der Gesellschaft hat,[523] grund-

---

514 Vgl. das Muster einer Sitzungsdokumentation unter Ziff. 11.82, S. 1088.
515 WERNLI/RIZZI, in: Basler Kommentar, N 6 zu Art. 715a OR; FORSTMOSER/MEIER-HAYOZ/NOBEL, § 28 N 98; BÖCKLI, Aktienrecht, § 13 Rz. 197b.
516 BÖCKLI, Aktienrecht, § 13 Rz. 197b.
517 Das einzelne Mitglied hat kein Recht, etwa die Geschäftsleitung zur Sitzung des Verwaltungsrats zu beordern; a.M. BÄCHTOLD, 110, 111. Dies kann nur der Präsident oder der Gesamtverwaltungsrat veranlassen; BÖCKLI, Aktienrecht, § 13 Anm. 484; KRNETA, N 993; FORSTMOSER/MEIER-HAYOZ/NOBEL, § 28 N 99 Fn. 53; HUNGERBÜHLER, 74.
518 BÖCKLI, Aktienrecht, § 13 Rz. 198.
519 Art. 715a Abs. 4 OR.
520 Allenfalls muss sogar eine entsprechende Protokollkorrektur verlangt werden; vgl. dazu das Traktandum 1.1 im Musterprotokoll unter Ziff. 11.61, S. 993 ff.
521 Zum Begriff des Geschäftsgangs vgl. BÖCKLI, Aktienrecht, § 13 Rz. 201 ff.; KRNETA, N 998; BÄCHTOLD, 121.
522 Art. 715a Abs. 3 OR.
523 Art. 715a Abs. 1 OR.

sätzlich zu erteilen und nur in den umschriebenen Schranken[524] und unter Wahrung der Verhältnismässigkeit ganz oder teilweise zu verweigern.[525]

Es ist immer damit zu rechnen, dass der VR-Präsident aus irgend einem Grund an der Ausübung seiner Funktion verhindert ist. In diesem Fall ist der VR-Vizepräsident berechtigt, die Auskünfte ausserhalb der VR-Sitzung zu genehmigen. Um aber erst gar nicht in diese Situation zu gelangen, erscheint es einfacher und zweckmässiger, den VR-Mitgliedern generell auch ein Informationsrecht ausserhalb der Sitzungen einzuräumen. Dies kann im Organisationsreglement beispielsweise durch folgende Formulierung geschehen:[526]

– *Jedes Mitglied des VR kann jederzeit sowohl beim VR-Präsidenten als auch bei den Mitgliedern der Geschäftsleitung Auskunft über alle Angelegenheiten der Gesellschaft verlangen.*
– *Soweit es für die Erfüllung der Funktion als Verwaltungsrat erforderlich ist, kann jedes VR-Mitglied jederzeit Einblick in die Bücher und Akten der Gesellschaft nehmen.*
– *Regelungen oder Beschlüsse des VR, die das Recht auf Auskunft und Einsichtnahme der Verwaltungsräte erweitern, bleiben vorbehalten.*

2.2.8 Einsicht in Akten und Daten

Sehr restriktiv geregelt ist das Einsichtsrecht der Verwaltungsräte in die Unterlagen des Zahlungswesens (Geschäftsbücher) und die weiteren Akten; zu den «Akten» sind heute auch Computerdateien zu zählen.[527] Diese können eingesehen werden, «soweit es für die Erfüllung *einer* Aufgabe erforderlich ist.[528] Der Präsident muss darüber entscheiden.

Die Formulierung macht zunächst klar, dass sich ein Einsichtsrecht nicht auf den allgemeinen Informationsbedarf und -anspruch des Verwaltungsratsmitglieds[529] stützen lässt, sondern dass die Einsichtnahme zur Erfüllung einer besonderen Aufgabe erforderlich sei muss.[530] Ob diese Voraussetzung erfüllt ist, hängt damit v.a. von der Organisation der betreffenden Aktiengesellschaft ab, so wie sie sich aus dem Organisationsreglement und dem Funktionendiagramm ergibt. Es fragt sich indessen, wie praxistauglich die gesetzliche Formulierung ist: Das Rechnungswesen vermag für sehr viele Angelegenheiten Informationen bereitzustellen; es dürfte daher schwer fallen, einem Verwaltungsratsmitglied je den Einblick in die Buchhaltungsunterlagen zu verweigern. Ein unbeschränktes Ein-

---

524 Vorne Ziff. 2.2.2.
525 Vgl. dazu Böckli, Aktienrecht, § 13 Rz. 206; Wernli/Rizzi, in: Basler Kommentar, N 10 zu Art. 715 OR; Krneta, N 474 zu Art. 715a OR; Bächtold, 150.
526 Vgl. das Muster eines Organisationsreglements unter Ziff. 11.55, S. 953 ff.
527 Böckli, Aktienrecht, § 13 Anm. 521.
528 Art. 715a Abs. 4 OR.
529 Dazu vgl. vorne Ziff. 2.2.2., S. 98 f.
530 Böckli, Aktienrecht, § 13 Rz. 217, 218; Forstmoser/Meier-Hayoz/Nobel, § 28 N 103; Wernli/Rizzi, in: Basler Kommentar, N 4 zu Art. 715a OR; Krneta, N 1047.

sichtsrecht besteht bezüglich des Aktienbuches[531] sowie der Reglemente und Protokolle des Verwaltungsrats.[532]

Die Formulierung zeigt indirekt auch, dass das Auskunftsrecht nicht einen Anspruch auf Belege oder Nachweise der erteilten Auskünfte vermittelt, sondern diesbezüglich gegebenenfalls zusätzlich ein Gesuch um Akteneinsicht gestellt werden muss. Allerdings lässt sich ein Grossteil von Auskünften wohl nur in Dokumentenform erteilen (etwa finanzielle Übersichten).

2.2.9 Abweisung eines Gesuches

Dort, wo der Präsident über ein Gesuch auf Auskunft oder Einsicht entscheiden muss, hat er seinen Entscheid nach pflichtgemässem Ermessen und einer konkreten Interessenabwägung[533] zu fällen. Weist er es ab, so kann das betroffene Verwaltungsratsmitglied an den Gesamtverwaltungsrat gelangen.[534] Dieser hat nach denselben Kriterien zu entscheiden. Seine Entscheidung ist endgültig.

Dieser Instanzenzug kann grundsätzlich nicht reglementarisch verändert werden. So kann weder eine «Zwischeninstanz» geschaffen noch ein Weiterzug (etwa an einen Aktionärsausschuss oder die Generalversammlung) vorgesehen werden.[535] Möglich ist es dagegen, für die Beschlussfassung im Gesamtverwaltungsrat ein besonderes Quorum vorzusehen (etwa so, dass das Gesuch nur als abgelehnt gilt, wenn mindestens zwei Drittel der anwesenden Verwaltungsratsmitglieder so stimmen).

2.2.10 Einzelfragen

2.2.10.1 Einsichts- und Auskunftsrecht von Beratern

Die gesetzliche Regelung im Zusammenhang mit dem Einsichts- und Auskunftsrecht lässt verschiedene Fragen offen. Problematisch ist zuerst die Geltendmachung desAuskunfts- oder Einsichtsrechts im konkreten Einzelfall durch einen damit beauftragten Berater. Es ist davon auszugehen, dass das einzelne VR-Mitglied nur Leistung (Information) an sich

---

531 BÖCKLI, Aktienrecht, § 13 Rz. 220; FORSTMOSER/MEIER-HAYOZ/NOBEL, § 43 N 92; HOMBURGER, in: Zürcher Kommentar, N 454 zu Art. 715a OR; KLÄY, 390 ff.; KRNETA, N 1026/1027; BÄCHTOLD, 125. – Eine andere Frage ist, ob und inwieweit ein Verwaltungsrat diese Kenntnis zu direkten Kontakten mit Aktionären benutzen darf. Massgebend müssen hier die Sorgfalts- und Interessenwahrungspflicht, aber auch die Organisation der Gesellschaft und namentlich die Kompetenzordnung sein. Denkbar ist ein eigenmächtiges Handeln nur, wenn Gefahr für die Gesellschaft droht und sich eine (echte!) Geschäftsführung ohne Auftrag aufdrängt.
532 BÖCKLI, Aktienrecht, § 13 Rz. 220a; KRNETA, N 1032; BÄCHTOLD, 125/126.
533 Zu den Kriterien im Einzelnen vorne Ziff. 2.2.2, S. 98 f.
534 Art. 715a Abs. 5 OR.
535 So v.a. BÖCKLI, Aktienrecht, § 13 Rz. 221. Teilweise a.M. KUNZ, Minderheitenschutz, 577 Fn. 96; BÄCHTOLD, 164.

selbst verlangen kann,[536] aber selber – falls erforderlich – einen Berater beiziehen und diesem die Information oder Unterlagen dazu zur Stellungnahme weiterleiten kann.[537]

Bei der Weitergabe von Informationen hat ein VR-Mitglied darauf zu achten, dass er seine gesetzliche Geheimhaltungspflicht nicht verletzt. Beim Beizug von registrierten Rechtsanwälten besteht diesbezüglich keine Gefahr. In anderen Fällen sollte vorab eine schriftliche Geheimhaltungserklärung abgeschlossen werden.

2.2.10.2 Einsichts- und Auskunftsrecht bei öffentlichen Unternehmen

Ist eine öffentliche Körperschaft Mehrheitsaktionärin einer privatrechtlichen Aktiengesellschaft, stellt sich die Frage, ob die öffentliche Hand ein spezielles Einsichts-, Auskunfts- oder Zutrittsrecht hat. Dies wird insbesondere dann relevant, wenn Mitglieder der Regierung direkt von Entscheidungen in der Aktiengesellschaft betroffen sind. Grundsätzlich ist dazu vorweg festzuhalten, dass die öffentliche Hand die gleichen Rechte und Pflichten hat wie jeder andere Aktionär auch. Auch wenn sie das Unternehmen mehrheitlich besitzt, darf keine Ungleichbehandlung der Aktionäre geschehen. Wird z.B. durch den Verwaltungsrat ein neuer CEO eingesetzt, darf der Mehrheitsaktionär nicht prioritär und mit anderen Informationen bedient werden als alle anderen Aktionäre auch. Vereinzelt wird geltend gemacht, die Vertreter der öffentlichen Körperschaft könnten zusätzliche Informationen verlangen, da sie an das Amtsgeheimnis gebunden seien. Dem ist jedoch entgegenzuhalten, dass es nicht um die Weitergabe von Informationen an Dritte geht, sondern um die direkte Bevorzugung der öffentlichen Hand als Aktionärin. Das Amtsgeheimnis kann deshalb in diesem Zusammenhang keine Bedeutung erlangen.[538] Zu börsenkotierten Unternehmen hat die SIX-Group wie folgt Stellung genommen:[539]

1. Eine Vorabinformation des Präsidenten und der Mitglieder der Exekutive über grundsätzlich kursrelevante Aspekte ist zulässig. Würde der Personenkreis erweitert, müsste die Sachlage neu beurteilt werden.

2. Wenn gegenüber den Mitgliedern der Exekutive Tatsachen von öffentlichem Interesse bekannt werden, sind diese von Gesetzes wegen nicht an eine Geheimhaltungspflicht gebunden. Aufgrund dieser Ausgangslage müssen die Mitglieder der Exekutive den Verwaltungsrat des öffentlichen Unternehmens informieren, wenn sie Information als solche von öffentlichem Interesse betrachten und diese Dritten mitteilen wollen. Der Verwaltungsrat des öffentlichen Unternehmens hat vor der Veröffentlichung dieser Tatsachen durch die Exekutive die Ad-hoc-Relevanz der Information zu prüfen. Ist diese gegeben, hat eine Ad-hoc-Mitteilung durch den Verwaltungsrat des öffentlichen Unternehmens gegenüber der SIX zu erfolgen.

3. Tritt ein Informationsleck auf, so hat der Verwaltungsrat des öffentlichen Unternehmens die SIX unverzüglich zu informieren.

---

536 Kritisch namentlich Böckli, Aktienrecht, § 13 Rz. 180 und 219a; Krneta, N 1013 und 1047; a.A. Kunz, Auskunfts- und Einsichtsrechte, 579; Weber, Vertretung, 3. Vgl. auch Hungerbühler, 78.
537 Vgl. die soeben Zitierten. Allerdings sollte die Beratung durch Dritte die Ausnahme bleiben und jedes Mitglied in der Lage sein, das Amt und die damit im konkreten Fall verbundene Funktion eigenständig auszuüben.
538 Schedler/Müller/Sonderegger, 115.
539 Stellungnahme der SIG-Group vom 16.9.2013 per E-Mail, publiziert in Schedler/Müller/Sonderegger, 116.

2.2.10.3 Auskunftsrecht und Arztgeheimnis

Verwaltungsräte von Kliniken, Spitälern, Pflegeheimen oder ähnlichen Institutionen mit medizinischen Leistungen werden insbesondere in folgenden Fällen mit der Problematik des Arztgeheimnisses konfrontiert:

- Angehörige erheben Vorwürfe gegenüber einem behandelnden Arzt und verlangen vom Verwaltungsrat der entsprechenden Gesellschaft Massnahmen, damit ähnliche Behandlungsfehler nicht mehr vorkommen können.
- In den Medien erscheinen Berichte, wonach Ärzte einer Klinik unerlaubte Behandlungen durchführen würden und der entsprechende Verwaltungsrat unternehme nichts dagegen.

Der Verwaltungsrat ist nach Art. 716a Abs. 1 Ziff. 1 OR zur Oberleitung der Gesellschaft und zur Erteilung der notwendigen Weisungen verpflichtet. Er hat deshalb alles ihm Zumutbare zu unternehmen, um nicht nur die Sicherheit und Gesundheit der eigenen Mitarbeiter, sondern auch diejenige der Kunden bzw. Patienten zu schützen. Erfährt ein Verwaltungsrat von konkreten Gesundheitsgefährdungen, so muss er Massnahmen zu deren Beseitigung treffen. Tut er dies nicht, kann er sowohl strafrechtlich (vgl. den unveröffentlichten Bundesgerichtsentscheid 6S.87/2003 vom 6. Juni 2003) als auch zivilrechtlich (gestützt auf Art. 754 Abs. 1 OR) zur Verantwortung gezogen werden.

Damit der Verwaltungsrat seine Oberleitungspflicht wahrnehmen kann, ist er gemäss Art. 715a Abs. 1 OR dazu berechtigt, Auskunft über alle Angelegenheiten der Gesellschaft zu verlangen. Insbesondere steht jedem einzelnen Mitglied des Verwaltungsrates das Recht zu, dem Präsidenten des Verwaltungsrates einen Antrag auf Einsicht in Bücher und Akten zu stellen, soweit dies für die Erfüllung einer Aufgabe erforderlich ist. Damit wäre es dem Verwaltungsrat einer Klinik grundsätzlich auch möglich, Einsicht in die Patientendaten zu nehmen. Allerdings bestehen eidgenössische und kantonale Vorschriften des Datenschutzes zur Wahrung der Patienteninteressen, welche dem Auskunftsrecht des Verwaltungsrates zuwiderlaufen.

Das Bundesgesetz über den Datenschutz[540] erfasst gemäss Art. 3 lit. a alle Angaben, die sich auf eine bestimmte oder bestimmbare Person beziehen. Insbesondere zählen dazu auch Daten über die Gesundheit, also z.B. Aufzeichnungen über den Verlauf einer Behandlung, Symptombeschreibungen, Diagnosen, Verordnungen, Reaktionen, Laborresultate und Röntgenbilder. Dies wird im Leitfaden für die Bearbeitung von Personendaten im medizinischen Bereich, hrsg. vom eidg. Datenschutzbeauftragten, klargestellt.[541]

In Bezug auf Gesundheitsdaten ist im Weiteren die ärztliche Schweigepflicht im Sinne von Art. 321 StGB relevant. Diese umfasst die Pflicht der Ärzte, Zahnärzte, Apotheker, Hebammen sowie ihrer Hilfspersonen, Informationen, die ihnen im Rahmen der beruflichen Tätigkeit anvertraut worden sind, oder die sie bei deren Ausübung wahrgenommen haben, geheimzuhalten. Patientendaten dürfen dementsprechend gegenüber Dritten (wozu auch der Verwaltungsrat zählt) nur offenbart werden, wenn eine Entbindungserklärung des Patienten vorliegt, oder ein Gesetz dies erlaubt. Die ärztliche Schweigepflicht ist weit auszulegen, weshalb selbst die Weitergabe von Gesundheitsdaten an andere Ärzte oder

---

540 DSG, SR 235.1.
541 Letzte Änderung 31.1.2006; abrufbar unter www.edoeb.admin.ch/datenschutz.

Medizinalpersonen nur unter besonderen Umständen zulässig ist (vgl. den angeführten Leitfaden S. 25). Ein unbeschränktes Auskunftsrecht des Verwaltungsrates bzw. ein entsprechendes Einsichtsrecht in die Patientendaten ist deshalb trotz Art. 715a Abs. 1 OR ausgeschlossen.

Nach den Angaben des eidg. Datenschutzbeauftragten[542] kann der Verwaltungsrat in den folgenden Fällen von den angestellten Medizinalpersonen Auskunft verlangen bzw. Einsicht in die entsprechenden Unterlagen nehmen:

- Die Einwilligung des Patienten liegt vor.
- Der Arzt kann an der Weitergabe ein überwiegendes Privates Interesse geltend machen.
- Die Weitergabe ist durch ein öffentliches Interesse oder ein Gesetz gerechtfertigt.

In den meisten Fällen wird dem Verwaltungsrat zur Abklärung von Vorwürfen, zur Evaluation von Risiken oder Qualifikation der leitenden Arbeitnehmer die Einsichtnahme in anonymisierte Daten genügen. Solange besteht auch kein Konflikt mit dem Datenschutzgesetz oder der ärztlichen Schweigepflicht. Genügen jedoch anonymisierte Daten nicht, so soll der Verwaltungsrat mit dem zuständigen Kantonsarzt Kontakt aufnehmen. Dieser kann bei entsprechender Notwendigkeit den betroffenen Arzt von seiner Schweigepflicht entbinden.

2.2.10.4 Erstellen von Kopien und Abschriften

Nicht selten stellt sich die Frage, ob das Auskunfts- und Einsichtsrecht auch das Recht einschliesst, von Gesellschaftsdokumenten Kopien anzufertigen.[543] Akut wird die Frage insbesondere bei vertraulichen Akten oder Berichten.

Wenn es sich um öffentlich zugängliche Dokumente handelt (bspw. solche, die beim Handelsregister oder bei einer Aufsichtsbehörde eingereicht werden müssen und dort einsehbar sind), können uneingeschränkt Kopien und Abschriften gemacht werden.

Im Übrigen ist eine Interessenabwägung vorzunehmen, wobei das Gesellschaftsinteresse im Vordergrund zu stehen hat. Demgegenüber tritt das Interesse des einzelnen VR-Mitglieds in den Hintergrund, in der Zukunft die Kopien als Beweismittel in einem Gerichts- oder Verwaltungsverfahren benutzen zu können.

2.2.10.5 Durchsetzung und Ende des Einsichts-, Auskunfts- und Zutrittsrechts

Eher selten stellt sich die Frage, wie sich das Einsichts-, Auskunfts- und Zutrittsrecht gegebenenfalls durchgesetzt werden kann und gegen wen eine diesbezügliche Leistungsklage erhoben werden könnte.[544] Nach dem Urteil eines Genfer Gerichts, das eine Leistungsklage abgelehnt hat,[545] bleibt nur die Feststellung, dass kein wirksamer Rechtsschutz be-

---

542 Leitfaden für die Bearbeitung von Personendaten im medizinischen Bereich, 24.
543 Generell ablehnend BÖCKLI, Aktienrecht, § 13 Rz. 219; HOMBURGER, in: Zürcher Kommentar, N 499 zu Art. 715a OR; WERNLI/RIZZI, in: Basler Kommentar, N 11 zu Art. 715a OR; KRNETA, N 1034 und 1045; ROTH PELLANDA, Organisation, 331; BÄCHTOLD, 87.
544 Zum Meinungsstand vgl. BÖCKLI, Aktienrecht, § 13 Rz. 222 ff. und Anm. 541 und 545. Vgl. auch die Kontroverse zwischen BÖCKLI und ANDRÉ ALOYS WICKI (zitiert bei BÖCKLI, Aktienrecht, § 13 Anm. 546).
545 Cour Civile de Genève i.S. Société Générale de Surveillance, Urteil vom 8. Oktober 1999, publiziert in SJ 2000, 437.

steht. Das ist unbefriedigend; allerdings lassen sich die Umsetzungsprobleme einer Leistungsklage unter dem geltenden Recht kaum lösen.[546]

Die vorgängige Geltendmachung des Auskunfts- und Einsichtsrecht als Verwaltungsrat wird nicht verlangt, wenn ein Mitglied des Verwaltungsrats – als Aktionär – eine Sonderprüfung verlangt.[547]

Das Auskunfts- und Einsichtsrecht endet mit der Beendigung des Verwaltungsratsmandats (durch Ende der Amtsdauer, Rücktritt oder Abwahl). Im Fall eines späteren Verantwortlichkeits- oder Honorarprozesses kann der beweispflichtige Verwaltungsrat im dafür vorgesehenen Verfahren Dokumente von der Gesellschaft edieren oder Informationen durch Zeugenaussagen erstellen lassen.[548]

2.2.11 Informationsrechte im Konzern

In Konzernverhältnissen umfasst das Informationsrecht der Verwaltungsratsmitglieder der Muttergesellschaft auch Informationen über die Tochtergesellschaften.[549] Die Information ist in der Regel indirekt, über das Konzernweisungsrecht zu beschaffen.[550] Eine direkte Kontaktnahme des auskunftsbegehrenden Verwaltungsratsmitglieds der Muttergesellschaft mit Organpersonen von Tochtergesellschaften geht nicht an[551] und würde sich bei ausländischen Tochtergesellschaften auch nach dem (Konzern-)Recht am Ort des Sitzes der ausländischen Tochtergesellschaft richten. Zu bedenken ist, dass direkte Einflussnahmen allenfalls Rechtsfolgen aus faktischer Organschaft o.Ä. auslösen können.[552]

> **Empfehlung:**
> Im Rahmen konzerninterner Weisungen sollte auch das Informationsrecht der Verwaltungsräte der Muttergesellschaft und die Art und Weise von deren Ausübung geregelt werden.

Zum Informationsrecht der Verwaltungsräte von (schweizerischen) Tochtergesellschaften vgl. hinten Ziff. 9.6.4.1, S. 674. Soweit die Tochtergesellschaft bestimmte betriebswirtschaftliche Funktionen an die Mutter- oder besondere Managementgesellschaften übertragen, müsste auch eine Möglichkeit geschaffen werden, welche den Verwaltungsräten der Tochtergesellschaften die erforderlichen Informationen zur Ausübung der übertragenen Funktionen und Erledigung der diesbezüglichen Aufgaben bei der Mutter- oder Managementgesellschaft sicherstellt.[553] Auch dies ist sinnvollerweise in konzerninternen Weisungen zu regeln.

---

546 Auf diese weist zu recht BÖCKLI, Aktienrecht, § 13 Rz. 222 ff. hin.
547 Dazu vgl. BÖCKLI, Aktienrecht, § 13 Rz. 235a.
548 BÖCKLI, Aktienrecht, § 13 Rz. 181; vgl. BGE 129 III 501.
549 BÖCKLI, Aktienrecht, § 13 Rz. 182; FORSTMOSER/MEIER-HAYOZ/NOBEL, § 28 N 108; HOMBURGER, in: Zürcher Kommentar, N 482 zu Art. 715a OR; KRNETA, N 962 und 1018; WERNLI/RIZZI, in: Basler Kommentar, N 4 zu Art. 715a OR; DRUEY, Informationsrecht, 51 f.; BÄCHTOLD, 76.
550 BÖCKLI, Aktienrecht, § 13 Rz. 182 und 183.
551 BÖCKLI, Aktienrecht, § 13 Rz. 183; FORSTMOSER/MEIER-HAYOZ/NOBEL, § 28 N 101 und Fn. 55; KRNETA, N 1004.
552 BÖCKLI, Aktienrecht, § 13 Rz. 184.
553 Ähnlich BÖCKLI, Aktienrecht, § 13 Rz. 182.

2.3 Recht auf Sitzungseinberufung

2.3.1 Zeitpunkt

Es existiert keine gesetzliche Regelung, wann Verwaltungsratssitzungen einberufen werden müssen und welche Fristen dabei zu wahren sind.[554] Lediglich Art. 715 OR schreibt vor, dass jedes Mitglied des Verwaltungsrates unter Angabe der Gründe die unverzügliche Einberufung einer Sitzung vom Präsidenten[555] verlangen kann. Es besteht demnach ein gesetzliches Recht, dessen konkrete Ausgestaltung jedoch der Praxis und dem Richter überlassen bleibt.[556] Verbreitet ist, pro Quartal eine Verwaltungsratssitzung durchzuführen.[557] Auf den Fall, dass keine VR-Sitzung verlangt wird, ist der Gesetzgeber nicht eingegangen. Vielmehr wird im Hinblick auf den Aufgabenkatalog von Art. 716a OR stillschweigend vorausgesetzt, dass der VR als Gremium aus eigenem Antrieb Sitzungen abhält. Dies zeigt sich an Art. 715a OR, wonach in den VR-Sitzungen alle VR-Mitglieder und auch die mit der Geschäftsführung betrauten Personen zur Auskunft verpflichtet sind.[558]

Bei grösseren Verwaltungsräten ist es meist sehr schwierig, einen Sitzungszeitpunkt festzulegen, der allen Mitgliedern passt; in solchen Gesellschaften werden Termine für ordentliche Verwaltungsratssitzungen lange Zeit im Voraus festgelegt. Wird nicht gleich bei der Abhaltung einer Verwaltungsratssitzung auch festgelegt, wann die nächste Sitzung stattfinden soll, dann sollte die Sitzungseinberufung so früh wie möglich erfolgen. Wird das Recht der Verwaltungsratsmitglieder auf Sitzungsteilnahme dadurch umgangen, dass die Einladung zur nächsten Sitzung wiederholt zu kurzfristig erfolgt, so müsste dies als Rechtsmissbrauch im Sinne von Art. 2 Abs. 2 ZGB qualifiziert werden. Liegt jedoch ein Fall grosser zeitlicher Dringlichkeit vor, beispielsweise bei drohender Überschuldung, Streik, Betriebsunfall etc., so kann eine Verwaltungsratssitzung auch sehr kurzfristig, also beispielsweise auf den nächsten Tag oder mittels Telefonkonferenz noch am gleichen Tag, einberufen werden. Entsprechend haben auch die Verwaltungsräte alles daran zu setzen, anderweitige Termine abzusagen und an dieser wichtigen Verwaltungsratssitzung teilzunehmen.

Empfehlung:
Um dem Vorwurf des Rechtsmissbrauchs zu begegnen, sollten die Einladungen zu Verwaltungsratssitzungen so früh wie möglich erfolgen. Noch besser ist eine konkrete Regelung im Organi-

---

554 Vgl. die Auflistung der gesetzlichen Regelungen im Zusammenhang mit VR-Sitzungen bei MÜLLER, VR-Sitzung, 45. Eine formelle Einberufung entfällt bei Einmann-Verwaltungsräten. Auch in solchen Fällen sind die Beschlüsse zu protokollieren.
555 Zu dessen Kompetenzen vgl. BÖCKLI, Aktienrecht, § 13 Rz. 113; KRNETA, N 739; WERNLI/RIZZI, in: Basler Kommentar, N 8 zu Art. 715 OR.
556 In einem singulären Entscheid (unveröffentlichtes Urteil des Zuger Kantonsgerichtspräsidenten vom 23. November 1976) wurde eine Klage gegen den säumigen Verwaltungsratspräsidenten gutgeheissen und berief der Richter ersatzweise selbst eine Verwaltungsratssitzung ein. Das Recht des einzelnen Verwaltungsrats auf die Einberufung einer Sitzung kann nicht in den Statuten oder im Organisationsreglement reduziert werden (etwa darauf, dass es nur einer qualifizierten Minderheit des Verwaltungsrats zusteht); vgl. BÖCKLI, Aktienrecht, § 13 Rz. 115; VISCHER/ENDRASS, 406.
557 Für dringende Geschäfte werden häufig Telefonkonferenzen abgehalten.
558 MÜLLER, VR-Sitzung, 45.

sations- und Geschäftsreglement wie folgt: «Die Einberufung erfolgt mindestens fünf Werktage vor dem Sitzungstag. In dringenden Fällen kann diese Frist verkürzt werden.»

2.3.2 Form

Auch bezüglich der Form der Sitzungseinberufung enthält das Gesetz keine Regelung. Damit sind sowohl mündliche als auch schriftliche Sitzungseinberufungen möglich. Im Hinblick auf die modernen Kommunikationstechniken (Telefon, Telefax, E-Mail) ist der Verzicht des Gesetzgebers auf weitere Detailregelung zweifellos richtig.

Selbst in dringenden Fällen empfiehlt sich aus Beweisgründen die schriftliche Sitzungseinberufung. Derselbe Zweck wird auch durch Bestätigung einer bereits ausgesprochenen mündlichen Einberufung erfüllt.

Um die Verwaltungsratssitzung effizient durchführen zu können, sollte die Einladung zur Sitzung des Verwaltungsrates unter möglichst detaillierter Angabe der Traktanden erfolgen. Sind bereits Anträge oder Entscheidungsgrundlagen schriftlich vorhanden, so sollen diese zur Vorbereitung ebenfalls den Verwaltungsratsmitgliedern zugestellt werden.[559] Allerdings sieht das Gesetz nicht vor, dass der Verwaltungsrat nur über traktandierte Gegenstände beschliessen kann.[560]

Werden einzelne Verwaltungsratsmitglieder – bewusst oder unbewusst – nicht zu einer Sitzung eingeladen, bzw. von einer solchen ohne wichtigen Grund ausgeschlossen, so sind die entsprechenden Verwaltungsratsbeschlüsse nach Art. 714 OR nichtig.[561]

Eine besondere Form der Sitzungseinberufung stellt der Zirkulationsbeschluss dar.[562] Dabei werden Einladung und Protokollführung gleichsam zusammengefasst, da die «Sitzung» an verschiedenen Orten, allenfalls sogar zu verschiedenen Zeiten stattfindet. Diese Form der Abstimmung ist gelegentlich notwendig, da im schweizerischen Recht auf der strategischen Führungsebene keine briefliche Stimmabgabe und auch keine Stellvertretung zulässig sind. In solchen Fällen ist nicht nur über die Anträge selbst, sondern auch über das Verfahren abzustimmen. Verlangt auch nur ein einziges VR-Mitglied die persönliche Besprechung, muss auf dem ordentlichen Weg eine VR-Sitzung zugelassen werden. Möglich sind zumindest aber auch in solchen Fällen Telefon- oder Videokonferenzen, um die Abstimmung zu beschleunigen.[563]

---

559 Hinten unter Ziff. 11.26, S. 847 ff., ist das Muster einer Einladung zur Verwaltungsratssitzung abgedruckt. Zu den Sitzungsunterlagen vgl. auch Dubs, VR-Sitzung, 39 ff. Problematisch sind sog. Tischvorlagen; Böckli, Aktienrecht, § 13 Rz. 115c.
560 Vgl. Böckli, Aktienrecht, § 13 Rz. 113a unter Hinweis auf Homburger, in: Zürcher Kommentar N 281 ff. zu Art. 713 OR; Krneta, N 735 ff.; Wernli/Rizzi, in: Basler Kommentar, N 8 zu Art. 715 OR.
561 Ebenso Homburger, in: Zürcher Kommentar, N 366 zu Art. 714; Wernli/Rizzi, in: Basler Kommentar, N 5 zu Art. 713 OR; Böckli, Aktienrecht, § 13 Rz. 113b und 275.
562 Näheres dazu hinten unter Ziff. 3.6.4, S. 272 ff.; das Muster eines Zirkulationsbeschlusses ist hinten unter Ziff. 11.105, S. 1171 ff., abgedruckt.
563 Müller, VR-Sitzung, 48.

2.3.3 Häufigkeit

Nachdem schon das Gesetz keine bestimmte Anzahl von Verwaltungsratssitzungen pro Jahr vorschreibt, kann auch hier keine allgemeingültige Zahl angegeben werden. Die nachfolgenden Überlegungen führen jedoch zum Schluss, dass in einer finanziell gesunden Gesellschaft je nach Umfang und Risiko der Geschäftstätigkeit im Minimum *drei bis vier Sitzungen pro Jahr* notwendig sind, um eine ordnungsgemässe Geschäftsführung zu gewährleisten.[564] Bei mittleren Unternehmen sind fünf bis sechs Sitzungen pro Jahr zu empfehlen, bei grossen Unternehmen angemessen mehr. Die Implementierung von VR-Ausschüssen kann mithelfen, die Zahl der VR-Sitzungen gering zu halten.

An der Generalversammlung muss der Geschäftsbericht des Verwaltungsrates vorgelegt werden. Gleichzeitig muss gegebenenfalls ein Antrag auf Verwendung des Bilanzgewinns gestellt werden. Allein schon daraus lässt sich ableiten, dass zumindest folgende drei Sitzungen notwendig sind:
– Besprechung des vergangenen Geschäftsjahres und der provisorischen Jahresrechnung zur Vorbereitung des Geschäftsberichts und des Antrags auf Verwendung des Bilanzgewinns;
– Vorbereitung der Generalversammlung durch Festlegung von Zeit, Ort und Traktanden sowie Vorlage von Geschäftsbericht und Revisionsbericht;
– Vollzug der Generalversammlungsbeschlüsse, insbesondere Dividendenausrichtung und allfällige Mutationen im Handelsregister.

Die unübertragbaren Aufgaben des Verwaltungsrates gemäss Art. 716a OR machen jedoch unabhängig von Krisensituationen noch zusätzliche Sitzungen erforderlich für:
– Festlegung der Unternehmensziele;
– Erstellung des Budgets und der Liquiditätsplanung[565];
– Einstellung, Entlassung oder Änderung der Anstellungsbedingungen von leitenden Angestellten;
– Oberaufsicht über die Geschäftsführung, insbesondere durch Besprechung der verlangten Rapporte;
– Behandlung von Anträgen der einzelnen Verwaltungsratsmitglieder oder der Geschäftsführung.

Insbesondere in Krisensituationen (angespannte Liquidität, drohende Überschuldung, Produktehaftungen etc.) ist die Sitzungshäufigkeit zu steigern, um rasch und effizient reagieren zu können.[566]

Empfehlung:
Im November des Vorjahres sollte der Sitzungsplan für das Folgejahr anhand eines Führungskalenders festgelegt werden. Pro Jahr sind mindestens vier Sitzungen abzuhalten. Bei ausseror-

---

564 Ebenso DRUEY, Verantwortlichkeit, 121, mit dem Vermerk, dass es sich um gut vorbereitete Sitzungen handeln muss. Hinten unter Ziff. 11.30, S. 862, ist das Muster eines Führungskalenders abgedruckt; daraus wird ersichtlich, dass zur Behandlung aller jährlich auffallenden Diskussionspunkte mindestens fünf Sitzungen und zusätzlich die Teilnahme an einem Strategiemeeting nötig sind.
565 Dazu findet sich ein Muster hinten in Ziff. 11.43, S. 926 ff.
566 Zu den notwendigen Massnahmen in solchen Situationen vgl. MÜLLER, Krisensituationen, 8 ff.

dentlichem Geschäftsverlauf ist die Sitzungshäufigkeit zu erhöhen. Je besser die Sitzung vorbereitet wird, um so mehr kann behandelt werden und um so weniger Sitzungen sind notwendig.

2.3.4 Voraussetzungen

Aktionäre können nur dann die Einberufung einer Generalversammlung verlangen, wenn sie zusammen mindestens 10 Prozent des Aktienkapitals vertreten.[567] Eine derartige Einschränkung besteht beim Recht des Verwaltungsrates auf Einberufung einer Sitzung nicht. Gemäss Art. 715 OR kann jedes Mitglied des Verwaltungsrates unter Angabe der Gründe[568] vom Präsidenten die unverzügliche[569] Einberufung einer Sitzung verlangen.[570] Wie viele Aktien der gesuchstellende Verwaltungsrat besitzt und wie wichtig die von ihm genannten Gründe sind, ist für das Recht auf Einberufung einer Sitzung ohne Bedeutung. Immerhin wird man verlangen dürfen, dass das vorgelegte Begehren überhaupt in die Kompetenz des Verwaltungsrats fällt und darüber ein rechtsgültiger Beschluss gefasst werden kann. Gesetzliche Formvorschriften für das Begehren um Einberufung einer Verwaltungsratssitzung bestehen keine:[571] allerdings kann das Organisationsreglement verlangen, dass Einberufungsbegehren schriftlich gestellt werden.[572]

In Art. 715a Abs. 5 OR wird dem Gesamtverwaltungsrat die Entscheidungskompetenz übertragen für den Fall, dass der Präsident ein Gesuch um Auskunft, Anhörung oder Einsicht ablehnt. Eine analoge Bestimmung zur Einberufung einer Sitzung fehlt. Daraus muss geschlossen werden, dass dem Präsidenten kein diesbezüglicher Entscheidungsspielraum zusteht. Verlangt ein Verwaltungsratsmitglied ordnungsgemäss, unter Angabe der Gründe, die unverzügliche Einberufung einer Sitzung, so hat der Präsident dieser Aufforderung ebenso unverzüglich nachzukommen.[573] Tut er dies nicht, verletzt er seine gesetzliche Pflicht und wird für allenfalls daraus resultierenden Schaden haftbar.[574] Gleichzeitig ist an seiner Stelle nunmehr der Vizepräsident, oder falls dies die Statuten vorsehen, der Delegierte des Verwaltungsrates zur Einberufung der anbegehrten Sitzung zuständig.[575]

Immerhin darf der Präsident das Einberufungsbegehren begründet zurückweisen, wenn es auf die Fassung eines ungültigen Beschlusses gerichtet oder sonst rechtsmissbräuchlich

---

567 Art. 699 Abs. 3 OR; vgl. dazu ausführlich hinten Ziff. 7.1.2, S. 462 ff.
568 Damit sind nicht bereits Traktanden oder Anträge gemeint; BÖCKLI, Aktienrecht, § 13 Rz. 114; a.M. KRNETA, N 900.
569 Eine gesetzliche Frist besteht nicht. Vgl. VISCHER/ENDRASS, 406; ERB, 8.
570 Vgl. allgemein BÖCKLI, Aktienrecht, § 13 Rz. 113 ff.; FORSTMOSER/MEIER-HAYOZ/NOBEL, § 28 N 115 und § 31 N 6; HOMBURGER, in: Zürcher Kommentar, N 432 zu Art. 715 OR; KRNETA, N 735/36 und 900 ff.; WERNLI/RIZZI, in: Basler Kommentar, N 4 f. zu Art. 715 OR; ERB, 6 ff.
571 Vgl. VISCHER/ENDRASS, 406; ERB, 8.
572 ERB, 8; VISCHER/ENDRASS, 406.
573 Vgl. HOMBURGER, in: Zürcher Kommentar, N 433 und 435 zu Art. 715 OR; WERNLI/RIZZI, in: Basler Kommentar, N 4 f. zu Art. 715 OR; FORSTMOSER/MEIER-HAYOZ/NOBEL, § 28 N 115.
574 MÜLLER, VR-Sitzung, 46.
575 Vgl. auch das unveröffentlichte Urteil des Zuger Kantonsgerichtspräsidenten vom 23. November 1976; hier wurde eine Klage gegen den säumigen Verwaltungsratspräsidenten gutgeheissen und berief der Richter ersatzweise selbst eine Verwaltungsratssitzung ein.

ist.[576] Der überwiegende Teil der Literatur ist der Meinung, dass ein Einberufungsbegehren mit einer Klage gegen die Gesellschaft durchgesetzt werden kann.[577]

> **Empfehlung:**
> In den Statuten sollte eine «Ersatzregelung» für den Fall getroffen werden, dass der Präsident verhindert ist. «Der Präsident, bzw. im Fall seiner Verhinderung, der Vizepräsident, berufen Sitzungen der Verwaltungsräte ein.»

Die Mitglieder des Verwaltungsrates sind ohne gegenteilige Statutenbestimmung grundsätzlich nicht berechtigt, selbst Verwaltungsratssitzungen einzuberufen. Sie können lediglich vom Präsidenten die unverzügliche Einberufung verlangen. Umgekehrt bedeutet dies aber, dass der Präsident jederzeit eine Verwaltungsratssitzung einberufen kann, ohne dass besondere Voraussetzungen erfüllt sein müssen.

> **Empfehlung:**
> In den Statuten sollte die Einberufung von VR-Sitzung konkret geregelt werden, beispielsweise durch folgende Formulierung: «Sitzungen des Verwaltungsrates werden vom Präsidenten oder vom Vizepräsidenten einberufen.»

2.3.5 Traktanden

Keine Sitzung ohne Traktandenliste![578] Diese allgemeine Empfehlung für eine erfolgreiche Sitzung gilt selbstverständlich auch für Verwaltungsratssitzungen.[579] Eine zusammen mit der Einladung verschickte schriftliche Traktandenliste hat folgende Vorteile:
- verbesserte Möglichkeit der Sitzungsvorbereitung durch jeden Teilnehmer
- klare Verhandlungsführung (ohne Gefahr, einen Punkt zu vergessen)
- optimale Einteilung der zur Verfügung stehenden Zeit
- Zurückführung der Sitzungsteilnehmer auf das Traktandum bei abschweifenden Voten
- Erleichterung der Protokollführung.

Nicht auf die Traktandenliste gehören die entsprechenden Anträge.[580] Diese sind auf der separaten VR-Dokumentation anzuführen.[581]

In welcher Reihenfolge die Traktanden (Tagungsordnungspunkte) aufzustellen sind, wird wohl nur in seltenen Fällen reglementarisch festgelegt sein. In der Praxis hat sich jedoch gezeigt, dass mit Vorteil als erstes Traktandum das Protokoll der letzten Sitzung zur Be-

---

576 Vgl. dazu VISCHER/ENDRASS, 408.
577 Vgl. VISCHER/ENDRASS, 410, mit Einzelheiten; ERB, 12 ff.; WERNLI/RIZZI, in: Basler Kommentar, N 7 zu Art. 715 OR; HOMBURGER, in: Zürcher Kommentar, N 435 zu Art. 715 OR; KRNETA, N 905 zu Art. 715 OR; RHEIN, 86 ff.
578 MÜLLER, Protokollführung, 24; vgl. auch BOSSHART/BRUNNER, 43: Selbst wenn eine Traktandenliste nicht schriftlich vorliegt, so existiert sie doch im Kopf des Verhandlungsleiters. Zur Traktandenliste ausführlich DUBS, VR-SITZUNG, 25 ff.
579 Vgl. dazu ausführlicher VISCHER/ENDRASS, 459, mit weiteren Hinweisen und Belegen.
580 A.M. VISCHER/ENDRASS, 409.
581 Vgl. dazu das Muster einer Sitzungsdokumentation unter Ziff. 11.82, S. 1088.

sprechung bzw. Genehmigung festgesetzt wird. Damit ist einerseits allen Sitzungsteilnehmern wieder klar, was beim letzten Mal besprochen wurde, und es kann gleichzeitig festgestellt werden, welche Beschlüsse bzw. Massnahmen noch nicht ausgeführt worden sind und weshalb.

Als zweites Traktandum wird gelegentlich «Mitteilungen» vorgeschlagen. Tatsächlich werden jedoch darunter meistens nur jene Mitteilungen bekannt gegeben, welche den Zeitraum seit der letzten Sitzung betreffen und überdies direkt mit der Gesellschaft zusammenhängen. Dies gilt jedoch zweifellos auch für die Geschäftsentwicklung während dieser Zeit. Es empfiehlt sich deshalb, als zweites Traktandum den Geschäftsgang im Sinne eines Oberbegriffes zu wählen. Darunter können alle bereits bekannten Punkte im Zusammenhang mit den Gesellschaftsaktivitäten aufgeführt werden, welche an der Sitzung besprochen werden sollen.

Entsprechend ihrer Wichtigkeit folgen sodann die übrigen Traktanden. Dabei ist es zweckmässig, bei den Einladungen so weit als möglich die gleiche Reihenfolge mit den gleichen Bezeichnungen beizubehalten. Dies führt zu einem rationellen Sitzungsrhythmus. In den meisten Sitzungen zu behandeln sind dabei die weiteren Traktanden: «Personelles», «Immobilien» und «Nächste Sitzung». Selbstverständlich können bei Bedarf auch andere oder zusätzliche Traktanden vorkommen, so beispielsweise zur Vorbereitung der Generalversammlung.[582]

Wenn CEO und allenfalls auch CFO regelmässig an den VR-Sitzungen mit beratender Stimme teilnehmen, ist als letztes Traktandum stets «VR Interne Geschäfte» vorzusehen. Bei diesem Traktandum haben die GL-Mitglieder (welche nicht gleichzeitig VR-Mitglieder sind) die VR-Sitzung zu verlassen.[583] Damit wird es den VR-Mitgliedern ermöglicht, über einzelne Punkte auch ohne die GL-Mitglieder zu diskutieren.

Alle Besprechungspunkte, welche von untergeordneter Bedeutung sind und keinem Haupttraktandum zugeordnet werden können, sollen unter dem Sammeltraktandum «Diverses» zusammengefasst werden. Dies erleichtert wiederum die Verhandlungsführung, Zeiteinteilung und Protokollierung. Gleichzeitig wird dadurch das Schlusstraktandum «Allgemeine Umfrage» entlastet.

Es lohnt sich, beim Erstellen der Traktandenliste stets folgende zwei Fragen im Kopf zu behalten:[584] Muss der Punkt wirklich traktandiert werden oder lässt er sich auch auf andere Art erledigen? Soll nur informiert werden oder ist ein Entscheid zu fällen? Sitzungen können effizienter abgehalten werden, wenn sie mit einer klar strukturierten und gestrafften Traktandenliste geführt werden.

---

582 Das Beispiel für eine derartige Traktandenliste findet sich im Muster einer Einladung zu einer ordentlichen Verwaltungsratssitzung hinten unter Ziff. 11.26, S. 847 ff. Ein Muster für die Einladung zu einer Strategietagung befindet sich hinten in Ziff. 11.25, S. 844 ff.
583 MÜLLER, VR-Sitzung, 48.
584 In Anlehnung an DUBS, VR-SITZUNG, 25 f.

2.4 Weisungsrecht

2.4.1 Bedeutung

Die Oberleitung der Gesellschaft und die Erteilung der nötigen Weisungen gehört nach Art. 716a Abs. 1 Ziff. 1 OR zu den unübertragbaren und unentziehbaren Aufgaben des Verwaltungsrates.[585] Zwischen dieser Oberleitung und dem Recht zur Erteilung von Weisungen besteht ein enger Zusammenhang. Ohne Weisungsrecht könnte die Oberleitung der Gesellschaft nicht im gesetzlich vorgeschriebenen Umfang ausgeübt werden. Die Einhaltung der Weisungen muss – namentlich durch ein entsprechendes Informationssystem – überwacht werden. Das Weisungsrecht resultiert einerseits aus der Organstellung des Verwaltungsrates und andererseits aus seiner Stellung als Vertreter der Gesellschaft im arbeitsvertraglichen Verhältnis zu Mitarbeitern.

Das Weisungsrecht[586] des Verwaltungsrates erstreckt sich sowohl in horizontaler als auch in vertikaler Richtung. Es gilt demnach sowohl innerhalb des Verwaltungsrates als auch nach unten gegenüber den Mitarbeitern. In horizontaler Hinsicht geht es insbesondere darum, dass sich Weisungen in protokollierten Verwaltungsratsbeschlüssen niederschlagen und einen Verwaltungsrat aus der Mitte des Gremiums verpflichten.

Ganz besonders wichtig ist das Weisungsrecht des Verwaltungsrates bei erfolgter Delegation der Geschäftsführung. Das Verhältnis von Gesellschaft, vertreten durch den Verwaltungsrat, und Geschäftsleitung ist nämlich als Arbeitsvertrag im Sinne von Art. 319 ff. OR zu qualifizieren. Beim Arbeitsvertrag ist aber gerade das Weisungsrecht ein wesentliches Kriterium.[587] Gestützt auf Art. 321d OR, ist demnach der Verwaltungsrat berechtigt, nicht nur der Geschäftsleitung, sondern allen Arbeitnehmern der Gesellschaft Konkretisierungsweisungen und auch Verhaltensweisungen zu erteilen.[588]

Weisungen ergehen entweder generell-abstrakt (in Reglementen) oder individuell-konkret. *Konkretisierungsweisungen* umfassen Zielanweisungen und Fachanweisungen. Die zu verrichtende Arbeit wird durch sie genauer bestimmt. Als Konkretisierungsweisungen sind u.a. Angaben über Ort, Art, Umfang und Organisation der Arbeit zu verstehen. Der Verwaltungsrat wird sich darauf beschränken können, Konkretisierungsweisungen für die oberste Führungsstufe zu erlassen. Diese kann dann ihrerseits die notwendigen Konkretisierungsweisungen für die unteren Führungsstufen und Arbeitnehmer erteilen.

Verhaltensweisungen regeln das Verhalten aller Arbeitnehmer im gesamten Betrieb oder in bestimmten Räumen. Unter die Verhaltensweisungen fallen beispielsweise die Pflicht zum Tragen von Brille, Gehörschutz oder Helm, das Rauchverbot am Arbeitsplatz, Hygienevorschriften, Verkehrsregelung im Betriebsareal, Verbot zur Entgegennahme von Geschenken oder Provisionen etc. Oftmals werden Verhaltensweisungen in den allgemei-

---

[585] Dazu Böckli, Aktienrecht, § 13 Rz. 303 ff.; Forstmoser/Meier-Hayoz/Nobel, § 30 N 31 ff.; Homburger, in: Zürcher Kommentar, N 530 ff. zu Art. 716a OR; Krneta, N 1194 ff.; Watter/Roth Pellanda, in: Basler Kommentar N 5 zu Art. 716a OR; Kammerer, 143 ff.; Bühler, Regulierung, N 618. Zur Sorgfaltspflicht in diesem Zusammenhang vgl. BGE 110 II 46.
[586] Dazu vgl. auch Homburger, in: Zürcher Kommentar, N 544 ff. zu Art. 716a OR; Böckli, Aktienrecht, § 13 Rz. 310 ff.
[587] Dazu ausführlich Müller, Verwaltungsrat als Arbeitnehmer, 178 ff.
[588] In der Literatur wird Weisung nur als Oberbegriff verstanden, der aufgeteilt werden kann in Konkretisierungsweisungen und Verhaltensweisungen (Müller, Disziplinarwesen, 52 f.).

nen Anstellungsbedingungen statuiert. Da diese aber grundsätzlich auch für die oberste Führungsstufe gelten, hat sich der Verwaltungsrat ebenfalls damit zu befassen.

Im Arbeitsvertragsrecht gilt der Grundsatz, dass jede Weisung einer höheren Instanz derjenigen einer unteren vorgeht.[589] Der Verwaltungsrat kann daher grundsätzlich auch über die Geschäftsleitung hinweg direkt Weisungen an Arbeitnehmer unterer Stufen erteilen. Diese direkten Weisungen des Verwaltungsrates gehen dann allfällig widersprechenden Weisungen der Geschäftsleitung vor.

2.4.2 Form der Ausübung des Weisungsrechtes

Weisungen können sowohl mündlich als auch schriftlich, unter Umständen auch konkludent, erteilt werden. Welche Form zu wählen ist, hängt von der individuellen Bedeutung der entsprechenden Weisung ab. Kann das Nichtbefolgen der Weisung zu einer Schadenersatzpflicht oder zu Disziplinarmassnahmen führen, so ist aus Beweisgründen die Schriftform zu empfehlen.

Mit dem Weisungsrecht ist untrennbar das *Verweisungsrecht* als Teil der Disziplinargewalt verbunden. Der Verwaltungsrat ist demnach berechtigt, sowohl mündliche als auch schriftliche Verwarnungen auszusprechen. Rechtlich gesehen ist die Verwarnung nämlich nichts anderes als die Kombination eines Verweises mit der Drohung, unter bestimmten Voraussetzungen weitere Massnahmen zu ergreifen.[590]

Im Rahmen seines arbeitsvertraglichen Weisungsrechtes ist der Verwaltungsrat befugt, gegenüber den Arbeitnehmern der Gesellschaft folgende Arten von gesetzlichen Disziplinarmassnahmen zu ergreifen:

– mündlicher und schriftlicher Verweis
– mündliche und schriftliche Verwarnung
– Schadenersatzforderung
– Freistellung
– Entlassung
– zivil- oder strafrechtliche Klage.

Neben den gesetzlichen Disziplinarmassnahmen gibt es auch noch vertragliche. Dazu gehören: Geldbusse und Lohnabzug, Lohnkürzung, Nacharbeit, Versetzung, Verlängerung der Probezeit bis zum gesetzlichen Maximum oder Suspendierung. Will der Verwaltungsrat selbst oder durch die Geschäftsleitung derartige «Ordnungsstrafen» verfügen, so ist gemäss Art. 38 Abs. 1 ArG zwingend eine entsprechende Regelung in der Betriebsordnung zu erlassen. Dazu empfiehlt sich eine separate Disziplinarordnung als Anhang zur Betriebsordnung.[591]

---

589 REHBINDER, N 15 zu Art. 321*d* OR.
590 Vgl. MÜLLER, Disziplinarwesen, 54 f. und 91.
591 Vgl. dazu das Muster einer Disziplinarordnung bei MÜLLER, Disziplinarwesen, 134 ff.

2.4.3 Schranken des Weisungsrechtes

Die vom Verwaltungsrat erteilten Weisungen sind zwar zu befolgen, doch unterliegt das Weisungsrecht selbst der Beschränkung durch *Treu und Glauben*.[592] Widerrechtliche, unmögliche oder unsittliche Weisungen sind in Analogie zu Art. 20 OR rechtsunwirksam.[593]

Der Verwaltungsrat hat deshalb bei der Ausübung seines Weisungsrechtes vor allem folgende Schranken zu beachten:
– zwingende gesetzliche Bestimmungen;
– Statuten und Organisationsreglement;
– Gesamtarbeitsvertrag und Betriebsordnung;
– Abmachungen im Einzelarbeitsvertrag.

Generell ist bei der Ausübung des Weisungsrechtes über die Geschäftsleitung hinweg Zurückhaltung zu üben. Derartige Weisungen – namentlich, wenn sie widersprüchlich sind – verunsichern die Arbeitnehmer und führen zu unnötigen Spannungen zwischen Verwaltungsrat und Geschäftsleitung. Mit einer klaren Zuweisung von Aufgaben und Kompetenzen im Organisationsreglement bzw. im Funktionendiagramm kann dieses Problem einfach gelöst werden.[594]

2.5 Honorierung von VR- und GL-Mitgliedern aus rechtlicher Sicht

2.5.1 Legalität und Legitimität

Bei der Festsetzung von VR-Honoraren und Management-Entschädigungen werden die für Aktionäre und Dritte akzeptablen Grenzen leider immer wieder durchbrochen.[595] Die Entschädigungen von Topmanagern sind in den letzten Jahren teilweise übermässig angestiegen.[596] Damit stellt sich die Frage nach der Gerechtigkeit des Lohnes und der ethischen Verantwortung derjenigen, welche den Lohn festlegen.[597] Das Unbehagen der Öffentlich-

---

592 Zu den Schranken des arbeitsvertraglichen Weisungsrechtes ausführlich REHBINDER, N 32 ff. zu Art. 321d OR.
593 Zu den Grenzen des arbeitsvertraglichen Weisungsrecht vgl. GEISER/MÜLLER, Rz. 337 ff.
594 Vgl. dazu vorne Ziff. 1.9.6, S. 72 ff., und vorne Ziff. 1.9.7, S. 75, sowie die entsprechenden Muster hinten unter Ziff. 11.54, 11.55, S. 951 ff., und 11.31, S. 863 ff.
595 MÜLLER, Honorierung, 113; HILB, VR-Honorierung, 9, sieht dafür vor allem zwei Gründe: Globalisierung der Wirtschaft und neue Informations- bzw. Kommunikationstechnologien.
596 So HILB, Amerikanisierung der Gehälter, 24, mit Bezug auf transatlantische Grossfusionen: «Da die honorierungsmässig problemloseste Variante, alle (auch die europäischen) Vorstände steuer- und wohnsitzmässig in den USA anzusiedeln, selten gewählt wird, und die Variante, Konzern-Vorstände nach amerikanischen Massstäben zu honorieren, bevorzugt wird, ergibt sich die Gefahr, dass die Gesamthonorierungspakete der CEOs in vielen internationalen Unternehmen in Europa (durch die Executive Search Consultants gefördert) in den nächsten Jahren überdurchschnittlich steigen werden.» Gleichzeitig verweist HILB darauf, dass bereits 1998 Charles B. Wong von Computer Associates ein Jahreseinkommen von USD 670 Mio. bezog und Walt Disney ein solches von USD 575 Mio.
597 WUNDERER, Führung, 411, definiert sieben Gerechtigkeitsdimensionen der Vergütung:
1. Anforderungs-/Qualifikationsgerechtigkeit
2. Verhaltens-/Motivationsgerechtigkeit
3. Leistungs-/Ergebnisgerechtigkeit
4. Erfolgsgerechtigkeit der Unternehmung

keit äusserte sich 2013 in der mit sehr hoher Mehrheit vom Schweizer Volk angenommenen «Abzockerinitiative». Soll der Verwaltungsrat nicht in eigener Kompetenz über die Höhe seiner Honorare entscheiden können, so sind entsprechende statutarische Schranken zu errichten.[598]

Die wesentlichen Faktoren zur Festlegung des VR-Honorars sind heute klar definiert;[599] auch die administrativen Hilfsmittel zur Bestimmung einer angemessenen Entlöhnung für die leitenden Arbeitnehmer sind ausführlich publiziert.[600] In der Praxis ist aber dennoch festzustellen, dass viele Verwaltungsratsgremien überfordert sind, wenn es um die Honorierung eines Delegierten oder CEO aus dem eigenen Kreis geht.[601]

VR-Mitglieder haben ebenso wie GL-Mitglieder unbestreitbar Anrecht auf angemessene Entschädigung für ihre Tätigkeit.[602] Umstritten ist jedoch, was noch als angemessen gilt oder wegen Missverhältnis sogar an die AG zurückerstattet werden müsste.[603] Insbesondere bei grossen und börsenkotierten Gesellschaften wird von den betroffenen Managern die Angemessenheit meist in Relation zu den Milliardenumsätzen gesehen. Dabei wird nicht unterschieden, ob das Unternehmen Gewinn oder Verlust schreibt. Immerhin muss im Hinblick auf Art. 717 OR vorausgesetzt werden, dass die VR-Mitglieder dabei die Interessen der Gesellschaft in guten Treuen wahren. Umgekehrt kann eine zu restriktive Begrenzung der VR- und GL-Vergütung im Extremfall dazu führen, dass keine oder zu wenig qualifizierte Führungskräfte für die strategische und operative Führungsebene gefunden werden. Die Festlegung der angemessenen VR- und GL-Vergütung ist deshalb eine anspruchsvolle Führungsaufgabe, die Umsicht und Fachkenntnisse erfordert.[604]

---

5. Marktgerechtigkeit
6. Sozialgerechtigkeit
7. demografische/kulturelle Gerechtigkeit.

Hilb, Integriertes Management, 250 f., entwickelt ein «Magisches Dreieck der Honorargerechtigkeit für Verwaltungsräte» bestehend aus VR-interner Honorargerechtigkeit, VR-externer Honorargerechtigkeit und Unternehmenserfolgsgerechtigkeit des VR-Honorars.

598 Vgl. dazu die Alternativklauseln in Statuten unter Ziff. 11.84, S. 1094 ff.
599 Vgl. die Zusammenfassung bei Hilb, Integriertes Management, 250 ff., und Böckli, Aktienrecht, § 13 Rz. 240, welcher gestützt auf den Greenbury Report (Directors' Remuneration, London 1995, 13 ff.) folgende vier Elemente als bestimmend vorgibt:
1. die persönliche Leistung wie Zeitaufwand und geistiger Input
2. die Stellung innerhalb des Verwaltungsrates in Form von Zusatzfunktionen oder Sonderaufgaben
3. die Tragung einer summenmässig unbeschränkten persönlichen und solidarischen Haftung sowie die Verknüpfung des eigenen Rufs mit dem der Gesellschaft
4. die Opportunitätskosten wie Erfüllung der Treuepflicht und Verzicht auf konkurrenzierende Tätigkeit.
600 Besonders hilfreich und verständlich Hilb, VR-Honorierung, 15 ff., und derselbe, Transnationales Management, 225 ff.
601 Als besonders stossend wurden in der Öffentlichkeit vor allem hohe Zahlungen empfunden, die *vor* Antritt eines Mandates (Beispiel: die Voraus-Zahlung für einen 5-Jahres-Vertrag an den ehemaligen VR-Präsident einer Fluggesellschaft, die kurz darauf in Konkurs geriet) oder *nach* Beendigung des Amtes (Entschädigung für ein Konkurrenzverbot für eine sehr lange Dauer bei einer innovativen Pharmafirma).
602 Müller, VR-Honorierung, 113; Forstmoser/Meier-Hayoz/Nobel, § 28 N 121; Krneta, N 1770 zu Art. 716*b* OR;
603 Gemäss Art. 687 Abs. 2 OR sind VR-Mitglieder zur Rückerstattung verpflichtet, soweit diese in einem offensichtlichen Missverhältnis zur Gegenleistung und zur wirtschaftlichen Lage der Gesellschaft stehen; vgl. Böckli, Aktienrecht, § 13 Rz. 242.
604 Müller, HR-Committees, 318.

2.5.2 Aktienrechtlicher Minderheitenschutz

Gemäss Art. 678 OR müssen Verwaltungsräte ungerechtfertigt und in bösem Glauben bezogene Tantiemen an die Gesellschaft zurückzahlen.[605] VR-Mitglieder sind auch zur Rückerstattung anderer Leistungen der Gesellschaft verpflichtet, soweit diese in einem offensichtlichen Missverhältnis zur Gegenleistung und zur wirtschaftlichen Lage der Gesellschaft stehen. Die «Offensichtlichkeit» meint eher das Ausmass der übersetzten Bezüge.[606] Damit sollte auf den ersten Blick eigentlich sichergestellt sein, dass die Aktionäre gegen übermässige Honorare und Entschädigungen vorgehen können. Doch eine Analyse der Rechtsprechung zeigt, dass dieser Artikel nur in den seltensten Fällen zur Anwendung gelangt.[607] Minderheitsaktionäre haben es schwer, sich gegen Mehrheiten durchzusetzen, wenn letztere die Honorar- und Entschädigungspolitik des Verwaltungsrates gutheissen.

Ein bemerkenswertes Urteil im Zusammenhang mit der ungerechtfertigten Entschädigung eines Verwaltungsrates fällte die I. Zivilabteilung des Bundesgerichts am 22. Mai 1979 i.S. Togal AG gegen Schmidt, veröffentlicht in der amtlichen Sammlung unter BGE 105 II 114 ff. Konkret ging es um Gerhard Schmidt, der sowohl Verwaltungsrat als auch Geschäftsführer des Togal-Konzerns war und für diese Funktionen in den Jahren 1970 bis 1973 über eine Million Franken Entschädigung bezog. Dividenden wurden während dieser Zeit in erheblich geringerem Masse ausgeschüttet, was seinen Bruder und Minderheitsaktionär Günther Schmidt erzürnte. Vorerst musste sich Letzterer in mühsamen Gerichtsverfahren Einladungen und Zutritt zu den Generalversammlungen verschaffen. Sodann erkämpfte er sich wiederum gerichtlich Auskunft über die Bezüge seines Bruders. Allein in den Jahren 1965 bis 1973 kam es so zu insgesamt 21 gerichtlichen Verfahren, die alle zugunsten des Minderheitsaktionärs ausfielen. Schliesslich klagte er gegen seinen Bruder auf Auflösung der Gesellschaft. Die Klage wurde vom Handelsgericht geschützt und das Urteil vom Bundesgericht bestätigt.

2.5.3 Empfehlungen des Swiss Code of Best Practice

Um die Entschädigungen an VR- und GL-Mitglieder in angemessen und marktkonformen Höhen zu halten, wird in Ziff. 25 des Swiss Code of Best Practice for Corporate Governance ein spezieller *Entschädigungsausschuss* (Compensation Committee) empfohlen, der mehrheitlich aus nicht exekutiven und unabhängigen Mitgliedern des Verwal-

---

[605] Zurückzuzahlen ist nur der übersetzte Teil, nicht der gesamte Bezug; BÖCKLI, Aktienrecht, § 13 Rz. 242. A.M. DÜRR, 160.
[606] So BÖCKLI, Aktienrecht, § 13 Rz. 242. Die Klage lässt sich auch auf Art. 62 ff. OR oder Art. 754 ff. OR stützen.
[607] Vgl. Urteil des KGer. GR ZF 08 19/20 vom 10. Juni 2008, wo es das Gericht unter Würdigung aller Gesamtumstände für unvertretbar hielt, dass die Entschädigung der VR-Präsidentin mit CHF 2000.– im Monat mehr als dreimal so hoch ausfiel wie diejenige der beiden anderen VR-Mitglieder, die CHF 600.– im Monat erhielten; zwar bringe das VR-Präsidium einige Zusatzaufgaben mit sich, doch würden auch die anderen VR-Mitglieder in der Verantwortung stehen. Das Kantonsgericht reduzierte die Entschädigung der VR-Präsidentin deshalb auf das Anderthalbfache der Entschädigung der gewöhnlichen VR-Mitglieder und gleichzeitig, ohne nähere Begründung, auch ihre Spesen von CHF 500.– um die Hälfte (Urteil kommentiert in jus.focus 3/2009, S. 14, und in MÜLLER, VR-Honorierung, 116).

tungsrats zusammengesetzt sein soll. Ziff. 26 regelt die Aufgaben dieses Ausschusses wie folgt:
- Der Entschädigungsausschuss achtet darauf, dass die Gesellschaft markt- und leistungsgerechte Gesamtentschädigungen anbietet, um Personen mit den nötigen Fähigkeiten und Charaktereigenschaften zu gewinnen und zu behalten.
- Die Entschädigung soll nachvollziehbar vom nachhaltigen Erfolg des Unternehmens und vom persönlichen Beitrag abhängig gemacht werden; falsche Anreize sind zu vermeiden.
- Aktienoptionspläne für das höhere Kader sollen möglichst geringen Verwässerungseffekt haben und Ausübungsbedingungen sollen nicht nachträglich zugunsten der Inhaber der Optionsrechte abgeändert werden.
- Die Arbeitsverträge mit Spitzenkadern sollen jene Kündigungsregelungen enthalten, die dem Markt angemessen sind und die Interessen der Gesellschaft schützen. Beim vorzeitigen Ausscheiden von Spitzenkadern sind nur solche Abgangsleistungen zu erbringen, welche entweder vertraglich geschuldet sind oder in Übereinstimmung mit dem Gesellschaftsinteresse ausgehandelt werden.

Die Höhe der Entschädigung sollte sich aus einer nachvollziehbaren «Honorargerechtigkeit» ergeben,[608] die sowohl dem Unternehmenserfolg als auch der board-internen Funktion und dem Beitrag des einzelnen Mitglieds sowie dem «Marktpreis» der Tätigkeit Rechnung trägt.[609, 610] Der Unternehmenserfolg sollte dabei langfristig – und nicht gestützt auf eine kurze Bemessungsperiode – ermittelt werden.

Bei vielen bedeutenden Gesellschaften wurde deshalb schon vor einiger Zeit ein spezielles «Remuneration Committee» oder «Compensation Committee» gebildet, um die heikle Aufgabe der Entschädigungsfestsetzung zu übernehmen. Damit ist wohl sichergestellt, dass die VR-Bezüge legal sind, doch heisst dies noch immer nicht, dass sie aus ethischer Sicht auch legitim sind.

Der Swiss Code of Best Practice ist im Herbst 2007 modifiziert worden. Kernpunkte der neuen Regelungen sind:
– Der Entschädigungsausschuss setzt sich aus *unabhängigen* Mitgliedern zusammen;
– das Entschädigungssystem wird leistungsgerecht und ohne falsche Anreize ausgestaltet;
– auf Abgangsentschädigungen und goldene Fallschirme wird verzichtet;
– jährlich wird den Aktionären ein *Entschädigungsbericht* vorgelegt, mit einer Darlegung der Entschädigungspolitik;
– die Generalversammlung soll sich entweder im Rahmen der Jahresrechnung oder in einer Konsultativabstimmung ausdrücklich zum Entschädigungsbericht äussern können.

---

608 Vgl. HILB, Integrierte Corporate Governance, 128 f.
609 Diese Aussage ist allerdings sogleich zu relativieren, da mit guten Gründen bezweifelt werden kann, ob Verwaltungsratsentschädigungen «Marktpreise» darstellen, die sich nach Marktprinzipien bilden.
610 Vgl. dazu die ausführliche Herleitung von Honorierungsmodellen bei HILB, Integrierte Corporate Governance, 130 ff. Ein Muster für ein Entschädigungsreglement findet sich hinten in Ziff. 11.27, S. 850 ff.

Durch die Vorschriften in der Verordnung gegen übermässige Vergütungen bei börsenkotierten Aktiengesellschaften (VegüV) sind die Empfehlungen im Swiss Code für börsenkotierte Gesellschaften weitgehend obsolet geworden.

2.5.4 Empirische Angaben zur Entschädigung der VR-Mitglieder

2.5.4.1 Schwierigkeiten bei der Untersuchung

Während die Entlöhnung von Arbeitnehmern einer unteren Stufe meistens in Form von Monatslöhnen angegeben wird, rechnet man bei leitenden Arbeitnehmern praktisch nur noch mit Jahressalären.[611] Für die Entschädigung von Verwaltungsräten hat sich keine einheitliche Angabe durchgesetzt, zumal auch die Form der Entschädigung sehr verschieden sein kann.[612] Namentlich bei Verwaltungsräten mit einer Doppelstellung (als VR- und GL-Mitglied) ist eine differenzierte Betrachtung angebracht.

Die Entschädigung der Verwaltungsräte wird heute noch von vielen Gesellschaften streng vertraulich behandelt. Die Honorare der Verwaltungsräte und die Saläre der Direktoren sind jedoch zweifellos Aufwandpositionen der Gesellschaft, welche Auswirkungen auf deren Ertragslage haben. Demnach handelt es sich um «Angelegenheiten der Gesellschaft» im Sinne von Art. 697 Abs. 1 OR, deren Kenntnis grundsätzlich für die Ausübung der Aktionärsrechte erforderlich ist und demnach auf Anfrage eines Aktionärs bekannt gegeben werden müssen.[613] Allerdings genügt bei nicht börsenkotierten Gesellschaften die Angabe der Gesamtzahl ohne individuelle Aufschlüsselung auf die einzelnen Mitglieder.[614]

Im Hinblick auf die grossen Unterschiede zwischen den Aktiengesellschaften in der Schweiz ist es zweifellos richtig, dass im Swiss Code of Best Practice keine konkreten Vorgaben zur Höhe der Verwaltungsratsentschädigung abgegeben werden.[615] Für Gesellschaften, deren Aktien an einer Börse kotiert sind, müssen neu in einem separaten *Vergütungsbericht* die Vergütungen an die Mitglieder des Verwaltungsrats, der Geschäftsleitung und des Beirats offenlegen.[616] Dabei sind die Vergütungen nicht nur gesamthaft, sondern individuell für jedes Mitglied auszuweisen.

Der Einwand, bei einer solchen Entschädigungstransparenz würden sich bestimmte Kaderleute nicht mehr zur Verfügung stellen, ist spätestens dann nicht mehr stichhaltig, wenn alle in Frage kommenden Gesellschaften gleichermassen transparent sind. Fraglich ist allerdings, ob durch die Entschädigungstransparenz nicht gerade das Gegenteil bewirkt

---

611 MÜLLER, Honorierung, 118.
612 Feste Pauschalentschädigung, Sitzungsgeld, Honorierung nach Aufwand, Tantiemen, Abgeltung durch Beteiligung etc. Allenfalls sind auch die Pensionskassen-Einlagen durch den Arbeitgeber bei der Entschädigungsberechnung zu berücksichtigen, so z.B. im Falle von Percy Barnevik, VR-Präsident und CEO der ABB Ltd., bei dem das Pensionskassen-Guthaben auf CHF 148 Mio. anstieg und ihm nach Veröffentlichung den VR-Vorsitz bei der Wallenberg-Beteiligungsgesellschaft Investor kostete (NZZ vom 14.2.2002, Nr. 37, 19; Finanz und Wirtschaft vom 16.2.2002, 13).
613 Ebenso KUNZ, Auskunfts- und Einsichtsrechte, 890; HOMBURGER, in: Zürcher Kommentar, N 955 zu Art. 717 OR, befürwortet die Auskunftspflicht mit Hinweis auf die BOTSCHAFT zum Aktienrecht, 163 (907); AEPLI, Entschädigung, 275.
614 In diesem Sinne FORSTMOSER, Informations- und Meinungsäusserungsrechte, 105.
615 FELDER, 1010, stellt fest, dass es bei KMU eher zu moderaten monetären Auszahlungen kommt im Gegensatz zu den exorbitant hohen VR-Honoraren in börsenkotierten Unternehmen.
616 Art. 13–17 VegüV; siehe dazu hinten Ziff. 3.10.2, S. 303 ff.

wird und die Durchschnittsgehälter der Topmanager sogar noch ansteigen; eine zunehmende Offenheit könnte nämlich zu wachsender gesellschaftlicher Akzeptanz führen.[617]

2.5.4.2 Ergebnisse der Studie durch die BDO Visura

Die BDO AG führt regelmässig Untersuchungen zur durchschnittlichen Entschädigung der VR-Mitglieder in KMU durch.[618] Die letzte Studie stammt aus dem Jahre 2011 und ergab einen Durchschnittswert für ein Mitglied des Verwaltungsrates von rund CHF 16 700 pro Jahr (leicht höher als in 2008). Der kontinuierliche Anstieg der VR-Löhne seit Ende der 1990er-Jahre ist damit abgebremst. Die konjunkturelle Abschwächung in den Jahren 2009 und 2010 hat sich damit auch auf die Löhne der Verwaltungsräte ausgewirkt.

VR-Honorare bei KMU

Funktion	Honorar 1999	Honorar 2002	Honorar 2005	Honorar 2008	Honorar 2011
VR-Präsident	CHF 17 959	CHF 20 676	CHF 25 555	CHF 32 698	CHF 33 883
Vize-Präsident	CHF 12 724	CHF 16 094	CHF 19 278	CHF 24 379	CHF 20 312
VR-Delegierter	CHF 13 149	CHF 15 543	CHF 23 284	CHF 32 754	CHF 33 467
VR-Ausschuss	CHF 10 171	CHF 12 878	CHF 18 565	CHF 23 317	CHF 22 799
VR-Mitglied	CHF 10 405	CHF 11 244	CHF 13 605	CHF 16 172	CHF 16 783

Quelle: BDO Visura Studien, Wie viel verdienen Verwaltungsräte?

Nach *Unternehmensgrösse* reicht das Spektrum der VR-Honorare von durchschnittlich CHF 13 620 Franken bei Kleinstunternehmen bis hin zu CHF 57 331 bei Unternehmen mit 501 bis 1000 Mitarbeitenden.

Nach wie vor bestehen zwischen den verschiedenen *Branchen* deutliche Unterschiede. Mittelständische Banken entschädigen ihre Verwaltungsräte mit fast CHF 40 000 am höchsten. In der verarbeitenden Industrie (inkl. Gewerbe) und im Dienstleistungsbereich liegt die durchschnittliche Entschädigung bei rund CHF 23 000.

Die Vergütung erfolgt mehrheitlich als Jahrespauschale. Erfolgshonorare kommen vor allem bei VR-Präsidenten, VR-Vizepräsidenten und VR-Delegierten zur Anwendung. Diese Form der Vergütung hat im Vergleich zu 2008 zugenommen.

Die Entlöhnung innerhalb des Gremiums variiert stark: VR-Präsidenten und VR-Delegierte erhalten mit durchschnittlich CHF 33 500 deutlich mehr als die übrigen Mitglieder des Verwaltungsrates. Dabei zeigen sich jedoch deutliche Unterschiede zwischen den Unternehmen. Fast zwei Drittel aller VR-Präsidenten erhalten nicht mehr als CHF 20 000 Franken pro Jahr, 38 Prozent sogar nicht mehr als CHF 10 000. Demgegenüber liegt die Entschädigung bei 14 Prozent höher als CHF 50 000.

Die Streuung der Entschädigungen für Verwaltungsratspräsidenten lassen sich vor allem auf die Grösse des Unternehmens zurückführen. Unternehmen mit bis zu 10 Mitarbeitenden entlohnen ihren VR-Präsidenten im Schnitt mit CHF 15 500 im Jahr, solche mit 51 bis

---

617 Auf diese Gefahr wird in der HandelsZeitung vom 13.3.2002, Nr. 11/02, 11 aufmerksam gemacht.
618 MICHAEL DROSTEN, Stabile Honorare für das oberste Exekutivorgan, in KMU-Magazin Juli 2011.

250 Mitarbeitenden mit knapp CHF 40 000 und mittelgrosse Unternehmen (501 bis 1000 Mitarbeitende) mit über CHF 80 000. Die Streuung hängt damit zusammen, dass mit zunehmender Unternehmensgrösse die Komplexität des Betriebs und deshalb die Anforderungen an den VR-Präsidenten steigen.

Bis zum Jahre 2008 führte die Handelszeitung regelmässig Umfragen zur Honorierung der VR-Mitglieder in grossen und börsenkotierten Gesellschaften durch. Dabei ergab sich letztmals für das Jahr 2007 eine durchschnittliche Basisentschädigung von CHF 88 000. Berücksichtigt man noch die Zusatzentschädigungen für die Mitgliedschaft in VR-Ausschüssen, kann davon ausgegangen werden, dass die Mindestentschädigung von VR-Mitgliedern in grossen und börsenkotierten Gesellschaften rund CHF 100 000 beträgt.[619] Gemäss Art. 2 VegüV muss die Generalversammlung bei börsenkotierten Gesellschaften jährlich über die Vergütungen des Verwaltungsrates sowie der Personen, die vom Verwaltungsrat ganz oder zum Teil mit der Geschäftsführung betraut sind (Geschäftsleitung) und des Beirates abstimmen. Damit erübrigen sich weitere Studien in diesem Bereich.

2.5.5 Art der Entschädigung

Gesetzlich ist das Recht auf Entschädigung eines Verwaltungsratsmitgliedes nicht ausdrücklich vorgesehen. Lehre und Rechtsprechung nehmen jedoch durchwegs an, dass die Gesellschaft zur Leistung einer angemessenen Vergütung verpflichtet sei.[620] Aus dem Gesetz lassen sich auch keine konkreten Hinweise über die Art der Entschädigung entnehmen. Festgelegt ist einzig die Form der (wirtschaftlich heute unbedeutenden) Tantieme.

Nach Art. 677 OR handelt es sich bei der *Tantieme* um Gewinnanteile für die Mitglieder des Verwaltungsrates. Diese Gewinnanteile dürfen nur dem Bilanzgewinn entnommen werden und sind überdies erst zulässig, nachdem die Zuweisung an die gesetzliche Reserve gemacht und eine Dividende von 5% oder von einem durch die Statuten festgesetzten höheren Ansatz an die Aktionäre ausgerichtet worden ist.[621] Besonders hervorzuheben ist in diesem Zusammenhang Art. 627 Ziff. 2 OR, wonach Tantiemen nur ausgerichtet werden können, sofern sie statutarisch vorgesehen sind; besteht eine statutarische Grundlage, anhand deren die Höhe der Tantieme bestimmt werden kann, hat der Verwaltungsrat darauf einen klagbaren Anspruch.[622] Mit der Tantieme wird nur ein Teil der möglichen Auszahlungen an den Verwaltungsrat beschrieben. Aus steuertechnischen Gründen hat diese Form der Verwaltungsratsentschädigung in der Praxis nur eine geringe Bedeutung erlangt. Die Genehmigung der Tantiemen erfolgt in der Generalversammlung im Rahmen des Beschlusses über die Verwendung des Bilanzgewinnes. Da Zuwendungen aus dem Bilanzgewinn aber keinen steuerlich abziehbaren Aufwand für die Gesellschaft darstellen,

---

[619] In einer Studie von Heidrick & Struggels (publiziert in der NZZ vom 18. April 2007) wird als durchschnittliches Honorar EUR 140 000 pro Jahr bzw. EUR 6381 pro Sitzung genannt; diese Zahlen sind stark von Spitzenwerten in Grossunternehmen geprägt.
[620] Vgl. PLÜSS, Rechtsstellung, 46 f., und die dort zitierte Literatur.
[621] Vgl. dazu das neuere Urteil des Bundesgerichts 4C.386/2002 vom 12.10.2004; NUSSBAUMER/VON DER CRONE, 92 ff.
[622] Dazu wiederum das Urteil des Bundesgerichts 4C.386/2002 vom 12.10.2004 und NUSSBAUMER/VON DER CRONE, SZW 2005, 92 ff. – Ist die Tantieme in den Statuten nicht bestimmt, hat sie die Generalversammlung sachgemäss, d.h. nach wirtschaftlichen Überlegungen, festzulegen. BÖCKLI, Aktienrecht, § 13 Rz. 238b.

was bei anderen Formen von Leistungsentschädigung durchwegs der Fall sein dürfte, ist die Verbreitung der Tantieme gering.

In der Praxis haben sich *andere Formen der Entschädigung* an den Verwaltungsrat durchgesetzt.[623] Verbreitet sind feste Vergütungen, die sich auf eine Statuten-[624] oder Reglementsbestimmung abstützen oder – bei Verwaltungsräten mit bestimmten Funktionen – auch in einem Vertrag[625] festgelegt werden können. Betragsmässig muss die Vergütung entweder von der Generalversammlung genehmigt[626] oder aber den Aktionären offengelegt werden und sich im Rahmen des Marktüblichen bewegen. Ist der Verwaltungsrat im Teilamt beschäftigt, wird vielfach eine feste Pauschalentschädigung pro Monat oder pro Jahr vereinbart. Möglich ist aber auch eine Entschädigung nach effektiv geleisteter Arbeitszeit, wobei dann meistens eine Abrechnung nach Stunden erfolgt. Füllt das Verwaltungsratsmandat den Verwaltungsrat vollamtlich aus, so wird in der Regel eine Art der Entschädigung gewählt, welche der Lohnzahlung beim Arbeitsvertrag gleichkommt. Dazu gehört insbesondere auch die Aufteilung der Jahresentschädigung auf 13 Ratenzahlungen. Ist der Verwaltungsrat als Arbeitnehmer tätig und bezieht er einen entsprechenden Lohn, so wird meistens auf ein zusätzliches Verwaltungsratshonorar verzichtet.

Eine besondere Form ist auch die Entschädigung durch Aktien oder Optionen.[627] Zu Recht wird darauf hingewiesen, dass solche Modelle – je nach ihrer Ausgestaltung – einen Anreiz zu kurz- statt langfristigem Denken und Handeln vermitteln können.[628] Die Hebelwirkung von Optionen ermöglicht zwar einen hohen Gewinn, kann aber auch zu einem Totalverlust führen. Aus diesem Grund sollte nur ein Teil der Entschädigung in Form von Aktien oder Optionen ausgerichtet werden.[629] Äusserst problematisch sind nachträgliche «Anpassungen» des Ausübungspreises von Optionen, wie sie gelegentlich vorkommen. Bei börsenkotierten Gesellschaften bedürfen gemäss Art. 12 Abs. 2 VegüV die Grundsätze über die erfolgsabhängigen Vergütungen an die VR-Mitglieder der Aufnahme in die Statuten.

Die Entschädigung des Verwaltungsrates kann aus mehreren Komponenten bestehen, welche untereinander kombinierbar sind. Dazu gehören insbesondere:

- Grundhonorar bzw. Pauschalentschädigung
- Aufwandhonorar
- Erfolgshonorar
- Gewinnbeteiligung bzw. Tantieme
- Spesenersatz (pauschal oder detailliert)
- Aktien und Aktienoptionen
- Leistungen im Zusammenhang mit der beruflichen Vorsorge.

---

[623] In jüngerer Zeit auch die Abgeltung durch Beteiligungspapiere an der Gesellschaft statt der Auszahlung in Geld. Zur Ausschüttung einer Tantieme vgl. BGer. 4C.386/2002 vom 12. Oktober 2004.
[624] Vgl. RUEDIN, 328.
[625] BÖCKLI, Aktienrecht, § 13 Rz. 239 unter Verweisung auf das Urteil der Cour de Justice, Genève, vom 20.2.1998, publiziert in SJ 1998, 627 ff.
[626] BÖCKLI, Aktienrecht, § 13 Rz. 239b.
[627] Vgl. dazu auch BGE 130 III 495 ff.
[628] BÖCKLI, Aktienrecht, § 13 Rz. 246.
[629] BÖCKLI, Aktienrecht, § 13 Rz. 246 schlägt weniger als 50% vor.

Nicht zur Entschädigung des Verwaltungsrates gehören Dividendenzahlungen. Dividenden erhalten alle Aktionäre gleichermassen entsprechend ihrem eingesetzten Kapital, und unabhängig davon, ob sie ein Verwaltungsratsmandat innehaben oder nicht. Ebenfalls nicht zur Verwaltungsratsentschädigung gehören Vergütungen für besondere Aufgaben, beispielsweise als Rechtsanwalt, Werbeberater, Architekt oder Versicherungsagent. In diesen Fällen wird grundsätzlich ein separates Vertragsverhältnis (Auftrag oder Werkvertrag) bestehen, das auch eine separate Abrechnung erfordert. Solche Verträge müssen gemäss Art. 718b OR schriftlich abgeschlossen werden, wenn die Verpflichtungen der Gesellschaft CHF 1000 übersteigen.

Wie schon bei der Art kann auch bei der Zusammensetzung der Entschädigung keine generelle Angabe über die Vorteilhaftigkeit der einzelnen Komponenten gemacht werden. Es ist im Einzelfall zu entscheiden, welche Variante zur Anwendung gelangen soll. Dabei sind sowohl die Interessen der Gesellschaft bezüglich einfacher und klarer Handhabung als auch jene des Verwaltungsrates bezüglich Bedarf und Motivation zu berücksichtigen.

Der Verwaltungsrat bestimmt weitgehend die Entwicklung der Gesellschaft. Oftmals wird deshalb gewünscht, ihn am Erfolg oder Misserfolg der Gesellschaft teilhaben zu lassen. Die Ausrichtung eines Gewinnanteiles ist aber grundsätzlich an die Bestimmungen über die Tantieme gebunden, welche aus steuerlichen Gesichtspunkten für die Gesellschaft nicht interessant ist.[630] Bei der Festlegung der Entschädigung an die Verwaltungsratsmitglieder ist zu beachten, dass diese nicht den Charakter einer Gewinnausschüttung erhält. Eine solche Gefahr besteht dann, wenn sich die Höhe der Entschädigung klar nach dem erzielten Jahresergebnis richtet, oder dem Verwaltungsratshonorar keine angemessene Gegenleistung gegenübersteht. Dazu gehören auch geldwerte Leistungen, welche die Gesellschaft unbeteiligten Dritten unter gleichen Umständen nicht gewähren würde.

Kritiker führen an, dass eine Gewinnbeteiligung die Verwaltungsräte zu spekulativer Geschäftsführung verleiten könnte. Diese Gefahr ist dann als gering einzustufen, wenn die Verwaltungsräte ein substanzielles Interesse an einer langfristigen Weiterentwicklung des Unternehmens haben. Umgekehrt stellt sich bei einer rein fixen Entschädigung das Problem, dass die Bereitschaft zum Eingehen neuer (allenfalls risikoreicherer) Geschäfte erlahmen könnte, was der Geschäftsentwicklung auch nicht förderlich sein dürfte. Der Verwaltungsrat sollte deshalb die Zusammensetzung der Entschädigung unter Berücksichtigung der langfristigen unternehmerischen und der steuerlichen Aspekte selbst festsetzen können.

In aller Regel akzeptieren es die Steuerbehörden, wenn 10% des Verwaltungsratshonorars als Spesen vergütet werden. Insbesondere bei erheblichen Fahrwegen, zusätzlich notwendiger Infrastruktur und Ähnlichem rechtfertigt sich eine entsprechende Vergütung. Fallen für den Verwaltungsrat höhere persönliche Aufwendungen im Zusammenhang mit dem Verwaltungsratsmandat an und können diese auch belegt werden, so sind selbstredend diese weiter zu verrechnen. Für den Verwaltungsrat von Vorteil ist diesbezüglich, dass die Spesenvergütung nicht der Einkommenssteuer- und auch nicht der Sozialabgabepflicht unterliegt.

---

630 Allerdings kann der wirtschaftliche Erfolg der Gesellschaft durchaus in gewissem Mass berücksichtigt werden, ohne dass ein Honorar zur Tantieme wird: FORSTMOSER/MEIER-HAYOZ/NOBEL, § 28 N 132; BÖCKLI, Aktienrecht, § 13 Rz. 243.

2.5.6 Festsetzung der Entschädigung

Das Gesetz enthält keine Angaben darüber, wer das Verwaltungsratshonorar festzusetzen hat. In diesem Zusammenhang ist gesellschaftsinternen Regelungen ein breiter Spielraum gewährt. Seit ausserordentlich hohe Entschädigungen bei Publikumsgesellschaften bekannt geworden sind, wird die Frage diskutiert, ob dafür zwingend die Generalversammlung zuständig sein soll.[631] Es stellt sich also die Frage, ob die Generalversammlung oder der Verwaltungsrat die konkrete Höhe des Honorars festlegen soll.

Bei börsenkotierten Aktiengesellschaften ist zwingend an der Generalversammlung eine Abstimmung betreffend die Vergütungen an den Verwaltungsrat (sowie die Geschäftsleitung und die Beiräte) vorzunehmen. Diese Abstimmung hat gemäss Art. 18 Abs. 3 Ziff. 3 VegüV bindende Wirkung. Gemäss Art. 21 VegüV sind Vergütungen im Konzern zudem unzulässig, die nicht von der Generalversammlung der Gesellschaft gutgeheissen worden sind. Bei den übrigen Gesellschaften ist der Verwaltungsrat befugt, die Honorare seiner Mitglieder selbst zu bestimmen,[632] was eigentlich ein In-sich-Geschäft darstellt. Nach Art. 718*b* OR müssen alle In-sich-Geschäfte über CHF 1000 schriftlich abgeschlossen werden. Folglich sollte auch die Entschädigung der VR-Mitglieder zu deren Gültigkeit schriftlich fixiert werden.

Bei der Festsetzung der Höhe des Verwaltungsratshonorars[633] sind verschiedenste Faktoren wie etwa Grösse und Finanzkraft der Gesellschaft, Erfahrung und Fachwissen des Verwaltungsrats, seine Position innerhalb des Verwaltungsrats sowie das eingebrachte Beziehungsnetz zu berücksichtigen. Von entscheidender Bedeutung sind jedoch Arbeitsaufwand und Verantwortung. Daneben ist zu berücksichtigen, dass die Übernahme eines solchen Mandats Risiken (insbesondere auch Reputationsrisiken) mit sich bringt, die nur teilweise – und nur mit beträchtlichen Kosten – versichert werden können.[634] Die in der Praxis bekannten Entschädigungsansätze für Verwaltungsräte weisen deshalb grosse Unterschiede auf. Wird von einem Verwaltungsrat erwartet, dass er seine Funktion dem Gesetz entsprechend ernst nimmt und die dazu erforderliche Zeit aufwendet, erscheinen allerdings Honorare von mehr als zehntausend Franken pro Jahr als angemessen.

Um eine erste Grundlage zur angemessenen Honorierung von Verwaltungsräten zu erhalten, sollte von seiner eigentlichen Kernaufgabe ausgegangen werden: Oberleitung der Gesellschaft und damit insbesondere Festlegung der Unternehmensstrategie. Würde diese Aufgabe von einem externen Berater erledigt, müsste der Tagesansatz eines Strategieberaters bezahlt werden. Es kann deshalb zuerst ein Vergleich angestellt werden, wie viel ein externer Strategieberater für einen Betrieb in der jeweiligen Branche kosten würde. Dabei gibt es sicherlich wesentliche Unterschiede je nach Grösse und Komplexität des Unternehmens. Ein entsprechender Tagesansatz multipliziert mit der voraussichtlichen Anzahl Tage

---

631 AMSTUTZ, Macht und Ohnmacht des Aktionärs, 233 ff. und 241, stellt institutionalisierte Kontrollmechanismen ausführlich dar. Er kommt zum Schluss, dass «eine wirksame Kontrolle der Entschädigungspraxis der grossen Publikumsgesellschaften in letzter Instanz nur durch die Generalversammlung ausgeübt werden kann».
632 FORSTMOSER/MEIER-HAYOZ/NOBEL, § 28 N 129; BÖCKLI, Aktienrecht, § 13 Rz. 239a.
633 Vgl. die Leistungsmassstäbe bei BÖCKLI, Aktienrecht, § 13 Rz. 240; KRNETA, N 1778/7; HUNGERBÜHLER, 179 ff.; DÜRR, 181 ff.
634 Daneben können auch Opportunitätskosten – mögliche Einkünfte aus anderen Mandaten – berücksichtigt werden; BÖCKLI, Aktienrecht, § 13, Rz. 241.

für die Auftragserledigung führt zu einer jährlichen Entschädigungssumme, welche noch um einen Verantwortungszuschlag erhöht werden muss. Denn ein externer Strategieberater haftet nicht gleichzeitig zivil- und strafrechtlich für seine Empfehlungen. Dabei kann allenfalls reduzierend berücksichtigt werden, dass eine Organhaftpflichtversicherung besteht.[635] Das in diesem ersten Schritt aufgrund der Kernaufgabe ermittelte Grundhonorar sollte nun in einem zweiten Schritt mit Unternehmen aus der gleichen Branche verglichen und allenfalls nach oben oder unten angepasst werden. Hilfreich ist dafür die nachstehende Tabelle der BDO Visura, welche nach Branchen unterteilt ist.

Durchschnittliche VR-Honorare nach Branche

Branche	Jahreshonorar
Gewerbe	CHF 11 267
Industrie	CHF 19 109
Handel	CHF 15 301
Banken	CHF 33 692
Übrige Dienstleistungen	CHF 15 793

Quelle: BDO Visura Studie 2011, Wie viel verdienen Verwaltungsräte?

Schliesslich sollte das im zweiten Schritt angepasste Grundhonorar auf die individuelle Gerechtigkeit überprüft werden. Dies kann entsprechend der nachfolgend aufgelisteten drei Kriterien erfolgen. Mit diesem System ist es möglich, ein Honorar zu ermitteln, das nicht nur für den einzelnen Verwaltungsrat, sondern auch für das Unternehmen, die Aktionäre und die Anspruchsgruppen gerecht sein sollte.[636]

a) *Überprüfung der Leistungsgerechtigkeit*

Bei einem überproportionalen Aufwand (z.B. Sanierung, Krise, Expansion, Fusion etc.) muss das Honorar evtl. erhöht oder über separate Mandatsverträge ein Ausgleich geschaffen werden. Umgekehrt ist bei unterproportionalem Aufwand (z.B. stillstehendes Unternehmen) eine Reduktion vorzunehmen.

b) *Überprüfung der Sozialgerechtigkeit*

Bei einem überwiegend sozial tätigen Unternehmen (z.B. wohltätige und deshalb steuerbefreite Gesellschaft) muss das Honorar allenfalls reduziert werden. Dabei darf jedoch die immer noch vorhandene Verantwortlichkeit nicht ausser Acht gelassen werden.

c) *Überprüfung der Unternehmensgerechtigkeit*

Bei ungenügender Leistungsfähigkeit des Unternehmens (z.B. Start-up oder Liquiditätskrise) muss das Honorar u.U. ebenfalls reduziert werden. Dies kann als vorübergehende Massnahme mit nachträglicher Anpassungsmöglichkeit beschlossen werden.

Bei Publikumsgesellschaften werden seit einiger Zeit Entschädigungsmodelle angewendet, welche die Ausrichtung eines Teils der Entschädigung in Form von Aktien oder Optionen auf Aktien vorsehen. Solche Entschädigungsmodelle sind kritisch zu bewerten, da sie zu

---

635 MÜLLER, Honorierung, 142.
636 MÜLLER, Honorierung, 144.

völlig unangemessen hohen Entschädigungen führen können, mit der Zeit eine Verwässerung der Beteiligungen der Aktionäre bewirken und etliche Missbrauchsmöglichkeiten bieten, die durch die Unübersichtlichkeit der Detailregelung begünstigt werden.

Ebenfalls kritisch zu würdigen sind Abgangsentschädigungen für Verwaltungsräte und Mitglieder der Geschäftsleitungen (sog. Golden Parachutes). Sie sind zu messen am Gesellschaftsinteresse, das kaum je darin liegen kann, im Fall der Abwahl eines Verwaltungsrats (oder Entlassung eines Geschäftsleitungsmitglieds) wegen Misserfolg noch finanzielle Leistungen an die betroffene Person zu erbringen.[637] Bei börsenkotierten Gesellschaften sind Abgangsentschädigungen an die Verwaltungsräte (wie auch an die Mitglieder der Geschäftsleitung und des Beirates) gemäss Art. 20 VegüV *unzulässig,* wobei davon die Vergütungen, die bis zur Beendigung des Vertragsverhältnisses geschuldet sind, ausgenommen werden. Unzulässig sind bei den kotierten Gesellschaften zudem:

1. Vergütungen, die im Voraus ausgerichtet werden;
2. Provisionen für die Übernahme oder Übertragung von Unternehmen (oder Teilen davon) durch die Gesellschaft oder von ihr – direkt oder indirekt – kontrollierten Gesellschaft;
3. Darlehen, Kredite, Vorsorgeleistungen ausserhalb der beruflichen Vorsorge und erfolgsabhängige Vergütungen, die in den Statuten nicht vorgesehen sind;
4. die Zuteilung von Beteiligungspapieren, Wandel- und Optionsrechten, die in den Statuten nicht vorgesehen ist.

Zur Verhinderung von Umgehungsmöglichkeiten sind die in der kotierten Gesellschaft verbotenen Vergütungen auch verboten, wenn sie von direkt oder indirekt kontrollierten Unternehmen entrichtet werden.

Im Konzernverbund hat oftmals eine Person in mehreren Verwaltungsräten derselben Gruppe Einsitz. Die Entschädigung bemisst sich dann nach der Gesamtbelastung. Obwohl die Holdinggesellschaft hierarchisch zuoberst steht, fällt der Aufwand für den Verwaltungsrat in der Regel stärker bei den unteren, operativen Gesellschaften an. Dementsprechend sollte eine Verteilung des Aufwandes für den Verwaltungsrat der Holdinggesellschaft auf die operativen Gesellschaften erfolgen.[638] Die Entschädigung bei der Holdinggesellschaft kann sich nach dem Konzernergebnis richten.[639]

Die Gesellschaft hat bezüglich der Verwaltungsratsentschädigung grundsätzlich AHV- und ALV-Prämien abzurechnen. Die entsprechenden Beträge sind vor Ausrichtung von der Entschädigung abzuziehen und zusammen mit dem Arbeitgeberbeitrag an die AHV-Kasse auszurichten. Bei ausländischen Verwaltungsräten ist die Quellensteuer abzuziehen. Nur soweit ein Verwaltungsratsmitglied aufgrund eines separaten Vertragsverhältnisses tätig wird, beispielsweise als selbständiger Rechtsanwalt, Architekt oder Werbeberater, brauchen keine derartigen Abzüge vorgenommen zu werden.

---

[637] Vgl. auch BÖCKLI, Aktienrecht, § 13 Rz. 246a ff.
[638] Börsenkotierte Gesellschaften haben Vergütungen an VR-Mitglieder im Konzernverbund dergestalt im Vergütungsbericht zur Jahresrechnung offenzulegen, dass auch Vergütungen bei Tochtergesellschaften ersichtlich sind.
[639] Vgl. Urteil des Bundesgerichts vom 12.10.2004, 4C.386/2002.

2.5.7 Kumulation von Lohn- und Honoraranspruch

2.5.7.1 Grundsätzlicher Anspruch auf Lohn und Verwaltungsratshonorar

Die Entgeltlichkeit der Arbeitsleistung ist eine fundamentale gesetzliche Voraussetzung für den Bestand eines Arbeitsvertrages.[640] Ist die Höhe des Arbeitslohnes nicht im Voraus konkret festgelegt worden, so hat der Arbeitgeber nach Art. 322 Abs. 1 OR den Lohn zu entrichten, der üblich ist. Was üblich ist, muss anhand von Vergleichszahlen im gleichen Betrieb oder in der gleichen Branche vor Ort unter Berücksichtigung der Tätigkeit einerseits und der persönlichen Verhältnisse (Ausbildung, Erfahrung, Alter, Familienstand, Kinderzahl) andererseits ermittelt werden;[641] hierzu besteht eine reiche Rechtsprechung.[642] Umgekehrt kann aus der Vereinbarung eines überdurchschnittlich hohen Lohnes nicht der Schluss gezogen werden, es liege kein Arbeitsvertrag vor, sondern ein Auftrag.[643] Zuständig für die Festlegung der Entlöhnung ist grundsätzlich der Verwaltungsrat. Bezüglich der Geschäftsführung ist dies nach Art. 716*a* OR eine unübertragbare und unentziehbare Aufgabe. Bezüglich der übrigen Arbeitnehmer ist eine Delegation gestützt auf Art. 716*b* Abs. 1 OR bzw. eine entsprechende statutarische Ermächtigung über ein Organisationsreglement zulässig.

Wird die Entlöhnung von VR-Mitgliedern übermässig hoch angesetzt, so können die Aktionäre gestützt auf Art. 678 OR die Rückerstattung an die Gesellschaft verlangen; allerdings müssen sie dazu beweisen, dass die übermässigen Bezüge von den VR-Mitgliedern ungerechtfertigt und in bösem Glauben getätigt wurden. Möglich wäre auch der schwierige und langwierige Weg über eine Verantwortlichkeitsklage nach Art. 754 OR; Grundlage dazu könnte eine Sonderprüfung gemäss Art. 697*a* OR sein, womit Informationen über die konkrete Höhe der Vergütungen in Erfahrung gebracht werden können. Wird der Verwaltungsrat ausgewechselt und möchte der neue Verwaltungsrat bereits bestehende Arbeitsverträge mit VR-Mitgliedern wegen übermässiger Lohnfestsetzung gestützt auf Art. 24 OR bzw. ZGB 27 Abs. 2 ZGB für unverbindlich erklären, so werden sich in den meisten Fällen Beweisprobleme ergeben. Die Mitglieder des früheren Verwaltungsrates werden i.d.R. im Falle einer Zeugenbefragung für die Gültigkeit des Arbeitsvertrages einstehen. Um die Macht des Verwaltungsrates bezüglich der Lohnfestsetzung für die Geschäftsführung zu beschränken, können von der Generalversammlung entsprechende Statutenbestimmungen aufgestellt werden:

- Aktionärsausschuss zur Festlegung der Entschädigung, oder
- Spezielle Zustimmung für Arbeitsverträge mit VR-Mitgliedern über drei Jahre.

Bei der Tätigkeit als Verwaltungsrat ist ein Honoraranspruch zwar nicht explizit gesetzlich festgelegt, doch haben die Mitglieder eines Verwaltungsrats grundsätzlich Anspruch auf eine Entschädigung für ihre organschaftliche Tätigkeit. In der Praxis werden Verwaltungs-

---

640 Vgl. die Begriffsbestimmung in Art. 319 Abs. 1 OR. «Wer ohne Lohn zu arbeiten bereit ist, ist nicht Arbeitnehmer …» (REHBINDER, in: Berner Kommentar, N 2 zu Art. 322 OR).
641 REHBINDER, in: Berner Kommentar, N 12 zu Art. 322 OR; nach STAEHELIN/VISCHER, in: Zürcher Kommentar, N 29 zu Art. 322 OR, kann auch der in einem nicht anwendbaren Gesamtarbeitsvertrag für solche Arbeit festgesetzte Durchschnittslohn als Ausdruck der Übung massgebend sein.
642 Dazu eingehend STREIFF/VON KAENEL, N 7 und 10 zu Art. 322 OR.
643 Nicht publizierter Entscheid des Bundesgerichts 4C.460/1995 vom 24.2.1997, publiziert in der NZZ vom 21.5.1997, Nr. 114, und bei FELBER, 195 f.

räte entweder mit festen Pauschalen oder mit Honoraren nach Aufwand entschädigt;[644] immer häufiger kommen aber auch flexible Vergütungsmodelle, insbesondere in Form von Erfolgsbeteiligungen und Aktien bzw. Aktienoptionen vor.[645] Es ist zulässig, den Entschädigungsanspruch in den Statuten zu verankern und gleichzeitig auch noch festzulegen, dass die Generalversammlung die Höhe der Entschädigung bestimmt.[646] In jedem Falle ist jedoch nach Ansicht des Bundesgerichtes bei der Entschädigungsfestlegung zu prüfen, ob der Betrag in einem angemessenen Verhältnis zur Arbeit des Verwaltungsrats, zu seinen Leistungen für die Gesellschaft und zur wirtschaftlichen Situation des Unternehmens steht.[647] Im Gegensatz zum Lohnanspruch aus Arbeitsvertrag besteht beim Honoraranspruch aus Mandatsvertrag keine ergiebige Rechtsprechung.[648] Immerhin hat das Bundesgericht wiederholt festgestellt, dass Beschlüsse der Generalversammlung über Verwaltungsratshonorare von jedem Aktionär angefochten werden können.[649] Hat dagegen der Verwaltungsrat selbst die Honorarhöhe festgelegt, so besteht mit Ausnahme von Art. 678 OR keine direkte Anfechtungsmöglichkeit;[650] die Aktionäre können lediglich eine Verantwortlichkeitsklage einleiten und/oder versuchen, den Verwaltungsrat durch die Generalversammlung neu bestellen zu lassen. Allenfalls bleibt einem Minderheitsaktionär als letzter Ausweg noch die Auflösungsklage, falls der Verwaltungsrat seine Doppelstellung für übermässige Bezüge missbraucht.[651]

---

644 Nach den Umfrageergebnissen der BDO Visura, 15, wird die VR-Entschädigung bei 97% aller Familienunternehmen und bei 90% aller Nicht-Familienunternehmen in Form einer Jahrespauschale ausgerichtet.

645 Basierend auf einer Befragung von über 400 börsenkotierten Firmen meldete die HandelsZeitung vom 29.11.2000, Nr. 48, 4: «Der Trend weg von der reinen Barauszahlung hin zu Varianten mit Aktien und Aktienoptionen hat sich fortgesetzt. Jedes fünfte Unternehmen operiert mit erfolgsabhängigen Vergütungsmodellen.»

646 Vgl. BGE 84 II 550 ff.

647 BGE 86 II 159 E. 1. In der Honorarempfehlung der Treuhand-Kammer vom 23.6.1994 wurde das Mindesthonorar für Verwaltungsratsmandate noch mit CHF 2000 pro Jahr zuzüglich Honorar nach Zeitaufwand angegeben, was als grobe Orientierungshilfe dienen kann; in der Honorarempfehlung der Treuhand-Kammer vom 10.6.1997 wird keine Empfehlung mehr für VR-Honorare abgegeben. Während vom Schweizerischen Gewerkschaftsbund vehement die Meinung vertreten wird, die Entschädigung von Topmanagern dürfe das Zehnfache des schweizerischen Median-Jahreslohnes von CHF 65 000 nicht übersteigen (Aussage von Serge Gaillard, Sekretär des Schweizerischen Gewerkschaftsbundes, im Cash vom 15.3.2002, Nr. 11, 8), ist Christoph Blocher der Ansicht, dass ein Verwaltungsrat auch weitaus mehr als CHF 1 Mio. pro Jahr verdienen dürfe, sofern er eine entsprechende Leistung bringe (Interview der HandelsZeitung vom 13.3.2002, Nr. 11, 7).

648 In einem Streitfall müsste deshalb die Höhe des Honoraranspruches eines Verwaltungsrats aufgrund der individuellen Verhältnisse mühsam ermittelt werden. Zu berücksichtigen wären insbesondere die persönlichen Faktoren (Funktion, Ausbildung, Erfahrung, Beziehungsnetz etc.) und die betrieblichen Gegebenheiten (Branche, Personalbestand, Umsatz, Struktur, etc.); andere Faktoren wie Alter, Zivilstand, Kinderzahl oder ähnliche Kriterien und insbesondere Lohnansprüche in dieser Branche bzw. Gesamtarbeitsverträge könnten dagegen vernachlässigt werden. Konkrete Anhaltspunkte für die Bestimmung solcher Honoraransprüche liefert jeweils die aktuellste Umfrage der BDO Visura; kaum massgebend dürften dagegen die von der HandelsZeitung ermittelten VR-Honorare bei börsenkotierten Firmen sein, die für das Jahr 2000 noch mit CHF 69 000 angegeben wurden (HandelsZeitung vom 29.11.2000, Nr. 48, 4), aber nach dem Börseneinbruch per 2002 auf CHF 59 000 sanken (HandelsZeitung vom 17.9.2003, Nr. 38, 1 und 12).

649 So gleich zweimal geschehen im Falle Brandt c. La Centrale S.A. (BGE 84 II 159 und BGE 86 II 159).

650 Vgl. WEISS, Rz. 238 ff.

651 Vgl. BGE 105 II 114 ff.

Steht eine Person als Arbeitnehmer und Verwaltungsratsmitglied gleichzeitig in einem arbeitsrechtlichen und in einem organschaftlichen Verhältnis zur gleichen Gesellschaft, so hat diese Person aufgrund der obigen Ausführungen grundsätzlich Anspruch auf Lohn für die Arbeitstätigkeit und Anspruch auf Honorar für die Verwaltungsratstätigkeit. Umgekehrt müsste bei einem Wegfall der arbeitsrechtlichen oder gesellschaftsrechtlichen Anspruchsgrundlage durch Kündigung bzw. Abwahl oder Rücktritt auch der entsprechende Anspruch auf Lohn bzw. Honorar wegfallen. Tatsächlich können Fragen über die Entstehung bzw. den Wegfall eines solchen kumulativen Forderungsanspruches jedoch nicht allgemein beantwortet werden. Vielmehr ist zu unterscheiden, ob die arbeitsvertragliche Tätigkeit in einem direkten Zusammenhang mit der Funktion als Verwaltungsrat steht und welche Leistungen mit einer Entschädigung abgegolten werden.

2.5.7.2 Lohnanspruch bei organunabhängiger Tätigkeit

Übt ein Mitglied des Verwaltungsrats einer Gesellschaft bei dieser als Arbeitnehmer eine Tätigkeit aus, die völlig unabhängig von seiner organschaftlichen Funktion ist, so bestehen Lohnanspruch aus Arbeitsvertrag und Honoraranspruch aus Mandatsvertrag unabhängig voneinander. Ein solcher Fall ist beispielsweise gegeben, wenn ein Ingenieur aus der Forschungsabteilung ohne Änderung seines Arbeitsvertrages als Arbeitnehmer-Vertreter in den freiwillig paritätisch zusammengesetzten Verwaltungsrat gewählt wird. Die Aufgaben als Ingenieur hat der Arbeitnehmer weiterhin uneingeschränkt zu erfüllen, weshalb er diesbezüglich auch im gleichen Umfange zu entlöhnen ist. Zusätzlich hat der Arbeitnehmer nun jedoch auch noch die Aufgaben als Verwaltungsrat wahrzunehmen. Für diese organschaftliche Leistung ist er zusätzlich zu entschädigen, sodass er konsequenterweise einen kumulativen Anspruch auf Lohn als Arbeitnehmer und auf Honorar als Verwaltungsrat hat.

In der Praxis wird vereinzelt die zusätzliche Verwaltungsratsfunktion bei der Gestaltung des Arbeitsvertrages mitberücksichtigt und deshalb ein separater Honoraranspruch ausgeschlossen. Konkret wird z.B. die Präsenzzeit bei den Verwaltungsratssitzungen als Arbeitszeit angerechnet und stipuliert, der Arbeitnehmer erbringe demnach keine Zusatzleistung. Diese Argumentation übersieht jedoch, dass zur pflichtgemässen Erfüllung der Verwaltungsratsfunktion nicht nur die Sitzungsteilnahme, sondern auch die Sitzungsvorbereitung gehört. Der tatsächliche Zeitaufwand für ein Verwaltungsratsmandat ist deshalb bei einer korrekten Funktionsausübung wesentlich höher als die reine Sitzungszeit. Zudem trägt der Arbeitnehmer durch seine Doppelstellung eine zusätzliche Verantwortung als Verwaltungsrat; das damit verbundene Risiko ist bei der Entschädigung ebenfalls zu berücksichtigen. Für den zusätzlichen Aufwand und die höhere Verantwortung besteht deshalb ein kumulativer Entschädigungsanspruch. Dies gilt auch im Falle eines Mandatsvertrages mit Enthaftungsklausel,[652] denn die mit einem Verantwortlichkeitsprozess verbundenen unangenehmen Nebeneffekte (Rufschädigung, Ärger, Zeitaufwand, etc.) lassen sich nicht vertraglich wegbedingen. Ob unter diesen Aspekten der Anspruch auf ein Verwaltungsratshonorar überhaupt vollständig über Lohnzahlungen getilgt werden kann, wird weiter hinten eingehend erörtert.

---

652 Vgl. dazu das Muster hinten unter Ziff. 11.46, S. 934 ff.

2.5.7.3 Lohnanspruch bei organabhängiger Tätigkeit

Eine besondere Situation entsteht, wenn ein Verwaltungsrat im Zusammenhang mit seiner organschaftlichen Funktion zusätzliche Aufgaben übernimmt und bei deren Erfüllung die Weisungen des Gesamtverwaltungsrats oder des Präsidenten zu befolgen hat. Ein solcher Fall ist beispielsweise dann gegeben, wenn ein Verwaltungsratsmitglied die Funktion eines Delegierten übernimmt und der damit verbundene Aufwand schliesslich zu einer hauptamtlichen Tätigkeit führt. Dieser Delegierte hat unbestreitbar Anspruch auf eine angemessene Entschädigung für seine Tätigkeit. Unklar ist indessen, ob dieser Anspruch nur auf einem organschaftlichen oder auch auf einem arbeitsvertraglichen Verhältnis basiert.

Sind sämtliche Voraussetzungen für das Vorhandensein eines Arbeitsvertrages erfüllt, so ist der Entschädigungsanspruch für die arbeitsvertragliche Tätigkeit zwingend nach den arbeitsrechtlichen Kriterien zu leisten. Dies ergibt sich aus dem Verzichtsverbot von Art. 341 Abs. 1 OR. Allerdings dürfte die Entscheidung, was noch als organschaftliche Tätigkeit und was bereits als arbeitsvertragliche Tätigkeit zu qualifizieren ist, im Einzelfall Schwierigkeiten bereiten. Entscheidendes Abgrenzungskriterium ist die Subordination bzw. die damit verbundene Weisungsgebundenheit.[653]

Es ist zulässig, dass ein Verwaltungsrat auf eine separate Entlöhnung für seine zusätzliche organabhängige Tätigkeit verzichtet. Für solche Honoraransprüche besteht kein gesetzliches Verzichtverbot analog zur entsprechenden Bestimmung im Arbeitsrecht. Dieser Unterschied führt in der Praxis zu gerichtlichen Auseinandersetzungen, wie folgender Fall zeigt:[654]

Die Gründer einer AG zur Produktion und Verwertung von Internetseiten liessen sich von Anfang an durch einen Finanzexperten einer grossen Treuhandgesellschaft beraten. Da der Zeitaufwand für die Beratung und die damit verbundenen Kosten immer höher wurden, offerierten die bisherigen Aktionäre dem Finanzexperten zwei Jahre nach der Gründung eine Minderheitsbeteiligung an der AG zum Nominalwert verbunden mit einem Sitz im Verwaltungsrat und der Stellung als CFO. Der Finanzexperte konnte dem Angebot nicht widerstehen, kündigte seinen Arbeitsvertrag mit der Treuhandgesellschaft und beteiligte sich im Rahmen einer Kapitalerhöhung an der Internetgesellschaft. Leider versäumten es die Beteiligten, über das Rechtsverhältnis als CFO Abmachungen zu treffen. Anlässlich von Strategietagungen wurde dem CFO stets in Aussicht gestellt, er werde bei einem späteren Börsengang für seine Tätigkeit angemessen entschädigt. Nach zwei Jahren harter Arbeit zerschlugen sich jedoch die Hoffnungen auf einen Börsengang. Der Finanzexperte verlangte nun erstmals Lohn für seine Tätigkeit. Zur Begründung machte er geltend, er habe nie auf einen Lohn verzichtet und hätte dies wegen dem Verzichtsverbot im Arbeitsrecht auch nicht machen können; zudem sei die Lohnforderung nicht verjährt. Die übrigen Aktionäre, welche alle gleichzeitig Mitglieder des Verwaltungsrats waren, wiesen jedoch jegliche Lohnforderung mit dem Argument zurück, ein Arbeitsvertrag sei gar nie abgeschlossen worden, weshalb das Verzichtsverbot nicht zur Anwendung gelange und im Übrigen hätte keiner der Verwaltungsräte je ein Honorar bezogen.

---

653 Dies ergibt sich indirekt aus der Tatsache, dass die Unterordnung bzw. die Weisungsgebundenheit heute das massgebende Kriterium zur Unterscheidung des Arbeitsvertrages vom Auftrag darstellt.
654 Da es sich um einen konkreten Streitfall handelt, der noch nicht gerichtlich entschieden ist, können keine genaueren Angaben gemacht werden.

Der Fall ist noch nicht entschieden, weshalb an dieser Stelle noch keine abschliessende rechtliche Beurteilung der Situation möglich ist. Folgende Überlegungen sind jedoch unter Berücksichtigung der bisherigen Erkenntnisse über die Voraussetzungen und die Zulässigkeit einer Doppelstellung als Verwaltungsrat und Arbeitnehmer angebracht:

- Die Berufung des CFO auf das arbeitsrechtliche Verzichtsverbot nach Art. 341 Abs. 1 OR setzt einen Arbeitsvertrag voraus; kann der Nachweis eines Arbeitsvertrages erbracht werden, dann besteht eine Lohnforderung, die gemäss Art. 128 OR erst nach fünf Jahren verjährt.
- Wenn der CFO einen Arbeitsvertrag geltend machen will, dann hat er nach Art. 8 ZGB den Beweis dafür zu erbringen; gelingt ihm dies, so könnte die Gesellschaft als Arbeitgeberin versuchen, Rechtsmissbrauch gemäss Art. 2 Abs. 2 ZGB geltend zu machen. Der in Aussicht gestellte Börsengang lässt den Einwand des Rechtsmissbrauchs jedoch als wenig erfolgversprechend erscheinen.
- Wurde kein Lohn abgemacht, hat der Arbeitgeber gemäss Art. 322 Abs. 1 OR den üblichen Lohn zu entrichten; der CFO hat deshalb nur zu beweisen, dass eine Arbeit gegen Entgelt vereinbart wurde, ohne konkret die Höhe der abgemachten Entlöhnung nachzuweisen.
- Aus der Tatsache, dass der CFO während zwei Jahren keinen Lohn geltend machte, kann nicht geschlossen werden, dass kein Arbeitsvertrag vorliegt; es ist zulässig, Lohnforderungen zu stunden.
- Der Verwaltungsrat kann gemäss Art. 716*b* Abs. 1 OR die finanzielle Geschäftsführung im Rahmen des gesetzlich Zulässigen einem VR-Mitglied übertragen; dies kann sowohl durch Präzisierung bzw. Ergänzung des organschaftlichen Verhältnisses, als auch durch Abschluss eines zusätzlichen Arbeitsvertrages geschehen. Aus der Funktionsbezeichnung als CFO kann deshalb nicht zwingend auf einen Arbeitsvertrag geschlossen werden, doch entsteht eine entsprechende Vermutung.

Das Gericht wird diesen Fall aufgrund des noch gespeicherten elektronischen Briefverkehrs und der Aussagen von Zeugen entscheiden müssen. Allenfalls können die Ergebnisse der Umfrage bei den VR-Delegierten hilfreich sein: Rund 77% aller VR-Delegierten mit einer zusätzlichen Funktion als GL-Mitglied stehen in einem arbeitsvertraglichen Verhältnis zur Gesellschaft, für die sie tätig sind.[655] Damit besteht eine starke, jedoch widerlegbare Vermutung, dass der Finanzexperte im vorliegenden Fall seine Funktion als CFO nicht nur im Rahmen seiner VR-Tätigkeit, sondern als Arbeitnehmer ausüben wollte. Der Gesamtverwaltungsrat hatte zweifellos die Möglichkeit, dem CFO zur Ausübung seiner Tätigkeit Weisungen zu erteilen; demnach bestand ein Weisungsrecht und zwar unabhängig davon, ob es auch konkret ausgeübt wurde. Es ist jedoch zusätzlich abzuklären, ob die Gesellschaft dem CFO die notwendige Infrastruktur zur Ausübung seiner Tätigkeit zur Verfügung stellte und eine Einordnung in die Arbeitsorganisation erfolgte, damit tatsächlich vom notwendigen Subordinationsverhältnis für ein Arbeitsverhältnis ausgegangen werden kann. Auch wenn dieser Fall noch nicht entschieden ist, so belegt er doch eindrücklich das Konfliktpotenzial einer Doppelstellung als Verwaltungsrat und Arbeitnehmer im Zusammenhang mit Lohnforderungen für organabhängige Tätigkeiten.

---

655 Vgl. MÜLLER, Verwaltungsrat als Arbeitnehmer, Tabelle 21, 132.

2.5.7.4 Selbständige oder unselbständige Tätigkeit

Art. 7 AHVV legt fest, welche Bestandteile zum massgebenden Lohn für die Berechnung der Sozialversicherungsbeiträge gehören. Danach ist klar, dass die Lohnzahlungen für die organunabhängige und organabhängige Arbeitstätigkeit ebenso zu den anrechenbaren Lohnbestandteilen gehören wie Honorarzahlungen für die Tätigkeit als Verwaltungsratsmitglied. Individuell zu beurteilen sind allfällige separate Entschädigungen für zusätzlich geleistete Aufträge. Handelt es sich beispielsweise um einen Rechtsanwalt mit eigener Kanzlei, welcher zu 40% als VR-Delegierter in einer Gesellschaft angestellt ist, so können durchaus neben den Lohnzahlungen für die Arbeitstätigkeit und den Honorarzahlungen für die Funktionsausübung als Verwaltungsrat noch zusätzlich Zahlungen für die Leistungen als selbständiger Rechtsanwalt erfolgen. Allerdings wird im Zweifel von den Ausgleichskassen eine unselbständige Erwerbstätigkeit angenommen. Ein Beispiel dafür liefert der Entscheid des Eidg. Versicherungsgerichtes vom 3. August 2000.[656] Der Geschäftsführer einer Immobiliengesellschaft war nicht nur Mitglied des Verwaltungsrats, sondern gleichzeitig selbständiger Immobilientreuhänder. Als solcher vermittelte er der Gesellschaft zahlreiche Immobilien und erhielt dafür Provisionen von knapp einer Million Franken. Seitens der Gesellschaft wurden diese Zahlungen als selbständiges Erwerbseinkommen aufgefasst. Die Ausgleichskasse des Kantons Zürich erachtete die Provisionen jedoch als Lohnbestandteil. Diese Ansicht wurde letztinstanzlich geschützt und damit auch die resultierende Beitragsnachforderung von rund CHF 187 000.

Neben der Entschädigung für die Arbeitsleistung und die Verwaltungsratsfunktion kann auch ein Honorar für Dienstleistungen aus einem Auftragsverhältnis geschuldet sein; damit solche Zusatzentschädigungen als Einkommen eines Selbständigerwerbenden von den Sozialversicherungsbehörden anerkannt werden, müssen die Abgrenzungskriterien im Sinne von Art. 9 Abs. 1 bzw. Art. 5 Abs. 2 AHVG gemäss der massgebenden Rechtsprechung erfüllt sein.[657] Dies führt zur Frage, ob es für ein VR-Mitglied nicht vorteilhafter wäre, seine VR-Honorare nicht persönlich, sondern über eine eigene Gesellschaft (z.B. eine GmbH) zu beziehen. Damit würden jedenfalls die AHV-Abzüge wegfallen. Tatsächlich werden sie aber dann fällig, wenn der betroffene Verwaltungsrat Lohn aus seiner eigenen Gesellschaft bezieht. Zudem muss die eigene Gesellschaft bei entsprechenden Umsätzen allenfalls MWST abliefern. Bei Dividendenausschüttungen aus der eigenen Gesellschaft könnten die Steuerbehörden verdeckte Lohnzahlungen geltend machen. Diesbezüglich wäre gegebenenfalls ein Steuerruling zu prüfen.

2.5.8 Vorhandene Möglichkeiten zur Begrenzung der VR-Honorare

2.5.8.1 Bei börsenkotierten Gesellschaften

Die Forderungen nach mehr Transparenz bei den Vergütungen haben bei den *börsenkotierten* Gesellschaften Wirkung gezeigt. Durch das Bundesgesetz vom 7. Oktober 2005 (Transparenz betreffend Vergütungen an Mitglieder des Verwaltungsrats und der Geschäftsleitung) wurde mit Wirkung vom 1. Januar 2007 ein neuer Art. 663b^{bis} im Obligationenrecht eingefügt. Danach müssen börsenkotierte Gesellschaften folgende Vergü-

---

656 Unveröffentlichter Entscheid H 62/99 vom 3.8.2000.
657 Vgl. BGE 119 V 161 E. 3. b, 122 V 169 E. 3. a und c sowie BGE 123 V 161 E. 1.

tungen an Mitglieder des Verwaltungsrats, der Geschäftsleitung oder des Beirats angeben: Honorare, Löhne, Bonifikationen, Gutschriften, Tantiemen, Beteiligungen, Sachleistungen, Optionen, Bürgschaften, Forderungsverzichte, Vorsorgeleistungen, Darlehen und Kredite. Diese Angaben sind ab 2014 nicht mehr im Anhang der Jahresrechnung sondern in einem separaten Vergütungsbericht offenzulegen (Art. 13–17 VegüV).[658]

Bei *börsenkotierten* Aktiengesellschaften müssen die Statuten gemäss Art. 12 Abs. 1 VegüV zwingend Bestimmungen enthalten über:

1. die (bestimmte/bestimmbare) Anzahl der zulässigen Tätigkeiten der Mitglieder des Verwaltungsrates, der Geschäftsleitung und des Beirates in den obersten Leitungs- oder Verwaltungsorganen von Rechtseinheiten, die verpflichtet sind, sich ins Handelsregister oder in ein entsprechendes ausländisches Register eintragen zu lassen, und die nicht durch die Gesellschaft kontrolliert werden oder die Gesellschaft nicht kontrollieren. (Mit dieser Bestimmung sollen die Aktionäre beurteilen können, wie stark sich die betreffenden Personen ausserhalb des Unternehmens(konzerns) noch anderweitig tätig – und belastet – sind);
2. die maximale Dauer der Verträge, die den Vergütungen für die Mitglieder des Verwaltungsrates und der Geschäftsleitung zugrunde liegen, und die maximale Kündigungsfrist für unbefristete Verträge; Dauer und Kündigungsfrist dürfen höchstens ein Jahr betragen;
3. die Grundsätze über die Aufgaben und Zuständigkeiten des Vergütungsausschusses;
4. die Einzelheiten zur Abstimmung der Generalversammlung über die Vergütungen.

Zu ihrer Verbindlichkeit müssen zudem gemäss Art. 12 Abs. 2 VegüV folgende Punkte in Bestimmungen in den Statuten geregelt werden.

1. die Höhe der *Darlehen, Kredite* und *Vorsorgeleistungen ausserhalb der beruflichen Vorsorge* für die Mitglieder des Verwaltungsrates, der Geschäftsleitung und des Beirates;
2. die Grundsätze über die *erfolgsabhängigen* Vergütungen an die Mitglieder des Verwaltungsrates, der Geschäftsleitung und des Beirates;
3. die Grundsätze über die *Zuteilung von Beteiligungspapieren, Wandel- und Optionsrechten* an Mitglieder des Verwaltungsrates, der Geschäftsleitung und des Beirates;
4. die Ermächtigung zur Übertragung der Geschäftsführung;
5. den Zusatzbetrag für die Vergütungen von Mitgliedern der Geschäftsleitung, die *nach* der Abstimmung der Generalversammlung über die Vergütungen ernannt werden;
6. die Einzelheiten über das weitere Vorgehen *bei einer Ablehnung* der Vergütungen durch die Generalversammlung;
7. *abweichende Regelungen* über die Ernennung des Präsidenten des Verwaltungsrates (Art. 4 Abs. 4 VegüV), eines Mitglieds des Vergütungsausschusses (Art. 7 Abs. 4 VegüV) und des unabhängigen Stimmrechtsvertreters (Art. 8 Abs. 6 VegüV);

---

658 Dazu ausführlich hinten Ziff. 3.10.2, S. 303 ff.

8. Vergütungen an Mitglieder des Verwaltungsrates, der Geschäftsleitung und des Beirates für Tätigkeiten in Unternehmen, die durch die Gesellschaft direkt oder indirekt kontrolliert werden (Art. 21 Ziff. 2 VegüV).

2.5.8.2 Bei nicht börsenkotierten Gesellschaften

Für *nicht an einer Börse kotierte* Gesellschaften bestehen noch keine Vorschriften zur Offenlegung der VR-Vergütungen. Hier besteht die Möglichkeit einer *statutarischen* und *reglementarischen* Einschränkung, welche den individuellen Besonderheiten der jeweiligen Gesellschaft Rechnung tragen kann.[659]

Die Erfahrung lehrt, dass Gesetze nur beschränkt geeignet sind, menschliches Verhalten zu steuern oder gar zu ändern. Bezogen auf die Aktiengesellschaft stellte ZIMMERMANN bereits 1946 fest,[660] dass nicht Gesetz oder Statuten, sondern der Faktor Mensch entscheidend sei. «Deren Charakter- und Facheigenschaften drücken dem Unternehmen im Guten wie im Bösen den Stempel meistens mehr als alles andere auf. Selbst bedeutendste schweizerische Aktienunternehmungen mit dank ihrer gesund konservativen Leitung jahrelanger Blüte sind wiederholt in verhältnismässig kurzer Zeit, wenn nicht gleichsam über Nacht, unter dem Einfluss unsorgfältig oder gewissenlos arbeitender Persönlichkeiten ihrer Führung entweder in den Abgrund oder an dessen Rand geraten.»

Statt neue Gesetzesvorschriften zu fordern, sollten die bestehenden richtig angewendet und die Flexibilität im Schweizer Aktienrecht umfassend ausgenützt werden. Nachstehend werden deshalb Musterklauseln für Statuten und Organisationsreglement vorgestellt, mit denen die Problematik von übermässigen Honoraren und Entschädigungen an VR- bzw. GL-Mitglieder grundsätzlich lösbar wäre. Der Aktionär muss sich deshalb darauf verlassen können, dass die Gesellschaft durch einen personell von der Geschäftsführung getrennten Verwaltungsrat sorgfältig geführt und überwacht wird. Die heute bereits für Banken und Sparkassen geltende Vorschrift einer personellen Unabhängigkeit zwischen Verwaltungsrat und Geschäftsführung erscheint bezüglich der Mehrheit der VR-Mitglieder auch bei börsenkotierten Gesellschaften als zweckmässig. Eine Ablehnung der Personalunion in der Führungsspitze bei solchen Gesellschaften ist jedoch nicht gleichzusetzen mit dem Verbot eines Arbeitsvertrages für VR-Mitglieder. Vielmehr ist bei Grossgesellschaften die hauptberufliche Ausübung beim VR-Präsidenten oder beim VR-Delegierten für die Aktionäre sogar von Vorteil.

Die SWX-Richtlinie betreffend Informationen zur Corporate Governance und der Swiss Code of Best Practice for Corporate Governance entsprechen durchaus dem heutigen internationalen Standard von Regelwerken zur Corporate Governance. Bei Gesellschaften, die nicht an der Börse kotiert sind, ist in den Statuten und im Organisationsreglement klarzustellen, ob und gegebenenfalls unter welchen Voraussetzungen Verwaltungsräte in einem arbeitsrechtlichen Verhältnis zur Gesellschaft stehen dürfen. Wird eine derartige Doppelstellung zugelassen, so ist ein schriftlicher Arbeitsvertrag mit denjenigen Regelungen zu empfehlen, welche das Konfliktpotenzial für beide Parteien auf ein Minimum reduzieren.

---

659 Die Forderung von RUFFNER, 159, nach einem flexiblen Aktienrecht, ist deshalb zu unterstützen.
660 ZIMMERMANN, 35 f.

Konkret können folgende Musterklauseln in diesem Zusammenhang vorgeschlagen werden:

Statutenklausel für die Begrenzung von VR-Bezügen durch die GV

Die Generalversammlung ist berechtigt, die maximale Höhe des individuellen VR-Honorars bzw. VR-Lohnes [*Variante:* ... des Honorar- und Lohnanspruchs für den Gesamtverwaltungsrat] festzulegen [*Variante:* ... in Prozenten vom Bilanzgewinn im entsprechenden Geschäftsjahr festzulegen]. Jedes Mitglied des Verwaltungsrats hat jedoch mindestens Anspruch auf eine Erstattung der im Zusammenhang mit seinem Mandat erforderlichen Spesen sowie eine angemessene Entschädigung für die von ihm erbrachten Leistungen in orts- und branchenüblicher Höhe [*Variante:* ... in Höhe eines durchschnittlichen VR-Honorars entsprechend seiner Funktion gemäss jeweils letzter repräsentativer Umfrage in der Schweiz]. Die Begrenzung der VR-Bezüge gilt jeweils nur für eine Amtsdauer [*Variante:* ... gilt jeweils bis auf Widerruf].

Statutenklausel für einen Aktionärsausschuss zur Festlegung der Entschädigung

Die Generalversammlung kann einen Aktionärsausschuss bestehend aus drei bis fünf Aktionären zur Festlegung der VR-Entschädigung [*Variante:* ... zur Festlegung der Entschädigung von Verwaltungsrat und Geschäftsführung] für das nächste Geschäftsjahr wählen [*Variante:* ..., die zusammen nicht mehr als 50% der Aktienstimmen vereinen]. Dieser Aktionärsausschuss hat jeweils innerhalb von zwei Monaten nach der Generalversammlung die jeweilige Höhe des Honorar- bzw. Lohnanspruches der einzelnen VR-Mitglieder festzulegen [*Variante:* ... der gesamten Bruttoentschädigung inkl. beruflicher Vorsorge für den Verwaltungsrat und die Geschäftsführung zu fixieren]. Solange der Aktionärsausschuss die Entschädigungshöhe nicht festgelegt hat, gilt die Gesamthöhe aller Entschädigungen gemäss letzter genehmigter Jahresrechnung als Obergrenze für die zukünftigen Entschädigungen [*Variante:* Solange die Generalversammlung von ihrem Recht auf Wahl eines Aktionärsausschusses zur Festlegung der Entschädigung keinen Gebrauch gemacht und der Ausschuss noch keine Obergrenze fixiert hat, entscheidet der Verwaltungsrat in eigener Kompetenz über die Entschädigung].

Statutenklausel für Aktionärszustimmung zu Arbeitsverträgen über drei Jahren

Arbeitsverträge zwischen der Gesellschaft und den Mitgliedern des Verwaltungsrats [*Variante:* ... und dem VR-Präsidenten oder dem VR-Delegierten] bedürfen zu deren Gültigkeit der Zustimmung der Generalversammlung, sofern und soweit sie für eine feste Dauer von mehr als drei Jahren abgeschlossen werden.

Reglementsklausel für die Regelung von VR-Honorar und Lohn

Jedes Mitglied des Verwaltungsrats hat Anspruch auf eine angemessene Entschädigung für die von ihm erbrachten Leistungen in Form eines jährlichen Pauschalhonorars in Höhe von CHF 18 000 [*Variante:* ... in Form eines Honorars in Höhe von CHF 250 pro Stunde nach Aufwand]. Notwendige Spesen im Zusammenhang mit dem Verwaltungsratsmandat werden separat entschädigt. Sofern und solange ein Verwaltungsrat zusätzlich in einem Arbeitsverhältnis zur Gesellschaft steht, resultiert daraus unabhängig vom VR-Honorar ein Lohnanspruch [*Variante:* ..., besteht nur ein Lohnanspruch aus Arbeitsvertrag und kein zusätzlicher Anspruch auf VR-Honorar].

2.5.9 Offenlegung der Entschädigung

Börsenkotierte Gesellschaften haben die Vergütungen an Mitglieder des Verwaltungsrates und der Geschäftsleitung sowie des Beirates weitgehend im *Vergütungsbericht* offenzulegen. Art. 13 VegüV verlangt die Offenlegung der bisher gemäss Art. 663b^{bis} OR geforderten Angaben, insbesondere die folgende Offenlegung:

1. alle Vergütungen, die die Gesellschaften direkt oder indirekt an gegenwärtige Mitglieder des Verwaltungsrates ausgerichtet haben;
2. alle Vergütungen, die die Gesellschaften direkt oder indirekt an Personen ausgerichtet haben, die vom Verwaltungsrat ganz oder zum Teil mit der Geschäftsführung betraut sind (Geschäftsleitung);
3. alle Vergütungen, die die Gesellschaften direkt oder indirekt an gegenwärtige Mitglieder des Beirates ausgerichtet haben;
4. Vergütungen, die die Gesellschaften direkt oder indirekt an frühere Mitglieder des Verwaltungsrates, der Geschäftsleitung und des Beirates ausgerichtet haben, sofern sie in einem Zusammenhang mit der früheren Tätigkeit als Organ der Gesellschaft stehen oder nicht marktüblich sind;

Als *Vergütung* gelten dabei namentlich:

1. Honorare, Löhne, Bonifikationen und Gutschriften;
2. Tantiemen, Beteiligungen am Umsatz und andere Beteiligungen am Geschäftsergebnis;
3. Dienst- und Sachleistungen;
4. die Zuteilung von Beteiligungen, Wandel- und Optionsrechten;
5. Antrittsprämien (Abgangsentschädigungen sind nun verboten!);
6. Bürgschaften, Garantieverpflichtungen, Pfandbestellungen zugunsten Dritter und ndere Sicherheiten;
7. der Verzicht auf Forderungen;
8. Aufwendungen, die Ansprüche auf Vorsorgeleistungen begründen oder erhöhen;
9. sämtliche Leistungen für zusätzliche Arbeiten.

Die *Angaben zu diesen Vergütungen* im Vergütungsbericht müssen Folgendes umfassen:

1. den Gesamtbetrag für den *Verwaltungsrat* und den auf jedes Mitglied entfallenden Betrag unter Nennung des Namens und der Funktion des betreffenden Mitgliedes;
2. den Gesamtbetrag für die *Geschäftsleitung* und den höchsten auf ein Mitglied entfallenden Betrag unter Nennung des Namens und der Funktion des betreffenden Mitgliedes;
3. den Gesamtbetrag für den *Beirat* und den auf jedes Mitglied entfallenden Betrag unter Nennung des Namens und der Funktion des betreffenden Mitgliedes.
4. gegebenenfalls den gesamten Zusatzbetrag für die Geschäftsleitung nach Art. 19 VegüV[661] und den auf jedes Mitglied entfallenden Betrag unter Nennung des Namens und der Funktion des betreffenden Mitglieds.

---

[661] Bei prospektiver Bestimmung können die Statuten einen Zusatzbetrag vorsehen für die Vergütung von Mitgliedern der Geschäftsleitung, die nach der Abstimmung ernannt werden.

In Bezug auf *Darlehen und Kredite* sind im Vergütungsbericht zudem folgende Angaben offenzulegen:

1. die Darlehen und Kredite, die den gegenwärtigen Mitgliedern des Verwaltungsrates, der Geschäftsleitung und des Beirates gewährt wurden und noch ausstehen;
2. die Darlehen und Kredite, die früheren Mitgliedern des Verwaltungsrates, der Geschäftsleitung und des Beirates zu nicht marktüblichen Bedingungen gewährt wurden und noch ausstehen.
3. den Gesamtbetrag für den Verwaltungsrat und den auf jedes Mitglied entfallenden Betrag unter Nennung des Namens und der Funktion des betreffenden Mitglieds;
4. den Gesamtbetrag für die Geschäftsleitung und den höchsten auf ein Mitglied entfallenden Betrag unter Nennung des Namens und der Funktion des betreffenden Mitglieds;
5. den Gesamtbetrag für den Beirat und den auf jedes Mitglied entfallenden Betrag unter Nennung des Namens und der Funktion des betreffenden Mitglieds.

In Bezug auf die *nahestehenden Personen* sind im Vergütungsbericht gesondert anzugeben:[662]

1. nicht marktübliche Vergütungen, die die Gesellschaften direkt oder indirekt an Personen ausgerichtet haben, die den Mitgliedern des Verwaltungsrates, der Geschäftsleitung und des Beirats nahestehen.
2. die Darlehen und Kredite, die an Personen, welche den gegenwärtigen oder früheren Mitgliedern des Verwaltungsrates, der Geschäftsleitung oder des Beirats nahestehen, zu nicht marktüblichen Bedingungen gewährt wurden und noch ausstehen.

Die Umsetzung dieser Bestimmungen gestaltet sich in der Praxis nicht ohne gewisse Abgrenzungsschwierigkeiten. In den Fachkreisen der Wirtschaftsprüfung sind folgende Grundsätze entwickelt worden:

– In Konzernverhältnissen müssen die verlangten Angaben im Vergütungsbericht offengelegt werden. Es ist jedoch zwingend, dass die Offenlegungspflichten gemäss dem angewandten anerkannten Standard zur Rechnungslegung vollständig eingehalten werden.[663]
– Eine Sonderprüfung zu den angegebenen Vergütungen kann erst dann verhängt werden, wenn bezüglich Unklarheiten an der Generalversammlung entsprechend Auskunft verlangt wurde.[664]
– Die Prüfungspflicht der Revisionsstelle beschränkt sich darauf, ob die Vergütungen, Darlehen/Kredite und Beteiligungen vollständig und richtig offengelegt werden.[665] Damit bezieht sich die Prüfung v.a. darauf, ob die offengelegten mit den tatsächlich gewährten Vergütungen usw. übereinstimmen, nicht aber auf die Angemessenheit (namentlich hinsichtlich der Höhe).

---

662 Die Namen der nahestehenden Personen müssen nicht jedoch angegeben werden.
663 Vgl. HALLAUER/WATTER, 2 f.; siehe auch CHK-IMARK/LIPP OR 663b^{bis}.
664 Vgl. ROTH PELLANDA, Sonderprüfung, 299.
665 Vgl. HALLAUER/WATTER, 6.

2.6 Stimmrecht

2.6.1 Stimmrecht in den Verwaltungsratssitzungen

2.6.1.1 Recht zur Teilnahme und Abstimmung an VR-Sitzungen

Die umfassende Kompetenzvermutung zugunsten des Verwaltungsrates gemäss Art. 716 Abs. 1 OR bringt es mit sich, dass er in allen Angelegenheiten Beschluss fassen kann, die nicht nach Gesetz oder Statuten der Generalversammlung zugeteilt sind. Selbst wenn der Verwaltungsrat einzelne Aufgaben delegiert hat, verbleiben ihm immer noch wichtige Funktionen, welche unübertragbar und unentziehbar sind.[666] Zur Erfüllung dieser Funktionen hält der Verwaltungsrat Sitzungen ab, in denen über die anstehenden Probleme Beschluss zu fassen ist. Da die erwähnten Aufgaben grundsätzlich dem Gesamtverwaltungsrat zustehen, ist es mithin auch eine Pflicht des Einzelverwaltungsrates, an den jeweiligen Sitzungen teilzunehmen und seine Stimme abzugeben.[667] Anders als bei unentschuldigter Absenz dürfte grundlose Stimmenthaltung allein wohl kaum jemals zu einer zivilrechtlichen Verantwortlichkeit führen, auch wenn dies theoretisch möglich wäre und in der Literatur befürwortet wird.[668]

Das Recht zur Sitzungsteilnahme ist im Gesetz nicht ausdrücklich statuiert. Es lässt sich aber als notwendige Selbstverständlichkeit aus Art. 713 Abs. 1 OR ableiten.[669] Danach werden die Beschlüsse des Verwaltungsrates mit der Mehrheit der abgegebenen Stimmen gefasst. Nur unter bestimmten Voraussetzungen kann im Sinne einer Ausnahme an die Stelle einer mündlichen Verhandlung eine schriftliche Beschlussfassung treten.[670]

Im schweizerischen Aktienrecht ist der Verwaltungsrat als gemeinsam beschliessendes und handelndes Gremium ausgestaltet. Werden keine Sitzungen bzw. Verhandlungen durchgeführt, so kann es zu keiner gemeinsamen Willensbildung kommen. Dies ist auch der Grund, weshalb nur in Ausnahmefällen Zirkulationsbeschlüsse gefasst werden sollten. Gibt es aber keine gemeinsame Willensbildung, so ist der Verwaltungsrat als Organ handlungsunfähig und kann seinen gesetzlichen Pflichten nicht mehr nachkommen.[671]

An den Verwaltungsratssitzungen hat jeder Verwaltungsrat grundsätzlich *nur eine einzige Stimme*, unabhängig von seinem Aktienbesitz. Eine Ausnahme bildet der Stichentscheid des Vorsitzenden gemäss Art. 713 Abs. 1 OR, sofern die Statuten nichts Gegenteiliges bestimmen. Mit dieser ausdrücklichen Verankerung im Gesetz ist die früher oftmals kategorisch vertretene Verneinung eines Mehrfachstimmrechtes im Verwaltungsrat durchbrochen worden.[672]

---

666 Dazu ausführlich hinten Ziff. 3.1.2, S. 152 f.
667 So auch FORSTMOSER/MEIER-HAYOZ/NOBEL, § 28 N 68; HOMBURGER, in: Zürcher Kommentar, N 813 zu Art. 717 OR mit weiteren Hinweisen; PLÜSS, Rechtsstellung, 33 f.
668 Vgl. SCHUCANY, 229 f. und WATTER/PÖSCHEL, 14 ff. m.w.H.
669 Vgl. FORSTMOSER/MEIER-HAYOZ/NOBEL, § 28 N 68; PLÜSS, Rechtsstellung, 34, mit weiteren Belegstellen. Diese Pflicht ist oft in den Statuten oder dem Organisationsreglement ausdrücklich erwähnt.
670 Dies ist der Zirkulationsbeschluss gemäss Art. 713 Abs. 2 OR.
671 MÜLLER, VR-Sitzung, 48 f
672 FORSTMOSER/MEIER-HAYOZ/NOBEL, § 29 N 31. Der Stichentscheidd ist zu unterscheiden vom Vetorecht, welches im VR wegen dem Kopfstimmprinzip unzulässig ist (gl.M. FORSTMOSER, Organisation, § 11 N 84).

Die Beschlussfassung des Verwaltungsrates geschieht nach Art. 713 Abs. 1 OR mit dem relativen Mehr, d.h. der Mehrheit der gültig abgegebenen Stimmen.[673] Zeigt das Ergebnis Stimmengleichheit, so gilt nach dispositiver Regel von Art. 713 Abs. 2 Satz 2 OR der Grundsatz, dass dem Vorsitzenden (und damit nicht nur dem VR-Präsidenten) der Stichentscheid zukommt.[674] Zur Lösung von Pattsituationen ist der Stichentscheid ein taugliches Mittel.[675] Bei besonderen Verhältnissen kann der Stichentscheid aber ohne weiteres durch die Statuten oder das Organisationsreglement aufgehoben werden. Als Ersatz ist stattdessen beispielsweise die Entscheidung durch Losziehung denkbar. Solche «Zufallsgeneratoren» sind jedoch im Hinblick auf die Wichtigkeit von VR-Beschlüssen abzulehnen.

Fraglich ist, ob für Beschlüsse, die vom Verwaltungsrat gefasst werden müssen, ein qualifiziertes Mehr, das solche Beschlüsse allenfalls vereitelt, eingeführt werden darf.[676] Da im Gesetz nichts Gegenteiliges vorgeschrieben wird, ist eine derartige Quorumsregelung in den Statuten oder im Organisationsreglement zwar grundsätzlich zulässig, jedoch nicht zu empfehlen.[677, 678]

So wie der Gesamtverwaltungsrat unübertragbare Kompetenzen nicht delegieren kann,[679] muss das einzelne Mitglied seine Pflichten grundsätzlich persönlich erfüllen.[680] Das gilt auf jeden Fall mit Bezug auf die Teilnahme am Willensbildungsprozess, der von den Diskussionsbeiträgen der einzelnen Mitglieder lebt[681] und der zu einem unverfälschten Abschluss gebracht werden muss. Es kann aber auch bei Ausführungshandlungen, welche in die zwingende Kompetenz des Gesamtverwaltungsrats fallen, nicht anders sein.[682]

2.6.1.2 Vertretungsrecht an VR-Sitzungen

Die Thematik der Vertretung im Verwaltungsrat ist in der Literatur umstritten.[683] Mehrheitlich wird die Zulässigkeit der Vertretung anlässlich einer VR-Sitzung abgelehnt. Zur Begründung wird meist darauf hingewiesen, dass der Verwaltungsrat *ad personam* gewählt werde. Es finden sich aber auch Autoren, welche eine Vertretung unter gewissen

---

673 BÖCKLI, Aktienrecht, § 13 Rz. 118.
674 Zur Berechnung der Mehrheiten bei Zirkularbeschlüssen vgl. BÖCKLI, Aktienrecht, § 13 Rz. 140.
675 A.M. MARC-ANTOINE SCHAUB, Conseil d'administration, 160 f., der dem Stichentscheid des Präsidenten kritisch gegenübersteht und überdies ein statutarisches Präsenzquorum für den Verwaltungsrat empfiehlt. Unzulässig wäre dagegen ein Vetorecht des Vorsitzenden im Organisationsreglement oder in den Statuten.
676 FORSTMOSER/MEIER-HAYOZ/NOBEL, § 31 Anm. 11.
677 Kritisch dazu BÖCKLI, Aktienrecht, § 13 Rz. 120 ff., der darauf hinweist, dass der Verwaltungsrat namentlich mit Blick auf die ihm unentziehbar und unübertragbar zugewiesenen Aufgaben handlungsfähig bleiben muss. Ebenso WALDBURGER, 190.
678 Gemäss dem Muster eines Organisationsreglements vgl. Ziff. 11.55, S. 953 ff.
679 Dazu vorne Ziff. 3.1.2, S. 152 f.
680 Das ist mit der Formulierung gemeint, «das Mandat des Verwaltungsrats sei seiner Natur nach an die Person des damit von der Generalversammlung Betrauten gebunden»; BGE 71 II 279. Vgl. statt vieler BÖCKLI, Aktienrecht, § 13 Rz. 126; FORSTMOSER/MEIER-HAYOZ/NOBEL, § 28 N 8; BERTSCHINGER, Arbeitsteilung, N 164; ROTH PELLANDA, Organisation, 239.
681 Darauf verweist v.a. BÖCKLI, Aktienrecht, § 13 Rz. 129.
682 Bspw. Benachrichtigung des Konkursrichters.
683 Dazu ausführlich MÜLLER/THALMANN, 1 ff.

Umständen als zulässig erachten.[684] Das Bundesgericht hat die Frage ausdrücklich offengelassen.[685] Das Handelsregisteramt Zürich lässt seit 2011 nach einer Überprüfung seiner Praxis unter gewissen Bedingungen zu, in den Statuten die Vertretung von Verwaltungsräten vorzusehen.[686]

Mit der Vorgabe des Handelsregisteramts Zürich hat die Thematik wieder deutlich an Aktualität gewonnen. Dies gilt umso mehr, als heute VR-Sitzungen nicht mehr nur als Sitzungen mit physischer Präsenz aller Mitglieder abgehalten werden. Insbesondere in grösseren Gesellschaften mit international zusammengesetztem Verwaltungsrat werden VR-Sitzungen vermehrt unter Zuhilfenahme technischer Infrastruktur als Video- und Telefonkonferenzen durchgeführt. Bei solchen virtuellen Sitzungen ist es möglich, einen beratenden Rechtsanwalt beizuziehen, ohne dass dies von den anderen Mitgliedern des Gremiums bemerkt wird.[687]

Es fällt auf, dass sich die Argumente *gegen* die Zulässigkeit der Vertretung lediglich auf den *Grundsatz* der Unzulässigkeit beziehen. Die Argumente berücksichtigen nur ungenügend, dass eine allfällige Vertretung ohnehin immer nur ausnahmsweise zum Zuge kommt. Im Grundsatz ist die Vertretungsfeindlichkeit des Verwaltungsratsmandates nämlich unbestritten. Sämtlichen Argumenten gegen die Vertretung kann sodann mit einem entsprechenden Gegenargument begegnet werden. Insgesamt sprechen schliesslich auch mehr Argumente für die Zulässigkeit, weshalb sich die ausnahmsweise Zulässigkeit einer Vertretung aufdrängt.[688]

Im Hinblick auf die Probleme im Zusammenhang mit der solidarischen Verantwortlichkeit sowie dem Auftragsverhältnis zwischen Vertreter und Vertretenem wird grundsätzlich von einer Stellvertretung im Verwaltungsrat abgeraten. Diese Empfehlung gilt auch für öffentliche Unternehmen, in denen ausdrücklich die Einsitznahme von einem Mitglied der Exekutive vorgesehen ist. Dementsprechend sollten bezüglich der Stellvertretung und Rechtsvertretung im Verwaltungsrat folgende Punkte im Organisationsreglement klargestellt werden:[689]

– Die Verwaltungsräte müssen an VR-Sitzungen persönlich teilnehmen. Sie dürfen sich nicht vertreten lassen.

– Jeder Verwaltungsrat ist berechtigt, zur Wahrnehmung seines Mandats auf eigene Kosten einen Rechtsvertreter zu konsultieren.

– Die Teilnahme von Rechtsvertretern als Gast an VR-Sitzungen bedarf eines Mehrheitsbeschlusses des Verwaltungsrats.

Soll bei besonderen Konstellationen trotz der negativen Empfehlung eine Stellvertretungsmöglichkeit eingeräumt werden, ist die Grundlage dafür eine entsprechende Statutenbe-

---

684 *Ablehnend:* BÖCKLI, Aktienrecht, § 13, Rz. 126 ff.; KRNETA, N 288 ff.; FORSTMOSER/MEIER-HAYOZ/NOBEL, § 28, N 18; FORSTMOSER, Organisation, § 11 N 47 f.; BAUEN/VENTURI, Rz. 307; ROTH PELLANDA, Organisation, Rz. 492; HOMBURGER, Art. 707 N 34 ff. *Unter bestimmten Voraussetzungen befürwortend:* WERNLI/RIZZI, in: Basler Kommentar, N 10 zu Art. 713 OR; MÜLLER, VR-Sitzung, 51; WEBER, Vertretung, 169 ff.; TROTTMANN, 54.
685 BGE 71 II 277, E. 1, 279.
686 Vgl. den Newsletter vom 12. November 2010.
687 MÜLLER/THALMANN, 1.
688 MÜLLER/THALMANN, 11.
689 MÜLLER/THALMANN, 18.

stimmung. Darin sind zumindest folgende Voraussetzungen und Einschränkungen vorzugeben:
- Die Vertretung ist nur aus zwingenden Gründen wie Krankheit, Unfall oder Erfüllung gesetzlicher Pflichten zuzulassen.
- Die Vertretung darf nur durch ein anderes VR-Mitglied erfolgen.
- Ein VR-Mitglied darf nur einen einzigen Abwesenden vertreten.
- Die Vertretung bedarf einer schriftlichen Vollmacht. Diese hat sich auf eine einzelne VR-Sitzung und auf bestimmte Sachgeschäfte zu beschränken.

2.6.2 Stimmrecht in der Generalversammlung

2.6.2.1 Stimmrecht als Aktionär

Die Mitglieder des Verwaltungsrats müssen nicht Aktionäre sein. Ist ein VR-Mitglied weder Aktionär noch Partizipant, so kann er gemäss Art. 702a OR dennoch an der Generalversammlung teilnehmen; er hat zwar kein Stimmrecht, aber ein Teilnahme- und Antragsrecht.[690] Wie bei allen übrigen Aktionären bemisst sich auch beim Verwaltungsrat sein Stimmrecht nach der Anzahl gehaltener bzw. vertretener Aktien. Da im schweizerischen Aktienrecht kein Stimmrechtsausschluss infolge Interessenkollision vorgesehen ist, kann der Verwaltungsrat auch in eigener Sache stimmen, insbesondere sich selbst wählen, wenn er Aktionär oder Aktionärsvertreter ist.

Gegenüber den übrigen Aktionären bestehen für den Verwaltungsrat aus funktionellen Gründen einige Einschränkungen in Bezug auf die Stimmabgabe. So sieht etwa Art. 695 Abs. 1 OR vor, dass bei Beschlüssen über die Décharge-Erteilung Personen, die in irgendeiner Weise an der Geschäftsführung teilgenommen haben, ihr Stimmrecht nicht ausüben können. Ebenso steht es dem Verwaltungsrat nicht zu, eigene Aktien der Gesellschaft zu vertreten, da das diesbezügliche Stimmrecht ruht (Art. 659a Abs. 1 OR). In den Statuten können weitere Stimmrechtsbeschränkungen vorgesehen werden.

Anders als in den Verwaltungsratssitzungen kann sich der einzelne Verwaltungsrat in der Funktion als Aktionär an der Generalversammlung auch ohne statutarische Ermächtigung vertreten lassen. Allerdings hat er dabei allfällige Einschränkungen der Vertretungsmöglichkeit in den Statuten zu beachten.[691]

2.6.2.2 Stichentscheid als Vorsitzender

In Art. 713 Abs. I OR wird festgelegt, dass der Vorsitzende bei Beschlüssen des Verwaltungsrates den Stichentscheid hat, falls die Statuten nichts anderes vorsehen.[692] Eine analoge Bestimmung zu den Beschlüssen der Generalversammlung fehlt. Es ist deshalb unbestritten, dass der Vorsitzende in der Generalversammlung ohne gegenteilige statutarische Bestimmung keinen Stichentscheid hat.[693] Vereinzelt wurde jedoch die Frage aufgeworfen, ob in den Statuten dem Vorsitzenden der Generalversammlung in jedem Falle das Recht

---

[690] Vgl. dazu vorne Ziff. 1.2.1, S. 13, zur generellen Voraussetzung der Aktionärseigenschaft und vorne Ziff. 1.4.2, S. 36 f., zum Partizipantenvertreter im Besonderen.
[691] BÖCKLI, Aktienrecht, § 12 Rz. 359; vgl. dazu hinten Ziff. 7.3.2, S. 488 ff.
[692] Dazu ausführlich vorne Ziff. 2.6.1, S. 140 ff.
[693] So schon BÜRGI, in: Zürcher Kommentar, N 26 zu Art. 698 OR.

auf den Stichentscheid eingeräumt werden kann.[694] Diese Frage kann dann relevant werden, wenn die Generalversammlung von einem Vorsitzenden geleitet wird, der nicht Aktionär ist und demzufolge gar kein Stimmrecht hat.

Gestützt auf BGE 95 II 555 spricht sich die Mehrheit der Lehre klar für die Möglichkeit aus, dem Vorsitzenden der Generalversammlung in den Statuten den Stichentscheid einzuräumen.[695] In diesem massgebenden Entscheid wird vorerst festgehalten, dass der Grundsatz der kapitalmässigen Bemessung des Stimmrechts nicht zwingend ist, sondern durch statutarische Anordnung verschiedene Ausnahmen erfahren kann. «Eine Statutenvorschrift, die das Stimmengleichgewicht der Aktionäre in einer Aktiengesellschaft durch Stichentscheid des Vorsitzenden in der Generalversammlung umstösst, um die Beschlussfähigkeit der Generalversammlung und damit auch den Bestand der Gesellschaft zu gewährleisten, kann nicht als unsachlich bezeichnet werden.»[696] Das Bundesgericht weist in seinem Entscheid allerdings am Schluss darauf hin, dass der Stichentscheid allenfalls wegen Rechtsmissbräuchlichkeit im Sinne von Art. 2 Abs. 2 ZGB angefochten werden könne, doch müsse ein entsprechender Sachverhalt zuerst bewiesen werden.

Mit BGE 95 II 555 ist eine Ausnahme von dem in Art. 692 OR festgelegten Grundsatz des Stimmrechts nach dem Verhältnis des gesamten vertretenen Nennwertes eingeführt worden. In diesem höchstrichterlichen Entscheid wird aber indirekt vorausgesetzt, dass zumindest ein Stimmrecht des Vorsitzenden vorhanden sein muss. Wenn der Vorsitzende nicht Aktionär ist, dann versagt eine Berufung auf den angeführten Bundesgerichtsentscheid. Vielmehr muss die statutarische Bestimmung dann im Sinne einer Schiedsgerichtsklausel ausgelegt werden. Wenn eine Pattsituation an der Generalversammlung eintritt, dann soll die Gesellschaft durch einen Schiedsspruch vor der Handlungsunfähigkeit bewahrt werden. Schiedsrichter ist in diesem Falle der Vorsitzende, welcher keine Stimme abgibt, sondern den Schiedsentscheid fällt. Dazu muss der Vorsitzende nicht Aktionär sein. Gestützt auf diese Überlegung wird an dieser Stelle die klare Überzeugung vertreten, dass dem Vorsitzenden der Generalversammlung in den Statuten der Stichentscheid eingeräumt werden kann unabhängig davon, ob der Vorsitzende Aktionär ist oder nicht.

2.6.3 Stimmrecht in den Geschäftsleitungssitzungen

Hat der Verwaltungsrat mit statutarischer Ermächtigung die Geschäftsführung ganz oder zum Teil an Dritte übertragen, so hat er damit auch die Kompetenz zur Beschlussfassung in operativen Angelegenheiten delegiert. Mit der Aufgabenübertragung verbleibt beim Verwaltungsrat nur noch die Pflicht zur Oberaufsicht und Kontrolle der Aufgabenerledigung durch die Geschäftsleitung. Nach der hier vertretenen Meinung hat demzufolge der Verwaltungsrat in Geschäftsleitungssitzungen kein Stimmrecht; dies gilt namentlich auch für den Delegierten des Verwaltungsrates, sofern er nicht gleichzeitig Mitglied der Geschäftsleitung ist.

---

[694] Gegen diese Möglichkeit sprechen sich nur Bürgi, in: Zürcher Kommentar, N 27 zu Art. 698 OR, und Kunz, Minderheitenschutz, § 12 Rz. 83 f., aus.
[695] CHK-Tanner, N 14 zu Art. 703 OR; Dubs/Truffer, in: Basler Kommentar, N 12 zu Art. 703 OR; Böckli, Aktienrecht, § 12 Rz. 358; Forstmoser/Meier-Hayoz/Nobel, § 24 N 57. Unmöglich ist dagegen die generelle Einräumung eines Vetorechts zu Gunsten des Vorsitzenden der Generalversammlung.
[696] BGE 95 II 555 E. 4.

Auch wenn der Verwaltungsrat an den Geschäftsleitungssitzungen selbst kein Stimmrecht hat, verbleiben ihm doch noch zahlreiche Möglichkeiten zur Durchsetzung seiner Interessen. Im Rahmen der unentziehbaren Oberleitung der Gesellschaft kann der Verwaltungsrat bindende Leitlinien für das Handeln der Geschäftsleitung festlegen. Dadurch ist ihm ein wirkungsvolles Instrument in die Hand gegeben, um die Geschäftsleitung bei der Erledigung von Aufgaben mit weitreichender Bedeutung an seinen Willen zu binden. Auch über das arbeitsvertragliche Weisungsrecht kann der Verwaltungsrat weiterhin direkt Einfluss auf den Geschäftsgang nehmen. Auch an dieser Stelle sei nochmals darauf hingewiesen, dass Weisungen des Verwaltungsrates denjenigen der untergeordneten Geschäftsleitung vorgehen und somit von allen Mitarbeitern zu befolgen sind.[697]

2.7 Recht auf Anrufung des Richters

2.7.1 Allgemeines

Nach Art. 53 ZGB sind juristische Personen wie die Aktiengesellschaft aller Rechte und Pflichten fähig, die nicht die natürlichen Eigenschaften des Menschen zur notwendigen Voraussetzung haben. Die Gesellschaft kann somit klagen und verklagt werden. Da die Gesellschaft durch ihre Organe handelt, kommt das Klagerecht insbesondere dem Verwaltungsrat zu und, sofern er die Geschäftsführung delegiert hat, auch der Geschäftsleitung.

Die Anrufung des Richters als Recht des Verwaltungsrates ist klar zu unterscheiden von dessen Pflicht zur Benachrichtigung des Richters.[698] Bei der Anrufung des Richters «als Recht» hat der Verwaltungsrat einen gewissen Gestaltungsspielraum. Zu beachten ist jedoch, dass sich der Verwaltungsrat bei seiner Tätigkeit stets von den Interessen der Gesellschaft leiten lassen muss. Somit besteht die einzige Freiheit darin zu entscheiden, ob es im Lichte der Interessen der Gesellschaft von Vorteil ist, den Richter anzurufen oder nicht. In seltenen Fällen sind die Anhebung von Prozessen und der Vergleich darüber organisatorisch noch einem Beschluss des Gesamtverwaltungsrates unterworfen; dies ist insbesondere dann der Fall, wenn eine entsprechende Vereinbarung (wie z.B. eine Teilliquidation oder eine Firmaänderung) nicht durch die Statuten gedeckt ist.

Keinesfalls sollten der Anrufung des Richters persönliche Wünsche oder Interessen der einzelnen Verwaltungsratsmitglieder zugrunde liegen. Ansonsten könnten daraus Verantwortlichkeitsansprüche resultieren. Unterschlägt beispielsweise ein Geschäftsführer Geld und erhält der Verwaltungsrat Kenntnis davon, so müsste eine Reaktion in Form einer Strafanzeige erfolgen. Wird dem Geschäftsführer allerdings aus rein persönlichen Überlegungen nochmals eine Chance gegeben und kommt es in der Folge zu weiteren Veruntreuungen, so wird der Verwaltungsrat unter Umständen verantwortlich. Der entstandene Schaden hätte nämlich zumindest teilweise begrenzt werden können, wenn der Verwaltungsrat rechtzeitig die nötigen Schritte unternommen hätte.

---

697 Vgl. dazu ausführlich vorne Ziff. 2.4, S. 115 ff.
698 Auf die Pflicht des Verwaltungsrates, unter bestimmten Voraussetzungen den Richter anzurufen, wird hinten unter Ziff. 3.10.7, S. 317 ff., ausführlich eingegangen. Zur Behandlung von Rechtsfällen findet sich das Muster für eine Weisung hinten unter Ziff. 11.103, S. 1159 f.

Im Folgenden werden sowohl eine zivilrechtliche als auch eine strafrechtliche Klageart einer näheren Betrachtung unterzogen; es handelt sich dabei um die Klage auf Schadenersatz und die Strafklage.

2.7.2 Schadenersatzklagen

Der Rahmen möglicher Schadenersatzklagen ist nahezu unbegrenzt, und die nachfolgenden Ausführungen erheben keinen Anspruch auf Vollständigkeit. Von vordringlicher Bedeutung im Zusammenhang mit der Schädigung einer Gesellschaft sind Vertragsverletzungen und unerlaubte Handlungen.

Bei einfachen Warenverkäufen, Auftragserfüllungen, längerfristigen Verpflichtungen und ähnlichen Handlungen schliesst die Gesellschaft mit der Gegenpartei jeweils einen Vertrag ab.[699] Eine Nichterfüllung oder nicht richtige Erfüllung des Vertrages führt in aller Regel zu einem Schaden bei der Gesellschaft, dessen Ausgleich zu fordern ist. Auseinanderzuhalten sind solche Schadenersatzforderungen von den Konventionalstrafen, wie sie vielfach in Verträgen festgelegt werden. Im Falle der Nichterfüllung oder nicht richtigen Erfüllung des Vertrages wird die Konventionalstrafe ohne Nachweis eines Schadens in der entsprechenden Höhe fällig. Nach Art. 160 OR ist der Gläubiger mangels anderer Abrede nur berechtigt, entweder die Erfüllung oder die Strafe zu fordern. Zur Umgehung dieser Einschränkung wird daher in den meisten Abreden über die Konventionalstrafe die Formulierung verwendet, dass ein über die Konventionalstrafe hinausgehender Schaden zusätzlich zu jener geltend gemacht werden kann. Sind keine spezifischen Abreden in den Verträgen enthalten, ist die Gesellschaft nebst dem Nachweis der weiteren Voraussetzungen für eine Schadenersatzpflicht überdies gehalten, die Schadenshöhe zu beziffern. In sehr vielen Fällen gelingt es schon, sich im Rahmen eines Vergleiches aussergerichtlich zu einigen. Wo dies nicht möglich ist, hat letztlich der Richter Höhe und Angemessenheit der geltend gemachten Forderung zu beurteilen.

Bei nicht gänzlich unbegründeten oder von vornherein aussichtslosen Ansprüchen ist der Verwaltungsrat verpflichtet, die notwendigen Klagen einzureichen. Oftmals ist aber die gedeihliche künftige Zusammenarbeit mit einem Vertragspartner gefährdet, wenn eine Schadenersatzklage eingereicht wird. Der Verwaltungsrat hat deshalb Vor- und Nachteile einer Prozesseinleitung gründlich zu prüfen und dabei allenfalls externe Berater beizuziehen.

Der Verwaltungsrat ist berechtigt, auch den Entscheid bezüglich Klageeinleitung an die Direktion zu delegieren. Dabei ist jedoch festzulegen, in welchen besonderen Fällen trotzdem ein Verwaltungsratsentscheid erforderlich ist, beispielsweise bei Klagen gegen Konkurrenten.

2.7.3 Strafklagen

Die von den Verwaltungsräten einzureichenden Strafklagen können bezüglich des betroffenen Personenkreises in interne und externe untergliedert werden. Interne Strafklagen richten sich gegen Verfehlungen der eigenen Mitarbeiter, externe können sich sowohl

---

699 Etwa Alleinvertriebsverträge, Agenturverträge, Lizenzverträge etc.

gegen Vertragspartner der Gesellschaft als auch gegen Drittpersonen richten. Interne Strafklagen beziehen sich hauptsächlich auf die hinten unter Ziff. 5.2, S. 398 ff., zusammengefassten Straftatbestände, umfassen aber grundsätzlich nahezu die ganze Auswahl strafrechtlich relevanter Handlungen.

Sind die Täter nicht bekannt, so ist unbedingt *Strafanzeige gegen Unbekannt* zu erstatten. Nur auf diese Weise kann später der Versicherung ein Polizeirapport präsentiert werden. Offizialdelikte werden von Amtes wegen verfolgt; sind sie einmal angezeigt, kann das Strafverfahren vom Verwaltungsrat nicht mehr gestoppt werden. Umgekehrt ist bei den Antragsdelikten, z.B. Hausfriedensbruch, darauf zu achten, dass die Strafantragsfrist von drei Monaten seit Kenntnis des Täters gemäss Art. 29 StGB nicht verpasst wird. Ein Strafantrag kann bis zum Urteil vor erster Instanz zurückgezogen werden. Eine nochmalige Einreichung ist dann aber ausgeschlossen.

2.8   Recht auf Mandatsniederlegung

2.8.1   Voraussetzungen

Das Mandatsverhältnis richtet sich zur Hauptsache nach auftragsrechtlichen Regeln,[700] und deshalb sind auch die entsprechenden Bestimmungen zur Beurteilung der Beendigung des Verhältnisses massgebend. Nach Art. 404 Abs. 1 OR kann der Auftrag *jederzeit von jedem Teil widerrufen oder gekündigt* werden. Diese jederzeitige Rücktrittsmöglichkeit wird jedoch durch Art. 404 Abs. 2 OR insoweit relativiert, als der Schaden zu ersetzen ist, der bei einer Kündigung zur Unzeit entsteht. Diese Regelung entspricht dem Recht der Generalversammlung, den Verwaltungsrat jederzeit abzuberufen, doch bleiben allfällige Entschädigungsansprüche der Abberufenen gemäss Art. 705 Abs. 2 OR vorbehalten.

Der Beauftragte hat die Interessen des Auftraggebers während der ganzen Dauer des Mandats zu wahren. Diese Treuepflicht gilt auch bei der Auflösung des Auftragsverhältnisses. Daraus folgt, dass eine Kündigung grundsätzlich nur erfolgen darf, wenn es dem Auftraggeber noch möglich ist, entweder seine Interessen selbst zu wahren oder einen anderen Beauftragten beizuziehen.[701] Ob nun die Kündigung zur Unzeit erfolgt ist, bestimmt sich grundsätzlich nach den Umständen des Einzelfalls.[702] Allerdings ist es nicht erforderlich, dass sich der Auftraggeber die Dienste des Beauftragten zu denselben Bedingungen und in derselben Ausführungsform beschaffen kann; vielmehr dürfte es nur notwendig sein, einen zur Aufgabenerfüllung hinreichenden Ersatz zu beschaffen. Die Beweislast betreffend Unzeit und daraus resultierendem Schaden liegt auch bei einer sofortigen Niederlegung des Mandats durch den Verwaltungsrat bei der Gesellschaft.

---

700 Dazu ausführlich vorne unter Ziff. 1.5, S. 39 ff. Besteht aber ein Arbeitsvertrag mit dem Verwaltungsrat, so ist zwischen der Mandatsbeendigung und der Auflösung des Arbeitsvertrages zu unterscheiden (vgl. dazu ausführlich MÜLLER, Verwaltungsrat, 83 f.). Vgl. dazu auch PLÜSS/REICHENBACH, 105.
701 So kann ein Rücktritt in einer kritischen Situation als Verletzung der Mitwirkungspflicht erscheinen (PLÜSS, Rechtsstellung, 97). Allerdings darf man von einem demissionierenden Einzelverwaltungsrat nicht verlangen, dass er einen geeigneten Nachfolger stellen müsse.
702 Vgl. FELLMANN, in: Berner Kommentar, Band VI/2/4, N 1 ff. zu Art. 404 OR.

Auch die *Kündigung zur Unzeit* ist grundsätzlich rechtswirksam und bewirkt eine sofortige Auflösung des Mandatsverhältnisses.[703] Das Verhalten wird vom Gesetzgeber allerdings als Vertragsverletzung qualifiziert und führt daher zur Schadenersatzpflicht. Nach herrschender Lehre ist grundsätzlich nur der unmittelbare Schaden zu ersetzen.[704] Der Betroffene ist deshalb so zu stellen, wie er stünde, wenn der Auftrag auf den nächsten zulässigen Zeitpunkt gekündigt worden wäre.

Das Mandat kann durch Mitteilung an den Verwaltungsratspräsidenten zuhanden des verbleibenden Verwaltungsrates und der Generalversammlung niedergelegt werden.[705] Eine solche Demission ist aus Beweisgründen vorteilhafterweise schriftlich abzufassen. Bei der Formulierung ist darauf zu achten, dass unmissverständlich hervorgeht, auf welches Datum hin der Rücktritt erfolgt.

Die Demission muss für das Verwaltungsratsmitglied jederzeit vorbehaltlos möglich sein; sie erfolgt aufgrund einer einseitigen Willenserklärung, die nach anerkannter Lehre und Rechtsprechung bedingungsfeindlich ist.[706] Der Verwaltungsrat kann sich deshalb in seinem Rücktrittsrecht nicht rechtsgültig beschränken, also z.B. auch nicht durch einen Mandatsvertrag. Andererseits dürfen in der Rücktrittserklärung auch keine Vorbehalte oder Bedingungen enthalten sein.

2.8.2 Wirkung

Mit der Demission verliert der Verwaltungsrat grundsätzlich die mit seinem Mandat zusammenhängenden Rechte.[707] Lediglich das Recht auf Entschädigung bis zum Zeitpunkt des Rücktrittes bleibt bestehen. Eine Fortdauer des Entschädigungsanspruches bis zur Löschung im Handelsregister wurde vom Bundesgericht abgelehnt.[708]

Die Gesellschaft hat das Ausscheiden eines Mitgliedes des Verwaltungsrates unverzüglich beim Handelsregisteramt zur Eintragung anzumelden. Infolge der positiven Publizitätswirkung des Handelsregisters bleibt der ausscheidende Verwaltungsrat bis zur definitiven Löschung weiterhin nach aussen vertretungsberechtigt, soweit Dritten nichts Gegenteiliges mitgeteilt wurde.

2.8.3 Selbstanmeldung beim Handelsregisteramt

Nach Art. 938*b* Abs. 2 OR kann der Ausscheidende die Löschung selbst anmelden. Nach dieser Bestimmung hat die Gesellschaft unverzüglich für die Löschung eines ausscheidenden VR-Mitgliedes oder einer anderen zeichnungsberechtigten Person besorgt zu sein.

Der ausscheidende Verwaltungsrat hat die nötigen Belege dem Handelsregisterführer vorzulegen. Dies dürfte i.d.R das Demissionsschreiben an die Gesellschaft sein, da Gene-

---

703 Auch dazu FELLMANN, in: Berner Kommentar, Band VI/2/4, N 1 ff. zu Art. 404 OR; PLÜSS/REICHENBACH, 105.
704 Vgl. FELLMANN, N 68 zu Art. 404 OR.
705 Vgl. vorne Ziff. 1.8.1, S. 53 f.
706 BGE 111 II 483.
707 PLÜSS, Rechtsstellung, 104; BÖCKLI, Aktienrecht, § 13 Rz. 56; BGE 111 II 483/4.
708 BGE 111 II 483.

ralversammlungs- oder Verwaltungsratsprotokolle in diesem Falle meist nicht vorliegen. Eine Postempfangsquittung über das Rücktrittsschreiben wird nicht verlangt, da die Demission von Gesetzes wegen nicht per Einschreiben erfolgen muss. Kann keine Kopie des Demissionsschreibens beigebracht werden, besteht die Möglichkeit der Erklärung zu Protokoll gegenüber dem Handelsregisterführer.

Setzt sich der Verwaltungsrat nur aus einer einzigen Person zusammen, hat dieser eine Generalversammlung einzuberufen und dort seinen Rücktritt bekannt zu geben. Grundsätzlich kann der einzige Verwaltungsrat an der entsprechenden Generalversammlung auch alleine anwesend gewesen sein, wichtig ist dann allerdings der Nachweis über die formrichtige Einberufung.[709] Da nun die betroffene Gesellschaft nicht mehr über die notwendigen Organe verfügt, hat der Handelsregisterführer eine Frist von mindestens 30 Tagen anzusetzen, innert welcher der rechtmässige Zustand wiederherzustellen ist.[710]

Die Gebühren für die Löschung des Eintrages hat bei der Selbstanmeldung das ausscheidende Verwaltungsratsmitglied zu bezahlen. Sie sind jedoch sehr tief angesetzt und deshalb keine grundsätzliche Erschwerung der Löschung.

---

709 Vgl. zur ganzen Problematik GAMPER, 31.
710 Eine unterschiedliche Praxis herrscht bei den Handelsregisterämtern für den Fall, dass der Präsident ausscheidet. Einige Ämter tragen dies ein und setzen Frist an zur Benennung eines neuen Präsidenten, andere stellen die Anmeldung zurück und setzen sofort Frist an.

3. Pflichten des Verwaltungsrates

3.1 Übersicht über die Pflichten des Verwaltungsrates

3.1.1 Allgemeines

Im Aktienrecht besteht eine umfassende Kompetenzvermutung zugunsten des Verwaltungsrates, woraus ein umfangreicher Aufgabenkatalog[711] resultiert. Art. 716 Abs. 1 OR legt fest, dass der Verwaltungsrat in allen Angelegenheiten Beschluss fassen kann, die nicht durch Gesetz oder Statuten einem anderen Organ zugeteilt sind.[712] Der Verwaltungsrat ist damit das Exekutivorgan der Gesellschaft schlechthin.[713] Dieses *zentrale Zuständigkeitsprinzip* ist aus systematischen und sachlichen Gründen zwingend. Die Führung der Geschäfte sind den Kapitalgebern entzogen und einem klar geregelten Zwischenglied dem *Verwaltungsrat* (allenfalls der von ihm eingesetzten Geschäftsleitung unter seinen Weisungen und Aufsicht) anvertraut. Je nach konkreter Situation der Aktiengesellschaft kann diese umfassende Kompetenz beim Verwaltungsrat belassen und ihm dadurch ein maximaler Handlungsspielraum eingeräumt werden.[714]

In der Literatur wird gelegentlich die Ansicht vertreten, dass mit Ausnahme der *unübertragbaren und unentziehbaren Aufgaben* gemäss Art. 716a Abs. 1 OR[715] bestimmte Entscheide aufgrund von entsprechenden Bestimmungen in den Statuten auch an die Generalversammlung «rückdelegiert» werden können.[716] Namhafte Autoren bestreiten diese Ansicht heftig, weil eine solche Rückdelegation (oder allenfalls auch der vorgeschlagene Genehmigungsvorbehalt von Verwaltungsratsbeschlüssen durch die Generalversammlung) zu einer Kompetenzverwischung und Rechtsunsicherheiten in der Praxis führe.[717] Tatsächlich würden solche Entscheidungen jedenfalls die Möglichkeiten einer diesbezüglichen Verantwortlichkeitsklage durch die Aktionäre einschränken. Freilich steht es dem Verwaltungsrat aber frei, gewisse Entscheide konsultativ der Generalversammlung vorzulegen.[718] Letztlich bleibt jedoch in diesem Falle die Entscheidungskompetenz und -pflicht beim Verwaltungsrat, da er nicht an das Abstimmungsergebnis gebunden ist.

Denkbar ist, Entscheide zu Umstrukturierungen, Vorgänge im Zuge einer Unternehmensübernahme oder andere fundamentale Eingriffe in die körperschaftliche Struktur, bei denen es eindeutig um mehr geht als einen Exekutivbeschluss, der Generalversammlung vorzulegen. Böckli nennt als Beispiel den Fall, in der die Gesellschaft als passive Partne-

---

711 Vgl. Checkliste hinten Ziff. 11.11, S. 798 ff.
712 Nach Art. 716 Abs. 2 OR führt der Verwaltungsrat die Geschäfte, soweit er die Geschäftsführung nicht übertragen hat; ohne abweichende Regelung steht die Geschäftsführung den Verwaltungsratsmitgliedern gemeinsam zu gemäss Art. 716b Abs. 3 OR.
713 Böckli, Aktienrecht, § 13 Rz. 282 ff.; Forstmoser/Meier-Hayoz/Nobel, Schweizerisches Aktienrecht, § 30 N 3 f.
714 Eine Liste von Pflichten, die nicht in Art. 716a OR aufgeführt sind, findet sich bei Jörg, 305 f., und Böckli, Aktienrecht, § 13 Rz. 287.
715 Dazu einlässlich Watter/Pellanda, in: Basler Kommentar, N 4 ff. zu Art. 716a OR (und dort aufgeführte umfangreiche Literatur). Vgl. auch Biland/Hilber, 11 ff.
716 Namentlich Bertschinger, FS Druey, 316 f.
717 Insbesondere Böckli, Aktienrecht, § 13 Rz. 283 ff.; ebenso Krneta, N 1154 f.
718 Zur Konsultation der GV vgl. hinten Ziff. 3.3.5, S. 177 f.

rin zum Gegenstand eines fusionsähnlichen Zusammenschlusses gemacht werden soll.[719] Sodann wird als möglicher Fall, einen Entscheid als Sondermassnahme der Generalversammlung vorzulegen, erwähnt, wenn beim Entscheid im Verwaltungsrat gleich mehrere Verwaltungsräte wegen Befangenheit in den Ausstand treten müssen oder wenn die Gesellschaft ein Geschäft mit einem einflussreichen Aktionär abschliessen will.[720] Es muss jedoch klar hervorgehoben werden, dass solche Vorlagen in sehr seltenen Ausnahmefällen Platz greifen sollten, um die vom Gesetzgeber vorgenommene grundsätzliche Aufgabenzuweisung nicht zu umgehen. Solche Vorkehren sollten sich zudem auf eine ausdrückliche Grundlage in den Statuten abstützen lassen.

Um den Handlungsspielraum des Verwaltungsrates zu beschränken, könnte der Gesellschaftszweck in den Statuten begrenzt werden. Entscheide, die faktisch eine Änderung des Gesellschaftszweckes mit sich bringen würden, stehen nämlich in der ausschliesslichen Kompetenz der Generalversammlung. Freilich stellt sich dann sogleich die Frage, welche Geschäfte nun unter den Begriff der faktischen Zweckänderung fallen.[721] Zudem bedeutet dies gleichzeitig eine Einschränkung der Flexibilität der Gesellschaft, auf veränderte Rahmenbedingungen zu reagieren. Dies dürfte deshalb i.d.R. kein geeignetes Mittel sein.

Besteht Personalunion zwischen Generalversammlung und Verwaltungsrat, wie dies insbesondere bei kleineren und/oder Familienaktiengesellschaften häufig der Fall ist, drängen sich Einschränkungen der Kompetenzen des Verwaltungsrats aus sachlogischen Überlegungen nicht auf, da lediglich eine Verschiebung innerhalb der Organe, jedoch nicht zwischen verschiedenen Personen stattfinden würde.

Zu beachten ist nun, dass Beschränkungen der Kompetenzen des Verwaltungsrates nur möglich sind, sofern sie nicht in die gesetzlich umschriebenen unübertragbaren und unentziehbaren Aufgaben des Verwaltungsrates eingreifen. Solche Beschlüsse wären gemäss Art. 706b Ziff. 3 OR wegen Verstosses gegen die Grundstruktur der Aktiengesellschaft nichtig.[722]

Die Kompetenzen des Verwaltungsrats können im Rahmen des gesetzlich Zulässigen in den Statuten beschränkt werden. Von einer solchen Einschränkung der Rechte des Verwaltungsrates ist die Delegation im Sinne einer freiwilligen Hergabe von Rechten zu unterscheiden. Die in Art. 716a Abs. 1 OR aufgezählten Aufgaben sind nicht nur unentziehbar (externe Beschränkung), sondern auch unübertragbar (freiwillige Weitergabe). Die Eigenverantwortung jedes Verwaltungsrats kann aber auch durch entsprechende Regelungen in Mandats- oder «Verwaltungsratsbindungsverträgen» nicht gültig beschränkt werden.[723] Daraus folgt, dass sämtliche Aufgaben und Pflichten eines Verwaltungsrates abschliessend aufgeteilt werden können in solche, die man delegieren kann und solche, die einer Delegation nicht zugänglich sind.

Diese Pflichtenordnung besteht selbstverständlich auch bei Einmanngesellschaften,[724] wo der Alleinaktionär die Generalversammlung und den Verwaltungsrat der Gesellschaft be-

---

719 BÖCKLI, Aktienrecht, § 12 Rz. 43.
720 BÖCKLI, Aktienrecht, § 12 Rz. 44.
721 BÖCKLI, Aktienrecht, § 13 Rz. 302a f.
722 Vgl. HOMBURGER, in: Zürcher Kommentar, N 517 zu Art. 716a OR; BÖCKLI, Aktienrecht, § 13 Rz. 289 ff.
723 Dazu pointiert BÖCKLI, Aktienrecht, § 13 Rz. 433 ff. und 623 ff.
724 Zur Einmanngesellschaft vgl. namentlich den Aufsatz von KUNZ, Ausgewählte Probleme.

herrscht; der Alleinaktionär und einzige Verwaltungsrat tut gut daran, seine Pflichten zu erfüllen, um eine Verantwortlichkeit zu vermeiden.

Die Pflichten des Verwaltungsrates haben in den vergangenen Jahrzehnten durch Gesetzesänderungen, aber auch durch entsprechende Gerichtsurteile ständig zugenommen.[725] Für unerfahrene Mitglieder des Verwaltungsrates, insbesondere bei Aktiengesellschaften ohne strukturierte Dokumentenaufbewahrung, ist es oftmals schwierig, die Pflichten mit einem angemessenen Aufwand zu erfüllen. Der zeitliche Aufwand zur Gestaltung von Dokumenten ohne Mustervorlage ist sehr gross. Zudem besteht die Gefahr, dass unter Zeitdruck wichtige Punkte vergessen gehen. Aus diesem Grunde werden hinten im Kapitel 11[726] insgesamt 105 Muster und Checklisten zur Verfügung gestellt, welche eine Hilfe zur Erledigung der vordringlichsten Aufgaben eines Verwaltungsrates sein sollen. Nur dort wo es zweckmässig und nötig ist, wird auf diese Muster und Checklisten separat in diesem Buch eingegangen. Im Übrigen ist diese Sammlung selbsterklärend und kann direkt verwendet bzw. umgesetzt werden.

Die Pflichten des Verwaltungsrats sind schliesslich noch abhängig von der Art und der Branche der Gesellschaft. So hat ein Verwaltungsrat einer börsenkotierten Gesellschaft u.a. noch die Vorschriften der Verordnung gegen übermässige Vergütungen (VegüV) zu befolgen und entsprechend einen separaten Vergütungsbericht zu verfassen. Ein Bankverwaltungsrat hat u.a. die Vorschriften des Bankengesetzes zu beachten und auf eine strenge Trennung von Geschäftsleitung und Verwaltungsrat zu achten. Diese beiden Beispiele zeigen bereits, dass es nicht möglich ist, einen umfassenden und für alle Gesellschaften gültigen Pflichtenkatalog des Verwaltungsrats zusammenzustellen.[727]

3.1.2 Unübertragbare Pflichten

In Art. 716a Abs. 1 OR sind diejenigen Aufgaben des Verwaltungsrates aufgelistet, die im Sinne der Erhaltung der Grundkonzeption der Aktiengesellschaft nicht an andere Organe oder Dritte übertragen und auch nicht an die Generalversammlung «rückdelegiert» werden können.[728] Hinsichtlich der Unübertragbarkeit ist die in Art. 716a Abs. 1 OR enthaltene Aufzählung als abschliessend zu betrachten. Auf diese unübertragbaren Aufgaben und Verpflichtungen des Verwaltungsrates wird nachgehend vertieft einzugehen sein. Zur Übersicht werden sie hier in der gesetzlichen Reihenfolge aufgelistet:[729]

---

725 Dies zeigt eindrücklich die enorme Aufgabenfülle in der Checkliste hinten unter Kapitel 11.11, S. 798 ff.
726 Kapitel 11, S. 747 ff.
727 In diesem Sinne muss deshalb die Checkliste zu den VR-Aufgaben hinten unter Ziff. 11.11, S. 798 ff., individuell kritisch hinterfragt werden.
728 BÖCKLI, Aktienrecht, § 13 Rz. 439 ff.; MEIER-SCHATZ, unabhängiger Verwaltungsrat, 824; möglich ist dagegen, dass sich der Verwaltungsrat – in eigener Kompetenz – dazu entschliesst, eine Frage der Generalversammlung zu einer Konsultativabstimmung vorzulegen; FORSTMOSER/MEIER-HAYOZ/NOBEL, § 30 N 72 ff.; zu den Motiven für Genehmigungsvorbehalte vgl. BÖCKLI, Aktienrecht, § 12 Rz. 41 ff.
729 Zu den Aufgaben im Einzelnen vgl. BÖCKLI, Aktienrecht, § 13 Rz. 279 ff.; BAUEN/VENTURI, N 415 ff; NOBEL, Aufgaben, 531 ff.; WATTER, in: Basler Kommentar, N 47 ff. zu Art. 716a OR (und dort zit. Literatur).

1. die Oberleitung der Gesellschaft und die Erteilung der nötigen Weisungen
2. die Festlegung der Organisation
3. die Ausgestaltung des Rechnungswesens, der Finanzkontrolle sowie der Finanzplanung, sofern diese für die Führung der Gesellschaft notwendig ist
4. die Ernennung und Abberufung der mit der Geschäftsführung und der Vertretung betrauten Personen
5. die Oberaufsicht über die mit der Geschäftsführung betrauten Personen, namentlich im Hinblick auf die Befolgung der Gesetze, Statuten, Reglemente und Weisungen
6. die Erstellung des Geschäftsberichts sowie die Vorbereitung der Generalversammlung und die Ausführung ihrer Beschlüsse
7. die Benachrichtigung des Richters im Falle der Überschuldung.

Bei kotierten Gesellschaften hat der Verwaltungsrat zusätzlich die unübertragbare und unentziehbare Aufgabe, den Vergütungsbericht zu erstellen.[730]

In diesem Zusammenhang ist auch die Bestimmung von Art. 716a Abs. 2 OR einer näheren Betrachtung zu unterziehen. Danach können die Vorbereitung und die Ausführung der Beschlüsse sowie die Überwachung von Geschäften *einzelnen Mitgliedern* oder *Ausschüssen* übertragen werden.[731] Die in Art. 716a Abs. 1 OR definierten Aufgaben sind demzufolge lediglich hinsichtlich der zu fällenden Beschlüsse vom Gesamtverwaltungsrat zu tragen. Wird auf diesem Wege etwa einem einzelnen Verwaltungsrat die Finanzkompetenz übertragen, so obliegt dem Gesamtverwaltungsrat nur noch die Beschlussfassung über grundlegende Entscheide. Es ist nicht Sinn des Gesetzes, einerseits die Möglichkeit einer Aufgabenübertragung vorzusehen, andererseits aber für jedes Einzelgeschäft einen Genehmigungsvorbehalt anzubringen. Bis zu einem im *Organisationsreglement*[732] oder *Funktionendiagramm*[733] festzulegenden Mindestumfang eines Geschäftes soll es nicht notwendig sein, den Gesamtverwaltungsrat zu bemühen.

Nicht entbunden werden kann der Gesamtverwaltungsrat hingegen von seiner *Kontrollpflicht*. Das lässt sich einerseits direkt aus Art. 716a Abs. 1 OR ableiten, kann aber indirekt auch auf Art. 716a Abs. 2 letzter Satz OR zurückgeführt werden. In der letztgenannten Bestimmung ist verankert, dass bei interner Sonderzuweisung der Aufgaben für eine hinreichende Berichterstattung an die weiteren Mitglieder des Verwaltungsrates zu sorgen ist.[734]

3.1.3 Übertragbare Pflichten

Alle Aufgaben, die Art. 716a Abs. 1 OR nicht enthält, sind grundsätzlich einer *Delegation* zugänglich. Bedingt durch den Umstand, dass die Aufgaben des Verwaltungsrates von

---

730 Dazu ausführlich hinten Ziff. 3.10.2, S. 303 ff.
731 Dazu näher Böckli, Aktienrecht, § 13 Rz. 405 ff. und 409 ff.; Watter, in: Basler Kommentar, N 27 ff. zu Art. 716b OR; Forstmoser/Meier-Hayoz/Nobel, § 29 N 30 ff.
732 Vgl. die Muster eines Organisationsreglements und der Alternativklauseln hinten unter Ziff. 11.54 und 11.55, S. 951 ff.
733 Vgl. das Muster eines Funktionendiagramms hinten unter Ziff. 11.31, S. 863 ff.
734 Auf die Ausschüsse des Verwaltungsrats wurde bereits vorne unter Kapitel 1.9.3, S. 64 ff., eingegangen.

äusserst vielfältiger Natur sind, bleibt trotz der offenen Formulierung des Art. 716a Abs. 1 OR ein weiter Spielraum für die Delegation zur Verfügung.

Gemäss Art. 716b OR kann die Geschäftsführung im Rahmen der Bestimmungen eines *Organisationsreglements* ganz oder zum Teil an einzelne Mitglieder des Verwaltungsrates oder an Dritte übertragen werden.[735] Da die Geschäftsführung aber nicht zwingend delegiert werden muss, kann nach BÖCKLI diese Bestimmung als Herz des schweizerischen monistischen Systems bezeichnet werden, das den Verwaltungsrat klar vom deutschen Aufsichtsrat abgrenzt.[736] Nicht nur der Umfang, sondern insbesondere auch die Komplexität und die Dynamik anfallender Aufgaben bringen es mit sich, dass der Gesamtverwaltungsrat ohne Delegation völlig überlastet wäre. Wird die Möglichkeit zur Delegation genutzt, folgt daraus in aller Regel eine Reduktion der vom Gesamtverwaltungsrat zu erledigenden Aufgaben auf wesentliche, strategische Entscheide und die Überwachung der Geschäfte. Durch eine solche Konzeption ist unverkennbar wieder eine gewisse Annäherung an das dualistische System hergestellt.[737]

3.1.4 Handlungsbedarf

Der Verwaltungsrat hat dafür besorgt zu sein, dass die Zuweisung der Pflichten und ihre Erfüllung organisatorisch sichergestellt werden (namentlich durch entsprechende Regelungen im Organisationsreglement).

Dabei ist zu berücksichtigen, dass sich das «Pflichtenheft» des Verwaltungsrats durch Gesetzesänderungen, Entwicklungen der Rechtsprechung (z.B. Konzernhaftung), neue Standards in der Praxis (Rechnungslegungsvorschriften, Corporate Governance), Meinungsbildungen in der Öffentlichkeit u.v.a. verändern kann. Nach jahrzehntelanger Konstanz des Aktienrechts[738] hat sich seit der letzten Aktienrechtsrevision eine Tendenz zu immer rascheren Anpassungen herausgebildet, die namentlich auch die Stellung des Verwaltungsrats, seine Pflichten und seine Organisation betreffen.

Fragt sich der Verwaltungsrat nach *Handlungsbedarf* in diesen Bereichen, fällt Folgendes in Betracht:
– Kleinere und mittlere Unternehmen werden sich in Zukunft vermehrt mit den Grundsätzen beschäftigen müssen, die in den Regelwerken zu *Corporate Governance*[739] niedergelegt sind. Neben Fragen zur Organisation des Verwaltungsrats (Bildung von und Arbeit in Ausschüssen), zur Verhinderung von bzw. zum Umgang mit Interessenkollisionen (Ausstandsregeln) können sich hier auch Massnahmen zum *Schutz von Minderheiten* aufdrängen (Anspruch auf Vertretung im Verwaltungsrat), die der Verwaltungsrat erarbeiten muss. Sinnvoll sind in diesem Zusammenhang auch Aktionärbindungsverträge.[740]

---

735 Die Aufgabenübertragung bedarf zwingend der Verankerung im Organisationsreglement. Das Organisationsreglement seinerseits muss sich auf eine statutarische Delegationsbestimmung abstützen.
736 BÖCKLI, Aktienrecht, § 13 Rz. 300.
737 Vgl. dazu auch SPRÜNGLI, 42.
738 Das Aktienrecht 1936 blieb 55 Jahre praktisch unverändert in Kraft.
739 Zu Corporate Governance vgl. hinten Ziff. 10, S. 695 ff.
740 Vgl. dazu das Muster eines kompletten Aktionärbindungsvertrages hinten unter Ziff. 11.3, S. 762 ff.

– Im Vordergrund dürfte aber für viele Verwaltungsräte die Beschäftigung mit *IKS und Risk Management* stehen.[741] Namentlich Verwaltungsräte von Gesellschaften, bei denen auch eine eingeschränkte Revision ohne Prüfung und Aussage über IKS zulässig ist, müssen erwägen und entscheiden, welchen Stellenwert interne Kontroll- und Risikoüberwachungssysteme für sie haben und wie sie geregelt und umgesetzt werden sollen.[742] Dabei erscheint es angezeigt, in jeder Gesellschaft wesentliche Betriebsabläufe auf mögliche Fehler und Risiken zu überprüfen, bei der Regelung aber zu berücksichtigen, dass solche Systeme effizient zu handhaben sein müssen und an betriebliche, wirtschaftliche oder rechtliche Entwicklungen jederzeit angepasst werden können. Zu berücksichtigen sind auch die geänderten Bestimmungen über die Revision.[743]

3.1.5 Überprüfung der eigenen Tätigkeit

Der Verwaltungsrat sollte periodisch (mindestens alle zwei Jahre) nicht nur die Leistungen der Geschäftsleitung qualifizieren, sondern auch die eigene Tätigkeit kritisch hinterfragen. Dazu ist im Führungskalender ein entsprechender Tagungspunkt aufzunehmen;[744] zudem kann im Organisationsreglement eine konkrete Vorgabe gemacht werden. Diese sogenannte Selbstevaluation kann mittels standardisierter Interviews aller VR-Mitglieder oder durch Befragung von GL- und Aktionärsvertreter vorbereitet werden. Die von Martin Hilb dazu entwickelten und publizierten Fragebogen erleichtern die Selbstevaluation des Verwaltungsrats wesentlich.[745] Bei grösseren Gesellschaften wird zur Moderation immer häufiger die Hilfe von erfahrenen Beratern beigezogen. Dadurch wird sichergestellt, dass die Auswertung objektiv und vollständig erfolgt.

Empfehlenswert ist insbesondere die auf dem Evaluationsansatz von Martin Hilb[746] basierende Evaluationsdurchführung «Board Audit». Unter www.board-audit.ch finden sich Online-Standardfragebogen für die Selbstevaluation des Verwaltungsrates sowie der Geschäftsleitung. Für die VR-Evaluation wird ein Fragebogen mit 45 Faktoren eingesetzt. Pro Faktor werden die Wichtigkeit sowie die Zufriedenheit zu zentralen Fragen verschiedenster Bereiche des VR-Managements (insb. Leitplanken, Kultur, Struktur, Sitzungsmanagement, Diversity, Träger, Anspruchsgruppen, Feedback) beurteilt. Die Antworten der einzelnen Mitglieder des Verwaltungsrates werden im Anschluss (entweder durch den Verwaltungsrat selbst oder durch Board Audit) ausgewertet. Board Audit stellt hierfür verschiedene Produktvarianten zur Verfügung.

Ziel dieser Methode ist es, die Stärken sowie die entwicklungsfähigen Bereiche der Verwaltungsräte zu eruieren, konkrete Defizite zu ermitteln und die Erarbeitung von Aktionsplänen zur Weiterentwicklung der Verwaltungsräte zu vereinfachen.

---

741 Während ein Risikomanagement System (vgl. hinten Ziff. 6.4.1.1, S. 427 ff.) auf Grund der Pflicht zur Oberleitung gemäss Art. 716a OR für alle Aktiengesellschaften obligatorisch ist, müssen nur bedeutende Gesellschaften ein IKS einführen (vgl. hinten Ziff. 3.4.8, S. 248 ff.).
742 In diesem Zusammenhang ist daran zu erinnern, dass keine Gesetzesbestimmung kleinere oder kleinste Gesellschaften ausdrücklich von der Einführung und Handhabung eines IKS befreit.
743 Vgl. hinten Ziff. 8.2.1, S. 551 ff.
744 Vgl. das Muster eines Führungskalenders hinten unter Ziff. 11.30, S. 862.
745 Hilb, Integrierte Corporate Governance, 188 ff.
746 Hilb, Integrierte Corporate Governance, 198 ff.

Die Selbstbeurteilung durch den Verwaltungsrat fällt in der Regel besser aus als die Fremdbeurteilung des Verwaltungsrats durch die Geschäftsleitung. Nicht selten wird von der Geschäftsleitung der Einwand vorgebracht, sie sei gar nicht in der Lage, den Verwaltungsrat zu beurteilen, da der Verwaltungsrat sich zu wenig mit der Geschäftsleitung austausche. Ein solcher Einwand ist bereits ein Zeichen dafür, dass der Verwaltungsrat und die Geschäftsleitung nicht ausreichend zusammenarbeiten.

Die Muster 11.28 (Evaluation VR durch GL), hinten auf S. 854 ff., und 11.29 (Evaluation des VR durch VR, Selbstbeurteilung des VR), hinten auf S. 857 ff., können für die Fremdevaluation durch die Geschäftsleitung oder die Selbstevaluation durch den Verwaltungsrat direkt verwendet bzw. adaptiert werden.

Um zu vermeiden, dass die Selbstevaluation zu einer «Alibiübung» verkommt, müssen im Anschluss an die Selbst- oder Fremdevaluation konkrete Massnahmen beschlossen werden, um die grössten Schwachstellen bei der VR-Arbeit zu beseitigen. Zudem kann aber auch am Schluss jeder VR-Sitzung das Traktandum «VR-Internes» angehängt werden, unter dem auch die soeben abgehaltene Sitzung kritisch hinterfragt wird. Damit soll das Ziel erreicht werden, dass an der nächsten VR-Selbstevaluation nicht nochmals die gleichen Schwächen festgestellt werden müssen. Daraus lassen sich insgesamt folgende Empfehlungen ableiten:[747]

Empfehlungen:
1. Die Selbstevaluation sollte *regelmässig* stattfinden. Ein Rhythmus von 2 Jahren erscheint besser geeignet als ein jährlicher Rhythmus, weil dadurch das Risiko reduziert wird, dass die Effizienzprüfung als Pflichtübung wahrgenommen wird, statt als wesentlicher Bestandteil der Aufsichtsratsarbeit.
2. Jeder einzelne Verwaltungsrat ist gehalten, dabei eine *aktive* Rolle wahrzunehmen (bei der Planung, bei der Durchführung, bei der entsprechenden Diskussion), um zu verhindern, dass kritische Themen ausgeblendet werden.
3. Die Selbstevaluation sollte Arbeitsweise des Verwaltungsrates und seiner Ausschüsse umfassend untersuchen. Insbesondere die Informationsweitergabe und die Offenlegung von allfälligen Interessenkonflikten sollten vertieft geprüft werden.
4. Aufgrund der Selbstevaluation sind konkrete Massnahmen zu beschliessen und konsequent umzusetzen, um die bedeutendsten Schwachstellen zu beseitigen bzw. die Arbeit des Verwaltungsrats zu optimieren.

3.2 Oberleitung und Organisation der Gesellschaft

3.2.1 Oberleitung der Gesellschaft

3.2.1.1 Oberleitung im Strategiebereich

Die zweifellos wichtigste unübertragbare und unentziehbare Aufgabe des Verwaltungsrats gemäss Art. 716*a* OR ist die Oberleitung der Gesellschaft.[748] Primär ist damit die

---

747 In Anlehnung an RAPP/ WOLF, passim.
748 BÖCKLI, Aktienrecht, § 13 Rz. 306. Er (und andere) betrachten die übrigen in Art. 716*a* OR aufgeführten nicht delegierbaren Aufgaben als Konkretisierung von Aufgaben der Oberleitung. Vgl. auch FORSTMOSER/MEIER-HAYOZ/NOBEL, § 30 N 31 ff.; JÖRG, 307.

Pflicht des Verwaltungsrates verbunden, die Gesellschaftsziele mit den Gesellschaftsmitteln in Einklang zu bringen und die Organisation der Gesellschaft entsprechend zu gestalten. Oberleitung bedeutet demnach Folgendes:[749]

a) Festlegung der *strategischen* Ziele der Gesellschaft und der Strategie zu deren Erreichung (Unternehmenspolitik)

b) Bestimmung der für die Zielerreichung notwendigen Mittel

c) Dauernde Aufrechterhaltung des finanziellen Gleichgewichts (Gleichgewicht zwischen Zielen und Mitteln)

d) Schaffung der erforderlichen Planungs-, Informations- und Kontrollsysteme

e) Erlass von grundsätzlichen Weisungen an die Geschäftsführung

f) Kontrolle der Ausführungsorgane hinsichtlich der Zielverfolgung und bei Bedarf Ergreifen von Korrekturmassnahmen.

Im Rahmen seiner Oberleitungspflicht sollte der Verwaltungsrat, allenfalls unter Beizug externer Berater,[750] periodisch eine *SWOT-Analyse* als Instrument der strategischen Planung durchführen, um basierend darauf eine Positionsbestimmung und eine Strategieentwicklung vornehmen zu können.[751] Mithilfe der *Umweltanalyse* werden dabei die Chancen und Gefahren im weiteren Unternehmensumfeld ermittelt. Bei der *Unternehmensanalyse* wird der Blick nach innen gerichtet und bestehende Stärken und Schwächen sowie Verbesserungsmöglichkeiten aufgedeckt. Daraus ergibt sich indirekt auch die Pflicht zum Risk Management (vgl. dazu ausführlich hinten Ziff. 6.4, S. 427 ff.). Basierend auf der Analyse des Ist-Zustandes bestimmt der Verwaltungsrat das *Unternehmensleitbild*. Dieses enthält die Grundsatzentscheide u.a. in Bezug auf Produktemix, Marktstellung, Gewinnerzielung und Mitarbeiterführung und basiert auf einer entsprechend langfristigen Vision.[752]

Auf dem Unternehmensleitbild aufbauend werden langfristige Ziele bezüglich Umsatz, Gewinn und Marktanteil definiert. Gleichzeitig sind aber auch die Wege festzulegen, auf denen diese Ziele erreicht werden sollen, also die strategischen Vorkehren. Ebenso nimmt der Verwaltungsrat in dieser Phase die Mittelzuteilung vor. Dadurch wird der Geschäftsleitung der Rahmen vorgegeben, innerhalb dessen sie sich bei der Umsetzung der Unternehmenspolitik bewegen soll. Letztlich entsteht dadurch folgende Hierarchie beim Strategieprozess:[753]

- Die Aktionäre geben in der Eignerstrategie die Leitplanken vor, innerhalb deren die Unternehmensstrategie zu positionieren ist.
- Der Verwaltungsrat beschliesst die Unternehmensstrategie in Zusammenarbeit mit der Geschäftsleitung.
- Die Geschäftsleitung setzt die Unternehmensstrategie um und wird dabei vom Verwaltungsrat überwacht.

---

749 In Anlehnung an BÖCKLI, Aktienrecht, § 13 Rz. 306 ff. und dort zitierte Literatur.
750 Dazu aus betriebswirtschaftlicher Sicht etwa MALIK, wirksame Unternehmensaufsicht, 205 ff.
751 Engl. Akronym für Strengths (Stärken), Weaknesses (Schwächen), Opportunities (Chancen) und Threats (Risiken).
752 Vgl. die Vision als Vorgabe für das Risk Management im Muster einer Risk Policy unter Ziff. 11.80, S. 1075 ff.
753 Der Strategieprozess wird grafisch dargestellt im Muster unter Ziff. 11.91, S. 1127.

Die Wahrnehmung der Oberleitung heisst nicht, dass der Verwaltungsrat alle damit verbundenen Aufgaben selber erledigen muss. Er gibt vielmehr die strategische Richtung vor, die Ausarbeitung der mögliche Varianten und Vorlagen kann (und soll) danach durch die Geschäftsleitung erfolgen, den Entscheid trifft wiederum der Verwaltungsrat selbst, er trägt dafür die Verantwortung.

Ebenfalls in Art. 716a Ziff. 1 OR enthalten ist das *Weisungsrecht* zur Durchsetzung der Oberleitung. Die Aufgabe der Oberleitung kann nur dann sinnvoll wahrgenommen werden, wenn gleichzeitig auch Möglichkeiten vorgegeben sind, um die aufgestellten Ziele im Sinne verbindlicher Richtlinien an hierarchisch untergeordnete Stellen zu vermitteln. In Bezug auf das Weisungsrecht des Verwaltungsrates sei im Übrigen auf Ziff. 2.4, S. 115 ff., vorne verwiesen.

Wenn die Gesellschaft vollständig beherrschte Tochtergesellschaften hält und auch eine einheitliche Leitung aller Gesellschaften als notwendig oder auch nur als angemessen erscheint, muss sich die Oberleitung auf sämtliche Gesellschaften bzw. den dann vorliegenden Konzern beziehen.[754]

3.2.1.2 Oberleitung im Informatikbereich

a) Zwingende Aufgabe für den Verwaltungsrat

Die heutige Zeit ist unter anderem durch den allgegenwärtigen Einsatz von moderner Informatik geprägt. Kaum ein Unternehmen kann sich dem Zwang zur Beschaffung und Auswertung von Informationen mittels moderner Technologien entziehen, auch wenn diese oftmals schnelllebig, teuer und komplex sind. Insbesondere in den Bereichen Finanz- und Rechnungswesen, Entwicklung, Logistik und Produktion ist der Einsatz von Informatiktechnologien (IT) unausweichlich geworden. Damit stellt sich die Frage, welche Auswirkungen dies auf die Aufgaben und Verantwortlichkeiten des Verwaltungsrates einer Gesellschaft hat. Die Rechtsform der Gesellschaft (z.B. Aktiengesellschaft oder Genossenschaft) spielt dabei grundsätzlich keine Rolle.

Bis heute gibt es nur wenige Gerichtsurteile, welche sich direkt oder indirekt auf die Verwaltungsratstätigkeit im Bereich Informatik beziehen. Die wenigen publizierten Urteile beziehen sich zudem durchwegs auf Gesellschaften, welche aufgrund ihres Zweckes im IT-Bereich tätig waren. Dies darf jedoch nicht zur Annahme verleiten, ein Verwaltungsrat müsse sich nicht mit der IT-Problematik befassen. Das Gegenteil ist der Fall! Jeder Verwaltungsrat hat unentziehbare und undelegierbare Aufgaben, wobei diese im Aktienrecht sogar ausdrücklich in Art. 716a OR aufgeführt sind. Aus diesen Aufgaben lassen sich indirekt Pflichten im Zusammenhang mit der IT-Governance ableiten:

– Die Pflicht zur Oberleitung der Gesellschaft und zur Erteilung der dafür notwendigen Weisungen zwingt den Verwaltungsrat, auch im IT-Bereich zur Erreichung des Unternehmenszieles ein ausgewogenes Verhältnis zwischen Einsatz von technischen Mitteln und dem dafür notwendigen finanziellen und personellen Aufwand zu sorgen. Gleichzeitig hat der Verwaltungsrat im Sinne eines IT-Risikomanagements alle erforderlichen Massnahmen auf oberster Stufe zu treffen, um die Einsatz- und Funk-

---

[754] Darauf verweist BÖCKLI, Aktienrecht, § 13 Rz. 309, unter Verweisung auf HANDSCHIN, Konzern, 109 ff. Vgl. weiter HOMBURGER, in: Zürcher Kommentar, N 539 zu Art. 716a OR; KRNETA, N 1203 ff.

tionsfähigkeit der eingesetzten Informatiktechnologie sicherzustellen und so eine existenzielle Gefährdung der Gesellschaft zu verhindern.

- Die Pflicht zur Festlegung der Organisation zwingt den Verwaltungsrat, die Struktur der Gesellschaftsführung derart zu gestalten, dass die Aufgaben und Kompetenzen im IT-Bereich klar zugewiesen sind. Gleichzeitig hat der Verwaltungsrat mittels entsprechenden Weisungen und Reglementen dafür zu sorgen, dass mit der vorgegebenen IT-Organisation einerseits ein Missbrauch von Informatiktechnologie verhindert wird und andererseits fremde Einwirkungen zuverlässig abgewehrt werden.

- Die Pflicht zur Ausgestaltung des Rechnungswesens, der Finanzkontrolle sowie der Finanzplanung zwingt den Verwaltungsrat, im Finanzbereich diejenigen technischen Mittel einzusetzen, welche zur Einführung und Aufrechterhaltung eines zuverlässigen Finanz- und Rechnungswesens sowie einer entsprechenden Berichterstattung notwendig sind. Dazu ist der Einsatz von Informatiktechnologie heute unumgänglich geworden.

Bereits diese Ausführungen zeigen, dass der Verwaltungsrat im Bereich der IT-Governance ein Grundwissen für seine Funktionsausübung mitbringen muss, was eine entsprechende Aus- und Weiterbildung erfordert. Sofern kein Mitglied des Verwaltungsrates über besondere IT-Kenntnisse verfügt, ist zudem der Beizug von ausgewiesenen Fachleuten als Berater unumgänglich. Ob diese durch die Gesellschaft selbst im Arbeitsverhältnis beschäftigt werden oder lediglich im Bedarfsfalle im Auftragsverhältnis zugezogen werden, ist im Hinblick auf eine mögliche Verantwortlichkeit des Verwaltungsrates nicht relevant.

b) Gefährdungspotenzial und Lösungsvorschläge

Private und öffentliche Unternehmen sind heute in allen Bereichen ihrer Geschäftstätigkeit auf IT-Systeme angewiesen. Entsprechende Verpflichtungen zum Schutz der Daten lassen sich im gesamten deutschsprachigen Raum aus den verschiedenen Gesetzen zum Gesellschaftsrecht, Haftungsrecht, Datenschutz, Bankenrecht usw. herleiten. Die Informationssicherheit stellt einen Baustein des Unternehmensrisikomanagements dar. International spielen Vorschriften wie Basel II und der Sarbanes-Oxley Act eine wichtige Rolle.

Auf *Stufe Geschäftsleitung* erfahren hochsensible Daten der Unternehmensentwicklung und der Strategieentscheide eine besondere Gefährdung. Ebenso sind Daten über Unternehmensentwicklungen, Forschung, strategische Zusammenarbeiten und auch Personalentscheide als äusserst sensibel einzustufen. Insbesondere ist auf Stufe Geschäftsleitung auf die folgenden Gefährdungsbereiche zu achten:

- strategische Entscheide bis zur öffentlichen Bekanntmachung
- Fusionen und Kooperationen
- Personalentscheide
- Budget
- Forschung und Entwicklung
- Patente
- Markteintritt und Marktbearbeitung.

Ein weiteres Gefährdungspotenzial entsteht durch *interne Zugriffe* der Mitarbeiter. Normalerweise werden die Mitglieder der Geschäftsleitung nicht selbst die Datenbereiche innerhalb der IT-Systeme absichern. Interne IT-Abteilungen werden mit der Aufgabe betraut und in die Verantwortung genommen. Dies in erster Linie, um die Verfügbarkeit der Daten und Systeme sicherzustellen. Hier jedoch entsteht für die Unternehmung ein schwierig zu kalkulierendes Risiko. Jeder Mitarbeiter, der über Administratorrechte verfügt, kann sich innert Kürze Zugang zu den Daten auf allen Stufen verschaffen. Dies, ohne dass die Betroffenen einen Zugriff spüren oder überwachen können.

Diese vollständigen Zugriffsmöglichkeiten werden nicht nur auf die Datenablage, sondern ebenfalls auf die Kommunikationssysteme, die ERP-Umgebung und auch die Entwicklungseinrichtungen der Unternehmen gewährt. Davon betroffen sind auch die Daten der Geschäftsleitung und allenfalls des Verwaltungsrates, falls dieser die Daten innerhalb der Unternehmungsinformatik platziert. Die genauen Details können nach einem Security Audit detailliert erfasst werden. Dabei sind die folgenden Gefährdungsbereiche zu beachten:

– Datenablagen (Serversysteme und Personal Computer)
– E-Mail-Systeme
– Messenger-Systeme
– VoIP-Anlagen und auch herkömmliche Telekommunikation (Aufzeichnung von Gesprächen)
– ERP-Systeme
– Reporting Services, Business Intelligence
– benutzerabhängige Portalinformationen.

Die Gefährdung durch *externe Zugriffe* auf das interne Netzwerk wird heute durch geeignete Massnahmen der IT-Abteilungen auf ein Minimum beschränkt. Firewalls, PKI-Systeme und auch entsprechende organisatorische Massnahmen sind darauf ausgerichtet, den Datenzugang von externer Seite zu beschränken.

Eine massive Gefährdung von Informationen besteht jedoch auch beim Austausch über E-Mail, Messenger, Webkonferenzen und der Voice-over-IP-Telekommunikation. Ebenso werden Gefährdungen im Bereich der mobilen Kommunikationsmittel immer sichtbarer. Dabei werden modernste IT-Techniken eingesetzt, um Schädigungen zu erreichen und auch Unternehmensdaten zu erhalten. Insbesondere liegen die Gefahren in den folgenden Bereichen:

– E-Mail-Kommunikation (offen über das Internet); Informationen auf mobilen Endgeräten (intelligentes Smartphone, iPad etc.)
– Informationen auf mobilen Datenträgern (USB-Stick, Festplatten); Public-Key-Infrastruktur-Betreuung
– Datenzugriff auf internes Netzwerk mit mobilen Geräten, Verbindungen zu weiteren Unternehmensstandorten (Mobile User VPN)
– Telekommunikation (VoIP, Festnetz und mobile Geräte).

Empfehlung:
Hochsensible Daten der Geschäftsleitung sollten auf jeden Fall gesondert betrachtet werden und bedürfen eines eigenen Verantwortlichkeitsbereichs innerhalb der Informatiksicherheit!

Datensicherung und Datenverfügbarkeit sollte im vollen Verantwortungsbereich der Geschäftsleitung angesiedelt werden.

Die vorgängige Beurteilung der Gefährdungsbereiche führt in der Regel dazu, dass die Daten- und Kommunikationsbereiche der Geschäftsleitung organisatorisch und technisch so verfeinert werden, dass das Ziel der dauernden Verfügbarkeit und auch des optimalen Datenschutzes gewährleistet sind. Die Abhängigkeit der Geschäftsleitung gegenüber den IT-Abteilungen bleibt weiterhin zu Recht bestehen, sind dies doch die technischen Spezialisten zur Umsetzung der IT-Strategien.

Folgende Lösungsansätze sind für den Datenschutz der oberen Führungsebene einer Unternehmung sinnvoll und effizient anwendbar. Diese sind jedoch nicht in jeder Unternehmung mit der gleichen Konsequenz umzusetzen. Die Organe der Unternehmen entscheiden grundsätzlich selber über die Gefährdungsmöglichkeiten und deren Schutzmassnahmen. Dabei stehen u.a. die folgenden Lösungsansätze zur Verfügung:

- organisatorische Massnahmen zur Eingrenzung der Zugriffsmöglichkeiten
- externer Datenpool
- verstärkte Authentifizierung im System
- SingleSignOn-Systeme mit RAS-Authentifizierung zur Erhöhung der Passwortsicherheit (vor allem im ERP und im Portalumfeld)
- Public-Key-Infrastruktur zur digitalen Verschlüsselung von Daten und Authentifizierung im System
- Verschlüsselung von Daten auf allen Arten von Datenträgern (Netzwerk, wie auch lokal) mittels zusätzlicher Authentifizierung (basierend auf z.B. RSA Token)
- Verschlüsselung und Signierung von elektronischen Nachrichten zur Sicherstellung der Vertraulichkeit und Sicherheit des Versenders
- Einsatz von Verschlüsselungstechniken im mobilen Telekommunikationsverkehr.

Der Verwaltungsrat soll sich dessen bewusst sein, dass Security nicht nur eine einmalige Massnahme ist, sondern ein immerwährender Prozess, in dem regelmässig die angewandten Massnahmen und Techniken hinterfragt werden müssen.

c) Periodische Überprüfung der IT-Situation

Mindestens einmal pro Jahr soll die IT-Situation traktandiert werden. Hilfreich ist dabei die Verwendung einer Checkliste[755]. Insbesondere müssen dabei die folgenden Punkte berücksichtigt werden:

- Erneuerungsbedarf
- Lizenzkontrolle
- Supportkontrolle
- Datenerfassung
- Datenarchivierung
- Datensicherung
- Datensicherheit

---

[755] Vgl. KALIA/MÜLLER, 124 ff.

- Geräteausfall
- IT-Know-how
- IT-Mitarbeiter
- IT-Vertragsmanagement
- IT-Projektmanagement
- IT-Struktur.

3.2.1.3 Oberleitung im Sicherheitsbereich

a) Problematik für den Verwaltungsrat

Der Verwaltungsrat ist gemäss Art. 716a Abs. 1 Ziff. 1 OR für die Oberleitung der Gesellschaft verantwortlich. Dazu gehört insbesondere die dauernde Erhaltung des Gleichgewichts zwischen Zielen und Mitteln sowie die Bereitschaft zum Eingreifen, wenn die Dinge aus dem Ruder zu laufen beginnen.[756] Allerdings können strategische Ziele in der Regel nur erreicht werden, wenn beim Einsatz der Mittel ein kalkuliertes Risiko in Kauf genommen wird.[757] Derartige Risiken dürfen jedoch weder die Existenz des Unternehmens noch die Integrität von Menschen gefährden. Bei Investitionen sind deshalb stets auch die damit verbundenen Risiken für Leib und Leben von Personen zu beurteilen.

Stehen Investitionen an, welche bereits bestehende Gefahren für Mitarbeiter oder Kunden minimieren oder sogar beseitigen sollten, so scheint ein Entscheid des Verwaltungsrates zur Freigabe der entsprechenden Investitionen auf den ersten Blick problemlos zu sein. Tatsächlich sind jedoch auch in diesem Falle die finanziellen Mittel der Gesellschaft zu prüfen. Mit der Verantwortung für die Oberleitung ist die Verantwortung für das finanzielle Gleichgewicht des Unternehmens eng verknüpft.[758] Der Gesetzgeber verpflichtet deshalb den Verwaltungsrat mit Art. 716a Abs. 1 Ziff. 3 auch zur Finanzkontrolle und zur Finanzplanung.

Besonders problematisch wird die Situation für den Verwaltungsrat dann, wenn betriebliche Gefahren bereits konkret bekannt sind oder sogar schon durch die Behörden moniert wurden,[759, 760] auf der anderen Seite jedoch Umstände eingetreten sind, welche den Verwaltungsrat zu einem Investitionsstopp zwingen.[761] In diesem Falle hat jeder Verwaltungsrat die Pflicht zur sorgfältigen Beurteilung der Lage und zur Abwägung der betroffenen Güter. Bei einem Fehlentscheid können die Mitglieder des Verwaltungsrates nicht nur zivilrechtlich wegen einer Pflichtverletzung gemäss Art. 754 OR belangt werden, sie sind unter Umständen auch strafrechtlich wegen Gefährdung von Leib und Leben[762] oder

---

756 BÖCKLI, Aktienrecht, § 13 Rz. 306.
757 KRNETA, N 1191 mit Hinweis auf ZR 1973 145.
758 Vgl. hinten Ziff. 3.4.1, S. 178 ff.
759 Allenfalls sind bereits kleinere Unfälle vorgekommen oder der Sicherheitsverantwortliche hat den Verwaltungsrat auf einen unhaltbaren Zustand aufmerksam gemacht. So wurden beispielsweise im schneereichen Winter 2003 bei vielen Unternehmen die Belastbarkeit der Dächer in Frage gestellt.
760 Bei der feuerpolizeilichen Kontrolle wurde beispielsweise die unsachgemässe Lagerung von Lacken beanstandet und auf eine entsprechende Explosionsgefahr hingewiesen.
761 Insbesondere bei ungenügender Liquidität, aber auch bei Kreditkündigung durch Banken mit unsicherer Refinanzierungsmöglichkeit.
762 Beispielsweise wegen fahrlässiger Verursachung einer Explosion gemäss Art. 223 Abs. 2 StGB durch Unterlassung von notwendigen Sicherheitsmassnahmen.

noch schlimmer wegen fahrlässiger Körperverletzung bzw. Tötung[763] strafrechtlich verantwortlich.[764]

b) Sicherheit ist Chefsache

Das Bundesgericht hat in mehreren Entscheiden klargestellt, dass Sicherheit Chefsache ist. Dies bedeutet für den Verwaltungsrat konkret, dass es nicht genügt, lediglich einen Sicherheitsbeauftragten zu bestellen und dann alle Hinweise auf Gefahren zu ignorieren. Vielmehr ist der Sicherheitsbeauftragte zu überwachen und gegebenenfalls anzuweisen, drohende Gefahren zu beseitigen. Führt eine entsprechende Unterlassung zur Verletzung oder Tötung eines Menschen, werden die Mitglieder des Verwaltungsrates strafrechtlich persönlich belangt. Der Verwaltungsrat trägt damit sogar eine grössere Verantwortung als die ihm unterstellten Manager. Umgekehrt kann sich eine Doppelstellung als Verwaltungsrat und operatives Geschäftsleitungsmitglied strafschärfend auswirken. Die nachfolgenden Urteilszusammenfassungen verdeutlichen die notwendigen Massnahmen.

Am 24. September 2002 hatte das Bundesgericht die strafrechtliche Verantwortlichkeit eines Verwaltungsrats im Zusammenhang mit einem tödlichen Liftunfall zu beurteilen.[765] Y. war der einzige Verwaltungsrat der H. AG, in deren Eigentum ein Wohnhaus mit Personenlift stand. Die Liegenschaftsverwaltung lag in den Händen der I. GmbH, die von X. geleitet wurde, welcher wiederum Arbeitnehmer der H. AG war. Nachdem es beim Betrieb des Lifts der H. AG zu einem tödlichen Unfall gekommen war, wurde der einzige Verwaltungsrat Y. wegen fahrlässiger Tötung verurteilt. Der mit der Liegenschaftsverwaltung betraute Arbeitnehmer X. wurde dagegen letztinstanzlich freigesprochen. Diese Differenzierung mag erstaunen. Das Bundesgericht befand jedoch, dass die aus Art. 58 OR und Art. 679 ZGB resultierende Pflicht zur Vermeidung von Schäden am Eigentum direkt in die Verantwortung des Verwaltungsrates der H. AG fallen würde, jedoch noch keine Garantenstellung des X. begründe. X. habe in der betreffenden Gesellschaft keine Position innegehabt, die es erlauben würde, ihn strafrechtlich für Handlungen der Gesellschaft zu belangen. Allein aus dem Umstand der Anstellung lasse sich nicht ableiten, dass die gesetzlichen Pflichten der H. AG automatisch auf X. übergegangen seien. Hätte X. jedoch eine Doppelstellung als Verwaltungsrat und Arbeitnehmer gehabt, so wäre seine Strafbarkeit zweifelsfrei gegeben gewesen; zudem wäre seine Stellung in der Strafzumessung schlechter als diejenige des Y. gewesen, wie der nächste Fall zeigt.[766]

Einen ähnlichen Fall hatte das Bundesgericht am 6. Juni 2003 zu beurteilen. Auf dem Parkplatz der X. AG stürzte bei Nacht ein Mann über eine kleine Mauer, wobei er sich schwere Verletzungen zuzog. Da die Mauer nicht mit einem Geländer gesichert war, wurde in der Folge der Verwaltungsratspräsident und Geschäftsführer der X. AG wegen fahrlässiger schwerer Körperverletzung mit einer Busse von CHF 1000 bestraft. Das Strafurteil wurde vom Bundesgericht geschützt. Zur Begründung führte das Bundesgericht aus, der Verurteilte sei aufgrund seiner «herausragenden Stellung» nicht nur für die Leitung des Unternehmens, «sondern in qualifizierter Weise u.a. auch für die Sicherheit der Parkierungs-

---

763 Gemäss Art. 117 bzw. 125 StGB ist die damit verbundene Strafe Gefängnis oder Busse.
764 Betreffend strafrechtlicher Verantwortlichkeit des Verwaltungsrates im Zusammenhang mit Konkursdelikten vgl. hinten Ziff. 5.2.5, S. 403.
765 Unveröffentlichter Entscheid 6P.171/2002 vom 24.9.2002 (E. 5.1).
766 MÜLLER, Verwaltungsrat als Arbeitnehmer, 458.

möglichkeiten verantwortlich, welche auf dem im Eigentum der AG stehenden Areal zur Verfügung gestellt werden.»[767] In diesem Falle hatte die Doppelstellung als Verwaltungsrat und Arbeitnehmer zu einer besonderen Garantenstellung geführt, welche sich letztlich in der Strafbarkeit manifestierte.

Ein eindrückliches Beispiel für die strafrechtliche Relevanz einer Stellung als Mitglied des Verwaltungsrats ist schliesslich der Canyoning-Prozess vom Herbst 2001. Der Einzelrichter des Gerichtskreises VI Interlaken-Oberhasli fällte sehr differenzierte Urteile gegen die Angeschuldigten im Zusammenhang mit der Wildwassertragödie vom 27.7.1999, bei der 18 Teilnehmer getötet wurden:[768]

- Die drei Verwaltungsräte der Gesellschaft Adventure World wurden zu je 5 Monaten Gefängnis bedingt sowie zu Bussen von je CHF 7500 verurteilt.
- Der General Manager, der für die Ausbildung der Tourenführer zuständig war, erhielt eine bedingte Gefängnisstrafe von 5 Monaten und CHF 5000 Busse.
- Der stellvertretende General Manager wurde mit 4 Monaten Gefängnis bedingt und CHF 4000 Busse bestraft.
- Der Lead Guide, der für die Wetterbeobachtung und für die Durchführung des Canyonings verantwortlich war, wurde mit 3 Monaten Gefängnis bedingt und mit CHF 4000 Busse sanktioniert.
- Die beiden Tourenführer (Guides), die in der Hierarchiestufe des Unternehmens an unterster Stelle standen, wurden freigesprochen.

Zur Begründung dieser Urteilsabstufung wies der Richter darauf hin, dass die Sicherheit bei einem Unternehmen wie Adventure World eindeutig «Chefsache» sei. Deshalb wurden die Verwaltungsräte schärfer sanktioniert, als die unterstellten Arbeitnehmer.

Allein schon diese Urteile zeigen, dass der Verwaltungsrat gut beraten ist, bestehende Gefahren für Leib und Leben von Personen umgehend zu bekämpfen. Ein zeitliches Aufschieben oder ein Abschieben auf exekutive Führungskräfte vermag den Verwaltungsrat nicht zu entlasten.

d) Entscheidungsgrundlagen für den Verwaltungsrat

Der Verwaltungsrat hat seine Entscheidung über Sicherheitsinvestitionen oder Investitionsstopp im Spannungsfeld zwischen der Sorge für das Wohlergehen der Mitarbeiter und Kunden einerseits und der Benachteiligung von Aktionären und Gläubigern andererseits zu fällen. Nichtstun ist keine Alternative!

Solange Aussicht besteht, die Geschäftstätigkeit ohne Schaden für die Gläubiger fortzusetzen, hat der Verwaltungsrat die notwendigen Sicherheitsinvestitionen umgehend zu tätigen. Dies kann ihm nicht als Verschleuderung von Mitteln oder als Gläubigerbevorzugung angelastet werden, solange diese Investitionen zur Abwendung oder Beseitigung von Gefahren notwendig sind, die entsprechenden Ausgaben nur eine angemessene Höhe erreichen und bei der Vergabe der Mittel keine Gläubiger bevorzugt werden. Insbesondere dann, wenn vonseiten der Hausbank zu marktüblichen Konditionen ein Kredit zur Finan-

---

767 Unveröffentlichter Entscheid 6S.87/2003 vom 6.6.2003.
768 Urteilszusammenfassung in der NZZ vom 12.12.2001, Nr. 289, 60.

zierung der notwendigen Sicherheitsinvestitionen offeriert wird, muss der Verwaltungsrat die Sicherheitsinvestitionen umgehend tätigen.

Ist absehbar, dass die notwendigen Sicherheitsinvestitionen mangels liquider Mittel nicht finanziert werden können und damit drohende Gefahren bestehen bleiben, hat der Verwaltungsrat in letzter Konsequenz die Schliessung des Betriebes anzuordnen, um die Verletzung oder Tötung von Menschen zu verhindern. In der Regel dürfte diese Massnahme zur Zahlungsunfähigkeit und damit letztlich zur Überschuldung der Gesellschaft führen, weshalb gleichzeitig mit der Betriebsschliessung die Bilanz beim Richter zu deponieren ist.

Um nicht in einen Entscheidungsnotstand zu geraten, tut der Verwaltungsrat gut daran, periodisch das Unternehmen auf mögliche Sicherheitsmängel zu überprüfen und anstehende Investitionen in die Sicherheit nicht auf die lange Bank zu schieben!

e) Versicherungsreview

Aus der Pflicht zur Oberleitung im Sicherheitsbereich, aber auch aus der Pflicht zur Finanzplanung und Finanzkontrolle, in Verbindung mit der Pflicht zur Überprüfung der Risiken, ergibt sich indirekt auch die Pflicht von Verwaltungsräten, für die notwendigen Versicherungen besorgt zu sein. Das heisst nicht, dass der Verwaltungsrat selbst alle Versicherungen im Detail zu koordinieren und abzuschliessen hat. Er hat aber die Pflicht zur Oberaufsicht inne.

Konkret ergeben sich daraus die folgenden Detailpflichten:

- Im Organisationsreglement bzw. im Funktionendiagramm ist klarzustellen, wer für die Versicherungsüberprüfung und für den Versicherungsabschluss zuständig ist.
- Im Rahmen der Risikostrategie (Risk Policy) hat der Verwaltungsrat festzulegen, welche Risiken versichert werden und welche Risiken ohne Versicherung (aber allenfalls mit entsprechender Rückstellung) hingenommen werden.
- Mindestens einmal jährlich hat sich der Verwaltungsrat über die bestehenden Versicherungen im Überblick (Art der Versicherung, Leistungsumfang, Laufzeit und Prämien) orientieren zu lassen.[769]
- Dieser Versicherungsüberblick sollte im persönlichen Dokumentenordner des Verwaltungsrates aufbewahrt werden.[770]
- Weisung an den Finanzverantwortlichen zur fristgerechten Zahlung sämtlicher Versicherungsprämien bzw. sporadische Kontrollfragen nach der ordnungsgemässen Bezahlung.
- Weisung an die Geschäftsleitung, allfällige Probleme im Zusammenhang mit den Versicherungen bzw. die Kündigung einer Versicherung umgehend dem Verwaltungsrat mitzuteilen.

---

769 Dazu findet sich eine Arbeitshilfe hinten in Ziff. 11.97, S. 1138 ff.
770 Vgl. dazu das Muster «Inhaltsverzeichnis eines Verwaltungsratsordners» hinten unter Ziff. 11.35, S. 886.

Empfehlung:

Der Verwaltungsrat sollte jährlich eine Versicherungsreview durchführen. Dazu sollte vorab vom Versicherungsbroker eine Liste der vorhandenen Versicherungen mit Bestätigung der Vollständigkeit verlangt werden.

3.2.2 Festlegung der Organisation

3.2.2.1 Zuteilung von Aufgaben, Kompetenzen und Verantwortung

Um die Oberleitung der Gesellschaft zu verwirklichen, muss das Unternehmen hinreichend organisiert sein.[771] Es geht dabei weniger um das Aufstellen von Organigrammen und ähnlichen Hilfsmitteln, sondern zunächst um die Zuteilung von *Aufgaben, Kompetenzen und Verantwortung*.[772] Insbesondere zur Vermeidung von Doppelspurigkeiten und Unklarheiten hinsichtlich der persönlichen Aufgabenbereiche ist es erforderlich, stellenbezogene Pflichtenhefte zu erarbeiten und Über- bzw. Unterordnungen festzulegen.[773] Damit werden in *aufbauorientierter* Sicht die Grundlagen für eine effiziente Leistungserbringung bereitgestellt. Daneben sind aber auch in *ablauforientierter* Sicht Vorgaben aufzustellen,[774] um sowohl die Produktions- als auch die Handlungs- und Entscheidungsprozesse optimal auszugestalten. Nebst den operativen Prozessen sind auch die übergelagerten Steuerungs- und Korrekturprozesse wie Informationssysteme, Berichterstattungspflichten, etc. festzulegen.[775]

Das Gesetz belässt dem Verwaltungsrat einen gewissen Gestaltungsspielraum; dem entspricht die Pflicht, die im konkreten Fall angemessene und zweckmässige Organisation zu entwickeln und umzusetzen.[776]

Die Verantwortlichkeit des Verwaltungsrates bei der Festlegung der Organisation im Sinne von Art. 716a OR bezieht sich dabei immer auch auf die Festlegung der *wesentlichen* Grundzüge und Vorgaben, die sich in der Regel an die dem VR direkt unterstellte Führungsebene (Geschäftsleitung) richten. Im Gegensatz dazu ist die Regelung der Organisation der weiteren Stufen bzw. Prozesse (bis in die Einzelheiten) eine delegierbare Aufgabe, die in der Regel an die zuständigen Personen der Geschäftsleitung delegiert wird.

Zur Festlegung der Organisation ist im geltenden Aktienrecht dem Verwaltungsrat ein praktikables Instrument in die Hand gegeben worden. Die Ausarbeitung und der Erlass eines Organisationsreglements ist eine der wichtigsten Aufgaben des Verwaltungsrates.[777] Das *Organisationsreglement* regelt die Geschäftsführung, es werden die hierfür erforderli-

---

771 FORSTMOSER/MEIER-HAYOZ/NOBEL, § 30 N 34. Die Organisation der weiteren, unteren Führungsebenen kann delegiert werden; FORSTMOSER/MEIER-HAYOZ/NOBEL, § 30 N 34; HOMBURGER, in: Zürcher Kommentar, N 555 zu Art. 716 OR; KRNETA, N 1211; BÖCKLI, Aktienrecht, § 13 Rz. 319a; WATTER/ROTH PELLANDA, in: Basler Kommentar, N 11 zu Art. 716a OR.
772 Zur Wesentlichkeit der Organisation vgl. MALIK, wirksame Unternehmensaufsicht, 213.
773 Vgl. dazu die Stellenbeschriebe hinten unter Ziff. 11.86 bis 11.90, S. 1107 ff.
774 Mit diesem Begriff werden sämtliche im Unternehmen ablaufenden Prozesse umfasst.
775 Ähnlich die Definiton von BÖCKLI, Aktienrecht, § 13 Rz. 319: «… in sich konsequente Festlegung darüber, wer in vernetzten Entscheidungs- und Handlungsabläufen was tut und wer wem unterstellt ist und wem berichtet.» Vgl. auch die bei BÖCKLI, Aktienrecht, in Anm. 809 zitierten Autoren.
776 BÖCKLI, Aktienrecht, § 13 Rz. 318.
777 KRNETA, N 1724.

chen Stellen beschrieben, die Aufgaben festgelegt und insbesondere die Berichterstattung institutionalisiert.[778] In Weiterführung des Organisationsreglements empfiehlt sich in Bezug auf die einzelnen Entscheidungen die Festlegung, wem welche Kompetenzen und Verantwortung zukommen. Dies geschieht zweckmässigerweise im sogenannten *Funktionendiagramm*.[779] Das Organisationsreglement ist regelmässig zu überprüfen [780] und gegebenenfalls anzupassen.

> **Empfehlung:**
>
> Gemäss Art. 716*b* OR muss der Verwaltungsrat jederzeit (auch ausserhalb der GV) in der Lage sein, auf Anfrage eines Aktionärs[781] schriftlich über die Organisation der Geschäftsführung zu orientieren; nicht verlangt ist jedoch die Herausgabe des Organisationsreglements selbst. Um eine konsistente Antwort in vernünftiger Zeit sicherzustellen, ist daher eine schriftliche Fassung des Organisationsreglements dringend empfohlen.

Bei der Festlegung der Organisation hat der Verwaltungsrat sicherzustellen, dass die *Stellvertretung* der Organpersonen im Fall von Abwesenheiten oder krankheitsbedingtem Ausfall ausreichend geregelt ist. Die Gesellschaft muss jederzeit handlungsfähig sein. Das bedingt, dass beim Ausfall einer Organperson ihre Aufgaben ohne weiteres von einem Stellvertreter besorgt werden können, dieser über seine Funktion orientiert ist und sich auch die notwendigen Einzelinformationen ohne Verzögerung beschaffen kann. Wichtig ist eine Stellvertreterregelung insbesondere auch beim Präsidenten des Verwaltungsrats, einem allfälligen Delegierten, dem Vorsitzenden und den Mitgliedern der Geschäftsleitung. Eine Stellvertreterregelung muss aber auch für die Vorsitzenden von Ausschüssen bestehen. Während die Bestimmung des VR-Vizepräsidenten eine klare Aufgabe des Verwaltungsrates ist, kann die Bestimmung des Stellvertreters des Geschäftsführers durchaus an die Geschäftsleitung delegiert werden.

3.2.2.2 Regelung der Zeichnungsberechtigung

Damit die Aktiengesellschaft als juristische Person handeln kann, müssen vom Verwaltungsrat Personen bezeichnet werden, die sie rechtsgültig vertreten können. In diesem Zusammenhang ist die Regelung der Zeichnungsberechtigung unerlässlich. Die Unterschriftsberechtigung ist ein wichtiger Teilbereich im Rahmen einer effizienten Corporate Governance und sollte nicht nur durch den Verwaltungsrat, sondern dort wo vorhanden auch durch das Audit Committee und die Interne Revision regelmässig überprüft und überwacht werden.[782]

Die Unterschriftenregelung wird dadurch erschwert, dass sie nicht nur stufengerecht, sondern auch funktionsgerecht erfolgen muss. Dabei ist soweit möglich dem Grundsatz Rechnung zu tragen, dass keine Einzelunterschriften erteilt werden sollen. Ansonsten kann der

---

778 Vgl. dazu vorne Ziff. 1.9.6, S. 72 ff., sowie die Muster eines Organisationsreglementes hinten unter Ziff. 11.54 und 11.55, S. 951 ff.
779 Vgl. vorne Ziff. 1.9.7, S. 75, sowie das Muster eines Funktionendiagrammes hinten unter Ziff. 11.31, S. 863 ff.
780 BÖCKLI, Aktienrecht, § 13 Rz. 336a, schlägt mindestens einmal pro Jahr vor.
781 Der im Gesetz verlangte glaubwürdige Nachweis des schutzwürdigen Interesses dürfte – abgesehen vom offensichtlichen Rechtsmissbrauch – immer vorliegen (BÖCKLI, Aktienrecht, § 13 Rz. 333).
782 MÜLLER, Haftung für Unterschriften, 177.

Verwaltungsrat für einen allfälligen Schaden aus Organisationsverschulden haftbar gemacht werden.

In Art. 718 Abs. 3 OR werden folgende Vorgaben zur Vertretungsbefugnis gemacht:

- *Mindestens ein Mitglied des Verwaltungsrats muss zur Vertretung befugt sein.*
- *Die Gesellschaft muss durch eine Person vertreten werden können, die Wohnsitz in der Schweiz hat. Dieses Erfordernis kann durch ein Mitglied des Verwaltungsrates oder einen Direktor erfüllt werden.*

Der Verwaltungsrat ist berechtigt, sowohl den einzelnen VR-Mitgliedern, als auch Dritten eine Unterschriftsberechtigung zur Vertretung der Gesellschaft zu erteilen.[783] Besteht der Verwaltungsrat allerdings nur aus einem einzigen Mitglied, so hat dieser von Gesetzes wegen die Einzelvertretungsmacht, auch wenn im Handelsregister etwas anderes eingetragen sein sollte.[784]

Die vom Gesetz vorgesehene Einzelvertretungsbefugnis jedes Verwaltungsratsmitgliedes kann abgeändert werden. Im Sinne einer effizienten Corporate Governance sollten Statuten bzw. Organisationsreglement für den Fall von mehreren VR-Mitgliedern sogar zwingend vorsehen, dass nur Kollektivunterschriftsberechtigungen erteilt werden.[785] Damit stellt sich aber die Frage, ob eine Kollektivunterschrift der Vorgabe von Art. 718 Abs. 3 OR genügt. Die Handelsregisterämter gehen durchwegs davon aus, dass dies nicht der Fall ist. Dies entspricht der Regelung von Art. 720 OR i.V.m. Art. 17 Abs. 1 lit. c HRegV, wonach die zur Vertretung der Gesellschaft befugten Personen vom Verwaltungsrat zur Eintragung in das Handelsregister anzumelden sind; die Anmeldung muss bei der Aktiengesellschaft von zwei Mitgliedern des Verwaltungsrates mit Kollektivunterschrift zu zweien oder von einem Mitglied des Verwaltungsrates mit Einzelunterschrift unterzeichnet sein. Damit kann die gesetzliche Vertretungsregelung in Art. 718 OR wie folgt präzisiert werden:[786]

Eine Aktiengesellschaft muss durch eine Person vertreten werden können, die Wohnsitz in der Schweiz hat. Dieses Erfordernis ist gemäss Praxis der Handelsregisterämter dann erfüllt, wenn ein Dritter mit Einzelunterschrift oder wenn zwei Dritte mit Kollektivunterschrift zu zweien im Handelsregister eingetragen sind. Nicht explizit erforderlich ist eine entsprechende Funktionsbezeichnung der Dritten. Diese können ohne Funktion als zeichnungsberechtigte Dritte mit Wohnsitz in der Schweiz in das Handelsregister eingetragen werden.

Wenn der einzige Verwaltungsrat in Deutschland Wohnsitz hat, so genügt es demnach nicht, wenn nur der in der Schweiz wohnhafte Direktor eine Kollektivunterschriftsberechtigung führt. Es muss zwingend noch ein weiterer Dritter (allerdings ohne spezielle Funktionsbezeichnung) mit einer Kollektivunterschriftsberechtigung im Handelsregister eingetragen werden. Konsequenterweise ist es demnach aber zulässig, dass der einzige Verwaltungsrat seinen Wohnsitz im Ausland hat und in der Schweiz nur ein Drit-

---

783 MÜLLER, Haftung für Unterschriften, 187, m.w.H.
784 BÖCKLI, § 13 Rz. 511b.
785 Vgl. die Klausel 5.1 im Muster eines Organisationsreglements unter Ziff. 11.55 auf S. 961.
786 In Anlehnung an BBL 2002 S. 3216: «Verfügt keine in der Schweiz wohnhafte Person über eine Einzelzeichnungsberechtigung, so kann das Wohnsitzerfordernis auch durch das Zusammenwirken mehrerer Personen erfüllt werden. Dadurch soll ein personeller Anknüpfungspunkt in der Schweiz gewährleistet werden, ohne dass sich daraus für die Praxis signifikante Einschränkungen ergeben.»

ter ohne Funktionsbezeichnung mit Einzelunterschrift im Handelsregister eingetragen ist. Dieser Dritte ohne Funktionsbezeichnung wird durch seine Einzelunterschriftsberechtigung nicht automatisch ein Verantwortlicher im Sinne von Art. 754 Abs. 1 OR. Gegen ihn könnte erst dann eine Verantwortlichkeitsklage angestrengt werden, wenn er tatsächlich Entscheidungen fällt und damit Geschäftsführungshandlungen ausführt. Solange er sich darauf beschränkt, seine Unterschriftsberechtigung gemäss Weisung des VR auszuüben, kann er nur als Beauftragter wegen Schlechterfüllung des Auftrags belangt werden.[787]

3.2.2.3 Organisation beim Verwaltungsrat als Finanzintermediär

Nach einem Grundsatzentscheid der Kontrollstelle für die Bekämpfung der Geldwäscherei[788] qualifizieren sich Organpersonen von Sitzgesellschaften als Finanzintermediäre im Sinn der Geldwäschereigesetzgebung, wenn sie fiduziarisch Geld- oder andere Vermögenswerte verschieben.[789, 790] Für den Verwaltungsrat stellt sich einerseits die Frage, wann eine Gesellschaft als Sitzgesellschaft zu betrachten ist, und andererseits die Frage, welche zusätzlichen Pflichten er als Organperson einer Sitzgesellschaft zu erfüllen hat.

Nach der Auffassung der Kontrollstelle für die Bekämpfung der Geldwäscherei ist eine Gesellschaft dann als Sitzgesellschaft zu betrachten, wenn sie keinen Handels- oder Fabrikationsbetrieb oder ein anderes nach kaufmännischer Art geführtes Gewerbe betreibt bzw. wenn sie kein eigenes Personal beschäftigt und keine eigenen Geschäftsräume unterhält.[791] Keine Sitzgesellschaften sind Gesellschaften, die in einen Konzern eingegliedert sind (bspw. Immobiliengesellschaften, Finanzgesellschaften, Lizenzverwertungsgesellschaften).[792]

Keine Sitzgesellschaften sind auch Holdinggesellschaften. Als Holdinggesellschaft werden Gesellschaften definiert, deren Zweck im dauerhaften Halten von Beteiligungen an eigenständigen Gesellschaften besteht, mit dem Ziel, diese zu leiten und zu kontrollieren.[793] Diese Definition geht beträchtlich darüber hinaus, was Steuerbehörden als Zweck einer Holdinggesellschaft für die Gewährung des Holdingprivilegs voraussetzen.[794] Keine Sitzgesellschaften sind operative Gesellschaften (die bspw. in der Aufbauphase noch nicht über eigene Räumlichkeiten verfügen und noch kein eigenes Personal beschäftigen).

---

787 MÜLLER, Haftung für Unterschriften, 188 f.
788 Entscheid vom 18. Januar 2002; vgl. Jahresbericht der Kontrollstelle für die Bekämpfung der Geldwäscherei 2002, 10; ROHR, 127.
789 ROHR, 125 weist zutreffend darauf hin, dass sich diese Qualifikation weder aus der Generalklausel noch aus der Aufzählung in Art. 2 Abs. 3 lit. a–g GwG ergibt.
790 Die heutige «Rechtsgrundlage» ist die Verordnung vom 10. Oktober 2003 der Kontrollstelle für die Bekämpfung der Geldwäscherei über die Pflichten der ihr direkt unterstellten Finanzintermediäre.
791 Vgl. Art. 3 GwV. Publiziert wurde am 16. Januar 2004 eine ausführliche Präzisierung unter dem Titel Praxis der Kontrollstelle «Die Unterstellung der Organe von Sitzgesellschaften unter das Geldwäschereigesetz», die jedoch mehr Unklarheiten schuf. So werden die genannten Kriterien dort relativiert, da sie nicht die Hauptkriterien, sondern lediglich Indizien für das Vorliegen einer Sitzgesellschaft sein sollen. Daneben sollen gewisse juristische Strukturen die Kriterien des Art. 3 GwV erfüllen können, ohne faktisch als Sitzgesellschaften qualifiziert zu werden. Sodann sollen nur die Organe von Sitzgesellschaften, die ihre Tätigkeit fiduziarisch ausüben, unterstellungspflichtig sein.
792 ROHR, 135.
793 Vgl. Praxis der Kontrollstelle «Die Unterstellung der Organe von Sitzgesellschaften unter das Geldwäschereigesetz» vom 16. Januar 2004, 5.
794 ROHR, 136.

Noch nicht restlos geklärt ist, ob Domizilgesellschaften (d.h. Gesellschaften, die nicht in der Schweiz, aber im Ausland Geschäftstätigkeiten entfalten, Personal beschäftigen und über eine Infrastruktur verfügen) als Sitzgesellschaften anzusehen sind.

> **Empfehlung:**
>
> Die Abgrenzungsschwierigkeiten von Sitzgesellschaften legen nahe, dass im Zweifelsfall eher von einer Unterstellungspflicht auszugehen ist.
>
> Dem Verwaltungsrat einer solchen Gesellschaft ist zu empfehlen, in regelmässigen Abständen einen Beschluss über seine Qualifikation zu fassen und seine Qualifikation zu dokumentieren.

Die Pflichten des Verwaltungsrats einer Sitzgesellschaft ergeben sich aus der Geldwäschereigesetzgebung, weshalb hier auf die Spezialliteratur zu verweisen ist.[795] Der Verwaltungsrat hat allgemein zu prüfen, ob seine Organfunktion als berufsmässige Tätigkeit zu qualifizieren ist.[796] Falls dies der Fall ist, muss er sich einer anerkannten Selbstregulierungsorganisation anschliessen oder sich von der Kontrollstelle für die Bekämpfung der Geldwäscherei beaufsichtigen lassen.[797]

Bei der Führung solcher Mandate hat der Verwaltungsrat namentlich folgende Pflichten zu erfüllen:

- Identifizierung der Vertragspartei[798]
- Feststellung der wirtschaftlich berechtigten Person[799]
- besondere Abklärungspflicht[800]
- Dokumentationspflicht[801]
- Meldepflicht bei Geldwäschereiverdacht[802]
- Vermögenssperre (während des Meldeverfahrens).[803]

Hinzu kommen organisatorische Massnahmen, die der Finanzintermediär treffen muss, die zur Verhinderung der Geldwäscherei notwendig sind. Zu sorgen ist namentlich für genügende Ausbildung des Personals und für Kontrollen.

---

795 Ein Übersicht über die Literatur findet sich bei GRABER und THELESKLAF/WYSS/ZOLLINGER.
796 Die Voraussetzungen für eine berufsmässige Tätigkeit ergeben sich aus der Verordnung der Kontrollstelle für die Bekämpfung der Geldwäscherei über die berufsmässige Ausübung der Finanzintermediation im Nichtbankensektor vom 20. August 2002 (sog. «Bagatell-Verordnung»), insbes. Art. 4–10.
797 Art. 13/14 GwG.
798 Art. 3 GwG.
799 Art. 4 GwG.
800 Art. 6 GwG.
801 Art. 7 GwG.
802 Art. 9 GwG.
803 Art. 10 GwG.

3.2.3 Bestellung, Beaufsichtigung und Abberufung der Geschäftsführung

Mit der Oberleitung bzw. mit dem entsprechenden Weisungsrecht eng verbunden ist die Pflicht des Verwaltungsrates, im Falle einer Delegation der Geschäftsführung die Mitglieder der Geschäftsleitung zu ernennen und zu überwachen. Der Verwaltungsrat kommt seiner entsprechenden Verantwortung pflichtgemäss nach, wenn er diesbezüglich das Folgende vorkehrt:[804]

a) Sorgfältige Auswahl der Geschäftsleitungsmitglieder (cura in eligendo)
b) Sorgfältige Instruktion der Geschäftsleitungsmitglieder (cura in instruendo)
c) Sorgfältige Überwachung der Geschäftsleitungsmitglieder (cura in custodiendo).

Bei diesen drei Detailaufgaben handelt es sich um einen dauernden Prozess. Der Verwaltungsrat sollte sich also nicht mit der Beurteilung im Zeitpunkt der Anstellung zufrieden geben. Vielmehr muss er periodisch überprüfen, ob die Mitglieder der Geschäftsleitung den aktuellen Aufgaben noch genügen. Dazu sind jährlich konkrete Ziele vorzugeben und entsprechende Evaluationen durchzuführen.[805]

Wie bereits dargelegt, bestehen unterschiedlichste Möglichkeiten zur Ausgestaltung der Geschäftsführung. Eine grundlegende Unterscheidung kann dabei getroffen werden, ob diese Aufgabe vom Verwaltungsrat selbst erledigt oder an Dritte (Direktoren oder Geschäftsführer) übertragen wird. Bei der Wahl der konkreten Ausgestaltung spielt die Grösse der Unternehmung eine entscheidende Rolle. In kleineren Unternehmungen ist es allenfalls noch möglich, dass ein einzelnes Verwaltungsratsmitglied die Geschäftsführung selbst übernimmt. Im Grosskonzern ist diese Form der Aufgabenbewältigung nicht mehr möglich. Dort ist es angebracht, nicht nur innerhalb eines grösseren Verwaltungsrates die Aufgaben aufzuteilen, sondern auch eine Delegation an Dritte vorzunehmen. Die Bestellung der Geschäftsführung obliegt gemäss Art. 716a Abs.1 Ziff. 4 OR dem Verwaltungsrat, und zwar unabhängig davon, ob sich die Geschäftsführung nur aus Dritten oder auch aus Mitgliedern des Verwaltungsrates zusammensetzt.

Inwieweit auch Chargen unterhalb der Geschäftsleitung direkt durch den Verwaltungsrat bestimmt werden, ist im Rahmen des Organisationsreglements festzulegen und untersteht grundsätzlich keiner gesetzlichen Vorgabe. Zu beachten gilt, dass die zur Vertretung befugten Personen im Handelsregister einzutragen sind, damit ihre Handlungen für die Gesellschaft bindende Wirkung entfalten können.[806]

Gemäss Art. 716a Ziff. 5 OR kommt dem Verwaltungsrat auch die Aufgabe der «Oberaufsicht» über die mit der Geschäftsführung betrauten Personen zu. Über die konkrete Handhabung einer solchen Oberaufsicht schweigt sich das Gesetz aus. Diese ist so auszugestalten, dass eine optimale Unternehmensüberwachung möglich wird.[807] Die Beaufsichtigung beinhaltet dabei sowohl die im Gesetz umschriebene Überwachung im Hinblick

---

804 Böckli, Aktienrecht, § 13 Rz. 313.
805 In diesem Zusammenhang lohnt sich die Implementierung eines Nominierungs- und Vergütungsausschusses (vgl. dazu das Musterreglement hinten unter Ziff. 11.52, S. 946 ff.).
806 Zur Praxis, wonach die Erteilung der Unterschriftsberechtigung an nachgeordnete Führungspersonen delegiert werden kann, vgl. Böckli, Aktienrecht, § 13 Rz. 356a; Krneta, N 1264; Watter/Roth Pellanda, in: Basler Kommentar, N 20 zu Art. 716a OR; Kammerer, 213; Turin, 42 ff.
807 Vgl. hierzu insbesondere Glaus, 53 ff.; seither Böckli, Aktienrecht, § 13 Rz. 313 und 313a; Homburger, in: Zürcher Kommentar, N 537 zu Art. 716a OR; Krneta, N 1199/1200; Kammerer, 143 f.;

auf die Befolgung von Gesetz, Statuten, Reglementen und Weisungen als auch die Hinterfragung von Geschäftsführungshandlungen nach technischen, sozialen und betriebswirtschaftlichen Kriterien.

Ein wichtiges Hilfsmittel zur Überwachung der Geschäftsführung ist die Einrichtung eines Management Information System (MIS).[808] Dabei handelt es sich um ein technisches Informationssystem basierend auf Datenauswertung. Es stellt dem Verwaltungsrat Informationen zur Verfügung, mit deren Hilfe das Unternehmen gelenkt, bzw. das Controlling betrieben werden kann. Das Management Information System ist der Oberbegriff für höher verdichtete Analysen und Vergleiche. Zielsetzung ist, aus den Datenmengen der operativen Systeme die wesentlichen Führungszahlen auf «Knopfdruck» zu erhalten und damit ein ständig verfügbares Steuerungsinstrument zu schaffen, das dem Management ein frühzeitiges Gegensteuern ermöglicht.

Wie BÖCKLI richtig bemerkt,[809] ist nicht nur die Wahl der Geschäftsleitung von entscheidender Bedeutung, sondern auch die Bestimmung des Zeitpunktes einer allfälligen Abwahl. Wird damit zu lange zugewartet, können sich für die Überlebensfähigkeit der Gesellschaft fatale Folgen ergeben.

Gemäss Art. 726 OR ist der Verwaltungsrat zur jederzeitigen Abberufung der von ihm bestellten Ausschüsse, Delegierten, Direktoren und anderen Bevollmächtigten und Beauftragten ermächtigt. Der Verwaltungsrat kann auch die von der Generalversammlung bestellten Bevollmächtigten und Beauftragten jederzeit in ihrer Funktion einstellen, wobei er allerdings dann zu einer sofortigen Einberufung der Generalversammlung zum definitiven Befund verpflichtet ist. Bei den von der Generalversammlung gewählten Personen kann der Verwaltungsrat also lediglich eine vorübergehende Einstellung ihrer Funktion vornehmen. Zu den von der Generalversammlung gewählten Personen gehören insbesondere der Präsident des Verwaltungsrates, die Beiräte, die Beauftragten, allenfalls die Liquidatoren. Ob auch jedes andere Mitglied des Verwaltungsrates dazu gehört, ist höchst umstritten.[810] Gleiches gilt für die Sachverständigen nach Art. 731a Abs. 3 OR, deren Aufgabe es gerade ist, die Geschäftsführung zu prüfen. Bei kotierten Gesellschaften ist auch der unabhängige Stimmrechtsvertreter gemäss Art. 8–11 VegüV nur durch die Generalversammlung (jeweils auf das Ende der Generalversammlung) abberufbar.

Zusammen mit der Möglichkeit der jederzeitigen Abberufbarkeit der Verwaltungsrats-Mitglieder (gemäss Art. 705 OR) und der Revisionsstelle (gemäss Art. 730a Abs. 4 OR) besitzt damit die Gesellschaft die Möglichkeit, auch sämtliche andere Personen, die für sie handeln (also nicht bloss die Direktunterstellten des Verwaltungsrates) abzuberufen.

Wo der Verwaltungsrat grobe Pflichtverletzungen entdeckt, wird das Abberufungsrecht allenfalls zur Abberufungspflicht.[811] Diese heikle Aufgabe ergibt sich aus seiner unübertrag-

---

ISLER, Übernahmeverschulden, 13; BERTSCHINGER, Arbeitsleitung N 38 und 151. Zur Haftung (cura in eligendo, instruendo, custodiendo) vgl. BGE 122 II 199 mit zahlreichen weiteren Belegen.
808 Das Muster eines MIS-Konzeptes findet sich hinten unter Ziff. 11.48, S. 939 f.
809 BÖCKLI, Aktienrecht, § 13 Rz. 355, und ausführlich BÖCKLI, Abberufung, 35 ff.
810 Zustimmend WATTER, in: Basler Kommentar, N 9 ff. zu Art. 726 OR (und dort aufgeführte Autoren); dezidiert dagegen ist BÖCKLI, Aktienrecht, § 13 Rz. 98 ff., und dort aufgeführte Autoren.
811 KAMMERER, 143/144; BGE 122 III 199, 97 II 411. Vgl. auch ISLER, Übernahmeverschulden, 13.

baren und unentziehbaren Aufgabe der Oberaufsicht (von Art.716a OR) und seiner Überwachungsfunktion (Art.754).[812]

Sowohl Ernennung als auch Abberufung müssen in den entsprechenden Formen erfolgen. In aller Regel werden Geschäftsleitungsmitglieder und nachgeordnete Führungspersonen durch den Abschluss eines Arbeitsvertrags ernannt; entsprechend muss die Abberufung durch eine Kündigung erfolgen. Das bedeutet, dass vertragliche (Salär-)Ansprüche bis zum Ablauf der Kündigungsfrist weiterlaufen und dass allenfalls die Führungsperson freigestellt werden muss.

3.3 Delegation

3.3.1 Voraussetzungen

Die Delegation der Geschäftsführung[813] setzt nach Art. 716b Abs. 1 OR eine entsprechende Ermächtigung in den Statuten voraus. Der Gesetzeswortlaut hat einige Fragen zu den verschiedenen Gestaltungsmöglichkeiten und ihren Grenzen aufgeworfen:[814]

- Vordergründig scheint es dem Verwaltungsrat freigestellt, von einer *statutarischen Ermächtigung* (ganz oder teilweise) Gebrauch zu machen oder nicht. Tatsächlich liesse es sich mit der Fassung von Art. 716b Abs. 1 OR kaum vereinbaren, in den Statuten den Verwaltungsrat zu einer Delegation zu verpflichten.[815] Allerdings trägt der Verwaltungsrat nach Art. 716a Abs. 1 Ziff. 2 OR die Gesamtverantwortung für die Organisation der Gesellschaft. Aus dieser Verantwortung kann sich sehr wohl die Folge ergeben, dass der Verwaltungsrat aus den betrieblichen Notwendigkeiten heraus eine statutarische Delegationsnorm umsetzen muss und die Geschäftsführung nicht beim Gesamtverwaltungsrat belassen kann.

- Neben einer vollständigen Delegation sieht die Gesetzesbestimmung auch eine teilweise Delegation vor. Die Statutenbestimmung kann daher vorsehen, dass nur bestimmte Geschäftsführungsbereiche delegiert werden können und andere beim Gesamtverwaltungsrat verbleiben sollen;[816] denkbar ist es auch, gewisse Einzelgeschäfte einem Genehmigungsvorbehalt des Verwaltungsrats zu unterstellen.[817]

---

812 Dazu eingehend WATTER, in: Basler Kommentar, N 3 ff. zu Art. 726 OR; BÖCKLI, Aktienrecht, § 1 Rz. 332 ff.
813 Dazu allgemein FORSTMOSER, Organisation, § 4 ff.
814 «Die Statuten können den Verwaltungsrat ermächtigen, die Geschäftsführung nach Massgabe eines Organisationsreglements ganz oder zum Teil an einzelne Mitglieder oder an Dritte zu übertragen.»
815 Ebenso KRNETA, N 1635; FORSTMOSER/MEIER-HAYOZ/NOBEL, § 29 N 28; a.M. WATTER, in: Basler Kommentar, N 5 zu Art. 716b OR.
816 Vgl. BÖCKLI, Aktienrecht, § 13 Rz. 524; FORSTMOSER/MEIER-HAYOZ/NOBEL, § 29 N 28 und Anm. 5; WATTER, in: Basler Kommentar, N 5 zu Art. 716b OR; KRNETA, N 1637; HOMBURGER, in: Zürcher Kommentar, N 731 ff.; u.E. scheint es wiederum mit der Organisationsverantwortung nicht vereinbar, in den Statuten festzulegen, die Delegation könne nur an einen Delegierten oder nur an einen Dritten erfolgen. Ebenso dürfen die Statuten nicht selbst eine «Geschäftsleitung» als Organ festlegen und ihre Funktionsweise regeln.
817 Solche Geschäfte können sachlich (z.B. Grundstückgeschäfte, Darlehen, Forderungsabtretungen) oder nach dem Betrag der Verpflichtung für die Gesellschaft (Anschaffungen über CHF 100 000) umschrieben werden. Ebenso kann nur für Geschäfte, die nicht im Budget berücksichtigt sind, eine Genehmigung ausbedungen werden.

– Unzulässig wäre es, wenn die Statuten die Ausgestaltung der Delegation im Einzelnen einer Genehmigung durch die Generalversammlung unterstellen oder die Weiterdelegierbarkeit bestimmter Aufgaben ausschliessen wollten.[818]

Die Delegation hat nach Art. 716*b* Abs. 1 OR weiter «nach Massgabe eines Organisationsreglements» zu erfolgen.[819]

In der Praxis stellt sich gelegentlich die Frage, ob darunter ein einheitliches, als solches bezeichnetes Dokument zu verstehen ist, oder ob auch Festlegungen in verschiedenen Dokumenten (bspw. in Arbeitsverträgen mit «Delegierten» oder «Direktoren») gesamthaft als gültiges Organisationsreglement erscheinen können. Notwendig ist u.E. zum einen die Grundlage in einem protokollierten Verwaltungsratsbeschluss und zum anderen,[820] dass damit eine gesamthafte organisatorische Ordnung des Geschäftsführungsbereichs getroffen wird; eine solche Ordnung muss, entsprechend dem Wortlaut in Art. 716*b* Abs. 2 OR

– die Geschäftsführung ordnen;
– die dafür erforderlichen Stellen bestimmen;
– deren Aufgaben umschreiben;
– die Berichterstattung (an den Verwaltungsrat) regeln.[821]

Einzelregelungen in Arbeitsverträgen oder einzelnen Verwaltungsratsbeschlüssen, die kein System ergeben, sind nicht als Organisationsreglement mit entsprechenden Rechtswirkungen zu betrachten.

Der Verwaltungsrat muss die Organisation regelmässig einer Prüfung unterziehen.[822]

3.3.2 Rechtswirkungen

Die Rechtswirkungen der Delegation ergeben sich aus Art. 754 Abs. 2 OR: «Wer die Erfüllung einer Aufgabe befugterweise einem anderen Organ überträgt, haftet für den von diesem verursachten Schaden, sofern er nicht nachweist, dass er bei der Auswahl, Unterrichtung und Überwachung die nach den Umständen gebotene Sorgfalt aufgewendet hat.»

Dass die Delegation von Aufgaben an nachgeordnete Organe die diesbezüglichen Pflichten des Verwaltungsrats beendet und die Haftung auf mögliche Pflichtverletzungen beim Delegationsvorgang selbst begrenzt, erscheint sachgerecht. Die Haftungserleichterung setzt aber eine «befugte» Delegation voraus. Damit wird zum einen klargestellt, dass nur Geschäftsführungsaufgaben delegiert werden können, die nicht zum Kreis der unentziehbaren und unübertragbaren Aufgaben von Art. 716*a* OR zählen.

In diesem Zusammenhang stellt sich die Frage, ob die Arbeitsteilung im Verwaltungsrat auch zu einer Haftungsreduktion des Einzelnen führt, wenn Pflichtverletzungen im

---

[818] Für den Erlass eines Organisationsreglements ist ausschliesslich der Verwaltungsrat zuständig.
[819] Zum Organisationsreglement vgl. allgemein BÖCKLI, Aktienrecht, § 13 Rz. 321 ff., 518 ff.; FORSTMOSER, Organisation, § 14 und § 15.
[820] BÖCKLI, Aktienrecht, § 13 Rz. 321; für «einfache Schriftlichkeit» WATTER, in: Basler Kommentar, N 10 zu Art. 716*a* OR.
[821] Dies lässt sich kurz mit der Formel «wer tut was, und wer untersteht bzw. berichtet wem» ausdrücken; BÖCKLI, Aktienrecht, § 18 Rz. 120.
[822] Darauf verweist insbesondere auch BÖCKLI, Aktienrecht, § 13 Rz. 332 ff.

Bereich der unentziehbaren und unübertragbaren Aufgaben von Art. 716a OR vorkommen. Dies ist insoweit zu bejahen, als die Haftung an ein pflichtwidriges Fehlverhalten des einzelnen Verwaltungsratsmitglieds – und nicht des Gesamtgremiums – anknüpft. Das Fehlverhalten des einzelnen Verwaltungsratsmitglieds kann sich nur aus der Organisation und Funktionsweise des Gesamtverwaltungsrats umschreiben lassen. Der Einzelne hat im Rahmen seiner Funktion in dieser Organisation und seiner Rolle in den Ablaufprozessen sorgfältig und pflichtbewusst zu handeln. Er hat zwar die Organisation und Funktionsweise zu analysieren, zu hinterfragen und gegebenenfalls Änderungsvorschläge einzubringen. Für Pflichtverletzungen in Bereichen, die einzelnen Mitgliedern mit Eigenverantwortlichkeit zugewiesen worden sind, können die übrigen Verwaltungsräte nicht verantwortlich gemacht werden.[823]

Eine «befugte» Delegation liegt ferner nur dann vor, wenn die formellen Voraussetzungen (Ermächtigungsklausel in den Statuten, Organisationsreglement) eingehalten sind. In der Literatur ist strittig, wie weit sich die formelle Ordnung von einer umfassenden Regelung in einem Organisationsreglement entfernen kann, um noch eine Haftungsbegrenzung zu bewirken.[824] Wie oben erläutert, ist erforderlich, dass sich die Ordnung auf einen oder mehrere protokollierte Verwaltungsratsbeschlüsse abstützt, nicht aber, dass ein Dokument als «Organisationsreglement» bezeichnet wird; auch eine Ordnung in einem Arbeitsvertrag mit dem «Delegierten» oder «Direktor» kann eine rechtsgültige Delegation enthalten, wenn sie sich auf eine Beschlussfassung des Verwaltungsrats abstützt. Ebenso ist nicht erforderlich, dass die Ordnung den gesetzlichen Begriffen (Ordnung der Geschäftsführung, Bestimmen der erforderlichen Stellen, Aufgabenbeschreibung, Berichterstattung) folgt; denkbar ist auch eine sinngemässe Regelung.[825]

Schwierigkeiten bereiten Fälle, in denen sich die tatsächlich gelebte von der formell festgelegten Ordnung entfernt hat. Abzustellen ist dann darauf, ob sich die tatsächlich gelebte Ordnung wenigstens mittelbar aus den formellen Grundlagen herleiten lässt.[826]

Die «befugte» Delegation führt zu einer Beschränkung der Haftung auf Fehler bei der Auswahl,[827] Instruktion und Überwachung der Person, die schuldhaft pflichtwidrig einen Schaden verursacht (cura in eligendo, instruendo, custodiendo). Dieser Beweislastumkehr liegt die Annahme zugrunde, dass «der Kläger jedenfalls schlechter als der Beklagte über die Fragen der internen Delegation orientiert ist».[828]

3.3.3 Interne Delegation

Die interne Delegation (d.h. Delegation an einzelne oder mehrere Verwaltungsratsmitglieder) ist zunächst abzugrenzen von einer blossen Arbeitsverteilung, um die kaum ein

---

823 Vgl. BÖCKLI, Aktienrecht, § 18 Rz. 120, der die Arbeitsaufteilung zumindest bei Art. 759 Abs. 1 OR berücksichtigt, wo es auf den «aufgrund des eigenen Verschuldens persönlich zurechenbaren Schaden» ankommt. Restriktiver WATTER, Verwaltungsratsausschüsse, 190.
824 Vgl. dazu namentlich BERTSCHINGER, Organisationsreglement, 185 ff.
825 Darauf weist BÖCKLI, Aktienrecht, § 18 Rz. 121 hin.
826 Was dann nicht unterstellt werden kann, wenn sich in der Praxis «Organe» herausgebildet haben, die in der formellen Ordnung überhaupt nicht erwähnt sind. Dagegen lassen sich neu entstandene Aufgaben u.U. unter eine bestehende, weit umschriebene Aufgabe subsumieren.
827 Ein Beispiel für eine Haftung aus mangelhafter Auswahl liefert BGE 122 III 198/99.
828 BÖCKLI, Aktienrecht, § 18 Rz. 133.

Verwaltungsrat herumkommt, die aber nicht zu einer Beschränkung der Haftung führt. Interne Delegationen sind möglich an ein einzelnes Mitglied (den «Delegierten» des Verwaltungsrats) oder an eine Gruppe von Mitgliedern («Ausschüsse», «Committees»),[829] die sich zunächst selber organisieren muss.[830]

Die Bestellung eines Geschäftsführungsausschusses erscheint nur für seltene Fälle als sinnvolles Organisationsmodell, da es kaum eine rasche, kompetente und schlagkräftige Geschäftsführung ermöglicht. Zumeist nehmen Ausschüsse denn auch keine delegierten Geschäftsführungskompetenzen, sondern Arbeitsteilungsfunktionen wahr.[831] Dagegen kann die Geschäftsführung bei kleineren und mittleren Unternehmen durchaus durch einen hauptamtlichen Delegierten geführt werden.

3.3.4 Externe Delegation

Eine externe Delegation liegt dann vor, wenn die Geschäftsführung einem Einzelnen («Direktor») oder einer Mehrheit von Personen («Geschäftsleitung») übertragen wird, die *nicht Mitglieder des Verwaltungsrats* sind. Eine solche Trennung zwischen Verwaltungsrat und Geschäftsleitung ist seit langem in der Bankengesetzgebung vorgeschrieben und wird auch für Effektenhändler grundsätzlich verlangt.[832, 833]

Umstritten ist, ob die Geschäftsführung auch an eine juristische Person – eine «Managementgesellschaft» delegiert werden kann (die diese Dienstleistung bspw. innerhalb eines Konzerns für alle Konzerngesellschaften erbringt oder sie auch auf dem Markt für beliebige Unternehmen anbietet).

Bei kotierten Gesellschaften ist eine Delegation der Geschäftsführung nur an einzelne Mitglieder des Verwaltungsrates oder an andere *natürliche* Personen möglich.[834] Hingegen kann die Vermögensverwaltung an *juristische* Personen übertagen werden. Festzuhalten ist, dass die gesetzliche Regelung auf eine solche Gestaltungsform nicht zugeschnitten ist, sie aber bei den nicht kotierten Gesellschaften nicht explizit untersagt. Es stellen sich aber namentlich praktische Probleme bei der Umsetzung: Die Vertretung der Gesellschaft kann nur natürlichen Personen, nicht einer juristischen Person übertragen und im Handelsregister eingetragen werden.[835, 836]

---

829 Zu den VR-Ausschüssen ausführlich vorne Ziff. 1.9.3, S. 64 ff.
830 Zu den verschiedenen Organisationsformen und ihrer Würdigung vgl. hinten Ziff. 10.4.2, S. 727 ff.
831 Wie die in Publikumsgesellschaften verbreiteten Audit, Nomination oder Remuneration Committees.
832 Art. 8 Abs. 2 BankV, gestützt auf Art. 3 Abs. 2 BankG.
833 Vgl. BÖCKLI, Aktienrecht, § 13 Rz. 561 unter Hinweis auf EBK-Bulletin Heft 38 (1999), 15.
834 VegüV Art. 6. Bereits die HRegV schliesst den Eintrag von juristischen Personen als Mitglied der Leitungs- und Verwaltungsorgane bzw. Zeichnungsberechtigte aus (Art. 120 HRegV).
835 Ohne weiteres ist dagegen möglich, einer juristischen Person eine Vertretungsvollmacht (Generalvollmacht oder Spezialvollmacht für ein bestimmtes Geschäft) einzuräumen, die nicht im Handelsregister eingetragen wird.
836 Fraglich ist auch, wie in einem solchen Fall die Haftung nach Art. 754 OR für mangelhafte Geschäftsführungshandlungen umgesetzt werden soll. Der Verwaltungsrat der delegierenden Gesellschaft müsste (nur) für die Auswahl, Instruktion und Überwachung der Managementgesellschaft geradestehen. Die darüber hinausgehende Haftung läge bei der Managementgesellschaft; die einzelnen Haftungsvoraussetzungen müssten sich nach deren Organisation und dem Handeln derer Funktionäre beurteilen.

3.3.5 Rückdelegation an die Generalversammlung

3.3.5.1 Gesetzliche Basis

In Art. 698 OR werden die unübertragbaren Befugnisse der Generalversammlung aufgelistet. Als letzter Punkt in der Liste heisst es unter Abs. 2 Ziff. 6: die Beschlussfassung über die Gegenstände, die der Generalversammlung durch Gesetz oder Statuten vorbehalten sind. Unklar ist dabei, welche Aufgaben und Befugnisse einerseits nur statutarisch zugewiesen werden können und welche auch ohne statutarische Grundlagen übertragen werden können.[837]

Der Zuständigkeitskatalog der Generalversammlung gem. Art. 698 OR darf nur in ganz beschränkten Bereichen ausgedehnt werden.[838] Eine Rückschiebung eines Entscheides an die GV ist entweder unzulässig oder höchst interpretationsbedürftig, und eigentlich nur unter dem Aspekt der Zweckänderung denkbar. Unzulässig ist insbesondere eine Vorlage von Geschäften an die Generalversammlung zu einem Entscheid, der eine der unübertragbaren und unentziehbaren Aufgaben des Verwaltungsrates gemäss Art. 716a OR betrifft. Der Verwaltungsrat kann bei diesen abschliessend aufgezählten Aufgaben seine Verantwortung nicht an die GV abschieben, indem er dieser den Entscheid oder Genehmigung überlässt.[839]

Nicht nur die Rückdelegation an die Generalversammlung, sondern auch die Rückdelegation an Aktionäre ist unzulässig. Dies gilt auch für Private-Equity-Gesellschaften, welche sich gelegentlich im Gegenzug zu ihrer Investitionstätigkeit in einem Aktionärbindungsvertrag das Recht ausbedingen, die Geschäftsleitung zu bestellen oder bei wichtigen Verträgen Einfluss zu nehmen.

3.3.5.2 Konsultativabstimmungen

Die formell verankerte Delegation ist in der Praxis umzusetzen. Problematisch sind materielle «Weiterentwicklungen», die dazu führen, dass sich die tatsächlichen Organisationsstrukturen von jenen entfernen, wie sie im Gesetz, in den Statuten oder im Organisationsreglement umschrieben sind.

Mit der gesetzlichen Ordnung verträgt sich auch eine «Delegation nach oben» grundsätzlich nicht. Zwar liegt die Versuchung nahe, dass sich nachgeordnete Organe für «heikle» Entscheidungen eine Rückversicherung bei der Generalversammlung einholen wollen. Rechtlich liesse sich wohl noch begründen, dass in einem solchen Fall die aktienrechtliche Verantwortlichkeit das zustimmende übergeordnete Organ vollumfänglich (und nicht reduziert auf Auswahl, Instruktion und Überwachung) trifft und sich das nachgeordnete Organ exkulpieren kann.

Auf keinen Fall können Geschäftsführungsentscheide an die Generalversammlung «delegiert» werden, da damit die zwingende aktienrechtliche Kompetenzordnung verletzt

---

[837] Unklar ist insbesondere, ob Aufgaben, die vom Gesetz einem anderen Organ zuwiesen sind, an die Generalversammlung (oder gar einem Aktionären) übertragen werden dürfen (vgl. BÖCKLI, Aktienrecht, § 13 Rz. 453 ff.).
[838] BÖCKLI, Aktienrecht, § 13 Rz. 453 ff. (mit Bezug auf BGE 110 II 384 (i.S. FABAG)).
[839] BÖCKLI, Aktienrecht, § 13 Rz. 453, mit dem richtigen Hinweis: «Eine freiwillige Einräumung eines Vetorechts an eine «höhere» Instanz (GV) ist eine Flucht aus der Kompetenz, führt zur Verwischung der Verantwortung und ist nicht statthaft.

würde. Konsultative Abstimmungen in der Generalversammlung können daher nur den Verantwortlichkeitsansprüchen von zustimmenden Aktionären, nicht aber jenen von Gläubigern entgegengehalten werden.[840]

3.4 Finanzielle Führung

3.4.1 Die finanzielle Gesamtführung des Unternehmens

3.4.1.1 Die Bedeutung der finanziellen Führung

Die Bedeutung, die der Gesetzgeber der finanziellen Führung des Unternehmens beimisst, ergibt sich daraus, dass er dem Verwaltungsrat in Art. 716a Abs. 1 Ziff. 3 OR die Ausgestaltung des Rechnungswesens, die Finanzkontrolle sowie die Finanzplanung als unübertragbare und unentziehbare Aufgaben explizit zugewiesen hat. Der Verwaltungsrat muss die damit zusammenhängenden Tätigkeiten zwar nicht selber erledigen; er trägt jedoch die Verantwortung dafür, dass die entsprechenden Aufgaben in der Gesellschaft wahrgenommen werden.[841]

Die explizite Nennung der Verantwortung des Verwaltungsrates für den Bereich Finanzen – obwohl dies bereits mit der (übergeordneten) Verantwortung für die Oberleitung und die Organisation der Gesellschaft eng verknüpft ist – lässt sich damit rechtfertigen, dass die Existenz- und Zukunftssicherung des Unternehmens nur dann gewährleistet ist, wenn ein gesundes finanzielles Gleichgewicht vorhanden ist. Zwei Tatbestände sind es vor allem, welche dieses Gleichgewicht gefährden können: erstens die *Illiquidität* und zweitens die *Überschuldung*.

Die Gesellschaft muss ihren Zahlungsverpflichtungen jederzeit fristgerecht nachkommen können. Auch dauernde Verluste kann ein Unternehmen über längere Zeit nicht tragen, da sonst seine Eigenkapitalbasis (Substanz) aufgezehrt wird. Die Sicherstellung eines gesunden Cashflow-Aufkommens ist daher unabdingbare Voraussetzung. Das Unternehmen benötigt somit einerseits stets flüssige Mittel in ausreichendem Masse, und andererseits muss das Vermögen der Gesellschaft stets höher sein als die Fremdkapitalverpflichtungen; das Eigenkapital darf also nicht aufgebraucht sein.

3.4.1.2 Die Dimensionen der finanziellen Unternehmensführung

Die finanzielle Unternehmensführung umfasst die gesamte Planung, Gestaltung und Überwachung[842] der finanzwirtschaftlichen Belange im Unternehmen. Sie kann nicht losgelöst von der Unternehmensführung betrachtet werden, weil letztlich alle strategischen

---

840 Dazu BÖCKLI, Aktienrecht, § 18 Rz. 124, und hinten Ziff. 6.3.3.2, S. 422 ff.
841 Über die finanzielle Führung, die Buchführung und die Rechnungslegung besteht eine umfassende Spezialliteratur. An dieser Stelle seien daher nur die für den Verwaltungsrat wesentlichen Punkte aufgeführt. Ansonsten wird auf die Spezialliteratur verwiesen. Insbesondere BEHR/LEIBFRIED, Rechnungslegung; BÖCKLI, Aktienrecht; BOEMLE/STOLZ, Unternehmensfinanzierung; BOEMLE/LUTZ, Jahresabschluss; HANDSCHIN, Rechnungslegung im Gesellschaftsrecht (2012); HWP (2009), Band 1; KARTSCHER/ROSSI/SUTER, Finanzberichterstattung; MEYER, Konzernrechnung; VOLKART, Corporate Finance; VOLKART, Finanzpolitik.
842 BÖCKLI, Aktienrecht, § 13 Rz. 341; KRNETA, N 1117 ff. Vgl auch BGE 118 II 56.

Führungsentscheidungen auch finanzielle Auswirkungen haben. Die Unternehmensführung und die finanzielle Führung sind daher eng aufeinander abzustimmen.

Die finanzielle Unternehmensführung ist auf zwei Ebenen zu sehen.[843] Im Rahmen der *finanziellen Gesamtführung* legt der Verwaltungsrat – in enger Zusammenarbeit mit der Geschäftsleitung – ausgehend von den Unternehmenszielen die obersten Finanzziele fest. Die finanzielle Führung verfolgt dabei verschiedene Zielsetzungen, insbesondere: Sicherung der Liquidität, Streben nach Rentabilität, Sicherheit, Unabhängigkeit und Flexibilität. Diese Zielsetzungen stehen teilweise in Konflikt zueinander. Das *Finanzmanagement* im engeren Sinne, als zweite Ebene, hat sich um die funktionalen Aufgaben zu kümmern. Auf dieser Ebene stehen Kapitalbeschaffung, Liquiditätssicherung und die optimale Anlage der finanziellen Mittel im Vordergrund.

Über die finanzielle Gesamtführung nimmt der Verwaltungsrat Einfluss auf das Finanzmanagement und das Finanzcontrolling. Die verschiedenen Dimensionen der finanziellen Unternehmensführung können wie folgt dargestellt werden:[844]

Finanzielle Unternehmensführung	
Finanzielle Gesamtführung VR/GL	**Finanzmanagement** GL/Finanzabteilung
Strategische Finanzführung und Ausrichtung des Unternehmens auf die obersten Finanzziele – Langfristiges Wertmanagement – Vorgabe von Finanzzielen und Rahmenbedingungen – Abstimmung von Liquidität, Kapitalstruktur und finanzieller Flexibilität – Werttransfer an die Aktionäre (namentlich Dividendenpolitik) – Risikopolitik – Informationspolitik (insbesondere der Rechnungslegung)	Operative Bewirtschaftung der Ressource «Finanzen» – Optimale Kapital- und Finanzbedarfsdeckung (Financial Engineering) – durch Cashflow (Innenfinanzierung) – durch Beteiligungs- oder Fremdkapital (Aussenfinanzierung) – Liquiditätssicherung (Cash Management) – Optimale Mittelanlage (Treasury)
Finanzcontrolling	
Umfassendes Informationssystem (Planungs-, Entscheidungs- und Überwachungssystem) zur zentralen Koordination und Steuerung der finanziellen Führung, aktive Risikobewirtschaftung	

3.4.1.3 Die finanzielle Gesamtführung

Die obersten Führungsorgane – insbesondere der Verwaltungsrat – haben sich primär damit zu befassen, den Erfolg des Unternehmens nachhaltig zu sichern. Seine unternehmerischen Entscheide sollen langfristig ökonomische Werte schaffen. Nebst dieser strategischen Ausrichtung des Unternehmens und der operativen Wertsteigerung soll auch die eigentliche finanzielle Führung selbst einen Beitrag zur langfristigen Wertsteigerung leisten.

---

843 In Anlehnung an VOLKART, Finanzpolitik, 19.
844 In Anlehnung an VETTIGER/VOLKART, 908.

Im Rahmen der finanziellen Gesamtführung stehen für den Verwaltungsrat einerseits die Sicherung der Liquidität, die Verbesserung der Ertragslage, die Optimierung der Kapitalstruktur und die Reduktion der Kapitalkosten, und andererseits die Investitions-, die Risiko- und die Informationspolitik im Vordergrund. Dabei sind das Streben nach langfristiger Wertsteigerung, die finanzielle Wertgenerierung und die Bewirtschaftung der Unternehmensrisiken das eigentliche Fundament.[845] Auf dieser Basis sind die strategischen Investitions- und Akquisitionsentscheide zu fällen. Kapitalstruktur und Liquidität haben die notwendige finanzielle Flexibilität zu gewährleisten.

Sinnvolle Planungs- und Budgetierungsprozesse müssen dazu die notwendigen Entscheidungsgrundlagen zur Verfügung stellen. Sie sind aber auch notwendig im Hinblick auf den erforderlichen «Datentransfer» nach aussen, namentlich zu den Anteilseignern, Investoren, Banken und verschiedenen übrigen Stakeholder-Gruppen. Dies geschieht vor allem im Rahmen der Rechnungslegung. Schliesslich muss sich die Wertgenerierung im Aktionärswert realistisch reflektieren.

Angesichts der hohen Bedeutung der finanziellen Führung ist der Verwaltungsrat gefordert, für eine möglichst hochwertige Führungslandschaft zu sorgen. Dazu gehören insbesondere folgende Punkte:

1. Eine Verankerung des Finanzmanagements und der finanziellen Gesamtführung auf oberster Ebene, wobei auch der Sozialkompetenz der Führungskräfte hohe Aufmerksamkeit geschenkt wird.
2. Ein gutes Zusammenspiel des Verwaltungsrats mit der Geschäftsleitung im Sinne eines gleichgerichteten Hinwirkens zur Erreichung der obersten Finanzziele, verbunden mit einem kompetenten Coaching der Geschäftsleitung durch den Verwaltungsrat.
3. Die Schaffung eines soliden Finanzmanagements, die Schaffung eines aussagefähigen Finanz- und Rechnungswesens (Ausbau zu einem Führungsmittel) und die permanente Verbesserung der strategischen Planung.
4. Die interdisziplinäre Zusammensetzung des Verwaltungsrates, wobei dessen Mitglieder um hohe Fach-, Führungs- und Sozialkompetenz besorgt sein müssen.

Für den Verwaltungsrat stehen im Rahmen der finanziellen Gesamtführung vier Aspekte im Vordergrund: das Wertmanagement, die Festlegung oberster Finanzziele und Rahmenbedingungen, die Abstimmung von Liquidität, Kapitalstruktur und finanzielle Flexibilität und der Werttransfer an die Aktionäre.[846]

a) Wertmanagement

Die oberste Leitlinie für die finanzielle Führung ist die finanzielle Wertgenerierung im Unternehmen und deren Transformation in Aktionärswert (Shareholder Value), sei dies in Form von Ausschüttungen (Dividenden, Aktienrückkäufe usw.) oder von Kurswertsteigerungen.[847]

---

845 Siehe dazu VOLKART, Finanzpolitik, 19 ff.
846 VETTIGER/VOLKART, 909; ERNY, 191 ff.
847 VOLKART, Corporate Finance, 43 ff., mit Verweis auf den legendären Artikel von A. RAPPAPORT, Creating Shareholder value. The New Standard for Business Performance (1986); ERNY, 191 ff.

Diese Orientierung an der *langfristigen Steigerung des Unternehmenswerts* ist nicht nur bei börsenkotierten Unternehmen überlebenswichtig, sondern hat eine allgemeine Gültigkeit. Unternehmen, welche diesem Prinzip der Wertschaffung nicht konsequent folgen, treffen ökonomisch unsinnige Entscheidungen und werden mittelfristig nicht mehr in der Lage sein, die finanziellen Mittel für betriebsnotwendige Investitionen aufzubringen.

Im Sinne einer guten Corporate Governance richtet der Verwaltungsrat die finanziellen Führungsgrundsätze primär auf die Unternehmensinteressen (und damit auf *Aktionärs- resp. Eigentümerinteressen*) aus. Entsprechend stellt er sich periodisch die Frage, ob seine Entscheide und deren Umsetzung Werte für die Aktionäre schaffen.

Inwieweit neben den Interessen der Anteilseigener (Shareholder) noch die berechtigten Interessen der *anderen Stakeholder* zu berücksichtigen sind, ist eine Frage, die oft zu polemischen Diskussionen führt. Es kann langfristig den Aktionären durchaus dienen, wenn berechtigte Interessen anderer Stakeholder ebenfalls berücksichtigt werden. Beispielsweise kann es langfristig den Wert des Unternehmens erhöhen, wenn durch verschiedenartige Massnahmen, die zwar kurzfristig Kosten verursachen, die Motivation der Mitarbeiter gefördert wird. Oder: durch eine faire Steuerpolitik kann das Unternehmen nicht nur die Akzeptanz in der Öffentlichkeit erhöhen, sondern sich langfristig die Chancen für gute wirtschaftliche Rahmenbedingungen schaffen, die sich letztlich wieder in einem höheren Unternehmenswert niederschlagen.

Nachhaltige finanzielle Wertgenerierung erfolgt dabei über die drei Bereiche: Wachstum, Kosteneffizienz und Kapitaleffizienz.

Erfolgreiches *Wachstum* stellt die Grundbedingung für Werterhaltung und Wertsteigerung dar. Dabei ist stets zwischen internem (organischem) und externem (akquisitionsbasiertem) Wachstum zu unterscheiden. In beiden Wachstumsbereichen haben Geschäftsleitung und der Verwaltungsrat die finanzielle Werthaltigkeit von Investitions- und Akquisitionsentscheiden systematisch zu analysieren. Die Ausrichtung auf langfristige Wertgenerierung zugunsten der Aktionäre verlangt eine laufende Beurteilung des Einflusses neu zu schaffender Geschäftsfelder, Bereiche und Akquisitionen, aber auch der bestehenden Geschäftsbereiche im Hinblick auf die Steigerung des Unternehmenswerts. Dabei sollten die Prozesse, Verantwortlichkeiten und Kompetenzen, sowie der Einsatz standardisierter Instrumente (z.B. Konzepte des Economic Value Added (EVA), ROI-Konzepte, DCF-Analysen, Investitionsrechnungen, Unternehmensbewertungen) systematisch zur Anwendung gelangen.

Die Forderung nach Wertgenerierung verlangt eine *Kosteneffizienz* in allen operativen Prozessen des Unternehmens. Dabei ist in jedem Fall für ein gesundes Kosten-Erlös-Verhältnis zu sorgen, damit eine der finanziellen Wertzielsetzung genügende operative Gewinnmarge erreicht werden kann.

In Bezug auf den optimalen Einsatz der knappen Ressource Kapital verlangt die Ausrichtung an der langfristigen Unternehmenswertsteigerung *Kapitaleffizienz*. Dies bedeutet einerseits einen optimalen Einsatz des knappen Kapitals im Anlage- und insbesondere auch im Umlaufvermögen, zum andern geht es um eine möglichst kostengünstige Beschaffung des Kapitals.

Der Verwaltungsrat stellt sich daher periodisch die Frage, ob die finanziellen Führungsinstrumente umfassend und konsistent auf die Wertgenerierung ausgerichtet sind und ob genügend Kenntnis der Bewertungs- und Kapitalkostenkonzepte im Verwaltungsrat und im Unternehmen vorhanden sind, um diese Instrumente wirkungsvoll einzusetzen.

Bei börsenkotierten Unternehmungen kann die Kursentwicklung als guter Indikator für den Erfolg des Unternehmens und der Arbeit des Verwaltungsrates herangezogen werden. Bei nicht kotierten Firmen empfiehlt es sich, periodisch eine Unternehmensbewertung vorzunehmen und damit den Wertzuwachs zu messen. Namentlich bei erfolgsabhängiger Entschädigung des Verwaltungsrates und der Geschäftsleitung können durch eine jährliche Ermittlung des Wertzuwachses (nach vereinbarten Kriterien, die kontinuierlich angewendet werden) unliebsame Diskussionen verhindert werden.

b) Festlegung oberster Finanzziele und Rahmenbedingungen

Die wertorientierte Denkhaltung widerspiegelt und konkretisiert sich in der Festlegung der obersten Finanzziele (Rentabilität, Sicherheit, Liquidität, Unabhängigkeit und Flexibilität). Da diese Ziele teilweise konträr zueinander stehen, ist eine gründliche Auseinandersetzung zur Festlegung der Grundsätze unumgänglich. Dabei ist auch eine Abstimmung mit den übergeordneten Unternehmenszielen und dem Unternehmensleitbild erforderlich. Als Resultat definiert der Verwaltungsrat für das Unternehmen die Grundsätze zur Investitionspolitik, zur Kapitalstruktur und zur Liquiditätspolitik. Gleichzeitig legt er in den Rahmenbedingungen fest, welche Risiken das Unternehmen zu tragen bereit ist.[848]

Politik	Inhalt	Ziele
Investitionspolitik	– Strategische Grundsätze zur Auswahl und Beurteilung möglicher Investitions- und Akquisitionsobjekte – Zielgerichteter Mitteleinsatz – Rahmenbedingungen für die zielgerichtete Umwandlung von Kapital in Vermögen – Struktur von Umlaufvermögen und Anlagevermögen	– Risikogerechte Rendite der Investitionen/Akquisitionen, Vermeidung von allzu risikoreichen und überdimensionierten Projekten – Zielgerichteter Mitteleinsatz unter Berücksichtigung der Unternehmensziele, Marktziele, Produktziele, Technologieziele, Erfolgsziele, Sicherheitsziele, Wachstumsziele, Sozialziele etc. – Realisierung von Projekten, die einen Mehrwert schaffen
Liquiditätspolitik	Grundsätze zur Bewirtschaftung des Umlaufvermögens (Working Capital), Debitoren- und Lagerbewirtschaftung, Cash-Management	– Sicherstellung der täglichen Zahlungsfähigkeit (Vermeiden von Engpässen) – Vermeidung von unnötiger Mittelbindung – Ertragsbewusstes Treasury Management[849]

---

848 Siehe dazu VOLKART, Finanzpolitik, 21 ff.; RÜTTIMANN, 33 ff.
849 Dazu legt in der Praxis der Verwaltungsrat die grundlegenden Entscheide in einem Anlagereglement fest. Dazu siehe Beispiele hinten in Ziff. 11.5, S. 779 f. (KMU), und Ziff. 11.6, S. 781 f. (grösseres Unternehmen).

Politik	Inhalt	Ziele
Kapital-struktur-politik	Gestaltung der Finanzierungs-verhältnisse: – Verhältnis Eigenkapital (EK) zu Fremdkapital (FK) – Wahl der Fremdkapitalquellen (kurz-, langfristig) – risikogerechte Eigenkapitalausstattung – Kapitalform des FK, Währung – Fristigkeit	– zielgerichtete Mittelaufbringung unter Berücksichtigung der Rentabilität, Unternehmenswert, Liquidität, Sicherheit, Wachstum, Flexibilität, Unabhängigkeit etc. – kostenoptimale Kapitalstruktur (Leverage-Effekte, Steueroptimierung) – genügende Eigenmittelbasis – risikogerechte Finanzierung, Flexibilität
Risikopolitik	– risikopolitische Grundpositionierung – Festlegung von Grundsätzen des Risikomanagements – Gestaltungsmassnahmen	– Abstimmung von Mittelverwendung und Mittelbeschaffung (Volumen, Rendite und Risiko) – Einschränkung der Risiken (Bonitätsrisiken, Zinsrisiken, Fremdwährungsrisiken etc.)

Zur Konkretisierung und operativen Umsetzung im Unternehmen sind auch konsistente Zwischenziele festzulegen. Solche Zielgrössen sind in der Regel umsatz- und renditeorientiert, z.B. ROS (Return on Sales); Return on Investment (ROI), Return on Invested Capital (ROIC) etc. Bei der Beurteilung der Zielerreichung müssen auch die entsprechenden eingegangenen Risiken mitbeachtet werden.

Es ist wichtig, dass die Festlegung der Ziele für die tangierten Führungsverantwortlichen nachvollziehbar, konsistent mit den anderen finanzwirtschaftlichen Konzepten im Unternehmen und theoretisch akzeptabel ist. Für eine erfolgreiche Umsetzung ist daher eine verständliche, firmenspezifische Methode notwendig.

Die Bestimmung solcher relevanten Grössen ist keineswegs trivial und auch nicht mit letzter Exaktheit möglich. Nur ein Verwaltungsrat, der die Zusammenhänge zwischen den Grössen Rentabilität, Sicherheit und Liquidität versteht, kann sinnvolle Zielgrössen und Rahmenbedingungen formulieren, kommunizieren und später die Zielerreichung richtig beurteilen. Diese Aufgabe erfordert ein gewisses Mass an finanzieller Sachkompetenz jedes Verwaltungsratsmitgliedes.

c) Abstimmung von Liquidität, Kapitalstruktur und finanzieller Flexibilität

Die Problematik der Finanzierung ergibt sich letztlich aus dem zeitlichen Auseinanderfallen von Ausgaben und Einnahmen: Das Unternehmen muss zur Erfüllung seiner Aufgaben Zahlungen für Güter, Arbeit und andere Leistungen erbringen, bevor ihm umgekehrt Zahlungen aus dem Verkauf von Produkten und Dienstleistungen zufliessen. Diese zeitliche Diskrepanz zwischen den Aus- und den Einzahlungen ruft einen Kapitalbedarf zur Zwischenfinanzierung hervor. Je weiter die Zahlungsausgänge und die Zahlungseingänge auseinander liegen, umso grösser ist der Bedarf an finanziellen Mitteln, die dazu notwendig sind, den Betrieb in Gang zu setzen und aufrechtzuerhalten.[850] Die Aufrechterhaltung einer jederzeitigen – direkten oder potenziell gegebenen – Zahlungsfähigkeit (Liquidität) stellt eine unabdingbare Bedingung für das Überleben eines Unternehmens dar. Kön-

---

850 Vgl. LUTZ, 5; VETTIGER/VOLKART, 910.

nen die aufgelaufenen Rechnungen nicht mehr durch die einfliessenden Gelder abgedeckt werden, wird die Firma illiquid, d.h., sie kann ihren Verpflichtungen nicht mehr termingerecht nachkommen.

Die laufende Zahlungsbereitschaft wird durch die Primärliquidität (flüssige Mittel, allenfalls Kreditlimiten) direkt gesichert. Mit der potenziellen Liquidität (im Sinne der Borrowing Power, Kreditaufnahmefähigkeit) wird auf die zukünftige Zuführbarkeit von zusätzlichem Kapital eingewirkt. Im Zusammenhang mit der Primärliquidität gilt es Grundsatzentscheide zu fällen, so etwa bezüglich der Höhe der im Durchschnitt aktiv zu haltenden flüssigen Mittel (zweckmässigerweise als Kennzahl, so beispielsweise in Prozent des Umsatzes oder der liquiditätswirksamen Ausgaben, definiert).

Zwischen Liquidität und Kapitalstruktur besteht ein direkter Zusammenhang, indem mit zunehmendem Verschuldungsgrad ein Druck auf die Primärliquidität und eine Reduktion der potenziellen Liquidität eintritt. Eine ausreichend mit Eigenkapital ausgestattete Kapitalstruktur erhöht die finanzielle Flexibilität, welche darüber hinaus auch von der investitionsseitigen Flexibilität (zum Beispiel der Veräusserbarkeit von Aktiven) abhängig ist. Finanzielle Flexibilität ist eine unabdingbare Voraussetzung zur Wahrnehmung neu auftretender Investitionschancen mit Wertsteigerungspotenzial.

Die Erhaltung der *Zahlungsfähigkeit* und einer *ausreichenden Kapitalbasis* sowie der *finanziellen Flexibilität* gehören im Rahmen der Oberleitung der Gesellschaft zu den wichtigsten Pflichten des Verwaltungsrates. Im Sinne der kurzfristigen Steuerung muss er für eine angemessene Liquiditätsplanung, verbunden mit der laufenden Rapportierung der Liquiditäts- und Finanzentwicklung an den Verwaltungsrat, sorgen. Die Liquiditätsplanung ihrerseits ist sinnvoll mit dem Budgetprozess zu verbinden, der wiederum kompatibel zur mittelfristigen Planung zu positionieren ist. Damit der Verwaltungsrat dieser Pflicht nachkommen kann, benötigt er Informationen über die unternehmensrelevanten Zahlungsströme.[851]

d) Werttransfer an die Aktionäre

Das Ziel «Steigerung des Unternehmenswertes» ist letztlich auf den Aktionär ausgerichtet. Es stellt sich für den Verwaltungsrat die Frage, in welcher Form und zu welchem Zeitpunkt die Wertsteigerung an den Eigentümer weitergegeben wird. Bei börsenkotierten Gesellschaften sind mögliche Effekte von Ausschüttungen (in Form von Dividenden, Aktienrückkäufen, Nennwertrückzahlungen etc.) zu berücksichtigen. Neben steuerlichen Aspekten ist bei solchen Entscheiden auch die Signal-Wirkung zu beachten. Unter Umständen hat die Reduktion der Dividende eine erhebliche negative Wirkung auf den Aktienkurs. Demgegenüber haben Ankündigungen von Rückkaufprogrammen oft positive Effekte auf den Kurswert.[852]

In mittelständischen Gesellschaften ohne Kapitalmarktbezug weist der Werttransfer eine wesentlich andere Ausprägung auf. Hier haben die Aktionäre oft sehr divergierende Interessen. Während bei den geschäftsführenden Aktionären oft die Gewinnthesaurierung im Vordergrund steht, sind u.U. andere Aktionäre, die keine Gehaltsbezüge von der Gesellschaft erhalten, oft auf eine angemessene Dividendenausschüttung angewiesen.

---

851 Dazu findet sich ein Muster hinten in Ziff. 11.43, S. 926 f.
852 VETTIGER/VOLKART, 912.

Gerade externe, «neutrale» Mitglieder des Verwaltungsrates müssen hier darauf achten, dass sie ihrer zugedachten «Doppelrolle» gerecht werden. Neben der obersten Führung der Gesellschaft und der Sicherung ihrer Interessen hat der Verwaltungsrat auch (und vor allem) die Interessen der Anteilseigner zu wahren.

3.4.1.4 Finanzmanagement

Die durch den Verwaltungsrat festgelegten Finanzziele sind – unter Beachtung der vom Verwaltungsrat vorgegebenen Rahmenbedingungen – durch die Geschäftsleitung bzw. durch die zuständigen Personen/Spezialisten in der Finanzabteilung umzusetzen.[853] Obwohl im Einzelfall auch langfristig orientierte Aufgaben anfallen, stehen auf dieser Stufe mehrheitlich *kurz- und mittelfristige* Fragen und Aufgaben im Vordergrund, wie die kurzfristige Liquiditätssteuerung und die mittelfristige Geld- und Kapitalbeschaffung. Ein effizientes Cash Management sowie eine kosteneffiziente Abwicklung des Zahlungsverkehrs sind die Grundlage zur Aufrechterhaltung einer täglichen Zahlungsbereitschaft. Daraus resultieren folgende *Teilaufgaben:*

Kurzfristige Finanzplanung	– Laufende Aufrechterhaltung der Liquidität
	– Einleiten von Massnahmen zur Überbrückung von sich abzeichnenden Liquiditätsengpässen
Verwaltung der liquiden und liquiditätsnahen Mittel	– Anlage flüssiger Mittel zur Renditeoptimierung
	– Halten von Reserveliquidität
	– Cash-Pooling[854]
Steuerung der Geldströme	– Rasche Fakturierung, straffes Mahnwesen, klare Zahlungskonditionen, optimale Lagerhaltung
	– Ausnutzung von Zahlungsfristen, Nutzung von Skonti
Exposure Management	– Überwachen der Kreditrisiken, Währungsrisiken und Zinsrisiken
	– Termingeschäfte, Absicherungsgeschäfte etc.
Mittelfristige Kapitalbedarfsdeckung	– Beschaffung von Eigenkapital (i.d.R. in Zusammenarbeit mit dem Verwaltungsrat)
	– Kostenoptimale Beschaffung von Fremdkapital

3.4.1.5 Finanzcontrolling

Das Finanzcontrolling ist das zentrale Informations-, Steuerungs- und Koordinationssystem für die Finanzen und bildet die Schnittstelle zwischen der finanziellen Gesamtführung und dem Finanzmanagement. In ihm wird die im Aktienrecht verlangte «Finanzplanung» und «Finanzkontrolle» vollzogen. Das Sicherstellen eines wirksamen Finanzcontrollings ist daher faktisch zu den nicht delegierbaren Aufgaben des Verwaltungsrates gemäss Art. 716a OR zu zählen.

---

853 ERNY, 208.
854 Siehe dazu hinten Ziff. 9.9.2.3, S. 689 ff., und Checkliste hinten Ziff. 11.14, S. 810 f.

Die wichtigsten Komponenten des Finanzcontrollings sind:[855]

Komponente	Inhalt	Mittel/Werkzeuge
Strategisches Finanzcontrolling	Mittel- und langfristige Finanz- und Investitionsplanung, Wert- und Risikosteuerung: – Darstellung der mittel- und langfristigen finanziellen Auswirkungen der eingeschlagenen bzw. künftigen Unternehmensstrategie – Abstimmung mit den finanziellen Zielen und Richtlinien (finanzielle Sicherheitsziele vs. Renditeüberlegungen) – Grundsätze der Finanzkommunikation, Rechnungslegung)	Mittel- und langfristige Budgets: – Plan-Bilanzen – Plan-Erfolgsrechnungen – Plan-Geldflussrechnungen Kennzahlen[856] strategische Investitionsplanung Geschäftsbericht, Jahresrechnung, Lagebericht, externe Wertkommunikation
Operatives Finanzcontrolling	Aufbereitung der wesentlichen Führungszahlen auf Jahres-, Quartals- und allenfalls Monatsbasis	Jahresbudget, Quartalsbudget, Kurzfristige Liquiditätsbudgetierung/Liquiditätsstatus[857]
Projektcontrolling/Projektfortschrittskontrolle	– Beurteilung von betriebswirtschaftlichen Wert- und Risikoanalysen – Entscheidungsvorbereitungen/Überwachung bei Investitionsentscheiden und Akquisitionen	– Wirkungsanalysen, – Investitionsrechnungen, Unternehmensbewertungen, Desinvestitionsrechnungen – Lagerbewirtschaftungsanalysen
Betriebliches Risikocontrolling	– Überwachung von Geschäfts- (Business Risk) und Finanzierungsrisiken (Financial Risk) – Überwachung der Währungs-, Zins- und Bonitätsrisiken	– Risikoinventar – Value-at-Risk-Systeme

Die zunehmende Bedeutung einer dem Unternehmen angemessenen *Risikobewirtschaftung* ergibt sich vor dem Hintergrund der Entwicklungen der vergangenen Jahre und der laufenden Gesetzesänderungen ohne weiteres. Alle Aktiengesellschaften hatten früher im Anhang der Jahresrechnung Angaben über die Durchführung einer Risikobeurteilung zu machen.[858] Seit dem 1.1.2013 ist dieser Artikel im Obligationenrecht aufgehoben. Stattdessen muss nun bei Unternehmen, welche der ordentlichen Revision unterliegen, im *Lagebericht* Aufschluss gegeben werden über die Durchführung einer Risikobeurteilung.[859]

Die Gestaltung eines fundierten Risikomanagementkonzeptes erweist sich in vielen Fällen als überaus komplex. Wichtig ist daher gerade aus Sicht des Verwaltungsrats, einen Wildwuchs der Systeme zu vermeiden und dafür zu sorgen, dass sich die Führung auf die

---

855 Bezüglich der Planung wird auf hinten Ziff. 3.4.9, S. 261 ff., bezüglich der Finanzkontrolle auf hinten Ziff. 3.4.8, S. 248 ff., verwiesen.
856 Dazu siehe Checkliste hinten unter Ziff. 11.39, S. 909.
857 Dazu dienen auch die Cockpit Charts (siehe dazu Checklisten hinten Ziff. 11.15, S. 812 [jährliche Auswertung], bzw. hinten Ziff. 11.16, S. 813 f. [rollierende Auswertung]. Beispiele für eine mögliche monatliche Berichterstattung finden sich hinten in Ziff. 11.49, S. 941 f. [CEO], Ziff. 11.50, S. 943 f. [CFO] und Ziff. 11.51, S. 945 f.).
858 Art. 663*b* aOR.
859 Art. 961*c* Abs. 2 Ziff. 2 OR, zum Lagebericht siehe hinten Ziff. 3.10.1.4, S. 297 ff.

wirklich wesentlichen und für das Unternehmen unter Umständen schicksalhaften Risikofaktoren konzentriert.[860]

3.4.2 Ausgestaltung des Rechnungswesens

3.4.2.1 Funktion des Rechnungswesens

Das Rechnungswesen[861] ist ein Dokumentations- und Informationssystem, in welchem die Vermögensverhältnisse und deren Veränderungen in einem Unternehmen – vollständig und willkürfrei – zahlenmässig erfasst, systematisch verarbeitet und zu klaren Informationen verdichtet werden. Es dient der zahlenmässigen Erfassung und Darstellung der wirtschaftlichen und finanziellen Lage des Unternehmens.

Für den Verwaltungsrat hat das Rechnungswesen eine weitere wichtige Funktion: wie bereits ausgeführt wurde,[862] hat der Verwaltungsrat seine zwingenden und undelegierbaren Aufgaben ähnlich wie ein Beauftragter sorgfältig zu erfüllen. Im vergleichbaren Auftragsverhältnis besteht die Verpflichtung, jederzeit Rechenschaft über die geleistete Tätigkeit abzulegen.[863] Die Rechnungslegung ist das Herz dieser Rechenschaftspflicht des Verwaltungsrates in Bezug auf die Geschäftsführung.[864] Die Rechnungslegung richtet sich einerseits an die Kapitalgeber (Aktionäre und Gläubiger), andererseits aber auch an staatliche Institutionen (Börsen-, Steuerbehörden) und ab einer bestimmten wirtschaftlichen Bedeutung der Gesellschaft an eine weitere Öffentlichkeit.

Gute Rechenschaft setzt eine entsprechende Qualität des Rechnungswesens voraus. Ein ausgebautes Rechnungswesen ist damit Voraussetzung für die Finanzkontrolle und die periodische Rechenschaftsablage. Das Rechnungswesen hat sich auch zu einem unerlässlichen Führungssystem entwickelt, das als wichtiges *Planungsinstrument* und als Mittel zur *Entscheidungsvorbereitung* dient.

3.4.2.2 Elemente des Rechnungswesens

Das Rechnungswesen beinhaltet weit mehr als nur die Finanzbuchhaltung. Entsprechend den spezifischen Gegebenheiten eines Unternehmens sind weitere Elemente erforderlich. Jedes Unternehmen stellt eigene Anforderungen an die zweckmässige Ausgestaltung und den Ausbaugrad des Rechnungswesens. Je nach Grösse und Komplexität der Gesellschaft umfasst das Rechnungswesen sinnvollerweise folgende Instrumente:[865]

---

860 Zum Risikomanagement siehe hinten Ziff. 6.4, S. 427 ff.
861 Vgl. dazu allgemein Böckli, Aktienrecht, § 13 Rz. 343 ff.; Forstmoser/Meier-Hayoz/Nobel, § 30 N 40 ff.; Krneta, N 1227 ff.; Homburger, in: Zürcher Kommentar, N 565 zu Art. 716a OR; Watter/Roth Pellanda, in: Basler Kommentar, N 15 ff. zu Art. 716a OR.
862 Vgl. dazu vorne Ziff. 1.5, S. 39 ff.
863 Gemäss Art. 400 OR.
864 Böckli, Aktienrecht, § 8 Rz. 12.
865 HWP (2009), Band 1, 3.

Instrumente	Aufgabe, Funktion
Finanzbuchhaltung	Ständig nachzuführende (vergangenheitsbezogene) Aufzeichnung aller vermögensrelevanten Vorgänge im Sinne einer Perioden-(Erfolgsrechnung) und einer Stichtagsrechnung (Bilanz)
Betriebsabrechnung und Kalkulation	Betriebliches Rechnungssystem zur Erfassung der Kosten und Erträge sowie des Ergebnisses einzelner Leistungen, Betriebsteile und ganzer Betriebe (i.d.R. mit der Finanzbuchführung verbunden)
	Kalkulation als Grundlage zur Preisgestaltung, Festlegung interner Verrechnungen, zur Erfolgskontrolle und Bewertung des Lagers
Rechnungslegung	Darstellung der Vermögens-, Finanz- und Ertragslage, basierend auf den Daten der Buchführung, in der handelsrechtlichen *Jahresrechnung* (bestehend aus Bilanz, Erfolgsrechnung, Geldflussrechnung [bei grösseren Unternehmen], Anhang)
	Bei der *Konzernrechnung* erstreckt sich die Rechnungslegung über mehrere Einzelabschlüsse
	Allenfalls erfolgt die Rechnungslegung zusätzlich in einem *Abschluss nach einem anerkannten Standard zur Rechnungslegung* (Swiss GAAP FER, IFRS, US GAAP, IPSAS)
Planungsrechnungen (Budgets)	Kurz-, mittel- und langfristige Rechnungen zur Ermittlung und Darstellung der *zukünftigen* Liquiditäts-, Vermögens- und Ertragslage
Sonderrechnungen und Statistiken	– Investitionsrechnungen – Wertschöpfungsrechnung – Status (z.B. für Sanierungen, Umstrukturierungen)

Das Rechnungswesen erfüllt verschiedene Zwecke wie Rechenschaftsablage, Gläubigerschutz, Entscheidungshilfe, Kontrolle, Memorandum, Steuerbasis und Information. Nicht alle Zwecke sind für den Verwaltungsrat von gleicher Bedeutung. Aus rechtlicher Sicht dürften die Rechenschaftsablage und der Gläubigerschutz, aus betriebswirtschaftlicher Sicht die Informationsbeschaffung zu Entscheidungs- und Kontrollzwecken im Vordergrund stehen.

Es ist Aufgabe des Verwaltungsrates zu entscheiden, wie das Rechnungswesen ausgestaltet sein soll, damit es als zuverlässiges Führungsinstrument dient. Dabei hat er festzulegen, welche weiteren Instrumente er neben der zwingend vorgeschriebenen Finanzbuchhaltung[866] und der darauf aufbauenden Rechnungslegung[867] als zusätzlich notwendig erachtet.

3.4.2.3 Aufgaben des Verwaltungsrates bei der Ausgestaltung des Rechnungswesen

Für den Verwaltungsrat beinhaltet die Ausgestaltung des Rechnungswesens gemäss Art. 716*a* Abs.1 Ziff. 3 OR verschiedene Pflichten:[868]

– Er ist dafür verantwortlich, dass im Unternehmen überhaupt ein Rechnungswesen eingerichtet wird.

---

866 Art. 957 f. OR.
867 Art. 958 ff. OR. Eine diesbezügliche Arbeitshilfe findet sich hinten unter Ziff. 11.63, S. 1010 ff.
868 BÖCKLI, Aktienrecht, § 13 Rz. 343 ff.; FORSTMOSER/MEIER-HAYOZ/NOBEL, § 30 N 39 ff.; HOMBURGER, in: Zürcher Kommentar, N 505 zu Art. 716*a* OR; WATTER/ROTH PELLANDA, in: Basler Kommentar, N 15 ff. zu Art. 716*a* OR; CHK-PLÜSS/KUNZ/KÜNZLI, N 5 zu Art. 716*a* OR.

- Er bestimmt, wie das Rechnungswesen aufzubauen ist.
- Er hat dafür zu sorgen, dass das Rechnungswesen und die darauf basierende Rechnungslegung den Anforderungen der Ordnungsmässigkeit genügt.
- Er legt fest, welche *zusätzlichen Teile* neben der Finanzbuchhaltung als notwendig erachtet werden, wie diese qualitativ auszugestalten sind, und welche Informationen zur Führung der Gesellschaft benötigt werden. Unter Umständen sind weitere Elemente des Rechnungswesens (z.B. interne Kostenrechnung, Anlagebuchhaltung) notwendig, um – neben den gesetzlich geforderten Angaben – weitere Informationen bereitzustellen. So erweist sich beispielsweise die Führung einer Lagerbuchhaltung als unumgänglich, wenn im Unternehmen bedeutende Vorräte vorhanden sind. In den meisten Gesellschaften dürfte sich eine Anlagebuchhaltung über den vorhandenen Sachanlagebestand als notwendig erweisen. Ein Produktionsbetrieb sollte über ein betriebliches Rechnungswesen verfügen, das insbesondere die Kostenarten-, Kostenstellen- und Kostenträgerrechnung umfasst. Das betriebliche Rechnungswesen ist in der Regel externen Kreisen nicht zugänglich.
- Er beachtet dabei – nebst den rechtlichen Vorgaben – vor allem *betriebswirtschaftliche Erfordernisse* sowie die Interessen der verschiedenen Anspruchsgruppen (namentlich Aktionäre, kreditgebende Banken, Steuerbehörden).
- Er muss das Rechnungswesen so ausgestalten, dass es als zuverlässiges Führungsmittel taugt.
- Bei der Ausgestaltung des Rechnungswesens beachtet der Verwaltungsrat die Erfordernisse der Finanzkontrolle und der Finanzplanung.
- Als Verwaltungsrat einer Konzernobergesellschaft hat der Verwaltungsrat auch die Ausgestaltung des Rechnungswesens im Konzern zu bestimmen.

3.4.3 Buchführung und Rechnungslegung

3.4.3.1 Gesetzliche Grundlagen

Der Gesetzgeber hat die Regelung der Buchführung und Rechnungslegung aus verschiedenen Gründen nicht allein der Selbstregulierung der Wirtschaft überlassen. Hauptziele seines Handelns sind dabei die Verhinderung von Firmenzusammenbrüchen (Unternehmensinteresse), die Wahrung der Gläubigerrechte und der Rechte derjenigen, die an der Geschäftsführung nicht teilhaben (Aktionäre, Mitarbeiter).[869] Gleichzeitig werden aber auch Interessen der Öffentlichkeit wahrgenommen (insbesondere fiskalische Interessen).

Im Bestreben, eine einheitliche Regelung für alle Rechtsformen des Privatrechts zu erhalten, wurden mit der Revision des Rechnungslegungsrechts auf den 1.1.2013 zahlreiche rechtsformspezifische Bestimmungen, die sich bei den jeweiligen Gesellschaftsformen vorfanden, aufgehoben. Bei der Aktiengesellschaft wurden namentlich die Bestimmungen zum Geschäftsbericht (Art. 662–669 OR, mit Ausnahme von Art. 663b^{bis} und Art. 663c OR) gestrichen. Die dortigen Bestimmungen wurden jedoch weitgehend in die neu formulierten Bestimmungen im 32. Titel des OR überführt. In diesem Titel mit der Über-

---

[869] BOTSCHAFT, Änderung Rechnungslegungsrecht (2008), 1622; vgl. dazu u. a. BEHR/LEIBFRIED, 51 ff.; BÖCKLI, Aktienrecht, § 8 Rz. 7 ff.; BOEMLE/LUTZ, Jahresabschluss, 66 ff.; HANDSCHIN, Rechnungslegung, N 8 ff.; FORSTMOSER, Aktienrecht, 140.

schrift «Kaufmännische Buchführung und Rechnungslegung» werden insbesondere folgende Bereiche geregelt:

- Allgemeine Bestimmungen zur Buchführung (Art. 957, 957a OR)
- Rechnungslegung (Art. 958–958f OR)
- Jahresrechnung (Art. 959–959c OR)
- Bewertung (Art. 960–960e OR)
- Rechnungslegung für grössere Unternehmen (Art. 961–961d OR)
- Abschluss nach anerkanntem Standard zur Rechnungslegung (Art. 962, 962a OR)
- Konzernrechnung (Art. 963–963b OR).

3.4.3.2 Allgemeine gesetzliche Bestimmungen zu Buchführung und Rechnungslegung

Alle Aktiengesellschaften sind als juristische Personen – unabhängig ihrer Grösse – buchführungs- und rechnungslegungspflichtig. Die nachstehende Tabelle gibt einen Überblick über die allgemeinen gesetzlichen Bestimmungen zur Buchführung und Rechnungslegung.

	Buchführung (Art. 957 OR)	**Rechnungslegung (Art. 958 OR)**
Zweck	Erfassung der Geschäftsvorfälle und Sachverhalte zur Ermittlung der wirtschaftlichen Lage – Grundlage für Rechnungslegung	Darstellung der wirtschaftlichen Lage des Unternehmens, damit sich Dritte ein zuverlässiges Urteil bilden können.
Grundlagen/ Annahmen		– Unternehmensfortführung – Periodengerechte Erfolgsermittlung / Zeitliche und sachliche Abgrenzung
Grundsätze	– vollständige, wahrheitsgetreue und systematische Erfassung der Geschäftsvorfälle – Belegnachweis – Zweckmässigkeit (Art und Grösse angemessen) – Klarheit – Nachprüfbarkeit (Art. 957a OR)	– klar & verständlich – vollständig – verlässlich – das Wesentliche enthaltend – vorsichtig – Kontinuität in Darstellung und Bewertung – Verrechnungsverbot (Art. 958c OR)
Allgemeine Vorschriften	– Einhaltung der Grundsätze ordnungsmässiger Buchführung (GoB) – Pflicht zur Buchführung – Aufbewahrung	– Einhaltung der Grundsätze ordnungsmässiger Rechnungslegung (GoR) – Nachweispflicht – Aufbewahrungsfrist – Genehmigung – Unterzeichnung

	Buchführung (Art. 957 OR)	**Rechnungslegung (Art. 958 OR)**
Bestandteile	– Geschäftsbücher – Buchungsbelege – Inventare	– Jahresrechnung (Bilanz, Erfolgsrechnung, Anhang; bei grösseren Unternehmen Geldflussrechnung) – Konzernrechnung (Art. 963 ff. OR) – Lagebericht (Art. 961c OR)
Formen der Führung	Schriftlich oder elektronisch	Konto- oder Staffelform mit Vorjahresangaben
Währung	in CHF oder wesentlicher Währung	in CHF oder in wesentlicher Währung (mit Angabe der Beträge in CHF)
Sprache	in Landessprache oder Englisch	in Landessprache oder Englisch

a) Allgemeine Bestimmungen zur Buchführung

Nach Art. 957a OR bildet die Buchführung die *Grundlage für die Rechnungslegung.* Sie erfasst und verarbeitet diejenigen Informationen über alle Geschäftsvorfälle und Sachverhalte, die während eines bestimmten Zeitraums (i.d.R. Geschäftsjahr) stattfinden und zur Darstellung der wirtschaftlichen Lage des Unternehmens notwendig sind. Die Buchführung ist also primär *Mittel zum Zweck.*[870] Daneben hat sie weitere Zwecke, wie Dokumentations- und Beweissicherungsfunktion.

Mit der Revision des Buchführungs- und Rechnungslegungsrechts werden erstmals die *Grundsätze ordnungsmässiger Buchführung* (GoB) im Gesetz aufgeführt.[871] Die gesetzlichen Bestimmungen zur Buchführung sind jedoch offen und flexibel formuliert: Der Gesetzgeber macht keine fixen Vorgaben in Bezug auf Umfang, Ausbaugrad, Systematik und einzusetzende Mittel des Rechnungswesens.[872] Er überlässt es weitgehend den Buchführungspflichtigen, selbst zu bestimmen, was zur Erreichung des Hauptzweckes nötig ist. Damit die Buchführung die ihr vom Gesetzgeber zugewiesenen Aufgaben zu erfüllen vermag, hat sie bestimmten minimalen Anforderungen zu genügen.

---

[870] HWP (2009), Band 1, 40; BEHR/LEIBFRIED, 31 f.; BOEMLE/LUTZ, Jahresabschluss ,47 f.; HANDSCHIN, Rechnungslegung, N 65 ff.; ZIHLER, Überblick über das neue Rechnungslegungsrecht, 806 ff.
[871] Art. 957a OR.
[872] BOTSCHAFT, Änderung Rechnungslegungsrecht 2008, 1697 f.

Grundsatz (GoB)	Inhalt
Vollständige, wahrheitsgetreue und systematische Erfassung der Geschäftsvorfälle	Die einzelnen buchungspflichtigen Geschäftsvorfälle sind *vollständig*, d.h. lückenlos, laufend und periodengerecht zu erfassen.[873] *Wahrheitsgetreue* Erfassung verlangt, dass die in der Buchhaltung erfassten Angaben in mehrfacher Hinsicht mit den entsprechenden Geschäftsvorfällen und Sachverhalten übereinstimmen (korrekte Datierung, richtiger Buchungssatz und Buchungstext, korrekte Bewertung). Die *systematische* Erfassung verlangt, dass alle erforderlichen Mittel (wie chronologische Erfassung in einem Journal, Führung einer Buchhaltung [Hauptbuch, allenfalls Nebenbücher] mit angemessenem Kontenplan, Kontierungssystematik und -anweisungen, Einbau von Kontrollen etc.) vom Buchführungspflichtigen angewendet werden, um eine korrekte Erfassung dauernd sicherzustellen: gleichartige Geschäfte sind stets gleich zu buchen.[874]
Belegnachweis für die einzelnen Buchungsvorgänge	Das «*Belegprinzip*» erfordert, dass jede Buchung mit einem Beleg zu dokumentieren ist: keine Buchung ohne Beleg! Als Buchungsbelege gelten alle schriftlichen Aufzeichnungen auf Papier oder in elektronischer oder vergleichbarer Form, die nötig sind, um den Geschäftsvorfall oder Sachverhalt, welcher der Buchung zugrunde liegt, nachvollziehen zu können.[875]
Klarheit	Gemäss dem *Grundsatz der Klarheit* soll ein fachkundiger Nutzer die Buchführung in allen Teilen verstehen können (Lesbarkeit, eindeutige Bezeichnungen, klare Darstellung von Zusammenhängen (insbesondere Angabe der Gegenkonten), eindeutige Verweise bei Sammelbuchungen).[876]
Zweckmässigkeit mit Blick auf die Art und Grösse des Unternehmens	Die Buchführung und deren Organisation sind der Anzahl Geschäftsvorfälle, der Art (d.h. insbesondere der Branche) sowie der Grösse des Unternehmens anzupassen.[877] Die Buchführung ist so auszugestalten, dass die für die finanzielle Führung zuständigen Organe ihre Verantwortung wahrnehmen können. Nebst den Angaben zur Erstellung der Jahresrechnung müssen ihnen insbesondere die zur finanziellen Führung des Unternehmens benötigten Zahlen zeitgerecht und in verlässlicher Form zur Verfügung stehen. Die zweckmässige Organisation erfordert auch den Einbau von angemessenen internen Kontrollen (IKS) zur Sicherstellung einer korrekten Buchführung und Rechnungslegung sowie zum Schutze der Vermögenswerte (Funktionentrennung, 4-Augen-Prinzip etc.).[878]
Nachprüfbarkeit	Es soll ein lückenloser, nachvollziehbarer Zusammenhang von der Erfassung der Buchungstatbestände (mithilfe der Grundbelege) über die Verarbeitung bis zur Darstellung der Information in der Jahresrechnung bestehen.[879]

Sämtliche relevanten Geschäftsvorfälle und Sachverhalte müssen *vollständig, wahrheitsgetreu und systematisch erfasst* werden. Relevant sind dabei alle Geschäftsvorfälle und Sachverhalte, die – direkt oder indirekt – eine Auswirkung auf die Höhe, die Zusammensetzung und die Entwicklung der Vermögenswerte, des Fremd- und des Eigenkapitals sowie

---

873 HWP (2009), Band 1, 40; CHK-Lipp, N 12 ff. zu Art. 957a OR.
874 Kartscher/Rossi/Suter, Finanzberichterstattung, 18.
875 HWP (2009), Band 1, 14.
876 Botschaft, Änderung Rechnungslegungsrecht 2008, 1698; HWP (2009), Band 1, 12.
877 HWP (2009), Band 1, 30.
878 Zum IKS: Siehe hinten Ziff. 3.4.8.2, S. 250 ff.
879 HWP (2009), Band 1, 8.

des Periodenerfolges eines Unternehmens haben. Die erfassten Daten müssen sodann *unverfälscht und richtig verarbeitet* und aufgezeichnet werden. Diese sachlogische Aufzeichnung erfolgt mittels Kontenführung. In den einzelnen Konten – und letztlich in der daraus abgeleiteten Jahresrechnung – sollen die verbuchten Geschäftsvorfälle und Sachverhalte sachgemäss zum Ausdruck kommen.[880] Am Jahresende werden die Abschlussbuchungen durchgeführt (Inventur, Verbuchung allfälliger Differenzen zwischen den Endbeständen gemäss Buchhaltung mit den tatsächlichen Endbeständen, Verbuchung von Abschreibungen und Wertminderungen, Erfassung von Rechnungsabgrenzungsposten, Zusammenzug der Schlussbestände zur Erfolgsrechnung bzw. Bilanz).

Die Buchführung kann in einer Landessprache oder in Englisch erfolgen. Sie ist in Schweizer Franken oder in einer für die Geschäftstätigkeit wesentlichen Währung zu führen.[881]

Ob eine Buchhaltung ordnungsgemäss geführt ist, lässt sich letztlich nur im konkreten Einzelfall beurteilen – anhand der GoB und unter Berücksichtigung aller Elemente und Prozesse des Rechnungswesens, der Art und des Umfanges der Geschäftstätigkeit des betreffenden Unternehmens sowie unter Beachtung des vom Gesetzgeber gewollten Schutzes der Interessen der Beteiligten und anderer Berechtigten.

b) Allgemeine Bestimmungen zur Rechnungslegung

Für die Rechnungslegung hat der Gesetzgeber in Art. 958 OR Zweck, Grundlagen, Grundsätze, Offenlegung, Einsichtnahme und Aufbewahrung geregelt. Diese Bestimmungen beziehen sich auf die Rechnungslegung in der *externen Jahresrechnung*.[882] Diese richtet sich in erster Linie an Personen und Institutionen ausserhalb des Führungsgremiums, namentlich an Aktionäre, Mitarbeiter, Banken, allenfalls auch an Gesellschaftsgläubiger. Wegen des externen Adressatenkreises und weil die vom Gläubigerschutz dominierten handelsrechtlichen Höchstbewertungsvorschriften im Vordergrund stehen, ist die Handelsbilanz nur bedingt als Führungsmittel tauglich. Der Verwaltungsrat wird sich bei seinen Führungsentscheiden vorzugsweise auf die Auswertungen des *internen* betrieblichen Rechnungswesens und andere – ausserbuchhalterische – Unterlagen stützen.

Das wichtigste Ergebnis der Buchführung ist die *Jahresrechnung* bzw. im Konzern die *Konzernrechnung*. Oberstes Ziel der Rechnungslegung ist es, die wirtschaftliche Lage eines Unternehmens so darzustellen, dass sich Dritte ein *zuverlässiges Urteil* bilden können.[883] Die Jahresrechnung soll dem Adressaten eine möglichst zuverlässige Beurteilung der Vermögens-, Finanzierungs- und Ertragslage erlauben. Die Beurteilung selbst bleibt dem Bilanzleser vorbehalten, sie soll daher auf verlässlicher Basis erfolgen können.

Der Zweckartikel der Rechnungslegung wird aber durch den Gesetzgeber selbst stark relativiert. Durch die ausdrückliche *Zulassung stiller Reserven*[884] wird die Aussagekraft der Jahresrechnung massiv eingeschränkt. Anzufügen bleibt hingegen, dass die stillen Reserven die einzig zugelassene Abweichung vom Bestreben zu einer möglichst aussagekräftigen Jahresrechnung darstellen. Das «Überleben» der stillen Reserven im Aktienrecht 1991

---

880 HWP (2009), Band 1, 17.
881 Art. 957*a* Abs. 4 OR; dazu BÖCKLI, Neue OR Rechnungslegung, in ST 11/2012, 828 ff.; BUCHMANN, DOLENTE, 890 ff.; HWP (2009), Band 1, 147.
882 Auch handelsrechtliche(r) Abschluss/Jahresrechnung genannt.
883 Art. 958 OR.
884 Siehe Art. 960*a* und 960*e* OR.

und auch in der Revision des Buchführungs- und Rechnungslegungsrechts, das seit dem 1.1.2013 gültig ist, war ein politisch motivierter Entscheid, der den Erfordernissen einer modernen Rechnungslegung (Verlässlichkeit, Transparenz etc.) nicht gerecht wird. Immerhin dürfen seither stille Reserven nicht mehr aufgelöst werden, ohne dass dies im Anhang der Jahresrechnung offenzulegen ist.[885]

Die Rechnungslegung erfolgt grundsätzlich unter der Annahme, dass die Unternehmung auf absehbare Zeit – mindestens bis zum nächsten Bilanzstichtag (Going-Concern-Prämisse) – fortgeführt wird. Diese Annahme ist als Grundlage für die Rechnungslegung (und Bewertung) explizit in Art. 958a OR aufgeführt. Sie ist solange gerechtfertigt, als weder die Absicht noch die Notwendigkeit besteht, die Gesellschaft zu liquidieren oder deren Geschäftstätigkeit wesentlich einzuschränken. Falls diese Annahme jedoch nicht mehr gerechtfertigt ist, so müssen die Bewertungsgrundsätze zwingend von Fortführungswerten auf Liquidationswerte umgestellt werden.

Der *Verwaltungsrat* hat im Rahmen der Erstellung des Abschlusses als Erstes einzuschätzen, ob diese Voraussetzung (Prämisse) tatsächlich gegeben ist. Wenn die Gesellschaft in der Vergangenheit rentabel war und sich rasch Liquidität beschaffen kann, so dürfte diese Einschätzung ohne eine detaillierte Untersuchung möglich sein. Das Vorliegen gewisser Ereignisse und Bedingungen kann jedoch erhebliche Zweifel an der Fortführungsfähigkeit aufwerfen. Insbesondere nachstehende Anzeichen sollten den Verwaltungsrat veranlassen, sich eingehender mit der richtigen Wahl der Wertbasis auseinanderzusetzen:

- Überschuldung oder negatives Netto-Umlaufvermögen;
- Betrieblicher Cash Drain (effektiv in Vergangenheit bzw. in künftigen Budgets);
- Anzeichen von Entzug finanzieller Unterstützung durch Banken, Lieferanten und andere Gläubiger und Kündigung von Kreditoren;
- Fälligkeit von Verbindlichkeiten/Krediten ohne realistische Aussicht auf Verlängerung von Krediten;
- Unfähigkeit, Lieferanten und andere Verbindlichkeiten fristgerecht zu bezahlen;
- Unfähigkeit, die Bedingungen der Kreditvereinbarungen zu erfüllen;
- Verlust von bedeutenden Kunden, Absatzmärkten, Lizenzen, Lieferanten etc.;
- Verstösse gegen gesetzliche Vorschriften (namentlich Art. 725 OR);
- Rechtsstreitigkeiten oder Verfahren gegen die Gesellschaft;
- Abgang wichtiger Personen, Know-how-Träger.

Die Auswirkungen dieser Anzeichen, Ereignisse und Bedingungen können mitunter durch andere Umstände aufgefangen werden. Beispielsweise kann eine Situation der Illiquidität allenfalls durch Verkauf von Vermögensteilen, Neuverhandlung von Rückzahlungsfristen für Kredite etc. behoben werden.

Angesichts der Schwierigkeit, die wirtschaftlich Lage eines Unternehmens mit den Mitteln der Jahresrechnung so darzustellen, dass sich ein Dritter ein Urteil bilden kann, hat der Gesetzgeber eine Reihe von Bestimmungen und Grundsätzen aufgestellt, die dazu dienen den Informationsfluss im Rechnungswesen der Aktiengesellschaft zu lenken und die gewünschte Informationsqualität zu gewährleisten. Diese Grundsätze entsprechen im We-

---

[885] Art. 959c Abs. 1 Ziff. 3 OR.

sentlichen den diesbezüglichen bisherigen aktienrechtlichen Bestimmungen (Art. 662a aOR). Demnach muss die Rechnungslegung insbesondere folgenden *Grundsätzen ordnungsmässiger Rechnungslegung* genügen:[886]

Grundsatz (GoR)	Inhalt
Klarheit und Verständlichkeit der Jahresrechnung	Die Jahresrechnung ist in einer Form und Präzision zu erstellen, die für einen durchschnittlichen, mit dem Lesen von Jahresrechnungen vertrauten Adressaten verständlich ist. Die Darstellung und Gliederung der Jahresrechnung soll übersichtlich und sachgerecht sein, die Bezeichnungen der Positionen eindeutig und genau. Allenfalls sind zusätzliche, erläuternde Angaben im Anhang nötig.
Vollständigkeit der Jahresrechnung	Alle wesentlichen Sachverhalte müssen in der Jahresrechnung angemessen abgebildet und zum Ausdruck gebracht werden. Es widerspricht dem Grundsatz der Vollständigkeit der Jahresrechnung, wenn ausweispflichtige Angaben in der Bilanz, Erfolgsrechnung, Geldflussrechnung oder im Anhang weggelassen werden.[887]
Verlässlichkeit	Die in der Rechnungslegung vermittelten Informationen dürfen keine wesentlichen Fehler enthalten. Sie müssen frei von verzerrenden Einflüssen und Willkür sein.[888] Die Adressaten der Jahresrechnung müssen sich auf diese verlassen können. Die wirtschaftliche Lage und Entwicklung des Unternehmens soll in einer Weise dargestellt werden, von der das Management annimmt, dass sie der tatsächlichen Lage entspricht.
Wesentlichkeit der Angaben	Eine Angabe in der Jahresrechnung ist dann *wesentlich,* wenn sie den Nutzer/Leser dazu veranlassen könnte, sich ein anderes Urteil über die Vermögens- und Ertragslage der Gesellschaft zu bilden. Da zum Kreis der Nutzer nebst den Aktionären auch potenzielle Investoren, Kapitalgeber und Banken gehören, ist die mögliche Wirkung auf diese Entscheidungsträger in die Wesentlichkeitsüberlegungen mit einzubeziehen.[889] Wesentlich im Sinne einer *quantitativen* Beurteilung kann auch ein Sachverhalt sein, der eine grosse Bedeutung für die Gesellschaft hat, wertmässig ungewöhnlich hoch ist oder die künftige Entwicklung der Gesellschaft massgebend beeinflusst – positiv oder negativ. *Qualitativ* betrachtet können bereits geringere Sachverhalte wesentlich sein, wenn sie gegen gesetzliche Vorschriften (Verletzung der Mindestgliederung) oder Ausweispflichten im Anhang verstossen.[890]

---

886 Siehe dazu u.a. BÖCKLI, Aktienrecht, § 8 Rz. 96 ff.; BOEMLE/LUTZ, Jahresabschluss, 119 ff.; HANDSCHIN, Rechnungslegung, N 302 ff.; KARTSCHER/ROSSI/SUTER, Finanzberichterstattung, 19; CHK-LIPP, N 6 ff. zu Art. 958c OR; NEUHAUS/BLÄTTLER in: Basler Kommentar, N 8 ff. zu Art. 662a OR; HWP (2009), Band 1, 56 ff.
887 NEUHAUS/BLÄTTLER in: Basler Kommentar, N 9a zu Art. 662a OR.
888 Swiss GAAP FER Rahmenkonzept, Ziff. 32.
889 HWP (2009), Band 1, 59; NEUHAUS/BLÄTTLER in: Basler Kommentar, N 9d zu Art. 662a OR.
890 NÖSBERGER, 131 ff.

Grundsatz (Forts.)	Inhalt
Vorsicht	Jeder Ersteller der Jahresrechnung muss sich mit Ungewissheiten auseinandersetzen, die mit vielen Ereignissen und Umständen unvermeidlich verbunden sind. Im Umgang mit solchen Ungewissheiten soll er eine gewisse Vorsicht walten lassen. Der Grundsatz der Vorsicht ist eine Verhaltensweise, die in erster Linie bei Bewertungsvorgängen Bedeutung erlangt.[891] Aus dem Grundsatz der Vorsicht lassen sich verschiedene weitere Prinzipien der Rechnungslegung herleiten (Niederstwertprinzip bei der Vorratsbewertung;[892] Imparitätsprinzip (Ungleichbehandlung von positiven und negativen Entwicklungen in Bezug auf deren Erfassung und Bewertung), Realisationsprinzip (Erfassung von Gewinnen erst bei deren Realisierung).
	Nach dem Grundsatz der Vorsicht soll bei Unsicherheiten in der Bewertung derjenige Wertansatz gewählt werden, der die Vermögenslage weniger günstig zeigt. Es sind allenfalls Wertberichtigungen und Rückstellungen zu bilden. Die Anwendung des Vorsichtsprinzips verlangt jedoch keineswegs, stets von einem Worst-Case-Szenario auszugehen. Jede Bewertung verlangt in einem gewissen Umfang eine pflichtgemässe Einschätzung und gewährt deshalb innerhalb vernünftig begründbarer Schranken einen begrenzten Ermessensspielraum.[893]
Stetigkeit in Darstellung und Bewertung	Die Jahresrechnung ist nach denselben Grundsätzen aufzustellen wie im Vorjahr. Zweck dieses Grundsatzes ist, die zeitliche Vergleichbarkeit der Angaben sicherzustellen und damit eine Beurteilung der Vermögens- und Ertragslage über mehrere Perioden zu erlauben (gleiche Gliederung, gleiche Bewertungsgrundsätze etc.).[894]
Verrechnungsverbot (Bruttoprinzip)	Verrechnungen dürfen nur ausnahmsweise – soweit ein enger Kausalzusammenhang besteht und soweit dadurch die möglichst zuverlässige Beurteilung der Vermögens-, Finanzierungs- und Ertragslage nicht gefährdet wird – vorgenommen werden.[895]

Diese Aufzählung der Grundsätze ordnungsmässiger Rechnungslegung im Gesetz ist nicht abschliessend. Es wird damit weiterhin an der Lehre und Rechtsprechung liegen, eine Weiterentwicklung und Verfeinerung vorzunehmen. Zur Erläuterung der im Gesetz aufgeführten Grundsätze sei auf die entsprechende Fachliteratur verwiesen.[896]

In gewissen Fällen erlaubt der Gesetzgeber *Abweichungen* von diesen Grundsätzen. Diese sind jedoch gem. Art. 959*c* OR im Anhang offenzulegen.

3.4.3.3 Differenzierung nach der wirtschaftlichen Bedeutung

Eines der Ziele der Revision des Rechnungslegungsrechtes war die differenzierte Ausgestaltung der Anforderungen an die Unternehmen in Bezug auf die Rechnungslegung, ent-

---

[891] Art. 960 Abs.3 OR.
[892] Art. 960*c* Abs.3 OR.
[893] HWP (2009), Band 1, 60.
[894] BÖCKLI, Aktienrecht, § 8, Rz. 142; HWP (2009), Band 1, 61.
[895] Art. 120–125 OR; BÖCKLI, Aktienrecht, § 8 Rz. 149; HWP (2009), Band 1, 63; NEUHAUS/BLÄTTLER in: Basler Kommentar, N 14 zu Art. 662*a* OR.
[896] Namentlich: BÖCKLI, Aktienrecht, § 8 Rz. 108 ff.; BOEMLE/LUTZ, Jahresabschluss; HANDSCHIN, Rechnungslegung, N 302 ff.; HWP (2009), Band 1, 56 ff.; zum neuen Rechnungslegungsrecht: CHK-LIPP, N 6 ff. zu Art. 958*c* OR.

sprechend ihrer wirtschaftlichen Bedeutung.[897] (Siehe Checkliste Darstellung der Jahresrechnung hinten Ziff. 11.37, S. 868 ff.).

a) Jahresrechnung

Alle Aktiengesellschaften – unabhängig ihrer Grösse und wirtschaftlichen Bedeutung – haben eine handelsrechtliche Jahresrechnung (Einzelabschluss) gemäss den Bestimmungen des Art. 958–960e OR zu erstellen. Diese umfasst bei den Aktiengesellschaften in jedem Falle eine Bilanz, Erfolgsrechnung sowie einen Anhang.

b) Rechnungslegung für grössere Unternehmen

Bei *grösseren* Gesellschaften sind die Anforderungen an die Rechnungslegung entsprechend ihrer grösseren wirtschaftlichen Bedeutung höher: Sie haben zusätzliche Angaben im Anhang der Jahresrechnung zu machen;[898] eine Geldflussrechnung[899] als Teil der Jahresrechnung zu erstellen und sowie einen Lagebericht[900] zu verfassen.

c) Abschluss nach anerkanntem Standard zur Rechnungslegung

Gesellschaften, deren Beteiligungspapiere an einer Börse kotiert sind, haben – sofern dies die Börse verlangt – zusätzlich zur handelsrechtlichen Jahresrechnung zwingend einen *Abschluss nach einem anerkannten Standard zur Rechnungslegung* zu erstellen, es sei denn das Unternehmen erstelle eine Konzernrechnung nach einem solchen Regelwerk.[901] Diese *börsenkotierten* Unternehmen, die in einem erhöhten Fokus der Interessenten stehen, haben damit (mindestens) zwei Abschlüsse zu erstellen (Dual Reporting).

Aber auch *bei allen übrigen Gesellschaften* können qualifizierte Minderheiten die Erstellung und Vorlage eines Abschlusses nach anerkanntem Standard zur Rechnungslegung verlangen. Weil eine handelsrechtliche Jahresrechnung – infolge der extensiven Möglichkeit von stillen Reserven – nur bedingt die Bildung eines zuverlässigen Urteils über die wirtschaftliche Lage erlaubt, hat der Gesetzgeber *zum Schutz von Minderheiten* bei der Revision des Rechnungslegungsrechts das Recht eingeführt, dass auch bei allen übrigen Gesellschaften 20% der Gesellschafter oder jeder einzelne Gesellschafter, der einer persönlichen Haftung oder Nachschusspflicht unterliegt, ebenfalls einen zusätzlichen Abschluss nach einem anerkannten Standard zur Rechnungslegung verlangen können.[902]

d) Konzernrechnung

Kontrolliert eine Gesellschaft ein oder mehrere rechnungslegungspflichtige Unternehmen, so muss sie grundsätzlich im Geschäftsbericht für die Gesamtheit der kontrollierten Un-

---

897 BOTSCHAFT, Änderung Rechnungslegungsrecht 2008, 1603; BEHR, Die Schweiz steht mit der neuen Rechnungslegung gut da, in ST 11/2012, 796 ff.; ZIHLER, Überblick über das neue Rechnungslegungsrecht, 806 ff.
898 Art. 961a OR.
899 Art. 961b OR.
900 Art. 961c OR.
901 Art. 962 Abs. 3 OR.
902 Art. 962 Abs. 2 OR; zu den Minderheitenrechten siehe LIPP, Minderheitenschutz, 862 ff.

ternehmen eine konsolidierte Jahresrechnung (Konzernrechnung) erstellen.[903] Sie wird davon befreit, wenn sie zusammen mit den einbezogenen Unternehmen die Schwellenwerte für die ordentliche Revision (gemäss Art. 727 OR) nicht erreicht oder als Subkonzern, in einer nach den Vorschriften des Gesetzes erstellten, ordentlich geprüften und zugänglich gemachten Konzernrechnung erfasst wird. Die Befreiung von der Konsolidierungspflicht ist jedoch aufgehoben, wenn die Erstellung einer Konzernrechnung für eine möglichst zuverlässige Beurteilung der wirtschaftlichen Lage notwendig ist oder qualifizierte Minderheiten dies verlangen.[904]

3.4.3.4 Offenlegungsvorschriften

Die Rechnungslegung erfolgt im *Geschäftsbericht*.[905] Dieser enthält die *Jahresrechnung*, wobei diese entsprechend der wirtschaftlichen Bedeutung unterschiedliche Mindestanforderungen und Bestandteile aufweist. Nebst Bilanz, Erfolgsrechnung und Anhang umfasst bei *grösseren* Unternehmen die Jahresrechnung zusätzlich eine Geldflussrechnung. Zudem haben grössere Gesellschaften in ihrem Geschäftsbericht nebst der Jahresrechnung auch einen *Lagebericht* zu erstellen. Siehe dazu hinten Ziff. 3.10.1.4, S. 297 ff. Ein solcher Jahresbericht in Prosaform ist bei KMUs, die nicht der ordentlichen Revision unterliegen, nicht mehr verlangt. Konzerne haben in ihrem Geschäftsbericht nebst der handelsrechtlichen Jahresrechnung (Einzelabschluss) und dem Lagebericht auch eine *Konzernrechnung* offenzulegen. Ein allfälliger zusätzlicher *Abschluss nach einem anerkannten Standard* zur Rechnungslegung gemäss Art. 962 OR bildet dagegen *nicht* Bestandteil des Geschäftsberichts.[906]

Der Geschäftsbericht muss innerhalb von 6 Monaten nach Abschluss des Geschäftsjahres erstellt und der Generalversammlung der Aktionäre zur Genehmigung vorgelegt werden.[907] Er ist vom Präsidenten des Verwaltungsrates und von der innerhalb der Gesellschaft für die Rechnungslegung zuständigen Person zu unterzeichnen.

Die *Aktionäre* als Eigentümer der Gesellschaft sind die primären Adressaten der Jahresrechnung. Spätestens 20 Tage vor der ordentlichen Generalversammlung sind der Geschäftsbericht (Jahresrechnung [Einzelabschluss], Konzernrechnung und – bei grösseren Gesellschaften – der Lagebericht) sowie der Revisionsbericht (zudem bei kotierten Gesellschaften der Vergütungsbericht) den Aktionären am Sitz der Gesellschaft zur Einsicht aufzulegen. Jeder Aktionär kann zudem verlangen, dass ihm unverzüglich eine Ausfertigung dieser Unterlagen zugestellt wird.[908] Die Namenaktionäre sind über dieses Kontrollrecht durch schriftliche Mitteilung zu unterrichten, Inhaberaktionäre durch Veröffentlichung

---

903 Art. 963 OR; BOTSCHAFT, Änderung Rechnungslegungsrecht 2008, 1723 ff.; zur Konzernrechnung ausführlich BÖCKLI, Aktienrecht, § 9 Rz. 99 ff.; BOEMLE/LUTZ, Jahresabschluss, 581; EBERLE, 896; HANDSCHIN, Rechnungslegung, N 943–1069; MEYER, Konzernrechnung, (2007); ZIHLER, Die Konzernrechnung gemäss zukünftigem Rechnungslegungsrecht, 284 ff.
904 Art. 963a OR.
905 Art. 958 Abs. 2 OR. Hinten in Ziff. 11.32, S. 868 f. (Checkliste), und Ziff. 11.33, S. 871 ff. (Beispiel), befinden sich Arbeitshilfen zur Erstellen des Geschäftsberichts.
906 BOTSCHAFT, Änderung Rechnungslegungsrecht 2008, 1704.
907 Art. 958 Abs. 3 OR.
908 Art. 696 Abs. 3 OR.

im Schweizerischen Handelsamtsblatt sowie in der von den Statuten vorgeschriebenen Form.[909]

Börsenkotierte Gesellschaften oder solche, die Anleihensobligationen ausstehend haben, sind gehalten, nach der Generalversammlung die Jahresrechnung und die Konzernrechnung zusammen mit den Revisionsberichten im Schweizerischen Handelsamtsblatt zu veröffentlichen. Anstelle davon bzw. zusätzlich kann vorgesehen werden, dass diese Unterlagen jeder Person, die dies innerhalb eines Jahres nach Abnahme verlangt, auf deren Kosten zugestellt werden. Bei grösseren Unternehmen umfasst diese Offenlegungspflicht auch den Lagebericht[910], nicht aber den zusätzlichen Abschluss nach einem anerkannten Standard zur Rechnungslegung (gemäss Art. 962 OR). Allerdings können die Kotierungsvorschriften der jeweiligen Börse eine entsprechende Offenlegungspflicht für diese Bestandteile vorsehen.

Demgegenüber haben *Gläubiger* der Gesellschaft keinen Anspruch auf Einsicht in die Jahresrechnung, ausser sie weisen ein schutzwürdiges Interesse nach.[911] Ein solches ist unter anderem dann gegeben, wenn ihre Forderungen gefährdet sind oder Anzeichen vorliegen, die auf finanzielle Schwierigkeiten der Gesellschaft hindeuten.[912] Zudem muss die Höhe der Forderung im Verhältnis zu den vermögensrechtlichen Verhältnissen des Gläubigers eine Einsichtnahme rechtfertigen. Kreditgebende *Banken* verschaffen sich in der Regel im Rahmen der Kreditverträge ein Recht zur Einsicht. Dieses Einsichtsrecht der Gläubiger ist am Sitz der Gesellschaft auszuüben. Es ist auf ein Jahr beschränkt.[913]

Grundsätzlich haben die *Arbeitnehmer* der Gesellschaft kein Einsichtsrecht. Eine Ausnahme davon bildet die Bestimmung von Art. 322*a* Abs. 2 und 3 OR. Unter der Voraussetzung, dass dem Arbeitnehmer ein vertraglicher Anspruch auf einen Gewinn- oder Umsatzanteil zukommt, kann dieser nach der erwähnten Bestimmung Einsicht in die Geschäftsbücher verlangen, soweit dies zur Nachprüfung seines Anspruchs notwendig ist. Auch ist zu beachten, dass Arbeitnehmer zu Lohngläubigern werden können und ihnen dementsprechend die oben erwähnten Einsichtsrechte zustehen, sofern sie ein schutzwürdiges Interesse nachweisen können.

Während Gläubiger und Arbeitnehmer kein Einsichtsrecht haben, geniesst die *Steuerbehörde* ein uneingeschränktes Einsichtsrecht in die Jahresrechnung.

Im Rahmen der Offenlegung ist zu beachten, dass das Rechnungslegungsrecht keine Pflicht zur Zwischenberichterstattung kennt. Bei grösseren Gesellschaften ist eine solche allerdings auf freiwilliger Basis weit verbreitet. Für börsenkotierte Gesellschaften sehen die Börsengesetze die Pflicht zur Zwischenberichterstattung zwingend vor.[914]

---

909 Art. 696 Abs. 2 OR; WEBER in: Basler Kommentar, N 7 zu Art. 696 OR.
910 Art. 961*c* OR.
911 Art. 968*e* Abs. 2 OR.
912 BGE 4C. 129/2004 E 4.2.1.
913 In Analogie zu Art. 958*c* Abs. 1. OR; BÖCKLI, Aktienrecht, § 12 Rz. 221.
914 SIX Kotierungsregelment Art. 50 (verlangt Halbjahresabschlüsse).

3.4.3.5 Projekt Umstellung auf das neue Rechnungslegungsrecht

a) Übergangsbestimmungen

Das neue Rechnungslegungsrecht ist für die *Jahresrechnung* (Einzelabschluss) spätestens im Geschäftsjahr, das zwei Jahre nach Inkrafttreten der Gesetzesänderung beginnt, anzuwenden.[915] Die Bestimmungen zur *Konzernrechnung* sind erstmals auf das Geschäftsjahr, das drei Jahre nach der Gesetzesänderung beginnt, anzuwenden.[916]

In den Geschäftsjahren, die nach dem 1. Januar 2013 beginnen, steht es den Unternehmen gemäss Botschaft frei, «ihre Rechnungslegung bereits innerhalb der Zweijahresfrist auf das neue Recht auszurichten».[917] Gestützt darauf sind sie befugt, das neue Gesetz bereits für Geschäftsjahre, die nach dem 1.1.2013 beginnen, anzuwenden (vorzeitige Anwendung). Demnach haben die Unternehmen mindestens dem Grundsatz nach entweder das bisherige Recht oder – spätestens im Geschäftsjahr, das am 1. Januar 2015 oder danach beginnt – das neue Recht anzuwenden.

Falls sie das neue Recht *nicht vorzeitig anwenden,* haben die Unternehmen weiterhin die bisherigen Bestimmungen des 32. Titel (Die kaufmännische Buchführung; Art. 957–963 aOR) sowie die nachstehenden Bestimmungen zur Rechnungslegung zu den einzelnen Rechtsformen in der bisherigen Fassung zu beachten: bei der AG die Bestimmungen von Art. 662–663*b*, 663*d*–669, 670, 697*h* und 698 Abs. 2 Ziff. 3 aOR. Gesellschaften, welche die bisherigen Bestimmungen weiterhin anwenden, sollten dies aus Transparenzgründen und zur Vermeidung von Missverständnissen im Anhang (Art. 959*c* OR) offenlegen, zumal die angewendeten Rechnungslegungsgrundsätze formell nicht mehr den ab dem 1.1.2013 gültigen Bestimmungen entsprechen. Diese Offenlegung ist auch im Hinblick auf die Geltendmachung von neuen Minderheitenrechten (Art. 961*d* Abs. 2, 962 Abs. 2, 963*a* Abs. 2, 963*b* Abs. 4 OR) angebracht, die erst bei Anwendung der neuen Rechnungslegungsbestimmungen geltend gemacht werden können.[918]

Wer die neuen Bestimmungen zur Buchführung und Rechnungslegung *vorzeitig anwendet,* hat sie dem Grundsatz nach *in ihrer Gesamtheit* anzuwenden: Ein Cherry Picking ist unzulässig.[919] Erlaubt ist jedoch die Einführung der Bestimmungen zur Konzernrechnung zu einem anderen Zeitpunkt.[920] Sodann besteht eine Erleichterung gemäss Art. 2 Abs. 4 der Übergangsbestimmungen in Bezug auf die Offenlegung der Vorjahreszahlen. Bei vorzeitiger Anwendung entfallen auch gewisse bisher verlangte Angaben im Anhang gem. Art.663*b* aOR, soweit sie nicht in den neuen Art. 959*c* OR aufgenommen worden sind (z.B. entfallen Angaben zum Brandversicherungswert, zur Aufwertung gem. Art. 670 OR, zur Durchführung einer Risikobeurteilung bei Unternehmen, die nicht der ordentlichen Revision unterliegen etc.). Hingegen ist zu beachten, dass bei vorzeitiger Anwendung auch die neuen Bestimmungen zum Schutz der Minderheitsbeteiligten zur Anwendung gelangen.[921]

---

915 Der Bundesrat hat am 21.11.2012 beschlossen, das neue Recht der kaufmännischen Buchführung und Rechnungslegung auf den 1.1.2013 in Kraft zu setzen.
916 Übergangsbestimmungen der Änderung vom 23. Dezember 2011, Art. 2 Abs. 3.
917 BOTSCHAFT, Änderung Rechnungslegungsrecht 2008, 1736.
918 CHK-LIPP, N 9 zu den Übergangsbestimmungen 1–2 der Änderung vom 23. Dezember 2012.
919 LUKAS GLANZMANN, Ab wann gilt das neue Rechnungslegungsrecht?, in NZZ Nr. 5 , vom 8.1.2013, 26.
920 Art. 963 ff. OR.
921 LIPP, Minderheitenschutz, ST 2012/11, 862 ff.

b) Vorgehen

Für die Umstellung auf die neue Rechnungslegung wird ein mehrstufiger Prozess empfohlen.[922]

In einer *ersten Phase* soll eine gründliche, vorgängige *Analyse* erfolgen, obwohl die formalen Anpassungen zum bisherigen Recht für die Aktiengesellschaften auf den ersten Blick wenig spektakulär erscheinen. Dabei gilt es zu beurteilen, welche neuen Bestimmungen einen Einfluss auf die bisherigen Rechnungslegungsrichtlinien der Gesellschaft haben. Welche Bestimmungen des neuen Rechts sind verbindlich von der Gesellschaft anzuwenden? Wo bestehen Wahlrechte, Optionen und Spielraum in der Anwendung? Was für vorbereitende Massnahmen sind zu treffen? Mit der Einführung von differenzierten Anforderungen an die Rechnungslegung wird nebst einer sorgfältigen Beurteilung der derzeitigen Situation auch eine Prognose der künftigen Entwicklungen (insbesondere über die drei Grössen Umsatz, Bilanzsumme, Anzahl Mitarbeiter) erforderlich. Ob die Grössenkriterien für eine ordentliche Revision (Art. 727 OR) und damit die Pflicht zur Rechnungslegung gemäss Art. 961 OR (mit erweitertem Anhang, Geldflussrechnung, Lagebericht) vorliegen, richtet sich bei der Erstanwendung nach den Kennzahlen in den letzten beiden Jahren vor dem Inkrafttreten des Gesetzes, also in den beiden Geschäftsjahren 2011 und 2012.

Nach der Beantwortung dieser Fragen soll ein *Zwischenentscheid* getroffen werden, ob allenfalls eine vorzeitige Anwendung vorgenommen werden soll. Dabei sind mögliche Vor- und Nachteile miteinander abzuwägen.

In einer *zweiten Phase* werden die eigenen Pläne mit den Erwartungen der Nutzer der Jahresrechnung und den Anforderungen der Revisionsstelle *abgestimmt*. Bekanntlich sind im Rahmen der Revision des Rechnungslegungsrechts einige griffige Schutzrechte für Minderheitsbeteiligte eingeführt worden. Der VR hat gründlich abzuklären, welche Erwartungen die Beteiligten an die Jahresrechnung in Bezug auf Transparenz stellen, ob die Minderheiten allenfalls von ihren neuen Rechten Gebrauch machen können (u.U. einen Abschluss nach einem anerkannten Standard zur Rechnungslegung verlangen.) Allenfalls drängen sich auch Anpassungen in den Statuten auf, damit die fristgerechte Erstellung des Abschlusses und der Abhaltung der ordentlichen GV sichergestellt ist (z.B. Aufnahme von Fristen zur Einreichung von Traktandierungsbegehren und Anträgen der Aktionäre). Gleichzeitig ist abzuklären, ob allenfalls von gewissen Optionen und Befreiungsmöglichkeiten im Gesetz Gebrauch gemacht werden soll, oder ob – trotz theoretischer Befreiung – freiwillig mehr als das gesetzliche Minimum an Informationen an die Beteiligten geliefert werden soll. Letztlich geht es dabei um die *Festlegung einer Informationspolitik* gegenüber den Nutzern (inkl. potentiellen Nutzern) des Abschlusses. Nebst mit den Minderheitsbeteiligten sind in dieser Phase sinnvollerweise auch allfällige Fragen der Anwendung der Rechnungslegung (insbesondere auch Bewertungsfragen) bereits mit der Revisionsstelle zu besprechen. Auch sollten die möglichen steuerlichen Auswirkungen von Anpassungen in der Rechnungslegung gründlich abgeklärt werden (wobei diesbezüglich jedoch z.Z. noch nicht alle Fragen geklärt sind).

In einer *dritten Phase* sind dann die formellen Anpassungen vorzunehmen: Anpassung der Bilanzierungs- und Bewertungsgrundsätze, Gliederung der Jahres-/Konzern-

---

[922] Dazu ausführlich HÜTTCHE, 666.

rechnung, Anpassungen Kontenplan, Gliederung der Geldflussrechnung, Anpassungen der IKS-Prozesse zur Erstellung der Finanzberichterstattung, Regelung der Verantwortlichkeiten (insbesondere für kritische Entscheide: Wertberichtigungen, Bewertung zum Marktwert, Rückstellungen, Offenlegung etc.) vorzunehmen. Nebst dem Umsetzungszeitplan regelt der Verwaltungsrat auch die Verantwortlichkeiten für die Umsetzung.

c) Umsetzung

Im Gegensatz zu den anerkannten Standards zur Rechnungslegung erlaubt das Handelsrecht bei der erstmaligen Anwendung der neuen Vorschriften zur Rechnungslegung den Verzicht auf die Nennung der Zahlen der Vorjahre.[923] Im zweiten Geschäftsjahr nach Anwendung der neuen Bestimmungen müssen nur die Zahlen des Vorjahres (die nach gleichen Grundsätzen ermittelt worden sind) angegeben werden.

Aus dem Verzicht zur Offenlegung der Vorjahreszahlen kann gefolgert werden, dass der Gesetzgeber keine allfälligen Anpassungen/Umgliederungen der von der Generalversammlung bereits genehmigten Vorjahreszahlen und insbesondere keine rückwirkenden Anpassungen des Eigenkapitals auf den Beginn des ersten dargestellten Geschäftsjahres wollte (d.h., es ist kein sogenanntes «Restatement» vorzunehmen). Der Verzicht auf die rückwirkende Anpassung der Vorjahreswerte in der Rechnungslegung hat zur Folge, dass allfällig notwendige Anpassungen aus der Umstellung der Rechnungslegung auf die neuen Vorschriften zu einer (erfolgswirksamen) Verbuchung im ersten Geschäftsjahr mit neuer Rechnungslegung führen. Gewisse Posten, die im neuen Recht nicht mehr die Kriterien eines Aktivums erfüllen (z.B. Gründungskosten) sowie allfällige Bewertungsunterschiede sind zulasten der Erfolgsrechnung zu korrigieren.

d) Konzernrechnung

Die Übergangsbestimmungen enthalten eine separate Regelung für die Konzernrechnung. Für die Umstellung/Einführung der Konzernrechnung nach neuer Rechnungslegung besteht eine Übergangsfrist von drei Jahren,[924] während bei der Jahresrechnung diese Frist lediglich zwei Jahre nach dem Inkrafttreten des Gesetzes beträgt. Die Regelung zur erstmaligen Anwendung der neuen Bestimmungen zur Konzernrechnung ist also nicht zwingend an die übrigen Bestimmungen zur Buchführung und Rechnungslegung gekoppelt. Die Bestimmungen zur Jahresrechnung können damit losgelöst von denjenigen zur Konsolidierung eingeführt werden (et vice versa).

Ist ein Unternehmen nach bisherigen Recht nicht konsolidierungspflichtig, dann muss es erstmals für das Geschäftsjahr, das am oder nach dem 1.1.2016 beginnt, eine Konzernrechnung nach den Vorschriften von Art. 963 ff. OR erstellen, sofern dannzumal die Konsolidierungspflicht nach neuem Recht gegeben ist und kein Befreiungsgrund vorliegt. Das gilt auch dann, wenn es die übrigen Bestimmungen des neuen Rechnungslegungsrechts bei der Erstellung der Jahresrechnung (Einzelabschluss) bereits vorzeitig anwendet. Da erfahrungsgemäss die Erstellung einer Konzernrechnung einen nicht zu unterschätzenden Zeitaufwand erfordert, sind seitens der Unternehmen entsprechende Vorbereitungen zu treffen, um fristgerecht eine Konzernrechnung vorlegen zu können.[925]

---

923 Übergangsbestimmungen der Änderung vom 23. Dezember 2011, Art. 2 Abs. 4.
924 Übergangsbestimmungen der Änderung vom 23. Dezember 2011, Art. 2 Abs. 3.
925 CHK-LIPP, N 25 ff. zu Art. 2 OR (Übergangsbestimmungen).

Analog zur Jahresrechnung ist auch bei der Erstellung der Konzernrechnung eine vorzeitige Anwendung der neuen Bestimmungen – für Geschäftsjahre, die nach dem 1.1. 2013 beginnen – möglich.

Unternehmen, welche sowohl gemäss bisheriger Regelung (Art.663e–h OR) als auch nach neuer Regelung (Art. 963 ff. OR) konsoldierungspflichtig sind, haben in den Geschäftsjahren 2013–2015 weiterhin eine Konzernrechnung zu erstellen. Dabei müssen sie entscheiden, ob sie die Konzernrechnung – trotz deren formeller Aufhebung – nach den bisherigen Bestimmungen[926] erstellen oder aber das neue Recht vorzeitig anwenden. Ein Unterbruch der Konsolidierungspflicht für diese Unternehmen während diesen Geschäftsjahren (1.1.2013 bis 2016) widerspräche offensichtlich den Absichten des Gesetzgebers.[927]

Weil die Schwellenwerte für die Konsolidierungspflicht (Art. 963 OR) im Vergleich zu den bisherigen Werten (Art. 663e aOR) erhöht wurden, müssen künftig nicht mehr alle Unternehmen, die bisher konsolidierungspflichtig waren, eine Konzernrechnung erstellen. Für ein Unternehmen, das nach bisheriger Regelung konsolidierungspflichtig war, hingegen neu – mangels Erreichen der Schwellenwerte – nicht mehr konsolidierungspflichtig ist, entfällt die Konsolidierungspflicht *sofort,* auch dann, wenn es die neuen Bestimmungen ansonsten nicht vorzeitig anwendet. Es wird damit ab dem 1.1. 2013 von der Pflicht zur Erstellung der Konzernrechnung befreit, vorbehältlich der Regelungen von Art. 963a Abs. 2 Ziff. 1 OR, wonach eine Konzernrechnung zwingend zu erstellen ist, wenn sie für eine zuverlässige Beurteilung der wirtschaftlichen Lage nötig ist. Dieser – Schwellenwert unabhängige – Vorbehalt bestand bereits im bisherigen Recht. Unternehmen, die aus diesem Grunde bereits bisher gehalten waren, eine Konzernrechnung zu erstellen, werden es auch künftig weiterhin tun müssen – unabhängig, ob sie altes oder neues Recht anwenden.

e) Minderheiten

Minderheiten können von ihren neuen Rechten[928] erst nach Ablauf der Übergangsbestimmungen Gebrauch machen, d.h. nach 2015 (Jahresrechnung, Einzelabschuss) bzw. 2016 (Konzernrechnung). Bis zu diesem Zeitpunkt können die Unternehmen sich auf die Übergangsbestimmungen berufen. Falls ein Unternehmen die Bestimmungen zum Buchführungs- und Rechnungslegungsrecht jedoch vorzeitig anwendet, gelten die damit zusammenhängenden neuen Minderheitenrechte ebenfalls.

3.4.3.6 Aufgaben des Verwaltungsrates im Rahmen der Buchführung und Rechnungslegung

Der Verwaltungsrat hat im Zusammenhang mit der Buchführung und Rechnungslegung folgende Kernaufgaben:[929]

– Er ist dafür verantwortlich, dass die Gesellschaft der gesetzlichen Pflichten in Bezug auf *Buchführung* nachkommt.

---

926 Art. 663e–h aOR.
927 GLANZMANN, a.a.O. in NZZ, 8. 1. 2013 Nr. 5, 26.
928 Art. 961d Abs. 2, 962 Abs. 2, 963a Abs.2 , 963b Abs. 4 OR.
929 BÖCKLI, Aktienrecht, § 13 Rz. 340 ff.; BOEMLE/LUTZ, Jahresabschluss, 35 ff.; KARTSCHER/ROSSI/SUTER, Finanzberichterstattung, 5; KRNETA, N 1117; VOLKART, Finanzpolitik, 84 ff.

- Er sorgt dafür, dass die Buchführung den *Grundsätzen ordnungsmässiger Buchführung*[930] genügt.
- Er *überwacht die Zweckmässigkeit der Buchführung* unter Berücksichtigung der Art und der Grösse des Unternehmens (inkl. Entscheide über Art der Buchführung, Landeswährung).
- Er *genehmigt Richtlinien der Buchführung* (Grundsätze, Kontierungsrichtlinien, Kontenpläne etc. Bewertungsgrundsätze, inkl. Grundsätze für Abschreibungen, Wertberichtigungen, Rückstellungen, Bewertung zu Marktpreisen).
- Er *überwacht spezielle und aussergewöhnliche Geschäftsvorgänge und Sachverhalte* und deren Erfassung und Verarbeitung in der Buchführung (z.B. Transaktionen mit Organmitgliedern, nahestehenden Personen; Akquisitionen von Unternehmen, Behandlung von Goodwill etc.).
- Er *überwacht die für die Buchführung zuständigen Personen* der Geschäftsleitung, insbesondere den CEO und den CFO).
- Er ist dafür verantwortlich, dass die Gesellschaft den gesetzlichen Pflichten in Bezug auf die *Rechnungslegung* nachkommt.
    - Er sorgt dafür, dass die Rechnungslegung den Grundsätzen ordnungsmässiger Rechnungslegung[931] genügt.
    - Er legt – innerhalb der gesetzlichen Vorgaben – die *Richtlinien und Grundsätze der Rechnungslegung* fest (inkl. Bestimmung der Bestandteile des Geschäftsberichts und der Jahresrechnung (gegebenenfalls der Konzernrechnung), Mindestgliederung von Bilanz, Erfolgsrechnung, Geldflussrechnung, Anhang), Entscheid betr. bestehender Wahlrechte/Optionen, Regelung bei Einführung neuer Vorschriften/Rechnungslegungsstandards etc.). Er stellt dabei insbesondere sicher, dass die unterschiedlichen gesetzlichen Anforderungen (entsprechend der wirtschaftlichen Bedeutung des Unternehmens) sowie allfällige Anforderungen der Börse eingehalten werden.
    - Er beurteilt die Verlässlichkeit, sachliche Richtigkeit, Aktualität und Aussagekraft der von der Geschäftsleitung vorbereiteten Unterlagen zur Beurteilung der Geschäftsentwicklung während des Jahres (Monatsberichte, Quartalsberichte etc.) und bei der Erstellung des Abschlusses.
    - Er überwacht die *Entwicklung der stillen Reserven* im Hinblick auf die Offenlegungsanforderungen[932] (Festlegung der Ermittlungsmethode, Bestand, Veränderung im Vorjahrsvergleich).
    - Er bestimmt – innerhalb der gesetzlichen Vorgaben – die Grundsätze der Informationspolitik gegenüber Minderheitsbeteiligten und andere Interessierten (Banken, Anleihensgläubigern, Arbeitnehmern, staatlichen Behörden etc.).
    - Er legt die Sprache und Währung der Rechnungslegung fest.

---

[930] Art. 957*a* OR.
[931] Art. 959*c* OR.
[932] Art. 959*c* Abs. 1 Ziff. 3 OR.

Er ist für die zeitgerechte *Erstellung des Geschäftsberichts*[933] verantwortlich (Genehmigung des von der GL vorgelegten Zeitplanes für den Abschluss, Überwachung der Einhaltung der Zwischentermine etc.).

- Er ist für den *Inhalt* des Geschäftsberichts verantwortlich.
- Er entscheidet bei der Jahresrechnung/Konzernabschluss in wichtigen *Bereichen mit Ermessensspielräumen und hohem Risiko* (Erfassung und Bewertung von Vermögensgegenständen (z.B. Behandlung von wesentlichen F&E-Kosten, angefangenen Projekten, Behandlung von Beteiligungen, Bewertung des Goodwills, Kaufpreisallokation bei Unternehmensakquisitionen, Abschreibungen, Wertberichtigungen, Rückstellung, Transaktionen mit nahestehenden Personen, Umsatzrealisierung etc.).
- Er überwacht die *Offenlegung* spezieller und aussergewöhnlicher Geschäftsvorgänge und Sachverhalte. Namentlich unterzieht er folgende Kapitel einer kritischen Durchsicht: Rechnungslegungsgrundsätze, Änderung in den Rechnungslegungsrichtlinien, Anpassungen von Vorjahreszahlen im Abschluss, Korrekturen von Irrtümern, Fehlern etc. (Restatements), Offenlegung von wesentlichen Unsicherheiten im Anhang (Angemessenheit der Annahme der Unternehmensfortführung, Ausgang von wesentlichen Rechtsstreitigkeiten etc.), Offenlegung von wesentlichen Risiken im Abschluss, Offenlegung spezieller Geschäftsvorfälle (z.B. Transaktionen mit nahestehenden Personen, Vornahme von ausserplanmässigen Wertberichtigungen, Bewertung immaterieller Werte (inkl. Goodwillbewertung, inkl. getroffener Annahmen, Sensitivitäten), Entwicklung der Rückstellungen etc.).
- Er gibt Richtlinien für die Erstellung des Lageberichts.[934] Er gibt Vorgaben über die *formellen* Aspekte (Umfang, Gestaltung, Form der Veröffentlichung, Zeitplan etc.) sowie über den *materiellen* Inhalt des Berichts (Tiefe und Umfang der Darstellung, den Detaillierungsgrad der Offenlegung zu den gesetzliche verlangten Berichtspunkten und allenfalls von ihm gewünschten, zusätzlichen Angaben, Details zur Erstellung, redaktionelle Vorgaben und Verantwortlichkeiten etc.
- Er diskutiert den Prüfungsplan (Risikobeurteilung, Prüfungsansatz, gegenseitige Erwartungen, Schwergewichtsthemen, Berichterstattung, Zeitplan, Honorar etc.) mit der *Revisionsstelle*.[935] Nach Ende der Prüfung bespricht er Ergebnisse der Prüfung des Abschlusses mit der Revisionsstelle. Er diskutiert dabei insbesondere deren wesentliche Feststellungen, deren Gesamtbeurteilung der Rechnungslegung des Unternehmens (Qualität der Rechnungslegung, Corporate-Governance-Fragen, Gesamtbeurteilung des Abschlusses), deren Beurteilung spezifischer Sachverhalte, namentlich die Ermessensentscheide, Plausibilität von Einschätzungen, Angemessenheit der Offenlegung, materielle Inkonsistenzen in den Aussagen zwischen Lagebericht und Jahresrechnung, Fehler in der Rechnungslegung, Verstösse gegen Gesetz und Statuten, Schwächen im internen Kontrollsystem, Meinungsverschiedenheiten zwischen Geschäftsleitung und Revisionsstelle etc. Sodann lässt er sich durch die Revisionsstelle über allgemeine Entwicklungen in der

---

933 Art. 958 Abs. 3 OR (Siehe Muster in Ziff. 11.33, S. 871 ff.).
934 Art. 961c OR (Siehe hinten Ziff. 3.10.1.4, S. 297 ff.).
935 Siehe hinten Ziff. 8.4.1, S. 576 f. und Ziff. 8.5.1, S. 587 ff.

Rechnungslegung (Gesetzgebung, Entwicklung Rechnungslegungsstandards und deren Anwendung) im regulatorischen Umfeld und zu Fragen der Compliance orientieren.
- Er autorisiert die Jahresrechnung/Konzernrechnung sowie den Lagebericht zur Freigabe an die Aktionäre und weitere Dritte zwecks Genehmigung an der GV.
- Er unterzeichnet den Geschäftsbericht.[936]

- Er bestimmt den anzuwendenden Standard im Falle eines *Abschlusses nach anerkanntem Standard der Rechnungslegung*.[937]
- Er bereitet die Generalversammlung vor und erstellt diesbezüglich Anträge (namentlich Genehmigung der Jahresrechnung, allenfalls Konzernrechnung, allenfalls Lagebericht, Vorschlag für die Verwendung des Bilanzgewinnes).
- Er überwacht die Aufgabenerfüllung, fachliche und soziale Kompetenz und Führungsverantwortung der für die Rechnungslegung zuständigen Mitlieder der Geschäftsleitung, insbesondere den CEO und den CFO.
- Er überwacht die Umsetzung der beschlossenen Massnahmen, Vorschläge der Revisionsstelle und der internen Revision.
- Er überwacht die Aufgabenerfüllung, fachliche und soziale Kompetenz und Verantwortung der *internen Revision*.
    - Er genehmigt den Prüfungsplan der internen Revision (Risikobeurteilung, Prüfgegenstand, Umfang, Berichterstattung, Spezialabklärungen etc.).
    - Er stellt die Koordination der internen Revision mit der externen Revisionsstelle sicher.
    - Er stattet die interne Revision mit den notwendigen Ressourcen (Fachpersonal, Kompetenzen, Hilfsmittel etc.) zur Auftragserfüllung aus.[938]
    - Er beurteilt periodisch die Qualität, Effektivität und Effizienz der internen Revision.
- Bei einem *Kapitalverlust* im Sinne von Art. 725 Abs. 1 OR (hälftiger Verlust des Aktienkapitals und der gesetzlichen Reserven) orientiert er unverzüglich die Generalversammlung und beantragt ihr Sanierungsmassnahmen.
- Bei *begründeter Besorgnis einer Überschuldung* ergreift er die notwendigen Massnahmen gem. Art. 725 Abs. 2 OR (Erstellung einer Zwischenbilanz zu Fortführungs- und Veräusserungswerten, Veranlassung einer Prüfung durch einen zugelassenen Revisor, Einholung von Rangrücktritten, Ergreifung von Sanierungsmassnahmen, allenfalls Benachrichtigung des Richters).
- Er beurteilt periodisch seine eigene Leistung (Selbstbeurteilung) in Bezug auf Effektivität, Effizienz, Unabhängigkeit, fachliche Kompetenz im Bereich Rechnungslegung und erwägt die Bildung von Ausschüssen (Prüfungsausschuss).

---

[936] Art. 958 Abs. 3 OR.
[937] Art. 962 OR.
[938] Hinten unter Ziff. 11.36, S. 887 ff., befindet sich ein Muster für ein Reglement der internen Revision.

3.4.3.7 Aufgaben der Geschäftsleitung im Rahmen der Buchführung und Rechnungslegung

Ausser bei kleinen Verhältnissen wird der Verwaltungsrat in der Regel die Geschäftsleitung mit der Umsetzung seiner strategischen Vorgaben für das Rechnungswesen betrauen.

Dementsprechend sind dann die wichtigsten Aufgaben der Geschäftsleitung in diesem Bereich:[939]

– Implementierung von Systemen, Strukturen und Abläufen (inkl. internen Kontrollen), um die ordnungsmässige Buchführung zu gewährleisten;
– Erstellung von Richtlinien (Grundsätze der Rechnungslegung, Accounting Manual, Kontierungsanweisungen, Bewertungsregeln etc.);
– Analyse der Auswirkungen von allfälligen Änderungen in den gesetzlichen Rechnungslegungsbestimmungen und -anerkannten Standards der Rechnungslegung,
– Vorbereitung von Unterlagen für den Verwaltungsrat bei speziellen Transaktionen und Geschäftsvorfällen (Transaktionen mit Nahestehenden, Akquisitionen (Kaufpreisallokation, Behandlung des Goodwills etc.) Bewertung von Vermögenswerten (Abschreibungen, Wertberichtigungen), Rückstellungen, Bereiche mit Ermessen, Schätzungen, Annahmen);
– Bestimmung von externen Spezialisten für spezielle Transaktionen (Versicherungsmathematische Berechnungen, Experten für Kaufpreisallokation (immaterielle Werte), für Immobilienbewertungen etc.;
– Erstellung eines Entwurfs der Jahresrechnung, der Konzernrechnung allenfalls des Abschlusses nach anerkanntem Standard zur Rechnungslegung;
– Erstellen von Zwischenabschlüssen und Informationen zuhanden des Verwaltungsrates.

3.4.4 Jahresrechnung

3.4.4.1 Bilanz

Der Verwaltungsrat ist verpflichtet, als Teil des Geschäftsberichtes eine Jahresrechnung[940] zu erstellen, wozu auch Bilanz und Erfolgsrechnung gehören. Die Bilanz ist eine auf einen bestimmten Zeitpunkt (Bilanzstichtag) errichtete Gegenüberstellung der Vermögenswerte des Unternehmens (Aktiven, Investitionsseite) mit seinen Verbindlichkeiten und dem Eigenkapital (Passiven, Finanzierung). Mit der neuen Rechnungslegung werden die Begriffe Aktiven und Fremdkapital erstmals im Gesetz definiert.

Als *Aktiven* müssen demnach Vermögenswerte bilanziert werden, wenn sie kumulativ folgende Voraussetzungen erfüllen. Das Unternehmen muss i) aufgrund vergangener Ereignisse über sie verfügen können, ii) ein künftiger Mittelzufluss muss wahrscheinlich sein und iii) ihr Wert muss verlässlich geschätzt werden können. Verbindlichkeiten sind als

---

939 Siehe dazu Kartscher/Rossi/Suter, Finanzberichterstattung, 5 ff.
940 Dazu siehe insbesondere Behr/Leibfried; Böckli, Aktienrecht, § 8; Boemle/Lutz, Jahresabschluss; Handschin, Rechnungslegung; HWP (2009), Band 1; zum neuen Rechnungslegungsrecht: CHK-Lipp, N 7 ff. zu 958 OR. Hinten in Ziff. 11.37, S. 892 ff., findet sich eine Arbeitshilfe zu den Offenlegungsvorschriften bei der Jahresrechnung.

Fremdkapital zu erfassen, wenn sie i) durch vergangene Ereignisse bewirkt wurden, ii) ein Mittelabfluss wahrscheinlich ist und iii) ihre Höhe verlässlich geschätzt werden kann.

Die im Gesetz genannten Definitionen für Aktiven und Fremdkapital, die sich an denjenigen der IFRS und Swiss GAAP FER orientieren, sind für die Umsetzung in der Praxis auslegungsbedürftig, verlangen Schätzungen sowie das Treffen von Annahmen und setzen auch die Anwendung von Ermessensentscheiden voraus. Diese beeinflussen die Jahresrechnung u.U. erheblich.

Bei der Bilanz betrifft dies vor allem Bilanzierungsentscheide (Wann dürfen oder müssen Vermögenswerte und Verbindlichkeiten erfasst werden?) sowie die zugrunde liegenden Bewertungsgrundsätze.[941]

Der Verwaltungsrat und die zuständigen Personen im Unternehmen (namentlich der CFO) haben zu entscheiden, wann ein Geschäftsvorfall oder Sachverhalt zu erfassen, wie er zu bewerten und offenzulegen ist. Trotz gesetzlicher Definition ist dies nicht immer klar. Zur kontinuierlichen und konsistenten Anwendung im Unternehmen sollten daher die wesentlichen Bilanzierungs- und Bewertungsrichtlinien konkretisiert werden. Insbesondere sollten interne Regeln über die Erfassung (und Bewertung) in gesetzlich wenig konkret geregelten Bereichen (namentlich die Erfassung angefangener Arbeiten, langfristiger Projekte, Entwicklungskosten, Immaterieller Werte, Goodwill, geleaster Vermögenswerte, der Ansatz von Rückstellungen, Vorsorgeverpflichtungen etc.) aufgestellt und umgesetzt werden.[942]

Zur Konkretisierung des Grundsatzes der Klarheit und Wahrheit der Rechnungslegung schreibt das Gesetz (wie auch die anerkannten Standards zur Rechnungslegung) ausdrücklich die Einhaltung bestimmter *Mindestgliederungsvorschriften* für die Bilanz[943] und für die Erfolgsrechnung[944] sowie die Vollständigkeit und Richtigkeit der notwendigen Angaben des Anhanges vor. Auch sind die entsprechenden Vorjahreszahlen anzugeben.[945] Die im Gesetz geregelte Mindestgliederung orientiert sich an IFRS und Swiss GAAP FER. Gegenüber der bisherigen aktienrechtlichen Regelung[946] ändert sich im neuen Rechnungslegungsrecht dabei vor allem der Ausweis der eigenen Aktien, die neu im Eigenkapital als Minusposten in Abzug gebracht werden.

---

941 KARTSCHER/ROSSI/SUTER, Finanzberichterstattung, 27.
942 Zur Bewertung siehe hinten Ziff. 3.4.5, S. 217 ff.
943 Art. 959a OR. BÖCKLI, Aktienrecht, § 8 Rz. 252 ff.; BOEMLE/LUTZ, Jahresabschluss, 263 ff.; zur neuen Rechnungslegung CHK-LIPP, Art. 959a OR.
944 Art. 959b OR; BÖCKLI, Aktienrecht, § 8 Rz. 208 ff.; BOEMLE/LUTZ, Jahresabschluss, 197 ff.; CHK-LIPP, Art. 959b OR.
945 Art. 958d Abs. 2 OR.
946 Art. 663a aOR.

Die **Bilanz** ist nach Art. 959a OR mindestens wie folgt zu gliedern:

Aktiven	Passiven
1. Umlaufvermögen	1. kurzfristiges Fremdkapital
a. flüssige Mittel und kurzfristig gehaltene Aktiven mit Börsenkurs	a. Verbindlichkeiten aus Lieferungen und Leistungen
b. Forderungen aus Lieferungen und Leistungen	b. kurzfristige verzinsliche Verbindlichkeiten
c. übrige kurzfristige Forderungen	c. übrige kurzfristige Verbindlichkeiten
d. Vorräte und nicht fakturierte Dienstleistungen	d. passive Rechnungsabgrenzungen
e. aktive Rechnungsabgrenzungen	2. langfristiges Fremdkapital
2. Anlagevermögen	a. langfristig verzinsliche Verbindlichkeiten
a. Finanzanlagen	b. übrige langfristige Verbindlichkeiten
b. Beteiligungen	c. Rückstellungen sowie vom Gesetz vorgesehene ähnliche Positionen
c. Sachanlagen	3. Eigenkapital
d. immaterielle Werte	a. Grundkapital (ggf. gesondert nach Beteiligungskategorien)
e. nicht einbezahltes Grundkapital	b. gesetzliche Kapitalreserve
	c. gesetzliche Gewinnreserve
	d. freiwillige Gewinnreserve oder kumulierte Verluste als Minusposten
	e. eigene Kapitalanteile als Minusposten

Forderungen und Verbindlichkeiten gegenüber Beteiligten (direkt oder indirekt) und Organen sowie Konzerngesellschaften müssen jeweils in der Bilanz oder im Anhang separat ausgewiesen werden.[947]

Falls es für die Beurteilung der Vermögens- und Finanzierungslage durch Dritte wesentlich oder branchenüblich ist, so müssen in der Bilanz bzw. Erfolgsrechnung oder im Anhang weitere Positionen ausgewiesen werden.[948]

Als *Umlaufvermögen* werden diejenigen Vermögenswerte betrachtet, die voraussichtlich innerhalb eines Jahres ab dem Bilanzstichtag oder innerhalb des normalen Geschäftszyklus zu flüssigen Mitteln oder anderweitig realisiert werden.[949] Alle übrigen Vermögenswerte sind als *Anlagevermögen* zu bilanzieren.

Das *Fremdkapital* ist zwingend in kurz- und langfristiges Fremdkapital zu unterteilen: Verbindlichkeiten, die innerhalb eines Jahres ab dem Bilanzstichtag oder innerhalb des normalen Geschäftszyklus zur Zahlung fällig werden, gelten als *kurzfristig*, die übrigen als *langfristig*.

Beim *Eigenkapital* werden die Reserven neu nach der Herkunft gegliedert. Einlagen, die von den Eigentümern getätigt worden sind (z.B. Agio, Zuschüsse etc.) werden in den gesetzlichen Kapitalreserven ausgewiesen, während die einbehaltenen Gewinne in den Gewinnreserven gezeigt werden.

---

[947] Art. 959a Abs. 4 OR; HWP (2009), Band 1, 162; CHK-Lipp, N 66 ff. zu Art. 959a OR; Kartscher/Rossi/Suter, Finanzberichterstattung, 175 ff.
[948] Art. 959a Abs. 3 bzw. Art. 959b Abs. 5 OR.
[949] Art. 959 Abs. 2 OR.

3.4.4.2 Erfolgsrechnung

In der Erfolgsrechnung werden die erzielten Erträge einer Periode (i.d.R. eines Jahres) den in derselben Periode angefallenen Aufwendungen gegenübergestellt und damit das in der Periode erwirtschaftete Ergebnis (Jahresgewinn bzw. -verlust) ermittelt. Die **Erfolgsrechnung** kann entweder als Produktionserfolgsrechnung (Gesamtkostenverfahren) oder als Absatzerfolgsrechnung (Umsatzkostenverfahren) dargestellt werden:[950]

Produktionserfolgsrechnung	Absatzerfolgsrechnung
1. Nettoerlöse aus Lieferungen und Leistungen	1. Nettoerlöse aus Lieferungen und Leistungen
2. Bestandesänderungen unfertige und fertige Erzeugnisse	2. Anschaffungs- oder Herstellungskosten der verkauften Produkte und Leistungen
3. Materialaufwand	3. Verwaltungsaufwand und Vertriebsaufwand
4. Personalaufwand	4. Finanzaufwand und Finanzertrag
5. übriger betrieblicher Aufwand	5. betriebsfremder Aufwand und betriebsfremder Ertrag
6. Abschreibungen und Wertberichtigungen auf Positionen des Anlagevermögens	6. ausserordentlicher, einmaliger oder periodenfremder Aufwand und Ertrag
7. Finanzaufwand und Finanzertrag	7. direkte Steuern
8. betriebsfremder Aufwand und betriebsfremder Ertrag	8. **Jahresgewinn oder Jahresverlust**
9. ausserordentlicher, einmaliger oder periodenfremder Aufwand und Ertrag	
10. direkte Steuern	
11. **Jahresgewinn oder Jahresverlust**	

Obwohl gesetzlich nicht mehr verlangt, sollten zum besseren Verständnis auch Zwischentotale gebildet werden, insbesondere ein Zwischentotal für das betriebliche Ergebnis, das ordentliche Ergebnis, das Ergebnis vor Steuern.

Während internationale Standards zur Rechnungslegung (wie IFRS, US GAAP) nur äusserst selten Geschäftsvorfälle und Sachverhalte als «ausserordentlich» oder «einmalig» qualifizieren, verlangt die handelsrechtlichen Jahresrechnung einen separaten Ausweis. Dies kann zu schwierigen Abgrenzungsfragen und zu Diskussionen mit der Geschäftsleitung führen, insbesondere wenn deren Entlöhnung an die Erreichung gewisser Kennzahlen der Erfolgsrechnung gekoppelt ist.

Unternehmensintern sollten daher in den Buchführungs- und Bilanzierungsrichtlinien entsprechende Kriterien definiert werden, wann eine Transaktion als «ausserordentlich, einmalig, periodenfremd», «aussergewöhnlich» (Terminologie im Lagebericht[951]) betrachtet wird. Bei langfristiger Betrachtung sind mit grösster Wahrscheinlichkeit die meisten Buchungstatbestände als zum ordentlichen, üblichen Geschäft gehörend zu betrachten. Sie sollten daher (auch in der handelsrechtlichen Jahresrechnung) nur sehr restriktiv als «ausserordentlich» qualifiziert werden. Klarheit kann auch durch eine Anmerkung im Anhang erreicht werden.

---

950 Art. 959*b* Abs. 2 OR, dazu BAUMANN/SPICHIGER, 875 ff.
951 Art. 961*c* Abs. 2 Ziff. 5 OR.

3.4.4.3 Anhang

Bei allen Aktiengesellschaften werden detaillierte Angaben im Anhang verlangt. Diese sollen die Angaben in den übrigen Teilen der Jahresrechnung (Bilanz, Erfolgsrechnung, Geldflussrechnung) ergänzen und näher erläutern, und dadurch zum Verständnis der Jahresrechnung beitragen.[952] Hingegen soll der Anhang keine Kommentierung oder gar geschäftspolitischen Erläuterungen und Interpretationen des Verwaltungsrates enthalten. Dafür ist der Lagebericht vorgesehen.[953]

Die im Anhang offenzulegenden Angaben sind im Art. 959c OR aufgelistet. Offenzulegen sind bei der Jahresrechnung die *Grundsätze*, welche bei der Erstellung der Jahresrechnung angewendet worden sind, soweit sie nicht bereits vom Gesetz vorgeschrieben sind. Es sind demnach insbesondere in jenen Fällen Angaben zu machen, in denen das Gesetz *Freiheiten und Wahlrechte* für den Bilanzersteller offenlässt oder deren Behandlung nicht explizit regelt. Als *Beispiele* von offenzulegenden Angaben über die angewandten Grundsätze sind denkbar:[954]

– Bewertung zu Veräusserungswerten, Abweichungen von der Annahme der Fortführung (Art. 958a OR);
– Verzicht auf zeitliche und sachliche Abgrenzungen bei Kleinstunternehmen (Art. 958b Abs. 2 OR);
– Anpassungen an die Besonderheiten des Unternehmens und der Branche (Art. 958c; Art. 959a Abs. 3; Art. 959b Abs. 5 OR);
– Betrag und Bewertung von Aktiven mit beobachtbaren Marktpreisen (Art. 960b OR);[955]
– Bewertung der Forderungen: Methode der Bewertung, Ermittlung der Wertberichtigungen (einzel oder pauschal);
– Bewertung von Vorräten und nicht fakturierten Dienstleistungen (Art. 960c OR): Methode der Ermittlung der Anschaffungs- und Herstellungskosten, vereinfachte Verfahren, Behandlung von Skonti, Behandlung von Anzahlungen, Bewertung zu Veräusserungswerten;[956]
– Bewertung von langfristigen Fertigungsaufträgen: Methode, Berücksichtigung von Gewinnanteilen nach Massgabe des Projektfortschrittes, Ermittlung des Fertigstellungsgrades etc. (insbesondere bei Anwendung der POC-Methode);[957]
– Bewertung von Anlagevermögen (Art. 960d OR): Abschreibungsmethode, Nutzungsdauer, Behandlung von Zinsen in der Erstellungsphase, Behandlung von geleasten Vermögen;
– Behandlung von Beteiligungen, die grösser als 20%, aber kleiner als 50% sind;[958]

---

952 BÖCKLI, Aktienrecht, § 8 Rz. 360 ff.; BOEMLE/LUTZ, Jahresabschluss, 407 ff.; zur neuen Rechnungslegung: CHK-LIPP, Art. 959c OR; KOLLER/SCHÄFLI, 880.
953 KARTSCHER/ROSSI/SUTER, Finanzberichterstattung, 43.
954 CHK-LIPP, N 13 zu Art. 959c OR.
955 Dazu eingehend WYSS/MITTELSTEADT, 885; BÖCKLI, Neue OR Rechnungslegung, 825 f.; Treuhand-Kammer, Fragen und Antworten zur neuen Rechnungslegung (Internetseite).
956 KLEIBOLD, 870 ff.
957 Percentage of completion Method (Methode der anteiligen Gewinnrealisierung, anteilsmässige Realisierung des Erfolgs entsprechend dem Projektfortschritt), siehe IAS 11, Swiss GAAP FER, 22.
958 Dazu KARTSCHER/ROSSI/SUTER, Finanzberichterstattung, 47 ff.; MEYER, Konzernrechnung, 95 ff.

- Behandlung von Gemeinschaftsunternehmen (Joint Ventures, einfachen Gesellschaften, Arbeitsgemeinschaften, Konsortien etc.);
- Bewertung von Renditeliegenschaften;[959]
- Kriterien zur Klassierung von gemischt genutzten Liegenschaften;
- Bewertung von immateriellen Werten und Behandlung von Goodwill (in der Konzernrechnung);
- Bewertung von Rückstellungen (Art. 960e OR);[960]
- Ansetzung von Schwankungsreserven (Art. 960b OR);
- Behandlung von nicht mehr benötigten Rückstellungen;
- Diskontierung/Abzinsung von langfristigem Fremdkapital;
- Bewertung von Derivaten (aktuelle Werte oder wie Grundgeschäft), eingebetteten Derivaten, Behandlung von Cashflows, die sich nicht bilanziell auswirken;
- Behandlung von Fremdwährungseinflüssen, Umrechnungsdifferenzen, Kursgewinnen und Verlusten aus Transaktionen in Fremdwährungen;.

Zu den bei Konzernrechnungen offenzulegenden angewandten Grundsätzen siehe Ziff. 3.4.7, S. 243 ff.

Daneben sollten im Anhang auch Angaben zu *Schätzungsunsicherheiten* gemacht werden, sofern deren Angabe für den Nutzer/Leser wesentlich sind zum Verständnis der Jahresrechnung und zur Erlangung eines zuverlässigen Urteils über die wirtschaftliche Lage des Unternehmens.[961] Dies ist insbesondere dann der Fall, wenn der Ersteller der Jahresrechnung von der Annahme der Unternehmensfortführung ausgeht, diese jedoch gefährdet ist.[962] Denkbar sind auch die Offenlegung von Unsicherheiten in der Bewertung bei wesentlichen Bilanzpositionen, bspw. bei unsicherem Ausgang von wesentlichen Rechtsstreitigkeiten, der Ermittlung des Wertes von Beteiligungen, immateriellen Werten, Rückstellungen etc.

Neben den angewandten Grundsätzen, Angaben und Erläuterungen zu Bilanz- und Erfolgsrechnungspositionen (insbesondere zu den einmaligen und ausserordentlichen Posten) muss insbesondere auch betragsmässig offengelegt werden, in welchem Gesamtumfang stille Reserven netto aufgelöst worden sind. Zudem wird eine Reihe von zusätzlichen Einzelangaben gefordert, namentlich zu Beteiligungen, Verbindlichkeiten gegenüber Vorsorgeeinrichtungen, Eventualverbindlichkeiten, Leasingverpflichtungen, Ereignissen nach dem Bilanzstichtag, Mitarbeiterbeteiligungen und -programmen (siehe Checkliste Darstellung der Jahresrechnung hinten Ziff. 11.37, S. 892 ff.).

Grössere Gesellschaften, die zur ordentlichen Revision verpflichtet sind, haben zudem das an die Revisionsstelle geleistete Honorar (aufgeteilt in Revisionsdienstleistungen und andere Dienstleistungen) sowie die langfristig verzinslichen Verbindlichkeiten (aufgeteilt nach Fälligkeit von einem bis 5 Jahren und nach fünf Jahren) offenzulegen.[963]

---

[959] Bewertung zum aktuellen Marktwert oder zu Anschaffungskosten? Wahlrecht bei IAS 40.9 ff.; Swiss GAAP FER 18.14.
[960] BÖCKLI, Neue OR Rechnungslegung, 823 f.
[961] HANDSCHIN, Rechnungslegung, N 430.
[962] Art. 958a OR.
[963] Art. 961a OR.

Grundsätzlich ist keine Abweichung von den Gliederungsvorschriften in Bilanz bzw. Erfolgsrechnung und offenzulegenden Angaben im Anhang zulässig, ausser aus Aspekten der Wesentlichkeit. Die im bisherigen Aktienrecht bestehende Schutzklausel von Art. 663*h* Abs. 1 aOR, wonach die Gesellschaft in der Jahresrechnung, im Jahresbericht und in der Konzernrechnung auf Angaben verzichten konnte, welche der Gesellschaft oder dem Konzern erhebliche Nachteile mit sich bringen, wurde mit der Revision 2011 gestrichen.

Eine **Geldflussrechnung** ist lediglich bei den *grösseren* Gesellschaften zwingend Bestandteil der Jahresrechnung/Konzernrechnung.

Hinten, unter Ziff. 11.37, Seite 892 ff., wird eine den gesetzlichen Mindestvorschriften entsprechende Möglichkeit zur Gliederung der Jahresrechnung wiedergegeben. Im konkreten Einzelfall hat der Verwaltungsrat die Pflicht, die notwendigen Anpassungen an die jeweiligen Verhältnisse im Rahmen der gesetzlichen Vorschriften vorzunehmen. Insbesondere ist dabei der *Grundsatz der Klarheit und Übersichtlichkeit* zu beachten.

3.4.4.4 Rechnungslegung für grössere Gesellschaften

Aufgrund ihrer grösseren wirtschaftlichen Bedeutung sieht das Gesetz für *grössere Unternehmen* erhöhte Anforderungen an die Rechnungslegung und Transparenz vor. Sie haben im Anhang der Jahresrechnung a) zusätzliche Angaben im Anhang der Jahresrechnung zu machen (Art. 961*a* OR); b) eine Geldflussrechnung als Teil der Jahresrechnung zu erstellen (Art. 961*b* OR) und c) einen Lagebericht zu verfassen (Art. 961*c* OR).

Als *grössere* Unternehmen gelten dabei solche, welche zu einer *ordentlichen Revision*[964] verpflichtet sind. Gemäss Art. 727 OR sind dies (1.) Publikumsgesellschaften,[965] (2.) andere wirtschaftlich bedeutende Unternehmen[966] und (3.) Unternehmen, die eine Konzernrechnung erstellen müssen.

Gesellschaften, welche zwei der genannten Schwellenwerte in zwei aufeinanderfolgenden Geschäftsjahren nicht überschreiten, oder aufgrund von Art. 961*d* Abs. 1 OR von der Rechnungslegung für grössere Unternehmen befreit sind,[967] unterliegen in Bezug auf die Prüfung lediglich einer eingeschränkten Revision[968] und in Bezug auf die Rechnungslegung den allgemeinen Vorschriften.[969] Die Befreiung infolge Erstellung einer Kon-

---

964 Art. 727 OR.
965 Als *Publikumsgesellschaften* gelten gemäss Art. 727 Abs. 1 Ziff. 1 OR Gesellschaften, die (a) Beteiligungspapiere an einer Börse kotiert haben, (b) Anleihensobligationen ausstehend haben, oder (c) mindestens 20% der Aktiven oder des Umsatzes zur Konzernrechnung eines Unternehmens nach Art. 727 Abs. 1 Ziff. 1 a oder b beitragen (sogenannte «Substantial role»-Unternehmen).
966 Zu den *wirtschaftlich bedeutenderen Unternehmen* zählen Unternehmen, die zwei der nachstehenden Grössen in zwei aufeinanderfolgenden Geschäftsjahren überschreiten: (i) Bilanzsumme von CHF 20 Mio., (ii) Umsatzerlös von CHF 40 Mio. und (iii) 250 Vollzeitstellen im Jahresdurchschnitt. Diese Schwellenwerte wurden auf den 1.1.2012 heraufgesetzt. Für die Beurteilung, ob zwei von drei Schwellenwerten in zwei aufeinanderfolgenden Jahren überschritten werden, sind (nach neuer Auslegung) jeweils das abgeschlossene Berichtsjahr und das Vorjahr massgebend. Bspw. sind für das Geschäftsjahr 2014 die Kennzahlen der Geschäftsjahre 2014 (Berichtsjahr) und 2013 (Vorjahr) massgebend.
967 Weil sie selbst oder eine juristische Person, welche die Gesellschaft kontrolliert, eine Konzernrechnung nach anerkannten Standard zur Rechnungslegung erstellen.
968 Art. 729 OR.
969 Art. 958–960*e* OR.

zernrechnung kann jedoch durch eine qualifizierte Minderheit (Aktionäre, die 10% der Grundkapitals vertreten, bzw. jeder Beteiligte mit persönlicher Haftung oder Nachschusspflicht) wieder aufgehoben werden.[970]

a) Zusätzliche Angaben im Anhang der Jahresrechnung

Grössere Gesellschaften müssen im Anhang zu den Angaben gemäss Art. 959c OR zusätzlich Angaben zu i) den langfristigen verzinslichen Verbindlichkeiten sowie ii) zum Honorar der Revisionsstelle machen.[971]

Die *langfristigen verzinslichen Verbindlichkeiten* sind in zwei Kategorien zu gliedern: solche mit einer Fälligkeit zwischen einem und fünf Jahren und solche mit einer Fälligkeit von mehr als fünf Jahren. Auszuweisen ist jeweils der in diesen Zeiträumen zur Rückzahlung fällige Nennwert.[972] Hingegen besteht keine generelle Pflicht zur Offenlegung von Kreditklauseln im Anhang. Wenn solche Klauseln jedoch für den Nutzer der Jahresrechnung wesentlich sind, ist eine Offenlegung aufgrund von Art. 958 OR (Ermöglichung eines zuverlässigen Urteils über die wirtschaftliche Lage des Unternehmens) und Art. 959c Abs. 1 OR (Angaben, Aufschlüsselung und Erläuterungen im Anhang zu Positionen der Bilanz) in Betracht zu ziehen. Hat ein Gläubiger für seine Forderung der Gesellschaft einen ins Gewicht fallenden Rangrücktritt gewährt, ist dies für die Beurteilung der Vermögens- und Finanzierungslage wesentlich. Dies ist daher gemäss BÖCKLI entweder durch eine Untergliederung direkt in der Bilanz oder im Anhang zu zeigen.[973] Zwingend zu fordern ist der separate Ausweis von Verbindlichkeiten mit Rangrücktritt insbesondere dann, wenn eine (technische) Überschuldung im Sinne von Art. 725 Abs. 2 OR bestünde.

Grössere Unternehmen müssen zudem Angaben zum *Honorar der Revisionsstelle je gesondert für Revisionsdienstleistungen* und für *andere Dienstleistungen* machen. Aus der Offenlegung dieser Angaben erhofft sich der Gesetzgeber, dass dem Nutzer Rückschlüsse zur Beurteilung der Unabhängigkeit der Revisionsstelle ermöglicht werden. Dabei wird unterstellt, dass andere Dienstleistungen, die von der Revisionsstelle erbracht werden, deren Unabhängigkeit beeinträchtigen könnten. Anderseits ist zu beachten, dass die Revisionsstellen ohnehin verschiedene sehr detaillierte, restriktive Regelungen zu beachten haben, die ihre Unabhängigkeit sicherstellen sollten.[974]

b) Geldflussrechnung

Weder die *Herkunft* (Quelle) noch die *Verwendung der Geldmittel* sind aus der Bilanz bzw. der Erfolgsrechnung ersichtlich. Dazu dient die Geldflussrechnung (auch Cashflow-Rechnung oder Kapitalflussrechnung genannt).[975] Sie stellt – als Zwischenglied zu Bilanz und Erfolgsrechnung – die Veränderung des gewählten Fonds (i.d.R. flüssige Mittel) in der Rechnungsperiode dar. Weil der Fokus der Geldflussrechnung auf den Geldflüssen, die während der Periode stattgefunden haben, liegt, ist sie in Bezug auf die Bewertung deut-

---

[970] Art. 961d Abs. 2 OR.
[971] Art. 961a OR.
[972] Art. 960e OR.
[973] BÖCKLI, Neuerungen OR-Rechnungslegung, 701.
[974] Art. 728 OR, RAG.
[975] Zur Geldflussrechnung: BEHR/LEIBFRIED, 233 ff.; BOEMLE/LUTZ, Jahresabschluss, 500 ff.; HANDSCHIN, Rechnungslegung, N 429; KOLLER/SCHÄFLI, 880 ff.; MEYER, Swiss GAAP FER, 75 ff. (zu Swiss GAAP FER 4).

lich weniger abhängig von Entscheidungen und Ermessen des Verwaltungsrats und der Geschäftsleitung als Bilanz und Erfolgsrechnung. Die Geldflussrechnung zeigt die Fähigkeit des Unternehmens, Geld zu generieren, was gerade in wirtschaftlich unsicheren Zeiten wichtig ist.[976] Sie stellt ein wichtiges Instrument zur Finanzplanung, der Beurteilung eines Unternehmens und dessen Liquiditätsentwicklung dar. Obwohl der Begriff weder in den anerkannten Standards zur Rechnungslegung noch im Gesetz definiert ist, sind Analysten und andere Nutzer besonders an der Darstellung des *Free Cash Flows* (annäherungsweise der Geldfluss aus Geschäftstätigkeit, abzüglich des Geldflusses aus Investitionstätigkeit) interessiert. Dieser «freie Geldfluss» steht dem Unternehmen für Gewinnausschüttungen, die Rückzahlung von Fremd- und Eigenkapital, aber auch für Erweiterungsinvestitionen (inkl. Akquisitionen), Darlehensgewährung etc. zur Verfügung. Er ist damit die Basis vieler Investitionsentscheidungen und damit letztlich auch für die Unternehmensbewertungsmethoden (insbesondere der Discounted-Cash-Flow-Berechnung, DCF).

Das Gesetz fordert nur eine summarische Geldflussrechnung.[977] Verlangt wird lediglich eine Darstellung der Veränderung der flüssigen Mittel am Anfang und Ende der Geschäftsperiode, unterteilt nach den drei Ursachen: nach Geschäftstätigkeit, Investitionstätigkeit und Finanzierungstätigkeit.

Die Bedeutung der Geldflussrechnung als Bestandteil der Jahres- bzw. Konzernrechnung ist in den letzten Jahren gewachsen. Namhafte Autoren erachten die Geldflussrechnung für jedes Unternehmen als unentbehrliches Instrument der finanziellen Führung, selbst wenn der Gesetzgeber – aus politischen Gründen – verzichtet hat, eine Geldflussrechnung bei den KMU als Teil der Jahresrechnung vorzuschreiben.[978]

c) Lagebericht

Bereits unter dem bisherigen Aktienrecht bestand die Pflicht zur Erstellung eines Jahresberichts.[979] Mit der Revision des Buchführungs- und Rechnungslegungsrechts wurde die Terminologie an den in der EU gebräuchlichen Begriff des «Lageberichts» angepasst.[980] Gleichzeitig wurde der geforderte Mindestinhalt konkretisiert (d.h. tendenziell erweitert), im Gegenzug die kleinen Gesellschaften, welche nicht der ordentlichen Revision unterliegen, von dessen Erstellung befreit. Auch wenn sich das Gesetz nicht explizit zur Form des Lageberichts äussert, so ist der Lagebericht – als Teil des Geschäftsberichts – schriftlich zu erstellen;[981] lediglich eine mündliche Berichterstattung an der GV genügt nicht. Siehe zum Lagebericht eingehend hinten Ziff. 3.10.1.4, S. 297 ff.

Der Lagebericht soll primär Gesichtspunkte beleuchten, die in der Jahres- bzw. Konzernrechnung nicht oder nur begrenzt zum Ausdruck kommen. Der Fokus des Lageberichts liegt nicht auf den finanziellen Angaben. Vielmehr soll im Lagebericht informiert werden über den Auftragseingang und -bestand, über die Forschungs- und Entwicklungstätigkeit,

---

976 BEHR/LEIBFRIED, 233 ff.; BOEMLE/LUTZ, Jahresabschluss, 495 ff.; CHK-LIPP, Art. 961*b* OR; HANDSCHIN, Rechnungslegung, N 429 ff.; KARTSCHER/ROSSI/SUTER, Finanzberichterstattung, 37.
977 Art. 961*b* OR.
978 BÖCKLI, Aktienrecht, § 8 Rz. 41; FORSTMOSER/MEIER-HAYOZ/NOBEL, § 51 N 163; HANDSCHIN, Rechnungslegung, N 462.
979 Art. 663*d* aOR.
980 Zum Lagebericht im neuen Rechnungslegungsrecht eingehend GERHARD, 901 ff.; HANDSCHIN, Rechnungslegung, N 562 ff.
981 BOTSCHAFT, Änderung Rechnungslegungsrecht 2008, 1717.

über die für die Beurteilung des Geschäftsganges im Berichtsjahr wichtigen Einflussfaktoren, allenfalls aussergewöhnliche Einflüsse sowie über Indikatoren der künftigen Geschäftsentwicklung.[982]

Der Lagebericht ist *kein* Bestandteil der Jahresrechnung – im Gegensatz zum erweiterten Anhang[983] und zur Geldflussrechnung.[984] Die Revisionsstelle prüft den Lagebericht nicht. Im Rahmen der ordentlichen Revision muss sie jedoch den Verwaltungsrat im umfassenden Revisionsbericht auf allfällige Widersprüche zwischen der Jahresrechnung und dem Lagebericht hinweisen.[985] Gemäss Art. 961c Abs. 3 OR darf der Lagebericht der Darstellung der wirtschaftlichen Lage in der Jahresrechnung nämlich nicht widersprechen.

Im Falle der Erstellung einer Konzernrechnung nach anerkannten Standards zur Rechnungslegung kann im Einzelabschluss auf den Lagebericht verzichtet werden.[986] Solche Standards verlangen (oder empfehlen) beschreibende Erläuterungen zur Jahresrechnung, weshalb eine Befreiung gerechtfertigt erscheint, allerdings unter der Bedingung, dass solche beschreibenden Erläuterungen (zum gesetzlich vorgesehenen Mindestinhalt) auch tatsächlich erfolgen.

Obwohl für einen Konzern gesetzlich nur die Erstellung der Konzernrechnung, nicht aber explizit die Formulierung eines Konzernlageberichts vorgeschrieben ist, geht die Lehre dennoch von einer Verpflichtung zur Berichterstattung der wirtschaftlichen Lage des Konzerns aus.[987] Die Obergesellschaft des Konzerns hat demnach den Aktionären einen umfassenden Lagebericht zu präsentieren. Dabei sollte sie auch Aussagen machen, die sich auf den Gesamtkonzern beziehen.[988] Nur wenn der Lagebericht auf Konzernstufe oder ein empfohlenes Pendant (z.B. Management Commentary gemäss IFRS) tatsächlich erstellt wird, sollten die Tochtergesellschaften von der Erstellung des Lageberichts befreit werden.[989]

3.4.4.5 Weitere speziell zu beachtende Bestimmungen

Im Aktienrecht bestehen neben den bereits dargelegten Grundsätzen eine Reihe spezieller Vorschriften, die der Verwaltungsrat bei der Rechnungslegung zu beachten hat. Es sind dies insbesondere:

– Angaben über Beteiligungsverhältnisse bei kotierten Gesellschaften (Art. 663c OR)
– Angaben über die Vergütungen an die leitenden Organe (Art. 663b^{bis} OR) (bei kotierten Gesellschaften)
– Bestimmungen über Aufwertungen von Grundstücken und Beteiligungen (Art. 670 OR)
– Vorschriften über Reserven[990]

---

982 BOTSCHAFT, Änderung Rechnungslegungsrecht 2008, 1717.
983 Art. 961a OR.
984 Art. 961b OR.
985 Art. 727b Abs. 1 OR; BOTSCHAFT, Änderung Rechnungslegungsrecht 2008, 1718.
986 Art. 961d Abs. 1 OR.
987 BÖCKLI, Aktienrecht, § 9 Rz. 94; BÖCKLI hält fest, dass der Lagebericht zum Gesamtunternehmen in einem Konzern letztlich der einzig sinnvolle Lagebericht ist (so auch KRNETA, N 1352).
988 HANDSCHIN, Rechnungslegung, N 569.
989 GERHARD, 901 ff.
990 Dazu siehe Checkliste hinten unter 11.66, S. 1022 ff.

- allgemeine Reserve (Art. 671 OR)
- Reserve für eigene Aktien (Art. 671a OR)[991]
- Aufwertungsreserve (Art. 671b OR)
- statutarische Reserven (Art. 672 OR)
- beschlussmässige Reserven (Art. 674 OR)
- Vorschriften über Dividenden, Bauzinsen und Tantiemen (Art. 675 ff. OR).

3.4.5 Bewertung

3.4.5.1 Herausforderungen der Bewertung

Die Problematik der Bewertung ergibt sich grundsätzlich aus dem Bestreben – und der gesetzlichen Pflicht – in regelmässigen Abständen den Periodenerfolg und den Netto-Vermögensstand (Eigenkapital) zu ermitteln. Stichtagbezogene Abschlüsse sind aus verschiedenen Gründen unerlässlich, obwohl letztlich nur eine Abrechnung über die gesamte Lebensdauer eines Unternehmens Aufschluss über dessen wirklichen, geldmässigen Erfolg geben kann.[992]

Der Wert eines bilanzierten Vermögens an einem bestimmten Stichtag entspricht wirtschaftlich betrachtet dem künftig daraus zu erwartenden – in Geldeinheiten ausgedrückten – Mittelzufluss, bei Verbindlichkeiten dem erwarteten Mittelabfluss.

Aus der Unmöglichkeit, den künftigen Mittelfluss exakt vorauszusehen, ergibt sich der Zwang, eine Bewertungsmethode zu bestimmen, um einen vertretbaren Annäherungswert zu ermitteln. Dabei stehen verschiedene Methoden (oder Kombinationen davon) zur Verfügung: Anschaffungs- oder Herstellungskosten, aktueller Tageswert, Marktwert, Veräusserungswert (Liquidationswert; Erfüllungsbetrag), Barwert etc.

Die Bewertung hängt massgeblich vom Anlass der Bewertung, der angewendeten Methode und den getroffenen Annahmen ab. Die Bewertung ist also keineswegs nur ein Zusammenfügen verschiedener Zahlen mithilfe der Mathematik, was logischerweise zu genau einem Resultat führt. Vielmehr ist das Ergebnis geprägt durch das Werturteil, welches der Bilanzierende nach Ermessen, Erfahrung und Beurteilung der Zukunft als redlicher Geschäftsmann fällt. Abgesehen von der Wahl der angemessenen Bewertungsmethode besteht selbst bei ausgeklügelten Bewertungsvorgaben ein gewisser Bewertungsspielraum, sowohl bei der Bewertung von Vermögenswerten als auch bei den Verbindlichkeiten und insbesondere bei den Rückstellungen. «Richtige» Werte der Bilanzpositionen in objektiver Hinsicht gibt es nicht. Jede Bewertung ist entscheidend gekennzeichnet durch subjektive Elemente. Um wenigstens einen Teil der Subjektivität auszuschalten, zur Verhinderung möglicher Willkür und zur Sicherstellung der Vergleichbarkeit hat der Gesetzgeber die Wahl der Bewertungsmethode bzw. der Kombination von anzuwendenden Methoden eingeschränkt.

---

991 Diese Bestimmung wurde (irrtümlich?) im Rahmen der Revision des Rechnungslegungsrechts nicht angepasst, obwohl seither die eigenen Aktien nicht mehr aktiviert werden, sondern als Minusposten vom Eigenkapital in Abzug gebracht werden (Art. 959a Abs. 2 Ziff. 3 lit. e OR).

992 Zur umfangreichen Literatur zur Bewertung: BÖCKLI, Aktienrecht, § 8 Rz. 166 und 728 ff.; BOEMLE/LUTZ, Jahresabschluss, 141 ff.; HANDSCHIN, Rechnungslegung, N 575 ff.

3.4.5.2 Gesetzliche Höchstbewertungsvorschriften

Wie bei der Buchführung legt das Gesetz in Art. 960 OR lediglich einige wenige, zentrale Grundsätze fest und überlässt insbesondere die detaillierte Ausgestaltung komplexer Bewertungsfragen entweder dem Unternehmen – bei gleichzeitiger Pflicht zur Offenlegung der gewählten Methode im Anhang[993] – oder, sofern ein anerkannter Standard zur Rechnungslegung angewendet wird, den jeweiligen Standard-Setzern.[994]

Es gilt in der Regel der Grundsatz der *Einzelbewertung* von Aktiven und Verbindlichkeiten. Dieser Grundsatz wird jedoch in mehrfacher Weise aufgeweicht: erstens ist die Einzelbewertung nur «in der Regel» anzuwenden,[995] was allgemein Ausnahmen zulässt. Zweitens ist die Einzelbewertung nur bei wesentlichen Posten vorzunehmen und drittens kann bei gleichartigen Posten, die üblicherweise als Gruppe betrachtet werden, auf die Einzelbewertung verzichtet werden und stattdessen eine Gruppenbewertung erfolgen. Gruppenbewertungen sind im Einzelfall zulässig, sofern aufgrund der vorhandenen Gleichartigkeit der betreffenden Posten üblicherweise (Branchenusanzen, Geschäftsmodell) eine Gruppenbetrachtung vorgenommen wird (z.B. Forderungen, Vorräte). Im Bereich des Anlagevermögens dürfte daher die Gruppenbewertung i.d.R. nur ausnahmsweise angewendet werden. Bspw. bei Unternehmen, die eine grosse Anzahl Liegenschaften besitzen, die in Bezug auf Lage, Ausstattung, Bausubstanz und Nutzungszweck gleichartig sind.[996] Analoges gilt für diversifizierte Beteiligungsportfolios in Investmentgesellschaften oder in Holdings mit zahlreichen wirtschaftlich verbundenen Tochtergesellschaften. Bei Gruppenbewertung, können allfällige Mehr- und Minderwerte auf einzelnen Posten miteinander verrechnet werden und die Bewertung auf Gruppenbasis erfolgen.

Die Bewertung muss *vorsichtig* erfolgen.[997] Bei Unsicherheiten in der Bewertung wird demnach verlangt, jenen Wertansatz zu wählen, der die Vermögenslage aus der Sicht der Gesellschaft ungünstiger darstellt. Das Gesetz erlaubt von diesem Grundsatz keine Ausnahme. Die vorsichtige Bewertung soll jedoch die zuverlässige Beurteilung der wirtschaftlichen Lage des Unternehmens nicht verhindern. Angesichts der explizit vom Gesetzgeber vorgesehenen Möglichkeit, stille Reserven bilden zu dürfen,[998] wird jedoch die zuverlässige Beurteilung der wirtschaftlichen Lage stark eingeschränkt.

Das Gesetz unterscheidet neu zwischen einer Bewertung bei der *Ersterfassung* und einer solchen zu einem späteren Zeitpunkt (Folgebewertung). Während die Bewertung im Zeitpunkt der Ersterfassung grundsätzlich auf die Anschaffungs- oder Herstellungskosten abstellt, erfolgt die *Folgebewertung* an den späteren Bilanzstichtagen – je nach der jeweiligen Situation des Unternehmens – zu verschiedenen Methoden. Dabei dürfen die Aktiven grundsätzlich nicht höher als die Anschaffungs- oder Herstellungskosten bewertet werden, Ausnahmen bilden die Bestimmungen für einzelne Aktiven.

Das Gesetz beschränkt sich bei den Aktiven im Wesentlichen auf die Festlegung von Bewertungsobergrenzen (Höchstwertprinzip) und lässt niedrigere Bewertungen (stille Reserven) im extensiven Rahmen zu.

---

993 Art. 959c OR.
994 Art. 962 OR.
995 HANDSCHIN, Rechnungslegung, N 581–585; HWP (2009), Band 1, 141; KLEIBOLD, 870.
996 Treuhand-Kammer, Fragen und Antworten zum neuen Rechnungslegungsrecht (Internet-Seite).
997 Art. 960 Abs. 2 OR.
998 Art. 959c OR; Art. 960d OR; Art. 960e OR.

Das Gesetz sieht für folgende Positionen **spezielle Bestimmungen** vor:

Position	Bestimmungen
Aktiven mit beobachtbaren Marktpreisen (Art. 960*b* Abs. 1 OR)	In der Folgebewertung dürfen Aktiven mit Börsenkurs oder einem beobachtbaren Marktpreis in einem aktiven Markt *zum Marktpreis am Bilanzstichtag* bewertet werden, selbst wenn dieser über den ursprünglichen Anschaffungs- bzw. Herstellungskosten liegt. Nebst kotierten Wertschriften dürfen damit künftig auch andere Aktiven, für die es einen aktiven Markt gibt (z.B. Derivate, Rohstoffe, Erdöl, Commodities etc.), zum aktuellen Kurswert bewertet werden.[999] Im Anhang ist auf diese Bewertung ausdrücklich hinzuweisen.
Vorräte und nicht fakturierte Dienstleistungen (Art. 960*c* Abs. 1 OR)	In der Folgebewertung gilt *das Niederstwertprinzip*: Die Bewertung hat zum tieferen Wert zu erfolgen, der sich beim Vergleich von Anschaffungs- oder Herstellungskosten mit dem Veräusserungswert (unter Berücksichtigung der beim Verkauf noch anfallenden Kosten) ergibt.[1000]
Anlagevermögen (Art. 960*d* Abs. 1 OR)	Als Anlagevermögen gelten Werte, die in der Absicht einer Nutzung oder des Haltens über eine Mindestdauer von 12 Monaten erworben wurden. Dem nutzungs- und altersbedingten Wertverlust ist durch (planmässige) Abschreibungen Rechnung zu tragen. Anderweitige (unplanmässige) Wertverluste müssen durch Wertberichtigungen (Impairments) berücksichtigt werden (Art. 960 Abs. 3 OR). Zu Wiederbeschaffungszwecken und zur Sicherung des dauernden Gedeihens des Unternehmens dürfen zusätzliche Abschreibungen und Wertberichtigungen vorgenommen werden (Art. 960 Abs. 4 OR). Zur Beseitigung einer Unterbilanz dürfen Liegenschaften und Beteiligungen, deren wirklicher Wert über die Anschaffungs- oder Herstellungskosten gestiegen ist, bis höchstens diesem Wert aufgewertet werden. Allerdings ist der Aufwertungsbetrag als eine separate Aufwertungsreserve im Eigenkapital auszuweisen (Art. 670 OR). Zudem ist eine Bestätigung eines zugelassenen Revisors zuhanden der GV nötig.
Beteiligungen (Art. 960*d* Abs. 2 OR)	Als Beteiligungen gelten Anteile am Kapital eines anderen Unternehmens, die langfristig gehalten werden und einen massgeblichen Einfluss vermitteln. Die Bewertung erfolgt grundsätzlich zu den ursprünglichen Anschaffungskosten, vorbehältlich allfälliger Wertberichtigungen.[1001] Betr. Aufwertung zur Beseitigung einer Unterbilanz siehe oben.
Verbindlichkeiten (Art. 960*e* Abs. 1 OR)	Verbindlichkeiten müssen zum Nennwert bilanziert werden. Dies schliesst eine Bewertung zu einem tieferen Marktwert aus.

---

999 Dazu eingehend WYSS/MITTELSTEADT, 885 ff.
1000 BOEMLE/LUTZ, Jahresabschluss, 131 u. 156; HANDSCHIN, Rechnungslegung, N 626.
1001 HWP (2009), Band 1, 221; HANDSCHIN, Rechnungslegung, N 673.

Position	Bestimmungen
Rückstellungen (Art. 960e Abs. 3 OR)	Rückstellungen sind auf einem Ereignis in der Vergangenheit begründete wahrscheinliche Verpflichtungen, deren Höhe und/oder Fälligkeit ungewiss, aber schätzbar sind.[1002] Rückstellungen müssen dann gebildet werden, wenn aufgrund vergangener Ereignisse ein Mittelabfluss (ohne Gegenwert) in der Zukunft erwartet wird. Das Gesetz erlaubt ausdrücklich die Bildung von Rückstellungen für – regelmässig anfallende Aufwendungen für Garantieverpflichtungen, – Sanierungen von Sachanlagen, – Restrukturierungen, – die Sicherung des dauernden Gedeihens des Unternehmens. Nicht mehr begründete Rückstellungen müssen nicht aufgelöst werden.[1003]
Schwankungsreserven (Art. 960b Abs. 2 OR)	Werden Aktiven zum Marktpreis bewertet, so darf eine Wertberichtigung (Schwankungsreserve) zulasten der Erfolgsrechnung gebildet und in die Passiven eingestellt werden, um Schwankungen im Kursverlauf Rechnung zu tragen. Diese Wertberichtigung ist jedoch nicht zulässig, wenn dadurch die ursprünglichen Anschaffungskosten bzw. der allenfalls tiefere Kurswert unterschritten würde.

Die genannten Bewertungsrichtlinien sind *Höchstwertvorschriften* und orientieren sich am Grundsatz der vorsichtigen Bilanzierung. Die Bilanzierung zu höheren Tageswerten ist grundsätzlich nicht erlaubt, ausser bei Aktiven mit Börsenkurs oder einem anderen beobachtbaren Marktpreis in einem aktiven Markt gemäss Art. 960b OR. Diese dürfen zum Kurs oder Marktpreis am Bilanzstichtag bewertet werden. Zudem darf bei Liegenschaften und Beteiligungen unter bestimmten Voraussetzungen eine Aufwertung über die Anschaffungskosten erfolgen.[1004]

Trotz gesetzlicher Vorschriften hat der Verwaltungsrat (und allenfalls die von ihm betrauten Personen) bei der Erstellung der Jahresrechnung eine erhebliche Anzahl *Annahmen* zu treffen, *Schätzungen* vorzunehmen und *Ermessensentscheide* zu fällen. Dabei haben sie einen nicht unerheblichen Ermessensraum. Sie dürfen diesen jedoch nicht willkürlich nutzen. Es obliegt dem Ersteller der Jahresrechnung bei der Bewertung, jederzeit das Gebot der pflichtgemässen Ermessensausübung zu beachten. Grundsätzlich gilt dabei, dass die Anforderungen an die Sorgfaltspflicht umso höher zu stellen sind, je unsicherer die Lage ist.

Veränderungen im wirtschaftlichen und technologischen Umfeld eines Unternehmens oder in den der Bewertung zugrunde gelegten Annahmen können dazu führen, dass die unbesehene Fortsetzung der bisherigen Bewertung (zu historischen Anschaffungskosten abzüglich planmässiger Abschreibungen) nicht mehr gerechtfertigt ist. Wenn konkrete Anzeichen für eine Überbewertung von Aktiven oder zu niedrige Verpflichtungen (Verbindlichkeiten, Rückstellungen etc.) bestehen, so sind die Werte zu überprüfen und allenfalls anzupassen (*Impairments, Wertberichtigungen*).

1002 BOEMLE/LUTZ, Jahresabschluss, 370; CHK-LIPP, N 12 ff. zu Art. 960e OR; HANDSCHIN, Rechnungslegung, N 761 ff.; HWP (2009), Band 1, 238.
1003 Art. 960e Abs. 4 OR.
1004 Art. 670 OR.

Mindestens an jedem Abschlussstichtag muss vom Verwaltungsrat und der Geschäftsleitung beurteilt werden, ob konkrete Anzeichen von Überbewertungen bestehen. Im Gesetz selbst werden – im Gegensatz zu anerkannten Standards zur Rechnungslegung – diese möglichen Anzeichen nicht konkretisiert. Offensichtlich wird eine umfassende Beurteilung aller für die Bewertung möglichen relevanten Aspekte erwartet. Solche *Anzeichen* für das mögliche Vorliegen von Überbewertungen können sein:[1005]

- wesentliche Änderungen in der Art und Weise der Nutzung eines Vermögenswertes;
- ungenügende künftige Geldzuflüsse aus der Nutzung des Vermögenswertes;
- Hinweise auf beschleunigtes Altern der bestehenden Infrastruktur infolge technischer Neuerungen, neuer Technologien und Verfahren etc.;
- die aktivierten Kosten sind bedeutend höher als die ursprünglich geplanten (und in der Investitionsrechnung eingesetzten) Anschaffungskosten;
- negative Entwicklungen von rechtlichen und unternehmerischen Rahmenbedingungen (Währungseinflüsse, Zinsentwicklung etc.);
- wesentliche Verminderungen des Marktwertes eines Vermögenswertes (Platzen von Immobilien-, Wertschriften- und sonstigen «Blasen»);
- gestiegenes Bonitätsrisiko (bei Forderungen, Finanzanlagen);
- der Buchwert des ausgewiesenen Eigenkapitals liegt (bei einem kotierten Unternehmen) über der Börsenkapitalisierung oder (bei einem KMU) über dem Unternehmenswert.

Zur Beurteilung, ob eine Überbewertung vorliegt, wird der *Buchwert* des Aktivums im Rahmen eines sogenannten Impairmenttests («Werthaltigkeitstest») mit dessen *«erzielbarem Wert» (recoverable amount)* verglichen.

Dabei ist der erzielbare Wert der höhere Wert im Vergleich von Nutzwert mit dem Nettoveräusserungswert. Der *Nutzwert (value in use)* entspricht dem Barwert der erwarteten künftigen Geldzu- und -abflüsse aus der weiteren Nutzung des Aktivums inkl. eines allfälligen Liquidationserlöses am Ende der Nutzungsdauer.[1006] Der *Nettoveräusserungswert (net selling price)* ist der zwischen unabhängigen Dritten erzielbare Preis, abzüglich der damit verbundenen Verkaufsaufwendungen.[1007] Dieser Wert entspricht i.d.R. dem Liquidationswert.

Übersteigt der höhere dieser beiden Werte (erzielbarer Wert) den Buchwert, so liegt keine Wertbeeinträchtigung vor. Ergibt sich aus der Kontrollrechnung jedoch, dass der Buchwert des Aktivums über dem erzielbaren Wert liegt, so liegt eine Wertbeeinträchtigung vor. Der Buchwert des Aktivums ist dann mittels einer Wertberichtigung – ausserplanmässig – zulasten der Erfolgsrechnung auf den erzielbaren Wert zu reduzieren. Diesem Ansatz liegt die betriebswirtschaftliche Annahme zugrunde, dass ein ökonomisch handelnder Verwaltungsrat einen Vermögenswert nur solange weiter nutzen wird, als der

---

[1005] Vgl. Swiss GAAP FER 20.22; IAS 36.12; Meyer, Swiss GAAP FER, *Erläuterungen, Illustrationen, Beispiele*, 213.
[1006] Swiss GAAP FER Rahmenkonzept Ziff. 26; dazu Meyer, Swiss GAAP FER, *Erläuterungen, Illustrationen , Beispiele*, 56.
[1007] Swiss GAAP FER Rahmenkonzept, Ziff. 26.

Nutzwert im Vergleich zum Nettoveräusserungswert grösser ist. Sobald jedoch der Nettoveräusserungswert höher ist, würde er den Vermögenswert realisieren (d.h. verkaufen).

3.4.5.3 Kontrolle über stille Reserven

Durch Veränderung des Bestandes an stillen Reserven kann das ausgewiesene Ergebnis stark verzerrt werden, wodurch der Zweck der Rechnungslegung (Ermöglichung eines zuverlässigen Urteils durch einen Dritten) in Frage gestellt wird. In der Abwägung von Vorsichtsüberlegungen des Erstellers mit den Interessen um Transparenz für den Nutzer hat der Gesetzgeber insbesondere die Verdeckung der wirklichen Ertragslage durch Auflösung von stillen Reserven als kritisch beurteilt. Der Gesetzgeber hat daher für diesen Fall bereits bei der Revision 1991 eine Offenlegungspflicht eingeführt. Wenn das erwirtschaftete Ergebnis durch die Auflösung stiller Reserven besser dargestellt wird, so ist der Gesamtbetrag der aufgelösten stillen Reserven im *Anhang* zur Jahresrechnung aufzuführen.[1008]

Durch diese Ausweispflicht erhalten die Ermittlung und die Kontrolle der stillen Reserven eine wichtige Bedeutung für die Erstellung der Jahresrechnung. Weil überdies dem Verwaltungsrat in Bezug auf die stillen Reserven besondere Pflichten zukommen, sei nachfolgend näher auf diese Problematik eingegangen.

a)   **Begriff der stillen Reserven**

Stille Reserven im Sinne des Handelsrechtes sind solche, die durch willentliche Vornahme von übermässigen Abschreibungen, Wertberichtigungen oder Rückstellungen sowie durch bewussten Verzicht auf die Auflösung von überflüssig gewordenen Rückstellungen entstanden sind.[1009] Der Bestand der stillen Reserven berechnet sich als Differenz zwischen dem finanziellen Buchwert und dem (vertretbar) vorsichtig ermittelten handelsrechtlichen Höchstwert.[1010] An sich stehen die stillen Reserven in klarem Widerspruch zum obersten Ziel der Rechnungslegung, der «Ermöglichung eines zuverlässigen Urteils über die wirtschaftliche Lage des Unternehmens»; der Gesetzgeber hat dies jedoch bewusst in Kauf genommen.

Aufgrund der unterschiedlichen Wertansätze bei der Bewertung ergeben sich verschiedene Arten von stillen Reserven:
- Zwangsreserven
- Ermessensreserven
- Willkürreserven oder Verwaltungsreserven.

Weil das Gesetz für Sachanlagen grundsätzlich die historischen Anschaffungs- bzw. Herstellungskosten als Bewertungsobergrenze vorsieht, ergeben sich bei Wertsteigerungen von Liegenschaften sogenannte *Zwangsreserven*.[1011] Eine Liegenschaft, die vor 30 Jahren für CHF 300 000 erworben wurde und nun einen Verkehrswert (Marktwert; Fair Value) von CHF 700 000 aufweist, darf aufgrund von Art. 960*a* OR nur mit maximal CHF

1008 Art. 959*c* Abs. 1 Ziff. 3 OR.
1009 BOEMLE/LUTZ, Jahresabschluss ,165 ff.; HWP (2009), Band 1, 66.
1010 Beispielsweise beim Anlagevermögen zu Anschaffungs- oder Herstellungskosten, nach Abzug der notwendigen Abschreibungen und Wertberichtigungen gemäss Art. 960*a* Abs. 2 OR.
1011 Differenz zwischen dem tatsächlichen Wert und dem gesetzlich zulässigen Höchstwert.

300 000 in der aktuellen Bilanz eingesetzt werden. Die Zwangsreserve beträgt somit CHF 400 000. Würde eine Bilanzierung zu CHF 650 000 vorgenommen, käme dies (abgesehen vom Fall der Bewertung zum Marktpreis nach Art. 960*b* OR bzw. bei einer Aufwertung gem. Art. 670 OR) einem Verstoss gegen bestehende Bewertungsvorschriften gleich. Die Revisionsstelle hätte dementsprechend eine Modifizierung des Prüfungsurteils (Einschränkung) in ihrem Bericht vorzunehmen, obwohl dieser Wert durchaus als vorsichtig zu bezeichnen wäre.[1012]

Durch das Vorsichtsprinzip[1013] lässt der Gesetzgeber auch sogenannte *Ermessensreserven*[1014] zu, soweit diese objektiv begründbar sind. Dazu sind auch diejenigen Reserven zu zählen, die durch unterschiedliche Inanspruchnahme von Bilanzierungswahlrechten entstehen.[1015]

Der Gesetzgeber gestattet darüber hinaus ausdrücklich eine Bilanzierung unter dem bereits als vorsichtig angesetzten Wert. Auf diesem Wege entstehen die sogenannten *Verwaltungs- oder Willkürreserven*.

Schematisch dargestellt lassen sich folgende Arten von Reserven unterscheiden:

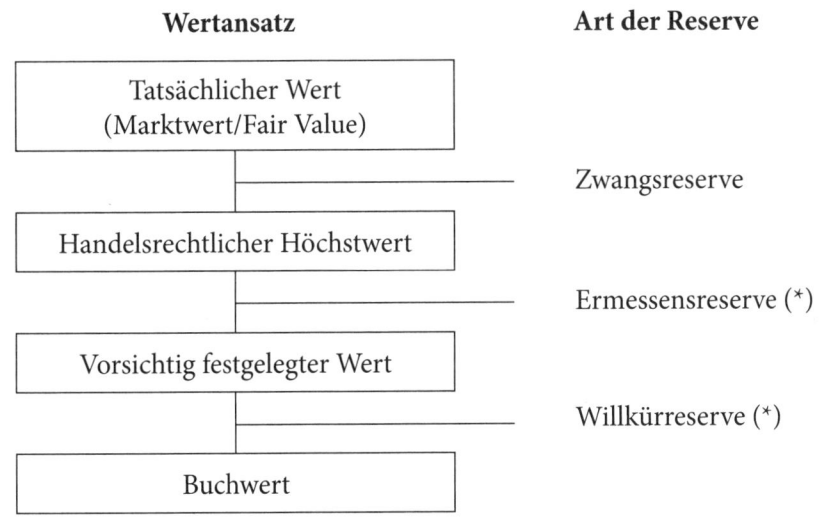

Wertansatz	Art der Reserve
Tatsächlicher Wert (Marktwert/Fair Value)	
	Zwangsreserve
Handelsrechtlicher Höchstwert	
	Ermessensreserve (*)
Vorsichtig festgelegter Wert	
	Willkürreserve (*)
Buchwert	

(*) Stille Reserven im Sinne des Handelsrechtes

Zwangsreserven entstehen i.d.R. aufgrund konjunktureller oder inflatorischer Einflüsse. Sie sind nicht durch den im Gesetz verwendeten Begriff der stillen Reserven abgedeckt; deren Veränderung ist bei der Berechnung der Veränderung der stillen Reserven (im Sinne von Art. 959*c* Abs. 1 Ziff. 3 OR) nicht mitzuberücksichtigen. Eine Auflösung von Zwangsreserven ist dementsprechend auch nicht im Anhang zur Jahresrechnung offenzulegen.

1012 Vorbehalten bleibt die gesetzlich mögliche Aufwertung gemäss Art. 670 OR.
1013 Art. 958*c* Abs. 1 Ziff. 5 und 960 Abs. 2 OR, siehe Böckli, Aktienrecht, § 8 Rz. 121 ff.; Handschin, Rechnungslegung, N 343.
1014 Differenz zwischen dem gesetzlichen Höchstwert und einem vorsichtig festgelegten Buchwert.
1015 Beispielsweise der Verzicht auf die Aktivierung von Gründungskosten oder die Bildung von Wiederbeschaffungsreserven zur Erhaltung der realen Substanz.

b) Voraussetzungen zur Bildung stiller Reserven

Nach Art.960a Abs. 4 OR kann der Verwaltungsrat zu Wiederbeschaffungszwecken offene oder stille Reserven bilden. Diese dienen der Erhaltung der realen Substanz bzw. des Eigenkapitals. Zur Bildung solcher Reserven müssen keine spezifischen Voraussetzungen erfüllt sein, ihr Umfang ist lediglich durch den Wiederbeschaffungszweck und die Sicherung des dauernden Gedeihens des Unternehmens (theoretisch) beschränkt.

Bei Bewertung von bestimmten Aktiven zum Kurs oder Marktpreis am Bilanzstichtag erlaubt Art. 960b Abs. 2 OR die Bildung von *Schwankungsreserven,* die den Charakter von stillen Reserven haben.

Aufgrund von Art. 960e Abs. 3 OR ist die Bildung *weiterer Reserven* zulässig. Voraussetzung dafür ist jedoch, dass Rücksicht auf das dauernde Gedeihen des Unternehmens genommen wird, was i.d.R. stets der Fall sein dürfte.

Die Bildung der stillen Reserven darf nur nach den im Gesetz abschliessend aufgezählten Varianten erfolgen bzw. durch *Nichtauflösung nicht mehr begründeter Abschreibungen, Wertberichtigungen und Rückstellungen.*[1016] Nicht gestattet ist die Bildung stiller Reserven durch das Weglassen von Aktiven (Verstoss gegen den Grundsatz der Vollständigkeit der Jahresrechnung) und durch die Bilanzierung fiktiver Schulden (Verstoss gegen die Klarheit der Angaben).[1017]

c) Auflösung von stillen Reserven

Im Hinblick auf die Beurteilung der Ertragslage ist insbesondere die Ermittlung der *Veränderung* im Bestand der stillen Reserven von Bedeutung.

Es macht dabei wenig Sinn, eine laufende Kontrolle über den Bestand und die Veränderung der stillen Reserven zu führen. Stattdessen wird *stichtagsbezogen* der Gesamtbestand der stillen Reserven am Anfang des Jahres mit jenem am Ende des Jahres verglichen, wobei für beide Stichtage die gleiche Bewertungsmethode zur Anwendung gelangen soll. Falls der Gesamtbestand der stillen Reserven am Jahresende kleiner ist als zu Beginn des Geschäftsjahres (d.h., wenn die in der Geschäftsperiode insgesamt aufgelösten stillen Reserven die insgesamt neugebildeten stillen Reserven übersteigen), so ist die Differenz (Netto-Gesamtbetrag der aufgelösten stillen Reserven) im Anhang der Jahresrechnung auszuweisen, wenn durch die Netto-Auflösung der stillen Reserven das erwirtschaftete Ergebnis *wesentlich* günstiger dargestellt wird.[1018] Was in diesem Zusammenhang als wesentlich zu betrachten ist, richtet sich dabei sowohl nach quantitativen als auch nach qualitativen Gesichtspunkten. Der Nettobetrag der Auflösung ist zum ausgewiesenen Ergebnis in Beziehung zu setzen. Ist beispielsweise die Höhe des ausgewiesenen Gewinns kleiner als der Umfang der Auflösung stiller Reserven, so wurde real ein Verlust erwirtschaftet. Bei der Beurteilung sind jedoch auch qualitative Kriterien miteinzubeziehen. So spielt es etwa eine Rolle, ob der dank einer Auflösung der stillen Reserven ausgewiesene Gewinn zur Ausschüttung gelangen soll.

1016   Art. 960a Abs. 4 bzw. 960e Abs. 4 OR.
1017   HWP (2009), Band 1, 68.
1018   Art. 959c Abs. 1 Ziff. 3 OR.

Der *Verwaltungsrat* hat sicherzustellen, dass er über den Bestand und die Veränderung der stillen Reserven orientiert ist. Dazu hat der Verwaltungsrat unter anderem einen Grundsatzentscheid über die anzuwendende Bewertungsmethode zu fällen. Es ist von Vorteil, diesen Entscheid schriftlich zu fixieren, um den mit Bewertungsfragen befassten Personen klare Vorgaben bereitzustellen und die Kontinuität sicherzustellen. Auch liegt es am Verwaltungsrat, die Einhaltung dieser Grundsätze zu überwachen, damit die Forderung nach Stetigkeit in der Rechnungslegung erfüllt ist.

Nachstehendes Hilfsblatt ermöglicht einer Ermittlung des Bestandes und der Veränderung der stillen Reserven an den beiden Stichtagen. Als stille Reserven wird dabei die Differenz zwischen dem handelsrechtlichen Höchstwert und dem Buchwert betrachtet.

Hilfsblatt: Übersicht über die Entwicklung der stillen Reserven:[1019]

Bilanzposition	Anmerkung	Handelsrechtlicher Höchstwert	Buchwert	Stille Reserven	
		Bilanzstichtag	Bilanzstichtag	Vorjahr	Veränderung
		TCHF	TCHF	TCHF	TCHF	TCHF
Forderungen aus Lieferungen und Leistungen	1)				
Vorräte	2)				
Wertschriften	3)				
Sachanlagen	4)				
immaterielle Anlagen	5)				
Beteiligungen	6)				
Rückstellungen	7)				
Arbeitgeberbeitrags-Reserve	8)				
Schwankungsreserven	9)				
übrige Positionen					
Zwischentotal					
abzüglich Veränderung latenter Steuern	10)				
Total					

Anmerkungen zu den *handelsrechtlichen Höchstwerten*:

1) *Forderungen aus Lieferungen und Leistungen sowie übrige kurzfristige Forderungen*

   Mit einer *Einzelbeurteilung* der Forderungen hinsichtlich des jeweiligen Verlustrisikos ist der Aussagekraft der Rechnungslegung am meisten gedient. Bei einer grossen Anzahl von Forderungen/Debitoren ist dies aus praktischen Erwägungen jedoch unrealistisch. Meistens kommen daher *pauschale Delkrederesätze* zur Anwendung.

   Der *Verwaltungsrat* hat eine Methode zu bestimmen, die eine betriebswirtschaftlich angemessene Bewertung der Debitoren mit vernünftigem Aufwand erlaubt. Dabei dürfen nebst

---

[1019] HWP (2009), Band 1, 261.

der Einzelbeurteilung von Forderungen auch pauschale Regeln und Prozentsätze für die Wertberichtigungen angewendet werden, wenn diese zu einer – gestützt auf die Erfahrungen der Vergangenheit – realistischen Beurteilung des Verlustrisikos führen.

2) *Vorräte und nicht fakturierte Dienstleistungen*

Vorräte sind zum Niederstwertprinzip zu bewerten (Anschaffungs- bzw. Herstellungskosten oder zum tieferen Veräusserungswert).[1020]

Der *Verwaltungsrat* hat die anzuwendende *Bewertungsmethode* zu bestimmen und deren kontinuierliche Anwendung zu beachten. Dabei hat er insbesondere zu bestimmen, nach welcher Methode die Anschaffungspreise ermittelt werden, in welchem Umfang zu den direkten Einzelkosten (Einzelmaterial, Einzellöhne) weitere, angefallene Gemeinkosten zu addieren sind, wie diese Gemeinkosten ermittelt werden, welche Abschreibungen für die Nutzung des Anlagevermögens dabei in die Kalkulation einfliessen, ob allenfalls Fremdkapitalzinsen aktiviert werden etc. Hierzu ist allerdings ein gut ausgebautes, betriebliches Rechnungswesen unumgänglich.

Sodann hat der *Verwaltungsrat* eine Methode zu bestimmen, nach der *Wertberichtigungen für den altersbedingten Wertverlust (Demodierung, Ladenhüter), erschwerte Verkäuflichkeit (Überbestände) und son*stige Risiken zu bilden sind. Nebst der Einzelbeurteilung sind auch hier vereinfachte Verfahren und pauschale Abschlagssätze zulässig, insbesondere wenn das Inventar der Vorräte eine grosse Anzahl Posten aufweist. Diese angewendeten Methoden, Regeln und Prozentsätze müssen jedoch – gestützt auf die Erfahrungen der Vergangenheit – zu einer realistischen Beurteilung des Verlustrisikos führen. Ebenso ist die Anwendung des Niederstwertprinzips sicherzustellen. Dazu sind grundsätzlich die Kenntnisse der beim Verkauf noch anfallenden Kosten notwendig. In der Praxis wird dazu oft in einer Rückrechnung von den Verkaufspreisen eine als realistisch erachtete Marge in Abzug gebracht.

Erfolgt bei der Bewertung der angefangenen Arbeiten bei langfristigen Projekten eine Realisierung des Ertrages entsprechend dem Projektfortschritt (PoC-Methode), so ist dies als Abweichung von den gesetzlichen Bewertungsbestimmungen entsprechend Art. 959c OR im Anhang offenzulegen.

3) *Wertschriften*

Bei der Bewertung von Wertschriften *mit Kurswert* besteht ein *Wahlrecht*. Sie können entweder nach Art. 960b OR zum Kurswert am Bilanzstichtag bewertet werden oder zu den allgemein gültigen Bestimmungen (Anschaffungskosten).

Es liegt nun am *Verwaltungsrat*, ob er die entsprechenden Positionen zu den Höchstwerten in die Bilanz einfliessen lassen will, oder ob dies zu den tieferen Anschaffungswerten geschehen soll. Wertschriften *ohne Kurswert* werden zum Anschaffungswert unter Abzug allenfalls nötiger Wertberichtigungen bilanziert.

4) *Sachanlagen*

Sachanlagen dürfen höchstens zu den Anschaffungs- oder Herstellungskosten bewertet werden,[1021] wobei für den nutzungs- und altersbedingten Wertverlust die nötigen Abschreibungen in Abzug gebracht werden müssen. Anderweitige Wertverluste sind durch Wertberichtigungen zu berücksichtigen. Die Anschaffungswerte sind dementsprechend die Basis zur Ermittlung der handelsrechtlichen Höchstwerte. Macht das Anlagevermögen einen bedeutenden Teil der Bilanzsumme aus, kommt man nicht umhin, eine Anlagebuchhaltung zu führen.

Der *Verwaltungsrat* hat für die einzelnen Anlagegüter die betriebswirtschaftliche *Nutzungsdauer* festzulegen, gestützt auf die Erfahrungen der Vergangenheit sowie auf die Annahmen, welche beim Kauf des Anlagegutes der Investitionsrechnung zugrunde gelegt worden sind.

1020 Art. 960c OR.
1021 Art. 960a OR.

Der *Verwaltungsrat* hat nebst der planmässigen Abschreibung der Sachanlagen insbesondere darauf zu achten, ob Indizien für zusätzliche Wertberichtigungen vorliegen.

5) *Immaterielle Anlagen*

Immaterielle Anlagen, die die Kriterien eines Vermögenswertes erfüllen (z.B. Patente, Lizenzen, Konzessionen, Markenrechte, Modelle, Verlagsrechte, Fabrikationsverfahren, produktbezogene Forschungs- und Entwicklungskosten, Know-how, IT-Programme etc.[1022]), sind zu aktivieren. Bisher galt dabei jedoch die Beschränkung, dass eine Aktivierung nur bei erworbenen immateriellen Werten zulässig ist; bei selbst erarbeiteten, identifizierbaren immateriellen Werten dagegen wurde eine Aktivierung traditionellerweise abgelehnt (analog bei IFRS). Nach neuem Recht besteht grundsätzlich eine Aktivierungspflicht, wenn die Kriterien für einen Vermögenswert erfüllt sind.[1023] Die Bewertung erfolgt zu den üblichen Kriterien der Bewertung von Anlagevermögen.[1024] Im Gegensatz zum bisherigen Recht[1025] erlaubt das neue Rechnungslegungsrecht nicht mehr, die Gründungs- und Kapitalerhöhungskosten zu aktivieren, da diese Aufwendungen die Kriterien für einen Vermögenswert nicht erfüllen.

Bezüglich all dieser Positionen liegt es am *Verwaltungsrat, Kriterien aufzustellen,* in welchen Umfange Aktivierungen vorzunehmen sind, wie sie planmässig abzuschreiben sind bzw. welche Aufwendungen der Erfolgsrechnung belastet werden sollen. Diese Festlegung stellt für den Verwaltungsrat insofern eine Herausforderung und Gratwanderung dar. Herausforderung, weil die im Gesetz genannten Kriterien nicht immer klar sind, sondern oft Ermessensentscheide erfordern. Gratwanderung, weil einerseits eine *Aktivierungspflicht* für alle Vermögenswerte besteht, andererseits ein *Verbot*, Aufwendungen zu aktivieren.

6) *Beteiligungen*

Als Beteiligungen gelten Anteile am Kapital eines anderen Unternehmens, die *langfristig gehalten werden* und einen *massgeblichen Einfluss* auf dieses Unternehmen vermitteln.[1026] Sie sind wie das übrige Anlagevermögen gemäss Art. 960a OR zu Anschaffungskosten, abzüglich der allenfalls notwendigen Wertberichtigungen zu bewerten. *Wertberichtigungen* sind insbesondere dann vorzunehmen, wenn der innere Wert der Beteiligung unter den Anschaffungskosten liegt. Zwar schliesst das Handelsrecht bei mehreren gleichartigen Beteiligungen eine Gruppenbewertung[1027] nicht gänzlich aus, bei der Bestimmung handelsrechtlicher Höchstwerte ist jedoch eine Einzelbewertung vorzunehmen. Der innere Wert der einzelnen Beteiligung lässt sich dabei oft nur durch eine Unternehmensbewertung ermitteln.

Der Verwaltungsrat hat die Methode festzulegen, nach der die Bewertung der Beteiligungen jährlich beurteilt werden soll. Er hat die dabei zu treffenden Annahmen bezüglich Umsatzentwicklung, Diskontierungszinsätzen etc. im Hinblick auf allfälligen Wertberichtigungsbedarf kritisch zu beurteilen.

1022 HWP (2009), Band 1, 207; HANDSCHIN, Rechnungslegung, N 683 ff.
1023 Art. 959 OR Abs. 2. Eine Nichtaktivierung lässt sich letztlich nur damit begründen, dass der künftige Mittelzufluss nicht wahrscheinlich ist oder verlässlich geschätzt werden kann (beispielsweise weil die Kosten nicht separiert und zugeordnet werden können).
1024 Art. 960a OR; Anschaffungs- bzw. Herstellungskosten abzüglich der seither eingetretenen Wertverluste (nutzungs- und altersbedingte Abschreibungen bzw. anderweitig verursachte Wertberichtigungen).
1025 Art. 664 aOR.
1026 Art. 960d Abs. 3 OR, dazu HANDSCHIN, Rechnungslegung, N 673; HWP (2009), Band 1, 221.
1027 Verrechnung von Mehr- und Minderwerten in derselben Bilanzposition, sofern die Gleichartigkeit gegeben ist und eine Gruppenbewertung branchenüblich ist (z.B. Investmentgesellschaften/Versicherungen, etc. mit grossen Anlageportefeuilles).

7) *Rückstellungen*

Die Bildung und Auflösung von Rückstellungen ist ein häufig angewandtes Mittel, um die Höhe des Bestandes stiller Reserven zu beeinflussen.

Der *Verwaltungsrat* hat Regeln aufzustellen, um den Grad der effektiven Beanspruchung solcher Rückstellungen zu beurteilen. Als handelsrechtlicher «Höchstwert» gelten die betriebswirtschaftlich begründeten Rückstellungen; was darüber hinaus zurückgestellt worden ist, hat den Charakter von stillen Reserven.

8) *Arbeitgeberbeitragsreserven*

Arbeitgeberbeitragsreserven entstehen, wenn eine Gesellschaft als Arbeitgeber Beiträge an die Personalvorsorgeeinrichtung erbringt, welche über ihre reglementarische Verpflichtung hinausgehen, und sie diese zu viel geleisteten Beiträge später zur Deckung ihrer Beitragsverpflichtungen verwenden kann.[1028] Sie haben also den Charakter von *vorausbezahlten Beiträgen* und sind als solche – grundsätzlich zum Nominalbetrag (allenfalls unter Abzug der Steuerfolgen) – aktivierungsfähig, sofern der Arbeitgeber nicht einen Verwendungsverzicht darauf abgegeben hat. Durch deren Nutzung in späteren Perioden wird die Erfolgsrechnung des Arbeitgebers entlastet; eine Rückzahlung dagegen ist gesetzlich verboten.

Nebst der Genehmigung der (Voraus-)Zahlungen der Beiträge an die Vorsorgeeinrichtung hat der *Verwaltungsrat* (und nicht der Stiftungsrat) über deren spätere Verwendung zu entscheiden. Dabei hat er auch die Situation der Personalvorsorgeeinrichtung insgesamt zu beurteilen. Namentlich wenn die Personalvorsorgeeinrichtung eine Unterdeckung aufweist, kann die künftige vollständige Nutzung der Arbeitgeberbeitragsreserve (und damit deren Aktivierung im Abschluss des Arbeitgebers) gefährdet sein.

9) *Schwankungsreserven*

Bei einer Bewertung von Aktiven mit beobachtbaren Marktpreisen zum Kurswert oder Marktpreis am Bilanzstichtag (Art. 960*b* OR) dürfen zulasten der Erfolgsrechnung Wertberichtigungen gebildet werden, um den Schwankungen im Kursverlauf Rechnung zu tragen. Die Bildung solcher Schwankungsreserven wird allerdings nur in der Höhe erlaubt, als dadurch der Anschaffungswert und der allfällig tiefere Kurswert der betreffenden Aktiven nicht unterschritten würden.

Der *Verwaltungsrat* sollte im Hinblick auf die Kontrolle der stillen Reserven eine ökonomisch sinnvolle Methode zur Ermittlung der Schwankungsreserven ausarbeiten und diese kontinuierlich anwenden.

10) *Latente Steuern*

Die Bildung stiller Reserven führt in der Regel zu einem tieferen ausgewiesenen Jahresgewinn. Weil dieser die Basis für die Steuerberechnung bildet, fällt die Ertragssteuer entsprechend auch tiefer aus. Weil die stillen Reserven irgendwann in Zukunft aufgelöst werden und dannzumal zu einer höheren Steuerlast führen, stellt dies nur einen Steueraufschub dar. Aus betriebswirtschaftlicher Sicht sind daher für die vorhandenen stillen Reserven latente Steuern zu berücksichtigen.[1029]

3.4.6 Abschluss nach einem anerkannten Standard zur Rechnungslegung

3.4.6.1 True and Fair View

Die *bisherige* Regelung der Rechnungslegung im OR war vom Grundsatz des *Kapitalschutzes* und vom *Vorsichtsprinzip* geprägt; sie orientierte sich somit primär am Gläubiger-

---

1028 HWP (2009), Band 1, 259.
1029 HWP (2009), Band 1, 445; MEYER, Swiss GAAP, *Erläuterungen, Illustrationen und Beispiele*, 120.

schutz. Die Vielzahl von Wahlrechten und insbesondere die Möglichkeit zur extensiven Bildung von stillen Reserven, welche die Rechnungslegung nach Handelsrecht charakterisierten, erschweren den Einblick in die finanzielle Lage einer Gesellschaft.

In den letzten Jahrzehnten wurde daher zunehmend die Forderung nach geeigneteren Informationen als Grundlage für Finanzentscheidungen erhoben. Nutzer der externen Rechnungslegung, insbesondere die Kapitalgeber (Aktionäre, Partizipanten) aber auch Fremdkapitalgeber (Anleihensgläubiger Banken etc.) waren zunehmend an einem möglichst den tatsächlichen Verhältnissen entsprechenden Bild der wirtschaftlichen Lage eines Unternehmens interessiert («fair presentation», «true and fair view»).

Das Prinzip von «true and fair view» kennzeichnet sich insbesondere durch folgende Merkmale:
- Die Bewertung soll frei von Willkür sein und unter Beachtung der Stetigkeit gemäss den Einzelvorschriften der gewählten Rechnungslegungsnorm erfolgen.
- Bei der Behandlung von Geschäftsfällen ist vor allem den betriebs- und finanzwirtschaftlichen Gegebenheiten Rechnung zu tragen, und nicht in erster Linie der formell korrekten Darstellung (Substance over Form).
- Unter Beachtung der Wesentlichkeit sollen die Daten zweckmässig, verständlich und verlässlich dargestellt werden. Dabei soll die Information insbesondere klar, richtig und vollständig sein.
- Die Information muss angemessen sein, d.h. dort, wo die Rechnungslegung Schätzungen und Ermessensentscheide erfordert, sind diese nach bestem Wissen zu treffen.
- «True and fair view» bezieht sich nicht nur auf die Bewertung und Gliederung, sondern auch auf die Offenlegung von Informationen. Den Informationen im Anhang kommt deshalb zentrale Bedeutung zu.
- Das Vorsichtsprinzip muss unter Beachtung eines betriebswirtschaftlich begründeten Masses konsequent, stetig und unabhängig vom Jahresergebnis angewandt werden.

Da eine einheitliche Definition von «true and fair view» fehlt, können demselben Begriff verschiedene Inhalte zugrunde liegen. Bei der Verwendung des Begriffes «true and fair view» ist daher stets auf die gewählte anerkannte Rechnungslegungsnorm Bezug zu nehmen. Nur so kann konkret eine Beurteilung der Aussage vorgenommen werden. Eine Aussage, dass die Rechnungslegung nach «true and fair view» erfolgte, ohne dass Bezug auf ein anerkanntes Rechnungslegungswerk genommen wird, ist für den externen Nutzer wertlos.

3.4.6.2 Duale Rechnungslegung

Eines der Ziele des neuen Rechnungslegungsrechts war, *mehr Transparenz* für die Adressaten zu erreichen.[1030] Gleichzeitig sollte die Neuregelung der Rechnungslegung *steuerneutral* erfolgen. Ein Verzicht/Verbot der stillen Reserven hätte jedoch unerwünschte Steuerfolgen gezeigt. Das Gesetz löst den Widerspruch zwischen Transparenz und Steuerneutralität dadurch, dass es in bestimmten Fällen – neben der handelsrechtlichen Jahresrechnung – *zusätzlich* die Erstellung eines *Abschlusses nach einem anerkannten Stan-*

1030 BOTSCHAFT, Änderung Rechnungslegungsrecht 2008, 1719 ff.

dard zur Rechnungslegung vorschreibt, welcher die tatsächliche wirtschaftliche Lage des betreffenden Unternehmens widerspiegeln soll (Dualismus).

Anerkannte Standards zur Rechnungslegung haben zum Ziel, die *tatsächliche wirtschaftliche Lage* eines Unternehmens darzustellen; sie regeln die Bewertung detaillierter, schränken den Ermessensspielraum des Erstellers ein, verbieten Willkürreserven (stille Reserven) und sehen regelmässig im Bereich der *Transaktionen mit nahestehenden Personen,* die für den *Minderheitenschutz* besonders relevant sind, erhöhte Anforderungen und Offenlegungspflichten vor.[1031]

Entsprechend der Grundkonzeption, wonach an die Rechnungslegung bei grösseren Unternehmen höhere Anforderungen zu stellen sind als bei einem KMU, verpflichtet das neue Rechnungslegungsrecht grundsätzlich lediglich *börsenkotierte Gesellschaften* (nebst grossen Genossenschaften und grossen Stiftungen) zwingend zur Erstellung eines Abschlusses nach einem anerkannten Standard zur Rechnungslegung, sofern die Börse dies verlangt, und/oder sofern die Gesellschaft nicht eine Konzernrechnung nach einem anerkannten Standard erstellt.[1032]

Da auch bei den *übrigen Gesellschaften* (auch kleinen Gesellschaften) ein Bedürfnis nach einer transparenteren Rechnungslegung bestehen kann, als sie die handelsrechtlichen Bestimmungen vermitteln (namentlich dort, wo zwischen Mehrheitsbeteiligten und Minderheiten divergierende Ziele, Interessen und Auffassungen bestehen), hat der Gesetzgeber auch bei diesen Gesellschaften zum Schutz der Minderheitsbeteiligten das Recht eingeführt, einen zusätzlichen Abschluss nach einem anerkannten Standard zur Rechnungslegung zu verlangen. Gesellschafter, die 20% des Grundkapitals vertreten, sowie jeder Gesellschafter mit einer persönlichen Haftung oder Nachschusspflicht sind berechtigt, die Erstellung eines solchen Abschlusses nach einem anerkannten Rechnungslegungsstandard zu verlangen.[1033]

Darüber, wie die Ausübung der Minderheitenrechte in der Praxis konkret geltend gemacht werden kann, schweigt das Rechnungslegungsrecht. Im Bereich des Revisionsrechts (Art. 727 OR ff.) gibt es jedoch ähnliche Mechanismen der Minderheitsrechte. Die entsprechenden rechtlichen Ausführungen werden folglich häufig sinngemäss anwendbar sein.[1034] Die Minderheit muss ihr Gestaltungsrecht *explizit* ausüben, damit es wirksam wird und kann es nur gegenüber dem Unternehmen durchsetzen, an dem es direkt beteiligt ist.

Bis zu welchem Zeitpunkt die Minderheitsrechte für ein bestimmtes Geschäftsjahr ausgeübt werden können ist aus dem Gesetz nicht ersichtlich. Gemäss Art. 727*a* Abs. 4 OR kann die Zustimmung zum Verzicht auf die eingeschränkte Prüfung der Jahresrechnung bis zehn Tage vor der Generalversammlung, an der die handelsrechtliche Jahresrechnung genehmigt werden soll, zurückgezogen werden. Diese Frist wird sinngemäss auf das Recht der Minderheit angewendet, anstelle einer eingeschränkten eine ordentliche Revision zu verlangen.[1035] Die Frist von zehn Tagen bis zur Generalversammlung dürfte in der Pra-

---

[1031] IAS 24; Swiss GAAP FER 15.
[1032] Art. 962 OR.
[1033] Art. 962 Abs. 2 OR; Lipp, Minderheitenschutz, 862 ff. Art. 962 Abs. 2 OR.
[1034] Zihler, Überblick über das neue Rechnungslegungsrecht, 811 ff., mit Verweis auf Watter/Maizar in: Basler Kommentar, N 42 ff. zu Art. 727 OR.
[1035] Art. 727 Abs. 2 OR.

xis jedoch in den wenigsten Fällen dafür ausreichen, um einen Jahresabschluss nach anerkanntem Standard zur Rechnungslegung zu erstellen und von der Revisionsstelle prüfen zu lassen. Es bleibt damit lediglich die Möglichkeit, die Genehmigung der Jahresrechnung auf einen späteren Zeitpunkt zu verschieben. Die Durchführung der Generalversammlung darf aber nicht zum Nachteil anderer Gesellschafter, des Verwaltungsrates bzw. des gesamten Unternehmens unnötig lange hinausgezögert werden. Es gilt die Frist von Art. 958 Abs. 3 OR zu beachten, wonach der Geschäftsbericht innerhalb von sechs Monaten nach Ablauf des Geschäftsjahrs erstellt und dem zuständigen Organ oder den zuständigen Personen zur Genehmigung vorgelegt werden muss.

Soll die Jahresrechnung nach anerkanntem Standard zur Rechnungslegung an der Generalversammlung tatsächlich vorliegen, müsste die Frist, bis zu welcher ein solcher Abschluss verlangt werden kann, deutlich ausgedehnt werden. In der Literatur wird vorgeschlagen, in den Statuten, den Zeitpunkt festzulegen, bis wann das Minderheitsrecht für das abgelaufene Geschäftsjahr ausgeübt werden muss (z.B. innerhalb 30 Tage nach Abschluss des Geschäfts-/Berichtsjahres[1036]). Eine allzu lange Frist widerspricht dem Sinn des Minderheitsrechts.

Für die Bemessung der Steuern ist der Abschluss nach einem anerkannten Standard zur Rechnungslegung nicht massgebend. Bemessungsgrundlage für die Steuern bildet unverändert der handelsrechtliche Abschluss.

Der Abschluss nach anerkanntem Standard zur Rechnungslegung ist nicht Teil des Geschäftsberichts.[1037] Er ist jedoch dem obersten Organ zur Kenntnis zu bringen, muss aber von diesem nicht genehmigt werden.[1038]

3.4.6.3 Befreiung von der Erstellung eines Abschlusses nach einem anerkannten Standard

Wenn die Gesellschaft eine Konzernrechnung nach einem anerkannten Standard zur Rechnungslegung erstellt, wird sie von der Pflicht zur Erstellung eines Einzelabschlusses nach anerkanntem Standard befreit. Eine Konsolidierung, die lediglich nach den *Grundsätzen ordnungsmässiger Rechnungslegung* (d.h. nach vom Unternehmen selbst festgelegten Grundsätzen[1039]) erstellt worden ist, wirkt hingegen *nicht* befreiend. Der Gesetzgeber geht davon aus, dass die Konzernrechnung nach anerkannten Standards zur Rechnungslegung die für den Nutzer/Leser wichtigen Informationen genügend abdeckt, sodass in diesen Fällen – nebst der Konzernrechnung – ein lediglich nach handelsrechtlichen Grundsätzen erstellter Einzelabschluss des betreffenden Unternehmens genügt.

Ob die Befreiung aufgrund des Vorliegens eines Konzernabschlusses nach einem anerkannten Standard zur Rechnungslegung auch für die Erstellung eines Einzelabschlusses nach anerkannten Standards zur Rechnungslegung *bei den Konzern-Tochtergesellschaften* gilt, wenn dortige Minderheitsbeteiligte gemäss Art. 962 Abs. 2 OR einen Einzelabschluss nach anerkanntem Standard zur Rechnungslegung verlangen ist, lässt der Wortlaut von Art. 962 Abs. 3 offen. Immerhin lässt der Gesetzestext von Abs. 3 – insbesondere die im

---

1036 So ZIHLER, Überblick über das neue Rechnungslegungsrecht, 811 ff.
1037 Art. 958 OR; BOTSCHAFT, Änderung Rechnungslegungsrecht 2008, 1704.
1038 Art. 962*a* Abs. 4 OR.
1039 Art. 963*b* Abs. 3 OR.

Vergleich zum Text von Art. 961d Abs. 1 OR unterschiedliche Formulierung – vermuten, dass diese Ausdehnung der Befreiung nicht beabsichtigt war. Nach Art. 961d Abs. 1 OR gilt die Erleichterung infolge Konzernrechnung, «wenn das Unternehmen selbst oder *eine juristische Person, die das Unternehmen kontrolliert,* eine Konzernrechnung (…) erstellt» (kursiv vom Autor gesetzt). Im Gegensatz dazu fehlt in Art. 962 OR der (kursive) 2. Teil der Umschreibung des Geltungsbereichs. Auch im Hinblick auf die beabsichtigte Stärkung des Schutzes der Minderheitsbeteiligten dürfte – mit analogen Argumenten wie bei Art. 961 OR (grössere Unternehmen) – eine Ausdehnung der Befreiungsmöglichkeit auf alle Tochtergesellschaften nicht den Intentionen des Gesetzgebers entsprochen haben. Für einen lediglich an einer Konzerntochtergesellschaft Beteiligten steht primär der Einzelabschluss des Unternehmens, an dem er direkt beteiligt ist, im Fokus. Ein Konzernabschluss vermag in dieser Konstellation oft wenig zur Beurteilung seiner Beteiligung beizutragen. Zur Ausübung seiner Rechte benötigt der Beteiligte daher verlässliche Zahlen über das Unternehmen, an dem er direkt beteiligt ist, und weniger den Konzern, an dem er u.U. gar keine durchsetzbaren Mitgestaltungsrechte hat. Aus den genannten Gründen wirkt u.E. die Befreiung infolge Konzernabschlusses nach anerkanntem Standard zur Rechnungslegung lediglich gegenüber den in Abs. 2 Genannten, wenn diese am Unternehmen, das die Konsolidierung erstellt, direkt beteiligt sind. Tochtergesellschaften in Konzernen können sich u.E. *nicht* – gestützt auf eine von einer Muttergesellschaft erstellte Konzernrechnung – von der Erstellung eines Einzelabschlusses nach anerkannten Standards zur Rechnungslegung drücken, wenn deren eigene Minderheiten diesen verlangen. Insofern geht der Minderheitenschutz vor.[1040]

3.4.6.4 Wahl des anerkannten Standards zur Rechnungslegung

Die Wahl eines anerkannten Standards zur Rechnungslegung obliegt dem Verwaltungsrat, sofern die Statuten keine anderslautenden Vorgaben enthalten oder die GV den Standard nicht festlegt.

Das oberste Leitungs- oder Verwaltungsorgan hat einen Standard aus der Liste der möglichen anerkannten Standards zur Rechnungslegung zu wählen, die vom Bundesrat in einer Verordnung festgelegt werden.[1041] Gestützt auf die Kompetenz in Art. 962a Abs. 5 OR hat der Bundesrat die folgenden Rechnungslegungsstandards: Swiss GAAP FER, IFRS, IFRS for SMEs, US GAAP und IPSAS als anerkannte Standards zur Rechnungslegung bezeichnet.[1042]

Bei den anerkannten Rechnungslegungsnormen stehen in der Schweiz bei mittelgrossen, national orientierten Firmen die Fachempfehlungen zur Rechnungslegung (Swiss GAAP FER) im Vordergrund. International und bei börsenkotierten Gesellschaften haben die International Financial Reporting Standards (IFRS) sowie die amerikanischen Generally Accepted Accounting Principles (US GAAP) eine überragende Bedeutung.

1040 CHK-Lipp, N 28 zu Art. 962 OR.
1041 Art. 963b Abs. 5 OR.
1042 Verordnung des Bundesrates vom 21.11.2012 über die anerkannten Standards zur Rechnungslegung, SR 221.432.

a) Swiss GAAP FER

Die Swiss GAAP FER werden in einem aus breiten Kreisen zusammengesetzten, privatrechtlich organisierten Gremium erarbeitet. Swiss GAAP FER ist als Stiftung organisiert (Stiftung für Fachempfehlungen zur Rechnungslegung).[1043] Sie hat sich zum Ziel gesetzt, die Aussagekraft und Vergleichbarkeit der Einzelabschlüsse und Konzernrechnungen durch Konkretisierung und Ergänzung der gesetzlichen Bestimmungen zu erhöhen und deren Gleichwertigkeit mit internationalen Rechnungslegungsnormen zu erreichen. Die Fachempfehlungen bekennen sich zum Grundsatz der «True and Fair View».[1044]

Die Swiss GAAP FER orientieren sich grundsätzlich an den International Financial Reporting Standards (IFRS/früher IAS), ohne allerdings deren Komplexität zu übernehmen. Sie gehen namentlich in Bezug auf die Anforderungen zur Offenlegung im Anhang der Jahresrechnung bedeutend weniger weit als IFRS. Obwohl sie primär auf die Rechnungslegung von KMUs ausgerichtet sind, erstellen seit ein paar Jahren auch einige kotierte Unternehmen ihre Rechnungslegung nach Swiss GAAP FER. Zur Abdeckung der höheren Anforderungen an die Rechnungslegung solcher kotierten Unternehmen, hat der Standardsetter einen separaten Standard erstellt.[1045]

Die «Richtlinie betr. Rechnungslegung» der SWX Swiss Exchange erlaubt den Gesellschaften in den Standards «Domestic» und «Immobiliengesellschaften», ihre Abschlüsse nach den Swiss-GAAP-FER-Normen erstellen.[1046]

Die Swiss GAAP FER sind modular aufgebaut.[1047]

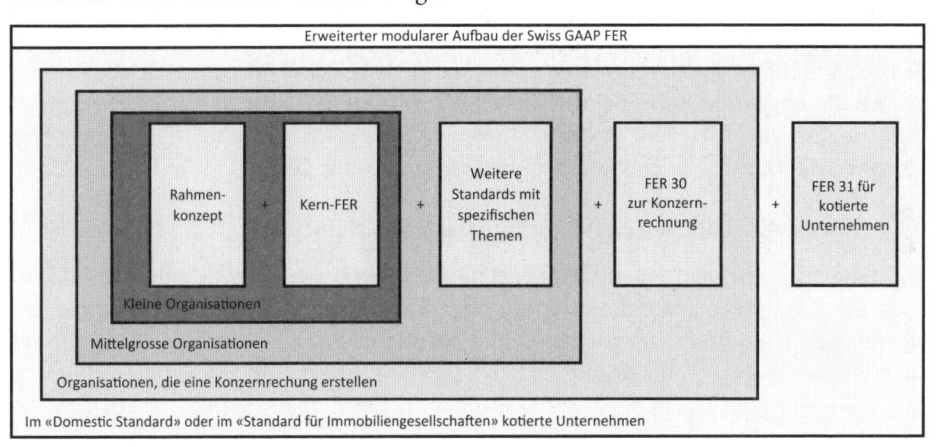

(Grafik Disclose D. Suter Juni 2013)

Das *Rahmenkonzept* der Swiss GAAP FER ist für alle Abschlüsse gemäss diesem Standard verbindlich. Darin werden die Zielsetzung der Jahresrechnung, die Gliederung des Geschäftsberichts, die Thematik der erstmaligen Anwendung von Swiss GAAP FER, Grundlagen der Jahresrechnung, Definitionen von Aktiven, Passiven, Erträgen und Aufwen-

---
1043 Siehe dazu MEYER, Swiss GAAP FER, *Erläuterungen, Illustrationen und Beispiele* (Zürich 2009).
1044 Vgl. Rahmenkonzept Swiss GAAP FER Ziff. 6.
1045 Swiss GAAP FER 31: Ergänzende Fachempfehlung für kotierte Unternehmen, gültig ab 1.1.2015.
1046 Richtlinie für die Rechnungslegung der SIX (vom 20. Juni 2012).
1047 SUTER, Ergänzende Fachempfehlung für kotierte Unternehmen, in Disclose (PwC), Juni 2013, 34.

dungen resp. Erfolg, zulässige Bewertungskonzepte von Aktiven und Verbindlichkeiten, qualitative Anforderungen und die Anforderungen an den Lagebericht behandelt.

Die *Kern-FER* umfassen die Artikel eins bis und mit sechs, worin die Grundlagen, die Bewertung, die Darstellung und Gliederung, die Geldflussrechnung, Ausserbilanzgeschäfte und Anhang behandelt werden. Sie sind von allen Swiss-GAAP-FER-Anwendern zu beachten. Kleinere Unternehmen können sich darauf beschränken, lediglich die Kern-FER anzuwenden. Demgegenüber haben grössere Unternehmen, die einer ordentlichen Revision unterliegen, zudem die *weiteren spezifischen Fachempfehlungen* zu beachten. Die Empfehlung 30 (Konzernrechnung) ist nur für Unternehmensgruppen relevant. FER 31 richtet sich ausschliesslich an kotierte Unternehmen. Wenn ein Unternehmen seine Rechnungslegung nach Swiss GAAP FER erstellt, muss es im Anhang offenlegen, welche Stufe des Standards es gewählt hat.

Das dem Obligationenrecht zugrunde liegende Vorsichtsprinzip darf bei der Swiss GAAP FER nur soweit angewendet werden, als dass zwischen zwei Sachverhalten mit gleicher Eintretenswahrscheinlichkeit eine weniger optimistische Variante gewählt werden darf. Da sich die Rechnungslegung grundsätzlich an das Prinzip von «True and Fair View» richtet, bietet eine nach Swiss GAAP FER erstellte Jahresrechnung für einen externen Nutzer eine bedeutend bessere Entscheidungsgrundlage als ein Abschluss lediglich nach den handelsrechtlichen Mindestvorschriften.

Die Anwendung der Swiss-GAAP-FER-Normen kann eine zweckmässige Lösung – zwischen den Minimalanforderungen des Aktienrechtes und den ausführlichen internationalen Normen (IFRS, US GAAP etc.) – darstellen. Zunehmend an Bedeutung gewinnen Swiss GAAP FER bei der Vergabe von Bankkrediten an nicht kotierte Gesellschaften, wo die Rechnungslegungsnorm beim Rating mitberücksichtigt wird. Damit ist die Anwendung von Swiss GAAP FER für mittelgrosse, national ausgerichtete Unternehmen eine sinnvolle Alternative zu den ständig komplexer werdenden IFRS.

b) **International Financial Reporting Standards (IFRS)**[1048]

Die IFRS (International Financial Reporting Standards; vormals IAS, International Accounting Standards) sind eine Sammlung von Standards für die Rechnungslegung. Sie werden vom IASB (International Accounting Standards Board) aufgestellt. Die IFRS sind in englischer Sprache verfasst und sind in dieser Fassung verbindlich. Zur Erleichterung der Anwendung werden sie aber in verschiedene Sprachen übersetzt, u.a. auch in Deutsch.

Die IFRS haben international eine grosse Verbreitung gefunden, weil die Mitglieder der internationalen Vereinigung der Börsenaufsichtsbehörden (IOSCO) sich verpflichteten, an ihren Börsen grundsätzlich diesen Standard bei der Rechnungslegung von ihren Emittenten zu verlangen. In der Schweiz wird seit dem 1.1.2005 daher dieser Standard verlangt, wobei für einzelne Standards (früher «Segmente») zusätzliche Standards angewendet werden dürfen (so Swiss GAAP FER im Standard «Domestic» und «Im-

---

1048 Die Gesamtheit der vom IASB herausgegebenen Standards und Interpretationen wird als IFRS bezeichnet. Dazu vertiefter BÖCKLI, Aktienrecht, § 8 Rz. 42 ff.; Beck'sches IFRS Handbuch, Kommentierung der IFRS/IAS, 4. Auflage, 2013; Manual of Accounting IFRS 2013, (Hrsg. PwC), 2013; WINKELJOHANN, Rechnungslegung nach IFRS, Herne/Berlin, 2004.

mobiliengesellschaften»; oder US GAAP in den Standards «Main», «Domestic» und «Investmentgesellschaften»).[1049]

Die grundlegenden Annahmen der IFRS-Rechnungslegung sind der *Grundsatz der Periodenabgrenzung* (periodengerechte Aufwands- und Ertragsverrechnung unter Beachtung der wirtschaftlichen Zugehörigkeit der Geschäftsvorfälle zu den einzelnen Berichtsperioden) und das *Fortführungsprinzip*.

Abschlüsse, die nach den IFRS erstellt werden, sollen primär jene Informationen über die Vermögens-, Finanz- und Ertragslage des Unternehmens liefern, die für Adressaten bei deren Entscheidungen nützlich sind. Die IFRS stellen damit die Vermittlung von *entscheidungsrelevanten* Informationen (*decision usefulness*) viel stärker in den Vordergrund als die vornehmlich am Gläubigerschutz orientierte Rechnungslegung nach OR-Vorschriften.

Als zweite grundlegende qualitative Eigenschaft wird im Rahmenkonzept von IFRS die *glaubwürdige* Darstellung *(faithful representation)* postuliert. Sie ersetzt die bisherige Anforderung Verlässlichkeit. Gleichzeitig mit dieser Anpassung wurde das Vorsichtsprinzip gestrichen. Damit wird die Marschrichtung von IFRS in der Bewertung deutlich hervorgehoben: Betonung des Zeitwertprinzips/Bewertung zu Marktwerten.

Die qualitativen Anforderungen betreffen insbesondere

	Fundamentale qualitative Anforderungen
Relevanz von Informationen	*Relevanz* hat die Aufgabe, zu selektieren, welche Geschäftsvorfälle überhaupt in der Rechnungslegung als nützliche Informationen für finanzielle Entscheidungen (useful financial information) auftauchen sollen.[1050]
	Um *nützlich* zu sein, müssen die Informationen für die wirtschaftlichen Entscheidungen des Adressaten relevant sein. *Relevant* sind sie dann, wenn sie die Entscheidungen der Adressaten beeinflussen bzw. geeignet sind, diese zu beeinflussen, d.h., wenn sie ermöglichen, vergangene, gegenwärtige und zukünftige Ereignisse abschätzen zu können.
	Ausfluss der Anforderung an die Relevanz einer Information ist das *Wesentlichkeitsprinzip*. Wesentlichkeit bedeutet dabei, dass das Weglassen einer Information oder die fehlerhafte Angabe einer Information Einfluss auf die wirtschaftliche Entscheidung haben kann.

1049 Richtlinie für die Rechnungslegung der SIX (vom 20. Juni 2012).
1050 Beck-IFRS-HB/Wawrzinek, § 2, N 57 ff., IFRS Rahmenkonzept F.QC 5.

	Fundamentale qualitative Anforderungen (Forts.)
Glaubwürdige Darstellung	Um nützlich für Entscheidungen zu sein, müssen Finanzinformationen nicht nur relevant sein, sie müssen auch getreu das darstellen, was sie darzustellen vorgeben.[1051] Mit diesem grundlegenden Merkmal sollen die dahinterstehenden Merkmale von *Vollständigkeit, Neutralität* und *Fehlerfreiheit* maximiert werden.[1052] *Vollständig* bedeutet, dass sie alle Informationen beinhalten, die zum Verständnis für den Nutzer notwendig sind (inkl. Beschreibungen und Erklärungen).[1053] Eine *neutrale* Abbildung ist unvoreingenommen in der Auswahl und der Präsentation finanzieller Informationen. Sie ist frei von Einseitigkeiten, Gewichtungen, Hervorhebungen bzw. Ablehnungen oder anderen Manipulationen, um den Nutzer zu einer zustimmenden oder ablehnenden Haltung zu bewegen.[1054] Eine glaubwürdige Darstellung bedeutet nicht Richtigkeit in jeder Hinsicht. *Frei von Fehlern* besagt, dass es keine Irrtümer oder Weglassungen in der Beschreibung von Tatbeständen gibt, und dass der angewandte Prozess zur Erstellung der Finanzdaten ausgewählt und während dem gesamten Prozess ohne Fehler angewendet wurde. Informationen müssen sowohl relevant als auch getreu dargestellt sein, um entscheidungsnützlich zu sein.[1055]
	Unterstützende qualitative Anforderungen
Vergleichbarkeit	Informationen über ein Unternehmen sind nützlicher für Entscheidungen, wenn sie mit ähnlichen Informationen über *andere Unternehmen* und mit ähnlichen Informationen über dasselbe Unternehmen aus einer *anderen Periode* oder zu einem *anderen Zeitpunkt* verglichen werden können.[1056] Vergleichbarkeit setzt die Nutzer in die Lage, Ähnlichkeiten und Unterschiede in Bezug auf Posten des Abschlusses zu identifizieren und zu verstehen.
Verifizierbar	Verifizierbarkeit hilft den Adressaten, sicherzustellen, dass die Informationen die wirtschaftlichen Phänomene getreu darstellen, welche sie darzustellen vorgeben. Verifizierbarkeit bedeutet, dass verschiedene sachverständige und unabhängige Beobachter übereinkommen könnten (ohne dass sie vollständig einig sein müssen), dass eine bestimmte Beschreibung eine getreue Darstellung ist.[1057]
Zeitnähe	Zeitnähe bedeutet, dass die Informationen den Entscheidungsträgern rechtzeitig zur Verfügung stehen, um ihre Entscheidungen zu beeinflussen.[1058]
Verständlichkeit	Informationen klar und knapp zu klassifizieren, charakterisieren und darzustellen, macht sie verständlich. Während es unmöglich sein kann, einige Phänomene, die ihrem Charakter nach komplex sind, leicht verständlich darzustellen, würde der Ausschluss dieser Informationen Abschlüsse unvollständig und möglicherweise irreführend machen. Abschlüsse werden für Adressaten erstellt, von denen vernünftigerweise anzunehmen ist, dass sie Kenntnisse von Wirtschaft und Wirtschaftsaktivitäten haben und dass sie Informationen sorgfältig prüfen und analysieren.[1059]

Das IFRS besteht aus einem Rahmenkonzept und den entsprechenden Standards. Das *Rahmenkonzept* bildet den konzeptionellen Bezugsrahmen für das Rechnungslegungssys-

---

1051 Beck-IFRS-HB/WAWRZINEK, § 2, N 68 ff.
1052 IFRS Rahmenkonzept F.QC 12.
1053 IFRS Rahmenkonzept F.QC 13.
1054 FRS Rahmenkonzept F.QC 14.
1055 IFRS Rahmenkonzept F.QC 17.
1056 Beck-IFRS-HB/WAWRZINEK, § 2, N 76 ff.
1057 IFRS Rahmenkonzept F.QC 26.
1058 IFRS Rahmenkonzept F.QC 29.
1059 IFRS Rahmenkonzept F.QC 30–32.

tem der IFRS. Das Rahmenkonzept (Framework) dient als Auslegungs- und Orientierungshilfe sowie als Grundlage für die Ausarbeitung von neuen Standards. Es soll auch als Unterstützung dienen in Sachverhalten, die in den Standards nicht geregelt sind.[1060] Es verlangt explizit vom Management eine Anwendung der im Framework enthaltenen Begriffe, Ansatzkriterien und Bewertungskonzepte für Vermögenswerte, Schulden, Erträge und Aufwendungen. Es genügt jedoch nicht, allein das Rahmenkonzept anzuwenden. Vielmehr müssen auch alle *Standards* befolgt werden. Jeder Standard behandelt ein bestimmtes Thema, wobei die behandelten Themen keine einheitliche Systematik aufweisen. Das Unternehmen muss also stets die spezifischen Standards anwenden und darf nur dann die Regeln aus dem Rahmenkonzept befolgen, wenn die Standards oder Interpretationen den entsprechenden Fall nicht regeln.

Es ist unter IFRS nicht erlaubt, auf die Anwendung von einzelnen Standards zu verzichten, wenn die Auswirkungen der Nichtanwendung für den Abschluss wesentlich sind. Eine «IFRS-light»-Version gibt es deshalb nicht. Dieses Vorgehen ist auch nicht zulässig, wenn die entsprechende Abweichung durch zwingende Vorschriften des jeweiligen Heimatlandes, z.B. in der Schweiz durch das OR, begründet ist.

c) Die wichtigsten Unterschiede zwischen Handelsrecht Abschluss, IFRS und Swiss GAAP FER

Nachstehende Darstellung gibt einen Überblick über die *wesentlichsten* Unterschiede zwischen den verschiedenen Standards bzw. der handelsrechtlichen Bestimmungen:

	OR	IFRS	Swiss GAAP FER
Grundlagen			
Normensetzende Instanz	Schweiz. Gesetzgeber; oberste Gerichte	internationale private Rechnungslegungs-Institution (IASB)	Stiftung Fachempfehlungen zur Rechnungslegung
Rechnungslegungsziele	Kapital- und Gläubigerschutz, Ausschüttungsbemessung, Steuerbemessungsfunktion, Informationsfunktion	Vermittlung von nützlichen Informationen für die Entscheidungsfindung des Nutzers. *(decision usefulness)*	siehe IFRS
Dominierender Rechnungslegungsgrundsatz	Ermöglichung eines verlässlichen Urteils für Dritte; Vorsichtsprinzip (Realisations- und Imparitätsprinzip)	*accrual principle* (periodengerechte Gewinnermittlung)	siehe IFRS
Stille Reserven	ausdrücklich erlaubt	grundsätzlich verboten (nur Zwangsreserven gestattet)	wie IFRS

[1060] IAS 8.11 (Rechnungslegungsmethoden, Änderungen von rechnungslegungsbezogenen Schätzungen und Fehlern).

	OR	IFRS	Swiss GAAP FER
Verbindung von Handels- und Steuerbilanz	Prinzip der Massgeblichkeit	keine	keine
Bestandteile des Abschlusses	Bilanz, Erfolgsrechnung, Anhang und – grössenabhängig – Geldflussrechnung, Lagebericht. *Börsenkotierte* Unternehmen: zusätzlich einen Abschluss nach einem anerkannten Standard zur Rechnungslegung	Bilanz, Gesamtergebnisrechnung, Eigenkapitalspiegel, Anhang, Kapitalflussrechnung und ggf. ein Segmentbericht (bei kotierten Unternehmen) sowie Lagebericht (falls gesetzlich vorgeschrieben)	Bilanz, Erfolgsrechnung, Geldflussrechnung, Eigenkapitalnachweis, Anhang sowie Lagebericht (falls gesetzlich vorgeschrieben); ergänzende Angaben bei börsenkotierten Unternehmen
Konzernrechnung	nach anerkanntem Standard zur Rechnungslegung (börsenkotierte Unternehmen, oder auf Verlangen einer qualifizierten Minderheit) nach Grundsätzen ordnungsmässiger Rechnungslegung (übrige)	gem. Bestimmungen von IFRS	gem. Bestimmungen von Swiss GAAP FER ergänzende Angaben bei börsenkotierten Unternehmen
Goodwill			
Behandlung des Goodwills (Geschäftswerts) bei Unternehmensakquisitionen	im Einzelabschluss in der Position «Beteiligung» enthalten; im Konzernabschluss als separate Position (Goodwill)	Aktivierung des restlichen Kaufpreises einer Akquisition als Goodwill, nachdem alle übernommenen Vermögenswerte auf ihre wirklichen Werte angepasst wurden (d.h. nach Kaufpreisallokation, PPA)[1061]	Wahlrecht: entweder wie IFRS, oder Verrechnung des Goodwills mit dem Eigenkapital (inkl. Erfordernis einer Schattenrechnung der Auswirkungen einer theoretischen Aktivierung auf Anschaffungswert, Restewert, Abschreibung, Wertbeeinträchtigung[1062])
Abschreibung des Goodwills	Vornahme von Wertberichtigungen, sofern erforderlich (keine planmässigen Abschreibung vorgesehen)	*Impairment only approach* (jährliche Prüfung auf Wertminderung) keine planmässigen Abschreibungen	entweder planmässige Abschreibung über Nutzungsdauer (i.d.R. 5 Jahre, max. 20 Jahre), oder Schattenrechnung im Anhang

---

1061 IFRS 3 (Unternehmenszusammenschlüsse).
1062 Swiss GAAP FER 30.14 ff. (Konzernrechnung).

	OR	IFRS	Swiss GAAP FER
Sonstiges Anlagevermögen			
Neubewertung oberhalb der (fortgeführten) Anschaffungs- und Herstellungskosten	grundsätzlich Bewertung zu Anschaffungskosten *Ausnahme*: Aktiven mit beobachtbarem Marktpreis in aktiven Markt gem. Art. 960b OR oder bei Aufwertung gem. Art. 670 OR.	Bewertung zum aktuellen Wert zulässig bei Anlagen, die zu Renditezwecken gehalten werden sowie Anlagen zum Verkauf; ansonsten Anschaffungskosten	Bewertung zum aktuellen Wert zulässig bei Anlagen, die zu Renditezwecken gehalten werden. Sep. Ausweis im Anhang; ansonsten Anschaffungskosten
Finanzierungsleasing	Wahlrecht; falls Aktivierung: beim Leasingnehmer zu den Anschaffungskosten abzüglich der notwendigen Abschreibungen	Zurechnung beim Leasingnehmer zum niedrigeren Wert aus Fair Value des Leasinggegenstands oder dem Barwert der Mindestleasingzahlungen[1063]	siehe IFRS[1064]
Zur Veräusserung gehaltene langfristige Vermögenswerte	keine expliziten Regelungen	bei Erfüllung bestimmter Kriterien Bewertung zum niedrigeren Wert von Buchwert und Fair Value abzgl. Verkaufskosten;[1065] gesonderter Ausweis in der Bilanz	allgemeine Regeln greifen; Verkaufsabsicht führt zu Wertminderungstest
Umlaufvermögen			
Langfristige Fertigungsaufträge	*Completed Contract Method*; Teilgewinnvereinnahmung (PoC) nicht vorgesehen (Realisationsprinzip)	*Percentage of completion method (PoC)*, sofern verlässliche Schätzungen vorliegen[1066]	siehe IFRS.[1067]
Rückstellungen			
Ansatz von Rückstellungen	Rückstellungsbildung auch unterhalb einer Wahrscheinlichkeit von 50% möglich	Wahrscheinlichkeit für die Inanspruchnahme muss mehr als 50% betragen[1068]	siehe IFRS[1069]

1063 IAS 17 (Leasingverhältnisse).
1064 Swiss GAAP FER 13 (Leasinggeschäfte).
1065 IFRS 5 (Zur Veräusserung gehaltene langfristige Vermögenswerte und aufgegebene Geschäftsbereiche.
1066 IAS 11 (Fertigungsaufträge).
1067 Swiss GAAP FER 22 (Langfristige Aufträge).
1068 IAS 37 (Rückstellungen, Eventualverbindlichkeiten und Eventualforderungen).
1069 Swiss GAAP FER 23 (Rückstellungen).

	OR	IFRS	Swiss GAAP FER
Bewertung von Rückstellungen	mit dem nach vernünftiger, kaufmännischer Beurteilung notwendigen Erfüllungsbetrag (Nominalwert); Abzinsung von Rückstellungen nicht vorgesehen	wahrscheinlichster Wert der Inanspruchnahme und Abzinsung auf Grundlage eines Marktzinses zum Stichtag, sofern Zinseffekt wesentlich	siehe IFRS
Aufwandsrückstellungen	erlaubt sind Rückstellungen für die Sanierung von Sachanlagen, Restrukturierungen, Sicherung des dauernden Gedeihens des Unternehmens	Verbot von Rückstellungen, die die Kriterien gem. IFRS nicht erfüllen	siehe IFRS
Personalvorsorge	Auslagerung in separate Vorsorgeeinrichtung (i.d.R. keine Erfassung der Verpflichtung in Bilanz des Unternehmens, sofern Verpflichtung durch ausgeschiedene Vermögenswerte gedeckt sind) erfolgswirksame Berücksichtigung der Beiträge	versicherungsmathematische Gewinne und Verluste werden ergebnisneutral erfasst; einzig zulässige Bewertungsmethode ist PUCM (die in der Regel zu höheren Verpflichtungen führt als gem. OR; abhängig von Annahmen über künftige Finanzerträge, Lohnentwicklung, Fluktuationsrate etc.)[1070]	ähnlich wie bei OR keine Neuberechnung der Vorsorgeverpflichtung[1071]
Schwankungsreserven	erlaubt, wenn Aktiven zu beobachtbaren Marktpreisen bewertet sind, sofern dadurch der Kurswert bzw. Anschaffungswert nicht unterschritten wird.[1072]	nicht gestattet	nicht gestattet
Latente Steuern			
Aktivierung aktiver latenter Steuern	i.d.R. keine Erfassung von latenten Steuern	Pflicht zur Erfassung[1073]	siehe IFRS[1074]
Saldierung von passiven und aktiven latenten Steuern	i.d.R. keine Erfassung von latenten Steuern	Pflicht, sofern Voraussetzungen erfüllt	siehe IFRS

1070 IAS 19 (Leistungen an Arbeitnehmer).
1071 Swiss GAAP FER 16 (Vorsorgeverpflichtungen).
1072 Art. 960*b* Abs. 2 OR.
1073 IAS 12 (Ertragssteuern).
1074 Swiss GAAP FER 11 (Ertragssteuern).

	OR	IFRS	Swiss GAAP FER
Sonstiges			
Aktivierung von Finanzierungskosten	grundsätzlich verboten, Wahlrecht bei Bauzinsen[1075]	Pflicht, sofern es sich um qualifizierte Vermögenswerte handelt und die Kosten direkt zurechenbar sind	gem. OR
Segmentberichterstattung	nicht verlangt	Pflicht für kapitalmarktorientierte Unternehmen[1076]	für börsenkotierte Unternehmen ergänzende Angaben verlangt (Segmenterlöse und -ergebnisse, andernfalls Begründung im Anhang, falls dies weggelassen wird)[1077]
Angaben zu Gewinn pro Aktie	nicht verlangt	Angaben zu *earnings per share* sind zu machen, sofern die Aktien öffentlich gehandelt werden[1078]	bei börsenkotierten Unternehmen: Offenlegung (inkl. Angabe, wie die Zahl ermittelt wurde; keine entsprechende Vorgabe)[1079]

Zurzeit wird zwischen den etablierten internationalen Standards (US GAAP und IFRS) ein *Konvergenzprojekt* durchgeführt. Darin wird eine Angleichung der beiden Standards angestrebt, da im jetzigen Zeitpunkt immer noch erhebliche Unterschiede bestehen. Es gibt Befürchtungen, dass sich die IFRS stark an die extrem komplexen Anforderungen gemäss US GAAP annähern müssen, um die Akzeptanz der amerikanischen Behörden zu erhalten.

In der Schweiz waren die IFRS lange Zeit eine echte Alternative zu den viel stärker reglementierten US GAAP und fanden – in Ermangelung einer aussagefähigen Schweizerischen Rechnungslegung – bei den Schweizer Konzernen eine grosse Akzeptanz. Diese Verbreitung wurde in den letzten Jahren mit der zunehmenden Komplexität von IFRS gebremst. Einige Konzerne haben sich daher entschlossen, künftig wieder Swiss GAAP FER anzuwenden.

Demgegenüber hat der Standard IFRS for SMEs (KMUs) in der Schweiz bis anhin wenig Bedeutung gewonnen, da mit Swiss GAAP FER eine valable Alternative zur Verfügung steht.

1075 Art. 676 OR.
1076 IFRS 8 (Geschäftssegmente).
1077 Swiss GAAP FER 31 (Ergänzende Fachempfehlung für kotierte Unternehmen).
1078 IAS 33 (Ergebnis je Aktie).
1079 Swiss GAAP FER 31 (Ergänzende Fachempfehlung für kotierte Unternehmen).

3.4.6.5 Die transparente Rechnungslegung im Dienste einer glaubhaften Kommunikation

Die Qualität der internen und der – allenfalls differierenden – externen Finanzinformation und -kommunikation ist für die finanzielle Führung von zentraler Bedeutung. Die Rechnungslegung stellt letztlich auch die «Sprache» der Finanzen dar.

Während die Gestaltung der Informationsflüsse in vielen KMUs kein schwieriges Problem darstellen sollte, ist dies in den meisten börsenkotierten Gesellschaften eine anspruchsvolle Aufgabe. Dabei nehmen die konzerninternen Informationsflüsse sowohl auf die Qualität der Finanzpolitik des Unternehmens als auch auf Korrektheit und Risiken der externen Finanzkommunikation Einfluss. Der Verwaltungsrat von Publikumsgesellschaften sollte sich der Tragweite von Schwächen in diesem Dreiecksbereich von Finanzpolitik, Finanzpublizität und Aktionärswert bewusst sein. Schliesslich hängen auch die Einschätzungen und Entscheidungen des Verwaltungsrates in erheblichem Ausmass vom Vorhandensein und der Qualität der erforderlichen Daten und Informationen ab.[1080]

Dabei erwachsen *neue Anforderungen* an das finanzielle Informationssystem aus der zunehmenden Ausrichtung der Rechnungslegungsnormen (namentlich von IFRS und US GAAP) am Marktwertprinzip (Fair-Value-Prinzip). Typisch kommt dies in der Impairment-Praxis zum Ausdruck,[1081] welche im Zusammenhang mit der Bewertung des Goodwills einen periodisch erstellten, DCF-basierten Wertnachweis erfordert. Aus Sicht des Verwaltungsrats ist ein konsistentes Modellsystem zu fordern. Es stellt sich beispielsweise bereits bei der Bewertung einer Akquisition und bei der bilanzbezogenen Kaufpreisallokation (sogenannte Purchase Price Allocation) die Frage, welche Modellanforderungen später im Rahmen der Impairment-Analysen zu erfüllen sind.

Die *konsequente Wertorientierung* erfordert den Weiterausbau des traditionellen Rechnungswesens zu einem aussagekräftigen Economic-Profit-Ansatz. Eine solche Evolution erlaubt es erst, firmenintern von einem eigentlichen Value Reporting zu sprechen. Das interne Wertmanagementsystem bildet die Voraussetzung für ein wirksames Value Reporting nach aussen.[1082] Die externe Wertkommunikation lässt sich auch als spezieller Werttreiber für die Marktbewertung des Unternehmens sehen, indem erhöhte Reportingqualität zu einer Senkung der Kapitalkosten und damit zu einer Steigerung des Unternehmenswertes beiträgt. Besonderes Gewicht erhält die externe (Finanz-)Kommunikation in schwierigen Phasen oder bei eigentlichen Unternehmenskrisen.

Das Recht, einen Abschluss nach anerkannten Standards zur Rechnungslegung zu verlangen, ist eine wichtige Möglichkeit, sich einen zuverlässigen Überblick über die wirtschaftliche Situation der Gesellschaft zu verschaffen. Das ist auch im Hinblick auf allfällige Verantwortlichkeits- oder Rückforderungsklagen wichtig. Auch darf die präventive Wirkung solcher Minderheitsrechte nicht vergessen werden. Zudem lässt sich durch einen Abschluss nach anerkanntem Standard zur Rechnungslegung die wirtschaftliche Lage objektiver und grundsätzlich frei von willkürlichen Abschreibungen und Rückstellungen beurteilen. Damit hat der Investor auch bessere Grundlagen, sich ein Bild über den Wert seiner Investition und der Wertpapiere zu verschaffen.

1080 Ein Muster für ein Kommunikationsreglement des VR findet sich hinten in Ziff. 11.40, S. 910 ff.
1081 IAS 36 (Wertminderung von Vermögenswerten).
1082 Vettiger/Volkart, 913.

Mittelständische Unternehmen, die im Fremdkapitalbereich primär auf Bankkreditfinanzierungen angewiesen sind, sollten der Pflege der Bankbeziehung(en) erhöhte Aufmerksamkeit schenken. Kommunikation und Transparenz stellen auch im Zusammenhang mit Bankfinanzierungen wichtige Postulate dar. Verbesserte Transparenz im Sinne des «True and Fair View» (wie auch die Kommunikation der erwarteten künftigen Entwicklungen und Ergebnisse sowie der damit verbundenen Massnahmen) reduzieren das Risiko des Fremdkapitalgebers und damit die Kapitalkosten für den Kreditnehmer.[1083]

Es liegt daher im ureigenen Interesse von Geschäftsleitung und Verwaltungsrat, den für das Unternehmen relevanten Banken mit guter Informationsqualität und Transparenz zu begegnen. Besonders positiv kann sich dies auch in schwierigen Geschäftsphasen auswirken, indem ein gut informierter Kreditgeber tendenziell verständnisvoller reagiert.

Für den Verwaltungsrat als oberstes Führungsorgan ganz generell zu beachten sind zudem die aus der Corporate Governance erwachsenden Anforderungen an das Verhalten von Unternehmen gegenüber ihrer Aussenwelt. *Glaubwürdigkeit* und *Vertrauen* sind nicht nur wesentliche Pfeiler ganzer Märkte, sondern auch der Marktstellung einzelner Unternehmen. Diese Postulate reichen weit über die finanzielle Führung hinaus, sind aber für die nachhaltige Wertentwicklung von höchster Tragweite.

3.4.7 Konzernrechnung

3.4.7.1 Allgemeines

Wegen der zahlreichen finanziellen, produktions- und vertriebstechnischen Verflechtungen haben die Einzelabschlüsse in einem Konzern wenig Aussagekraft. In der Konzernrechnung sind die Abschlüsse der einzelnen, rechtlich selbständigen Unternehmen – unter Ausklammerung der gegenseitigen internen Transaktionen – so in einer einheitlichen Rechnung zusammenzufassen, wie wenn sie wirtschaftlich betrachtet eine Einheit bildeten. Bei der zu diesem Zweck durchgeführten Konsolidierung werden verschiedene Elemente der Einzelabschlüsse eliminiert, die bei einer Aufsummierung der Einzelabschlüsse zu einer Fehlbeurteilung des Unternehmensverbundes führen würden:[1084]

– *Elimination der fiktiven Eigenkapitalausweise:*

  Bei der Bilanzkonsolidierung werden Eigenkapitaladditionen, die in verschachtelten Unternehmensgruppen zwingendermassen vorkommen, beseitigt, indem fiktive Eigenkapitalausweise eliminiert werden.

– *Elimination der fiktiven Gewinne:*

  Die Konsolidierung der Erfolgsrechnung eliminiert die Gewinne aus konzerninternen Transaktionen (Lieferungen und Leistungen, Zinsen, Management-Fees, Mieten etc.).

  Gewinne werden erst ausgewiesen, wenn sie tatsächlich realisiert werden, d.h. das Wirtschaftsgut den Konsolidierungskreis verlässt.

1083 VETTIGER/VOLKART, 914.
1084 BÖCKLI, Aktienrecht, § 9 Rz. 10 ff.; eingehend BOEMLE/LUTZ, Jahresabschluss, 581 ff.; EBERLE, 896; HANDSCHIN, Rechnungslegung, N 934 ff.; HWP (2009), Band 1, 349 ff.; MEYER, Konzernrechnung (2007); MEYER, Swiss GAAP FER, *Erläuterungen, Illustrationen und Beispiele,* 279 ff.

– *Verhinderung einer Selbsttäuschung:*
Die Konsolidierung verhindert eine Selbsttäuschung in Bezug auf die Liquiditätslage und den Verschuldungsgrad der gesamten Gruppe. Nur auf der Basis der konsolidierten Zahlen ist eine Beurteilung der Finanzkennzahlen der Gruppe möglich.

Trotz dieser Vorzüge haften der Konsolidierung jedoch auch methodische Mängel an. So spiegelt sie beispielsweise in der Obergesellschaft direkt verfügbares Eigenkapital vor. In Wirklichkeit ist dieses aber durch verschiedene juristische und steuerliche Hindernisse dem Zugriff der Obergesellschaft entzogen.[1085]

3.4.7.2 Gesetzliche Konsolidierungspflicht: Kontrollprinzip

Nach Art. 963 Abs. 1 OR hat eine Gesellschaft, die ein oder mehrere rechnungslegungspflichtige Unternehmen kontrolliert, im Geschäftsbericht für die Gesamtheit der kontrollierten Unternehmen eine konsolidierte Jahresrechnung zu erstellen. Die Kontrolle kann dabei auf verschiedenen Voraussetzungen beruhen:[1086]

– direkte oder indirekte Mehrheit der Stimmen im obersten Organ (Generalversammlung);
– Recht, die Mehrheit der Mitglieder des obersten Leitungs- oder Verwaltungsorgans (Verwaltungsrat) zu bestellen oder abzuberufen;
– Möglichkeit aufgrund von Statutenbestimmungen, eines Vertrages oder vergleichbarer Instrumente einen beherrschenden Einfluss auszuüben.

Kontrolliert eine Gesellschaft ein oder mehrere rechnungslegungspflichtige Unternehmen (unabhängig davon, ob diese juristische Personen sind), so muss sie für die Gesamtheit *aller* kontrollierten Unternehmen eine Konzernrechnung erstellen. Die Konsolidierungspflicht umfasst auch (Tochter-)Unternehmen mit Sitz im Ausland. Nicht mehr konsolidiert werden darf hingegen eine Konzerngesellschaft, wenn sie sich in Konkurs oder im Nachlassverfahren (oder kurz davor) befindet, weil derartige Unternehmen unter Leitung der Konkurs- oder Nachlassverwaltung stehen (und somit nur noch beschränkt kontrolliert werden können). Aus ähnlichem Grund ist der Einbezug von Tochtergesellschaften im Einzelfall zu prüfen, falls die Beziehungen zu diesen Tochtergesellschaften durch tiefgreifende, andauernde Restriktionen (z.B. Import/Export-Restriktionen, drohende Verstaatlichung oder ähnliche dirigistische Massnahmen) gestört und eine Durchsetzung der einheitlichen Leitung ernsthaft in Frage gestellt werden.[1087]

Mit der Revision des Rechnungslegungsrechts (2011) wurde die Anknüpfung der Konsolidierungspflicht klargestellt. Neu ist es nicht mehr zwingend erforderlich, dass die Leitung von der Obergesellschaft tatsächlich ausgeübt wird, vielmehr genügt bereits die *Möglichkeit der Beherrschung* als Kriterium für das Vorhandensein eines Konzerns. Diese Regelung stellt eine Angleichung an das international übliche *Kontrollprinzip* dar.[1088] Das bisher in der Schweiz als zulässig erachtete *Leitungsprinzip*, bei dem nebst der Möglichkeit zur Kontrolle auch eine (in der Praxis allerdings schwierig nachzuweisende) tatsächliche Ausübung der Beherrschung verlangt war, wird nur mehr bei Vereinen, Stiftungen und

---

1085 Weitere Schwächen der Konsolidierung siehe BÖCKLI, Aktienrecht, § 9 Rz. 6 ff.
1086 Art. 963 Abs. 2 OR.
1087 HWP (2009), Band 1, 371.
1088 HWP (2009) Band 1, 364.

Genossenschaften gefordert, welche die Pflicht zur Erstellung einer Konzernrechnung an ein von ihnen kontrolliertes Unternehmen übertragen haben.[1089]

3.4.7.3 Befreiung von der Konsolidierungspflicht

Grundsätzlich sind sämtliche Aktiengesellschaften, die Tochterunternehmen gemäss Art. 963 OR kontrollieren (Konzerne), zur Erstellung einer Konzernrechnung verpflichtet. Das Gesetz befreit aber gewisse, (i.d.R.) *kleine Konzerne* von dieser Pflicht. So kann auf die Konsolidierung verzichtet werden, wenn zwei der nachfolgenden Schwellenwerte in zwei aufeinanderfolgenden Geschäftsjahren nicht überschritten werden:[1090]

– Bilanzsumme von CHF 20 Mio.
– Umsatzerlös von CHF 40 Mio.
– 250 Vollzeitstellen im Jahresdurchschnitt.

In einem mehrstufigen Konzern können mehrere Gesellschaften die Voraussetzungen von Art. 963 OR erfüllen und wären somit als sogenannte *Zwischenholdings* zur Erstellung einer (Sub-)Konzernrechnung verpflichtet. In diesen Fällen ist es oft wenig sinnvoll, mehrere Sub-Konzernrechnungen zu erstellen. Daher werden solche Zwischenkonzerne von der Pflicht zur Erstellung einer eigenen Konsolidierung befreit, wenn sie i) in eine vollwertige Konzernrechnung der Obergesellschaft einbezogen sind, ii) die Konzernrechnung (der Obergesellschaft) ordentlich geprüft und iii) entsprechend den Bestimmungen für die eigenen Jahresrechnung bekannt gemacht wird.[1091] Diese Befreiung von der Konsolidierungspflicht für Zwischenkonzerne bestand bereits im bisherigen Aktienrecht;[1092] sie versucht, einen Ausgleich zu finden zwischen den Interessen des Unternehmens, keinen unnötigen Aufwand betreiben zu müssen, und den Forderungen nach Transparenz von Aktionären und Gläubigern.

Voraussetzung für eine Befreiung von der Erstellung einer Konzernrechnung für die Zwischenholding ist, dass die Konzernrechnung der Obergesellschaft nach schweizerischen oder gleichwertigen ausländischen Grundsätzen erstellt und ordentlich geprüft worden ist. Die Gleichwertigkeit der ausländischen Grundsätze ist im Einzelfall zu beurteilen; als Massstab gilt dabei – in Analogie – die allgemeine Regelung von Art. 958 OR, wonach der (Konzern-)Abschluss die wirtschaftliche Lage der Unternehmensgruppe so darstellen soll, dass unabhängige Dritte sich ein zuverlässiges Urteil bilden können. Als *gleichwertig* mit den schweizerischen Vorschriften gelten sicherlich Konzernrechnungen, die nach anerkannten Standards zur Rechnungslegung erstellt worden sind[1093] sowie i.d.R. die nationalen Abschlüsse von EU-Staaten, welche die 4. und die 7. EG-Richtlinie vollständig umgesetzt haben. Die Prüfung hat als *ordentliche* Prüfung entsprechend den schweizerischen Prüfungsstandards (PS) bzw. den International Standards on Auditing (ISA) zu erfolgen; eine eingeschränkte Prüfung (gem. SER) bzw. eine Limited Review genügt nicht.

Verzichtet eine juristische Person auf die Erstellung einer Konzernrechnung für den Unterkonzern, so muss sie die Konzernrechnung des Oberkonzerns den Berechtigten (allen-

---

1089 Art. 963 Abs. 4 OR.
1090 Art. 963*a* Abs. 1 OR Ziff. 2.
1091 Art. 963*a* Abs. 1 Ziff. 4.
1092 Art. 663*f* aOR.
1093 Art. 962 OR: namentlich: Swiss GAAP FER, IFRS, IFRS for SMEs, US GAAP, IPSAS.

falls auch den Gläubigern) nach den Vorschriften für die eigene Jahresrechnung bekannt machen.[1094] Der Verzicht auf die Unterkonsolidierung und gegebenenfalls der Hinweis auf die gleichwertige Konzernrechnung der Obergesellschaft sind gemäss Botschaft im Anhang der Jahresrechnung aufzuführen und von der Revisionsstelle zu prüfen. Die Prüfung umfasst auch die Frage der Gleichwertigkeit.[1095]

Befreit sind auch (die in diesem Buch nicht behandelten) Genossenschaften, Vereine und Stiftungen, die gemäss Art. 963 Abs. 4 OR ihre Konsolidierungspflicht an ein von ihnen kontrolliertes Unternehmen übertragen haben.

3.4.7.4 Aufhebung der Befreiung von der Konsolidierungspflicht

Die Befreiung von der Konsolidierungspflicht entfällt grundsätzlich, wenn die Erstellung einer Konzernrechnung für eine möglichst zuverlässige Beurteilung der wirtschaftlichen Lage notwendig ist.[1096]

Der Verzicht auf eine Konzernrechnung – ohne erhebliche Beeinträchtigung der Zuverlässigkeit der Beurteilung der wirtschaftlichen Lage – dürfte nur in sehr einfachen und gut überblickbaren Verhältnissen möglich sein. Der Entscheid, ob eine Konsolidierung nötig ist, obliegt dabei dem Verwaltungsrat.

Eine Konzernrechnung kann sodann von einer qualifizierten Minderheit zum Schutz ihrer Rechte verlangt werden. Bei einer Aktiengesellschaft können Beteiligte, die 20% des Grundkapitals vertreten, sowie jeder Gesellschafter, der einer persönlichen Haftung oder Nachschusspflicht unterliegt, dies verlangen.[1097]

Diese Minderheiten haben den Antrag jeweils jährlich zu stellen. Es wird empfohlen, für solche Anträge eine Mindestfrist zur Anmeldung (z.B. 3 Monate vor Bilanzstichtag) in den Statuten vorzusehen. In Ausnahmefällen, insbesondere wenn ein rechtzeitiger Antrag für die Aktionäre nicht möglich oder nicht zumutbar war, kann auch ein späterer Antrag zulässig sein. Es ist eine Güterabwägung vorzunehmen, insbesondere unter Berücksichtigung des Umstands, dass das (erstmalige) Erstellen einer Konzernrechnung ohne entsprechende Vorbereitungshandlungen vor dem Jahresende i.d.R. nicht ohne markanten Zusatzaufwand zu bewerkstelligen ist.

3.4.7.5 Grundsätze der Konsolidierung

In Bezug auf die bei der Konsolidierung anzuwendenden Grundsätze stellt das Gesetz unterschiedliche Anforderungen. *Gesellschaften, deren Beteiligungspapiere an einer Börse kotiert sind,* haben ihre Konzernrechnung zwingend nach einem anerkannten Standard zur Rechnungslegung zu erstellen, sofern dies die Börse verlangt.[1098] Ebenso können auch Beteiligte, die 20% des Grundkapitals vertreten, oder jeder einzelne Gesellschafter, der einer persönlichen Haftung oder Nachschusspflicht unterliegt, die Erstellung einer Konzern-

---

1094 Art. 958*e* OR und Art. 696 OR.
1095 Botschaft, Änderung Rechnungslegungsrecht 2008, 1724.
1096 Art. 963*a* Abs. 2 Ziff. 1 OR.
1097 Art. 963*a* Abs. 2 OR.
1098 Art. 963*b* Abs. 1 Ziff. 1 OR.

rechnung nach einem anerkannten Standard zur Rechnungslegung, verlangen, obwohl die Gesellschaft nicht kotiert ist.[1099]

Der Bundesrat hat folgende Standards als anerkannte Standards zur Rechnungslegung bezeichnet: Swiss GAAP FER, IFRS, IFRS for SMEs, US GAAP und IPSAS.[1100] Die in diesen Standards verlangten Bestimmungen sind in ihrer Gesamtheit einzuhalten, auch in Bezug auf die Bestimmungen des Konsolidierungskreises, der Bewertung und Offenlegungserfordernisse.

Obwohl nicht ausdrücklich erwähnt, ist der Verwaltungsrat für die Wahl des anerkannten Standards zur Rechnungslegung zuständig, sofern die Statuten keine anderslautenden Vorgaben enthalten oder die Generalversammlung den Standard bestimmt.

Die *übrigen Gesellschaften* haben ihre Konzernrechnung nach den *Grundsätzen ordnungsmässiger Rechnungslegung* zu erstellen. Zu den Konsolidierungs- und Bewertungsregeln selbst sind im Gesetz keine speziellen Vorschriften zu finden.[1101] Es wird lediglich gefordert, dass die Gesellschaft die angewandten Bewertungsregeln im Anhang zur Konzernrechnung nennt. Abweichungen davon sind gesondert aufzuführen.[1102]

Somit liegt es am Verwaltungsrat der Konzernobergesellschaft, die *Bewertungsregeln* aufzustellen, sie im Anhang zur Konzernrechnung aufzuführen und bei der Konsolidierung anzuwenden.

Zumindest sind dabei die bereits erwähnten Grundsätze ordnungsmässiger Rechnungslegung zu beachten. Zu diesen kommt im Rahmen der Konzernrechnung noch der Grundsatz der Einheitlichkeit der Bewertung hinzu. Um diesem Genüge zu tun, sind für alle Einzelpositionen der Konzernrechnung die gleichen Bewertungsprinzipien anzuwenden.[1103] Willkürliche, widersprüchliche und offensichtlich unvollständige Konsolidierungsregeln stellen dementsprechend eine Verletzung der Grundsätze dar.

Namentlich zu folgenden Punkten sollten im Anhang vertiefte Umschreibungen der angewandten Grundsätze aufgeführt werden:
- Umschreibung des Konsolidierungskreises
- Konsolidierungsverfahren (Behandlung nicht konsolidierter Beteiligungen, Behandlung von Gemeinschaftsunternehmen)
- Behandlung des Goodwills
- Bewertungsgrundsätze
- Fremdwährungsumrechnung
- Steuern
- Offenlegung.

1099 Art. 963*b* Abs. 4. Ziff. 1 OR.
1100 Verordnung des Bundesrates vom 21.11.2012 über die anerkannten Standards zur Rechnungslegung, SR 221.432.
1101 Kotierte Gesellschaften haben jedoch die im Kotierungsreglement verlangten Rechnungslegungsvorschriften einzuhalten. Diese erfordern für die SIX grundsätzlich die Anwendung von IFRS; im Standard «Domestic» sowie bei den «Immobiliengesellschaften» ist auch Swiss GAAP FER erlaubt.
1102 Art. 963*b* OR.
1103 Empfehlungen der Fachkommission für Empfehlungen zur Rechnungslegung Swiss GAAP FER 2007, Nr. 30.

Die Konzernrechnung beinhaltet auch eine konsolidierte Geldflussrechnung.

Die Konzernrechnung ist nach Art. 727 OR im Rahmen einer ordentlichen Prüfung durch die Revisionsstelle zu prüfen (durch einen zugelassenen Revisionsexperten).[1104]

Die Konzernrechnung ist Bestandteil des Geschäftsberichts[1105] und muss durch die Generalversammlung der Obergesellschaft genehmigt werden.[1106]

Gesellschaften, welche den Kapitalmarkt beanspruchen, haben die Konzernrechnung mit dazugehörigem Revisionsbericht zudem nach der Generalversammlung den Aktionären und allen Personen, die sie verlangen, zuzustellen oder im Handelsamtsblatt zu veröffentlichen.[1107] Nicht börsenkotierte Gesellschaften und solche, die keine Anleihensobligationen ausstehend haben, brauchen die Konzernrechnung nur ihren Aktionären zuzustellen.

Empfehlung:
Im Hinblick auf den Zweck der Konzernrechnung (insbesondere als Führungsmittel, ein tatsächliches Bild der Vermögens-, Finanz- und Ertragslage der Gruppe zu vermitteln) sollte sich der Verwaltungsrat zur Aufstellung der Konsolidierungs- und Bewertungsregeln wenn möglich an einem anerkannten Regelwerk (Swiss GAAP FER, IFRS etc.) orientieren. Dies fördert die Aussagekraft, die Transparenz und die Akzeptanz der Konzernrechnung im Vergleich zu «selbst gestrickten» Konsolidierungsregeln, auch wenn solche nach Art. 963*b* Abs. 3 OR erlaubt sind.

3.4.8 Ausgestaltung der Finanzkontrolle

3.4.8.1 Allgemeine Grundlagen

Der Verwaltungsrat ist verantwortlich für die Ausgestaltung der Finanzkontrolle.[1108] Weder im Gesetzestext noch in der Botschaft wird festgehalten, was unter Finanzkontrolle im Detail zu verstehen ist.

Grundsätzlich kann eine Kontrolle als eine arbeitsbegleitende oder der Arbeitsausführung vor- oder (meistens) nachgelagerte Überwachungstätigkeit aufgefasst werden. Bei der Überwachung wird ein *Ist-Zustand* ermittelt und mit einer Zielgrösse (*Soll-Zustand*) verglichen; anschliessend erfolgt eine Abweichungsanalyse. Die Kontrolle erfolgt beispielsweise durch Linien- oder Fachvorgesetzte, Stellen mit Kontrollaufgaben oder auch mittels techn. Vorrichtungen. Die Beurteilung des normengerechten Verhaltens erfolgt in der Regel anhand von Zielvorgaben und Weisungen. Bei Abweichungen werden allenfalls Korrekturmassnahmen eingeleitet, um das angestrebte Ergebnis zu erreichen. Die überwachende Instanz ist dabei – im Gegensatz zur Prüfung/Revision – am Arbeitsvorgang selbst beteiligt und weisungsberechtigt gegenüber den Ausführenden. Die Einflussnahme erfolgt dabei durch Korrekturhandlungen, durch Motivation, allenfalls durch Sanktionen gegenüber den Ausführenden.

1104 Vgl. dazu ausführlicher hinten Ziff. 8.2.1, S. 551 ff.
1105 Art. 958 Abs. 2 OR.
1106 Art. 698 OR Abs. 2 Ziff. 3 OR.
1107 Art. 958 OR.
1108 Art. 716 OR Abs. 1 Ziff. 3; Böckli, Aktienrecht, § 13, Rz. 346 ff.; Forstmoser/Meier-Hayoz/Nobel, § 30 N 44/45; Homburger, in: Zürcher Kommentar, N 567 zu Art. 716a OR; Watter/Roth Pellanda, in: Basler Kommentar, N 16 ff. zu Art. 716*a* OR; Krneta, N 1238 ff.

Entsprechend werden bei der Finanzkontrolle *Ist-Grössen* – basierend auf den Auswertungen und Unterlagen des Rechnungswesens – ermittelt und in regelmässigen Abständen mit den *Soll-Grössen,* wie sie aus der Finanzplanung hervorgehen, verglichen. Es versteht sich von selbst, dass eine zuverlässige Analyse nur auf der Basis der tatsächlichen, bereinigten Zahlen erfolgen kann.[1109] Die auftretenden *Abweichungen* sind sorgfältig zu analysieren und auf ihre Ursachen hin zu untersuchen. Die Abweichungen entstehen einerseits aus Fehlern in der Planung (solche sind durch die notwendigen Plananpassungen für die Folgeperiode zu eliminieren). Andererseits ergeben sich Abweichungen durch Unzulänglichkeiten aller Art innerhalb des Betriebsablaufes. Mit der Aufnahme der Abweichungen allein ist allerdings vorerst wenig gewonnen. Entscheidend ist vielmehr, dass auf der Grundlage dieser Erhebungen die notwendigen *Korrekturmassnahmen* in die Wege geleitet werden, um eine Wiederholung in den Folgeperioden zu vermeiden.

Die Finanzkontrolle ist eine zeitpunkt- oder zeitraumbezogene Überwachung der Liquidität, der Kapitalstruktur und der Rentabilität, aber auch eine nachgelagerte kritische Beurteilung von finanziellen Abläufen im Unternehmen allgemein. Bei den Instrumenten der Finanzkontrolle wird zwischen zeitpunkt- und zeitraumbezogenen Mitteln unterschieden. In der Praxis werden oft folgende Instrumente zur Kontrolle und Steuerung angewendet:

- Zwischenabschlüsse (Status) mit Budget- und Vorperiodenvergleichen
- Budgetvergleich mit Abweichungsanalysen
- Bereichs-/Sparten-/Profitcenter-Abrechnungen
- Liquiditätsausweise (Liquiditätsstatus, Liquiditätsstaffeln, Kennziffern)
- Bewegungsbilanzen (Geldflussrechnungen, Cashflow)
- Net-working-Capital-Entwicklung
- Kennzahlensysteme; zum Beispiel:
  - Umsatz je Sparte, Artikel, Mitarbeiter etc.
  - Deckungsbeiträge verschiedener Stufen, Margenkontrollen, Wertschöpfung
  - Kennzahlen zur Kostenstruktur, Kostenartenauswertungen (Material, Personal, Sachkosten etc.)
  - Renditekennzahlen (Eigenkapitalrendite, Gesamtkapitalrendite, ROI)
  - Bilanzkennzahlen (Liquiditätskennzahlen, Finanzierungsgrade; Kapitalstruktur, Anlagendeckungsgrade)
  - Zahlungsziele Debitoren und Kreditoren
  - Umschlagshäufigkeit im Warenlager.

In den Mustern Ziff. 11.39, S. 909, werden weitere mögliche Auswertungen/Kennzahlen gezeigt. Es wird zudem auf die Speziallitteratur verwiesen.[1110]

Das Feststellen einer einzelnen Abweichung ist an sich nur von beschränktem Nutzen. Erst im Rahmen von *Zeit- und Branchenvergleichen* lassen sich die Ergebnisse besser beurteilen. Bei Vergleichen und Gegenüberstellungen derselben Posten aus verschiedenen

---

1109 Elimination der Veränderung der stillen Reserven, Geldwertschwankungen, ausserordentlichen Einflüsse etc.
1110 Insbesondere HELBLING, Bilanz und Erfolgsanalyse; BOEMLE/LUTZ, Jahresabschluss; LEIMGRUBER/ PROCHINIG u.a.

Perioden oder an verschiedenen Stichtagen können einerseits Entwicklungstendenzen eruiert werden, andererseits lässt sich dabei die Wirkung von Korrekturmassnahmen in vergangenen Jahren beurteilen. Im Rahmen von Betriebsvergleichen werden die Abweichungen zwischen Gesellschaften derselben Branche einander gegenübergestellt. Daraus lässt sich ersehen, wie die eigene Unternehmung im Markt steht und in welchen Bereichen die Stärken und Schwächen liegen.[1111]

Im Rahmen seiner Oberverantwortung für das Unternehmen und die Finanzen wird sich der Verwaltungsrat selbst laufend über die finanzielle Situation der Gesellschaft orientieren. Dazu ist es unerlässlich, dass ein internes *Berichts- und Rapportierungssystem* eingeführt wird. Insbesondere jene Verwaltungsräte, die keine Funktion mit direkter Berührung zum Rechnungswesen ausüben, sollten zur Verantwortlichkeitsprävention umfassende Informationen einfordern. Dazu erscheint es etwa zweckmässig, wenn der Gesamtverwaltungsrat vom Finanzverantwortlichen monatliche Berichte über wichtige Positionen der Bilanz und Erfolgsrechnung, allenfalls auch die Abgabe von Zwischenabschlüssen und Liquiditätsnachweisen verlangt.

Bei grösseren Gesellschaften sind innerhalb der Organisation Personen mit der Durchführung der Kontrolle zu beauftragen (Controller, interne Revisoren etc.).[1112] Liegen kleinere Verhältnisse vor, wird der Verwaltungsrat einen Ausschuss (Audit Committee) oder ein Mitglied des Verwaltungsrates mit dieser Funktion betrauen. Denkbar ist auch, dass die Revisionsstelle mit bestimmten Spezialprüfungen beauftragt wird.

3.4.8.2 Das interne Kontrollsystem IKS: Begriff und Ziele des internen Kontrollsystems

Eine weitere wichtige Funktion der Finanzkontrolle ist die laufende Beurteilung und Sicherstellung der Qualität des Rechnungswesens. Aus Sicht des Verwaltungsrates ist es dabei wichtig, dass die ihm vorgelegten Informationen und Unterlagen verlässliche Entscheidungsgrundlagen zur Führung der Gesellschaft bilden.[1113]

Bei Gesellschaften, die der *ordentlichen* Prüfung unterliegen, hat die Revisionsstelle seit 2008 explizit die *Existenz* eines internen Kontrollsystems (IKS) zu bestätigen.[1114]

Ein internes Kontrollsystem umfasst die Gesamtheit aller vom Verwaltungsrat und der Geschäftsleitung angeordneten Vorgänge, Methoden und Massnahmen, die dazu dienen, einen ordnungsmässigen Ablauf des betrieblichen Geschehens sicherzustellen. Die organisatorischen Massnahmen der internen Kontrolle sind in die Betriebsabläufe integriert,

---

1111 Vgl. LUTZ, 20; RÜTTIMANN, 93 ff.; ERNY, 226 ff.
1112 Zur internen Revision vgl. BÖCKLI, Aktienrecht, § 13 Rz. 349a ff.; KRNETA, N 1243; zum Controlling vgl. BÖCKLI, Aktienrecht, § 13 Rz. 350 f.
1113 BÖCKLI, Aktienrecht, § 15 Rz. 247 ff.; HWP (2009), Band 1, 83 ff.; PFAFF/RUUD; PS 890 (Prüfung der Existenz des IKS); WATTER/PFIFFNER in: Basler Kommentar, N 35 ff. zu Art. 728a OR.
1114 Art. 727a Abs.1 Ziff. 3 OR; Die Prüfung durch die Revisionsstelle hat entsprechend dem PS 890 (Prüfung der Existenz des IKS) zu erfolgen. Bis 2008 beurteilte der Prüfer das interne Kontrollsystem lediglich zur Erlangung des Verständnisses für das zu prüfende Unternehmen und berücksichtigte das IKS bei der Ausarbeitung der Prüfungsstrategie und des Prüfungsvorgehens.

das heisst, sie erfolgen arbeitsbegleitend oder sind dem Arbeitsvollzug unmittelbar vor- oder nachgelagert.[1115]

Die interne Kontrolle wirkt unterstützend bei:
- der Erreichung der geschäftspolitischen Ziele durch eine wirksame und effiziente Geschäftsführung
- der Einhaltung von Gesetzen und Vorschriften (Compliance)
- dem Schutz des Geschäftsvermögens
- der Verhinderung, Verminderung und Aufdeckung von Fehlern und Unregelmässigkeiten
- der Sicherstellung der Zuverlässigkeit und Vollständigkeit der Buchführung
- der zeitgerechten und verlässlichen finanziellen Berichterstattung.

Zu den Hauptaufgaben eines internen Kontrollsystems (IKS) zählen einerseits die Verbesserung der *Zuverlässigkeit und Vollständigkeit* der Buchhaltung und der externen finanziellen Berichterstattung (Rechnungslegung), und zum anderen auch die *Verhinderung und Erfassung von Fehlern und Unregelmässigkeiten* (inkl. Betrug) in der Buchhaltung und der finanziellen Berichterstattung.[1116]

3.4.8.3 Komponenten eines IKS

Der Gesetzgeber in der Schweiz hat in Bezug auf die Entwicklung, Dokumentation und Aufrechterhaltung eines IKS keine genauen Anforderungen oder Vorschriften in Bezug auf die Wahl des zu verwendenden Rahmenwerks (Methodologie) aufgestellt. Bei der Einführung des IKS und dessen Dokumentation haben viele Unternehmen sich an das vorherrschende, von den US-Behörden akzeptierte COSO-Rahmenwerk angelehnt.[1117] Auch der für die Wirtschaftsprüfer massgebende Prüfungsstandard PS 890 basiert auf der COSO-Systematik, auch wenn dies im Standard nicht explizit erwähnt wird.

Der Aufbau und die Implementierung des IKS hängen von der Grösse, den Geschäftsrisiken und der Komplexität des Unternehmens ab. Kleinere Unternehmen können mit weniger formalen Mitteln und einfacheren Prozessen und Strukturen auskommen, um die Ziele des IKS zu erreichen.

1115 Vgl. auch die Umschreibung von Böckli, Aktienrecht, § 13 Rz. 348a und § 15 Rz. 250; Watter/ Pfiffner, in: Basler Kommentar, N 35 ff. zu Art. 728a OR.
1116 Dazu Treuhand-Kammer, Positionspapier, in: Der Schweizer Treuhänder, 5/2006.
1117 COSO (Committee of Sponsoring Organizations of the Treadway Commission), eine US-amerikanische Organisation, die 1992 eine Methode zur Ausgestaltung und Dokumentation des internen Kontrollsystems für die Finanzberichterstattung herausgegeben hat, die in der Folge bei der Einführung von SOX von der SEC akzeptiert wurde. In 2006 gab COSO eine Anleitung für das IKS für kleinere Aktiengesellschaften heraus. Zum IKS allgemein siehe Böckli, Aktienrecht, § 15 Rz. 247 ff.; Watter/Pfiffner in: Basler Kommentar, N 35 ff. zu Art. 728a OR; Pfaff/Ruud.

In Anlehnung an COSO werden die Bestandteile eines IKS nachfolgend in folgende fünf Kategorien unterteilt:[1118]

Komponente/Umschreibung	Daraus abgeleitete IKS Prinzipien zur Finanzberichterstattung
Kontrollumfeld Die Ausgestaltung des Kontrollumfeldes eines Unternehmens umfasst verschiedene Bestandteile und die Art und Weise, wie die Leitung auf die Prozesse im Unternehmen Einfluss nimmt. Dazu zählen Regelungen zur Delegation von Aufgaben und Verantwortlichkeiten, die Kommunikation und Durchsetzung von Integrität und ethischen Werten, die Selbstverpflichtung zur Kompetenz, die Mitwirkung der Verantwortlichen für die Leitung und Überwachung, Führungsgrundsätze und Führungsstil, Organisationsstruktur, Umgang mit Mitarbeitern und Kunden.	1. **Integrität und ethische Werte** – Einwandfreie Integrität und ethische Werte, insbesondere auf den oberen Führungsebenen (VR und GL), sind entwickelt, werden verstanden und bilden die Verhaltensregel für das Durchführen der Finanzberichterstattung. 2. **Verwaltungsrat** – Der Verwaltungsrat versteht und verfolgt seine Überwachungsverantwortung in Bezug auf die Finanzberichterstattung und das entsprechende IKS. 3. **Führungsphilosophie und Geschäftsgebaren** – Der Führungsstil und das Geschäftsgebaren der Führungskräfte (namentlich CEO und CFO) unterstützen eine wirksame interne Überwachung der Finanzberichterstattung. 4. **Organisationsstruktur** – Die Organisationsstruktur des Unternehmens fördert eine wirksame interne Überwachung der Finanzberichterstattung. 5. **Befähigung zur Finanzberichterstattung** – Das Unternehmen beschäftigt Experten im Bereich der Finanzberichterstattung und der diesbezüglichen Überwachungsfunktionen. 6. **Entscheidungskompetenz und Verantwortlichkeit** – Führungskräften und Mitarbeitern wurde sachgerecht Aufgaben, Kompetenzen und Verantwortung zugeordnet, um ein wirksames IKS zu ermöglichen. 7. **Personal** – Personalvorschriften und -vorgehensweisen sind so gestaltet und umgesetzt, dass sie ein wirksames IKS fördern.

[1118] COSO, Interne Überwachung der Finanzberichterstattung, Leitfaden für kleinere Aktiengesellschaften, 2006.

Komponente/Umschreibung	Daraus abgeleitete IKS-Prinzipien zur Finanzberichterstattung
Risikobeurteilung[1119] Jedes Unternehmen muss sich bewusst sein, welchen Risiken es ausgesetzt ist und wie sie diese Risiken steuert. Die Risikobeurteilung umfasst in der Regel: – Vorgabe von Unternehmenszielen und Risikomanagementzielen (inkl. Sicherheitszielen), Ableitung von Risikomanagementrichtlinien; – Risikoidentifikation (Erkennen der wesentlichen Risiken, die zu einer Fehlaussage in der Buchführung und Rechnungslegung führen könnten bzw. der Geschäftsrisiken, die sich auf die Rechnungslegung auswirken könnten); – Risikobewertung (Einschätzung der Bedeutung des Risikos, Beurteilung der Wahrscheinlichkeit des Auftretens); – Information/Kommunikation (Festlegung wer, wann, worüber informiert werden soll);[1120] – Risikobewältigung (Entscheidung von allfälligen Massnahmen); – Überwachung des Regelkreislaufes.	8. **Ziele der Finanzberichterstattung** – Die Führungskräfte (CEO, CFO) legen eindeutige Ziele und Kriterien für die Finanzberichterstattung fest, anhand derer die Risiken für eine zuverlässige Finanzberichterstattung bestimmt werden können. 9. **Risiken der Finanzberichterstattung** – Das Unternehmen definiert und untersucht Risiken für das Erreichen der Finanzberichterstattungsziele als Grundlage dafür, wie Risiken gehandhabt werden sollen. 10. **Risiko doloser Handlungen** – Die Gefahr möglicher Falschdarstellungen aufgrund doloser Handlungen ist bei der Bewertung der Risiken für das Erreichen der Finanzberichterstattungsziele explizit berücksichtigt.[1121]

1119 Eine Komponente des IKS ist die Risikobeurteilung. Insofern ergibt sich eine Schnittstelle zwischen IKS und Risikomanagement. Das IKS überwacht den Prozess des Risikomanagement und das Risk Management wie auch die Revisionsstelle beurteilen die Risiken. Vgl. dazu die Ausführungen zum Risikomanagement, hinten Ziff. 6.4, S. 427 ff.
1120 Ein Muster für ein Kommunikationsreglement des VR findet sich hinten unter Ziff. 11.40, S. 910 ff.
1121 Dazu als Arbeitshilfe siehe hinten unter Ziff. 11.96, S. 1136 f.

Komponente/Umschreibung	Daraus abgeleitete IKS-Prinzipien zur Finanzberichterstattung
Kontrollaktivitäten Jedes Unternehmen muss Anweisungen und Abläufe definieren und umsetzen, um sicherzustellen, dass jene Tätigkeiten, welche der Verwaltungsrat und die Geschäftsleitung als zur Zielerreichung notwendig betrachten, auch tatsächlich ausgeführt werden. Beispiele für Kontrollaktivitäten sind die Prozesse der Autorisierung (Kompetenzenregelungen, Unterschriftenregelungen),[1122] Arbeitsanweisungen, Leistungskontrolle, Eingaberechte bei IT-Prozessen, physische Kontrollen und die Funktionstrennung, Umsetzung des 4-Augen-Prinzips.	11. **Einbindung in die Risikobewertung** – Massnahmen in Bezug auf Risiken, die das Erreichen der Finanzberichterstattungsziele gefährden, werden ergriffen. 12. **Auswahl und Aufbau von Kontrollaktivitäten** – Kontrollaktivitäten sind unter Berücksichtigung der entstehenden Kosten und ihrer möglichen Wirksamkeit beim Vermindern von Risiken für das Erreichen der Finanzberichterstattungsziele ausgewählt und entwickelt. 13. **Vorschriften und Verfahren** – Vorschriften bezüglich der zuverlässigen Finanzberichterstattung sind festgelegt und im gesamten Unternehmen verbreitet, sowie entsprechende Verfahren, die dazu führen, dass die Vorgaben der Führungskräfte ausgeführt werden. 14. **Informationstechnologie** – EDV-Kontrollen sind dort sachgerecht entwickelt und eingesetzt, wo sie das Erreichen der Finanzberichterstattungsziele unterstützen.
Rechnungslegungsrelevante Informationssysteme Informations- und Kommunikationswege müssen definiert werden, damit der Verwaltungsrat und die Mitarbeiter rechtzeitig über jene Informationen verfügen, die sie benötigen, um die verlangten Tätigkeiten/Kontrollen durchzuführen. Voraussetzung dafür sind Informationssysteme, die gewährleisten, dass alle relevanten Informationen zuverlässig und zeitgerecht erhoben, verarbeitet und verteilt werden.	15. **Information für die Finanzberichterstattung** – Relevante Informationen werden auf allen Ebenen des Unternehmens art- und zeitgerecht ausgewählt, erfasst und verbreitet, damit sie dem Erreichen der Finanzberichterstattungsziele zweckdienlich sind. 16. **Information über das IKS** – Informationen aus der Ausführung anderer Überwachungskomponenten werden ausgewählt, erfasst und verbreitet, dass Mitarbeiter ihrer IKS-Verantwortung nachkommen können. 17. **Interne Kommunikation** – Interne Mitteilungen unterstützen das Verständnis und die Ausübung der Verantwortung für das IKS sowie die individuellen Verantwortlichkeiten auf allen Ebenen des Unternehmens. 18. **Externe Kommunikation** – Aspekte, die das Erreichen der Finanzberichterstattungsziele betreffen, werden aussenstehenden Beteiligten kommuniziert.
Überwachung des internen Kontrollsystems Das IKS ist nur wirksam, wenn die Kontrollmassnahmen auf Dauer zuverlässig funktionieren. Das IKS muss daher laufend überwacht werden, damit es wirksam bleibt. Dazu gehört eine zeitnahe Beurteilung des Aufbaus und der Funktion der Kontrollen durch Vorgesetzte und das Ergreifen der erforderlichen Korrekturmassnahmen.	19. **Laufende und gezielte Beurteilungen** – Laufende und/oder gezielte Beurteilungen ermöglichen es den Führungskräften, zu beurteilen, ob das IKS der Finanzberichterstattung vorhanden und wirksam ist. 20. **Schwächen der Berichterstattung** – Schwächen im IKS sind erkannt und werden zeitnah an die entsprechenden Verantwortlichen (allenfalls Führungskräften) kommuniziert.

1122 Dazu siehe Beispiel hinten unter Ziff. 11.93, S. 1130.

Jede der dargelegten Komponenten des IKS ist erforderlich, um das Ziel einer zuverlässigen Finanzberichterstattung zu erreichen. Wenn die fünf Komponenten, die zusammenwirken, um wesentliche Falschdarstellungen der Finanzberichterstattung zu vermeiden oder zu erkennen und zu korrigieren, vorhanden und funktionsfähig sind, dass die Führungskräfte hinreichend Sicherheit bezüglich der zuverlässigen Erstellung der Finanzberichterstattung haben, kann das IKS als *wirksam* betrachtet werden.[1123]

Grundsätzlich muss jede Komponente vorhanden und funktionsfähig sein; es ist jedoch nicht erforderlich, dass jede Komponente in allen Unternehmen gleichartig oder aber in gleicher Güte ausgestaltet ist. Ein gewisser Ausgleich kann sich zwischen den Komponenten ergeben. Eine Schwäche in einer Komponente kann durch andere Kontrollen in dieser Komponente oder Kontrollen in anderen Komponenten so weit ausgeglichen werden, dass die Gesamtheit der Kontrollen ausreichend ist, um das Risiko von Falschdarstellungen auf ein angemessenes Mass zu beschränken.

Beschränkte Ressourcen und Mitarbeiterzahl erschweren in manchen Fällen (namentlich in KMU) eine Funktionstrennung. Verwaltungsrat und Geschäftsleitung können dennoch Massnahmen treffen, um mögliche Schwächen im IKS auszugleichen. Dazu gehören vor allem Überwachungskontrollen auf Unternehmensebene (Überprüfung von EDV-Aufstellungen einzelner Geschäftsvorfälle, stichprobenweise Auswahl der zugrunde liegenden Dokumente, Überwachen regelmässiger Inventuren von Vorräten, Anlagen oder anderer Vermögensgegenstände sowie der Abgleich mit den Daten des Rechnungswesens), das Überprüfen oder selbständige Nachvollziehen der Abstimmung von Kontensaldi.[1124] Zudem besitzen KMU typischerweise relativ einfach organisierte Geschäftsabläufe mit wenig komplexen Strukturen, wodurch leitende Führungskräfte in der Regel sehr detaillierte Kenntnisse über das Unternehmen erlangen können. Oft sind die Mitglieder des Verwaltungsrats und der Geschäftsleitung direkt an der Entwicklung des Unternehmens beteiligt gewesen und kennen daher seine Vorgeschichte, Mitarbeiter, Abläufe und Prozesse etc. gründlich. Diese Kenntnisse und Erfahrungen, die Kontakte und häufige Kommunikation mit einem breiten Spektrum von Führungskräften helfen dem Verwaltungsrat und der Geschäftsleitung ihrem Überwachungsauftrag erfolgreich nachzukommen.

3.4.8.4 Aufgaben und Verantwortlichkeiten des Verwaltungsrats beim IKS

Die Verantwortung für die Schaffung eines IKS liegt beim *Verwaltungsrat* resp. dem Prüfungsausschuss/Audit Committee. Er hat in erster Linie die Ergreifung von geeigneten Kontrollmassnahmen sicherzustellen, damit wesentliche Falschdarstellungen von Geschäftsvorfällen und die damit verbundenen Aussagen verhindert, aufgedeckt oder korrigiert werden können. Die *Geschäftsleitung* hingegen ist für den Betrieb und Unterhalt verantwortlich.

1123 COSO, Interne Überwachung der Finanzberichterstattung, Leitfaden für kleinere Aktiengesellschaften, 2006.
1124 COSO, Interne Überwachung der Finanzberichterstattung, Leitfaden für kleinere Aktiengesellschaften, 2006.

Die Aufgaben und Verantwortlichkeiten im Bereich des IKS können wie folgt dargestellt werden:[1125]

Verwaltungsrat bzw. dessen Prüfungsausschuss (Audit Committee)	– Anordnung zur Einführung, Ausgestaltung und Aufrechterhaltung eines funktionierenden IKS als Kern der Überwachungsfunktion des Verwaltungsrats in Bezug auf das Rechnungswesen der Gesellschaft. Insbesondere die Festlegung von Vorgaben in Bezug auf:
	  – Ziele;
	  – Umfang und Ausbaugrad des IKS, Zweckmässigkeit;
	  – Anforderungen an die Dokumentation;
	  – Anforderungen an die Berichterstattung.
	– Die Sicherstellung der Implementierung der im Rahmen des IKS durch die Geschäftsleitung zu treffenden Massnahmen
	– Die Sicherstellung einer angemessenen Kontrolle der Wirksamkeit des IKS. Dies erfordert:
	  – regelmässige Absprache mit dem Management (Effektivität des IKS);
	  – Beurteilung von Bewertungen des IKS durch das Management;
	  – Einleitung und Überwachung von Massnahmen zur Behebung von Mängeln;
	  – Einsatz der internen Revision für die Überwachung und Beurteilung des IKS.

Geschäftsleitung	Umsetzung der vom Verwaltungsrat definierten Grundsätze: – das systematisches Vorgehen zur Erhebung einer angemessenen Kontrollstruktur; – die Entwicklung geeigneter Prozesse für die Identifikation, Messung, Überwachung und Kontrolle der eingegangenen Risiken; – die Identifikation von Schlüsselkontrollen sowie deren Überwachung und die Sicherstellung der vorgenommenen Korrekturmassnahmen; – die Aufrechterhaltung und Dokumentation einer Organisationsstruktur, welche Verantwortlichkeiten, Kompetenzen und Informationsflüsse eindeutig festhält; – die Dokumentation und Überprüfbarkeit des IKS in Bezug auf die Verlässlichkeit der Rechnungslegung sowie für die Sicherstellung der Erfüllung delegierter Aufgaben; – die Sicherstellung von notwendigen technischen und personellen Ressourcen und der Qualität der Mitarbeiter (Ausbildung, Erfahrung).
Revisionsstelle (gestützt auf Art. 727 OR)	– Prüfung der Existenz des vom VR ausgestalteten IKS für die finanzielle Berichterstattung gem. Art. 728a Abs. 1 Ziff. 3 OR; – Berichterstattung an die Generalversammlung (Kurzform); – Detaillierte Berichterstattung an den Verwaltungsrat über die Prüfung des IKS; – Berücksichtigung des IKS bei der Festlegung des Umfanges und der Methode der Prüfung der Jahresrechnung gem. Art. 728a Abs. 2 OR.

[1125] PS 890 (Prüfung der Existenz des IKS), Ziff. III, lit. a–d.

Bei der Festlegung der Anforderungen an das IKS berücksichtigt der Verwaltungsrat grundsätzlich die Aspekte der *Wirksamkeit, Nachvollziehbarkeit* und *Effizienz:*[1126]

Aspekt	Bedeutung/Inhalt/Ausprägung
Wirksamkeit	– Übereinstimmung mit Unternehmenskultur
	– klar geregelte Verantwortungen
	– Kontrollen werden an Risiken ausgerichtet
	– Kontrollen sind in den Geschäftsprozess integriert und überwacht
	– ausreichend getestete Kontrollen
	– gut geschulte Mitarbeiter
	– klar definierter Informations- und Eskalationsprozess
Nachvollziehbarkeit	– IKS-Ziele und -Ausbaugrad sind dokumentiert
	– Geschäftsrisiken sind dokumentiert
	– Prozesse & Kontrollen sind schriftlich festgehalten
	– Kontrolltätigkeiten werden nachvollziehbar dokumentiert
	– Qualität des IKS wird regelmässig beurteilt und darüber Bericht erstattet
Effizienz	– IKS ist integraler Bestandteil des unternehmensweiten Risikomanagements
	– Einsatz der internen Revision und Koordination mit Revisionsstelle
	– fokussiert auf Schlüsselrisiken
	– nach Möglichkeit Automatisierung der Kontrollen

Der Verwaltungsrat sollte sich periodisch mit folgenden Fragen zum IKS und dessen Weiterentwicklung befassen:

1. Sind alle wesentlichen Risiken in den operativen Geschäftsprozessen bekannt?
2. Bestehen Massnahmen, welche die wesentlichen Risiken auf ein für das Unternehmen tragbares Niveau reduzieren? Wie hoch ist unsere Risiko-Toleranz?
3. Hat die Unternehmung ihre verschiedenen Überwachungsinstrumente in eine sinnvolle Kontrollstruktur integriert?
4. Erhalten Verwaltungsrat und Geschäftsleitung die Sicherheit, dass das IKS tatsächlich wirksam ist und effizient betrieben wird?
5. Sind die COSO-Komponenten «Risikobeurteilung» und «Überwachung» als Frühwarnsystem ausgebaut?
6. Erlauben die Organisation und Unternehmenskultur die kontinuierliche Verbesserung von Prozessen und Kontrollen sowie eine flexible Anpassung an neue Aspekte (regulatorische Anforderungen, neue Technologien etc.)?

3.4.8.5 Mindestanforderungen an das IKS

Im Schweizer Prüfungsstandard PS 890 hat die Treuhand-Kammer als Berufsorganisation der Wirtschaftsprüfer in der Schweiz festgehalten, dass die Ausgestaltung und die Implementierung des IKS von der Grösse, den Geschäftsrisiken und der Komplexität des Unter-

---

[1126] TREUHAND-KAMMER, Positionspapier, in: Der Schweizer Treuhänder, 5/2006.

nehmens abhängen.[1127] Bei kleineren Unternehmen können zur Erreichung der IKS-Ziele weniger formale Mittel und einfachere Abläufe ausreichen.

Über den Umfang und die Mindestanforderungen an das IKS bestehen keine gesetzlichen Vorgaben. Das IKS muss jedoch gewisse Anforderungen erfüllen, damit die Revisionsstelle dessen Existenz bestätigen kann:[1128]

- Das IKS muss vorhanden und überprüfbar (d.h. dokumentiert) sein;
- Das IKS muss den jeweiligen Geschäftsrisiken und dem Geschäftsumfang angemessen sein;
- Das IKS muss den Mitarbeitern bekannt sein;
- Das definierte IKS muss angewendet werden;
- Im Unternehmen muss ein Kontrollbewusstsein vorhanden sein.

Ein internes Kontrollsystem muss sich – wie das Unternehmen selber – immer weiter entwickeln. Die Anpassung an veränderte Umweltbedingungen ist von zentraler Bedeutung. Globalisierung, Wettbewerbsdruck, neue Technologien und rechtliche Veränderungen sind deshalb immer in die Prozesse einzubeziehen. Zudem muss das IKS laufend überprüft und umgehend reagiert werden, sobald Anpassungsbedarf besteht. Die Kosteneffizienz ist jedoch immer im Auge zu behalten. Den anfallenden Kosten der Einführung und Aufrechterhaltung des IKS steht aber letztlich folgender *Nutzen* gegenüber, der mittelfristig die Kosten sicherlich wettmachen dürfte:

- Klare Organisation, Aufgaben und Verantwortungen im Unternehmen
- Identifizierte Geschäftsrisiken in Verbindung mit Kontrollen: ein Schritt in Richtung unternehmensweites Risikomanagement
- Erkennen von Effizienzpotenzialen in Geschäftsprozessen
- Reduzierter Umfang an Fehlerkorrekturen (da Fehler rascher entdeckt werden)
- Entwicklung eines Kontrollbewusstseins der Mitarbeiter aller Stufen
- Erhöhtes Vertrauen in den Finanzbericht (Stakeholder)
- Verbesserte Unternehmensüberwachung
- Beseitigte Doppelspurigkeiten bei der Kontrolldurchführung
- Reduziertes Risiko von Betrugsfällen
- Weniger Fehlerkorrekturen während der Abschlussprüfung.

Ein derartig ausgestaltetes IKS erfüllt fast zwangsläufig die Anforderungen an die Überprüfbarkeit: die angestrebte Compliance ist sozusagen ein «Nebenprodukt».

3.4.8.6 Einführung des IKS als Projekt

Um den Anforderungen zu genügen, muss das IKS dokumentiert werden. Im Rahmen des IKS kommt der Prozessdokumentation eine wichtige Rolle zu. Der Aufbau und die Dokumentation eines IKS erfolgt zweckmässigerweise in drei Schritten:

In einem *ersten* Schritt werden die *IKS-Grundsätze* dokumentiert und die unternehmensweiten Kontrollen (in der Regel mithilfe von Fragebogen) analysiert. Basierend auf den

---

1127 PS 890 (Prüfung der Existenz des IKS).
1128 PS 890 (Prüfung der Existenz des IKS), Ziff. VII, lit. a.

vom Verwaltungsrat vorgegebenen Richtlinien bezüglich dem Umfang und Ausbaugrad werden die Grundsätze und Anforderungen an das IKS konkretisiert.

IKS-Grundsätze und Unternehmensweite Kontrollen	Prozesse, Risiken, Kontrollen	IKS-Umsetzung und Betrieb
Wo stehen wir und welche Ziele verfolgen wir mit dem IKS? • Festlegung der IKS-Grundsätze • Dokumentation des existierenden IKS (IST-Zustand) • Bestimmung Soll-Zustand (Umfang und Ausbaugrad sowie Qualitätsniveau)	Wie erreichen wir diese Ziele? • Dokumentation der Prozesse und der bestehenden Risiken • Festhalten der vorhandenen Kontrollen (inkl. Verantwortung, Frequenz und Art der Kontrollen) • Bestimmung des Verbesserungsbedarfs, Optimierung und Ableitung konkreter Massnahmen • Gesamtbeurteilung der Kontrollen je Risiko, Prozess	Haben wir die gesteckten Ziele erreicht? • Entwicklung und Test von Kontrollen • Prozessdokumentation aktualisieren • Schulung • In-Betriebnahme der Kontrollen • Beurteilung der Wirksamkeit und Messung von Zielvorgaben • Periodische Überwachung und Berichterstattung

Danach werden in einem *zweiten* Schritt die Prozesse, Risiken und Kontrollen dokumentiert und bei Bedarf optimiert. Dabei kann u.U. auf bereits vorhandene Prozessdokumentationen (z.B. im Hinblick auf eine ISO-Zertifizierung erstellte Dokumentationen) und Erfahrungen aufgebaut werden, um die Risiken und bereits bestehenden Kontrollen zu identifizieren. Gleichzeitig wird ein Risikoinventar und ein Kontrollinventar erstellt. Ein solches Inventar wird in der Regel für die wichtigsten Prozesse aufgenommen. Der Prozessdokumentation kommt im Rahmen der Beurteilung der Existenz des IKS durch die Revisionsstellen eine zentrale Bedeutung zu. Zwar hat der Gesetzgeber keine Vorgaben zur Form und Umfang der Prozessdokumentation gemacht, dennoch sollte die Prozessdokumentation folgende Kriterien erfüllen:

– Die wichtigsten Prozessschritte und Kontrollen sollten beschrieben sein, inkl. Häufigkeit ihrer Ausführung und die Verantwortlichkeit für die Kontrolle.
– Die Prozessdokumentation sollte verständlich und aktuell sein.
– Die involvierten Stellen sind über die Prozessdokumentation informiert.
– In der Prozessdokumentation sollte die Verbindung zu der finanziellen Berichterstattung (Jahresrechnung) dokumentiert sein.
– Die Änderungen der Prozessdokumentation sollten in einem formalen Prozess erfolgen (Genehmigung etc.).

Bei mittelgrossen Industriefirmen sind regelmässig folgende Prozesse (selbstverständlich in jeweils unternehmensspezifischer Ausgestaltung) anzutreffen. Diese Prozesse haben in den meisten Firmen auch für die Rechnungslegung eine gewisse Bedeutung. Nachstehend werden die häufig anzutreffenden Risikobereiche je Prozess gezeigt:[1129]

1129 In Anlehnung an RIST, 10.

Prozessbereich	Risikobereich pro Prozess	
Einkauf	Rechnungserfassung/-kontrolle Verbuchung Lieferantenfakturen Verbindlichkeiten	Zahlungen Rückforderungen Funktionentrennung
Lager	Wareneingänge Bestandsaufnahme Bestandesbewertung	Warenausgänge Funktionentrennung
Verkauf	Verbuchung Kundenrechnungen/ Abgrenzung Rückstellungen Wertberichtigungen	Zahlungseingänge Gutschriften Funktionentrennung
Sachanlagen	Anlagenzugänge Bestandesführung Abschreibungen	Bewertung Anlagenabgänge Funktionentrennung
Personalaufwand	Lohn- und Gehaltsabrechnung Verbuchung Lohnabrechnung Rückstellungen Lohn- und Gehaltszahlung	Lohnabzüge & Rückforderungen Erstellung Lohnausweise Funktionentrennung
Finanzen/ Verwaltung	Kasse Bank & Post Abschluss	Konsolidierung Eigenkapital Steuern
Informations- technologie	Erstellung der Jahresrechnung Funktionentrennung	Aufbewahrung

Bei der Dokumentation des IKS empfiehlt es sich – ausgehend von einer Auflistung der wichtigsten Risiken je Prozess (gemäss vorstehender Tabelle) – jeweils die Frage zu stellen:[1130] Welche Kontrolle/Massnahmen stellen sicher, dass das betreffende Risiko abgedeckt wird: Beispielsweise im Verkaufsprozess: welche Kontrolle stellt sicher, dass die Fakturierung richtig erfolgt (richtiger Preis, richtige Menge, richtige Konditionen, vollständige Fakturierung aller Lieferungen, keine fiktiven Lieferungen etc.)? Die vorhandenen Kontrollen werden – entsprechend den abzudeckenden Risiken aufgelistet (mit kurzer Beschreibung der Kontrolle, Verantwortlichkeit, Kontrollfrequenz, allenfalls Art der Kontrolle). Jeder wichtige Risikobereich sollte danach durch eine Kontrolle abgedeckt sein.

Danach sind die Kontrollen in Bezug auf Wirksamkeit und Nachvollziehbarkeit zu beurteilen und eine Schlussbeurteilung je Risiko und Prozess zu machen sowie allenfalls Anpassungen vorzunehmen (Aufhebung von Kontrollen bei Redundanzen, Ergänzungen bei fehlenden Kontrollen etc.).

Es muss jedoch stets beachtet werden, dass das menschliche Urteil bei Ermessensentscheidungen fehlerhaft sein kann. Zudem können immer wieder Störungen im IKS aufgrund menschlichen Versagens auftreten (z.B. Flüchtigkeitsfehler etc.). Die durch Zusammenarbeit von verantwortlichen Personen ermöglichte Umgehung von Kontrollmassnahmen zeigt ebenfalls die Grenzen von internen Kontrollsystemen auf.

1130 RIST, 8 ff.

Der Verwaltungsrat sollte sich auch periodisch über folgende Aspekte des IKS orientieren (lassen):
- Qualität/Maturität des IKS (Prozess, Einheit, Konzern etc.)
- Ergebnisse aus Self-Assessment (Risikogruppen, Kriterien etc.)
- IKS-Vorkommnisse in letzter Periode (Vorfälle, Whistleblowing etc.)[1131]
- Trendanalyse (Qualitätsverbesserung/-verschlechterung)
- IKS-Ergebnisse aus Prüfungen der internen Revision
- IKS-Ergebnisse aus Prüfungen der externen Revision
- Status Fortschrittskontrolle aus IKS-Massnahmen
- Neue IKS-Anforderungen (Gesetze, Verbandsvorschriften etc.)
- Optimierungsbedarf am IKS (Prozessänderungen, neue Risiken etc.)
- IKS-Kosten (Aufbau, Durchführung, Optimierung, Testen, Revision).

3.4.9 Ausgestaltung der Finanzplanung

Der Planung kommt im Rahmen der Führung des Unternehmens eine zentrale Rolle zu. In einer dynamischen, sich rasch ändernden Umwelt kommt die Unternehmensleitung nicht umhin, mögliche künftige Zustände des Unternehmens und seiner Umwelt durch eine vorausschauende Planung vorwegzunehmen. Die finanzielle Planung[1132] ist dabei ein Teilbereich der umfassenden Unternehmensplanung. Mit ihrer Hilfe werden Geld- und Kapitalbeschaffung, Mittelverwendung und Liquiditätssicherung in Übereinstimmung mit den obersten Zielen der Unternehmung zukunftsorientiert ausgestaltet.[1133]

Übersichtsmässig dargestellt spielt sich die *Finanzplanung* in drei Schritten ab:[1134]

a) In einer Vorschaurechnung (Finanzprognose) werden die künftigen finanziellen Mittel prognostiziert *(Bedarfsplan)*.
b) Darauf aufbauend wird die Herkunft der benötigten Mittel festgelegt. Dazu werden die verschiedenen Deckungsmöglichkeiten analysiert. Ziel ist es dabei, die im Rahmen der Unternehmensziele optimale Variante auszuwählen *(Beschaffungsplan)*.
c) Nachdem einerseits der Bedarf und andererseits die Beschaffung der finanziellen Mittel feststehen, geht es darum, die erforderlichen Durchführungsmassnahmen zu bestimmen und ihren Ablauf zu planen *(Durchführungsplan)*.[1135]

Die Finanzplanung geht weiter als die Budgetierung. Idealerweise ist sie in einen längerfristigen Rahmen von etwa 3–5 Jahren eingebettet. Unternehmensindividuelle Finanzierungsgrundsätze bilden die Grundlage für die langfristige Finanzplanung. Darauf aufbauend wird das laufende Budget und die kurzfristige *Liquiditätsplanung* erstellt.[1136]

1131 Zum Whistleblowing siehe eine mögliche Regelung hinten in Ziff. 11.104, S. 1161 ff., in Anlehnung an RIEDER, 297 ff.
1132 Vgl. BÖCKLI, Aktienrecht, § 13 Rz. 353 f.; FORSTMOSER/MEIER-HAYOZ/NOBEL, § 30 N 42/43; HOMBURGER, in: Zürcher Kommentar, N 568 ff. zu Art. 716a OR; KRNETA, N 1247 ff.
1133 Vgl. auch VOLKART, Corporate Finance 985 ff.; BOEMLE/STOLZ, Unternehmensfinanzierung, 133 ff.
1134 Vgl. LUTZ, 6.
1135 Auch die Sicherstellung einer angemessenen Kapitalausstattung gehört zu den (unübertragbaren) Pflichten des Verwaltungsrates; vgl. auch GLANZMANN, Kapitalausstattung, 51 ff.
1136 Dazu findet sich ein Muster hinten unter Ziff. 11.43, S. 926 ff.

An sich kann die Finanzplanung mit relativ geringem Aufwand ausgestaltet werden. Insbesondere in kleineren Unternehmen wird diesem wichtigen Instrument der Unternehmensführung aber noch zu wenig Beachtung geschenkt. Oft fehlt daher eine zweckdienlich ausgebaute Planung der Finanzströme in diesen Gesellschaften. Der Sinn einer mittelfristigen Finanzplanung hängt stark von der Geschäftstätigkeit und den Wachstumsplänen eines Unternehmens ab. Bei projektbezogenen Produkten und Dienstleistungen kann eine umfassende Mehrjahresplanung schwierig, wenn nicht gar unmöglich oder sinnlos sein. Umgekehrt ist bei kontinuierlichem Leistungsfluss und grösseren Wachstumsplänen eine mittelfristige Finanzplanung eine wichtige Orientierungshilfe, wie sie auch im Umgang mit externen Kapitalgebern herangezogen werden muss. In dezentral geführten internationalen Konzernen besteht bei der Vernachlässigung der Mittelfristplanung schnell einmal die Gefahr, dass die Kapitalstruktur oder gar die Liquiditätsentwicklung aus dem Ruder gerät. Zahlreiche Führungsfehler sind gerade in einer mangelhaften Finanzplanung begründet. Als Beispiele können etwa folgende *Problemfälle* angeführt werden:[1137]

- schmale Eigenkapitalbasis
- überhöhte Verschuldung
- fehlende Abstimmung von Investitionen, Wachstum und Finanzierungsmöglichkeiten
- improvisierte Finanzmittelbeschaffung.

Für Klein- und Mittelbetriebe ist die Beschäftigung eines Finanzspezialisten zu teuer und daher nicht möglich. Insbesondere von technisch orientierten Unternehmern werden daher aussenstehende Berater in finanziellen und kaufmännischen Fragen beigezogen. Im Vordergrund stehen Treuhänder, beratungsorientierte Wirtschaftsprüfer der Revisionsstelle, Kreditbearbeiter und Mitarbeiter von Spezialabteilungen bei Banken, Unternehmensberater und Experten der Branchenverbände.

Reinen «Top-down» erstellten Schreibtischplanungen ist mit Vorsicht zu begegnen, wenn die ihnen zugrunde liegenden Annahmen zu wenig fundiert sind. Wichtig erscheint in jedem Fall das Commitment der obersten Führungsebenen, wenn Zahlenfriedhöfe und Planungsleerläufe vermieden werden sollen. Nicht selten fehlt auch die innere Konsistenz zwischen der Finanzplanung und den im Rahmen der Unternehmensstrategie formulierten Zielen. Und schliesslich ist auf ein vernünftiges Kosten-Nutzen-Verhältnis der Planung zu achten; nicht selten kann «massvoll weniger» ein Mehr bedeuten.

Die Erstellung des Jahresbudgets ist in vielen Unternehmen eine komplexe und mit viel Aufwand betriebene Aufgabe. Dabei werden bei der üblichen «Bottom-up»-Erarbeitung sämtliche Führungsverantwortlichen tangiert. Nach Möglichkeit wird das Jahresbudget auf Monats- oder Quartalsebene aufgestellt, um die laufende Steuerung über das Geschäftsjahr hinweg (Rolling Forecasts) zu unterstützen.

Von Bedeutung sind die Budgets oft auch im Rahmen des Kompensationssystems des Unternehmens. Dabei hat sich die Anbindung der variablen Salarierung an den Budgeterfüllungsgrad in vielen Unternehmen als wenig sinnvoll erwiesen. Zum einen unterliegt die Budgetierung schon im Ansatz einem «Bias», und zum andern ist in schnelllebigen und

---

1137 Vgl. VOLKART, Beiträge, 195.

volatilen Wirtschaftszyklen die Budgeterreichung kein oder nur ein beschränkter geeigneter Qualitätsmassstab der Führung.

In vielen Unternehmen stellt das Budget eine Art «Vertragselement» im Zusammenspiel von VR und Management dar, das aber bei steigender Komplexität und Dynamik von Unternehmen und Wirtschaft zusehends in Frage gestellt wird. Zudem kann die Budgetorientierung bei schwer voraussehbarer Zukunftsentwicklung eher hemmend und in starken Wachstumsphasen direkt einschränkend wirken. In vielen Unternehmen wäre es zumindest angebracht, die existierenden (und allenfalls schon über Jahre «eingefahrenen») Budgetprozesse periodisch zu überdenken. Neben dem Detaillierungsgrad, dem Einbezug verschiedener Führungsebenen und anderen qualitativen Merkmalen geht es dabei auch um die Grundsatzfrage von Sinn und Unsinn herkömmlicher Budgetmodelle.[1138] Einzelne Grossunternehmen beispielsweise haben die Budgetintensität zugunsten flexibler Planungs- und Zielsetzungsprozesse reduziert, bei denen Performance-Schlüsselgrössen (sogenannte Key Performance Indicators, KPI) ins Zentrum gestellt, dezentral geplant und rollend aktualisiert werden.

In jedem Fall muss sich der VR mit der Frage der Systemgestaltung auseinandersetzen, bilden doch Finanzplanung und Budgetierung gewichtige Führungsinstrumente für die Steuerung und Überwachung der finanziellen Belange eines Unternehmens bzw. Konzerns. In Letzteren geht es dabei, wie oben erwähnt, auch um die konzernweite Koordination der Investitions- und Finanzpolitik insgesamt. Und schliesslich ist neben der Entgegennahme von Planungs- und Budgetzahlen gerade auf Verwaltungsratsebene auf eine gehaltvolle qualitative (vor allem verbale) Dokumentation der hinter der Planung stehenden Fakten und Annahmen sowie der aus den Projektionen zu ziehenden Folgerungen zu achten. Oftmals ist der Wert dieser Informationen entscheidender als einzelne Zahlen.

3.5 Sitzungs- und Verhandlungsteilnahme

3.5.1 Allgemeines

Die Pflicht zur Sitzungs- und Verhandlungsteilnahme ist im Gesetz nicht ausdrücklich statuiert. Sie lässt sich als notwendige Selbstverständlichkeit aus Art. 713 Abs. 1 OR ableiten.[1139] Danach werden die Beschlüsse des Verwaltungsrates mit der Mehrheit der abgegebenen Stimmen gefasst. Nur unter bestimmten Voraussetzungen kann im Sinne einer Ausnahme an die Stelle einer mündlichen Verhandlung eine schriftliche Beschlussfassung treten.[1140]

Im schweizerischen Aktienrecht ist der Verwaltungsrat als *gemeinsam beschliessendes und handelndes Gremium* ausgestaltet. Werden keine Sitzungen bzw. Verhandlungen durchgeführt, so kann es zu keiner gemeinsamen Willensbildung kommen. Dies ist auch der Grund, weshalb nur in Ausnahmefällen Zirkulationsbeschlüsse gefasst werden sollten.

1138 VETTIGER/VOLKART, 911.
1139 Vgl. FORSTMOSER/MEIER-HAYOZ/NOBEL, § 28 N 68; PLÜSS, Rechtsstellung, 34, mit weiteren Belegen. Vgl. auch MÜLLER, VR-Sitzung, passim. Diese Pflicht ist oft in den Statuten oder dem Organisationsreglement ausdrücklich erwähnt.
1140 Dies ist der Zirkulationsbeschluss gemäss Art. 713 Abs. 2 OR; dazu ausführlich hinten Ziff. 3.6.4, S. 272 ff.

Gibt es aber keine gemeinsame Willensbildung, so ist der Verwaltungsrat als Organ handlungsunfähig und kann seinen gesetzlichen Pflichten nicht mehr nachkommen.[1141] An den Sitzungen und Verhandlungen des Verwaltungsrates werden Meinungen ausgetauscht, Informationen zur Kenntnis genommen und verarbeitet, Situationen und Vorfälle analysiert sowie Vor- und Nachteile von Lösungen abgewogen, bevor ein allenfalls notwendiger Beschluss gefällt wird. Es geht also nicht um die vorbehaltlose Durchsetzung der eigenen Meinung, sondern vielmehr um ein Abwägen der insgesamt vorgetragenen Argumente. Diesbezüglich muss zweifelsohne vom einzelnen Verwaltungsrat eine gewisse Kompromissbereitschaft gefordert werden. Im Hinblick auf die gemeinsame Verantwortung ist die Tätigkeit des Verwaltungsrates letztlich als Teamarbeit zu qualifizieren.

Die Sitzungs- und Verhandlungsteilnahme kann selbstverständlich detailliert im Organisationsreglement[1142] festgelegt werden.[1143] Sofern und soweit jedoch entsprechende Regelungen fehlen, kann der Verwaltungsrat grundsätzlich mit einfachem Mehr entscheiden.[1144] Fraglich ist, ob für Beschlüsse. die vom Verwaltungsrat gefasst werden müssen, ein qualifiziertes Mehr (das solche Beschlüsse allenfalls vereitelt) eingeführt werden darf.[1145] Demnach kann mit Mehrheitsbeschluss auch darüber abgestimmt werden, welche nicht dem Verwaltungsrat angehörende Personen an seinen Sitzungen – informativ oder beratend – teilnehmen sollen. Dies können je nach Situation Mitglieder der Geschäftsleitung, Revisoren, Rechtsanwälte, Steuer- und Unternehmensberater, Architekten oder sogar wichtige Lieferanten und Kunden sein. Die Teilnahme kann auch nur auf einzelne Traktanden beschränkt werden. Keinesfalls aber kann solchen Personen ein Stimmrecht eingeräumt werden. Sie sollten sich auch nicht in die Willensbildung einmischen.[1146]

3.5.2 Recht und Pflicht zur Teilnahme

Wie einleitend festgestellt wurde, geschieht die Willensbildung des Verwaltungsrates zur Hauptsache während seiner Sitzungen. Die Sitzungseinberufung wurde deshalb vorne unter Ziff. 2.3, S. 109 ff., ausdrücklich als Recht bezeichnet. Die Tätigkeit während der Sitzung selbst ist jedoch konzentrierte geistige Arbeit, welche mehr als nur einen entsprechenden Zeiteinsatz verlangt. Allein aus diesem Grunde muss die Sitzungs- und Verhandlungsteilnahme auch als Pflicht bezeichnet werden.[1147]

In den Verwaltungsratssitzungen wird zu einem nicht unbeträchtlichen Teil die Entwicklung des Unternehmens bestimmt. Damit verbunden ist die Verantwortung für die gefassten Beschlüsse. Verantwortlichkeit hat aber nur dann ihre Berechtigung, wenn auch ef-

---

1141 Ähnlich bereits Bürgi, N 1 zu Art. 713 OR, welcher deshalb von der «pflichtgemässen Beteiligung an der Tätigkeit des Kollegiums» spricht.
1142 Wegen des unentziehbaren Selbstorganisationsrechts des Verwaltungsrats aber nicht mehr in den Statuten; Forstmoser/Meier-Hayoz/Nobel, § 31 Anm. 12, § 30 N 66.
1143 Vgl. dazu die Muster eines Organisationsreglementes hinten unter Ziff. 11.54 und Ziff. 11.55, S. 951 ff.
1144 Art. 713 Abs. 1 OR.
1145 Forstmoser/Meier-Hayoz/Nobel, § 31 Anm. 11.
1146 Böckli, Aktienrecht, § 13, Rz. 116a.
1147 Zur Mitwirkungspflicht der VR-Mitglieder allgemein Forstmoser/Meier-Hayoz/Nobel, § 28 N 67 f.; Bärtschi, 244; Jörg, 307. Mitwirkung bedeutet auch Opposition gegen Beschlüsse oder Massnahmen, die sich gegen das Gesellschaftsinteresse auswirken; Jörg, 308 unter Hinweis auf Bärtschi, 244 f.

fektiv die Möglichkeit besteht, an den zukunftsrelevanten Entscheidungen mitzuwirken. Jedes einzelne Verwaltungsratsmitglied hat deshalb unabhängig von seiner Funktion nicht nur die Pflicht, sondern auch das Recht zur Teilnahme an den entsprechenden Sitzungen. Wird ein Verwaltungsrat aus irgendeinem Grunde von den Sitzungen ausgeschlossen, so bleibt er gegen aussen trotzdem in gewissem Ausmass verantwortlich für die Geschehnisse in der Gesellschaft. Er wird also auf jeden Fall gut daran tun, sein diesbezügliches Recht durchzusetzen bzw. dies zu versuchen. Sollte dies nicht möglich sein, empfiehlt sich ein sofortiger Rücktritt.

Auch aus der Sicht des Gesamtverwaltungsrates kann die Sitzungsteilnahme als *Recht* aufgefasst werden. Dies zeigt sich vor allem dann, wenn ein einzelnes Verwaltungsratsmitglied wegen gravierender Vorkommnisse, beispielsweise wegen Verletzung von Geschäftsgeheimnissen oder Betruges, von der weiteren Teilnahme ausgeschlossen werden soll. Im Interesse der Gesellschaft kann eine solche Massnahme unter Umständen dringend geboten sein. Dem Gesellschaftsinteresse steht nun aber das Recht des betroffenen Verwaltungsratsmitgliedes auf Teilnahme gegenüber. Wenn dieser Fall im Organisationsreglement nicht geregelt ist, bleibt den übrigen Verwaltungsräten nichts anderes übrig, als eine ausserordentliche Generalversammlung einzuberufen, um das untragbar gewordene Verwaltungsratsmitglied abwählen zu lassen.

Trotz all dieser Überlegungen bleibt die Teilnahme an den Sitzungen überwiegend eine *Pflicht*. Ein Verwaltungsrat wird von der Generalversammlung wegen seinen besonderen Fähigkeiten oder Beziehungen gewählt. Die Gesellschaft hat demnach ein echtes Interesse, diese individuellen Vorteile zu nutzen. Ein Verwaltungsrat, der nicht an den Sitzungen teilnimmt und somit nichts zur positiven Entwicklung des Unternehmens beiträgt, stellt für die Gesellschaft keinen Nutzen bzw. – wegen der Ausgaben für Verwaltungsratshonorar und Administration – sogar einen direkten Schaden dar.

Unter Umständen kann ein Verwaltungsrat für seine Absenz bei Sitzungen sogar zur Verantwortung gezogen werden. Dazu müssen folgende Voraussetzungen erfüllt sein:[1148]

– aus den Unterlagen (Traktanden, Geschäftsbericht etc.) war die Bedeutung des fraglichen Beschlusses bereits klar ersichtlich, bzw. musste mit einer Gefährdung der Gesellschaftsinteressen gerechnet werden
– die Abwesenheit war nicht auf entschuldbare Umstände zurückzuführen
– bei Anwesenheit des betreffenden Verwaltungsrates und unter Annahme einer sorgfältigen Stimmabgabe wäre ein anderer Verwaltungsratsbeschluss gefällt worden
– es wurden keine Massnahmen unternommen, um den Beschluss zu verhindern (beispielsweise Verschiebungsgesuch).

3.5.3 Vorbereitungspflicht

Die an den Verwaltungsratssitzungen zu behandelnden Gegenstände sollten entsprechend den gesetzlichen Vorschriften für die Generalversammlung traktandiert und den einzelnen Verwaltungsratsmitgliedern unter Wahrung einer hinreichenden Frist zur Vorberei-

---

[1148] In diesem Sinne schon SCHUCANY, 229.

tung zugestellt werden.[1149] Diese Pflicht ist auch im neuen Aktienrecht nicht ausdrücklich statuiert. Da vom Verwaltungsrat jedoch meist nicht mehr Sitzungen als notwendig abgehalten werden, geht es darum, diese möglichst effizient und nutzbringend auszugestalten. Dazu erscheint es unabdingbar, dass sich die einzelnen Mitglieder hinreichend auf die zu behandelnden Gegenstände vorbereiten.[1150] Zur Vorbereitung kann auch gehören, Fachpersonen beizuziehen, um das notwendige Fachwissen beisteuern zu können.[1151]

Die Vorbereitung einer Verwaltungsratssitzung beginnt bereits mit der Festlegung der Traktanden,[1152] dem Zusammenstellen der Sitzungsunterlagen und der Einladung selbst. Auch die Zuständigkeit für diese Arbeiten ist im Gesetz nicht geregelt. Lediglich Art. 715 OR bestimmt, dass jedes Mitglied des Verwaltungsrates unter Angabe der Gründe vom Präsidenten die unverzügliche *Einberufung einer Sitzung* verlangen kann. Daraus muss jedenfalls geschlossen werden, dass der Verwaltungsratspräsident Sitzungen einberufen kann.[1153] Auch in den Statuten wird selten mehr geregelt als die Zuständigkeit zur Einberufung der Sitzung. Um diese Unklarheiten zu beseitigen, sind entsprechende Bestimmungen ins Organisationsreglement aufzunehmen.[1154]

> **Empfehlung:**
> Im Organisationsreglement sollte festgelegt werden, wer die Verwaltungsratssitzungen einberufen muss. Dabei ist auch ein möglicher Verhinderungsfall zu regeln. Unabhängig davon hat von Gesetzes wegen jedes Verwaltungsratsmitglied das Recht, unter Angabe der Gründe vom Präsidenten die unverzügliche Einberufung einer Sitzung zu verlangen. Allenfalls kann jedes Mitglied ermächtigt werden, selbst eine Sitzung einzuberufen, wenn der Präsident einem Einberufungsbegehren nicht nachkommt.

Aus dem Recht, die Einberufung einer Sitzung zu verlangen, kann auch das *Recht auf Traktandierung* eines bestimmten Verhandlungsgegenstandes abgeleitet werden. Zweckmässigerweise werden bei der Festlegung der Traktandenliste jedoch soweit als möglich die Wünsche aller Verwaltungsratsmitglieder berücksichtigt.[1155] Auch sollten zur Gewährleistung einer optimalen Vorbereitung gleichzeitig mit der Traktandenliste alle notwendigen Sitzungsunterlagen abgegeben werden.

Es ist zulässig, im Organisationsreglement den Sekretär des Verwaltungsrates mit den Sitzungsvorbereitungen zu beauftragen.[1156] Dazu gehören dann auch Saalreservation, Bereitstellung von technischen Hilfsmitteln und Verteilung der Unterlagen. Die Pflicht des Präsidenten zur Einberufung einer Sitzung im Falle von Art. 715 OR sowie die persönli-

---

1149 Das Muster einer Einladung zur Verwaltungsratssitzung mit einer möglichen Traktandenliste ist hinten unter Ziff. 11.26, S. 847 ff., abgedruckt; Standardtraktanden für Sitzungen des Verwaltungsrates finden sich auch bei ROTH, Teil 11 Kap. 9, S. 3.
1150 FORSTMOSER/MEIER-HAYOZ/NOBEL, § 28 N 68; PLÜSS, Rechtsstellung, 38.
1151 BGE 122 III 195, 200; 114 V 219, 224; BÖCKLI, Aktienrecht, § 13 Rz. 564; KRNETA, Praxiskommentar, N 1829; JÖRG 308.
1152 Zur Traktandierung vgl. MÜLLER, VR-Sitzung, passim.
1153 Vorne unter Ziff. 2.3.4, S. 112 f., wurden die Voraussetzungen zur Einberufung einer Verwaltungsratssitzung bereits ausführlich erörtert.
1154 Konkrete Formulierungsvorschläge finden sich in den Mustern eines Organisationsreglementes hinten unter Ziff. 11.54 und Ziff. 11.55, S. 953 ff.
1155 Zu den Vorteilen einer ausführlichen Traktandenliste und der möglichen Reihenfolge vgl. vorne Ziff. 2.3.5, S. 113 f.
1156 Dazu vgl. MÜLLER, VR-Sitzung 46.

che Pflicht zur Vorbereitung jedes einzelnen Verwaltungsratsmitgliedes können damit jedoch nicht aufgehoben werden.

3.5.4 Verhandlungsleitung

Die Verhandlungsleitung kommt in aller Regel dem Verwaltungsratspräsidenten zu; bei seiner Abwesenheit ist ein anderes Mitglied damit zu betrauen. Der Verhandlungsleiter hat in der Sitzung besondere Aufgaben zu erfüllen. Diese beginnen damit, dass er die Versammlungsteilnehmer begrüsst und gleich zu Beginn die Regelung hinsichtlich der Protokollführung bekannt gibt. Allenfalls ist auch darüber zu entscheiden, ob Dritte an der Sitzung teilnehmen sollen.[1157] Ebenfalls noch am Anfang der Sitzung sollte die Traktandenliste zur Diskussion gestellt werden. In der Praxis hat sich zudem ein Hinweis auf die zur Verfügung stehende Zeit als nützlich erwiesen.

Zu den einzelnen Traktanden wird eine Einführung notwendig sein, bei der die Ausgangslage zu schildern ist. Dazu gehören bereits bekannte Probleme, Lösungsansätze und eventuelle Anträge. Von Gesetzes wegen ist der Verhandlungsleiter in der nachfolgenden Diskussion nicht anders gestellt, als die übrigen Verwaltungsratsmitglieder. Erst bei einer Abstimmung steht ihm allenfalls gemäss Art. 713 Abs. 1 OR der Stichentscheid zu. Trotzdem sollte der Verhandlungsleiter zur Erreichung einer optimalen Sitzungseffizienz folgende Zusatzpflichten bei der Diskussion wahrnehmen:[1158]

- Kontrolle, dass die Traktandenliste eingehalten wird, bzw. Rückführung auf das Wesentliche
- Zuteilung der Redeberechtigung und Festlegung der Reihenfolge
- Konfliktbereinigung im Falle von Spannungen
- Zusammenfassung der gefundenen Lösungen und Wiederholung der gestellten Anträge, eventuell unter Zuhilfenahme von Visualisierungsmitteln
- Unterstützung des Protokollführers durch konkrete Protokollangaben
- Einhaltung der vorgegebenen Zeit.

Nach Darstellung der Ausgangslage und Abschluss der Diskussion hat der Verhandlungsleiter dafür zu sorgen, dass sich der Verwaltungsrat über das weitere Vorgehen klar wird. Entweder genügt eine blosse Kenntnisnahme, oder es ist ein Beschluss über das Traktandum notwendig.[1159] In diesem Falle hat der Verhandlungsleiter für die ordnungsgemässe Durchführung und Protokollierung der Abstimmung zu sorgen.

1157 Lässt der Präsident Dritte zu, muss jedes Mitglied dagegen Einsprache erheben können; vgl. BÖCKLI, Aktienrecht, § 13 Rz. 127a unter Verweisung auf Art. 715a Abs. 5 OR. Wirkt der Dritte unerlaubterweise an der Beschlussfassung mit, ist diese nichtig, wenn die Mitwirkung kausal für das Ergebnis war; BÖCKLI, Aktienrecht, § 13 Rz. 127a; vgl. auch HOMBURGER, in: Zürcher Kommentar, N 373 zu Art. 714 OR und WERNLI/RIZZI, in: Basler Kommentar, N 12 zu Art. 714 OR.
1158 Vgl. BOSSHART/BRUNNER, 18 ff. Zu den Techniken der Sitzungsführung durch den VR-Präsidenten ausführlich DUBS, VR-Sitzung, 45 ff.
1159 Zur Beschlussfassung vgl. MÜLLER, VR-Sitzung, 50 ff.

3.5.5 Ausstandspflicht

Auch auf Stufe der strategischen Führungsebene kann es unbestreitbar zu Interessenkollisionen kommen. Entsprechend müssten in Statuten und Organisationsreglementen ausführliche Ausstandsregelungen zu finden sein. Tatsächlich sind derartige Bestimmungen in klarer Form jedoch nur bei wenigen Unternehmen zu finden. Eine entsprechende Regelung könnte in aller Kürze wie folgt lauten:

Alle Organe der Gesellschaft haben allfällige Interessenkonflikte, insbesondere Geschäfte, die sie selbst oder nahestehende natürliche oder juristische Personen betreffen, umgehend dem VR-Präsidenten offenzulegen. Der Gesamtverwaltungsrat hat zu entscheiden, ob ein Ausstandsgrund gegeben ist. Im Falle eines Ausstandsgrundes darf der bzw. die Betroffene weder bei der Diskussion noch bei der Abstimmung anwesend sein. Auch die Abgabe einer persönlichen Stellungnahme oder eines schriftlichen Statements vor der Diskussion ist ausgeschlossen, um die Willensbildung nicht zu beeinflussen.

Eine besondere Art der Interessenkollision stellen In-sich-Geschäfte dar. Dabei schliesst ein VR-Mitglied sowohl in seinem eigenen Namen für sich selbst als auch im Namen der Aktiengesellschaft ein Rechtsgeschäft ab. Wird die Gesellschaft beim Abschluss eines Vertrages durch diejenige Person vertreten, mit der sie den Vertrag abschliesst, so muss der Vertrag jedenfalls schriftlich abgefasst werden. Dieses Erfordernis gilt nicht für Verträge des laufenden Geschäfts, bei denen die Leistung der Gesellschaft den Wert von CHF 1000 nicht übersteigt.[1160]

3.6 Protokollführung

3.6.1 Notwendigkeit der Protokollführung

Über die Verhandlungen und Beschlüsse des Verwaltungsrates[1161] ist ein Protokoll[1162] zu führen, das vom *Vorsitzenden* und vom *Sekretär* zu unterzeichnen ist.[1163] Der Begriff des Protokollführers wurde vom Gesetzgeber bewusst durch «Sekretär» ersetzt.[1164] Damit soll zum Ausdruck gebracht werden, dass dem Sekretär nicht nur die Protokollführung obliegt, sondern er auch die Administration des Verwaltungsrates betreuen kann.[1165] Der Sekretär braucht nicht zwingend Mitglied des Verwaltungsrates oder Aktionär zu sein. Er wird ohne gegenteilige Bestimmung in den Statuten oder im Organisationsreglement

---

1160 Gemäss Art. 718*b* OR. Damit das Geschäft auch inhaltlich gültig ist, verlangen Lehre und Rechtsprechung die Genehmigung durch ein neben- oder übergeordnetes Organ; nach BGE 127 III 332, 334 soll die Genehmigung nicht durch die Generalversammlung, sondern durch andere, nicht im Interessenkonflikt befindliche Verwaltungsräte erfolgen können.
1161 Wie auch über die Sitzungen von Ausschüssen; BÖCKLI, Aktienrecht, § 13 Rz. 157; das Nachfolgende gilt diesbezüglich sinngemäss.
1162 Umfassend dazu: MÜLLER, Protokollführung, passim.
1163 Art. 713 Abs. 3 OR. – Ein nicht unterzeichnetes Schriftstück hat keine Rechtswirkungen: BÖCKLI, Aktienrecht, § 13 Rz. 148a; ebenso wenig gelten Tonbandaufzeichnungen als Protokoll; BÖCKLI, Aktienrecht, § 13 Rz. 148 a ff. – Auch «Sitzungen» des Einmann-Verwaltungsrats sind zu protokollieren, FORSTMOSER/MEIER-HAYOZ/NOBEL, § 31 N 17; HOMBURGER, in: Zürcher Kommentar, N 340 zu Art. 713 OR; WERNLI/RIZZI, in: Basler Kommentar, N 29 zu Art. 713 OR.
1164 Zum Sekretär ausführlich vorne Ziff. 1.9.10, S. 80 ff.
1165 Vgl. BOTSCHAFT, Revision Aktienrecht, 919.

durch einfaches Mehr des Gesamtverwaltungsrates bestimmt.[1166] Wird eine Drittperson mit der Protokollführung betraut, so können sich sämtliche Verwaltungsräte während der Sitzung uneingeschränkt den Sachfragen widmen und werden nicht durch Nebenpflichten abgelenkt.[1167]

Die Führung des Protokolls ist eine bedeutsame Aufgabe und darf in ihrer Wichtigkeit nicht unterschätzt werden. Protokolle sind nicht nur zu führen, um den gesetzlichen Vorschriften Genüge zu tun.[1168] Sie ermöglichen auch die Kontrolle gefasster Beschlüsse bzw. deren *Vollzuges*. Schliesslich können Protokolle auch zur Rekonstruktion von bestandenen Entscheidungsgrundlagen herangezogen werden und so einen entscheidenden Beitrag zur Klärung von Schuld- bzw. Schuldausschlussfragen bezüglich *Verantwortlichkeitsansprüchen* liefern.[1169] In diesem Sinne ist es oft wichtig, nicht nur die Beschlüsse des Verwaltungsrates festzuhalten, sondern jeweils auch abweichende Meinungen, Proteste und dergleichen zu protokollieren. Da es bei Verantwortlichkeitsansprüchen oft um hohe Summen gehen kann, lohnt es sich für den einzelnen Verwaltungsrat auch, seine Vorbehalte in Bezug auf gewisse Entscheidungen ins Protokoll aufnehmen zu lassen. Die Abwehr von Verantwortlichkeitsansprüchen wird damit erleichtert.

Schliesslich ist zu beachten, dass es sich bei den VR- und GV-Protokollen um strafrechtlich relevante Urkunden handelt.[1170] Protokolle dürfen also weder verfälscht noch vernichtet werden. «Die Aufgabe der Protokollführung ist deshalb ernst zu nehmen und sorgfältig auszuüben.»[1171]

3.6.2 Form der Protokollführung

Im Obligationenrecht findet sich keine Vorschrift über die Form der Protokollführung. Grundsätzlich ist somit der Verwaltungsrat in der konkreten Ausgestaltung frei. Im Hinblick auf mögliche Wechsel des Protokollführers empfiehlt sich die Festlegung von Protokollrichtlinien, beispielsweise im Organisations- und Geschäftsreglement. Damit lässt sich eine Kontinuität in der Gestaltung und im Aufbau der Protokolle gewährleisten.

Obwohl im Zeitpunkt der definitiven Abfassung des Protokolls die Sitzung bereits Vergangenheit ist, empfiehlt sich die Formulierung in der Gegenwartsform.[1172] Allfällige Ereignisse oder neue Erkenntnisse zwischen der Sitzung und der Niederschrift sollten deshalb

---

1166 Bei Pattsituationen im Verwaltungsrat ohne Stichentscheid des Vorsitzenden kann bereits die Bestellung des VR-Sekretärs im Hinblick auf die Protokollführung zu Problemen führen. Letztlich bleibt nichts anderes übrig, als den Richter anzurufen, um den VR-Sekretär zu bestimmen; dies ist im Hinblick auf die Vermeidung eines Organisationsmangels möglich.

1167 Letztlich ist ein VR-Mitglied, welches gleichzeitig das VR-Protokoll führen muss, nur noch ein «halber Verwaltungsrat». Auf keinen Fall sollte der Sitzungsvorsitzende gleichzeitig auch noch das Protokoll führen (vgl. MÜLLER, Protokollführung, 16).

1168 Allerdings ist das Protokoll nicht Gültigkeitserfordernis für Verwaltungsratsbeschlüsse (vgl. BGE 132 III 77 ff., unter Hinweise auf RHEIN, 246).

1169 Vgl. BÖCKLI, Aktienrecht, § 13 Rz. 148; HOMBURGER, in: Zürcher Kommentar, N 840 zu Art. 713 OR; KRNETA, Praxiskommentar, N 845; WERNLI/RIZZI, in: Basler Kommentar, N 25 zu Art. 713 OR.

1170 Vgl. MÜLLER, Protokollführung, 63, mit Hinweis auf den abschreckenden BGE 120 IV 199.

1171 MÜLLER, Protokollführung, 64.

1172 Die Vergangenheitsform sollte in einem Protokoll nur dort eingesetzt werden, wo absolut kein Gegenwartsbezug mehr vorliegt und das Protokollierte bereits in sich abgeschlossen ist (MÜLLER, Pro-

269

auch nicht erwähnt werden, ausser wenn an der Sitzung selbst bereits ein entsprechender Vorbehalt angebracht wurde. In jedem Falle ist die rasche Erstellung und Verteilung des definitiven Protokolles schon kurz nach der Sitzung von grossem Vorteil.

Das Protokoll ist gemäss Art. 713 Abs. 3 OR vom Vorsitzenden und vom Sekretär des Verwaltungsrates zu unterzeichnen. Weitere Unterschriften sind nicht nötig, zumal das Protokoll an der nächsten Sitzung zu behandeln ist. Mindestens am Sitz der Gesellschaft sollte jeweils ein Exemplar des Protokolls im Original aufbewahrt werden. Die restlichen Exemplare können auch in Kopie ausgestellt werden.

3.6.3 Inhalt des Protokolls

Was das Protokoll im Einzelnen umfassen muss und wie es formell zu gestalten ist, wird vom Gesetz nicht geregelt. Demnach sind alle Varianten zulässig, sofern sie die Rekonstruktion der Willensbildung bzw. der gefassten Beschlüsse des Verwaltungsrates ermöglichen.[1173] Auch Zirkulationsbeschlüsse sind zu protokollieren.[1174] In der Praxis können drei Arten von Protokollen unterschieden werden:[1175]

- das wörtliche Protokoll
- das Beratungsprotokoll
- das Beschlussprotokoll.

Beim wörtlichen Protokoll wird jedes Votum wortwörtlich wiedergegeben. Voraussetzung dazu ist ein Mittel zur entsprechenden Aufnahme (Stenografie, Tonband, Video etc.). Diese Art der Protokollierung dürfte nur in ganz kritischen Situationen notwendig sein, erschwert doch allein schon der Protokollumfang die Übersicht. Beim Beratungsprotokoll (auch Verhandlungsprotokoll genannt) werden die Voten nur zusammengefasst wiedergegeben, und beim Beschlussprotokoll wird darauf ganz verzichtet. Alle Protokollarten geben jedoch in jedem Falle die gefassten Beschlüsse bzw. getroffenen Entscheidungen wieder.

Ohne gegenteiligen Beschluss der Sitzungs- bzw. Versammlungsteilnehmer ist ein Beratungsprotokoll zu erstellen.[1176] Je nach Notwendigkeit werden die Voten ausführlicher festgehalten, zusammengefasst oder gar nicht wiedergegeben. Dadurch kann das Protokoll kurz und doch aussagekräftig gehalten werden. Um dem Zweck der Protokollführung zu genügen, müssen mindestens folgende Angaben enthalten sein:

- Name der Gesellschaft
- Art der Sitzung
- Datum, Zeit und Ort der Sitzung
- Anwesende und ihre Funktionen

---

tokollführung, 7 Fn. 33). Dies im Gegensatz zum angelsächsischen Sprachraum, wo bei den «Minutes» die Vergangenheitsform vorherrscht.
1173 Vgl. BÖCKLI, Aktienrecht, § 13 Rz. 149 ff.; HOMBURGER, in: Zürcher Kommentar, N 339 zu Art. 713 OR.
1174 Vgl. BOTSCHAFT, Revision Aktienrecht, 176 (920); dazu ausführlich hinten Ziff. 3.6.4, S. 272 ff.
1175 Dazu ausführlich MÜLLER, Protokollführung, 17 ff.
1176 Das ergibt sich aus dem Gesetzeswortlaut («über die Verhandlungen und Beschlüsse ist ein Protokoll zu führen»; Art. 713 Abs. 3 OR).

- Traktanden
- Anträge
- Beschlüsse
- Unterschrift des Präsidenten und des Sekretärs.

In der Praxis hat sich zudem die Auflistung von Abwesenden, eventuell mit der Angabe «entschuldigt» bzw. «unentschuldigt», als vorteilhaft erwiesen. Auf diese Weise ist nämlich gleichzeitig klar, wer alles zur Sitzung eingeladen wurde und die Möglichkeit zur Teilnahme gehabt hätte. In diesem Zusammenhang ist es ratsam, auch auf die Art und den Zeitpunkt der Einberufung hinzuweisen, insbesondere, falls nicht der ordentliche Weg über die frühzeitige schriftliche Einladung gewählt wurde.

Um den Überblick über die Vollständigkeit der Protokolle des Verwaltungsrates zu erleichtern, hat sich eine jahresweise Nummerierung sehr bewährt (z.B. Protokoll 05/2007).

Bei der Kommentierung der Traktanden und Beschlüsse hat sich in der Praxis eine Dreiteilung als zweckmässig erwiesen. Vorerst wird die Ausgangslage dargestellt, dann folgt ein allfälliger Diskussionsteil und schliesslich werden die Beschlüsse bzw. Ergebnisse festgehalten. Diese Dreiteilung ist selbstverständlich flexibel zu handhaben, was auch aus dem hinten unter Ziff. 11.61, S. 993 ff., abgedruckten Muster eines Verwaltungsratsprotokolles hervorgeht.

a) Ausgangslage

Zu Beginn eines Traktandums sollte vom Vorsitzenden stets die Ausgangslage in Erinnerung gerufen werden. Dazu gehören das Umfeld, die zeitliche Komponente, allenfalls gestellte Anträge, mögliche Vorgehensvarianten und bereits bekannte Risiken. Wurden gleichzeitig mit der Einladung zur Verwaltungsratssitzung entsprechende Unterlagen verschickt, so genügt ein Hinweis auf die entsprechenden Unterlagen, welche dann aber als Anhang zum Protokoll beizufügen sind.[1177]

b) Diskussion

Auch wenn keine Diskussion gewünscht wird, ist dies im Protokoll festzuhalten. Im Normalfall sind zumindest Art und Umfang der Diskussion in Kurzform wiederzugeben. Werden neue Anträge, Ideen, Lösungsvorschläge, aber auch Kritiken oder Hinweise auf Risiken vorgebracht, so empfiehlt sich eine genaue Protokollierung mit Angabe der Votierenden. Damit lässt sich später genau eruieren, welche Überlegungen den Verwaltungsrat zu einem bestimmten Entschluss geführt haben. – Ausführlich zu protokollieren sind die ausdrücklich zu Protokoll gegebenen Erklärungen einzelner VR-Mitglieder. Festzuhalten ist auch, dass ein Mitglied in den Ausstand tritt.[1178]

c) Beschluss

Schliesslich ist bei jedem Traktandum das weitere Vorgehen festzuhalten. Dabei muss es sich nicht unbedingt um einen Entscheid in der Sache selbst handeln. Auch der Beschluss,

---

[1177] Auf die Wichtigkeit der Unterlagen weist BÖCKLI, Aktienrecht, § 13 Rz. 151 hin; vgl. auch KRNETA, Praxiskommentar, N 836.
[1178] BÖCKLI, Aktienrecht, § 13 Rz. 150.

die ganze Angelegenheit zu vertagen und vorerst weitere Abklärungen zu treffen, ist ins Protokoll aufzunehmen. Selbst der Umstand, dass die Ausführungen des Vorsitzenden oder abgegebene Unterlagen diskussionslos zur Kenntnis genommen werden, ist einen Protokollvermerk wert. Hilfreich ist unter diesem Teil die Angabe, wer bis wann welche Handlungen zu tätigen hat. Zusätzlich kann eine separate Pendenzenliste geführt werden.

Kommt es jedoch zu einem Beschluss, so ist das Stimmenverhältnis anzugeben. Ablehnende Stimmen und Stimmenthaltungen sind selbstverständlich ebenfalls zu protokollieren, möglichst mit Namensnennung.[1179]

> **Empfehlung:**
> Eine klare Dreiteilung in Ausgangslage, Diskussion und Beschluss bei der Behandlung jedes Traktandums erleichtert nicht nur dem Vorsitzenden, sondern auch dem Protokollführer die Wahrung des Überblicks. Wird ein Beschluss zum Tätigwerden gefällt, so ist im Protokoll genau anzuführen, wer bis wann was zu tun hat. Nur so ist eine Kontrolle des Entscheidvollzuges überhaupt möglich.

Die Protokolle sind den einzelnen VR-Mitgliedern zuzustellen oder zumindest zur Einsicht zur Verfügung zu halten. Jeweils an der nächsten Sitzung sollte das Protokoll der letzten Sitzung des Verwaltungsrates besprochen und durch einen Beschluss genehmigt bzw. abgelehnt werden.[1180] Allerdings nützt die kommentarlose Ablehnung nichts, da die Ablehnungsgründe auf diese Weise nicht bekannt werden. Richtig ist es vielmehr, das Protokoll mit den allenfalls notwendigen Korrekturen (Änderungen, Streichungen oder Ergänzungen) zu genehmigen. Dies ist notwendigerweise im neuen Protokoll festzuhalten und kann nicht einfach durch Verbesserung des alten Protokolles behoben werden; die Vorschrift von Art. 713 Abs. 3 OR wäre sonst nicht erfüllt. Die Genehmigung bedeutet, dass die zustimmenden Verwaltungsräte die Darstellung im Protokoll als richtig ansehen, weshalb sie vermutungsweise auch richtig ist.

Das Protokoll gehört nicht zu den Geschäftsunterlagen, für die eine Editionspflicht der Gesellschaft besteht.[1181] Es taugt auch nicht als Schuldanerkennung im Sinn von Art. 82 SchKG.[1182]

3.6.4 Zirkulationsbeschluss

Eine spezielle Art der Entscheidfindung ist der Zirkulationsbeschluss[1183]. Dieser zeichnet sich dadurch aus, dass eine Beschlussfassung unter Abwesenden auf schriftlichem Weg (Post, Fax, E-Mail oder qualifizierte elektronische Unterschrift) erfolgt, ohne dass die Ver-

---

1179 Darauf weist BÖCKLI, Aktienrecht, § 13 Rz. 150 hin; ebenso KRNETA, Praxiskommentar, N 238.
1180 Zur Protokollgenehmigung ausführlich MÜLLER, Protokollführung, 53 ff. Vgl. auch BÖCKLI, Aktienrecht, § 13 Rz. 153; KRNETA, Praxiskommentar, N 842 ff.; WERNLI/RIZZI, in: Basler Kommentar, N 28 zu Art. 713 OR; a.M. HUNGERBÜHLER, 107.
1181 Art. 963 OR; BÖCKLI, Aktienrecht, § 13 Rz. 154; a.M. HOMBURGER, in: Zürcher Kommentar, N 340 zu Art. 713 OR; KRNETA, Praxiskommentar, N 851; WERNLI/RIZZI, in: Basler Kommentar, N 36 zu Art. 713; HUNGERBÜHLER, 105. – Ausnahme: Editionspflicht in Verantwortlichkeitsprozessen.
1182 BÖCKLI, Aktienrecht, § 13 Rz. 156.
1183 Das Muster eines Zirkulationsbeschlusses ist hinten unter Ziff. 11.105, S. 1171 ff., abgedruckt. Zu den Zirkulationsbeschlüssen ausführlich BÖCKLI, Aktienrecht, § 13 Rz. 138 ff.; FORSTMOSER/MEIER-HAYOZ/NOBEL, § 31 N 46 ff.; HOMBURGER, in: Zürcher Kommentar, N 616 zu Art. 713 OR;

waltungsräte persönlich zu einer Sitzung zusammenkommen und über die Verhandlungsgegenstände diskutieren. Eine solche schriftliche Beschlussfassung des Verwaltungsrates kommt in der Praxis relativ häufig vor, zumal es nur wenige gesetzliche Einschränkungen gibt. Aus diesem Grund muss aber empfohlen werden, die schriftliche Beschlussfassung mittels Zirkularbeschluss grundsätzlich in den Statuten oder im Organisationsreglement detailliert zu regeln.[1184] Nicht zulässig ist dagegen die schriftliche Stimmabgabe eines VR-Mitgliedes, welches an der Sitzungsteilnahme verhindert ist.[1185]

Festzuhalten ist, dass es nicht Sinn und Zweck der Institution «Verwaltungsrat» sein kann, sämtliche Beschlüsse auf dem Zirkulationsweg zu fassen. Vielmehr geht es gerade darum, durch ein Abwägen von vorgetragenen Pro- und Kontra-Punkten zu einer eigenen Meinung und auf diese Weise zu einem ausgewogenen Beschluss zu gelangen. Der Zirkulationsbeschluss bietet sich deshalb vor allem in Routineangelegenheiten und Fällen an, in denen eine erhöhte zeitliche Dringlichkeit besteht.

Zur Zulässigkeit von Zirkulationsbeschlüssen ist nach Art. 713 Abs. 2 OR erforderlich, dass keiner der Verwaltungsräte eine mündliche Beratung verlangt; hingegen ist nicht erforderlich, dass alle Verwaltungsräte dem Beschluss zustimmen oder auch nur ihre Stimme abgeben.[1186]

Mit Blick auf spätere Unstimmigkeiten über das Zustandekommen eines Zirkulationsbeschlusses ist die Zustellung des Antrags beweismässig zu dokumentieren.[1187] Ein Zirkulationsbeschluss ist stets an der nächsten Sitzung ins Protokoll aufzunehmen.[1188] Diese Pflicht ergibt sich indirekt aus Art. 713 Abs. 3 OR.[1189] Nur so kann nämlich festgestellt werden, dass keiner der Verwaltungsräte eine mündliche Beratung verlangt hatte. Gleichzeitig ist der gefällte Beschluss mit Angabe des Stimmenverhältnisses bekannt zu geben. Wegen des damit verbundenen Aufwandes empfiehlt sich in jedem Falle grosse Zurückhaltung bei der Anwendung des Zirkulationsbeschlussverfahrens.

Grundsätzlich können alle Verwaltungsratsbeschlüsse schriftlich gefasst werden; die entsprechenden Anträge sollten aber aus praktischen Überlegungen so gefasst sein, dass sie durch einfaches Ja oder Nein beantwortet werden können.[1190] Dazu ist eine doppelte Antragsstellung nötig. Zuerst muss formell über die Anwendbarkeit des Zirkulationsverfahrens als solches abgestimmt werden; dazu ist Einstimmigkeit erforderlich. Sodann muss über den Antrag materiell abgestimmt werden; sofern Statuten oder Organisationsreglement nichts anderes vorschreiben, genügt dazu die absolute Mehrheit derjenigen VR-Mit-

---

HUNGERBÜHLER, 114 ff.; KRNETA, Praxiskommentar, N 812 ff.; WERNLI/RIZZI, in: Basler Kommentar, N 19 ff. zu Art. 713 OR.

1184 Ebenso FACINCANI/SUTTER, 723. Vgl. dazu hinten unter Ziff. 11.55, S. 953 ff., das Muster eines Organisationsreglements, wo in Art. 2.5 das Zirkulationsverfahren in den wichtigsten Punkten geregelt wird.
1185 Vgl. dazu ausführlich BÖCKLI, Aktienrecht, § 13 Rz. 129 m.w.H.
1186 Nicht zulässig ist in diesem Zusammenhang die Formel, dass das Stillschweigen eines Verwaltungsrats als Zustimmung gewertet wird (BÖCKLI, Aktienrecht, § 13 Rz. 138a).
1187 Vgl. dazu BÖCKLI, Aktienrecht, § 13 Rz. 141.
1188 A.M. FACINCANI/SUTTER, 724, mit dem Hinweis, dass es keine entsprechende gesetzliche Vorschrift geben würde.
1189 Gl.M. BÖCKLI, Aktienrecht, § 13 Rz. 143 mit dem Hinweis, dass auch der Nachweis der Zustellung ins Protokoll aufgenommen werden sollte.
1190 FACINCANI/SUTTER, 723.

glieder, die an der Zirkulationsentscheidung teilgenommen haben.[1191] Nur wenn in einer vorgängigen VR-Sitzung das Zirkulationsverfahren für einen bestimmten Entscheid bereits festgelegt wurde, kann der erste, formelle Antrag unterbleiben.

Schliesslich ist noch darauf hinzuweisen, dass gemäss Art. 23 Abs. 2 HRegV Zirkularbeschlüsse von allen Personen, die dem beschliessenden Organ angehören, unterzeichnet sein müssen, damit die Beschlüsse als Belege beim Handelsregisteramt eingereicht werden können.[1192]

3.6.5 Telefon- und Videokonferenzen

Mit den heutigen technischen Hilfsmitteln lassen sich Verwaltungsratssitzungen ohne weiteres als Telefon- oder Videokonferenzen abhalten. Soweit sich die Willensbildung nach dem Unmittelbarkeitsprinzip während der Verhandlung vollziehen kann, ist nichts gegen eine solche Gestaltungsform einzuwenden, auch wenn sie im Gesetz überhaupt nicht erwähnt wird.[1193] Eine elektronische Stimmabgabe, wie sie für Aktionäre bei börsenkotierten Gesellschaften in Art. 95 Abs. 3 lit. a BV eigentlich vorgesehen wäre,[1194] ist dagegen bei VR-Sitzungen nur über den Umweg eines Zirkularbeschlusses möglich. Bei physisch stattfindenden VR-Sitzungen sollte sich eine elektronische Stimmabgabe eigentlich erübrigen.

Die Bedeutung von virtuellen VR-Sitzungen wird zukünftig wohl noch zunehmen. Bereits heute werden insbesondere bei internationalen Gesellschaften regelmässig einzelne VR- oder GL-Mitglieder über eine Telefon- oder Videoverbindung beigeschaltet. Der Unterschied von virtuellen Sitzungen mittels Telefon- oder Videokonferenz zu Sitzungen unter Anwesenden liegt primär darin, dass die Teilnehmer von virtuellen Sitzungen untereinander anhand von Informations- und Kommunikationstechnologien interagieren müssen und keinen direkten Gesichtskontakt zu den anderen Teilnehmern haben. Damit überhaupt eine Protokollführung von virtuellen Sitzungen möglich ist, werden zwecks Verständlichkeit und Nachvollziehbarkeit der einzelnen Voten hohe Anforderungen an die Qualität von Ton und Bild vorausgesetzt. Für einen störungsfreien Ablauf der Sitzung ist es zudem unabdingbar, dass sich die Sitzungsteilnehmer mit der eingesetzten Technik zurechtfinden. Die Virtualität von Sitzungen hat direkte Auswirkungen auf das Protokoll. Die Sitzungsteilnehmer befinden sich an verschiedenen Orten und u.U. in verschiedenen Zeitzonen, sodass im Ingress eine einheitliche Angabe des Sitzungsortes und der Sitzungszeit nicht möglich ist. Stattdessen ist auf die Sitzung per Telefon- oder Videokonferenz hinzuweisen. Sinnvollerweise ist trotzdem der Aufenthaltsort des Protokollführers und Sitzungsvorsitzender im Ingress aufzunehmen, zumal diese beiden Personen das Protokoll auch unterzeichnen. Sowohl der Protokollführer als auch der Vorsitzende sind nicht an einen bestimmten Ort gebunden und diese beiden Personen müssen während der Sitzung auch nicht am selben Ort sein.[1195]

1191 Gl.M. BÖCKLI, Aktienrecht, § 13 Rz. 140.
1192 FACINCANI/SUTTER, 723.
1193 TANNER, Generalversammlung, § 8 Anm 137. Die Beischaltung zur Sitzung oder Telefonkonferenz wird ausführlich erörtert bei BÖCKLI, Aktienrecht, § 13 Rz. 136 ff.
1194 Diese Vorgabe wurde aber mit der VegüV nicht umgesetzt.
1195 MÜLLER, Protokollführung, 40 f.

3.6.6 Elektronische Aufbewahrung von Protokollen

VR- und GV-Protokolle sind ebenso wie Geschäftsberichte als Geschäftsbücher im Sinne der Verordnung über die Führung und Aufbewahrung der Geschäftsbücher (GeBüV) zu qualifizieren.[1196] In dieser Verordnung hat der Bundesrat bereits im Jahre 2002 festgelegt, dass die Geschäftsbücher so geführt und aufbewahrt werden müssen, dass sie nicht geändert werden können, ohne dass sich dies feststellen lässt (Art. 3 GeBüV). Damit wäre eine elektronische Archivierung von Protokollen auch bei buchführungspflichtigen Unternehmen grundsätzlich möglich, allerdings nur mit entsprechenden Vorsichtsmassnahmen und unter Einhaltung der Pflicht zur regelmässigen Überprüfung der Datenträger auf Integrität und Lesbarkeit gemäss Art. 10 GeBüV.[1197] Zu beachten ist jedoch, dass das Einscannen eines Protokolls zur Archivierung und der spätere Ausdruck (wenn auch viel später) technisch nichts anderes ist, als die Erstellung einer Fotokopie.[1198] Da ein Protokoll sowohl die Unterschrift des Vorsitzenden als auch diejenige des Protokollführers aufweisen sollte, lassen sich Originalprotokoll und Kopie bzw. späterer Ausdruck des elektronisch archivierten Exemplars problemlos unterscheiden. Ist die Echtheit einer Unterschrift auf einem digitalisierten Protokoll strittig, muss die beweisbelastete Partei wie im Falle einer gewöhnlichen Fotokopie die Echtheit der Unterschrift beweisen. Wurde also die Original-Unterschrift nach dem Einscannen vernichtet, hat die beweisbelastete Partei ein erhebliches Beweisrisiko zu tragen.[1199] Zusammenfassend ist festzustellen, dass die elektronische Aufbewahrung von VR-Protokollen zwar rechtlich durchaus zulässig ist, die Anforderungen an die entsprechende Software aber sehr hoch sind. Im Hinblick auf die strengen Anforderungen der Geschäftsbücherverordnung genügt es nicht, die VR-Protokolle nur einzuscannen und dann elektronisch abzuspeichern. Vielmehr muss mit einer entsprechenden Software nachgewiesen werden können, dass die elektronisch abgespeicherten Dokumente nicht nachträglich geändert wurden. Der damit verbundene Aufwand lohnt sich deshalb wohl nur für Gesellschaften, die ihre Geschäftsbücher ohnehin bereits elektronisch aufbewahren (wie z.B. Banken).

3.7 Pflichten im Zusammenhang mit den Statuten

3.7.1 Grundsatz

Nach Art. 698 Abs. 2 Ziff. 1 OR stehen der Generalversammlung die Festsetzung und die Änderung der Statuten zu. Diese Befugnisse kann die Generalversammlung nicht übertragen. Zudem muss jeder Beschluss der Generalversammlung über eine Änderung der Statuten öffentlich beurkundet werden.[1200] Dennoch hat auch der Verwaltungsrat Pflichten im Zusammenhang mit den Statuten. Diese können grundsätzlich in drei Gruppen eingeteilt werden:

a) Pflicht zur Wahrung der statutarischen Kompetenzen der Generalversammlung, abgeleitet aus Art. 716 Abs. 1 OR

1196 KÄFER, in: Berner Kommentar, N 37 zu Art. 962 OR.
1197 MÜLLER, Protokollführung, 51 f.
1198 GASSER/HÄUSERMANN, 309.
1199 GASSER/HÄUSERMANN, 310.
1200 Art. 647 Abs. 1 OR.

b) Pflicht zur Durchsetzung der Statuten, insbesondere bei delegierter Geschäftsführung, abgeleitet aus Art. 716*a* Abs. 1 Ziff. 5 OR
c) Pflicht zur Überprüfung der Statuten hinsichtlich Gesetzeskonformität, ebenfalls abgeleitet aus Art. 716*a* Abs. 1 Ziff. 5 OR.

Die Kompetenzen der Generalversammlung sind in den Statuten meistens genügend klar und vor allem abschliessend aufgezählt, sodass diese Art von Pflichten dem Verwaltungsrat keine Probleme aufgeben sollte. Nicht ganz so einfach ist die Durchsetzung der Statuten, vor allem bei delegierter Geschäftsführung. Der Verwaltungsrat hat von Gesetzes wegen darüber zu wachen, dass die mit der Geschäftsführung betrauten Personen die Statuten befolgen. Verletzt die Geschäftsführung statutarische Vorschriften, z.B. bezüglich Gesellschaftszweck, so kann sich bei einem daraus resultierenden Schaden eine Verantwortlichkeit des Verwaltungsrates ergeben. Die Durchsetzung der Statuten ist oftmals auch bei Aktienübertragungen bzw. bei Erwerb eigener Aktien durch die Gesellschaft problematisch. Hier hat der Verwaltungsrat zuerst genau nachzulesen, welche statutarischen Bestimmungen diesbezüglich bestehen, bevor ein Beschluss gefällt wird. An den Sitzungen des Verwaltungsrates sollte deshalb stets ein aktuelles Exemplar der gültigen Gesellschaftsstatuten vorhanden sein!

Besonders problematisch ist die Pflicht des Verwaltungsrates zur Überprüfung der Statuten hinsichtlich *Gesetzeskonformität*.[1201] Da der Verwaltungsrat gemäss Art. 716*a* Abs. 1 Ziff. 5 OR die Oberaufsicht über die Befolgung der Gesetze hat, muss er auch die Übereinstimmung der statutarischen Bestimmungen mit den gesetzlichen Vorschriften prüfen. Diese Pflicht besteht, obwohl der Verwaltungsrat selbst die Statuten gar nicht abändern kann; er ist lediglich berechtigt, der Generalversammlung entsprechende Änderungs- oder Ergänzungsvorschläge zu unterbreiten. Da aber Gesetzesbestimmungen relativ häufig und überdies oft auch noch in wesentlichen Punkten geändert werden, erfordert diese Aufgabe des Verwaltungsrates eine ständige Aufmerksamkeit und Offenheit bezüglich entsprechender Fachinformationen.

Empfehlung:

Der Verwaltungsrat hat zufolge der Revision des GmbH-Rechts[1202] sowie der Einführung des Revisionsaufsichtsgesetzes[1203] die Statuten in ihrer Gesamtheit auf die Neuerungen genau zu prüfen. Insbesondere sind dies: der Wegfall der Pflichtaktie, die Abschaffung des Nationalitäts- und die Änderung des Domizilerfordernisses für den Verwaltungsrat, der Auflösungsbeschluss mit Liquidation (neu dem Quorum von Art. 704 OR unterstellt), die Unterscheidung zwischen ordentlicher und eingeschränkter Revision, die modifizierten Möglichkeiten des Opting-out, Opting-up und Opting-in.

Gemäss Art. 28 HRegV muss das Handelsregisteramt vor einer Eintragung prüfen, ob die Voraussetzungen des Gesetzes und der Verordnung zur Eintragung erfüllt sind. Bei Neueintragungen von Aktiengesellschaften, aber auch bei Änderungen von Statuten prüft des-

---

1201 Vgl. in diesem Zusammenhang auch den Handlungsbedarf für den Verwaltungsrat nach dem Inkrafttreten des neuen Aktienrechts gemäss Bundesgesetz vom 4. Oktober 2001, dargestellt bei CAMPONOVO/LORANDI/AUCKENTHALER, 366 ff.
1202 Mit der Revision des GmbH-Rechts wurden gleichzeitig auch Neuerungen im Aktienrecht, dem Genossenschafts-, dem Handelsregister- sowie dem Firmenrecht eingeführt. Vgl. dazu die BOTSCHAFT, Revision GmbH-Recht, 3148 ff.
1203 BOTSCHAFT, Revision Gesellschaftsrecht, 3969 ff.

halb das Handelsregisteramt insbesondere, ob der Statuteninhalt nicht zwingenden Gesetzesvorschriften widerspricht. Der Verwaltungsrat kann sich deshalb darauf verlassen, dass die Statuten im Zeitpunkt der Eintragung keine Rechtsmängel enthalten. Dies ist jedoch noch keine Garantie dafür, dass dies auch immer so bleiben wird. Die Reformen des Aktienrechts per 1992 und 2008 haben gezeigt, dass Statutenbestimmungen u.U. innert relativ kurzer Frist anzupassen sind. Dafür ist nicht die Generalversammlung und auch nicht die Geschäftsleitung, sondern klar der Verwaltungsrat verantwortlich.

Um einen Überblick über die gesetzlich minimal vorgeschriebenen Statuten und die in der Praxis üblichen Statutenbestimmungen zu geben, ist hinten unter Ziff. 11.85, S. 1097 ff., das Muster von Statuten mit vinkulierten Namenaktien abgedruckt.[1204] Bei börsenkotierten Gesellschaften sind zusätzlich die Vorschriften gemäss Art. 12 VegüV zu beachten. Danach müssen in den Statuten insbesondere noch folgende Regelungen vorgesehen werden:

1. die Anzahl der zulässigen Tätigkeiten der Mitglieder des Verwaltungsrates, der Geschäftsleitung und des Beirates;
2. die maximale Dauer der Verträge, die den Vergütungen für die Mitglieder des Verwaltungsrates und der Geschäftsleitung zugrunde liegen, und die maximale Kündigungsfrist für unbefristete Verträge; Dauer und Kündigungsfrist dürfen höchstens ein Jahr betragen;
3. die Grundsätze über die Aufgaben und Zuständigkeiten des Vergütungsausschusses;
4. die Einzelheiten zur Abstimmung der Generalversammlung über die Vergütungen nach Artikel 18 Absätze 1, 2 erster Satz und 3.

Es ist darauf zu achten, dass u.a. Regelungen nur zulässig sind, wenn sie in den Statuten aufgeführt sind (z.B. die Möglichkeit des Opting-out oder die Punkte gemäss Art. 12 Abs. 2 VegüV). Im Zweifelsfalle lohnt es sich, vor einer öffentlichen Beurkundung die vorgesehenen Statutenänderungen dem zuständigen Handelsregisteramt zur Vorprüfung einzureichen.

Empfehlung:
Der Verwaltungsrat hat die Statuten durchzusetzen. Er sollte deshalb stets ein aktuelles Statutenexemplar zur Verfügung haben. Darüber hinaus muss er sich laufend über Gesetzesänderungen informieren, um deren Befolgung sicherzustellen. Bei Unsicherheiten ist das Handelsregisteramt anzufragen oder ein entsprechender juristischer Berater beizuziehen.

3.7.2 Mindestliberierung

Gemäss Art. 621 OR muss das Mindestkapital einer Aktiengesellschaft CHF 100 000 betragen. Vom statuarisch festgelegten Mindestkapital müssen nach Art. 632 OR mindestens 20% und jedenfalls CHF 50 000 liberiert werden. Diese Mindestvorschriften wurden im Rahmen der Aktienrechtsrevision 1991 festgelegt. Aktiengesellschaften, welche dieser Mindestliberierung keine Folge leisteten, wurden vom Richter aufgelöst.[1205]

1204 Musterstatuten finden sich auch bei ZINDEL/HONEGGER/ISLER/BENZ, 9–23.
1205 Vgl. Art. 2 Abs. 2 der Schlussbestimmungen des Bundesgesetzes über die Revision des Aktienrechtes; lediglich Gesellschaften, die vor dem 1. Januar 1985 gegründet worden sind, sind von der Anpassung ihrer Statutenbestimmungen über das Mindestkapital ausgenommen, und Gesellschaften,

Sacheinlagen gelten gemäss Art. 634 OR nur dann als Deckung, wenn sie gestützt auf einen schriftlichen Sacheinlagevertrag geleistet werden und ein Gründungsbericht mit Prüfungsbestätigung vorliegt. Da der Wert von Sacheinlagen schon in vielen Fällen zu Diskussionen geführt hat, sollte der Verwaltungsrat besonders dann kritisch sein, wenn die Sacheinlage nur gerade die Mindestliberierung deckt.

Bei nicht voll liberierten Namenaktien kann nach Art. 634a Abs. 1 OR der Verwaltungsrat die Nachliberierung einfordern. Die nachträgliche Leistung kann in Geld, durch Sacheinlage oder durch Verrechnung erfolgen. Werden Namenaktien, welche nicht voll liberiert sind, veräussert und wird die Übertragung zur Eintragung im Aktienbuch angemeldet, so macht der Verwaltungsrat den Erwerber mit Vorteil von Anfang an auf die Nachliberierungspflicht aufmerksam. Es ist in der Praxis nämlich bereits mehrmals vorgekommen, dass der Erwerber keine Kenntnis von der Nachliberierungspflicht hatte oder aber eine spezielle Regelung mit dem Veräusserer geltend machte. Nach klarer Rechtsprechung des Bundesgerichts geht die Einzahlungspflicht bei der Übertragung nicht voll einbezahlter Namenaktien auf einen allfälligen Erwerber über, sobald dieser im Aktienbuch eingetragen ist.[1206] Der Veräusserer bleibt jedoch gemäss Art. 687 Abs. 2 OR noch während zweier Jahre subsidiär haftbar.

Empfehlung:
Bei der Übertragung von nicht voll einbezahlten Aktien soll der Verwaltungsrat den Erwerber auf die Nachliberierungspflicht und den Veräusserer auf die subsidiäre Haftung während zweier Jahre aufmerksam machen, bevor die Eintragung im Aktienbuch erfolgt. Damit kann der Verwaltungsrat spätere Vorwürfe in diesem Zusammenhang vermeiden.

3.7.3 Amtsdauer

Die Mitglieder des Verwaltungsrates werden auf drei Jahre gewählt, sofern die Statuten nichts anderes bestimmen.[1207] Die Amtsdauer darf jedoch sechs Jahre nicht übersteigen. Bei der Revisionsstelle beträgt die maximale Amtsdauer nur drei Jahre.[1208] Der Verwaltungsrat muss demnach darauf achten, dass jeweils noch vor Ablauf der Amtsdauer entsprechende Wahlen traktandiert werden. Dabei ist sowohl beim Verwaltungsrat als auch bei der Revisionsstelle eine Wiederwahl möglich, wenn die Statuten nichts anderes vorschreiben.

Werden trotz abgelaufener Amtsdauer des Verwaltungsrates oder der Revisionsstelle keine Wahlen durchgeführt, bleiben diese Organe weiterhin im Handelsregister eingetragen, und ihre Handlungen sind unverändert rechtsgültig.[1209] Aus verschiedenen Gründen

---

deren Partizipationskapital schon am 1. Januar 1985 das Doppelte des Aktienkapitals überstiegen hat, müssen keine Anpassung an die gesetzliche Begrenzung vornehmen.

1206 BGE 90 II 164; vgl. FORSTMOSER/MEIER-HAYOZ/NOBEL, § 14 N 32 ff.; OERTLE/DU PASQUIER in: Basler Kommentar, N 2 f. zu Art. 687 OR.
1207 Art. 710 Abs. 1 OR. Eine Amtsdauer von drei Jahren ist die Regel, was im Sinne der Kontinuität sinnvoll erscheint. In einer kommenden Gesetzesrevision steht zur Diskussion – zur Vermeidung von Interessenkonflikten aus Kreuzmandaten – eine jährliche Wiederwahl jedes einzelnen Verwaltungsrates einzuführen.
1208 Art. 727e Abs. 1 OR; vgl. dazu ausführlich hinten Ziff. 8.4.6, S. 582 ff.
1209 Vgl. dazu ausführlich vorne Ziff. 1.8.2, S. 54 ff.

wurde jedoch schon des Öfteren zu Unrecht behauptet, mit Ablauf der Amtsdauer ende auch das entsprechende Mandat.[1210] Verwaltungsratsmitglieder und Revisoren wollten sich dadurch ihrer Haftung entziehen; Drittschuldner versuchten, sich auf diesem Weg ihrer vertraglichen Pflichten zu entledigen. Für den Verwaltungsrat sind derartige Situationen sehr bemühend, vor allem wenn die Rechtslage erst mit Gutachten oder Prozessen geklärt werden muss. Im eigenen Interesse sollte deshalb der Verwaltungsrat die Amtsdauer kontrollieren.

Empfehlung:
Vor jeder ordentlichen Generalversammlung sollte der Verwaltungsrat das Ende der Amtsdauer von sich selbst und von der Revisionsstelle eruieren. Sofern notwendig, sind sodann Wahlen zu traktandieren. Dabei sind alle diesbezüglichen statutarischen Bestimmungen zu beachten. Bei der Wahl selbst ist ausdrücklich festzuhalten bzw. im Protokoll zu vermerken, wann die Amtsdauer abläuft und demzufolge wieder Wahlen stattzufinden haben.

3.7.4 Beachtung der Aktionärsrechte

Die Beachtung der Aktionärsrechte stellt für den Verwaltungsrat zweifellos eine besondere Pflicht im Zusammenhang mit den Statuten dar. Oftmals werden nämlich in den Statuten Aktionärsrechte fixiert, welche über das gesetzliche Mindestmass hinausgehen. Als Beispiele seien folgende Punkte angeführt:
- Spezialbestimmungen bezüglich Bezugsrecht
- Zusatzvorschriften für den Erwerb eigener Aktien
- Vorkaufsrecht bei Aktienübertragungen
- Zusatzkompetenzen der Generalversammlung
- Sonderregelung für Vertretung von Aktionären
- verlängerte Frist zur Einberufung der Generalversammlung
- besondere Einberufungsbestimmungen, z.B. nur durch eingeschriebenen Brief
- spezielle Quorumsvorschriften zum Schutz von Minderheiten.

Nach Art. 699 Abs. 3 OR können bekanntlich Aktionäre, die zusammen mindestens einen Zehntel des Aktienkapitals vertreten, die Einberufung einer Generalversammlung verlangen. Zudem können Aktionäre, die einen Zehntel des Aktienkapitals vertreten oder Aktien im Nennwert von einer Million Franken vertreten, die Traktandierung eines Verhandlungsgegenstandes[1211] verlangen. Der Verwaltungsrat kann demnach grundsätzlich nicht verhindern, dass in den Statuten Aktionärsrechte fixiert werden, die über das gesetzliche Mindestmass hinausgehen. Deshalb sollte sich der Verwaltungsrat darum kümmern, dass derartige Statutenbestimmungen wenigstens klar und eindeutig formuliert werden, damit sie später problemlos angewandt werden können.

1210 Auch hier ist anzunehmen, dass sich die Amtsdauer bis zur ordentlichen Generalversammlung für das entsprechende Jahr verlängert: BÖCKLI, Aktienrecht, § 13 Rz. 53 und 58; FORSTMOSER/MEIER-HAYOZ/NOBEL, § 27 N 36; HOMBURGER, in: Zürcher Kommentar, N 223 zu Art. 710 OR; PLÜSS, Rechtsstellung, 89; WERNLI/RIZZI, in: Basler Kommentar, N 3 zu Art. 710 OR;
1211 Im vorliegenden Zusammenhang etwa spezielle Minderheitenschutzrechte oder Quorumsbestimmungen.

Gemäss Art. 717 Abs. 2 OR hat der Verwaltungsrat die Aktionäre unter gleichen Voraussetzungen gleich zu behandeln. Dies gilt auch bei der Auslegung von statutarischen Aktionärsrechten. Es stellt sich nun die Frage, welche Folgen eine Verletzung dieser Aktionärsrechte hat. Während Generalversammlungsbeschlüsse innert zweier Monate angefochten werden können, sind Beschlüsse des Verwaltungsrates nicht anfechtbar.[1212] Es gelten zwar sinngemäss die gleichen Nichtigkeitsgründe wie für die Beschlüsse der Generalversammlung,[1213] doch sind diese Gründe derart restriktiv, dass nur bei besonders gravierenden Eingriffen in die Kernrechte des Aktionärs ein Verwaltungsratsbeschluss von Anfang an rechtsunwirksam wäre.[1214] Die betroffenen Aktionäre werden sich demnach i.d.R. damit begnügen müssen, gestützt auf Art. 754 OR Schadenersatz vom Verwaltungsrat zu verlangen.

3.8 Treuepflicht und Konkurrenzierungsverbot

3.8.1 Grundsatz

Die nicht interessenwahrende Geschäftsführung wird unter bestimmten Voraussetzungen gemäss Art. 158 StGB wegen ungetreuer Geschäftsbesorgung bestraft. Die Treuepflicht des Verwaltungsrates gegenüber der Gesellschaft ergibt sich demnach bereits aus dem Strafgesetzbuch. Mit der Vorschrift von Art. 717 OR wird die Treuepflicht jedoch ausgedehnt und konkretisiert. Vor allem folgende Pflichten lassen sich daraus ableiten:[1215]

– allgemeine Wahrung der Interessen der Gesellschaft

– Konkurrenzverbot

– Gleichbehandlung von Aktionären

– Verbot von eigentlichen Insidergeschäften

– Weisungsunabhängigkeit

– Ausstandsregeln im Verwaltungsrat

– Schweigepflicht.

Die Pflicht zur Wahrung der Interessen der Gesellschaft kann auch als Treuepflicht im engeren Sinne bezeichnet werden. Diesbezüglich schreibt Art. 717 Abs. 1 OR nun ausdrücklich vor, dass die Mitglieder des Verwaltungsrates ihre Aufgaben mit aller Sorgfalt erfüllen und die Interessen der Gesellschaft in guten Treuen wahren müssen.[1216] Mit der Übernahme des Mandates verpflichtet sich der Verwaltungsrat somit, die Interessen der Gesellschaft mit seinem ganzen Wissen und Können zu wahren und sich nach Kräften für die Erreichung der Ziele der Gesellschaft einzusetzen. Es entsteht dadurch eine besondere Treuepflicht, die auch nach der Auflösung des Mandatsverhältnisses in beschränktem

---

1212 Einen Überblick über die herrschende Lehre gibt HOMBURGER, in: Zürcher Kommentar, N 417 ff. zu Art. 714 OR.
1213 Art. 714 OR; die Nichtigkeitsgründe für Beschlüsse der Generalversammlung sind in Art. 706b OR aufgezählt.
1214 Zu den Fällen von Eingriffen in die Kernrechte des Aktionärs vgl. BÖCKLI, Aktienrecht, § 16 Rz. 159–166.
1215 Vgl. BÖCKLI, Aktienrecht, § 13 Rz. 596 ff.
1216 Zum Gesellschaftsinteresse vgl. das Werk von LAMBERT, Gesellschaftsinteresse. Zum Shareholder-Value-Konzept vgl. etwa FORSTMOSER, Shareholder value, 58 f.

Umfang weiterdauert. Auf den konkreten Inhalt dieser Treuepflicht im engeren Sinne und allfällige Sanktionsmöglichkeiten soll deshalb nachstehend separat eingegangen werden.

Auch das *Konkurrenzverbot* kann unter Art. 717 Abs. 1 OR subsumiert werden. Bereits im alten Aktienrecht wurde die direkte Konkurrenzierung als unzulässig erachtet. Schwierig bleibt jedoch weiterhin die Abgrenzung, welche Handlungen noch als Konkurrenzierung zu betrachten sind und welche nicht. Zudem ist auch hier zu prüfen, wieweit nach Beendigung des Verwaltungsratsmandates noch ein Konkurrenzverbot weiterbestehen kann. Nachstehend sollen deshalb auch diese Probleme separat erörtert werden.

Die Pflicht zur *Gleichbehandlung von Aktionären* wird in Art. 717 Abs. 2 OR ausdrücklich festgehalten. Danach müssen die Aktionäre unter gleichen Voraussetzungen gleich behandelt werden. Welche Konsequenzen dies für den Verwaltungsrat hat, wurde bereits vorne unter Ziff. 3.7.4, S. 279 f., erörtert.

Das Verbot von eigentlichen *Insidergeschäften* kann zwar auch aus Art. 717 OR abgeleitet werden. Im relativ neuen Straftatbestand von Art. 161 StGB wird dieser Fall jedoch detailliert geregelt.[1217] Es sei deshalb auf die Ausführungen hinten unter Ziff. 5.2.3 S. 401 f., verwiesen.

Die *Weisungsunabhängigkeit* ist eine Konsequenz der Treuepflicht, gleichzeitig aber auch ein Gebot der Unabhängigkeit. Darauf wurde bereits vorne unter Ziff. 1.2.4, S. 15 ff., detailliert eingegangen. In einem Mandatsvertrag kann deshalb auch nur in einem gewissen Rahmen eine Pflicht zur Befolgung von Weisungen statuiert werden. Umgekehrt hat der Verwaltungsrat selbst ein umfassendes Weisungsrecht. Dieses wurde ebenfalls bereits vorne unter Ziff. 2.4, S. 115 ff., dargestellt. Auf zusätzliche Ausführungen kann deshalb an dieser Stelle verzichtet werden.

Ausstandsregeln im Verwaltungsrat sind gesetzlich nicht festgelegt. Aus der allgemeinen Treuepflicht muss jedoch abgeleitet werden, dass sich ein Verwaltungsrat durch sein Mandat nicht selbst begünstigen darf.[1218] Dies gilt auch für ihm nahestehende Personen. Das Stimmrecht in den Verwaltungsratssitzungen bleibt somit unverändert bestehen, doch hat das betroffene Verwaltungsratsmitglied so zu stimmen, wie wenn das entsprechende Traktandum einen unabhängigen Dritten betreffen würde. Eine eigentliche Ausstandspflicht ergibt sich daraus aber noch nicht.[1219] Konkrete Ausstandsregeln sind stattdessen im Organisationsreglement festzusetzen.[1220]

Die *Schweigepflicht* ist gesetzlich nur für die Revisoren vorgeschrieben.[1221] Für die Verwaltungsräte kann sie aus der allgemeinen Treuepflicht von Art. 717 OR abgeleitet werden.

1217 Eingeführt durch ein Bundesgesetz vom 18.12.1987, in Kraft seit 1.7.1988; der ursprüngliche Art. 161 StGB über den unlauteren Wettbewerb wurde durch das entsprechende Bundesgesetz ersetzt.
1218 So BÖCKLI, Aktienrecht, § 13 Rz. 600; vgl. auch WATTER, in: Basler Kommentar, N 15 zu Art. 717 OR.
1219 Ausser in Fällen, wo also direkt über Rechtsgeschäfte zwischen der Gesellschaft und dem betroffenen Verwaltungsrat abgestimmt wird; BÖCKLI, Aktienrecht, § 13 Rz. 643 f.; FORSTMOSER/MEIER-HAYOZ/NOBEL, § 28 N 34; HOMBURGER, in: Zürcher Kommentar, N 807 ff. zu Art. 717 OR. Vgl. auch ZOBL, Vertretungsmacht, 289 ff.; und VON DER CRONE, Interessenkonflikte, 1 ff.
1220 Vgl. dazu die konkrete Ausstandsklausel in den Mustern eines Organisations- und Geschäftsreglement hinten unter Ziff. 11.54 (Organisationsreglement Alternativklauseln) bzw. Ziff. 11.55 (Organisationsregelement), S. 951 ff.
1221 Vgl. Art. 730 Abs. 2 OR und hinten Ziff. 8.5.9, S. 625 f.

Gleichzeitig bildet sie jedoch auch Bestandteil der Geheimhaltungspflicht, welche ihrerseits auf den Straftatbestand der Verletzung eines Fabrikations- oder Geschäftsgeheimnisses gemäss Art. 162 StGB zurückzuführen ist. Aus diesem Grunde wird die Schweigepflicht unter den übrigen Pflichten des Verwaltungsrates hinten unter Ziff. 3.10.1, S. 295 ff., bzw. bei den Straftatbeständen hinten unter Ziff. 5.2.4, S. 402 f., behandelt.

3.8.2 Treuepflicht

Die Treuepflicht im engeren Sinne verbietet den Mitgliedern des Verwaltungsrates, Geschäfte abzuschliessen, welche den Gesellschaftsinteressen klar zuwiderlaufen. Dazu gehören insbesondere Verträge, welche ein Verwaltungsrat abschliesst, um sich selbst zu begünstigen, bspw. indem er erfolgversprechende Geschäfte an sich reisst und auf eigene Rechnung ausführt, anstatt sie in der Gesellschaft abzuwickeln.[1222] Das Bundesgericht hat dazu bereits 1987 einen wegleitenden Entscheid gefällt, in dem auch Stellung zum sogenannten «Klumpenrisiko» genommen wurde.[1223]

Nach Ansicht des Bundesgerichts sind *strenge* Massstäbe anzulegen, wenn Verwaltungsräte nicht im Interesse der Gesellschaft, sondern in eigenem Interesse, in demjenigen von Aktionären oder von Drittpersonen handeln. In solchen Fällen muss sich ein Verwaltungsrat vorhalten lassen, er hätte bei der ihm zuzumutenden Aufmerksamkeit eine konkrete Schädigung vorhersehen können. Dies gilt auch bezüglich einer geschäftspolitisch nicht mehr zu verantwortenden Risikokonzentration bei einem oder wenigen Schuldnern, selbst wenn deren Bonität nicht gefährdet erscheint. Derartige Klumpenrisiken dürfen demnach auch dann nicht eingegangen werden, wenn es sich beim Schuldner um ein Mitglied des Verwaltungsrates handelt.

Ein Rechtsgeschäft zwischen der Gesellschaft und einem Verwaltungsratsmitglied bedarf keiner besonderen Genehmigung durch die Generalversammlung.[1224] Umso sorgfältiger ist in diesen Fällen deshalb zu prüfen, ob das gleiche Geschäft zu denselben Konditionen auch mit einem Dritten und damit im Interesse der Gesellschaft abgeschlossen würde.[1225] Dies ist der Zweck von sog. Fairness Opinions, die häufig zu bedeutenderen Rechtsgeschäften von aussenstehenden unabhängigen Sachverständigen eingeholt werden.[1226] In jedem Falle sollte ein *Selbstkontrahieren,* also ein Unterschreiben im Namen der Gesellschaft und in eigenem Namen, vermieden werden.[1227] Neu müssen In-sich-Geschäfte gem. Art. 718*b* OR – sofern die Leistung der Gesellschaft den Wert von CHF 1000 übersteigt –

1222 Vgl. BÖCKLI, Aktienrecht, § 13 Rz. 606; JÖRG, 302.
1223 BGE 113 II 52 ff.
1224 Ausnahme: Eigengeschäfte des Mehrheitsaktionärs bedürfen der Zustimmung der Generalversammlung; BGE 126 III 366; ZR 104 (2005) 260. – Zu privaten Rechtsgeschäften von Organpersonen vgl. die umfassende Darstellung von MAURENBRECHER/SCHOTT, 24 ff.
1225 Prinzip des «dealing at arm's length»; dazu BÖCKLI, Aktienrecht, § 13 Rz. 603 f.; WATTER, in: Basler Kommentar, N 15 zu Art. 718 OR.
1226 Vgl. dazu LAZOPOULOS, Interessenkonflikt, 141.
1227 Selbstkontrahieren ist nach BÖCKLI, Aktienrecht, § 13 Rz. 601 f., grundsätzlich unzulässig; vgl. auch PLÜSS, Rechtsstellung, 59 mit Belegen; WATTER, in: Basler Kommentar, N 17 zu Art. 717 OR.

schriftlich fixiert werden.[1228] Inhaltlich sind solche Geschäfte nur dann gültig,[1229] wenn (i) ein neben- oder übergeordnetes Organ sie genehmigt[1230] oder (ii) sie zu Drittbedingungen abgeschlossen werden (dealing at arm's length)[1231,1232]. Besteht der Verwaltungsrat aus einem einzigen Mitglied, ist ein solches Geschäft auch dann zulässig, bedarf jedoch der schriftlichen Abfassung bei einem Wert über CHF 1000.

Verletzt ein Verwaltungsrat seine Treuepflicht, beispielsweise durch Abschluss eines einseitigen Vertrages zulasten der Gesellschaft, so ist dieser Vertrag vonseiten der Aktionäre grundsätzlich weder anfechtbar noch nichtig.[1233] Lediglich der Gesamtverwaltungsrat könnte im Namen der Gesellschaft eine Übervorteilung geltend machen. Völlig unabhängig davon haftet jedoch das gegen die Treuepflicht verstossende Verwaltungsratsmitglied gemäss Art. 754 OR für den allenfalls resultierenden Schaden und hat ungerechtfertigte oder in bösem Glauben bezogene Dividenden, Tantiemen, andere Gewinnanteile oder Bauzinsen nach Art. 678 OR zurückzuerstatten.

Die Treuepflicht des Verwaltungsrates kann über das Ende des Mandates hinaus Wirkungen zeigen. Dies wird deutlich im Zusammenhang mit der Fortdauer der Geheimhaltungspflicht und der Pflicht zur Aktenrückgabe. Der Verwaltungsrat darf auch während einer gewissen Zeit nicht Tätigkeiten Dritter fördern, die der Gesellschaft schädlich sind.[1234] In diesem Falle greift jedoch nicht mehr die Haftung von Art. 754 OR, sondern es gelangen die Vorschriften über die unerlaubte Handlung gemäss Art. 41 ff. OR zur Anwendung.

3.8.3 Sorgfaltspflicht

Unter Sorgfaltspflicht können sämtliche Pflichten zusammengefasst werden, die unmittelbar die Organfunktion betreffen und auf eine optimale, für die Gesellschaft bestmögliche Ausübung der Organfunktion hinzielen. – Nach Art. 717 Abs. 1 OR müssen die Verwaltungsratsmitglieder «ihre Aufgaben mit aller Sorgfalt erfüllen».[1235]

Da sich die Tätigkeit des Verwaltungsrats im Wesentlichen in Sitzungen abspielt, zählen dazu namentlich die Pflichten, an Sitzungen teilzunehmen, sich darauf angemessen vorzubereiten, am Entscheidungsfindungsprozess teilzunehmen und an der Umsetzung der Entscheidungen mitzuwirken.[1236]

1228 Vgl. dazu auch CHK-PLÜSS/KUNZ/KÜNZLI, N 6 ff. zu Art. 718b OR, mit weiteren Literaturhinweisen.
1229 Lehre und Rechtsprechung gehen damit grundsätzlich von ihrer Ungültigkeit aus: BÖCKLI, Insichgeschäfte, 355; WATTER, in: Basler Kommentar, N 21 zu Art. 718 OR, N 12 zu Art. 718a OR; HOMBURGER, in: Zürcher Kommentar, N 909 ff. zu Art. 718a OR; JUNG, 273 ff.; SOMMER, 125 f.; DAENIKER, 123; STUTZ/VON DER CRONE, 107; SCHOTT, 44 f., 279; BGE 127 III 334/335; 126 III 361.
1230 Vgl. BGE 127 III 334/335; dazu SCHOTT, 198 f.; STUTZ/VON DER CRONE, 106 f.; JUNG, 286 ff.
1231 BÖCKLI, Insichgeschäft, 357; SCHOTT, 123 ff.
1232 Vgl. aber die Kritik und die Differenzierung von BÖCKLI, Insichgeschäfte, 357 f., und seine Ausführungen (ebenda) zu Rechtsgeschäften in Interessenkonflikten ausserhalb von Insichgeschäften.
1233 Zur Anfechtbarkeit bzw. Nichtigkeit von Verwaltungsratsbeschlüssen im Zusammenhang mit der Beachtung von Aktionärsrechten vgl. vorne Ziff. 3.7.4, S. 279 f.
1234 Vgl. BÖCKLI, Aktienrecht, § 13 Rz. 900.
1235 Zum Massstab vgl. BGE 122 III 195, 198; 113 II 52; 99 II 179.
1236 Vgl. dazu vorne Ziff. 3.5, S. 263 ff.

Darüber hinaus ist jedes Verwaltungsratsmitglied gehalten, die ihm zugedachte Rolle innerhalb des Gremiums wahrzunehmen und entsprechende Eigeninitiativen zu entwickeln. Die Rolle des Einzelnen ergibt sich aus der Zusammensetzung und Organisation des Verwaltungsrats, insbesondere auch der Bildung von Ausschüssen. In diesem Bereich ist der Einzelne dazu aufgerufen, die Entwicklung der Gesellschaft und ihres Umfeldes zu verfolgen, Handlungsbedarf auszumachen, Lösungen zu entwickeln und dem Gremium vorzuschlagen. So kann vom Rechtsanwalt als Mitglied eines Verwaltungsrats erwartet werden, dass er Gesetzesänderungen mit Relevanz für die Gesellschaft auch ohne besonderen Auftrag verfolgt, deren Auswirkungen auf die Unternehmenstätigkeit analysiert, daraus entstehende Probleme erkennt, Handlungsalternativen zusammenstellt und Anträge an den Verwaltungsrat formuliert. – Jedes Verwaltungsratsmitglied muss auf erkannte Missstände (namentlich etwa im Bereich der finanziellen Führung; beim Feststellen von Fehlleistungen unterstellter Geschäftsleitungsmitglieder) hinweisen und auf angemessenen Massnahmen beharren.

Der Sorgfaltspflicht steht der methodische Ansatz der «Business Judgment Rule» gegenüber.[1237] Diesem Ansatz liegt die Vorstellung zugrunde, dass der Verwaltungsrat unternehmerische Entscheidungen innerhalb eines Ermessensspielraums fällen muss und damit eine Haftung für fehlgeschlagene Entscheide nicht vertretbar ist, sofern sie in einem angemessenen Entscheidungsverfahren zustande gekommen sind.

Entscheidende Kriterien[1238] sind,

- dass die Entscheidung nicht gegen zwingende gesetzliche Vorschriften verstösst;
- dass sie nicht im Widerspruch zum Gesellschaftszweck steht und im Gesellschaftsinteresse liegt;
- dass sie in einem ordnungsgemässen Verfahren zustande gekommen ist (wozu gehört, dass der Verwaltungsrat die ausschlaggebenden Kriterien erkannt, sich die dazu notwendigen Informationen beschafft, darüber diskutiert und Alternativen erwogen hat, aber auch dass Mitglieder in einem Interessenkonflikt nicht mitgestimmt haben);[1239] und
- dass sie sachlich vertretbar erscheint.

Schon früher wurde erkannt, dass unternehmerische Entscheidungen in aller Regel in «mehrfacher Unsicherheit» gefällt werden müssen und eine sinnvolle unternehmerische Tätigkeit nicht darin bestehen kann, Risiken – und damit Chancen! – restlos zu eliminieren.[1240] Unsorgfalt ist denn auch eher eine Unterlassung als ein Handeln.[1241] Demgegenüber ist die Übernahme von Risiken nicht grundsätzliche eine Unsorgfalt,[1242] sondern die unvermeidliche Grundlage wirtschaftlichen Tätigwerdens. Daran haben auch Gerichte,

---

1237 Dazu vgl. v.a. GRASS, passim; FRICK, 509 ff. (beide mit umfassenden weiteren Hinweisen und Belegen).
1238 So zusammengefasst von BÖCKLI, Aktienrecht, § 13 Rz. 584.
1239 Da dies im Rahmen einer gerichtlichen Auseinandersetzung belegt werden muss, ist jedes Mitglied des Verwaltungsrats gehalten, seine Entscheidungsfindung zu dokumentieren. Zu Recht wird darauf hingewiesen, dass darin eine Gefahr der Bürokratisierung der Verwaltungsratsarbeit droht (BÖCKLI, Aktienrecht, § 13 Rz. 593).
1240 Dazu namentlich BERTSCHINGER, Arbeitsteilung, Rz. 188 ff.; BÖCKLI, Aktienrecht, § 13 Rz. 577 ff.; WATTER, in: Basler Kommentar, N 6 zu Art. 717 OR.
1241 So BÖCKLI, Aktienrecht, § 13 Rz. 567.
1242 BÖCKLI, Aktienrecht, § 13 Rz. 579.

die über Verantwortlichkeitsklagen gegen Verwaltungsräte zu urteilen haben, ihre Entscheidungen auszurichten.

3.8.4 Gleichbehandlungspflicht

Nach Art. 717 Abs. 2 OR ist der Verwaltungsrat gehalten, unter gleichen Voraussetzungen die Aktionäre gleich zu behandeln;[1243] gemeint ist damit eine relative Gleichbehandlung, die sich namentlich danach richtet, dass sich vermögensmässige und nicht vermögensmässige Rechte der Aktionäre grundsätzlich nach dem Umfang ihrer Beteiligung richten.[1244] Eine ungleiche Behandlung ist möglich (bzw. geboten), wenn dies im Interesse der Gesellschaft begründet liegt und dieses Gesellschaftsinteresse nicht durch weniger weit gehende Massnahmen verfolgt werden kann.[1245]

Die Gleichbehandlungspflicht kann sich namentlich in folgenden Bereichen auswirken:[1246]
- Rückkauf eigener Aktien von einem bestimmten Aktionär; das Gleichbehandlungsgebot kann u.U. verlangen, dass der Verwaltungsrat namens der Gesellschaft sämtlichen Aktionären ein Rückkaufsangebot macht.
- Geschäfte der Gesellschaft mit Organmitgliedern.[1247]
- Auskunfts- und Einsichtsbegehren von Aktionären; namentlich bei Publikumsgesellschaften kommt es nicht selten vor, dass sich Grossaktionäre auch ausserhalb der Generalversammlungen informieren lassen oder im Kontakt zum Verwaltungsrat stehen. Solche Praktiken werden dann fragwürdig, wenn die bevorzugten Aktionäre dadurch Informationen erhalten, die nicht veröffentlicht und den übrigen Aktionären gar nicht bekannt werden.[1248]
- Von selbst versteht sich, dass gleiche Bedingungen beim Bezugsrecht, bei der Gewinnausschüttung und bei der Vinkulierung herrschen müssen.[1249]

3.8.5 Konkurrenzierungsverbot

Die Wahrung der Gesellschaftsinteressen unter Berücksichtigung der vorgeschriebenen Treuepflicht lässt eine direkte Konkurrenzierung nicht zu. In der Literatur wird deshalb grundsätzlich ein Konkurrenzierungsverbot angenommen, selbst wenn im Gesetz keine ausdrückliche Regelung vorhanden ist.[1250]

1243 Grundlegend zum Gleichbehandlungsprinzip: HUGUENIN JACOBS, Gleichbehandlungsprinzip, passim.
1244 Darauf weist BÖCKLI, Aktienrecht, § 13 Rz. 679 hin.
1245 Vgl. BÖCKLI, Aktienrecht, § 13 Rz. 680; FORSTMOSER/MEIER-HAYOZ/NOBEL, § 39 N 11 ff.; HOMBURGER, in: Zürcher Kommentar, Rz. 1095 ff. zu Art. 717 OR; HUGUENIN JACOBS, Gleichbehandlungsprinzip, 5 ff.; KRNETA, N 1929 ff.; WATTER, in: Basler Kommentar, N 23 zu Art. 717 OR;
1246 Vgl. BÖCKLI, Aktienrecht, § 13 N 685 ff.
1247 Vgl. hierzu auch die Pflicht gemäss Art. 718b OR, solche Verträge schriftlich abzufassen, wenn sie einen Wert von CHF 1000 übersteigen; KUNZ, Minderheitenschutz, § 6 N 98 ff.
1248 Vgl. dazu vorne Ziff. 1.4.4, S. 38.
1249 Vgl. dazu JÖRG, 304, unter Hinweis auf HUGUENIN JACOBS, Gleichbehandlungsprinzip, 214, 217 ff., 225 ff.
1250 Vgl. BÖCKLI, Aktienrecht, § 13 Rz. 611, und die dort zitierte Literatur, namentlich WÜRSCH, 30 ff. Vgl. auch HOMBURGER, in: Zürcher Kommentar, N 881 ff. zu Art. 717 OR; WATTER, in: Basler Kom-

Ungeklärt ist dagegen der Umfang dieses Konkurrenzverbotes. Von verschiedenen Autoren wird zu Recht die Meinung vertreten, dass ein generelles Verbot jeder konkurrenzierenden Tätigkeit zu weit gehe.[1251] Es ist sehr wohl denkbar, dass die Generalversammlung einen Verwaltungsrat in voller Kenntnis des Umstandes wählt, dass der Kandidat bereits als Verwaltungsrat in einem Unternehmen der gleichen Branche tätig ist und damit stillschweigend diese konkurrenzierende Tätigkeit akzeptiert.[1252] Selbst wenn die beiden Gesellschaften nicht genau die gleichen Kunden haben, kann eine Konkurrenzierung doch nicht ausgeschlossen werden. Trotzdem kann nichts gegen diese Wahl eingewendet werden. Folglich kann der betroffene Verwaltungsrat auch in beiden Unternehmen tätig sein. Er hat jedoch stets sorgfältig und mit grosser Selbstdisziplin darauf zu achten, dass er in den Verhandlungen nicht Geschäftsgeheimnisse der anderen Gesellschaft preisgibt. In derselben Situation befindet sich übrigens auch ein Rechtsanwalt, welcher über seine Tätigkeit Einblick in verschiedene Firmen der gleichen Branche hat und zudem in einer davon als Verwaltungsrat sitzt. Auch in diesem Falle hat der Betroffene grösste Sorgfalt bei der Wahrung seines Geschäfts- bzw. Berufsgeheimnisses walten zu lassen.

Die genaue Abgrenzung zwischen konkurrenzierender und nicht konkurrenzierender Tätigkeit fällt nicht leicht. Ist das Engagement eines Verwaltungsrates bei der Konkurrenzunternehmung rein finanzieller Natur und werden dort auch keine Einflussmöglichkeiten auf die Geschäftstätigkeit wahrgenommen, kann eine Konkurrenztätigkeit in aller Regel ausgeschlossen werden. Selbst bei massgeblicher Einflussnahme sind jedoch Situationen denkbar, bei denen die Vorteile – etwa im Rahmen der Nutzung von Synergien – die Nachteile überwiegen.

Letztlich wird man also nicht umhin kommen, die Sachlage im Einzelfall abzuwägen.[1253] Dabei sind die Interessen des Verwaltungsrates den entsprechenden Vor- und Nachteilen der Gesellschaft aus der konkurrenzierenden Tätigkeit gegenüberzustellen. Sind erhebliche Auswirkungen zu verzeichnen, die überdies auch die legitimen Interessen der Gesellschaft beeinträchtigen und die Verfolgung der gesetzten Unternehmungsziele gefährden, so ist die Tätigkeit des Verwaltungsrates als Verletzung des Konkurrenzverbotes zu werten. In aller Regel wird keine andere Möglichkeit bestehen, als dem Verwaltungsrat anheimzustellen, eine der Gesellschaften auszuwählen, für die er in Zukunft tätig sein will.[1254] Führt er seine konkurrenzierende Tätigkeit fort, so kann allenfalls eine Haftung aus Art. 754 OR resultieren.

Empfehlung:
Sinnvollerweise sollte im Organisationsreglement möglichst detailliert geregelt werden, welche übrigen Tätigkeiten der Verwaltungsratsmitglieder mit Blick auf das Konkurrenzverbot unzulässig sein sollen.

---

mentar, N 18 zu Art. 717 OR. Zur besonderen Situation bei einer Doppelstellung als Verwaltungsrat und Arbeitnehmer vgl. MUELLER, Verwaltungsrat als Arbeitnehmer, 281. ff.
1251 So u.a. PLÜSS, Rechtsstellung, 42.
1252 So WÜRSCH, 31; WATTER, in: Basler Kommentar, N 12 zu Art. 717 OR.
1253 So BÖCKLI, Aktienrecht, § 13 Rz. 611; FORSTMOSER/MEIER-HAYOZ/NOBEL § 28 N 35 ff.; HOMBURGER, in: Zürcher Kommentar, N 882; JÖRG, 302; KRNETA, Praxiskommentar, N 1909 ff., und PLÜSS, Rechtsstellung, 42.
1254 Vgl. BÖCKLI, Aktienrecht, § 13 Rz. 650.

3.8.6 Der Verwaltungsrat als Interessenvertreter

Als Interessenvertreter im Verwaltungsrat einer Gesellschaft erscheinen
- Vertreter von Körperschaften des öffentlichen Rechts in gemischtwirtschaftlichen Aktiengesellschaften im Sinn von Art. 762 OR
- Vertreter von Minderheitsaktionären gestützt auf Art. 709 Abs. 1 und 2 OR
- Vertreter von juristischen Personen als Aktionäre im Sinn von Art. 707 Abs. 3 OR
- Personen, die in einem Mandatsverhältnis zu Aktionären stehen (wie dies namentlich in Konzernverhältnissen häufig vorkommt).

Es liegt auf der Hand, dass die Interessen der Aktionäre, die der Vertreter im Verwaltungsrat vertreten soll, nicht immer mit den Interessen der Gesellschaft übereinstimmen.[1255] Die Rechtslage des Interessenvertreters ist denn auch differenziert zu betrachten:
- Im Vordergrund müssen – auch für den Interessenvertreter – die Gesellschaftsinteressen stehen. Aus der aktienrechtlichen Grundordnung folgt zunächst, dass die Aktiengesellschaft eine Zweckverfolgungsgemeinschaft ist. Der Verwaltungsrat hat diesen Zweck umzusetzen; die Plattform für die Geltendmachung, Ausgleichung und Entscheidung von unterschiedlichen Aktionärsinteressen ist die Generalversammlung und nicht der Verwaltungsrat; der Verwaltungsrat soll «unter eigener Verantwortung» handeln.[1256] Allerdings sind die ersten drei Anwendungsfälle von Interessenvertretung ausdrücklich im Gesetz vorgesehen und ist davon auszugehen, dass damit eine mittelbare Einflussnahme gewollt ist. – Die Grenze muss dort liegen, wo die Interessen der vertretenen Aktionäre und der Gesellschaft gegensätzlich sind. In solchen Situationen darf der Interessenvertreter keinesfalls die Interessen der ktionäre voranstellen.
- Soweit sich die Interessen der vertretenen Aktionäre und die Gesellschaftsinteressen nicht widersprechen, darf (und soll) der Interessenvertreter diese Interessen zur Geltung bringen und angemessen unterstützen. Der Vertreter einer Aktionärsgruppe ist daher bspw. gehalten, eine Kapitalerhöhung mit Verwässerungsfolgen für die vertretene Aktionärsgruppe nicht zu unterstützen, sondern sich für eine Ausgestaltung mit gleichmässigen Folgen für alle Aktionäre einzusetzen. Der Vertreter einer öffentlich-rechtlichen Körperschaft darf bei seiner Willensbildung zu einem Investitionsvorhaben berücksichtigen, ob die beantragte Anlage öffentlich-rechtlichen Zielsetzungen entspricht oder nicht.
- Soweit in Mandatsverträgen mit dem Interessenvertreter eine Abstimmung mit dem vertretenen Aktionär vorgesehen wird, darf dies nur in einer allgemeinen Interessenbindung bestehen. Eine Verpflichtung, beliebige Instruktionen des vertretenen Aktionärs ohne weiteres zu befolgen, ist unzulässig.[1257] An der zwingenden aktienrechtli-

---

1255 Die Formulierung ist, genau genommen, verkürzt, doch soll hier nicht auf die Diskussion eingetreten werden, ob das Gesellschaftsinteresse eigenständig oder als «gewogene Summe» der Partikulärinteressen von Aktionären, weiteren Beteiligten (wie namentlich die Arbeitnehmer) und allenfalls der Öffentlichkeit zu bestimmen ist.
1256 BÖCKLI, Aktienrecht, § 13 Rz. 624.
1257 So ausdrücklich BÖCKLI, Aktienrecht, § 13 Rz. 630.

chen Struktur scheitert auch ein Mandatsvertrag; die entgegenstehende Bestimmung wäre ungültig (und würde nicht nur zu einer Normenkollision führen).[1258]

Die herrschende Lehre nimmt an, dass Vertreter nach Art. 762 OR Weisungen der delegierenden Körperschaft befolgen sollen und dürfen, selbst wenn dies die Gesellschaft schädigt.[1259] Solche, durchaus denkbaren Interessenkollisionen (bspw. Weiterbetrieb eines defizitären Betriebsteils, an dem ein öffentliches Interesse besteht), sollten aber möglichst auf anderen Ebenen (bspw. bei der Umschreibung des statutarischen Gesellschaftszwecks, durch Beschlussfassung in der Generalversammlung oder durch vertragliche Regelungen mit dem Gemeinwesen) gelöst werden.

3.8.7 Geheimhaltungspflicht

Die Geheimhaltungspflicht ergibt sich sowohl aus der allgemeinen Treuepflicht nach Art. 717 OR als auch aus der Strafandrohung von Art. 162 StGB für Verletzung des Fabrikations- und Geschäftsgeheimnisses. Oftmals bereitet es aber grosse Probleme, den Umfang der durch die Geheimhaltungspflicht abgedeckten Informationen einzugrenzen. Dazu muss festgestellt werden, welche gesellschaftsbezogenen Daten keinesfalls durch Handlungen des Verwaltungsrates nach aussen dringen dürfen.

Abgrenzungskriterium ist das den entsprechenden Daten innewohnende Schädigungspotenzial für die Gesellschaft. Bei Kundenkontakten, Vertragsabschlüssen etc. ist es teilweise unumgänglich, Dritte mit bestimmten Informationen zu versorgen. In diesem Falle ist darauf zu achten, dass die Informationen nicht mehr weiter gegeben werden. Dies kann durch entsprechende Absicherung, beispielsweise in Form einer Geheimhaltungsvereinbarung, geschehen. Daneben gibt es aber auch geschäftsrelevante Fakten, Vorhaben, Pläne etc., die keinesfalls preisgegeben werden dürfen.

Was effektiv zum Geschäftsgeheimnis zu zählen ist und was nicht, ist letztlich aufgrund der spezifischen Unternehmenskonstellation zu definieren. Obwohl das Verwaltungsratsmandat i.d.R. kein Arbeitsvertrag ist,[1260] drängt sich ein Analogieschluss auf. Das Gesetz spricht in Art. 321*a* Abs. 4 OR namentlich von Fabrikations- und Geschäftsgeheimnissen, die dem Geheimnisschutz zu unterstellen sind. Darunter fällt grundsätzlich alles, was im Interesse der Gesellschaft geheim zu halten ist.[1261] Zu nennen sind etwa Kundenlisten, Produktionsverfahren, chemische Zusammensetzungen von Produkten, Bezugsquellen, Organisation, Kalkulation der Preise, Werbung, künftige strategische Vorhaben, Vorbereitungen für die Übernahme einer Gesellschaft oder für die Fusion von Gesellschaften.

Auch nach Auflösung des Verwaltungsratsmandates gilt die Geheimhaltungspflicht grundsätzlich weiter, allerdings in einer abgeschwächten Form. All jene Tatsachen sind weiter-

---

1258 Art. 20 Abs. 1 OR.
1259 FORSTMOSER/KÜCHLER, 41 unter Hinweis auf SCHÜRMANN, 337, 344; FORSTMOSER/JAAG, N 74; BUOB, 147; a.M. LIPS-RAUBER, 69; vermittelnd STOFFEL, 171.
1260 Vgl. dazu vorne Ziff. 1.5, S. 39 ff.
1261 REHBINDER, N 13 zu Art. 321*a* OR.

hin geheim zu halten, die zur Wahrung der berechtigten Interessen der Gesellschaft erforderlich sind.[1262]

Empfehlung:
Ist die Geheimhaltungspflicht besonders wichtig, so soll sie bezüglich Inhalt, Umfang und Dauer im Organisationsreglement oder im Mandatsvertrag geregelt werden. Zur Absicherung ist für den Fall einer Verletzung eine hohe Konventionalstrafe vorzusehen, deren Bezahlung die weitere Durchsetzung der Geheimhaltungspflicht jedoch nicht berührt.

3.9 Führung des Aktienbuches

3.9.1 Gesetzliche Vorschriften

Hat die Gesellschaft Namenaktien ausgegeben, so ist nach Art. 686 OR ein Aktienbuch zu führen. Nach der allgemeinen Aufgabenzuweisung in Art. 716 OR liegt die Verantwortung zur Führung dieses Registers beim Verwaltungsrat, welcher die Aufgabe allerdings delegieren kann. Auch diesbezüglich sind wieder die einschlägigen Vorschriften betreffend die Übertragung von Aufgaben zu beachten. Trotz Delegation bleibt die Oberverantwortung stets beim Verwaltungsrat. Nicht zulässig ist eine Übertragung dieser Aufgabe an die Revisionsstelle; auch die Generalversammlung ist nicht geeignet zur Führung des Aktienbuches. In der Praxis hat es sich daher eingebürgert, den Verwaltungsrat noch ausdrücklich in einer Statutenbestimmung mit der Erledigung dieser Aufgabe zu beauftragen.

Um den Verwaltungsrat bei der Erfüllung dieser Pflicht zu unterstützen, existieren Vordrucke von Aktienbüchern. Zu beachten ist in diesem Zusammenhang aber, dass diese Formulare teilweise den Anforderungen des aktuellen Aktienrechtes nicht mehr genügen. Hinten unter den Ziff. 11.1 und 11.2 sind deshalb auf S. 751 ff. die Muster eines dynamischen[1263] und eines statischen Aktienbuches abgedruckt.

Mit Art. 686a OR ist eine klare Vorschrift über Streichungen im Aktienbuch vorhanden. Diese Bestimmung regelt die Folgen der «Erschleichung» einer Eintragung im Aktienbuch.[1264] Vor dem Erlass dieser Bestimmung musste das Bundesgericht ohne gesetzliche Grundlage über Streichungen im Aktienbuch entscheiden.[1265] Nun ist klar, dass die Gesellschaft erst nach Anhörung des Betroffenen Eintragungen im Aktienbuch streichen kann, wenn diese durch falsche Angaben des Erwerbers zustande gekommen sind.

3.9.2 Gestaltung des Aktienbuches

Das Gesetz selbst gibt keine genauen Angaben darüber, wie die Aufstellung auszusehen hat. Werden die im Gesetz enthaltenen notwendigen Angaben mit den Erfordernissen der Praxis kombiniert, lässt sich daraus ein Grundraster ableiten. Selbstverständlich ist es

---

1262 Eine Verletzung der Geheimhaltungspflicht nach Beendigung des Verwaltungsratsmandates kann immer noch den Tatbestand von Art. 162 StGB erfüllen; dazu ausführlich unter Ziff. 5.2.4, S. 402 f.
1263 Zur Problematik dynamischer Anpassungen im Aktienbuch vgl. weiterführend BÖCKLI, Aktienrecht, § 6 Rz. 354 ff.
1264 Vgl. BÖCKLI, Aktienrecht, § 6 Rz. 186.
1265 Vgl. BGE 117 II 186 ff.

der Gesellschaft freigestellt, weiter gehende Angaben von den Aktionären einzufordern, wobei allerdings zu berücksichtigen ist, dass der Persönlichkeitsschutz[1266] diesbezüglich Schranken vorgibt.

Der Gesellschaft stehen grundsätzlich drei Gestaltungsmöglichkeiten zur Führung des Aktienbuches zur Verfügung:

– pro Aktie eine Seite
– grosses Buch mit zahlreichen Spalten
– Trennung von vergangenem und aktuellem Stand der Verteilung der Aktien.

Die ersten zwei Varianten sind wenig praktikabel und bieten wenig Überblick. Vor allem bei grossen Aktiengesellschaften und solchen mit häufigem Wechsel in der Aktionärsstruktur ist es notwendig, die Verarbeitung mithilfe eines Computers durchzuführen. Aber auch für mittlere und kleinere Gesellschaften wird die Arbeit durch EDV-Programme erheblich erleichtert.

Von Gesetzes wegen sind für jede Namenaktie sowohl der Eigentümer als auch ein allfälliger Nutzniesser mit Namen und Adresse anzugeben. Aus Überlegungen der Praktikabilität und aus Beweisgründen scheint es jedoch unumgänglich, diese Minimalangaben auszubauen. Nach der hier vertretenen Auffassung ist es bei der Gestaltung des Aktienbuches nützlich, eine Dreiteilung vorzunehmen.[1267]

In einem ersten Teil wird die *Zusammensetzung des ausgegebenen Aktienkapitals* angegeben. Es empfiehlt sich dabei, sämtliches ausstehende Eigenkapital, namentlich Inhaberaktien und Partizipationsscheine, aufzuführen und sich nicht auf die Namenaktien zu beschränken. Bei jeder Kapitalerhöhung oder -herabsetzung sind die nötigen Modifikationen vorzunehmen. Dieser erste Teil liefert demnach jederzeit eine sofortige Übersicht über die Entwicklung und den aktuellen Stand des Aktienkapitals.

Im zweiten Teil werden sämtliche Namenaktionäre mit *Namen* und aktueller *Adresse* aufgelistet. Besonders hilfreich ist eine solche Liste im Zusammenhang mit der Einberufung der Generalversammlung. Aus dieser Liste lassen sich zudem sofort die Stimmrechtsverhältnisse eruieren, was vor allem bei Wahlen und Abstimmungen nützlich ist.

Der dritte Teil ist der eigentliche Kern des Aktienbuches. Hier werden alle *Übertragungsgeschäfte* detailliert aufgeführt. In aller Regel dürfte es zweckmässig sein, zumindest für Zertifikate jeweils eine eigene Seite zu verwenden. Mit diesem Teil kann der Weg einer Aktie chronologisch zurückverfolgt werden bis zur Gründung.[1268]

1266 Art. 27 f. ZGB. – Aus demselben Grund ist etwa das Recht des Aktionärs auf Einsicht in das Aktienbuch auf seinen eigenen Eintrag beschränkt (vgl. DRUEY, Informationsrecht); bedeutende Beteiligungen von einzelnen Aktionären müssen im Anhang zur Bilanz offengelegt werden (Art. 663c OR).

1267 Vgl. diesbezüglich auch das Muster eines dynamischen Aktienbuches hinten unter Ziff. 11.1, S. 751 ff.

1268 Dies im Gegensatz zum statischen Aktienbuch, welches lediglich eine Übersicht über den aktuellen Aktienbesitz gibt, jedoch die einzelnen Vorgänge bzw. Entwicklungen ausser Acht lässt; vgl. dazu das Muster eines statischen Aktienbuches hinten unter Ziff. 11.2, S. 760 f.

3.9.3 Aktienübertragung

3.9.3.1 Allgemeines

Wie hat sich der Verwaltungsrat zu verhalten, wenn eine Aktienübertragung ansteht, die einen Eintrag ins Aktienbuch erfordert? Zunächst hat er die verschiedenen gesetzlichen[1269] und statutarischen[1270] Übertragungseinschränkungen zu beachten. Diese zählen abschliessend auf, unter welchen Voraussetzungen die Aktienübertragung verweigert werden kann. Die Möglichkeit, die Genehmigung der Übertragung zu verweigern, ist dem Verwaltungsrat entzogen bei den sogenannten gesetzlichen Eigentumsübertragungen.[1271] In allen anderen Fällen ist die Verweigerung zumindest zu begründen. – Zu prüfen hat der Verwaltungsrat aber auch, ob die Übertragung formgültig ist (Indossament oder Zession).

Bei der Übertragung von Namenaktien sind vier Fälle auseinanderzuhalten, die auch hinsichtlich der Eintragung im Aktienbuch eine unterschiedliche Handhabung erfordern:

– Kauf/Tausch/Schenkung börsenkotierter Namenaktien
– Erwerb börsenkotierter Namenaktien durch Erbgang, Erbteilung und eheliches Güterrecht
– Kauf/Tausch/Schenkung nicht börsenkotierter Namenaktien
– Erwerb nicht kotierter Namenaktien durch Erbgang, Erbteilung, eheliches Güterrecht und Zwangsvollstreckung.

Auf diese vier Fälle wird nachstehend separat eingegangen:

3.9.3.2 Kauf/Tausch/Schenkung börsenkotierter Namenaktien

Erfolgt der Erwerb von börsenkotierten Namenaktien durch Kauf, Tausch oder Schenkung, so sind die Fälle des börsenmässigen und des ausserbörslichen Erwerbes zu unterscheiden.

Werden die Aktien an der *Börse* erworben, gehen das Eigentum und die Vermögensrechte sofort, die Mitwirkungsrechte jedoch bedingt auf den Zeitpunkt der Anerkennung durch die Gesellschaft über.[1272] Die Veräusserbank ist in diesem Zusammenhang verpflichtet, den Namen des Veräusserers sowie die Anzahl der verkauften Aktien unverzüglich der Gesellschaft mitzuteilen.[1273] Bis zur Anerkennung wird der Erwerber als Aktionär ohne Stimmrecht ins Aktienbuch eingetragen.[1274] Im Falle der Zustimmung ist die entsprechende Eintragung zu löschen, und der betroffene Aktionär kann uneingeschränkt alle Aktionärsrechte ausüben. Eine Ablehnung darf nur ausgesprochen werden, wenn eine statutarisch vorgesehene Maximalbeteiligung überschritten wird oder der Erwerber auf Verlangen nicht ausdrücklich erklärt, dass er die Aktien in eigenem Namen und auf eigene

---

1269 Vgl. etwa Art. 685 Abs. 1 OR. – Vgl. auch MEYER, Zwangsverwertung, 22 ff., für Spezialprobleme bei vinkulierten Aktien in der Zwangsverwertung.
1270 Vgl. zum ganzen Problem der Vinkulierung KLÄY, insbesondere 125 ff. Ein Muster von Statuten mit vinkulierten Namenaktien findet sich hinten unter Ziff. 11.85, S. 1097 ff. Art. 8 und bei KLÄY, 578 ff.
1271 Erbgang, Erbteilung, eheliches Güterrecht, Zwangsvollstreckung.
1272 Art. 685f Abs. 1 OR. Vgl. im Einzelnen dazu BÖCKLI, Aktienrecht, § 6 Rz. 128 ff.; FORSTMOSER/MEIER-HAYOZ/NOBEL, § 44 N 312 ff. – Nach Art. 685g OR stehen der Gesellschaft für diesen Entscheid 20 Tage zur Verfügung.
1273 Art. 685e OR.
1274 Art. 685f Abs. 3 OR.

Rechnung erworben hat.[1275, 1276] Die Ablehnung führt dazu, dass der Eintrag als stimmrechtsloser Aktionär erhalten bleibt, wobei sich dieser Zustand gegebenenfalls über Jahre erstrecken kann.

Anders präsentiert sich der Fall der *ausserbörslichen Übertragung* börsenkotierter Namenaktien. Hier bleiben sämtliche mit der Aktie im Zusammenhang stehende Rechte beim Veräusserer.[1277] Erst in jenem Zeitpunkt, in dem der neue Aktionär sich zur Eintragung anmeldet, wird die Übertragung für die Gesellschaft ersichtlich. Stellt der neue Aktionär also kein Gesuch um Anerkennung seiner Aktionärsrechte, hat er sich intern mit dem alten Aktionär über die Ausübung der Rechte abzusprechen.

3.9.3.3 Erwerb börsenkotierter Namenaktien durch Erbgang, Erbteilung und eheliches Güterrecht

Werden börsenkotierte Namenaktien durch Erbgang, Erbteilung oder eheliches Güterrecht erworben, so kann der Erwerber nach Art. 685*d* Abs. 3 OR nicht abgelehnt werden. In diesem Falle hat also die Eintragung im Aktienbuch sofort und vorbehaltlos zu erfolgen.

3.9.3.4 Kauf/Tausch/Schenkung nicht börsenkotierter Namenaktien

Beim Erwerb von nicht börsenkotierten Namenaktien durch Kauf, Tausch oder Schenkung, bleiben die Rechte aus den Aktien vorerst beim Veräusserer.[1278] Die Gesellschaft ist gehalten, sich innert dreier Monate zu entscheiden,[1279] ob sie den neuen Aktionär anerkennen will oder nicht. Eine Ablehnung ist dabei nur aus wichtigen Gründen zulässig. Dazu sind nach Art. 685*b* Abs. 2 OR nur solche zu zählen, die im Zusammenhang mit der Zusammensetzung des Aktionärskreises im Hinblick auf die Erfüllung des Gesellschaftszwecks stehen oder die Erhaltung der wirtschaftlichen Selbständigkeit der Unternehmung betreffen. Die Ablehnung kann auch erfolgen, wenn der Erwerber nicht ausdrücklich erklärt, dass er die Aktien in eigenem Namen und auf eigene Rechnung erworben hat. Darüber hinaus kann eine unliebsame Einflussnahme verhindert werden, indem die Gesellschaft dem Erwerber die Übernahme der Aktien zum wirklichen Wert anbietet.[1280]

Wird der Aktionär anerkannt, so ist er vorbehaltlos ins Aktienbuch einzutragen. Bei ungerechtfertigter Ablehnung der Eintragung bleiben sämtliche Rechte aus der Aktie bis zum Gerichtsentscheid beim Veräusserer. Bei gerechtfertigter Ablehnung findet keine Veränderung im Aktienbuch statt, und der Erwerber hat sich selbst um die Rückabwicklung der Aktienübertragung zu kümmern.

1275 Art. 685*d* Abs. 1 OR.
1276 Art. 685*d* Abs. 2 OR.
1277 Art. 685*f* Abs. 1 OR. Dazu vgl. im Einzelnen BÖCKLI, Aktienrecht, § 6 Rz. 145 ff.; FORSTMOSER/MEIER-HAYOZ/NOBEL, § 44 N 315.
1278 Art. 685*c* Abs. 1 OR. Dazu vgl. im Einzelnen BÖCKLI, Aktienrecht, § 6 Rz. 305 ff.; FORSTMOSER/MEIER-HAYOZ/NOBEL, § 44 N 179.
1279 Art. 685*c* Abs. 3 OR.
1280 Dazu Art. 685*b* Abs. 1 OR; BÖCKLI, Aktienrecht, § 6 Rz. 195 ff.; FORSTMOSER/MEIER-HAYOZ/NOBEL, § 44 N 161 ff., vgl. etwa BGE 120 II 259 ff., besprochen in recht 1996, 121 ff.

3.9.3.5 Erwerb nicht kotierter Namenaktien durch Erbgang, Erbteilung, eheliches Güterrecht und Zwangsvollstreckung

Erfolgt der Erwerb nicht kotierter Namenaktien durch Erbgang, Erbteilung, eheliches Güterrecht oder Zwangsvollstreckung, so gehen nach Art. 685c Abs. 2 OR das Eigentum und die Vermögensrechte sogleich, die Mitwirkungsrechte erst mit der Zustimmung der Gesellschaft auf den Erwerber über. Obwohl das Gesetz diesbezüglich keine näheren Ausführungen enthält sind, kann davon ausgegangen werden, dass der neue Aktionär im Aktienbuch als stimmrechtslos einzutragen ist.[1281] An sich stehen der Gesellschaft auch hier keine Ablehnungsgründe zur Verfügung. Allerdings kann die Übertragung verhindert werden, indem die Gesellschaft dem Erwerber die Übernahme der Aktien zum wirklichen Wert anbietet.[1282]

3.9.3.6 Probleme mit der «Lex Friedrich»

Die dargestellte Vinkulierungsordnung harmoniert schlecht mit dem Bewilligungsregime der «Lex Friedrich» (= Bundesgesetz über den Erwerb von Grundstücken durch Personen im Ausland).[1283] – Vor der jüngsten Revision der «Lex Friedrich» fiel namentlich störend ins Gewicht, dass bei börsenkotierten Gesellschaften auch der abgelehnte Erwerber von Aktien die Vermögensrechte an den betroffenen Aktien erwarb.[1284] Trotz einer statutarischen Vinkulierungsordnung und trotz der Bestimmung in Art. 4 der Schlussbestimmungen zum neuen Aktienrecht, wonach allgemein in Bundesgesetzen geforderte Nachweise über die Zusammensetzung des Aktionärskreises einen besonderen Ablehnungsgrund darstellen, konnte bei kotierten Namenaktien nicht verhindert werden, dass ein beliebiger Anteil am Aktienkapital in die Hand von Personen im Ausland gelangte. Bei einem «Ausländeranteil» von mehr als einem Drittel des Kapitals oder der Stimmrechte wurde überdies die Gesellschaft – trotz ihres statutarischen und tatsächlichen Sitzes in der Schweiz – vermutungsweise zu einer «Person im Ausland»; sie unterstand fortan selber einer Bewilligungspflicht, wenn sie Grundeigentum (oder gesetzlich gleichgestellte Werte) erwerben wollte.[1285] In der Praxis behalf man sich schon bald mit einer Verlegenheitslösung, wonach die Aktionäre ohne Stimmrecht gemäss Art. 685f Abs. 3 OR bei der Beurteilung der ausländischen Beherrschung auch berücksichtigt werden.[1286] Diese unbefriedigende Rechtslage wurde im Rahmen der jüngsten Revision der «Lex Friedrich» nur insoweit entschärft, als auch eine ausländisch beherrschte Gesellschaft bewilligungsfrei Grundstücke erwerben kann, die als ständige Betriebsstätten eines Handels-, Fabrikations- oder eines anderen kaufmännischen Gewerbes dienen.[1287]

1281 Während maximal dreier Monate gemäss Art. 685c Abs. 3 OR.
1282 In diesem Zusammenhang muss aber darauf geachtet werden, dass die in Art. 659 OR enthaltenen Schwellenwerte nicht überschritten werden.
1283 SR 211.412.4.
1284 Art. 685 f. OR.
1285 Art. 5 Abs. 1 lit. c BewG.
1286 So FORSTMOSER/PLÜSS, 299 f. In der Zwischenzeit haben die eidgenössischen Behörden diese Auslegung übernommen.
1287 Art. 2 Abs. 2 lit. a BewG.

3.9.4 Einsichtsrecht in das Aktienbuch

3.9.4.1 Grundsatz

Das Gesetz regelt nicht explizit, wer in welchem Umfang ein Recht auf Einsichtnahme ins Aktienbuch hat. In Art. 697 OR wird das Einsichtsrecht ins Aktienbuch nicht erwähnt. Auch eine Rechtsprechung dazu fehlt.

Nach herrschender Lehre ist das Aktienbuch ein internes Gesellschaftsdokument, dessen Inhalt grundsätzlich als geheim zu behandeln ist.[1288]

Zwei Tatbestände sind in der Lehre unbestritten,[1289] ein dritter offensichtlich:
- Der Namenaktionär kann von der Gesellschaft jederzeit Auskunft über die ihn betreffende Eintragung im Aktienbuch Auskunft verlangen und insoweit ins Aktienbuch Einsicht nehmen. Ein Recht des Aktionärs, das Aktienbuch als Ganzes einzusehen, besteht dagegen nicht.
- Ein Dritter (z.B. ein Gläubiger) hat kein Recht auf Einsicht ins Aktienbuch.
- Der Verwaltungsrat hat ein unbeschränktes Recht auf Einsicht ins Aktienbuch.

3.9.4.2 Einsichtsrecht des Aktionärs über Eintragungen von Mitaktionären

Nicht geklärt ist die Frage des Rechts zur Einsicht in Eintragungen, die Mitaktionäre betreffen. Aufgrund fehlender expliziter gesetzlicher Bestimmungen ist für die Beantwortung dieser Frage Art. 697 OR analog heranzuziehen. Allgemein und zu Recht wird davon ausgegangen, dass das Aktienbuch kein Geschäftsbuch im Sinne von Art. 697 Abs. 3 OR ist.[1290] Massgeblich sind damit die in Absatz 2 von Art. 697 OR aufgestellten Kriterien. Inwieweit die Einsichtnahme ins Aktienbuch für die Ausübung der Aktionärsrechte erforderlich ist und ob einem solchen Auskunftsbegehren stattgegeben werden soll, hat der Verwaltungsrat zu entscheiden. Dies auch dann, wenn er die Führung des Aktienbuchs delegiert hat.[1291] Dabei hat er in jedem Einzelfall das Geschäftsgeheimnis und die anderen schutzwürdigen Interessen der Gesellschaft bzw. der Mitaktionäre gegenüber den Interessen des Einsicht verlangenden Aktionärs an der Ausübung seiner Aktionärsrechte abzuwägen.[1292,1293] Begründete Geheimhaltungsinteressen der Gesellschaft – welche mit den Offenlegungspflichten gemäss Art. 20 BEHG für börsenkotierte Unternehmen allerdings etwas relativiert wurden – dürften den Interessen des Einsicht verlangenden Aktionärs vorgehen oder eine beschränkte Einsichtnahme rechtfertigen. Grundvoraussetzung der Interessenabwägung ist jedoch immer die vorgängige Feststellung, dass die Einsichtnahme für die Ausübung der Aktionärsrechte erforderlich ist.

Bei einem negativen Entscheid seitens des Verwaltungsrates, hat der Aktionär die Möglichkeit, sein Begehren in formaler Form als Auskunftsersuchen anlässlich der General-

---

1288 HOMBURGER, in: Zürcher Kommentar, N 849, mit weiteren Verweisen.
1289 BÖCKLI, Aktienrecht, § 6 Rz. 329 ff.; FORSTMOSER/MEIER-HAYOZ/NOBEL, § 27 N 90 f.
1290 FORSTMOSER/MEIER-HAYOZ/NOBEL, § 27 N 92.
1291 HOMBURGER, in: Zürcher Kommentar, N 850.
1292 Z.B. das Diskretionsinteresse der betroffenen Mitaktionäre (FORSTMOSER/MEIER-HAYOZ/NOBEL, § 27 N 92). Unter Umständen haben die Mitaktionäre ein Interesse, gerade nicht kontaktiert zu werden und anonym zu bleiben, dies insbesondere auch im Zusammenhang mit sog. «proxy fights» (vgl. dazu AJP 2001, 892).
1293 BÖCKLI, Aktienrecht, § 6 Rz. 327 ff.

versammlung zu stellen. Gegen einen abweisenden Entscheid des Verwaltungsrates steht dem Aktionär auch die Klage beim Richter offen.[1294]

3.9.4.3 Einsichtsrecht der Revisionsstelle

In diesem Zusammenhang stellt sich die weitere Frage, ob die Revisionsstelle ein Einsichtsrecht hat. Grundsätzlich ist dies unter Berücksichtigung der Umstände des Einzelfalles zu bejahen. Der Revisionsstelle muss ein Einsichtsrecht zustehen, um ihren gesetzlichen Aufgaben (Offenlegung im Anhang des Geschäftsberichts des Aktienbesitzes von mehr als 5% durch einen Aktionär bzw. eine stimmgebundene Aktionärsgruppe bei börsenkotierten Gesellschaften [Art. 663c OR]; Zuteilung und Überprüfung der Dividenden) nachkommen zu können.

3.10 Übrige Pflichten des Verwaltungsrates

3.10.1 Erstellung des Geschäftsberichts

3.10.1.1 Verantwortung des Verwaltungsrates

Die Erstellung des Geschäftsberichts mit all seinen Teilen ist gemäss Konzeption des Gesetzes Aufgabe des Verwaltungsrates.[1295] Nach 716a Abs. 1 Ziff. 6 OR ist der Verwaltungsrat verpflichtet, für jedes Geschäftsjahr einen Geschäftsbericht zu erstellen und diesen innerhalb von sechs Monaten nach Ablauf des Geschäftsjahres der Generalversammlung zur Genehmigung vorzulegen.[1296] Der Geschäftsbericht ist das wichtigste Mittel zur Rechenschaftsablage des Verwaltungsrates gegenüber dem Aktionär. Diese Rechenschaftsablegung (inkl. finanzielle Rechnungslegung) ist der zentrale Ansatzpunkt für die Verantwortung des Verwaltungsrates und der Geschäftsleitung.[1297] Erst die Vorlage dieser Informationen ermöglicht es den Aktionären, ihre Mitwirkungsrechte sinnvoll auszuüben. Gleichzeitig hängt auch ihr wichtigstes Vermögensrecht (das Recht auf Dividende) unmittelbar damit zusammen, wie hoch der verfügbare Bilanzgewinn in der Jahresrechnung ausgewiesen wird.

Der Verwaltungsrat delegiert die eigentliche Erstellungsarbeit oft an die Geschäftsleitung bzw. den Geschäftsführer oder Direktor. Der Verwaltungsrat gibt im Rahmen der gesetzlichen Vorschriften dabei Richtlinien für den Inhalt des Geschäftsberichts vor. Adressat des Geschäftsberichts ist *primär* der Anteilseigner (Aktionär), *sekundär* die übrigen Kapitalgeber (Banken, potenzielle Investoren) und Gläubiger (wozu in der Regel auch die Arbeitnehmer und der Staat zählen, sofern sie eine schutzwürdiges Interesse nachweisen.[1298]

1294 BÖCKLI, Aktienrecht, § 6 Rz. 332.
1295 Art. 716a Abs. 1 Ziff. 6 OR.
1296 Art. 958 Abs. 3 OR, dazu ausführlich: BEHR/LEIBFRIED; Rechnungslegung, BÖCKLI, Aktienrecht; BOEMLE/LUTZ; HANDSCHIN, Rechnungslegung, N 355 ff.; HWP (2009), Band 1; KARTSCHER/ROSSI/SUTER.
1297 BÖCKLI, Aktienrecht, § 8 Rz. 12 ff.
1298 Art. 958e OR.

3.10.1.2 Inhalt des Geschäftsberichts

Der Geschäftsbericht beinhaltet nebst den Finanzzahlen (Jahresrechnung, allenfalls Konzernrechnung) auch den Lagebericht. [1299]

Das Gesetz gibt den Mindestinhalt des Lageberichts vor. Umfang und Detaillierungsgrad des Lageberichts sind im Gesetz nicht vorgeschrieben.

Im Einzelnen setzt sich der Geschäftsbericht gemäss Art. 958 Abs. 2 OR aus folgenden Teilberichten zusammen:[1300]

	Jahresrechnung (Ziff. 3.10.1.3)	*Lagebericht (Art. 961 OR) (Ziff. 3.10.1.4)*	*Konzernrechnung Falls gem. Art. 963 ff. OR notwendig*
Bei kleinen und mittleren Gesellschaften, die lediglich eingeschränkt geprüft werden müssen.	• Bilanz (Art. 959a OR) • Erfolgsrechnung (Art. 959b OR) • Anhang (Art. 959c OR)	*Lagebericht nicht zwingend erforderlich*	• konsolidierte Bilanz • konsolidierte Erfolgsrechnung • konsolidierte Geldflussrechnung • Anhang mit Bewertungsgrundsätzen (Art. 963b OR) Allenfalls ist eine Konzernrechnung nach einem anerkannten Standard zur Rechnungslegung zu erstellen.
Bei grösseren Gesellschaften, die der ordentlichen Revision unterliegen	• Zusätzliche Angaben im Anhang • Geldflussrechnung (bei grösseren Unternehmen, Art. 961b OR)	• Geschäftsverlauf • wirtschaftliche Lage des Unternehmens am Ende des Geschäftsjahres • weitere Angaben	

Weil das Gesetz einen grossen Ermessensspielraum offen lässt, gibt i.d.R. der Verwaltungsrat – unter Beachtung des gesetzlichen Mindestinhalts – die Richtlinien für die Gestaltung, den Umfang und Detaillierungsgrad des Geschäftsberichts und insbesondere des Lageberichts der Geschäftsleitung vor. Auch wenn somit die Hauptarbeit von der Geschäftsleitung erledigt wird, bleibt doch der Verwaltungsrat für den Geschäftsbericht verantwortlich und muss ihn deshalb auch zur Vorlage an die GV genehmigen.

3.10.1.3 Jahresrechnung

Die *handelsrechtliche Jahresrechnung* besteht aus mindestens drei Teilen, die formell und materiell eine Einheit bilden: Bilanz, Erfolgsrechnung und Anhang. Grössere Unternehmen haben zudem eine Geldflussrechnung zu erstellen und weitere Angaben im Anhang zu machen.[1301] Die Jahresrechnung basiert auf den Informationen aus dem Rechnungswesen. Ein allfälliger zusätzlicher Abschluss nach einem anerkannten Standard zur Rechnungslegung gemäss Art. 962 OR ist demgegenüber nicht pflichtmässiger Bestandteil des Geschäftsberichts.

1299 Dazu siehe die Arbeitshilfe in Ziff. 11.32 und das Muster in Ziff. 11.33, S. 871 ff.
1300 Art. 662 OR.
1301 Art. 961b OR.

In diesem Zusammenhang kann auf die Ausführungen vorne unter Ziff. 3.4.4, S. 207 ff., verwiesen werden.[1302]

3.10.1.4 Lagebericht

a) **Allgemeines**

Grössere Gesellschaften, die der ordentlichen Revision unterliegen, haben zudem einen *Lagebericht* (vormals Jahresbericht genannt) zu verfassen.[1303] Gesellschaften, die lediglich eingeschränkt geprüft werden müssen, können auf die Erstellung des Lageberichts verzichten.

Der *Lagebericht* ist eine schriftliche Berichterstattung in Textform. In ihm werden der Geschäftsverlauf und die wirtschaftliche Lage des Unternehmens am Bilanzstichtag unter Gesichtspunkten dargestellt, die in der Jahresrechnung nicht zum Ausdruck kommen. Namentlich muss der Lagebericht Aufschluss geben zu folgenden Punkten:
- Anzahl Vollzeitstellen im Jahresdurchschnitt (im Hinblick auf Beurteilung der wirtschaftlichen Bedeutung des Unternehmens und damit der Rechnungslegungs- und Revisionspflichten)
- Durchführung einer Risikobeurteilung
- Bestellungs- und Auftragslage
- Forschungs- und Entwicklungstätigkeit
- aussergewöhnliche Ereignisse
- die Zukunftsaussichten.

Der Lagebericht ist in schriftlicher Form zu erstellen, lediglich eine mündliche Berichterstattung an der GV genügt nicht. Er ist *nicht* Gegenstand der Prüfung durch die Revisionsstelle. Im Rahmen der ordentlichen Revision ist die Revisionsstelle jedoch gehalten, den Verwaltungsrat auf allfällige Widersprüche zwischen Jahresrechnung und dem Lagebericht hinzuweisen. Der Lagebericht darf der Darstellung der wirtschaftlichen Lage gemäss Jahresrechnung nicht widersprechen.[1304]

Im Falle der Erstellung einer *Konzernrechnung* nach *anerkanntem Standard zur Rechnungslegung* kann im Einzelabschluss auf den Lagebericht verzichtet werden.[1305] Solche Standards verlangen oder empfehlen beschreibende Erläuterungen zur Jahresrechnung, weshalb eine Befreiung gerechtfertigt erscheint, allerdings unter der Bedingung, dass solche beschreibenden Erläuterungen auch gegeben werden. Nur wer den Lagebericht auf Konzernstufe oder ein empfohlenes Pendant (z.B. Management Commentary gemäss IFRS) tatsächlich erstellt, soll von der Erstellung des Lageberichts befreit werden.[1306]

1302 Siehe auch die Checkliste zur Jahresrechnung hinten unter Ziff. 11.37, S. 892.
1303 Art. 961c OR, dazu BÖCKLI, Aktienrecht, § 8 Rz. 715 ff.; BOEMLE/LUTZ, 559 ff. (altes Recht); GERHARD, 901 ff. (neues Recht).
1304 Art. 961c Abs. 3 OR.
1305 Art. 961d Abs. 1 OR.
1306 GERHARD, 901 ff.

Die Anforderungen an den Inhalt des Lageberichts lehnen sich deutlich an das EU-Recht an. Es besteht – wie in anderen Ländern – ein relativ grosser Ermessenspielraum in Bezug auf die Gestaltung, den Umfang und den Detaillierungsgrad des Lageberichts.[1307]

Bei der *Darstellung des Geschäftsverlaufes* wird nebst der eigenen Entwicklung auch eine Skizzierung des wirtschaftlichen *Umfeldes* erwartet. Dabei sollen beispielsweise Angaben gemacht werden:
– zu den allgemeinen Rahmenbedingungen (Konjunktur, Zinsen, Währungen, regulatorisches Umfeld, Gesetzesänderungen, Steuern);
– zur Entwicklung auf den eigenen Märkten (wesentliche Absatz- und Beschaffungsmärkte);
– zu den Trends und Entwicklungen in der Branche;
– zur Wettbewerbssituation (inkl. Konkurrenzangaben).

Im Zentrum des Lageberichts stehen jedoch der *Geschäftsverlauf* und die *wirtschaftliche Lage am Jahresende des eigenen Unternehmens*. Hier wird nach einer Darstellung der organisatorischen Struktur der Unternehmung bzw. des Konzerns insbesondere eine Erörterung der Entwicklung in den wichtigsten Segmenten/Divisionen/Regionen erwartet. Im Vordergrund steht dabei die Kommentierung der Erfolgsrechnung und deren Struktur (allenfalls gegliedert nach Segmenten), der Umsatzentwicklung (allenfalls nach Währungen, Produkten, Regionen), der Margen, der Ergebnisse und ihren wesentlichen Quellen. Nebst der Entwicklung im Geschäftsjahr interessieren dabei insbesondere die Gründe für wichtige Veränderungen (z.B. Preise- und Mengeneinflüsse, Sortimentsmix, Konditionen, Wirtschaftlichkeit der Leistungserstellung, der Kapazitätsauslastung, Wertberichtigungen [Impairments] sowie Restrukturierungs- und Rationalisierungsmassnahmen).

Bei der *Darstellung der wirtschaftlichen Lage am Jahresende* sollen nebst den wesentlichen Faktoren, welche die zeitpunktbezogene Situation eines Unternehmung erläutern, auch auf die Faktoren eingegangen werden, welche die Fähigkeit des Unternehmens beeinflussen, künftige Einzahlungsüberschüsse (d.h. Cashflows) zu generieren. Dies ist bekanntlich die Grundvoraussetzung dafür, dass die Unternehmung fähig ist, auch in der Zukunft ihre Aufgabe zu erfüllen und ihre Stellung im Wettbewerb zu sichern.[1308]

Dabei eingeschlossen sind eine *Kommentierung* der Bestandteile der Jahresrechnung anhand wesentlicher Bilanz- und Erfolgskennzahlen und deren Entwicklung (z.B. Kennzahlen zur Finanzierung, Kapitalstruktur, Liquidität, Anlagedeckungsgrade, Margen, Rentabilität, [Free] Cashflow etc.). Die Unternehmensleitung sollte insbesondere jene Ereignisse erläutern, welche die Ursache für den Geschäftsverlauf, wie er sich in der Jahresrechnung niedergeschlagen hat, waren. Diese Ereignisse sollten insbesondere dann erläutert werden, wenn deren Auswirkungen erst in der Zukunft erwartet werden.

Für den Leser von besonderem Interesse sind die Einschätzung und die Beurteilung des Unternehmens durch die Unternehmensleitung selbst (Stärken und Schwächen der Unternehmung, Chancen und Risiken). Im Gegensatz zum bisherigen Aktienrecht sind An-

---

1307 Als mögliche Richtlinien bei der Erstellung des Lageberichts können die Swiss GAAP FER Rahmenkonzept, Ziff. 34, dienen.
1308 BOEMLE/LUTZ, 565.

gaben über Kapitalerhöhungen während des Jahres und die Wiedergabe der betreffenden Prüfungsbestätigungen nicht mehr zwingend verlangt.

b) Anzahl Vollzeitstellen

Die Offenlegung der *Anzahl Vollzeitstellen* im Jahresdurchschnitt erfolgt im Hinblick auf die Klassifizierung des Unternehmens nach seiner wirtschaftlichen Bedeutung (und den damit direkt zusammenhängenden Rechnungslegungs- und Revisionspflichten). Die Anzahl Vollzeitstellen im Jahresdurchschnitt ist eines der drei Grössenkriterien, welche für die Einteilung als wirtschaftlich bedeutende/grössere Unternehmen massgebend sind. Die beiden anderen Kriterien (Bilanzsumme und Umsatz) gehen direkt aus der Jahresrechnung hervor. Im Hinblick auf den Zweck sind auch die entsprechenden Vorjahresangaben zu machen. Bei grösseren Unternehmen empfiehlt es sich im Hinblick auf die Erstellung des Geschäftsberichts, einen separaten Personalbericht der HR/Personalabteilung anzufordern (siehe Muster hinten in Ziff. 11. 57, S. 966 ff.).

c) Aufschluss über die Durchführung einer Risikobeurteilung

Mit der Revision des Buchführungs- und Rechnungslegungsrechts auf den 1.1.2013 wurde die bisher massgebliche Bestimmung[1309] aufgehoben. Neu haben nur noch Gesellschaften, welche der *ordentlichen* Revision unterliegen, im Lagebericht Aufschlüsse zu geben über die Durchführung einer Risikobeurteilung.[1310] Kleine Gesellschaften werden damit von dieser Offenlegungspflicht befreit. Mit dieser Massnahme sollten die KMU von administrativen Aufwendungen entlastet werden.

Bereits die seit 2008 verlangte Offenlegung von Angaben über die Durchführung einer Risikobeurteilung führte zu heftigen Diskussionen bezüglich dem Inhalt der Norm. Die Erläuterungen der damaligen Botschaft zur Änderung des Obligationenrechts wiesen darauf hin, dass der Verwaltungsrat im Hinblick auf die Beurteilung der Jahresrechnung Risiken aus dem technischen, wirtschaftlichen, sozialen und politischen Umfeld darzulegen hat. Eine lange Liste von Beispielen möglicher Risiken in der Botschaft verdeutlichte diese «umfassende Ansicht».[1311] Im Gegenzug hielt die Botschaft auch fest, dass die Risikobeurteilung nicht sämtliche Geschäftsrisiken zu umfassen hat, sondern nur diejenigen Risiken, die einen *wesentlichen Einfluss auf die Beurteilung der Jahresrechnung* haben könnten. Damit stünden bei der Risikobeurteilung nicht die strategischen und operativen Unternehmensrisiken im Vordergrund, sondern die Risiken der Rechnungslegung und der externen Berichterstattung. (Dabei ist allerdings anzumerken, dass es kaum wesentliche Risiken gibt, die nicht mittel- oder langfristig einen Einfluss auf die Beurteilung der Jahresrechnung haben. Auch die Tendenz in der Rechnungslegung zur Verbuchung und Bewertung nach Fair-Values-Ansätzen führt dazu, dass die Markt- und Unternehmensrisiken je länger je weniger von den finanziellen Risiken separiert werden können.)

Die Offenlegung beschränkte sich in der Praxis auf die Feststellung, *dass* eine Risikobeurteilung vorgenommen wurde, eine Kurzbeschreibung, *wie* dieser Vorgang durchgeführt wurde und die Feststellung, dass deren Ergebnisse in der vorgelegten Jahres- bzw. Konzernrechnung angemessen berücksichtigt worden sind. Die in der Risikobeurteilung ana-

---

1309 Art. 663*b* Abs. 1 Ziff. 12 aOR.
1310 Art. 961*c* Abs. 2 Ziff. 2.
1311 Botschaft, Revisionspflicht im Gesellschaftsrecht, 4036.

lysierten Risiken selbst wurden bis anhin nur selten offengelegt, es sei denn der entsprechende Standard zur Rechnungslegung habe dies verlangt.[1312]

Die Revision des Rechnungslegungsrechts auf den 1.1.2013 – verbunden mit einer Reduktion des Kreises der Offenlegungspflichtigen auf die grösseren Unternehmen, die Verschiebung der diesbezüglichen Offenlegung in den Lagebericht sowie die (allerdings geringfügige) Anpassung des Wortlautes (das Gesetz spricht neu von «Aufschluss geben» anstelle des früheren «Angabe machen») – führten zur Frage, ob damit auch materielle Anpassungen bezüglich der Anforderungen an die Offenlegung verbunden sind.

Gewisse Autoren sehen darin eine Erweiterung der bisherigen Offenlegungspflichten und zwar in doppelter Hinsicht: (i) als Teil des Lageberichts sollen die einbezogenen Risiken nicht mehr wie bisher bloss auf die Risiken im Zusammenhang mit der finanziellen Rechnungslegung begrenzt werden, sondern auf sämtliche Risiken, die für den Geschäftsverlauf und die wirtschaftliche Lage des Unternehmens relevant sind; (ii) von den betroffenen (grösseren) Unternehmen wird erwartet, dass das oberste Leitungs- oder Verwaltungsorgan nebst der Beschreibung des Prozesses der Risikobeurteilung neu auch Angaben zu den Risiken selbst, die für das Unternehmen im Vordergrund stehen, macht.[1313]

Andere Autoren erachten die genannten Anpassungen als eher formeller Natur und sehen keine weiter gehenden materiellen Offenlegungspflichten als unter dem bisherigen Aktienrecht. Sie gehen davon aus, dass es dem Gesetzgeber in Bezug auf die Offenlegung im Anhang nicht primär um eine Auflistung einzelner Risiken geht. Eine solche Publikation von möglichen Risiken zu verlangen wäre in einer Marktwirtschaft vermutlich auch ordnungspolitisch nicht angebracht.[1314] Vielmehr geht es dem Gesetzgeber darum, dass sich der Verwaltungsrat systematisch um die Risiken des Unternehmens kümmert. Mit der Pflicht zur Offenlegung der Durchführung der Risikobeurteilung unterstreicht der Gesetzgeber die Bedeutung, die er dieser Aufgabe beimisst.[1315]

Als Minimum gemäss Art. 961c OR sollte im Lagebericht zur Risikobeurteilung offengelegt werden:
- Feststellung, dass eine interne Risikobeurteilung vorgenommen worden ist;
- Kurzbeschreibung, wie diese Durchgeführt wurde;
- Beschreibung der Massnahmen des Risikomanagements;
- Verweis auf die im Anhang des Jahresberichts gemachten Angaben im Rahmen des angewendeten Regelwerkes.

Diese Offenlegung kann zudem dazu beitragen, Vertrauen in die Jahresrechnung und die Unternehmensführung zu schaffen, namentlich wenn der Leser daraus erkennt, dass der Verwaltungsrat systematisch vorgegangen ist und die notwendigen Massnahmen eingeleitet hat. Dazu sind allerdings weiter gehende, spezifische Angaben über die Durchführung der Risikobeurteilung, Ergebnisse und Einfluss auf die Jahresrechnung erforderlich.

1312 So IFRS 7 im Bereich der finanziellen Risiken; Swiss GAAP FER 5 für Ausserbilanzgeschäfte; Swiss GAAP FER 6 zu den Anhangsangaben.
1313 GERHARD, 901, mit Hinweis auf BÖCKLI, Aktienrecht, § 15 Rz. 200.
1314 Stellungnahme der SwissHoldings vom 24. Januar 2007.
1315 IMARK, 4.

Es kann für den Verwaltungsrat durchaus sinnvoll sein, ausdrücklich auf gewisse Risiken und Unsicherheiten in der Erstellung der Jahresrechnung hinzuweisen.

Es ist davon auszugehen, dass die Angaben zu den finanziellen Risiken und zum Risikomanagement in Zukunft zunehmen werden. Allerdings ist zu fragen, ob die teilweise sophistischen Anforderungen in den (internationalen) Rechnungslegungsstandards nicht nur den Anwender, sondern auch den Leser überfordern. Da die Risikobeurteilung sich immer auf künftige Entwicklungen bezieht, dürften sich auch Fragen stellen im Hinblick auf die mögliche Haftung, wenn sich die bei der Beurteilung getroffenen Annahmen als falsch erweisen sollten.

Es empfiehlt sich deshalb am Schluss der Angaben zur Risikobeurteilung in Form eines «Disclaimers» darauf hinzuweisen, dass Annahmen getroffen werden mussten, die sich u.U. später als nicht zutreffend erweisen könnten.[1316]

d) Angaben zur Bestellungs- und Auftragslage

Auftragseingang, Auftragsbestätigung und Auftragsreichweite etc. sind für den externen Leser eine wichtige Information – ausserhalb der Jahresrechnung – zur Beurteilung der wirtschaftlichen Situation eines Unternehmens am Stichtag und der unmittelbaren Zukunft des Unternehmens. Insbesondere in den anlagen- und kapazitätsintensiven Unternehmen ist der Bestellungseingang ein wesentliches Indiz für die Entwicklung der künftigen Cashflows und damit des Unternehmenswertes.

e) Forschungs- und Entwicklungsaktivitäten

Nebst Investitionen (Sachanlagen, Akquisitionen etc.) beeinflussen vor allem die Ausgaben für *Forschungs- und Entwicklungsaktivitäten* die künftigen Cashflows.

f) Aussergewöhnliche Ereignisse

In der Erfolgsrechnung oder im Anhang sind gemäss Art 958*b* OR ausserordentlicher Aufwand und Ertrag – allenfalls einzeln – separat auszuweisen. Im Lagebericht verlangt der Gesetzgeber eine Erörterung von *aussergewöhnlichen Ereignissen* (z.B. künftige Grossinvestitionen, Akquisitionen, Umstellungen in den Unternehmensstrukturen, bevorstehende Veränderungen, anstehende Gesetzesänderungen etc.). Dort soll die Unternehmensleitung verbal auf Ereignisse eingehen, die für das Verständnis und die Beurteilung der Jahresrechnung von Bedeutung sind, in dieser jedoch nicht (oder nur beschränkt) zum Ausdruck kommen. Gesetz und Botschaft geben ansonsten keine materiellen Anhaltspunkte für die Differenzierung in der Wortwahl.

g) Zukunftsaussichten

Die *Zukunftsaussichten* enthalten die voraussichtliche Entwicklung des Unternehmens bzw. des Konzerns mit ihren wesentlichen Chancen und Risiken für die nächsten Geschäftsjahre. Nicht verlangt sind jedoch gemäss Botschaft insbesondere Aussagen zur Gewinnentwicklung des Unternehmens.[1317]

1316 Vgl. dazu hinten das Muster einer Offenlegung im Anhang mit einem solchen «Disclaimer» unter Ziff. 11.33, S. 871 f.
1317 BOTSCHAFT, Änderung Rechnungslegungsrecht, 1717; eingehend GERHARD, 973.

Die gesetzliche Aufzählung ist gemäss Botschaft *nicht* abschliessend. Je nach Umständen sind weitere wichtige Aspekte darzulegen. Insbesondere bei kotierten Firmen ist der gesetzliche Mindestinhalt nicht ausreichend.[1318] Ebenso wurde der Vorschlag zur Einführung eines eigentlichen «Nachhaltigkeitsberichts» in den Beratungen abgelehnt.

Hinten unter Ziff. 11.37, S. 871 ff., wird ein Muster eines Lageberichts als Teil eines Geschäftsberichts aufgezeigt.

3.10.1.5 Konzernrechnung

Eine Konzernrechnung ist nur notwendig, sofern die Gesellschaft die entsprechenden gesetzlichen Voraussetzungen erfüllt. Falls eine *Konzernrechnung* zu erstellen ist, so ist sie Teil des Geschäftsberichts.[1319] Mit der Konzernrechnung soll die Ertrags-, Vermögens- und Finanzlage einer Gruppe von rechtlich selbständigen, wirtschaftlich aber zusammengehörenden Gesellschaften so dargestellt werden, wie wenn sie eine Einheit wären. Die Konzernrechnung ist entweder nach anerkannten Standards zur Rechnungslegung oder nach den Grundsätzen ordnungsmässiger Rechnungslegung zu erstellen. Im Anhang zur Konzernrechnung sind die Bewertungsregeln aufzuführen.[1320]

Weiteres zur Konzernrechnung siehe vorne Ziff. 3.4.7, S. 243 ff.

3.10.1.6 Der Geschäftsbericht als Instrument der Unternehmenskommunikation

Adressat des Geschäftsberichts ist *primär* der Anteilseigner (Aktionär), *sekundär* die übrigen Kapitalgeber (Banken, potenzielle Investoren) und Gläubiger (wozu in der Regel auch die Arbeitnehmer und der Staat zählen), sofern sie ein schutzwürdiges Interesse nachweisen.[1321] Der Geschäftsbericht ist auch ein wichtiges Instrument der *Kommunikationspolitik* eines Unternehmens. Der Geschäftsbericht sollte daher nach entsprechenden Kriterien erstellt werden. Dabei ist eine möglichst umfassende Kenntnis der Informationsbedürfnisse der Berichtsadessaten/Nutzer notwendig.

Die Kommunikation der Gesellschaft mit ihren Stakeholders (Aktionäre, Banken, Gläubiger, Öffentlichkeit etc.) ist die Grundlage für das Vertrauen. Eine offene Kommunikation stellt auch einen Werttreiber für die Bewertung des Unternehmens dar: eine erhöhte Qualität der Rechenschaftsablage/Rechnungslegung sollte zu einer Senkung der Kapitalkosten und damit zu einer Steigerung des Unternehmenswertes beitragen. Bei Gesellschaften, die auf Kreditfinanzierungen durch Banken angewiesen sind, hat die offene Kommunikation und Transparenz gegenüber den Banken eine besondere Bedeutung. Durch verbesserte Transparenz im Sinne der «True and Fair View», durch die Kommunikation der vom Verwaltungsrat erwarteten künftigen Entwicklungen und Ergebnisse sowie der damit verbundenen Massnahmen wird das Risiko für den Fremdkapitalgeber und damit die Kapitalkosten für den Kreditnehmer reduziert. Es liegt daher im ureigenen Interesse von Geschäftsleitung und Verwaltungsrat, die massgebenden Banken mit guter Informationsqualität und Transparenz zu bedienen. Besonderes Gewicht erhält diese externe (Finanz-) Kommunikation in schwierigen Phasen oder bei eigentlichen Unternehmenskrisen.[1322]

1318 Botschaft, Änderung Rechnungslegungsrecht 2008, 1717.
1319 Art. 963 Abs. 1 OR.
1320 Die Konzernrechnung wird vorne unter Ziff. 3.4.7, S. 243 ff., behandelt.
1321 Art. 958*e* OR.
1322 Vettiger/Volkart, 913 ff.

Diverse Umfragen haben Lücken zwischen den Informationsbedürfnissen der Stakeholders und den Informationen, welche die Gesellschaft liefert, festgestellt. Der Grund für solche Lücken kann darin liegen, dass die Qualität der Daten ungenügend ist, dass deren Aufbereitung unvollständig und wenig zuverlässig ist, oder schlicht darin, dass die gewünschten Informationen fehlen. Solche Lücken betreffen vor allem Informationen zu den internen Werttreibern (z.B. Angaben zu den strategischen Zielsetzungen, Einschätzung der Marktentwicklung durch den Verwaltungsrat und das Management, Erläuterungen über das Wert- und Risikomanagement, Angaben zur Mitarbeiter- und Kundenzufriedenheit, Innovationskraft (Anteil neuer Produkte am Umsatz), Qualität der Produkte und Dienstleistungen, Bekanntheitsgrad der Marke). Die Schliessung dieser Lücken liegt im direkten Einflussbereich des Verwaltungsrates und der Geschäftsleitung.

Dabei sollten folgende Grundsätze beachtet werden:
- Die Angaben im Geschäftsbericht müssen mit den Angaben in der Jahresrechnung/Konzernrechnung konsistent sein, sie erläutern und ergänzen.
- Es sollte dem Adressaten eine Analyse der Gesellschaft/des Konzerns aus Sicht des Verwaltungsrates und der Geschäftsleitung gegeben werden.
- Die Angaben im Geschäftsbericht sollten verständlich, relevant, nützlich für Entscheidungen, mit den Vorjahresangaben vergleichbar und zukunftsorientiert sein.

Der Geschäftsbericht und der Revisionsbericht ist innerhalb von sechs Monaten nach Abschluss des Geschäftsjahres zu erstellen und muss der Generalversammlung zur Genehmigung vorgelegt werden. Er muss 20 Tage vor der ordentlichen Generalversammlung den Aktionären am Gesellschaftssitz zur Einsicht aufliegen.[1323] Jeder Aktionär kann verlangen, dass ihm unverzüglich eine Ausfertigung dieser Unterlagen zugestellt wird. Dieses Recht steht dem Aktionär auch nach der Generalversammlung noch während eines Jahres zu.[1324]

Der Geschäftsbericht ist vom Vorsitzenden/Präsident des Verwaltungsrates und von der für die Rechnungslegung zuständigen Person zu unterzeichnen.[1325]

Bisher konnten Gesellschaften im Geschäftsbericht auf Angaben verzichten, welche der Gesellschaft oder dem Konzern erhebliche Nachteile gebracht hätten. Diese Möglichkeit wurde – angesichts des Charakters der gesetzlichen Regelung als Mindestanforderungen – ersatzlos gestrichen.[1326]

3.10.2 Erstellung des Vergütungsberichts

Gemäss Art. 13 Abs. 1 VegüV muss der Verwaltungsrat bei Gesellschaften, deren Aktien an einer Börse im Inland oder Ausland kotiert sind, jährlich einen schriftlichen Vergütungsbericht zuhanden der Generalversammlung erstellen. Darin legt der Verwaltungsrat insbesondere die Elemente und die Beträge zu den Vergütungen, Darlehen und Krediten an die Mitglieder des Verwaltungsrats, der Geschäftsleitung, des Beirats und diesen nahestehenden Personen offen. Selbstverständlich steht es dem Verwaltungsrat einer nicht bör-

---

1323 Art. 696 Abs. 1 OR.
1324 Art. 696 Abs. 3 OR.
1325 Art. 958 Abs. 3 OR.
1326 Art. 663*h* Abs. 1 aOR.

senkotierten Gesellschaft frei, den Aktionären zur Steigerung der Transparenz ebenfalls einen Vergütungsbericht zu unterbreiten.

Bei der Erstellung des Vergütungsberichts sind die Vorgaben zur Rechnungslegung entsprechend anzuwenden. Ausdrücklich wird auf Art. 958c OR (Grundsätze ordnungsmässiger Rechnungslegung)[1327], Art. 958d Abs. 2–4 OR (Darstellung, Währung, Sprache) und Art. 958f OR (Aufbewahrung) verwiesen. Durch den Verweis auf Art. 958d Abs. 2 OR wird klargestellt, dass der Vergütungsbericht auch die Vorjahreszahlen zu enthalten hat. Zur Offenlegung und Auflage zur Einsichtnahme gelten die Vorschriften über den Geschäftsbericht (Art. 696 und 958e Abs.1 OR).

Der Vergütungsbericht ersetzt bei kotierten Gesellschaften die im Anhang zur Jahresrechnung bereits bisher verlangten Angaben gem. Art. 663b^{bis} OR).[1328] Der bisherige Artikel 663b^{bis} OR wurde zur Verbesserung auf drei Bestimmungen aufgeteilt:

- Art. 663b^{bis} Abs. 1 und 2 OR entsprechen grundsätzlich Art. 14 VegüV.
- Artikel 663b^{bis} Abs. 3 und 4 OR entsprechen grundsätzlich Art. 15 VegüV.
- Artikel 663b^{bis} Abs. 5 ist mit Artikel 663b^{bis} Abs. 1 Ziff. 5 und Abs. 3 Ziff. 3 OR in Art. 16 vereinigt.

Die (nicht abschliessende) Aufzählung der Vergütungen entspricht materiell grundsätzlich den bisherigen Bestimmungen, wobei neu die *Antrittsprämien* in Art. 14 Abs. 2 Ziff. 5 VegüV explizit erwähnt werden, wogegen die *Abgangsentschädigungen*, die gemäss Art. 20 Ziff. 1 VegüV künftig unzulässig sind, entfallen (bisher Art. 663b^{bis} Abs. 2 Ziff. 5 OR). Neu werden explizit auch Dienstleistungen (bisher lediglich Sachleistungen) als Vergütungen in der Liste aufgeführt. Nicht als materielle Änderung, lediglich aus Gründen der begrifflichen Kohärenz zu Abs. 1 werden in Art. 15 Abs. 2 VegüV neben den Vergütungen und Krediten auch die Darlehen erwähnt.[1329] Konkret müssen mit Vergleichszahlen zum Vorjahr[1330] folgende Vergütungen im Vergütungsbericht angegeben werden:

1. Honorare, Löhne, Bonifikationen und Gutschriften
2. Tantiemen, Beteiligungen am Umsatz und andere Beteiligungen am Geschäftsergebnis
3. Dienst- und Sachleistungen
4. die Zuteilung von Beteiligungspapieren, Wandel- und Optionsrechten
5. Antrittsprämien

1327 Vgl. dazu ausführlich Ziff. 3.4.3.2, S. 190 ff.
1328 Dadurch wird Art. 663b^{bis} OR faktisch aufgehoben. Die Abtrennung dieser Angaben von der Jahresrechnung und deren Offenlegung in einem separaten Bericht soll zur Vermeidung von widersprüchlichen Abstimmungsergebnissen beitragen, die bei mehrfachen Genehmigungsbeschlüssen entstehen könnten, wenn die Generalversammlung zweimal über die Vergütungen zu befinden hätte (bei der Genehmigung der Jahresrechnung (Art. 698 Abs. 2 Ziff. 4 OR) als auch bei der Genehmigung der Gesamtbeträge der Vergütungen (Art. 18 f. VegüV).
1329 Auch die Botschaft, Transparenz, 4471, 4491, verwendet die Begriffe «Kredite» und «Darlehen» als Synonyme.
1330 Durch den Verweis auf Artikel 958d Abs. 2 wird klargestellt, dass der Vergütungsbericht auch die Vorjahreszahlen enthalten muss (Zusatzbericht VegüV, 9).

6. Bürgschaften, Garantieverpflichtungen, Pfandbestellungen zugunsten Dritter und andere Sicherheiten
7. der Verzicht auf Forderungen
8. Aufwendungen, die Ansprüche auf Vorsorgeleistungen begründen oder erhöhen
9. sämtliche Leistungen für zusätzliche Arbeiten.

Der Vergütungsbericht dient nicht der Meinungsäusserung des Verwaltungsrats zum Vergütungssystem der Gesellschaft (z.B. «marktgerechte und angemessene Vergütungen»). Solche (nur schwer prüfbaren) Äusserungen sind im Vergütungsbericht zu vermeiden (oder zumindest – klar getrennt – an anderer Stelle ausserhalb des Vergütungsberichts zu machen).[1331]

Die Angaben im Vergütungsbericht unterliegen (wie bis anhin die Angaben gem. Art. 663b^{bis} OR) der Prüfung durch die Revisionsstelle.[1332] Diese Prüfung ist eine Prüfung im Hinblick auf die Rechtmässigkeit. Dabei prüft die Revisionsstelle, ob die Angaben im Vergütungsbericht dem Gesetz, der vorliegenden Verordnung (Art. 13–16 VegüV) und den Statuten entsprechen. Bei der Prüfung gelten die Grundsätze von Art. 728b OR sinngemäss. Die Revisionsstelle erstattet der Generalversammlung schriftlich Bericht über das Ergebnis der Prüfung.

Bei unzutreffenden Angaben über die Vergütungen an die Mitglieder des Verwaltungsrates, der Geschäftsleitung und des Beirates wird die Revisionsstelle in der Regel die Generalversammlung benachrichtigen müssen, da grundsätzlich ein (qualitativ) wesentlicher Verstoss gemäss Art. 728c Abs. 2 Ziff. 1 OR vorliegt. Unvollständige oder unrichtige Angaben im Vergütungsbericht beeinträchtigen die Meinungsbildung und damit die in Artikel 95 Abs. 3 BV verankerten Mitwirkungsrechte der Generalversammlung.

Der Vergütungsbericht ist zusammen mit dem Bericht der Revisionsstelle zum Vergütungsbericht (wie der Geschäftsbericht) 20 Tage von der GV am Sitz der Gesellschaft den Aktionären zur Einsicht aufzulegen. Zudem kann jeder Aktionär eine Ausfertigung dieser Unterlagen verlangen.[1333]

Weder im OR noch in der VegüV wird vorgeschrieben, dass der Vergütungsbericht durch die Generalversammlung zu genehmigen wäre. Möglich wäre aber eine konsultative Abstimmung.[1334] Nach Durchführung der Generalversammlung sind Vergütungsbericht und entsprechender Revisionsbericht entweder im Schweizerischen Handelsamtsblatt zu veröffentlichen oder jeder Person, die dies innerhalb eines Jahres nach Genehmigung verlangt, auf deren Kosten in einer Ausfertigung zuzustellen.[1335]

[1331] So die ausdrückliche Empfehlung des Bundesamtes für Justiz (ZUSATZBERICHT VEGÜV, 8).
[1332] Art. 17 VegüV. Siehe dazu hinten Ziff. 8.7.6, S. 644 f.
[1333] Art. 13 Abs. 3 VegüV in Verbindung mit Art. 696 OR.
[1334] MALACRIDA/SPILLMANN, 485 ff. Zu Konsultativabstimmungen siehe BÖCKLI, Aktienrecht, § 12, Rz. 58 ff.
[1335] Dies ergibt sich aus Art. 13 Abs. 3 VegüV i.V.m. Art. 958e Abs. 1 OR.

3.10.3 Einberufung der Generalversammlung

Art. 699 OR regelt die Einberufung der Generalversammlung. Es ist primär die *Pflicht* des *Verwaltungsrates,* die Generalversammlung einzuberufen.[1336] Falls er dieser Pflicht nicht nachkommt, hat *subsidiär die Revisionsstelle* nötigenfalls – bei untätigem Verwaltungsrat – die Pflicht, die Generalversammlung einzuberufen. Die subsidiäre Zuständigkeit zur Einberufung der Generalversammlung durch die *Revisionsstelle* stellt jedoch den absoluten Ausnahmefall dar und ist nur sehr restriktiv anzunehmen. Beispielsweise, wenn der einzige Verwaltungsrat gestorben oder schwer krank ist und nicht mehr in der Lage ist, die Generalversammlung einzuberufen; sodann, bei Kapitalverlust[1337] bzw. begründeter Besorgnis einer Überschuldung[1338], jedoch nur dann, wenn der Verwaltungsrat in diesen Situationen pflichtwidrig selbst untätig bleibt. Das direkte Einberufungsrecht steht der Revisionsstelle nur zu, um der GV schwerwiegende Verstösse gegen Gesetz und Statuten mitzuteilen.[1339]

Das *Recht* zur Einberufung steht dem *Verwaltungsrat als Gesamtorgan* zu. Grundsätzlich haben weder der Präsident noch einzelne Mitglieder, oder der Sekretär als Einzelperson oder als Minderheit im VR ein selbständiges Einberufungsrecht.[1340] Daneben haben auch *Aktionäre,* die zusammen mindestens 10% des Aktienkapitals vertreten,[1341] das weniger weit gehende Recht, eine Generalversammlung zwar nicht selber einzuberufen, aber die Einberufung durch den Verwaltungsrat oder ersatzweise den *Richter* zu verlangen.[1342] Letzterer hat in diesem Falle die Pflicht, die GV einzuberufen (ihm steht dann ein direktes Einberufungsrecht zu, d.h. er muss nicht den VR dazu anhalten).[1343] Die Hürde für dieses Einberufungsrecht der Aktionäre ist bei Publikumsgesellschaften als sehr hoch zu betrachten und in der Praxis kaum zu meistern. Überdies kann jede ordentliche oder ausserordentliche GV beschliessen, eine weitere GV zu beantragen bzw. zu verlangen. Der entsprechende Beschluss braucht nicht vorgängig traktandiert zu werden.[1344]

Die Einberufungsvorschriften der GV sind entsprechend deren Schutzcharakter einseitig zwingend ausgestaltet: Statutarisch können sie zum Vorteil, nicht aber zum Nachteil der Aktionäre erschwert werden.[1345] Daher kann in den Statuten einer Minderheit des Verwaltungsrats oder Aktionären mit weniger als 10% des Aktienkapitals das unmittelbare Recht zur Einberufung einer GV bzw. das Recht zur Veranlassung einer Einberufung der GV (mittelbares Einberufungsrecht) zugestanden werden.

1336 Vgl. dazu die Checkliste hinten unter Ziff. 11.101, S. 1150.
1337 Art. 725 Abs. 1 OR.
1338 Art. 725 Abs. 2 OR.
1339 Art. 728*c* Abs. 2 und 3 OR.
1340 VON STEIGER, Aktiengesellschaft, 187.
1341 Art. 699 Abs. 3 OR.
1342 Art. 699 Abs. 4 OR.
1343 Das Bundesgericht hat in BGE 132 III 555 die herrschende Lehrmeinung bestätigt, dass der Richter in diesem Fall berechtigt ist, die Generalversammlung – insbesondere wenn Gefahr in Verzug ist – selbst einzuberufen und nicht nur die Einberufung anzuordnen (Urteil des Bundesgerichts 4C.47/2006, in: Pra. 4 (2007), 271 ff. mit weiteren Literaturhinweisen).
1344 Art. 700 Abs. 3 OR.
1345 CHK-TANNER, Art. 699 OR.

Die ordentliche Generalversammlung hat alljährlich innerhalb von sechs Monaten nach Schluss des Geschäftsjahres stattzufinden. Ausserordentliche Generalversammlungen sind je nach Bedürfnis einzuberufen.

Von Gesetzes wegen ist die unverzügliche Einberufung einer Generalversammlung vorgesehen, wenn die Hälfte des Aktienkapitals und der gesetzlichen Reserven nicht mehr gedeckt sind. In dieser Situation hat der Verwaltungsrat unverzüglich eine Generalversammlung einzuberufen und ihr Sanierungsmassnahmen zu beantragen (Art. 725 OR). Diese Pflicht kann der Verwaltungsrat nicht delegieren. Unterlässt der Verwaltungsrat die Einberufung zu dieser Sanierungsversammlung, wird die Revisionsstelle diesen Gesetzesverstoss dem Verwaltungsrat melden, ihn an seine Pflicht erinnern und – bei weiterer Untätigkeit des Verwaltungsrates – nötigenfalls selbst die Generalversammlung einberufen.[1346]

Im Gesetz nicht speziell geregelt ist der Fall, wo der Verwaltungsrat es unterlässt, eine Generalversammlung einzuberufen, die Aktionäre aber aufgrund der Aktienverteilung auch nicht in der Lage sind, eine Einberufung zu verlangen.[1347] Hier kann sich jeder einzelne Aktionär unabhängig von seinem Aktienbesitz an die Revisionsstelle wenden. Diese ist gesetzlich ermächtigt, die Versammlung nötigenfalls – allerdings nur dann – einzuberufen.[1348] Ansonsten bleibt nur entweder das Zusammenschliessen mit so vielen anderen Aktionären, bis sie gemeinsam 10% der Stimmen auf sich vereinen und auf diese Weise eine a.o. Generalversammlung durchsetzen können (vgl. Art. 699 Abs. 3 OR) oder die Durchsetzung der Einberufung durch den Richter.

3.10.4 Ausführung der Generalversammlungsbeschlüsse

In Art. 716*a* Abs. 1 OR wird unter Ziff. 6 die Ausführung der Beschlüsse der Generalversammlung ausdrücklich als unübertragbare und unentziehbare Aufgabe des Verwaltungsrates aufgelistet. Mit *Ausführung* ist dabei nicht die persönliche Vornahme der entsprechenden Tat- und Rechtshandlungen gemeint. Vielmehr muss darunter die Verantwortung verstanden werden, dass die Beschlüsse überhaupt vollzogen werden.

Ein grosser Teil der Generalversammlungsbeschlüsse hat hauptsächlich richtungsweisenden Charakter. Der Verwaltungsrat kann diese Beschlüsse der Generalversammlung in den wenigsten Fällen allein durchführen. Vielmehr ist eine sinnvolle Aufgabenverteilung und -delegation oft auch in kleinen Unternehmen unumgänglich.

Der Verwaltungsrat kann sich jedoch nicht darauf beschränken, die Ausführung der Generalversammlungsbeschlüsse zu delegieren. Vielmehr hat er die mit dem Vollzug des Beschlusses beauftragten Personen zu bezeichnen, zu instruieren und zu überwachen.[1349]

3.10.5 Abgabe von Patronatserklärungen

Im Zusammenhang mit Kreditgeschäften verlangen Banken oft eine Patronatserklärung. Obwohl Inhalt und Formulierung derartiger Erklärungen sehr verschieden sein können,

---

1346 Zur Vorbereitung und Abhaltung der Generalversammlung siehe hinten Ziff. 7.2, S. 464 ff.
1347 Gemäss Art. 699 OR sind dazu mindestens 10% des Aktienkapitals notwendig.
1348 Art. 699 Abs. 1 OR.
1349 Vgl. WATTER/ROTH PELLANDA, in: Basler Kommentar, N 26 zu Art. 716*a* OR.

geht es letztlich immer um eine zusätzliche Sicherheit für die Bank. Wegen der grossen Bedeutung und der finanziellen Folgen derartiger Erklärungen wird in der Regel die Ausstellung durch den Verwaltungsrat der betroffenen Mutter- oder Schwestergesellschaft verlangt.[1350] Angesichts der hohen Bedeutung solcher Erklärungen für die Gesellschaft kommt dem Verwaltungsrat faktisch die Aufgabe zu, solche Erklärungen nur in eigener Kompetenz abzugeben bzw. deren Abgabe zu überwachen.

Der Inhalt von Patronatserklärungen reicht von garantieähnlichen Verpflichtungen bis zu losen unverbindlichen Zusagen. Durch – bewusst – zweideutige Formulierungen, welche verschiedene Interpretationen zulassen, werden Patronatserklärungen in Bezug auf ihre rechtliche Qualifikation und Durchsetzbarkeit oft unklar. In diesen Fällen muss anhand der Vorkorrespondenz und der Begleitumstände die Tragweite der Verpflichtung individuell ermittelt werden. Lässt sich nicht einwandfrei feststellen, dass keine finanzielle Verpflichtung besteht, so muss aufgrund des Vorsichtsprinzips die Patronatserklärung mit Angabe des Haftungsbetrages im Anhang zur Jahresrechnung als Eventualverpflichtung ausgewiesen werden.[1351] Hingegen ist eine Rückstellung zu bilden, wenn es wahrscheinlich ist, dass die Gesellschaft in Anspruch genommen wird.

Die Patronatserklärung stellt eine *Bürgschaft* dar, wenn der Empfänger der Patronatserklärung, gestützt auf diese Erklärung, ein originäres und direktes Forderungsrecht gegenüber dem Erklärenden erwirbt. Für das Vorliegen einer Bürgschaft ist neben den übrigen formalen Anforderungen notwendig, dass die Patronatserklärung einen Haftungshöchstbetrag im Sinne von Art. 493 Abs. 1 OR enthält. Garantiert die Mutter- bzw. Schwestergesellschaft die Leistung ihrer Tochter- bzw. Schwestergesellschaft unabhängig von Inhalt und Gültigkeit der durch die Tochter- bzw. Schwestergesellschaft eingegangenen Verpflichtung, so muss ein solches Versprechen als *Garantievertrag* qualifiziert werden.

Ein *Vertrag zugunsten Dritter* ist anzunehmen, wenn der Empfänger der Patronatserklärung (z.B. Bank) vom Promittenten (z.B. Muttergesellschaft) lediglich das Zurverfügungstellen der für die Rückzahlung des Krediten notwendigen Mittel (z.B. an die Tochtergesellschaft) verlangen kann. Wird in einer Patronatserklärung festgehalten, dass die Mutter- bzw. Schwestergesellschaft weitere Tochter- bzw. Schwestergesellschaften gründen will, bzw. für eine ordnungsgemässe Bestellung der dort notwendigen Geschäftsführer sorgen muss, kann sie dem Empfänger mangels jeglicher rechtlicher Verbindlichkeit nicht als Grundlage für irgendwelche Haftungsansprüche gegenüber dem Promittenten dienen. In die letztgenannte Kategorie gehört auch die Formulierung, wonach der Promittent den Promissor rechtzeitig von einem allfälligen Verkauf einer von ihm abhängigen Gesellschaft bzw. von einer allfälligen Änderung einer dortigen Geschäftsleitung informieren will. Auch hier handelt es sich nur um eine unverbindliche Absichtserklärung.

Es darf zusammenfassend festgehalten werden, dass die rechtliche Qualifikation einer Patronatserklärung entscheidend von der Qualität und der Quantität der darin gemachten Aussagen bzw. der vom Erklärenden eingegangenen Verpflichtungen abhängt. Für die Vornahme einer korrekten rechtlichen Qualifikation muss auf die im Einzelfall massgebende Patronatserklärung sowie das anwendbare Recht (bei internationalen Beziehungen) abgestellt werden. Patronatserklärungen, mit denen unter anderem eine bestimmte

---

1350 Zu den Patronatserklärungen im Konzern siehe hinten in Ziff. 9.9.3, S. 690 ff., und ausführlich: HANDSCHIN, Konzern, 287 ff.
1351 Vgl. dazu ausführlich HWP (2009), Band 1, 523 ff.

finanzielle Situation jener Gesellschaft garantiert wird, für die sie ausgestellt wird, sind mit grösster Vorsicht zu behandeln.[1352] Der Promittent riskiert damit nämlich Haftungs- bzw. Schadenersatzprozesse mit ungewissem Ausgang. Konsequenterweise müssen Patronatserklärungen in den meisten Fällen im Anhang zur Jahresrechnung aufgeführt werden, was unter Umständen die Kreditwürdigkeit beeinträchtigt oder sogar zwingend zu einem Rückstellungsbedarf führt.

Im Konzern stellt sich aufgrund einer Patronatserklärung trotz Fehlens einer vertraglichen Verpflichtung auch die Frage einer Vertrauenshaftung. An eine derartige Vertrauenshaftung sind aber strenge Voraussetzungen zu knüpfen. Sie entsteht nur dann, wenn die Muttergesellschaft durch ihr Verhalten eine konkrete besondere Vertrauenslage betreffend ihr Konzernverhalten und ihre Konzernverantwortung geschaffen hat, diese Erwartungen später in treuwidriger Weise enttäuscht und dadurch kausal ein Schaden bei Gläubigern einer Tochtergesellschaft entsteht.

> **Empfehlung:**
> Soll eine Patronatserklärung keine rechtlichen Verbindlichkeiten begründen, so dürfen darin keine Aussagen über finanzielle Verpflichtungen der Mutter- bzw. Schwestergesellschaft gemacht werden. Ansonsten riskiert der Verwaltungsrat die rechtliche Qualifikation der von ihm unterzeichneten Patronatserklärung als Bürgschaft oder als Garantievertrag. In diesem Falle ist der Gesamtbetrag der Bürgschafts- bzw. Garantieverpflichtung nach Art. 959 Abs. 2 Ziff. 8 und 10 OR im Anhang zur Jahresrechnung aufzuführen. Geschieht dies entgegen der rechtlichen Notwendigkeit nicht, riskiert der Verwaltungsrat eine Verantwortlichkeitsklage.

3.10.6 Aufgaben im Zusammenhang mit der Veränderung des Aktienkapitals

3.10.6.1 Anmeldung im Handelsregister

Eine Gesellschaft wird errichtet, indem die Gründer in einer öffentlichen Urkunde erklären, eine Aktiengesellschaft zu gründen, darin die Statuten festlegen und die verlangten Organe bestellen (Art. 629 OR). Doch nicht nur die Gründung, sondern auch jede Veränderung des Aktienkapitals muss beim Handelsregister zur Eintragung angemeldet werden.

Die Eintragungen im Handelsregister basieren auf Anmeldungen, vorbehältlich die Eintragungen, die aufgrund eines Urteils oder einer Verfügung eines Gerichts oder einer Behörde oder von Amtes wegen erfolgen. Der Verwaltungsrat ist verpflichtet, die in der Handelsregisterverordnung verlangten Eintragungen zu veranlassen. Die einzutragenden Tatsachen sind zu belegen, wozu die entsprechenden Unterlagen an das Handelsregisteramt einzureichen sind. Die Anmeldung ist durch zwei Mitglieder des Verwaltungsrates oder ein Mitglied mit Einzelzeichnungsberechtigung (Art. 931*a* OR) zu unterzeichnen.[1353]

[1352] Vor allem ausländische Banken verlangen von schweizerischen Holdinggesellschaften oftmals Patronatserklärungen mit der äusserst problematischen Formulierung: «... verpflichtet sich, ihre Tochtergesellschaft finanziell derart auszustatten, dass sie ihren Verpflichtungen gegenüber der Bank stets vollumfänglich nachkommen kann.»
[1353] Art. 15 ff. HRegV.

a) Einfache Gründung

Bei der einfachen Gründung wird das Aktienkapital *bar liberiert,* die gesetzlichen Anforderungen sind – im Vergleich zu den qualifizierten Gründungen – gering.[1354] Nachdem sich die Gründer auf die Höhe des Aktienkapitals, die Stückelung, die Aufteilung unter den Aktionären und die Höhe der Liberierung geeinigt haben, zahlen die Gründer den Betrag in bar auf ein dem Bankengesetz unterstelltes Institut auf ein Sperrkonto ein (Art. 633 OR). Sie erhalten von der Bank dafür eine Kapitaleinzahlungsbestätigung, welche zusammen mit den anderen Unterlagen dem Handelsregister vorzulegen ist. Anschliessend bestimmen die Gründer den Verwaltungsrat und falls erforderlich die Revisionsstelle. Nach Aufstellung der Statuten kann die Gesellschaft in einem – öffentlich zu beurkundenden – Errichtungsakt gegründet werden. Danach hat der Verwaltungsrat die neu gegründete Gesellschaft ins Handelsregister eintragen zu lassen. Gestützt auf das OR und die Handelsregisterverordnung (Art. 43 HRegV) verlangen dabei die Handelsregisterämter folgende Unterlagen:

1. Anmeldung: Angabe der Firma, Sitz (politische Gemeinde) und Adresse
2. Öffentliche Urkunde über den Errichtungsakt
3. Amtlich beglaubigte Statuten
4. Wahlannahmeerklärung der Mitglieder des Verwaltungsrates und der Revisionsstelle (bzw. Verzicht auf Revisionsstelle)
5. Protokoll des Verwaltungsrates über seine Konstituierung und die Bestimmung der zeichnungsberechtigten Personen
6. Bestätigung der Hinterlegung der Bareinlage
7. Stampa-Erkärung
8. Erklärung betreffend Domizil[1355]
9. Unterlagen betreffend geografischer Bezeichnungen in der Firma.

Die Anmeldung und deren Überprüfung erfolgt beim Handelsregisteramt. Sind die Unterlagen vollständig und der Antrag gesetzeskonform, wird die Gesellschaft ins Handelsregister eingetragen und von diesem der Eintragungstext an das Eidg. Handelsregisteramt weitergeleitet, welches die Publikation im Schweizerischen Handelsamtsblatt anordnet. Sobald die Eintragung zulässig ist, kann der Handelsregisterführer einen Handelsregisterauszug erstellen. Gestützt auf diesen Auszug darf die Bank das bei ihr eröffnete Sperrkonto freigeben.

b) Qualifizierte Gründung

Bei einer *einfachen Gründung* (siehe vorstehend a) wird das Aktienkapital bar liberiert. Wenn dagegen eine Sacheinlage vorliegt, den Gründern Vorteile gewährt werden oder spätere Sachübernahmen vereinbart oder beabsichtigt sind, spricht man von einer *qualifizierten Gründung.*

1354 Dazu ausführlich HWP (2009), Band 3, 3 ff.
1355 Dazu findet sich ein Muster hinten unten Ziff. 11.18, S. 822 (inkl. Muster für Domizilvertrag hinten unten Ziff. 11.19, S. 823 ff.).

Sacheinlage-gründung	Das Aktienkapital wird nicht bar, sondern durch die Einbringung von Sachen, Forderungen und anderen Vermögenswerten liberiert. Als Gegenwert erhalten die Einleger Aktien.
	Sacheinlagen müssen bilanzierungsfähig bzw. aktivierbar sein. Als Sacheinlagen kommen deshalb nur Vermögenswerte in Betracht, über welche die Gesellschaft Verfügungsmacht erlangen kann, für die aufgrund vergangener Ereignisse ein künftiger Mittelzufluss (ohne Gegenwert) wahrscheinlich ist und deren wirtschaftlicher Wert feststellbar ist.[1356] Damit die Gesellschaft die Verfügungsgewalt über die Sacheinlage erlangen kann, muss diese übertragbar sein. Die Gesellschaft muss nach dem Handelsregistereintrag darüber verfügen können.
	Nicht sacheinlagefähig sind Rechte und Werte, die diese Voraussetzungen nicht erfüllen (wie zukünftige Ansprüche, Ansprüche auf künftige Arbeitsleistungen, höchstpersönliche Rechte [z.B. Wohnrechte]).
	Übersteigt der Wert der eingebrachten Aktiven das zu liberierende Aktienkapital (inklusive Agio), wird der darüber hinausgehende Betrag dem einlegenden Aktionär gutgeschrieben.
Sach-übernahme	Darunter ist der vor der Eintragung der AG ins Handelsregister vereinbarte (oder fest beabsichtigte) Erwerb von Vermögenswerten zu verstehen. Diese Vermögensrechte müssen dieselben Kriterien erfüllen wie bei der Sacheinlage. Nach erfolgter Barliberierung werden die vorgängig vereinbarten Aktiven (oder allenfalls Aktiven und Passiven) durch die AG erworben. Die Abgrenzung zur Bargründung (einfache Gründung) ist schwierig. Literatur und Praxis schweigen sich über den Zeitraum, in welchem die Sachübernahme zu erfolgen hat, aus.[1357]
	Eine Sachübernahme liegt ebenfalls vor, wenn der Wert der einzubringenden Aktiven erst zu einem nach der Gründung liegenden Zeitpunkt festgelegt werden kann. In solchen Fällen wird anlässlich der Gründung ein maximaler Preis für die Sachübernahme bestimmt.
Gründer-vorteile	Darunter versteht man Leistungen der Gesellschaft an ihre Gründer und ihnen nahestehende Personen oder an andere Personen als besondere Entschädigung für deren Tätigkeit bei der Gründung sowie für deren Verdienst am Zustandekommen der Gesellschaft.[1358] Beispiele sind Recht auf Gewinn- oder Umsatzbeteiligung, Recht auf Benutzung von Anlagen der Gesellschaft, Liquidationsanteile etc. Solche Gründervorteile sind in den Statuten mit Inhalt und Wert präzise zu bezeichnen. Der gewährte Vorteil muss die Gesellschaft belasten.
Liberierung durch Verrechnung	Der Aktionär kommt seiner Einzahlungsverpflichtung durch die wechselseitige Verrechnung einer ihm zustehenden Forderung gegen die zu gründende Gesellschaft mit der Liberierungsschuld nach.
	Im Gründerstadium dürfte die Liberierung durch Verrechnung nur bei einer Umwandlung einer Einzelfirma und Personengesellschaft in eine Aktiengesellschaft von Bedeutung sein. Eine Verrechnung von Gründerlohn oder Gründerprovision ist nicht zulässig. Zur Verrechnung ist eine schriftliche Verrechnungserklärung erforderlich. Damit sie verrechenbar sind müssen die Forderungen gleichartig, fällig und vollwertig sein.

Bei einer qualifizierten Gründung müssen die Gründer gemäss Art. 635 OR in einem *schriftlichen Bericht* über Folgendes Rechenschaft ablegen:

- die Art und den Zustand von Sacheinlagen oder Sachübernahmen und die Angemessenheit der Bewertung

---

[1356] Art. 959 Abs. 2 OR.
[1357] Vgl. BGE 83 II 289.
[1358] Art. 628 Abs. 3 OR.

- den Bestand und die Verrechenbarkeit der Schuld
- die Begründung (Personenbezogenheit, Besonderheit) und die Angemessenheit besonderer Vorteile zugunsten von Gründern oder anderen Personen.

Ein zugelassener Revisor muss den Gründungsbericht prüfen und schriftlich bestätigen, dass dieser vollständig und richtig ist.[1359]

3.10.6.2 Durchführung von Kapitalerhöhungen

Der Verwaltungsrat hat über die Durchführung der Kapitalerhöhung Rechenschaft abzulegen.[1360] Der Kapitalerhöhungsbericht hat Ähnlichkeit mit dem Gründungsbericht (Art. 635 OR). Im Gegensatz zum Gründungsbericht hat der Verwaltungsrat bei *jeder* ordentlichen oder genehmigten Kapitalerhöhung einen Kapitalerhöhungsbericht zu erstellen. Nur für eine bedingte Kapitalerhöhung ist dies nicht erforderlich.

Zusätzlich zu den Berichtspunkten des Gründerberichts (siehe oben) hat der Verwaltungsrat im Kapitalerhöhungsbericht Rechenschaft abzulegen über:[1361]
- die freie Verwendbarkeit von umgewandeltem Eigenkapital;
- die Einhaltung des Generalversammlungsbeschlusses, insbesondere hinsichtlich der Einschränkung oder der Aufhebung des Bezugsrechts und der Zuweisung nicht ausgeübter oder entzogener Bezugsrechte.

Die erforderliche Aufführung nicht ausgeübter oder entzogener Bezugsrechte wurde im Rahmen der parlamentarischen Beratung eingefügt; es geht hier jedoch nur um eine Offenlegung des zur Anwendung gelangten Vorgehens und nicht um die Publikation der Identität der Aktienerwerber.

Ein zugelassener Revisor (i.d.R. die Revisionsstelle) prüft den Kapitalerhöhungsbericht und bestätigt, dass dieser richtig und vollständig ist.[1362] Keine Prüfungsbestätigung ist erforderlich, wenn die Liberierung des neuen Aktienkapitals in Geld erfolgt, das Aktienkapital nicht für eine Sachübernahme erhöht wird und die Bezugsrechte nicht eingeschränkt oder aufgehoben werden.[1363]

3.10.6.3 Einforderung der noch nicht geleisteten Einlage bei teilliberierten Namenaktien

Bei Gesellschaften, deren Namenaktien nicht voll einbezahlt worden sind, hat der Verwaltungsrat gem. Art. 634a OR die Kompetenz zur Einforderung des noch nicht einbezahlten Aktienkapitals. Diese Kompetenz kann er weder an die GV noch an die Geschäftsleitung übertragen. Wichtig ist dabei, dass der VR das Gleichheitsgebot beachtet: die Aktionäre können nur ungleich zur Leistung aufgefordert werden, wenn dafür sachliche Gründe bestehen und diese Ungleichbehandlung erforderlich ist und das Gebot der schonenden Rechtsausübung beachtet wird.[1364]

1359 Art. 635a OR. Siehe dazu hinten Ziff. 8.7.1, S. 635 f.
1360 Art. 652e OR, dazu ausführlich HWP (2009), Band 3, 27 ff. Siehe dazu auch die Checkliste hinten unter Ziff. 11.38, S. 907 f.
1361 Art. 652e OR. ZINDEL/ISLER in: Basler Kommentar, N 3 ff. zu Art. 652e OR.
1362 Art. 652f OR. Siehe dazu hinten Ziff. 8.7.2, S. 637 f.
1363 HWP (2009), Band 3, 28 ff.
1364 BÖCKLI, Aktienrecht, § 1 Rz. 320 ff.

Die nachträgliche Leistung der Einlage kann in Form von Geld, durch Sacheinlage oder durch Verrechnung geschehen. Dabei sind die Grundsätze wie bei der Gründung zu beachten. Eine Umbuchung von frei verfügbarem Eigenkapital ist nur dann möglich, wenn vorgängig die Aktionäre eine Ausschüttung beschliessen und danach die Gesellschaft ihre Schuld mit der Einzahlungsforderung verrechnet. Dabei sind allerdings (sofern das Meldeverfahren nicht möglich ist) Verrechnungssteuereffekte von 35 % zu beachten: Für eine Einzahlung von TCHF 100 werden demnach Ausschüttungen von TCHF 153,8 benötigt.

Erfolgt die Einzahlung nicht in Geldform, so hat der Verwaltungsrat die Bestimmungen wie bei der Gründung bzw. Kapitalerhöhung (Art. 652c ff. OR) zu beachten (Erstellung eines Zwischenabschlusses und Prüfung durch zugelassenen Revisor [falls der Bilanzstichtag mehr als 6 Monate zurückliegt], Erstellung eines Kapitalerhöhungsberichts, Prüfung durch einen Revisor [falls Einlage nicht in Geld erfolgt], öffentliche Urkunde über die Beschlüsse zur Änderung der Statuten und zu Feststellung der Leistung der Einlage, Anpassung der Statuten, Anmeldung zur Eintragung einer nachträglichen Leistung im Handelsregister gemäss Art. 54 HRegV).

Falls ein Aktionär seiner Einlagepflicht nicht nachkommt, kann der Verwaltungsrat entweder die Eintreibung (samt Verzugszinsen) durch Betreibung und Klage durchsetzen oder das sogenannte Kaduzierungsverfahren gemäss Art. 681 OR einleiten (Setzung einer Nachfrist mit Androhung des Entzugs der Aktionärsrechte, bis Untergang der entsprechenden Aktie mit allen Rechten, Ungültigkeit der Titel).[1365]

3.10.6.4 Durchführung von Kapitalherabsetzungen

a)   Gesetzliche Grundlage

Das Aktienkapital, das in den Statuten, im Handelsregister und in der Bilanz der Gesellschaft gleichlautend ausgewiesen wird, stellt eine Sperrzahl dar: ist das Kapital durch die Nettovermögen (Aktiven abzüglich Fremdkapital) nicht mehr gedeckt, so kann und darf die Gesellschaft keine Ausschüttungen mehr vornehmen. Aber auch eine Rückzahlung von Mitteln an die Aktionäre – bei gesunder Bilanz – verstiesse gegen das Kapitalschutzprinzip.[1366] Das Verfahren zur Kapitalherabsetzung ist für die Aktiengesellschaften in Art. 732–735 OR geregelt. Grundsätzlich finden die obligationenrechtlichen Vorschriften über die Kapitalherabsetzung auch im Fusionsgesetz Anwendung (insbesondere Art. 69 Abs. 2 FusG bei Vermögensübertragungen). Dagegen finden gemäss Art. 32 FusG (Kapitalherabsetzung bei der Abspaltung) die Vorschriften von Art. 733 und 734 OR keine Anwendung bezüglich Schuldenruf und Durchführung der Herabsetzung (gesetzliche Frist, Befriedigung und Sicherstellung der Gläubiger sowie öffentliche Beurkundung).

b)   Gründe für eine Kapitalherabsetzung

Es gibt es sehr verschiedene Gründe, die den Verwaltungsrat veranlassen können, das in den Statuten festgesetzte Aktienkapital (oder PS-Kapital) herabzusetzen. In der Praxis sind oft folgende Motive festzustellen:[1367]

1365 BÖCKLI, Aktienrecht, § 1 Rz. 332 ff.
1366 Dazu BÖCKLI, Aktienrecht, § 2 Rz. 331 ff.,
1367 HWP (2009), Band 3, 53 ff.

- Die Gesellschaft besitzt aufgrund eines Erwerbs in der Vergangenheit (Art. 659 OR) eigene Aktien, die sie nicht mehr veräussern kann oder will. Daher sollen die betreffenden Titel annulliert und vernichtet werden.
- Die Gesellschaft hat in der Vergangenheit Verluste erwirtschaftet, die das nominelle Aktienkapital aufgezehrt haben. Der dadurch entstandene Bilanzverlust kann durch Verrechnung mit dem Aktienkapital beseitigt werden. Das nominelle Aktienkapital in der Bilanz wird dadurch auf seinen effektiven Bestand reduziert. Oft wird dies mit einer finanziellen Sanierung verbunden, wobei durch Einbringung neuer Mittel oder durch Umwandlung von Fremdkapital das Aktienkapital ganz oder teilweise wieder aufgestockt wird.
- Die Gesellschaft benötigt das ihr ursprünglich zur Verfügung gestellte Vermögen nicht mehr, oder dieses kann anderweitig sinnvoller (mit höherer Rendite) eingesetzt werden. Durch die Kapitalherabsetzung wird eine Rückzahlung an die Aktionäre ermöglicht. Die Rückzahlung des Aktienkapitals wird in der Praxis oft als (für den privaten Aktionären steuerlich vorteilhaften) Ersatz für eine Dividende erachtet. Dabei darf allerdings das minimale Aktienkapital von CHF 100 000 nicht unterschritten werden.
- Die Gesellschaft hat noch nicht einbezahltes Aktienkapital. Sie verzichtet auf dessen Einforderung, weil sie es nicht benötigt.

c)	**Abgrenzung zu anderen Sachverhalten**

Nicht zu den Kapitalherabsetzungen zählen folgende Sachverhalte:

- Erwerb eigener Aktien (sofern diese anschliessend nicht sofort vernichtet werden)
- Streichung der Statutenbestimmungen über das genehmigte oder das bedingte Aktienkapital
- Änderung der Zusammensetzung des Grundkapitals (z.B. Umwandlung von PS in Aktien)
- Reduktion von offenen oder stillen Reserven
- Kraftloserklärung von Aktien nach Art. 971 f. OR und Kaduzierung (Art. 681f OR)
- Reduktion des Aktienkapitals durch gerichtlichen Nachlassvertrag. Dort kommen die Bestimmungen von Art. 293 ff. SchKG zur Anwendung.

d)	**Arten der Kapitalherabsetzung**

Je nachdem, ob Mittel freigesetzt werden oder nicht, können grundsätzlich zwei verschiedene Arten von Kapitalherabsetzungen unterschieden werden: die Kapitalherabsetzungen *mit* Freigabe von Mitteln und die Kapitalherabsetzung *ohne* Mittelfreigabe.

Bei der Kapitalherabsetzung *mit* Freigabe von Mitteln können Rückzahlungen oder Gutschriften an die Aktionäre erfolgen. Es kann aber auch ein Entzug von potenziell verfügbaren Mitteln durch Verzicht auf nicht einbezahltes Aktienkapital etc. stattfinden (konstitutive Kapitalherabsetzung). Da mit dieser Kapitalherabsetzung das Haftungssubstrat der Gesellschaft (und damit die Gläubigersicherheit) reduziert wird, unterliegt diese Form strengeren Bestimmungen. Abgesehen vom Fall der Sanierung darf das Aktienkapital der Gesellschaft nicht unter CHF 100 000 herabgesetzt werden, wobei mindestens CHF 50 000 eingelegt sein müssen. (Art. 621 OR i.V.m. Art. 632 OR). Die Rückzahlung stellt beim pri-

vaten Aktionär im Ausmass des den Nennwert der Aktien übersteigenden Teils Einkommen dar; die Gesellschaft schuldet darauf grundsätzlich die Verrechnungssteuer. Bei diesem Verfahren sind folgende Schritte durchzuführen:
1. Der Verwaltungsrat erstellt zuhanden der Generalversammlung einen Antrag zur Kapitalherabsetzung und entsprechender Anpassung der Statuten. Dabei beachtet er insbesondere auch das Gebot der (relativen) Gleichbehandlung der Aktionäre.
2. Sodann beauftragt der Verwaltungsrat einen zugelassenen Revisions*experten* (i.d.R. die Revisionsstelle) mit der Beurteilung der Frage, ob auch nach geplanter Kaptialherabsetzung die Gläubigerforderungen gedeckt sind.[1368] Falls die Beurteilung positiv ausfällt, kann die Generalversammlung über die Kapitalherabsetzung beschliessen; falls die Deckung jedoch nicht gegeben ist, so liegt eine Überschuldung (Art. 725 Abs. 2 OR) vor und es sind vom Verwaltungsrat die entsprechenden Massnahmen zu ergreifen.
3. Gestützt auf den Bericht des zugelassenen Revisionsexperten beschliesst die Generalversammlung – in Anwesenheit des zugelassenen Revisionsexperten und eines Notars – in der Regel «in einem Aufwasch»[1369] über die Kapitalherabsetzung (Grundsatzbeschluss zur Herabsetzung, Betrag der Herabsetzung, Art der Durchführung der Herabsetzung, Angabe der Verwendung der verfügbar gemachten Eigenkapitalanpassung) und die entsprechende Anpassung der Statuten (1. öffentliche Urkunde; Art. 647 OR und Art. 732 Abs. 1 OR). Sofern in den Statuten nicht anders geregelt, bestehen dabei keine besonderen Präsenz oder Beschlussquoren. Allerdings sind besondere Beschlussvoraussetzungen zu beachten, wenn durch die Kapitalherabsetzung die Vorrechte einer Kategorie von Aktien oder die Stellung der Partizipationsscheine verschlechtert wird, bzw. die Kapitalherabsetzung im Endergebnis zu einer Einführung oder Abschaffung von Stimmrechtsaktien führte.[1370]
4. Gestützt auf den Auftrag der Generalversammlung veranlasst der Verwaltungsrat gemäss Art. 733 OR die dreimalige Publikation des Herabsetzungsbeschlusses im SHAB. Dabei werden die Gläubiger – mit Verweis auf den Beschluss der Generalversammlung – aufgefordert, sich binnen zweier Monate von der dritten Publikation an bei der Gesellschaft zu melden, falls sie für ihre Forderung Befriedigung oder Sicherstellung verlangen (Realsicherheit [z.B. Verpfändung von Grundstücken] oder Personalsicherheit z.B. Bürgschaft, Hinterlegung von Wertschriften etc.)[1371]
5. Nach Ablauf der Frist stellt der Verwaltungsrat fest, dass die angemeldeten Gläubiger befriedigt oder sichergestellt sind. Er hat diesbezüglich ordnungsmässige Aufzeich-

---

[1368] Dazu ausführlich HWP, Band 3, 63. Basis der Prüfung bildet in der Regel ein aktueller Zwischenabschluss. Weil der Prüfbericht auf die Generalversammlung zu erstellen ist, die Beurteilung sich aber auf den (späteren) massgeblichen Zeitpunkt des Eintrages im Handelsregister beziehen sollte, ist die verlangte Feststellung bei knapper Deckung der Gläubigerforderungen äusserst problematisch. Insofern erscheint der Ablauf des gesamten Verfahrens als nicht völlig konsistent. Siehe Ziff. 8.7.3, S. 639 f.
[1369] BÖCKLI, Aktienrecht, § 2 Rz. 338 ff.
[1370] BÖCKLI, Aktienrecht, § 2 Rz. 340.
[1371] Die Einräumung eines unbegrenzten Sicherstellungsanspruches kann eine Gesellschaft in Schwierigkeiten bringen und allenfalls zu Benachteiligungen der übrigen Gläubiger führen. Sie ist in der Literatur daher auf Kritik gestossen. Der Gesetzesentwurf sieht vor, dass die Sicherstellung entfällt, wenn die Gesellschaft nachweist, dass die Erfüllung der Forderung nicht gefährdet ist (BOTSCHAFT, Änderung Rechnungslegungsrecht, 2008, 1649/50).

nungen zu erstellen (Eingegangene Anmeldungen, Erledigung, gestellte Sicherheiten.)

6. Nach Ablauf dieser Frist stellt der Notar in einer 2. öffentlichen Urkunde fest, dass die Vorschriften zum Kapitalherabsetzungsverfahren beachtet worden sind (2. öffentliche Urkunde).

7. Gestützt auf den eingereichten Beschluss der Generalversammlung betr. Kapitalherabsetzung und Statutenänderung (1. öffentliche Urkunde), den Prüfbericht des zugelassenen Revisionsexperten, den Nachweis der dreimaligen Publikation und der *Feststellung des Verwaltungsrates,* dass keine Gläubigerbegehren eingereicht worden sind bzw. die gemeldeten Forderungen beglichen oder sichergestellt worden sind, stellt der Notar fest, dass die Vorschriften des Abschnittes über die Kapitalherabsetzung erfüllt sind und meldet die Eintragung der Kapitalherabsetzung ans Handelsregister. Die Eintragung der Kapitalherabsetzung hat konstitutive Wirkung. Erst dann wird das Aktienkapital reduziert, der Vorgang wie beschlossen durchgeführt (allenfalls die Auszahlung an die Aktionäre vollzogen) und verbucht.

8. Sodann wird der Vollzug der Kapitalherabsetzung im SHAB publiziert (Art. 734 OR).

Bei der Kapitalherabsetzung *ohne* Mittelfreigabe erfolgt i.d.R. eine Verrechnung des Bilanzverlustes mit Aktienkapital zu dessen (vollständiger oder teilweiser) Beseitigung. Weil dabei die Stellung der Gläubiger sich direkt nicht verschlechtert, sieht das Gesetz in diesem Fall Erleichterungen vor. Oft wird dabei gleichzeitig mit der Kapitalherabsetzung das Aktienkapital als Sanierungsmassnahme wieder erhöht (durch Einzahlung neuer Mittel oder Verrechnung von Schulden). Die *Wiedererhöhung* kann dabei entweder a) teilweise oder b) im selben Ausmass wie die Kapitalherabsetzung oder c) über den ursprünglichen Nennwert hinaus aufgestockt werden. Das Aktienkapital darf in diesem Falle die Untergrenze von CHF 100 000 unterschreiten und bis auf null herabgesetzt werden, sofern es gänzlich verloren ist, und wieder auf mindestens CHF 100 000 aufgestockt wird. Bei der Kapitalherabsetzung auf null verlieren die bisherigen Aktionäre ihre bisherigen Mitgliedschaftsrechte; ihre Aktien müssen vernichtet werden. Bei der nachfolgenden Kapitalerhöhung haben die bisherigen Aktionäre jedoch ein unentziehbares Vorrecht auf den Bezug von neuen Aktien (Art. 732*a* Abs. 2 OR). Falls sie daran nicht teilnehmen (können), verfügen sie über keine Mitgliedschaftsrechte mehr.

Sofern der Betrag der Kapitalherabsetzung die Unterbilanz nicht übersteigt, entfällt bei diesem Verfahren der Schuldenruf, die Befriedigung oder Sicherstellung angemeldeter Forderungen und die Feststellungsurkunde beim Notar (2. öffentliche Urkunde). Hingegen sind wie bei Verfahren 1 ein Prüfbericht eines zugelassenen Revisionsexperten (in dem dieser bestätigt, dass die Gläubigerforderungen auch nach der geplanten Kapitalherabsetzung gedeckt sind) sowie der öffentlich beurkundete Beschluss der Generalversammlung zur Herabsetzung des Kapitals und der Änderung der Statuten erforderlich. Die Eintragung der Kapitalherabsetzung im SHAB erfolgt gestützt auf die öffentliche Urkunde und den Prüfungsbericht des zugelassenen Revisionsexperten.

Falls die Generalversammlung beschliesst, das Kapital gleichzeitig mit der Herabsetzung wieder genau auf den bisherigen Betrag aufzustocken, wird das Verfahren insofern weiter vereinfacht, als keine Statutenänderungen und kein Prüfungsbericht eines zugelassenen

Revisionsexperten nötig sind.[1372] In der Praxis wird die angestrebte Sanierung bei Familienaktiengesellschaften oder Konzerngesellschaften oft auch erreicht, indem Aktionäre auf Forderungen verzichten oder finanzielle Mittel à fonds perdu einbringen.

Voraussetzung für das vereinfachte Verfahren ist,
- dass die Unterbilanz in der Gesellschaft offen ausgewiesen wird,
- die Unterbilanz durch echte Verluste entstanden ist (und nicht durch überhöhte Abschreibungen, Wertberichtigungen oder Rückstellungen),
- dass die Forderungen der Gläubiger auch nach erfolgter Herabsetzung voll gedeckt sind; falls dies nicht der Fall wäre, müsste die Gesellschaft gemäss Art. 725 OR den Richter benachrichtigen, es sei denn eine finanzielle Sanierung käme durch Gläubigerverzichte zustande,
- dass die geplante Herabsetzung nicht grösser ist als die Unterbilanz, da ansonsten eine Mittelfreisetzung stattfindet.

f) Formen der Kapitalherabsetzung

Die Kapitalherabsetzung kann entweder durch Verminderung des Nennwertes der Aktien («Herabstempelung», wobei der Nennwert nicht unter einen Rappen sinken darf, ausser im Falle der Beseitigung eines Bilanzverlustes; Art. 732a Abs. 1 OR) oder durch Verminderung der Anzahl Aktien (nach Beschluss der Generalversammlung) oder eine Mischform von beiden erfolgen. (Gelegentlich werden dabei in der Praxis vorgängig Aktien zusammengelegt [was grundsätzlich die Zustimmung der betroffenen Aktionäre erfordert], wodurch der Nennwert je Aktie steigt, und erst danach das Aktienkapital herabgesetzt).

Die Kapitalherabsetzung ist von der Generalversammlung (i.d.R. mit der absoluten Mehrheit der vertretenen Aktienstimmen) zu beschliessen.

3.10.7 Anzeigepflichten und Massnahmen bei Kapitalverlust und Überschuldung

3.10.7.1 Grundlagen

In Art. 725 OR sind die Massnahmen aufgeführt, die der Verwaltungsrat im Falle eines hälftigen Kapitalverlustes bzw. im Falle einer Überschuldung zu ergreifen hat.[1373]

Ein «*Kapitalverlust*» im Sinne des Aktienrechts ist dann gegeben,[1374] wenn mit dem kumulierten Verlust[1375] die Summe von nominellem Aktien-/Partizipationskapital und gesetzlichen Reserven mindestens zur Hälfte – aber noch nicht vollständig – aufgezehrt

---

1372 Dazu eingehend KÜNG/SCHOCH, in: Basler Kommentar, N 5 zu Art. 732a OR.
1373 Die Vorschriften des Art. 725 OR («Kapitalverlust bzw. begründete Besorgnis einer Überschuldung») gelten für jede Aktiengesellschaft, ungeachtet dessen, ob ihre Jahresrechnung ordentlich, eingeschränkt oder gar nicht geprüft wird (Opting-out). Dies gilt auch mit Bezug auf die subsidiären Handlungs- und Anzeigepflichten der Revisionsstelle in den Fällen eines Kapitalverlusts und einer offensichtlichen Überschuldung.
1374 Art. 725 Abs. 1 OR.
1375 Art. 959a Abs. 2 Ziff. 3 lit. d OR; früher «Bilanzverlust» genannt (Art. 663a Abs. 4 aOR).

worden ist.[1376] Dieser Tatbestand wird in der Praxis oft als «hälftiger Kapitalverlust» bezeichnet und stellt eine qualifizierte Form der Unterbilanz dar. Massgebend sind dabei grundsätzlich die Zahlen der letzten (geprüften) handelsrechtlichen Bilanz (i.d.R. zu Fortführungswerten).[1377] Der hälftige Kapitalverlust ist gemäss Gesetz eine kritische Schwelle, bei deren Überschreiten die Aktionäre von der angespannten finanziellen Situation einer Gesellschaft unverzüglich Kenntnis erhalten und über Sanierungsmassnahmen befinden sollen.[1378] Zur Feststellung des hälftigen Kapitalverlustes wird in einem ersten Schritt das nominelle Kapital (Aktienkapital plus Partizipationskapital) plus die *gesetzlichen* Reserven (d.h. ohne Spezialreserven, ohne frei verfügbare Reserven, ohne Gewinnvortrag/Bilanzgewinn) zusammenaddiert und die Summe halbiert. Das Resultat wird mit den kumulierten Verlusten verglichen: übersteigen die kumulierten Verluste das Resultat, so liegt ein Kapitalverlust im Sinne des Aktienrechts vor.[1379]

Bei einer «*Überschuldung*» im Sinne von Art. 725 Abs. 2 OR hat der Bilanzverlust das gesamte Eigenkapital vollständig aufgezehrt: die vorhandenen, ordnungsgemäss bewerteten Vermögenswerte decken das Fremdkapital (Verbindlichkeiten und Rückstellungen) nur noch teilweise. Man unterscheidet zwischen echter und unechter Überschuldung. Bei der echten Überschuldung ist das Fremdkapital nach Auflösung sämtlicher stillen Reserven nicht mehr durch die Aktiven gedeckt und somit das Eigenkapital effektiv verloren. Im Falle der unechten Überschuldung führt eine Auflösung sämtlicher stillen Reserven dazu, dass die Forderungen Dritter durch das Umlauf- und das Anlagevermögen noch gedeckt sind; das Eigenkapital ist in diesem Sinne nur buchmässig verloren.[1380]

1376 Vom «Kapitalverlust im Sinne des Aktienrechts» zu unterscheiden ist die «Unterbilanz». Diese ist dann gegeben, wenn ein Bilanzverlust resp. kumulierter Verlust einen Teil des Aktien- und Partizipationskapitals aufgezehrt hat. Das bedeutet, dass die vorhandenen Aktiven das Fremdkapital noch ganz, das Aktien- und Partizipationskapital hingegen nur noch zum Teil decken. Der Begriff «Unterbilanz» wird im Aktienrecht nur im Zusammenhang mit der Kapitalherabsetzung (Art. 735 OR) und bei der Aufwertung (Art. 670 Abs. 1 OR) verwendet.
1377 Falls der Kapitalverlust durch bestehende stille Reserven im Sinne des Aktienrechts gedeckt ist, spricht man von einem unechten Kapitalverlust (WÜSTINER, in: Basler Kommentar, N 19 zu Art. 725 OR).
1378 PS 290 (Pflichten bei Kapitalverlust und Überschuldung), lit. B.
1379 Bei Anwendung des *bisherigen* Rechnungslegungsrechts sind für die Ermittlung des hälftigen Kapitalverlustes folgende Posten als *gesetzliche* Reserven miteinzubeziehen: die allgemeine Reserve (Art. 671 OR), die Reserve für eigene Aktien (Art. 659a Abs. 2 i.V.m. Art. 671a OR) und die Aufwertungsreserve (Art. 670 Abs. 2 i.V.m. Art. 671b OR). Falls das *neue* Rechnungslegungsrecht angewendet wird, bestehen die gesetzlichen Reserven aus den Gesamtbeträgen der *gesetzlichen Kapitalreserve* (Art. 959a Abs. 2 Ziff. 3 lit. b OR; sie beinhaltet insbesondere Agio und Kaduzierungsgewinne), der *gesetzlichen Gewinnreserve* (Art. 959a Abs. 2 Ziff. 3 lit. c OR: diese – neue – Position «gesetzliche Gewinnreserve» entspricht der aus Jahresgewinnen geäufneten bisherigen allgemeinen gesetzlichen Reserven gem. Art. 671 OR), der *Aufwertungsreserve* (Art. 670 Abs. 2 i.V.m. Art. 671b OR) und der *Reserve für eigene Aktien* (bei *indirekt* durch ein mehrheitlich beherrschtes Unternehmen erworbenen eigenen Aktien; bei *direktem* Erwerb eigener Aktien werden diese im Umfang des Anschaffungswertes als Minusposten im Eigenkapital in Abzug gebracht; Art. 959a Abs. 2 Ziff. 3 lit. e OR). Dieser Ausweis bewirkt, dass Eigenkapital im Umfang des Anschaffungswerts der eigenen Kapitalanteile bis zu deren Wiederveräusserung oder Vernichtung (durch Kapitalherabsetzung) weder für Ausschüttungen an die Gesellschafter (Ausschüttungssperre) noch als Haftungssubstrat für die Gläubiger greifbar ist (BOTSCHAFT, Änderung Rechnungslegungsrecht, 1660). Der «Minusposten» ist daher nicht (auch noch) in die Berechnung des Schwellenwerts nach Art. 725 Abs. 1 OR miteinzubeziehen.
1380 Von der «Überschuldung» zu unterscheiden ist die sog. «*Zahlungsunfähigkeit*» (auch «Insolvenz» genannt). Darunter ist die Unfähigkeit zu verstehen, den fälligen Zahlungsverpflichtungen fristgerecht nachzukommen. Zahlungsunfähigkeit ist nicht zwingend mit einer Überschuldung gekoppelt.

Kapitalverlust (Art. 725 Abs. 1 OR)		Überschuldung (Art. 725 Abs. 2 OR)	
Vermögen	Fremdkapital	Vermögen	Fremdkapital
		Verlust	
	Freie Reserve		Freie Reserve
	Gesetzliche Reserven		Gesetzliche Reserven
Verlust			
	AK		AK

Die Ermittlungen und allfällige Massnahmen gemäss Art. 725 OR basieren grundsätzlich immer auf der finanziellen Situation der *Einzelgesellschaft*. An die Konzernrechnung knüpfen keine diesbezüglichen Folgen. Hingegen ist zu beachten, dass angesichts der in einem Konzern vielfach bestehenden operativen und finanziellen Verflechtungen und Abhängigkeiten die finanzielle Schieflage bzw. ein Konkurs einer einzelnen Gesellschaft u.U. – einem Domino-Effekt ähnlich – zu einem finanziellen Zusammenbruch weiterer Gesellschaften im Konzernverbund führen kann. Als besonders kritisch in diesem Zusammenhang können sich namentlich sog. Prinzipalstrukturen und Konzerne mit zentralisiertem Liquiditätsmanagement (wie Cash-Pooling) erweisen.[1381]

3.10.7.2 Verantwortlichkeit des Verwaltungsrates bei hälftigem Kapitalverlust

Zeigt die letzte Jahresbilanz, dass die Hälfte des Aktienkapitals und der gesetzlichen Reserven nicht mehr gedeckt sind,[1382] so hat der Verwaltungsrat die Pflicht, unverzüglich eine Generalversammlung einzuberufen und ihr Sanierungsmassnahmen zu beantragen, wobei der Begriff «Sanierungsmassnahmen» im Gesetz nicht definiert ist.

Nach Feststellung eines Kapitalverlusts hat der Verwaltungsrat umgehend zu handeln. Er hat im Wesentlichen die Ursachen des Kapitalverlusts zu suchen, die Sanierungsfähigkeit der Gesellschaft zu beurteilen, den erforderlichen Sanierungsbedarf zu ermitteln und möglichen Sanierungsmassnahmen zu analysieren. Danach leitet er die notwendigen Schritte ein, zu denen auch die Einberufung der Generalversammlung zählt. «Unverzüglich» ist dabei als «so rasch wie unter den gegebenen Umständen möglich» zu verstehen. Bei komplexeren Verhältnissen kann es sich aufdrängen, die Aktionäre in einer «Orientierungsversammlung» vor der eigentlichen Sanierungsversammlung über den Tatbestand des Kapitalverlusts und die beabsichtigten Massnahmen zur Sanierung zu orientieren.

Eine Zahlungsunfähigkeit kann auch dann vorliegen, wenn das Fremdkapital noch durch (langfristig gebundene) Aktiven gedeckt ist. Da sich in diesem Zeitpunkt eine Umstellung der Bewertungsbasis (von Fortführungs- auf Veräusserungswerte) aufdrängt, ist die Zahlungsunfähigkeit vielfach der Anlass zur Besorgnis und damit oft die Ursache einer Überschuldung.

1381 HWP (2013), Band Eingeschränkte Revision, 78 f.
1382 Stille Reserven können dann mitberücksichtigt werden, wenn sie innerhalb der handelsrechtlichen Höchstbewertungsvorschriften aufgelöst werden (BÖCKLI, Aktienrecht, § 13, Rz. 721; WÜSTINER, in: Basler Kommentar, N 25 zu Art. 725 OR).

Sanierungsmassnahmen umfassen in einem *weiteren,* betriebswirtschaftlichen Sinn alle Vorkehrungen zur dauerhaften finanziellen Gesundung eines Unternehmens.[1383] Dabei wird gemeinhin zwischen organisatorischen, betrieblichen Massnahmen (z.B. Stilllegung oder Verlegung von Produktionsstätten, Massnahmen in der Produktepalette oder den Absatzmärkten etc.) und finanziellen Massnahmen (z.B. Forderungsverzicht, Zufuhr von neuem Kapital) unterschieden.

Demgegenüber beinhaltet ein *engerer* bilanzrechtlicher Sanierungsbegriff «nur» Massnahmen, die eine unmittelbare Bereinigung der Bilanz und namentlich die Beseitigung des Kapitalverlusts herbeiführen. Hierzu stehen insbesondere die folgenden Möglichkeiten offen: [1384]

a) Auflösung stiller Reserven (unter Beachtung der Offenlegungspflichten von Art. 959*c* Abs. 1 Ziff. 3 OR);

b) Aufwertung von Grundstücken und Beteiligungen gemäss Art. 670 OR (Pflicht zur Bildung einer gesetzlichen Aufwertungsreserve);

c) Erwirkung von Gläubigerverzichten oder À-fonds-perdu-Zuschüssen;

d) Verrechnung des kumulierten Verlusts mit offenen Reserven;

e) Deklarative Kapitalherabsetzung nach Art. 735 OR;

f) Kapitalherabsetzung unter gleichzeitiger Wiedererhöhung auf mindestens den bisherigen Betrag («Kapitalschnitt»);

g) Kapitalerhöhung in bar, durch Sacheinlage oder mittels Verrechnungsliberierung (Umwandlung von Fremdkapital in Aktienkapital, «Debt/Equity Swap»);

h) Sanierungsfusion gemäss Art. 6 FusG.

Während die Massnahmen gemäss lit. a) bis c) in der Kompetenz des Verwaltungsrats liegen und – bei entsprechender Ausgestaltung auch im Falle von Gläubigerverzichten oder À-fonds-perdu-Zuschüssen – grundsätzlich noch mit Wirkung auf den Bilanzstichtag vorgenommen werden können, bedürfen die anderen Massnahmen zu ihrer Anwendung eines Generalversammlungsbeschlusses (und weiterer Vorkehrungen, wie eines Handelsregistereintrags) und können daher im Nachhinein nicht mehr mit Wirkung auf den Bilanzstichtag vorgenommen werden.

Der *Verwaltungsrat* hat die Pflicht, Sanierungsmassnahmen vorzubereiten und in entschlussreifer Form der Generalversammlung vorzulegen.[1385] Nur eine Orientierung über den hälftigen Kapitalverlust (und allenfalls seine Gründe) genügt in der Regel nicht: Vielmehr hat der VR einen Beschlussantrag zu stellen, oder ansonsten stichhaltig zu begründen, warum er dies unterlässt.[1386] Kommt der Verwaltungsrat dieser Pflicht nicht nach, stellt dies einen Gesetzesverstoss dar, der von der Revisionsstelle im Sinne von Art. 728*c* Abs. 2 und 3 OR (Hinweis) anzuzeigen ist.

In der Praxis verzichtet der Verwaltungsrat oft auf die Einberufung einer Sanierungsgeneralversammlung, sei es, weil er zur Orientierung die kurz bevorstehende ordentliche Generalversammlung benutzen will, sei es, weil – wegen des begrenzten Aktionärskrei-

---

[1383] Dazu BOEMLE/STOLZ, Unternehmensfinanzierung, 525 ff.
[1384] HWP (2013), Band Eingeschränkte Revision, 84 ff.
[1385] WÜSTINER, in: Basler Kommentar, N 28 zu Art. 725 OR.
[1386] BÖCKLI, Aktienrecht, § 13 Rz. 751.

ses (z.B. in Familiengesellschaften oder in Konzernverhältnissen) – sämtliche Aktionäre ohnehin informiert sind oder weil er bereits geeignete Sanierungsmassnahmen eingeleitet hat. In diesem Fall wird die Revisionsstelle sich nicht veranlasst sehen, selbst – ersatzweise – zur Einberufung der Generalversammlung zu schreiten, da kein Notfall im Sinne von Art. 699 Abs. 1 OR vorliegt. Eine ersatzweise Einberufung durch die Revisionsstelle ist dann angebracht, wenn der Verwaltungsrat – kumulativ – keine oder offensichtlich unzureichende Sanierungsmassnahmen ergreift, keine Sanierungsgeneralversammlung einberufen will, die Aktionäre nicht informiert sind und davon ausgegangen werden kann, dass eine Information der Aktionäre durch die Revisionsstelle Auswirkungen auf den Sanierungswillen der Aktionäre hätte.

Eine durch die Revisionsstelle ersatzweise einberufene Generalversammlung im Sinne von Art. 725 Abs. 1 OR muss sich auf die Mitteilung des Eintritts eines hälftigen Kapitalverlusts und auf die Bekanntgabe der Versäumnisse des Verwaltungsrates beschränken. Es ist Aufgabe des Verwaltungsrates – und nicht der Revisionsstelle – der Generalversammlung konkrete Sanierungsmassnahmen vorzulegen.

3.10.7.3 Verantwortlichkeit des Verwaltungsrates bei begründeter Besorgnis der Überschuldung

Falls *begründete Besorgnis einer Überschuldung* besteht, hat der Verwaltungsrat gemäss Art. 725 Abs. 2 OR eine *Zwischenbilanz* sowohl zu Fortführungswerten als auch eine solche zu Veräusserungswerten zu erstellen.

Der Verwaltungsrat hat also nicht erst beim (feststehenden) Vorliegen der Überschuldung Massnahmen nach Art. 725 Abs. 2 OR zu ergreifen, vielmehr hat er diese bereits vorzunehmen, wenn eine «begründete Besorgnis» dazu besteht. Schon die *konkrete* Befürchtung ist für den VR der gültige Auslöser zur Ergreifung der gesetzlich vorgesehenen Massnahmen. Ob eine echte Überschuldung tatsächlich vorliegt, wird erst in den folgenden Schritten geklärt.

Zentral in diesem Zusammenhang erscheint die Auslegung des unbestimmten Rechtsbegriffes der sogenannten *«begründeten Besorgnis»*. Diesbezüglich lassen sich aus dem Gesetz direkt keine konkreten Anhaltspunkte herauslesen. Unabhängig von der Grösse und der Einrichtung des Rechnungswesens einer Gesellschaft gibt zumindest die zwingend zu erstellenden Jahresrechnung erste *Hinweise* darauf, ob die begründete Besorgnis einer Überschuldung vorliegt. Darüber hinaus können aber auch – unabhängig vom Jahresabschluss – weitere Sachverhalte oder Ereignisse Anlass zur begründeten Besorgnis geben:[1387]

- Ist die Fortführung des Unternehmens gefährdet, ist die Gefahr einer Überschuldung näher zu überprüfen. Zweifel an der Fortführungsfähigkeit können sich unter anderem aus folgenden *finanziellen* Gründen ergeben:
    - Unfähigkeit zur Erfüllung der Bedingungen von Darlehensvereinbarungen (Verletzung von Covenance);
    - Fällig werdende Darlehensverbindlichkeiten ohne realistische Aussicht auf Verlängerung oder auf Rückzahlung;

1387 Weitere Gründe siehe PS 570 (Unternehmensfortführung), lit. A2.

- Verletzung der goldenen Bilanzregel (insbesondere Finanzierung von langfristig gebundenem Anlagevermögen mit kurzfristig zur Verfügung stehenden Krediten);
- Unfähigkeit zur Beschaffung von Finanzmitteln für wichtige Investitionen und Produkteinnovationen;
- erhebliche betriebliche Verluste oder erhebliche Wertberichtigungen bei Vermögenswerten.

– Der Wegfall wesentlicher *betrieblicher* Voraussetzungen für das Unternehmen (Konzessionen, Lizenzen, Agenturverträge etc.), stark behindernde Auflagen von Behörden, eine Erschöpfung der Rohstoffquelle, Engpässe bei wichtigen Zulieferungen, Abgang von wichtigen Kunden, Abgang von wichtigen Mitarbeitern (Know-how-Trägern) und im Management, im Personal etc. können die Fortführung gefährden, und damit zu Besorgnis einer Überschuldung Anlass geben.

– Auch *einmalige* Ereignisse, die in ihrer Wirkung für das Unternehmen von grosser Bedeutung sind, können zur begründeten Besorgnis einer Überschuldung führen. Ganz besonders latent ist diese Gefahr bei Unternehmen, die von einem einzigen oder sehr wenigen Abnehmern abhängen. Unter den Titel der *ausserordentlichen* Ereignisse sind aber auch die direkten ausserordentlichen Verluste einzureihen, die etwa infolge von Prozessniederlagen auftreten.

– Weist ein Unternehmen über Jahre unbefriedigende oder gar keine Gewinne mehr aus, kann dies ein Indiz für das Vorliegen der begründeten Besorgnis einer Überschuldung sein.

– In Bezug auf das Vorliegen einer begründeten Besorgnis spielt die Höhe der vorhandenen Eigenkapitalbasis eine entscheidende Rolle. Steht nur eine geringe Eigenmittelbasis zur Verfügung, werden in aller Regel schon unbedeutende Ereignisse (allenfalls kumuliert) die Gefahr einer Überschuldung hervorrufen. Verfügt hingegen das Unternehmen über eine grosse Kapitalbasis, so können wohl nur gewichtige Einflüsse eine entsprechende Gefahr bewirken.

Im Gegensatz zum hälftigen Kapitalverlust basieren die sich für den Verwaltungsrat ergebenden Pflichten bei einer möglichen Überschuldung nicht auf einer (ordentlichen) Jahresrechnung. Vielmehr können sie sich bereits nach Einblick in einen Zwischenabschluss oder aber auch durch einen besonderen Vorfall ausserhalb der Rechnungslegung aufdrängen, z.B. durch ausserordentlichen Verlust infolge Konkurses eines grossen Kunden, Konjunktureinbruch, Entstehung von nicht erwarteten Verpflichtungen (z.B. Auftreten eines Haftpflichtfalles).

Bevor der Verwaltungsrat wegen Besorgnis einer Überschuldung die Erstellung einer Zwischenbilanz überhaupt in Angriff nimmt, sollte er zuerst vordringlich abklären, ob die Voraussetzungen für eine Bewertung zu Fortführungswerten als *Wertbasis* überhaupt noch gegeben sind. Ist dies nämlich nicht mehr der Fall und die Fortführung der Unternehmenstätigkeit verunmöglicht (z.B. zufolge fehlender Liquidität), kommen als Bewertungsbasis für die Zwischenbilanz nur Veräusserungswerte in Frage.[1388]

Wird die Fortführungsfähigkeit grundsätzlich nicht ausgeschlossen, so hat der Verwaltungsrat aus Besorgnis einer Überschuldung eine *Zwischenbilanz zu Fortführungswer-*

1388 PS 290 (Pflichten bei Kapitalverlust und Überschuldung), lit. K.

ten – nach den Grundsätzen ordnungsmässiger Rechnungslegung und unter Beachtung der gesetzlichen Bewertungsvorschriften (Art. 960 OR) zu erstellen. Allfällige stille Reserven dürfen dabei nur aufgelöst werden, als dadurch die handelsrechtlichen Höchstbewertungsvorschriften nicht verletzt werden.

Bei der in der Regel folgenden Erstellung der *Zwischenbilanz zu Veräusserungswerten* dagegen gelten die obligationenrechtlichen Höchstbewertungsvorschriften nicht mehr. Eine Bewertung zu Veräusserungswerten, bei der historisch angesammelte Zwangsreserven aufgelöst werden, kann u.U. zu einer Bewertung führen, die über den Anschaffungswerten liegt. Eine Bewertung zu Veräusserungswerten kann dabei je nach Geschäftsbetrieb und je nach den getroffenen Annahmen über die Liquidation zu sehr unterschiedlichen Ergebnissen führen. Bestehen die Aktiven eines Unternehmens beispielsweise aus leicht veräusserbaren Einzelteilen, kann die Veräusserungsbilanz im Vergleich zur Fortführungsbilanz unter Umständen sogar höhere Werte aufweisen als bei Bewertung zu Fortführungswerten, da die üblichen gesetzlichen Höchstbewertungsvorschriften nicht mehr zu beachten sind. Besitzt das Unternehmen einen grossen Park von Spezialmaschinen, die nur von wenigen anderen Unternehmen genutzt werden können, so ist bei realistischer Einschätzung der Veräusserungsmöglichkeiten voraussichtlich ein tiefer Wert anzusetzen. In der Bilanz zu Veräusserungswerten sind alle mit der Veräusserung zusammenhängenden Aufwendungen (Stilllegungskosten, Abgangsentschädigungen, Sozialpläne, Liquidationskosten, Steuern etc.) mit zu berücksichtigen.

Die so erstellte Zwischenbilanz ist einem *zugelassenen Revisor (i.d.R. der Revisionsstelle) vorzulegen,* die ihrerseits umgehend eine Prüfung vorzunehmen hat. Falls die Gesellschaft keine Revisionsstelle besitzt, hat die Gesellschaft einen zugelassenen Revisor mit der Prüfung der Zwischenbilanz zu betrauen.[1389] Das Gesetz (und in der Folge allenfalls der Richter) verlangt, dass die Beurteilung der Überschuldungssituation anhand von *geprüften* Zwischenbilanzen geschieht. Bei offensichtlicher, erheblicher Überschuldung und aussichtsloser Sanierung wird die Revisionsstelle/der zugelassene Revisor bei der Prüfung vereinfachte, verkürzte Verfahren anwenden.[1390] Die Prüfung der Zwischenbilanz nach Art. 725 Abs. 2 OR stellt eine besondere gesetzlich verlangte Prüfung dar, die weder unter eine ordentliche noch unter eine eingeschränkte Revision fällt (vgl. hinten Ziff. 8.7.5, S. 643 f.). Die Prüfung ist nach dem PS 290 durchzuführen.

Die Revisionsstelle wird das Ergebnis der Prüfung dem Verwaltungsrat i.d.R. schriftlich mitteilen. Die Revisionsstelle wird den Verwaltungsrat bei Vorliegen einer Überschuldung auch auf seine Pflicht zur Benachrichtigung des Richters hinweisen.

Ergibt sich aus der geprüften Zwischenbilanz, dass die Forderungen der Gesellschaftsgläubiger – weder zu Fortführungs- noch zu Veräusserungswerten – gedeckt sind, so hat der Verwaltungsrat den Richter zu benachrichtigen, es sei denn, die Gesellschaft kann mit den Gläubigern einen ausreichenden Rangrücktritt vereinbaren oder kurzfristig Sanierungsmassnahmen realisieren.

Eine *ausreichende Rangrücktrittsvereinbarung* zwischen der leidenden Gesellschaft und ihren Gläubigern liegt vor, wenn sich genügend Gläubiger bereit erklären, im Falle der In-

---

[1389] Opting-out gemäss Art. 727*a* Abs. 2 OR.
[1390] Namentlich erhält die Prüfung der Erfolgsrechnung im Hinblick auf die Zielsetzung (Feststellung der Überschuldung) eine zweitrangige Bedeutung.

solvenz (Konkurseröffnung oder Bestätigung eines Nachlassvertrages mit Vermögensabtretung) oder Liquidation der Gesellschaft in dem Ausmasse auf die Befriedigung ihrer Forderungen zu verzichten, als zur vollen Befriedigung von Mitgläubigern benötigt werden. Der Rangrücktritt beinhaltet dementsprechend immer auch eine Stundung der Forderung. Daraus erwächst dem Schuldner nicht nur das Recht, bei Zahlungsaufforderung die Zahlung zu verweigern, sondern auch die Pflicht, die Rückzahlung nicht von sich aus vorzunehmen. Soll der Rangrücktritt seinen Zweck erfüllen, so muss er *unbedingt* und *unbefristet* sowie für die ganze Dauer des Überschuldungszustandes *unwiderruflich* sein. Besonders wichtig erscheint, dass der Rangrücktritt darüber hinaus keine sanierende Wirkung hat: Der Rangrücktritt allein beseitigt die Überschuldung nicht. Vor allem führt er nicht zu einer Stärkung der Liquidität der notleidenden Gesellschaft. Er ist nur ein Hilfsmittel im Zusammenhang mit anderen Massnahmen und ergibt nur Sinn, wenn die Gesellschaft zwar überschuldet ist, daneben aber ertrags- und liquiditätsmässig überlebensfähig erscheint. Dementsprechend hat der Verwaltungsrat die ihm obliegenden Pflichten gemäss Art. 725 OR weiterhin zu beachten.[1391] Denkbar sind – namentlich in Konzernverhältnissen – auch Patronatserklärungen.[1392]

Der Verwaltungsrat kann auch von der Benachrichtigung des Richters absehen, wenn er die Überschuldung durch kurzfristig realisierbare, sofort bilanzwirksame Sanierungsmassnahmen rasch beseitigen kann.[1393] Gemäss Rechtsprechung des Bundesgerichts darf der Verwaltungsrat – trotz festgestellter Überschuldung – mit dem Gang zum Richter 4 bis 6 Wochen zuwarten, sofern konkrete Aussicht auf eine kurzfristige Sanierung besteht. Dies setzt allerdings voraus, dass «*die Forderungen der Gesellschaftsgläubiger nicht durch eine neuerliche Verschlechterung der finanziellen Lage gefährdet werden. (…) Mithin müssen die Voraussetzungen für einen Konkursaufschub nach Art. 725a OR gegeben sein, da die Gläubiger nicht schlechter gestellt werden dürfen, als wenn der Richter benachrichtigt würde. Es muss demnach die dauerhafte finanzielle Gesundung der Gesellschaft erwartet und deren Ertragskraft wieder hergestellt werden können.»*[1394] Spekulationen, übertriebene Erwartungen oder blosse Hoffnungen auf eine baldige Sanierung vermögen ein Hinauszögern der Überschuldungsanzeige nie zu rechtfertigen.

Kann die finanzielle Sanierung nicht unverzüglich erwirkt werden und liegt kein ausreichender Rangrücktritt vor, hat der Verwaltungsrat gemäss Art. 725 Abs. 2 OR den Richter zu benachrichtigen und ihm den Entscheid über die Fortführung der Gesellschaft zu überlassen.

Bei überschuldeten Gesellschaften, die eine Sanierung nicht mit kurzfristig realisierbaren finanziellen Massnahmen, sondern mit einem längerfristigen Massnahmenpaket anstreben, trifft man in der Praxis häufig auf Widerstände gegen die vom Gesetzgeber für solche

---

1391 Zu Einzelproblemen (Höhe des Rangrücktritts, Rückzahlung von rangrücktrittsbelasteten Forderungen und zur Befreiung des Rangrücktritts) vgl. CAMPONOVO, (Überschuldung), 771/772 und das Muster einer Rangrücktrittsvereinbarung hinten unter Ziff. 11.62, S. 1008 f.
1392 Dazu vgl. vorne Ziff. 3.10.5, S. 307 f.
1393 Dies setzt allerdings einen bewussten Entscheid und damit zunächst voraus, dass der Verwaltungsrat die Gefahr der Überschuldung überhaupt erkannt hat; ZR 108 (2009) Nr. 33 S. 129 ff.
1394 BGE 132 III 564, E. 5.1; BGer. vom 19.6.2001, 4V.366/2000, E. 4b; BGer. vom 18.4.2007, 4C.436/2006; BGer. vom 18.1.2010, 6B.492/2009; BGE 116 II 553, E. 5a;Vgl. auch BÖCKLI, Aktienrecht, § 13 Rz. 777; FORSTMOSER/MEIER-HAYOZ/NOBEL, § 50 Rz. 212; SENN, 88 f.

Fälle angebotene Lösung des aktienrechtlichen Moratoriums.[1395] Gründe für die «Abneigung» gegen dieses Vorgehen sind etwa die drohende Unterstellung unter die Aufsicht eines Sachwalters, Befürchtungen über mögliche Einschränkungen in den Befugnissen oder Zweifel an der Wirksamkeit der Geheimhaltung der Überschuldungsanzeige.[1396] Deshalb sind in der Praxis Fälle aussergerichtlicher Sanierungen recht häufig. Ohne Zweifel setzen sich aber bei Fehlschlagen dieser Sanierungsbestrebungen alle Beteiligten, einschliesslich der Revisionsstelle, welche ein solches Vorgehen toleriert, erhöhten Haftungsrisiken aus.

In vorliegendem Kontext bleibt darauf hinzuweisen, dass auch nach Beseitigung einer Überschuldung die übrigen Pflichten des Verwaltungsrats nach Art. 725 OR, insbesondere die Pflicht, die Generalversammlung einzuberufen und ihr Sanierungsmassnahmen zu beantragen, so lange bestehen bleiben, als noch ein Kapitalverlust im Sinne von Art. 725 Abs. 1 OR vorliegt.

Hält der Verwaltungsrat – trotz Überschuldung – den Gang zum Konkursrichter (unter Hinweis auf beabsichtigte Sanierungsmassnahmen oder die Beibringung eines Rangrücktritts) für nicht erforderlich, hat die Revisionsstelle (wegen ihrer eigenen – subsidiären – Anzeigepflicht) die Wirksamkeit dieser Sanierungsmassnahmen bzw. des Rangrücktritts zu beurteilen. Wenn die Revisionsstelle zur Auffassung gelangt, dass die Überschuldung *offensichtlich* sei, wird sie dies in ihrem Bericht zur Prüfung der Zwischenbilanz klar zum Ausdruck bringen. Folgerichtig wird sie – trotz abweichender Ansichten des Verwaltungsrats – bei dessen Untätigkeit nicht umhinkommen, die Überschuldungsanzeige nach Art. 728 Abs. 3 OR (bei ordentlicher Revision) bzw. Art. 729c OR (bei eingeschränkter Revision) zu erstatten.

Die Benachrichtigung des Richters im Falle der Überschuldung gehört zu den unübertragbaren und unentziehbaren Aufgaben des Verwaltungsrates gemäss Art. 716a Abs. 1 Ziff. 7 OR und kann daher nicht an hierarchisch untergeordnete Stellen delegiert werden. Reagiert der Verwaltungsrat trotz Vorliegen einer Überschuldung nicht, so trifft auch die Revisionsstelle eine subsidiäre Pflicht zur Benachrichtigung des Richters.[1397] Die Revisionsstelle wird dem Verwaltungsrat eine Frist setzen, innert der er die Benachrichtigung vorzunehmen hat, und erst nach Ablauf dieser Frist selbst beim Richter vorsprechen. Die Benachrichtigungspflicht der Revisionsstelle ist allerdings auf eindeutige, *offensichtliche* Fälle beschränkt, da sie nicht permanent Einblick in die Geschäftsentwicklung hat.

Der Gesetzestext schweigt sich über die Form der Überschuldungsanzeige aus, weshalb diese sowohl mündlich als auch schriftlich erfolgen kann. Die Zuständigkeit richtet sich nach dem geltenden kantonalen Recht am Gesellschaftssitz des überschuldeten Unternehmens. Mit der Überschuldungsanzeige ist dem Richter gleichzeitig auch ein Status zu Veräusserungswerten zu übergeben, um eine Überprüfung zu ermöglichen. Ebenfalls beizulegen ist der Prüfungsbericht der Revisionsstelle. Der Richter wird sich bei einer Überprüfung der Sachlage hauptsächlich auf diesen Bericht stützen. Grundsätzlich ist einzig der *Gesamtverwaltungsrat* legitimiert, die Benachrichtigung des Richters zu beschliessen.[1398] Wird die Mitteilung nicht durch den Gesamtverwaltungsrat beim Richter vorge-

---

1395 Überschuldungsanzeige mit gleichzeitigem Antrag auf Konkursaufschub, Art. 725a OR.
1396 Art. 725a Abs. 3 OR.
1397 Art. 728c Abs. 3 (ordentliche Revision) und Art. 729c OR (eingeschränkte Revision).
1398 Vgl. LANZ, 145.

tragen, ist der Beschluss des Verwaltungsrates durch ein entsprechendes Protokoll nachzuweisen.

Die Überschuldungsanzeige ist unabdingbare Voraussetzung dafür, dass die in Art. 725*a* OR genannten Rechtsfolgen zum Tragen kommen. Bedeutend ist in diesem Zusammenhang der Umstand, dass der Richter nicht befugt ist, die entsprechenden Massnahmen von Amtes wegen anzuordnen, wenn er auf andere Weise Kenntnis von der Überschuldung des Unternehmens erhalten hat.

Dem Richter stehen in der Folge drei unterschiedliche Massnahmen zur Verfügung:[1399]

- *Zurück- oder Abweisung des durch die Überschuldungsanzeige bewirkten Konkursbegehrens*
  Der Richter tritt nicht auf die Überschuldungsanzeige ein, wenn sie bei einem nicht zuständigen Gericht oder durch eine nicht legitimierte Person eingereicht wird. Eine Abweisung erfolgt, wenn der Richter infolge der Prüfung der Unterlagen zum Ergebnis kommt, dass keine Überschuldung vorliegt.

- *Aufschiebung der Konkurseröffnung*
  Der Richter kann den Konkurs auf Antrag des Verwaltungsrates oder eines Gläubigers aufschieben, falls Aussicht auf Sanierung besteht. In diesem Falle hat er Massnahmen zur Erhaltung des Vermögens zu treffen.

- *Konkurseröffnung*
  Der Richter hat den Konkurs zu eröffnen, falls weder die Voraussetzungen des Konkursaufschubes erfüllt sind, noch ein Abweisungsgrund vorliegt.

Nach Art. 725*a* Abs. 2 OR steht es dem Richter zu, einen Sachverwalter zu bestellen und gleichzeitig dem Verwaltungsrat die Verfügungsbefugnis zu entziehen oder dessen Beschlüsse von der Zustimmung des Sachverwalters abhängig zu machen. In diesem Falle hat er die Aufgaben des Sachverwalters klar zu umschreiben, um möglichen Kompetenz- und Verantwortlichkeitskonflikten vorzubeugen.

3.10.7.4 Vorbeugende Massnahmen

Nebst der Bereitstellung einer angemessenen, risikogerechten Eigenkapitalbasis und der jederzeitigen Aufrechterhaltung der Liquidität, hat der Verwaltungsrat – um mögliche Krisensituationen überhaupt zu erkennen – im Rahmen seiner Pflicht zur Ausgestaltung des Rechnungswesens und der Finanzkontrolle geeignete Frühwarnsysteme einzurichten. Der Ausbaugrad dieser *Frühwarnsysteme* richtet sich nach Art und Grösse der Gesellschaft, Komplexität der Geschäftstätigkeit und Kapitalstruktur. In den meisten Fällen werden zumindest folgende Mittel unumgänglich sein:

- Berichts- und Rapportwesen (z.B. über Umsätze, Aufträge, Marktsituation, ausserordentliche Vorkommnisse)
- Meldepflicht bei festgelegten/vereinbarten Grenzwertüberschreitungen (z.B. Warenbestand, Kontolimiten, Debitorenausstände)
- aktuelle Liquiditätsplanung[1400] bzw. Liquiditätskontrolle.

1399 Vgl. dazu auch LANZ, 146.
1400 Dazu findet sich ein Muster hinten unter Ziff. 11.43, S. 926.

Mit diesen Instrumenten wird sichergestellt, dass Krisensituationen frühzeitig erkannt werden. Wenn nun aufgrund einer Meldung des Frühwarnsystems die *begründete Besorgnis einer Überschuldung* besteht, muss der Verwaltungsrat die in Art. 725 Abs. 2 OR genannten Handlungen vornehmen (Erstellung einer Zwischenbilanz, Vorlegung zur Prüfung durch die Revisionsstelle und allenfalls Benachrichtigung des Richters).[1401]

3.10.8 Beurteilung der Leistung der Revisionsstelle

Zu den Aufgaben des Verwaltungsrates gehört es, der Generalversammlung einen Vorschlag für die Wahl der Revisionsstelle zu unterbreiten.[1402] Um dazu in der Lage zu sein, muss sich der Verwaltungsrat periodisch mit den Leistungen und der Qualität der Revisionsstelle auseinandersetzen. Bei dieser Beurteilung spielen verschiedene Kriterien eine Rolle: Es geht sowohl um die Qualität der erbrachten Prüfungsdienstleistungen als auch um die Kompetenz des Prüferteams. Fach- und Branchenkenntnisse sind zentrale Voraussetzung für eine qualitativ hoch stehende Prüfung, aber es kommt auch auf die sogenannten «Soft factors» an. So sind die Fähigkeit zur Kommunikation und das Verständnis für die Unternehmenskultur entscheidend für eine reibungslose Zusammenarbeit. Stellen der Verwaltungsrat (oder das Audit Committee) im Rahmen der Beurteilung Mängel fest, so sollten diese offen angesprochen werden. Die Revisionsstelle wird sich dann konstruktiv mit diesen Schwachstellen auseinandersetzen und geeignete Massnahmen ergreifen. Sind die Mängel indes gravierend oder die eingeleiteten Massnahmen unzureichend, ist es konsequent, die bisherige Revisionsstelle zu ersetzen und sie nicht zu einer nachfolgenden Ausschreibung einzuladen.

Oft liegt der Grund für eine Ausschreibung des Prüfungsmandates nicht in der fehlenden Qualität, vielmehr sind Corporate-Governance-Überlegungen der Grund für die Ausschreibung oder der Wunsch nach einer Überprüfung des Honorarniveaus ausschlaggebend. Dabei ist allerdings zu beachten, dass ein Wechsel der Revisionsstelle nicht zwingend zu einer besseren Qualität der Prüfung führt. Revisionsfehler treten in den ersten Jahren eines neuen Mandates häufiger auf, da die Fähigkeit des Prüfers, Fehler zu erkennen, eng mit dem kundenspezifischen Fachwissen und seiner Erfahrung zusammenhängt.[1403] Soll mit einer Ausschreibung das Honorarniveau überprüft werden, so müssen die Kosten für die Ausschreibung und für einen Wechsel des Prüfers von Anfang an mit einkalkuliert werden. Bei grösseren Mandaten muss das Unternehmen für die Ausschreibung mit einem mehrmonatigen Prozess rechnen, der den Verwaltungsrat, das Audit Committee und das Management zeitlich beansprucht.

Zur Leistungsbeurteilung der Revisionsstelle ist eine kritische Auseinandersetzung mit dem konkreten Prüfungsvorgehen, den Prüfungsschwerpunkten und der Effizienz der Prüfung, dem Mitteleinsatz (Teamzusammensetzung und -kontinuität, vorhandenes Fachwissen und Wissen über die Branche etc.), der Verfügbarkeit und Reaktionszeit in der Behandlung von Fragen, Einhaltung von Terminen und Abmachungen notwendig.

1401 Ausführlich zum gebotenen Verhalten in Krisensituationen: MÜLLER, Krisensituationen, 8 ff. Insbesondere in solchen Situationen ist ein straffes Finanzmanagement von Bedeutung und sind steuer- und sozialversicherungsrechtliche «Haftungsfallen» zu beachten (dazu hinten unter Ziff. 4.5, S. 372 ff.).
1402 Siehe dazu hinten Ziff. 8.4.1, S. 576 ff.
1403 HONEGGER, 4 ff.

Zu beurteilen ist auch der aus der Prüfung resultierende Nutzen. Dabei gilt es, Kriterien zu berücksichtigen, die sich quantitativ nur bedingt erfassen lassen, wie: gewonnene Sicherheit, Vertrauen der Kapitalgeber, präventive Wirkung der Prüfung; demgegenüber lässt die Anzahl der Vorschläge für Verbesserungen im Bereich Rechnungslegung, Organisation, Steuern doch gewisse Anhaltspunkte zu zur Beurteilung der Auftragserledigung und der konstruktiven Zusammenarbeit mit den Prüfern. Ein Vergleich der Honorare mit dem Vorjahreshonorar oder dem Honorar von anderen Gesellschaften greift oft zu kurz. Ein niedriges Honorar bedeutet nicht zwangsläufig, dass es sich um ein vorteilhaftes Angebot handelt.

3.10.9 Pflicht zur Anhebung von Anfechtungs- oder Verantwortlichkeitsklagen

3.10.9.1 Anfechtungsklage

Gemäss Art. 706 Abs. 1 OR ist der Verwaltungsrat und jeder einzelne Aktionär berechtigt, Beschlüsse der Generalversammlung, die gegen Gesetz oder Statuten verstossen, beim Richter mit Klage gegen die Gesellschaft anzufechten.[1404]

Wie bei einer abstrakten Normenkontrolle im öffentlichen Recht kann der Kläger vom Gericht verlangen, verbindlich darüber zu urteilen, ob der fragliche Generalversammlungsbeschluss Gesetz und Statuten entspricht. Dabei beurteilt das Gericht, ob Mängel im *Inhalt* oder beim *Zustandekommen* des angefochtenen GV-Beschlusses vorliegen. Beurteilt wird die Rechtmässigkeit, nicht jedoch die Zweckmässigkeit des GV-Beschlusses.

Die Klage ist spätestens innerhalb von zwei Monaten nach der Generalversammlung beim zuständigen Richter am Sitz der Gesellschaft anzuheben.

Anfechtungsberechtigt ist nebst dem einzelnen Aktionär (und allenfalls den Partizipanten und Genussscheininhabern, sofern dies die Statuten vorsehen) auch der Verwaltungsrat – nicht das einzelne Mitglied des VR als solches, sondern der Verwaltungsrat als Organ.[1405] Nicht anfechtungsberechtigt sind dagegen die Gläubiger. Sofern der Verwaltungsrat klagt, hat der Richter – da offensichtlich ein direkter Interessenkonflikt besteht – einen besonderen Vertreter für die Gesellschaft als Beklagte zu bestimmen.[1406] Dieser Prozessbeistand ist von den Organen der Gesellschaft unabhängig. Das heisst, dass der Verwaltungsrat ihm keinerlei Weisungen für die Prozessführung erteilen kann.[1407]

Da die Anfechtungsklage in erster Linie ein Recht der Minderheitsaktionäre darstellt, ist der Verwaltungsrat nicht allgemein verpflichtet, jeden allenfalls fraglichen Mehrheitsbeschluss der Generalversammlung anzufechten, um beurteilen zu lassen, ob dieser allenfalls das Recht oder die Statuten verletze. Eine solche Anfechtungspflicht besteht lediglich dann, wenn der GV-Beschluss die Funktionsfähigkeit der Gesellschaft und die Wahrnehmung der Kernaufgaben des Verwaltungsrates vereitelt, oder in schwerwiegender Weise

---

1404 Dazu eingehend BÖCKLI, Aktienrecht § 16 Rz. 99 ff.; TRUFFER/DUBS, in: Basler Kommentar, N 1 ff. zu Art. 706 OR.
1405 Wenn der VR auch Aktionär ist, so kann er freilich auch in dieser Eigenschaft klagen.
1406 DUBS/TRUFFER, in: Basler Kommentar, N 4 zu Art. 706 OR.
1407 BÖCKLI, Aktienrecht, § 16 Rz. 102 f.

gegen das öffentliche Recht oder das Strafrecht verstösst.[1408] Falls es sich um einen gravierenden Verstoss gegen zwingendes Recht handelt, muss der Verwaltungsrat allerdings bereits an der Generalversammlung seine Sicht darzulegen. Kommt der Beschluss dennoch zustande, so hat der Verwaltungsrat die Pflicht, beim Richter eine Klage auf Feststellung der Nichtigkeit gemäss Art. 706*b* OR zu erheben. Da ein Beschluss der Generalversammlung eine Mehrheit der Aktionäre hinter sich hat, die allenfalls auch in der Lage wäre, auch den Verwaltungsrat abzuberufen, begibt sich ein Verwaltungsrat mit einer Anfechtungsklage auf «eine Safari ins Unbekannte».[1409]

Voraussetzung zur Klageerhebung ist ein hinreichendes Rechtsschutzinteresse des Klägers; hingegen wird nicht verlangt, dass sich im Falle einer Gutheissung seine Situation direkt verbessert. Ein Rechtsschutzinteresse fehlt beispielsweise, wenn die Behebung der behaupteten Rechtsverletzung gar keine Auswirkungen hätte, die Klage gegenstandslos ist (weil die GV einen neuen Beschluss fasste), der Kläger die Klage als Druckmittel missbraucht, um lediglich eigene Ziele zu verfolgen. Und wenn sich der Kläger mit seiner Klage zu seinem eigenen Verhalten in *stossender* Weise in Widerspruch setzt.[1410]

Das Gesetz nennt namentlich vier Beschlüsse der Generalversammlung, die wegen *inhaltlicher Mängel* angefochten werden können:

1. Beschlüsse, die in gesetz- und statutenwidriger Weise Rechte von Aktionären entziehen oder beschränken (direkte Verletzung einzelner Bestimmungen in Gesetz und Statuten);
2. Beschlüsse, die in unsachlicherweise Rechte von Aktionären entziehen oder beschränken. (Verletzung des Sachlichkeitsgebots; darunter fällt beispielsweise eine ungenügend begründete Einschränkung des Bezugsrechtes);
3. Beschlüsse, die eine – nicht durch den Gesellschaftszweck – gerechtfertigte Ungleichbehandlung oder Benachteiligung von Aktionären bewirken (Verletzung der Gleichbehandlung);
4. Beschlüsse, die die Gewinnstrebigkeit der Gesellschaft ohne Zustimmung aller Aktionäre aufheben.

Daneben gibt es noch weitere *Mängel am Zustandekommen* des Beschlusses, die angefochten werden können, sofern sie kausal für das Zustandekommen waren. Im Gesetz genannt werden beispielsweise die fehlende Bekanntgabe von Stimmrechtsvertretern an der GV durch den Vorsitzenden[1411] oder die Teilnahme von Unbefugten an der Beschlussfassung.[1412] Kausalität fehlt beispielsweise, wenn ein Unbefugter an der Beschlussfassung teilnimmt, das Weglassen seiner Stimmen aber zum selben Resultat geführte hätte.[1413]

1408 BÖCKLI, Aktienrecht, § 16 Rz. 103.
1409 BÖCKLI, Aktienrecht, § 16 Rz. 102.
1410 BÖCKLI, Aktienrecht, § 16 Rz. 107a.
1411 Art. 689*e* OR
1412 Art. 691 Abs. 3 OR (mit Umkehr der Beweislast).
1413 Der Nachweis, dass der Mangel keinen Einfluss auf das Ergebnis des Beschlusses hatte, obliegt der Gesellschaft gem. Art. 691 Abs. 3 OR.

Jeder GV-Beschluss wird zwar sofort wirksam, steht aber – wegen der möglichen Anfechtungsklage – in den folgenden zwei Monaten unter dem «resolutiven Schwebezustand».[1414] Wird eine Anfechtungsklage erhoben, dauert dieser Schwebezustand an.

Der Richter kann die Anfechtungsklage (sofern er auf sie eingetreten ist) entweder abweisen oder den angefochtenen GV-Beschluss aufheben (mit Wirkung ab Beginn, ex tunc). Das Urteil wirkt für oder gegen alle Aktionäre.

Der Verwaltungsrat muss im Falle einer Anfechtungsklage u.U. während mehrerer Jahre damit rechnen, dass der von der GV gefällte Beschluss (von Anfang an) aufgehoben wird. Weil ein solcher Zustand der Ungewissheit schädlich ist und die gesamte Unternehmensführung blockiert, sollte der Verwaltungsrat sich dann überlegen, den Beschluss zu suspendieren und einen neuen – weniger anfechtbaren – Beschluss einer neuen Generalversammlung vorzulegen. Eine Anerkennung der Anfechtungsklage durch den Verwaltungsrat oder ein Vergleich ist nicht möglich; hingegen kann der Kläger die Klage zurückziehen.

3.10.9.2 Klage auf Feststellung der Nichtigkeit

Beschlüsse der Generalversammlung sind gemäss Art. 706b OR insbesondere dann *nichtig* (d.h. von Anfang an unwirksam), wenn sie

1. Eingriffe in die unentziehbaren Kernrechte der Aktionäre darstellen (Recht auf Teilnahme an der GV, Mindeststimmrecht, Klagerecht, oder andere vom Gesetz zwingend gewährte Aktionärsrechte);
2. Kontrollrechte von Aktionären übermässig einschränken oder gar aufheben (Recht auf Auskunft oder Einsicht, Recht auf Unterlagen, Orientierung über die Organisation der Geschäftsführung, Sonderprüfung etc.); oder
3. Grundstrukturen der Aktiengesellschaft oder die Bestimmungen des (Eigen-)Kapitalschutzes[1415] verletzen.

Neben den generell-abstrakten Verletzungen des zwingenden Rechts können auch individuell-konkrete Beschlüsse, die in schwerwiegender Weise zwingendes Recht verletzen, zur Nichtigkeit führen, obwohl bei Verletzungen im Einzelfall i.d.R. die Anfechtungsklage zum Zuge kommt.

Nichtige Beschlüsse der *Generalversammlung* können mittels Einwendung oder durch Klage auf Feststellung der Nichtigkeit geltend gemacht werden. Auch Beschlüsse des *Verwaltungsrates* können mittels der Feststellungsklage für nichtig erklärt werden.[1416] Demgegenüber ist eine Anfechtungsklage gegen Verwaltungsratsbeschlüsse nach herrschender Lehre und ständiger Rechtsprechung ausgeschlossen.[1417] Art. 714 OR verweist diesbezüglich auf die Bestimmungen betreffend Nichtigkeit der Generalversammlungsbeschlüsse in Art. 706b OR.[1418] Bei den in Art. 706b Abs. 1 Ziff. 1 OR genannten Eingriffen in zwingende Rechte ist die Analogie von den Aktionärsrechten zu denjenigen des Verwaltungsrats nur

---

1414 BGE 78 II 45.
1415 Z.B. Art. 680 Abs. 2 OR (Einlagerückgewähr).
1416 Zu nichtigen Verwaltungsratsbeschlüssen siehe BAUEN/VENTURI, N 331 ff.; BÖCKLI § 13 Rz. 266 ff.
1417 WERNLI/RIZZI, in: Basler Kommentar, N 3 zu Art. 714 OR.
1418 Kritisch bezüglich der Analogie des Gesetzgebers TRUFFER/DUBS, in: Basler Kommentar, N 1 ff. zu Art. 706 OR

schwer denkbar (allenfalls Ausschluss von der Teilnahme an einer VR-Sitzung, Suspendierung der Zugehörigkeit zum Verwaltungsrat). Bei den in Art. 706*b* Abs.1 Ziff. 2 OR genannten Einschränkungen von Kontrollrechten kann hingegen die Analogie rasch hergestellt werden (insbesondere Einschränkung der gesetzlich dem Verwaltungsratsmitglied zustehenden Rechte gem. Art. 715*a* OR: Auskunftsrecht in allen Angelegenheiten der Gesellschaft, Einsichtsrecht in Bücher und Akten, Anhörung etc.). Bei den in Art. 706*b* Abs. 1 Ziff. 3 genannten Missachtungen der Grundstrukturen und Verletzungen der Bestimmungen zum Eigenkapitalschutz erübrigt sich eine Analogie. Diesbezüglich sind eine ganze Reihe von nichtigen Verwaltungsratsbeschlüssen denkbar, insbesondere Verletzungen und Missachtungen der aktienrechtlichen Zuständigkeitsordnung:[1419]

- Unentziehbare und unübertragbare Aufgaben des VR werden an die Generalversammlung, an die Geschäftsleitung oder an Drittpersonen übertragen.
- Der Verwaltungsrat fällt Entscheide, die in den Kompetenzbereich der GV fallen (z.B. Ergänzung des Verwaltungsrats ohne Wahl durch GV, stillschweigende Verlängerung der Amtsdauer eines Verwaltungsrates, Statutenänderungen etc.).
- Der Verwaltungsrat liquidiert still die Gesellschaft ohne entsprechenden Auflösungsbeschluss der GV (Art. 736 Ziff. 2 OR).
- Ein Ausschuss des Verwaltungsrates fasst Beschlüsse, für die allein der Gesamtverwaltungsrat zuständig ist.
- Nichtig ist auch ein VR-Beschluss, der schwerwiegende formelle Mängel aufweist (beispielsweise weil zur VR-Sitzung nicht alle Mitglieder eingeladen wurden; weil ein VR-Zirkularbeschluss – trotz Begehrens um mündliche Behandlung – als genehmigt erklärt wird; absichtlicher Verzicht auf Protokollierung, um den Beschluss zu verheimlichen etc.).

Falls die Generalversammlung einen Beschluss fasst, der gemäss Art. 716*a* OR eindeutig in die Kompetenz des Verwaltungsrates fällt, so ist der Verwaltungsrat in wichtigen Fällen – aus Gründen der Rechtssicherheit – verpflichtet, innert zweier Monate Anfechtungsklage bzw. Feststellung der Nichtigkeit und Unterlassung der Durchführung im Sinne von Art. 706*b* Ziff. 3 OR, subsidiär auf Aufhebung im Sinne von Art. 706 Abs. 5 OR, zu verlangen.[1420]

Stellt ein Mitglied des VR fest, dass ein nichtiger Beschluss des Verwaltungsrates gefällt wurde, so muss es aus rechtlicher Sicht tätig werden. Es könnte nicht hingenommen werden, dass der Verwaltungsrat, dem gemäss Art. 716*a* Ziff. 5 OR explizit auch die Oberaufsicht über die Befolgung der Gesetze, Statuten, Reglemente etc. zukommt, diese selbst nicht befolgt. Er hat dann die Beanstandung zu Protokoll zu geben, allenfalls die Einberufung einer a.o. Sitzung zu verlangen, an der der rechtswidrige Beschluss aufgehoben wird, ansonsten ihm nur die Anhebung einer Nichtigkeitsklage oder der Rücktritt (unter Protest; zu Protokoll) bleibt.[1421]

[1419] BAUEN/VENTURI, N 333 ff., BÖCKLI, Aktienrecht, § 13, Rz. 269 ff., WERNLI/RIZZI, in: Basler Kommentar, N 7 zu Art. 714 OR und dort zitierte Literatur.
[1420] BÖCKLI, Aktienrecht, § 13, Rz. 274.
[1421] BÖCKLI, Aktienrecht, § 13, Rz. 277: Ein Weiterzug an die GV ist dagegen ausgeschlossen, ähnlich KRNETA, N. 893.

Im Gegensatz zur Anfechtungsklage ist die Klage auf Feststellung der Nichtigkeit nicht an die Verwirkungsfrist von zwei Monaten nach der GV gebunden. Sie kann jederzeit erhoben werden. Die Nichtigkeit ist unheilbar und unverjährbar.

Zur Klage berechtigt ist grundsätzlich jedermann, der ein schutzwürdiges Interesse an der Feststellung der Nichtigkeit hat. Primär sind dies die Aktionäre und sowie die Mitglieder des Verwaltungsrats, die in ihren persönlichen Interessen oder in ihrem allgemeinen Interesse an der Aufrechterhaltung eines geordneten Geschäftsganges verletzt sind.[1422] Im Gegensatz zur Anfechtungsklage können auch die Gläubiger, der Fiskus und – vorbehältlich des Rechtsmissbrauchs – sogar Konkurrenten Nichtigkeit geltend machen.[1423] Passivlegitimiert ist die Gesellschaft.

Da die Rechtsfolgen der Nichtigkeit gravierend sind, übt das Bundesgericht eine grosse Zurückhaltung in der Erkennung auf Nichtigkeit. Es verlangt einen gravierenden Verstoss gegen die Grundsätze des Rechts (insbesondere werden Verstösse gegen die Statuten i.d.P. selten als nichtig betrachtet.[1424] Auf Nichtigkeit sollte daher im Gesellschaftsrecht insbesondere für Beschlüsse des Verwaltungsrates nur im äussersten Fall geschlossen werden.[1425]

Wird die Klage gutgeheissen, so wirkt das Urteil gegenüber jedermann, wird sie abgewiesen jedoch nur unter den Aktionären, d.h. den an den Aktien jeweils Berechtigten.[1426] Bei einer Abweisung verbleibt den Aktionären und den Gläubigern als Rechtsbehelf gegen rechtswidrige VR-Beschlüsse die Verantwortlichkeitsklage.

3.10.9.3 Anhebung von Verantwortlichkeitsklagen

Gemäss Art. 754 Abs. 1 OR sind die Mitglieder des Verwaltungsrates und alle mit der Geschäftsführung oder Liquidation befassten Personen sowohl der Gesellschaft als den einzelnen Aktionären oder Gesellschaftsgläubigern für den Schaden verantwortlich, den sie durch absichtliche oder fahrlässige Verletzung ihrer Pflichten verursachten.

Nicht allen Anspruchsberechtigten stehen jedoch die gleichen Ansprüche zu. Das Gesetz unterscheidet zunächst zwischen unmittelbaren (direkte Schädigung des Vermögens des Aktionärs oder Gläubigers) und mittelbaren Schaden (Schädigung des Netto-Vermögens der Gesellschaft und als Folge davon zudem als Reflexschaden im Vermögen des Aktionärs oder Gläubigers). Im Bereich des Schadens der Gesellschaft unterscheidet es weiter zwischen Ansprüchen *ausser* Konkurs (Art. 756 OR), die nur der Gesellschaft und den Aktionären zustehen, und den Ansprüchen *im* Konkurs (Art. 757 OR), die von allen Anspruchsberechtigten geltend gemacht werden können, wobei allerdings der Konkursverwaltung ein Vorrecht zukommt.

Ausser Konkurs sind gemäss Art. 756 Abs. 1 OR die einzelnen Aktionäre und die Gesellschaft, vertreten durch den Verwaltungsrat, berechtigt, den der Gesellschaft verursachten Schaden einzuklagen.

1422 WERNLI/RIZZI, in: Basler Kommentar, N 7 zu Art. 714 OR und dort zitierte Literatur.
1423 BÖCKLI, Aktienrecht, § 16, Rz. 155; TRUFFER/DUBS, in: Basler Kommentar, N 6 zu Art. 706b OR.
1424 BGE 137 III 465; BAUEN/VENTURI, N 331, TRUFFER/DUBS, in : Basler Kommentar, N 7 zu Art. 706b OR.
1425 WERNLI/RIZZI, in: Basler Kommentar, N 10 ff. zu Art. 714 OR.
1426 WERNLI/RIZZI, in: Basler Kommentar, N 7 zu Art. 714 OR.

Die direkt geschädigte Gesellschaft hat demnach einen Anspruch auf Schadenersatz gegen pflichtvergessene Personen, die eigentlich Kraft ihres Amtes das Vermögen der Gesellschaft zu schützen und mehren verpflichtet waren.[1427] Die Geltendmachung ist also insofern problematisch, als der Schaden oftmals durch eine Pflichtverletzung ihrer Organe entstanden ist, die nun namens der Gesellschaft auf Schadenersatz klagen sollten. Faktisch wären damit die Vertreter der Gesellschaft als Kläger zugleich die Beklagten, oder müssten mindestens mit Regressansprüchen anderer Beklagten rechnen.[1428] Dass damit die Bereitschaft zur Erhebung einer Verantwortlichkeitsklage beeinträchtigt wird, ist nicht verwunderlich. Es stellt sich die Frage, ob der Verwaltungsrat angehalten werden kann, dennoch eine Verantwortlichkeitsklage zu erheben?

Aus den Bestimmungen zu den Stimmrechtsaktien (Art. 693 OR Abs. 3 Ziff. 4) kann eine Kompetenz der Generalversammlung zur Beschlussfassung über die Anhebung einer Verantwortlichkeitsklage abgeleitet werden. Insofern kann die Generalversammlung einen Verwaltungsrat zur Einleitung einer Verantwortlichkeitsklage zwingen,[1429] ob sie ihm umgekehrt auch verbieten kann, eine Klage zu erheben, ist umstritten.[1430]

Der Verwaltungsrat hat einen Ermessensentscheid zu treffen, ob er namens der Gesellschaft gegen ein fehlbares – jetziges oder früheres – Mitglied, das einen gütlichen Schadenersatz ablehnt, klagen soll. Erscheint der Prozess aussichtsreich und das Urteil auch vollstreckbar, so besteht im Grundsatz eine Pflicht zur Anhebung der Klage.

3.10.9.4 Klage auf Rückerstattung

Gemäss Art. 678 Abs. 1 OR sind Aktionäre und Verwaltungsräte sowie diesen *nahestehende Personen,* die in *ungerechtfertigter* Weise und im *bösen Glauben* Dividenden, Tantiemen, andere Gewinnanteile oder Bauzinsen bezogen haben (Gewinnentnahmen und -vorwegnahmen), zur Rückerstattung an die Gesellschaft verpflichtet. Sie sind gemäss Art. 678 Abs. 2 OR auch zur Rückerstattung *anderer Leistungen* der Gesellschaft verpflichtet, soweit diese in einem *offensichtlichen Missverhältnis zur Gegenleistung* und zur wirtschaftlichen Lage der Gesellschaft stehen.[1431]

Es handelt sich um einen Spezialfall der ungerechtfertigten Bereicherung (Art. 62 ff. OR), wobei hier allerdings die Verjährung nicht *ein,* sondern *fünf* Jahre beträgt. Zudem ist hier böser Glaube des Bereicherten erforderlich.

Problematisch ist die Abgrenzung des Kreises *der nahestehenden Personen.* Ob eine Person «nahestehend» ist kann nur unter Abwägung aller faktischen Gegebenheiten im konkreten Fall festgestellt werden. Ein Nahestehen ist immer dann indiziert, wenn die fragliche Leistung einem unabhängigen Dritten in dieser Art nicht erbracht worden wäre.[1432] Bei natürliche Personen ergibt sich das Nahestehen in der Regel aus einer engen verwandt-

---

1427 BÖCKLI, Aktienrecht, § 18 Rz. 223 ff.
1428 GERIKE/WALLER, in: Basler Kommentar, N 3 f. zu Art. 756 OR.
1429 BÖCKLI, Aktienrecht, § 18 Rz. 224b ff.
1430 Zustimmend FORSTMOSER, Verantwortlichkeit, N 11; LUTERBACHER, 332; kritisch BÖCKLI, Aktienrecht, § 18 Rz. 224b ff., der einen derartigen Entscheid der GV als für den VR nicht rechtlich verbindlich erachtet, da die Massnahmen zur Erhaltung des Gesellschaftsvermögens in den Aufgabenbereich allein des Verwaltungsrates fielen.
1431 Dazu eingehend KURER/KURER, in: Basler Kommentar, N 12 ff. zu Art. 678 OR.
1432 KURER/KURER, in: Basler Kommentar, N 7 f. zu Art. 678 OR; mit Verweis auf Steuerliteratur.

schaftlichen Beziehung. Bei juristischen Personen sind insbesondere Gesellschaften, welche demselben Konzern angehören, als nahestehend zu betrachten. Daneben gibt es noch eine Reihe anderer Gründe, die auf eine nahe Beziehung schliessen lassen (enge finanzielle Verflechtung, finanzielle Abhängigkeit, mögliche starke Einflussnahme aufgrund vertraglicher Abmachungen etc.).

Bei den in Art. 678 Abs. 2 OR erfassten unrechtmässigen Vermögensverlagerungen geht es nicht bloss um verdeckte Gewinnausschüttungen (welche implizit eine starke Einflussmöglichkeit des Betreffenden – kraft seiner hohen finanzielle Beteiligung an der Gesellschaft – voraussetzten und damit den Kreis der möglichen Personen faktisch auf Grossaktionäre – in KMU – reduzierte). Darunter können auch Tatbestände subsumiert werden, die nur aufgrund der entscheidenen Stellung der betreffenden Person im Unternehmen ermöglicht werden (Leistungen aufgrund der Verwaltungsmacht – und nicht der Kapitalmacht). Dadurch wird der Kreis der möglichen nahestehenden Personen auch auf die Geschäftsleitung (im Hinblick auf deren Entschädigung) ausgedehnt.[1433]

Legitimiert zur Erhebung der Klage ist die Gesellschaft, vertreten durch den *Verwaltungsrat*, sowie jeder Aktionär, wobei aber auch seine Klage auf Leistung an die Gesellschaft geht.

In der Praxis sind Rückerstattungsklagen selten.[1434]

3.10.10 Feststellung des Opting-out

Der Verwaltungsrat hat die Kompetenz zur Feststellung des einstimmigen Verzichts auf die *eingeschränkte* Revision in Gesellschaften mit weniger als 10 Mitarbeitern (sei es an der GV oder als Resultat einer Befragung der Aktionäre gem. Art. 727*a* Abs. 3 OR). Er ist sodann – ohne zusätzlichen GV-Beschluss – berechtigt, die Statuten entsprechend anzupassen und verpflichtet, dem Handelsregister die Löschung der Revisionsstelle zu melden.[1435] Siehe dazu hinten Ziff. 8.2.2.2, S. 560 f.

3.10.11 Aktenrückgabe

Die Pflicht zur Aktenrückgabe wird vor allem bei Beendigung des Verwaltungsratsmandates aktuell. Es sind aber durchaus auch Situationen denkbar, bei denen von einem Verwaltungsratsmitglied schon während der Mandatsführung die Rückgabe von Unterlagen verlangt wird. Von besonderer Bedeutung ist diese Frage im Zusammenhang mit Unternehmensübernahmen, wobei sich der betroffene Verwaltungsrat sowohl auf der Seite des Übernehmers als auch auf jener der Zielgesellschaft befinden kann. Im Rahmen der diesbezüglichen Verhandlungen werden notwendigerweise streng vertrauliche Unterlagen der Gegenpartei eingesehen, selbstredend nur unter Absicherung durch spezielle Geheimhaltungsklauseln. Kommt die geplante Übernahme nicht zustande, scheint es angebracht, sämtliche damit im Zusammenhang stehenden Unterlagen zurückzugeben.

1433 Dürr, § 7 N 39; § 8 N 69 ff.
1434 Böckli, Aktienrecht, § 16 Rz. 187a ff.
1435 Zu den in der Regel vorzunehmenden Statutenanpassungen siehe Böckli, Aktienrecht, § 15 Rz. 526 ff.

Wie erwähnt betrifft die Frage der Aktenrückgabe aber in erster Linie den Zeitpunkt der Mandatsbeendigung. Die Lehre geht einhellig von einer *Pflicht zur Aktenrückgabe* aus, wobei der Umfang dieser Pflicht unterschiedlich festgelegt wird.[1436] Ganz klar muss festgehalten werden, dass sich die Geheimhaltungspflicht des Verwaltungsrates über seine Amtszeit hinaus erstreckt und dass er schon aus diesem Titel kein Recht hat, Geschäftsgeheimnisse einer breiteren Öffentlichkeit preiszugeben. Der Anspruch der Gesellschaft auf Aktenrückgabe hat trotzdem weniger mit Misstrauen als vielmehr mit Absicherung zu tun. Stirbt etwa ein nicht mehr im Amt stehender Verwaltungsrat und war er im Zeitpunkt seines Todes noch im Besitz von Gesellschaftsunterlagen, gehen diese grundsätzlich an seine Rechtsnachfolger über, die ihrerseits nicht an die persönlichkeitsbezogene Geheimhaltungspflicht gebunden sind. Dass dies nicht den Interessen der Gesellschaft entsprechen wird, bedarf keiner weiteren Ausführungen.

Auf der anderen Seite ist es hingegen unabdingbar, dass der im Mandatsverhältnis stehende Verwaltungsrat über die Gesellschaft dokumentiert ist. Dazu gehören insbesondere folgende Unterlagen:[1437]

- Mandatsvertrag
- Statuten
- Organisations- und Geschäftsreglement, Funktionendiagramm
- aktuelle Handelsregisterauszüge
- Quartalsberichte und Budgets
- VR-Protokolle
- GV-Protokolle
- Geschäftsberichte
- Revisionsstellenberichte
- Strategiedokumente
- Unterlagen zur Risikoüberprüfung
- Aktienbuch bzw. Übersicht über die Aktionäre.

Obige Aufzählung ist im Sinne einer Mindestdokumentation zu verstehen. Verwaltungsräte mit besonderen Funktionen bedürfen einer vertieften Information in Bezug auf die durch sie speziell wahrgenommenen Aufgaben.

Bei einer Beendigung des Mandates stellt sich die Frage, welche der genannten Unterlagen zurückzugeben sind und welche beim Verwaltungsrat verbleiben können. Dokumente, die den Aktionären und damit einer breiteren Öffentlichkeit zugänglich sind, kann der ausscheidende Verwaltungsrat zweifelsohne behalten. Dazu gehören etwa:

- Handelsregisterauszüge
- Statuten
- Geschäftsberichte
- GV-Protokolle

1436 Vgl. dazu Plüss, Rechtsstellung, 43 ff., und die dortige Zusammenstellung der Literaturmeinungen.
1437 Vgl. dazu das Muster «Inhaltsverzeichnis eines Verwaltungsratsordners», hinten unter Ziff. 11.35, S. 886.

- Revisionsstellenberichte
- öffentlich zugängliche Informationen über die Gesellschaft wie Medienberichte, Pressemitteilungen, Studien etc.

Des Weiteren können auch all jene Unterlagen beim Verwaltungsrat verbleiben, die einen besonderen persönlichen Bezug haben. Darunter fallen:
- persönliche Mandatsverträge
- persönliche Darlehensverträge
- Verträge, die auf ein separates Verhältnis zurückzuführen sind, wie etwa bei Rechtsanwälten, Unternehmensberatern, Architekten etc.
- Kopien eigener Korrespondenz.

Unterlagen, die an die Gesellschaft zurückgegeben werden, sollen nicht etwa vernichtet werden, sondern dazu dienen, allenfalls einen Nachfolger ausreichend zu dokumentieren. Zu diesen gehören insbesondere:
- Quartalsberichte und Budgets
- VR-Protokolle
- Organisations- und Geschäftsreglement, Funktionendiagramm.

Einen besonderen Stellenwert nehmen *persönliche Notizen* ein. Grundsätzlich kommt diesen keine Beweisfunktion zu, es handelt sich um reine Parteibehauptungen; sie wären demzufolge in Fragen der Geheimnisverletzung grundsätzlich belanglos. Aus Sicherheitsgründen und um Eventualitäten vorzubeugen, empfiehlt es sich aber – auch im Interesse des Verwaltungsrates –, diese zu vernichten, sofern sich darin Geschäftsgeheimnisse befinden. Weitere Notizen kann der Verwaltungsrat auch nach Mandatsniederlegung bei seinen persönlichen Unterlagen behalten.

Die Aktenrückgabe steht im Spannungsfeld zweier Interessen. Einerseits ist der Verwaltungsrat zur Abwehr von Verantwortlichkeitsansprüchen auf eine hinreichende Dokumentation auch über seine eigentliche Amtszeit hinaus angewiesen. Insbesondere wenn der Trennung eine Konfliktsituation vorausging, wird der Verwaltungsrat Bedenken haben, ob gegebenenfalls alle zu seiner Entlastung notwendigen Unterlagen zu einem späteren Zeitpunkt noch vorhanden sind. Andererseits ist die Problematik der Geschäftsgeheimnisverletzung sowohl in zivilrechtlicher als auch in strafrechtlicher Hinsicht besonders gross, wenn er über die entsprechenden Unterlagen verfügt. Diesem Dilemma kann zumindest teilweise begegnet werden, indem der Verwaltungsrat am Ende seiner Amtsdauer nicht allgemein zugängliche Unterlagen zurückgibt und dabei ein detailliertes Rückgabeprotokoll erstellt, bei dem jedoch keine geheimnisträchtigen Informationen enthalten sind.

Empfehlung:
Der Verwaltungsrat sollte alle Akten zurückgeben, die Geschäftsgeheimnisse enthalten. Über den Umfang der zurückgegebenen Akten ist ein zu unterzeichnendes, detailliertes Rückgabeprotokoll zu erstellen.

4. Zivilrechtliche Verantwortlichkeit

4.1 Allgemeines

4.1.1 Grundlagen für die zivilrechtliche Verantwortlichkeit

4.1.1.1 Formelle und materielle Grundlagen

Die zivilrechtliche Verantwortlichkeit des Verwaltungsrates ist formell in den Art. 752–761 OR geregelt.[1438] Diese Gesetzesbestimmungen beziehen sich jedoch nur auf die Verantwortlichkeit des Verwaltungsrates als Organ. Handelt ein Verwaltungsratsmitglied nicht in seiner Eigenschaft als Organ der Gesellschaft, z.B. durch Verletzung eines separat mit der Gesellschaft abgeschlossenen Vertrages oder durch Diebstahl von Gesellschaftsvermögen, so gelangen die übrigen zivilrechtlichen Vorschriften zur Anwendung.[1439]

Zum aktienrechtlichen Verantwortlichkeitsrecht hat sich in neuerer Zeit eine kaum mehr überblickbare Literatur und Rechtsprechung ergeben. Die in der Praxis relevanten Einzelfragen sind in einer Vielzahl von Gerichtsentscheiden geklärt und in Monografien, Aufsätzen und Urteilsbesprechungen diskutiert worden.[1440]

Als materielle Grundlage der Verantwortlichkeit des Verwaltungsrates sind vier Voraussetzungen zu nennen, auf welche nachstehend separat eingegangen werden soll:
- Vorliegen eines Schadens
- pflichtwidriges Verhalten der verantwortlichen Person
- adäquater Kausalzusammenhang zwischen dem Schaden und dem Verhalten der verantwortlichen Person
- Verschulden der verantwortlichen Person.

4.1.1.2 Schaden

Als Schaden[1441] gilt die eingetretene Verminderung des Reinvermögens.[1442] Er kann in einer *Verminderung der Aktiven,* einer *Vermehrung der Passiven,* in *entgangenem Gewinn*

1438 Vgl. dazu den Überblick bei MEIER-HAYOZ/FORSTMOSER, § 16 N 573 ff. Zu den Funktionen der aktienrechtlichen Verantwortlichkeit vgl. VON DER CRONE/BLOCH, 83 ff., und WEBER, Verantwortlichkeitsrecht, 161 ff.
1439 Insbesondere Haftung aus Vertrag, unerlaubter Handlung und ungerechtfertigter Bereicherung; dazu ausführlich hinten unter Ziff. 4.6, S. 387 ff. Vgl. allgemein BILAND/HILBER, 23 ff.
1440 Eine umfangreiche Bibliografie bezüglich der aktienrechtlichen Verantwortlichkeit findet sich bei BÖCKLI, Aktienrecht, § 18 Anm. 1 zu Rz. 1 mit Hinweis auf Anm. 152 zu Rz. 107; FORSTMOSER/MEIER-HAYOZ/NOBEL, § 36 N 1 und 2; VON DER CRONE/BLOCH, Fn. 1; MÜLLER, Unsorgfältige Führung, § 17. Zu Einzelfragen vgl. auch VON DER CRONE, Haftung und Haftungsbeschränkung sowie die Bände zu den Tagungen des Europainstituts (Verantwortlichkeit im Unternehmensrecht, hrsg. von ROLF H. WEBER, PETER R. ISLER).
1441 Dazu allgemein BÖCKLI, Aktienrecht, § 18 Rz. 359 ff.; GERICKE/WALLER, in: Basler Kommentar, N 13 ff. zu Art. 754 OR; FORSTMOSER/MEIER-HAYOZ/NOBEL, § 36 N 57 ff.; BÄRTSCHI, 205 ff.
1442 Vgl. die Übersicht bei MÜLLER, Unsorgfältige Führung, Rz. 17.41 ff. In Sachen SAirGroup in Nachlassliquidation/Roscor entschied das Bezirksgericht Zürich in einem vielbeachteten Entscheid, in Fällen, in denen es nicht um entgangenen Gewinn geht, solle nicht auf den hypothetischen Vermögensstand ohne das schädigende Ereignis, sondern auf die Vermögensstände vor und nach dem schädigenden Ereignis abgestellt werden (ZR 108 <2009> Nr. 33, 129 ff., 134).

oder in *eingetretenem Verlust* bestehen und entspricht nach allgemeiner Auffassung der Differenz zwischen dem tatsächlichen Vermögensstand und dem Stand, den das Vermögen ohne das schädigende Ereignis (Handlung oder Unterlassung) hätte.[1443]

Kann ein drohender Schaden noch rechtzeitig abgewendet werden oder deckt ihn eine Versicherung ohne Bonusverlust, so liegt keine Vermögensverminderung vor, und für eine Verantwortlichkeitsklage besteht demnach keine materielle Grundlage.

Der Schaden ist nach den allgemeinen Beweislastregeln[1444] vom Kläger und damit vom Geschädigten zu beweisen. Notwendig ist dabei nicht nur der Beweis der Existenz des Schadens, sondern auch der Nachweis der konkreten Höhe. Gerade bei aktienrechtlichen Verantwortlichkeitsansprüchen ist der ziffernmässige Nachweis des Schadens oft sehr schwierig. In diesen Fällen muss die allgemeine Regel von Art. 42 Abs. 2 OR zur Anwendung gelangen, wonach der Richter mit Rücksicht auf den gewöhnlichen Lauf der Dinge und auf die vom Geschädigten getroffenen Massnahmen den Schaden schätzt.[1445] Schwierigkeiten bereiten dabei namentlich Buchführungs- und Bewertungsfragen.[1446]

Leitet sich der Schaden eines Klägers bloss aus dem Schaden der Gesellschaft ab, liegt ein *mittelbarer Schaden* vor. Dies ist beispielsweise dann der Fall, wenn aus dem Verhalten des Verwaltungsrates die Gesellschaft einen Vermögensverlust erleidet und dies zu einem Kursverlust der börsenkotierten Aktien der Gesellschaft oder sogar dazu führt, dass die Forderungen der Gläubiger nicht mehr vom Gesellschaftsvermögen gedeckt sind.[1447] Wird der Kläger aber in seiner vermögensrechtlichen Stellung durch das pflichtwidrige Verhalten der haftbaren Person unabhängig von einer Schädigung der Gesellschaft direkt beeinträchtigt,[1448] so spricht man von einem *unmittelbaren Schaden*.[1449] Während mit Bezug auf die Gesellschaft stets nur eine unmittelbare Schädigung für das Verantwortlichkeitsrecht relevant ist, kommen bei Aktionären und Gläubigern beide Schadensarten in Betracht, wobei die Rechtsfolgen verschieden sind.[1450] So wirkt beispielsweise der Entlastungsbeschluss für bekannte Tatsachen gegenüber der Gesellschaft und somit im Falle

---

1443 «Differenztheorie». Statt vieler SCHWENZER, § 14 Rz. 14.03; BÖCKLI, Aktienrecht, § 18 Rz. 360; BGE 136 III 322 ff., 324 ff. E. 3; 132 III 323 f., 129 III 332, 128 III 26; 127 III 76. Begrifflich wird der Schaden deshalb unterteilt in «damnum emergens» und «lucrum cessans», vgl. dazu GERICKE/WALLER, in: Basler Kommentar, N 13 zu Art. 754 OR.
1444 Art. 8 ZGB und Art. 42 Abs. 1 OR; BÖCKLI, Aktienrecht, § 18 Rz. 371.
1445 Zu den Einzelfragen (Substanziierung, Schadensschätzung, richterliche Fragepflicht, Expertenwissen) vgl. ZÜRCHER, 7 ff.; dito zu den taktischen Fragen (etwa Teilklage).
1446 ZÜRCHER, 8.
1447 Vgl. MEIER-HAYOZ/FORSTMOSER, § 16 N 576c; BÖCKLI, Aktienrecht, § 18 Rz. 364; WEBER, Verantwortlichkeitsrecht, 161 ff., 190 unter Verweisung auf BGE 131 III 310. Das Bundesgericht bezeichnet diesen Schaden auch als «Reflexschaden»; vgl. BGE 131 III 309/310 und die Kritik bei BÖCKLI, Aktienrecht, § 18 Rz. 364b. – Nach allgemeinen haftpflichtrechtlichen Grundsätzen wäre ein solcher Schaden nicht ersatzfähig (WEBER, Verantwortlichkeitsrecht, 190; BGE 127 III 403).
1448 Beispiel: durch die Gewährung eines Krediraus an eine zahlungsunfähige Gesellschaft, gestützt auf eine verfälschte Bilanz (BGE 4C_344/1998).
1449 Vgl. wiederum MEIER-HAYOZ/FORSTMOSER, § 16 N 576c; WEBER, Verantwortlichkeitsrecht, 191; BGE 125 III 86. Vgl. auch GERICKE/WALLER, in: Basler Kommentar, N 16 zu Art. 754 OR. Zur Klage aus unmittelbarem Schaden vgl. auch BÄRTSCHI, 227 ff.
1450 Vgl. zu den verschiedenen Klagegrundlagen WEBER, Verantwortlichkeitsrecht, 192 ff. und dessen «Matrix zur aktienrechtlichen Verantwortlichkeitsklage (192). Das Bundesgericht geht (erstmals in BGE 117 II 432) von der These RASCHEINS vom einheitlichen Anspruch der Gläubigergesamtheit aus (RASCHEIN, 357 ff.).

des mittelbaren Schadens vollumfänglich. Gegenüber Aktionären gilt die Décharge dagegen nur, sofern sie dem Beschluss zugestimmt oder die Aktien seither in Kenntnis des Beschlusses erworben haben.[1451]

Bei der Weiterführung einer zahlungsunfähigen oder überschuldeten Gesellschaft durch den Verwaltungsrat entgegen der Pflicht, den Konkursrichter zu benachrichtigen (Art. 725 Abs. 2 OR), kommt es zu einem «Fortführungsschaden»; dieser besteht «im Anwachsen der Überschuldung zu Liquidationswerten zwischen dem Zeitpunkt, zu dem der Konkurs nach Art. 725 Abs. 2 ... hätte eröffnet werden müssen (hypothetischer Konkurs) und dem Zeitpunkt der Konkurseröffnung (tatsächlicher Konkurs)».[1452] Festzuhalten ist, dass der relevante Schaden nicht identisch mit dem Fehlbetrag sein muss, sondern nur der Teil, der bei korrekter Pflichterfüllung des Verwaltungsrats vermeidbar gewesen wäre.[1453]

4.1.1.3 Pflichtwidriges Verhalten

Als pflichtwidriges Verhalten[1454] gilt nach konstanter Praxis des Bundesgerichts jeder Verstoss gegen Normen, welche direkt oder indirekt Schädigungen untersagen.[1455] Pflichtwidrig ist daher – im vorliegenden Zusammenhang – nicht nur eine Verletzung gesetzlicher Vorschriften, sondern auch ein Verstoss gegen statutarische oder reglementarische Pflichten.[1456]

Zur Beurteilung von unternehmerischen (Fehl-)Entscheiden hat sich in den letzten Jahren mehr und mehr die sog. Business Judgment Rule durchgesetzt.[1457] Danach soll hauptsächlich auf formale Kriterien abgestellt werden (ob ein formeller Entscheid vorlag, ob die Entscheidung frei von Interessenkonflikten getroffen worden war, ob die Betroffenen ausreichend informiert waren, ob Alternativen in Erwägung gezogen und geprüft wurden usw.). Auf diese Weise soll verhindert werden, dass sich Verwaltungsräte vor unternehmerischen Entscheiden drücken und – aus Angst vor Verantwortlichkeitsansprüchen – keine Risiken mehr eingehen.[1458]

1451 Art. 758 Abs. 1 OR; zur Einredemöglichkeit der Décharge vgl. ausführlich hinten Ziff. 4.1.7, S. 354.
1452 BÖCKLI, Aktienrecht, § 18 Rz. 369a.
1453 Dazu näher BÖCKLI, Aktienrecht, § 18 Rz. 366 ff. unter Hinweis auf das Urteil des Bundesgerichts 4A.188/2008 vom 9. September 2008, E. 4.4 und 4.5.
1454 Dazu allgemein BÖCKLI, Aktienrecht, § 18 N 377 ff.; FORSTMOSER/MEIER-HAYOZ/NOBEL, § 37 N 21 ff.; KRNETA, N 2078 ff.; GERICKE/WALLER, in: Basler Kommentar, N 23 ff. zu Art. 754 OR; BÄRTSCHI, 239 ff.
1455 «Schutznormtheorie»; dazu BÖCKLI, Aktienrecht, § 18 Rz. 378; GERICKE/WALLER, in: Basler Kommentar, N 23 zu Art. 754 OR; BÄRTSCHI, 282 ff.; BGE 131 III 310/311, 125 III 89.
1456 Vgl. FORSTMOSER/MEIER-HAYOZ/NOBEL, § 36 N 70; GERICKE/WALLER, in: Basler Kommentar, N 10 zu Art. 754 OR; BGE 110 II 395; BGE 106 II 261. GROSS, 148 ff., unterscheidet eingehend die Rechtswidrigkeit als Widerrechtlichkeit bei der Qualifikation der Verantwortlichkeit als Deliktsklage, die Rechtswidrigkeit als Pflichtverletzung bei der Qualifikation der Verantwortlichkeit als Klage ex lege bzw. sui generis und die Rechtswidrigkeit als Vertragsverletzung bei der Qualifikation der Verantwortlichkeitsklage als Vertragsklage.
1457 In seiner Dissertation untersuchte erstmals GRASS, passim, die Möglichkeit der schweizerischen Gerichte, die angelsächsische «Business Judgement Rule» anzuwenden; 2007 vertiefte und konkretisierte NIKITIN, passim, dann in seiner Dissertation diese Theorie.
1458 Dazu vgl. auch BÖCKLI, Aktienrecht, § 13 Rz. 582 ff. und § 18 Rz. 402 ff. Kritisch zur «Rule» auch MEIER-HAYOZ/FORSTMOSER, §16 N 578b.

Kein rechtswidriges Verhalten liegt vor, wenn der Kläger bzw. Geschädigte in das Tun bzw. Unterlassen des schädigenden Organs – ausdrücklich oder stillschweigend[1459] – eingewilligt hat.[1460] Solchen Einwilligungen sind allerdings Grenzen gesetzt (insbesondere auch durch zwingende Gesetzesbestimmungen und Kompetenzabgrenzungen zwischen den Organen).[1461] – So hat beispielsweise die Gesellschaft dann keinen Schadenersatzanspruch, wenn eine Bargründung durch alle Gründer und Aktionäre nur vorgetäuscht wird.[1462] Dies ist dann der Fall, wenn der einbezahlte Betrag sogleich nach der Liberierung wieder zurückgezogen wird und dies den andern bekannt ist oder bei Anwendung der erforderlichen Sorgfalt hätte bekannt sein sollen.[1463]

Auch das pflichtwidrige Verhalten muss der Kläger beweisen. Allerdings zeigt die Gerichtspraxis, dass der beklagte Verwaltungsrat eine natürliche Vermutung gegen sich hat und eine erhebliche Behauptungs- und Gegenbeweislast trägt [1464, 1465].

4.1.1.4 Adäquater Kausalzusammenhang

Ein Verwaltungsrat kann nicht schon dann zivilrechtlich zur Verantwortung gezogen werden, wenn unter seiner Amtsführung ein Schaden entstanden ist. Es muss vielmehr rechtsgenüglich nachgewiesen werden, dass der Schaden aus seinem Tun oder Unterlassen heraus entstanden ist. Von der Lehre und Rechtsprechung wird deshalb nicht nur ein *natürlicher* Kausalzusammenhang, sondern der weitaus restriktivere *adäquate* Kausalzusammenhang gefordert. Danach gilt ein Ereignis nur dann als Ursache eines Erfolges, wenn ein solches Ereignis nach dem gewöhnlichen Lauf der Dinge und nach allgemeiner Lebenserfahrung an sich geeignet ist, einen Erfolg von der Art des Eingetretenen herbeizuführen.[1466]

Nicht selten ist der entstandene Schaden mehreren Verursachern mit unterschiedlicher Beteiligung anzulasten (etwa den Verwaltungsratsmitgliedern und der Revisionsstelle). In solchen Fällen kann es sich auch aufdrängen, mehrere «Verursacherkreise» zu bilden und bspw. zu unterscheiden zwischen den exekutiven VR-Mitgliedern (mit umfassenderen Sachverhaltskenntnissen) und den nicht exekutiven (mit punktuellen

---

1459 SCHNYDER, Verantwortlichkeitsrecht, 44.
1460 «Volenti non fit iniuria»; vgl. dazu BÖCKLI, Aktienrecht, § 18 Rz. 1095; FORSTMOSER/MEIER-HAYOZ/NOBEL, § 36 N 128 ff.; GERICKE/WALLER, in: Basler Kommentar, N 2 ff. zu Art. 758 OR; BÄRTSCHI, 314 ff., FORSTMOSER/SPRECHER/TÖNDURY, 165 ff.; CHAMMARTIN/VON DER CRONE, Déchargebeschluss, 329 ff.; SCHNYDER, Verantwortlichkeitsrecht, 43 ff.; vgl. auch BGE 131 III 640 ff, 644 E. 4.2.1 – Dies ist von der Décharge abzugrenzen (SCHNYDER, Verantwortlichkeitsrecht, 44; ISLER/SCHOTT, 197 ff.
1461 Dazu vgl. SCHNYDER, Verantwortlichkeitsrecht, 50 ff.
1462 Eine ausführliche Zusammenstellung der Fallgruppen und Kasuistik findet sich bei MÜLLER, Unsorgfältige Führung, Rz. 17.45.
1463 Vgl. ZR 60 (1961), 218 ff. bzw. BGE 86 III 159 und BGE 102 II 356.
1464 BÖCKLI, Aktienrecht, § 18 Rz. 432.
1465 Was viele Autoren zur Schlussfolgerung bringt, die Beweislast «spiele oft keine Rolle»; BÖCKLI, Aktienrecht, § 18 Rz. 432; FORSTMOSER/SPRECHER/TÖNDURY, 152/153; VON DER CRONE/CARBONARA/HUNZIKER, 61; GERICKE/WALLER, in: Basler Kommentar, N 35 zu Art. 754 OR.
1466 Vgl. neustens BGE 132 III 718 ff., 129 III 129; 123 III 110, 112; vorher schon BGE 108 II 53, 112 II 439 und 113 II 178, ferner Urteil des Bezirksgerichts Höfe, Kt. Schwyz, vom 25. September 1995, publiziert in SJZ 93 (1995) Nr. 23, 464 f. Dazu auch BÖCKLI, Aktienrecht, § 18 Rz. 416 ff.; FORSTMOSER/MEIER-HAYOZ/NOBEL, § 36 N 41 ff.; GERICKE/WALLER, in: Basler Kommentar, N 42 ff. zu Art. 754 OR; BÄRTSCHI, 231.

Sachverhaltskenntnissen).[1467] Problematisch ist häufig das Erstellen der Kausalität bei Unterlassungen; hier fehlt es an einer nachvollziehbaren Kausalkette, und entsprechend stellen sich weitere Fragen («was wäre gewesen, wenn ...»).[1468] Wäre der Verwaltungsrat zu Eingriffen verpflichtet gewesen und hat er dies unterlassen, unterstellt das Bundesgericht eine «hohe Wahrscheinlichkeit», dass eine adäquate Kausalität gegeben ist.[1469]

Auch der adäquate Kausalzusammenhang ist vom Kläger bzw. vom Geschädigten zu beweisen. Bei einer detaillierten Prüfung wird man zwar oftmals sehr rasch kleinere Unregelmässigkeiten feststellen (zu wenig Sitzungen, schlechte Protokollführung, ungenügendes Aktenstudium, zu grosses Vertrauen in Geschäftsführung etc.).[1470] Daraus kann jedoch nicht einfach geschlossen werden, dass diese Fehler Einfluss auf das Gesellschaftsschicksal hatten. Bisher waren die Gerichte jedoch oft sehr schnell bereit, den adäquaten Kausalzusammenhang zu bejahen.[1471]

Heute ist eher eine Tendenz der Gerichte zu differenzierteren Urteilen festzustellen.[1472] Dies zeigt sich etwa im Swissair-Entscheid[1473] (Organhaftung) oder im Miracle-Entscheid[1474] (Prospekthaftung). Da die Pflichten des Verwaltungsrates im Zusammenhang mit der finanziellen Führung des Unternehmens und insbesondere mit der Konzernrechnung heute im Gesetz wesentlich konkreter vorgeschrieben sind,[1475] dürfte das Vorliegen eines adäquaten Kausalzusammenhanges zukünftig noch vermehrt gegeben sein.

4.1.1.5 Verschulden

Letzte Voraussetzung für eine zivilrechtliche Verantwortlichkeit des Verwaltungsrates ist schliesslich, dass ihm für sein Tun oder Unterlassen ein Schuldvorwurf gemacht werden kann.[1476] Schuldhaft handelt, wer entweder *absichtlich,* also mit Wissen und Willen, oder *fahrlässig* einen Schaden herbeiführt. Fahrlässigkeit setzt voraus, dass der Eintritt des Schadens objektiv voraussehbar war. Nicht erforderlich ist, dass der Haftpflichtige selber den Schadenseintritt bzw. den vollen Umfang des eingetretenen Schadens vorausgesehen hat.[1477] Es genügt demnach mit anderen Worten, dass sich der Schädiger nach der ihm zuzumutenden Aufmerksamkeit und Überlegung hätte sagen sollen, es bestehe eine konkrete Gefahr der Schädigung.[1478]

1467 Vgl. dazu weiterführend BÖCKLI, Aktienrecht, § 18 Rz. 420 ff.
1468 Dazu BÖCKLI, Aktienrecht, § 18 Rz. 424 ff. mit Belegen.
1469 Vgl. BGE 122 III 195.
1470 HÜTTE, Verantwortlichkeit, 147, hält dazu treffend fest: «Wo man näher hinschaut, erkennt man auch mehr.»
1471 Vgl. BÖCKLI, Aktienrecht, § 18 Rz. 416 ff. und den in ST 59 (1985) 75 ff. wiedergegebenen Entscheid, wonach «in Fällen aktienrechtlicher Verantwortlichkeit ... der Richter ... nicht einen strengen, absoluten Beweis des Kausalzusammenhangs zu fordern» habe.
1472 Dies betont WEBER, Verantwortlichkeitsrecht, 198; ebenso GERICKE/WALLER, in: Basler Kommentar, N 44 zu Art. 754 OR; VON DER CRONE, Haftung und Haftungsbeschränkung, 2 ff.
1473 BGer. 4C_70/2005 vom 18. Mai 2005.
1474 BGE 132 III 715.
1475 Dazu ausführlich vorne Ziff. 3.4, S. 178 ff., und insbesondere Ziff. 3.4.8, S. 248 ff.
1476 Zum Verschuldensbegriff bei der Tätigkeit eines Verwaltungsrates speziell MÜLLER, Unsorgfältige Führung, Rz. 17.55 ff.
1477 BGE 99 II 180. Vgl. auch FORSTMOSER, Verantwortlichkeit, Rz. 286 ff., und GROSS, 203 ff.
1478 BGE 113 II 52.

Das Verschulden wird an einem objektiven Massstab[1479] gemessen. Es genügt daher nicht, dass die Organperson die gleiche Sorgfalt wie in ihren eigenen Angelegenheiten aufgewendet hat (diligentia quam in suis);[1480] noch weniger stellen Unkenntnis, Zeitmangel oder Überforderung Entschuldigungsgründe dar.[1481] Ein Verschulden ist vielmehr dann gegeben, wenn der Betreffende nicht so sorgfältig gehandelt hat, wie es seine konkrete Stellung geboten hätte.[1482] «Haftungsverschärfend» wirkt daher etwa eine gesellschaftsinterne Sonderfunktion (als Präsident, Delegierter oder Ausschussmitglied). Worin das zumutbare Verhalten bestanden hätte (Opposition gegen rechtswidrige Beschlüsse, Alarmierung der Generalversammlung usw.), ist anhand der konkreten Verhältnisse zu bestimmen.

Der objektive Verschuldensmassstab führt dazu, dass sich kaum ein Verwaltungsratsmitglied exkulpieren kann, wenn eine Pflichtverletzung erstellt ist.[1483]

4.1.2 Unterschied zur strafrechtlichen Verantwortlichkeit

Im Rahmen der zivilrechtlichen Verantwortlichkeit des Verwaltungsrates im Sinne von Art. 752 ff. OR geht es nicht um die Bestrafung von Straftätern, sondern um die Festsetzung von Schadenersatzansprüchen.[1484] Die zivilrechtliche Verantwortlichkeit ist also geprägt von der *Reparationsfunktion*[1485]. Dagegen orientiert sich das Strafrecht am Täter und geht von der *Präventions-* und *Resozialisierungsfunktion* aus.

Während im Strafrecht allein schon der Versuch eines Deliktes zu Sanktionen führen kann, wird bei der zivilrechtlichen Verantwortlichkeit stets ein tatsächlicher Schaden vorausgesetzt. Die strafrechtliche Handlung eines Verwaltungsrates muss deshalb nicht zwingend auch eine zivilrechtliche Verantwortlichkeit nach sich ziehen. Umgekehrt kann eine Sorgfaltspflichtverletzung zur Entschädigungspflicht führen, obwohl kein Straftatbestand erfüllt ist.

In einem Zivilprozess können die Richter grundsätzlich auch dann noch völlig frei entscheiden, wenn bereits bezüglich der gleichen Sache das Urteil im Strafverfahren vorliegt. Gemäss Art. 53 OR ist der Zivilrichter bei der Beurteilung von Schuld oder Unschuld, Urteilsfähigkeit oder Urteilsunfähigkeit nämlich nicht an die Bestimmungen über die strafrechtliche Zurechnungsfähigkeit oder an eine Freisprechung durch den Strafrichter gebunden. Der Zivilrichter kann unter Umständen also andere Verschuldenskriterien

---

1479 Vgl. BÖCKLI, Aktienrecht, § 18 Rz. 430; FORSTMOSER/MEIER-HAYOZ/NOBEL, § 36 N 80 ff.; HOMBURGER, in: Zürcher Kommentar, N 821 zu Art. 717 OR; BÄRTSCHI, 301 ff.; WEBER, Verantwortlichkeitsrechte, 200; GERICKE/WALLER, in: Basler Kommentar, N 32 zu Art. 754 OR; BGer. 12.02.2007, 4C_3458/2005 E. 5.6. Vgl. GROSS, 206, mit eingehender Analyse der möglichen Umstände; PEYER, 85 ff.
1480 Vgl. BGE 112 II 180, 99 II 176 ff.; GERICKE/WALLER, in: Basler Kommentar, N 17 zu Art. 754 OR.
1481 Vgl. BGE 122 III 200; 97 II 411.
1482 Vgl. GERICKE/WALLER, ebenda.
1483 So BÖCKLI, Aktienrecht, § 18 Rz. 429 unter Hinweise auf WIDMER/GERICKE/WALLER, in: Basler Kommentar, N 35 zu Art. 754 OR; FORSTMOSER/SPRECHER/TÖNDURY, N 152/153.
1484 Zu betonen ist, dass die zivilrechtliche Verantwortlichkeit keinen pönalen Charakter hat; vgl. VON DER CRONE/BLOCH, a.a.O., Fn. 5; WEBER, a.a.O., 163.
1485 Dazu weiterführend VON DER CRONE/BLOCH, 86 ff.

anwenden als der Strafrichter. Die strafrechtliche Erkenntnis ist überdies auch in Bezug auf die Bestimmung des Schadens für den Zivilrichter unverbindlich.

Jedermann ist berechtigt, gegen die verantwortlichen Organe einer Aktiengesellschaft Strafanzeige einzureichen, wenn begründete Verdachtsmomente für eine Straftat vorliegen. Da die Strafanzeige aber mit einem entsprechenden Aufwand verbunden ist, werden i.d.R. nur die Opfer einer Straftat zu einer solchen Massnahme greifen. Die Einleitung eines Strafverfahrens hat zur Folge, dass der zuständige Untersuchungsrichter den Sachverhalt vollständig abzuklären hat. Die entsprechenden Kosten werden bei einem Schuldspruch dem Verurteilten auferlegt. Kommt es zu einer Aufhebung oder Einstellung des Verfahrens oder einem Freispruch, so hat grundsätzlich der Staat die Kosten der Untersuchung zu tragen. Sie können nur dann dem Strafkläger überbunden werden, wenn dieser die Strafanzeige ohne begründeten Verdacht oder sogar rechtsmissbräuchlich eingereicht hat.[1486] Wird dagegen eine Zivilforderung ganz oder teilweise abgelehnt, so hat der Kläger im Umfang seines Unterliegens nicht nur die Kosten des Gerichtes, sondern auch diejenigen der Gegenpartei zu tragen. Für einen Geschädigten ist es deshalb unter Umständen vorteilhafter, zuerst ein Strafverfahren anzustrengen und erst dann, gestützt auf die dabei ermittelten Beweise und Tatsachen, eine Zivilklage einzureichen.[1487]

Im Zivilrecht und im Strafrecht bestehen unterschiedlich lange Verjährungsfristen. Wird die aktienrechtliche Verantwortlichkeitsklage aus einer strafbaren Handlung hergeleitet, für die das Strafrecht eine längere Verjährung vorschreibt, so gilt diese auch für den Zivilanspruch.[1488] Auch in anderen Punkten weist das Strafverfahren Besonderheiten auf, weshalb diese hinten unter Ziff. 5.3, S. 403 ff., näher erörtert werden.

4.1.3 Bedeutung der zivilrechtlichen Verantwortlichkeit

Verantwortlichkeitsklagen gegen Verwaltungsräte haben seit dem Jahr 2000 stetig zugenommen. Dies zeigt eindrücklich die Studie von Susanne Keller aus dem Jahre 2011.[1489] Die Untersuchung von entsprechenden Fällen aus den Jahren 2000 bis 2010 ergab, dass jährlich ca. 1500 Fälle von aktienrechtlicher Verantwortlichkeit die Verwaltungsräte, Gerichte, Versicherungen und Ausgleichskassen beschäftigen. Gerichtlich erledigt werden vor erster Instanz pro Jahr rund 20 Fälle, vor zweiter Instanz bzw. vor Handelsgericht rund 10 Fälle und vor Bundesgericht noch drei bis vier Fälle. Dazu kommen nun jedoch noch die vielen Fälle wegen nicht bezahlter Sozialversicherungsbeiträge. Das Bundesamt für Sozialversicherungen (BSV) erhebt seit dem Jahre 2009 eine Statistik zu solchen Schadenersatzfällen, welche ihm von den Ausgleichskassen gemeldet werden. Für Aktiengesellschaften ist jährlich zwischen 1250 bis 1300 Fällen auszugehen bzw. von einer Schadenssumme von schätzungsweise CHF 30–40 Mio. Zudem dürften nach Angaben der Versicherungen vorprozessual noch einmal jährlich 200 Fälle erledigt werden. Die Studie von Susanne Keller zeigt aber auch, dass von 106 erledigten Zivilklagen 25% voll oder teilweise gutgeheissen wurden. Eine Abweisung erfolgte in 23,5% der Fälle und 38,5% konnten mit einem Vergleich erledigt werden.

1486 Zur Kostenfolge beim Strafverfahren ausführlich hinten unter Ziff. 5.3.3, S. 405.
1487 Die Zivilklage kann auch adhäsionsweise eingereicht werden; dazu hinten unter Ziff. 5.3.4, S. 405 f.
1488 Art. 760 Abs. 1 OR.
1489 Publiziert im Jusletter vom 24. Oktober 2011.

Die Ursachen dieser gesteigerten Prozessfreudigkeit lassen sich aus dem Blickwinkel der Versicherung wie folgt zusammenfassen:[1490]
- mehr Konkurse und damit mehr Geschädigte
- durch Medien und Rechtsprechung verstärktes Bewusstsein um aktienrechtliche Verantwortlichkeit
- verbesserter Versicherungsschutz der Verwaltungsräte und damit bessere Durchsetzungsmöglichkeit
- euphorische Vorstellungen über die Prozesschancen
- falsche Vorstellungen über die Risiken, den Bearbeitungsaufwand und die Kosten eines Prozesses
- neues Mittel der Sonderprüfung, welches zur Durchsetzung von Aktionärsrechten eingesetzt werden kann.

Die Bedeutung der Sonderprüfung[1491] wird – nach den Erfahrungen der Autoren – allerdings eher überschätzt. In der Praxis zeigt sich, dass die angerufenen Gerichte oft zu hohe Anforderungen an die Darlegung der Voraussetzungen für eine Sonderprüfung stellen und damit die Prozesschancen des antragstellenden Aktionärs sehr beträchtlich verkürzen. Dass dies kaum im Sinn des Gesetzgebers ist, braucht nicht besonders betont zu werden.

In aller Regel gehen Verantwortlichkeitsklagen nicht von der Gesellschaft aus.[1492] In mehr als 95% der Fälle befand sich die Gesellschaft im Konkurs und klagten entweder die Konkursverwaltung oder einzelne Gläubiger.[1493] Die Gründe hängen damit zusammen, dass der Verwaltungsrat das Erheben von Verantwortlichkeitsklagen gegen (ehemalige) Organpersonen anhand des Gesellschaftsinteresses prüfen muss, dem er verpflichtet ist. Obwohl das Durchsetzen einer Forderung auf Ersatz für erlittenen Schaden an sich kaum je den Interessen einer Gesellschaft widerspricht, ist doch zu berücksichtigen, dass ein solches Klageverfahren auch negative Auswirkungen oder Begleiterscheinungen haben kann.[1494]
- In einer Krisensituation muss deren Behebung und die Sicherung des Weiterbestehens des Unternehmens im Vordergrund stehen; dafür sind personelle und finanzielle Ressourcen zur Verfügung zu halten. Die Vergangenheitsbewältigung darf dies nicht dadurch beeinträchtigen, dass hohe Prozesskosten den finanziellen Spielraum beengen und die Mitarbeiter und Organe der Gesellschaft zeitlich absorbieren.
- Neben dem finanziellen Aufwand für eine Verantwortlichkeitsklage fällt, wie soeben erwähnt, auch der zeitliche Aufwand für die Mitarbeiter und Organe der Gesellschaft in Betracht. Bei grösseren Gesellschaften – und dementsprechend hohen Schäden durch pflichtwidriges Handeln fehlbarer Organpersonen – steht diesem Aufwand allenfalls nur ein geringes Ertragspotenzial gegenüber, wenn der Schaden die Leistungsfähigkeit der belangten Organpersonen schlicht übersteigt.

1490 Hütte, Verantwortlichkeit, 146.
1491 Zur Sonderprüfung ausführlich hinten unter Ziff. 7.5, S. 510 ff.
1492 Vgl. dazu die Übersicht bei Isler/Fischer, 29.
1493 Isler/Fischer, ebenda. Vgl. dazu auch Keller, 2.
1494 Zum folgenden vgl. Isler/Fischer, 34 ff.

- Weitere negative Auswirkungen können sein, dass die beklagten Organpersonen Mitarbeiter oder Organe der Gesellschaft durch Streitverkündung[1495] oder Streitverkündungsklagen[1496] in das Verfahren involvieren, dass Verantwortlichkeitsprozesse Klagen Dritter gegen die Gesellschaft provozieren und dass für Publikumsgesellschaften – durch die ständige Berichterstattung über solche Verfahren in den Medien – Reputationsverluste[1497] drohen.

Nach wie vor hinterlässt die Handhabung des Verantwortlichkeitsrechts in der Praxis einen zwiespältigen und willkürlichen Eindruck.[1498] Auf der einen Seite ist es pflichtvergessenen oder gar kriminellen Verwaltungsräten durchaus möglich, sich für immer einem Gerichtsverfahren zu entziehen oder sich wenigstens um die Bezahlung von Schadenersatzverpflichtungen zu drücken. Auf der anderen Seite lassen Gerichtsurteile gelegentlich das Gefühl für die Realitäten des Geschäftslebens vermissen und können Verwaltungsratsmitgliedern daher verhältnismässig geringfügige Nachlässigkeiten bei entsprechenden Beweismöglichkeiten zum Verhängnis werden.[1499] Oft trifft es dann einfach den Kapitalkräftigsten, der meist nicht der Hauptschuldige ist, und werden ihm mit unerbittlicher Strenge vom Gericht seine – vielleicht durchaus verständlichen – Unsorgfältigkeiten vorgehalten.[1500]

4.1.4 Umfang der zivilrechtlichen Verantwortlichkeit

4.1.4.1 In personeller Hinsicht

Die zivilrechtliche Verantwortlichkeit trifft in personeller Hinsicht nicht nur die Mitglieder des Verwaltungsrates. Vielmehr haben entsprechend der gesetzlichen Reihenfolge in Art. 752 ff. OR folgende Personen einzustehen:

- alle an einem Emissionsprospekt Mitwirkenden[1501]
- alle an der Gründung Beteiligten[1502]

1495 Art. 78 ff. ZPO.
1496 Art. 81 ZPO; vgl. dazu FREI, in: Basler Kommentar zu Art. 81 ff. ZPO.
1497 Vgl. dazu ISLER/FISCHER, a.a.O., 34, 35.
1498 So auch MEIER-HAYOZ/FORSTMOSER, § 16 N 587 ff. mit Hinweis auf zahlreiche Beispiele aus der Rechtsprechung.
1499 So hat in einem Fall der Untersuchungsrichter ernsthaft die Auffassung vertreten, dass sich der Verwaltungsratspräsident eines Grossbetriebes in finanziell schwierigen Zeiten nicht auf seinen Finanzchef verlassen dürfe und die Auszahlungsbelege der AHV-Prämien selbst zu kontrollieren habe; da schliesslich jedoch ein Freispruch zufolge Verjährung erfolgte, resultierte kein entsprechendes Urteil.
1500 Vgl. FORSTMOSER, Verantwortlichkeit, Rz. 1184. Insbesondere die solidarische Haftbarkeit gemäss Art. 759 OR kann schwerwiegende Konsequenzen haben; dazu ausführlich hinten unter Ziff. 4.7.2, S. 391 ff. Vgl. auch das Beispiel in BGE 117 II 441 ff., (der allerdings eine Prokuristin betraf).
1501 Dass der Bezugpunkt der «Mitwirkung» einen beinahe unbegrenzten Kreis von möglichen Verantwortlichen schafft, betont BÖCKLI, Aktienrecht, § 18 Rz. 17 ff. Darunter fallen auch die «mitwirkenden» Banken oder Wertpapierhändler, beigezogene Rechtsanwälte und allenfalls die Revisionsstelle; zur Kasuistik vgl. FORSTMOSER/MEIER-HAYOZ/NOBEL, § 37 N 73 ff. und 84 ff.
1502 Auch der Kreis der nach der Gründungshaftung Verantwortlichen ist weit. Er erfasst ebenso beteiligte Banken, Rechtsanwälte, Notare oder sonstige Beauftragte. Bei Verwaltungsräten besteht eine Konkurrenz zur Geschäftsführungshaftung, bei Revisionsstellen Konkurrenz zur Revisionshaftung. Vgl. WATTER, in: Basler Kommentar, N 4/5 zu Art. 753 OR; BÖCKLI, Aktienrecht, § 18 Rz. 88 f.; FORSTMOSER/MEIER-HAYOZ/NOBEL, § 55 ff.

- die Mitglieder des Verwaltungsrates und alle mit der Geschäftsführung oder mit der Liquidation befassten Personen
- alle mit der Prüfung der Jahres- und Konzernrechnung, der Gründung der Kapitalerhöhung oder Kapitalherabsetzung befassten Personen («Revisionshaftung»).

Die gesetzlichen Formulierungen stellen klar, dass nicht nur die formell gewählten und im Handelsregister eingetragenen Organe, sondern auch die nur tatsächlich als solche Handelnden zivilrechtlich zur Verantwortung gezogen werden können.[1503]

4.1.4.2 In materieller Hinsicht

Aktionären und Gläubigern kann Schaden auf zweierlei Art entstehen:[1504]
- indirekt dadurch, dass die Vermögensinteressen der Gesellschaft geschädigt werden und infolge dieser Schädigung der Gesellschaft auch den Aktionären und Gläubigern ein Nachteil entsteht;
- direkt dadurch, dass zwar die Gesellschaft keinen Schaden erleidet, aber die Handlung des schädigenden Organs unmittelbar in die Sphäre des Aktionärs oder Gläubigers eingreift.

Im ersten Fall spricht man von indirektem oder mittelbarem Schaden, im zweiten von direktem oder unmittelbarem Schaden.[1505] Beide Schadensarten werden von der zivilrechtlichen Verantwortlichkeit umfasst und können sogar miteinander vorkommen. Allerdings sind dann die Voraussetzungen der beiden Klagen gesondert zu prüfen.[1506]

Der Gesellschaft kann in diesem Kontext nur ein unmittelbarer oder direkter Schaden entstehen.[1507]

4.1.4.3 In zeitlicher Hinsicht

Wenn ein Verwaltungsratsmitglied zurücktritt,[1508] erlischt damit seine zivilrechtliche Verantwortlichkeit für die Vergangenheit noch nicht. Er bleibt gegen aussen grundsätzlich noch bis zur Löschung im Handelsregister verantwortlich.[1509] Aber auch dann, wenn der entsprechende Eintrag gelöscht ist, bleibt der Verwaltungsrat für seine frühere Tätigkeit verantwortlich. Der Zeitablauf vermag ihm nur insofern zu helfen, als später allenfalls die Einrede der Verjährung oder der Décharge vorgebracht werden kann.[1510] Dabei gilt die

---

1503 Vgl. BÖCKLI, Aktienrecht, § 18 Rz. 109; FORSTMOSER/MEIER-HAYOZ/NOBEL, § 37 N 2 ff., und GROSS, 69. Zur zivilrechtlichen Verantwortlichkeit des faktischen Organs ausführlich hinten unter Ziff. 4.1.6, S. 352 f.
1504 So schon BGE 59 II 455; vgl. auch BGE 110 II 393.
1505 Vgl. dazu vorne Ziff. 4.1.1 lit. b, S. 337, und eingehend FORSTMOSER, Verantwortlichkeit, Rz. 186 ff. Vgl. auch BÄRTSCHI, a.a.O., 231 ff., der auch die teils schwankende Bundesgerichtspraxis zu den Begriffen und der Abgrenzung von unmittelbarem und mittelbarem Schaden darstellt; die heutige Lesart des Bundesgerichts ergibt sich aus BGE 131 III 306 ff. und 132 III 568 ff.
1506 Vgl. FORSTMOSER, Verantwortlichkeit, Rz. 206.
1507 Vgl. BGE 4A_5/2008 vom 22. Mai 2008.
1508 Das Muster einer Rücktrittserklärung findet sich unter Ziff. 11.81, S. 1087.
1509 Deshalb kann ein VR-Mitglied gemäss Art. 938b Abs. 2 OR selbst die Löschung verlangen (vgl. vorne Ziff. 1.10.6, S. 90).
1510 Auf die Einredemöglichkeiten der Verwaltungsräte wird hinten unter Ziff. 4.1.7, S. 357, eingegangen.

allgemeine Verjährungsfrist von 10 Jahren gemäss Art. 127 OR. Für sämtliche Aktionäre, die dem Entlastungsbeschluss nicht zugestimmt haben, erlischt das Klagerecht aufgrund von Art. 758 Abs. 2 OR aber schon nach sechs Monaten.

Ausnahmsweise kann sich der zurückgetretene Verwaltungsrat einer Haftung für den Zeitraum zwischen seiner Demission und der Löschung im Handelsregister entziehen, wenn er nachweisen kann, dass er vor seinem Rücktritt alles unternommen hat, um einen möglichen Schaden abzuwenden[1511], oder dass er nach seiner Rücktrittserklärung von sämtlichen Informationen der Gesellschaft ausgeschlossen wurde und keinen Einfluss mehr nehmen konnte.

Umgekehrt haftet ein Verwaltungsrat grundsätzlich nicht für Ereignisse, welche vor seiner Mandatsübernahme stattgefunden haben. Er hat allerdings beim Amtsantritt sofort zu prüfen, ob die bestehende Situation nicht umgehend Handlungen erfordert (z.B. Einberufung einer Generalversammlung oder Erstellung einer Zwischenbilanz), und gegebenenfalls diese zu veranlassen.

4.1.5 Durchsetzung

4.1.5.1 Vorbemerkung

Wer gegen die Organe einer Gesellschaft Verantwortlichkeitsansprüche geltend macht, hat vor der Einleitung eines entsprechenden Prozesses vorfrageweise abzuklären, ob allenfalls die betreffende Gesellschaft nach ausländischem Recht gegründet wurde. Ist dies der Fall, hat der Kläger die entsprechend anwendbaren international-privatrechtlichen Bestimmungen betreffend die Zuständigkeit und das anwendbare Recht zu prüfen.

Werden Verantwortlichkeitsansprüche im Rahmen einer in der Schweiz gegründeten Gesellschaft geltend gemacht, sind insbesondere folgende Fragen unter Zugrundelegung des schweizerischen Rechts vor der Einleitung eines entsprechenden Prozesses vom Kläger zu beantworten:[1512]

- Wer ist zur Klageerhebung berechtigt (Aktivlegitimation)?
- Wer kann eingeklagt werden (Passivlegitimation)?
- Welches Gericht ist zuständig?
- Wurde Décharge erteilt?
- Ist der Anspruch verjährt?
- Bestehen andere Einredemöglichkeiten?
- Wie wird das Urteil vollstreckt?

Auf die wichtigsten dieser Fragen soll nachstehend eingegangen werden.

1511 Z.B. durch Bildung von entsprechenden Rückstellungen für Sozialversicherungsbeiträge; vgl. dazu den kommentierten Fall unter Ziff. 4.5.2.5, S. 382.
1512 Eine Checkliste zur Prozessführung bei Verantwortlichkeitsklagen findet sich bei MÜLLER, Unsorgfältige Führung, § 17 V. 6.

4.1.5.2 Aktivlegitimation

Unter der Aktivlegitimation versteht man die Berechtigung des Klägers, das eingeklagte Recht oder Rechtsverhältnis geltend zu machen.[1513] Im Zusammenhang mit Verantwortlichkeitsklagen sind in Art. 754 und 755 OR sowohl die Gesellschaft, Aktionäre als auch Gesellschaftsgläubiger erwähnt; Aktionäre und Gesellschaftsgläubiger sind nur dann legitimiert, wenn sie in ihrer Eigenschaft als Aktionäre oder Gesellschaftsgläubiger geschädigt worden sind.[1514] Eine direkte Klage kann nach der bundesgerichtlichen Rechtsprechung jedermann erheben, der durch eine Verletzung aktienrechtlicher Organpflichten unmittelbar geschädigt wurde. Der Gesellschaftsgläubiger ist unmittelbar geschädigt, wenn die Aktiengesellschaft aufgrund ihrer Überschuldung nicht mehr in der Lage ist, seine Forderungen zu begleichen. Ein Aktionär erleidet beispielsweise einen unmittelbaren Schaden, wenn sein ihm zustehendes Bezugsrecht von der Verwaltung übergangen und später auch nicht mit Geld ausgeglichen wird. Bei der Erhebung von direkten Klagen haben sich die Gesellschaftsgläubiger bzw. die Aktionäre auf einen Verantwortlichkeitstatbestand gemäss Art. 752–755 OR zu berufen.

Bei Schädigung der Aktiengesellschaft sind auch die einzelnen Aktionäre berechtigt, den Schaden der Gesellschaft einzuklagen (Art. 756 Abs. 1 OR). So führen etwa das Nichtanmelden der Überschuldung der Aktiengesellschaft beim Richter oder fehlgeschlagene spekulative Geldanlagen durch den Verwaltungsrat zu einer direkten Schädigung der Aktiengesellschaft und zudem zu einer mittelbaren Schädigung der Aktionäre bzw. der Gesellschaftsgläubiger. Der Schaden, welcher direkt bei der Gesellschaft eingetreten ist, gilt in etwa als deckungsgleich mit demjenigen Schaden, welcher den Aktionären insgesamt mittelbar erwächst.[1515]

Bei Schädigung der Aktiengesellschaft sind neben ihr auch die einzelnen Aktionäre berechtigt, den Schaden der Gesellschaft einzuklagen. Der Anspruch des Aktionärs geht auf Leistung an die Gesellschaft (Art. 756 Abs. 1 OR). Beim Unterliegen des klagenden Aktionärs kann der Richter gemäss Art. 756 Abs. 2 OR die Kosten nach seinem Ermessen auch der Gesellschaft auferlegen, wenn aufgrund der Sach- und Rechtslage begründeter Anlass zur Klage bestand. Als Folge von Art. 756 OR sind durchaus Verantwortlichkeitsprozesse denkbar, die damit enden, dass die Aktiengesellschaft zur Zahlung von Verfahrenskosten und Parteientschädigungen verpflichtet wird, obwohl sie im entsprechenden Verfahren gar nicht Partei war.

Im Konkurs der Aktiengesellschaft sind auch die Gesellschaftsgläubiger berechtigt, Ersatz des Schadens an die Gesellschaft zu verlangen. Zunächst steht es jedoch der Konkursverwaltung zu, die Ansprüche von Aktionären und Gesellschaftsgläubigern geltend zu machen (Art. 757 Abs. 1 OR). Diese Bestimmung stimmt überein mit der Auffassung des Bundesgerichts, wonach die Verantwortlichkeitsansprüche im Konkurs der Gesellschaft keine individuellen Ansprüche der einzelnen Gläubiger, sondern einen einheitlichen Anspruch der Gläubigergesamtheit darstellen, weshalb vorerst die Konkursverwaltung zur

---

[1513] SPÜHLER/DOLGE/GEHRI, § 28 N 105.
[1514] Vgl. WEBER, Verantwortlichkeitsrecht, 168 unter Hinweis auf BGer. 4C_198/2000 vom 29.9.2000 und 4C_13/1997 vom 19.12.1997 = Pra. 1998 Nr. 121. – Zum Kreis der Anspruchsberechtigten aus der Prospekthaftung (Zeichner, Erwerber) vgl. BÖCKLI, Aktienrecht, § 18 Rz. 19, 20 und hinten Ziff. 4.2.2.6, S. 360.
[1515] Vgl. aber vorn Ziff. 4.1.1.2., S. 337 ff. («Fortführungsschaden»).

Klage befugt ist.[1516] Diese «Raschein-Doktrin» wurde in einem späteren Entscheid bestätigt, wobei aber die Abgrenzung zwischen mittelbarem und unmittelbarem Schaden neu formuliert wurde; ein unmittelbarer Schaden eines Gläubigers liege dort vor, «wo das Verhalten eines Organs Pflichten verletzt, welche diesem gegenüber dem betreffenden Gläubiger persönlich obliegen».[1517, 1518] Der Standpunkt wurde später wiederum präzisiert,[1519] wonach ein unmittelbarer Gläubigerschaden vorliege, wenn das Verhalten eines Gesellschaftsorgans gegen aktienrechtliche Bestimmungen verstösst, die ausschliesslich dem Gläubigerschutz dienen, oder wenn die Schadenersatzpflicht auf einem anderen widerrechtlichen Verhalten des Organs im Sinn von Art. 41 OR oder einem Tatbestand der culpa in contrahendo gründet. Werden demgegenüber Bestimmungen verletzt, welche sowohl den Interessen der Gesellschaft wie auch dem Schutz der Gläubiger dienen, liegt nach der Auffassung des Bundesgerichts lediglich ein mittelbarer Schaden vor.[1520] Der nächste Entscheid[1521] brachte eine Rückkehr zur traditionellen Terminologie von mittelbarem und unmittelbarem Schaden. Ein Gläubiger ist mittelbar geschädigt, wenn seine Konkursdividende als Folge der Schädigung der Gesellschaft durch ein Organ vermindert wird; dasselbe gilt für einen Aktionär, der mittelbar wegen einer Schädigung der Gesellschaft durch ein Organ einen Wertverlust in seinen Aktien erleidet.[1522] Unmittelbar sind Gläubiger und Aktionäre demgegenüber betroffen, wenn sie unabhängig von einem Schaden der Gesellschaft geschädigt werden.[1523] Die heutige Rechtslage lässt sich – in Anlehnung an die Matrix von BÖCKLI[1524]– folgendermassen zusammenfassen:

- ausser Konkurs:
  - Klage des Aktionärs aus direkter Schädigung: zulässig, aber selten
  - Klage des Aktionärs aus indirekter Schädigung; zulässig; Klage auf Leistung an die Gesellschaft
  - Klage des Gläubigers aus direkter Schädigung: zulässig (gestützt auf Art. 754 ff. OR, 41 ff. OR oder aus Vertrauenshaftung)
  - Klage des Gläubigers aus indirekter Schädigung: unzulässig
- im Konkurs:
  - Klage des Aktionärs aus indirekter Schädigung: unzulässig
  - Klage des Aktionärs aus direkter Schädigung, Klage des Gläubigers aus direkter oder indirekter Schädigung: zulässig; Klage der Konkursverwaltung für die Gläubigergesamtheit.

1516 BGE 117 II 432 ff.; 122 III 195 ff.; SJ 1997, 405 ff. Zur Klage aus mittelbarer Schädigung vgl. auch RAUBER, BERTI UND RASCHEIN. Zu Einzelfragen vgl. auch GLASL, 157 ff.
1517 BGE 122 III 191. Zur Entwicklung der Rechtsprechung vgl. umfassend BÖCKLI, Aktienrecht, § 18 Rz. 214 ff. (mit zahlreichen Hinweisen und Belegen); zusammenfassend BÄRTSCHI, 232 ff.
1518 Das Bundesgericht hatte dabei v.a. widerrechtliches Verhalten, allenfalls den Tatbestand von culpa in contrahendo im Auge; BÄRTSCHI, 233.
1519 BGE 125 III 88.
1520 BÄRTSCHI, 233.
1521 BGE 131 III 306 ff.
1522 BGE 131 III 310; vgl. auch BGE 132 III 568 f.; BGer. 4A_174/2007 vom 13. September 2007, E. 4, zitiert nach BÄRTSCHI, 233.
1523 BGE 132 III 569.
1524 BÖCKLI, Aktienrecht, § 18 Rz. 219. Zur Klage ausserhalb des Konkurses vgl. auch HANDSCHIN, Verantwortlichkeit.

Verzichtet die Konkursverwaltung auf die Geltendmachung dieser Ansprüche, so ist hierzu jeder Aktionär oder Gläubiger individuell berechtigt (Art. 757 Abs. 2 OR).[1525] Vorbehalten bleibt die Abtretung von Ansprüchen der Gesellschaft gemäss Art. 260 SchKG.[1526] Der Abtretungsgläubiger kann den Ersatz des gesamten der Aktiengesellschaft erwachsenen Schadens fordern und muss sich weder Einreden gegen sich persönlich noch solche gegen die Gesellschaft entgegenhalten lassen. Gemäss BGE 117 II 432 ff. gilt dieser Grundsatz nicht nur beim Konkurs, sondern auch beim Nachlassvertrag mit Vermögensabtretung.[1527]

Die Herstellung der «Kompatibilität» zwischen den erwähnten Bestimmungen im Aktienrecht, den in der «Raschein-Doktrin» und der «Biber-Praxis» herausgearbeiteten Prinzipien und Regelungen und dem anwendbaren Prozessrecht ist anspruchsvoll; derzeit geht wohl (noch) nicht alles «ohne Rest» auf.[1528]

4.1.5.3 Passivlegitimation

Im Rahmen eines aktienrechtlichen Verantwortlichkeitsprozesses ist passiv legitimiert, wem die geltend gemachte Pflichtverletzung zugerechnet werden kann. Aus den einzelnen Verantwortlichkeitstatbeständen gemäss Art. 752 ff. OR ergibt sich, wer in einem Verantwortlichkeitsprozess eingeklagt werden kann und damit passiv legitimiert ist. Zu beachten ist, dass namentlich die Umschreibungen des haftbaren Personenkreises im Rahmen der Prospekthaftung (Art. 752 OR) und der Gründungshaftung (Art. 753 OR) sehr offen sind und dadurch auch externe Berater und Hilfspersonen erfasst werden können, die dem pflichtwidrigen Geschehen eher fern stehen.

Stirbt ein Verwaltungsrat, so treten seine gesetzlichen und eingesetzten Erben durch Universalsukzession unmittelbar in alle seine Rechte und Pflichten ein. Sie haben jedoch die Möglichkeit, innert drei Monaten seit Kenntnis des Erbfalles, die Erbschaft auszuschlagen oder sie unter öffentlichem Inventar anzunehmen und dadurch ein unkontrollierbares Haftungsrisiko zu eliminieren oder zu begrenzen.[1529]

1525 Damit lebt namentlich auch der Anspruch des Aktionärs auf Klage aus direkter oder indirekter Schädigung im Konkurs wieder auf; BÖCKLI, Aktienrecht, § 18 Rz. 348b und 274.
1526 Gemäss Art. 757 Abs. 3 OR. Vgl. GLASL, 157 ff. Nach BGE 127 III 381 wäre ein solches Begehren nicht unbedingt nötig; BÖCKLI, Aktienrecht, § 18 Rz. 824. Wird einem Gläubiger die Prozessführungsbefugnis nach Art. 260 SchKG abgetreten, genügt die rechtskräftige Kollozierung zur Erfüllung der Aktivlegitimation und ist die Begründetheit und der Umfang seiner Forderung nicht nachzuprüfen (vgl. VOCK, in: Basler Kommentar, unter Verweisung auf BGE 132 III 342, 575 E. 6.1).
1527 Der Entscheid betraf das alte Aktienrecht und wurde heftig kritisiert, sodass «das letzte Wort noch nicht gesprochen» sein dürfte (FORSTMOSER/MEIER-HAYOZ/NOBEL, § 36 N 45); allerdings brachte das neue Recht keine Klärung dieser Frage (dazu FORSTMOSER/MEIER-HAYOZ/NOBEL, § 36 N 46 ff.).
1528 Zur dogmatischen Einordnung, zu einer Vielzahl von materiellrechtlichen und prozessualen Einzelfragen, zur Kritik an der heutigen Rechtslage und zu Lösungsvorschlägen vgl. v.a. die umfassende Darstellung bei BÖCKLI, Aktienrecht, § 18 Rz. 214 ff. und 272 ff. (mit weiteren Hinweisen und Belegen).
1529 Art. 566 und 567 ZGB.

Empfehlung:

Hat ein Verwaltungsrat konkret mit Verantwortlichkeitsklagen zu rechnen, so soll er seine Erben darüber informieren. Diesen wird damit die Möglichkeit geboten, sich noch innerhalb der dreimonatigen Ausschlagungsfrist nach einem Todesfall mit den möglichen Klägern zu einigen bzw. Klarheit darüber zu erlangen, ob sie die Erbschaft ausschlagen sollen.

4.1.5.4 Zuständigkeit

Nach Art. 40 ZPO können zivilrechtliche Verantwortlichkeitsklagen gegen alle verantwortlichen Personen[1530] beim Richter am *Sitz*[1531] *der Gesellschaft* angebracht werden. Der Gerichtsstand steht für Klagen aus sämtlichen Verantwortlichkeitstatbeständen, für Klagen der Gesellschaft, von Aktionären oder von Gläubigern und für Klagen aus mittelbarem oder unmittelbarem Schaden zur Verfügung.[1532] Nach h.L. gilt das auch für Regressklagen.[1533] An diesem Gerichtsstand ändert sich weder etwas durch die Bildung einer Auffanggesellschaft im Rahmen einer Sanierung noch durch die Wahl eines besonderen Liquidationsdomizils.[1534]

Massgebend ist der Sitz zum Zeitpunkt der Klageerhebung, nicht der Konkurseröffnung oder der Bestätigung des Nachlassvertrages.[1535] Der Gerichtsstand ist nicht ausschliesslich.[1536] Der Kläger ist nicht verpflichtet, den Gerichtsstand am Sitz der Gesellschaft zu beachten. Er kann vielmehr gegen Einzelne oder alle Verantwortlichen an ihrem jeweiligen Wohnsitz klagen.[1537] Denkbar ist auch der Abschluss eines Gerichtsstandsvertrages. Ferner kann – vertraglich oder statuarisch – ein Schiedsgericht bestellt werden.[1538] Die Gläubiger werden allerdings durch eine statutarische Schiedsklausel nicht gebunden, auch dann nicht, wenn sie die Verantwortlichen auf mittelbaren Schaden belangen.[1539] Nur in dem Fall, da sich die Gläubiger nach Art. 260 Abs. 1 SchKG das Prozessführungsrecht für die der Gesellschaft zustehenden Ansprüche abtreten lassen, sind die Schiedsklauseln auch für sie verbindlich.[1540]

Neben der örtlichen ist auch die sachliche Zuständigkeit zu beachten. Nach Art. 4 ZPO regelt das kantonale Recht die sachliche und funktionelle Zuständigkeit der Gerichte, soweit die Bundesgesetzgebung dies nicht anders bestimmt.[1541] In den Kantonen St. Gallen, Aargau und Zürich beispielsweise ist das Handelsgericht zur Beurteilung von Verantwort-

---

1530 Sowie gegen deren Erben oder andere Rechtsnachfolger: BGE 123 III 89 ff.
1531 Prozessrechtlich zum Sitz VOCK, in: Basler Kommentar, N 9 zu Art. 40 ZPO und INFANGER, in: Basler Kommentar zu Art. 10 ZPO.
1532 VOCK, in: Basler Kommentar, N 6 zu Art. 40 ZPO.
1533 Vgl. dazu die Hinweise bei VOCK, in: Basler Kommentar, N 7 zu Art. 40 ZPO.
1534 BGE 115 II 160.
1535 BGE 115 II 163, 166.
1536 VOCK, in: Basler Kommentar, N 4 zu Art. 40 ZPO.
1537 BGE 113 III 134. Nach Art. 15 Abs. 1 ZPO besteht die Möglichkeit, die übrigen verantwortlichen Personen ebenfalls am Wohnsitz eines Verantwortlichen einzuklagen.
1538 Zur diesbezüglichen Problematik bei der Anordnung von vorsorglichen Massnahmen vgl. MÜLLER, Unsorgfältige Führung, Rz. 17.72.
1539 VOCK, in: Basler Kommentar, N 10 zu Art. 40 ZPO unter Hinweis auf FORSTMOSER/MEIER-HAYOZ/NOBEL, § 36 N 117.
1540 VOCK, in: Basler Kommentar, N 10 zu Art. 40 ZPO.
1541 Für Einzelheiten vgl. die Kommentarliteratur zu Art. 4 ZPO.

lichkeitsansprüchen aus Organhaftung – und von entsprechenden Regressforderungen – zuständig.

4.1.5.5 Vollstreckung des Urteils

Oftmals wird bereits vor dem Prozess eine Betreibung gegen das verantwortliche Organ eingeleitet, um eine allfällige drohende Verjährung zu verhindern. Durch Erhebung von Rechtsvorschlag kann die Fortsetzung der Betreibung jedoch vorerst blockiert werden. Erst wenn der Kläger im Verantwortlichkeitsprozess ein rechtskräftiges Urteil erstritten hat, kann er gestützt darauf definitive Rechtsöffnung und damit die Beseitigung des Rechtsvorschlages verlangen.

Wird eine Verantwortlichkeitsklage gutgeheissen und das Urteil rechtskräftig, so hat der Beklagte die im Urteil festgelegte Summe zuzüglich entsprechende Gerichtskosten und Parteientschädigung zu bezahlen. Kommt der Beklagte dieser Pflicht trotz Mahnung nicht nach, weil er über keine Deckung mittels Mandatsvertrag[1542] oder Versicherung[1543] verfügt und im Übrigen zu wenig Vermögen und Einkommen besitzt, so führt die Fortsetzung der vom Kläger eingeleiteten Betreibung zur Pfändung bzw. zum Konkurs. Dies aber bedeutet, dass der verantwortliche Verwaltungsrat mit seinem gesamten Vermögen für die Erfüllung des Schadenersatzanspruches einzustehen hat.[1544] Es verbleibt ihm nur noch der interne Rückgriff auf andere verantwortliche Organe, worauf hinten unter Ziff. 4.7.3, S. 394, noch ausführlich eingegangen wird.

4.1.6 Zivilrechtliche Verantwortlichkeit des faktischen Organs[1545]

Art. 754 Abs. 1 OR stellt klar, dass nicht nur die «Mitglieder des Verwaltungsrates», sondern «alle mit der Geschäftsführung oder mit der Liquidation befassten Personen» der zivilrechtlichen Verantwortlichkeit unterliegen.[1546] Damit werden bewusst alle möglichen Organe von der Verwaltungs- und Geschäftsführungshaftung umfasst,[1547] nämlich:
– die formellen Organe, also die rechtsgültig gewählten und im Handelsregister eingetragenen Mitglieder des Verwaltungsrates (einschliesslich sog. stille Mitglieder des Verwaltungsrates), Direktoren, Geschäftsführer, usw.;

1542 Vgl. dazu hinten Ziff. 6.3.1, S. 416 f.
1543 Vgl. dazu hinten Ziff. 6.3.2, S. 417 ff.
1544 Dazu gehören auch allfällige güterrechtliche Ansprüche, weshalb ein Gütertrennungsvertrag in diesem Sinne ebenfalls als Haftungsprävention zu sehen ist; vgl. dazu hinten Ziff. 6.3.4, S. 427.
1545 Zum Organbegriff vgl. aus der neueren Literatur WYTTENBACH; VETTER, aus der Rechtsprechung BGE 117 II 441/442, 117 II 573.
1546 Abzugrenzen ist der Kreis der nach Art. 754 OR verantwortlichen Personen v.a. «nach unten»; erfasst wird unter dem Verwaltungsrat auch die Geschäftsleitung und u.U. auch die «zweitoberste» Führungsebene; dazu vgl. BÖCKLI, Aktienrecht, § 18 Rz. 107, und VETTER, N 182 ff. – Die Prokuristin in BGE 117 II 441/442 wurde zu Unrecht als Organ qualifiziert.
1547 Vgl. BOTSCHAFT, Revision Aktienrecht, 191 (935). Zur Haftung von Steuerungsausschüssen, Beiräten und Aktionärpools vgl. PLÜSS, Haftung, 27 f.

- die materiellen oder faktischen Organe, also alle Personen, die zwar nicht formell bestellt worden sind, aber tatsächlich Organfunktion ausüben (namentlich sog. verdeckte Verwaltungsräte);[1548]
- nach herrschender Lehre und Rechtsprechung auch sog. Organe infolge Kundgabe (bei denen aus den äusseren Umständen auf eine Organstellung und entsprechende Kompetenzen geschlossen werden darf).[1549]

Als faktisches Organ gilt ganz allgemein jedermann, der dauernd und selbständig für eine Gesellschaft und ihr Unternehmen «in organtypischer Weise»[1550] wichtige Entscheide fällt.[1551] Dazu gehören beispielsweise auch der Hauptaktionär oder die Konzernmuttergesellschaft, wenn sie nicht nur ihre Rechte als Aktionäre ausüben, sondern sich in die Geschäftsführung einmischen, oder aber der Treugeber, der dem fiduziarischen Verwaltungsrat Weisungen erteilt. Eine blosse Mithilfe bei der Entscheidfassung, etwa das Sichten, Zusammenstellen oder Erarbeiten von technischen, kaufmännischen oder juristischen Grundlagen,[1552] genügt allerdings noch nicht.[1553] Es braucht vielmehr konkrete Handlungen, wie etwa das Verschieben von Vermögenswerten oder die Vorbereitung von Geldtransaktionen.[1554] Zudem muss die Einflussnahme auf Dauer ausgerichtet sein. In seltenen Fällen kann auch eine Unterlassung haftungsbegründend sein, wenn die sonst organtypisch handelnde Person plötzlich untätig bleibt und keine Vorkehren trifft, einen drohenden Schaden abzuwenden.[1555] – Im Zusammenhang mit spektakulären Unternehmenszusammenbrüchen ist die Frage aufgeworfen worden,[1556] ob auch Banken bzw. ihre Vertreter im Verwaltungsrat oder Kreditverantwortliche zu faktischen Organen und dadurch haftbar werden können. Auch wenn dies anhand der Konstellation im Einzelfall geprüft werden muss, kann doch festgehalten werden, dass solche Arten von Einflussnahmen nicht in der (richtig verstandenen) Stossrichtung der aktienrechtlichen Verantwortlichkeit liegen.[1557]

Es obliegt dem Kläger, die Stellung bzw. Funktion des faktischen Organs, den daraus abgeleiteten Pflichtenbereich und die Pflichtverletzung nachzuweisen. Gelingt jedoch dieser Beweis, so haftet das faktische Organ zivilrechtlich genau gleich wie das formelle Organ. Lediglich bei der Wirkung des Entlastungsbeschlusses ergibt sich ein Unterschied. Während die Décharge-Erteilung auch für den stillen Verwaltungsrat wirkt, weil er von der Generalversammlung einst korrekt gewählt worden ist, hat der Entlastungsbeschluss

---

1548 Zur Unterscheidung stiller – verdeckter Verwaltungsrat vgl. vorne Ziff. 1.3.6, S. 31 f. Vgl. dazu BÖCKLI, Aktienrecht, § 18 Rz. 109 ff.; FORSTMOSER/MEIER-HAYOZ/NOBEL § 37 N 2 ff.; GERICKE/WALLER, in: Basler Kommentar, N 5 ff. zu Art. 754 OR; FORSTMOSER, Organisation, § 1 N 1 ff.; VETTER, 68 ff.; BGE 128 III 31, 117 II 573.
1549 Vgl. FORSTMOSER/MEIER-HAYOZ/NOBEL, § 37 N 9, sowie PLÜSS, Haftung, 25 f. mit weiteren Literaturhinweisen; BGE 117 II 571.
1550 Oder aus einer organtypischen Stellung heraus; BÖCKLI, Aktienrecht, § 18 Rz. 238.
1551 BOTSCHAFT, Revision Aktienrecht, 191 (935).
1552 BÖCKLI, Aktienrecht, § 18 Rz. 109 unter Verweisung auf BGE 128 III 31 ff.
1553 Vgl. BGE 117 II 573.
1554 Vgl. das Urteil des Bezirksgerichts Zürich vom 14.4.1972 i.S. F.M., 99 ff.
1555 BÖCKLI, Aktienrecht, § 18 Rz. 109; BGE 128 II 92.
1556 Vgl. BGE 107 II 349 ff.
1557 Zur Problematik vgl. dazu BÖCKLI, Aktienrecht, § 18 Rz. 141 ff., und DE CAPITANI, 347 ff.

bezüglich des verdeckten Verwaltungsrates keine Wirkung, da er nie von der Generalversammlung gewählt oder bezeichnet wurde.[1558]

4.1.7 Einredemöglichkeiten der Verwaltungsräte

Einreden, wie sie im Folgenden verstanden werden, umfassen «jedes rechtliche Vorbringen, das einen Verantwortlichkeitsanspruch untergehen bzw. dessen Durchsetzung zumindest verhindern lässt».[1559]

Hier kann es nicht darum gehen, umfassend alle Einredemöglichkeiten aufzuzeigen und in ihren Facetten zu beschreiben. Lediglich die Wichtigsten unter ihnen seien anhand einer Liste dargestellt:[1560]

- Einrede des Rechtsmissbrauchs
- Einrede des Erlasses oder der Stundung
- Einrede der Verjährung
- Einrede der Verrechnung
- Einrede des Rangrücktritts
- Einrede des rechtskräftigen Urteils
- Einrede des Selbst- oder Drittverschuldens
- Einrede der Einwilligung[1561]
- Einrede der Décharge
- Einrede des Vergleichs
- Einrede der mangelnden Organeigenschaft
- Einrede der Delegation
- Einrede der zu Unrecht erfolgten Kollokation.

Es zeigt sich, dass die Fülle möglicher Einreden doch relativ gross ist, selbst wenn mehrere Einreden nur in Sonderfällen zur Anwendung gelangen. Ein Verwaltungsrat kann sich demnach nicht nur materiell, sondern auch formell gegen Verantwortlichkeitsklagen wehren. Allerdings werden diese Einreden vom Gericht nur beachtet, wenn sie vom Beklagten vorgebracht werden; kein Zivilgericht ist verpflichtet, von sich aus nach möglichen Einreden zu forschen.

Empfehlung:
Bevor ein Verwaltungsrat gerichtlich oder aussergerichtlich zivilrechtliche Verantwortlichkeitsansprüche anerkennt, sollte er die Möglichkeit von Einreden prüfen. Dabei ist der Beizug eines auf diesem Gebiet versierten Juristen von Vorteil, damit keine Einrede ungeprüft bleibt.

1558 Gleicher Meinung ist SAUBER, 136 f.
1559 Vgl. KUNZ, Einredeordnung, 130.
1560 Für Details sei auf KUNZ, Einredeordnung, insbesondere 145 ff., verwiesen. Eine Checkliste zu den Einredemöglichkeiten und Haftungsausschlussgründen findet sich bei MÜLLER, Unsorgfältige Führung, § 17 V. 5.
1561 Zur Einrede der Einwilligung des Verletzten vgl. BGE 131 III 640 ff.

Am häufigsten werden die Einreden der Verjährung und der Décharge vorgebracht. Bei den im Folgenden aufgeführten Haftungstatbeständen wird deshalb jeweils separat auch auf die Verjährung eingegangen. Die Décharge-Erteilung wird als Möglichkeit der Haftungsprävention hinten unter Ziff. 6.3.3, S. 421 ff., behandelt.

4.2 Prospekthaftung

4.2.1 Gesetzliche Grundlagen

4.2.1.1 Die Regelung des Art. 752 OR

Nach Art. 752 OR haftet jeder, der bei der Gründung einer Gesellschaft oder bei der Ausgabe von Aktien, Obligationen[1562] oder anderen Titeln absichtlich oder fahrlässig unrichtige, irreführende oder den gesetzlichen Anforderungen nicht entsprechende Angaben in Emissionsprospekten oder ähnlichen Mitteilungen macht oder verbreitet, für den daraus entstandenen Schaden.

Die Prospekthaftung[1563] ist als Spezialklausel zu Art. 41 ff. OR zu verstehen. Dementsprechend ist die Erfüllung der in Art. 752 OR aufgezählten Tatbestände immer eine unerlaubte Handlung bezogen auf einen aktienrechtlichen Sachverhalt.[1564] Der Schutzzweck besteht nach BGE 112 II 260 ff. darin, dass das zur Zeichnung aufgerufene Publikum vor Übervorteilung – und in seinem Vertrauen in das Funktionieren des Kapitalmarktes – geschützt werden soll.

Die laufende Entwicklung von neuen Kapitalmarktinstrumenten macht es notwendig, dass nicht nur Aktien und Obligationen, sondern sämtliche von einer Aktiengesellschaft ausgegebenen, der Kapitalanlage dienenden Finanzprodukte miteinbezogen werden (also namentlich auch unverbriefte Wertrechte oder Optionen bzw. Bucheffekten im Sinn des Bundesgesetzes über Bucheffekten.[1565, 1566, 1567]

Neben unrichtigen und den gesetzlichen Erfordernissen nicht entsprechenden Angaben werden auch die irreführenden der Haftung unterworfen. Damit sind sowohl Wertungen und Prognosen (wenn sie den Ermessensspielraum überschreiten) als auch Sachverhalts-

---

[1562] Die aktienrechtliche Prospekthaftung geht jener nach Art. 1156 Abs. 3 OR vor; WATTER/NOTH, in: Basler Kommentar, N 23 zu Art. 1156 OR.
[1563] Zur Verdeutlichung müsste entsprechend der Marginalie von der Haftung für den Emissionsprospekt gesprochen werden. Die Kurzbezeichnung hat sich aber durchgesetzt. – Zum Ganzen vgl. etwa BÖCKLI, Aktienrecht, § 18 Rz. 16 ff.; FORSTMOSER/MEIER-HAYOZ/NOBEL, § 37 N 72 ff.; BÄRTSCHI, 67 ff.; WATTER/NOTH, in: Basler Kommentar, N 6 ff. zu Art. 752 OR. Aus der Rechtsprechung vgl. BGE 131 III 309/310, BGer. 4C.111/2004 vom 9. November 2004, BGE 113 II 283.
[1564] Daneben hat Art. 752 OR aber auch eine eigenständige Bedeutung als «Haftung gegenüber dem Kapitalmarkt» (vgl. WATTER/NOTH, in: Basler Kommentar, N 3 zu Art. 756 OR; BÖCKLI, Aktienrecht, § 18 Rz. 16), neben der Informationshaftung der Börsengesetzgebung.
[1565] Dazu näher BEELER.
[1566] BÖCKLI, Aktienrecht, § 18 Rz. 21; nach WATTER/NOTH, IN: Basler Kommentar, N 4 zu Art. 752 OR können Titel namentlich auch PS, Wandelobligationen, Optionsanleihen und Notes, damit Effekten im Sinne von Art. 2 lit. A BEHG, sein.
[1567] Nicht aber sog. «Stillhalteoptionen» als derivative Finanzprodukte auf unterliegende Finanzprodukte anderer Gesellschaften; BÖCKLI, Aktienrecht, § 18 Rz. 21.

darstellungen erfasst (wenn sie nicht aktuell, nicht vollständig oder aber inhaltlich falsch oder missverständlich sind).[1568]

4.2.1.2 Der massgebende Zeitpunkt

Die aktienrechtlichen Bestimmungen zur Gründung einer Gesellschaft sehen keine Prospektpflicht mehr vor.[1569] Allerdings werden dennoch im Gründungsstadium – wenn die Gründer Banken als Festübernehmer dazwischenschalten – Prospekte oder ähnliche Dokumente an Interessenten abgegeben.[1570] Es ist sachlich richtig, solchen Interessenten ebenfalls den Schutz von Art. 752 OR zu gewähren.

Von weit grösserer Bedeutung ist die Prospekthaftung im Zusammenhang mit Kapitalerhöhungen. Auch – und namentlich – hier werden Banken als Festübernehmer dazwischengeschaltet und übernehmen die Anleger in einem zweiten Schritt die von den Banken gezeichneten und liberierten Aktien.

In letzter Zeit haben überdies Fälle des sogenannten «Going public» an Bedeutung gewonnen. Dabei werden Beteiligungen an Gesellschaften, die bis anhin privat gehalten wurden, an die Börse gebracht und so einem breiteren Publikum zum Investment angeboten. Häufig werden dementsprechend Emissionsprospekte oder ähnliche Mitteilungen im Rahmen von Kapitalerhöhungen veröffentlicht.[1571]

4.2.1.3 Die massgebenden Kundgebungen

Nach Art. 752 OR sind als Kundgebungen die Emissionsprospekte sowie ähnliche Mitteilungen aufgeführt. Es spielt dabei keine Rolle, ob eine Prospektpflicht besteht oder ob die Veröffentlichung auf freiwilliger Basis geschieht. Von entscheidender Bedeutung ist einzig, dass die entsprechende Mitteilung im Zusammenhang mit der Emission steht.[1572]

Der Emissionsprospekt bedarf in diesem Zusammenhang keiner weiteren Erläuterung. Fraglich ist einzig, welche Veröffentlichungen unter die «ähnlichen Mitteilungen» zu zählen sind. Nach FORSTMOSER gehören alle Mittel der Werbung und der Information dazu, die einem weiteren Personenkreis die Urteilsbildung über Stand und Entwicklung des Unternehmens ermöglichen.[1573] Erforderlich ist, dass die Veröffentlichung von der Gesell-

---

1568 Vgl. die differenzierte Aufstellung von BÖCKLI, Aktienrecht, § 18 Rz. 32. Häufig ist das Verschweigen oder die Verharmlosung relevanter – negativer – Tatsachen (BGE 129 III 74) oder die Wahl von Formulierungen, die beim Durchschnittsleser – in diesem Zusammenhang beim Durchschnittsanleger – einen positiveren Eindruck hervorrufen (BGE 112 II 176). – Allerdings darf nicht jede werbehafte Äusserung, die sich nicht mit harten Fakten belegen lässt, als haftungsbegründend qualifiziert werden. – WATTER/NOTH, in: Basler Kommentar, N 17 zu Art. 752 OR weisen sodann auf sprachliche Probleme hin; danach genügt ein Prospekt in Englisch und darf ein Fachjargon ohne weitere Erläuterungen verwendet werden.
1569 Eine solche bestand nach altem Recht im Sukzessivgründungsverfahren.
1570 Darauf weist BÖCKLI, Aktienrecht, § 18 Rz. 67, hin.
1571 In solchen Fällen ist allerdings zu differenzieren: Ein Prospekt im Rahmen eines IPO (Initial Public Offering) fällt nach teleologischer Auslegung unter die Prospekthaftpflicht, nicht aber eine Mitteilung an die Aktionäre bei einem Aktienrückkauf. Dazu weiterführend BÖCKLI, Aktienrecht, § 18 Rz. 23, 24; DAENIKER/WALLER, 62; APPENZELLER/WALLER, 261.
1572 Vgl. soeben Ziff. 4.2.1.2 und FORSTMOSER, Verantwortlichkeit, Rz. 974. Für Einzelheiten BÖCKLI, Aktienrecht, § 18 Rz. 21 f.
1573 FORSTMOSER, Verantwortlichkeit, Rz. 975; da ausser sprachlichen Anpassungen im entsprechenden Gesetzesartikel keine Änderungen vorgenommen wurden, behalten die dort noch zum alten OR ge-

schaft ausgeht und dass sie der Formung von Investitionsentscheidungen dient.[1574] Insbesondere fallen Bilanzdokumentationen, Zeitungsinserate, Zeichnungsscheine, Referate an Versammlungen, Werbebriefe und ähnliches darunter. Nicht darunter fallen mündliche Äusserungen bei Road Shows, vor Medienvertretern oder Aktionären, Aktionärsbriefe, Zwischenberichte (Halbjahresberichte); ebenfalls nicht Dokumentationen von Grossaktionären, die diese zur Platzierung ihrer Aktien bei Anlegern verwenden.[1575]

Unterlassen die Gesellschaftsorgane trotz einer Prospektpflicht das Erstellen und Veröffentlichen eines Prospektes, stellt dies eine Pflichtverletzung nach Art. 754 OR dar.[1576]

4.2.1.4 Sonderfragen

Von besonderer Bedeutung ist die Frage, ob ausländische Gesellschaften überhaupt und, wenn ja, in welchem Umfang für Emissionsprospekte und ähnliche Kundgebungen im Zusammenhang mit Emissionen in der Schweiz haftbar gemacht werden können. In Bezug auf die Emission von Wertpapieren allgemein bestimmt Art. 156 IPRG das Recht des Ausgabeorts oder das Gesellschaftsstatut als anwendbar. Der Kläger hat dann die Wahl, sich auf das schweizerische oder das (günstigere) ausländische Recht zu berufen.[1577]

Geben ausländische Gesellschaften in der Schweiz Obligationen aus, unterliegen sie zudem dem Prospektzwang nach Art. 1156 OR. Somit kommt auch die Prospekthaftung nach Art. 1156 Abs. 3 OR ungeachtet der Staatsangehörigkeit und der Rechtsform des Emittenten zur Anwendung.[1578]

4.2.2 Klagevoraussetzungen

4.2.2.1 Allgemeines

Da die Prospekthaftung einen Spezialfall der Haftung aus unerlaubter Handlung darstellt, kommen auch hier wieder die Kriterien «Schaden», «Widerrechtlichkeit», «adäquater Kausalzusammenhang» und «Verschulden» zum Tragen. Für allgemeine Ausführungen zu diesen Kriterien sei auf Ziff. 4.1.1, S. 337 ff., vorne, verwiesen. Nachfolgend erfolgt die Prüfung nur noch mit direktem Bezug zu den in Art. 752 OR umschriebenen Tatbeständen.

4.2.2.2 Schaden

Das grosse Problem der Prospekthaftung liegt in der Substanziierung und im Nachweis des Schadens.[1579] – Auszugehen ist gedanklich in der Regel davon, dass der mangelhafte Prospekt nur dann einen Schaden verursachen kann, wenn die Mängel bekannt werden

---

machten Aussagen weiterhin ihre Gültigkeit; BINDER/ROBERTO, N 12 zu Art. 752 OR; vgl. aber BÖCKLI, Aktienrecht, § 18 Rz. 25 f.
[1574] BÖCKLI, Aktienrecht, § 18 Rz. 25.
[1575] BÖCKLI, Aktienrecht, § 18 Rz. 26 und 26a. A.A. WATTER/NOTH, in: Basler Kommentar, N 14 zu Art. 752 OR.
[1576] So BÖCKLI, Aktienrecht, § 18 Rz. 18; a.A. WATTER/NOTH, in: Basler Kommentar, N 4 und 11 zu Art. 752 OR.
[1577] Vgl. dazu WATTER/NOTH, in: Basler Kommentar, N 41 zu Art. 752 OR.
[1578] Vgl. FORSTMOSER, Verantwortlichkeit, Rz. 980.
[1579] BÖCKLI, Aktienrecht, § 18 Rz. 34.

und die betroffenen Wertpapiere an einem – börslichen oder ausserbörslichen, aber jedenfalls effizienten – Markt einen Kursverlust erleiden, der seinerseits das Vermögen des Erwerbers der Titel negativ beeinflusst. Dieser Vermögensentwicklung (Investitionspreis – Wertkorrektur) ist gegenüberzuhalten die Vermögensentwicklung gestützt auf einen korrekten Prospekt (die vielleicht so verlaufen wäre, dass die Erwerber eine andere Anlage getätigt, die Titel zu einem geringerem Preis erworben oder – als Folge einer gleichmässigeren Kursentwicklung – keinen gleich hohen Kursverlust erlitten hätten).[1580]

Hinsichtlich der Festsetzung des Schadens enthält das Aktienrecht keine spezifischen Bestimmungen, weshalb die allgemeinen Regeln betreffend unerlaubte Handlung zur Anwendung gelangen. Nach Art. 42 OR hat der Geschädigte den Schaden zu beweisen. Sofern ein solcher nicht bezifferbar ist, liegt es am Richter, diesen anhand des gewöhnlichen Laufs der Dinge und unter Einbezug der vom Geschädigten getroffenen Massnahmen abzuschätzen.

4.2.2.3 Widerrechtlichkeit

Widerrechtlichkeit im Sinne der Prospekthaftung liegt, wie bereits erwähnt, in «unrichtigen, irreführenden oder gesetzlichen Anforderungen nicht entsprechenden» Angaben,[1581] d.h. namentlich in:

- falschen Tatsachendarstellungen[1582]
- (bewussten) Unvollständigkeiten
- verwirrender Unübersichtlichkeit.

Umstritten ist, ob auch das Fehlen eines Prospekts trotz gesetzlicher Verpflichtung, einen solchen zu erstellen, nach Art. 752 OR oder aber nach Art. 754 OR zu beurteilen ist.[1583] Die Frage dürfte von akademischer Bedeutung bleiben, da bei Fehlen eines Prospekts ein dadurch pflichtwidrig verursachter Schaden noch viel schwieriger zu beweisen ist.

4.2.2.4 Adäquater Kausalzusammenhang

Das Vorliegen eines Kausalzusammenhanges beurteilt sich nach den allgemeinen Grundsätzen des Schadenersatzrechtes.[1584] Eine adäquate Kausalität liegt demnach vor, wenn die unrichtige, irreführende oder nicht den gesetzlichen Vorschriften entsprechende Angabe im Emissionsprospekt oder in einer anderen Mitteilung dafür ausschlaggebend war, dass der Investor zu Schaden kam. Damit wäre an sich die – direkte oder indirekte – Verbindung zwischen dem eingetretenen Schaden und den Mängeln im Prospekt nachzuweisen. Da dies jedoch nahezu unmöglich ist, begnügt sich das Bundesgericht damit, dass der Kläger glaubhaft macht, er hätte die Titel nicht oder nur zu einem tieferen Preis erworben, wenn er vor der Lage der Gesellschaft genaue Kenntnis gehabt hätte oder er über die Un-

---

1580 Zum Ganzen namentlich BÖCKLI, Aktienrecht, § 18 Rz. 35; ebenda zur Kritik an verschiedenen entwickelten Methoden (These der Kapitalmarkteffizienz, Schadensermittlung aus dem Delta des Kurssturzes, Vergleich mit der hypothetischen alternativen Anlage).
1581 Vgl. BÖCKLI, Aktienrecht, § 18 Rz. 32 f.; WATTER/NOTH, in: Basler Kommentar, N 13, 16 f. zu Art. 752 OR; FORSTMOSER/MEIER-HAYOZ/NOBEL, § 37 N 82 ff.
1582 Massgebend sind die Verhältnisse im Zeitpunkt der Prospektausgabe.
1583 Zum Meinungsstand vgl. BÖCKLI, Aktienrecht, § 18 Rz. 18; FORSTMOSER/MEIER-HAYOZ/NOBEL, § 37 N 86; WATTER/NOTH, in: Basler Kommentar, N 18 zu Art. 752 OR.
1584 Vgl. dazu vorne Ziff. 4.1.1.4, S. 340 f.

vollständigkeit bzw. Unrichtigkeit des Prospektes unterrichtet gewesen wäre.[1585] Die Gerichte gehen auch von der natürlichen Vermutung aus, dass der Prospekt die Grundlage zum Erwerbsentscheid gegeben hat; der Erwerber muss deshalb nicht beweisen, dass dem tatsächlich so war und er den Prospekt – oder gar die mangelhaft formulierte Stelle – gelesen hat.[1586]

Wenn Umstände, die erst nach der Veröffentlichung des Prospektes eingetreten sind, den Schaden bewirken und somit erst im Nachhinein die Angaben im Prospekt unrichtig oder irreführend erscheinen lassen, so ist kein adäquater Kausalzusammenhang gegeben. Auch liegt keine Kausalität vor, wenn der Schaden bei einem gesetzeskonformen Prospekt gleichwohl eingetreten wäre. Der Kausalzusammenhang kann schliesslich unterbrochen sein, wenn der Anleger den Mangel im Prospekt kannte oder den Kaufentscheid bspw. gestützt auf bereits von den Medien verbreitete Informationen fällte.[1587]

Der adäquate Kausalzusammenhang ist überdies auch bei der Bestimmung der Schadenshöhe von Bedeutung. Es kommt nur jener Schaden zum Ausgleich, der unmittelbar auf die Pflichtwidrigkeit zurückgeführt werden kann.[1588]

4.2.2.5 Verschulden

Art. 752 OR ist auf die Haftung hinsichtlich jeden Verschuldens ausgelegt. Dies kann also sowohl in der Form der Absicht als auch in jener der Fahrlässigkeit bestehen.

Bei der absichtlichen Schädigung spielt es keine Rolle, ob der eingetretene Erfolg, also die Schädigung, gewollt war oder nicht. Es genügt schon, dass der Schädiger zumindest in Kauf nahm, dass der Schaden eintreten könnte. Darunter fallen beispielsweise Anpreisungen von fantastischen Gewinnchancen. Hier wird der Erfolgseintritt wohl in allen Fällen als möglich erachtet.

Wenn es darum geht, einen konkreten Sachverhalt hinsichtlich einer allfälligen vorliegenden Fahrlässigkeit zu beurteilen, werden objektive Massstäbe zu Rate gezogen. Fahrlässigkeit bedeutet dabei Verstoss gegen eine obliegende Sorgfaltspflicht. Sie wird verletzt, wenn die betroffene Person nach der ihr zumutbaren Aufmerksamkeit hätte schliessen müssen, es bestehe eine konkrete Gefahr der Schädigung.[1589] Die Sorgfaltspflicht wächst, je verantwortungsvoller die ausgeführte Tätigkeit ist. Mangelhafte Ausbildung spielt dabei keine Rolle.

In aller Regel wirken verschiedene Gesellschaftsorgane beim Erstellen eines Prospektes zusammen. In diesem Zusammenhang ist zu erwähnen, dass Pflichtwidrigkeit und Verschulden bei jeder Organperson nur anhand *ihres* Aufgabenbereichs zu beurteilen ist.[1590] Werden etwa Bewertungs- oder andere Spezialfragen durch Revisoren, Gutachter oder

---

1585 Vgl. BGE 47 II 293 und 131 III 306 ff.
1586 BÖCKLI, Aktienrecht, § 18 Rz. 36; WATTER/NOTH, in: Basler Kommentar, N 26 zu Art. 752 OR; BGE 131 III 306 ff. Unklar BGE 132 III 715, 720, 722.
1587 WATTER/NOTH, in: Basler Kommentar, N 27 zu Art. 752 OR, unter Hinweis auf BGE 131 III 306 ff., 309.
1588 Dazu wiederum BÖCKLI, Aktienrecht, § 18 Rz. 35, und WATTER/NOTH, in: Basler Kommentar, N 22 ff. zu Art. 752 OR.
1589 BGE 99 II 180.
1590 Vgl. dazu die prägnante Formulierung von BÖCKLI, Aktienrecht, § 18 Rz. 37, wonach das Gesetz verlange, «dass jeder *seine* Pflicht tue, nicht die des andern».

sonstige Sachverständige beurteilt, darf auf deren Aussagen, Meinungsäusserungen oder Empfehlungen abgestellt werden, wenn sie als plausibel erscheinen.[1591]

Das Verschulden ist nicht zu vermuten, sondern vom Kläger zu beweisen.[1592]

4.2.2.6 Aktivlegitimation

Nach dem Gesetzestext sind sämtliche Erwerber der Titel klageberechtigt. Einerseits und in erster Linie handelt es sich dabei um die Zeichner der Aktien, Obligationen oder anderen Titel. Noch unter altem Recht war die Berechtigung späterer Erwerber äusserst umstritten. Die mit der Revision vorgenommene Verdeutlichung räumt diese Kontroverse nun endgültig aus. Spätere Erwerber müssen allerdings nachweisen, dass sie die Papiere gerade aufgrund der unrichtigen oder irreführenden Angaben im Emissionsprospekt oder einer ähnlichen Mitteilung erworben haben. Es liegt auf der Hand, dass in diesen Fällen der Nachweis des adäquaten Kausalzusammenhangs sehr schwierig ist, insbesondere wenn seit der Ausgabe des Prospektes und dem Kauftermin einige Zeit vergangen ist und zusätzliche Faktoren auf die Gesellschaft bzw. den Kurs ihrer Titel eingewirkt haben.[1593]

4.2.2.7 Passivlegitimation

Alle Personen, die an der Erstellung oder Verbreitung des unrichtigen, irreführenden oder unvollständigen Emissionsprospektes mitgewirkt haben, können im Rahmen der Prospekthaftung zur Verantwortung gezogen werden. Die Schadenersatzpflicht trifft all jene Personen oder Institutionen, welche an der unerlaubten Handlung unmittelbar oder mittelbar beteiligt waren, ungeachtet der Phase im Emissionsverfahren. Im Einzelnen kommen dabei in Betracht:[1594]

- Gründer
- Unterzeichner von Emissionsprospekten und ähnlichen Mitteilungen (bspw. ein sog. Placement-Memorandum)
- künftige Verwaltungsräte der in Gründung stehenden Aktiengesellschaft
- Verwaltungsräte der konstituierten Aktiengesellschaft
- Revisionsstelle
- Banken und andere mit der Emission Beauftragte
- Unternehmens- und Rechtsberater
- Treuhänder.

Letztlich ausschlaggebend ist demnach, dass eine Mitwirkung erfolgt ist, unabhängig davon, welcher Art diese war. Zu beachten ist in diesem Zusammenhang, dass keine Haftung anzunehmen ist, wenn jemand alle in seiner Macht stehenden Möglichkeiten zur Überprüfung des Prospektes wahrgenommen und dabei keinerlei Unregelmässigkeiten fest-

---

1591 BÖCKLI, Aktienrecht, § 18 Rz. 37a; WATTER/NOTH, in: Basler Kommentar, N 31 zu Art. 752 OR mit weiteren Belegen; BGE 129 III 71 ff., 75.
1592 BÖCKLI, Aktienrecht, § 18 Rz. 37; BGE 129 III 71 ff., 75; a.A. WATTER/NOTH, in: Basler Kommentar, N 30 zu Art. 752 OR.
1593 Nach BGE 131 III 306 ff., 309 f. kann bei einer Zeitspanne von 6 bis 18 Monaten nicht mehr von einem adäquaten Kausalzusammenhang gesprochen werden.
1594 Vgl. auch FORSTMOSER, Verantwortlichkeit, Rz. 985.

gestellt hat.[1595] Bei einem solchen Verhalten kann nicht mehr von einer Sorgfaltspflichtverletzung die Rede sein. Aus diesem Umstand erklärt sich auch die Breite der etwa von Banken geforderten Informationen.

4.2.3 Kasuistik

Aus der neueren Kasuistik sind folgende Urteile zu erwähnen:
- *BGE 132 III 715 ff.*: Der Verwaltungsrat der X AG beabsichtigte im Jahr 1999, das Unternehmen, welches bis zu diesem Zeitpunkt stets Verluste geschrieben hatte, an die Börse zu bringen. Das wichtigste Produkt der X AG war die Software Z. Im Hinblick auf den Börsengang beauftragte der Verwaltungsrat die Bank Y mit der Begleitung des Börsenganges als Lead Bank. Weitere Aufträge wurden an diverse Rechtsberater, Wirtschaftsprüfer und an eine PR-Agentur erteilt. Der Emissionsprospekt für den Börsengang datierte vom 24. November 1999. Darin wurde u.a. der Ausgabepreis auf CHF 240 pro Aktie festgelegt. Am ersten Handelstag stieg der Aktienkurs um 65% von CHF 240 auf CHF 390. Nach dem Börsengang stieg der Aktienkurs zunächst steil an. Einen Höchstkurs erreichte der Kurs am 8. Februar 2000 mit CHF 1000 pro Aktie. Im Frühling/Sommer 2000 geriet die X AG in einen Liquiditätsengpass. Am 26. Oktober 2000 musste der Geschäftsbetrieb eingestellt und am 6. November 2000 die Nachlassstundung beantragt werden. Die Software Z wurde am 15. November 2000 an eine Auffanggesellschaft verkauft. – Die Aktien wurden wertlos.

   Die Kläger machten geltend, dass die im Emissionsprospekt gemachten Angaben in ihrer Gesamtheit irreführend und unvollständig gewesen seien. Insbesondere seien Mängel der Software Z und massive Probleme bei den Kunden verschwiegen worden.

   Das Bundesgericht wies die Klage wegen fehlenden Kausalzusammenhangs ab. Es stellte dabei auf die Beweiswürdigung der Vorinstanz ab, die zum Schluss kam, ein direktes Abstellen des Kaufentscheides auf allenfalls fehlerhafte Angaben im Emissionsprospekt sei nicht mit an Sicherheit grenzender Wahrscheinlichkeit erstellt. Der Kläger habe den Emissionsprospekt zwar kurz durchgesehen, die sprunghafte Kursentwicklung und die euphorische Anlagebestimmung am New Market seien für den Kaufentscheid ebenfalls gewichtige Faktoren gewesen.

- *BGE 131 III 306 ff.*: Nachdem die Biber Holding AG während mehrerer Jahre grössere Verluste ausweisen musste, wurde 1994 eine Sanierung durchgeführt. Die Schwerpunkte des Sanierungskonzepts waren im Prospekt «Angebot zur Umwandlung der ausstehenden Obligationen in Aktien und neue Wandelobligationen» vom 7. April 1994 und im Prospekt «Kapitalrestrukturierung und Bezugsangebot» vom 21. Juni 1994 zusammengefasst. Da die Ziele der Sanierung 1994 nicht erreicht werden konnten, einigte sich der Verwaltungsrat im Januar 1996 mit den Hauptgläubiger-Banken darauf, der Generalversammlung der Biber Holding AG vom April 1996 eine Aktienkapitalerhöhung um CHF 150 Mio. zu beantragen. Diese Aktienkapitalerhöhung sollte mittels Verrechnung mit Forderungen der Banken gegenüber der Biber Holding AG liberiert werden. Am 7. Februar 1996 zogen die Banken ihre Zusagen zur Aktienkapi-

---

[1595] Fraglich ist, inwieweit sich die Beteiligten auf Informationen anderer Beteiligter abstützen dürfen; dazu WATTER/NOTH, in: Basler Kommentar, N 31 zu Art. 752 OR. Vgl. auch die neueren Urteile BGE 131 III 306 ff. und 132 III 715 ff.

talerhöhung zurück. Ende 1996 kündigten die Hauptgläubiger-Banken an, ihre Kredite über den 30. Juni 1997 hinaus nicht weiter zu verlängern. Am 21. Januar 1997 musste der Konkurs über die Biber Holding AG eröffnet werden. Im Konkurs gelang es dem ausseramtlichen Konkursverwalter, einen «Gesamtvergleich» abzuschliessen. In Ziff. 4 dieses Vergleichs wurden «Verantwortlichkeits- und sonstige Schadenersatzansprüche» gegenüber acht Verwaltungsräten geltend gemacht und realisiert. Mit diesem Gesamtvergleich konnte eine vollständige Deckung der Forderungen der Gläubiger erzielt werden. Zudem waren die beteiligten Grossbanken bereit, einen Betrag in Millionenhöhe auszuschütten, von welchem auch die Aktionäre profitieren konnten.

Im Zeitraum zwischen dem 25. November 1994 und dem 28. November 1995 erwarb der Kläger an verschiedenen Daten Namenaktien der Biber Holding AG. Nachdem der Kläger aufgrund des Konkurses der Biber Holding AG zu Verlust gekommen war, machte er Verantwortlichkeitsansprüche gegen drei Mitglieder des Verwaltungsrats geltend. Die Gerichte wiesen die Klage wegen fehlender Aktivlegitimation des Klägers ab. Die Aktivlegitimation wurde verneint, weil der Kläger keine Aktien gezeichnet hatte und damit nicht als Ersterwerber in Frage kam; als späterer Käufer wäre der Kläger nur aktivlegitimiert gewesen, wenn die Angaben im Prospekt kausal für seinen Kaufentschluss gewesen wären. Dies verneinten die Gerichte zum einen aufgrund der zeitlichen Distanz der Käufe zur Publikation des Prospekts und zum anderen aufgrund der Aussagen des Klägers als Zeuge im Strafverfahren gegen die Organe der Biber Holding AG, wonach er vor dem Kauf «das Marktgeschehen noch etwas verfolgt» habe und wonach das «positive Bild», das er von der Biber-Gruppe gehabt habe, der Hauptgrund für den Kauf gewesen sei.

4.3 Gründungshaftung

4.3.1 Gesetzliche Grundlagen

4.3.1.1 Die Regelung des Art. 753 OR

Die Gründungshaftung ist in Art. 753 OR detailliert geregelt.[1596] Im Rahmen der Aktienrechtsrevision wurde die Bestimmung sprachlich geringfügig geändert. Durch die Erwähnung des Kapitalerhöhungsberichts wird immerhin klargestellt, dass die Haftung auch bei Kapitalerhöhungen greift.[1597]

Art. 753 OR regelt vorab die Haftung im Gründungsstadium einer Aktiengesellschaft. Vor dem Beginn des Gründungsstadiums sind die allgemeinen Normen des Vertrags- und Deliktsrechts bzw. die Regeln der einfachen Gesellschaft anwendbar; nach dem Abschluss des Gründungsstadiums setzt dagegen die Haftung der Mitglieder des Verwaltungsrats und

---

1596 Zur Rechtsnatur vgl. einerseits BÖCKLI, Aktienrecht, § 18 Rz. 102, andererseits WATTER/NOTH, in: Basler Kommentar, N 1a zu Art. 753 OR. Zur Konkurrenz zur Nachliberierungsklage vgl. BÖCKLI, Aktienrecht, § 18 Rz. 102 und 104. Allgemein vgl. BÖCKLI, Aktienrecht, § 18 Rz. 84 ff.; FORSTMOSER/MEIER-HAYOZ/NOBEL, § 37 N 55 ff.; WATTER/NOTH, in: Basler Kommentar zu Art. 753 OR; BÄRTSCHI, 70 f.; BERTSCHINGER, Arbeitsteilung, N 536 ff.
1597 BÖCKLI, Aktienrecht, § 18 Rz. 87 und Anm. 193; FORSTMOSER/MEIER-HAYOZ/NOBEL, § 37 N 64; WATTER/NOTH, in: Basler Kommentar, N 2 zu Art. 753 OR.

der mit der Geschäftsführung und Liquidation befassten Personen im Sinne von Art. 754 OR ein.[1598] Bei späteren Kapitalerhöhungen sind allenfalls beide Haftungen anwendbar.[1599]

Die Verjährung der Gründungshaftung ist in Art. 760 OR geregelt. Sie beträgt fünf Jahre seit Kenntnis des Schadens bzw. absolut zehn Jahre und entspricht damit derjenigen der Prospekthaftung.

4.3.1.2 Das Gründungsstadium einer Aktiengesellschaft

Im Rahmen des Gründungsstadiums sind zwei Phasen zu unterscheiden: die Errichtungsphase und die Entstehungsphase.[1600] Die erste Phase umfasst die Festlegung der Statuten, die Aufteilung und Liberierung der Aktien, die Bestellung der Organe sowie den Errichtungsakt im Sinne von Art. 629 OR. In der zweiten Phase findet das Verfahren zur Eintragung im Handelsregister gemäss Art. 640 ff. OR statt. In diesem Zusammenhang ist zu beachten, dass der Gründung gewöhnlich Verhandlungen vorausgehen, die zum Entschluss führen, eine Aktiengesellschaft zu gründen. Während dieser Vorbesprechungen bestehen grundsätzlich noch keine rechtsverbindlichen Beziehungen. Erst wenn der gemeinsame Wille zur Gründung gefasst ist, entsteht unter den Gründern eine einfache Gesellschaft.[1601]

Das Gesetz gibt keine Antwort auf die Frage, mit welcher Tätigkeit das Gründungsstadium beginnt und welche Tätigkeit dieses abschliesst. In der Lehre ist der Beginn des Gründungsstadiums umstritten. Einige Autoren unterstellen auch die vor der eigentlichen Gründung im Hinblick auf diese erfolgenden Vorbereitungshandlungen der Gründungshaftung im Sinne von Art. 753 OR.[1602] Andere Autoren beschränken die Gründungshaftung auf den Gründungsakt. Unseres Erachtens ist eher davon auszugehen, dass die Gründungshaftung schon dann einsetzt, wenn der Wille zur Gesellschaftsgründung vorhanden und somit die einfache Gesellschaft unter den Gründungsmitgliedern entstanden ist.[1603]

Einigkeit in der Lehre besteht bezüglich der Beendigung des Gründungsstadiums einer Aktiengesellschaft. Demgemäss ist die Eintragung der Gesellschaft im Handelsregister als Abschluss des Gründungsstadiums zu betrachten. Nach BGE 90 II 500 schliesst das Gründungsstadium einer Aktiengesellschaft mit dem «jour de la constitution» ab. Materiellrechtlich kommt dem Eintrag im Handelsregister konstitutive Wirkung zu; mit der Eintragung erlangt die Aktiengesellschaft das Recht der Persönlichkeit, und es endet somit die Phase der einfachen Gesellschaft. Dieselben Überlegungen gelten analog auch für die Kapitalerhöhung.

4.3.1.3 Die massgebenden Handlungen

Unter die Gründungshaftung fallen nicht grundsätzlich alle, sondern nur jene Pflichtverletzungen, die das Gesetz ausdrücklich nennt. Bei der Annahme von Aktienzeichnungen zahlungsunfähiger Personen werden gemäss Art. 753 Ziff. 3 OR ausschliesslich absicht-

---

1598 Vgl. FORSTMOSER, Verantwortlichkeit, Rz. 905; dazu ausführlich hinten unter Ziff. 4.4, S. 367 ff.
1599 WATTER/NOTH, in: Basler Kommentar, N 24 zu Art. 753 OR; FORSTMOSER/MEIER-HAYOZ/NOBEL, § 37 N 65; BÖCKLI, Aktienrecht, § 18 Rz. 89 f.
1600 Vgl. FORSTMOSER/MEIER-HAYOZ/NOBEL, § 16 N 2.
1601 Vgl. GUHL/KUMMER/DRUEY, 625.
1602 U.a. FORSTMOSER, Verantwortlichkeit, Rz. 903.
1603 Auch das Bundesgericht hat bereits in BGE 76 II 314 Vorbereitungshandlungen der Gründungshaftung unterstellt.

liche Handlungen der Haftung unterstellt; bei allen anderen Tatbeständen genügt schon die fahrlässige Begehung. Namentlich folgende Handlungen und Unterlassungen können im Rahmen einer Gründung oder Kapitalerhöhung zur zivilrechtlichen Verantwortlichkeit führen:[1604]

- unrichtige oder irreführende Angaben über Sacheinlagen oder Sachübernahmen in den Statuten oder im Gründungs- bzw. Kapitalerhöhungsbericht[1605]
- unrichtige oder irreführende Angaben über die Gewährung von besonderen Vorteilen zugunsten von Aktionären oder anderen Personen
- Verschweigen oder Verschleiern von Sachübernahmen oder besonderen Vorteilen zugunsten von Aktionären oder anderen Personen (sodass kein Gründungs- bzw. Kapitalerhöhungsbericht erstellt wird und keine Prüfung erfolgt)[1606]
- Gesetzesverstösse bei der Genehmigung einer qualifizierten Gründung oder Kapitalerhöhung (Errichtungsakt bzw. Generalversammlungs- und Verwaltungsratsbeschlüsse)
- Veranlassung der Eintragung der Gesellschaft oder der Kapitalerhöhung im Handelsregister aufgrund unrichtiger Angaben.[1607]

Dem Anspruch der Gesellschaft steht der Grundsatz «volenti non fit iniuria» nicht entgegen, auch wenn sämtliche Gründer die Pflichtverletzung kannten und den rechtswidrigen Akt billigten.[1608]

4.3.2 Klagevoraussetzungen

4.3.2.1 Aktivlegitimation

Gestützt auf Art. 753 OR sind folgende Parteien klageberechtigt:
- die Aktiengesellschaft
- die Aktionäre
- die Gesellschaftsgläubiger
- die Partizipanten
- die Genussscheinberechtigten.

Die Aktiengesellschaft ist ab dem Moment des Handelsregistereintrages klageberechtigt.[1609] Soweit jedoch sämtliche Gründeraktionäre eine fehlbare Handlung gekannt haben oder hätten kennen sollen, kann die Aktiengesellschaft keine Ansprüche geltend ma-

---

1604 Vgl. BÖCKLI, Aktienrecht, § 18 Rz. 92 ff.; FORSTMOSER/MEIER-HAYOZ/NOBEL, § 37 N 66 ff.; WATTER/NOTH, in: Basler Kommentar, N 6 ff. zu Art. 752 OR.
1605 Vgl. dazu das Beispiel bei BÖCKLI, Aktienrecht, § 18 Rz. 93; vgl. ferner WATTER/NOTH, in: Basler Kommentar, N 6 ff. zu Art. 753 OR.
1606 BÖCKLI, Aktienrecht, § 18 Rz. 97; WATTER/NOTH, in: Basler Kommentar, N 6 ff. zu Art. 753 OR.
1607 BÖCKLI, Aktienrecht, § 18 Rz. 98/99; WATTER/NOTH, in: Basler Kommentar, N 13 zu Art. 753 OR.
1608 BÖCKLI, Aktienrecht, § 18 Rz. 101a; anders WATTER, in: Basler Kommentar, N 16 zu Art. 753 OR und BGE 102 II 356.
1609 BGE 101 Ib 387.

chen.[1610] Ebenso wenig stehen dann den Gründern Ansprüche zu. Die Fehlbaren werden dagegen den Gläubigern gegenüber voll haftbar.

Gemäss Art. 656a OR gelten alle Vorschriften über den Aktionär auch für den Partizipanten, soweit das Gesetz nichts anderes bestimmt. Der Partizipant wird damit dem Aktionär gleichgestellt und ist ebenfalls zur Klage, gestützt auf Art. 753 OR, legitimiert. Auch für die Genussscheinberechtigten wurde die Aktivlegitimation in der Literatur bejaht.[1611] Nach dem klar gegenteiligen Wortlaut des Gesetzes[1612] müsste dies nunmehr verneint werden. Berücksichtigt man aber den Zweck der Gesetzesbestimmung, so erscheint die Aktivlegitimation der Genussscheinberechtigten auch in Zukunft richtig. Bis zu einem gegenteiligen Gerichtsentscheid kann deshalb von ihrer Klageberechtigung ausgegangen werden.

Die Klagelegitimation nach Konkurseröffnung richtet sich nach den bereits erwähnten Regelungen.[1613]

4.3.2.2 Passivlegitimation

Der Gründungshaftung unterstehen alle natürlichen oder juristischen Personen, welche in irgendeiner Form (schöpferisch[1614]) an der Gründung oder Kapitalerhöhung beteiligt waren. Dazu gehören insbesondere:

- die Gründeraktionäre bzw. die Aktionäre im Zeitpunkt der Kapitalerhöhung
- fiduziarische Aktionäre bei Gründung oder Kapitalerhöhung
- die Auftrags- bzw. Vollmachtgeber im Hintergrund
- die Mitglieder des Verwaltungsrates im Zeitpunkt der Gründung oder Kapitalerhöhung
- Treuhänder, Rechtsanwälte und übrige Berater, welche an der Erstellung von unrichtigen oder irreführenden Statuten, Gründungs- oder Kapitalerhöhungsberichten mitwirkten
- der Darlehensgeber, der ein kurzfristiges Darlehen gewährt in Kenntnis der rechtswidrigen Zweckbestimmung des geliehenen Geldes[1615]
- beteiligte Urkundspersonen und Handelsregisterführer
- die Bank als Einzahlungsstelle.[1616]

Zukünftige Aktionäre unterstehen grundsätzlich nicht der Gründungshaftung, solange sie keine Handlungen im Zusammenhang mit der Gründung oder Kapitalerhöhung vornehmen, welche über die blosse Zeichnung von Aktien hinausgehen.[1617] Ob die Revisions-

---

1610 BGE 102 II 356.
1611 Vgl. den Exkurs von FORSTMOSER, Verantwortlichkeit, Rz. 117 ff.
1612 Vgl. Art. 657 Abs. 2 OR.
1613 Vgl. vorn Ziff. 4.1.5.2, S. 348 ff.; BÖCKLI, Aktienrecht, § 18 Rz. 91; WATTER/NOTH, in: Basler Kommentar, N 3 zu Art. 753 OR; BGE 131 III 306 ff., 128 III 180 ff., 183.
1614 BÖCKLI, Aktienrecht, § 18 Rz. 89 f., und WATTER/NOTH, in: Basler Kommentar, N 5 zu Art. 753 OR. Vgl. auch BGE 4P.161/2003 Erw. 4.3.2.
1615 Vgl. BGE 76 II 317.
1616 Dazu BÖCKLI, Aktienrecht, § 18 Rz. 89.
1617 Gleicher Meinung ist FORSTMOSER, Verantwortlichkeit, Rz. 922.

stelle nur der Haftung nach Art. 755 OR untersteht oder auch nach Art. 753 OR belangt werden kann, ist umstritten.[1618]

4.3.2.3 Die übrigen Klagevoraussetzungen

Lehre und Rechtsprechung betrachten die Gründungshaftung übereinstimmend als eine Form der Deliktshaftung.[1619] Der Kläger hat demnach die allgemeinen Voraussetzungen Schaden, Widerrechtlichkeit, adäquater Kausalzusammenhang und Verschulden nachzuweisen.[1620] Für die Gründungshaftung wird allerdings ein besonderer Schadensbegriff diskutiert.[1621] Als Schaden gilt nämlich auch das gezeichnete, aber nicht liberierte Aktienkapital.[1622]

4.3.3 Kasuistik

BGE 128 III 180 ff. = Pra. 10/2002 Nr. 173 S. 929 ff.: Im Jahr 1991 beschloss R., seine Einzelfirma in eine Aktiengesellschaft umzuwandeln. Die A AG und die B AG erklärten sich bereit, in die neue Z AG zu investieren. Die konstituierende Generalversammlung wurde am 28. Februar 1992 abgehalten. Es wurde beschlossen, das Aktienkapital in 400 Aktien zum Nennwert von je CHF 1000 aufzuteilen. R übernahm 300 Aktien, eine C AG und deren Verwaltungsrat E je 50 Aktien. R und E wurden als Verwaltungsräte bestellt; die C AG sollte die Buchhaltung erstellen und eine D AG als Kontrollstelle fungieren. Gemäss der öffentlichen Urkunde über die Gründung der Z AG wurde das Grundkapital vollständig durch Bareinlagen liberiert. Tatsächlich erbrachten die A AG und die B AG Zahlungen von je CHF 200 000. Von diesen Zahlungen wurde ein Betrag von CHF 100 000 als Grundkapital eingebracht; die übrigen CHF 300 000 flossen an R, der dafür Sacheinlagen im Wert von mindestens CHF 300 000 tätigte. In der Folge wechselten die Aktien teilweise die Hand. Die Z AG erwirtschaftete Verluste und musste am 23. Februar 1994 den Konkurs anmelden. In der Folge klagten die A AG und die B AG gegen R, die C AG, E und die D AG und beantragten, R, E und die C AG seien zu verpflichten, CHF 400 000, und die D AG sei zu verpflichten, CHF 100 000 an die Konkursmasse zu zahlen. Die A AG und die B AG machten geltend, sie klagten nicht nur als Abtretungsgläubiger der Konkursmasse, sondern auch als individuell Geschädigte.

Das Bundesgericht wies die Klage im Wesentlichen ab, weil die verletzten Sacheinlagebestimmungen nicht nur dem Aktionärs- oder Gläubigerschutz, sondern auch dem Schutz der Gesellschaftsinteressen dienen. Eine Verletzung dieser Bestimmungen reiche deshalb nicht aus, um eine Haftung für den direkten Gläubigerschaden zu begründen (unter Verweisung auf BGE 127 III 374 E. 3b; 125 III 86 E. 3a; 122 III 176 E. 7b). Die Klage als Abtretungsgläubiger der Konkursmasse scheitere daran, dass ein Kausalzusammenhang zwischen dem behaupteten Schaden und den Verletzungen der Sacheinlagevorschriften nicht erstellt sei.

1618 Vgl. einerseits BÖCKLI, Aktienrecht, § 18 Rz. 88, andererseits FORSTMOSER/MEIER-HAYOZ/NOBEL, § 37 N 58; WATTER, in: Basler Kommentar, N 3 zu Art. 753 OR.
1619 Vgl. BÖCKLI, Aktienrecht, § 18 Rz. 102; WATTER, in: Basler Kommentar, N 1a zu Art. 753 OR.
1620 Vgl. dazu vorne Ziff. 4.1.1, S. 337 ff.
1621 So FORSTMOSER/MEIER-HAYOZ/NOBEL, § 36 N 62; ablehnend BÖCKLI, Aktienrecht, § 18 Rz. 102 (unter Verweisung auf BGE 128 III 184).
1622 Vgl. BGE 102 II 361.

4.4 Haftung aus Verwaltung und Geschäftsführung

4.4.1 Gesetzliche Grundlagen

4.4.1.1 Die Regelung von Art. 754 OR

Nach Art. 754 Abs. 1 OR sind die Mitglieder des Verwaltungsrates und alle mit der Geschäftsführung oder mit der Liquidation befassten Personen sowohl der Gesellschaft als auch den einzelnen Aktionären und Gesellschaftsgläubigern für den Schaden verantwortlich, den sie durch absichtliche oder fahrlässige Verletzung ihrer Pflichten verursachen.[1623] Für die Revisoren besteht eine eigene Revisionshaftung.[1624] Dagegen fällt der Sachwalter[1625] unter die Haftung nach Art. 754 OR.

Der Wortlaut («befasste Personen») soll zum Ausdruck bringen, dass nicht nur die formell gewählten Mitglieder des Verwaltungsrates und die formell bestellten Direktoren bzw. Geschäftsführer von der Verantwortlichkeit erfasst werden, sondern auch die faktischen Organe.[1626] Als solche kommt auch die einen Vertreter in den Verwaltungsrat entsendende Aktionärin, das nach Art. 762 OR einen Vertreter abordnende Gemeinwesen, die Muttergesellschaft, der Hauptaktionär in Frage; allerdings nur dann, wenn sie nicht nur ihre Aktionärsrechte ausüben, sondern in das Gesellschaftsgeschehen aktiv eingreifen.[1627]

In Art. 754 Abs. 2 OR wird der Kompetenzdelegation unter bestimmten Voraussetzungen haftungsbefreiende Wirkung zugemessen. Grundlage dieser Bestimmung ist die gesetzliche Möglichkeit, aufgrund statutarischer Ermächtigung und nach Massgabe eines Organisationsreglementes die Geschäftsführung zu übertragen.[1628] Die Offenlegung der Kompetenzordnung ermöglicht gezieltes Klagen und gestattet damit die Einschränkung der Haftung auf die im Organisationsreglement zugewiesenen Aufgaben. Wer also in Anwendung des Organisationsreglementes Aufgaben an andere Organe überträgt, haftet für die Handlungen des unterstellten Organs nicht, soweit ihm der Nachweis gelingt, dass er bei der Auswahl, Unterrichtung und Überwachung die nach den Umständen gebotene Sorgfalt angewendet hat.[1629]

Von der Delegation ist die blosse Zuweisung von vorbereitenden, begleitenden oder ausführenden Aufgaben bzw. Tätigkeiten etwa an Ausschüsse zu unterscheiden.[1630] Die Ausschüsse dürfen allerdings nicht als «Hilfspersonen» des Gesamtverwaltungsrats betrachtet werden, weshalb Pflichtverletzungen im Rahmen solcher Gremien nicht zu einer Kausalhaftung (im Sinn von Art. 101 OR) der übrigen Verwaltungsratsmitglieder führen.[1631]

1623 Zur Literatur vgl. das umfassende Verzeichnis bei WATTER, in: Basler Kommentar, vor Art. 754–761 OR; BÖCKLI, Aktienrecht, § 18 Anm. 255.
1624 Dies ist Art. 755 OR; dazu ausführlich hinten unter Ziff. 8.9.2, S. 652 f.
1625 Sowohl jener, der bei einem Konkursaufschub (Art. 725a OR), als auch jener, der im Fall von Organisationsmängeln (Art. 731b OR) vom Richter ernannt werden kann.
1626 Vgl. dazu vorne Ziff. 4.1.6, S. 352 f.
1627 BÖCKLI, Aktienrecht, § 18 Rz. 143, 146.
1628 Art. 716b Abs. 1 OR. Dazu vgl. näher vorne Ziff. 3.3, S. 173 ff.
1629 Ausführlicher BÖCKLI, Aktienrecht, § 18 Rz. 118 ff. Vgl. etwa BGE 122 II 195 ff.
1630 Dazu vgl. vorne Ziff. 1.9.3, S. 64 ff.
1631 BÖCKLI, Aktienrecht, § 18 Rz. 130 und 130a; a.M. FORSTMOSER/MEIER-HAYOZ/NOBEL § 30 N 38; HOMBURGER, in: Zürcher Kommentar, N 688; KRNETA, N 1488; WATTER/ROTH PELLANDA, in: Basler Kommentar, N 37 zu Art. 716a OR.

Vielmehr führt Art. 759 Abs. 1 OR dazu, dass jeder für den «aufgrund des eigenen Verschuldens persönlich zurechenbaren Schaden» haftet.[1632]

In diesem Zusammenhang ist auf die Pflicht des Verwaltungsrats hinzuweisen, in ausserordentlichen oder gefährlichen Situationen – trotz einer allfälligen Delegation der Geschäftsführung – sofort angemessen einzugreifen und das Nötige zu veranlassen.[1633]

Auch die Haftung für Verwaltung, Geschäftsführung und Liquidatiton verjährt gemäss Art. 760 OR in fünf Jahren von dem Tage an, an dem der Geschädigte Kenntnis vom Schaden und von der Person des Ersatzpflichtigen erlangt hat. In jedem Falle aber tritt die Verjährung nach zehn Jahren seit der schädigenden Handlung ein. Wird die Klage aus einer strafbaren Handlung hergeleitet, beispielsweise Urkundenfälschung bei Bilanzmanipulation, so gilt die allenfalls längere Verjährungsfrist des Strafrechts.

4.4.1.2 Sorgfaltspflichtverletzung

Grundvoraussetzung einer Haftung für Verwaltung, Geschäftsführung und Liquidation ist die Verletzung einer Sorgfaltspflicht.[1634] Solche Sorgfaltspflichten lassen sich nach praktischen Gesichtspunkten[1635] beispielsweise wie folgt gruppieren:[1636]

– Entzug von Vermögen ohne entsprechende Gegenleistung, namentlich zugunsten von Aktionären[1637]
– ungenügende Sorgfalt in der Auswahl, Überwachung und Instruktion von nachgeordneten Organen und Mitarbeitern
– ungenügende Sorgfalt in der Vermögensverwaltung und bei der Vertragsgestaltung
– ungenügende Sorgfalt bei Kapitalmassnahmen, etwa bei der Durchsetzung der Liberierungsforderung
– ungenügende Kenntnisse, kein Beizug von Fachleuten
– ungenügende Sorgfalt im Verhältnis mit der Generalversammlung oder mit einzelnen Aktionären
– Missachtung von Buchführungspflichten oder regulatorischen Vorschriften
– Missachtung der Vorschriften bei Unterdeckung und Überschuldung[1638]

1632 Vgl. BÖCKLI, Aktienrecht, § 18 Rz. 130b.
1633 Vgl. BÖCKLI, Aktienrecht, § 18 Rz. 127a; BGer. 4C.358/2005 vom 12. Februar 2007, E. 5.2.1.
1634 Zur objektivierten Sorgfaltspflicht vgl. vorne Ziff. 3.8.2, S. 283 ff.
1635 Eine rechtliche Kategorisierung muss beim Katalog der unentziehbaren und unübertragbaren Aufgaben des Verwaltungsrats ansetzen (Art. 716a Abs. 1 OR) und daraus konkretisierende Einzelpflichten ableiten (vgl. dazu BÖCKLI, Aktienrecht, § 18 Rz. 384). Daneben finden sich aber eine Vielzahl von weiteren Pflichten der Gesellschaft bzw. des Verwaltungsrats teils im Aktienrecht, teils in der Börsengesetzgebung oder in weiteren regulatorischen Vorschriften. Vgl. auch die Darstellung von GERICKE/WALLER, in: Basler Kommentar, N 26 ff. zu Art. 754 OR (mit zahlreichen weiterführenden Hinweisen und Belegen).
1636 Vgl. FORSTMOSER, Verantwortlichkeit, Rz. 782 ff. Zu Pflichten und Verantwortung vgl. auch PÖSCHEL/WATTER, 816 ff.; zur Sorgfaltspflichtverletzung vgl. dazu auch BGE 132 III 564 ff.
1637 Dazu können auch Fälle der Rückerstattung von Aktienkapital (dazu vgl. MÜLLER, Unsorgfältige Führung, 17.20) oder von Cash Pooling im Konzern (dazu wiederum MÜLLER, Unsorgfältige Führung, 17.21 ff.) zählen. Vgl. dazu ZOBL, Sicherungsgeschäfte, 183 ff.
1638 Zur Haftung bei Sanierungen vgl. weiterführend MÜLLER, Unsorgfältige Führung, 17.39, 17.41.

– Unsorgfalt bei weiteren Geschäftsführungshandlungen, z.B. Verpassen einer Prozessfrist.

Der Gesetzgeber hat bewusst darauf verzichtet, einen derartigen Katalog von einzelnen Sorgfaltspflichtverletzungen aufzustellen. Oftmals werden nämlich mit einem einzigen Geschäft mehrere Sorgfaltspflichten verletzt. So kann ein unzulässiges Darlehen an einen Aktionär nicht nur als Entzug von Vermögen ohne entsprechende Gegenleistung, sondern auch als ungenügende Sorgfalt in der Vermögensverwaltung qualifiziert werden.[1639]

Zu erinnern ist daran, dass die Haftung nicht ein ganzes Gremium, wie den Verwaltungsrat oder die Geschäftsleitung, sondern einzelne Personen trifft, und die Sorgfaltspflichtverletzung diesen Personen – aufgrund ihrer Nachlässigkeiten – zugerechnet werden können muss.[1640] Unter dem neuen Recht lässt sich die Einschränkung, Gläubiger könnten nur aus der Verletzung besonderer Gläubigerschutzbestimmungen (wie namentlich die Regelungen in Art. 725 OR) Ansprüche herleiten, kaum mehr aufrecht erhalten.[1641] Ebenso ist daran zu erinnern, dass Geschäftsführungsentscheide nicht schon deshalb eine Haftung auslösen, weil sie sich im Nachhinein als «falsch» herausstellen.[1642]

Sorgfaltspflichtwidrig ist schliesslich auch die Ungleichbehandlung der Aktionäre in Belangen, die ihr gesellschaftsrechtliches Verhältnis zur Gesellschaft betreffen.[1643] Haftungsbegründend wirkt auch die Verletzung der allgemeinen Interessewahrungspflicht, durch welche die Verwaltungsräte dem Gesellschaftsinteresse verpflichtet sind.[1644]

Als Verschulden reicht Fahrlässigkeit[1645], insbesondere Fahrlässigkeit durch Unterlassen.

4.4.2 Klagevoraussetzungen

4.4.2.1 Aktiv- und Passivlegitimation

Aktiv legitimiert zur Verantwortlichkeitsklage, gestützt auf Art. 754 OR, sind die Aktiengesellschaft sowie die einzelnen Aktionäre, Partizipanten und Gesellschaftsgläubiger, sofern sie einen Schaden erlitten haben, und zudem die Gläubigergemeinschaft gemäss Art. 1164 OR.[1646]

Passiv legitimiert sind die Mitglieder des Verwaltungsrates und alle mit der Geschäftsführung befassten Personen. Insbesondere können demnach auch faktische Organe, stille

---

1639 Vgl. dazu eingehend BOCHUD, 215 ff.
1640 Darauf verweist namentlich BÖCKLI, Aktienrecht, § 18 Rz. 420 ff.
1641 Die Diskussion hat sich verlagert, da das Bundesgericht seit BGE 122 III 176/77 die Unterscheidung zwischen unmittelbarem und mittelbarem Gläubigerschaden anders trifft und dies Einflüsse auf die Aktivlegitimation nach Konkurseröffnung hat. Vgl. dazu BÖCKLI, Aktienrecht, § 18 Rz. 303 ff., 306 ff.
1642 Dazu eingehend GERICKE/WALLER, in: Basler Kommentar, N 16 zu Art. 754 OR.
1643 Zum Gleichbehandlungsprinzip statt vieler umfassend HUGUENIN, Gleichbehandlungsprinzip.
1644 Etwa bei Interessenkollisionen; BÖCKLI, Aktienrecht, § 18 Rz. 117.
1645 FORSTMOSER/MEIER-HAYOZ/NOBEL, § 37 N 18; GERICKE/WALLER, in: Basler Kommentar, N 32 zu Art. 754 OR; vgl. BGer. vom 12.2.2007, 4C.358/2005, E. 5.6, BGer. 9.4.2008, 6B_54/2008, E. 6.4., BGer. 5.1.2011, 4A_467/2010, E. 3.3.
1646 Vgl. aber dazu die näheren Ausführungen zur Aktivlegitimation im Konkurs bzw. ausserhalb des Konkurses und im Zusammenhang mit Forderungen aus direktem bzw. indirektem Schaden vorne Ziff. 4.1.5.2, S. 348 ff.

und verdeckte Verwaltungsräte und Direktoren, allenfalls auch Auftraggeber, Grossaktionäre oder die Konzernobergesellschaft eingeklagt werden.

4.4.2.2 Möglichkeit der Haftungsbefreiung

Die Passivlegitimation wird durch eine allfällige Delegation von Geschäftsführungsaufgaben nicht verändert. Nach Art. 754 Abs. 2 OR ergibt sich dadurch lediglich die Möglichkeit der Haftungsbefreiung, sofern folgende Voraussetzungen kumulativ erfüllt sind:

- gesetzliche und statutarische Ermächtigung zur Delegation
- Delegation in Übereinstimmung mit einem gesetzes- und statutenkonformen Organisationsreglement
- Delegation von organtypischen Befugnissen[1647]
- Anwendung aller zumutbaren Sorgfalt bei der Delegation bezüglich:
- Auswahl
- Instruktion
- Überwachung.

Keine Haftungsbefreiung tritt ein, wenn beispielsweise:[1648]
- unübertragbare Aufgaben delegiert werden
- Hilfsaufgaben wie Vorbereitung, Ausführung oder Überwachung von Beschlüssen einzelnen Mitgliedern des Verwaltungsrates zugewiesen werden
- die Übertragung in Verletzung des Organisationsreglementes erfolgt
- ein Organisationsreglement fehlt[1649]
- das Organisationsreglement der statutarischen Grundlage entbehrt
- der Delegierende den Delegationsempfänger nicht mit der gebotenen Sorgfalt auswählt, unterrichtet und überwacht.[1650]

4.4.2.3 Die übrigen Klagevoraussetzungen

Wie bei der Prospekt- und der Gründungshaftung hat ein Kläger den Schaden, das pflichtwidrige Verhalten, den adäquaten Kausalzusammenhang und das Verschulden nachzuweisen.[1651] Dabei gibt es jedoch einige Besonderheiten, die aus der speziellen Natur der Haftung für Verwaltung, Geschäftsführung und Liquidation resultieren.

Der Schaden ist aufgrund der Differenz der (hypothetischen) Vermögenslage bei rechtmässigem und rechtswidrigem Handeln zu bestimmen. Dies zeigt sich insbesondere im Falle einer versäumten Benachrichtigung des Richters bei vorhandener Überschuldung nach Art. 725 OR. Fällt die Gesellschaft in Konkurs und lässt sich beweisen, dass sie schon in einem früheren Zeitpunkt überschuldet war, so besteht der Schaden einfach in den zwischen den beiden Zeitpunkten entstandenen und aus der Erfolgsrechnung ablesbaren

---

1647 Vgl. dazu BÖCKLI, Aktienrecht, § 18 Rz. 131 f. mit Belegen.
1648 Beispiele entsprechend der BOTSCHAFT, Revision Aktienrecht, 936.
1649 Vgl. dazu BGer. 27.10.2009, 4A_248/2009.
1650 Vgl. etwa BGE 122 III 195 ff.
1651 Im Einzelnen sei auf die allgemeinen Ausführungen vorne unter Ziff. 4.1.1, S. 337 ff., verwiesen.

Verlusten (sog. Fortführungsschaden).[1652] Der Schaden, der durch eine verzögerte Konkurseröffnung entstanden ist, kann bundesrechtskonform in der Weise festgestellt werden, dass der aus den Buchhaltungsunterlagen ersichtliche Saldo im Zeitpunkt der Verletzung der Benachrichtigungspflicht mit dem (höheren) Verlust im Zeitpunkt der tatsächlich erfolgten Konkurseröffnung verglichen wird.[1653] Massgebend sind dabei die Liquidationswerte, nicht mehr die Fortführungswerte.[1654] Bei den Verbindlichkeiten der Gesellschaft sind auch Forderungen zu berücksichtigen, die unter Rangrücktritt stehen.[1655]

Das pflichtwidrige Verhalten ist aufgrund der gesetzlichen, statutarischen und reglementarischen Bestimmungen nachzuweisen. In diesem Zusammenhang kann der Aktionär zu seiner Erleichterung auf die Möglichkeit der Sonderprüfung gemäss Art. 697a OR zurückgreifen. Unterlassungen sind dann pflichtwidrig, wenn eine Handlungspflicht besteht.[1656] Soweit Aufgaben, welche nicht unter den abschliessenden Katalog von Art. 716a OR fallen, gestützt auf eine entsprechende statutarische Ermächtigung und in Übereinstimmung mit dem Organisationsreglement übertragen wurden, kann eine Haftungsbefreiung eintreten, wenn auch die übrigen Voraussetzungen erfüllt sind.[1657] Mit Blick auf die Aktivlegitimation ist darauf hinzuweisen, dass die meisten aktienrechtlichen Normen, deren Verletzung Anlass zu Verantwortlichkeitsklagen gibt, sowohl im Interesse der Gesellschaft, als auch in jenem der Aktionäre und der Gläubiger aufgestellt worden sind.[1658]

Der Kausalzusammenhang kann meist schon aufgrund einer chronologischen Darstellung der Geschehnisse nachgewiesen werden. In diesem Zusammenhang sind deshalb einwandfrei geführte Protokolle oftmals von grosser Wichtigkeit. – Bei der Beurteilung von hypothetischen Kausalverläufen haben die Gerichte in den letzten Jahren ihre Erwartungen in ein stets pflichtgemässes und rechtmässiges Verhalten in Gesellschaftsverhältnissen zurückgenommen und etwa berücksichtigt, dass auch diesbezügliche Mahnungen einer Revisionsstelle an einen unwilligen Alleinaktionär kaum etwas gefruchtet hätten.[1659].

Das Verschulden kann sowohl in einem absichtlichen als auch in einem fahrlässigen Tun oder Unterlassen bestehen. In jedem Falle muss jedoch eine Sorgfaltspflichtverletzung nachgewiesen werden, damit die Grundvoraussetzung von Art. 754 OR erfüllt ist. Zur Verschuldensproblematik zählen auch die Fragen, inwieweit man sich als Verwaltungsrat auf Sach- und Fachauskünfte von Drittpersonen verlassen darf und welche Kenntnisse

---

1652 Vgl. DRUEY, Verantwortlichkeit, 109. Eingehend GERICKE/WALLER, in: Basler Kommentar, N 22 ff. zu Art. 754. Vgl. ferner BGE 136 III 322 ff.
1653 BGer. 23.5.2005, 4C.263/2004 E. 3; BGer. 8.8.2005, 4C.118/2005; BGer. 12.12.2006, 4C.182/2006; BGer. 3.5.2010, 4A_555/2009, E.2.5, zitiert nach GERICKE/WALLER, in: Basler Kommentar, N 22 zu Art. 754 OR; BGE 132 III 348; 136 III 322 ff.
1654 BGE 136 III 326; BÖCKLI, Aktienrecht, § 18 Rz. 369a; GERICKE/WALLER, in: Basler Kommentar, N 22 zu Art. 754 OR.
1655 BGer. 25.5.2007, 4C.58/2007; BGer. 16.12.2008, 4A_478/2008, E. 4.2 und 4.3; BGer. 9.9.2008, 4A_188/2008; BGer. 12.2.2010, 4A_391/2009; BGer. 2.9.2010, 4A_277/2010, zitiert nach GERICKE/WALLER, in: Basler Kommentar, N 22 zu Art. 754 OR.
1656 BGE 115 II 19; GERICKE/WALLER, in: Basler Kommentar, N 23 zu Art. 754 OR.
1657 Dazu ausführlich bereits vorne unter Ziff. 4.4.2.2, S. 370.
1658 BÖCKLI, Aktienrecht, § 18 Rz. 378 und 306 ff.; GERICKE/WALLER, in: Basler Kommentar, N 23 zu Art. 754 OR.
1659 BGE 119 II 259, 129 III 134. Dies lässt sich auch auf das Verhältnis Verwaltungsrat – Alleinaktionär übertragen.

vom einzelnen Verwaltungsrat persönlich erwartet werden und welche er sich von aussen beschaffen darf und muss.[1660] Die nachstehenden Beispiele, welche Handlungen oder Unterlassungen von den Gerichten als Sorgfaltspflichtverletzungen qualifiziert werden, verdeutlichen die bisherigen theoretischen Ausführungen.

4.4.3 Kasuistik

Aus der neueren Rechtsprechung sind folgende Entscheide zu erwähnen:
- **BGE 132 III 342 ff.:** Verantwortlichkeitsansprüche wegen Verletzung von Bilanzierungsvorschriften und Art. 725 Abs. 2 OR (verspätete Konkurseröffnung) (das Bundesgericht hatte allerdings nur über die Aktivlegitimation des Abtretungsgläubigers und eine Verrechnungseinrede zu entscheiden).
- **BGE 136 III 148 ff.:** Verantwortlichkeitsansprüche wegen Verletzung von Art. 725 Abs. 2 OR (das Bundesgericht hatte nur über eine Verrechnungseinrede zu entscheiden).
- **BGE 132 III 564 ff.:** Verantwortlichkeitsansprüche wegen Verletzung von Buchhaltungsvorschriften (Bildung von Rückstellungen für eine plötzlich bekannt gewordene Mietschuld) und von Art. 725 Abs. 2 OR.
- **BGE 136 III 14 ff.:** Verantwortlichkeitsansprüche wegen Verletzung von Art. 725 Abs. 2 OR (das Bundesgericht hatte darüber zu entscheiden, ob eine Gläubigerbank als faktisches Organ der konkursiten Gesellschaft zu betrachten sei und die Pflicht gehabt hätte, den Konkursrichter zu benachrichtigen; Frage verneint).
- **BGE 131 III 306 ff.** (Biber Holding AG): Verantwortlichkeitsansprüche gestützt auf Art. 754 OR (das Bundesgericht hatte nur über die Aktivlegitimation zu entscheiden und damit die Ansprüche nicht materiell zu prüfen).

4.5 Haftung für öffentlich-rechtliche Forderungen

4.5.1 Steuerrecht

4.5.1.1 Allgemein

Die Haftung des Verwaltungsrates für Steuern hat sich in den letzten Jahren immer weiter ausgedehnt.[1661] Der Ursprung dieser Entwicklung liegt in der Einführung des Art. 15 Verrechnungssteuergesetz im Jahre 1965. In den Jahren 1974[1662] und 1978[1663] wurden zwei Entscheide gefällt, die einen Grossteil der Verwaltungsräte hätte aufhorchen lassen müs-

---

1660 Beide Fragen müssen mit Bezug auf eine konkrete Gesellschaftssituation beantwortet werden. Dabei darf die gesetzliche Konzeption, wonach zumindest die nicht exekutiven Verwaltungsratsmitglieder im Nebenamt arbeiten, nicht überstrapaziert werden. Es kann nicht sein, dass Entscheidungen durch perfektionistische Evaluationsprozesse und übermässige Kontrollen verunmöglicht oder verzögert werden.
1661 Ein zusätzliches Problem bedeutet nun für viele auch die MWST; vgl. dazu ausführlich MÜLLER, Mehrwertsteuer, 12 ff.
1662 ASA 44, 314.
1663 ASA 47, 541.

sen.[1664] Die Haftung des Verwaltungsrates für noch offene Verrechnungssteuerforderungen wurde darin, wie nachstehend noch ausgeführt wird, erheblich verschärft.

Auf Bundesebene ist in verschiedenen Spezialgesetzen eine Haftung der Organe und insbesondere der Liquidatoren vorgesehen. Auch die neue Ordnung der direkten Bundessteuer sieht nun eine Mithaftung von Organpersonen und Liquidatoren bis zur Höhe des Liquidationsergebnisses vor.[1665] Auf kantonaler Ebene besteht noch keine Einheitlichkeit, und es ist daher erforderlich, die jeweiligen Bestimmungen zu konsultieren, um im Einzelfall gültige Aussagen machen zu können.

An sich wäre es für die Steuerbehörden auch möglich, noch offene Steuerforderungen über eine analoge Anordnung der aktienrechtlichen Verantwortlichkeit nach Art. 754 OR geltend zu machen. Der Fiskus macht von dieser Möglichkeit jedoch eher selten Gebrauch und stützt sich wo immer möglich auf Spezialbestimmungen ab, die häufig für den Staat günstiger ausgestaltet sind.[1666] So bleibt die Anwendung der aktienrechtlichen Verantwortlichkeit auf jene Gebiete des Steuerrechts beschränkt, in denen keine spezifischen Haftungsnormen vorgesehen sind.

4.5.1.2 Verrechnungssteuer

Nach Art. 15 Verrechnungssteuergesetz[1667] haften Verwaltungsräte «solidarisch»:
– für die Steuer einer aufgelösten Gesellschaft bis zum Betrag des Liquidationsergebnisses[1668];
– für die Steuer einer Gesellschaft, die ihren Sitz ins Ausland verlegt, bis zum Betrag des reinen Vermögens.[1669]

Des Weiteren kann der Verwaltungsrat nur für solche Forderungen zur Rechenschaft gezogen werden, die während seiner Geschäftsführung entstanden, geltend gemacht oder fällig geworden sind. Die Haftung entfällt, soweit nachgewiesen werden kann, dass alles Zumutbare zur Feststellung und Erfüllung der Steuerforderung unternommen worden ist.

Wird in diesem Zusammenhang von Solidarität gesprochen, so handelt es sich nicht um die klassische Solidarität. Vielmehr ist damit eine Haftung angesprochen, bei der zwar umfangmässig eine Begrenzung auf Steuer-, Zins- und Kostenforderungen stattfindet, jeder Haftende aber für den ganzen Steuerbetrag belangt werden kann.[1670]

1664 Vgl. BÖCKLI, Haftung, 89 f.; GIGER, Steuerschulden, 5 ff.; OBERSON, 79 ff.
1665 Art. 55 DBG.
1666 Vgl. BÖCKLI, Haftung, 98.
1667 SR 642.21.
1668 Art. 15 Abs. 1 lit. a VStG; die Gesetzesbestimmung belastet (nur) die «mit der Liquidation betrauten Personen».
1669 Art. 15 Abs. 1 lit. b VStG; belastet werden pauschal «die Organe». Als reines Vermögen gilt die Differenz zwischen Aktiven und Verbindlichkeiten der Gesellschaft, bewertet zum Fortführungswert vgl. MEISTER, N 36 zu Art. 15 VStG.
1670 Vgl. FORSTMOSER, Verantwortlichkeit, Rz. 1040. Zur unglücklichen Begriffsbildung vgl. auch RICHNER/FREI/KAUFMANN/MEUTER, N 3 zu Art. 55 DBG.

Das Bundesgericht hat in seiner bisherigen Rechtsprechung Art. 15 des Verrechnungssteuergesetzes in verschiedener Weise ausgedehnt.[1671] Nachfolgend wird darauf übersichtsartig eingegangen.[1672]

Der Begriff der Auflösung der Gesellschaft wird sehr weit gefasst. So fällt darunter auch schon die Aushöhlung, also solche Handlungen, mit denen der Gesellschaft Aktiven entzogen werden. Bedeutsam ist dabei, dass es dem Ermessen der Steuerbehörden anheimgestellt wird, den Zeitpunkt festzulegen, in welchem die Aushöhlung begonnen hat. Um den Tatbestand der Auflösung zu erfüllen, bedarf es also keineswegs eines formellen Auflösungsbeschlusses, vielmehr genügt schon eine faktische Liquidation.[1673] Auch eine einzige geldwerte Leistung kann schon als Handlung der faktischen Liquidation interpretiert werden![1674]

Bei der Bestimmung des massgeblichen Zeitpunktes für die Haftung ist entscheidend, wann die erste Vermögensdisposition stattfand, die nicht mehr durch den Gesellschaftszweck abgedeckt ist. Jede Person, die ab diesem Zeitpunkt als gewähltes oder faktisches Organ die Geschicke der Gesellschaft beeinflusst, haftet mit ihrem gesamten Privatvermögen für allfällige nicht bezahlte Teilliquidationsgewinnsteuern. So ist beispielsweise auch der Anwalt, der als Interessenvertreter des Alleinaktionärs gehandelt, nicht aber im Verwaltungsrat der Gesellschaft Einsitz hat, bereits als faktisches Organ betrachtet worden.[1675]

Empfehlung:

Ein wesentliches Kriterium bei der Qualifikation als faktisches Organ stellt die Möglichkeit dar, über Bankkonten der Gesellschaft verfügen zu können. Der Berater, der bei der Liquidation einer Gesellschaft tätig wird, sollte daher eine solche Möglichkeit vermeiden und auch nicht vertretungsweise Gesellschaftsdokumente unterzeichnen.

Die Haftung setzt kein Verschulden voraus[1676], und die Anforderungen an den Befreiungsbeweis sind sehr hoch angesetzt, sodass sie in den bisher publizierten Fällen des Bundesgerichts nie erfüllt waren.[1677] Nach BÖCKLI sind die Anforderungen durch das Bundesgericht so verschärft worden, dass an sich gar nicht mehr von der Möglichkeit des Entlastungsbeweises gesprochen werden kann.[1678] So werden an den Entlastungsbeweis höhere Anforderungen gestellt als bei Art. 55 OR.[1679] Das Bundesgericht selbst hat die entsprechende Haftung als Garantenhaftung bezeichnet,[1680] eine Rechtsfigur also, wel-

---

1671 Nach RICHNER/FREI/KAUFMANN/MEUTER ist damit «das Gesetz praktisch zum toten Buchstaben» geworden (N 2 zu Art. 55 DBG unter Verweisung auf FREI, Verantwortung im Steuerrecht, 267).
1672 Vgl. zum Nachfolgenden auch BÖCKLI, Haftung, 91.
1673 So BGE 115 Ib 283, ASA 47 (1978/79) 541 ff., 547; vgl. im einzelnen MEISTER N 11 und 12 zu Art. 15 VStG.
1674 Vgl. ACR vom 17.4.2001 in VPB 65 (2001) 113 125 ff., 1221, 1226 f., zitiert nach MEISTER N 11 zu Art. 15 VStG.
1675 ASA 47 (1978/79) 541 ff., 552 f. Vgl. dazu ausführlicher vorne Ziff. 4.1.6, S. 352 ff. Ebenso haften auch Strohleute (BGE 115 Ib 393) oder juristische Personen, die Liquidationshandlungen vornehmen; zusätzlich auch die natürlichen Personen, welche diese Tätigkeiten tatsächlich ausgeführt haben. – Die Revisionsstelle haftet grundsätzlich nicht.
1676 Vgl. MEISTER, N 5 zu Art. 15 VStG ; BÖCKLI, Haftung, 91 f.
1677 So MEISTER, N 26 zu Art. 15 VStG.
1678 BÖCKLI, Haftung, 93.
1679 So ausdrücklich in BGE 106 Ib 379.
1680 Archiv für schweizerisches Abgaberecht 47, 552.

che das zivile ausservertragliche Haftpflichtrecht gar nicht kennt. Der Garant haftet dabei schon aufgrund der von ihm eingenommenen Stellung innerhalb der Gesellschaft und des Nichtgelingens des Entlastungsbeweises. Die Steuerbehörden nehmen so im Vergleich zu anderen Arten der Geltendmachung von Forderungen eine stark verbesserte Position ein, da sie nicht vorab Rechtswidrigkeit, Kausalität und Verschulden nachzuweisen haben.

Kann ein geringes Verschulden zu einer Reduktion der Haftung führen? Das Bundesgericht selbst hat diese Frage nie direkt angeschnitten, wohl aber die Lehre. Nach BÖCKLI kann aus dem Schweigen des Gesetzes zu dieser Thematik geschlossen werden, dass eine Haftungsbeschränkung nach Massgabe des Verschuldens sehr wohl möglich ist.[1681] Bei sehr geringem Verschulden des Haftpflichtigen gebietet es schon das Verhältnismässigkeitsprinzip, dass die Ersatzpflicht angepasst wird. Obwohl also das Bundesgericht noch nicht abschliessend Stellung genommen hat, sprechen gewichtige Gründe für eine Zulässigkeit der Haftungsreduktion bei geringem Verschulden.[1682]

Besonders problematisch erscheint die Umschreibung des Zeitraums, für welchen der Verwaltungsrat zur Haftpflicht herangezogen werden kann. Dieser umfasst die gesamte Dauer, in der Steuerforderungen entstehen, geltend gemacht oder fällig werden.[1683] So kann es vorkommen, dass der Gesamtverwaltungsrat den Verkauf einer massgeblichen Beteiligung beschliesst. Der kurz darauf zurücktretende Verwaltungsrat kann in diesem Zusammenhang nicht wissen, dass die Steuerverwaltung diesen Tatbestand im Nachhinein als Beginn der Phase einer faktischen Liquidation bezeichnet, wenn in der Folge auch noch sämtliche weiteren Beteiligungen der Gesellschaft veräussert werden. Obschon der zurückgetretene Verwaltungsrat bei der eigentlichen Liquidation der Gesellschaft nicht mehr mitgewirkt hat, kann er zur Haftung herangezogen werden. Umgekehrt haftet ein neu eintretender Verwaltungsrat auch für Steuerforderungen, die noch vor seinem Amtsantritt entstanden sind, jedoch erst während der Zeit seines Mandatsverhältnisses geltend gemacht werden.

Die Solidarität wird vom Bundesgericht entsprechend den Regeln des Zivilrechts ausgelegt. So kann die Steuerverwaltung einen Verwaltungsrat herausgreifen und ihn für die gesamte Steuerforderung in Anspruch nehmen. Es liegt dann an diesem Verwaltungsrat, intern auf die übrigen Haftpflichtigen Regress zu nehmen. Die an sich im öffentlichen Recht geltenden Handlungsmaximen der Verhältnismässigkeit und der Gleichbehandlung werden dabei in problematischer Weise tangiert.

Empfehlung:
Unter bestimmten Voraussetzungen kann die Steuerverwaltung Sicherstellung der latenten Verrechnungssteuerforderungen verlangen.[1684] Treten nun in der Gesellschaft Probleme auf oder können

---

[1681] BÖCKLI, Haftung, 94.
[1682] Allerdings wird man sich als belangter Verwaltungsrat keine grossen Hoffnungen machen dürfen!
[1683] Nach MEISTER, N 25 zu Art. 15 VStG haftet «der Liquidator für sämtliche bisher entstandenen und noch nicht verjährten Steuern» sowie «für sämtliche Steuern, die während seiner Amtszeit entstehen, nicht aber für Steuern, die vor seiner Amtszeit entstanden und fällig geworden, aber während seiner Amtszeit nicht geltend gemacht worden sind». Auf jeden Fall kann er «der Haftung für während seiner Geschäftsführung entstandene, geltend gemachte oder fällig gewordene Steuern, Zinsen und Kosten nicht durch einen Rücktritt» entgehen (SRKE vom 25.6.1996 in ASA 65 [1997/98] 922 ff., 930; HOCHREUTENER, 619 f.).
[1684] Art. 47 VStG; Art. 9 f. VStV.

Handlungen als Beginn einer faktischen Liquidation interpretiert werden, so hat der Verwaltungsrat erhöhte Vorsicht walten zu lassen. Wird die Lage kritischer, ist es vorteilhaft, von der Unternehmung eine Hinterlegung der aufgelaufenen Verrechnungssteuern zu verlangen oder nötigenfalls die Steuerverwaltung zu einer Sicherstellungsverfügung zu veranlassen.

4.5.1.3 Direkte Bundessteuer

In Art. 55 DBG ist die Haftung für die Bundessteuern ähnlich jener für die Verrechnungssteuern ausgestaltet.[1685] Es haften, nach Beendigung der Steuerpflicht der juristischen Person, die mit der Verwaltung und mit der Liquidation betrauten Personen solidarisch für die noch offenen Steuerforderungen. Summenmässig besteht eine Beschränkung auf den Betrag des Liquidationsergebnisses; bei einer Sitzverlegung ins Ausland stellt das Reinvermögen der Gesellschaft die obere Grenze für die Ersatzpflicht dar. Kann der Beklagte nachweisen, dass er alle nach den Umständen gebotene Sorgfalt angewendet hat, entfällt die Haftung. Überdies haften Personen, die Geschäftsbetriebe oder Betriebsstätten in der Schweiz auflösen oder Grundstücke in der Schweiz bzw. durch solche Grundstücke gesicherte Forderungen veräussern oder verwerten, für die Steuern einer aufgrund wirtschaftlicher Zugehörigkeit steuerpflichtigen juristischen Person.[1686] Hier ist kein Exkulpationsbeweis vorgesehen.

4.5.1.4 Weitere Steuerarten

In einigen Spezialgesetzen wird die solidarische Mithaftung der Organe ausdrücklich vorgesehen. In aller Regel werden dabei die mit der Liquidation betrauten Personen zur Haftung herangezogen. So sieht etwa Art. 8 Abs. 1 lit. a des Tabaksteuergesetzes[1687] und Art. 32 Abs. 1 lit. c und d MWSTG[1688] eine Haftung der Liquidatoren für die Steuer einer aufgelösten Gesellschaft und eine Organhaftung bei Sitzverlegung ins Ausland vor. Eine solidarische Haftung des Veräusserers der Beteiligungsrechte ist im Bundesgesetz über die Stempelabgaben[1689] statuiert.

Die Regelung auf kantonaler Ebene ist uneinheitlich. In einigen Kantonen ist eine solidarische Mithaftung von Organen und Liquidatoren vorgesehen, andere beschränken die Haftung auf die Liquidatoren. Gelegentlich sind keine Bestimmungen über die persönliche Haftung vorgesehen, sodass einzig die aktienrechtliche Verantwortlichkeit nach Art. 754 OR als Haftungsgrundlage herangezogen werden kann.

Selbst wenn bezüglich verschiedener, bisher noch nicht erwähnter Steuerarten keine ausdrückliche Haftung des Verwaltungsrates gesetzlich vorgesehen ist, so besteht dennoch ein diesbezügliches Risiko. Unterlässt beispielsweise der Verwaltungsrat eines Unterhaltungsbetriebes die Rückstellung für auflaufende Vergnügungssteuern, kann das zu Verlust kommende Gemeinwesen eine Verantwortlichkeitsklage einreichen und durchsetzen.

1685 Nicht vorgesehen sind hier Sicherstellungsverfügungen der Steuerbehörden.
1686 Dazu weiterführend RICHNER/FREI/KAUFMANN/MEUTER, N 23 ff. zu Art. 55 DBG.
1687 SR 641.31.
1688 SR 641.701.
1689 SR 641.10.

4.5.1.5 Beispiel eines Mantelhandels

Eine Aktiengesellschaft verkauft sämtliche Vermögenswerte und schüttet die Erlöse an die bisherigen Aktionäre aus, ohne allerdings die Verrechnungssteuer zu bezahlen. Der nunmehr leere Aktienmantel wird in der Folge verkauft, wobei die Verkäufer die Zusicherung abgeben, dass keine offenen Forderungen mehr existieren. Für den Fall, dass doch noch Forderungen existieren sollten, wird den Käufern und neuen Aktionären eine entsprechende Entschädigung zugesichert. Schon bald nach erfolgtem Kauf tritt das Steueramt an die neuen Aktionäre heran und fordert die Bezahlung der noch ausstehenden Verrechnungssteuerschuld. Schuldner der Verrechnungssteuerforderung ist grundsätzlich die Aktiengesellschaft. Da diese infolge des Verkaufs sämtlicher Vermögenswerte allerdings über keine Mittel mehr verfügt, werden die neuen Verwaltungsräte direkt haftbar für die Verrechnungssteuerschuld. Gemäss den vertraglichen Abmachungen stünde ihnen der Rückgriff auf die verkaufenden Aktionäre zu. Der Rückgriff schlägt aber fehl, wenn die Verkäufer schon über alle Berge sind oder über keine Mittel mehr verfügen.

Empfehlung:
Der Verwaltungsrat sollte bei der Übernahme eines Aktienmantels – falls dieses Vorgehen statt einer Neugründung überhaupt Sinn macht – das Vorhandensein öffentlich-rechtlicher Forderungen selbst abklären und sich von den Steuerbehörden bestätigen lassen, dass keine offenen Steuerforderungen mehr bestehen.

4.5.1.6 Beispiel einer faktischen Liquidation

Der Verwaltungsrat der X. AG beschloss, sämtliche Beteiligungen der als Holding konstituierten Gesellschaft abzustossen und den Gewinn zu verteilen. A. nahm die Position des einzelzeichnungsberechtigten Verwaltungsratspräsidenten ein, neben ihm amteten B., C. und D. als Verwaltungsräte. Die Beteiligungen wurden in der Hauptsache an Gesellschaften im Ausland verkauft und innert kurzer Zeit zu bedeutend höheren Preisen wieder in der Schweiz angeboten. Für die Käufergesellschaften im Ausland zeichnete jeweils Dr. E., welcher gleichzeitig der X. AG als Berater zur Seite stand. Zweck dieser Zwischenveräusserung ins Ausland war die Umgehung steuerrechtlicher Vorschriften. Die Eidgenössische Steuerverwaltung forderte in der Folge dennoch die Entrichtung der Verrechnungssteuer. Zur Begründung machte sie geltend, dass die Ausschüttung der Differenz zwischen Verkaufserlös und Verkehrswert der Beteiligungen eine steuerbare geldwerte Leistung an die Aktionäre darstelle. Der Verwaltungsratsbeschluss zum Verkauf der Beteiligungen komme dem Beginn einer faktischen Liquidation gleich, da der Gesellschaft durch die unmittelbar nachfolgenden Handlungen die wirtschaftliche Substanz entzogen worden sei. Da die X. AG über keine nennenswerten Mittel mehr verfügte, wurden neben ihr auch die Verwaltungsräte A., B., C. und D. sowie der Berater Dr. E. eingeklagt. Gleichzeitig wurde gegen alle Beteiligten ein Strafverfahren wegen Steuerhinterziehung oder Steuerbetrug eingeleitet.

Das Bundesgericht verurteilte die X. AG, die von der Eidgenössischen Steuerverwaltung geforderte Verrechnungssteuer zu bezahlen, während A., B., C. und D. für den gesamten Steuerbetrag als solidarisch mithaftend erklärt wurden.[1690] Die Verwaltungsgerichtsbe-

---

1690 BGE 115 Ib 274 ff.

schwerde von Dr. E. wurde dagegen vollumfänglich gutgeheissen, sodass ihn keine Verantwortlichkeit traf.

A. berief sich auf Nichtwissen hinsichtlich des Bestehens einer Verrechnungssteuerpflicht. Das Bundesgericht wies diesen Einwand mit der Begründung zurück, dass dem Verwaltungsratspräsidenten einer Holdinggesellschaft mit einer Bilanzsumme von CHF 5 Mio. sehr wohl zugemutet werden könne, die Verrechnungssteuerpflicht zu kennen. B. berief sich darauf, dass er alles ihm Zumutbare zur Feststellung und Erfüllung der Steuerforderung unternommen habe, auch habe er die wichtigsten Papiere gar nicht gekannt. Das Bundesgericht hielt ihm entgegen, dass er sowohl den Verwaltungsratsbeschluss als auch einen Grossteil der Verträge unterschrieben habe; er sei daher über die Steuerpflicht unterrichtet gewesen. Demzufolge wäre es auch an ihm gelegen, sich für die Erfüllung der Steuerforderung einzusetzen. C. und D., ebenfalls Verwaltungsräte der X. AG, hatten keine Kaufverträge unterzeichnet und nach ihren Aussagen auch keinen Einfluss auf die Geschäftsführung. Nach Auffassung des Bundesgerichts genügte jedoch schon das selbständige Führen von Verhandlungen zwecks Verkauf der Beteiligungen, um als Liquidator eingestuft zu werden.

Der Berater Dr. E. hatte die Kaufverträge als Organ der ausländischen Gesellschaften mitunterzeichnet. Obwohl er in zwei Gutachten zuhanden der X. AG den Beteiligungsverkauf analysiert hatte, konnte nicht nachgewiesen werden, dass er den Plan zur Liquidation der X. AG mitgetragen hatte. Die reine Beratung konnte nicht als selbständiger Beitrag zur Willensbildung der Gesellschaft eingestuft werden. Eine Haftung von Dr. E. wurde deshalb vom Bundesgericht verneint.

4.5.2 Sozialversicherungsrecht

4.5.2.1 Allgemeines

Nach Art. 52 des Bundesgesetzes über die Alters- und Hinterlassenenversicherung[1691] haftet der Arbeitgeber für den Schaden, der aus einer absichtlichen oder grobfahrlässigen Nichtentrichtung der geschuldeten Beiträge entsteht. Nach dem gesetzlichen Wortlaut wäre an sich von einem Schadenersatzanspruch auszugehen, die Konzeption spricht jedoch klar für einen Erfüllungsanspruch. Die Eintreibung der Forderung geschieht auf dem Wege der Verfügung ausserhalb des Konkurses, wobei das Eidgenössische Versicherungsgericht als letzte Instanz über deren Bestand zu entscheiden hat. Somit handelt es sich eindeutig um einen öffentlich-rechtlichen Anspruch.

Haftungsfälle im Zusammenhang mit Sozialversicherungsabgaben sind besonders häufig.[1692] Trotz der berechtigten Kritik in der Lehre[1693] legt das Bundesgericht die massge-

---

1691 SR 831.10. Diese Bestimmung steht stellvertretend für zahlreiche entsprechende Regelungen in anderen Sozialversicherungsgesetzen, namentlich auch in Art. 52 des Bundesgesetzes über die berufliche Alters-, Hinterlassenen- und Invalidenvorsorge (SR 831. 40). Vgl. dazu GRONER, 81 ff.
1692 Nach der Studie von KELLER, basierend auf Daten aus den Jahren vor 2011, sind dies 1250 bis 1300 Fälle pro Jahr. – Zur Frage, ob Fälle mit einem Streitwert von weniger als CHF 30 000 an das Bundesgericht weitergezogen werden können, vgl. BGE 137 V 51.
1693 Vgl. BÜRGI/VON DER CRONE, 348 ff.; vgl. auch MEIER-HAYOZ/FORSTMOSER, § 16 N 589.

benden Art. 52 AHVG und Art. 52 BVG im Sinne einer faktischen Kausalhaftung aus.[1694] Der Schaden setzt sich in der Regel aus den nicht bezahlten AHV/IV/EO/ALV- und PK-Beiträgen zusammen; hinzu kommen die Verwaltungskostenbeiträge, Mahn-, Veranlagungs- und Betreibungsgebühren sowie die Verzugszinsen auf rückständigen Beiträgen. Im Hinblick auf eine sorgfältige Mandatsführung muss deshalb allen VR-Mitgliedern dringend empfohlen werden, stets auf die vollständige und fristgerechte Zahlung aller Sozialversicherungsbeiträge zu achten. Es lohnt sich deshalb, eine entsprechende Frage an der VR-Sitzung zu stellen und die Antwort protokollieren zu lassen.[1695]

In einem neueren Verfahren vor dem Versicherungsgericht St. Gallen[1696] wendete der belangte Verwaltungsrat gegen die Forderung der Ausgleichskasse ein, er habe die Ausgleichskasse während seiner Amtszeit mehrere Male auf die Hinhaltetaktik des geschäftsführenden VR-Präsidenten hingewiesen und Massnahmen der Ausgleichskasse verlangt. Die Ausgleichskasse sei untätig geblieben, habe sich während mehrerer Jahre vom VR-Präsidenten mit Ausflüchten hinhalten lassen und habe daher ihren Verlust selbst verschuldet. – Nach den Ausführungen im Entscheid ist anzunehmen, dass dies zu einer Haftungsbefreiung hätte führen können, wenn es dem belangten Verwaltungsrat möglich gewesen wäre, seine Vorstösse zu beweisen.

Bevor nachstehend auf einige Besonderheiten der Haftung für AHV-Prämien eingegangen wird, sollen vorab ausgewählte allgemeine Haftungsvoraussetzungen in summarischer Weise behandelt werden. Ein Schaden entsteht der zuständigen Sozialversicherungseinrichtung schon durch die (endgültige) Nichtbezahlung der Beiträge. Er umfasst nicht nur die fehlenden Beiträge, sondern auch die Verwaltungskosten und die Mahngebühren sowie die Verzugszinsen. Der Schaden ist von jenem Zeitpunkt an gegeben, da die Ausgleichskasse erkennen muss, dass aufgrund der tatsächlichen Gegebenheiten die Beiträge nicht mehr eingefordert werden können. Im Konkurs ist dieser Zeitpunkt grundsätzlich die Auflegung des Kollokationsplans und des Inventars.[1697] Die Ausgleichskasse ist demnach nicht verpflichtet, schon in einer frühen Phase des Konkurses vorsorglich die Forderung geltend zu machen. Entscheidend ist die Fixierung dieses Zeitpunkts für die Berechnung des Eintritts der Verjährung. Die Haftung der Organe setzt erst ein, nachdem die primär zahlungspflichtige Aktiengesellschaft zahlungsunfähig geworden ist. Neben dieser Subsidiarität ist auch zu beachten, dass die Organe unter sich solidarisch haften. Die Sozialversicherung wird sich dementsprechend den kapitalkräftigsten Haftpflichtigen für die Geltendmachung der Forderung heraussuchen.

1694 Vgl. BGE 108 V 203 ff., 129 V 11 bzw. 14, 128 V 10 ff und 15 ff. sowie 124 V 253 ff.; ebenso u.a. VON BÜREN/STOFFEL/WEBER, Rz. 1245; KIESER, 186; HÄUSERMANN M., 137 und NUSSBAUMER, 1078. – In den neusten Entscheiden sind gewisse «Milderungen» festzustellen: BGer. 9C_228/2008 vom 5.2.2009, 9C_817/2008 vom 15.1.2009, H 166/06 vom 9.1.2008 und H 182/06 vom 29.1.2008; Urteil des Versicherungsgerichts Aargau vom 31. August 2004, KL.2002.00027 (alle zitiert nach MEIER-HAYOZ/FORSTMOSER, § 16 N 589).
1695 Ein entsprechendes Formulierungsbeispiel findet sich im Musterprotokoll hinten unter 11.61, S. 773 ff., 887.
1696 Entscheid des Versicherungsgerichts St. Gallen vom 5.8.2013, AHV 2012/8 und KZL 2012/1 (abrufbar unter www.gerichte.sg.ch/home/dienstleistungen/rechtsprechung).
1697 BGE 116 V 74 ff.

4.5.2.2 Die Haftpflichtigen

An sich sieht Art. 52 des AHVG nur eine Haftpflicht des Arbeitgebers vor. Das Eidg. Versicherungsgericht hat jedoch den Anwendungsbereich über den Wortlaut hinaus erweitert und auch die verantwortlichen Organe mit eingeschlossen.[1698]

Die Auslegung des Eidg. Versicherungsgerichts wird seit Langem mit verschiedenen Begründungen kritisiert.[1699] Sie erweist sich als dogmatisch fragwürdig und keineswegs als notwendig, um «stossende Ergebnisse» zu verhindern.[1700, 1701] Das Ziel dieser ausgedehnten Haftung liegt darin, «zu verhindern, dass die Organe einer Arbeitgebergesellschaft über längere Zeit Beitragsausstände anhäufen lassen, ohne konkrete Sanierungsschritte zu unternehmen».[1702] «Wertvernichtende Geschäftstätigkeit eines angeschlagenen Unternehmens soll nicht auf Kosten der Sozialversicherung verlängert werden.»[1703]

Die Haftung nach Art. 52 AHVG trifft namentlich formelle, aber auch materielle Organe:

Haftbar sind zunächst die rechtsgültig gewählten Mitglieder des Verwaltungsrats.[1704] Auch die nicht geschäftsführenden Verwaltungsräte unterstehen dieser Haftung,[1705] selbst jene, die nicht über eine Kompetenz zur Ausführung von Zahlungen verfügen.[1706] Irrelevant ist weiter der Umfang der Vertretungsmacht,[1707] allfällige Instruktionen des Mandanten oder eine ehrenamtliche Ausübung des Verwaltungsratsmandats.[1708, 1709] Haftbar sind auch materielle Organe, «die tatsächlich die Funktionen von Organen erfüllen, indem sie diesen vorbehaltene Entscheide treffen oder die eigentliche Geschäftsführung besorgen und so die Willensbildung der Gesellschaft bestimmen».[1710] Eine faktische Organstellung setzt eine dauernde «Zuständigkeit» voraus; aus einem einmaligen Einmischen in die Geschäftsführung kann daher keine Haftung entstehen.[1711]

1698 Richtig scheint in diesem Zusammenhang der Hinweis von FORSTMOSER, Verantwortlichkeit, 306, dass diese Ausdehnung nicht unbedenklich ist, da Organe nicht «Arbeitgeber» im eigentlichen Sinne sind; vgl. auch BÜRGI/VON DER CRONE, 348 ff.
1699 Vgl. GRONER, 81 ff.; BÜRGI/VON DER CRONE, 348 ff., die namentlich anführen, der Verwaltungsrat handle hier nicht als Träger hoheitlicher Funktionen.
1700 Dazu ausführlich BÜRGI/VON DER CRONE, 348 ff.
1701 Dazu BÜRGI/VON DER CRONE, 348 ff.
1702 GRONER, 82; BGE vom 20. August 2002 (H 295/01) E. 5.
1703 GRONER, 82.
1704 BGE 123 V 15 E. 5b mit Hinweisen; BGE vom 4. Mai 2004 (H 228/03).
1705 BGE vom 4. Mai 2004 (H 228/03).
1706 BGE vom 5. Oktober 2000 (H 210/99) E. 3a.
1707 BGE vom 4. Mai 2004 (H 228/03).
1708 BGE 122 III 200 E. 3b; 112 V 3, BGE vom 21. November 2000 (H 37/00, H 38/00).
1709 BGE vom 18. April 2005 (H 235/04) E. 5.2.
1710 BGE vom 31. Oktober 2001 (H 93/03) E. 3.1; BGE 114 V 218 E. 4e. In seinem Entscheid 9C_535/2008 vom 3.12.2008 hatte das Bundesgericht die Organstellung eines «Consultants» zu prüfen, der gegen aussen für sich regelmässig das Kürzel «COO» (Chief Operating Officer) verwendete; vgl. dazu DANIEL HÄRING/CHRISTIAN HOCHSTRASSER, Verantwortlichkeit nach Art. 52 AHVG: Faktische Organstellung und Grenzen der Haftung, GesKR 2009, 246 ff., die den Entscheid als «formalistisch» kritisieren.
1711 GRONER, 84, unter Hinweis auf BGE 128 III 33 E. 3c. In solchen Fällen stellt sich die Frage, wann eine materielle Organschaft mit Bezug auf AHV-Belange endet. Dazu vgl. wiederum HÄRING/HOCHSTRASSER und BGer. 9C_535/2008 vom 3.12.2008.

In der Rechtsprechung wurde eine Organstellung in folgenden Fällen bejaht:
- Prokuristin mit Einzelzeichnungsberechtigung, die das Lohn- und Abrechnungswesen leitet[1712]
- ehemaliger Verwaltungsrat, der «intern alleiniger Geschäftsführer» geblieben war und «mit seinen 17 Angestellten die eigentliche Geschäftsführung besorgt habe».[1713]

In BGE 114 V 78 ff. war ein Fall zu beurteilen, bei der die Aktiengesellschaft X sämtliche Handlungen für eine andere Aktiengesellschaft Y ausübte. Dem letzten verbleibenden Verwaltungsrat der Y-AG wurde mit einer konkreten Weisung der X-AG faktisch die Entscheidungsbefugnis entzogen. Das Bundesgericht kam zum Ergebnis, dass die X-AG als faktisches Organ der Y-AG funktionierte und mithin auch für die noch ausstehende Forderung der Ausgleichskasse aufzukommen habe.

Fällt eine Aktiengesellschaft in Konkurs und wird sie mit Aktiven und Passiven von einer Drittunternehmung übernommen, so sind die ursprünglichen Organe der übernommenen Gesellschaft nicht mehr als Arbeitgeber im Sinn von Art. 52 AHVG zu betrachten. Sie können dementsprechend nicht haftbar gemacht werden, wenn die geschuldeten Beiträge der früheren Schuldnerin auch von der Drittunternehmung nicht entrichtet werden.

4.5.2.3 Schaden

Der Schaden setzt sich in der Regel aus den nicht bezahlten AHV/IV/EO/ALV-Beiträgen zusammen. Hinzu kommen die Verwaltungskostenbeiträge, Mahn-, Veranlagungs- und Betreibungsgebühren sowie die Verzugszinsen auf rückständigen Beiträgen.[1714]

Die klagende Ausgleichskasse muss den Forderungsbetrag zeitlich und umfangmässig substanziieren.[1715] In der Praxis ist es für die belangten Organe häufig schwierig, die Ermittlung des Betrags durch die Ausgleichskasse nachzuvollziehen. Eine blosse Verweisung auf eine Beitragsübersicht genügt in der Regel nicht;[1716] vielmehr hat die Ausgleichskasse anhand von Lohnsummenmeldungen, Rechnungen, Berichten zu AHV-Revisionen, Veranlagungs- oder Nachzahlungsverfügungen den Forderungsbetrag zu belegen. – Höhere Anforderungen an die Substanziierung und den Nachweis bestehen dann, wenn der Umfang des Schadens bestritten wird oder sich aufgrund der Akten Anhaltspunkte für Unrichtigkeiten ergeben.[1717]

Das Eidg. Versicherungsgericht vertritt die Auffassung, dass die geltend gemachte Forderung nicht mehr auf ihre Richtigkeit überprüft werden kann, soweit sie auf einer unangefochtenen und in Rechtskraft erwachsenen Verfügung beruht.[1718] Dies ist stossend, da die belangten Organpersonen nach einer Konkurseröffnung über die beitragsschuldige

---

1712 BGE vom 28. Januar 2002 (H 313/00, H 326/00) E. 7b; BGE vom 31. August 2001 (H 442/00) E. 3a.
1713 BGE vom 23. Juni 2003 (H 215/02, H 219/02) E. 3.3.3.
1714 Vgl. GRONER, 85.
1715 BGE vom 6. Mai 2002 (H 256/01) E. 4a.
1716 Vgl. GRONER, 85, unter Hinweis auf BGE vom 6. Mai 2002 (H 256/01) E. 4a; BGE vom 13. Februar 2002 (H 301/00).
1717 GRONER, 85; BGE vom 15. September 2004 (H 34/04) E. 5.2.1; BGE vom 4. Dezember 2003 (H 173/03).
1718 BGE vom 23. Januar 2003 (H 253/02) E. 5.1; BGE vom 21. Februar 2001 (2P.284/1998) E. 3.b.bb.

Gesellschaft keine Möglichkeit haben, überhaupt gegen unrichtige Forderungen der Ausgleichskassen vorzugehen.[1719]

Als dem belangten Verwaltungsrat zurechenbarer Schaden fallen nur Sozialversicherungsbeiträge in Betracht, die bis zu seinem Ausscheiden fällig geworden sind.[1720] Der Schaden wird zeitlich auch durch die Konkurseröffnung begrenzt, da damit die Möglichkeit der Organpersonen erlischt, die Bezahlung der Sozialversicherungsbeiträge zu veranlassen.[1721] – Umgekehrt haftet das eintretende Verwaltungsratsmitglied nicht für früher fällig gewordene Beträge, wenn die Gesellschaft bereits zahlungsunfähig ist.[1722]

4.5.2.4 Die Pflichtverletzung und das Verschulden

Art. 14 Abs. 1 des Bundesgesetzes über die AHV schreibt in Verbindung mit Art. 34 f. der entsprechenden Verordnung vor, dass der Arbeitgeber bei jeder Lohnzahlung die Arbeitnehmerbeiträge abzuziehen und zusammen mit den Arbeitgeberbeiträgen der Ausgleichskasse abzuliefern hat. Auch kommt dem Arbeitgeber die Pflicht zu, den Ausgleichskassen periodisch Abrechnungsunterlagen über die ausgerichteten Löhne zuzustellen, damit diese die paritätischen Beiträge ermitteln und mittels einer Verfügung geltend machen können. Eine Pflichtverletzung ist in diesem Zusammenhang dann gegeben, wenn die genannten Obliegenheiten gar nicht oder nur mangelhaft erfüllt werden. Kommt es zur Zahlungsunfähigkeit der Gesellschaft, so kann schon darin eine Pflichtverletzung liegen, dass zu wenig Sorge getragen wurde, um eben gerade diese Zahlungsunfähigkeit zu verhindern.

Dem Wortlaut nach ist Art. 52 des Bundesgesetzes über die AHV als Verschuldenshaftung aus öffentlichem Recht konzipiert; nur bei einer absichtlichen oder grobfahrlässigen Verletzung von Vorschriften werden die Arbeitgeber zur Rechenschaft gezogen. Grobe Fahrlässigkeit wird dabei angenommen, «wenn ein Arbeitgeber das ausser Acht lasse, was jedem verständigen Menschen in der gleichen Lage und unter gleichen Umständen als beachtlich hätte einleuchten müssen».[1723]

Aus der reichhaltigen Praxis des Eidg. Versicherungsgerichts lassen sich folgende Leitsätze ableiten:
- Die Beitragszahlungs- und Abrechnungspflicht trifft den Verwaltungsrat und kann nicht delegiert werden.[1724] Ehrenamtlichkeit ändert daran nichts.[1725]
- Die Organe handeln nicht pflichtwidrig, wenn die von der Ausgleichskasse in Rechnung gestellten Akontozahlungen geleistet werden und die geschuldeten Beiträge die Akontozahlungen übertreffen.[1726]

1719 Diese Praxis scheint immerhin teilweise korrigiert zu werden; BGE vom 23. Januar 2003 (H 253/02) E. 5.1.
1720 BGE 126 V 61 E. 4a.
1721 GRONER, 86, unter Hinweis auf BGE vom 14. Juni 2000 (H 298/99) E. 5.
1722 GRONER, 85; BGE vom 18. April 2005 (H 235/04) E. 5.2; BGE vom 9. Februar 2004 (H 123/03) E. 5.1; BGE vom 31. August 2001 (H 442/00) E. 3b; BGE 119 V 407 E. 4c.
1723 BGE 108 V 202 f.
1724 BGE vom 11. März 2002 (H 47/01) E. 4.b.aa.
1725 BGer. vom 16.12.2008, 9C_859/2007, besprochen bei HÄRING/HOCHSTRASSER, 246 ff.
1726 BGE vom 29. April 2002 (H 209/01, H 212/01, H 214/01) E. 5b; anders BGE vom 16. Mai 2002 (H 297/01) E. 4b.

- Die Organe handeln nicht pflichtwidrig, wenn die Beitragszahlungen infolge einer so starken Abhängigkeit von einer Kreditbank unterbleiben müssen, weil kein finanzieller Spielraum mehr besteht.[1727]
- Die Haftung entfällt auch, wenn die Gesellschaft mit der Ausgleichskasse eine Zahlungsvereinbarung mit Aufschub der Zahlungspflicht abschliesst.[1728]
- Im Allgemeinen kann sich ein nicht geschäftsführender Verwaltungsrat nicht exkulpieren, er sei nicht für die Abrechnung der Sozialversicherungsbeiträge zuständig gewesen.[1729]
- «Business Defense»; eine Haftung entfällt, wenn die Beitragszahlungen verschoben worden sind, um das wirtschaftliche Überleben der Gesellschaft zu sichern.[1730] – Die Anforderungen an eine solche Einwendung sind sehr hoch. So muss die Sanierung des Unternehmens und die Möglichkeit, die Sozialversicherungsbeiträge nachzahlen zu können, wahrscheinlich sein.
- Sodann muss ein realistischer Sanierungsplan ausgearbeitet werden. Falls über einen Unternehmensverkauf verhandelt wird, muss der erwartete Verkaufspreis sämtliche Forderungen decken.[1731]
- Keine Grobfahrlässigkeit, wenn in guten Treuen bezüglich der Abrechnungspflicht von bestimmten Personen verschiedene Meinungen vertreten werden konnten.[1732]

4.5.2.5 Adäquater Kausalzusammenhang

Das Eidg. Versicherungsgericht betrachtet den Kausalzusammenhang zwischen (Un-)Tätigkeit des belangten Verwaltungsrats und dem Schaden der Ausgleichskasse regelmässig als erfüllt. Am Kausalzusammenhang fehlt es nur, wenn die Gesellschaft bereits vor dem Eintritt des Verwaltungsrats zahlungsunfähig war.[1733]

Auch die Untätigkeit der Ausgleichskasse kann den Kausalzusammenhang unterbrechen. Aber auch daran werden sehr hohe Anforderungen gestellt. Sie sind etwa erfüllt, wenn:
- die Ausgleichskasse lange Zeit die ausstehenden Beiträge nicht eingetrieben hat[1734]
- die Ausgleichskasse ausstehende Beiträge nicht mit ihren Leistungen gegenüber der Arbeitgeberin verrechnet hat.[1735]

1727 BGE vom 24. September 2001 (H 343/00); BGE vom 5. Februar 2001 (H 235/99); BGE vom 5. September 2001 (H 377/00); BGE vom 19. Januar 2000 (H 177/99); BGE vom 9. November 2000 (H 195/00).
1728 BGE vom 16. Mai 2002 (H 297/01) E. 4c; BGE vom 28. November 2002 (H 135/01) E. 4.2.2; BGE 124 V 254 E. 3b.
1729 Vgl. etwa BGE vom 25. September 2002 (H 92/01) E. 5.3.2; BGE vom 15. September 2000 (H 45/00); BGE 114 V 223 E. a.
1730 BGE vom 18. Mai 2005 (H 195/04) E. 4.4; BGE vom 25. September 2002 (H 92/01) E. 5.3.3. Zurückhaltend das Obergericht des Kantons Uri in einem Entscheid vom 19.11.2010, OG V 09 49.
1731 Dazu weiterführend GRONER, 88 f., mit zahlreichen Hinweisen auf die Rechtsprechung.
1732 BGE 136 V 275 E. 3.
1733 BGE 119 V 406 f., E. 4b und c.
1734 BGE vom 2. März 2004 (H 235/03) E. 7; BGE vom 24. Mai 2002 (H 39/01) E. 4.c.aa; BGE vom 13. November 2001 (H 200/01) E. 3.b; BGE 122 V 189 E. 3c.
1735 BGE vom 24. Mai 2002 (H 39/01) E. 4.c.aa.

4.5.2.6 Beispiel eines Rechtfertigungsgrundes

Der Verwaltungsratspräsident der W. AG hatte während einer schlechten Auftragslage mehrmals versucht, die Gesellschaft zu verkaufen. Auch ging er zur Rettung eine persönliche Solidarbürgschaft über CHF 150 000 ein, für die er auch belangt wurde. Im Zeitpunkt der Konkurseröffnung war die Gesellschaft buchmässig nicht überschuldet, und dies ohne Manipulation oder Fehlbewertung einzelner Positionen. Somit bestanden zu jenem Zeitpunkt noch begründete Hoffnungen auf eine erfolgreiche Sanierung. Deshalb hatte der Verwaltungsrat bis zuletzt die noch liquiden Mittel zur Deckung von Mitarbeiter- und Lieferantenforderungen eingesetzt statt zur Begleichung von Forderungen der Ausgleichskasse. Diese hatte dafür jedoch kein Verständnis und machte den Verwaltungsratspräsidenten persönlich für die fehlenden Beiträge verantwortlich.

Das Bundesgericht hielt dem Verwaltungsratspräsidenten zugute, dass er in einer schwierigen Phase das getan habe, was vernünftigerweise von einem Unternehmer erwartet werden könne.[1736] Auch habe er mit persönlichen Mitteln versucht, neue Kredite zu erlangen, um damit die Sanierungsmöglichkeiten zu verbessern. Für das Bundesgericht ist es klar, dass zur Erhaltung der Überlebensfähigkeit primär auf die Befriedigung von Mitarbeiter- und Lieferanteninteressen geachtet werden muss und weniger auf die Befriedigung von Beitragsforderungen der Sozialversicherung. In diesem Zusammenhang war allerdings von grosser Bedeutung, dass die Sanierungsmöglichkeit nicht unwahrscheinlich war, und somit die Sozialversicherungsbeiträge in einem späteren Zeitpunkt hätten entrichtet werden können. Das Verhalten des Verwaltungsratspräsidenten wurde als Rechtfertigungs- bzw. Exkulpationsgrund erachtet, und daher entfiel eine Solidarhaftung für die noch offenen Sozialversicherungsbeiträge.

4.5.2.7 Beispiel der Wirkung einer Demission

X. und Y. waren Mitglieder des Verwaltungsrates der ausländisch beherrschten S. AG, die vor allem mit Stahl und Stahlprodukten handelte. Bereits im Revisionsbericht über das Geschäftsjahr 1988 waren Hinweise auf mögliche Verlust- und Konkursrisiken vorhanden. Weil in der Folge aber für das Geschäftsjahr 1989 ein Gewinn von rund CHF 150 000 ausgewiesen wurde, sahen die Verwaltungsräte X. und Y. die schlechte Zeit als überwunden an und reichten per 1.1.1990 ihre Demission ein, wobei sie es nicht versäumten, auch Hinweise über mögliche Verbesserungen in der Gesellschaft anzubringen. Nachdem das Unternehmen trotz gegenteiliger Hoffnungen in Schwierigkeiten geriet und letztlich in Konkurs ging, forderte die zuständige Ausgleichskasse die noch offen Sozialversicherungsbeiträge von den ehemaligen Verwaltungsräten.

Das Verwaltungsgericht Zug stellte fest, dass eine Demission zwar nicht zu einer rückwirkenden Entlastung von der Verantwortlichkeit führt.[1737] Hingegen entfällt ab diesem Zeitpunkt die Möglichkeit zu einer weiteren Beeinflussung des Gesellschaftsgeschehens. Im konkreten Fall konnte nicht davon ausgegangen werden, dass zu einem früheren Zeitpunkt Handlungen vorgenommen worden waren, die sich erst nach der Demission auswirkten. Da die laufenden Beiträge für die vorangegangenen Jahre stets entrichtet worden waren, entfiel eine Haftung für das Beitragsjahr 1990. Auch hinsichtlich der weiter zu-

---

1736 BGE 108 V 183 ff.
1737 Verwaltungsgericht Zug, Entscheid vom 27.5.1993, sowie BGE 126 V 61 ff.

rückliegenden Jahre wurden die eingeklagten Verwaltungsräte von einer Haftung befreit, da die Buchhaltung ordnungsgemäss geführt wurde und sich im Kontrollstellenbericht keine Hinweise auf nicht entrichtete Beiträge finden liessen. Überdies waren für AHV-Belange Rückstellungen vorgenommen worden. Für die beiden Verwaltungsräte bestand somit keine Veranlassung, die AHV-Abrechnung anzuzweifeln; es konnte dementsprechend auch kein grobfahrlässiges Verhalten nachgewiesen werden.

4.5.2.8 Beispiel einer Haftung ausserhalb eines Konkurses

Die Z. AG war infolge schlechter Auftragslage in finanzielle Schwierigkeiten geraten und konnte verschiedene Gläubiger nicht mehr rechtzeitig befriedigen. Auch die Forderung der Ausgleichskasse wurde nicht mehr bezahlt. Da die Ausgleichskasse keine gesetzliche Möglichkeit hatte, den Konkurs der Z. AG herbeizuführen, musste sie für die Eintreibung der paritätischen Beiträge den Weg der Betreibung auf Pfändung beschreiten. Die Pfändung verlief jedoch erfolglos, weshalb die Ausgleichskasse ihre Forderung, gestützt auf Art. 52 des Bundesgesetzes über die AHV, direkt bei den Verwaltungsräten geltend machte. Diese wehrten sich jedoch mit der Begründung, vorerst müsse die Z. AG aufgehört haben zu existieren, bevor ein definitiver Schaden feststehe.

Das Bundesgericht hat in seinem Entscheid klargestellt, dass bei der Verantwortlichkeit für öffentlich-rechtliche Forderungen ein wesentlicher Unterschied zur aktienrechtlichen Verantwortlichkeit bestehe.[1738] Wegen der Unmöglichkeit eines Konkursbegehrens und wegen der kurzen (damals einjährigen) Verjährungsfrist sei die Ausgleichskasse darauf angewiesen, dass sie die Organe einer Aktiengesellschaft schon dann belangen könne, wenn die zahlungsunfähige Arbeitgebergesellschaft noch existiere. Der notwendige Schaden liege bereits vor, wenn die Einbringung der offenen Sozialbeiträge unmöglich werde, was durch den Pfändungsverlustschein rechtsgenüglich bewiesen sei.

Empfehlung:
Die verantwortlichen Organe einer Aktiengesellschaft sollten in schlechteren Zeiten insbesondere darauf bedacht sein, die ausstehenden Sozialabgaben jederzeit zu entrichten. Eine ständige Überwachung der Abrechnungen sowie der Zahlungen ist dabei unumgänglich.

4.5.3 Umweltschutzrecht

Die zunehmende Umweltsensibilisierung und ein verstärktes Verantwortungsbewusstsein gegenüber der Natur haben dazu geführt, dass auch die Unternehmen diese Belange ernst nehmen müssen. Überdies sind mit dem Erlass des Umweltschutzgesetzes[1739] Bestimmungen in Kraft getreten, die neben der moralischen auch eine rechtliche Verpflichtung zur Beachtung der Umwelt durch die verantwortlichen Führungskräfte begründen. Mit dem Umweltschutzgesetz sollen Menschen, Tiere und Pflanzen, ihre Lebensgemeinschaften und Lebensräume gegen schädliche und lästige Einwirkungen geschützt und die Fruchtbarkeit des Bodens erhalten werden. Die Kosten der Massnahmen, die das Gesetz vorschreibt, werden entsprechend dem Verursacherprinzip auferlegt.

1738 BGE 113 V 256 ff.
1739 SR 814.01. Vgl. dazu den gerafften Überblick bei JETZER/GROSJEAN, 55 ff.; Probleme sehen die Autoren namentlich beim Schadensbegriff und beim Nachweis der Kausalität (55 f. und 56 f.).

Hält eine Gesellschaft die Vorschriften des Umweltschutzgesetzes nicht ein, ergreift der Staat Ersatzmassnahmen und überbindet der Gesellschaft die daraus resultierenden Kosten. Gleichzeitig kann unter bestimmten Umständen gegen die verantwortlichen Organe ein Strafverfahren eingeleitet werden. Schon eine Nichtbeachtung der im Umweltschutzgesetz vorgeschriebenen Pflichten führt grundsätzlich zur Verantwortlichkeit, da bekanntlich Unwissenheit nicht vor Strafe schützt. Eine allfällige Busse ist denn auch nicht von der Gesellschaft, sondern vom verantwortlichen Organ zu bezahlen.

Art. 59a, c und d USG regeln die Haftung folgendermassen:[1740]

- Haftbar sind «die Inhaber eines Betriebs oder einer Anlage, mit denen eine besondere Gefahr für die Umwelt verbunden ist».[1741]
- Die Haftung beschlägt «Schäden aus Einwirkungen, die durch die Verwirklichung dieser Gefahr entstehen».
- Von der Haftpflicht wird befreit, «wer beweist, dass der Schaden durch höhere Gewalt oder durch grobes Verschulden des Geschädigten oder eines Dritten verursacht worden ist».
- Die Art. 42–47 und 49–53 OR sind anwendbar.
- Die Ersatzansprüche verjähren nach Art. 60 OR; Regressrechte ebenfalls.

Art. 59b USG sieht namentlich vor, dass Betreiber solcher Betriebe oder Anlagen einer Versicherungspflicht unterworfen werden können.

Es genügt nicht, wenn der Verwaltungsrat lediglich die Geschäftsführung anweist, das Umweltschutzgesetz zu beachten. Entweder wird diese Aufgabe aufgrund einer statutarischen Ermächtigung und nach Massgabe eines Organisationsreglementes rechtsgültig delegiert,[1742] oder der Verwaltungsrat hat zu kontrollieren, dass seine Weisungen auch tatsächlich durchgesetzt werden.

Der verursachte Schaden ist grundsätzlich von der Gesellschaft zu tragen. Besonders gefährdete Unternehmen, wie z.B. Chemiewerke, werden mit Vorteil diesbezüglich eine hohe Versicherung abschliessen. Kann die Gesellschaft den Schaden nicht begleichen, wird ein Konkurs die unausweichliche Folge sein. Ist dieser auf eine entsprechende Sorgfaltspflichtverletzung der Verwaltungsräte zurückzuführen, können sie auch zivilrechtlich zur Verantwortung gezogen werden.

4.5.4 Übrige öffentlich-rechtliche Belange

Nach Art. 21 Abs. 1 des Gebührentarifs für das Handelsregister[1743] haftet derjenige persönlich für die Bezahlung der Gebühren, welcher zur Anmeldung einer Eintragung berechtigt oder verpflichtet ist. Ebenso kann zur Zahlung herangezogen werden, wer eine Anmeldung einreicht oder eine Amtshandlung verlangt. Die anfallenden Gebühren wer-

---

1740 Zum folgenden vgl. JETZER/GROSJEAN, 53 ff.
1741 Eine besondere Regelung in Ausführung der neuen Gentechnikgesetzgebung findet sich in Art. 59b USG.
1742 Im Muster eines Funktionendiagramms hinten unter Ziff. 11.31, S. 863 ff., wurden deshalb der Geschäftsleitung sowohl die Entscheidungs- als auch die Vollzugskompetenz in Umweltschutzangelegenheiten zugeteilt.
1743 SR 221.411.1.

den vorgängig der Gesellschaft belastet. Erfolgt keine Bezahlung, greift das Handelsregisteramt direkt auf den Anmeldenden zurück, in aller Regel also auf den Verwaltungsrat. Wurde die Eintragung oder die Tätigkeit des Handelsregisterführers von einem Rechtsanwalt oder Notar veranlasst, so kann auch dieser für die noch offenen Beträge haftbar gemacht werden. Da ausdrücklich solidarische Haftung vorgesehen ist, steht dem zur Verantwortung Gezogenen ein Regressrecht gegenüber den weiteren Verantwortlichen zu.

Daneben kann nicht ausgeschlossen werden, dass Verwaltungsräte auch für weitere öffentlich-rechtliche Belange haftbar gemacht werden. Zu denken ist dabei etwa an Zollforderungen und eine Vielzahl von öffentlich-rechtlichen Abgaben und Gebühren. Ob allerdings im konkreten Fall die persönliche Verantwortlichkeit zum Tragen kommt, lässt sich nur anhand der jeweils spezifischen Gegebenheiten und gestützt auf die einschlägigen Bestimmungen abschliessend beantworten.

4.6 Weitere Haftungstatbestände

4.6.1 Haftung aus Vertrag

Ein Verwaltungsrat untersteht nicht nur der aktienrechtlichen Verantwortlichkeit. Wie bereits aufgeführt, haftet er als Organ namentlich auch für öffentlich-rechtliche Forderungen. Es ist zudem möglich, dass ein Verwaltungsrat neben seinem eigentlichen Mandatsverhältnis auch noch separate vertragliche Beziehungen zur Gesellschaft hat.[1744] Folgende Beispiele mögen dies veranschaulichen:

– Der alleinige Direktor einer Aktiengesellschaft wird von der Generalversammlung in den Verwaltungsrat gewählt. Nach herrschender Lehre besteht dann neben dem organschaftlichen Verhältnis eine arbeitsvertragliche Beziehung zwischen Direktor und Gesellschaft. Verletzt er seine arbeitsvertraglichen Pflichten, kann er dafür von der Gesellschaft unabhängig von der aktienrechtlichen Verantwortlichkeit zur Rechenschaft gezogen werden.[1745]

– Ein Verwaltungsrat ist gleichzeitig Inhaber einer mechanischen Werkstätte, die er als Einzelfirma betreibt. Für die Aktiengesellschaft liefert er eine Werkzeugmaschine, welche jedoch schwerwiegende Mängel aufweist. Die Gesellschaft kann nun, gestützt auf den mit dem eigenen Verwaltungsrat abgeschlossenen Werkvertrag, entweder Nachbesserung, Minderung oder Wandelung verlangen.

– Ein Steuerberater wird wegen seiner besonderen Kenntnisse in den Verwaltungsrat einer internationalen Handelsgesellschaft gewählt. Schon kurz danach wird er von der Gesellschaft beauftragt, gegen eine Steuerverfügung Rekurs einzureichen. Wegen Arbeitsüberlastung verpasst er jedoch die Rekursfrist. Nun müssen die übrigen Verwaltungsräte entscheiden, ob sie im Namen der Gesellschaft einen möglichen Schaden gegenüber dem Steuerberater, gestützt auf das separate Auftragsverhältnis geltend machen wollen.

1744 Zur Anspruchskonkurrenz vgl. GERICKE/WALLER, in: Basler Kommentar N 5 vor Art. 754–761 OR.
1745 So kann z.B. ein VR-Delegierter mit Arbeitsvertrag nicht einfach seine Arbeit niederlegen, auch wenn er als Verwaltungsrat zurücktritt; vgl. MÜLLER, Verwaltungsrat, 84.

Schon diese drei Beispiele zeigen, dass grundsätzlich Verträge aller Typen, inklusive Innominatverträge, zwischen der Gesellschaft und ihren Verwaltungsräten abgeschlossen werden können. Gleichzeitig machen diese Beispiele aber auch deutlich, dass mit derartigen Verträgen zusätzliche Probleme entstehen können. Dies beginnt bereits beim Vertragsabschluss. Um sich nicht dem Vorwurf der Selbstbegünstigung auszusetzen, sollte ein Verwaltungsrat niemals selbst kontrahieren, also einen Vertrag für sich selbst und die Gesellschaft unterzeichnen.[1746] Mit Blick auf Art. 718b OR,[1747] sollten derartige Verträge immer schriftlich mit allen Details festgehalten werden; dies ist auch in einem Protokoll[1748] möglich. Nur so können spätere Abrechnungs- und Auslegungsprobleme vermieden werden. Die Einholung von Konkurrenzofferten ist von Vorteil, um jeglichen Anschein einer Begünstigung auszuschliessen. Vor allem bei länger dauernden Verträgen, wie beispielsweise Unternehmensberatung oder Prozessführung, sollten Zwischenabrechnungen verlangt werden, um nicht plötzlich bei Mandatsende mit grossen Forderungen konfrontiert zu werden.

Ein besonderes Problem entsteht bei separaten Verträgen mit Verwaltungsräten, wenn Mängel bzw. Pflichtverletzungen zu einem Schaden gegenüber der Aktiengesellschaft führen. Die übrigen Verwaltungsräte sind in diesem Falle verpflichtet, genau gleich wie gegenüber jedem fehlbaren Dritten vorzugehen. Dies bedeutet insbesondere, dass Mängel bzw. Pflichtverletzungen umgehend schriftlich gerügt werden müssen, um keine Rechte zu verwirken. Ist der betroffene Verwaltungsrat nicht bereit, seinen vertraglichen Pflichten nachzukommen oder gegebenenfalls Schadenersatz zu leisten, so müssen gegen ihn die notwendigen prozessualen Massnahmen ergriffen werden.[1749] Die übrigen Verwaltungsräte könnten sonst ihrerseits aufgrund der aktienrechtlichen Verantwortlichkeit haftbar gemacht werden.

Empfehlung:

Separate Verträge zwischen der Aktiengesellschaft und ihren Verwaltungsräten sollten im Interesse beider Seiten nur mit grosser Zurückhaltung abgeschlossen werden. Zur Beweissicherung sind diese Verträge im Detail immer schriftlich festzuhalten. Bei der Vertragsabwicklung bzw. -durchsetzung sind die betroffenen Verwaltungsräte genau gleich wie Dritte zu behandeln und keinesfalls zu bevorzugen. Abrechnungen aus derartigen Separatverträgen sind so rasch als möglich vorzunehmen, ohne Rücksicht auf das Ende einer Amtsdauer.

4.6.2 Haftung aus unerlaubter Handlung

Wer einem andern widerrechtlich Schaden zufügt, sei es mit Absicht, sei es aus Fahrlässigkeit, wird gemäss Art. 41 OR zum Ersatz verpflichtet.[1750] Diese Haftung aus unerlaubter Handlung gilt auch für den Verwaltungsrat. Dabei stellt sich allerdings die Frage nach dem

---

1746 Im Muster eines Organisationsreglements hinten unter Ziff. 11.55, S. 962, wurde deshalb ausdrücklich eine Ausstandsklausel statuiert, welche die Selbstkontrahierung ausschliesst.
1747 Dazu weiterführend WATTER/ROTH PELLANDA, in: Basler Kommentar zu Art. 718b OR sowie MÜLLER, Honorierung, 113 ff.
1748 A.M. WALDBURGER, 418.
1749 Eine Décharge hat keinen Einfluss auf das Klagerecht gegen diesen Verwaltungsrat, da sie nur das organschaftliche Verhältnis betrifft; vgl. FORSTMOSER, Verantwortlichkeit, Rz. 586 und GROSS, 277.
1750 Ein Spezialfall davon wird im Bundesgesetz über die Produktehaftpflicht geregelt; vgl. dazu praxisgerecht PLÜSS/JETZER.

Verhältnis zur aktienrechtlichen Verantwortlichkeit. Noch unter dem vor 1936 geltenden Aktienrecht sprach sich das Bundesgericht eindeutig zugunsten der Anspruchskonkurrenz aus.[1751] Demnach konnte ein Verwaltungsrat nach der Wahl des Klägers entweder gemäss Art. 41 ff. OR oder gestützt auf Art. 752 ff. OR belangt werden, sofern sowohl die Voraussetzungen der unerlaubten Handlung als auch jene der aktienrechtlichen Verantwortlichkeit erfüllt waren.

Unter dem bis zum 30. Juni 1992 geltenden Aktienrecht liess das Bundesgericht die Konkurrenzfrage zwischen den beiden Ansprüchen offen,[1752] und unter dem neuen Aktienrecht sind noch keine diesbezüglichen Entscheide ergangen. Nach der hier vertretenen Ansicht kann auch in Zukunft von einer *Anspruchskonkurrenz* ausgegangen werden,[1753] sodass der Kläger weiterhin die Möglichkeit hat, unter den verschiedenen Haftungsbestimmungen auszuwählen.

Im Zweifelsfall wird sich ein Kläger wohl eher auf die aktienrechtliche Verantwortlichkeit stützen, da jene Bestimmungen für ihn günstiger sind.[1754] Dies ist insbesondere in folgenden Punkten offensichtlich:

- Bei der unerlaubten Handlung ist grundsätzlich nur die Gesellschaft als direkt Geschädigte klageberechtigt; gestützt auf die aktienrechtliche Verantwortlichkeit können Aktionäre und Gläubiger auch den ihnen indirekt entstandenen Schaden geltend machen.
- Die Klage wegen unerlaubter Handlung muss am Wohnsitz des beklagten Verwaltungsrates angebracht werden; die aktienrechtliche Verantwortlichkeitsklage kann auch am Sitz der Gesellschaft erhoben werden.
- Bei der unerlaubten Handlung muss in jedem Falle ein Verschulden nachgewiesen werden; bei der aktienrechtlichen Verantwortlichkeit genügt meistens der Nachweis einer Sorgfaltspflichtverletzung.
- Die unerlaubte Handlung verjährt gemäss Art. 60 OR bereits in einem Jahr von dem Tag an, an dem der Geschädigte Kenntnis vom Schaden und von der Person des Ersatzpflichtigen erlangt hat; die relative Verjährungsfrist bei der aktienrechtlichen Verantwortlichkeit beträgt dagegen gemäss Art. 760 OR fünf Jahre.

Verstösst ein Verwaltungsrat zwar nicht gegen die ihm aus seinem Mandatsverhältnis erwachsenden Pflichten, wohl aber gegen Gebote der allgemeinen Rechtsordnung, so gelangen zivilrechtlich ausschliesslich die Art. 41 ff. OR zur Anwendung.[1755] So entschied das Bundesgericht in BGE 101 II 69 ff., dass der Verwaltungsrat einer Aktiengesellschaft für die Ausstellung eines falschen Arbeitszeugnisses aus unerlaubter Handlung zur Rechenschaft gezogen werden kann.

1751 BGE 46 II 455 f.; BGE 61 II 233 f.
1752 BGE 76 II 320.
1753 So auch GERICKE/WALLER, in: Basler Kommentar, N 5 vor Art. 754–761 OR.
1754 Ebenso GROSS, 276.
1755 Vgl. FORSTMOSER, Verantwortlichkeit, Rz. 595.

4.6.3 Übrige Haftungstatbestände

Nach der Haftung aus Vertrag und aus unerlaubter Handlung wäre grundsätzlich auch eine *Haftung aus ungerechtfertigter Bereicherung* denkbar. Dies wäre gemäss Art. 62 Abs. 2 OR dann der Fall, wenn ein Verwaltungsrat ohne jeden gültigen Grund oder aus einem nicht verwirklichten oder nachträglich weggefallenen Grund von der Aktiengesellschaft eine Zuwendung erhalten hätte. Möglich wäre dies etwa bei einer fehlgeleiteten Zahlung oder bei einer doppelten Ausrichtung des Verwaltungsratshonorars. Für alle diese Fälle schreibt das Gesetz vor, dass die Bereicherung umgehend zurückzuerstatten ist. Die Gesellschaft kann nur so weit keine Rückerstattung mehr fordern, als der Verwaltungsrat zur Zeit der Rückforderung nachweisbar und in gutem Glauben nicht mehr bereichert ist. Da den Verwaltungsrat jedoch eine umfassende Treuepflicht trifft,[1756] ist er bereits aufgrund seines Mandatsverhältnisses zur Rückgabe der Bereicherung verpflichtet. Bei einer Verletzung dieser Pflicht könnte demnach ohne weiteres auch die aktienrechtliche Verantwortlichkeit geltend gemacht werden.

Denkbar ist überdies auch eine *Haftung aus Geschäftsführung ohne Auftrag*. Unterzeichnet beispielsweise ein Verwaltungsrat Verträge, ohne dazu ermächtigt oder beauftragt zu sein, so kann sein Wirken unter den Begriff der Geschäftsführung ohne Auftrag gemäss Art. 419 ff. OR fallen. Zu beachten ist dabei, dass er dann nach Art. 420 Abs. 1 OR für jede Fahrlässigkeit haftet. Auch in solchen Fällen dürfte sich ein Kläger zu seinem Vorteil wohl eher auf die aktienrechtliche Verantwortlichkeit stützen.

Wohl eher selten, aber nichtsdestoweniger beachtenswert sind die Fälle, bei denen ein Verwaltungsratsmitglied dauernd oder vorübergehend urteilsunfähig wird. Ist im Handelsregister noch keine Löschung erfolgt, und sind auch Dritte nicht informiert, so kann der betroffene Verwaltungsrat die Gesellschaft durch seine Handlungen weiterhin verpflichten. Eine Haftung aus Art. 754 OR muss jedoch ausgeschlossen werden, da er mangels Schuldfähigkeit zivilrechtlich deliktsunfähig ist.[1757] Ist die Löschung im Handelsregister bereits vorgenommen worden, fehlt dem Verwaltungsrat die Organeigenschaft, weshalb eine Haftung aus aktienrechtlicher Verantwortlichkeit von vornherein auszuschliessen ist. Gestützt auf Art. 54 OR kann nun aber der Richter dem Geschädigten nach Billigkeit Ersatz zusprechen. Dazu wird vorausgesetzt, dass die Handlung sowohl widerrechtlich als auch sorgfaltspflichtverletzend war, mithin also bei einem Urteilsfähigen das Verschulden zu bejahen wäre. Die *Haftung nach Billigkeit* kann etwa bei vermögenden Verwaltungsräten mit vorübergehender oder dauernder Urteilsunfähigkeit eine Rolle spielen.

4.7 Haftungssolidarität und Rückgriff

4.7.1 Gesetzliche Grundlage

Solidarität und Rückgriff sind keine aktienrechtlichen Spezialitäten. Sie kommen auch in anderen Rechtsbereichen vor, weshalb die allgemeinen Bestimmungen des Obligationenrechtes entsprechende Regelungen treffen. Der Grundsatz der Solidarität ist in Art. 143 Abs. 1 OR verankert. Dort wird festgehalten, dass Solidarität unter mehreren Schuldnern

---

1756 Vgl. dazu vorne Ziff. 3.8, S. 280 ff.
1757 Vgl. GROSS, 277.

entsteht, wenn sie gegenüber dem Gläubiger erklären, einzeln für die Erfüllung der gesamten Schuld einstehen zu wollen. Nach Art. 143 Abs. 2 OR kommt eine solche Solidarität sonst zur dort zum Tragen, wo es das Gesetz ausdrücklich vorsieht. Auch der Rückgriff ist entsprechend ein allgemeiner obligationsrechtlicher Rechtsbehelf.[1758] Die im Aktienrecht statuierte Solidarität und der dort vorgesehene Rückgriff[1759] sehen jedoch Besonderheiten gegenüber diesen allgemein bekannten Grundsätzen vor, die einer näheren Betrachtung bedürfen.

Der Geschädigte kann sich zu seinen Gunsten auf die Solidarität berufen; ob intern ein Rückgriff möglich ist oder nicht, muss ihn grundsätzlich nicht interessieren. Die Solidarität entfaltet ihre Wirkung im Aussenverhältnis, also zwischen dem Geschädigten und dem verantwortlichen Organ. Der Rückgriff findet im internen Verhältnis zwischen den Organen statt. Dadurch wird dem zur Verantwortung Gezogenen die Möglichkeit gegeben, die übrigen Haftpflichtigen zu belangen. In diesem Sinne ist die Solidarität auch Voraussetzung für den Rückgriff. Konnte schon kein Verantwortlicher zur Rechenschaft gezogen werden, besteht auch keine Grundlage für den internen Regress. Zusammenfassend kann dementsprechend festgehalten werden, dass vorab die das Aussenverhältnis bestimmende Solidarität zum Tragen kommen muss, bevor der im Innenverhältnis wirkende Rückgriff überhaupt Bedeutung erlangen kann.

Im Aktienrecht sind Solidarität und Rückgriff in Art. 759 OR geregelt. Vor 1991 war die Rechtsprechung des Bundesgerichtes geprägt von einer «absoluten Solidarität»,[1760] sodass jeder Verantwortliche für den ganzen Schaden einzustehen hatte. Insbesondere spielten der Umfang des eigenen Verschuldens und das Vorliegen individueller Herabsetzungsgründe keine Rolle. Zudem dehnte sich die Verantwortlichkeit immer weiter aus, weil die Anforderungen an den adäquaten Kausalzusammenhang immer geringer ausfielen.[1761] Ganz offensichtlich wurde damit die Gefahr aktuell, dass allenfalls der am wenigsten Schuldhafte den vollen Schaden übernehmen musste und sein Rückgriff auf die Hauptverantwortlichen wegen deren Zahlungsunfähigkeit erfolglos blieb.

4.7.2 Solidarität

4.7.2.1 Die Regelung von Art. 759 OR

Sind für einen Schaden mehrere Personen ersatzpflichtig, so ist gemäss Art. 759 OR jede von ihnen insoweit mit den anderen solidarisch haftbar, als ihr der Schaden aufgrund ihres eigenen Verschuldens und der Umstände persönlich zurechenbar ist. Im nun geltenden Recht wird demnach von der sogenannten differenzierten Solidarität gesprochen.[1762] Dem Grundsatz nach kann immer noch jeder Verantwortliche für den Schaden persön-

---

1758 Art. 148 ff. OR.
1759 Art. 759 OR.
1760 Vgl. BÖCKLI, Aktienrecht, § 18 Rz. 480 f.; BÖCKLI, Neuerungen, 267.
1761 In dieser Richtung BGE 89 II 122, 93 II 322, 97 II 416, Urteil des Bundesgerichts vom 11. November 1975, ST 50 (1976) 9/27.
1762 Vgl. weiterführend BÖCKLI, Aktienrecht, § 18 Rz. 486 ff. mit zahlreichen Hinweisen und Belegen; FORSTMOSER/MEIER-HAYOZ/NOBEL § 36 N 106 ff.; BÄRTSCHI, 117 ff.; GERICKE/WALLER, in: Basler Kommentar, N 3 ff. zu Art. 759 zur differenzierten Solidarität vgl. auch BGE 132 III 577 f., Urteile des Bundesgerichts vom 11.8.1996, 4C.147/1995, E. 5a und b; vom 14.12.1999, 4C.243/1998 E. 7c; vom 13.10.2003, 4C.192/2003 E. 3.2; vom 4.11.2002, 2A.252/2002 E. 3.2.2.1.

lich belangt werden. Die Höhe der Ersatzpflicht richtet sich dabei allerdings nicht mehr nach dem gesamthaft entstandenen Schaden, sondern nach dem Umfang des Verschuldens und nach der Möglichkeit, die Zahlungspflicht nach den in Art. 44 OR genannten Herabsetzungsgründen zu reduzieren. Die Solidarität besteht also insoweit fort, als vom Gläubiger weiterhin jeder Ersatzpflichtige zur Rechenschaft gezogen werden kann, bis der gesamte Schadensbetrag eingegangen ist. Allerdings kann der Ersatzpflichtige nur für den ihm persönlich zurechenbaren Schaden ins Recht gefasst werden, und zwar selbst dann, wenn andere Mithaftende die Herabsetzungsgründe nach OR 43 und 44 für sich nicht geltend machen können.

Dem Kläger ist es aufgrund von Art. 759 OR möglich, einen *Einheitsprozess* durchzuführen.[1763] Dies verbessert mithin die Stellung des Klägers, kann er doch aus allen Verantwortlichen jene Personen heraussuchen, die seines Erachtens am ehesten einer Schadenersatzpflicht nachkommen können. Es obliegt dann dem Richter, die Ersatzpflicht des Einzelnen festzulegen.[1764] Wie BÖCKLI hervorhebt, wird es sich in der Praxis darum handeln, dass der Schadensbeitrag der Manager von jenem der Verwaltungsräte und der Revisionsstelle abzugrenzen ist.[1765]

Um zur Verantwortung gezogen zu werden, darf daher auch bei mehreren Haftpflichtigen nicht nur auf die Mitgliedschaft im Verwaltungsrat abgestellt werden, vielmehr müssen die Voraussetzungen der Verantwortlichkeit als solche erfüllt sein.[1766] Insbesondere handelt es sich dabei um folgende Punkte:[1767]

- Es muss ein konkreter und nicht bloss hypothetischer Schaden entstanden sein.
- Der Schaden muss adäquat kausal verursacht sein; die Handlungen des zur Verantwortung Gezogenen müssen also in einem klaren Ursache-Wirkungs-Verhältnis zum Schaden stehen.

Es ist demnach sehr wohl möglich, auch einen Verwaltungsrat zur Verantwortlichkeit zu ziehen, der nie an Sitzungen teilgenommen hat.[1768] Selbstverständlich kann auch die Nichterfüllung obliegender Aufgaben, also die sogenannte Unterlassung, als schadenverursachend betrachtet werden.

Die Regelung von Art. 759 OR hat in der Praxis nicht die Wirkung, welche dieser Bestimmung ursprünglich zugedacht war. Tatsächlich wird derjenige Beklagte letzlich in einem Verantwortlichkeitsprozess am meisten zahlen müssen, der auch dazu in der Lage ist.[1769] Sein Rückgriffsrecht ist eher theoretischer Natur. Wenn der Schaden z.B. CHF 23 Mio. beträgt, aus Risikoüberlegungen aber nur CHF 10 Mio. eingeklagt werden und ein Beklagter lediglich mit einer Verschuldensquote von 60% belastet wird, so nützt ihm das wenig.

1763 Vgl. auch BÖCKLI, Neuerungen, 268.
1764 Eingeklagt werden kann deshalb ein «Gesamtschaden», der dann auf die beklagten Organe aufzuteilen ist. Zum Begriff und zu den damit verbundenen prozessualen Fragen vgl. BÖCKLI, Aktienrecht, § 18 Rz. 500 ff.; GERICKE/WALLER, in: Basler Kommentar, N 7 ff. zu Art. 759 OR; BÄRTSCHI, 122. Vgl. BGE 122 III 325; 125 III 140; BGer. vom 8.12.2008, 4A_267/2008 E. 7.1.
1765 BÖCKLI, Neuerungen, 269.
1766 Vgl. dazu ausführlich vorne Ziff. 4.1.1, S. 337 ff.
1767 Vgl. auch TERCIER, 131.
1768 Die Pflicht zur Sitzungsteilnahme wurde ausführlich vorne unter Ziff. 3.5.2, S. 264 f., erörtert.
1769 HABLÜTZEL, 296 f. mit der treffenden Schlussfolgerung, dass die differenzierte Solidarität per se ein untaugliches Mittel zur Haftungsreduktion bei Solidarhaftungsfällen darstelle.

Grundsätzlich muss er nämlich die ganzen CHF 10 Mio. dennoch alleine zahlen, wenn seine mitbeklagten VR-Kollegen kein Geld haben.

4.7.2.2 Beispiel

Der Gläubiger G. hat durch den Konkurs der Aktiengesellschaft X. AG einen Schaden von CHF 100 000 erlitten. Als allenfalls verantwortliche Organe lassen sich in der X. AG der Direktor A., der Verwaltungsratsdelegierte B. und das Verwaltungsratsmitglied C. sowie die Revisionsstelle D. identifizieren. Im Gerichtsverfahren ergibt sich Folgendes:

- Der zahlungsunfähige Verwaltungsratsdelegierte B. ist als Hauptverantwortlicher des entstandenen Schadens zu betrachten. Durch die Verletzung verschiedenster Einzelpflichten rechtfertigt sich bei ihm eine Verantwortlichkeit von 100%.
- Direktor A. hat nach Massgabe des Verwaltungsratsdelegierten B. gehandelt. A. hatte sich strikte an die Weisungen von B. zu halten. Hätte er allerdings rechtzeitig die Revisionsstelle auf die diversen Unstimmigkeiten hingewiesen, so wäre zumindest ein Teil des Schadens zu vermeiden gewesen. Als angemessen erscheint eine Verantwortlichkeit von 80%.
- Das Verwaltungsratsmitglied C. hat in verschiedenen Sitzungen auf die äusserst angespannte Situation der X. AG hingewiesen und mehrfach konkrete Restrukturierungsmassnahmen gefordert. Er liess sich allerdings in den Sitzungen jeweils durch B. vertrösten, welcher die Lage der X. AG beschönigend darstellte. Hätte C. intensiver auf Massnahmen bestanden und allenfalls gar die Benachrichtigung des Richters wegen Überschuldung verlangt, so wäre der Schaden nicht in der eingetretenen Höhe angefallen. Es rechtfertigt sich eine Verantwortlichkeit von 75%.
- Die Revisionsstelle D. hat ihre Arbeiten an sich korrekt erledigt. Hätte sie jedoch bei sensitiven Positionen die notwendige genauere Überwachung in die Wege geleitet, so wäre der Schaden geringer ausgefallen. Eine Verantwortlichkeit von 50% scheint angemessen.

Der Gläubiger G. kann nun grundsätzlich alle Verantwortlichen zur Rechenschaft ziehen. Da der Verwaltungsratsdelegierte B. jedoch ohnehin schon zahlungsunfähig ist, lohnt sich ein Vorgehen gegen diesen nicht. Es liegt auf der Hand, dass sich G. an A., C. und D. halten wird. Angenommen, die oben aufgestellten Haftungsquoten seien durch einen Richter festgelegt worden, so kann G. den A. für 80%, den C. für 75% und die Revisionsstelle für 50% des Schadens belangen. Ganz offensichtlich wird dabei die Überdeckung. Würde von allen zur Rechenschaft gezogenen Verantwortlichen der gesamte, prozentual festgelegte Schadenersatz bezahlt, so bekäme G. letztlich 205% des ihm entstandenen Schadens zurück. Dass dies nicht angehen kann, bedarf keiner weiteren Ausführungen. Der Geschädigte kann nur so lange Zahlungen entgegennehmen, bis er zu 100% befriedigt ist. Hat nun also beispielsweise D. CHF 50 000 bezahlt, so kann G. immer noch bei A. 80% und bei C. 75% des Schadens verlangen. Hat er nun durch Zahlung des A. den Schaden von CHF 100 000 abgedeckt, so kann er gegen den verbleibenden C. nicht mehr vorgehen. Ein allenfalls zu viel erhaltener Betrag ist zurückzuerstatten.

Beachtenswert ist nun der Umstand, dass sich der Gesamtschaden vielfach aus mehreren Einzelschäden zusammensetzt, die ihrerseits von verschiedenen Verantwortlichen verursacht wurden.[1770] So ist es möglich, dass ein Verwaltungsrat bei einem Gesamtschaden von CHF 10 000 für einen Teilschaden von CHF 2000 einen Herabsetzungsgrund geltend machen kann und für diesen nur im Umfang von 50% die Verantwortlichkeit trägt; bei einem anderen Teilschaden von CHF 5000 findet jedoch keine Haftungsreduktion statt und der Restschaden von CHF 3000 kann ihm nur zu 80% angelastet werden. Insgesamt haftet er demnach für CHF 8400 (1000 + 5000 + 2400).

Dieses Beispiel ist keineswegs aus der Luft gegriffen. Mit Urteil vom 15. November 2007 schützte das HGer SG eine Verantwortlichkeitsklage gegen die Organe der Kreditanstalt Grabs in Liq. im Betrag von CHF 7,475 Mio. nebst Zins, nachdem bereits ein grosser Teil der Klage vergleichsweise durch einzelne VR-Mitglieder anerkannt worden war. Das Gericht verpflichtete den ehemaligen Präsidenten des Verwaltungsrates, den nach Bezahlung der Vergleichssumme noch verbleibenden Schaden von CHF 7,475 Mio. in vollem Umfang, die ehemalige Revisionsstelle im Umfang von CHF 6,969 Mio. und den ehemaligen Direktor im Umfang von CHF 5,808 Mio. je nebst Zins und unter solidarischer Haftbarkeit mit den anderen Beklagten, zu bezahlen. Zusammengezählt ergibt dies weit mehr, als der ursprüngliche Klagebetrag von CHF 10 Mio. Doch die differenzierte Solidarität führt dazu, dass jeder den ihm zuzurechnenden Schaden zu bezahlen hat, wobei sich der Kläger nicht bereichern darf, d.h., er bekommt in keinem Fall mehr als den eingeklagten Schaden.

4.7.3 Rückgriff

Die Veränderung des Rückgriffsrechts gegenüber dem alten Aktienrecht liegt in einer eher geringfügigen Ausweitung. Vom Richter ist nun nicht mehr ausschliesslich der Grad des Verschuldens des Einzelnen zu veranschlagen, sondern er hat neu gemäss Art. 759 Abs. 3 OR die Sachlage «in Würdigung aller Umstände» zu betrachten. Neben dem Verschulden dürften dabei die in Art. 43 und 44 OR erwähnten Herabsetzungsgründe eine entscheidende Rolle spielen.

Der Regressprozess[1771] steht rechtlich eigenständig zur Verfügung, nachdem die Schadenszuteilung und die Erledigung im Aussenverhältnis durch den Hauptprozess geklärt worden sind. Dies führt dazu, dass in diesem nachfolgenden Prozess völlig unterschiedliche Haftungsquoten festgelegt werden können. Folgende Gründe können dabei von Bedeutung sein:[1772]

- der Kreis der Beklagten ist anders zusammengesetzt
- es haben sich neue Erkenntnisse ergeben
- die Beweislast hat sich geändert
- eventuell ist das Gericht neu zusammengesetzt.

Entscheidend ist jedoch der Umstand, dass das Ergebnis des Hauptprozesses für den Regressprozess nicht präjudiziell ist. Anzumerken bleibt, dass die im Aussenverhältnis festgelegten Haftungsquoten wohl nur noch in Ausnahmefällen grundlegend revidiert werden.

1770 Vgl. dazu auch BÖCKLI, Neuerungen, 269; DERSELBE, Aktienrecht, § 18 Rz. 496 ff.
1771 Vgl. dazu allgemein GERICKE/WALLER, in: Basler Kommentar, N 9 ff. zu Art. 759; BGer. 9.4.2008, 6B_54/2008, E. 10.5.
1772 Vgl. BÖCKLI, Neuerungen, 270; DERSELBE, Aktienrecht, § 18 Rz. 521 f.

5. Strafrechtliche Verantwortlichkeit

5.1 Bedeutung und Besonderheiten

5.1.1 Bedeutung

Die strafrechtliche Verantwortlichkeit ist für Verwaltungsräte von Produktionsbetrieben am ehesten von Bedeutung im Zusammenhang mit fahrlässiger Körperverletzung oder Tötung. Nach Auffassung des Bundesgerichtes ist Sicherheit «Chefsache». Auch Verwaltungsräte können deshalb wegen fahrlässiger Körperverletzung oder gar Tötung strafrechtlich belangt werden, wenn sich Arbeitnehmer, Kunden oder Drittpersonen an mangelhaft eingerichteten, betriebenen oder unterhaltenen Installationen, Maschinen, Gebäudeteilen oder Baustellen verletzen. – Bekannt ist bspw. der Canyoning Prozess zur Wildwassertragödie vom 27.7.1999, in dem nicht nur die am Unfall betroffenen Mitarbeiter, sondern auch die Verwaltungsräte wegen fahrlässiger Tötung zu je 5 Monaten Gefängnis bedingt und zu Bussen von je CHF 7500 verurteilt wurden. Das Bundesgericht hat auch schon einen VR-Präsidenten und Geschäftsführer mit einer Busse von CHF 1000 belegt, weil er die Garageneinfahrt seines Unternehmens nur mit einer niedrigen Mauer umgeben hatte und nachts ein Passant über diese Mauer hinabstürzte (vgl. BGE 6S.87/2003 vom 6. Juni 2003).

> **Empfehlung:**
> Erfährt ein Verwaltungsrat im Lauf seiner Tätigkeit, dass in seiner Gesellschaft ein gefährlicher Zustand besteht oder entstanden ist, so hat er alle ihm zumutbaren Massnahmen zu treffen, um diesen Zustand zu beseitigen, zu reduzieren oder angemessen zu sichern; dies auch dann, wenn der Zustand schon lange vor dem Amtsantritt bestanden hat und bisher noch keine Unfälle zu verzeichnen waren.

Im Falle eines Konkurses wird häufig der Vorwurf der Gläubigerbevorzugung erhoben. Doch bei diesem Delikt muss dem jeweiligen Angeschuldigten ein konkreter Vorsatz nachgewiesen werden, was sich in der Praxis als schwierig erweist.[1773] Eine Handhabe für das Vorgehen gegen fehlbare Verwaltungsräte ist daher allenfalls bei den fahrlässigen Konkursdelikten[1774] gegeben.

Infolge der zunehmenden Umweltsensibilisierung könnten sich die Untersuchungsbehörden mehr und mehr mit den Strafbestimmungen des Umweltschutzgesetzes auseinanderzusetzen haben. Die Höhe der darin vorgesehenen Strafandrohungen ist abgestuft, je nachdem, ob es sich um ein absichtliches oder fahrlässiges Vergehen oder eine entsprechende Übertretung handelt. Wie jedoch bereits vorne unter Ziff. 4.5.3, S. 385 f., ausgeführt wurde, kann der Verwaltungsrat die Durchsetzung der Umweltschutzbestimmungen und damit auch die resultierende Verantwortung delegieren. Es kann deshalb nicht vorhergesagt werden, wie sich die Strafbestimmungen des Umweltschutzgesetzes auf Verwaltungsräte auswirken.

VR-Mitglieder von börsenkotierten Gesellschaften haben im Zusammenhang mit Vergütungen an den Verwaltungsrat, die Geschäftsleitung und den Beirat die Sondervorschrif-

---

1773 Der Freispruch aller Angeschuldigten im Swissair-Prozess durch das Bezirksgericht Bülach am 7. Juni 2007 hat dies einmal mehr verdeutlicht.
1774 Beispielsweise der ordnungswidrigen Führung der Geschäftsbücher nach Art. 325 StGB.

ten im 11. Abschnitt der Verordnung gegen übermässige Vergütungen zu beachten. Nach Art. 24 VegüV wird mit Freiheitsstrafe bis zu drei Jahren und Geldstrafe bestraft, wer als Mitglied des Verwaltungsrates, der Geschäftsleitung oder des Beirates wider besseres Wissen unzulässige Vergütungen ausrichtet oder bezieht. Mit Freiheitsstrafe bis zu drei Jahren oder Geldstrafe wird sodann bestraft, wer als Mitglied des Verwaltungsrates wider besseres Wissen die Geschäftsführung entgegen einer anderslautenden Statutenbestimmung ganz oder zum Teil an eine juristische Person überträgt; eine Depot- oder eine Organstimmrechtsvertretung einsetzt oder verhindert, dass die Generalversammlung nicht wie gesetzlich vorgesehen abstimmen kann.

5.1.2 Verantwortlichkeit der Organe und des Unternehmens selbst

Die strafrechtliche Verantwortlichkeit von Organpersonen ist heute in Art. 29 StGB geregelt.[1775] Nach dieser Bestimmung wird eine besondere Pflicht, deren Verletzung die Strafbarkeit begründet oder erhöht, und die nur der juristischen Person, der Gesellschaft oder der Einzelfirma obliegt, einer natürlichen Person zugerechnet, wenn diese in einer der nachstehenden Funktionen handelt:

(a) als Organ oder als Mitglied eines Organs einer juristischen Person[1776]

(b) als Gesellschafter[1777]

(c) als Mitarbeiter mit selbständigen Entscheidungsbefugnissen in seinem Tätigkeitsbereich einer juristischen Person, einer Gesellschaft oder einer Einzelfirma[1778]

(d) ohne Organ, Mitglied eines Organs, Gesellschafter oder Mitarbeiter zu sein, als tatsächlicher Leiter.[1779]

Art. 29 StGB bezieht sich auf sämtliche Straftatbestände im StGB. Die genannten Personen haften nur für die Verletzung von Pflichten, die sie für die Organisation zu erfüllen haben.[1780]

Die Strafbarkeit des Unternehmens ist ebenfalls neu geregelt worden und nun in Art. 102 StGB festgelegt. Art. 102 Abs. 1 StGB begründet eine subsidiäre Haftung des Unternehmens bei allen Verbrechen oder Vergehen, die «in Ausübung geschäftlicher Verrichtung im Rahmen des Unternehmenszwecks» begangen werden. Damit soll der Schwierigkeit des Individualstrafrechts bei der Aufarbeitung von Straftaten begegnet werden, die sich in komplexen Wirtschaftsunternehmen zutragen.[1781] Typischerweise fallen bei komplexen Arbeitsabläufen Entscheidung und Handlung auseinander, sodass sich die Verantwortlichkeit eines Einzelnen nicht mehr eruieren lässt oder aber einzelne objektive und

---

1775 Weiterführend WEISSENBERGER, in: Basler Kommentar, N 11 ff. zu Art. 29 StGB mit zahlreichen Belegen. Zum strafrechtlichen Durchgriff bei Konzernstrukturen vgl. SCHMID, Gesellschaftsorgane, 180 ff.
1776 Dazu vgl. WEISSENBERGER, in: Basler Kommentar, N 11 zu Art. 29 StGB.
1777 Dazu vgl. WEISSENBERGER, in: Basler Kommentar, N 14 zu Art. 29 StGB.
1778 Dazu vgl. WEISSENBERGER, in: Basler Kommentar, N 15 zu Art. 29 StGB.
1779 Dazu vgl. WEISSENBERGER, in: Basler Kommentar, N 12 zu Art. 29 StGB.
1780 Darauf verweist WEISSENBERGER, in: Basler Kommentar, N 16 zu Art. 29 StGB.
1781 NIGGLI/GFELLER, in: Basler Kommentar, N 7 zu Art. 102 StGB.

subjektive Tatbestandselemente nur verschiedenen Personen nachgewiesen werden können, ohne dass aber von einer gemeinsamen Tatbegehung gesprochen werden kann.[1782]

Die neue Bestimmung geht von einer «Anlasstat» aus, die ohne ein Organisationsdefizit der Organisation nicht hätte ausgeführt werden können oder die wegen des Organisationsdefizits nicht verfolgt werden kann,[1783] weil der Täter nicht ausfindig zu machen ist.[1784]

Anlasstaten können nach Art. 102 Abs. 1 StGB Vergehen oder Verbrechen, nach Art. 102 Abs. 2 StGB die dort aufgezählten Straftatbestände sein.[1785] Wesentlich ist bei Art. 102 Abs. 1 StGB, dass die objektiven und subjektiven Tatbestandsmerkmale erfüllt sein müssen.[1786] Erfasst werden können auch Anlasstaten im Rahmen eines Outsourcings.[1787] Erforderlich ist schliesslich, dass die Anlasstat «in Ausübung geschäftlicher Verrichtung» begangen worden ist, d.h., dass zum einen eine minimale wirtschaftliche Tätigkeit vorausgesetzt wird und zum anderen die Anlasstat einen funktionalen Zusammenhang zur Geschäftstätigkeit des Unternehmens aufweist.[1788, 1789]

Das Organisationsdefizit ergibt sich aus der Erkenntnis, dass die Anlasstat bei hypothetisch einwandfreier Organisationsstruktur vermeidbar gewesen wäre oder aber einem Individualtäter hätte zugewiesen werden können.[1790, 1791] Die Unternehmen sind daher verpflichtet, gewisse organisatorische Vorkehren zu treffen. Diese Pflicht lässt sich folgendermassen konkretisieren:

- Verlangt werden mindestens klare Zuständigkeitsregelungen und eine angemessene Dokumentation.[1792]
- Erforderlich sein kann auch die Verwendung standardisierter Verfahren und Formulare mit nachverfolgbarer Herkunft oder von Passwörtern.[1793]
- Sinnvoll kann auch die Verwendung von Arbeitsplänen oder von Fahrtenheften sein.[1794]

1782 NIGGLI/GFELLER, in: Basler Kommentar, N 8 zu Art. 102 StGB.
1783 Art. 102 Abs. 2 StGB.
1784 Art. 102 Abs. 1 StGB.
1785 Vgl. JEAN-RICHARD-DIT-BRESSEL.
1786 NIGGLI/GFELLER, in: Basler Kommentar, N 56 zu Art. 102 StGB mit zahlreichen weiteren Belegen. – Der Nachweis der subjektiven Tatbestandselemente bereitet Schwierigkeiten, da er eigentlich die Kenntnis des Täters voraussetzt, Art. 102 StGB aber nur zur Anwendung kommt, wenn der Täter nicht ausfindig gemacht werden kann (zu den Lösungsansätzen vgl. NIGGLI/GFELLER, in: Basler Kommentar, N 58 ff. zu Art. 102 StGB mit Literaturbelegen; gerichtlich scheint dieser Punkt noch nicht entschieden zu sein). – Bei Art. 102 Abs. 2 StGB spielen subjektive Tatbestandselemente beim Täter keine Rolle; NIGGLI/GFELLER, in: Balser Kommentar, N 243 zu Art. 102 StGB.
1787 Dazu ausführlich NIGGLI/GFELLER, in: Basler Kommentar, N 73 ff. zu Art. 102 StGB.
1788 NIGGLI/GFELLER, in: Basler Kommentar, N 78 zu Art. 102 StGB.
1789 NIGGLI/ GFELLER: Konzern, 163. – Fraglich ist, ob auch Handlungen *gegen* das Unternehmen von Art. 102 StGB erfasst sind; dazu weiterführend NIGGLI/GFELLER, in: Basler Kommentar, N 86 ff. zu Art. 102 StGB.
1790 Umgekehrt können daher von den Unternehmen nur Vorkehren verlangt werden, die zur Verhinderung der in Art. 102 Abs. 2 StGB genannten Delikte geeignet sind. Ebenso muss die Anlasstat voraussehbar sein (NIGGLI/GFELLER, in: Basler Kommentar, N 264 zu Art. 102 StGB).
1791 NIGGLI/GFELLER, Konzern, 166 m.w.B.
1792 NIGGLI/GFELLER, Konzern, 166.
1793 NIGGLI/GFELLER, in: Basler Kommentar, N 221 zu Art. 102 StGB m.w.B.
1794 NIGGLI/GFELLER, in: Basler Kommentar, N 223 und 224 zu Art. 102 StGB.

- Auf jeden Fall sollten spezialgesetzliche Bestimmungen[1795], Standesregeln oder Branchenrichtlinien u.Ä. befolgt werden.[1796]

Der Sorgfaltsmassstab ist ein individualisierter,[1797] berücksichtigt aber auch die Zumutbarkeit.[1798]

5.1.3 Verwaltungsstrafrecht

Nach Art. 6 Abs. 2 VStrR untersteht «der Geschäftsherr, Arbeitgeber, Auftraggeber oder Vertretene, der es vorsätzlich oder fahrlässig in Verletzung einer Rechtspflicht unterlässt, eine Widerhandlung des Untergebenen, Beauftragten oder Vertreters abzuwenden oder in ihren Wirkungen aufzuheben» den «Strafbestimmungen, die für den entsprechend handelnden Täter gelten».

Verweisungen auf diese Bestimmungen enthalten über 70 wichtige Gesetze.[1799]

5.2 Mögliche Straftatbestände

5.2.1 Überblick

Der Verwaltungsrat kann bei seiner Tätigkeit sowohl Straftatbestände des eidgenössischen als auch des kantonalen oder kommunalen Rechts erfüllen. Auf Bundesebene gelangen überdies nicht nur die Bestimmungen des bürgerlichen Strafrechts, sondern auch diejenigen des Verwaltungsstrafrechts zur Anwendung. Eine umfassende Darstellung und Behandlung aller denkbaren Tatbestände würde den Rahmen hier bei Weitem sprengen. Im vorliegenden Zusammenhang ist eine Beschränkung auf die Bestimmungen des schweizerischen Strafgesetzbuches sinnvoll. Entsprechend der gesetzlichen Systematik sind folgende Straftatbestände von Bedeutung, nach denen ein Verwaltungsrat verurteilt werden könnte:

- fahrlässige Tötung (Art. 117 StGB) oder Körperverletzung (Art. 125 StGB) durch Nichtbeachten bzw. Nichtdurchsetzen von Unfallverhütungsmassnahmen oder Bewirkung entsprechender Gefahren;[1800]
- Gefährdung des Lebens (Art. 129 StGB) durch Überanstrengung von Untergebenen;
- Delikte gegen das Vermögen durch Veruntreuung (Art. 138 StGB), Sachentziehung (Art. 141 StGB), Betrug (Art. 146 StGB), unwahre Angaben über kaufmännische Gewerbe (Art. 152 StGB), Warenfälschung (Art. 155 StGB), Wucher (Art. 157 StGB), oder ungetreue Geschäftsbesorgung[1801] (Art. 158 StGB), Missbrauch von Lohnabzügen (Art. 159 StGB), Hehlerei (Art. 1560 StGB);

1795 NIGGLI/GFELLER, in: Basler Kommentar, N 259 zu Art. 102 StGB; Banken und Versicherer müssen daher die aufsichtsrechtlichen Vorschriften einhalten.
1796 NIGGLI/GFELLER, in: Basler Kommentar, N 226 zu Art. 102 StGB.
1797 NIGGLI/GFELLER, in: Basler Kommentar, N 227 zu Art. 102 StGB.
1798 Wofür die Branchenüblichkeit ein Indiz bildet; NIGGLI/GFELLER, in: Basler Kommentar, N 228 zu Art. 102 StGB.
1799 Vgl. dazu die Liste bei NIGGLI/GFELLER, in: Basler Kommentar, N 125 ff. zu Art. 102 StGB.
1800 Vgl. dazu vorne Ziff. 5.1.1, S. 395.
1801 Vgl. dazu hinten Ziff. 5.2.2, S. 400.

- Ausnützen der Kenntnis vertraulicher Tatsachen, Kursmanipulationen[1802] (Art. 161 StGB und 161bis StGB), Verletzung des Fabrikations- und Geschäftsgeheimnisses[1803] (Art. 162 StGB);
- Konkurs- und Betreibungsverbrechen oder -vergehen, namentlich:
  - Betrügerischer Konkurs oder Pfändungsbetrug (scheinbare Vermögensverminderung durch Beiseiteschaffen von Vermögenswerten, Vortäuschen von Schulden, Anerkennung von vorgetäuschten Forderungen; Art. 163 StGB);
  - Gläubigerschädigung durch Vermögensminderung (tatsächliche Vermögensverminderung durch Beschädigung oder Zerstörung von Vermögenswerten, durch unentgeltliche oder teilweise unentgeltliche Veräusserung von Vermögenswerten, durch unentgeltlichen Verzicht auf Rechte; Art. 164 StGB);
  - Unterlassung der Buchführung (Verletzung der gesetzlichen Pflicht zur Führung und Aufbewahrung von Geschäftsbüchern oder zur Aufstellung einer Bilanz; Art. 166 StGB);
- Ehrverletzungen durch Korrespondenz oder Pressemitteilung (Art. 173 ff. StGB);
- Delikte gegen den Geheim- und Privatbereich (Art. 179 ff. StGB);
- Urkundenfälschung (Art. 251 ff. StGB); in diesem Zusammenhang ist zu erwähnen, dass der Begriff der Urkunde in der neueren Rechtsprechung einerseits eher ausdehnend (auch Aufzeichnungen auf Bild- und Datenträgern können Aufzeichnungen sein!), andererseits eher einschränkend interpretiert wird (ein Schriftstück ist nur dann eine Urkunde, wenn ihm eine erhöhte Überzeugungskraft zukommt, was bei Eigendokumenten nicht immer der Fall ist[1804]). Die blosse schriftliche Lüge ist nicht strafbar.[1805] Verwaltungsräte müssen sich bewusst sein, dass unter keinen Umständen etwas Falsches oder Nichtgesagtes protokolliert werden darf.[1806]

Die im Nachfolgenden getroffene Auswahl ist beschränkt auf solche Fälle, die in einem engeren Verhältnis zur Geschäftstätigkeit und insbesondere zur Aufgabenerfüllung des Verwaltungsrates stehen und wo gleichzeitig eine gewisse Eintretenswahrscheinlichkeit besteht.

1802 Vgl. dazu hinten Ziff. 5.2.3, S. 401 f.
1803 Vgl. dazu hinten Ziff. 5.2.4, S. 402 f.
1804 Vgl. dazu weiterführend TRECHSEL/ERNI, vor Art. 251 StGB mit zahlreichen Belegen aus Literatur und Rechtsprechung. Urkunden sind bspw. GV- und VR-Protokolle, Aktienzertifikate, Bilanzen und Erfolgsrechnungen wie auch Buchhaltungen, Emissionsprospekte, Handelsregisterauszüge, Lohnausweise, Prüfungsbestätigungen, Rechnungen, Verträge, Vollmachten, VSG-Formulare. – Keine Urkunde ist aber die Vollständigkeitserklärung des Verwaltungsrats gegenüber der Revisionsstelle (so BGE 132 IV 18 ff., im Gegensatz zur früheren Rechtsprechung; vgl. dazu die Hinweise bei TRECHSEL/ERNI, N 23 vor Art. 251 StGB).
1805 Vgl. TRECHSEL/ERNI, N 9 vor Art. 251 StGB unter Verweisung auf BGE 123 IV 64, RJN 1996 73.
1806 Ein abschreckendes Beispiel bietet BGE 120 IV 199. Der Protokollführer einer Generalversammlung hatte die Feststellung protokolliert, es seien sämtliche Aktien vertreten; dies erwies sich als richtig, doch wurde an der Generalversammlung gerade darüber gestritten. Das Bundesgericht verurteilte den Protokollführer wegen eventualvorsätzlichem Versuch einer Falschbeurkundung.

5.2.2 Ungetreue Geschäftsbesorgung

5.2.2.1 Die gesetzliche Regelung

Wer aufgrund des Gesetzes, eines behördlichen Auftrags oder eines Rechtsgeschäfts damit betraut ist, Vermögen eines anderen zu verwalten oder eine solche Vermögensverwaltung zu beaufsichtigen, und dabei unter Verletzung seiner Pflichten bewirkt oder zulässt, dass der andere am Vermögen geschädigt wird, wird mit Freiheitsstrafe bis zu drei Jahren oder Geldstrafe bestraft.

Mit diesem Straftatbestand wird der Geschäftsherr vor vorsätzlicher Schädigung durch Missbrauch von Vertrauen[1807] durch den Geschäftsführer geschützt, dem er Vermögen anvertraut hat.[1808] Als Geschäftsherr gilt die Aktiengesellschaft. Die Geschäftsführereigenschaft wird relativ weit gefasst; sie beinhaltet insbesondere all jene Tätigkeiten, bei denen in einer verantwortungsvollen Stelle in selbständiger Art und Weise für einen nicht unerheblichen Vermögenskomplex gesorgt wird, und umfasst damit jedenfalls den Verwaltungsrat. Tatbestandselemente sind die Verletzung einer mit der Geschäftsführungstätigkeit zusammenhängenden Pflicht, die Verursachung eines Vermögensschadens und Vorsatz hinsichtlich dieser Elemente.[1809] Der Umstand der Erheblichkeit des Vermögenskomplexes wurde schon für einen Kiosk mit CHF 3000 Monatsumsatz bejaht.[1810] Wer einen Strohmann vorschiebt, bleibt selbst Geschäftsführer; es wird auf die tatsächlichen Machtverhältnisse abgestellt. Zu beachten gilt, dass sich auch der Strohmann nicht durch den Hinweis seiner Verantwortung entziehen kann, dass ihm andere Personen sein Verhalten vorgeschrieben hätten.[1811]

5.2.2.2 Kasuistik

Aus der neueren Rechtsprechung sind folgende Entscheide zu erwähnen:[1812]

- BGE 100 IV 167: Brunner, Vizepräsident der Neurit AG liess ein dieser gehörendes Patent für die Bank Anker eintragen.
- BGE 103 IV 227, 238 ff.: E liess sich als Verwaltungsrat der T AG beim Kauf einer Liegenschaft durch die AG eine hohe Provision schenken.
- BGE 117 IV 261: X, Alleinaktionär, faktisch einziger Verwaltungsrat und Geschäftsführer der E AG, verwendete erhebliche Mittel der Gesellschaft für seine persönlichen Zwecke.
- BGE 121 Ib 104: S belastete unbefugterweise als Geschäftsführer das Geschäftsvermögen zweier Aktiengesellschaften mit Garantieverpflichtungen.
- SJZ 88 (1992) Nr. 31: Der Täter «kaufte» als Geschäftsführer der X AG als Selbstkontrahent Aktien, die dieser gehörten, zum Nominalwert von CHF 31 000, während sie in Wirklichkeit über CHF 1 Mio. wert waren.

1807 TRECHSEL/CRAMERI, N 1 zu Art. 158 StGB.
1808 Vgl. TRECHSEL, N 1 zu alt Art. 159 StGB.
1809 Vgl. BGE 120 IV 190, 192; TRECHSEL/CRAMERI, ebenda.
1810 BGE 86 IV 14 f.
1811 BGE 105 IV 110. Vgl. auch BGer. 6B_223/2010 E. 3.3.1 und 6B_66/2008 E. 6.3.2.
1812 Zitiert nach TRECHSEL/CRAMERI, N 24 ff. zu Art. 158 StGB.

5.2.3 Ausnützung vertraulicher Tatsachen, Kursmanipulation

Wer als Mitglied des Verwaltungsrates, der Geschäftsleitung, der Revisionsstelle oder als Beauftragter einer Aktiengesellschaft oder einer sie beherrschenden oder von ihr abhängigen Gesellschaft, als Mitglied einer Behörde oder als Beamter, oder als Hilfsperson einer der vorgenannten Personen, sich oder einem andern einen Vermögensvorteil verschafft, indem er die Kenntnis einer vertraulichen Tatsache, deren Bekanntwerden den Kurs von in der Schweiz börslich oder vorbörslich gehandelten Aktien, andern Wertschriften oder entsprechenden Bucheffekten der Gesellschaft oder von Optionen auf solche in voraussehbarer Weise erheblich beeinflussen wird, ausnützt oder diese Tatsache einem Dritten zur Kenntnis bringt, wird mit Freiheitsstrafe bis zu drei Jahren oder Geldstrafe bestraft.[1813, 1814, 1815]

Neben den formellen sind auch materielle Organe[1816], dagegen nicht (Gross-)Aktionäre[1817] erfasst. Nicht erfasst wird ebenso, wer durch Zufall, Auskunftschancen oder geschicktes Kombinieren an die Information gelangt.[1818]

Kursrelevante vertrauliche Tatsachen sind hauptsächlich solche, die Unternehmensverbindungen (Fusionen, Übernahmen), Umstrukturierungen, Gewinnwarnungen oder andere substanzielle Geschäftsverluste oder wichtige Erfindungen und Entwicklungen betreffen.[1819]

Der Vermögensvorteil muss beim Insider und darf nicht bei der Gesellschaft anfallen. Deshalb fallen etwa Kurspflegemassnahmen (Stützungskäufe) nicht unter Art. 161 StGB.

Bisher sind nur wenig Schuldsprüche gestützt auf Art. 161 StGB ergangen:
- NZZ, 12.4.1995, 25: Kauf- und Verkaufsgeschäfte eines Kaderangehörigen der Cortaillod-Gruppe im Umfeld eines Übernahmeangebots;
- ZR 104 (2005) Nr. 72: Tipp und Transaktionen des informierten, aber nicht involvierten CEO der Revisionsgesellschaft, die im Hinblick auf ein Going Private der Hilti AG eine Fairness Option über den Rückkaufspreis zu erstellen hatte;
- ZR 92 (1993) Nr. 34: erstes Urteil gegen einen Tippee.

In anderen Fällen wurde das Verfahren freigestellt oder ergingen Freisprüche.[1820]

1813 Art. 161 Ziff. 1 StGB.
1814 Der sog. Tippee wird mit Freiheitsstrafe bis zu einem Jahr oder Geldstrafe bestraft.
1815 In Art. 161 Ziff. 6 StGB wird der Anwendungsbereich der Bestimmung auf Genossenschaften und auf ausländische Gesellschaften ausgedehnt.
1816 TRECHSEL/JEAN-RICHARD-DIT-BRESSEL, N 3 zu Art. 161 StGB.
1817 Was TRECHSEL/ JEAN-RICHARD-DIT-BRESSEL, N 3 zu Art. 161 StGB, als problematisch bezeichnen.
1818 So ausdrücklich TRECHSEL/ JEAN-RICHARD-DIT-BRESSEL, N 17 zu Art. 161 StGB.
1819 Vgl. TRECHSEL/ JEAN-RICHARD-DIT-BRESSEL, N 15/16 zu Art. 161 StGB.
1820 Vgl. BGE 119 IV 39: X tätigte aufgrund von Informationen unbekannter Herkunft lukrative Börsengeschäfte im Zusammenhang mit der Umstruktuierung der CS-Gruppe; OGer Zürich, Urteil vom 28.10.2002 (SB10389): der für die Sanierung der Biber-Gruppe und für die Eigenbeteiligungen einer Bank zuständige Direktor schritt trotz des Informationsgefälles zwischen Bank und Anlegern nicht gegen den Verkauf von Biber-Aktien der Bank ein; BGer. Zürich, Urteil vom 25.9.2003 (DG020477): der Grossaktionär, der seine Beteiligung während Monaten aufgebaut hatte, wurde vom Management in die Planung einer Restrukturierung einbezogen und begann, einen grösseren Posten solcher Aktien abzustossen. Zit. nach TRECHSEL/JEAN-RICHARD-DIT-BRESSEL, N 32 zu Art. 161 StGB.

Strafbar macht sich auch, wer in der Absicht, den Kurs von in der Schweiz börslich gehandelten Effekten erheblich zu beeinflussen, um daraus für sich oder für Dritte einen unrechtmässigen Vermögensvorteil zu erzielen, wider besseres Wissen irreführende Informationen verbreitet oder Käufe und Verkäufe von solchen Effekten tätigt, die beidseitig direkt oder indirekt auf Rechnung derselben Person oder zu diesem Zweck verbundener Personen erfolgen.[1821]

Irreführend können auch wahre Informationen sein, wenn «der Täter die Information bewusst in einen Zusammenhang stellt, der die Anleger zu falschen Schlüssen verleitet».[1822] Das blosse Schweigen erfüllt den Tatbestand nur dann, wenn der Täter eine «spezielle Informationspflicht» trifft, die sich aus dem Gesetz (bspw. der Börsengesetzgebung; Meldepflichten) ergeben.[1823]

Eine Kasuistik zum Straftatbestand der Kursmanipulation hat sich noch nicht entwickelt.

5.2.4 Geheimnisverletzung

Wer ein Fabrikations- oder Geschäftsgeheimnis, das er infolge einer gesetzlichen oder vertraglichen Pflicht bewahren sollte, verrät und den Verrat für sich oder einen anderen ausnützt, wird gemäss Art. 162 StGB, auf Antrag, mit Freiheitsstrafe bis zur drei Jahren oder Geldstrafe bestraft.

Die Bestimmung schützt das geheime technische und kommerzielle Know-how eines Unternehmens[1824] (des «Geheimnisherrn»). Geheim sind Tatsachen, die weder allgemein bekannt noch allgemein zugänglich sind und an deren Geheimhaltung ein schutzwürdiges Interesse und ein diesbezüglicher Wille des Geheimnisherrn besteht.[1825]

Fabrikationsgeheimnisse beziehen sich auf Herstellungsvorgänge und umfassen Pläne, Rezepte, Verfahren usw.,[1826] Geschäftsgeheimnisse auf die unternehmensinterne Organisation, auf Kalkulationsgrundlagen, Bezugsquellen und Kundenlisten, auf Werbemassnahmen usw.[1827]

Eine gesetzliche Pflicht zur Geheimhaltung ergibt sich für den Verwaltungsrat aus Art. 717 OR. Die Pflicht kann aber auch in einer vertraglichen Beziehung (bspw. zwischen dem Unternehmen und einem Lieferanten) stipuliert werden.

Die Einwilligung des Geheimnisherrn schliesst die Erfüllung des Straftatbestandes aus. Den einzelnen Verwaltungsrat vermag nur ein entsprechender Verwaltungsratsbeschluss von der Geheimhaltung zu entbinden. Verletzt der Beschluss als solcher die Geheimhaltungspflicht, bleibt den Aktionären bzw. Gläubigern nur die aktienrechtliche Verantwortungsklage.

1821 Art. 161bis StGB.
1822 TRECHSEL/ JEAN-RICHARD-DIT-BRESSEL, N 6 zu Art. 161bis StGB, mit Hinweis auf abweichende Meinungen.
1823 TRECHSEL/ JEAN-RICHARD-DIT-BRESSEL, N 7 zu Art. 161bis StGB.
1824 TRECHSEL/JEAN-RICHARD-DIT-BRESSEL, N 1 zu Art. 162 StGB.
1825 TRECHSEL/JEAN-RICHARD-DIT-BRESSEL, N 2 zu Art. 162 StGB.
1826 TRECHSEL/JEAN-RICHARD-DIT-BRESSEL, N 4 zu Art. 162 StGB.
1827 TRECHSEL/JEAN-RICHARD-DIT-BRESSEL, N 6 zu Art. 162 StGB.

In Zusammenhang mit Art. 162 StGB ist auch Art. 273 StGB (wirtschaftlicher Nachrichtendienst) zu sehen. Nach Art. 273 Abs. 2 StGB, wird, wer ein Fabrikations- oder Geschäftsgeheimnis einer fremden amtlichen Stelle oder einer ausländischen Organisation oder privaten Unternehmung oder ihren Agenten zugänglich macht, mit Freiheitsstrafe bis zu drei Jahren oder Geldstrafe, in schweren Fällen mit Freiheitsstrafe nicht unter einem Jahr bestraft. Mit der Freiheitsstrafe kann Geldstrafe verbunden werden.

5.2.5 Gläubigerbevorzugung

Nach Art. 167 StGB macht sich strafbar, wer im Bewusstsein seiner Zahlungsunfähigkeit einzelne Gläubiger zum Nachteil anderer bevorzugt, indem er (noch) nicht verfallene Schulden bezahlt, eine verfallene Schuld anders als durch übliche Zahlungsmittel tilgt oder eine Schuld durch Vermögenswerte sicherstellt, ohne dass er dazu verpflichtet wäre.[1828]

Das Bundesgericht betont zwar, es könne dem zahlungsunfähigen Schuldner nicht verwehrt sein, einzelnen Verbindlichkeiten nachzukommen und darin die Gläubiger faktisch ungleich zu behandeln.[1829] Das Zahlen von fälligen Löhnen, Mieten, betriebsnotwendigen Lieferungen, aber auch von (Sozial-)versicherungsprämien und öffentlich-rechtlichen Forderungen ist unproblematisch. Vorsicht geboten ist bei Vermögensentäusserungen zur Schaffung von Liquidität an nahestehende Personen,[1830] bei Zessionen von Forderungen an Dritte u.Ä. – Dritteigentum ist nicht Teil des schuldnerischen Vermögens, weshalb es ohne weiteres dem Dritten herausgegeben werden darf.[1831]

5.3 Besonderheiten des Strafverfahrens

5.3.1 Unschuldsvermutung

Nach Art. 10 Abs. 4 StPO[1832] wird vermutet, dass der wegen einer strafbaren Handlung Angeklagte bis zu seiner rechtskräftigen Verurteilung unschuldig ist. Demnach obliegt es dem Staat, dem Beschuldigten die Strafbarkeit seiner Handlungen nachzuweisen. Dazu gehörten sowohl der Nachweis der objektiven als auch der subjektiven Tatbestandsmerkmale wie auch aller objektiven Strafbarkeitsbestimmungen und prozessualen Voraussetzungen der Strafverfolgung. Umgekehrt ist ein Verwaltungsrat als Angeschuldigter im Strafverfahren grundsätzlich nicht verpflichtet, Beweise für seine Unschuld zu liefern; er kann gegebenenfalls sogar die Aussage verweigern. Da die Untersuchungsbehörden jedoch sowohl die belastenden als auch die entlastenden Tatsachen ermitteln müssen, emp-

---

1828 Vgl. weiterführend TRECHSEL/OGG zu Art. 167 StGB.
1829 BGE 117 IV 23 ff.
1830 Vgl. dazu den Tatbestand von BGE 117 IV 23 ff.: Verkauf des Betriebsmobiliars an den einzigen Verwaltungsrat zum Buchwert und Verwendung des Erlöses zur Tilgung einer einzigen seit Langem fälligen Darlehensforderung.
1831 TRECHSEL/OGG, N 6 zu Art. 167 StGB.
1832 Die Unschuldsvermutung ist in Art. 32 Abs. 1 BV, in vielen Kantonsverfassungen und in zahlreichen Staatsverträgen (Art. 6 Ziff. 2 EMRK) niedergelegt. Dazu weiterführend TOPHINKE, in: Basler Kommentar, N 2 ff. zu Art. 10 StPO.

fiehlt sich in der Regel eine Kooperation. Dadurch können die Dauer des Strafverfahrens und der damit verbundene Ärger reduziert werden.

Das Strafurteil muss auf der Überzeugung des Richters beruhen, dass die im Verfahren vorgebrachten Beweise die Schuld des Angeklagten hinreichend belegen. Der Grundsatz, dass Beweise im Zweifel zugunsten des Angeschuldigten zu werten sind,[1833] stellt einen Ausfluss der oben dargelegten Unschuldsvermutung dar. Demnach muss bei Zweifeln über die tatsächlichen Voraussetzungen einer strafbaren Handlung der Sachverhalt so ausgelegt werden, dass er für den Angeklagten im Ergebnis günstiger ausfällt.[1834] Allenfalls kann dies zu einem Freispruch führen, möglich ist aber auch, dass anstelle eines schwereren Tatbestandes ein leichterer zur Anwendung gelangt.

5.3.2 Vergleich und Klagerückzug

Bei zivilrechtlichen Streitigkeiten kommt es vielfach gar nicht zu einer gerichtlichen Beurteilung. Entweder finden die Parteien schon in einem frühen Stadium eine aussergerichtliche Lösung, oder die Schlichtungsbehörde kann zu einer Versöhnung beitragen. Kommt die Angelegenheit doch noch vor eine gerichtliche Instanz, steht es dem Kläger immer noch zu, seine Klage im Rahmen eines Vergleiches zurückzuziehen und dadurch den Prozess vorzeitig zu beenden.

Wie steht dies nun beim Strafprozess? Von eminenter Bedeutung ist in diesem Zusammenhang die Unterscheidung zwischen Antrags- und Offizialdelikten; dies vor allem aus folgenden zwei Gründen:
– Während Antragsdelikte, wie der Name schon andeutet, nur auf Antrag des Opfers verfolgt werden, müssen die staatlichen Organe bei Offizialdelikten von sich aus tätig werden, sobald sie aus irgendeinem Grunde Kenntnis von der Straftat erlangen.
– Gestützt auf Art. 33 Abs. 1 StGB, kann ein Strafantrag jederzeit zurückgezogen werden, solange das Urteil der zweiten kantonalen Instanz noch nicht eröffnet ist. Die einmal eingereichte Anzeige eines Offizialdeliktes kann dagegen nicht mehr rückgängig gemacht werden.

Somit besteht bei Antragsdelikten durchaus die Möglichkeit, dass sich ein Verwaltungsrat mit den Geschädigten nicht nur zivilrechtlich, sondern auch strafrechtlich in einem Vergleich einigt. Wird ein Verwaltungsrat dagegen eines Offizialdeliktes bezichtigt, so ist strafrechtlich weder ein Vergleich mit dem Geschädigten noch mit dem Staat möglich. Wenn überhaupt, dann kann der fehlbare Verwaltungsrat nur noch versuchen, den Erfolg seiner Handlung im Sinne einer tätigen Reue zu verhindern und damit eine mildere Bestrafung zu erreichen. Dies kann beispielsweise dadurch bewirkt werden, dass der Verwaltungsrat sein privates Vermögen dazu verwendet, einen allfälligen Schaden wiedergutzumachen. Immerhin kann in einigen Kantonen mit einer «Desinteresse»-Erklärung des Geschädigten erreicht werden, dass ein hängiges Strafverfahren nicht weitergeführt bzw. eingestellt wird.[1835]

1833 «In dubio pro reo»; vgl. auch ARZT, 3.
1834 Dazu wiederum TOPHINKE, in: Basler Kommentar, N 2 ff. zu Art. 10 StPO.
1835 Vgl. dazu im einzelnen GRÄDEL/HEINNIGER in: Basler Kommentar, N 20 zu Art. 319 StPO und passim.

5.3.3 Kostenfolge

Die Rechtspflege gehört zu den Aufgaben des Staates, und daher hat er die dafür notwendige Infrastruktur bereitzustellen. Dies verursacht Kosten für Räumlichkeiten, Personal und Material. Daneben fallen für jeden einzelnen Prozess spezifische Kosten in Form von Zeugenentschädigungen, Dolmetscherkosten, Expertenhonoraren, Telefonspesen, Porti und Ähnliches an. Der Staat hat alle diese Kosten zu bevorschussen. Nach Verfahrensabschluss ist dann zu prüfen, wem die angefallenen Gebühren und Kosten zu überbinden sind. Ist dies nicht möglich, so hat letztlich der Staat dafür aufzukommen.

Für die Kostenverteilung von grundlegender Bedeutung ist die Frage, ob der Angeschuldigte verurteilt wird oder nicht. Bei einer Verurteilung werden sämtliche angefallenen Verfahrenskosten überbunden.[1836] Bei einer Aufhebung des Verfahrens oder einem Freispruch trägt dagegen der Staat die Kosten, ausser der Angeschuldigte habe durch sein Verhalten dazu beigetragen, dass ein Strafverfahren eröffnet werden musste. In welcher Instanz die Verurteilung erfolgte, spielt in diesem Zusammenhang keine Rolle. So werden einem Angeklagten, der erst vor letzter Instanz schuldig gesprochen wird, auch sämtliche vorgängig angefallenen Kosten überbunden. Bei mehreren Verurteilten hat die Aufteilung nach dem jeweiligen Verschulden der einzelnen Täter zu erfolgen.

Bei einer Aufhebung des Verfahrens und bei einem Freispruch stellt sich die Frage nach der Entschädigung für den zu Unrecht beschuldigten Verwaltungsrat. In diesem Punkt sind die Behörden sehr zurückhaltend. Meistens wird nur eine Entschädigung für die absolut notwendigen Anwaltskosten ausgerichtet, während Verdienstausfall und immaterielle Schäden unberücksichtigt bleiben. Ein Rückgriff auf denjenigen, welcher die angebliche Straftat angezeigt hat, ist nur im Falle einer böswilligen und wider besseres Wissen aufgestellten Behauptung möglich.[1837]

5.3.4 Adhäsionsweise Zivilklage

Die Rolle des Verletzten in einem Strafprozess beschränkt sich nicht darauf, als Zeuge oder Auskunftsperson Aussagen über den Deliktshergang zu machen. Durch die Verübung von Straftaten entstehen in aller Regel auch zivilrechtliche Ansprüche, namentlich etwa solche auf Schadenersatz und Genugtuung. Im sogenannten Adhäsionsprozess kann nun der Geschädigte eine einheitliche Beurteilung der mit der Straftat verbundenen Zivilansprüche im Strafverfahren verlangen. Ein solches Vorgehen ist aus prozessökonomischer Sicht sehr begrüssenswert, können doch Kosten gespart und sich widersprechende Urteile vermieden werden.

Die Adhäsionsklage ist vom Geschädigten schriftlich oder mündlich zu Protokoll einzubringen.[1838] Da strenge Vorschriften hinsichtlich der Verwirkung dieser Möglichkeit zu beachten sind, verpflichten einige Kantone den Untersuchungsrichter, die allfällige Vornahme einer Zivilklage abzuklären.[1839]

1836 Vgl. THOMAS DOMEISEN, in: Basler Kommentar zu Art. 426 StPO.
1837 In diesem Falle kann umgekehrt eine Strafanzeige wegen falscher Anschuldigung oder Ehrverletzung erfolgen.
1838 Art. 119 StPO.
1839 So etwa Art. 36 Abs. 2 des Gesetzes über die Strafrechtspflege des Kantons St. Gallen.

In aller Regel werden die Zivilklagen geschützt, wenn sie vom Angeschuldigten anerkannt sind und der Geschädigte hinreichende Belege eingereicht hat. Auch ist es möglich, dass der Schutz nur für einen Teilbetrag gewährt und für den Restbetrag auf den Zivilweg verwiesen wird. Ist die Zivilforderung gänzlich unbegründet, kann es zu einer Abweisung kommen. In diesem Falle besteht ein gerichtliches Urteil, und die Forderung kann nicht nochmals auf dem Zivilweg gestellt werden. Kann innerhalb des Strafprozesses die Zivilforderung nicht abschliessend beurteilt werden, so erfolgt eine Verweisung auf den Zivilprozessweg.

Der Vorteil der adhäsionsweisen Zivilklage für den Kläger besteht vorab in der Kostenverteilung. Im Strafverfahren hat der Staat die Kosten des Verfahrens zu bevorschussen.[1840] Überdies hat die Untersuchungsbehörde von sich aus alle belastenden und entlastenden Beweise zu eruieren, sodass sich der Aufwand des Klägers reduziert. Selbst wenn die im Strafverfahren adhäsionsweise geltend gemachte Zivilforderung abgewiesen werden sollte, so wird die Entschädigungspflicht des Klägers meist geringer ausfallen als bei einem verlorenen Zivilprozess.

1840 Vgl. vorne Ziff. 5.3.3, S. 405 f.

6. Haftungsprävention

6.1 Allgemeines

6.1.1 Begriff und Bedeutung der Haftungsprävention

In den letzten Jahren haben die Schadenersatzklagen gegenüber Verwaltungsräten anzahlmässig deutlich zugenommen. Dies belegt eindrücklich die Studie von Susanne Keller aus dem Jahre 2011.[1841] Danach hat sich gemäss Angaben der massgebenden Versicherer die Zahl der Verantwortlichkeitsklagen in den Jahren 2005 bis 2010 praktisch verdoppelt. Es ist davon auszugehen, dass jährlich rund 200 bis 400 Fälle aussergerichtlich durch Vergleich und rund 30 Klagen gerichtlich beurteilt werden. Vollständig abgewiesen werden dabei nur rund ein Viertel der Klagen. Dazu kommen noch über 1000 Fälle von eingeklagten Organen wegen nicht bezahlter Sozialversicherungsbeiträge. Dies ist vielen Verwaltungsräten nicht bekannt, da bei Vergleichen meist Stillschweigen vereinbart wird und die Urteile nur selten publik werden. Ebenso ist die Höhe der gestellten Forderungen massiv gestiegen. Es ist eine Tendenz festzustellen, dass Aktionäre und andere Klageberechtigte rascher als früher bereit sind, gegen den vormals «allmächtigen» Verwaltungsrat, allenfalls auch gegen die Revisionsstelle und neustens auch gegen involvierte Banken vorzugehen. Namentlich bei eindeutigen wirtschaftlichen Fehlleistungen will man heute mehr als früher wissen, wer dafür verantwortlich ist und wie die Verantwortlichen dafür einzustehen haben.

Unter Haftungsprävention sind sämtliche Vorkehrungen zu verstehen, die darauf abzielen, die Haftung für gegenwärtiges und zukünftiges Handeln auszuschliessen.[1842] Bei der Beurteilung, welche Risiken als vertretbar betrachtet werden, spielt die persönliche Risikoneigung eine bedeutende Rolle. Die folgenden Empfehlungen sind daher in pauschaler Form gehalten. Die Einhaltung von gewissen Erfahrungssätzen sollte aber das Verantwortlichkeitsrisiko stark vermindern.[1843]

6.1.2 Zivilrechtliche und strafrechtliche Haftungsprävention

Verantwortlichkeitsfragen sind nicht nur Gegenstand von zivilrechtlichen Auseinandersetzungen. Sie können auch im Rahmen von Strafverfahren aufgerollt werden. Ein Straftatbestand setzt regelmässig voraus, dass zivilrechtliche Pflichten verletzt worden sind. Mit den Vorbeugungsmassnahmen im zivilrechtlichen Bereich kann daher auch das strafrechtliche Risiko vermindert werden. Es bestehen dennoch gewichtige Unterschiede in der Haftungsprävention. Da strafrechtliche Sanktionen persönlichen Charakter haben, ist namentlich ein Überwälzen der Verantwortlichkeit in diesem Bereich ausgeschlossen. Die Prävention im strafrechtlichen Bereich konzentriert sich daher vor allem auf ein rechtzeitiges Erkennen der Gefahren und auf deren Vermeidung bzw. Verminderung.

1841 In einer Zusammenfassung publiziert im Jusletter vom 24. Oktober 2011.
1842 Zu den blossen Einreden und Einwendungen gegen einen konkreten Anspruch vgl. vorne Ziff. 4.1.7, S. 354.
1843 Siehe dazu auch FORSTMOSER, Verantwortlichkeit, Rz. 1161 ff. und die dort zitierte Literatur; FORSTMOSER/SPRECHER/TÖNDURY, passim; KRNETA, N 2140 ff.; BÄRTSCHI, 26 f.

6.1.3 Zulässigkeit der Haftungsprävention

Der Verwaltungsrat hat von Gesetzes wegen unentziehbare und unübertragbare Aufgaben.[1844] Damit sind gleichzeitig folgende Belange verbunden:
- die Pflicht zur Erfüllung dieser Aufgaben
- das Tragen der entsprechenden Verantwortung.

Folglich stellt sich ganz grundsätzlich die Frage, ob eine Haftungsprävention überhaupt zulässig ist. Insbesondere die Überwälzung der Haftung auf andere Personen oder Institutionen, z.B. Versicherungen, ist zu überprüfen. Die ursprüngliche gesetzliche Absicht, den Verantwortlichen mit seinem gesamten privaten Vermögen für den Schaden haften zu lassen, wird damit jedenfalls umgangen.

Da die zivilrechtliche Verantwortlichkeit – im Gegensatz zur strafrechtlichen – nicht an die Persönlichkeit desjenigen gekoppelt ist, welcher eine Pflichtverletzung begangen hat, wird die Überwälzbarkeit der zivilrechtlichen Verantwortlichkeit grundsätzlich bejaht. Zudem ist zu berücksichtigen, dass die Verantwortlichkeit eines Organs dem Geschädigten nur dann nützt, wenn der Ersatzpflichtige den Schadenersatz auch tatsächlich zu leisten vermag. Oftmals ist dem Geschädigten besser gedient, wenn eine andere Person oder Institution anstelle des eigentlichen Verantwortlichen den Schaden deckt. Gleichzeitig bleibt der Geschädigte berechtigt, unabhängig davon den Schadenersatz beim tatsächlich verantwortlichen Organ geltend zu machen.

Problematisch sind Vereinbarungen zwischen den Aktionären und dem Verwaltungsrat, welche die Verantwortlichkeit einschränken. Gegenüber Drittgläubigern sind derartige Abmachungen ohnehin rechtsunwirksam. Im Innenverhältnis muss ein Ausschluss der Haftung für leichte Fahrlässigkeit in Übereinstimmung mit den allgemeinen Haftpflichtgrundsätzen wohl als zulässig erachtet werden. Die Aufhebung jeglicher Haftung, insbesondere für grobfahrlässige Handlungen, hält dagegen vor Art. 100 Abs. 1 OR nicht stand und müsste als nichtig qualifiziert werden.[1845]

6.2 Generelle Möglichkeiten der Haftungsprävention

6.2.1 Allgemeines

6.2.1.1 Zeitliche Unterteilung

Da ein Verwaltungsratsmandat mit einer bedeutenden persönlichen Verantwortlichkeit verknüpft ist, wird sich ein potenzieller Kandidat die Einsitznahme in den Verwaltungsrat gut überlegen. In zeitlicher Hinsicht lassen sich die Massnahmen zur Reduktion bzw. Vermeidung des Risikos einer persönlichen Verantwortlichkeit wie folgt gliedern:[1846]
- Massnahmen vor der Mandatsannahme
- Massnahmen bei der Mandatsausübung
- Massnahmen beim Rücktritt.

1844 Vgl. dazu vorne Ziff. 3.1.2, S. 152 ff.
1845 Aus diesem Grunde ist im Muster eines Mandatsvertrages hinten unter Ziff. 11.46, S. 934 ff., lediglich eine Schadloshaltung für leichte Fahrlässigkeit vorgesehen.
1846 Entsprechend den drei Risikoetappen von HÜTTE, Verantwortlichkeit, 151.

6.2.1.2 Massnahmen vor der Mandatsannahme

Vor der Annahme eines Verwaltungsratsmandates sollte unbedingt die betreffende Gesellschaft analysiert werden.[1847] Es hat den potenziellen Verwaltungsrat insbesondere zu interessieren, ob Geschäftsführungsfunktionen delegiert sind, ob die bestehende Organisation angemessen ist, ob das Rechnungswesen die notwendigen Informationen liefert und ob die Buchführung durch eine qualifizierte Revisionsstelle geprüft wird.

Daneben gilt es, die Zusammensetzung des Verwaltungsrates, seine Aufgaben und seine Organisation zu beurteilen. Insbesondere muss sich der potenzielle Verwaltungsrat selbstkritisch die Frage beantworten, weshalb gerade er ausgesucht worden ist, das Mandat zu übernehmen, und ob er den von ihm erwarteten Beitrag im Verwaltungsrat zu leisten vermag.[1848] Allein um jemandem einen Gefallen zu erweisen oder aus Prestigegründen sollte kein Verwaltungsratsmandat angenommen werden.

6.2.1.3 Massnahmen bei der Mandatsausübung

Durch die aktive Ausübung des Mandates kann ein wesentlicher Beitrag zur Verminderung des Haftungsrisikos geleistet werden. Im Rahmen der Beschreibung der Pflichten des Verwaltungsrates wurden bereits mehrere Empfehlungen abgegeben, wie das Haftungsrisiko des Verwaltungsrates vermindert bzw. vermieden werden kann. Stichwortartig lassen sich die wichtigsten Bereiche wie folgt zusammenfassen:[1849]

- Die *Oberleitung* der Gesellschaft ist aktiv auszuüben. Soweit Funktionen unübertragbar und unentziehbar dem Verwaltungsrat zugewiesen sind, müssen sie auch materiell, nicht nur formell ausgeübt werden. Die delegierbaren Aufgaben hingegen, die der Verwaltungsrat nicht selber ausüben muss und will, sollten effektiv delegiert werden. Die untergeordneten Stellen müssen wirksam und effizient überwacht werden. Gesamthaft ist darauf zu achten, dass sich sämtliche Mitarbeiter jederzeit rechtlich korrekt verhalten (Compliance).[1850]

- Die *Organisation* der Gesellschaft ist zweckmässig zu gestalten und konsequent durchzusetzen. Dazu ist ein detailliertes Organisationsreglement (mit Funktionendiagramm) notwendig, das auch angewandt wird.[1851] Einzelzeichnungsberechtigungen sind nur mit Zurückhaltung zu erteilen.

- Das *Rechnungswesen* ist sachgerecht einzurichten und mit einer griffigen Finanzkontrolle auszugestalten. Überdies soll eine vorausschauende Finanzplanung erfolgen und ein wirksames Risikomanagement betrieben werden. Eine effiziente Finanzführung ist nur möglich, wenn der Verwaltungsrat zeitgerecht über finanzielle Krisensituationen informiert wird und die notwendigen Massnahmen ergreifen kann.[1852]

- Die *Revisionsstelle* soll sorgfältig ausgewählt und zur Unterstützung beigezogen werden. Allenfalls soll zusätzlich zum gesetzlich vorgeschriebenen Prüfbericht noch ein

---

1847 Dazu eingehend nachstehend unter Ziff. 6.2.2, S. 411 ff.; BAUEN/VENTURI, N 783 ff.; WAGNER, 234; JÖRG, 283; KRNETA, N 2147 ff.
1848 Dazu ausführlich hinten unter Ziff. 6.2.3, S. 413 f.; WAGNER, 234; JÖRG, 283.
1849 Vgl. auch die Hinweise bei KRNETA, N 2151 ff.
1850 Bei international tätigen Gesellschaften muss auch anwendbares ausländisches Recht eingehalten werden.
1851 KRNETA, N 2152: Organisation muss «effektiv gelebt» werden.
1852 Zur Wichtigkeit der Revisionsstelle vgl. KRNETA, N 2158.

ausführlicherer Erläuterungsbericht verlangt werden. Einschränkungen und Hinweise im Prüfbericht bzw. Erläuterungsbericht der Revisionsstelle sollten zeitgerecht zu entsprechenden Massnahmen führen.

- An den *Sitzungen und Verhandlungen* des Verwaltungsrates soll aktiv teilgenommen werden. Zur Vorbereitung sind alle möglichen Informationsquellen auszuschöpfen.[1853] Vor der Fällung von Entscheiden sind die daraus resultierenden Konsequenzen kritisch zu hinterfragen. Abweichende Meinungen sollten mit Begründung zu Protokoll gegeben werden. Entscheidungen sollten sachlich nachvollziehbar sein.

- Eine persönliche *Dokumentation* sollte jederzeit einen Überblick über den Stand der Gesellschaft ermöglichen.[1854] Dazu gehören namentlich Statuten, Organisations- und Geschäftsreglement, Organigramm, Handelsregisterauszug, Verwaltungsrats- und Generalversammlungsprotokolle, Geschäfts- und Revisionsberichte, Monats- bzw. Quartalsberichte, Finanz- und Liquiditätsplanung sowie weitere aktuelle Unterlagen je nach Funktionen.

- Die *gesetzlichen Formalitäten* sind strikte zu beachten. Dazu gehören insbesondere die Vorschriften betreffend Einladung zur Generalversammlung und Verwaltungsratssitzungen, Protokollführung, Gewinnverwendung, Delegation von Aufgaben, Informations- und Auskunftspflichten. Diese Formvorschriften sind auch bei kleinen Gesellschaften und Einmannaktiengesellschaften vollumfänglich einzuhalten. Beachtung zu schenken ist aber auch allfälligen aufsichtsrechtlichen Vorschriften (bspw. Bankengesetzgebung) oder Vorschriften über Produkte (Gesundheitsprodukte) und Betriebe (technische Anlagen).

- Die Erfüllung von *Steuerforderungen und Sozialabgaben (insbesondere Prämien für AHV und Pensionskasse) soll speziell überprüft werden.*[1855] Besondere Aufmerksamkeit sind Vorgängen zu schenken, die ausserordentliche Steuern (Verrechnungssteuern) auslösen können (Stichworte Teilliquidation, verdeckte Gewinnausschüttung). Bei schwierigen Fragen kann unter Umständen die Revisionsstelle im Sinne eines Zusatz- oder Spezialauftrages beigezogen werden.

Generell muss dem Verwaltungsrat empfohlen werden, dass er bei sämtlichen Geschäften stets so handelt, wie es auch ein *sorgfältiger und pflichtbewusster Einzelunternehmer* tun würde. Unnötig grosse Risiken sollen ebenso vermieden werden wie die Risikokonzentration auf ein einzelnes Geschäft oder eine einzelne Person (Klumpenrisiko). Beim Abschluss von Geschäften zwischen der Gesellschaft und einzelnen Aktionären oder Verwaltungsräten, sind Interessenkonflikte zu vermeiden (bspw. durch den Ausstand der Betroffenen) und die letzteren genau gleich wie fremde Vertragsparteien zu behandeln. Dies gilt speziell bei der Gewährung von Darlehen, wo nicht nur auf eine angemessene

---

1853 Und sollten zusätzliche Auskünfte verlangt werden, wenn die Unterlagen unvollständig sind (KRNETA, N 2151). Allenfalls müssen externe Fachberater beigezogen werden (KRNETA, N 2152).
1854 Zum Problem der entsprechenden Aktenrückgabe vgl. vorne Ziff. 3.10.11, S. 334 f.; WAGNER, 235.
1855 Vgl. vorne Ziff. 4.5.1, S. 372 ff., und Ziff. 4.5.2, S. 378 ff.; FORSTMOSER, Verantwortlichkeit, Rz. 1143, empfiehlt im Hinblick auf die entsprechende, übermässig scharfe Gerichtspraxis, in diesem Punkt mehr zu tun, als im Rahmen einer angemessenen Oberleitung nötig wäre. Vgl. auch WAGNER, 236. Wichtig ist, dass bis zur Mandatsniederlegung bzw. bis zur tatsächlichen Beendigung des Mandates sämtliche Sozialversicherungsbeiträge und Steuern ordnungsgemäss gebucht und soweit fällig auch bezahlt sind; vgl. dazu auch BGE 126 V 61 ff. betreffend Bezahlung der geschuldeten Sozialversicherungsbeiträge.

Verzinsung und Amortisation, sondern auch auf genügende Sicherheit zu achten ist. Ferner dürfen Mehrheitsaktionäre gegenüber Minderheitsaktionären nicht bevorzugt werden.

6.2.1.4 Massnahmen nach der Mandatsniederlegung

Ein Verwaltungsratsmitglied, das mit Beendigung der Amtsdauer aus dem Verwaltungsrat ausscheidet, hat zu berücksichtigen, dass es noch bis zum Ablauf der Verjährungsfrist für Pflichtverletzungen während seiner Amtszeit verantwortlich gemacht werden kann. Daran vermag auch ein vorzeitiges Ausscheiden aus dem Verwaltungsrat nichts zu ändern. Im Gegenteil könnte ein unerwarteter Rücktritt dem ausscheidenden Mitglied sogar als schädigende Handlung angelastet werden; die Demission kann nämlich für die Gesellschaft eine negative Publizität bedeuten, aber nichts zu einer Schadenminderung beitragen.

Der Zeitpunkt einer Niederlegung des Mandats ist demnach sorgfältig zu wählen. Vor dem Rücktritt sollten noch sämtliche möglichen Massnahmen unternommen werden, um einer zivilrechtlichen Verantwortlichkeit vorzubeugen. Dazu gehört insbesondere die Abhaltung einer Verwaltungsratssitzung, an der sämtliche pendenten Probleme besprochen und Lösungen gesucht werden. Besteht begründete Besorgnis einer Überschuldung oder Illiquidität, so ist es in der Regel besser, auf einen Rücktritt zu verzichten und stattdessen die in Art. 725 OR vorgeschriebenen Massnahmen zu ergreifen.[1856]

Die Mandatsniederlegung sollte aus Beweisgründen schriftlich erfolgen. Der zurücktretende Verwaltungsrat sollte dringend überprüfen, ob sein Rücktritt auch tatsächlich zur Löschung beim Handelsregisteramt angemeldet wird. Gegebenenfalls ist, gestützt auf Art. 938*b* Abs. 2 OR, die Löschung selbst anzumelden.[1857]

Nach der Mandatsniederlegung sollte sich der ehemalige Verwaltungsrat strikte an die fortdauernde Geheimhaltungspflicht halten. Sämtliche vertraulichen oder geheimen Dokumente, welche die Gesellschaft betreffen, sind gegen Quittung dem verbleibenden Verwaltungsrat zurückzugeben. Auch empfiehlt sich Zurückhaltung gegenüber Dritten bei Diskussionen über die frühere Gesellschaftsführung.

6.2.2 Auswahl der Gesellschaft

Als wichtigste Präventionsmassnahme in der ersten Phase der Mandatsannahme wurde weiter vorne die Auswahl der Gesellschaft angeführt. Es versteht sich von selbst, dass ein Verwaltungsratsmandat in einer finanziell schwachen Gesellschaft problematischer ist als in einer Gesellschaft mit nachhaltigen Erträgen, umfangreichen Vermögenswerten und erheblichen stillen Reserven. Doch nicht nur die finanzielle Situation einer Gesellschaft hat einen Einfluss auf die Risiken eines Verwaltungsratsmandates. Zahlreiche andere Faktoren lassen ebenfalls Rückschlüsse auf ein Haftungspotenzial zu. Es lässt sich aber kein Katalog von Mindestanforderungen aufstellen, bei deren Erfüllung jegliche Haftung aus-

---

[1856] Die Pflicht zur Benachrichtigung des Richters wurde ausführlich vorne unter Ziff. 3.10.7, S. 317 ff., behandelt. Vgl. WAGNER, 236.
[1857] Vgl. dazu vorne Ziff. 2.8.3, S. 148 f.; WAGNER, 236.

geschlossen wäre. Nachstehend werden deshalb jene Punkte aufgelistet, welche sich in der Praxis bei der Gesellschaftsanalyse als besonders hilfreich erwiesen haben.

Vorrangiges Untersuchungsobjekt stellt das Unternehmen selbst dar. Dazu kann es notwendig sein, dass sich der potenzielle Verwaltungsrat bestimmte Unternehmensdokumente, wie bereinigte Jahresrechnung, Budget, genaue Produkteinformationen, Statuten und Organisationsreglement aushändigen lässt. Allerdings gebietet das Treuegebot eine vertrauliche Behandlung solch interner Informationen. Die wichtigsten Beurteilungsfelder sind dabei folgende Gebiete des Unternehmens:

- Produkt/Markt/Tätigkeitsbereich
- Fähigkeiten des Managements
- Finanzen.

Der potenzielle Verwaltungsrat muss sich aufgrund der ihm zur Verfügung stehenden Informationen ein Bild über die Gesellschaft machen. Dazu gehört auch das rechtliche, politische, wirtschaftliche und technische Umfeld wie Branchensituation, Konkurrenzverhältnisse und Produktehaftpflichtrisiko. Dabei darf sich die Untersuchung nicht nur auf die momentane Situation erstrecken. Ebenso sind Chancen und Probleme der Zukunft zu beurteilen und das Risiko daraus zu gewichten. Das Vorhandensein von klaren, realistischen Unternehmensstrategien bildet einen Anhaltspunkt dafür, dass die Voraussetzungen zur Bewältigung der künftigen Aufgaben gegeben sind.[1858] Zumindest von der Tendenz her kann festgehalten werden, dass regional tätige, überblickbare Unternehmen in monopolartigen Marktverhältnissen in aller Regel weniger Angriffsfläche für Verantwortlichkeitsklagen bieten als international tätige oder verbundene Gesellschaften.

Im Zusammenhang mit der Firmenbeurteilung sind auch das Alter der Gesellschaft und die Tradition ihrer *Produkte oder Dienstleistungen* zu berücksichtigen. Seit längerer Zeit bestehende Unternehmen, die zudem über eine stetige Unternehmensentwicklung verfügen, bieten in aller Regel mehr Sicherheit als neu gegründete Unternehmen, die sich noch nicht am Markt etabliert haben. Allerdings ist umgekehrt bei älteren Firmen darauf zu achten, ob die zukünftigen Gewinnchancen nicht durch veraltete Strukturen, Vertriebsformen oder Produktionstechnologien zunichte gemacht werden. Ebenfalls risikoreich, aber oftmals notwendig, sind die Erschliessung von neuen Märkten, die Ausdehnung bzw. Diversifikation des Tätigkeitsbereiches oder die Übernahme anderer Unternehmen. Sind derartige Aktionen noch nicht erfolgreich abgeschlossen, so sollte sich der Verwaltungsratskandidat die Unterlagen zeigen lassen, welche zu den entsprechenden Beschlüssen geführt haben. Können keine fundierten Entscheidungsgrundlagen, allenfalls sogar in Form von externen Gutachten, vorgelegt werden, so ist Vorsicht bei der Annahme des Mandates zu empfehlen.

Ein wesentlicher Faktor für ein erfolgreiches Unternehmen ist ein *kompetentes Management*. Ein potenzieller Verwaltungsrat wird daher im Rahmen seiner Möglichkeiten um eine Grobbeurteilung der Qualität und Leistungsfähigkeit der Führungskräfte in der Firma nicht herumkommen. Indikatoren dafür sind unter anderem ein Erfolgsausweis in der Vergangenheit, die Effizienz, mit der Entscheide getroffen werden, das Betriebsklima, der herrschende Teamgeist und die Entwicklungsfähigkeit der Führungskräfte.

1858 Vgl. SPRÜNGLI, 286.

Die *finanziellen Verhältnisse* des zu beurteilenden Unternehmens sind ebenfalls ein gewichtiger Faktor. Ein überwiegender Teil von Verantwortlichkeitsklagen wird bei notleidenden Gesellschaften angestrengt. Verfügt eine Unternehmung über eine ausreichende Kapitalisierung und eine breite Eigenkapitalbasis, so ist zumindest das Risiko solcher Situationen als kleiner einzustufen. Eine gute Ertragslage, ausreichende Liquidität und eine vorsichtige Ausschüttungspolitik reduzieren diesbezüglich das Risiko.

Ebenfalls von Bedeutung bei der Beurteilung der Gesellschaft ist deren *Aktionärskreis.* Bei Gesellschaften, die Inhaberpapiere ausgegeben haben, insbesondere bei Publikumsaktiengesellschaften, lässt sich die Aktionärsstruktur – wenn überhaupt – nur sehr schwer ermitteln. Daher wird dieses Entscheidungskriterium hauptsächlich bei mittleren und kleineren Unternehmen eine Rolle spielen. In solchen Aktiengesellschaften gilt es, das Verhältnis der Aktionäre untereinander genau zu prüfen. Insbesondere ist zu untersuchen, welche persönlichen und/oder wirtschaftlichen Ziele und Absichten die einzelnen Aktionärsgruppen verfolgen und inwieweit sie etwa ein Unternehmenswachstum, eine Expansions- oder Akquisitionsstrategie mit zusätzlichem Eigenkapital mittragen können. Gerade in Familiengesellschaften bestehen oft divergierende Interessen unter den Aktionären. Diese weichen zudem oft von denjenigen der obersten Unternehmensführung ab. Ist der Aktionärskreis in eine Mehrheits- und eine Minderheitsgruppe gespalten, muss sich der Verwaltungsrat bewusst sein, dass er auf die Interessen der Minderheit angemessen Rücksicht zu nehmen hat. Solche Konflikte bilden oft ein erhebliches Risikopotenzial für den künftigen Verwaltungsrat und können auch die Geschäftstätigkeit lahmlegen.

6.2.3 Zusammensetzung des Verwaltungsrates

Zur Vermeidung von späteren Verantwortlichkeitsklagen[1859] sollte sich ein potenzieller Verwaltungsrat vor einer möglichen Einsitznahme in den Verwaltungsrat die Frage stellen, wieso gerade er zur Wahl vorgeschlagen wird. Sind dem designierten Verwaltungsrat nämlich die Kriterien bekannt, die seine Wahl angezeigt erscheinen lassen, kann er auch die Anforderungen abschätzen, welche ihn erwarten. Dabei muss er sich auch *selbstkritisch* fragen, ob er die in ihn gesteckten Erwartungen hinreichend zu erfüllen vermag, ob er über die notwendigen Fachkenntnisse verfügt und ob ihm die erforderliche Zeit für eine sorgfältige Mandatsausübung zur Verfügung steht. Steht eine Ersatzwahl an, so ist auch ein Gespräch mit dem zurückgetretenen Verwaltungsrat empfehlenswert, um mögliche Risiken zu erkennen.

Vor allem in grossen Gesellschaften und bei zahlenmässig umfangreichen Verwaltungsräten findet eine Aufgabenteilung nach den persönlichen Fähigkeiten statt. Eine solche Aufgabenteilung nützt jedoch nur dann etwas, wenn effektiv vorhandene und nicht bloss vorgegebene Fähigkeiten die Aufteilung entscheiden, und wenn die Aufgabenbewältigung konsequent darauf gestützt stattfindet. Deshalb hat sich der Kandidat aber auch über die Fähigkeiten, Kenntnisse und Erfahrungen der bisherigen Verwaltungsräte ein Bild zu machen. Er muss sich kritisch fragen, wer die Angelegenheiten beurteilt und erledigt, für die ihm selbst die Fachkompetenz fehlt. Fehlende Kenntnis, mangelndes Vorstellungsvermö-

---

1859 Wer ein Mandat übernimmt, zu den ihm die persönlichen oder fachlichen Voraussetzungen fehlen, handelt unsorgfältig und macht sich haftbar; BGE 122 III 195 ff., 200. Vgl. auch KUNZ, Annahmeverantwortung.

gen, blindes Vertrauen, Überforderung und Kritiklosigkeit sind Hauptgründe, welche zu Pflichtverletzungen führen können.[1860] Die Zusammensetzung des Verwaltungsrates ist deshalb ein wesentlicher Punkt in der Haftungsprävention.

Besonders wichtig ist die Besetzung des Bereichs *Finanz- und Rechnungswesen* mit kompetenten Persönlichkeiten. Erfolgt die Buchführung nach anerkannten Grundsätzen und findet auch eine laufende Kontrolle statt, so können Gefahrenherde frühzeitig erkannt und dadurch das Risiko von Verantwortlichkeitsklagen reduziert werden.[1861]

Der einzelne Verwaltungsrat muss auf die Gewissenhaftigkeit der übrigen Mitglieder zählen können. Letztlich ist der Verwaltungsrat als *Team* zu verstehen, das nur dann optimal funktioniert, wenn die einzelnen Mitglieder über Teamfähigkeit verfügen. Zu viel rivalisierendes Denken und die Nichtakzeptanz anderer Meinungen führen in vielen Fällen zu unlösbaren Pattsituationen, die der vorgeschriebenen Pflichterfüllung direkt entgegenstehen. Es ist deshalb wichtig, den bestehenden Verwaltungsrat hinsichtlich dieser Teamfähigkeit zu hinterfragen. Im Allgemeinen empfiehlt sich dabei ein persönliches Gespräch mit den einzelnen Verwaltungsräten. Art, Anzahl und Umfang der abgehaltenen Verwaltungsratssitzungen geben ein ungefähres Bild darüber, wie hoch die mit dem Mandat verbundene Arbeitsbelastung etwa ist. Verfügt jemand bereits über mehrere Mandate, kann der Faktor Zeit ein entscheidendes Kriterium hinsichtlich Annahme oder Ablehnung eines zusätzlichen Mandates sein. Die nähere Analyse der Tätigkeit des Verwaltungsrats durch Einsichtnahme in die Sitzungsprotokolle drängt sich jedoch auch aus anderen Gründen auf. Die Art der Protokollführung lässt einen Rückschluss auf die Sorgfalt zu, mit der formelle Vorschriften im Unternehmen beachtet werden. Gleichzeitig lässt sich aus den angegebenen Entscheidungsgrundlagen und Diskussionen auch entnehmen, ob der Verwaltungsrat eine echte Entscheidungskompetenz hat oder nur auf Weisung eines faktischen Organs handelt.

6.2.4 Organisation

Im Hinblick auf die Organisation sollte ein Verwaltungsratskandidat vorab überprüfen, ob die nicht delegierbaren Aufgaben gemäss Art. 716*a* OR auch tatsächlich vom Verwaltungsrat wahrgenommen werden. Dort, wo der Verwaltungsrat gesetzeswidrig alles delegiert hat und selbst keine Entscheidungen mehr fällt, ist eine Abschätzung des Verantwortlichkeitsrisikos gar nicht mehr möglich. Ein derartiges Mandat sollte abgelehnt werden.

Aber auch in jenen Fällen, wo die Delegation den gesetzlichen Vorschriften entspricht, ist eine diesbezügliche Prüfung notwendig. Die Delegation ist nämlich nur rechtmässig, wenn sie auf einer entsprechenden statutarischen Ermächtigung beruht und überdies in einem Organisationsreglement klar festgehalten ist.[1862]

Neben der Zulässigkeit der Organisation ist aber auch deren Zweckmässigkeit zu überprüfen. Eine angemessene Organisation und Aufgabenteilung ist bereits bei mittleren Fir-

---

1860 Vgl. HÜTTE, Verantwortlichkeit, 148.
1861 Zur Bedeutung und Komplexität der finanziellen Führung einer Gesellschaft ausführlich vorne unter Ziff. 3.4, S. 178 ff.
1862 Zum Organisationsreglement vgl. vorne Ziff. 1.9.6, S. 72 ff. Vgl. dazu BGer. 4A_16/2008 vom 12. Juni 2008; das Bundesgericht betrachtet darin eine konkludente Delegation als nicht haftungsbefreiend für den belangten Verwaltungsrat.

men unabdingbar für eine reibungslose Geschäftstätigkeit.[1863] Die Organisation hat zudem Einfluss auf den *Informationsfluss* zum Verwaltungsrat. Damit der Verwaltungsrat Einblick in die effektiven Daten erhält und die Manipulationsgefahr gering ist, muss dieser Informationsfluss im Unternehmen gewährleistet sein.[1864]

Ein weiteres zu prüfendes Kriterium zur Vermeidung von Schadenersatzansprüchen ist die bestehende *Unterschriftenregelung*.[1865] Es sollte besonders darauf geachtet werden, dass auch bei der Einräumung von Vollmachten auf die Erteilung von Einzelunterschriften verzichtet wird. Allenfalls kann eine solche für gewisse Bankgeschäfte notwendig sein; für darüber hinausgehende Aufgaben ist aber durchgehend Kollektivunterschrift vorzusehen. Besonders problematisch ist die Erteilung von Einzelunterschriften an einen Alleinaktionär oder an Personen, die keine Organstellung innehaben oder an Personen mit Wohnsitz im Ausland.

6.2.5 Vermeidung einer faktischen Organschaft

Es sei gleich vorweggenommen: Ein Tätigwerden nur als faktisches Organ ist für den Betreffenden kein taugliches Mittel zur Haftungsprävention! Da in der Praxis jedoch verschiedentlich die Behauptung aufgestellt wird, es lasse sich eine Gesellschaft auch im Hintergrund und damit ohne Übernahme einer formellen Funktion und der damit verbundenen Verantwortung führen, soll auf diesen Punkt näher eingegangen werden.

Wie vorne unter Ziff. 4.1.6, S. 352 ff., eingehend dargelegt wurde, gilt als *faktisches Organ* jedermann, der ohne entsprechende Wahl oder besondere Bezeichnung dauernd und selbständig für die Gesellschaft und ihr Unternehmen wichtige Entscheide fällt. Dazu gehört insbesondere auch der Hauptaktionär, welcher sich in die Geschäftsführung einmischt oder dem Verwaltungsrat Weisungen erteilt.

Da ein faktisches Organ nicht im Handelsregister eingetragen ist, erscheint es auf den ersten Blick praktisch unmöglich, es zu eruieren und einklagen zu können. Tatsächlich liegt die Beweislast für das Bestehen einer faktischen Organschaft beim Kläger. In den meisten Verantwortlichkeitsprozessen versuchen die Beklagten, die Schuld am geltend gemachten Schaden auf andere Personen abzuwälzen. Sollte tatsächlich eine Drittperson die Geschäftsführung ausgeübt oder Weisungen erteilt haben und auch im Übrigen die Voraussetzungen einer faktischen Organschaft erfüllen, so wird dies im Prozess sehr rasch bekannt. Der fehlende Handelsregistereintrag schützt daher nur wenig vor einer Verantwortlichkeitsklage. Zudem ist auch an dieser Stelle nochmals klar festzuhalten, dass faktische Organe zivilrechtlich und strafrechtlich genau gleich wie die formellen Organe haften.

Bereits die bisherigen Ausführungen zeigen, dass die faktische Organschaft kein taugliches Mittel zur Haftungsprävention ist. Im Hinblick auf die Wirkung eines Entlastungsbeschlusses muss die faktische Organschaft sogar als Schlechterstellung gegenüber den formellen Verwaltungsratsmitgliedern qualifiziert werden. Ausser für den stillen Verwal-

---

1863 HÜTTE, Verantwortlichkeit, 148, stellt richtig fest, dass u.a. oftmals auch eine ungenügende Organisation die Grundlage für Pflichtwidrigkeiten bildet.
1864 Vgl. DIETRICH, 280.
1865 Dazu siehe ein Beispiel hinten unter Ziff. 11.93, S. 1130.

tungsrat hat die Décharge-Erteilung für die faktischen Organe nämlich keine Wirkung, da sie nie von der Generalversammlung gewählt oder bezeichnet wurden.

6.3 Spezielle Präventionsmöglichkeiten

6.3.1 Mandatsvertrag

Mandatsverträge sind in der Praxis weit verbreitet. Dabei sind auf der einen Seite natürliche oder juristische Personen, welche als Aktionäre die Möglichkeit haben, einen Verwaltungsrat zu bezeichnen bzw. ihm ein entsprechendes Mandat zu erteilen; diese Vertragspartei wird deshalb als Mandant bezeichnet. Auf der anderen Seite steht eine natürliche Person, welche bereit ist, ein Verwaltungsratsmandat anzunehmen; diese Vertragspartei wird als Mandatar bezeichnet. Wesentlicher Inhalt eines Mandatsvertrages sind folgende Punkte:

- der Mandatar erklärt sich bereit, nach entsprechender Wahl durch die Generalversammlung das Amt eines Verwaltungsratsmitgliedes, eventuell mit einer genau definierten Zusatzfunktion, in einer bestimmten Gesellschaft zu übernehmen;
- sofern der Mandatar nicht bereits selbst Aktionär ist, stellt ihm der Mandant – oft, aber nicht notwendigerweise – zur Amtsausübung treuhänderisch eine Aktie zur Verfügung;
- der Mandatar verpflichtet sich, das Verwaltungsratsmandat im Rahmen des gesetzlich Zulässigen, allenfalls im Einklang mit beruflichen Standards und nach bestem Willen, nach den Weisungen bzw. im Interesse des Mandanten auszuüben;
- für die Ausübung des Verwaltungsratsmandates wird eine Entschädigung festgelegt, allenfalls mit zusätzlichen Angaben über die Zahlungsmodalitäten.

Wie vorne unter Ziff. 1.2.4 auf S. 15 ff. im Zusammenhang mit der Unabhängigkeit erörtert wurde, kann dem Mandanten zwar ein Weisungsrecht gegenüber dem VR-Mitglied eingeräumt werden, doch sind derartige Weisungen nur insoweit verbindlich, als sie nicht gegen Gesetz, Statuten oder die Interessen der Gesellschaft verstossen und dem Verwaltungsrat keine einseitigen, verbindlichen Vorgaben im Bereich seiner unübertragbaren und unentziehbaren Aufgaben gemäss Art. 716a OR machen.[1866]

Neben den angeführten Vertragspunkten können noch weitere Abmachungen Bestandteile des Mandatsvertrages bilden. So können beispielsweise Regelungen über Informations- und Auskunftsrecht, Akten- und Aktienrückgabe, Spesenvergütung und Zusatzaufträge sowie Beginn und Beendigung getroffen werden. Im Muster eines Mandatsvertrages sind hinten unter Ziff. 11.46, S. 934 ff., derartige Klauseln aufgeführt.

Im Rahmen der Haftungsprävention ist ein Mandatsvertrag aus verschiedenen Gründen interessant. Vorab sei erwähnt, dass es in den meisten Fällen eines Mandatsvertrages mit genau definierter *Enthaftungsklausel* bedarf, damit überhaupt eine Versicherung abgeschlossen werden kann.[1867] Darin verpflichtet sich gleichzeitig der Mandant, den Man-

---

1866 Vgl. BÖCKLI, Aktienrecht, § 13 Rz. 624 ff.; HOMBURGER, in: Zürcher Kommentar, N 528 zu Art. 716a OR, FORSTMOSER/MEIER-HAYOZ/NOBEL, § 28 N 175 ff.
1867 Zu den Versicherungsmöglichkeiten vgl. nachstehend Ziff. 6.3.2, S. 417 ff.

datar bezüglich jeglicher Haftpflichtansprüche schadlos zu halten, es sei denn, er habe den Schaden grobfahrlässig oder absichtlich verursacht. Zudem kann sich der Mandant im Mandatsvertrag verpflichten, der Gesellschaft jederzeit sämtliche notwendigen finanziellen Mittel zur Verfügung zu stellen, damit diese ihren Verpflichtungen nachkommen kann. Derartige Verträge zugunsten Dritter sind allerdings nur so gut wie die Zahlungsfähigkeit des Verpflichteten. Schliesslich kann im Mandatsvertrag auch die Organisation der Gesellschaft festgelegt werden, um dem Verwaltungsrat eine optimale Pflichterfüllung zu ermöglichen. Lässt sich aber die vorgesehene Organisation später nicht realisieren, so hat der Mandatar keine Möglichkeit zur gerichtlichen Durchsetzung, da die Gesellschaft aus dem Mandatsvertrag nicht selbst verpflichtet wird.

Die Enthaftungsklauseln sind in der Regel umfassend formuliert, um eine Absicherung gegen jede Art der Inanspruchnahme zu erzielen. Auch werden übergreifend sämtliche Funktionen im Zusammenhang mit der Gesellschaft abgedeckt, indem die Handlungen als Gründer, Aktionär, Verwaltungsrat und Liquidator einbezogen werden. Enthaftungsklauseln bieten nur dann einen hinreichenden Schutz, wenn sie sämtliche Aufgaben des Mandatars umfassen und keine Lücken aufweisen.

Bei Konzerngesellschaften besteht die Möglichkeit, im Rahmen des Mandatsvertrages eine zusätzliche finanzielle Verpflichtung der Gruppe zu statuieren. Fungiert die Muttergesellschaft beispielsweise als Mandantin, kann der Mandatar verlangen, dass die Tochtergesellschaft, bei der er Einsitz im Verwaltungsrat hat, durch die Muttergesellschaft jederzeit ausreichend mit finanziellen Mitteln versorgt wird. Im Haftungsfall kann er sich dann gegebenenfalls darauf berufen, die missliche Lage sei von der Muttergesellschaft durch die Verweigerung der notwendigen finanziellen Mittel nicht behoben worden, und nur dadurch sei überhaupt ein Schaden entstanden. Das Gericht wird dann die Möglichkeit des Durchgriffs auf die Muttergesellschaft prüfen und damit den Mandatar als Verwaltungsrat allenfalls entlasten.

Empfehlung:
Im Mandatsvertrag sollte eine Enthaftungsklausel bezüglich sämtlicher Aufgaben des Mandatars enthalten sein, von der nur grobfahrlässige oder absichtliche Schadenszufügungen ausgeschlossen sind. Die Weisungsbefugnisse des Mandanten sind unter Berücksichtigung der gesetzlichen und statutarischen Einschränkungen klar zu definieren. Im Konzernverhältnis ist es sinnvoll, eine finanzielle Absicherung der Tochtergesellschaft durch die Muttergesellschaft als Mandantin zu vereinbaren.

6.3.2   Versicherungen für Verwaltungsräte

Im Rahmen seiner Oberleitungspflicht gemäss Art. 716a OR hat der Verwaltungsrat dafür zu sorgen, dass die Gesellschaft entsprechend ihrer Geschäftstätigkeit über einen angemessenen Versicherungsschutz verfügt.[1868] Er ist aber nicht verpflichtet, auch für seinen eigenen Versicherungsschutz zu sorgen, obwohl dies über eine Vermögensschadenhaftpflichtversicherung durchaus möglich ist. VR-Mitglieder, welche einen Beruf als Anwalt, Treuhänder, Banker, Architekt, Arzt oder Versicherungsmakler ausüben, können als Zusatz zur Berufshaftpflichtversicherung ihre Organfunktion selbst versichern lassen. Für

---

1868   Um diese Frage zu klären, kann die Checkliste Versicherungsüberprüfung gemäss Ziff. 11.97, S. 1138 ff., verwendet werden.

andere Berufe bleibt nur die Möglichkeit einer besonderen Organhaftpflichtversicherung, einer sog. Director's and Officer's Liability Insurance.[1869]

Zum Wesen einer Vermögensschadenversicherung gehört es, dass auch eine Deckung für fehlerhafte Vertragserfüllung, mithin für das Unternehmerrisiko, gewährt wird. Ebenso sind die Verletzungen von Hauptleistungspflichten im Zusammenhang mit der Ausübung eines Amtes als Organ grundsätzlich versichert. Die Organhaftpflichtversicherung deckt das Risiko, als Exekutivorgan haftpflichtig zu werden. Es sind wiederum nur reine Vermögensschäden versichert. Die Organhaftpflichtversicherung kann als Einzel- oder Kollektivversicherung ausgestaltet sein. Bei der Einzelversicherung ist die Organperson Versicherungsnehmerin und auch Prämienzahlerin. Die eingekaufte Versicherungsdeckung steht ausschliesslich der Organperson zur Verfügung. Bei einer Kollektivversicherung ist die juristische Person Versicherungsnehmerin und begleicht auch die Prämien. Versicherungsschutz geniessen die Organpersonen, die bei der Versicherungsnehmerin tätig sind, unabhängig davon, ob sie geschäftsführend tätig sind oder nicht.

Die D&O-Versicherung ist ein hoch komplexes Versicherungsprodukt, welches weite, aber nicht alle Aspekte der Organhaftpflicht abdeckt.[1870] Tatsächlich enthalten die Allgemeinen Geschäftsbedingungen der D&O-Versicherungen regelmässig weitreichende Deckungsausschlüsse (z.B. Finanztransaktionen innerhalb des Konzerns), neben welchen auch noch individuelle Deckungsausschlüsse treten können.

Im Versicherungsbereich muss klar zwischen Versicherung, Versicherungsdeckung sowie Schaden und Haftung unterschieden werden. Kein Unterschied wird dagegen zwischen Haftung und Verantwortlichkeit gemacht. Versicherung heisst nicht, dass der Schaden gedeckt ist und die persönliche Haftung entfällt. Vielmehr hängt die Versicherungsdeckung von der Police (Gegenstand und Ausschlüsse), den allgemeinen und besonderen Versicherungsbedingungen, dem anwendbaren Recht bzw. dem Versicherungsvertrag sowie von der Bezahlung der Prämien ab. Sodann ist anzumerken, dass in der Versicherungsterminologie zwischen «geschäftsführenden Verwaltungsräten» und «nicht geschäftsführenden Verwaltungsräten» unterschieden wird.[1871] Abgrenzungskriterium ist grundsätzlich die operative Tätigkeit in der Geschäftsleitung und nicht ein allfälliger Arbeitsvertrag zur Gesellschaft.[1872]

Nicht geschäftsführende Verwaltungsräte können sich im Rahmen eines Sonderrisikos über eine bestehende Berufshaftpflichtversicherung oder über eine separate Vermögensschadenhaftpflichtversicherung versichern lassen.[1873] Geschäftsführende Verwaltungsräte haben dagegen die Möglichkeit einer Kollektivversicherung, mit der sämtliche Mitglieder des Verwaltungsrates versichert sind. In beiden Fällen ist zudem eine Organhaftpflichtversicherung, eine D&O-Versicherung,[1874] möglich.[1875]

1869 BANDLE, Rz. 7.
1870 HALLER, Rz. 388.
1871 Vgl. LAUTERBACHER, 136 f.
1872 HÜTTE, Versicherbarkeit, 1297, und SCHWEINGRUBER, 5.
1873 Vgl. HÜTTE, Versicherbarkeit, 1297 f.; LAUTERBACHER, 153 ff.
1874 Vgl. LAUTERBACHER, 146 ff. (Haftung) und 159 ff. (Versicherung); zu den Unterscheidungsmerkmalen zur Berufshaftpflicht- und Betriebshaftpflicht vgl. BANDLE, 309.
1875 Zur Entwicklung der D&O-Versicherungen in den USA und zu den Konsequenzen auf die einzelstaatlichen Gesetzesnovellen vgl. RUFFNER, 282 f.

Die D&O-Versicherung bietet einen Versicherungsschutz für alle Mitglieder des Verwaltungsrats und der Geschäftsleitung, denen eine Organeigenschaft zukommt.[1876] Ihr Abschluss erfolgt global für alle geschäftsführenden Personen einer Gesellschaft.[1877] Mitversichert sind dabei auch die Organe einer Tochterfirma, wenn sich die Beteiligung der Muttergesellschaft auf mehr als 50% der Stimmrechte oder auf 20–50% der Stimmrechte beläuft und sie einen beherrschenden Einfluss auf die Geschäftsführung hat. Ebenfalls enthalten ist teilweise eine Vorsorgedeckung für neu gegründete oder übernommene Tochtergesellschaften. Diesbezüglich sind aber allfällige Ausschlüsse wie geografischer Geltungsbereich, Finanzinstitute oder Grösse der Bilanzsumme etc. dringend zu prüfen.[1878] Falls vertraglich vereinbart, können auch Ehegatten, Erben, gesetzliche Vertreter, mitbeklagte Mitarbeiter und Verwaltungsräte von Drittfirmen versichert werden.[1879] Versicherungsnehmerin und somit auch Prämienzahlerin bei der D&O-Versicherung ist im Gegensatz zur Berufshaftpflichtversicherung die Gesellschaft. Es handelt sich im Unterschied zur Berufshaftpflichtversicherung um eine sehr teure Versicherung.

Jeder dieser aufgezeigten Versicherungsverträge bietet unterschiedlichen Versicherungsschutz. Inhalt von Einzelhaftpflichtversicherungen für Verwaltungsräte oder Kollektivversicherungen für den Gesamtverwaltungsrat sind die Absicherung vor Schadenersatzansprüchen, die aufgrund gesetzlicher Haftpflichtbestimmungen von Dritten gegen den Versicherten erhoben werden. Bei einer Berufshaftpflichtversicherung[1880] ist der Versicherungsschutz insofern erweitert, als auch Schadenersatzansprüche, welche aufgrund gesetzlicher Haftpflichtbestimmungen europäischer Staaten erhoben werden, versichert sind. Einen noch umfassenderen Versicherungsschutz bieten die D&O-Versicherungen, welche in Bezug auf die angerufenen Haftpflichtbestimmungen grundsätzlich weltweite Deckung für Vermögensschäden gewähren (exkl. USA/Kanada).[1881] Gedeckt werden Gerichts- und Verteidigungskosten sowie – im Unterschied zu den traditionellen Rechtsschutzversicherungen – der zu leistende Schadenersatz.[1882] Der Versicherungsschutz umfasst dabei die Abwehr unbegründeter Ansprüche und die Entschädigung begründeter Ansprüche im Falle einer erwiesenen Verantwortlichkeit.[1883] In der Regel werden öffentlich-rechtliche Ansprüche wie Bussen oder Steuerforderungen nicht gedeckt; damit entfällt aber auch

---

1876 HÜTTE, Versicherbarkeit, 1300; nach BÄRTSCHI, 39, existieren solche D&O-Versicherungen in der Schweiz noch nicht lange, während im angelsächsischen Raum ein solcher Versicherungsschutz seit ungefähr Mitte des 20. Jahrhunderts angeboten wird; zu den Anforderungen und Kriterien der Risikobeurteilung vgl. sowohl DIEZI, 82 f., sowie LAUTERBACHER, 135 f., und HÜTTE, Versicherbarkeit, 1299.
1877 BÄRTSCHI, 39.
1878 Weka, Management Dossier, Der Verwaltungsrat, Juni 2007 – Nr. 7, 9.
1879 Weka, 8.
1880 Die Versicherung kann als Zusatz zu einer bestehenden Berufshaftpflichtversicherung abgeschlossen werden; damit können die Prämien tiefer gehalten werden als bei einer separaten Vermögensschadenversicherung. Anbieter solcher Versicherungen sind in der Schweiz derzeit vor allem die AXA Winterthur und die Zurich Insurance Group. Für eine Übersicht über Versicherungsausschlüsse bzw. Deckungseinschränkung vgl. MÜLLER, Unsorgfältige Führung, Rz. 17.66.
1881 Vgl. LAUTERBACHER, 136 f. und 141 f.; dennoch vertritt DIEZI, 115, ohne Begründung die Meinung, der Nutzen einer D&O-Versicherung beschränke sich «auf den Schutz von durch schweizerische Muttergesellschaften in ausländische Töchter delegierten Personen und sodann auf den Rechtsschutz».
1882 BÄRTSCHI, 39.
1883 Vgl. MÜLLER, Unsorgfältige Führung, Rz. 17.68; SCHWEINGRUBER, 35 ff.; BANDLE, 310; LAUTERBACHER, 135. Eine Übersicht über nicht abgedeckte Fälle findet sich bei LAUTERBACHER, 156 ff.

eine Deckung für Forderungen bezüglich nicht abgelieferter AHV-Prämien.[1884] Ebenfalls nicht gedeckt sind Personen- und Sachschäden, Ansprüche von Gross- und Mehrheitsaktionären ab rund 15–20% Stimmrecht, Umweltbeeinträchtigungen, Innenhaftung, Ehrverletzung sowie Geldwäscherei und vorsätzliches, meist auch grobfahrlässiges Verhalten. Eine Deckung für Grobfahrlässigkeit kann aber vertraglich durch einen Verzicht des Versicherers auf sein Ausschluss- oder Kürzungsrecht[1885] vereinbart werden.[1886]

Versicherungsabschlüssen gehen oft komplizierte und langwierige Verfahren voraus. Die Versicherer verlangen ausführliche Fragebögen und diverse geschäftliche Unterlagen. Sodann sind die Vertragsbedingungen und Deckungen der einzelnen Versicherungen meist sehr unterschiedlich. Es empfiehlt sich daher, einen Spezialisten beizuziehen und die Offerten zu vergleichen.[1887] Ein Versicherungsabschluss sollte sodann bereits bei der Annahme eines Verwaltungsratsmandates überlegt werden, denn bei Eintritt eines allfälligen Haftpflichtfalls ist kein Versicherungsabschluss mehr möglich.[1888] Eine Berufshaftpflichtversicherung mit entsprechendem Sonderrisiko ist dabei vom Verwaltungsrat in eigenem Namen und nicht in demjenigen der Gesellschaft abzuschliessen.[1889] Geschäftsführenden Verwaltungsräten wird ein solcher Versicherungsschutz meistens nur gewährt, wenn in deren Mandatsvertrag eine spezielle Enthaftungsklausel vereinbart wurde.[1890] Die aktive Geschäftsführung und die entsprechenden Risiken daraus können nicht bzw. nur über eine spezielle D&O-Versicherung abgesichert werden.[1891]

Wird ein Verwaltungsratsmandat durch Rücktritt oder Abwahl beendet, so fallen grundsätzlich auch die Mandatsversicherung und der entsprechende Versicherungsschutz dahin. Gemäss dem «Claims-made-Prinzip» sind nur Ansprüche versichert, die während der Dauer der Versicherung vom Geschädigten erhoben bzw. gestellt werden. Verantwortlichkeitsklagen, Steuer- oder Sozialversicherungsforderungen können jedoch noch nach mehreren Jahren erhoben werden.[1892] Ist der Versicherungsschutz erloschen, muss der Verwaltungsrat persönlich für den Schaden aufkommen. Deshalb sollte unbedingt eine sogenannte Nachversicherung abgeschlossen werden. Diese garantiert, dass der Versicherungsschutz so lange weiterläuft, bis allfällige Klagerechte verjährt bzw. verwirkt sind.[1893] Bei der D&O-Versicherung sind die ehemaligen Organe nach Aufgabe ihrer Funktion weiterhin versichert, solange der Versicherungsvertrag bestehen bleibt.[1894] Eine Nachversicherung ist ebenfalls möglich, muss aber eingekauft werden. Im Rahmen einer D&O-Versicherung empfiehlt es sich sodann, die Deckung «Anzeigen von Umständen» in die Versicherungspolice aufzunehmen. Dies ermöglicht es der Gesellschaft, dem Versicherer

---

1884 Dies ist zu relativieren; vgl. LAUTERBACHER, 162/163.
1885 Vgl. Art. 14 Abs. 2 VVG.
1886 Weka, a.a.O., 10.
1887 Für D&O-Versicherungen, Weka, a.a.O., 8.
1888 SCHWEINGRUBER, 35.
1889 Dabei ist zu beachten, dass für alle Mandate des Versicherten eine Prämie anfällt, ein sog. «Cherry Picking» gibt es nicht, vgl. HÜTTE, Versicherbarkeit, 1299 f.
1890 Für ein Beispiel einer solchen Enthaftungsklausel vgl. MÜLLER, Unsorgfältige Führung, Rz. 17.67.
1891 Vgl. MÜLLER, Unsorgfältige Führung, Rz. 17.67; LAUTERBACHER, 136.
1892 Vgl. MÜLLER, Unsorgfältige Führung, Rz. 17.16 ff.; LAUTERBACHER, 140; HÜTTE, Versicherbarkeit, 1302 f.
1893 Vgl. LAUTERBACHER, 142 ff.; MÜLLER, Unsorgfältige Führung, Rz. 17.70; HÜTTE, Versicherbarkeit, 1303, mit Hinweis auf besondere Regelungen für die Nachversicherung.
1894 LAUTERBACHER, 144; vgl. BANDLE, 313.

bekannte Tatsachen, welche zu einer Haftung führen können, bis zum Abschluss der Versicherungslaufzeit zu melden. Ziehen diese Tatsachen sodann nach Ablauf der Versicherung Schadenersatzansprüche nach sich, so werden diese so behandelt, als wären sie im Zeitpunkt der Meldung geltend gemacht worden.

Abschliessend bleibt zu erwähnen, dass eine Versicherung nie alle Risiken eines Verwaltungsratsmandates abdecken kann. Insbesondere bleiben strafrechtliche Delikte und öffentlich-rechtliche Forderungen ungedeckt. Die beste Haftungsprävention ist daher die sorgfältige Auswahl, Führung und Beendigung eines Verwaltungsratsmandates. Dies beinhaltet aktive Informationsbeschaffung sowie regelmässige Aus- und Weiterbildungen.

Empfehlung:
Verfügt ein Verwaltungsrat nicht mit Sicherheit über die notwendige Erfahrung und Kenntnisse zur sorgfältigen Bewältigung seiner Aufgaben, so soll er noch vor Antritt seiner Tätigkeit eine entsprechende eigene Berufshaftpflichtversicherung abschliessen oder, falls dies nicht möglich ist, über die Gesellschaft eine Organhaftpflichtversicherung (D&O-Police). Um die dafür notwendigen Unterlagen vorlegen zu können, sind diesbezügliche Abmachungen mit dem Mandanten oder dem bestehenden Verwaltungsrat zu treffen. Es ist zulässig und somit zu empfehlen, dass die Gesellschaft im Rahmen der Verwaltungsratsentschädigung auch die Prämien für die korrespondierende Versicherung übernimmt. Für den Zeitraum nach dem Ausscheiden als Verwaltungsratsmitglied ist unbedingt eine Nachversicherung abzuschliessen, wenn möglich für 10 Jahre. Eine Versicherung kann aber nie alle Risiken abdecken.

6.3.3 Entlastungsbeschluss

6.3.3.1 Die gesetzliche Regelung des Art. 758 OR

Der Entlastungsbeschluss (Décharge) ist ein Verzicht auf die Erhebung von Schadenersatzansprüchen.[1895] Der Entlastungsbeschluss wirkt mit Bezug auf Tatsachen, die der Generalversammlung bekannt gegeben worden waren oder den Aktionären bekannt oder erkennbar waren.[1896] Die Wirkung des Entlastungsbeschlusses ist deshalb limitiert[1897] und weitgehend individuell-konkret zu bestimmen. Die Wirkung liegt auch nicht darin, dass Geschäftsführungsentscheide des Verwaltungsrats, aus denen allenfalls Verantwortlichkeitsansprüche abgeleitet werden könnten, genehmigt würden. Umgekehrt kann aus einer Konsultativabstimmung mit positivem Ergebnis kein Entlastungsbeschluss mit Bezug auf ein Verhalten des Verwaltungsrats konstruiert werden.[1898]

Nach Art. 698 Abs. 2 Ziff. 5 OR richtet sich der Entlastungsbeschluss an die «Mitglieder des Verwaltungsrates» und entlastet grundsätzlich das einzelne Mitglied des Gremiums. Sowohl bei Einmanngesellschaften als auch bei Aktiengesellschaften, bei denen alle Aktionäre gleichzeitig Mitglied des Verwaltungsrats sind, stellt sich die Frage, inwieweit eine rechtsgültige Entlastung überhaupt möglich ist. Nach Art. 698 Abs. 2 Ziff. 5 OR gehört die

---

[1895] BÖCKLI, Aktienrecht, § 18 Rz. 452c; WIDMER/GERICKE/WALLER, in: Basler Kommentar, N 2 zu Art. 758 OR.
[1896] BÖCKLI, Aktienrecht, § 18 Rz. 451 unter Verweisung auf BGE 95 II 329/330; FORSTMOSER/MEIER-HAYOZ/NOBEL, § 36 N 129/130; WIDMER/GERICKE/WALLER, in: Basler Kommentar, N 3 zu Art. 758 OR; Entscheid des Bundesgerichts 4C.107/2005 vom 29.6.2005.
[1897] Vgl. Entscheid des Bundesgerichts 4C.327/2005 vom 24.11.2006.
[1898] Vgl. BÖCKLI, Aktienrecht, § 18 Rz. 452b und c.

Entlastung der Mitglieder des Verwaltungsrates zu den unübertragbaren Aufgaben der Generalversammlung. Art. 695 OR bestimmt, dass Personen, die in irgendeiner Form an der Geschäftsführung teilgenommen haben, bei Beschlüssen über die Entlastung des Verwaltungsrates nicht stimmberechtigt sind. Logische Konsequenz aus der Verbindung dieser beiden Bestimmungen ist, dass eine «gegenseitige» Entlastung aller Verwaltungsräte, je unter Stimmenthaltung für sich selbst, nicht möglich ist.[1899] Solche Beschlüsse sind nicht nur anfechtbar, sondern vielmehr nichtig und entfalten demzufolge keinerlei Rechtswirkungen. Ob ein Generalversammlungsbeschluss auch stille und verdeckte Verwaltungsräte entlasten soll, muss anhand der Umstände im Einzelfall ermittelt werden.[1900, 1901]

Zur Décharge-Erteilung ist, vorbehältlich einer anderslautenden statutarischen Bestimmung, die absolute Mehrheit der vertretenen Aktienstimmen notwendig. Die vom Stimmrecht ausgeschlossenen Personen können auch nicht als Vertreter von anderen Aktionären stimmen oder ihre Aktien durch Dritte vertreten lassen.[1902]

6.3.3.2 Wirkungen der Entlastung

Bei der Beschreibung der Wirkungen des Entlastungsbeschlusses muss zwischen den verschiedenen Anspruchsgruppen differenziert werden. Als mögliche Kläger aus Verantwortlichkeitsansprüchen werden nachfolgend die Gesellschaft, die Aktionäre und die Gläubiger auseinandergehalten.

Da die *Gesellschaft* bekanntlich die Verantwortlichen auch aus eigenem Recht zur Rechenschaft ziehen kann, stellt sich die Frage, inwieweit der Entlastungsbeschluss dieses Recht beeinflusst. Der Entlastungsbeschluss geht von der Generalversammlung als dem obersten Organ der Gesellschaft aus und bindet demzufolge direkt.[1903] Entsprechend wurde auch im Gesetz ein Ausschluss der Klagemöglichkeit der Gesellschaft statuiert.[1904] Wie steht es nun, wenn ein an sich noch zur Verantwortlichkeitsklage berechtigter Aktionär oder Gläubiger seine Ansprüche an die Aktiengesellschaft zediert? Dadurch lebt die Klageberechtigung der Aktiengesellschaft wieder auf.[1905] Allerdings liegt der Forderung nun ein ursprünglich fremder Anspruch zugrunde.

Bei den Ansprüchen des *Aktionärs* sind insgesamt vier unterschiedliche Fälle auseinanderzuhalten.[1906] Einerseits ist zu unterscheiden, ob der betroffene Aktionär dem Entlastungsbeschluss zugestimmt hat oder nicht, andererseits ist zu beachten, ob mittelbarer oder unmittelbarer Schaden geltend gemacht wird. Einzig bei einer mittelbaren Schädigung, bei welcher der Aktionär einem Entlastungsbeschluss zugestimmt hat, entfaltet die Einrede der erteilten Entlastung ihre Wirkung. Hat der Aktionär bei einem mittelbaren Schaden dem Entlastungsbeschluss nicht zugestimmt, so kann ihm keine entsprechende Einrede entgegengehalten werden.

1899 Vgl. dazu allgemein SCHLEIFFER, passim; LEU/VON DER CRONE, 205 ff.
1900 Vgl. LÄNZLINGER, in: Basler Kommentar, N 6 zu Art. 695 OR.
1901 Üblich ist aber eher ein «Globalbeschluss».
1902 SCHLEIFFER, LEU/VON DER CRONE, LÄNZLINGER, in: Basler Kommentar, N 7 zu Art. 695 OR.
1903 FORSTMOSER/MEIER-HAYOZ/NOBEL, § 36 N 132; WIDMER, in: Basler Kommentar, N 4 zu Art. 758 OR.
1904 Art. 758 Abs. 1 OR
1905 Vgl. KUNZ, Einredeordnung, 156.
1906 Dazu vgl. wiederum BÖCKLI, Aktienrecht, § 18 Rz. 452; FORSTMOSER/MEIER-HAYOZ/NOBEL, § 36 N 133, 136; WIDMER, in: Basler Kommentar, N 4 und 5 zu Art. 758 OR.

Schädigung Décharge	Mittelbare Schädigung	Unmittelbare Schädigung
Aktionär hat Décharge zugestimmt	Verantwortlichkeitsansprüche entfallen	Verantwortlichkeitsansprüche bleiben bestehen
Aktionär hat Décharge nicht zugestimmt	Verantwortlichkeitsansprüche bleiben bestehen	Verantwortlichkeitsansprüche bleiben bestehen

Wie werden Aktionäre gestellt, die ihre Aktien erst nach Abhaltung der Generalversammlung erworben haben? Erfolgte der Erwerb der Titel im Bewusstsein der Décharge, so können sie keine Verantwortlichkeitsansprüche aus mittelbaren Schäden mehr geltend machen. Hatten sie jedoch keine Kenntnis von der Décharge, so bleiben die Ansprüche gewahrt.[1907]

Gänzlich unbestritten[1908] und auch positivrechtlich verankert ist der Grundsatz, dass *Gläubigeransprüche* durch Entlastungsbeschlüsse nicht tangiert werden. Dies ist schon aus dem Blickwinkel einleuchtend, dass der Gläubiger keinerlei Einflussmöglichkeiten auf die Décharge-Erteilung hat. Seine Rechte als Gläubiger verwirkt er selbst dann nicht, wenn er gleichzeitig Aktionär in der Gesellschaft ist und dem Entlastungsbeschluss zugestimmt hat. Seine Décharge betrifft in diesem Falle nur seine Ansprüche als Aktionär.

Für sämtliche Aktionäre, die dem Entlastungsbeschluss nicht zugestimmt haben, erlischt das Klagerecht aufgrund von Art. 758 Abs. 2 OR nach sechs Monaten.

Letzlich hat das Institut der Décharge, wenn es darauf ankommt, eine beschränkte Leistungsfähigkeit.[1909]

6.3.3.3 Wirkungen der Beschlussdelegation

Üblicherweise bezieht sich die Décharge-Erteilung auf die bereits gefällten Entscheide des Verwaltungsrates, es handelt sich also um eine nachträgliche Genehmigung. Es ist nun aber auch möglich, dass der Verwaltungsrat Sachgeschäfte der Generalversammlung vorlegt, weil er dazu selbst keinen Entscheid fällen oder zuerst die Stellungnahme der Aktionäre einholen will. Beschliesst nun die Generalversammlung anstelle des Verwaltungsrates, so macht sie seinen Entscheid überflüssig. Man spricht in diesem Zusammenhang von einer Beschlussdelegation;[1910] es handelt sich im Ergebnis um eine «vorgezogene Einzelfall-Décharge».[1911] Das Recht zur Beschlussdelegation ergibt sich aus der Ermächtigung des Verwaltungsrates, der Generalversammlung Anträge zu stellen. An sich ist dazu

---

1907 Vgl. FORSTMOSER, Verantwortlichkeit, Rz. 467.
1908 Vgl. etwa KUNZ, Einredeordnung, 157; FORSTMOSER/MEIER-HAYOZ/NOBEL, § 35 N 133; WIDMER, in: Basler Kommentar, N 5 zu Art. 758 OR.
1909 BÖCKLI, Aktienrecht, §18 Rz. 451b. mit Verweis auf das Urteil des Bundesgerichts 4C.327/2005 vom 24. November 2006.
1910 Zu Beschlussdelegation, Kompetenzdelegation, Kompetenzattraktion und Usurpation vgl. den Beitrag von MARIE-THERESE MÜLLER.
1911 Vgl. KUNZ, Einredeordnung, 161.

keine Ermächtigung in den Statuten notwendig.[1912] Um jedoch von vornherein mögliche Probleme auszuschliessen, empfiehlt sich eine entsprechende statutarische Regelung.[1913]

Von der Möglichkeit zur Beschlussdelegation ausgeschlossen sind sämtliche Geschäfte, welche unter die nicht delegierbaren Aufgaben gemäss Art. 716a OR zu subsumieren sind. Die dort vorgenommene Aufzählung hat u.a. auch zum Zweck, eine Delegation an andere Organe der Gesellschaft zu verhindern. Als Beispiel sei die unübertragbare und unentziehbare Verpflichtung zur Ausgestaltung des Rechnungswesens angeführt. Da diese Aufgabe entsprechendes Fachwissen verlangt und im Hinblick auf die Verantwortlichkeit relativ kritisch ist, kann der Verwaltungsrat zur Unterstützung ohne weiteres entsprechende Fachleute beiziehen. Er kann jedoch den eigentlichen Entscheid über die Konzeption des Rechnungswesens nicht den externen Beratern überlassen. In unserem Beispiel möchte deshalb der Verwaltungsrat darüber gerne die Generalversammlung entscheiden lassen. Selbst wenn nun die Generalversammlung tatsächlich einen entsprechenden Beschluss fällen würde, so könnte sich der Verwaltungsrat dadurch nicht von seiner Verantwortlichkeit befreien. Der diesbezügliche Beschluss der Generalversammlung hat rein konsultativen Charakter und entfaltet ansonsten keine Rechtswirkungen; sämtliche Verantwortlichkeitsansprüche bleiben unverändert bestehen.[1914] Wollte man die gegenteilige Auffassung vertreten, so müsste man eine klare Überforderung der Aktionäre in Kauf nehmen. Gerade die in Art. 716a OR als unübertragbar aufgelisteten Aufgaben sind nämlich sehr komplex und können unmöglich kurzfristig an einer einzigen Versammlung erledigt werden.

Ganz anders verhält es sich, wenn die der Generalversammlung vorgelegten Geschäfte einer Delegation zugänglich sind. Sachgeschäfte, die nicht unter die Bestimmung von Art. 716a OR fallen, können sowohl hierarchisch nach unten an die Geschäftsleitung wie auch nach oben an die Generalversammlung delegiert werden. In diesen Fällen ist eine Beschlussdelegation zulässig und rechtswirksam.[1915] Ein Verwaltungsrat möchte beispielsweise eine Zweigniederlassung errichten. Er weiss nun aber, dass einzelne Aktionäre einen solchen Beschluss nicht akzeptieren wollen. Also kann der Verwaltungsrat den Entscheid über die Errichtung einer Zweigniederlassung der Generalversammlung delegieren und sich in der Folge nach dem Willen der Mehrheit aller Aktionäre richten. Beschliesst die Generalversammlung, eine Zweigniederlassung zu errichten, so wirkt dieser Beschluss wie eine Décharge. Die zustimmenden Aktionäre können nachträglich dem Verwaltungsrat wegen der Zweigniederlassung keine Vorwürfe mehr machen. Die Gesellschaft selbst kann ebenfalls keine Verantwortlichkeitsansprüche mehr geltend machen, da der Entscheid in eigener Verantwortung von der Generalversammlung gefällt worden ist.

Im Extremfall wäre es denkbar, dass der Verwaltungsrat sämtliche *delegierbaren* Aufgaben der Generalversammlung überträgt. In den meisten Fällen würde damit jedoch die Generalversammlung überlastet. Zudem entspricht eine derartige extensive Beschlussdelegation nicht mehr der vom Gesetzgeber angestrebten Konzeption der Aktiengesell-

---

1912 In BGE 100 II 388 zumindest nicht verneint.
1913 Aus diesem Grund ist eine so ausgestaltete Bestimmung unter Art. 9 lit. i in den Musterstatuten hinten unter Ziff. 11.85, S.1100 ff., enthalten.
1914 Prägnant FORSTMOSER, Eingriffe, 169 ff.
1915 Die oben erwähnte Beschlussdelegation hinsichtlich nicht delegierbarer Aufgaben ist formell zulässig, führt jedoch materiell zu keinen Rechtswirkungen. Vgl. dazu namentlich FORSTMOSER, Eingriffe, 169 ff.

schaft. Trotzdem wäre diese Form der umfassenden Delegation an das übergeordnete Organ nicht von vornherein gesetzeswidrig.[1916]

6.3.3.4 Beispiel einer Einzelfall-Décharge

Wirkung und Bedeutung eines Entlastungsbeschlusses lassen sich am besten anhand von Beispielen aufzeigen. Vorerst soll ein fiktiver Fall untersucht werden, bei dem zwar eine Beschlussdelegation und somit eine vorgezogene Einzelfall-Décharge zustande kommt, dem Verwaltungsrat jedoch Vorwürfe bezüglich der Beschlussdelegation an und für sich gemacht werden müssen.

Die Geschäftsführung der Fernsehproduktionsgesellschaft FEPAG wird von ihrem dreiköpfigen Verwaltungsrat ausgeübt. Nachdem es schon bei einigen Fernsehgeräten zu Implosionen gekommen ist, wird an einer Verwaltungsratssitzung die Notwendigkeit einer Rückrufaktion behandelt. Zwei der Verwaltungsräte sind Kaufleute, welche die Implosionen als unvorhersehbare Einzelfälle betrachten und deshalb keine Notwendigkeit für weitere Massnahmen sehen. Der dritte Verwaltungsrat ist Rechtsanwalt und weist auf das am 1.1.1994 in Kraft getretene Produktehaftpflichtgesetz hin; seiner Ansicht nach ist die Gefahr von Schadenersatzansprüchen und damit das finanzielle Risiko für die Gesellschaft so gross, dass umgehend ein Rückruf der gesamten Serie erfolgen muss. Durch diese Argumentation werden die beiden anderen Verwaltungsräte verunsichert. Gegen den Willen des dritten Verwaltungsrates wird beschlossen, den Entscheid über die Rückrufaktion der Generalversammlung zu überlassen. Bis zur nächsten Generalversammlung kommt es zwar zu weiteren Implosionen mit gravierenden Personen- und Sachschäden, doch sind diese im Zeitpunkt der Versammlung noch nicht bekannt geworden.

Wird an der Generalversammlung mit Mehrheitsbeschluss entschieden, eine Rückrufaktion durchzuführen, so trägt der Verwaltungsrat ohnehin die Verantwortung dafür, dass er mit diesem Entscheid selbst zu lange zugewartet hat. Aber auch wenn die Generalversammlung mit Mehrheitsbeschluss eine Rückrufaktion ablehnt, so kann der Verwaltungsrat für die bis dahin entstandenen Schäden zur Verantwortung gezogen werden; er hätte nämlich trotz allem die Pflicht gehabt, rechtzeitig einen entsprechenden Rückrufentscheid zu fällen. Für Schäden nach Abhaltung der Generalversammlung kann der Verwaltungsrat dann allerdings von jenen Aktionären nicht mehr verantwortlich gemacht werden, welche die Rückrufaktion abgelehnt haben. Dies ist eine logische Konsequenz der vorgezogenen Einzelfall-Décharge.

6.3.3.5 Beispiel einer Décharge durch Erben

Im Jahre 1988 wurde an der Generalversammlung der A. AG dem Verwaltungsrat für seine Tätigkeit in den Jahren 1985 bis 1987 mit 497 zu 378 Stimmen Décharge erteilt. Dem Entlastungsbeschluss hatte auch die Erbengemeinschaft S. mit 147 Aktien zugestimmt, obwohl eines ihrer Mitglieder selbst Verwaltungsrat der A. AG war. Auch die Damen G. und R. hatten mit insgesamt 93 Aktien der Décharge zugestimmt, obwohl sie die Erben des verstorbenen T. waren, der bis 1987 Verwaltungsrat der A. AG war. Die in der Entlastungsabstimmung unterlegenen Aktionäre fochten den Generalversammlungsbeschluss wegen ungültiger Stimmabgabe an.

[1916] Unter diesem Aspekt ist auch die Auffassung von KUNZ, Einredeordnung, 161, abzulehnen, wonach eine gültige Delegation an die Generalversammlung nur bei wichtigen Geschäften möglich sei.

Die Stimmberechtigung von Erben bzw. Erbengemeinschaften im Zusammenhang mit dem Entlastungsbeschluss war früher in der Literatur umstritten. Das Bundesgericht stellte in seinem diesbezüglichen Entscheid am 25. November 1992 vorab fest, dass der Fall zwar nach altem Aktienrecht zu beurteilen sei, jedoch im Ergebnis auch unter neuem Recht gleich bliebe.[1917] Sodann stellte das Bundesgericht klar, dass Erben eines Verwaltungsrates kein Stimmrecht beim Entlastungsbeschluss haben, auch wenn sie selbst nicht an der Geschäftsführung teilgenommen haben. Zur Begründung wird auf die Auswirkung der Universalsukzession beim Erbgang hingewiesen, wonach die Erben nicht nur unmittelbar in die Rechte, sondern auch in die Pflichten und damit in die Verantwortlichkeit des verstorbenen Verwaltungsrates eintreten. Dies rechtfertigt nach Ansicht des Bundesgerichts eine extensive Auslegung von Art. 695 Abs. 1 OR entgegen dem eigentlichen Wortlaut.

Im zweiten Teil des erwähnten Entscheides wird zur heiklen Frage der Stimmberechtigung einer Erbengemeinschaft Stellung genommen. Auch hier verneint das Bundesgericht eine Stimmberechtigung beim Entlastungsbeschluss, sobald ein Mitglied der Erbengemeinschaft selbst an der Geschäftsführung teilgenommen hat. Zur Begründung wird im Urteil insbesondere auf die rechtliche Qualifikation einer Erbengemeinschaft hingewiesen. Da es sich um eine Gesamthandgemeinschaft handelt, kann ein Beschluss und damit eine Stimmabgabe nur bei absoluter Einstimmigkeit erfolgen. Ist auch nur ein Mitglied der Erbengemeinschaft vom Stimmrecht ausgeschlossen, kann es zu keiner Einstimmigkeit kommen; folglich muss die ganze Erbengemeinschaft vom Stimmrecht ausgeschlossen werden.

Dieser Entscheid zeigt mit aller Deutlichkeit, mit welcher Sorgfalt an einer Generalversammlung die Stimmberechtigung im Zusammenhang mit einem Entlastungsbeschluss abgeklärt werden muss, will der Verwaltungsrat keine Anfechtungsklage riskieren.

6.3.4 Ehevertrag

Eine Aufzählung der speziellen Präventionsmöglichkeiten wäre unvollständig, wenn nicht auch noch auf den Ehevertrag hingewiesen würde. Mit einem Ehevertrag kann nämlich in begrenztem Umfange wenigstens das Vermögen des Ehegatten vor dem Zugriff von Gläubigern aus einem Verantwortlichkeitsprozess gerettet werden. Es handelt sich mithin um eine Schutzvorkehr bezüglich der letzten Konsequenz aus einer zivilrechtlichen Verantwortlichkeit.

Wird ein Mitglied des Verwaltungsrates der Gesellschaft, den Aktionären oder Dritten aus seiner Tätigkeit zivilrechtlich verantwortlich, so haftet es mit seinem ganzen Vermögen. Dazu zählt insbesondere auch eine *allfällige Güterrechtsforderung,* falls es verheiratet ist. Unter dem ordentlichen Güterstand der Errungenschaftsbeteiligung beträgt dieser Anteil gemäss Art. 215 Abs. 1 ZGB die Hälfte des Vorschlages des anderen Ehegatten. Muss also ein verheirateter Verwaltungsrat sein ganzes Vermögen zur Deckung der Verantwortlichkeitsansprüche aufwenden, so geht insgesamt die Hälfte der Errungenschaft verloren. Mit einem Ehevertrag können nun drei verschiedene Massnahmen getroffen werden:

1917 BGE 118 II 496 ff.

- Auflistung derjenigen Vermögensgegenstände, die nicht zur Errungenschaft gehören bzw. als eingebrachtes Gut bereits zum Eigengut des anderen Ehegatten zu zählen und somit dem Zugriff von Verantwortlichkeitsgläubigern entzogen sind.[1918]
- Abänderung der gesetzlichen Beteiligung am Vorschlag des andern Ehegatten für den Fall einer gerichtlichen Anordnung der Gütertrennung, gestützt auf Art. 216 ZGB.
- Vereinbarung der Gütertrennung, womit jeglicher güterrechtliche Anspruch auf Vermögenswerte des andern Ehegatten entfällt.

Der Gesetzgeber war sich bewusst, dass mit einem kurzfristigen Wechsel des Güterstandes u.a. das gesamte pfändbare Vermögen den Gläubigern aus einem Haftungsprozess entzogen werden könnte. Aus diesem Grunde bestimmt Art. 193 ZGB, dass durch Begründung oder Änderung des Güterstandes ein Vermögen nicht der Haftung entzogen werden darf, wenn es bis anhin den Gläubigern eines Ehegatten zur Verfügung stand.[1919] Der Abschluss eines Ehevertrages während eines pendenten Verantwortlichkeitsprozesses ist deshalb nutzlos. Wird jedoch ein Ehevertrag noch *vor Aufnahme der effektiven Tätigkeit* als Verwaltungsrat abgeschlossen, so können sich Gläubiger aus nachträglich entstandenen Verantwortlichkeitsansprüchen nicht mehr auf den Schutz von Art. 193 ZGB berufen.

6.4 Risikomanagement auf Stufe Verwaltungsrat

6.4.1 Grundlagen

6.4.1.1 Notwendigkeit des Risikomanagements

Aus der allgemeinen Pflicht des Verwaltungsrates zur Oberleitung der Gesellschaft gemäss Art. 716*a* OR lässt sich die Detailpflicht ableiten, für ein ausgewogenes Verhältnis von Zielen und Mitteln der Gesellschaft zu sorgen.[1920] Der Verwaltungsrat ist auch aufgrund der in Art. 717 OR festgehaltenen Sorgfalts- und Treuepflicht gehalten, die Risikofähigkeit der Gesellschaft zu beurteilen.

Dazu gehört auch, unnötige Risiken zu vermeiden und unausweichliche Risiken zu minimieren, um die Existenz und die Weiterentwicklung des Unternehmens sicherzustellen. Die Gesellschaft darf nämlich nur Geschäfte betreiben, zu denen sie personell, finanziell und organisatorisch in der Lage ist.[1921] Dies setzt eine bilanzielle und finanzielle Risikofähigkeit voraus. Die Gesellschaft darf nur Risiken eingehen, zu deren Tragung sie aufgrund ihrer Bilanzstruktur fähig ist. Es müssen einerseits genügend Eigenmittel (Kapitalstruktur/Passivseite) vorhanden sein, um allfällige Risiken eines Verlustes tragen zu können (Grundsätzlich gilt dabei: je risikobehafteter, desto höhere Eigenkapitalanforderungen), andererseits darf das Vermögen (Investition/Aktivseite) nur so investiert sein, dass mögliche Bewertungsrisiken nicht zu einer Überschuldung führen. Zudem müssen stets genü-

---

1918 Gemäss Art. 195*a* ZGB kann mit einer öffentlichen Urkunde auch separat ein derartiges Inventar aufgenommen werden. Im Ehevertrag kann das Inventar aber mit anderen Massnahmen kombiniert werden.
1919 Art. 193 ZGB.
1920 Vgl. die Aufgliederung der Oberleitung bei BÖCKLI, Aktienrecht, § 13 Rz. 306.
1921 GERICKE/WALLER, in: Basler Kommentar, N 27 zu Art. 754 OR.

gend finanzielle Mittel vorhanden sein, um die geplanten Tätigkeiten ausüben zu können und um die anstehenden Verpflichtungen stets erfüllen zu können.[1922]

Analysiert man die Gründe für den Misserfolg von Unternehmen in den vergangenen Jahrzehnten, so zeigt sich, dass vielfach der Verwaltungsrat drohende Gefahren nicht erkannte bzw. erkennen wollte und folglich auch keine Massnahmen zur Vermeidung oder Verminderung dieser Risiken eingeleitet wurden. Der Eintritt eines resultierenden Schadens als Folge eines nicht erkannten Risikos war deshalb nicht selten gleichbedeutend mit dem Untergang des Unternehmens. Erstaunlicherweise sind dabei die rein finanziellen Risiken, wie z.B. der Verlust einer Kundenforderung, in der Regel nicht die Hauptursache für den Misserfolg des Unternehmens. Die Implementierung und Optimierung eines effizienten Risikomanagements ist damit letztlich ein wichtiges Mittel für den Verwaltungsrat zur *Haftungsprävention*. Aus diesem Grunde wird diese Pflicht des Verwaltungsrats bewusst in diesem Kapitel Haftungsprävention und nicht bereits unter dem Kapitel Oberleitung erörtert.

Die unabhängige Stiftung Board Foundation führt in Zusammenarbeit mit dem Institut für Systemisches Management und Public Governance der Universität St. Gallen die Swiss Board School, an welcher Verwaltungsräte professionell ausgebildet werden. Aus der Diskussion mit den Teilnehmern von verschiedenen Kursen ergab sich folgende Liste von Hauptfehlern, welche Verwaltungsräte von KMU begehen:[1923]

Zehn Hauptfehler von Verwaltungsräten in KMU *(Ein Fehler allein ist nie die Ursache für Misserfolge!)*
Falsche Zusammensetzung und ungenügende Qualifikation des Verwaltungsrates, insbesondere bezüglich Funktion des VR-Präsidenten und Fehlen von externen VR-Mitgliedern
VR-Mitglieder sind zu wenig kritisch, ungenügend vorbereitet und haben nicht die notwendige Unabhängigkeit
Beeinflussung von VR-Entscheiden durch Interessenkonflikten und Eigeninteressen, insbesondere mangels Offenlegung von persönlichen Interessen und fehlenden Ausstandsregelungen
Fehlende oder ungenügende Strategiefindung und Strategiekontrolle
Fehlendes oder ungenügendes Risikomanagement, insbesondere bezüglich Liquiditätsplanung und Nachfolgeregelung
Zu geringer Sitzungsrhythmus, indem der Verwaltungsrat nur auf Veränderungen und Ereignisse reagiert und nicht von sich aus agiert
Mangelhafte Informationsbeschaffung und Informationsauswertung, insbesondere durch unzureichende oder verspätete Berichterstattung an den Verwaltungsrat
Zu späte oder fehlerhafte Entscheidfindung, insbesondere zufolge unvollständiger Entscheidungsunterlagen
Bei erfolgter Geschäftsführungsdelegation ungenügende Zusammenarbeit zwischen Verwaltungsrat und Geschäftsleitung, insbesondere unklare Aufgaben- und Kompetenzzuteilung
Bei erfolgter Geschäftsführungsdelegation fehlt eine periodische Überprüfung der Geschäftsleitung und ungenügende GL-Mitglieder werden zu spät ausgewechselt

Quelle: Studie der Swiss Board School, St. Gallen 2011

1922 HANDSCHIN, Rechnungslegung, N 102 ff.
1923 Vgl. diesbezüglich auch KALIA/ MÜLLER, 15.

Das fehlende oder ungenügende Risikomanagement wird hier als einzelner Hauptfehler aufgelistet. Fasst man die lokalisierten Hauptfehler jedoch zusammen, gelangt man zur erstaunlichen Erkenntnis, dass letztlich alle zehn Hauptfehler auf Risiken im Zusammenhang mit der *Corporate Governance* zurückzuführen sind. Eine konsequente Erfassung aller Risiken auch im Zusammenhang mit der Unternehmensführung müsste zur Aufdeckung bzw. letztlich zur Verhinderung von solchen Fehlern führen. Gerade im Bereich der Corporate Governance ist deshalb das Risikomanagement für den Verwaltungsrat von herausragender Bedeutung.[1924]

Der Umgang mit Risiken und Chancen gehört zum alltäglichen Geschäft jedes Unternehmens: jedes Unternehmen versucht Chancen zu nutzen und wird dabei mit verschiedensten Risiken konfrontiert. Bewusst oder unbewusst betreibt damit jede Unternehmensleitung ein (allerdings unterschiedlich ausgestaltetes) Risikomanagement, wobei dieses allerdings oft nicht konkret definiert und kontrolliert wird. Oftmals werden Risiken zu spät erkannt, sodass weder genügend Zeit noch adäquate Massnahmen zur Verfügung stehen, um den möglichen Schaden zu verhindern. Um dies zu verhindern, ist jede weitsichtige Unternehmensleitung bestrebt, mögliche Risiken zu antizipieren und die möglichen negativen Auswirkungen der für das Unternehmen gefährlichsten Risiken im Voraus durchzudenken und sodann diese durch adäquate strategische bzw. operative Massnahmen soweit möglich zu minimieren.

Entgegen einer weit verbreiteten Meinung ist das Risikomanagement auch für KMU von erheblicher Bedeutung. Auf Stufe Verwaltungsrat wird das Risikomanagement gerade in KMU oft vernachlässigt. Dabei ist in einem KMU das Risikomanagement leichter zu implementieren und zu kontrollieren als in einer Grossgesellschaft, weil die Distanz von Verwaltungsrat zur Geschäftsleitung und zu den Mitarbeitern kleiner ist, sodass die Risiken unmittelbarer wahrgenommen werden können.

Ein ausgewogenes und dokumentiertes Risikomanagement kann im Zusammenhang mit günstigen Kreditzinsen von Vorteil sein. Banken haben beim Rating u.a. auch das Risikomanagement zu bewerten. Und schliesslich kann das Risikomanagement allenfalls auch zu einer Reduktion der Versicherungsprämien führen, wenn bei der Implementierung und Umsetzung früh genug mit den Versicherungen Kontakt aufgenommen wird.

6.4.1.2 Entwicklungstendenzen des Risikomanagements

a) **Vom unsystematischen zum vollintegrierten Risikomanagementsystem**

Betrachtet man die Umsetzung des Risikomanagements in verschiedenen Unternehmen, so findet man ein ganzes Spektrum von Varianten: von der unsystematischen Ad-hoc-Behandlung (Erste Hilfe) bis zum voll ausgebauten und integrierten Risikomanagementsystem (RMS).

Häufig wird das Risikomanagement als *reaktiver* Prozess verstanden, bei dem eingetretene Zielabweichungen identifiziert und korrigiert werden. Effizientes Risikomanagement sollte jedoch als *proaktiver* Prozess angelegt werden, der in die Geschäftsprozesse integriert und kontinuierlich und vorausschauend die mit den Prozessen verbundenen Risiken ermittelt und bewältigt. Es geht dabei nicht um die vollständige Vermeidung von Risiken,

---

[1924] An dieser Stelle sei auf folgende praxisbezogene Publikationen hingewiesen: AMHOF; BRÜHWILER; GIETL/LOBINGER; GLEISSNER/ROMEIKE; KALIA/MÜLLER.

sondern um den bewussten und zielorientierten Umgang mit Unternehmensrisiken. Eine systematische Steuerung und Überwachung von Risiken kann auch der besseren Chancennutzung durch das Unternehmen dienen. Es genügt nicht zu fragen, wo das Unternehmen Risiken ausgesetzt ist, vielmehr ist auch periodisch zu beurteilen, ob das Unternehmen bewusst genügend Risiken eingeht, was heute als sog. «Risk Appetite» bezeichnet wird.[1925] Diese – vielleicht weniger oft gestellte – Frage betrachtet das Risiko als etwas Positives, als Chance, als Antrieb zur Leistungsverbesserung.[1926]

Ein wirksames Risikomanagement stellt in diesem Sinne einen wesentlichen *Erfolgsfaktor* eines Unternehmens dar, der sowohl der langfristigen Sicherung des Unternehmensbestandes als auch der Ergebnismaximierung dient. In diesem Sinn ist das Risikomanagement Teil der Gesamtführung eines Unternehmens. Risikomanagement dient nicht nur den Eigentümern des Unternehmens (Shareholder Value), sondern auch den Mitarbeitern und – mittelbar – auch der Volkswirtschaft.

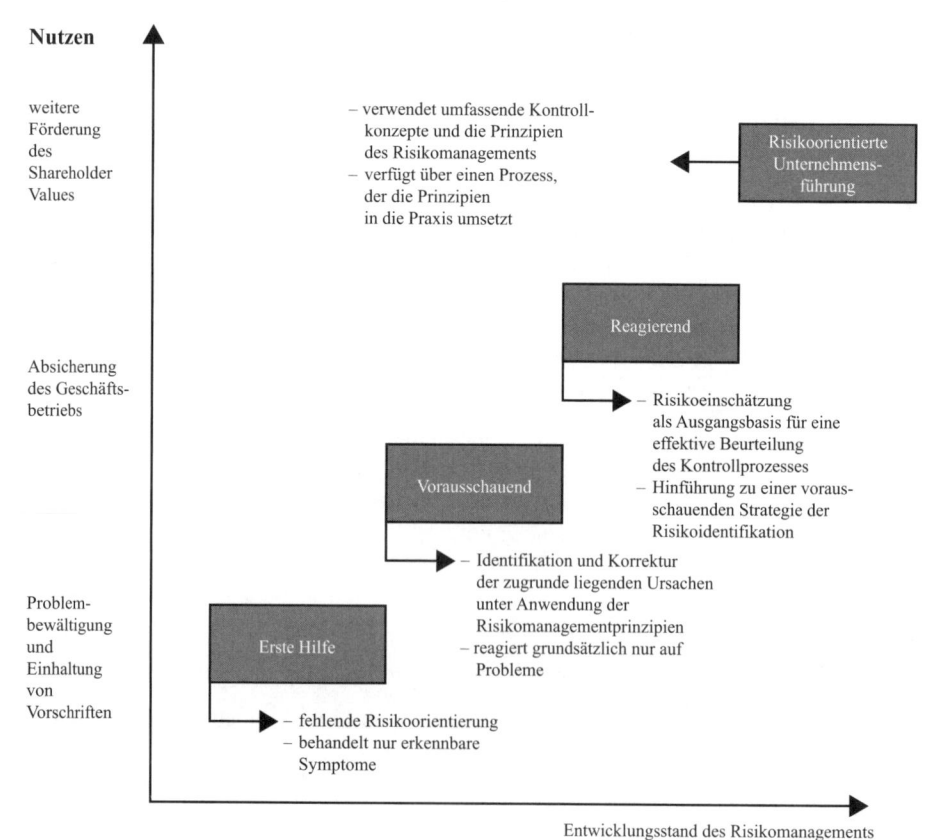

Quelle: PwC Unternehmensweites Risikomanagement (Frankfurt, 1999)

1925 Dazu ausführlich ANDERSON; hier werden nicht nur die Grundsätze aufgelistet (7), sondern auch konkrete Fragen für die strategische Führungsebene gestellt (10).
1926 In diesem Sinne auch BRÜHWILER, Risikomanagement, 23 ff.

b) Vom Einzelrisiko zur Gesamtbetrachtung

In den 70er-Jahren war das Risikomanagement ausschliesslich auf die Erfassung und Beurteilung von Kreditrisiken beschränkt. In den 80er-Jahren erfolgte eine Ausdehnung auf Risiken im operationellen Geschäft (Business Risks). In den 90er-Jahren wurden bereits sämtliche finanziellen Risiken im Zusammenhang mit dem Risikomanagement erfasst, also auch Marktrisiko, Kreditrisiko und Liquiditätsrisiko. Seit der Jahrtausendwende werden nicht mehr nur die finanziellen und operativen Risiken erfasst, bewertet und soweit sinnvoll reduziert. Vielmehr sind auch die strategischen Risiken des Unternehmens vermehrt ins Bewusstsein der Verwaltungsräte gerückt. Dazu gehören auch die Risiken aus Corporate Governance (insbesondere auch die Reputationsrisiken). Man spricht deshalb von einem integriertem Risikomanagement.[1927] Grafisch lässt sich dies als Risiko wie folgt veranschaulichen:

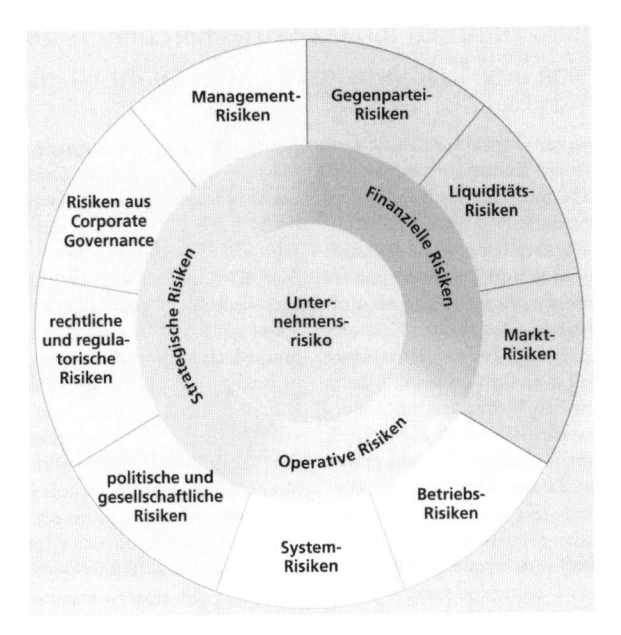

Quelle: Kägi Thomas/Pauli Rudolf, Risk Management und konjunkturelle Sturmwarnung, in: UBS Outlook 4/2003, Zürich 2003, S. 7

Die Zukunft wird wohl noch eine weitere Ausdehnung des Risikomanagements bringen:[1928]
- Die Verknüpfung der Unternehmensstrategie mit dem Risikomanagement wird intensiviert. Neben dem Umgang mit Risiken wird dabei das systematische Nutzen von Chancen an Bedeutung gewinnen.
- Die Wechselwirkung von Risiken rückt stärker in den Vordergrund (ganzheitliches Risikomanagement).
- Risikomanagement wird als Wettbewerbsfaktor ein zusätzliches Strategiethema des Verwaltungsrates werden.

1927 KALIA/MÜLLER, 39 ff.
1928 PwC DEUTSCHLAND (Hrsg.), Wirtschaftskrise, 7.

- Qualifizierte Risiken werden nicht mehr nur durch das Audit Committee, sondern durch ein spezielles Risk Management Committee erfasst und beurteilt.
- Risikomanagement wird auch im Zusammenhang mit Public Governance eine wichtige Rolle spielen.
- Nebst den Finanzrisiken treten neue Risiken in den Focus (strategische Risiken, Image- und Reputationsrisiken etc.).
- Im Geschäftsbericht/Lagebericht werden nicht nur Angaben zur Corporate Governance, sondern auch zum Risikomanagement nötig sein, um der Forderung nach mehr Transparenz gegen aussen zu genügen.
- Die Risikoszenerie wird wegen der geografischen Verlagerung und Globalisierung an Dynamik gewinnen und demzufolge ein effektives und speditives Risikomanagement erfordern.

6.4.1.3 Gesetzliche Grundlagen des Risikomanagements

a) Obligationenrecht

Gemäss Art. 716*a* Abs. 1 Ziff. 1 OR ist der Verwaltungsrat zwingend für die Oberleitung der Gesellschaft und die Erteilung der dazu nötigen Weisungen zuständig. Dazu gehört auch das strategische Risikomanagement, welches die Grundlage für ein effektives operatives Risikomanagement bildet. Der Verwaltungsrat hat demnach die Risikoeinstellung des Unternehmens und die Steuerung der Risikopolitik selbst festzulegen. Die vorgegebenen Risikoziele sollten sich dabei mit den allgemeinen Unternehmenszielen decken.

Gestützt auf Art. 716*b* OR bzw. eine entsprechende statutarische Ermächtigungsklausel kann der Verwaltungsrat mittels Erlass eines Organisationsreglements das operative Risikomanagement an die Geschäftsleitung delegieren. Dazu braucht es nicht unbedingt einen besonderen Chief Risk Officer (CRO), wie er in Grossunternehmen eingesetzt wird. Es genügt, wenn der Geschäftsführer selbst oder ein ihm unterstelltes Geschäftsleitungsmitglied mit den entsprechenden Verantwortlichkeiten und Aufgaben betraut wird.

Anlässlich der Änderung des GmbH-Rechts per 1. Januar 2008 wurden u.a. gleichzeitig Bestimmungen im Aktienrecht revidiert bzw. ergänzt. Danach hatten sämtliche Aktiengesellschaften im (geprüften) Anhang der Jahresrechnung «Angaben über die Durchführung einer Risikobeurteilung» zu machen. Seit der Gesetzesrevision per 1.1.2013 müssen nur noch grössere Unternehmen, welche der ordentlichen Revision unterliegen, im Lagebericht Aufschluss geben über die Durchführung einer Risikobeurteilung.[1929] Der Verzicht auf die Offenlegungspflicht bei KMU darf nicht als Verzicht auf eine Risikobeurteilung interpretiert werden. Nach wie vor ist aus verschiedenen Gründen die gründliche Auseinandersetzung mit Risiken und Chancen für jede Gesellschaft unerlässlich. Dass dabei eine gewisse Systematik und Methodik angewendet wird, erleichtert diese Aufgabe: daher wird weiterhin allen Gesellschaften empfohlen, ein Risikomanagement zu implementieren und zu führen. Gerade für KMU ist dies eine wichtige strategische und operative Führungsaufgabe.

1929 Art. 961*c* Abs. Ziff. 2 OR.

b)   Bankenrecht

Gemäss Art. 9 Abs. 2 BankV[1930] regelt die Bank die Grundzüge des Risikomanagements sowie die Zuständigkeit und das Verfahren für die Bewilligung von risikobehafteten Geschäften in einem Reglement oder in internen Richtlinien. Sie muss insbesondere Markt-, Kredit-, Ausfall-, Abwicklungs-, Liquiditäts- und Imagerisiken sowie operationelle und rechtliche Risiken erfassen, begrenzen und überwachen.

Risikopolitik:
Die Geschäftsleitung formuliert die Risikopolitik, welche vom Organ für Oberleitung, Aufsicht und Kontrolle genehmigt und periodisch auf ihre Angemessenheit hin beurteilt wird. Sie erlässt Vorschriften zur Umsetzung der Risikopolitik. Diese müssen insbesondere vorsehen, dass jegliche Risikoübernahme ausschliesslich durch dazu autorisierte Personen erfolgt. Für alle für die Bank wesentlichen Risiken werden Limiten ausgesetzt.

6.4.1.4   Begriffe

a)   Risiko und Sicherheit

Es gibt viele Möglichkeiten, Risiko zu definieren. Die Vorgabe eines einheitlichen und fassbaren Risikoverständnisses im Unternehmen ist aufgrund der unterschiedlichen Wahrnehmung von Risiken durch jeden einzelnen Risikoverantwortlichen essenziell für ein einheitliches Risikoverständnis. Nur wenn alle Mitarbeiter und Mitarbeiterinnen die Risiken mit der gleichen Systematik bewerten, kann der Risikocontroller die Informationen sinnvoll für die Analyse nutzen und für die Unternehmensführung zusammenfassen.

Der Gesetzgeber hat den Unternehmen bei der Wahl ihrer unternehmensindividuellen Risikodefinition weitgehend freie Hand gelassen. Die Art und Weise, wie Risiko definiert wird bzw. wie das Risikoszenario aufgebaut ist, hat einen wesentlichen Einfluss auf die anschliessende Bewertung und Steuerung der Risiken.

Die weitaus meisten Unternehmen verwenden in der Praxis eine *offene* Definition des Risikos. Danach sind *Risiken* allgemein die aus der Unvorhersehbarkeit der Zukunft resultierenden, durch zufällige Störungen verursachten Möglichkeiten, von geplanten Zielwerten abzuweichen.[1931] Man betrachtet Risiken also als «mögliche negative Abweichung vom Unternehmensplan oder den Unternehmenszielen». Im *wirtschaftlichen* Umfeld werden Risiken definiert als unsichere, künftige Entwicklungen, welche die Erreichung der strategischen, operationellen und finanziellen Ziele eines Unternehmens negativ beeinflussen könnten.

Die Verwendung der genannten (offenen) Risiko-Definition setzt voraus, dass die Risikoverantwortlichen die Unternehmensziele verstehen und die relevanten Planzahlen kennen, damit sie überhaupt allfällige Zielabweichungen ermitteln, analysieren und bewerten können. Daraus ergeben sich sehr hohe Anforderungen an die Transparenz in der Planung in Bezug auf die dort bereits berücksichtigten Risiken. Eher selten definieren Unternehmen ihre Risiken sehr spezifisch für einzelne Teilbereiche. Mit solchen Vorgaben können sie ihre Risiken jedoch konkreter erfassen und abgrenzen. Allerdings ist dann die Gefahr grösser, gewisse Risiken nicht zu erfassen.

1930   Verordnung über die Banken und Sparkassen (SR 952.02).
1931   GLEISSNER/ROMEIKE, 27.

Sicherheit ist dagegen die Sachlage, bei welcher das noch vorhandene Restrisiko nicht grösser als das Grenzrisiko ist. Dabei ist unter Grenzrisiko das grösste noch vertretbare Risiko eines bestimmten technischen Vorgangs oder Zustands zu verstehen.[1932]

b) **Risikomanagement und Risk Controlling**

Risikomanagement ist der permanente und systematische Prozess des Erfassens und Analysierens aller potenziellen Gefahrenquellen sowie das Ergreifen angemessener Massnahmen zum Minimieren der für die Existenz und die Weiterentwicklungen des Unternehmens signifikanten Risiken.

In dieser Definition sind gleichzeitig folgende wichtige Elemente im Zusammenhang mit dem Risikomanagement vereint:

- Es handelt sich nicht nur um eine einmalige Aktion, sondern um einen stetigen Prozess, der im Unternehmen implementiert werden muss.
- Um nicht nur die offensichtlichen Risiken zu erkennen, ist ein strukturiertes Vorgehen nötig, mit dem gezielt sämtliche Risiken in allen Bereichen erforscht und katalogisiert werden können.
- Jedes Risiko ist einzeln zu beurteilen und nach den gleichen Massstäben zu bewerten, um anschliessend eine Rangierung nach der Grösse des Risikopotenzials vornehmen zu können.
- Im Rahmen der Risikopolitik hat die Unternehmensleitung zu entscheiden, welche Risiken aufgrund ihrer geringfügigen Auswirkungen oder ihrer Unvermeidbarkeit hingenommen werden und welchen Risiken mit geeigneten Massnahmen zu begegnen ist.
- Sodann gehört zu einem Risikomanagement die konsequente Umsetzung von beschlossenen strategischen bzw. operativen Massnahmen zur Verringerung von Risikopotenzialen (sogenannte Risk Mitigation).
- Und schliesslich kann ein Risikomanagement nur dann erfolgreich sein, wenn auf allen Unternehmensstufen neu auftauchende Risiken ebenso wie eingetretene Schadensfälle standardmässig gemeldet werden (sogenanntes Risk Reporting) und eine geeignete Organisation vorhanden ist, welche die permanente Weiterführung und Optimierung des Prozesses gewährleistet (sogenanntes Risk Controlling).

Es handelt sich dabei um einen modularen Kreislauf aus Kommunikation, Dokumentation, Kontrolle, Frühwarnmechanismen und Weiterentwicklung. Die wesentlichen Elemente dieses Regelkreislaufs sind Risikoperzeption, Risikoidentifikation, Risikokommunikation, Risikoanalyse, Risikobewertung und Risikoüberwachung.[1933]

Risk Controlling ist ein Bestandteil des Risikomanagements und bezweckt die permanente Überprüfung bzw. Anpassung des Prozesses an Veränderungen des Unternehmens oder dessen Umfeld. Auch die Risikosteuerung ist ein Bestandteil des Risikomanagements, doch handelt es sich dabei um die aktive Beeinflussung der erkannten Risiken.

[1932] Gemäss der Definition in DIN 31000 Teil 2.
[1933] Unter vielen ISO/IEC Guide 51:1999, Begriff 3.12; DENK/EXNER-MERKELT/RUTHNER, 20; PwC, Benchmarking, 16, GINDI, 17.

6.4.2 Risikomanagement als Führungsaufgabe

6.4.2.1 Risikomanagement als Kreislauf

Bei Unternehmen, die eine systematische Beurteilung ihrer Unternehmensrisiken vornehmen, ist diese Beurteilung in der Regel in einem umfassenden Risikomanagementsystem integriert. In der neueren Literatur sind zahlreiche Ansätze zum Risikomanagement bekannt. Die meisten basieren auf dem Ansatz des *Regelkreises* und beinhalten in der Regel folgende Elemente:[1934]

- Vorgabe von Unternehmenszielen und Risikostrategie (inkl. Sicherheitszielen), Ableitung von Risikomanagementrichtlinien
- Risikoidentifikation (Frühwarnsystem)
- Risikoanalyse und -bewertung, Risikoaggregation
- Risikoberichterstattung/Information/Kommunikation
- Risikosteuerung
- Überwachung des Regelkreislaufes.

Dieser Regelkreislauf kann grafisch wie folgt dargestellt werden:

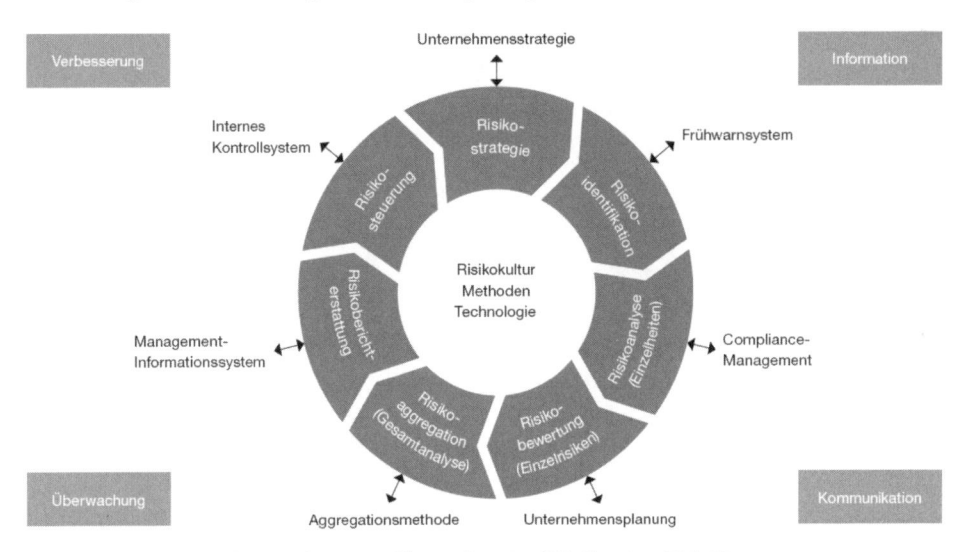

Quelle: Herre Uwe/Sandmann Thomas/Wehking Julia/Winefeld Christian, Risk-Management-Benchmarking 2011/12, hrsg.von PricewaterhouseCoopers AG, 2012

6.4.2.2 Festlegung der Risikomanagementstrategie

Solange die Unternehmensziele nicht klar sind, solange können auch die Risiken nicht bezeichnet werden. Demensprechend muss jeder Risikoüberlegung eine Klarstellung der Unternehmensziele vorangehen.

[1934] Dazu ausführlich KALIA/MÜLLER, 57 ff.; vgl. auch das Muster einer Risk Policy hinten unter Ziff. 11.80, S. 1075 ff.

Abgeleitet aus diesen obersten Unternehmenszielen legt der *Verwaltungsrat* fest, welche Ziele, Strukturen und Prozesse im Unternehmen im Umgang mit Risiken angewendet werden. In den Checklisten (Siehe hinten Ziff. 11.80, S. 1075 ff.) ist dazu ein Muster aufgeführt, wie die Risikopolitik des Verwaltungsrates festgehalten werden kann.

Der *Verwaltungsrat* legt dabei Folgendes fest:[1935]

- Unternehmensvision und -ziele
- Risikostrategie:
- Ziele des Risikomanagement
- Abstimmung zwischen Unternehmensstrategie, Risiko und internen Kontrollen
- Festlegung des Risiko-Appetits (noch zu akzeptierende Risiken, zu minimierende Risiken, ganz zu vermeidende Risiken)
- Zeitliche Abläufe zur Umsetzung der Strategie
- Massnahmen zur Verbesserung des Führungsverhaltens bei Eintritten von Risiken, Verbesserung der Vorhersehbarkeit, Verstärkung des Risikobewusstseins und der Risikokultur,
- Regelung der Berichterstattung, Meetings etc.
- Risikomanagement: Strukturen, Prozesse, Verantwortlichkeiten
- Organisation und Umsetzung des Risk Controlling
- Fixierung des Regel- und Steuerkreises
- Festlegung der Controlling-Aufgaben
- Festlegung der verschiedene Reports (GL- und VR-Stufe)
- Gestaltung von wichtigen Verträgen (Risikoüberwälzung auf Lieferanten und Kunden, Versicherungen etc.)
- Bildung von Rückstellungen (Kaskofonds statt Kaskoversicherung).

Aus der Risikomanagementstrategie des Verwaltungsrates leitet in der Regel die *Geschäftsleitung* detaillierte Richtlinien, Handlungsanweisungen zum Risikomanagement ab. Diese werden in grösseren Unternehmen oftmals in Handbüchern festgehalten, welche den involvierten Mitarbeitern zugänglich sind, um sie in der operativen Tätigkeit beim Umgang mit Risiken zu unterstützen.

Basis für ein zielorientiertes Risikomanagement ist die enge *Verzahnung mit den Strategie-, Planungs- und Controllingprozessen* des Unternehmens. Um die risikorelevanten Informationen auch für Steuerungszwecke nutzen zu können, sollte das Risikomanagementsystem mit anderen Steuerungsinstrumenten, unter anderem mit der Planung, dem Projektcontrolling und dem Liquiditätsmanagement, abgestimmt und verknüpft werden. Dabei liegt die Herausforderung darin, die Schnittstellen zu identifizieren, zu spezifizieren und die systemtechnische Unterstützung zu gestalten.

Ein Unternehmen, das beispielsweise neue, unsichere Exportmärkte erschliessen möchte (und damit neben höheren Ertragschancen auch ein höheres Risiko eingeht), muss zwangsläufig aufgeschlossener gegenüber Risiken sein als ein Unternehmen, das seine Produkte weiterhin erfolgreich, aber ausschliesslich im Heimatmarkt vertreibt. Mit der

---

[1935] KALIA/MÜLLER, 103 ff.; ein Muster einer Risk Policy findet sich unter Ziff. 11.80, S. 1075 ff.

Inkaufnahme von höheren Risiken muss daher auch das bisherige Kontrollsystem überdacht und allenfalls angepasst werden. Eine Änderung der Unternehmensstrategie sollte daher stets mit einer Anpassung des Risikomanagementsystems verbunden sein. Es empfiehlt sich, eine weitere Informationsschnittstelle zu den strategischen Risiken einzurichten, das heisst deren Identifikation, Bewertung, Meldung und Steuerung zu intensivieren. In der Praxis ist die fehlende Verknüpfung der Risikopolitik mit der strategischen Planung ein häufig anzutreffender Schwachpunkt.[1936]

6.4.2.3 Risikoidentifikation (Erkennen und Erfassen der Risiken)

Da man mit Risiken leben muss, sollte man sie wenigstens kennen – und beobachten. Der erste Schritt auf diesem Weg ist die Risikoidentifikation.

Ziel der Risikoidentifikation ist die rechtzeitige, regelmässige, systematische und wirtschaftliche Erfassung der wesentlichen Risiken des Unternehmens, welche die Erreichung der wesentlichen Unternehmensziele und des Unternehmenserfolgs gefährden könnten. Im Rahmen der Risikoidentifikation werden alle relevanten Chancen und Risiken im Zusammenhang mit dem Unternehmen strukturiert erhoben.[1937]

Es gibt eine Vielzahl von analytischen und kreativen *Methoden zur Risikoidentifikation* (Brainstorming, Workshops, standardisierte Befragungen, Checklisten, Prozessanalysen, Einzelschadenanalyse, Meldeformulare etc.). Diese Methoden werden sowohl «Top-down» (ausgehend vom Top-Management/Verwaltungsrat) als auch «Bottom-up» (unter Einbringung von weiteren Hierarchieebenen im Unternehmen) eingesetzt.

In der Praxis erfolgt diese Erhebung oft mittels *Risikokatalogen und Fragebögen.* Konkret werden die Fragebogen auf der tiefsten Hierarchiestufe an die Gruppen- oder Abteilungsleiter abgegeben. Diese besprechen die Fragen mit allen Mitarbeitern und füllen gestützt darauf die Bogen aus. Parallel dazu werden auch die Mitglieder des Managements, also Verwaltungsräte, Direktoren etc. mit Fragebogen bedient. Auf dieser Stufe erfolgt das Ausfüllen individuell. Häufig werden auch Frühwarnindikatoren und Kennzahlen verwendet. Daneben erfolgt die Erhebung auch in Form von Interviews, IT Tools und sehr effizient in Workshops. Bei grösseren Unternehmen kann auch die Auswertung von Akten zu Garantie- und Schadenfällen, Reklamationslisten etc. hilfreich sein.

Die Verwendung von Risikokatalogen zur Risikoidentifikation hat den Vorteil, dass ein strukturiertes, systematisches Vorgehen ermöglicht wird.[1938] Dies erleichtert auch die Auswertung der Antworten und den Vergleich (mit anderen Perioden, anderen Unternehmen, anderen Abteilungen etc.). Als Nachteil dieser Methode ist eine gewisse Fixierung auf die Vorgaben zu nennen, wodurch allenfalls neue (latente) Risiken nicht oder zu spät gemeldet werden. Werden Risikokataloge verwendet, so ist daher eine regelmässige Aktualisierung in kurzen Perioden vorzunehmen. Wird die Risikoidentifikation pro Teilbereich erhoben, so sollten auch mögliche Risiken in den Schnittstellen zu anderen Be-

---

1936 PwC, Benchmarking, 37.
1937 DENK/EXNER-MERKELT/RUTHNER, 21. Siehe eine Masterlist unter Ziff. 11.47, S. 937. Weitere Hilfsblätter zum Risikomanagement unter Ziff. 11.56, S. 964 f. (Top-30-Risiken), Ziff. 11.76, S. 1060 ff. (Einzelrisikobeurteilung), Ziff. 11.78, S. 1066 f. (Risikoinventar), Ziff. 11.79, S. 1071 ff. (Risikoliste aus Umfrage), Ziff. 11.92, S. 1128 f. (Umfrage Risk Management).
1938 PwC, Benchmarking, 25.

reichen nicht vernachlässigt werden. Allenfalls sind dazu teilbereichsübergreifende Auswertungen nötig.

Bezüglich des *Rhythmus,* in dem die Risikoidentifikation vorgenommen werden soll, gilt i.d.R., dass je häufiger die Risiken identifiziert werden, umso besser ist sichergestellt, dass alle Risiken erkannt werden. Im Hinblick auf die jährliche Rechenschaftspflicht empfiehlt sich, mindestens einmal jährlich eine Risikoinventur vorzunehmen bzw. zu aktualisieren.

Mittels *Frühwarnindikatoren* werden frühzeitig Entwicklungen – positive wie negative – erkannt. Es ist wichtig, dass die Indikatoren für die wesentlichen Risiken regelmässig erhoben, analysiert und überwacht werden. Allenfalls sind Toleranzgrenzen zu definieren, deren Überschreitung eine Änderung des Risikos signalisiert. Erstaunlicherweise haben gemäss einer aktuellen Studie in Deutschland nur eine geringe Anzahl Unternehmen für alle wesentlichen Risiken solche Kennzahlen definiert. Auch ist der Anteil Unternehmen, die gänzlich auf die Anwendung von Frühwarnindikatoren verzichten, erstaunlich hoch. Offensichtlich bestehen diesbezüglich Schwierigkeiten in der Definition der relevanten Kennzahlen/Grössen, insbesondere wenn es sich um weiche Faktoren handelt.[1939]

Im Hinblick auf die angestrebte stärkere Integration des Risikomanagements in die Unternehmenssteuerung ist ein kennzahlenbasierter Ansatz eine lohnenswerte Alternative bzw. Ergänzung zu separaten Meldesystemen. Ein pragmatischer Einsatz von Frühwarnindikatoren mit entsprechender IT-Unterstützung erhöht die Effektivität des Risikomanagements und bietet vielfältige Möglichkeiten zur Integration anderer Controlling Instrumente.

Als Ergebnis der Risikoidentifikation resultiert eine Chancen/Risikoübersicht des Unternehmens als eine Risikolandkarte des Unternehmens, auf welcher verschiedene Verantwortungsbereiche und die ihnen zugeteilten Risiken aufgezeichnet sind. Die Risiken werden aufgeteilt in interne, eher beeinflussbare, und externe, beschränkt beeinflussbare, Risiken.

In der zweiten Phase wird mit den wichtigsten internen Risiken eine Ursachenanalyse durchgeführt. Bei jedem Risiko wird ein Ursachen-Wirkungs-Baum erstellt, um möglichst alle Ursachen und Aktionsmöglichkeiten zu eruieren.[1940] Enthält dieser bereits erste Bewertungsansätze (z.B. Eintrittswahrscheinlichkeit der Einzelrisiken), so lässt sich – als Ausgangspunkt für weitere Schritte – eine erste Priorisierung bzw. Selektion der Risiken durchführen.

6.4.2.4 Risk Assessment (Risikoanalyse, Risikobewertung und Risikoaggregation)

Wenn in einem Unternehmen alle relevanten Risiken ermittelt wurden, stellt sich umgehend die Frage, in welcher Reihenfolge die Risiken nun bearbeitet werden sollen, um sie zu minimieren oder sogar zu eliminieren (zusammenfassend als Mitigation bezeichnet). Meist sind es so viele Risiken, dass gar nicht alle gleichzeitig angegangen werden können. Es muss also eine *Priorisierung* vorgenommen werden. Dazu hat sich in der Praxis die Ermittlung des Risikopotenzials als zweckmässiges Mittel ergeben. Dieses Risikopotenzial wird aus der Mulitplikation von Wahrscheinlichkeitsfaktor und Auswirkungsfaktor abge-

---

1939 PwC, Benchmarking, 26.
1940 Dazu Boutillier/Barodte/Montagne, 135 ff.

leitet. Die Ermittlung des Risikopotenzials, die Priorisierung und die Zuordnung zu einem Risk Owner wird gesamthaft als Risk Assessment bezeichnet.

Ziel des Risk Assessment ist eine regelmässige und möglichst vollständige *Bewertung* der identifizierten Risiken. Durch die Bewertung ist es möglich, Existenzgefährdung bzw. Abweichung von Zielgrössen zu erkennen und entsprechend der Bedeutung der Risiken eine Rangordnung zu erstellen. Diese ermöglicht es, die Anstrengung zur Risikosteuerung gezielt auf die wichtigsten Risiken auszurichten. Die Quantifizierung ist darüber hinaus Voraussetzung für die Risikoaggregation, d.h. für die Beurteilung der aggregierten Wirkung der Risiken auf die Unternehmensziele.

Die Ermittlung des Risikopotenzials eines einzelnen Risikos erfolgt durch Multiplikation des Wahrscheinlichkeitsfaktors mit dem Auswirkungsfaktor. Selbstverständlich muss dabei der Auswirkungsfaktor (financial impact) für jede Gesellschaft vorab individuell ermittelt werden. Ansätze dazu bilden z.B. die vorhandene Liquidität oder der maximale Nettoverschuldungsgrad. Die Achse des Wahrscheinlichkeitsfaktors sollte dabei von allen Gesellschaften unverändert übernommen werden können, sofern nur fünf Unterteilungen vorgenommen werden.

Katastrophe	> 20 Mio. CHF	5	10	15	20	25
Kritisch	> 3 < 20 Mio. CHF	4	8	12	16	20
Mässig	> 0,3 < 3 Mio. CHF	3	6	9	12	15
Klein	> 0,03 < 0,3 Mio. CHF	2	4	6	8	10
Unbedeutend	< 0,03 Mio. CHF	1	2	3	4	5
	Kriterium	< 1 pro 100 Jahre	> 1 pro 100 Jahre < 1 pro 10 Jahre	> 1 pro 10 Jahre < 1 pro 1 Jahr	> 1 pro Jahr < 1 pro Monat	> 1 pro Monat
Potenzial		Praktisch unmöglich	Unwahrscheinlich	Möglich	Gelegentlich	Häufig

Zone 1		Unakzeptables Risiko, Massnahmen zur Risikominimierung dringend nötig
Zone 2		Hohes Risiko, Massnahmen zur Risikominimierung erforderlich
Zone 3		Mittleres Risiko, Massnahmen zur Risikominimierung prüfen
Zone 4		Kleines Risiko, keine Massnahmen nötig

In diesem Risk Assessment bzw. der Risikobewertung werden nun also die mögliche *Schadenshöhe* (Intensitätsdimension und Quantitätsdimension), das heisst die mögliche Auswirkung, die das Risiko mit sich bringen könnte, und die *Eintrittswahrscheinlichkeit* des

Schadens ermittelt.[1941] Es ist möglich, neben dieser (klassischen) zweidimensionalen Bewertung auch noch ein drittes Element einzuführen: den Überraschungsfaktor (Surprise Factor). Damit wird auch die Vorwarnzeit in die Bewertung mit einbezogen.[1942] Oftmals ändert sich dadurch die Master Risk List gravierend.

Bei der Umsetzung in der Praxis ergeben sich bei der Risikobewertung viele Fragen:
- Auf welche Grösse bezieht sich die Schadenshöhe: auf den Umsatz, den Gewinn, den Cashflow, die Liquidität? Während welcher Zeitdauer?
- Wie bewertet man Risiken, die mehrmals im Jahr auftreten können, zum Beispiel ein kurzer Produktionsstillstand oder Zinsschwankungen?
- Ist eine Bewertung nach Schadensklassen oder in absoluten Beträgen praktikabel?
- Wann verwendet man diskrete oder stetige Risikomasse?

Zahlreiche Unternehmen bewerten die Risiken lediglich mit einem Betrachtungszeitraum von einem Jahr – ein längerer Zeitraum wird häufig nicht oder nur unvollständig berücksichtigt. Dadurch lassen sich nur kurzfristige Entwicklungen abbilden.[1943]

Die Qualität der Risikobewertung bestimmt massgeblich die Qualität der Information, die ein Unternehmen für seine Risikosteuerung nutzt. Zur Bewertung eines Risikos stehen verschiedene Methoden zur Verfügung. In den meisten Unternehmen werden die Risiken überwiegend anhand von Schätzungen bewertet bzw. es wird – soweit möglich – auf Erfahrungswerte aus eingetretenen Schadensfällen (Informationen der Debitorenverluste, Garantiefälle, Schadensfalldatenbanken etc.) zurückgegriffen.

Dabei werden in der Praxis die Risiken oft in Risikoklassen eingeteilt (z.B. 1 bis 4 oder gering, tragbar, schwerwiegend, existenzbedrohend). Interdependenzen zwischen den Einzelrisiken sind zu berücksichtigen. Die Bildung von Schadensklassen ermöglicht eine schnelle Klassifizierung der Risiken. Oft werden dabei jedoch die Klassen zu breit gewählt. In der Praxis spielen bei der Bewertung zudem oft auch psychologische Effekte sowie der «Hang zur Mitte» eine nicht unbedeutende Rolle. Die subjektiv geschätzten Eintrittswahrscheinlichkeiten lassen sich nur in wenigen Fällen fundiert begründen.

Im monetären Bereich wird die Abstufung zumeist mit der Höhe des möglichen finanziellen Schadens bemessen. In den Bereichen Natur und Technik scheinen sich folgende drei Klassen durchzusetzen:

1. **Risikoklasse: Normale und akzeptable Risiken** geringe Eintrittswahrscheinlichkeit und geringes Schadensausmass
2. **Risikoklasse: Problematische Risiken** hohe Eintrittswahrscheinlichkeit oder hohes Schadensausmass und/oder hohe Unsicherheiten
3. **Risikoklasse: Intolerable Risiken** hohe Eintrittswahrscheinlichkeit und hohes Schadensausmass oder extrem hohes Schadensausmass

---

1941 BESWICK/BLOODWORTH, 2.
1942 KALIA/MÜLLER, 68.
1943 PwC, Benchmarking, 11; siehe auch ein Muster hinten unter Ziff. 11.80, S. 1075 ff.

In der Praxis werden auch Unternehmen angetroffen, die eine *Szenario-Technik* anwenden (z.B. Best Case, Expected Case, Worst Case). Diese Methode erleichtert u.E. die Bewertung von komplexen Risiken. Sie liefert auch ein umfassenderes Bild für die Unternehmensleitung und den Verwaltungsrat.

Oft wird auf *subjektive* Erfahrungswerte zurückgegriffen, um den Aufwand für das Risikomanagement in einen vertretbaren Rahmen zu halten. Die Gefahrenidentifizierung, Gefahrencharakterisierung, Expositionsabschätzung und Risikocharakterisierung bietet in der genannten Reihenfolge einen Weg, zu einer realitätsnahen Risikobewertung zu gelangen. Je nach Gefahrenpotenzial sind zusätzlich Expertenbefragungen auszuwerten und die Risikowahrnehmung ist auf hinreichende Objektivität zu prüfen.

Um ein *Gesamtbild* der Risikosituation zu erhalten, sind die Einzelrisiken vollständig und systematisch zu *aggregieren* bzw. durch eine Simulation zu bewerten. In der Praxis werden verschiedene Methoden angewandt, die nicht immer die Gesamtrisikosituation realistisch abbilden, da unter anderem das Aggregationsmodell unvollständig ist.

In der Praxis werden in den meisten Unternehmen dem Verwaltungsrat lediglich die grössten Risiken rapportiert, andere Unternehmen addieren die Schadenshöhen der Einzelrisiken pro Risikokategorie.[1944] Eine einfache Addition impliziert jedoch, dass alle Risiken perfekt positiv korrelieren und somit alle Risiken simultan eintreten. Den geringen Realitätsbezug dieses Werts verdeutlicht folgendes Beispiel: «Insolvenz eines Lieferanten» und «Produktionsausfall beim Lieferanten» können nicht gleichzeitig mit der addierten Schadenshöhe eintreten, wenn es sich um den gleichen Lieferanten handelt.

Zur Ermittlung der Gesamtrisikosituation ist es daher von Bedeutung, dass die *Interdependenzen* ermittelt werden. Diese Korrelationen werden in der Praxis allerdings nur von einer Minderheit von Unternehmen betrachtet. Dazu müssten die identifizierten Risiken, abermals bewertet werden.

Anhand einer aggregierten Risikoübersicht wird der Gesamtüberblick für den Verwaltungsrat und die Geschäftsleitung erleichtert und ein Periodenvergleich ermöglicht (Entwicklung der Risikokennzahlen). In einer detaillierteren Analyse lässt sich erkennen, ob das effektive Ergebnis im Rahmen der definierten Risikostrategie liegt oder ob allenfalls Korrekturmassnahmen getroffen werden müssen. Solche Risikoaggregationen (Kennzahlen) erfordern jedoch zur Interpretation genaue Kenntnisse der Wirkungszusammenhänge im Unternehmen.

Durch die Projektion der Risiken auf die Unternehmensplanung lassen sich *Risikoszenarien* erstellen und die direkte Auswirkung von Risiken auf die jeweilige Finanz-, Vermögens- und Ertragslage aufzeigen. Die Kapitalausstattung lässt sich durch die Ermittlung und Analyse der Risikotragfähigkeit optimieren. Durch die Offenlegung einer potenziellen Bestandsgefährdung ist das Unternehmen in der Lage, frühzeitig Massnahmen einzuleiten. Es empfiehlt sich, die Risikoprofitabilität (Risk-Return-Verhältnis) für jeden Geschäftsbereich oder für jedes Projekt gesondert zu analysieren. Auf diese Weise lassen sich Handlungsfelder für die Portfoliooptimierung identifizieren. Ausserdem wird so die Messung des Wertbeitrags von Risikobewältigungs-Massnahmen möglich. Die Unternehmen sind besser in der Lage, fundierte, risikoorientierte Entscheidungen zu treffen.

1944 PwC, Benchmarking, 30.

6.4.2.5 Risikokommunikation/-berichterstattung

a) Allgemeines

Im Rahmen der Risikokommunikation wird über die identifizierten und bewerteten Risiken sowie die eingeleiteten Massnahmen zur Risikobewältigung berichtet. Inhalt, Form und Aufbau, Adressat, Periodizität dieser Berichterstattung sind dabei abhängig vom Unternehmen, seinem Umfeld und dem Informationsbedarf der Empfänger.

Inhalt bilden regelmässig die Ergebnisse der Risikoidentifikation, -analyse und -bewertung, der Status der Planung, Steuerung und Umsetzung der Massnahmen zur Risikobewältigung ebenso wie Informationen aus Risikokontrolle und -überwachung.[1945]

Die Erhebung der Risiken und ihre Berichterstattung ermöglichen es der Unternehmensleitung, eventuelle negative Abweichungen vom Plan einzuschätzen. Doch risikobehaftete Geschäfte bergen immer auch *Chancen*. Wie die Risiken sollten auch die Chancen standardisiert erhoben und über sie regelmässig und ausführlich berichtet werden. Diese Möglichkeit wird in der Praxis noch zu wenig genutzt.

Die *Frequenz*, in der die Risiken von den Risikoverantwortlichen an den Risikokoordinator, an die Unternehmensleitung und an das Aufsichtsorgan berichtet werden, orientiert sich an der Frequenz der Risikoidentifikation und der Bewertung der Risiken. In der Praxis berichten die meisten Unternehmen quartalsweise oder halbjährlich an den Verwaltungsrat. In Unternehmen mit einem sehr volatilen Geschäft ist allenfalls eine höhere zeitliche Frequenz der Risikokommunikation angebracht.[1946]

Es gibt verschiedene *Formen der Risikokommunikation*. So kann die Meldung der Risiken in einem separaten Risikobericht oder integriert im Rahmen der Managementberichterstattung bzw. in Sitzungen erfolgen. Idealerweise wird die Risikoberichterstattung in Abstimmung mit dem bestehenden Berichtssystem durchgeführt und nicht als isolierter Prozess installiert. Parallel dazu dokumentierten die Unternehmen ihre Risiken teilweise auch in Sitzungsprotokollen und in anderen Berichten an die Unternehmensführung.

Durch die Berücksichtigung von Chancen und Risiken in der ordentlichen Budgetierung und den Planrechnungen (Plan-Erfolgsrechnung, Planbilanz und der Liquiditätsplanung etc.) erreichen die Unternehmen mehr Planungssicherheit. Sie erlangen Kenntnis über mögliche Abweichungen, die Qualität der Planung selbst sowie allfällige Auswirkungen auf Kreditklauseln (sog. Covenants) und Ratings. Darüber hinaus kann der Überwachungsaufwand durch Prozessautomatisierung stark reduziert werden. Das Risikomanagement und die Unternehmensplanung sollten daher systematisch verzahnt und die Schnittstellen beispielsweise zu Budgetprozess, Liquiditätsplanung, Ermittlung von Rückstellungen und Impairment-Tests optimiert werden.

In welcher Form Risiken berichtet und dargestellt werden, muss der jeweilige Empfänger mitbestimmen. Dabei wird grundsätzlich zwischen interner und externer Risikoberichterstattung unterschieden.

1945 DÖRNER/HORVATH/KAGERMANN, S. 496.
1946 PwC, Benchmarking, 35.

b)   Interne Berichterstattung

Die interne Berichterstattung richtet sich an Bereichsleiter, Geschäftsleitung (allenfalls an separate Risikomanager), Verwaltungsrat/Audit/Risk Ausschuss.

Die interne Berichterstattung ist frei gestaltbar und sollte vor allem die *Standard*-Risikoberichte mit klar definierten Inhalten, Berichtsempfängern und Terminen umfassen. Nur in Ausnahmefällen sollten Ad-hoc-Risikoberichte erstellt werden müssen.

Für diese *Ausnahmefälle* sollte jedoch – neben der Standardberichterstattung – ein separater Berichtsprozess eingerichtet werden. Damit kann in dringenden Fällen und Krisensituationen von den üblichen Berichtsstrukturen abgewichen und eine rasche Kommunikation/in kürzeren Intervallen bewerkstelligt werden.

Während die Geschäftsführung in der Praxis regelmässig Berichte erhält, wird der *Verwaltungsrat* öfters nicht oder nur unsystematisch informiert. Im Hinblick auf die gesetzliche Verantwortung des Verwaltungsrates sollte sich dieser regelmässig durch die Geschäftsführung über die angemessene Ausgestaltung der Aufbau- und Ablauforganisation sowie über die Kontrolle der Funktionsfähigkeit des Risikomanagementsystems informieren lassen und dessen Wirksamkeit beurteilen.

c)   Externe Berichterstattung

Die externe Risikoberichterstattung richtet sich primär an Aktionäre, Wirtschaftsprüfer, Geschäftspartner (Lieferanten/Kunden/Banken), Analysten und die Öffentlichkeit allgemein. Wesentlichstes Instrument der externen Berichterstattung ist der *jährliche Geschäftsbericht*. Dabei bestehen zwei Ansatzpunkte für die Risikoberichterstattung: einerseits legt der VR a) im Anhang der Jahres-/Konzernrechnung wesentliche Unsicherheiten im Abschluss offen, andererseits sind b) Aufschlüsse über die Durchführung einer Risikobeurteilung Pflichtbestandteil des *Lageberichts* (gemäss Art. 961c OR bei grösseren Unternehmen).

Wesentliche Unsicherheiten in der Jahres-/Konzernrechnung

Die Jahres-/Konzernrechnung soll dem Nutzer ein zuverlässiges Urteil über die wirtschaftliche Lage einer Gesellschaft/eines Konzerns ermöglichen. Risiken, die einen wesentlichen Einfluss auf die Beurteilung der Jahres-/Konzernrechnung haben können, sind im Abschluss zu berücksichtigen.

Der Verwaltungsrat berücksichtigt bei der Erstellung der Jahres-/Konzernrechnung Unsicherheiten und Risiken einerseits bei der Bewertung der Aktiven, anderseits bildet er für mögliche Risiken von zusätzlichen Schulden (künftiger Mittelabfluss aufgrund am Bilanzstichtag bestehender Ursachen) Rückstellungen. Bei möglichen Verpflichtungen (die zwar aus vergangenen Ereignissen resultieren und deren Existenz von unsicheren künftigen Ereignissen abhängen, die nicht vollständig in der Kontrolle des Unternehmens stehen; Eventualverpflichtungen), ist ein Ausweis im Anhang erforderlich.

Der Verwaltungsrat kann sich veranlasst sehen, im Anhang der Jahresrechnung Angaben zu machen, in denen er auf bestehende Unsicherheiten bei der Bilanzierung hinweist. Er wird dies insbesondere dann machen, wenn die der Jahresrechnung zugrunde liegende

Annahme der Unternehmensfortführung[1947] in Frage gestellt ist. Für den Nutzer ist es zum Verständnis des Abschlusses unabdingbar, dass er über eine diesbezügliche Unsicherheit informiert ist. Analoges gilt für Unsicherheiten hinsichtlich des künftigen Ausganges aussergewöhnlicher Rechtsstreitigkeiten oder rechtlicher Massnahmen.

Wer anerkannte Rechnungslegungsstandards (wie Swiss GAAP FER, IFRS, US GAAP etc.) anwendet, ist nach diesen Standards verpflichtet, eine Risikobeurteilung vorzunehmen und die entsprechenden geforderten Angaben offenzulegen. Das Risikomanagement hat u.a. im Hinblick auf den Abschluss auch sicherzustellen, dass diese Angaben vollständig, richtig und zeitgerecht bereitgestellt werden. Die genannten anerkannten Standards legen eingehend den Umfang und den Inhalt der Offenlegungserfordernisse fest. Sie verlangen nebst der Offenlegung der Risikobeurteilung teilweise auch eine deskriptive und zahlenmässig unterlegte Offenlegung bestimmter Risiken.[1948]

Solche Unsicherheiten/Risiken unterliegen als Teil der Jahres- bzw. Konzernrechnung oder des Abschlusses nach einem anerkannten Standard zur Rechnungslegung der Prüfung durch die Revisionsstelle.

Aufschlüsse zur Durchführung einer Risikobeurteilung im Lagebericht

Grössere Unternehmen haben im Geschäftsbericht einen Lagebericht zu erstellen. Darin haben sie gemäss Art. 961*c* OR Aufschluss zu geben über die Durchführung einer Risikobeurteilung.

Siehe dazu vorne Ziff. 3.10.1.4, S. 297 ff. Sowie das Muster hinten unter Ziff. 11.53, S. 949 f.

6.4.2.6 Risikosteuerung

Mit Hilfe der Risikosteuerung sollen die identifizierten und bewerteten Risiken – unter Beachtung der Risikostrategie – vermieden, reduziert oder bewusst eingegangen werden.[1949]

Ziel der Risikosteuerung ist es, die Risikosituation des Unternehmens so zu verändern, dass eine Optimierung des Verhältnisses zwischen Ertragschancen und Verlustgefahr erreicht wird (Risk/Return-Optimierung).[1950]

Grundsätzlich werden *präventive* (aktive) und *korrektive* (passive) Massnahmen der Risikobeeinflussung unterschieden. *Aktive* Massnahmen gestalten und beeinflussen die Risikostrukturen mit dem Ziel, die Eintrittswahrscheinlichkeit und/oder Tragweite einzelner Risiken tatsächlich zu reduzieren. Demgegenüber belassen *passive* Risikobewältigungsmassnahmen die Risikostrukturen unverändert; sie beeinflussen die Eintrittswahrscheinlichkeit und das Schadensausmass nicht. Ihr Ziel ist es vielmehr, die finanziellen Auswirkungen auf das Unternehmen nach einem Eintritt eines Risikos durch Haftungsverlagerung auf einen Vertragspartner oder einen Risikotransfer auf eine Versicherung zu reduzieren.[1951] (Ein Hilfsmittel zur Überprüfung der Versicherungen findet sich hinten in Ziff. 11.97, S. 1138 ff.)

1947 Art. 958*a* OR.
1948 Beispielsweise: IFRS 7 im Bereich der finanziellen Risiken; Swiss GAAP FER 5 für Ausserbilanzgeschäfte; Swiss GAAP FER 6 zu den Anhangsangaben.
1949 Dörner/Horvath/Kagermann, 331.
1950 Denk/Exner-Merkelt/Ruthner, 24.
1951 Denk/Exner-Merkelt/Ruthner, 24.

Präventive Risikomanagement-Massnahmen	Korrektive Risikomanagement-Massnahmen	Keine Risikomanagement-Massnahmen
Aktive Risikobewältigung durch − Risikovermeidung − Risikominderung − Risikodiversifikation	*Passive* Risikobewältigung durch − Risikotransfer − Risikovorsorge	Risiko wird selbst übernommen
Risikostrukturen werden gestaltet	Risikostrukturen bleiben unverändert.	Risikostrukturen bleiben unverändert.
Keine oder verminderte Risikofolgen durch Reduktion von Eintrittswahrscheinlichkeit und/oder Schadensausmass.	Keine oder verminderte Risikofolgen durch Vorsorge oder Abwälzen der Konsequenzen.	Eventuell intelligentes Selbsttragen (z.B. Captives)

6.4.2.7 Überwachung und Anpassung des Risikomanagements

Ein System, das von Menschen gelebt und ausgeführt wird und das vielen spezifischen Regularien unterworfen ist, benötigt eine Regelungsinstanz, welche einerseits die Einhaltung der Vorgaben kontrolliert, andererseits den Prozess (Kreislauf) laufend steuert und verbessert. Diese Regelungsinstanzen können entweder Teil des Prozesses sein (prozessabhängig) oder aber keine Aufgaben im Rahmen des Prozesses besitzen (prozessunabhängig).

a) Prozessabhängige Überwachung

Zu den Hauptaufgaben, die häufig dem *Risikokoordinator* übertragen werden, zählen in der Praxis die meisten Unternehmen die *Plausibilisierung* sowie die Kontrolle der *Vollständigkeit der Risikomeldungen*. In knapp der Hälfte der Unternehmen gehört die Abstimmung mit anderen Stabsstellen dazu, um auch Risiken an *Schnittstellen* zu identifizieren oder gegebenenfalls eine Gesamteinschätzung von zentraler Seite einzuholen.

Eine weitere prozessabhängige Kontrollinstanz ist die Unternehmensführung (Verwaltungsrat und Geschäftsleitung). Ein grosser Teil der Unternehmen hat dem Management die Aufgabe übertragen, die Risikomeldungen zu kontrollieren und zu genehmigen. Jedes zweite Unternehmen nutzt auch die Möglichkeit, Risiken in einem Risikokomitee zu diskutieren, um Unverhältnismässigkeiten in der Bewertung zu ermitteln und bereichsübergreifende Risiken aufzunehmen, die in den vorgelagerten Instanzen nicht erkannt wurden.[1952]

b) Prozessunabhängige Überwachung

Die durch die Unternehmensleitung festgelegten Massnahmen zum Risikomanagementsystem sind in regelmässigen Abständen durch eine Kontrollinstanz zu analysieren. Die Aufgaben der Überwachung sollten Personen zugeordnet werden, die nicht direkt am Risikomanagementprozess beteiligt sind. Bei grösseren Unternehmen erfolgt dies i.d.R. durch die Interne Revision. KMUs übertragen diese Aufgabe zur periodischen Kontrolle des Risikomanagements oft als Auftrag an die externe Revisionsstelle.

[1952] PwC, Benchmarking, 40.

Der Verwaltungsrat muss sich mit der Wirksamkeit der internen Steuerungs- und Überwachungsprozesse befassen. Zu dieser Aufgabe gehört es auch, prüfen zu lassen, ob Ergänzungen, Erweiterungen oder Verbesserungen erforderlich sind. Dabei kann ein erfahrenes Revisionsteam unterstützend wirken, namentlich bei der Gestaltung und Verbesserung der Prozesse, bei der Beurteilung der Effektivität des Risikomanagementsystems, beim Aufbau der Berichterstattung sowie bei der Durchführung von Trainings.

Systematisches Risikomanagement ist in Industrieunternehmen immer noch eine vergleichsweise junge Disziplin. Einige Unternehmen haben das Risikomanagement zu einem integrierten Bestandteil der Unternehmenssteuerung ausgebaut, um die Geschäftsführung und den Verwaltungsrat bei Entscheidungen über die Kapitalallokation zu unterstützen und zuverlässigere Prognosen zu ermöglichen (auch im Hinblick auf die Berichterstattung zuhanden der Kapitalgeber und Analysten).

6.4.3 Einführung eines Risikomanagement-Prozesses

Die Einführung und Umsetzung des Risikomanagements kann grundsätzlich unabhängig von Grösse und Branche eines Betriebes nach folgendem Ablaufschema erfolgen:[1953]

1. Festlegung der Risikoorganisation und Bestimmung eines Projektverantwortlichen durch den VR
2. Erfassung aller Risiken durch SWOT-Analyse und Mitarbeiterbefragung
3. Bestimmung der relevanten Risiken und entsprechende Risikobewertung
4. Erstellen einer Master Risk List mit Prioritäten
5. Festlegung der Risikopolitik durch den VR: welche Risiken sind hinzunehmen und welche sind zu vermindern?
6. Massnahmen zur Risikoverminderung prüfen inkl. Versicherungsüberprüfung
7. Festlegung der konkreten Mitigationsmassnahmen mit entsprechendem Budget durch den VR
8. Einführung eines Risk Reports über besondere Vorkommnisse
9. Analyse von Vorfällen und Prozessoptimierung im Risikomanagement
10. Periodische Überprüfung der Organisation und der Master Risk List sowie der Möglichkeiten zur Risikominimierung.

6.4.4 Organisation des Risikomanagements

6.4.4.1 Organisation auf Stufe Verwaltungsrat

Es ist aber unbestritten, dass das Risikomanagement Teil der Gesamtstrategie eines Unternehmens ist. Insofern gehört das Risikomanagement (und die Risikobeurteilung) – als Teil der Oberaufsicht gemäss Art. 716a OR – zu den Verantwortlichkeiten des Verwaltungsrates. Diese Verantwortung kann auch aus der Finanzverantwortung des Verwaltungsrates sowie seiner Pflicht zur Erstellung des Geschäftsberichts (mit Lagebericht inkl. Aufschlüsse zur Durchführung der Risikobeurteilung) abgeleitet werden.

1953 KALIA/MÜLLER, 57 ff.

Insoweit besteht zwischen Risikofähigkeit und Eigenkapital ein gegenseitiger Bezug. Die Kenntnis der Risikofähigkeit, die aus einer seriösen Risikobeurteilung resultiert, hat einen unmittelbaren Einfluss auf die Bestimmung der angemessenen Höhe des erforderlichen Eigenkapitals. Im Hinblick auf seine Verantwortlichkeit wird der sorgfältige Verwaltungsrat diesem Aspekt des Risikomanagements hohe Bedeutung beimessen.

Je nach der Grösse des Unternehmens sind die Aufgaben im Rahmen des Risikomanagements auf unterschiedliche Hierarchiestufen verteilt. Typischerweise werden folgende Aufgaben beim *Verwaltungsrat* angesiedelt:

- Entwicklung von Unternehmenszielen und -strategien als Basis für die Unternehmensplanung und das Risikomanagement
- Formulierung der Risikomanagementziele und Sicherheitsziele für die wesentlichen Risiken
- Erlass von Richtlinien zum Risikomanagement (Risikoidentifikations- und -bewertungsmethoden, Organisation, Zuständigkeitsregelungen, Entscheidungskriterien für Risikoabwendung, Dokumentationsüberlegungen)
- Förderung des Risikobewusstseins (Führungsstil, Vorbildfunktion)
- Überwachung des Risikomanagements und der Berichterstattung
- Zuweisung der Verantwortung der Behandlung der einzelnen Risiken, Massnahmenkatalog, Überwachung der beschlossenen Massnahmen
- Beurteilung der Qualität und der Wirksamkeit des Risikomanagements.

Um umfassend alle Risiken zu erkennen und zu bewerten, muss eine klare Aufgabenzuteilung erfolgen. Der Verwaltungsrat als Gremium ist dazu nur bedingt geeignet. Möglich ist die Zuweisung dieser Aufgabe an das Audit Committee. Es kann jedoch auch ein spezielles Risk Management Committee gebildet werden. Die Zuteilung der genannten Aufgaben an das Audit Committee mag für die Beurteilung der Risiken, die einen Einfluss auf die Beurteilung der Jahresrechnung haben, richtig sein, operationelle und strategische Risiken sowie Risiken, die aus der Compliance resultieren, sollten aber in der Regel vom Gesamtverwaltungsrat beurteilt werden. Dieser trägt letztlich die Verantwortung.

In grösseren Firmen ist sogar die Ernennung eines besonderen Chief Risk Officer (CRO) möglich, doch kann diese Funktion auch dem VR-Delegierten übertragen werden. Dazu ist eine Zuweisung dieser Aufgabe im *Organisationsreglement* der Gesellschaft erforderlich. Dabei ist im Funktionendiagramm klarzustellen, dass die Festlegung der Risikostrategie als Teil des strategischen Risikomanagements vollumfänglich in den Aufgabenbereich des Verwaltungsrats gehört. Der Verwaltungsrat sollte den Funktionsträgern im Risikomanagement periodisch Vorgaben zur Aus- und Weiterbildung liefern.

Sofern ein besonderes Risk Management Committee eingesetzt wird, sollte diesbezüglich ein eigenes *Kommissionsreglement* erlassen werden. Dabei ist darauf zu achten, dass der Beschluss zur Delegation auch ordnungsgemäss protokolliert wird, um von der Möglichkeit zur Enthaftung profitieren zu können. Allenfalls ist erforderlich, die Aufgaben des Risk Management Committees von jenen anderer Ausschüsse (insbesondere des Audit Committees/Prüfungsausschusses) und allenfalls der Internen Revision abzugrenzen und die Zusammenarbeit dieser Gremien zu regeln.

6.4.4.2 Organisation auf Stufe Geschäftsführung

Bei der *Geschäftsleitung* sind typischerweise vor allem die Aufgabe der Umsetzung der Zielvorgaben des VR, die Risikoidentifikation, -bewertung und -bewältigung und die Information angesiedelt.

Auf der Stufe Geschäftsführung ist in einem ersten Schritt ein Projektverantwortlicher zu bestimmen. Dieser kann als Risk Management Coordinator oder sogar als Chief Risk Officer (CRO; analog CEO und CFO) bezeichnet werden. Gelegentlich übernimmt auch der Leiter Qualitätssicherung diese Funktion.

Die Bestimmung eines Risk Management Coordinator oder eines CRO darf nicht zur Annahme verleiten, die Mitglieder der Geschäftsleitung seien für die in ihren Bereichen auftretenden Risiken nicht mehr selbst verantwortlich! Die Bereichsleiter sind und bleiben die Risk Owner. Sie kennen ihr Geschäft und die darin enthaltenen Risiken am besten. Folglich haben sie auch alles daran zu setzen, dass diese Risiken verhindert oder zumindest minimiert werden.

6.4.4.3 Risikomanagement im Konzern

Im Konzern hat der Verwaltungsrat der Holding-Gesellschaft vorab den Grundsatzentscheid zu fällen, ob das Risikomanagement auf der Stufe Holding oder auf der Stufe Gruppengesellschaften koordiniert bzw. geführt wird. Selbst wenn auf Stufe Holding ein Risk Management Committee und ein CRO eingesetzt wird, so bleiben die Gruppengesellschaften – ebenso wie die entsprechenden Geschäftsleitungen – als Risk Owner für das Risikomanagement verantwortlich.

Im Konzern ist eine Koordination in jedem Falle sinnvoll. Folgende Synergien können ausgenutzt werden:

- Prozessvereinheitlichung
- Formularvereinheitlichung
- Reportvereinheitlichung
- Erstellen einer Gruppen-Master-Risk-List
- Prämienvergünstigung durch Gruppenversicherung
- Erfahrungsaustausch unter den verantwortlichen Personen
- konzentrierte Schulung und Weiterbildung.

6.5 Notfallmanagement

6.5.1 Ziele

Notfallmanagement[1954] (englisch: Business Continuity Management) ist ein systematischer, an den Geschäftsprozessen einer Unternehmung orientierter Ansatz zur Vorsorge gegen und Bewältigung von Notfällen (und in Teilen auch Krisen). Es zielt darauf ab, solche *Ausnahmesituationen*, wenn schon nicht zu verhindern, so doch zumindest in ihren Schadenswirkungen zu begrenzen. Dazu gehört es, organisatorische Strukturen aufzubauen sowie Konzepte zu entwickeln und umzusetzen, die eine rasche Reaktion auf Notfälle und die Fortsetzung zumindest der wichtigsten Geschäftsprozesse ermöglichen. Das Notfallmanagement soll Schadensereignisse der Kategorien

- Störung,
- Notfall, und
- in Ansätzen auch einer Krise

betrachten, um angemessen darauf reagieren zu können. Dies bedeutet, darauf hinzuwirken, dass Störungen nicht zu Notfällen und Notfälle nicht zu Krisen eskalieren, und bei Krisen die Bewältigung auf der operativen Seite zu unterstützen.

Das primäre Ziel eines Notfallmanagements ist es, *die Kontinuität von Geschäftsprozessen während oder nach einem Notfall zu gewährleisten.*[1955] Es müssen daher bestimmte Kontinuitätsstrategien entwickelt werden, welche auf kritische Geschäftsprozesse anzuwenden sind. Hierbei spielen Faktoren wie z.B. Wiederanlaufzeit nach einem Notfall, die Kosten der Umsetzung sowie die Zuverlässigkeit der Lösung eine entscheidende Rolle.

6.5.2 Prozess des Notfallmanagements

Das Notfallmanagement eines Unternehmens ist ein komplexer Prozess, der sowohl die *Notfallvorsorge*, die *Notfallbewältigung* wie auch die Massnahmen *nach* einem Notfall umfasst. Die Aufgaben im Notfallmanagement werden anhand eines auf stetige Verbesserung abzielenden *Prozessmodells* beschrieben. Dabei werden sechs Phasen unterschieden:[1956]

1	Initiierung	Durch den Verwaltungsrat und die Geschäftsleitung werden die *strategischen Zielsetzungen* festgelegt sowie die *grundlegenden organisatorischen Voraussetzungen* (Aufbaustrukturen, Ablaufprozesse) für den Notfallmanagement-Prozess geschaffen.
2	Konzeption	Die kritischen Prozesse und Ressourcen im Unternehmen werden *identifiziert* und die Risiken, denen diese ausgesetzt sind, *bewertet*. Zu diesen Bewertungen werden präventive und reaktive Notfallstrategien und Massnahmen entwickelt.

[1954] Dazu eingehend Deutsches Bundesamt für Sicherheit in der Informationstechnik (BSI), BSI Standard 100-4.
[1955] BSI Standard 100-4, 1.
[1956] BSI Standard 100-4, 10.

3	Umsetzung des Notfallvorsorgekonzepts	Es sind *Prioritäten* für die Umsetzung der Notfallvorsorgekonzepte zu setzen, die erforderlichen *Ressourcen* (personelle, finanzielle, raummässige etc.) bereit zu stellen, Verantwortlichkeiten zu definieren und allenfalls begleitende Massnahmen zu bestimmen.
4	Notfallbewältigung	Verantwortlichkeiten, Pläne und Verhaltensregeln für die Reaktion auf und das Handeln in Notfallsituationen werden in einem *Notfallhandbuch* geregelt.
5	Tests und Übungen	Notfallvorsorge-Massnahmen und Notfallpläne werden *getestet und eingeübt*, um Funktionsfähigkeiten zu überprüfen, mögliche Mängel zu identifizieren und das Verhalten im Notfall zu trainieren.
6	Aufrechterhaltung und kontinuierliche Verbesserung	Angemessenheit und Wirksamkeit der Konzepte und Massnahmen werden regelmässig geprüft. Zusammen mit einer Auswertung der Ergebnisse der Tests und Übungen tragen diese Prüfungen zur *kontinuierlichen Weiterentwicklung* und *Verbesserung* des Notfallmanagement-Prozesses bei.

Ob ein Unternehmen einen solchen systematischen Prozess zur Sicherung der Kontinuität der Aufrechterhaltung der Geschäftsprozesse im Unternehmen effektiv installiert, hat letztlich der Verwaltungsrat zu entscheiden nach Abwägung der damit verbundenen Kosten und der Bereitschaft, Risiken einzugehen (Risikoappetit).

6.5.3 Abgrenzung Störung, Notfall und Krise

In jedem Unternehmen ereignen sich immer wieder kleinere *Störungen* (z.B. kurzfristige Stromausfälle, Personalengpässe, Lieferverzögerungen, Maschinendefekte etc.).[1957] Für solche Vorfälle gibt es in der Regel einfache Lösungen, sodass sie den Charakter von Routineangelegenheiten erhalten. Beispielsweise werden Ersatzgeräte eingesetzt, Ersatzmaterial beschafft, personelle (Um)Dispositionen getroffen, Überstunden angeordnet, Produktionszeiten gestreckt etc. Der mögliche Schaden solcher Ereignisse ist aus Sicht des Unternehmens i.d.R. eher gering.

Falls die Störungen oder Ausfälle jedoch grössere Schäden verursachen und ihre Behebung mit den üblichen, routinemässigen «Notlösungen» nicht mehr möglich ist, stellen sie einen *Notfall* dar und erfordern ein Notfallmanagement. Mögliche Beispiele für Notfälle: Brandfälle, Überschwemmungen, Verunreinigungen (Lebensmittel, Kosmetika etc.), Ausfall von IT, Wegfall wichtiger Lieferanten etc.

Diese Notfälle können sich zu *Krisen oder Katastrophen* ausweiten. Während für die Bewältigung von Notfällen konkrete Pläne (i.d.R. im Voraus) erstellt werden können, sind Krisen meistens unvorhersehbar und können daher nicht mehr mit konkreten Vorkehrungen und Plänen bewältigt werden.

Die folgende Tabelle erläutert kurz die Unterschiede zwischen Störungen, Notfällen, Krisen und Katastrophen und fasst zusammen, wann und in welcher Weise das Notfallmanagement für deren Behandlung zuständig ist.

[1957] Dazu BSI Standard 100-4, 5 f.

Vorfall	Erläuterung	Behandlung
Störung	Kurzzeitiger Ausfall von Prozessen oder Ressourcen mit nur geringem Schaden.	Behandlung ist Teil der üblichen Störungsbehebung.
Notfall	Länger andauernder Ausfall von kritischen Prozessen oder Ressourcen mit hohem oder sehr hohem Schaden.	Behandlung verlangt besondere Notfallorganisation.
Krise	Im Wesentlichen auf die Unternehmung begrenzter verschärfter Notfall, der die Existenz der Unternehmung bedroht oder die Gesundheit oder das Leben von Personen beeinträchtigt.	Da Krisen nicht grossflächig die Umgebung oder das öffentliche Leben beeinträchtigen, können sie, zumindest grösstenteils, innerhalb der Unternehmung selbst behoben werden.
Katastrophe	Räumlich und zeitlich nicht begrenztes Grossschadensereignis, mit Auswirkungen auf die Umgebung und das öffentliche Leben. Zum Beispiel als Folge einer Leckage eines Chemikalientanks.	Aus Sicht einer Unternehmung stellt sich eine Katastrophe als Krise dar und wird intern durch deren Notfall- und Krisenorganisation in Zusammenarbeit mit den externen Hilfsorganisationen bewältigt.

6.5.4 Verantwortung

Wegen der grossen Bedeutung der zu treffenden Entscheidungen sollte der Prozess «Notfallmanagement» von der obersten Leitungsebene des Unternehmens initiiert, gesteuert und kontrolliert werden.[1958] Diese hat sich aktiv mit der Notwendigkeit eines Notfallmanagements für das Unternehmen auseinanderzusetzen.

Die oberste Leitungsebene (*Verwaltungsrat und Geschäftsleitung*) ist verantwortlich dafür, dass alle Geschäftsbereiche zielgerichtet und ordnungsgemäss funktionieren und dass Risiken erkannt, reduziert und die Auswirkungen auf das Unternehmen bei Eintreten eines Schadensereignisses minimiert werden.

Es empfiehlt sich, ein Mitglied dieser Gremien als *Prozesseigentümer* des Notfallmanagements zu bestimmen, der die volle Verantwortung trägt. Dieses Mitglied der Leitungsebene stellt sicher, dass ein Notfallmanagement in der Unternehmung etabliert und die Vorgaben der Leitlinie eingehalten werden. Dabei sind je nach Grösse, Organisationsform und Branche verschiedene gesetzliche Regelungen zu beachten.

Die Aufgabe, das Notfallmanagement aufzubauen und aufrecht zu erhalten, wird in der Praxis üblicherweise an einen *Notfallbeauftragten* delegiert. Eine intensive Beteiligung der Leitungsebene, sowohl bei der Konzeption als auch bei der Bewältigung von Notfällen, ist jedoch erforderlich, da durch strategische Entscheidungen sichergestellt werden muss, dass keine untragbaren Risiken unberücksichtigt bleiben und Ressourcen an der richtigen Stelle investiert werden. Selbst wenn einzelne Aufgaben im Rahmen des Notfallmanagements an Personen oder Organisationseinheiten delegiert werden, die dann für die Umsetzung zuständig sind, verbleibt die Gesamtverantwortung beim Verwaltungsrat.

1958 BSI Standard 100-4, 15.

Verwaltungsrat und Geschäftsleitung haben dafür zu sorgen, dass ausreichende Ressourcen (Personal, Zeit, Finanzmittel) für das Notfallmanagement bereitgestellt werden. Sie sorgen dafür, dass das Notfallmanagement in alle relevanten Geschäftsprozesse integriert wird und die einzelnen Organisationseinheiten das Notfallmanagement unterstützen.

6.5.5 Inhalt der Leitlinie zum Notfallmanagement

Eine Leitlinie zum Notfallmanagement sollte kurz und übersichtlich gehalten werden und mindestens folgende Aspekte enthalten:[1959]

- eine Definition für Notfallmanagement,
- den Stellenwert des Notfallmanagements für die Unternehmung,
- die Zielsetzung, die Kernaussagen der Notfallstrategie,
- den Geltungsbereich,
- das zugrunde gelegte Vorgehensmodell für das Notfallmanagement bzw. den zugrunde gelegten Standard,
- die Struktur der Aufbauorganisation mit den wichtigsten Rollen und deren Zuständigkeiten,
- die Verpflichtung der Unternehmensleitung, durch regelmässige Überprüfungen, Tests und Übungen das Notfallmanagement zu optimieren,
- die relevanten Gesetze, Richtlinien und Vorschriften, die zu beachten sind, und
- die Übernahme der Verantwortung durch die Unternehmensleitung/Verwaltungsrat, die zusätzlich durch die explizite Freigabe per Unterschrift dokumentiert wird.

6.5.6 Alarmierung

Entscheidend in einem Notfall oder einer Krise ist ein schneller und geeigneter Informationsfluss. Wichtig sind daher die Festlegung von Informationswegen und -verfahren, die Alarmierung und die Eskalation.

Nach Eintritt eines Schadensereignisses löst eine *Meldung* den Notfall- oder Krisenbewältigungsprozess aus. Es werden gegebenenfalls *Sofortmassnahmen* eingeleitet.

6.5.6.1 Alarm- oder Eskalationsstufen

Wenn ein Schadensereignis eine gewisse Schwelle übersteigt, wird dessen Bewältigung an die dafür Zuständigen eskaliert. Grundlage für die Entscheidung zur Eskalation bilden sogenannte Alarm- oder Eskalationsstufen.

[1959] BSI Standard 100-4, 24 f.

Eskalationsstufen können beispielsweise folgendermassen aussehen:[1960]

Eskalationsstufe			Beispiele
1	Grün	Normalbetrieb	–
2	Gelb	Störmeldung	Ereignisse, die gemeldet, geprüft, dokumentiert und gegebenenfalls behoben werden müssen.
3	Orange	Voralarm	Ereignisse, die bereits erste Gefahren abwehrende oder risikoreduzierende Massnahmen erfordern, z.B. singuläre Brandlöschung.
4	Rot	Notfall	Ereignisse, die den Geschäftsbetrieb stark beeinträchtigen und nicht mehr innerhalb der geforderten Zeit behoben werden können.
5	Rot	Krise	Ereignisse mit Krisenpotenzial, die eine übergeordnete Koordinierung erfordern und die Existenz der Unternehmung oder Leben gefährden.
6	Rot	Katastrophe	Grossschadensereignisse, die nicht auf die Unternehmung beschränkt sind.

6.5.6.2 Alarmierungs- und Eskalationsverfahren

Bei der Festlegung des Eskalations- und Alarmierungsverfahrens ist zu definieren, wer eskaliert, an wen zu eskalieren ist und wer wen alarmiert. Je nach Qualifikation der zentralen Meldestelle entscheidet diese anhand von Entscheidungshilfen, welche Eskalationsstufe vorliegt, oder informiert einen Entscheidungsträger, der dann diese Vorentscheidung trifft. Liegt eine Störung vor, so wird an die entsprechende Fachabteilung eskaliert. Wird eine Notfallschwelle überschritten, so wird an eine Entscheidungsinstanz für die Notfallbewältigung eskaliert.

6.5.6.3 Sofortmassnahmen

Unter Sofortmassnahmen werden beispielsweise Löschen von Bränden, Evakuierung oder Retten von Personen verstanden. Diese Massnahmen werden noch *vor* einer Eskalation des Notfalls eingeleitet. Hier gilt es, grössere Schäden, insbesondere an Personen, zu vermeiden.

Entsprechende Anweisungen und konkrete Aufgaben sind im Vorfeld festzulegen und zu dokumentieren. Es ist klar zu regeln, wer welche Sofortmassnahmen anstossen oder durchführen soll. Rollen für den Notfall wie beispielsweise Ersthelfer, Betriebssanitäter, Brandhelfer, Evakuierungshelfer oder Einsatzteam sind festzulegen und zu besetzen. Diese werden direkt alarmiert und agieren selbstständig am Einsatzort.

6.5.7 Krisenkommunikation

Krisenkommunikation ist die Kommunikation während und nach einer Krise mit den verschiedenen Interessengruppen mit dem Ziel, die Krise zu bewältigen, weiteren Schaden zu verhindern, zu informieren und Vertrauens- und Imageverluste zu vermeiden. Die Krisenkommunikation ist ein zentraler Erfolgsfaktor des Krisenmanagements.

[1960] BSI Standard 100-4, 66.

Es kann zwischen *interner* und *externer* Krisenkommunikation unterschieden werden. In diesem Dokument wird unter der internen Krisenkommunikation jegliche Kommunikation, die der Bewältigung des Notfalls oder der Krise dient, verstanden. Externe Krisenkommunikation hat das Ziel zu informieren. Die Zielgruppen sind dabei sowohl innerhalb der Unternehmung wie auch ausserhalb zu finden. (Siehe Muster hinten 11.42)

6.5.7.1 Interne Krisenkommunikation

Zur internen Krisenkommunikation gehört sowohl die Meldung, Eskalation und Alarmierung, aber auch sämtliche Kommunikation zur Informationsbeschaffung, der Koordinierung der Notfallteams oder die Kooperation mit externen Stellen wie Geschäftspartner, Kunden, Rettungsdienste, Hilfsorganisationen, Feuerwehr, Polizei oder Technisches Hilfswerk zur Bewältigung der Krise.

Falls der Krisenfall nicht intern begrenzt ist, kann es notwendig sein, auch externe Stellen wie Geschäftspartner oder Kunden, die ebenfalls davon betroffen sein könnten, darüber zu informieren und mit ihnen zusammenzuarbeiten, um die Schadensausbreitung zu verhindern. Im Falle eines Sicherheitsvorfalles kann dies bedeuten, mit den externen Stellen die möglichen Sicherheitsprobleme und Gegenmassnahmen zur Eindämmung der Auswirkungen zu besprechen. Sollte diese Informationsweitergabe und Kooperation nicht erfolgen, kann dies die weitere konstruktive Zusammenarbeit mit den externen Stellen nachhaltig stören und das bestehende Vertrauensverhältnis beeinträchtigen, wenn diese über andere Kanäle über die Sicherheitsprobleme informiert werden.[1961]

Neben den organisatorischen Festlegungen, wer, wem, wann meldet, eskaliert, alarmiert und informiert, ist auch festzulegen,

- wer für die einzelnen Informationsflüsse zwischen den verschiedenen Parteien und Rollen bei der Notfall- und Krisenbewältigung zuständig ist,
- wann und in welchen zeitlichen Abständen berichtet wird und
- in welcher Art und Weise die Kommunikation erfolgt. Dazu gehört beispielsweise der Informationsfluss vom Schadensort oder den Notfallteams zum Krisenstab und zurück. Ein besonderes Augenmerk sollte dabei auf die *technischen und logistischen Aspekte* der Krisenkommunikation gelegt werden. Dabei sind unter anderem folgende Fragen zu beantworten:
  - Wie sehen die erforderlichen Kommunikationsprozesse zur Bewältigung des Notfalls aus (Sprache, Text, Daten, Video und Bilder)?
  - Welche Kommunikationssysteme (Endgeräte und Verbindungen) stehen grundsätzlich und alternativ an den verschiedenen Orten zur Verfügung?
  - Welche Ausfallrisiken bestehen für die einzelnen Kommunikationslösungen?
  - Welche Massnahmen sind hinsichtlich der Verfügbarkeit der in Notfällen benötigten Kommunikationssysteme zu ergreifen?

In Krisenfällen wird eine zuverlässige und sichere Kommunikation benötigt, daher ist eine hohe Verfügbarkeit der Kommunikationssysteme in der Krise sicherzustellen. Doch auch die Aspekte der Vertraulichkeit und Integrität der Kommunikation und der Authentizi-

---

1961 BSI Standard 100-4, 76.

tät der Kommunikationspartner sollte in die Betrachtung und die Auswahl der Systeme mit einbezogen werden.

6.5.7.2 Externe Krisenkommunikation

Jede Krise ist immer auch eine Herausforderung an die Kommunikation. Die Wahrnehmung der Krise, die Krisenbewältigung und des Managementverhaltens in der Öffentlichkeit entscheiden mit über das Ausmass der Krise. Es gilt, einen Flächenbrand zu vermeiden, allenfalls Emotionen zu kanalisieren und Ängste nicht entstehen zu lassen bzw. abzubauen. Daher ist es von essenzieller Bedeutung, dass eine eindeutige Verantwortung und Strategie für die externe Krisenkommunikation festgelegt ist.[1962]

a)   **Organisatorische Strukturen**

Die Verantwortung für die externe Krisenkommunikation trägt ausschliesslich der dafür delegierte Leiter der Krisenkommunikation. Alle Medienkontakte sollten ausschliesslich über ihn laufen bzw. von ihm koordiniert werden. Dieser kann durch Mitarbeiter unterstützt werden, die Spezialaufgaben übernehmen und ausführen. Hilfreich im Team der Krisenkommunikation sind folgende Rollen: ein Krisensprecher, der an die Öffentlichkeit tritt, ein Fachexperte, der wissenschaftliche und Sachfragen bewertet, ein juristischer Experte für juristische Sachfragen und ein Experte für Presse- und Öffentlichkeitsarbeit, der für die Beobachtung der Medien zuständig ist.

Die Mitglieder im Team der externen Krisenkommunikation sollten durch entsprechende, regelmässige Trainings- oder Schulungsmassnahmen (z.B. Medientraining) auf die Tätigkeit vorbereitet werden, damit sie auch auf unvorhergesehene Fragen angemessen reagieren und dem extremen Zeitdruck und Stress standhalten können. Sie müssen lernen, sich nicht zu unüberlegten Äusserungen provozieren zu lassen und die Ruhe zu bewahren. Es gilt, sich kritischen Fragen zu stellen und niemals aggressiv zu reagieren. Allenfalls ist der Beizug von externen Experten angemessen.

b)   **Kommunikationsstrategie**

Es sollte eine klare Kommunikationsstrategie und -linie festgelegt werden, die ein inhaltlich und argumentativ einheitliches Auftreten in der Krise garantiert.[1963] Die Krisenkommunikationsstrategie gibt den Rahmen und die Grundsätze für die Kommunikation sowie Sprachregelungen vor. Sie legt fest, wer die Informationen für die Krisenkommunikation erstellt, welche Zielgruppen welche Informationen erhalten und zu welchem Zeitpunkt der Krise diese in welcher Informationstiefe auf welchem Weg bzw. über welches Medium verteilt werden. Diese Strategie ist in einem Krisenkommunikationsplan zu konkretisieren.[1964]

Bei der Entwicklung einer Krisenkommunikationsstrategie ist es hilfreich, die in der Krise relevanten Interessengruppen, deren Bedürfnisse, Werte, Ziele und mögliches Interesse an den Informationen zu identifizieren. Neben den schon bekannten Interessengruppen wie Anteilseigner, Investoren, Management, Mitarbeiter, Lieferanten und Kunden spielen für

---

1962 BSI Standard 100-4, 77.
1963 Siehe dazu ein Muster hinten unter Ziff. 11.42, S. 922.
1964 BSI Standard 100-4, 77.

die Krisenkommunikation weitere Interessengruppen eine wichtige Rolle. Dazu zählen beispielsweise Familienmitglieder, Anwohner, nicht direkt betroffene Öffentlichkeit, Aufsichtsbehörden, politische Vertreter, Konkurrenten, Umweltverbände, Bürgerinitiativen, Protestgruppen und insbesondere die verschiedenen Medien.

c) Grundsätze der Krisenkommunikation

Bei der externen Krisenkommunikation bzw. der Festlegung der Kommunikationsstrategie sollten einige Grundsätze beachtet werden:

– Jede grössere Krise eines Unternehmens wird früher oder später öffentlich. Daher ist es notwendig oder ratsam, die Öffentlichkeit *rechtzeitig* zu informieren. Der Kontakt zu den Medien sollte überlegt und *frühzeitig* erfolgen, um die Wahrnehmung der Krise und des Krisenmanagements in der Öffentlichkeit möglichst im eigenen Sinne beeinflussen zu können.
– Auch wenn die Öffentlichkeit oder Externe nicht im vollen Umfang bzw. über alle Details informiert werden, so gilt für die Krisenkommunikation vor allem, dass die gemachten Aussagen *wahr* sein müssen.
– Es sollte eine *Fakten*kommunikation sein, doch bis zu einem bestimmten Masse auch Empathie und die innere Anteilnahme ausdrücken. Die Kommunikation muss der Situation angemessen sein.
– *Mutmassungen und Spekulationen sind zu vermeiden.*
– Auch sollten negative Nachrichten nicht einfach verschwiegen werden, denn heutzutage lassen sich Nachrichten nur begrenzt verstecken. *Halbwahrheiten, Verschwiegenes, kleinlaute oder erzwungene Rückzieher erzeugen Defensive.*
– Die Kommunikation sollte die Ereignisse vereinfacht darstellen, ohne sie zu verfälschen, denn *Unverständnis erzeugt Angst.*
– Die Informationen für die Öffentlichkeit sollten so weit abstrahiert werden, dass keine Nachahmer animiert werden oder Konkurrenten Vorteile daraus ableiten könnten.

d) Hilfsmittel und Technik

Damit die Kommunikation im Krisenfall funktioniert, sollten die entsprechenden Kontaktdaten im Voraus erhoben und gepflegt werden.[1965] Auch mit einer *nutzerfreundlichen Online-Seite* kann eine breite Wirkung erzielt werden.

Um eine schnelle und angemessene Kommunikation sicherzustellen, sollten bereits vorgängig *Vorlagen*, vorformulierte Ausführungen und Textfragmente für zu erwartende Situationen erstellt werden. Auch speziell vorbereitetes und ausgesuchtes Hintergrundmaterial kann nützlich sein, um es individuell und situationsangepasst in Pressemappen den Medien zukommen lassen zu können. Bei der Krisenkommunikation gilt: *nie in die Defensive gehen.*

1965 Ein Muster für ein Kommunikationsreglement des VR findet sich hinten unter Ziff. 11.40, S. 910 ff.

Es werden für den Krisenfall geeignete, funktionierende Kommunikationsmittel benötigt. Diese, wie auch die Technik und die Räumlichkeiten für Pressekonferenzen, sind bei der Notfallvorsorge einzuplanen und vorzubereiten.

7. Verwaltungsrat und Generalversammlung

7.1 Allgemeines zur GV

7.1.1 Kompetenzen der Generalversammlung

Die Generalversammlung der Aktionäre ist gemäss Art. 698 Abs. 1 OR das oberste Organ der Aktiengesellschaft. Sie ist das oberste Organ insofern, als ihr die letzte Entscheidung über die wichtigsten Bereiche der Gesellschaft (namentlich die Festsetzung und Änderung der Statuten, die Genehmigung der Jahresrechnung, die Beschlussfassung über die Verwendung des Bilanzgewinnes, die Wahl der Mitglieder des Verwaltungsrates) unübertragbar zustehen. Die Generalversammlung ist dagegen nicht oberstes Organ in dem Sinne, dass sie beliebig in das Funktionieren der anderen Organe eingreifen könnte. Nachdem im Rahmen der Gesetzgebungsrevision 1991 dem Verwaltungsrat eine Reihe von unübertragbaren und unentziehbaren Aufgaben zugewiesen worden sind, ist auch die «Allmacht» der Generalversammlung gegenüber dem Verwaltungsrat insofern begrenzt, als dass sie bei den in Art. 716a OR aufgeführten Aufgaben nicht in die Befugnisse des Verwaltungsrats eingreifen oder diese Aufgaben gar selbst erledigen darf.

Gemäss Art. 698 OR hat die Generalversammlung die Beschlusskompetenz (oberste normsetzende Gewalt)[1966] in folgenden Bereichen:

Kompetenzen	Ergänzungen/Bemerkungen
– Festsetzung und Änderung der Statuten	– Die Festsetzung bezieht sich auf das Erstellen der ersten Statuten anlässlich der Gründung. In die Beschlusskompetenz der Generalversammlung gehören in diesem Zusammenhang aber auch:
	– die Zerlegung oder Zusammenlegung von Aktien (Art. 623 OR)
	– die Erhöhung des Aktienkapitals (Art. 650 und 653 OR)
	– die Aufhebung/Einschränkung des Bezugsrechts (Art. 652b OR) aus wichtigen Gründen sowie des Vorwegzeichnungsrechts (nach Art. 653c OR)
	– die Ausgabe von Vorzugsaktien (Art. 654 OR)
	– die Ausgabe von Partizipationsscheinen (Art. 656a OR)
	– die Ausgabe von Genussscheinen (Art. 657 OR)
	– die Herabsetzung des Aktienkapitals (Art. 732 OR).

[1966] BÖCKLI, Aktienrecht, § 12 Rz. 15 ff.

Kompetenzen	Ergänzungen/Bemerkungen
– Wahl der Mitglieder des Verwaltungsrates, der Revisionsstelle von Sachverständigen, Bevollmächtigten und Beauftragten	Sofern in den Statuten nicht anders festgelegt, wählt die Generalversammlung alle Mitglieder des Verwaltungsrates nach dem Majorzverfahren. Die Wahl muss dabei grundsätzlich (ausser bei kotierten Gesellschaften) nicht zwingend einzeln durchgeführt werden. Bei *kotierten* Gesellschaften wählt die Generalversammlung dagegen zwingend den *Präsidenten* des Verwaltungsrates sowie die *Mitglieder* des Verwaltungsrates *einzeln*.[1967] Zudem wählt die GV die *Mitglieder des Vergütungsausschusse*s, welche alle dem Verwaltungsrat angehören müssen.[1968] Ausserdem wählt die Generalversammlung den *unabhängigen Stimmrechtsvertreter*.[1969] Die Amtsdauer der genannten Personen endet jeweils mit dem Abschluss der nächsten ordentlichen Generalversammlung (d.h. nach rund einem Jahr), wobei eine Wiederwahl möglich ist. Zur Wahl der Revisionsstelle (und der diesbezüglichen Anforderungen) siehe hinten Ziff. 8.2, S. 551 ff. und Ziff. 8.4, S. 576 ff. Die Generalversammlung kann gem. Art. 731*a* OR zur Prüfung der Geschäftsführung oder einzelner Teile *Sachverständige* ernennen. In die Kompetenz der Generalversammlung gehört die Wahl der *Liquidatoren* gem. Art. 740 OR (Ausnahme: Regelung in den Statuten). Die Generalversammlung ist auch berechtigt, den Präsidenten und die Mitglieder des Verwaltungsrates und der Revisionsstelle sowie allfällige von ihr gewählte *Bevollmächtigte* und *Beauftragte* abzuberufen (Art. 705 OR).
– Genehmigung des Lageberichts und der Konzernrechnung	Der Lagebericht ist gem. Art. 961 OR bei Gesellschaften zu erstellen, welche zu einer ordentlichen Revision verpflichtet sind. Siehe dazu vorne Ziff. 3.4.4.4 lit. c, S. 215 und Ziff. 3.10.1.4, S. 297. Für die Erstellung der Konzernrechnung ist der Verwaltungsrat zuständig, falls die Gesellschaft gem. Art. 963 OR zur Erstellung einer Konzernrechnung verpflichtet ist. Vor der Genehmigung ist die Konzernrechnung durch die Revisionsstelle zu prüfen. Die Genehmigung der Konzernrechnung hat durch die GV zu erfolgen. Damit wird die Konzernrechnung für den VR grundsätzlich unabänderlich.[1970] Mit der Zustimmung zur vorgelegten Konzernrechnung heissen die Aktionäre die Art der Darstellung und indirekt die vom VR gewählten Grundsätze ordnungsmässiger (Konzern-) Rechnungslegung gut.[1971] Eine Ablehnung/Rückweisung kommt einem Tadel an den VR gleich und erfordert allenfalls die Einberufung einer a.o. GV.[1972]

[1967] Art. 2 VegüV. Zu den unübertragbaren und unentziehbaren Aufgaben des Verwaltungsrates siehe vorne Ziff. 3.1.2, S. 152 f.
[1968] Art. 7 VegüV. Die Grundsätze über die Aufgaben und Zuständigkeiten des Vergütungsausschusses müssen sich bei börsenkotierten Gesellschaften aus den Statuten ergeben; dazu vorne Ziff. 2.5.8.1, S. 135.
[1969] Art. 8 VegüV.
[1970] Vorbehältlich den in anerkannten Standards zur Rechnungslegung vorgesehenen retrospektiven Anpassungen bei Änderungen der Bilanzierungs- und Bewertungsmethoden (z.B. IAS 8, Swiss GAAP FER Rahmenkonzept Ziff. 30, Stetigkeit).
[1971] Grundsätzlich bestimmt der Verwaltungsrat dazu entweder einen anerkannten Standard zur Rechnungslegung aus der vom Bundesrat erstellten Liste oder er stellt selbst die Bewertungsgrundsätze zusammen, mit entsprechender Offenlegungspflicht im Anhang der Konzernrechnung (Art. 963*b* OR).
[1972] BÖCKLI, Aktienrecht, § 12 Rz. 32.

Kompetenzen	Ergänzungen/Bemerkungen
– Genehmigung der Jahresrechnung sowie die Beschlussfassung über die Verwendung des Bilanzgewinns, insbesondere die Festsetzung der Dividende und der Tantieme	Für die Erstellung der Jahresrechnung ist der Verwaltungsrat zuständig. Dazu siehe vorne Ziff. 3.4.4, S. 207 ff. Die Jahresrechnung ist von der Revisionsstelle zu prüfen (Ausnahme Opting-out gem. Art. 727*a* Abs. 2 OR.). Jahresrechnung und Revisionsstellenbericht müssen spätestens 20 Tage vor der GV am Sitz der Gesellschaft den Aktionären zur Einsicht aufliegen. Bei der Genehmigung durch die GV muss der Revisionsbericht vorliegen und die Revisionsstelle anwesend sein (Ausnahme bei eingeschränkter Revision). Der GV steht auch die Beschlussfassung über die Schaffung von Spezialreserven gem. Art. 674 OR zu (für Wiederbeschaffungsreserven, dauerndes Gedeihen des Unternehmens, für Wohlfahrtseinrichtungen für Arbeitnehmer).
– Bei kotierten Gesellschaften Kenntnisnahme vom Vergütungsbericht	Der Verwaltungsrat hat jährlich einen *Vergütungsbericht* zu erstellen mit den Angaben gemäss Art. 13 und 14 VegüV. Der Bericht ist entsprechend den Vorgaben zur Rechnungslegung zu erstellen.[1973] Der Vergütungsbericht ist von der Revisionsstelle zu prüfen. Er muss mit dem entsprechenden Bericht der Revisionsstelle spätestens 20 Tage vor der GV am Gesellschaftssitz den Aktionären zur Einsicht aufliegen. Er ist zudem zu veröffentlichen. Die Generalversammlung hat den Bericht selbst nur zur Kenntnis zu nehmen. Es ist darüber keine Abstimmung vorgesehen; somit ist auch keine Genehmigung durch die GV erforderlich.
– Entlastung der Mitglieder des Verwaltungsrates	Bei dieser Abstimmung sind alle Personen (nicht bloss die Mitglieder des VR), die an der Geschäftsführung teilgenommen haben, ausgeschlossen (Art. 695 OR). In Gesellschaften, bei denen alle Aktionäre zugleich auch VR-Mitglieder sind, kann es daher keine rechtsgültige Entlastung (Décharge) geben. Die Entlastung wirkt zudem immer nur insoweit, als der fragliche Sachverhalt den Abstimmenden im Zeitpunkt der Abstimmung bekannt ist.
– Beschlussfassung über die Gegenstände, welche der Generalversammlung durch Gesetz und Statuten vorbehalten sind	Im *Gesetz* wird die Beschlussfassung über Folgendes der Generalversammlung zugewiesen: – die Kapitalerhöhung (Art. 650 ff. OR); – die Kapitalherabsetzung (Art. 732 OR); – der Liquidationsbeschluss (Art. 736 OR); – die Untersagung des freihändigen Verkaufs von Aktiven durch die Liquidatoren Einsetzung von Liquidatoren (Art. 743 OR); – der Beschluss über die Auflösung ohne Liquidation in einer Fusion (Art. 12 und 18 FusG) und die Genehmigung des Fusionsvertrages (je durch die GV der beiden Gesellschaften; Ausnahme bei erleichterter Fusion gem. Art. 23 Fus G);

[1973] Art. 13 VegüV, namentlich Art. 958*c* OR (Grundsätze ordnungsmässiger Rechnungslegung; siehe vorne Ziff. 3.10.2, S. 303 ff.), Art. 958*d* OR (Darstellung, Währung, Sprache) und Art. 958*f* OR (Aufbewahrung). Zur Offenlegung und Einsichtnahme gelten die Vorschriften über den Geschäftsbericht (Art. 696 und 958*e* Abs.1 OR; dazu vorne Ziff. 3.10.2, S. 303 f.).

Kompetenzen	Ergänzungen/Bemerkungen

	– die Gewährung des Rechts zur Einsicht in die Geschäftsbücher und Korrespondenz (unter Wahrung des Geschäftsgeheimnisses) gem. Art. 697 OR (allerdings auch mit Beschluss des VR möglich);
	 – die Ansetzung einer Sonderprüfung gem. Art. 697 OR (siehe hinten Ziff. 7.5, S. 510 ff.);
	 – Ernennung von Sachverständigen zur Prüfung der Geschäftsführung oder einzelner Teile (gem. Art. 731*a* OR);
	 – Bei *kotierten* Gesellschaften zusätzlich:
	   – Wahl des unabhängigen Stimmrechtsvertreters (Art. 8 ff. VegüV);
	   – die Genehmigung der Vergütungen an den Verwaltungsrat, die Geschäftsleitung und den Beirat.
	 Die Statuten können Gegenstände der Generalversammlung zum Beschluss vorbehalten. Dabei bleiben jedoch die in Art. 716*a* und Art. 716*b* OR aufgeführten, unübertragbaren und unentziehbaren Aufgaben des Verwaltungsrates ausgeschlossen. Sie dürfen nicht der Generalversammlung zur Beschlussfassung zugewiesen werden; noch dürfen Entscheide des Verwaltungsrates in diesen Bereichen unter den Vorbehalt der Genehmigung durch die Generalversammlung gestellt werden.[1974]

– Bei *kotierten* Gesellschaften die Genehmigung der Vergütungen an den Verwaltungsrat, die Geschäftsleitung und den Beirat	Gemäss Art. 18 VegüV regeln die Statuten die Einzelheiten, wobei mindestens folgende Regeln gelten: 1. Die Generalversammlung stimmt jährlich über die Vergütungen ab. 2. Die Generalversammlung stimmt gesondert über den Gesamtbetrag der Vergütungen des Verwaltungsrates, der Geschäftsleitung und des Beirates ab. 3. Die Abstimmung der Generalversammlung hat bindende Wirkung.

In den genannten Bereichen steht die Beschlusskompetenz der Generalversammlung zu, soweit keine der im Gesetz vorgesehenen Ausnahmebestimmungen vorliegen. Diese Zuständigkeit der GV ist unentziehbar und kann weder durch die GV selbst, die Statuten oder VR-Beschluss an eine andere Instanz übertragen werden.

7.1.2 Abgrenzung der Kompetenzen von GV und Verwaltungsrat

Da die dem Verwaltungsrat gemäss Art. 716*a* OR unübertragbaren und unentziehbaren Aufgaben nicht entzogen werden dürfen, ist die Generalversammlung namentlich *nicht* zuständig für:

– Die Festlegung der Geschäftspolitik und -strategie.
– Die Oberleitung der Gesellschaft (inkl. Erteilung von Weisungen, Eingreifen in Geschäfte etc.). Die Generalversammlung ist kein Führungs- bzw. Leitungsorgan der Gesellschaft; dazu ist sie weder in der Lage, noch ermächtigt.[1975]
– Die Organisation der Gesellschaft.

1974 BÖCKLI, Aktienrecht, § 12 Rz. 33.
1975 BÖCKLI, Aktienrecht, § 12 Rz. 35 ff.

- Die Festlegung der Bilanzierungs- und Bewertungsgrundsätze (inkl. Wahl eines anerkannten Standards zu Rechnungslegung bei der Konzernrechnung oder beim Abschluss nach anerkanntem Standard zur Rechnungslegung gemäss Art. 962 OR).
- Die Ernennung oder Abberufung der mit der Geschäftsführung betrauten Personen (Geschäftsleitung).
- Die Delegation der Geschäftsführung. Die GV kann lediglich in den Statuten einen Passus genehmigen, in dem der Verwaltungsrat nach Massgabe eines Organisationsreglements zur Delegation von Geschäftsführungsaufgaben an einzelne Mitglieder oder an Dritte ermächtigt wird.[1976]

Während die Entscheide über die Geschäftsführung zwingend dem Verwaltungsrat zugewiesen sind (mit entsprechender Verantwortlichkeit gemäss Art. 754 OR), ist in der Literatur umstritten, ob allenfalls gewisse Sachentscheide (insbesondere Entscheide betreffend Investitionen bzw. Devestitionen einer bestimmten Grössenordnung, z.B. Akquisition eines Unternehmens) der Genehmigung durch die Generalversammlung zugewiesen werden dürfen.[1977]

Aus verschiedenen Gründen ist eine fallweise (wie auch eine in den Statuten festgelegte) Delegation von Entscheiden an die Generalversammlung, welche in die Zuständigkeit des Verwaltungsrates fallen, sehr problematisch (auch im Hinblick auf die Verantwortlichkeit) und kritisch zu beurteilen. Sie dürfte nur in Sondersituationen zulässig sein.[1978]

Eine Vorlage an die Generalversammlung zur Genehmigung ist nach BÖCKLI in drei Fällen denkbar:[1979]

1. Der Verwaltungsrat kann in einer *Konsultativabstimmung* die Meinung der Aktionäre einfordern. Das Ergebnis dieses Entscheides bindet jedoch den Verwaltungsrat nicht und entlässt ihn nicht aus seiner alleinigen Pflicht, selbst den Entscheid zu treffen und dafür die Verantwortung zu übernehmen.
2. Bei Vorgängen wie Umstrukturierungen, Übernahmen und anderen fundamentalen Eingriffen in die körperschaftliche Struktur, in denen es eindeutig um mehr geht als um einen reinen Exekutivbeschluss, ist die Vorlage des Geschäfts an die Generalversammlung zur Genehmigung zulässig, auch wenn das Gesetz formal keinen Generalversammlungsbeschluss verlangt.
3. In Sondersituationen, wenn ein oder mehrere Mitglieder des Verwaltungsrates sich in einem Interessenkonflikt befinden und daher in den Ausstand treten müssen, wird als Sondermassnahme die Vorlage an die GV als das kleinere von zwei Übeln erachtet.

Mit der Verordnung gegen übermässige Vergütungen bei börsenkotierten Aktiengesellschaften (VegüV) wurden der Generalversammlung zusätzliche Kompetenzen zugewiesen. So schreiben Art. 2 und 18 VegüV vor, dass bei kotierten Gesellschaften zwingend

---

1976 Gemäss Art. 716b OR
1977 *Ablehnend:* BÖCKLI, Aktienrecht, § 12 Rz. 36; FORSTMOSER/MEIER-HAYOZ/NOBEL, § 30 N 72; KRNETA, N 1154 f.; MEIER-SCHATZ, Zusammenarbeit, 265/66; WATTER/ROTH PELLANDA, in: Basler Kommentar, N 1 ff. zu Art. 716a OR. *Befürwortend:* MARIE-THERESE MÜLLER, 787 ff., wohl auch BERTSCHINGER, in: FS Druey, 312 f., und Verantwortlichkeit Revisionsstelle, 221 ff.
1978 Zu den Wirkungen einer Beschlussdelegation vgl. vorne Ziff. 6.3.3.3, S. 422 ff.
1979 BÖCKLI, Aktienrecht, § 12 Rz. 43.

die Generalversammlung über die Vergütungen abstimmt, welche der Verwaltungsrat, die Geschäftsleitung und der Beirat direkt oder indirekt von der Gesellschaft erhalten. Damit ist nun aber gleichzeitig klargestellt, dass auch bei nicht kotierten Gesellschaften der Generalversammlung in den Statuten durchaus Kompetenzen im Zusammenhang mit folgenden Punkten zugeteilt werden können:[1980]

- Durchsetzung der Unabhängigkeit von Verwaltungsräten
- Durchsetzung der Weisungsfreiheit von Verwaltungsräten
- Einsetzung eines paritätischen Verwaltungsrats
- Begrenzung von VR-Bezügen
- Aktionärsausschuss zur Festlegungen der VR-Entschädigung
- Aktionärszustimmung zu längerbefristeten Arbeitsverträgen mit VR-Mitgliedern.

7.2 Vorbereitung der Generalversammlung

7.2.1 Vorbereitungspflichten des VR

Die ordnungsgemässe Vorbereitung und Einberufung der Generalversammlung ist eine der Kernaufgaben des Verwaltungsrates.[1981] Dabei nimmt er eine Leitungsfunktion wahr, die ihn zu zeitgerechten und umsichtigen Gestaltungsentscheiden zwingt. Dazu gehören die Erstellung des Geschäftsberichts (bestehend aus Lagebericht, Jahresrechnung und allenfalls Konzernrechnung) sowie die organisatorische Vorbereitung der Generalversammlung.[1982] Die Vorbereitungshandlungen können dabei unterteilt werden in solche, die gesetzlich vorgeschrieben sind, und solche, die sich aus administrativen Gründen aufdrängen.[1983]

Die *gesetzlichen* Vorarbeiten stehen insbesondere im Zusammenhang mit jenen Dokumenten, deren Vorhandensein an der Generalversammlung zwingend vorgeschrieben ist. Dazu zählen namentlich der Revisionsstellenbericht und der Geschäftsbericht. Um überhaupt über einen Gewinnverwendungsantrag abstimmen zu können, müssen Bilanz und Erfolgsrechnung vorliegen, aus denen hervorgeht, wie hoch der verteilungsfähige Gewinn effektiv ist. Für den Verwaltungsrat ergeben sich diesbezügliche die folgenden Aufgaben im Vorfeld der GV:

1980 Aufzählung gemäss den Musterklauseln bei MÜLLER, Verwaltungsrat als Arbeitnehmer 512 ff. Vgl. auch die Alternativklauseln für Statuten hinten unter Ziff. 11.84, S. 1094 ff.
1981 BÖCKLI, Aktienrecht, § 12 Rz. 73c ff.
1982 Art. 716*a* Abs. 1 Ziff. 6 OR
1983 Vgl. dazu die ausführliche Checkliste hinten unter Ziff. 11.101, S. 1150 ff.

Aufgaben des Verwaltungsrats	Bemerkung
Kenntnisnahme von der *prov. Jahresrechnung*, gegebenenfalls der prov. Konzernrechnung und eines prov. Abschlusses nach anerkanntem Standard zur Rechnungslegung, Vornahme von Abschluss- und Nachtragsbuchungen (Ermessensentscheide, Abschreibungen, Wertberichtigungen, Rückstellungen etc.).	Siehe dazu im Detail vorne Ziff. 3.4.4, S. 207 ff. In der Regel legt der Finanzchef eine prov. Fassung der Abschlüsse vor; der VR entscheidet dann über die Vornahme von Abschluss- und Nachtragsbuchungen.
Erstellen des *Lageberichts* als Teil des Geschäftsberichts bei grösseren Unternehmen (welche der ordentlichen Revision unterliegen).	Zum Inhalt des Lageberichts siehe im Detail vorne Ziff. 3.10.1.4., S. 297 f. Obwohl der Lagebericht nur zwingend verlangt ist, sofern die Voraussetzungen gem. Art. 961 OR vorliegen, empfiehlt sich in jedem Fall die Erstellung dieses verbalen Berichts (als Rechenschaftsablage und Standortbestimmung).
Erstellen eines *Antrags über die Verwendung des Bilanzgewinns* zuhanden der Generalversammlung.	Gemäss den Vorschriften von Art. 671 OR (inkl. Reservezuteilungen).
Vorlage der Jahresrechnung, der Konzernrechnung, des Abschlusses nach anerkanntem Standard zur Rechnungslegung sowie des Antrags über die Gewinnverwendung zur *Prüfung* an die Revisionsstelle; Erteilen von Auskünften und Vollständigkeitserklärung an die Revisionsstelle.	Zur Prüfung durch die Revisionsstelle, siehe hinten Ziff. 8.5, S. 587 ff. (ordentliche Revision), und Ziff. 8.6, S. 626 ff. (eingeschränkte Revision). Der Zeitbedarf für die Prüfung richtet sich je nach Art, Grösse und Komplexität der jeweiligen Abschlüsse und kann mehrere Wochen (bei grossen Gesellschaften Monate) dauern.
Allenfalls *Aufforderung* an Aktionäre zur *Einreichung von allfälligen Traktandierungsbegehren und Aktionärsanträgen* (mit Datum der Eingabefrist).	Obwohl der Verwaltungsrat nicht verpflichtet ist, die Aktionäre ausdrücklich auf dieses Recht aufmerksam zu machen, ist dies im Hinblick auf die Wahrung der Minderheitsrechte zweckdienlich. (Entspricht der Empfehlung von Swiss Code of Best Practice Ziff. 4, Abs. 2.)
Kenntnisnahme des Berichts der Revisionsstelle, *Freigabe* der Jahresrechnung/Konzernrechnung/Abschluss nach anerkanntem Standard zur Bekanntgabe an Aktionäre durch VR.	Zur Besprechung mit der Revisionsstelle siehe hinten Ziff. 8.5.5.2, S. 615 f.
Bestimmung der *institutionellen Stimmrechtsvertretung* (Organvertreter, Depotvertreter, unabhängiger Stimmrechtsvertreter).	Siehe Art. 689b ff OR. Schlägt die Gesellschaft ein Mitglied ihrer Organe als Stimmrechtsvertreter vor, so hat sie gleichzeitig auch einen unabhängigen Stimmrechtsvertreter zu bezeichnen. Siehe Art. 8 VegüV.
Bei *kotierten* Gesellschaften darf der VR keinen Organvertreter bestimmen. Es obliegt der GV, einen unabhängigen Stimmrechtsvertreter für die folgende GV zu bestimmen.	In Bezug auf die Unabhängigkeit des Stimmrechtsvertreters gelten sinngemäss die Bestimmungen wie bei der Revisionsstelle (Art. 728 Abs. 2–6 OR).

Aufgaben des Verwaltungsrats	Bemerkung
Festlegung der Formalitäten für die Überprüfung der Teilnahme und Stimmberechtigung in der Generalversammlung, Festlegung des Stichtags zur Legitimation der Namens- und Inhaberaktien für das Teilnahmerecht und die Zutrittskarten.	Zur Pflicht des Verwaltungsrates zur Kontrolle der Teilnahme- und Stimmberechtigung an der GV siehe nachstehend Ziff. 7.2.6.6, S. 477 ff.
Definitive Erstellung der Einberufung der GV mit Angabe von Ort und Zeitpunkt, Festlegung der Traktandenliste mit Anträgen des VR zu den einzelnen Traktanden (inkl. Wahlvorschläge für VR und Revisionsstelle) und allenfalls mit Anträgen von Aktionären sowie obligatorische Hinweise.	Zur Prüfung allfällig eingegangener Traktandierungsbegehren durch den Verwaltungsrat siehe hinten Ziff. 7.2.2, S. 466, und Ziff. 7.2.6.4, S. 474 f.
Auflage des Geschäftsberichts (allenfalls auch des Vergütungsberichtes) und der Revisionsberichte am Sitz der Gesellschaft zur Einsicht für Aktionäre und Partizipanten.	Gemäss Art. 696 OR haben diese Unterlagen spätestens 20 Tage vor der ordentlichen GV am Gesellschaftssitz zur Einsichtnahme aufzuliegen.
Bekanntmachung und Versendung der Einladung an die Aktionäre und (falls Partizipationsschein-Kapital besteht) Partizipanten, Erfüllung der Hinweispflichten, mit einer Mitteilung über die Einberufung an die Partizipanten.	Zum Versand siehe hinten Ziff. 7.2.4.3, S. 470. Muster für Einladungen finden sich hinten unter Ziff. 11.23, S. 836 ff. (KMU), und Ziff. 11.24, S. 839 ff. (Publikumsgesellschaft).
Vorbereitung der Zutrittskontrolle, der Präsenzliste, der Protokollführung, der Stimmenzählung, der Präsentationen etc.	Zur Durchführung der Generalversammlung siehe hinten Ziff. 7.3, S. 484.

Die *administrativen Vorarbeiten* können nicht direkt aus dem Gesetz entnommen werden; sie ergeben sich jedoch aus den tatsächlichen Erfordernissen für einen reibungslosen Ablauf der Generalversammlung. Vor allem die Bereitstellung der – je nach Gesellschaftsgrösse – erforderlichen Infrastruktur, wie Saal, Mikrofonanlage und Hellraumprojektor, gehört dazu. Diese organisatorischen Aufgaben werden in der Regel delegiert (an den Sekretär des Verwaltungsrates oder die Geschäftsleitung).

Dem Umstand, dass die Vorbereitungsarbeiten für die Generalversammlung Zeit beanspruchen, ist durch eine entsprechende *Terminplanung* Rechnung zu tragen. Dabei sind soweit notwendig die einzelnen gesetzlichen und administrativen Vorarbeiten gemäss *Checkliste* hinten unter Ziff. 11.101, S. 1150 ff., zu berücksichtigen. Allenfalls ist kurz vor Abhaltung der Generalversammlung nochmals eine Verwaltungsratssitzung durchzuführen, um eine letzte Kontrolle aller relevanten Punkte vorzunehmen.

7.2.2 Prüfung von Minderheitsbegehren auf Einberufung und Traktandierung

Gemäss Art. 699 Abs. 3 OR steht das Recht, die *Einberufung einer (ausserordentlichen) Generalversammlung* zu verlangen, einem oder mehreren Aktionären zu, die zusammen mindestens 10% des Aktienkapitals vertreten. Falls die Statuten dieses Einberufungsrecht auch allfälligen Partizipanten verleihen, müsste die Schwelle entsprechend auf «10% des gesamten Nennkapitals» angehoben werden.[1984] Im Gegensatz zum – im gleichen Artikel aufgestellten – Traktandierungsrecht hat es der Gesetzgeber eigenartigerweise (aus Versehen[1985]) unterlassen, dieses Recht auch Aktionären zu gewähren, die absolut betrachtet mit einem grossen Betrag (nämlich mindestens CHF 1 Mio. Nennwert) in die Gesellschaft investiert haben.[1986] Kommt der Verwaltungsrat dem Begehren um Einberufung einer GV nicht binnen einer angemessenen Frist[1987] nach, kann das Recht zur Einberufung gerichtlich durchgesetzt werden.[1988] Nach der bundesgerichtlichen Rechtsprechung kann der Richter nicht nur den säumigen Verwaltungsrat anweisen, eine ausserordentliche Generalversammlung einzuberufen; er kann dies gleich selbst vornehmen, insbesondere dann, wenn Gefahr in Verzug ist (vgl. BGE 132 III 555).

Zudem können Aktionäre, die Aktien im Nennwert von mindestens 1 Mio. Franken halten (oder nach herrschender Lehre mindestens 10% des Aktienkapitals), die *Traktandierung eines Verhandlungsgegenstands* verlangen, und zwar entweder – gekoppelt mit dem Einberufungsrecht – zu einer ausserordentlichen GV oder als Ergänzung der Traktandenliste der ordentlichen GV. Die Statuten können die Voraussetzungen des Traktandierungsrechts erleichtern. Vom Traktierungsrecht zu unterscheiden ist das Recht jedes Aktionärs, vor und an der Generalversammlung schriftliche oder mündliche Anträge zu den *traktandierten* Verhandlungsgegenständen zu stellen (Art. 700 Abs. 4 OR). Im Gegensatz zur Einberufungsklage ist gesetzlich nicht geregelt, wie das Traktandierungsrecht durchgesetzt werden kann, falls der Verwaltungsrat dem Begehren nicht nachkommt (d.h. die Traktandenliste nicht ergänzt). In Analogie zur Einberufungsklage können die Antragsteller – auch noch nach Veröffentlichung der Einberufung der GV – an den Richter gelangen (was allenfalls eine a.o. GV nach sich ziehen könnte).[1989]

Beide Begehren müssen *formal* sowohl den Verhandlungsgegenstand (Traktandum) wie auch einen konkreten Beschlussantrag des Antragstellers dazu enthalten.[1990] Der Verhandlungsgegenstand (Traktandum) ist derart bestimmt zu umschreiben, dass das Traktandum nach Treu und Glauben als vernünftige abstrakte Verallgemeinerung des dazu gestellten konkreten Antrags (d.h. des beantragten Beschlussinhalts) erscheint. Allgemein ausgedrückt gilt der Grundsatz, dass die Umschreibung der einzelnen Verhandlungsgegenstände für einen durchschnittlichen Aktionär klar verständlich sein muss (BGE 121 III 424).

1984 So BÖCKLI, Aktienrecht, § 12 Rz. 59, mit Bezug auf Art. 656c Abs. 1 und 2 OR.
1985 So BÖCKLI, Aktienrecht, § 12 Rz. 59, mit Bezug auf Art. 656c Abs. 1 und 2 OR.
1986 Dass beide Kriterien (Prozentzahl und Nennwert) je alternativ für beide Rechte (Einberufungsrecht und Traktandierungsrecht) gelten müssen, weist BÖCKLI, Aktienrecht, § 12 Rz. 60 ff. überzeugend nach; *ebenso* FORSTMOSER/MEIER-HAYOZ/NOBEL, § 23 N 27; DUBS/TRUFFER, in: Basler Kommentar, N 23 zu Art. 699 OR; *abweichend* KUNZ, Minderheitenschutz, § 11 Rz. 105 f.
1987 Die Frist ist im konkreten Einzelfall zu beurteilen; in der Literatur werden 4–6 Wochen genannt. Dazu eingehend DUBS/TRUFFER, in: Basler Kommentar, N 16 zu Art. 699 OR.
1988 Vgl. dazu weiterführend BÖCKLI, Aktienrecht, § 12 Rz. 72 ff. (mit weiteren Hinweisen und Belegen), BGE 4C.47/2006 vom 30. Mai 2006 (BGE 132 III 555 ff.).
1989 BÖCKLI, Aktienrecht, § 12 Rz. 73 (mit weiteren Literaturhinweisen insbesondere DUBS/TRUFFER, in: Basler Kommentar, N 16 ff. zu Art. 699 OR.
1990 DUBS/TRUFFER, in: Basler Kommentar, N 27 ff. zu Art. 699 OR; BÖCKLI, Aktienrecht, § 12 Rz. 64 und 67a.

Der Verwaltungsrat hat das Traktandierungsbegehren auf seine materiell-rechtliche *Gültigkeit* zu beurteilen.[1991] Dabei fragt er sich, ob

- das Begehren die genannten allgemeinen Anforderungskriterien des Traktandums und des Antrags erfüllt,
- die allgemeinen gesetzlichen Schranken eingehalten sind (aktienrechtlicher Anfechtungs- und Nichtigkeitsordnung),
- der Grundsatz der Einheit der Materie beachtet wird,
- der Beschlussgegenstand in die Kompetenz der Generalversammlung fällt,
- der mit dem Begehren angestrebte Beschluss im Wirkungsbereich der Gesellschaft liegt.

Wesentlich ist, dass der verlangte Verhandlungsgegenstand die Grundlage eines inhaltlich möglichen und rechtlich zulässigen GV-Beschlusses sein kann. Führt der Antrag zu einem rechtswidrigen Beschluss, gilt sinnvollerweise Folgendes:[1992]

- Ist der Beschluss *nichtig,* muss der Verwaltungsrat das Begehren ablehnen (d.h., er darf die verlangte Generalversammlung nicht abhalten oder das Traktandum nicht in die Traktandenliste aufnehmen und darüber keine Beschlussfassung durchführen). Dies ist bspw. auch dann der Fall, wenn das Traktandum allein in die Entscheidungskompetenz des Verwaltungsrates fällt.
- Ist der Beschluss *anfechtbar,* muss der Verwaltungsrat das Begehren entgegennehmen (d.h. die verlangte Generalversammlung abhalten oder das Traktandum in die Traktandenliste aufnehmen und darüber eine Beschlussfassung durchführen). Er hat dann selbst auf die Rechtswidrigkeit hinzuweisen und einen Ablehnungsantrag zu stellen.

Grundsätzlich hat der Verwaltungsrat das Traktandierungsbegehren aktionärsfreundlich zu prüfen.[1993] Da die Rechtslage in der Kompetenzabgrenzung von VR und GV nicht immer klar ist, sollte im Zweifelsfalle der Beschlussgegenstand der GV vorgelegt und die Entscheidung der Kompetenzfrage dem Anfechtungs- (bzw. dem auf die Feststellung der Nichtigkeit gerichteten) Prozess überlassen werden.[1994]

> **Empfehlung:**
> Es empfiehlt sich, das Datum der ordentlichen Generalversammlung frühzeitig festzulegen und eine Frist zu setzen, bis zu welchem Zeitpunkt Aktionäre Traktandierungsbegehren und Anträge anmelden können.

7.2.3 Vorprüfung von Statutenänderungen

Bei Statutenänderungen sollten die entsprechenden Entwürfe vorgängig dem kantonalen Handelsregisteramt zur Vorprüfung unterbreitet werden. Ansonsten besteht die Gefahr,

---

1991 Dubs/Truffer, in: Basler Kommentar, N 27 ff. zu Art. 699 OR.
1992 Böckli, Aktienrecht, § 12 Rz. 71c und 71d.
1993 Böckli, Aktienrecht, § 12 Rz. 71c.
1994 Dubs/Truffer, in: Basler Kommentar, N 28 ff. zu Art. 699 OR.

dass die Eintragung der Statutenänderung wegen Nichtbeachtung einer Gesetzesvorschrift verweigert wird. Die Wiederholung der Beschlussfassung wäre die unausweichliche Folge.

Empfehlung:
Der Verwaltungsrat sollte dem Wortlaut von beabsichtigten Statutenänderungen des Handelsregisteramts zur Überprüfung unterbreiten, bevor er festgelegt und in der Einladung zur Generalversammlung publiziert wird.

7.2.4 Einberufung der Generalversammlung

7.2.4.1 Pflicht des VR zur Einberufung

Art. 699 Abs. 1 OR überträgt in erster Priorität dem *Verwaltungsrat* das Recht, die Generalversammlung einzuberufen. Die eigentliche Pflicht zur Einberufung ergibt sich aus Art. 699 Abs. 2 OR. Danach hat die *ordentliche* Generalversammlung alljährlich innerhalb von sechs Monaten nach Abschluss des Geschäftsjahres stattzufinden. Da die übrigen zur Einberufung der Generalversammlung Berechtigten (Revisionsstelle[1995], Liquidatoren, Vertreter der Anleihensgläubiger) jeweils nur in speziellen Situationen und nur bei entsprechender Notwendigkeit handeln, wird das Recht zur Einberufung der ordentlichen Versammlung mithin zu einer eigentlichen Pflicht des Verwaltungsrates.[1996]

Zur Vorbeugung möglicher Schadenersatzklagen ist es für den Verwaltungsrat wichtig, dass er die Generalversammlung innerhalb der gesetzlichen Frist von sechs Monaten einberuft. Von besonderer Bedeutung ist diese Vorschrift, wenn ein unbefriedigender Geschäftsgang oder die Liquiditätssituation die Fortführung des Unternehmens in Frage stellen.

Neben der Pflicht zur Einberufung der ordentlichen Generalversammlung besteht unter Umständen jedoch auch eine Pflicht zur Einberufung einer *ausserordentlichen Generalversammlung*. Dies ist vor allem der Fall, wenn Aktionäre, welche zusammen mindestens 10 % des Aktienkapitals vertreten, die Einberufung verlangen.[1997] Sodann ergibt sich eine solche Pflicht aber auch aus Art. 725 Abs. 1 OR. Danach hat der Verwaltungsrat, wenn die letzte Jahresbilanz zeigt, dass die Hälfte des Aktienkapitals und der gesetzlichen Reserven nicht mehr gedeckt ist, umgehend die Aktionäre an einer ausserordentlichen Generalversammlung zu informieren und konkrete Sanierungsmassnahmen vorzuschlagen.[1998] Dazu siehe die entsprechenden Ausführungen vorne in Ziff. 3.10.7, S. 317 ff.

[1995] Dazu siehe ausführlich hinten Ziff. 8.5.8.1, S. 621 f.
[1996] BERTSCHINGER, Einberufung, 901 ff.; BÖCKLI, Aktienrecht, § 12 Rz. 73a; DUBS/TRUFFER, in: Basler Kommentar, N 6 zu Art. 700 OR; KRNETA, N 1378 ff.; STUDER, 3 ff.; TANNER, in: Zürcher Kommentar, N 24 und 28 zu Art. 699 OR. Die Einberufung der Generalversammlung wurde deshalb bereits vorne unter Ziff. 3.10.3, S. 305 f. als Pflicht des Verwaltungsrates vorgestellt. Hier bleibt nachzutragen, dass die Sechsmonatsfrist von Art. 699 Abs. 2 OR zwar zwingend, aber dennoch nur eine Ordnungsvorschrift ist. Lässt sie der Verwaltungsrat verstreichen, passiert zunächst nichts. Nötigenfalls kann die Revisionsstelle anstelle des VR die GV einberufen.
[1997] Vgl. dazu Art. 699 Abs. 3 OR sowie vorne Ziff. 7.2.2, S. 466 ff.
[1998] Dazu gehören namentlich Kapitalherabsetzung, Kapitalherabsetzung und -wiedererhöhung, Gläubigerverzichte sowie Leistung von Kapitaleinschüssen. Es liegt dann an der Generalversammlung, über Sanierung, Liquidation oder Fortführung ohne Sanierung zu entscheiden.

7.2.4.2 Adressaten der Einberufung

Art. 689 Abs. 1 OR hält ausdrücklich fest, dass der *Aktionär* seine Rechte bezüglich Gesellschaftsangelegenheiten in der Generalversammlung ausübt. Jeder Aktionär hat demnach ein gesetzliches Recht auf Teilnahme an der Generalversammlung.[1999] Dies ergibt sich auch aus Art. 706*b* Ziff. 1 OR, wonach Generalversammlungsbeschlüsse, welche das Recht auf Teilnahme entziehen oder beschränken, nichtig sind. Vom Teilnahmerecht zu unterscheiden ist das Stimmrecht des Aktionärs, welches unter bestimmten Voraussetzungen bereits von Gesetzes wegen eingeschränkt ist.[2000] Unabhängig von der Stimmrechtsbeschränkung bleibt das Recht auf Teilnahme bestehen. Eine Ausnahme bildet lediglich Art. 685*f* Abs. 2 OR. Danach kann ein Erwerber von börsenkotierten Namenaktien, bei denen die Anerkennung des Erwerbs durch die Gesellschaft noch aussteht, weder das mit den Aktien verknüpfte Stimmrecht, noch andere mit dem Stimmrecht zusammenhängende Rechte ausüben. Folglich ist auch das Recht auf Teilnahme an der Generalversammlung suspendiert.

Neben den Aktionären haben aber auch die *Partizipanten* gemäss Art. 656*d* OR Anrecht auf Bekanntgabe der Einberufung zur Generalversammlung unter gleichzeitiger Angabe der Verhandlungsgegenstände und Anträge.

Weil Art. 686 Abs. 1 OR ausdrücklich die Eintragung der Adressen aller Namenaktionäre im Aktienbuch verlangt,[2001] ist es zumindest bei diesen Aktionären kein Problem, die korrekte Anschrift zu eruieren. Der Verwaltungsrat kann sich dabei darauf verlassen, dass die im Aktienbuch eingetragene Adresse aktuell ist, denn ein allfälliger Adresswechsel müsste vom Aktionär selbst bekannt gegeben werden. Häufig stellen Statutenbestimmungen klar, dass der Versand von Mitteilungen an die letzte gemeldete Adresse der Aktionäre rechtsgültig erfolgen kann.

7.2.4.3 Form der Einberufung

Art. 700 Abs. 1 OR schreibt lediglich vor, dass die Generalversammlung in der *statutarisch vorgeschriebenen Form* einzuberufen sei. Unter Berücksichtigung von Art. 696 Abs. 2 OR wird dies in der Regel bei Namenaktionären die gewöhnliche Briefform an die im Aktionärsverzeichnis registrierte Adresse und bei Inhaberaktionären die Bekanntgabe im Schweizerischen Handelsamtsblatt sein.[2002,2003]

In zahlreichen Statuten ist vorgesehen, dass die Namenaktionäre mittels eingeschriebenen Briefes zur Generalversammlung einzuladen sind. Dies hat seinen guten Grund. Behauptet nämlich ein Aktionär, er habe die Einladung nicht erhalten, so hat der Verwaltungsrat nachzuweisen, dass ordnungsgemäss einberufen wurde. Gelingt ihm das nicht, so kann dies unter Umständen zur Nichtigkeit oder Anfechtbarkeit der Generalversammlungsbe-

---

1999 BÖCKLI, Aktienrecht, § 12 Rz. 134; FORSTMOSER/MEIER-HAYOZ/NOBEL, § 23 N 58 ff.; SCHAAD, in: Basler Kommentar, N 14 zu Art. 689 OR.
2000 Beispielsweise bei der Abstimmung über die Décharge gemäss Art. 695 Abs. 1 OR.
2001 Vgl. dazu die Muster eines Aktienbuches hinten unter Ziff. 11.1 und 11.2, S. 751 ff.
2002 Mehr und mehr gehen Publikumsgesellschaften dazu über, auch bei Namenaktien eine Publikation der Einladung im SHAB und nur noch eine «ergänzende» Zustellung per Post vorzusehen; vgl. BÖCKLI, Aktienrecht, § 12 Rz. 75 und 87; KRNETA, N 1388 und 1393; STUDER, 68.
2003 Vgl. dazu die entsprechende Formulierung in den Musterstatuten hinten unter Ziff. 11.84 und Ziff. 11.85, S. 1094 ff. bzw. 1097 ff.

schlüsse führen. Die Einberufung basiert auf einem entsprechenden Beschluss des Verwaltungsrates. Für diesen gelten gemäss Art. 714 OR dieselben Nichtigkeitsgründe wie für die Beschlüsse der Generalversammlung. Ein Beschluss, der nun aber das Recht auf Teilnahme an der Generalversammlung verletzt, ist gemäss Art. 706b Ziff. 1 OR nichtig. Folglich muss auch die Nichteinladung zur Nichtigkeit führen. Es lohnt sich deshalb, die Einberufung sehr sorgfältig durchzuführen und den Postbeleg über die Anzahl der verschickten Einladungen aufzubewahren!

Empfehlung
Einladungen an Namenaktionäre sollten – auch wenn dies statutarisch nicht vorgeschrieben ist – zu Beweiszwecken immer eingeschrieben erfolgen.

Verschiedentlich haben Aktionäre eine Einberufung als ungültig qualifizieren wollen, weil sie ihrer Ansicht nach nicht rechtsgültig unterzeichnet war. Von Gesetzes wegen ist lediglich die *Schriftform* vorgeschrieben,[2004] wozu eine Unterzeichnung nicht zwingend erforderlich ist. Sofern demnach die Statuten nichts anderes vorschreiben, muss die Einladung zur Generalversammlung überhaupt nicht unterschrieben werden. Sie kann aber stattdessen auch lediglich vom Sekretär oder vom Delegierten des Verwaltungsrates unterzeichnet werden. Hilfreich ist auch hier eine genaue Regelung im Funktionendiagramm, damit klar ist, wer letztlich für die Einladungen verantwortlich ist.[2005]

7.2.4.4 Fristen der Einberufung

Die Verwaltungsräte haben bei der Einberufung der Generalversammlung die zwingende Frist nach Art. 700 Abs. 1 OR zu beachten.[2006] Danach ist die Generalversammlung *spätestens 20 Tage vor dem Versammlungstag* in der durch die Statuten vorgeschriebenen Form einzuberufen. Eine Verletzung der Einberufungsfrist führt zu einer Beschränkung des Teilnahmerechtes und kann daher gemäss Art. 706b OR zur Nichtigkeit (in gewissen, unwesentlichen Fällen zur Anfechtbarkeit) der Generalversammlungsbeschlüsse führen, falls keine Universalversammlung zustande kommt.[2007]

Die Frist kann statutarisch weder verkürzt noch verlängert werden.[2008] Bei der brieflichen Einladung dürfen der Tag der Absendung und jener der Generalversammlung nicht mitgezählt werden. Die Beförderungsfrist, welche die Post benötigt, geht grundsätzlich zulasten des Absenders, ist also von ihm zu berücksichtigen.

Bei der öffentlichen Mitteilung[2009] an die Inhaberaktionäre stellt sich das Problem, dass auch bei einer rechtzeitigen Abgabe der Druckvorlagen durch Verzögerung in der Redaktion oder Druckerei eine Verspätung bei der Veröffentlichung eintreten kann; dieses Risiko trägt die Gesellschaft. Es empfiehlt sich, die Druckerei frühzeitig zu avisieren. Auf der

---

2004 Vgl. Art. 696 Abs. 2 OR.
2005 Im Muster eines Funktionendiagramms hinten unter Ziff. 11.31, S. 863 ff., wurde beispielsweise der Verwaltungsratspräsident mit dem Vollzug dieser Aufgabe betraut.
2006 Diese Frist gilt auch für die Mitteilung an die Partizipanten.
2007 Vgl. BÖCKLI, Aktienrecht, § 12 Rz. 83, 88 f. Zur Abgrenzung zwischen Anfechtbarkeit und Nichtigkeit bei Fristversäumnis vgl. BÖCKLI, Aktienrecht, § 13 Rz. 89 mit Hinweisen und Belegen; für blosse Anfechtbarkeit DUBS/TRUFFER, in: Basler Kommentar, N 18–20 zu Art. 706b OR.
2008 Vgl. BGE 116 II 323.
2009 Art. 696 Abs. 2 OR schreibt als Minimum die Publikation im Schweizerischen Handelsamtsblatt vor.

anderen Seite kann auch eine Vorverlegung des Absende- bzw. Veröffentlichungsdatums negative Konsequenzen haben. Da der Inhalt der Einberufung grundsätzlich verbindlich ist, können zwischenzeitlich neu auftretende, wichtige Gegenstände nicht mehr in der anstehenden Generalversammlung gelöst werden, ausser sie können ebenfalls vor Ablauf der 20-tägigen Frist den Aktionären mitgeteilt werden.

Insbesondere bei Unternehmen, die mit einer Krisensituation zu kämpfen haben, können sich die Verhältnisse und Gegebenheiten rasch ändern und ordnungsgemäss traktandierte Verhandlungsgegenstände bedeutungslos machen. Da die Traktanden inhaltlich hinreichend bestimmt sein müssen, empfiehlt es sich in dieser Situation, die Traktanden möglichst offen zu formulieren.

7.2.4.5 Einberufung zur Universalversammlung

Gestützt auf Art. 701 OR können die Eigentümer oder Vertreter sämtlicher Aktien jederzeit und ohne Einhaltung der für die Einberufung vorgeschriebenen Formvorschriften eine Generalversammlung abhalten, falls kein Widerspruch erhoben wird. An einer derartigen Versammlung kann über alle in den Geschäftskreis der Generalversammlung fallenden Gegenstände gültig verhandelt und Beschluss gefasst werden, solange die Eigentümer oder Vertreter *sämtlicher Aktien anwesend* sind. Man spricht deshalb in diesem Falle auch von einer Universalversammlung.

Für die Einberufung zur Universalversammlung braucht demnach weder eine bestimmte Frist noch eine bestimmte Form eingehalten zu werden. Auch müssen die Traktanden und Anträge nicht im Voraus bekannt sein. Es genügt, wenn alle Aktien vertreten sind und gegen die Durchführung als Universalversammlung keine Proteste erhoben werden. Diese beiden Punkte sind denn auch unbedingt im entsprechenden Protokoll festzuhalten.[2010] Andererseits sind auch bei einer Universalversammlung allfällig zwingende gesetzliche Formvorschriften einzuhalten (z.B. Vorliegen eines Revisionsberichts bei der Abnahme der Jahresrechnung und der Beschlussfassung über die Gewinnverwendung,[2011] Anwesenheit eines Notars zur öffentlichen Beurkundung bei Statutenänderungen, Anwesenheit eines Revisors bei einer Kapitalherabsetzung etc.).

Da die VR-Mitglieder nicht zwingend Aktionäre sein müssen, stellt sich die Frage, ob sie über die Abhaltung einer Universalversammlung überhaupt orientiert werden müssen. Art. 702a OR gibt den Mitgliedern des Verwaltungsrats das Recht, an der Generalversammlung teilzunehmen und Anträge zu stellen; dies gilt grundsätzlich auch für die Universalversammlung.[2012] Allerdings bedeutet dies noch nicht, dass sie auch eingeladen bzw. orientiert werden müssen. Durch den Wegfall der für die Einberufung vorgeschriebenen Formvorschriften besteht weder eine Verpflichtung zur Einladung noch zur Orientierung. Universalversammlungen könnten deshalb an sich ohne Wissen des Verwaltungsrats stattfinden.[2013] Erfährt ein VR-Mitglied jedoch von der Abhaltung und erscheint er zur Universalversammlung, so ist er zur Teilnahme berechtigt und kann auch Anträge stellen.

2010 Vgl. das Muster eines Universalversammlungsprotokolls hinten unter Ziff. 11.60, S. 990 ff.
2011 Mit Ausnahme von Art. 727a Abs. 2 OR (Opting-out).
2012 Vgl. CHK-TANNER, N 3 zu Art. 702a OR, wo die Frage nach der Einladung aber offengelassen wird.
2013 Gl.M. wohl BÖCKLI, Aktienrecht, § 12 Rz. 54a mit dem Hinweis, dass VR-Mitglieder die Abhaltung einer Universalversammlung nicht verhindern können.

Werden VR-Mitglieder wiederholt bzw. sogar systematisch durch die Abhaltung von Universalversammlungen von der Teilnahme an Generalversammlungen ausgeschlossen, so sollten sie ernsthaft die Fortführung ihrer Funktion überdenken. Denn gemäss Art. 716*a* Abs. 1 Ziff. 6 OR ist der VR nicht nur zwingend für die Vorbereitung der GV, sondern auch für die Ausführung ihrer Beschlüsse verantwortlich; dies wird dem VR verunmöglicht, wenn er gar nicht über die Abhaltung von Universalversammlungen orientiert wird.

7.2.5 Art der Bekanntgabe der Information

Die Informationen im Zusammenhang mit der Einberufung können zweigeteilt werden: in solche, die den Aktionären mitgeteilt und solche, die nur zur Einsicht aufgelegt werden müssen.[2014]

Die Dokumentation, in welcher die Einberufung zur Generalversammlung dem *Aktionär direkt mitgeteilt* wird, enthält nach Art. 700 Abs. 2 OR insbesondere die Liste aller Verhandlungsgegenstände (Traktandenliste) mit den jeweiligen entsprechenden Anträgen des Verwaltungsrates[2015] sowie allfällige weitere Anträge von Aktionären, die gestützt auf Art. 699 Abs. 3 OR eingereicht wurden (Einberufung einer a.o. GV; Traktandierungsbegehren).[2016] Sofern die Statuten es nicht vorsehen, müssen allfällige im Vorgang der GV eingereichte Anträge von Aktionären zu den vom Verwaltungsrat traktandierten (ordentlichen) Verhandlungsgegenständen jedoch nicht zwingend mit der Einberufung bekannt gegeben werden. Der Swiss Code of Best Practice empfiehlt jedoch auch eine Bekanntgabe der Anträge von Aktionären zu diesen Traktanden.[2017]

Es ist zulässig, dass in den Statuten weiter gehende Vorschriften im Zusammenhang mit der Bekanntgabe von Traktanden und Anträgen erlassen werden. Auch diese sind vom Verwaltungsrat zu beachten. Er kann auf freiwilliger Basis weitere, für die Willensbildung der Aktionäre nützliche Unterlagen beilegen. Wenn dabei auch kritische Punkte und Gegenmeinungen berücksichtigt werden, führt dies in den meisten Fällen zu einem grösseren Vertrauensverhältnis zwischen Aktionären und Verwaltungsrat.

Die übrigen Dokumente sind *zur Einsicht* (mit Anforderungsrecht) aufzulegen. Nach Art. 696 OR sind Namen- und Inhaberaktionäre spätestens mit der Einberufung zur Generalversammlung darüber zu unterrichten, dass der Geschäftsbericht[2018] und die entsprechenden Revisionsberichte zuhanden der GV (und bei kotierten Gesellschaften der Vergütungsbericht mit Prüfbericht) am Gesellschaftssitz zur Einsicht aufliegen (Hinweispflicht des VR bei der Einberufung). Die Aktionäre (und nach Gesetz nur diese) können Einsicht in diese Unterlagen nehmen oder von der Gesellschaft verlangen, dass ihnen eine Ausfertigung zugestellt wird.[2019] Festgehalten werden kann also, dass die Gesellschaft

---

2014 Vgl. BÖCKLI, Aktienrecht, § 12 Rz. 74 ff.
2015 Anträge zu Statutenänderungen mit dem vollen Wortlaut; BÖCKLI, Aktienrecht, § 13 Rz. 238.
2016 Diesbezüglich reicht ein Hinweis auf eine Auflage am Gesellschaftssitz nicht; BÖCKLI, Aktienrecht, § 12 Rz.79; DUBS, N 148.
2017 So auch Swiss Code, Ziff. 3 Abs. 2.
2018 Jahresrechnung, allenfalls Konzernrechnung sowie Lagebericht gem. Art. 961 OR. Nicht Inhalt des Geschäftsberichts ist jedoch ein zusätzlicher allfälliger Abschluss nach einem anerkannten Standard zur Rechnungslegung (gem. Art. 962 OR).
2019 Art. 696 Abs. 1 letzter Satz OR.

nicht verpflichtet ist, den Geschäftsbericht der Einberufung beizulegen. Auch müssen keine zusätzlichen Unterlagen zur Einsicht aufgelegt werden.

Gleichwohl hat sich die Praxis – zur Vermeidung unnötiger Korrespondenz sowie aus Respekt gegenüber den Aktionären – etabliert, zusammen mit der Einberufung auch den Geschäftsbericht und den Revisionsbericht zuzustellen, zumal die Adressaten ohnehin eine Abschrift dieser Unterlagen verlangen könnten. Selbstredend ist dieses Verfahren nur bei Namenaktionären mit aktuellen Adressen im Aktienbuch möglich. Bei Inhaberaktien können diese Unterlagen nur über Banken und Vermögensverwalter den Aktionären zugeleitet werden.[2020]

7.2.6 Inhalt der Einberufung

7.2.6.1 Ort der Generalversammlung

In der Einladung muss zwingend der genaue Ort der Generalversammlung angegeben werden.[2021]

Bei der Abhaltung der Generalversammlung geht das geltende Recht stillschweigend von einer physischen Zusammenkunft der Aktionäre mit dem Verwaltungsrat an einem festgesetzten Zeitpunkt an einem einzigen Ort aus. Solange aber die Funktion der GV (Ermöglichung einer spontanen und uneingeschränkten Interaktivität unter den Teilnehmern)[2022] gewahrt bleibt – was mit den heutigen techn. Möglichkeiten durchaus möglich wäre –, ist auch eine gleichzeitige Durchführung an mehreren Orten denkbar. Ob und unter welchen Voraussetzungen eine virtuelle (elektronische/Internet-) Generalversammlung gestattet wäre, ist derzeit noch umstritten.[2023] Es ist wohl aber nur noch eine Frage der Zeit, bis auch virtuelle Generalversammlungen als zulässig anerkannt werden.

Eine Durchführung der GV auf dem Zirkulationsweg ist nach dem geltenden Recht nicht vorgesehen. Mangels Möglichkeit zur gemeinsamen Willensbildung vor der Beschlussfassung wird sie in der Literatur zu Recht als nicht zulässig erachtet,[2024] obwohl diese Form der Generalversammlung in der Praxis doch gelegentlich vorkommt.

7.2.6.2 Zeitpunkt der Generalversammlung

Auch der genaue Zeitpunkt der Generalversammlung ist in der Einladung anzugeben.

Innerhalb der gesetzlich vorgesehenen Frist (sechs Monate nach Abschluss des Geschäftsjahres) ist die Ansetzung der Generalversammlung grundsätzlich zu jedem Zeitpunkt zulässig. Die Ansetzung sollte zu einem aktionärsfreundlichen Zeitpunkt erfolgen.

2020 BÖCKLI, Aktienrecht, § 12 Rz. 81 und 307.
2021 Zu diesbezüglichen Problemen vgl. BÖCKLI, Aktienrecht, § 12 Rz. 90 und 91.
2022 BÖCKLI, Aktienrecht, § 12 Rz. 11.
2023 Der Gesetzesentwurf vom 21.12.2007 erlaubt dies, allerdings mit zwei grossen Hürden: Es dürfen keine Beschlüsse gefasst werden, die der öffentlichen Beurkundung bedürfen, zudem ist das Einverständnis der Eigentümer oder Vertreter sämtlicher Aktien verlangt. Vgl. dazu PATAK, passim.
2024 BÖCKLI, Aktienrecht, § 12 Rz. 52; DUBS/TRUFFER, in: Basler Kommentar, N 6/7 zu Art. 698 OR, und weitere dort zitierte Autoren.

7.2.6.3 Traktandenliste

In der Einberufung müssen *alle* im Rahmen der Generalversammlung zu besprechenden Verhandlungsgegenstände (Traktanden) angegeben sein. Unter dem Verhandlungsgegenstand ist dabei eine generell-abstrakte Umschreibung zu verstehen.

In der Regel enthält die Traktandenliste der ordentlichen Generalversammlung Verhandlungsgegenstände zu den vier Hauptkompetenzen der Generalversammlung (Genehmigung des Geschäftsberichts inkl. Jahresrechnung, allenfalls Konzernrechnung; Verwendung des Bilanzgewinnes; Entlastung der Mitglieder des Verwaltungsrates; Wahl des Verwaltungsrates und der Revisionsstelle). Sie wird fallweise durch weitere Themen (z.B. Kapitalerhöhung, Statutenänderung, Umwandlung von Inhaber- in Namenaktien etc.) ergänzt.

Es ist wichtig, sich nicht mit allgemeinen Umschreibungen zu begnügen, sondern das entsprechende Traktandum hinreichend genau zu beschreiben, sodass sich der durchschnittliche Aktionär ein klares Bild davon machen kann.[2025] Enthält eine Einladung keine Traktanden, können Aktionäre gestützt auf Art. 699 Abs. 4 OR mittels richterlicher Anordnung eine ordnungsgemässe Einberufung erzwingen.[2026] Beschlüsse über nicht gehörig angekündigte Traktanden sind anfechtbar.[2027]

Keine Traktandierung ist erforderlich für den Beschluss, auf die Anwesenheit der Revisionsstelle an der ordentlichen Generalversammlung zu verzichten. Dies ist vielmehr ein Ordnungsbeschluss (bzw. eine zu protokollierende Feststellung des Versammlungsleiters zur ordnungsmässigen Besetzung der GV).[2028]

Das Aufstellen der Traktandenliste gehört zur Vorbereitung der Generalversammlung und somit gemäss Art. 716a Ziff. 6 OR zum Aufgabenkreis des *Verwaltungsrates.*[2029] Er prüft dabei auch die Berücksichtigung allfällig eingegangener Traktandierungsbegehren von Aktionären gemäss Art. 699 Abs. 3 OR (siehe vorne Ziff. 7.2.2., S. 466 ff.). Der Vorsitzende der GV kann zu Beginn der GV eine Änderung der Reihenfolge bekanntgeben.[2030] Die Generalversammlung kann nach Art. 700 Abs. 3 OR selbst die Durchführung einer ausserordentlichen Generalversammlung beschliessen und dazu selbstverständlich auch die Traktanden festlegen. Es dürfte dann wohl auch zulässig sein, dass die Generalver-

---

2025 Zu den diesbezüglichen Anforderungen vgl. die Formulierung des Bundesgerichts, wonach der Verwaltungsrat «die Aktionäre über die Verhandlungsgegenstände klar und deutlich unterrichten [muss], damit sie sich mit Hilfe der Statuten nicht bloss auf die Versammlung vorbereiten, sondern sich auch vergewissern können, ob ihre Teilnahme dringlich sei. Das eine wie das andere setzt voraus, dass sie genau wissen, worüber verhandelt und allenfalls beschlossen werden soll». (BGE 103 II 143 ff., BGE 114 II 193 ff., BGE 121 III 424/425, BGE 126 III 7; BÖCKLI, Aktienrecht, § 12 Rz. 100b und c; DUBS/TRUFFER, in: Basler Kommentar, N 11 zu Art. 700 OR; FORSTMOSER/MEIER-HAYOZ/NOBEL, § 93 N 59; TANNER, in: Zürcher Kommentar, N 22/23 zu Art. 700 OR; für Beispiele vgl. BÖCKLI, Aktienrecht, § 12 Rz. 100b und Anm. 298.
2026 ZR 1995 Nr. 43.
2027 Vgl. BGE 103 II 141 ff., BGE 114 II 298, BGE 121 III 424/425.
2028 BÖCKLI, Aktienrecht, § 12 Rz. 92a.
2029 FORSTMOSER/MEIER-HAYOZ/NOBEL, § 30 N 31 und § 23 N 18; WATTER/ROTH PELLANDA, in: Basler Kommentar, N 23 zu Art. 716a OR. Eine Vielzahl von Einzelfragen, die sich bei der Erstellung der Traktandenliste stellen können, diskutiert DUBS, 155 ff.
2030 DUBS/TRUFFER, in: Basler Kommentar, N 11e zu Art. 700 OR. Hingegen haben die Aktionäre keine Kompetenz, zu Beginn der GV eine Abstimmung über die Tagesordnung zu verlangen, um die Reihenfolge abzuändern.

sammlung (anstelle des Verwaltungsrats) die Reihenfolge einer künftigen (a.o.) Generalversammlung verbindlich vorschreibt.[2031]

Eine spezielle *Reihenfolge* in den Traktanden ist nicht vorgeschrieben. Die Festlegung obliegt dem Verwaltungsrat. Es gelten dieselben Überlegungen und Empfehlungen wie bei der Traktandenliste zu den Verwaltungsratssitzungen.[2032] Die gewählte Reihenfolge soll eine zweckmässige Willensbildung fördern; insbesondere soll vermieden werden, dass sich aufgrund ungeschickt gewählter Reihenfolge gegenseitig ausschliessende Beschlüsse ergeben. Ein Minderheitsaktionär gem. Art. 699 Abs. 3 OR kann nicht verlangen, dass sein Traktandierungsbegehren an einer bestimmten Stelle der Reihenfolge platziert wird.[2033] Mit Vorteil wählt der Verwaltungsrat stets die gleiche Reihenfolge, damit keine Traktanden vergessen werden. Spezielle Aufmerksamkeit ist dabei – wegen teilweise unterschiedlichen Amtsdauern – dem Traktandum «Wahlen» zu schenken. Zur Veranschaulichung dienen hinten unter Ziff. 11.23, S. 836 ff. (KMU), und Ziff. 11.24, S. 839 ff. (Publikumsgesellschaft), Muster von Einladungen zur Generalversammlung mit Angabe der Traktanden.

Wichtig ist in diesem Zusammenhang auch die Bestimmung von Art. 700 Abs. 3 OR, wonach über Anträge zu nicht gehörig angekündigten Verhandlungsgegenständen keine Beschlüsse gefasst werden können. Als Ausnahmen davon gelten nur der Antrag auf Einberufung einer *ausserordentlichen Generalversammlung* (gemäss Art. 699 Abs. 2OR), auf Durchführung einer *Sonderprüfung* (gemäss Art. 697a OR) und die Wahl einer Revisionsstelle, wenn bisher auf eine solche verzichtet worden ist (gemäss Art. 727a Abs. 4 OR).

7.2.6.4 Bekanntgabe der Anträge

In der Einberufung zur GV hat der Verwaltungsrat gemäss Art. 700 Abs. 2 OR zu jedem der Traktanden mindestens einen konkreten Antrag des Verwaltungsrates anzugeben. (Beispielsweise: Der Verwaltungsrat beantragt die Wiederwahl der Revision AG, Zürich, als Revisionsstelle für das Geschäftsjahr 2015).

Die gehörige Gestaltung des Antrages verlangt, dass dieser hinreichend bestimmt (oder bestimmbar) und vollständig ist. Stichworte genügen in der Regel nicht, ausser bei regelmässig wiederkehrenden Traktanden wie Genehmigung der Jahresrechnung oder Entlastung der Mitglieder des Verwaltungsrates.[2034] Der Antrag ist im Grunde genommen ein Beschlussvorschlag. Bei seiner Annahme muss er sich als gültiger Generalversammlungsbeschluss darstellen können.

Falls der Verwaltungsrat Statutenänderungen vorschlägt, ist als Antrag des Verwaltungsrates der neue Wortlaut der betreffenden Passage in der Einberufung wiederzugeben. Gelegentlich wird auch eine synoptische Darstellung mit Gegenüberstellung von alten und neuen Formulierungen zur Verdeutlichung der Änderungen mitgeliefert. Bei Inhaberaktien ist es dabei zulässig, den vollen Wortlaut der Statutenänderung nur im offiziellen Publikationsorgan (in der Regel das SHAB) abzudrucken und in allfälligen weiteren Anzeigen

---

2031 Vgl. BIANCHI, 73.
2032 Vgl. dazu ausführlich vorne Ziff. 2.3.5, S. 113 f.
2033 DUBS/TRUFFER, in: Basler Kommentar, N 11e zu Art. 700 OR.
2034 DUBS/TRUFFER, in: Basler Kommentar, N 11b zu Art. 700 OR.

(oder der auf dem Postweg versandten Einberufung, wo dies statutarisch so vorgesehen ist) auf den Wortlaut im offiziellen Publikationsorgan hinzuweisen.[2035]

Die Anträge – sowohl des Verwaltungsrates als auch der Aktionäre – müssen grundsätzlich nicht begründet werden. Hingegen ist der Verwaltungsrat frei, schon bei der Einberufung seine Anträge zu den einzelnen Traktanden zu begründen und näher zu erläutern. Sinnvollerweise macht er von dieser Möglichkeit Gebrauch.[2036] Solche *Begründungen* und *Erläuterungen* müssen nicht unbedingt im Einberufungsdokument selbst aufgeführt sein. Sie können auch als Beilage zur Einberufung oder allenfalls separat versandt werden.

Eine Begründung erscheint ausnahmsweise dann als erforderlich, wenn sich der Verwaltungsrat bei einer Kapitalerhöhung ermächtigen lassen will, aus wichtigen Gründen das Bezugsrecht oder das Vorwegzeichnungsrecht aufzuheben.[2037] Hingegen haben die Aktionäre, die ein gültiges Traktandierungsbegehren gestellt haben, keinen Anspruch darauf, ihren Antrag in der Einberufung näher begründen oder erläutern zu dürfen.[2038] Der Verwaltungsrat darf umgekehrt die Anträge der Aktionäre erläutern, ohne dass er dazu der Zustimmung der antragstellenden Aktionäre bedarf.

7.2.6.5 Hinweis auf Geschäfts- und Revisionsbericht

Aufgrund von Art. 696 Abs. 1 und 2 OR sind die Aktionäre ausdrücklich auf den Geschäfts- und Revisionsbericht (bei kotierten Gesellschaften zudem auf den Vergütungsbericht und den entsprechenden Prüfbericht) aufmerksam zu machen. Dabei sind die Aktionäre zwingend darauf hinzuweisen, dass:

- während 20 Tagen vor der ordentlichen Generalversammlung diese Unterlagen/Berichte am Sitz der Gesellschaft zur Einsicht durch die Aktionäre auflegen;
- jeder Aktionär die Zustellung einer Ausfertigung der am Gesellschaftssitz zur Einsicht aufliegenden Unterlagen/Berichte verlangen kann.

Besonders zu beachten ist, dass Art. 696 Abs. 2 OR die *Form* der Bekanntgabe des Hinweises ausdrücklich vorschreibt. Die Namenaktionäre sind durch schriftliche Mitteilung zu unterrichten und die Inhaberaktionäre durch Bekanntgabe im Schweizerischen Handelsamtsblatt sowie in der von den Statuten vorgeschriebenen Form.

7.2.6.6 Anordnungen zur Kontrolle der Stimmberechtigung

Der Verwaltungsrat ist gemäss Art. 702 Abs. 1 OR verpflichtet, die für die Feststellung der Stimmrechte erforderlichen Anordnungen zu treffen.[2039] Dies dürfte bei grösseren Gesellschaften durchwegs notwendig sein, während bei kleineren Aktiengesellschaften oft schon die Konsultation des Aktienbuches genügt.

Bei den Anordnungen zur Festlegung der Stimmrechte handelt es sich um organisatorische und administrative Vorgaben, welche die ordnungsgemässe Durchführung von Abstimmungen an der Generalversammlung ermöglichen. Die Anordnungen des Verwaltungsrates sind zur Orientierung und deren Einhaltung den Aktionären spätestens in der

---

2035 BÖCKLI, Aktienrecht, § 12 Rz. 93.
2036 BÖCKLI, Aktienrecht, § 12 Rz. 94, mit Verweis auf Swiss Code (2002) Teil I (Aktionäre), Ziff. 3 Abs. 2.
2037 Dazu näher BÖCKLI, Aktienrecht, § 12 Rz. 286 ff.; BGE 121 III 234/235.
2038 BÖCKLI, Aktienrecht, § 12 Rz. 94, unter Hinweis auf DUBS, 179.
2039 Dazu BÖCKLI, Aktienrecht, § 12 Rz. 124 ff.

Einberufung bekannt zu geben. Die Anordnungen betreffen insbesondere die nachstehend angeführten Punkte.[2040]

a) Festsetzung eines Stichtages zur Stimmrechtsermittlung bei Namenaktien

Bei Namenaktien ergibt sich die Legitimation zur Teilnahme an der GV aus dem Aktienbuch. Für die Teilnahme- und Stimmberechtigung müsste daher korrekterweise auf den Aktienbesitz am Tag der Generalversammlung abgestellt werden. Weil für die Übertragung von Namenaktien ein entsprechender Eintrag im Aktienbuch (und dazu wiederum ein Verwaltungsratsbeschluss) erforderlich ist, hat der Verwaltungsrat zu bestimmen, bis zu welchem *Stichtag* das Aktienbuch für die Eintragung eines Erwerbers (zur Feststellung der Teilnahme- und Stimmberechtigung) offen bleibt und in welcher Frist nach Eingang des Gesuchs neue Eintragungen erfolgen.[2041] Da das Gesetz diesbezüglich keine zwingende Vorschrift enthält, erscheint es aus praktischen Erwägungen allenfalls sinnvoll, den Stichtag für Namenaktien auf den Tag der Einberufung vorzuverlegen.

b) Hinterlegung von Inhaberaktien (und allenfalls Partizipationsscheinen)

Weil aus praktischen Überlegungen nicht jeder Inhaberaktionär/Partizipant seine Aktien/Partizipationsscheine zur Gewährung der Stimmrechtsausübung an die Generalversammlung mitbringen kann, muss der Verwaltungsrat Hinterlegungsstellen (i.d.R. Banken oder Treuhandstellen) und den Zeitraum bestimmen, in welchem die Aktien/Partizipationsscheine zu hinterlegen sind (i.d.R. einige Werktage vor der GV bis nach der GV). Diese stellen Depotbescheinigungen aus, gestützt darauf können entsprechende Stimmrechtskarten ausgestellt werden.[2042]

c) Regelung der individuellen Stimmrechtsvertretung

Gestützt auf Art. 689 Abs. 2 OR kann ein Aktionär seine Aktien in der Generalversammlung durch einen Dritten vertreten lassen. Je nach der statutarischen Regelung braucht es dazu eine schriftliche Vollmacht[2043] oder sogar die Aktionärseigenschaft des Vertreters. Um unnötige Auseinandersetzungen zu vermeiden, kann der Einberufung ein Vertretungsformular beigelegt werden, das mit der Unterschrift des Vertretenen im Original an der Generalversammlung vorzulegen ist.[2044]

d) Regelung der institutionellen Stimmrechtsvertretung

Schlägt die Gesellschaft den Aktionären ein Mitglied ihrer Organe oder eine andere abhängige Person für die Stimmrechtsvertretung an der Generalversammlung vor (Organvertreter), so muss gemäss Art. 689c OR zugleich eine *unabhängige* Person bezeichnet werden, welche von den Aktionären mit der Vertretung beauftragt werden kann.[2045] An-

---

2040 Vgl. BÖCKLI, Aktienrecht, § 12 Rz. 100.
2041 DUBS/TRUFFER, in: Basler Kommentar, N 13 zu Art. 700 OR.
2042 Vgl. BÖCKLI, Aktienrecht, § 12 Rz. 100; die Depotbescheinigung ist dann eine «andere Art des Besitzausweises» (Art. 689c Abs. 2 OR).
2043 Dazu siehe das Muster in Ziff. 11.98, S. 1144.
2044 Vgl. dazu BÖCKLI, Aktienrecht, § 12 Rz. 237 ff.; DUBS/TRUFFER, in: Basler Kommentar, N 20 zu Art. 702 OR; KRNETA, N 1410.
2045 Bei kotierten Gesellschaften ist die Bestimmung eines Organvertreters nicht erlaubt; die Generalversammlung bestimmt einen unabhängigen Stimmrechtsvertreter (Art. 8 VegüV).

gesprochen sind mit dieser Bestimmung insbesondere Banken mit Blick auf die Ausübung des Depotstimmrechts. Die früher übliche Einforderung einer Blankovollmacht zur Stimmrechtsausübung durch die Gesellschaft ist demnach nicht mehr zulässig.

7.2.6.7 Berücksichtigung der Partizipanten

Auch die Inhaber von Partizipationsscheinen sind über die anstehende Generalversammlung zu informieren, obwohl sie nicht stimmberechtigt sind. Dabei ist zu beachten, dass der ausdrückliche Hinweis enthalten sein muss, dass die Beschlüsse der Generalversammlung am Gesellschaftssitz nach Abschluss der Generalversammlung zur Einsicht aufliegen. Diese Regel findet sich in der systematisch schlecht platzierten Bestimmung von Art. 656*d* Abs. 2 OR.[2046]

Sind den Partizipanten aufgrund statutarischer Bestimmungen weiter gehende Rechte zuerkannt worden (Anwesenheitsrecht, Antragsrecht, Vertretungsrecht etc.), so ist mit der Einberufung sicherzustellen, dass die entsprechenden Rechte durch die Partizipanten auch tatsächlich ausgeübt werden können.[2047]

7.2.6.8 Teilnahme von Mitgliedern des Verwaltungsrats ohne Aktionärseigenschaft

Gemäss Art. 702*a* OR sind Verwaltungsräte berechtigt, an der GV teilzunehmen und wie Aktionäre Anträge zu stellen. Wenn sie jedoch nicht Aktionäre sind, so haben sie kein Stimmrecht.

Die Teilnahme an der GV ist wie hinten in Ziff. 7.3.1.2, S. 485, dargelegt, aus mehreren Gründen derart zweckmässig und angebracht, dass sie den Charakter einer Pflicht erhält.

7.2.6.9 Einbindung einer allfälligen Sonderprüfung

Gemäss Art. 697*a* OR hat jeder Aktionär das Recht, der Generalversammlung die Abklärung bestimmter Sachverhalte durch einen Sonderprüfer zu beantragen. Auf das Institut der Sonderprüfung wird hinten unter Ziff. 7.5, S. 510 ff., noch ausführlich eingegangen; an dieser Stelle sei lediglich darauf hingewiesen, dass im Zusammenhang damit gegebenenfalls zusätzliche Informationen gegeben werden müssen.

Ein Antrag auf Sonderprüfung kann sowohl vor als auch während der Generalversammlung (ohne Traktandierungspflicht) gestellt werden, sofern der Aktionär vorgängig von seinem Recht auf Auskunft oder Einsicht in derselben Sache Gebrauch gemacht hat.[2048] Wird dem Verwaltungsrat ein entsprechender Antrag frühzeitig mitgeteilt, so ist er in Anwendung von Art. 700 Abs. 2 OR ebenfalls in der Einberufung bekannt zu geben.

Liegt zu einer in der Vergangenheit beschlossenen Sonderprüfung der entsprechende Sonderprüfungsbericht bereits vor, muss er als *Orientierungstraktandum* zur Besprechung und Kenntnisnahme in der Einladung aufgeführt werden.[2049] Aus dem Zweck von Art. 696 Abs. 1 OR muss zugunsten der Aktionäre geschlossen werden, dass auch ein Son-

---

2046 Dazu näher Forstmoser/Meier-Hayoz/Nobel, § 23 N 76; Böckli, Aktienrecht, § 12 Rz. 101 ff.
2047 Dazu Böckli, Aktienrecht, § 12 Rz. 101 ff.
2048 Dies ergibt sich aus Art. 700 Abs. 3 OR.
2049 Vgl. Böckli, Aktienrecht, § 12 Rz. 106.

derprüfungsbericht am Gesellschaftssitz zur Einsicht aufzulegen und eine entsprechende Mitteilung in der Einberufung zu machen ist.[2050]

Falls der Verwaltungsrat jedoch zur Behandlung des Sonderprüfungsberichts Anträge an die GV stellt, so sind diese in der Einberufung bekannt zu geben, wodurch die Sonderprüfung mindestens bei Gesellschaften mit Inhaberaktien eine gewisse Publizitätswirkung erhält.

7.2.7 Änderung und Widerruf der Einberufung

7.2.7.1 Änderung der Einberufung

Grundsätzlich sind Änderungen der Einberufung nicht statthaft. Der Verwaltungsrat darf insbesondere in der Zeit nach dem Versand der Einberufung bis zur GV (Einberufungsfrist) keine neuen *Traktanden* «nachschieben» oder angekündigte Traktanden erweitern oder gar streichen.[2051] Die GV kann über nicht gehörig angekündigten Traktanden keine gültigen Beschlüsse fassen; anderseits hat der Aktionär Anrecht, dass die ihm mitgeteilten Traktanden effektiv behandelt werden. Ebenso verboten ist die Veränderung des Zeitpunkts oder des Orts der GV.[2052, 2053]

Hingegen kann es für die Aktionäre zweckmässig sein, wenn der Verwaltungsrat im Nachhinein *Anträge* präzisiert, sprachlich richtiggestellt oder durch den Sinn der Anträge gedeckte Ergänzungen vornimmt. In der Generalversammlung geht es schliesslich darum, den Willen der Gesellschaft zu bilden und zukunftsweisende Entscheide zu fällen. Es kann daher nur im Interesse der dazu aufgeforderten Aktionäre sein, wenn sie möglichst umfassend und präzise über die zur Behandlung stehenden Gegenstände orientiert sind. Aus diesem Grunde scheint es auch gerechtfertigt, dass die Anträge nötigenfalls, sofern es in guten Treuen und aus sachlichen Gründen erfolgt, selbst in der Generalversammlung noch geändert werden können.[2054]

Zu erwähnen sind schliesslich noch die drei Spezialanträge auf Einberufung einer ausserordentlichen Generalversammlung, auf Durchführung einer Sonderprüfung und Wahl einer Revisionsstelle infolge Begehrens eines Aktionärs. Nach Art. 700 Abs. 3 OR kann über solche Anträge auch dann Beschluss gefasst werden, wenn sie nicht vorgängig angekündigt wurden.

7.2.7.2 Widerruf der Einberufung

Eine ordnungsgemäss einberufene Generalversammlung ist durchzuführen, sofern keine triftigen Gründe – namentlich solche mit Blick auf eine vernünftige und unverfälschte Willensbildung – dagegen sprechen. Wollte man den Widerruf ohne Einschränkungen

---

2050 So BÖCKLI, Aktienrecht, § 12 Rz. 107.
2051 Es sei denn, der Punkt sei offensichtlich gegenstandslos geworden (BÖCKLI, Aktienrecht, § 12 Rz. 115a).
2052 Der Grund ist die 20-Tage-Frist die diesbezüglich eine Verwirkungsfrist darstellt. Ist sie angelaufen, sind nachträglich veränderte Traktanden nicht gehörig angekündigt und Beschlüsse darüber anfechtbar; BÖCKLI, Aktienrecht, § 12 Rz. 115. Vgl. dazu auch Entscheid des Appellationshofes Freiburg vom 28.2.1972, SAG 46 (1974), 170 ff.
2053 Vgl. STUDER, 137.
2054 Vgl. MAUTE, 21.

zulassen, so könnte der Verwaltungsrat dadurch beispielsweise unliebsame Aktionäre auf schikanöse Weise von der persönlichen Teilnahme an der Generalversammlung ausschliessen. Überdies ist mit der Einberufung oft ein erheblicher administrativer und finanzieller Aufwand verbunden, sodass der Verwaltungsrat schon aus diesem Grunde sorgfältig abwägen muss, ob sich ein Widerruf wirklich rechtfertigt.

Allerdings können sich – in der schnelllebigen Wirtschaftswelt – während der Einberufungsfrist grundlegende Änderungen der Umstände ergeben, die eine Behandlung der angegebenen Traktanden sinnlos oder aber die Beschlussfassung über nicht angekündigte Traktanden notwendig machen. In diesen Fällen ist es unzweckmässig, die bereits einberufene Generalversammlung mit den überholten Verhandlungsgegenständen durchzuführen. Erweist sich ein Traktandum als gegenstandslos oder rechtswidrig, kann – und muss – der Verwaltungsrat das Traktandum streichen.[2055] Eine kurzfristige Änderung der Verhandlungsgegenstände ist jedoch nur unter Beachtung der gesetzlichen Frist möglich. Als Ausweg bleibt die Verschiebung der Generalversammlung. Allerdings wird auch diese neue Generalversammlung nur zu solchen Verhandlungsgegenständen gültig Beschluss fassen können, die bei der Einberufung rechtsgültig angegeben worden sind. Aus dem Gesagten ergibt sich, dass eine Vorverlegung des Termins kaum je angemessen erscheint (und in der Regel ohnehin an der 20-Tage-Frist scheitert). Bei einer Nachverlegung der Generalversammlung ist Art. 699 Abs. 2 OR zu beachten, der vorschreibt, dass diese innerhalb von sechs Monaten nach Abschluss des Geschäftsjahres stattzufinden hat.

Gänzlich anders stellt sich die Situation dar, wenn die Generalversammlung zu einer *Universalversammlung* wird. Dann kann über alle in den Geschäftskreis der Generalversammlung fallenden Gegenstände gültig verhandelt und Beschluss gefasst werden, solange die Eigentümer oder Vertreter sämtlicher Aktien anwesend sind.[2056] Wird eine Generalversammlung mit Zustimmung aller Aktionäre als Universalversammlung durchgeführt, so können demnach auch gänzlich neue Anträge eingebracht werden, bestehende Traktanden grundsätzlich geändert und der Termin kann verschoben werden. Der Problematik, dass dadurch dem Aktionär die allenfalls notwendige Vorbereitungszeit entzogen wird, wird bis zu einem gewissen Grad dadurch entgegengewirkt, dass er jederzeit gegen die Durchführung bzw. Fortsetzung der Universalversammlung protestieren kann. Insbesondere ist jeder Aktionär, gestützt auf Art. 701 Abs. 2 OR, in der Lage, weitere Verhandlungen oder Beschlüsse an der Universalversammlung zu verhindern, indem er die Versammlung verlässt. – Hinzuweisen ist darauf, dass im Übrigen sämtliche Vorschriften über die Durchführung einer Generalversammlung zu beachten sind.[2057]

7.2.8 Rechtsfolgen einer mangelhaften Einberufung

Bei der Beurteilung der Rechtsfolgen von mangelhaften Einberufungen ist zwischen *Anfechtbarkeit* und *Nichtigkeit* zu unterscheiden. Liegt nur *Anfechtbarkeit* vor, so hat derjenige, welcher die Ungültigkeit behauptet, innert der gesetzlichen Frist von zwei Monaten ab GV eine Anfechtungsklage zu erheben. Erfolgt innert Frist keine Anfechtung, so kön-

---

2055 BÖCKLI, Aktienrecht, § 12 Rz. 115a; TANNER, in: Zürcher Kommentar, N 80 zu Art. 700 OR.
2056 Art. 701 Abs. 2 OR; zu den Formvorschriften vgl. vorne Ziff. 7.2.4.5, S. 472 f.
2057 Also auch die Vorschriften über die Abstimmungsmodalitäten, die Protokollierung usw.; BÖCKLI, Aktienrecht, § 12 Rz. 54.

nen aus der mangelhaften Einberufung keine Forderungen mehr abgeleitet werden. Ist die Einberufung dagegen nichtig, so gilt sie als unbeachtlich und rechtsunwirksam, ohne dass dazu eine Klage erhoben werden müsste.[2058]

Eine Verletzung der Einberufungsvorschriften führt in aller Regel nur zur *Anfechtbarkeit* und nicht zur Nichtigkeit des getroffenen GV-Beschlusses. Anfechtbar sind Einberufungen, wenn die Verhandlungsgegenstände oder Anträge ungenau beschrieben oder nicht der Sache entsprechend dargestellt werden. Gleiches gilt für zu eng gefasste Verhandlungsgegenstände oder Anträge.

> **Empfehlung:**
> Der Verwaltungsrat sollte bei der Einberufung darauf achten, dass insbesondere Verhandlungsgegenstände und Anträge, bei denen sich die Grundlagen der Entscheidung noch ändern können, weit gefasst werden.

Zur Herstellung der Rechtssicherheit ist der Aktionär gehalten, die Anfechtungsklage innert zweier Monate nach der Generalversammlung zu erheben.[2059] Dabei handelt es sich um eine Verwirkungsfrist, mit deren Ablauf das Anfechtungsrecht ohne weiteres erlischt.

Nichtigkeit der Einberufung der GV (und in der Folge nichtige GV-Beschlüsse) wird nur in Ausnahmefällen vorliegen. Sie liegt dann vor, wenn ein in Art. 706*b* OR explizit aufgeführter Grund gegeben ist. Im Zusammenhang mit der Einberufung bedarf Art. 706*b* Ziff. 1 OR einer besonderen Beachtung. Danach dürften insbesondere eine Verletzung der zwingenden, 20-tägigen Einberufungsfrist[2060], eine inhaltlich schwerwiegend fehlerhafte Einberufung (z.B. Einberufung ohne Angabe der Traktanden und Anträge des Verwaltungsrates, ohne Angabe von Ort und Zeit der GV) zur Nichtigkeit führen.

Mit der Nichtigkeit von Generalversammlungsbeschlüssen sollen jene Fehler geahndet werden, welche auf anderem Weg nicht mehr zu korrigieren sind bzw. die Aktionäre in der Ausübung ihrer Rechte in grundsätzlicher Art und Weise einengen. Nichtigkeit ergibt sich somit nur bei offensichtlichen und schwerwiegenden Mängeln.[2061]

Da die Nichtigkeit an keine bestimmte Frist gebunden ist, entsteht ein unsicherer Rechtszustand. Dieser dauert jedoch in der Regel nur ein Jahr, da an der nächsten, ordnungsgemäss einberufenen Generalversammlung neue Beschlüsse gefällt und Wahlen durchgeführt werden können. Insbesondere ist es zulässig, das Protokoll der letzten Generalversammlung und damit auch die Frage der rechtmässigen Einberufung zur Genehmigung vorzulegen.

7.2.9 Vorbereitung auf Eventualitäten

Eine Generalversammlung verläuft immer nur so gut, wie sie vorbereitet worden ist. Um Probleme an der Generalversammlung möglichst zu vermeiden, sollte sich der Verwal-

---

2058 Dazu vgl. etwa Böckli, Aktienrecht, § 16 Rz. 99 ff. und 155 ff.; Dubs/Truffer, in: Basler Kommentar zu Art. 706 OR; Forstmoser/Meier-Hayoz/Nobel, § 25. Alle mit vielen Hinweisen auf Lehre und Rechtsprechung.
2059 Art. 706*a* Abs. 1 OR.
2060 Vgl. dazu vorne Ziff. 7.2.4.4, S. 471 f.
2061 Vgl. Maute, 21.

tungsrat, im Speziellen aber der vorgesehene Versammlungsleiter, den Ablauf der Generalversammlung chronologisch vorstellen und jede einzelne Handlung bzw. jedes Traktandum auf mögliche Friktionen hinterfragen. Daraus resultiert eine Liste von Fragen, welche je nach spezifischen Besonderheiten der Gesellschaft und der Zusammensetzung der Aktionärskreise anzupassen bzw. zu ergänzen ist.

a) **Friktionen bei der Bereitstellung**
- wenn nicht genügend Parkplätze bereitstehen?
- wenn der Saal kurzfristig nicht zur Verfügung steht?
- wenn die Beleuchtung nicht genügt?
- wenn nicht genügend Sitzplätze vorhanden sind?
- wenn die Mikrofone nicht funktionieren?
- wenn der Hellraumprojektor, Beamer, techn. Einrichtungen versagen?
- wenn die Bereitstellung von Erfrischungen nicht funktioniert?

b) **Friktionen bei der Zutrittskontrolle**
- wenn die Kontrollierenden nicht erscheinen?
- wenn die Kontrollierenden von den Aktionären nicht akzeptiert werden?
- wenn die Kontrollierenden ihre Aufgabe ungenügend erfüllen?
- wenn keine ausreichenden Hilfsmittel zur Verfügung stehen (Aktionärslisten, Tische, Stühle etc.)?
- wenn jemand ohne Zutrittsberechtigung Einlass begehrt?
- wenn jemand nur eine ungenügende Vertretungsvollmacht vorweist (keine Unterschrift, Faxkopie etc.)?
- wenn Aktionäre gegen den Einlass einer Person, z.B. eines Medienvertreters oder Rechtsanwalts protestieren?

c) **Friktionen bei der Versammlungseröffnung**
- wenn der vorgesehene Versammlungsleiter ausfällt oder abgelehnt wird?
- wenn der Protokollführer ausfällt oder abgelehnt wird?
- wenn kein Vertreter der Revisionsstelle anwesend ist?
- wenn kein Verwaltungsrat erscheint?
- wenn jemand gegen die Einberufung protestiert?
- wenn jemand gegen die Traktanden Einwendungen erhebt?
- wenn jemand ein zusätzliches Traktandum einführen oder die Traktanden umstellen will?
- wenn gegen die Feststellung der Aktienvertretung opponiert wird?

d) **Friktionen bei den einzelnen Traktanden**
- wenn Personen ohne Stimmberechtigung das Wort ergreifen wollen?
- wenn Ordnungsanträge gestellt werden?
- wenn unzulässige Anträge gestellt werden?

- wenn mehrere Gegenanträge gleichzeitig zur Abstimmung anstehen?
- wenn ein Nicht-Anwesender zur Wahl in den Verwaltungsrat vorgeschlagen wird?
- wenn zu wenig Unterlagen bereitstehen?
- wenn Unterlagen zur Beantwortung von Fragen fehlen?
- wenn jemand Fragen stellt, die das Geschäftsgeheimnis betreffen?
- wenn geheime Abstimmung verlangt wird?
- wenn keine oder zuwenig Abstimmungszettel bereitliegen?
- wenn Uneinigkeit über das anzuwendende Wahlverfahren herrscht?
- wenn jemand ununterbrochen stört?
- wenn das Abstimmungs- oder Wahlergebnis in Frage gestellt wird?
- wenn die Auszählung der Stimmen übermässig Zeit in Anspruch nimmt? (Überbrückungsprogramm?)
- wenn jemand ungebührlich lang redet, abschweift etc.?

e) Übrige Friktionsmöglichkeiten

- wenn das Originalprotokoll der letzten Generalversammlung nicht vorgelegt werden kann?
- wenn die Wahl einer anderen Revisionsstelle verlangt wird?
- wenn die Unterbrechung oder die Verschiebung der Versammlung beantragt oder beschlossen wird?
- wenn strafbare Handlungen begangen oder bekannt werden (Ehrverletzung, Tätlichkeit, Urkundenfälschung etc.)?

Selbstverständlich genügt es nicht, sich diese Fragen nur zu stellen. Gleichzeitig sind immer auch entsprechende Antworten bzw. Lösungen zu suchen und diesbezügliche Massnahmen zu treffen. Letztlich muss sich aber der Vorsitzende bewusst sein, dass nie alle Eventualitäten vorhersehbar sind. Es lohnt sich deshalb auf jeden Fall, wenn an der Generalversammlung auch ein aktuelles Gesetzbuch mit dem *Obligationenrecht* (bei börsenkotierten Gesellschaften zudem die VegüV) sowie aktuelle *Gesellschaftsstatuten* vorhanden sind. In grösseren Verhältnissen kann es sich empfehlen, den Ablauf einer Generalversammlung in einem «Drehbuch» zu planen und festzulegen.

7.3 Durchführung der Generalversammlung

7.3.1 Teilnehmerkreis

7.3.1.1 Grundsatz

Damit eine Generalversammlung ordnungsgemäss durchgeführt werden kann, muss mindestens eine natürliche Person (als Aktionär oder als Vertreter eines Aktionärs) physisch am Versammlungsort anwesend sein. Im Gegensatz zu den Sitzungen des Verwaltungsrats können Generalversammlungen nicht auf dem Zirkularweg abgehalten werden.[2062]

[2062] Vgl. BÖCKLI, Aktienrecht, § 12 Rz. 52 und die dort zitierte Literatur.

An der Generalversammlung nehmen i.d.R. nicht nur Aktionäre teil. Der Teilnehmerkreis kann deshalb grundsätzlich unterteilt werden in Personen, welche:

- zur Teilnahme verpflichtet sind;
- zur Teilnahme berechtigt sind;
- zur Teilnahme speziell eingeladen sind.

7.3.1.2 Teilnahmepflicht des Verwaltungsrats

Die Mitglieder des Verwaltungsrats müssen nicht zwingend Aktionäre sein. Deshalb wurde in Art. 702a OR festgehalten, dass Mitglieder des Verwaltungsrats berechtigt sind, an der Generalversammlung teilzunehmen und Anträge zu stellen.[2063] Daraus könnte der Schluss gezogen werden, dass der Verwaltungsrat nur berechtigt, aber nicht verpflichtet ist, daran teilzunehmen. Diese Schlussfolgerung gilt jedoch nur eingeschränkt und im Rahmen der Sorgfaltspflicht[2064] und von Art. 697 Abs. 1 OR. Dort wird festgelegt, dass jeder Aktionär berechtigt ist, an der Generalversammlung vom Verwaltungsrat Auskunft über die Angelegenheiten der Gesellschaft zu verlangen. Selbstredend kann der Aktionär von diesem Recht nur Gebrauch machen, wenn auch effektiv ein Verwaltungsrat anwesend ist.

Auch wenn gesetzlich nicht explizit die Anwesenheit jedes Mitgliedes des Verwaltungsrates verlangt ist, sollte diese (oft einzige) Möglichkeit zum direkten Kontakt mit den Aktionären von jedem Verwaltungsrat wahrgenommen werden.[2065] Da die Generalversammlung von der Anlage des Aktienrechts her das wichtigste Ereignis im Geschäftsjahr des Unternehmens ist, kann grundsätzlich wohl von sämtlichen Verwaltungsräten die Teilnahme erwartet werden. Die Anwesenheit des gesamten Verwaltungsrates ist nicht nur für die Imagebildung und -pflege des Unternehmens wertvoll. Die Aktionäre werden einem Verwaltungsrat mehr Vertrauen entgegenbringen, den sie an der Generalversammlung sehen und der sich ihren Fragen stellt. Zudem sind oft im Umfeld der GV kurzfristige Entscheide des Verwaltungsrates gefordert, welche die Anwesenheit des Gesamtverwaltungsrates verlangen.

Namentlich wenn innerhalb des Verwaltungsrats Ausschüsse und Ressortzuteilungen bestehen, ist bei Abwesenheiten von VR-Mitgliedern darauf zu achten, dass die anwesenden Verwaltungsräte in der Lage sind, auch über die Ressorts der Abwesenden kompetent Auskunft erteilen zu können. So ist es unerlässlich, dass ein Verwaltungsrat sich fundierte Kenntnisse in allen Angelegenheiten aneignet, die er an der Generalversammlung zu vertreten hat.

7.3.1.3 Teilnahmepflicht der Revisionsstelle

Nach Art. 731 OR darf die Generalversammlung die Jahresrechnung und gegebenenfalls die Konzernrechnung grundsätzlich nur dann genehmigen und über die Verwendung des

---

2063 Vgl. BÖCKLI, Aktienrecht, § 16 Rz. 99 ff.; TANNER, in: Zürcher Kommentar, N 1 f. zu Art. 702a OR;
2064 Art. 717 OR.
2065 BÖCKLI, Aktienrecht, § 12 Rz. 172 und die dort zitierte Literatur STUDER, 48/49; FORSTMOSER/ MEIER-HAYOZ/NOBEL, § 23 N 93; TANNER, in: Zürcher Kommentar, N 114 zu Art. 702 OR; KRNETA, N 1469 ff., gehen wohl weiter und stipulieren eine Teilnahmepflicht jedes einzelnen Mitglieds des Verwaltungsrats. Dem ist wohl grundsätzlich zuzustimmen. Eine Abwesenheit eines VR-Mitgliedes an sich darf jedoch nicht zur Nichtigkeit der Generalversammlung führen.

Bilanzgewinns beschliessen, wenn ein *Revisionsbericht* vorliegt.[2066] Ohne Vorlage des Revisionsberichts sind die genannten Beschlüsse nichtig.

Bei Gesellschaften mit *ordentlicher* Revision, muss die Revisionsstelle zudem an der Generalversammlung anwesend sein. Bei der *eingeschränkten* Revision ist dagegen die Anwesenheit der Revisionsstelle nicht explizit vorgeschrieben.[2067] Die oben genannten Beschlüsse sind nach Art. 731 Abs. 3 OR anfechtbar, sofern kein Revisor anwesend ist.[2068] Andere Generalversammlungsbeschlüsse, beispielsweise die Wahl eines Verwaltungsrates oder einer Statutenänderung an einer ausserordentlichen Generalversammlung, sind dagegen auch ohne Anwesenheit eines Revisors zulässig.

Der Sinn der Anwesenheit der Revisionsstelle ergibt sich aus dem Recht des Aktionärs, an der Generalversammlung *Auskunft von der Revisionsstelle* über die Durchführung und das Ergebnis ihrer Prüfung zu verlangen.[2069] Die Anwesenheit der Revisionsstelle, die namentlich die finanzielle Situation der Gesellschaft gut kennt, macht auch unter dem Gesichtspunkt der Auskunftspflicht von Verwaltungsräten Sinn: sie kann dem Verwaltungsrat bei der Beantwortung von allfälligen Fragen zu den Finanzen beistehen.

Die Generalversammlung kann jedoch durch einstimmigen Beschluss auf die Anwesenheit eines Revisors verzichten.[2070] Der Verzicht ist nur für die aktuelle Generalversammlung gültig und entfaltet keine Wirkung für künftige Versammlungen. Von dieser Verzichtsmöglichkeit wird aus Kostengründen vor allem bei kleineren Gesellschaften Gebrauch gemacht.

7.3.1.4 Teilnahmepflicht einer Urkundsperson

Generalversammlungen können grundsätzlich ohne Anwesenheit einer Urkundsperson durchgeführt werden. Bei Statutenänderung, Kapitalerhöhung oder Liquidationsbeschluss ist jedoch die Anwesenheit einer Urkundsperson notwendig, weil die entsprechenden Beschlüsse öffentlich beurkundet werden müssen.

Die Einladung der Urkundsperson hat durch den Verwaltungsrat zu erfolgen. Wer als Urkundsperson gilt, richtet sich nach den kantonalen Vorschriften.

7.3.1.5 Teilnahme der Aktionäre

Die Aktionäre sind nicht verpflichtet,[2071] wohl aber berechtigt, an der Generalversammlung teilzunehmen. Dieses Teilnahmerecht ergibt sich direkt aus Art. 689 Abs. 1 OR. Danach sind statutarische Bestimmungen gesetzeswidrig und sogar nichtig, wenn sie das Recht des Aktionärs auf Teilnahme einschränken oder aufheben.

2066 Bei einer Gesellschaft, die gemäss Art. 727*a* Abs. 2 OR auf die (eingeschränkte) Revisionsstelle verzichtet, ist die Vorlage eines Revisionsberichts zur gültigen Beschlussfassung nicht erforderlich.
2067 Sie steht damit grundsätzlich auch nicht zur Beantwortung allfälliger Fragen bereit. Damit die Aktionäre von ihrem Auskunftsrecht Gebrauch machen können, empfiehlt es sich, allfällige Fragen der Aktionäre bereits bei der Einberufung einzufordern. Weiteres siehe hinten Ziff. 8.6.7, S. 634 f.
2068 Dazu BÖCKLI, Aktienrecht, § 12 Rz. 108 und § 15 Rz. 160 ff.; FORSTMOSER/MEIER-HAYOZ/NOBEL, § N 3 N 94; REUTTER/RASMUSSEN, in: Basler Kommentar, N 3 zu Art. 731*a* OR.
2069 Dazu ausführlich hinten unter Ziff. 8.5.7, S. 619 ff.
2070 Ein solcher Beschluss muss nicht traktandiert werden; BÖCKLI, Aktienrecht, § 12 Rz. 108.
2071 Vgl. FORSTMOSER/MEIER-HAYOZ/NOBEL, § 23 N 95 f.; TANNER, in: Zürcher Kommentar, N 18 zu Art. 699 OR.

Zulässig sind Bestimmungen und Weisungen, welche eine *Präsenzkontrolle*[2072] über die effektiv anwesenden Aktionäre ermöglichen. In diesem Zusammenhang ist Art. 689e Abs. 1 OR hervorzuheben: Die Organvertreter, unabhängige Stimmrechtsvertreter und Depotvertreter müssen der Gesellschaft Anzahl, Art, Nennwert und Kategorie der von ihnen vertretenen Aktien (allenfalls Partizipationsscheine) bekannt geben. Ein Unterlassen dieser Angaben führt dazu, dass die entsprechenden Beschlüsse unter den gleichen Voraussetzungen anfechtbar sind wie bei einer unbefugten Teilnahme an der Generalversammlung. Die Notwendigkeit einer Kontrolle ergibt sich auch aus Art. 702 Abs. 2 Ziff. 1 OR, wo festgelegt ist, dass Anzahl, Art, Nennwert und Kategorie der Aktien in einem Protokoll festzuhalten sind.

Inhaberaktionäre haben grundsätzlich ein Anrecht auf Anonymität.[2073] Gegenüber der Gesellschaft müssen sie nur ihre Stimmkraft angeben.[2074] Die Vorlage der Inhaberaktie genügt als Ausweis für die Teilnahmeberechtigung.

Es obliegt dem Verwaltungsrat, die Zutrittsberechtigung sicherzustellen. Er trifft dazu nach Art. 702 Abs. 1 OR die erforderlichen Anordnungen. Dazu gehört insbesondere, dass er den Aktionären die jeweils gültigen Anforderungen an den Legitimationsnachweis gemäss den statutarischen Vorschriften bekannt gibt. Bei Namenaktionären dürfte es am einfachsten sein, wenn die betreffenden Eintrittskarten mit der Einberufung versandt werden. Inhaberaktionären kann bei einer vorgesehenen Hinterlegung des Titels die Eintrittsbewilligung ausgehändigt werden. Ergibt sich im Vorfeld der Generalversammlung keine Möglichkeit, an die Inhaberaktionäre zu gelangen, so ist zumindest sicherzustellen, dass sie am Tage der Versammlung gegen Vorweisung der Aktien die Eintrittsberechtigung erhalten.

In besonderen Situationen, nämlich wenn
- neben schon ausgegebenen (bestehenden) Vorzugsaktien neue (zusätzliche) Vorzugsaktien geschaffen werden sollen,
- statutarische Vorrechte von Vorzugsaktien geändert oder aufgehoben werden sollen,
- statutarische Mitwirkungsrechte von Partizipanten beschränkt oder aufgehoben werden sollen,

schreibt das Gesetz eine Sonderversammlung der betroffenen Vorzugsaktionäre oder Partizipanten vor, deren Zustimmung erforderlich ist.[2075] Solche Sonderversammlungen werden sinnvollerweise in den Ablauf der Generalversammlung integriert.

7.3.1.6 Teilnahme von Nichtaktionären

Enthalten die Statuten keine Bestimmungen über die Zulassung von Nichtaktionären zur Generalversammlung, so sind Nichtaktionäre als unberechtigte Teilnehmer zu qualifizie-

---

2072 Skeptisch zur Präsenzliste LEUENBERGER, 54 f. Dazu auch BÖCKLI, Aktienrecht, § 12 Rz. 133; FORSTMOSER/MEIER-HAYOZ/NOBEL, § 23 N 89.
2073 Ausnahme: Identifikationspflicht bei nicht verbrieften Inhaberaktien; differenzierend BÖCKLI, Aktienrecht, § 12 Rz. 127 ff. Allerdings ist damit zu rechnen, dass längerfristig dieses Anonymitätsrecht der Inhaberaktionäre vom Gesetzgeber eingeschränkt wird.
2074 Vgl. MAUTE, 30.
2075 Vgl. Art. 654 Abs. 2 und 3, Art. 656f Abs. 4 OR. – Abweichende statutarische Regelungen sind allerdings möglich. Dazu HORBER, Sonderversammlung, passim.

ren. Dem einzelnen Aktionär steht nach Art. 691 Abs. 2 OR die Möglichkeit zu, beim Verwaltungsrat oder zu Protokoll der Generalversammlung Einspruch gegen die Teilnahme unberechtigter Personen zu erheben, wobei dies vor, während oder nach der Generalversammlung erfolgen kann. Kann der anwaltschaftliche Vertreter einer Erbengemeinschaft beispielsweise keine schriftliche Vollmacht zur Vertretung der Namenaktien des Erblassers vorlegen, so hat er kein Recht auf Teilnahme an der Generalversammlung.

Wenn Unberechtigte in irgendeiner Form auf die Beschlüsse Einfluss nehmen, beispielsweise durch die Teilnahme an der Diskussion, so sind die entsprechenden Beschlüsse nach Art. 691 Abs. 2 OR, selbst wenn die Aktionäre keinen Einspruch erhoben haben, anfechtbar. Die Beschlüsse können allerdings als gültig erklärt werden, sofern die Gesellschaft nachweist, dass die Einflussnahme durch die unberechtigten Personen keinen Einfluss auf die Beschlussfassung gehabt hat.[2076]

Wird gegen die Teilnahme eines Nichtaktionärs Protest erhoben, so hat grundsätzlich der Vorsitzende der Generalversammlung als verantwortlicher Versammlungsleiter über deren weitere Anwesenheit zu entscheiden; es sei denn die Generalversammlung fasse – gestützt auf einen entsprechenden Ordnungsantrag – selbst einen Beschluss. In den Statuten können andere Bestimmungen enthalten sein. Der Vorsitzende wird bei seinem Entscheid zu berücksichtigen haben, dass im Falle der Zulassung zur Teilnahme allenfalls die Anfechtung von Generalversammlungsbeschlüssen möglich wird. Werden Personen an die Generalversammlung zugelassen, die an sich klarerweise keine Teilnahmeberechtigung hätten, so darf diesen keine Gelegenheit zur Diskussion und zu anderweitiger Beeinflussung der Abstimmung gegeben werden.

7.3.2 Vertretung an der Generalversammlung

Der Aktionär übt seine Rechte in den Angelegenheiten der Gesellschaft an der Generalversammlung grundsätzlich selbst aus. Art. 689 Abs. 2 OR gibt ihm allerdings das Recht, sich durch einen Dritten vertreten zu lassen. In Ergänzung der allgemeinen Regeln über die Stellvertretung[2077] hat der Gesetzgeber in Bezug auf die Vertretung an der Generalversammlung spezielle Bestimmungen erlassen.

Die Vertretung durch einen Nichtaktionär ist grundsätzlich zulässig.[2078] Allerdings kann in den *Statuten* eine andere Regelung getroffen werden. Viele Statuten enthalten daher die Bestimmung, dass Namenaktionäre nur durch Namenaktionäre vertreten werden können.[2079] Bei Inhaberaktionären wäre eine Beschränkung unsinnig, da allein schon die Vorlage der Inhaberaktie als Ausweis über die Stimmberechtigung genügt.[2080] Bei Namenaktien ist eine schriftliche Vollmacht erforderlich.[2081] Bei Inhaberaktien ist intern – zwischen Aktionär und Vertreter – eine rechtsgültige Ermächtigung als Grundlage der Vertretung

---

[2076] Art. 691 Abs. 3 OR.
[2077] Art. 32 ff. OR.
[2078] Vgl. wiederum Art. 689 Abs. 2 OR.
[2079] Vgl. dazu Urteil des Bundesgerichts 4C.35/2007 vom 18. April 2007 und dazu die Anmerkungen von HIRSCHLE/VON DER CRONE, 103 ff.; kritisch BÖCKLI, Aktienrecht, § 12 Rz. 139, mit Beispielen für unzulässige Statutenbestimmungen (N 141a).
[2080] MAUTE, 31 Fn. 80, erachtet dagegen eine derartige Bestimmung als zu «einengend». Vgl. auch FORSTMOSER/MEIER-HAYOZ/NOBEL, § 24 N 126 (verdeckte Vollmacht).
[2081] Art. 689*a* Abs. 1 OR.

notwendig.[2082] Eine externe schriftliche Vollmacht ist bei Inhaberaktien dann erforderlich, wenn sie der Vertreter aufgrund einer Verpfändung, Hinterlegung oder leihweisen Überlassung hält.[2083]

Ebenso zulässig ist eine statutarische Erschwerung hinsichtlich der Nationalität.[2084] Aus dem eigentlichen Sinn der Aktiengesellschaft heraus lassen sich solche Beschränkungen allerdings nur schwerlich begründen. Hat ein Aktionär dem Vertreter etwa konkrete Weisungen über die Ausübung des Stimmrechts erteilt, ist sichergestellt, dass eben gerade der berechtigte Aktionär (zwar nur indirekt) von den ihm zustehenden Rechten Gebrauch macht. In diesen Fällen ist also nicht zu erwarten, dass der Vertreter eine vom Willen des Aktionärs abweichende Haltung einnimmt. Die bei der Aktiengesellschaft so wichtige Möglichkeit des Aktionärs zur richtungweisenden Gestaltung der Unternehmenszukunft ist daher in keiner Weise angetastet. Selbst wenn dem Vertreter keine Weisungen erteilt worden sind, stellt dies im übertragenen Sinn auch eine Willensbetätigung des Aktionärs dar. Die Willensbetätigung beschränkt sich in diesem Falle darauf, dass er hinsichtlich der Beschlüsse an der Generalversammlung nicht selbst eine Meinung äussern will, sondern dies dem Vertreter überträgt. Letztlich ist es also der Wille des Aktionärs, dass der Vertreter die eigentlich dem Aktionär zustehenden Rechte wahrnimmt.[2085]

Die Vertretung von Aktionären an der Generalversammlung ist auf verschiedensten Wegen möglich. Es kann unterschieden werden in Vertretungsarten, die innerhalb, und solchen, die ausserhalb des Aktienrechtes geregelt sind. Im Rahmen der Bestimmungen ausserhalb des Aktienrechtes ist insbesondere die *gesetzliche* Vertretung hervorzuheben. Wichtig ist, dass eine solche bei Inhaberaktien keine Rolle spielt, da bei diesen Papieren der blosse Besitz für die Zulassung zur Generalversammlung und die Ausübung des Stimmrechts ausreicht. Bei der gesetzlichen Vertretung von Namenaktionären bedarf es in vielen Fällen keiner Vollmacht. Dies gilt etwa für den Inhaber der elterlichen Sorge aus Art. 304 ZGB, für den Beistand aus Art. 393 ff. ZGB, für den Testamentsvollstrecker aus Art. 554 ZGB und für die Konkursverwaltung aus Art. 240 SchKG.

Viele Gesellschaften sind dazu übergegangen, dem Aktionär mit der Einberufung auch ein Formular zuzustellen, mit dem er – falls er nicht selbst an der Generalversammlung teilnimmt – ein Mitglied der Direktion oder des Verwaltungsrats mit der Vertretung seiner Rechte an der Generalversammlung betrauen kann. Da es nun oft nicht angehen kann, dass der Aktionär seine – allenfalls oppositionellen – Entscheidungen im Voraus einem Gesellschaftsorgan bekannt gibt, sieht Art. 689*c* OR vor, dass eine Gesellschaft, die eines ihrer Organe für die Stimmrechtsvertretung an der Generalversammlung vorschlägt, gleichzeitig auch eine *unabhängige Person*[2086] bezeichnen muss, die von den Aktionären mit der Vertretung beauftragt werden kann.[2087] Mit dieser Regelung alleine kann allerdings noch

---

2082 BÖCKLI, Aktienrecht, § 12 Rz. 142/143.
2083 Art. 689*b* Abs. 2 OR.
2084 FORSTMOSER/MEIER-HAYOZ/NOBEL, § 24 N 131; SCHAAD, in: Basler Kommentar, N 29 zu Art. 689 OR. Zur Problematik vgl. namentlich BÖCKLI, Aktienrecht, § 12 Rz. 139 ff.
2085 Zu Sonderfragen (Widerruf, weisungswidrige Stimmabgaben) vgl. BÖCKLI, Aktienrecht, § 12 Rz. 144 und 145.
2086 Zum Verhältnis dieser «unabhängigen Vertreter» zur Gesellschaft vgl. die Untersuchung von WEIDACHER, 187 ff.
2087 Zur Organvertretung im einzelnen BÖCKLI, Aktienrecht, § 12 Rz. 278 ff.; FORSTMOSER/MEIER-HAYOZ/NOBEL, § 24 N 132 ff.; SCHAAD, in: Basler Kommentar, N 4 ff. zu Art. 689*c* OR; WOHLMANN,

nicht sichergestellt werden, dass die Gesellschaft Weisungen vom Aktionär einholt. Nach herrschender Lehre kann aber die Pflicht zur Einholung von Weisungen aus dem Aufbau des Gesetzes abgeleitet werden.[2088, 2089] Nach der hier vertretenen Auffassung müssen sämtliche in Bezug auf die Weisungen auftauchenden Fragen in analoger Anwendung von Art. 689*d* OR, der diese Sachlage bei Depotvertretern regelt, beantwortet werden. Zu erwähnen ist, dass der Organvertreter beim Entlastungsbeschluss nicht stimmen darf.[2090]

Die Pflicht der Aktiengesellschaft, eine «unabhängige» Person zu bezeichnen, ist durch das Gesetz nicht näher umschrieben ausser bei *börsenkotierten* Gesellschaften in Art. 8 ff. VegüV, wo sinngemäss dieselben Regelungen wie bei der Revisionsstelle anzuwenden sind. Zur Unabhängigkeit ist sicher vorausgesetzt, dass es sich nicht um ein Organ der Aktiengesellschaft handelt,[2091] dass kein Liefer- oder Kundenverhältnis besteht, dass keine konzerninterne Verbindung vorhanden ist und dass die Verbindung zur entsprechenden Gesellschaft auch sonst in keiner Weise (etwa durch einen Mandatsvertrag) auf eine Abhängigkeit schliessen liesse. Auch hier hat sich der Gesetzgeber in Bezug auf die Weisungen ausgeschwiegen. Unseres Erachtens scheint es aber auch in diesen Fällen angebracht, die Bestimmung von Art. 689*d* OR analog anzuwenden.[2092] Das Gesetz sieht überdies keine Lösung für den Fall vor, dass der Stimmrechtsvertreter von den Aktionären keine Weisung erhält. Diesfalls sollte Art. 689*d* Abs. 2 OR in analoger Weise zur Anwendung gelangen: Wenn eine Weisung fehlt, so hat der Stimmrechtsvertreter den Anträgen des Verwaltungsrates zu folgen.[2093] Es kann sich in diesem Zusammenhang noch die Frage stellen, ob allenfalls bestehende statutarische Einschränkungen betreffend das Vertretungsverhältnis dem Einsatz des unabhängigen Stellvertreters entgegenstehen. Diesbezüglich kann wohl der Ansicht von MAUTE gefolgt werden,[2094] nach der in dieser speziellen Konstellation die statutarischen Bestimmungen nachgehen.

---

116 ff.; VON BÜREN, 57 ff. Zum unabhängigen Stimmrechtsvertreter vgl. BÖCKLI, Aktienrecht, § 12 Rz. 288 ff.; FORSTMOSER/MEIER-HAYOZ/NOBEL, § 24 N 134/135; SCHAAD, in: Basler Kommentar, N 14 ff. zu Art. 689*c* OR; vgl. weiter MEYER, unabhängiger Stimmrechtsvertreter, Diss. Basel/Zürich/St. Gallen 2006; WEIDACHER, passim; LAMBERT, unabhängiger Stimmrechtsvertreter, 525 ff.; VON SALIS, Die Gestaltung des Stimm- und Vertretungsrechts im schweizerischen Aktienrecht, Diss. Zürich 1996; WOHLMANN, 116 ff.

2088 Vgl. BINDER, 199; BÖCKLI, Aktienrecht, § 12 Rz. 282; FORSTMOSER/MEIER-HAYOZ/NOBEL, § 24 N 127 und 135; SCHAAD, in: Basler Kommentar, N 10 zu Art. 689*c* OR.

2089 Nach BÖCKLI (Aktienrecht, § 13 Rz. 281 und 291) sind die gefassten Beschlüsse der Generalversammlung *anfechtbar*, wenn keine Weisungen eingeholt worden sind; a.M. VON BÜREN, Erfahrungen, 57 ff., 61; WOHLMANN, 118.

2090 Vgl. BGE 128 III 142; a.M. WOHLMANN, 119, und VON BÜREN, Erfahrungen, 67/68. Vgl. auch SCHLEIFFER, 210.

2091 Also auch nicht um die Revisionsstelle: BÖCKLI, Aktienrecht, § 12 Rz. 288 ff., insbesondere Rz. 290; SCHAAD, in: Basler Kommentar, N 11 zu Art. 689*c* OR.

2092 So BÖCKLI, Aktienrecht, § 12 Rz. 288 ff.; FORSTMOSER/MEIER-HAYOZ/NOBEL, § 24 N 135; SCHAAD, in: Basler Kommentar, N 15 zu Art. 689*a* OR.

2093 Zur Kritik an dieser Regelung (etwa von FORSTMOSER/MEIER-HAYOZ/NOBEL, § 24 N 144); vgl. BÖCKLI, Aktienrecht, § 12 Rz. 292. Für den Fall, dass keine Weisungen erteilt wurden, unterscheiden manche Autoren wie GIRSBERGER/GABRIEL, in: CHK N 7 zu Art. 689*c* OR, zwischen dem Organvertreter, welcher in Analogie zu Art. 689*d* Abs. 2 OR den Anträgen des Verwaltungsrates folgt, und dem unabhängigen Stimmrechtsvertreter, welcher sich der Stimme zu enthalten hat.

2094 MAUTE, 34; der unabhängige Vertreter muss demzufolge keine Aktionärseigenschaft aufweisen.

Auch hinsichtlich der *Depotvertreter*[2095] besteht eine spezielle Regelung. Unter diesen Begriff sind all jene Institute zu subsumieren, die dem Bundesgesetz vom 8.11.1934 über die Banken und Sparkassen unterstellt sind, sowie die gewerbsmässigen Vermögensverwalter.[2096] Dazu gehören also etwa Effektenhändler oder andere Personen, die Bedürfnisse im Hinblick auf Anlagen befriedigen, professionell Vermögen Dritter verwalten und über eine entsprechende Organisation verfügen.[2097] Die Depotvertretung beinhaltet sowohl Chancen als auch Gefahren. Eine Chance besteht darin, dass die notwendigen Quoren trotz Abwesenheit von Aktionären erreicht werden können. Auf der anderen Seite geht vom Stimmrecht der Depotvertreter eine gewisse Macht aus. Aus funktionaler Sicht ist dem allerdings entgegenzuhalten, dass die Depotvertreter die Mitwirkungsrechte aus Aktien, die bei ihnen hinterlegt sind, nur ausüben können, wenn sie den Hinterleger vor jeder Generalversammlung um Weisung für die Stimmabgabe ersuchen.[2098] An diese Weisungen sind sie gebunden.[2099] Dadurch ist sichergestellt, dass die Willensbildung der Aktiengesellschaft zumindest indirekt von den Aktionären ausgeht.

In Art. 689*d* Abs. 2 OR ist sodann der Fall geregelt, bei dem *Weisungen* des Hinterlegers nicht rechtzeitig erhältlich sind. Besteht eine allgemeine Weisung des Hinterlegers, so hat sich der Depotvertreter danach zu richten. Fehlt eine Weisung, so ist nach den Anträgen des Verwaltungsrates zu stimmen. Diese Form der stufenweisen Regelung ist einleuchtend, da sie etwa den möglichen Handlungsweisen des Aktionärs entspricht. Kann sich der Aktionär nämlich überhaupt nicht mit der Vertretung seiner Interessen durch den Verwaltungsrat identifizieren, so wird er die Aktien verkaufen. Ist er nur unzufrieden mit der Aufgabenerfüllung durch den Verwaltungsrat, wird er mutmasslich dagegen opponieren; ist er in dieser Frage indifferent, wird er allenfalls gewisse grobe Leitlinien vorgeben. Ist er schliesslich absolut uninteressiert, wird er ohnehin von einer Äusserung absehen.[2100]

Einer besonderen Regelung bedurfte die Vertretung bei Miteigentum oder Gesamteigentum an Aktien, wie es vor allem bei *Erbengemeinschaften* vorkommt. Art. 690 Abs. 1 OR stellt dazu fest, dass die Berechtigten die entsprechenden Rechte nur ausüben können, wenn sie einen gemeinsamen Vertreter bestimmen. Kann diesbezüglich keine Einigung erzielt werden, hat grundsätzlich der Richter einen Vertreter zu bestimmen.[2101]

Besteht die *Nutzniessung* an einer Aktie, so kann der Nutzniesser die aus der Aktie fliessenden Rechte ausüben.[2102] Hinsichtlich Befolgung der Weisungen durch den Vertreter ist anzuführen, dass das Vertretungsverhältnis grundsätzlich nur zwischen den Beteiligten gilt und keinesfalls auch für die Aktiengesellschaft massgebend ist. Bei einer Missachtung

---

2095 Dazu allgemein BÖCKLI, Aktienrecht, § 12 Rz. 250 ff.; FORSTMOSER/MEIER-HAYOZ/NOBEL, § 24 N 126 ff.; SCHAAD, in: Basler Kommentar, N 1 ff. zu Art. 689*d* OR.
2096 Art. 689*d* Abs. 2 OR.
2097 Vgl. BÖCKLI, Aktienrecht, § 12 Rz. 254.
2098 Art. 689*b* OR; dazu BÖCKLI, Aktienrecht, § 12 Rz. 255 f.; kritisch VON BÜREN, Erfahrungen, 64. Ein Abweichen lässt sich allenfalls auf Art. 397 Abs. 1/Art. 419 OR stützen; vgl. BÖCKLI, Aktienrecht, § 12 Rz. 270; VON SALIS, 449; WEIDACHER, 119 ff.; MEYER, unabhängiger Stimmrechtsvertreter, 29 und 126.
2099 Zur Pflicht des Depotvertreters, Weisungen einzuholen, vgl. wiederum BÖCKLI, Aktienrecht, § 12 Rz. 261 ff.; SCHAAD, in: Basler Kommentar, N 10 zu Art. 689*b* OR.
2100 Vgl. BÖCKLI, Aktienrecht, § 12 Rz. 265.
2101 Vgl. dazu im Einzelnen LÄNZLINGER, in: Basler Kommentar, N 4 ff. zu Art. 690 OR. Die Regelung ist dispositiv; vgl. LÄNZLINGER, in: Basler Kommentar, N 13 zu Art. 690 OR.
2102 Vgl. dazu wiederum LÄNZLINGER, in: Basler Kommentar, N 10 ff. zu Art. 690 OR.

von Weisungen wird der Vertreter für den dadurch beim Vertretenen entstandenen Schaden haftbar. Hervorzuheben ist, dass sich die Pflicht zur Befolgung von Weisungen nicht nur auf das Stimmrecht, sondern auch auf den weiten Begriff sämtlicher Mitwirkungsrechte bezieht, also etwa auch auf Anträge, Auskunftsbegehren etc.

Nach Art. 689e Abs. 1 OR sind Organvertreter, unabhängige Stimmrechtsvertreter und Depotvertreter verpflichtet, der Gesellschaft Anzahl, Art, Nennwert und Kategorie der von ihnen vertretenen Aktien bekannt zu geben. Diese Meldung hat vor Beginn der Generalversammlung, am besten bei der Eingangs- bzw. Präsenzkontrolle zu erfolgen. Im Laufe der Generalversammlung ist dann der Vorsitzende verpflichtet, die auf diesem Weg gesammelten Angaben gesamthaft für jede Vertretungsart den versammelten Aktionären respektive deren Vertretern mitzuteilen.

Besonders zu beachten sind die in diesem Artikel genannten Sanktionen bei Unterlassungen. Wenn die Angaben durch die Vertreter unterbleiben, so sind die Beschlüsse der Generalversammlung unter den gleichen Voraussetzungen anfechtbar wie bei einer unbefugten Teilnahme an der Generalversammlung.[2103] Teilt der Vorsitzende diese Angaben der Generalversammlung nicht mit, obschon ein Aktionär es verlangt hat, so steht nach Art. 689e Abs. 2 OR jedem Aktionär die Anfechtungsklage gegen die Beschlüsse der Generalversammlung zu.[2104]

7.3.3 Konstituierung der Generalversammlung

Die Generalversammlung konstituiert sich grundsätzlich durch den Verwaltungsrat,[2105] ausser es sei in den Statuten etwas anderes bestimmt.[2106]

Da Art. 702 OR den Verwaltungsrat verpflichtet, die für die Feststellung der Stimmrechte erforderlichen Anordnungen zu treffen und für die Führung des Protokolls (inkl. Festhalten der Beschlüsse und Wahlergebnisse) zu sorgen, obliegt ihm auch eine entsprechende Pflicht zur Anordnung von Zugangskontrollen sowie die autonome Bestimmung der Protokollführer und Stimmenzähler.[2107] Da keine gesetzliche Pflicht besteht, die Generalversammlung über das Protokoll der letzten Versammlung abstimmen zu lassen, erscheint es als folgerichtig, dass die Aktionäre auch nicht über die Person des Protokollführers abstimmen können, ausser es sei in den Statuten etwas anderes vorgesehen.

7.3.4 Leitung der Generalversammlung

Dem Gesetzestext sind keine konkreten Bestimmungen hinsichtlich der Leitung der Generalversammlung zu entnehmen. Einzig Art. 689e Abs. 2 OR bestimmt, dass der «Vorsitzende» die Angaben betreffend die Vertretungsverhältnisse bekannt zu geben hat; daraus lässt sich zumindest ableiten, dass eine Leitung gebraucht wird. Nach dem Wortlaut dieser

---

2103 Art. 659a Abs. 1 OR.
2104 Dazu im Einzelnen SCHAAD, in: Basler Kommentar, N 8 zu Art. 689c OR.
2105 FORSTMOSER/MEIER-HAYOZ/NOBEL, § 23 N 97.
2106 Vgl. aber BÖCKLI, Aktienrecht, § 12 Rz. 167.
2107 Vgl. DUBS/TRUFFER, in: Basler Kommentar, N 26 und 30 zu Art. 702 OR und TANNER, in: Zürcher Kommentar, N 198, 189 zu Art. 712 OR. Vgl. auch Art. 716a Abs. 1 Ziff. 6 OR.

Bestimmung hat dabei die Leitung durch eine Einzelperson zu erfolgen, wobei allerdings nicht ausgeschlossen ist, dass Erfüllungsgehilfen beigezogen werden.

Falls in den Statuten nicht konkret geregelt ist, wer die Generalversammlung zu leiten hat, konstituiert sich die Generalversammlung selbst, wobei jedoch die Leitung grundsätzlich dem Verwaltungsrat obliegt.[2108] In der Regel wird daher der Verwaltungsratspräsident diese Aufgabe übernehmen.[2109] Gemäss BÖCKLI ergibt sich die Leitung der Generalversammlung durch den VR-Präsidenten oder allenfalls ein anderes Mitglied des VR aus seiner Leitungsfunktion in der Gesellschaft selbst. Danach kann nur in Extremsituationen (z.B. wenn der Verwaltungsratspräsident oder gar der gesamte VR abberufen werden soll) durch einen Ordnungsbeschluss der GV eine andere Leitung der GV bestimmt werden.[2110].

Empfehlung
Der Vorsitz in der Generalversammlung sollte in den Statuten geregelt werden: «Der Vorsitz der Generalversammlung führt der Präsident, bei dessen Verhinderung ein anderes Mitglied oder ein von der Generalversammlung gewählter Tagespräsident».

7.3.5 Behandlung der Traktanden

Der Vorsitzende hat die Versammlung zu leiten, durch die Traktanden zu führen und so einen ordnungsgemässen Ablauf der Generalversammlung zu gewährleisten.[2111] Dabei beachtet er die Grundsätze der Gleichheit, der Verhältnismässigkeit und der Effizienz.[2112] Während des Ablaufs der Generalversammlung ruft der Vorsitzende die einzelnen Traktanden auf und gibt sie zur Diskussion frei, um sie einer Abstimmung entgegenzuführen.

Der Vorsitzende folgt der Traktandenliste gemäss Einberufung. Er kann jedoch ausnahmsweise davon abweichen und die Reihenfolge ändern, wenn es sachliche Gründe als zweckmässig erscheinen lassen, insbesondere wenn dadurch allfälligen in sich widersprüchlichen Beschlüssen vorgebeugt wird. In diesem Fall teilt er dies zu Beginn der Generalversammlung mit.[2113]

[2108] BÖCKLI, Aktienrecht, § 12 Rz. 167.
[2109] Zur Leitungsbefugnis BÖCKLI, Aktienrecht, § 12 Rz. 167; FORSTMOSER/MEIER-HAYOZ/NOBEL, § 23 N 97 ff., 100 ff.; vgl. auch DUBS/TRUFFER, in: Basler Kommentar, N 24/25 zu Art. 702 OR; KRNETA, N 536 ff. und 1459 ff.; TANNER, in: Zürcher Kommentar, N 122 ff. und 135 ff. zu Art. 702 OR.
[2110] Grundsätzlich kann jedes Mitglied des Verwaltungsrates und jeder Aktionär, im Extremfall (wenn nur dies einen geordneten Versammlungsverlauf garantiert) sogar ein externer Dritter, mit der Leitung der Versammlung betraut werden. BÖCKLI, Aktienrecht, § 12 Rz. 167; anderer Ansicht BÜRGI, in: Zürcher Kommentar, N 16 zu Art. 702 OR.
[2111] Angekündigte Traktanden müssen behandelt werden; Anträge können dagegen geändert oder zurückgezogen werden. Vgl. dazu WOHLMANN/AMBAUEN, 294 ff.
[2112] Heikle Verfahrensfragen stellen sich namentlich, wenn Aktionäre ihr Informationsrecht wahrnehmen wollen und konkrete Fragen stellen (vgl. dazu auch hinten Ziff. 7.4.1, S. 506 ff.). Um sich über die Bedeutung eines Auskunftsbegehren Klarheit zu verschaffen, darf sich der Vorsitzende durchaus beim Fragesteller nach dem Grund des Begehrens und der Relevanz der erbetenen Auskunft für das ausstehende Traktandum erkundigen.
[2113] BÖCKLI, Aktienrecht, § 12 Rz. 174c; DUBS, Traktandierungsbegehren, N 203, BIANCHI, 14.

Besonders wichtig ist Leitung des Vorsitzenden bei der Behandlung von Anträgen von Aktionären. Insbesondere bei grösseren Aktiengesellschaften empfiehlt es sich, die Traktanden nach einer einheitlichen Systematik abzuarbeiten. Dazu kann beispielsweise folgende Reihenfolge gewählt werden:

1. Nennung des Traktandums
2. Verlesung der Anträge des Verwaltungsrates
3. Begründung der Anträge des Verwaltungsrates
4. Verlesung von allfälligen Aktionärsanträgen
5. Begründung der Aktionärsanträge
6. Eröffnung der Diskussion
7. Zusammenfassung der wichtigsten Wortmeldungen
8. Sofern nötig, Ordnungsantrag zur Beendigung der Diskussion und zur Regelung des Abstimmungsverfahrens
9. Abstimmung
10. Bekanntgabe des Abstimmungsresultates.

Jeder Aktionär und jeder Verwaltungsrat darf sich zu den jeweiligen Traktanden äussern und selbst Anträge stellen (sowie bereits im Vorgang zur GV gestellte Anträge abändern). Dabei muss ein Antrag so konkret formuliert sein, dass er (bei seiner Annahme) einen gültigen GV-Beschuss darstellen kann. Gleichzeitig hat jeder Aktionär grundsätzlich Anspruch darauf, dass über seinen Antrag abgestimmt wird. Dies verlangt vom Vorsitzenden eine umsichtige Führung der Diskussion. Dabei ist es gelegentlich erforderlich, dass der Vorsitzende Anträge durch präzisierende Fragen klarstellt, allenfalls ähnliche Anträge zusammenfasst oder sinnvoll gruppiert.

Allenfalls hat der Vorsitzende Anträge, die ausserhalb des gesetzlichen Rahmens liegen, sachwidrig oder missbräuchlich sind, als unzulässig zu erklären.[2114] Der Antragsteller kann in diesem Falle eine GV-Abstimmung über diesen Ordnungsentscheid des Vorsitzenden verlangen.[2115]

Im Rahmen der Behandlung der Traktanden sind dem Vorsitzenden zusätzliche Ordnungsfunktionen zugewiesen, mit denen er einen zweckmässigen Ablauf der Generalversammlung durchsetzen kann. Dazu gehört etwa eine *Redezeitbeschränkung*,[2116] wobei hier besonders auf die Gleichbehandlung der Aktionäre zu achten ist. Die Redezeitbeschränkung ist überdies als Einzelanordnung des Versammlungsleiters zu verstehen; sie unterliegt als solche der Einsprache durch die Generalversammlung. Oftmals zeichnet es sich schon vor Beginn der Generalversammlung ab, ob bei gewissen Traktanden eine erhöhte Zahl von Wortmeldungen zu erwarten ist. In diesem Falle empfiehlt es sich, eine Redezeitbeschränkung und eine allfällige Reihenfolge der Redner gleich zu Beginn durch die Generalversammlung genehmigen zu lassen. Im Rahmen der Erfüllung dieser Aufgabe sind

---

2114 Beispiele dazu DUBS, Q&A, 166/67 und 168.
2115 Ein allfällig gefällter gesetzes- oder statutenwidriger GV-Beschluss könnte gemäss Art. 706 OR vor Gericht angefochten werden.
2116 Dazu MAUTE, 40; TANNER, in: Zürcher Kommentar, N 153 ff. zu Art. 702 OR.

dem Versammlungsleiter zusätzliche Ordnungsfunktionen zugewiesen, mit denen er einen zweckmässigen Ablauf der Generalversammlung durchsetzen kann.[2117]

Zur zweckmässigen und speditiven Erledigung der einzelnen Traktanden ist es manchmal notwendig, einzelnen Rednern das *Wort zu entziehen,* insbesondere dann, wenn beleidigende oder unsachliche Äusserungen erfolgen. Weder das Teilnahme- noch das Stimmrecht des Aktionärs werden dadurch verletzt, sofern rechtfertigende Gründe vorliegen. Ultima ratio wäre ein Saalverweis; der allerdings nur in aussergewöhnlichen Situationen (Obstruktion o.Ä.) gerechtfertigt erscheint.

Sofern keine Einsprache erhoben wird, steht es dem Vorsitzenden zu, die Generalversammlung zu unterbrechen. Denkbar ist beispielsweise, dass zur Besprechung eines plötzlich aufgetauchten Problems eine kurze Verwaltungsratssitzung notwendig erscheint.[2118] Wird von einem Aktionär dagegen protestiert, hat eine Abstimmung über den Ordnungsantrag des Vorsitzenden zur Unterbrechung stattzufinden. Reicht die zur Verfügung stehende Zeit nicht aus, um die Generalversammlung zu beenden, so stellt sich die Frage nach dem weiteren Vorgehen. Nach der hier vertretenen Auffassung muss gestützt auf Art. 700 Abs. 3 OR die Einberufung einer ausserordentlichen Generalversammlung beantragt werden, an der nur über die noch nicht behandelten Traktanden beschlossen werden soll. In ganz aussergewöhnlichen Situationen kann es auch vorkommen, dass der Vorsitzende die Generalversammlung vorzeitig abbrechen muss.[2119]

Der Vorsitzende wird die Diskussion schliessen, wenn keine weiteren Meinungsäusserungen mehr zu erwarten sind oder der Meinungsaustausch für eine sachgerechte Entscheidung ausreicht.[2120]

7.3.6 Abstimmung

7.3.6.1 Grundprinzip

Die Abstimmungen bilden die eigentlichen Kernpunkte der Generalversammlung. Die Abstimmungsresultate drücken den Willen des obersten Gesellschaftsorgans aus und binden den Verwaltungsrat hinsichtlich seiner Aufgabenerfüllung.[2121] Vor dem Hintergrund der herausragenden Bedeutung dieser Abstimmungen kann auch die diesbezüglich differenzierte Regelungsmechanik verstanden werden. Dabei ist jedoch darauf hinzuweisen, dass die entsprechenden gesetzlichen Bestimmungen nicht zentral geordnet, sondern nahezu über das ganze Aktienrecht verteilt sind.

Aus der Pflicht des Verwaltungsrats, die erforderlichen Anordnungen für die Feststellung der Stimmrechte zu treffen und aus der Pflicht zur Vorbereitung der Verhandlung folgt,

---

2117 Dazu vgl. BÖCKLI, Leitungsbefugnisse, 47 ff.; HUNGERBÜHLER, 136 ff.
2118 Dies ist nach MAUTE, 42 Anm. 121 zulässig; ebenso BÖCKLI, Aktienrecht, § 12 Rz. 175; KRNETA, N 1474.
2119 Vgl. dazu BÖCKLI, Aktienrecht, § 12 Rz. 175; DUBS/TRUFFER, in: Basler Kommentar, N 25 zu Art. 702 OR.
2120 Dabei ist aber auch das Gleichbehandlungsgebot zu wahren; der Zeitpunkt darf nicht so gewählt werden, dass einzelne – allenfalls oppositionelle – Aktionäre gar nicht zu Wort kommen.
2121 Zu Einzelfragen bezüglich Konsultativabstimmungen vgl. HORBER, Konsultativabstimmung, 105 ff.

dass der Verwaltungsrat für die ordnungsgemässe Durchführung der Abstimmungen und Wahlen verantwortlich ist.[2122]

Art. 692 OR legt das Grundprinzip des Stimmrechts fest. Danach bestimmt sich das Mass der Einflussnahme grundsätzlich nach dem Verhältnis zum gesamten Nennwert des vertretenen Aktienkapitals. Man spricht deshalb auch vom *Nennwertprinzip*. Jeder Aktionär hat jedoch zumindest eine Stimme. Vom Nennwertprinzip gibt es verschiedene Ausnahmen, die vom Verwaltungsrat bei den Abstimmungen zu beachten sind.

Erscheinen an der Generalversammlung weder Aktionäre noch Aktionärsvertreter, so können keine Beschlüsse gefasst werden. Sind zwar stimmberechtigte Aktionäre anwesend, doch enthalten sich alle ihrer Stimme, kommt ebenfalls kein Beschluss zustande. Die Anträge des Verwaltungsrats gelten in solchen Fällen nicht einfach als angenommen. Vielmehr muss der Verwaltungsrat eine neue Generalversammlung einberufen.

7.3.6.2 Ausnahmen

a) Aktienstimmen

Nach Art. 693 OR kann das Stimmrecht – unabhängig vom Nennwert – nach der Zahl der jedem Aktionär gehörenden Aktien festgesetzt werden, sodass das Prinzip «eine Aktie gleich eine Stimme» gilt (Stimmrechtsaktien). Zu beachten ist dabei, dass die Aktien mit einem kleineren Nennwert als die übrigen Aktien nur als Namenaktien ausgegeben werden können und voll liberiert sein müssen. Auch darf der Nennwert der übrigen Aktien das Zehnfache des Nennwertes der Stimmrechtsaktien nicht übersteigen.

Das Gesetz verlangt zwingend eine Abstimmung nach Massgabe des Nennwertes (unter Nichtbeachtung der erhöhten Stimmkraft der Stimmrechtsaktien) für folgende Beschlüsse:[2123]

- die Wahl der Revisionsstelle;
- die Ernennung von Sachverständigen zur Prüfung der Geschäftsführung oder einzelner Teile;
- die Beschlussfassung über die Einleitung einer Sonderprüfung;
- die Beschlussfassung über die Anhebung einer Verantwortlichkeitsklage.

Nicht in diesem Katalog erwähnt ist der Beschluss über die Entlastung des Verwaltungsrates (Décharge). Auch wenn er als negativer Beschluss über die Anhebung einer Verantwortlichkeitsklage erscheint, ist davon auszugehen, dass dort die erhöhte Stimmkraft der Stimmrechtsaktien zum Tragen kommt.

Nebst den genannten vier Ausnahmen wird das Stimmrechtsprivileg auch bei Beschlüssen der GV in wichtigen Angelegenheiten relativiert. Zu deren Annahme sind nämlich nicht nur zwei Drittel der vertretenen Stimmen, sondern zudem auch die absolute Mehrheit der vertretenen Aktiennennwerte erforderlich.[2124]

2122 Art. 702 Abs. 1 OR.
2123 Art. 693 Abs. 3 OR.
2124 LÄNZLINGER, in: Basler Kommentar, N 11 zu Art. 693 OR.

b) Eigene Aktien

Besondere Bestimmungen gelten auch in Bezug auf das Stimmrecht eigener Aktien. Hält die Gesellschaft eigene Aktien, so ruht deren Stimmrecht nach Art. 659a Abs. 1 OR. Dieselbe Beschränkung gilt auch, wenn diese Aktien von einer Tochtergesellschaft (und Enkelgesellschaften) erworben und gehalten werden, an der die Gesellschaft mehrheitlich beteiligt ist.[2125] Wenn eine Gesellschaft die Mehrheit einer anderen Gesellschaft kauft, die ihrerseits Aktien der Erwerberin hält, so gelten diese als eigene Aktien, deren Stimmrecht an der GV der Erwerberin ruht.[2126] Kein Stimmrechtsausschluss besteht bezüglich der Aktien von *paritätischen* Vorsorgeeinrichtungen am «eigenen Unternehmen».[2127]

c) Nicht einbezahlte Aktien

Das Stimmrecht der Aktien entsteht nach Art. 694 OR erst dann, wenn auf die Aktie der gesetzlich oder statutarisch festgesetzte Betrag einbezahlt worden ist. Nach Art. 632 OR ist bei der Errichtung der Gesellschaft eine Mindesteinlage von 20% des Nennwertes jeder Aktie zu leisten (mindestens jedoch insgesamt CHF 50 000). Die restlichen 80% des Nennwertes können grundsätzlich zu einem späteren Zeitpunkt eingefordert werden. Jene Aktien, auf welche der gesetzlich bzw. statutarisch festgesetzte Betrag nicht voll einbezahlt worden ist, sind vom Stimmrecht ausgeschlossen. Die weiteren Verzugsfolgen sind in Art. 681 f. OR geregelt (Kaduzierungsverfahren, Verzugszinsen, Konventionalstrafen etc.).

d) Entlastungsbeschluss

Zur Vermeidung von Interessenkonflikten (Selbstentlastung), zur Durchsetzung der Kompetenzabgrenzung (zwischen Aktionär und Exekutionsorgan) und zum Schutz von Minderheiten (Ermöglichung von Verantwortlichkeitsklagen) haben bei Beschlüssen über die Entlastung des Verwaltungsrates *(Décharge-Erteilung)* Personen, die «in irgendeiner Weise» an der Geschäftsführung teilgenommen haben, kein Stimmrecht.[2128] In diesem Zusammenhang stellt sich die Frage, was unter der Wendung «in irgendeiner Weise an der Geschäftsführung teilgenommen» zu verstehen ist. Die Frage ist entsprechend jener nach dem Personenkreis, welcher der aktienrechtlichen Verantwortlichkeit unterstellt ist, zu beantworten.[2129]

Ganz klar dazu zählen die Mitglieder des Verwaltungsrats. In der heute vorherrschenden arbeitsteiligen Wirtschaftswelt, wo die Geschäftsführung im Sinne von Art. 718 OR oft

---

2125 Art. 659b Abs. 1 OR. Sachlich richtiger wäre die Formulierung «mehrheitlich beherrscht», wie schon von Planta/Lenz, in: Basler Kommentar, N 2 f. zu 659b OR, feststellten. Die Mehrheit stellt damit auf die Stimmen- und nicht die Kapitalmehrheit ab. Auch das neue Rechnungslegungsrecht stellt nun bei der Konsolidierungspflicht auf dieses Prinzip ab (Control-Prinzip).

2126 Zu Sonderfällen (Querverflechtungen, Optionen und Angebote hinsichtlich eigener Aktien, Kursgarantien an Dritte ohne Aktienerwerb) vgl. Böckli, Aktienrecht, § 4 Rz. 340 ff., 344 ff., 358 ff., 376 und § 12 Rz. 442 ff.

2127 Bei eigenen Aktien in patronalen Stiftungen sollte dagegen das Stimmrecht ruhen, ausser es werde eine effektive Trennung und dauernde Unabhängigkeit von VR und Stiftungsrat erreicht. Dazu näher Böckli, Aktienrecht, § 12 Rz. 449 ff.; Forstmoser/Meier-Hayoz/Nobel, § 24 N 88c; Schleiffer, 172 f.; Lenz/von Planta, in: Basler Kommentar, N 2 f. zu Art. 659a OR.

2128 Vgl. dazu das Beispiel vorne unter Ziff. 6.3.3.5, S. 425 f. Dazu eingehend Böckli, Aktienrecht, § 12 Rz. 437; Art. 695 Abs. 1 OR.

2129 Vgl. Böckli, Aktienrecht, § 12 Rz. 438. Zum Organbegriff vgl. BGE 117 II 570 ff., 573; 122 III 225; 124 III 418.

delegiert ist, muss der von dieser Bestimmung betroffene Personenkreis jedoch weiter gefasst werden. In Kongruenz mit der Verantwortlichkeitsklage wird der Kreis der vom Stimmrecht ausgeschlossenen auf alle Personen ausgedehnt, die in der entsprechenden Verantwortlichkeit stehen.[2130]

Ausgeschlossen sind demnach bei der Abstimmung über die Entlastung des Verwaltungsrates alle Personen, denen Kompetenz zur Entscheidung in substanziellen Unternehmensbelangen übertragen wurde und leitende Befugnisse (faktisch Organqualität) haben und die nicht bloss Beschlüsse oberer Instanzen durchzuführen haben. Dies gilt also für die Mitglieder der Geschäftsleitung und der Direktion (mit Einschluss aller gradmässigen Abstufungen, wie Sub-, Vize- und stellvertretender Direktor, nicht aber zwingend für alle Prokuristen). Die von diesem Stimmrechtsausschluss betroffenen Personen können sodann in der Frage der Décharge-Erteilung auch keine Vertreter bestimmen oder andere Aktionäre vertreten.[2131] Ausgeschlossen sind im Einzelnen:

- die juristische Person als Aktionärin bezüglich ihres Vertreters im Verwaltungsrat;[2132]
- faktische Organe;[2133]
- die Erben eines verstorbenen Verwaltungsrats;[2134]
- der Organvertreter (auch für die von ihm als institutioneller Stimmrechtsvertreter vertretenen Aktien).[2135]

Bei kleineren Gesellschaften, bei denen es sehr oft vorkommt, dass sämtliche Aktionäre gleichzeitig mit der Geschäftsführung betraut sind, stellt sich die Frage, wie die Décharge-Erteilung zu erfolgen hat, da nach strenger Auslegung der gesetzlichen Bestimmungen eine solche ausgeschlossen wäre. Bei Einmanngesellschaften und Gesellschaften, in denen alle Aktionäre auch Mitglieder des Verwaltungsrates sind, ist eine Décharge-Erteilung nicht möglich.[2136] Existiert neben den geschäftsführenden Aktionären auch nur ein einziger, der nicht mit diesen Aufgaben betraut ist, so hat eine Décharge-Erteilung zu erfolgen, wobei dann nur dieser Aktionär zur Abstimmung zugelassen ist.

e) **Statutarische Beschränkungen**

Eine weitere Beschränkung des Stimmrechts kann sich aus den Statuten ergeben. So kann dort etwa die Vertretung an spezifische Erfordernisse gebunden werden, oder es kann vorgesehen werden, dass nur ein anderer Aktionär die Vertretung übernehmen darf. Gemäss Art. 692 OR ist auch eine statutarische Bestimmung zulässig, wonach die Maximalstimmenzahl pro Aktionär beschränkt ist.[2137]

2130 Dazu BÖCKLI, Aktienrecht, § 12 Rz. 438; CHAMMARTIN/VON DER CRONE, Déchargebeschluss, 334; FORSTMOSER, Verantwortlichkeit, N. 417; LÄNZLINGER, in: Basler Kommentar, N 3 ff. zu Art. 695 OR.
2131 Zum Ganzen die Monografie von SCHLEIFFER.
2132 BÖCKLI, Aktienrecht, § 12 Rz. 438a; BÜHLER/HÄRING, 102 ff.
2133 Urteil des Bundesgerichts 4C.107/2005 vom 29.6.2005; dazu CHAMMARTIN/VON DER CRONE, Déchargebeschluss, 329 ff.
2134 Urteil des Bundesgerichts vom 25.11.1992 (vgl. die Besprechung von NATHALIE TISSOT, 295 ff.).
2135 BGE 118 III 142; BÖCKLI, Aktienrecht, § 12 Rz. 440.
2136 Vgl. LÄNZLINGER, in: Basler Kommentar, N 8 zu Art. 695 OR.
2137 Dazu weiterführend die umfassende Untersuchung von VON SALIS.

f) Aktionärbindungsverträge

Im Bereiche der vertraglichen Stimmrechtsbeschränkung haben Aktionärbindungsverträge eine besondere Bedeutung erlangt. In solchen Verträgen kann vorgesehen werden, dass das Stimmrecht nur entsprechend einem gemeinsamen Beschluss ausgeübt werden kann. Eine solche Vereinbarung ist gesetzeskonform. Es bleibt aber zu beachten, dass ein Aktionärbindungsvertrag seine Wirkung nur zwischen den unterzeichnenden Vertragsparteien entfalten kann. Sollte also ein Aktionär nicht im Sinne des von ihm unterschriebenen Aktionärbindungsvertrages stimmen, so hat dies auf die Gültigkeit des entsprechenden Beschlusses in der Generalversammlung keine Auswirkungen. Die Verletzung der Stimmbindung kann allenfalls zu einer Schadenersatzforderung unter den betroffenen Aktionären führen, nicht aber gegenüber der Gesellschaft.[2138]

7.3.6.3 Durchführung der Abstimmung

Zur korrekten Durchführung des eigentlichen Abstimmungsaktes ist die genaue Kontrolle der Stimmberechtigung und Stimmrechtsausübung unerlässlich.[2139] Die Abstimmung soll so vorgenommen werden, dass jeweils eindeutig mit Ja oder Nein gestimmt werden kann. In das Protokoll sind nicht nur die Ja-Stimmen, sondern auch die Nein-Stimmen und Enthaltungen aufzunehmen; dadurch ist auch nachträglich jederzeit eine genaue Kontrolle möglich.

Der eigentliche Abstimmungsakt ist sodann ganz auf die Traktanden und Anträge ausgerichtet. In Bezug auf die Form der Abstimmung sind keine allgemeingültigen Äusserungen möglich. Vorbehältlich einer konkreten Regelung in den Statuten obliegt es dem Vorsitzenden der Generalversammlung zu bestimmen, in welcher Form die Abstimmung erfolgt. Bei klaren Mehrheitsverhältnissen ist es üblich und im Sinne der Prozessökonomie sinnvoll, die Abstimmungen mit dem Handprinzip durchzuführen.[2140] Anspruchsvoll können Abstimmungen werden, wenn zu Anträgen etwa unterschiedliche Gegenanträge gestellt werden.[2141] Auch hier obliegt es dem Vorsitzenden, Anträge gegebenenfalls in eine zweckmässige Form zu bringen und die Anträge in eine sinnvolle Reihenfolge zu bringen, sodass effizient abgestimmt werden kann.[2142]

Bei Gross- und Publikumsaktiengesellschaften ist das Handprinzip nicht mehr praktikabel, da darin die Stimmkraft des einzelnen Aktionärs nicht zum Ausdruck gebracht werden kann. In aller Regel wird in diesen Fällen eine schriftliche oder elektronische Stimmabgabe (mittels Sendegeräten) unumgänglich sein. Grundsätzlich hat der Vorsitzende zu

---

2138 Zum Ganzen auch MÜLLER, Aktionärsbindungsvertrag, 4 ff.
2139 Insbesondere muss sichergestellt werden, dass Stimmrechtsausschlüsse und statutarische Stimmkraftbegrenzungen beachtet werden. BÖCKLI, Aktienrecht, § 12 Rz. 181; FORSTMOSER/MEIER-HAYOZ/NOBEL, § 24 N 55a.
2140 BÖCKLI, Aktienrecht, § 12 Rz. 182, weist auch auf das «Negativzählen» hin (bei klaren Mehrheitsverhältnissen).
2141 Im Bundesgesetz über die Bundesversammlung (Parlamentsgesetz) wird in den Art. 78 und 79 beschrieben, wie in solchen Situationen vorzugehen ist. Daran kann sich auch der Verwaltungsrat orientieren. Zu den verschiedenen Arten von Anträgen vgl. den Katalog von BÖCKLI, Aktienrecht, § 12 Rz. 180 ff.
2142 Vgl. BÖCKLI, Aktienrecht, § 12 Rz. 178.

entscheiden, auf welche Art und Weise der Wille der Generalversammlung am besten eruiert werden kann; dazu braucht es demnach keine separate Abstimmung.[2143]

Die Generalversammlung kann jederzeit in *offener* Abstimmung, auf Veranlassung des Vorsitzenden oder auf Ordnungsantrag eines Aktionärs mehrheitlich beschliessen, die Abstimmung *schriftlich oder elektronisch* (mit Sendegräten) durchzuführen. Ob bereits diese Abstimmung schriftlich bzw. elektronische erfolgen soll, wird in der Literatur in dem Fall bejaht, wenn (in einer Vorabstimmung) mindestens 10% der Aktionäre hinter diesem Antrag stehen (in Analogie zum Einberufungs- und Traktandierungsrecht gem. Art. 699 Abs. 3 OR).[2144]

In diesem Zusammenhang stellt sich die Frage, ob ein einzelner Aktionär eine *geheime* Abstimmung verlangen kann. Fehlt eine entsprechende statutarische Bestimmung, so besteht grundsätzlich *kein Recht* auf eine geheime Abstimmung *im engeren Sinne* (wo die jeweilige Stimmabgabe selbst gegenüber dem Verwaltungsrat geheim bliebe). Dagegen besteht das vorstehend genannte Anrecht einer qualifizierten Minderheit, eine schriftliche oder elektronische Abstimmung zu verlangen. Bei diesem Verfahren hat jedoch der Verwaltungsrat Einblick in die Abstimmungsergebnisse zur Ausübung seiner Kontrollfunktion über die ordnungsmässige Durchführung der Abstimmung. Diese ist insbesondere wichtig bei unterschiedlichen Aktien und im Hinblick auf ausgeschlossene Stimmrechte (z.B. bei der Abstimmung über die Entlastung des VR).

Zur Ermittlung der Stimmen werden im Rahmen grösserer Aktiengesellschaften vom Vorsitzenden *Stimmenzähler* bestimmt, die sich in der Regel aus den Reihen der Aktionäre rekrutieren lassen. Bei der Abstimmung nach dem Handprinzip und ähnlichen Verfahrensweisen (Zuruf, sich von den Stühlen erheben etc.) ist bei der Stimmenzählung besonders darauf zu achten, dass eine Gewichtung entsprechend den vertretenen Aktien vorgenommen wird.

Bei schriftlichen Abstimmungen ist der Einfachheit halber auf den Stimmkarten die vertretene Stimmkraft festgehalten. Grundsätzlich sind sowohl alle Ja- und Nein-Stimmen sowie auch die Enthaltungen aufzunehmen. Da die Ermittlung des Resultats bei schriftlichen Abstimmungen viel Zeit in Anspruch nimmt, kann mit dem nächsten Traktandum fortgefahren werden, sofern kein Aktionär protestiert und das Abstimmungsergebnis für die Fortsetzung der Generalversammlung keine Bedeutung hat.

Das Abstimmungsergebnis wird nach Auszählung der Stimmen durch den Vorsitzenden den Teilnehmern mitgeteilt und protokolliert. Werden nach Bekanntgabe der Ergebnisse Fehler bei der Auszählung bemerkt, sind diese sofort zu berichtigen.[2145] Mit JÄGGI[2146] kann davon ausgegangen werden, dass die Richtigstellung des Abstimmungsergebnisses innerhalb der Anfechtungsfrist erfolgen kann, da der Mitteilung des Ergebnisses lediglich beweismässige, nicht aber konstitutive Bedeutung zukommt.

2143 Ebenso SCHETT, 106 und MAUTE, 47, mit Hinweis auf die Möglichkeit des Zurufes und des Erhebens von den Sitzen.
2144 BÖCKLI, Aktienrecht, § 12 Rz. 184 f.
2145 In der Regel ist der mangelhafte Beschluss *anfechtbar. Nichtig* sind sie nur bei schwerwiegenden Mängeln (z.B.: fehlende notarielle Form, kein organisiertes Abstimmungsverfahren, fehlende Beschlussfähigkeit, mutwillig falsche Widergabe des offensichtlichen Ergebnisses). Dazu eingehend BÖCKLI, Aktienrecht, § 12 Rz. 493.
2146 JÄGGI, Abstimmungsverfahren, 402.

Stand ein so korrigiertes Abstimmungsergebnis in engem Zusammenhang mit anderen Beschlüssen, sollte bei entsprechender Wichtigkeit die Einberufung einer ausserordentlichen Generalversammlung zur Nachholung der entsprechenden Beschlüsse ins Auge gefasst werden. Ergibt sich die Berichtigung noch im Laufe der Generalversammlung, so ist es sehr wohl angebracht, dass der Vorsitzende eine erneute Diskussion der entsprechenden Punkte zugesteht, wenn zumindest die Möglichkeit besteht, dass sich das Ergebnis verändert.

7.3.6.4 Quorumsvorschriften

Die Auswertung der Abstimmung (Bestimmung der Mehrheit) richtet sich – vorbehältlich anderer Regelung im Gesetz oder in den Statuten – nach Art. 703 OR. Danach fasst die Generalversammlung ihre Beschlüsse mit der *absoluten* Mehrheit der *vertretenen* Aktienstimmen.[2147]

Beim *absoluten* Mehr[2148] werden sämtliche vertretenen Stimmen berücksichtigt, unabhängig davon, ob sie überhaupt abgegeben werden. Echte Stimmenthaltungen sind nur durch Nichterscheinen oder Verlassen des Saales möglich. Ein Beschluss oder eine Wahl kommt deshalb nur dann mit dem notwendigen absoluten Mehr zustande, wenn mehr als die Hälfte aller vertretenen Stimmen dafür abgegeben werden. Alle nicht abgegebenen oder ungültigen Stimmen wirken wie Nein-Stimmen, was die Erreichung einer zustimmenden Mehrheit grundsätzlich schwieriger gestaltet. Alle Aktien, die vom Stimmrecht ausgeschlossen sind, gelten als nicht vertreten (was namentlich bei der Abstimmung betreffend die Entlastung des Verwaltungsrates eine separate Ermittlung der notwendigen Mehrheit erfordert). Dieses Verfahren bedingt, dass vor jeder Einzelabstimmung die Zahl der vertretenen Aktienstimmen neu aufgenommen wird. Bei überschaubaren Verhältnissen ist die permanente Kontrolle während der GV an sich kein Problem (z.B. Verhängung des Verbots den Saal zu verlassen), bei Grossversammlungen dürfte ein solches Unterfangen nahezu unmöglich sein. Der Praktikabilität entsprechend werden daher die vertretenen Aktienstimmen am Anfang der Generalversammlung aufgenommen.

Zur Vermeidung dieses Problems werden daher in den Statuten oft andere Mehrheiten (z.B. Mehrheit der *gültig abgegebenen* Stimmen) als massgebend erklärt. Dies hat jedoch zur Folge, dass alle *nicht* oder *nicht gültig* abgegebenen Stimmen aus der Berechnung der Mehrheit wegfallen. Diese Masszahl zur Ermittlung der Mehrheit ist leichter zu handhaben; zu beachten ist jedoch, dass bei wichtigen Beschlüssen zwingend auf die Anzahl der vertretenen Stimmen abzustellen ist.[2149]

In den *Statuten* können die *Quorumsvorschriften grundsätzlich* verschärft werden, indem eine Zweidrittelmehrheit (oder noch höhere Zustimmung) verlangt wird. Neben dem Stimmenquorum kann auch noch ein Präsenzquorum eingeführt werden. Danach kommt z.B. ein Beschluss nur zustande, wenn an der Generalversammlung mehr als die Hälfte sämtlicher Aktien vertreten sind, und der Beschluss mit einer (erhöhten) Mehrheit al-

---

2147 Demgegenüber ist bei Beschlüssen in Verwaltungsratssitzungen gemäss Art. 713 OR die Mehrheit der *abgegebenen* Stimmen massgebend.
2148 Zum Begriff wiederum TANNER, in: Zürcher Kommentar, N 73 und N 83 ff. zu Art. 703 OR.
2149 Art. 704 Abs. 1 OR kann durch allfällige Statutenregelungen nicht ausgehebelt werden.

ler vertretenen Stimmen gefasst wird. [2150] Insbesondere sind höhere Quorumsvorschriften denkbar für bestimmte Sachgeschäfte, wie z.B. Änderung der Firmenbezeichnung, der Statuten im Allgemeinen, Einführung von Vorzugsaktien, Ausgabe von Partizipationsscheinen, Kapitalherabsetzung, Umwandlung von Namen in Inhaberaktien, Aufhebung/Lockerung der Vinkulierung der Namenaktien,[2151] die Aufhebung von Stimmkraftbegrenzungen, die Abwahl von Verwaltungsräten, die Sitzverlegung ins Ausland etc.

Solchen Verschärfungen sind allerdings Grenzen gesetzt:

- Bedenken gegen eine Verschärfung der Quorumsvorschriften sind namentlich bei den vier für das Funktionieren der Gesellschaft absolut notwendigen Beschlüssen der Generalversammlung angebracht (Genehmigung des Geschäftsberichts (inkl. Jahresrechnung), Gewinnverwendung, Wahl des Verwaltungsrates, Wahl der Revisionsstelle). Die Festlegung eines höheren Quorums in diesen vier Bereichen könnte zu einer Blockade in der Gesellschaft führen. Eine (kleine) Minderheit könnte diesbezügliche Beschlüsse verhindern, umgekehrt wäre sie selbst nicht in der Lage, die von ihr gewünschten Beschlüsse herbeizuführen. Daher genügt für diese Beschlüsse – im Hinblick auf die unerlässliche Aufrechterhaltung der Entscheidungsfähigkeit der Gesellschaft – die absolute Mehrheit.[2152]
- Unzulässig wäre auch ein Einstimmigkeitserfordernis, das auf ein Vetorecht eines einzelnen Aktionärs hinausliefe.
- Beschlusserschwerungen in den Statuten dürfen sodann die Kontrollrechte der Aktionäre nicht behindern.

Empfehlung

Sollen Präsenzgrössen eingeführt werden, scheint es empfehlenswert, diese nur für eine erste Generalversammlung vorzuschreiben. Wird das Quorum nicht erreicht, kann dann form- und fristgerecht eine zweite Versammlung einberufen werden, die ohne dieses Quorum einzuhalten beschliessen kann.

Umgekehrt können die Statuten aber auch anstelle des absoluten Mehrs bloss das *relative* Mehr für alle Wahlen und Sachgeschäfte vorsehen. Beim *relativen* Mehr,[2153] oft auch einfaches Mehr bezeichnet, wird lediglich auf die verhältnismässig grösste Zahl von Stimmen einer bestimmten Richtung abgestellt. Es gilt derjenige Antrag als angenommen, auf den am meisten Stimmen fallen. Stimmenthaltungen oder ungültige Stimmabgaben bei schriftlicher Abstimmung fallen ausser Betracht.

Bei «wichtigen Beschlüssen» gemäss Art. 704 OR gelten solche Erleichterungen jedoch nicht. Für die gültige Annahme folgender Beschlüsse sind zwingend *zwei Drittel der ver-*

2150 Solche Quoren können allerdings nur mit eben diesem Quorum eingeführt (und abgeschafft) werden; dazu näher Böckli, Aktienrecht, § 12 Rz. 395 ff., 401 ff.; Dubs/Truffer, in: Basler Kommentar, N 12 zu Art. 704 OR; Forstmoser/Meier-Hayoz/Nobel, § 24 N 51; Tanner, in: Zürcher Kommentar, N 80 ff. zu Art. 703 OR. Wird für einen bestimmten GV-Beschluss die Zustimmung aller Aktionäre verlangt, entspricht dies faktisch einem Vetorecht des einzelnen Aktionärs.
2151 Für die Einführung von Vinkulierungsbestimmungen sind dagegen die höheren Quoren von Art. 704 OR zwingend zu beachten.
2152 Gl.M. Böckli, Aktienrecht, § 12 Rz. 421; wobei er jedoch nicht zwingend die Mehrheit der vertretenen Aktienstimmen verlangt; falls die Statuten bei Abstimmungen die Mehrheit der abgegebenen Stimmen verlangen, so genügt auch diese.
2153 Zum Begriff Tanner, in: Zürcher Kommentar, N 73 ff. Art. 703 OR.

tretenen Stimmen und die absolute Mehrheit der *vertretenen Aktiennennwerte* («Doppelhürde») erforderlich:
- die Änderung des Gesellschaftszweckes;
- die Einführung von Stimmrechtsaktien;[2154]
- die Beschränkung der Übertragbarkeit von Namenaktien;
- eine genehmigte oder bedingte Kapitalerhöhung;
- eine Kapitalerhöhung aus Eigenkapital, gegen Sacheinlage oder zwecks Sachübernahme und die Gewährung von besonderen Vorteilen;
- die Einschränkung oder Aufhebung des Bezugsrechts;
- die Verlegung des Sitzes der Gesellschaft;
- die Auflösung der Gesellschaft (ohne und mit Liquidation).

Der Vorsitzende hat von Gesetzes wegen *keinen Stichentscheid*, vorbehalten bleiben anderslautende statutarische Bestimmungen.[2155] Damit hat der Gesetzgeber eine klare Unterscheidung zu den Verwaltungsratssitzungen vorgenommen. Dort hat der Vorsitzende den Stichentscheid, sofern die Statuten nichts anderes vorsehen.[2156] Kommt wegen fehlenden Stichentscheids des Vorsitzenden kein Beschluss zustande, ist eine neue Generalversammlung einzuberufen. Dauert die Pattsituation fort und wird die Gesellschaft deshalb handlungsunfähig, werden in der Regel Verwaltungsrat und Revisionsstelle zurücktreten. In der Folge wird der Handelsregisterführer gestützt auf Art. 731*b* OR die Auflösung der Gesellschaft androhen.

7.3.7 Protokoll der Generalversammlung

Gemäss Art. 702 Abs. 2 OR hat der Verwaltungsrat dafür zu sorgen, dass ein Protokoll über die Generalversammlung geführt wird. Dazu bestimmt er einen *Protokollführer*. Dieser braucht nicht Mitglied des Verwaltungsrates und auch nicht Aktionär zu sein. Es ist grundsätzlich nicht Sache der Generalversammlung, über den Protokollführer zu befinden.

Von Gesetzes wegen ist folgender *Mindestinhalt* des Protokolls vorgeschrieben:
- Anzahl, Art, Nennwert und Kategorie der durch institutionellen Stimmrechtsvertreter (Depotvertreter, Organvertreter und unabhängige Stimmrechtsvertreter) vertretenen Aktien (Art. 689*e* Abs. 1 OR);
- die gleichen Angaben zu den von den übrigen Aktionären bzw. ihren individuellen Stimmrechtsvertretern an der GV vertretenen Aktien (Art. 702 Abs. 2 Ziff. 1 OR);
- Feststellung, dass Mitteilung über die Angaben zu den vertretenen Aktien erfolgte (Art. 689*e* Abs. 2 OR);

2154 Ob es auch für die Abschaffung eine qualifizierte Mehrheit braucht, ist sehr umstritten. *Dafür* sprechen insbesondere Böckli, Aktienrecht, § 12 Rz. 375; *dagegen:* Forstmoser/Meier-Hayoz/Nobel, § 26 N 17; Länzlinger, in: Basler Kommentar, N 9 zu Art. 693 OR; Tanner, Beschlussfassung, 259.
2155 Vgl. Böckli, Aktienrecht, § 12 Rz. 358; Tanner, in: Zürcher Kommentar, N 160 ff. zu Art. 706 OR; zu den Problemen vgl. Forstmoser/Meier-Hayoz/Nobel, § 26 N 57 ff.
2156 Art. 713 Abs. 1 OR.

- Beschlüsse und Wahlergebnisse, inkl. das Stimmenverhältnis (Art. 702 Abs. 2 Ziff. 2 OR);
- Begehren der Aktionäre um Auskunft und die darauf vom Verwaltungsrat bzw. der Revisionsstelle erteilten Antworten (Art. 702 Abs. 2 Ziff. 3 OR);
- Einspruch eines Aktionärs gegen die Teilnahme unberechtigter Personen (Art. 691 Abs. 2 OR);
- Erklärungen, die von den Aktionären ausdrücklich zu Protokoll gegeben wurden (Art. 702 Abs. 2 Ziff. 4 OR).

Obwohl gesetzlich nicht verlangt, wird im Hinblick auf mögliche Anfechtungen und Verantwortlichkeitsklagen dringend empfohlen, zusätzlich zum gesetzlichen Mindestinhalt, folgende Punkte im Protokoll festzuhalten:[2157]

- Ort und Zeit der Generalversammlung;
- korrekte Bezeichnung der Gesellschaft (gemäss Handelsregistereintrag);
- Angabe über die Konstituierung der Versammlung:
  - Leitung der Versammlung;
  - Protokollführung;
  - Stimmenzähler;
- Erklärung des Versammlungsleiters, dass
  - bei der Einberufung der Versammlung die Einberufungsvorschriften gemäss Gesetz und Statuten eingehalten worden sind;
  - gegen diese Feststellung keine Einwendungen gemacht werden;
  - keine weiteren Traktandierungsbegehren eingegangen sind;
  - in der Generalversammlung keine eigenen Aktien (inkl. solche, die von Tochtergesellschaften gehalten werden) vertreten sind;
- Erläuterungen des Vorsitzenden vor jeder Abstimmung zum Abstimmungs- bzw. Wahlverfahren;
- genaue Wiedergabe der Ergebnisse und deren Interpretation durch den Vorsitzenden;
- bei eingetretenen oder künftig zu erwartenden Verlusten: eingehende Protokollierung der erfolgten Berichterstattung und der vorgeschlagenen Massnahmen;
- bei der Abstimmung über die Décharge alle Stimmen der mit der Geschäftsführung betrauten Personen ausgeschlossen waren;[2158]
- abschliessenden Feststellung des Vorsitzenden, dass betreffend der ordnungsmässigen Durchführung der Generalversammlung kein Einspruch seitens der anwesenden Aktionäre erhoben wurde.

2157 Vgl. dazu auch die Empfehlungen zur Abfassung eines Verwaltungsratsprotokolls vorne unter Ziff. 3.6.2, S. 269 f., und Ziff. 3.6.3, S. 270 ff.; ein Beispiel für ein GV-Protokoll findet sich unter Ziff. 11.59, S. 986.
2158 Vgl. BGE 128 III 143.

Selbstverständlich kann auf statutarischer oder freiwilliger Basis eine umfangmässige oder auch inhaltliche Ergänzung erfolgen, was sich insbesondere im Hinblick auf die Beweiskraft empfiehlt. Ganz klar festzuhalten ist jedoch, dass es sich dabei auch nach neuem Aktienrecht lediglich um ein Beschlussprotokoll handelt und eine Aufzeichnung der zu den einzelnen Traktanden geführten Diskussionen zumindest gesetzlich nicht vorgeschrieben ist.[2159]

Bezüglich der *formellen* Anforderungen enthält das Gesetz keine Vorschriften. Um den Inhalt jedoch korrekt wiedergeben zu können, sind zweifellos Leserlichkeit, Übersichtlichkeit und Verständlichkeit zu fordern. Das Protokoll ist zu unterzeichnen.[2160] Dies erfolgt i.d.R. durch den Leiter der Versammlung und dem Protokollführer.

Obwohl im Gesetz nicht festgehalten, sollte im Hinblick auf eine mögliche Anfechtungsklage das Protokoll der Generalversammlung so rasch wie möglich erstellt und zur Einsichtnahme aufgelegt werden.[2161]

Zur Verdeutlichung ist hinten unter Ziff. 11.59, S. 986 ff., das Muster eines Generalversammlungsprotokolls und hinten unter Ziff. 11.60, S. 990 ff., das Muster eines Universalversammlungsprotokolls wiedergegeben. Bei kleineren Gesellschaften und eindeutigen Traktanden ist jedoch auch eine kürzere Protokollform bzw. die Beschränkung auf die Abstimmungs- und Wahlergebnisse möglich.

Bei *Unterlassung der Protokollierung* oder bei inhaltlichen Mängeln besteht grundsätzlich kein Rechtsmittel, um den Verwaltungsrat zur Rechenschaft zu ziehen. Nach der Auffassung von MAUTE[2162] wird eine Verantwortlichkeitsklage nach Art. 754 OR wegen Missachtung der Protokollvorschriften kaum von grossem Nutzen sein, sofern nicht andere Sorgfaltsverletzungen und Verantwortlichkeitsansprüche hinzukommen und dadurch ein Schaden entsteht.

Aus den gesetzlichen Bestimmungen ergibt sich keine Pflicht, das Protokoll am Schluss der Generalversammlung oder am Anfang der nächsten verlesen und genehmigen zu lassen.[2163] Daher ist es auch nicht notwendig, ein entsprechendes Traktandum vorzusehen. Wird ein Protokoll formell durch die Versammlung genehmigt, so dürfte dies die Begründungspflicht eines anfechtenden Aktionärs erhöhen. Aus diesem Blickwinkel scheint es erstrebenswert, das Protokoll möglichst umfassend zu führen (also auch die gesamte substanzielle Diskussion aufzunehmen). Die Führung eines umfassenden Protokolls ist auch im Hinblick auf Art. 702 Abs. 3 OR zu empfehlen, der das Recht der Aktionäre und Partizipanten[2164] auf Einsichtnahme in die Protokolle indirekt festlegt. In der Regel bezweckt der Aktionär mit der Einsicht in die Protokolle, sich Klarheit über bestimmte Vorkomm-

---

2159 Vgl. BÖCKLI, Aktienrecht, § 12 Rz. 192; DUBS/TRUFFER, in: Basler Kommentar, N 26 zu Art. 702 OR; FORSTMOSER/MEIER-HAYOZ/NOBEL, § 23 N 117.
2160 BÖCKLI, Aktienrecht, § 12 Rz. 194; a.A. DUBS/TUFFER, in: Basler Kommentar, N 27 zu Art. 702 OR; TANNER, in: Zürcher Kommentar, N 219 zu Art. 702 OR.
2161 BÖCKLI (Aktienrecht § 12 Rz. 196) geht von einer Erstellungsfrist von 20 Tagen nach der Versammlung aus.
2162 MAUTE, 56 f.
2163 So auch BÖCKLI, Aktienrecht, § 12 Rz. 194; DUBS/TRUFFER, in: Basler Kommentar, N 36 zu Art. 702 OR; KRNETA, N 1466. Eine gesetzliche Frist zur Erstellung des Protokolls gibt es nicht; dazu BÖCKLI, Aktienrecht, § 12 Rz. 196.
2164 Gestützt auf Art. 656d OR.

nisse in der Gesellschaft zu verschaffen. Durch umfassende Protokolle wird diesem Aktionärsrecht besser gedient. Es kann damit gegebenenfalls Anfechtungsklagen vorgebeugt werden. Für den Verwaltungsrat selbst sind ordnungsgemässe und aussagekräftige Generalversammlungsprotokolle zumindest aus beweisrechtlicher Sicht von Vorteil.[2165]

Das Protokoll der Generalversammlung gehört zu den Gesellschaftsakten. Der Verwaltungsrat ist für deren Aufbewahrung[2166] verantwortlich.

7.4 Auskunfts- und Informationspflicht

7.4.1 Auskunftspflicht des Verwaltungsrates an der Generalversammlung

An der Generalversammlung (und grundsätzlich nur dort) kann jeder Aktionär vom Verwaltungsrat mündliche Auskunft über die Angelegenheiten der Gesellschaft verlangen.[2167] Bezüglich der (auf bestimmte Themen beschränkten) Auskunftspflicht der Revisionsstelle siehe hinten Ziff. 8.5.7.2, S. 620 ff.

Die Auskunftspflicht des *Verwaltungsrates* deckt sich mit dem ausdrücklich statuierten Recht des Aktionärs nach Art. 696 OR auf Einsicht in den Geschäfts- und den Revisionsstellenbericht. Das Recht auf Einsicht geht davon aus, die Beschlussfassung über Geschäftsbericht (inkl. des Lageberichts, der Jahresrechnung, allenfalls der Konzernrechnung)[2168] und Gewinnverteilung an der Generalversammlung sei nur in Kenntnis der genannten Unterlagen möglich.

Gegenstand der mündlichen Auskunftserteilung an der Generalversammlung sind damit grundsätzlich die Informationen im Geschäftsbericht und den Berichten der Revisionsstelle, als Ergänzung zur schriftlichen Berichterstattung des Verwaltungsrates und der Revisionsstelle.

Weil die genannten Unterlagen sehr viele Bereiche der gesellschaftlichen Tätigkeit betreffen, ergibt sich ein sehr breites Spektrum von möglichen Auskunftsbegehren an der Generalversammlung. Gegenstand des Auskunftsrechts können damit praktisch sämtliche Themen (und die diesbezüglichen Dokumente) sein, die unmittelbar oder mittelbar die gegenwärtige oder künftige Geschäftstätigkeit, die wirtschaftliche und finanzielle Lage, Rechnungslegung und Risikokontrolle, die Organisation, Kapital und Kapitalveränderungen, Statuten und Reglemente oder die Rechtsstellung der Aktionäre (Vinkulierungspraxis, Umstrukturierungen) betreffen.[2169] Dasselbe gilt zumindest für sämtliche weiteren

---

[2165] Dem Protokoll kommt als Privaturkunde keine besondere Beweiskraft zu, ausser es sei öffentlich beurkundet worden, wie dies etwa beim Gründungsprotokoll der Fall ist; FORSTMOSER/MEIER-HAYOZ/NOBEL, § 23 N 119. – Das Protokoll hat jedoch Urkundencharakter im Sinn von Art. 251 StGB; BÖCKLI, Aktienrecht, § 12 Rz. 561; BGE 123 IV 137/8.

[2166] Mindestens 10 Jahre, sinnvollerweise aber ohne zeitliche Begrenzung. Vgl. dazu BÖCKLI, Aktienrecht, § 12 Rz. 197.

[2167] Art. 697 Abs. 1 OR. Der Verwaltungsrat ist nur dort auskunftspflichtig; BÖCKLI, Aktienrecht, § 12 Rz. 149. Zur Möglichkeit *ausserhalb* der GV schriftliche Auskunft zu bestimmten (eng umgrenzten) Themen zu erhalten siehe Ziff. 7.4.2, S. 509.

[2168] Siehe vorne Ziff. 3.10.1, S. 295 ff.

[2169] Vgl. BÖCKLI, Aktienrecht, § 12 Rz. 151b; MAROLDA MARTINEZ, 150 ff.; WEBER, in: Basler Kommentar, N 16 ff. zu Art. 697 OR.

Informationen, die notwendig sind, sich eine Meinung zu den an der Generalversammlung traktandierten Verhandlungsgegenstände zu bilden (z.B. Entscheide über Entlastung des Verwaltungsrates, Wahl des Verwaltungsrate und der Revisionsstelle etc.). Der Aktionär kann sein Stimmrecht an der Generalversammlung nur dann sinnvoll ausüben, wenn er über die für seine Meinungsbildung notwendigen Informationen verfügt. Auch im Hinblick auf die Anhebung von Anfechtungs- und Verantwortlichkeitsklagen sowie die Durchführung einer Sonderprüfung sind dem Aktionär besondere Auskunftsrechte zuzugestehen.[2170]

Allerdings steht das Auskunftsrecht dem Aktionär nur soweit zu, als im Hinblick auf seinen Zweck – Ausübung der Aktionärsrechte – erforderlich ist.[2171] Weil nebst der Ausübung des Stimmrechts an der GV, auch noch weitere Rechte zu den Aktionärsrechten zählen – auch das Recht zur Veräusserung der Aktien – sind diesbezügliche Fragen zum Wert einer Aktie – mindestens bei nicht kotierten Gesellschaften – nicht grundsätzlich ausgeschlossen. Weitere inhaltliche *Einschränkungen* ergeben sich dadurch, dass der Verwaltungsrat Auskünfte verweigern darf, wenn durch sie *Geschäftsgeheimnisse* oder *andere schutzwürdige Interessen der Gesellschaft* gefährdet werden.[2172] Zum schutzwürdigen Interesse der Gesellschaft zählt dabei auch der Bestand an sogenannten stillen Reserven, nicht aber Auskünfte zu deren Auflösung.

Dabei stellt sich die Frage, was unter dem «Geschäftsgeheimnis» und insbesondere unter der Bezeichnung «andere schutzwürdige Interessen der Gesellschaft» zu verstehen ist. Ganz generell lässt sich diese Frage wohl kaum beantworten, es muss vor dem Hintergrund der unternehmensspezifischen Situation durch den Verwaltungsrat entschieden werden. Dabei hat der Verwaltungsrat wohl immer eine Abwägung zwischen den Interessen der Gesellschaft an einer Geheimhaltung und den Vorteilen einer Bekanntgabe vorzunehmen. Eine umfassende Geheimhaltungspflicht kann dann wohl nur für solche Informationen statuiert werden, die beispielsweise neueste technische Entwicklungen der Gesellschaft berühren oder die strategischen Stossrichtungen betreffen. Dabei dürften insbesondere die Beantwortung von Fragen zur Produktionstechnologie, zu möglichen Produkteinnovationen, zur Marktstellung, zu Kunden etc. verweigert werden.

Das Recht zur Verweigerung einer Auskunft an den Aktionär durch den Verwaltungsrat ist dann gegeben, wenn – anhand konkreter Hinweise – eine Gefährdung der Gesellschaftsinteressen dargetan werden kann und gestützt darauf ein Schaden auch als wahrscheinlich erscheint.[2173] Dabei darf der Verwaltungsrat auch berücksichtigen, dass sich an der GV allenfalls auch Konkurrenten(-vertreter) befinden und dass grundsätzlich die Aktionäre keiner Treuepflicht (und keiner Geheimhaltungspflicht) gegenüber der Gesellschaft unterliegen. Heikel wird die Auskunftserteilung auch, wenn der Verwaltungsrat sich gegenüber Dritten zur Wahrung von Geheimnissen verpflichtet hat. Beispielsweise wird unter den Parteien oft Stillschweigen betreffend des Preises beim Erwerb/Veräus-

---

2170 Zur Ausdehnung des Auskunftsrechts im Einzelnen: BÖCKLI, Aktienrecht, § 12 Rz. 152 ff.; FORSTMOSER/MEIER-HAYOZ/NOBEL, § 40 N 166 ff.; WEBER, in: Basler Kommentar, zu Art. 697 ff.
2171 Art. 697 Abs. 2 OR.
2172 Art. 697 Abs. 2 Satz 2 OR.
2173 Vgl. BÖCKLI, Aktienrecht, § 12 Rz. 155.

serung einer Beteiligung vereinbart. Heikel wird es dabei, wenn diese Angabe jedoch gemäss Rechnungslegungsstandards in der Konzernrechnung offengelegt werden muss. [2174]

In diesem Zusammenhang erscheint es auch sinnvoll, dass der Verwaltungsrat eine Auskunftsverweigerung zu substanziieren hat. Ein allgemeiner Hinweis auf die Geheimsphäre des Unternehmens reicht nicht aus.

Empfehlung

Wird eine Auskunft oder Einsicht ungerechtfertigterweise verweigert, so kann das Gericht sie auf Antrag anordnen.[2175] Im Hinblick darauf und insbesondere angesichts einer möglichen Sonderprüfung,[2176] welche den Verwaltungsrat und die Geschäftsleitung einer Gesellschaft zeitlich stark beanspruchen und hohe Kosten verursachen könnten, sollte der Verwaltungsrat die Auskunftsbereitschaft nicht zu stark beschränken, sondern vollständig und richtig Auskunft erteilen.

Es ist anzumerken, dass bei einer Kollision der Auskunftsbegehren des Aktionärs mit den Interessen der Gesellschaft selbst der Richter den Verwaltungsrat nicht zur Erteilung der Auskunft zwingen kann. Es dürfte überdies im Allgemeinen ausreichen, wenn der Verwaltungsrat ein überwiegendes Interesse der Gesellschaft glaubhaft macht, da er bei zusätzlichen Angaben eben gerade jene Informationen preisgeben müsste, die geheim zu halten sind.

Grundsätzlich besteht auch in *Konzernverhältnissen* das Auskunftsrecht (nur) gegenüber der Gesellschaft, an welcher der anfragende Aktionär direkt beteiligt ist. Ein Recht auf Einsicht in die Jahresrechnungen und die entsprechenden Revisionsstellenberichte zu den Tochtergesellschaften stehen einem Aktionär der Muttergesellschaft nur unter bestimmten Voraussetzungen zu, beispielsweise dann, wenn sich das wesentliche unternehmerische Geschehen in einer wichtigen Tochtergesellschaft vollzieht und die Obergesellschaft keinen Konzernlagebericht (oder eine aussagekräftige Segmentberichterstattung) erstellt.[2177]

Empfehlung

Der vorausschauende Verwaltungsrat wird sich auf mögliche Fragen seitens der Aktionäre vorbereiten (dabei wird er auch allfällige Pressestimmen im Vorfeld der Generalversammlung beachten). Er wird sorgfältig im Vorfeld der GV (allenfalls unter Mithilfe der Geschäftsleitung und anderer Personen) klare Antworten vorbereiten, die konsistent zur übrigen Berichterstattung der Gesellschaft sind. Allenfalls bestimmt der Versammlungsleiter, wer allfällige Fragen beantworten soll. Eine solche Tätigkeit ist keinesfalls als freiwillige Übung zu betrachten, sondern kann eindeutig unter die Pflicht des Verwaltungsrates zur Vorbereitung der Generalversammlung nach Art. 716*a* Abs. 1 Ziff. 6 OR subsumiert werden.

2174 IFRS 3.59 ff.; In der Praxis wird diese Angabe oft vermieden, indem mehrere Transaktionen im selben Geschäftsjahr kumuliert wiedergegeben werden.
2175 Auskunfts- und Einsichtsklage gem. Art. 697 Abs. 4 OR
2176 Zur Sonderprüfung siehe nachstehend Ziff. 7.5, S. 510 ff.
2177 BÖCKLI, Aktienrecht, § 12 Rz. 159 (unter Verweisung auf das gegenteilige Urteil des Obergerichts Zürich vom 28. Juni 1967, publiziert in SAG 1973, 49). Im Einzelfall kann sich ein punktuelles Einsichtsbegehren als gerechtfertigt erweisen, der Aktionär hat die Gründe zu substanziieren und zu belegen (BGE 132 III 71 ff.). Vgl. dazu auch NÄNNI/VON DER CRONE, Auskunft und Einsicht im Konzern, SZW, 2006, 150 ff.

Gegebenenfalls wird es auch sinnvoll sein, dass der Verwaltungsrat die Aktionäre ersucht, ihre Begehren um Auskunft vorab schriftlich einzureichen. Solange die Möglichkeit der direkten Fragestellung an der Generalversammlung nicht untergraben wird, steht auch der statutarischen Bestimmung, dass Auskunftsbegehren vor der Generalversammlung schriftlich einzureichen sind, nichts entgegen.

7.4.2 Auskunfts- und Einsichtsrecht ausserhalb der Generalversammlung

Die Auskunftsrechte der Aktionäre ausserhalb der Generalversammlung sind als äusserst rudimentär zu bezeichnen. Die einzige Bestimmung, welche diesbezüglich eine Bresche schlägt – allerdings nur inhaltlich und keinesfalls auf den Gehalt der Auskunft bezogen –, ist Art. 716b Abs. 2 OR, der es den Aktionären erlaubt, auf Anfrage hin und sofern sie ein schutzwürdiges Interesse glaubhaft machen können,[2178] schriftliche Informationen über die Organisation der Geschäftsführung zu verlangen.

Da keinerlei Anforderungen an den Inhalt der diesbezüglichen Information gestellt werden, dürfte es im Allgemeinen schon ausreichen, wenn die Gesellschaft ein Organigramm zustellt. Weil damit aber das Auskunftsinteresse der Aktionäre kaum erfüllt ist, wird die genannte Bestimmung wohl toter Buchstabe bleiben.

Zu beachten gilt, dass der Aktionär auch ausserhalb der Generalversammlung sehr wohl substanzielle Interessen an zusätzlichen Informationen über die Gesellschaft haben kann. Bezüglich solcher Auskunftsbegehren steht dem Aktionär jedoch nach geltendem Recht keine Möglichkeit zu, entsprechende Informationen zu erlangen, es sei denn, der Verwaltungsrat gewähre auf freiwilliger Basis die entsprechende Auskunft, wobei strikte der Gleichbehandlungsgrundsatz aller Aktionäre zu beachten ist.

Auf freiwilliger Basis kann die Gesellschaft jedoch sehr viel unternehmen, um Eigen- und Fremdkapitalgeber, weitere interessierte Kreise und auch die Öffentlichkeit zu informieren. Die Grenze dieses Informationsrechtes sind die gleichen wie bei der Auskunftserteilung an der GV.

Eine extreme Auslegung der Geheimhaltungsinteressen durch den Verwaltungsrat und eine restriktive Informationspolitik gegenüber den Aktionären als Eigentümer der Gesellschaft scheinen als überholt. Nicht übersehen werden darf, dass Informationen heute zu den wichtigsten wirtschaftlichen Gütern zählen. Es scheint daher auch angebracht, Mittel und Wege zu finden, dieses Gut aktiv im Sinne der Gesellschaft zu nutzen. Von veröffentlichten Informationen geht heute eine grosse Publizitätswirkung aus.

Gemäss Art. 696 Abs. 3 OR steht jedem *Aktionär* (nebst der 20-tägigen Einsichtsmöglichkeit vor der Generalversammlung) zudem die Möglichkeit zu, noch während eines Jahres nach der Generalversammlung den von der Generalversammlung genehmigten Geschäftsbericht sowie den Revisionsbericht zu verlangen.

[2178] Ob sich diese Voraussetzung nur auf die Gläubiger oder auf die Gläubiger und Aktionäre bezieht, ist strittig; vgl. BÖCKLI, Aktienrecht, § 13 Rz. 847 mit Belegen. Jedenfalls besteht kein Recht auf eine Kopie des Organisationsreglements.

Eine besondere aktienrechtliche Informationspflicht kommt Gesellschaften zu, deren Aktien an der Börse *kotiert* sind oder die Anleihen und Obligationen ausstehend haben.[2179] Diese Unternehmen müssen die von der Generalversammlung abgenommene Jahresrechnung inklusive Konzernrechnung und Revisionsbericht entweder im Schweizerischen Handelsamtsblatt veröffentlichen oder jeder Person zustellen, die dies innerhalb eines Jahres seit Abnahme verlangt.[2180]

Bei allen übrigen Aktiengesellschaften können die *Gläubiger* Einsicht in die Jahresrechnung, die Konzernrechnung und die Revisionsberichte verlangen, wenn sie ein schutzwürdiges Interesse nachweisen.[2181] Über das Bestehen oder Nichtbestehen eines schutzwürdigen Interesses entscheidet im Streitfall der Richter. Hervorzuheben ist, dass der Arbeitnehmer als Lohngläubiger ebenfalls zur Einsichtnahme berechtigt ist. Allerdings ist zu beachten, dass das Einsichtsrecht in seiner engsten Ausgestaltung angesprochen ist. Der Gläubiger hat also kein Recht, Exemplare der entsprechenden Informationsträger zu erhalten, sondern er ist darauf angewiesen, sich Notizen zu machen.

7.5 Sonderprüfung

7.5.1 Wesen und Bedeutung

Opposition setzt Information voraus. Art. 697 OR gibt den Aktionären zwar die Möglichkeit in die Hand, im Rahmen der Generalversammlung vom Verwaltungsrat Auskunft über die Angelegenheiten der Gesellschaft und von der Revisionsstelle über die Durchführung und das Ergebnis ihrer Prüfung zu verlangen, jedoch nur insoweit, als dies für die Ausübung der Aktionärsrechte erforderlich ist.

In der Praxis erweisen sich diese Schwellen als relativ hoch. Damit kann in den meisten Fällen nicht an die konkret gewünschten Informationen gelangt werden. Mit dem Aktienrecht 1991 wurde das Institut der Sonderprüfung eingeführt,[2182] das der Minderheit ein schlagkräftiges – und für den Verwaltungsrat und die Gesellschaft ein sehr unangenehmes Instrument – zur Untersuchung von gesellschaftsinternen Vorgängen zur Verfügung stellt, sofern einige nachfolgend noch zu besprechende Voraussetzungen erfüllt sind.

Mit der Sonderprüfung kann eine bestimmte Mindestanzahl von Aktionären – beim Vorliegen genügender Anhaltspunkte für eine Schädigung der Gesellschaft oder der Aktionäre durch Regelverstösse des Verwaltungsrates – vom Richter verlangen, dass er einen unabhängigen Sachverständigen zur Untersuchung der Angelegenheit einsetzt. Nach Abschluss der Untersuchung erhalten die Aktionäre Kenntnis vom Bericht des Sachverständigen und sind damit besser in der Lage über das weitere Vorgehen (und namentlich über die Geltendmachung von Verantwortlichkeitsansprüchen) entscheiden.

2179 Zu den börsenrechtlichen Informationspflichten vgl. die Spezialgesetzgebung.
2180 Art. 958*e* Abs. 1 OR.
2181 Art. 958*e* Abs. 2 OR. Dazu Ziff. 3.4.3.4, S. 198 f. und Ziff. 8.1.2.3, S. 546 f.
2182 Dazu vgl. grundlegend CASUTT und die Beiträge von GASSMANN, HORBER und WEBER sowie ROTH PELLANDA, Sonderprüfung; ferner BÖCKLI, Aktienrecht, § 16 Rz. 2 ff.; FORSTMOSER/MEIER-HAYOZ/NOBEL, § 35.

Primäres *Ziel der Sonderprüfung* ist demnach die Beschaffung von Informationen/Beweisen, die den Aktionären als Grundlage dienen um zu beurteilen, ob allenfalls weitere Ansprüche (namentlich Verantwortlichkeitsklage[2183] oder Rückerstattungsklage)[2184] geltend gemacht werden können. War es früher dem Aktionär wegen fehlender Information kaum möglich, eine Verantwortlichkeitsklage zu substanziieren, so kann er seit 1991 mittels einer Sonderprüfung – in einem allerdings mit zahlreichen Hürden und Verfahrensstationen bestückten Hindernislauf – die gewünschten Fakten in Erfahrung bringen und aufgrund der Ergebnisse dieser Prüfung abschätzen, wie die Erfolgschancen einer Klage sein werden.

Die Sonderprüfung nimmt nicht das Urteil über eine spätere Verantwortlichkeitsklage vorweg, sondern dient lediglich der *Abklärung eines Sachverhaltes*.[2185] Es werden lediglich die zugrunde gelegten Fragestellungen untersucht, aufbereitet und geprüft, um insbesondere eine Abklärung der Prozessrisiken einer Verantwortlichkeitsklage durchzuführen.[2186]

Die *Bedeutung der Sonderprüfung* in der Praxis wird vorderhand noch uneinheitlich beurteilt.[2187] In den letzten Jahren ist bei nicht kotierten Gesellschaften eine zunehmende Anzahl bundesgerichtlicher Entscheide festzustellen, demgegenüber betreffen nur wenige Bundesgerichtsurteile kotierte Gesellschaften. Zahlreiche Gesuche wurden vom Richter genehmigt; in einem bekannten Fall (SAir Group; Swissair) wurde die Durchführung der Sonderprüfung sogar durch die Generalversammlung beschlossen.[2188]

Es muss aber hervorgehoben werden, dass derjenige Aktionär, welcher die notwendigen gesetzlichen Hürden überwunden hat, gegebenenfalls massiv auf die Gesellschaftsentwicklung einwirken kann.

Wenn ein Aktionär also substanzielle Interessen gegenüber der Gesellschaft wahrnehmen möchte, steht ihm mit dem Instrument der Sonderprüfung an sich ein geeignetes Mittel zur Verfügung, das allerdings zahlreiche Unabwägbarkeiten beinhaltet und recht lange dauert.

Die blosse Möglichkeit der Einleitung einer Sonderprüfung hat auch eine *generalpräventive Wirkung*.[2189] Die latente Gefahr, dass ein Minderheitsaktionär eine Sonderprüfung verlangen kann, führt dazu, dass der Verwaltungsrat angesichts der damit verbundenen grossen Umtriebe und Kosten eher bereit sein wird, Informationen aus eigenem Antrieb herauszugeben. Diese *prophylaktische Wirkung* der Sonderprüfung darf nicht unterschätzt werden. Sie dürfte –zusammen mit allgemein festzustellenden Verbesserungen in der Corporate Governance – dazu beigetragen haben, dass die Anzahl Sonderprüfun-

---

2183 Art. 754 OR (siehe vorne Ziff. 3.10.9.3, S. 332).
2184 Art. 678 OR (siehe vorne Ziff. 3.10.9.4, S. 333).
2185 Botschaft des Bundesrates zur Revision des Aktienrecht, 1990 (834).
2186 Keinesfalls aber ausschliesslich, wie dies die Botschaft des Bundesrates zur Revision des Aktienrechts 1990 (835) zu verstehen gibt.
2187 In der Praxis sind die Hürden für eine Sonderprüfung als hoch beurteilt worden. Um den Anliegen einer verbesserten Corporate Governance Rechnung zu tragen, regelt der Entwurf zur Aktienrechtsrevision (vom 21.7.2007) die Voraussetzungen daher neu und sieht eine deutliche Reduktion sowie Differenzierung der verlangten Quoren für die Einleitung einer Sonderuntersuchung (wie die Sonderprüfung künftig genannt werden soll) vor (Botschaft, Änderung Rechnungslegungsrecht 2008, S. 1674).
2188 Beschluss der GV vom 24.4.2001.
2189 Vgl. auch BÖCKLI, Neuerungen, 277.

gen bei den publizitätswirksamen, kotierten Gesellschaften eher gering blieb. Umgekehrt kann auch das Sonderprüfungsverfahren für Missbräuche benützt werden.[2190]

Ganz klar hervorzuheben ist, dass die Sonderprüfung als *Minderheitsrecht* ausgestaltet ist. Grundsätzlich kann auch ein einzelner Verwaltungsrat die Überprüfung von Geschäftsführung und Gesellschaft in Gang setzen. Dies setzt allerdings voraus, dass er eine Mehrheit in der Generalversammlung dafür gewinnen kann.

In allen anderen Fällen ist der Gang zum Richter nur möglich, wenn die in Art. 697b Abs. 1 OR enthaltenen Mindestbeteiligungen am Aktienkapital vertreten werden. Bei kleinen und mittleren Gesellschaften dürfte dabei in aller Regel die 10%-Schwelle zum Tragen kommen, bei grösseren Gesellschaften, insbesondere bei solchen mit einem Aktienkapital über 20 Millionen Franken, wird vermehrt die 2-Millionen-Schwelle massgebend sein. Zu beachten gilt, dass bei sehr grossen Gesellschaften in prozentualer Hinsicht schon eine relativ kleine Beteiligung ausreicht, um eine Sonderprüfung zu veranlassen.

7.5.2 Voraussetzungen und Verfahren

Vom Ablauf her hat der Aktionär zuerst zwingend von seinem *Auskunfts- und Einsichtsrecht an der Generalversammlung* Gebrauch zu machen.[2191] Die Sonderprüfung knüpft damit an ein thematisch entsprechendes Auskunfts- oder Einsichtsbegehren in der Generalversammlung an.[2192] Die Sonderprüfung ist ein subsidiärer Rechtsbehelf:[2193] vor einem Antrag auf eine Sonderprüfung in der Generalversammlung müssen stets die anderen Kontrollrechte (gemeint ist das Auskunftsrecht oder das Einsichtsrecht nach Art. 697 OR) ausgeschöpft sein.[2194] Für das weitere Verfahren ist es jedoch unerheblich, ob das Begehren abgewiesen oder die Auskunft oder Einsicht zwar gewährt wurde, aber den Aktionär nicht befriedigt hat.[2195] Ebenso darf sich der Initiant einer Sonderprüfung auf ein Auskunfts- oder Einsichtsbegehren eines anderen Aktionärs stützen.[2196]

Verweigert der Verwaltungsrat die Antwort auf das Auskunftsbegehren an der GV oder gibt er nur unzureichende Auskünfte, etwa mit Rücksicht auf ein vorgeschobenes Geschäftsgeheimnis, so kann der Aktionär in einem nächsten Schritt einen Antrag auf Sonderprüfung stellen.[2197] Es steht jedem Aktionär zu, der *Generalversammlung* zu beantra-

---

2190 Vgl. Böckli, Aktienrecht, § 16 Rz. 5 und das zitierte Beispiel (NZZ Nr. 223 vom 25. & 26. September 1993, 39).
2191 Vgl. dazu BGE 123 III 261 E. 3a; 133 II 133 E. 3.2.
2192 Art. 697a Abs. 1 OR: «... sofern ... und er [der Aktionär] das Recht auf Auskunft oder das Recht auf Einsicht bereits ausgeübt hat».
2193 Zur Subsidiarität der Sonderprüfung vgl. Kunz, Subsidiarität, passim.
2194 Art. 697a Abs. 1 OR. Dabei genügt die Ausübung in der Generalversammlung. Eine gerichtliche Durchsetzung des Auskunfts- oder Einsichtsanspruchs (Art. 697 Abs. 4 OR) wird hingegen nicht verlangt (BGE 133 III 133 E.3.2 S. 135).
2195 Allerdings musste der Verwaltungsrat die Möglichkeit haben, die gestellten Fragen abzuklären und zu beantworten (vgl. BGer. vom 30.7.2004, 4C.165/2004 E. 3.4).
2196 BGE 133 III 133 E. 3.2.
2197 BGE 4A_554/2011 vom 10.2.2012. Ein Verzicht auf den Antrag in der Generalversammlung widerspräche dem zentralen Gewicht, das dem Einbezug der Generalversammlung im Verfahren der Sonderprüfung zukommt (dazu Böckli, Aktienrecht, § 16 Rz. 26 und 29a ff.). So ist die Generalversammlung das Forum, an dem das vorgängig wahrzunehmende Auskunftsrecht ausgeübt wird, das schliesslich den Gegenstand der Sonderprüfung determiniert. Ferner ermöglicht die Diskussion

gen, bestimmte Sachverhalte durch eine Sonderprüfung abklären zu lassen, sofern dies zur Ausübung der Aktionärsrechte erforderlich ist.[2198]

Der Antrag ist auch ohne eine Traktandierung in der Einladung zur Generalversammlung möglich;[2199] er kann sogar erst in der Generalversammlung gestellt werden.[2200] Inhaltlich muss sich der Antrag (kumulativ):

- auf gesellschaftsinterne «Sachverhalte» beziehen (Rechts- oder Zweckmässigkeitsfragen können nicht Gegenstand einer Sonderprüfung sein,[2201] ebenso wenig Marktuntersuchungen[2202]),
- die auch «bestimmt» sind (eine Fishing Expedition ist ebenfalls unzulässig)[2203] und
- Aufschlüsse ergeben, die für die Ausübung der Aktionärsrechte (Stimmverhalten, Klagerechte, «Exit») von Bedeutung sind.[2204]

Der Verwaltungsrat ist verpflichtet, den Antrag auf Sonderprüfung in der Generalversammlung zur Abstimmung zu bringen. Den Aktionär trifft diesbezüglich eine Abstimmungsverfolgungspflicht: er muss an der Generalversammlung am Antrag festhalten und nötigenfalls auf einer Abstimmung beharren. Verweigert der Verwaltungsrat dennoch die Abstimmung darüber, so wird dies einer Abstimmung mit ablehnendem Ergebnis gleichgesetzt und öffnet den Weg zum Richter nach Art 697b OR.[2205]

Falls die Generalversammlung dem Antrag auf Sonderprüfung *zustimmt,* kann der Initiant, jeder andere Aktionär oder die Gesellschaft innert dreissig Tagen beim zuständigen Gericht die Einsetzung des Sonderprüfers beantragen.[2206] Wird der Antrag auf Sonder-

---

des Antrags auf Sonderprüfung in der Generalversammlung dem Verwaltungsrat, seinen Standpunkt in offener Debatte der Gesamtheit der versammelten Aktionäre darzulegen. *Antrag und Abstimmung darüber sind unverzichtbar,* entscheidet doch die konkrete Beschlussfassung durch die Generalversammlung, welches Verfahren zur Anwendung gelangt: dasjenige nach Art. 697*a* Abs. 2 OR bei Gutheissung, dasjenige nach Art. 697*b* OR bei Ablehnung des Antrags. *Einen direkten Weg zum Richter gibt es nicht.* Vielmehr muss der Aktionär sein Anliegen zuerst der Generalversammlung unterbreiten (WEBER, in: Basler Kommentar, N 30 zu Art. 697*a* OR; BÖCKLI, Schweizer Aktienrecht, § 16 Rz. 29; KUNZ, Der Minderheitenschutz im schweizerischen Aktienrecht, 2001, § 12 N. 67 f.).

2198 Art. 697*a* OR.
2199 Das ergibt sich aus Art. 700 Abs. 3 OR. Für einen solchen Antrag ist deshalb auch kein Quorum nach Art. 699 Abs. 3 OR erforderlich.
2200 «Überfallsartig»; BÖCKLI, § 16 N 31.
2201 Vgl. BGE 123 III 261, E. 4a; JEAN-NICOLAS DRUEY, Urteilsbesprechung, SZW 1997, 34 ff., 41; WEBER, in: Basler Kommentar, N 11, 17 zu Art. 697*a* OR.
2202 BGE 123 III 261 E. 2a.
2203 «Mögliche Verantwortlichkeitstatbestände» wäre etwa ein zu weites Feld, da kaum eine sinnvolle Abklärung dazu vorstellbar ist; das Sonderprüfungsthema wird auch durch das vorausgehende Auskunfts- oder Einsichtsbegehren abgegrenzt; BGE 120 II 393 f.
2204 Im Vordergrund steht dabei die Relevanz der abzuklärenden Sachverhalte für eine allfällige Verantwortlichkeitsklage oder für die Ausübung der Mitwirkungsrechte. Dem Gesuchsteller obliegt es, einen Zusammenhang zwischen dem von ihm anvisierten Aktionärsrechten und dem Thema der beantragten Untersuchung glaubhaft zu machen. Diese Voraussetzung ist nicht erfüllt, wenn der Initiant wegen Verjährung oder Verwirkung gar nicht mehr in der Lage ist, mit den angestrebten Informationen die angerufenen Rechte durchzusetzen (BGer. vom 6.9.2006, 4.190/2005 E. 3.2; BGer. vom 30.7.2004, 4C.165/2004 E. 5.3).
2205 BÖCKLI, Aktienrecht, § 16 Rz. 38; KUNZ, Der Minderheitenschutz im schweizerischen Aktienrecht, 2001, § 12 N. 69 f.; WEBER, in: Basler Kommentar, N 31 zu Art. 697*a* OR.
2206 Art. 697*a* Abs. 2 OR.

prüfung an der Generalversammlung abgelehnt, können Aktionäre, die zusammen mindestens 10% des Aktienkapitals oder Aktien im Nennwert von CHF 2 Mio. vertreten, innert drei Monaten an das zuständige Gericht gelangen.[2207] Ohne eine Abstimmung in der Generalversammlung ist die Einleitung einer Sonderprüfung nicht möglich.[2208]

Nach Prüfung der Anforderungen (vorgängige Geltendmachung des Auskunfts- und Einsichtsrechts durch den Aktionär, Abstimmung über Sonderprüfung an der GV) wird das *Gericht die Sonderprüfung anordnen*, wenn die Gesuchsteller glaubhaft machen können, «dass Gründer oder Organe Gesetz oder Statuten verletzt und damit die Gesellschaft oder die Aktionäre geschädigt haben».[2209] Der Sonderprüfung wird nur stattgegeben, wenn die Aktionäre bei vernünftiger Betrachtung Anlass haben konnten, an der Vollständigkeit und Richtigkeit der vom Verwaltungsrat an der Generalversammlung erteilten Auskünfte zu zweifeln. Nicht ausreichend ist der Vorwurf einer ungenügenden Performance, einer zu geringen Risikobereitschaft oder mangelnde Kenntnisse der Marktverhältnisse.[2210] Wegen der bestehenden – und gerade aufzulösenden – Informationsasymmetrie zwischen den Aktionären und den Gesellschaftsorganen dürfen an diese materielle Voraussetzungen keine hohen Anforderungen gestellt werden.[2211]

Das Gericht muss den Untersuchungsgegenstand umschreiben und den Sonderprüfer bestimmen.[2212, 2213] Das Gericht ist bei der Auswahl des Sonderprüfers frei, wobei es allerdings die Schranken der Unabhängigkeit der beigezogenen Personen zu beachten hat.

Der *Prüfungsbericht* entsteht alsdann in einem *mehrstufigen Verfahren* (Untersuchung und Erstellen des Entwurfs durch den Sonderprüfer; Anhörung der Gesellschaftsorgane; Weiterleitung des Entwurfs an das Gericht; Stellungnahme der Gesellschaft an das Gericht; Entscheidung über Änderungen durch das Gericht und nochmalige Stellungnahme der Gesuchsteller und der Gesellschaft;[2214] Verabschiedung des definitiven Berichts durch das Gericht; Vorlage des Berichts anlässlich der nächsten Generalversammlung durch den Verwaltungsrat).

7.5.3 Verhalten bei einer Sonderprüfung

Es obliegt dem Vorsitzenden,[2215] die Erfüllung der gesetzlichen Voraussetzungen zur Durchführung einer Sonderprüfung bei einem entsprechenden Antrag an die Generalver-

---

2207 Art. 697*b* Abs. 1 OR. Dieses Quorum muss im Zeitpunkt des richterlichen Entscheides über die Anordnung einer Sonderprüfung und die Einsetzung eines Sonderprüfers durch den Richter erfüllt sein (BGE 133 III 180).
2208 Urteil 4A_554/2011 vom 10. Februar 2012, publ. in SJZ 107 (2012) 337 ff.
2209 Art. 697*b* Abs. 2 OR.
2210 BGE 4A_648/2011 vom 4.4.2012.
2211 BÖCKLI, Aktienrecht, § 15 Rz. 48 und dort aufgeführte Literatur und Entscheide.
2212 Art. 697*c* Abs. 2 OR. – Dabei ist zu bedenken, dass die Sonderprüfung eine «zweckgerichtete Tatsachenforschung» (BÖCKLI, Aktienrecht, § 16 Rz. 53) und keine rechtliche Würdigung oder gar eine Zweckmässigkeitsprüfung sein soll.
2213 Art. 697*c* Abs. 2 OR.
2214 Für Einzelheiten vgl. Art. 697*d* ff. OR. sowie BÖCKLI, Aktienrecht, § 16 Rz. 61 ff. mit weiteren Hinweisen und Belegen.
2215 In der Regel also dem Präsidenten des Verwaltungsrates; vgl. dazu vorne Ziff. 7.3.4, S. 493.

sammlung zu prüfen. Sind die entsprechenden Voraussetzungen nicht gegeben, so kommt ihm zumindest eine Mitteilungspflicht zu.

Vor dem Richter, welcher die Sonderprüfung anzuordnen hat, muss der Verwaltungsrat angehört werden. Dabei geht es nur um Tatsachenfeststellungen; die Sachverhaltsdarstellung ist daher möglichst von subjektiven Eindrücken und rechtlichen Erwägungen freizuhalten.

Nachdem einem Gesuch um Sonderprüfung stattgegeben worden ist, kommt dem Verwaltungsrat grundsätzlich nur noch eine passive Rolle zu. Dem Sonderprüfer werden vom Richter Prüfungsgegenstand bzw. Prüfungsauftrag klar vorgegeben, woran er sich strikt zu halten hat. Daraus folgt, dass dem Sonderprüfer keineswegs ein uneingeschränktes Einsichts- und Auskunftsrecht zusteht;[2216] vielmehr kann er nur im Rahmen seines Prüfungsauftrages Informationen verlangen. In diesem Sinne kommt dem Verwaltungsrat die Aufgabe zu, alle von der Prüfung tangierten Stellen innerhalb des Unternehmens über den Umfang ihrer Mitteilungspflicht zu unterrichten. Gleichzeitig sollte der Verwaltungsrat aber auch darauf achten, dass der Sonderprüfer seine Befugnisse nicht überschreitet. Eine solche wäre nach vorgängiger Mahnung umgehend dem Richter mitzuteilen.

Ziel der Sonderprüfung ist die Abklärung eines bestimmten, umstrittenen Sachverhaltes innerhalb der Gesellschaft.[2217] Darüber hat der Sonderprüfer so zu berichten, dass die Aktionäre den Vorfall selbst beurteilen können bzw. dass der Richter in einem nachfolgenden Prozess über die Rechtmässigkeit des Vorgangs zu urteilen in der Lage ist. Der Sonderprüfer selbst stellt nur fest, beurteilt nicht und nimmt keine Wertungen vor.

Da dem Sonderprüfer nach Art. 697*d* Abs. 3 OR die Pflicht zukommt, die Gesellschaft zu den Ergebnissen des Berichtes vor der Weiterleitung des Berichts an den Richter anzuhören, hat der Verwaltungsrat die Möglichkeit, noch in dieser frühen Phase allenfalls eine Relativierung des Ergebnisses herbeizuführen. Art. 697e Abs. 2 OR sieht vor, dass der Richter den abgegebenen Bericht der Gesellschaft zustellt und darüber entscheidet, ob einzelne Stellen des Berichtes infolge einer möglichen Geschäftsgeheimnisverletzung oder der Verletzung anderer schutzwürdiger Interessen den Gesuchstellern nicht vorgelegt werden sollen. Dazu ist allerdings ein Begehren des Verwaltungsrates mit stichhaltiger Begründung erforderlich. Dringt der Verwaltungsrat mit seinem Begehren durch, so wird der vorgelegte Bericht bereinigt. Der bereinigte Bericht wird sowohl den Gesuchstellern als auch der Gesellschaft zugestellt; beide Seiten können dazu Stellung nehmen oder Ergänzungsfragen anbringen.

Der Verwaltungsrat hat in der nächsten Generalversammlung den Bericht samt Stellungnahmen den Aktionären im Sinne eines Orientierungstraktandums[2218] zu unterbreiten. Der Sonderprüfer muss an dieser Generalversammlung nicht teilnehmen. Jeder Aktionär kann gemäss Art. 697*f* Abs. 2 OR während eines Jahres nach Abhaltung der entsprechenden Generalversammlung eine Ausfertigung des Sonderprüferberichtes inklusive Stellungnahme verlangen.

2216 Schon gar nicht in Konzerngesellschaften: FORSTMOSER/MEIER-HAYOZ/NOBEL, § 35 N 78.
2217 So BGE 123 III 261 ff.; nach herrschender Lehre und Rechtsprechung können Ermessensentscheide der Organe sowie die Frage der Zweckmässigkeit von Geschäftsentscheiden nicht Gegenstand der Sonderprüfung sein (vgl. ROTH PELLANDA, Q 26).
2218 Vgl. BÖCKLI, Aktienrecht, § 16 Rz. 79.

7.5.4 Konsequenzen der Sonderprüfung

Obwohl Art. 697*d* Abs. 1 OR vorsieht, dass die Sonderprüfung «innert nützlicher Frist und ohne unnötige Störung des Geschäftsgangs» durchzuführen sei, dürften die vorzunehmenden Handlungen die Tätigkeit des Verwaltungsrates und der Geschäftsleitung in erheblichem Umfange beeinträchtigen. Diese haben neben dem Tagesgeschäft für die Auskunftserteilung Zeit zur Verfügung zu stellen, der Verwaltungsrat hat sich zudem mehr oder weniger laufend über die Tätigkeit des Sonderprüfers zu informieren, um bei einer Kompetenzüberschreitung sofort eingreifen zu können. Überdies dürfte die Sonderprüfung regelmässig dazu führen, dass innerhalb der Gesellschaft eine erhebliche *Verunsicherung* entsteht. Nicht zu unterschätzen sind die recht erheblichen *Kosten*, welche mit der Sonderprüfung anfallen. Selbstverständlich hängen diese vom Prüfungsumfang und von der jeweiligen Gesellschaftsgrösse ab. Daneben entstehen aber weitere Kosten, welche jene des Expertenberichtes gegebenenfalls noch übersteigen. Dazu gehören insbesondere auch die Kosten für ausgefallene Arbeitszeit von leitenden Angestellten zur Auskunftserteilung.

Zeigt das Ergebnis der Sonderprüfung, dass in der Gesellschaft keine Verstösse gegen Gesetz oder Statuten stattgefunden haben, resultieren keine direkten Konsequenzen. Hat die Untersuchung allerdings Unregelmässigkeiten ergeben, entsteht für den Verwaltungsrat ein dringender Handlungsbedarf. Wenn die Voraussetzungen einer *Verantwortlichkeitsklage* gegeben sind, wird diese wohl in der Regel durch die Aktionäre auch eingereicht, da der Prüfungsbericht die notwendigen Beweise zu liefern vermag. Sind die Unregelmässigkeiten auf der Ebene der Geschäftsleitung begangen worden, hat der Verwaltungsrat gegebenenfalls eine Umbesetzung der entsprechenden Positionen vorzunehmen. Sinn und Zweck der Sonderprüfung ist insbesondere eine Kontrolle der obersten Chargen der Unternehmensleitung. Es kann aber auch vorkommen, dass Entgleisungen unterer Organisationsstufen aufgedeckt werden. Es obliegt dem Verwaltungsrat, in solchen Fällen wiederum die entsprechenden Schritte in die Wege zu leiten, gegebenenfalls also strafrechtlich oder zivilrechtlich vorzugehen.

Sowohl in den Beratungen des National-[2219] als auch des Ständerates[2220] gab die Problematik der Kostentragung einer Sonderprüfung zu umfangreichen Diskussionen Anlass. Art. 697*g* OR bestimmt nämlich, dass der Richter, welcher dem Gesuch um Einsetzung eines Sonderprüfers entsprochen hat, sowohl den Vorschuss als auch die Kosten der Gesellschaft überbindet. Da eine solche Regelung bei mutwilliger oder unter Schädigungsabsicht erfolgter Veranlassung der Sonderprüfung zu stossenden Ergebnissen führen würde, sieht Art. 697*g* Abs. 1 Satz 2 OR vor, dass unter besonderen Umständen die Kosten ganz oder teilweise den Gesuchstellern aufzuerlegen sind. Ein vordringliches Ziel dieser Regelung ist es offensichtlich, das Kostenrisiko für die Gesuchsteller möglichst tief zu halten, um allfällige Sonderprüfungsbegehren nicht schon im Keim zu ersticken. Auf der anderen Seite soll aber das Instrument der Sonderprüfung nicht dazu benutzt werden können, den ordentlichen Geschäftsgang und die Tätigkeiten des Verwaltungsrates mutwillig zu behindern. Das bestehende Risiko der Überwälzung sämtlicher Kosten auf die Gesuchsteller dürfte diesbezüglich ein hinreichendes Abschreckungsmittel sein.

2219 Amtliches Bulletin Nationalrat, 1985, 1770 ff.
2220 Amtliches Bulletin Ständerat, 1988, 506.

Sofern die Generalversammlung der Sonderprüfung zugestimmt hat, werden die dabei entstehenden Kosten durch die Gesellschaft getragen,[2221] unabhängig vom Resultat der Sonderprüfung.

7.6 Verhalten bei Übernahmen

7.6.1 Motive für Übernahmen

Übernahmen ganzer Unternehmen in einzelnen Branchen und Wirtschaftszweigen, manchmal auch in weiteren Teilen der Wirtschaft, sind auf verschiedene Ursachen (Innovationen, Strukturveränderungen, die Globalisierung und Regulierung etc.) zurückzuführen. In vielen Branchen bestehen Überkapazitäten und die einzelnen Unternehmen versuchen, ihre Wettbewerbsstellung durch Kostenführerschaft und Erlangung von Marktmacht zu stärken. Oft zwingen die hohen Forschungs- und Entwicklungskosten (z.B. Pharma-Branche, IT-Branche) oder die hohe Kapitalbindung (z.B. Flugzeug- und Automobilindustrie, Nahrungsmittelbranche etc.) zu Konzentrationen und sind das Motiv von Unternehmenstransaktionen, Übernahmen und Fusionen.[2222] Nicht selten ist auch ein Unternehmen oder dessen Management – aus verschiedensten Gründen – nicht mehr in der Lage, sich aus eigener Kraft zu wandeln, um den neuen Anforderungen zu genügen. Auch dies kann den Anlass für eine Übernahme, eine Fusion, eine Restrukturierung etc. darstellen.

In der Geschichte hat es immer wieder Epochen mit Häufungen (Wellen) von solchen Übernahmen und Fusionen gegeben.[2223]

Bei *privaten, nicht börsenkotierten* Unternehmen kennen sich die involvierten Parteien (auf Käufer- bzw. Verkäuferseite) oft aufgrund diverser Geschäftskontakte und Marktbeobachtungen. In der Praxis beauftragen kaufwillige Unternehmen oft spezialisierte Vermittler mit der Suche nach möglichen Übernahmeobjekten. Andererseits werden Unternehmen, die zum Verkauf stehen, i.d.R. über einen spezialisierten Vermittler einem kaufwilligen Unternehmen angeboten.

Bei *börsenkotierten* Gesellschaften ist der Kauf und Verkauf von Unternehmen in der Schweiz im (öffentlich-rechtlichen) Börsen- und Effektenhandelsgesetz geregelt.[2224] Bei börsenkotierten Gesellschaften sind freundliche *(friendly takeover)* oder unfreundliche Übernahmen *(hostile takeover)* bzw. Übernahmeversuche möglich, wobei manchmal auch unklare Zwischensituationen entstehen.

Übernahmesituationen stellen v.a. den Verwaltungsrat der Zielgesellschaft vor besondere Herausforderungen. Der Machtwechsel (Änderung der Beherrschungsstruktur) ist ein nach Schweizer Recht grundsätzlich legitimer Vorgang. Er stellt geradezu einen Ausfluss des wohl wichtigsten aktienrechtlichen Fundamentes dar: Die Kontrolle der Aktiengesellschaft wird durch das Stimmrecht in der Generalversammlung determiniert. Ein Verbot von Unternehmensübernahmen würde an den Grundfesten des Aktienrechtes rüt-

---

2221 Art. 697g Abs. 2 OR.
2222 Dazu eingehend VOLKART, Corporate Finance, 1063 ff.
2223 VOLKART, Corporate Finance, 1088 ff.
2224 Dazu ausführlich WATTER, Unternehmensübernahmen.

teln; entsprechend muss das Aktienrecht darauf gerichtete Massnahmen und Vorkehren grundsätzlich zulassen, aber dafür sorgen, dass Übernahmen in einer Art und Weise ablaufen, die aktienrechtlichen Grundsätzen entspricht, Rechtspositionen der Beteiligten wahrt und schützt und negative Auswirkungen auf den Kapitalmarkt verhindert.

7.6.2 Interessenkonflikte

Liegt ein Übernahmeangebot vor, sieht sich der Verwaltungsrat im Konflikt, einerseits die *Interessen der Gesellschaft* wahren und andererseits die *Interessen der Aktionäre* vertreten zu müssen.[2225] Zweifelsohne gilt das primäre Interesse der Aktionäre einer Steigerung des Vermögens, was einerseits durch Dividenden und andererseits durch Erhöhung des Aktienwertes geschehen kann. Übernahmeangebote sind in einem grossen Ausmass dazu geeignet, den Aktienwert zu steigern, da das Übernahmeangebot zwangsläufig über den gegenwärtigen Kursen liegen wird. Es liegt aber auch im Interesse der Gesellschaft, einen möglichst hohen Unternehmenswert zu erreichen; man denke nur etwa an die Möglichkeit zur Beschaffung von Fremdkapital. In den meisten Fällen dürften daher die Interessen der Gesellschaft und jene der Aktionäre parallel verlaufen.

Auch die Vorbehalte betreffend die Interessen von Arbeitnehmern sind nicht durchwegs stichhaltig. Selbst bei einer Unternehmensübernahme mit nachfolgendem Asset-Stripping kann es vorkommen, dass die Arbeitnehmerinteressen besser gewahrt werden als bei einer Weiterführung des Unternehmens im bisherigen Umfang. Befindet sich das Unternehmen nämlich in einer Krisensituation und kann eine Weiterführung nur durch die Stilllegung oder den Verkauf von nicht betriebsnotwendigen Teilen des Unternehmens erreicht werden, so ist dieses Vorgehen allemal besser als eine unveränderte Weiterführung, welche über längere Sicht zu einer Liquidation der Gesellschaft und Entlassung sämtlicher Arbeitnehmer führen würde.

Es zeigt sich somit, dass der Interessenkonflikt des Verwaltungsrates im Übernahmekampf hauptsächlich darin besteht, dass er seine *persönlichen Interessen* nicht mit denjenigen der Aktionäre in Einklang bringen kann. Fast zwangsläufig ist eine durchgeführte und gewonnene «Übernahmeschlacht» damit verbunden, dass bestehende Verwaltungsräte ihre Sitze zu räumen haben. Dass dies meistens nicht im Sinn der betroffenen Verwaltungsräte ist, liegt auf der Hand. Diese «Verharmlosung» von Unternehmensübernahmen muss allerdings dort ihre Grenzen finden, wo substanzielle Interessen der Aktionäre oder der Gesellschaft gefährdet sind, insbesondere wenn die Übernahme mit einer massiven Zunahme der Verschuldung verbunden ist.

Tatsächliche und mögliche Interessenkonflikte sind in der Stellungnahme des Verwaltungsrats[2226] offenzulegen. Die betroffenen VR-Mitglieder haben in den Ausstand zu treten.[2227]

2225 Vgl. zum Ganzen BÖCKLI, Aktienrecht, § 7 Rz. 173 f., die Monografien von WATTER, KUY UND STEINMANN, sowie allgemein zu Interessenkonflikten LAZOPULOS, 139 ff.
2226 Zu diesem Bericht vgl. BÖCKLI, Aktienrecht, § 7 Rz. 164 ff.
2227 BÖCKLI, Aktienrecht, § 7 Rz. 137b. Ist der Anbieter bereits Mehrheitsaktionär, geltend grundsätzlich alle Verwaltungsräte als in Konflikt; BÖCKLI, Aktienrecht, § 7 Anm. 423. Gegebenenfalls muss der Verwaltungsrat eine Sonderversammlung – bestehend aus den nicht in Konflikt stehenden Verwaltungsräten – bilden, der über den Bericht und alle weiteren Gegenstände im Zusammenhang mit dem Angebotsverfahren beschliesst. Siehe hinten Ziff. 7.6.4.3, S. 524.

7.6.3 Übernahmerecht bei kotierten Gesellschaften

7.6.3.1 Gesetzliche Grundlagen

Kotierte Gesellschaften unterliegen grundsätzliche dem *Aktienrecht,* wie alle übrigen Aktiengesellschaften. Das Aktienrecht und das neuen Rechnungslegungsrecht kennt aber über 40 Bestimmungen im Aktienrecht, die nur für die kotierten Gesellschaften gelten[2228].

Neben diesen speziell für kotierte Gesellschaften geltenden Bestimmungen des Aktien- und Rechnungslegungsrecht haben die kotierten Gesellschaften auch das *Börsen- und Effektenhandelsgesetz* (BEHG)[2229] zu beachten. Das BEHG enthält insbesondere Bestimmungen:
- für die Kotierung (Voraussetzungen, Mindestkapitalisierung, Free Float, Kotierungsprospekt, Kotierungsgesuch des Verwaltungsrates des Emittenten, Kotierung) und Dekotierung;
- zur ständigen Beachtung während der Kotierung[2230] (Aufrechterhaltung der Kotierungsvorschriften, Einhaltung der Rechnungslegungsstandards[2231], Offenlegung zur Corporate Governance[2232], Zwischenberichterstattung,[2233] Offenlegung der Vergütungen[2234], Meldepflichten bei Schwellenwertüberschreitungen von bedeutenden Aktionären[2235], Ad-hoc-Publizität,[2236] Meldung von Management-Transaktionen, interne Massnahmen gegen Insiderdelikte[2237]);

2228 Zu den Sonderbestimmungen für kotierte Gesellschaften im Aktienrecht zählen namentlich: die Prospektpflicht (Art. 652*a* OR); die Bestimmungen zum Ausschluss des Bezugsrechts (Art. 652*b* OR); die Bestimmungen betr. kotierte vinkulierte Namenaktien (Art. 685*d*–685*g* OR); die Regelung der institutionellen Stimmrechtsvertretung (Art. 689c–698e OR); die Bestimmungen im neuen Rechnungslegungsrecht (Art. 958e OR betr. Offenlegung und Einsichtnahme; Art. 962 OR betr. Pflicht zur Erstellung eines Abschlusses nach anerkannten Standards zur Rechnungslegung; Art. 963 betr. Pflicht zur Erstellung einer Konzernrechnung nach anerkannten Standard zur Rechnungslegung), die Offenlegungsvorschriften von Art. 663*b*^bis und Art. 663c OR (betr. Vergütungen – faktisch ersetzt durch die VegüV – und Beteiligungen). Daneben zählt BÖCKLI (Aktienrecht, § 7, Rz. 3) mindestens 200 Bestimmungen, in denen gleiches Recht gilt – für kotierte wie nicht kotierte Gesellschaften.
2229 BEHG (vom 24. März 1995); in Kraft gesetzt in 2 Schritten: 1.2.1997 und 1.1.1998.
2230 Eingehend BÖCKLI, § 7 Rz. 23 ff.
2231 Gemäss Bestimmungen der jeweiligen Börse (verschieden je nach Standard [früher Segment]: Main Standard, Domestic Standard, Immobiliengesellschaften, Investment-Gesellschaften, Emittenten von Anleihen).
2232 Gemäss Börsenrichtlinien – RLCG vom 17.4. 2002.
2233 Verlangt ist mindestens eine semesterweise (reduzierte) Zwischenberichterstattung gem. den separaten Erfordernissen des jeweiligen Rechnungslegungsstandards (IFRS 34; Swiss GAAP 12).
2234 Berichterstattung im Vergütungsbericht gemäss Art. 13 ff. VegüV.
2235 Gemäss Art. 20 Abs. 1 BEHG müssen Marktteilnehmer (Aktionäre) – zur Vermeidung von heimlichen Aufkäufen – jeweils offenlegen, wenn sie Meldeschwellen (von 3, 5, 10, 15, 20, 25, 33,3, 50 und 66,6 Prozent) der Stimmrechte einer kotierten Gesellschaft überschreiten bzw. unterschreiten. Dazu sind die Gesellschaften gehalten, eine Meldestelle einzurichten, welche die ihr zugetragenen Meldungen rasch weiterleitet (via elektronische Melde- und Veröffentlichungsplattform). Dazu BÖCKLI, § 7 Rz. 51 ff. und die dort zitierte umfangreiche Literatur insbesondere auch zur Gruppenbildung (Rz. 69) und zur Behandlung von eigenen Aktien.(Rz. 78).
2236 Damit die zeitkritischen Erfordernisse der Ad-hoc-Publizität von einer Gesellschaft eingehalten werden können, ist in der Praxis eine Delegation der Bekanntgabepflicht an eine oder zwei Personen (VRP und CFO) zu empfehlen.
2237 Dazu gehören interne Bestimmungen (Schweigepflicht [zum Geschäftsverlauf und insbesondere zum erwarteten Ergebnis]; Verbot der Vornahme von Kauf-/Verkaufstransaktionen durch Mitglieder des VR und der GL u.a. während bestimmten Sperrfristen; Bestimmungen über das Verhalten etc.).

- zum Verhalten in einem Übernahmeverfahren (inkl. Squeeze-out); siehe nachstehend *Übernahmerecht*.
- zu den übernahmerechtliche Angebotspflichten.

7.6.3.2 Übernahmerecht

Aufgrund verschiedener Vorkommnisse auf dem Kapitalmarkt wurde 1995 die bis dahin geltende Selbstregulierung (Übernahmekodex) als 2. Teilbereich in das neue BEHG überführt. Damals wurde auch die Übernahmekommission als ausserhalb der Bundesverwaltung stehende Fachgruppe eingeführt.

Das öffentliche Übernahmerecht der Schweiz ist in den Art. 22 bis 33d des Bundesgesetzes über die Börsen und den Effektenhandel (Börsengesetz, «BEHG»), in der Verordnung über die Börsen und den Effektenhandel (Börsenverordnung, «BEHV») sowie je in einer Verordnung der Eidgenössischen Finanzmarktaufsicht (Börsenverordnung-FINMA, «BEHV-FINMA») und der Übernahmekommission (Übernahmeverordnung, «UEV») geregelt.

a) Ziel der Regelung

In den Anwendungsbereich der übernahmerechtlichen Regeln des BEHG und dessen Ausführungsbestimmungen fallen alle öffentlichen Übernahmeangebote für Beteiligungen an Gesellschaften *mit Sitz in der Schweiz, deren Beteiligungspapiere ganz oder teilweise in der Schweiz kotiert sind* oder Gesellschaften *mit Sitz im Ausland, deren Beteiligungspapiere ganz oder teilweise in der Schweiz hauptkotiert sind* (Art. 22 Abs. 1 BEHG).

Die gesetzliche Regelung verfolgt primär das Ziel, den Schweizer Markt für Unternehmenskontrolle (den Kauf/Verkauf von börsenkotierten Unternehmen in der Schweiz) in geordnete Bahnen zu lenken und im Interesse der Anleger für faire und transparente Übernahmebedingungen sowie für ein faires Verfahren zu sorgen. Die Regeln zielen darauf ab, dass sowohl der übernahmewillige Anbieter, wie die – nicht selten auf Machterhalt bedachten – Leitungsorgane der Zielgesellschaft – und schliesslich die auf die Bühne tretenden konkurrierenden Bieter, die «weissen Ritter und übrigen Komparsen» des dramatischen Geschehens – sich an die Regeln der *Lauterkeit (Fairness),* der *Transparenz* und der *Gleichbehandlung* halten.[2238]

Es geht um ein möglichst ebenes Spielfeld *(level playing field)*[2239], um der Versteigerung des Gutes «Unternehmenskontrolle» unter transparenten Bedingungen möglichst effizient und fair über die Bühne gehen zu lassen. Die Entscheidungsfreiheit der Investoren soll weitgehend gewährleistet werden. Es geht vor allem um die Verhinderung von Verzerrungen, Entgleisungen und Missbräuchen, wobei nebst den Angreifern *(Raidern)* auch die Verteidiger, Leitungsorgane der Zielgesellschaften im Visier stehen.[2240]

2238 BÖCKLI, § 7 Rz. 136 ff.
2239 Dazu eingehend VON DER CRONE, Übernahmerecht, N 917 ff.
2240 BÖCKLI, Aktienrecht, § 7 Rz. 138.

b) Die wesentlichsten Regelungen aus Sicht der Zielgesellschaft

Es geht hier vor allem um die Auswirkungen eines Angebotsverfahrens auf die *Zielgesellschaft* und dabei namentlich um die Rolle des Verwaltungsrates. Eine umfassende Behandlung des Übergangsrechts im Börsengesetz würde den Rahmen dieses Buches sprengen. Es wird auf die umfangreiche Literatur zum Übernahmerecht verwiesen.

Die Zielgesellschaft wird wie folgt betroffen:[2241]

1. Verschärfte Meldepflichten
2. Ad-hoc-Publizität
3. Gebote und Verbote für den Verwaltungsrat
4. Aktualisierte Pflicht zur Fairness und Gleichbehandlung der Aktionäre und des Anbieters
5. Pflicht zur Ausrichtung auf die Aktionärsinteressen
6. Kraftloserklärung der restlichen Beteiligungspapiere
7. Pflicht zur Unterbreitung eines Angebots.

7.6.4 Pflichten des Verwaltungsrates bei kotierter Zielgesellschaft

7.6.4.1 Langfristige Vorkehrungen

a) Abstimmung mit der Unternehmensstrategie

Die Oberleitung der Gesellschaft zählt zu den unentziehbaren und unübertragbaren Aufgaben des Verwaltungsrats (VR) einer Schweizer Aktiengesellschaft (Art. 716a OR). Im Rahmen der Strategieplanung hat der Verwaltungsrat zu prüfen, ob, wie und mit welchen Mitteln die Gesellschaft ihre Ziele am besten erreichen kann. Dazu gehört auch die periodische Beurteilung, ob die angestrebten Ziele als selbständige Gesellschaft oder allenfalls in einer strategischen Zusammenarbeit mit einem/mehreren anderen Unternehmen erfolgen soll. Dabei analysiert der Verwaltungsrat auch, ob alle Teile der Gesellschaft zur Zielerreichung wirklich notwendig sind oder nicht besser allenfalls an Dritte verkauft werden sollten. Zur Oberleitung gehört auch, sich Überlegungen zu machen, wie sich die Gesellschaft und der Verwaltungsrat verhalten soll, falls sie mit einer möglichen Anfrage eines anderen Unternehmens konfrontiert werden, und ob sich zusätzliche Massnahmen aufdrängen, um die Erreichung der Unternehmensstrategie zu sichern.

b) Präventive Vorkehrungen

Obwohl das Eintreffen eines Übernahmeangebotes für eine Gesellschaft vermutlich eine eher seltene Situation darstellt, entspricht es guter Unternehmensführung, wenn der Verwaltungsrat für diesen Fall vorausschauende Vorkehrungen trifft, um gerüstet zu sein, wenn es gilt, unter Zeitdruck für die Zukunft der Gesellschaft eminent wichtige Entscheide zu äusserst komplexen Fragestellungen treffen zu können. Solche Vorkehrungen in der Zeit vor einem Angebot betreffen namentlich Fragen zur aktien- und börsenrechtlichen Gleichbehandlung der Aktionäre, zu Statutenbestimmungen, den internen Infor-

---

2241 BÖCKLI, § 7 Rz. 143 ff.

mationsprozessen und Entscheidungswegen, zur Früherkennung von Übernahmerisiken, zum Umgang mit Insiderwissen und allenfalls zur Ad-hoc-Publizität.

Bereits vor Vorliegen eines Übernahmeangebots empfiehlt es sich für den VR, etwa die folgenden vorbereitenden Massnahmen zu treffen:[2242]

- **Festlegung der internen Entscheidungswege für den Fall eines möglichen Übernahmeangebots:**
  Dazu gehört insbesondere eine klare Regelung der Kompetenzen zwischen Verwaltungsrat und Geschäftsleitung, aber auch innerhalb dieser Gremien selbst. Die durch das operative Geschäft bereits geforderte Geschäftsleitung wird zusätzlich bei einem Übernahmeangebot stark beansprucht werden. Auch beim Verwaltungsrat (und insbesondere dessen Präsidenten) stellt sich die Frage der hohen zeitlichen Beanspruchung und jederzeitigen Verfügbarkeit.

- **Investor Relations und Frühwarnsystem:**
  Zur Reduktion der Überraschungseffekte eines Angebots können intensive Kontakte und Informationsaustausch mit Analysten, Investoren, Konkurrenten, etc. sowie regelmässige Marktbeobachtung und Marktanalyse beitragen.

- **Selektion von und Koordination mit externen Spezialisten:**
  Ohne die Unterstützung externer Spezialisten (M&A-Berater, Investmentbanken, Anwaltskanzleien und Revisionsgesellschaften, Investor-Relations- bzw. Unternehmenskommunikations-Agenturen etc.) wird ein Unternehmen in aller Regel diese Phase kaum bewältigen können. Angesichts der komplexen Fragestellungen und des Zeitdrucks ist es von grossem Vorteil, auf bereits bestehende Kontakte (und gemeinsame positive Erfahrungen) mit solchen Spezialisten aufbauen zu können, und diese nicht erst noch selektionieren zu müssen.

- **Beurteilung statutarischer und anderer Abwehrmassnahmen:**
  Allfällige Anpassung der Statuten und Vorbereitung von möglichen Abwehrmassnahmen.

- **Überprüfung der Arbeitsverträge des Managements:**
  Der Verwaltungsrat prüft im Rahmen seiner Compliance-Aufgabe, ob die bestehenden Verträge mit der Geschäftsleitung und den wichtigen Mitarbeitern auch aktienrechtlichen und börsenrechtlichen Erfordernissen genügen (Kontrollwechselklauseln, Abgangsentschädigung, Sorgfalts- und Treuepflicht etc.).

- **Verhaltensregeln bei Interessenkonflikten:**
  Zur Vermeidung möglicher Interessenkonflikte sind Interessen der Mitglieder des Verwaltungsrates offenzulegen und periodisch neu zu beurteilen. Es sind Regelungen zu installieren, dass mögliche Interessenkonflikte (nebst Unabhängigkeitsfragen auch mögliche Befangenheiten wegen Streitigkeiten etc.) gemeldet werden. Es sind Ausstandsregelungen, Massnahmen zum Umgang mit Insiderinformationen, allenfalls die Bildung von unabhängigen Sonderkomitees, die Einholung einer Fairness Opinion von unabhängiger Seite etc. vorzusehen.[2243]

[2242] SCHELLENBERG/WITTMER (Hrsg.), Übernahmeangebot aus Sicht des Anbieters, in Newsletter vom März 2007, Zürich/Genf 2007.

[2243] Diese Massnahmen müssen im Bericht des VR zum Übernahmeangebot offengelegt werden können. (Art. 31 Abs. 3 UEV).

- **Weiterbildung des VR bezüglich Übernahmesituationen:**
  Angesichts des richtigen Verhaltens in dieser wichtigen Phase empfiehlt es sich, dass sich der Verwaltungsrat im Voraus mit der *Mechanik von Übernahmen* befasst und sich mit wesentlichen Handlungsmöglichkeiten vertraut macht.
- **Identifikation potenzieller weissen Ritter:**
  Bereits lange vor Eintreffen eines Angebots ist es allenfalls sinnvoll (jedenfalls nicht verboten), sich nach einem möglichen genehmen Anbieter umzusehen, der im Fall eines feindlichen Übernahmeversuches grundsätzlich bereit und in der Lage wäre, ein konkurrenzierendes Angebot (als Alternative zum abgelehnten Angebot) zu unterbreiten.

7.6.4.2 Sofortmassnahmen

Liegt ein öffentliches Kaufangebot im Sinne von Art. 22 BEHG vor (mit vom Anbieter zu verantwortenden Angebotsprospekt, der von einer Prüfstelle geprüft worden ist), so hat der Verwaltungsrat der Zielgesellschaft *rasch* zu reagieren.

Er muss binnen weniger Tage einen Grundsatzentschied fällen, wie auf das Angebot reagiert werden soll (Annahme, Abwehr, Neutralität). Ein Entscheid, der für das weitere Schicksal der Gesellschaft tiefgreifende Folgen zeitigen kann und daher gut überlegt sein soll, weil ein nachträgliches Ändern des Entscheids nur mehr bedingt möglich wäre und die Glaubwürdigkeit des Verwaltungsrates beeinträchtigen würde. In dieser Situation kommt insbesondere dem Verwaltungsratspräsidenten eine wichtige Rolle zu, weil er die Agenda festsetzt.

Aufgrund seiner Treue- und Sorgfaltspflichten hat der Verwaltungsrat sich bei seinem strategischen Entscheid primär an den Gesellschaftsinteressen[2244] zu orientieren, wie sie in der Unternehmensstrategie ihren Ausdruck finden. Die Unternehmensstrategie bildet insofern den eigentlichen Beurteilungsmassstab für das konkrete Übernahmeangebot. Nach Vorliegen eines konkreten Übernahmeangebotes hat der Verwaltungsrat aber auch die Optimierung des Angebotes und des Übernahmepreises in Wahrung der Interessen der Aktionäre angemessen zu berücksichtigen.[2245]

Der Verwaltungsrat und die Geschäftsleitung haben das Angebot umgehend zu analysieren, ob es im Interesse der Gesellschaft liegt (siehe Motive). Die Interessen der Mitglieder des Verwaltungsrates haben dabei zurückzustehen. Nebst den betriebswirtschaftlichen Überlegungen steht freilich die Frage im Vordergrund, ob der offerierte Preis (im Vergleich zum Kurswert, im Vergleich zu Alternativen und im Hinblick auf das Potenzial) angemessen ist. Dabei muss er sich bewusst sein, dass das Börsengesetz (BEHG) wesentlich in die aktienrechtliche Ordnung eingreift und die Kompetenzen von Art. 716a OR wesentlich einschränkt.[2246]

2244 Weit verbreitet ist die Ansicht, dass im Gesellschaftsinteresse liegt, was der dauernden Sicherung der Existenz und dem langfristigen Gedeihen des Unternehmens dient.
2245 SCHELLENBERG/WITTWER RECHTSANWÄLTE (Hrsg.), Übernahmeangebot aus Sicht des Anbieters, in Newsletter vom März 2007, Zürich/Genf 2007.
2246 BAUEN/VENTURI, N 1250 ff.

7.6.4.3 Schriftliche Stellungnahme zum Angebot

Der Verwaltungsrat ist gemäss Art. 30 ff. UEV[2247] verpflichtet, den eigenen Aktionären (inkl. den Besitzern anderer Beteiligungspapiere) und den Marktteilnehmern einen Bericht (schriftliche Stellungnahme zum Angebot) abzugeben. Der Bericht ist spätestens am 15. Börsentag nach der elektronischen Veröffentlichung des Angebotsprospekts in den gleichen Zeitungen wie das Angebot zu veröffentlichen.[2248] Die veröffentlichten Informationen im Bericht müssen wahr und vollständig sein.[2249]

a) Stellungnahme zu den Angaben im Angebotsprospekt

Dieser Bericht des Verwaltungsrates der Zielgesellschaft hat alle Informationen zu enthalten, die notwendig sind, damit die Empfänger des Angebotes ihre Entscheidung in Kenntnis der Sachlage treffen können. Er erläutert insbesondere die Auswirkungen des Angebotes auf die Zielgesellschaft und ihre Beteiligten.

Sofern der Bericht konkrete Angaben über zu erwartende Ergebnisse der Zielgesellschaft enthält, hat der Verwaltungsrat darzulegen, auf welchen Grundlagen diese Angaben beruhen und die wesentlichen Annahmen für die Prognosen darzulegen. Damit die Empfänger ihren Entscheid in Kenntnisse der Sachlage treffen können, geht der Verwaltungsrat in seinem Bericht auch – mindestens in knapper Form – auf die im Angebotsprospekt aufgeführten Informationen und die Absichten der Anbieter ein. Im Bericht kann (und sollte grundsätzlich) der Verwaltungsrat empfehlen, das Angebot anzunehmen[2250] oder es zurückzuweisen[2251]; der Verwaltungsrat kann aber auch eine neutrale Haltung einnehmen und lediglich die Vor- und Nachteile des Angebotes darlegen, ohne eine Empfehlung abzugeben.[2252] Die Stellungnahme ist im Bericht klar zu begründen (inkl. Offenlegung aller wesentlichen Elemente, welche die Stellungnahme beeinflusst haben, sowie des Abstimmungsverhältnis im Verwaltungsrat).

Bei seiner Empfehlung stützt sich der Verwaltungsrat oft auf ein Gutachten, das er bei einem unabhängigen Dritten[2253] eingeholt hat (Fairness Opinion). Wenn sich der Verwal-

---

2247 Verordnung der Übernahmekommission über öffentliche Kaufangebote (Übernahmeverordnung, UEV) vom 21. August 2008 (Stand am 1. Mai 2013), genehmigt von der EBK am 24.9.2008, gestützt auf die Artikel 23, 28, 29 Absatz 3, 30 Absatz 2, 31 Absätze 3 und 5, 32 Absatz 2 und 33a des Börsengesetzes vom 24. März 19952 (BEHG).
2248 Anstelle des vollständigen Berichtes kann gem. Art. 33 UEV (Fassung vom 28. Jan. 2013, von der FINMA genehmigt am 25. Februar 2013 und in Kraft seit 1. Mai 2013) auch ein verkürzter Bericht – in den gleichen Zeitungen wie das Angebot – veröffentlicht werden. Darin sind offenzulegen: Firma und Sitz des Anbieters und der Zielgesellschaft; Entscheid des Verwaltungsrates; Hinweis auf Internetadresse (mit kostenlosen Zugang zum vollständigen Bericht).
2249 Gem. Art. 31 Abs. 3 UEV können mit Zustimmung der Übernahmekommission allerdings einzelne Informationen im Bericht des Verwaltungsrates weggelassen werden. Allerdings hat dann die gesetzliche Revisionsstelle der Zielgesellschaft darzulegen, dass dies durch offensichtlich überwiegende Gesellschaftsinteressen, die konkret zu bezeichnen sind, gerechtfertigt ist.
2250 In diesem Falle sind die wesentlichen Punkte von allfällig abgeschlossenen Transaktionsvereinbarungen im Bericht offenzulegen.
2251 In diesem Fall legt der Verwaltungsrat offen, welche Abwehrmassnahmen er zu ergreifen beabsichtigt bzw. bereits ergriffen hat. Er hat auch die Beschlüsse der ausserordentlichen Generalversammlung, welche in Anwendung von Artikel 29 Abs. 2 BEHG gefasst wurden, bekannt zu machen.
2252 Art. 30 Abs.3 und 4 UEV.
2253 Der unabhängige Dritte hat die in Art. 25 Abs. 1 BEHG aufgestellten Anforderungen für die Prüfstelle zu erfüllen.

tungsrat auf eine Beurteilung Dritter (Fairness Opinion) stützt, so ist diese integrierender Bestandteil des Berichtes. Die Bewertungsgrundlagen, die Bewertungsmethode und die angewandten Parameter sind offenzulegen.

b) **Stellungnahme zu den Absichten der bedeutenden Aktionäre.**

Falls der Verwaltungsrat Kenntnis der Absichten der Aktionäre hat, die mehr als 3% der Stimmrechte besitzen, so sind diese im Bericht auch bekannt zu machen.[2254]

c) **Angabe von Abwehrmassnahmen**

Falls der Verwaltungsrat Abwehrmassnahmen[2255] einzuleiten gedenkt, so müssen diese der Übernahmekommission gemeldet und im Bericht offengelegt werden.

d) **Angabe von Interessenkonflikten von Mitgliedern des Verwaltungsrates und der Geschäftsleitung**

Die Mitglieder des Verwaltungsrates und allenfalls auch Mitlieder der Geschäftsleitung sind nicht selten bei Übernahmetransaktionen in Interessenkonflikte verstrickt. In seinem Bericht hat der Verwaltungsrat auf allfällige bestehende oder potenzielle Interessenkonflikte seiner Mitglieder oder der obersten Geschäftsleitung hinzuweisen.[2256] Dazu muss der Verwaltungsrat präzise Angaben machen. Auch weist er auf die Folgen hin, welche das Angebot für die einzelnen Mitglieder des Verwaltungsrates und der obersten Geschäftsleitung hat (insbesondere in Bezug auf ihre Entschädigung bei Weiterführung oder Aufgabe ihrer Tätigkeit). Dazu gehören insbesondere auch Angaben über die Weiterführung/Beendigung des Verwaltungsratsmandates und der Arbeitsverträge der Geschäftsleitung (allfällige Änderungen in den Konditionen, Abgangsentschädigungen, vorgezogenen Ausübbarkeit von Aktienoptionen etc.). Diese Angaben sind für jede betroffene Organperson individuell zu machen.

Bei Vorliegen von Interessenkonflikten soll der Bericht Rechenschaft ablegen über die Massnahmen, welche die Zielgesellschaft ergriffen hat bzw. zu treffen beabsichtigt, damit den Empfänger des Angebots aus dem Interessenkonflikt keine Nachteile erwachsen.[2257] Dazu gehört namentlich, dass die betroffenen Mitglieder bei der Beratung und Beschlussfassung in den Ausstand treten, dass Sonderausschüsse gebildet werden (bestehend aus nicht betroffenen neutralen Mitgliedern etc.). Aus börsenrechtlichen Gründen werden

---

2254 Art. 31 Abs. 1 UEV.
2255 Siehe hinten Ziff. 7.6.4.8., S. 532 ff.
2256 Insbesondere erwähnt er, ob einzelne Mitglieder des Verwaltungsrates a) mit dem Anbieter Vereinbarungen eingegangen sind, b) auf Antrag des Anbieters gewählt wurden, oder c) wiedergewählt werden sollen, d) Organ oder Arbeitnehmer des Anbieters oder einer Gesellschaft sind, die mit dem Anbieter in wesentlichen Geschäftsbeziehungen stehen, e) ihr Mandat nach Instruktionen des Anbieters ausüben. (Art. 32 Abs. 2 UEV).
2257 Im Fall Bosch/Scintilla (Empfehlung der UEK vom 30. Juni 2004), in dem für die Mehrheit der Mitglieder des Verwaltungsrates ein Interessenkonflikt (Abhängigkeit zum 96%-igen Hauptaktionär) bestand, erachtete die UEK die Bildung eines Komitees von zwei externen Mitgliedern des Verwaltungsrates als *geeignete Massnahme* zur Lösung von Interessenkonflikten – allerdings nur unter der wesentlichen Voraussetzung, dass entsprechend dem «Vier-Augen-Prinzip» mindestens zwei Verwaltungsräte übrig bleiben, die in der Lage sind, frei von Interessenkonflikten zum öffentlichen Kaufangebot Stellung zu nehmen (obwohl auch diese beiden Verwaltungsräte auf Antrag von und mit Stimmen der Anbieterin gewählt wurden).

damit die an sich dem Gesamtverwaltungsrat zustehenden Kompetenzen (Art 716a OR) eingeschränkt.

7.6.4.4 Spätere Anpassungen

Oft treten nach einem öffentlichen Kaufangebot zusätzliche, konkurrierende Anbieter auf die Bühne.[2258] Das Übernahmerecht will für den Fall von konkurrierenden Angeboten die freie Wahl der Aktionäre der Zielgesellschaft zwischen den Angeboten sowie die Gleichbehandlung aller Anbieter sicherstellen. Der Verwaltungsrat der Zielgesellschaft ist daher gehalten, allen Anbietern dieselben Informationen zur Verfügung zu stellen und den gleichen Zugang zum Data Room zu gewähren, unabhängig davon, ob er das Angebot ablehnt oder diesem zustimmt.

Ein konkurrierendes Übernahmeangebot muss spätestens drei Börsentage vor Ablauf der Angebotsfrist des ursprünglichen Angebots publiziert werden. Es muss grundsätzlich während mindestens 10 Börsentagen zur Annahme offenstehen. Sofern die Angebotsfrist des ursprünglichen Angebots vor Ende der Angebotsfrist des konkurrierenden Angebots endet, wird die Angebotsfrist des ersteren verlängert. Wird ein konkurrierendes Angebot lanciert, steht es den Aktionären der Zielgesellschaft offen, ihre Zustimmung zum ursprünglichen Angebot vor Ablauf der Angebotsfrist zu widerrufen.

Liegt ein konkurrierendes Angebot vor, so kann der ursprüngliche Anbieter sein Übernahmeangebot bis fünf Börsentage vor Ablauf der Angebotsfrist für das konkurrierende Angebot zurückziehen, sofern das konkurrierende Angebot unter Berücksichtigung aller Aspekte des Angebots (d.h. nicht nur des Angebotspreises) gleichwertig oder günstiger als das ursprüngliche Angebot ist.

Wenn der Anbieter sein Angebot ändert, so hat der Verwaltungsrat der Zielgesellschaft jeweils erneut in einem kurzgefassten Bericht Stellung zu nehmen. Erstreckt sich das Angebot über mehrere Monate, hat der Verwaltungsrat jeweils die (ungeprüften) konsolidierten Zwischenabschlüsse zu veröffentlichen.

Sind seit dem Stichtag des letzten publizierten Jahres- oder Zwischenabschlusses weniger als sechs Monate vergangen, ist keine Veröffentlichung eines aktuellen Zwischenabschlusses erforderlich. In einem solchen Fall wird die Übernahmekommission jedoch in analoger Anwendung von Art. 24 Abs. 3 UEV-UEK vom Verwaltungsrat der Zielgesellschaft künftig verlangen, dass dieser Angaben über wesentliche Veränderungen der Vermögens-, Finanz- und Ertragslage sowie der Geschäftsaussichten macht, die seit der letzten Veröf-

---

2258 Seit Inkrafttreten der Regelung 1998 sind bei etwas über 10 Fällen konkurrierende Angebote gemacht worden. Zuletzt im Falle der Zielgesellschaft Victoria-Jungfrau Collection AG (VJC). Dort hat der Verwaltungsrat das ursprüngliche Angebot der AEVIS Holding AG (AEVIS) von CHF 250 zur Ablehnung empfohlen, weil eine von Verwaltungsrat der VJC eingeholte Fairness Opinion einen fairen und angemessenen Wert pro VJC-Aktie in der Bandbreite von CHF 300–325 auswies. Nach einem konkurrenzierenden Angebot der Swiss Private Hotel (APH) von CHF 277 unterbreitete die AEVIS ein indikatives Angebot mit einem erhöhten Angebotspreis von CHF 305.–. In der Folge empfahl der Verwaltungsrat der VJC den Aktionären der VJC in einem überarbeiteten Bericht die Andienung der Aktien an die AEVIS, gleichzeitig lehnte er das Angebot der SPH ab und machte mit der AEVIS eine Transaktionsvereinbarung. Nachdem später auch APH ihr Angebot auf CHF 310 erhöht hatte, verzichtete der Verwaltungsrat der VJC auf die Abgabe einer Empfehlung zur Annahme oder Ablehnung zu beiden, erhöhten Offerten, da beide Offerten in der Bandbreite der Fairness Opinion lägen. (zu Transaktionsvereinbarungen, eingehend SCHNYDRIG/VISCHER).

fentlichung des Jahres- oder Zwischenberichts eingetreten sind. Sind keine solchen Änderungen eingetreten, so hat der Verwaltungsrat dies explizit in seinem Bericht zu bestätigen. Treten solche Änderungen nach Veröffentlichung des Berichts während der Angebotsfrist ein, hat der Verwaltungsrat die Pflicht, den Bericht entsprechend zu ergänzen und in derselben Form wie das Angebot zu veröffentlichen.[2259]

7.6.4.5 Ausserordentliche Generalversammlung

Der Verwaltungsrat könnte in dieser Phase auch eine ausserordentliche Generalversammlung einberufen und diese über den künftigen Kurs und bestimmte Abwehrmassnahmen entscheiden lassen. Namentlich könnte eine derartige Generalversammlung gem. Art. 29 Abs. 2 BEHG Abwehrmassnahmen billigen, die dem Verwaltungsrat in dieser Phase verwehrt blieben.[2260]

Aufgrund der gesetzlichen Einberufungsfrist (20 Tage) würde aber so viel Zeit verstreichen, dass dieses Mittel in der Praxis selten zur Anwendung gelangt. Auch befürchtet der Verwaltungsrat, dass viele Aktionäre in dieser Zeit vom Angebot Gebrauch machen könnten.

7.6.4.6 Weitere Gebote für den Verwaltungsrat

Das Börsenrecht überbürdet dem Verwaltungsrat der Zielgesellschaft weitere Pflichten:

a) Gleichbehandlungspflicht

Der Verwaltungsrat ist börsenrechtlich zur Gleichbehandlung aller Anbieter verpflichtet. Er muss daher allen dieselben Informationen zukommen lassen. Wenn er einem Anbieter die Durchführung einer Due Diligence erlaubt, so muss er auch den anderen Anbietern diese Möglichkeit bieten.

Die Gleichbehandlungspflicht geht jedoch nicht so weit, dass es dem Verwaltungsrat verwehrt wäre, den Aktionären bei Vorliegen mehrerer Angebote, das aus seiner Sicht favorisierte zu benennen. Auch darf er einen «weissen Ritter» suchen.

b) Mitteilungspflicht hinsichtlich der beabsichtigten Massnahmen

Der Verwaltungsrat ist verpflichtet, der Übernahmekommission jede Abwehrmassnahme (ab Beginn der Planung bis zum Entschluss) zu nennen, die er einzusetzen gedenkt. Der Verwaltungsrat darf den Entschluss nur unter Vorbehalt der Genehmigung der Übernahmekommission fassen. Die Umsetzung ist zu stoppen, wenn die Übernahmekommission die Massnahme als gesetzeswidrig erachtet. Dazu erlässt die Übernahmekommission eine Verfügung gegenüber der Zielgesellschaft.

c) Verschärfte Meldepflicht über Transaktionen in Aktien der Zielgesellschaft

Während der Dauer des Angebotsverfahrens gilt eine verschärfte Meldepflicht. Die bedeutenden Aktionäre (mit mehr als 3% Stimmenanteil) haben die Meldung über die Verän-

---

[2259] Empfehlung der UEK vom 30. Juni 2004, i.S. Bosch/Scintilla, Erw. 6.1.2.
[2260] Er darf von der Veröffentlichung des Angebots bis zur Veröffentlichung des Ergebnisses keine Rechtsgeschäfte beschliessen, mit denen der Aktiv- oder Passivbestand der Gesellschaft in bedeutender Weise verändert würde.

derung ihres Pakets nicht bloss der Gesellschaft, sondern direkt auch der Börse und der Übernahmekommission zu melden. Die Gesellschaft dient nicht als Weiterleitungsstelle dieser Meldung. Sie hat aber im Hinblick auf eigene Aktien im Bestand eine erhöhte Meldepflicht (ab 3%).[2261] Sodann hat die Gesellschaft in dieser Phase eine erhöhte Benachrichtigungspflicht, wenn sie allfällige Anzeichen einer Verletzung von Meldepflichten durch Aktionäre wahrzunehmen glaubt. Die Meldungen werden von der Übernahmekommission u.a. dazu verwendet, die «Best Price Rule»[2262] durchzusetzen.

d) Fairnessgebot, nicht Neutralitätspflicht

Das Übernahmerecht geht davon aus, dass die Zielgesellschaft in einem Angebotsverfahren eine eigenständige Haltung einzunehmen hat. Falls der Verwaltungsrat der Zielgesellschaft gestützt auf eine sorgfältige Beurteilung des Angebots zur Überzeugung gelangt, dass die Übernahme durch den Anbieter für das Unternehmen und/oder die Aktionäre überwiegend negative Folgen zeitigen würde, so ist er verpflichtet, dem Anbieter mit den vom Gesetz zugelassenen, fair durchgeführten Abwehrmassnahmen entgegenzutreten.[2263] Der Verwaltungsrat ist also keineswegs zur Neutralität der Gesinnung verpflichtet. Nur wenn die Hauptakteure (Anbieter als Angreifer, Verwaltungsrat als Verteidiger) ihre Sicht kommunizieren, kann der Zweck (Ermöglichung eines Entscheids des Aktionärs in Kenntnis der Sachlage) erreicht werden.

Während bei abwehrender Haltung des Verwaltungsrates gleichsam systematisch für eine ausgewogene Darstellung gesorgt ist, fehlt bei zustimmender Haltung des Verwaltungsrates zum Angebot diese Gegenposition. Gerade in dieser Situation ist es daher für den adressierten Aktionär wichtig, auch die (vermutlich ebenso vorhandenen) Nachteile einer Übernahme zu erfahren.

Die Organe einer Zielgesellschaft im Übernahmeverfahren haben in dem Sinne eine Doppelrolle zu spielen. Sie müssen sorgfältig informieren und gleichzeitig jede Verzerrung des effizienten und die Gleichbehandlung wahrenden Ablaufs des Verfahrens vermeiden.

Sowohl aufgrund der Bestimmungen von Art. 717 Abs. 1 OR wie auch aufgrund des BEHG muss der Verwaltungsrat sich gegenüber dem Anbieter durch geeignete Rechtsmittel dagegen wehren, dass der einzige oder mehrere Anbieter die Gesellschaft durch aggressive Schachzüge und Massnahmen schädigen oder ungebührlich die Entscheidungsfreiheit behindern. Insbesondere hat er sich gegenüber einschneidenden Bedingungen[2264] und unzulässige Druckausübung[2265] im Angebot zu Wehr setzen.

2261 Auf Gesuch hin können allerdings durch die UEK Ausnahmen (z.B. Ausnahme von Meldepflicht in bestimmten Korridoren, Ausnahme bei systematischen Rückkaufsangeboten) gewährt werden.
2262 Der Anbieter muss den höchsten von ihm bezahlten Preis allen bieten.
2263 BÖCKLI, Aktienrecht, § 7 Rz. 184, gestützt auf Art. 29 BEHG.
2264 Z.B. Bedingung, dass das Angebot nur gilt, wenn eine vom VR einzuberufende GV die Vinkulierungsklausel oder die Stimmkraftbegrenzung aufhebt.
2265 Z.B. Bedingung, dass das Angebot nur gilt, wenn die Zielgesellschaft dem Anbieter die Durchführung einer Due Diligence erlaubt.

7.6.4.7 Verbot bestimmter Massnahmen

a) Börsenrechtliche Verbote

Nach Veröffentlichung eines Übernahmeangebots (bzw. der Voranmeldung) besteht gemäss Art. 29 Abs. 2 und 3 BEHG und Art. 35 ff. für den Verwaltungsrat der Zielgesellschaft ein Verbot bestimmter Rechtsgeschäfte zur Abwehr des Anbieters.

Danach darf der Verwaltungsrat von der Veröffentlichung des Angebots bis zur Veröffentlichung des Ergebnisses keine Rechtsgeschäfte beschliessen, mit denen der Aktiv- oder Passivbestand[2266] der Gesellschaft in bedeutender Weise verändert würde. Dabei umfassen der Aktiv- und Passivbestand der Zielgesellschaft auch die Ausserbilanzpositionen, insbesondere diejenigen aus Verträgen, die wesentliche Risiken oder Verpflichtungen mit sich bringen.[2267]

Gesetzwidrig sind demnach vorbehältlich eines Beschlusses der ausserordentlichen GV gem. Art. 29 Abs. 2 BEHG insbesondere folgende Handlungen der Zielgesellschaft:

a) Kauf und Verkauf von Vermögenswerten, deren Wert oder Preis mehr als 10 Prozent der Bilanzsumme entspricht oder die mehr als 10 Prozent zur Ertragskraft beitragen (jeweils auf der Basis des letzten, gegebenenfalls konsolidierten Jahres- oder Zwischenabschlusses);

b) Verkauf oder Belastung von Betriebsteilen oder immateriellen Werten, die zum Hauptgegenstand des Angebotes zählen und vom Anbieter als solche bezeichnet wurden (Kronjuwelen);

c) Abschluss von Verträgen mit Mitgliedern des Verwaltungsrates oder der obersten Geschäftsleitung, welche unüblich hohe Entschädigungen für den Fall des Ausscheidens aus der Gesellschaft vorsehen (Goldene Fallschirme, unüblich hohe «Change-of-Control-Klauseln»);

d) Ausgabe von Aktien aufgrund des genehmigten Kapitals ohne Bezugsrecht der Aktionäre, sofern der Beschluss der Generalversammlung, welcher das genehmigte Kapital schafft, nicht ausdrücklich die Ausgabe von Aktien im Fall eines Angebotes vorsieht.[2268] Dasselbe gilt für die Ausgabe von Obligationen mit Wandel- oder Optionsrechten aufgrund eines bedingten Kapitals ohne Vorwegzeichnungsrecht der Aktionäre (Ausgabe von Wandel- oder Optionsanleihen);

e) Kauf und Verkauf eigener Beteiligungspapiere oder Effekten der Gesellschaft, deren Effekten zum Tausch angeboten werden, sowie sich auf sie beziehender Finanzinstrumente;[2269]

2266 Bedeutende Veränderung der Verschuldung (massive Neuverschuldung, ausserbilanzielle Verschuldung, Eventualverbindlichkeiten) und Veränderung des Eigenkapitals (Massnahmen gem. d), sowie Verbot von Mutter-Tochter-Fusion oder Schwesterfusion jenseits der 10%-Limite; BÖCKLI, Aktienrecht, § 7 Rz. 198a)

2267 Art. 35 UEV.

2268 Dadurch soll vor allem die selektive Ausgabe neuer Aktien an eine den Führungsorganen der Zielgesellschaft genehme Gruppe vermieden werden.

2269 Transaktionen gem. Abs. 2 Buchstaben e und f sind zulässig, wenn sie im Rahmen eines Mitarbeiterbeteiligungsprogramms erfolgen oder zur Erfüllung von Verpflichtungen aus Finanzinstrumenten, welche vor der Veröffentlichung des Angebotes eingegangen worden sind (Art. 36 Abs. 3 UEV).

f) Ausgabe oder Einräumung von Rechten zum Erwerb von eigenen Beteiligungspapieren, namentlich Wandel- oder Optionsrechte.

Aus börsenrechtlicher Sicht verboten sind sodann offensichtliche (für die UEK erkennbare) Verletzungen des Gesellschaftsrechts. Darunter fallen nicht nur sofort erkennbare, sondern auch inhaltlich schwerwiegende Verstösse gegen zwingendes Aktienrecht, namentlich Verstösse gegen die Grundstrukturen der Aktiengesellschaft, den Eigenkapitalschutz (Art. 706b II OR) und verdeckte Gewinnentnahmen (Art 678 OR).[2270]

b) Aktienrechtliche Verbote

Weiterhin ist auch in einer Übernahmesituation der Verwaltungsrat gemäss Art. 716a OR mit der langfristig ausgerichteten Oberleitung beauftragt.[2271] Insbesondere unterliegen Verwaltungsrat und Geschäftsführung der Zielgesellschaft unverändert der Sorgfalts- und Treupflicht gem. Art. 717 Abs. 1 OR. Demnach sind sie gehalten, ihre Aufgaben mit aller Sorgfalt zu erfüllen und die Interessen der Gesellschaft in guten Treuen zu wahren. Der Verwaltungsrat ist nach wie vor Leitungsorgan der Gesellschaft und nicht Vertreter der Aktionäre, deren Interessen er mit einer guten Oberleitung indirekt am besten wahrt. Seine Rechtsgeschäfte müssen daher auf die Erreichung des Gesellschaftszweckes ausgerichtet sein, und nicht zu dessen Vereitelung oder Beendigung.

Neben den genannten börsenrechtlichen Schranken hat der Verwaltungsrat weiterhin die *aktienrechtlichen* (und strafrechtlichen Schranken) zu beachten. Rein aktienrechtlich sind demnach folgende Abwehrmassnahmen nicht erlaubt, weil sie die Gesellschaft langfristig schädigen oder ihrer Mittel im wirtschaftlichen Wettbewerb berauben:[2272]

Abwehrmassnahme	Mittel	Begründung der Unrechtmässigkeit
Schädigung des Anbieters (Verwässerungstaktik, unechte Giftpillen)	Ausgabe von bedingten Gratisoptionen an die (genehmen) Altaktionäre; die Bedingung ist erfüllt, wenn der Angreifer einen bestimmten Schwellenwert an Stimmen überschreitet. (In dem Moment findet schlagartig eine Verwässerung statt.)	Diese Massnahme stellt eine gezielte Ungleichbehandlung der Aktionäre dar; verstösst gegen das Gleichbehandlungsgebot (Art. 706 OR und Art. 717 Abs. 2 OR) zudem fehlt eine gesellschaftsrechtliche Rechtfertigung.
Echte Giftpillen (Selbstschädigung der Zielgesellschaft, Verbrannte Erde)	Das «Gift» soll die Gesellschaft selbst (nicht den Anbieter) tödlich schädigen; dadurch soll die Gesellschaft für den Angreifer «ungeniessbar» werden.	Nicht vereinbar mit einer am Gesellschaftszweck ausgerichteten Verwaltungsratstätigkeit.[2273] Straftatbestand der ungetreuen Geschäftsbesorgung (Art. 158 StGB).

2270 Böckli, Aktienrecht, § 7 Rz. 230.
2271 Böckli, Aktienrecht, § 7 Rz. 220.
2272 Ausführlich Böckli, Aktienrecht, § 7 Rz. 224 ff.
2273 Da nicht mit dem Aktienrecht vereinbar, wäre auch ein Genehmigungsbeschluss der GV gem. Art. 29 BEHG nicht rechtsgültig.

Abwehrmassnahme	Mittel	Begründung der Unrechtmässigkeit
Goldene Fallschirme	Dem Management wird – aufschiebend, bedingt auf den Tag des Kontrollwechsels oder der Entlassung – eine extrem hohe Abgangsentschädigung versprochen. Der Angreifer muss damit rechnen, dass Schlüsselpersonen ihm künftig nicht mehr zur Verfügung stehen werden.	Verstoss gegen Treue- und Sorgfaltspflicht (Art. 717 Abs. 1 OR). Zudem Verstoss gegen Börsenrecht (Art. 36 Abs. 2 UEV).
Beschleunigungsklauseln	Aktienoptionspläne werden mit einer Klausel versehen, dass bei einem Kontrollwechsel Optionen sofort fällig werden, Sperrfristen vorzeitig enden, bestimmte Vesting-Bedingungen ersatzlos wegfallen.	Verstoss gegen Treue- und Sorgfaltspflicht (Art. 717 Abs. 1 OR).
Unterwerfungsverträge mit bestimmten Aktionären	Der Verwaltungsrat schliesst (handelnd für die Gesellschaft) mit genehmen Aktionären einen (Aktionärbindungs-)Vertrag, in welchem sich die Aktionäre direkt an den Willen der jetzigen Führung binden.[2274]	Der Verwaltungsrat als Organ hat keine Vertretungsmacht zum Abschluss von Verträgen, mit der die Aktiengesellschaft die Bildung ihres eigenen Willens festbindet.
Kontrollwechsel-Klauseln	Vertragliche Abmachungen, die im Falle eines Übergangs der Beherrschung der Gesellschaft eine einseitige Kündigung erlauben oder gar enden.	Solche Verträge sind nur haltbar, wenn sie zur Wahrung der Interessen der Gesellschaft unerlässlich sind oder von der Gegenpartei verlangt werden.
Faktische Teilliquidation[2275]	Bedingt aufschiebender (für den Fall der Übernahme) Verkauf von Betriebsteilen und Kronjuwelen.	Die Veräusserung ganzer Teile des Unternehmens oder des gesamten Betriebs (ohne Liquidationsbeschluss der GV) kann als zweckwidrig betrachtet werden.[2276]

Die meisten der wirklich wirksamen «Vereitelungsmassnahmen» von Verwaltungsräten belagerter Gesellschaften sind nach Auffassung von BÖCKLI klar aktienrechtswidrig. Namentlich die echte Giftpille und die Politik der verbrannten Erde.

Beschlüsse der Generalversammlung unterliegen – unter gewissen Bedingungen – dieser Beschränkung nicht und dürfen ausgeführt werden unabhängig davon, ob sie vor oder nach der Veröffentlichung des Angebots gefasst wurden.[2277]

[2274] Grundsätzlich erlaubt sind dagegen Aktionärbindungsverträge, die Mitglieder des Verwaltungsrats als Aktionäre im eigenen Namen und auf eigene Rechnung abschliessen, sofern dadurch das Gleichhandlungsgebot von Art. 717 Abs. 2 OR nicht umgangen wird und sie nicht gegen Art. 29 Abs. 3 BEHG verstossen.

[2275] Dazu eingehend BÖCKLI, Aktienrecht § 17 Rz. 76 ff.

[2276] WATTER, in: Basler Kommentar, N 4 zu Art. 718a und dort aufgeführte Literatur. (In Extremfällen hat auch die ansonsten geringe Bedeutung geniessende Zweckgrenze eine Wirkung.)

[2277] Zu den Schranken der Genehmigung von an sich untersagten Abwehrmassnahmen durch die GV siehe BÖCKLI, Aktienrecht, § 7 Rz. 208 ff.

Weiter sind auch diejenigen Abwehrmassnahmen des Verwaltungsrats oder der Generalversammlung unzulässig, die offensichtlich das Gesellschaftsrecht verletzen. Unter diese Bestimmungen fallen auch Massnahmen, die vor der Veröffentlichung des Angebots bzw. der Voranmeldung ergriffen worden sind.

7.6.4.8 Zulässige Abwehrmassnahmen

Eine Gesellschaft kann verschiedene Massnahmen ergreifen, um den Einfluss eines unerwünschten Aktionärs zu begrenzen bzw. um einen unerwünschten Übernahmeversuch abzuwehren. Solche Abwehrmassnahmen lassen sich grob in zwei Kategorien unterteilen:

a) Präventive Abwehrmassnahmen (vor dem Bekanntwerden des öffentlichen Kaufangebots).

Solche Massnahmen verfolgen generell den Zweck, potenzielle Interessenten von einem Übernahmeversuch abzuhalten. Solche Massnahmen, die oft – in weiser Vorsicht – weit im Vorgang eines Angebots getroffen wurden, sind oft die wirksamsten.

Im Vordergrund stehen dabei diverse, vor allem *betriebswirtschaftliche Massnahmen*, damit die Gesellschaft erst gar nicht ins Visier der Angreifer kommt. Namentlich kurzfristig orientierte Angreifer suchen i.d.R. als Übernahmeobjekte Gesellschaften, die günstig zu haben sind, d.h. deren aktueller Kurswert unter dem wirklichen Unternehmenswert liegt. Zur Abwehr dieser (i.d.R. unwillkommenen) Angreifer gilt es, durch diverse (langfristige) Massnahmen dafür zu sorgen, dass die Gesellschaft vom Markt angemessen bewertet wird. Dazu gehört nicht bloss eine «Kurspflege»; viel effizienter ist eine klare, nachvollziehbare Unternehmensstrategie, eine Kommunikation der strategischen Werttreiber und deren Einflussfaktoren, eine transparente Rechnungslegung, eine betriebswirtschaftlich orientierte Gewinnausschüttungspolitik, eine effiziente Liquiditätspolitik (keine überflüssige Liquidität, kein oder wenig nichtbetriebliches Vermögen, wenig Bewertungsreserven/«stille Reserven» etc.).

Aus *rechtlicher* Sicht kann mit folgenden – rein faktischen oder vertraglichen oder statutarischen – Massnahmen ein Abwehrdispositiv aufgebaut werden, das einen gewissen, i.d.R. hinreichenden (nicht absoluten) Schutz vor Übernahmen bietet, wie insbesondere:

Massnahme	Umsetzung	Wirkung/Begründung
Enge Zweckumschreibung in den Statuten	Das Kerngeschäft wird im Zweckartikel geografisch oder vom Tätigkeitsbereich sehr eng gefasst. Zudem wird eine zusätzliche Erschwerung betr. Änderung des Gesellschaftszwecks eingebaut (Art. 704 OR).	Für eine notwendige Änderung des Gesellschaftszweckes braucht der Angreifer eine qualifizierte Mehrheit; ansonsten ist er gezwungen, das Kerngeschäft der Gesellschaft im statutarisch begrenzten Rahmen zu belassen.[2278]

[2278] Krneta, N 1614.

Massnahme	Umsetzung	Wirkung/Begründung
Vinkulierungsbestimmungen in den Statuten (Prozentvinkulierung)	In den Statuten wird der Verwaltungsrat ermächtigt, die Eintragung eines Namenaktionärs im Aktienbuch zu verweigern, wenn seine Beteiligungsquote einen gewissen Prozentsatz übersteigt (Art. 685d Abs. 1 OR). In der Praxis sind Limiten von 2, 3 oder 5% des Aktienkapitals verbreitet.[2279]	Damit wird zwar nicht verhindert, dass ein Aktionär auch über diese Limite hinaus Aktien erwirbt und von den Vermögensrechten profitiert. Für den überschiessenden Anteil ist er jedoch von der Ausübung seines Stimmrechts und den damit verbundenen Mitgliedschaftsrechten ausgeschlossen.[2280]
Stimmrechts- und Vertretungsbeschränkungen	In den Statuten wird (als Ergänzung zur Prozentvinkulierung) bestimmt, dass kein Aktionär das Stimmrecht für eigene oder vertretene Aktien über der festgesetzten Limite ausüben darf. (Art. 692 Abs. 2 OR).	Ab der in den Statuten festgesetzten Limite hat ein Angreifer kein Stimmrecht an der GV.
Beschlussquorenregelung	In den Statuten werden generell höhere Beschlussquoren vorgesehen.[2281]	Gültige Beschlussfassung wird erschwert.
Abwahlerschwerungen für Verwaltungsräte	Statutarische Bestimmungen verlangen eine qualifizierte Mehrheit für die Anpassung der Anzahl Verwaltungsräte und für deren Abberufung.[2282] Denkbar sind dafür hohe Präsenz- und höhere Zustimmungsquoren.	Dadurch wird die Abwahl von Verwaltungsräten während der Amtsdauer erschwert, was jedoch infolge der eingeführten jährlichen Wiederwahl nur begrenzte Abwehrwirkung zeitigen dürfte.
Qualifizierte Anwesenheits- und Mehrheitserfordernisse	Die genannten statutarischen Abwehrbestimmungen werden dadurch ergänzt, dass deren Änderungen auch einer qualifizierten Mehrheit bedürfen.	Dadurch wird Erschwerung der Aufhebung von statutarischen Schutzklauseln erschwert.
Einführung von Stimmrechtsaktien	Je nach bestehender Aktionärskonstellation kann die Einführung von Stimmrechtsaktien (mit einem qualifizierten Mehr gem. Art. 704 OR) eine gewisse Abwehrwirkung erzielen.	Stimmrechtsaktien erschweren die Durchsetzung von Statutenänderungen und personellen Veränderungen im Verwaltungsrat.

2279 Solche Bestimmungen finden sich bei vielen grossen Gesellschaften (Novartis Art. 5 Abs. 2 (Prozentvinkulierung ab 2%); Nestlé Art. 6 Abs. 6 lit. a (mit 3%-Grenze).
2280 Mit Ausnahme der durch Erbgang, Erbteilung oder eheliches Güterrecht erworbenen Namenaktien.
2281 Krneta, N 1616.
2282 Mit der Annahme der Abzocker-Initiative 2013 bzw. mit der VegüV wurde eine jährliche, einzelne Wahl jedes Mitglieds des VR bei kotierten Gesellschaften obligatorisch. Früher gängige Abwehrmassnahmen mittels mehrjähriger Staffelung der Wahl der VR-Mitglieder, mehrjährige Amtszeit etc. sind seit dem 1.1.2014 nicht mehr möglich.

Massnahme	Umsetzung	Wirkung/Begründung
Erwerb eigener Aktien	Der VR kann im gesetzlichen Rahmen (Art. 659 Abs. 1 OR) eigene Aktien erwerben (Begrenzung auf 10% der Bilanzsumme).[2283] Allerdings ruht das Stimmrecht der eigenen Aktien an der GV.	Dieser Vorgang ist allerdings unter dem Gesichtspunkt der Fairness (Gleichbehandlungsgebot) heikel (und müsste als geplante Massnahme in der ersten Stellungnahme des VR bereits offengelegt werden).[2284] Dadurch, dass die eigenen Aktien nicht stimmberechtigt sind, verschieben sich die Stimmenverhältnisse an der GV.
Bestimmungen zur Angebotspflicht gem. Art. 32 BEHG	Durch Statutenänderungen kann die Gesellschaft die Erwerber ihrer Beteiligungsrechte von der Angebotspflicht freistellen *(Opting-out)* oder die Schwelle für die Angebotspflicht auf 49% anheben *(Opting-up)*.[2285] Der Verwaltungsrat einer Gesellschaft, die von einer dieser beiden Möglichkeiten Gebrauch gemacht hat, kann als präventive Abwehrmassnahme gegen eine nicht genehme Übernahme erwägen, wieder die gesetzlichen Grundregel (Angebotspflicht) einzuführen *(Opting-in)*.	Grundsätzlich hat ein Aktionär, der mehr als 33⅓% der Stimmrechte einer kotierten Gesellschaft erwirbt, gem. Art. 32 BEHG für alle kotierten Beteiligungsrechte ein Angebot zu unterbreiten. Denn eine Gesellschaft mit einem *Opting-out* oder *Opting-up* ist anfälliger für eine feindliche Übernahme, weil ein Grossaktionär zumindest faktisch die Kontrolle über die Gesellschaft übernehmen kann, ohne den Minderheitsaktionären ein Angebot unterbreiten zu müssen. Beide Massnahmen können sich negativ, aber auch positiv auf den Kurs des Titels auswirken. Ihr Einsatz ist demnach fragwürdig (u.U. kontraproduktiv) und muss wohl überlegt sein.[2286]

Nebst den genannten Abwehrmassnahmen der Gesellschaft können auch die Aktionärsstruktur und allenfalls Poolverträge zwischen den Aktionären eine Übernahme erschweren. Das Vorhandensein von grösseren Aktionären – mit einem ausgewiesenen strategischen Interesse an der Gesellschaft – wirkt oft insofern stabilisierend, als sie sich nur mit einem überdurchschnittlichen Angebot dazu bringen lassen, sich von ihren Aktien zu

---

2283 Nach der neuen Rechnungslegung werden eigene Aktien nicht mehr aktiviert, sondern vom Eigenkaptial in Abzug gebracht. Sinngemäss wäre der Kauf eigener Aktien als Reduktion des Passivbestandes zu subsumieren. BÖCKLI geht indes noch weiter und sieht die Grenze bereits dann, wenn der für den Rückkauf bezahlte Gesamtbetrag 10% des Eigenkapitals erreicht. (Aktienrecht, § 7 Rz. 199).

2284 Auch ein Erwerb eigener Aktien zum Wiederverkauf an genehme Aktionäre (Treuhandgeschäft) wie BAUEN/VENTURI vorschlagen (N 1787) ist u.E. eine eher fragliche (Umgehungs-)Massnahme, selbst wenn sie via einen Treuhänder erfolgt.

2285 Art. 32 BEHG. Derzeit machen ca. 22% aller an der SWX Swiss Exchange kotierten Schweizer Gesellschaften (davon keine SMI-Gesellschaft) von einem *Opting-out* Gebrauch, während ca. 6% (davon 2 SMI-Gesellschaften) ein *Opting-up* gewählt haben.

2286 BÖCKLI, Aktienrecht, § 7 Rz. 252 ff., KRNETA, N 1613.

trennen. Zudem können Aktionäre untereinander Poolverträge mit Stimmrechtsbindungen abschliessen, welche von einem feindlichen Anbieter nur schwer zu überwinden sind.

b) Abwehrmassnahmen nach Bekanntwerden des Angebots

Das Gesetz verpflichtet den Verwaltungsrat in der Phase nach Bekanntwerden des Angebots, gewisse Handlungen zu unterlassen. Andererseits sieht es vor, dass eine a.o. Generalversammlung durch Mehrheitsbeschluss solche verbotenen Handlungen[2287] wieder aufheben kann.

Nebst generellen Public-Relation-Massnahmen kann der Verwaltungsrat der Zielgesellschaft in Kenntnis eines öffentlichen Kaufangebots zusätzlich zu den genannten präventiven Abwehrmassnahmen auch einen anderen, ihm genehmeren Interessenten (weisser Ritter) suchen. Allenfalls verliert dann der Angreifer sein Interesse. Der Verwaltungsrat kann auch zum Gegenangriff übergehen und dem Anbieter selbst ein Übernahmeangebot unterbreiten. Er kann den Anbieter in langwierige prozessuale Auseinandersetzungen verwickeln. Er kann ein Rückkaufprogramm lancieren, was allerdings heikel ist (siehe obige Bemerkungen zu den eigenen Aktien).

7.6.5 Abwehrmassnahmen bei nicht kotierten Gesellschaften

Nicht kotierte Gesellschaften unterliegen nicht den börsenrechtlichen Bestimmungen des BEHG. Insbesondere bestehen die im BEHG und der UEV festgehaltenen Einschränkungen[2288] nicht. Insofern sind die Abwehrmöglichkeiten des Verwaltungsrates grösser.

Die aktienrechtlichen Vorschriften, namentlich die Kompetenzen des Verwaltungsrates, bleiben unverändert bestehen (anders als bei kotierten Gesellschaften, bei denen nach Vorliegen eines Kaufangebots gem. Art 29 Abs. 2 BEHG eine gewisse Kompetenzverschiebung an die Generalversammlung erfolgt).

Wenn der Verwaltungsrat mit einem Übernahmeangebot konfrontiert ist, hat er bei seiner Beurteilung an sich denselben Grundsatz zu befolgen wie bei kotierten Gesellschaften: Die Interessen der Gesellschaft sollen im Vordergrund stehen und nicht diejenigen des Verwaltungsrates oder einzelner Aktionäre. Das Verhalten der Verwaltungsräte hat sich auch in einer Übernahmesituation dem Gesellschaftsinteresse unterzuordnen.

Gemäss Art. 685*a* Abs. 1 OR können die Statuten bestimmen, dass Namenaktien nur mit Zustimmung der Gesellschaft übertragen werden dürfen (Vinkulierung). Die Gesellschaft kann die Übertragung bei nicht kotierten Namenaktien *ablehnen,* a) wenn sie dafür einen wichtigen, in den Statuten genannten (bestimmten) Grund angeben kann oder b) wenn sie dem Anbieter anbietet, die Aktien – für eigene Rechnung, für andere Aktionäre oder für Dritte – zum wirklichen Wert[2289] zu *kaufen.*[2290]

2287 Verbot der Veränderung im Aktiv- und Passivbestand der Gesellschaft (Art. 29 Abs. 2 BEHG).
2288 Siehe vorne Ziff. 7.6.4.7, S. 529 ff.
2289 Zur Ermittlung des wirklichen Wertes eingehend BÖCKLI, Aktienrecht, § 6 Rz. 221 ff.; OERTLE/DU PASQUIER, in: Basler Kommentar, N 12 f zu Art. 685*b* OR.
2290 Bei Aktien, die durch Erbgang, Erbteilung, eheliches Güterrecht oder Zwangsvollstreckung erworben worden sind, kann die Gesellschaft die Zustimmung nur ablehnen, wenn sie dem Erwerber die Übernahme zum wirklichen Wert anbietet.

Die Gesellschaft kann in ihre Statuten verschiedene, bestimmte Ablehnungsgründe für den Eintrag ins Aktienbuch aufnehmen (anders als bei den kotierten Namenaktien, wo praktisch nur noch die prozentmässige Begrenzung der Beteiligung als allgemeiner Ablehnungsgrund gilt).[2291]

Wichtig ist ein *Ablehnungsgrund,*[2292] der sich im Hinblick auf den Gesellschaftszweck[2293] oder die wirtschaftliche Selbständigkeit des Unternehmens[2294] rechtfertigt. Um rechtswirksam zu sein, muss der wichtige Grund zudem in den Statuten *ausdrücklich* aufgeführt und konkretisiert werden. Der Verwaltungsrat hat bei seiner Beurteilung das allgemeine Verbot der Willkür und des Rechtsmissbrauchs zu beachten.

Was die Übertragungsregelung der nicht kotierten Namenaktien indes vor allem von derjenigen bei den kotierten Namenaktien unterscheidet, ist die «escape clause»: Eine Gesellschaft, die in ihren Statuten die Zustimmung der Gesellschaft zu einer Übertragung voraussetzt (Vinkulierung gem. Art 685*a* OR), kann - ohne erst das Vorliegen eines der statutarisch genannten Gründe behaupten zu müssen - jedes Übertragungsgesuch ablehnen, wenn sie dem Veräusserer anbietet, die Aktien (für eigene Rechnung, für Rechnung anderer Aktionäre oder für Dritte) zum wirklichen Wert zu übernehmen.[2295] Mit dieser Möglichkeit hat der Gesetzgeber den Gesellschaften eine erhöhte Flexibilität verschafft, anderseits hat er damit die Wahrscheinlichkeit erhöht, dass ein Veräusserer nicht mit einer «trockenen Ablehnung» konfrontiert wird und auf seinen Aktien sitzen bleibt.

Die Übernahme der Aktien als Ausweichalternative zur begründeten Ablehnung hat indessen auch ihre Tücken. Einerseits ist die Rückkaufsfähigkeit der Gesellschaft aufgrund gesetzlicher Kapitalschutzvorschriften (Art. 659–659*b* OR) beschränkt. Anderseits hat der Verwaltungsrat bei seinem Entscheid über die Ablehnung des Gesuches – unter Übernahme zum wirklichen Wert – das Gesellschaftsinteresse zu verfolgen; sodann hat er die Sorgfalts- und Treuepflicht sowie das Prinzip der (relativen) Gleichbehandlung der Aktionäre zu beachten.[2296]

2291 In Ausnahmefällen ist allenfalls noch die Ablehnung von Erwerbern im Ausland denkbar, wenn – aufgrund von Bundesgesetzen (wie das Bankengesetz) – der Wegfall des Nachweises der schweizerischen Beherrschung mit nachteiligen Folgen für die Gesellschaft verbunden wäre (BÖCKLI, Aktienrecht, § 6 Rz. 12) sowie Fälle aufgrund der «Lex Koller» (Bundesgesetz vom 30. April 1997, Fassung vom 8. Oktober 2004).

2292 Dazu eingehend OERTLE/DU PASQUIER, in: Basler Kommentar, N 3 f zu Art. 685*b* OR und dort aufgeführte Literatur zu den wichtigen Gründen.

2293 Als massgebliche persönliche Eigenschaften für die Zweckerreichung sind solche Statutenbestimmungen denkbar, die einen Fähigkeitsausweis verlangen, weil Bundesgesetze entsprechende Anforderungen stellen (z.B. Anwaltsfirmen, Revisionsunternehmen etc.); sehr umstritten sind dagegen Bestimmungen, die eine bestimmte politische Gesinnung oder Konfession verlangen. Sodann sind statutarische Ablehnungsgründe problematisch, die Konkurrenten ausschliessen (dazu BÖCKLI, Aktienrecht, § 6 Rz. 259 ff).

2294 Unbestritten sind Bestimmungen in die Statuten aufzunehmen, die Aktienübertragung abzulehnen, die zu einer Beherrschung durch einen Konzern führte, weil dadurch die Selbständigkeit verlustig ginge. (KLÄY, S. 167). Denkbar sind auch statutarische Begrenzungen der Beteiligung (Limiten) tiefer 50%, aber mindestens 3% analog zu den kotierten Gesellschaften. Dazu BÖCKLI, Aktienrecht, § 6 Rz. 270 ff.

2295 Art. 685b Abs.1 OR.

2296 BAUEN/VENTURI, N 1290; BÖCKLI, Aktienrecht, § 6 Rz. 201 ff.; KLÄY, 181 f.; KRNETA, N 1932; WATTER/PELLANDA, in: Basler Kommentar, N 29 zu Art. 717 OR.

Unter Umständen können die Aktien im Rahmen von Art. 659 OR befristet von der Gesellschaft selbst übernommen werden. Der Erwerb eines grösseren Paketes eigener Aktien kann aber nur empfohlen werden, wenn der Verwaltungsrat bereits einen genehmen Interessenten für dieses Paket kennt, andernfalls setzt sich der Verwaltungsrat – angesichts des Mittelabflusses – nicht unerheblichen Risiken aus.

Selbst wenn die Gesellschaft nicht dem BEGH unterliegt, hat der Verwaltungsrat einer nicht kotierten Gesellschaft aus aktienrechtlichen Gründen (analog zu den kotierten Gesellschaften)[2297] in der Übernahmephase alle Massnahmen, die durch eine «Selbstschädigung» die Zielgesellschaft für den Angreifer unattraktiv machen sollen, zu unterlassen. Namentlich darf der Verwaltungsrat keine «goldene Fallschirme» schaffen, überhöhte Abgangsentschädigungen für den Fall der Veräusserung versprechen, «Giftpillen» einbauen oder gar eine «Strategie der verbrannten Erde» verfolgen.

Rechtlich nicht haltbar sind weiter Massnahmen, die etwa dem Gleichbehandlungsgebot, dem Gebot schonender Rechtsausübung oder anderen besonderen Sorgfalts- oder Interessenwahrungspflichten des Verwaltungsrats widersprechen.[2298]

Erachtet der Verwaltungsrat die Übernahmeofferte als im Interesse der Gesellschaft liegend, hat er in Verhandlungen einzutreten. Gegenstand solcher Verhandlungen und von Unternehmensübernahmen allgemein bildet die Due Diligence,[2299] die der Informationsbeschaffung über das Übernahmeobjekt dient. Liegt die Übernahme im Interesse der Gesellschaft, ist der Verwaltungsrat auch gehalten, Hand zu einem üblichen Due-Diligence-Verfahren zu bieten.

7.6.6 Exkurs zum Anbieter bei kotierten Gesellschaften

7.6.6.1 Rechtliche Grobbeurteilung der Zielgesellschaft

Nebst einer betriebswirtschaftlichen Beurteilung analysiert der Verwaltungsrat («Anbieter») in rechtlicher Sicht i.d.R. alle öffentlich zugänglichen Informationen zur Zielgesellschaft (Geschäftsberichte mit Jahres-/Konzernrechnungen; Angaben zur Corporate Governance, Handelsregisterauszüge, Statuten, Art der Aktien, Aktionärsstruktur, Meldungen an die Börse, Protokolle der GV, Presseberichte etc.), bevor er in direkten Kontakt mit der Zielgesellschaft tritt.

Besonderes Augenmerk richtet der Verwaltungsrat dabei auf allfällige Stimmrechtsbeschränkungen, Vinkulierungsbestimmungen (Beschränkung der Übertragbarkeit der Aktien) sowie Opting-up und Opting-out-Bestimmungen in den Statuten.

7.6.6.2 Aufbau von Beteiligungen

In der Vergangenheit hatten Anbieter oft bedeutende Beteiligungen an der Zielgesellschaft aufgebaut, bevor sie ein formelles Übernahmeangebot herausgaben. Dies geschah häufig mittels einer Kombination aus Aktien und Call-Optionen.

2297 Siehe vorne Ziff. 7.6.3, S. 519 ff. und 7.6.4.7, S. 530 ff.
2298 BÖCKLI, Aktienrecht, § 7 N 194 und 232 ff.
2299 Dazu vgl. etwa TSCHÄNI, § 2 N 17 ff.

Nach der ergänzten Fassung des BEHG hat ein Aktionär eine Meldung an die Gesellschaft und die Börse, an denen die Beteiligungspapiere kotiert sind, zu erstatten, wenn er Aktien (seit 2007 inkl. Erwerbs- oder Veräusserungsrechte bezüglich Aktienoptionen) einer Gesellschaft mit Sitz in der Schweiz, deren Beteiligungspapiere ganz oder teilweise in der Schweiz kotiert sind, oder einer Gesellschaft mit Sitz im Ausland, deren Beteiligungspapiere ganz oder teilweise in der Schweiz hauptkotiert sind, für eigene Rechnung erwirbt oder veräussert und dadurch den Grenzwert von 3, 5, 10, 15, 20, 25, 33⅓, 50 oder 66⅔ Prozent der Stimmrechte, ob ausübbar oder nicht, erreicht, unter- oder überschreitet.[2300]

Diese Meldepflichten gelten auch für wirtschaftlich Berechtigte, die Aktien einer in der Schweiz kotierten Gesellschaft mit Sitz in der Schweiz indirekt erwerben, und für Aktionäre, die Aktien in gemeinsamer Absprache kaufen.

7.6.6.3 Letter of Intent

Oft stehen Vertreter des Anbieters bereits vor der Unterbreitung eines Übernahmeangebots in geschäftlichen Kontakten mit Vertretern der möglichen Zielgesellschaft. Werden diese Kontakte zu formellen Gesprächen, werden diese oft mit einer unverbindlichen Absichtserklärung (Letter of Intent «**LOI**») an den Verwaltungsrat der Zielgesellschaft eingeleitet.

Typischerweise beinhaltet ein solcher LOI die strategischen Absichten des Anbieters, Ausführungen zur ungefähren Höhe des Angebotspreises, Aspekte der Due-Diligence-Prüfung sowie Vertraulichkeits- und Exklusivitätsklauseln.

Grundsätzlich hat der Verwaltungsrat der Zielgesellschaft jedoch keinerlei Verpflichtung, auf die Gespräche mit dem Anbieter einzutreten und/oder gar eine Due-Diligence-Prüfung zu gestatten, wenn eine mögliche Zusammenarbeit nach Ansicht des Verwaltungsrates der Zielgesellschaft nicht im Interesse der Zielgesellschaft und deren Beteiligten liegt.

7.6.6.4 Voranmeldung oder direktes Übernahmeangebot

Der Anbieter kann entweder direkt ein öffentliches Übernahmeangebot gem. Art. 22 ff. BEHG unterbreiten oder vorgängig eine sogenannte Voranmeldung, welche die wichtigsten Informationen (insbesondere den Angebotspreis, einen vorläufigen Zeitplan sowie allfällige Bedingungen) enthält, publizieren.

Unter dem Begriff öffentliches Übernahmeangebot versteht man das öffentliche Angebot (des Anbieters) an die Aktionäre einer börsenkotierten (Ziel-)Gesellschaft, ihre Aktien oder anderen Beteiligungspapiere zum Preis, wie er im Angebot festgelegt ist, zu übernehmen. Das Angebot erfolgt mittels einer Publikation in der Presse oder in elektronischen Medien und richtet sich grundsätzlich an eine grosse Zahl Empfänger. Im Unterschied zu anderen Unternehmenstransaktionen, bei denen die Übertragung zwingend ist (z.B. Fusion, nach entsprechenden Beschluss der GV), kann der Empfänger hier frei wählen, ob er vom Angebot Gebrauch machen will oder ob er die Titel behalten will.

In der Regel wird vor dem vollständigen Kaufangebot zuerst eine *Voranmeldung* gemacht, in der nur Teile des Angebots bekannt gegeben werden (namentlich das Datum für die Berechnung des Mindestpreises und der Zeitpunkt, ab welchem der Verwaltungsrat der

---

[2300] Art. 20 Abs. 1 und 2, 2bis BEHG.

Zielgesellschaft keine Abwehrmassnahmen mehr treffen darf). Ab diesem Zeitpunkt darf der Anbieter die bereits bekannt gegebenen Konditionen nicht mehr ändern, allenfalls noch den Angebotspreis erhöhen. Er hat grundsätzlich spätestens innerhalb von 6 Wochen nach der Voranmeldung das Kaufangebot zu unterbreiten.[2301]

Vor Veröffentlichung ist das Kaufangebot gem. Art. 24 BEHG von einer *unabhängigen Prüfstelle zu prüfen*. Gemäss Art. 27 UEV prüft sie, ob der Angebotsprospekt dem BEHG und den Verordnungen sowie allfälligen im Zusammenhang mit dem Angebot erlassenen Verfügungen der Übernahmekommission entspricht. Sie prüft insbesondere:

- die Vollständigkeit und Wahrheit des Angebotsprospekts;
- die Gleichbehandlung der Empfänger des Angebotes;
- die Finanzierung des Angebotes und die Verfügbarkeit der Mittel;
- die Verfügbarkeit allfällig zum Tausch angebotener Effekten.

Die Prüfstelle erstellt einen kurzen Bericht. Der Anbieter muss diesen Bericht im Angebotsprospekt veröffentlichen.

7.6.6.5 Festsetzung des Angebotspreises unter dem Aspekt der Gleichbehandlung

Wird ein öffentliches Kaufangebot für die Gesamtheit der Aktien der Zielgesellschaft unterbreitet, so finden die Mindestpreisbestimmungen für Pflichtangebote[2302] Anwendung. Nach revidiertem Art. 32 Abs. 4 BEHG muss der angebotene Preis mindestens gleich hoch sein wie der höhere der folgenden Beträge: a) der Börsenkurs oder b) der höchste Preis, den der Anbieter in den letzten zwölf Monaten für Beteiligungspapiere der Gesellschaft bezahlt hat.[2303]

7.6.6.6 Bedingungen

Übernahmeangebote dürfen nicht von aufschiebenden bzw. auslösenden Bedingungen abhängig gemacht werden, die massgeblich vom Willen des Anbieters abhängen oder die schlechterdings nicht erfüllbar sind. Die folgenden Bedingungen sind in Übernahmeangeboten typischerweise etwa anzutreffen:[2304]

erlaubt	nicht erlaubt
Die Bedingung, dass für das Zustandekommen des Übernahmeangebots dem Anbieter mindestens 66,67% aller ausgegebenen Aktien der Zielgesellschaft angedient werden, wird von der UEK grundsätzlich akzeptiert.	Hingegen wäre die Bedingung, dass beispielsweise 90% der ausgegebenen Aktien angedient werden müssen, nicht zulässig, es sei denn, der Anbieter hielte bereits vor Unterbreitung des Übernahmeangebots eine substanzielle Anzahl Aktien der Zielgesellschaft.

2301 Die Frist kann von der UEK erstreckt werden, insbesondere wenn der Anbieter die Bewilligung einer Behörde (z.B. Wettbewerbskommission, FINMA etc.) einholen muss.
2302 Pflichtangebote können nicht von Bedingungen abhängig gemacht werden. Ausnahme bilden einige spezifische Fälle, wie beispielsweise das Erfordernis einer behördlichen Bewilligung oder wenn die zu erwerbenden Beteiligungspapiere einer statutarischen Vinkulierung unterliegen.
2303 In der Fassung des BEHG vom 1. Mai 2013 entfällt künftig die Möglichkeit, bis zu 25% weniger als den höchsten Preis der letzten 12 Monate zu zahlen (Kontrollprämie).
2304 SCHELLENBERG/WITTMER (Hrsg.), Übernahmeangebot aus Sicht des Anbieters, in: Newsletter vom März 2007, Zürich/Genf 2007.

erlaubt	nicht erlaubt
Ebenfalls erlaubt die UEK üblicherweise die Bedingung, dass die Generalversammlung der Zielgesellschaft einer Löschung der Vinkulierungsbestimmungen und/oder der Stimmrechtsbeschränkungen zustimmt und die entsprechenden Änderungen der Statuten im Handelsregister eingetragen werden.	Pflichtangebote können nicht von Bedingungen abhängig gemacht werden. Ausnahme bilden einige spezifische Fälle wie beispielsweise das Erfordernis einer behördlichen Bewilligung oder wenn die zu erwerbenden Beteiligungspapiere einer statutarischen Übertragungsbeschränkung unterliegen oder kein Stimmrecht verschaffen.
Bedingungen wie die Eintragung des Anbieters im Aktienbuch der Zielgesellschaft und die Wahl der vom Anbieter bezeichneten Personen in den Verwaltungsrat der Zielgesellschaft sind allgemein gebräuchlich und werden von der UEK ebenfalls zugelassen.	Bedingung, wonach eine Due-Diligence-Prüfung stattgefunden haben muss, ist nicht zulässig. Dies hat die UEK im Fall Saia-Burgess im Jahre 2005 ausdrücklich festgehalten.
Weiter erlaubt die UEK eine Bedingung, dass sich die Aktiven und/oder Erträge der Zielgesellschaft nicht um 5% mehr des Umsatzes oder um 10% oder mehr des konsolidierten Eigenkapitals, des EBIT oder EBITDA verändern.	
Zudem ist die Bedingung grundsätzlich zulässig, dass die Übernahme durch die zuständigen Wettbewerbsbehörden genehmigt beziehungsweise eine Bewilligung erteilt wird, ohne den involvierten Parteien Bedingungen, Auflagen oder andere Verpflichtungen, die einen finanziellen Einfluss haben, aufzuerlegen.	
Kürzlich hat die UEK entschieden, dass auch die Bedingung, wonach keine Fusion oder Kapitalerhöhung beschlossen wird beziehungsweise keine Abspaltung («spin-off») oder andere Übertragung von mehr als 10% der Vermögenswerte der Zielgesellschaft erfolgt, zulässig ist.	

7.6.6.7 Squeeze-out und Dekotierung

Nach Vollzug der Übernahme hat der Anbieter je nach Ergebnis des Angebots die folgenden Möglichkeiten:

a) Kraftloserklärung («Squeeze-out»)

Falls der Anbieter mehr als 98% der Stimmrechte der Zielgesellschaft besitzt, kann er gem. Art. 33 BEHG binnen einer Frist von drei Monaten vom zuständigen Gericht verlangen, die restlichen Beteiligungspapiere der Zielgesellschaft für kraftlos zu erklären. Wenn das Gericht das Gesuch des Anbieters genehmigt, gibt die Zielgesellschaft die kraftlos erklärten Beteiligungspapiere neu aus und teilt sie dem Anbieter zu gegen Bezahlung des Angebotspreises zugunsten der Personen, deren Beteiligungspapiere kraftlos erklärt worden sind.

b) Squeeze-out Merger

Falls der Anbieter im Besitz von 90% oder mehr der Stimmrechte der Zielgesellschaft ist, so kann gemäss Art. 23 FusG eine Fusion, allenfalls unter erleichterter Voraussetzung vorgenommen werden. Dabei ist den verbleibenden Minderheitsaktionären vom Anbieter eine Barabfindung, die dem wirklichen Wert der Anteile entspricht, auszuzahlen. Dadurch werden die Minderheitsaktionäre aus der Gesellschaft ausgeschlossen.

c) **Dekotierung**

Als letzte Massnahme kann schliesslich auch noch die Dekotierung der Zielgesellschaft bei der SIX beantragt werden.

8. Verwaltungsrat und Revisionsstelle

8.1 Funktion der Revisionsstelle

8.1.1 Allgemeines

Die Revisionsstelle ist ein vom Gesetzgeber im Regelfall gefordertes Organ zur Prüfung der Jahresrechnung und allenfalls der Konzernrechnung einer Aktiengesellschaft. Das bis 2007 gültige Aktienrecht verlangte zwingend von jeder Aktiengesellschaft – unabhängig ihrer Grösse und wirtschaftlichen Bedeutung – die Wahl einer Revisionsstelle. Seit 2008 ist die Revision nicht mehr einheitlich für alle Aktiengesellschaften gleich geregelt, vielmehr wird eine Differenzierung nach der wirtschaftlichen Bedeutung des geprüften Unternehmens vorgenommen. Wirtschaftlich bedeutende Unternehmen und Publikumsgesellschaften werden nach den griffigeren Regeln einer *ordentlichen* Revision geprüft;[2305] kleinere und mittlere Unternehmen unterliegen einer *eingeschränkten* Revision.[2306] Für Kleinstunternehmen besteht die Möglichkeit, sich gänzlich von einer Revision zu befreien *(Opting-out)*.[2307]

In der Öffentlichkeit bestehen oft *Missverständnisse* über die Aufgaben und Verantwortlichkeiten der Revisionsstelle. Zwischen den Erwartungen an die Revisionsstelle einerseits und dem Selbstverständnis der Prüfer bzw. den im Gesetz vorgegebenen Aufgaben andererseits bestehen oft Diskrepanzen (Erwartungslücke, Expectation Gap).[2308] Obwohl in der Immobilien- und Finanzkrise 2007–2009 primär die Banken, Rating-Agenturen und Staaten im Fokus standen und keiner die Abschlussprüfer als Verursacher verantwortlich machte, wurde in der Folge auch die Rolle der Wirtschaftsprüfer hinterfragt.[2309] Nach wie vor scheinen die Erwartungen an den Abschlussprüfer oft übertrieben hoch.[2310] Diese *Erwartungslücken* sind teilweise echt – aufgrund von Missverständnissen oder Unkenntnis. Sie können aber auch unecht sein, wenn versucht wird – wider besseres Wissen oder aus Taktik – die Schuld dort zu suchen, wo allenfalls noch Aussicht auf Schadenersatz besteht. In der Praxis sind insbesondere folgende falsche Vorstellungen und Erwartungen bezüglich der Abschlussprüfung anzutreffen:

[2305] Art. 727, 727b, 728, 728a–c, 730–731a OR.
[2306] Art. 727a, 727c, 729, 729a–c, 730–731a OR.
[2307] Art. 727 Abs. 3 OR.
[2308] Dazu vgl. neben vielen: BOTSCHAFT, Revisionspflicht im Gesellschaftsrecht, 3979; BÖCKLI, Aktienrecht, § 15 Rz. 37; BÖCKLI, Abschlussprüfung, N 19; BEHR, Expectation Gap, 539 ff.; HELBLING, Erwartungen, 181; HWP (2009), Band 2, 22; KARTSCHER/ROSSI/SUTER, Wirtschaftsprüfung, 29; WATTER/PFIFFNER, in: Basler Kommentar, N 125 zu Art. 728a OR; ZÜND, 371 ff.
[2309] Insbesondere die Europäische Kommission hat im Oktober 2010 im einem Grünbuch (EUROPÄISCHE KOMMISSION, Grünbuch, Weiteres Vorgehen im Bereich Abschlussprüfung: Lehre aus der Krise, Brüssel 2010) die Bedeutung der Abschlussprüfung für die Stabilität des Finanzsystems hinterfragt und eine Reihe von sinnvollen, aber auch schädlichen Vorschlägen aufgestellt, die in der Wirtschaft allerdings mehrheitlich auf wenig Verständnis stiessen. Kritisch dazu (neben vielen) LEIBFRIED/HÄUPTLI, in ST, 1-2/2012, S. 2 ff. (für sie ist die EU tief in die Erwartungslücke gefallen).
[2310] Dazu BERNDT, der sich allerdings kritisch zu den Vorschlägen der EU als Folge der offensichtlich verbreiteten «Sehnsucht nach dem alles Sehenden Abschlussprüfer» äussert (in NZZ, Nr. 39 vom 16. Februar 2011, S. 31).

- Das Testat des Abschlussprüfers wird als (gutes) Zeugnis für die finanzielle und wirtschaftliche Leistungsfähigkeit eines Unternehmens verstanden – anstatt als Aussage über Ordnungsmässigkeit der Rechnungslegung.
- Der Abschlussprüfer habe «alles» durchleuchtet – also gebe es keine Gesetzesverstösse oder dolose (deliktische) Handlungen.
- Die Revisionsstelle habe die Geschäftsführung geprüft – also werde das Unternehmen vom Management gut geführt.
- Die Fortführung sei in keiner Weise gefährdet – also werde die Gesellschaft wie bisher weitergeführt werden können.
- Die Revision verhindere Verluste und Konkurse – also bestehe für den Kapitalanleger kein Risiko.

Im Folgenden sollen die Funktion, die Aufgaben, Rechte und Pflichten der Revisionsstelle näher erläutert werden. Insbesondere soll dem Verwaltungsrat aufgezeigt werden, was die Revisionsstelle ist, welche Voraussetzungen sie erfüllen muss, welches ihre Aufgaben, Rechte und Verantwortlichkeiten sind und wie die Zusammenarbeit und Koordination mit dem Unternehmen und dessen Verwaltungsrat gemäss «best practice» gestaltet werden kann.

8.1.2 Informations- und Bestätigungsfunktion

Buchführung und Rechnungslegung bezwecken in erster Linie die Erfassung, Verarbeitung und Aufbereitung von finanziellen Informationen für das Unternehmen selbst, namentlich für deren leitende Organe (Verwaltungsrat und Geschäftsleitung). Sie bilden eine zentrale Grundlage für die Führung und Überwachung des Unternehmens sowie die Entscheidungsfindung der Gesellschaftsorgane.[2311] Buchführung und Rechnungslegung sind aber auch eine Informationsquelle für externe Dritte, die auf aussagekräftige und zuverlässige Angaben über die Finanz- und Ertragslage sowie das Haftungssubstrat angewiesen sind. Sie dienen als Informationen und Entscheidungsgrundlagen für Personen, die in geschäftlicher Beziehung zur Gesellschaft stehen bzw. solche Beziehungen aufnehmen wollen, ihr Kredit gewähren oder sich an ihr beteiligen wollen. Ferner sind sie für den Staat aus volkswirtschaftlichen und fiskalischen Gründen (Grundlage für die Steuerveranlagung) von Bedeutung. Damit Buchführung und Rechnungslegung diese Funktionen erfüllen können, müssen sie bestimmten Kriterien genügen. Diese formellen und materiellen Anforderungen sind im Buchführungs- und Rechnungslegungsrecht seit dem 1.1.2013 neu geregelt.[2312]

Abgesehen von den Mitgliedern der leitenden Organe (Verwaltungsrat, Geschäftsleitung) haben die genannten Interessenten grundsätzlich kein Recht auf Einsicht in die Bücher. Sie können sich nicht selbst von der Richtigkeit der Jahresrechnung überzeugen.[2313] An ihrer Stelle wird dieser Einblick der Revisionsstelle gestattet. Angesichts der bestehenden *Informationsasymmetrie* und der teilweise unterschiedlichen Ziele der verschiedenen Interessentengruppen (Stakeholders) benötigen Buchführung und Rechnungslegung zur Er-

---

2311 Siehe BÖCKLI, Aktienrecht, § 8 Rz. 9 ff.
2312 32. Titel des OR, Art. 957–963*b* OR.
2313 Sogenannte Agency Theory: Dazu siehe BEHR/LEIBFRIED, 65 ff.

füllung ihrer Funktion als Korrelat die Prüfung durch eine unabhängige und fachlich qualifizierte Revisionsstelle.

Der Bericht der Revisionsstelle über die Prüfung der Jahresrechnung bildet eine wichtige *Grundlage für Entscheide,* welche die interessierten – aber weniger informierten – Berichtsadressaten zu treffen haben. Der Nutzer/Leser der Jahresrechnung erhält durch den Prüfungsbericht der Revisionsstelle eine *zusätzliche Sicherheit,* dass die Darstellung der finanziellen Lage des Unternehmens entsprechend den gesetzlichen Vorschriften und den angewandten Rechnungslegungsgrundsätzen erstellt worden ist. Dabei hat sich der Nutzer/Leser des Prüfberichts stets zu vergewissern, welche Art der Prüfung, nach welchen Standards die Prüfung durchgeführt wurde, welchen *Grad der Zusicherung* der Prüfer in seinem Bericht gibt. Der Prüfer ist gehalten, diesen Grad der Zusicherung in seinem Bericht deutlich zum Ausdruck zu bringen.[2314] Bei einer *ordentlichen* Revision wird ein hoher – aber nicht absoluter – Grad der Zusicherung («hinreichende Sicherheit») angestrebt.[2315] Dagegen ist dieser bei einer *eingeschränkten* Prüfung weniger hoch.[2316]

Für die **wichtigsten Interessentengruppen** eines Unternehmens können folgende Zwecke der Abschlussprüfung genannt werden:

8.1.2.1 Selbstschutz für das Unternehmen

Aktiengesellschaften sind gemäss Art. 957 ff. OR zur Buchführung und Rechnungslegung verpflichtet. Die Revisionsstelle hat die Jahresrechnung zu prüfen. Indirekt trägt sie damit bei, dass die Gesellschaft ihrer gesetzlichen Buchführungs- und Rechnungslegungspflichten ordnungsgemäss nachkommt.[2317]

Die Gesellschaft wird bestrebt sein, einen Prüfbericht der Revisionsstelle ohne Einschränkungen und Hinweise zu erhalten. Um dieses Ziel zu erreichen, trifft das Unternehmen die notwendigen Massnahmen. Dieser indirekte Druck auf die Gesellschaft wird in der Praxis durch die kreditgebenden Banken verstärkt, welche eine Rechnungslegung nach anerkannten Grundsätzen und das uneingeschränkte Testat einer renommierten Revisionsgesellschaft verlangen.

Die Revision durch unabhängige Fachleute ist funktional in die Gesamtheit der vom Gesetzgeber vorgesehenen Bestimmungen zum Schutz des Eigenkapitals eingebettet. Sie hat dafür zu sorgen, dass unerlaubte Entnahmen von Eigenkapital durch die Mehrheitsbeteiligten möglichst unterbleiben (oder nicht unerkannt durchgehen), bei einem hälftigen Kapitalverlust die Alarmglocke geläutet wird und nach einem Eintritt der Überschuldung der Schaden für Alt- und allfällige Neugläubiger nicht weiter vergrössert wird.[2318]

Nach der Prüfung hat die Gesellschaft die Gewähr, dass ihre Buchführung und Rechnungslegung gesetzeskonform sind. Dieser Selbstschutz steht indirekt auch im Interesse der Mitarbeiter und der Öffentlichkeit.[2319]

2314 PS 200, Übergreifende Zielsetzungen und Grundsätze einer Prüfung), Ziff. 5 ff.
2315 Siehe hinten Ziff. 8.5, S. 587 ff.
2316 Siehe hinten Ziff. 8.6, S. 626 ff.
2317 Siehe vorne Ziff. 3.4.2, S. 190 ff.
2318 BÖCKLI, Aktienrecht, § 15 Rz. 13.
2319 HWP (2009), Band 2, 71 ff.

Ein Prüfbericht ohne Einschränkungen oder Hinweise, erstattet von einer anerkannten Prüfgesellschaft, bietet dem Verwaltungsrat auch die Gewähr, dass er seiner Verantwortung zur Ausgestaltung des Rechnungswesens gemäss Art. 716 OR nachgekommen ist. Jedes Mitglied des Verwaltungsrates hat nicht nur das Recht, sondern auch die Pflicht, den Revisionsbericht einzusehen und zu studieren.

8.1.2.2 Entscheidungsbasis für die Aktionäre

Primärer Adressat des Berichts der Revisionsstelle ist die Generalversammlung der Aktionäre.[2320] Der Revisionsbericht stellt eine wichtige Bestätigung eines unabhängigen Experten über die Rechnungslegung der Gesellschaft dar. Er ermöglicht dem Aktionär als *Eigentümer* der Gesellschaft, seine Stimme an der Generalversammlung bei der Genehmigung der Jahresrechnung sinnvoll einzusetzen. Nur wer einen verlässlichen Überblick über die Vermögens-, Finanz- und Ertragslage einer Gesellschaft hat, kann beurteilen, ob sich das Kapital, das er in die Gesellschaft investiert hat, seinen Erwartungen entsprechend entwickelt hat oder zumindest erhalten blieb. Als Ergänzung zur schriftlichen Berichterstattung kann der Aktionär zudem an der Generalversammlung von der Revisionsstelle Auskunft über die Durchführung und das Ergebnis der Prüfung verlangen.[2321]

Für *Minderheitsaktionäre* hat die Prüfung durch die externe Revisionsstelle auch eine gewisse Schutzwirkung: der Mehrheitsaktionär soll durch die externe unabhängige Prüfung davon abgehalten werden, ungerechtfertigt und im bösen Glauben Leistungen (ohne entsprechende Gegenleistung) zulasten der Gesellschaft zu beziehen. Solches hätte die Revisionsstelle nämlich der Generalversammlung zu melden.[2322] Zum Schutz der Minderheitsaktionäre dient auch das Recht, wonach Aktionäre, die 10% des Kapitals vertreten, eine ordentliche Revision verlangen können.[2323] Zudem kann ein einzelner Minderheitsaktionär seine Zustimmung zum Verzicht auf eine (eingeschränkte) Revision verweigern, damit ein Opting-out verhindern und eine eingeschränkte Revision durchsetzen.[2324]

Zur Erhaltung des Kapitals der Gesellschaft und damit zum Schutz der Aktionäre dient auch die Pflicht des Verwaltungsrates zur unverzüglichen Einberufung einer Generalversammlung bei hälftigem Kapitalverlust.[2325] Kommt der Verwaltungsrat dieser Aufgabe nicht nach, wird die Revisionsstelle diesen Gesetzesverstoss der Generalversammlung melden. Mit diesem Vorgehen werden Missstände zeitlich früher aufgedeckt und dadurch deren negative Auswirkungen (insbesondere eine weitere Reduktion des Eigenkapitals, ein Anwachsen der Verluste, eine mögliche Bevorteilung einzelner Gläubiger etc.) tendenziell begrenzt.

8.1.2.3 Kapitalschutz für die Gläubiger

Für den Gläubiger der Gesellschaft dient die Revisionsstelle insofern als Schutz, als sie die Einhaltung der gesetzlichen Rechnungslegungsvorschriften, insbesondere die Höchstbewertungsvorschriften prüft. Sie sorgt dafür, dass keine fiktiven Gewinne ausgewiesen (und

---

2320 Art. 728*b* Abs. 2 OR, bzw. Art. 729*b* Abs. 1 OR.
2321 Art. 697 OR, siehe auch hinten Ziff. 8.5.7, S. 619 ff.
2322 Art. 678 OR in Zusammenhang mit Art. 728*c* OR.
2323 Art. 727 Abs. 2 OR.
2324 Art. 727*a* Abs.2 OR.
2325 Art. 725 Abs. 1 OR.

allenfalls ausgeschüttet) werden. Damit schützt sie indirekt das Eigenkapital, was auch im Interesse der Gläubiger und Banken liegt. Die Rechnungsprüfung durch die Revisionsstelle stellt letztlich das Korrelat zum Fehlen einer persönlichen Haftung der Aktionäre dar: eine geprüfte Jahresrechnung soll Aufschluss über das vorhandene Haftungssubstrat geben.

Das Recht zur Einsicht in die Jahresrechnung und die entsprechenden Revisionsberichte steht freilich einem Gläubiger nur zu, wenn er ein schutzwürdiges Interesse nachweisen kann.[2326] Ein *schutzwürdiges* Interesse eines Gläubigers wird in der Rechtspraxis nur dann angenommen, wenn die Einbringlichkeit seiner Forderung konkret gefährdet erscheint oder Anzeichen vorliegen, die auf finanzielle Schwierigkeiten des Schuldners hinweisen.[2327] Die Praxis des Bundesgerichts verlangt, dass eine hohe Wahrscheinlichkeit des Interesses nachgewiesen werden muss.[2328] Zudem muss auch die Höhe der Forderung im Vergleich zu den vermögensrechtlichen Verhältnissen des Gläubigers eine Einsichtnahme rechtfertigen. Damit soll vermieden werden, dass die Einsicht lediglich dazu dient, die Neugierde zu befriedigen oder gar Geschäftsgeheimnisse auszukundschaften. Der Massstab an die Anforderungen für das Vorliegen des Einsichtsrechts ist allerdings nicht immer klar.[2329] Es ist immer – unter Berücksichtigung der Umstände und einer Abwägung der Interessen im Einzelfall – zu entscheiden, ob eine Einsichtnahme in die (ansonsten vertraulichen) Unterlagen gerechtfertigt ist. Dabei ist bei der Beurteilung des schützenswerten Interesses an die Einsichtnahme kein allzu strenger Massstab anzuwenden.[2330] Demnach dürfte einem Gläubiger ein schützenwertes Interesse daran, zunächst die Zahlungsfähigkeit der schuldnerischen Gesellschaft zu prüfen, bevor er allenfalls weitere Mittel für die Durchsetzung seiner Forderung aufwendet, kaum abgesprochen werden.[2331]

Kein besonderes Einsichtsrecht steht an sich den Arbeitnehmern zu. Hingegen haben sie Einsichtsrecht, falls sie als Lohngläubiger ein schutzwürdiges Interesse nachweisen können sowie gestützt auf den Sonderfall gemäss Art. 322*a* Abs. 2 und 3 OR (Einsichtsrecht bei Anteil Geschäftsergebnis).

Das Einsichtsrecht der Gläubiger ist am Sitz der Gesellschaft auszuüben. Es ist in Analogie zu Art. 958*e* OR auf ein Jahr beschränkt.

Nach Eintritt der Überschuldung verhindert eine korrekt handelnde Revisionsstelle, dass ein allenfalls zu optimistischer Verwaltungsrat es unterlässt, Sanierungsmassnahmen zu ergreifen bzw. den Richter zu benachrichtigen. Da in dieser Situation – bei untätigem Verwaltungsrat – das Gesetz ein Einschreiten der Revisionsstelle vorsieht,[2332] wird verhindert, dass der Schaden weiter anwächst und es zu allfälligen Gläubigerbevorteilungen kommen könnte.

2326 Art. 958*e* Abs. 2 OR.
2327 BGE 4C.129/2004, E. 4.2.1.
2328 Forstmoser/Meier-Hayoz/Nobel, § 48 N 11; Weber, in: Basler Kommentar, N 7 zu Art. 697*h* OR.
2329 Handschin, Rechnungslegung, N 361.
2330 Weber, in: Basler Kommentar, N 7 zu Art. 697*h* aOR.
2331 BGE 137 III 225, E. 4.1.3.
2332 Art. 725 OR; Näheres dazu siehe hinten Ziff. 8.5.8, S. 621 ff.

8.1.2.4 Information für die übrigen Interessierten

Die Allgemeinheit (inkl. Arbeitnehmer, Staat, Dritte) hat im Hinblick auf die Verlässlichkeit im Geschäftsverkehr ein eminentes Interesse an einer korrekten und transparenten Rechnungslegung und Rechnungsprüfung.[2333] Publikumsgesellschaften müssen daher aufgrund Art. 958e OR und den Börsenvorschriften ihre Jahres-/Konzernrechnung zusammen mit den Berichten der Revisionsstelle veröffentlichen.[2334]

Die geprüfte Rechnungslegung bildet eine zentrale Voraussetzung der externen Marktkontrolle in Publikumsgesellschaften. Das Vertrauen aller Beteiligten und Interessierten an der Richtigkeit der Rechnungslegung beruht letztlich auf der Verlässlichkeit und der Glaubwürdigkeit einer unabhängigen Prüfung der Rechnungslegung. Der Revisionsstelle kommt damit als Element des rechtlichen Rahmens wirtschaftlicher Tätigkeit eine grundlegende Bedeutung zu.

Gemäss eines neueren, nicht in der amtlichen Sammlung publizierten Entscheides des Bundesgerichts hat die Revisionsstelle ihre Prüfungsaufgaben nicht nur im Interesse der aktuellen Kapitalgeber (Aktionäre, Gläubiger) zu erfüllen; ihre Funktion sei vielmehr «gesellschaftsübergreifend, mithin auch drittschutzbezogen».[2335] Investoren, die im Vertrauen auf den Bericht der Revisionsstelle Aktien der Gesellschaft erwerben oder ihr Darlehen gewähren, geniessen demnach einen gewissen Schutz, sofern die übrigen Haftungsvoraussetzungen erfüllt sind. Begründet wird diese Drittschutzwirkung insbesondere damit, dass im (alten) Recht (bis 1.1.2008) für *jede* Aktiengesellschaft *zwingend* eine Revisionsstelle vorgeschrieben war. Mit dem Wegfall dieser Pflicht und der Möglichkeit des Opting-out für kleine Gesellschaften ist diese Begründung allerdings relativiert worden.

Als Basis für die Haftung gegenüber Gläubigern und sonstigen Dritten stösst der Revisionsstellenbericht jedoch auch an seine Grenzen. Es besteht die Gefahr, dass zunehmend höhere Erwartungen an die Revisionsstelle gestellt werden. Nicht befriedigend ist dabei, dass die Revisionsstelle für ihr Haftungsrisiko von der geprüften Gesellschaft selbst oft nur bedingt honoriert wird, und von allfällig weiteren, nutzniessenden Dritten dafür nichts erhält.

8.1.3 Prävention

Allein das Bewusstsein der Akteure in einer Organisation darüber, dass ihre Handlungen einer unabhängigen, externen Revision unterzogen werden, reduziert und vermindert den Missbrauch. Dabei bezieht sich Missbrauch nicht bloss auf die Veruntreuung von Vermögenswerten, sondern auch auf dolose Rechnungslegung (z.B. Fälschung von Aufzeichnungen, Weglassen von relevanten Informationen, Falschanwendung von Rechnungslegungsgrundsätzen). Die Prüfung durch einen unabhängigen externen Dritten übt *ex ante* einen gewissen Druck auf die Verantwortlichen aus, der sie davon abhalten soll, die Er-

---

[2333] BOTSCHAFT, Revisionspflicht im Gesellschaftsrecht, 3991, BÖCKLI, Aktienrecht, § 15 Rz. 14.
[2334] Kotierungsreglement der SIX (vom 1.4.2011), Art. 47: Der Emittent ist verpflichtet, einen Geschäftsbericht zu veröffentlichen. Dieser umfasst den geprüften Jahresabschluss gemäss dem anwendbaren Rechnungslegungsstandard sowie den zugehörigen Bericht des Revisionsorgans (Testat).
[2335] BG 1. Zivilabteilung, 4C.13/1997 vom 19.12.1997 (publiziert in: Die Praxis, 9/1998, 680 ff.).

gebnisse und die finanzielle Situation der Gesellschaft zu beschönigen bzw. falsch darzustellen.[2336]

Wo Menschen arbeiten, können Fehler, aber auch Missbräuche passieren. Durch die Abschlussprüfung und vor allem durch die Prüfung des internen Kontrollsystems (IKS) übt die Revisionsstelle insofern eine präventive Wirkung aus, als sie auf mögliche Schwachstellen und Quellen von Unregelmässigkeiten aufmerksam macht. Sie liefert damit den Verantwortlichen im Unternehmen Hinweise zur laufenden Verbesserung des internen Kontrollsystems. Damit trägt sie letztlich wesentlich zur Reduktion von künftigen Fehlern, zur laufenden Verbesserung der Qualität der Rechnungslegung, zur Durchsetzung der Unternehmensziele und zum Schutz von dessen Vermögen bei.

8.1.4 Detektivfunktion

Der Prüfer hat bei der Planung und Durchführung von Prüfungshandlungen sowie bei der Berichterstattung das Risiko in Betracht zu ziehen, dass der Abschluss wesentliche falsche Darstellungen aufgrund von dolosen Handlungen oder Irrtümern enthalten kann. Mit einer professionellen Prüfung durch einen unabhängigen Prüfer steigt die Wahrscheinlichkeit, dass wesentliche Verstösse gegen die Rechnungslegung aufgedeckt werden. Dennoch bleibt – angesichts der inhärenten Grenzen jeder Prüfung – ein unvermeidbares Risiko, dass wesentliche Falschdarstellungen in der Rechnungslegung möglicherweise nicht erkannt werden, selbst wenn die Prüfung ordnungsgemäss geplant und durchgeführt worden ist.[2337]

Die konkrete Erfüllung der genannten Funktionen setzt neben einer Unabhängigkeit auch ein hohes Mass an betriebswirtschaftlicher und rechtlicher Sachkunde sowie Erfahrung voraus. Durch die zunehmende Professionalisierung der Prüfungstätigkeit stieg das Niveau der Prüfungen in den letzten Jahren deutlich an. Dadurch sind aber auch die Erwartungen, welche der Verwaltungsrat, die Aktionäre, die Gläubiger und die Öffentlichkeit allgemein an die Revisoren stellen, erhöht worden.

8.1.5 Revisionsstelle als sekundäres Organ

Aus der Hauptfunktion der Revisionsstelle (Prüfung der Jahresrechnung und des Antrags über die Verwendung des Bilanzgewinnes als Entscheidungshilfe für den Aktionär) ergibt sich, dass die Revisionsstelle nur bedingt ein Organ der Gesellschaft darstellt. Abgesehen von Sonderfällen (subsidiäre Einberufung der GV[2338], subsidiäre Benachrichtigung des Richters im Falle einer offensichtlichen Überschuldung[2339]) übt die Revisionsstelle keine Verwaltungs- oder Vertretungsbefugnisse für die Gesellschaft aus.

Dennoch ist die Qualifikation der Revisionsstelle als Organ in der Schweizer Tradition stark verwurzelt und in das Verantwortlichkeitsrecht eingeflochten.[2340] In der Tat lassen

---

2336 BÖCKLI, Aktienrecht, § 15 Rz. 12.
2337 PS 200, Übergreifende Zielsetzung und Grundsätze einer Prüfung, lit. A 52.
2338 Art. 699 Abs. 1 OR.
2339 Art. 728c Abs. 3 OR (ordentliche Revision) bzw. Art. 729c OR (eingeschränkte Revision).
2340 Art. 755 OR und Art. 759 OR; siehe auch BÖCKLI, Abschlussprüfung, N 31 f.

sich – ohne eine Organstellung der Revisionsstelle anzunehmen – gewisse ihrer Aufgaben nur schwer erklären (Abgabe von Empfehlungen zur Rechnungsabnahme, ersatzweise Einberufung der Generalversammlung in Notfällen, subsidiärer Gang zum Richter bei offensichtlicher Überschuldung und untätigem Verwaltungsrat). Das Bundesgericht bezeichnet die Revisionsstelle angesichts ihrer beschränkten Aufgaben und Kompetenzen in der Schweiz als *sekundäres* Organ[2341], weil ihre Funktion darauf ausgerichtet ist, die Fakten, welche vom Primärorgan Verwaltungsrat (und Geschäftsleitung) bereitgestellt wurden, im Nachhinein nochmals anzusehen (Re-Vision). Dies heisst allerdings nicht, dass die Revisionsstelle von zweitrangiger Bedeutung wäre. Im Gegenteil: Die neuere bundesgerichtliche Rechtsprechung und das neue Recht haben die Stellung der Revisionsstelle gestärkt, ihre Unabhängigkeit besser geschützt und ihre funktionale Bedeutung erhöht.[2342,2343] Die Revisionsstelle entwickelt sich zunehmend «von einem mehr geduldeten von aussen kommenden Störelement zu einem vollwertigen Eckpunkt im Dreieck Aktionär-Unternehmensleitung-Revision».[2344]

Die Revisionsstelle verfügt entsprechend dem Grundsatz der Parität der Gesellschaftsorgane über ihren eigenen – allerdings eng abgegrenzten – Zuständigkeitsbereich. Die Generalversammlung und der Verwaltungsrat dürfen der Revisionsstelle keine Weisungen zur Ausübung der ihr gesetzlich übertragenen Aufgaben erteilen. Die Generalversammlung kann die Aufgaben der Revisionsstelle jedoch erweitern und ihre Organisation eingehender regeln.[2345] Dabei dürfen der Revisionsstelle allerdings weder Aufgaben des Verwaltungsrates noch solche der Generalversammlung zugewiesen werden. Es dürfen ihr weiter auch keine Aufgaben übertragen werden, die ihre Unabhängigkeit beeinträchtigen könnten.[2346]

Die Revisionsstelle ihrerseits hat weder gegenüber dem Verwaltungsrat noch gegenüber der Geschäftsleitung der geprüften Gesellschaft ein Weisungsrecht. In den genannten Sonderfällen (Pflicht zur Einberufung der Generalversammlung bzw. Anzeige einer offensichtlichen Überschuldung) entsteht jedoch eine subsidiäre Handlungspflicht der Revisionsstelle, falls der Verwaltungsrat untätig bleibt und ihrer Aufforderung in gesetzwidriger Weise nicht nachkommt.

Die Haftung der Revisionsstelle nach Art. 755 OR wird gelegentlich als Organhaftung bezeichnet. Die Haftung ist jedoch nicht zwingend an die Stellung als Gesellschaftsorgan geknüpft. Einerseits stellt der Gesetzestext der genannten Bestimmung gerade absichtlich nicht auf die Wahl als Organ ab; zum anderen trifft auch die Generalversammlung keine entsprechende Haftung, obschon sie unbestrittenermassen Organ der Gesellschaft ist.

2341 BGE 129 III 134.
2342 BGE 4C.24/2006 vom 26.4.2007, E. 7.3.
2343 So wörtlich in der BOTSCHAFT vom 23.Juni 2004 (Revisionspflicht Gesellschaftsrecht), 3976: «*Das Vertrauen aller Beteiligten und Interessierten in die Korrektheit des Jahresabschlusses einer Unternehmung beruht letzlich auf der Verlässlichkeit und der Glaubwürdigkeit einer unabhängigen Revision der Rechnungslegung. Der Arbeit der Revisonsstelle kommt daher grundlegende Bedeutung als Element des rechtlichen Rahmens wirtschaftlicher Tätigkeit zu.*»
2344 BÖCKLI, Abschlussprüfung, N 32 f.
2345 Art. 731*a* Abs. 1 OR.
2346 Art. 731*a* Abs. 2, Art. 728 und Art. 729 OR.

8.1.6 Grenzen der Revision

Trotz der zunehmenden Bedeutung der Stellung der Revisionsstelle, sind ihre Aufgaben und Kompetenzen im Gesetz klar begrenzt und dürfen nach dem Gesagten nicht überbewertet werden. Insbesondere dürfen aus der Organstellung keine Folgerungen gezogen werden, die über die gesetzlichen Grundlagen der Rechtsstellung der Revisionsstelle hinausgehen. Der Prüfungsbericht als Resultat einer Revision bietet zwar in einem gewissen Rahmen Gewähr dafür, dass die Jahresrechnung ein adäquates Bild der finanziellen Lage des Unternehmens zeigt. Der Auftrag der Revisionsstelle ist jedoch nur begrenzt. Die Revision befasst sich ausschliesslich mit der Buchführung und Rechnungslegung, wobei diese Unterlagen einzig unter dem Gesichtspunkt geprüft werden, ob sie nach Gesetz, Statuten und allenfalls einem Regelwerk (z.B. Swiss GAAP FER, IFRS etc.) erstellt worden sind. Wie HELBLING treffend feststellt, ist eine Jahresrechnung viel weniger genau, als die meisten glauben, gleichgültig nach welchem Regelwerk sie erstellt wurde. Die Jahresrechnung ist insbesondere keine Unternehmensbewertung. Das gilt selbst bei einer Bilanzierung nach «True and Fair View».[2347]

Oft beruhen wesentliche Werte einer Bilanz auf Schätzungen und *Annahmen über die künftige Entwicklung* (insbesondere beim Goodwill, den immateriellen Werten, angefangenen Projekten, aber auch bei den Rückstellungen). Dann hat die Geschäftsleitung und der Verwaltungsrat – auf der Basis der Kenntnisse und Erfahrungen aus der Vergangenheit – nach bestem Wissen und Gewissen eine Beurteilung der zukünftigen Entwicklung vorzunehmen. Naturgemäss können sich dabei die Geschäftsleitung und der Verwaltungsrat irren. Umso mehr kann die – aussenstehende – Revisionsstelle bezüglich künftiger Entwicklungen naturgemäss nur bedingt Aussagen machen.[2348]

Die Revision ist auch *keine Wirtschaftlichkeitsprüfung*. Prüfungsgegenstand bildet primär die *Darstellung* der Vermögens-, Finanz- und Ertragslage, nicht die wirtschaftlichen Lage des Unternehmens selbst. Soweit nicht die Gefahr einer Überschuldung besteht, muss die Revisionsstelle kein Urteil über die finanzielle Lage der Gesellschaft abgeben und ebenso wenig die Vermögenssituation – hinsichtlich Liquidität, Einhaltung von fristengerechter Finanzierung etc. – analysieren. Ein uneingeschränkter Prüfbericht der Revisionsstelle stellt insofern nur bedingt eine Aussage über die finanzielle Gesundheit der Gesellschaft dar.

Freilich ist die Prüfung der Liquidität und der Kapitalerhaltung immer dann eine Pflicht für die Revisionsstelle, wenn die Fortführung des Unternehmens in Frage gestellt ist, oder wenn eine Anzeige wegen offensichtlicher Überschuldung gemäss Art. 725 Abs. 2 OR erwogen werden muss. In dieser finanziellen Extremlage – und nur dann – muss die Revisionsstelle zusätzlich gewisse Geschäftsführungsprüfungen vornehmen.

Ansonsten ist die *Geschäftsführung* des Verwaltungsrates ausdrücklich nicht Gegenstand der Prüfung durch die Revisionsstelle.[2349] Dafür ist einzig der Verwaltungsrat gegen-

---

[2347] HELBLING, Geschichte, 178.
[2348] BÖCKLI, Abschlussprüfung, N 40.
[2349] Art. 728*a* Abs. 3 OR (ordentliche Revision) bzw. 729*a* Abs. 3 OR (eingeschränkte Revision). Ein entsprechender Vorstoss zur Ausdehnung auf die Beurteilung der Angemessenheit der organisatorischen und personellen Voraussetzungen für eine einwandfreie Geschäftsführung wurde im Parlament abgelehnt (Postulat Walker, Amtl. Bull NR (2002), 1128). BÖCKLI, Aktienrecht, § 15 Rz. 17 f.

über den Eigentümern der Gesellschaft verantwortlich. Die Revisionsstelle ist somit kein «Oberverwaltungsrat», welcher die Zweckmässigkeit der Entscheide des Verwaltungsrates zu beurteilen hat.

8.2 Gesetzliche Revisionspflicht

8.2.1 Differenzierte Revisionspflicht

Bis 2007 hatte jede Aktiengesellschaft zwingend eine Revisionsstelle zu bestimmen, und die Prüfung der Jahresrechnung war bei allen Gesellschaften grundsätzlich nach den gleichen Grundsätzen vorzunehmen. Seit dem 1.1.2008 richtet sich die Regelung der Revision von Unternehmen – unabhängig von der jeweiligen Rechtsform – nach deren wirtschaftlicher Bedeutung und Grösse.[2350]

Entsprechend der wirtschaftlichen Bedeutung des zu prüfenden Unternehmens findet eine Differenzierung in mehrfacher Hinsicht statt:

a) nach Bestehen einer Prüfpflicht (obligatorische Prüfung – keine Prüfpflicht – freiwillige Prüfung);
b) nach Art der Prüfung (ordentliche Revision – eingeschränkte Revision);
c) nach den an den Prüfer gestellten Anforderungen (staatlich beaufsichtigtes Revisionsunternehmen – Revisionsexperte – Revisor).[2351]

8.2.1.1 Differenzierte Prüfpflicht

Gemäss Art. 727a OR unterliegen alle Gesellschaften, die nicht ordentlich geprüft werden müssen,[2352] einer eingeschränkten Revision durch die Revisionsstelle. Grundsätzlich besteht daher eine *obligatorische Prüfpflicht* für Aktiengesellschaften.

Eine diesbezügliche Ausnahme besteht nur für Gesellschaften, die lediglich eingeschränkt zu prüfen wären und (kumulativ) im Jahresdurchschnitt nicht mehr als 10 Vollzeitstellen haben. Diese Gesellschaften können mit Zustimmung aller Aktionäre auch auf die eingeschränkte Revision *verzichten* (sogenanntes «*Opting-out*»).[2353]

In den Grenzen des gesetzlichen Rahmens haben die Aktionäre von Gesellschaften, welche der eingeschränkten Revision unterliegen, zudem gewisse Wahlrechte in Bezug auf die Revisionspflicht.[2354] Sie können sich beispielsweise freiwillig einer strengeren Prüfung unterziehen oder zusätzliche Teilbereiche prüfen lassen, die für die betreffende Gesellschaft gesetzlich nicht vorgesehen sind.

2350 Art. 727 OR.
2351 Dazu siehe hinten Ziff. 8.3., S. 563 ff.
2352 Art. 727 OR.
2353 Art. 727a Abs. 2 OR.
2354 Siehe hinten Ziff. 8.2.2., S. 557 ff.

8.2.1.2 Art der Revision

Art. 727 OR verlangt eine *ordentliche Revision* für sämtliche Publikumsgesellschaften, für die wirtschaftlich bedeutenden Gesellschaften und für Gesellschaften, die zur Erstellung einer Konzernrechnung verpflichtet sind.

Sind die Voraussetzungen für die ordentliche Revision nicht gegeben (also bei *kleinen und mittleren Gesellschaften*, welche die genannten Grössenkriterien nicht erreichen bzw. nicht konsolidierungspflichtig sind), so ist gemäss Art. 727a Abs. 1 OR lediglich eine *eingeschränkte Revision* durch die Revisionsstelle verlangt.

Die *ordentliche* Revision ist entsprechend den Schweizer Prüfungsstandards durchzuführen. Die ordentliche Revision entspricht weitgehend einer Prüfung gemäss International Standards on Auditing (ISA) – mit einigen zusätzlichen (schweizerischen) Aufgaben und Anforderungen. Bei der *eingeschränkten* Revision führt die Revisionsstelle nur bestimmte, im Gesetz aufgezählte Arten von Prüfungshandlungen durch. Diese Prüfung ist nach dem Standard zur Eingeschränkten Revision (SER) durchzuführen und stellt eine schweizerische Lösung dar, die teilweise weiter gehende Prüfungshandlungen verlangt als die international gebräuchliche Review.[2355]

Nachstehende Tabelle zeigt die wesentlichen *Unterschiede* zwischen den beiden Revisionsarten. Nebst dem Kreis der betroffenen Gesellschaften und den Mindestanforderungen an die Revisionsstelle betreffen die Unterschiede insbesondere den angestrebten *Grad der Prüfungssicherheit*. Während die ordentliche Revision einen hinreichenden Grad an Sicherheit anstrebt, ist die Prüfungssicherheit bei der eingeschränkten Revision begrenzt. Entsprechend sind die Prüfungshandlungen, die gemäss Schweizer Prüfungsstandards (PS) bei der ordentlichen Revision anzuwenden sind, stärker auf das Ziel der Abgabe eines *Prüfungsurteils* ausgerichtet; demgegenüber sind die Prüfungshandlungen gemäss Standard zur eingeschränkten Revision (SER) lediglich darauf ausgerichtet, eine negativ formulierte Prüfungsaussage zu machen, also kein Prüfungsurteil abzugeben. Daneben bestehen *Unterschiede in der Berichterstattung* an die Generalversammlung und an den Verwaltungsrat, die Anzeigepflichten sowie die Prüfung des IKS.

Art der Revision	Ordentliche Revision	Eingeschränkte Revision
Prüfungspflicht	*Publikumsgesellschaften* gem. Art 727 Abs. 1 Ziff. 1 OR. (Als solche gelten Gesellschaften, die a) Beteiligungspapiere an einer Börse kotiert haben; b) Anleihensobligationen ausstehend haben; c) mindestens 20 Prozent der Aktiven oder des Umsatzes zur Konzernrechnung einer Gesellschaft nach lit. a) oder b) beitragen.[2356]	

[2355] Insbesondere angemessene Detailprüfungen gem. STANDARD ZUR EINGESCHRÄNKTEN PRÜFUNG (SER), Zürich 2007, Anhang D.

[2356] Mit dem Einbezug der wichtigen Gesellschaften soll sichergestellt werden, dass wesentliche Tochtergesellschaften eines Konzerns ordentlich geprüft werden.

Art der Revision	Ordentliche Revision	Eingeschränkte Revision
Prüfungspflicht (Forts.)	«*Wirtschaftlich bedeutende Unternehmen*» gem. Art. 727 Abs. 1 Ziff. 2 OR. Dazu zählen nicht kotierte Gesellschaften, die zwei der nachstehenden Grössenkriterien in zwei aufeinanderfolgenden Geschäftsjahren überschreiten:[2357] a) Bilanzsumme CHF 20 Mio. b) Umsatzerlös CHF 40 Mio. c) 250 Vollzeitstellen im Jahresdurchschnitt. Gesellschaften, die eine *Konzernrechnung erstellen* müssen (Art. 727 Abs. 1 Ziff. 3 OR) Auf Verlangen von Aktionären mit einer Beteiligung von mindestens 10% am Grundkapital (Art. 727 Abs. 2 OR) Bei Anordnung in den Statuten oder aufgrund eines Beschlusses der Generalversammlung (Art. 727 Abs. 3 OR) Jahresrechnungen/Konzernrechnungen nach einem anerkannten Standard zur Rechnungslegung – unabhängig der Schwellenwerte (gem. Art. 962 OR)	Gesellschaften, die die Grössenkriterien gemäss Art. 727 Abs. 1 Ziff. 2 OR nicht erfüllen. Mit Zustimmung aller Aktionäre kann auf die eingeschränkte Revision verzichtet werden, wenn die Gesellschaft nicht mehr als 10 Vollzeitstellen im Jahresdurchschnitt hat (Opting-out; Art. 727a Abs. 2 OR)
Mindestanforderung an die Revisionsstelle	Strengere Anforderungen: – Zugelassener Revisionsexperte (Art. 727*b* Abs. 2 OR. – Für Publikumsgesellschaften: staatlich beaufsichtigtes Revisionsunternehmen (Art. 727*b* Abs. 1 OR)	Reduzierte Anforderungen in Bezug auf Fachpraxis: Zugelassener Revisor (Art. 727*c* OR)
Prüfungsauftrag der Revisionsstelle (Prüfungspflichten)	Prüfung der Übereinstimmung von Jahresrechnung/Konzernrechnung mit Gesetz, Statuten und gewähltem Regelwerk/anerkanntem Standard zur Rechnungslegung (Art. 728*a* Abs. 1 Ziff. 1 OR; Art. 962 OR) Übereinstimmung des Antrages des VR über die Verwendung des Bilanzgewinnes mit Gesetz und Statuten (Art. 728*a* Abs. 1 Ziff. 2 OR)	Prüfung des Vorliegens von Sachverhalten, aus denen auf eine fehlende Übereinstimmung der Jahresrechnung mit Gesetz und Statuten geschlossen werden müsste (Art. 729*a* Abs.1 Ziff. 1 OR) Prüfung des Vorliegens von Sachverhalten, aus denen auf eine fehlende Übereinstimmung des Antrages des Verwaltungsrates über die Verwendung des Bilanzgewinnes mit Gesetz und Statuten geschlossen werden müsste (Art. 729*a* Abs.1 Ziff. 2 OR)

2357 Gemäss Art. 727 Abs. 2 Ziff. 2 OR. Die Werte wurden per 1.1.2012 erhöht.

Art der Revision	Ordentliche Revision	Eingeschränkte Revision
Prüfungspflicht (Forts.)	Prüfung der Existenz eines internen Kontrollsystems IKS (Art. 728a Abs. 1 Ziff. 3 OR)	Keine Prüfung des internen Kontrollsystems IKS
Anforderungen an die Unabhängigkeit der Revisionsstelle	Standards und Richtlinien zur Unabhängigkeit der Treuhand-Kammer; strenge Auflagen an die Unabhängigkeit nach Art. 728 OR	Standards und Richtlinien zur Unabhängigkeit der Treuhand-Kammer Restriktionen bei zusätzlichen Dienstleistungen nach Art. 729 OR
Erbringung anderer Dienstleistungen	Erlaubte Dienstleistungen ausserhalb der Revision sind im umfassenden Bericht an den *Verwaltungsrat* zu erwähnen	Erlaubte Dienstleistungen ausserhalb der Revision sind im Bericht an die *Generalversammlung* zu erwähnen
Rotation des Leiters	Rotation des leitenden Prüfers nach spätestens 7 Jahren	Keine Rotation des leitenden Prüfers
Grad der Prüfungssicherheit	Hinreichende Sicherheit (*reasonable assurance*)	Begrenzte Sicherheit (*moderate assurance*)
Anzuwendender Prüfungsstandard	Schweizer Prüfungsstandards (PS)	Standard zur eingeschränkten Revision (SER)
Inventur	Teilnahme an Inventur/-beobachtung.	Keine Inventurbeobachtung
Drittbestätigungen	Bankbestätigungen Saldobestätigungen von Debitoren und Kreditoren sowie Anwaltsbestätigungen	Keine Drittbestätigungen (lediglich Unterlagen, die im Besitz des Unternehmens sind)
Prüfungsvorgehen	Beurteilung und Existenzprüfungen, Einzelfallprüfungen; aussagebezogene und analytische Prüfungen, Nachweise etc.	Befragungen analytische Prüfungshandlungen vereinzelte aussagebezogene Prüfungen
Dolose/deliktische Handlungen und Gesetzesverstösse	Prüfungshandlungen gem. Prüfungsstandard (PS 240)	Begrenzte Prüfungshandlungen
Bericht an Generalversammlung	Zusammenfassender Bericht an die Generalversammlung	Zusammenfassender Bericht an die Generalversammlung
Prüfungsurteil	Positiv formuliertes Prüfungsurteil (zur Jahres-/Konzernrechnung, zum Antrag des VR über die Verwendung des Bilanzgewinnes)	*Kein* Prüfungs*urteil*, aber negativ formulierte Prüfungs*aussage* (Feststellung, dass der Prüfer nicht auf Sachverhalte gestossen ist, die darauf schliessen, dass die Jahresrechnung bzw. die Gewinnverwendung nicht mit Gesetz und Statuten entsprechen.)
Hinweise über Gesetzesverstösse	Anzeige von wesentlichen Verstössen gegen Gesetz und Statuten an die GV	Zwingend nur bei Verstössen gegen das Rechnungslegungsrecht und im Falle der Überschuldung (Art. 725 OR)

Art der Revision	Ordentliche Revision	Eingeschränkte Revision
Hinweise über Gesetzesverstösse (Forts.)	Anzeige an GV, wenn der VR trotz schriftlicher Meldung der Revisionsstelle keine angemessenen Massnahmen ergreift. (Art. 728c Abs. 2 Ziff. 2)	
Abnahmeempfehlung	Empfehlung betr. Annahme oder Rückweisung der Jahresrechnung/ Konzernrechnung zuhanden der GV (Art. 728b Abs. 2 OR)	Keine Empfehlung betr. Abnahme oder Rückweisung
Internes Kontrollsystem (IKS)	Bestätigung der *Existenz* des IKS	Keine Aussage zum IKS
Bericht an den Verwaltungsrat	Umfassender Bericht an der Verwaltungsrat mit Feststellungen über die Rechnungslegung, das IKS sowie die Durchführung und das Ergebnis der Revision (Art. 728b Abs. 1 OR)	Freiwillig (auf Wunsch des Verwaltungsrates)
Anzeigepflichten	Anzeige von Verstössen gegen das Gesetz, die Statuten oder das Organisationsreglement an den VR	Zwingend nur bei Verstössen gegen das Rechnungslegungsrecht und im Falle der Überschuldung (Art. 725 OR)
Bei offensichtlicher Überschuldung	Subsidiäre Benachrichtigung des Gerichts bei offensichtlicher Überschuldung der Gesellschaft und/ oder Untätigkeit des Verwaltungsrates (Art. 728c Abs. 3 OR)	Subsidiäre Benachrichtigung des Gerichts bei offensichtlicher Überschuldung der Gesellschaft und/ oder Untätigkeit des Verwaltungsrates (Art. 729c Abs. 3 OR)
Pflichten im Zusammenhang mit der GV	Subsidiäre Einberufungspflicht (Art. 699 Abs. 1 OR)	
Teilnahme an GV	Teilnahme an der GV, ausser alle Aktionäre verzichten darauf (Art. 731 Abs. 2 OR)	Keine Teilnahmepflicht der Revisionsstelle
Auskunftserteilung	Auskunftserteilung an der Generalversammlung (Art. 697 OR)	Nicht geregelt
Allgemeine Pflichten	Dokumentation der Revisionsdienstleistungen (Art. 730c OR)	
Aufbewahrung	Aufbewahrung der wesentlichen Unterlagen und der Revisionsberichte während mind. 10 Jahren (Art. 730c OR)	
Revisionsgeheimnis	Wahrung des Revisionsgeheimnisses/Schweigepflicht (Art. 730b Abs. 2 OR)	

Bei der Vorbereitung der Wahl der Revisionsstelle hat der Verwaltungsrat vorgängig zu beurteilen, ob eine ordentliche Revisionspflicht gemäss Art. 727 OR besteht oder ob die Gesellschaft lediglich eingeschränkt zu prüfen ist.[2358] Sodann sollte er sich überlegen, ob – trotz Fehlens der gesetzlichen Verpflichtung – dennoch freiwillig eine ordentliche Revision angebracht ist.

Die Pflicht zur *Erstellung einer Konzernrechnung* ergibt sich aus Art. 963 OR (früher Art. 663e Abs. 2 und 3 aOR). Die Pflicht, sich ordentlich prüfen zu lassen, gilt bei kon-

---

2358 BÖCKLI, Aktienrecht, § 15 Rz. 460; KNÖPFEL/RÄSS, 24 ff.

solidierungspflichtigen Gesellschaften grundsätzlich nur für die Konzernobergesellschaft, nicht aber für alle Tochtergesellschaften. Allerdings wird der Prüfer der Obergesellschaft zur genügenden Abdeckung des Prüfungsgegenstandes (aufgrund von Prüfungsstandards) verlangen, dass auch gewisse Tochtergesellschaften, die aufgrund ihrer Grösse lediglich einer eingeschränkten Revision unterlägen, ordentlich geprüft werden, wenn sie einen bedeutenden Bestandteil des Konzerns darstellen. *Freiwillig* erstellte Konzernrechnungen müssen indessen nicht ordentlich revidiert werden; die Statuten können dies jedoch vorschreiben, oder die Generalversammlung kann dies beschliessen.

Wo eine Wahlfreiheit besteht, sollte sich diese nicht in erster Linie an den Revisionskosten orientieren. Vielmehr sind dort die Vor- und Nachteile der einen oder anderen Revisionsart aufgrund der konkreten Situation und der Bedürfnisse des Unternehmens und dessen Stakeholder sorgfältig gegeneinander abzuwägen. Zu berücksichtigen sind insbesondere die Effekte auf Vertrauen, Sicherheit und gute Unternehmensführung. In vielen Fällen dürften die folgenden *Vorteile für die ordentliche Revision* sprechen:

a) **Höherer Grad der Zusicherung bei ordentlicher Revision**

Die *ordentliche Revision* schafft zweifellos grösseres Vertrauen und ein *erhöhtes Mass an Sicherheit* über die vorgelegte Jahresrechnung bei Verwaltungsräten, Aktionären (insbesondere Minderheitsaktionären), Kreditgebern, Lieferanten, Steuerbehörden und weiteren Adressaten. Sie ist qualitativ höher einzustufen als eine eingeschränkte Revision und steht zudem in besserem Einklang mit guter Corporate Governance.

Der Grad der Zusicherung, dass die Jahresrechnung keine wesentlichen Fehlaussagen enthält, ist dementsprechend bei einer ordentlichen Revision höher als bei einer eingeschränkten Revision.[2359] Die geringeren Anforderungen an die eingeschränkte Revision führen dazu, dass etwa die folgenden – wichtigen – Prüfungshandlungen bei einer eingeschränkten Revision nicht durchgeführt werden:

- Es werden keine Drittbestätigungen von Banken, Debitoren, Kreditoren oder Anwälten eingeholt.
- Die Prüfung basiert lediglich auf Unterlagen, die im Unternehmen selbst vorhanden sind.
- Die Existenz eines internen Kontrollsystems (IKS) wird nicht geprüft.
- Eine Teilnahme des Prüfers an der Inventur ist nicht erforderlich.
- Es sind keine vertieften Prüfungen im Bereich der Kalkulation von Herstellkosten bei Halb- und Fertigfabrikaten erforderlich.

b) **Prüfung der Existenz des internen Kontrollsystems (IKS) bei ordentlicher Revision**

Im Gegensatz zur eingeschränkten Revision verlangt der Gesetzgeber bei einer ordentlichen Revision, dass der Revisor prüft, ob die Gesellschaft über ein IKS verfügt.[2360] Er-

---

[2359] PS 200, Übergreifende Zielsetzungen und Grundlagen einer Prüfung, Ziff. 5 ff. In einer ordentlichen Revision sollte der Prüfer hinreichende Sicherheit *(reasonable assurance)* erlangen, dass der Abschluss als Ganzes frei von einer wesentlichen falschen Darstellung ist. Hinreichende Sicherheit ist ein hoher Grad an Sicherheit. Bei der eingeschränkten Revision wird dagegen nur eine begrenzte Sicherheit *(moderate assurance)* erlangt.
[2360] Art. 728a Abs. 1 Ziff. 3 OR, siehe hinten Ziff. 8.5.3, S. 601 ff.

fahrungsgemäss stellt die Revisionsstelle im Rahmen der Prüfung der Jahresrechnungen regelmässig Mängel und Schwachstellen im internen Kontrollsystem fest. Aufgrund des Hinweises durch die Revisionsstelle (oft mit entsprechenden Empfehlungen zu deren Behebung verbunden), wird die Unternehmensleitung – unter Berücksichtigung ihrer Risikoüberlegungen – als geeignet erachtete Massnahmen ergreifen. Dadurch wird das System laufend verbessert.

c) Raschere Feststellung und Behebung von Fehlern und Gesetzesverstössen

Obwohl eine ordentliche Revision keine gezielte Suche nach möglichen Unregelmässigkeiten, dolosen Handlungen oder sonstigen Verstössen gegen gesetzliche oder andere Vorschriften (z.B. Sozialversicherungs-, Steuer-, Geldwäscherei- und Umweltgesetze) beinhaltet, bietet sie eine grössere Chance, solche Sachverhalte aufzudecken als eine eingeschränkte Prüfung. Dies ermöglicht es dem geprüften Unternehmen, zeitnah die entsprechenden Massnahmen zu ergreifen. Ein solches Vorgehen ist effizienter und in der Regel auch kostengünstiger, als wenn allfällige Gesetzesstösse (beispielsweise zu Bestimmungen der AHV, Ertrags- und Verrechnungssteuer, Mehrwertsteuer usw.) erst im Rahmen von Prüfungen durch die betreffenden Behörden festgestellt würden.

d) Bessere Ausgangslage bei künftigem Wachstum und Umstrukturierungen

Ein Unternehmen, das nur eine eingeschränkte Revision durchführen müsste, kann bei starken Wachstum bald in die Pflicht einer ordentlichen Revision «hineinwachsen». Da in diesem Fall notwendige Grundlagen (wie ordentlich geprüfte Vorjahreszahlen oder eine Eröffnungsbilanz) fehlen, verursacht der Wechsel von der eingeschränkten zur ordentlichen Revision einmalige Zusatzkosten. Dabei ist auch zu beachten, dass bei der ordentlichen Revision höhere Anforderungen an die Revisionsstelle gestellt werden als bei der eingeschränkten Revision. Unter Umständen ist die bisherige Revisionsstelle gar nicht (mehr) zugelassen, eine ordentliche Revision durchzuführen.

Auch im Hinblick auf eine mögliche Umstrukturierung, Nachfolgeregelung oder den Verkauf des Unternehmens bietet eine ordentliche Revision Vorteile. So dürften zum Beispiel für Fusionen oder qualifizierte Gründungen (Sacheinlage, beabsichtigte Sachübernahme) ordentlich geprüfte Jahresrechnungen notwendig sein, damit die Transaktion auf der Basis dieser Unterlagen erfolgen kann.

Empfehlung

Aussenstehende Mitglieder eines Verwaltungsrates, die oft besonders auf vertrauenswürdige (zusätzliche) Informationen angewiesen sind, sind gut beraten, wenn sie als Bedingung des Mitwirkens im Verwaltungsrat einen umfassenden Revisionsbericht einer externen unabhängigen Revisionsstelle verlangen,[2361] insbesondere wenn das Fremdkapital relativ hoch ist und die Gesellschaft von einem Alleinaktionär beherrscht wird.

8.2.2 Wahlrechte und Gestaltungsmöglichkeiten

Während die Publikumsgesellschaften, die wirtschaftlich bedeutenden Unternehmen sowie die Gesellschaften, die zur Erstellung einer Konzernrechnung verpflichtet sind, zwin-

---

[2361] Gemäss Art. 728b Abs. 1 OR («Erläuterungsbericht»).

gend einer ordentlichen Revision unterliegen, bestehen bei Unternehmen, welche lediglich einer eingeschränkten Revision unterliegen, sodann gewisse *Wahlrechte,* welche ein Abweichen von der Grundregel gemäss Art. 727a OR gestatten. Unter bestimmten Voraussetzungen kann damit von der gesetzlich vorgesehenen Art der Revision abgewichen werden. Dank den zur Verfügung stehenden Wahl- und Gestaltungsmöglichkeiten können die konkreten Umstände und Bedürfnisse des Unternehmens und seiner Stakeholder flexibel berücksichtigt werden. Demnach können Aktionäre:

a) eine ordentliche Revision verlangen, obwohl die Gesellschaft nur eine eingeschränkte Revision durchführen müsste *(Opting-up);*

b) auf eine Revisionsstelle gänzlich verzichten *(Opting-out);*

c) auf einzelne Anforderungen/Vorgaben bezüglich der Revisionsstelle verzichten, aber trotzdem eine Prüfung durchzuführen *(Opting-down);*

d) einen einmal ausgesprochenen Verzicht auf die eingeschränkte Revision wieder rückgängig machen und eine eingeschränkte Prüfung verlangen *(Opting-in).*

8.2.2.1 Opting-up (Einführung einer ordentlichen Revision)

Obwohl die Gesellschaft aufgrund der Grössenkriterien nur eingeschränkt geprüft werden müsste, kann sich eine Gesellschaft dennoch – einmalig oder dauernd – einer ordentlichen Revision unterwerfen.[2362] Dies kann auf einer der drei folgenden Grundlagen (insbesondere zur Verbesserung der Minderheitsrechte) erfolgen:

- Die *Bestimmungen in den Statuten* können eine ordentliche Revision vorsehen.[2363] Die Beschlussfassung zur entsprechenden Statutenanpassung durch die Generalversammlung unterliegt dabei (ohne anderslautende statutarische Bestimmung) dem gesetzlichen Beschlussquorum nach Art. 703 OR. Wirksam wird eine solche Bestimmung für das laufende Geschäftsjahr, in dem die Generalversammlung die Statutenänderung beschlossen hat.

- Durch *Beschluss der Generalversammlung* kann entschieden werden, die Jahresrechnung ordentlich zu prüfen.[2364] Dieser Beschluss ist – im Gegensatz zum nachstehend aufgeführten Minderheitsrecht – vorgängig zu traktandieren und bezieht sich nur auf eine Jahresrechnung.

- Ausserdem können (Minderheits-)*Aktionäre, die mehr als 10% des Aktienkapitals vertreten,* die Durchführung einer *ordentlichen* Revision durch einen zugelassenen Revisionsexperten verlangen.[2365] Diese Möglichkeit wurde zum Schutz der Minderheitsaktionäre ins Gesetz eingefügt. Dabei werden eine entsprechende Zulassung und die Unabhängigkeit der Revisionsstelle vorausgesetzt.

Nur Aktionäre und Partizipanten (gem. Art. 656a Abs. 2 OR) können ein Opting-up verlangen.[2366] nicht aber Obligationäre, andere Gläubiger oder VR-Mitglieder (sofern sie

---

[2362] Dazu BÖCKLI, Abschlussprüfung, N 110 ff., WATTER/MAIZAR, in: Basler Kommentar, N 39 ff. zu Art. 727 OR.
[2363] Art 727 Abs. 3 OR; BÖCKLI, Abschlussprüfung, N 122 f.; BÖCKLI, Aktienrecht, § 15 Rz. 122.
[2364] Art. 727 Abs. 3 OR; BÖCKLI, Abschlussprüfung, N 124 ff.
[2365] Art. 727 Abs. 2 OR; BÖCKLI, Aktienrecht, § 15 Rz. 110 ff.
[2366] Ebenso, BÖCKLI, Aktienrecht, § 15, Rz. 110 ff.; WATTER/MAIZAR, in: Basler Kommentar, N 42 zu Art. 727 OR; a.M. betr. Partizipanten: CHK-OERTLI/HÄNNI, N 24 zu Art. 727a OR.

nicht gleichzeitig Aktionäre sind). Letztere haben allerdings ein umfassendes Auskunftsrecht nach Art. 715a OR.

Das Begehren um ordentliche Revision kann *formfrei* eingebracht werden, doch ist ausserhalb der Generalversammlung Schriftform zu empfehlen.[2367] Da es sich um eine einseitige Willenserklärung der (Minderheits-) Aktionäre handelt, ist weder ein Traktandierungsbegehren noch eine Traktandierung in der Einladung zur Generalversammlung erforderlich.

Bezüglich des *Zeitpunktes,* bis zu dem das Begehren einzureichen ist, besteht keine explizite Regelung im Gesetz. In Analogie zu Art. 727a Abs. 4 OR[2368] wird allgemein von einer Frist von 10 Tagen vor der GV, an der über die Jahresrechnung beschlossen wird, ausgegangen. Diese Frist wird damit begründet, dass die Aktionäre nach Erhalt der Einladung (i.d.R. 20 Tage vor der GV) einen gewissen Zeitraum erhalten sollen, um – gestützt auf die zugestellte Jahresrechnung – zu entscheiden, ob sie von ihrem Recht auf eine ordentliche Revision Gebrauch machen.

Wenn sich das Begehren um Durchführung einer ordentlichen Revision auf das *vergangene Geschäftsjahr* bezieht und bis zur ordentlichen Generalversammlung *genügend Zeit vorhanden* ist, um eine ordentliche Prüfung durchführen zu können, so beauftragt der Verwaltungsrat die Revisionsstelle mit der Durchführung einer ordentlichen Prüfung.[2369] Wenn das Begehren jedoch *erst kurzfristig vor der GV* gestellt wird, muss der Verwaltungsrat an der Generalversammlung die Abstimmung über die Genehmigung der Jahresrechnung und die Gewinnverwendung aussetzen. Sodann hat er – sofern die Gesellschaft keine oder nur eine ungenügend qualifizierte Revisionsstelle besitzt – der Generalversammlung die Wahl eines zugelassenen Revisionsexperten bzw. eines staatlich beaufsichtigten Revisionsunternehmen als Revisionsstelle zu beantragen, welche dann die Jahresrechnung ordentlich prüft.[2370]

Bezieht sich das Begehren um Durchführung einer ordentlichen Revision jedoch auf das *laufende Geschäftsjahr (d.h., es wird vor dem Bilanzstichtag eingereicht),* so muss der Verwaltungsrat an der Generalversammlung (allenfalls an einer ausserordentlichen GV) bei der Wahl der Revisionsstelle sicherstellen, dass diese über die erforderliche Zulassung verfügt (zugelassener Revisionsexperten oder staatlich beaufsichtigtes Revisionsunternehmen). Diese prüft dann die Jahresrechnung in einer ordentlichen Revision.

Das Recht einer 10%igen Minderheit, anstelle einer eingeschränkten eine ordentliche Revision zu verlangen,[2371] ist eine deutliche Verbesserung des Minderheitenschutzes, und

---

2367 BÖCKLI, Abschlussprüfung, N 112; das Begehren ist als eine vom Aktionär «zu Protokoll abgegebene Erklärung» im Sinne von Art. 702 Abs. 2 Ziff. 4 OR zu qualifizieren.
2368 Wo der Fall der Wiedereinführung der eingeschränkten Revision nach einem Opting-out behandelt wird.
2369 Sofern die Revisionsstelle die fachlichen Voraussetzungen dazu erfüllt (zugelassener Revisionsexperte). Bei Fehlen der Voraussetzungen hat der VR einer ausserordentlichen GV die Wahl eines zugelassenen Revisionsexperten zu beantragen. An der ordentlichen GV könnte dann die Jahresrechnung genehmigt werden.
2370 BÖCKLI, Abschlussprüfung, N 113, verlangt – in Analogie zur eingeschränkten Prüfung –, dass das Begehren um ordentliche Prüfung mindestens 10 Tage vor GV eingereicht wird. Damit würden u.E. die Minderheitsrechte ungebührlich eingeschränkt: Das Begehren, das vergangene Jahr ordentlich zu prüfen, könnte so nämlich an der GV nicht mehr vorgebracht werden.
2371 Art. 727 Abs. 2 OR; BÖCKLI, Aktienrecht, § 15, Rz. 110 ff.

bereits die entsprechende Drohung eine «recht scharfe Waffe».[2372] Dieses Recht verwirkt, sobald die – eingeschränkt geprüfte – Jahresrechnung an der Generalversammlung gültig genehmigt worden ist, ohne dass eine ordentliche Prüfung begehrt worden wäre.

Das Begehren um Durchführung einer ordentlichen Revision anstelle der eingeschränkten Revision bezieht sich immer nur auf eine Jahresrechnung (exkl. Vorjahr). Die Statuten müssen daher nicht zwingend angepasst werden. Zu beachten ist, dass ein Beschluss zur Durchführung einer ordentlichen Revision sämtliche damit verbundenen Rechtsfolgen nach sich zieht. Dies betrifft insbesondere die höheren Anforderungen an den Prüfer (in Bezug auf fachliche Anforderungen, Erfahrung und Unabhängigkeit), an den Prüfungsgegenstand (zusätzlich ist insbesondere die Existenz des internen Kontrollsystems IKS zu prüfen) und an die Berichterstattung (zusätzliches Erfordernis eines «umfassenden Berichts an den Verwaltungsrat»). Es ist offensichtlich, dass dadurch für die Gesellschaft höhere Prüfungskosten sowie zeitliche Verzögerungen entstehen.

8.2.2.2 Opting-out (gänzlicher Verzicht auf eine Revision)

In Gesellschaften, die lediglich zu einer eingeschränkten Revision verpflichtet sind, kann gemäss Art. 727a Abs. 2 OR mit Zustimmung aller Aktionäre (bzw. allenfalls aller Partizipanten[2373]) auf eine Revision *gänzlich* verzichtet werden, sofern die Gesellschaft nicht mehr als 10 Vollzeitstellen im Jahresdurchschnitt aufweist. In diesem Fall entfällt das sonst bei einer Aktiengesellschaft vorgesehene Organ «Revisionsstelle» gänzlich.[2374]

Diese Möglichkeit besteht *nicht* für Gesellschaften, die *ordentlich* geprüft werden müssen, da diese Gesellschaften i.d.R. volkswirtschaftlich bedeutender sind. Damit besteht dort ein grösseres Interesse an einer unabhängigen Prüfung.

Der Verzicht auf eine Revision kann in Form eines traktandierten Generalversammlungsbeschlusses erfolgen, sofern effektiv sämtliche Aktionäre (inkl. allfällige Partizipanten) anwesend sind und zustimmen. Ein Verzicht kann aber auch auf anderem Wege unter allen Beteiligten vereinbart werden.[2375] Der Verwaltungsrat kann die Zustimmung der Aktionäre – unter Ansetzung einer Frist zur Beantwortung von 20 Tagen – schriftlich einholen. Das Ausbleiben einer Antwort wird als Zustimmung zum Verzicht auf die Revision betrachtet.[2376]

Ein Opting-out hat sofortige Wirkung. Ein beschlossenes Opting-out gilt auch für die folgenden Jahre, bis die gesetzlichen Voraussetzungen für einen Verzicht auf die Revision wegfallen oder bis ein Aktionär die Jahresrechnung wieder prüfen lassen will.[2377] Jeder Aktionär hat das Recht, spätestens 10 Tage vor der Generalversammlung (d.h. zu einem Zeitpunkt, an dem er Einsicht in die Jahresrechnung/Konzernrechnung nehmen kann) die Durchführung einer eingeschränkten Revision zu verlangen.[2378] Die Revisionsstelle

---

2372 BÖCKLI, Abschlussprüfung, N 121.
2373 Art. 656a Abs. 2 OR, siehe auch Anmerkung 1713.
2374 Dazu ausführlich BÖCKLI, Abschlussprüfung, N 513; WATTER/MAIZAR, in: Basler Kommentar, N 13 ff. zu Art. 727a OR.
2375 Formlose oder schriftliche Willenserklärung aller Aktionäre: der Verzicht auf eine Revisionsstelle kann auch bereits in den Gründerstatuten vorgesehen sein (Art. 626 OR).
2376 Art. 727a Abs. 3 OR.
2377 Art. 727a Abs. 2 OR (weniger als 10 Vollzeitstellen im Jahresdurchschnitt).
2378 Art. 727a Abs. 3 OR.

wird dann von der Generalversammlung bestimmt. Der Widerruf des Verzichts auf eine Revisionsstelle hat zur Folge, dass ohne eingeschränkte Revision weder die Jahresrechnung genehmigt und noch die Gewinnverwendung beschlossen werden kann.

Der Verzicht auf eine Revision bedeutet, dass die Gesellschaft keine Revisionsstelle besitzt. Dies erfordert auch eine Anpassung der Statuten. Obwohl grundsätzlich Statutenänderungen Sache der Generalversammlung sind, gibt das Gesetz in diesem Falle dem Verwaltungsrat das Recht und die Pflicht, die Statuten allenfalls anzupassen und die Löschung oder Neueintragung der Revisionsstelle dem Handelsregister unverzüglich zu melden.[2379]

Falls die Gesellschaft in den Statuten keine Generalklausel für den Fall des Verzichtes auf eine Revisionsstelle aufgeführt hat, so sind in den Statuten in der Regel folgende Bestimmungen anzupassen:[2380]

– Organe der Gesellschaft (nur mehr Generalversammlung und Verwaltungsrat);
– Kompetenz der Generalversammlung (Streichung «Wahl der Revisionsstelle»);
– Streichung der Pflicht zur Anwesenheit der Revisionsstelle an der Generalversammlung;
– allfällig weitere Klauseln, die Bezug auf die Revisionsstelle nehmen.

Das Opting-out bezieht sich nur auf die Prüfung der Jahresrechnung; alle übrigen im Gesetz vorgesehenen Prüfungen[2381] können *nicht* durch ein Opting-out wegbedungen werden.

Durch den Verzicht auf eine Revision der Jahresrechnung verschärft sich die Verantwortlichkeit des Verwaltungsrates, insbesondere wenn er selbst aktiv dazu beiträgt, auf die Prüfung zu verzichten. Die Wahrscheinlichkeit von Fehlern in der Jahresrechnung steigt und die Dauer bis zu deren Aufdeckung verlängert sich (mit der Folge eines höheren Schadens). Namentlich bei Einpersonengesellschaften erhöht sich ohne unabhängige Prüfung die Gefahr der Vermischung von Aktionärs- und Gesellschaftsinteresse, was allenfalls Durchgriffe auf das Vermögen des Aktionärs provoziert.[2382]

Empfehlung

Es empfiehlt sich dem Verwaltungsrat, den Verzicht auf die Prüfung und damit den Verzicht auf einen kompetenten Sparringpartner genau zu überlegen. Zwar kann das Revisionshonorar gespart werden, demgegenüber entstehen aber erhöhte Verantwortlichkeiten und Haftungsrisiken für den Verwaltungsrat, welche u.U. die Einsparungen übersteigen. Zudem wird dann für den Verwaltungsrat ein erhöhtes zeitliches Engagement für die Ausgestaltung und Überwachung des Finanzwesens anfallen.

8.2.2.3 Opting-down (Verzicht auf gewisse Anforderungen an die Revisionsstelle)

Gesellschaften, welche von der Möglichkeit eines Opting-out Gebrauch machen, können – statt gänzlich auf die eingeschränkte Revision zu verzichten – eine *freiwillige* «Revision/ kritische Durchsicht» vornehmen lassen. Das Opting-down setzt in jedem Fall ein Opt-

---

2379 Art. 727a Abs. 5 OR.
2380 BÖCKLI, Abschlussprüfung, N 218, N 526.
2381 Siehe hinten Ziff. 8.7, S. 635 ff.
2382 BÖCKLI, Abschlussprüfung, N 230, N 556. BÖCKLI geht sogar so weit, eine Aktiengesellschaft ohne Revisionsstelle als «gesetzgeberisches Fehlkonzept» zu beurteilen (N 567).

ing-out voraus.[2383] Die Gesellschaft ist in diesem Bereich frei in der Festlegung der Art der Revision und der Wahl des Prüfers. Letzterer muss daher weder über eine Zulassung verfügen noch unabhängig im Sinne von Art. 728 oder 729 OR sein. Beispielsweise kann die Prüfung durch einen Minderheitsaktionär oder ein Mitglied des Verwaltungsrats durchgeführt werden. Da es sich um *keine* Revision im Sinne des Gesetzes handelt, darf der Prüfer nicht als Revisionsstelle bezeichnet oder gar ins Handelsregister eingetragen werden.[2384] Auch im Bericht des Prüfers ist klar zum Ausdruck zu bringen, dass keine gesetzlich vorgesehene Prüfung durchgeführt worden ist.

8.2.2.4 Opting-in

Jeder Aktionär hat das Recht, den ausgesprochenen Verzicht auf eine eingeschränkte Revision (Opting-out) wieder rückgängig zu machen.[2385] Dieses Recht steht dem Aktionär individuell jederzeit zu. Er hat es jedoch spätestens 10 Tage vor der Generalversammlung dem Verwaltungsrat mitzuteilen. In diesem Falle muss der Verwaltungsrat die Genehmigung der Jahresrechnung vorerst aussetzen, der Generalversammlung die Wahl einer Revisionsstelle vorschlagen und deren Prüfung abwarten. Verpasst jedoch der Aktionär die gesetzliche Frist, so kann die Generalversammlung die Jahresrechnung gültig genehmigen, auch ohne Vorliegen eines Prüfungsberichts.

Nach dem Wegfall des Opting-out müssen die Statuten der Gesellschaft wieder angepasst werden.

8.2.2.5 Weitere Gestaltungsmöglichkeiten

Die Statuten und die Generalversammlung können die Organisation und Aufgaben der Revisionsstelle eingehender regeln.[2386] Dieser Möglichkeit ist jedoch eng begrenzt, da die gesetzlichen Bestimmungen zur Revisionsstelle zwingender Natur sind. Eine Beschränkung der gesetzlichen Aufgaben der Revisionsstelle sowie der gesetzlichen Anforderungen an die Art der Revision (ordentliche bzw. eingeschränkte Revision) ist daher nicht möglich. Die gesetzlichen Vorschriften sind als Mindestvorschriften zu verstehen. Eine Ausweitung ist im Rahmen der gesetzlichen Ordnung zwar möglich, allerdings dürfen der Revisionsstelle keine Aufgaben anderer Organe (GV, Verwaltungsrat) übertragen werden. Zudem darf eine allfällige statutarische Ausweitung der Aufgaben der Revisionsstelle deren Unabhängigkeit nicht beeinträchtigen.

In den Grenzen des Rechts bestehen allerdings gewisse Möglichkeiten, den organschaftlichen Prüfungsauftrag der Revisionsstelle im Rahmen eines obligationenrechtlichen Auftrages (Art. 394 ff. OR) zu erweitern. Insbesondere kann eine Gesellschaft, die aufgrund ihrer Grösse lediglich zu einer eingeschränkten Revision verpflichte wäre, freiwillig eine ordentliche Revision durchführen. Auch ist denkbar, dass nebst der gesetzlich vorgesehenen eingeschränkten Revision bestimmte Elemente/Gebiete freiwillig in der Art einer ordentlichen Revision geprüft werden. Bei einer solchen freiwilligen Revision müssten dann nicht zwingend alle Vorgaben der ordentlichen Revision eingehalten werden, sofern

---

2383 Art. 727*a* OR.
2384 Eidg. Revisionsaufsichtsbehörde, Themen, Fachliche Befähigung (Website).
2385 Böckli, Abschlussprüfung, N 536.
2386 Art. 731*a* Abs. 1 OR.

keine Täuschung der Nutzer erfolgt (namentlich durch die Verwendung unzutreffender Bezeichnungen in der Berichterstattung).

Mögliche Themen für solche zusätzliche Dienstleistungen, die von der Revisionsstelle erbracht werden können sind:

- detaillierte Prüfung von Verarbeitungsabläufen im Rahmen einer Mehrjahresplanung (d.h. nicht blosse Prüfung der Existenz, sondern Beurteilung der *Wirksamkeit* des IKS in ausgewählten Teilbereichen des IKS);[2387]
- Analyse und Beurteilung der Kostenrechnung oder Ermittlung von Optimierungspotenzial;
- betriebswirtschaftliche Analyse der internen Bilanz, Erfolgsrechnung, Geldflussrechnung und ausgewählte Kennzahlen sowie Benchmark-Analysen;[2388]
- Spezialprüfungen in bestimmten Gebieten im Auftrag des Verwaltungsrates, um seinen spezifischen Informationsbedürfnissen Rechnung zu tragen: z.B. Unternehmenssteuern, Mehrwertsteuer, Zoll, Vertragsprüfung, Gesamtarbeitsvertrag, Umweltrisiken;
- Review des Personalaufwandes (u.a. Sozialversicherung);
- Review der internen Berichterstattung des Managementinformationssystems, der Führungskennzahlen und -instrumente.

8.3 Anforderungen an die Revisionsstelle

8.3.1 Formelle Voraussetzungen

Als Revisionsstelle kann eine oder mehrere natürliche oder juristische Personen oder Personengesellschaften gewählt werden.[2389] In der Praxis ist die Wahl von mehreren Personen jedoch selten.[2390] Solche mehrgliedrigen Revisionsstellen stehen in einem gewissen Spannungsverhältnis zum Prinzip der Einheit der Revisionsstelle als Organ. Alle von der Generalversammlung gewählten Mitglieder bilden gemeinsam die Revisionsstelle und sind gemeinsam für den Inhalt des (einzigen) Revisionsberichts verantwortlich. Wird eine mehrgliedrige Revisionsstelle gewählt, so müssen sich die Mitglieder intern so organisieren und aufeinander abstimmen, dass die Einheit als Organ gewährleistet ist.[2391]

Das Gesetz verlangt, dass mindestens ein Mitglied der Revisionsstelle in der *Schweiz* seinen Wohnsitz, seinen Sitz oder eine eingetragene Zweigniederlassung hat.[2392] Nicht verlangt ist bei natürlichen Personen der Besitz des Schweizer Bürgerrechts.

Unter Umständen kann die Generalversammlung – zur Vermeidung von Konflikten aufgrund unterschiedlicher gesetzlicher Bestimmungen in der Schweiz und im Ausland –

2387 Siehe vorne Ziff. 3.4.8, S. 250 ff. und hinten Ziff. 8.5.3, S. 601 ff.
2388 Siehe vorne Ziff. 3.4.8.1, S. 248 f.
2389 Art. 730 Abs. 2 OR.
2390 REUTTER, in: Basler Kommentar, N 12 zu Art. 730 OR.
2391 BÖCKLI, Abschlussprüfung, N 622; HWP (2009), Band 2, 42; REUTTER, in: Basler Kommentar, N 13 ff. zu Art. 730 OR.
2392 Art. 730 OR.

bestimmte Prüfungen nicht der ordentlichen Revisionsstelle, welche die Jahres-/Konzernrechnung prüft, übertragen, sondern einer anderen, zweiten «Revisionsstelle mit beschränktem Mandat» zuweisen (z.B. Prüfungen bei Kapitalerhöhungen). Die Beschränkung des Mandates für diese zweite Revisionsstelle wird dann im Handelsregister eingetragen (Revisionsstelle mit begrenztem Mandat für die Prüfung von Kapitalerhöhungen). Zweckmässig sind in diesem Falle besondere Bestimmungen in den Statuten nach Art. 731a OR.[2393]

8.3.2 Differenzierte Anforderungen an die Revisionsstelle

Das Gesetz stellt je nach Art der zu prüfenden Gesellschaft und Art der Revision differenzierte Anforderungen an die Revisionsstelle.[2394]

Gesellschaften, die zur *ordentlichen* Revision verpflichtet sind, müssen einen *zugelassenen Revisionsexperten* als Revisionsstelle bezeichnen.[2395] *Publikumsgesellschaften* müssen zwingend ein *staatlich beaufsichtigtes Revisionsunternehmen*[2396] als Revisionsstelle bezeichnen.[2397]

Bei Gesellschaften, die zur *eingeschränkten* Revision verpflichtet sind, genügt die Wahl eines *zugelassenen Revisors*[2398] als Revisionsstelle. Dieser verfügt im Vergleich zum zugelassenen Revisionsexperten über eine geringere Fachpraxis. Unter den gleichen Voraussetzungen, unter denen die Gesellschaft auf eine Revisionsstelle gänzlich verzichten darf, kann die Gesellschaft auch einen Revisor bezeichnen, der die gesetzlichen Zulassungsvoraussetzungen nicht erfüllt (z.B. eine Person ohne entsprechende Diplome).[2399]

Der *Verwaltungsrat* der zu prüfenden Gesellschaft muss sich im Rahmen der Vorbereitung der GV-Beschlüsse (Wahlanträge) vergewissern, dass die Revisionsstelle die entsprechenden Anforderungen erfüllt.

8.3.3 Zulassung

Die Erbringung von Revisionsdienstleistungen im Sinne des Gesetzes (d.h. Prüfungen und Bestätigungen) bedarf zwingend einer staatlichen Zulassung.[2400] Die Zulassung erfolgt – auf Gesuch – durch die *Eidg. Revisionsaufsichtsbehörde*. Sie kann an natürliche Personen oder Revisionsunternehmen erteilt werden. *Natürliche Personen* können die Zulassung als Revisor (Art. 5 RAG) oder als Revisionsexperte (Art. 4 RAG) erhalten. *Revisionsunternehmen* können die Zulassung erhalten als Revisor, Revisionsexperte oder als staatlich beaufsichtigtes Revisionsunternehmen (Art. 7 RAG). Im Bundesgesetz über die Zulassung und Beaufsichtigung der Revisorinnen und Revisoren (Revisionsaufsichtsge-

---

2393 Botschaft, Revisionspflicht im Gesellschaftsrecht, 4029.
2394 Art. 727b und Art. 727c OR. Dazu eingehend Böckli, Aktienrecht, § 15 Rz. 61 ff.
2395 Art. 727b Abs. 2 OR; gem. Revisionsaufsichtsgesetz (RAG) Art. 4; dazu Böckli, Abschlussprüfung, N 63.
2396 Gemäss Art. 7 RAG; dazu eingehend Böckli, Abschlussprüfung, N 70.
2397 Art. 727b Abs. 1 OR.
2398 Gemäss Art. 5 RAG.
2399 Opting-down; Art. 727a Abs. 3 OR.
2400 Art. 3 RAG; Böckli, Abschlussprüfung, N 61 ff.

setz; RAG) sind die Voraussetzungen festgehalten, um als staatlich beaufsichtigtes Revisionsunternehmen, als zugelassener Revisionsexperte oder als zugelassener Revisor tätig zu sein. Diese Zulassung erfolgt für natürliche Personen unbefristet; für Revisionsunternehmen jeweils für die Dauer von fünf Jahren.

Die Revisionsaufsichtsbehörde führt ein öffentlich zugängliches *Register* der zugelassenen natürlichen Personen und Revisionsunternehmen.[2401]

Die *Revisionsaufsichtsbehörde* unterzieht die staatlich beaufsichtigten Revisionsunternehmen mindestens alle drei Jahre einer eingehenden Prüfung (in Bezug auf die Richtigkeit der Angaben in den Zulassungsunterlagen, die Einhaltung der gesetzlichen Pflichten, die Beachtung der Berufsgrundsätze, Standesregeln und gegebenenfalls des Kotierungsreglements). Stichprobenweise überprüft sie auch die Qualität der erbrachten Revisionsdienstleistungen sowie die Umsetzung und Einhaltung von erteilten Anweisungen.

Erfüllt ein Revisor, ein Revisionsexperte bzw. ein staatlich beaufsichtigtes Revisionsunternehmen die Zulassungsvoraussetzungen nicht mehr, so kann die Aufsichtsbehörde – unter vorheriger Entzugsandrohung – die Zulassung befristet oder unbefristet entziehen.[2402] Auch gegenüber Personen, die für staatlich beaufsichtigte Revisionsunternehmen tätig sind, kann die Aufsichtsbehörde im Falle von Verletzungen gesetzlicher Vorschriften Massnahmen ergreifen (schriftlicher Verweis bis Verbot der Tätigkeit/Entzug der Zulassung).

8.3.4 Voraussetzungen an Integrität, Ausbildung und Erfahrung

Die verantwortliche Berufsausübung des Abschlussprüfers unterliegt den beruflichen Verhaltensanforderungen einschliesslich denjenigen zur Unabhängigkeit, Integrität, Objektivität, professionellen Kompetenz und Sorgfalt, Verschwiegenheit, professionellem Verhalten und Befolgung von gesetzlichen Vorschriften und Standards.[2403]

Nebst eines *unbescholtenen Leumundes* werden zur Erlangung der Zulassung bestimmte Anforderungen an die Ausbildung und Fachpraxis gestellt. Für einen *Revisionsexperten* wird dabei das Diplom als eidgenössisch diplomierter Wirtschaftsprüfer oder eine gleichwertige Ausbildung/Fachpraxis gemäss den detaillierten Kriterien von Art. 4 RAG verlangt. Bei den *Revisoren* sind die Anforderungen an Leumund und Ausbildung dieselben wie bei den Revisionsexperten, hingegen wird lediglich eine Fachpraxis von einem Jahr verlangt. Diese hat vollständig unter Beaufsichtigung durch einen zugelassenen Revisor zu erfolgen.[2404]

Bei *Revisionsunternehmen* müssen gemäss Art. 6 RAG die Mehrheit der obersten Leitungs- und Verwaltungsorgane sowie des Geschäftsführungsorgans über die entsprechenden Zulassungen verfügen, um als Revisionsexperte oder als Revisor zugelassen zu werden. Zudem wird verlangt, dass mindestens ein Fünftel der Personen, die an der Erbringung von Revisionsdienstleistungen beteiligt sind, sowie sämtliche Personen, welche die Revisionsdienstleistungen leiten, über eine entsprechende Zulassung verfügen. Die Führungsstruk-

---

2401 Internetseite: www.revisionsaufsichtsbehoerde.ch.
2402 Art. 17 RAG.
2403 PS 200, Übergreifende Zielsetzungen und Grundsätze einer Prüfung, Ziff. 14.
2404 Art. 5 RAG.

tur des Revisionsunternehmens muss zudem die genügende Überwachung der einzelnen Mandate gewährleisten.[2405]

Besondere Bestimmungen gelten über die Zulassung zur Erbringung von Revisionsdienstleistungen *für Publikumsgesellschaften*.[2406] Grundsätzlich dürfen nur Revisionsunternehmen, die unter staatlicher Aufsicht stehen, Revisionsdienstleistungen für Publikumsgesellschaften erbringen.[2407] Diese staatlich beaufsichtigten Revisionsunternehmen bedürfen einer besonderen Zulassung; sie werden mindestens alle drei Jahre einer eingehenden Überprüfung unterzogen (Art. 7, Art. 16 RAG), haben zusätzliche Vorschriften zur Unabhängigkeit (Art. 11 RAG) und zur Qualitätssicherung (Art. 12 RAG) zu beachten und müssen besondere Auskunfts- und Meldepflichten erfüllen (Art. 13 f RAG).

Voraussetzung für die Zulassung als Revisionsunternehmen für Publikumsgesellschaften sind die Erfüllung der Zulassungsvorschriften für Revisionsexperten, die Gewähr für die Einhaltung der gesetzlichen Vorschriften sowie eine ausreichende Versicherung für die Haftungsrisiken.[2408]

Aus Sicht des Verwaltungsrates und der Geschäftsleitung des geprüften Unternehmens sind nebst Sachkompetenz (namentlich fundierte, technische Kenntnisse in Fragen der Rechnungslegung und -prüfung) und der berufsnotwendigen kritischen Grundhaltung und Objektivität folgende *persönliche Anforderungen* an die Revisoren von Bedeutung:

- Urteilssicherheit;
- die Fähigkeit, aufgetauchte Probleme und Bedenken klar, offen und wirkungsvoll – sowohl im persönlichen Gespräch, in Sitzungen, aber auch schriftlich – mit dem Verwaltungsrat und der Geschäftsleitung zu kommunizieren;
- die Fähigkeit zur konstruktiven Zusammenarbeit mit dem Verwaltungsrat, der Geschäftsleitung, den Mitarbeitern – sowohl im, aber auch ausserhalb des Finanzbereiches, immer unter Beachtung der berufsmässigen Grundsätze (Objektivität, Unabhängigkeit etc.);
- die Fähigkeit, auch in schwierigen Situationen Rückgrat zu zeigen und sich, falls nötig, auch gegen die Geschäftsleitung und den Verwaltungsrat durchzusetzen;
- die Fähigkeit, abgemachte Termine einzuhalten, Dienstleistungen zeitgerecht zu erbringen, Fragen rasch zu beantworten und diesbezüglich auch eine gewisse Flexibilität zu zeigen;
- der Wille, sein Wissen laufend auf dem neuesten Stand zu halten, sich firmenintern zu beraten und bei Bedarf andere Ressourcen beizuziehen.

2405   Art. 6 RAG; BÖCKLI, Abschlussprüfung, N 70 ff.
2406   Art. 727 Abs. 1 OR; Art. 727*b* Abs 1 OR.
2407   Art. 7 ff RAG; BÖCKLI, Abschlussprüfung, N 70 ff.
2408   Art. 9 RAG.

8.3.5 Unabhängigkeit

8.3.5.1 Einführung

Soll die Prüfung die Verlässlichkeit der Jahresrechnung sicherstellen, müssen die Unabhängigkeit und Objektivität der Revisoren gewährleistet sein.[2409] Das Gesetz verlangt daher, dass die Revisionsstelle *unabhängig* sein muss und sich ihr Prüfungsurteil *objektiv* bildet.[2410] *Objektivität* beinhaltet – nebst der erforderlichen Fachkompetenz – eine Kombination von Unparteilichkeit, charakterlicher Integrität und das Fehlen von Interessenkonflikten.[2411] Die *Unabhängigkeit* ist eine fundamentale Voraussetzung dafür, dass die Revisionsstelle ihr Prüfurteil objektiv und unbeeinflusst bilden und abgeben kann.

Der Begriff der Unabhängigkeit umfasst zwei Aspekte:
- die *tatsächliche* Unabhängigkeit (innere Unabhängigkeit, Unvoreingenommenheit, Unbeeinflussbarkeit, Independence of Mind) d.h. die innere Einstellung, die den Prüfer kennzeichnet und ihm erlaubt, sich ein Urteil – frei von irgendwelchen Einflüssen – zu bilden, und integer zu handeln, Objektivität zu wahren und eine berufsübliche kritische Grundhaltung einzunehmen;[2412]
- die *äussere* Unabhängigkeit (das Vermeiden jeglichen Anscheins von Befangenheit, Independence in Appearance), d.h. die Vermeidung von Fakten und Umständen, die einen Dritten veranlassen könnten, die Integrität, die Objektivität oder die berufsübliche kritische Haltung des Prüfers in Zweifel zu ziehen.

Die Unabhängigkeit des Revisors darf weder tatsächlich noch dem Anschein nach beeinträchtigt sein. Mit Blick auf das Ziel der Verlässlichkeit der Rechnungslegung und der Revision ist die Unabhängigkeit des Prüfers für einen Dritten von zentraler Bedeutung. Die Unabhängigkeit des Prüfers kann insbesondere gefährdet sein durch:
- persönliche, geschäftliche oder finanzielle Beziehungen (Self-Interest Threats);
- die Prüfung eigener Arbeit (Self-Review Threats);
- Interessenvertretung (Advocacy Threats).

Das Gesetz regelt die Anforderungen an die Unabhängigkeit sehr eingehend, weil sich die Selbstregulierung der Branche in der Vergangenheit und die Rechtsprechung in der Praxis nicht überall bewährt haben. Zudem rechtfertigt ein erhebliches öffentliches Interesse an einer verlässlichen Revision eine strenge Unabhängigkeitsregelung. Anderseits ist sich der Gesetzgeber bewusst, dass es sich bei der Unabhängigkeit letztlich um einen inneren, psychischen Sachverhalt handelt, der nur beschränkt einer Normierung zugänglich ist.[2413] Die gesetzliche Regelung erlaubt auch eine gewisse Differenzierung (für die ordentliche, die eingeschränkte und die freiwillige Revision) und die Rücksichtnahme auf die Verhältnisse in kleinen Gesellschaften.

2409 BOTSCHAFT, Revisionspflicht im Gesellschaftsrecht, 3999; BÖCKLI, Abschlussprüfung, N 570; DRUEY, Unabhängigkeit Revisor, 439 ff.; FLURY, 255.
2410 Art. 728 Abs. 1 OR.
2411 TREUHAND-KAMMER, Richtlinien zur Unabhängigkeit, Ausgabe 2007.
2412 TREUHAND-KAMMER, Richtlinie zur Unabhängigkeit, Ausgabe 2007, Art. 1./International Federation of Accountants, Verhaltenskodex für Berufsangehörige, Juli 2009, 38 ff.
2413 BOTSCHAFT, Revisionspflicht im Gesellschaftsrecht, 3999 ff.

8.3.5.2 Gesetzliche Vorschriften zur Unabhängigkeit bei der ordentlichen Revision

Art. 728 Abs. 2 OR listet – nicht abschliessend – eine Reihe von Sachverhalten auf, die mit der Unabhängigkeit der Revisionsstelle im Rahmen einer ordentlichen Revision nicht vereinbar sind, weil sie zumindest den Anschein der Abhängigkeit entstehen lassen.[2414]

Unvereinbar, untersagt und unzulässig sind für die Revisionsstelle insbesondere:[2415]

- Die *Mitgliedschaft im Verwaltungsrat,* die *Übernahme von Managementfunktionen* (Ausübung einer Entscheidungsfunktion oder ein arbeitsrechtliches Verhältnis) beim Revisionskunden.
- *Jede direkte, aber auch eine bedeutende indirekte Beteiligung am Aktienkapital oder eine wesentliche Forderung oder Schuld gegenüber der zu prüfenden Gesellschaft.* Indirekte Beteiligungen über Anlagefonds oder vergleichbare Vorsorgeeinrichtungen sind zulässig, wenn der Abschlussprüfer auf die Anlagepolitik keinerlei Einfluss nehmen kann.
- *Enge Beziehungen (persönliche, geschäftliche oder finanzielle) des leitenden Prüfers zu Entscheidungsträgern oder bedeutenden Aktionären.* Durch geeignete organisatorische und personelle Massnahmen hat der Abschlussprüfer sicherzustellen, dass die langjährige Vertrautheit zwischen dem für die Prüfung Verantwortlichen und dem Prüfungskunden nicht so eng wird, dass sie die Objektivität und Unabhängigkeit gefährdet.
- *Die Ausübung von bestimmten anderen Mandaten für die zu prüfende Gesellschaft.* Explizit untersagt ist das Mitwirken bei der Buchführung sowie das Erbringen anderer Dienstleistungen, durch die das Risiko entsteht, als Revisionsstelle Unterlagen prüfen zu müssen, an deren Erstellung der Prüfer oder andere Mitarbeiter seiner Gesellschaft massgeblich mitgewirkt haben. Zulässig sind dagegen steuerberatende Dienstleistungen durch die Revisionsstelle, sofern sie nicht zu einer Selbstüberprüfung führen. Die *Entscheidungsbefugnisse* müssen in jedem Fall *klar beim Kunden* liegen.
- Die *Interessenvertretung* und Rechtsberatung von Prüfungskunden bei der Beilegung von Auseinandersetzungen kann Gefahren für die Unabhängigkeit des Prüfers beinhalten. Namentlich kann seine Einschätzung der Auswirkungen auf die Jahresrechnung dadurch beeinträchtigt werden. *Vermögensverwaltung* im Sinne von Portfolio Management ist nicht mit Prüfungsdienstleistungen vereinbar, da der Prüfer vom Wissen aus Abschlussprüfungen anderer Kunden profitieren könnte und dieses Wissen ihn zum Insider machen könnte.
- *Die Annahme von Mandaten, welche die Revisionsstelle in eine wirtschaftliche Abhängigkeit von der zu prüfenden Gesellschaft bringen könnte (Klumpenrisiko). Gemäss Art. 11 Abs.1 lit. a RAG darf bei staatlich beaufsichtigten Revisionsunternehmen das Honorar eines Kunden 10 Prozent ihrer gesamten Honorarsumme nicht übersteigen.*
- *Der Abschluss eines Vertrages mit der zu prüfenden Gesellschaft, der nicht marktkonforme Bedingungen vorsieht oder der ein Interesse der Revisionsstelle am Prüfungsergebnis begründet.* Unter diesem Aspekt ist auch die Gewährung von zinsgünstigen Darlehen an den Abschlussprüfer, die Vereinbarung von ergebnisorientierten

---

2414 BOTSCHAFT, Revisionspflicht im Gesellschaftsrecht, 4018 f.
2415 Dazu eingehend BÖCKLI, Abschlussprüfung, N 584 ff.; WATTER/RAMPINI, in: Basler Kommentar, N 14–52 zu Art. 728 OR.

Honoraren, die Gewährung von ungewöhnlichen Rabatten, aber auch die nicht fristgerechte Bezahlung des Prüfungshonorars ein Grund, der die Unabhängigkeit beeinträchtigen könnten. Verträge im Rahmen der Geschäftstätigkeit des Revisionskunden zu marktüblichen Bedingungen sind jedoch zulässig. Nicht erlaubt ist die Zusicherung einer künftigen Anstellung/Funktion in der geprüften Gesellschaft.

- Die *Annahme von wertvollen Geschenken* oder besonderen Vorteilen durch den Prüfer.

Der Prüfer wird für seine Prüfung entschädigt. Insofern besteht immanent die Gefahr, dass seine Unabhängigkeit beeinträchtigt werden könnte. Zur Vermeidung dieser Gefahr ist die Vereinbarung von Erfolgshonoraren für Prüfungsleistungen mit dem Grundsatz der Unabhängigkeit nicht vereinbar.

Die Regelungen gelten nicht nur für alle an der Prüfung direkt beteiligten Personen, sondern auch für weitere Personen mit Leitungs- und Entscheidungsfunktionen im Revisionsunternehmen.[2416] Die Bestimmungen über die Unabhängigkeit erfassen auch Gesellschaften, die mit der zu prüfenden Gesellschaft oder der Revisionsstelle unter einheitlicher Leitung stehen.

Massgebend für die Beurteilung einer Beziehung ist die Einschätzung der Umstände durch einen Dritten aufgrund der allgemeinen Lebenserfahrung. Eine subjektiv empfundene Unabhängigkeit bleibt dabei ohne Belang.[2417]

8.3.5.3 Gesetzliche Vorschriften zur Unabhängigkeit bei der eingeschränkten Revision

Die Unabhängigkeitsvorschriften bei der eingeschränkten Revision verfolgen dasselbe Ziel wie diejenigen bei der ordentliche Revision: die Objektivität des Prüfers darf weder tatsächlich noch dem Anschein nach durch irgendwelche Abhängigkeiten vom Prüfkunden beeinträchtigt sein.[2418] Auch wenn das Gesetz bei der eingeschränkten Revision auf eine explizite Auflistung nicht-vereinbarer Sachverhalte verzichtet, gelten in Bezug auf die Unabhängigkeit grundsätzlich dieselben wie bei der ordentlichen Revision.[2419] Hingegen sind die Einschränkungen in Bezug auf das Erbringen anderer Tätigkeiten (nebst der eigentlichen Prüfung) bei der eingeschränkten Revision weniger restriktiv als bei der ordentlichen Revision. Zudem sieht das Gesetz keine Rotationspflicht für den leitenden Prüfer vor wie bei der ordentlichen Revision.

Das Gesetz erlaubt ausdrücklich die *Mitwirkung bei der Buchführung* und das *Erbringen anderer Dienstleistungen,* sofern das Risiko der Überprüfung eigener Arbeiten durch geeignete organisatorische und personelle Massnahmen vermieden und eine verlässliche Prüfung sichergestellt wird.[2420] Erfolgt die Buchführung unter Mitwirkung des Revisionsunternehmens, so muss kumulativ sichergestellt sein, dass die Verantwortung für die Buchführung beim Kunden liegt, keine Entscheide durch die Mitarbeiter der Revisionsunternehmens getroffen werden und die Mitwirkung bei der Buchführung personell und

---

2416 Art. 728 Abs. 3 OR; WATTER/RAMPINI, in: Basler Kommentar, N 54 zu Art. 728 OR.
2417 BOTSCHAFT, Revisionspflicht im Gesellschaftsrecht, 4021.
2418 Art. 729 Abs. 1 OR.
2419 Art. 728 OR.
2420 Siehe dazu auch hinten Ziff. 8.6.2 S. 628 ff.

organisatorisch getrennt von der Prüfung ist.[2421] Dies bedeutet, dass nicht dieselbe Person, die bei der Buchführung mitgewirkt hat, anschliessend selbst die darauf basierende Jahresrechnung prüft. Lässt sich durch organisatorische und personelle Massnahmen eine verlässliche Prüfung nicht sicherstellen, ist auch bei der eingeschränkten Revision eine Mitwirkung bei der Buchführung oder das Erbringen anderer Dienstleistungen unzulässig.[2422]

Die Revisionsstelle hat die zusätzlich erbrachten Dienstleistungen für den Kunden im Bericht an die Generalversammlung offenzulegen.[2423]

8.3.5.4 Gesetzliche Vorschriften zur Unabhängigkeit bei der freiwilligen Revision

Für KMU ist im Rahmen des Opting-out ein gänzlicher Verzicht auf die Revisionsstelle möglich. Soweit Gesellschaften, die an sich auf die Revision verzichten könnten, freiwillig jemanden mit der Prüfung beauftragen, so sind sie bezüglich den Anforderungen an die Unabhängigkeit frei. Werden dabei die Anforderungen an Unabhängigkeit und Zulassung, sowie die entsprechenden Prüfungsstandards nicht vollständig eingehalten, muss – durch entsprechende Formulierung im Prüfbericht – der Eindruck vermieden werden, es sei eine eingeschränkte (– geschweige denn eine ordentliche) Revision im Sinne der gesetzliche Vorschriften/Prüfungsstandards erfolgt. Im Rahmen der Regelung des Opting-out ist es zulässig, Beratungsdienstleistungen im Bereich der Buchführung, der Abschlusserstellung und der eingeschränkten Prüfung aus einer Hand zu beziehen.

8.3.5.5 Zusätzliche Vorschriften zur Unabhängigkeit bei der Prüfung von Publikumsgesellschaften

Über die allgemeinen gesetzlichen Vorschriften zur Unabhängigkeit hinaus müssen die *staatlich beaufsichtigten Revisionsunternehmen* bei der Erbringung von Revisionsdienstleistungen für Publikumsgesellschaften zusätzliche, im Revisionsaufsichtsgesetz (RAG) definierte Grundsätze einhalten.[2424] Zur Vermeidung einer Abhängigkeit von Grosskunden, welche die Unabhängigkeit beeinträchtigen könnte, dürfen die Honorare aus der Revision und anderen Dienstleistungen für eine einzelne Gesellschaft bzw. einen Konzern nicht mehr als 10 Prozent der gesamten Honorarsumme des Revisionsunternehmens ausmachen.[2425]

Staatlich beaufsichtigte Revisionsunternehmen dürfen während zwei Jahren keine Revisionsdienstleistungen für eine Gesellschaft erbringen, deren ehemalige Entscheidungsträ-

---

2421 WATTER/RAMPINI, in: Basler Kommentar, N 8 zu Art. 729 OR; BÖCKLI, Aktienrecht, § 15 Rz. 497, verlangt, dass dabei alle entscheidenden Anordnungen für alle kritischen Ansätze im Jahresabschluss (Abschreibungen, Wertberichtigungen, Rückstellungen, Aktivierungen bestimmter Kosten, Wiederaufwertung, Ausnahmen vom Verrechnungs- und Saldierungsverbot, Änderung von Rechnungslegungsgrundsätzen) ... unter allen Umständen vom Verwaltungsrat ausgehen.
2422 WATTER/RAMPINI, in: Basler Kommentar, N 8 zu Art. 729 OR.
2423 Art. 729*b* Abs. 1 Ziff. 4 OR.
2424 HWP (2009), Band 1, 56 f.
2425 Art. 11 RAG; WATTER/RAMPINI, in: Basler Kommentar, N 42 zu Art. 728 OR; nicht bloss bei staatlich beaufsichtigten Revisionsunternehmen – sondern vermutlich in noch höherem Grad – bei kleineren Revisionsunternehmen besteht die Gefahr einer Beeinträchtigung der Unabhängigkeit bei Abhängigkeit von einzelnen Kunden (Klumpenrisiko). Übersteigt der Honoraranteil eines einzelnen Kunden mehr als 20% des Gesamthonorars des Revisionsunternehmens, so dürfte nach BÖCKLI fast immer eine Beeinträchtigung der Unabhängigkeit vorliegen (BÖCKLI, Abschlussprüfung, N 591).

ger oder Mitarbeiter in leitender Stellung in der Rechnungslegung zum Revisionsunternehmen übergetreten sind und nach dem Übertritt nun eine leitende Stellung im staatlich beaufsichtigten Revisionsunternehmen innehaben.[2426]

Personen, die von einem Revisionskunden kommen, bei dem sie in der Rechnungslegung mitgewirkt haben, dürfen nach einem Übertritt in ein staatlich beaufsichtigtes Revisionsunternehmen während zwei Jahren keine Revisionsdienstleistungen für ihren ehemaligen Arbeitgeber leiten.[2427]

Eine Publikumsgesellschaft ihrerseits darf keine Personen beschäftigen, die in den zwei vorausgegangenen Jahren als leitende Revisoren Revisionsdienstleistungen für die Publikumsgesellschaft erbracht haben oder im betreffenden Revisionsunternehmen eine Entscheidungsfunktion innehatten.

8.3.5.6 Umsetzung der Unabhängigkeitsvorschriften

Die Durchsetzung der Vorschriften zur Unabhängigkeit erfolgt durch verschiedene Massnahmen und Mechanismen auf mehreren Stufen:

Primär obliegt es dem *Verwaltungsrat* des geprüften Unternehmens, seinerseits Massnahmen zu treffen, damit die Unabhängigkeitsvorschriften nicht verletzt werden. Der Verwaltungsrat hat die Pflicht, der Generalversammlung eine Revisionsstelle zur Wahl vorzuschlagen,[2428] welche die gesetzlichen Anforderungen an die Unabhängigkeit erfüllt. Dazu bespricht der Präsident des Verwaltungsrates oder des Audit Committee mögliche Beeinträchtigungen der Unabhängigkeit eingehend mit dem leitenden Revisor und lässt sich das Ergebnis bestätigen.[2429] Durch interne Regelungen hat der Verwaltungsrat dafür zu sorgen, dass der Bezug von anderen Dienstleistungen bei der Prüferfirma, die allenfalls die Unabhängigkeit des Prüfers beeinträchtigen könnten, vorgängig durch ihn oder eine dafür bestimmte Stelle genehmigt wird. Der Verwaltungsrat darf diese Aufgabe nicht einfach dem Abschlussprüfer überlassen.

Zudem obliegt es dem Verwaltungsrat, einzugreifen, wenn er feststellt, dass die Vorschriften während der Mandatsdauer der Revisionsstelle nicht eingehalten werden. Bei Publikumsgesellschaften hat der Verwaltungsrat zudem dafür zu sorgen, dass keine Personen in der Gesellschaft beschäftigt werden, die während den zwei vorausgegangenen Jahren Revisionsdienstleistungen für die Gesellschaft erbracht haben oder eine Entscheidungsfunktion im betreffenden Revisionsunternehmen innehatten.[2430]

Zur Einhaltung der Unabhängigkeitsvorschriften dient auch das Recht der *Generalversammlung,* die Revisionsstelle jederzeit abberufen zu können.[2431] Dieses Recht kann nicht durch Statutenbestimmungen eingeschränkt werden. Die Abberufung ist sofort wirksam.

Aktionäre und Gläubiger haben die Befugnis, dem Richter am Sitz der Gesellschaft die erforderlichen Massnahmen zu beantragen, wenn sich eine im Handelsregister eingetragene

---

2426 Art. 11 Abs. 1 RAG.
2427 Art. 11 Abs. 2 RAG.
2428 Im Rahmen der Vorbereitung der GV gem. Art. 716*a* Abs.1 Ziff. 6 OR; so auch Böckli, Abschlussprüfung, N 613.
2429 Böckli, Abschlussprüfung, N 613.
2430 Art. 11 Abs. 1 RAG lit. b.
2431 Art. 730*a* Abs. 4 OR.

Revisionsstelle nicht als unabhängig erweist. Letztlich droht auch eine Verantwortlichkeitsklage nach Art. 755 OR, falls wegen Verletzung der Unabhängigkeitsvorschriften der Gesellschaft, den Aktionären oder Gläubigern ein Schaden entstanden ist.

Die *Handelsregisterbehörden* weisen die Eintragung der Revisionsstelle ab, wenn der Anschein der Abhängigkeit besteht. Dabei stützen sie sich allerdings lediglich auf die Angaben, die sich aus der eingereichten Anmeldung ergeben, und stellen keine eigenen Nachforschungen an.[2432]

Die *Revisionsaufsichtsbehörde* überprüft turnusgemäss mindestens bei den staatlich beaufsichtigten Unternehmen die Einhaltung der Unabhängigkeitserfordernisse.[2433] Sie kann bei Verstössen gegen die gesetzlichen Vorschriften einen Verweis aussprechen, Anweisungen erteilen zur Wiederherstellung des ordnungsgemässen Zustands und allenfalls – im Extremfall – die Zulassung entziehen.[2434]

Nicht zuletzt hat auch die *Revisionsstelle selbst* durch organisatorische Massnahmen sicherzustellen, dass die Richtlinien zur Unabhängigkeit jederzeit eingehalten und allfällige Verstösse rasch erkannt und beseitigt werden. Dazu gehören organisatorische Massnahmen wie die Funktionentrennung, dienstleistungsübergreifende Abklärungen der Unabhängigkeit bei der Annahme neuer Mandate und Aufträge, Kundensegmentierung, Rotation des leitenden Prüfers, Einfordern von Unabhängigkeitserklärungen von den involvierten Mitarbeitern, Offenlegung von familiären Beziehungen, Genehmigungspflicht beim Erwerb von Finanzanlagen, Qualitätskontrollen etc.

8.3.6 Weitere Anforderungen an eine Revisionsstelle

8.3.6.1 Verschwiegenheit

Die Revisionsstelle ist verpflichtet, das *Geheimnis* über ihre Feststellungen zu wahren, soweit sie nicht von Gesetzes wegen zur Bekanntgabe verpflichtet ist.[2435] Sie darf über die bei der Ausführung ihres Auftrages gemachten Wahrnehmungen weder einem einzelnen Aktionär noch Dritten Kenntnis geben. Die Revisionsstelle hat zudem im Rahmen der Berichterstattung, der Erstattung von Anzeigen und bei der Auskunftserteilung an die Generalversammlung die Geschäftsgeheimnisse der geprüften Gesellschaft zu wahren.

Die Pflicht zur Wahrung der Geschäftsgeheimnisse der geprüften Gesellschaft einerseits und die Pflicht zur Berichterstattung an die GV kann die Revisionsstelle in einen Zwiespalt bringen. Im Zweifel geht die Berichterstattung und Auskunftserteilung gegenüber der Gesamtheit der Aktionäre (d.h. der Generalversammlung) vor, insoweit als dadurch nicht der eigentliche Kern der Geschäftsgeheimnisse preisgegeben wird und als die Auskunft zur Beantwortung einer als berechtigt erscheinenden Frage eines Aktionärs an der GV notwendig ist.[2436]

2432 Botschaft, Revisionspflicht im Gesellschaftsrecht, 4021.
2433 Art. 16 RAG.
2434 Art. 17 und 18 RAG, siehe auch hinten Ziff. 8.5.9, S. 625 f.
2435 Art. 730*b* Abs. 2 OR.
2436 Böckli, Abschlussprüfung, N 701; Reutter, in: Basler Kommentar, N 16 zu Art. 730*b* OR; CHK-Oertli/Hänni, N 10 ff. zu Art. 730*b* OR.

Nicht unter das Revisionsgeheimnis fallen:[2437]
- der Inhalt des Revisionsberichts (Art. 728*b* OR und Art. 729*b* OR) und die Auskünfte an der Generalversammlung (Art. 697 Abs. 1 und 2 OR);
- die gesetzlichen Anzeigepflichten (Art. 728*c* OR, bzw. Art. 729*c* OR);
- die Auskünfte gegenüber dem Sonderprüfer (Art. 697*d* Abs. 2 OR);
- die Einreichung der Unterlagen zur Zulassung als staatlich beaufsichtigtes Revisionsunternehmen (Art. 10 RAG);
- die Auskunftspflicht und die Zutrittsgewähr gegenüber der Aufsichtsbehörde (Art. 13 RAG);
- Meldepflichten gegenüber der Aufsichtsbehörde (Art. 14 RAG).

Die Revisoren sind gemäss Berufsordnung der Treuhand-Kammer von der Verschwiegenheitspflicht in folgenden Situationen *befreit*:[2438]
- bei ausdrücklicher Einwilligung des Auftraggebers; falls Geheimnisinteressen Dritter betroffen sind, ist auch deren Einverständnis erforderlich;
- soweit Bestimmungen des eidgenössischen oder kantonalen Rechts sie dazu zwingen (siehe oben);
- soweit überwiegende Interessen der Berufsangehörigen eine Offenbarung des Geheimnisses erfordern; dies gilt insbesondere, wenn Berufsangehörige in zivil-, straf- oder verwaltungsgerichtlichen Verfahren ohne Preisgabe solcher geheimer Informationen in der Wahrung ihres Standpunktes erheblich gefährdet wären;
- in Verfahren zur Ahndung von Verstössen gegen diese Berufsordnung oder Finanzmarktregelungen, soweit die relevanten Tatsachen bereits in einer Anzeige an die Standeskommission der Treuhand-Kammer offengelegt wurden;
- soweit in der Stellungnahme zu privaten Anzeigen die Offenbarung von Geheimnissen, bei denen der Geheimnisherr der Anzeiger ist, erforderlich ist.

Die Offenlegung des Mandates selbst ist keine Verletzung der Schweigepflicht, weil die Revisionsstelle im Handelsregister für jedermann einzusehen ist.

Eine Verletzung der Pflicht zur Verschwiegenheit wird strafrechtlich (auf Antrag der Gesellschaft) mit einer Freiheitsstrafe bis zu drei Jahren oder einer Geldstrafe sanktioniert.[2439] Die Revisionsaufsichtsbehörde kann die Verletzung mit Gefängnis oder Busse bis zu CHF 1 Mio. strafen.[2440]

Das Wissen um deren Schweigepflicht ermöglicht es einem Unternehmen, die gleiche Revisionsstelle wie ihre Konkurrenten zu wählen. Durch die Prüfung mehrerer Gesellschaften derselben Branche kann die Revisionsstelle ihre Kenntnisse und Erfahrungen über die betreffende Branche sowie über deren spezifische Risiken und Problemstellungen erweitern. Die Tätigkeit für einen Konkurrenten kann andererseits aber auch einen Grund darstellen, eine andere Revisionsstelle mit der Prüfung der Jahresrechnung zu betrauen.

2437 HWP (2009), Band 2, 59 f.
2438 TREUHAND-KAMMER, Standes- und Berufsregeln 2007, Ziff IV.
2439 Art. 321 StGB (Verletzung des Berufsgeheimnis); HWP (2009), Band 2, 85, siehe auch hinten Ziff. 8.9.9, S. 659 f.
2440 Art. 40 RAG Ziff. 1 lit. D (Vergehen); HWP (2009), Band 2, 86 f.

8.3.6.2 Branchenerfahrung

Branchenkenntnisse, das Verständnis des Geschäftsumfeldes (Marktsituation, Konkurrenzverhältnisse, regulatorisches Umfeld) sowie des Geschäftsmodelles des zu prüfenden Unternehmens sind für eine fachgerechte Revision sehr wichtig. Sie sind namentlich bei der Risikoanalyse erforderlich, die einen bedeutenden Teil der Prüfungsplanung darstellt. Unterschiedliche regulatorische Anforderungen sowie die unterschiedlichen Ansprüche an die Rechnungslegung haben dazu geführt, dass sich in den bedeutenden Wirtschaftsprüfungsgesellschaften die einzelnen Mitarbeiter nach Industrien/Branchen spezialisiert haben (z.B. Produktion und Handel von Konsum- und Investitionsgütern, Banken und Versicherungen, öffentlicher Sektor, Telekommunikation und Medien etc.). Durch diese Spezialisierung wird der Wissensstand über die Branche und deren Risiken innerhalb des Revisionsunternehmens vergrössert und Best-Practice-Erfahrungen gesammelt.

8.3.6.3 Einbindung in ein (internationales) Netzwerk

Die internationale Verflechtung hat dazu geführt, dass in zunehmendem Masse schweizerische Gesellschaften im Ausland Unternehmen angesiedelt oder erworben haben. Im Rahmen der *Konzernrechnungslegung* sind das Bedürfnis und die Pflicht zur Erstellung des Abschlusses nach einheitlichen, internationalen Normen entstanden. Zur Überprüfung der Konzernrechnung wird aus verschiedenen Gründen (Koordination, Vermeidung von Doppelspurigkeiten in der Prüfung, Synergieeffekte, Qualität der Prüfung, tieferer Einblick, Verantwortlichkeit) angestrebt, dass alle Gesellschaften durch dasselbe Revisionsunternehmen geprüft werden. In der Schweiz sind in den letzten Jahren alle grösseren Prüferfirmen Verbindungen (Vertragliche Vereinbarungen, Beteiligungen, Fusionen) zu ausländischen Wirtschaftsprüfungsgesellschaften eingegangen, um die in zunehmendem Masse verlangten internationalen Dienstleistungen erbringen zu können.

Eine Gesellschaft mit ausländischen Beteiligungen wird bei der Wahl ihrer Revisionsstelle diesen Gesichtspunkt mitberücksichtigen.

8.3.6.4 Zusätzliches Angebot an Dienstleistungen

Traditionell bieten die grossen Wirtschaftsprüfungs- und Beratungsgesellschaften in der Schweiz ein breites Spektrum an Dienstleistungen an. Im selben Haus sind neben Wirtschaftsprüfern, Steuerexperten, Bewertungsexperten, Buchhaltern auch Juristen, Unternehmensberater und andere Spezialisten angestellt.

Aufgrund der Richtlinien zur Unabhängigkeit der Treuhand-Kammer kann ein Unternehmen nebst der Prüfung weitere Dienstleistungen bei derselben Prüfergesellschaft in Anspruch nehmen, sofern dadurch die Objektivität und Unabhängigkeit des Prüfers nicht tangiert wird. Es kann damit Synergien nutzen, welche sich aus der Erbringung verschiedener Beratungsleistungen durch eine Wirtschaftsprüfungs- und Beratungsgesellschaft ergeben.

Der Prüfungsprozess sowohl bei der ordentlichen wie bei der eingeschränkten Revision verlangt von der Revisionsstelle eine intensive Auseinandersetzung mit dem Geschäft des Kunden, seinem Geschäftsmodell, den Strukturen und Abläufen. Dabei finden auch ausführliche Besprechungen zwischen der Revisionsstelle und der Unternehmensleitung des Kunden (VR, Geschäftsleitung etc.) statt. Dabei erfragt und erhält die Unternehmensleitung des Kunden auch Hinweise und Anregungen insbesondere zu Fragen der Rechnungslegung (Bilanzierungsgrundsätze und -methoden, Bewertung, Offenlegung,) und zu Steuerfragen. Solche fachliche Antworten und Empfehlungen seitens der Revisionsstelle sind normaler Bestandteil des Prüfungsprozesses und gefährden die Unabhängigkeit in der Regel nicht. Sie gelten nicht als Mitwirkung bei der Buchführung und Erbringung anderer Dienstleistungen und unterliegen daher auch nicht den Auflagen zur organisatorischen und personellen Trennung und zur Offenlegung im Bericht an die Generalversammlung.

Vorausgesetzt, dass die Revisionsstelle keine Entscheidungen fällt und die entsprechenden (personellen und organisatorischen) Schutzvorkehrungen trifft, darf die Revisionsstelle nebst der eigentlichen Abschlussprüfung beispielsweise folgende Dienstleistungen erbringen:

- Unterstützung bei der Umstellung von Rechnungslegungsnormen (Swiss GAAP FER, IFRS, US GAAP etc.);
- Unterstützung bei der Einführung eines internen Kontrollsystems (IKS) und Beurteilung des Wirksamkeit des IKS;
- Unterstützung des Prüfungsausschusses (Audit Committee); Aufzeigen von Bilanzierungsgrundsätzen/-alternativen;
- Beratung in Steuerfragen;
- Beratung in Rechtsfragen (excl. Vertretung des Mandanten vor Gericht);
- Beratung bei Restrukturierungen, Unternehmensspaltungen, Fusionen;
- Risikomanagement-Beratungen, Identifizierung von Geschäftsrisiken;
- Due-Diligence-Prüfungen, insbesondere Unterstützung beim Verkauf von Unternehmens(teilen);
- Beratung in der Personalvorsorge;
- Beratungen in M&A-Unternehmenstransaktionen (nicht erlaubt sind jedoch sogen. «Fairness Opinions» bei Prüfkunden);
- Unterstützung der internen Revision (methodologische Hilfe).

In diesem Zusammenhang ist es auch für den Verwaltungsrat wichtig zu wissen, welche internen Regeln und Massnahmen die Wirtschaftsprüfungs- und Beratungsfirma anwendet, um sicherzustellen, dass ihre gesetzlich geforderte Unabhängigkeit und Objektivität in der Wirtschaftsprüfung gewahrt bleiben.

8.3.6.5 Finanzielle Sicherheiten und Reputation

Hinsichtlich der Anforderungen an eine Revisionsstelle ist auch deren finanzielle Leistungsfähigkeit die notwendige Beachtung zu schenken. Im Aktienrecht werden zwar diesbezüglich keine Anforderungen festgelegt.[2441] Die Revisionsunternehmen, welche zur Erbringung von Revisionsdienstleistungen für Publikumsgesellschaften zugelassen werden,

---

[2441] Im Gegensatz zu Art. 35 des Bundesgesetzes über die Banken und Sparkassen betreffend Mindesthaftungkapital von CHF 200 000.

müssen sich für Haftungsrisiken ausreichend versichern.[2442] Die finanzielle Basis der Revisionsstelle ist insbesondere in einem Haftungsfall nicht ohne Bedeutung.

8.4 Wahl der Revisionsstelle

8.4.1 Auswahl

Die Wahl der Revisionsstelle gehört zu den unübertragbaren Befugnissen der *Generalversammlung*.[2443] Mit der zwingenden Wahl durch die Generalversammlung werden die Bedeutung und das Gewicht der Revisionsstelle, sowie deren Unabhängigkeit gegenüber der Verwaltung unterstrichen.

Wie bei den übrigen Traktanden der Generalversammlung sind die *Anträge* des Verwaltungsrates oder einzelner Aktionäre zur Wahl der Revisionsstelle bei der Einladung bekannt zu geben.[2444] Dem *Verwaltungsrat* kommt im Rahmen der Oberleitung der Gesellschaft die Aufgabe zu, der Generalversammlung einen *Wahlvorschlag* für die Revisionsstelle zu unterbreiten.[2445] Er berücksichtigt bei seinem Vorschlag die gesetzlichen und die übrigen Anforderungen.[2446] Der Verwaltungsrat muss an der Generalversammlung vor dem Wahlakt Bericht erstatten können, dass die von ihm vorgeschlagene Revisionsstelle diese Anforderungen erfüllt.

Angesichts der Bedeutung der Revisionsstelle wird der Verwaltungsrat den Vorschlag sorgfältig vorbereiten. Die Selektion der Revisionsstelle kann auch einem Ausschuss des Verwaltungsrates (i.d.R. Audit Committee/Prüfungsausschuss), allenfalls unter Beizug von Mitgliedern der Geschäftsleitung, übertragen werden. Es empfiehlt sich, von verschiedenen möglichen Revisionsgesellschaften *Offerten* einzuholen.

Damit eine Ausschreibung erfolgreich verläuft, sollten folgende Hinweise beachtet werden:[2447]

- Das Offert-Verfahren ist gut zu planen und genügend Zeit und Ressourcen zur Verfügung zu stellen.
- Die Gründe für die Ausschreibung sind klar zu kommunizieren.
- Die Bewertungskriterien sind früh festzulegen (Anforderungskatalog erstellen).
- In der Einladung zur Erstellung der Offerte ist genau zu definieren, welche Aspekte das Offert-Dokument enthalten soll.
- Allen eingeladenen Bewerbern sind die notwendigen Unterlagen zur Verfügung zu stellen.
- Der Zugang zum Audit Committee/Verwaltungsrat oder Eigentümer soll dem Offerierenden möglich sein.

2442 Art. 9 RAG; sowie zur Mindest-Deckungssumme Art. 11 der Revisionsaufsichtsverordnung (RAV) (vom 22. 8. 2007).
2443 Art. 698 Abs. 2 Ziff. 2 OR sowie Art. 730 OR.
2444 Art. 700 Abs. 2 OR; dazu ausführlich vorne unter Ziff. 7.2.6, S. 474 ff.
2445 Art. 716*a* Abs. 1 Ziff. 1 OR.
2446 Vgl. vorne Ziff. 8.3, S. 563 ff.
2447 HONEGGER U., 4 ff.

- Auf Angaben und Anforderungen, die gegen Prüfungsstandards verstossen, sollte verzichtet werden.

Den Verwaltungsrat interessieren nebst den *gesetzlichen Anforderungen* namentlich die folgenden Punkte:

a) **Informationen zum Revisionsunternehmen**

Von der Revisionsstelle ist mit Vorteil eine Präsentation zu verlangen. Diese kann mündlich oder schriftlich erfolgen. Im Einzelnen sind folgende Punkte bei der Beurteilung der Revisionsstelle relevant:

- klar formulierte Unternehmenspolitik des Revisionsunternehmens;
- Beförderungssystem, das der fachlich einwandfreien Arbeit des Wirtschaftsprüfers Priorität vor der Erreichung des finanziellen Erfolges einräumt;
- Qualitätssicherungssystem (unabhängige Review-Prozesse, die sicherstellen, dass die Prüfungsleiter die wichtigsten Schlussfolgerungen bearbeiten und allenfalls mit Kollegen diskutieren);
- Finanzielle und sonstige Angaben zum Revisionsunternehmen (z.B. Dienstleistungsumsatz nach Sparten, nach Branchen, Personalaufwand etc.);
- Anzahl Spezialisten (Wirtschaftsprüfer, Rechnungslegungsspezialisten, Steuerexperten, Personalvorsorgespezialisten, andere Berater);
- Eigenkapital als Haftungssubstrat;
- Spezialitäten/Schwergewichte/besondere Kenntnisse;
- regionale Verankerung/internationales Netzwerk.

b) **Informationen zum vorgesehenen Revisionsleiter und den Teammitglieder**

Bei grösseren Mandaten und Revisionsgesellschaften wird in der Regel unterschieden zwischen Mandatsleiter, Revisionsleiter und Assistenten. Dementsprechend werden unterschiedliche Anforderungen gestellt bezüglich:

- Ausbildung, fachlicher Kompetenz;
- Erfahrung, Spezialkenntnisse;
- Führungseigenschaften, Motivationsvermögen;
- Kommunikationsfähigkeit;
- Vertrautheit mit lokalen Gegebenheiten/internationalen Beziehungen.

c) **Angaben zum Prüfungsansatz**

Zur Sicherstellung der Qualität der Prüfungen hat die Treuhand-Kammer Schweizer Prüfungsstandards (PS) aufgestellt,[2448] die für ihre Mitglieder bei der Erbringung einer ordentlichen Revision zu beachten sind. Bei der eingeschränkten Revision hat der Prüfer den Standard zur eingeschränkten Revision (SER) zu befolgen.[2449]

2448 SCHWEIZER PRÜFUNGSSTANDARDS (PS), Treuhand-Kammer (Hrsg.), Ausgabe 2013.
2449 SER, STANDARD ZUR EINGESCHRÄNKTEN REVISION, Treuhand-Kammer/Schweizer Treuhänder-Verband (Hrsg.), Ausgabe 2007

Obwohl durch die vorgegebenen Standards eine gewisse Vereinheitlichung der Art der Prüfung erfolgt, ist es für den Verwaltungsrat interessant zu wissen, wie der Prüfer bestimmte Sachverhalte zu prüfen gedenkt, namentlich interessiert den Verwaltungsrat die *Risikoeinschätzungen durch die Revisionsstelle und durch welche Prüfungshandlungen sie gedenkt, ihr Prüfungsurteil zu erlangen*. Durch den Vergleich mit den eigenen Einschätzungen kann der Verwaltungsrat wesentliche Denkanstösse gewinnen.

Eine Zusammenarbeit zwischen Verwaltungsrat, Geschäftsleitung und der Revisionsstelle bei der Risikoanalyse fördert die Fokussierung der Revisionsstelle auf die wesentlichen Risiken und erhöht gleichzeitig das Risikobewusstsein des Verwaltungsrates.

d) Termine

Die offerierende Revisionsstelle hat zu erklären, dass sie in der Lage ist, die vorgesehenen Termine der Berichterstattung einzuhalten. Sie macht Angaben über die geplante Dauer der Prüfung.

Da die meisten Gesellschaften ihren Abschluss auf den 31. Dezember erstellen, kommt es im Frühjahr zu einer starken saisonalen Beanspruchung der Mitarbeiter der Revisionsstellen. Es wird daher unumgänglich sein, dass gewisse Prüfungshandlungen bereits während des Berichtsjahres – im Rahmen einer Zwischenrevision – durchgeführt werden müssen. Hier sind gegenseitige Koordination und Flexibilität nötig.

e) Angaben zum offerierten Honorar

Das Honorar der Revisionsstelle richtet sich in der Regel nach dem *Zeitaufwand*. Das Honorar ist dabei abhängig vom Schwierigkeitsgrad der Aufgabe und von der Verantwortung.

Die Vereinbarung eines Honorars, das sich nach dem Ergebnis der Prüfung oder gar dem vom geprüften Unternehmen erzielten Periodenergebnis richtet, ist nach den Grundsätzen der Treuhand-Kammer nicht gestattet.[2450] Beim Vergleich der Offerten ist darauf zu achten, dass die offerierten Honorare sich wirklich auf dieselbe Leistung beziehen; für zusätzliche Beratungsleistungen sollten separate Offerten eingefordert werden.

Durch ein risikoorientiertes Vorgehen (und mit einem Abbau von personalintensiven, detail- und ergebnisorientierten Prüfungen) können die Prüfungskosten gesenkt werden. Durch eine klare Abstimmung zwischen Prüfer und Kunde, ein gut ausgebautes IKS sowie durch eine seriöse Vorbereitung und Bereitstellung der verlangten Unterlagen durch den Kunden kann der Aufwand für die Revisionsstelle und damit deren Honorar gesenkt werden.[2451]

f) Art der geplanten Berichterstattung

Nebst den gesetzlich vorgeschriebenen Berichten[2452] werden oft zusätzliche schriftliche Berichte/Stellungnahmen an die Geschäftsleitung (Management Letters, Aktennotizen etc.) offeriert und vom Kunden erwartet. In diesen Dokumenten werden in der Regel –

2450 BÖCKLI, Abschlussprüfung, N 592.
2451 Siehe Checkliste Revisionsunterlagen hinten unter Ziff. 11.75, S. 1046 ff.
2452 Art. 728*b* OR (zusammenfassender Bericht an die Generalversammlung, umfassender Bericht an den Verwaltungsrat). Siehe hinten Ziff. 8.5.4, S. 606 ff. und Ziff. 8.5.5, S. 613 ff.

nebst den eigentlichen Prüfungsfeststellungen – auch jene Bereiche aufgezeigt, in denen die Geschäftsleitung einen Ermessensspielraum in der Darstellung und Bewertung hat, und dargelegt, wie dieser genutzt worden ist. Sodann werden festgestellte Schwachstellen/Mängel in den internen Kontrollen des Rechnungswesens festgehalten, auf bestehende Risiken hingewiesen und Vorschläge zur Verbesserung angebracht. Allein durch die Identifikation von Schwachstellen leistet die Revisionsstelle einen wesentlichen Beitrag an das interne Risikomanagement.

Solche Zusatzleistungen der Revisionsstelle geben in der Regel der Geschäftsleitung wertvolle Hinweise zum Stand des Rechnungswesens. Sie gehen aber über den gesetzlich verlangten Auftrag hinaus und schlagen sich unter Umständen in einem höheren Honoraraufwand nieder.

g) Angabe von Referenzen

Die Revisionsstelle ist im Handelsregister einzutragen. Es kann daher untersucht werden, für welche Gesellschaften die offerierende Revisionsstelle tätig ist.

Empfehlung:
Nach einer ersten Selektion der Offerten empfiehlt es sich, die möglichen Revisionsgesellschaften zu einer Präsentation einzuladen.

Durch die gegenseitige persönliche Kontaktaufnahme kann der Eindruck aus der schriftlichen Offerte wesentlich ergänzt werden. Für die künftige Zusammenarbeit ist es unerlässlich, dass die Beziehungen der Mitglieder der beiden Organe Verwaltungsrat und Revisionsstelle auch auf persönlicher Ebene von gegenseitigem Vertrauen und Respekt geprägt sind.

h) Verschwiegenheit in der Auswahlphase

In der Phase der Auswahl der Revisionsstelle wird es unter Umständen unerlässlich sein, der potenziellen Revisionsstelle Unterlagen der Gesellschaft zur Verfügung zu stellen und Auskünfte zu erteilen, auch über Angelegenheiten, die dem Geschäftsgeheimnis unterliegen. Die Revisionsstelle darf bereits in diesem Stadium keine Sachverhalte, die sie wahrgenommen hat, einem Dritten bekannt geben. Sie unterliegt der Geheimhaltungspflicht, obwohl sie in dieser Phase noch nicht als Organ der Gesellschaft bestellt ist.

Die neue Revisionsstelle wird in Regel vor der Annahme des Mandates auch mit ihrer Vorgängerin in Kontakt treten wollen, um Einsicht in deren Arbeitspapiere zu nehmen.[2453] Dies erfolgt im Hinblick auf die Prüfung der Eröffnungsbilanz und die kontinuierliche Anwendung der Rechnungslegungsgrundsätze. Dazu ersucht sie den Verwaltungsrat, die bisherige Revisionsstelle vom Revisionsgeheimnis zu entbinden.[2454]

2453 PS 510, Eröffnungsbilanzwerte bei Erstprüfungsaufträgen, Ziff. 6.
2454 Art. 730*b* OR.

8.4.2 Traktandierung der Wahl und Wahlvorschlag

Die Wahl der Revisionsstelle ist gemäss Art. 730 OR – sowohl bei der ordentlichen als auch bei der eingeschränkten Prüfung – Sache der Generalversammlung.

Die Wahl der Revisionsstelle ist auf der Traktandenliste – zusammen mit dem Antrag (Wahlvorschlag) des Verwaltungsrates und allfälligen weiteren Vorschlägen aus dem Kreis der Aktionäre – aufzuführen. Keine Traktandierung ist erforderlich bei einem Begehren eines Aktionärs auf die Wiedereinführung einer Revisionsstelle durch die Generalversammlung.[2455]

Der Verwaltungsrat hat sich zu vergewissern, dass die von ihm vorgeschlagene Revisionsstelle, die gesetzlichen Anforderungen (Zulassung/Registrierung bei der Revisionsaufsichtsbehörde, Unabhängigkeit etc.) erfüllt.[2456] Üblicherweise unterbreitet der Verwaltungsrat, gestützt auf sein Auswahlverfahren,[2457] der Generalversammlung nur einen Wahlvorschlag für die Revisionsstelle und bietet nicht mehrere Alternativen zur Auswahl an.

Bei der Behandlung des gesetzes- und statutenkonform angekündigten Traktandums können an der Generalversammlung neue Vorschläge seitens der Aktionäre eingebracht werden. Der Verwaltungsrat kann seinen Antrag abändern, sofern ihm seit der Einladung neue Fakten und Erkenntnisse zugegangen sind. Neue Vorschläge müssten bezüglich Erfüllung der gesetzlichen Voraussetzungen (Zulassung, Registrierung, Unabhängigkeit etc.) rasch beurteilt und das Einverständnis der vorgeschlagenen Revisionsstelle eingeholt werden.

8.4.3 Wahl an der Generalversammlung

Die Wahl der Revisionsstelle erfolgt grundsätzlich mit der absoluten Mehrheit der vertretenen Aktienstimmen, soweit das Gesetz oder die Statuten es nicht anders bestimmen.[2458] Bei Stimmengleichheit gelten die statutarischen Bestimmungen. Eine stille Wahl ist nicht zulässig.

In Gesellschaften mit Stimmrechtsaktien richtet sich das Stimmrecht allerdings nicht nach der Zahl der Aktien, sondern nach dem Nennwert.[2459] Durch das Abstellen auf die Kapitalmehrheit will der Gesetzgeber die besondere Stimmkraft der Stimmrechtsaktien zum Schutz der Stammaktionäre aufheben.

In den Statuten kann zudem eine Quorums-Regelung oder eine qualifizierte Mehrheit für die Wahl der Revisionsstelle vorgesehen werden. Der Schutz von Aktionärsminderheiten kann statutarisch auch durch die Einräumung eines verbindlichen Vorschlagsrechtes für die Minderheit bei der Wahl der Revisionsstelle verstärkt werden.

Ein Generalversammlungsbeschluss, der die besonderen Bestimmungen bezüglich Stimmrechtsaktien bei der Wahl der Revisionsstelle nicht beachtet, ist anfechtbar. Wird eine

---

2455 Opting-in, Art. 700 OR Abs. 3 i.V.m. Art. 727a Abs. 4 OR. (siehe vorne Ziff. 8.2.2.4)
2456 Siehe vorne Ziff. 8.3, S. 563 ff.
2457 Siehe vorne Ziff. 8.4.1., S. 576 f.
2458 Art. 703 OR.
2459 Art. 693 Abs. 3 OR.

Revisionsstelle gewählt, welche die gesetzlichen und statutarischen Anforderungen nicht erfüllt, so ist die Wahl zwar grundsätzlich rechtsgültig, hingegen kann jeder Aktionär, Gläubiger und der Handelsregisterführer beim Richter am Sitz der Gesellschaft Klage einreichen wegen der nicht rechtmässigen Zusammensetzung des Gesellschaftsorgans, und ihn auffordern, die erforderlichen Massnahmen zu ergreifen.[2460]

8.4.4 Annahme der Wahl

Die Wahl der Revisionsstelle kommt erst durch deren Annahme zustande. Mit der Mandatsannahme wird der Abschlussprüfer Organ der Gesellschaft und unterliegt der entsprechenden Haftung gemäss Art. 755 OR.[2461] Vor Annahme der Wahl (bzw. Wiederwahl) hat die Revisionsstelle daher gründlich abzuklären, ob die Voraussetzungen bezüglich Wählbarkeit, Zulassung und Unabhängigkeit gegeben sind. Angesichts der Haftung klärt der Prüfer vor Wahlannahme auch ab, ob das zu prüfende Unternehmen seinen Erwartungen entspricht (Integrität der verantwortlichen Personen, Prüfungsrisiken, Branchenrisiken, Honorarvorstellungen, Termine/zeitliche Beanspruchung etc.).[2462]

Kommt der Prüfer zum Schluss, den Auftrag anzunehmen, und verfügt er über die notwendige Zulassung, Befähigung und Unabhängigkeit, so teilt er dies dem Kunden (Generalversammlung oder Verwaltungsrat) in einer schriftlichen *Annahmeerklärung* mit.[2463] Die Annahmeerklärung kann – im Hinblick auf die anstehende Wahl – bereits vor der GV erfolgen, oder danach eingeholt werden. Sie ist notwendig für den Handelsregistereintrag. Im Falle einer Wiederwahl bedarf es keiner erneuten Annahmeerklärung.

Eine Revisionsstelle, die ein Mandat annimmt, für das sie nicht die notwendige Zulassung besitzt, kann sich haftbar machen. Sodann drohen ihr aufsichtsrechtliche Konsequenzen durch die Revisionsaufsichtsbehörde.

8.4.5 Handelsregistereintrag

Die Revisionsstelle, welche die ordentliche oder eingeschränkte Revision durchführt, ist ins Handelsregister einzutragen.[2464] Eingetragen wird nur der Name der Revisionsstelle, nicht aber die Art der Revision. Das Handelsregisteramt prüft vor dem Eintrag durch Einsichtnahme in das Register der Eidgenössischen Revisionsaufsichtsbehörde, ob die gewählte Revisionsstelle zugelassen ist. Der Eintrag darf nur erfolgen, wenn die Revisionsstelle eine (ordentliche oder eine eingeschränkte) *Revision im Sinne des Gesetzes* durchführt.[2465] Das Handelsregister verweigert den Eintrag, wenn Umstände vorliegen, die den Anschein der Abhängigkeit erwecken.

Dem Eintrag kommt vor allem deklaratorische Bedeutung zu. Dritte, insbesondere Gläubiger, können sich dadurch jederzeit orientieren, wer das Amt der Revisionsstelle innehat.

2460 Art. 731*b* OR.
2461 Siehe hinten Ziff. 8.9, S. 651 ff.
2462 PS 210, Auftragsbedingungen des Abschlussprüfers, Ziff. 4.
2463 Ein Muster findet sich in Ziff. 11.8 auf S. 788.
2464 Art. 45 Abs. 1 lit. q HRegV.
2465 Art. 61 Abs. 1 HRegV.

Wenn der Handelsregisterführer feststellt, dass die Revisionsstelle fehlt oder nicht rechtmässig besetzt ist, kann er dem Richter beantragen, die erforderlichen Massnahmen zu ergreifen.[2466]

8.4.6 Amtsdauer

8.4.6.1 Gesetzliche Grundlagen

Gemäss Art. 730a Abs. 1 OR beträgt die Amtsdauer für die Revisionsstelle ein bis drei Geschäftsjahre; eine Wiederwahl ist unbeschränkt möglich.

Zu beachten sind auch die diesbezüglichen Bestimmungen in den Statuten. Fehlt in den Statuten eine Regelung, so steht es in der Kompetenz der Generalversammlung, die Amtsdauer (innerhalb der Maximaldauer von drei Jahren) festzulegen. Wird die Amtsdauer nicht auf ein Jahr festgesetzt (und bildet die Wahl der Revisionsstelle nicht ein alljährliches Traktandum an der Generalversammlung), so muss eine entsprechende Kontrolle über die Amtsdauer geführt werden.

Während für die Revisionsstelle eine unbegrenzte Wiederwahl möglich ist, darf diejenige Person, welche die Revision leitet, bei der *ordentlichen* Revision diese Funktion längstens während *sieben* Jahren hintereinander ausüben und allenfalls erst nach einem Unterbruch von drei Jahren wieder aufnehmen.[2467] Sinn dieser Regelung ist es, dass keinerlei Anschein einer zu starken Bindung an den Kunden aufkommt, welche die Unabhängigkeit beeinträchtigen könnte. Bei der *eingeschränkten* Revision besteht keine analoge Rotationspflicht für den leitenden Revisor.

8.4.6.2 Beginn

Der Beginn der Funktion als Revisionsstelle kann ordentlicher Weise erst nach der Wahl durch die Generalversammlung und der Annahmeerklärung erfolgen. Nebst der schriftlichen Annahmeerklärung (für Handelsregisterzwecke) erstellt die Revisionsstelle vor Beginn ihrer Arbeit – entsprechend den Anforderungen des Prüfungsstandards[2468] – eine *Auftragsbestätigung* für den Verwaltungsrat. In diesem – den Gegebenheiten anzupassenden – Schreiben werden die wichtigsten Punkte des Prüfungsauftrages festgehalten. Die Revisionsstelle als Abschlussprüfer muss sich mit dem zu prüfenden Unternehmen über die Bedingungen des Prüfungsauftrages einig sein. Zum Zeichen des Einverständnisses mit den Bedingungen ist die Auftragsbestätigung durch den Verwaltungsrat gegenzuzeichnen.[2469]

2466 Art. 731b OR.
2467 Art. 730a Abs. 2 OR; dazu REUTTER, in: Basler Kommentar, N 7 f. zu Art. 730a OR. Eine Verletzung der Rotationspflicht (z.B. wenn der leitende Revisor mehr als 7 Jahre die Revision leitete) führt dazu, dass der GV-Beschluss zur Abnahme der betreffenden Jahresrechnung nichtig ist (BÖCKLI, Abschlussprüfung, N 634; gleicher Ansicht ist auch REUTTER, in: Basler Kommentar, N 9 zu Art. 730a OR).
2468 PS 210, Auftragsbedingungen für Prüfungsaufträge, bzw. SER, Ziff. 1.7.
2469 Z.B. Unterzeichnung einer Kopie der Auftragsbestätigung; vgl. dazu das Muster eines Auftragsbestätigungsschreibens hinten unter Ziff. 11.12, S. 804 f. (eingeschränkte Revision) und Ziff. 11.13, S. 807 ff. (ordentliche Revision).

Der Zeitpunkt des Eintrages im Handelsregister hat nur im Aussenverhältnis (deklaratorische) Bedeutung, im Innenverhältnis beginnt die Amtsdauer unmittelbar mit der Wahlannahme.

Da im Zeitpunkt der Generalversammlung das laufende Geschäftsjahr in der Regel bereits begonnen hat, deckt sich die Amtsdauer nicht unbedingt mit der Periode, die von der Revisionsstelle zu prüfen ist.

In jenen Fällen, in denen die Revisionsstelle auf Antrag des Handelsregisterführers durch den Richter bestimmt wird,[2470] beginnt die Amtsdauer mit der Erklärung der Annahme der Wahl durch die Revisionsstelle. Gegen ihren Willen kann sie nicht zur Ausübung des Amtes als Revisionsstelle gezwungen werden.

Obwohl eine Revisionsstelle erst nach Wahl durch die Generalversammlung und Annahmeerklärung rechtswirksam wird, kann sie auch mit rückwirkenden Folgen gewählt werden, indem ihr beispielsweise die überfällige Prüfung einer Jahresrechnung, die ihrer Wahl vorangegangen ist, übertragen wird.[2471]

Fällt die bisherige Revisionsstelle aus irgendeinem Grund (Demission, Entzug der Zulassung, Auflösung des Revisionsunternehmens etc.) vor der ordentlichen Generalversammlung aus oder macht ein Aktionär von seinem Recht auf ein Opting-in Gebrauch, so ist die Abschlussprüfung an eine neue Revisionsstelle zu übertragen. Die Wahl kann an einer a.o. GV erfolgen; es ist aber auch zulässig, die neue Revisionsstelle erst an der Generalversammlung zu wählen, an welcher die Jahresrechnung genehmigt werden soll. Dabei beauftragt der Verwaltungsrat ein Revisionsunternehmen mit der Prüfung des Abschlusses, in der Hoffnung, das beauftragte Revisionsunternehmen werde an der kommenden Generalversammlung auch als Revisionsstelle gewählt. An dieser Generalversammlung müsste dann in einem ersten Traktandum die Wahl der Revisionsstelle vorgenommen werden. Erst anschliessend darf die Versammlung – gestützt auf den von der frisch gewählten Revisionsstelle verfassten Revisionsbericht – die Jahresrechnung genehmigen.[2472]

8.4.6.3 Ende

a) **Arten der Beendigung**

Die Amtsdauer der Revisionsstelle kann auf vier verschiedene Arten beendet werden:
– die Revisionsstelle wird nach Ablauf der Amtsdauer nicht wiedergewählt
 (Art 730*a* Abs. 1 OR);
– die Revisionsstelle tritt aus eigenem Antrieb zurück (Rücktritt) (Art. 730*a* Abs. 3 OR);
– die Revisionsstelle wird von der Generalversammlung abberufen (Abwahl)
 (Art. 730*a* Abs. 4 OR);
– die Revisionsstelle wird vom Gericht abberufen (Art. 731*b* OR).

2470 Art. 731*b* OR.
2471 HWP (2014), Band Eingeschränkte Revision, 37.
2472 HWP (2014), Band Eingeschränkte Revision, 37.

b) Ablauf der Amtsdauer ohne Wiederwahl

Gemäss Gesetz endet das Amt der Revisionsstelle mit der Abnahme der letzten (durch sie geprüften) Jahresrechnung.[2473] Falls sie nicht wiedergewählt wird, läuft an der Generalversammlung ihre Amtsdauer ab und es ergeben sich grundsätzlich keine rechtlichen Probleme: Die Revisionsstelle hat kein Anrecht auf eine Wiederwahl. Umgekehrt besteht für die Revisionsstelle auch keine Pflicht zur Annahme einer Wiederwahl. Verzichtet die Revisionsstelle auf die Wiederwahl, liegt kein Rücktritt vor; daher ist dieser Entscheid auch nicht zwingend gegenüber dem Verwaltungsrat zu begründen (andererseits hat der Verwaltungsrat auch keine diesbezügliche Offenlegungspflicht). Die Kündigung erfolgt nicht zur Unzeit, sodass keine Schadenersatzansprüche bestehen sollten.

Der Verwaltungsrat hat in diesem Falle die Beendigung des Amtes sofort dem Handelsregisterführer mitzuteilen. Die nicht wiedergewählte Revisionsstelle kann auch selbst ihre Löschung im Handelsregister anmelden, ansonsten bliebe sie unter Umständen weiterhin verantwortlich.[2474]

Die Beendigung des Amtes der Revisionsstelle entfaltet im Innenverhältnis seine Wirkung unmittelbar nach der Abnahme der letzten Jahresrechnung durch die Generalversammlung, also am Tag der Generalversammlung. Im Aussenverhältnis beginnt jedoch die rechtliche Wirkung erst mit der Veröffentlichung der Löschung im Schweizerischen Handelsamtsblatt.[2475]

c) Rücktrittserklärung

Aus Art. 730*a* Abs. 3 OR ergibt sich das Recht der Revisionsstelle, jederzeit selbst ihren Rücktritt zu erklären.[2476] Das Revisionsmandat stellt weitgehend einen Auftrag mit gesellschaftsrechtlichen Bezügen dar. Wie bei jedem Auftrag beruht das Verhältnis zwischen der Revisionsstelle (als Beauftragte) und der Gesellschaft (als Auftraggeber) auf gegenseitigem Vertrauen. Ist dieses nachhaltig gestört, kann die Niederlegung des Mandates in Analogie zum Auftragsrecht[2477] *jederzeit* und *voraussetzungslos* erfolgen. Im Falle einer Kündigung zur Unzeit ist der Rücktritt zwar gültig, hingegen kann sich die Revisionsstelle u.U. schadenersatzpflichtig machen. Namentlich zu einem Zeitpunkt, an dem die Revisionsstelle zu gesetzlich vorgeschriebenen Handlungen verpflichtet ist,[2478] entbindet ein allfälliger Rücktritt sie nicht von ihren Handlungspflichten.

Der Rücktritt der Revisionsstelle aus eigenem Antrieb erfolgt durch Mitteilung an den Verwaltungsrat, in der Regel (jedoch nicht zwingend) in schriftlicher Form, zuhanden des Präsidenten. Bei einem sofortigen Rücktritt endet das Mandat im internen Verhältnis mit dem Zugang der Rücktrittserklärung beim Verwaltungsrat;[2479] extern mit dem Handelsregistereintrag. In seltenen Fällen ist auch denkbar, dass die Revisionsstelle den Zeitpunkt im Rücktrittsschreiben selbst bestimmt (z.B. bei der nächsten Generalversammlung).

2473 Art. 730*a* Abs. 1 OR.
2474 Art. 938*b* OR.
2475 Art. 932 OR, HWP (2009), Band 2, 48.
2476 HWP (2009), Band 2, 48; REUTTER, in: Basler Kommentar, N 11 ff. zu Art. 730*a* OR.
2477 Art. 404 OR.
2478 Insbesondere die subsidiäre Einberufung der Generalversammlung nach Art. 699 Abs. 1 OR und die subsidiäre Benachrichtigung des Richters nach Art. 725 OR.
2479 REUTTER, in: Basler Kommentar, N 13 zu Art. 730*a* OR.

Ein sofortiger Rücktritt während der Amtsdauer dürfte in den meisten Fällen eine ernst zu nehmende «Sturmwarnung» und ein auch von den Aktionären zu beachtendes Ereignis darstellen.[2480] Kotierte Gesellschaften haben den Rücktritt als «Ad hoc Publizität» sofort öffentlich bekannt zu machen.[2481] Die zurückgetretene Revisionsstelle ihrerseits hat den Rücktritt der Revisionsaufsichtsbehörde zu melden.[2482]

Beim Rücktritt während der Amtsdauer muss der Revisor dem Verwaltungsrat die *Gründe* für diesen Schritt angeben. Der Verwaltungsrat hat an der nächsten Generalversammlung die vom Zurückgetretenen angegebenen Gründe mitzuteilen. Zudem muss der Verwaltungsrat die Gründe, die zum vorzeitigen Rücktritt der Revisionsstelle geführt haben, im Anhang der Jahresrechnung aufführen.[2483] Für die Generalversammlung ist es wesentlich, zu erfahren, welches die Ursachen der Demission waren. Die zwingende Offenlegung der Gründe soll indirekt zur Stärkung der Stellung der Revisionsstelle dienen.

Daneben ist der Rücktritt selbst vom Verwaltungsrat und von der Generalversammlung lediglich zur Kenntnis zu nehmen. Er wird rechtsgültig, auch ohne eine Genehmigung durch diese Organe. Eine Pflicht für den Verwaltungsrat zu prüfen, ob die Gründe zutreffend sind, welche die Revisionsstelle für ihren Rücktritt genannt hat, besteht nicht, da die Zurückgetretene nicht gezwungen werden kann, ihr Amt weiter zu führen. Ein Rücktritt ist auch gültig, wenn nicht die wahren Gründe genannt werden. Unabhängig davon wird sich der Verwaltungsrat mit den genannten Gründen auseinandersetzen und allenfalls geeignete Massnahmen treffen, sofern er sie als notwendig erachtet.

Auch wenn der Verwaltungsrat den Rücktritt der Revisionsstelle als ungerechtfertigt und nicht angepasst betrachtet, so hat er den Handelsregisterführer unverzüglich darüber in Kenntnis zu setzen, damit die Löschung vorgenommen wird.

Die Revisionsstelle kann ihrerseits von der Gesellschaft bzw. deren Verwaltungsrat verlangen, eine Generalversammlung einzuberufen, um die Aktionäre vom Rücktritt in Kenntnis zu setzen. Gestützt auf Art. 699 Abs. 1 OR, kann die Revisionsstelle die Generalversammlung selbst einberufen, falls der Verwaltungsrat dies nicht vornimmt.[2484]

Tritt eine Revisionsstelle, die vom Richter gemäss Art. 731*b* Abs. 2 OR eingesetzt worden ist, zurück, so hat sie den Rücktritt grundsätzlich dem Richter (und nicht der Gesellschaft) mitzuteilen.

d) Abberufung bzw. Entzug der Zulassung

Die *Generalversammlung* ist berechtigt, die Mitglieder der Revisionsstelle und die Revisionsstelle *jederzeit*, mit sofortiger Wirkung abzuberufen.[2485,] Dabei ist es nicht erforderlich, dass die Gründe genannt werden. Hingegen ist die abberufene Revisionsstelle berechtigt, einen Auszug des Protokolls der Generalversammlung, an der die Abberufung stattfand, zu verlangen. Die Abberufung wird ab dem Zeitpunkt des Zugangs der Mitteilung an die

---

2480 Böckli, Abschlussprüfung, N 640.
2481 SIX Rundschreiben Nr. 1; Meldepflichten im Rahmen der Aufrechterhaltung der Kotierung (vom 1.3.2012, Anhang 1.1.05).
2482 Art. 14 Abs. 2 lit. c RAG.
2483 Art. 959*c* Abs. 2 Ziff. 14 OR.
2484 HWP (2009), Band 2, 49.
2485 Art. 705 OR und Art. 730*a* OR; Böckli, Aktienrecht, § 15 Rz. 650

Revisionsstelle wirksam. Entschädigungsansprüche der Abberufenen bleiben explizit vorbehalten.[2486] Eine Abberufung oder auch nur eine Suspendierung der Revisionsstelle allein durch den *Verwaltungsrat* oder gar die Geschäftsleitung ist rechtlich ohne Wirkung; sie wäre auch mit der Unabhängigkeit der Revisionsstelle nicht vereinbar.

Die *Revisionsaufsichtsbehörde* kann der Revisionsstelle, wenn die Zulassungsvoraussetzungen nicht mehr erfüllt sind, die Zulassung entziehen. In diesem Falle orientiert die Aufsichtsbehörde die betroffene Gesellschaft – bei Publikumsgesellschaften auch die Börse – über den Entzug der Zulassung.[2487]

Zudem hat jeder *Aktionär*, jeder *Gläubiger* oder der *Handelsregisterführer* ein Recht auf Klage zur Abberufung der Revisionsstelle durch den Richter, falls die vorgeschriebenen Organe der Gesellschaft nicht bestehen bzw. nicht rechtmässig zusammengesetzt sind.[2488]

Ein Aktionär kann zudem mit einer Klage gemäss Art. 706 OR den Generalversammlungsbeschluss betreffend Wahl der Revisionsstelle anfechten, sofern die gewählte Revisionsstelle die gesetzlichen Erfordernisse nicht erfüllt.

Wenn ein Revisor gestützt auf Art. 731*b* Abs. 2 OR vom Richter eingesetzt worden ist, so ist eine Abberufung durch eine ausserordentliche Generalversammlung nicht möglich.[2489] Ein Recht auf Abberufungsklage steht für diesen Fall dem Aktionär und dem Gläubiger nicht zu. Hingegen kann die *Gesellschaft* ihrerseits bei Vorliegen wichtiger Gründe vom Richter die Abberufung des von ihm ernannten Revisors verlangen.

Tritt die Revisionsstelle während dem Geschäftsjahr zurück oder geht sie der Zulassung verlustig, so ist der Verwaltungsrat in der Regel gezwungen, eine ausserordentliche Generalversammlung einzuberufen und ihr die Wahl einer neuen Revisionsstelle zu beantragen. Sofern von der letzten Generalversammlung Ersatzleute für die Revisionsstelle bezeichnet worden sind, rücken diese nach. Umfasst die Revisionsstelle mehrere Revisoren und tritt nur ein Teil der Revisoren zurück, so haben die verbleibenden Revisoren die Jahresrechnung zu prüfen, sofern die Voraussetzungen zur gesetzmässigen Besetzung der Revisionsstelle nach wie vor gegeben sind.[2490]

Da i.d.R. jedoch keine Ersatzleute bestimmt sind, ist eine Neuwahl der Revisionsstelle nötig. Dazu siehe vorne Ziffer 8.4.1.

e) **Aktenrückgabe**

Die Revisionsstelle hat bei Beendigung ihres Mandates die ihr anvertrauten Akten sowie alle Dokumente, die sie im Namen der Gesellschaft angefordert hat, der Gesellschaft zurückzugeben. Es besteht kein Retentionsrecht der Revisionsstelle an den auszuhändigenden Akten.

2486 Art. 705 OR.
2487 Art. 17 RAG.
2488 Art. 731*b* Abs. 1 OR; nicht rechtmässig zusammengesetzt ist z.B. eine Revisionsstelle, welche die Zulassungserfordernisse nicht (mehr) erfüllt.
2489 Sein Mandat kann an der nächsten ordentlichen Generalversammlung jedoch ohne weiteres nicht verlängert werden.
2490 Sitz, Zulassung, Befähigung, Unabhängigkeit.

Keine Pflicht zur Aushändigung besteht hingegen für die eigenen *Arbeitspapiere,* welche die Revisionsstelle selbst angefertigt hat. Diese Arbeitspapiere dienen als Aufzeichnung über die Planung, die Durchführung der Prüfung, die einzelnen Prüfungshandlungen, das Prüfungsurteil der Revisionsstelle, für die Überwachung des Mandates und als Dokumentation für Folgeprüfungen, Qualitätskontrollen etc. Diese Arbeitspapiere sind Eigentum der Revisionsstelle.[2491] Sie müssen von ihr während 10 Jahren aufbewahrt werden.[2492]

Keine Rückgabepflicht besteht auch für die Korrespondenz, die im Verlaufe der Tätigkeit als Revisionsstelle mit der Gesellschaft geführt wurde.

Die zurückgetretene Revisionsstelle untersteht weiterhin der gesetzlichen Geheimhaltung. Die neue Revisionsstelle wird unter Umständen Einblick in die Prüfungspapiere des bisherigen Prüfers verlangen, um Prüfungsnachweise über die Eröffnungsbestände zu erlangen.[2493] Die bisherige Revisionsstelle verlangt vor der Gewährung des Einblickes in ihre Arbeitspapiere von der Gesellschaft eine entsprechende Befreiung vom Revisionsgeheimnis sowie in der Regel eine sog. Hold-Harmless-Erklärung der neuen Revisionsstelle. Darin erklärt die neue Revisionsstelle, dass sie gestützt auf die Informationen in den einzusehenden Arbeitspapieren, keinerlei rechtliche Forderungen gegen die bisherige Revisionsstelle stellen werde.

8.5 Hauptaufgaben der Revisionsstelle bei der ordentlichen Revision

8.5.1 Prüfung des Abschlusses

8.5.1.1 Prüfungsauftrag

Nach Art. 728*a* OR hat die Revisionsstelle im Rahmen der ordentlichen Revision zu prüfen, ob die Jahresrechnung und gegebenenfalls die Konzernrechnung den gesetzlichen Vorschriften, den Statuten und allenfalls einem gewählten Regelwerk/(anerkannten) Standard zur Rechnungslegung[2494] entsprechen.[2495]

Zudem hat die Revisionsstelle zu prüfen, ob der Antrag des Verwaltungsrates an die Generalversammlung über die Verwendung des Bilanzgewinnes den gesetzlichen Vorschriften und den Statuten entspricht.[2496] Sodann hat sie zu prüfen, ob ein internes Kontrollsystem existiert.[2497]

Prüfen heisst vergleichen: Ein Ist-Zustand wird durch eine Prüfungsinstanz (Prüfer) mit einer Soll-Vorgabe verglichen. Prüfen ist demnach eine Tätigkeit der *Informationsgewinnung* und *Urteilsbildung:* Nach der Aufnahme des Ist-Zustandes vergleicht der Prüfer diesen mit einer Norm. Dabei beurteilt der Prüfer allfällige Abweichungen von der Norm und erstattet darüber Bericht. Entscheidend dabei ist, dass der Prüfer am Zustandekom-

---

2491 PS 230, Dokumentation der Abschlussprüfung, Ziff. 14.
2492 Art. 730*b* OR.
2493 PS 510, Eröffnungsbilanzwert bei Erstprüfungsaufträgen, Ziff. 6.
2494 Siehe vorne Ziff. 3.4.6, S. 228 ff., (z.B. Swiss GAAP FER, IFRS, IFRS for SEMs, US GAAP, IPSAS).
2495 Zur Abschlussprüfung algemein: HWP(2009), Band 2 und Band zur Eingeschränkten Revision (2014), KARTSCHER/ROSSI/SUTER, Wirtschaftsprüfung, 74 ff.
2496 Dazu siehe hinten Ziff. 8.5.2, S. 599 f.
2497 Dazu siehe hinten Ziff. 8.5.3, S. 601 ff.

men des Ist-Zustandes – dem Prüfungsgegenstand – *nicht beteiligt* ist.[2498] Er erteilt insbesondere keine Weisungen; andererseits ist er selbst auch nicht weisungsgebunden. Typisch ist auch, dass diese Beurteilung *im Nachhinein* erfolgt, an einem bestimmten Zeitpunkt, über einen abgeschlossenen Zeitraum.

Im Falle der Prüfung gemäss Art. 728*a* Abs. 1 Ziff. 1 OR sind die Buchführung[2499] und die Jahresrechnung (sowie allenfalls die Konzernrechnung bzw. ein Abschluss nach einem gewählten Regelwerk) der geprüften Gesellschaft der Prüfungsgegenstand (zu prüfender Ist-Zustand); Prüfungsinstanz ist die Revisionsstelle; die Soll-Norm sind das Gesetz und die Statuten sowie allenfalls das gewählte Regelwerk/anerkannte Standard zur Rechnungslegung.[2500]

Die Prüfung[2501] soll die Revisionsstelle in erster Linie die *Abgabe eines Urteils bzw. einer Aussage ermöglichen,* ob der Abschluss als Ganzes[2502] – in allen wesentlichen Belangen – in Übereinstimmung mit dem Gesetz, den Statuten oder allenfalls einem gewählten Regelwerk erstellt worden ist. [2503]

Die ordentliche Revision gem. Art. 727 OR ist zwingend in Übereinstimmung mit den gesetzlichen Vorschriften und den Schweizer Prüfungsstandards (PS)[2504] (gegebenenfalls weiteren statutarischen und vertraglichen Vorschriften) zu planen und durchführen. Die PS enthalten Ziele, Anforderungen sowie Anwendungshinweise und sonstige Erläuterungen, die den Prüfer beim Erlangen der geforderten *hinreichenden Sicherheit* unterstützen.

Hinreichende Sicherheit ist ein Konzept, das sich auf die Erlangung der Prüfungsnachweise bezieht, welche der Prüfer zu seiner Urteilsbildung braucht. Es bezieht sich auf den ganzen Prüfungsprozess. Im Rahmen der Prüfung soll die Revisionsstelle hinreichende Sicherheit darüber zu erlangen, ob der Abschluss den gesetzlichen Bestimmungen und den Rechnungslegungsnormen des gewählten Regelwerkes genügt und als Ganzes frei von einer wesentlichen – beabsichtigten oder unbeabsichtigten – falschen Darstellung ist. Hinreichende Sicherheit erreicht die Revisionsstelle, wenn sie in ausreichendem Umfang geeignete (d.h. relevante und verlässliche) *Prüfungsnachweise* für die im Abschluss enthaltenen Wertansätzen und sonstigen Angaben erlangt. Dies ist der Fall wenn das Prüfungsrisiko[2505] auf ein vertretbar niedriges Mass reduziert ist. Die Auswahl der Prüfungshandlungen sowie die Beurteilung, ob ausreichende geeignete Prüfungsnachweise erlangt wurden,

---

2498 Zur Abgrenzung gegenüber der «Kontrolle» (wo die überwachende Person am Arbeitsvorgang selbst beteiligt ist) und zur Aufsicht (wo die aufsehende Person weisungsberechtigt ist). Siehe dazu HWP, Eingeschränkte Revision (2014), S. 3 ff.

2499 Auch wenn im Gesetz nicht mehr explizit genannt, so ist doch eine ordnungsgemäss geführte Buchhaltung (Art. 957*a* OR) unentbehrliche Voraussetzung für eine (daraus abgeleitete) ordnungsmässige Rechnungslegung (BÖCKLI, Abschlussprüfung, N 175).

2500 Bei der 2008 eingeführten Prüfung der Existenz des internen Kontrollsystems stellte gerade das Fehlen einer allgemein anerkannten Norm (als Soll-Vorstellung) eines der zu bewältigenden Probleme dar.

2501 Auch Abschlussprüfung, Revision genannt; das Gesetz verwendet die Begriffe Prüfung und Revision, sowie die Tätigkeiten Prüfen und Revidieren in diesem Zusammenhang synonym.

2502 Jahresrechnung, Konzernrechnung bzw. Abschluss nach (anerkanntem) Regelwerk.

2503 HWP (2009), Band 2, 99; PS 200, Übergreifende Zielsetzungen und Grundsätze einer Prüfung, Ziff. 11.

2504 Schweizer Prüfungsstandards (PS), herausgegeben von der Treuhand-Kammer, Zürich 2013.

2505 D.h. das Risiko, dass die Revisionsstelle ein unangemessenes Urteil abgibt, wenn der Abschluss wesentlich falsche Darstellungen enthält.

um ein Prüfungsurteil abgeben zu können, liegt im pflichtgemässen Ermessen der Revisionsstelle. Die Revisionsstelle muss die erforderlichen Prüfungshandlungen nach Massgabe der Prüfungsstandards (PS), der gesetzlichen und statutarischen Vorschriften, sowie allfälligen weiteren Auftragsbedingungen, wie sie mit der Gesellschaft abgemacht worden sind, durchführen.

Hinreichende Sicherheit ist ein *hoher* Grad an Sicherheit.[2506] Das Prüfungsurteil der Revisionsstelle kann nicht absolut, sondern nur hinreichend sicher sein. Es bestehen diesbezügliche *inhärente Grenzen* einer Abschlussprüfung. Diese ergeben sich einerseits aus dem Wesen der Rechnungslegung, andererseits aber auch aus dem Wesen der Prüfungshandlungen selbst sowie aus der Notwendigkeit heraus, die Prüfung in einem limitierten Zeitraum und mit vertretbaren Kosten durchzuführen:

- Die Prüfung erfolgt in der Regel auf Basis von Stichproben (und stellt keine vollständige Prüfung aller Transaktionen und Belege dar).
- Die Rechnungslegung ist nicht die Wirklichkeit, sondern nur ein Abbild davon; insofern hat jedes Rechnungswesen-System und jedes interne Kontrollsystem (IKS) inhärente Grenzen (z.B. bei absichtlicher Ausschaltung von Kontrollen).
- Die Erstellung des Abschlusses erfordert die Vornahme von Schätzungen und Ermessensentscheiden sowie das Treffen von Annahmen, deren Eintreffen mit einem gewissen Grad an Unsicherheit verbunden ist. Insofern besteht bei der Rechnungslegung auch eine gewisse Abhängigkeit von subjektiven Entscheiden, Auslegungen und Beurteilungen etc.
- Die meisten Prüfungsnachweise erlauben zwar Schlussfolgerungen, stellen aber keine zwingenden Beweise dar.
- Der Prüfer muss zur Erlangung von Prüfungsnachweisen selbst Ermessensentscheide treffen (z.B. über die Art, den Zeitpunkt, und den Umfang von Prüfungshandlungen).
- Zur Erlangung des Prüfungsurteils hat der Prüfer abermals Ermessensentscheide zu treffen, (z.B. hinsichtlich der Angemessenheit von Schätzungen und Annahmen).
- Ungewöhnliche Umstände (wie z.B. Transaktionen mit Nahestehenden) können die Schlüssigkeit von Prüfungsnachweisen beschränken.

Die Revisionsstelle hat die Prüfung mit einer professionell kritischen Grundhaltung *(professional skepticism)* zu planen und durchzuführen. Die Revisionsstelle wendet bei der Planung und Durchführung der Prüfung sowie bei der Beurteilung der Auswirkungen von festgestellten falschen Darstellungen das *Konzept der Wesentlichkeit* an. Wesentlich sind falsche (oder fehlende) Darstellungen insbesondere dann, wenn sie – einzeln oder in der Summe – die wirtschaftlichen Entscheidungen der Nutzer des Abschlusses beeinflussen. Dementsprechend ist der Prüfer nicht für die Aufdeckung falscher Darstellungen, die für den Abschluss als Ganzes unwesentlich sind, verantwortlich.[2507]

Weil die Revisionsstelle als (unabhängige) Prüfungsinstanz selbst am Zustandekommen des Ist-Zustandes nicht beteiligt sein darf, darf sie den zu prüfenden Abschluss nicht selbst erstellen. Dies ist vielmehr eine unübertragbare Aufgabe des Verwaltungsrates, der ge-

---

2506 PS 200, Übergreifende Zielsetzungen und Grundsätze einer Prüfung, Ziff. 5.
2507 PS 200, Übergreifende Zielsetzungen und Grundsätze einer Prüfung, Ziff. 6.

mäss Art. 716a OR für die Ausgestaltung des Rechnungswesens und für die Rechnungslegung die Verantwortung trägt. Falls andere Mitarbeiter des Revisionsunternehmens in beratender Funktion bei der Abschlussgestaltung mitwirken (und geht diese Beratung über das übliche begrenzte Ausmass hinaus), so sprengt dies den gesetzlichen Prüfungsauftrag. In diesem Fall findet für den zusätzlichen Teil das Auftragsrecht Anwendung.[2508] Wegen den zu beachtenden Unabhängigkeitsbestimmungen muss auch in diesen Fällen, die Entscheidungsbefugnis eindeutig beim Verwaltungsrat der zu prüfenden Gesellschaft liegen.[2509]

8.5.1.2 Prüfungsgegenstand Rechnungslegung allgemein

Prüfungsgegenstand ist bei allen Aktiengesellschaften die *Jahresrechnung*, bestehend aus Bilanz, Erfolgsrechnung, Anhang. Grössere Gesellschaften haben zudem als Teil der Jahresrechnung eine Geldflussrechnung zu erstellen, die auch Gegenstand der ordentlichen Prüfung ist.

Sofern die Erstellung eines (zusätzlichen) *Abschlusses nach einem anerkannten Standard zur Rechnungslegung* erforderlich ist,[2510] so ist dieser Abschluss zwingend Gegenstand einer ordentlichen Revision.[2511]

Falls eine *Konzernrechnung* zu erstellen ist,[2512] bildet sie Gegenstand einer (gesonderten), ordentlichen Prüfung.[2513] Der Prüfungsgegenstand ist die Konzernbilanz, -erfolgsrechnung, -geldflussrechnung, Nachweis der Veränderung des Konzern-Eigenkapitals und Anhang der Konzernrechnung.

Betreffend Prüfung des Antrages des Verwaltungsrates über die Verwendung des Bilanzgewinnes siehe hinten Ziff. 8.5.2, S. 599 f., und betreffend Prüfung der Existenz des IKS siehe hinten Ziff. 8.5.3, S. 601 ff.

8.5.1.3 Prüfungsgegenstände im Einzelnen

Die Revisionsstelle wird namentlich in folgenden konkreten Bereichen Prüfungshandlungen durchführen, um zu Nachweisen zu gelangen, welche ihr letztlich die Abgabe eines Prüfungsurteils ermöglichen:

a) Ordnungsmässigkeit der Buchführung

Obwohl im Gesetz nicht (mehr) explizit aufgeführt, kommt die Revisionsstelle nicht umhin die Ordnungsmässigkeit der Buchführung zu prüfen.[2514] Nur wenn der *Verwaltungsrat* und die von ihm beauftragten Mitarbeiter im Unternehmen alle relevanten Geschäfts-

---

2508 Gemäss Art. 394 ff. OR und nicht die Bestimmungen von Art 727 ff. OR.
2509 Art. 728 Abs. 2 Ziff. 4 OR (Selbstprüfungsverbot), siehe WATTER/RAMPINI, in: Basler Kommentar, N 35 zu Art 728 OR.
2510 Bei allen Gesellschaften, deren Beteiligungspapiere an einer Börse kotiert sind, sowie bei allen Gesellschaften, sofern Gesellschafter, die 20 Prozent des Grundkapitals vertreten, oder, wenn ein Gesellschafter, der einer persönliche Haftung oder einer Nachschusspflicht unterliegt, es verlangen (Art. 962 OR).
2511 Art. 962a Abs. 3 OR.
2512 Art. 963 OR.
2513 Art. 727 Abs. 1 Ziff. 3 OR.
2514 Art. 957a OR, siehe dazu vorne Ziff. 3.4.3, S. 190 ff., Böckli, Aktienrecht, § 15 Rz. 189 ff.

vorfälle und Sachverhalte während des ganzen Geschäftsjahr vollständig, wahrheitsgetreu und systematisch erfasst, unverfälscht und richtig verarbeitet und mit Belegen dokumentiert haben, kann die Buchführung als Grundlage für eine Rechnungslegung dienen, welche die gesetzlichen Anforderungen zu erfüllen vermag.

Die *Revisionsstelle* beurteilt im konkreten Einzelfall, ob die von der Gesellschaft geführte Buchhaltung eine geeignete Grundlage für die Rechnungslegung darstellt. Sie richtet sich dabei nach den Grundsätzen ordnungsmässiger Buchführung und berücksichtigt alle Elemente und Prozesse des Rechnungswesens sowie die Art und den Umfang der Geschäftstätigkeit.

b) Zutreffen der Annahme zur Unternehmensfortführung (Going-Concern-Prämisse)

Bei der Erstellung eines Abschlusses[2515] wird von der fundamentalen Annahme der *Unternehmensfortführung* ausgegangen.[2516] Die Gesellschaft soll danach in absehbarer Zeit (i.d.R. in den nächsten 12 Monaten) – weder freiwillig noch gezwungenermassen – ihre Geschäftstätigkeit einstellen und liquidiert werden, bzw. ein Konkurs- oder Nachlassverfahren eröffnen. Die Vermögenswerte und die Verbindlichkeiten werden daher so bilanziert, bewertet und dargestellt, als sei die Gesellschaft in der Lage, ihre Tätigkeit fortzuführen, d.h. im normalen Geschäftsverlauf ihre Aktiven zu nutzen bzw. zu realisieren und ihre Verbindlichkeiten zu begleichen.

Der *Verwaltungsrat* hat im Rahmen der Erstellung des Abschlusses als Erstes einzuschätzen, ob diese Voraussetzung (Prämisse) tatsächlich gegeben ist.[2517]

Die *Revisionsstelle* muss sich bei der Abschlussprüfung stets bewusst sein, dass die Annahme der Fortführung der Unternehmenstätigkeit in Frage gestellt sein könnte. Bestehen diesbezüglich Zweifel, hat der Prüfer die Einschätzung der Fortführungsfähigkeit des Unternehmens durch den Verwaltungsrat kritisch zu hinterfragen. Der Prüfer wird dazu vom Verwaltungsrat umfassenden und dokumentarisch belegten Aufschluss einfordern. Unter Umständen wird er vom Verwaltungsrat auch schriftliche Erklärungen (analog der Vollständigkeitserklärung) über seine Pläne und Absichten verlangen.[2518]

Der Prüfer wird den Verwaltungsrat zudem kritisch zu den künftigen Aktivitäten (z.B. Verkauf von Vermögensteilen, Kreditaufnahmen, Umschuldungen, Kapitalerhöhungen, operative Sanierungsmassnahmen etc.) befragen und letztlich die Realisierbarkeit der vom Verwaltungsrat geplanten Massnahmen einschätzen.

Auf der Basis der erlangten Prüfungsnachweise hat der Prüfer zu beurteilen, ob eine *wesentliche Unsicherheit* vorliegt, die erhebliche Zweifel an der Fähigkeit der Gesellschaft zur Unternehmensfortführung aufwerfen könnten. Eine wesentliche Unsicherheit besteht dann, wenn ihre Folgen und die Wahrscheinlichkeit des Eintretens so gross sind, dass gemäss Beurteilung des Prüfers eine angemessene Offenlegung der Art und der Auswirkungen der Unsicherheit im Abschluss (i.d.R. im Anhang) notwendig ist, um eine

---

[2515] Jahresrechnung/Konzernrechnung/Abschlusses nach anerkanntem Standard zur Rechnungslegung.
[2516] Going-Concern-Prämisse. Siehe Art. 958a OR, IAS 1, Swiss GAAP FER 3.
[2517] Siehe vorne Ziff. 3.4.3.2 b), S. 194 f.
[2518] PS 570, Fortführung der Unternehmenstätigkeit, Ziff. 10 ff.; dazu KARTSCHER/ROSSI/SUTTER, Wirtschaftsprüfung, 221.

sachgerechte Gesamtdarstellung des Abschlusses (und allenfalls die Einhaltung eines anerkannten Standards zur Rechnungslegung) zu gewährleisten.

Falls die Revisionsstelle zum Schluss kommt, dass zwar die *Fortführungsannahme gegeben* ist, dass aber diesbezüglich eine *wesentliche Unsicherheit* besteht, prüft sie, ob der Verwaltungsrat die wesentliche Unsicherheit im Anhang der Jahresrechnung genügend klar offengelegt hat. Sofern der Verwaltungsrat dies in ausreichender Weise getan hat, wird die Revisionsstelle, weil sie den Sachverhalt für das Verständnis des Abschlusses als grundlegend erachtet, den Nutzer in ihrem Bericht an die Generalversammlung in Form einer «Hervorhebung eines Sachverhaltes» (bisher *Zusatz*) auf den entsprechenden Passus im Anhang der Jahresrechnung aufmerksam machen, *ohne* ihr Prüfungsurteil im Hinblick auf diesen Sachverhalt einzuschränken.

Wenn die Revisionsstelle jedoch zur Ansicht gelangt, dass die Angaben des Verwaltungsrates im Anhang der Jahresrechnung unzureichend sind, wird sie in ihrem Bericht eine *Einschränkung* des Prüfungsurteils vornehmen oder gar ein verneinendes Prüfurteil abgeben.

Erfolgte die Bilanzierung zu Fortführungswerten, kommt die Revisionsstelle jedoch zum Schluss, dass die Annahme der *Unternehmensfortführung nicht mehr gegeben* ist, gibt sie ein *versagendes Prüfungsurteil* ab.[2519]

c) Einhaltung der Grundsätze ordnungsmässiger Rechnungslegung

Lehre und Praxis haben Grundsätze entwickelt, die bei der Rechnungslegung zu beachten sind, um das angestrebte Ziel (Ermöglichung eines verlässlichen Urteils über die wirtschaftliche Lage eines Unternehmens) zu erreichen. Mit der Übernahme (eines bedeutenden Teils) dieser Grundsätze ins Gesetz hat der Gesetzgeber sie für alle Unternehmen verbindlich erklärt.[2520]

Die Revisionsstelle hat zu beurteilen, ob die Gesellschaft die gesetzlichen Grundsätze ordnungsmässiger Rechnungslegung (GoR) sowie allenfalls weitere Grundsätze gemäss den Anforderungen des jeweiligen Regelwerkes bei der Rechnungslegung beachtet hat. Bei Abweichungen hat die Revisionsstelle zu prüfen, ob diese erlaubt sind, genügend offengelegt werden und insbesondere, ob dadurch die Bildung eines zuverlässigen Urteils über die wirtschaftliche Lage durch einen Dritten nicht beeinträchtigt wird.

Angesichts der vom Gesetzgeber explizit erlaubten, extensiven Möglichkeit der Bildung/Auflösung von stillen Reserven ist die Aussagekraft der handelsrechtlichen Jahresrechnung – und damit des entsprechenden Revisionsberichts – naturgemäss stark relativiert.[2521] Diesem Mangel an Transparenz in der Darstellung der Vermögens- und Ertragslage wurde versucht durch die Einführung von Regelwerken zur Rechnungslegung beizukommen. Diese haben das Ziel, die tatsächliche wirtschaftliche Lage des Unternehmens abzubilden und dadurch die Aussagekraft des Abschlusses zu erhöhen; sie erlauben daher keine stillen Reserven. Bei Abschlüssen, die nach einem der genannten anerkannten Standards zur Rechnungslegung (z.B. Swiss GAAP FER, IFRS, IFRS for SMEs, US GAAP)

2519 Siehe hinten Ziff. 8.5.4.3, S. 609.
2520 Art. 958c OR
2521 Siehe dazu vorne Ziff. 3.4.5, S. 218 ff. Hinten in Ziff. 11.37, S. 892 ff., findet sich eine Arbeitshilfe zu den Offenlegungsvorschriften bei der Jahresrechnung.

erstellt worden sind, erhält auch der Prüfbericht einen wesentlich höheren Aussagewert. Der Prüfer hat explizit die Einhaltung des gesamten Standards zur Rechnungslegung zu bestätigen. Damit soll eine nur selektive Anwendung einzelner (genehmer) Vorschriften («Rosinen-Picken») verhindert werden.[2522]

d) Einhaltung von Mindestgliederungsvorschriften und Offenlegungsvorschriften

Der Gesetzgeber bzw. die Standardsetter haben Bestimmungen im Sinne von Mindestanforderungen an die Form und den Inhalt der Rechnungslegung aufgestellt.

Die Revisionsstelle prüft die Einhaltung der Mindestgliederungsvorschriften in Bilanz (Art. 959a OR), Erfolgsrechnung (Art. 959b OR), der Geldflussrechnung (Art. 961b OR) sowie den Ausweis der geforderten Angaben im Anhang (Art. 959c OR) einerseits *formell* (richtige Bezeichnung, Sprache, Währung, Gliederung, Reihenfolge etc.), andererseits aber auch *materiell* im Hinblick auf die Stetigkeit in der Darstellung und Bewertung.

In Bezug auf die Offenlegung bilden insbesondere die Richtigkeit und Vollständigkeit der im Gesetz, den Statuen und allenfalls von einem anerkannten Standard zur Rechnungslegung verlangten Angaben in der Bilanz, Erfolgsrechnung, Anhang und Geldflussrechnung den Prüfungsinhalt.[2523]

e) Transaktionen mit nahestehenden Personen: Einhaltung von Bewertungsvorschriften

Transaktionen mit nahestehenden Personen sind insofern heikel, als bei ihnen – wegen der Nähe der involvierten Personen zueinander – die Möglichkeit besteht, sie zu anderen Bedingungen abzuwickeln, als es unter Dritten der Fall wäre. Eine allfällige Begünstigung von Nahestehenden hätte neben einer Reihe aktienrechtlicher auch steuer- und allenfalls gar strafrechtliche Folgen.[2524]

Im Hinblick auf seine Sorgfaltspflichten[2525] sollte der *Verwaltungsrat* der Genehmigung, Abwicklung, Überwachung und Offenlegung dieser Transaktionen mit nahestehenden Personen daher besondere Bedeutung beimessen und sich detailliert darüber informieren lassen. Neben der formellen internen Dokumentation (insbesondere des Nachweises des Vollzugs solcher Transaktionen zu marktübliche Bedingungen) ist auch die Einhaltung der verlangten Offenlegungsvorschriften wichtig. Gerade für nicht mit der Geschäftsführung betraute Beteiligte und aussenstehende Dritte haben diese Angaben ein hohes Gewicht bei der Beurteilung des Abschlusses. Daher sind Forderungen und Verbindlichkeiten gegenüber direkt oder indirekt Beteiligten und Organen sowie gegenüber Unternehmen, an denen direkt oder indirekt eine Beteiligung besteht, jeweils gesondert in der Bilanz oder im Anhang auszuweisen.[2526]

[2522] Dazu siehe ein Muster unter Ziff. 11.70, S. 1034 ff.
[2523] Siehe Checkliste Darstellung der Jahresrechnung unter Ziff. 11.37, S. 892 f.
[2524] So kann z.B. ein Darlehen an einen Aktionär eine verbotene Einlagerückgewähr (gem. Art. 680 Abs. 2 OR), eine Verletzung der Gleichbehandlung der Aktionäre, eine Benachteiligung der übrigen Gläubiger, u.U. eine verdeckte Gewinnausschüttung (falls es nicht zurückbezahlt werden kann, mit entsprechenden Folgen für die Verrechnungssteuer) etc. darstellen. Dazu HWP (2009), Band 1, 512 ff.
[2525] Art. 717 OR.
[2526] Art. 959a Abs. 4 OR; für die Erfolgsrechnung fehlt eine entsprechende Offenlegungs-Bestimmung.

Die *Revisionsstelle* hat solche – u.U. in mehrfacher Hinsicht heiklen – Transaktionen und deren Offenlegung eingehend zu prüfen, da naturgemäss ein Nachweis der Angemessenheit der Bewertung von Leistung und Gegenleistung sowie der übrigen Konditionen erschwert ist.

Die Revisionsstelle hat in diesem Zusammenhang auch die Gewährung von Darlehen und den Bestand von Forderungen gegenüber Aktionären, nahestehenden Personen und Gesellschaften zu beurteilen. Sie prüft insbesondere, ob das *Verbot einer Einlagerückgewähr* gemäss Art. 680 Abs. 2 OR eingehalten worden ist, oder ob allenfalls durch *Darlehensgewährung an Aktionäre* unerlaubterweise das Aktienkapital zurückerstattet und damit der Gesellschaft das Haftungssubstrat entzogen worden ist.

f) Einhaltung von Bewertungsvorschriften

Der *Verwaltungsrat* (und die von ihm betrauten Personen) sind bei der Aktiengesellschaft zuständig für die korrekte Bewertung. Er hat in jedem Fall im Rahmen der bestehenden Vorschriften abzuklären, welche Bewertungsmethode der gesetzlichen Zielsetzung (Ermöglichung eines zuverlässigen Urteils) am besten gerecht wird.[2527] Die Bewertung der Aktiven und Passiven im Rahmen der Abschlusserstellung stellt einen klassischen Akt der Geschäftsführung dar und gehört zu den unübertragbaren Aufgaben des Verwaltungsrates.[2528]

Der *Revisionsstelle* obliegt die Beurteilung der Angemessenheit und Gesetzeskonformität der vom Verwaltungsrat beschlossenen Bewertungsgrundsätze und -methoden sowie die Prüfung der konkreten Einhaltung bei der Erstellung des Abschlusses. Bei der Prüfung des handelsrechtlichen Abschlusses geht es um die Einhaltung der handelsrechtlichen Bewertungsvorschriften.[2529] Die Revisionsstelle prüft, ob einerseits bei der Bewertung von Vermögenswerten die zulässigen gesetzlichen Höchstwerte nicht überschritten wurden, andererseits sämtliche Verbindlichkeiten und Rückstellungen genügend in der Bilanz berücksichtigt worden sind. Der Abschlussprüfer nimmt dabei auch eine kritische Beurteilung der Plausibilität der vom Verwaltungsrat bei der Bewertung getroffenen Annahmen, Schätzungen und Ermessensentscheide vor (insbesondere zu den Wertberechtigungen auf Debitoren und Vorräten, den Abschreibungen und Wertberichtigungen auf Sachanlagen und Immateriellen Anlagen,[2530] sowie den Rückstellungen[2531]). Dabei ist der Umstand, dass eine Position erhebliche stille Reserven enthält, kein Grund, die Position nicht oder nur ungenügend zu prüfen – auch im Hinblick auf eine allfällige Offenlegungspflicht bei einer Nettoauflösung von stillen Reserven.

Bei der Prüfung eines Abschlusses nach anerkannten Standards zur Rechnungslegung (Swiss GAAP FER, IFRS, IFRS for SMEs, US GAAP etc.) steht die Einhaltung der Bewertungsvorschriften des gewählten Regelwerks im Vordergrund. Weil diese Standards keine stillen Reserven vorsehen, reduziert sich der Ermessensspielraum des Verwaltungsrates bei der Erstellung des Abschlusses; im Gegenzug steigt das Risiko des Prüfers, eine regelwidrige Bewertung nicht zu erkennen.

2527 Zur Bewertung siehe vorne Ziff. 3.4.5, S. 217 ff.
2528 Art. 716*a* Abs. 1 Ziff. 3 OR.
2529 Art. 960–960*e* OR.
2530 Namentlich die Beurteilung eines allfälligen Wertberichtigungsbedarfs auf Goodwill (Impairments).
2531 Sowie deren Abgrenzung zu den im Anhang offenzulegenden Eventualverpflichtungen.

g) Prüfung des Bestandes und der Veränderung der stillen Reserven

Der Netto-Gesamtbetrag der aufgelösten Wiederbeschaffungsreserven und der darüberhinausgehenden stillen Reserven ist im Anhang der Jahresrechnung offen zu legen, wenn dadurch das erwirtschaftete Ergebnis günstiger dargestellt wird.[2532]

Da stille Reserven definitionsgemäss aus der Jahresrechnung und der Buchhaltung nicht ersichtlich sind, hat der *Verwaltungsrat*, über deren Bestand an jedem Bilanzstichtag – ausserhalb der Buchhaltung – eine Kontrolle zu führen. Er hat auch Grundsätze zu bestimmen, wie die stillen Reserven ermittelt werden. [2533]

Die *Revisionsstelle* hat zu prüfen, ob die Bilanzierungs- und Bewertungsgrundsätze des Verwaltungsrates eine gesetzeskonforme Ermittlung des Wertes der stillen Reserven ermöglichen, ob der Verwaltungsrat eine entsprechende Kontrolle der Entwicklung der stillen Reserven erstellt hat und ob – bei einer wesentlichen Nettoauflösung – die verlangte Offenlegung im Anhang erfolgt ist.

h) Einhaltung der Kapitalschutzvorschriften

Das Rechnungslegungsrecht hat fundamental den Schutz des Eigenkapitals zum Ziel. Der in den Statuten und im Handelsregister publizierte feste Betrag an Eigenkapital wird zwar dadurch nicht dauernd garantiert, wohl aber in seiner ursprünglichen Aufbringung gesichert (Kapitalaufbringung) und gegen «Ausbeutung» durch die eigenen Aktionäre geschützt (Kapitalerhaltung). Vermögensverschiebungen zulasten des Eigenkapitals und zugunsten der Anteilseigner werden daher an strenge formelle und materielle Bedingungen geknüpft.[2534] Dabei ist das Eigenkapital, das geschützt werden soll, eine rein rechnerische Grösse: nämlich die buchhalterische Differenz zwischen den korrekt bewerteten Vermögenswerten und dem Fremdkapital (Schulden und Rückstellungen).

Nebst den Bestimmungen zur ordnungsmässigen Rechnungslegung tragen weitere Bestimmungen dazu bei, dass das Eigenkapital vor ungerechtfertigten Entnahmen geschützt wird. Die Kapitalerhaltung kann insbesondere auch durch *ungerechtfertigte Gewinnentnahmen* gefährdet werden. Art. 678 OR legt fest, dass Aktionäre und Mitglieder des Verwaltungsrates sowie diesen nahestehende Personen, die ungerechtfertigt und in bösem Glauben Dividenden, Tantiemen, andere Gewinnanteile oder Bauzinse bezogen haben, zur Rückerstattung an die Gesellschaft verpflichtet sind.[2535] Ein Generalversammlungsbeschluss, der die Regel der rechtmässigen Gewinnentnahme verletzt, ist in allen gravierenden Fällen nichtig; bei blosser Verletzung von Formalitäten ist der Beschluss innerhalb von 6 Monaten anfechtbar.[2536]

Daneben nennt Art. 678 Abs. 2 OR Leistungen, die in einem offensichtlichen Missverhältnis zur Gegenleistung und zur wirtschaftlichen Lage der Gesellschaft stehen (man spricht dann von verdeckten Gewinnentnahmen oder Gewinnausschüttung).[2537] Verdeckte Ge-

---

2532 Art. 959c Abs. 1 Ziff. 3 OR.
2533 Siehe vorne Ziff. 3.4.5.2, S. 222 ff., dazu HWP (2009) Band 1, 66 ff. und 256 ff.
2534 BÖCKLI, Aktienrecht, § 15 Rz. 8 f. (er nennt dazu explizit die 5 Voraussetzungen einer rechtmässigen Dividende, das Verbot der ungerechtfertigten Gewinnentnahmen).
2535 Neben diesen Rückerstattungspflichten entstehen ebenfalls auch Ansprüche aus ungerechtfertigter Bereicherung (Art. 62 ff. OR) und eventuell Schadenersatzansprüche (nach Art. 41 OR).
2536 BÖCKLI, Aktienrecht, § 12 Rz. 547 ff.
2537 BÖCKLI, Aktienrecht, § 15 Rz. 218; sowie § 12 Rz. 553 ff.; HWP (2009), Band 2, 307.

winnausschüttungen sind Gewinnbezüge, die nicht dem ordentlichen Weg von Gewinnfeststellung in der geprüften Jahresrechnung und Gewinnausschüttungsbeschluss an der GV folgen. Sie erscheinen vielmehr in der Erfolgsrechnung als Aufwendungen oder wirken sich als Mindererträge aus.[2538] Beispiele hierfür sind die Anwendung nicht marktüblicher Zinsen, überhöhte Saläre, geschäftsmässig nicht begründete Aufwendungen (Privataufwendungen), unentgeltliche Überlassung/Zurverfügungstellung von Anlagegütern der Gesellschaft zum privaten Gebrauch, Transaktionen mit nahestehen Personen zu nicht marktgerechten Preisen, direkte Vereinnahmung von Erträgen durch den Aktionär, die der Gesellschaft zustehen.

Verdeckte Gewinnausschüttungen können in mehrfacher Hinsicht problematisch sein, indem sie gegen verschiedene Vorschriften verstossen:

- Ordnungsmässigkeit der Rechnungslegung (Grundsatz der Vollständigkeit und Klarheit, Verrechnungsverbot etc.) (Art. 958 ff. OR);
- Verbot der Einlagerückgewähr (Art. 680 Abs. 2 OR);
- Vorschriften des Kapitalherabsetzungsverfahrens gem. Art. 732 OR;
- Gleichbehandlungsgebot der Aktionäre (Art. 717 Abs. 2 OR);
- Gebot der sorgfältigen Aufgabenerfüllung (Art. 717 Abs. 1 OR);
- Gebot der getreuen Wahrung der Interessen der Gesellschaft (Art. 717 Abs. 1 OR);
- Art. 675 Abs. 2 OR (Ausrichtung von Dividenden nur aus dem Bilanzgewinn);
- Reservezuweisungsvorschriften Art. 671 OR.

Daneben sind verdeckte Gewinnentnahmen auch ein *steuerrechtliches* Problem. Die Gründe für die Vornahme von verdeckten Gewinnausschüttungen sind oft steuerlicher Natur: Es wird versucht, die steuerliche Doppelbelastungen zu vermeiden, oder bestehende Unterschiede in der Besteuerung von Gesellschaften innerhalb eines Konzerns (einerseits privilegierte Holdinggesellschaften, andererseits voll steuerpflichtige operative Gesellschaften) auszunutzen. Im Zusammenhang mit der Rückerstattungspflicht nach Art. 678 OR ist darauf hinzuweisen, dass in diesem Bereich grosse Ermessensspielräume bestehen und jeder Fall im Einzelnen aufgrund konkreter Sachverhalte zu beurteilen ist. Dabei ist zu beachten, dass eine Beurteilung durch die Steuerbehörde nicht zwingend zu einer gleichen handelsrechtlichen Beurteilung führen muss. Beispielsweise bedeutet eine Aufrechnung eines von den Steuerbehörden als zu hoch betrachteten Gehaltes eines Aktionärs nicht zwingend auch das Vorliegen einer Rückerstattungspflicht im Sinne von Art. 678 OR.[2539]

Verdeckte Gewinnausschüttungen führen oft zu einer falschen Bilanz und fast immer zu einer falschen Erfolgsrechnung. Damit stellen sie meistens auch einen Verstoss gegen die Grundsätze ordnungsmässiger Rechnungslegung dar. Sie sind aber auch – und das ist nicht das Unwichtigste – ein Zeichen, dass die Unternehmensleitung offensichtlich keine Skrupel hat, die Rechtsordnung zu verletzen und erhebliche Rechts- und Steuerrisiken einzugehen. Damit sind solche verdeckten Gewinnausschüttungen auch für die *Revisionsstelle* im Rahmen der Prüfung des Abschlusses relevant.[2540]

2538 HWP (2009), Band 1, 307. Siehe vorne Ziff. 3.10.9.4 S 333 ff.
2539 HWP (2009), Band 1, 307 ff.
2540 BÖCKLI, Aktienrecht, § 15 Rz. 218a.

Bei Feststellung von verdeckten Gewinnausschüttungen wird der Revisionsstelle gemäss HWP ein Vorgehen nach folgendem Entscheidungsschema empfohlen:[2541]
- Bei offensichtlicher und wesentlicher verdeckter Gewinnausschüttung macht die Revisionsstelle eine schriftliche Mitteilung an den Verwaltungsrat.
- Sodann beurteilt die Revisionsstelle, ob die Voraussetzungen für eine Rückerstattung gem. Art. 678 OR gegeben sind, insbesondere ob a) der Verwaltungsrat gewillt ist, die verdeckte Gewinnausschüttung zurückzufordern, und b) ob der Empfänger in der Lage ist, die zu Unrecht empfangene Leistung zurückzuerstatten. Falls beide Voraussetzungen gegeben sind, so ist die Forderung einzubuchen.
- Ist der Verwaltungsrat nicht willens, die Forderung einzutreiben, macht die Revisionsstelle im Bericht an die GV einen Hinweis auf Art. 678 OR.
- Falls der Verwaltungsrat die Forderung eintreiben will, der Empfänger aber nicht zur Rückerstattung fähig ist, so erfolgen die Einbuchung der Forderung und einer entsprechenden Wertberichtigung.
- Falls die verdeckte Gewinnausschüttung vorgenommen wurde, ohne dass frei verfügbare und ausschüttbare Mittel bestehen, liegt eine verdeckte Kapitalrückzahlung vor, auf welche die Revisionsstelle in ihrem Bericht an die GV hinweisen wird.[2542]
- Die Revisionsstelle wird auch einen Hinweis anbringen, wenn durch die verdeckte Gewinnausschüttung einzelne (i.d.R. Minderheits-)Aktionäre wesentlich benachteiligt worden sind.[2543]
- Abschliessend beurteilt die Revisionsstelle, ob die Ordnungsmässigkeit der Rechnungslegung noch gegeben ist (Vollständigkeit, Klarheit, Verrechnungsverbot).[2544] Ist dies nicht mehr der Fall, so wird die Revisionsstelle eine Einschränkung im Bericht an die GV anbringen. Gleichzeitig überlegt sie, ob sie der GV die Jahresrechnung noch zur Genehmigung empfehlen kann oder ob sie stattdessen eine Rückweisung an den Verwaltungsrat empfehlen soll.

i) **Einhaltung von besonderen Einzelvorschriften**

Die Revisionsstelle prüft, ob die Einzelvorschriften bezüglich der *allgemeinen (gesetzlichen) Reserven*[2545] eingehalten worden sind. Inhalt der Prüfung der Revisionsstelle sind sodann auch die Bestimmungen bezüglich der *Sonderreserveposten* für *eigene Aktien*[2546] und bei der *Aufwertung von Beteiligungen und Grundstücken* gemäss Art. 670 Abs. 1 OR sowie allfällige weitere *statutarische* Vorschriften.

Gemäss Art. 670 Abs. 1 OR ist eine *Aufwertung* von Grundstücken und Beteiligungen nur zulässig, wenn die Revisionsstelle zuhanden der Generalversammlung schriftlich bestätigt, dass die gesetzlichen Bestimmungen eingehalten worden sind.

2541 HWP (2009), Band 2, 73 ff.
2542 Verstoss gegen Art. 680 Abs. 2 OR.
2543 Verstoss des Gleichbehandlungsgebots gemäss Art. 717 Abs. 2 OR; Art. 660 Abs. 1 OR.
2544 Art. 958c OR.
2545 Art. 671 OR.
2546 Art. 671a OR. (Anwendung unter neuem Recht umstritten).

8.5.1.4 Abgrenzung des Prüfungsgegenstands

Nicht Gegenstand der Prüfung ist die wirtschaftliche Lage des Unternehmens bzw. des Konzerns an sich.[2547] Geprüft wird vielmehr die Qualität der Rechnungslegung: die Güte des Abbildes, nicht das Abgebildete selbst. Die Revisionsstelle prüft die Verlässlichkeit der Darstellung, nicht die Beschaffenheit des Dargestellten.[2548] Allerdings hat sich die Revisionsstelle stets zu überlegen, ob die Annahme der Unternehmensfortführung, die dem Abschluss zugrunde liegt, auch tatsächlich gerechtfertigt ist. Insofern kommt der Prüfer, insbesondere wenn die Fortführung gefährdet ist, nicht umhin, auch die wirtschaftliche Lage der Gesellschaft/des Konzerns zu analysieren.

Nicht Gegenstand der Prüfung durch die Revisionsstelle ist sodann grundsätzlich die Geschäftsführung durch den Verwaltungsrat und die Geschäftsleitung. Es gehört nicht zu den Pflichten der Revisionsstelle, zu beurteilen, ob die Ziele und Methoden, mit denen die leitenden Organe (Verwaltungsrat und Geschäftsleitung) die Geschäfte führen, angemessen, effizient und zweckmässig sind. Dies wäre eine Ausdehnung der gesetzlichen Prüfpflicht, für die es im Gesetz keine hinreichenden Anhaltspunkte gibt. Der Revisionsstelle fehlen im Allgemeinen auch die notwendigen Voraussetzungen, um die Angemessenheit und Zweckmässigkeit sowie die Ziele der Geschäftsführung beurteilen zu können. Sofern diesbezügliche Prüfungen von der Revisionsstelle auf Wunsch des Verwaltungsrates oder der Geschäftsleitung (in seltenen Fällen auch auf Veranlassung der GV[2549]) vorgenommen werden sollen, stellen sie einen Auftrag dar, welcher ausserhalb der Organfunktion der Revisionsstelle gemäss Art. 727 OR liegt.[2550]

In diesem Zusammenhang ist auch festzuhalten, dass die Revision grundsätzlich eine *Gesetzmässigkeitsprüfung* ist. Aus dem Revisionsbericht darf aber nicht auf die Gesetzeskonformität der Tätigkeit des Verwaltungsrates und der Geschäftsleitung geschlossen werden. Zwar hat die Revisionsstelle nach Art. 728c Abs. 2 OR Gesetzes- und Statutenverstösse zu melden, auf die sie bei ihrer Prüfung gestossen ist. Sie hat jedoch keine Pflicht, aktiv nach Gesetzesverstössen – ausser solchen gegen die Rechnungslegung – zu fahnden.

Nicht Gegenstand der Prüfung durch die Revisoren ist auch der schriftliche *Lagebericht*,[2551] in dem der Verwaltungsrat den Geschäftsverlauf sowie die wirtschaftliche und finanzielle Lage der Gesellschaft darstellt. Es ist nicht Aufgabe der Revisionsstelle, dafür besorgt zu sein, dass der Lagebericht im Einklang mit den gesetzlichen und statutarischen Bestimmungen erstellt wird. Gemäss Botschaft hat die Revisionsstelle den Verwaltungsrat im umfassenden Revisionsbericht jedoch auf allfällige Widersprüche zwischen der Jahresrechnung/Konzernrechnung und dem Lagebericht hinzuweisen.[2552] Die Darstellung der wirtschaftlichen Lage im Lagebericht und in der Jahresrechnung darf sich nämlich nicht widersprechen.[2553] Auch die Einhaltung der Vorschriften über die *Publizität* und *Einsichtnahme* der Jahresrechnung ist ausserhalb des Prüfungsbereiches der Revisionsstelle.[2554]

2547 Z.B. Rentabilität, Qualität der Finanzierung, Liquidität etc.
2548 Vgl. VON GREYERZ, 11.
2549 HWP (2009), Band 2, 53.
2550 Mit entsprechend anderen Verantwortlichkeiten.
2551 Gemäss Art. 961c OR (früher *Jahresbericht* gemäss Art. 663d aOR).
2552 BOTSCHAFT, Änderung Rechnungslegungsrecht, 1718.
2553 Art. 961c Abs. 3 OR.
2554 Art. 958e OR.

Nicht Gegenstand der Prüfung sind auch andere wichtige Aufstellungen wie Budget, Zwischenabschlüsse, usw., ausser in der Situation, in der die Fortführung des Unternehmens gefährdet ist. In diesem Zeitpunkt erhalten solche zukunftgerichteten Planrechnungen, Liquiditätspläne, kurz- und mittelfristige Finanzpläne etc. eine zentrale Bedeutung, auch für die Revisionsstelle (im Hinblick auf die Beantwortung der Frage, ob eine Rechnungslegung zu Fortführungswerten noch angebracht ist).[2555]

8.5.2 Prüfung der Gewinnverwendungsanträge des Verwaltungsrates

8.5.2.1 Allgemeine Regelung

Es gehört zu den Aufgaben des *Verwaltungsrates*, der ordentlichen Generalversammlung der Aktionäre einen Antrag zu unterbreiten, wie der ausgewiesene Bilanzgewinn[2556] verwendet werden soll. Der Entscheid über die Verwendung des Bilanzgewinnes selbst liegt in der Kompetenz der Generalversammlung.[2557] Der Verwaltungsrat darf den Gewinn nicht durch Bildung offener Reserven vorgängig reduzieren.[2558] Dadurch würde die Kompetenz der Generalversammlung in unzulässiger Weise beschnitten. Zudem würde der Entscheid über die Genehmigung der Jahresrechnung und der Gewinnverwendung vermischt: Der Beschluss zur Genehmigung der Jahresrechnung wäre anfechtbar. Auch die Auflösung von offenen Reserven ist an sich Sache der Generalversammlung, wobei die Zustimmung dazu in den Beschluss der Genehmigung der Jahresrechnung integriert sein kann, sofern die vorgängige Auflösung aus der Erfolgsrechnung ersichtlich ist.[2559]

Die *Revisionsstelle* hat sowohl bei der ordentlichen Prüfung als auch bei der eingeschränkten Prüfung zu beurteilen, ob der Antrag des Verwaltungsrates über die Verwendung des Bilanzgewinnes den gesetzlichen Vorschriften und den allfälligen zusätzlichen Regelungen in den Statuten entspricht. Sie prüft dabei namentlich, ob der Verwaltungsrat die gesetzlichen[2560] und allfälligen statutarischen Reservezuweisungen und Ausschüttungen in seinem Vorschlag korrekt berücksichtigt hat.[2561]

Die Revisionsstelle hat grundsätzlich *keine Beurteilung* der vorgeschlagenen Verwendung des Bilanzgewinnes im Hinblick auf deren *unternehmenspolitischen Zweckmässigkeit* vorzunehmen. Dies liefe auf eine unzulässige Einmischung in die Aufgaben des Verwaltungsrates hinaus und verstiesse gegen Art. 728a OR (bei der ordentlichen Prüfung) bzw. Art. 729a Ziff. 3 OR (bei der eingeschränkten Prüfung), wonach die Geschäftsführung des Verwaltungsrates nicht Gegenstand der Prüfung durch die Revisionsstelle ist. Selbst wenn aus betriebswirtschaftlicher Sicht ein anderer Vorschlag sinnvoller wäre, hätte sich die Revisionsstelle dazu nicht zu äussern, sofern der Vorschlag des Verwaltungsrates gesetzes- und statutenkonform ist. Die Revisionsstelle vollzieht insofern lediglich eine for-

---

2555 Going-Concern-Prämisse (Art. 958a OR).
2556 Vortrag aus dem Vorjahr plus Jahresergebnis.
2557 Art. 698 Abs. 2 Ziff. 4 OR.
2558 BÖCKLI, Aktienrecht, § 15 Rz. 240 ff.; HANDSCHIN, Rechnungslegung, N 114 ff.; HWP (2009), Band 1, 316.
2559 HWP (2009), Band 1, 316.
2560 Art. 671 OR.
2561 Dazu siehe die Checkliste hinten unter Ziff. 11.66, S. 1022 ff.

melle Prüfung, die grundsätzlich jeder Aktionär selbst mithilfe des Gesetzes und der Statuten vornehmen könnte.

Von diesem Grundsatz sind jedoch in folgenden Fällen Abweichungen denkbar: Wo eine vorgeschlagene Gewinnausschüttung derartige *Folgen auf die Liquiditätslage* der Gesellschaft hätte, dass die zur Betriebstätigkeit notwendige Liquidität nicht mehr sichergestellt wäre, wird die Revisionsstelle auf diesen Tatbestand aufmerksam machen. Ein solcher Antrag des Verwaltungsrates stellte eine Verletzung der Sorgfaltspflicht gemäss Art. 717 Abs. 1 OR durch den Verwaltungsrat dar. Die Revisionsstelle würde in ihrem Bericht an die Generalversammlung auf diesen Gesetzesverstoss hinweisen.[2562] Auch bei Einschränkungen zur Bewertung einzelner Bilanzpositionen, bei objektiver Nichtprüfbarkeit wesentlicher Bilanzpositionen und bei wichtigen Ereignissen nach dem Bilanzstichtag kann sich die Revisionsstelle u.U. nicht mit der formellen Begutachtung des Gewinnverwendungsvorschlages begnügen.

Gemäss Art. 731 OR darf die Generalversammlung über die Gewinnverwendung nur bei Vorliegen eines Revisionsberichts beschliessen. Bei der ordentlichen Revision muss zudem die Revisionsstelle an der Generalversammlung anwesend sein, es sei denn die Generalversammlung verzichtet in einstimmigen Beschluss auf ihre Anwesenheit. Wenn die Generalversammlung eine andere Gewinnverwendung beschliessen möchte, als sie vom Verwaltungsrat beantragt worden ist, prüft in der Regel die anwesende Revisionsstelle noch während der Generalversammlung die Rechtmässigkeit des an der Generalversammlung vorgebrachten Antrages.

Wenn an der Generalversammlung kein Revisor anwesend ist, so sind die Beschlüsse über die Genehmigung der Jahresrechnung und die Gewinnverwendung gemäss Art. 731 Abs. 3 OR anfechtbar.

8.5.2.2 Spezialfälle

a) Allgemeine Reserve übersteigt 50% des Aktienkapitals (bzw. 20% bei einer Holdinggesellschaft)

Haben die allgemeinen Reserven 50% des Aktienkapitals (bzw. 20% bei einer Holdinggesellschaft) erreicht, kann die Generalversammlung grundsätzlich frei über den verfügbaren Gewinn verfügen. In der Praxis wird dann meistens auf eine weitere Zuweisung an die allgemeinen Reserven verzichtet.[2563]

b) Ausserordentliche Generalversammlung

In der Praxis kommt es bei KMU öfters vor, dass der Verwaltungsrat im Vorfeld der ordentlichen Generalversammlung aus diversen Gründen noch keinen Entscheid über eine allfällige Dividendenausschüttung treffen möchte. In diesem Falle beantragt er der Generalversammlung vorerst, den verfügbaren Bilanzgewinn auf neue Rechnung vorzutragen. Möchte er in der Folge im Verlaufe des Geschäftsjahres dennoch eine Dividende ausschüt-

---

[2562] Hinweis in der Berichterstattung an die GV gemäss Art. 728c bzw. Art. 729c OR (siehe dazu HWP (2009), Band 1, 323).

[2563] HWP (2009), Band 1, 321; zur Klarstellung empfiehlt das HWP, dass der VR in seinem Antrag eine Anmerkung anbringt: «Da die allgemeine Reserve 50% des Aktienkapitals erreicht hat, wird auf eine weitere Zuweisung verzichtet.»

ten, so hat er eine ausserordentliche Generalversammlung einzuberufen, der er die beabsichtigte Dividendenausschüttung beantragt. Auch in diesem Falle hat die Revisionsstelle die Gesetz- und Statutenmässigkeit des Antrages zu prüfen. Diese Prüfung erfolgt gestützt auf eine *aktualisierte* Beurteilung der Situation der Gesellschaft (Entwicklung der Liquidität und Ertragslage) im laufenden Jahr.

c) Interimsdividende

Die Ausschüttung einer Dividende zulasten des Gewinnes des laufenden Jahres (sog. Interimsdividende) ist in der Schweiz – im Gegensatz zu anderen Ländern – nicht vorgesehen. Dividenden dürfen grundsätzlich nur aus dem in der (geprüften) Jahresrechnung *ausgewiesenen* Bilanzgewinn bzw. den hierfür gebildeten Reserven ausgerichtet werden.[2564] Stellt die Revisionsstelle nachträglich fest, dass dennoch eine Interimsdividende ausgeschüttet wurde, so berücksichtigt sie diese vorzeitige Ausschüttung bei der nächsten Prüfung des Antrages des Verwaltungsrates über die Gewinnverwendung und weist in ihrem Bericht an die nächste ordentliche Generalversammlung u.U. auf diesen Gesetzesverstoss hin.

8.5.3 Prüfung der Existenz eines internen Kontrollsystems (IKS)

8.5.3.1 Grundlagen

Seit dem 1.1.2008 wird von der Revisionsstelle bei Gesellschaften, die der *ordentlichen* Revision unterliegen, verlangt, zu prüfen, ob ein internes Kontrollsystem (IKS) existiert.[2565] Diese Prüfung der Existenz eines IKS ist ein zusätzlicher und eigenständiger gesetzlicher Prüfungsauftrag, über den die Revisionsstelle dem Verwaltungsrat und der Generalversammlung zu berichten hat.[2566] Bei Gesellschaften, die lediglich *eingeschränkt* geprüft werden müssen, *entfällt* diese gesetzliche Pflicht.

Das Gesetz definiert nicht, was ein IKS ist; bewusst verzichtete der Gesetzgeber, konkrete Vorgaben zu dessen Ausgestaltung zu machen. Üblicherweise versteht man unter dem IKS die Gesamtheit aller vom Verwaltungsrat und der Geschäftsleitung angeordneten Vorgänge, Methoden und Massnahmen (Kontrollmassnahmen), die dazu dienen, einen ordnungsmässigen Ablauf des betrieblichen Geschehens sicherzustellen. In Bezug auf die finanzielle Berichterstattung umfasst das IKS diejenigen Vorgänge und Massnahmen, welche eine zuverlässige, ordnungsmässige Buchführung und Rechnungslegung sicherstellen und dementsprechend die Grundlage jeder finanziellen Berichterstattung bilden. Zudem soll das IKS die Erfassung von Fehlern und Unregelmässigkeiten in der Buchhaltung und der finanziellen Berichterstattung verhindern helfen.[2567]

Die Ausgestaltung eines geeigneten und angemessenen IKS ist eine originäre Aufgabe des *Verwaltungsrates*. Dies ergibt sich aus seiner Pflicht zur Ausgestaltung des Rechnungswesens gemäss Art. 716 OR. Im Sinne des schweizerischen Gesetzes ist der Verwaltungsrat für die Ausgestaltung, Implementierung und Aufrechterhaltung eines geeigneten IKS

[2564] Art. 675 Abs. 2 OR.
[2565] Art. 728a OR. Dazu eingehend Böckli, Aktienrecht, § 15 Rz. 247 ff.; HWP (2009) Band 2, 129 ff., PS 890, Prüfung der Existenz des IKS.
[2566] Art. 728b Abs. 1 und 2 OR.
[2567] Näheres siehe dazu vorne Ziff. 3.4.8.2, S. 250 ff.

verantwortlich. Die Umsetzung des IKS, das Management von Risiken und die Compliance sind i.d.R. Aufgabenbereiche der Geschäftsleitung. Der Umfang und die Ausgestaltung des IKS sind auf die individuellen Gegebenheiten anzupassen und hängen insbesondere von der Grösse des Unternehmens, der Komplexität der Geschäftstätigkeit und der Art der Finanzierung ab.

Aufgrund von Art. 728a Abs.1 Ziff. 3 OR hat die *Revisionsstelle* einmal jährlich die Existenz des vom Verwaltungsrat definierten IKS zu prüfen. Die Prüfung des dauernden Funktionierens des internen Kontrollsystems während der gesamten Berichterstattungsperiode ist dagegen in der Schweiz (im Gegensatz zu weiter gehenden ausländischen Regelungen; z.B. Sarbanes-Oxley Act in den USA) vom Gesetzgeber explizit als Prüfungsgegenstand abgelehnt worden.

Damit die Revisionsstelle, die sich bei ihrer Prüfung am Schweizer Prüfungsstandard (PS 890) zu orientieren hat, die Existenz des IKS bestätigen kann, müssen folgende Voraussetzungen erfüllt sein:[2568]

– das IKS ist vorhanden und überprüfbar (d.h. dokumentiert);
– das IKS ist den Geschäftsrisiken und der Geschäftstätigkeit angepasst;
– das IKS ist den Mitarbeitern bekannt;
– das definierte IKS wird angewendet;
– ein Kontrollbewusstsein im Unternehmen ist vorhanden.

Zur verlangten Prüfung der Existenz durch die Revisionsstelle ist demnach – nebst der gelebten Anwendung – auch eine angemessene Dokumentation des IKS erforderlich. Das IKS ist durch das Unternehmen so zu dokumentieren, dass das IKS in den wichtigsten Abläufen vom Prüfer nachvollzogen werden können. Das Unternehmen hat dafür zu sorgen, dass diese Dokumentation à jour gehalten wird und den aktuellen Stand zuverlässig abbildet. Umfang und Detaillierungsgrad der Dokumentation liegen dabei im Ermessen des Unternehmens, sie müssen jedoch der Grösse und Komplexität des Unternehmens angepasst sein.

Auf *Unternehmensebene* soll die Dokumentation darlegen, was der Verwaltungsrat mit dem IKS erreichen will, wie die Geschäftsleitung das IKS effektiv umsetzt, wie die Risiken einer wesentlichen falschen Angabe in der Buchführung und Rechnungslegung eingeschätzt werden und wie das IKS solche Risiken verhindern oder vermindern soll. Auf *Prozessebene* sind die wesentlichen Risiken und die diesen zugeordneten Schlüsselkontrollen sowie die Durchführung der Schlüsselkontrollen zu dokumentieren. Beim Nachweis über die Durchführung der Kontrollen werden Angaben zu den durchführenden Personen, Feststellungen und allfällig vorgenommene Korrekturmassnahmen erwartet.

In der Literatur gibt es eine Reihe von Rahmenwerken zum IKS mit entsprechenden Komponenten und Empfehlungen; bekannt ist vor allem COSO.[2569] Es ist jedoch nicht zwingend, dass alle diesbezüglichen Empfehlungen umgesetzt werden, um die Existenz eines IKS zu bestätigen.

[2568] PS 890, Prüfung der Existenz des internen Kontrollsystems, Ziff. VII, lit. a.
[2569] COSO: Committee of Sponsoring Organisations of the Treadway Commission COSO; gab 1992 wegleitendes Werk über die interne Kontrolle heraus (Internal Control-Integrated Framework); überarbeitet 2006 für Smaller Public Companies.

8.5.3.2 Prüfung der Existenz des IKS

Bereits bei der Planung der ordentlichen Revision der Jahresrechnung (Identifikation der risikobehafteten Prüfungsgebiete, Bestimmung der Art und Zusammensetzung der Prüfungshandlungen, Bestimmung des Prüfungsumfanges, Erreichung eines effizienten Prüfungsansatzes) berücksichtigt der Prüfer die vorhandenen internen Kontrollen.[2570] Diese Kenntnisse über das IKS dienen dabei primär der Festlegung der Prüfungsstrategie. Das zur Festlegung der Prüfungsstrategie gewonnene Verständnis des IKS allein reicht jedoch nicht aus, um sich als Abschlussprüfer ein separates Prüfungsurteil zur Existenz des IKS bilden zu können, weil die Zielsetzungen der beiden Prüfungen unterschiedlich sind.[2571] Generell kann gesagt werden, dass der Prüfungsumfang bei der IKS-Existenzprüfung in der Regel breiter gefasst ist (d.h. mehrere verschiedene Prüfgebiete abdeckt), jedoch weniger tief geht (womit weniger Einzelvorgänge geprüft werden), als dies im Rahmen der Abschlussprüfung der Fall ist. Auch wenn die Existenzprüfung keine vollumfängliche Prüfung ist (Schwerpunktbildung nach Massgabe der Risiken und der Wesentlichkeit; turnusmässige Prüfungen etc.), so verlangt sie doch eine ganzheitliche Betrachtung des IKS.

Obwohl sich das grundsätzliche Vorgehen bei der Abschlussprüfung von demjenigen bei der Prüfung der Existenz des IKS unterscheidet, so ergänzen sich die vorzunehmenden Prüfungsarbeiten dennoch. Der Prüfer nutzt das im Rahmen der Abschlussprüfung gewonnene Verständnis des IKS bei der Planung der Existenzprüfung, umgekehrt berücksichtigt er die bei der Prüfung der Existenz gewonnenen Erkenntnisse über das IKS bei der Planung und Durchführung der Abschlussprüfung.[2572]

Bei der *Planung* zur Existenzprüfung des IKS macht sich der Abschlussprüfer ein Bild, welches die relevanten Bestandteile des IKS im Rahmen der finanziellen Berichterstattung sind und welche Kontrollen die darin enthaltenen Risiken auf ein vertretbares Mass reduzieren sollen. Dabei berücksichtigt er, in welchem Ausmass er Kontrollen auf der Unternehmensebene, der Prozess-, IT-Anwendungsebene bzw. generelle IT-Kontrollen einbeziehen will.

Der Prüfer definiert Prüfungshandlungen um beurteilen zu können, ob ein IKS nach den Vorgaben des Verwaltungsrates vorhanden ist und ob die darin definierten Abläufe und Schlüsselkontrollen ausreichend dokumentiert sind, um die Existenz des IKS nachvollziehen zu können. Zu dieser Prüfung gehören auch Abklärungen, ob das dokumentierte IKS grundsätzlich geeignet ist zur Erfüllung der ihm zugedachten Funktionen.[2573]

Auf der *Unternehmensebene* hat der Abschlussprüfer Kontrollen zu beurteilen, die Risiken im Zusammenhang mit der Ausprägung von Integrität, ethischen Werten und Verhalten sowie das Vorhandensein von Kompetenzen im Unternehmen adressieren. Dabei soll er Schlüsselkontrollen auf der Unternehmensebene prüfen, da diese generell als wesentlich angesehen werden. Es kann auch zweckmässig sein, dass der Abschlussprüfer sich auf die vom Management durchgeführten Einhalteprüfungen abstützt, falls das Management sol-

---

[2570] PS 300, Planung einer Abschlussprüfung, und PS 315 Beurteilung der Risiken und Verstehen der Einheit.
[2571] Dazu Näheres im PS 890, Prüfung der Existenz des internen Kontrollsystems.
[2572] HWP (2009), Band 2, 333 ff.
[2573] HWP (2009), Band 2, 336.

che durchführt (indirekte Managementkontrollen). Dies setzt jedoch voraus, dass die vom Management durchgeführten Einhalteprüfungen dokumentiert sind.

Auf der *Prozessebene* decken die Kontrollen Risiken einer wesentlichen falschen Angabe in der Buchführung und Rechnungslegung von der Initiierung, über die Registrierung, Verarbeitung und Verbuchung, bis hin zur Rechnungslegung von Geschäftsvorfällen innerhalb einzelner Prozesse ab.[2574] Neben diesen mit dem Rechnungswesen eng verbundenen Prozessen geht es je nach gewähltem Geschäftsmodell um Schlüsselkontrollen in den einzelnen Prozessen, wie beispielsweise dem Einkaufsbereich.[2575] Weitere für das Rechnungswesen relevante Bereiche des IKS sind der Verkaufsbereich von der Erstellung der Offerte oder dem Bestellungseingang über die Auslieferung bis zum Zahlungseingang, das Lohn- und Gehaltswesen, die Warenbewirtschaftung etc.[2576]

Zur Prüfung der Existenz des IKS verwendet der Prüfer folgende *Prüfungsverfahren:*[2577]

- Durchsicht der Dokumentation
- Befragung
- Beobachtung
- Überprüfung
- Walk-through-Test (Wurzelstichprobe).

Die Durchsicht der Dokumentation allein gibt dem Abschlussprüfer keine ausreichende Sicherheit darüber, ob ein IKS auch wirklich umgesetzt ist und angewendet wird. Er kann sich nur in Ausnahmefällen (einfache Verhältnisse, gute Kenntnisse des Unternehmens) auf eine reine Dokumentationsprüfung verlassen. Im Normalfall muss der Abschlussprüfer neben der Durchsicht der Dokumentation noch weitere Prüfungsverfahren und -handlungen durchführen zur Erlangung einer ausreichenden Prüfsicherheit für die Abgabe eines separaten Urteils über die Existenz des IKS.

8.5.3.3 Berichterstattung über die Prüfung der Existenz des IKS

Im Zusammenhang mit der Prüfung der Existenz des IKS sieht der Gesetzgeber zwei separate *Berichterstattungen* der Revisionsstelle vor:

a) Berichterstattung zum IKS an die Generalversammlung

Die Revisionsstelle hat gemäss Art. 728*b* Abs. 2 OR der *Generalversammlung* summarisch in schriftlicher Form mitzuteilen, dass ein IKS existiert. Es sind grundsätzlich die folgenden drei Arten von Prüfungsbefunden denkbar:[2578]

- die Existenz des IKS wird *bejaht*
- die Existenz des IKS wird *verneint*
- die Existenz des IKS wird *mit Einschränkungen bejaht.*

[2574] PS 890, Prüfung der Existenz des internen Kontrollsystems, Teil B. Ziff. 4
[2575] Der Einkaufsprozess umfasst alle Schritte von der Auslösung einer Bestellung über die Kontrolle des Wareneingangs bis zur Autorisierung der Zahlung.
[2576] Siehe vorne Ziff 3.4.8.6, S. 259.
[2577] HWP (2009), Band 2, 337.
[2578] PS 890, Prüfung der Existenz eines IKS , Ziff. 44.

Im Schweizer Prüfungsstandard (PS 890) sind für die zum jeweiligen Prüfungsbefund führenden Überlegungen keine objektiven Beurteilungskriterien festgelegt worden. Der Entscheid liegt im Einzelfall im Ermessen des Abschlussprüfers. Dabei kann die Existenz des IKS trotz Vorliegens einzelner Schwächen oder Verbesserungspotenziale *bejaht* werden, wenn
- die Überlegungen des Verwaltungsrates zur Ausgestaltung des IKS dokumentiert sind;
- diese Ausgestaltung den minimalen Anforderungen an ein IKS aufgrund der Grösse und Komplexität des Unternehmens entspricht;
- die Umsetzung dieses IKS durch die Geschäftsleitung schriftlich dokumentiert ist; und
- die Prüfungen bestätigen, dass für die wesentlichsten Risiken entsprechende Schlüsselkontrollen eingerichtet sind und diese auch weitgehend angewendet werden.

Zu einem *verneinenden* Prüfungsbefund wird die Revisionsstelle in begründeten Fällen kommen, wenn beispielsweise:[2579]
- das vom Verwaltungsrat definierte IKS aus Sicht der Revisionsstelle in keiner Weise den Risiken der Unternehmung – unter Berücksichtigung von deren Grösse und Komplexität – Rechnung trägt;
- in allen wesentlichen Bereichen keine schriftliche Dokumentation des IKS besteht; oder
- das vom Verwaltungsrat definierte und von der Geschäftsleitung umgesetzte IKS im Tagesgeschäft des Unternehmens in allen wesentlichen Bereichen nicht angewendet wird.

Eine *Einschränkung der Existenz* des IKS wird die Revisionsstelle dann erwägen, wenn zwar grundsätzlich die Existenz des IKS bestätigt werden kann, jedoch in einem oder mehreren Bereichen ein IKS nicht existiert. Beispielsweise erfolgt eine Einschränkung, wenn das IKS lediglich am Hauptsitz existiert, nicht aber bei wesentlichen Betriebsstätten oder Tochtergesellschaften, oder wenn das IKS für wesentliche Prozesse des Unternehmens existiert, bei einem oder mehreren wesentlichen Prozessen jedoch jegliche IKS-Dokumentation fehlt oder die Ergebnisse der Prüfungsarbeiten zeigen, dass das IKS nicht angewendet wird.

b) Berichterstattung zum IKS an den Verwaltungsrat

Darüber hinaus hat die Revisionsstelle einen *umfassenden Bericht an den Verwaltungsrat* mit Feststellungen über die Rechnungslegung, das IKS sowie die Durchführung und das Ergebnis der Revision abzugeben. Der Inhalt und Umfang des umfassenden Berichts betreffend das IKS orientiert sich an der Grösse und Komplexität des Unternehmens, aber auch am Corporate-Governance-Modell und an der personellen Zusammensetzung des Verwaltungsrates (bzw. dessen Bedürfnisse). In der Regel werden im umfassenden Bericht an den Verwaltungsrat die folgenden Themen zum IKS behandelt:
- Darstellung der unterschiedlichen Verantwortungen mit Bezug auf das IKS im Sinne des schweizerischen Gesetzgebers;

[2579] PS 890, Prüfung der Existenz eines IKS, Ziff. 47 f.

- Darstellung der vorgenommenen Prüfungshandlungen im IKS, der Prüfungsschwerpunkte im laufenden Jahr und allfälliger rotierender Prozessprüfungen;
- Verbesserungsvorschläge mit Bezug auf die Ausgestaltung des IKS aus Sicht des Abschlussprüfers;
- Feststellungen und Verbesserungsvorschläge mit Bezug auf die Umsetzung der Vorgaben des Verwaltungsrates durch die Geschäftsleitung und/oder der praktischen Anwendung im Tagesgeschäft;
- Behebung früher festgestellter Schwachstellen im IKS.

8.5.4 Berichterstattung über die Abschlussprüfung an die Generalversammlung

Die Revisionsstelle hat der Generalversammlung einen zusammenfassenden Bericht über das Ergebnis der Prüfung der Jahresrechnung abzugeben.[2580]

Die Berichterstattungspflicht über die Prüfung der Konzernrechnung richtet sich nach denselben Vorschriften wie für die Berichterstattung zur Prüfung der Jahresrechnung. Der Aufbau des Prüfberichts zur Konzernrechnung entspricht demjenigen des Prüfberichts zur Jahresrechnung, wobei zusätzlich eine Beurteilung der Übereinstimmung der Rechnungslegung mit dem im Anhang der Konzernrechnung wiedergegebenen Konsolidierungs- und Bewertungsregeln vorzunehmen ist. Wird dabei ein anerkanntes Regelwerk (z.B. Swiss GAAP FER, IFRS, US GAAP) angewendet, so kann die Revisionsstelle dessen Einhaltung nur bestätigen, wenn das Regelwerk vollständig eingehalten wurde.

8.5.4.1 Gesetzliche Grundlagen

Nach Art. 728*b* OR erstattet die Revisionsstelle an die Generalversammlung in schriftlicher Form einen zusammenfassenden Bericht über das Ergebnis der Revision. Der einzelne Aktionär hat Anspruch auf Einsicht in den Revisionsbericht, welcher zusammen mit dem Geschäftsbericht 20 Tage vor der ordentlichen Generalversammlung am Sitze der Gesellschaft aufzulegen ist.[2581] Jeder Aktionär kann auch eine Abschrift des Revisionsberichts verlangen. Zudem hat die Gesellschaft jedem Aktionär, der dies innerhalb eines Jahres nach der GV verlangt, eine Kopie des Geschäftsberichts inkl. Revisionsstellenbericht zuzustellen.[2582]

Die Revisionsstelle sendet ihren Bericht zuhanden der Generalversammlung in der Regel an den Verwaltungsrat(spräsidenten), welcher dann für die ordnungsgemässe Auflage am Gesellschaftssitz zuständig ist. Die Zustellung an die Aktionäre direkt ist nicht Angelegenheit der Revisionsstelle.

[2580] Dieser Bericht an die Generalversammlung wird in den Schweizer Prüfungsstandards (in Anlehnung an die internationale Bezeichnung) neu «Vermerk des Abschlussprüfers» genannt. Siehe Beispiele hinten unter Ziff. 11.73 S. 1042 ff. (handelsrechtliche Jahresrechnung) und unter Ziff. 11.69, S. 1032 f. (handelsrechtliche Konzernrechnung), Zur Berichterstattung eingehend HWP (2009), Band 2, 415 ff.; PS 700, Bildung Prüfungsurteil und Erteilung Vermerk; PS 701, ordentliche Revision Prüfungsurteil und…; PS 705, Modifizierung des Prüfungsurteils; PS 706, Hervorhebungen und Hinweise.

[2581] Art. 696 Abs. 1 OR.

[2582] Art. 696 Abs. 3 OR.

Die Generalversammlung darf gemäss Art. 731 OR über die Jahresrechnung (und gegebenenfalls die Konzernrechnung) und über die Verwendung des Bilanzgewinnes nur dann beschliessen, wenn der Revisionsbericht vorliegt und die Revisionsstelle anwesend ist. Ohne Vorlage des erforderlichen Revisionsberichts sind diese Beschlüsse nichtig. Ist die Revisionsstelle bei Gesellschaften, die der ordentlichen Revision unterliegen (– wo die Anwesenheit der Revisionsstelle verlangt ist –), nicht anwesend, so sind die Beschlüsse anfechtbar. Bei der eingeschränkten Revision ist hingegen die Anwesenheit der Revisionsstelle nicht explizit verlangt.

8.5.4.2 Standardtext

Seit vielen Jahren verwenden die Mitglieder der Treuhand-Kammer für den Prüfbericht der Revisionsstelle an die Generalversammlung einen Standardtext. Die Verwendung des Standardtextes wird in den Schweizer Prüfungsstandards (PS) und – durch deren Genehmigung indirekt – von der eidgenössischen Revisionsaufsichtsbehörde verbindlich verlangt. Die Revisionsstelle wird nur bei Vorliegen von wesentlichen, offenlegungspflichtigen Sachverhalten im Bericht an die Generalversammlung vom Standarttext abweichen.

Die Verwendung eines einheitlichen Textes für den zusammenfassenden Bericht an die Generalversammlung (Standardtext) bei einer in Übereinstimmung mit den Schweizer Prüfungsstandards (PS) durchgeführten Prüfung fördert die Glaubwürdigkeit auf dem Markt. Dadurch wird für den Berichtsadressaten/Nutzer auch leichter erkennbar, dass die Prüfung in Übereinstimmung mit einem anerkannten Prüfungsstandard durchgeführt wurde. Ungewöhnliche Gegebenheiten, die ihren Niederschlag in Abweichungen vom Standardwortlaut finden, erhalten so mehr Aufmerksamkeit und werden leichter als solche erkannt.

Die Formulierung des Standardtextes wurde im Laufe der Jahre (entsprechend den neuen gesetzlichen Anforderungen an die Prüfung) periodisch angepasst. Die derzeitig gültige Formulierung, wie sie in PS 701 publiziert ist, entspricht weitestgehend den international üblichen Vorlagen für den Prüfbericht/Vermerk des Abschlussprüfers.[2583] Der Prüfbericht an die Generalversammlung/Vermerk hat folgende Bestandteile:[2584]

1. *Überschrift* (i.d.R. «Bericht der Revisionsstelle an die Generalversammlung»);
2. *Adressat/Empfänger* (Berichtsadressat ist die Generalversammlung);
3. *Einleitender Absatz* (Prüfungsgegenstand; zB Jahresrechnung, Konzernrechnung, Abschluss nach anerkanntem Standard zur Rechnungslegung; Name der Gesellschaft/Konzern; Datum und Zeitraum, auf den sich der Abschluss bezieht; allenfalls massgebendes Regelwerk der Rechnungslegung);
4. Umschreibung der *Verantwortlichkeiten des Verwaltungsrates:* Im Bericht wird ausdrücklich festgehalten, dass der Verwaltungsrat für die Aufstellung des Abschlusses in Übereinstimmung mit den gesetzlichen Vorschriften und Statuten verantwortlich ist. Diese Verantwortung beinhaltet die Ausgestaltung, Implementierung und Aufrechterhaltung eines internen Kontrollsystems (IKS) und die Auswahl und Anwendung sachgemässer Rechnungslegungsmethoden sowie die Vornahme von angemessenen Schätzungen;

[2583] Gemäss International Standards on Auditing (ISA, 700).
[2584] PS 701, Ordentliche Revision: Bildung Prüfungsurteil und Erteilung Vermerk.

5. Umschreibung der *Verantwortlichkeit des Prüfers:* die Aufgabe des Prüfers besteht darin, ein Prüfungsurteil über den Abschluss abzugeben. Der Bericht beschreibt die Art und den Umfang der Prüfung, insbesondere nach welchen Prüfungsstandards die Prüfung durchgeführt worden ist (PS, ISA, US GAAS). Der Bericht hält fest, dass die Prüfung mit dem Zweck geplant und durchgeführt worden ist, eine hinreichende Sicherheit zu erlangen, dass der Abschluss frei von wesentlichen falschen Angaben ist. Der Bericht stellt fest, dass die durchgeführten Prüfungshandlungen zur Erlangung von Prüfungsnachweisen eine ausreichende Grundlage für das Prüfungsurteil bildet;
6. *Prüfungsurteil* über die Jahresrechnung: Das Prüfungsurteil bestätigt die Übereinstimmung der Jahresrechnung/ der Konzernrechnung mit Gesetz und Statuten. Allenfalls wird zusätzlich die Übereinstimmung mit einem anerkannten Standard zur Rechnungslegung (Swiss GAAP FER, IFRS, IFRS for SMEs, US GAAP etc.) bestätigt[2585];
7. Bestätigung der *Zulassung* gemäss Revisionsaufsichtsgesetz (RAG Art. 11) und *Unabhängigkeit* (Art. 728 OR);
8. *Weitere gesetzlich verlangte Bestätigungen:* Bestätigung der Übereinstimmung des Antrages über die Gewinnverwendung mit Gesetz und Statuten; Bestätigung der Existenz des IKS;
9. *Genehmigungs- oder Rückweisungsempfehlung* an die Generalversammlung: Weil in der Schweiz gesetzlich verlangt, hat die Revisionsstelle an die Generalversammlung eine Empfehlung zu richten, die vorliegende Jahresrechnung bzw. die Konzernrechnung zu genehmigen oder an den Verwaltungsrat zurückzuweisen. (Bei einem Abschluss nach einem anerkannten Standard zur Rechnungslegung gemäss Art. 962 OR entfällt diese Empfehlung, da dieser Abschluss nicht von der Generalversammlung zu genehmigen ist.);
10. Revisionsunternehmen, Unterschrift des Abschlussprüfers, Bezeichnung des *leitenden Prüfers,* Zulassung, Datum des Berichts/Vermerks, Ort des Abschlussprüfers; Verzeichnis der Beilagen (Jahresrechnung/Konzernrechnung inkl. Anhang und Vorschlag über die Verwendung des Bilanzgewinnes).

Die Revisionsstelle wird den Standardwortlaut verwenden, wenn sie im Rahmen der Prüfung *hinreichende Sicherheit* erlangt hat, dass der Abschluss frei von wesentlichen falschen Angaben ist, sie bestätigen kann, dass der Abschluss in Übereinstimmung mit den anzuwendenden Rechnungslegungsnormen (handelsrechtliche Bestimmungen bzw. anerkannte Standards zur Rechnungslegung) erstellt worden ist, der Antrag über die Gewinnverwendung Gesetz und Statuten entspricht sowie die übrigen verlangten Berichtspunkte als zutreffend erachtet werden können.

Falls dies nicht der Fall ist, wird die Revisionsstelle vom Standardtext des Prüfberichts/ Vermerks abweichen. Angesichts der Signalwirkung solcher Abweichungen soll nachstehend auf die wichtigsten Abweichungen näher eingegangen werden.

Die PS nennen folgende Arten von Abweichungen vom Standardtext:
- Modifikationen im Prüfungsurteil (nachstehend Ziff. 8.5.4.3, S. 609);

[2585] Dazu siehe Muster hinten unter Ziff. 11.70, S. 1034 f.

- Hervorhebungen (nachstehend Ziff. 8.5.4.4, S. 610);
- Hinweise (nachstehend Ziff. 8.5.4.5, S. 611).

8.5.4.3 Modifikationen im Prüfungsurteil

Abweichungen vom Prüfungsurteil werden gemäss PS 705 (Modifizierung des Prüfungsurteils) als *Modifikationen* bezeichnet. Eine Modifizierung des Prüfungsurteils im Prüfbericht/Vermerk wird die Revisionsstelle dann anbringen, wenn sie auf der Grundlage der erlangten Prüfungsnachweise zur Schlussfolgerung gelangt, dass der Abschluss insgesamt nicht frei von wesentlichen falschen Darstellungen ist, oder wenn sie – mangels ausreichender geeigneter Prüfungsnachweise – überhaupt nicht in der Lage ist, diesen Schluss zu ziehen.[2586]

Die Revisionsstelle nennt die Bereiche, wo ihrer Ansicht nach Änderungen an der Jahresrechnung angebracht wären. Die Einschränkung soll es der Generalversammlung als Genehmigungsinstanz ermöglichen, allenfalls Korrekturen vorzunehmen oder gar die Jahresrechnung zur Überarbeitung an den Verwaltungsrat zurückzuweisen. Die Revisionsstelle selbst ist dazu nicht berechtigt; sie hat ja weder Weisungsbefugnisse noch Vetorechte.

Je nach der Art des Sachverhaltes und der vom Prüfer vorgenommenen Beurteilung der tatsächlichen oder möglichen Auswirkungen sind grundsätzlich damit drei Arten von modifizierten Prüfungsurteilen vorgesehen:[2587]

- das *eingeschränkte* Prüfungsurteil;
- das *versagte* Prüfungsurteil; und
- das *nicht abgegebene* Prüfungsurteil.

Die nachstehende Tabelle zeigt wie die Beurteilung des Abschlussprüfers über die Art des Sachverhalts, der zu der Modifizierung führt, die Art des Prüfungsurteils beeinflusst:[2588]

Art des Sachverhalts, der zu einer Modifikation führt	Beurteilung der Revisionsstelle über den Umfang der tatsächlichen oder möglichen Auswirkungen auf den Abschluss	
	Wesentlich, jedoch nicht umfassend	Wesentlich und umfassend
Abschluss ist wesentlich falsch dargestellt	Eingeschränktes Prüfungsurteil	Versagtes Prüfungsurteil
Fehlende Möglichkeit, ausreichende geeignete Prüfungsnachweise zu erlangen	Eingeschränktes Prüfungsurteil	Nichtabgabe eines Prüfungsurteils

Ein *eingeschränktes* Prüfungsurteil gibt die Revisionsstelle, dann ab, wenn sie aufgrund der Prüfungsnachweise zum Schluss kommt, dass der Abschluss falsche Darstellungen enthält, die zwar – einzeln oder insgesamt – wesentlich sind, jedoch nicht so umfassend, dass der Abschluss insgesamt als nicht gesetzes- und statutenkonform bezeichnet werden müsste. In diesem Falle wird die Revisionsstelle in einem Abschnitt mit der Überschrift «Grundlage für das eingeschränkte Prüfungsurteil», der *vor* dem eingeschränkten Prüfungsur-

---

2586 PS 705, Modifizierung des Prüfungsurteils, Ziff. 6.
2587 PS 705, Modifizierung des Prüfungsurteils , Ziff. 7; HWP (2009), Band 2, 423.
2588 PS 705, Modifizierung des Prüfungsurteils, A1.

teil zu stehen kommt, den Sachverhalt beschreiben, der zur Modifizierung des Prüfungsurteils führte, allenfalls die Auswirkungen falscher Angaben im Abschluss quantifizieren. Der Abschnitt mit dem eingeschränkten Prüfungsurteil ist sodann explizit mit der Überschrift «*Eingeschränktes Prüfungsurteil*» zu versehen. [2589]

Ein *versagtes* Prüfungsurteil gibt die Revisionsstelle dann ab, wenn sie aufgrund der Prüfungsnachweise zum Schluss kommt, dass der Abschluss falsche Darstellungen enthält, die sowohl – einzeln oder insgesamt – wesentlich als auch umfassend sind. In diesem Falle wird die Revisionsstelle in einem Abschnitt mit der Überschrift «Grundlage für das versagte Prüfungsurteil», der *vor* dem versagten Prüfungsurteil zu stehen kommt, den Sachverhalt beschreiben, der zur Versagung des Prüfungsurteils führte, allenfalls die Auswirkungen falscher Angaben im Abschluss quantifizieren. Der Abschnitt mit dem versagten Prüfungsurteil ist sodann explizit mit der Überschrift «*Versagtes Prüfungsurteil*» zu versehen.[2590]

Ist die Revisionsstelle mangels ausreichender geeigneter Prüfungsnachweise nicht in der Lage, ein Urteil über die Gesetzes- und Statutenkonformität des Abschlusses abzugeben, und gelangt sie zur Schlussfolgerung, dass die möglichen Auswirkungen von allfälligen nicht aufgedeckten falschen Darstellungen auf den Abschluss sowohl wesentlich als auch umfassend sein könnten, erklärt sie die *Nichtabgabe eine Prüfungsurteils*. In diesem Falle wird die Revisionsstelle in einem Abschnitt mit der Überschrift «Grundlage für die Nichtabgabe eines Prüfungsurteils», den Sachverhalt und im folgenden Abschnitt mit der Überschrift «*Nichtabgabe eines Prüfungsurteils*» die Nichtabgabe mitteilen, beschreiben, allenfalls die Auswirkungen falscher Angaben im Abschluss quantifizieren. Der Abschnitt mit dem versagten Prüfungsurteil ist sodann explizit mit der Überschrift «Nichtabgabe eines Prüfungsurteil» zu versehen.

Bei der ordentlichen Revision, wo die Revisionsstelle gehalten ist, eine Genehmigungs- bzw. Rückweisungsempfehlung zuhanden der GV abzugeben,[2591] kann die Modifizierung eines Prüfungsurteils Auswirkungen auf die entsprechende Empfehlung haben.

Wenn die Revisionsstelle erwartet, dass sie am Prüfungsurteil im Bericht an die Generalversammlung eine Modifikation anzubringen hat, wird sie sich mit dem Verwaltungsrat über die Umstände, die zu der erwartenden Modifizierung führen und über den Wortlaut intensiv austauschen. Namentlich, wenn die Ursache für die Modifikation auf die fehlende Möglichkeit zurückzuführen ist, geeignete Prüfungsnachweise zu erlangen, wird die Revisionsstelle den Verwaltungsrat angehen, um die Möglichkeit alternativer Prüfungshandlungen zur Erlangung ausreichender geeigneter Prüfungsnachweise zu erkunden.[2592]

8.5.4.4 Hervorhebungen eines Sachverhalts

Nach der Bildung eines Prüfungsurteils wird sich die Revisionsstelle fragen, ob in ihrem Bericht an die Generalversammlung zusätzliche Mitteilungen notwendig sind, um den Berichtsadressaten auf bestimmte wichtige Sachverhalte aufmerksam zu machen, die zwar im Abschluss selbst angemessen dargestellt sind, für das Verständnis des Abschlusses je-

---

2589 Dazu siehe ein Beispiel hinten unter Ziff. 11.71, S. 1036 f.
2590 Dazu siehe ein Beispiel hinten unter Ziff. 11.73, S. 1044 f.
2591 Art. 728*b* OR Abs. 2 Ziff. 4 OR.
2592 PS 705, Modifizierung des Prüfungsurteils, Ziff. 28 und A.13.

doch grundlegend sind.[2593] Eine solche *Hervorhebung* bezieht sich stets auf eine bereits im Abschluss offengelegte Information. Dadurch kann die Revisionsstelle ohne zwingend ihr Prüfungsurteil oder die Genehmigungsempfehlung zu modifizieren – den Leser von einer allfälligen Fehlinterpretation der Jahresrechnung bewahren. Eine solche «Hervorhebung eines Sachverhalts» darf jedoch allfällige Geschäftsgeheimnisse nicht verletzen.

Kommt die Revisionsstelle zum Schluss, dass eine Hervorhebung eines Sachverhalts angebracht ist, so formuliert sie einen entsprechenden Absatz (mit der entsprechender Überschrift), der unmittelbar *nach* dem Prüfungsurteil platziert wird. In diesem Abschnitt verweist die Revisionsstelle klar auf den hervorgehobenen Sachverhalt und die entsprechenden relevanten Angaben im Abschluss, in denen der Verwaltungsrat seinerseits den Sachverhalt vollständig beschrieben hat. Die Revisionsstelle hält fest, dass das Prüfungsurteil durch den Sachverhalt *nicht modifiziert* wird.[2594]

In der Praxis werden folgende Tatbestände typisch in Form einer Hervorhebung eines Sachverhaltes im Prüfbericht festgehalten:
- Wesentliche Unsicherheit bezüglich der Fähigkeit zur Fortführung der Unternehmenstätigkeit;
- Wesentliche Unsicherheiten, deren Ausgang von künftigen Ereignissen abhängen (künftige Entwicklung, hängige Verfahren etc.);
- Weitere Sachverhalte (z.B. nach dem Bilanzstichtag durchgeführte Sanierungsmassnahmen; Ereignisse nach dem Bilanzstichtag, die im Anhang nicht offengelegt sind; Vorliegen einer Rangrücktrittsvereinbarung im Sinne von Art. 725 OR etc.).

8.5.4.5 Hinweise

Wenn die Revisionsstelle bei der Prüfung wesentliche *Verstösse gegen gesetzliche* und *statutarische Vorschriften* feststellt, die weder die Jahresrechnung noch die Buchführung zum Gegenstand haben, wird sie diese im Bericht an die Generalversammlung im Sinne eines Hinweises melden.[2595] Im Gegensatz zu den Modifikationen/Einschränkungen, mit denen die Revisionsstelle Verstösse gegen gesetzliche Rechnungslegungsvorschriften, Abweichungen von angewandten Rechnungslegungsstandards oder eine Unüberprüfbarkeit aufgezeigt, werden mittels Hinweisen Verstösse gegen andere gesetzliche Bestimmungen ausserhalb der Rechnungslegung gemeldet.

Hinweise werden i.d.R. in einem Absatz im Teil «Berichterstattung aufgrund weiterer gesetzlicher Vorschriften» platziert. Weitere Ausführungen dazu folgen hinter unter Ziff. 8.5.6, S. 617 f.

8.5.4.6 Empfehlung zur Abnahme oder Rückweisung der Jahresrechnung

Die Revisionsstelle ist an der Generalversammlung selbst nicht antragsberechtigt. Dieses Recht steht lediglich dem Verwaltungsrat und den Aktionären zu. Die Revisionsstelle hat aber bei der ordentlichen Revision (im Gegensatz zur eingeschränkten Revision) gemäss Art. 728*b* OR zwingend eine *Empfehlung* in ihrem Bericht an die Generalversammlung ab-

---

2593 PS 706, Hervorhebungen und Hinweise, Ziff. 5. Dazu siehe ein Beispiel hinten unter Ziff. 11.72, S. 1039 f.
2594 PS 706, Hervorhebungen und Hinweise, Ziff. 6.
2595 Art. 728*c* Abs. 2 OR.

zugeben, ob die Jahresrechnung (bzw. die Konzernrechnung) zu genehmigen sei oder ob sie an den Verwaltungsrat zurückgewiesen werden soll.

Die *Abnahmeempfehlung* besagt, dass die Jahresrechnung (bzw. die Konzernrechnung) keine wesentlichen Mängel enthält. Sie ist aber grundsätzlich keine Stellungnahme zur Qualität der Vermögens-, Ertrags- oder Liquiditätslage der Gesellschaft. Immerhin darf daraus gefolgert werden, dass die Unternehmensfortführung nicht gefährdet erscheint.[2596]

Diese Empfehlung ist für die Generalversammlung eine *Entscheidungshilfe*, dem Antrag des Verwaltungsrates auf Genehmigung zu folgen oder ihn abzulehnen. An sich kann die Generalversammlung folgende Beschlüsse fassen:

- Genehmigung der Jahresrechnung (bzw. Konzernrechnung);
- Korrektur der Jahresrechnung (bzw. Konzernrechnung);
- Rückweisung der Jahresrechnung (bzw. Konzernrechnung) an den Verwaltungsrat zur Korrektur.

Die Generalversammlung ist nicht an die Empfehlung der Revisionsstelle gebunden. Insofern ist der Wert der Abnahmeempfehlung der Revisionsstelle beschränkt. Sie darf auch nicht als globale Empfehlung zur Décharge-Erteilung an den Verwaltungsrat aufgefasst werden, weil die Geschäftsführung nicht Gegenstand der Prüfung durch die Revisionsstelle ist.

Sind die Mängel schwerwiegend und wird das Gesamtbild grundlegend beeinflusst, wird die Revisionsstelle der Generalversammlung die *Rückweisung* der Jahresrechnung (bzw. Konzernrechnung) an den Verwaltungsrat empfehlen. Dieser kann dann Korrekturen im Sinne der Generalversammlung vornehmen und die Jahres-/Konzernrechnung neu erstellen. Die Beantwortung der Frage, wann die Mängel so wesentlich sind, dass die Revisionsstelle eine Rückweisung empfiehlt, ist sehr komplex. In der Regel wird die Revisionsstelle der Generalversammlung die Rückweisung beantragen, wenn die Behebung des offengelegten Mangels (beispielsweise eine falsche Bewertung) unmittelbare Rechtsfolgen hätte. Dies ist namentlich dann der Fall, wenn die Gesellschaft bei korrekter Bewertung eine Überschuldung ausweisen müsste, und der Verwaltungsrat gezwungen wäre, Massnahmen gemäss Art. 725 OR zu ergreifen. Gleiches gilt für den Fall, wo mehr als die Hälfte des Aktienkapitals und der gesetzlichen Reserven verloren wären, oder wenn bei korrekter Erstellung der Jahresrechnung keine Gewinnausschüttung vorgenommen werden könnte.

Es steht der Generalversammlung jedoch frei, die Jahres- bzw. Konzernrechnung trotz Rückweisungsempfehlung der Revisionsstelle zu genehmigen. Die Revisionsstelle wird sich in diesem Fall allerdings überlegen, ob sie ihr Mandat weiterhin ausüben will.

Bevor eine Revisionsstelle Abweichungen vom Standardtext in ihrem Bericht an die Generalversammlung vornimmt, wird sie in der Regel den Verwaltungsrat orientieren, damit dieser Gelegenheit hat, die Mängel allenfalls zu beheben. In der Praxis dürften daher Prüfberichte, die vom Standardtext abweichen, eher die Ausnahme als die Regel darstellen. Die Schweizer Börse SWX verlangt beispielsweise Revisionsberichte ohne Einschränkungen. Allenfalls werden Hinweise und oder Zusätze toleriert. Die Aktionäre und die anderen Adressaten erhalten daher in der Regel Revisionsberichte, welche dem Standardtext entsprechen und daher wenig aussagekräftig, stereotyp und wenig differenziert wir-

---

2596 HWP (2009), Band 2, 435.

ken. Dieser Kritik kann entgegengehalten werden, dass dem Prüfbericht an die Generalversammlung mehr *Bestätigungs-* als Mitteilungsfunktion zukommt: Wer die Richtigkeit einer Aussage bestätigt, sagt materiell zwar wenig, verstärkt aber den Gehalt und die Bedeutung der Aussage. Es ist daher nicht angemessen, dem Revisionsstellenbericht Inhaltslosigkeit vorzuwerfen. Für eine differenzierte Berichterstattung dient der Bericht an den Verwaltungsrat.

Immerhin sollte der Revisionsbericht an die Generalversammlung mindestens so informativ sein, dass der Aktionär in die Lage versetzt wird, zu beurteilen, ob seine Teilnahme an der Generalversammlung wichtig ist. Der Aktionär wird durch die Revisionsstelle indirekt auch angeregt, an der Generalversammlung von seinem Fragerecht Gebrauch zu machen und Auskunft zum Sachverhalt zu verlangen. Diese Informationspflicht obliegt an sich dem Verwaltungsrat, da dieser grundsätzlich zur Auskunftserteilung in allen Belangen der Gesellschaft zuständig ist, also auch über den Inhalt der Jahres- bzw. Konzernrechnung.[2597] Bei Abweichungen vom Standardtext im Bericht der Revisionsstelle kann aber der Aktionär an der Generalversammlung auch von der Revisionsstelle direkt Auskünfte verlangen, da dies das Prüfungsergebnis direkt betrifft.[2598]

8.5.5 Umfassende Berichterstattung an den Verwaltungsrat

Gesetzliche Grundlagen

Bei Gesellschaften, die einer ordentlichen Revision unterliegen, hat die Revisionsstelle gemäss Art. 728*b* OR schriftlich einen umfassenden Bericht an den Verwaltungsrat zu erstellen, in dem sie ihre Feststellungen über die Rechnungslegung, das interne Kontrollsystem sowie die Durchführung und das Ergebnis der Revision erläutert.

8.5.5.1 Umfassender schriftlicher Bericht an den Verwaltungsrat

Der Zweck dieses umfassenden Berichts an den Verwaltungsrat ist es, dem Verwaltungsrat, der letztlich für die Rechnungslegung der Gesellschaft verantwortlich ist, ein differenziertes Urteil einer unabhängigen Instanz abzugeben und damit auch einen Beitrag zu einem *vertieften Einblick in die Jahresrechnung* zu leisten. Falls die Revisionsstelle auch die Konzernrechnung zu prüfen hat, können die Ergebnisse und die Durchführung dieser Prüfung im selben umfassenden Bericht an den Verwaltungsrat festgehalten werden wie diejenigen der Prüfung der Jahresrechnung.

Wichtig ist, dass der (vertrauliche) Bericht an den Verwaltungsrat von der Revisionsstelle – im Hinblick auf die grössere Vertraulichkeit – nicht dazu verwendet werden darf, der Gesellschaft Informationen mitzuteilen, die zwingend an die Generalversammlung gerichtet werden müssen. Insofern darf der Bericht an den Verwaltungsrat keine Punkte enthalten, die so wichtig sind, dass sie der GV mitzuteilen wären.

Der Inhalt des Erläuterungsberichts richtet sich primär nach den drei vom Gesetzgeber vorgegebenen Bereichen (Angaben zur Durchführung und Ergebnis der Prüfung, Rechnungslegung, IKS). Der Bericht soll auf die spezielle Situation der Gesellschaft abgestimmt

---

[2597] Zur Auskunftserteilung durch die Revisionsstelle siehe hinten Ziff. 8.5.7, S. 619 ff.
[2598] Art. 697 OR; soweit dadurch das Geschäftsgeheimnis nicht tangiert wird, worüber letztlich der Verwaltungsrat zu wachen hat.

sein. Umfang und Inhalt des umfassenden Berichts orientieren sich an der Grösse und Komplexität der geprüften Gesellschaft, am Corporate-Governance-Modell und an der personellen Zusammensetzung des Verwaltungsrates. Bei einem ins Tagesgeschäft involvierten Verwaltungsrat wird der umfassende Bericht in der Regel kürzer ausfallen als bei einer Gesellschaft, bei der die operative Geschäftsführung und der Verwaltungsrat getrennt sind. Weil im Verwaltungsrat oft eigentliche Fachleute auf dem Gebiet des Finanz- und Rechnungswesens fehlen, kommt dem umfassenden Bericht der Revisionsstelle als externer Spezialistin auf diesem Gebiet eine erhöhte Bedeutung zu.

Zur Vermeidung von Wiederholungen und zur Konzentration auf das Wesentliche ist es zweckmässig, dass die gesellschaftsinterne Rapportierung und Berichterstattung und diejenige der Revisionsstelle koordiniert werden. Wo eine aussagefähige interne Berichterstattung und Kommentierung zur Jahres-/Konzernrechnung vorliegen, kann der Bericht der Revisionsstelle gekürzt werden. Besondere Bedeutung erhält der umfassende Bericht dort, wo die interne Berichterstattung wenig ausgebaut ist, sei es aus zeitlichen oder fachlichen Gründen. In diesen Fällen ist der Bericht der Revisionsstelle an den Verwaltungsrat ein wichtiges Instrument zur Beurteilung der finanziellen Situation der Gesellschaft im Rahmen der Oberleitung. Gleichzeitig ist er eine Hilfe für den Verwaltungsrat bei der Beantwortung von Fragen zur Jahresrechnung anlässlich der Generalversammlung.

Mögliche Inhaltspunkte für den umfassenden Bericht an den Verwaltungsrat sind:[2599]

Angaben zur Durchführung und das Ergebnis der Revision
- Angaben, nach welchen Prüfungsgrundsätzen die Prüfung vorgenommen worden ist. i.d.R. Schweizer Prüfungsstandards (PS), International Standards on Auditing (ISA), bei eingeschränkter Revision (SER);
  - Angaben über den Zeitraum der Prüfungsarbeiten, allenfalls Hinweis auf eingetretene Verzögerungen;
  - Angaben zur der Revisionsplanung: Beurteilung von Risiken, Schwerpunkte der Prüfung (Rotationszyklen), Genehmigung (Hinweis auf diesbezügliche Koordinations- und Orientierungssitzungen mit dem Verwaltungsrat), allenfalls Abweichungen von der Revisionsplanung;
  - Hinweise zur Stichprobenauswahl, Inventurteilnahme, externe Bestätigungen (von Debitoren, Banken, Kreditoren, Rechtsberatern);
  - Angaben zur Behandlung von Feststellungen/Pendenzen aus den Berichten in den Vorperioden;
- Angaben zum Prüfungsumfang bei Tochtergesellschaften;
- Zusammenarbeit mit anderen Prüfern, allenfalls mit der internen Revision oder sonstigen Experten;
- Angaben zur Unabhängigkeit (Erläuterung von Dienstleistungen, welche zusätzlich zur Prüfungstätigkeit erbracht worden sind);
- ergänzende Erläuterungen zu allfälligen Abweichungen vom Standarttext (Modifikationen, Hervorhebungen, Hinweise, etc.) im Bericht an die Generalversammlung;
- Übersicht über die korrigierten und nicht korrigierten Differenzen;

2599 Vgl. STENZ/RUFER, 450 ff.

- Identifizierte Gesetzesverstösse oder mögliche Gesetzesverstösse und Verstösse gegen die Statuten, welche im Bericht an die Generalversammlung – mangels Wesentlichkeit – nicht aufgeführt sind;
- Verstösse gegen das Organisationsreglement.

Feststellungen zur Rechnungslegung
- Anwendung der Rechnungslegungsvorschriften (gesetzliche Vorschriften, interne Normen, Konsolidierungsgrundsätze);
- Anwendung eines allfälligen Regelwerkes (Swiss GAAP FER, IFRS, US GAAP etc.);
- Hinweise auf die Bewertungsbasis (Fortführungswerte, Veräusserungswerte, allfällige Risiken der Unternehmensfortführung);
- Hinweise zur Qualität der Rechnungslegung;
- Bemerkungen zu den Positionen mit Ermessensspielraum (Wertberichtigungen, Rückstellungen, Abschreibungen etc.) und insbesondere Beurteilung der dabei getroffenen Annahmen (eher «vorsichtig» oder «aggressiv»);
- Behandlung von speziellen Rechnungslegungsfragen (z.B. Fremdwährungen, Hedging, Rückstellungen, Leasing, Personalvorsorge, Steuern etc.);
- aussergewöhnliche Transaktionen sowie wesentliche Transaktionen mit nahestehenden Personen und Gesellschaften (Bewertung, Basis der Transaktion, Offenlegung).

Feststellungen zum internen Kontrollsystem
- Festgestellte Mängel und Schwachstellen im IKS und Empfehlungen zu deren Verbesserung (Management-Letter-Punkte);
- Angaben zur praktischen Umsetzung des vom Verwaltungsrat definierten IKS;
- Angaben und Empfehlungen zum Dokumentationsgrad des IKS.

Zusätzliche Angaben zur Revision, allgemeine Entwicklungen
- Analysen zur wirtschaftlichen und finanziellen Lage der Gesellschaft auf der Basis von *bereinigten, betriebswirtschaftlichen Zahlen* (sofern dies nicht bereits in gesellschaftsinternen Berichten/Darstellungen erfolgt);
- Erläuterungen (Zusammensetzung, Entwicklung im Berichtsjahr, Bewertung etc.) zu den wichtigsten Positionen;
- Herleitung der externen zur internen Jahresrechnung sowie eine Übersicht über die stillen Reserven;
- Entwicklungen in der Rechnungslegung, in den Prüfungsstandards (PS, ISA etc.), im regulatorischen Umfeld etc.

Adressat
Der Erläuterungsbericht richtet sich an den Verwaltungsrat. Zustelladresse ist dessen Präsident. Es muss sichergestellt sein, dass alle Mitglieder des Verwaltungsrates vom Erläuterungsbericht Kenntnis erhalten.

8.5.5.2 Ergänzende mündliche Berichterstattung

Obwohl gesetzlich nicht zwingend vorgeschrieben, ist die mündliche Kommunikation mit dem Verwaltungsrat bzw. seinen Ausschüssen (insbesondere dem Audit Committee oder Prüfungsausschuss) für die Revisionsstelle wie für den Verwaltungsrat in mehrfacher Hinsicht ausserordentlich wichtig und wertvoll. Die Revisionsstelle bespricht in der Regel nach Abschluss der Prüfung die Prüfungsergebnisse mit den Verantwortlichen der jeweiligen Stufe des geprüften Unternehmens, ausser die monierten Sachverhalte betreffen die Kompetenz oder Integrität der betreffenden Personen selbst.[2600] Dadurch können mögliche Unklarheiten beseitigt werden, festgestellte Mängel dargelegt, begründet und unter Umständen richtig gewichtet werden.

Empfehlung

Da das Rechnungswesen einer Gesellschaft Sache des Verwaltungsrates ist, empfiehlt es sich, die Revisionsstelle bei der Behandlung der Jahres- bzw. Konzernrechnung zur Verwaltungsratssitzung (allenfalls Audit Committee Sitzungen) einzuladen. An dieser Sitzung kann die Revisionsstelle kurz über ihre Prüfungsdurchführung (Prüfungsplanung, Risikobeurteilung, Prüfungsschwergewicht, -umfang, -intensität), ihre wesentlichen Feststellungen und den erhaltenen Gesamteindruck orientieren.

Für die Revisionsstelle bieten die Treffen mit dem Verwaltungsrat eine Gelegenheit, ihr Gesamturteil abzurunden. Daneben erfährt sie oft wichtige Informationen, die sich in den folgenden Jahren bei der Prüfungsplanung (Risikobeurteilung) als nützlich erweisen.

Im Rahmen der Abschlussgestaltung kann der Prüfer zudem oft aufgrund seiner Spezialkenntnisse (im Sinne einer Beratung) Unterstützung für den Verwaltungsrat leisten. Namentlich zu Fragen der Abschreibungen, Rückstellungen, Wertberichtigungen, offenen und stillen Reserven, Steuern, internen Kontrollen etc. kann er beratend beigezogen werden. Oft werden vom Prüfer auch eine steuerliche Gesamtbeurteilung sowie eine umfassende Beratung zur Gewinnverwendungspolitik erwartet.

Daneben können im Rahmen einer Sitzung mit dem Verwaltungsrat aber auch langfristige Entwicklungen in der Branche, Umstrukturierungsmodelle, mögliche Akquisitionen, allgemeine Entwicklungen im regulatorischen Bereich, Corporate Governance, Rechnungslegung und Prüfung etc. besprochen werden. Diesbezüglich kann das Wissen einer qualifizierten Revisionsstelle auch für den Verwaltungsrat sehr hilfreich sein.

Die Besprechung mit der Revisionsstelle ist für den Verwaltungsrat auch eine Gelegenheit, sich ein Bild von der Qualität der Arbeit der Revisionsstelle zu machen. Letztlich ist diese Aufgabe auch unter den Begriff «Oberleitung» gemäss Art. 716 OR zu subsumieren.[2601]

8.5.5.3 Ergänzende schriftliche Berichterstattung

Als Ergänzung zur gesetzlich vorgeschriebenen Berichterstattung an Generalversammlung und Verwaltungsrat sowie zur mündlichen Berichterstattung werden weitere – weniger bedeutende – Feststellungen, welche die Revisionsstelle bei ihrer Prüfung gemacht hat, in schriftlicher Form festgehalten und – stufengerecht – den zuständigen Verantwortlichen mitgeteilt. Dies geschieht in der Regel in Form eines *Management Letters*, einer Aktennotiz oder eines Protokolls der Schlussbesprechung. Der Prüfer muss entscheiden, welche Sachverhalte im Management Letter an die Geschäftsleitung und welche im umfassenden Bericht an den Verwaltungsrat zu richten sind. In diesen Mitteilungen werden

---

2600 PS 260, Kommunikation über die Abschlussprüfung mit den Verantwortlichen, Ziff. 17.
2601 Dazu siehe vorne Ziff. 3.10.8, S. 327 ff.

oft Vorschläge und Empfehlungen zur Verbesserung des Rechnungswesens (namentlich des internen Kontrollsystems) und der Rechnungslegung gemacht.

8.5.6 Anzeigepflichten

8.5.6.1 Meldung von Verstössen an den Verwaltungsrat

Gemäss Art. 728c Abs. 1 OR hat die Revisionsstelle Verstösse gegen das Gesetz, die Statuten und gegen das Organisationsreglement, welche sie bei der Ausübung ihres Amtes wahrnimmt, schriftlich dem *Verwaltungsrat* zu melden. Diese Meldung erfolgt in der Regel im umfassenden Bericht an den Verwaltungsrat; Zustelladresse ist dabei üblicherweise der Präsident des Verwaltungsrates. In wichtigen Fällen ist auch im Bericht an die Generalversammlung auf Gesetzes- und Statutenverstösse hinzuweisen. Betreffend Meldung der Revisionsstelle an die Generalversammlung siehe nachstehend Ziff. 8.5.6.2 sowie vorne unter Ziff. 8.5.4, S. 606 f.

An den *Verwaltungsrat* müssen *sämtliche* Verstösse gegen das Gesetz, die Statuten und das Organisationsreglement, auf welche die Revisionsstelle im Rahmen der Revision gestossen ist, gemeldet werden, sofern sie nicht derart wichtig sind, dass sie sogar der Generalversammlung zu berichten sind. Welcher Art die verletzte Norm ist, ist dabei ohne Relevanz; insbesondere sind sämtliche festgestellten Delikte gegen das Strafrecht zu melden. Mit dieser Meldepflicht – auch für Verstösse von geringerer Bedeutung – wollte der Gesetzgeber dem Verwaltungsrat die Einrede verunmöglichen, er habe von einer Angelegenheit, die sich später ausweitete, nichts gewusst. Der Verwaltungsrat wird deshalb im Hinblick auf seine Verantwortlichkeit derartigen Anzeigen der Revisionsstelle die notwendige Beachtung schenken.

Die Revisionsstelle der Aktiengesellschaft hat jedoch ausserhalb des Prüfungsauftrages keine Pflicht, nach allfälligen Verstössen zu forschen. Würde eine allgemeine Pflicht zur Aufdeckung von Verstössen von Gesetzen, Statuten und Organisationsreglement verlangt, so liefe dies auf eine systematische Prüfung der Geschäftsführung des Verwaltungsrates hinaus. Diese ist aber explizit nicht Gegenstand der Prüfung durch die Revisionsstelle.[2602] Es besteht zwar eine Meldepflicht, nicht aber eine Pflicht, gezielt nach Gesetzesverstössen oder dolosen Handlungen zu forschen.

Die Verantwortung für die Verhinderung und Aufdeckung von *dolosen Handlungen* liegt beim Unternehmen selbst.[2603] Dieses hat seine Verantwortung durch Errichten eines angemessenen internen Kontrollsystems und dessen Überwachung wahrzunehmen. Dazu gehört auch die Selbstverpflichtung zur Schaffung einer Kultur von Ehrlichkeit und ethi-

---

[2602] Art. 727a Abs. 3 OR bei der ordentlichen bzw. Art. 729a Abs. 3 OR bei der eingeschränkten Prüfung.
[2603] Eine absichtliche Handlung einer oder mehrerer Personen aus dem Kreis des Managements, der für die Überwachung Verantwortlichen, der Mitarbeiter oder Dritter, wobei durch Täuschung ein ungerechtfertigter oder rechtswidriger Vorteil erlangt werden soll. Für den Abschlussprüfer sind vor allem dolose Handlungen relevant, die zu einer falschen Darstellung im Abschluss führen. Dabei stehen zwei Arten im Vordergrund: Manipulationen in der Rechnungslegung (z.B. Fälschung von Aufzeichnungen und Belegen, Falschdarstellung, absichtliche Weglassung wesentlicher Informationen, absichtliche Falschanwendung von Rechnungslegungsgrundsätzen etc.) und Vermögensschädigungen. Dazu PS 240, Verantwortung des Abschlussprüfers bei dolosen Handlungen.

schem Verhalten, die durch eine Überwachung durch die Verantwortlichen gestärkt wird.[2604]

Die Prüfung der Revisionsstelle ist auf die Abgabe eines Prüfurteils (Testats) über die Jahresrechnung ausgerichtet. Sie wird so geplant und durchgeführt, dass der Prüfer hinreichende Sicherheit erlangt, dass der Abschluss als Ganzes frei von einer wesentlichen falschen Darstellung ist. Bei der Planung und Durchführung von Prüfungshandlungen und den Schlussfolgerungen daraus sowie bei der Berichterstattung muss der Prüfer jedoch das Risiko in Betracht ziehen, dass der Abschluss wesentliche Falschdarstellungen infolge von dolosen Handlungen oder Irrtümern enthalten könnte. Bei der Planung der Abschlussprüfung hat der Prüfer daher die Pflicht, den Verwaltungsrat und die Geschäftsleitung zu befragen, wie sie das Risiko einschätzen, dass der Abschluss wesentliche falsche Darstellungen aufgrund doloser Handlungen enthält, was sie dagegen für Vorkehrungen getroffen haben und ob dolosen Handlungen und Irrtümer aufgetreten sind.[2605] Der Revisor prüft die Wirksamkeit der internen Kontrollen, auf die er zu vertrauen gedenkt. Da jedes Kontrollsystem Schwachstellen aufweist und zudem in der Regel nur stichprobenweise geprüft wird, ist es möglich, dass dolose Handlungen nicht aufgedeckt werden.

Wenn der Prüfer auf Anzeichen möglicher doloser Handlungen und Fehler stösst, muss er diesen Anzeichen nachgehen. Hat der Prüfer eine wesentliche falsche Darstellung aufgrund einer dolosen Handlung oder eines Fehlers festgestellt, so muss er den Sachverhalt rechtzeitig dem Verwaltungsrat, der Geschäftsleitung des Unternehmens und allenfalls sogar der Generalversammlung melden. Unter Umständen, namentlich wenn er nicht länger auf die Integrität des Verwaltungsrates vertrauen kann, wird er die Niederlegung des Mandates in Erwägung ziehen.

8.5.6.2 Meldung von wesentlichen Verstössen an die Generalversammlung

Der *Generalversammlung* sind gemäss Art. 728c OR Gesetzes- und Statutenverstösse zu melden, wenn sie *wesentlich* sind; oder wenn der Verwaltungsrat aufgrund der schriftlichen Meldung der Revisionsstelle *keine angemessenen Massnahmen ergreift*. Wesentlich sind Verstösse dann, wenn sie auf die Willensbildung der Aktionäre im Zusammenhang mit dem Beschluss über die Genehmigung der Jahresrechnung einen Einfluss haben können oder für die Ausübung der übrigen Aktionärsrechte von Bedeutung sind.

Die Berichterstattung erfolgt im Rahmen des schriftlichen Berichts an die Generalversammlung in Form eines sogenannten *Hinweises*. Solche Hinweise im Bericht der Revisionsstelle können beispielsweise Folgendes zum Gegenstand haben:[2606]

- Unterlassen der unverzüglichen Einberufung der Generalversammlung durch den Verwaltungsrat bei Kapitalverlust im Sinne von Art. 725 Abs. 1 OR;
- Nichterstellen einer Zwischenbilanz zu Fortführungs- und zu Veräusserungswerten durch den Verwaltungsrat trotz begründeter Besorgnis einer Überschuldung im Sinne von Art. 725 Abs. 2 OR;

2604 PS 240, Verantwortung des Abschlussprüfers bei dolosen Handlungen, Ziff. 4 ff. Eine diesbezügliche Arbeitshilfe findet sich hinten unter Ziff. 11.96, S. 1136 f.
2605 PS 240, Verantwortung des Abschlussprüfers bei dolosen Handlungen, Ziff. 16 ff.
2606 HWP (2009), Band 2, 429; siehe auch vorne Ziff. 8.5.4, S. 606 ff.

- Unterlassung der Benachrichtigung des Richters durch den Verwaltungsrat bei Überschuldung (Art. 725 Abs. 2 OR);
- Verdeckte Gewinnentnahmen und -ausschüttungen unter grober Verletzung des Grundsatzes der Gleichbehandlung der Aktionäre (Art. 678 OR);
- Steuerliche Vergehen (inkl. Steuerbetrug, Abgabebetrug, inkl. Mehrwertsteuern);
- Verstoss gegen das Verbot der Einlagerückgewähr (Art. 680 Abs. 2 OR);
- Ausschüttung einer Interimsdividende aus dem laufenden Ergebnis (Verstoss gegen Art. 675 Abs. 2 OR);
- Nichtausführung von Generalversammlungsbeschlüssen (z.B. andere Verwendung des Bilanzgewinnes);
- Nichterstellung einer Konzernrechnung (Art. 963 OR);
- Verletzung von Publizitätsvorschriften (Art. 958e OR);
- Nichteinhaltung der Fristen zur Abhaltung der Generalversammlung (Art. 699 OR).

Bevor die Revisionsstelle eine Meldung an die Generalversammlung vornimmt, wird sie den Verwaltungsrat anhören, es sei denn, Gefahr sei in Verzug, oder die Anhörung sinn- und zwecklos.

8.5.7 Teilnahme und Auskunftserteilung an der Generalversammlung

8.5.7.1 Teilnahme

Nach Art. 731 OR darf bei einer Gesellschaft, die verpflichtet ist, ihre Jahres-/Konzernrechnung durch eine Revisionsstelle *ordentlich* prüfen zu lassen, die Generalversammlung diesen Abschluss nur abnehmen und über die Gewinnverwendung beschliessen, wenn ein Revisionsbericht vorliegt. Liegt der Revisionsbericht nicht vor, so sind die betreffenden Beschlüsse der Generalversammlung *nichtig*.

Nach Art. 731 OR muss die Revisionsstelle an der Generalversammlung anwesend sein, wenn die Gesellschaft der ordentlichen Revision unterliegt. Liegt ein Revisionsbericht vor, aber ist die Revisionsstelle abwesend, so sind die von der Generalversammlung gefassten Beschlüsse über die Abnahme der Jahresrechnung bzw. die Gewinnverwendung zwar nicht nichtig, wohl aber *anfechtbar*.

Da die Revisionsstelle an der Generalversammlung teilzunehmen hat, ist ihr das Datum rechtzeitig mitzuteilen. Die Generalversammlung kann jedoch mit einstimmigem Beschluss auf die Teilnahme der Revisionsstelle verzichten. Diese gesetzliche Möglichkeit wird vor allem bei Universalversammlungen gemäss Art. 701 OR zum Tragen kommen.

Erachtet der Verwaltungsrat die Teilnahme der Revisionsstelle als nicht notwendig, hat er vorgängig bei allen Aktionären eine *schriftliche Dispensation* einzuholen mit etwa folgendem Inhalt:

> Der unterzeichnende Aktionär, welcher ... Namen-/Inhaberaktien der ... AG hält, entbindet die Revisionsstelle der ... AG von der Teilnahme an der ordentlichen Generalversammlung am ... .
>
> *Ort/Datum*   *Unterschrift*

Diese Befreiungserklärung wird sinnvollerweise mit der Einladung zur Generalversammlung an die Aktionäre zur Unterzeichnung und Retournierung zugestellt.

Der Verzicht auf die Teilnahme der Revisionsstelle an der Generalversammlung, ist im *Protokoll der Generalversammlung* im Rahmen der Konstituierung wie folgt festzuhalten: «Die Revisionsstelle ist durch einstimmigen Beschluss aller Aktionäre von der Teilnahme an der Generalversammlung dispensiert. Ihr schriftlicher Bericht liegt vor.»

In heiklen Fällen (bei Überschuldung, Gesetzesverstössen etc.) wird die Revisionsstelle u.U. trotz Befreiungserklärung dennoch an der Generalversammlung teilnehmen. Der Verwaltungsrat kann ihr eine Teilnahme in keinem Fall verwehren.[2607]

8.5.7.2 Auskunftspflicht an der Generalversammlung

Der Sinn der Teilnahmepflicht der Revisionsstelle an der Generalversammlung ergibt sich aus dem in Art. 697 OR festgehaltenen Recht jedes Aktionärs, an der Generalversammlung von der Revisionsstelle Auskunft über die Durchführung und das Ergebnis ihrer Prüfung zu verlangen. Die Revisionsstelle hat also zur Beantwortung von Fragen seitens der Aktionäre (sofern in den Statuten vorgesehen, auch seitens der Partizipanten) bereitzustehen.

Die Bemerkungen betreffend die Auskunftserteilung der Revisionsstelle an der Generalversammlung zur Prüfung der Jahresrechnung gelten sinngemäss auch für die Prüfung der Konzernrechnung.

Grundsätzlich ist der Verwaltungsrat für die Auskunftserteilung über alle Angelegenheiten der Gesellschaft an der Generalversammlung zuständig, also auch für die Fragen zur Jahres-/Konzernrechnung. Der Gegenstand der Auskunftspflicht der Revisionsstelle ergibt sich aus der eng gefassten Umschreibung ihrer Aufgaben. Sie ist nur zuständig für die Beantwortung von Fragen, welche ihre eigene Tätigkeit betreffen. Die Fragen an die Revisionsstelle beschränken sich somit auf die Durchführung der Prüfung und deren Ergebnis. Sie betreffen die Buchführung und Rechnungslegung, die Gesetzmässigkeit des Antrages über die Gewinnverwendung sowie angetroffene Gesetzes- und Statutenverstösse. Zur Beantwortung aller übrigen Fragen ist einzig der Verwaltungsrat zuständig.

Die Auskunftspflicht bezieht sich damit nur auf das, was Inhalt des schriftlichen Prüfberichts ist. Die mündlichen Auskünfte dienen der Erläuterung und Ergänzung des schriftlichen Berichts, falls seit dem Datum der Berichtsabgabe bis zur Generalversammlung wesentliche Ereignisse eingetreten sind.

Die Revisionsstelle äussert sich an der Generalversammlung normalerweise nur auf Anfrage eines Aktionärs. Die Frage des Vorsitzenden, ob die Revisionsstelle ihren schriftlichen Bericht etwas anzufügen habe, wird die Revisionsstelle grundsätzlich stets verneinen, es denn, dass seit der schriftlichen Berichterstattung Ereignisse eingetreten sind, die eine Anpassung im Prüfbericht erforderten. Ansonsten sind keine Sachverhalte denkbar, die an der GV offengelegt werden dürfen, im Bericht aber nicht genannt werden.[2608]

2607 HWP (2009), Band 2, 447.
2608 HWP (2009), Band 2, 446.

Von sich aus wird sich die Revisionsstelle nur in Ausnahmen äussern:
- wenn nachträglich Änderungen an der Jahres-/Konzernrechnung vorgenommen werden;
- wenn der Bericht der Revisionsstelle unvollständig wiedergegeben wurde;
- wenn gegenüber der Revisionsstelle substanzielle Vorwürfe erhoben wurden;
- bei wesentlichen Ereignissen nach dem Bilanzstichtag.

Gelegentlich ersucht der Verwaltungsrat die Revisionsstelle, die Beantwortung einer Frage eines Aktionärs über die Vermögens-, Finanz- und Ertragslage selbst vorzunehmen. Falls die Revisionsstelle diesbezügliche Auskunft erteilt, darf sie keine Geschäftsgeheimnisse der zu prüfenden Gesellschaft verletzen. Sie wird daher beispielsweise jede Auskunft über die Höhe des Bestandes der stillen Reserven verweigern, obwohl sie selbst über deren Bestand und Veränderung Kenntnis haben muss.

8.5.8 Ersatzweise Handlungspflichten

Das Gesetz sieht vor, dass die Revisionsstelle in zwei Sonderfällen – bei untätigem Verwaltungsrat und gebotener Dringlichkeit – ersatzweise, aktiv Handlungen vorzunehmen hat, die im Normalfall dem Verwaltungsrat obliegen:

a) Ersatzweise Einberufung der Generalversammlung;
b) Benachrichtigung des Richters bei offensichtlicher Überschuldung.

8.5.8.1 Ersatzweise Einberufung der Generalversammlung

Es gehört zu den Aufgaben des Verwaltungsrates, die Generalversammlung einzuberufen. In Art. 699 Abs. 1 OR wird diese Pflicht «nötigenfalls» auch der Revisionsstelle auferlegt. Die Pflicht zur Einberufung der Generalversammlung durch die Revisionsstelle ist damit auf *ausserordentliche* und *dringliche* Fälle beschränkt. Der *Notfall* ist dabei beispielsweise in folgenden Situationen gegeben:[2609]

- Der Verwaltungsrat ist nicht mehr in der Lage, die Generalversammlung selbst einzuberufen, sei es infolge von Tod, schwerer Krankheit, Landesabwesenheit oder Rücktritt. Zudem ist die Revisionsstelle darüber informiert, dass der Verwaltungsrat die Generalversammlung nicht mehr selbst einberufen kann.
- Die Revisionsstelle möchte zurücktreten (beispielsweise weil der Verwaltungsrat sich weigert, die Jahresrechnung zur Prüfung vorzulegen) und sichergehen, dass die Generalversammlung davon Kenntnis erhält.
- Der Verwaltungsrat hält ohne sachliche Gründe die gesetzliche Frist von 6 Monaten zur Einberufung der Generalversammlung nicht ein und es liegt ein Kapitalverlust (oder gar eine Überschuldung der Gesellschaft) vor.[2610]
- Die Revisionsstelle stellt bei ihrer Prüfung derart grobe Verstösse gegen Gesetze fest, dass sie darüber unverzüglich die Generalversammlung benachrichtigen möchte und nicht zuwarten will, bis der Verwaltungsrat seiner Pflicht nachkommt, die Generalversammlung einzuberufen. Solche Verstösse sind vor allem dann gegeben, wenn die

---

[2609] HWP (2009), Band 2, 448. Dazu eingehend Böckli, Abschlussprüfung, N 717 ff.
[2610] Art. 699 OR.

Gesellschaft überschuldet ist und der Verwaltungsrat es unterlässt oder nicht gewillt ist, die Massnahmen gemäss Art. 725 OR zu ergreifen.

Ein hälftiger Kapitalverlust im Sinne von Art. 725 OR ist eine vom Gesetzgeber aufgestellte kritische Schwelle, bei deren Überschreiten die Aktionäre unverzüglich zu orientieren sind.[2611] Der Verwaltungsrat muss in dieser Situation sofort eine Generalversammlung einberufen und ihr Sanierungsmassnahmen beantragen. Kommt der Verwaltungsrat dieser Pflicht nicht nach, liegt ein Gesetzesverstoss vor, der von der Revisionsstelle schriftlich dem Verwaltungsrat, und vermutlich ebenfalls der Generalversammlung (als Hinweis) zu melden ist.

Oft verzichtet der Verwaltungsrat in der Praxis auf die Einberufung dieser Sanierungs-Generalversammlung, sei es weil er dazu die oft kurz bevorstehende ordentliche Generalversammlung benutzen will, oder weil er die Aktionäre anderweitig informiert bzw. bereits geeignete Sanierungsmassnahmen eingeleitet hat. Ohne die gesetzliche Zulässigkeit dieser Praxis zu beurteilen, stellt sich die Frage, ob die Revisionsstelle die Pflicht hat, anstelle des Verwaltungsrates im Sinne von Art. 699 Abs. 1 OR eine Generalversammlung einzuberufen. Gemäss den Schweizer Prüfungsstandards[2612] ist eine ersatzweise Einberufung durch die Revisionsstelle erst dann angebracht, wenn der Verwaltungsrat (kumulativ) keine oder offensichtlich unzureichende Sanierungsmassnahmen ergreift, keine Sanierungs-Generalversammlung einberufen will, die Aktionäre nicht informiert und wenn zudem davon ausgegangen werden kann, dass eine Information der Aktionäre durch die Revisionsstelle Auswirkungen auf den Sanierungswillen der Aktionäre hätte.

Die ersatzweise Einberufung der Generalversammlung durch die Revisionsstelle erfolgt dabei in der gesetzlich und statutarisch vorgeschriebenen Form. An dieser a.o. Generalversammlung beschränkt sich die Traktandenliste auf das Minimum: In der Regel bloss auf die Mitteilung des Eintrittes des (hälftigen) Kapitalverlustes, auf die Bekanntgabe der Versäumnisse des Verwaltungsrates (Gesetzesverstoss), allenfalls auf die Mitteilung des Rücktritts der Revisionsstelle. Dabei ist die Revisionsstelle nur mehr an den Kern der Geheimhaltungspflicht gebunden, weil der Verwaltungsrat als Herr des Geschäftsgeheimnisses selbst durch sein Untätig-Sein das Handeln der Revisionsstelle verursacht hat. Die Revisionsstelle wird der Generalversammlung keine konkreten Sanierungsmassnahmen beantragen, dies ist ausschliesslich Pflicht des Verwaltungsrates.

Der Verwaltungsrat tut gut daran, der Revisionsstelle zuvorzukommen und die Generalversammlung selbst einzuberufen, solange er noch handlungsfähig ist. Er beachtet dabei insbesondere die Vorschrift von Art. 699 OR, wonach die Generalversammlung innert sechs Monaten nach dem Bilanzstichtag stattzufinden hat.

8.5.8.2 Benachrichtigung des Richters bei offensichtlicher Überschuldung

a) Grundlage

Wenn begründete Besorgnis besteht, dass die Gesellschaft überschuldet ist, muss der Verwaltungsrat gemäss Art. 725 Abs. 2 OR eine *Zwischenbilanz zu Fortführungs- und Veräusserungswerten* (jeweils im Sinne eines Status, ausserhalb der Buchhaltung) *erstellen.*[2613]

2611 Siehe vorne Ziff. 3.10.7.2, S. 319 ff.
2612 PS 290, Pflichten bei Kapitalverlust und Überschuldung, lit. Q.
2613 Siehe dazu Ziff. 3.10.7.3, S. 321 ff.

Während bei der Zwischenbilanz zu Fortführungswerten die Bewertungsvorschriften von Art. 960 OR ff. (Anschaffungs- bzw. Herstellungskosten) zu beachten sind, sind bei der Erstellung der Bilanz zu Veräusserungswerten jene Werte massgebend, welche die Gesellschaft bei einem Verkauf der Aktiven erzielen könnte (Tages- oder Veräusserungswerte abzüglich Liquidationskosten). Diese Zwischenbilanz stellt eine Selbstbeurteilung dar, ob die Gesellschaft im Falle der Auflösung noch in der Lage wäre, ihre Gläubiger zu befriedigen.

Das Gesetz verlangt, dass diese Zwischenbilanz einem *zugelassenen Revisor* zur Prüfung vorgelegt wird.[2614] Dieser hat die Prüfung unverzüglich vorzunehmen. Falls die Gesellschaft eine Revisionsstelle hat, wird der Verwaltungsrat in der Regel diese mit der Prüfung beauftragen, andernfalls hat er hierfür einen zugelassenen Revisor beizuziehen. Dazu siehe hinten Ziff. 8.7.5, S. 643 ff.

Der Prüfer soll aufgrund seiner Prüfung eine klare Aussage machen, ob die Gesellschaft im aktuellen Zeitpunkt überschuldet ist oder nicht (d.h. ob die Verpflichtungen und Rückstellungen des Unternehmens noch durch dessen Vermögenswerte gedeckt sind oder nicht).

Nach der Prüfung orientiert der zugelassene Revisor den *Verwaltungsrat* über das Ergebnis. Der zugelassene Revisor wird in seinem Bericht feststellen, dass die Zwischenbilanz, welche der Verwaltungsrat erstellt hat, dem Gesetz entspricht oder nicht. Er weist den Verwaltungsrat auf seine weiteren Pflichten gemäss Art. 725 OR hin. Die Unterlassung einer gesetzlichen Pflicht durch den Verwaltungsrat in dieser Situation ist ein derart schwerwiegender Gesetzesverstoss, dass darüber die *Generalversammlung* zu orientieren ist.

Ist die Zwischenbilanz nach Auffassung der Revisionsstelle gesetzeskonform erstellt und zeigt sie, dass *keine Überschuldung* vorliegt, kann der Verwaltungsrat von weiteren ausserordentlichen Sofortmassnahmen an sich absehen. Selbstverständlich sind betriebswirtschaftliche Massnahmen zu ergreifen, um die Ertragskraft der Firma nachhaltig wiederherzustellen.

b) Ersatzweise Benachrichtigung des Richters

Die Benachrichtigung des Richters im Falle der Überschuldung gehört gemäss Art. 716*a* Abs. 1 Ziff. 7 OR zu den unübertragbaren und unentziehbaren Aufgaben des *Verwaltungsrates*. Wenn der Verwaltungsrat seiner Pflicht jedoch nicht nachkommt, hat die *Revisionsstelle* den Gang zum Richter ersatzweise vorzunehmen.

Es gehört nicht zu den Pflichten der Revisionsstelle, eine Gesellschaft permanent zu überwachen. Die Revisionsstelle erhält in der Regel erst im Rahmen der ordentlichen Abschlussprüfung (eventuell anlässlich einer Zwischenrevision) oder durch Mitteilung des Verwaltungsrates, der pflichtgemäss eine Zwischenbilanz erstellt hat und sie der Revisionsstelle zur Prüfung unterbreitet, Kenntnis von einer Überschuldung bzw. Besorgnis einer Überschuldung.

Erst ab dem Zeitpunkt der Kenntnisnahme einer möglichen Überschuldung hat die Revisionsstelle die Pflicht eine Art Geschäftsführungsprüfung durchzuführen, eine an sich *atypische* Aufgabe der aktienrechtlichen Revisionsstelle. Sie hat nämlich den Verwaltungs-

---

[2614] Art. 725 Abs. 2 OR.

rat dahingehend zu überwachen, ob er seinen gesetzlichen Pflichten in dieser kritischen Phase tatsächlich nachkommt.

Falls eine Überschuldung zu Fortführungs- und zu Veräusserungswerten vorliegt, hat der *Verwaltungsrat* zu handeln. Er hat entweder den Richter von der Situation der Gesellschaft zu benachrichtigen oder dafür besorgt zu sein, dass Gesellschaftsgläubiger im Ausmass ihrer Unterdeckung im Rang hinter alle anderen Gesellschaftsgläubiger zurücktreten, d.h. Rangrücktrittsvereinbarungen eingehen. Liegen hinreichende Rangrücktritte vor (Deckungsgarantien bzw. Garantien und Patronatserklärungen sind kein entsprechender Ersatz!), sind diese der Revisionsstelle vorzulegen. Dadurch wird dieser unter Umständen ermöglicht, von weiteren Handlungen ihrerseits abzusehen.

Unterlässt der Verwaltungsrat – trotz offensichtlicher Überschuldung die Anzeige beim Richter, so hat die *Revisionsstelle* gemäss Art. 729c OR den Richter zu benachrichtigen. Hat die Gesellschaft keine Revisionsstelle, so kommt diese Anzeige – bei untätigem Verwaltungsrat – dem mit der Prüfung des Zwischenabschlusses beauftragten zugelassenen Revisor zu (gemäss Art. 725 Abs. 3 OR in Zusammenhang mit Art. 729c OR). Keinen Ersatz für den untätigen Verwaltungsrat vorgegeben hat der Gesetzgeber für den Fall, wo der Verwaltungsrat – bei fehlender Revisionsstelle – auch keinen zugelassenen Revisor mit der Prüfung des Zwischenabschlusses beauftragt hat. Da es sich hierbei i.d.R. um kleinere Gesellschaften handelt, dürfte der daraus resultierende volkswirtschaftliche Schaden begrenzt sein.

Wenn der Verwaltungsrat trotz Vorliegen der gesetzlichen Voraussetzungen die Benachrichtigung des Konkursrichters nicht vornimmt, wird die Revisionsstelle (bzw. bei deren Fehlen der mit der Prüfung des Zwischenabschlusses beauftragte zugelassenen Revisor) in der Regel dem Verwaltungsrat vorerst eine angemessene *Frist setzen,* der Anzeigepflicht nachzukommen, unter dem Hinweis, dass sie ansonsten gezwungen wäre, ersatzweise selbst diesen Schritt zu unternehmen. Die Angemessenheit der Frist ist im Einzelfall zu beurteilen, sollte aber den Zeitraum von 4–6 Wochen nicht übersteigen.[2615]

Da jede Bewertung mit einem gewissen Ermessen behaftet ist, kann es vorkommen, dass der Verwaltungsrat und die Revisionsstelle sich bezüglich der finanziellen Situation der Gesellschaft uneins sind. Es ist denkbar, dass der Verwaltungsrat der Ansicht ist, die Gesellschaft sei nicht überschuldet, während die Revisionsstelle eine Überschuldung annimmt. Die Revisionsstelle wird in diesem Fall erst bei Überschreiten des Ermessensspielraumes durch den Verwaltungsrat den Gang zum Richter vornehmen, und nur sofern der Verwaltungsrat dies nicht selbst tut. In diesem Fall übernimmt der Verwaltungsrat eine erhöhte Verantwortung, wenn er die weiteren Schritte gemäss Art. 725 OR unterlässt. Die Revisionsstelle ist – solange sich die Meinungsverschiedenheiten innerhalb vertretbarer Ermessensspielräume zu Bilanzierungs- und Bewertungsfragen bewegen – nicht gezwungen, den Richter zu benachrichtigen. Diesen Schritt hat sie erst zu unternehmen, wenn die Differenzen dieses Ausmass übersteigen und der Verwaltungsrat untätig bleibt. Nach dem klaren Wortlaut von Art. 725a Abs. 1 OR ist der Entscheid zur Weiterführung der Gesellschaft dem Richter zugewiesen. Er hat den Sanierungsplan und die Sanierungsaussichten zu beurteilen.

[2615] PS 290, Pflichten bei Kapitalverlust und Überschuldung, lit. HH.

Gelangt die Revisionsstelle zur Ansicht, dass die Überschuldung *offensichtlich* ist, und stellt sie fest, dass der Verwaltungsrat seiner Pflicht zur Benachrichtigung des Richters nicht nachkommt, so wird die Revisionsstelle den Verwaltungsrat orientieren und diesen Gang selbst unternehmen. Sie kann in Ausnahmefällen abermals eine ausserordentliche Generalversammlung der Aktionäre einberufen, um diese über die bestehende, offensichtliche Überschuldung, den untätigen Verwaltungsrat sowie über die bevorstehende Benachrichtigung des Richters zu informieren.

Bei offensichtlicher Überschuldung und untätigem Verwaltungsrat kann die Revisionsstelle der ersatzweisen Anzeige der Überschuldung nicht ausweichen, indem sie ihr Amt niederlegt. Andererseits wäre es rechtsmissbräuchlich, wenn der Verwaltungsrat den bevorstehenden Gang zum Richter durch die Revisionsstelle dadurch zu verhindern suchte, dass er die Generalversammlung drängt, die Revisionsstelle unverzüglich abzuwählen.

Der Verwaltungsrat wird daher mit Vorteil im Hinblick auf spätere Klagen seine diesbezüglichen Überlegungen detailliert schriftlich festhalten.

Im Zweifel kann die Revisionsstelle diesen Gang zum Konkursrichter auch zur eigenen Entlastung antreten. Der Gesellschaft entsteht dadurch insofern noch kein Schaden, als der Verwaltungsrat die Gelegenheit hat, vor dem Konkursrichter seine Gegendarstellung vorzubringen.

8.5.9 Geheimhaltungspflicht

Gemäss Art. 730*b* Abs. 2 OR hat die Revisionsstelle über ihre Feststellungen das Geheimnis zu wahren. Es ist der Revisionsstelle untersagt, von den Wahrnehmungen, welche sie bei der Durchführung ihres Auftrages gemacht hat, einzelnen Aktionären oder Dritten Kenntnis zu geben.[2616] Dieser Geheimhaltungspflicht stehen nun allerdings Fälle entgegen, in denen die Revisionsstelle von Gesetzes wegen zur Bekanntgabe verpflichtet ist. Eine solche Verpflichtung besteht namentlich zu Folgendem:

– den Inhalt des Revisionsberichts und die Auskünfte gegenüber der Generalversammlung (Art. 728*b* OR, Art. 729*b* OR sowie Art. 697 Abs. 1 und 2 OR);
– die gesetzlichen Anzeigepflichten (Art. 728*c* und Art. 729*c* OR);
– die Einreichung der Unterlagen zur Zulassung als staatlich beaufsichtigtes Revisionsunternehmen (Art. 10 RAG);
– die Auskunftspflicht und die Zutrittsgewähr gegenüber der Aufsichtsbehörde (Art 14 RAG);
– Meldepflichten gegenüber der Aufsichtsbehörde (Art. 15 RAG).

Während die Revisionsstelle bei der schriftlichen Berichterstattung über die Prüfung, bei der Erstattung von Anzeigen und bei der mündlichen Auskunftserteilung an die Generalversammlung die Geschäftsgeheimnisse der Gesellschaft (und sinngemäss des Konzerns) zu wahren hat, gilt gegenüber der Revisionsaufsichtsbehörde RAB diese Beschränkung der Auskunftspflicht nicht. Allerdings untersteht die Revisionsaufsichtsbehörde ihrerseits einer Geheimhaltungspflicht.

2616 Mit Ausnahme des Sonderprüfers gemäss Art. 697*a* OR ff.

Heikel ist die Wahrung des *Geschäftsgeheimnisses insbesondere bei der Auskunftspflicht gegenüber der Generalversammlung*. Daher sollten Fragen von Aktionären primär durch den Verwaltungsrat, den Herr über das Geschäftsgeheimnis, beantwortet werden. Im Zweifel geht die Berichterstattung und Auskunftspflicht gegenüber der Generalversammlung vor, soweit nicht der eigentliche Kerngehalt der Geschäftsgeheimnisse (z.B. Informationen über Übernahmeprojekte, Umstrukturierungen und Abspaltungen, neue Produkte und Verfahren etc.) davon betroffen ist und die Erteilung der Auskunft zur Beantwortung einer berechtigten Frage eines Aktionärs als notwendig erscheint.[2617] Auch im Falle schwerer Verstösse gegen das Gesetz und die Statuten geht die Pflicht der Revisionsstelle zur Benachrichtigung der Generalversammlung vor. Der Verwaltungsrat kann dann diese Missstände nicht einfach zu Geschäftsgeheimnissen erklären.[2618]

Die Gesellschaft, vertreten durch den Verwaltungsrat, kann als Herr des Geschäftsgeheimnisses die Revisionsstelle von der Geheimhaltung entbinden.

Gegenüber dem Verwaltungsrat als Gesamtes oder einem Ausschuss davon (z.B. Audit Committee) gibt es kein Geschäftsgeheimnis. Ihm gegenüber kann sich die Revisionsstelle nicht auf die Schweigepflicht berufen. Keine Auskunftspflicht besteht hingegen gegenüber einem einzelnen Mitglied des Verwaltungsrates ausserhalb der Verwaltungsratssitzung. Sinnvollerweise wird daher die Revisionsstelle zur Verwaltungsratssitzung, in welcher die Jahresrechnung behandelt wird, eingeladen, damit jeder Verwaltungsrat direkt Fragen an die Rechnungsprüfer stellen kann.

Die Schweigepflicht verbietet es der Revisionsstelle, ausserhalb der Generalversammlung gegenüber einzelnen Aktionären, Gläubigern, Banken und anderen Dritten Auskünfte oder Angaben über die Gesellschaft zu erteilen. Hingegen ist die Revisionsstelle als Organ der Gesellschaft allenfalls zur Auskunftserteilung über erhebliche Tatsachen an einen vom Richter eingesetzten Sonderprüfer verpflichtet.[2619]

Die Schweigepflicht ist neben dem Aktienrecht auch im *Strafgesetzbuch* verankert. Art. 321 StGB sieht bei Verletzung des Berufsgeheimnisses der Revisoren gemäss Obligationenrecht auf Antrag Gefängnis oder Busse vor. Die Verletzung der Schweigepflicht ist ein Antragsdelikt: Antragsberechtigt ist die Gesellschaft, d.h. deren Vertreter und somit letztlich der Verwaltungsrat.

8.6 Hauptaufgaben der Revisionsstelle bei der eingeschränkten Revision

8.6.1 Gesetzliche Grundlage

Die eingeschränkte Revision kommt nach Art. 727*a* OR zur Anwendung für Gesellschaften, die einerseits nicht vom Opting-out Gebrauch gemacht haben,[2620] andererseits zwei

---

[2617] BÖCKLI, Abschlussprüfung, N 701.
[2618] FORSTMOSER/MEIER-HAYOZ/NOBEL 1996, 391.
[2619] Art. 697d Abs.2 OR
[2620] D.h. gänzlicher Verzicht auf eine Revision bei Gesellschaften mit weniger als 10 Vollzeitstellen und Zustimmung aller Aktionäre gemäss Art. 727*a* Abs. 2 OR.

der nachstehenden Grössen in zwei aufeinanderfolgenden Geschäftsjahren nicht überschritten haben:
- Bilanzsumme von 20 Millionen Franken,
- Umsatzerlös von 40 Millionen Franken,
- 250 Vollzeitstellen im Jahresdurchschnitt.

Die eingeschränkte Revision orientiert sich an der international verbreiteten Limited Review, beinhaltet aber *zusätzlich* die vom Gesetz geforderten *angemessenen Detailprüfungen*. Es handelt sich um eine eigenständige, gesetzlich vorgeschriebene, auf KMU *in der Schweiz* ausgerichtete Prüfung der Jahresrechnung, bei der Umfang und Tiefe der Prüfungshandlungen und dadurch die Prüfsicherheit deutlich geringer sind als bei der ordentlichen Revision.[2621]

Die Treuhand-Kammer hat die eingeschränkte Revision als schweizerische Sonderregelung für die Prüfung kleinerer Unternehmen – in einem separaten «Standard zur Eingeschränkten Revision» (SER) geregelt.[2622]

Die Vorschriften bezüglich der eingeschränkten Revision beziehen sich ausschliesslich auf die Prüfung der *Jahresrechnung* und des *Vorschlags zur Verwendung des Bilanzgewinnes*. Halbjahres- und Quartalsabschlüsse unterliegen keiner Revisionspflicht. Die Prüfung eines *Abschlusses nach einem anerkannten Standard zur Rechnungslegung* gemäss Art. 962 OR sowie eine *Konzernrechnung* (Art. 963 ff. OR) unterliegen stets einer ordentlichen Revision.[2623]

Wo das Gesetz eine andere Prüfung (als die Abschlussprüfung bzw. Prüfung des Gewinnverwendungsantrages) oder eine andere Bestätigung eines zugelassenen Revisors verlangt, ist demnach lediglich eine eingeschränkte Revision nicht zulässig (zB. bei einer Gründungsprüfung, Kapitalerhöhungsprüfung, Kapitalherabsetzungsprüfung, Prüfung einer Zwischenbilanz bei begründeter Überschuldung, Prüfungen gem. Fusionsgesetz etc.). Bei diesen Prüfungen sind die Schweizer Prüfungsstandards (PS), gegebenenfalls besondere Vorschriften zu beachten.

Der Prüfer vergewissert sich bei Mandatsannahme bzw. bei Beginn, dass der Prüfungsauftrag nicht die Durchführung einer ordentlichen Revision verlangt. Sieht das Gesetz für die vorgelegte Jahresrechnung zwingend eine ordentliche Revision vor, lehnt der Prüfer die Durchführung einer eingeschränkten Revision ab und führt – sofern er die höheren Anforderungen an Unabhängigkeit und Zulassung für die ordentliche Revision erfüllt und vom Verwaltungsrat ermächtigt wird – eine ordentliche Revision durch. Wird dies vom Verwaltungsrat verweigert, informiert der Prüfer die Generalversammlung schriftlich und tritt u.U. als Revisionsstelle zurück.

2621 Dazu eingehend HWP (2014), Band Eingeschränkte Revision; BÖCKLI, Abschlussprüfung, 186 ff.
2622 SER, Standard zur Eingeschränkten Revision, 2007, Treuhand-Kammer und Schweizerischer Treuhänder Verband (Hrsg.)
2623 Ein Vergleich der beiden Revisionsarten findet sich vorne in Ziff. 8.2, S. 552 ff.

8.6.2 Unabhängigkeit, Mitwirkung bei der Buchführung, andere Dienstleistungen

Die Unabhängigkeitsvorschriften bei der eingeschränkten Revision verfolgen dasselbe Ziel wie diejenigen bei der ordentlichen Revision: Die Objektivität des Prüfers darf weder tatsächlich noch dem Anschein nach durch irgendwelche Abhängigkeiten vom Prüfkunden beeinträchtigt sein.[2624] In Bezug auf die Unabhängigkeit unterscheiden sich die beiden Revisionsarten lediglich in der fehlenden Rotationspflicht für den leitenden Revisor bei der eingeschränkten Revision sowie in der Möglichkeit zum *Mitwirken bei der Buchführung* sowie zum *Erbringen anderer Dienstleistungen* für den Prüfungskunden im Rahmen der eingeschränkten Revision.[2625]

Bei der eingeschränkten Revision sind die Mitwirkung bei der Buchführung und das Erbringen anderer Dienstleistungen, welche die Unabhängigkeit an sich gefährden könnten, explizit zulässig, sofern das Risiko der Überprüfung eigener Arbeiten durch geeignete organisatorische und personelle Massnahmen vermieden und eine verlässliche Prüfung sichergestellt wird.[2626] Erfolgt die Buchführung unter Mitwirkung des Revisionsunternehmens, so muss kumulativ sichergestellt sein, dass die Verantwortung für die Buchführung beim Kunden liegt, keine Entscheide durch die Mitarbeiter der Revisionsunternehmens getroffen werden und die Mitwirkung bei der Buchführung personell und organisatorisch getrennt von der Prüfung ist.[2627] Bei der erlaubten Erbringung der genannten Dienstleistungen, ist es damit nicht erforderlich, dass das Revisionsunternehmen als Ganzes unabhängig ist. Die Bestimmungen bezüglich den Anforderungen an die Unabhängigkeit bzw. die Einhaltung der einschlägigen Bestimmungen zielen bei der eingeschränkten Revision vielmehr auf die *einzelne* Person ab. Dies bedeutet, dass nicht dieselbe Person, die bei der Buchführung mitgewirkt hat, anschliessend selbst die darauf basierende Jahresrechnung prüft. Der Revisor darf auch nicht an Weisungen jener Person gebunden sein, welche Einfluss auf die buchführenden Mitarbeiter ausübt oder gar selbst an der Buchführung mitwirkt.

Lässt sich durch organisatorische und personelle Massnahmen eine verlässliche Prüfung nicht sicherstellen, ist auch bei der eingeschränkten Revision eine Mitwirkung bei der Buchführung oder das Erbringen anderer Dienstleistungen unzulässig.[2628] Die Revisionsstelle hat die zusätzlich erbrachten Dienstleistungen für den Kunden im Bericht an die Generalversammlung offenzulegen.[2629] Es soll diesbezüglich Transparenz bestehen: Die Revisionsstelle muss daher im Revisionsbericht entsprechende Ausführungen machen, um den Berichtsempfänger entsprechend über die mögliche Gefährdung der Unabhängigkeit in Kenntnis zu setzen.[2630]

[2624] Art. 729 Abs. 1 OR. Siehe dazu vorne Ziff. 8.3.5, S. 567 ff.
[2625] Art. 729 OR.
[2626] Dazu WATTER/RAMPINI, in: Basler Kommentar, N 10 ff. zu Art. 729 OR.
[2627] WATTER/RAMPINI, in: Basler Kommentar, N 8 zu Art. 729; BÖCKLI, Aktienrecht, § 15 Rz. 497, verlangt, dass dabei alle entscheidenden Anordnungen für alle kritischen Ansätze im Jahresabschluss (Abschreibungen, Wertberichtigungen, Rückstellungen, Aktivierungen bestimmter Kosten, Wiederaufwertung, Ausnahmen vom Verrechnungs- und Saldierungsverbot, Änderung von Rechnungslegungsgrundsätzen) ...unter allen Umständen vom Verwaltungsrat ausgehen.
[2628] WATTER/RAMPINI, in: Basler Kommentar, N 8 zu Art. 729 OR.
[2629] Art. 729*b* Abs. 1 Ziff. 4 OR.
[2630] BOTSCHAFT, Revisionspflicht im Gesellschaftsrecht, 4026.

Die Revisionsstelle hat eine allfällige *Mitwirkung bei der Buchführung* dem Verwaltungsrat und der Geschäftsleitung des Revisionskunden eingehend zu erläutern, um sicherzustellen, dass diese den Inhalt und Umfang der Mitwirkung bei der Buchführung umfassend verstehen. Analog zur ordentlichen Revision gilt es festzuhalten, dass der Prüfungsprozess ausführliche Gespräche zwischen der Revisionsstelle und dem Verwaltungsrat/Geschäftsleitung des Revisionskunden beinhaltet. Dabei erfragt und erhält das Management u.a. Hinweise auf und Anregungen zu Bilanzierungsgrundsätzen, Offenlegungspflichten oder Methoden, die angewandt werden, um den Wert der ausgewiesenen Vermögensgegenstände und Schulden zu ermitteln. Ebenso kann der Prüfungsprozess u.a. die Unterstützung eines Prüfungskunden bei der Lösung von Kontoabstimmungsproblemen, der Erarbeitung von Entwürfen in Offenlegungsfragen oder Vorschläge für die Berichtigung von Buchungen beinhalten. Fachliche Hilfe dieser Art ist eine geeignete Massnahme zur Förderung der ordnungsgemässen Darstellung der Jahresrechnung im Rahmen der Abschlusserstellung.[2631]

Das Erbringen solcher Beratungsleistungen ist Bestandteil des Prüfungsprozesses und gefährdet die Unabhängigkeit der Revisionsstelle normalerweise nicht. Solche Beratungsleistungen gelten denn auch *nicht* als Mitwirkung bei der Buchführung oder Erbringen anderer Dienstleistungen und unterliegen demnach weder der Auflage zur organisatorischen und personellen Trennung, noch der Offenlegungspflicht im Revisionsbericht. Erbringt eine Revisionsstelle solche Leistungen, muss sie sicherstellen, dass ihre Mitarbeiter keine Entscheidungen treffen, die in der alleinigen Verantwortung des Prüfungskunden liegen. Die Verantwortung für die Jahresrechnung muss in jedem Fall beim Verwaltungsrat des Kunden verbleiben. Die Treuhand-Kammer hat diesbezüglich ein Positionspapier veröffentlicht, welches sich mit der Auslegung und der Anwendung dieser Bestimmung befasst.[2632]

Neben der Mitwirkung bei der Buchführung ist das *Erbringen anderer Dienstleistungen* im Rahmen der eingeschränkten Revision zulässig.[2633] Im gesetzlichen Kontext der Unabhängigkeitsvorschriften handelt es sich dabei nur um jene Dienstleistungen, bei welchen effektiv die Gefahr der Selbstprüfung besteht.[2634] Übrige Dienstleistungen, bei welchen keine Gefahr der Selbstprüfung besteht (und deshalb auch bei der ordentlichen Revision grundsätzlich zulässig sind), fallen demnach nicht unter die Bestimmung in Art. 729 Abs. 2 OR. Nicht betroffen von diese Bestimmung sind demnach Dienstleistungen im Bereich des Steuer-, Abgabe- und Sozialversicherungsrechts, insbesondere die Unterstützung bei der Erstellung der Steuer- und Abgabedeklarationen, Beratung im Rahmen der Veranlagungen von Steuern, Abgaben und Sozialversicherungsbeiträgen, Unterstützung bei Verhandlungen gegenüber Behörden, allgemeine Steuerplanung, Unterstützung bei spezifischen Transaktionen sowie die Entwicklung und Beurteilung von Steuerstrategien, MWST-Beratung. Bei diesen Dienstleistungen besteht i.d.R. keine Gefahr der Selbstprüfung. Sie sind bei Beachtung der üblichen Unabhängigkeitsvorschriften sowohl bei der or-

---

2631 Eingehend BERTSCHINGER, Eingeschränkte Revision, 317 ff.; LIPP, Eingeschränkte Revision, 916 ff.
2632 TREUHAND-KAMMER, Eingeschränkte Revision und Mitwirkung bei der Buchführung, Positionspapier der Treuhand-Kammer, in: ST 12/2011, 1000 ff.
2633 Gemäss Art. 729 Abs. 2 OR.
2634 Für andere Dienstleistungen hätte es keiner besonderen Bestimmung im Sinne einer Erleichterung für KMU bedingt, wie die Botschaft festhält.

dentlichen wie auch bei der eingeschränkten Revision grundsätzlich zulässig und bedürfen keiner Offenlegung im Revisionsbericht.

8.6.3 Eingeschränkte Revision der Jahresrechnung

8.6.3.1 Ziel der eingeschränkten Revision

Ziel der eingeschränkten Revision[2635] einer Jahresrechnung ist eine Aussage der Revisionsstelle darüber, ob sie auf Sachverhalte gestossen ist, die sie zum Schluss veranlassen, dass die Jahresrechnung *nicht* in allen wesentlichen Punkten Gesetz und Statuten entspricht.

Diese Aussage macht die Revisionsstelle aufgrund von Befragungen, analytischen Prüfungshandlungen und weiteren angemessenen Detailprüfungen. Während die Revisionsstelle in einer ordentlichen Revision, die korrekt nach den Schweizer Prüfungsstandards (PS) durchgeführt worden ist, eine hinreichende Sicherheit (reasonable assurance) darüber erlangt, dass der Abschluss frei von einer wesentlichen falschen Darstellung ist, liefert eine eingeschränkte Revision diesbezüglich eine deutlich *weniger hohe Sicherheit (moderate assurance*) als die ordentliche Revision. Bei einer ordentlichen Revision ist daher die Revisionsstelle in der Lage, ein Prüfungsurteil und eine Empfehlung zuhanden der Generalversammlung abzugeben. Hingegen erreicht der Prüfer bei der eingeschränkten Revision weniger hohe Sicherheit, dass die Jahresrechnung keine wesentliche Falschdarstellung enthält. Die Revisionsstelle gibt daher keine Prüfungsurteil ab, sondern äussert sich lediglich in einer *negativ formulierten Prüfungsaussage*. (negative Assurance). Entsprechend wird von ihr auch keine Genehmigungs-/Rückweisungsempfehlung zuhanden der Generalversammlung verlangt.

Für die verantwortungsbewusste Berufsausübung der Revisionsstelle gelten grundsätzlich die gleichen Grundsätze wie bei der ordentlichen Revision (insbesondere Unabhängigkeit, Integrität, Objektivität, Kompetenz und Sorgfalt, Verschwiegenheit, professionelles Verhalten und Befolgung der gesetzlichen Vorschriften und Standards).[2636]

Der Abschlussprüfer muss die eingeschränkte Revision mit einer kritischen Grundhaltung planen und durchführen.[2637] Eine kritische Grundhaltung bedeutet, dass der Abschlussprüfer die Stichhaltigkeit erlangter Informationen und Unterlagen hinterfragt sowie auf Hinweise achtet, welche die Verlässlichkeit von Dokumenten oder von Erklärungen der Unternehmensleitung widerlegen oder in Frage stellen. Andererseits ergeben die vom Gesetz vorgesehenen Prüfungshandlungen naturgemäss oftmals nur begrenzt fundierte und stichhaltige Nachweise. Der Abschlussprüfer darf sich deshalb bei der Planung und Durchführung seiner Arbeiten auf plausible Ergebnisse abstützen. Er kann mangels gegenteiliger Hinweise von der Richtigkeit erhaltener Auskünfte und Unterlagen ausgehen (Grundsatz von Treu und Glauben).

Die Verantwortung des Abschlussprüfers besteht darin, aufgrund seiner Prüfung eine Aussage über die Jahresrechnung zu machen. Für die Erstellung, Bekanntgabe und Publi-

---

2635 Art. 729 OR.; dazu siehe eingehend HWP (2014), Band Eingeschränkte Revision;
2636 PS 200, Ziel und allgemeine Grundsätze der Abschlussprüfung, Ziff. 4.
2637 SER, Ziff. 1.2. KARTSCHER/ROSSI/SUTER, Wirtschaftsprüfung, S. 121 ff.

kation der Jahresrechnung sowie die Buchführung ist demgegenüber die Unternehmensleitung verantwortlich (bei einer AG der Verwaltungsrat: Art. 716*a* Abs. 1 Ziff. 1 OR).

Prüfungsgegenstand bildet die Gesetzes- und Statutenkonformität der Jahresrechnung (Bilanz, Erfolgsrechnung und gegebenenfalls Anhang) sowie des Gewinnverwendungsvorschlages. Nicht zwingend zu prüfen sind bei der eingeschränkten Revision demnach:
- die Einhaltung besonderer Regelwerke (z.B. Swiss GAAP FER, IFRS),
- die Existenz eines internen Kontrollsystems (IKS).

8.6.3.2 Prüfungsvorgehen

Der Prüfer nimmt zuerst eine *Risikobeurteilung* vor. Dabei verschafft er sich zunächst ein *Verständnis des Unternehmens* (Tätigkeit der Gesellschaft, Organisation, Geschäftsmodell, Rechnungswesen, Eigentümer, Arten von Vermögenswerten, Erträgen und Aufwendungen). Gestützt auf dieses Verständnis und die Ergebnisse von *analytischen Prüfungshandlungen* beurteilt er das *inhärente Risiko* auf der Ebene der Jahresrechnung als Ganzes sowie deren einzelne Positionen. Für seine Prüfungsplanung legt er eine Wesentlichkeitsgrenze fest.

Diese Erkenntnisse fliessen in eine *Prüfungsplanung* ein, in welcher er grundsätzlich über das Vorgehen entscheidet sowie konkrete Prüfschritte festlegt.

Art. 729*a* OR nennt die folgenden drei Kategorien von möglichen Prüfungshandlungen: Befragungen, analytische Prüfungshandlungen und angemessene Detailprüfungen.

Befragungen des Verwaltungsrates und der Mitglieder der Geschäftsleitung sowie von Mitarbeitern des Rechnungswesens sind ein effizientes Mittel zur Informationsbeschaffung. Soweit von der Kompetenz und Ehrlichkeit der befragten Personen auszugehen ist, sind sie im Rahmen einer eingeschränkten Revision als Prüfungsnachweise geeignet. Die Fragen des Prüfers beziehen sich primär auf den Geschäftsverlauf, wichtige Geschäftsfälle, die Risikobeurteilung, die Grundsätze der Rechnungslegung und die Positionen der Jahresrechnung und des Anhangs.

Der Prüfer darf sich bei der Prüfung wesentlicher Jahresabschlussposten nicht ausschliesslich auf Befragungen stützen. Die mittels Befragungen erhaltenen Prüfungsnachweise sind mit *analytischen Prüfungshandlungen* zu untermauern. Dabei nimmt der Prüfer eine Analyse und Plausibilisierung wichtiger Kennzahlen und deren Entwicklung in der Jahresrechnung vor (Vorjahres-, Budgetvergleich etc.).

Diese Prüfungshandlungen werden ergänzt durch die Vornahme von *angemessenen Detailprüfungen* über die relevanten Aussagen der Jahresrechnung. Letztere beziehen sich vor allem auf Bestand und Bewertung und stellen vor allem elementare Detailprüfungen dar. Bestandesprüfungen sind möglich durch Abstimmung mit detaillierten Listen, Einsicht in Belege, Abstimmung mit Auszügen, Durchsicht von Belegen in neuer Rechnung etc.

Bewertungsprüfungen können etwa mittels Belegprüfungen, Abstimmung mit Preislisten etc. durchgeführt werden. Allenfalls sind Wertberichtigungen vorzunehmen.

Die Prüfungshandlungen sind so auszugestalten, dass das Risiko von Fehlaussagen vertretbar ist. Der Umfang ist dem Charakter der eingeschränkten Revision entsprechend geringer als bei einer ordentlichen Revision.

Namentlich erfolgen bei der eingeschränkten Revision
- keine Prüfungen des internen Kontrollsystems;
- keine Inventurbeobachtungen;
- keine Einholung von Drittbestätigungen (d.h. Verzicht auf Einholung von Bankbestätigungen, Debitoren-/Kreditorenbestätigungen, keine Einholung von Auskünften bei Rechtsvertretern etc.): die Prüfung beschränkt sich grundsätzlich auf beim geprüften Unternehmen intern verfügbare Informationen;
- keine Befragungen oder weitere Prüfungen zur Aufdeckung von dolosen (deliktischen) Handlungen und weiteren Gesetzesverstössen.

Analog der ordentlichen Prüfung hat der Abschlussersteller dem Prüfer die Vollständigkeit des Jahresrechnung sowie die Richtigkeit der erteilten Auskünfte und der zur Verfügung gestellten Unterlagen schriftlich zu bestätigen (Vollständigkeits-/Bilanzerklärung).[2638]

Gegen Ende der Prüfung bildet sich der Prüfer ein Gesamtbild, darüber ob die Jahresrechnung als Ganzes seinen Kenntnissen über die Tätigkeit und das Umfeld der Gesellschaft entspricht. Die Schlussfolgerungen sollen jene Überlegungen erhärten, die er zuvor aus den Prüfungshandlungen einzelner Teile der Jahresrechnung gezogen hat. Daraus formuliert er eine Prüfungsaussage. Abermals wird darauf hingewiesen, dass das Risiko, eine Falschdarstellung nicht aufzudecken, bei der eingeschränkten Revision grösser ist als bei der ordentlichen Revision.

8.6.4 Eingeschränkte Prüfung des Antrages der Verwendung des Bilanzgewinnes

Die Revisionsstelle hat – wie bei der ordentlichen Revision – auch bei der eingeschränkten Revision zu beurteilen, ob der Antrag des Verwaltungsrates über die Verwendung des Bilanzgewinnes den gesetzlichen Vorschriften und den allfälligen zusätzlichen Regelungen in den Statuten entspricht (Art. 729a Abs.1 Ziff. 2 OR).

Die vorne in Ziff. 8.5.2, S. 599 ff., gemachten Bemerkungen zur ordentlichen Prüfung der Gewinnverwendungsanträge gelten sinngemäss, wobei bei der eingeschränkten Prüfung lediglich eine *negative Prüfungsaussage* abgegeben wird.

Im Rahmen der eingeschränkten Prüfung hat die Revisionsstelle zu prüfen, ob Sachverhalte vorliegen, aus denen zu schliessen ist, dass der Antrag des Verwaltungsrats über die Verwendung des Bilanzgewinnes nicht den gesetzlichen Vorschriften und Statuten entspricht, insbesondere die gesetzlichen (Art. 671 OR) und statutarischen Reservezuweisungen und Ausschüttungen nicht verletzt. Auch hier geht es vor allem um Kapitalschutzvorschriften. Zu beachten ist, dass wesentliche Fehler in der Jahresrechnung mitunter den zur Verfügung stehenden Gewinn verändern könnten.

Resultiert aus der vorgeschlagenen Gewinnverwendung ein offensichtlich erheblicher Liquiditätsabfluss, so muss die Revisionsstelle u.U. die Fortführungsfähigkeit der Gesellschaft beurteilen und allenfalls die notwendigen Schritte einleiten. Eine solche Situation

---

2638 SER Ziff. 8. Dazu siehe das Muster hinten unter Ziff. 11.99, S. 1145 ff.

könnte ein Indiz für eine mögliche Verletzung der Sorgfaltspflicht des Verwaltungsrates darstellen.[2639]

8.6.5 Berichterstattung an die Generalversammlung

Die Revisionsstelle hat gemäss Art. 729b OR an die Generalversammlung einen zusammenfassenden Bericht über das Ergebnis der Prüfung in schriftlicher Form zu erstatten. Dieser Bericht über die eingeschränkte Revision muss eine klar formulierte *negative* Prüfungsaussage über die Jahresrechnung enthalten. Der Bericht umschreibt den Umfang des Auftrags und stellt klar, dass keine ordentliche Revision stattgefunden hat und somit auch kein Prüfungsurteil im Sinne einer ordentlichen Revision abgegeben wird. Wenn die Revisionsstelle bei der Buchführung oder anderweitig mitgewirkt hat, was bei der eingeschränkten Revision – unter Beachtung gewisser Massnahmen und Vorschriften[2640] – zulässig ist, so hat sie dies im Bericht an die Generalversammlung offenzulegen (Art. 729b OR).

Auch bei der eingeschränkten Revision wird gemäss Standard zur Eingeschränkten Revision (SER) für die Berichterstattung an die Generalversammlung die Anwendung eines (allenfalls anzupassenden) Standardtextes verlangt.[2641] Darin hat der Prüfer festzuhalten, dass er im Rahmen der eingeschränkten Revision auf keine Sachverhalte gestossen ist, die ihn zum Schluss veranlassen, dass die Jahresrechnung sowie der Vorschlag zur Verwendung des Bilanzgewinns nicht dem Gesetz und den Statuten entsprechen (*negative Prüfungsaussage*).

Ist der Abschlussprüfer jedoch auf Sachverhalte gestossen, die ihn zum Schluss veranlassen, dass die Jahresrechnung nicht in allen wesentlichen Punkten dem Gesetz und den Statuten entspricht, oder muss er solche Sachverhalte annehmen, so sind diese darzulegen. Dabei ist – sofern praktikabel – die (mögliche) Auswirkung auf die Jahresrechnung zu quantifizieren und es ist entweder eine *Modifizierte Prüfungsaussage,* eine *verneinende Prüfungsaussage* oder gar *keine Aussage* anzubringen. Liegt eine wesentliche Beschränkung des Umfangs der eingeschränkten Revision vor, ist diese zu umschreiben und es ist entweder eine Einschränkung oder gar keine Aussage zu machen.[2642]

Der Bericht ist auf den Zeitpunkt zu datieren, zu dem die eingeschränkte Revision beendet worden ist. Dies schliesst Prüfungshandlungen bezüglich Ereignisse ein, die bis zum Berichtsdatum eingetreten sind. Da die Verantwortung des Abschlussprüfers darin besteht, über die von der Unternehmensleitung erstellte und bekannt gegebene Jahresrechnung zu berichten, darf der Abschlussprüfer den Bericht frühestens auf den Zeitpunkt datieren, an dem der Verwaltungsrat die Jahresrechnung formell gutgeheissen hat.

Im Gegensatz zur ordentlichen Revision enthält der Bericht *keine Abnahme- oder Rückweisungsempfehlung* an die Generalversammlung.

Der Bericht hat Angaben über die Person, die die Prüfung geleitet hat, deren Zulassung, Erfahrung sowie über die Unabhängigkeit zu enthalten. Wurden nebst der Prüfung wei-

---

2639 Art. 717 Abs. 1 OR; dazu HWP (2014) Band Eingeschränkte Revision, 183.
2640 Personelle Trennung, organisatorische Massnahmen, sodass es zu keiner Selbstprüfung kommt.
2641 Dazu siehe das Muster hinten unter Ziff. 11.68, S. 1031 f.
2642 Dazu siehe das Muster hinten unter Ziff. 11.67, S. 1029 f.

tere Dienstleistungen von Mitarbeitern der Revisionsstelle für den Prüfkunden erbracht, so ist dies im Bericht zu erwähnen. Wie bei der ordentlichen Revision ist der Bericht vom leitenden Revisor zu unterzeichnen.

Ein *umfassender Bericht an den Verwaltungsrat* ist bei der eingeschränkten Revision *nicht* vorgesehen.

8.6.6 Ersatzweise Benachrichtigung des Richters

Gemäss Art. 729c OR besteht lediglich im Falle einer offensichtlichen Überschuldung eine subsidiäre Pflicht der Revisionsstelle, den Richter zu benachrichtigen. Andere Anzeigepflichten durch die Revisionsstelle sieht der massgebende Standard zur Eingeschränkten Revision nicht vor.[2643]

Primär ist es Pflicht des Veraltungsrates dem Richter die Überschuldung anzuzeigen. Kommt dieser seiner Pflicht nicht nach, so trifft allenfalls die Revisionsstelle – wie bei der ordentlichen, auch bei der eingeschränkten Revision – eine subsidiäre Anzeigepflicht zur ersatzweisen Vornahme der Benachrichtigung des Richters *im Falle der offensichtlichen Überschuldung*. Diese Pflicht obliegt gemäss Art. 729c OR der Revisionsstelle, bei deren Fehlen gemäss Art. 725 OR dem zugelassenen Revisor, der zur Prüfung der Zwischenbilanzen beigezogen worden ist.[2644]

Da für die eingeschränkt prüfende Revisionsstelle in dieser Situation dieselben Pflichten wie bei der ordentlichen Revision bestehen, wird auf die Ausführungen in Ziff. 8.5.6, S. 617 ff. verwiesen.

Weder nach Gesetz noch nach den berufsständischen Regeln zur eingeschränkten Revision ist der Prüfer verpflichtet aktiv nach allfällig weiteren Gesetzesverstössen zu ermitteln. Es bestehen bei der eingeschränkten Revision – im Gegensatz zur ordentlichen Revision – keine gesetzlichen Pflichten der Revisionsstelle, Verstösse gegen das Gesetz (mit Ausnahme der Bestimmungen zur Rechnungslegung[2645]), die Statuten oder das Organisationsreglement der Generalversammlung anzuzeigen. Daher ergibt sich auch keine entsprechende Berichterstattungspflicht bezüglich sonstiger Gesetzesverstösse. Gleichwohl hat sich im Berufsstand die Auffassung durchgesetzt, dass die «Stellungnahme zum Ergebnis der Prüfung» gemäss Art. 729*b* Abs. 1 Ziff. 2 OR so interpretiert werden sollte, dass mindestens eine beschränkte Hinweispflicht besteht. Die Revisionsstelle muss insoweit jedoch nur auf diejenigen Gesetzesverstösse hinweisen, die einen direkten Bezug zur Jahresrechnung aufweisen und dies auch nur dann, wenn diese Verstösse aufgrund der durchgeführten Prüfungshandlungen (z.B. Befragungen) festgestellt wurden.

8.6.7 Allenfalls Anwesenheit an der Generalversammlung

Aus der Tatsache, dass bei der ordentlichen Revision die Revisionsstelle explizit verpflichtet ist, an der Generalversammlung teilzunehmen, wohingegen bei der eingeschränkten Revision ein entsprechender Passus im Gesetz fehlt, kann geschlossen werden, dass die

---

2643 SER Ziff. 1.6
2644 Art. 725 Abs. 3 OR.
2645 SER Ziff. 1.5

Anwesenheit der Revisionsstelle bei der eingeschränkten Revision vom Gesetzgeber nicht als notwendig erachtet worden ist. Dem steht allerdings das in Art. 697 OR festgehaltene Recht jedes Aktionärs entgegen, an der Generalversammlung Auskunft von der Revisionsstelle über die Durchführung und das Ergebnis der Prüfung zu verlangen.

Empfehlung

Zur Vermeidung von Anfechtungsklagen empfiehlt es sich daher für den Verwaltungsrat, anlässlich der Einberufung zur GV die Aktionäre aufzufordern, ihre allfälligen Fragen an die Revisionsstelle dem Verwaltungsrat zu zustellen, zur Beantwortung durch die Revisionsstelle. Er kann auch von den Aktionären eine Stellungnahme verlangen, ob sie die Teilnahme der Revisionsstelle an der Generalversammlung wünschen.

8.6.8 Notfalls Pflicht zur Einberufung einer Generalversammlung

Als Organ der Gesellschaft ist die Revisionsstelle gemäss Art. 699 Abs.1 OR gegebenenfalls verpflichtet, die Generalversammlung einzuberufen. Dies gilt auch dann, wenn nur eine eingeschränkte Revision erforderlich ist. Es kann deshalb auf die analogen Ausführungen bei der ordentlichen Revision vorne unter Ziff. 8.5.8, S. 621 ff., verwiesen werden.

8.6.9 Geheimhaltungspflicht

Die Revisionsstelle unterliegt bei der eingeschränkten Revision denselben Geheimhaltungspflichten wie bei der ordentlichen Revision. Es kann deshalb auf die analogen Ausführungen vorne unter Ziff. 8.5.9, S. 625, verwiesen werden.

8.7 Übrige gesetzliche Prüfpflichten der Revisionsstelle

8.7.1 Gründungsprüfung

Bei der qualifizierten Gründung einer Aktiengesellschaft[2646] haben die *Gründer* einen schriftlichen Bericht (Gründungsbericht) zu erstellen, der Rechenschaft über folgende Punkte abgibt:[2647]
– die Art und den Zustand der Sacheinlagen oder Sachübernahmen und die Angemessenheit der Bewertung;
– den Bestand und die Verrechenbarkeit der Schuld;
– die Begründung und die Angemessenheit besonderer Vorteile zugunsten der Gründer oder anderer Personen.

Dieser Bericht der Gründer ist von einem *zugelassenen Revisor* (mit erforderlicher Ausbildung und mindestens einjähriger Fachpraxis gemäss Art. 5 RAG) zu prüfen. Der zugelas-

---

2646 D.h. Liberierung des Aktienkapitals durch Sacheinlage oder Verrechnung sowie bei der Gewährung von Gründervorteilen; Art. 628 ff. OR. Zur Gründerprüfung eingehend BÖCKLI, Aktienrecht, § 1 Rz. 398; und § 15 Rz. 777; HWP (2009), Band 3, 6. KARTSCHER/ROSSI/SUTER, Wirtschaftsprüfung, 134 f. Siehe auch vorne Ziff. 3.10.6.1, S. 310 f.
2647 Art. 635 OR.

sene Revisor hat die *Vollständigkeit* und *Richtigkeit* des Gründungsberichts schriftlich zu bestätigen. Der Prüfer hat sich dabei zu vergewissern, dass:[2648]
- der Bericht, den die Gründer erstellt haben, alle im Gesetz genannten Berichtspunkte behandelt;
- die Angaben der Gründer in ihrem Bericht sachlich «richtig» und vollständig sind;
- die Bewertung der Sacheinlage oder Sachübernahme durch die Gründer angemessen vorgenommen worden ist;
- die Gründervorteile in einem vernünftigen Verhältnis zur Leistung des Sacheinlegers stehen.

Das Gesetz verlangt vom zugelassenen Revisor ein Gesamturteil über die Angaben im Gründerbericht. Der Gründerbericht muss formell und materiell richtig sein. Die Wertangaben bei Sacheinlagen und Sachübernahmen, die die Gründer machen, müssen dem Prüfer als vertretbar erscheinen. Der Prüfer nimmt somit lediglich eine Überprüfung der Argumentation der Gründer und eigene Plausibilitätsüberlegungen zur Bewertung vor. Sinnvollerweise wird der Gründungsprüfer nach erfolgter Gründung mit dem Mandat der Revisionsstelle betraut.

Mit dem Erfordernis der Gründungsprüfung verfolgt der Gesetzgeber das Ziel, Gründungsschwindel zu verhindern.

Bei der Gründungsprüfung benötigt der zugelassene Revisor diverse Unterlagen und Auskünfte von den Gründern in Analogie zur Prüfung der Jahresrechnung.[2649] Er ist ebenfalls zur Wahrung der Geschäftsgeheimnisse und zur Verschwiegenheit verpflichtet. Seine Haftung richtet sich nach Art. 755 OR.[2650] Der zugelassene Revisor wird von den Gründern eine Bestätigung verlangen, dass die Sachwerte, die eingebracht werden sollen, im Gründungsbericht vollständig aufgeführt sind und dass keine Pflicht und Absicht besteht, weitere Aktiven zu übernehmen, bzw. den Gründern andere oder zusätzliche Gründervorteile als die im Bericht aufgeführten zu gewähren.

Im Falle der Liberierung durch Verrechnung wird der zugelassene Revisor eine bedingungslose und wirtschaftlich begründete Schuldanerkennung der Gesellschaft verlangen, in der auch die Fälligkeit dargelegt wird. Der zugelassene Revisor muss sich davon überzeugen können, dass der Gläubiger keinen geheimen Rangrücktritt mit Stundung oder gar Kapitalverzicht unterschrieben hat.[2651] Ein Bericht des Gründungsprüfers ohne Einschränkung ist die Voraussetzung dafür, dass die Gründung im Handelsregister eingetragen wird. Die Gründer werden allenfalls ihren Bericht so zu ändern haben, dass er den Erfordernissen des Prüfers genügt.

[2648] Siehe HWP (2009), Band 3, 14 ff.
[2649] Auskunfts- und Einsichtsrecht analog zu Art. 730b Abs. 1 OR: Dazu gehört auch eine «Erklärung der Gründer zum Gründungsbericht».
[2650] Aktienrechtliche Organhaftung.
[2651] Vgl. BÖCKLI, Aktienrecht, § 1 Rz. 412.

8.7.2 Kapitalerhöhungsprüfung

8.7.2.1 Allgemeines

Das Aktienrecht kennt drei *Arten* von Kapitalerhöhungen:[2652]
- die ordentliche Kapitalerhöhung gemäss Art. 650 OR (um einen festen Betrag);
- die genehmigte Kapitalerhöhung gemäss Art. 651 OR (um einen Maximalbetrag);
- die bedingte Kapitalerhöhung gemäss Art. 653 OR (um einen Maximalbetrag).

Je nach Art der Erfüllung der *Einzahlungspflicht* kann unterschieden werden:
- Einlage von Bargeld;
- Sacheinlage oder Sachübernahme;
- Verwendung von Eigenkapital der Gesellschaft;
- Verrechnung mit Schulden der Gesellschaft.

Die Grundlage für jede Art der Kapitalerhöhung bildet ein *Beschluss der Generalversammlung*, wobei unter Umständen eine qualifizierte Mehrheit der vertretenen Stimmen erforderlich ist.

Durch den Beschluss der Generalversammlung wird der *Verwaltungsrat* beauftragt, das Aktienkapital (bzw. das Partizipationsscheinkapital) im Sinne des Beschlusses zu erhöhen. Es ist Sache des Verwaltungsrates als Beauftragter der Generalversammlung innert dreier Monate die Zeichnungen und Kapitaleinlagen einzuholen und danach den ihm allein zugewiesenen Doppelbeschluss zu fassen über die Feststellung der Zeichnung und Liberierung gemäss Art. 652*g* OR sowie über die Anpassung der Statuten an den neuen Kapitalbetrag.

Bei der ordentlichen und der genehmigten Kapitalerhöhungen ist ein *Kapitalerhöhungsbericht des Verwaltungsrates* obligatorisch; bei der bedingten Kapitalerhöhung stellt der Verwaltungsrat lediglich das neue Aktienkapital fest.

Im Falle einer ordentlichen bzw. einer genehmigten Kapitalerhöhung hat der Verwaltungsrat einen nachträglichen schriftlichen Bericht (Kapitalerhöhungsbericht) zu erstatten, in dem er Rechenschaft über folgende Punkte ablegt:
- die Art und den Zustand von Sacheinlagen oder Sachübernahmen und die Angemessenheit der Bewertung;
- den Bestand und die Verrechenbarkeit der Schuld;
- die Einhaltung des Generalversammlungsbeschlusses, insbesondere allfällige Bezugsrechtsregelungen;
- die Begründung und die Angemessenheit besonderer Vorteile zugunsten einzelner Aktionäre oder anderer Personen.[2653]

[2652] HWP (2009), Band 3, 27 ff., siehe auch vorne Ziff. 3.10.6.2, S. 312 ff.
[2653] Art. 652*e* OR.

8.7.2.2 Prüfungsbericht

Dieser Bericht des Verwaltungsrates muss von einem *zugelassenen Revisor, allenfalls einem zugelassenen Revisionsexperten* in qualifizierten Fällen geprüft werden[2654]. Bei der Aktienkapitalerhöhung aus Eigenkapital gemäss Art. 652d OR ist die Deckung des Erhöhungsbetrages durch Vorlage der Jahresrechnung (allenfalls eines Zwischenabschlusses, sofern seit dem Bilanzstichtag 6 Monate verflossen sind) mit dem Prüfbericht eines zugelassenen Revisors nachzuweisen. In der Regel erfolgt diese Prüfung durch die Revisionsstelle. Zum Schutz des Geschäftsverkehrs wird damit sichergestellt, dass auch Gesellschaften, die infolge Opting-out über keine Revisionsstelle verfügen, eine geprüfte Bilanz vorlegen, wenn eine Kapitalerhöhung aus Reserven erfolgen soll. Keine Prüfungsbestätigung ist erforderlich, wenn die Einlage des neuen Aktienkapitals in Geld (bar) erfolgt, das Aktienkapital nicht zur Vornahme einer Sachübernahme erhöht wird und die Bezugsrechte weder eingeschränkt oder noch aufgehoben werden.

Der Inhalt der Prüfung und der Berichterstattung lehnt sich stark an denjenigen bei der Gründungsprüfung an.[2655] Der zugelassene Revisor hat in ihrem Bericht schriftlich zu bestätigen, dass der Kapitalerhöhungsbericht des Verwaltungsrates *vollständig* und *richtig* ist. Der Kapitalerhöhungsbericht geht an den Verwaltungsrat der Gesellschaft und letztlich zu den Akten des Handelsregisteramtes.

Die im bisherigen Aktienrecht bestandene Pflicht des Verwaltungsrat, im *Jahresbericht* die eingetretenen Kapitalerhöhungen zu nennen und die Prüfungsbestätigungen zu wiederholen (Art. 663d aOR), wurde mit der Revision des Rechnungslegungsrechts (2011) ersatzlos gestrichen.

8.7.2.3 Prüfung bei der bedingten Kapitalerhöhung

Die Generalversammlung beschliesst eine bedingte Kapitalerhöhung,[2656] indem sie in den Statuten bestimmten Personen Rechte auf den Bezug von Aktien (Wandel- oder Optionsrechte) einräumt.[2657] Das Aktienkapital erhöht sich in dem Zeitpunkt und in dem Umfang, als diese Wandel- und Optionsrechte ausgeübt und die Einlagepflichten erfüllt werden.

Nach Abschluss jedes Geschäftsjahres – oder auf Verlangen des Verwaltungsrates schon vorher – hat gemäss Art. 653f OR ein *zugelassener Revisionsexperte* zu prüfen, ob die Ausgabe der neuen Aktien dem Gesetz, den Statuten und dem Emissionsprospekt (sofern ein solcher erforderlich ist) entsprochen hat.

Der *zugelassene Revisionsexperte* prüft nach jedem Geschäftsjahr gesamthaft, ob die während des letzten Geschäftsjahres erfolgte Ausgabe neuer Aktien *gesetzes- und statutenkonform* gewesen ist. Dabei prüft er nicht einen Bericht des Verwaltungsrates wie bei der ordentlichen und genehmigten Kapitalerhöhung, sondern den Vorgang der Aktienausgabe

---

[2654] Art. 652f OR. Für den Fall der Sachübernahme einer Gesellschaft, die zur ordentlichen Revision durch einen zugelassenen Revisionsexperten verpflichtet ist, muss auch die Kapitalerhöhung durch einen zugelassenen Revisionsexperten erfolgen. Analoges gilt für Publikumsgesellschaften (gem. Art. 727b Abs.1 OR): Bei ihnen hat die Prüfung der Kapitalerhöhung durch ein staatlich beaufsichtigtes Revisionsunternehmen zu erfolgen.
[2655] HWP (2009), Band 3, 46 f.
[2656] Art. 653 OR.
[2657] Gläubigern von neuen Anleihens- oder ähnlichen Obligationen gegenüber der Gesellschaft, ihren Konzerngesellschaften, Arbeitnehmern.

selbst. Der zugelassene Revisionsexperte erstattet seinen Prüfbericht schriftlich an den Verwaltungsrat. Mit der Streichung von Art. 663d OR entfällt die Offenlegung im Anhang der Jahresrechnung.

Anschliessend hält der Verwaltungsrat in einer öffentlichen Urkunde das neue Aktienkapital fest, passt die Statuten entsprechend an und meldet diese zusammen mit der Prüfungsbestätigung spätestens drei Monate nach Abschluss des Geschäftsjahres dem Handelsregisterführer zur Eintragung an.

Wenn die letzten Wandel- oder Optionsrechte entweder ausgeübt oder sonst erloschen sind, hat der Verwaltungsrat die entsprechenden Statutenbestimmungen aufzuheben. Dazu bedarf es wiederum einer schriftlichen Bestätigung eines zugelassenen Revisionsexperten. In der öffentlichen Urkunde hält die Urkundsperson fest, dass der Prüfbericht die verlangten Angaben enthält.

8.7.3 Kapitalherabsetzungsprüfung

Beabsichtigt eine Aktiengesellschaft, ihr Aktienkapital herabzusetzen, ohne es gleichzeitig bis zur bisherigen Höhe durch neues, voll einzuzahlendes Kapital zu ersetzen, so hat die Generalversammlung eine entsprechende Statutenänderung zu beschliessen.[2658]

Damit ein solcher Beschluss gefasst werden kann, muss durch einen *zugelassenen Revisionsexperten* festgestellt werden, dass die *Forderungen der Gläubiger* auch nach der beabsichtigten Kapitalherabsetzung voll *gedeckt* sind. Der zugelassene Revisionsexperte hat demnach zu prüfen, ob:[2659]

- die Aktiven der Gesellschaft vorhanden und im unbeschwerten Eigentum der Firma sind;
- die Aktiven richtig bewertet sind, wobei bei gewollter und nicht gefährdeter Unternehmensfortführung die Bewertung zu Fortführungswerten erfolgt;
- die Verbindlichkeiten vollständig und richtig ausgewiesen werden;
- eine allfällige Unterbilanz auf echte Verluste zurückzuführen ist.

Es sind vom Gläubigerstandpunkt aus zwei Arten der Kapitalherabsetzung zu unterscheiden:

a) Kapitalherabsetzung *mit Freigabe von Mitteln*.[2660] In diesem Fall wird die Sicherheit der Gläubiger grundsätzlich vermindert.

b) Kapitalherabsetzung zur teilweisen oder vollständigen *Beseitigung einer Unterbilanz* mit oder ohne Einbringung von neuem Kapital. In diesem Fall verschlechtert sich die Sicherheit der Gläubiger nicht.

Da der Gläubigerschutz bei der Kapitalherabsetzung mit Mittelfreigabe vermindert wird, ist diese Form im Gesetz strenger geregelt. Namentlich ist nebst dem Vorliegen eines Prüfungsberichts des zugelassenen Revisionsexperten eine dreimalige, *öffentliche Aufforde-*

[2658] Art. 732 OR.
[2659] HWP (2009), Band 3, 63 ff. Siehe auch vorne Ziff. 3.10.6.4, S. 313 ff.
[2660] Rückzahlung oder Gutschrift an Aktionäre, Erwerb eigener Aktien mit anschliessender Herabsetzung des Aktienkapitals, Verzicht auf nicht einbezahltes Aktienkapital etc.

rung an die Gläubiger vorgeschrieben, damit diese für ihre Forderungen Befriedigung oder Sicherstellung verlangen können.

Auf diese Aufforderung im Handelsamtsblatt kann verzichtet werden, wenn die Kapitalherabsetzung zur Beseitigung einer Unterbilanz dient. Auch in diesem Fall muss jedoch ein besonderer Revisionsbericht eines zugelassenen Revisionsexperten vorliegen.

Bei einer Kapitalherabsetzung mit *gleichzeitiger Kapitalerhöhung im gleichen Ausmass* erübrigen sich der besondere Revisionsbericht, der Gläubigeraufruf und unter Umständen die Statutenänderung. Die angestrebte Sanierung der Gesellschaft kann aber auch auf einem formell einfacheren Weg erreicht werden, indem die Aktionäre Forderungsverzichte aussprechen oder finanzielle Mittel à fonds perdu in die Gesellschaft einbringen.[2661]

Es wird auf die Ausführungen vorne in Ziffer 3.10.6.4, S. 313 verwiesen.

8.7.4 Umstrukturierungsprüfungen

8.7.4.1 Vorgesehene Prüfungen und Bestätigungen

Im Fusionsgesetz (FusG) werden an verschiedene Stellen einem *zugelassenen Revisionsexperten* unterschiedliche Aufgaben zugewiesen, die jeweils an die verschiedenen Umstrukturierungstatbestände anknüpfen. Mit seinen Prüfungshandlungen und Tätigkeiten trägt er wesentlich zur Verwirklichung von Aktionärs- und Gläubigerschutz bei und leistet einen wichtigen Beitrag für die Sicherstellung der gesetzlich beabsichtigten Transparenz.

Die wichtigsten Tätigkeitsfelder und Aufgaben von zugelassenen Revisionsexperten in diesem Zusammenhang sind:

Art der Prüfung/Tätigkeitsfeld, gesetzliche Grundlage	Aufgaben
1. Fusionsprüfung[2662] Art. 15 FusG	– Prüfung des Fusionsvertrages, des Fusionsberichts und der Fusionsbilanz/en (allenfalls Fusionszwischenbilanz) durch einen zugelassenen Revisionsexperten (ausgenommen bei kleineren und mittleren Unternehmen, sofern alle Gesellschafter zustimmen); – Prüfungsbericht zum Fusionsvertrag und zum Fusionsbericht (Art. 15 Abs. 4 FusG); – Allfällige Bewertungen im Zusammenhang mit der Abfindung (Art. 8 FusG) sowie bei der Dreiecksfusion (Triangular Merger); – Prüfungsbestätigung/en für im Hinblick auf die Fusion allenfalls durchgeführte Kapitalerhöhung/en (Art. 652f OR) oder für eine im Rahmen der Fusion vorzunehmende Sacheinlage.
2. Prüfung beim Verzicht auf den Schuldenruf bei der Fusion Art. 25 Abs. 2 und 3 FusG	– Bestätigung eines zugelassenen Revisionsexperten, dass die Erfüllung der Forderungen nicht gefährdet ist.

2661 HWP (2009), Band 3, 60. KARTSCHER/ROSSI/SUTER, Wirtschaftsprüfung, 140 ff.
2662 HWP (2009), Band 3, 139, KARTSCHER/ROSSI/SUTER, Wirtschaftsprüfung, 146 ff.

Art der Prüfung/Tätig-keitsfeld, gesetzliche Grundlage	Aufgaben
3. Sanierungsfusions-prüfung Art. 6 FusG	– Bei diesem Spezialfall der Fusionsprüfung hat der zugelassene Revisionsexperte neben den Prüfungshandlungen gemäss Art. 15 FusG in erster Linie zu bestätigen, dass die andere Gesellschaft über frei verwendbares Eigenkapital im Umfang der Unterdeckung und gegebenenfalls der Überschuldung verfügt oder dass die Gläubiger der an der Fusion beteiligten Gesellschaften ausreichende Rangrücktritte abgegeben haben.
4. Spaltungsprüfung Art. 40 FusG[2663]	– Prüfung des Spaltungsvertrages, des Spaltungsplans und des Spaltungsberichts durch einen zugelassenen Revisionsexperten (ausgenommen bei kleineren und mittleren Unternehmen, sofern alle Gesellschafter zustimmen); – Prüfungsbericht zum Spaltungsvertrag/-plan mit Inventar und Spaltungsbericht (Art. 40 i.V.m. Art. 15 Abs. 4 FusG); – Prüfungsbestätigung/en für im Hinblick auf die Spaltung allenfalls durchgeführte Kapitalerhöhung/en (Art. 652f OR) und Kapitalherabsetzung/en (Art. 732 OR) oder für eine im Rahmen der Spaltung vorzunehmende Sacheinlage.
5. Umwandlungs-prüfung[2664] Art. 62 FusG	– Prüfung des Umwandlungsplans, den Umwandlungsbericht und die Umwandlungsbilanz durch einen zugelassenen Revisionsexperten (ausgenommen bei kleineren und mittleren Unternehmen, sofern alle Gesellschafter zustimmen); – Schriftlicher Prüfungsbericht zum Umwandlungsplan und zum Umwandlungsbericht (Art. 62 Abs. 1 FusG); – Prüfung der bilanztechnischen Voraussetzungen für eine Umwandlung (Art. 62 Abs. 4 FusG).
6. Prüfungshandlungen bei der Vermögens-übertragung Art. 69 ff. FusG	– Von Gesetzes wegen sind keine besonderen Prüfungshandlungen nötig. Art. 74 FusG verlangt aber zwecks Information der Gesellschafter die nachträgliche Offenlegung der Vermögensübertragung im Anhang zur Jahresrechnung, sodass die Angaben gemäss Art. 74 Abs. 2 FusG im Rahmen der ordentlichen Revision des Jahresabschlusses zu prüfen sind.

8.7.4.2 Die Rechtstellung des Umstrukturierungsprüfers und seine Unabhängigkeit

Die beteiligten Gesellschaften können die Umstrukturierungsprüfer (hier als Oberbegriff für die vom FusG beim entsprechenden Tatbestand vorgesehenen zugelassenen Revisionsexperten) weitgehend frei bestimmen, sofern diese die verlangten Kriterien erfüllen. Zulässig ist auch die Bestellung eines gemeinsamen Fusionsprüfers für alle involvierten Gesellschaften, sei es durch Festlegung in der Absichtserklärung (Letter of Intent), durch einen gleichlautenden Verwaltungsratsbeschluss oder im Fusionsvertrag selbst. Zur Vermeidung von u.U. langwierigen Diskussionen ist es wichtig, dass die Bestellung des Fusionsprüfers in einer frühen Phase erfolgt. Der Zeitbedarf der vorzunehmenden Aufgaben darf nicht unterschätzt werden (oft Vornahme einer Due-Diligence-Prüfung, Erstellung und Prüfung von Zwischenbilanzen, Bewertungen etc.). Zur Schaffung klarer Verhältnisse

---

[2663] HWP (2009), Band 3, 173; KARTSCHER/ROSSI/SUTER, Wirtschaftsprüfung, 149 ff.
[2664] HWP (2009), Band 3, 186; KARTSCHER/ROSSI/SUTER, Wirtschaftsprüfung, 150 ff.

liegt eine *frühzeitige* Involvierung des Umstrukturierungsprüfers im Interesse der betroffenen Gesellschaften, ihrer Aktionäre und Gläubiger, aber auch des Umstrukturierungsprüfers selbst.

Aufgrund der Art und Weise der Bestellung entspricht die Rechtsstellung des Umstrukturierungsprüfers weitgehend *Auftragsrecht* (Art. 394 ff. OR). Dementsprechend kommt der Revisionsstelle, falls sie für Umstrukturierungsaufgaben bestellt wird, nicht die Organstellung zu (wie bei der Abschlussprüfung gemäss Art. 727 OR ff.). Ihre Haftung richtet sich vielmehr nach Art. 108 FusG.

8.7.4.3 Unabhängigkeit des Umstrukturierungsprüfers

In der Praxis kann es aus Kostengründen sinnvoll sein, die bisherigen Revisionsstellen mit der Umstrukturierungsprüfung zu beauftragen. Ein *gemeinsamer* Fusionsprüfer kann sodann angebracht sein, weil die Prüfungsgegenstände einen gemeinsamen Fusionsvertrag, je einen Fusionsbericht pro Gesellschaft oder einen gemeinsamen Fusionsbericht für beide Gesellschaften sowie je eine Bilanz bzw. Zwischenbilanz pro beteiligte Gesellschaft umfassen und damit weitgehend dieselben sind. In Art. 15 Abs. 1 FusG wird nicht geregelt, ob die als Abschlussprüferin tätige Revisionsstelle auch die Fusions-, Spaltungs- und Umwandlungsprüfung vornehmen kann oder ob sie davon ausgeschlossen ist.

Obwohl sowohl das FusG als auch die erweiterten Unabhängigkeitsvorschriften von Art. 728 OR die Beauftragung der bisherigen Revisionsstelle(n) als Umstrukturierungsprüfer nicht ausschliessen, kann dies unter Umständen zu *Interessenkonflikten* führen. Die Tätigkeitsfelder und Prüfungshandlungen des Umstrukturierungsprüfers erfolgen in der Praxis in enger Zusammenarbeit mit den involvierten Gesellschaften und deren Organe. Art. 15 Abs. 3 FusG verlangt explizit die Pflicht zur Abgabe aller zweckdienlichen Auskünfte und Unterlagen durch die an einer Fusion beteiligten Gesellschaften. Damit wird der Umstrukturierungsprüfer u.U. in die Due Diligence einbezogen, was aber über seinen gesetzlichen Auftrag hinausgeht. Daher ist eine klare Abgrenzung der Tätigkeit im Voraus notwendig. Analoges gilt für die Durchführung von Bewertungen, die für eine fachgerechte Prüfung gemäss Art. 15 Abs. 4 FusG notwendig sein können. Selbst wenn keine Fairness Opinion abgegeben werden muss, können sich Interessenkonflikte ergeben.

Die Rolle des Umstrukturierungsprüfers ist daher im Einzelfall und je nach den durchzuführenden *Aufgaben klar zu definieren*. Dabei sind diejenigen Prinzipien und Kriterien bezüglich der Unabhängigkeit des Prüfers anzuwenden, wie sie für die Vergabe bzw. Annahme des Mandates als Revisionsstelle gelten. Daraus kann sich namentlich die *Unvereinbarkeit von Aufgaben* im Rahmen der Umstrukturierung (wie der Vornahme von Bewertungen, der Festlegung von Austauschverhältnissen, Goodwill-Allokationen etc.) mit der Abschlussprüfung als Revisionsstelle ergeben. Die Unabhängigkeit als Revisionsstelle wäre in solchen Fällen nicht mehr gegeben, weil sie bei der Abschlussprüfung Positionen der Jahresrechnung zu beurteilen hätte, deren Bewertung weitgehend auf den von ihr selbst erstellten Gutachten basierten. Es hat eine einzelfallbezogene Abwägung aller potenziellen Interessenkonflikte und der jeweiligen Transaktionsgegebenheiten zu erfolgen.

8.7.5 Prüfung der Zwischenbilanz gem. Art. 725 OR

8.7.5.1 Grundlage

Die Pflichten der gesetzlichen Revisionsstelle im Zusammenhang mit einem Kapitalverlust und einer Überschuldung sind besonders kritisch.[2665] In diesen Situationen steigt das Risiko, dass Gesellschaftsgläubiger und Beteiligte zu Schaden kommen. Zudem besteht die Gefahr von Gläubigerbevorzugungen.

Die in dieser Situation zu ergreifenden Massnahmen des *Verwaltungsrates* sind vorne in Ziff. 3.10.7, S. 321 ff., eingehend behandelt worden.

Das Gesetz verlangt, dass die vom Verwaltungsrat im Falle einer begründeten Besorgnis einer Überschuldung zu erstellende Zwischenbilanz zu Fortführungs- und Liquidationswerten einem *zugelassenen Revisor* zur Prüfung vorgelegt wird.[2666] Dieser hat die Prüfung unverzüglich vorzunehmen. Falls die Gesellschaft eine Revisionsstelle hat, wird der Verwaltungsrat in der Regel diese mit der Prüfung beauftragen, andernfalls hat er hierfür einen zugelassenen Revisor beizuziehen.

8.7.5.2 Prüfung der Zwischenbilanz durch die Revisionsstelle

Bei der Prüfung der Zwischenbilanz gem. Art. 725 Abs. 2 OR handelt es sich um eine besondere gesetzliche Prüfung, die weder unter die ordentliche Revision noch unter die eingeschränkte Revision fällt.

Prüfziel dieser besonderen Prüfung ist die Aussage, ob die Gesellschaft im aktuellen Zeitpunkt überschuldet ist oder nicht.

Gegenstand der Prüfung durch den zugelassenen Revisor ist in erster Linie der vom Verwaltungsrat erstellte Status zu Fortführungs- und zu Veräusserungswerten. Im Hinblick auf das Prüfziel *(Klarheit, ob eine Überschuldung besteht)* kommt der Erfolgsrechnung in diesem Status lediglich zweitrangige Bedeutung zu.

Die Prüfung ist gemäss den Schweizer Prüfungsstandards (PS), insbesondere gem. PS 290 (Pflichten bei Kapitalverlust und Überschuldung) durchzuführen. Die Prüfung ist demnach auf die Erlangung einer hinreichenden Sicherheit (reasonable assurance) anzulegen. Die Prüfung erfolgt weitgehend in analoger Weise zur Prüfung der Bilanz in der Jahresrechnung. Besondere Beachtung schenkt der zugelassene Revisor dabei der korrekten Bewertung, der Vollständigkeit der Schulden und der richtigen Rechnungsabgrenzung. Problematisch ist dabei vor allem die Überprüfung der Veräusserungswerte, namentlich für die Positionen Beteiligungen, Sachanlagen und Vorräte, wo je nach der Art der Liquidation (beschleunigte Veräusserung in einem summarischen Konkursverfahren versus geordneter Verkauf ganzer Vermögenskomplexe) grosse Wertunterschiede resultieren können.

Wenn die Überschuldung offensichtlich, erheblich und eine Sanierung der Gesellschaft weder möglich noch beabsichtigt ist, so ist es – um Zeit und Kosten zu sparen – vertret-

---

[2665] Siehe vorne Ziff. 3.10.7.2, S. 321 ff.
[2666] Art. 725 Abs. 2 OR.

bar, wenn der zugelassene Revisor Vereinfachungen bei der Prüfung und Bewertung vornimmt.[2667]

8.7.5.3 Berichterstattung der Revisionsstelle

Nach der Prüfung orientiert der zugelassene Revisor den *Verwaltungsrat* über das Ergebnis. Der zugelassene Revisor wird in seinem Bericht feststellen, dass die Zwischenbilanz, welche der Verwaltungsrat erstellt hat, dem Gesetz entspricht oder nicht. Er weist den Verwaltungsrat auf seine weiteren Pflichten gemäss Art. 725 OR hin. Die Unterlassung einer gesetzlichen Pflicht durch den Verwaltungsrat in dieser Situation ist ein derart schwerwiegender Gesetzesverstoss, dass darüber die *Generalversammlung* zu orientieren ist.

Die Berichterstattung erfolgt üblicherweise in schriftlicher Form, auch wenn dies das Gesetz nicht ausdrücklich verlangt. Sinnvollerweise lässt sich der Verwaltungsrat auch mündlich über das Ergebnis orientieren. Oft kann der zugelassene Revisor aufgrund seiner Erfahrung den Verwaltungsrat über das angebrachte weitere Vorgehen beraten.

Ist die Zwischenbilanz nach Auffassung der Revisionsstelle gesetzeskonform erstellt und zeigt sie, dass *keine Überschuldung* vorliegt, kann der Verwaltungsrat von weiteren ausserordentlichen Sofortmassnahmen an sich absehen. Allerdings sind betriebswirtschaftliche[2668] Massnahmen zu ergreifen, um die Ertragskraft der Firma nachhaltig wiederherzustellen.

8.7.6 Prüfung des Vergütungsberichts bei kotierten Gesellschaften

Bei kotierten Gesellschaften hat der Verwaltungsrat jährlich einen Vergütungsbericht zu erstellen.[2669] Darin sind die Vergütungen an den Verwaltungsrat, die Geschäftsleitung, den Beirat und den nahestehenden Personen aufzuführen. Siehe dazu vorne Ziff. 3.10.2, S. 303 ff.

Gemäss Art. 17 VegüV muss die Revisionsstelle prüfen, ob der Vergütungsbericht dem Gesetz und dieser Verordnung entspricht.[2670] Da ausschliesslich kotierte Gesellschaften einen Vergütungsbericht zu erstellen haben, erfolgt die Prüfung in jedem Fall durch ein staatlich beaufsichtigtes Revisionsunternehmen, was eine wirksame Durchsetzung der Vorschriften des Art. 95 Abs. 3 BV und 197 Abs. 10 sowie der entsprechenden Verordnung gewährleisten sollte.

Der Vergütungsbericht enthält die quantitativen Elemente der Vergütung gemäss den Vorgaben von Art. 14–16 VegüV (inkl. vergleichbaren Vorjahreszahlen). Es sind die «ausgerichteten Vergütungen» (historische Finanzinformationen) offenzulegen. Massgebend ist grundsätzlich das Accrual Prinzip. Allerdings äussert sich das Rechnungslegungsrecht nicht dazu, wie beispielsweise aktienbasierte Vergütungen mit speziellen Konditionen in der Jahresrechnung zu erfassen sind.

2667 PS 290, Pflichten bei Kapitalverlust und Überschuldung, lit. Y.
2668 HWP (2009), Band 3, 139, KARTSCHER/ROSSI/SUTER, Wirtschaftsprüfung, 146 ff.
2669 Art. 13–17 VegüV (Verordnung gegen übermässige Vergütungen bei börsenkotierten Aktiengesellschaften, gültig ab 1.1.2014). Siehe dazu vorne Ziff. 3.10.2, S. 303 ff.
2670 In der Verordnung nicht genannt, wohl aber durchzuführen, ist die Beurteilung der Übereinstimmung mit den Statuten, dazu siehe Zusatzbericht vom 8.10.2013.

Bei der Prüfung des Vergütungsberichts findet Art. 728b OR (Revisionsbericht zur Jahres-/ Konzernrechnung) entsprechend Anwendung. Dies bedeutet, dass ein separater Bericht mit positiv formulierter Zusicherung darüber abzugeben ist, ob der vom Verwaltungsrat erstellte Vergütungsbericht dem Gesetz und der VegüV entspricht. Die Berichterstattung erfolgt gemäss den Vorgaben des Schweizer Prüfungsstandards (PS 805).[2671] Im Prüfbericht sind zudem Angaben zur Unabhängigkeit, zum Leiter der Prüfung und dessen fachlicher Befähigung zu machen.

Die Revisionsstelle wird ihre Prüfungen gemäss den Schweizer Prüfungsstandard (PS) durchführen (insbesondere PS 550, Nahestehende Personen). Sie prüft, ob die quantitativen Angaben zu Vergütungen, Darlehen und Krediten dem Gesetz und der VegüV entsprechen. Falls der Vergütungsbericht darüberhinausgehende Informationen enthält (z.B. zum Verfahren der Festsetzung der Vergütung, zu Beteiligungsprogrammen, zur Vergütungspolitik und -struktur) sind diese nicht Gegenstand der Prüfung. Allerdings sind für diese Informationen die PS 720 zu beachten, wonach allfällige wesentliche Unstimmigkeiten zwischen dem geprüften Abschluss und dem Vergütungsbericht berichtigt werden müssten.[2672]

Der Prüfer wird im Rahmen der *Prüfungsplanung* festlegen, ob und welche Prüfungshandlungen im Rahmen der Prüfungsdurchführung vorzunehmen sind, um die Risiken einer falschen Darstellung im Vergütungsbericht zu identifizieren und zu beurteilen. Der Prüfer sollte den Hintergrund von Transaktionen mit nahestehenden Personen kennen und beurteilen, ob es deswegen zu wesentlichen falschen Angaben im Vergütungsbericht (und der Jahresrechnung) kommen könnte. Da die Angaben im Vergütungsbericht materiell weitgehend den bisherigen Vorschriften von Art. 663b^{bis} OR entsprechen,[2673] wird die Revisionsstelle grundsätzlich dieselben Prüfungshandlungen wie bisher bei der Prüfung des Anhanges der Jahresrechnung von kotierten Gesellschaften vornehmen.

Die Prüfung der *Vollständigkeit* beinhaltet vorerst eine Beurteilung, ob der Kreis der Personen, deren Vergütungen offenzulegen ist, alle vom Gesetz und der Verordnung verlangten Personen umfasst. Eine besondere Herausforderung stellt dabei die Abgrenzung der nahestehenden Personen dar. Konkret wird die Revisionsstelle Prüfungshandlungen zur Bestimmung der betroffenen Personen (VR, Geschäftsleitung, Beirat, nahestehenden Personen) mittels Befragung der Unternehmensleitung und Einsicht in Aktienbuch, Handelsregisterauszug, GV- und allenfalls VR-Protokolle durchführen. Sodann beurteilt die Revisionsstelle, ob alle identifizierten Beziehungen und Transaktionen (Vergütungen, Kredite, etc.) mit diesen Personen in Übereinstimmung mit dem Gesetz und der Verordnung zutreffend und sachgerecht ausgewiesen/dargestellt werden.

Die Beurteilung der *Richtigkeit* der offengelegten Angaben wird die Revisionsstelle anhand der zugrunde gelegten Statutenbestimmungen, Verträgen und Belegen und Buchungen (Abgrenzungen) vornehmen. Im Zentrum stehen dabei der Nachvollzug der Höhe der Vergütungen und Kredite (und deren Bewertung), der Rechtsgrund und die Person des Empfängers. Allenfalls ist zu prüfen, ob bestimmte Vergütungen sowie die Gewährung

---

2671 PS 805, Prüfungen einzelner Finanzaufstellungen, Konten, Posten.
2672 PS 720, Die Pflichten des Abschlussprüfers im Zusammenhang mit sonstigen Informationen in Dokumenten, die den geprüften Abschluss enthalten, Ziff. 8
2673 Mit folgenden Ergänzungen (Antrittsprämien, Zusatzbetrag für Geschäftsleitungsmitglieder nach Art. 19 VegüV), dafür Verzicht auf (verbotene) Abgangsentschädigungen.

von Darlehen und Krediten die notwendige statutarische Grundlage besitzen.[2674] Dabei hat die Revisionsstelle grundsätzlich die Angemessenheit der vom Verwaltungsrat und der Generalversammlung genehmigten Höhe der Vergütung nicht zu beurteilen, abgesehen von offensichtlichen Fällen eines Missverhältnisses von Leistung und Gegenleistung. Die Revisionsstelle wird zum Vergütungsbericht auch eine schriftliche (Vollständigkeits-)Erklärung vom Verwaltungsrat verlangen.[2675]

Stellt die Revisionsstelle wesentliche unzutreffende Angaben im Vergütungsbericht fest, wird sie zunächst den Verwaltungsrat orientieren, damit dieser Gelegenheit zur Korrektur erhält.

Die Revisionsstelle erstattet der Generalversammlung einen schriftlichen Bericht über das Ergebnis der Prüfung. Bei unzutreffenden Angaben über die Vergütungen an die genannten Personen wird die Revisionsstelle in der Regel die Generalversammlung benachrichtigen müssen, da diesbezügliche Verstösse aus qualitativer Sicht grundsätzlich wesentlich sind.[2676] Unvollständige und unrichtige Angaben im Vergütungsbericht können die Meinungsbildung und damit die in der Bundesverfassung verankerten Mitwirkungsrechte der Generalversammlung beeinträchtigen.

Der Vergütungsbericht ist zusammen mit dem Bericht der Revisionsstelle zum Vergütungsbericht (wie der Geschäftsbericht) 20 Tage von der GV am Sitz der Gesellschaft den Aktionären zur Einsicht aufzulegen. Zudem kann jeder Aktionär eine Ausfertigung dieser Unterlagen verlangen.[2677]

Nach der Genehmigung durch die GV sind Vergütungsbericht und der entsprechende Revisionsbericht entweder im Schweizerischen Handelsamtsblatt zu veröffentlichen, oder jeder Person, diese Berichte innerhalb eines Jahres nach Genehmigung verlangt, auf deren Kosten in einer Ausfertigung zuzustellen.

8.8 Rechte der Revisionsstelle

8.8.1 Informationsrecht: umfassende Auskunfts- und Meldepflicht des Verwaltungsrats

8.8.1.1 Gesetzliche Grundlage und Verantwortlichkeit

Damit die Revisionsstelle ihre Aufgaben wahrnehmen kann, ist sie auf Informationen der Gesellschaft angewiesen. Gemäss Art. 730*b* OR hat der Verwaltungsrat der Revisionsstelle *alle erforderlichen Unterlagen* zu übergeben. Darüber hinaus ist der Verwaltungsrat verpflichtet, der Revisionsstelle die benötigten Auskünfte zu erteilen. Die Revisionsstelle kann verlangen, dass dies auch schriftlich geschieht.

Die zu prüfende Gesellschaft sorgt intern für die Erstellung der sogenannten *Prüfbereitschaft*, d.h., sie bereitet die notwendigen Unterlagen vor und informiert die tangierten

---

[2674] Art.12 Abs. 2 VegüV
[2675] PS 580, Schriftliche Erklärungen
[2676] In Form von Modifikationen des Prüfungsurteils (gem. PS 705) oder Hervorhebungen/Hinweise (gem. PS 706).
[2677] Art. 13 Abs. 3 VegüV in Verbindung mit Art. 696 OR.

Mitarbeiter. Hinten unter Ziff. 11.75, S. 1046, ist eine Liste derjenigen *Unterlagen* wiedergegeben, welche die Revisionsstelle üblicherweise für ihre Prüfung benötigt. Das Vorliegen dieser Unterlagen sowie die Anwesenheit der zu befragenden Mitarbeiter erhöhen die Effizienz und reduzieren die Kosten der Revision.

Da das Erstellen des Abschlusses[2678] Sache des Verwaltungsrates ist, sollte der Verwaltungsrat den Abschluss mindestens provisorisch genehmigen, bevor er der Revisionsstelle zur Prüfung vorgelegt wird. Ansonsten besteht die Gefahr, dass die Revisionsstelle eine Version des Abschlusses prüft, die zwar von der Geschäftsleitung erstellt worden ist, in dieser Form aber vom Verwaltungsrat nicht akzeptiert worden wäre. Dies schliesst nicht aus, dass nach der Prüfung des provisorischen Abschlusses bis zur definitiven Berichterstattung noch Änderungen durch den Verwaltungsrat vorgenommen werden können. Nachträgliche Korrekturen und Anpassungen verursachen jedoch zusätzlichen Prüfaufwand.

8.8.1.2 Vollständigkeits-/Bilanzerklärung

Sowohl bei der ordentlichen Revision als auch bei der eingeschränkten Revision hat der Prüfer eine *Erklärung der Unternehmensleitung* zum Zweck der Rationalisierung der Prüfung, der Beweissicherung und vor allem zur Klarstellung der Verantwortlichkeiten eine schriftliche Zusammenstellung der wesentlichen Sachverhalte zu verlangen, welche den Abschluss beeinflussen können, ohne selbst aus den Büchern der Gesellschaft hervorzugehen.[2679] Diese Erklärung der Unternehmensleitung wird in der Schweiz üblicherweise *Vollständigkeitserklärung* oder *Bilanzerklärung* genannt.

In der Regel verlangt die Revisionsstelle einen (allenfalls angepassten) Standardtext.[2680] Die Vollständigkeitserklärung dient auch der Abgrenzung der Verantwortlichkeiten zwischen Verwaltungsrat und Revisionsstelle. Sie stellt klar, dass der Verwaltungsrat die Verantwortung für die Vollständigkeit der Auskünfte trägt. Die Vollständigkeitserklärung darf aber nicht mehr verlangen als zumutbare Erklärungen über den effektiven eigenen Wissensstand der Organmitglieder.

In der Vollständigkeitserklärung müssen die massgebenden Personen der geprüften Gesellschaft (Verwaltungsrat und Geschäftsleitung) ihre Verantwortung für die Abschlusserstellung und die korrekte Anwendung der anzuwendenden Rechnungslegungsnorm anerkennen und den Abschluss formell gutheissen. Zudem bestätigen diese Personen, dass sie der Revisionsstelle alle für die Beurteilung der Konformität der Jahresrechnung erforderlichen Auskünfte erteilt haben. Das Recht, diese Erklärung zu verlangen, geht aus Art. 730*b* Abs. 1 OR hervor.

Die Vollständigkeitserklärung ist an die Revisionsstelle adressiert und von den für die Jahresrechnung massgeblich verantwortlichen Personen des Unternehmens nach bestem Wissen zu unterzeichnen. In der Regel sind dies der Präsident des Verwaltungsrates, der Vorsitzende der Geschäftsleitung sowie der Finanzchef bzw. die für die Rechnungslegung

---

2678 Hier als Sammelbegriff für Jahresrechnung, Konzernrechnung, Abschluss nach anerkanntem Standard zur Rechnungslegung.

2679 Gestützt auf Art. 730b Abs. 1 OR; siehe dazu HWP (2009), Band 2, 328; PS 580, Schriftliche Erklärungen, bei der ordentlichen Revision; SER Anhang E bei der eingeschränkten Revision.

2680 Ein Muster findet sich hinten unter Ziff. 11.100, S. 1147 f. (für die ordentliche Revision) und Ziff. 11.99, S. 1145 f.für die eingeschänkte Revision.

zuständige Person. Üblicherweise wird diese Erklärung der Gesellschaft auf denselben Zeitpunkt datiert wie der Bericht der Revisionsstelle an die Generalversammlung.

Die Vollständigkeitserklärung ist – entgegen früher vertretener Auffassung[2681] – gemäss neuerem Entscheid, im Gegensatz zur Jahresrechnung, kein Dokument, dem erhöhte Glaubwürdigkeit oder Urkundencharakter zukommt.[2682] Sie stellt nunmehr eine schriftlich abgegebene Behauptung dar, der im Falle der Unwahrheit lediglich der Charakter einer schriftlichen Lüge zukommt. Die Abgabe einer unrichtigen Vollständigkeitserklärung allein erfüllt damit den Straftatbestand der Falschbeurkundung nicht, allenfalls – was die Regel sein dürfte – liegt dann jedoch eine Falschbeurkundung in Bezug auf die Buchführung und Jahresrechnung vor.

Die Vollständigkeitserklärung ersetzt die notwendigen Prüfungshandlungen seitens der Revisionsstelle nicht. Sie ist insbesondere kein Ersatz für andere Prüfungsnachweise, die vernünftigerweise der Revisionsstelle beigebracht werden können. So genügt eine allgemeine Erklärung der Unternehmensleitung, dass die Beteiligungen zu Anschaffungskosten bewertet seien, nicht; vielmehr hat der Prüfer sich anhand von Prüfungsnachweisen (z.B. Einsicht in Kaufdokumente, -verträge, Zahlungsbelegen, aktuellen Abschlüssen etc.), davon zu überzeugen, dass die Bewertung korrekt ist. Unter Umständen ist eine Erklärung der Unternehmensleitung jedoch ein wichtiger Prüfungsnachweis (z.B. um die Absicht der Unternehmensführung zu erhärten, die Gesellschaft weiterzuführen; oder bei Prüfung der Vollständigkeit von Verbindlichkeiten).

Die Vollständigkeitserklärung selbst muss von der Revisionsstelle kritisch beurteilt werden in Bezug auf Richtigkeit und Vollständigkeit der darin aufgeführten Angaben. Steht die Erklärung der Unternehmensleitung im Widerspruch zu anderen Prüfungsnachweisen, so hat die Revisionsstelle die Umstände zu untersuchen und allenfalls auch die Verlässlichkeit anderer Erklärungen der Unternehmensleitung zu überdenken.

Weigert sich die Unternehmensleitung zur Unterzeichnung der Vollständigkeitserklärung, und gelingt es der Revisionsstelle nicht durch alternative, zusätzliche Prüfungshandlungen, sich ein abschliessendes Bild über die Vollständigkeit der Jahresrechnung zu machen, so liegt eine Beschränkung des Prüfungsumfangs vor. Die Revisionsstelle wird im Bericht an die Generalversammlung eine entsprechende Modifizierung/Einschränkung des Prüfungsurteils[2683] bzw. der Prüfungsaussage[2684] anbringen, sofern sie überhaupt ein Prüfungsurteil abgeben kann. In dieser Situation muss die Revisionsstelle sich zudem fragen, ob und inwieweit sie sich auf die anderen Erklärungen, die sie im Rahmen der Prüfung von der Unternehmensleitung erhalten hat, abstellen darf.

Die Revisionsstelle stützt sich bei der Abschlussprüfung in erster Linie auf die ihr von der Gesellschaft vorgelegten Unterlagen (Buchhaltung, Buchungsbelege, Protokolle und Geschäftskorrespondenzen). Der Abschluss wird jedoch nicht selten von Sachverhalten beeinflusst, die sich nicht aus diesen schriftlichen Unterlagen ergeben. Die Revisionsstelle kann diese Sachverhalte durch Befragung der zuständigen Personen in der Gesellschaft in Erfahrung bringen. Wesentlich zur rationellen Prüfung trägt bei, wenn diejenigen Perso-

---

2681 BGE 105 IV 189.
2682 BGE 132 IV 12.
2683 Bei der ordentlichen Revision.
2684 Bei der eingeschränkten Revision.

nen, welche aufgrund ihrer Funktion und Aufgabe von den Prüfern um Auskünfte angegangen werden müssen, während der Prüfung in der Firma anwesend oder vertreten sind.

Die *Weigerung der Bereitstellung* von notwendigen Unterlagen sowie die Verweigerung der Auskunftserteilung ist im Übrigen ein *Gesetzesverstoss*, der wichtig genug sein kann, dass er der Generalversammlung zu melden ist.[2685]

8.8.2 Recht auf Entschädigung

Im Gesetz ist die Frage des Honorars der Revisionsstelle nicht explizit geregelt. Die Rechtsbeziehungen zwischen der Revisionsstelle und der Generalversammlung beruhen auf Aktienrecht, zwischen der Revisionsstelle und der geprüften Aktiengesellschaft auf Vertrag. Der Vertrag zwischen der Revisionsstelle und der Gesellschaft entspricht in der Rechtsnatur am ehesten dem Auftrag gemäss Art. 394 OR, zumal für alle Verträge über Arbeitsleistungen, die nicht einer separaten Vertragsart des Obligationenrechtes unterstellt sind, grundsätzlich Auftragsrecht gilt.

Nach Auftragsrecht ist eine Vergütung zu leisten, wenn sie verabredet oder üblich ist. Für Leistungen der Revisionsstelle sind Vergütungen üblich.

In der Regel richtet sich die Entschädigung nach der aufgewendeten Zeit. Der im Einzelfall anzuwendende Tarifsatz richtet sich nach der Funktionsstufe des Sachbearbeiters, dem Schwierigkeitsgrad, der Bedeutung und der mit dem Auftrag verbundenen Verantwortung. Erfolgsabhängige Honorare sind für die Tätigkeit als Abschlussprüfer nicht erlaubt, da sie die Unabhängigkeit der Revisionsstelle beeinträchtigen könnten. Hingegen können für die übrigen Tätigkeiten (– sofern sie der Revisor ausserhalb seiner Organpflichten übernehmen darf –) erfolgsabhängige Honorare vereinbart werden, wenn für die betreffenden Tätigkeiten die Honorierung auf Erfolgsbasis üblich ist.

Bei den Unternehmen, die der ordentlichen Revision unterliegen, ist das Honorar, welches der Revisionsstelle im Berichtsjahr zu entrichten war, im Anhang offenzulegen (Art. 961 OR). Dabei sind die Honorare für die Prüfung vom Honorar für andere Dienstleistungen getrennt auszuweisen. Die Pflicht zum getrennten Ausweis des Prüfungshonorars erfolgt primär im Hinblick auf allfällige Beeinträchtigungen der Unabhängigkeit der Revisionsstelle. Dagegen sind die offengelegten Angaben nur sehr beschränkt geeignet zum Vergleich der Prüfungsaufwendungen mit denjenigen bei anderen Gesellschaften. Solche Vergleiche werden beispielsweise dadurch beeinträchtigt, dass nur das Honorar, das an die Revisionsstelle der kotierten Obergesellschaft zu leisten war, offengelegt werden muss. Nicht offengelegt wird damit das Honorar, das an allfällige andere Revisionsunternehmen, die z.B. innerhalb des Konzerns Tochtergesellschaften prüften, zu zahlen war. Auch hängt das Revisionshonorar stark vom unternehmensspezifischen Ausbau des Rechnungswesens, des internen Kontrollsystems (IKS), dem allfälligen Vorhandensein eines internen Revisorates, der Komplexität der Branche, den angewandten Rechnungslegungsstandards und den Risiken des Auftrages ab.

2685 Art. 728c Abs. 2 OR.

8.8.3 Recht auf Selbständigkeit

Die Revisionsstelle wird durch die Generalversammlung gewählt. Die *Generalversammlung* kann aber der Revisionsstelle keine einschränkenden Vorschriften über die Ausübung der Abschlussprüfung machen. Insofern ist die Revisionsstelle im Rahmen der gesetzlichen Bestimmungen, den Bestimmungen der RAB und der vom Berufsstand anerkannten Grundsätze (namentlich dem Standard zur Eingeschränkten Revision; SER) frei bei der Planung, Durchführung und im Urteil der Abschlussprüfung.

Hingegen können die *Statuten* oder ein Beschluss der Generalversammlung die Organisation der Revisionsstelle eingehender regeln und deren Aufgaben *erweitern, nicht aber einschränken.* Untersagt ist ausdrücklich die Übertragung von Aufgaben des Verwaltungsrates an die Revisionsstelle sowie von Aufgaben, die ihre Unabhängigkeit beeinträchtigen.[2686] Obwohl nicht explizit festgehalten, dürfen sinngemäss auch keine Aufgaben, die der Generalversammlung zukommen, auf die Revisionsstelle übertragen werden. In der Praxis sind solche statutarischen Bestimmungen, die nebst den gesetzlichen Pflichten noch zusätzliche Aufgaben für die Revisionsstelle vorsehen, selten. Sie sind auch rechtlich problematisch.

Die Revisionsstelle ist nicht den Weisungen des *Verwaltungsrates* unterworfen. Der Verwaltungsrat hat gegenüber der Revisionsstelle keine Weisungsbefugnis und kann ihr auch nichts verbieten, soweit sie ihre Tätigkeit im gesetzlichen Rahmen ausübt.[2687]

Umgekehrt hat die Revisionsstelle kein Weisungsrecht gegenüber dem Verwaltungsrat, der Geschäftsleitung und jedem anderen Mitarbeiter der zu prüfenden Gesellschaft bzw. deren Tochtergesellschaften.

8.8.4 Rücktrittsrecht

Die Revisionsstelle kann von ihrem Amt *ohne weiteres und zu jedem Zeitpunkt* zurücktreten. In der Regel erfolgt ein Rücktritt der Revisionsstelle während der Amtsdauer nur, wenn wichtige Gründe vorliegen.[2688]

Die Revisionsstelle hat beim Rücktritt lediglich gemäss Art. 730a Abs. 3 OR den Verwaltungsrat über die *Gründe zu informieren;* dieser hat die Gründe dann der nächsten Generalversammlung mitzuteilen. Tritt die Revisionsstelle vorzeitig zurück, so hat der Verwaltungsrat zudem gemäss Art. 959c Abs. 2 Ziff. 14 OR die *Gründe, die dazu führten, im Anhang der Jahresrechnung offenzulegen.* Diese doppelte Information ist erforderlich, weil einerseits die nächste Generalversammlung nicht in jedem Fall erst nach der Erstellung der Jahresrechnung stattfindet und andererseits der Kreis der Nutzer der Jahresrechnung über die Generalversammlung hinausgeht (Art. 958e OR nennt auch die Gläubiger). Damit erfährt die Generalversammlung – aber auch weitere Kreise – die Ursache der Demission. Durch diese Informations- und Offenlegungspflicht erhält ein Rücktritt der Revisionsstelle eine – vom Verwaltungsrat oft nicht gewollte – *Publizitätswirkung.* Damit wollte der Gesetzgeber indirekt die Stellung der Revisionsstelle stärken.

[2686] Art. 728 OR.
[2687] HWP (2009), Band 2, 40.
[2688] Siehe vorne Ziff. 8.4.6.3, S. 583 f.

Das Gesetz sieht keine Entlastung (Decharge-Erteilung) der Revisionsstelle durch die Generalversammlung vor.

8.9 Verantwortlichkeit der Revisionsstelle

8.9.1 Einleitung

Wenn eine Gesellschaft kurz nach der Generalversammlung, an der die Jahresrechnung – gestützt auf einen Revisionsstellenbericht ohne Einschränkung – genehmigt worden ist, in eine finanzielle Notlage gerät, so wird oft an der Wirksamkeit und Nützlichkeit der Abschlussprüfung durch die Revisionsstelle gezweifelt. Auch wenn die Revisionsstelle keine Pflichtverletzung begangen hat, wird sie häufig um Schadenersatz angegangen. Demgegenüber wird der Verwaltungsrat – mangels Solvenz bzw. Versicherungsschutz – von den Klägern oft verschont, selbst wenn dieser schwere Pflichtverletzungen begangen und eventuell vor Konkurseröffnung finanziell profitiert hat. Da die Revisionsstellen regelmässig versichert sind, konzentriert sich ein Kläger auf diese.[2689] Der Revisionsstelle lassen sich auch in nur halbwegs komplexen Verhältnissen immer irgendwelche kleine Fehler oder Unklarheiten vorwerfen, die besonders im Rückblick – wenn die desolate Situation klar vor Augen liegt – aufgebauscht und als Schadensursachen hingestellt werden können.

Dabei wird übersehen, dass die Empfehlung der Revisionsstelle zur Abnahme der Jahresrechnung nur insoweit eine Aussage über die finanzielle Lage der Gesellschaft macht, als die Revisionsstelle die Bewertung zu Fortführungswerten noch als zulässige Wertbasis erachtete. Die Erwartungen an die Revisionsstelle sind insofern oft nicht realistisch. Dennoch drängen sich in solchen Fällen für die Gesellschaft, die Aktionäre und die Gesellschaftsgläubiger sowie weitere Kreise Fragen zur Haftung der Revisionsstelle auf.[2690]

Die Revisoren sind für ihre Arbeit verantwortlich und haften der Gesellschaft gegenüber für sorgfältige Leistungserbringung direkt aus Auftragsrecht. Der Gesetzgeber hat die Revisionsstelle zusätzlich in die besondere Verantwortung eines Gesellschaftsorganes einbezogen.[2691] Die Revisionsstelle ist daher nicht bloss den Klagen seitens des eigenen Auftraggebers (Gesellschaft) ausgesetzt, sondern auch jener der Aktionäre und – im Konkursfall denjenigen – der Gesellschaftsgläubiger. Neben der zivilrechtlichen Haftung besteht zudem eine strafrechtliche Verantwortlichkeit.

2689 FÄSSLER/BERENDONK/GRUEB, 674. (Die Autoren konstatieren aufgrund ihrer Praxis bei einer grossen Versicherungsgesellschaft eine Zunahme der Anspruchserhebung gegenüber Revisionsstellen namentlich von kleineren Unternehmen.); EMCH, URS, 27; alleine das Kriterium vorhandenen Versicherungsschutzes bei der Revisionsstelle reicht aus, damit diese fraglos zu den einzuklagenden Personen gehört.
2690 Dazu vgl. grundlegend BÖCKLI, Aktienrecht, § 18 Rz. 157 ff.; BERTSCHINGER, Verantwortlichkeit Revisionsstelle, 569 ff.; DRUEY, Haftung Abschlussprüfer, 205 ff.; EGGMANN; FORSTMOSER/MEIER-HAYOZ/NOBEL, § 37 N 41; GLANZMANN, Revisionsstelle, 1235 ff.; LUTERBACHER, 864, mit Hinweisen; RUOSS, 19 ff.
2691 Dazu vgl. grundlegend BÖCKLI, Aktienrecht, § 18 Rz. 157 ff. und dort zitierte Literatur.

8.9.2 Gesetzliche Grundlagen für zivilrechtliche Verantwortlichkeit

In der Ausübung einer *Organfunktion* gemäss Art. 727 ff. OR richtet sich die aktienrechtliche Haftung nach den in Art. 755 OR abschliessend genannten Fällen.[2692] Danach haften alle Personen, die sich mit der Prüfung der Jahres- und der Konzernrechnung, der Gründung, der Kapitalerhöhung oder -herabsetzung befassten, sowohl der Gesellschaft als auch den einzelnen Aktionären und Gesellschaftsgläubigern für den Schaden, den sie durch *absichtliche* oder *fahrlässige* Verletzung ihrer Pflichten verursacht haben. Eine faktische Mandatsausübung ohne formelle Bestellung als Organ ist grundsätzlich denkbar und kann eine Haftung begründen. In der Praxis wird jedoch eine faktische Revisorenstellung nicht leichthin angenommen.[2693] Ob die Prüfung als ordentliche oder als eingeschränkte Revision erfolgte, ändert nichts an der Haftungsgrundlage. Bei der eingeschränkten Revision sind allerdings die Aufgaben, für deren sorgfältige Erfüllung die Revisionsstelle haftet, enger umschrieben.[2694]

Die aktienrechtliche Haftung gemäss Art. 755 OR trifft alle mit der Prüfung der Jahres- und Konzernrechnung, der Gründung, der Kapitalerhöhung oder der Kapitalherabsetzung befassten Personen. Ist eine juristische Person als Revisionsstelle bestellt, ist lediglich diese verantwortlich, nicht aber deren einzelne Organmitglieder oder die (angestellten) natürlichen Personen, welche die Revisionsaufgaben ausüben. Auch der leitende Revisor ist nicht passivlegitimiert, solange seine Tätigkeit im Rahmen des dem Revisionsunternehmen erteilten Revisionsauftrages erfolgte.[2695]

Bei der Durchführung von Aufgaben, die nicht zu den Organpflichten der Revisionsstelle gehören, sondern im *Auftrag* des Verwaltungsrates vollzogen werden,[2696] richtet sich die Haftung dagegen nach Auftragsrecht.[2697] Nachfolgende Übersicht zeigt die wesentlichen Unterschiede zwischen aktienrechtlicher und auftragsrechtlicher Haftung. Weil die Bestimmungen über die Pflichten der Revisionsstelle auch zum Schutze Dritter erlassen worden sind, stellt die Pflichtverletzung einer Revisionsstelle auch eine widerrechtliche Handlung im Sinne von Art. 41 OR dar, weshalb *ausservertragliches Haftpflichtrecht* ebenfalls zur Anwendung gelangen kann.[2698]

2692 Obwohl im Gesetz nicht explizit genannt, gehören gem. Böckli zu den Prüfungsaufgaben auch die Überschuldungsprüfung gem. Art. 725 Abs. 2 OR, die Aufwertungsprüfung Art. 670 OR, sowie die Prüfung der vorzeitigen Liquidationsausschüttung gemäss Art. 745 Abs. 3 OR (Böckli, Aktienrecht, § 18 Rz. 169).
2693 Böckli, Aktienrecht, § 18 Rz. 163; Gericke/Waller, in: Basler Kommentar, N 5 zu Art. 755 OR; HWP (2009), Band 2, 81.
2694 HWP (2009), Band 2, 80; Die ordentliche Revision ist nach den Schweizer Prüfungsstandards (PS), die eingeschränkte Prüfung nach dem Standard zur Eingeschränkten Revision (SER) durchzuführen.
2695 Böckli, Aktienrecht, § 18, Rz. 173; Gericke/Waller, in: Basler Kommentar, N 5 zu Art. 755 OR; HWP (2009), Band 2, 81; anderer Meinung: Bertschinger, Verantwortlichkeit Revisionsstelle, 569 ff.
2696 Abschlussberatung, Steuerberatung, Unternehmensbewertungen, Wirtschaftlichkeitsprüfungen, Sonderprüfungen gemäss Art. 697a OR, Review von Zwischenabschlüssen, Erstellung von Comfort Letters bei Börsengängen und anderen Kapitalmarkttransaktionen können keine Pflichtverletzungen i.S. vom Art. 755 OR begründen (Gericke/Waller, in: Basler Kommentar, N 3 zu Art. 755 OR und dort aufgeführte Literatur.
2697 Art. 394 ff. OR insbesondere Art. 398 Abs. 2 OR sowie Art. 97 f. OR, dazu Böckli, Aktienrecht, § 18 Rz. 170.
2698 Vgl. Forstmoser, Verantwortlichkeit, Rz. 853; BGE 106 II 235.

	Aktienrechtliche Haftung	**Auftragsrechtliche Haftung**	**Ausservertragliche Haftung**
Kennzeichen:	Organhaftung	Verschuldenshaftung	Verschuldenshaftung
Gesetzesgrundlage:	Art. 755 OR	Art. 398 OR	Art. 41 OR
Klageberechtigt:	Aktiengesellschaft, Aktionäre und Gläubiger und Weitere	Aktiengesellschaft als Vertragspartner	Gläubiger
Beweislast für Schuld:	unterschiedlich	Gemäss Art. 97 OR Vermutung der Schuld der Revisionsstelle mit Exkulpationsmöglichkeit	beim Kläger
Klageort:	am Sitz der Aktiengesellschaft, Art. 761 OR	am Sitz der Revisionsstelle	am Sitz der Revisionsstelle
Verjährung:	innert 5 Jahren (Art. 760 OR)	innert 10 Jahren (Art. 127 OR)	innert einem Jahr (Art. 60 OR)

8.9.3 Klageberechtigung

Klageberechtigt sind, gestützt auf Art. 755 OR, die Gesellschaft selbst, jeder Aktionär[2699] und die Gläubiger der Gesellschaft.[2700] Im gesamten Verantwortlichkeitsrecht ist dabei die Unterscheidung von unmittelbarer (direkter) und mittelbarer (indirekter) Schädigung von grundlegender Bedeutung.[2701] Ferner ist zu unterscheiden, ob die Gesellschaft in Konkurs ist oder nicht.

Ein *unmittelbarer* Schaden liegt vor, wenn das Vermögen der Aktionäre und der Gläubiger durch pflichtwidriges Verhalten der Revisionsstelle direkt geschädigt worden ist, ohne dass u.U. die Gesellschaft selbst einen Schaden erlitten hat.[2702] Der Gläubiger kann so z.B. einen unmittelbaren Schaden erleiden, weil er einer überschuldeten Gesellschaft einen Kredit erteilt, was er bei rechtzeitiger Überschuldungsanzeige durch den Verwaltungsrat (oder subsidiär die Revisionsstelle) nicht getan hätte.[2703] Oft ist eine falsche Bilanz Ursache für einen unmittelbaren Schaden. Die Gesellschaft selbst wird durch die unterlassene Überschuldungsanzeige selbst nicht geschädigt, der Schaden tritt vielmehr direkt bei den Personen ein, die gestützt auf eine falsche Bilanz (allenfalls Revisionsbericht) der Gesellschaft neue Mittel zur Verfügung stellten.[2704] Ein Investor kann aufgrund von einer falschen Jahresrechnung einen deutlich zu hohen Kaufpreis für das Unternehmen bezahlt haben.[2705]

2699 Den Aktionären gleichgestellt sind Partizipanten gemäss Art. 656a Abs. 2 OR.
2700 GERICKE/WALLER, in: Basler Kommentar, N 3 zu Art. 754 OR. (Der Kreis der Anspruchsberechtigten ist in Art. 754 und 755 OR gleich geregelt. Nicht allen Anspruchsberechtigten stehen allerdings die gleichen Ansprüche zu.)
2701 Für die Gesellschaft selbst ist diese Unterscheidung jedoch bedeutungslos, da die Gesellschaft immer unmittelbar geschädigt ist. (Dazu GERICKE/WALLER, in: Basler Kommentar, N 14 ff. zu Art. 754 OR; FORSTMOSER, Verantwortlichkeit, N 187.)
2702 Dazu GERICKE/WALLER, in: Basler Kommentar, N 15 zu Art. 754 OR (mittelbare Schädigung) und N 16 (unmittelbare Schädigung).
2703 BGE 125 III 86; FORSTMOSER, Verantwortlichkeit, N 197.
2704 BGer. 21.112000; 4C.344/1998 betr. Irreführung des Kreditgebers durch wissentlich überhöhte Bilanzierung von Debitoren; dazu eingehend GERICKE/WALLER, in: Basler Kommentar, N 16 ff. zu Art. 754 OR (inkl. bundesgerichtliche Rechtsprechung).
2705 SUTER, 171.

Wenn die Gesellschaft selbst durch ein pflichtwidriges Verhalten der Revisionsstelle einen Vermögensverlust erleidet, spricht man von einem *mittelbaren (indirekten)* Schaden (der Gesellschaft), weil dadurch die Aktionäre[2706] oder die Gläubiger[2707] indirekt, reflexweise zu Schaden gekommen sind.[2708] Der Aktionär wird beispielsweise mittelbar geschädigt, wenn aufgrund einer Sorgfaltsverletzung eines Organs die Gesellschaft einen Schaden erleidet und dadurch seine Beteiligung an der Gesellschaft an Wert verliert. Der indirekt dem Kläger (Aktionär/Gläubiger) entstandene Schaden wird wiederum indirekt ersetzt durch eine Leistung an die Gesellschaft bzw. der Konkursmasse.[2709]

Die *Gesellschaft* kann Verantwortlichkeitsansprüche nur geltend machen, wenn sie selbst als direkt Geschädigte zu Schaden gekommen ist. Sie kann in diesem Fall gegen die Revisionsstelle als eines ihrer Organe auf Schadenersatz an die Gesellschaft klagen. Wird die Gesellschaft selbst nicht geschädigt, so stehen ihr keine Verantwortlichkeitsansprüche zu. Ist in einem Konkursfall die Gesellschaft selbst auch direkt geschädigt, können die Ansprüche der Gesellschaft in Konkurrenz zu den Individualklagen der Aktionäre und Gläubiger treten.

Neben der Gesellschaft haben auch die Aktionäre und die Gläubiger Klagemöglichkeiten gegenüber der Revisionsstelle. Der *Aktionär* kann bei erlittenem *unmittelbarem* Schaden immer Schadenersatz klagen und Leistung an sich selbst verlangen. Bei bloss indirektem *(mittelbaren)* Schaden und wenn die Gesellschaft nicht in Konkurs ist, können die Aktionäre (nicht aber die Gesellschaftsgläubiger) gemäss Art. 756 OR die Revisionsstelle zwar einklagen, aber nur auf Leistung an die Gesellschaft. Das Prozessrisiko und persönliche Vorteile für den klagenden Aktionär stehen dann oft in einem Missverhältnis. Dieser Umstand wird jedoch durch die gesetzliche Regelung der Tragung der Prozesskosten gemildert. Nach Art. 756 Abs. 2 OR verteilt der Richter im Falle einer begründeten Klage die Kosten nach seinem Ermessen auf die beklagte Gesellschaft bzw. den Kläger. Im Konkurs der Gesellschaft steht der Anspruch für mittelbaren Schaden primär der Konkursverwaltung zu. Die Aktionäre haben nur einen Anspruch, wenn die Konkursverwaltung auf eine Geltendmachung der Klage verzichtet hat. Jeder Aktionär kann dann sämtliche der Gesellschaft zustehenden Verantwortlichkeitsansprüche geltend machen.[2710] Gemäss SchKG werden jedoch vom Ergebnis zuerst die klagenden Gläubiger befriedigt. Erst am Überschuss nehmen die klagenden Aktionäre – im Ausmass ihrer Beteiligung an der Gesellschaft – teil.

Der *Gläubiger* kann bei unmittelbarem Schaden, gestützt auf Art. 757 OR, jederzeit gegen die Revisionsstelle klagen; doch ergibt die Klage nur im Falle eines Konkurses der Gesellschaft Sinn, da die aufrechte Gesellschaft gemäss Art. 722 OR ohnehin haftet. Bei einer indirekten (mittelbaren) Schädigung steht dem Gläubiger nur ein Klagerecht zu, wenn die Gesellschaft im Konkurs steht und die Konkursverwaltung auf eine Geltendmachung ver-

---

2706 Der Aktionär wird mittelbar geschädigt, weil seine Beteiligung infolge des Schadens, den die Gesellschaft erlitten hat, weniger wert ist (BGE 131 III 310).
2707 Der Gläubiger wird mittelbar erst im Konkurs der Gesellschaft geschädigt (FORSTMOSER, Verantwortlichkeit, N 203).
2708 BÖCKLI, Aktienrecht, § 18 Rz. 364 (und neuerdings auch das Bundesgericht) spricht daher von Reflexschaden (BGE 131 III 309/10, 312; Urteil 4C.363/2006 vom 13. März 2007, Erw 5.1 und 5.2.
2709 FORSTMOSER/MEIER-HAYOZ/NOBEL, § 36 N 23.
2710 Art. 757 Abs. 2 OR.

zichtet hat. Jeder Gläubiger kann dann sämtliche der Gesellschaft zustehenden Ansprüche geltend machen.[2711]

In einem Grundsatzentscheid vom 19. Dezember 1997 hat das Bundesgericht klargestellt,[2712] dass die Vorschriften über die Pflichten der Revisionsstelle gemäss Art. 755 OR auch *Dritte* schützen, die im Vertrauen auf die Berichterstattung der Revisionsstelle Aktien der betreffenden Gesellschaft erwerben oder ihr Darlehen gewähren.[2713] In diesem Zusammenhang stellt sich jedoch die Frage, ob nicht auch Selbstverschulden des Investors und Kreditgebers vorliegt, wenn sie sich bei ihren Entscheiden allein auf die Berichterstattung der Revisionsstelle verlassen – und auf eigene, weitergehende angemessene Beurteilungen und Prüfungen (in Art einer «Due Diligence») verzichtet hatten.[2714]

Als materielle Voraussetzungen für eine Verantwortlichkeitsklage gegen die Revisionsstelle müssen folgende Voraussetzungen kumulativ erfüllt sein:
- Schaden
- Pflichtverletzung
- adäquater Kausalzusammenhang
- Verschulden.

8.9.4 Schaden

Voraussetzung für eine Schadenersatzklage ist das Vorhandensein eines Schadens. Der Kläger hat Bestand und Höhe des Schadens geltend zu machen, ihn nachzuweisen und detailliert zu beziffern.[2715] Das Bundesgericht hat mehrfach festgehalten, dass der verantwortlichkeitsrechtliche Schaden aus der Differenz zwischen dem gegenwärtigen Vermögensstand und dem Stand besteht, den das Vermögen ohne das schädigende Ereignis erreicht hätte.[2716] Dabei bemisst sich der *relevante* Schaden nach der Abnahme des Netto-Vermögens der Gesellschaft, und nicht nach der Abnahme im Vermögen auf Stufe des Klägers (Aktionär bzw. Gläubiger).[2717] Die Substantiierung des Schadens kann sehr schwierig sein. Um diese Berechnungen zu vermeiden, versuchen die Kläger daher, die Beweislast auf die Revisionsstelle zu schieben.[2718]

Die Revisionsstelle kann auch für einen *Fortsetzungs-/Folgeschaden* mitverantwortlich sein. Ein Folgeschaden ist beispielsweise derjenige Schaden, der entstanden ist, weil die Gesellschaft trotz bestehender Überschuldung die Geschäfte fortführte, oder weil die Re-

---

2711 Art. 757 Abs. 2 OR.
2712 Unv. BGer. vom 19. Dezember 1997, 4C.13/1997 (= Pra 198 Nr. 121). Hier stellt sich die Frage, ob es Zweck der durch die Revisionsstelle zu erstellenden Berichte ist, Grundlage für Vertragsabschlüsse Dritter zu bilden (GERICKE/WALLER, in: Basler Kommentar, N 18 zu Art. 755 OR).
2713 HONOLD, 1071.
2714 GERICKE/WALLER, in: Basler Kommentar, N 21 zu Art. 755 OR. Sie stellen die Frage, ob die Tätigkeit der Revisionsstelle überhaupt kausal für einen Investitions- oder Kreditentscheid gewesen ist. Allfällige zusätzliche Abklärungen (z.B. in Form einer due Diligence) sind ihnen allenfalls als Selbstverschulden anzurechnen (so EGGMANN, 194).
2715 Art. 8 ZGB, z.B. BGer. 8. September 2009, 4A_154/2009.
2716 Vgl. anstelle vieler: FORSTMOSER/MEIER-HAYOZ/NOBEL, § 36 N 58; RUOSS, 122, 125.
2717 BÖCKLI, Aktienrecht, § 18 Rz. 365 ff.
2718 CAMPONOVO, Verantwortlichkeit, 81 mit weiteren Hinweisen.

visionsstelle pflichtwidrig die Überschuldung nicht erkannte, der Generalversammlung diese nicht meldete oder den Richter darüber nicht benachrichtigte, nachdem der Verwaltungsrat dies unterlassen hatte. Die Konkurseröffnung wurde dadurch verzögert, und die Verluste wuchsen mitunter weiter an.[2719] Der Fortsetzungsschaden ist die Differenz zwischen der Höhe der (zu Liquidationswerten ermittelten) Überschuldung im Zeitpunkt des (späteren) tatsächlichen Konkurses und derjenigen im (früheren) Zeitpunkt des hypothetischen Konkurses. Nachträglich den Beginn der Überschuldung und ihre Höhe in verschiedenen Zeitpunkten festzustellen, ist sehr schwierig und komplex. Zentral ist dabei, dass zwischen dem effektiven und dem hypothetischen Konkurszeitpunkt vergleichbare Bedingungen geschaffen werden. Entsprechend ist die Bilanz im hypothetischen Konkurszeitpunkt auch auf Liquidationswerte umzustellen. Dabei bedarf es zwangsläufig gewisser Ermessensentscheide.[2720] Die Revisionsstelle kann i.d.R. nur für jenen Zuwachs des Schadens, der aus der verspäteten Konkurseröffnung resultierte, belangt werden. Falls sich u.U. der Schaden (z.B. infolge gestiegener Immobilienpreise) durch das (pflichtwidrige) Hinauszögern der Konkurseröffnung verringert hat, kann die Revisionsstelle daher nicht belangt werden, weil es am Fortsetzungsschaden fehlt.

Grundsätzlich hat die Revisionsstelle den vollen Schaden zu ersetzen, den sie verursacht hat, sofern keine Reduktionsgründe vorliegen.[2721]

8.9.5 Pflichtverletzung

Die Revisionsstelle haftet nur für den Schaden, der infolge Verletzung ihrer aktienrechtlichen Pflichten entstanden ist. Pflichtverletzung ist die besondere Form der Widerrechtlichkeit (Art. 41 OR), die das Recht der Organverantwortlichkeit beherrscht.[2722] Im Verantwortlichkeitsprozess ist es Sache des Klägers, die Pflichtverletzung im Einzelnen darzulegen und zu beweisen. Weil das Rechtsverhältnis zwischen der Revisionsstelle und der Gesellschaft als auftragsähnlicher Vertrag zu qualifizieren ist, muss die Revisionsstelle als Beauftragte «getreu und sorgfältig» handeln.[2723] Beispiele für Pflichtverletzungen durch die Revisionsstelle sind Verletzungen der Prüfungspflichten, Missachtung der Meldepflichten, Unterlassung der Einberufung der Generalversammlung etc. Besondere Bedeutung für die Konkretisierung dieser Pflichten, namentlich der Prüfungspflichten, erhalten dabei die detaillierten Anleitungen für die Prüfung, wie sie in den entsprechenden Prüfungsstandards (PS, SER) festgehalten sind.

Typisch für die Pflichtverletzung der Revisionsstelle ist es, dass diese praktisch nie alleine steht.[2724] Regelmässig liegt ihr eine – vorausgehende – Pflichtverletzung des Verwaltungsrates (in Form einer Gesetzes- oder Statutenverletzung) zugrunde.[2725] Durch die Verlet-

---

2719 Dazu ausführlich FÄSSLER/BERENDONK/GREUB, 670 ff. mit vielen Hinweisen.
2720 FÄSSLER/BERENDONK/GREUB, 674.
2721 Z.B. Selbstverschulden des Klägers (Aktionär, Gläubiger, allenfalls Gesellschaft), bloss leichte Fahrlässigkeit beim Verantwortlichen, Drittverschulden oder konkurrierender Zufall. Bei der Revisionsstelle dürfte bloss leichte Fahrlässigkeit häufig als Reduktionsgrund gegeben sein (HWP (2009), Band 2, 84).
2722 GERICKE/WALLER, in : Basler Kommentar, N 23 zu Art. 754 OR.
2723 Art. 398 OR.
2724 Vgl. CAMPONOVO, Verantwortlichkeit, 72.
2725 BÖCKLI, Aktienrecht, § 18 Rz. 377; FORSTMOSER, Revisor, 389.

zung von Revisionsaufgaben allein wird kaum je Schaden entstehen, weil ungenügende Prüfung oder Berichterstattung nur zu einer Vergrösserung des Schadens führt, falls eine bereits vorher erfolgte, schädigende Pflichtverletzung zu spät aufgedeckt wird.

In der Regel sind die Pflichtverletzungen der Revisionsstelle *Unterlassungen*.[2726] Sie unterlässt es z.B. im Revisionsbericht, Einschränkungen zur Bewertung bestimmter Bilanzpositionen anzubringen oder auf Gesetzes- und Statutenverstösse des Verwaltungsrates hinzuweisen. Dies gilt auch für die wenigen aktiven Pflichten der Revisionsstelle, wie subsidiäre Einberufung der Generalversammlung[2727] oder Benachrichtigung des Richters bei offensichtlicher Überschuldung der Gesellschaft, nachdem der Verwaltungsrat seinerseits die Bilanzdeponierung oder die Einberufung der Generalversammlung pflichtwidrig unterlassen hat.[2728]

8.9.6 Adäquater Kausalzusammenhang

Zwischen der Pflichtverletzung der Revisionsstelle und dem eingetretenen Schaden muss ein *Ursachen-/Wirkungszusammenhang* bestehen. Das Bundesgericht hat in BGE 123 III 112 den adäquaten Kausalzusammenhang für eine Pflichtverletzung dann als gegeben erachtet, wenn sie «nach dem gewöhnlichen Lauf der Dinge und nach der Erfahrung des Lebens geeignet war, einen Erfolg von der Art des eingetretenen herbeizuführen».[2729] Kompliziert wird dies bei der Revisionsstelle dadurch, dass ihre Pflichtwidrigkeit i.d.R. in einer *Unterlassung* besteht. Diese «Komplikation» ist sachgerecht; es leuchtet ein, dass ein mangelhafter Bericht über einen Fehler nicht dieselben Auswirkungen haben kann wie der Fehler selber. Für die Eruierung der Haftbarkeit der Revisionsstelle muss daher mit Hypothesen gearbeitet werden. Es gilt die Frage zu beantworten, ob ein Schaden eingetreten wäre, wenn an der Stelle der Unterlassung ein korrektes und pflichtgemässes Handeln gestanden hätte. Dabei wird auf die allgemeine Lebenserfahrung abgestellt.

8.9.7 Verschulden

Voraussetzung für die Schadenersatzklage ist das Verschulden des Verantwortlichen. Es geht darum, ob die Revisionsstelle ein objektiv pflichtwidriges Verhalten – angesichts der konkreten Umstände und der individuellen Verhältnisse – zum Vorwurf gemacht werden kann.[2730] Der Verschuldensmassstab ist ein objektivierter: Verlangt wird diejenige Sorgfalt, die ein gewissenhafter und fachlich ausgewiesener Prüfer unter den gleichen Umständen als erforderlich ansehen würde. Unfähigkeit, Unerfahrenheit oder mangelnde Kenntnisse des Prüfers sowie Zeitdruck befreien nicht vor der Haftung.[2731] Grundsätzlich besteht die Haftung nach Art. 755 OR für jedes Verschulden, auch für leichte Fahrlässigkeit.

2726 CAMPONOVO, Verantwortlichkeit, 72.
2727 Art. 699 Abs. 1 OR.
2728 Art. 728c Abs. 3 OR.
2729 Ähnlich auch in BGE 113 II 57, BGE 132 III 718 und anderen.
2730 HWP (2009), Band 2, 82.
2731 HWP (2009), Band 2, 83.

8.9.8 Weitere Aspekte zivilrechtlicher Verantwortlichkeit

Falls die vier materiellen Voraussetzungen erfüllt sind und die Haftung der Revisionsstelle grundsätzlich feststeht, gilt es, eine Reihe weiterer Aspekte zu berücksichtigen:

8.9.8.1 Reduktion

Der Richter kann aus den gesetzlich vorgesehenen Gründen den vollen Schadenersatz reduzieren.[2732]

8.9.8.2 Solidarität/Regress

Wenn für denselben Schaden mehrere Personen verantwortlich sind, so haften sie solidarisch. Dies ist an sich einsichtig. Eher erstaunlich ist dagegen, dass das Gesetz auch eine – im Grunde sachwidrige – Solidarität herstellt zwischen dem Verwaltungsrat, der die Geschäfte der Gesellschaft führt, und der -im Nachhinein prüfenden – Revisionsstelle.[2733] Der Prüfer wird dadurch faktisch zum Garanten für den Geprüften, was schon aus Unabhängigkeitsgründen abzulehnen ist. Die gesetzlich geschaffene Solidarität ist umso problematischer, als die Revisionsstelle aus Unabhängigkeitsgründen von jeglichen Geschäftsführungsaufgaben ausgeschlossen ist.

Bis 1991 wurde in Art. 759 Abs. 1 aOR die solidarische Haftung für denselben Schaden als absolute Solidarität geregelt: Selbst Personen mit leichten Pflichtverletzungen hafteten für den ganzen Schaden, der von anderen Personen, welche allenfalls ein schweres Verschulden traf, angerichtet worden war.

Das seither geltende Aktienrecht sieht eine *differenzierte* Solidarität vor: Wenn für einen Schaden mehrere Personen ersatzpflichtig sind, so ist jede von ihnen insoweit mit den anderen solidarisch haftbar, als ihr der Schaden aufgrund ihres eigenen Verschuldens und der Umstände persönlich zurechenbar ist.[2734] Mit dieser differenzierten Solidarität wird das *unterschiedliche Verschulden* der verschiedenen Verantwortlichen stärker berücksichtigt. Jeder einzelne Haftpflichtige haftet im Aussenverhältnis gemäss Art. 759 Abs. 1 OR nur insoweit solidarisch mit den andern, als der Schaden aufgrund seines eigenen Verschuldens und der Umstände persönlich zurechenbar ist. Die Revisionsstelle haftet damit für den Schaden, den primär der Verwaltungsrat und die Geschäftsleitung der Gesellschaft verursacht haben, nur insoweit, als ihr dieser Schaden aufgrund ihres eigenen Verschuldens (d.h. fahrlässige Verletzung der eigenen Sorgfaltspflichten in der Durchführung der Revision, Unterlassung von Meldepflichten etc.) und der Umstände persönlich zurechenbar ist. Weil das Verschulden der Revisionsstelle in der Regel weit geringer ist als dasjenige des Verwaltungsrates, kann sie sich gegenüber dem Geschädigten auf ihr ge-

---

[2732] Selbstverschulden gemäss Art. 44 Abs. 1 OR; bloss leichte Fahrlässigkeit gemäss Art. 43 Abs. 1 OR; Drittverschulden, konkurrenzierender Zufall.
[2733] Zum Problem der Solidarität der Revisoren mit den Leitungsorganen eingehend BÖCKLI, § 18 Rz. 179 ff., der die Solidarische Haftung der Prüfer mit dem Geprüften als ein «methodisches Unding» bezeichnet und als Einladung an jeden Konkursverwalter ansieht, «automatisch» mit Verantwortlichkeitsansprüchen an die Revisionsstelle heranzutreten, zumal diese (mindestens die staatlich beaufsichtigten Revisionsunternehmen) gezwungen sind, eine grosse Versicherungsdeckung abzuschliessen.
[2734] Art. 759 Abs. 1 OR.

ringeres Verschulden berufen und muss nur für den Schaden einstehen, den sie durch ihr Verhalten adäquat kausal verursacht hat.

Nie haftet somit die Revisionsstelle für einen Schaden, zu dem sie nichts beigetragen hat. Der Kläger wird den Schaden daher nur bei denjenigen einklagen, die ihn verursacht haben und denen er persönlich zurechenbar ist. Weil der Kläger damit in eine schwierige Lage kommt, hat der Gesetzgeber ihm in Art. 759 Abs. 2 OR die Möglichkeit gegeben, mehrere Beteiligte gemeinsam für den Gesamtschaden einzuklagen und zu verlangen, dass der Richter im gleichen Verfahren die Ersatzpflicht jedes einzelnen Beklagten festsetzt.

Der Haftpflichtige, der im Aussenverhältnis mehr am Schadenersatz zu tragen hat als den Anteil, den er aufgrund seines Verschuldens zu tragen hätte, kann im Innenverhältnis für den seinen Anteil übersteigenden Betrag auf die Mitverantwortlichen Regress nehmen.

Umstritten ist, wer die Beweislast für das Verschulden zu tragen hat. Klagt die Aktiengesellschaft gegen die Revisionsstelle, so wird eine vertragliche Rechtsbeziehung zwischen den beiden angenommen, weshalb gemäss Art. 97 OR ein Verschulden der Revisionsstelle vermutet wird. Die Revisionsstelle hat die Möglichkeit, das Gegenteil zu beweisen.

Dass sich die bisherige Regelung in Praxis nicht bewährt hat und die Revisionsstelle in sachwidriger Weise zunehmend zum Hauptadressat von Verantwortlichkeitsklagen wurde, hat auch der Gesetzgeber erkannt. Im Entwurf für das neue Aktienrecht wurde daher eine neue Regelung vorgeschlagen.[2735]

8.9.8.3 Verjährung

Nach Art. 760 Abs. 1 OR verjährt der Anspruch auf Schadenersatz in fünf Jahren nach Kenntnis des Schadens und der Person des Ersatzpflichtigen, jedenfalls nach zehn Jahren vom Tag der schädigenden Handlung an gerechnet. Bei Klagen, die sich aus strafbaren Handlungen herleiten, gelten die allenfalls längeren Verjährungsfristen des Strafrechts.[2736]

8.9.9 Strafrechtliche Verantwortlichkeit

Neben der zivilrechtlichen Verantwortlichkeit der Revisionsstelle besteht für die mit der Revision betrauten Personen – wie beim Verwaltungsrat – auch eine strafrechtliche Verantwortlichkeit.[2737] Eine unsorgfältige Prüfungstätigkeit erfüllt in der Regel an sich keinen Straftatbestand, da der entsprechende *Vorsatz* fehlt. Es besteht aber die Tendenz, dass neben der zivilrechtlichen Klage gegen die Revisionsstelle «flankierend» auch ein Strafverfahren gegen die mit der Revision betrauten Personen eingeleitet wird. Dies erfolgt oft ohne Vorliegen eines Straftatbestandes nur mit dem Zweck, an die Prüfungsunterlagen der Revisionsstelle zu gelangen, zu deren Vorlegung diese in einem Zivilprozess nicht verpflichtet ist.

2735 Botschaft, Änderung Rechnungslegungsrecht, 1694; dazu eingehend BÖCKLI, Aktienrecht, § 18, Rz. 191a ff.
2736 Art. 760 Abs. 2 OR.
2737 Siehe SCHMID, Verantwortlichkeit, 193 f. Vgl. deshalb im Einzelnen auch die Ausführungen zur strafrechtlichen Verantwortlichkeit des Verwaltungsrates vorne im Kapitel 5 und dort insbesondere zu den möglichen Straftatbeständen unter Ziff. 5.2, S. 398 ff.

Insbesondere folgende Artikel im Strafgesetzbuch haben für die Revisionsstelle eine Bedeutung:
- Verletzung des Berufsgeheimnisses (Art. 321 StGB);
- unwahre Angaben über kaufmännische Gewerbe (Art. 152 StGB);
- Ausüben der Kenntnisse vertraulicher Tatsachen «Insiderhandel» (Art. 161 StGB).

Daneben können die Revisoren mit ihrer Berufsausübung auch allgemeine Straftatbestände erfüllen. Im Vordergrund stehen dabei:[2738]
- Betrug (Art. 146 StGB);
- unwahre Angaben gegenüber Handelsregisterbehörden (Art. 153 StGB);
- ungetreue Geschäftsbesorgung (Art. 158 StGB);
- Verletzung des Fabrikations- oder Geschäftsgeheimnisses (Art. 162 StGB);
- Urkundenfälschung (Art. 251 StGB);
- Erschleichung einer falschen Beurkundung (Art. 253 StGB).

Soweit eine Jahresrechnung und ein Bericht der Revisionsstelle bewusst unwahre Feststellungen enthalten, können sich die Revisionsstelle und u.U. auch die Verwaltungsräte, wenn sie diesen falschen Bericht veranlassten, wegen Urkundenfälschung strafbar machen, weil nach Rechtsprechung des Bundesgerichts diese Schriftstücke Urkundencharakter haben.

Bei all diesen Delikten muss der Täter *vorsätzlich*, d.h. mit Absicht handeln, um sich strafbar zu machen. Fahrlässigkeit, also die unsorgfältige Ausübung der Tätigkeit als Revisionsstelle, genügt nicht, um sich strafbar zu machen.

Einzelne Strafbestimmungen im anderen Gesetzen stellen auch die fahrlässige Begehung durch Prüfer unter Strafe: beispielsweise das FINMAG in Art. 46 Abs. 2 die grobe Verletzung aufsichtsrechtlicher Bestimmungen sowie das RAG in den Strafbestimmungen von Art. 39 (Verletzung der Grundsätze der Unabhängigkeit, Meldepflichten etc.) und Art. 40 (Erbringung von Revisionsdienstleistungen ohne die erforderliche Zulassung oder trotz Verbot zur Ausübung seiner Tätigkeit; Verweigerung von Auskünften, die von der Revisionsaufsichtsbehörde verlangt wurden; Verstoss gegen Dokumentation und Aufbewahrungspflichten; Verletzung von Geheimhaltungspflichten).

2738 HWP (2009), Band 2, 86.

9. Der Verwaltungsrat im Konzern

9.1 Ausgangslage

Konzerne spielen in der praktischen Realität eine grosse Rolle. Fast alle grösseren Unternehmen sind als Konzerne organisiert. Im heutigen Wirtschaftsleben sind Konzernverhältnisse überaus verbreitet. Schätzungen zufolge sind zwischen 70 und 90% der schweizerischen Aktiengesellschaften konzerniert,[2739] d.h. in einen Konzernverbund eingeschlossen. Konzerne, die aus der Schweiz heraus organisiert sind, sind faktische Gebilde, die historisch gewachsen sind,[2740] und sich nicht auf der Grundlage von Gewinnabführungs- oder Beherrschungsverträgen[2741] gebildet haben.

Das schweizerische Recht kennt keine separate, in sich geschlossene Normierung des Konzerns. Das schweizerische Konzernrecht stellt sich vielmehr als Summe einer Vielzahl von einzelnen Bestimmungen zu Fragen um Konzernsachverhalte dar, verstreut in verschiedensten Rechtsgebieten (Gesellschaftsrecht,[2742] Steuerrecht, Zivilprozessrecht, Schuldbetreibungs- und Konkursrecht, Verwaltungsaufsichtsrecht). Diese wurden – und werden weiterhin – namentlich auch von der Lehre und Rechtsprechung weiterentwickelt, präzisiert und in einen systematischen Zusammenhang gerückt. Demgegenüber regelt das deutsche Recht den «Vertragskonzern» auf der Grundlage von Unternehmensverträgen, sieht Schutzmechanismen (Nachteilsausgleich, Abhängigkeitsbericht) für faktische Konzerne vor und führt Konzernhaftungstatbestände ein.[2743]

9.2 Gründe für die Konzernbildung

Die Gründe für die Konzernbildung sind äusserst vielfältig. Sie zielen jedoch immer darauf ab, einem wachsenden Unternehmen eine – unter verschiedensten rechtlichen und steuerlichen Gesichtspunkten – optimale Gesellschaftsstruktur zu schaffen. Die praktischen Vorteile der Schaffung einer Konzernstruktur (mit rechtlich eigenständigen Tochtergesellschaften) liegen – namentlich bei internationalen Verhältnissen – in Folgendem:[2744]

- *organisatorische Vorteile* (insbesondere, weil die alternative Errichtung einer Zweigniederlassung namentliche im internationalen Kontext zu vielen Abgrenzungs- und Zuordnungsfragen führt und daher i.d.R. wenig zweckmässig ist);
- *Flexibilität*: bessere Anpassungsfähigkeit an die lokalen Bedürfnisse dank juristisch selbständiger Einheiten; Möglichkeit der Kombination von straffer zentraler Führung

---

2739 Vgl. VON BÜREN, Konzern, 1 Anm. 5 mit entsprechenden Belegen.
2740 Vgl. die bei VON BÜREN, Konzern, 50 ff., dargestellten Strukturen (Stammhauslösung, Holdinglösung, Management-Gesellschaft, divisionale Konzerne).
2741 Solche vertraglichen Grundlagen eines Konzerns sieht die deutsche Gesetzgebung vor (§§ 291 ff. AktG); sie sind auch in Deutschland eher die Ausnahme für eine Konzernbildung; BÖCKLI, Aktienrecht, § 11 Rz. 61 f.
2742 Insbesondere im Rechnungslegungsrecht Art 963–963b OR, sowie in den Bestimmungen zur Revisionspflicht (Art. 727 ff. OR).
2743 Vgl. die zusammenfassende Darstellung bei BÖCKLI, Aktienrecht, § 11 Rz. 44 ff.
2744 Dazu eingehend BÖCKLI, Aktienrecht, § 11 Rz. 136 ff.

mit relativ weit gehenden Gestaltungs- und Umsetzungsmöglichkeiten in den Tochtergesellschaften;
- *Haftungsabschottung:* Haftungsansprüche von Drittgläubigern richten sich in aller Regeln gegen eine einzige Tochtergesellschaft und können nicht ohne weiteres auf andere Tochtergesellschaften oder den gesamten Konzern ausgedehnt werden;[2745]
- *steuerliche Abschirmwirkung:* Steuersubjekte sind grundsätzlich die einzelnen juristischen Gesellschaften (Mutter und die Tochtergesellschaften). Steuerbehörden eines Landes können daher grundsätzlich nicht Unterlagen anderer Gesellschaften in anderen Ländern einverlangen und Steuerprüfungen ausdehnen;[2746, 2747]
- Überwindung nationaler Handelsschranken wie Zölle, Einfuhrbeschränkungen, technische Handelshemmnisse (die allerdings im Rahmen der GATT/WTO/TRIPS-Abkommen abgebaut werden);[2748] kartellrechtliche Vorteile.[2749]

9.3 Zum Wesen des Konzerns

9.3.1 Neue Rechnungslegung: Übergang zum Kontrollprinzip

Mit der Revision des Rechnungslegungsrechts[2750] 2011 wurde der bis anhin massgebende Artikel zum Konzernrecht (Art. 663e OR) gestrichen und durch Art. 963 OR ersetzt. Das Gesetz knüpfte bis anhin die Konsolidierungspflicht an die Zusammenfassung einer oder mehrerer Gesellschaften unter einer *einheitlichen Leitung.* Der Inhalt der einheitlichen Leitung umfasste insbesondere die Oberleitung der Gesellschaft, die Finanzaufsicht und -planung sowie wichtige Personalentscheide.[2751] Zur Erfüllung des Erfordernisses der einheitlichen Leitung genügte dabei nicht, dass dazu die entsprechenden Mittel und Möglichkeiten vorhanden waren. Vielmehr war auch ein entsprechendes tatsächliches Handeln (tatsächliche Ausübung der Kontrolle) verlangt (Leitungsprinzip). Mit dem neuen Recht wird nun auf dieses Kriterium des tatsächlichen Handelns, das in der Praxis regelmässig schwer nachzuweisen war und als Abgrenzungskriterium wenig taugte, verzichtet.[2752]

2745 So Böckli, Aktienrecht, § 11 Rz. 139 zur Haftungsabschottung: «Die Schotten sind übrigens auch nicht absolut dicht.»
2746 Von Büren, Konzern, 37; Böckli, Aktienrecht, § 11 Rz. 141 ff.
2747 Allerdings gibt es – etwa im Verhältnis Schweiz–Deutschland – Cross-border-Strukturen mit Betriebsstätten, die steuerlich günstiger ausfallen als eine Konzernstruktur mit unabhängigen Tochtergesellschaften. – Viele Länder kennen Begünstigungen für Holdinggesellschaften oder andere Besteuerungsregeln, die eine mehrfache Besteuerung von Gewinnen ausschliessen oder reduzieren, die innerhalb einer Konzernstruktur erwirtschaftet und ausgeschüttet werden.
2748 Vgl. von Büren, Konzern, 32 f.
2749 «Konzerne sind keine Kartelle.» (Böckli, Aktienrecht, § 11 Rz. 140 und Verweisung auf von Büren, Konzern, 375 m.w.H.).
2750 Inkraftsetzung 1.1.2013.
2751 Handschin, Rechnungslegung, 937.
2752 CHK-Lipp (2010), N 23 zu Art. 963 OR.

Nach dem neuen Rechnungslegungsrecht ist dann eine Konzernrechnung zu erstellen,[2753] wenn eine rechnungslegungspflichtige juristische Person ein oder mehrere rechnungslegungspflichtige Unternehmen *kontrolliert*. Das neue Rechnungslegungsrecht vollzieht damit einen Wechsel vom bisherigen Leitungsprinzip auf das international übliche Kontrollprinzip. Entscheidend für den Einbezug in den Konzern ist – abgesehen von den hier nicht interessierenden Stiftungen, Vereinen und Genossenschaften – nur mehr die Möglichkeit, ein oder mehrere Unternehmen zu kontrollieren – unabhängig davon, ob diese Kontrolle auch tatsächlich stattfindet. Kontrolle kann dabei auf verschiedene Arten erreicht werden: (i) durch Stimmenmehrheit im obersten Organ, (ii) durch das Recht, die Mehrheit im obersten Leitungsorgan zu stellen oder abzuberufen, (iii) aufgrund der Statuten, eines Vertrages oder vergleichbarer Instrumente, um einen beherrschenden Einfluss ausüben zu können.[2754]

Kontrolle bedeutet dabei die (rechtlich abgesicherte) Möglichkeit, die Finanz- und Geschäftspolitik eines anderen Unternehmens so zu bestimmen, dass das beherrschende Unternehmen aus dessen Aktivitäten Nutzen ziehen kann.[2755] Insofern ändert sich in Bezug auf das zentrale Element der «Konzernleitung» sichtbar nichts. Die wesentlichen Elemente der Konzernleitung (Leitung im Sinne von Willensbildung und Durchsetzung für den ganzen Konzern als Wirtschaftsorganisation; Organisation und Strukturierung im Hinblick auf das Konzerninteresse; hierarchische Struktur und Unterstellungsverhältnisse, wie dies auch in den Worten «Beherrschung», «Kontrolle» zum Ausdruck kommt) werden von der Gesetzesanpassung insofern nicht tangiert.[2756]

9.3.2 Konzernbegriff

Der Konzern zeichnet sich aus durch die *Unterordnung* von mehreren *juristisch selbständigen Unternehmen* (Untergesellschaften/Tochtergesellschaften) unter ein leitendes Unternehmen (Obergesellschaft/Muttergesellschaft) zum Zweck der Bildung einer unternehmerisch *tätigen wirtschaftlichen Einheit*.[2757]

Fast alle bekannten Konzerne sind sogenannte *Unterordnungskonzerne*: Eine beherrschende Obergesellschaft (Muttergesellschaft) unterstellt ein[2758] oder mehrere Unternehmen (Tochtergesellschaften) ihrer Beherrschung. Dabei kann die Beherrschung verschieden stark ausgeprägt bzw. die Intensität der Unterordnung unterschiedlich sein:[2759] Namentlich dort, wo die beherrschte Tochtergesellschaft vollständig im Eigentum der Obergesellschaft steht, kann eine *straffe* Konzernierung seitens der Obergesellschaft erfol-

---

2753 Da die Rechnungslegung der Ablage der Rechenschaftspflicht dient, wäre die gesetzliche Pflicht zur Erstellung einer Konzernrechnung ohne Vorhandensein eines Konzerns sinnlos; aus der Pflicht zur Erstellung der Konzernrechnung kann daher auch auf das Bestehen des Konzerns geschlossen werden.
2754 Art. 963 OR.
2755 Gemäss Glossary von IFRS, an die sich die neue Rechnungslegung konzeptionell stark anlehnt.
2756 BÖCKLI, Aktienrecht, § 11 Rz. 237 ff.
2757 Zum Konzernrecht eingehend: BÖCKLI, Aktienrecht, § 11, und dort aufgeführte Literatur namentlich DRUEY, FORSTMOSER, HANDSCHIN, Rechnungslegung, N 934 ff., HOFSTETTER, NOBEL, VON BÜREN.
2758 Wieso BÖCKLI (Aktienrecht, § 11, Rz. 147) dabei von «*zwei oder mehreren Unternehmen*» spricht, ist nicht ganz ersichtlich.
2759 Siehe dazu hinten unter Ziff. 11.34, S. 883: Überlegungen zur Führung einer Unternehmensgruppe.

gen (verbunden mit einer weitgehenden Konzentration der Führungskomptenzen bei der Obergesellschaft, bzw. einer Kompetenzreduktion bei der Untergesellschaft). Besteht hingegen bei der Tochtergesellschaft ein starkes Minderheitsaktionariat, so ist diese Kompetenzattraktion bei der Obergesellschaft nur bedingt möglich. Die *lockere* Form der Ausrichtung auf die Konzernziele erfolgt dann mit den Mitteln des Mehrheitsaktionärs.

Die Frage der *rechtlichen Zulässigkeit* dieser Unterstellungsverhältnisse (mit entsprechender Reduktion der Kompetenzen bei der unterstellten Gesellschaft) wurde mit der Einführung einer Pflicht zur Erstellung einer Konzernrechnung anlässlich der Aktienrechtsrevision 1991 indirekt bejaht.[2760] Das Gesetz kann nicht verlangen, dass bei Vorliegen eines Beherrschungsverhältnisses eine Konzernrechnung zu erstellen ist, ohne gleichzeitig die verlangte Unterstellung unter eine Konzernleitung zu legitimieren und ohne diese mit entsprechenden Führungsmitteln (Konzernweisungen) auszustatten. Auch in der Gerichtspraxis[2761] und der Lehre[2762] wird die Rechtmässigkeit bejaht.

Nach BÖCKLI müssen dabei jedoch folgende Bedingungen eingehalten werden:[2763]

- Die Organisation, welche die einheitliche Leitung innehat und ausübt (Obergesellschaft),[2764] muss «ihrerseits eine in Führung und Kontrolle ausgewogene, rechtlich strukturierte und einem obersten Organ *rechenschaftspflichtige Leitungs- und Aufsichtsstruktur* haben.»[2765]
- Die Geschäftspolitik der Obergesellschaft muss den beherrschten Konzernuntergesellschaften eine *minimale Aufrechterhaltung der Eigenwirtschaftlichkeit* (Solvabilität und Eigenkapitalrendite) ermöglichen und eine «residuelle» Gewährleistung der gesetzlichen Anforderungen hinsichtlich Organisation und Überwachung einräumen.
- Es darf kein ins Gewicht fallendes aussenstehendes Aktionariat vorhanden sein.[2766] Ansonsten wäre – trotz Beherrschungsmöglichkeit – wegen der zu beachtenden Minderheitenrechte eine weitgehende Kompetenzattraktion nur beschränkt möglich. Transaktionen zwischen Gesellschaften innerhalb des Konzerns müssten dann jeweils nach dem Prinzip «Handel wie unter Dritten (dealing at arm's length)» ausge-

---

2760 Art. 663e aOR, neu Art. 963 ff. OR
2761 Z.B SWZ 63 (1991) 142 ff. (i.S. CS-Holding); BGE 120 II 131 (i.S. Swissair); BGE 124 III 129 (i.S. Motor Columbus) u.a.
2762 BÖCKLI, Aktienrecht, § 11 Rz. 15, und dort aufgeführte Literatur: DRUEY/VOGEL, 22; VON BÜREN, Konzern, 53 ff. u.a.
2763 BÖCKLI, Aktienrecht, § 11 Rz. 16 ff., allerdings basierend auf dem Konzernrecht 1993.
2764 Mit der Revision des Rechnungslegungsrechts 2011 wurde das früher massgebliche Kriterium «der tatsächlichen, effektiven Durchsetzung der Unterordnung (Leitungsprinzip) weitgehend *aufgegeben* (mit Ausnahme bei Vereinen, Stiftungen und Genossenschaften, die die Pflicht zur Erstellung der Konzernrechnung an ein anderes beherrschtes Unternehmen übertragen haben (Art. 963 Abs. 4 OR). Damit wurde der definitive Wechsel auf das (international übliche) Kriterium der möglichen Beherrschung (Kontrollprinzip) vollzogen. U.E. genügt demnach bereits die Möglichkeit der Kontrolle, um eine Konzernierung und eine Konsolidierungspflicht anzunehmen.
2765 Aus diesem Grunde lehnt BÖCKLI (Aktienrecht, § 11 Rz. 16) eine konzernrechtlich gewollte Kompetenzattraktion durch eine Einzelperson, eine Personengesellschaft (einfache Gesellschaft, Kollektiv- oder Kommanditgesellschaft) oder – im Gegensatz zum neuen Rechnungslegungsrecht – eine Stiftung oder einen Verein ab. Weniger streng bestritten von HANDSCHIN, Konzern, 79 ff. und VON BÜREN, Erfahrungen, 75.
2766 BÖCKLI (Aktienrecht, § 11 Rz. 349a) erachtet ein aussenstehendes Aktionariat von 5–10% als ins Gewicht fallend.

handelt werden. Die Kompetenzattraktion darf nicht zu einer Ungleichbehandlung von allfälligen Minderheitsbeteiligen führen.

9.3.3 Gelöste und ungelöste Fragstellungen

Die wirtschaftliche Einheit unter einheitlicher Leitung geht in der Praxis oft so weit, dass Konzerne – trotz juristischer Selbständigkeit der einzelnen Gesellschaften – durch aussenstehende Dritte ausschliesslich als *eine* Einheit wahrgenommen werden. Aus dem Widerspruch von rechtlicher und wirtschaftlicher Betrachtung ergeben sich diverse Problemfelder. Diese wurden teilweise im Konzernrecht – recht pragmatisch, und erstaunlich erfolgreich – gelöst.[2767] Insbesondere wurden mit der Pflicht zur Konzernrechnungslegung die Transparenz in der Unternehmensberichterstattung massiv verbessert,[2768] durch Schutznormen für Gläubiger und Minderheitsaktionäre in den nationalen Gesetzgebungen die brennendsten Haftungsfragen entschärft, und im Steuerrecht der Durchgriff und das Prinzip des «Dealing at arm's length» etc. etabliert.[2769] Nur begrenzt verbessert hat sich dagegen der Schutz der Minderheitsaktionäre der beherrschten Gesellschaften (insbesondere durch die verbesserte Transparenz in der Rechnungslegung[2770] sowie im Kapitalmarktrecht.)[2771]

Nichtsdestotrotz verbleiben eine Anzahl *Problemfelder:*[2772]

- am *Anfang* der Konzernierung ergeben sich insbesondere Fragen
    - zum Austrittsrecht des Aktionärs einer übernommenen Gesellschaft,
    - zum Auskauf- oder Ausschliessungsrecht,
    - zur Beschlussfassung über die Konzernierung,
    - zum Zweckartikel.
- *Während* der Konzernzugehörigkeit verbleiben folgende ungelöste Bereiche:
    - Konzerntransparenz, Wissenszurechnung im Konzern,
    - Information der aussenstehenden Aktionäre,
    - Stellung des Verwaltungsrats der Untergesellschaft (siehe hinten Ziffer 9.5).

2767 BÖCKLI (Aktienrecht, § 11 Rz. 8) spricht von einem *in der Praxis funktionierenden Paradoxon,* andere von der *Quadratur des Zirkels* (FORSTMOSER, Haftung im Konzern, 139).
2768 Zur Konzernrechnung siehe vorne Ziff. 3.4.7, S. 243 ff., wo auch auf die Problematik der Fiktion der Konsolidierung eingegangen wird.
2769 BÖCKLI (Aktienrecht, § 11 Rz. 9) nennt insbesondere Haftung der herrschenden Gesellschaft (oder der einzelnen Mitglieder ihrer Konzernleitung) als faktisches Organ und den Durchgriff (bei Unterkapitalisierung, missbräuchlichen Transaktionen innerhalb des Konzerns, Management Fees, Verrechnungspreise, Zinsen etc.), Missachtung der getrennten Vermögens- und Haftungssphären, Schädigung von Gläubigern der Untergesellschaft und die umstrittene Haftung aus Konzernvertrauen. Zudem gibt BÖCKLI einen Überblick der Bestimmungen in verschiedenen wichtigen Ländern (BÖCKLI, Aktienrecht, § 11 Rz. 43 ff.).
2770 Art. 963*a* Abs. 2 und Art. 963*b* Abs. 3 OR (bei der Konzernrechnung) sowie Art. 961*d* (bei der Rechnungslegung für grössere Unternehmen), Art. 736 Ziff. 4 OR (Auflösung der Gesellschaft, wenn 10% dies verlangen).
2771 Art. 32 ff. BEHG (Pflicht zum Angebot).
2772 Dazu BÖCKLI, Aktienrecht, § 11 Rz. 31 ff.

- und *am Ende* der Konzernierung:
  - Wie weit haftet die Obergesellschaft für die Schulden der in die Freiheit entlassenen, insolventen Tochtergesellschaft?

9.4 Eingliederung und Organisation

9.4.1 Problematik

Der Verwaltungsrat einer Untergesellschaft steht in mehrfacher Hinsicht in praktisch allen für den Verwaltungsrat wichtigen Belangen (Oberleitung, Organisation, Finanzen, Personal, Haftung, etc.) in einem Spannungsverhältnis: Zwischen den in Art. 716a OR aufgeführten unübertragbaren und unentziehbaren Aufgaben und der diesbezüglichen Situation bestehen – aufgrund der definitionsgemäss gegebenen Unterordnung im Konzern – immanente Widersprüche. Mit BÖCKLI ist zu fragen: Wie geht der Verwaltungsrat der Untergesellschaft mit den seine Situation kennzeichnenden vollendeten Tatsachen um?[2773]

9.4.2 Kompetenzdelegation an die Obergesellschaft oder eine Managementgesellschaft

Wesensmerkmal des Konzerns ist die einheitliche Leitung,[2774] die sich durch sämtliche vorhandenen Unternehmen hindurchzieht. In der Praxis wird die einheitliche Leitung u.a. dadurch durchzusetzen versucht, dass Geschäftsleitungsfunktionen an die herrschende oder eine Managementgesellschaft[2775] delegiert werden.[2776] Ein solches Vorgehen ist differenziert zu beurteilen:

- Die *eigentliche Geschäftsführung* zählt nicht zu den unübertragbaren und unentziehbaren Aufgaben des Verwaltungsrats.[2777] Damit spricht an sich nichts gegen eine Delegation an die herrschende oder eine Managementgesellschaft, sofern die gesetzlich verlangten Formalien eingehalten werden.
- Dagegen schliesst die kategorische Formulierung von Art. 716a Abs. 1 OR aus, dass die dort aufgezählten *Kernkompetenzen* des Verwaltungsrats rechtswirksam intern oder extern delegiert werden könnten.[2778]

Mit Blick auf die hier interessierende Stellung des Verwaltungsrats in Konzerngesellschaften stellt sich namentlich die Frage, ob gleiche Rechte, Pflichten und Haftung des Verwal-

---

[2773] BÖCKLI, Aktienrecht, § 11 Rz. 316.
[2774] Vgl. etwa BÖCKLI, Aktienrecht, § 11 Rz. 237 ff.; FORSTMOSER/MEIER-HAYOZ/NOBEL, § 60 N 27; VON BÜREN, Konzern, 52 ff., DRUEY, Leitungsrecht, 1 ff., FORSTMOSER, Organisation, § 7 N 23.
[2775] Dazu ausführlich die Werke von RUEPP und STEIN. Vgl. auch BÖCKLI, Aktienrecht, § 13 Rz. 558; WATTER/ROTH PELLANDA, in: Basler Kommentar, N 12 zu Art. 716b OR.
[2776] Sofern nicht einfach die herrschende Gesellschaft Konzernweisungen erlässt und Umsetzungsmassnahmen anordnet.
[2777] Vgl. Art. 716a Abs. 1 OR. Nach Art. 716 Abs. 2 OR führt «der Verwaltungsrat die Geschäfte der Gesellschaft, soweit er die Geschäftsführung nicht übertragen hat».
[2778] FORSTMOSER/MEIER-HAYOZ/NOBEL, § 30 N 29; FORSTMOSER, Organisation, § 7 N 34.

tungsrats einer Konzerntochtergesellschaft gelten,[2779] ob diese gleich zu gewichten sind wie bei einer eigenständigen (nicht konzernierten) Gesellschaft, oder ob eine «teleologische Reduktion»[2780] stattzufinden hat, um die gesetzlichen Bestimmungen an eine atypische Gestaltungsform anzugleichen.

9.4.3 Eingliederung der Untergesellschaft in den Konzern

Die Situation der Tochtergesellschaft (und ihres Verwaltungsrates) hängt ab, ob sich die Tochtergesellschaft gänzlich im Eigentum der Muttergesellschaft befindet oder ob bei der Tochtergesellschaft ein ins Gewicht fallendes externes Aktionariat besteht.

1. Befindet sich die Tochtergesellschaft gänzliche (oder beinahe vollständig) im Eigentum der Obergesellschaft, so sind grundsätzlich zwei Konzepte denkbar. Die Obergesellschaft beherrscht die Untergesellgesellschaft

   a) unter Aufrechterhaltung einer minimalen Eigenständigkeit der Untergesellschaft (*Einordnungskonzept*);

   b) in der Weise, dass die Untergesellschaft faktisch zu einer Betriebsabteilung der Obergesellschaft wird (*Unterwerfungskonzept*).

2. Besteht bei der Tochtergesellschaft ein ins Gewicht fallendes aussenstehendes Aktionariat (Minderheitsbeteiligte), so müssen – trotz Unterordnung in den Konzern – die Beziehungen zwischen der Obergesellschaft und der Untergesellschaft – unter Beachtung der jeweiligen Sorgfalts- und Treuepflichten sowie dem Gleichbehandlungsgebot – ausgehandelt werden, wobei ein Handeln wie unter Dritten die Leitlinie bildet (*Aushandlungskonzept*). Dazu siehe hinten Ziff. 9.7.

Die Anwendung des *Unterwerfungskonzepts* (basierend auf Beherrschungs- und Gewinnabführungsverträgen wie im deutschen Konzernrecht, allenfalls gar einer Unterwerfungserklärung) ist für die Schweiz umstritten. Während einige Autoren Beherrschungsverträge als zulässig erachten,[2781] lehnen andere sie und damit das Unterwerfungskonzept in der Schweiz als rechtswidrig und wirkungslos ab.[2782] Unterwirft sich die Untergesell-

---

2779 Insbesondere bezüglich der unentziehbaren und unübertragbaren Aufgaben gemäss Art. 716a OR.
2780 Die Anwendung eines vordergründig klaren Wortlauts des Gesetzes wird durch *teleologische Reduktion* auf den Fall reduziert, auf den die Gesetzesbestimmung funktional wirklich abzielt (ratio legis). Im vorliegenden Falle käme Art. 716a OR nur für die eigenständig geführte Aktiengesellschaft zur Anwendung; für den Verwaltungsrat der beherrschten Tochtergesellschaft wäre stattdessen die sinngemässe Auslegung und Anwendung von Art. 716a OR im konzernrechtlichen Kontext gefordert. Dies wird mit überzeugenden Argumenten in diesem Falle namentlich von BÖCKLI befürwortet (BÖCKLI, Aktienrecht, § 11 Rz. 291). Zum Meinungsstand vgl. namentlich VON BÜREN, Konzern, 59 ff. Die Theorie der teleologischen Reduktion wird von VOGEL, Neue Tendenzen, 607 ff., unterstützt, von FORSTMOSER, Organisation, § 7 N 26 und Anm. 34 sowie Haftung im Konzern, 89 ff., und von HOFSTETTER, Haftungsregeln, 193 ff., abgelehnt. Zum «Konzernparadox» vgl. auch FORSTMOSER, Organisation, § 7 N 32 ff. m.w.H.; DRUEY, Paradoxe 75 ff.
2781 Insbesondere HANDSCHIN, Konzern, 98 ff.; HANDSCHIN, Cash Pooling im Konzern, 286.
2782 Angesichts des Widerspruches, vom Verwaltungsrat der Untergesellschaft einerseits eine eigenständige Oberleitung, anderseits eine Einordnung in den Konzern zu verlangen, erachtet BÖCKLI (Aktienrecht, § 11 Rz. 290) – mit Verweis auf die Entstehungsgeschichte und den Kontext von Art. 716a OR (eigenständige Aktiengesellschaft) – die Anwendung von Art. 716a OR für den Verwaltungsrat einer Tochtergesellschaft im Konzern als nicht angebracht. Andere Autoren sind diesbezüglich anderer Ansicht, bzw. geben einen Lösungsversuch angesichts des «unsäglichen Widerspruchs» auf

schaft rechtlich und finanziell *vollständig* einer Obergesellschaft, so geht das Minimum für die Erhaltung der eigenen Solvabilität und einer minimalen Eigenkapitalrendite, das eigene Sondervermögen und überhaupt eine werbende geschäftliche Tätigkeit unter eigener Firma verloren. Demgegenüber erlaubt das Konzept der *Einordnung* (freilich mit all den Widersprüchen, welche den Konzern kennzeichnen) das Auftreten einer eigenwirtschaftlich verfassten, juristisch selbständig organisierten Geschäftseinheit als Glied eines ein Gesamtziel verfolgenden Unternehmensverbundes.[2783]

Unseres Erachtens entspricht das Konzept der konzernrechtlichen Einordnung – mit einer minimalen Selbständigkeit der Tochtergesellschaft – eher der schweizerischen Wirklichkeit als das Unterwerfungskonzept. Zudem sprechen überzeugende Gründe für eine Ablehnung des Unterwerfungskonzepts. Das mit der Auftragsführung vergleichbare Einordnungskonzept dürfte auch besser geeignet sein, situativ und flexibel den besonderen Gegebenheiten in den verschiedenen Konzerngesellschaften gerecht zu werden (insbesondere bei internationalen Konzernen) als die befehlsmässige Unterordnung unter die Direktiven der Zentrale. Dementsprechend dürfte es auch wirtschaftlich erfolgreicher sein.

Dennoch bleibt letztlich abzuwarten, wie die Rechtsprechung diese Frage entscheiden wird.[2784] Bis dahin empfiehlt es sich für die Verwaltungsratsmitglieder von Konzerngesellschaften, sich pragmatisch an die gesetzliche Kompetenz- und Pflichtenordnung zu halten.[2785]

9.5 Der Verwaltungsrat in der Konzernobergesellschaft

9.5.1 Kompetenzdelegation bzw. -attraktion in der Konzernobergesellschaft

Der Verwaltungsrat der Obergesellschaft kann – mit Ausnahme der unübertragbaren und unentziehbaren Aufgaben – seine Aufgaben an ein separates Leitungsorgan (Konzernleitung im engeren Sinne, Geschäftsleitung des Konzerns) delegieren (Kompetenzdelegation).[2786]

In der Praxis erfolgt oft die Bildung einer separaten Management-Gesellschaft, in der nebst der Konzernleitung auch zentrale Dienstleistungs-(Service)-Funktionen für den gesamten Konzern (Finanz- und Rechnungswesen, Steuer- und Rechtsabteilung, IT-Funktionen etc.) wahrgenommen werden.[2787] Da die eigentliche Geschäftsführung nicht zu den unübertragbaren und unentziehbaren Aufgaben des Verwaltungsrats zählt, spricht an sich

---

und empfehlen dem betroffenen Verwaltungsrat sich möglichst unbeschadet zwischen den unterschiedlichen Anforderungen durchzuschlängeln (VON BÜREN, Konzern, N 437).
2783 BÖCKLI, Aktienrecht, § 11 Rz. 345, zum gleichen Resultat kommt auch VON BÜREN, einheitliche Leitung im Konzern, 439; allerdings mit dem Argument, dass die vollständige Unterwerfung gegen Art. 2 ZGB (Treu und Glauben) verstosse.
2784 BGE 130 III 213 ff. lässt auf Zurückhaltung des Bundesgerichts in dieser Frage schliessen.
2785 So VON BÜREN, Konzern, N 437.
2786 Vgl. Art. 716a Abs. 1 OR. Nach Art. 716 Abs. 2 OR führt «der Verwaltungsrat die Geschäfte der Gesellschaft, soweit er die Geschäftsführung nicht übertragen hat».
2787 Dazu ausführlich die Werke von RUEPP und STEIN. Vgl. auch BÖCKLI, Aktienrecht, § 13 Rz. 558; WATTER/ROTH PELLANDA, in: Basler Kommentar, N 12 zu Art. 716b OR.

nichts gegen eine solche Delegation, sofern die gesetzlich verlangten Formalien[2788] eingehalten werden. Ebenso können vorbereitende, ausführende und überwachende Funktionen übertragen werden.[2789, 2790]

Nicht zulässig ist dagegen die Übertragung der unentziehbaren und unübertragbaren Aufgaben von der Obergesellschaft an eine Managementgesellschaft. Die in Art. 716a Abs. 1 OR aufgezählten Kernkompetenzen des Verwaltungsrats können rechtswirksam intern oder extern nicht delegiert werden.[2791] Diese Aufgaben müssen zwingend bei dem – den Aktionären gegenüber verantwortlichen – Verwaltungsrat der Obergesellschaft verbleiben.[2792]

Der Verwaltungsrat der Obergesellschaft kann im Rahmen des Einordnungskonzepts Teile der Kompetenzen der Verwaltungsräte der Tochtergesellschaften an sich ziehen *(Kompetenzattraktion)*, soweit diese eine (minimale) Eigenständigkeit bewahren. Damit werden seine Pflichten der Oberleitung im Konzern ausgedehnt.

9.5.2 Aufgaben des Verwaltungsrates in der Konzernobergesellschaft bei hoher Kompetenzattraktion

Im Rahmen des hier favorisierten Einordnungskonzepts ergeben sich – bei straffer, zentraler Konzernführung durch die Obergesellschaft (hohe Kompetenzattraktion) – für den Verwaltungsrat der Obergesellschaft im Wesentlichen folgende Aufgaben:

Thema	Obergesellschaft (Einzelgesellschaft) Art. 716a OR Der Verwaltungsrat hat folgende unübertragbare und unentziehbare Aufgaben:	Zusätzliche Aufgaben für den Verwaltungsrat der Obergesellschaft, sofern nicht an Konzernleitung delegiert:[2793]
Oberleitung	die Oberleitung der Gesellschaft und die Erteilung der nötigen Weisungen;	Konzernleitung: Festlegung der Strategie des Konzerns inkl. wichtigste operationelle Entscheide, sofern diese nicht an eine eigentliche Konzernleitung (Geschäftsleitung des Konzerns) delegiert worden sind. Sicherstellung der notwendigen Information des Verwaltungsrates der Tochtergesellschaften (über die Ziele und Strategien des Konzerns).

2788 Ermächtigung durch die Statuten; Delegationsregelung im Organisationsreglement (Art. 716b Abs. 1 OR). Schon hier kann aber die ganze Konzernproblematik ausbrechen: Was, wenn die Delegation der Geschäftsführung nur darauf zielt, den Verwaltungsrat der Konzernuntergesellschaft vom Geschehen fernzuhalten und der (ausländischen) herrschenden Gesellschaft die Möglichkeit zu verschaffen, unbemerkt heikle Geschäfte zum allfälligen Schaden der Konzernuntergesellschaft abzuschliessen (Waffengeschäfte, Handel mit boykottierten Staaten)? Dadurch wird die Überwachungspflicht (cura in custodiendo) des Verwaltungsrats angesprochen.
2789 FORSTMOSER, Organisation, § 7 N 45.
2790 Umstritten ist, inwieweit die Muttergesellschaft Geschäftsführungsaufgaben an eine Managementgesellschaft weiterübertragen darf; dazu vgl. FORSTMOSER, Organisation, § 7 N 45; AMSTUTZ, Konzernorganisationsrecht, N 585.
2791 FORSTMOSER/MEIER-HAYOZ/NOBEL, § 30 N 29; FORSTMOSER, Organisation, § 7 N 34.
2792 Siehe BÖCKLI, Aktienrecht, § 11 Rz. 255 ff.
2793 Siehe BÖCKLI, Aktienrecht, § 11 Rz. 243 ff.

Thema	Art. 716a OR (Forts.)	Zusätzliche Aufgaben (Forts.)
Organisation	Festlegung der Organisation;	Strukturierung und Organisation des Konzerns (i.d.R. Vorgabe an die Konzernleitung zur Strukturierung des Konzerns, Überwachung der Umsetzung);
Finanzverantwortung	die Ausgestaltung des Rechnungswesens, der Finanzkontrolle sowie der Finanzplanung, sofern diese für die Führung der Gesellschaft notwendig ist;	Ausgestaltung des Konzernrechnungswesens, zentrale Steuerung und laufende Überwachung der Finanzen im Konzern (Vorgabe Konzern-Finanzstrategie, Überwachung der Umsetzung); Erstellen der Konzernrechnung; Sicherstellung der ordnungsmässigen Prüfung des Konzernabschlusses; Erstellung der Jahresrechnung (Einzelabschluss Obergesellschaft) und Unterlagen für die Konsolidierung (Package); allenfalls Erstellung des Abschlusses nach einem anerkannten Standard zur Rechnungslegung;
Personalverantwortung	die Ernennung und Abberufung der mit der Geschäftsführung betrauten Personen;	Treffen der wichtigsten Personalentscheide (allenfalls Ernennung/Abberufung Konzernleitung); Begleitung und Überwachung der vom Konzern eingesetzten Führungspersonen;
Oberaufsicht, Controlling, Monitoring, Compliance	die Oberaufsicht über die mit der Geschäftsführung betrauten Personen, namentlich im Hinblick auf die Befolgung der Gesetze, Statuten, Reglemente und Weisungen;	Einrichtung und Überwachung (Oberaufsicht) der Wirksamkeit eines IKS im gesamten Konzern; Sicherstellung der Einhaltung der anwendbaren Normen, Gesetze etc. (Compliance);
Generalversammlung	die Erstellung des Geschäftsberichts sowie die Vorbereitung der Generalversammlung und die Ausführung ihrer Beschlüsse;	Erstellung des Konzern-Geschäftsberichts (Konzernrechnung und Konzernlageberichts); (allenfalls Bereitstellen der Unterlagen gem. jeweiliger Börse bei kotierten Unternehmen); Vorbereitung und Durchführung der Generalversammlung; Ausführung ihrer Beschlüsse;
Überschuldungsanzeige	Benachrichtigung des Richters im Falle der Überschuldung	Benachrichtigung des Richters im Falle der Überschuldung der Obergesellschaft;
Steuern		Durchsetzung des steuerrechtlichen Prinzips des «dealing at arm's length».

9.5.3 Durchsetzungsmittel der Konzernleitung bei Kompetenzattraktion

Dem Verwaltungsrat der Konzernobergesellschaft stehen verschiedene Mittel zur Durchsetzung der Leitung im Konzern zur Verfügung. Art. 963 OR nennt:

1. durch *Stimmenmehrheit in der Generalversammlung* der Tochtergesellschaft (mit der damit verbundenen Möglichkeit zur Bestimmung der Ausschüttung, der Wahl des Verwaltungsrates der Tochtergesellschaft, der Revisionsstelle etc.);

2. durch *vertragliche Abmachungen* zwischen Ober- und Untergesellschaft kann eine den Konzernzielen dienliche Koordinierung erreicht werden. Diese Verträge müssen inhaltlich ausgewogen sein und steuerlich einem Drittvergleich standhalten.[2794] Möglich ist auch, vertraglich abzumachen, dass das Recht, die Mehrheit im obersten Verwaltungs- und Leitungsorgan zu stellen oder abzuberufen, der Konzernobergesellschaft zusteht.
3. durch *Einsitznahme des Verwaltungsrates/Konzernleitung* (oder einzelner Mitglieder davon) in den Verwaltungsrat der Tochtergesellschaft (Doppelorganschaft). Dieses Mittel ist höchst umstritten.
4. durch die Willensäusserung der Konzernleitung an die Leitungsorgane der Untergesellschaft zur Umsetzung eines näher bestimmten Konzernziels in Geschäftsführungsmassnahmen (*«Konzernweisung»*). Diese soll weder eine vertragsrechtlich abgestützte Massnahme, noch einen Befehl darstellen. Insbesondere darf sie nicht als eine direkte Geschäftsführungsmassnahme der Konzernleitung in der Untergesellschaft (anstelle deren eigener Geschäftsführung) erscheinen.[2795] Siehe dazu hinten Ziff. 9.6.4.4.

9.6 Stellung des Verwaltungsrats in der Konzerntochtergesellschaft

9.6.1 Wahl

Seit dem 1.1.2008 sind auch bei der Wahl von Verwaltungsräten in Konzerngesellschaften keine Aktionärs- und Nationalitätsvorschriften mehr zu beachten. Nicht mehr von Bedeutung sind ebenso die Erleichterungsmöglichkeiten mit Bezug auf die Nationalitätsvorschriften für schweizerische Holdinggesellschaften, deren Beteiligungsgesellschaften sich mehrheitlich im Ausland befinden.[2796]

Dagegen bleibt es erforderlich, dass die Konzerngesellschaft durch eine eigene Organperson (Mitglied des Verwaltungsrats oder Direktor) mit Wohnsitz in der Schweiz vertreten werden kann.[2797]

In Konzernverhältnissen geht es in der Regel nicht darum, dass der Verwaltungsrat dem Aktionariat einen oder mehrere Kandidaten präsentiert; die Selektion der Verwaltungsratsgremien bei den Konzerngesellschaften wird i.d.R. von der Konzernleitung (oder einer delegierten Instanz) getroffen. Häufig ist, dass dazu lokale Berater (Anwälte, Treuhänder) angefragt werden.

Empfehlung:
Da der Verwaltungsrat der Konzerntochtergesellschaft die eigenständigen (Rest-)Interessen der Untergesellschaft vertreten muss, kann es sinnvoll sein, den Verwaltungsrat (oder mindestens Teile davon) mit unabhängigen, aussenstehenden Personen zu besetzen, bei denen die Gefahr, in einen unheilvollen Loyalitätskonflikt mit der Konzernoberleitung zu geraten, reduziert ist.

2794 BÖCKLI, Aktienrecht, § 11 Rz. 262.
2795 BÖCKLI, Aktienrecht, § 11 Rz. 264 iv.
2796 Danach konnte der Bundesrat (bzw. das Eidg. Justiz- und Polizeidepartement) Ausnahmebewilligungen erteilen.
2797 Art. 718 Abs. 3 OR.

9.6.2 Kompetenzdelegation an die Obergesellschaft oder eine Managementgesellschaft

Sinngemäss gilt das zur Delegation von Kompetenzen des Verwaltungsrats in der Obergesellschaft in Ziff. 9.4 gesagte auch für den Verwaltungsrat der Konzernuntergesellschaft.

Da die eigentliche Geschäftsführung nicht zu den unübertragbaren und unentziehbaren Aufgaben des Verwaltungsrats zählt, spricht an sich nichts gegen eine Delegation an die herrschende oder eine Managementgesellschaft, sofern die gesetzlich verlangten Formalien[2798] eingehalten werden. Ebenso können vorbereitende, ausführende und überwachende Funktionen übertragen werden.[2799, 2800] Die in Art. 716a Abs. 1 OR aufgezählten Kernkompetenzen des Verwaltungsrats können hingegen nicht delegiert werden.[2801]

Die Delegationsfrage erledigt sich indessen, wenn man davon ausgeht, die unübertragbaren und unentziehbaren Aufgaben des Verwaltungsrates einer Konzernuntergesellschaft (ohne gewichtige Minderheitsaktionäre) seien auf gewisse *residuelle* Aufgaben beschränkt, während die Kompetenzen bei der herrschenden oder einer Managementgesellschaft anwachsen.

9.6.3 Residuelle Aufgaben des Verwaltungsrates der Konzerntochtergesellschaft

Mit der Zusammenfassung unter eine einheitliche Leitung einer Obergesellschaft geht zwangsläufig ein Entzug der Oberleitungsfunktion des Verwaltungsrates auf Stufe Untergesellschaft einher.

Folgt man dem *Einordnungsprinzip* (verbunden mit einer Reduktion der Aufgaben) hat der verantwortungsvolle Verwaltungsrat in der Konzerntochtergesellschaft dafür zu sorgen, dass[2802]

- zum Schutz der Gläubiger stets die *Solvabilität aufrecht* erhalten und eine *minimale Eigenkapitalrendite* angestrebt wird;
- die jeweiligen (landesspezifischen) *rechtlichen und steuerlichen Vorschriften* beachtet werden (namentlich das Prinzip des dealing at arm's length);
- ein positiver Beitrag zum Gesamtergebnis des Konzerns insgesamt erbracht wird.

Es verbleiben dem Verwaltungsrat einer Konzerntochtergesellschaft im Wesentlichen folgende – nach wie vor anspruchsvollen – residuellen Aufgaben:

[2798] Ermächtigung durch die Statuten; Delegationsregelung im Organisationsreglement (Art. 716b Abs. 1 OR); siehe Fn. 2788.
[2799] FORSTMOSER, Organisation, § 7 N 45.
[2800] Umstritten ist, inwieweit die Muttergesellschaft Geschäftsführungsaufgaben an eine Managementgesellschaft weiterübertragen darf; dazu vgl. FORSTMOSER, Organisation, § 7 N 45; AMSTUTZ, Konzernorganisationsrecht, N 585.
[2801] FORSTMOSER/MEIER-HAYOZ/NOBEL, § 30 N 29. FORSTMOSER, Organisation, § 7 N 34.
[2802] Vgl. BÖCKLI, Aktienrecht, § 11 Rz. 306 ff.

Thema	Zum Vergleich Aufgaben gemäss Art. 716a OR Der Verwaltungsrat hat folgende unübertragbare und unentziehbare Aufgaben:	*Residuelle* Aufgaben für den Verwaltungsrat der Untergesellschaft:[2803]
Oberleitung	die Oberleitung der Gesellschaft und die Erteilung der nötigen Weisungen;	Gestaltung und Durchsetzung eines vertretbaren Konzepts für die Tätigkeit, das Funktionieren und das finanzielle Gleichgewicht der Untergesellschaft im Rahmen der von der Konzernleitung bestimmten Strategie;
Organisation	Festlegung der Organisation;	Beaufsichtigung der Konzernorganisation im Bereich der untergeordneten Geschäftseinheit in Rahmen der von der Konzernleitung bestimmten Organisation;
Finanzverantwortung	die Ausgestaltung des Rechnungswesens, der Finanzkontrolle sowie der Finanzplanung, sofern diese für die Führung der Gesellschaft notwendig ist;	Laufende Begleitung und Überwachung der Finanzvorgänge im Rahmen der von der Konzernleitung festgelegten finanziellen Ziele, Kontroll- und Planungsvorgaben: – Aufrechterhaltung der Solvabilität und – Sicherung einer minimalen Eigenkapitalrendite der Untergesellschaft – Beachtung «Dealing at arm's length»-Prinzip Einordnung des Rechnungswesens inkl. des IKS in das Konzernrechnungswesen;
Personalverantwortung	die Ernennung und Abberufung der mit der Geschäftsführung betrauten Personen;	Begleitung und Überwachung der vom Konzern eingesetzten Führungspersonen;
Oberaufsicht, Controlling, Monitoring, Compliance	die Oberaufsicht über die mit der Geschäftsführung betrauten Personen, namentlich im Hinblick auf die Befolgung der Gesetze, Statuten, Reglemente und Weisungen;	Überwachung der Funktionsfähigkeit der eingerichteten Aufsicht und ihrer Ergebnisse sowie die Überwachung der Einhaltung der auf die Untergesellschaft anwendbaren lokalen Gesetze, (insbesondere der Bestimmungen über den Kapitalschutz, Steuergesetze);[2804] Compliance-Aufgaben vor Ort

---

[2803] Siehe Böckli, Aktienrecht, § 11 Rz. 298 ff. und 323 ff.
[2804] BGE 4.C.252/2000 vom 5. Dezember 2000; SJZ (2001) 492.

Thema	Art. 716a OR (Forts.)	Residuelle Aufgaben (Forts.)
Generalversammlung	die Erstellung des Geschäftsberichts sowie die Vorbereitung der Generalversammlung und die Ausführung ihrer Beschlüsse;	Erstellung der Jahresrechnung; sofern verlangt des Lageberichts und des Abschlusses nach einem anerkannten Standard zur Rechnungslegung;
		Bereitstellen der Unterlagen für die Konsolidierung (Package), Sicherstellung der ordnungsmässigen Prüfung der Jahresrechnung und Unterlagen für die Konsolidierung;
		Vorbereitung und Durchführung der Generalversammlung; Ausführung ihrer Beschlüsse;
Überschuldungsanzeige	Benachrichtigung des Richters im Falle der Überschuldung.	Laufende Überprüfung, ob der gesetzliche Gläubigerschutz gewährleistet ist;
		Benachrichtigung des Richters im Falle der Überschuldung;
Steuern		Eingreifen bei der Konzernleitung, wenn das Einordnungskonzept, insbesondere das steuerrechtliche Prinzip des dealing at arm's length verletzt wird.

9.6.4 Umsetzungsfragen

9.6.4.1 Gegenseitige Information

Der Verwaltungsrat der Konzerntochtergesellschaft kann seine Aufgaben nur wahrnehmen, wenn er von der Konzernleitung entsprechend informiert wird und darüber hinaus auch die Möglichkeit hat, sich selbständig zu informieren.

> **Empfehlung:**
> Der Verwaltungsrat der Obergesellschaft sollte den Verwaltungsrat der Untergesellschaften eingehend und zeitgerecht über die Angelegenheiten, welche für die Tochtergesellschaften relevant sind, informieren. Nur so kann – ohne Befehlsgewalt zu gebrauchen – eine Ausrichtung auf die Konzernziele erreicht werden.
>
> Umgekehrt sollte der Verwaltungsrat der Tochtergesellschaft sich aktiv um Informationen, die für seine Aufgabenerfüllung relevant sind, bei der Konzernleitung bemühen, selbst wenn sich sein Informationsrecht lediglich auf die residuellen Aufgaben bezieht.

9.6.4.2 Beschlussfassung

In der Praxis werden Beschlüsse, welche die Konzerntochtergesellschaft betreffen, oft weitgehend materiell von der herrschenden oder der Managementgesellschaft vorbereitet, dem Verwaltungsrat der Konzerntochtergesellschaften unterbreitet und von diesem formell beschlossen.[2805, 2806] Ein derartiger «Nachvollzug» führt allerdings nur *formell* zu fehlerfreien Verhältnissen. *Materiell* besteht keine rechtsgültige Delegation im Sinn von Art. 716*b* Abs. 1 OR, und der Verwaltungsrat der Konzerngesellschaften hat die Entscheide der Obergesellschaft (oder der Managementgesellschaft) wie seine eigenen zu vertreten.[2807]

Soll der Verwaltungsrat der Tochtergesellschaft seine Funktion erfüllen, so wird von ihm – auch gerade von der Konzernleitung – ein aktives verantwortungsvolles Mitdenken und Handeln vor Ort erwartet. Je mehr er selbst zu einer Marionette der Oberleitung verkommt, desto grösser ist die Gefahr, dass der Respekt ihm gegenüber verloren geht, er tatsächlich als Marionette behandelt wird und letztlich auch die minimalen Anliegen der Tochtergesellschaft übergangen werden.[2808]

Empfehlung:

Beschlüsse im Rahmen der Kernkompetenzen des Verwaltungsrats sind unbedingt formell korrekt von den Verwaltungsräten der Tochtergesellschaften zu fällen; der Verwaltungsrat der Tochtergesellschaft muss aber auch inhaltlich zu seinen Entschlüssen stehen können.

Die Protokolle von VR-Sitzungen und Generalversammlungen von Holding- und Tochtergesellschaften sind strikt zu trennen und nicht zu vermischen.

9.6.4.3 Verkürzte Unterstellungsverhältnisse

Vielfach sehen konzerninterne Organigramme, Funktionsdiagramme oder Reglemente vor, dass die leitenden Mitarbeiter der Konzernuntergesellschaft unmittelbar einem leitenden Mitarbeiter der herrschenden Gesellschaft unterstellt sind,[2809] von diesem Weisungen empfangen und diesem zu berichten haben. Auch solche Regelungen dienen dazu, die einheitliche Leitung im Konzern möglichst wirkungsvoll und straff durchzusetzen, beeinträchtigen aber die Leitungsfunktion des Verwaltungsrats der Konzernuntergesellschaften.

Hält man an der tatsächlichen – und nicht bloss sinngemässen – Geltung von Art. 716*a* Abs. 1 OR fest, muss Folgendes gelten:
– Das Informationsrecht des Verwaltungsrats bzw. des einzelnen Mitglieds, dem auch eine Auskunftspflicht der unterstellten Mitarbeiter gegenübersteht,[2810] darf durch solche verkürzten Unterstellungsverhältnisse nicht beschnitten werden. Der Mitarbeiter der Konzernuntergesellschaft kann sich seiner Auskunftspflicht nicht mit dem Hin-

---

2805 Im Fall von Doppelorganschaften (identische Verwaltungsratsmitglieder bei der herrschenden und der Konzerngesellschaft) mag dies tatsächlich als «Lebenslüge» und «formalistische Ritualhandlung» erscheinen (BÖCKLI, Aktienrecht, § 11 Rz. 256). BÖCKLI empfiehlt deshalb dezidiert, solche Doppelgesellschaften zu vermeiden.
2806 Zum Ablauf im Einzelnen VON BÜREN, Konzern, 65/66; vgl. auch DRUEY, Leitungsrecht, 1 ff.
2807 Zur Haftungslage HANDSCHIN, Cash Pooling im Konzern, 293 ff.; FORSTMOSER, Organisation, § 7 N 28 und 54 ff.
2808 BÖCKLI, Aktienrecht, § 11 Rz. 320 ff.
2809 Damit ist nicht die von BÖCKLI, Aktienrecht, § 11 Rz. 256 ff., kritisierte Doppelorganschaft gemeint; dazu vgl. auch KRNETA, N 199 ff. zu Art. 707 OR; FORSTMOSER, Organisation, § 7 Anm. 37.
2810 Vgl. Art. 715*a* Abs. 2 OR (Auskunftspflicht der mit der Geschäftsführung betrauten Personen in den Sitzungen des Verwaltungsrats) und Art. 715*a* Abs. 3 OR (Auskunftspflicht der mit der Geschäftsführung betrauten Personen ausserhalb der Sitzungen des Verwaltungsrats).

weis auf seine Direktunterstellung entschlagen. Indessen liegt es am Gesamtverwaltungsrat bzw. an seinen Mitgliedern, dieses Informationsrecht geltend zu machen.

- Der Verwaltungsrat hat weiterhin die unübertragbaren und unentziehbaren Aufgaben zu erfüllen und damit namentlich seine Oberleitungs- und Überwachungsfunktion wahrzunehmen. Auch in dieser Hinsicht geht es nicht an, die Aufsicht dem direkten Vorgesetzten bei der herrschenden Gesellschaft zu überlassen; vielmehr muss der Verwaltungsrat der Konzernuntergesellschaft auf die Berichterstattung und Information seitens seiner leitenden Mitarbeiter bestehen.

Empfehlung:

Der Verwaltungsrat einer Konzernuntergesellschaft sollte darauf achten, seine Oberleitungs- und Überwachungsfunktion wahrzunehmen und sich namentlich von den unterstellten Mitarbeitern laufend und umfassend informieren zu lassen.

Dieses Berichtswesen sollte zumindest im Organisationsreglement der Konzernuntergesellschaft institutionalisiert werden.

9.6.4.4 Weisungen von der herrschenden Gesellschaft (Konzernweisungen)

Häufig wird die herrschende Gesellschaft – auch ohne dass dies in Reglementen, Organigrammen oder anderen Rechtsgrundlagen festgelegt wäre – dem Verwaltungsrat der Konzernuntergesellschaft *Weisungen* zur Durchführung eines einzelnen Geschäfts oder in grundsätzlicher Hinsicht zu betrieblichem Verhalten erteilen wollen. Damit ist weniger die aktienrechtliche Kompetenzordnung beeinträchtigt (mit den festgelegten, unübertragbaren und unentziehbaren Aufgaben des Verwaltungsrats und der Generalversammlung), als vielmehr das Recht und die Pflicht zu eigenverantwortlichem, interessewahrendem Handeln des Verwaltungsrats bzw. seiner Mitglieder als Voraussetzung für eine sinnvolle Aufgabenerfüllung. Insofern gehört zu jeder Konzernleitung das Instrument der Konzernweisung; deren Zulässigkeit ist umstritten, doch sind sie in der Praxis unverzichtbar.[2811]

Unseres Erachtens ist folgendermassen zu unterscheiden:

- Die Konzernweisung lässt sich nicht mit rechtlichen Kategorien erfassen, die besondere Rechtswirkungen auslösen würden. So kann sie weder eine vertragsrechtliche Befolgungspflicht,[2812] noch eine gesellschaftsrechtliche Beschlusslage[2813] bewirken. Dies muss auch dann gelten, wenn man der Theorie der teleologischen Reduktion folgt. Konzernweisungen lassen sich – je nach Gegenstand – in Verträgen zwischen der herrschenden und der Konzerngesellschaft oder aber in Mandatsverträgen mit den Organpersonen der Konzerngesellschaft rechtlich unterlegen. So verstanden, sind sie nach schweizerischem Recht zulässig.[2814]

[2811] BÖCKLI, Aktienrecht, § 11 Rz. 269; so auch FORSTMOSER, Haftung im Konzern, 93 Anm. 6.
[2812] Wie bspw. Weisungen in einem Arbeits- oder Auftragsverhältnis; Art. 321*d* Abs. 2 OR, Art. 397 Abs. 1 OR.
[2813] Wo nötig, kann eine Konzernweisung weder einen Beschluss der Generalversammlung noch des Verwaltungsrats der Konzerngesellschaft ersetzen.
[2814] BÖCKLI, Aktienrecht, § 11 Rz. 264, 268 ff. BÖCKLI verweist auf die völlig anders geartete Rechtslage in Deutschland. Das deutsche Konzernrecht regelt die Konzernweisung und sieht eine strikte Gehorsamspflicht des Vorstands der beherrschten Gesellschaft vor.

- Klar ist, dass die – faktische – Bindung an Konzernweisungen jedenfalls dort enden muss, wo die erteilten Weisungen gegen zwingendes Recht verstossen oder sittenwidrig sind.[2815]
- Ferner spricht nach unserem Dafürhalten nichts dagegen, dass die Mitglieder des Verwaltungsrats verpflichtet werden, ihre Ermessensentscheidungen nach erteilten Weisungen auszurichten oder allgemein im Interesse einer herrschenden Gesellschaft zu handeln.[2816] Der Verwaltungsrat hat laufend Ermessensentscheide zu fällen und ist daher gehalten, alle beteiligten Interessen gegeneinander abzuwägen. Dazu muss man ihm aber sinnvollerweise eine grundsätzliche Freiheit zugestehen, die verschiedenen Interessen nach seinem Gutdünken zu gewichten. Alsdann erscheint auch eine Verpflichtung, grundsätzlich eines dieser Interessen zu bevorzugen, solange als unproblematisch, als nicht die anderen beteiligten Interessen missbräuchlich benachteiligt werden.[2817]
- Fraglich bleibt, was der Verwaltungsrat der Konzernuntergesellschaft mit Weisungen anfangen soll, die nicht im Interesse des Konzerns (sondern vielleicht im partikulären Interesse der Konzernleitung oder eines Hauptaktionärs der herrschenden Gesellschaft) liegen. Nach unserem Dafürhalten dürften solche Weisungen nicht befolgt werden bzw. hat der Verwaltungsrat im Rahmen der vorgegebenen Konzernziele, -philosophien und -strukturen selbst zu entscheiden, ob eine Weisung im Konzerninteresse liegt oder nicht.

Empfehlung:

Der Verwaltungsrat einer Konzernuntergesellschaft sollte in der Dokumentation seiner Beschlussfassungen zum Ausdruck bringen, wenn Beschlussfassungen auf der Grundlage von Weisungen einer herrschenden Gesellschaft beruhen.

Gegebenenfalls sollte auch dokumentiert werden, dass bei der Konzernuntergesellschaft Bedenken gegen die betreffende Weisung erhoben wurden und die herrschende Gesellschaft auf der Umsetzung ihrer Weisung bestanden hat.

9.6.4.5 Verfolgung von Konzerninteressen

Vielfach enthalten die Statuten von Konzernuntergesellschaften die Bestimmung, wonach der Gesellschaftszweck in der irgendwie gearteten Verfolgung von Konzerninteressen liege.

Solche Regelungen sind zweifellos zulässig und im Interesse klarer Verhältnisse auch zu begrüssen.[2818]

2815 Vgl. FORSTMOSER/MEIER-HAYOZ/NOBEL, § 18 N 167; PLÜSS, Rechtsstellung, 62, mit weiteren Literaturhinweisen in Anm. 322.

2816 Zurückhaltender: BÖCKLI, Aktienrecht, § 13 Rz. 618 ff., 623 ff. (allerdings für Verhältnisse ausserhalb eines Konzerns); vgl. auch FORSTMOSER/MEIER-HAYOZ/NOBEL, § 18 N 177; KRNETA, N 173 ff.; BERTSCHINGER, Arbeitsteilung, Rz. 167; HOMBURGER, in: Zürcher Kommentar, Art. 717, N 928; WERNLI/RIZZI, in: Basler Kommentar, N 26 zu Art. 707 OR.

2817 PLÜSS, Rechtsstellung, 62.

2818 So FORSTMOSER/MEIER-HAYOZ/NOBEL, § 28 N 168. Dies befürwortet auch BÖCKLI, Aktienrecht, § 11 Rz. 377 ff. für den Fall der eingeordneten Tochtergesellschaft, bei der keine weiteren Minderheitsaktionäre vorhanden sind. Allerdings sind auch dann die residualen Aufgaben des Verwaltungsrats zu beachten, was eine völligen Unterwerfung unter das Konzernwohl ausschliesst; BÖCKLI,

Für den Verwaltungsrat haben sie folgende Bedeutung:

- Geschäftsführungsentscheide sind bekanntlich zunächst am Gesellschaftszweck auszurichten. Liegt der Gesellschaftszweck in der Verfolgung von Konzerninteressen, werden diese zum Massstab für die Geschäftsführung.
- Die entscheidende Frage geht wohl dahin, inwieweit die Verfolgung von Konzerninteressen auch den «Endzweck» der Konzernuntergesellschaft, die Gewinnstrebigkeit, zurückdrängt oder aufhebt. Da das schweizerische Aktienrecht auch die nichtgewinnstrebige Aktiengesellschaft kennt,[2819] darf gegebenenfalls der Gesellschaftszweck der Konzernuntergesellschaft so verstanden werden, dass die Gewinnstrebigkeit durch ein «Konzernwohl» ersetzt werden soll.
- Damit verschiebt sich die Optik des Verwaltungsrats bei seinen Entscheidungen und die partikulären Interessen der Konzernuntergesellschaft und der Beteiligten werden zu einem sekundären Faktor neben jenen des Konzerns bzw. dessen Beteiligten.

Die Konzerninteressen sind auch dann zu berücksichtigen, wenn die Statuten nicht ausdrücklich darauf Bezug nehmen. – In Konzernverhältnissen gehören die Bindung einer Untergesellschaft an eine herrschende Gesellschaft zur beachtlichen Rechtswirklichkeit und die Konzerninteressen zum Kreis der beteiligten Interessen. Auch wenn man nicht so weit gehen und in der Konzernuntergesellschaft eine «inkorporierte Betriebsabteilung» sehen will,[2820] ist doch klar, dass die Fiktion von der selbständigen, eigenverantwortlichen Gesellschaft hier nicht mehr aufrechterhalten werden kann.[2821]

Empfehlung:
Für den Verwaltungsrat einer Konzernuntergesellschaft ist hilfreich, wenn sich aus einer konzernweiten Gesamtstrategie die Grundsätze für die Bewertung von Konzern- und Gesellschaftsinteressen und für den Umgang mit Interessenkollisionen ergeben.

9.6.5 Mandatsverträge

In Konzernverhältnissen ist es die Regel, dass die Mitglieder des Verwaltungsrats von Konzernuntergesellschaften einen Mandatsvertrag mit der herrschenden Gesellschaft abschliessen, der ihre Tätigkeit als Verwaltungsrat, die finanziellen Gegenleistungen (Honorar und Aufwandersatz) und Sicherungsmechanismen (Schadloshaltung, Versicherung)[2822] regelt. Nach herrschender Auffassung sind solche Mandatsverträge – jedenfalls in Konzernverhältnissen – zulässig.[2823]

Aktienrecht, § 11 Rz. 376. Vgl. auch die Formulierungsbeispiele für das Organisationsreglement bei FORSTMOSER, Organisation, § 27 N 10 ff.
2819 Art. 620 Abs. 3 OR. Vgl. auch VON BÜREN, Konzern, 87; FORSTMOSER/MEIER-HAYOZ/NOBEL, § 2 N 57. Vgl. auch HANDSCHIN, Konzern, 95 und AMSTUTZ, Konzernorganisationsrecht, 397.
2820 So für das Konzernmodell des deutschen Rechts BÖCKLI, Aktienrecht, § 11 Rz. 336 ff.
2821 Vgl. BÖCKLI, Aktienrecht, § 11 Rz. 316, der im Konzern ein «Mehr» gegenüber der völligen Unterwerfung und ein «Weniger» gegenüber der Eigenständigkeit sieht.
2822 Gelegentlich auch eine Kombination: Die herrschende Gesellschaft verpflichtet sich, einen allfälligen, durch die Versicherung nicht gedeckten Schaden zu übernehmen; VON BÜREN, Konzern, 172; SCHILTKNECHT, 57 f. Vgl. dazu hinten das Muster eines Mandatsvertrags unter Ziff. 11.46, S. 934 ff.
2823 Vgl. BÖCKLI, Aktienrecht, § 13 Rz. 619. Zum Meinungsstand vgl. VON BÜREN, Konzern, 173; FORSTMOSER/MEIER-HAYOZ/NOBEL, § 28 N 44 f. und 167 ff., 175; WERNLI/RIZZI, in: Basler Kommentar,

Empfehlung:

Die Mitglieder des Verwaltungsrats einer Konzerngesellschaft sollten auf den Abschluss eines Mandatsvertrags mit der herrschenden Gesellschaft bestehen. Darin sollte das Weisungsrecht der herrschenden Gesellschaft bzw. die Weisungsbefolgungspflicht des Verwaltungsrats klargestellt und institutionalisiert werden. Ebenso sollten die finanziellen Gegenleistungen sowie die Schadloshaltung und eine allfällige Versicherung geregelt werden.

In welchem Rahmen der Verwaltungsrat der Konzernuntergesellschaft Einwirkungen der herrschenden Gesellschaft auf seine oder die Gesellschaftstätigkeit tolerieren darf, wurde bereits erläutert. Verbreitet sind deshalb namentlich in Mandatsverträgen Bestimmungen, wonach sich der Verwaltungsrat verpflichtet, Weisungen zu befolgen, soweit sie im Rahmen der Konzern- bzw. Gesellschaftsinteressen liegen,[2824] nicht gegen zwingendes Recht, die guten Sitten und die Gepflogenheiten des Geschäftsverkehrs verstossen und mit seiner beruflichen Stellung, seinem Ansehen und seinem guten Ruf in Einklang zu bringen sind.[2825]

Diese Vorbehalte ermöglichen es dem Mitglied des Verwaltungsrats der Konzernuntergesellschaft, die «residuellen» Aufgaben gesetzeskonform zu erfüllen.

Empfehlung:

Das Mitglied des Verwaltungsrats der Konzernuntergesellschaft Gesellschaft muss darauf bestehen, dass sich die herrschende Gesellschaft bei der Erteilung von Weisungen an die festgelegten Abläufe und an das Einordnungskonzept hält und die Mindestaufgaben des Verwaltungsrats der Konzernuntergesellschaft respektiert. Nicht akzeptieren darf er dagegen spezifische Einzelanweisungen, die die Geschäftsführung betreffen und über die Pflicht zur eigenständigen Umsetzung von Konzernweisungen hinausgehen.[2826]

Verpflichtet sich der Verwaltungsrat dazu, Weisungen der herrschenden Gesellschaft zu befolgen, wird er in aller Regel verlangen, dass ihn diese gegen allfällige Haftpflichtansprüche von Dritten (Gläubigern, Minderheitsaktionären usw.) absichert. Auf den ersten Blick erscheint eine solche Abrede zur Schadloshaltung widersinnig: Handelt der Verwaltungsrat im Rahmen seines Ermessensspielraums, macht er sich aktienrechtlich überhaupt nicht verantwortlich; zu Handlungen ausserhalb seines Ermessensspielraums kann er sich nicht gültig verpflichten, so dass die Schadloshaltung systemwidrig erscheint. Aus praktischer Sicht ist allerdings zu bedenken, dass gerade in Konzernverhältnissen die primäre oder sekundäre Berücksichtigung von Konzerninteressen und die latente Gegenläufigkeit dieser Interessen dem Verwaltungsrat grosse Mühe machen, seinen Ermessens-

---

N 26 zu Art. 707 OR. Nach der hier vertretenen Auffassung sind Mandatsverhältnisse im Rahmen der gesetzlichen Schranken auch ausserhalb eines Konzerns zulässig; vgl. dazu KRNETA, N 172 ff.; HOMBURGER, in: Zürcher Kommentar, N 528 zu Art. 716a, N 924 ff. zu Art. 717; BERTSCHINGER, Arbeitsteilung, Rz. 167 f.; BGE 122 III 200.

2824 Eigentlich wäre hier vermehrt zu differenzieren: Bezieht sich der Gesellschaftszweck auf die Verfolgung von Konzerninteressen, darf sich auch der Verwaltungsrat ohne weiteres Weisungen im Konzerninteresse unterziehen und die partikulären Interessen der Konzernuntergesellschaft als sekundär betrachten. Fehlt eine solche Zweckbestimmung, gehören die Konzerninteressen – da sie mittelbar auch die Konzernuntergesellschaft betreffen – immerhin zum Interessenumfeld, das der Verwaltungsrat berücksichtigen muss.

2825 Zu erinnern ist an dieser Stelle auch an das Informationsrecht des Verwaltungsrats; vgl. dazu auch BÖCKLI, Aktienrecht, § 11 Rz. 328 ff.

2826 BÖCKLI, § 11 Rz. 437a.

spielraum klar zu erkennen. Der Verwaltungsrat ist deshalb doch auf eine grundsätzlich unbeschränkte Schadloshaltung angewiesen, um einigermassen frei Entscheidungen treffen zu können.[2827]

Eine Schadloshaltungspflicht der herrschenden Gesellschaft bzw. eine Versicherung entbindet den Verwaltungsrat der Konzernuntergesellschaft allerdings nicht davon, gegen rechtswidrige Weisungen zu opponieren und die weisungserteilende Stelle auf die rechtliche Problematik hinzuweisen.[2828]

> **Empfehlung:**
> Der Verwaltungsrat einer Konzernuntergesellschaft muss die weisungserteilende Stelle auf die rechtliche Problematik einer rechtswidrigen Weisung aufmerksam machen und dies dokumentieren. Damit kann die herrschende Gesellschaft im Rahmen einer gerichtlichen Auseinandersetzung nicht geltend machen, sie habe die Rechtswidrigkeit nicht erkannt und hätte vom Verwaltungsrat der Konzerngesellschaft darauf hingewiesen werden müssen.

Unproblematisch ist es, das Haftungsrisiko des Verwaltungsrats durch eine Versicherung abzudecken, was in Konzernverhältnissen bei mehreren Betroffenen nicht selten im Rahmen einer D&O-Versicherungspolice erfolgt.

9.7 Der Verwaltungsrat bei bedeutendem aussenstehenden Aktionariat

9.7.1 Das Aushandlungskonzept

Bestehen auf Stufe der Konzerntochtergesellschaften Minderheitsbeteiligte von einer gewissen Bedeutung, so ist eine straffe Ausrichtung des gesamten Konzerns auf die Konzerninteressen durch die Obergesellschaft beschränkt.[2829] Es besteht ein latenter Gegensatz der Interessen der Konzernminderheiten und jenen der Obergesellschaft.

Die Einschränkung kann u.U. soweit gehen, dass das Einordnungskonzept mit Kompetenzattraktion als nicht mehr rechtmässig betrachtet wird. Während in der Literatur ein Teil die Grenze der Anwendung des Einordnungskonzepts bereits bei einem Minderheitsaktionariat von 2–10% sieht,[2830] sehen andere die Grenze deutlich höher, in der Nähe von 49%.[2831]

2827 Darauf weist namentlich VON BÜREN, Konzern, 171 ff. hin.
2828 So auch BÖCKLI, Aktienrecht, § 11 Rz. 267.
2829 Die Interessen allfälliger Minderheits-Beteiligter an der Obergesellschaft sind hier nicht angesprochen. Als Beteiligte an der Obergesellschaft profitieren sie in der Regel davon, dass die Tochtergesellschaften sich an den Interessen des Konzerns ausrichten. Sie können zudem ihre Ansichten in der Generalversammlung der Obergesellschaft einbringen und ihre vollen Aktionärsrechte geltend machen, zudem haben sie auch i.d.R. die Möglichkeit zum (im Vergleich bei Tochtergesellschaften) leichteren «Austritt» durch Verkauf der Aktien.
2830 Namentlich BÖCKLI (§ 11 Rz. 349 und 363 ff.) erachtet dann die Stellung des Verwaltungsrates einer Tochtergesellschaft mit mehr als 10%-iger Minderheit als «nicht nur unangenehm, sondern unhaltbar».
2831 FORSTMOSER, Haftung im Konzern, 135 erachtet eine Kompetenzattraktion bei Vorliegen einer einheitliche Leitung (gestützt auf das Vorliegen einer einfachen Stimmenmehrheit) als zulässig. (gl.M. DRUEY, Konzernrecht, 1095; VON BÜREN, einheitliche Leitung im Konzern, 440/41.)

In dieser Situation hat der Verwaltungsrat der herrschenden Obergesellschaft in verstärkten Ausmass dafür sorgen, dass die gegenseitigen Beziehungen Ober-Untergesellschaft einem Drittvergleich standhalten. Anstelle der Ausgabe von Konzernweisungen vollzieht sich die (lockere) Einordnung in den Konzern dann in einem Prozess des Aushandelns der gegenseitigen Beziehungen. Dabei beachten die Verwaltungsräte sowohl der Ober- wie auch der Untergesellschaft die aktienrechtlichen Bestimmungen (Kompetenzen-Ordnung, Sorgfaltspflicht, Treuepflicht etc.). Die Aufgaben von Art. 716*a* OR kommen auf beiden Stufen des Konzerns grundsätzlich voll zur Anwendung.[2832] Es findet in diesem Konzept keine Attraktion der Organisations-, Finanz- und Personalverantwortung durch die Obergesellschaft statt.

Der Verwaltungsrat der Tochtergesellschaft erhält die Funktion eines Treuhänders. Er hat sein Mandat so auszuüben, dass er sich jederzeit vor den aussenstehenden Aktionären verantworten kann; er muss sich daher notfalls auch gegen die Eingriffe der Obergesellschaft zur Wehr setzen. Bei all den Einschränkungen und Nachteilen, welche mit der Zugehörigkeit zu einem Konzern zwangsläufig einhergehen (Verlust auf Autonomie, Verlust auf Flexibilität, Overhead-Kosten etc.), darf nicht ausser Acht gelassen werden, dass die Zugehörigkeit zum Konzern auch aus Sicht der Tochtergesellschaft durchaus seine Vorteile hat (Erleichterung Finanzierung, Grössenvorteile und Skalar-Effekte auf Beschaffungs- und Absatzmärkten, erleichterter Zugang zu Know How, verbesserte Personalrekrutierungsmöglichkeiten, etc.). Diese positiven Effekte darf der Verwaltungsrat als Treuhänder der Untergesellschaft in den Aushandlungen mit der Obergesellschaft durchaus mitberücksichtigen, und gegebenenfalls gegenüber den Minderheitsaktionären zum Ausdruck bringen.[2833]

Empfehlung:
Zur Reduktion der Interessenkonflikte und auch zum Schutz der Gesellschaft vor möglichen Klagen wegen Verletzung der Sorgfalts- und Treuepflicht ist es sinnvoll, den Verwaltungsrat von Untergesellschaften mit einem angemessenen Anteil aussenstehender Personen zu besetzen

9.7.2 Missbrauch bzw. Pflichtverletzung des Verwaltungsrates im Konzern

Zwar wird der Verwaltungsrat der *herrschenden* Konzerngesellschaft i.d.R. weniger in das Spannungsfeld von Konzern- und Gesellschaftsinteressen hineingezogen; er muss sich aber bewusst sein, dass seine Verantwortlichkeit ebenfalls am Konzerntatbestand gemessen wird und sich daher auch auf Fehlentwicklungen bei abhängigen Konzerngesellschaften erstrecken kann.[2834] Eine erhebliche Verletzung dieser Bedingungen durch die Obergesellschaft stellt eine unrechtmässige Konzernleitung dar:

- Eine unrechtmässige Kompetenzattraktion verstösst gegen die Bestimmungen von Art. 716*a* OR.

2832 BÖCKLI, § 11 Rz. 353; gl. M. VOGEL, Neue Tendenzen, 619; Haftung, ähnlich FORSTMOSER, Haftung im Konzern, 137.
2833 BÖCKLI, § 11 Rz. 355.
2834 Dazu weiterführend FORSTMOSER/MEIER-HAYOZ/NOBEL, § 60 N 45 ff.; BÖCKLI, Aktienrecht, § 11 Rz. 450 ff. mit zahlreichen Literaturhinweisen. Zur Haftung des herrschenden Unternehmens eingehend VON BÜREN, Konzern, 168 ff.

- Die faktische Einschränkung oder gar der Entzug der eigenständigen Gewinnstrebigkeit der Konzerntochtergesellschaft ist nichtig.
- Das Gleichbehandlungsgebot nach Art. 717 Abs. 2 OR verbietet eine Begünstigung der Aktionäre der Obergesellschaft, bei fast zwangsläufig einhergehender Benachteiligung des Minderheitsaktionäre.

Der Verwaltungsrat der *beherrschten* Tochtergesellschaft hat die Pflichten von Art. 716a OR voll wahrzunehmen.[2835]

Bei international tätigen Konzernen sind darüber hinaus Haftungsrisiken aus der Gesetzgebung der Länder zu berücksichtigen, in denen Konzerngesellschaften ihren Sitz oder Betriebe haben.

9.8 Aktienrechtliche Verantwortlichkeit

9.8.1 Vorbemerkungen

Die aktienrechtliche Verantwortlichkeit knüpft bekanntlich nicht nur an formelle Zurechnungskriterien an (Haftung der formellen Organe), sondern auch an materielle (Haftung der materiellen Organe).[2836] Deshalb bieten Konzernsachverhalte in dieser Hinsicht keine grundsätzlich neuen Probleme. Die Haftungsordnung folgt den allgemeinen Regeln.[2837] Kommt es zu einer Attraktion von organtypischen Entscheidungen im Bereich der Konzernuntergesellschaft bei der herrschenden Gesellschaft, einer anderen Konzerngesellschaft oder auch nur bei einzelnen Organpersonen der herrschenden Gesellschaft, kann unter Umständen dieser aussenstehende Entscheidungsträger als materielles Organ der Konzernuntergesellschaft haftbar gemacht werden.[2838]

In aller Regel handeln Organpersonen der herrschenden Gesellschaft, die sich in die Geschäftsführung der Konzernuntergesellschaften einmischen, gerade in ihrer Eigenschaft als Organperson der herrschenden Gesellschaft, sodass ihr Handeln der herrschenden Gesellschaft zuzurechnen ist und diese als faktisches Organ betrachtet werden müssen und haftbar werden.[2839] Die Organpersonen der herrschenden Gesellschaft haften persönlich, wenn sie selber auch Organpersonen der Konzernuntergesellschaften sind («Doppelorganschaft»)[2840] oder wenn sie – mit Anscheinsvollmacht für diese – Geschäftsführungsentscheide treffen.[2841]

2835 Böckli (Aktienrecht, § 11 Rz 19).
2836 Das dritte, in neuerer Zeit entwickelte Zurechnungskriterium (Organschaft infolge Kundgabe) ist auch in Konzernverhältnissen eher die Ausnahme. Vgl. dazu die Hinweise bei Böckli, Aktienrecht, § 11 Rz. 467 und Anm. 713.
2837 Vgl. Forstmoser, Organisation, § 7 N 28 ff.; 53 ff.
2838 Dazu ausführlich von Büren, Konzern, 174 ff.; vgl. auch Forstmoser/Meier-Hayoz/Nobel, § 60 N 39 ff.; Böckli, Aktienrecht, § 11 Rz. 453 ff.; Widmer, N 31 zu Art. 754 OR; Amstutz, Konzernorganisationsrecht, 599; Handschin, Konzern, 317; Hofstetter, Haftungsregeln, 193 ff.; vgl. auch BGE 128 III 93/94, 117 II 574, 132 III 526 ff.
2839 Bärtschi, 103 mit weiteren Belegen.
2840 Böckli, Aktienrecht, § 11 Rz. 485 f.
2841 Böckli, Aktienrecht, § 11 Rz. 487 f.; BGE 117 II 570 E. 4a.

Empfehlung:
Geschäftsführungsentscheide sollten formell durch die Organpersonen der jeweiligen Konzernuntergesellschaften gefällt werden. Vermischungen von Organfunktionen bei der herrschenden und den Konzernuntergesellschaften sind zu vermeiden. Bei Doppelorganschaften ist auch äusserlich klarzustellen, für welche Gesellschaft Geschäftsführungsentscheide gefasst werden.

Neben Ansprüchen aus aktienrechtlicher Verantwortlichkeit fallen weitere Haftungsgrundlagen in Betracht (Haftung aus Delikt oder ungerechtfertigter Bereicherung, Haftung aus Durchgriff).[2842]

Der Verwaltungsrat kann sich daher folgenden Klagen ausgesetzt sehen:[2843]
- Begehren auf Sonderprüfung
- Anfechtungsklage
- Klage auf Feststellung der Nichtigkeit von VR Beschlüssen
- Rückerstattungsklage («Wiedereinwerfung» des entzogenen Gewinnes)
- Auflösungsklage
- Verantwortlichkeitsklage

9.8.2 Haftungsgrundsätze

Mit der Vergrösserung des Kreises möglicher Haftpflichtiger ist dem Verwaltungsrat der Konzernuntergesellschaft allenfalls deshalb gedient, weil Anspruchsberechtigte ihre Klagen gelegentlich auf den zahlungsfähigsten Haftpflichtigen beschränken (und dieser häufig die herrschende Gesellschaft ist). Dagegen bleibt eine eigene Haftung bestehen; der Konzernsachverhalt hat nicht zur Folge, dass sich die Haftpflichtansprüche nur noch gegen die Konzernleitung oder die herrschende Gesellschaft richten.[2844]

Der Verwaltungsrat der Konzernuntergesellschaft haftet daher für jeden Schaden, den er der Gesellschaft, den Aktionären (namentlich allenfalls verbliebenen Minderheitsaktionären) oder den Gläubigern durch schuldhaft pflichtwidriges Handeln als Organ verursacht hat.[2845] Die *Pflichtwidrigkeit* ist dabei nach der besonderen Tragweite der Sorgfaltspflicht in Konzernverhältnissen zu beurteilen. Dies bedeutet etwa Folgendes:

– Je nachdem, ob und inwieweit der statutarische Zweck der Konzernuntergesellschaft auf Konzerninteressen ausgerichtet ist, ist auch die Pflichtwidrigkeit aus diesem Blickwinkel zu beurteilen. Ein geschäftsleitender Entscheid oder eine Einflussnahme erscheint grundsätzlich dann nicht als pflichtwidrig, wenn dies im Interesse des Gesamtkonzerns liegt.

– Diese Aussage führt aber gelegentlich in heikle Gefilde. Darf die herrschende Gesellschaft in wirtschaftlichen Schwierigkeiten die übrigen Konzerngesellschaften zu finanziellen Leistungen anhalten, um ihr Überleben zu sichern? Darf sie dies auch dann, wenn dadurch die eine oder andere Konzerngesellschaft selbst in Schwierig-

---

[2842] Dazu weiterführend BÖCKLI, Aktienrecht, § 11 Rz. 453 ff.
[2843] Eingehend BÖCKLI, Aktienrecht, § 11 Rz. 400 ff.
[2844] Dies betonen BÖCKLI, Aktienrecht, § 11 Rz. 481 ff.; VON BÜREN, Konzern, 171; KRNETA, N 2090 ff. zu Art. 754 OR, BÄRTSCHI, 266.
[2845] Art. 754 OR.

keiten gerät und zuletzt sogar zahlungsunfähig wird? Hier wird man wohl davon ausgehen müssen, dass die Organisation einer Unternehmensgruppe in rechtlich selbständigen Gebilden doch bedeutet, dass allen diesen Gesellschaften ein Eigenwert zukommt (nicht nur im Interesse der Gläubiger!) und die Selbstaufgabe im Interesse des Gesamtkonzerns das (vorgehende) Interesse der Konzernuntergesellschaft an ihrem Weiterbestehen verletzt. Alsdann erscheint aber ein aktives oder passives Mitwirken des Verwaltungsrats an solchen Massnahmen – trotz der grundsätzlichen Verpflichtung auf das Konzerninteresse – als pflichtwidrig.[2846]

– Die soeben skizzierte Grenzziehung anhand des Eigenwerts jeder Gesellschaft entspricht weitestgehend jener, die sich aus der Theorie der teleologischen Reduktion und der residuellen Aufgaben des Verwaltungsrats einer Konzerngesellschaft ergibt. Kern dieser Aufgaben bilden, wie erwähnt,[2847] die Erhaltung der Zahlungsfähigkeit und einer minimalen Wirtschaftlichkeit der Konzerngesellschaft. Diese Aufgaben hat der Verwaltungsrat der Konzerngesellschaft unbedingt wahrzunehmen;[2848] er muss daher allenfalls gegen Zahlungsbegehren der herrschenden Gesellschaft opponieren.

– Greift die Konzernleitung – in anderen Bereichen – selbst in die Geschäftsführung der Konzernuntergesellschaft ein, stellt sich die Frage, wie der Verwaltungsrat der Konzernuntergesellschaft auf rechtswidrige, sittenwidrige oder sonst unzulässige Massnahmen bzw. deren Anordnung reagieren soll. Unseres Erachtens wird man von ihm erwarten dürfen, dass er der anordnenden Instanz die Problematik ihres Vorhabens vor Augen führt und gegebenenfalls andere Massnahmen vorschlägt. Dabei liegt es regelmässig nicht in seiner Macht, die Umsetzung solcher Weisungen zu verhindern. Er ist daher auch nicht verpflichtet, rechtliche Massnahmen dagegen zu ergreifen und die Konzernleitung dadurch zu zwingen, ihn abzuberufen oder abberufen zu lassen, um ihre rechtlich problematischen Weisungen durchsetzen zu können.[2849]

– Verlangen wird man dürfen, dass sich der Verwaltungsrat für eine formell korrekte Abwicklung des Gesellschaftsgeschehens einsetzt (z.B. darauf besteht, dass Beschlüsse aus dem Kompetenzbereich des Verwaltungsrats, der nicht von einer einheitlichen Konzernleitung überlagert wird, formell von diesem gefasst werden, dass die Rechnungslegung im Einklang mit den anwendbaren gesetzlichen Vorschriften erfolgt, dass die gesetzlich verlangten Dokumente erstellt werden, dass festgelegte Zuständigkeiten, Abläufe und Vorgehensweisen befolgt werden usw.).

– Pflichtwidrig ist schliesslich ganz allgemein passives Verhalten. Der Verwaltungsrat hat sich namentlich bei den unterstellten Mitarbeitern um die erforderlichen Informationen zu bemühen.

[2846] Vgl. ZR 98 (1999) Nr. 52, 242 ff. Vgl. auch BÖCKLI, Aktienrecht, § 11 Rz. 376, Rz. 295 ff.
[2847] Vgl. vorne Ziff. 9.6.3, 672.
[2848] BÖCKLI, Aktienrecht, § 11 Rz. 305, 310, 483.
[2849] Ähnlich BÖCKLI, Aktienrecht, § 11 Rz. 481 f.; KRNETA, N 2092; BERTSCHINGER, Arbeitsteilung, Rz. 301 ff., 303.

9.9 Sonderfragen

9.9.1 Zur Institutionalisierung einer Konzernstruktur

Soll zwischen einer herrschenden und einer oder mehreren beherrschten Gesellschaften eine Konzernstruktur rechtlich institutionalisiert werden, besteht in der Regel Anpassungsbedarf bei den rechtlichen Grundlagen (Statuten, Reglemente) der beherrschten Gesellschaft(en)[2850] in folgender Hinsicht:

9.9.1.1 Abstimmung des Gesellschaftszwecks auf das Konzernverhältnis

Die Generalversammlung kann den Gesellschaftszweck grundsätzlich frei wählen. Unmittelbare und mittelbare Schranken setzen die zwingenden Bestimmungen der Rechtsordnung. Da die Zwecksetzung nicht mit einer Gewinnstrebigkeit verbunden sein muss,[2851] kann ein Gesellschaftszweck auch darin liegen, bestimmte Leistungen innerhalb bzw. zum Nutzen einer Gesellschaftsgruppe zu erbringen.[2852]

Zu beachten ist aber, dass jeder Gesellschaft – als Rechtssubjekt – ein Eigenwert zukommt («Persönlichkeit» im Sinn von Art. 28 Abs. 1 ZGB) und der Gesellschaftszweck nicht zu einer willkürlichen Fremdbestimmung der Gesellschaftstätigkeit von anderen Konzerngesellschaften oder der Konzernobergesellschaft führen darf.

Zur Umschreibung des Gesellschaftszwecks in den Statuten einer Konzernuntergesellschaft ist daher ein Wortlaut zu wählen, der zwar die Konzerneinordnung offenlegt und präzisiert, dabei aber auch aufzeigt, dass die Gesellschaft in der Ausgestaltung ihrer Tätigkeit grundsätzlich frei ist.

Beispiel eines zulässigen Gesellschaftszwecks:[2853]

«Die Gesellschaft XY bezweckt, die Finanzplanung und -beschaffung der Z-Gruppe zu koordinieren und zu betreuen.»

Beispiel eines fragwürdigen Gesellschaftszwecks:

«Die Gesellschaft XY bezweckt, die Finanzierungsbedürfnisse der Z-Gruppe zu decken.»

Empfehlung:
Der Verwaltungsrat einer Konzerngesellschaft sollte darauf achten, dass die Konzernzugehörigkeit und die konzerninterne Funktion in den Statutenbestimmungen angemessen und transparent zum Ausdruck kommen.

2850 Eher selten besteht ein Anpassungsbedarf bei den rechtlichen Grundlagen der herrschenden Konzerngesellschaft. Der statutarische Gesellschaftszweck muss die Beteiligung an und die Leitung von Tochtergesellschaften umfassen (wenn auch nicht ausdrücklich erwähnen); vgl. dazu BÖCKLI, Aktienrecht, § 11 Rz. 166 ff.
2851 Art. 620 Abs. 3 OR.
2852 Auf die steuerlichen Probleme einer allfälligen Regelung eines Verzichts auf Gewinnstrebigkeit in den Statuten weist BÖCKLI, Aktienrecht, § 11 Rz. 192a hin.
2853 Vgl. auch die Formulierungsbeispiele bei BÖCKLI, Aktienrecht, § 11 Rz. 191 f.

9.9.1.2 Delegation von gesetzlichen Kompetenzen

Während die Generalversammlung ihre gesetzlichen Kompetenzen nicht übertragen kann,[2854] kann sie zusätzliche Kompetenzen, die sie sich allenfalls in den Statuten vorbehalten hat,[2855] jederzeit durch Statutenänderung übertragen; möglich ist daher auch eine Übertragung auf eine andere konzernverbundene Gesellschaft.[2856]

Da die Kompetenzen, die von Gesetzes wegen dem Verwaltungsrat zugewiesen werden, ebenfalls – zumindest teilweise – unübertragbar und unentziehbar sind,[2857] sind – ausser der Geschäftsführung – nur wenige Aufgaben denkbar, die auf eine andere konzernverbundene Gesellschaft übertragen werden können.

9.9.1.3 Allfällige weitere Statutenänderungen

Weitere Statutenänderungen können notwendig werden, wenn die Statuten der Konzernuntergesellschaft bspw.

– *Vinkulierungsbestimmungen* enthalten, die ausdrücklich die Erhaltung der wirtschaftlichen Selbständigkeit des Unternehmens als Leitlinie festlegen;[2858]
– *Minderheitsvertretungen* im Verwaltungsrat vorsehen;[2859]
– übrige Bestimmungen enthalten, die einer einheitlichen wirtschaftlichen Leitung nicht entsprechen oder widersprechen.[2860]

9.9.1.4 Stellung von Minderheitsaktionären

Die Rechtsstellung von Minderheitsaktionären einer Konzerngesellschaft[2861] ist – abgesehen vom neuen Rechnungslegungsrecht[2862] – wenig geregelt und erscheint daher als zwiespältig:

– Ein *allgemeines* gesetzliches Austritts- bzw. Ausschliessungsrecht besteht nicht,[2863] wäre aber – aus dem Blickwinkel aller Beteiligten – sachgerecht.[2864]
– Die bestehenden *Rechtsbehelfe* haben nur sehr begrenzte Anwendungsbereiche. Ein Austrittsrecht kann grundsätzlich als «andere sachgemässe und den Beteiligten zumutbare Lösung» im Sinn von Art. 736 Ziff. 4 OR erscheinen; damit der Richter eine solche Massnahme treffen kann, muss allerdings das Verbleiben des klagenden Akti-

---

2854 Vgl. Art. 698 Abs. 2 OR: «unübertragbare Befugnisse»; FORSTMOSER/MEIER-HAYOZ/NOBEL, § 22 N 7; BÖCKLI, Aktienrecht, § 12 Rz. 26 und Fn. 76; BGE 132 III 675/676.
2855 Vgl. Art. 698 Abs. 2 Ziff. 6 OR.
2856 DUBS/TRUFFER, in: Basler Kommentar zu Art. 698 OR.
2857 Art. 716a Abs. 1 OR.
2858 Dazu ausführlich BÖCKLI, Aktienrecht, § 11 Rz. 178 ff., 193. Solche Statutenbestimmungen wären zu streichen.
2859 Zur Begründung BÖCKLI, Aktienrecht, § 11 Rz. 193. Eine solche Bestimmung wäre zu streichen.
2860 Bspw. ist die reine Wiedergabe von/oder ein Verweis auf Art. 716a OR strikte zu unterlassen. Stattdessen sollte die wirklichkeitsnahe Beschreibung der (residuellen) Aufgaben, die dem Verwaltungsrat der Untergesellschaft verbleiben, in deren Statuten aufgenommen werden. BÖCKLI, Aktienrecht, § 11 Rz.94.
2861 Dazu im einzelnen BÖCKLI, Aktienrecht, § 11 Rz. 383 ff., 387 ff. m.w.H.
2862 Art. 963a Abs. 2 OR; Art. 963b Abs. 4 OR.
2863 Dies betont BÖCKLI, Aktienrecht, § 11 Rz. 222.
2864 Dazu weiterführend BÖCKLI, Aktienrecht, § 11 Rz. 223/224.

onärs als geradezu unzumutbar erscheinen.[2865] Börsenrechtliche Verhaltenspflichten (Pflichtangebot gemäss Art. 32 BEHG) gelten nur für börsenkotierte Gesellschaften und können durch statutarisches «Opting-out» wegbedungen werden;[2866] ebenso das Ausschliessungsrecht («Squeeze-out») nach Art. 33 BEHG. Bei nicht börsenkotierten Konzerngesellschaften kann auf dem Weg der «Barfusion» – der Konzerngesellschaft mit Minderheitsaktionären mit einer zu 100% beherrschten anderen Konzerngesellschaft unter Abfindung der Minderheitsaktionäre in bar – eine Ausschliessung der Minderheitsaktionäre erreicht werden.[2867]

9.9.1.5 Stellung von Gläubigern

Den Gläubigern einer Gesellschaft, die neu in einen Konzernverbund eingegliedert wird, stehen kaum Rechtsbehelfe zur Auflösung oder Umgestaltung ihrer Forderungsverhältnisse zu.[2868,2869]

Selbst im Falle einer allfälligen deutlichen Erhöhung ihrer Risikosituation müssen die Gläubiger die daraus resultierende Verschlechterung ihrer Stellung hinnehmen. Praktisch nur im Falle einer Verletzung des Rückgewährverbotes[2870] ist der Gläubiger klagebefugt, weil eine Rückzahlung des einbezahlten Eigenkapitals nichtig ist.

9.9.2 Darlehen in Konzernverhältnissen

9.9.2.1 Darlehen von der Obergesellschaft an die Konzernuntergesellschaften

Darlehen von der herrschenden Gesellschaft an die Untergesellschaft sind im Allgemeinen unproblematischer[2871] als solche von Konzernuntergesellschaft an die herrschende Gesellschaft:

Auch wenn die Statuten der herrschenden Gesellschaft keinen besonderen «Konzernzweck» enthalten, darf man davon ausgehen, dass solche Darlehen vom Gesellschaftszweck gedeckt sind und daher gültig vereinbart werden können.[2872]

Heikel ist die Behandlung von Darlehen, die der Konzernuntergesellschaft im Sanierungsfall gewährt werden. Gerät die Konzernuntergesellschaft später dennoch in Konkurs, riskiert die herrschende Gesellschaft, dass das Darlehen kurzerhand in eine Kapitaleinlage

---

2865 Zu dieser Hürde im Einzelnen BÖCKLI, Aktienrecht, § 11 Rz. 200 ff., und VON BÜREN, Konzern, 116–118.
2866 Art. 22 Abs. 2 BEHG.
2867 Art. 8 Abs. 2 und 18 Abs. 5 FusG.
2868 BÖCKLI, Aktienrecht, § 11 Rz. 231 ff.; MEIER-HAYOZ/FORSTMOSER, § 24 N 90; DRUEY/VOGEL, 20 ff., grundsätzlich auch VON BÜREN, Konzern, 151 ff. und 432; vgl. aber HANDSCHIN, Konzern, 99.
2869 Soweit dies nicht vertraglich ausdrücklich vorbehalten worden ist («Kontrollwechselklausel»); BÖCKLI, Aktienrecht, § 11 Rz. 234; VON BÜREN, Konzern, 430.
2870 Art. 680 Abs. 2 OR; siehe BÖCKLI, Aktienrecht, § 11 Rz. 232.
2871 Vgl. aber BÖCKLI, Aktienrecht, § 11 Rz. 459 f. und der dort erwähnte Sachverhalt des Durchgriffs.
2872 Vgl. BÖCKLI; Aktienrecht, § 11 Rz. 449q und die Belege in Rz. 674. – Zur Begrenzung der Vertretungsmacht der Organe durch den Gesellschaftszweck vgl. statt vieler WATTER, in: Basler Kommentar, N 2 ff. zu Art. 718 OR.

umqualifiziert und die Kollokation verweigert wird.[2873] Ebenso kann unter diesen Umständen ein stillschweigender Rangrücktritt angenommen werden.[2874]

Schliesslich darf kein betragsmässiges Missverhältnis zwischen dem Aktienkapital und dem Darlehen der herrschenden Gesellschaft entstehen, da diese sonst steuerlich als Eigenkapital der Konzernuntergesellschaft behandelt werden.[2875]

9.9.2.2 Darlehen von Konzernuntergesellschaften an die Obergesellschaft

Solche Darlehen entsprechen nicht ohne weiteres dem Zweck der Konzernuntergesellschaft. Vielmehr ist zu differenzieren:

- Legen die Statuten das Konzerninteresse als massgebenden Zweck fest, ist ein Darlehen der Konzernuntergesellschaft an die herrschende Gesellschaft in aller Regel gedeckt, da entsprechend Gründe vorhanden sind.
- Fehlt eine solche Zweckbestimmung, ist das Geschäft aus dem Konzernzusammenhang heraus mit Blick auf den Gesellschaftszweck zu beurteilen. Wesentlich ist dann etwa, welche Folgen die Gewährung bzw. Nichtgewährung dieses Darlehens für den Konzern bzw. mittelbar die Konzernuntergesellschaft haben bzw. hätten. Steht das Darlehen im Einklang mit den finanziellen Verhältnissen der Konzernuntergesellschaft und ist umgekehrt die herrschende Gesellschaft darauf angewiesen (beispielsweise, weil ihre finanzielle Lage angespannt ist und sie keine Bankkredite mehr erhält), ist die Gewährung des Darlehens zweckkonform. Die Grenze ist u.E. jedenfalls dort zu ziehen, wo das Darlehen betragsmässig die Möglichkeiten der Konzernuntergesellschaft übersteigt und mittelbar oder unmittelbar ihr Weiterbestehen gefährdet.
- Da die Zweckumschreibung (auch) eine institutionalisierte Begrenzung der Vertretungsmacht der Gesellschaftsorgane ist, kann nach unserem Dafürhalten ein zweckwidriges Rechtsgeschäft nicht einfach durch eine nachträgliche Genehmigung des Gesamtverwaltungsrats oder der Generalversammlung in ein rechtmässiges umgewandelt werden.[2876] Zur Farce würde eine solche Genehmigung in Konzernverhältnissen, wo die herrschende Gesellschaft ohnehin Generalversammlung und Verwaltungsrat der Konzernuntergesellschaft Gesellschaften dominiert.

Auch Darlehen von Konzernuntergesellschaft an die herrschende Gesellschaft können heikle buchhalterische und steuerrechtliche Probleme aufwerfen.[2877] Darlehen der Untergesellschaft an die Konzernobergesellschaft sind auch unter dem Aspekt der verbotenen Einlagerückgewähr (Art. 680 Abs. 2 OR) problematisch.

2873 Vgl. VON BÜREN, Konzern, 591 f., mit Hinweis auf ein Urteil des Zürcher Obergerichts vom 19. Januar 1993 und VOGEL, Sanierungsdarlehen, 299 ff.; BÖCKLI, Aktienrecht, § 11 Rz. 449g.
2874 VON BÜREN, Konzern, 592; VOGEL, Sanierungsdarlehen, 301 ff.; WIDMER, 257 f.
2875 Kreisschreiben Nr. 6 der Eidg. Steuerverwaltung vom 6. Juni 1997.
2876 Offener VON BÜREN, Konzern, 154 f.; WATTER, in: Basler Kommentar, N 2 zu Art. 718a OR. – Zu bedenken ist aber, dass die Beschränkung der Geschäftsfähigkeit der Aktiengesellschaft durch ihre Zweckumschreibung nicht nur eine gesellschaftsinterne Schutzfunktion erfüllt, sondern auch einem legitimen Informationsbedürfnis im Geschäftsverkehr dient.
2877 Dazu vgl. BÖCKLI, Aktienrecht, § 11 Rz. 449m ff. m.w.H. (Stichworte: verdeckte Gewinnausschüttung, Entnahme aus dem Eigenkapital). Hinzu kommen kann auch ein Verantwortlichkeitstatbestand (Klumpenrisiko).

9.9.2.3 Cash Pooling

Unter Cash Pooling wird ein Zusammenführen der Liquidität verschiedener Konzerngesellschaften verstanden. Dies kann physisch, *reell* (dergestalt, dass die Saldi der einzelnen Bankkonten auf ein zentrales Konto übertragen werden, das auf die herrschende Gesellschaft oder eine Management-Gesellschaft (pool leader) lautet; «*Zero Balancing*») oder *virtuell* (dergestalt, dass die Saldi der einzelnen Bankkonten lediglich rechnerisch zusammen erfasst und etwa Bankzinsen auf dem Totalbetrag der Saldi berechnet werden; «*Notional Pooling*») umgesetzt werden.[2878] Beim physischen Cash Pooling werden meistens auch die Forderungen aus Lieferungen und Leistungen an den Pool Leader abgetreten. In der Bilanz der abtretenden Gesellschaft erscheint dann an der Stelle von flüssigen Mitteln und Debitoren eine konzerninterne Forderung gegenüber der Gesellschaft, die den Pool führt. Das Cash Pooling bezweckt eine effiziente, kostensparende Liquiditätsbewirtschaftung im Konzern und bessere Konditionen der Geldanlage und -ausleihe;[2879] die Mittel von Konzerngesellschaften im Pool dienen u.U. der Bank als Sicherheit für Kredite an andere Konzerngesellschaften.[2880]

Das Cash Pooling ist namentlich im Hinblick auf die diesbezüglichen Verhältnisse beim Swissair-Konzern untersucht worden.[2881] Nach herrschender Meinung erscheint das *Notional Pooling* aus gesellschaftsrechtlicher Sicht dann als zulässig, wenn

- die Konzerngesellschaften, die am Cash Pooling teilnehmen, rechtmässig in den Konzern eingeordnet und deren Verwaltungsräte ihre (residuellen) Aufgaben pflichtgemäss und sorgfältig wahrnehmen; also auch keine Klumpenrisiken bei der Anlage der eigenen Liquidität eingehen;
- der statutarische Gesellschaftszweck die Bestellung von Sicherheiten zugunsten anderer Konzerngesellschaften ausdrücklich erfasst;
- das maximale Risiko eines definitiven Mittelabflusses die freien Reserven der Gesellschaft zu keinem Zeitpunkt übersteigt,[2882] und
- die betreffenden Transaktionen zu diesen Konditionen auch mit einer unabhängigen Drittpartei hätten abgeschlossen werden können.[2883]

Sind diese Kriterien nicht erfüllt und macht die Bank Sicherheiten aus dem Cash Pool geltend, kann dies – je nach Sachlage – zu Ersatz- und Rückerstattungspflichten führen,[2884] die u.U. auch mittels paulianischer Anfechtungsklagen durchgesetzt werden können. Die herrschende Gesellschaft macht sich ferner vertragsrechtlich (Art. 402 Abs. 1 OR) und gestützt auf Art. 678 Abs. 2 OR für unrechtmässig abgeflossene freie Reserven haftpflich-

---

2878 Weiterführend: BLUM, 705 ff.; GIEGERICH, 869 ff. Vgl. auch BÖCKLI, Aktienrecht, § 11 Rz. 449b; HOFSTETTER, Verantwortlichkeit, 15; NEUHAUS/WATTER, 174 ff.; HANDSCHIN, Cash Pooling im Konzern, 273 ff.
2879 BLUM, 705.
2880 BLUM, 705.
2881 Dazu weiterführend wiederum BLUM, 705 ff.
2882 Dazu näher BLUM, 706/707, mit Hinweisen und Belegen. Nach BÖCKLI, Aktienrecht, § 11 Rz. 449j; darf keine verdeckte Eigenkapitalentnahme/Einlagerückgewähr nach Art. 680 OR vorliegen.
2883 BLUM, 707; BÖCKLI, Aktienrecht, § 11 Rz. 449i: bezeichnet in diesem Zusammenhang auch das mit dem Cash Pooling i.d.R. verbundene Eingehen des Klumpenrisiken in der Kapitalanlage (ein Konto gegenüber dem Pool-Leader) als sorgfaltswidrig.
2884 Dazu näher BLUM, 708.

tig.[2885] Hinzu können Haftungstatbestände aus aktienrechtlicher Verantwortlichkeit kommen.[2886]

Gegen das physische Cash Pooling (*Zero Balancing*) wird namentlich angeführt, es bedürfe einer ständigen Kontrolle der finanziellen Situation bei sämtlichen Pool-Gesellschaften (zur Sicherstellung der oben erwähnten Kriterien für ein zulässiges Cash Pooling), was eine effiziente Abwicklung verunmögliche.[2887] Auch hier aktualisieren sich Ersatz- und Rückerstattungspflichten (Art. 678 Abs. 2 OR), falls die gepoolten Mittel verloren gehen, und drohen Haftungstatbestände aus aktienrechtlicher Verantwortlichkeit. Weil mit dem physischen Cash Pooling ein gefährliches Doppelspiel zulasten der Gläubiger der Tochtergesellschaft gespielt wird, hat der Verwaltungsrat der Tochtergesellschaft eine erhöhte Verantwortlichkeit in Bezug auf die Erfüllung seiner Residualaufgaben.[2888] Siehe zur Beurteilung des Cash Pooling die Checkliste hinten in Ziff. 11.14, S. 810 ff.

9.9.3 Patronatserklärungen für Konzerngesellschaften

Schliessen Konzerngesellschaften (Kredit-)Verträge ab, ist die herrschende Gesellschaft oft ebenfalls involviert, indem sie eine Patronatserklärung[2889] abgeben muss. Mit einer solchen Erklärung wird die Kreditwürdigkeit der herrschenden Gesellschaft in den Vertragsverhandlungen zugunsten der Konzerntochtergesellschaft eingesetzt.[2890] Gleichzeitig möchte dabei die Konzernleitung jedoch ein rechtlich durchsetzbares Zahlungsversprechen zugunsten der Tochtergesellschaft vermeiden; der Kreditgeber seinerseits möchte seine Sicherheit verbessern.

In der Praxis werden in die Patronatserklärung der Obergesellschaft folgenden Klauseln eingebaut:[2891]

- *Kenntnisnahme-/Vernehmlassungsklausel*: Die herrschende Gesellschaft bestätigt, vom Vertragsabschluss mit der Konzerntochtergesellschaft Kenntnis zu haben (und damit einverstanden zu sein).
- *Beteiligungsklausel*: Die herrschende Gesellschaft bestätigt ihre Beteiligung an der Konzerntochtergesellschaft und ihre Absicht, diese Beteiligung aufrechtzuerhalten. Häufig ist der Zusatz, die Drittpartei würde über eine spätere Veräusserungsabsicht unverzüglich informiert.
- *Finanzierungsklausel*: Die herrschende Gesellschaft erklärt, dass sie die Konzerntochtergesellschaft mit den notwendigen finanziellen Mitteln im Hinblick auf ihre Verpflichtung ausstatten werde.

2885 BLUM, 709.
2886 BLUM, 709.
2887 BLUM, 709.
2888 BÖCKLI, Aktienrecht, § 11 Rz. 449l.
2889 Vgl. die Literaturhinweise bei BÖCKLI, Aktienrecht, § 11 Rz.. 449b ff.; Urteil des BGer. 4C.4/2003 vom 28.3.2003, BGE 120 II 333.
2890 FORSTMOSER/MEIER-HAYOZ/NOBEL, § 60 N 41; BÖCKLI, Aktienrecht, § 11 Rz. 496; vgl. auch VON BÜREN, Konzern, 435, mit Belegen. Vgl. dazu auch die Ausführungen vorne unter Ziff. 3.10.5, 255 ff.
2891 Vgl. zum Folgenden VON BÜREN, Konzern, 435 ff., 436 ff. (mit Formulierungsbeispielen); BÖCKLI, Aktienrecht, § 11 Rz. 497 und HANDSCHIN, Konzern, 287 ff.

- *Einflussnahmeklausel:* Die herrschende Gesellschaft erklärt, die vertragstreue Erfüllung aller Verpflichtungen gehöre zur Geschäftspolitik des Konzerns, und sie werde nötigenfalls in diesem Sinn auf die Konzerntochtergesellschaft einwirken.
- *Schuldbeitrittsklausel:* Schliesslich kann die herrschende Gesellschaft erklären, sie betrachte Verbindlichkeiten ihrer Konzerntochtergesellschaften grundsätzlich als eigene Verbindlichkeiten.
- *Informationsklausel:* Die Obergesellschaft sichert dem Kreditgeber zu, ihn im Voraus über tiefgreifende Veränderungen in der Konzernpolitik, welche direkt die Kreditnehmerin betreffen, zu informieren.

Solche (und ähnliche) Erklärungen dokumentieren in aller Regel eine – graduell unterschiedliche – moralische Verpflichtung der herrschenden Gesellschaft, für die Erfüllung der Schuld der Konzernuntergesellschaft zu sorgen.[2892] Daraus kann sich eine *faktische* Verpflichtung ergeben, deren Nichteinhaltung u.U. gravierende Folgen für den Konzern zeitigen könnte.

Die rechtliche Bindungswirkung ist im Einzelfall zu prüfen.[2893] In der Regel ist eine Patronatserklärung als Kompromiss in einer Verhandlungssituation zu verstehen, in welcher der Kreditgeber eine rechtlich verbindliche Zusicherung seitens der Obergesellschaft anstrebt, diese aber gerade keine solche Sicherheit stellen will.[2894] Dann ist die Patronatserklärung weniger als Sicherheit für die Forderung der Drittpartei gegen die Konzerntochtergesellschaft, als vielmehr gegebenenfalls als Willenserklärung der herrschenden Gesellschaft zu verstehen, die Grundlage des Vertragsabschlusses zwischen der Drittpartei und der Konzerntochtergesellschaft bildet. Verstösst die herrschende Gesellschaft gegen die erklärten Bestätigungen und Absichten, macht sie sich allenfalls deswegen haftbar.

Zumindest soweit Patronatserklärungen eine durchsetzbare Zahlungsverpflichtung der herrschenden Gesellschaft oder einen vergleichbaren faktischen Beistandszwang bewirken, sind sie im Anhang zur Jahresrechnung aufzuführen.[2895] Allenfalls sind sogar Rückstellungen in die Bilanz erforderlich.[2896]

9.9.4 Wechselseitige Beteiligungen

a) Wechselseitige Beteiligungen werden vom Gesetzgeber – ähnlich wie das Halten eigener Aktien – als Ausnahmesachverhalte verstanden;[2897] mit Rücksicht auf die möglichen Gefahren für Aktionäre und Gläubiger sieht das Gesetz besondere Schutzmassnahmen vor, sofern die Beteiligung eine Mehrheitsbeteiligung[2898] ist:

[2892] VON BÜREN, Konzern, 434; HANDSCHIN, Konzern, 291; vgl. auch FORSTMOSER/MEIER-HAYOZ/NOBEL, § 60 N 42; BÖCKLI, Aktienrecht, § 8 Rz. 363 ff. und § 11 Rz. 496 ff.
[2893] So FORSTMOSER/MEIER-HAYOZ/NOBEL, § 60 N 42; BÖCKLI, Aktienrecht, § 8 Rz. 304 und § 11 Rz. 496 ff., VON BÜREN, Konzern, 438; vgl. auch HANDSCHIN, Konzern, 291; SCHNYDER, 57 ff.
[2894] VON BÜREN, Konzern, 438; BÖCKLI, Aktienrecht, § 11 Rz. 498.
[2895] BÖCKLI, Aktienrecht, § 8 Rz. 364; FORSTMOSER/MEIER-HAYOZ/NOBEL, § 57 N 127; VON BÜREN, Konzern, 436; SCHNYDER, 58; NOBEL, Patronatserklärung, 64 ff.
[2896] Art. 959c Abs. 2 Ziff.10, BÖCKLI, Aktienrecht, § 11 Rz. 501 f, HANDSCHIN, Rechnungslegung 497.
[2897] Dass die beiden Vorgänge nicht deckungsgleich sind, betont namentlich BÖCKLI, Aktienrecht, § 4 Rz. 334.
[2898] Zur Diskussion, ob stimmenmässige oder kapitalmässige Mehrheit vgl. einerseits BÖCKLI, Aktienrecht, § 4 Rz. 327, VON PLANTA/LENZ, in: Basler Kommentar, N 3 und 5 zu Art. 659b OR; anderer-

- Die beherrschte Konzernuntergesellschaft darf Aktien der herrschenden Gesellschaft nur im Ausmass des frei verwendbaren Eigenkapitals in der herrschenden Gesellschaft[2899] und nur im Rahmen der 10%-Grenze[2900] erwerben.
- Die besondere Reserve im Sinn von Art. 659b OR muss die herrschende Gesellschaft bilden.[2901]
- Das Stimmrecht (nicht aber das Recht auf Dividende) an den Aktien der herrschenden Gesellschaft ruht.
- Die Verhältnisse sind in den Anhängen zur Jahresrechnung der herrschenden (und wohl auch der beherrschten Konzernuntergesellschaft)[2902] darzulegen.

b) Gleiches gilt nach ausdrücklicher gesetzlicher Anordnung auch für den Fall, da «... eine Gesellschaft die Mehrheitsbeteiligung an einer anderen Gesellschaft (erwirbt), die ihrerseits Aktien der Erwerberin hält ...»[2903]

c) Die gesetzliche Regelung gilt nicht nur im Verhältnis Mutter-/Tochtergesellschaft, sondern auch gegenüber Enkeln, Urenkeln usw.[2904]

9.9.5 Konzernklauseln

Konzernklauseln sind eine Erscheinung der Vertragspraxis. Sie finden sich zumeist in Verträgen zwischen Konzerngesellschaften und Dritten und enthalten Bestimmungen, die das ganze Vertragsverhältnis, einzelne Rechte und Pflichten (oder allenfalls auch organisatorische Regelungen) auf andere Konzerngesellschaften, die herrschende Gesellschaft oder auf den ganzen Konzern ausdehnen.

Solche Konzernklauseln sind vor dem Hintergrund von Privatautonomie und Vertragsfreiheit grundsätzlich gültig und zulässig. Verbreitet sind – namentlich im Geschäftsverkehr von zwei Konzernen – sog. Konzernverrechnungsklauseln. Danach können Forderungen zwischen Konzerngesellschaften je des einen und des anderen Konzerns beliebig verrechnet werden, auch wenn die Verrechnungslage gemäss Art. 120 Abs. 1 OR (Forderungen zwischen denselben natürlichen oder juristischen Personen) nicht besteht.[2905]

---

seits HANDSCHIN, Konzern, 160 ff., VON BÜREN, Konzern, 106; FORSTMOSER/MEIER-HAYOZ/NOBEL, § 50 N 178.

2899 BÖCKLI, Aktienrecht, § 4 Rz. 329 ff.; VON PLANTA/LENZ, in: Basler Kommentar, N 6 und 7 zu Art. 659b OR; FORSTMOSER/MEIER-HAYOZ/NOBEL, § 50 N 181.

2900 Die 10%-Grenze ist so zu verstehen, dass gesamthaft nicht mehr als 10% der Aktien der herrschenden Gesellschaft von Konzerngesellschaften gehalten werden dürfen; BÖCKLI, Aktienrecht, § 4 Rz. 329 ff., VON PLANTA/LENZ, in: Basler Kommentar, N 6 zu Art. 659b OR.

2901 BÖCKLI, Aktienrecht, § 4 Rz. 329 ff.; VON PLANTA/LENZ, in: Basler Kommentar, N 9 zu Art. 659b OR.

2902 Vgl. BÖCKLI, Aktienrecht, § 4 Rz. 329 ff.; VON PLANTA, in: Basler Kommentar, N 11 zu Art. 659b OR.

2903 Art. 659b Abs. 2 OR.

2904 BÖCKLI, Aktienrecht, § 4 Rz. 337 ff.; VON PLANTA, in: Basler Kommentar, N 4 zu Art. 659b OR (beide mit weiteren Belegen).

2905 Vgl. dazu VON BÜREN, Konzern, 431 (unter Hinweis auf ein Urteil des Thurgauer Obergerichts vom 22. Januar 1985 [publiziert in: SJZ 83 (1987) S. 85]); BÖCKLI, Aktienrecht, § 11 Rz. 445; HANDSCHIN, Konzern, 275 ff.

9.9.6 Haftung aus Konzernvertrauen

Mit dem «Swissair»-Entscheid[2906] hat das Bundesgericht die Vielzahl von möglichen Haftungsgrundlagen für Konzernobergesellschaften[2907] um jene der Haftung aus Konzernvertrauen bereichert. Die Swissair Beteiligungen AG musste für den Schaden aufkommen, den die Wibru Holding AG aus einem Geschäft mit der IGR Holding AG (einer Tochtergesellschaft der Swissair Beteiligungen AG) wegen deren Zahlungsunfähigkeit erlitten hatte. – In neueren Fällen hat das Bundesgericht diese Haftungsgrundlage präzisiert und geprüft, jeweils aber abgelehnt.[2908]

Aus dieser Rechtsprechung können folgende Schlüsse gezogen werden:
- «Eine eigenständige Rechtsfigur ‹Haftung aus Konzernvertrauen gibt es nicht›».[2909] Vielmehr sind auch Konzern(haftungs)verhältnisse an den allgemeinen schuld- und gesellschaftsrechtlichen Haftungstatbeständen zu messen.
- Im Zusammenhang mit Schäden aus Vertragsbeziehungen mit zahlungsunfähig gewordenen Konzerngesellschaften kann eine Haftung der Konzernobergesellschaft aus culpa in contrahendo naheliegen.
- Eine solche Haftung ist begründet, wenn die Konzernobergesellschaft die Konzernuntergesellschaft gewähren lässt, ihre Konzernzugehörigkeit und Verhaltensabsichten der Konzernobergesellschaft als positive Vertragsgrundlage zu verwenden, und später entgegen diesen Verhaltensabsichten handelt. «Das blosse Bestehen einer Konzernverbindung vermag ... keine Grundlage für eine Vertrauenshaftung abzugeben. Ebenso wenig genügen Werbeaussagen, in denen bloss in allgemeiner Form auf eine bestehende Konzernverbindung hingewiesen wird. Schutzwürdiges Vertrauen setzt ein Verhalten der Muttergesellschaft voraus, das geeignet ist, hinreichend konkrete und bestimmte Erwartungen zu wecken.»[2910]

Eine weiter gehende Haftung aus Konzernvertrauen postulieren VON DER CRONE/WALTER:[2911] «Mit der führungsmässigen Integration der Tochtergesellschaft in den Konzern wird die Muttergesellschaft zum materiellen Organ der Tochtergesellschaft. Als Konsequenz ist die Mutter aus Aktienrecht für die Führung der Geschäfte der Tochtergesellschaft verantwortlich.»[2912]

Empfehlung:
In ihrem Auftritt gegen aussen sollten Konzerngesellschaften keine Hinweise auf die Konzernzugehörigkeit verwenden, die auf interne Standards, Verhaltensmaximen, Kontrollen, Absichten o.Ä. der Konzernobergesellschaft oder des Gesamtkonzerns Bezug nehmen oder solche unterstellen.

2906 BGE 120 II 331 ff.
2907 Vgl. dazu die umfassende Übersicht bei VON BÜREN, Konzern, 174 ff. mit Belegen.
2908 Unveröffentlichtes Urteil des Bundesgerichts vom 27. Februar 1996, referiert bei VON BÜREN, Konzern, 198; BGE 123 III 220 ff.; BGE 124 III 297 ff.; Urteil 4C.280/1999 vom 28. Januar 2000 des Bundesgerichts i.S. Korner/Caesar E. 3/a).
2909 BÖCKLI, Aktienrecht, § 11 Rz. 476.
2910 BGE 124 III 297.
2911 VON DER CRONE/WALTER, 53 ff.
2912 Vgl. dazu die Kritik von VON BÜREN, Konzern, 211 ff.

9.9.7 Internationale Konzernsachverhalte

Konzerne bestehen häufig aus Gesellschaften, die in verschiedenen Staaten inkorporiert sind.[2913] Man kann sich daher durchaus die Frage stellen, ob das nationale Konzernrecht nicht eine international-privatrechtliche Entsprechung haben müsse.

Aus schweizerischer Sicht ist nach wie vor von der juristischen Selbständigkeit der einzelnen Konzerngesellschaft auszugehen.[2914] Alsdann ist im Einzelfall das für die betroffene Gesellschaft massgebende Recht zu ermitteln; dies nach den Regeln des schweizerischen internationalen Privatrechts. Besondere, konzernspezifische Kollisionsnormen fehlen denn auch völlig im schweizerischen internationalen Privatrecht.

2913 Vgl. dazu weiterführend VON BÜREN, einheitliche Leitung im Konzern, 551 ff.
2914 Vgl. VON BÜREN, einheitliche Leitung im Konzern, 551, mit Hinweisen.

10. Der Verwaltungsrat und Corporate Governance

10.1 Begriff und Wesen der Corporate Governance

10.1.1 Entstehung des Begriffs Corporate Governance

Die Diskussionen über Corporate Governance haben ihren Ausgangspunkt in der Agency-Problematik der 30er-Jahre des letzten Jahrhunderts. Bereits damals führten die unterschiedlichen Interessen von Gesellschaftseignern («Principals») und Unternehmensleitung («Agents») zu Spannungen. Nach dem Börsencrash von 1929 wurde vor allem aus Kreisen der Aktionäre der Ruf nach einer effizienteren Führung und Kontrolle der Unternehmen laut. Dazu erschien 1932 in New York das Buch von ADOLF A. BERLE und GARDINER C. MEANS: The modern Corporation and Private Property.[2915] Das eigentliche Schlagwort «Corporate Governance» erschien jedoch erstmals 1976 in einem Buch von COURTNEY C. BROWN, Putting the Corporate Board to Work, in New York.[2916]

Heute ist der Begriff Corporate Governance im Zusammenhang mit verschiedenen Unternehmensskandalen nicht nur bei Aktionären, sondern auch bei Journalisten und Juristen zu einem schillernden Schlagwort geworden.[2917] Entsprechend vielfältig sind die zugrunde gelegten Begriffsbestimmungen. Zudem werden Empfehlungen zur Corporate Governance nicht mehr nur auf Aktiengesellschaften beschränkt; auch für Non-Profit-Organisationen, Stiftungen und insbesondere für öffentliche Unternehmen (State-owned Enterprises) werden Richtlinien und Grundsätze vorgegeben, um ein ausgewogenes Verhältnis an Führung und Kontrolle zu erhalten.[2918] Für KMU in der Schweiz wurden durch das Center for Corporate Governance 2009 besondere Empfehlungen zur Corporate Governance unter dem Titel «Best Practice im KMU (BP-KMU)» erarbeitet.[2919]

10.1.2 Begriff der Corporate Governance

Der Begriff «Corporate Governance» lässt sich in seiner vollen Bedeutung nicht einfach mit zwei Wörtern aus dem Englischen ins Deutsche übersetzen. Basiert man auf dem eigentlichen Wortstamm, so gelangt man zur Bedeutung «körperschaftliche Steuerung» oder «Leitung einer Körperschaft bzw. Gesellschaft» oder kurz: «*Unternehmensführung*

2915 HILB, Integrierte Corporate Governance, 5, weist darauf hin, dass diese Agency-Theorie aber schwerwiegende Fehler aufweist und insbesondere die Ansprüche der Mitarbeitenden, der Kunden und der Mitwelt (Öffentlichkeit, Um- und Nachwelt) nicht berücksichtigt.
2916 BÖCKLI, Revisionsfelder, 755.
2917 Ebenso HILB, Integrierte Corporate Governance, 3; NOBEL, Brückenschlag, 8; SANWALD, 32; HOFSTETTER, Erkenntnisse, 975, mit Hinweis auf Vorkommnisse bei Swissair, Kuoni und ABB.
2918 Als aktuelles Beispiel sei dazu auf die Empfehlungen zur Führung und Kontrolle von öffentlichen Unternehmen in Liechtenstein (Public Corporate Governance Code) vom Juli 2012 verwiesen. Diese Empfehlungen sind zu finden unter www.llv.li/pdf-llv-sf-public_corporate_governance_code. pdf und werden kommentiert in HILB/HÖSLY/MÜLLER, 67 ff.
2919 Vgl. dazu hinten ausführlich Ziff. 10.3.6, S. 723 ff. Diese Empfehlungen können kostenlos heruntergeladen werden beim International Center for Corporate Governance der Board Foundation unter www.icfcg.or im Teil Board Research/Board Guidelines.

und -kontrolle».[2920] Damit wird man aber der vielfältigen Bedeutung dieses Begriffs nicht gerecht.

In der Regel bezeichnet Corporate Governance das System der Leitung und der Überwachung von Gesellschaften[2921] oder mit anderen Worten der Unternehmensführung und -kontrolle.[2922] Tatsächlich versteht jedoch fast jeder unter «Corporate Governance» etwas anderes,[2923] «und die englischsprachigen Definitionen[2924] sind nach wie vor von einer geradezu widersprüchlichen Unschärfe».[2925] Es geht im Grunde um nichts weniger als strukturierte und ausgewogenen Massnahmen gegen das Risiko von Machtmissbrauch an der Spitze von Publikumsgesellschaften, um eine zusätzliche Chance wenigstens, dass sich anbahnende Fehlentwicklungen im Frühstadium erkannt und verhindert werden.[2926]

Unabhängig von der Gesellschaftsform geht es bei der Corporate Governance *um die Leitung und Überwachung von Unternehmen oder mit anderen Worten die Unternehmensführung und Unternehmenskontrolle. Mit Hilfe der Corporate Governance soll im Wesentlichen ein inneres und äusseres Kräftegleichgewicht erzielt werden. Die interne Corporate Governance betrifft die Kompetenzen, Funktionen sowie das Zusammenwirken von Aufsichts-, Führungs- und Kontrollorganen im Unternehmen. Die externe Corporate Governance bezieht sich auf die funktionalen Beziehungen zwischen den Exekutivorganen, den Anspruchsgruppen, allen voran den Aktionären und dem Kapitalmarkt.*[2927]

Im Swiss Code of Best Practice for Corporate Governance (SCBP)[2928] wird Corporate Governance als Leitidee – im Hinblick auf die dort im Fokus stehenden kotierten Aktiengesellschaften – folgendermassen umschrieben:

Gesamtheit der auf das Aktionärsinteresse ausgerichteten Grundsätze, die unter Wahrung von Entscheidungsfähigkeit und Effizienz auf der obersten Unternehmensebene Transparenz und ein ausgewogenes Verhältnis von Führung und Kontrolle anstreben.

2920 Böckli, Aktienrecht, § 14 Rz. 22.
2921 So der Cadbury Report, Ziff. 2.5: «Corporate governance is the system by which companies are directed and controlled. Boards of directors are responsible for the governance of their companies.» Ebenso Mitteilung der Kommission an den Rat und das Europäische Parlament, KOM (2003) 284 vom 21.5.2003, 12.
2922 Nobel, Grundsätze der OECD, 244.
2923 Böckli, Aktienrecht, § 14 Rz. 23. z.B. Zehnder, Corporate Governance in den USA: «Der Begriff Corporate Governance ist heute fester Bestandteil modernen Managements und bezeichnet das Zusammenspiel aus Gesetzen, Verordnungen und freiwilligen Praktiken im Privatsektor, die es ermöglichen, ein Unternehmen verantwortungsbewusst und effizient zu führen.» Böckli/Huguenin/Dessemontet, 19, halten einleitend fest: «Mit Corporate Governance werden jene Steuerungsmechanismen anvisiert, die innerhalb von Aktiengesellschaften ein ausgewogenes Verhältnis von Führung und Kontrolle sowie die Transparenz anstreben und die Rolle der Aktionäre als Träger des Kapitalrisikos stärken.» Weitere Definitionen finden sich bei Wunderer, VR-Präsident, 12 f.
2924 So z.B. OECD Principles, 2: «One key element in improving economic efficiency is corporate governance, which involves a set of relationships between a company's management, its board, its shareholders and other stakeholders. Corporate governance also provides the structure through which the objectives of the company are set, and the means of attaining those objectives and monitoring performance are determined.»
2925 Böckli, Corporate Governance, 2.
2926 Böckli, Aktienrecht, § 14 Rz. 30.
2927 Schedler/Müller/Sonderegger, 7.
2928 Siehe hinten Ziff. 10.3.3 , S. 711 ff.

Diese Definition berücksichtigt drei wichtige Besonderheiten für die Schweiz:[2929]

- **Die Ausrichtung auf die Interessen der Aktionäre**
  Während andere Definitionen auch eine Ausrichtung auf die Ziele der anderen Anspruchsgruppen (Stakeholder) vorsehen, stehen bei der schweizerischen Definition die Interessen der Aktionäre im Vordergrund. Dies wird insbesondere damit begründet, dass mit einer langfristigen konsequenten Ausrichtung an deren Interesse auch den Interessen der anderen Anspruchsgruppen am besten gedient sei; zudem wird mit einigem Recht darauf hingewiesen, dass niemand sonst sich für die Interessen der Aktionäre einsetzt wenn nicht der Verwaltungsrat.

- **Die Bedeutung der Transparenz**
  Während die angelsächsischen Vorläufer dieses Element nicht erwähnen, ist Transparenz und Offenlegung in der Schweiz einer der wichtigen Wirkungselemente.

- **Die Priorität von Entscheidungsfreiheit und Effizienz**
  Auch dieses Element findet sich nicht in den ausländischen Definitionen. Die ganzen Bemühungen um Leitung und Kontrolle dürfen letztlich nicht dazu führen, dass die Entscheidungsfreiheit und Effizienz der obersten Führung des Unternehmens leidet. Ohne deren initiative Führung und unternehmerisches Handeln wären alle Fragen um Macht und Kontrolle umsonst.

10.1.3 Doppelte Ebene der Corporate Governance

Bereits aus der wörtlichen Übersetzung ergibt sich, dass Corporate Governance sowohl als Führung gegen innen wie auch als Leitung von aussen verstanden werden kann. Nicht nur die Sicht des Verwaltungsrates bezüglich der internen Organisation, sondern auch die Sicht des Aktionärs bezüglich externer Unternehmenskontrolle kommt also in der Corporate Governance zum Ausdruck. Sie hat deshalb auch klar zwei unterschiedliche Ebenen.

Ebenen der Corporate Governance	
Interne Ebene (Organisationsregelung)	**Externe Ebene** (Regelung der Beziehungen)
Spitzenverfassung der Unternehmensführung, d.h. sachgerechte Festlegung der Aufgaben und zweckmässige Strukturierung bzw. Zusammensetzung der obersten Leitungsorgane.	Verhältnis der obersten Leitungsorgane zu den Aktionären und zu den unternehmensrelevanten Anspruchsgruppen (Shareholder Value und Stakeholder Value).

2929 BÖCKLI, § 14 Rz. 35 ff.

Bildlich kann Corporate Governance mit zwei ineinander liegenden Dreiecken dargestellt werden:[2930]

- Im *inneren* Dreieck stehen sich die strategische Führungsebene (strategische Oberleitung- und Überwachung durch Verwaltungsrat), die operative Führungsebene (Geschäftsleitung, Management) und die Prüfung (Revisionsstelle) gegenüber; hier geht es um die Abgrenzungen der Aufgaben, Kompetenzen und Kontrollen innerhalb des Unternehmens sowie um die Zusammensetzung dieser Organe.
- Im *äusseren* Dreieck stehen sich das Unternehmen als Rechtsperson (vertreten durch den Verwaltungsrat), die Aktionäre und die weiteren Anspruchsgruppen (Banken, potenzielle Investoren, Kunden, Lieferanten, Arbeitnehmer, Staat etc.) gegenüber; hier geht es um Kommunikation, Transparenz und Kontrolle.

Als Ansatzpunkte für die Corporate Governance werden in der Regel folgende Punkte gesehen:

1. Leitlinien für das Verhalten der Unternehmensführung	• Stellung des Aktionärs und Wahrnehmung seiner Eigentümerrechte (Ausübung der Aktionärsrechte, Stimmrechte, Vinkulierung, Traktandierungsrechte, Rechte für Sonderuntersuchung, Ausschüttungspolitik) • Umgang mit Kapitalgebern (Banken, Ratingagenturen), institutionellen Investoren • Einhaltung von Finanzmarkt- und Börsenanforderungen, Übernahmerecht, Wettbewerbsrecht, Steuerrecht etc. • Umgang mit Minderheiten • Umgang mit Staat (Steuerpolitik), Arbeitnehmern

---

2930 In Anlehnung an BÖCKLI, CG, 267.

2. **Strukturempfehlungen**	• Personelle Zusammensetzung des Verwaltungsrat: Amtsdauer, Unabhängigkeit (exekutive/nicht exekutive Mitglieder), fachliche Anforderungen, Auswahl, Nachfolgeplanung etc. • Internes Kontrollsystem, Checks and Balances • Umgang mit Interessenkonflikten • Zuordnung von Leitungs- und Kontrollaufgaben innerhalb des Verwaltungsrates • Bildung von Verwaltungsratsausschüssen (Audit Committee, Entschädigungsausschuss etc.) • Zusammenarbeit mit Revisionsstelle (Audit Committee) • Delegation von Aufgaben an die Geschäftsleitung
3. **Empfehlungen zur Transparenz und Offenlegung**	• Rechenschaftspflicht, Regelung betr. Finanzberichterstattung, Rechnungslegung, Geschäftsbericht etc. • Regelung betr. Entschädigung, Offenlegung Vergütungsbericht, Abstimmung an GV über Entschädigung etc. • Umgang mit Interessenkonflikten • Transaktionen mit Nahestehende (Dealing at arm's length)

In einzelnen Grossunternehmen gibt es heute neben den traditionellen Ausschüssen (Audit Committee, Remuneration Committee, Nomination Committee) bereits ein spezielles Corporate Governance Committee.[2931] Die Empfehlungen zur Corporate Governance sind jedoch kein Allerheilmittel für den Verwaltungs-, Aufsichts- oder Stiftungsrat, sondern vielmehr Unterstützungs- und Optimierungsmassnahmen. Selbst bei Berücksichtigung sämtlicher Empfehlungen ist das Vertrauensverhältnis zwischen Verwaltungsrat und Geschäftsführung weiterhin von grosser Bedeutung. Damit steht der Verwaltungsrat immer noch vor der grundsätzlichen Frage, ob er nur als Kontrollrat oder aber als Gestaltungsrat mit operativem Einfluss tätig sein soll.

10.1.4 Mehrwert durch Corporate Governance

Wird ein Unternehmen nicht konsequent geführt und kontrolliert, so wird es wohl kaum über Jahre hinaus erfolgreich sein. Tatsächlich ist der Mehrwert für ein Unternehmen, welcher durch eine effiziente Corporate Governance geschaffen wird, konkret messbar:

1. **Geordnetes Verhältnis zwischen Eigner und Unternehmen**
   Grundlage einer effizienten Corporate Governance ist eine ausformulierte schriftliche Eignerstrategie. Diese schafft klare Verhältnisse bezüglich der zu erreichenden Ziele und der zu berücksichtigenden Werte. Sie ermöglicht eine unstrittige Rollenteilung zwischen Eigentümer und Unternehmen. Die operative Führung kann darauf aufbauend ihre Unternehmensstrategie entwickeln.

2. **Effizienz in Führung und Kontrolle**
   Klare Aufgaben, präzise Kompetenzen und zugeordnete Verantwortlichkeiten erhöhen die Klarheit in der Führung. Dies führt zu einer präziseren Umsetzung von Controlling und Reporting, was letztlich zu einer Verbesserung der strategischen Führung

---

[2931] So z.B. bei Novartis, Pfitzer oder Avis; häufig werden auch Nominierungs- und Corporate-Governance-Ausschuss miteinander verbunden.

führt. Die Fokussierung auf die klare zentrale Aufgabe schärft die Wahrnehmung und fördert die Entwicklung der Kernkompetenzen.

3. **Reduktion des Führungsaufwandes der Exekutive**

   Die saubere und definierte Übertragung der Aufgaben von der Exekutive hin zur Strategischen Führungsebene reduziert die Aufgabenfülle der Exekutivmitglieder. Dabei spielen die Aspekte «strategische Führung» und insbesondere die «Personalführung» eine wichtige Rolle.

4. **Verbesserung des Ratings bei Banken**

   Die konsequente Umsetzung der Empfehlungen zur Corporate Governance verbessert die Beurteilung bei den Ratings von Banken, welche nicht nur nach harten Fakten und Zahlen, sondern immer mehr auch auf Soft Factors basieren. In der Konsequenz führt die Umsetzung der Vorgaben zur Corporate Governance zu einer besseren Ausgangslage bezüglich Kreditwürdigkeit und damit in der Folge auch zu einer verbesserten Ausgangslage bei der Beschaffung von Fremdkapital.

5. **Reduktion von Versicherungsprämien**

   Auf der Grundlage der Instrumente der Corporate Governance werden Risiken des Unternehmens gezielt analysiert und beurteilt. Basierend auf den Instrumenten des Risk Managements ist es damit möglich, Risiken präziser zu beschreiben und ihr Eintreten zu bewerten. Für Versicherungsunternehmen wird die Übersicht verbessert. In der Folge profitiert das Unternehmen von reduzierten Versicherungsprämien.

6. **Intensivierung der Kundenbeziehungen**

   Kunden, welche auf stabile Beziehungen setzen, erhalten die Gewähr, einen Lieferanten zu haben, welcher seinerseits auf Kontinuität und langfristige Unternehmensentwicklung setzt. Auf dieser Grundlage können stabile Kundenbeziehungen aufgebaut und etabliert werden. Die Fokussierung auf Qualität wirkt sich nicht nur auf Produkte und Dienstleistungen im engeren Sinn aus, sondern wirkt sich letztlich auch auf die Bereitschaft zu Innovation und Entwicklung aus.

7. **Verbesserung der Lieferantenbeziehungen**

   Unternehmen mit einer konsequenten Umsetzung der Empfehlungen zur Corporate Governance sind mit ihren Instrumenten, insbesondere bezüglich des Qualitätsfokus, für die Entwicklung und Steuerung inkl. Qualitätsmanagement verlässlichere Lieferanten.

8. **Vereinfachung von Kooperationen**

   Corporate Governance führt zu transparenten Gesellschaftsdokumenten. Diese wiederum vereinfachen Joint Ventures zwischen verschiedenen Gesellschaften oder die Konzernführung innerhalb einer Unternehmensgruppe.

9. **Realisierung einer Haftungsprävention**

   Corporate-Governance-Instrumente helfen mit, die Verantwortung in der strategischen Führungsebene besser zu beurteilen und Haftungspräventionen durch sorgfältiges Handeln, aber auch durch Risk Management, Delegation und ev. Versicherung vornehmen zu können.

10. **Good Governance und Ethikausweis**

Die Verpflichtung aller Beteiligten auf der strategischen und operativen Ebene zur Einhaltung der Vorgaben zur Corporate Governance führt letztlich zu einer auch ethisch konsequent ausgerichteten Unternehmensführung. Korruption und Insidermissbrauch können weitgehend verhindert werden. Gleichzeitig wird mit einer effizienten Corporate Governance der Unternehmenswert wesentlich gesteigert, was sich als Resultat einer Due Diligence ergibt.

10.2 Entwicklung der Corporate Governance

10.2.1 Entwicklung in den USA

Die USA hatten als Folge der damaligen Börsen- und Finanzkrise bereits 1933 umfassende Anforderungen an die Transparenz und Offenlegung für die kotierten Gesellschaften formuliert, und deren Umsetzung im Interesse der Anleger in der Folge durch die SEC rigoros durchgesetzt.

Basierend auf der Idee der «*Checks- and Balances*» und der *Principal-Agent-Theorie* schufen anfangs der siebziger Jahre des letzten Jahrhunderts in den USA immer mehr kotierte Gesellschaften sogenannte *Audit Committees,* die primär die externen Prüfer überwachen und eine Verbindung zwischen den Leitungs- und Prüfungsfunktionen herstellen sollten. Ab 1977 wurden diese Ausschüsse Teil des Listing Standards der New York Stock Exchange.

Im 1999 erschienen *Blue Ribbon Report* wurde vorgeschlagen, die Anforderungen an das Audit Committee in Bezug auf die Unabhängigkeit und die fachlichen Anforderungen der Mitglieder zu erhöhen und den Verwaltungsrat stärker in die Pflicht zu nehmen, sich mit der Rechnungslegung der Gesellschaft auseinanderzusetzen (inkl. positive Zusicherung, sich von der Regelkonformität des Abschlusses überzeugt zu haben). Diese Vorschläge wurden von der massgebenden SEC umgehend übernommen.

Nach dem Zusammenbruch von Enron 2001 und Worldcom 2002 hat das US Parlament in kurzer Zeit die grösste Reform des Wertschriftenrechts seit 1933 geschaffen, den *Sarbanes-Oxley Act* (SOX). Dieser Act stellt zum grossen Teil eine *Ergänzung und Änderung* bestehender Bundesgesetze dar, wie des Börsengesetzes (Securities Exchange Act von 1934) und des Wertpapiergesetzes (Securities Act). Zudem fordert er die US-Wertpapier- und Börsenaufsichtsbehörde SEC auf, neue Verordnungen zu erlassen. Schliesslich wurde eine mit umfassenden Kompetenzen ausgestattete Aufsichtsbehörde über die Wirtschaftsprüfer (PCAOB) geschaffen.

Das nach den beiden Kongressabgeordneten Paul Sarbanes und Mike Oxley benannte Gesetz brachte für Unternehmen, die an den US-Börsen kotiert und der Börsenaufsichtsbehörde SEC unterstellt sind, neben einem grossen Kostenaufwand einschneidende Massnahmen und etliche Verschärfungen des Financial Reporting. Am heftigsten diskutiert wurden die Verpflichtung der Topmanager, ihre Finanzausweise eidesstattlich zu beglaubigen sowie die Pflicht zur Beurteilung der Wirksamkeit des IKS durch die Unternehmensleitung (SOX 404; inkl. diesbezüglicher Berichterstattung an die Prüfer). Die Auswirkungen des Sarbanes-Oxley Act sind vielschichtig und betreffen nebst den in den USA kotierten Unternehmen und den Wirtschaftsprüfungsgesellschaften indirekt auch die Unternehmen und die Gesetzgeber ausserhalb der USA.

Gerade die Einrichtung des PCAOB und dessen Ausstattung mit weit reichenden Kontroll- und Untersuchungsbefugnissen führte zu gesetzlichen Änderungen auch in der EU und in der Schweiz. Mit SOX haben die USA mit ihrem etablierten und restriktiver ausgerichteten Aufsichtssystem die internationalen Massstäbe an die Überwachung der Prüfungsgesellschaften verschärft und damit andere Länder (wie die Schweiz) in Zugzwang gebracht. Insofern ist die Schaffung des Revisionsaufsichtsgesetzes[2932] und die Anpassung des Obligationenrechts[2933] von 2008 in der Schweiz keineswegs zufällig, sondern weitgehend eine Reaktion auf SOX. Eines der Hauptziele des Revisionsaufsichtsgesetzes war es, die Anerkennung des schweizerischen Aufsichtssystems durch die PCAOB zu erreichen, um Konflikte, die sich aus Regelungen des Sarbanes-Oxley Act für schweizerische Revisionsunternehmen ergeben, vermeiden zu können.

Für an US-Börsen kotierte Unternehmen bedeutet der Sarbanes-Oxley Act einen erheblichen Eingriff in die unternehmerischen Abläufe. Hierbei stehen die Regelungen um die Implementierung und Evaluierung eines internen Kontrollsystems (IKS), das vornehmlich die Ordnungsmässigkeit der Finanzberichterstattung sicherstellen soll, im Mittelpunkt. Nicht zuletzt durch die erhöhten Haftungsanforderungen an das Management bzgl. der Korrektheit der Finanzberichterstattung, rückt die Effektivität des IKS in den Fokus des Managements. Ein gut funktionierendes IKS liegt also spätestens seit dem Sarbanes-Oxley Act im fundamentalen Interesse der Unternehmensführung.

Die wichtigsten Neuerungen, welche die kotierten *Unternehmen* und deren Verwaltungsrat direkt betrafen, waren:

- Bestätigung der Ordnungsmässigkeit der Abschlüsse durch den CEO und den CFO (ähnlich einer eidesstattlichen Erklärung);
- Rückzahlung erfolgsabhängiger Vergütungen von CEO und CFO im Falle unrichtiger Abschlüsse, die nachträglich zu Korrekturen führen;
- Beurteilung des IKS durch Unternehmensleitung (SOX 404), Offenlegung aller wesentlichen Schwächen im IKS und Betrugsfälle gegenüber dem Prüfer;
- Verbot der Darlehensgewährung an das Management;
- obligatorische Einsetzung eines Prüfungsausschusses/Audit Committees;
- verschärfte Vorschriften zur Unabhängigkeit der Mitglieder des Prüfungsausschusses (Audit Committee) und des Verwaltungs- bzw. Aufsichtsrats (Board of Directors);
- Erhöhung der fachlichen Anforderungen an das Audit Committee: Mindestens ein Mitglied muss Finanzexperte sein;
- Verpflichtung der vorgängigen Genehmigung durch das Audit Committees für die Erbringung von Nicht-Prüfungsleistungen des Abschlussprüfers (Pre-Approval);
- Regelungen zur Einrichtung von Wistleblower-Schutz;

2932 Bundesgesetz über die Zulassung und Beaufsichtigung der Revisorinnen und Revisoren (RAG), vom 16. Dezember 2005.
2933 Totalrevision des GmbH-Rechts in Verbindung mit Anpassungen im Aktien-, Genossenschafts-, Vereins- und Stiftungsrecht (in Kraft seit dem 1. Januar 2008).

- Neuregelung der Verantwortlichkeiten von Managern des börsennotierten Unternehmens;
- erweiterte finanzielle Offenlegungspflichten (z.B. über das interne Kontrollsystem);
- Verschärfung der Strafvorschriften (allenfalls Verbot, die Tätigkeit als CEO oder CFO weiter auszuüben).

Für die *Prüfungsgesellschaften* der kotierten Gesellschaften brachte der Sarbanes–Oxley Act namentlich Folgendes:

- Verbot der Erbringung gewisser prüfungsnaher Dienstleistungen[2934] bzw. Nicht-Prüfungsleistungen neben der Abschlussprüfung durch den gewählten Abschlussprüfer;
- Pflicht zur Prüfung der Selbstbeurteilung des IKS durch Unternehmensleitung (auf der Basis eigener Prüfungen durch Prüfer) mit expliziter Bestätigung im Prüfbericht; Feststellung der wesentlichen Schwächen des IKS;
- Verpflichtung des Abschlussprüfers, den Prüfungsausschuss über kritische Vorgänge und alternative Vorschläge zur Rechnungslegung zu informieren;
- Pflicht zur kritischen Durchsicht der Prüfung durch einen zweiten, unabhängigen Partner;
- Regelungen zur Unabhängigkeit und verschärften Haftung von Wirtschaftsprüfern (Rotation der Audit-Partner, Interessenkonflikte etc.);
- Schaffung einer neuen und unabhängigen Aufsichtsbehörde über die Wirtschaftsprüfer: Public Company Accounting Oversight Board (PCAOB) mit weitreichenden Überwachungsrechten, Ende der Selbstkontrolle (Wandel vom Peer-Review zum Monitoring).

Die Regelungen von SOX wurden in Europa anfänglich heftig kritisiert (insbesondere die formalistische Umsetzung von SOX 404). Aber nach ein paar Jahren sind die materiellen Normen von SOX inhaltlich weitestgehend akzeptiert, mehrheitlich in die Corporate Governance Standards übernommen und – pragmatisch – umgesetzt; in der Schweiz – allerdings nach heftigen Diskussionen – mit der wichtigen gesetzlichen Anpassung bezüglich des IKS (Verzicht auf Prüfung der Wirksamkeit; lediglich Pflicht der Prüfung der Existenz des IKS durch die Revisionsstelle).

10.2.2 Entwicklung in Grossbritannien

Die ersten weiter verbreiteten Publikationen auf dem Gebiet der Corporate Governance stammen aus dem Jahr 1985, doch der eigentliche Durchbruch kam erst 1992 mit der Veröffentlichung des «*Cadbury Report*» in Grossbritannien.[2935] Es folgten drei weitere engli-

---

2934 Namentlich verboten wurde das Erbringen folgender Leistungen durch den Prüfer, welcher den Abschluss testiert: Buchführung; das Treffen von Managemententscheidungen; die Gestaltung des Finanzinformationssystems (inkl. IKS); die Vornahme von Bewertungen (namentlich Fairness Opinions, Goodwill-Allokationen), von Schätzungen und Berechnungen (z.B. von Wertberichtigungen, Rückstellungen für Personalvorsorgeverpflichtungen, Prozessrisiken); die Übernahme von Leistungen der internen Revision, die Prozessführung für den Prüfkunden etc.
2935 Vgl. BÖCKLI, Revisionsfelder, 755; BÖCKLI, Corporate Governance, 3; HOFSTETTER, Corporate Governance Bericht, 4.

sche Berichte, der *Greenbury Report* (1995), der *Hampel Report* (1998)[2936] und der *Turnbull Report* (1999).[2937]

Diese Berichte wurden 1998 zum vereinheitlichten *Combined Code*[2938] zusammengefasst und für kotierte Gesellschaften an der Londoner Börse ab 2000 für verbindlich erklärt. Der *Higgs Report*[2939] von 2003 hat wesentliche Teile des Sarbanes-Oxley Act 2002 aus den USA übernommen, teilweise aber auch heftig kritisierte Forderungen aufgestellt.[2940] Einige Vorschläge des Higgs Report wurden aber in den überarbeiteten *Combined Code* 2003 aufgenommen. Dieser Report erlangte in der Folge weltweit grosse Bedeutung und beeinflusste als massgebender Standard die nationalen Codes in verschieden Ländern auf der ganzen Welt.

In der aktuellen Fassung von 2012 wurde unter Ziff. A.1 als selbstverständlich vorausgesetzt, dass ein Verwaltungsrat nach dem monistischen System (Unitary Board) aus exekutiven und nicht exekutiven Mitgliedern zusammengesetzt ist. In welchem Verhältnis die Anzahl dieser VR-Mitglieder sein sollte, wird im Combined Code nicht vorgegeben. In Ziff. A.3 wird lediglich empfohlen, dass von beiden Arten je eine starke Präsenz vorhanden sein sollte. Dafür wird in Ziff. A.3.1 eine neue Kategorie der Independent non-executive Directors eingeführt. Danach gilt ein Verwaltungsratsmitglied nicht mehr als unabhängig, wenn er:

- in den letzten 5 Jahren Arbeitnehmer der Gesellschaft oder des Konzerns war;
- in den letzten 3 Jahren eine massgebende Geschäftsbeziehung zur Gesellschaft hatte, entweder direkt in eigener Person oder indirekt als Partner, Aktionär, Verwaltungsrat oder leitender Arbeitnehmer einer Körperschaft;
- enge familiäre Beziehungen zu einem Berater, Verwaltungsratsmitglied oder leitenden Arbeitnehmer der Gesellschaft hat;
- einen massgebenden Aktionär vertritt;
- mehr als 9 Jahre seit der ersten Wahl dem Verwaltungsrat angehört.

Diese Unabhängigkeitsvorschriften sind überaus streng. Dennoch wird in Ziff. A.3.2 für grössere Gesellschaften empfohlen, dass mindestens die Hälfte der Verwaltungsratsmitglieder (exklusive VR-Präsident) unabhängig in diesem Sinne sein sollte. Diese Empfehlung kann durchaus auch für öffentliche Unternehmen (State-owned Enterprises) übernommen werden; bei Familiengesellschaften sollte mindestens ein VR-Mitglied unabhängig sein.

2936 Dazu ausführlich Böckli, Corporate Governance, 10 ff., mit dem Ergebnis: «Ein grosser Teil der Hampel-Prinzipien, wohl 70 bis 90% je nach Fall, ist aufgrund von empirischen Nachprüfungen in den grösseren Schweizer Gesellschaften durchaus bereits verwirklicht oder steht mitten im Prozess der Einführung.»
2937 Vgl. Böckli, Revisionsfelder, 760, m.w.H. und genauen Quellenangaben.
2938 The Combined Code – Principles of Good Governance and of Best Practice, verfasst vom Committee of Corporate Governance, London Stock Exchange 1999 (aufdatiert 2003).
2939 Higgs Report, London 2003.
2940 Namentlich auf Kritik stiessen die Vorschläge zum Verzicht auf Personalunion an der Unternehmensspitze, das Verbot des Nachrückrechts des ehemaligen CEO in den VR, die Anforderungen an die Unabhängigkeit eines Mitglieds des Verwaltungsrates (inkl. Amtsdauer), die Pflicht zur vorherigen Meldung an VRP, wenn ein neues VR Mandat übernommen wird etc. Dazu eingehend Böckli, Aktienrecht § 14 Rz. 128 ff.

Der überarbeitete Combined Code wurde 2010 durch den *UK Corporate Governance Code* ersetzt und 2012 aktualisiert.[2941] Auch in diesem neuen Code wird unter B.1 empfohlen, den Verwaltungsrat aus exekutiven Mitgliedern sowie nicht exekutiven und unabhängigen Mitgliedern zusammenzusetzen. Die Kriterien zur Bestimmung der Unabhängigkeit sind dabei unverändert geblieben, da sie sich offenbar bewährt haben. Der Gesamtverwaltungsrat ist dabei als Single Board zuständig für den langfristigen Erfolg des Unternehmens. Überdies wurde im überarbeiteten Combined Code grossen Wert auf Checks and Balances gelegt, namentlich in folgenden Punkten:

- getrennter Verwaltungsratspräsident und CEO;
- ein Gleichgewicht von exekutiven und unabhängigen Mitgliedern;
- eine starke unabhängige Revisionsstelle und ein Vergütungsausschuss;
- eine jährliche Selbstbeurteilung der Leistung des Verwaltungsrates;
- Transparenz bei der Ernennung und der Entschädigung;
- wirkungsvolle Rechte für die Aktionäre, die ermuntert werden, sich in der Gesellschaft zu engagieren, in die sie investieren.

Der UK Corporate Governance Code basiert auch auf dem Prinzip «comply or explain»[2942] und wird periodisch überarbeitet in Absprache von Gesellschaften und Investoren.

10.2.3 Entwicklung in der EU

Parallel zu den Codes in England erschien 1995 in Frankreich der Viénot-Bericht.[2943] In Deutschland wurde im selben Jahr ein neues Bundesgesetz zur Kontrolle und Transparenz im Unternehmensbereich in Kraft gesetzt.[2944] Es überrascht daher nicht, dass sich ab 2000 auch die EU-Kommission mit Corporate-Governance-Fragen in der EU intensiver befasst hat.

Aus Sicht der EU-Kommission ist ein wirksamer Corporate-Governance-Rahmen in der EU auch deshalb so wichtig, als gut geführte Unternehmen langfristig *wettbewerbsfähiger* und *nachhaltiger* sein dürften. Das europäische Gesellschaftsrecht stellt einerseits einen Eckpfeiler des Binnenmarkts dar, andererseits ist er aber auch als Wettbewerbfaktor im internationalen (auch EU-Aussen-)Markt zu betrachten.[2945] Es vereinfacht die Niederlas-

---

2941 Dazu ausführlich NIKULINA, 44 ff., mit einer Zusammenfassung der wichtigsten Punkte dieses Codes.
2942 Siehe dazu hinten Ziff. 10.3.2, S. 711. Dazu wurde in 2012 vom Financial Reporting Council ein Papier erlassen: What constitutes an explanation under 'comply or explain'? Report of discussions between companies and investors (February 2012).
2943 VIÉNOT Rapport, Le conseil d'administration des sociétés cotées, Rapport du groupe de travail institué par l'Association française des Entreprises et le Conseil national du patronat français, Paris 1995; vgl. BÖCKLI, Corporate Governance, 5 f.
2944 Bundesgesetz vom 27. April 1998, Bundesgesetzblatt I/1998, 786 ff. (das sog. KonTraG).
2945 In den Anwendungsbereich des europäischen Gesellschaftsrechts fallen die Interessen von Aktionären und anderen Beteiligten, die Bildung und Erhaltung des Kapitals von Aktiengesellschaften, Übernahmeangebote, die Offenlegung von Zweigniederlassungen, Verschmelzungen und Spaltungen, Mindestvorschriften für Gesellschaften mit beschränkter Haftung mit einem einzigen Gesellschafter, Rechte von Aktionären sowie Rechtsformen wie die Europäische Aktiengesellschaft (SE), die Europäische wirtschaftliche Interessenvereinigung (EWIV) und die Europäischen Genossenschaft (SCE).

sungsfreiheit von Unternehmen und stärkt gleichzeitig die Transparenz, Rechtssicherheit und Kontrolle ihrer Geschäfte.

Der europäische Rahmen für eine Corporate Governance ist eine Kombination aus nationalen und europäischen Rechtsvorschriften und unverbindlichen Bestimmungen, wie nationalen Corporate Governance-Kodizes, die nach dem Grundsatz «Mittragen oder Begründen» bzw. «comply or explain» angewandt werden, wodurch die Unternehmen und ihre Aktionäre einen wesentlichen Grad an Flexibilität erhalten. Die EU-Kommission erachtet eine gute Corporate Governance primär als eine Angelegenheit des betreffenden Unternehmens.

Die EU führte in 2003 eine umfassende Überprüfung der Politik in diesem Bereich durch, dem ein Aktionsplan zur Modernisierung des Gesellschaftsrechts und Verbesserung der Corporate Governance in der Europäischen Union folgte.[2946] Damals wurden insbesondere Erklärungen zur Corporate Governance in die Rechnungslegungsrichtlinien aufgenommen,[2947] eine Richtlinie über die Ausübung von Aktionärsrechten[2948] und die Zehnte Richtlinie Gesellschaftsrecht über grenzüberschreitende Verschmelzungen[2949] angenommen. Zudem verabschiedete die Kommission zwei Empfehlungen zu den Aufgaben von nicht geschäftsführenden Direktoren/Aufsichtsratsmitgliedern börsennotierter Gesellschaften sowie zu den Ausschüssen des Verwaltungs-/Aufsichtsrats und zur Vergütung von Mitgliedern der Unternehmensleitung börsennotierter Gesellschaften.[2950] Sodann wurden die Zweite Richtlinie Gesellschaftsrecht zur Gründung von Aktiengesellschaften und die Erhaltung und Änderung ihres Kapitals[2951] sowie die Dritte und die Sechste Richtlinie Gesellschaftsrecht über die Verschmelzung und Spaltung von Aktiengesellschaften vereinfacht.[2952]

In der Folge der Finanzkrise musste jedoch auch die EU-Kommission feststellen, dass nachweislich Mängel bei der Anwendung der Corporate Governance-Kodizes in Bezug auf die Berichterstattung nach dem Grundsatz «Mittragen oder Begründen» bestanden. Vor dem Hintergrund der Finanz- und Bankenkrisen erstellte die Kommission das Grünbuch, Europäischer Corporate Governance-Rahmen (nachfolgend: das Grünbuch 2011)[2953] und brachte damit eine Diskussion über die Art und Weise der Verbesserung der Effizienz der aktuellen Vorschriften in Gang. Obwohl die Antworten unterschiedlich ausfielen, wurde die Notwendigkeit von weiteren Regulierungen und Massnahmen auf EU-Ebene in bestimmten Bereichen unterstützt.[2954] Auch das Europäische Parlament nahm zu den im

---

2946 Mitteilung der Kommission an den Rat und das Europäische Parlament: Modernisierung des Gesellschaftsrechts und Verbesserung der Corporate Governance in der Europäischen Union – Aktionsplan KOM (2003), 284.
2947 Richtlinie 78/660/EWG
2948 Richtlinie 2007/36/EG.
2949 Richtlinie 2005/56/EG.
2950 Empfehlungen der Kommission 2005/162/EG und 2004/913/EG.
2951 Siehe Richtlinie 2006/68/EG zur Änderung der Richtlinie 77/91/EWG.
2952 Siehe Richtlinien 2007/63/EG und 2009/109/EG zur Änderung der Richtlinien 78/855/EWG und 82/891/EWG.
2953 KOM (2011) 164 endgültig, abrufbar unter: http://ec.europa.eu/internal_market/company/docs/modern/com2011-164.
2954 Siehe «Feedback»-Erklärung vom 15. November 2011 und unter folgender Adresse eingegangene Antworten http://ec.europa.eu/internal_market/company/modern/corporate-governance-framework_en.htm, (Feedback-Erklärung auf das Grünbuch 2011).

Grünbuch von 2011 aufgeworfenen Fragen in einer Entschliessung vom 29. März 2012[2955] Stellung und unterstrich dabei den Stellenwert der Corporate Governance für die Gesellschaft insgesamt.

Die Europäische Kommission hat Ende 2012 einen Aktionsplan angenommen, um die Wettbewerbfähigkeit und Nachhaltigkeit der Unternehmen auch künftig zu gewährleisten. Nachfolgend sind die Kernpunkte dieses Aktionsplans aufgelistet.

1. Mehr Transparenz zwischen Unternehmen und ihren Aktionären zur Verbesserung der Corporate Governance, insbesondere:
   - Erhöhung der Transparenz der Unternehmen im Hinblick auf die Aspekte Vielfalt in der Zusammensetzung des Verwaltungsrats und Risikomanagement;
   - Verbesserung der Berichterstattung über Corporate Governance;
   - Erleichterung der Identifizierung der Aktionäre durch die Emittenten;
   - Stärkung der Transparenzregeln für institutionelle Anleger hinsichtlich ihres Abstimmungsverhaltens und der Einbeziehung der Aktionäre.

2. Initiativen zur Förderung des langfristigen Engagements der Aktionäre:
   - mehr Transparenz in Bezug auf die Vergütungspolitik und die Vergütung der einzelnen Mitglieder der Unternehmensführung und Recht der Aktionäre auf Abstimmung über die Vergütungspolitik und den Vergütungsbericht;
   - bessere Überwachung der Transaktionen mit nahe stehenden Unternehmen und Personen – d.h. von Vertragsabschlüssen eines Unternehmens mit Mitgliedern der Unternehmensführung oder kontrollierenden Aktionären – durch die Aktionäre;
   - Einführung geeigneter operationeller Vorschriften für Stimmrechtsberater (d.h. Unternehmen, die Dienstleistungen für Aktionäre, namentlich Beratung zum Abstimmungsverhalten, erbringen), insbesondere mit Blick auf die Erhöhung der Transparenz und die Beseitigung von Interessenkonflikten;
   - Klärung des Begriffs «gemeinsam handelnde Personen» («Acting in concert») zur Erleichterung der Zusammenarbeit der Aktionäre in Fragen der Corporate Governance;
   - Prüfung der Frage, ob eine Kapitalbeteiligung von Arbeitnehmern gefördert werden kann.

3. Initiativen im Bereich des Gesellschaftsrechts zur Unterstützung europäischer Unternehmen und zur Förderung ihres Wachstums und ihrer Wettbewerbsfähigkeit:
   - weitere Untersuchungen mit Blick auf eine mögliche Initiative zur grenzübergreifenden Verlegung des Unternehmenssitzes;
   - Erleichterung grenzüberschreitender Verschmelzungen von Unternehmen;
   - klare EU-Vorschriften für grenzüberschreitende Spaltungen von Unternehmen;

[2955] Entschliessung des Europäischen Parlaments vom 29. März 2012 zu einem Corporate-Governance-Rahmen für europäische Unternehmen, http://www.europarl.europa.eu/sides/get.

- Follow-up des Vorschlags zum Statut der Europäischen Privatgesellschaft (IP/08/1003) im Hinblick auf die Ausweitung grenzübergreifender Geschäftsmöglichkeiten für KMU;
- Informationskampagne zum Statut der Europäischen Aktiengesellschaft und zum Statut der Europäischen Genossenschaft;
- gezielte Massnahmen für Unternehmensgruppen: Anerkennung des Konzepts des Gruppeninteresses und mehr Transparenz hinsichtlich der Gruppenstruktur.

Darüber hinaus sieht der Aktionsplan 2012 eine Zusammenführung aller wichtigen Gesellschaftsrechtsrichtlinien in einem einzigen Rechtsinstrument vor. Dadurch soll das EU-Gesellschaftsrecht zugänglicher und verständlicher gemacht und das Risiko künftiger Inkonsistenzen verringert werden.

10.2.4 Die Entwicklung von Corporate Governance in der OECD

Im April 1998 erarbeitete die OECD ihre ersten Principles of Corporate Governance, welche von einer «Ad Hoc Task Force on Corporate Governance» in Paris unter amerikanischem Vorsitz ausgearbeitet wurden. Die Grundsätze der OECD zur Corporate Governance wurden 1999 offiziell publiziert.[2956] Diese Grundsätze konzentrieren sich schwerpunktmässig auf diejenigen Corporate Governance-Probleme, die durch Trennung zwischen Kapitaleigentum und Kontrolle bedingt sind.[2957]

Die OECD-Prinzipien können von Aktionären gegenüber dem Verwaltungsrat einer schweizerischen Aktiengesellschaft nicht direkt mittels Sanktionen von Gerichten durchgesetzt werden. Doch ihre Bedeutung ist ebenso wie diejenige der Richtlinien des Swiss Code of Best Practice nicht zu unterschätzen.

Im Januar 2004 publizierte die OECD den Entwurf von revidierten Grundsätzen zur Corporate Governance.[2958] Insbesondere der Parmalat-Zusammenbruch hatte die OECD veranlasst, ihre Anstrengungen zur Einführung von globalen Empfehlungen zur Corporate Governance zu intensivieren.[2959] Von besonderem Interesse sind die erweiterten Empfehlungen im Zusammenhang mit der Veröffentlichung von Informationen über die Gesellschaft und deren Management. Während in den Grundsätzen von 1999 lediglich allgemeine Angaben zu den Mitgliedern des Verwaltungsrats und der Geschäftsleitung vorgegeben wurden,[2960] sind nun zusätzliche Angaben über die Qualifikation, das Auswahlverfahren, Funktionen in anderen Gesellschaften und Begründung der Unabhängigkeit zur Gesellschaft empfohlen.[2961]

2956 OECD Principles of Corporate Governance vom 16. April 1999, SG/CG (99) 5; die englische Kurzform publiziert bei NOBEL, Grundsätze der OECD, 245 ff.
2957 NOBEL, Grundsätze der OECD, 244.
2958 OECD Principles of Corporate Governance vom 12. Januar 2004, DAFFE/CA/CG (2003) 11/REV 1.
2959 ROADS, in: The Wall Street Journal Europe, vom 12. Januar 2004, Nr. 239, A2.
2960 OECD Principles, 1999, Part One IV.A. 4. 8.
2961 OECD Principles 2004, Part One IV.A.4. 10.

10.2.5 Die nachfolgende internationale Entwicklung von Corporate Governance

Zahlreiche weitere Kodizes und Gesetze im Zusammenhang mit Corporate Governance sind zwischenzeitlich entstanden.[2962, 2963] Es ist offensichtlich, dass die Corporate-Governance-Debatte eine internationale juristische Diskussion geworden ist.[2964] Heute existieren weltweit über 120 verschiedene Codes for Corporate Governance. Diese können über die Homepage des European Corporate Governance Institute in der jeweils aktuellsten Version heruntergeladen werden.[2965] Hält man sich vor Augen, dass diesen Gesetzes- und Richtlinienwerken unterschiedliche – und unterschiedlich gewachsene – nationale Aktienrechtsordnungen zugrunde liegen bzw. sie mit mehreren nationalen Aktienrechtsordnungen kompatibel sein müssen, fällt die grosse Übereinstimmung der entwickelten Lösungen auf. Immerhin zeigt sich, dass die einzelnen Problemkreise unterschiedlich gewichtet werden und auch unterschiedliche Auffassungen bestehen, welche Regelungen zwingend und welche der Selbstregulierung der Unternehmen überlassen bleiben sollen.

Im Rahmen ihrer Dissertation hat SPIELMANN im Jahre 2012 Best-Practice-Empfehlungen für KMU ausgearbeitet, die unabhängig von nationalen Gesellschaftsrechten international anwendbar sein sollten. Dabei zeigte sich, dass nur wenige Prinzipien situativ an die nationalen Gegebenheiten anzupassen sind.[2966] Die meisten Empfehlungen für eine effiziente Corporate Governance, wie sie auch in diesem Buch zu finden sind, können international angewendet und umgesetzt werden.

10.3 Corporate Governance in der Schweiz

10.3.1 Die Entwicklung von Corporate Governance in der Schweiz

In der Schweiz wurden zahlreiche Fragen im Zusammenhang mit Corporate Governance schon sehr früh, nämlich bereits mit dem Entwurf des Bundesrates zur Revision des Aktienrechts von 1983 zur Diskussion gestellt.[2967] Mit dem Katalog der unentziehbaren und undelegierbaren Aufgaben des Verwaltungsrats in Art. 716a OR konnten die wichtigsten Grundsätze im Gesetz implementiert werden. Es ist daher möglich, die Erkenntnisse der internationalen Corporate-Governance-Debatte bruchlos ins Schweizer Recht einzuordnen.[2968] Dennoch wurde sogar mit einem parlamentarischen Vorstoss versucht, Corporate Governance nochmals speziell im Aktienrecht zu regeln.[2969]

2962 Einen historischen Überblick zur Entstehung der zahlreichen Normen und Kodizes liefern BÜHLER/SCHWEIZER, in: ST 76 (2002) 998, in Abbildung 1. Die bislang aktuellste grafische Übersicht findet sich bei NIKULINA, 31.
2963 Im März 2002 bestand in den USA erst ein Zehn-Punkte-Plan, doch bereits am 30. Juli 2002 wurde der Sarbanes-Oxley Act in Kraft gesetzt (vgl. VON DER CRONE/ROTH, in: AJP 2/03, 131 m.w.H.).
2964 NOBEL, Corporate Governance, 1060.
2965 Zu finden unter www.ecgi.org.
2966 SPIELMANN, 315.
2967 Vgl. BÖCKLI, Schnellstrassen und Holzwege, 134.
2968 BÖCKLI, Schnellstrassen und Holzwege, 134.
2969 WALKER; vgl. dazu SANWALD, 26 ff.

In Absprache mit zahlreichen Wirtschaftsverbänden und Gesellschaften, deren Aktien bereits an der SIX Swiss Exchange kotiert waren, erteilte die economiesuisse am 27. März 2001 der «Expertengruppe Corporate Governance» den Auftrag, die Ausarbeitung und Redaktion der Texte für einen Swiss Code of Best Practice for Corporate Governance vorzunehmen.[2970] Das Resultat intensiver Diskussionen dieser Expertengruppe wurde im September 2001 von KARL HOFSTETTER in seinem Begleitbericht «Corporate Governance in der Schweiz» zusammengefasst.[2971] Im Verlauf der Recherchen zu diesem Bericht zeigte sich ein Handlungsbedarf für Best-Practice-Empfehlungen, welche die besonderen Gegebenheiten der schweizerischen Unternehmenslandschaft berücksichtigten. Daraus entstand der von BÖCKLI redigierte und von der Expertengruppe bearbeitete sogenannte «Swiss Code of Best Practice» (SCBP) vom März 2002.[2972] Die Schweizer Börse entschied sich ihrerseits, eine Richtlinie betreffend Informationen zu Corporate Governance (Corporate Governance-Richtlinie, RLCG) zu erlassen. Auf diesen drei Säulen – Corporate Governance-Bericht, Swiss Code of Best Practice (SCBP) und Corporate Governance-Richtlinie (RLCG) – basiert die aktuelle Corporate Governance in der Schweiz.[2973]

Der ausgearbeitete Swiss Code of Best Practice for Corporate Governance (SCBP) oder kurz «Swiss Code» genannt, wurde im Frühling 2002 vom Vorstand der economiesuisse genehmigt und gilt seit dem 1. Juli 2002. Erst im Jahre 2007 erfolgte eine erste Aktualisierung.[2974] Da der Swiss Code of Best Practice (SCBP) im Gegensatz zur erwähnten Corporate Governance-Richtlinie der SIX (RLCG) nicht auf einer gesetzlichen Grundlage beruht, enthält er nur Empfehlungen, die nicht mit gesetzlichen Sanktionen durchgesetzt werden können. Dennoch sind diese Richtlinien auch für nicht börsenkotierte Gesellschaften von grosser Bedeutung, wie nachstehend noch gezeigt wird.

In der Revision des Aktienrechts 2007 war die Verbesserung der Corporate Governance eines der Hauptziele.[2975] Damit wurden die Empfehlungen der Codes/Berichte zur Corporate Governance bezüglich der externen Prüfer/Revisionsstelle (und deren Unabhängigkeit) weitestgehend verwirklicht. Auf den 1.1.2013 wurde das neue Rechnungslegungsrecht[2976] in Kraft gesetzt. Wegen der stillen Reserven ist die Aussagekraft/Transparenz der Jahresrechnung weiterhin beschränkt, allerdings müssen die kotierten Unternehmen ihre Abschlüsse aufgrund börsenrechtlicher Bestimmungen ohnehin nach anerkannten Standards zur Rechnungslegung erstellen. Das neue Rechnungslegungsrecht bringt jedoch insbesondere bei KMU diverse neue Rechte zum Schutz von Minderheitsbeteiligten. In den letzten Jahren standen vor allem Fragen zur Festsetzung der Entschädigungen im Vorder-

---

2970 SANWALD, 33.
2971 Vgl. BÜHLER/SCHWEIZER, 999.
2972 HOFSTETTER, Corporate Governance Bericht, 3. Vgl. BÜHLER/SCHWEIZER, 999.
2973 HOFSTETTER, Neue Corporate Governance, 12.
2974 Der aktuelle Swiss Code of Best Practice kann heruntergeladen werden auf der Website der Economiesuisse unter www.economiesuisse.ch.
2975 BOTSCHAFT, Revisionspflicht im Gesellschaftsrecht, 3986 ff. (Postulat *Walker*: Verlässlichkeit, Relevanz und Transparenz der Jahresrechnung sowie des Revisionsberichts, Verstärkung der Unabhängigkeit der Revisionsstelle, Massnahmen zur Qualitätssicherung der Revisionstätigkeit etc.; Postulat *Oberholzer*: Schaffung eines Zulassungsverfahrens für Revisorinnen und Revisoren, Festsetzung von Qualitätsstandards und Unabhängigkeitsregeln für Abschlussprüfer, Motion *Randegger* betreffend Unabhängigkeit des Revisorats, Motion *Bührer* betreffend Überwachung der Revisionsgesellschaften).
2976 Siehe vorne Ziff. 3.4.3, S. 189 ff.

grund. Die Annahme der Volksinitiative gegen Abzockerei wird erhebliche Auswirkungen für die Corporate Governance in der Schweiz haben, auch wenn sie primär nur die kotierten Gesellschaften betrifft. In der laufenden Revision des Aktienrechts (dritter, verbleibender Teil der Revision 2007) sollen weitere Anliegen zur Verbesserung der Corporate Governance ins Recht überführt werden.[2977]

10.3.2 Grundsatz des Comply or Explain

Wie die meisten Codes for Corporate Governance enthalten auch die schweizerischen Regelwerke keine zwingenden Vorschriften. Vielmehr sind Abweichungen von den Empfehlungen durchaus möglich, doch muss dann eine nachvollziehbare Begründung für diese Abweichung gegeben werden (sog. comply or explain).[2978]

Corporate Governance zielt, wenn immer möglich, darauf ab, Gestaltungsideen, Vorschläge und Strukturempfehlungen vorzugeben, aber jedem Unternehmen eine doppelte Freiheit zu lassen: eine alternative, vielleicht sogar innovativere und bessere Lösung zu wählen, oder sogar sich von der einzelnen Idee ganz zu distanzieren, d.h. «not to comply». Dabei ist das Unternehmen aber aufgefordert, drei Dinge zu tun:[2979]

– zuerst darlegen, warum es der allgemeinen Empfehlung, die im System des «Soft Law» in aller Regel auf einem gewissen Konsens der Betroffenen und Beteiligten beruht und innerhalb einer mittleren Bandbreite der allgemeinen Erfahrungen liegt, nicht folgen will;
– zweitens erklären, welche Lösung es an deren Stelle gewählt hat (oder, im Fall der «grossen Weigerung», warum es eine Lösung überhaupt nicht für erforderlich hält);
– schliesslich bekräftigen, dass es sich an die von ihm gewählte und beschriebene Lösung auch tatsächlich hält.

10.3.3 Swiss Code of Best Practice for Corporate Governance (SCBP)

Die Bestimmungen dieses Regelwerks sind als Leitlinien zu verstehen, welche die Gesellschaften nicht verwehren wollen, ihren Gestaltungsspielraum zu nutzen und eigene Ideen zu verwirklichen.[2980] «Es geht darum, dem Verwaltungsrat der einzelnen Gesellschaft für die Wahrnehmung seiner Gestaltungsverantwortung praktische *Umsetzungsvorschläge* vorzulegen;[2981] die «Leitsätze und Strukturierungsangaben» bieten «Anhaltspunkte zur Konkretisierung der meist sehr allgemein gehaltenen oder teilweise auch nur implizit im Gesetz enthaltenen Aufforderungen an den Verwaltungsrat zur Oberleitung und zur sorgfältigen Gestaltung der Gesellschaft».[2982]

2977 BOTSCHAFT, Änderung Rechnungslegungsrecht, 1606 ff. (Verbesserung der Corporate Governance: Ausbau der Aktionärsrechte, Organisation des Verwaltungsrats, Stimmrechtsvertretung).
2978 Vgl. Ziff. 7 der Richtlinie betreffend Informationen zur Corporate Governance der SWX Swiss Exchange (RCCG).
2979 BÖCKLI, Aktienrecht, § 14 Rz. 14.
2980 Einleitung zum Swiss Code of Best Practice. – Kritisch äussert sich KRNETA, N 1112a: «Gebrauchsanleitung für die Baustelle Verwaltungsrat».
2981 BÖCKLI, Aktienrecht, § 14 Rz. 318.
2982 BÖCKLI, Aktienrecht, § 14 Rz. 319.

Obwohl sich der Swiss Code of Best Practice (SCBP) primär an Grossgesellschaften richtet, wird nicht besonders berücksichtigt, dass solche Gesellschaften in aller Regel eine Konzernstruktur aufweisen.[2983] – Der Zweck guter Corporate Governance im Konzern wäre aber namentlich, die Funktionen von Organen an die Konzernlage anzupassen, konzerntypische Interessenkollisionen anzugehen und innerhalb des ganzen Konzerns für Transparenz zu sorgen.[2984] Zu berücksichtigen ist dabei die Vielschichtigkeit von möglichen Konzernstrukturen.[2985]

Wesentliche Regelungen (in Ergänzung oder Abänderung der dispositiven Gesetzesbestimmungen) sind die folgenden:

I. Die Aktionäre

- *Ziff. I./2.*: «Die Gesellschaft ist bestrebt, den Aktionären die Ausübung ihrer gesetzlichen Rechte zu erleichtern.» – Damit soll namentlich angeregt werden, die «Schwellenwerte» für Begehren um Einberufung einer Generalversammlung oder Vorlage von Traktanden unter das gesetzlich Geforderte[2986] herabzusetzen. Diese Schwellenwerte bei Publikumsgesellschaften setzen oft Beteiligungen mit einem Kurswert von mehreren hundert Millionen Franken voraus und können nur von sehr wenigen Aktionären erreicht werden. Die Statuten, die dem Aktionär leicht zugänglich sein sollten, sollten bei Kapitalherabsetzungen allenfalls angepasst werden.

- *Ziff. I./4.*: «Die Gesellschaft erleichtert den Aktionären die Teilnahme an der Generalversammlung durch frühzeitige und klare Festsetzung der Termine.» – Diese Festlegungen betreffen u.a. den Zeitpunkt, bis zu dem Traktandierungsbegehren gestellt werden können; da diese häufig im Zusammenhang mit der Rechenschaftslegung der Geschäftsführungsorgane stehen, sollte dieser Zeitpunkt nach der Publikation des Geschäftsberichts liegen. Eher hinderlich ist die in vielen Statuten getroffene Einschränkung, wonach sich Aktionäre grundsätzlich nur von anderen Aktionären vertreten lassen können.

- *Ziff. I./7.*: «In der Generalversammlung soll der Wille der Mehrheit unverfälscht zum Ausdruck kommen.» – Dies bedeutet, dass namentlich bei Wahlen und Abstimmungen über die Entlastung von Organmitgliedern[2987] nur dann global gewählt oder abgestimmt werden darf, wenn das Geschäft im Wesentlichen unbestritten ist; zeigt sich hinsichtlich einer Person erhebliche Opposition oder geht es um ihre Abberufung, muss gesondert abgestimmt werden. Das Anliegen um klare Ergebnisse wurde mit der Annahme der Volksinitiative «gegen Abzockerei» in Bezug auf die Wahlen in den Verwaltungsrat verbindlich geregelt.[2988] Diese Empfehlung im Swiss Code nimmt jedoch keinen Bezug zur Diskussion betreffend die unterschiedliche Gewichtung von Aktien (Stimmrechtsaktien).[2989]

[2983] Vgl. die Kritik von SCHNEIDER, 340 f.
[2984] SCHNEIDER, 346.
[2985] SCHNEIDER, 346. – PETER, 251 ff. spricht von «Spaghetti-Konzernrecht».
[2986] Art. 699 OR: 10% des Aktienkapitals oder Nennwert von CHF 1 Mio.
[2987] Aber auch bei Abstimmungen über Statutenänderungen; vgl. BÖCKLI, Aktienrecht, § 14 Anm. 297 unter Verweisung auf LACHAT, 217.
[2988] In Art. 3 VegüV wird die einzelne Wahl jedes Mitgliedes des Verwaltungsrates bei kotierten Gesellschaften zwingend verlangt.
[2989] Die Diskussion zur Kapitalstruktur wurde im SCBP mit Verweis auf den Begleitbericht Hofstetter explizit ausgeklammert (Präambel Ziff. 5). Gewisse Investoren und Stimmrechtsberater (z.B. Z-Ca-

- Ziff. I./8.: «Der Verwaltungsrat bemüht sich um den Kontakt mit den Aktionären auch zwischen den Generalversammlungen.» – Soweit solche Kontakte auf allgemein zugänglichen Informationen beruhen (Mitteilungen via Internet, Pressemitteilungen, öffentliche Veranstaltungen), ist dies unproblematisch. Heikler sind dagegen Gepflogenheiten bei Publikumsgesellschaften, wo Grossaktionäre oder deren Vertreter von Mitgliedern des Verwaltungsrats oder der Geschäftsleitung zu mehr oder weniger regelmässigen Gesprächen empfangen werden. Die Empfehlung fordert die Beachtung des gesetzlichen Gleichbehandlungsgrundsatzes[2990] (auch von «Investor's Relationship-Abteilungen» der Gesellschaft).

II. Verwaltungsrat und Geschäftsleitung

- Ziff. II./9: «Der von den Aktionären gewählte Verwaltungsrat nimmt die Oberleitung der Gesellschaft bzw. des Konzerns wahr. » – Der Verwaltungsrat bestimmt die strategischen Ziele, die generellen Mittel zu ihrer Erreichung und die mit der Führung der Geschäfte zu beauftragenden Personen. – Er sorgt in der Planung für die grundsätzliche Übereinstimmung von Strategie und Finanzen.

- Ziff. II./12.: «Anzustreben ist eine ausgewogene Zusammensetzung des Verwaltungsrats.» – Der Verwaltungsrat soll so klein sein, dass eine effiziente Willensbildung möglich ist, und so gross, dass seine Mitglieder Erfahrung und Wissen aus verschiedenen Bereichen ins Gremium einbringen und die Funktionen von Leitung und Kontrolle unter sich verteilen können. Ist eine Gesellschaft zu einem bedeutenden Teil im Ausland tätig, sollen daher dem Verwaltungsrat auch Personen mit Auslanderfahrung oder ausländische Mitglieder angehören. – Da aus dem Verwaltungsrat auch die Mitglieder des Prüfungsausschuss/Audit Committees zu rekrutieren sind, sollten auch stets geeignete Mitglieder mit *financial literacy* vorhanden sein.[2991] Sodann sollte die Mehrheit des Verwaltungsrats aus Mitgliedern bestehen, die im Unternehmen keine operativen Führungsaufgaben erfüllen (sog. nicht exekutive Mitglieder).[2992, 2993, 2994]

- Ziff. II./13.: «Der Verwaltungsrat plant seine Erneuerung und sorgt für die Weiterbildung seiner Mitglieder.» Die Erneuerung soll gestaffelt vor sich gehen; anzustreben

---

pital) erachten diesbezüglich das heutige Aktienrecht (mit der Zulassung von Stimmrechtsaktien und Vinkulierungsbestimmungen) als Einschränkung der Demokratie der Aktionäre.(zCAPITAL (Hrsg.), zRating-Corporate Governance in kotierten Schweizer Small und MidCap Unternehmen 2012, Zug 2012, 3

[2990] Art. 717 Abs. 2 OR.

[2991] BÖCKLI (Aktienrecht, § 14 Rz. 260, regt an, bereits bei Wahlanträgen «mindestens zwei, besser drei Kandidaten mit der erforderlichen *financial literacy* auf die Liste zu nehmen». Dabei hält er fest, dass *finanzial literacy* deutlich über allgemeine Kenntnisse im Rechnungswesen hinausgeht; er verlangt vielmehr eine persönliche Vertrautheit mit den Finanzierungstechniken und den anwendbaren Rechnungslegungsstandards (§ 13, Rz. 18 und Fn. 45)

[2992] Kritisch zu einer Mehrheit von unabhängigen Mitgliedern mit ausführlicher Begründung und Belegen: SCHILDKNECHT, 95 ff.

[2993] Bedenkenswert die von SCHILDKNECHT, 92, referierte Anregung von Gilson und Kraakman, Verwaltungsratsmandate «professionellen» Verwaltungsräten zu übertragen, die einige wenige solcher Mandate vollamtlich ausüben.

[2994] Interessant die «Negativliste» von MALIK, Corporate Governance, 201. – Nicht in ein Aufsichtsorgan gehören danach auch Personen, die in aktiver Geschäftsbeziehung zum Unternehmen stehen (Kunden, Lieferanten, Berater usw.) und Vertreter der Hausbanken.

sind auch kürzere Amtszeiten, sodass sich die Mitglieder häufiger einer Wiederwahl stellen und der Generalversammlung Rechenschaft ablegen müssen.[2995]

- Ziff. II./14.: «Der Verwaltungsrat legt für seine Tätigkeit zweckmässige Verfahren fest.» – Für wichtige Geschäfte kann er auf Kosten der Gesellschaft eine unabhängige Beratung durch externe Sachverständige in Anspruch nehmen. Dies darf allerdings nicht so weit führen, dass der Verwaltungsrat die externen Sachverständigen entscheiden lässt. – Der Verwaltungsrat bespricht jährlich seine Leistung als Gremium und jene seiner Mitglieder.[2996]
- Ziff. II./15.: «Der Präsident ist verantwortlich für die Vorbereitung und Leitung der Sitzung; er ist Garant der Information.» – Zu diesem Informationsbeschaffungsverfahren wird präzisierend Folgendes festgehalten:[2997]
    - Information ist nicht nur eine «Holschuld», sondern auch eine «Bringschuld».[2998]
    - Die Information muss rechtzeitig erfolgen; Unterlagen zu Sitzungen des Verwaltungsrats sollen den Mitgliedern frühzeitig vor der Sitzung zugestellt werden, sodass eine angemessene Vorbereitung (einschliesslich Diskussion mit anderen Mitgliedern, Beschaffung zusätzlicher Informationen, externe Beratung) möglich ist.
    - Die Information muss vollständig sein, was namentlich auch bedeutet, dass Alternativen vorzustellen und zu erwägen sind.[2999]
    - Die Information muss übersichtlich sein, d.h. die wesentlichen Kriterien, Chancen und Risiken sowie mögliche Alternativen und deren Bewertung nennen.
    - Die verantwortlichen Personen müssen für vertiefende Fragen erreichbar sein.
- Ziff. II./16.: «Jedes Mitglied von Verwaltungsrat und Geschäftsleitung hat seine persönlichen und geschäftlichen Verhältnisse so zu ordnen, dass Interessenkonflikte mit der Gesellschaft möglichst vermieden werden.» – Idealerweise muss demnach die verlangte Ordnung also bereits *vor* dem Auftauchen allfälliger Interessenkonflikte hergestellt sein.[3000] Tritt dennoch ein Interessenkonflikt auf, ist folgendermassen zu verfahren:
    - Das betroffene Mitglied des Verwaltungsrats oder der Geschäftsleitung hat den Präsidenten des Verwaltungsrats zu benachrichtigen, der einen Entscheid des Verwaltungsrats herbeiführt. – Das betroffene Mitglied tritt dabei in den Ausstand.
    - Geschäfte zwischen der Gesellschaft und Organmitgliedern oder ihnen nahe stehenden Personen unterstehen dem Grundsatz des «Dealing at Arm's Length». Sie sind ausdrücklich zu genehmigen und gegebenenfalls von einer neutralen Stelle begutachten zu lassen.
- Ziff. II./18.: «Der Grundsatz der Ausgewogenheit von Leitung und Kontrolle gilt auch für die Unternehmensspitze.» – Eine abschliessende Stellungnahme zur Frage

---

[2995] Mit der Pflicht zur jährlichen Wiederwahl der Mitglieder des VR gem. Art. 3 VegüV wurde diese Empfehlung ins Recht umgesetzt.
[2996] Siehe vorne Ziff. 3.1.5, S. 155, und die Muster für Selbstevaluationen unter Ziff. 11.28 und 11.29, S. 854 ff.
[2997] Vgl. dazu auch BÖCKLI, Aktienrecht, § 14 Rz. 268 ff.
[2998] So BÖCKLI, Aktienrecht, § 14 Rz. 269.
[2999] Darauf verweist BÖCKLI, Aktienrecht, § 14 Rz. 271.
[3000] So BÖCKLI, Aktienrecht, § 14 Rz. 277.

«Personalunion oder Doppelspitze» wurde bewusst vermieden.[3001] Vielmehr hat der Verwaltungsrat selbst festzulegen, ob sein Vorsitz und die Spitze der Geschäftsleitung (Delegierter des Verwaltungsrats, Geschäftsleitungsvorsitzender oder «CEO») einer Person (Personalunion) oder zwei Personen (Doppelspitze) anvertraut werden. Der Verwaltungsrat ist aber gehalten, diese Frage ausdrücklich zu entscheiden. Entschliesst er sich für eine Personalunion (d.h., soll der Präsident gleichzeitig Vorsitzender der Geschäftsleitung sein), sollte ein erfahrenes, nicht exekutives Mitglied die Position eines «Lead Directors» übernehmen.

- Ziff. II./19. und 20.: «Der Verwaltungsrat sorgt für ein dem Unternehmen angepasstes internes Kontrollsystem und Risikomanagement. Der Verwaltungsrat trifft Massnahmen zur Einhaltung der anwendbaren Normen (Compliance).»
- Ziff. II./21.: «Der Verwaltungsrat bildet Ausschüsse mit definierten Aufgaben.» – Die Ausschüsse sollen bestimmte Sach- oder Personalbereiche vertieft analysieren und dem Verwaltungsrat zur Vorbereitung seiner Beschlüsse oder zur Wahrnehmung seiner Aufsichtsfunktion Bericht erstatten. Die Gesamtverantwortung bleibt beim Verwaltungsrat. Nach Annahme der Volksinitiative «gegen Abzockerei» (2013) wird der Vergütungsausschuss jährlich in Einzelwahl an der GV gewählt.[3002]
- Ziff. II/22: «Für Ausschussmitglieder gelten besondere Unabhängigkeitsregeln.» – Für bestimmte Ausschüsse wird empfohlen, dass die Mehrheit der Mitglieder *unabhängig* sein soll. Als unabhängig gelten *nicht exekutive* Mitglieder des Verwaltungsrats, welche zudem *der Geschäftsführung nie oder vor mehr als drei Jahren angehört haben* (cooling off-Periode) und die mit der Gesellschaft in keinen oder nur verhältnismässig geringfügigen geschäftlichen Beziehungen stehen. – Der Verwaltungsrat kann weitere Kriterien der Unabhängigkeit festlegen.
- Ziff. II./23. und 24.: «Der Verwaltungsrat setzt einen Prüfungsausschuss (Audit Committee) ein. Der Prüfungsausschuss bildet sich ein eigenständiges Urteil über die externe Revision, das interne Kontrollsystem und den Jahresabschluss.» – Der Prüfungsausschuss soll sich ausschliesslich aus nicht exekutiven, vorzugsweise unabhängigen Mitgliedern zusammensetzen; die Mehrheit, insbesondere der Vorsitzende des Ausschusses, soll im Finanz- und Rechnungswesen erfahren sein (financial literacy). Der Prüfungsausschuss soll sich zunächst ein Bild von der Wirksamkeit der externen und der internen Revision sowie von deren Zusammenwirken machen. Er beurteilt ferner die Funktionsfähigkeit des internen Kontrollsystems (einschliesslich des Risikomanagements und der Compliance). Der Prüfungsausschuss prüft sodann die Leistung und Honorierung der externen Revision und die Vereinbarkeit der Revisionstätigkeit mit allfälligen Beratungsmandaten. – Zu Haftungskonsequenzen[3003] könnte die Regelung führen, wonach der Prüfungsausschuss entscheidet, ob der Einzel- und Konzernabschluss dem Verwaltungsrat zur Vorlage an die Generalversammlung empfohlen werden kann.
- Ziff. II./25.: «Der Verwaltungsrat setzt einen Entschädigungsausschuss (Compensation Committee) ein.» – Der Vergütungsausschuss/Entschädigungsausschuss un-

---

3001 Dazu BÖCKLI, Aktienrecht, § 14 Rz. 283 ff. (mit Literaturhinweisen), ausführlich AMSTUTZ, Macht und Ohnmacht des Aktionärs, 159 ff.
3002 Art. 7 VegüV.
3003 Darauf verweist BÖCKLI, Aktienrecht, § 14 Rz. 299 ff.; als Beispiel führt er die Vorwürfe gegen das Audit Committee im Fall Enron an (US Senate Subcommittee [2002] 9/10, 14 ff., 31 ff. und 57/58).

terbreitet die Grundsätze für die Entschädigung der Mitglieder des Verwaltungsrats und der Geschäftsleitung dem Verwaltungsrat zur Genehmigung. Alle Mitglieder des Vergütungsausschusses sollen unabhängig im Sinne der SCBP Ziff. 22 sein.[3004] Die Mitglieder des Vergütungsausschusses werden jährlich in Einzelwahl von der Generalversammlung gewählt.[3005]

- Ziff. II./26.: «Der Ausschuss kümmert sich um die Entschädigungspolitik, vor allem auf oberster Unternehmensebene.» – Dazu werden folgende Leitlinien angeführt:
  - Es soll darauf geachtet werden, dass die Gesellschaft markt- und leistungsgerechte Gesamtentschädigungen anbietet, sodass Personen mit den nötigen Fähigkeiten und *Charaktereigenschaften* gewonnen (und behalten) werden können.
  - Die Entschädigung soll nachvollziehbar vom nachhaltigen Erfolg des Unternehmens und vom persönlichen Beitrag abhängig gemacht werden.[3006]
  - Aktienoptionspläne für das höhere Kader sollen einen möglichst geringen Verwässerungseffekt haben, und die Ausgabebedingungen sollen nicht nachträglich zugunsten der Inhaber der Optionsrechte abgeändert werden.[3007]
  - Die Arbeitsverträge mit Spitzenkadern sollen jene Kündigungsfristen enthalten, die dem Markt angemessen sind und den Interessen der Gesellschaft Rechnung tragen. Beim vorzeitigen Ausscheiden sollen nur solche Abgangsentschädigungen erbracht werden, die vertraglich geschuldet oder sonst geboten sind. – Diese Empfehlung ist durch allgemeine Verbot von vertraglichen und statutarischen Abgangsentschädigungen an Mitglieder des Verwaltungsrates, der Geschäftsleitung und des Beirates gem. Art. 20 Abs. 1 VegüV obsolet.

- Ziff. II./27.: «Der Verwaltungsrat setzt einen Nominierungsausschuss («Nomination Committee») ein.» – Der Nominierungsausschuss legt Grundsätze für die Auswahl von Kandidaten zur Zuwahl in den Verwaltungsrat bzw. für die Wiederwahl fest und bereitet die Auswahl nach diesen Kriterien vor. Es können ihm auch Aufgaben im Zusammenhang mit der Auswahl und Beurteilung von Kandidaten für das oberste Kader zugewiesen werden.

- Ziff. II./28.: «Die Regeln des ‹Swiss Code› können, je nach Aktionärsstruktur und Grösse des Unternehmens, den konkreten Verhältnissen angepasst werden.» – Bei Gesellschaften mit aktiv engagierten Grossaktionären, bei börsenkotierten Tochtergesellschaften eines Konzerns sowie bei mittleren und kleineren Unternehmen können Anpassungen oder Vereinfachungen vorgesehen werden. Solche Gesellschaften verwirklichen auf ihre Weise eine zweckmässige Gestaltung der Beurteilung der externen Revision, eines funktionsfähigen internen Kontrollsystems, der Entschädigungsgrundsätze für Verwaltungsrat und Geschäftsleitung sowie der Nachfolgeregelung im Verwaltungsrat. – Sie können gegebenenfalls statt Ausschüssen Einzelbeauftragte einsetzen oder die besonderen Aufgaben der Ausschüsse durch den Gesamtverwaltungsrat wahrnehmen lassen.

3004 Anhang 1 zum SCBP, vom 6. Juni 2007.
3005 Gemäss Art. 7 Abs. 5 VegüV bestimmen die Statuten die Grundsätze über die Aufgaben und Zuständigkeiten des Vergütungsausschusses.
3006 BÖCKLI weist darauf hin, dass dieses Erfordernis schwierig zu verwirklichen ist (BÖCKLI, Aktienrecht, § 14 Rz. 307). Zu falschen Anreizen vgl. SCHILDKNECHT, 101 ff., mit Hinweisen und Belegen.
3007 Gemäss Art 20 Ziff. 5 VegüV ist nur die Zuteilung von Beteiligungspapieren, Wandel- und Optionsrechten erlaubt, die in den Statuten vorgesehen ist.

III. Revision

– Ziff. III./29 Die Funktion der externen Revision wird durch die von den Aktionären gewählte Revisionsstelle ausgeübt. – Die Revisionsstelle erfüllt ihre vom Gesetz zugewiesenen Aufgaben gemäss den für sie geltenden Richtlinien/Prüfungsstandards und hält sich an die geltenden Unabhängigkeitsvorschriften. Die externe Revisionsstelle arbeitet mit den für die interne Revision verantwortlichen Personen in zweckmässiger Weise zusammen.

IV. Offenlegung

– Ziff. IV./30 «Die Gesellschaft macht in ihrem Geschäftsbericht Angaben zur Corporate Governance.» Hinsichtlich der einzelnen Angaben gilt die (nachstehend behandelte) Richtlinie der SIX Swiss Exchange (RLCG) betreffend Information zur Corporate Governance.

Der SCBP hat mit seiner gut verständlichen Darstellung, viel dazu beigetragen, dass die Corporate Governance in den schweizerischen kotierten Unternehmen – von einigen spektakulären Fällen abgesehen – einen recht hohen Stand erreichte. Viele Empfehlungen des SCBP werden heute in der Praxis von den Unternehmen in der Schweiz weitgehend befolgt. Auch wenn sich der SCBP primär an die kotierten Gesellschaften richtet, können auch die volkswirtschaftlich wichtigen, nicht kotierten Gesellschaften und KMU's dem «Swiss Code» viele zweckmässige Leitideen entnehmen.

10.3.4 Richtlinie Corporate Governance (RLCG)

Rechtliche Grundlage für die in 2002 erlassene *Richtlinie betr. Informationen zur Corporate Governance* (RLCG)[3008] der SIX Swiss Exchange bildet das Kotierungsreglement (KR);[3009] dieses wiederum stützt sich auf Art. 8 Abs. 2 und 3 des Börsengesetzes (BEHG).[3010] Danach hat die Börse Zulassungsvorschriften und Bestimmungen über die Handelbarkeit der Effekten zu erlassen und soll – unter Beachtung international anerkannter Standards – festlegen, welche Informationen für die Beurteilung der Eigenschaften der Effekten und der Qualität des Emittenten durch die Anleger nötig sind.

Die Richtlinie Corporate Governance (RLCG) ist für alle Emittenten, deren Beteiligungsrechte an der SIX Swiss Exchange AG kotiert sind und deren Gesellschaftssitz in der Schweiz ist, verbindlich.[3011] Den nicht-kotierten Gesellschaften steht es natürlich frei, die Informationen gem. RLCG freiwillig offenzulegen.

3008 Richtlinie betr. Informationen zur Corporate Governance (Richtlinie Corporate Governance, RLCG); aktuelle Fassung vom 29. Oktober 2008, in Kraft gesetzt auf den 1.7 2009; ersetzt die bisherige Fassungen.
3009 Kotierungsreglement (KR), aktuelle Fassung vom 12. November 2010, Art. 1, 4, 5 und Art. 49 Abs. 2 KR. Das aktuelle Kotierungsreglement wurde von der FINMA genehmigt und trat am 1. April 2011 in Kraft. Es ersetzt das bisherige Kotierungsreglement der SIX Swiss Exchange sowie div. Zusatzreglemente.
3010 Bundesgesetz über die Börsen und den Effektenhandel (Börsengesetz, BEHG) vom 24. März 1995; aktuelle Fassung vom 1. Mai 2013.
3011 Art. 3 RLCG; daneben findet die Richtlinie Corporate Governance auch Anwendung für an der SIX kotierte Gesellschaften, deren Hauptsitz im Ausland ist, dort aber nicht kotiert sind.

Die kurz gefasste RLCG enthält zunächst einen Grundlagenteil, der auf die gesetzliche Grundlage verweist, den Zweck umschreibt und namentlich den Grundsatz der Klarheit und Wesentlichkeit festschreibt:[3012] «Die Informationen zur Corporate Governance sollen sich auf das für die Investoren Wesentliche beschränken und dies sachgerecht und verständlich darlegen.»[3013] Folgerichtig sollen die Informationen im Geschäftsbericht in einem eigenen Kapitel veröffentlicht werden. In diesem Kapital kann auch auf andere Stellen im Geschäftsbericht oder andere leicht zugängliche Dokumente (insbesondere Home Page der Gesellschaft) verwiesen werden, wobei der Suchpfad (URL)anzugeben ist. – Zentral ist die Ordnung der Rechtswirkung: Zwingend sind die Informationen gemäss Kapitel 5 des Anhangs (Entschädigungen, Beteiligungen und Darlehen) offenzulegen. Im Übrigen gilt der Grundsatz «Comply or Explain»: Sieht der Emittent von der Offenlegung bestimmter Informationen ab, so ist dies im Geschäftsbericht einzeln und substanziell zu begründen.

Im Folgenden sind die Informationen gemäss dem *Anhang* aufgelistet; unter www.six-swiss-exchange.com hat die SIX Swiss Exchange einen Kommentar zur Corporate Governance-Richtlinie sowie eine Checkliste veröffentlicht, die den Unternehmen bei der Formulierung des diesbezüglichen Abschnitts im Geschäftsbericht und der Zusammenstellung der Angaben im Einzelnen dienen soll.[3014]

1 **Konzernstruktur und Aktionariat**
1.1 Konzernstruktur
1.1.1 Darstellung der operativen Konzernstruktur des Emittenten
1.1.2 Alle kotierten Gesellschaften, die zum Konsolidierungskreis des Emittenten gehören, unter Angabe von Firma und Sitz, Ort der Kotierung, Börsenkapitalisierung, von Konzerngesellschaften gehaltene Beteiligungsquote sowie Valorennummer bzw. ISIN der Valoren
1.1.3 Die nicht kotierten Gesellschaften, die zum Konsolidierungskreis des Emittenten gehören, unter Angabe von Firma und Sitz, Aktienkapital und von Konzerngesellschaften gehaltene Beteiligungsquote
1.2 Bedeutende Aktionäre (im Sinne von Art. 20 BEHG; inkl. Kernelemente von Aktionärsbindungsverträgen)
1.3 Kreuzbeteiligungen (soweit sie auf beiden Seiten 5 % übersteigen)
2 **Kapitalstruktur**
2.1 Kapital
2.2 Genehmigtes und bedingtes Kapital (max. Umfang; Dauer der Ermächtigung; Kreis der Begünstigten; Bedingungen der Ausgabe etc.)
2.3 Kapitalveränderungen (in den letzten drei Berichtsjahren)
2.4 Aktien und Partizipationsscheine
2.5 Genussscheine

[3012] «Die Richtlinie soll die Emittenten dazu anhalten, den Investoren bestimmte Schlüsselinformationen zur Corporate Governance in geeigneter Form zugänglich zu machen.»
[3013] Dieser Grundsatz bedeutet auch, dass gegebenenfalls die tatsächlichen Verhältnisse – und nicht die davon abweichende rechtliche Gestaltung – darzustellen ist («Substance over Form»); vgl. dazu Kommentar zur Corporate Governance-Richtlinie zu Ziff. 5.
[3014] Nicht ganz nachvollziehbar ist allerdings die nachfolgend wiedergegebene Einschränkung im Wortlaut der Checkliste: «Obschon die Verwendung der Checkliste durch die Emittenten die Einhaltung der Richtlinie verbessern kann, ergibt sich daraus keine Gewähr für die formelle und materielle Einhaltung der RLCG.»

2.6 Beschränkung der Übertragbarkeit und Nominee-Eintragungen
2.6.1 Beschränkungen der Übertragbarkeit pro Aktienkategorie unter Hinweis auf allfällige statutarische Gruppenklauseln und auf Regeln zur Gewährung von Ausnahmen
2.6.2 Gründe für die Gewährung von Ausnahmen im Berichtsjahr
2.6.3 Zulässigkeit von Nominee-Eintragungen unter Hinweis auf allfällige Prozentklauseln und Eintragungsvoraussetzungen
2.6.4 Verfahren und Voraussetzungen zur Aufhebung von statutarischen Privilegien und Beschränkungen der Übertragbarkeit
2.7 Wandelanleihen und Optionen (einschliesslich separat auszuweisenden Mitarbeiteroptionen)
3 **Verwaltungsrat**
3.1 Pro Mitglied des Verwaltungsrats: Name, Nationalität, beruflicher Hintergrund; operative Führungsaufgaben für die Gesellschaft (exekutives/nicht exekutives Mitglied); für nicht exekutive Mitglieder: Angabe, ob sie in den drei der Berichtsperiode vorangegangenen Geschäftsjahren der Geschäftsleitung angehört haben, und ob sie mit der Gesellschaft in wesentlichen geschäftlichen Beziehungen stehen
3.2 Pro Mitglied des VR: weitere Tätigkeiten und Interessenbindungen, politische Ämter und Funktionen
3.3 Wahl und Amtszeit
3.3.1 Grundsätze des Wahlverfahrens (Gesamterneuerung oder gestaffelte Erneuerung) und Amtszeitbeschränkungen
3.3.2 Erstmalige Wahl und verbleibende Amtsdauer je pro Mitglied des Verwaltungsrats
3.4 Interne Organisation
3.4.1 Aufgabenteilung im Verwaltungsrat
3.4.2 Personelle Zusammensetzung sämtlicher Verwaltungsratsausschüsse, deren Aufgaben und Kompetenzabgrenzung
3.4.3 Arbeitsweise des Verwaltungsrats und seiner Ausschüsse
3.5 Kompetenzregelung (Grundzüge der Kompetenzregelung zwischen VR und Geschäftsleitung)
3.6 Informations- und Kontrollinstrumente gegenüber der Geschäftsleitung: Ausgestaltung der Informations- und Kontrollsysteme, Interne Revision, Risiko-Management, Management-Informationssystem (MIS)
4 **Geschäftsleitung**
4.1 Mitglieder der Geschäftsleitung (Name, Nationalität, Funktion; Ausbildung und beruflicher Hintergrund; frühere Tätigkeiten für die Gesellschaft)
4.2 Weitere Tätigkeiten und Interessenbindungen, politische Ämter und Funktionen
4.3 Managementverträge (Kernelemente von Managementverträgen zwischen der Gesellschaft mit Gesellschaften ausserhalb des Konzerns)
5 **Entschädigungen, Beteiligungen und Darlehen**
5.1 Inhalt und Festsetzungsverfahren der Entschädigungen und der Beteiligungsprogramme
5.2 Transparenz der Entschädigungen, Beteiligungen und Darlehen von Emittenten mit Sitz im Ausland
6 **Mitwirkungsrechte der Aktionäre**
6.1 Stimmrechtsbeschränkung und -vertretung

6.1.1 Sämtliche Stimmrechtsbeschränkungen unter Hinweis auf statutarische Gruppenklauseln und auf Regeln zur Gewährung von Ausnahmen, namentlich für institutionelle Stimmrechtsvertreter
6.1.2 Gründe für die Gewährung von Ausnahmen im Berichtsjahr
6.1.3 Verfahren und Voraussetzungen zur Aufhebung statutarischer Stimmrechtsbeschränkungen
6.1.4 Statutarische Regeln zur Teilnahme an der Generalversammlung, sofern sie vom Gesetz abweichen
6.2 Statutarische Quoren
6.3 Einberufung der Generalversammlung (Regeln zur Einberufung der GV, soweit sie vom Gesetz abweichen)
6.4 Traktandierung (Regeln zur Traktandierung eines Gegenstandes für die GV, Fristen, Stichtage)
6.5 Eintragungen im Aktienbuch (Regeln zum Stichtag der Eintragung; Ausnahmen)
7 **Kontrollwechsel und Abwehrmassnahmen**
7.1 Angebotspflicht (Opting-out; Opting-up gem. Art. 22 BEHG)
7.2 Kontrollwechselklauseln (Inhalt der Klauseln zugunsten VR und GL)
8 **Revisionsstelle**
8.1 Dauer des Mandats und Amtsdauer des leitenden Revisors
8.1.1 Zeitpunkt der Übernahme des bestehenden Revisionsmandats
8.1.2 Amtsantritt des leitenden Revisors, der für das betreffende Revisionsmandat verantwortlich ist
8.2 Revisionshonorar im Berichtsjahr
8.3 Zusätzliche Honorare (Honorare an die Revisionsstelle für zusätzliche Dienstleistungen)
8.4 Informationsinstrumente der externen Revision (Berichterstattung an VR, Teilnahme an Sitzungen des VR bzw. AC)
9 **Informationspolitik** (Rhythmus und Form der Information an die Aktionäre, Links auf Webseiten etc.)

Den «durchschnittlich informierten Investor», auf den dieser Informationskatalog abzielt,[3015] mögen verschiedene der aufgeführten Angaben kaum interessieren oder überfordern;[3016] dennoch wird der Informationsstand gegenüber den bisher geltenden gesetzlichen Anforderungen beträchtlich erweitert.[3017]

Als Mangel wird gelegentlich empfunden, dass der Verwaltungsrat nicht ausdrücklich erklären muss, er habe die verlangten Angaben vollständig und zutreffend gemacht; er muss auch nicht offenlegen, auf welche Angaben er verzichtet hat und aus welchen Gründen dies erfolgte («Compliance Statement»).[3018]

3015 Vgl. Kommentar zur Corporate-Governance-Richtlinie zu Rz. 5.
3016 Beispielsweise ist es schwierig, anhand der verschiedenen Einzelangaben zu laufenden Optionsprogrammen abzuschätzen, welcher Verwässerungseffekt zulasten der bisherigen Aktionäre damit verbunden ist.
3017 Zur Umsetzung in der Praxis vgl. MEYER, Betriebswirtschaftliches Rechnungswesen, 643 ff.
3018 Vgl. BÖCKLI, Aktienrecht, § 14 Rz. 242.

10.3.5 Expertenbericht Corporate Governance

Das Aktienrecht enthält bereits seit 1991 eine Reihe von Bestimmungen, die den Verwaltungsrat anhalten, die innere Organisation an der Spitze des Unternehmens zweckmässig zu gestalten und insbesondere seine Verantwortung im Bereich der Finanzen und der Aufsicht über die Geschäftsführung wahrzunehmen.[3019] Damit hat der Schweizer Gesetzgeber relativ früh einen Teil der Themen, die international vor allem seit 1992 unter der Überschrift «Corporate Governance» diskutiert werden, aufgenommen und recht zweckmässig geregelt.

Im Auftrag des Bundesamts für Justiz erarbeitete eine Arbeitsgruppe Vorschläge für eine Teilrevision des Aktienrechts.[3020] Dabei ging es vor allem darum, die bestehenden Lösungsansätze des Gesetzes im Sinne eines ausgewogenen Verhältnisses von Führung und Kontrolle weiter zu entwickeln. Die Expertengruppe machte Vorschläge, die einerseits *alle* Aktiengesellschaften betreffen (a) und andererseits solche, die lediglich für die *kotierten und wirtschaftlich bedeutenden nicht kotierten* Aktiengesellschaften bestimmt waren (b).

a) Aus den Vorschlägen der Expertengruppe – die *alle* Aktiengesellschaften betreffen – sei Folgendes herausgegriffen:[3021]
   - Statutenbestimmungen, wonach nur Aktionäre als Stimmrechtsvertreter bevollmächtigt werden können, sollen bei kotierten Gesellschaften nicht mehr zulässig sein.
   - Aktionäre sollen das Recht haben, sich von einer Person ihrer Wahl an Generalversammlungen begleiten zu lassen.
   - Stimmrechtsvollmachten, die keine Weisungen enthalten, sollen im Sinn der effektiven Willensäusserung der Aktionäre eingesetzt werden.
   - Die Schwelle für Begehren um Sonderprüfung soll auf 5% des Aktienkapitals oder CHF 1 Mio. Börsenwert herabgesetzt werden.
   - Aktionäre sollen sich den genehmigten Jahresabschluss zustellen oder elektronisch übermitteln lassen können.
   - Der Verwaltungsrat soll verpflichtet sein, seine Anträge zu begründen.
   - Das Organisationsreglement soll allen Aktionären zugänglich sein.
   - Die Schwelle für Auflösungsklagen soll auf 5% des Aktienkapitals herabgesetzt werden.
   - Die Amtsdauer der Verwaltungsräte soll höchstens vier Jahre betragen.
   - Unter den unübertragbaren und unentziehbaren Aufgaben des Verwaltungsrats soll die Ausgestaltung der internen Kontrolle und die Compliance erwähnt werden; ebenso soll der Verwaltungsrat im Fall einer Delegation der Geschäftsführung nach Art. 716*b* OR im Organisationsreglement wichtige Geschäfte bezeichnen, die einer Genehmigung durch den Verwaltungsrat bedürfen.

3019 Vor allem die in Art. 716*a* Abs. 1 und Art. 716*b* Abs. 2 OR genannten Aufgaben des Verwaltungsrates verlangen beträchtliche gestalterische Leistungen und Konsequenzen für ihre Überwachungstätigkeit.

3020 BÖCKLI/HUEGUENIN/DESSEMONTET, Expertenbericht der Arbeitsgruppe «Corporate Governance» zur Teilrevision des Aktienrechts vom 30. September 2003, Bundesamt für Justiz (Hrsg.), Bern 2003, 13 ff.

3021 Dazu ausführlich BÖCKLI, Aktienrecht , § 14 Rz. 330 ff.

- Regeln für den Umgang mit Interessenkonflikten.
- Der Prüfungsbereich der Revisionsstelle soll auf den ganzen Geschäftsbericht ausgedehnt werden.
- Aktionärsdarlehen und Darlehen an Aktionäre sollen offen ausgewiesen werden.
- Die Generalversammlungsprotokolle sollen kurzfristig offengelegt werden.

b) In *kotierten und wirtschaftlich bedeutenden nicht kotierten* Gesellschaften soll der Verwaltungsrat ausdrücklich zu den wesentlichen Punkten der Corporate Governance einen «Grundsatzbeschluss» treffen: er legt die Regeln fest, die in der betreffenden Gesellschaft gelten sollen. Dabei steht es ihm offen, wie er sich inhaltlich zu jedem einzelnen dieser Punkte stellt. Innerhalb der Gestaltungsfreiheit,[3022] die das Gesetz ihm gewährt, ist er frei, eigene Regeln aufzustellen, sich zu jedem Punkt ablehnend zu äussern bzw. den betreffenden Punkt als für die Gesellschaft nicht relevant zu bezeichnen. In diesem Falle ist es jedoch wesentlich, dass der Verwaltungsrat bewusst zu seinem Entscheid steht, d.h. ihn offenlegt und begründet.

Die fünf Hauptpunkte, zu denen der Verwaltungsrat einer wirtschaftlich bedeutenden Gesellschaft nach Auffassung der Arbeitsgruppe im Rahmen seines Grundsatzbeschlusses Stellung nehmen sollte, sind die folgenden:

- Gewährleistung der Transparenz und Massnahmen zur Erleichterung der Ausübung von Aktionärsrechten;
- Zusammensetzung des Verwaltungsrats und Personalunion oder Doppelspitze von VRP und CEO;
- Umgang mit Interessenkonflikten und Regeln über den Ausstand;
- interne Kontrolle, Behandlung von Risiken und Compliance;
- besondere Aufgaben für Ausschüsse, einzelne Mitglieder oder das Gesamtgremium in Angelegenheiten der Revision, der Organentschädigungen oder -kredite und des Nachwuchses sowie der Aus-und Weiterbildung an der Spitze;
- Erweiterung der Angaben im Anhang der Jahresrechnung, insbesondere zu den Vergütungen an Verwaltungsrat und Geschäftsleitung sowie zu Beteiligungen.

Diese Punkte stellen den «harten Kern» der Gestaltungsentscheide für die Corporate Governance dar.[3023] Es sind jene Gegenstände, in denen die Aktionäre Anspruch darauf haben zu erfahren, wie der Verwaltungsrat von seiner Gestaltungsautonomie in ihrer Gesellschaft konkret Gebrauch gemacht hat.[3024]

Diese Gestaltungsentscheide des Verwaltungsrates werden im Einzelfall sehr stark von den besonderen Verhältnissen in der einzelnen Aktiengesellschaft abhängen, je nach Grösse und Branche der Gesellschaft, Zusammensetzung des Aktionariats sowie den persönlichen Eigenschaften der Verantwortlichen in Verwaltungsrat und Geschäftsleitung.

[3022] Insoweit als Art. 716*a* Abs. 1 oder 717*b* OR ihn nicht zwingend zu einem Gestaltungsentscheid auffordert.
[3023] Sie sind auch weitgehend Punkte, zu denen der SCBP in Ziff. II/28 die nicht kotierten Gesellschaften auffordert, sich Gedanken zu machen.
[3024] BÖCKLI/HUEGUENIN/DESSEMONTET, Expertenbericht der Arbeitsgruppe «Corporate Governance» zur Teilrevision des Aktienrechts vom 30. September 2003, Bundesamt für Justiz (Hrsg.), Bern 2003, 72 ff.

Ein Teil der Anliegen der Expertenkommission wurde in die Botschaft 2007 (Gesellschaftsrecht und Rechnungslegung) übernommen, teilweise bereits in Gesetze/Verordnungen transformiert und in Kraft gesetzt.[3025]

10.3.6 Best Practice in KMU

Der Swiss Code of Best Practice for Corporate Governance ist klar auf bedeutende und börsenkotierte Gesellschaften ausgerichtet. Es fällt deshalb nicht leicht, die darin enthaltenen Grundsätze auf KMU zu adaptieren (siehe dazu hinten Ziff. 10.5, S. 730). Zudem wird im SCBP der Bedeutung der Diversität im Verwaltungsrat, insbesondere im Hinblick auf die Zusammensetzung mit männlichen und weiblichen Mitgliedern, keine Rechnung getragen. Aus diesem Grunde wurden im Jahre 2009 vom International Center for Corporate Governance in Zusammenarbeit mit der Universität St. Gallen unter dem Titel «Best Practice im KMU (BP-KMU)» Empfehlungen zur Führung und Aufsicht von kleinen und mittleren Unternehmen entwickelt (vgl. dazu nachstehend Ziff. 10.5, S. 730 ff.). Zusätzlich werden zu den einzelnen Empfehlungen konkrete VR Praxis-Tools und -Checklisten geliefert, welche alle gratis unter www.icfcg.org im Bereich Board Research/Board Guidelines heruntergeladen werden können.

Der BP-KMU ist entsprechend den vier zentralen Erfolgsfaktoren für eine wirksame Führung und Aufsicht von KMU in folgende vier Dimensionen gegliedert:

1. Situative Dimension: Berücksichtigung der besonderen Verhältnisse des KMU
2. Strategische Dimension: Zielgerichtete Führung im KMU
3. Integrative Dimension: Effiziente VR- und GL-Teams im KMU
4. Kontroll-Dimension: Wirksame Aufsicht in KMU

Exemplarisch seien folgende drei Empfehlungen aus dem BP-KMU vorgestellt:

1.4 Grösse des VR

Die Grösse des VR ist situationsbedingt festzulegen. Als Richtgrösse empfehlen wir für Kleinunternehmen (bis zu 50 Mitarbeitende) 3 Verwaltungsräte und für Mittelbetriebe (bis zu 500 Mitarbeitenden) 5 Verwaltungsräte.

1.5 Struktur des VR

Der VR sollte einen unabhängigen Präsidenten und ein weiteres unabhängiges Mitglied umfassen. Es ist ein Vizepräsident zu bestimmen.

Der VR-Sekretär sollte nicht Mitglied des VR und, soweit möglich, unabhängig sein.

Eine Person ist unabhängig, wenn keine Umstände vorliegen, welche ihre freie Meinungsbildung gegenüber Aktionariat oder Geschäftsleitung beeinträchtigen.

2.1 Hauptaufgaben des VR

Der VR hat gemäss Schweizer Aktienrecht im Wesentlichen vier unentziehbare und unübertragbare Aufgaben («Die 4 S»):

3025 Z.B. Regelung betr. Amtsdauer von Verwaltungsräten in kotierten Gesellschaften (Art. 3 VegüV), Offenlegung von Vergütungen und Beteiligungen gem. Art. 663b^{bis} OR bzw. 663c OR.

- **S**trategie: Der VR sorgt für die Zukunftssicherung des KMU, bestimmt die strategischen Ziele und die Mittel zu ihrer Erreichung und sorgt für ein stetes Gleichgewicht zwischen Zielen und Mitteln.
- **S**ysteme: Der VR legt die Organisation fest und ist verantwortlich für die Ausgestaltung des Rechnungswesens, der Finanzplanung, der Finanzkontrolle sowie für das Risiko- und Krisenmanagement.
- **S**taff: Der VR ist zuständig für die Ernennung und Abberufung der mit der Geschäftsführung betrauten Personen.
- **S**upervision: Der VR erfüllt eine Vorbildfunktion und ist verantwortlich für die Unternehmenskultur sowie für die Oberaufsicht über die mit der Geschäftsführung betrauten Personen. Er sorgt für die Einhaltung der Gesetze, Reglemente, Weisungen und ethischen Richtlinien (Compliance).

10.4 Einzelfragen zur Corporate Governance

10.4.1 Gewaltentrennung als Forderung von Corporate Governance

In der Botschaft zur Revision des Aktienrechts[3026] wurde 1983 auf das Spannungsfeld zwischen den anerkannten Forderungen nach Gewaltenteilung in der Aktiengesellschaft und den gegebenen Verhältnissen in der Praxis hingewiesen: «Seit der letzten grossen Aktienrechtsrevision im Jahre 1936 hat sich in Anlehnung an Art. 717 Abs. 2 OR eine Aufteilung der Exekutivfunktionen in Geschäftsleitung und Verwaltungsrat vollzogen, dies vor allem bei Grossgesellschaften. Es stellt sich die Frage, ob die Schweiz die Entwicklung des Auslandes mitmachen und das Aufsichtsratssystem einführen soll. Gegen die Einführung eines solchen Dualismus spricht einmal die Tatsache, dass sich unser jetziges System mit seiner Flexibilität bewährt hat. Zudem weicht das Aufsichtsratssystem, insbesondere dasjenige Deutschlands, viel stärker von den Grundgedanken unseres Aktienrechts ab, als man gemeinhin annimmt. Eine solche Organisationsform entspricht nicht den Auffassungen in unserem Lande und bliebe weithin unverstanden. Das geltende System ist deshalb beizubehalten.»

Mit der Beibehaltung des bisherigen Systems ist der Gesetzgeber bewusst die Gefahr eingegangen, dass es bei geschäftsführenden Verwaltungsratsmitgliedern zu einer Machtballung und zu einer Erschwerung der Oberaufsicht kommt. Dazu wird in der Botschaft zur Revision des Aktienrechts offen festgestellt: «Die geschäftsführenden Verwaltungsräte beaufsichtigen sich selber».[3027] Es stellt sich daher die Frage, warum der Gesetzgeber wirklich auf die Einführung eines dualistischen Systems verzichtet hat. Die Antwort liegt in der Macht des Faktischen. Dies wird auch in der Botschaft zur Revision des Aktienrechts an anderer Stelle nicht verschwiegen:[3028] «Die Gewaltentrennung zwischen Verwaltung und Geschäftsleitung hat sich bei vielen Grossgesellschaften durchgesetzt. In der Westschweiz kommt es auch bei grösseren Gesellschaften jedoch häufig vor, dass der Hauptaktionär gleichzeitig Verwaltungsratspräsident und Leiter der Geschäftsführungsstelle ist.

3026 BOTSCHAFT, Revision Aktienrecht, 840.
3027 Vgl. BOTSCHAFT, Revision Aktienrecht, 924.
3028 BOTSCHAFT Revision Aktienrecht, 924; zu den Vor- und Nachteilen des Aufsichtsratssystems vgl. auch HILB, Integrierte Corporate Governance, 51/52.

Ein Verzicht auf die heute bestehende Flexibilität würde zudem für die grosse Zahl kleinerer Gesellschaften einen unnötigen Organisationszwang bringen. Auf die Forderung einer rigorosen Trennung wird deshalb verzichtet. Dafür unterliegen Verwaltungsratsdelegierte einer besonders strengen Haftung: Sie haften sowohl als Geschäftsführer wie auch als Verwaltungsratsmitglied.»

Das schweizerische Aktienrecht ermöglicht jeder Gesellschaft, ihre Organisationsstruktur flexibel zu gestalten.[3029] Ohne besondere Delegation ist der Verwaltungsrat nicht nur Oberaufsichtsorgan, sondern gleichzeitig auch Geschäftsführungsorgan. Damit stellt sich die Frage, ob aus der Sicht von Corporate Governance eine Doppelstellung als Verwaltungsrat und Geschäftsleitungsmitglied untersagt werden soll oder nicht. Letztlich geht es somit um die Frage, ob der Verwaltungsrat nur aus unabhängigen Mitgliedern zusammengesetzt sein soll oder ob einige von ihnen im Rahmen eines Arbeitsvertrages auch in die Geschäftsführung Einsitz nehmen dürfen.

Als *Vorteile* einer Doppelstellung für ein Verwaltungsratsmitglied können angeführt werden:
– hohe Detailkenntnisse in technischen und geschäftlichen Belangen[3030]
– aktuelle und direkte Information durch die Geschäftsführungsfunktion[3031]
– vielfältige Möglichkeiten zur eigenen Motivation über Erfolgsbeteiligung
– Absicherung in arbeitsrechtlicher und sozialversicherungsrechtlicher Hinsicht.

Als *Nachteile* einer Doppelstellung für ein Verwaltungsratsmitglied sind zu erwähnen:
– Abhängigkeit und damit eingeschränkte Objektivität[3032]
– Gefahr der Verfolgung von Eigeninteressen[3033]
– Informationsdefizit der übrigen Verwaltungsräte und damit allenfalls vermehrt Meinungsdifferenzen
– erschwerte Kontrolle kann zu Spannungen im Verwaltungsrat führen.

Diese Auflistung zeigt, dass ein ausschliesslich aus geschäftsführenden Mitgliedern zusammengesetzter Verwaltungsrat wohl nur für kleine Gesellschaften geeignet ist, in denen die Hauptaktionäre gleichzeitig Verwaltungsräte sind. Bei grösseren Gesellschaften und insbesondere auch bei Familiengesellschaften mit Aktionären, die nicht mehr selbst in der Geschäftsführung tätig sind, kann eine Aufteilung des Verwaltungsrats durchaus zweckmässig sein.[3034] Um die Aufsicht über die Geschäftsführung in allen Situationen durchsetzen zu können, sollte allerdings die Gruppe der outside directors grösser sein als jene der

---

3029 Zu Recht stellen deshalb BÖCKLI/HUGUENIN/DESSEMONTET, 19, in ihrem Expertenbericht fest, dass der Verwaltungsrat einer Aktiengesellschaft eine Reihe von Fragen zu prüfen habe, bevor er die Grundsätze der Corporate Governance für die Gesellschaft festlegen könne; insbesondere die Zulassung oder Ablehnung der Personalunion von VR-Präsident und CEO sowie die Anzahl von unabhängigen VR-Mitgliedern sei vorab zu regeln.
3030 BERSET, 141.
3031 Gemäss DRUEY, Outsider, 75 f., liegt dagegen die manifeste Schwäche des reinen Outsidermodells in der gewöhnlich schlechten Information der Verwaltungsratsmitglieder.
3032 Von BÖCKLI, Aktienrecht, § 13 Rz. 955, auch als «Betriebsblindheit» bezeichnet.
3033 Diese Gefahr sieht WALDBURGER, 220.
3034 Unterschieden werden dabei «executive inside directors» und «non-executive outside directors»; vgl. BÖCKLI, Aktienrecht, § 13 Rz. 955.

inside directors.[3035] Ansonsten besteht die Gefahr, dass die nicht der Geschäftsführung angehörenden Verwaltungsratsmitglieder nur noch zu Statisten degradiert werden, welche die Entscheidungen der Geschäftsführung hinzunehmen haben.

Gemäss einer Studie von zRating[3036] wurde in 2011 bei 11% der untersuchten kotierten Unternehmen die Funktion des Verwaltungsratspräsidenten und des CEO von der gleichen Person wahrgenommen. Gegenüber früheren Studien[3037] ist dies ein leichter Rückgang. Die Personalunion von VR-Präsident und Geschäftsführer bzw. CEO ist in der Schweiz vor allem bei kleineren Unternehmen mit geringem Personalbestand oder mit einem Umsatz von unter CHF 2 Mio. pro Jahr weit verbreitet (im Durchschnitt aller Branchen rund 57%).[3038] Es wäre deshalb praxisfremd, wenn man die Personalunion ohne weitere Massnahmen verbieten wollte. Andererseits ist eine derartige Funktionenkumulation unter dem Aspekt von Corporate Governance problematisch. Es verwundert daher nicht, dass eine Personalunion beim Management von Aktiengesellschaften in den Medien seit langer Zeit immer wieder kritisiert wird.

Mit der Sensibilisierung der Aktionäre für Belange der Corporate Governance hat die Diskussion um die Zulässigkeit und Zweckmässigkeit einer Personalunion von VR-Präsident und CEO stark zugenommen. Insbesondere bei schlechten Geschäftsabschlüssen wird die Organisationsstruktur kritisch hinterfragt.

Im Corporate-Governance-Bericht stellte HOFSTETTER bezüglich der Trennung von VR-Präsident und CEO zur Rechtslage einleitend klar, dass nach dem Board-System des schweizerischen Aktienrechts gemäss Art. 716a OR eine Trennung von Überwachung und Geschäftsleitung zwar erlaubt, aber im Gegensatz zum deutschen Recht nicht zwingend vorgeschrieben ist. Entsprechend unterschiedlich sei die Praxis in schweizerischen Gesellschaften.[3039] Nach einem Vergleich mit den Regelungen in Grossbritannien, in den USA und in Deutschland werden folgende Diskussionspunkte angeführt:[3040]

- Eine saubere Trennung der Funktionen des Verwaltungsrats und der operativen Geschäftsleitung ist zu begrüssen. Dadurch kann die unabhängige Aufsicht gestärkt und die Transparenz der Verantwortlichkeiten verbessert werden.

- Eine Personalunion hat auch Vorteile. Die Informations- und Entscheidungswege können verkürzt werden. Machtkämpfe werden unwahrscheinlicher und die Entscheidungsfindung wird erleichtert.

3035 So auch AMSTUTZ, Macht und Ohnmacht des Aktionärs, 151.
3036 zCAPITAL (Hrsg.), zRating-Corporate Governance in kotierten Schweizer Small und MidCap Unternehmen 2012, Zug 2012, 3.
3037 Die Ethos-Studie (in Zusammenarbeit mit Economiesuisse), Corporate Governance in Schweizer Unternehmen, November 2005, 28) stellte noch in 14% eine Kumulation der Funktionen VRP und CEO fest, wobei bei 2% der Unternehmen hinreichend erachtete Massnahmen zur Machtkontrolle vorhanden waren.
3038 BDO Visura, Studie 2002, 21, wobei nicht angegeben wird, ob diese Prozentzahl nur auf Verwaltungsräten mit mehreren Mitgliedern basiert. Rund 45% aller Aktiengesellschaften in der Schweiz haben einen Verwaltungsrat mit nur einem einzigen Mitglied (MÜLLER, Verwaltungsrat als Arbeitnehmer, 103).
3039 Vgl. HOFSTETTER, Corporate-Governance-Bericht, 36. Im Zeitpunkt der Verfassung des Berichts (2002) bestand u.a. noch eine Personalunion von VR-Präsident und CEO bei Roche, Novartis, CS Group und Zurich Financial Services. Bei allen vier Unternehmen besteht heute keine Personalunion mehr!
3040 HOFSTETTER, Corporate-Governance-Bericht, 37.

– Eine starre Regel empfiehlt sich nicht. Das Trennungsprinzip könnte als Grundsatz empfohlen werden, doch müsste die Personalunion möglich bleiben.

Entsprechend den Ergebnissen der Expertengruppe[3041] wird im Swiss Code of Best Practice dem Verwaltungsrat die Entscheidung über Personalunion oder Doppelspitze freigestellt mit folgender Einschränkung: «Entschliesst sich der Verwaltungsrat aus unternehmensspezifischen Gründen oder weil die Konstellation der verfügbaren Spitzenkräfte es nahe legt, zur Personalunion, so sorgt er für adäquate Kontrollmechanismen.[3042] Zur Erfüllung dieser Aufgabe kann der Verwaltungsrat ein nicht exekutives, erfahrenes Mitglied bestimmen (sog. Lead Director). Dieses ist befugt, wenn nötig selbständig eine Sitzung des Verwaltungsrats einzuberufen und zu leiten.»[3043]

Im Expertenbericht wird ein neuer Art. 716*b* OR vorgeschlagen, wonach der Verwaltungsrat einer Gesellschaft, die zu erweiterten Angaben im Geschäftsbericht verpflichtet ist, u.a. einen Grundsatzbeschluss zu fassen hat bezüglich Zusammensetzung des Verwaltungsrats und Vereinigung oder Trennung des Vorsitzes von Verwaltungsrat und Geschäftsleitung.[3044] Damit würden die entsprechenden Empfehlungen des Swiss Code of Best Practice bezüglich Personalunion ohne Änderung ins Obligationenrecht übernommen. Zusätzlich würde jedoch in Abs. 4 des neuen Artikels vorgeschrieben: «Der Verwaltungsrat begründet seinen Entscheid …». KMU haben diese Angaben nicht zu machen.

10.4.2 Kapitalstruktur: one share – one vote

a) Ausgangslage

Von der Kapitalstruktur hängen bestimmte Grundrechte der Aktionäre (namentlich das Stimmrecht) ab; sie hat damit direkte Auswirkung auf die Machtausübung im Unternehmen und auf die Möglichkeiten, die Kontrolle über die Gesellschaft zu übernehmen. Insofern ist die Kapitalstruktur ein Schlüsselelement der Corporate Governance einer Aktiengesellschaft. Unbestritten ist das Stimmrecht ein wichtiger Aspekt der Anteilseignerschaft. Umstritten ist dagegen, ob dieses Stimmrecht in zwingender Weise proportional zur Beteiligung am Aktienkapital erfolgen soll (nach dem Grundsatz: «eine Aktie, eine Stimme»). Diese Frage ist auch international eines der am meisten diskutierten Themen der «Corporate Governance». In den schweizerischen Vorstössen im Parlament spielte dieser Aspekt dagegen eher eine verhältnismässig geringe Rolle.

Bezüglich der Kapitalstruktur bestehen in der Schweiz namentlich folgende Ansatzpunkte für nicht-egalitäre Strukturen:

a) Stimmrechtsaktien

Bekanntlich können die Statuten gemäss Art. 693 OR das Stimmrecht unabhängig vom Nennwert nach der Zahl der Aktien festlegen. Dadurch kann sichergestellt werden, dass auf jede Aktie – unabhängig von der Kapitalbeteiligung – mindestens eine

---

3041 HOFSTETTER, Erkenntnisse, 978, bezeichnet die Diskussionen um diesen Punkt als eigentlichen «Glaubenskrieg».
3042 Eine Aufzählung möglicher Kontrollinstrumente (Control Self Assessment) findet sich bei PAULSEN/MEIERHOFER, 1066 ff.
3043 Swiss Code Ziff. 18.
3044 Vgl. BÖCKLI/HUGUENIN/DESSEMONTET, 228.

Stimme entfällt. Dies ermöglicht aber auch die Schaffung von Stimmrechtsaktien, indem verschiedene Aktienkategorien – mit unterschiedlichem Nennwert – geschaffen werden. Weil so für eine Stimme ein unterschiedlich hoher Kapitaleinsatz verlangt ist, kann u.U. mit wenig Kapital eine grosse Stimmkraft (Hebelwirkung) erreicht werden.

b) Partizipationsscheine

Art. 656a OR gestattet die Einführung von stimmrechtslosen Aktien, sog. Partizipationsscheine. Dazu müssen die Statuten entsprechendes Partizipationskapital vorsehen. Diese Partizipationsscheine werden gegen Einlage ausgegeben und haben einen Nennwert, gewähren aber kein Stimmrecht. Das Partizipationskapital darf gemäss Art 656b OR das Doppelte des Aktienkapitals nicht übersteigen. Aufgrund des fehlenden Stimmrechts werden die Partizipationsscheine i.d.R. zu einem tieferen Marktwert gehandelt als Aktien.

c) Vinkulierungsbeschränkungen

Nebst der Schaffung von Stimmrechtsaktien bestehen weitere gesetzliche Möglichkeiten das Stimmrecht vom Kapitalanteil abzukoppeln (Eintragungsbegrenzungen bei Namenaktien, Begrenzung der Stimmrechte). *Eintragungsbegrenzungen* sind nur bei Gesellschaften mit Namenaktien möglich. Sie sehen vor, dass ein Aktionär nur bis zu einem statutarisch festgelegten Grenzwert im Aktienbuch eingetragen wird. Für den überschiessenden, nicht eingetragenen Teil ist er dann nicht stimmberechtigt.[3045] Für Gesellschaften mit Inhaberaktien (wie auch bei Namenaktien) bestehen oft *Stimmrechtsbegrenzungen* in der Art, dass die Stimmenzahl an der GV statutarisch auf einen Schwellenwert begrenzt wird.[3046]

b) Kritik

Das Institut der *Stimmrechtsaktien* steht seit Langem in der Kritik.[3047] Argumentiert wird dabei, dass Stimmrechtsaktien im Widerspruch zum Grundsatz «one share – one vote» stehen; zudem sollten Risiko (eingesetztes Kapital) und Stimmkraft übereinstimmen. Die Kritiker weisen darauf hin, dass die allseits angestrebte Stärkung der Aktionärsrechte wirkungslos bleibt, solange der Grundsatz «one share – one vote» nicht verwirklicht werde. Sie betrachten Stimmrechtsaktien bei Gesellschaften als ein äusserst wirkungsvolles Mittel zur Beschneidung der Aktionärsdemokratie. In den Auswertungen und Quervergleichen zur Corporate Governance werden Gesellschaften mit Stimmrechtsaktien regelmässig abgestraft.[3048]

Auch das Institut der *Vinkulierung und Stimmrechtsbegrenzung* wird von den Investoren heftig kritisiert, weil die Eintrittsschleuse lediglich der Machterhaltung des Managements

---

3045 Ausser er hat die Aktien durch Erbgang, Erbteilung oder eheliches Güterrecht erworben (Art. 685*d* Abs. 3 OR).
3046 Art. 692 Abs. 2 OR und Art. 689 OR.
3047 Unter vielen AMSTUTZ, Macht und Ohnmacht des Aktionärs, 94. Zur gesamten Diskussion findet sich eine eingehende Darstellung bei BÖCKLI, Aktienrecht, § 4 Rz. 128 ff.
3048 ZCAPITAL, 2012, 16; eher zurückhaltend äussert sich dagegen die Ethos-Stiftung: 2005, 23 «Obwohl eine ungleiche Kapitalstruktur stets im Licht der Unternehmensgeschichte zu sehen ist, vertritt Ethos die Auffassung, dass solche Kapitalstrukturen weder unterstützt noch weiter ausgebaut werden sollten.»

bzw. des Verwaltungsrates diene, die damit den Einfluss des Aktionariats begrenzen wollten.[3049]

Gemäss Art. 32 Abs. 4 BEHG besteht eine grundsätzliche *Angebotspflicht* ab einem direkten oder indirekten Besitz von 33,3% der Stimmrechte. Diese Angebotspflicht kann statutarisch mittels eines Opting-out gänzlich ausgeschlossen oder durch ein Opting-up auf max. 49% erhöht werden.[3050]

c) Folgerung

Der Swiss Code of Best Practice (SCBP) hat bewusst auf die Abgabe einer Empfehlung zur Frage der Kapitalstruktur und insbesondere zum Prinzip «one share – one vote» verzichtet. Massgebend für diesen Entscheid waren die im Begleitbericht von HOFSTETTER[3051] dargelegten und in der Expertenkommission eingehend diskutierten Gründe.[3052] Diese Haltung kann aus mehreren Gründen nachvollzogen werden.

Einerseits hat der Gesetzgeber einem möglichen Missbrauch klare Grenzen gesetzt. Das Mittel der Stimmrechtsaktie kann nur eingesetzt werden, solange der Nennwert der übrigen Aktien das Zehnfache des Nennwerts der Stimmrechtsaktien nicht überschreitet.[3053] Bei den Stimmrechtsbegrenzungen wirken sich die bestehenden statutarischen Limiten bei den grossen kotierten Unternehmen faktisch nicht aus, weil – angesichts des hohen Kapitals dieser Gesellschaften – die Limiten ohnehin praktisch nie überschritten werden.

Alsdann haben der Druck des Kapitalmarktes und der Einfluss der Medien in den letzten Jahren bei *kotierten* Gesellschaft den *Trend zur Einführung der Einheitsaktie* verstärkt.[3054] Die Zahl der kotierten Gesellschaften, die in der Schweiz die Einheitsaktie kennen, ist im Laufe der letzten zwei Jahrzehnte unaufhaltsam gestiegen. Bei den grossen kotierten Gesellschaften stellen Stimmrechtsaktien bzw. Aktien kombiniert mit Partizipationsscheinen nur noch Ausnahmen dar. Diese Ausnahmefälle betreffen i.d.R. Gesellschaften mit von den Gründern abstammenden Familiengruppen. Sodann sind differenzierte Stimmrechte noch bei kleineren und mittleren Publikumsgesellschaften anzutreffen.[3055] Inso-

---

3049 zCAPITAL, 2012, 18. Rund ein Drittel aller 2012 analysierten kotierten Gesellschaften im Small und Mid Caps Bereich (130 Unternehmen) hatten Eintragungsbeschränkung mit Obergrenzen im Bereich von 2% bis 10%, die meisten dieser Gesellschaften bei 5%. In derselben Untersuchung hatten rund 19% der analysierten Gesellschaften Stimmrechtsbeschränkungen (Obergrenze 3%–20%).
3050 zCAPITAL, 2012, 25 f. Rund ein Fünftel der untersuchten Gesellschaften (130 kotierte Gesellschaften im Small und Mid Cap Bereich) kennen ein Opting-out (d.h. keine Angebotspflicht für die übrigen Aktionäre), weniger als 10% haben vom Opting-up Gebrauch gemacht. Mit der Abschaffung der Kontrollprämie ab 2014 dürfte sich die diesbezügliche Diskussion etwas entspannen.
3051 HOFSTETTER, Corporate-Governance-Bericht.
3052 Vgl. BÖCKLI/HUGUENIN/DESSEMONTET, 148 ff.
3053 Art. 693 Abs. 2 OR. Gelegentlich werden zusätzlich noch Partizipations- und Genussscheine (ohne Stimmrechte) herausgegeben, wobei das Partizipationsscheinkapital höchstens das Doppelte des ordentlichen Aktienkapitals betragen darf.
3054 Dieselben Kräfte arbeiten allmählich auch auf die Abschaffung der Vinkulierung (Eintragung als «Aktionär mit Stimmrecht» gemäss Art. 685d Abs. 1 OR nur bis zu einer bestimmten Limite von z.B. 3%) sowie auf die Eliminierung von statutarischen Stimmrechtsbegrenzungen und Vertretungsbeschränkungen im Sinne von Art. 692 Abs. 2 und 689 Abs. 2 OR hin.
3055 Die Ethos-Stiftung, Corporate Governance der Schweizer Unternehmen, 2005, 23 ff., ermittelte 2005 bei 18% aller untersuchten Unternehmen nicht egalitäre Kapitalstrukturen (100 Unternehmen, SMI und grössere kotierte Gesellschaften). «Unter den sechs SMI-Unternehmen mit differenzierter

fern setzt sich die gewünschte Entwicklung aufgrund des Markt- und Mediendruckes von selbst durch, sodass sich eine zwangsweise, gesetzliche Vorschrift erübrigt.[3056]

Die Expertengruppe sah auch keinen zwingenden Anlass zu Verbotsnormen im Bereiche der *nichtkotierten* Gesellschaften. Sie erachtete die durch das geltende Gesetz ermöglichte Gestaltungsvielfalt im Bereiche der Eigenkapitalpapiere (Einheitsaktien, Stimmrechtsaktien, Stammaktien, Partizipationsscheine, Genussscheine) als einen Vorteil des Schweizer Rechts.[3057]

Die Kommission hat jedoch auch festgestellt, dass die Kombination von Stimmrechts- mit Stammaktien auch in Familiengesellschaften im Laufe der Jahre zu schwer erträglichen Zuständen führen kann.

Weil die Frage der Stimmrechtsaktien in der Aktienrechtsrevision 1991 eingehend behandelt und dabei ein ausgewogener Kompromiss (mit vielen Sicherungen) gefunden wurde, erachtete die Expertenkommission eine gesetzliche Neuregelung als nicht angebracht. Ein Verbot der Stimmrechtsaktien hätte ihrer Ansicht nach einen Eingriff in gewachsenen Verhältnisse dargestellt. Zur Vermeidung von Missbräuchen erachtete sie im Bereich der nicht kotierten Gesellschaften eine gesetzliche Herabsetzung des Stimmkrafthebels (von 1:10) für denkbar.

10.5 Bedeutung von Corporate Governance für nicht kotierte Gesellschaften und KMU

10.5.1 Charakteristika und Herausforderungen für KMU

Nicht nur bei kotierten Gesellschaften stellen sich Fragen zur Corporate Governance und der Kontrolle der Macht im Unternehmen. Auch bei kleinen und mittleren Unternehmen (KMU) und auch bei den grösseren nicht kotierten (privaten) Gesellschaften stellen sich derartige Fragen. Insofern stellen etliche Empfehlungen zu den kotierten Gesellschaften, wie sie im Swiss Code Best Practice (SCBP) und in der Richtlinie Corporate Governance (RLCG) sowie im Expertenbericht Böckli geäussert werden, auch für nicht kotierte Gesellschaften wertvolle Anregungen dar zur guten Unternehmensführung. Allerdings ist die Umsetzung für KMU schwierig, wozu der BP-KMU publiziert wurde (vgl. vorne Ziff. 10.3.6, S. 723 f.).

Die im Vergleich zu den Publikumsgesellschaften unterschiedlichen Charakteristika und Herausforderungen der KMU (in Bezug auf die Corporate Governance bei KMU) führen zu unterschiedlichen Auswirkungen und Folgen für die Corporate Governance in KMU.

Kapitalstruktur hatten alle einen Grossaktionär. Es ist also klar, dass die ungleichen Kapitalstrukturen vor allem den Unternehmen mit Grossaktionär zuzuordnen sind.»

[3056] Einen Vorbehalt brachte die Expertenkommission jedoch für den Fall an, dass bei einer Gesellschaft die Abschaffung der entsprechenden Beschränkungen derartigen Beschlusserschwerungen unterstellt ist, dass ein Abschaffungsbeschluss praktisch gar nicht möglich wäre. Solche Statutenbestimmungen dürften indessen ohnehin gegen Art. 706*b* OR verstossen, als sie im Ergebnis auf den Entzug des Stimmrechtes hinaus laufen (Vgl. BÖCKLI/HUGUENIN/DESSEMONTET, 148).

[3057] BÖCKLI/HUGUENIN/DESSEMONTET, 151 f.

Ausgehend von den Charakteristika und den Herausforderungen an die KMU sollen Auswirkungen auf die Corporate Governance nachstehend gezeigt werden

a) Charakteristika der KMU

Obwohl die KMU sehr vielfältig sind (von Einpersonengesellschaften, über kleinere Familiengesellschaften bis hin zu grossen Gesellschaften, die oft von Familien in x-ter Generation gehalten werden) und dementsprechend die Fragestellungen sehr unterschiedlich sind, lassen sich doch gewisse Charakteristika feststellen.[3058]

Charakteristika	Ausprägung in KMU	Folgen für Corporate Governance in KMU
Einfluss der Eigentümer	stark vom Eigentümer geprägte Führung, (Eigentümer-Unternehmer); oft enge Bindung zwischen Eigentum und Unternehmensführung; selten Trennung VR-GL.	Keine typische, traditionelle Agency-Problematik (da keine Trennung von Eigentum und Führung/Kontrolle) langfristige Orientierung steht im Vordergrund.
Anspruchsgruppen	Anspruchsgruppen haben starken Einfluss auf langfristigen Erfolg; engagierte, qualifizierte Mitarbeiter; langfristige, nachhaltige Ziele stehen vor kurzfristiger Gewinnmaximierung; Marktnähe: enge Kundenkontakte; individualisierte Leistungen.	Im Hinblick auf die erschwerte Ressourcenbeschaffung (Kapital, Personal, Know-How etc.) ist die Mitberücksichtigung der anderen Anspruchsgruppen wichtig (reiner Fokus auf Shareholder kaum durchsetzbar): oft Mischformen anzutreffen (z.B. Shared-Value-Ansatz); Einbezug der Interessen der Familie.
Flexibilität	überschaubare Grösse, einfache Strukturen; kurze Informationswege, hohe Flexibilität und Anpassungsfähigkeit.	Keine starren Vorgaben zur Corporate Governance; eher Empfehlungen, mit Schwergewicht auf Selbstregulierung; Situativer Ansatz; keine «one size fits all»-Lösungen.
Führung und Kontrolle	Gute Führung hängt stark von Persönlichkeit des Chefs ab. Lean Management, straffe Kostenkontrolle möglich; Operative und strategische Führung wird oft durch dieselben Personen wahrgenommen.	Klare Definition der Aufgaben, Kompetenzen, Verantwortlichkeiten der einzelnen Führungsorgane, jedoch nicht zwingend personelle Trennung; Kumulation von Verantwortlichkeiten: Alternative Kontrollmechanismen.
Unternehmensleitbild	Klare Strategien und Leitbilder wirken motivierend.	Klare und einfache Struktur der Organisation und der Prozesse.

Es ist zu beachten, dass die genannten Ausprägungen mit gewisser kritischer Vorsicht zu betrachten sind. Die Meinung, dass KMU per Definition flexibel, schnell und innovativ sind, könnte sich auch als Trugschluss herausstellen. Zudem wandeln sich die Merkmalsausprägungen gelegentlich im Wandel der Zeit. Je grösser ein KMU wird, umso eher wird sich die Corporate Governance von der KMU-spezifischen hin zur Corporate Governance von Publikumsgesellschafen entwickeln.[3059]

3058 Ausführlich dazu SPIELMANN, 60 ff., und dort zitierte Literatur; BERNET/DENK, 23 ff.
3059 Dazu FORSTMOSER, Aufgabe für KMU, 487.

b) Herausforderungen für KMU

Trotz der Vielzahl an unterschiedlichen Herausforderungen und Fragestellungen können nachfolgende Punkte bei vielen KUM als typisch bezeichnet werden. Bei der Formulierung einer für das KMU geeigneten Corporate Governance sind diese Herausforderungen konsequent anzusprechen und zu berücksichtigen:[3060]

Wichtigste Herausforderungen	Häufig anzutreffende Ausprägung	Folgen für Corporate Governance
Finanzierung	Hohes Erfordernis von Risikokapital (Eigenkapital); erschwerter Zugang zum anonymen Kapitalmarkt (Abhängigkeit von Eigner und Banken); Fremdkapital schwierig zu beschaffen, relativ teuer.	Sorgsamer Umgang mit Finanzen; hohe Transparenz, um Fremdkapitalkosten zu senken.
Beschaffung/Ressourcenmanagement	In der Regel geringe Marktmacht; Zugang zu fähigen Mitarbeitern/Kader begrenzt (Attraktivität der Aufgabe, wenig bekannte Unternehmen etc.); interne Auswahl für Führungskräfte limitiert.	Attraktivität der Aufgabe ist wichtig, Anreize schaffen; langfristige Partnerschaften aufbauen zu den Lieferanten/Schulen/Kreditgebern etc.; direkte Ansprechpartner/enge Kontakte gesucht.
Nachfolgeplanung	Häufig in Familieneigentum; Führungsnachfolge; Eigentümernachfolge.	Frühzeitige und strukturierte Planung der Nachfolge (Selektion, Ausbildung, Verantwortung übertragen); Finanzierung der Nachfolge ermöglichen.
Interessenkonflikte	Oft unterschiedliche Interessen der Eigentümer (je nachdem, ob sie noch aktive Führungsaufgaben wahrnehmen oder lediglich an Dividende interessiert sind.).	Misstrauen und Missgunst abbauen; klare Trennung privat/Unternehmen, Transaktionen mit Nahestehenden sind heikel und erfordern spezielle Kontrollen; transparente Rechnungslegung; Einbindung der Minderheiten; vertragliche Regelungen; Vertretung der Eigner-Interessen, Familienrat etc.; VR mit Vermittlungsfunktion.
Strategisches Management	Oft nur im Kopf des Unternehmens vorhanden.	Strukturiertes, zielorientiertes Vorgehen erleichtert vieles (operative Führung, Nachfolgeregelung); periodische Überprüfung.
Globalisierung	Markt- und Konkurrenzanalyse wichtig.	Internationale Kenntnisse benötigt.

[3060] SPIELMANN, 106,

c) Folgerungen für die Corporate Governance in KMU

Die erläuterten Charakteristika und kritischen Herausforderungen der Führung und Aufsicht von Klein- und Mittelunternehmen können als Treiber der spezifischen Corporate Governance für KMU gesehen werden. Aus den genannten unterschiedlichen Erfolgsfaktoren der KMU (im Vergleich zu Grossunternehmen) lassen sich wichtige Unterschiede der Corporate Governance in KMU ableiten:[3061]

- Der Unternehmer und die verschiedenen Anspruchsgruppen haben eine zentrale Rolle, die berücksichtigt werden sollte.
- Eine frühzeitige, professionelle Nachfolgeplanung soll den nachhaltigen Erfolg eines KMU sicherstellen.
- Die Flexibilität und Unabhängigkeit, die insbesondere aus der reduzierten Betriebsgrösse resultiert, sollte sich auch in spezifischen KMU Empfehlungen widerspiegeln.
- Der illiquide Aktienmarkt der KMU bewirkt ein höheres Risiko für Fremdkapitalgeber, das durch eine klare Strategie und mehr Transparenz minimiert werden sollte. Gleichzeitig sollten dadurch die Fremdkapital-Aufnahme vereinfacht und die Kapitalkosten reduziert werden.
- Die intensivierte Globalisierung birgt in verschiedener Hinsicht neue Herausforderungen für KMU, die proaktiv bearbeitet werden sollten.

Mit einer guten Corporate Governance sollen keineswegs weitere administrative Hürden für die KMU aufgebaut werden. Klein- und Mittelunternehmen sollen vielmehr mit Hilfe einer zielgerichteten Führung und flexiblen Strukturen und Prozessen die Chancen optimal nutzen sowie potentiellen Herausforderungen rechtzeitig begegnen und Lösungsansätze definieren.

Empfehlung

Grundsätzlich sollten auch KMU danach streben, eine gute Corporate Governance im Unternehmen einzuführen und umzusetzen, die über das blosse Einhalten von gesetzlichen Mindestvorschriften hinausgeht. Dieses Sich-Messen an höheren Zielsetzungen fördert die Stellung im Wettbewerb und sichert nachhaltig Arbeitsplätze und Wohlstand.

10.5.2 Kernpunkte guter Corporate Governance in KMU

a) Inneres Dreieck

In kleinen Unternehmen, wo der Eigentümer gleichzeitig der Unternehmer und oft auch einziger Verwaltungsrat ist, stellt naturgemäss die Beziehung Verwaltungsrat zum Eigentümer kein Thema dar. Auch die Compliance gegenüber formellen Vorschriften und Richtlinien ist nicht primäres Ziel. Umso mehr Gewicht erhält die interne Dimension (inneres Dreieck) der Corporate Governance. Der Blickwinkel der Empfehlungen ist viel stärker nach innen gerichtet als dies bei Grossunternehmen der Fall ist.

Im Vergleich zur Corporate Governance für Grossunternehmen, wo vorwiegend das Aussenverhältnis, d.h. das Verhältnis zu externen Share- und Stakeholdern im Vordergrund steht, ist für KMU insbesondere das Innenverhältnis von Bedeutung, das Unternehmen

---

3061 Vgl. auch BECKER/ULRICH, 264 ff.

als eine unabhängige Einheit – und nicht als Instrument für externe Akteure.[3062] Eine gute Corporate Governance in KMU soll gewährleisten, dass das Beste für das Unternehmen gemacht wird. Gute Corporate Governance soll dazu beitragen, dass Klein- und Mittelunternehmen Transparenz schaffen und vor allem interne Interessenkonflikte – bspw. zwischen den Eigentümern und der Geschäftsführung – ausbalanciert werden.

Mittels einer spezifischen, situativ angepassten Corporate Governance für KMU soll die langfristige Zukunft des Unternehmens gesichert (inkl. Nachfolgeplanung), die Ertragskraft und die Attraktivität für qualifizierte Mitarbeiter gesteigert werden. Ein wirksamer Verwaltungsrat (mit externen, unabhängigen Mitgliedern), soll allenfalls bestehende Defizite (z.B. Führungserfahrung, Internationalität etc.) reduzieren.

Wird ein Unternehmen nicht konsequent geführt und kontrolliert, so wird es langfristig kaum erfolgreich sein. Eine effiziente Corporate Governance hat deshalb auch für mittelständische Unternehmen vorab in folgenden Bereichen eine wichtige Bedeutung:[3063]
– Oberleitung der Gesellschaft und Erteilung der dazu notwendigen Weisungen
– Festlegung der Organisation, insbesondere bezüglich Zuteilung der Aufgaben und Kompetenzen
– Finanzplanung und Finanzkontrolle.

Der Swiss Code of Best Practice empfiehlt, dass die Mehrheit der Verwaltungsrat-Mitglieder *nicht exekutiv* sein sollte. In kleinen Gesellschaften, insbesondere in Familiengesellschaften und Start-up-Unternehmen ist die Umsetzung dieser Empfehlung oft nicht durchführbar.

Anzustreben ist eine gute Balance zwischen externen und internen Personen, zwischen Einbezug und Distanz um die starke Konzentration von persönlichen und familiären Beziehungen ausgleichen zu können.[3064] Während interne Board-Mitglieder gute Kenntnisse über das Unternehmen besitzen, können externe, *unabhängige* Board-Mitglieder spezifische Fachkompetenz, Führungs- und Branchenerfahrung einbringen und bei kritischen Fragen, wo Uneinigkeit herrscht, den Ausschlag für eine Lösung zugunsten aller Anspruchsgruppen geben.[3065] Dabei wird bei KMU's eine Person dann als unabhängig betrachtet, wenn keine Interessenkonflikte vorliegen, sie ansonsten keine enge Beziehung zum Unternehmen pflegt und somit keine Umstände vorliegen, die die freie Meinungsäusserung beeinträchtigen könnten.

Empfehlung:
Der VR insgesamt sollte über unterschiedliche, für das KMU relevante Rollenstärken verfügen (Stratege, kritischer Denker, Controller, Innovator etc.). Anzustreben ist, dass der Board-Vorsitzende sowie, wenn immer möglich, mindestens ein Mitglied des Boards unabhängig ist. In Unternehmen, wo keine unabhängigen Board-Mitglieder vertreten sind, ist es wichtig, dass wirksame Kontrollmechanismen implementiert werden, um Interessenkonflikte zu vermeiden.[3066]

3062 SPIELMANN, 37 ff. und dort zitierte Literatur.
3063 Zur verkannten Funktion der Corporate Governance in KMU vgl. MÜLLER, Corporate Governance, 39 ff.
3064 BAUEN/VENTURI, 376 ff.
3065 FORSTMOSER, Aufgabe für KMU, 409.
3066 BEST PRACTICE IN KMU (BP-KMU), Empfehlungen zur Führung und Aufsicht von kleinen und mittleren Unternehmen, International Center for Corporate Governance (Hrsg.), St. Gallen 2009.

Eine Delegation der Geschäftsführung führt zu übersichtlichen Haftungsverhältnissen und erleichtert eine vom Tagesgeschäft losgelöste Strategiefindung bzw. -überprüfung. Die personelle Trennung von VR-Präsident und CEO ist deshalb zu empfehlen. Andernfalls sind gemäss Ziff. 18 des Swiss Code of Best Practice «adäquate Kontrollmechanismen» vom Verwaltungsrat vorzusehen.

Der Verwaltungsrat beurteilt periodisch seine Leistung als Gremium. Der Verwaltungsrat beurteilt im KMU jährlich die Leistung der dem VR direkt unterstellten Geschäftsleitungsmitglieder anhand der vereinbarten qualitativen und quantitativen Ziele.

Ein CEO hat in der Regel einen grossen Wissensvorsprung gegenüber den Verwaltungsräten. Harmonieren VR-Präsident bzw. VR-Delegierter und CEO nicht, so kann der Verwaltungsrat bei einer weitgehend dualistischen Struktur bisweilen seine zwingenden Aufgaben nur noch mit viel Mühe wahrnehmen. In solchen Fällen ist der Verwaltungsrat auf eine interne Revision bzw. ein eigenes Kontrollsystem angewiesen, um die erforderlichen Informationen zu erhalten.

b) Äusseres Dreieck

Die Auswirkungen von Corporate Governance im Aussenverhältnis, also im Rahmen der Organisationsbeziehungen zu den Aktionären und zu den unternehmensrelevanten Anspruchsgruppen (Shareholder Value und Stakeholder Value) sind jedoch ebenfalls nicht zu unterschätzen. Stichwortartig können zur Bedeutung dieser Punkte folgende Hinweise gemacht werden:

1. Die Kreditwürdigkeit und damit verbunden die Höhe der zu zahlenden Kreditzinsen wird auch bei mittelständischen Unternehmen durch die Corporate Governance über das Rating der Banken direkt beeinflusst.
2. Lieferanten und Kunden werden bei ihren Beziehungen zu mittelständischen Unternehmen vermehrt prüfen, ob die Vertragspartner durch effiziente Corporate Governance Gewähr für eine langfristige Beziehung bieten («sichere Lieferantenkette»).
3. Bei einer Eigentumsübertagung (z.B. Nachfolgeregelung, Verkauf etc.) eines mittelständischen Unternehmens wird im Rahmen der Due Diligence auch die Corporate Governance geprüft, und damit wird diese zu einem wichtigen Faktor für die Ermittlung des Kaufpreises.
4. Bei Verantwortlichkeitsprozessen werden Entscheidungen vom Gericht nach dem Prinzip Business Judgement Rule überprüft; dabei hilft es auch den Organen von KMU, wenn sie die Empfehlungen einer effizienten Corporate Governance berücksichtigt haben.
5. Schliesslich ist damit zu rechnen, dass unser Aktienrecht, soweit es für mittelständische Unternehmen anwendbar ist, bezüglich Corporate Governance geändert bzw. verschärft wird.

Zu 1: Kreditwürdigkeit

Die verschärften Eigenkapitalvorschriften der Banken werden dazu führen, dass die Banken ihre Kunden einer einzelfallbezogenen, differenzierten Risikoanalyse unterziehen müssen. Die Ergebnisse dieser Beurteilung (Rating) werden für mittelständische Unternehmen eine wichtige Rolle bezüglich Kreditmöglichkeit und Kreditkonditionen spielen.

Bei der Beurteilung durch die Bank werden nebst finanziellen Kennzahlen, auch «operationelle Risiken», also insbesondere solche aus unzulänglichen internen Abläufen, mangelnder Personalqualität und Systemfehlern berücksichtigt werden. Um solche Risiken erfassen und beurteilen zu können, werden die Banken auf Informationen angewiesen sein, wie sie bereits heute teilweise von der Richtlinie Corporate Governance der SIX (RLCG) verlangt werden. Je besser die Empfehlungen des Swiss Code of Best Practice in einer Gesellschaft umgesetzt werden, desto besser wird das Rating bei einer Bank ausfallen.

Die Kreditwürdigkeit wird nach Kriterien zum Management und zum Unternehmen (inkl. Soft Factors) beurteilt und die Kreditfähigkeit nach finanzwirtschaftlichen Faktoren (Hard Factors). Die Informationsbedürfnisse einer Bank können damit im Hinblick auf Corporate Governance wie folgt dargestellt werden:

Informationsbedürfnisse der Banken	
Management und Unternehmen	Finanzwirtschaftliche Faktoren
– Gesellschaftsübersicht	– Ertragslage
– Organisation/Organigramm	– Kapitalstruktur
– Strategie	– Kommentar zur Jahresrechnung
– Zusammensetzung VR und GL	– gegenwärtiger Geschäftsgang
– Produkte/Dienstleistungen	– künftiger Geschäftsgang
– Marktstellung	– Kreditzweck
– Abhängigkeiten	– Kredittragbarkeit
– Technologie/Kostenstruktur	– Kreditrückführung
– Revisionsstelle	

Zu 2: Lieferantenbeziehungen

Zahlreiche Unternehmen verlangen von ihren Lieferanten Zusicherungen, dass ihre Produkte und Dienstleistungen ähnlichen (Qualitäts)Standards genügen, wie das Unternehmen an sich und seine Produkte und Dienstleistungen selbst stellt. Damit will das Unternehmen sicherstellen, dass ausgelagerte Prozesse mindestens gleichen Ansprüchen entsprechen, wie wenn sie im Unternehmen selbst durchgeführt werden. Dazu wird das Unternehmen oft gedrängt, weil ihre Kunden analoge Anforderungen stellen. In der Praxis führt das dazu, dass gewisse Labels/Zertifikate etc. zunehmend an Bedeutung erlangen. Im Hinblick auf solche Zertifizierungsprozesse sind kontrollierte, stabile Abläufe und Strukturen wichtig.

Bereits heute wählen nicht nur Grossunternehmen, sondern auch anspruchsvolle Kunden ihre Lieferanten nicht mehr nur nach der Produktqualität und dem Preis aus. Lieferbereitschaft und Kontinuität in der Geschäftsbeziehung spielen eine immer grössere Rolle. Mehr und mehr werden auch KMUs Informationen abgeben müssen, wie sie von börsenkotierten Gesellschaften jederzeit über das Internet abgerufen werden können. Jene mittelständischen Gesellschaften, die zukünftig nicht nur gegenüber Banken, sondern auch gegenüber Kunden und Lieferanten kompetent und transparent Auskunft im Zusammenhang mit Corporate Governance geben, werden einen Wettbewerbsvorteil erlangen.

Zu 3: Eigentumsübergang

Wollen die Eigentümer eines mittelständischen Unternehmens eine Beteiligung abgeben oder sogar ihre gesamten Gesellschaftsanteile verkaufen, so wird vor dem Vertragsabschluss in aller Regel eine sogenannte «Due Diligence» verlangt. Dabei werden alle für den Kauf relevanten Daten eingesehen und geprüft. Ein wichtiger Bestandteil einer derartigen Prüfung sind die Angaben zur Corporate Governance. Im Hinblick auf die Fortführung der Gesellschaft werden analog den Empfehlungen des Swiss Code of Best Practice insbesondere folgende Angaben zu Corporate Governance verlangt:

- Bei jedem nicht der Geschäftsleitung angehörenden Verwaltungsrat ist anzugeben, ob eine geschäftliche Beziehung zur Gesellschaft besteht und wie diese aufgelöst werden kann.
- Die interne Organisation ist ebenso klarzustellen, wie die Grundzüge der Kompetenzregelung zwischen Verwaltungsrat und Geschäftsleitung.
- Die Informations- und Kontrollinstrumente gegenüber der Geschäftsleitung sind konkret anzugeben; die aktuellen Ergebnisse der internen Revision, des Risikomanagementsystems oder zumindest des Management-Informations-Systems (MIS) werden verlangt und auf ihre Effizient bzw. Genauigkeit überprüft.
- Besonders detailliert sind die Entschädigungen an VR und GL anzugeben, um einerseits die Ertragslage der Gesellschaft zu objektivieren und andererseits die noch offenen Verpflichtungen der Gesellschaft gegenüber den Organen und der Pensionskasse zu ermitteln. Auch allfällige Aktienoptionen der Mitarbeiter sind offenzulegen.
- Darlehen an Organe und Aktionäre mit Angabe der Zinsverpflichtung und Bonität.

Nur wenn in einer Gesellschaft die Empfehlungen des Swiss Code of Best Practice bereits weitgehend umgesetzt sind, wird es ohne grösseren Aufwand gelingen, diesen Informationsansprüchen zu genügen und damit eine Kaufpreisminderung zu verhindern.

10.5.3 Eigner-Interessen

KMU sind häufig Familiengesellschaften. Familiengesellschaften zeichnen sich vielfach dadurch aus, dass die Familie als zusätzliche Interessengruppe auf das Unternehmensgeschehen Einfluss nimmt. Dies ist nicht unproblematisch und führt dazu, dass im Verwaltungsrat verschiedenste Vermittlerrollen wahrgenommen werden müssen.[3067] Oft kommt es in Familiengesellschaften zu einer Trennung zwischen der aktiven Führung im Unternehmen und der Eigentümerschaft. Gerade in solchen Situationen ist es im Hinblick auf eine zielgerichtete, effektive Unternehmensführung wichtig, die Ziele und Werte der Eigner, deren Leitbild und gewünschte Unternehmenskultur zu kennen, allenfalls schriftlich festzuhalten.

Empfehlung:
Die Aktionäre als Eigentümer des KMU sollten im Rahmen einer ganzheitlichen, schriftlichen Eignerstrategie ihre Interessen, Ziele und Prioritäten festhalten. In Familiengesellschaften ist

---

[3067] Das ausformulierte Muster einer Eignerstrategie für eine Familiengesellschaft findet sich hinten unter Ziff. 11.21, S. 828 ff., sowie für ein öffentliches Unternehmen unter Ziff. 11.22, S. 832 ff.

allenfalls zusätzlich eine Familienstrategie zu entwickeln. Die Eignerstrategie muss periodisch überprüft und, wenn nötig, angepasst werden.

Die Eignerstategie ist so konkret zu gestalten, dass sie als Basis für den Verwaltungsrat und die Geschäftsleitung dienen kann, darauf aufbauend eine Unternehmensstrategie zu entwickeln.

Die Eignerstrategie sollte Ausführungen zu den folgenden Elementen enthalten:[3068]

Strategische Ziele:
– Werte und Ziele
– Risikobereitschaft (Risikopolitik)
– Wachstumsziele
– Innovationsorientierung

Finanzielle Themen:
– Gewinnverwendung (Dividendenpolitik)
– Finanzierungsmöglichkeiten
– Ergebnisorientierung
– Transparente Rechnungslegung

Eigentum und Nachfolge:
– Nachfolgeplanung
– Eigentümerwechsel bzw. Familiennachfolgen
– Umgang mit Aktionärsminderheiten und Aktionärswechsel
– Vinkulierungsbestimmungen in den Statuten

Unternehmensführung:
– Struktur der Führung und Art der führungsmässigen Einflussnahme
– Selektion von familieneigenen VR- und GL-Kandidaten
– Verantwortung gegenüber Gesellschaft, Kunden, Lieferanten, Eigentümern und Umwelt
– Vorgehen in Konfliktsituationen
– Unabhängigkeit

In der Praxis hat sich gezeigt, dass bei der Formulierung der Eignerstrategie den Themen Gewinnverwendung, Nachfolgeplanung sowie den Werten und Zielen die höchste Bedeutung beigemessen werden.[3069]

Empfehlung

In der Eignerstrategie sollten auch Aussagen zu der zukünftig denkbaren Besitzstruktur festgehalten werden. Zudem sollte die allfällige Mitwirkung von nahestehenden Personen/Familienmitgliedern in Verwaltungsrat, Geschäftsleitung und im Unternehmen klar geregelt werden. Insbesondere sind die Anforderungskriterien an Familienmitglieder, die an der Geschäftsleitung mitwirken möchten, zu definieren.

Grundsätzlich wird empfohlen, dass familieninterne Kandidaten die gleichen Anforderungen erfüllen sollen wie externe Kandidaten.

Besonders geregelt werden sollte in der Strategie auch das Vorgehen in Konfliktsituationen, insbesondere, wer in solchen Situationen entscheidet.

3068 SPIELMANN, 320 ff., siehe auch FORSTMOSER, Aufgaben für KMU, 475 ff.
3069 SPIELMANN, 252 ff.

10.5.4 Vermeidung von Interessenkonflikten

Trotz der oft anzutreffenden Personalunion von Eigentümer und Geschäftsführung treten auch in KMU Interessenkonflikte auf. Diese entstehen, wenn persönliche Interessen der Eigentümer, VR-Mitglieder, Mitglieder der Geschäftsleitung oder weiterer Anspruchsgruppen nicht mit den Unternehmenszielen vereinbar sind. Viele dieser Interessenkonflikte haben ihre Ursache in einer mangelnden Trennung und Unterscheidung der privaten Interessen von jenen des Unternehmens. Bei KMU ist die Gefahr, dass andere Interessen als die langfristige Gewinnerzielung verfolgt oder dass Gesellschafts- und Privatvermögen vermischt werden, oftmals grösser als bei kotierten Unternehmen. Der Interessengegensatz wird oft verschärft, wenn es unterschiedliche Kategorien von Eigentümern gibt: solche, die aktiv an der Unternehmensführung mitwirken, und solche, die nicht daran teilhaben. Nicht selten führt dann auch der damit einhergehende unterschiedliche Informationsstand zu Misstrauen und Missgunst. Zum Schutz der Minderheiten wurden im neuen Rechnungslegungsrecht einige Vorkehrungen getroffen, die u.U. bereits präventiv eine grosse Wirkung entfalten können.[3070]

Wichtig ist, dass bestehende Interessenkonflikte rasch erkannt und gezielte Massnahmen definiert werden, wie in einem solchen Fall vorgegangen werden sollte, um den Interessenkonflikt schnellstmöglich zu beseitigen.[3071] Bereits bei der Zusammensetzung des Verwaltungsrates bzw. der Geschäftsleitung sollten mögliche Interessenkonflikte erkannt und gezielt vermieden werden.

> **Empfehlung:**
> Es ist sicherzustellen, dass Interessenkonflikte dem Präsidenten gemeldet, transparent gemacht und die relevanten Personen entsprechend informiert werden.
>
> Betroffene Board-Mitglieder sollten bei Themen und Diskussionen, bei denen ein Interessenkonflikt besteht, in den Ausstand treten.

10.5.5 Erforderlichkeit von regulatorischen Massnahmen

Von verschiedenen Seiten wurde die Anpassung des Swiss Code of Best Practice auf KMU-Verhältnisse postuliert.[3072, 3073] Abgesehen davon, dass nun der BP-KMU publiziert ist (vgl. Ziff. 10.3.6, S. 723 f.), gilt es dabei Folgendes zu bedenken:
- Während eine Publikumsgesellschaft gewöhnlich Zehn- oder gar Hunderttausende von Aktionären hat, die nicht dem Verwaltungsrat angehören, haben KMU meist einige wenige, selten aber eine grössere Anzahl von Aktionären; zumindest die wich-

---

3070 Siehe vorne Ziff. 3.4.6, S. 228 ff.; namentlich das Recht (gem. Art. 962 Abs. 2 OR), einen Abschluss nach einem anerkannte Standard zur Rechnungslegung zu verlangen (ohne stille Reserven, mit entsprechenden Offenlegungsvorschriften zu den Transaktionen mit nahestehenden Personen) dürfte die bestehende Asymmetrie des Informationsstandes reduzieren.
3071 Deshalb sollte auch besonderer Wert auf eine Ausstandsklausel im Organisationsreglement gelegt werden; vgl. dazu das Muster hinten unter Ziff. 11.55, S. 962.
3072 Vgl. SCHWARZ, 487 ff.; FORSTMOSER, Corporate Governance, 63 BP-KMU.
3073 So NOBEL, Corporate Governance und Aktienrecht, 325 ff.

tigen Aktionäre gehören dem Verwaltungsrat an oder sind darin vertreten.[3074] Bei diesen Verhältnissen besteht der Interessengegensatz zwischen «Agents» und «Principals» nicht oder nur eingeschränkt. Stattdessen könnten Interessengegensätze zwischen «aktiven Unternehmensaktionären» und «passiven Investorenaktionären» auftreten.[3075]

– Von Bedeutung ist sodann der Umstand, dass es an einem Markt für Minderheitsbeteiligungen an KMU fehlt und die Aktien daher tatsächlich kaum handelbar sind; demgegenüber besteht selbst bei mittelgrossen kotierten Aktiengesellschaften in der Regel ein funktionierender Markt, der auch grössere Transaktionen bewältigen kann. Die Stellung des Aktionärs an einem KMU-Unternehmen ist daher eine wesentlich andere als die des Publikumsaktionärs, der sich jederzeit von seiner Beteiligung trennen und grundsätzlich einen fairen, aktuellen Wert realisieren kann.[3076]

Als Zwischenergebnis kann daher festgehalten werden, dass zwingende Unterschiede zu berücksichtigen sind. Wo sich Corporate Governance-Regeln auf Probleme der Aktiengesellschaft an sich beziehen, rechtfertigt es sich, sie auch auf KMU (und überhaupt auf alle Aktiengesellschaften) anzuwenden. Wo dagegen Besonderheiten von KMU in Frage stehen, drängen sich auch besondere Corporate Governance-Regeln auf.[3077] Als solche werden etwa diskutiert:[3078]

- ein Vertretungsanspruch für die Investorenaktionäre im Verwaltungsrat;
- der Beizug externer, unabhängiger Personen als Mitglieder des Verwaltungsrats (als «Zünglein an der Waage»);
- die Sicherstellung angemessener Ausschüttungen (allenfalls durch Bildung von Dividendenreserven) an die Aktionäre;
- Schaffung einer Ausstiegsmöglichkeit für die Aktionäre (Verkaufs-, Mitverkaufs- und Andienungsrechte);
- verbesserte Informationsrechte für die Aktionäre (auch durch informelle Kontaktaufnahmen);
- strikte Trennung von Privat- und Geschäftssphäre.

Alle diese Punkte können im Rahmen der gesetzlichen Bestimmungen in Aktionärbindungsverträgen geregelt werden;[3079] davon wird bei vielen KMU Gebrauch gemacht. Die

---

3074 FORSTMOSER, Aufgabe für KMU, Anm. 37 erwähnt eine Studie, wonach mehr als ein Drittel der Verwaltungsräte von KMU ausschliesslich mit Familienmitgliedern bestellt ist und es im Durchschnitt nur ein externes Mitglied gibt.
3075 Solche Interessengegensätze sind allerdings auch bei Publikumsgesellschaften zu finden. Die ganz wesentlich unterschiedlichen Interessen, Einfluss- und Gestaltungsmöglichkeiten von langfristig mit einem Unternehmen verbundenen Aktionären, von institutionellen Anlegern, von kurzfristig orientierten «Spekulanten» und von «Day-Tradern» sind im geltenden Aktienrecht nicht thematisiert (bzw. werden kurzerhand über einen Leisten geschlagen).
3076 Auf diesen Umstand weisen hin: FORSTMOSER, Aufgabe für KMU, 482; BÖCKLI, Aktienrecht, § 14 Rz. 353; BURKHALTER.
3077 FORSTMOSER, Aufgabe für KMU, 486 f.
3078 Vgl. wiederum FORSTMOSER, Aufgabe für KMU, 487 ff. mit Belegen.
3079 Entsprechende Literaturangaben finden sich bei FORSTMOSER, Aufgabe für KMU, Anm. 147. Das vollständige Muster eines Aktionärbindungsvertrages ist hinten unter Ziff. 11.3, S. 762 ff., abgedruckt.

Vorschläge zur Verbesserung der Rechtsstellung der Aktionäre ist sodann eher unter dem Titel «Minderheitenschutz» als unter «Corporate Governance» zu diskutieren.

10.5.6 Prinzipien guter Governance in KMU

Abgeleitet aus den speziellen Charakteristika und Herausforderungen der KMU können im Hinblick auf eine effiziente Corporate Governance in KMU folgende Empfehlungen abgegeben werden:[3080]

- Auch KMU sollen eine effiziente Corporate Governance einführen und umsetzen, um vom entsprechenden Mehrwert zu profitieren.
- Der Verwaltungsrat sollte bei der Festlegung der Unternehmensstrategie primär die Interessen der Gesellschaft wahrnehmen; dabei sollen die Vorgaben einer allfälligen Eignerstrategie aber soweit möglich angemessen berücksichtigt werden.
- In Familienunternehmen ist die Vertretung der Familieninteressen zu regeln; grundsätzlich hat jedoch das Unternehmensinteresse vorzugehen.
- Verwaltungsrat und Geschäftsleitung sollten periodisch ihre Leistung beurteilen und sich permanent weiterbilden.
- Einer frühzeitigen Planung der Nachfolge auf Stufe VR und GL kommt grosse Bedeutung zu.
- Die Information und Kommunikation sowohl gegenüber dem VR als auch gegenüber den relevanten Anspruchsgruppen (namentliche den Kapitalgebern) erfolgt transparent, verständlich und zeitgerecht.
- Im Unternehmen werden wirksame Überwachungs- und Kontrollinstrumente eingesetzt: ein transparentes Informationssystem, ein wirksames Risikomanagement, ein internes Kontrollsystem (IKS), Compliance-Richtlinien sowie eine externe Revisionsstelle.
- Die Jahresrechnung ist das primäre Mittel zur Rechenschaftsablage gegenüber den Eigentümern; sie sollte auf anerkannten Bilanzierungs- und Bewertungsgrundsätzen basieren und die Bildung eines zuverlässigen Urteils über die wirtschaftliche Situation des Unternehmens und der wirtschaftlichen Führung des Unternehmens erlauben.

10.6 Corporate-Governance-Zwischenbilanz

Wenn abschliessend versucht wird, eine Zwischenbilanz zu ziehen, wie sich die Idee der Corporate Governance in den letzten Jahren entwickelt hat, lassen sich doch einige Bereiche feststellen, wo Erfolge verzeichnet werden konnten.[3081] Zu nennen sind insbesondere:

- Es ist der Corporate Governance gut gelungen, das Problembewusstsein betreffend die vorhandenen Konflikte bei der Unternehmensführung (Zielkonflikte, Interessen-

---

3080 SPIELMANN, 306.
3081 Dazu eingehend BÖCKLI, Erfolg und Versagen einer Leitidee, in Disclose (Hrsg. PwC), Juni 2013, 22 ff.

konflikte, Abhängigkeiten, Defizite in der Aufsicht und Organisation etc.) im Unternehmen zu schärfen.
- Interessenkonflikte werden sensibler wahrgenommen, rascher angegangen und (daher u.U. leichter) bewältigt.
- Corporate Governance bietet einen verständlichen, methodischen Ansatz (Methodik), um mögliche Lösungen aufzuzeigen. Das Konzept ist wegen seiner Flexibilität, dem situativen Ansatz und der Selbstregulierung bei der Umsetzung Dank auf wenig fundamentalen Widerstand gestossen.
- Der Leitgedanke einer Kombination von Leitung und Kontrolle hat sich durchgesetzt.
- Zahlreiche Vorschläge aus den Swiss Codes of Best Practice (SCBP) haben sich – grösstenteils auf der Basis von Selbstregulierung – in der Praxis flächendeckend umgesetzt, so insbesondere:
  - Grundsatz der Ausgewogenheit von Leitung und Kontrolle an der Unternehmensspitze
  - Trennung der Funktionen von VRP und CEO als Regelfall
  - Stärkung der Aufsichtsfunktion des VR
  - Risikoorientierte Kontrolle
- Das Verständnis für die Bedeutung des internen Kontrollsystems (IKS) und der Compliance ist angewachsen und mehr oder weniger als wichtiges Glied der «Checks and Balances» in der Praxis anerkannt.
- Die Zahl der Mitglieder der Verwaltungsräte konnte reduziert werden; zu grosse Verwaltungsräte sind mit wenigen Ausnahmen verschwunden.
- Die Besetzung der Verwaltungsräte erfolgt vermehrt nach sachlichen Kriterien.
- Die Bildung von Ausschüssen führte zu einer professionelleren Arbeitsweise des Verwaltungsrates.

Daneben sind aber auch Bereiche zu nennen, in denen die Corporate Governance die Erwartungen noch nicht erfüllen konnte. Dazu gehört vorab der Bereich der Vergütung der Unternehmensspitze (Verwaltungsrat, Geschäftsleitung). Hier war die Corporate Governance nicht in der Lage, auf der Basis von Selbstregulierung und Empfehlungen, Lösungen zu finden, die vor dem Urteil der Bevölkerung standhielten. Mit der Annahme der Volksinitiative gegen die Abzockerei hat die Schweizer Bevölkerung bestimmt, dass die Regelung der Vergütung bei kotierten Gesellschaften künftig zwingend Angelegenheit der Generalversammlung sein muss. Ob die Aktionäre gestützt auf die daraus resultierende VegüV ihre neu zugewiesene Rolle aktiver wahrnehmen, wird sich zeigen. Nicht zu übersehen ist, dass Corporate Governance auch ein gewisses Risiko eines Formalismus bzw. Bürokratismus mit sich gebracht hat, einhergehend mit dem (oft wenig reflektierten) Griff zu Standardlösungen. Mit dem Verweis, dass man sich nur an die Regelungen gehalten habe, kann auch schwache Führung verdeckt werden, insbesondere in Situationen, wo alternative Lösungen angebracht gewesen wären.

10.7 Der Verwaltungsrat und Ethik

10.7.1 Ausgangspunkt

In den letzten Jahren hat sich über die Diskussion um Corporate Governance hinaus die Fragestellung etabliert, inwieweit sich Unternehmen bzw. ihre Funktionäre nachhaltig, umwelt-, gesellschafts- und staatsbewusst oder ethisch verhalten sollten.[3082] Diese Diskussion wurde durch verschiedene Korruptions- und Schmiergeldskandale noch verschärft.[3083] Eine Vielzahl von Unternehmen hat vor diesem Hintergrund in den letzten Jahren Regelwerke geschaffen (und veröffentlicht), die Verhaltensrichtlinien festlegen (Codes of Conduct, Business Conduct Guidelines, Ethic Codes).[3084, 3085]

Private Organisationen haben Grundsätze oder Richtlinien mit Modellcharakter entwickelt.[3086] International bekannt ist der «Global Compact», ein Katalog von neun Prinzipien zu Arbeitsvorschriften (etwa Verbot von Kinderarbeit) der UN, dem namentlich multinationale Unternehmen beigetreten sind.[3087]

10.7.2 Bedeutung ethischen Verhaltens

Die Fragestellung nach ethischer Ausrichtung von Unternehmen führt aus rechtlichen Kategorien hinaus. Die Diskussion soll hier nicht referiert und aufgenommen werden.[3088] Zusammenfassend kann aber festgehalten werden, dass die unserer Rechtsordnung zugrunde liegenden Prinzipien ein ethisches Verhalten nahelegen und diesbezügliche Regulative mehr und mehr als Bestandteile der Unternehmensverfassung betrachtet und erwartet werden.[3089]

Ethisches Verhalten lässt sich nicht in Kategorien erfassen und sanktionieren, wie rechtliche Verhaltensanordnungen umgesetzt werden können. Vielmehr ist anzuerkennen, dass man sich in ethischen Fragen irren kann[3090] und dass es darüber keine entscheidungsbefugte Instanz gibt.

3082 Vgl. dazu den Ansatz von FORSTMOSER, Profit, 55 ff., DERSELBE, Gewinnmaximierung, 207 ff. mit zahlreichen Hinweisen auf die Literatur; einen anderen Ansatz wählt ULRICH, mit reichhaltigem Literaturverzeichnis; grundlegend sodann RIPPE, ebenfalls mit Literaturverzeichnis.
3083 Insbesondere der riesige Schmiergeldskandal bei Siemens.
3084 Aussagekräftig: Credit Suisse (Code of Conduct), Nestlé (Our Responsibility), Novartis (Corporate Citizenship), ABB (Code of Conduct).
3085 Siehe Beispiel eines Code of Conduct hinten unter Ziff. 11.17, S. 814, sowie unter Ziff. 11.95, S. 1132 (Verhaltenskodex).
3086 Beispielsweise Swiss Code of Ethics des Vereins Swiss Code of Ethics.
3087 Kritisch dazu RIPPE, 149 f.
3088 Dazu weiterführend RIPPE, passim.
3089 Ausgeklammert sei hier die Anschlussfrage, ob solche Ethic Codes wirtschaftlich motiviert sein dürfen (d.h., ein Unternehmen sich aus Reputations- oder Marketingüberlegungen zu einem solchen Regelwerk entscheiden und den Inhalt entsprechend ausgestalten darf).
3090 Dieser Aspekt ist im Swiss Code of Ethics ausdrücklich angesprochen.

10.7.3 Anregungen zu Ethik-Codes

Entscheidet sich der Verwaltungsrat einer Gesellschaft, ethische Grundsätze zu formulieren und niederzulegen, mag er sich an Folgendem orientieren:

- Es geht bei Ethik-Codes weniger darum, konkrete Handlungsanleitungen zu präzisieren, als vielmehr Grundsätze niederzulegen, Gesichtspunkte und Wertungen aufzuzeigen und Denkanstösse zu vermitteln.
- Einzelne Inhalte von Ethik-Codes könnten Folgende sein:[3091]
    - *Integrität:* Man soll dasjenige tun, was nach eigenem Wissen und Gewissen ethisch ist. Dazu zählt, den eigenen Überzeugungen nachzuleben, übernommene Verpflichtungen und Zusagen einzuhalten und fragwürdige Druckmittel zu unterlassen.
    - *Respekt:* Menschenwürde und Persönlichkeit ist zu achten. Daraus ergibt sich positiv, dass die Wahlfreiheit der Kunden durch verlässliche Information und ein klares Labeling gewährleistet werden soll, dass Mitarbeiter über den Zustand ihres Unternehmens oder über interne Vorgänge ehrlich und vollständig informiert werden sollen, und negativ, dass niemand aufgrund seiner persönlichen Eigenschaften (Geschlecht, Alter, Herkunft, Religion usw.) diskriminiert werden soll. Andere Meinungen, Anliegen und Beschwerden sollen vorurteilslos angehört und angemessen berücksichtigt werden.
    - *Gerechtigkeit:* Die Verteilung von Rechten oder Pflichten ist an Kriterien auszurichten, die gegenüber allen gerechtfertigt werden können. Gerecht handelt daher, wer bei der Auswahl der Zulieferer und der Vergabe von Aufträgen ein Verfahren mit objektiven Auswahl- und Entscheidungskriterien anwendet, Zulieferern einen fairen Preis zugesteht, Produzenten in Entwicklungsländern kostendeckende Preise bezahlt und Einfluss nimmt, dass den Arbeitenden existenzsichernde Löhne (ohne Kinderarbeit) bezahlt werden.
    - *Transparenz:* Eine ehrliche und offene Kommunikation ist ebenso gefordert, wie die Bereitschaft, Zugang zu allen relevanten Informationen zu gewährleisten. Mögliche Interessenkonflikte sind offenzulegen, Fehler und nachteilige Entwicklungen frühzeitig und vollständig bekannt zu geben. Der Respekt gegenüber Menschenwürde und Persönlichkeit setzt der Transparenz Grenzen.

Ethische Prinzipien können – gerade auch, da sie sich nicht zu einem einheitlichen logischen System zusammenfügen – miteinander kollidieren. Ethisches Verhalten in solchen Situationen kann daher nicht darin liegen, dass eine Auflösung des Zielkonflikts herbeigeführt, sondern nur (aber immerhin), dass eine nachvollziehbare, einzelfallgerechte Entscheidung gefällt wird. Wichtig ist zunächst, dass die ethischen Werte und Prinzipien, die in Konflikt geraten, identifiziert und alle bestehenden Handlungsmöglichkeiten erarbeitet und bewertet werden. Zielkonflikte können u.U. Hinweise geben, wie Verhaltensweisen, Abläufe, Prozesse und Vorgänge durch generell-abstrakte Massnahmen verbessert werden können.

Schliesslich ist von Belang, dass die Betroffenen möglichst in den Entscheidungsprozess miteinbezogen werden.

[3091] Die Aufzählung lehnt sich an die Komponenten des Swiss Code of Ethics an.

Hinten unten Ziff. 11.17, S. 814 ff., wird ein Muster einer Business Conduct Guideline vorgestellt. Dabei wurden besonders ausführliche Regelungen für den Umgang mit Geschäftspartnern und Dritten (insbesondere Vorteile, Geschenke und Spenden) ausgewählt.

11. Muster und Checklisten / Übersicht

11.1	Aktienbuch dynamisch	751
11.2	Aktienbuch statisch	760
11.3	Aktionärbindungsvertrag	762
11.4	Anforderungsprofil Verwaltungsrat	772
11.5	Anlagereglement KMU	779
11.6	Anlagereglement Konzern	781
11.7	Anmeldung zur Eintragung eines VR	785
11.8	Annahmeerklärung als Revisionsstelle	788
11.9	Annahmeerklärung als VR	789
11.10	Audit-Committee-Reglement / Prüfungsausschuss	790
11.11	Aufgaben VR-Checkliste	798
11.12	Auftragsbestätigung eingeschränkte Revision	804
11.13	Auftragsbestätigung ordentliche Revision	807
11.14	Cash-Pool-Überprüfung	810
11.15	Cockpit Charts jährlich	812
11.16	Cockpit Charts rollierend	813
11.17	Code of Conduct	814
11.18	Domizilannahmeerklärung	822
11.19	Domizilvertrag	823
11.20	Ehrenpräsident Reglement	826
11.21	Eignerstrategie Familie	828
11.22	Eignerstrategie öffentliches Unternehmen	832
11.23	Einladung GV KMU	836
11.24	Einladung GV Publikumsgesellschaft	839
11.25	Einladung Strategietagung	844
11.26	Einladung VR-Sitzung	847
11.27	Entschädigungsreglement	850
11.28	Evaluation VR durch GL	854
11.29	Evaluation VR durch VR (Selbstbeurteilung)	857
11.30	Führungskalender	862

11.31	Funktionendiagramm	863
11.32	Geschäftsbericht Checkliste	868
11.33	Geschäftsbericht	871
11.34	Gruppenführung	883
11.35	Inhaltsverzeichnis VR-Ordner (Sitzungsordner)	886
11.36	Interne Revision Reglement	887
11.37	Jahresrechnung Checkliste	892
11.38	Kapitalerhöhung Checkliste	907
11.39	Kennzahlen	909
11.40	Kommunikationsreglement	910
11.41	Konstitiuierungsbeschluss	921
11.42	Krisenkommunikation	922
11.43	Liquiditätsplan	926
11.44	Mandatsbestätigung	928
11.45	Mandatsübernahme Vorprüfung	930
11.46	Mandatsvertrag	934
11.47	Master Risk List Inhaltsverzeichnis	937
11.48	MIS Konzept	939
11.49	Monatsreport CEO	941
11.50	Monatsreport CFO	943
11.51	Monatsreport Übersicht	945
11.52	Nominations- und Vergütungsausschuss	946
11.53	Offenlegung Risikobeurteilung	949
11.54	Organisationsreglement Alternativklauseln	951
11.55	Organisationsreglement	953
11.56	Periodische Risikoüberprüfung	964
11.57	Personalbericht	966
11.58	Projektliste	984
11.59	Protokoll ordentliche GV	986
11.60	Protokoll Universalversammlung	990
11.61	Protokoll VR-Sitzung	993
11.62	Rangrücktrittsvereinbarung	1008

11.63	Rechnungswesen Checkliste	1010
11.64	Reklamationsauswertung	1020
11.65	Reklamationsformular	1021
11.66	Reserven Checkliste	1022
11.67	Revisionsbericht KMU Modifikation	1029
11.68	Revisionsbericht KMU Standard	1031
11.69	Revisionsbericht Konzern nach Handelsrecht	1032
11.70	Revisionsbericht Konzern nach IFRS Standard	1034
11.71	Revisionsbericht ord. Revision Einschränkung	1036
11.72	Revisionsbericht ord. Revision Hervorhebung	1039
11.73	Revisionsbericht ord. Revision Standard	1042
11.74	Revisionsbericht ord. Revision versagtes Prüfungsurteil	1044
11.75	Revisionsunterlagen	1046
11.76	Risikobeurteilung Einzelrisiko	1060
11.77	Risikobeurteilung IKS	1063
11.78	Risikoinventar	1066
11.79	Risikoliste aus Umfrage	1071
11.80	Risk Policy	1075
11.81	Rücktrittserklärung	1087
11.82	Sitzungsdokumentation	1088
11.83	Spesenreglement Verwaltungsrat	1089
11.84	Statuten Alternativklauseln	1094
11.85	Statuten vinkulierte Namenaktien	1097
11.86	Stellenbeschrieb Compliance Officer	1107
11.87	Stellenbeschrieb Geschäftsführer	1111
11.88	Stellenbeschrieb Risk Manager	1115
11.89	Stellenbeschrieb VR-Präsident	1118
11.90	Stellenbeschrieb VR-Sekretär	1123
11.91	Strategieprozess	1127
11.92	Umfrage Risk Management	1128
11.93	Unterschriftenregelung	1130
11.94	Verbesserungsvorschlag	1131

11.95	Verhaltenskodex	1132
11.96	Vermögensdelikte Aufdeckung	1136
11.97	Versicherungsüberprüfung	1138
11.98	Vollmacht zur Aktienvertretung	1144
11.99	Vollständigkeitserklärung eingeschr. Revision	1145
11.100	Vollständigkeitserklärung ord. Revision	1147
11.101	Vorbereitung GV Checkliste	1150
11.102	Wahlverfahren	1153
11.103	Weisung betreffend Rechtsfälle	1159
11.104	Whistleblowing Reglement	1161
11.105	Zirkulationsbeschluss	1171

11.1 Aktienbuch dynamisch

Aktienbuch

der

Muster AG

Stand per 1. April 2014

1. **Zusammensetzung des ausgegebenen Aktienkapitals**

Stand per	Aktienkapital	Nummer(n)	Aktienkategorie	Nennwert	Liberierung	Bemerkungen
24.07.1974	100 000.–	1–100	Namenaktien	1000.–	100%	Ausgabe bei Gesellschaftsgründung 24.07.1974
30.01.1995	200 000.–	101–200	Namenaktien	1000.–	100%	Ausgabe bei Kapitalerhöhung 30.01.1995

2. **Alphabetische Aktionärszusammensetzung**

Name	Vorname	Strasse	PLZ/Ort	Aktiennummer	Stimmrecht
Eugster	Hans	Seestrasse 3	9000 St. Gallen	27	1 Stimme
Meier	Fritz	Hauptstrasse 1	9000 St. Gallen	1–26 28–78 80–100 101–196	194 Stimmen
Erbengemeinschaft Müller Johann sel.	per Adresse Felix Müller	Rosenstrasse 16	9000 St. Gallen	79	1 Stimme
Personalfürsorge-stiftung Muster AG				197–200	4 Stimmen
				TOTAL	200 Stimmen

3. Aktienübertragung

Aktien Nr.	Nennwert	Name, Vorname, Adresse	Nationalität	Bemerkungen	Datum des Eintrages	Visum
1–26	1000.–	Keller Roland	CH	Aktienerwerb bei Gründung am 24.07.1974	24.07.1974	K.R.
		Keller Karin	CH	Erwerb durch Erbteilungsvertrag vom 28.12.1977	28.12.1977	K.K.
		Meier Fritz Hauptstrasse 1 9000 St. Gallen	CH	Erwerb durch Kauf am 19.04.1990	19.04.1990	M.F.
		Keller Jakob	CH	Erwerb durch Mandatsvertrag vom 13.05.1991; Bezugs- und Dividendenrechte stehen dem wirtschaftlich Berechtigten, Meier Fritz, zu	13.05.1991	M.F.
		Meier Fritz Hauptstrasse 1 9000 St. Gallen	CH	Rückübertragung am 16.03.1996	20.3.1996	M.F.

753

Aktien Nr.	Nennwert	Name, Vorname, Adresse	Nationalität	Bemerkungen	Datum des Eintrages	Visum
27	1000.–	Keller Roland	CH	Aktienerwerb bei Gründung am 24.07.1974	24.07.1974	K.R.
		Keller Karin	CH	Erwerb durch Erbteilungsvertrag vom 28.12.1977	28.12.1977	K.K.
		Meier Fritz Hauptstrasse 1 9000 St. Gallen	CH	Erwerb durch Kauf am 19.04.1990	19.04.1990	M.F.
		Eugster Hans Seestrasse 3 9000 St. Gallen	CH	Erwerb durch Mandatsvertrag vom 13.05.1991; Bezugs- und Dividendenrechte stehen dem wirtschaftlich Berechtigten, Meier Fritz, zu	13.05.1991	M.F.

Aktien Nr.	Nennwert	Name, Vorname, Adresse	Nationalität	Bemerkungen	Datum des Eintrages	Visum
28–78	1000.–	Keller Roland	CH	Aktienerwerb bei Gründung am 24.07.1974	24.07.1974	K.R.
		Keller Karin	CH	Erwerb durch Erbteilungsvertrag vom 28.12.1977	28.12.1977	K.K.
		Meier Fritz Hauptstrasse 1 9000 St. Gallen	CH	Erwerb durch Kauf am 19.04.1990	19.04.1990	M.F.

Aktien Nr.	Nennwert	Name, Vorname, Adresse	Nationalität	Bemerkungen	Datum des Eintrages	Visum
79	1000.–	Keller Roland	CH	Aktienerwerb bei Gründung am 24.07.1974	24.07.1974	K.R.
		Keller Rosemarie	CH	Erwerb durch Erbteilungsvertrag vom 28.12.1977	28.12.1977	K.K.
		Müller Johann Rosenstrasse 16 9000 St. Gallen	CH	Erwerb durch Kauf am 19.04.2008	19.04.2008	M.F.
		Erbengemeinschaft Müller Johann sel. Rosenstrasse 16 9000 St. Gallen	CH	Erwerb durch Erbfall	1.4.2013	M.F.

Aktien Nr.	Nennwert	Name, Vorname, Adresse	Nationalität	Bemerkungen	Datum des Eintrages	Visum
80–100	1000.–	Keller Roland	CH	Aktienerwerb bei Gründung am 24.07.1974	24.07.1974	K.R.
		Bösch Paul	CH	Aktienerwerb durch Kauf am 22.02.1978	22.02.1978	B.P.
		Sieber Markus	CH	Aktienerwerb durch Kauf am 15.01.1981	15.01.1981	S.M.
		Keller Rosemarie	CH	Aktienerwerb durch Kauf am 31.12.1986	31.12.1986	K.R.
		Meier Fritz Hauptstrasse 1 9000 St. Gallen	CH	Aktienerwerb durch Kauf am 13.05.1994	13.05.1994	M.F.

Aktien Nr.	Nennwert	Name, Vorname, Adresse	Nationalität	Bemerkungen	Datum des Eintrages	Visum
101–196	1000.–	Meier Fritz Hauptstrasse 1 9000 St. Gallen	CH	Aktienerwerb bei Kapitalerhöhung am 30.01.1995	30.01.1995	M.F.

Aktien Nr.	Nennwert	Name, Vorname, Adresse	Nationalität	Bemerkungen	Datum des Eintrages	Visum
197–200	1000.–	Meier Fritz Hauptstrasse 1 9000 St. Gallen	CH	Aktienerwerb bei Kapitalerhöhung am 30.01.1995	30.01.1995	M.F.
		Personalfürsorge-Stiftung Muster AG		Aktienerwerb durch Kauf am 17.10.1997	20.11.1997	M.F.

11.2 Aktienbuch statisch

Aktienbuch der Spielwaren AG, Zürich

Stand per 1. April 2014

Das Aktienkapital über CHF 14 550 000 ist eingeteilt in 1 320 000 vinkulierte Namenaktien der Kategorie A mit einem Nennwert von CHF 10 pro Aktie (A-Aktie) und 135 000 vinkulierte Namenaktien der Kategorie B mit einem Nennwert von CHF 10 pro Aktie (B-Aktie).

Aktien-zertifikat	Eigentümer / Nutzniesser	Anzahl Aktien	Aktiennummer von	bis	Nennwert pro Aktie	Klasse
1	Mustergesellschaft AG, Musterstr. 43, 8001 Zürich, Schweiz	1	1	1	10	A-Aktie
2	Mustergesellschaft AG, Musterstr. 43, 8001 Zürich, Schweiz	1	2	2	10	A-Aktie
3	Mustergesellschaft AG, Musterstr. 43, 8001 Zürich, Schweiz	266 440	3	266 442	10	A-Aktie
4	Mustergesellschaft AG, Musterstr. 43, 8001 Zürich, Schweiz	1	266 443	266 443	10	A-Aktie
5	Mustergesellschaft AG, Musterstr. 43, 8001 Zürich, Schweiz	101 765	266 444	368 208	10	A-Aktie
6	Mustergesellschaft AG, Musterstr. 43, 8001 Zürich, Schweiz	1	368 209	368 209	10	A-Aktie
7	Mustergesellschaft AG, Musterstr. 43, 8001 Zürich, Schweiz	468 293	368 210	836 502	10	A-Aktie
8	Eigentümerin: Erbengemeinschaft Heinz Muster sel., Hofackerstr. 7, 8000 Zürich, Schweiz / Nutzniesserin: Witwe Berta Meier, Alpwiesstr. 19, 6300 Zug, Schweiz	2	836 503	836 504	10	A-Aktie
9	Toys Limited, 240 Fifth Avenue, New York, NY 10011, USA	113 488	836 505	949 992	10	A-Aktie
10	Toys Limited, 240 Fifth Avenue, New York, NY 10011, USA	75 658	949 993	1 025 650	10	A-Aktie
11	Toys for Kids Limited Partnership, 43 Park Avenue, New York, NY 10002, USA	1	1 025 651	1 025 651	10	A-Aktie

12	Toys for Kids Limited Partnership, 43 Park Avenue, New York, NY 10002, USA	227 179	1 025 652	1 252 830	10	A-Aktie
13	Toys for Kids Limited Partnership, 43 Park Avenue, New York, NY 10002, USA	1	1 252 831	1 252 831	10	A-Aktie
14	Toys for Kids Limited Partnership, 43 Park Avenue, New York, NY 10002, USA	41 973	1 252 832	1 294 804	10	A-Aktie
15	Toys for Kids Limited Partnership, 43 Park Avenue, New York, NY 10002, USA	1	1 294 805	1 294 805	10	A-Aktie
16	Toys for Kids Limited Partnership, 43 Park Avenue, New York, NY 10002, USA	25 195	1 294 806	1 320 000	10	A-Aktie
17	Fritz Meier, Spielweg 30, 8401 Winterthur, Schweiz	37 500	1 320 001	1 357 500	10	B-Aktie
18	Eigentümerin: Erbengemeinschaft Heinz Muster sel., Hofackerstr. 7, 8000 Zürich, Schweiz / Nutzniesserin: Witwe Berta Meier, Alpwiesstr. 19, 6300 Zug, Schweiz	30 000	1 372 501	1 387 500	10	B-Aktie
19	Maximilian Gambler, Oberfeldstr. 2b, 8700 Küsnacht, Schweiz	45 000	1 387 501	1 432 500	10	B-Aktie
20	Toni Krüsi, Zollikerstrasse 42, 8700 Zollikon, Schweiz	22 500	1 432 501	1 455 000	10	B-Aktie

Zürich, 1. April 2014

Für den Verwaltungsrat der Spielwaren AG

Felix Muster / Silvia Roth

11.3 Aktionärbindungsvertrag

Aktionärbindungsvertrag

zwischen

Herrn Hans Grübler, Steinstrasse 13, CH-3001 Bern

Herrn Rüdiger Uhland, Westernholz, DE-81600 München

Frau Ursula Ritter, Ritterbergweg 44, 9050 Appenzell

ABC Holding AG, Finanzgasse 1a, CH-9001 St. Gallen

nachstehend «Parteien»

betreffend Aktien der

Eldorado Engineering AG mit Sitz in St. Gallen

nachstehend «Gesellschaft»

I. Absichts- und Grundsatzerklärung

1. Die Parteien sind Aktionäre der Eldorado Engineering AG. Das Aktienkapital dieser Gesellschaft beträgt nominal CHF 500 000.–. Es ist eingeteilt in 500 Namenaktien zu einem Nennwert von je CHF 1000.– pro Aktie (nachstehend Aktien) und wird gemäss aktuellem Aktienbuch wie folgt gehalten:

Hans Grübler:	50	Aktien	10%
Rüdiger Uhland:	50	Aktien	10%
Ursula Ritter:	200	Aktien	40%
ABC Holding AG:	200	Aktien	40%
TOTAL	500	Aktien	100%

2. Die Parteien beabsichtigen mit diesem Aktionärbindungsvertrag (ABV) die Klarstellung ihrer Rechte und Pflichten im Interesse der Eldorado Engineering AG und ihrer Tochtergesellschaften. Dazu werden mit dem ABV insbesondere Regelungen getroffen über Vorhand-, Vorkaufs-, Kaufs- und Mitverkaufsrechte, die Dividendenpolitik, das Anrecht auf einen Sitz im Verwaltungsrat, Quorumsvorschriften und Aktiendeponierung.

3. Die Bestimmungen dieses ABV regeln die gegenseitigen Rechte und Pflichten der Parteien als Aktionäre der Gesellschaft abschliessend. Es bleibt den Parteien jedoch unbenommen, innerhalb der Familienstämme weitere Regelungen zu treffen, insbesondere Regelungen ehe- und erbrechtlicher Natur.

II. Vorhandrecht

1. Die Vertragsparteien räumen sich gegenseitig ein limitiertes Vorhandrecht (Vorhandrecht zu einem im Voraus bestimmten Preis) an allen von ihnen gehaltenen Aktien der Gesellschaft ein. Falls eine der Vertragsparteien beabsichtigt, sämtliche oder einen Teil der von ihr gehaltenen Aktien, entgeltlich oder unentgeltlich, direkt oder indirekt, durch Vertrag oder güterrechtliche Regelung zu übertragen (d.h. insbesondere verkaufen, abtreten, stiften, ein Kaufrecht oder Nutzniessungsrecht einräumen, verschenken, tauschen oder in sonstiger Weise entgeltlich oder unentgeltlich abtreten), ist sie verpflichtet, die entsprechenden Aktien vorab den anderen Vertragsparteien proportional zu deren aktuellem Aktienbesitz gemäss nachfolgenden Bestimmungen zum Kauf anzubieten («Vorhandfall»).

2. Kein Vorhandrecht entsteht, wenn Aktien durch Erbgang- oder Erbteilung, Schenkung oder Verkauf an direkte Nachkommen oder Ehegatten von Vertragsparteien übergehen und diese innert 180 Tagen nach einem solchen Rechtsakt erklären, dem vorliegenden ABV beizutreten und dessen Bestimmungen unterschriftlich anerkennen.

3. Der Eintritt des Vorhandfalles ist umgehend dem Präsidenten des Verwaltungsrates zur Bekanntgabe an die übrigen Parteien mitzuteilen. Für alle Formen der Ausübung des Vorhandfalles und der Übertragung von Aktien bleiben dabei allfällige statutarische Ablehnungsgründe für bestimmte Erwerber (Vinkulierungsvorschriften) sowie nachfolgender Abschnitt III (Vorkaufsrecht) vorbehalten.

4. Zur Bestimmung des limitierten Vorhandpreises wird vorerst der aktuelle Unternehmenswert der Gesellschaft im Zeitpunkt der Entstehung des Vorhandfalles ermittelt. Dieser Wert wird um 20% reduziert, wenn nur ein Minderheitspaket an Aktien übertragen werden soll. Allfällig resultierende Steuerfolgen beeinflussen den Vorhandpreis nicht. Der tatsächlich zu entrichtende limitierte Vorhandpreis ist derjenige Anteil am reduzierten Unternehmenswert, welcher dem Anteil der zu übertragenden Aktien am gesamten Nominalkapital entspricht.

5. Der aktuelle Unternehmenswert der Gesellschaft wird durch eine anerkannte Wirtschaftsprüfungsgesellschaft unter Kostenfolge zu Lasten der Gesellschaft ermittelt. Die Wahl der anerkannten Wirtschaftsprüfungsgesellschaft zur Bestimmung des Unternehmenswertes erfolgt durch die Aktionäre. Können sich die Aktionäre nicht auf eine Gesellschaft einigen, erfolgt die Bestimmung durch den Präsidenten des Handelsgerichts St. Gallen. Die vorhandberechtigten Parteien können jedoch schriftlich auf die Wertermittlung verzichten und direkt von der Ausübung ihres Vorhandrechtes absehen.

6. Verzichten nicht alle Parteien vollständig auf ihr Vorhandrecht, hat die beauftragte Wirtschaftsprüfungsgesellschaft den aktuellen Unternehmenswert nach der in der betriebswirtschaftlichen Lehre vorherrschenden Methode festzulegen.

7. Die Ausübung des Vorhandrechtes hat wie folgt zu erfolgen:
    a) Die vorhandberechtigten und kaufwilligen Parteien haben innert 30 Tagen nach Bekanntgabe des Vorhandfalles unter Kostenfolge zu Lasten der Gesellschaft beim VR-Präsidenten der Gesellschaft schriftlich eine Wertermittlung zu verlangen. Von

einer Wertermittlung kann nur dann abgesehen werden, wenn innert der gleichen Frist mit derjenigen Partei, die den Vorhandfall ausgelöst hat, eine schriftliche Einigung über den Unternehmenswert erzielt wird respektive die Vorhandberechtigten schriftlich auf ihr Vorhandrecht verzichten.

b) Die vorhandberechtigten und kaufwilligen Parteien müssen ihr Vorhandrecht innerhalb von drei Monaten nach schriftlicher Einigung über den Kaufpreis oder nach Bekanntgabe des aktuellen Unternehmenswertes, wie er durch die beauftragte Wirtschaftsprüfungsgesellschaft ermittelt wurde, ausüben. Dazu haben die vorhandberechtigten Parteien der vorhandbelasteten Partei fristgerecht eine Erklärung betreffend die vollständige oder teilweise Ausübung des Vorhandrechts abzugeben mit Kopie zur Kenntnis an die übrigen Vertragsparteien. Die nicht fristgerechte Zustellung einer solchen Erklärung bedeutet jeweils den generellen Verzicht auf das Vorhandrecht.

c) Wird das Vorhandrecht nur von einzelnen Parteien oder nur teilweise ausgeübt, fällt das nicht ausgeübte Vorhandrecht proportional zum Verhältnis ihrer Aktienbeteiligungen denjenigen Parteien zu, welche ihr Vorhandrecht vollständig ausgeübt haben. Für die Geltendmachung des zusätzlich anfallenden Vorhandrechtes gilt wiederum die Regelung der vorstehenden Ziff. 7b) analog mit einer verkürzten Frist von nur einem Monat.

8. Der Kaufpreis für die Aktien ist wie folgt zu bezahlen:

a) 10% des Kaufpreises sind sofort d.h. längstens innert drei Werktagen nach Ausübung des Vorhandrechtes zu bezahlen.

b) 30% des Kaufpreises sind innert 12 Monaten nach Ausübung des Vorhandrechtes zu bezahlen.

c) 30% des Kaufpreises sind innert 24 Monaten nach Ausübung des Vorhandrechtes zu bezahlen.

d) 30% des Kaufpreises sind innert 36 Monaten nach Ausübung des Vorhandrechtes zu bezahlen.

Der ausstehende Kaufpreis ist zu verzinsen. Der Zinssatz richtet sich nach dem jeweils gültigen Merkblatt «Zinssätze für die Berechnung der geldwerten Leistungen» der Eidgenössischen Steuerverwaltung für ungesicherte Vorschüsse an Beteiligte (fremdfinanziert).

9. Wurde das Vorhandrecht ausgeübt, so haben die erwerbenden Parteien die Aktien für mindestens drei Jahre zu behalten. Werden Aktien vor Ablauf dieser Sperrfrist weiterverkauft, so ist ein allfälliger Mehrerlös wie folgt an die ursprünglich vorhandbelastete Partei auszugleichen:

a) Verkauf im ersten Jahr: 75% des Mehrerlöses ist auszugleichen.

b) Verkauf im zweiten Jahr: 50% des Mehrerlöses ist auszugleichen.

c) Verkauf im dritten Jahr: 25% des Mehrerlöses ist auszugleichen.

III. Vorkaufsrecht

1. Wurde das Vorhandrecht gemäss Abschnitt II nicht oder nicht vollständig ausgeübt und kommt es in der Folge zu einem Vertragsschluss zwischen der veräussernden Partei und dem Interessenten, so steht den Parteien ein limitiertes Vorkaufsrecht (Vorkaufsrecht zum Preis, welcher mit Interessenten vereinbart wurde) zu.
2. Dieses Vorkaufsrecht steht den Parteien entsprechend der für das Vorhandrecht geltenden Stufenfolge Abschnitt II, Ziffer 7c) zu.
3. Im Übrigen gelten die Bestimmungen zum Vorhandrecht gemäss Abschnitt II sinngemäss, wobei die Fristen zur Ausübung des Vorkaufrechts auf einen Monat seit Bekanntgabe des Vorkaufsfalls verkürzt werden.

IV. Kaufsrecht

1. Falls eine Vertragspartei gepfändet wird, in Konkurs fällt oder sich in Nachlassliquidation befindet, steht den anderen Vertragsparteien im Verhältnis ihres Aktieneigentums mit dem Eintritt eines solchen Ereignisses ein Kaufsrecht an sämtlichen Aktien der vom Ereignis betroffenen Partei zu. In diesem Fall gilt der Kaufrechtsfall als vor dem Zeitpunkt der Konkurseröffnung als eingetreten. Eine teilweise Kaufrechtsausübung durch eine Partei ist ausgeschlossen.
2. Verzichtet eine Partei auf die Ausübung ihres Kaufrechtes, so geht das entsprechende Kaufrecht an die Gesellschaft über und diese kann in entsprechendem Umfang die kaufrechtsbelasteten Aktien erwerben.
3. Durch die Ausübung des Kaufrechts kauft die ausübende Partei und die vom Ereignis betroffene Partei verkauft der ausübenden Partei sämtliche von ihr gehaltenen Aktien der Gesellschaft. Die Parteien geben für diesen Fall durch Unterzeichnung dieses Aktionärbindungsvertrages unwiderruflich und bedingungslos sämtliche Erklärungen ab, die für den Vollzug des Kaufs notwendig sein könnten.
4. Der Kaufpreis bei der Ausübung des Kaufrechtes entspricht dem limitierten Kaufpreis bei der Ausübung des Vorhandrechtes gemäss vorstehendem Abschnitt II. Falls keine Einigung über den Kaufpreis erzielt wird, hat eine anerkannte Wirtschaftsprüfungsgesellschaft diesen Kaufpreis entsprechend zu ermitteln.
5. Will eine dazu berechtigte Partei von ihrem Kaufrecht Gebrauch machen, hat sie innert 30 Tagen seit sie vom Eintritt des Kauffalles erfahren hat, schriftlich eine Unternehmensbewertung beim VR-Präsidenten der Gesellschaft zu verlangen, falls keine Einigung über den Kaufpreis erzielt wird. Die Ausübung des Kaufrechtes muss innerhalb von drei Monaten nach der schriftlichen Bekanntgabe des aktuellen Unternehmenswertes gemäss Gutachten der anerkannten Wirtschaftsprüfungsgesellschaft schriftlich der kaufrechtsbelasteten Partei mitgeteilt werden. Die nicht fristgerechte Zustellung einer solchen Erklärung bedeutet Verzicht auf das Kaufrecht.
6. Für die Bezahlung des Kaufpreises wird dem Erwerber eine Zahlungsfrist von 90 Tagen eingeräumt. Die Übertragung der Aktien hat Zug um Zug gegen Bezahlung des Kaufpreises zu erfolgen.

V. Mitverkaufsverpflichtung / Mitverkaufsrecht

1. Zwischen den Vertragsparteien besteht Übereinstimmung, dass ein allfälliger Verkauf der durch sie gehaltenen Aktien der Gesellschaft an einen Dritten in erster Linie dann den angestrebten Erlös erzielt, wenn für den Dritten die Möglichkeit besteht, 100% des Aktienkapitals der Gesellschaft zu erwerben. Aus diesem Grunde wird zwischen den Parteien des vorliegenden Aktionärbindungsvertrages eine Mitverkaufsverpflichtung abgeschlossen.

2. Besteht das Interesse Dritter am Erwerb aller Aktien der Vertragsparteien und beabsichtigt die Mehrheit der Aktienstimmen den Verkauf ihrer Aktien an einen oder mehrere Dritte, so verpflichtet sich die verbleibende Minderheit, ihre sämtlichen Aktien zu den gleichen Bedingungen, wie diese für die verkaufswilligen Aktionäre gelten, zu verkaufen.

3. Um einen reibungslosen Vollzug der Mitverkaufsverpflichtung im Interesse der Aktionäre zu gewährleisten, bevollmächtigen sämtliche Vertragsparteien hiermit den jeweiligen Präsidenten des Verwaltungsrates der Gesellschaft, in ihrem Namen und mit Rechtswirksamkeit für sie alle, Vereinbarungen zu unterzeichnen und Erklärungen abzugeben, welche im Zusammenhang mit dem Verkauf der durch sie gehaltenen Aktien an einen Dritten erforderlich sein sollten. Dies gilt insbesondere für die Unterzeichnung eines Kaufvertrages einschliesslich Abgabe von Zessionserklärungen oder Indossamenten, aber auch für das Herausverlangen der Aktienzertifikate bei der Hinterlegungsstelle und Übergabe der Aktien an den Käufer sowie weiterer Handlungen zum Vollzug der Mitverkaufsverpflichtung.

4. Beabsichtigen Aktionäre den Verkauf von Aktien, welche insgesamt der Aktienmehrheit entsprechen, so haben diese Aktionäre durch geeignete Vereinbarung mit dem kaufwilligen Dritten dafür Sorge zu tragen, dass dieser auch sämtliche Aktien der Minderheit zu den gleichen Bedingungen übernimmt.

5. Die Mehrheit der Aktionäre, welcher den Verkauf ihrer Aktien beabsichtigt, hat zu diesem Zweck die wesentlichen Eckdaten des Angebotes des kaufwilligen Dritten gegenüber der Minderheit offenzulegen. Die Minderheit hat ihrerseits binnen einer Frist von 30 Tagen ab der Offenlegung verbindlich zu erklären, ob sie ihr Mitverkaufsrecht ausübt oder nicht. Die Nichtabgabe einer entsprechenden Erklärung innerhalb der Frist gilt als Nichtausübung des Mitverkaufsrechtes.

VI. Dividendenpolitik

1. Die Parteien verpflichten sich, ihre Stimmrechte an der Generalversammlung der Gesellschaft dahingehend auszuüben, dass folgende Dividendenpolitik befolgt werden kann:

    a) Erzielt die Gesellschaft einen Jahresgewinn nach Steuern, so sind 50% dieses Gewinns als Dividende auszuschütten.

b) Unabhängig vom ausgewiesenen Jahresergebnis soll jedoch mindestens 3% des Aktienkapitals als Dividende ausgeschüttet werden, sofern ein entsprechend hoher Bilanzgewinn zur Verfügung steht.

c) In keinem Falle darf eine Dividende ausgeschüttet werden, die dazu führen würde, dass bei der Gesellschaft das Eigenkapital nach der Dividendenausschüttung unter 40% fällt.

2. Bei zwingenden Gründen (z.B. Fehlen der gesetzlichen Voraussetzungen für die entsprechenden Dividendenzahlungen oder wirtschaftliche Ausnahmesituationen), die von der Revisionsstelle zu bestätigen sind, kann die Zahlung der entsprechenden Dividende reduziert oder gegebenenfalls ganz unterbleiben.

3. Als Bemessungsgrundlage für die Mindestausschüttung gilt das Ergebnis (nach Steuern), das sich aus der geprüften Jahresrechnung der Eldorado Engineering AG ergibt.

VII. Anrecht auf einen Sitz im Verwaltungsrat

1. Die Parteien verpflichten sich durch Ausübung ihres Stimmrechts an der Generalversammlung dafür zu sorgen, dass Aktionäre, deren Anzahl Aktien mindestens 10 Prozent sämtlicher Aktien der Gesellschaft betragen, selbst oder durch einen Vertreter Einsitz im Verwaltungsrat der Eldorado Engineering AG nehmen können, sofern gegen diesen Vertreter keine objektiven und wichtigen Gründe sprechen.

2. Die Parteien verpflichten sich durch Ausübung ihres Stimmrechts an der Generalversammlung, folgende Bestimmung zum Verwaltungsrat in die Statuten der Gesellschaft aufzunehmen:

«Verwaltungsrat

Der Verwaltungsrat besteht aus einem oder mehreren Mitgliedern, die von der Generalversammlung auf die Dauer von einem Jahr gewählt werden. Wiederwahl ist zulässig.

Aktionäre, deren Anzahl Aktien mindestens 10 Prozent sämtlicher Aktien der Gesellschaft betragen, haben Anspruch auf einen Sitz im Verwaltungsrat. Der Einsitz kann selbst oder durch einen Vertreter wahrgenommen werden.»

VIII. Quorumsvorschriften

1. Die Parteien sorgen durch Ausübung ihres Stimmrechts in der Generalversammlung bzw. als Organ der Gesellschaft dafür, dass die Statuten der Gesellschaft unter dem Titel «Generalversammlung» wie folgt angepasst werden:

«Ein Beschluss der Generalversammlung, der mindestens zwei Drittel der vertretenen Aktienstimmen und die absolute Mehrheit der vertretenen Aktiennennwerte auf sich vereinigt, ist erforderlich für:

a) die Änderung des Gesellschaftszwecks

b) die Verlegung des Sitzes der Gesellschaft

c) die Einführung von Stimmrechtsaktien

d) die Änderung von Übertragungsbeschränkungen der Namenaktien

e) die ordentliche, genehmigte oder bedingte Kapitalerhöhung

f) die Einschränkung oder Aufhebung des Bezugsrechts

g) die Umwandlung von Namenaktien in Inhaberaktien und umgekehrt

h) die Kapitalerhöhung aus Eigenkapital, gegen Sacheinlage oder zwecks Sachübernahme und die Gewährung von besonderen Vorteilen

i) den vollständigen oder teilweisen Verkauf der Beteiligung an der Eldorado Produktion AG

j) den vollständigen oder teilweisen Verkauf der Rechte an der Marke Eldorado

k) die Auflösung der Gesellschaft»

IX. Aktiendeponierung

1. Die Vertragsparteien verpflichten sich, zur Sicherstellung dieses Vertrages ihre Aktien der Gesellschaft während der gesamten Vertragsdauer in einem Depot bei der St. Gallischen KB zu hinterlegen. Zur Sicherstellung der Übertragung sind die Aktienzertifikate blanko zu indossieren.

2. Über die hinterlegten Aktien können die Vertragsparteien nur mit Kollektivunterschrift zu zweien verfügen, wobei die Herren Grübler und Uhland unter sich nicht zeichnungsberechtigt sind.

3. Durch die Aktiendeponierung ist gleichzeitig jegliche rechtsgültige Verpfändung dieser Aktien während der gesamten Hinterlegungsdauer ausgeschlossen. Die Vertragsparteien sind sich dieser Einschränkung bewusst und akzeptieren sie vollumfänglich.

4. Eine Änderung der Hinterlegungsstelle kann nur mit ausdrücklicher Zustimmung aller Vertragsparteien erfolgen.

X. Geheimhaltung

1. Die Vertragsparteien verpflichten sich gegenseitig, sämtliche ihnen im Zusammenhang mit der Gesellschaft zufliessenden Informationen geheim zu halten. Dies gilt insbesondere auch bezüglich Geschäftsgeheimnissen sowie Kundenbeziehungen.

2. Dauer und Umfang der Geheimhaltungspflicht richten sich nach den Informationen der Gesellschaften und den potentiellen Schädigungswirkungen. Die Geheimhaltungsverpflichtung besteht über die Dauer der Parteieigenschaft im Zusammenhang dieses Vertrages hinaus.

3. Nicht von der Geheimhaltungspflicht erfasst sind sämtliche Informationen, die der Verwaltungsrat ausdrücklich für die Veröffentlichung freigibt.

XI. Rechtsnachfolge

1. Nach dem Willen der Vertragsparteien sollen sämtliche Aktionäre der Gesellschaft Vertragspartner dieses Vertrages sein.

2. Die Vertragsparteien verpflichten sich, ihre sämtlichen Rechte und Pflichten aus diesem Vertrag auf allfällige Rechtsnachfolger wie etwa Aktienerwerber zu übertragen. Die Vertragsparteien sorgen mittels geeigneter erbrechtlicher Regelung dafür, dass ihre Aktien im Familienbesitz verbleiben.

3. Beim Tod einer Vertragspartei geht seine Stellung als Vertragspartei zwingend auf die Erben über. Die Erben treten unmittelbar dem Aktionärbindungsvertrag bei.

4. Eine Schenkung ist an die Bedingung oder Auflage zu knüpfen, dass der Beschenkte dem Aktionärbindungsvertrag beitritt.

5. Um die Verpflichtung bezüglich Rechtsnachfolger sicherzustellen, hat während der Dauer dieses Vertrages jeder neue Aktionär unmittelbar mit der Aktienübertragung ein Exemplar dieses Aktionärbindungsvertrages ausdrücklich als für ihn rechtsverbindlich zu unterzeichnen. Eine ausdrückliche Zustimmung und/oder Gegenzeichnung aller anderen Parteien ist nicht erforderlich.

6. Ist ein allfälliger Rechtsnachfolger nicht dazu bereit, diesem Vertrag beizutreten und ein Exemplar dieses Vertrages zu unterzeichnen, gelangt das Vorhandrecht gemäss vorstehendem Abschnitt II zur Anwendung.

XII. Konventionalstrafe

1. Bei Widerhandlungen gegen Verpflichtungen aus diesem Vertrag hat diejenige Vertragspartei, welche ihre Vertragspflichten trotz entsprechender Abmahnung verletzt, den übrigen Parteien je eine Konventionalstrafe in der Höhe von CHF 200 000.– (in Worten: zweihunderttausend) für jede einzelne Vertragsverletzung zu bezahlen. Die Konventionalstrafe steht jeweils in voller Höhe jeder verletzten Partei ohne Nachweis eines Schadens zu.

2. Für den Fall, dass eine Vertragspartei ihre Aktien der Gesellschaft vertragswidrig an einen Dritten verkauft oder verschenkt, hat die vertragswidrig handelnde Partei zusätzlich zur Konventionalstrafe gemäss vorstehender Ziffer den übrigen Parteien eine weitere Konventionalstrafe in der Höhe des anteilmässigen aktuellen Unternehmenswertes der verkauften oder verschenkten Aktien zu bezahlen. Diese Konventionalstrafe steht den verletzten Parteien zu gleichen Teilen ohne Nachweis eines Schadens zu.

3. Die Bezahlung der Konventionalstrafe entbindet nicht von der weiteren Einhaltung des Vertrages und der Leistung von weiteren Schadenersatzansprüchen sowie allenfalls der Beseitigung des unrechtmässigen Zustandes.

XIII. Dauer / Kündbarkeit

1. Der Aktionärbindungsvertrag tritt unter Vorbehalt der allseitigen Unterzeichnung am 1. April 2014 in Kraft.
2. Der Vertrag wird vorerst auf eine feste Dauer bis zum 31.12.2024 abgeschlossen. Sofern er bis zum Ablauf der festen Vertragsdauer nicht von einer Vertragspartei gekündigt wurde, verlängert er sich jeweils automatisch um eine weitere feste Dauer von jeweils 5 Jahren.
3. Auf das Ende der Vertragsdauer, erstmals per 31.12.2024, kann der Vertrag von jeder Partei unter Einhaltung einer Kündigungsfrist von 24 Monaten durch eingeschriebenen Brief an die anderen Vertragsparteien gekündigt werden.

XIV. Schlussbestimmungen

1. Mit der Unterzeichnung des vorliegenden Vertrages wird gleichzeitig der frühere ABV zwischen Hans Grübler und Rüdiger Uhland vom 1. Juli 1959 ersatzlos aufgehoben.
2. Die Rechte und Pflichten aus diesem Vertrag gelten für sämtliche Aktien der Gesellschaft, die den Parteien heute gehören oder später von diesen entgeltlich oder unentgeltlich erworben werden.
3. Sollten sich dieser Vertrag und die Statuten der Gesellschaft in einem Punkt unterscheiden oder widersprechen, so soll dieser Vertrag dem Inhalt der Statuten soweit dies rechtlich möglich ist, vorgehen. Die Parteien werden im Falle von Unterschieden und Widersprüchen die Statuten an die Regelungen dieses Vertrages anpassen, soweit dies rechtlich möglich ist.
4. Die Parteien verpflichten sich, den Inhalt dieses Vertrages geheim zu halten und den Vertrag Dritten nicht zugänglich zu machen. Eine Offenlegung darf erfolgen, wenn sie durch Gesetz vorgesehen oder vom Richter oder einer Aufsichtsbehörde angeordnet worden ist.
5. Sämtliche Mitteilungen, welche aufgrund dieses Vertrages vorzunehmen sind, haben schriftlich per eingeschriebenen Brief zu erfolgen.
6. Änderungen und Ergänzungen des vorliegenden Vertrages bedürfen der Schriftform, ebenso die Änderung des Formerfordernisses der Schriftform.
7. Sollte eine Bestimmung dieses Vertrages aus irgendwelchen Gründen nichtig oder unwirksam sein oder werden, werden die übrigen Bestimmungen des Vertrages hiervon nicht berührt. Eine nichtige oder unwirksame Klausel ist durch eine wirksame zu ersetzen, die dem Sinn und Zweck der unwirksamen Bestimmung am nächsten kommt. In gleicher Weise ist zu verfahren, wenn der vorliegende Vertrag eine Lücke offenbaren sollte.
8. Dieser Vertrag wird fünffach ausgefertigt. Je ein Exemplar erhalten:
   - Hans Grübler
   - Rüdiger Uhland

- Ursula Ritter
- ABC Holding AG
- ME Meier und Ehrat Rechtsanwälte (Archivexemplar).

XV. Anwendbares Recht, Mediations- und Schiedsklausel

1. Dieser Vertrag untersteht vollumfänglich dem **Schweizerischen Obligationenrecht**.
2. Der ordentliche Gerichtsweg wird von den Vertragsparteien im gesetzlich zulässigen Ausmass wegbedungen.
3. Alle Streitigkeiten, Meinungsverschiedenheiten oder Ansprüche aus oder im Zusammenhang mit diesem Vertrag, einschliesslich dessen Gültigkeit, Ungültigkeit, Verletzung oder Auflösung, sind durch ein Mediationsverfahren gemäss der Schweizerischen Mediationsordnung für Wirtschaftskonflikte der Schweizerischen Handelskammern zu regeln. Es gilt die zur Zeit der Zustellung der Einleitungsanzeige in Kraft stehende Fassung der Mediationsordnung.
4. **Der Sitz des Mediationsverfahrens ist St. Gallen;** die Sprache des Mediationsverfahrens ist Deutsch.
5. Falls die Streitigkeiten, Meinungsverschiedenheiten oder Ansprüche nicht innerhalb von 60 Tagen nach der Bestätigung oder Ernennung des/der Mediators/-en durch die Kammern vollständig durch das Mediationsverfahren gelöst werden können, sind sie durch ein Schiedsverfahren gemäss der Internationalen Schiedsordnung der Schweizerischen Handelskammern zu entscheiden. Es gilt die zur Zeit der Zustellung der Einleitungsanzeige in Kraft stehende Fassung der Schiedsordnung.
6. Das Schiedsgericht besteht aus drei Schiedsrichtern; die Sprache des Schiedsverfahrens ist Deutsch. **Der Sitz des Schiedsgerichtes ist St. Gallen.**
7. Das Schiedsverfahren wird gemäss den Bestimmungen des beschleunigten Verfahrens durchgeführt.

****

Bern, den ....   München, den ....

_____   _____

Hans Grübler   Rüdiger Uhland

Appenzell, den ....   St. Gallen, den ....

_____   _____

Ursula Ritter   Für die ABC Holding AG

11.4 Anforderungsprofil Verwaltungsrat

Anforderungsprofil des Verwaltungsrates der Muster Produktion AG

(Fassung vom 1. April 2014)

I.	Grundlagen	2
1.	Zielsetzung des Anforderungsprofils	2
2.	Relevante Gesetzesbestimmungen	2
2.1	Obligationenrecht	2
2.2	Edelmetallkontrollgesetz	2
3.	Finanzielle Rahmenbedingungen der AG	2
II.	Herausforderungen und Profil für den zukünftigen Verwaltungsrat	3
1.	Aktuelle und zukünftige Herausforderungen	3
2.	Bedeutung und Bewertung der Anforderungen	3
3.	Fachliche und personelle Anforderungen	4
	3.1 Anforderungsprofil für das Gremium als Ganzes	4
	3.2 Anforderungsprofil für jedes Mitglied des Verwaltungsrates	4
	3.3 Anforderungsprofil für den Vorsitzenden / die Vorsitzende im Speziellen	5
	3.4 Entschädigung	5
	3.5 Haftung	5
	3.6 Anforderungsmatrix zur Profilerfüllung	5
4.	Umsetzung des Anforderungsprofils	6

I. Grundlagen

1. Zielsetzung des Anforderungsprofils

Mit der Definition des vorliegenden Anforderungsprofils soll sichergestellt werden, dass der Verwaltungsrat (VR) der Muster Produktions AG (MPA) insgesamt als strategische Führungsebene durch eine möglichst optimale Zusammensetzung über die fachlichen, persönlichen und sozialen Fähigkeiten verfügt, um die dem Gremium zugewiesenen Aufgaben vollumfänglich wahrzunehmen.

Gleichzeitig wird mit dem Anforderungsprofil vorgegeben, wie die Suche nach neuen Mitgliedern der strategischen Führungsebene erfolgen soll und wie eine Beurteilung der Profilerfüllung vorgenommen werden könnte.

Und schliesslich dient das Dokument der Information möglicher VR-Kandidaten und VR-Kandidatinnen über die gesetzlichen Bestimmungen, die finanziellen Rahmenbedingungen der MPA, Haftungs- und Entschädigungsfragen, usw.

Dabei beschreibt das Anforderungsprofil einen Idealzustand. Von diesem muss zwangsläufig abgewichen werden, wenn trotz unternommener Anstrengungen nicht sämtliche Kriterien durch die nominierten Mitglieder des Verwaltungsrates zur Gänze erfüllt werden können.

2. Relevante Gesetzesbestimmungen

2.1 Obligationenrecht

Bei der MPA handelt es sich um eine privatrechtliche Aktiengesellschaft. Für den Verwaltungsrat sind deshalb insbesondere die Art. 707 ff. OR massgebend.

2.2 Edelmetallkontrollgesetz und Geldwäschereigesetz

Die MPA produziert und vertreibt zur Hauptsache Gold- und Platinbarren. Für diesen Bereich gelten deshalb die besonderen Vorschriften des Bundesgesetzes über die Kontrolle des Verkehrs mit Edelmetallen und Edelmetallwaren (Edelmetallkontrollgesetz, EMKG). Auch diese Vorschriften sind von den VR-Mitgliedern strikte zu beachten.

Bei Transaktionen über Gold- und Platinbarren ist schliesslich die gesamte Gesetzgebung im Zusammenhang mit dem Schutz gegen Geldwäscherei einzuhalten.

3. Finanzielle Rahmenbedingungen der AG

Zum Verständnis der Aufgaben und Kompetenzen der strategischen Führungsebene ist die Kenntnis der finanziellen Rahmenbedingungen für das Unternehmen unerlässlich. Die nachstehenden Angaben basieren auf dem Geschäftsbericht 2013.

Bilanzsumme	CHF 17.1 Mio.		
Eigenkapital	CHF 13.5 Mio.		
Aufwandseite		*Ertragsseite*	
Personalaufwand	CHF 7.4 Mio.	Erlöse	CHF 25.6 Mio.
Warenaufwand	CHF 14.8 Mio.	Kommissionen	CHF 1.6 Mio.
Übriger Aufwand	CHF 0.2 Mio.		
Total Aufwandseite	*CHF 22.4 Mio.*		
Personalbestand	78 / Vollzeitäquivalente	72.4	

II. Herausforderungen und Profil für den zukünftigen Verwaltungsrat

1. Aktuelle und zukünftige Herausforderungen

Nach einem fünfjährigen Aufbauprozess geht es nun darum, die MPA zu konsolidieren und die Erreichung der langfristigen Zielsetzung (Strategie) sicherzustellen. Die MPA bezweckt die Versorgung der europäischen Banken mit Gold- und Platinbarren. Dementsprechend ist das Exposure der MPA sowohl im Inland (Kunden, Finanzintermediäre, Verbände, Behörden usw.) wie auch im Ausland (ausländische Kunden, ausländische Aufsichtsbehörden und internationale Gremien) sehr hoch. Entsprechend hoch sind auch die Erwartungen der verschiedenen Stakeholder, deren Interessen unterschiedlich sein können.

Für die Zukunft sind die Herausforderungen für den Verwaltungsrat in der zielgerichteten, strategischen Führung der MPA zu sehen. Durch die Veränderung des internationalen Umfeldes im Finanzbereich ist eine klare, langfristige Ausrichtung in der Muster Produktion AG absolut zentral. Mit der Forderung nach immer mehr Transparenz und nach einem effizienten Informationsaustausch (gerade im Bereich der Amtshilfe) verändert sich das Umfeld sehr stark in Richtung internationale Compliance. Es ist absehbar, dass ein Finanzplatz in allen Bereichen international kompatibel sein muss. Die internationale Anerkennung wird zentral für den Erfolg der MPA werden.

Zusätzlich ist die Akzeptanz der MPA im Inland zu verbessern. Die Dienstleistungen für die Finanzintermediäre sind zu optimieren. Der Verwaltungsrat der MPA ist im Rahmen der Eignerstrategie den Aktionären verantwortlich für die Ausarbeitung und Vorgabe von realisierbaren Zielen in einem ausgewogenen Verhältnis zu den vorhandenen Mitteln.

2. Bedeutung und Bewertung der Anforderungen

Anforderung	tief	mittel	hoch	Bemerkung
Strategie			x	– Festlegung der Unternehmensstrategie im Rahmen der Eignerstrategie; Marktbeobachtung und Identifikation strategischer Handlungsfelder; – Strategie-Controlling
Finanzdienstleistungen			x	Markt- und internationale Regulierungsentwicklung, Aufsichtsinstrumentarium
Organisation		x		Festlegung der Führungsorganisation: Definition und Festlegung der Aufgaben, Kompetenzen und Verantwortung für Verwaltungsrat und Geschäftsleitung

Anforderung	tief	mittel	hoch	Bemerkung
Finanzen / Controlling			x	– Definition finanzieller Ziele – Entscheid Budget – Kontrolle der Zielerreichung; – Oberaufsicht über Organe.
Risiko			x	– Festlegung Risikopolitik – Überwachung Risikomanagement
Personal			x	Mitarbeiterbestand bei rd. 100 Personen, hohe Qualifikationen

3. Fachliche und personelle Anforderungen

3.1 Anforderungsprofil für das Gremium als Ganzes

Die strategische Führungsebene sollte nach Möglichkeit als Gremium insgesamt folgendes Fachwissen und folgende Sozialkompetenzen mitbringen:

- *Allgemeines Fachwissen*
    - Strategieprozess
    - Unternehmensorganisation
    - Finanz- und Rechnungswesen / Controlling
    - Recht (insbesondere Finanzmarktgesetzgebung)
- *Branchenkenntnisse*
    - Bankwesen
    - Vermögensverwaltung
    - Edelmetallverarbeitung
    - Sorgfaltspflicht
- *Sozialkompetenzen / Rolle im Team*
- Führung / Vorbild — führt stufengerecht die operative Ebene und ist ein Vorbild für die Mitarbeitenden;
- Koordination / Organisation — sorgt für eine systematische und strukturierte Aufgabenerledigung und weist Verantwortungen und Kompetenzen angemessen zu;
- Inspiration — liefert regelmässig Impulse für die Weiterentwicklung des Unternehmens und sorgt für die notwendige Innovation;
- Konstruktive Kritik — hinterfragt konsequent Anträge und Vorgaben der operativen Ebene, fällt Entscheidungen erst bei Vorhandensein des erforderlichen Verständnisses, ist selbstkritisch mit sich selbst;

- Integration stellt sicher, dass die Teamarbeit innerhalb der strategischen Führungsebene einerseits und innerhalb der operativen Führungsebene andererseits sowie die Zusammenarbeit zwischen den beiden Gremien zielgerichtet und sachbezogen verläuft, vermeidet Pattsituationen, erkennt und bereinigt Unstimmigkeiten in den Gremien so rasch als möglich.

Mit den vorgegebenen Sozialkompetenzen bzw. Teamrollen soll sichergestellt werden, dass trotz unterschiedlicher Charaktere der einzelnen Mitglieder die strategische Führungsebene als Gremium harmoniert und Entscheidungen nicht einseitig getroffen werden. Zudem wird damit eine grössere Vielfalt an Sichtweisen unterstützt und für mehr Breite in Bezug auf konstruktive und kritische Denk- bzw. Verhaltensweisen gesorgt.

3.2 Anforderungsprofil für jedes Mitglied des Verwaltungsrates

Jedes einzelne Mitglied der strategischen Führungsebene muss folgende Anforderungen erfüllen:

- gute Reputation und einwandfreier Charakter (keine offenen Betreibungen, keine Eintragungen im Strafregister, keine strafrechtlichen Verurteilungen und keine pendenten Strafverfahren)
- Wohnsitz: Schweiz
- team- und konfliktfähig
- ziel-, lösungs- und ergebnisorientiert
- hohe Sozialkompetenz und gute Kommunikationsfähigkeit
- Identifikation mit und Verpflichtung auf die (noch zu beschliessende) Eignerstrategie;
- Identifikation mit der MPA (insbeso. bzgl. Strategie, Markt und Produkten)
- keine Interessenskonflikte mit der MPA
- keine wesentlichen Geschäftsbeziehungen zur MPA
- Bereitschaft und Fähigkeit, sich in kurzer Zeit vertiefte Kenntnisse über anstehende strategische Entscheide anzueignen
- Zeitliche Verfügbarkeit pro Jahr im Umfang von
  - 6 bis 8 Tagen für VR-Sitzungen, Vorbereitungen und Telefonkonferenzen
  - 1 bis 2 Tage Weiterbildung

3.3 Anforderungsprofil für den Vorsitzenden / die Vorsitzende im Speziellen

Dem/der Vorsitzenden kommt eine besondere Stellung zu, weshalb für diese Funktion neben den an alle Mitgliedern gestellten Anforderungen zusätzlich folgende Bedingungen erfüllt sein müssen:

Persönlichkeit
- integre, loyale und repräsentative Persönlichkeit
- starkes Engagement und hohe Eigeninitiative
- rasche Auffassungsgabe und analytische Denkweise
- der Aufgabe entsprechend reife Persönlichkeit
- Wohnsitz und gutes Netzwerk in der Schweiz
- Zeitliche Verfügbarkeit im Umfang von
  - 6 bis 8 Tagen für VR-Sitzungen, Vorbereitungen und Telefonkonferenzen

- 4 bis 5 Tage Weiterbildung
- monatliche Arbeitssitzungen mit der operativen Führungsebene
- Übernahme einzelner Sonderaufgaben

Sozial- und Führungskompetenzen
- hohe Integrations- und Motivationsfähigkeit
- hohe Fähigkeit zum Konfliktmanagement
- Leistungsausweis in der Unternehmensführung
- Entscheidungsfreudigkeit und Durchsetzungsvermögen

Fachliche Anforderungen
- sehr gute Kenntnisse des wirtschaftlichen und rechtlichen Umfelds in der Schweiz
- sehr gute Kenntnisse des Finanzplatzes und dessen internationales Umfeld
- Vertrautheit mit der strategischen Führungsarbeit

3.4 Entschädigung

Die Entschädigung der Verwaltungsratsmitglieder ist aktuell wie folgt festgesetzt:

a) Pauschalen

VR-Präsident	CHF 50 000
VR-Vizepräsident	CHF 25 000
VR-Mitglieder	CHF 10 000

b) Sitzungsgelder

Sitzungspauschale (inkl. Vorbereitung)	CHF 2 500

3.5 Haftung

Die Haftung des VR der MPA richtet sich nach den gesetzlichen Bestimmungen, insbesondere Art. 752 ff. OR. Für die Mitglieder des VR und der GL wurde eine D&O-Versicherung über CHF 25 Mio. pro Fall mit einer Nachversicherung von 10 Jahren nach dem Ausscheiden aus der MPA abgeschlossen.

3.6 Anforderungsmatrix zur Profilerfüllung

Idealerweise decken die Kompetenzen der potentiellen Gremiumsmitglieder *möglichst viele Felder* der nachfolgenden Matrix *mit möglichst wenigen Überschneidungen* ab, wobei selbstverständlich ein Mitglied mehrere Felder belegen kann. Die Matrix stellt denn auch das zentrale Beurteilungsinstrument für die mit der Kandidatensuche betrauten Personen dar.

Fachrolle \ Rolle im Team	Führung / Vorbild	Organisator	kritische Denker	Integrator	Inspirator
Strategie					
Finanzen / Controlling					
Führung / Organisation					
Recht / Steuern / Compliance					
Branchenkenntnis					
Bankwesen / Vermögensverwaltung					
Entrepreneurship / HRM					

4. Umsetzung des Anforderungsprofils

Damit das Profil zu einem möglichst hohen Grad erfüllt werden kann, ist es notwendig, dass sich Aktionäre und VR absprechen, wer sich auf der Suche nach Kandidatinnen/Kandidaten auf welche fachlichen und persönlichen Kompetenzen fokussiert.

Im Hinblick auf eine optimale Zusammensetzung des Verwaltungsrates soll die Analyse des Anforderungsprofils durch eine anerkannte Beratungsfirma begleitet und in einem Turnus von vier Jahren wiederholt werden.

****

Zürich, 1. April 2014

Für den Verwaltungsrat der Muster Produktion AG:

_____   _____

Dr. Hans Meier, VR-Präsident   Felix Fröhlich, VR-Vizepräsident

11.5 Anlagereglement KMU

Anlagereglement der Muster AG

1. Grundlage und Zielsetzungen

1.1 Die Grundsätze dieses Anlagereglements leiten sich aus der Eignerstrategie der Muster AG ab.

1.2 Das Anlagereglement wird vom Verwaltungsrat erlassen. Für die Umsetzung ist der Leiter Finanzen verantwortlich.

1.3 Primäres Ziel der Anlage von finanziellen Mitteln ist der Kapitalerhalt und die stete Aufrechterhaltung einer ausreichenden Liquidität. Dies steht vor Renditeüberlegungen.

1.4 Die Vermögensverwaltung hat im Übrigen so zu erfolgen, dass Sicherheit und genügender Ertrag der Anlagen, eine angemessene Verteilung der Risiken sowie die Deckung des voraussehbaren Bedarfs an flüssigen Mitteln gewährleistet sind.

2. Umsetzung Anlagestrategie

2.1 Die liquiden Mittel (Kassa/Kontokorrent-Konten, Geldmarktanlagen) sollen im Bereiche von CHF 400 000 bis CHF 1 000 000 liegen.

2.2 Der WIR-Guthaben-Saldo darf die Grenze von CHF 100 000 nicht überschreiten.

2.3 Es können angemessene Guthaben in Fremdwährungen gehalten werden, soweit auch Zahlungen in diesen Fremdwährungen erfolgen müssen. Fremdwährungsabsicherungen werden je nach Marktlage, derzeit nur für Euro und USD, und bis max. der Hälfte des Jahresbedarfs getroffen.

2.4 Die liquiden Mittel, welche den Saldo von CHF 100 000 übersteigen, sind in Geldmarktanlagen oder kurzfristigen Obligationen oder ähnlichen Instrumenten anzulegen. Die feste Anlagedauer darf 24 Monate nicht übersteigen.

2.5 Es ist darauf zu achten, dass Forderungen aus Guthaben, Obligationen oder ähnlichen Instrumenten gegenüber keiner Bank bzw. keinem Finanzschuldner mehr als CHF 100 000 betragen, es sei denn, es bestünden gleichzeitig jederzeit verrechenbare Schulden im CHF 100 000 übersteigenden Betrag.

2.6 Der Verwaltungsrat bestimmt, mit welchen Banken zusammengearbeitet wird.

2.7 Beteiligungen an Firmen und Institutionen im Wert über CHF 100 000 (Aktien, Genossenschaftsanteilscheine usw.) werden nur mit Bewilligung durch den Verwaltungsrat erworben bzw. veräussert. Beteiligungen bis CHF 10 000 werden buchhalterisch sofort abgeschrieben.

2.8 Der Erwerb und die Veräusserung von anderen Aktiven zur Vermögensanlage im Wert über CHF 200 000 (wie z. B. Immobilien, Edelmetallen, Sammelobjekte, Wertgegenstände usw.) müssen im Einzelfall durch den Verwaltungsrat bewilligt werden.

3. Schlussbestimmungen

3.1 Änderungen und Ergänzungen dieses Reglements bedürfen zu ihrer Gültigkeit der Schriftform.

3.2 Das vorliegende Reglement ist vom Verwaltungsrat an seiner Sitzung vom 1. April 2014 genehmigt worden und sofort in Kraft getreten.

****

8000 Zürich, 1. April 2014

Für den Verwaltungsrat:

_____

Dr. Felix Muster / Hans Schmid

Anlagereglement der Muster-Gruppe (Konzern)

I. Grundlage und Zielsetzungen

1. Die Grundsätze dieses Anlagereglements leiten sich aus der Eignerstrategie der MUSTER-Gruppe ab.
2. Das Anlagereglement wird vom Verwaltungsrat der Muster Holding AG für die Anwendung in der gesamten Muster Gruppe erlassen.
3. Ziel der Anlage von finanziellen Mitteln ist primär die stete Aufrechterhaltung der Liquidität sowie die Sicherheit der Anlage; diese Ziele gehen daher vor Renditeüberlegungen.

II. Grundsätze

1. Die Ziele und Grundsätze, die Durchführung und Überwachung der Vermögensanlage sind nachvollziehbar so festzusetzen, dass der Verwaltungsrat seine Führungsaufgabe vollumfänglich wahrnehmen kann.
2. Die Vermögensverwaltung hat so zu erfolgen, dass Sicherheit und genügender Ertrag der Anlagen, eine angemessene Verteilung der Risiken sowie die Deckung des voraussehbaren Bedarfs an flüssigen Mitteln gewährleistet sind.
3. Die Anlagen erfolgen im Rahmen der durch den Verwaltungsrat festgelegten Anlagestrategie:
   a) Die Vermögensanlagen sind sorgfältig auszuwählen, zu bewirtschaften und zu überwachen.
   b) Bei der Anlage des Vermögens ist in erster Linie darauf zu achten, dass die Sicherheit Vorrang vor Rendite hat. Die Beurteilung der Sicherheit erfolgt insbesondere in Würdigung der gesamten Aktiven und Passiven nach Massgabe der tatsächlichen finanziellen Lage sowie der zu erwartenden Entwicklung des Gesamtvermögens.
   c) Bei der Anlage des Vermögens müssen die Grundsätze der angemessenen Risikoverteilung einhalten werden; die Mittel müssen auf verschiedene Anlagekategorien, Regionen und Wirtschaftszweige verteilt werden.

d) Eine Aufteilung des Vermögens in kurz-, mittel- und langfristige Anlagen ist vorzusehen.

e) Mittelfristig wird eine leicht höhere Rendite als das Niveau der Geldmarktsätze erwartet.

III. Wertschriftenanlagen

1. Anlagestrategie

1.1 Der Verwaltungsrat legt für die finanziellen Mittel innerhalb der Muster Gruppe folgende Anlagestrategie fest:

Anlagekategorie	Strategische Asset Allocation	Taktische Asset Allocation
Liquiditäten, Geldmarktanlagen, Call- bzw. Festgelder	5%	+/–10%
Aktien Schweiz	15%	
Aktien Ausland	5%	
Aktien Total	*20%*	*+/–5%*
Obligationen Schweiz	50%	+/–10%
Obligationen Ausland	15%	+/–5%
Obligationen Total	65%	+/–15%
Immobilien, Immobilienfonds	*5%*	*+/–4%*
Alternative Anlagen, Derivative*	*5%*	*+/–4%*
Anlagen Total	*100%*	

* Alternative Anlagen, Derivative: Derivative Anlagen, Private Equity, Hedge Funds, Rohstoffe (Gold etc.)

1.2 Der Fremdwährungsanteil soll zwischen 20% und 30% betragen. Fremdwährungspositionen sind angemessen abzusichern.

1.3 Bei den Obligationen soll je Einzelschuldner eine Begrenzung von max. 8% der Totalanlagen erfolgen.

2. Umsetzung der Anlagestrategie

2.1 Der Verwaltungsrat delegiert die Umsetzung der Anlagestrategie an einen Vermögensverwalter. Als Vermögensverwalter kann auch der CFO der Muster-Gruppe eingesetzt werden.

2.2 Der Vermögensverwalter trifft die Anlageentscheide im Rahmen der vom VR beschlossenen Anlagestrategie. Bei der Auswahl der Titel ist die Grösse und Handelbarkeit der Titel zu berücksichtigen.

2.3 Der Verwaltungsrat entscheidet, mit welcher Bank Beziehungen aufgenommen werden und legt die Anteile der verwalteten Vermögen in Prozenten fest.

2.4 Der Vermögensverwalter ist Kontaktperson zu den Banken. Auf Antrag des Vermögensverwalters entscheidet der Verwaltungsrat, mit welcher Bank die Anlagen selber durchgeführt resp. ein Vermögensverwaltungsmandat erteilt wird. Der Vermögensverwalter beaufsichtigt die involvierten Banken auf Richtigkeit und Vollständigkeit der Transaktionen.

2.5 Quotenüberschreitungen sind innerhalb von 12 Monaten zu korrigieren. Klumpenrisiken sind zu vermeiden.

2.6 Der Vermögensverwalter informiert den Verwaltungsrat monatlich über den Stand der Anlagen. Der Verwaltungsrat kann jedoch jederzeit Einblick in die getätigten Wertschriftentransaktionen nehmen.

2.7 Der Vermögensverwalter erläutert dem Verwaltungsrat an den ordentlichen Verwaltungsratssitzungen über die getroffenen Anlageentscheide, die erzielte Performance und die erwarteten Entwicklungen an den Anlagemärkten. Der Verwaltungsrat beurteilt die erzielte Performance und entscheidet über allfällige Massnahmen.

IV. Übrige Anlagen der Holding

1. Unter «übrigen Anlagen» sind alle nicht klassischen Wertschriftengeschäfte wie Beteiligungen, Darlehen etc. zu verstehen.

2. Für die übrigen Anlagen ist der Verwaltungsrat zuständig. Dieser holt, sofern er nicht über eigenes Fachwissen verfügt, vorgängig die Meinung externer Fachleute ein (Immobilienfachleute, Banken, Revisionsstelle, Vermögensverwalter usw.). Dies gilt insbesondere für Anlagegeschäfte zwischen der Holding und ihrer Tochtergesellschaften bzw. den der Gruppe nahe stehenden Personen.

V. Loyalität in der Vermögensverwaltung

1. Der Vermögensverwalter hat dem Verwaltungsrat jährlich eine schriftliche Erklärung darüber abzugeben, dass weder er noch sein Arbeitgeber oder diesen nahestehende Personen persönlichen Vermögensvorteile im Zusammenhang mit der Ausübung seiner Tätigkeit für die Mustergruppe entgegengenommen haben, ausser den der Muster Gruppe offen in Rechnung gestellten Honorare. Nicht offenlegungspflichtig sind Bagatell- und übliche Gelegenheitsgeschenke unter CHF 200.00.

2. Der Vermögensverwalter darf Eigengeschäfte tätigen, sofern solche Geschäfte durch den Verwaltungsrat nicht ausdrücklich untersagt worden und nicht missbräuchlich sind.

3. Missbräuchlich sind namentlich die folgenden Verhaltensweisen, unabhängig davon, ob daraus Vermögensvorteile resultieren oder nicht:

   a) das Ausnutzen eines kursrelevanten Informationsvorsprunges zur Erlangung eines Vermögensvorteils

   b) das Handeln in einem Titel oder in einer Anlage, solange die Holding mit diesem Titel oder dieser Anlage handelt und sofern der Holding daraus ein Nachteil entstehen kann; dem Handeln gleichgestellt ist die Teilnahme an solchen Geschäften in anderer Form

   c) das Tätigen von Anlagen in Kenntnis von geplanten oder beschlossenen Transaktionen der Holding («front running»).

4. Das Tätigen von Parallelanlagen («parallel running») ist erlaubt, sofern daraus keine Nachteile für die Gesellschaft erwachsen.

VI. Schlussbestimmungen

1. Änderungen und Ergänzungen dieses Reglements bedürfen zu ihrer Gültigkeit der Schriftform.

2. Das vorliegende Reglement ist vom Verwaltungsrat an seiner Sitzung vom 1. April 2014 genehmigt worden und sofort in Kraft getreten.

****

Zürich, den 1. April 2014

Der VR-Präsident: Der VR-Sekretär:

_____   _____

Max Muster   Felix Müller

11.7	Anmeldung zur Eintragung eines VR

Anmeldung   Firmennummer CH-180.5.938.711-5

Zur Eintragung in das Handelsregister wird Folgendes angemeldet:

0. Unternehmensidentifizierung

0.1.1. Firma

Muster Holz AG

0.2. Sitz

Winterthur / ZH

0.3. Kurzzweck

Fabrikation von und Handel mit Produkten auf Holzbasis sowie Übernahme und Vergebung von Lizenzen und Vertretungen.

0.4. Rechtsform

Aktiengesellschaft

0.5. SHAB-Zitat

(SHAB Nr. 24 vom 06.03.2012, ID 6536555)

1.05. Statutenänderung

--

1.1. Firma neu

--

2. Sitz neu

--

3. Domizil neu

--

4. Rechtsform neu

--

5. Zweck neu

--

7.1. Aktienkapital neu

--

7.2. Liberierung Aktienkapital neu

--

7.3.	**Aktien neu**
	--
7.4.	**Partizipationskapital neu**
	--
7.5.	**Liberierung Partizipationskapital neu**
	--
7.6.	**Partizipationsscheine neu**
	--
8.1.	**Qualifizierte Tatbestände neu**
	--
8.2.	**Genussscheine neu**
	--
9.	**Publikationsorgan neu**
	--
10.	**Mitteilungen neu**
	--
11.	**Vinkulierung neu**
	--
12.	**Statutarische Vorrechte neu**
	--
13.	**Bemerkungen neu**
	--
14.0.	**Ausgeschiedene Personen und erloschene Unterschriften**
	Muster, Felix, von Winterthur, in Zürich
	F: Mitglied Z: Einzelunterschrift
14.	**Eingetragene Personen neu oder mutierend**
	Meier, Dr. Robert, geb. 29.11.55, männlich, von Bassersdorf/ZH, in Kloten/ZH
	F: Mitglied Z: Kollektivunterschrift zu zweien
17.	**Belege**
	1. Anmeldung
	2. Auszug aus dem VR-Protokoll

18.	**Gebührenadressat**
	Muster Holz AG
	Landstrasse 30
	8400 Winterthur /ZH
19.1	**Bestellungen**
	1 Handelsregisterauszug
19.2	**Lieferung an**
	Hösli & Partner Rechtsanwälte
	Liebestrasse 1
	8400 Winterthur/ZH
20.	**Registerhinweise**
	--
21.	**Ort und Datum**
	_____
22.	**Beglaubigung**
	--
23.	**Unterschriften der anmeldenden Personen**
	Persönliche Unterschriften von zwei kollektiv zeichnungsberechtigten Verwaltungsratsmitgliedern:

_____   _____

Schmid, Florina   Manser, Lukas

24: **Firmenunterschrift:**

Muster Holz AG:

_____

Meier, Dr. Robert

11.8 Annahmeerklärung als Revisionsstelle

Revisionsgesellschaft AG

Revisionsgesellschaft AG
Gatterweg 2
CH-8001 Zürich
SWITZERLAND
Tel.   +41 (0) 44 000 00 00
Fax   +41 (0) 44 000 00 01

An den Verwaltungsrat
der Mustergesellschaft AG
8001 Zürich

Zürich, 1. März 2014

Annahmeerklärung als Revisionsstelle der Mustergesellschaft AG, Zürich

Sehr geehrte Damen und Herren

Hiermit erklären wir, dass wir eine durch die Generalversammlung vom 15. April 2014 zu beschliessende Wahl als Revisionsstelle der Mustergesellschaft AG für das Geschäftsjahr 2014 gerne annehmen werden.

Wir bestätigen, dass unser Unternehmen und die an der Prüfung beteiligten Personen die gesetzlichen Erfordernisse betr. Zulassung und Unabhängigkeit erfüllen.

Freundliche Grüsse

Revisionsgesellschaft AG

Im Doppel

11.9 Annahmeerklärung als VR

Emil Moser
Aussichtsstrasse 105
6300 Zug

An die
Generalversammlung der
Muster Holding AG
8000 St. Gallen

Zug, 1. April 2014

Annahmeerklärung als Verwaltungsrat der Muster Holding AG, Maienburg

Sehr geehrte Damen und Herren

Im Hinblick auf die demnächst stattfindende Generalversammlung, erkläre ich hiermit bereits heute die Annahme einer allfälligen Wahl als Verwaltungsrat der Muster Holding AG, da ich persönlich nicht an der Generalversammlung teilnehmen kann.

Für das mir entgegengebrachte Vertrauen danke ich Ihnen im Voraus bestens.

Mit freundlichen Grüssen

Emil Moser

Reglement
Audit Committee/Prüfungsausschuss
der
Mustergesellschaft AG
in Zürich

I. Ziele und Zweck des Prüfungsausschusses

Der Prüfungsausschuss hat primär die Aufgabe, den Gesamtverwaltungsrat bei seiner finanziellen Führungsaufgabe (Ausgestaltung des Rechnungswesens, Finanzplanung, Finanzkontrolle) zu unterstützen. Namentlich überwacht er die Strukturen und Abläufe im Bereich des Finanz- und Rechnungswesens sowie die Prüfung durch die Revisionsstelle, um eine transparente, gesetzeskonforme finanzielle Berichterstattung und Prüfung sicherzustellen. Zudem beurteilt der Prüfungsausschuss auch die Wirksamkeit des Internen Kontrollsystem (IKS), das Risiko-Management, die Einhaltung der gesetzlichen und regulatorischen Vorschriften (soweit sie die Rechnungslegung tangieren), und allenfalls die Effektivität der Internen Revision.

In der Ausübung seiner Funktion unterhält der Prüfungsausschuss eine effiziente und enge Kommunikation mit dem Gesamtverwaltungsrat, der Geschäftsleitung, den externen Prüfern und der internen Revision.

II. Mitgliedschaft

Die Mitglieder des Prüfungsausschusses und dessen Präsident werden – auf Antrag des Nominierungsausschusses – durch den Gesamtverwaltungsrat anlässlich der konstituierenden Sitzung (in der Regel in der ersten Sitzung nach der Generalversammlung) gewählt. Die Mitglieder des Prüfungsausschusses müssen dem Verwaltungsrat angehören.

Der Prüfungsausschuss umfasst mindestens drei Mitglieder. Die Mitglieder sollen nicht exekutive und vorzugsweise unabhängige Mitglieder des Verwaltungsrates sein. Der Verwaltungsratspräsident der Gesellschaft soll nicht Mitglied des Prüfungsausschusses sein.

Der Sekretär des Verwaltungsrates ist auch der Sekretär des Prüfungsausschusses.

Jedes Mitglied des Prüfungsausschusses hat die erforderlichen Kenntnisse und Erfahrungen im Bereich des Finanz- und Rechnungswesens der Gesellschaft und des Konzerns.

Um seiner Aufgabe gerecht zu werden, verpflichtet sich jedes Mitglied des Prüfungsausschusses zu der erforderlichen Aus- und Weiterbildung.

Mindestens ein Mitglied ist ein ausgewiesener Fachmann mit vertieften Kenntnissen auf dem Gebiet des Finanz und Rechnungswesens, der in der Gesellschaft bzw. im Konzern angewendeten Rechnungslegungsstandards und des Prüfungswesens.

Die Amtsdauer beträgt ein Jahr. Wiederwahl ist möglich.

III. Arbeitsweise/Sitzungen

Der Prüfungsausschuss arbeitet in Sitzungen. Teilnehmer an den Sitzungen des Prüfungsausschusses sind dessen Mitglieder. Die Mitglieder des Prüfungsausschusses sollten an allen Sitzungen des Ausschusses teilnehmen.

Zu den Sitzungen des Prüfungsausschusses können bei Bedarf, mindestens jedoch einmal jährlich auch Mitglieder der Geschäftsleitung (namentlich der CEO, der CFO), der Leiter der internen Revision und der leitende externe Prüfer eingeladen werden.

Der Leiter der internen Revision und der leitende Revisor der externen Revision sind eingeladen, die Planung und die Ergebnisse ihrer Prüfungen dem Prüfungsausschuss zu präsentieren.

Der Prüfungsausschuss tagt mindestens dreimal jährlich. Seine Sitzungen korrespondieren im zeitlichen Ablauf mit dem Prozess der Abschlusserstellung und Rechnungslegung. In der Regel findet die erste Sitzung im Herbst statt (Schwergewicht: Prüfungsplanung), die zweite Ende Jahr (Schwergewicht: Ergebnisse der Zwischenrevision, Existenz und Wirksamkeit des IKS, Ermessensentscheide im Abschluss), die dritte im Frühjahr (Schwergewicht: Jahresrechnung und Prüfungsergebnisse).

Um beschlussfähig zu sein, muss immer mindestens die Mehrheit aller Mitglieder an der Sitzung anwesend sein.

Bei Bedarf werden zusätzliche Sitzungen durch die Mitglieder des Prüfungsausschusses vereinbart. Die Einladung erfolgt auf Veranlassung des Ausschusspräsidenten durch den Sekretär.

Mindestens einmal jährlich findet eine Besprechung des Prüfungsausschusses mit den externen Prüfern statt, ohne dass Mitglieder der Geschäftsleitung anwesend sind («private session»).

Der Prüfungsausschuss trifft sich regelmässig mit dem Rechtsberater der Gesellschaft.

Der Präsident des Prüfungsausschusses erstellt vor jeder Sitzung die Traktandenliste.

Der Sekretär des Prüfungsausschusses stellt die Einladung – mit Traktandenliste sowie den notwendigen Unterlagen – den Mitgliedern mindestens eine Woche vor der Sitzung zu.

Von jeder Sitzung wird ein Kurzprotokoll erstellt und allen Mitgliedern des Verwaltungsrates zugestellt.

IV. Rechte des Prüfungsausschusses

Der Gesamtverwaltungsrat ermächtigt den Prüfungsausschuss im Rahmen seiner Verantwortlichkeiten zu Folgendem:

- Beizug von Mitgliedern der Geschäftsleitung, des Kaders und Mitarbeitern zu den Sitzungen des Prüfungsausschusses, soweit es angemessen erscheint.
- Bei Bedarf Beizug von Fachleuten (Rechtsberater, Fachleute des Rechnungswesens oder eines sonstigen Experten) auf Kosten der Gesellschaft.
- Uneingeschränkter Zugang zu den Mitgliedern der Geschäftsleitung, des Kaders und den Mitarbeitern.
- Uneingeschränkter Zugang zu den relevanten Informationen.
- Honorierung gemäss separatem Entschädigungsreglement für den VR.

V. Aufgaben und Verantwortlichkeiten des Prüfungsausschusses

1. Allgemeine Aufgaben

Der Prüfungsausschuss hat folgende Allgemeine Aufgaben:

- Festlegung von Strukturen und Abläufen zur Behandlung von Problemen/Fragen, die von den Mitarbeitern der Muster AG an den Prüfungsausschuss herangetragen worden sind, soweit sie die Rechnungslegung, das IKS und die Prüfung betreffen.
- Festlegung des Ablaufes zur Behandlung von Anfragen und Klagen, welche die Gesellschaft bezüglich Rechnungslegung, IKS und Prüfung erhalten hat.
- Erstellung eines Vorschlages zuhanden des Verwaltungsrates für die Wahl der Revisionsstelle.

2. In Bezug auf das Interne Kontrollsystem (IKS)

Der Prüfungsausschuss hat

- zu beurteilen, ob die Geschäftsleitung eine angemessene «Kontroll-Kultur» erarbeitet, befolgt und vorlebt und namentlich die Wichtigkeit des Internen Kontrollsystems und des Risikomanagements stets betont.
- sich ein Bild zu machen von der Existenz und der Wirksamkeit des Internen Kontrollsystems, das von der Geschäftsleitung installiert worden ist, zur Genehmigung von Transaktionen, deren Verbuchung und des Prozesses der finanziellen Berichterstattung.
- die von der Geschäftsleitung eingebauten wesentlichen Kontrollen (Schlüsselkontrollen) und Abläufe zu verstehen, die sicherstellen,
  - dass die Quartals/Jahresabschlüsse vollständig und richtig aus der Buchhaltung abgeleitet,

- dass die Rechnungslegungsstandards richtig angewendet,
- dass die übrigen Erfordernisse des Abschlusses berücksichtigt worden sind, und
- dass sie von der Geschäftsleitung vorgängig kritisch durchgesehen worden sind.
- allgemein die Wirksamkeit des Internen Kontrollsystems und des Risikomanagements zu bewerten und dabei zu prüfen, ob die von der Internen Revision bzw. den externen Prüfern vorgeschlagenen Empfehlungen zum IKS von der Geschäftsleitung umgesetzt worden sind.
- zu beurteilen, wie die Geschäftsleitung die Sicherheit des EDV-Systems und der Anwenderprogramme sicherstellt, ob die notwendigen Massnahmen und Vorbereitungen getroffen sind für den Fall eins EDV-System-Absturzes, wie das System gegen Betrug und Missbrauch geschützt wird.

3. In Bezug auf die Rechnungslegung

Der Prüfungsausschuss hat

- sich einen Überblick über die Gebiete/Bereiche mit den grössten finanziellen Risiken zu verschaffen und sich ins Bild zu setzen, wie diese Risiken behandelt werden.
- die wesentlichen Problembereiche in Bezug auf Rechnungslegung und Berichterstattung, insbesondere die Anwendung von Schätzungen, Ermessensentscheide durch die Geschäftsleitung, vorzeitige Anwendung von Rechnungslegungsstandards etc. kritisch zu hinterfragen (Plausibilisierung der getroffenen Annahmen, alternative Darstellungsmöglichkeiten beurteilen etc.).
- die neuesten Entwicklungen bei den gesetzlichen und regulatorischen Vorschriften, bei den Rechnungslegungsstandards und den Prüfungsgrundsätzen zu beobachten und deren Einfluss auf die Rechnungslegung der Gesellschaft und des Konzerns zu beurteilen.
- den von der Geschäftsleitung festgelegten Prozess der periodischen Abschlusserstellung und Prüfung in Bezug auf Realisierbarkeit, zeitliche Friktionen, allfällige Spezialanforderungen des Prüfungsausschusses und des Verwaltungsrates etc. zu begutachten.
- die Zwischenabschlüsse und den Jahresabschluss vor der Genehmigung durch den Verwaltungsrat und der Veröffentlichung kritisch durchzusehen.
- sicher zu stellen, dass die in den Pressemitteilungen und Analystenpräsentationen gemachten Darlegungen mit den in den Abschlüssen publizierten Angaben und Zahlen konsistent und klar sind.
- sich mit der Geschäftsleitung und den externen Prüfern zu treffen und die Abschlüsse, die Anwendung der Rechnungslegungsgrundsätze, die Ermessensentscheide und die Ergebnisse der Prüfung zu erörtern.
- sicher zu stellen, dass wesentliche Anpassungen, unterschiedliche Auffassungen mit der Geschäftsleitung, heikle Rechnungslegungsstandards und deren Anwendung mit den externen Prüfern besprochen werden.

– einen Antrag an den Verwaltungsrat zur Genehmigung der Jahresrechnung/Konzernrechnung sowie zur Behandlung der Ergebnisse der Prüfung durch die Revisionsstelle abzugeben.

– die übrigen Bestandteile des Geschäftsberichtes kritisch durchzusehen im Hinblick auf die Verständlichkeit und Konsistenz der Angaben.

4. In Bezug auf die Einhaltung von gesetzlichen und regulatorischen Vorschriften

Der Prüfungsausschuss

– überprüft die Wirksamkeit und Durchführung der Kontrollen der Einhaltung von Gesetzen und regulatorischen Vorschriften.

– beurteilt die Resultate von Untersuchungen, welche im Auftrag oder durch die Geschäftsleitung selbst im Zusammenhang mit Gesetzesverstössen erfolgt sind, zudem stellt der Prüfungsausschuss sicher, dass entsprechend den Untersuchungsergebnissen Massnahmen umgesetzt werden.

– verlangt regelmässig von der Geschäftsleitung und vom Rechtsberater der Gesellschaft eine Berichterstattung betreffend die Einhaltung derjenigen Vorschriften, die einen wesentlichen Einfluss auf die Jahresrechnung/Konzernrechnung und die Geschäftsgrundsätze zur Einhaltung von Gesetz und regulatorischen Vorschriften haben.

– überzeugt sich, dass alle für das Unternehmen relevanten regulatorischen Vorschriften bei der Erstellung der Jahresrechnung/Konzernrechnung beachtet worden sind.

– orientiert sich über die Ergebnisse allfälliger Prüfungen durch Börsenaufsichtsbehörden und deren Behandlung.

VI. Zusammenarbeit mit den externen Prüfern (Revisionsstelle)

Der Prüfungsausschuss

– beurteilt die Einhaltung der Zulassungs- und fachlichen Voraussetzungen der externen Prüfer (inklusive Beurteilung der Kenntnisse und Erfahrungen des leitenden Revisors und des Prüferteams).

– beurteilt die Unabhängigkeit der externen Prüfer und möglicher Interessenkonflikte.

– beurteilt jährlich die Leistungen der externen Prüfer und macht eine Empfehlung zur Wiederwahl/Beendigung ihres Mandates an den Verwaltungsrat.

– beurteilt den von den externen Prüfer vorgeschlagenen Prüfungsplan (Prüfungsumfang, Prüfungsschwergewichte, Termine, etc.) im Hinblick auf das derzeitigen Umfeld der Gesellschaft, anstehenden regulatorischen Änderungen sowie weiteren anderen Anforderungen und Bedürfnissen, allenfalls Vereinbarung von speziell von der Revisionsstelle zu beurteilenden Bereichen und Abläufen.

- bespricht mit den externen Prüfern alle im Verlauf der Revision aufgetauchten Probleme, inklusive allfällige Verweigerungen bzw. Einschränkung des Zuganges zu erforderlichen Informationen und weiteren Einschränkungen des vereinbarten Prüfungsumfanges.
- stellt sicher, dass alle wesentlichen Feststellungen und Empfehlungen der externen Prüfer sowie die Stellungnahme der Geschäftsleitung zu diesen Feststellungen dem Prüfungsausschuss zur Kenntnis gelangen, im Prüfungsausschuss besprochen und entsprechende Massnahmen veranlasst werden.
- bespricht mit den externen Prüfern, ob die angewendeten Rechnungslegungs- und Bewertungsgrundsätze für die betreffende Gesellschaft angemessen sind und ob sie bei der Erstellung des Abschlusses eher aggressiv, ausgewogen oder als zu konservativ angewendet worden sind.
- bespricht alle Themen, die gemäss Auffassung des Prüfungsausschusses und der externen Prüfer unter Ausschluss der Mitglieder der Geschäftsleitung behandelt werden sollten, in einer separaten Sitzung (private session).
- überprüft die Grundsätze zur Erteilung von Aufträgen, die nicht die eigentliche Prüfung betreffen, an die externen Prüfer im Hinblick auf eine mögliche Beeinträchtigung der Unabhängigkeit und die Einhaltung der regulatorischen Vorschriften und erteilt – wo dies verlangt wird – die vorgängige Genehmigung für solche Aufträge.
- stellt sicher, dass die Gesellschaft die geltenden Vorschriften bei der Anstellung von Kadern beachtet, wenn diese zuvor bei der Gesellschaft als deren externe Prüfer gewirkt hatten (namentlich in Bezug auf allfällige «cooling off»-Perioden).

VII. Interne Revision

Der Prüfungsausschuss

- beurteilt die Aktivitäten, die Ressourcen, die Organisation und Eingliederung der Internen Revision und stellt sicher, dass deren Tätigkeit nicht durch unbegründete Einschränkungen und Hindernisse beeinträchtigt wird.
- nimmt bei der Anstellung, der Beförderung oder Entlassung des Chefs der Internen Revision teil und diskutiert mit den externen Prüfern den Qualitätsstand der Arbeiten der Mitarbeiter der Internen Revision (unter Berücksichtigung der Resultate der periodischen Review durch externe Berater).
- trifft sich regelmässig mit dem Leiter der Internen Revision zu Besprechungen von Angelegenheiten, von denen der Prüfungsausschuss bzw. die Interne Revision glaubt, sie sollten zwischen diesen beiden Gremien vertraulich (d.h. ohne Anwesenheit des Geschäftsleiters und Finanzchefs) behandelt werden.
- stellt sicher, dass alle wesentlichen Feststellungen und Empfehlungen der Internen Revision sowie die Stellungnahme der Geschäftsleitung zu diesen Feststellungen dem Prüfungsausschuss zur Kenntnis gelangen, im Prüfungsausschuss besprochen und entsprechende Massnahmen veranlasst werden.

– beurteilt den vorgeschlagenen Prüfplan der Internen Revision für das kommende Jahr und stellt sicher, dass die Kernbereiche und die wesentlichen Risiken abgedeckt werden und dass eine angemessene Koordination der Tätigkeiten der Internen Revision mit denjenigen der externen Prüfer erfolgt.

VIII. Berichterstattung

Der Prüfungsausschuss

– unterrichtet den Gesamtverwaltungsrat regelmässig über seine Tätigkeit und macht Empfehlungen zu den Traktanden, die seinen Tätigkeitsbereich betreffen.

– stellt sicher, dass der Gesamtverwaltungsrat über alle Angelegenheiten orientiert ist, welche die finanzielle Lage der Gesellschaft/des Konzerns und das Geschäftsumfeld wesentlich beeinflussen könnten.

– erstellt die vom Gesetz, den regulatorischen Behörden oder dem Gesamtverwaltungsrat verlangten Berichte, namentlich jenen Bericht über die eigenen Aktivitäten und Verantwortlichkeiten, der im Geschäftsbericht im Bereich «Corporate Governance» offen gelegt wird.

IX Beurteilung der eigenen Wirksamkeit

Der Prüfungssauschuss

– bewertet in regelmässigen Abständen die eigene Leistung – sowohl jedes einzelnen Mitgliedes als auch des Prüfungsausschusses als Gesamtes und legt allenfalls notwendige Massnahmen fest.

– beurteilt das Erreichen der im Pflichtenheft festgelegten Aufgaben und berichtet dem Gesamtverwaltungsrat über die Ergebnisse.

X. Beurteilung des Pflichtenhefts

Der Prüfungsausschuss

– überprüft jährlich sein eigenes Pflichtenheft und bespricht die notwendigen Anpassungen mit dem Gesamtverwaltungsrat.

– stellt sicher, dass das Pflichtenheft und dessen Anpassungen jeweils vom Verwaltungsrat genehmigt werden.

XI. Inkrafttreten

Vorliegendes Reglement ist vom Verwaltungsrat am 1. April 2014 genehmigt und mit sofortiger Wirkung in Kraft gesetzt worden.

Zürich, den 1. April 2014

Der VR-Präsident: Der VR-Sekretär:

_____   _____

Dr. Max Muster   Hans Müller

11.11 Aufgaben VR-Checkliste

Checkliste zur Erfüllung der Aufgaben des Verwaltungsrates

Oberleitung der Gesellschaft

- ☐ Festlegung der *Unternehmensstrategie* mit Vision und Leitbild gemäss Vorgabe in den Statuten und in einer allfälligen Eignerstrategie
- ☐ Analyse von Stärken und Schwächen, Gefahren und Chancen des Unternehmens *(SWOT-Analyse)* im Hinblick auf die Unternehmensstrategie
- ☐ Wahl der Mittel und Ressourcen, um die Unternehmensstrategie umzusetzen und Festhalten der Vorgaben in einem *Businessplan*
- ☐ Erteilung von *Weisungen an die Geschäftsleitung* zur Umsetzung der Unternehmensstrategie bzw. Vollzug des Businessplans
- ☐ Im Falle von Tochtergesellschaften *Vorgaben zur Gruppenführung*, insbesondere bezüglich erlaubten Hinweisen auf die Konzernstruktur (Konzernhaftung)
- ☐ Sicherstellung, dass bei jeglicher Geschäftstätigkeit stets alle gesetzlichen, statutarischen und reglementarischen Vorschriften befolgt werden *(Compliance)*
- ☐ Verhinderung von unrichtigen oder irreführenden Angaben in *Emissionsprospekten* oder ähnlichen Mitteilungen bei der Ausgabe von Aktien oder anderen Titeln
- ☐ Festlegung der *Personalpolitik* inkl. Umgang mit Sozialpartnern und Massnahmen zur Verhinderungen von Diskriminierung und sexueller Belästigung
- ☐ Einholen aller notwendigen *behördlichen Bewilligungen* zur Aufnahme und Fortführung der Geschäftstätigkeit
- ☐ Erlass einer *Risk Management Policy*, um die systematische Erfassung, Bewertung und Bearbeitung aller für das Unternehmen relevanten Risiken sicherzustellen
- ☐ Festlegung der *Immaterialgüterstrategie*, insbesondere welche relevanten Immaterialgüter in welcher Form und in welchen Ländern geschützt werden sollen
- ☐ Sicherstellung des notwendigen *Schutzes aller relevanten Immaterialgüter*, insbesondere Firma, Domain-Name, Marken, Design und Patente
- ☐ Festlegung der *Kommunikationsstrategie* gegen Innen und Aussen, ev. in einem Kommunikationsreglement inkl. Umgang mit Social Media und entspr. Monitoring
- ☐ Vorgabe von Grundsätzen des *Vertragsmanagements* zur Verhinderung von übermässigen Risiken insbesondere durch Garantien oder Konventionalstrafen

- ☐ Entscheid über den *Abschluss wichtiger Verträge* (z.B. Outsourcing-, Lizenz-, Alleinvertriebs-, Baurechtsverträge oder Kreditverträge)
- ☐ Abhaltung von VR-Sitzungen gemäss *Führungskalender*, um das Unternehmen zu führen und zu kontrollieren sowie bei Zielabweichungen fristgerecht einzugreifen
- ☐ Mindestens einmal jährlich kritische Diskussion der aktualisierten *Master Risk List* mit den grössten Risiken und den diesbezüglich einzuleitenden Massnahmen
- ☐ Mindestens einmal jährlich Überprüfung der Versicherungssituation auf Grund einer aktualisierten *Versicherungsübersicht* bzgl. Vollständigkeit und Angemessenheit
- ☐ Entscheid über die Anhebung, den Weiterzug oder den Rückzug von *Klagen und Vergleichen* mit einem bedeutenden Streitwert

Organisation der Gesellschaft

- ☐ Beschluss über die interne *Konstituierung* des VR mit Bestimmung von Präsident (bei kotierten Gesellschaften Wahl durch GV), Vizepräsident und Sekretär
- ☐ Beschluss über die Delegation der Geschäftsführung an einen VR-Delegierten oder an eine Geschäftsleitung mit entsprechendem *Stellenbeschrieb*
- ☐ Bestimmung der Organisationsstruktur des Unternehmens und basierend darauf Festlegung des *Organigramms*
- ☐ Bestimmung des für die Sicherheit im Unternehmen Verantwortlichen *(Sicherheitsbeauftragter)* und Klarstellung seiner Aufgaben in einem Stellenbeschrieb
- ☐ Erlass eines *Organisationsreglements* zur Klarstellung von Aufgaben, Kompetenzen und Verantwortlichkeiten innerhalb des Unternehmens
- ☐ Festlegung eines *Funktionendiagramms* zur Abgrenzung der Kompetenzen von strategischer und operativer Führungsebene
- ☐ Erlass aller erforderlichen *Reglemente und Weisungen* zur Sicherstellung einer ordnungsgemässen Geschäftstätigkeit
- ☐ Vorgabe der Führungsinstrumente *(MIS-Konzept)*, um eine ausreichende und rechtzeitige Information des VR sicherzustellen
- ☐ Festlegung der *Zeichnungsberechtigungen* und falls notwendig, zusätzlich Erlass einer internen Richtlinie zur Unterschriftenregelung
- ☐ Festlegung der Entschädigung für die VR-Mitgliedschaft (bei kotierten Gesellschaften durch die Generalversammlung), für allfällige Zusatzfunktionen sowie für eventuelle Sonderaufträge *(Entschädigungsreglement)*
- ☐ Vorgabe der *Lohnpolitik* für die Entlöhnung der Mitarbeiter inkl. jährlicher Beschlussfassung über allfällige Anpassungen
- ☐ Sicherstellung, dass die Eintragungen im *Handelsregister* stets vollständig und korrekt sind

- [ ] Im Falle von Namenaktien Aktualisierung und Kontrolle des *Aktienbuches* mit Klarstellung der jeweils physisch ausgegebenen Aktien
- [ ] Bei Namenaktien je nach Bedarf Beschluss über die Zustimmung zur *Aktienübertragung* unter Berücksichtigung allfälliger statutarischer Vinkulierungsbestimmungen
- [ ] Vollständige und wahrheitsgemässe Erstellung von *Protokollen* aller VR-Sitzungen und Sicherstellung einer 10-jährigen Aufbewahrung im Original

Finanzielle Führung der Gesellschaft

- [ ] Erlass von Weisungen zur *Ausgestaltung des Rechnungswesens* inkl. Vorgaben zur Abschlussgestaltung
- [ ] Sicherstellung eines der Art und dem Umfang der Gesellschaft angemessenen *Buchführung*, inkl. Vorgabe eines Internen Kontrollsystems (IKS)
- [ ] Sicherstellung der fristgerechten und korrekten Erstellung eines *Abschlusses* (ordnungsmässige Rechnungslegung)
- [ ] Sicherstellung der *Zwischenabschlüsse* bei kotierten Gesellschaften gemäss Vorschriften der betr. Börse
- [ ] Sicherstellung der Einhaltung der gesetzlichen *Dokumentations- und Aufbewahrungsvorschriften*
- [ ] Periodische Genehmigung eines langfristigen *Finanzplans,* der die Umsetzung des Businessplans sicherstellen soll
- [ ] Jährliche Festlegung des *Budgets* inkl. Investitionsbudget als Grundlage zur Planung und zur Erkennung von Zielabweichungen
- [ ] Vorgaben für ein eventuelles Cash Pooling im Konzern mit Angaben der notwendigen Sicherheiten für die Tochtergesellschaften in einem *Cash Pool Reglement*
- [ ] Erlass eines *Anlagereglements*, um die risikobewusste und nachhaltige Anlage von Assets, insbesondere von überschüssiger Liquidität, sicherzustellen
- [ ] Bestimmung der *Finanzinstitute*, namentlich Banken und Leasinggesellschaften, mit denen das Unternehmen zusammenarbeitet
- [ ] Entscheid über die Umsetzung der gesetzlichen Vorschriften in Bezug auf die *berufliche Vorsorge* (BVG), z.B. Organisation, Finanzierung, Leistung
- [ ] Periodische Beurteilung der Situation der Situation der *Personalvorsorgeeinrichtung* (Deckungsgrad, Vermögensanlage, finanzielle Risiken für den Arbeitgeber)
- [ ] Überwachung des angemessenen Verhältnisses von Fremdkapital und Eigenkapital zu vorhandenen Aktiven *(Eigenfinanzierungsgrad)*
- [ ] Monatliche Überprüfung der vorhandenen und zukünftig benötigten Liquidität *(12-Monate rollierender Liquiditätsplan)*
- [ ] Festlegung der notwendigen *Rückstellungen* beim Jahresabschluss insbesondere für Steuern, Delcredere, Rechtsfälle und Garantien

- ☐ Beurteilung der angemessenen *Abschreibungen und Wertberichtigungen* (Annahmen betr. künftige Entwicklungen, Diskontierungssatz etc.)
- ☐ Beurteilung der *Schwankungsreserven* gemäss Art. 960b OR bei Bewertung von Aktiven zum Marktpreis am Bilanzstichtag
- ☐ Verabschiedung der Jahres- bzw. Konzernrechnung und ev. des Abschlusses nach einem anerkannten Standard zur Rechnungslegung zu Handen der GV
- ☐ Permanente Überwachung und Sicherstellung, dass alle *Sozialversicherungsabgaben und Steuern* ordnungsgemäss gebucht und soweit fällig bezahlt sind
- ☐ Sicherstellung einer gesetzeskonformen und unabhängigen *Revision* der Jahresrechnung bzw. Konzernrechnung, sofern kein rechtskonformes Opting-out erfolgte
- ☐ Festlegung von Prüfungsschwergebieten und von der Revisionsstelle speziell zu prüfenden Punkten (ausserhalb der ordentlichen Prüfung der Jahresrechnung)
- ☐ Genehmigung und Überwachung von *Transaktionen mit nahestehenden Personen* und Mitgliedern der Geschäftsleitung (insbeso. betr. Drittkonditionen)
- ☐ Überwachung der Einhaltung der Bestimmungen von Art. 663b^{bis} (Vergütungen an Organmitglieder) und Art. 663c OR (Darlehen und Beteiligungen)

Ernennung, Überwachung und Abberufung der Geschäftsleitung

- ☐ Rekrutierung, Selektion und *Ernennung von GL-Mitgliedern* entsprechend dem Organigramm
- ☐ Festlegung der *GL-Entschädigung* inkl. Spesenrichtlinie und allfälligem Erfolgsbeteiligungsreglement (bei kotierten Gesellschaften durch die Generalversammlung)
- ☐ Entscheid über Abschluss, Änderung und Auflösung der GL-Arbeitsverträge inkl. Stellenbeschreibung
- ☐ Jährliche *Zielvorgabe* an die GL-Mitglieder inkl. Vorgaben zur persönlichen Aus- und Weiterbildung
- ☐ Sicherstellung der jährlichen Beurteilung aller GL-Mitglieder *(GL-Evaluation)* im Hinblick auf die Zielerreichung und allfällig zu treffende Optimierungsmassnahmen
- ☐ Einleitung der erforderlichen Massnahmen bei Feststellung von Unregelmässigkeiten oder Delikten durch die Geschäftsleitung *(Spezialaudit oder Strafanzeige)*
- ☐ Sicherstellung der *Nachfolgeplanung* in der Geschäftsleitung inkl. Bestimmung von Stellvertretern für kurzfristige Ausfälle und Wechsel
- ☐ Überwachung der Führung von *Arbeitsgerichtsprozessen* und Sicherstellung, dass unnötige Gerichtsprozesse vermieden werden

Erstellung des Geschäftsberichtes und Vorbereitung der GV

- [ ] Verantwortung für die *Formulierung des Geschäftsberichtes*, bestehend aus Jahresrechnung, Lagebericht und allenfalls Konzernrechnung
- [ ] Bei kotierten Gesellschaften Verantwortung für die Erstellung des Vergütungsberichtes
- [ ] Erstellen eines Vorschlags zur *Verwendung des Bilanzgewinnes* unter Beachtung der gesetzlichen Reservezuweisungen
- [ ] Beschluss über die allfällige *Publikation des Geschäftsberichtes* (und allenfalls des Vergütungsberichtes) und Festlegung des Verteilers der gedruckten Exemplare
- [ ] Vorbereitung der *Präsentationen* an der GV inkl. Ausarbeitung von möglichen Antworten auf Fragen
- [ ] *Angaben zur Risikoüberprüfung im Lagebericht*, insbes. bezüglich Organisation des Risk Managements und Risk Policy
- [ ] *Festlegung von Ort und Datum* der Generalversammlung sowie von allfällig speziell Einzuladenden
- [ ] Festlegung der *Traktandenliste* mit Bekanntgabe der Anträge des VR und der allfälligen Anträge der Aktionäre
- [ ] Ausarbeitung von *Wahlvorschlägen* für die von der GV zu wählenden Organe (Verwaltungsrat, Revisionsstelle, bei kotierten Gesellschaften Vergütungsausschuss, unabhängiger Stimmrechtsvertreter)
- [ ] Überprüfung der Unabhängigkeit der Revisionsstelle und Kontrolle der angemessenen Honorarstellung im Hinblick auf den *Antrag zur Wahl der Revisionsstelle*
- [ ] Versand der *Einberufung* und der dazugehörigen Unterlagen unter Einhaltung der gesetzlichen Frist von 20 Tagen oder einer ev. längeren statutarischen Frist
- [ ] Einladung der Revisionsstelle sowie Beizug einer Urkundsperson *(Notar)* bei Statutenänderungen oder beim Liquidationsbeschluss
- [ ] Bereitstellung der *Unterlagen*, die von Gesetzes wegen am Sitz der AG *zur Einsicht* aufgelegt werden müssen (mind. Geschäftsbericht und Revisionsbericht)

Durchführung der GV und Vollzug ihrer Beschlüsse

- [ ] *Mitwirkung an der GV* inkl. allfälliger Übernahme des Vorsitzes und Befolgung der Auskunftspflicht gegenüber den Aktionären
- [ ] Sicherstellung der *Zutrittsberechtigung* und Ausschluss von nicht zutrittsberechtigten Personen im Falle eines Widerspruches von Aktionären
- [ ] Sicherstellung der korrekten *Stimmermittlung* inkl. Feststellung der Stimmberechtigung und Bereitstellung von Unterlagen für eine ev. geheime Abstimmung
- [ ] Vollständige und wahrheitsgemässe Erstellung von *Protokollen* aller Generalversammlungen und Sicherstellung einer 10-jährigen Aufbewahrung im Original

☐ *Anfechtung von GV-Beschlüssen*, wenn diese offensichtlich gesetzlichen oder statutarischen Vorschriften widersprechen

Anrufung und Benachrichtigung des Richters

☐ Einberufung einer a.o. GV, falls die Hälfte des Aktienkapitals und der gesetzlichen Reserven verloren sind, Ausarbeitung von Anträgen betr. *Sanierungsmassnahmen*

☐ Erstellung einer *Zwischenbilanz* zu Veräusserungs- und Fortführungswerten, falls das Risiko einer Überschuldung oder Illiquidität besteht

☐ Veranlassung einer *Zwischenrevision durch. einen zugelassenen Revisor (Art. 725 Abs. 2 OR)*, falls begründete Besorgnis einer Überschuldung besteht

☐ Bei gescheiterter Sanierung oder bei Aussichtslosigkeit einer Sanierung umgehende Benachrichtigung des Richters *(Deponierung der Bilanz)*

11.12   Auftragsbestätigung eingeschränkte Revision

Revisionsgesellschaft AG

Gatterweg 11, 8000 Zürich

Muster AG
Verwaltungsrat
Industriestrasse
8000 Zürich

8. Mai 2014

Auftragsbestätigung

Sehr geehrte Damen und Herren

An der Generalversammlung Ihrer Gesellschaft vom 15. April 2014 wurden wir als Revisionsstelle zur Durchführung einer eingeschränkten Revision (Art. 727a ff. OR) für den Zeitraum vom 1.1.2014 bis zum 31.12.2014 gewählt. Gerne erklären wir die Annahme dieser Wahl. Im Folgenden beschreiben wir Ziel und Umfang unseres gesetzlichen Auftrags konkreter.

Prüfungsgegenstand

Gegenstand der eingeschränkten Revision ist die Jahresrechnung (Bilanz, Erfolgsrechnung und Anhang) und der Antrag über die Verwendung des Bilanzgewinns.

[*Sofern zutreffend*:

Ferner beauftragen Sie uns mit der Prüfung der Existenz des internen Kontrollsystems in Übereinstimmung mit dem Schweizer Prüfungsstandard 890. Unseren Bericht hierüber werden wir an den Verwaltungsrat richten.]

Verantwortung des Verwaltungsrats

Der Verwaltungsrat ist für die Aufstellung der Jahresrechnung in Übereinstimmung mit dem schweizerischen Gesetz und den Statuten verantwortlich.

Verantwortung der Revisionsstelle und Prüfungsvorgehen

Unsere Verantwortung ist es, die Jahresrechnung zu prüfen. Ferner prüfen wir, ob der Antrag des Verwaltungsrats über die Verwendung des Bilanzgewinns dem schweizerischen Gesetz und den Statuten entspricht. Wir werden unsere Prüfung in Übereinstimmung mit dem schweizerischen Gesetz und dem Standard zur Eingeschränkten Revision (SER) vornehmen. Danach ist diese Revision so zu planen und durchzuführen, dass wesentliche falsche Angaben in der Jahresrechnung erkannt werden, wenn auch nicht mit derselben Sicherheit wie bei einer ordentlichen Revision.

Eine eingeschränkte Revision umfasst hauptsächlich Befragungen und analytische Prüfungshandlungen sowie den Umständen nach angemessene Detailprüfungen der in Ihrem Unternehmen vorhandenen Unterlagen. Bei einer eingeschränkten Revision finden insbesondere keine Prüfungen des internen Kontrollsystems, keine Inventurbeobachtungen und keine Einholung von Drittbestätigungen statt. Bei unserer Prüfung gehen wir von der Richtigkeit der erhaltenen Auskünfte und Unterlagen aus, so lange uns keine gegenteiligen Hinweise vorliegen.

Berichterstattung

Unsere Berichterstattung an die Generalversammlung über das Ergebnis der eingeschränkten Revision erfolgt unter Beachtung des schweizerischen Gesetzes und des Schweizer Prüfungsstandards zur eingeschränkten Revision.

Honorar

Für die eingeschränkte Revision der Jahresrechnung per Datum 31.12.2014 schätzen wir das Honorar auf CHF 8600, zuzüglich Auslagen und Mehrwertsteuer.

Falls zusätzliche Aufträge durchgeführt werden:

Für die gemäss ihrem separaten Auftrag durchzuführende zusätzliche Prüfung der Existenz des IKS werden wir absprachegemäss CHF 6000.– verrechnen.

Qualität unserer Dienstleistungen

Bei der Ausführung unserer Arbeiten halten wir uns jederzeit an geltende ethische Grundsätze unseres Berufsstands, anwendbares Recht und anwendbare Regulierungen sowie an den firmeneigenen Verhaltenscodex. Wir haben uns zum Ziel gesetzt, Ihnen jederzeit qualitativ hoch stehende, Ihren Bedürfnissen entsprechende Dienstleistungen zu erbringen.

Dauer und Gültigkeit

Die Auftragsbestätigung bleibt solange gültig, bis sie schriftlich widerrufen oder durch eine neue ersetzt wird. Die beigefügten Allgemeinen Auftragsbedingungen für Prüfungsdienstleistungen bilden einen integralen Bestandteil dieser Auftragsbestätigung. Wir weisen Sie insbesondere auf die Bestimmungen bezüglich Geheimhaltung und Datenschutz hin.

Wir freuen uns auf eine erfolgreiche Zusammenarbeit mit Ihnen. Bei allfälligen Fragen stehen Ihnen die Unterzeichnenden gerne zur Verfügung.

Zum Zeichen Ihres Einverständnisses bitten wir Sie, uns eine unterzeichnete Kopie dieses Schreibens zurückzusenden.

Revisionsgesellschaft AG

_____   _____
Walter Müller   Hans Keller

Einverständniserklärung:

Muster AG

....
(Datum)   (Unterschriften)

Beilage:

Allgemeine Auftragsbedingungen für Prüfungsdienstleistungen in der Fassung vom April 2012

11.13 Auftragsbestätigung ordentliche Revision

Revisionsgesellschaft AG
Gatterweg 11, 8000 Zürich

Muster AG
Verwaltungsrat
Industriestrasse
8000 Zürich

8. August 2013

Auftragsbestätigung

Sehr geehrte Damen und Herren

An der Generalversammlung Ihrer Gesellschaft vom 15. April 2013 wurden wir als Revisionsstelle zur Durchführung einer ordentlichen Revision (Art. 727 ff. OR) für das den Zeitraum vom 1.1.2013 bis 31.12.2013 umfassende Geschäftsjahr gewählt. Gerne erklären wir die Annahme dieser Wahl. Im Folgenden beschreiben wir Ziel und Umfang unseres gesetzlichen Auftrags konkreter.

Prüfungsgegenstand

Gegenstand der ordentlichen Revision ist die Jahresrechnung (Bilanz, Erfolgsrechnung und Anhang), der Antrag über die Verwendung des Bilanzgewinns sowie das interne Kontrollsystem, soweit es für die Aufstellung der Jahresrechnung von Bedeutung ist.

[*Sofern zutreffend*:
Ferner beauftragen Sie uns mit der Prüfung der Konsolidierungsunterlagen.]

Verantwortung des Verwaltungsrats

Der Verwaltungsrat ist für die Aufstellung der Jahresrechnung in Übereinstimmung mit dem schweizerischen Gesetz und den Statuten verantwortlich. Diese Verantwortung beinhaltet auch die Ausgestaltung, Implementierung und Aufrechterhaltung eines internen Kontrollsystems.

Verantwortung der Revisionsstelle und Prüfungsvorgehen

Unsere Verantwortung ist es, ein Prüfungsurteil über die Jahresrechnung abzugeben. Ferner prüfen wir, ob der Antrag des Verwaltungsrats über die Verwendung des Bilanzgewinns dem schweizerischen Gesetz und den Statuten entspricht und ob ein internes Kontrollsystem existiert. Wir werden unsere Prüfung in Übereinstimmung mit dem schweizerischen Gesetz und den Schweizer Prüfungsstandards (PS) vornehmen.

Berichterstattung

Unsere Berichterstattung an die Generalversammlung über das Ergebnis der Revision und die Berichterstattung an den Verwaltungsrat mit Feststellungen über die Rechnungslegung, das interne Kontrollsystem sowie die Durchführung und das Ergebnis der Revision erfolgt jeweils unter Beachtung des schweizerischen Gesetzes und der Schweizer Prüfungsstandards.

Honorar

Für die ordentliche Revision der Jahresrechnung per Datum 31.12.2013 schätzen wir das Honorar auf CHF 31 400, zuzüglich Auslagen und Mehrwertsteuer.

Wir werden Akontozahlung für das Honorar und die Spesen gemäss der untenstehenden Übersicht in Rechnung stellen:

Datum	Betrag
30.11.2013	CHF 14 000.–
31.3.2014	CHF 16 400.–

Qualität unserer Dienstleistungen

Bei der Ausführung unserer Arbeiten halten wir uns jederzeit an geltende ethische Grundsätze unseres Berufsstands, anwendbares Recht und anwendbare Regulierungen sowie an den firmeneigenen ein Rahmenwerk von Verhaltensanweisungen für ethisches und integeres Geschäftsgebaren). Wir haben uns zum Ziel gesetzt, Ihnen jederzeit qualitativ hoch stehende, Ihren Bedürfnissen entsprechende Dienstleistungen zu erbringen. Sollten Sie mit unseren Dienstleistungen nicht zufrieden sein, oder falls Sie Bedenken hinsichtlich eines Aspekts unserer Dienstleistungen haben, bitten wir Sie, Walter Müller oder Hans Gross, Leiter Wirtschaftsprüfung Schweiz, Ihr Anliegen so rasch wie möglich mitzuteilen. Wir versichern Ihnen, dass Ihre Anliegen sorgfältig und prompt behandelt werden.

Dauer und Gültigkeit

Die Auftragsbestätigung bleibt solange gültig, bis sie schriftlich widerrufen oder durch eine neue ersetzt wird. Die beigefügten Allgemeinen Auftragsbedingungen für Prüfungsdienstleistungen bilden einen integralen Bestandteil dieser Auftragsbestätigung. Wir weisen Sie insbesondere auf die Bestimmungen bezüglich Geheimhaltung und Datenschutz hin.

Wir freuen uns auf eine erfolgreiche Zusammenarbeit mit Ihnen. Bei allfälligen Fragen stehen Ihnen die Unterzeichnenden gerne zur Verfügung.

Zum Zeichen Ihres Einverständnisses bitten wir Sie, uns eine unterzeichnete Kopie dieses Schreibens zurückzusenden.

Revisionsgesellschaft AG

_____   _____

Walter Müller   Hans Keller

Einverständniserklärung:

Muster AG

....

(Datum)   (Unterschriften)

Beilage:

Allgemeine Auftragsbedingungen für Prüfungsdienstleistungen in der Fassung vom April 2012

Checkliste zur Überprüfung der Rechtmässigkeit eines Cash Pool

Übereinstimmung mit dem Gesellschaftszweck

☐ Ist das Cash Pooling durch den Gesellschaftszweck der betroffenen Gesellschaften gedeckt? Bei Unsicherheit: Legal Opinion einholen und Statuten gegebenenfalls anpassen.

Beeinträchtigung der gesetzlichen Reserven

☐ Übersteigt das maximale Risiko eines Mittelabflusses zu irgendeinem Zeitpunkt die freien Reserven? Bei Unsicherheit: Bestätigung der Revisionsstelle einholen.

☐ Enthält der Cash Pool Vertrag die Bedingung, dass eine Leistung nur fällig wird, wenn und soweit im Zeitpunkt der Beanspruchung freie Reserven für eine Ausschüttung zur Verfügung stehen, und, dass Leistungen darüber hinaus auf den Liquiditätsüberschuss (z.B. ein Monat Liquiditätsreserve) beschränkt sind? Bei Unsicherheit: Vertrag anpassen.

Auswirkungen auf die mittelfristige Liquiditätsplanung

☐ Beeinträchtigt die Vereinbarung die mittelfristige Liquiditätsplanung in schwerwiegender Weise? Bei Unsicherheit: Bestätigung der Revisionsstelle einholen.

Gefahr einer verdeckten Gewinnausschüttung

☐ Besteht die Gefahr, dass die Leistung oder Darlehensgewährung als verdeckte Gewinnausschüttung qualifiziert werden könnte? Dieses Risiko besteht insbesondere dann, wenn ein späterer Ausfall nicht ausgeschlossen werden kann.

☐ Fehlen genügend Rückstellungen zur Deckung allfälliger Steuerfolgen (namentlich Verrechnungssteuer)? Dieses Risiko besteht namentlich dann, wenn bei einem Verlust auch der Ausfall der Gegenleistung droht.

Vereinbarung zu Drittkonditionen

☐ Würde eine unabhängige Drittpartei die Vereinbarung zu den gleichen Konditionen ebenfalls abschliessen? Bei Unsicherheit: Expertise einholen.

☐ Bestehen zu den Geldflüssen entsprechende, formell korrekte (schriftliche) Vereinbarungen? Wurden diese von den berechtigten Personen genehmigt und unterzeichnet?

Angemessene Gegenleistung

☐ Erhält die Liquidität abgebende Gesellschaft eine angemessene Gegenleistung? Bei Unsicherheit: Expertise einholen

☐ Liegt ein offenbares Missverhältnis zwischen Sicherheitsrisiko und Gegenleistung oder ein Klumpenrisiko vor? Bei Unsicherheit: Expertise einholen.

Genehmigung durch die Generalversammlung

☐ Hat die Generalversammlung die Vereinbarung betreffend Cash Pooling genehmigt, falls dies in den Statuten vorgesehen ist? Bei Unsicherheit: Generalversammlung einberufen und Genehmigung einholen.

Exit-Klausel im Cash Pool Vertrag

☐ Enthält der Cash Pool Vertrag eine Exit-Klausel? Bei Unsicherheit: Kurze, überschaubare Laufzeit vereinbaren.

11.15 Cockpit Charts jährlich

Cockpit Charts

Muster Maschinen AG

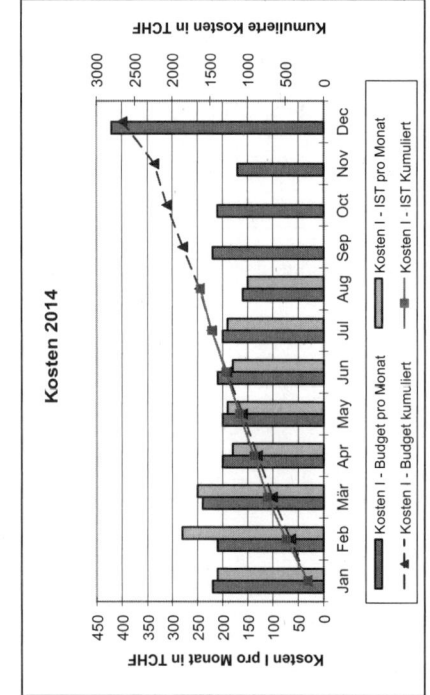

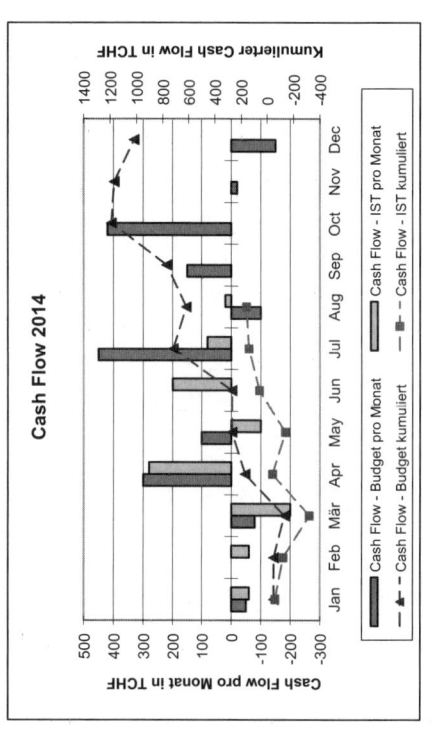

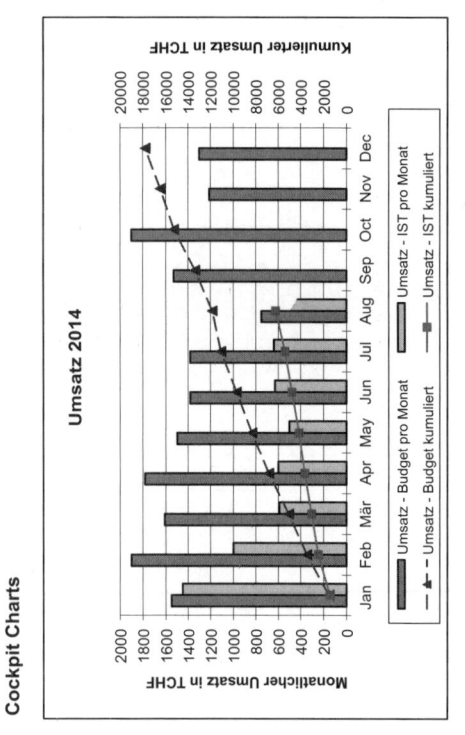

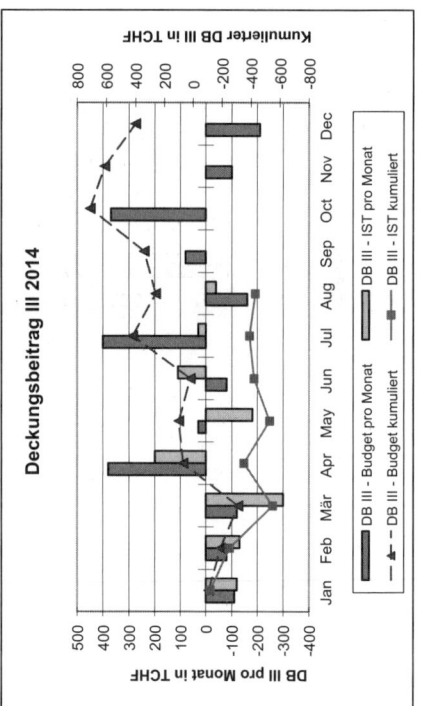

11.16 Cockpit Charts rollierend

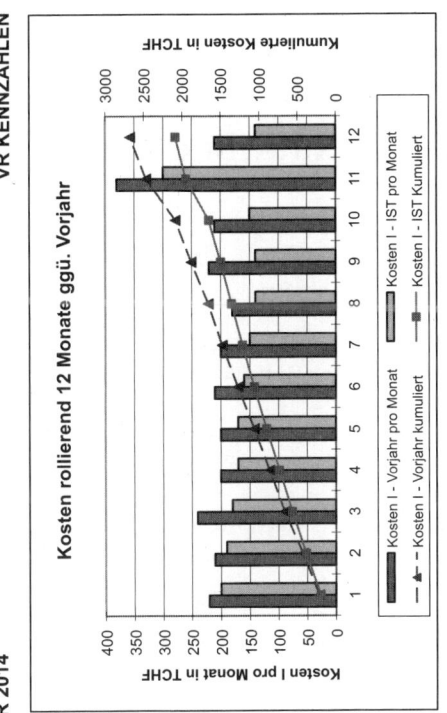

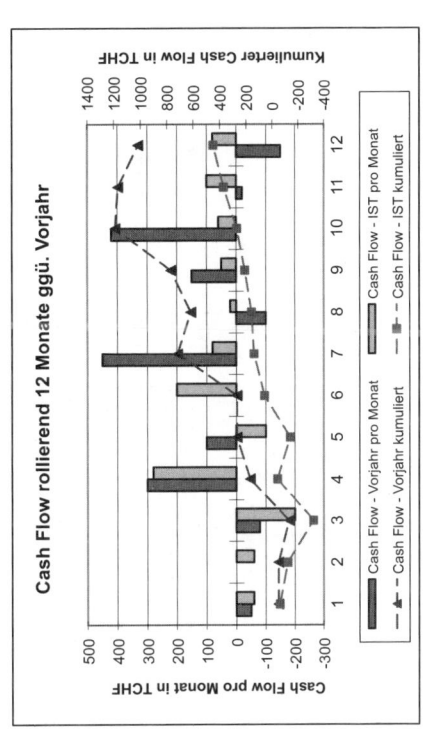

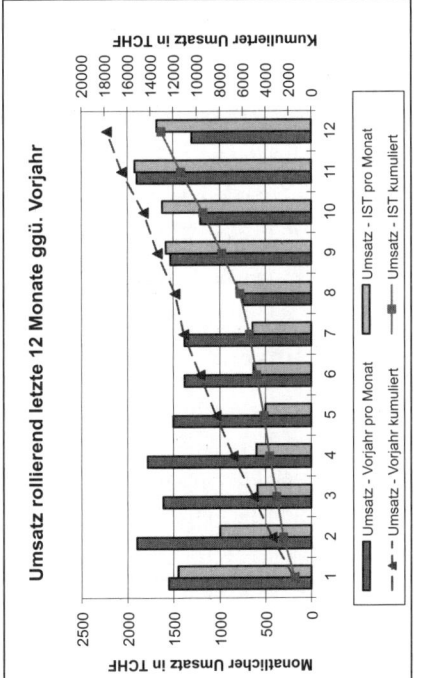

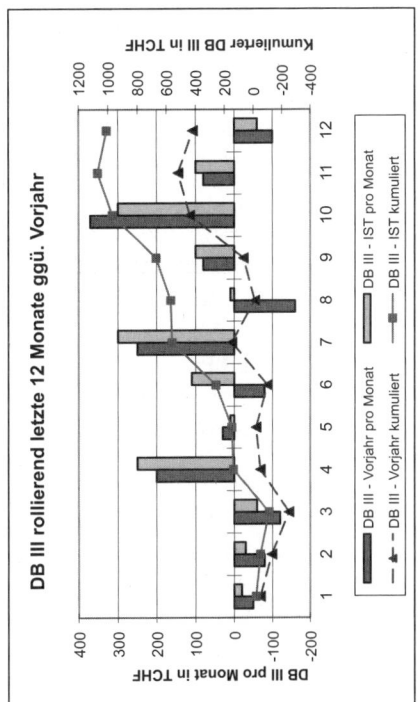

Code of Conduct
Business Conduct Guidelines
der
Muster AG

I. Grundsätze und Zielsetzungen

Das Erscheinungsbild der Muster AG in der Öffentlichkeit wird wesentlich geprägt durch das Auftreten und Verhalten jeder einzelnen Mitarbeiterin und jedes einzelnen Mitarbeiters. Daher ist auch jede einzelne Mitarbeiterin und jeder einzelne Mitarbeiter dafür verantwortlich, dass ihre bzw. seine Handlungen und Unterlassungen das umwelt- und gesellschaftsbewusste Image der Muster AG nicht schädigen, sondern fördern.

Die Business Conduct Guidelines sind verbindliche Regeln, die für jede Mitarbeiterin und jeden Mitarbeiter gelten. Sie sollen helfen, ethische und rechtliche Herausforderungen bei der täglichen Arbeit zu bewältigen. Jede Mitarbeiterin und jeder Mitarbeiter kann sich mit Fragen und Hinweisen im Zusammenhang mit den Business Conduct Guidelines jederzeit an den entsprechenden Vorgesetzten wenden. Zudem steht für die Mitarbeiter der Muster AG die Möglichkeit, sich an die interne oder externe Whistleblowing-Stelle zu wenden (gemäss separater Regelung).

Um die Regelungen der Business Conduct Guidelines zu vereinfachen, wird nachstehend das Wort «Mitarbeiter» als neutraler Begriff für Arbeitnehmerinnen und Arbeitnehmer verwendet.

II. Grundsätzliche Verhaltensanforderungen

1. Gesetzestreues Verhalten

Die Beachtung von Gesetzen ist für unser Unternehmen oberstes Gebot. Jeder Mitarbeiter hat die gesetzlichen und internen Vorschriften, die für seine Tätigkeit massgebend sind, zu beachten, in deren Rahmen er handelt. Gesetzesverstösse müssen unter allen Umständen vermieden werden, insbesondere Verstösse, die mit Freiheitsstrafe, Geldstrafe oder Geldbusse geahndet werden.

Jeder Mitarbeiter muss im Falle eines Verstosses – unabhängig von den im Gesetz vorgesehenen Sanktionen – wegen der Verletzung seiner arbeitsvertraglichen Pflichten mit disziplinarischen Konsequenzen rechnen.

2. Verantwortung für das Ansehen der Muster AG

Das Ansehen der Muster AG wird wesentlich geprägt durch das Auftreten und Verhalten jedes Einzelnen von uns. Unangemessenes Auftreten oder Verhalten auch nur eines Mitarbeiters kann dem Unternehmen bereits erheblichen Schaden zufügen.

Jeder Mitarbeiter ist angehalten, auf das Ansehen der Muster AG in der Öffentlichkeit zu achten. Die Erfüllung seiner Aufgaben muss sich in allen Belangen hieran orientieren.

3. Gegenseitiger Respekt, Ehrlichkeit und Integrität

Wir respektieren die persönliche Würde, die Privatsphäre und die Persönlichkeitsrechte jedes Einzelnen. Wir arbeiten zusammen mit Frauen und Männern unterschiedlicher Herkunft, Nationalität, Kultur, Religion und Hautfarbe. Wir dulden keine Diskriminierung und keine sexuelle oder andere persönliche Belästigung oder Beleidigung.

Wir sind offen, ehrlich und integer und stehen zu unserer Verantwortung. Wir sind verlässliche Partner und machen nur Zusagen, die wir einhalten können.

Diese Grundsätze gelten sowohl für die interne Zusammenarbeit als auch für das Verhalten gegenüber externen Partnern.

Wir sind um faire Anstellungsbedingungen bemüht, zahlen gerechte Löhne und berücksichtigen bei betrieblichen Massnahmen die Bedürfnisse der Mitarbeiter.

4. Führung, Verantwortung und Aufsicht

Jeder Vorgesetzte trägt die Verantwortung für die ihm anvertrauten Mitarbeiter. Er muss sich deren Anerkennung durch vorbildliches persönliches Verhalten, Leistung, Verlässlichkeit und soziale Kompetenz erwerben. Er setzt klare, ehrgeizige und realistische Ziele, führt durch Vertrauen und räumt den Mitarbeitern so viel Eigenverantwortung und Freiraum wie möglich ein. Er oder die Personalabteilung sind für die Mitarbeiter auch bei beruflichen und persönlichen Sorgen ansprechbar.

Jeder Vorgesetzte hat Organisations- und Aufsichtspflichten zu erfüllen. Er ist dafür verantwortlich, dass in seinem jeweiligen Verantwortungsbereich keine Gesetzesverstösse geschehen, die durch gehörige Aufsicht hätten verhindert oder erschwert werden können. Auch bei Delegationen einzelner Aufgaben behält er die Verantwortung.

Im Einzelnen gilt bezüglich Führung, Verantwortung und Aufsicht Folgendes:

1. Der Vorgesetzte muss die Mitarbeiter nach persönlicher und fachlicher Eignung sorgfältig auswählen. Die Sorgfaltspflicht steigt mit der Bedeutung der Aufgabe, die der Mitarbeiter wahrzunehmen hat (Auswahlpflicht).

2. Der Vorgesetzte muss die Aufgaben präzise, vollständig und verbindlich stellen, insbesondere hinsichtlich der Einhaltung der gesetzlichen Bestimmungen (Anweisungspflicht).

3. Der Vorgesetzte muss dafür sorgen, dass die Einhaltung der gesetzlichen Bestimmungen laufend kontrolliert wird (Kontrollpflicht).

4. Der Vorgesetzte muss den Mitarbeitern klar vermitteln, dass Gesetzesverstösse missbilligt werden und arbeitsrechtliche Konsequenzen haben.

III. Umgang mit Geschäftspartnern und Dritten

1. Beachtung des Wettbewerbsrechts und des Kartellrechts

Nur der faire Wettbewerb geniesst das Recht, sich frei entfalten zu dürfen. Das Gebot der Integrität gilt auch im Kampf um Marktanteile.

Jeder Mitarbeiter ist verpflichtet, sämtliche Regeln des fairen Wettbewerbs einzuhalten. Mitarbeiter dürfen insbesondere mit Wettbewerbern keine Gespräche führen, bei denen Preise oder Kapazitäten abgesprochen werden. Unzulässig sind weiter Absprachen mit Wettbewerbern über einen Wettbewerbsverzicht oder über die Abgabe von Scheinangeboten bei Ausschreibungen.

Wir gewähren unseren Lieferanten faire Vertragsbedingungen und angemessene Gegenleistungen, erwarten aber auch von ihnen, dass sie sich ihren Mitarbeitern und Zulieferern gegenüber fair und korrekt verhalten

2. Anbieten und Gewähren von Vorteilen

Um Aufträge kämpfen wir mit der Qualität und dem Preis unserer innovativen Produkte und Dienstleistungen.

Kein Mitarbeiter darf anderen im Zusammenhang mit der geschäftlichen Tätigkeit – direkt oder indirekt – unberechtigte Vorteile anbieten oder gewähren, und zwar weder als Geldzahlungen noch in Form von anderen Leistungen.

Geschenke und unentgeltliche Leistungen an Mitarbeiter von Geschäftspartnern müssen danach ausgewählt werden, dass beim Empfänger jeglicher Anschein von Unredlichkeit und Inkorrektheit vermieden wird. Im Zweifel ist der Empfänger zu bitten, sich den Erhalt von seiner/ihrer vorgesetzten Stelle vorab genehmigen zu lassen. Sträubt sich der Empfänger hiergegen, zeigt dies, dass er/sie selbst den Empfang als inkorrekt einstuft.

Mitarbeiter, die Verträge mit Beratern, Vermittlern, Agenten oder vergleichbaren Dritten abschliessen, haben darauf zu achten, dass auch diese keine unberechtigten Vorteile anbieten oder gewähren.

3. Fordern und Annehmen von Vorteilen

Kein Mitarbeiter darf seine dienstliche Stellung dazu benutzen, Vorteile zu fordern, anzunehmen, sich zu verschaffen oder zusagen zu lassen. Hierzu gehört nicht die Annahme von Gelegenheitsgeschenken von geringem Wert; andere Geschenke sind abzulehnen oder zurückzugeben.

4. Besondere Regeln für die Vergabe von Aufträgen

Wer sich um einen Auftrag bewirbt, erwartet von uns eine faire und unvoreingenommene Prüfung seines Angebots. Mitarbeiter, die sich mit der Vergabe von Aufträgen befassen, haben insbesondere die folgenden Regeln zu beachten:

- Der Mitarbeiter hat jedes persönliche Interesse, das im Zusammenhang mit der Durchführung seiner/ihrer dienstlichen Aufgaben bestehen könnte, seinem/ihrem Vorgesetzten umgehend mitzuteilen.
- Lieferanten dürfen beim Wettbewerb um Aufträge nicht unfair bevorzugt oder behindert werden.
- Einladungen von Geschäftspartnern dürfen nur dann angenommen werden, wenn Anlass und Umfang der Einladung angemessen sind, d.h. der materielle resp. immaterielle Wert von CHF 300.– nicht übersteigt und die Ablehnung der Einladung dem Gebot der Höflichkeit widersprechen würde.
- Geschenke von Geschäftspartnern sind abzulehnen und zurückzugeben, es sei denn, es handelt sich um unbedeutende Gelegenheitsgeschenke von geringem Wert (maximal CHF 50.–).
- Kein Mitarbeiter darf private Aufträge von Firmen ausführen lassen, mit denen er/sie geschäftlich zu tun hat, wenn ihm/ihr hierdurch Vorteile entstehen könnten.

5. Spenden

Als Unternehmung gewährt die Muster AG Geld- und Sachspenden für Bildung und Wissenschaft, für Kunst, Kultur, Sport und für soziale Anliegen. Spendenwünsche werden von den unterschiedlichsten Organisationen, Institutionen und Vereinigungen an unsere Unternehmung herangetragen.

Für die Vergabe von Spenden gelten folgende Regeln:

- Spendengesuche von Einzelpersonen sind grundsätzlich abzulehnen.
- Zahlungen auf Privatkonten sind unzulässig.
- In keinem Fall darf eine Zuwendung an Personen oder Organisationen gewährt werden, welche keinen tadellosen Ruf geniessen oder deren Ziele nicht mit denjenigen der Muster AG vereinbar sind.
- Die Spende muss transparent sein. Der Empfänger der Spende und die konkrete Verwendung durch den Empfänger müssen bekannt sein. Über den Grund für die Spende

und die zweckbestimmte Verwendung muss jederzeit Rechenschaft abgelegt werden können.

- Die Spenden sollen steuerlich abzugsfähig sein.

IV. Vermeidung von Interessenkonflikten

1. Grundsatz der Vermeidung

Das Unternehmen legt Wert darauf, dass seine Mitarbeiter bei ihrer Tätigkeit nicht in Interessen- oder Loyalitätskonflikte geraten. Zu solchen Konflikten kann es kommen, wenn ein Mitarbeiter für ein anderes Unternehmen tätig oder an ihm beteiligt ist. Deshalb gilt der Grundsatz der Vermeidung von Interessenkonflikten.

2. Wettbewerbsverbot

Das Betreiben eines Unternehmens, das mit der Muster AG ganz oder teilweise im Wettbewerb steht, ist den Mitarbeitern nicht gestattet.

Nicht gestattet ist zudem die unmittelbare oder mittelbare Beteiligung an einem nicht börsenkotierten Unternehmen, das mit der Muster AG ganz oder teilweise im Wettbewerb steht.

Eine vorherige schriftliche Erlaubnis ist erforderlich bei einer Beteiligung an einem Unternehmen, das Geschäftspartner der Muster AG ist. Die Erlaubnis wird von der Geschäftsleitung erteilt und in der Personalakte dokumentiert. Die Erlaubnis wird nicht erteilt oder kann wieder entzogen werden, wenn der Mitarbeiter mit dem jeweiligen Unternehmen dienstlich befasst ist.

Eine Beteiligung durch nahe Angehörige an einem Wettbewerbsunternehmen oder einem anderen der vorbeschriebenen Unternehmen ist vom Mitarbeiter, wenn er hiervon Kenntnis hat, der Personalabteilung schriftlich mitzuteilen und ist in der Personalakte zu dokumentieren.

3. Nebentätigkeiten und Übernahme von politischen Ämtern

Die Muster AG steht der aktiven Mitwirkung in der Politik und der Übernahme von politischen Ämtern grundsätzlich positiv gegenüber. Die Aufnahme einer Nebentätigkeit gegen Entgelt sowie die Übernahme eines politischen Amtes ist dem Chef der Rechtsabteilung vorher schriftlich mitzuteilen. Die Nebentätigkeit kann untersagt werden, wenn sie zu einer Beeinträchtigung der Arbeitsleistung führt, den Pflichten im Unternehmen widerspricht oder wenn die Gefahr einer Interessenkollision besteht.

V. Umgang mit Einrichtungen und Informationen

1. Benutzung von Einrichtungen

Die Anlagen und Einrichtungen in Büros und Werkstätten (z.B. Telefon, Kopierer, PC einschliesslich Software und Internet/Intranet, Maschinen, Werkzeuge) dürfen nur dienstlich genutzt werden. Ausnahmen und gegebenenfalls Bezahlung werden örtlich geregelt. In keinem Fall dürfen Informationen abgerufen oder weitergegeben werden, die zu Rassenhass, Gewaltverherrlichung oder anderen Straftaten aufrufen oder einen Inhalt haben, der vor dem jeweiligen kulturellen Hintergrund sexuell anstössig ist.

Keinem Mitarbeiter ist es gestattet, ohne Einwilligung seines Vorgesetzten Aufzeichnungen, Dateien, Bild- und Tondokumente oder Vervielfältigungen anzufertigen, wenn dies nicht unmittelbar durch die berufliche Tätigkeit bedingt ist.

2. Aufzeichnungen und Berichte

Zur offenen und effektiven Zusammenarbeit gehört eine korrekte und wahrheitsgetreue Berichterstattung. Das gilt gleichermassen für das Verhältnis zum Investor, Mitarbeitern, Kunden, Geschäftspartnern sowie zur Öffentlichkeit und staatlichen Stellen.

Alle Aufzeichnungen und Berichte, die intern angefertigt oder nach aussen gegeben werden, müssen korrekt und wahrheitsgetreu sein. Nach den Grundsätzen ordnungsgemässer Buchführung müssen Datenerfassungen und andere Aufzeichnungen stets vollständig, richtig, zeit- und systemgerecht sein. Das Gebot zu wahrheitsgemässen Angaben gilt auch für Spesenabrechnungen.

3. Verschwiegenheit

Verschwiegenheit ist zu wahren über interne Angelegenheiten des Unternehmens, die nicht öffentlich bekannt gegeben worden sind. Dazu gehören zum Beispiel Einzelheiten, welche die Organisation des Unternehmens und seiner Einrichtungen betreffen, sowie Zahlen des internen Berichtswesens.

Die Verpflichtung, Verschwiegenheit zu wahren, gilt auch nach Beendigung des Arbeitsverhältnisses weiter.

4. Datenschutz und Datensicherheit

Zugang zum Intranet und Internet, elektronischer Informationsaustausch und Dialog, elektronische Geschäftsabwicklung – dies sind entscheidende Voraussetzungen für die Effektivität jedes Einzelnen von uns und für den Geschäftserfolg insgesamt. Die Vorteile der elektronischen Kommunikation sind aber verbunden mit Risiken für den Persönlichkeitsschutz und die Sicherheit von Daten. Die wirksame Vorsorge gegen diese Risiken ist ein wichtiger Bestandteil des IT-Managements, der Führungsaufgabe und auch des Verhaltens jedes Einzelnen.

Personenbezogene Daten dürfen nur erhoben, verarbeitet oder genutzt werden, soweit dies für festgelegte, eindeutige und rechtmässige Zwecke erforderlich ist. Bei der Datenqualität und bei der technischen Absicherung vor unberechtigtem Zugriff muss ein hoher Standard gewährleistet sein. Die Verwendung von Daten muss für die Betroffenen transparent sein, ihre Rechte auf Auskunft und Berichtigung und gegebenenfalls auf Widerspruch, Sperrung und Löschungen sind zu wahren.

VI. Umwelt, Gesellschaft, Sicherheit und Gesundheit

1. Umwelt, Gesellschaft und Technische Sicherheit

Der Schutz der Umwelt und die Schonung ihrer Ressourcen sind Unternehmensziele von hoher Priorität. Das Umweltmanagement sorgt für die Einhaltung der Gesetze und setzt dafür hohe Standards.

Jeder Mitarbeiter an seinem/ihrem Platz muss an einer beispielgebenden Leistung auf diesen Gebieten mitarbeiten.

Unser Unternehmen bekennt sich zu seiner Mitverantwortung für allgemeine öffentliche Anliegen. Wir unterstützen gesellschaftspolitische Massnahmen, setzen uns für Benachteiligte inner- und ausserhalb der Gesellschaft ein und ermöglichen unseren Mitarbeitern ein sinnvolles Engagement für gemeinschaftliche Aufgaben.

2. Arbeitssicherheit

Die Verantwortung gegenüber Mitarbeitern und Kollegen gebietet die bestmögliche Vorsorge gegen Unfallgefahren. Das gilt sowohl für die technische Planung von Arbeitsplätzen, Einrichtungen und Prozessen als auch für das Sicherheits-Management und das persönliche Verhalten im Arbeitsalltag. Das Arbeitsumfeld muss den Anforderungen einer gesundheitsorientierten Gestaltung entsprechen.

Jeder Mitarbeiter muss der Sicherheit seine/ihre ständige Aufmerksamkeit widmen.

VII. Beschwerden und Hinweise

Jeder Mitarbeiter kann gegenüber seinem Vorgesetzten, gegenüber der Personalabteilung oder einer anderen dafür benannten Person/Stelle oder gegenüber der Arbeitnehmervertretung (ANV) eine persönliche Beschwerde vorbringen oder auf Umstände hinweisen, die auf die Verletzung der Business Conduct Guidelines schliessen lassen. Die Angelegenheit wird gründlich untersucht. Soweit angemessen, werden entsprechende Massnahmen ergriffen. Alle Unterlagen werden vertraulich aufbewahrt. Vergeltungshandlungen, gleich welcher Art, werden nicht toleriert.

Mitarbeiter sollten die internen Möglichkeiten der Schlichtung ausschöpfen.

VIII. Implementierung und Kontrolle

Die Geschäftsleitung der Muster AG fördert aktiv die breite Kommunikation der Business Conduct Guidelines und sorgt für ihre nachhaltige Implementierung.

Die Einhaltung der Gesetze und die Beachtung der Business Conduct Guidelines sind in allen organisatorischen Einheiten der Muster AG regelmässig zu kontrollieren.

Zur Gewährung eines fairen und korruptionsfreien Wettbewerbsverhaltens sind in allen Bereichen Beauftragte benannt.

****

Diese Business Conduct Guidelines wurden vom Verwaltungsrat der Muster AG am 1. April 2014 erlassen und sind sofort in Kraft getreten.

Der VR-Präsident: Der VR-Sekretär:

_____   _____

Max Muster   Hans Müller

11.18 Domizilannahmeerklärung

Treuhand Meier AG

Hauptstrasse 12
9000 St. Gallen

An die
ausserordentliche Generalversammlung der
Muster Spielwaren AG

St. Gallen, den 1. April 2014

Domizilannahmeerklärung

Sehr geehrte Damen und Herren

Wir bestätigen Ihnen hiermit gerne die Gewährung des Domizils für die Muster Spielwaren AG an unserer Adresse an der Hauptstrasse 12, 9000 St. Gallen.

Für die Muster AG:

_____   _____

Peter Fleissig   Dr. Max Meier

Domizilvertrag

zwischen

Treuhand Meier AG, Hauptstrasse 12, 9000 St. Gallen

nachstehend **Domizilgeberin** genannt

und

Spielwaren Holding AG, zur Zeit c/o Dr. Fred Fröhlich, Spielstrasse 1, 8000 Zürich

nachstehend **Domizilnehmerin** genannt

1. Grundsatz- und Absichtserklärung

1.1 Die Domizilnehmerin ist eine reine Holdinggesellschaft, welche den Erwerb, die dauernde Verwaltung und die Veräusserung von Beteiligungen an in- und ausländischen Unternehmen aller Art, insbesondere auf dem Gebiete des Handels und der Dienstleistungen, bezweckt. Sie beabsichtigt, in den Büroräumlichkeiten der Domizilgeberin ihren Sitz einzurichten.

1.2 Der vorliegende Vertrag regelt den Umfang und die Bedingungen des Vertragsverhältnisses zwischen den Parteien.

2. Leistungen der Domizilgeberin

2.1 Die Domizilgeberin ermächtigt die Domizilnehmerin ihren Geschäftssitz an der Hauptstrasse 12, 9000 St. Gallen, in den Büros der Domizilgeberin zu errichten.

2.2 Die Domizilgeberin ist bereit, für die Domizilnehmerin weitere Dienstleistungen zu erbringen, namentlich die Beschriftung eines Briefkastens und dessen Leerung an Werktagen, Anbringen eines Firmenschildes am Haupteingang, im Lift sowie an der Eingangstüre zu den Büros der Domizilgeberin.

2.3 Die Domizilgeberin leitet die an der Hauptstrasse 12, 9000 St. Gallen, eintreffende Post an nachfolgende Adresse der Eigentümer der Domizilnehmerin weiter:

Dr. Fred Fröhlich
Spielstrasse 1
8000 Zürich

Diese Adresse bleibt gültig bis zum schriftlichen Widerruf seitens der Domizilnehmerin.

Die Bearbeitung von Korrespondenz, insbesondere die Wahrung von Fristen ist nicht Gegenstand dieser Vereinbarung.

Die Domizilgeberin ist berechtigt, die Domizilnehmerin gegenüber der Post und gegenüber Behörden zur Entgegennahme von Sendungen aller Art zu vertreten.

2.4 Sollte die Zustellung an die Adresse gemäss Ziffer 2.3 aus irgendwelchen Gründen, einschliesslich höherer Gewalt, nicht möglich sein, so ist die Domizilgeberin ermächtigt, die ihr notwendig erscheinenden Massnahmen zu ergreifen.

2.5 Im Falle von eingeschriebenen Sendungen, wie Gerichts- oder Betreibungsurkunden etc. benachrichtigt die Domizilgeberin unverzüglich per Telefon oder per E-Mail eine Organperson der Domizilgeberin Spielwaren.

3. Haftung der Domizilgeberin

Die Haftung der Domizilgeberin für alle Tätigkeiten gemäss dieser Vereinbarung wird, soweit gesetzlich zulässig, ausgeschlossen (Art. 100 Abs. 1 OR).

4. Leistungen der Domizilnehmerin

4.1 Die Domizilnehmerin bezahlt eine jährliche Entschädigung von CHF 3 000.– zuzüglich Mehrwertsteuer, zahlbar jeweils im Voraus innert 30 Tagen nach Rechnungsstellung.

4.2 Die Entschädigung gemäss Ziffer 4.1 dient lediglich zur Abgeltung der Domizilgewährung und der damit verbundenen administrativen Vorkehrungen. Es sind darin keinerlei weitere Dienstleistungen der Domizilgeberin wie Beratung oder ähnliches eingeschlossen.

Auslagen der Domizilgeberin bei der Entgegennahme von Korrespondenz, wie z.B. Nachnahmegebühren, Zölle, Frachtkosten, etc. sind in der jährlichen Entschädigung nicht enthalten und werden der Domizilnehmerin separat in Rechnung gestellt.

5. Beginn, Dauer und Beendigung des Vertrages

5.1 Der vorliegende Vertrag tritt per 1. Mai 2014 in Kraft. Er wird auf unbestimmte Zeit abgeschlossen.

5.2 Der Vertrag kann von beiden Parteien jederzeit unter Einhaltung einer Kündigungsfrist von zwei Wochen auf das Ende eines Monates aufgelöst werden. Soweit die Jahrespauschale gemäss Ziff. 4.1 noch nicht verbraucht ist, wird sie von Domizilgeberin pro rata temporis zurückerstattet bzw. mit noch offenen Kosten verrechnet.

5.3 Die Domizilnehmerin verpflichtet sich, innert der Kündigungsfrist den Sitz zu verlegen. Sollte die Domizilnehmerin innert dieser Frist der Domizilgeberin kein neues Domizil anzeigen, ist die Domizilgeberin ermächtigt, dem zuständigen Handelsregisteramt die Aufgabe des Domizils mitzuteilen und entsprechend veröffentlichen zu lassen. Korrespondenz, die nach Ablauf der genannten Frist eintrifft, wird zurückgewiesen.

6. Übrige Bestimmungen

6.1 Soweit dieser Vertrag nichts anderes vorsieht, gelten die gesetzlichen Bestimmungen, insbesondere diejenigen des schweizerischen Obligationenrechts.

6.2 Sollte eine Bestimmung dieses Vertrages ungültig, unwirksam oder nicht durchsetzbar sein, so wird die Geltung des übrigen Vertragsinhaltes hierdurch nicht berührt. Die ungültige, unwirksame oder nicht durchsetzbare Bestimmung ist durch solche gesetzlich zulässigen Bestimmungen zu ersetzen, welche dem Sinn und Zweck des Vertrags so nahe wie möglich kommt.

7. Gerichtsstand und anwendbares Recht

Für sämtliche Streitigkeiten, welche aus dem vorliegenden Vertrag entstehen sollten, vereinbaren die Vertragsparteien als Gerichtsstand den Sitz der Domizilgeberin. Der vorliegende Untermiet- und Dienstleistungsvertrag wird ausschliesslich **schweizerischem Recht** unterstellt.

St. Gallen, den 1. April 2014

Die Domizilgeberin: Die Domizilnehmerin:

_____   _____

Felix Feuerstein   Karl Müller

_____   _____

Max Meier   Karl Lustig

Reglement Ehrenpräsident der Muster Holding AG

I. Grundlage und Zielsetzungen

1. Die Generalversammlung der Muster Holding AG kann einen ausscheidenden VR-Präsidenten auf Grund von langjährigen operativen und strategischen Verdiensten für die Muster Gruppe zum Ehrenpräsidenten ernennen. Dies ergibt sich indirekt aus der entsprechenden Statutenklausel, wonach die Generalversammlung den Präsidenten des Verwaltungsrats bestimmt.

2. Der Verwaltungsrat der Muster Holding AG hat gemäss Organisationsreglement das Recht, im Bedarfsfall weitere Reglemente zur Ausgestaltung und Präzisierung der Organisation zu erlassen. Im vorliegenden Reglement werden deshalb die Rechte und Pflichten des Ehrenpräsidenten der Muster Gruppe zusammengefasst.

3. Das vorliegende Reglement dient gleichzeitig als Orientierung für das Zusammenwirken des Ehrenpräsidenten mit den strategischen und operativen Gremien der Muster Gruppe.

II. Rechte des Ehrenpräsidenten

1. Der Ehrenpräsident ist berechtigt, seinen von der Generalversammlung verliehenen Titel im Umgang mit Mitarbeitern, Kunden, Lieferanten und Behörden zu führen. Damit soll sein Kontakt mit der Firma in geordneter und bekannter Form aufrecht erhalten bleiben, auch wenn das Ehrenpräsidium nicht mit einer offiziellen rechtlichen Funktion verbunden ist und deshalb auch kein entsprechender Eintrag im Handelsregister möglich ist.

2. Der Ehrenpräsident erhält auf seinen Wunsch hin vom VR-Präsidenten der Muster Holding AG im Rahmen der gesetzlichen Vorschriften Informationen zu allen Geschäftsvorfällen der Muster Gruppe. Der Ehrenpräsident erhält zudem alle offiziellen Informationen (Mitarbeiterzeitschriften, Aktionärsbrief, Newsletter, etc.) unaufgefordert zugestellt.

3. Der Ehrenpräsident hat das Recht, auf eigenen Wunsch jederzeit persönlichen Kontakt mit den Mitgliedern des Verwaltungsrates oder der Geschäftsleitung der Muster Holding AG zu haben. Die Kontaktaufnahme geschieht über den amtierenden VR-Präsidenten der Muster Holding AG.

4. Der Ehrenpräsident behält seine Schlüssel zum Empfang, zum Showroom und zum Konferenzzimmer der Muster Holding AG. Er kann diese Räumlichkeiten gegen Vorankündigung und sofern nicht anderweitig bereits belegt mitbenützen.

5. Der Ehrenpräsident kann bei Bedarf und nach Rücksprache mit dem amtierenden VR-Präsidenten der Muster Holding AG für die Erledigung seiner Korrespondenz auf die Unterstützung des Sekretariats der Muster AG zurückgreifen.

7. Der Ehrenpräsident wird zu den offiziellen Anlässen der Muster Gruppe eingeladen. Dazu gehören:
   a) Generalversammlung der Muster Holding AG
   b) Weihnachtsfeier der Muster AG
   c) Pensioniertenanlässe
   d) Anlässe des Sportclubs
   e) Anlässe des Muster-Fan-Clubs
   f) Wichtige Anlässe wie z.B. Jubiläumsveranstaltungen oder Einweihungen

III. Pflichten des Ehrenpräsidenten

1. Der Ehrenpräsident ist im Interesse eines geordneten Informationsflusses verpflichtet, Informationen zur Muster Gruppe nur über den amtierenden VR-Präsidenten der Muster Holding AG als Ansprechpartner zu beziehen. Kontakte mit den Mitgliedern des Verwaltungsrates oder der Geschäftsleitung der Muster Holding AG oder ihrer Tochtergesellschaften sind nach Absprache durch den amtierenden VR-Präsidenten der Muster Holding AG zu organisieren.

2. Der Ehrenpräsident ist verpflichtet, nichts zu unternehmen, was dem Ansehen der Muster Holding AG oder einer ihrer Tochtergesellschaften in der Öffentlichkeit oder bei der Belegschaft schaden könnte. Dazu gehören insbesondere kritische Kommentare gegenüber Mitarbeitenden oder Dritten zur Tätigkeit der Mitglieder des Verwaltungsrates oder der Geschäftsleitung der Muster Holding AG oder ihrer Tochtergesellschaften.

IV. Inkrafttreten und Bekanntgabe

1. Das vorliegende Reglement ist vom Verwaltungsrat anlässlich seiner Sitzung vom 1. April 2014 genehmigt worden und sofort in Kraft getreten.

2. Der Erlass des vorliegenden Reglements und allfällige Änderungen davon sowie die Wahl eines Ehrenpräsidenten sind vom Verwaltungsrat der Muster Holding AG umgehend den VR- und GL-Mitgliedern aller Tochtergesellschaften bekannt zu geben.

****

Zürich, den 1. April 2014

Der VR-Präsident: Der VR-Vizepräsident:

_____   _____

Dr. Max Meier   Felix Glückauf

Eignerstrategie der Muster AG

1. Zweck der Eignerstrategie

Mit der vorliegenden Eignerstrategie dokumentieren die Aktionäre der Muster AG ihre Zielsetzungen und Grundsätze als Eigenkapitalgeber und verpflichten sich, danach zu handeln.

Die Eignerstrategie definiert den Kern der Unternehmensstrategie und stellt damit in den wesentlichen Punkten das Leitbild für die Tätigkeit der Verwaltungsräte der Muster AG dar.

Die Eignerstrategie soll es ermöglichen, dass zukünftig alle Aktionäre der Muster AG in einer offenen und guten Atmosphäre zusammenarbeiten können. Sie ist konsensorientiert und soll für zukünftige Generationen den Kern für fruchtbare und konstruktive Beziehungen legen.

2. Definitionen

2.1 Familie und Eigner

Die Muster AG steht im Eigentum von Mitgliedern der Familie Schweizer. Zu dieser Familie gehören die direkten Nachkommen des Firmengründers Emil Schweizer, dessen beide Söhne Hans und Peter, sowie deren Nachkommen in direkter Linie. Nur diese Familienmitglieder sollen Aktionäre der Muster AG sein.

2.2 Familienversammlung

Die Familienversammlung ist eine zielgerichtete Zusammenkunft von Mitgliedern der Familie Emi Schweizer sel., welche Aktien der Muster AG halten, ohne sich jedoch als Generalversammlung der Aktionäre zu konstituieren. Aufgaben und Zweck der Familienversammlung sind:

a) Diskussion, Überprüfung und Genehmigung der Eignerstrategie und eines allfälligen Aktionärsbindungsvertrages, respektive zukünftige Änderungen derselben

b) Informationsaustausch innerhalb der Familienversammlung über den Geschäftsgang, wichtige Projekte und Ereignisse der Muster AG

c) Festigung des Zusammenhaltes und der Harmonie in der Familie

Die Familienversammlung fällt Entscheide nur, wenn mindestens 3/4 der Anwesenden dem Entscheid zustimmen. Kommt kein Entscheid zustande, entscheidet der Verwaltungsrat der Muster AG soweit notwendig nach bestem Wissen und Gewissen im Interesse des Unternehmens mit der Möglichkeit einer Konsultativbefragung der Generalversammlung der Muster AG. Die Generalversammlung ist nicht an die Eignerstrategie gebunden.

2.3 Aktionärbindungsvertrag

Es ist vorgesehen, unter den Eignern einen Aktionärbindungsvertrag abzuschliessen. Hauptziel des Aktionärbindungsvertrages ist es, alle Aktien der Muster AG im Familienbesitz zu erhalten und für jeden Aktionär Transparenz zu schaffen bezüglich Bewertung, Dividendenpolitik und Handel der Aktien.

3. Ziele der Eigner

Die Eigner der Muster AG legen gemeinsam folgende übergeordnete Ziele fest:

a) Die Muster AG soll weiterhin in den beiden Kernbereichen Schokolade- und Biskuitherstellung tätig sein, solange dies wirtschaftlich vertretbar ist.

b) In der Muster AG wird für eine angemessene Eigenkapitalbasis und eine ausreichenden Reservebildung gesorgt. Den Aktionären soll jeweils grundsätzlich rund die Hälfte des ausgewiesenen Konzerngewinns ausgeschüttet werden.

c) Die Patente der Muster AG sind das wichtigste Gut des Unternehmens. Sie sind deshalb soweit möglich zu schützen und weiter zu entwickeln. Dieses Ziel ist wichtiger als Umsatzwachstum und Profitmaximierung.

d) Die Muster AG soll unabhängig und im Familienbesitz bleiben. Ein Börsengang ist nicht vorgesehen.

e) Nach den vorstehenden, prioritären Zielen, hat die Muster AG ein profitables, inneres Wachstum anzustreben.

f) Bei allen Zielen haben die Organe der Muster AG die soziale Verantwortung gegenüber Mitarbeitenden, Geschäftspartnern und Kunden, die ethische Unternehmensführung, die kulturelle und ökologische Verantwortung, die lokale Verwurzelung und die globale Perspektive wahrzunehmen.

4. Umsetzung der Ziele

4.1 Vorgaben für den Verwaltungsrat der Muster AG

Der Verwaltungsrat der Muster AG umfasst drei bis fünf Mitglieder, wovon mindestens zwei Familienmitglieder sein sollen. Jeweils nur ein Familienmitglied im VR der Muster AG darf gleichzeitig im Unternehmen eine operative Tätigkeit ausführen. Ausnahmen sind nur in besonderen Fällen und zeitlich begrenzt möglich.

Das Präsidium des Verwaltungsrates der Muster AG soll durch eine externe, unabhängige Person besetzt werden.

Die Mitglieder des Verwaltungsrates Muster AG dürfen nur VR-Honorare und Spesen beziehen, welche der Bedeutung des Unternehmens einerseits und der Branchenüblichkeit andererseits angemessen sind. Es dürfen keine Abgangsentschädigungen bzw. goldene Fallschirme für Mitglieder des Verwaltungsrates der Muster AG vorgesehen werden.

Der Verwaltungsrat der Muster AG delegiert grundsätzlich die Geschäftsleitung im Rahmen des gesetzlich Zulässigen an die Geschäftsleitung der Muster AG.

Der Verwaltungsrat der Muster AG hat die Verpflichtung, die vorliegende Eignerstrategie in allen Punkten umzusetzen.

4.2 Wachstumsstrategie

Organisches Wachstum ist anzustreben. Akquisitionen weiterer Marken werden nicht getätigt. Hingegen können Firmen in der Wertschöpfungskette (z.B. Verpackungs- und Vertriebsunternehmen etc.) erworben werden.

Das Wachstum soll in erster Linie durch die bessere Erschliessung bestehender Märkte, durch neue geographische Märkte und durch höherpreisige Innovationen entstehen.

4.3 Finanzielle Zielsetzungen

Es wird ein durchschnittliches jährliches Umsatzwachstum von mind. 3% bei einer EBITDA Marge von mindestens 10% erwartet.

Die Muster AG hat jährlich Dividendenausschüttungen von mindestens 50% ihres Unternehmensgewinns nach Steuern an die Aktionäre vorzunehmen, solange dadurch die Eigenkapitalquote von 40% nicht unterschritten wird.

4.4 Mitarbeitende

Mitarbeiterinnen und Mitarbeiter haben einen hohen Stellenwert für das Unternehmen. Sie werden gesamthaft und individuell in geeigneter Form beteiligt.

4.5 Mitarbeit von Familienmitgliedern

Familienmitglieder können im Rahmen von Ziffer 4.1 auf strategischer und operativer Stufe in der Muster AG tätig sein. Sie müssen jedoch in jedem Falle den jeweilig definierten Anforderungen genügen und erfahren keine Bevorzugung.

5. Schlussbestimmungen

Die vorliegende Eignerstrategie wurde von der Familienversammlung am 1. April 2014 erlassen und dem Verwaltungsrat der Muster AG zur Kenntnisnahme und zur sofortigen Umsetzung abgegeben. Sie gilt in der vorliegenden Form, bis die Familienversammlung allfällige Änderungen oder Ergänzungen beschliesst.

****

Zürich, den 1. April 2014

Für die Eigner:

_____

Hans Schweizer / Peter Schweizer

Eignerstrategie der Kantonalen Kommunikations AG

1. Grundlagen

Die vorliegende Eignerstrategie wird von der Regierung des Kantons gestützt auf Art. 10 des Spezialgesetzes zur Gründung der Kantonalen Kommunikations AG vom 1. April 2010 erlassen.

Der Kanton ist einhundertprozentige Eigentümerin der Kantonalen Kommunikation AG (nachstehend KKAG). Die Aktionärsinteressen des Kantons werden durch den Regierungsrat wahrgenommen. Dabei berücksichtigt er die unternehmerische Autonomie der KKAG und anerkennt in der Eigenschaft des Kantons als Aktionärin die Entscheidungsfreiheit des Verwaltungsrates in Bezug auf Geschäftsstrategie und Geschäftspolitik.

Die Wahrnehmung der Eigentümerinteressen ist von den regulatorischen Aufgaben institutionell getrennt.

Neben der Festlegung der Eignerstrategie nimmt der Regierungsrat die Rechte als Aktionär im Rahmen der aktienrechtlichen Kompetenzen der Generalversammlung wahr, insbesondere durch:

- die Festsetzung und Änderung der Statuten;
- die Wahl des Verwaltungsrates;
- die Genehmigung des Geschäftsberichtes;
- die Entlastung des Verwaltungsrates;
- die Beschlussfassung über die Verwendung des Bilanzgewinnes.

2. Zweck der Eignerstrategie

Die Eignerstrategie gibt klare Leitplanken zur Festlegung der Unternehmensstrategie vor. Innerhalb dieser Leitplanken sind insbesondere Vision und Unternehmensleitbild festzulegen.

Der Regierungsrat verpflichtet sich, die Vorgaben in der Eignerstrategie nur nach sorgfältiger Prüfung, bei entsprechender Notwendigkeit und nach Rücksprache mit der strategischen Führungsebene des Unternehmens zu ändern.

Die Vorgaben in der Eignerstrategie sind von der strategischen und operativen Führungsebene bei ihrer Tätigkeit zu beachten. Abweichungen sind nur bei entsprechender Notwendigkeit und nach Rücksprache mit der Regierung möglich.

Die Eignerstrategie soll sowohl für die Mitarbeiter des Unternehmens als auch für die Anspruchsgruppen des Unternehmens Sicherheit in Bezug auf die unternehmerische Ausrichtung bieten.

3. Ziele der Regierung

3.1. Unternehmerische Ziele

Der Regierungsrat erwartet, dass die KKAG als selbstständiges Unternehmen wettbewerbsfähig, betriebswirtschaftlich und kundenorientiert geführt wird.

Die KKAG soll die Bedürfnisse der Kantonalen Verwaltungen und ihr nahestehenden Unternehmen sowie von Gemeindeverwaltungen in der Ostschweiz nach marktfähigen Produkten und Dienstleistungen im Bereich Informationstechnologie und -verarbeitung befriedigen.

Der Regierungsrat beabsichtigt im Sinne einer strategischen Partnerschaft und zur langfristigen Stärkung der KKAG eine Minderheit des Aktienkapitals geeigneten Investoren zum Kauf anzubieten. Der Kanton bleibt aber in jedem Falle stimm- und kapitalmässig Mehrheitsaktionärin.

3.2. Wirtschaftliche Ziele

Die KKAG soll gewinnorientiert geführt werden, damit die Eigenwirtschaftlichkeit nachhaltig sichergestellt und der Unternehmenswert gesteigert werden kann.

Die KKAG hat in ihren Handlungen und Äusserungen politisch neutral zu bleiben.

3.3. Soziale und ökologische Ziele

Die Organe der KKAG haben bei der Festlegung der Unternehmensstrategie und bei ihrer Umsetzung die soziale Verantwortung gegenüber den Mitarbeitenden, den Geschäftspartnern und Kunden wahrzunehmen.

Der Regierungsrat erwartet, dass bei der Geschäftstätigkeit der KKAG ethische Werte über Gewinnstrebigkeit gestellt werden.

Schliesslich erwartet der Regierungsrat, dass bei der Unternehmensführung auch ökologische Aspekte angemessen berücksichtigt werden.

4. Vorgabe der Regierung zur Umsetzung der Ziele

4.1. Vorgabe zur Geschäftstätigkeit

Die Organe der KKAG haben dafür zu sorgen, dass die von den Kunden verlangten Informatik- und Dienstleistungen bereitgestellt und in hoher Qualität gewährleistet werden.

Die KKAG kann zwecks Zugang und Nutzung von Kommunikationsnetzen und damit verbundenen Diensten sowie langfristiger Technologielösungen strategische Partnerschaften eingehen, sofern der Nutzen die Kosten und Risiken deutlich überwiegt.

Die KKAG kann zum Auf- und Ausbau von strategischen Partnerschaften Beteiligungen eingehen oder Übernahmen tätigen, sofern damit die Eigenwirtschaftlichkeit nachhaltig gesichert wird.

Das Unternehmen kann eine kooperative Zusammenarbeit mit Vertriebspartnern und der gewerblichen Wirtschaft des Kantons eingehen, wobei Service- und Qualitätsanforderungen für Vertriebskanäle vorausgesetzt werden. Es dürfen keine Exklusivitätsverträge für Lieferanten und Vertriebskanäle eingegangen werden.

4.2. Vorgaben zu den Finanzen

Die KKAG hat ihre Eigenwirtschaftlichkeit nachhaltig sicherzustellen und den Unternehmenswert zu steigern. Grössere Investitionen sind so auszurichten, dass sie risikogewichtet sind und massgeblich zur Wertschöpfung beitragen.

In jenen Bereichen, die nicht durch regulatorische Vorgaben beeinflusst sind, ist ein durchschnittliches jährliches Umsatzwachstum von mindestens 3% bei einer EBITDA-Marge von mindestens 10% anzustreben.

Die KKAG hat jährliche Dividendenausschüttungen von mindestens 50% ihres Unternehmensgewinnes nach Steuern vorzunehmen, solange dadurch die Eigenkapitalquote von 40% nicht unterschritten wird.

4.3. Vorgaben zur Organisation

Die KKAG hat eine engagierte und zeitgemesse Lehrlingsausbildung zu betreiben. Das Unternehmen muss über eine klare und auf Kontinuität angelegte Organisationsstruktur verfügen. Die Leistung und Kompetenz der Mitarbeiter und des Kaders sind zu fördern und die Stabilität im Mitarbeiterstamm und die Identifikation mit dem Unternehmen sind zu begünstigen. Das Unternehmen betreibt eine Nachwuchsförderung sowohl in Bezug auf Kompetenzen als auch Führungserfahrung.

4.4. Vorgaben zur Kommunikation

Die KKAG berücksichtigt bei ihrer Kommunikation nach aussen die Tatsache, dass sie ein öffentliches Unternehmen des Kantons darstellt und damit auch die Interessen der Regierung als Eignervertretung wahrzunehmen hat. Die Kommunikation darf den Gesamtinteressen des Kantons nicht zuwider laufen.

4.5. Übrige Vorgaben der Regierung

Die KKAG hat ein angemessenes, aber umfassendes Risk Management System aufzubauen und zu betreiben. Als Bestandteil des Risk Managements ist ein internes Kontrollsystem (IKS) zu betreiben.

Die Protokolle des Verwaltungsrates der KKAG sind unaufgefordert dem zuständigen Regierungsmitglied zuzustellen.

Der Verwaltungsrat der KKAG hat das zuständige Regierungsmitglied periodisch über wesentliche Entwicklungen und Vorkommnisse zu informieren. Zudem hat halbjährlich ein Informationsaustausch zwischen dem zuständigen Regierungsmitglied und dem Verwaltungsrat, insbesondere über die strategische Ausrichtung der KKAG, stattzufinden.

Der Verwaltungsrat der KKAG hat die Umsetzung der Eignerstrategie jährlich im Rahmen eines Beteiligungscontrollings darzulegen.

5. Schlussbestimmungen

5.1. Abweichungen und Ausnahmen

Von der vorliegenden Eignerstrategie darf nur in begründeten Fällen und bei entsprechender Notwendigkeit abgewichen werden. Möchte die strategische Führungsebene des Unternehmens von der Eignerstrategie abweichen, so ist die schriftliche Zustimmung der Regierung einzuholen.

5.2. Änderungen und Ergänzungen

Die Eignerstrategie ist vom Regierungsrat periodisch auf Vollständigkeit und Aktualität zu überprüfen.

Ist der strategischen Führungsebene einen Bestimmung der Eignerstrategie unklar oder hält sie eine Vorgabe für nicht umsetzbar, so hat sie dem Regierungsrat entsprechende Änderungen oder Ergänzungen unaufgefordert vorzuschlagen.

5.3. Inkrafttreten

Die vorliegende Eignerstrategie wurde vom Regierungsrat am 1. April 2012 erlassen und dem Verwaltungsrat der KKAG zur Kenntnisnahme und zur sofortigen Umsetzung abgegeben.

****

11.23 Einladung GV KMU

Muster Produktion AG

Muster Produktion AG
Industriepark 1
CH-8001 Zürich
Tel. +41 (0) 44 123 45 67 89
E-mail: produktion@muster.ch

An die Aktionäre und VR-Mitglieder
der Muster Produktion AG
sowie an die Treuhand AG als
Revisionsstelle

Zürich, 1. April 2014 RM/am

EINLADUNG

zur

36. ordentlichen Generalversammlung

der

Muster Produktion AG

Freitag, den 27. Juni 2014 um 19.00 Uhr

im Konferenzraum der Muster Produktion AG, Industriepark 1, 8001 Zürich

Der Geschäftsbericht, der Revisionsbericht sowie das Protokoll der Generalversammlungen vom 10. Mai 2013 liegen am Sitz der Gesellschaft während der Geschäftszeit zur Einsichtnahme auf, können jedoch auch beim VR-Sekretär bestellt werden.

Traktanden

1. Protokoll der letzten Generalversammlung vom 10. Mai 2013

   Antrag des Verwaltungsrates: Genehmigung dieses Protokolls.

2. Teilnahme der Revisionsstelle

Antrag des Verwaltungsrates: Verzicht auf die Teilnahme der Revisionsstelle. Falls ein Aktionär die Anwesenheit der Revisionsstelle wünscht, wird er ersucht, dies dem Präsidenten des VR bis zum 10. April mitzuteilen; ansonsten geht der VR davon aus, dass die GV einstimmig auf die Teilnahme der Revisionsstelle verzichtet.

3. Bericht der Revisionsstelle

Antrag des Verwaltungsrates: Kenntnisnahme vom Bericht der Revisionsstelle.

4. Genehmigung des Jahresrechnung 2013

Antrag des Verwaltungsrates: Genehmigung der Jahresrechnung 2013.

5. Genehmigung des Lageberichtes 2013

Antrag des Verwaltungsrates: Genehmigung der Lageberichtes 2013.

6. Verwendung des Bilanzgewinnes

Antrag des Verwaltungsrates: Unter Berücksichtigung der Tatsache, dass die allgemeine Reserve die gesetzliche Höhe von 50% des nominellen Aktienkapitals gemäss Art. 671 OR noch nicht erreicht hat, sei der Bilanzgewinn wie folgt zu verwenden:

Jahresgewinn		CHF	122 687.30
+ Gewinnvortrag		CHF	37 265.10
Bilanzgewinn zur Verfügung der GV		**CHF**	**159 952.40**
Zuweisung an die allgemeine Reserve:			
1. 5% des Jahresgewinnes gemäss Art. 671 Abs. 1 OR		CHF	6134.40
2. 10% der Überdividende gemäss Art. 671 Abs. 2 Ziff. 3 OR			
– Vorgesehene Dividende	CHF 120 000.–		
– abzgl. Normaldividende 5% des Eigenkapitals	CHF 15 000.–		
– Überdividende	CHF 105 000.–	CHF	10 500.–
3. Rundungszuweisung		CHF	365.60
		CHF	17 000.–
Ausschüttung folgender Dividenden:			
1. 1600 Stimmrechtsnamenaktien	je CHF 40.–	CHF	64 000.–
2. 90 Namenaktien	je CHF 400.–	CHF	36 000.–
3. 50 Inhaberaktien	je CHF 400.–	CHF	20 000.–
		CHF	120 000.–
Vortrag auf neue Rechnung		**CHF**	**22 952.40**

Ohne andere Mitteilung wird die Dividende am 30. Juni 2013 auf die benannten Konten gutgeschrieben.

7. Entlastung der Mitglieder des Verwaltungsrates

Antrag des Verwaltungsrates: Die Mitglieder des Verwaltungsrates seien in globo für das Geschäftsjahr 2013 zu entlasten.

8. Wahlen

7.1. Wahl des Verwaltungsrates

Antrag des Verwaltungsrates: Wahl der bisherigen Mitglieder des Verwaltungsrates für eine weitere Amtsdauer von drei Jahren bis zur ordentlichen Generalversammlung im Jahre 2017

7.2. Wahl der Revisionsstelle für ein weiteres Jahr

Antrag des Verwaltungsrates: Wahl der Treuhand AG als Revisionsstelle für eine neue Amtsdauer von einem Jahr bis zur ordentlichen Generalversammlung im Jahr 2015.

8. Allgemeine Umfrage

****

Im Anschluss an die Generalversammlung wird den Teilnehmern ein Imbiss im Restaurant Hirschen offeriert.

Mit freundlichen Grüssen

Der Präsident des Verwaltungsrates:

_____

Dr. Rolf Meier

Einladung
zur ordentlichen Generalversammlung
der Phantasia Group AG

Dienstag, 1. April 2014

Ort: Zürich-Oerlikon, Hallenstadion,
Wallisellenstrasse 45, CH-8050 Zürich

Türöffnung:	13.00 Uhr
Beginn:	14.30 Uhr

Traktandenliste

1. Berichterstattung zum Geschäftsjahr 2013

1.1 Genehmigung des Lageberichtes 2013

Der Verwaltungsrat beantragt, den Lagebericht 2013 zu genehmigen.

1.2 Genehmigung der Jahresrechnung 2013

Der Verwaltungsrat beantragt, den Bericht der Revisionsstelle zur Kenntnis zu nehmen und die Jahresrechnung 2013 zu genehmigen.

1.3 Genehmigung der Konzernrechnung 2013

Der Verwaltungsrat beantragt, den Bericht der Revisionsstelle zur Kenntnis zu nehmen und die Konzernrechnung 2013 zu genehmigen.

2. Verwendung des Bilanzgewinnes 2013

Der Verwaltungsrat beantragt, die Verwendung des Bilanzgewinnes 2013 wie folgt zu genehmigen.

Jahresgewinn 2013	CHF	156 117 587
Vortrag aus Vorjahr	CHF	98 756 874
Total verfügbarer Bilanzgewinn	**CHF**	**254 874 461**
Einlage in die gesetzlichen Reserven	CHF	0
Auszahlung einer ord. Dividende von brutto CHF 5.00 pro Aktie	CHF	30 701 875

Auszahlung einer Sonderdividende
von brutto CHF 2.50 pro Aktie   CHF   15 350 938

Vortrag auf neue Rechnung   CHF   208 821 648

Die Dividende wird valuta 2. April 2014 ausgezahlt.

3. Entlastung der Mitglieder des Verwaltungsrates

Der Verwaltungsrat beantragt, den Mitgliedern des Verwaltungsrates für ihre Tätigkeit im Geschäftsjahr 2013 Entlastung zu erteilen.

4. Vergütungssystem 2014

4.1 Vergütung des Verwaltungsrates 2014

Der Verwaltungsrat beantragt, die Gesamtsumme aller Vergütungen des Verwaltungsrates per 2014 mit CHF 870 000 brutto festzulegen.

4.2 Vergütung der Konzernleitung 2014

Der Verwaltungsrat beantragt, die Gesamtsumme aller Vergütungen der Konzernleitung per 2014 mit CHF 2 350 000 brutto festzulegen.

5. Wahlen

5.1 Wahl des Verwaltungsrates

Herr Ueli Grafenried stellt sich nicht mehr für eine Wiederwahl zur Verfügung. Herr Anton Amsler hat sein 70. Altersjahr vollendet und kann deshalb gemäss der statutarischen Altersbeschränkung nicht mehr gewählt werden. Die übrigen Mitglieder des Verwaltungsrates stehen für eine weitere einjährige Amtsperiode zur Verfügung. Der Verwaltungsrat beantragt deshalb mit Hinweis auf die beiliegenden Lebensläufe, individuell folgende Mitglieder des Verwaltungsrats bis zur ordentlichen Generalversammlung im Jahr 2015 zu wählen:

a) *Herr Beat Borer, von Aadorf, in Frauenfeld (bisher)*

b) *Frau Eva Ehrat, von Burgdorf, in Bern (neu)*

c) *Herr Dr. Felix Feierabend, deutscher Staatsangehöriger, in Zürich (neu)*

d) *Prof. Dr. Max Meier, von St. Gallen, in Teufen/AR (bisher)*

e) *Frau Christina Sommer, von Gossau, in Winterthur (bisher)*

5.2 Wahl des Verwaltungsratspräsidenten

Der Verwaltungsrat beantragt, Herrn Beat Borer, von Aadorf, in Frauenfeld, für eine weitere einjährige Amtsdauer bis zur ordentlichen Generalversammlung im Jahr 2015 wieder zu wählen.

5.3 Wahl des Vergütungsausschusses

Der Verwaltungsrat beantragt, folgende Mitglieder des Vergütungsausschusses für eine einjährige Amtsdauer bis zur ordentlichen Generalversammlung im Jahr 2015 zu wählen.

a) *Frau Christina Sommer, von Gossau, in Winterthur (bisher, als Präsidentin)*

b) *Frau Eva Ehrat, von Burgdorf, in Bern (neu, als internes Mitglied)*

c) *Herr Markus Mölleney, von Wankdorf, in Bern (neu, als externes Mitglied)*

5.4 Wahl der Revisionsstelle

Der Verwaltungsrat beantragt, die Revisionsgesellschaft AG, Zürich, als Revisionsstelle für das Geschäftsjahr 2014 wieder zu wählen.

5.5 Wahl des unabhängigen Stimmrechtsvertreters

Der Verwaltungsrat beantragt, als unabhängigen Stimmrechtsvertreter Herrn Dr. Roberto Keller, Rechtsanwalt, Kanzlei Keller & Partner, Gerechtigkeitsgasse 1, 8001 Zürich, bis zur ordentlichen Generalversammlung im Jahr 2015 wieder zu wählen.

Für den Fall, dass Herr Dr. Roberto Keller verhindert sein sollte, beantragt der Verwaltungsrat, Frau Anna Fröhlich, Rechtsanwältin, Kanzlei M&A Lawyers AG, Gerechtigkeitsgasse 1, 8001 Zürich, bis zur ordentlichen Generalversammlung im Jahr 2015 als Ersatz zu wählen.

6. Verschiedenes

Es sind fristgerecht keine Anträge von Aktionären eingereicht worden.

****

Allgemeine Informationen

Die vorliegende Einladung in deutscher Sprache stellt den Originaltext dar. Bei Abweichungen geht der deutsche Text den französischen und englischen Übersetzungen vor. Alle in dieser Einladung verwendeten Begriffe wie «Aktionäre» etc. gelten sowohl für Frauen als auch für Männer.

Im SHAB und in der NZZ wird die Einladung mit gekürzten Informationen und ohne Beilagen abgedruckt.

Teilnahme und Zutrittskarte

Aktionäre, die am 20. März 2014 als stimmberechtigt im Aktienbuch eingetragen sind, sind berechtigt, an der Generalversammlung teilzunehmen.

Der Eintrag im Aktienbuch hat keinen Einfluss auf die Handelbarkeit der Aktien von eingetragenen Aktionären vor, während oder nach der Generalversammlung.

Zutrittskarte und Stimmmaterial können mittels der dieser Einladung beigelegten Antwortkarte bestellt werden und werden ab dem 4. März 2014 bis 23. März 2014 versandt. Die frühzeitige Rücksendung der Antwortkarte erleichtert die Vorbereitungsarbeiten zur Generalversammlung.

Aktionäre, welche die Zutrittskarte und das Stimmmaterial nicht erhalten haben, können beides am Tag der Generalversammlung gegen Vorweisen der Antwortkarte am Informationsschalter beziehen.

Bei vorzeitigem oder zeitweiligem Verlassen der ordentlichen Generalversammlung hat der Aktionär zur korrekten Präsenzermittlung beim Ausgang das nicht benutzte Stimmmaterial samt Zutrittskarte vorzuweisen.

Vertretung und Vollmachterteilung

Stimmberechtigte Aktionäre können sich mittels schriftlicher Vollmacht durch einen andern mit Stimmrecht im Aktienbuch eingetragenen Aktionär vertreten lassen. Verheiratete Personen können sich ausserdem durch ihren Ehegatten vertreten lassen. Die Vollmachterteilung muss auf der Antwortkarte oder der Zutrittskarte erfolgen.

Ausser den vorgenannten Stellvertretungen können sich die Aktionäre auch durch den unabhängigen Stimmrechtsvertreter vertreten lassen, welche jedes Jahr von der Generalversammlung neu gewählt wird. Derzeit ist dies Dr. Roberto Keller, Rechtsanwalt, Gerechtigkeitsgasse 1, 8001 Zürich.

Die Organstimmrechtsvertretung und die Depotstimmrechtsvertretung sind untersagt.

Abstimmung

Die Aktionäre können auf Wunsch auch elektronisch fernabstimmen. Dazu haben sie sich auf der Internetseite www.phantasiagroup.com unter dem Menupunkt «Elektronische Abstimmung» mindestens 5 Tage vor der Generalversammlung anzumelden. Sie erhalten dann per E-Mail das Passwort für den Fernzugang. Die Stimmabgabe muss mindestens 24 Stunden vor der Generalversammlung erfolgen. Alle weiteren Vorgaben und Informationen zur elektronischen Stimmabgabe finden sich unter dem gleichen Menupunkt.

Die Pensionskassen haben im Interesse ihrer Versicherten abzustimmen (Stimmzwang) und nachträglich offen zu legen, wie sie gestimmt haben.

Geschäftsbericht

Der Geschäftsbericht, welcher den Lagebericht, die Konzernrechnung und die Jahresrechnung enthält, sowie die Berichte der Revisionsstelle und der Vergütungsbericht liegen ab dem 5. März 2014 zur Einsichtnahme am Geschäftssitz (Industriepark 1, CH-8001

Zürich) auf. Die Aktionäre können beim Aktienregister der Phantasia Group AG (c/o SIX SAG AG, Postfach, CH-4609 Olten) die Zustellung des Geschäftsberichtes verlangen. Der Versand erfolgt ab dem 12. März 2014. Der Geschäftsbericht kann auch als Datei von der Investor-Relations- Internetseite auf www.phantasiagroup.com heruntergeladen werden.

Imbiss

Im Anschluss an die ordentliche Generalversammlung laden wir alle Teilnehmer zu einem Imbiss ein. Dieser findet in den Räumlichkeiten des Hallenstadions Zürich statt.

Anreise

Wir empfehlen Ihnen, die öffentlichen Verkehrsmittel zu benützen. Mit Tram Nr. 11 alle 7–8 Minuten ab Haltestelle Bahnhofstrasse oder Bahnhofquai beim Hauptbahnhof Zürich bis Haltestelle Messe/Hallenstadion (Fahrzeit ca. 18 Minuten). Ab Zürich HB mit S-Bahn S2, S5, S6, S7, S8, S14 oder S16 in 6 Minuten bis Bahnhof Zürich-Oerlikon; weiter mit Tram Nr. 11 oder mit Bus Nr. 63 (alle 7–8 Minuten) oder Bus Nr. 94 (alle 15 Minuten) bis Haltestelle Messe/Hallenstadion.

Beilagen

Die folgenden Beilagen bilden einen integrierenden Bestandteil der Einladung:
- Lebensläufe der zur Wahl vorgeschlagenen VR-Kandidaten
- Antwortkarte zur Bestellung von Zutrittskarte und Stimmmaterial

Zürich, 4. März 2014

Phantasia Group AG

Für den Verwaltungsrat

Phantasia Group AG
Industriepark 1
CH-8001 Zürich
SWITZERLAND
Tel. +41 (0) 44 111 22 33
www.phantasiagroup.com
E-mail: produktion@muster.ch

Beat Borer, Präsident

Muster AG, St. Gallen

Einladung zur Strategietagung

Datum	**Dienstag, den 1. April 2014**
Zeit	**09.00 bis 16.00 Uhr (danach kurze VR-Sitzung)**
Ort	**Hotel Edelweiss** (Anfahrtsplan in der Beilage) Bergstrasse 1111 Blüemlisalp Tel. 031 12 13 145 www.edelweiss.ch
Teilnehmer	• Herr Dr. Felix Muster (Verwaltungsratspräsident/Vorsitz) • Frau Marta Meier (Vizepräsidentin des Verwaltungsrates) • Herr Hans Schmid (Mitglied des Verwaltungsrates) • Herr Max Huber (Mitglied des Verwaltungsrates) • Herr Urs Glück-Wohlgemut (Mitglied des Verwaltungsrates) • Herr Franz Neumann (Sekretär des Verwaltungsrates) • Herr Thomas Uhlich (CEO) • Herr Fritz Blaser (CFO) • Herr Markus Stein (CMO)
Gäste	• Herr Prof. Dr. Rainer Roth (Referent) • Frau Daniela Dünser (Kommunikationsagentur D&D)

Sehr geehrte Damen und Herren

Ich freue mich, Sie im Namen des Verwaltungsrates der Muster AG zur Strategietagung 2014 einladen zu dürfen.

Wir werden die Strategietagung gemeinsam dazu nutzen, unsere Strategie in einzelnen Schritten vertieft zu erarbeiten, dabei unsere kurz-, mittel- und langfristige Strategie festzulegen und die Umsetzung gezielt zu planen.

Ich freue mich auf den gemeinsamen Tag und bin überzeugt, dass wir dabei wichtige Schritte für unsere Zukunft und Weiterentwicklung gehen werden.

Mit besten Grüssen

Dr. Felix Muster

Beilagen:

- Angaben zum Tagungsort
- Aktuelle Vision und gültiges Unternehmensleitbild
- Vorbereitete SWOT-Analyse der GL

TRAKTANDEN

09.00 Uhr Beginn der Strategietagung

1.   Begrüssung, Zielsetzung und Ablaufplan

Um von der Strategietagung maximal zu profitieren, sollen gleich zu Beginn die Zielsetzungen für den gesamten Tag festgelegt werden. Gleichzeitig wird der Ablauf im Detail vorgestellt.

2.   Eignerstrategie

Die aktuelle Eignerstrategie datiert vom 1.4.2005. Die wichtigsten Punkte werden nochmals in Erinnerung gerufen, da die Unternehmensstrategie nur innerhalb des durch die Eignerstrategie vorgegebenen Rahmens festgelegt werden kann. Derzeit sind keine Punkte ersichtlich, die zu einem Änderungsantrag an die Eigner Anlass geben würden.

3.   SWOT-Analyse

Die Analyse unseres Unternehmens werden wir anhand einer SWOT-Analyse vornehmen. Die SWOT-Analyse steht für Strengths (Stärken), Weaknesses (Schwächen), Opportunities (Chancen) und Threats (Gefahren). Die GL hat auftragsgemäss bereits eine erste Analyse vorgenommen, die nun vom VR kritisch zu hinterfragen ist.

4.   Überprüfung der Vision

Die Vision ist eine wirklichkeitsnahe Vorstellung der gewünschten Zukunft. Die Vision ist somit ein Bild von unserer Zukunft, für das wir uns begeistern und dann auch andere begeistern können. Es bringt Klarheit und Richtung in das Handeln und Denken, denn wir wissen, was wir anstreben, wofür wir etwas tun und in welche Richtung wir uns bzw. unser Unternehmen entwickeln wollen. Die bestehende Vision soll im Hinblick auf das Stärken/Schwächen-Profil aus der SWOT-Analyse überprüft werden.

5.   Überprüfung des Leitbildes

Das Leitbild ist die klar gegliederte Zielvorstellung unseres Unternehmens und gibt vor, mit welcher Grundhaltung unsere Unternehmensziele erreicht werden sollen und welche ethischen Werte das Unternehmen vertritt. Die festgelegten Leitsätze, die unser Unternehmensleitbild verdeutlichen, sollen ebenfalls im Hinblick auf das Stärken/Schwächen-Profil aus der SWOT-Analyse überprüft werden.

10.15–10.45 Uhr: Pause

6.   Strategieszenarien / Marketingstrategien

Zu diesem Punkt referiert Prof. Dr. Rainer Roth vom Forschungsinstitut für Marktanalyse. Er wird uns die neuesten Markttendenzen für unsere Branche aufzeigen und daraus mögliche Strategieszenarien ableiten. Wir werden Gelegenheit haben, mit Prof. Roth die effizientesten Marketingstrategien zu diskutieren.

12.00 bis 13.00 Mittagessen und Austausch mit Gästen

7.   Kurz- und Mittelfriststrategie

Gestützt auf die Erkenntnisse des Morgens werden wir unsere Strategie überprüfen und soweit notwendig anpassen. Die Kurz- und Mittelfriststrategie ist zwingend den geänderten Verhältnissen anzupassen. Zur Unterstützung hat der CFO verschieden Varianten des Finanzplans ausgearbeitet, auf denen basiert werden kann

8.   Massnahmen zur Strategieumsetzung / Business-Plan

Zum Schluss werden die einzelnen Massnahmen zur Umsetzung der Strategie zusammengetragen und der Businessplan entsprechend angepasst.

9.   Allgemeine Umfrage

16.00 Uhr Ende des Strategieteils und Beginn der VR-Sitzung

An der VR-Sitzung sollen die Beschlüsse auf Grund des Strategieteils gefällt werden.

17.00 Uhr Abschluss der Tagung

* * * * * * * *

11.26 Einladung VR-Sitzung

Mustergesellschaft AG

Mustergesellschaft AG
Börsenplatz 2
8001 Zürich

An die Mitglieder des Verwaltungsrats,
den CEO und den CFO (zu Trkd. 1–9)
der Mustergesellschaft AG

Zürich, 5. Mai 2014 PM/am

EINLADUNG

zur

Sitzung des Verwaltungsrates

der

Mustergesellschaft AG

Donnerstag, den 15. Mai 2014, von 15.00 bis 19.00 Uhr
im Direktionszimmer der Mustergesellschaft AG, Börsenplatz 2, 8001 Zürich

TRAKTANDEN

1. Protokoll der VR-Sitzung 02/2014
    - 1.1 Protokoll vom 13.3.2014
    - 1.2 Pendenzen aus der letzten Sitzung
2. Geschäftsgang
    - 2.1 Monatsreport per April 2014
    - 2.2 Bericht Marktanalyse Westschweiz
    - 2.3 Hochrechnung per Ende 2014

3. Finanzen
   3.1 Aktualisierter Finanzplan 2014–2017
   3.2 12-Monate rollierender Liquiditätsplan
4. Vorbereitung der GV
   4.1 Ort, Datum und Zeit
   4.2 Einzuladende
   4.3 Geschäftsbericht und Revisionsbericht 2013
   4.4 Traktanden und Anträge des Verwaltungsrates
5. Projekte
   5.1 Phoenix
   5.2 Effizienzsteigerungsprogramm
   5.3 Aktualisierte VR-Projektliste
6. Personelles
   6.1 Besetzung Vakanzen Kaderstufe
   6.2 Mitarbeiterbeteiligung
   6.3 Übrige personelle Angelegenheiten
7. Verschiedenes
   7.1 Bericht Pensionskasse
   7.3 Risk Management
8. Nächste Sitzung
   8.1 Datum und Traktanden
   8.2 Neue Pendenzen
9. Allgemeine Umfrage
10. VR-Internes

Mit freundlichen Grüssen

Der VR-Präsident:

_____

Dr. Paul Meier

Beilagen:

- Revisionsbericht 2013 vom 2. Mai 2014
- Entwurf Lagebericht 2013

Geht an:

- Dr. Paul Meier, VR-Präsident
- Christine Krüsig, VR-Mitglied
- Patrick Sennhauser, VR-Mitglied
- Richard Roth, VR-Sekretär
- Ernst Ronner, CEO (als Gast)
- Lukas Eigenmann, CFO (als Gast)

Entschädigungsreglement des Verwaltungsrates

Der Muster AG

1. Grundlage

Das vorliegende Reglement wird gestützt auf das Organisationsreglement der Muster AG erlassen. Es präzisiert und ergänzt die allgemeinen Richtlinien zur Entschädigung des Verwaltungsrates im Organisationsreglement.

2. Zweck

Dieses Reglement legt in den Grundzügen die gesamte Entschädigung des Verwaltungsrates fest. Es regelt die Struktur der Honorierung und des Spesenersatzes abschliessend.

3. Kompetenz und Transparenz

3.1 Der Verwaltungsrat legt seine Entschädigung in eigener Kompetenz fest, solange die Gesellschaft noch nicht kotiert ist. Zu berücksichtigen sind jedoch folgende Vorgaben:

    a) Die Mitglieder des Verwaltungsrates dürfen nur VR-Honorar bzw. Löhne und Spesen beziehen, welche der Bedeutung des Unternehmens angemessen und branchenüblich sind.

    b) Es dürfen keine Abgangsentschädigungen bzw. goldene Fallschirme für Mitglieder des Verwaltungsrates vorgesehen werden.

3.2 Als nicht börsenkotierte Gesellschaft legt die Muster AG nur die Gesamtsumme der VR-Honorierung in ihrem Geschäftsbericht offen.

4. Grundentschädigung und Spesen

4.1 Alle VR-Mitglieder haben Anspruch auf eine jährliche Grundentschädigung, die in monatlichen Raten überwiesen wird. Die Höhe der Grundentschädigung wird vom Verwaltungsrat durch Mehrheitsbeschluss bis auf Widerruf festgelegt und im VR-Protokoll festgehalten.

4.2 Die Grundentschädigung kann für einzelne Mitglieder in unterschiedlicher Höhe festgelegt werden, falls besondere Umstände wie z.B. Erfahrung oder Reputation dies rechtfertigen. Grundsätzlich beziehen jedoch alle VR-Mitglieder die gleiche Grundentschädigung.

4.3 Von der Grundentschädigung werden die obligatorischen Sozialversicherungsbeiträge abgezogen, sofern das Honorar einem VR-Mitglied persönlich überwiesen wird. Stellt eine juristische Person für ein VR-Mitglied Rechnung, ist kein Abzug für Sozialversicherungsbeiträge erforderlich, dafür allenfalls aber ein Abzug für Mehrwertsteuer.

4.4 Für die in Ausübung ihrer VR-Tätigkeit entstehenden Spesen haben die VR-Mitglieder Anspruch auf Rückerstattung gegen Vorweis der entsprechenden Belege. Im Übrigen gilt die Spesenregelung für die Mitglieder der Geschäftsleitung der Muster AG.

5. Sitzungsgeld

5.1 Zusätzlich zur jährlichen Grundentschädigung erhalten Verwaltungsratsmitglieder unabhängig von ihrer Funktion eine Entschädigung für jede Teilnahme an einer VR-Sitzung oder einer Ausschuss-Sitzung (sogenanntes Sitzungsgeld).

Ein Anrecht auf das Sitzungsgeld besteht nur, wenn auch tatsächlich physisch an der Sitzung teilgenommen wird. Telefonkonferenzen und Videokonferenzen werden physischen Sitzungen gleichgestellt, sofern im Übrigen die Anforderungen an eine Sitzung gemäss nachstehender Ziff. 5.3 erfüllt sind.

5.2 Die Höhe des Sitzungsgeldes wird vom Verwaltungsrat durch Mehrheitsbeschluss bis auf Widerruf festgelegt und im VR-Protokoll festgehalten.

Das Sitzungsgeld wird für halbtägige (bis 4 Stunden) und ganztägige (über 4 Stunden) Sitzungen in unterschiedlicher Höhe festgelegt.

5.3 Ein Anrecht auf das Sitzungsgeld besteht nur, wenn die entsprechende Sitzung durch den jeweiligen Präsidenten (VR-Präsident, VR-Vizepräsident, Ausschusspräsident) offiziell angesetzt wurde.

Ein Treffen von VR-Mitgliedern oder Ausschuss-Mitgliedern ohne entsprechende Sitzungsanordnung wird nicht als Sitzung gewertet.

5.4 Als Beleg für die Durchführung der Sitzung sowie die Teilnahme an der Sitzung gilt das entsprechende Sitzungsprotokoll. Ohne Sitzungsprotokoll besteht keine Anspruch auf das Sitzungsgeld.

5.5 Die Sitzungsgelder werden jeweils semesterweise ausbezahlt.

6. Funktionszulage

6.1 Zusatzfunktionen wie VR-Präsident, VR-Vizepräsident, VR-Delegierter oder Präsident eines VR-Ausschusses werden zusätzlich entschädigt, sofern diese Funktionen nicht im Rahmen eines Arbeitsvertrages abgegolten werden. Die Höhe solcher Funktionszulagen wird vom Verwaltungsrat durch Mehrheitsbeschluss bis auf Widerruf festgelegt und im Protokoll festgehalten. Die Funktionszulagen werden kumulativ ausbezahlt (z.B. VR-Vizepräsident und gleichzeitig Präsident eines Ausschusses).

6.2 Die Funktionszulagen sind mit einer Jahrespauschale festzulegen und zusammen mit dem VR-Grundhonorar monatlich pro rata zu überweisen.

6.3 Die Mitgliedschaft in Ausschüssen soll nicht mit einer festen Jahrespauschale, sondern mit Sitzungsgeldern entschädigt werden. Lediglich dem Präsidenten des Ausschusses soll zusätzlich eine feste Jahrespauschale ausgerichtet werden.

7. Zusatzentschädigungen

7.1 Übernimmt ein VR-Mitglied zusätzlich zu seiner ordentlichen VR-Funktion Spezialaufgaben wie namentlich ein Beratungsmandat für die Muster AG, so ist nur dann eine entsprechende Zusatzentschädigung geschuldet, wenn dies ausdrücklich vorgängig schriftlich vereinbart wurde.

7.2 Die vom Organisationsreglement bezüglich In-sich-Geschäften verlangte Schriftlichkeit wird auch dann erfüllt, wenn die Modalitäten der Spezialaufgabe bzw. der entsprechenden Zusatzentschädigung im VR-Protokoll festgehalten wird.

7.3 Die Zusatzentschädigung kann vom Verwaltungsrat in Form eines Stundenlohnes oder einer Tagespauschale festgelegt werden. Die Zusatzentschädigung ist auf der festgelegten Basis monatlich vom betroffenen VR-Mitglied in Rechnung zu stellen.

7.4 Bei der Vergabe von Spezialaufgaben soll vom Verwaltungsrat soweit möglich ein Kostenrahmen vorgegeben werden.

8. Unzulässige Entschädigungen

8.1 Den VR-Mitglieder dürfen unabhängig von allfälligen Zusatzfunktionen keine Anfangs- oder Abgangsentschädigungen vorgesehen oder ausgerichtet werden. Ebenso verboten sind Prämien für Firmenkäufe und -verkäufe oder zusätzliche Vergütungen unter dem Titel Karenzentschädigung für nachvertragliche Nichtkonkurrenzierung.

8.2 Dieses Verbot gilt auch dann, wenn VR-Mitglieder eine Doppelstellung als Organ und Arbeitnehmer haben und demzufolge arbeitsvertraglich gebunden sind.

9. Inkrafttreten und Anwendung

9.1 Das vorliegende Reglement ist vom Verwaltungsrat an seiner Sitzung 02/2014 genehmigt worden und tritt sofort in Kraft.

9.2 Die bereits festgelegten VR-Honorare bleiben bis auf Widerruf in unveränderter Höhe bestehen.

******

Musterhausen, den 1. April 2014

Der VR-Präsident: Die VR-Sekretärin:

_____   _____

Max Muster   Doris Huber

11.28 Evaluation VR durch GL

Muster AG

FRAGEBOGEN ZUR EVALUATION DES VR DURCH DIE GL PER 2013

Ziff.	Fragestellung	Wichtigkeit			Beurteilung					Zusatzinformationen
		gering	mittel	hoch	sehr schlecht	schlecht	genügend	gut	sehr gut	Vorname und Name des Ausfüllenden:
1.0	**Strategie des VR**									Bemerkungen und Vorschläge zur Verbesserung
1.1	Hat der VR die GL ausreichend über die Vorgaben der Eigner bzw. der Eignerstrategie orientiert?									
1.2	Sind die strategischen Vorgaben des VR bzgl. Unternehmensstrategie verständlich und angemessen?									
1.3	Kennt der VR das Hauptgeschäft ausreichend, um die richtigen strategischen Entscheide zu fällen?									
1.4	Denkt und handelt der VR ausreichend zukunftsorientiert und risikofreudig?									
1.5	Berücksichtigt der VR angemessen die Interessen von Kunden und Mitarbeitern?									

Ziff.	Fragestellung	Wichtigkeit			Beurteilung					Zusatzinformationen
		gering	mittel	hoch	sehr schlecht	schlecht	genügend	gut	sehr gut	
2.0	Struktur des VR									Bemerkungen und Vorschläge zur Verbesserung
2.1	Kann der VR in seiner Zusammensetzung genügend schnell reagieren und entscheiden?									
2.2	Ist die vom VR vorgegebene Organisationsstruktur dem Unternehmen angemessen?									
2.3	Sind die zugewiesenen Aufgaben, Kompetenzen und Verantwortlichkeiten zweckmässig?									
2.4	Hat der VR ein ausreichendes Controlling-System implementiert?									
2.5	Lässt der VR der GL ausreichend Flexibilität bei der Planung und Umsetzung des operativen Geschäfts?									
3.0	Kultur des VR									Bemerkungen und Vorschläge zur Verbesserung
3.1	Orientiert der VR die Mitarbeiter ausreichend und verständlich?									
3.2	Sind die Entscheidungen des VR fundiert und verlässlich?									

Vorname und Name des Ausfüllenden:

855

Ziff.	Fragestellung	Wichtigkeit			Beurteilung					Zusatzinformationen
		gering	mittel	hoch	sehr schlecht	schlecht	genügend	gut	sehr gut	
										Vorname und Name des Ausfüllenden:
3.2	Agiert der VR als Vorbild für die Mitarbeiter?									
3.3	Arbeiten VR und GL konstruktiv und zielgerichtet zusammen?									
3.4	Sind die Zielvorgaben des VR an die GL realistisch und zweckmässig?									
3.5	Zeigt der VR genügend Anerkennung bezüglich der Leistungen der GL?									
4.0	Gesamtbeurteilung des VR									Bemerkungen und Vorschläge zur Verbesserung
4.1	Welches ist die grösste Stärke des VR?									
4.2	Worin liegt das grösste Entwicklungspotential des VR?									
4.3	Was schlagen Sie als wichtigste Massnahme zur Weiterentwicklung des VR vor?									

11.29 Evaluation VR durch VR (Selbstbeurteilung)

Muster AG

FRAGEBOGEN ZUR SELBSTEVALUATION DES VR PER 2013
(Bitte die gelben Felder ausfüllen)

Ziff.	Fragestellung	Wichtigkeit			Beurteilung					Zusatzinformationen
		gering	mittel	hoch	sehr schlecht	schlecht	genügend	gut	sehr gut	Vorname und Name des Ausfüllenden:
1.0	Zusammensetzung und Honorierung des VR									Bemerkungen und Vorschläge zur Verbesserung
1.1	Wie beurteilen Sie die derzeitige Anzahl der VR-Mitglieder?									
1.2	Wie beurteilen Sie die derzeitige Zusammensetzung des VR im Hinblick auf notwendige Fachkenntnisse?									
1.3	Wie beurteilen Sie die Fähigkeit der VR-Mitglieder zur konstruktiven Zusammenarbeit im Team?									
1.4	Wie beurteilen Sie die Nachfolgeplanung im VR?									
1.5	Wie beurteilen die finanzielle Entschädigung für Ihre Leistungen im vergangenen Geschäftsjahr?									

Ziff.	Fragestellung	Wichtigkeit			Beurteilung					Zusatzinformationen
		gering	mittel	hoch	sehr schlecht	schlecht	genügend	gut	sehr gut	Vorname und Name des Ausfüllenden:
2.0	Aufgabenerfüllung durch den VR									Bemerkungen und Vorschläge zur Verbesserung
2.1	Wie beurteilen Sie Ihre zeitliche Verfügbarkeit zur Erfüllung der VR-Funktion?									
2.2	Wie beurteilen Sie das Engagement des VR in der Festlegung der Unternehmensstrategie?									
2.3	Wie beurteilen Sie die Unternehmensstrategie im Hinblick auf die aktuelle Wirtschaftslage?									
2.4	Wie beurteilen Sie die Liquiditäts- und Finanzplanung auf Stufe VR?									
2.5	Wie beurteilen Sie das monatliche Reporting an den VR bezüglich Umfang, Detaillierungsgrad und Verlässlichkeit der Angaben?									
2.6	Wie beurteilen Sie Ihre Kenntnisse vom Kerngeschäft des Unternehmens?									
2.7	Wie beurteilen Sie die Aufgabenverteilung innerhalb des Verwaltungsrats?									

Ziff.	Fragestellung	Wichtigkeit			Beurteilung					Zusatzinformationen
		gering	mittel	hoch	sehr schlecht	schlecht	genügend	gut	sehr gut	Vorname und Name des Ausfüllenden:
3.0	Zusammenarbeit mit der Geschäftsleitung									Bemerkungen und Vorschläge zur Verbesserung
3.1	Wie beurteilen Sie die aktuelle Gestaltung der Führungsorganisation gemäss Organigramm?									
3.2	Wie beurteilen Sie die aktuelle Zusammensetzung der GL im Hinblick auf die Funktionserfüllung?									
3.2	Wie beurteilen Sie die Zusammenarbeit zwischen VR und GL bezüglich Abgrenzungen der Aufgaben?									
3.3	Wie beurteilen Sie die Zusammenarbeit zwischen VR und GL bezüglich Informationsaustausch?									
3.4	Wie beurteilen Sie die Zielvorgaben des VR an die GL im letzten Geschäftsjahr?									
3.5	Wie beurteilen Sie die Kenntnisse des VR von den Arbeitsverträgen mit den GL-Mitgliedern?									
4.0	Sitzungsmanagement									Bemerkungen und Vorschläge zur Verbesserung
4.1	Wie beurteilen Sie die Anzahl der VR-Sitzungen im Hinblick auf die Unternehmenssituation?									

Ziff.	Fragestellung	Wichtigkeit			Beurteilung					Zusatzinformationen
		gering	mittel	hoch	sehr schlecht	schlecht	genügend	gut	sehr gut	Vorname und Name des Ausfüllenden:
4.2	Wie beurteilen Sie die Sitzungsunterlagen zur Vorbereitung der VR-Sitzungen?									
4.3	Wie beurteilen Sie die Vorbereitung der VR-Mitglieder auf die Sitzung?									
4.4	Wie beurteilen Sie die Sitzungsführung durch den Präsidenten des Verwaltungsrats?									
4.5	Wie beurteilen Sie das Umgehen der VR-Mitglieder mit Interessenkonflikten?									
4.6	Wie beurteilen Sie die Entscheidfindung innerhalb des Verwaltungsrats?									
4.7	Wie beurteilen Sie die Qualität der VR-Protokolle?									
5.0	**Kritische Erfolgsfaktoren**									Bemerkungen und Vorschläge zur Verbesserung
5.1	Wie beurteilen Sie die Kenntnisse des VR von den Chancen und Risiken des Unternehmens?									
5.2	Wie beurteilen Sie die Kenntnisse des VR von den Stärken und Schwächen des Unternehmens?									

Ziff.	Fragestellung	Wichtigkeit			Beurteilung					Zusatzinformationen
		gering	mittel	hoch	sehr schlecht	schlecht	genügend	gut	sehr gut	Vorname und Name des Ausfüllenden:
5.3	Wie beurteilen Sie den Beitrag des VR zum Erfolg des Unternehmens im vergangenen Geschäftsjahr?									
5.4	Wie beurteilen Sie das Engagement des VR zur Bewältigung der aktuellen Herausforderungen?									
6.0	Umgang mit Anspruchsgruppen									Bemerkungen und Vorschläge zur Verbesserung
6.1	Wie beurteilen Sie die Berücksichtigung der Interessen der Kunden des Unternehmens?									
6.2	Wie beurteilen Sie die Berücksichtigung der Interessen der Aktionäre des Unternehmens?									
6.3	Wie beurteilen Sie die Berücksichtigung der Interessen der Mitarbeiter des Unternehmens?									
6.4	Wie beurteilen Sie den Umgang mit den Banken, mit denen das Unternehmen zusammenarbeitet?									
7	Eigene Beurteilungskriterien									Bemerkungen und Vorschläge zur Verbesserung
7.1										
7.2										
7.3										

Führungskalender der Muster Produktions AG

Zielsetzungen und Grundlagen des Führungskalenders

- Der Führungskalender soll sicherstellen, dass jährlich zu behandelnde Geschäfte auf Stufe Verwaltungsrat im Ablauf des Führungsprozesses zeitgerecht behandelt und entschieden werden.

- Der Führungskalender bildet die Grundlage für den Verwaltungsrat zur Festlegung der konkreten Daten und Haupttraktanden der ordentlichen VR-Sitzungen.

- Der Führungskalender wird gestützt auf das Organisationsreglement der Muster Produktions AG erlassen und ergänzt die Bestimmungen über die Sitzungen des Verwaltungsrates.

- Der Führungskalender soll alle drei Jahre zusammen mit dem Organisationsreglement bezüglich Aktualität und Vollständigkeit überprüft werden.

Sitzungsplan und Sitzungsschwerpunkte

Januar — VR-Sitzung mit Schwerpunkt provisorischer Jahresabschluss, Personelles, Organigramm, Selbstbeurteilung VR

März — VR-Sitzung mit Schwerpunkt definitiver Jahresabschluss, Bonus GL, Vorbereitung Strategietagung und Generalversammlung

Mai — Teilnahme am 2. Teil der Strategietagung mit GL, Festhaltung der Ergebnisse und beschlossenen Massnahmen

Juni — Generalversammlung und VR-Sitzung mit Schwerpunkt Follow up Strategie und Marketing

September — VR-Sitzung mit Schwerpunkt Eckdaten Budget, Produktion, Qualität, Risk Management, Versicherungen, IT und Terminplanung nächstes Jahr

November — VR-Sitzung mit Schwerpunkt Prognose Jahresabschluss, Budget-Genehmigung, Zielsetzungen GL und HR

****

Zürich, 1. April 2014

Der Präsident des Verwaltungsrates: Der Sekretär des Verwaltungsrates:

Dr. Friedrich Eisenstein   Max Wunderlich

11.31 Funktionendiagramm

Funktionendiagramm der Mustergesellschaft AG in Zürich

Inhalt:
- Leitungsaufgaben
- Organisation und Personal
- Finanz- und Rechnungswesen
- Produktion, Marketing und Verkauf

Legende:

A	Antragstellung/Vorbereitung
B	Beratung
E	Entscheid/Beschluss/Genehmigung
I	Informationsanspruch
K	Kontrolle
P	Protokoll
V	Vollzug

VR	Gesamtverwaltungsrat
PV	Präsident des VR
DV	Delegierter des VR
SV	Sekretär des VR
GL	Geschäftsleitung
EB	Externer Berater

Für allfällige vom Verwaltungsrat bestellte Ausschüsse gelten die Funktionsbeschriebe der jeweiligen Reglemente.

Leitungsaufgaben	VR	PV	DV	SV	GL	EB
– Festlegung des Unternehmensleitbildes und der Unternehmensziele	E				A	B
– Konstituierung des VR	E					
– Wahl des DV und der Mitglieder der GL	E					
– Erstellung des Geschäftsberichtes	E		A		A	
– Einberufung der Generalversammlung und Festlegung der Traktanden	E	V				
– Durchführung der Generalversammlung		V		P		
– Ausführung der Beschlüsse der Generalversammlung	V	K				
– Durchführung von Kapitalerhöhungen und der daraus folgenden Statutenänderungen	E	V		P		B
– Genehmigung der Übertragung von Aktien und Führung des Aktienbuches	E	K		V		
– Erteilung der Zeichnungsberechtigung	E	V		P	A	
– Wahl und Instruktion der Arbeitgebervertreter in der Pensionskasse	E				A	
– Grundstückgeschäfte, Verwaltung und Liquidation von Anlagevermögen	E		A/V		A	B
– Handelsregisteranmeldungen	E/K			V		
– Überschuldungsanmeldung	E	V		P		A
– Anhebung von Klage und Abschluss von Vergleichen in Gerichtsprozessen	E	V	A		A	B

Organisation und Personal	VR	PV	DV	SV	GL	EB
– Festlegung des Grundsatzorganigramms und des Organisationsreglements	E/K		V		A	B
– Festlegung und Änderung des Funktionen-Diagramms	E		A/V		A	B
– Einberufung des VR, Festlegung der Traktanden und Unterlagenbereit-Stellung		E/V		A		
– Festlegung des Informations- und Berichtsystems	E/K		A		A	B
– Festlegung der Personalpolitik; insbesondere Ernennung der Prokuristen	E/K		A		A	
– Anstellen, Entlassen und Befördern von GL-Mitarbeitern (Prokuristen, etc.)	E	V	A		A	
– Anstellen, Entlassen und Befördern von übrigen Mitarbeitern (Prokuristen, etc.)	I	E		A		
– Festlegung des Lohn- und Qualifikationssystems	I	E		A		
– Organisation der Personalvorsorge	E	A/K		A/V		B
– Festlegung bzw. Verteilung von Aufgaben, Kompetenzen und Verantwortlichkeiten						
– Stufe GL und darüber	E	K				
– unterhalb Stufe GL		I		E		

Finanz- und Rechnungswesen	VR	PV	DV	SV	GL	EB
– Erstellung der Finanzpolitik, des Investitionsbudgets und des langfristigen Finanzplans	E	I/K			A/V	B
– Festlegung der Ausgestaltung des Rechnungswesens	E			P	A/V	
– Erstellung der Jahresrechnung	E				A/V	
– Erledigung von Steuerangelegenheiten	I/K				E/V	B
– Überwachung des Budgets	I	K			A	
– Finanzkompetenz bei bewilligtem Investitionsbudget (einmalig oder kumuliert pro Jahr):						
– Investitionen bis CHF 50 000.–			I		E	
– Investitionen über CHF 50 000.–			I	E	A	
– Investitionen über CHF 200 000.–	I		E		A	
– Finanzkompetenz ausserhalb des Budget (einmalig oder kumuliert pro Jahr):						
– Investitionen bis CHF 10 000.–			I	E	A	
– Investitionen über CHF 20 000.–	I		E	A	A	
– Investitionen über CHF 50 000.–	E		A	A	P	A
– Anlage flüssiger Mittel		I/K			E	B
– Erledigung von Versicherungsangelegenheiten	E				A	B

Produktion, Marketing und Verkauf	VR	PV	DV	SV	GL	EB
– Bestell- und Einkaufsabwicklung			K		E	
– Qualitätskontrolle; Massnahmen im Hinblick auf Produktehaftpflicht und Produktesicherung			K		V	
– EDV-Konzept und Datensicherung	E		K		A/V	B
– Festlegung der Marketing-, Werbe- und Verkaufspolitik	E/K		I		A	
– Marketing und Verkaufsaktivitäten			I		E/V	
– Festlegung von Verkaufspreisen und Verkaufskonditionen			I		E/V	
– Preisnachkalkulation			I		V	
– Festlegung der Grundsatz-Sortiments-Politik	I/E		A		A/V	B
– Abschluss und Kündigung von Alleinvertriebs- und Lizenzverträgen	I		E/V		A/V	
– Massnahmen zur Unfall- und Brandverhütung	K				E/V	
– Durchsetzung der Umweltschutzvorschriften bei Produktion und Lagerung	K				E/V	

11.32 Geschäftsbericht Checkliste

Checkliste zum Geschäftsbericht

Vorbemerkungen

Der Geschäftsbericht setzt sich gemäss Art. 961 OR aus dem Lagebericht und der Jahresrechnung mit Bilanz, Erfolgsrechnung, Anhang und Geldflussrechnung zusammen. Lagebericht und Geldflussrechnung sind gesetzlich nur erforderlich, wenn das Unternehmen zu einer ordentlichen Revision verpflichtet ist. Handelt es sich um einen Konzern, ist gemäss Art. 963 Abs. OR zusätzlich noch eine Konzernrechnung zu erstellen.

In den Statuten kann auch bei einem KMU die Pflicht zur Erstellung eines Lageberichtes (bzw. eines Jahresberichtes nach früherer Terminologie) vorgeschrieben sein. In einem solchen Fall ist der Verwaltungsrat trotz Fehlens einer gesetzlichen Pflicht gleichwohl immer noch zur Erstellung eines Lageberichtes bzw. Jahresberichtes und Vorlage an die Aktionäre verpflichtet.

Umfang und Detailgliederung eines Lageberichtes hängen von der Art und Grösse der Gesellschaft, ihrer Informationspolitik und den Interessen der Aktionäre ab. Die Mindestangaben gemäss Art. 961c Abs. 2 OR müssen jedenfalls enthalten sein. Der Bericht soll den Aktionären ermöglichen, sich ein Bild vom Verlauf des Geschäftsjahres zu machen. Die Ausführungen zu den einzelnen Punkten sind so zu formulieren, dass sie grundsätzlich von jedem Aktionär verstanden werden können.

Kotierte Gesellschaften haben gemäss Art. 13 ff. VegüV auch noch einen separaten Vergütungsbericht zu erstellen.

1. Lagebericht

1.1 Geschäftsverlauf

- ☐ Allgemeine wirtschaftliche Rahmenbedingungen (soweit für das Unternehmen von Bedeutung wie z.B. Konjunktur, Teuerung, Wechselkursentwicklung, Branchenentwicklung)
- ☐ Überblick über das Tätigkeitsfeld des Unternehmens
- ☐ Bestellungs- und Auftragslage (Umsatz- und Ertragsentwicklung nach Sparten und Absatzgebieten sowie Entwicklung von Bestellungen und Aufträgen)
- ☐ Situation auf den wichtigsten Beschaffungsmärkten (Rohstoffe, Finanzen)
- ☐ Durchführung einer Risikobeurteilung (Risk Policy, Erfassung und Analyse der Risiken, Mitigationsmassnahmen, Versicherungsreview)

- ☐ Investitionstätigkeit (Art, Umfang, verfolgte Ziele, Investitionskosten, Finanzierungsformen)
- ☐ Forschungs- und Entwicklungstätigkeit (Schwergewichte, neue Patente, Stand von mehrjährigen Projekten, Aussichten)
- ☐ Personalwesen (Anzahl Vollzeitstellen im Jahresdurchschnitt, Entwicklung des Mitarbeiterbestandes, Zusammensetzung, Sozialpolitik)
- ☐ Mutationen im Verwaltungsrat und in der Geschäftsleitung
- ☐ Aussergewöhnliche Ereignisse im Geschäftsjahr (Umstrukturierungen, Kooperationen, Akquisitionen, Grossaufträge, a.o. Gewinne/Verluste, Lizenzen, Alleinvertretungen etc.)
- ☐ Zukunftsaussichten

1.2 Wirtschaftliche und finanzielle Lage

- ☐ Überblick über die wichtigsten Kennziffern (Umsatz, Ertrag, Eigenkapital, Personalbestand, Cash-flow, Bruttoinvestitionen, Auftragsbestand etc.)
- ☐ Spartenergebnisse
- ☐ Kommentar zur Entwicklung der Liquidität und des Eigenkapitals
- ☐ Mehrjahresvergleich
- ☐ Mittelflussrechnung
- ☐ Gewinnverwendungsvorschlag
- ☐ Börsen- und Aktienkennziffern, Dividende
- ☐ Wesentliche Ereignisse nach dem Bilanzstichtag

1.3 Angaben über vollzogene Kapitalveränderungen

- ☐ Meldung über Vollzug eines Generalversammlungsbeschlusses hinsichtlich Kapitalerhöhung gemäss Art. 652*e* und 653*f* OR
- ☐ Hinweis auf die beigelegte Prüfungsbestätigung der Revisionsstelle bzw. des besonders befähigten Revisors

1.4 Sonstige Angaben zur Gesellschaft

- ☐ Adresse mit Telefonnummer/Fax
- ☐ Namen der Verwaltungsräte mit Amtsdauer
- ☐ Mitglieder der Geschäftsleitung mit Funktionen
- ☐ Firma der Revisionsstelle mit Sitz und Amtsdauer

2. Jahresrechnung

2.1 Bilanz

2.2 Erfolgsrechnung

2.3 Geldflussrechnung

2.4 Anhang

3. Konzernrechnung (sofern nötig)

3.1 Konzern-Bilanz

3.2 Konzern-Erfolgsrechnung

3.3 Konzern-Geldflussrechnung

3.4 Entwicklung des Konzern-Eigenkapitals

3.5 Anhang zur Konzernrechnung

4. Prüfberichte

☐ Bericht der Revisionsstelle zur Jahresrechnung zuhanden der Generalversammlung

☐ Bericht der Revisionsstelle zur Konzernrechnung zuhanden der Generalversammlung

5. Antrag über die Verwendung des Bilanzgewinnes

Muster Engineering AG

Geschäftsbericht
2013

der

Muster Engineering AG

Industriestrasse 1

9000 St. Gallen

St. Gallen, 1. April 2014

Vorwort des VR-Präsidenten

Wir freuen uns, Ihnen den Geschäftsbericht 2013 vorlegen zu können.

Neben dem Bericht über das abgelaufene Jahr enthält er unter anderem gewisse vorausschauende Aussagen über zukünftige Entwicklungen, die auf Überzeugungen des Managements der Muster Engineering AG sowie auf Annahmen und Informationen beruhen, die gegenwärtig zur Verfügung stehen.

Insgesamt dürfen wir mit dem im vergangenen Geschäftsjahr erzielten Resultat im Vergleich zur Konkurrenz zufrieden sein, auch wenn wir unsere geplanten Ziele nicht voll erreicht haben.

Ohne das Engagement und die kooperative Zusammenarbeit im Muster Engineering Team wäre es nicht möglich gewesen die Ziele des Jahres 2013 zu erreichen. Verwaltungsrat und Geschäftsleitung bedanken sich deshalb bei allen Mitarbeitern für den Einsatz und die freundschaftliche Zusammenarbeit.

Für die Muster Engineering AG:

Dr. Felix Muster

VR-Präsident

Anmerkung:

Soweit in diesem Bericht die Begriffe «erwarten», «einschätzen» oder «beabsichtigen» benutzt werden, sollen sie vorausschauende Aussagen kennzeichnen, die entsprechenden Unsicherheitsfaktoren unterworfen sind. Viele Faktoren können dazu beitragen, dass die zukünftigen Ergebnisse der Muster Engineering AG sich wesentlich von heutigen Zukunftsprognosen unterscheiden, die in solchen Aussagen ihren Niederschlag finden. Sollte dies eintreten oder sich die den Aussagen zurgrundeliegenden Annahmen grundlegend ändern, könnten die Ergebnisse wesentlich von den abgegebenen Erklärungen abweichen. Die Muster Engineering AG beabsichtigt nicht, solche vorausschauenden Aussagen und Informationen laufend zu aktualisieren, und übernimmt auch keine diesbezügliche Verpflichtung. Die vorausschauenden Aussagen und Informationen gehen vom Kenntnisstand am Tag ihrer Veröffentlichung aus.

A. Lagebericht

1.	**Wirtschaftliches Umfeld**	5
1.1	Gesamtwirtschaftliche Lage	5
1.2	Branchenkonjunktur	5
1.3	Rahmenbedingungen	5
1.4	Eingeleitete Massnahmen	6
2.	**Geschäftsverlauf**	7
2.1	Übersicht	7
2.2	Bestellungs- und Auftragslage	10
3.	**Forschungs- und Entwicklungstätigkeit**	10
4.	**Aussergewöhnliche Ereignisse**	11
5.	**Personelles und Administration**	11
6.	**Risikobeurteilung**	11
7.	**Zukunftsaussichten**	11
8.	**Corporate Governance**	14
8.1	Vorbemerkung	14
8.2	Kapital	14
8.3	Aktionariat und Mitwirkungsrechte	14
8.4	Beschränkung der Übertragbarkeit	15
8.5	Mitwirkungsrechte an der Generalversammlung	15
8.6	Verwaltungsrat und Geschäftsleitung	15
8.7	Revisionsstelle	16
8.8	Interne Organisation und Kompetenzenregelung	16

B. Jahresrechnung

1.	Bilanz	16
2.	Erfolgsrechnung	18
3.	Anhang	20
4.	Geldflussrechnung	22

1. Wirtschaftliches Umfeld

1.1 Gesamtwirtschaftliche Lage

Das Jahr 2013 war sowohl in der Schweiz, als auch in den von Muster Engineering AG bearbeiteten Ländern Deutschland und Österreich, ein schwieriges Jahr. Sowohl das gesellschaftspolitische als auch das wirtschaftliche Umfeld waren in einer komplexen Umbruchphase und von Rezession gekennzeichnet.

Die gesamte Engineering-Branche verzeichnete zum Teil dramatische Einbrüche. Die Prognosen wurden im Laufe des Jahres regelmässig nach unten korrigiert.

1.2 Branchenkonjunktur

Die gesamte Branche reagiert sehr sensibel auf konjunkturelle Schwankungen, da die Abnehmer bei Konjunkturrückgängen umgehend Investitionsstopps und Kostensenkungsprogramme umsetzen, von denen gerade unsere Branche naturgemäss stark betroffen wird. Dies umsomehr, als in den letzten beiden Jahren unsere Kunden oft sehr grosse Engineering-Investitionen im Rahmen der neu verlangten ISO-Zertifizierungen getätigt hatten. Es ist damit eine gewisse Sättigung in der Nachfrage nach Engineering-Lösungen eingetreten.

Trotz dieses Umfeldes ist es der Muster Engineering AG gelungen, die Planziele weitgehend zu erreichen und den geplanten Turnaround zu schaffen.

1.3 Rahmenbedingungen

Bedingt durch den vermehrten Einsatz neuer Technologien, wie z.B. Internet, werden bereits jetzt, aber noch vermehrt in der Zukunft, neue Entwicklungen notwendig sein. Zumindest Teile der Eigen-Applikation müssen auch mittels WEB-Browser genutzt werden können.

Nach wie vor sehen wir uns mit einem ausgetrockneten Markt für IT Spezialisten konfrontiert. Obwohl die unbefriedigende Konjunktur in den umliegenden Europäischen Staaten zu einer Abwanderung von Fachkräften in die Schweiz führte, war die Rekrutierung von Spezialisten zur Software-Entwicklung nach wie vor sehr schwierig.

Die Situation bei den Währungskursen hat sich etwas stabilisiert. Mittelfristig dürfte sich die Situation gegenüber dem € eher entspannen. Den US Dollar erachten wir als überbewertet.

1.4 Eingeleitete Massnahmen

Um diesen Umständen gerecht zu werden, wurden folgende Schritte eingeleitet:

Stärkung des Entwicklungsteams

- Das Ingenieurteam wurde in Stuttgart konzentriert; die Entwicklungsarbeiten in der Schweiz wurde weitgehend verlagert.

– Durch den Aufbau des Support-Teams in Mannheim wurde das Entwicklungsteam von Supportaufgaben befreit.
– Das Entwicklungsteam wurde und wird bei Bedarf erweitert.

Outsourcing

Gerade durch den Einsatz neuer Technologien wird es notwendig sein, gewisse Entwicklungen durch Partner implementieren zu lassen, und somit neben der schnelleren Entwicklung vor allem auch einen effizienten Aufbau von Know How zu gewährleisten. Hierfür konnten hervorragende Partner gewonnen werden.

Währungsentwicklung

Angesichts der erwarteten Entwicklung in unseren Hauptmärkten werden wir langfristig unsere Investitionen in Kapazitäten in Europa und Asien vornehmen, während wir für unsere Niederlassung in den USA erste Verhandlungen über einen allfälligen Verkauf/MBO begonnen haben.

2. Geschäftsverlauf

2.1 Übersicht

Das Berichtsjahr war gekennzeichnet von kräftigem Wachstum und damit der Realisierung der geplanten Umsatz-Zielsetzungen.

Die Integration der EAG Engineering AG wurde bereits zu Beginn des Jahres 2013 komplett abgeschlossen. Die dadurch erwarteten Synergieeffekte wurden wirksam.

Die Umsatzsteigerung von TCH 1613 auf TCHF 4012 gegenüber dem Vorjahr betrug TCHF 2408 oder 149,3%. Mit der Muster Engeeniering MMS ist uns bei zwei Wartungsfirmen der Einstieg in die Installation von Wartungs-Kosten Abrechnungssystemen gelungen. Wir durften an den beiden Flughäfen Altenrhein und Zihlschlacht für die dortigen grössten Wartungsfirmen unsere neue Version 5 des MMS – zur vollen Zufriedenheit der Kunden – installieren. Damit haben wir den Wegfall unserer deutschen Hauptkunden im Vorjahr wieder wettmachen können. Der Warenaufwand (inkl. Fremdleistungen) stieg zwar um TCHF 1073 (bzw. 131,1%); im Verhältnis zum Umsatz reduzierte er sich jedoch von 50,7% auf 47%. Wegen des ausgetrockneten Arbeitsmarktes und den begonnenen Stellenverlagerungen sank der Personalaufwand um TCHF 64. Der Bruttogewinn hat sich gegenüber dem Vorjahr um 1399 erhöht, wobei zu berücksichtigen ist, dass das Vorjahr wegen des Wegfalls des bisherigen Hauptkunden höchst unbefriedigend ausgefallen war. Bei gleichen Abschreibunen ist die Muster Engineering AG im Berichtsjahr zwar wieder in die Gewinnzone zurückgekehrt, wobei das Betriebsergebnis nach wie vor noch nicht unseren Zielen entspricht. Der Jahresgewinn war in der Höhe von TCHF 45 budgetiert. Dieser Budgetwert wurde um TCHF 43 verfehlt.

Gleichzeitig wurden für die wichtigen, zukunftsorientierten Projekte wesentliche Vorleistungen erbracht, die alle zum Ziel hatten, die langfristig wichtigen Projekte und Partnerschaften vorzubereiten und die Produkte dafür marktgerecht fertigzustellen.

Die Eigenkapitalsituation ist mit einem Eigenkaptialanteil von 40% (Vorjahr 42%) nach wie vor befriedigend.

Bankverbindungen blieben im Berichtsjahr unverändert. Die bestehenden Bankdarlehen wurden verlängert und meist ausgeschöpft.

Investitionen in Sachanlagen bewegten sich lediglich im budgetierten Rahmen. Im Hinblick auf die geplanten Verlagerungen sind die Investitionen in Sachanlagen – wie bereits im Vorjahr – im langfristigen Schnitt als eher tief zu beurteilen.

Angaben in TCHF	2013	2012	2011
Netto-Umsatz	4021	1613	2779
Warenaufwand und Fremdleistungen	–1891	–818	–1195
Personalaufwand	–1106	–1170	–1064
Bruttogewinn II	1024	–375	520
Übriger Betriebsaufwand inkl. Zinsen und Steuern	–879	–604	–405
Abschreibungen	–146	–141	–109
a.o. Ergebnis	3	90	0
Jahresgewinn	2	–1030	6
Cash-Flow	148	–889	115

Geschäftsentwicklung 2006–2014

Nachfolgende Übersicht gibt die stetig wachsende Geschäftsentwicklung über die vergangenen sechs Jahre und die positiven Erwartungen für das laufende Jahr 2014 wieder.

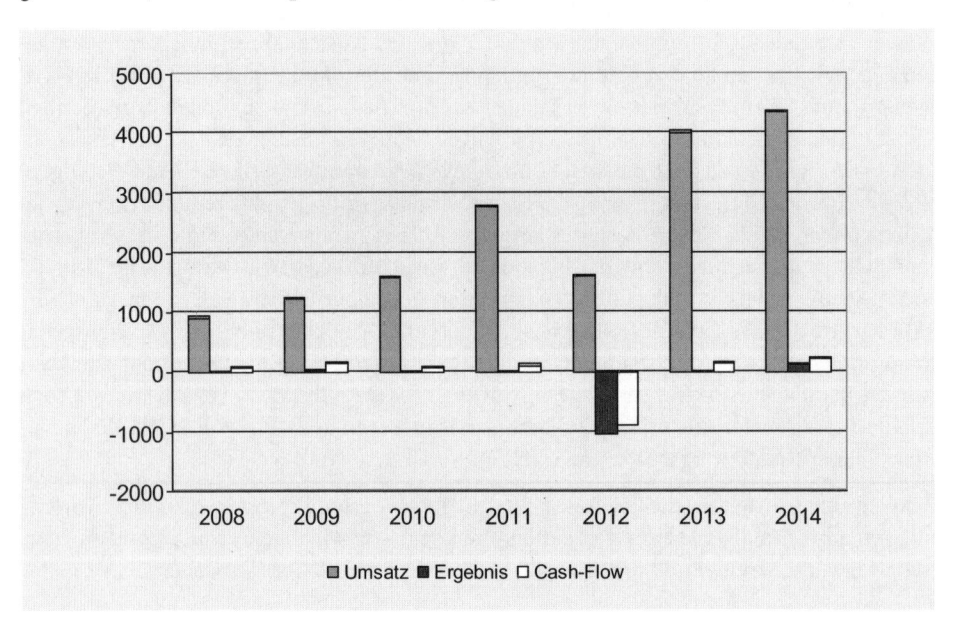

Monatliche Umsatzentwicklung 2013

Die Umsatzentwicklung im Berichtsjahr zeigt, dass das 2. Halbjahr zunehmende Bedeutung erhält. Die noch relativ hohen Januar-Umsätze waren «Nachläufer» des Vorjahres.

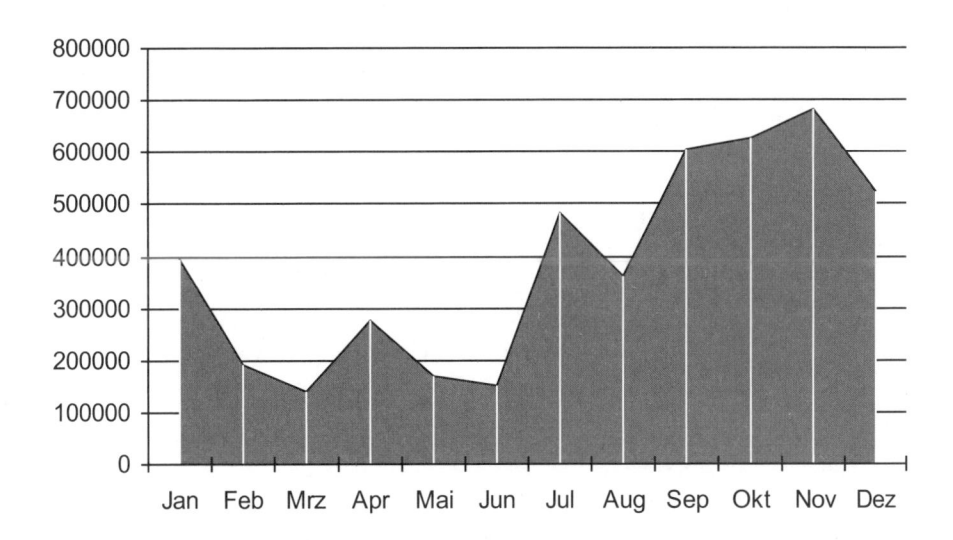

2.2 Bestellungs- und Auftragslage

Bestellungslage nach Regionen

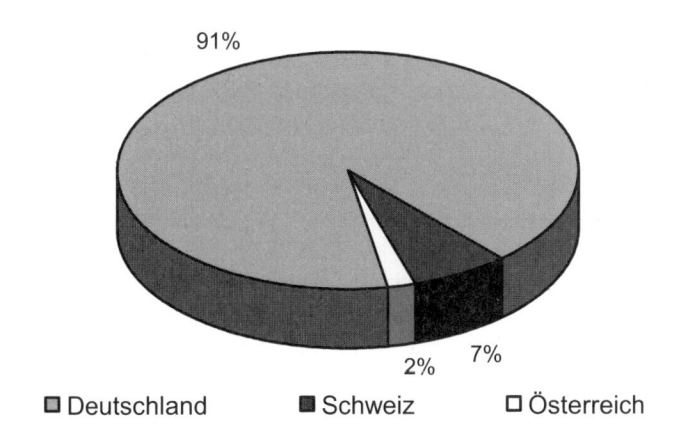

Per 31.12.2013 waren schriftliche Bestellungen in Höhe von CHF 653 200 vorhanden. Damit liegt der Bestellungseingang 3.5% über Vorjahr.

Auftragslage nach Produkten

Per 31.12.2013 präsentierte sich die Auftragslage nach Produktkategorien wie folgt:

- Maschinenbau: CHF 324 234   49.6%
- Programmierung: CHF 216 723   33.2%
- Schulung: CHF 112 243   17.2%
- Total: CHF 653 200   100%

3. Forschungs- und Entwicklungstätigkeit

Wie in der Vergangenheit, liegt der Schwerpunkt der Forschungs- und Entwicklungstätigkeit in der Softwareentwicklung. Ausserdem wurde der Service verstärkt und die technische Infrastruktur wesentlich ausgebaut, sowohl für die Optimierung der internen Kommunikation (z.B. Exchange Server), als auch als Vorbereitung auf die neuen Applikationen (Web-Server).

Die Entwicklungsinvestitionen betrafen zwei Themen:

a) **ABC-ENGINEERING F&B, Version 8**

Neben der Erweiterung der Funktionalität auf ABC-ENGINEERING-spezifischen Anforderungen hat die Entwicklung einer neuen Benutzeroberfläche (mit Anlehnung an die Microsoft Outlook Bedienungsphilosophie) das Entwicklungsgeschehen beherrscht.

b) **Muster Engineering MMS, Version 5**

Die neue Version 5 der Muster Engineering MMS Lösung beruht ebenfalls auf einer neuen, mit ABC-ENGINEERING direkt vergleichbaren, Benutzeroberfläche, bei gleichzeitig deutlicher Verbesserung und Modernisierung der Abläufe und Optimierung der Modul-Struktur. Gleichzeitig wurden erste Arbeiten an der Web-basierten Lösung für Prototypen-Betriebe begonnen (Web Client).

4. Aussergewöhnliche Ereignisse

Im abgelaufenen Geschäftsjahr wurden die Profitabteilungen WIN-CAD und Engiprof umstrukturiert, um in Zukunft die Entwicklung auf ein einziges Produkt konzentrieren zu können. In diesem Zusammenhang sind einmalige Aufwendungen Kosten von rund TCHF 110 angefallen. Nebst zusätzlichen Personalaufwendungen (Doppelbesetzungen, Kosten für den Sozialplan) betreffen diese vor allem Miete, Wiederinstandstellungs- und Umzugsaufwendungen.

Es wurde ein Joint Venture mit den beiden Lieferanten Maxi und Mini abgeschlossen, um die geplante geografische Expansion schneller vorantreiben zu können. Dafür sind einmalige Kosten für die Due Diligence und die Vertragsgestaltung von TCHF 45 angefallen.

5. Personelles und Administration

Um den Turnaround zu beschleunigen wurden Personalabgänge nicht mehr vollständig ersetzt. Dies führte insgesamt zu geringeren Personalkosten. Verstärkungen gab es personalmässig in der Entwicklung bei der Muster Engineering Technology, sowie im Projektmanagement/Projektleitung, dem Service und der Administration.

In der Geschäftsleitung gab es im Berichtsjahr keine Veränderungen.

Die Administration wurde zum einen auf die Abwicklung der komplexen Zahlungssystem-Projekte ausgerichtet, zum andern wurden die Abläufe für das Rechnungswesen optimiert.

6. Risikobeurteilung

Den gesetzlichen Erfordernissen entsprechend haben wir uns auch im Jahre 2013 intensiv mit unserem Risk Management befasst. Der Hauptzweck besteht darin, dem Verwaltungsrat und der Geschäftsleitung eine vollständige Übersicht über die Unternehmensrisiken der Muster Engineering AG zu liefern, die Risiken zu gewichten und Entscheide und Massnahmen betreffend Umgang mit den einzelnen Risikopositionen zu treffen.

Das Risk Management erfolgt durch die Geschäftsleitung, wird durch den Verwaltungsrat überwacht und findet im strategischen Rahmen unternehmensweit Anwendung. Grundlage für unser Risk Management bildet die Risk Policy, Stand 27.11.11, bestehend aus Risk Management-Politik, Risk Management-Prozess und Risk Management-Richtlinien.

Im abgelaufenen Geschäftsjahr wurde die Master Risk List mit neu erkannten Risiken ergänzt. Die bereits festgestellten Risiken wurden bezüglich ihres Risikopotentials neu bewertet. Alle Risiken wurden anschliessend priorisiert, so dass sich letztlich eine Veränderung bei den top 10 Risiken ergeben haben. Diese wurden wie in den Vorjahren intensiv bearbeitet und soweit möglich mit geeigneten Massnahmen verringert.

Für das Jahr 2014 ist geplant, eine vollständige Neuerfassung der Risiken mittels Umfrage bei allen Mitarbeitern zu realisieren.

Wie jedes Jahr wurde ein vollständiger Versicherungs-Review durchgeführt.

7. Zukunftsaussichten

Muster Engineering konnte sich weiter als führender Systemspezialist für Gesamtlösungen im elektronischen Engineering positionieren. Durch den Vertrag mit ABC-ENGINEERING wurden sowohl der Zugang zur Verkehrs-Industrie (Flugzeuge und Autos Restaurants) geöffnet, als auch erste Schritte zu einer Internationalisierung eingeleitet.

Grosse Projekte, vor allem das Engineering-Projekt bei der High-Fly-Airways, haben unsere Marktposition weiter gestärkt.

Bezüglich des Budgets 2014 verweisen wir auf Ziffer 3. In diesen Zahlen sind jedoch noch keine Ergebnisbeiträge aus diesem Vertrag mit der ABC-ENGINEERING berücksichtigt.

Wegen der notwendigen Vorarbeiten vor allem im Bereich Entwicklung, sowie der Vorbereitungen bei ABC-ENGINEERING selbst (Dokumentation, Übersetzung, Schulung der Vertriebspartner, Schulung des Supports), sind diese erst ab dem 2. Halbjahr 2014 in nennenswerter Höhe zu erwarten.

Insoweit hat Muster Engineering seine sehr gute Position für kräftiges Wachstum gefestigt. Durch ein Netz von Kooperationsverträgen mit der Absicherung internationaler Vertriebsrechte unserer Partner Airtrans und OrgaProd wurde ausserdem die Internationalisierung des Geschäftes vorbereitet.

Die Zielsetzungen für das neue Jahr wurden von dieser Ausgangslage abgeleitet:

1. Stärkung und Ausbau des Basisgeschäftes in Deutschland, Österreich und der Schweiz
2. Generierung von Umsätzen aus dem Vertrag mit ABC-ENGINEERING
3. Internationalisierung der Geschäftstätigkeit im fremdsprachigen Ausland
4. Ausbau der bestehenden Partnerschaften und Aufbau neuer Partnerschaften
5. Steigerung der Investitions- und Ertragskraft

8. Corporate Governance

8.1 Vorbemerkung

Als nicht börsenkotierte Gesellschaft sind wir nicht verpflichtet, im Geschäftsbericht konkrete Informationen zur Corporate Governance zu liefern. Zur besseren Transparenz gegenüber unseren Geschäftspartnern und Aktionären möchten wir aber dennoch nachfolgend konkretere Angaben zu diesem Thema machen.

8.2 Kapital

Das ordentliche Aktienkapital des Unternehmens beträgt Fr. 300 000.–. Es ist aufgeteilt in 300 voll liberierte Namenaktien mit einem Nennwert von je Fr. 1 000.–. Per Stichtag 31.12.13 besteht kein genehmigtes oder bedingtes Kapital, keine Partizipations- oder Genussscheine und keine ausstehenden Wandelanleihen oder Optionen.

8.3 Aktionariat und Mitwirkungsrechte

Bedeutende Aktionäre mit mehr als 5% Beteiligung per Stichtag 31.12.13:

- Christian Meier, Zürich   50,33%
- Willi Muster, St. Gallen   13,00%
- Hilda Muster, St. Gallen   8,00%
- J.N. Software AG, Winterthur   8,00%
- Martin Fleiner, Luzern   8,00%

8.4 Beschränkung der Übertragbarkeit

In den Statuten ist eine Vinkulierungsklausel enthalten, welche die Aktienübertragung entsprechend den gesetzlichen Möglichkeiten maximal einschränkt. Im Falle eines Aktienverkaufes können die übrigen Aktionäre die zum Verkauf stehenden Aktien zum wirklichen Wert erwerben.

8.5 Mitwirkungsrechte an der Generalversammlung

Die Aktionäre können ihre Aktien selber vertreten oder durch einen Dritten, der nicht Aktionär zu sein braucht, mit schriftlicher Vollmacht vertreten lassen. Betreffend Einberufung der Generalversammlung und Traktandierung von Verhandlungsgegenständen bestehen keine vom Gesetz abweichende statutarische Regelungen.

8.6 Verwaltungsrat und Geschäftsleitung

Wahl und Amtszeit

Die Generalversammlung wählt die Mitglieder des Verwaltungsrates für eine Amtsdauer von drei Jahren. Die Verwaltungsräte sind unbegrenzt für weitere Amtsperioden wieder wählbar. Der Verwaltungsrat konstituiert sich selbst.

Die Mitglieder der Geschäftsleitung stehen alle in einem unbefristeten Arbeitsverhältnis.

Verwaltungsrat	Geschäftsleitung
Dr. Felix Muster, Präsident, seit 2009	Markus Meister, CEO, seit 1992
Ing. Hans Huber, Delegierter, seit 2002	Bruno Blatter, CFO, seit 2004
Max Müller, seit 2008	Carla Custer, CMO, seit 1998
Mag. Andrea Ahorn, seit 2004	
Werner von Felsenstein, seit 2010	

Honorare

Die jährliche Bruttohonorarsumme beträgt für den gesamten Verwaltungsrat in der Berichtsperiode Fr. 54 000. Der Präsident des Verwaltungsrates erhält davon Fr. 19 000.

8.7 Revisionsstelle

Seit dem Jahr 2002 amtet als Revisionsstelle die PwC, St. Gallen. Der leitende Revisor hat letztmals im Jahr 2011 gewechselt.

8.8 Interne Organisation und Kompetenzenregelung

Der Verwaltungsrat hat keine Ausschüsse gebildet. Gestützt auf Art. 716*b* OR hat der Verwaltungsrat ein Organisationsreglement erlassen. Darin hat er sich nebst den von Gesetzes wegen undelegierbaren Aufgaben zahlreiche grundlegende strategische Zuständigkeiten vorbehalten, im übrigen aber die Geschäftsführung umfassend an die Geschäftsleitung delegiert.

Geschäftsanschrift		
Muster Engineering AG	Telefon :	+41 71 888 77 66
Industriestrasse 1	Telefax :	+41 71 888 77 55
9000 St. Gallen	E-Mail :	info@muster.com
Internet: www.muster.com		
Büro Deutschland		
Muster Engineering AG	Telefon :	+49 2202 8888 77
Industriefeld 32	Telefax :	+49 2202 8888 55
D-12345 Stuttgart	E-Mail :	info@muster.ce

Überlegungen zur Führung einer Unternehmensgruppe

1. Auslöser der Diskussion

- Ausbau zentraler Dienstleistungen und damit verbundener Effizienzgewinne und/oder Qualitätssteigerung
- Gefahr des Durchgriffs bezüglich Haftung von den Tochtergesellschaften auf die Holding/Muttergesellschaft
- Erlass von Reglementen und die damit verbundenen Fragen der Kompetenzen
- Fähigkeit der Gruppe, Entscheide schnell und unkompliziert umzusetzen

2. Grundvarianten zur Führung der Gruppengesellschaften

a) **Variante Führung als Konzern**

- von einer einzigen Gesellschaft aus geführt (Holding oder Stammhaus)
- zentrale Entscheidungen und Dienstleistungen, die für alle Gruppengesellschaften verbindlich sind
- nur noch minimale VR in den Tochtergesellschaften soweit gesetzlich notwendig
- Autonomie der Gruppengesellschaften minimal
- Bewusstsein um Haftungsdurchgriff auf Holding oder Stammhaus

b) **Variante Führung in einer Gruppenstruktur**

- keine aktive Führung durch Holding oder durch das Stammhaus
- eigenständige VR in allen Gruppengesellschaften
- Vermeidung jeglichen Haftungsdurchgriffs auf die Gruppe
- dennoch Angebot von zentralen Dienstleistungen möglich
- Subsidiaritätsprinzip und Eigenverantwortung

3. Subvarianten zur Führung in einer Gruppenstruktur

a) **Variante Gruppenstruktur mit Zentralisierung**

- möglichst viele Aufgaben werden zentral wahrgenommen
- Einschränkung der Autonomie und Dynamik der Gruppengesellschaften
- Rationalisierungseffekte/Vereinheitlichung des Auftritts/Wahrnehmung des Konzerns

b) **Variante Gruppenstruktur mit blossem Halten von Beteiligungen**
- Beschränkung auf Verwalten der Beteiligungen
- alle operativen Funktionen bleiben dezentral
- wenig bis keine Nutzung von Synergien
- kleinere Gesellschaften können nicht vom Know how profitieren
- maximale Autonomie und kein Durchgriff auf Holding/Muttergesellschaft

c) **Variante Gruppenstruktur mit Mischform**
- zentralisieren soweit sinnvoll und nötig
- pragmatische und differenzierte Lösung
- optimales Verhältnis zwischen Effizienz- und Qualitätsgewinn und Autonomieverlust
- dennoch nur minimales Risiko eines Haftungsdurchgriffes

4. Dienstleistungsmatrix bei Gruppenstruktur mit Mischform

Dienstleistungen	Holding	Immo	Prod.	Vertrieb	Mgt.
Finanzen					
– Finanzielles RW	x	x	x		x
– IKS	x	x	x	x	x
– Versicherungen	x	x	x	x	
– Compliance	x	x	x		
– Cashpooling / Währungsmgt.	x	x	x	x	x
– Direkte Steuern	x	x	x		x
– Investitionscontrolling	x	x	x		
IT					
– Betrieb Rechenzentrum und Netzwerke	x	n.a	x		n.a
– Betrieb Axapta / ERP	x		x		

Dienstleistungen	Holding	Immo	Prod.	Vertrieb	Mgt.
Human Ressources					
– Besetzung Schlüsselpositionen	x	n.a.	x	x	n.a.
– operatives HR-Management	x		x		
– Business Partnering	x		x		
– Lohn / Zeit	x		x		
Betriebsdienste					
– Erstellen von Gebäuden	x	x	x		n.a.
– Gebäudeunterhalt / Reinigung	x	x	x		
– Immobilienverwaltung		x			
– Energiemanagement / -einkauf	x	x	x		
– Fahrzeugmanagement	x	n.a.	x		
Business Excellence					
– Qualitätsmanagement	x	n.a.	x	x	
– Qualitätssicherung	x	n.a.	x		
– Arbeitssicherheit	x	n.a.	x	x	
– Umweltmanagement	x	x	x	x	
– Risk Management	x	x	x	x	x
Immaterialgüter					
– Patentwesen	x	n.a.	x	n.a.	n.a.
– Rechtsdienst	x	x	x		
Marketing und Sales					
– Markenführung (CD / CI)	x	n.a.	x	x	n.a.
– Kommunikation / Werbung	x		x	x	

Reglementsdienst:

Reglemente werden zentral erstellt und den Gruppengesellschaften zur Verfügung gestellt. Sie treten in Kraft, ausser ein VR einer Gruppengesellschaft widerruft das Reglement.

Verrechnung der Dienstleistungen:

Die angefallenen Aufwendungen für die Dienstleistungen werden nach einem Schlüssel an die jeweiligen Gesellschaften verrechnet. Jede Gruppengesellschaft muss einen entsprechenden Vertrag abschliessen.

11.35 Inhaltsverzeichnis VR-Ordner (Sitzungsordner)

Mustergesellschaft AG

Sitzungsordner

A	Pendenzen / Adressen / Führungskalender
B	Aktuelle Korrespondenz
C	Handelsregister
D	Statuten / Reglemente
E	Aktienbuch / Aktiendeponierung
F	VR-Protokolle
G	GV-Protokolle
H	Geschäftsberichte
I/J	Revisionsberichte
K	Strategie / Businessplan
L	Budget / Finanzplan
M	Monatsreporte
N	Liquidität / Banken
O	Organigramm / Personelles
P/Q	Produkte / Werbung / Presse
R	Projekte
S	Patente / Marken / Design
Sch	Wichtige Verträge / Mandatsvertrag
St	Immobilien / Miete
T	Risk Management / IT
U	Steuern / Versicherungen
V	Vollmachten / Zeichnungsberechtigungen
W	Rechtsfälle / Bewilligungen
XYZ	Alte Einladungen / Diverses / Notizen

Reglement Interne Revision der Muster Gruppe

I. Grundlage und Zielsetzungen

1. Gemäss Art. 716a OR hat der Verwaltungsrat (VR) u.a. als unübertragbare und unentziehbare Aufgabe die Oberaufsicht über die mit der Geschäftsführung betrauten Personen. In dieser Aufgabe wird er durch die Interne Revision unterstützt. Der VR der Muster Holding AG hat gemäss Organisationsreglement das Recht, im Bedarfsfall weitere Reglemente zur Ausgestaltung und Präzisierung der Organisation zu erlassen. Im vorliegenden Reglement werden deshalb die Rechte und Pflichten der Internen Revision der Muster Gruppe zusammengefasst.

2. Die Interne Revision erbringt unabhängige und objektive Prüfungsdienstleistungen innerhalb des Konzerns und seiner Gesellschaften im In- und Ausland, die darauf ausgerichtet sind, Mehrwerte zu schaffen und die Geschäftsprozesse zu verbessern. Die Interne Revision unterstützt die Organisation bei der Erreichung ihrer Ziele, indem sie mit einem systematischen und zielgerichteten Ansatz die Effektivität des Risikomanagements, der Kontrollen und der Führungs- und Überwachungsprozesse bewertet und diese verbessern hilft.

II. Unterstellung und Vorgaben

1. Die Interne Revision ist dem VR unterstellt, um eine grösstmögliche Unabhängigkeit zu gewährleisten. Die laufende Geschäftstätigkeit und die Zusammenarbeit mit dem Audit Committee werden mit dem VR-Präsidenten abgestimmt. Die Interne Revision kommuniziert mit dem VR und dem Audit Committee nach Bedarf.

2. Die Interne Revision hält sich an die Berufs- und Standesregeln der Treuhand-Kammer, an die Schweizerischen Qualitätssicherungsstandards (QS), an die internationalen Standards des «Institute of Internal Auditors», die Grundsätze des Revisionsaufsichtsgesetzes (RAG) sowie an die relevanten beruflichen Verhaltensanforderungen (IESBA-Kodex). Innerhalb des Konzerns nimmt die Interne Revision die Stellung einer Stabseinheit ein.

3. In administrativen Belangen sind der Leiter und die Mitarbeiter der Internen Revision dem Leiter Personal unterstellt.

III. Auftrag und Abgrenzungen

1. Die Tätigkeit der Internen Revision erstreckt sich auf die gesamte Muster-Gruppe mit allen Konzerngesellschaften im In- und Ausland. Der Prüfgegenstand der Internen Revision umfasst sämtliche Aufgaben und Prozesse innerhalb des Konzerns.

2. Die Externe Revision prüft die ordnungsgemässe Buchführung und Konzernrechnungslegung gemäss den gesetzlichen Bestimmungen. Interne und Externe Revision streben eine optimale Zusammenarbeit an. Zu diesem Zweck stimmen sie ihre Prüfprogramme (Audit Plan) gegenseitig ab mit dem Ziel, alle wesentlichen Prüffelder abzudecken und Prüflücken sowie Doppelspurigkeiten zu vermeiden. Grundsätzlich gewähren sie einander Einsicht in die Arbeitspapiere. Die gegenseitige Mitwirkung in Arbeitsteams ist möglich.

3. Wo vorhanden baut die Interne Revision auf dem Qualitätsmanagement auf. Das Qualitätsmanagement ist ein Führungsinstrument der Linie und damit Teil des Internen Kontrollsystems, das von der Internen Revision überprüft wird.

4. Das Interne Kontrollsystem (IKS) umfasst diejenigen Vorgänge und Massnahmen, die eine ordnungsmässige Buchführung und Rechnungslegung sicherstellen. Gemäss Artikel 728a OR hat die externe Revisionsstelle die Existenz des IKS zu prüfen. Sie wird dabei von der Internen Revision unterstützt.

5. Das Risk Management erfolgt in erster Linie durch die operativen Geschäftsbereiche im Rahmen ihrer Geschäftsführungsaufgaben. Die Interne Revision berücksichtigt die Risikoanalysen der Bereiche in ihrer Jahresplanung. In Zusammenarbeit mit dem Audit Committee überprüft die Interne Revision die Wirksamkeit des Risk Managements.

IV. Allgemeine Aufgaben der Internen Revision

1. Die Interne Revision beurteilt in systematischer, objektiver und unabhängiger Weise, ob:

    – Prozesse effizient und wirksam sind

    – die bestehenden Führungsprozesse geeignet sind, die Einhaltung aller anwendbaren Weisungen, Gesetze und Vorschriften sicherzustellen

    – die Geschäftsleitung ihren Überwachungs- und Aufsichtspflichten wirkungsvoll nachkommt.

2. Die Interne Revision kennt folgende Prüfungsarten:

    – Financial Audit (Prüfung der finanziellen Berichterstattung)

    – Operational Audit (Verfahrens- oder Systemprüfung)

    – Compliance Audit (Prüfung der Einhaltung von Vorschriften und Gesetzen)

    – IT- und Projekt-Audit (Informatik- und projektbegleitende Prüfungen)

    – Management Audit (Prüfung einer gesamten Abteilung oder Konzerngesellschaft)

3. Um sicherzustellen, dass die Prüfungen fachgerecht und effizient durchgeführt werden, sind die Mitarbeitenden der Internen Revision gründlich aus- und permanent weiterzubilden. Im Vordergrund stehen die anerkannten, von verschiedenen Organisationen im In- und Ausland angebotenen Ausbildungslehrgänge und Seminare. Die Interne Revision richtet sich dabei nach den Grundsätzen des Revisionsaufsichtsgesetzes. Daneben organisiert die Interne Revision eigene, auf spezielle Bedürfnisse abgestimmte Ausbildungsveranstaltungen.

V. Besondere Aufgaben der Internen Revision

1. Der VR, das Audit Committee sowie die Konzernleitung können der Internen Revision Sonderaufträge erteilen, insbesondere für eine unabhängige Prüfung von Delikten oder Unregelmässigkeiten. Sonderaufträge der Konzernleitung, die nicht den IIA-Standards entsprechen, sind durch das Audit Committee genehmigen zu lassen.

2. Die Interne Revision kann zu Begutachtungen oder für Beratungen beigezogen werden, bei denen die Mitarbeitenden der Internen Revision aufgrund ihres Spezialwissens und konzernweiter Kenntnisse einen Beitrag zur Sicherheit, Wirtschaftlichkeit und Wirksamkeit von Arbeitsprozessen leisten können.

VI. Arbeitsweise

1. Die Interne Revision erstellt eine rollende, risikoorientierte Mehrjahresplanung, aus der die jährliche Revisionsplanung abgeleitet und der Konzernleitung zur Kenntnis gebracht wird. Der jährliche Revisionsplan wird mit dem Audit Committee abgestimmt.

2. Die Prüfungsdurchführung sowie die Arbeitsweise richten sich nach den Schweizer Prüfungsstandards (PS) der Treuhand-Kammer und den internationalen IIA-Standards. Die Interne Revision verfolgt die Entwicklungen in Theorie und Praxis aktiv mit und passt den Revisionsansatz gemäss den neuesten Erkenntnissen an.

3. Die Interne Revision verfügt über ein Qualitätssicherungssystem gemäss IIA-Standards und den Grundsätzen des Revisionsaufsichtsgesetzes. Dieses umfasst insbesondere die laufende Überwachung der Revisionsmandate und eine periodische externe Beurteilung der Einhaltung der IIA-Standards.

VII. Berichterstattung

1. Die Berichterstattung erfolgt transparent und stufengerecht. Die schriftlichen Berichte enthalten keine Feststellungen, die nicht mit den betroffenen Stellen besprochen worden sind. Grundsätzlich ist für jede Revision und jeden Auftrag ein schriftlicher Bericht zu erstellen. Die Berichterstattung erfolgt zweistufig durch eine globale Beurteilung (Management Summary) und durch die Detailfeststellungen. Bei Bedarf erfolgt eine mündliche Präsentation, um die schriftlichen Revisionsberichte zu erläutern oder zu ergänzen.

2. Der VR-Präsident, der Präsident des Audit Committee, der Vorsitzende der Konzernleitung und die externe Revisionsstelle erhalten eine Kopie des Berichtes.
3. Bei schwerwiegenden Vorkommnissen orientiert die Interne Revision unverzüglich den VR-Präsidenten, den Präsidenten des Audit Committee und den Vorsitzenden der Konzernleitung.
4. Adressat des Management Summary und der Detailfeststellungen sind die geprüften Organisationseinheiten, deren vorgesetzte Stelle sowie allfällig weitere betroffene Stellen. Die Adressaten haben eine Stellungnahme mit Angaben zu getroffenen und geplanten Massnahmen abzugeben. Innerhalb eines Jahres erfolgt durch die Interne Revision eine risikogewichtete Nachprüfung der vorgesehenen Massnahmen.
5. Die Interne Revision erstellt zuhanden des VR jährlich bis Ende Februar des Folgejahres einen Tätigkeitsbericht. Dieser umfasst neben der Zusammenfassung der Prüfungstätigkeit Angaben zu Aufträgen und Zielerreichung der Internen Revision. Der Tätigkeitsbericht ist vorgängig der Konzernleitung vorzulegen. Die externe Revisionsstelle erhält eine Kopie des Tätigkeitsberichtes.

VIII. Informationsrechte und Verschwiegenheitspflicht

1. Der Internen Revision sind, ungeachtet einer allfälligen Geheimhaltungspflicht, auf Verlangen sämtliche Unterlagen vorzulegen, alle Auskünfte zu erteilen sowie die elektronischen Zugriffe zu ermöglichen, die sie für die Erfüllung ihrer Aufgaben benötigt oder die für ihre Tätigkeit von Interesse sein können.
2. Für die Erfüllung ihrer Aufgabe haben die Mitarbeitenden der Internen Revision Zutritt zu allen Diensträumen. Grundsätzlich, ausser bei Deliktsrevisionen und Kassaprüfungen, sind Revisionen anzumelden.
3. Die Mitarbeitenden der Internen Revision sind zur Verschwiegenheit verpflichtet. Sie haben die erhaltenen Informationen vertraulich zu behandeln.

IX. Zuständigkeiten und Kompetenzen

1. Um Interessenkonflikten vorzubeugen, hat die Interne Revision keine Weisungsbefugnis.
2. Die Budgetkompetenz für den Bereich der Internen Revision liegt beim VR. Dieser entscheidet auf Antrag der Internen Revision. Ausgaben, welche sich aus der ordentlichen Geschäftstätigkeit der Internen Revision ergeben, können bis zu CHF 5000.– durch die Leitung der Interne Revision genehmigt und zur Zahlung freigegeben werden. Alle anderen Ausgaben sind dem VR-Präsidenten oder dem Präsidenten des Audit Committee zur Genehmigung vorzulegen.
3. Die Interne Revision kann aussenstehende Sachverständige beiziehen, sofern die Durchführung einer Aufgabe besondere Fachkenntnisse oder den Einsatz technischer Hilfsmittel erfordert.

X. Inkrafttreten und Bekanntgabe

1. Das vorliegende Reglement ist vom VR anlässlich seiner Sitzung vom 1.4.2014 genehmigt worden und sofort in Kraft getreten.

2. Der Erlass des vorliegenden Reglements und allfällige Änderungen davon sowie die Wahl der Mitglieder der Internen Revision sind vom VR der Muster Holding AG umgehend den VR- und GL-Mitgliedern aller Tochtergesellschaften bekannt zu geben.

****

Zürich, den 1.4.2014

Der VR-Präsident: Der VR-Vizepräsident:

_____   _____

Dr. Max Meier   Felix Glückauf

Checkliste
Darstellung der Jahresrechnung

(gesetzliche Mindestanforderungen)

Ziele / Allgemeine Bemerkungen

Diese Checkliste fasst die Anforderungen bezüglich Darstellung der Jahresrechnung nach dem neuen Rechnungslegungsrecht zusammen. Sie ist ein Hilfsmittel zur Selbstkontrolle, ob die gesetzlichen Anforderungen betreffend Darstellung und Offenlegung der Jahresrechnung eingehalten sind.

Der Beurteilung der gesetzlich erforderlichen Bestandteile des Geschäftsberichtes hat eine gründliche unternehmensinterne Analyse der Informationsbedürfnisse der Gesellschaft (und ihrer Führungsorgane) selbst sowie der Informationsbedürfnisse der übrigen an der Rechnungslegung interessierten Personen (insbesondere der Fremdkapitalgeber und der Minderheiten) vorauszugehen.

Bei der Beurteilung der ordnungsgemässen Darstellung der Jahresrechnung ist immer die Wesentlichkeit zu berücksichtigen. Grundlage für die Wesentlichkeit ist die Aussage der Information für den Bilanzleser.

Um den Besonderheiten eines Unternehmens (einer Branche) Rechnung zu tragen, sind weitere Positionen in der Bilanz oder im Anhang einzeln auszuweisen, sofern dies für die Beurteilung der Vermögens- oder Finanzierungslage durch Dritte wesentlich oder aufgrund der Tätigkeit des Unternehmens üblich ist (Art. 959*a* Abs. 3 OR)

Es ist wichtig, dass die Checkliste systematisch durchgegangen wird und die Fragen richtig und vollständig mit ja (J), nein (N) oder nicht anwendbar (N/A), beantwortet werden.

Teil A Vorfragen   Antwort

		Ja	Nein
A1	Jahresrechnung	Weiter zu Frage	
11	Ist die die Aktiengesellschaft von Gesetzes wegen zu einer ordentlichen Revision verpflichtet? Zu einer ordentlichen Revision ihrer Jahresrechnung verpflichtet sind gem. Art. 727 OR: 1. Publikumsgesellschaften (Gesellschaften, die a) Beteiligungspapiere an einer Börse kotiert haben, b) Anleihensobligationen ausstehend haben oder c) einen bedeutenden Teil (mindestens 20% der Aktiven oder des Umsatzes) zur Konzernrechnung eines Unternehmens nach Buchstabe a) oder b) beitragen 2. Gesellschaften, die zwei der nachstehenden Grössen in zwei aufeinanderfolgenden Geschäftsjahren überschreiten: Bilanzsumme CHF 20 Mio.; Umsatzerlös CHF 40 Mio. ; 250 Vollzeitstellen) 3. Gesellschaften, die zur Erstellung einer Konzernrechnung (Art. 963 ff OR) verpflichtet sind	12	15
12	Ist die Gesellschaft von der Erstellung einer Rechnungslegung gem. den Anforderungen an grössere Unternehmen befreit? Sie wird davon befreit, wenn sie selbst oder eine juristische Person, die das Unternehmen kontrolliert, eine Konzernrechnung nach einem anerkannten Standard zur Rechnungslegung erstellt (Art. 961*d* OR).	13	14
13	Verlangt eine qualifizierte Minderheit an dieser Gesellschaft ausdrücklich eine Rechnungslegung nach den Bestimmungen für die grösseren Unternehmen? Gesellschafter, die mindestens 10% des Grundkapitals vertreten oder jeder Gesellschafter, der einer persönlichen Haftung oder einer Nachschusspflicht unterliegt, kann – trotz Konzernzugehörigkeit der Gesellschaft – eine Rechnungslegung gem. Art. 961 OR verlangen (Art. 961*d* Abs. 2OR).	14	15

		Ja	Nein
14	Es ist eine Rechnungslegung für grössere Unternehmen (mit den zusätzlichen Anforderungen von Art. 961 OR) zu erstellen. Dies beinhaltet folgende zusätzliche Anforderungen an den Geschäftsbericht: – erweiterte Angaben im Anhang (Art. 961a OR) – eine Geldflussrechnung (Art. 961b OR) – einen Lagebericht (Art. 961c OR)	Siehe Jahresrechnung Teil B	
15	Es sind die allgemeinen Vorschriften (gem. Art. 957–960e OR) einzuhalten, wobei in ganz kleinen Verhältnissen (Umsatz weniger als CHF 100 000) auf die zeitliche und sachlichen Abgrenzungen verzichtet werden kann.	Siehe Jahresrechnung Teil B	

		Ja	Nein
A2	Konzernrechnung (KR)	Weiter zu Frage	
21	Kontrolliert die Gesellschaft mehrere rechnungslegungspflichtige Unternehmen? Eine Aktiengesellschaft, die ein oder mehrere rechnungslegungspflichtige Unternehmen kontrolliert, ist zur Erstellung einer Konzernrechnung verpflichtet. Kontrolle ergibt sich aus den in Art. 963 Abs. 2 OR genannten Gründen (Stimmenmehrheit an der GV oder Recht, die Mehrheit der Mitglieder des VR zu bestimmen, oder beherrschender Einfluss aufgrund von Statuten, Vertrag u. Vergleichbarem)	22	Keine Pflicht KR zu erstellen
22	Ist die Gesellschaft von der Erstellung einer Konzernrechnung befreit? (Art. 963a Abs. 1 Ziff. 1 OR) a. Weil sie (als Kleinkonzern) zusammen mit den von ihr kontrollierten Gesellschaften in zwei aufeinander folgenden Jahren folgende Schwellenwerte nicht überschreitet: Bilanzsumme CHF 20 Mio.; Umsatzerlöse CHF 40 Mio.; 250 Vollzeitstellen im Jahresdurchschnitt b. Weil sie als (Zwischen-)Konzern, von einem Unternehmen kontrolliert wird, das einen Konzernabschluss nach schweizerischen oder gleichwertigen ausländischen Vorschriften erstellt und ordentlich prüfen lässt.	23	25
23	Ist die Erstellung der Konzernrechnung notwendig für die möglichst zuverlässige Beurteilung der wirtschaftlichen Lage des Konzerns?	25	24

		Ja	Nein
24	Verlangen Gesellschafter, die 10% des Grundkapitals vertreten, oder verlangt ein Gesellschafter, der einer persönlichen Haftung oder Nachschusspflicht unterliegt, die Erstellung einer Konzernrechnung?	26	Keine Pflicht KR zu erstellen
25	Sind die Beteiligungspapiere der konsolidierungspflichtigen Gesellschaft an der Börse kotiert?	26	27
26	Verlangt die betreffende Börse die Erstellung einer Konzernrechnung nach einem anerkannten Standard zur Rechnungslegung?	29	28
27	Verlangt eine qualifizierte Minderheit die Erstellung einer Konzernrechnung nach einem anerkannten Standard zur Rechnungslegung? Gesellschafter, die 20% des Grundkapitals vertreten, oder jeder Gesellschafter mit einer persönlichen Haftung oder einer Nachschusspflicht können eine Konsolidierung nach einem anerkannten Standard zur Rechnungslegung verlangen (Art. 963*b* Abs. 4 OR).	29	28
28	Die Gesellschaft hat eine Konzernrechnung *nach den Grundsätzen ordnungsmässiger Rechnungslegung* zu erstellen. Der Verwaltungsrat stellt – zusammen mit dem CFO – sicher, – dass die Konzernrechnung nach Grundsätzen ordnungsmässiger Rechnungslegung fristgerecht erstellt wird; – dass die Grundsätze ordnungsmässiger Rechnungslegung definiert und die Bewertungsregeln im Anhang der Konzernrechnung offengelegt werden; – dass allfällige Abweichungen von den Grundsätzen ordnungsmässiger Rechnungslegung im Anhang offengelegt werden und stattdessen in anderer Weise die nötigen Angaben für den Einblick in die Vermögens-, Finanzierungs- und Ertragslage des Konzerns vermittelt wird; – dass die Konzernrechnung von der Revisionsstelle im Rahmen einer ordentlichen Prüfung geprüft wird. – dass die Konzernrechnung der GV zur Genehmigung vorgelegt wird.		

		Ja	Nein
29	Die Gesellschaft hat eine Konzernrechnung *nach einem anerkannten Standard zur Rechnungslegung* zu erstellen. Der Verwaltungsrat stellt – zusammen mit dem CFO – sicher, – dass die Konzernrechnung nach einem anerkannten Standard zur Rechnungslegung fristgerecht erstellt wird; – dass der Standard zur Rechnungslegung vollständig angewendet wird; – dass die Konzernrechnung von der Revisionsstelle im Rahmen einer ordentlichen Prüfung geprüft wird; – dass die Konzernrechnung der GV zur Genehmigung vorgelegt wird.		

		Ja	Nein
A3	Abschluss nach anerkanntem Standard zur Rechnungslegung	Weiter zu Frage	
31	Ist die Gesellschaft verpflichtet, einen Abschluss nach einem anerkannten Standard zur Rechnungslegung zu erstellen? Gemäss Art. 962 OR haben zusätzlich zur Jahresrechnung einen Abschluss nach einem anerkannten Standard zur Rechnungslegung zu erstellen: a) Gesellschaften, deren Beteiligungspapiere an einer Börse kotiert sind, sofern die Börse dies verlangt. Es sind also die Rechnungslegungsvorschriften der betreffenden Börse zu beachten. b) Gesellschaften, bei denen 20% der Aktionäre oder ein Aktionär, der einer persönlichen Haftung oder Nachschusspflicht unterliegt, dies verlangen.	32	Kein zusätzlicher Abschluss nach anerkanntem Standard
32	Ist die Gesellschaft von der Erstellung eines Abschlusses nach einem anerkannten Standard zur Rechnungslegung befreit? Die Pflicht zur Erstellung eines *Einzelabschlusses* nach einem anerkannten Standard zur Rechnungslegung **entfällt**, wenn eine *Konzernrechnung* nach einem anerkannten Standard zur Rechnungslegung erstellt wird (Art. 962 Abs. 3 OR).	33	34
33	Verlangen Gesellschafter einer Konzern-Tochtergesellschaft, die 20% des Grundkapitals vertreten, oder verlangt ein Gesellschafter mit persönlicher Haftung oder Nachschusspflicht gegenüber dieser Tochtergesellschaft einen Abschluss nach anerkanntem Standard zur Rechnungslegung für die betreffende Konzerntochtergesellschaft?	34	35

34	**Es besteht die Pflicht zur Erstellung eines Abschluss nach anerkanntem Standard zur Rechnungslegung.** Der Verwaltungsrat hat zu bestimmen, welcher anerkannte Standard zur Rechnungslegung zur Anwendung kommen soll. Der Verwaltungsrat stellt – zusammen mit dem CFO – sicher, – dass der Abschluss nach anerkannten Standard fristgerecht erstellt wird; – dass der Abschluss vollständig den Anforderungen des gewählten Regelwerk entspricht; – dass der Abschluss von der Revisionsstelle/oder einem zugelassenen Revisor im Rahmen einer ordentlichen Prüfung geprüft wird; – dass der Abschluss nach anerkanntem Standard zur Rechnungslegung der GV vorgelegt wird.
35	**Es besteht keine Pflicht zur Erstellung eines zusätzlichen Abschlusses nach anerkanntem Standard zur Rechnungslegung nebst der Jahresrechnung/Konzernrechnung.**

Teil B Jahresrechnung

B1 – ALLGEMEINES (für alle Unternehmen)		
Mindestanforderungen	J, N, N/A	Bemerkung
Die Jahresrechnung basiert auf der folgenden **Grundlagen:**		
(1) Annahme der *Fortführung des Unternehmens* (Going Concern) auf absehbare Zeit (mindestens 12 Monate). Andernfalls Bewertung dieser Teile zu Veräusserungswerten		
(2) Zeitliche und sachliche *Abgrenzung der Aufwände und Erträge* (Verzicht auf Abgrenzung möglich wenn Nettoerlöse aus Lieferungen und Leistungen bzw. Finanzerträge kleiner als CHF 100 000)		
Die Jahresrechnung wurde nach folgenden **Grundsätzen** erstellt. Alle Abweichungen sind im Anhang erläutert worden (Art. 958c OR)		
(1) Klarheit und Verständlichkeit der Jahresrechnung		
(2) Vollständigkeit		
(3) Verlässlichkeit		
(4) Wesentlichkeit		
(5) Vorsicht		
(6) Kontinuität in Darstellung und Bewertung		
(7) Bruttoprinzip (Verbot der Verrechnung von Aktiven und Passiven sowie von Aufwand und Ertrag)		
Die Rechnungslegung ist – unter Wahrung des gesetzlichen Mindestinhalts – den Besonderheiten des Unternehmens und der Branche angepasst.		
Die Jahresrechnung ist Teil des *Geschäftsberichts*. Der Geschäftsbericht ist vom Verwaltungsratspräsidenten und dem für die Rechnungslegung Zuständigen zu *unterzeichnen*.		
Die Jahresrechnung besteht aus folgenden **Bestandteilen** (Art. 958 Abs. 2 OR)		
(1) Bilanz		Siehe B.2
(2) Erfolgsrechnung		Siehe B.3

Mindestanforderungen	J, N, N/A	Bemerkung
(3) Geldflussrechnung		Siehe B.3 Nur bei grösseren Unternehmen
(4) Anhang		Siehe B.4
(5) Konzernrechnung		Nur bei Konzernen
Die Jahresrechnung enthält die *Vorjahreszahlen* (OR 958*d* Abs. 2)		
Die Darstellung der Bilanz und Erfolgsrechnung erfolgt in Konto oder Staffelform (Art. 958*d* Abs. 1 OR)		
Die Rechnungslegung erfolgt in CHF oder in einer für die Geschäftstätigkeit wesentlichen Währung (Art. 958*d* Abs. 1 OR). Falls nicht in CHF->zusätzliche Offenlegung der Beträge in CHF; Offenlegung der Umrechnungskurse im Anhang		
Die Rechnungslegung erfolgt in einer Landessprache oder in Englisch.		
Stellt die Jahresrechnung die wirtschaftliche Lage der Gesellschaft/des Konzerns so dar, dass sich Dritte ein zuverlässiges Urteil bilden können?		

TEIL B2 – BILANZ

Mindestanforderungen	J, N, N/A	Bemerkung
AKTIVEN		
Alle Positionen der Aktivseite erfüllen die Kriterien eines Vermögenswertes (Art. 959 Abs. 2 OR):		
– Das Unternehmen kann über sie verfügen (Verfügungsgewalt)		
– Aufgrund eines Ereignisses in der Vergangenheit		
– Ein künftiger Mittelzufluss (ohne Gegenleistung) ist wahrscheinlich		
– Der Mittelzufluss kann verlässlich geschätzt werden.		
Die Bilanz weist das Umlaufvermögen und das Anlagevermögen getrennt aus (Art. 959 Abs. 3 OR)		

Mindestanforderungen	J, N, N/A	Bemerkung
Unter **Umlaufvermögen** werden in dieser Reihenfolge ausgewiesen (Art. 959a OR):		
(a) Flüssige Mittel und kurzfristig gehaltene Aktiven mit Börsenkurs		
(b) Forderungen aus Lieferungen und Leistungen		
(c1) übrige kurzfristige Forderungen		
(c2) Kurzfristige Forderungen an Konzerngesellschaften, Beteiligten und Organen		
(d) Vorräte und nicht fakturierte Dienstleistungen		
(e) Aktive Rechnungsabgrenzungen		
Unter **Anlagevermögen** sind gesondert ausgewiesen (Art. 959a Abs. 2 OR):		
(a) Finanzanlagen:		
(a1) Langfristige Forderungen an Konzerngesellschaften oder Aktionäre		
(a2) Andere langfristige Forderungen		
(b) Beteiligungen		
(c) Sachanlagen		
(d) Immaterielles Anlagevermögen		
(e) Nicht einbezahltes Aktienkapital		
PASSIVEN		
Die Bilanz weist das Fremd- und das Eigenkapital separat aus (Art. 959 Abs. 4 OR)		
Alle Positionen des Fremdkapitals erfüllen die Kriterien einer Verbindlichkeit:		
– Das Unternehmen hat eine rechtliche oder faktische Verpflichtung		
– Aufgrund eines Ereignisses in der Vergangenheit		
– Ein künftiger Mittelabfluss (ohne Gegenleistung) ist wahrscheinlich		
– Die Höhe des Mittelabfluss kann verlässlich geschätzt werden.		

Mindestanforderungen	J, N, N/A	Bemerkung
Das **Fremdkapital** wird entsprechend ihrer Fälligkeit in das kurzfristige und das langfristige Fremdkapital aufgeteilt (Art. 959 Abs. 6 OR)		
Das *kurzfristige* Fremdkapital gliedert sich wie folgt (Art. 959a Abs. 2 OR):		
(a) Verbindlichkeiten aus Lieferungen und Leistungen		
(b1) kurzfristige verzinsliche Verbindlichkeiten		
(b2) kurzfristige Verbindlichkeiten gegenüber Konzerngesellschaften, Beteiligten und Organen		
(c) übrige kurzfristige Verbindlichkeiten		
(d) Passive Rechnungsabgrenzungen		
Das *langfristige* Fremdkapital gliedert sich wie folgt (Art. 959a Abs. 2 OR):		
(a1) langfristige verzinsliche Verbindlichkeiten		
(a2) langfristige Verbindlichkeiten gegenüber Konzerngesellschaften, Beteiligten oder Organen		
(b) übrige langfristige Verbindlichkeiten		
(c) Rückstellungen und vom Gesetz vorgesehene ähnliche Positionen (z.B. Schwankungsreserven)		
Unter **Eigenkapital** sind gesondert ausgewiesen (Art. 959a Abs. 2 OR):		
(a) Aktienkapital		
(b) Partizipationskapital		
(c1) gesetzliche Kapitalreserve		
(c2) Kapitaleinlagereserve		
(d) Gesetzliche Gewinnreserve bestehend aus:		
(d1) Allgemeine Reserven (Art. 671 OR)		
(d2) Aufwertungsreserve (Art. 671b OR)		
(e) freiwillige Gewinnreserven oder kumulierte Verluste als Minusposten		
(e) Minusposten für eigene Kapitalanteile (eigene Aktien/PS)		

TEIL B3 – ERFOLGSRECHNUNG		
Mindestanforderungen	J, N, N/A	Bemerkung
Die Erfolgsrechnung wird als Produktionserfolgsrechnung *oder* als Absatzerfolgsrechnung dargestellt.		
Die Erfolgsrechnung als **Produktionserfolgsrechnung** (Gesamtkostenverfahren) weist folgende Erträge und Aufwendungen aus: (Art.959*b* Abs. 2 OR):		
a) Nettoerlöse aus Lieferungen und Leistungen		
b) Bestandesänderungen an unfertigen und fertigen Erzeugnissen sowie an nicht fakturierten Dienstleistungen		
c) Materialaufwand		
d) Personalaufwand		
e) übriger betrieblicher Aufwand		
f) Abschreibungen und Wertberichtigungen auf Positionen des Anlagevermögens		
g) Finanzaufwand und Finanzertrag		
h) betriebsfremder Aufwand und betriebsfremder Ertrag		
i) ausserordentlicher, einmaliger oder periodenfremder Aufwand und Ertrag		
k) direkte Steuern		
l) Jahresgewinn oder Jahresverlust		
Die Erfolgsrechnung als **Absatzerfolgsrechnung** (Umsatzkostenverfahren) weist folgende Erträge und Aufwendungen aus (OR 959*b* Abs. 3):		
a) Nettoerlöse aus Lieferungen und Leistungen		
b) Anschaffungs- oder Herstellungskosten der verkauften Produkte und Leistungen		
c) Verwaltungsaufwand und Vertriebsaufwand		
d) Finanzaufwand und Finanzertrag		
e) betriebsfremder Aufwand und betriebsfremder Ertrag		
f) ausserordentlicher, einmaliger oder periodenfremder Aufwand und Ertrag		
g) direkte Steuern		

Mindestanforderungen	J, N, N/A	Bemerkung
h) Jahresgewinn oder Jahresverlust		
Wird die Erfolgsrechnung als Absatzerfolgsrechnung aufgestellt, so sind im Anhang *zusätzlich* folgende Angaben aufzuführen:		
a) Personalaufwand		
b) Abschreibungen und Wertberichtigungen auf Positionen des Anlagevermögens		
Weitere Positionen müssen in der Erfolgsrechnung oder im Anhang ausgewiesen werden, wenn dies für die Beurteilung der Ertragslage durch Dritte wesentliche oder aufgrund der Tätigkeit in der Branche üblich ist.		

TEIL B4 – GELDFLUSSRECHNUNG

Mindestanforderungen	J, N, N/A	Bemerkung
Die Geldflussrechnung ist nur bei *grösseren Unternehmen* (gem. Art. 961 OR) erforderlicher Bestandteil der Jahresrechnung.		
Wird der Bestand und die Zusammensetzung der flüssigen Mittel am Anfang und am Ende der Berichtsperiode angegeben?		
Enthält der Fonds wirklich nur flüssige Mittel?		
Enthält die Geldflussrechnung auch die Vorjahreszahlen?		
Werden dieselben Gliederungskriterien verwendet wie im Vorjahr?		
Wird der Geldfluss aus der Geschäftstätigkeit separat ausgewiesen?		
Wird der Geldfluss aus der Investitionstätigkeit und der Finanzierungstätigkeit separat ausgewiesen?		
Wird der Geldfluss aus der Finanzierungstätigkeit separat ausgewiesen?		
Werden nichtliquiditätswirksame Geschäftsvorfälle in der Geldflussrechnung ausgeklammert (nicht dargestellt)?		

TEIL B5 – ANHANG			
Mindestanforderungen		J, N, N/A	Bemerkung
Der Anhang enthält:			
1	Angaben über die in der Jahresrechnung angewandten Grundsätze (soweit diese nicht vom Gesetz vorgeschrieben sind)		
2	Angaben, Aufschlüsselungen und Erläuterungen zu Positionen der Bilanz und Erfolgsrechnung		
3	Gesamtbetrag der aufgelösten Wiederbeschaffungs- und der darüber hinausgehenden stillen Reserven, soweit dieser den Gesamtbetrag der neugebildeten derartigen Reserven übersteigt, wenn dadurch das erwirtschaftete Ergebnis wesentlich günstiger dargestellt wird		
4	**Weitere vom Gesetz verlangte Angaben**		
4.1	Name, Rechtsform und Sitz der Firma		
4.2	Erklärung, ob die Anzahl Vollzeitstellen nicht über 10, bzw. über 250 liegt (im Hinblick auf Opting-out und Klassierung als grösseres Unternehmen).		
4.3	Angaben zu den Beteiligungen: Firma, Rechtsform, Sitz, Kapital-, Stimmenanteil		
4.4	Anzahl eigener Aktien (selbst und indirekt gehaltene)		
4.5	Angaben zum Erwerb und Veräusserung eigener Aktien (Stückzahl, Bedingungen)		
4.6	Restbetrag der Leasingverpflichtungen mit Restlaufzeit bzw. Kündigungsfrist über einem Jahr		
4.7	Verbindlichkeiten gegenüber Vorsorgeeinrichtungen		
4.8	Gesamtbetrag der für Verbindlichkeiten Dritter bestellten Sicherheiten (z.B. Bürgschaften zugunsten Dritter, Garantieverpflichtungen zugunsten Dritter, Pfandbestellungen zugunsten Dritter)		
4.9	je den Gesamtbetrag a) der zur Sicherung eigener Verbindlichkeiten verwendeten Aktiven sowie b) der Aktiven unter Eigentumsvorbehalt		
4.10	Gesamtbetrag der Eventualverbindlichkeiten (rechtliche oder tatsächliche Verpflichtungen, bei denen ein Mittelabfluss als unwahrscheinlich erscheint oder in der Höhe nicht verlässlich abgeschätzt werden kann		

Mindestanforderungen	J, N, N/A	Bemerkung
4.11 Anzahl und Wert von Beteiligungsrechten und Optionen auf solche Rechte für Leitungs- und Verwaltungsorgane und Mitarbeiter		
4.12 Erläuterungen zu ausserordentlichen, einmaligen oder periodenfremden Positionen der Erfolgsrechnung		
4.13 wesentliche Ereignisse nach dem Bilanzstichtag		
4.14 Gründe für einen allfälligen vorzeitigen Rücktritt der Revisionsstelle		
4.15 Angaben zu den langfristigen Verbindlichkeiten , aufgeteilt nach Fälligkeit innerhalb von einem bis 5 Jahren und nach fünf Jahre (unter einem Jahr sind als kurzfristig auszuweisen)(Beträge, Zinssätze, Fälligkeiten, weiteren Konditionen)		Nur bei grösseren Unternehmen.
4.16 Angabe des Honorars der Revisionsstelle je gesondert für Revisionsdienstleistungen und anderen Dienstleistungen		Nur bei grösseren Unternehmen
4.17 Angaben über die Vergütungen und Kredite bei börsenkotierten Gesellschaften Art. 663b^{bis} OR)		
4.18 Angaben über bedeutende Aktionäre börsenkotierter Aktiengesellschaften		
4.19 Solange das **alte Rechnungslegungsrecht** angewendet wird, sind folgende zusätzliche Angaben zu machen: a) Brandversicherungswerte der Sachanlagen b) Angaben über Gegenstand und Betrag von Aufwertungen (Art. 671 OR) c) Angaben zur Durchführung einer Risikobeurteilung (Art. 663b Ziff. 12 aOR) d) Betrag der genehmigten und der bedingten Kapitalerhöhung (Art. 663b Ziff. 11 aOR) e) Abweichungen von nachstehenden Grundsätzen (Art. 662a Abs. 3 aOR) (e1) Unternehmensfortführung (e2) Stetigkeit der Darstellung (e3) Stetigkeit der Bewertung (e4) Verrechnungsverbot		

Mindestanforderungen	J, N, N/A	Bemerkung
Informationen im Zusammenhang **mit Vermögensübertragungen** / Art. 74 Abs. 2 FusG: Im Anhang sind rechtlich und wirtschaftlich zu erläutern und zu begründen: (a) der Zweck und die Folgen der Vermögensübertragung; (b) der Übertragungsvertrag; (c) die Gegenleistung für die Übertragung; (d) die Folgen für die Arbeitnehmerinnen und Arbeitnehmer und Hinweise auf den Inhalt eines allfälligen Sozialplans. Die Informationspflicht entfällt, falls die übertragenen Aktiven weniger als 5 Prozent der Bilanzsumme der übertragenden Gesellschaft ausmachen.		

11.38 Kapitalerhöhung Checkliste

Checkliste ordentliche Kapitalerhöhung

Vorbereitende Massnahmen des Verwaltungsrates

- ☐ VR-Präsident lädt zur VR-Sitzung ein mit dem ausdrücklichen Traktandum der Kapitalerhöhung
- ☐ Entscheid über Art der Kapitalerhöhung
- ☐ VR-Beschluss über Art und Umfang der Kapitalerhöhung
- ☐ Erstellen VR-Bericht über Kapitalerhöhung unter Einhaltung der Angaben in Art. 652e OR
- ☐ Terminkoordination mit dem Notar

Durchführung der Generalversammlung

- ☐ Einladung zur GV mit entsprechendem Traktandum und Beilegen des Kapitalerhöhungsberichtes (Fristwahrung von mindestens 20 Tagen)
- ☐ Beachten der Bezugsrechte der bisherigen Aktionäre (statutarisch oder gesetzlich) gemäss Art. 652b OR
- ☐ Allfälliges Einholen von Vollmachten (wenn alle Aktionäre einer Meinung sind bei den Traktanden)
- ☐ öffentlich beurkundeter GV-Beschluss über Kapitalerhöhung unter Einhaltung der notwendigen Angaben gemäss Art. 650 Abs. 2 OR und der statutarisch festgelegten Mehrheitsbeschlüssen
- ☐ Änderung der Statuten
- ☐ Vorbereiten Zeichnungsscheine unter Einhaltung der Angaben in Art. 652 Abs. 2 OR
- ☐ Eröffnung des Depositenkontos
- ☐ Liberierung; Einzahlung der gezeichneten Beträge
- ☐ Bankbestätigung über Höhe der eingezahlten Beträge (dafür nach Art. 652f OR kein Revisionsbericht bei Barliberierung notwendig)

Nachbereitung durch den Verwaltungsrat

- ☐ VR-Sitzung: Festhalten, dass Einzahlungen vollständig eingetroffen sind
- ☐ Anmeldung beim Handelsregister
- ☐ Nachführung der Dokumente, insb. dem Aktienbuch

Dem Handelsregister einzureichende Dokumente

- ☐ Einhaltung der 3-monatigen Frist zur Durchführung der Kapitalerhöhung
- ☐ Handelsregisteranmeldung
- ☐ öffentliche Urkunde über den Beschluss der Kapitalerhöhung durch die Generalversammlung
- ☐ öffentliche Urkunde über den VR-Beschluss zur Kapitalerhöhung
- ☐ beglaubigte Statuten
- ☐ Kapitalerhöhungsbericht des Verwaltungsrates
- ☐ Stampa-Erklärung

Je nach Art der Kapitalerhöhung notwendige Dokumente

- ☐ Bankbescheinigung (Barliberierung)
- ☐ Sacheinlagevertrag mit Übernahmebilanz bzw. Inventarliste
- ☐ Sachübernahmevertrag mit Übernahmebilanz bzw. Inventarliste (Barliberierung mit einem bereits abgeschlossenen Vertrag zur Übernahme wesentlicher Vermögenswerte)
- ☐ genehmigte Jahresrechnung / Zwischenabschluss und Revisionsbericht (frei verwendbares Eigenkapital)
- ☐ Prüfungsbestätigung durch den Revisor (Kapitalerhöhung, welche nicht durch Bargeld erfolgt bzw. bei einer Beschränkung oder Ausschluss des Bezugsrechts)
- ☐ Prospekt (öffentliches Angebot zur Zeichnung der neuen Aktien)
- ☐ Lex-Friedrich-Erklärung (falls Zweck: Erwerb von Grundstücken)
- ☐ Lex-Friedrich-Bewilligung (falls Zweck: Erwerb von Grundstücken)
- ☐ Bewilligung FINMA (Bankentätigkeit)
- ☐ Übersetzungen (falls die einzureichenden Belege nicht in deutscher Sprache verfasst sind)

11.39 Kennzahlen.xls

Muster AG　　　　　　　　Monatsreport　　　　　　　　April 2014

Wichtige Kennzahlen im aktuellen Monat und im Durchschnitt der letzten 12 Monate

Kennzahl	Berechnung	Aktueller Monat	Vorjahr Monat	Durchschnitt letzte 12 Mte.	Ziel Kennzahl
Anlagedeckungsgrad I	$\dfrac{\text{Eigenkaptial} \times 100}{\text{Anlagevermögen}}$	92.67%	88.34%	89.25%	> 75%
Anlagedeckungsgrad II	$\dfrac{(\text{EK+langfr. Verbind.}) \times 100}{\text{Anlagevermögen}}$	125.11%	121.35%	122.43%	> 120%
Auslastung	$\dfrac{\text{fakturierbare Std.}}{\text{Sollarbeitszeit}}$	85.40%	83.60%	83.60%	> 85%
Cash Ratio	$\dfrac{\text{flüssige Mittel} \times 100}{\text{kurzfr. FK}}$	6.34%	4.21%	4.99%	< 5%
CF zum Bruttoumsatz	$\dfrac{\text{CF} \times 100}{\text{Bruttoumsatz}}$	15.13%	11.66%	14.55%	> 15%
Debitorenfrist	durchschn. Zahlungsfrist ab Fakturadatum	36.34 Tg.	41.20 Tg.	38.35 Tg.	< 35 Tg.
EBITDA-Marge	$\dfrac{\text{EBITDA} \times 100}{\text{Nettoumsatz}}$	22.00%	15.67%	17.78%	> 15%
EBIT-Marge	$\dfrac{\text{EBIT} \times 100}{\text{Nettoumsatz}}$	10.89%	5.99%	6.05%	> 8%
Eigenfinanzierungsgrad	$\dfrac{\text{EK} \times 100}{\text{GK}}$	59.51%	49.22%	54.96%	> 45%
Eigenkapitalrendite	$\dfrac{\text{Gewinn} \times 100}{\text{durchschn. EK}}$	29.00%	27.5%	28.40%	> 9%
Fluktuationsquote	$\dfrac{(\text{Anzahl Austritte}) \times 100}{\text{Mitarbeiterbestand}}$	12.01%	8.77%	12.80%	< 8%
Gesamtkapitalrendite	$\dfrac{(\text{Gewinn + Zins}) \times 100}{\text{durchschn. GK}}$	22.60%	16.58%	17.10%	> 8%
Gewinn-Marge	$\dfrac{\text{Gewinn} \times 100}{\text{Nettoumsatz}}$	7.48%	3.97%	5.46%	> 5%
Investitionsratio	$\dfrac{\text{Investitionen} \times 100}{\text{CashFlow}}$	35.35%	45.12%	56.74%	< 100%
Quick-Ratio	$\dfrac{(\text{fl. Mittel + Forderung}) \times 100}{\text{kurzfr. FK}}$	69.02%	58.97%	52.08%	> 70%
Realisation	$\dfrac{\text{fakturierter Umsatz}}{\text{budgetierter Umsatz}}$	101.50%	85.60%	85.60%	> 95%

Kommunikationsreglement des Verwaltungsrates der Musterproduktion AG in Zürich

I. Geltungsbereich, Zweck und Grundlagen des Reglements

1. Geltungsbereich des Reglements

Das vorliegende Reglement regelt die Grundsätze der Kommunikation des Verwaltungsrates (VR) mit seinen Anspruchsgruppen nach Innen und Aussen, soweit die Musterproduktion AG direkt oder indirekt davon betroffen ist. Es ist insbesondere anwendbar auf:

a) Aktive und reaktive Kommunikation mit der Belegschaft

b) Aktive und reaktive Kommunikation mit den Behörden

c) Aktive und reaktive Kommunikation mit den Kunden und Lieferanten

d) Aktive und reaktive Kommunikation mit den Medien

e) Aktive und reaktive Kommunikation mit Analysten, privaten und institutionellen Investoren sowie Rating Agenturen

Das vorliegende Reglement ist nicht anwendbar auf die Kommunikation zwischen VR und Geschäftsleitung (GL); diesbezüglich gelten die Grundsätze des MIS-Konzeptes bei der Musterproduktion AG. Auch die Kommunikation zwischen dem VR und einzelnen Arbeitnehmern fällt nicht unter den Geltungsbereich dieses Reglements.

Die GL kann weitere Richtlinien und Weisungen zur Kommunikation bei der Musterproduktion AG erlassen. Dabei sind jedoch die Vorgaben des VR in diesem Reglement zu beachten.

2. Zweck des Reglements

Der VR hat die Geschäftsführung im Rahmen des gesetzlich Zulässigen an die GL delegiert. In den Verantwortungsbereich der GL fällt deshalb grundsätzlich auch die Kommunikation durch Repräsentanten des Unternehmens. In diesem Zusammenhang bezweckt das vorliegende Reglement insbesondere:

a) die Klarstellung der Begriffe, welche im Zusammenhang mit der Kommunikation verwendet werden

b) die Organisation der Kommunikation durch Bestimmung der massgebenden Kommunikationsebenen und Festlegung der entsprechenden Kompetenzen bzw. Verantwortlichkeiten

c) die Vorgabe von Zielsetzungen und Grundsätzen, welche bei der Kommunikation auf allen Ebenen zu beachten sind

d) die Sicherstellung einer kontinuierlichen Medienbeobachtung, insbesondere im Hinblick auf die Entwicklung des Image und der Reputation des Unternehmens bei den Anspruchsgruppen.

3. Grundlagen des Reglements

Der VR ist gemäss Art. 716a Abs. 1 Ziff. 1 OR gesetzlich zur Oberleitung der Gesellschaft und zur Erteilung der nötigen Weisungen verpflichtet. Dazu gehört auch die Kommunikationspolitik mit Entscheidungen und Vorgaben über die interne oder externe Weitergabe von Informationen, welche nicht öffentlich bekannt sind.

Das vorliegende Reglement wird vom VR gestützt auf das Organisationsreglement der Musterproduktion AG erlassen und allen Mitgliedern des VR und der GL abgegeben.

II. Grundsätze der Kommunikation

1. Begriffsbestimmungen

Der Oberbegriff *Kommunikation* steht für das systematische und langfristige Gestalten des Dialogs zwischen dem Unternehmen und allen wichtigen internen und externen Anspruchsgruppen mit dem Ziel, das Unternehmen bei diesen Anspruchsgruppen bekannt zu machen und das starke und einzigartige Image des Unternehmens sowie die Reputation der Unternehmenspersönlichkeit aufzubauen und kontinuierlich zu entwickeln.

Unter *aktiver Kommunikation* wird die bewusste und gezielte Bekanntgabe von Informationen aus eigenem Antrieb verstanden.

Bei der *reaktiven Kommunikation* erfolgt die Bekanntgabe von Informationen als Reaktion auf eine entsprechende Anfrage oder Aufforderung.

Unter *Kommunikationspolitik* ist die strategische Planung und Umsetzung aller Massnahmen zur planmässigen Gestaltung und Vermittlung beziehungsweise Gewinnung von Information zu verstehen.

2. Kommunikationsebenen

Die Kommunikation erfolgt bei der Musterproduktion AG auf drei Ebenen:

a) *Public Affairs* (Beziehungen zum politischen und gesellschaftlichen Umfeld): Ziel dieser Ebene ist es, den materiellen und immateriellen Wert des Unternehmens nachhaltig zu stärken und zu entwickeln. Als Gewinn resultiert das Corporate Prestige. Diese Ebene fällt grundsätzlich in den Verantwortungsbereich von VR-Präsident und Verwaltungsrat.

b) *Corporate Communications* (Beziehungen zu Medien, Öffentlichkeit und Mitarbeitern): Ziel dieser Ebene ist es, die Identität des Unternehmens, seine Unternehmensziele und seine Mission widerspruchsfrei und konsequent nach innen und aussen zu kommunizieren. Als Gewinn resultiert das Corporate Image. Diese Ebene fällt grundsätzlich in den Verantwortungsbereich von CEO und Geschäftsleitung in Zusammenarbeit mit dem Leiter Kommunikation. Die Unternehmenskommunikation (Corporate Communications) bildet zusammen mit dem Unternehmensverhalten (Corporate Behaviour) und dem Erscheinungsbild des Unternehmens (Corporate Design) die Unternehmenspersönlichkeit (Corporate Identity).

c) *Marketing Communications* (Beziehungen zu Handelsgesellschaften, Grossverteilern, Endkunden und Lieferanten: Ziel dieser Ebene ist es, den Absatz von Produkten und Dienstleistungen mittels Werbung, Pressearbeit und Promotionen entscheidend zu fördern. Als Gewinn resultiert das Marken-Image. Diese Ebene fällt grundsätzlich in den Verantwortungsbereich des Leiters Sales & Marketing.

3. Organisation der Kommunikation

Der VR stellt sicher, dass die GL einen internen Leiter Kommunikation mit entsprechender Stellenbeschreibung und einen externen Kommunikationsberater bestimmt, mit dem bei entsprechender Notwendigkeit zusammengearbeitet werden kann. Dazu wird die Kontaktliste im Anhang A regelmässig aktualisiert.

Um Interessenkonflikte zu vermeiden, darf kein VR-Mitglied als Leiter Kommunikation bezeichnet werden. Dagegen soll der Leiter Kommunikation nach Möglichkeit der GL angehören oder zumindest regelmässig an den Sitzungen der erweiterten Geschäftsleitung als Gast teilnehmen.

Der Leiter Kommunikation ist hierarchisch gemäss Organigramm eingestuft. Im Zusammenhang mit der Aufbereitung und Verbreitung von Mitteilungen des VR ist der Leiter Kommunikation jedoch direkt dem VR-Präsidenten unterstellt. Der Leiter Kommunikation ist für die Internet-Kommunikation verantwortlich.

4. Zuständigkeiten des VR

Der VR ist verantwortlich für den Inhalt und die Verbreitung von Informationen, welche die folgenden Bereiche betreffen:

a) Jährlicher Geschäftsbericht und unterjährige Finanzberichterstattung, z.B. Quartals- und Zwischenberichte

b) Budgetzahlen

c) Gewinnentwicklung und Gewinnwarnung

d) Verkauf und Kauf von Tochtergesellschaften oder Beteiligungen

e) Einstellung oder Entlassung von GL-Mitgliedern

f) Kurzarbeit oder Massenentlassung

g) Schadenfälle oder Gerichtsprozesse mit gravierenden Folgen

h) Entwicklung einer Kommunikationsstrategie, welche insbesondere das Leitbild, die Corporate Identity und das Corporate Design umfasst.

Der VR kann je nach Bedarf vorübergehend weitere Bereiche in seine Zuständigkeit aufnehmen, sofern dies zur Wahrung der Unternehmensinteressen erforderlich sein sollte.

Der VR ist dafür besorgt, dass die Kommunikationsverantwortlichen rechtzeitig in die Entscheidungsprozesse und Beschlüsse eingebunden werden, um eine zeitnahe Publizitätspflicht (z.B. bei ad-hoc relevanten Ereignissen) sicherzustellen.

Festlegung und Änderungen des Corporate Behaviour oder des Corporate Designs sind in jedem Fall vom VR zu genehmigen.

5. Zielsetzungen der Kommunikation

Mit der Kommunikation des VR nach Innen und Aussen sollen folgende Ziele verfolgt werden:

a) Wahrung der Unternehmensinteressen entsprechend Leitbild und Strategie

b) Entwicklung und Stärkung des Vertrauens von Mitarbeitenden, Geschäftspartnern, Politik, Gesellschaft, Medien und Öffentlichkeit in das Unternehmen und dessen Führung

c) Steigerung der Reputation des Unternehmens in der Öffentlichkeit zusätzlich zur ständigen Aufgabe der GL

d) Aufbau einer glaubwürdige Kommunikation zwischen dem Unternehmen und seinen Anspruchsgruppen

e) Sicherstellung einer Kommunikation, die sich an den Wünschen und Erwartungen der Anspruchsgruppen orientiert.

f) Koordination der abgegebenen Informationen und Vermeidung von Widersprüchen.

6. Durchführung der Kommunikation

Die Kommunikation erfolgt nach den Grundsätzen, wie sie im «Leitbild der Kommunikation der Musterproduktion AG» gemäss Anhang B festgehalten sind.

Alle VR-Mitglieder haben die Eckpunkte des Kommunikationsreglements zu kennen und sich an die Checkliste für Spontananfragen im Anhang D zu halten. Je nach Bedarf kann der VR-Präsident zusätzlich eine Kommunikationsschulung der VR-Mitglieder anordnen. Zudem sind alle Mitarbeiterinnen und Mitarbeiter der Musterproduktion AG mit einem Merkblatt darauf aufmerksam zu machen, wie sie sich bei Medienanfragen oder im Kontakt mit Medien zu verhalten haben.

Der Kommunikationsleiter hat einmal jährlich einen schriftlichen Bericht über seine Tätigkeit an den VR abzuliefern und gleichzeitig allfällige Vorschläge zur Anpassung der Kommunikationsstrategie zu unterbreiten.

Das Thema Kommunikation ist vom VR jährlich mindestens einmal im Rahmen einer VR-Sitzung zu behandeln. Dies ist im Führungskalender des VR zu vermerken.

III. Verbreitung der für die Öffentlichkeit bestimmten Informationen

1. Zuständigkeit

Die Aufbereitung und die Verbreitung der für die Öffentlichkeit bestimmten Informationen im Sinne einer aktiven Kommunikation bedürfen der Zustimmung des VR-Präsidenten und/oder des Vorsitzenden der Geschäftsleitung. Soweit zeitlich möglich, sind die übrigen VR-Mitglieder anzuhören und vorab zu informieren.

Informationen zu Themen und Ereignissen, für die der VR zuständig ist, sind in jedem Fall und unabhängig vom gewählten Medium vor Veröffentlichung dem VR vorzulegen.

Medienmitteilungen und Einladungen zu Medienkonferenzen werden ausschliesslich durch den Leiter Kommunikation verbreitet. Dieser trägt auch die Verantwortung für die Verbreitung von Informationen über neue Medien wie Blogs, Internet-Foren, Podiumsgespräche, etc.

2. Vorschlag und Beratung

Jedes VR-Mitglied, jedes GL-Mitglied und der Leiter Kommunikation können die Verbreitung einer Medienmitteilung oder die Durchführung einer Medienkonferenz vorschlagen. Dabei sind Art, Inhalt und Ziel der Kommunikationsmassnahme anzugeben.

Der Leiter Kommunikation ist in den Entscheidungsprozess zeitnah einzubinden. Bei potentiell kursrelevanten Tatsachen hat er im Zweifelsfall vorab eine juristische Prüfung zu veranlassen.

Der VR kann sich bei seinem Entscheid über die Verbreitung einer Medienmitteilung oder die Durchführung einer Medienkonferenz bezüglich Inhalt oder Art vom Leiter Kommunikation oder von einem externen Berater unterstützen lassen.

IV. Medienanfragen

1. Zuständigkeit

Auskünfte auf Medienanfragen erteilen in folgender Reihenfolge bzw. Eskalationsstufe ausschliesslich:

a) der Leiter Kommunikation (insbesondere auch im Zusammenhang mit Kundenreklamationen)

b) der Vorsitzende der Geschäftsleitung (insbesondere im Zusammenhang mit Fragen, die den Bereich Corporate Communications betreffen)

c) der Präsident des Verwaltungsrates (insbesondere im Zusammenhang mit Fragen, die den Bereich Public Affairs betreffen)

Die jeweilige Zuständigkeit richtet sich dabei nach den Grundsätzen der Auskunftsberechtigung im Anhang C. Der VR kann bei entsprechendem Bedarf jedoch eine davon abweichende Zuständigkeit für den Einzelfall festlegen.

Alle übrigen Mitarbeitenden haben bei Medienanfragen auf diese zuständigen Personen zu verweisen. Dabei haben sie die Kontaktdaten des Anfragenden vorsorglich zu notieren und dem Leiter Kommunikation zuzustellen.

Vor Versand der Medienmitteilung ist ein Fragen- und Antwortkatalog zu erstellen, um abgestimmte und einheitliche Auskünfte sicherzustellen.

2. Vorgehen

Bei einer spontanen, nicht angekündigten Medienanfrage hat der Angefragte gemäss Checkliste «Verhalten bei Spontan-Anfragen» im Anhang D zu handeln.

Dem Leiter Kommunikation sind durch die Auskunft erteilenden Personen unaufgefordert Kopien bzw. Aktennotizen der abgegebenen Informationen zuzustellen.

V. Beobachtung der öffentlichen Meinung

Der Leiter Kommunikation ist zuständig für die Beobachtung der für das Unternehmen relevanten Medien und Massenkommunikationsmitteln. Zur Auswertung kann ein professioneller Clippingservice beauftragt werden, der einen Medienspiegel erstellt. Der Verteiler des Medienspiegels ist vom VR festzulegen. In regelmässigen Abständen ist eine Medien- und Internetresonanzanalyse zu erstellen.

Die GL ist verantwortlich für die Beobachtung der Entwicklung von Zufriedenheit der Kunden, Mitarbeitenden und Lieferanten. Die Zufriedenheit ist in regelmässigen Abständen zu erfassen und zu messen.

GL und Kommunikationsleiter leiten Erkenntnisse, welche aus diesen Beobachtungen gewonnen werden und die relevant für den Ruf des Unternehmens sind, an den VR-Präsidenten weiter. Der VR-Präsident sorgt bei Bedarf für die Festlegung von weiteren Informations- und Kommunikationsmassnahmen sowie allenfalls von nötigen Korrekturen im Kommunikationsprozess.

Neben den üblichen Medien sind auch die neuen Social Medias wie Facebook und Twitter zu überwachen. Der VR ist über die Entwicklung in diesem Bereich mind. einmal jährlich zu informieren.

VI. Inkrafttreten und Überprüfung

Das vorliegende Reglement ist vom Verwaltungsrat am 25. Juni 2012 erlassen wurde und sofort in Kraft getreten. An der VR-Sitzung vom 1.4.2014 wurde die aktualisierte Version in der vorliegenden Form genehmigt.

Das Kommunikationsreglement wird gemäss Führungskalender jeweils an der ersten VR-Sitzung im laufenden Jahr überprüft und sofern notwendig aktualisiert.

****

Zürich, den 1. April 2014

Der VR-Präsident: Der VR-Sekretär:

_____ _____

Dr. Max Muster Hans Müller

Anhänge:

A. Kontaktliste für VR-Kommunikation
B. Leitbild der Kommunikation in der Musterproduktion AG
C. Grundsätze der Auskunftsberechtigung
D. Checkliste Verhalten bei Spontan-Anfragen

Kontaktliste für VR-Kommunikation

a) **VR-Präsident**

   Dr. Max Muster
   Veilchenweg 1
   8000 Zürich

   Telefon:
   Mobil:
   E-Mail:

b) **Vorsitzender der Geschäftsleitung**

   Felix Meier
   Sonnenhalde 2
   9000 St. Gallen

   Telefon:
   Mobil:
   E-Mail:

c) **Leiter Kommunikation**

   Fritz Fröhlich
   Rosenweg 3
   8000 Zürich

   Telefon:
   Mobil:
   E-Mail:

d) **Kommunikationsberater**

   Peter Nagel
   Blumenau 4
   3000 Bern

   Telefon:
   Mobil:
   E-Mail:

Leitbild der Kommunikation der Musterproduktion AG

Unternehmenskommunikation ist Teil des Managements des Unternehmens. Systematisches Kommunikationsmanagement wird zunehmend als integraler Bestandteil unternehmerischer Wertschöpfung erkannt. Die zielgerichtete Kommunikation mit den Stakeholdern einer Organisation ist nicht nur unabdingbar, um spezifische Situationen zu meistern, Kommunikationskrisen zu vermeiden, Unternehmenszusammenschlüsse nicht an den «weichen Faktoren» scheitern zu lassen oder Handlungsspielräume zu sichern. Strategische Kommunikation schafft selbst Werte; Kommunikationsergebnisse wie Image und Reputation generieren indirekt Erträge und haben daher letztlich Kapitalcharakter. Die Unternehmenskommunikation sorgt dafür, dass die wichtigen Anspruchsgruppen das Unternehmen kennen.

Interne und externe Kommunikation bilden eine Einheit. Sie müssen in Inhalt, Gewichtung und zeitlicher Abfolge lückenlos aufeinander abgestimmt sein. Dabei sind folgende Grundsätze zu beachten:

a) Das Unternehmen kommuniziert
   - aktiv
   - offen
   - sachlich
   - regelmässig
   - zeitnah
   - abgestimmt und widerspruchsfrei
   - glaubwürdig

b) Die Verantwortlichen kommunizieren bei Angelegenheiten, welche gemäss Ziff. II.4. in den Zuständigkeitsbereich des VR fallen, stets persönlich. Bei anderen Angelegenheiten ist eine Delegation der Kommunikation dann möglich, wenn dadurch dem Unternehmen kein Schaden entstehen kann.

c) Die Kommunikationsmassnahmen und ihre zeitliche Abfolge werden so gewählt, dass jede Dialoggruppe auf möglichst direktem Weg angesprochen wird über:
   1. persönliches Gespräch
   2. persönlicher Brief
   3. Zirkular
   4. Medien
   5. Internet

d) Je stärker und direkter eine Dialoggruppe vom Inhalt der Information betroffen ist, desto früher und persönlicher wird sie orientiert. Grundsätzlich werden die Mitarbeiter zuerst informiert.

e) Der konkrete Inhalt der Kommunikation wird immer aus der Sicht und entsprechend den Informationsbedürfnissen der Empfänger bestimmt. Die entscheidende Frage bei der Informationsaufbereitung lautet deshalb: Welche Detailinformationen sind wichtig, interessant und geeignet für welche Dialoggruppen?

f) Sprache und Tonalität der Kommunikation werden auf die angesprochene Dialoggruppe ausgerichtet. Dabei darf die unterschiedliche Ansprache nicht zu inhaltlichen Differenzen führen.

Grundsätze der Auskunftsberechtigung

Ereignis / Thema	VR	VRP	VRM	GL	VGL	LK
Freigabe Auszug Geschäftsbericht für Internet	E	A		I	A	B
Beantwortung von Fragen zu Geschäftsbericht	I			I	V	B
Information der Mitarbeiter über Jahresergebnis	I	K	A	I	V	
Mitteilung von gravierenden Unfällen sowie Beantwortung von Fragen dazu	I	E		I	V	A
Mitteilung von Produktmängeln mit Gefährdung Dritter bzw. Produktrückruf	I	E		I	V	A
Bekanntgabe von Änderungen im VR	E	V		I		
Bekanntgabe von Änderungen in GL	E	V		I		
Beantwortung von Fragen zum Geschäftsgang	I			A	V	B
Einberufung von Medienkonferenzen mit strategischer Bedeutung	E	A	A	I	K	V
Einberufung von Medienkonferenzen mit operativer Bedeutung	I			E	V	A
Verbreitung von Medienmitteilungen mit strategischer Bedeutung	E			A	K	V
Mitteilung von Gerichtsprozessen	I	E		I	V	B
Mitteilung von Übernahmen und strategischen Beteiligungen	E	V		A		A
Mitteilung von Massenentlassungen	E	V		A		A
Beantwortung von Gewerkschaftsanfragen		I			V	
Beantwortung von Medienanfragen	I	K		I	V	B

Legende:

VR	Verwaltungsrat (Gremium)	A	Antragsrecht
VRP	VR-Präsident	B	Beratung
VRM	VR-Mitglied	E	Entscheid
GL	Geschäftsleitung (Gremium)	I	Informationsanspruch
VGL	Vorsitzender der Geschäftsleitung	K	Kontrolle
LK	Leiter Kommunikation	V	Vollzug

Ob und in welchem Umfang ein externer Kommunikationsberater zur Unterstützung beigezogen werden soll, hängt davon ab, wie die Kommunikationsabteilung strukturiert und mit welchen Kompetenzen und Kapazitäten sie ausgestattet ist. In Zweifelsfällen sollen die Dienste des externen Kommunikationsberaters in Anspruch genommen werden.

Checkliste Verhalten bei Spontan-Anfragen

a) Keine spontanen Auskünfte und keine Kommentare oder Reaktionen zu Behauptungen, sondern kurze Bedenkzeit (1–3 Stunden) erbeten

b) Name, Auftraggeber (Redaktion) und Telefonnummer bzw. E-Mail-Adresse des Journalisten notieren

c) Form und Verwendung der erwarteten Antwort klären

d) Erkundigung nach weiteren Befragten und Stellungnahmen

e) Fragen soweit möglich bereits notieren

f) Rücksprache mit dem Leiter Kommunikation und falls nötig Zuständigkeit für die Auskunft klären

g) Interne Abklärungen über tatsächlichen Sachverhalt durchführen

h) Innerhalb der vereinbarten Frist antworten bzw. unvorhergesehene Verzögerungen frühzeitig melden und begründen

i) Sind Menschen verletzt oder getötet worden, so hat die persönliche Betroffenheit am Anfang der Antwort zu stehen

j) Mit Rückfragen Verständnis überprüfen

k) Keine Mutmassungen, sondern nur Fakten kommunizieren

l) Laufenden Untersuchungen nicht vorgreifen

m) Keine Auskünfte über Dokumente, die nicht im vollen Wortlaut bekannt sind

n) Zitate schriftlich (Fax bzw. E-Mail) vorlegen lassen und überprüfen

11.41 Konstituierungsbeschluss

Konstituierungsbeschluss des Verwaltungsrates der Muster Produktions AG

Der Verwaltungsrat konstituiert sich gemäss den Statuten selber und fasst im Zirkulationsverfahren folgenden Beschluss:

- Herr Dr. Felix Muster, von Grafenried, in Zürich, wird zum Präsidenten des Verwaltungsrates mit Kollektivunterschrift zu zweien bestimmt.
- Herr Max Beispiel, deutscher Staatsangehöriger, in Olten, wird zum Vizepräsidenten des Verwaltungsrates mit Kollektivunterschrift zu zweien bestimmt.
- Herr Urs Muster, von Berneck, in St. Gallen, wird zum Sekretär des Verwaltungsrates ohne Unterschriftsberechtigung bestimmt.

Dieser Konstituierungsbeschluss ist umgehend beim zuständigen Handelsregister zur Eintragung anzumelden.

****

Die Verwaltungsräte der Muster Produktions AG:

Zürich, den ....   Olten, den ....

_____   _____
Dr. Felix Muster   Max Beispiel

St. Gallen, den ....

_____
Urs Muster

11.42   Krisenkommunikation

Kommunikation in der Krise
Verhaltenskodex

I. Definition der Krise

Krise bedeutet weitgehender Verlust von Handlungsfähigkeit und Glaubwürdigkeit. Der Schaden aus Krisen lässt sich aber durch ein gutes Krisenmanagement minimieren. Jedes Kommunikationsdesaster ist letztlich immer hausgemacht. Krisen kosten nicht nur Geld, sondern auch sehr viel Goodwill, vielleicht sogar die ganze Reputation.

II. Krisengrundsätze

Eine Krise kann jederzeit eintreten. Ein tödlicher Unfall, ein Fabrikbrand, ein Amokläufer, Sabotage usw. können zu einer Krise führen. Das Unternehmen oder das Management trägt womöglich gar keine Schuld, steht aber ungewollt im Rampenlicht. Jede Krise hat ihre eigene Dynamik, weshalb es kein verbindliches, allgemeingültiges Verhaltensmuster für deren Bewältigung gibt. Doch eines ist sicher: mit einer guten Vorbereitung können Krisen besser gemeistert werden.

Wer die Krisenbewältigung beherrscht, kommt schnell wieder heraus und gewinnt an Reputation. Dafür gibt es Verhaltensregeln, die nie ihre Gültigkeit verlieren.

III. Die neun goldenen Regeln der Krisenkommunikation

1. Die Frage, wie sich ein Unternehmen in einer Krisensituation verhält, ist reputationsbildend für das gesamte Unternehmen. Viele Manager treten ohne Gespür und Sensibilität vor die Medien. Jene, die gut aus einer Krise gekommen sind, haben *Anteilnahme und positive Emotionen* gezeigt (Empathie).
    - Gefühle zeigen und vor allem die Gefühle anderer ernst nehmen!
2. In Krisensituationen sind *widerspruchsfreie Darstellungen* und das *One-Voice-Prinzip* gefragt! Sobald etwas Unwahres gesagt wird, wird die Krisenkommunikation schwierig und unglaubwürdig. Oftmals sind Aktionen und Botschaften intern und extern nicht koordiniert. Da sind die Medien «instinktsicher» und bohren unaufhaltsam, bis sie zur Wahrheit vorstossen. Was wir sagen, muss deshalb einwandfrei stimmen; was

wir nicht sagen (aber sagen müssten), sagen die Medien. Aus der Krise lügen funktioniert definitiv nicht!

- **Nur korrekte und fundierte Informationen liefern!**

3. Wenn die Faktenlage noch fehlt, haben die Medien unzählige Fragen. Und dort, wo keine Fragen beantwortet werden, beginnen die Medien zu spekulieren.

- **Der Kommunikationslead muss bei uns und nicht bei den Medien liegen!**

4. Das «Herunterspielen» macht die Sache nur noch schlimmer und kann zu einem eigentlichen Kommunikationsdebakel führen. Die Schuldfrage entsteht immer dort, wo das Vertrauen fehlt! Gute Nachrichten kann jeder kommunizieren, schlechte nicht!

- **Gute Kommunikation üben!**

5. Viele Leute verhalten sich oft nicht rollenadäquat. Die Öffentlichkeit versteht keine hochstehenden Fachausdrücke. Gefragt ist eine einfache, verständliche, aber trotzdem präzise Ausdrucksweise.

- **Sachlich, leicht verständlich und gefasst orientieren.**

6. Erfolgreich kommunizieren heisst auch, das Wesentliche schnell auf den Punkt zu bringen! Überhaupt ist der Zeitfaktor entscheidend: Geschwindigkeit kommt in einer Krisensituation vor Vollständigkeit. Aus dem «Durchhänger» einer Krisensituation einen «Aufhänger» suchen und dadurch nicht mit Selbstmitleid noch die restliche Handlungsfähigkeit aufgeben!

- **Das Wesentliche schnell auf den Punkt bringen!**

7. Man kann sich nicht einfach «tot stellen», wenn im Unternehmen etwas passiert ist. Ein «No Comment» birgt das Risiko in sich, dass die Medien selber eigene Schauplätze eröffnen und Mutmassungen als vermutete Tatsachen aufgetischt werden. Informieren Sie deshalb immer faktenorientiert.

- **Das Kind beim Namen nennen, Transparenz schaffen, Zusammenhänge aufzeigen!**

8. Bei komplexen Themen sofort kleine *Drehbücher erstellen* und die Sprachregelung aufschreiben. Wer in eine Krise hineingeschlittert ist, reagiert oft nur noch situativ, weil der Kommunikationslead bereits bei den Medien liegt. Um die Führung der Kommunikation wieder selbst zu übernehmen, ist eine aktive Planung notwendig!

- **Aktive Kommunikationsplanung um möglichst rasch vom Medienradar zu verschwinden!**

9. Das Thema *Wiedergutmachung* wird in der Krisenbewältigung oftmals ausgeklammert. Weshalb nicht um Verzeihung bzw. Entschuldigung bitten und dadurch das Ansehen wieder aufbauen? Ehrlich gemeinte Entschuldigungen können Sie in den Augen der Öffentlichkeit zum Sieger in einer Krise werden lassen! Zur Entschuldigung gehört aber auch Abhilfe schaffen, bzw. den Lösungsversuch des Problems aufzeigen. Selbstverständlich ist dabei aber das Risiko von materiellen Entschädigungsforderungen zu prüfen und abzuwägen.

- **Um Entschuldigung bitten und Lösungsvorschläge offerieren!**

IV. Empfehlungen zur Krisenkommunikation

Ein externer Medien-Berater sollte bereits im Voraus bestimmt sein und unser Unternehmen kennen, sonst wird er nur wenig helfen können.

Besetzen Sie den «Raum», indem Sie ehrlich, offen, aber auch klar Farbe bekennen und der Kommunikation ein Gesicht geben.

Keine Gerüchte kommentieren, sonst beissen sich die Journalisten daran fest!

Auch bei einer Befragung darf man Fairness verlangen. Es ist unfair, Frageformen bei einem Einzelinterview auf mehreren Perspektiven aufzubauen oder zirkuläre Befragungen durchzuführen.

Wenn Journalisten «Verschlimmerungsstrategien» fahren, so muss darauf nicht eingetreten werden. Bloss bei der Sache und den Fakten bleiben und nicht selber noch Tür und Tor für weitere Spekulationen öffnen!

Es wimmelt von Falschmeldungen in den Medien! Gegendarstellungen bringen in der Regel nichts. Besser, die Journalisten anständig auf allfällige Fehldarstellungen aufmerksam machen.

Reduzieren Sie Ihre Message auf jene Aussagen, welche Sie morgen in der Zeitung lesen möchten.

Mit Anwälten zu «drohen», funktioniert gegenüber den Medien nicht, im Gegenteil! Kommt hinzu, dass Anwälte in der Regel als «Kommunikationsverhinderer» gelten.

Medien werden manchmal auch von Dritten (z.B. Konkurrenten) für ihre Zwecke eingesetzt. Daher sind Journalisten auch Zielscheiben für Desinformationen. Klare Aussagen: Keine Spekulationen aufkommen lassen, denn Spekulationen lassen sich kaum mehr aus der Welt schaffen!

Die Wahrheit ist das oberste Gebot: Wir halten uns an die Fakten und halten auch keine Fakten zurück!

V. Verhaltenskodex zur Krisenkommunikation

1. Im Krisenfall wird eine kleine Taskforce gebildet, deren Zusammensetzung bereits definiert ist. Situativ sind entsprechende Abteilungsleiter oder Wissensträger direkt zu involvieren, bzw. zuzuziehen.

2. Die Strategie, die Aufgaben und Aufträge der Taskforce sind in geeigneter Form festzuhalten. Die Strategie ist laufend zu überprüfen.

3. One-Voice-Prinzip und Disziplin sind die obersten Gebote in der Kommunikationsführung! Die Informationshoheit liegt im Krisenfall beim CEO. Bei dessen Abwesenheit übernimmt ein Mitglied der GL den Lead und ist zur Aussage ermächtigt.

4. Im Krisenfall werden Communiqués ausschliesslich von der Geschäftsleitung autorisiert, und der Verteiler wird situativ bestimmt.

5. Die Belegschaft wird adäquat orientiert (Kommunikation in der Krise ist nach innen genauso wichtig wie gegen aussen).

6. Der Leiter Unternehmenskommunikation übernimmt als Informationssammelstelle eine Koordinationsaufgabe, das bedeutet, dass dort die News zusammenlaufen, koordiniert, ausgewertet und situativ verwendet werden. Er muss die Einheit der Sprache sicherstellen und die Medienmitteilungen verfassen.

7. Die Erreichbarkeiten der entscheidenden Medienakteure sind in diesem Papier aufgelistet, ebenso weitere Personen, die im Krisenfall sofort zu involvieren sind.

8. Jede Art der Eigenprofilierung ist im Krisenfall strikte zurückzustellen. Bei der Krisenbewältigung steht für alle Akteure einzig die grösstmögliche Schadloshaltung der Unternehmung im Vordergrund.

9. Gefasst bleiben: Trotz aufkommender Hektik und ungewisser Faktoren ist Ruhe und Fassung zu bewahren. Fakten! Kein Geschwätz, um von der Sache ablenken zu wollen.

****

Vom Verwaltungsrat der Muster AG an seiner Sitzung vom 1.4.2014 bereinigt und zur Umsetzung durch alle Mitarbeiterinnen und Mitarbeiter vorgegeben.

St. Gallen, 1.4.2014	Der VR-Präsident	Der VR-Vizepräsident
	Leo Musterberg	Max Grossenreich

11.43 Liquiditätsplan

12-Monate-rollierender Liquiditätsplan
Februar 2014 bis Februar 2015
Muster Maschinen AG

Angaben in CHF	Feb-14	Mrz-14	Apr-14	Mai-14	Jun-14	Jul-14	Aug-14	Sep-14	Okt-14	Nov-14	Dez-14	Jan-15	Feb-15
Liquidität am Monatsanfang	448 666	489 866	447 099	405 899	347 199	148 499	124 799	298 599	339 899	352 599	260 799	233 999	258 699
Cash-Zuflüsse													
Betriebsertrag (Zahlungseingang)	310 000	290 000	290 000	320 000	290 000	220 000	430 000	350 000	350 000	380 000	300 000	280 000	300 000
Lizenzen (Zahlungseingang)			12 000			12 000			12 000			15 000	0
Total Cash Zufluss	310 000	290 000	302 000	320 000	290 000	232 000	430 000	350 000	362 000	380 000	300 000	295 000	300 000
Verfügbare liquide Mittel	758 666	779 866	749 099	725 899	637 199	380 499	554 799	648 599	701 899	732 599	560 799	528 999	558 699
Operative Cash-Abflüsse													
Material/-Warenaufwand	105 000	108 000	102 000	110 000	105 000	92 000	96 000	112 000	110 000	130 000	110 000	105 000	105 000
Personalaufwand	92 000	92 000	94 000	92 000	96 000	92 000	95 000	92 000	92 000	184 000	96 000	96 000	96 000
Raumaufwand	17 000	17 000	21 000	17 000	17 000	21 000	17 000	17 000	21 000	17 000	17 000	21 000	17 000
URE mobile Sachanlagen	11 500	11 500	11 500	11 500	11 500	11 500	11 500	11 500	11 500	11 500	11 500	11 500	11 500
Fahrzeug-/Transportaufwand	2 100	2 100	2 100	2 100	2 100	2 100	2 100	2 100	2 100	2 100	2 100	2 100	2 100
Versicherungen/Gebühren	10 000	0	0	15 000	0	0	0	0	0	36 000	0	0	0
Energie/Entsorgung	10 700	10 700	10 700	10 700	10 700	10 700	10 700	10 700	10 700	10 700	10 700	10 700	10 700
Verwaltung und IT	14 400	14 400	14 400	14 400	14 400	14 400	14 400	14 400	14 400	14 400	14 400	14 400	14 400
Werbeaufwand	2 100	15 067	2 000	2 000	2 000	2 000	2 000	18 000	2 100	2 100	2 100	2 100	15 000
Übriger Betriebsaufwand	1 500	2 500	2 500	4 500	2 500	5 000	5 000	2 500	2 500	2 500	7 500	2 500	2 500
Finanzerfolg	0	0	0	0	0	0	0	0	0	0	0	0	0
Hypothekarzinse	0	12 000	0	0	45 000	0	0	12 000	0	0	48 000	0	0
Liegenschaftenaufwand (Miete)	2 500	2 500	5 000	2 500	2 500	5 000	2 500	2 500	5 000	2 500	2 500	5 000	2 500
Liegenschaftenaufwand (Unterhalt)			3 000	2 000				4 000			5 000		
Steuern	0	45 000	0	0	0	0	0	10 000	0	0	0	0	0
Zwischentotal operativer Cash-Abfluss	268 800	332 767	268 200	283 700	308 700	255 700	256 200	308 700	271 300	412 800	326 800	270 300	276 700

Angaben in CHF	Feb-14	Mrz-14	Apr-14	Mai-14	Jun-14	Jul-14	Aug-14	Sep-14	Okt-14	Nov-14	Dez-14	Jan-15	Feb-15
Übrige Cash-Abflüsse													
Investition Maschinen	0	0	75 000	95 000	0	0	0	0	78 000	59 000	0	0	0
Darlehensamortisationen	0	0	0	0	50 000	0	0	0	0	0	0	0	0
Dividenden	0	0	0	0	130 000	0	0	0	0	0	0	0	0
Zwischentotal übriger Cash-Abfluss	0	0	75 000	95 000	180 000	0	0	0	78 000	59 000	0	0	0
Total Cash-Abfluss	268 800	332 767	343 200	378 700	488 700	255 700	256 200	308 700	349 300	471 800	326 800	270 300	276 700
Liquidität am Monatsende	489 866	447 099	405 899	347 199	148 499	124 799	298 599	339 899	352 599	260 799	233 999	258 699	281 999
Offene Kreditlimiten													
CS	100 000	100 000	100 000	100 000	50 000	50 000	50 000	50 000	50 000	50 000	50 000	50 000	50 000
UBS	0	0	0	100 000	100 000	100 000	100 000	100 000	100 000	100 000	100 000	100 000	100 000
Total verfügbare Mittel	589 866	547 099	505 899	547 199	298 499	274 799	448 599	489 899	502 599	410 799	383 999	408 699	431 999

11.44 Mandatsbestätigung

Mandatsbestätigung

zwischen

Muster AG, Hauptstrasse 1, 8000 Zürich

nachstehend Muster AG / Gesellschaft

und

Herrn Daniel Gottlieb, Blumenweg 10, 8000 Zürich

nachstehend Verwaltungsrat

betreffend

Verwaltungsrat der Muster AG

1. Die Generalversammlung der Muster AG hat am 1. April 2014 Herrn Daniel Gottlieb, von Bassersdorf/ZH, in Zürich, vorerst bis zur ordentlichen Generalversammlung im Jahr 2015 als Mitglied des Verwaltungsrates der Muster AG, Zürich, mit Kollektivunterschrift zu zweien gewählt. Der Verwaltungsrat hat die Wahl angenommen. Mit der vorliegenden Mandatsbestätigung werden die Rahmenbedingungen dieses Mandates konkretisiert.

2. Im Hinblick auf die seit 1.1.2008 aufgehobene Vorschrift bezüglich Aktionärseigenschaft der Verwaltungsräte verzichten die Vertragsparteien auf die Zuweisung einer Treuhandaktie zur Ausübung des VR-Mandates.

3. Der Verwaltungsrat verpflichtet sich, das übernommene Mandat als Mitglied des Verwaltungsrats der Muster AG nach den jeweils gültigen Bestimmungen des Schweizerischen Obligationenrechts, der Statuten, des Organisationsreglements und unter Berücksichtigung der Interessen der Muster AG auszuüben. Dazu erhält der Verwaltungsrat jeweils auch die aktuellste Version der Eignerstrategie der Muster-Gruppe.

4. Der Verwaltungsrat hat sich abzeichnende, allfällige Interessenkonflikte dem Verwaltungsrat der Muster AG jeweils umgehend offenzulegen. Bei den Entscheidungen des Verwaltungsrats hat das Interesse der Gesellschaft im Vordergrund zu stehen.

5. Die Muster AG verpflichtet sich alles zu tun, um dem Verwaltungsrat zu ermöglichen, bei der Ausübung seines Mandates die gesetzliche Sorgfaltspflicht erfüllen zu können. Die Muster AG garantiert insbesondere, dass der Verwaltungsrat jederzeit Einblick in sämtliche Geschäftsunterlagen der Muster AG nehmen kann. Überdies erhält der Verwaltungsrat jeweils den Monatsreport zum Geschäftsgang der Muster AG.

6. Der Verwaltungsrat verpflichtet sich, der Muster AG die Annahme von anderen Verwaltungsratsmandaten jeweils vorgängig bekannt zu geben. Die Annahme von Ver-

waltungsratsmandaten bei Konkurrenzgesellschaften ist während der Dauer des VR-Mandats und während eines Jahres nach seiner Beendigung untersagt.

7. Der Verwaltungsrat verpflichtet sich, gegenüber jedermann über die Details des vorliegenden VR-Mandats Stillschweigen zu bewahren, soweit dies rechtlich möglich ist. Allein die Muster AG kann durch ausdrückliche schriftliche Erklärung den Verwaltungsrat von seiner Schweigepflicht entbinden. Der Verwaltungsrat kann den vorliegenden Vertrag, ohne eine spezielle Ermächtigung, nötigenfalls der Steuerverwaltung und, bei deliktischen Angelegenheiten, den jeweils zuständigen Behörden bekannt geben, um sein Funktion als Verwaltungsrat darzutun.

8. Die Muster AG entschädigt den Verwaltungsrat für die Ausübung der mit diesem Mandat verbundenen Aufgaben und Verantwortungen mit einem jährlichen Verwaltungsratshonorar von CHF 50 000 brutto und Spesenentschädigung gegen Vorlage der Belege. Die Auszahlung des Honorars erfolgt jeweils monatlich durch Banküberweisung, erstmals per Ende April 2014.

9. Sollte der Verwaltungsrat auf Grund seines Berufes und einer entsprechenden separaten Vereinbarung als Berater für die Muster AG beauftragt oder tätig werden, so wird bei Aufträgen über CHF 1000.– ein schriftlicher Vertrag abgeschlossen, zudem erfolgt eine separate Rechnungsstellung an die Gesellschaft.

10. Unter Vorbehalt besonderer schriftlicher Vereinbarungen oder Weisungen erfolgen Mitteilungen zwischen den Vertragsparteien durch gewöhnliche Post an die zuletzt angegebene Adresse. Eingeschriebene Sendungen gelten sieben Tage nach Versand als zugestellt.

11. Die Generalversammlung der Muster AG ist gesetzlich berechtigt, das Mandatsverhältnis jederzeit durch Abwahl zu beenden. Umgekehrt ist der Verwaltungsrat berechtigt, jederzeit als Verwaltungsrat der Muster AG zurückzutreten. Wird das Mandatsverhältnis aufgelöst, hat die Muster AG innert Monatsfrist für die Löschung des entsprechenden Eintrages im Handelsregister zu sorgen.

12. Für sämtliche Streitigkeiten, die aus dem Mandatsverhältnis entstehen, **bestimmen die Parteien als Gerichtsstand Zürich und das schweizerische Recht als anwendbar.**

****

Zürich, den .... Zürich, den ....

Für die Muster AG: Der Verwaltungsrat:

_____   _____

Felix Fröhlich / Dr. Max Meier   Daniel Gottlieb

Checkliste zur Prüfung
Übernahme eines VR-Mandats

Persönliche Voraussetzungen

- ☐ Habe ich genügend Zeit zur Ausübung des Mandates? (Einarbeitungszeit und dann mindestens 6 Tage Verfügbarkeit bei einer operativ tätigen Gesellschaft)
- ☐ Habe ich genügend Fachkenntnisse zur Ausübung des Mandates? (Fähigkeit zur Analyse von Monatsrapporten und Bilanzen sowie der Geschäftstätigkeit)
- ☐ Habe ich die Bereitschaft zur Identifikation mit der Gesellschaft? (Einarbeiten in Branchen- und Produktkenntnisse sowie Übernahme von Reputationsrisiken)
- ☐ Sind die Gründe einleuchtend, warum ich für diese Funktion angefragt werde? (nur Lückenfüller oder reine Repräsentationsfigur zu sein, ist i.d.R. risikoreich)
- ☐ Habe ich die Freiheit zum Mandatsabschluss? (keine Einschränkung durch Arbeitsvertrag, keine Interessenskonflikte, falls nötig Qualifikation als Finanzintermediär)

Formelle Voraussetzungen

- ☐ Ist die Gesellschaft ordnungsgemäss im Handelsregister eingetragen oder wird sie noch entsprechend eingetragen? (Prüfung über www.zefix.ch)
- ☐ Sind Personen mit Einzelunterschrift im Handelsregister eingetragen? (Gefahr von unkontrollierbaren Geschäften mit entsprechenden Haftungsrisiken)
- ☐ Welche Unterschriftsberechtigung werde ich erhalten? (ohne Unterschriftsberechtigung sind Handlungsmöglichkeiten als VR stark eingeschränkt)
- ☐ Lassen die Statuten die Übernahme des VR-Mandates zu? (eventuelle Beschränkung in den Statuten bezüglich maximaler Anzahl von VR-Mitgliedern)

VR-Zusammensetzung

- ☐ Hat der Verwaltungsrat als Gremium zusammen mit mir ausreichend fachliche und soziale Kompetenzen? (Kontaktdaten sämtlicher VR-Mitglieder verlangen)
- ☐ Bietet der VR-Präsident Gewähr für eine sachliche und strukturierte Sitzungsführung? (dauernder Interessenskonflikt des VR-Präsidenten verunmöglicht dies)

- ☐ Ist ein VR-Sekretär bestimmt, der Gewähr für eine objektive und ordnungsgemässe Protokollführung bietet? (falls möglich Einblick in die letzten VR-Protokolle nehmen)
- ☐ Warum kommt es zu einem Wechsel im Verwaltungsrat? (falls möglich Gespräch mit ausscheidendem VR-Mitglied führen)

GL-Zusammensetzung

- ☐ Ist in den Statuten eine Klausel vorhanden, wonach die Geschäftsführung delegiert werden darf? (ohne entsprechende Klausel ist keine Delegation möglich)
- ☐ Existiert ein unterschriebenes Organisationsreglement, falls die Geschäftsführung delegiert wurde? (ohne Organisationsreglement ist die Delegation nichtig)
- ☐ Ist ein VR-Beschluss protokolliert, wonach die Geschäftsführung entsprechend dem Organisationsreglement delegiert wurde? (Voraussetzung für gültige Delegation)
- ☐ Bieten die GL-Mitglieder Gewähr für eine ordnungsgemässe Geschäftsführung? (Organigramm und Lebensläufe der GL-Mitglieder prüfen)
- ☐ Wird die Oberaufsicht über die Geschäftsführung durch den VR tatsächlich wahrgenommen? (Zielvorgaben an die GL-Mitglieder und Vorgaben für Reporting)

Revisionsstelle

- ☐ Genügt die Revisionsstelle den gesetzlichen bzw. statutarischen Anforderungen und ist der HR-Eintrag korrekt? (Verzicht auf Revisionsstelle erfordert entspr. Beschluss)
- ☐ Liegt ein uneingeschränkter Revisionsbericht für das letzte Geschäftsjahr vor? (bei Einschränkungen Konsequenzen prüfen)
- ☐ Sind im Erläuterungsbericht Hinweise vorhanden, welche die Fortsetzung der Geschäftstätigkeit in Frage stellen? (allenfalls Gespräch mit Revisor führen)
- ☐ Gibt es im VR einen Prüfungsausschuss, der Kontakt mit der Revisionsstelle pflegt? (ein einseitiger Kontakt zwischen Revisionsstelle und CFO ist problematisch)

Strategie

- ☐ Haben die Aktionäre ihre Zielsetzungen und Vorgaben in einer Eignerstrategie schriftlich festgehalten? (nicht erforderlich bei grossen und börsenkotierten AG)
- ☐ Gibt es eine klare und verständliche Vision, mit der ich mich identifizieren kann? (Vision muss durch den Zweckartikel in den Statuten gedeckt sein)
- ☐ Existieren Leitsätze, welche die Vision konkretisieren und die Nachhaltigkeit des Geschäftes gewährleisten? (das Leitbild des Unternehmens muss transparent sein)
- ☐ Basieren die Entscheide des VR auf einem vorgegebenen Businessplan? (Ziele und Mittel des Unternehmens müssen in ausgewogenem Verhältnis stehen)

- ☐ Wird die Strategie mind. jährlich mit einer SWOT-Analyse überprüft? (jährlicher Strategietag, Kontrolle der kurz-, mittel- und langfristigen Ziele)
- ☐ Sind die notwendigen immateriellen Rechte zur Umsetzung der Strategie vorhanden? (Marken, Patente, Design, Lizenzen)

Finanzen

- ☐ Besteht ein ausreichendes monatliches Reporting an den VR? (mind. CEO-Summary, zusammengefasste Bilanz- und Erfolgsrechnung, Liquiditätsplanung)
- ☐ Zeigt die letzte Bilanz ein ausgewogenes Verhältnis von Eigen- und Fremdkapital? (aus Sicht der Banken idealerweise ein Eigenfinanzierungsgrad von mehr als 40%)
- ☐ Existiert eine ausreichend lange und plausible Finanzplanung? (Budget für das kommende Jahr alleine genügt noch nicht)
- ☐ Ist die Liquidität in den nächsten 12 Monaten ausreichend? (jeden Monat mehr verfügbare Mittel als zur Deckung der laufenden Ausgaben benötigt wird)
- ☐ Sind alle Steuern und Sozialversicherungen ordnungsgemäss gebucht und soweit fällig bezahlt? (persönliche Haftung des VR; Stundungsvereinbarung hilft nicht)
- ☐ Wurden den Organen oder Aktionären Darlehen gewährt? (schriftliche Verträge nötig, Drittkonditionen hinterfragen, Gleichbehandlung der Aktionäre prüfen)
- ☐ Ist die Gesellschaft durch Patronatserklärungen, Bürgschaften oder andere Eventualitätsverpflichtungen belastet? (Umfang und Konsequenzen hinterfragen)

Corporate Governance

- ☐ Sind die Aktionäre bekannt und ihr Einfluss offen gelegt? (Problematik Inhaberaktien, Holdingstruktur, Equity Partner mit Aktionärbindungsvertrag)
- ☐ Existiert ein klar strukturiertes und verständliches Funktionendiagramm? (Übereinstimmung mit HR-Auszug und Stellenbeschrieben der GL-Mitglieder)
- ☐ Sind die jährlichen Geschäftsberichte vorhanden und aussagekräftig? (auch ohne Publikationspflicht sollten sie die «Visitenkarte» der Gesellschaft sein)
- ☐ Werden im Organisationsreglement Vorgaben zu Interessenskonflikten bzw. Ausstand und In-sich-Geschäften gemacht? (Umgang mit Corporate Governance)

Risk Management

- ☐ Hat der VR eine verständliche und umfassende Risk Policy erlassen? (Grundlage für das Risk Management mit Vorgabe der Organisation)
- ☐ Existiert eine aussagekräftige und plausible Master Risk List mit Prioritäten? (Voraussetzung für ein gezieltes Bearbeiten der Einzelrisiken)

- ☐ Werden im Anhang zur Jahresrechnung ausreichende Angaben zur Offenlegung der Risikoüberprüfung gemacht? (mind. Angaben zur Organisation und zum Prozess)
- ☐ Existiert eine aktuelle Versicherungsübersicht und sind die Versicherungen ausreichend? (jährlich in Zusammenarbeit mit einem Versicherungsexperten geprüft)

Compliance

- ☐ Sind die Produkte und Dienstleistungen des Unternehmens gesetzeskonform? (besondere Vorsicht bei Finanz- und Versicherungsdienstleistungen)
- ☐ Sind alle notwendigen Bewilligungen für die Geschäftstätigkeit vorhanden? (insb. bzgl. Ausländer, Nacht- und Sonntagsarbeit, Umgang mit gefährlichen Stoffen)
- ☐ Zeigt ein aktueller Betreibungsregisterauszug unzuverlässige Geschäftstätigkeit? (Ausweis für Bonität und Zahlungsmoral des Unternehmens)
- ☐ Gibt es pendente Gerichtsverfahren und falls ja, sind Rückstellungen vorhanden? (mind. Anwalts- und Gerichtskosten müssen zurückgestellt sein)

Diverses

- ☐ Entspricht die Berichterstattung in den Medien meinen Vorstellungen über die Reputation der Gesellschaft? (über Google entsprechende Recherchen tätigen)
- ☐ Wurde den VR-Mitgliedern an der letzten GV vorbehaltlos Entlastung erteilt? (Protokoll der letzten ord. GV einsehen)
- ☐ Wurde für den VR und die GL eine Organhaftpflichtversicherung bzw. eine D&O-Police abgeschlossen? (Bedingungen, Höhe und Nachversicherung prüfen)
- ☐ Kann allenfalls eine Mandatsvereinbarung mit einem Aktionär zur internen Schadloshaltung abgeschlossen werden? (nützt nichts gegen Aussen und im Strafrecht)
- ☐ Ist das vorgesehene VR-Honorar angemessen und legitim? (als Basis Honorar eines Strategieberaters, Benchmark mit ähnlichen Unternehmen, Sozialgerechtigkeit)

****

Fehlen wichtige Unterlagen, wie insbesondere Geschäftsberichte, Revisionsstellenberichte, GV-Protokolle, Bestätigungen betr. Steuern und Sozialversicherungen, oder wird der Einblick in solche Unterlagen trotz Abgabe einer Geheimhaltungserklärung verwehrt, können keine aufschlussreichen Gespräche mit VR-Mitgliedern geführt werden oder ergeben mehrere Punkte dieser Vorabklärungen ein negatives Bild der Gesellschaft, sollte auf eine Mandatsübernahme verzichtet werden!

Mandatsvertrag

zwischen

Herrn Felix Muster, Seedamm 1, 8001 Zürich

Herrn Kurt Meister, Seedamm 2, 8001 Zürich

Mandanten

und

Herrn Dr. Paul Meier, Gerechtigkeitsgasse 2, 8001 Zürich

Mandatar

wird im Zusammenhang mit der Verwaltung der Mustergesellschaft AG, Börsenplatz 2, 8001 Zürich folgender Mandatsvertrag abgeschlossen:

1. Auf Veranlassung der Mandanten wird der Mandatar ab Gründung der Mustergesellschaft AG die Funktion des Verwaltungsratspräsidenten mit Kollektivunterschrift zu zweien übernehmen.

2. Gemäss Statuten der Mustergesellschaft AG müssen die Mitglieder des Verwaltungsrates Aktionäre sein. Solange eine solche Statutenbestimmung besteht, stellen die Mandanten dem Mandatar für die Dauer des Mandatsverhältnisses je eine Namenaktie à nominal CHF 1000.– zur Verfügung und hinterlegen diese in einem Sperrdepot, über das die Parteien nur gemeinsam verfügen können. Die Bezugs- und Dividendenansprüche aus den treuhänderisch übertragenen Aktien werden bis zu deren Rückübertragung an die Mandanten abgetreten.

3. Der Mandatar verpflichtet sich, das übernommene Mandat als Verwaltungsratspräsident nach den im Mandatsvertrag festgelegten oder gemeinsam schriftlich erteilten Anweisungen der Mandanten oder eines von ihnen bezeichneten Vertrauensmannes auszuüben. Die Weisungen sind verbindlich, soweit sie nicht gegen das Gesetz, die Statuten oder die guten Sitten verstossen und soweit sie mit den Geschäftsgrundsätzen und Standesregeln des Beauftragten und den Interessen der Gesellschaft vereinbar sind.

4. Im Falle der Uneinigkeit zwischen den Mandanten bezüglich der zu erteilenden Weisungen oder, wenn solche fehlen, hat der Mandatar nach eigenem Ermessen zu handeln, wobei das Interesse der Gesellschaft im Vordergrund zu stehen hat.

5. Die Mandanten verpflichten sich, alles zu tun, um dem Mandatar zu ermöglichen, bei der Ausübung des Mandates die gesetzliche Sorgfaltspflicht tatsächlich erfüllen zu können. Die Mandanten garantieren insbesondere, dass der Mandatar jederzeit Einblick in sämtliche Geschäftsunterlagen nehmen kann. Überdies erhält der Mandatar monatliche Finanzberichte der Mustergesellschaft AG.

6. Der Mandatar verpflichtet sich, gegenüber den Mandanten die Annahme von anderen Verwaltungsratsmandaten jeweils umgehend bekannt zu geben. Die Annahme von Verwaltungsratsmandaten bei Konkurrenzgesellschaften ist während der Dauer des Mandatsvertrages untersagt.

7. Der Mandatar verpflichtet sich, gegenüber jedermann über den vorliegenden Mandatsvertrag, insbesondere über die Person der Mandanten, Stillschweigen zu bewahren, soweit dies rechtlich möglich ist. Allein die Mandanten können durch ausdrückliche schriftliche Erklärung den Mandatar von seiner Schweigepflicht entbinden. Der Mandatar kann den vorliegenden Vertrag, ohne eine spezielle Ermächtigung, nötigenfalls der Steuerverwaltung und, bei deliktischen Angelegenheiten, den jeweils zuständigen Behörden bekannt geben, um seine Funktion als Mandatar und Treuhänder darzutun. Auf Verlangen liefern die Mandanten allenfalls angeforderte weitere Informationen und Unterlagen. Die Mandanten verpflichten sich ihrerseits zu derselben Verschwiegenheit.

8. Die Mandanten bzw. an ihrer Stelle die Mustergesellschaft AG entschädigen den Mandatar für die Ausübung der mit diesem Mandat verbundenen Funktionen mit einem monatlichen Verwaltungsratshonorar von CHF 2000.– brutto und Spesenentschädigung gegen Vorlage der Belege (Kilometerentschädigung CHF –.75). Die Auszahlung des Honorars erfolgt jeweils per Ende Monat durch Banküberweisung.

9. Die Mandanten verpflichten sich und ihre Rechtsnachfolger, den Mandatar von jeglichen Schadenersatzansprüchen, die gegen ihn in seiner Eigenschaft als Aktionär, Verwaltungsratsmitglied, Präsident oder Liquidator erhoben werden, schad- und klaglos zu halten, es sei denn, der Mandatar habe den Schaden absichtlich oder grobfahrlässig herbeigeführt.

10. Sollte der Mandatar auf Grund seines Berufes und einer entsprechenden separaten Vereinbarung als Steuerberater, Anwalt oder in einer entsprechenden anderen Funktion für die Mustergesellschaft AG beauftragt oder tätig werden, so wird bei Aufträgen über CHF 1000.– ein schriftlicher Vertrag abgeschlossen, zudem erfolgt eine separate Rechnungsstellung an die Gesellschaft.

11. Unter Vorbehalt besonderer schriftlicher Vereinbarungen oder Weisungen erfolgen Mitteilungen zwischen den Vertragsparteien durch gewöhnliche Post an die zuletzt angegebene Adresse. Eingeschriebene Sendungen gelten sieben Tage nach Versand als zugestellt.

12. Dieser Vertrag ist beidseitig jederzeit ohne Einhaltung einer bestimmten Frist mittels eingeschriebenem Brief (aus Beweisgründen) kündbar.

Der Mandatar verpflichtet sich, jederzeit auf Begehren der Mandanten sein Mandat niederzulegen. Umgekehrt ist er berechtigt, jederzeit als Verwaltungsratspräsident der Mustergesellschaft AG zurückzutreten.

Ist der Vertrag gekündigt, haben die Mandanten innert Monatsfrist die nötigen Massnahmen zu treffen, insbesondere Décharge-Erteilung an den Mandatar und Löschungsanmeldung beim Handelsregisteramt. Innert derselben Frist hat der Mandatar seine beiden treuhänderisch gehaltenen Aktien entschädigungslos an die Mandanten zurückzuübertragen. Sollten zu diesem Zeitpunkt keine physisch ausgegebenen Aktien vorhanden sein, so gehen die treuhänderisch überlassenen Aktien automatisch im Zeitpunkt des Ausscheidens aus dem Verwaltungsrat zurück an die Mandanten und das Aktienbuch ist entsprechend nachzuführen.

13. Für sämtliche Streitigkeiten, die aus dem vorliegenden Vertrag entstehen, **wählen die Parteien als Gerichtsstand Zürich.**

    Der vorliegende Mandatsvertrag **wird ausschliesslich schweizerischem Recht unterstellt.**

14. Der Mandatsvertrag wird in drei Exemplaren ausgefertigt und tritt mit rechtsgültiger Unterschrift aller Vertragsparteien in Kraft.

Zürich, den ....

Der Mandatar: Die Mandanten:

_____   _____

Dr. Paul Meier   Felix Muster / Kurt Meister

11.47 Master Risk List Inhaltsverzeichnis

Master Risk List
Hauptrisiken der Muster Produktions AG per 1. April 2014

Inhaltsverzeichnis

Märkte	3
1. Veränderung der makroökonomischen Situation	3
2. Entwicklung Absatzmarktvolumen	3
3. Konkurrenz	3
4. Politisches/gesetzliches Umfeld	3
Kunden	3
5. Kundenportfolio	3
6. Kundenabgänge	4
7. Zufriedenheitsgrad der Kunden/Kundenverhalten, Reputation	4
Produkte / Dienstleistungen	5
8. Produkt / Dienstleistungsportfolio	5
9. Produkt / Dienstleistungslebenszyklus/Innovationen, Substitutionsprodukte	5
10. Produkt / Dienstleistungsqualität	5
Betriebssicherheit und Unfallverhütung	6
11. Technische Sicherheit	6
12. Gesundheit, Hygiene und Sicherheit (Betriebssicherheit)	6
13. Unfallverhütung am Arbeitsplatz	6
Produktion und Vertrieb	7
14. Produkteinnovation und -entwicklung	7
15. Angebot und Logistik	7
16. Produktion (inklusive Dienstleistungsprozesse)	7
17. Verkauf, Preis und Vertrieb	7
18. Kundendienst	8
19. Warenzeichen und Ruf	8
Corporate Governance	9
20. Planung	9
21. Organisationsstruktur	9

22.	Kommunikation	9
23.	Berichterstattung	9
24.	Projekte	10
25.	Investitionen inklusive Akquisitionen	10
26.	Zusammenschlüsse und Kooperationen	10
27.	Risk Management	10

Personal 11

28.	Rekrutierung, Weiterbildung, Quellen, Fachkenntnisse und Fähigkeiten	11
29.	Integrität und Zuverlässigkeit des Personals	11
30.	Motivation	11
31.	Entschädigung der Arbeitsleistung, inkl. Personalvorsorge	11
32.	Gewerkschaftsbeziehungen	11

Verpflichtungen 12

33.	Vertragsverpflichtungen/Abnahme- bzw. Lieferverpflichtungen	12
34.	Ansprüche und Verpfändungen	12
35.	Produkteverpflichtungen/Garantiefälle	12
36.	Ethische Verpflichtungen/Reputation	12
37.	Moralische Verpflichtungen	12

Finanzen 13

38.	Generierung von Cash flow/Wertschöpfung	13
39.	Zugang zu finanziellen Mitteln / Zinssätze	13
40.	Zahlungssystem	13
41.	Wechselkursrisiken	13
42.	Verlässlichkeit, Aktualität und Verfügbarkeit der finanz. Informationen	13

Aktiven 14

43.	Ausfälle aufgrund von Naturkatastrophen	14
44.	Anlagevermögen (inklusive Bewertung)	14
45.	Inventar (inklusive Bewertung)	14

Informations-Technologie 15

46.	Integrität	15
47.	Verfügbarkeit	15

Compliance 16

48.	Übereinstimmung mit gesetzlichen Regelungen	16
49.	Übereinstimmung mit Corporate Governance Empfehlungen	16
50.	Steuergesetze (inklusive Optimierung)	16

MIS-Konzept auf Stufe Verwaltungsrat
Muster AG

1. Zielsetzungen des MIS

- Durch das Management-Informations-System (MIS) soll der Verwaltungsrat regelmässig die notwendigen Angaben und Unterlagen erhalten, um alle für die Gesellschaft *[Gruppe]* wichtigen Entscheidungen zuverlässig und zeitgerecht fällen zu können.

- Durch das MIS soll eine einheitliche betriebswirtschaftliche Sprache in der ganzen Gesellschaft *[Gruppe]* durchgesetzt werden, damit die Kommunikation über finanzielle Zielgrössen und deren Erreichungsgrad klar, konsistent und transparent ist.

- Das MIS soll die Führung der Gesellschaft *[Gruppe]* fördern und vereinfachen, weshalb Umfang und Inhalt des MIS auf das Notwendige und Wichtige auszurichten sind, unter Berücksichtigung der resultierenden Arbeitsbelastung für die Geschäftsleitung.

- Die Daten und Unterlagen für das MIS sind von der Geschäftsleitung nach den Vorgaben des VR unaufgefordert zusammenzustellen und gemäss festem Zeitplan zu liefern, so dass dem VR jeweils genügend Zeit zum Studium vor einer VR-Sitzung verbleibt.

2. Zeitlicher Umfang des MIS

- Die Geschäftsleitung hat dem VR jeweils bis zum 15. des Folgemonats einen Monatsbericht nach den Vorgaben des VR zu liefern, wobei dies je nach Wunsch der VR-Mitglieder in elektronischer oder ausgedruckter Form geschehen soll.

- Über die effektiv erzielten Kennzahlen der Gesellschaft *[der Tochtergesellschaften]* ist jeweils monatlich zu berichten, während nur quartalsweise zusätzlich ein detaillierter Forecast *[und die konsolidierten Gruppenzahlen]* zu liefern ist *[sind]*.

- Über besondere Vorkommnisse (insbesondere Unfälle mit schwerer Körperverletzung oder Todesfolge sowie Betreibungen oder gerichtliche Klagen) ist der VR unabhängig vom MIS weiterhin jeweils umgehend mit einem Überblick über bereits eingeleitete und geplante Massnahmen zu informieren.

- Zusätzlich zum Monatsbericht sind dem VR-Präsidenten *[und dem VR-Delegierten]* die Protokolle der monatlichen GL-Sitzungen regelmässig zuzustellen.

- An den VR-Sitzungen orientieren CEO und CFO in Ergänzung zum Monatsbericht zusätzlich über die wichtigsten Sachgeschäfte wie Geschäftsgang, Innovationen, Personalbereich, Entwicklung der Marktanteile, relevante Verträge und Projekte.

3. Inhaltlicher Umfang des MIS

- 1 Seite CEO-Report mit wichtigen Angaben über Kunden, Markt, Marken, Produktion, Qualität, Auftrags- und Beschäftigungslage, Personelles und ausserordentliche Vorkommnisse
- 1 Seite CFO-Report mit wichtigen Angaben über Umsatz, Aufwand, Begründung für wesentliche Budgetabweichungen, Erwartung, Entwicklung des Eigenkapitals, Liquidität (inkl. Angabe über die Bezahlung der Sozialversicherungen und Steuern) und wesentliche finanzielle Vorkommnisse
- 1 Seite Cockpit-Charts mit graphischer Darstellung der wichtigsten Kennzahlen in monatlicher und kumulierter Form, insbesondere Umsatz, Kosten, DB III und Cash Flow im Vergleich zum Budget
- 1 Seite Cockpit-Charts mit rollierender graphischer Darstellung über die letzten 12 Monate der wichtigsten Kennzahlen in monatlicher und kumulierter Form, insbes. Umsatz, Kosten, DB III und Cash Flow im Vergleich zu Vorjahr
- 1 Seite Zusammenfassung der wichtigsten Kennzahlen
- 1 Seite rollierender Liquiditätsplan der kommenden 12 Monate
- 1–3 Seiten Projektliste im Überblick mit Kurzangaben über Stand der Projekte (insbes. Erfüllungsgrad, ev. Probleme und Massnahmen)
- 1–3 Seiten länderspezifische Angaben
- 1–3 Seiten Detailangaben zu Marketing und Marken
- Zusammengefasste Erfolgsrechnung pro Monat und kumuliert, jeweils mit Vergleich zu Vorjahr und Budget (absolut und in Prozenten)
- Zusammengefasste Bilanz mit Vergleich zu Vorjahr und Budget.

4. Geltungsbereich

- Das MIS-Konzept gilt für die Muster AG *[Muster Gruppe]* und kann jederzeit durch den Verwaltungsrat mit separaten Weisungen ergänzt werden.

****

Zürich, 1. April 2014

Der Präsident des Verwaltungsrates: Der Sekretär des Verwaltungsrates:

Dr. Friedrich Eisenstein   Max Wunderlich

11.49 Monatsreport CEO

VON: CEO Felix Schmid AN: VR Muster AG DATUM: 15. Mai 2014	**CEO Monatsreport April 2014**	Muster AG 8000 Zürich

UMSATZ

▷ Monats-Nettoumsatz mit CHF 10,27 Mio. erfreulicherweise 4,4% über Budget und 14.2% über Vorjahr.

  Dies ist vor allem zurückzuführen auf die Frühjahrsmesse und die umgesetzten Preiserhöhungen.

▷ Die Werkauslastung war bis Ende April noch gut und geht nun im Mai saisonbedingt zurück.

BETRIEBSERGEBNIS

▷ EBITDA April CHF 1,510 Mio. (entsprechend 14.7%): klar unter Budget

▷ Rohstoffpreise: neu vereinbarte Preisgleitklauseln für Metallpreise wirken sich noch nicht aus.

▷ Die hohen Energiekosten drücken weiterhin auf die Marge; Verhandlungen mit Stromlieferanten laufen und sollten im nächsten Monat abgeschlossen werden.

MARKT / KUNDEN

▷ 3-Jahresvertrag mit New Mechanika AG über CHF 4.5 Mio. abgeschlossen inkl. Preisgleitklausel

▷ Konkurrent Phantasia AG hat Auftrag von Skyfall AG über CHF 2 Mio. mit Dumpingpreisen erkämpft

▷ Die Preisgleitklausel wurde in Zusammenarbeit mit der Anwaltskanzlei Klug & Partner überarbeitet

▷ Nach den Nielsen-Zahlen haben wir 2,3% Marktanteil in der Schweiz und 0,4% in Europa gewonnen

NEUE PROJEKTE

▷ Bemusterung Neuentwicklung Haushaltmaschine X07 und Patentanmeldung erfolgt

PRODUKTION / TECHNIK / LOGIKSTIK

▷ Ausfall Linie 4 über 30 h mit Auswirkungen auf Lieferfähigkeit (altersbedingte Störungen Lichtleiter) => Sanierung Linie 4 in Etappen zwingend notwendig; a.o. Investitionsantrag gemäss Beilage 1

BESCHAFFUNG
➢ Preise Silikon und PUR nun wieder gleich hoch wie August 13
QS / IT / ARBEITSSICHERHEIT
➢ ISO 9001 Nachaudit erfolgreich bestanden
➢ Update SAP Release 4.1 problemlos angelaufen
PERSONELLES
➢ Absenzenquote von 3,2% im März auf 2,6% zurückgegangen; Zielgrösse 2.2% noch nicht erreicht
➢ Mitarbeiterzufriedenheit gemäss letzter Umfrage steigend; Summary Auswertung gemäss Beilage 2
INVESTITIONEN
➢ keine Bemerkungen
FINANZ & RECHNUNGSWESEN
➢ s. Bericht CFO
BESONDERE VORKOMMNISSE
➢ Zeitweiser Ausfall Linie führt zu Lieferverzögerung beim Kunden Cosmetic GmbH; Rahmenvertrag nicht gefährdet, aber allenfalls Konventionalstrafe und Schadenersatzforderung zu erwarten.
SCHLUSSBEMERKUNG
➢ Erfreulich guter April, weiterhin voll auf Budgetkurs
➢ Zur Vermeidung von Produktionsunterbrüchen ist das Instandhaltungsprogramm zu optimieren, deshalb stellt die GL den Antrag gemäss Beilage 3, zusätzlich zum langfristigen Ersatzprogramm auf eine rollierende Blockwartung umzustellen und gleichzeitig das Organigramm entsprechend anzupassen.

VON: CFO Peter Huber	**CFO Monatsreport**	Muster AG
AN: VR Muster AG	**April 2014**	8000 Zürich
DATUM: 15. Mai 2014		

1. UMSATZ	○○●

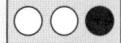

- Monats-Nettoumsatz CHF 10,272 Mio. ist CHF 0,430 Mio. bzw. 4,4% über Budget und CHF 1,283 Mio. bzw. 14.2% über Vorjahr, insgesamt der beste April in den letzten 10 Jahren
- Nettoumsatz kumuliert nun CHF 39,523 Mio. und damit CHF 0,434 Mio. bzw. 1,1% über Budget
- Auftragslage derzeit noch auf Budgetkurs, doch wirkt sich Finanzkrise bereits auf Bestellungen im März aus, deshalb ist es fraglich, ob Budget des 2. Quartals erreicht werden kann

2. BETRIEBSERGEBNIS	●○○

- EBITDA im Berichtsmonat CHF 1,510 Mio. und damit CHF 0,220 Mio. bzw. 14.8% unter Budget, da die Rohstoffpreise und Energiekosten noch immer massiv höher als budgetiert sind
- EBITDA kum. CHF 4,055 Mio. und damit CHF 1,335 Mio. bzw. 24,7% unter Budget und CHF 1,406 Mio. bzw. 25.7% unter Vorjahr, da Preisgleitklausel Rohstoffpreise erst mit Verzögerung ausgleicht
- EBIT kumuliert CHF 1,314 Mio. bzw. 3.3% des Nettoumsatzes, entspricht Branchen-Benchmark

3. HOCHRECHNUNG	○○○

- Der Nettoumsatz wird auf Budget liegen, bei schlechtem dritten Quartal Maximalabweichung –2.5%
- Betriebsergebnis wird massiv unter Budget liegen, Erwartung zwischen –23% und –26%

4. PERSONALAUFWAND	○○●

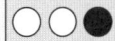

- Personalaufwand kumuliert 23.5% des Nettoumsatzes und damit 1.4% unter Zielvorgabe
- Im Berichtsmonat TCHF 163 weniger Personalaufwand als budgetiert, Überstundensaldo nimmt ab

5. MATERIALAUFWAND ○○○

- Materialaufwand kumuliert 56.3% des Nettoumsatzes und damit 2.7% über Budget
- Abweichung kumuliert CHF 0,597 Mio. bedingt durch Rohstoffpreise und erhöhten Ausschuss

6. GEMEINKOSTEN ○○●

- Gemeinkosten kumuliert 17,3% des Nettoumsatzes und damit 1.2% unter Budget
- Absolute Abweichung –CHF 0,080 Mio. insbesondere durch geringere Unterhaltskosten

7. CASH FLOW ●○○

- Operativer CF im Berichtsmonat CHF 1,578 Mio. bzw. kumuliert CHF 2,450 Mio. entsprechend 6,2%
- Operativer CF Forecast Juni CHF 5,964 Mio. entsprechend 7,5% des Nettoumsatzes, Ziel wären 8,8%

8. INVESTITIONEN / AUSSERORDENTLICHE AUFWENDUNGEN ○○●

- Im Berichtsmonat nur CHF 0,870 Mio. gegenüber Budget von CHF 1,200 Mio. investiert.
- Dank Investitionsstopp ab 1.4.14 wird Investitionsbudget bis 30.6.14 um CHF 2,5 Mio. unterschritten

9. LIQUIDITÄT / EIGENKAPITALQUOTE / BANKEN ○○●

- Die Kreditlimiten sind zu 87% ausgenützt, freier Rahmen derzeit noch 6,7 Mio. (vgl. Liq. Plan)
- Alle Sozialversicherungsabgaben und Steuern sind ordnungsgemäss gebucht und soweit fällig bezahlt
- Per 30.4.14 beträgt EK absolut 47,62 Mio. entsprechend 42,6% der Bilanzsumme
- Alle Bank-Covenants sind eingehalten und Kapitaldienst für 2014 ist sichergestellt

10. SCHLUSSBEMERKUNGEN ○○○

- Der kumulierte Umsatz entspricht zwar dem Budget, doch führen Rohstoffpreise, Energiekosten und Währungsschwankungen zu einem gravierenden Rückgang des EBIT (kumuliert 24,7% unter Budget)
- Die Rohstoffpreise und Währungsschwankungen beeinflussen das Ergebnis stark, deshalb als Beilage eine Aktennotiz zur Entwicklung der Rohstoffpreise und eine Erfolgsrechnung korrigiert betr. Währung
- Die Börsenturbulenzen haben unsere PK zwar auch getroffen, jedoch nicht im befürchteten Ausmass; nach Auflösung der Kursreserve beträgt der Deckungsgrad noch 104%.

11.51 Monatsreport Übersicht

MUSTER AG
Rapport April 2014

Werte in CHF 1000

	Monat aktuell			Abweichungen von IST zu				Jahr kumuliert			Abweichungen von IST zu			
	IST	Budget	Vorjahr	Budget		Vorjahr		IST	Budget	Vorjahr	Budget		Vorjahr	
Umsatz Total	2821	2853	3131	-32	-1.1%	-310	-9.9%	11728	11460	11645	267	2.3%	83	0.7%
Umsatz Inland	2335	2301	2559	34	1.5%	-224	-8.7%	9416	9242	9349	174	1.9%	67	0.7%
Umsatz Export	256	213	284	43	20.2%	-28	-9.9%	810	856	1018	-46	-5.3%	-208	-20.4%
Umsatz Holding	230	339	288	-109	-32.2%	-58	-20.2%	1502	1362	1278	139	10.2%	224	17.5%
DB Total	860	816	888	44	5.4%	-29	-3.2%	3324	3276	3305	48	1.5%	19	0.6%
DB Inland	828	759	814	69	9.0%	13	1.6%	3319	3050	3168	269	8.8%	150	4.7%
DB Export	53	26	55	27	104.2%	-2	-3.3%	153	103	159	50	48.3%	-6	-3.7%
DB Holding	-21	31	19	-52	-167.8%	-40	-211.2%	-147	123	-22	-270	-219.7%	-126	583.9%
DB in % Umsatz	30.5%	28.6%	28.4%	1.9%		2.1%		28.3%	28.6%	28.4%	-0.2%		-0.0%	
DB in % (Inland)	35.4%	33.0%	31.8%	2.5%		3.6%		35.2%	33.0%	33.9%	2.2%		1.4%	
DB in % (Export)	20.7%	12.2%	19.3%	8.5%		1.4%		18.9%	12.0%	15.6%	6.8%		3.3%	
DB in % (Holding)	-9.1%	9.1%	6.6%	-18.3%		-15.7%		-9.8%	9.0%	-1.7%	-18.8%		-8.1%	
Produktionswert	1912	1969	1982	-57	-2.9%	-70	-3.5%	9369	7875	8131	1494	19.0%	1238	15.2%
pro CHF 1000 Lohn	2177	2184	2248	-7	-0.3%	-71	-3.2%	2597	2184	2299	413	18.9%	298	13.0%
Lagerbestand Total	7940	6700	6909			1031	14.9%	7940	6700	6909			1031	14.9%
Lagerbestand Rohmaterial	1600	1600	1550			50	3.2%	1600	1600	1550			50	3.2%
Lagerbestand Halbfabrikate	3240	2400	3009			231	7.7%	3240	2400	3009			231	7.7%
Lagerbestand Fertigfabrikate	3100	2700	2350			750	31.9%	3100	2700	2350			750	31.9%
Personalaufwand	878	901	882	-23	-2.6%	-3	-0.4%	3607	3606	3536	1	0.0%	71	2.0%
in % Umsatz	31.1%	31.6%	28.2%					30.8%	31.5%	30.4%				
Personalbestand	159	160	166	-1	-0.7%	-7	-4.1%	161	160	162	1	0.5%	-1	-0.7%

Legende: lfd Jahr kumuliert — lfd Jahr Monat — lfd Jahr Budget — Vorjahr

Umsatz — *Deckungsbeitrag* — *Produktionswert* — *Lagerbestand*

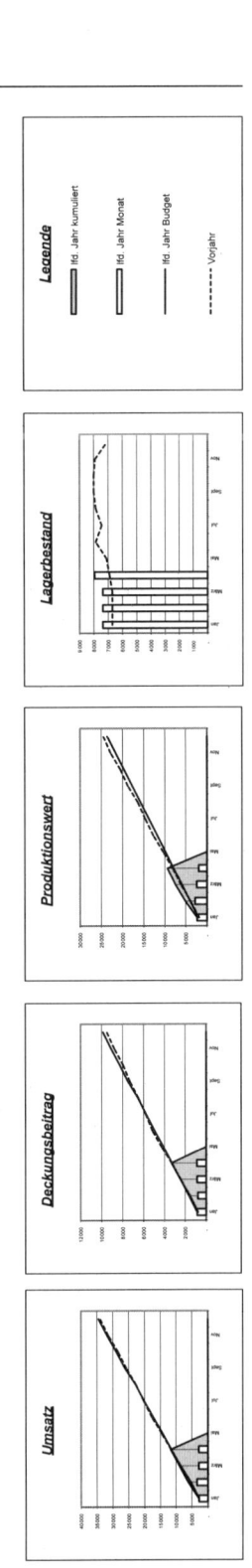

Reglement
Nominations- und Vergütungsausschuss
der Muster AG

I. Zusammensetzung und Kompetenzen

1. Der Nominations- und Vergütungsausschuss (nachstehend kurz als «Ausschuss» bezeichnet) besteht aus zwei bis drei Mitgliedern des Verwaltungsrats der Muster AG. Die Generalversammlung wählt die Mitglieder des Ausschusses einzeln für jeweils eine Amtsdauer von einem Jahr (bis nach der nächsten ordentlichen GV); Wiederwahl ist möglich.

2. Im Ausschuss sollte wenn möglich die Mehrheit der Mitglieder aus externen und unabhängigen Verwaltungsräten bestehen. Der Vorsitzende des Ausschusses sollte über Erfahrung im Bereich HRM verfügen. Der Präsident des Verwaltungsrates sollte Mitglied des Ausschusses sein, darf jedoch nicht den Vorsitz übernehmen und hat bei der Beratung über seine eigene Entschädigung in den Ausstand zu treten.

3. Der Ausschuss bereitet alle relevanten Traktanden in den Bereichen Ernennung und Entschädigung von Mitgliedern der strategischen und operativen Führungsebene der Muster AG bis hin zur Entscheidungsreife für die Verwaltungsratssitzungen vor. Er übernimmt damit auch die Funktion eines «Vergütungsausschusses» im Sinne von Art. 95 BV. Zudem bearbeitet der Ausschuss die strategisch wichtigen HRM-Themen. Der Ausschuss kann dabei mit den Mitgliedern der Geschäftsleitung und mit externen Beratern zusammenarbeiten. Der Ausschuss kann für seine Arbeit die notwendigen Informationen jederzeit direkt bei den zuständigen Personen, insbesondere beim Leiter Human Resources (HR) einholen.

4. Der Ausschuss hat keine Entscheidungsbefugnisse. Die dem Verwaltungsrat gemäss Organisationsreglement und Gesetz zugewiesenen Pflichten und Kompetenzen verbleiben dem Verwaltungsrat als Gesamtgremium. Der Ausschuss unterstützt den Verwaltungsrat bei seinen Aufsichts- und Kontrollaufgaben und überwacht die Durchführung der Verwaltungsratsbeschlüsse in diesem Bereich.

5. Der Ausschuss beachtet die Vorgaben zu den Vergütungen gemäss Art. 95 BV und die Empfehlungen des Swiss Code of Best Practice zur Entschädigungspolitik für Mitglieder von Verwaltungsrat (VR) und Geschäftsleitung (GL). Er hat insbesondere darauf zu achten, dass die Entschädigungen der VR- und GL-Mitglieder den persönlichen Leistungen einerseits sowie den Anforderungen des Marktes andererseits entsprechen, um genügend kompetente und engagierte Führungskräfte zu bekommen und zu behalten.

II. Aufgaben

1. Der Ausschuss hat folgende Aufgaben:
   a) Erstellen von Anforderungsprofilen und Stellenbeschrieben für VR-Präsident, VR-Sekretär und GL-Mitglieder
   b) Unterstützung des Verwaltungsrats bei der Einleitung und Durchführung von Auswahlprozessen zur Ernennung von VR-Kandidaten und von GL-Mitgliedern
   c) Vorselektion von Kandidaten für den Verwaltungsrat und für die Geschäftsleitung
   d) Prüfung der Arbeitsverträge (inklusive Nachträge) mit VR- und GL-Mitgliedern
   e) Ausarbeitung und Beantragung eines Entschädigungsreglements für den Verwaltungsrat
   f) Ausarbeitung und Prüfung von Vorschlägen für ein allfälliges Erfolgsbeteiligungsreglement auf Stufe Geschäftsleitung
   g) Überwachung der Implementierung und Umsetzung eines allfälligen Erfolgsbeteiligungsreglements auf Stufe Geschäftsleitung
   h) Beantragung der Entschädigung des Verwaltungsratspräsidenten und der Verwaltungsratsmitglieder sowie Vorbereitung der entsprechenden Anträge an die GV
   i) Beantragung der Entschädigung des Vorsitzenden der Geschäftsleitung und der Geschäftsleitungsmitglieder sowie Vorbereitung der entsprechenden Anträge an die GV
   j) Sicherstellung, dass Organmitglieder weder Anfangs- noch Abgangsentschädigungen erhalten
   k) Überwachung der Einhaltung von arbeitsrechtlichen Vorschriften, insbesondere der Bestimmungen zur Arbeits- und Ruhezeit
   l) Unterstützung des VR bei der Vorgabe von Jahreszielen für den Vorsitzenden und die Mitglieder der Geschäftsleitung
   m) Sicherstellung der jährlichen Beurteilung aller Geschäftsleitungsmitglieder und der jährlichen Durchführung einer Selbstevaluation des Verwaltungsrats
   n) Überwachung der Kaderausbildung und der Nachwuchsplanung
   o) Sicherstellung der Nachfolgeplanung im Verwaltungsrat und in der Geschäftsleitung
   p) Unterstützung des Verwaltungsrats bei der Erarbeitung von Entscheidungsgrundlagen über die Entlassung von Mitgliedern der Geschäftsleitung
   q) Genehmigung und Kontrolle von allfälligen Transaktionen mit Organmitgliedern und diesen nahestehenden Personen, insbesondere Vergütungen, Darlehen und Beteiligungen (soweit nicht die GV zuständig)
   r) Überwachung der Führung von arbeitsrechtlichen Prozessen
   s) Unterstützung des Verwaltungsrats beim Umgang mit Sozialpartnern
   t) Überprüfung der Angaben im Vergütungsbericht

2. Der Verwaltungsrat kann dem Ausschuss weitere Aufgaben zuteilen. Einmalige Aufgaben sind im VR-Protokoll festzuhalten. Permanente Zusatzaufgaben sollen durch Änderung des vorliegenden Reglements zugeteilt werden.

III. Arbeitsweise

1. Der Ausschuss tagt, so oft es die Geschäfte erfordern, mindestens jedoch zweimal jährlich.
2. Zu den Sitzungen können andere Mitglieder des Verwaltungsrats, einzelne Mitglieder der Geschäftsleitung oder andere Fachspezialisten beigezogen werden. Der Leiter Human Resources sollte regelmässig an den Sitzungen teilnehmen.
3. Der Ausschuss trifft sich mindestens einmal im Jahr zu einer Sitzung mit dem CEO. Dabei werden zumindest das Organigramm, die Stellvertreterregelung, die Nachwuchsplanung und die Lohnpolitik besprochen.
4. Der Ausschuss bespricht mit dem CEO und dem Leiter HR rechtzeitig alle geplanten wesentlichen Veränderungen in der Organisation und in der beruflichen Vorsorge.
5. Der Vorsitzende des Ausschusses stellt sicher, dass alle Mitglieder des Ausschusses die Details der Arbeitsverträge von VR- und GL-Mitgliedern kennen.
6. Von jeder Ausschusssitzung ist ein Protokoll zu erstellen. Dieses Protokoll ist vom Vorsitzenden des Ausschusses und vom Protokollführer zu unterzeichnen, anschliessend ist es allen VR-Mitgliedern zur Kenntnis zuzustellen.
7. Der Vorsitzende des Ausschusses leitet die Sitzungen und ist zuständig für die Organisation der Arbeit, die Einberufung der Sitzungen und die Berichterstattung an den Verwaltungsrat.

IV. Inkrafttreten

1. Das vorliegende Reglement ist vom Verwaltungsrat an seiner Sitzung vom 1. April 2014 genehmigt worden und sofort in Kraft getreten.
2. Die jeweiligen Mitglieder des Ausschusses und der jeweilige Vorsitzende ergeben sich aus den entsprechenden Protokollen der VR-Sitzungen.

St. Gallen, den 1. April 2014

Der VR-Präsident:	Der VR-Sekretär:

_____	_____

Max Muster	Hans Meier

Offenlegung der Durchführung einer Risikobeurteilung im Lagebericht

1. Organisation des Risk Managements

Im Rahmen seiner Pflicht zur Oberleitung der Gesellschaft hat der Verwaltungsrat entschieden, das Audit Committee mit der Durchführung der Risikoprüfung zu beauftragen.

Das Organisationsreglement ist entsprechend ausgestaltet.

[Variante: Der Verwaltungsrat führt die Risikobeurteilung selbst durch.]

2. Grundsätze des Risk Managements

Verwaltungsrat und Geschäftsleitung haben die Grundsätze des Risk Managements festgelegt.

Dazu gehören die Vorgaben zur systematischen Erfassung und Auswertung der Risiken, deren Priorisierung, die Beurteilung der Einflüsse auf das gesamte Unternehmen sowie die Einleitung und Überwachung von Massnahmen zur Vermeidung und Minimierung von Risiken.

[Variante: Die Grundsätze des Risk Managements wurden in einer Risk Policy mit Datum vom XX.YY.ZZ festgehalten.]

3. Master Risk List

Die systematisch erfassten, analysierten und priorisierten Risiken wurden in einer Master Risk List zusammengefasst.

[Variante: An der Herbstsitzung hat sich der Verwaltungsrat mit der aktuellen Master Risk List auseinandergesetzt und Schwerpunkte zur Reduktion bewilligt.]

4. Massnahmen zur Risikominimierung

Der Verwaltungsrat lässt sich periodisch über die Umsetzung von beschlossenen Massnahmen und deren Wirkung zur Risikominimierung orientieren.

Er prüft die Vorschläge der Geschäftsleitung basierend auf der aktuellen Master Risk List und bestimmt das konkrete weitere Vorgehen.

Jährlich erfolgt ein Versicherungsreview.

Gleichzeitig hat der Verwaltungsrat die Ergebnisse der aktuellen Versicherungsüberprüfung zur Kenntnis genommen.

[Variante: Der Verwaltungsrat hat konkrete Massnahmen zur Vermeidung oder Verminderung von bestehenden Risiken geprüft und soweit möglich Umsetzungen beschlossen]

5. Berichterstattung zu Risk Management

Es wurde eine regelmässige Berichterstattung über das Risk Management etabliert. Dem Verwaltungsrat sind ausserordentliche Vorfälle, welche auf ein noch nicht erkanntes Risiko schliessen lassen oder deren Auswirkungen für die Zukunft zu einem signifikanten Risiko werden könnten, umgehend zu melden.

Es ist nicht ausgeschlossen, dass die erkannten und evaluierten Risiken unvollständig oder falsch gewichtet sind, da bezüglich zukünftiger Entwicklungen teilweise Annahmen getroffen werden mussten.

[Variante: Bezüglich der festgestellten wesentlichen Unsicherheiten wird auf den Lagebericht sowie die Angaben im Anhang der Jahresrechnung verwiesen.]

Muster für Alternativklauseln im Organisationsreglement

1. Klausel für die Regelung von VR-Honorar und Lohn (Ziff. 2.7.4)

Jedes Mitglied des Verwaltungsrats hat Anspruch auf eine angemessene Entschädigung für die von ihm erbrachten Leistungen in Form eines jährlichen Pauschalhonorars in Höhe von CHF 18 000.– [*Variante:* ... in Form eines Honorars in Höhe von CHF 250.– pro Stunde nach Aufwand]. Notwendige Spesen im Zusammenhang mit dem Verwaltungsratsmandat werden separat entschädigt. Sofern und solange ein Verwaltungsrat zusätzlich in einem Arbeitsverhältnis zur Gesellschaft steht, resultiert daraus unabhängig vom VR-Honorar ein Lohnanspruch [*Variante:* ..., besteht nur ein Lohnanspruch aus Arbeitsvertrag und kein zusätzlicher Anspruch auf VR-Honorar].

2. Klausel für Rücktritt und Kündigung von VR-Mitgliedern (neue Ziff. 2.7.6)

Ebenso wie die Generalversammlung das Recht hat, unabhängig von der laufenden Amtszeit einzelne oder alle Mitglieder des Verwaltungsrats mit sofortiger Wirkung abzuwählen, so kann das einzelne Mitglied des Verwaltungsrats oder der Verwaltungsrat in globo seinen sofortigen Rücktritt erklären. Besteht zwischen einem Mitglied des Verwaltungsrats und der Gesellschaft ein separater Auftrag oder Arbeitsvertrag bezüglich einer operativen Tätigkeit im Betrieb, so besteht dieses Rechtsverhältnis trotz Abwahl bzw. Rücktritt unbeschadet weiter. Diesbezüglich ist eine separate Kündigung oder Aufhebungsvereinbarung zur Auflösung notwendig. Erfolgt der Rücktritt zur Unzeit, so hat der Zurücktretende einen allfälligen Schaden zu ersetzen.

3. Klausel für Auftrag oder Arbeitsvertrag mit Mitgliedern des VR (neue Ziff. 2.10)

Der VR ist berechtigt, im Namen der Gesellschaft mit einzelnen Mitgliedern des VR für ihre operative Tätigkeit im Betrieb zusätzlich zum organschaftlichen Verhältnis einen separaten Auftrag oder Arbeitsvertrag abzuschliessen. Zur Klarstellung der Verhältnisse bedürfen solche Verträge zu ihrer Gültigkeit der Schriftform; dies gilt auch für allfällige

Ergänzungen oder Änderungen dieser Verträge. Im Falle eines Arbeitsvertrages hat das betroffene VR-Mitglied für seine Tätigkeit als Arbeitnehmer die Weisungen des Gesamtverwaltungsrats zu befolgen.

4. Klausel für die Einsetzung eines Delegierten im Arbeitsverhältnis (Ziff. 3.1)

Der VR delegiert die Geschäftsführung vollumfänglich an einen von ihm ernannten Delegierten, soweit nicht das Gesetz, die Statuten oder dieses Reglement etwas anderes vorsehen. Der VR übt die Oberleitung und die Aufsicht über den Delegierten aus; dazu erteilt der VR die notwendigen Weisungen und lässt sich vom Delegierten mindestens Quartalsweise über den Geschäftsgang orientieren. Im Namen der Gesellschaft schliesst der VR mit dem Delegierten für seine operative Tätigkeit einen Arbeitsvertrag ab, in dem die weiteren Details, insbesondere die Kompetenzen und die Entlöhnung [*Variante:* ... sowie die versicherungsrechtlichen Ansprüche] geregelt werden. Der Arbeitsvertrag mit dem Delegierten besteht unabhängig von seinem organschaftlichen Verhältnis zur Gesellschaft als Mitglied des VR.

5. Klausel für die Änderung des Organisationsreglements (Ziff. 8.4)

Dieses Reglement inklusive Funktionendiagramm ist vom Verwaltungsrat zumindest jedes dritte Jahr in der ersten Sitzung nach der ordentlichen Generalversammlung zu überprüfen und allenfalls veränderten Umständen, Statuten- oder Gesetzesbestimmungen anzupassen. Für einen gültigen Beschluss zur Änderung des Organisationsreglements bedarf es jedoch der Zustimmung von drei Vierteln aller amtierenden Verwaltungsräte [*Variante:* ... von zwei Dritteln aller anwesenden Verwaltungsräte]. Zudem kann eine Änderung jeweils erst auf das Datum der nächsten ordentlichen Generalversammlung in Kraft gesetzt werden.

6. Klausel für die Offenlegung des Organisationsreglements (neue Ziff. 8.5)

Dieses Reglement inklusive Funktionendiagramm ist jedem Aktionär auf Wunsch offen zu legen [*Variante:* ..., ist jedem Aktionär auf erstes Verlangen eine Kopie zuzustellen].

Organisationsreglement der Mustergesellschaft AG in Zürich

1. Allgemeines

Die Geschäfte der Gesellschaft werden nach Massgabe des schweizerischen Rechts, der Statuten der Gesellschaft und dieses Organisationsreglements geführt.

Dieses Reglement wird gestützt auf die Statuten der Mustergesellschaft AG erlassen.

Es regelt die Konstituierung, Beschlussfassung sowie die Aufgaben und Befugnisse der folgenden Organe:

a) Verwaltungsrat (VR)

b) Delegierter des Verwaltungsrates (DV)

c) Direktion/Geschäftsleitung (GL)

Diese Begriffe bezeichnen gleichermassen weibliche und männliche Personen.

2. Der Verwaltungsrat

2.1 Grundsatz

Der VR ist das oberste geschäftsleitende Organ der Gesellschaft. Er kann nach Massgabe dieses Reglements einen Teil seiner Aufgaben und Kompetenzen vollumfänglich oder teilweise an einzelne Mitglieder oder an Dritte übertragen, soweit nicht das Gesetz oder die Statuten etwas anderes vorsehen.

2.2 Konstituierung

Der VR konstituiert sich grundsätzlich selbst. Ausgenommen davon sind die Kompetenzen der Generalversammlung (GV) gemäss Art. 95 BV:

a) Die GV wählt jährlich den VR-Präsidenten.

b) Die GV wählt jährlich die Mitglieder des Vergütungsausschusses.

Nachdem in der GV die VR-Wahlen stattgefunden haben, bestimmt der VR in der ersten Sitzung nach der entsprechenden GV aus seiner Mitte den Vizepräsidenten, den Delegierten sowie einen Sekretär. Letzterer muss weder dem VR angehören, noch muss er Aktionär sein. Wurde in der GV ein VR ersatzweise gewählt, so ist eine Konstituierung nur notwendig, sofern der ausgeschiedene VR mit speziellen Aufgaben betraut war.

Die Amtsdauer von Präsident, Vizepräsident und Delegiertem fällt mit ihrer Amtsdauer als Mitglied des VR zusammen. Eine Wiederwahl ist zulässig.

2.3 Ausschüsse des Verwaltungsrats

Der VR kann Ausschüsse bilden. Vorgesehen werden ein Prüfungsausschuss (Audit Committee) und ein Nominierungs- und Vergütungsausschuss (Nomination and Remuneration Committee), welcher auch als Vergütungsausschuss fungiert. Der Prüfungsausschuss hat die Belange des Risiko Managements zu übernehmen, solange kein separater Risiko Management Ausschuss (Risk Management Committee) gebildet ist.

Der Präsident des VR darf nicht gleichzeitig einen Ausschuss präsidieren. In die VR-Ausschüsse können auch Mitglieder gewählt werden, die nicht VR-Mitglieder sind. Die VR-Ausschüsse konstituieren sich selbst.

Die VR-Ausschüsse haben in erster Linie vorberatende Funktion. Sie sollen insbesondere mithelfen, die VR-Sitzungen effizienter zu gestalten und rasche, fundierte Entscheidungen zu treffen. Der Nominierungs- und Vergütungsausschuss hat in seiner Funktion als Vergütungsausschuss darauf zu achten, dass die Vorgaben zur Vergütung gemäss Art. 95 BV eingehalten werden.

Zusammen mit den Aufgaben können den VR-Ausschüssen auch entsprechende Entscheidungskompetenzen zugeteilt werden, doch dürfen diese nicht die unentziehbaren und undelegierbaren Aufgaben des VR einschränken.

Für jeden Ausschuss hat der VR ein separates Reglement zu erlassen. Der VR-Sekretär hat auch an den Sitzungen der VR-Ausschüsse das Protokoll zu führen. Diese Protokolle sind allen Mitgliedern des VR zuzustellen.

2.4 Sitzungen des VR

Der Präsident beruft die Sitzungen des VR ein, so oft es die Geschäfte erfordern, mindestens aber viermal jährlich. Im Falle der Verhinderung des Präsidenten erfolgt die Einberufung durch den Vizepräsidenten oder ein anderes Mitglied des VR. Jeder VR ist berechtigt, die unverzügliche Einberufung unter Angabe des Zwecks zu verlangen.

Die Traktanden sind bei der Einberufung bekanntzugeben, gleichzeitig werden die notwendigen Unterlagen zugestellt. Über Gegenstände, die in der Traktandenliste nicht aufgeführt sind, können Beschlüsse nur gefasst werden, wenn sämtliche Mitglieder des VR anwesend sind.

Die Einberufung erfolgt mindestens fünf Werktage vor dem Sitzungstag. In dringenden Fällen kann diese Frist verkürzt werden.

Der Präsident oder im Fall seiner Verhinderung der Vizepräsident oder ein anderes Mitglied des VR führt den Vorsitz.

Die Mitglieder der Direktion/Geschäftsleitung können an die Sitzungen des VR eingeladen werden. Sie nehmen mit beratender Stimme teil.

Der Präsident ist berechtigt, Gäste zu den Sitzungen einzuladen. Der VR als Gremium entscheidet mit Mehrheitsbeschluss über einen allfälligen Ausschluss der Gäste von der Sitzungsteilnahme.

2.5 Beschlüsse des VR

Der VR ist beschlussfähig, wenn die absolute Mehrheit der Mitglieder anwesend ist.

Die Anwesenheit von mindestens zwei Dritteln seiner Mitglieder ist erforderlich für die Beschlussfassung über folgende Gegenstände:

- Festsetzung des Unternehmensleitbildes und der Unternehmensziele
- Konstituierung des VR
- Wahl der Mitglieder der GL
- Festlegung der konkreten VR- und GL-Vergütungen nach Massgabe der Vorgabe durch die GV
- Verabschiedung des Geschäftsberichtes zuhanden der GV
- Verabschiedung des Vergütungsberichtes zuhanden der GV
- Einberufung der GV und Festlegung der Traktanden
- Genehmigung von Aktienübertragungen
- Erteilung von Zeichnungsberechtigungen
- Beteiligung an anderen Unternehmen
- Festlegung der Personalpolitik
- Erstellung der Finanzpolitik und eines langfristigen Finanzplanes
- Erstellung des Budgets
- Festlegung der Investitionspolitik
- Festlegung der Marketing-, Werbe- und Verkaufspolitik
- Abänderung des Organisationsreglements
- Genehmigung und Abänderung von Reglementen für VR-Ausschüsse
- Benachrichtigung des Richters im Falle der Überschuldung

Sofern diese Präsenz nicht erreicht wird, kann frühestens zehn Tage nach der ersten Sitzung des VR eine zweite Sitzung einberufen werden, in der die obengenannten Beschlüsse ohne Quorumsvorschriften gefasst werden können.

Der VR fasst seine Beschlüsse und trifft seine Wahlen mit der Mehrheit der abgegebenen Stimmen. Bei Stimmengleichheit hat der Vorsitzende den Stichentscheid.

Beschlüsse können auch auf dem Zirkulationsweg oder in dringenden Fällen telefonisch mit nachträglicher schriftlicher Bestätigung gefasst werden, es sei denn, ein Mitglied verlange innert zwei Tagen seit Erhalt des entsprechenden Antrages telefonisch, per Telex oder Telefax die Beratung in einer Sitzung. Für Zirkulationsbeschlüsse ist Einstimmigkeit aller Mitglieder des VR betreffend Zustimmung zum Zirkulationsverfahren, jedoch nur ein Mehrheitsbeschluss zum Entscheid selbst nötig.

2.6 Protokoll

Über die Verhandlungen und Beschlüsse wird ein Protokoll geführt, das vom Vorsitzenden und vom Sekretär zu unterzeichnen ist. Zirkulationsbeschlüsse sind in das nächste Protokoll des VR aufzunehmen.

Die Protokolle sind zu nummerieren und sollen in der Regel für jedes Traktandum enthalten:

a) Ausgangssituation bzw. bereits vorhandene Entscheidungsgrundlagen und allenfalls gestellte Anträge

b) Besprechung und gegebenenfalls Gegenanträge

c) Beschluss mit Angabe der Stimmverhältnisse, namentlicher Nennung von Gegenstimmen und Enthaltungen sowie Festlegung des Vollzugs von Beschlüssen.

Die Protokolle sind vom VR jeweils in der nächsten Sitzung zu genehmigen. Allfällige Änderungen oder Ergänzungen werden im nächsten Protokoll festgehalten.

Je ein Originalprotokoll wird beim VR-Präsidenten, beim VR-Sekretär und am Sitz der Gesellschaft aufbewahrt.

2.7 Rechte des VR

2.7.1 Einsichts- und Auskunftsrecht

Jedes Mitglied des VR kann jederzeit sowohl beim VR-Präsidenten als auch bei den Mitgliedern der Geschäftsleitung Auskunft über alle Angelegenheiten der Gesellschaft verlangen.

Soweit es für die Erfüllung der Funktion als Verwaltungsrat erforderlich ist, kann jedes VR-Mitglied jederzeit Einblick in die Bücher und Akten der Gesellschaft nehmen.

Regelungen oder Beschlüsse des VR, die das Recht auf Auskunft und Einsichtnahme der Verwaltungsräte erweitern, bleiben vorbehalten.

2.7.2 Medienverkehr

Der VR legt fest, welche Personen berechtigt sind, gegenüber Medien (insbesondere Presse, Radio, TV) Auskunft zu erteilen, und nach welchen Richtlinien die Auskünfte zu geben sind. Dazu erlässt der VR ein Kommunikationsreglement, welches die Kommunikation nach Innen und Aussen regelt.

2.7.3 Berichterstattung

Der VR wird von der GL monatlich unaufgefordert schriftlich mit einem Monatsreport über den aktuellen Geschäftsgang orientiert. Die Vorgaben für diese Berichterstattung werden vom VR in einem MIS-Konzept festgelegt.

Über ausserordentliche Vorkommnisse (schwerwiegende Unfälle, Strafuntersuchungen, etc.) orientiert die GL alle Mitglieder des VR umgehend.

2.7.4 Entschädigungen und Vergütungen an die VR-Mitglieder

Bei der Festlegung der Entschädigungen und Vergütung an seine Mitglieder berücksichtigt der VR die Vorgaben der GV.

Die VR-Mitglieder erhalten keine Anfangs- oder Abgangsentschädigung, keine Prämie für Firmenkäufe und -verkäufe und keinen zusätzlichen Berater- oder Arbeitsvertrag von einer anderen Gesellschaft der Gruppe.

Der VR bestimmt die Höhe der seinen Mitgliedern zukommenden festen Entschädigung nach Massgabe ihrer Beanspruchung und Verantwortung und unter Berücksichtigung der Vorgaben durch die GV. Er erlässt dazu ein separates Entschädigungsreglement.

Die im Zusammenhang mit der Tätigkeit anfallenden Spesen werden gegen Vorlage der entsprechenden Quittungen oder Belege erstattet.

Ausserordentliche Bemühungen ausserhalb der normalen Verwaltungsratstätigkeit sind zusätzlich zu entschädigen.

2.7.5 Beizug von Beratern

Jedes Mitglied des VR ist jederzeit berechtigt, auf eigene Kosten einen dem Anwaltsgeheimnis unterstehenden Rechtsanwalt zu konsultieren. Die Gesellschaft übernimmt nur dann Kosten von externen Beratern, wenn der VR als Gremium der Kostenübernahme zustimmt.

2.8 Pflichten des VR

2.8.1 Sorgfalts- und Treuepflicht

Die Mitglieder des VR erfüllen ihre Aufgaben mit aller Sorgfalt und wahren die Interessen der Gesellschaft in guten Treuen.

Sie haben die Aktionäre unter gleichen Voraussetzungen gleich zu behandeln.

2.8.2 Diskretionspflicht

Die Mitglieder des VR und der Sekretär sind über alle Angelegenheiten, von denen sie im Zusammenhang mit der Aufgabenerfüllung für die Gesellschaft Kenntnis erhalten, zur Verschwiegenheit verpflichtet. Sitzungen und Protokolle des VR sind vertraulich zu behandeln.

2.8.3 Konkurrenzverbot

Jedem Mitglied des Verwaltungsrats ist es ohne ausdrückliche schriftliche Zustimmung des Gesamtverwaltungsrats untersagt, während der Dauer seines Mandates sowie während fünf Jahren nach dessen Beendigung ein Konkurrenzunternehmen direkt durch entgeltliche oder unentgeltliche Beratung oder indirekt durch finanzielle Beteiligung zu unterstützen. Insbesondere ist die Tätigkeit als Verwaltungsrat, Aufsichtsrat, Beirat oder Geschäftsleitungsmitglied eines solchen Unternehmens untersagt. Dieses gesellschaftsrechtliche Konkurrenzverbot besteht unabhängig von einem allfälligen arbeitsrechtlichen Konkurrenzverbot und entfällt weder mit der Kündigung des Arbeitsvertrages noch mit der Abwahl durch die Generalversammlung.

Verstösst ein VR-Mitglied gegen das Konkurrenzverbot, so hat es der Gesellschaft ohne Nachweis eines Schadens eine Konventionalstrafe in Höhe von CHF 100 000 je Verstoss zu bezahlen. Darüber hinaus gehende Schadenersatzforderungen bleiben vorbehalten. Bei andauernd vertragswidrigem Verhalten gilt die Tätigkeit während eines Monats als jeweils selbständiger Verstoss. Die Bezahlung der Konventionalstrafe befreit das betroffene VR-Mitglied nicht von der Einhaltung des Konkurrenzverbotes.

2.8.4 Auskunftsrecht Dritter

Wird von Aktionären oder Gesellschaftsgläubigern ein schutzwürdiges Interesse geltend gemacht, so orientiert der VR auf Anfrage hin schriftlich über die Organisation der Geschäftsführung. In der Regel wird dabei das Organigramm ausgehändigt.

2.8.5 Aktenrückgabe

Die Verwaltungsräte haben spätestens bei Amtsende sämtliche im Zusammenhang mit der Gesellschaft stehenden Akten zurückzugeben oder deren Vernichtung zu bestätigen. Davon ausgenommen sind die Protokolle über Generalversammlungen und Geschäftsberichte während seiner Amtszeit.

2.9 Aufgaben und Kompetenzen

Der VR delegiert die Geschäftsführung vollumfänglich an die GL, soweit nicht das Gesetz, die Statuten oder dieses Reglement etwas anderes vorsehen.

Der VR übt die Oberleitung und die Aufsicht und Kontrolle über die Geschäftsführung aus. Er erlässt Richtlinien für die Geschäftspolitik und lässt sich über den Geschäftsgang regelmässig orientieren.

Insbesondere kommen dem VR folgende unübertragbare und unentziehbare Aufgaben zu:

1. die Oberleitung der Gesellschaft und die Erteilung der nötigen Weisungen; dazu sind auch die Festlegung der Unternehmensziele und die Bestimmung der Mittel zur Erreichung derselben zu zählen
2. die Festlegung der Organisation und die Gestaltung der entsprechenden Organigramme

3. die Ausgestaltung des Rechnungswesens, der Finanzkontrolle und der Finanzplanung
4. die Ernennung und die Abberufung der mit der Geschäftsführung betrauten Personen und die Regelung der Zeichnungsberechtigung; die Oberaufsicht über die mit der Geschäftsführung betrauten Personen, auch im Hinblick auf die Befolgung der Gesetze, Statuten, Reglemente und Weisungen
5. die Erstellung des Geschäftsberichts sowie die Vorbereitung der Generalversammlung und die Ausführung ihrer Beschlüsse
6. die Benachrichtigung des Richters im Falle der Überschuldung
7. die Beschlussfassung über die Erhöhung des Aktienkapitals, soweit diese in der Kompetenz des VR liegt, sowie die Feststellung von Kapitalerhöhungen und entsprechende Statutenänderungen

Der VR ist befugt, über alle Angelegenheiten Beschluss zu fassen, die nicht der Generalversammlung oder einem anderen Organ der Gesellschaft durch Gesetz, Statuten oder Reglemente vorbehalten oder übertragen sind. Die Einzelheiten gehen aus dem als Anhang zu diesem Reglement beigefügten Funktionendiagramm hervor.

2.10 Aus- und Weiterbildung / Selbstevaluation

Der Verwaltungsrat sorgt für eine geeignete Einführung neu gewählter Mitglieder, für eine aufgabenbezogene Ausbildung und dafür, dass das neu gewählte Mitglied alle notwendigen Unterlagen erhält.

Jedes VR-Mitglied bildet sich periodisch in denjenigen Bereichen, in welchen Bedarf besteht, weiter. Der Gesamt-VR legt die Weiterbildung fest.

Der VR führt jährlich eine Evaluation durch. Die Evaluation kann dabei selbst (Selbstevaluation) oder durch Dritte (Fremdevaluation) vorgenommen werden.

3. Der Delegierte des Verwaltungsrates

3.1 Die Wahl des Delegierten

Der Verwaltungsrat kann zur Unterstützung der Geschäftsleitung und zur Optimierung der Zusammenarbeit VR-GL einen Delegierten des Verwaltungsrates ernennen.

3.2 Rechte des Delegierten

Der Delegierte hat dieselben Rechte wie jedes Mitglied des VR.

Darüber hinaus hat er ein jederzeitiges Zutrittsrecht zu allen Räumlichkeiten der Gesellschaft, wobei er die Sicherheitsvorschriften ebenfalls einzuhalten hat.

3.3 Pflichten des Delegierten

Der Delegierte hat dieselben Pflichten wie jedes Mitglied des VR.

Darüber hinaus erstattet er dem VR in jeder Sitzung Bericht über den Geschäftsgang, getroffene Massnahmen sowie über die Ausführung der von der GV oder dem VR gefassten Beschlüsse. Besondere Vorkommnisse werden dem VR auf dem Zirkulationsweg mitgeteilt.

3.4 Aufgaben und Kompetenzen des Delegierten

Aufgaben und Kompetenzen des Delegierten ergeben sich aus dem Funktionendiagramm, welches als Anhang diesem Reglement beigefügt ist.

3.5 Entschädigung

Der VR setzt die Entschädigung des Delegierten fest, wobei er sich insbesondere an der effektiven Arbeitsbelastung zu orientieren hat. Bei kodierten Gesellschaften erfolgt dies unter Berücksichtigung des GV-Beschlusses.

4. Die Direktion/Geschäftsleitung

4.1 Zusammensetzung

Die Geschäftsleitung (GL) besteht mindestens aus einem Vorsitzenden der Geschäftsleitung (CEO) und einem Finanzchef (CFO). Es können aber auch weitere GL-Mitglieder gewählt werden (EGL).

4.2 Wahl der Direktion/Geschäftsleitung

Die GL wird vom VR gewählt. Sofern mehrere Personen mit der Geschäftsführung betraut sind, weist der VR die zu erledigenden Aufgaben zu.

Die bestehende GL hat für Neubesetzungen ein Antragsrecht.

4.3 Aufgaben und Kompetenzen

Aufgaben und Kompetenzen der GL ergeben sich aus dem Funktionendiagramm, welches als Anhang diesem Reglement beigefügt ist.

4.4 Berichterstattung

Die GL informiert den VR nach Bedarf und Verlangen über den allgemeinen Geschäftsgang und über besondere Geschäfte und Entscheide, die sie getroffen hat. Die GL hat dabei ihre Informationen, Berichte, Vorschläge, Erläuterungen etc. stets an den Delegierten des VR zu richten. Ausserordentliche Vorfälle meldet die GL allen Mitgliedern des VR unverzüglich.

4.5 Geheimhaltung, Aktenrückgabe

Die GL ist verpflichtet, über alle Tatsachen, die ihr im Rahmen ihrer Tätigkeit zur Kenntnis gelangen, gegenüber Dritten Stillschweigen zu bewahren.

Sämtliche im Zusammenhang mit der Gesellschaft stehenden Akten sind bei Amtsende zurückzugeben. Davon ausgenommen sind die Protokolle der Verwaltungsratssitzungen, an denen die GL mit beratender Stimme teilnahm.

4.5 Entschädigungen und Vergütungen an die GL-Mitglieder

Bei der Festlegung der Entschädigungen und Vergütung an die GL-Mitglieder berücksichtigt der VR die Vorgaben der GV.

Die GL-Mitglieder erhalten keine Anfangs- oder Abgangsentschädigung, keine Prämie für Firmenkäufe und -verkäufe und keinen zusätzlichen Berater- oder Arbeitsvertrag von einer anderen Gesellschaft der Gruppe.

Die Entschädigung der GL wird vom VR in separaten Arbeitsverträgen geregelt. Die Vereinbarung einer Erfolgsbeteiligung ist zulässig, sofern sie nicht nur auf Umsatzkriterien basiert.

Die im Zusammenhang mit der Tätigkeit anfallenden Spesen werden gegen Vorlage der entsprechenden Quittungen oder Belege erstattet.

5. Administrative Regelungen

5.1 Zeichnungsberechtigung

Der Präsident und der allfällige Delegierte des VR sowie die vom VR bestimmten Mitglieder des VR sind kollektiv zu zweien zeichnungsberechtigt.

Im Übrigen regelt und erteilt der VR die Zeichnungsberechtigung, wobei ausschliesslich die Zeichnung kollektiv zu zweien vorzusehen ist.

5.2 Verträge mit Organen

Alle Verträge, bei denen die Gesellschaft durch diejenige Person vertreten wird, mit der sie den Vertrag abschliesst (sogenannte In-sich-Geschäfte), müssen schriftlich abgeschlossen werden und bedürfen der Zustimmung des Verwaltungsrates. Ausgenommen sind Verträge des laufenden Geschäfts, welche die Gesellschaft zu einer einmaligen Leistung von weniger als CHF 1000.– verpflichten.

5.3 Weitere Reglemente

Der Verwaltungsrat kann jederzeit weitere Reglemente erlassen, insbesondere auch Business Conduct Guidelines zur Wahrung der ethischen Grundsätze in der Gesellschaft. Bei allen Reglementen ist das Datum der Inkraftsetzung anzugeben und sie sind vom VR-Präsidenten und vom VR-Sekretär zu unterzeichnen.

6. Ausstand

Alle VR- und GL-Mitglieder haben mögliche Interessenkonflikte, insbesondere Geschäfte, die sie selbst oder nahestehende natürliche oder juristische Personen betreffen, umgehend dem VR-Präsidenten mitzuteilen. Der VR-Präsident hat bei einem eigenen Interessenkonflikt den VR-Vizepräsidenten zu informieren. Gleichzeitig hat das betroffene Mitglied zu erklären, ob es freiwillig in den Ausstand tritt oder ob ein Entscheid des Gesamtverwaltungsrates gewünscht wird. Im zweiten Fall hat der Gesamtverwaltungsrat zu entscheiden, ob wirklich ein Ausstandsgrund vorliegt oder nicht. Falls es sich beim betroffenen Organ um ein VR-Mitglied handelt, hat dieses beim Entscheid über das Vorliegen eines Ausstandsgrundes kein Stimmrecht.

Stellen VR- und/oder GL-Mitglieder fest, dass ein anderes VR- und/oder GL-Mitglied von einem möglichen Interessenskonflikt betroffen sein könnte, so haben die entsprechenden Mitglieder umgehenden den VR-Präsidenten zu orientieren. Diesfalls hat der Gesamtverwaltungsrat zu entscheiden, ob wirklich ein Ausstandsgrund vorliegt oder nicht. Falls es sich beim betroffenen Organ um ein VR-Mitglied handelt, hat dieses beim Entscheid über das Vorliegen eines Ausstandsgrundes kein Stimmrecht.

Tritt ein VR- und GL-Mitglied freiwillig oder durch Beschluss des Gesamtverwaltungsrates in den Ausstand, darf das betroffene Mitglied weder schriftlich noch mündlich zum entsprechenden Geschäft vorgängig oder nachträglich eine Stellungnahme abgeben. Bei der Behandlung und der Abstimmung in der VR- bzw. GL-Sitzung zu diesem Geschäft hat das betroffene Mitglied den Raum zu verlassen.

Jedes VR- und GL-Mitglied hat Anspruch auf vollumfängliche Information zu einem Geschäft, zu dem es einen Entscheid fällen müsste. Dies gilt auch im Falle eines Interessenkonfliktes. Entsprechend hat auch jedes VR- und GL-Mitglied Anspruch auf ein vollständiges VR- bzw. GL-Protokoll, auch wenn es zu einzelnen Geschäften wegen einem Interessenkonflikt in den Ausstand treten musste.

7. Treuepflicht, Vertraulichkeit und Effektenhandel

Die Mitglieder von Verwaltungsrat, Geschäftsleitung und Revisionsstelle haben als Organe Dritten gegenüber Stillschweigen zu wahren über Wahrnehmungen während und im Zusammenhang mit ihrer Tätigkeit; sie haben die ihnen zukommenden Akten vertraulich zu behandeln.

Für die Mustergesellschaft AG tätige Organe dürfen das im Rahmen ihrer beruflichen Tätigkeit erworbene Wissen nicht dazu verwenden, für sich oder ihnen nahestehende Personen Vorteile irgendwelcher Art zu erzielen. Insbesondere ist es ihnen untersagt, das erworbene Wissen im Zusammenhang mit Wertschriften und Beteiligungen vorteilsbringend zu verwenden.

Der Kauf oder Verkauf von Effekten, welche direkt in einem Zusammenhang mit der Mustergesellschaft AG stehen, ist den für die Mustergesellschaft AG tätigen Organen während der Dauer ihres Arbeitsvertrages oder ihrer Organfunktion generell untersagt. Die Zeichnung von Effekten im Rahmen von Bezugsrechten ist nur zulässig, wenn dies nicht zu einem Verstoss gegen diese Verhaltensregel führt.

8. Schlussbestimmungen

8.1 Inkrafttreten

Dieses Reglement tritt auf Beschluss des VR vom 1. April 2014 per sofort in Kraft.

8.2 Ausführungsbestimmungen

Der VR und die GL können zur Erfüllung der ihnen obliegenden Aufgaben die erforderlichen Ausführungsbestimmungen zum Vollzug dieses Reglements erlassen.

8.3 Funktionendiagramm

Das beiliegende Funktionendiagramm bildet integrierenden Bestandteil dieses Organisationsreglements.

8.4 Überarbeitung, Änderungen und Anpassungen

Dieses Reglement inklusive das Funktionendiagramm ist jedes Jahr in der ersten Sitzung nach der ordentlichen Generalversammlung zu überprüfen und allenfalls anzupassen.

Der VR kann das Organisationsreglement mit Funktionendiagramm jederzeit abändern. Zur Beschlussfassung über die Abänderung muss die Mehrheit von zwei Dritteln der Mitglieder des VR anwesend sein.

****

Zürich, den 1. April 2014

Der Präsident des Verwaltungsrates: Der Sekretär des Verwaltungsrates:

Dr. Marius Müller   Markus Eigensatz

Anhang:
- Funktionendiagramm

11.56 Periodische Risikoüberprüfung

Muster AG
Jahresübersicht Top-30-Risiken
2013/2014

Auswirkungen: 1=tief, 5=hoch
Eintrittswahrscheinlichkeit: 1=tief, 5=hoch
Risikopotential: Auswirkung * Eintrittwahrscheinlichkeit

				Mrz 2014				Tendenz gegenüber Vorjahr	Mrz 2013				
				Auswirkung	Risikostufe		Risikopotential		Auswirkung	Risikostufe		Risikopotential	
					Wahrscheinlichkeit					Wahrscheinlichkeit			
Risikopriorität	Bereich	Risikobeschreibung	Risikoschwerpunkte		T <=8	M 9.14	H >=15			T <=8	M 9.14	H >=15	Massnahmen
1	Absatz	Klumenrisiko bei Kunden	Hauptkunden mit mehr als 30% des Umsatzes	3	3		9	⇩	5	3		15	Selektive Auftragsannahme/Kundenakquisition
2	Immobilie	Eintrag in Altlastenkataster	Betriebsstätte noch nicht beurteilt	3	3		9						Probesondierungen im 1. Quartal durchführen
3	Prozess	Produktionsplanung und Kontrolle	Lieferengpässe auf Grund ungenügender Produktion	4	2	8		⇧	4	1		4	Beratungsunternehmen PO Produktionsoptimierung beiziehen
4	Beschaffung	Ausfall wesentlicher Lieferanten	Keine Lieferanten für einzelne Rohstoffe oder Verpackungsmaterialien	4	2	8		⇩	5	1		10	Mindestens 2 Lieferanten pro Rohstoff und Verpackungsmaterial
5	Produktion	Produkteverunreinigung	Rückruf von Produkten wegen Verunreinigungen	4	2	8		⇔	4	2		8	strikte Umsetzung GMP Richtlinien und HACCP Vorgaben
6	Finanzen	Zinsrisiken	Steigende Zinsen	2	4	8		⇔	2	4		8	Zinsabsicherungsinstrumente abschliessen
7	Externes Umfeld	Umweltentwicklungen	Pandemie	4	2	8		⇩	4	3		12	Kontakt zu Ämtern, Verbänden und Lieferanten / Pandemieplanung erstellen
8	Konkurrenz	Substitutionsprodukte	Hauptkonkurrenten bieten Alternativprodukte an	3	2	6		⇔	3	2		6	Beobachtung von Mitbewerbern und Markt
9	Konkurrenz	Preiskampf	Konkurrenz bietet Produkte zu Dumpingpreisen	3	2	6		⇔	3	2		6	Beobachtung von Mitbewerbern und Markt; sofern notwendig UWG-Anzeige
10	Produktion	Gefährliche Produktionsschritte	Verletzung bei Manipulation an den Anlagen	3	2	6		⇔	3	2		6	ASIB Risikobeurteilung; Schulung der Mitarbeiter betr. ECAS-Richtlinien
11	Absatz	Wegfall Absatzmarkt	Verkaufsverbot in einem Markt	2	3	6		⇔	2	3		6	Regelmässiger Kontakt mit den Verantwortlichen seitens Kunden

12	Externes Umfeld	Neue oder geänderte Konsumentenbedürfnisse	Hybrides Konsumverhalten	3	2	6	⇩	3	3	Kontakt zu Aemtern, Verbänden und Lieferanten
13	Beschaffung	Fluktuation von Mitarbeitern	Schlüsselpersonen verlassen das Unternehmen	3	2	6	⇔	3	2	6	Mitarbeiter fördern und fordern, Stellvertretungen etablieren und aufbauen, Retention-Fee prüfen
14	Externes Umfeld	Rezession	Zusammenbruch der Marktwirtschaft im Euroraum	5	1	5	⇔	5	1	5	Marktbeobachtungen
15	Externes Umfeld	Gesetzesänderungen	Verbot von verwendeten Rohstoffen	5	1	5	⇔	5	1	5	Kontakt zu Aemtern, Verbänden und Lieferanten
16	Produktion	Gefährliche Rohstoffe	Kontaminierte Rohstoffe gelangen in die Verarbeitung	5	1	5	⇔	5	1	5	GMP Richtlinien in Bezug auf Wareneingangsprüfung einhalten, mindestens 2 Lieferanten pro Rohstoff
17	Absatz	Umsatzverlust	Stornierung von Verträgen mit Abnahmeverpflichtung	5	1	5	⇔	5	1	5	Frühzeitige Verhandlungen zur Vertragsverlängerung
18	Finanzen	Liquiditätsrisiken	Debitorenverlust	5	1	5	⇔	5	1	5	Mahnwesen überprüfen und gegebenenfalls optimieren
19	Prozess	Einkauf	Schwierigkeiten bei der Beschaffung von Quantität und Qualität	5	1	5	⇔	5	1	5	Suche nach alternativen Lieferanten, Preis- und Qualitätskontrolle
20	Beschaffung	Preisaufschläge bei Rohstoffen	Rohstoffpreise beginnen wieder zu steigen	5	1	5	⇩	5	2	10	Preisgleitklausel in alle Kundenverträge einbauen
21	Prozess	Forschung und Entwicklung	Stagnation bei Entwicklungsideen; Restriktionen durch vorhandene Patente	2	2	4	⇔	2	2	4	Know-how steigern, externe Know-How Beschaffung, Datenbank für Patente anlegen
22	Finanzen	Unterdeckung Pensionskasse	Ungenügende Performance der Pensionskasse	2	2	4	⇔	2	2	4	Wechsel zu einer anderen Vorsorgeinrichtung prüfen
23	Prozess	Produktzulassung	Bewilligungsauflagen der Behörden	4	1	4	⇩	4	3	12	Permanenter Kontakt mit Zulassungbehörden pflegen
24	Produktion	Know-how-Verlust	Know-how-Abfluss zu Mitbewerbern	3	1	3	⇔	3	1	3	Konkurrenzklausel in Arbeitsverträge einbauen
25	Bilanzierung	Immaterialgüter	Markenregistrierung	3	1	3	⇔	3	1	3	Verlängerung des Markenschutzes
26	Prozess	Personal	Personal fühlt sich nicht wohl/richtig eingesetzt	3	1	3	⇔	3	1	3	Mitarbeitergespräche durchführen. S.auch Pkt.24.
27	Finanzen	Währungsrisiken	Euro-Einkauf und Verkauf	2	1	2	⇔	2	1	2	Eurokontrakte mit der Bank abschliessen, Natural Hedging konsequent umsetzen
28	Finanzen	Finanzierungsrisiken	Steigende Zinsen	1	2	2	⇔	1	2	2	Zinsabsicherungsinstrument abschliessen
29	Bilanzierung	Ware in Arbeit	Falsche Bewertung	2	1	2	⇔	2	1	2	Laufender Prozess im Zusammenhang mit der Beschaffung.
30	Bilanzierung	Garantierückstellungen	Drohende Rückrufe, Rücknahmen	2	1	2	⇔	2	1	2	Versicherung abschliessen; Garantierückstellung mit Steuerbehörde absprechen

Personalbericht
2013

Jahresbericht der HR-Abteilung

der

Muster Produktions AG

an den VR

St. Gallen, 1. April 2014

Inhaltsverzeichnis

1.	**Personalpolitik**	3
1.1.	Bedeutung der Mitarbeiter	3
1.2.	Strategische Eckwerte	3
2.	**Situation 2013**	3
2.1.	Führungsschulungen	3
2.2.	Professionalisierung des Austrittsmanagements	4
2.3.	Gehaltsrichtlinien und Lohnadministration	4
2.4.	Umstellung Lohnzahlung	5
2.5.	Personalreglement	5
3.	**Personal- und Stellenbestand**	6
3.1.	Stellenplan	6
3.2.	Teilzeitarbeit	7
3.3.	Nationalitäten	7
3.4.	Altersstruktur	8
3.5.	Dienstalter	8
3.6.	Geschlechterverteilung	9
4.	**Fluktuation**	10
4.1.	Austrittsgespräche	11
4.2.	Durchschnittslöhne	12
4.3.	Rekrutierungskosten	12
4.4.	Kosten für Aus- und Weiterbildung	12
5.	**Absenzen**	13
6.	**Leistungsdialog**	14
7.	**Ausblick 2014**	15
7.1.	Förderung der Führungsqualitäten des Kaders	15
7.2.	Personalcontrolling	15
7.3.	Auswertung der Austrittsgespräche	15
7.4.	Überarbeitung Stellenbeschreibungen	15
7.5.	Übersicht Mitarbeiterentwicklung	16

1. Personalpolitik

1.1. Bedeutung der Mitarbeiter

Alle Mitarbeiterinnen und Mitarbeiter werden bei der Muster Produktions AG geachtet und respektiert. Aus Gründen der einfacheren Lesbarkeit wird in diesem Bericht eine geschlechtsneutrale Formulierung verwendet. Die entsprechenden Begriffe gelten im Sinne der Gleichbehandlung grundsätzlich für beide Geschlechter.

Alle Mitarbeitenden und Kader tragen zu einer positiven Unternehmenskultur bei.

Der Unternehmenserfolg der Muster Produktions AG baut in erster Linie auf den persönlichen Kompetenzen und dem Engagement eines festen Mitarbeiterstamms auf. Daher ist die langfristige Bindung verlässlicher und qualifizierter Mitarbeitenden wichtig. Bereits in der Personalrekrutierung wird grosser Wert auf Fachkompetenz und die Fähigkeit, sich in ein Team zu integrieren, gelegt.

1.2. Strategische Eckwerte

Die Mitarbeitenden sind die wichtigste Ressource der Muster Produktions AG. Das Knowhow und die Erfahrung der Mitarbeitenden sind von grösster Bedeutung. Das Personalmanagement muss deshalb eine Kernkompetenz der Muster Produktions AG darstellen.

Das Personalmanagement der Muster Produktions AG leistet einen wichtigen Beitrag zur Umsetzung der Unternehmensstrategie.

Hauptzweck des Personalmanagements ist die effektive Bewirtschaftung des Mitarbeiter- bzw. Fähigkeitenportfolios der Muster Produktions AG durch Erhaltung und Weiterentwicklung von bestehenden Fähigkeiten sowie durch rechtzeitige Identifikation und nachhaltige Ergänzung fehlender Mitarbeiterfähigkeiten.

Ein weiterer Hauptzweck des Personalmanagements besteht in der Schaffung eines positiven Images bei den identifizierten Zielgruppen für die Rekrutierung, die Gewährleistung der Auswahl qualifizierter, ambitionierter und Kultur passender Mitarbeiter sowie die gezielte Förderung und Weiterentwicklung der Mitarbeiter zur Steigerung ihrer Motivation und Loyalität.

Die HR-Abteilung der Muster Produktions AG hat den Anspruch, einen professionellen, effektiven und effizienten Personalmanagementprozess zu gewährleisten, um damit die Voraussetzungen für einen reibungslosen Ablauf in der Betreuung der Arbeitnehmenden während des gesamten Mitarbeiterzyklus zu schaffen.

2. Situation 2013

2.1. Führungsschulungen

Die Muster Produktions AG ist seit 2007 personell sehr stark gewachsen. Dies zusammen mit einer spürbaren Verunsicherung durch die Reorganisation hat dazu geführt, dass die Personalfluktuation im 2013 übermässig gross war und viele neue Mitarbeitende Führungspositionen übernahmen. Diesen fehlten verständlicherweise das notwendige Führungswissen sowie z.T. auch die Führungserfahrung. Zudem bestand kein gemeinsames Führungsverständnis, da bisher keine schriftlichen Grundlagen vorhanden waren.

Ziel war, ein gemeinsames Führungsverständnis zu schaffen sowie Führungsgrundsätze zu definieren. Mit einem externen Coach wurden zwei Seminarblöcke à jeweils zwei Tage durchgeführt, um die Führungs- und Sozialkompetenz sowie die Persönlichkeits- und Teamentwicklung der Führungskräfte zu fördern. Zudem wurden in diesem Rahmen neue Gesprächsbogen zur Zielvereinbarung und Leistungsbeurteilung erstellt. Alle relevanten Unterlagen für die Führung wurden in einem Führungshandbuch zusammengestellt.

Das Projekt «Führungsschulungen» wurde Ende 2013 abgeschlossen. Mitarbeitende, die künftig eine Kaderfunktion neu übernehmen werden, müssen diese Führungsschulung ebenfalls (in verkürzter Form) absolvieren. Künftig wird jährlich ein Kaderanlass stattfinden, bei welchem aktuelle Themen besprochen und Führungsinhalte vermittelt werden können. Weitere Entwicklungsmassnahmen erfolgen individuell (z.B. durch Einzelcoaching).

2.2. Professionalisierung des Austrittsmanagements

Das Austrittsmanagement bei der arbeitnehmerseitigen Kündigung wurde analysiert und professionalisiert. Dazu gehörten die klare Dokumentation des Ablaufprozesses sowie die Erstellung von Vorlagen und Checklisten. Zudem wurde das Führen von Austrittsgesprächen eingeführt, um von den austretenden Mitarbeitenden ein Feedback über die Gesamtdauer ihrer Anstellung zu erhalten sowie die konkreten Austrittsgründe zu erfahren.

2.3. Gehaltsrichtlinien und Lohnadministration

Um attraktive und konkurrenzfähige Rahmenbedingungen der Muster Produktions AG als Arbeitgeberin zu schaffen, damit gute Mitarbeiter gewonnen und gehalten werden können, wurden im Jahr 2013 neue Gehaltsrichtlinien definiert, welche am 16. Dezember 2013 durch den Verwaltungsrat genehmigt wurden. Die Gehaltsrichtlinien entsprechen einem Modell mit sieben Lohnbändern und pro Lohnband drei Stufen (Markt- und Performance Levels, MPL). Level eins und zwei decken dabei die «normale» Lohnkarriere ab und Level drei ist für besondere Fälle reserviert wie bspw. für Schlüsselpersonen mit herausragender Performance, langjähriger Erfahrung und höchstem Marktdruck. Für neu eintretende Mitarbeitende, die noch nicht über die entsprechende Erfahrung verfügen, wurde eine Anlaufzone unterhalb des Basislohnes vorgesehen. Die Mitglieder der Geschäftsleitung sind in dieser Lohnordnung nicht berücksichtigt, für diese hat der Verwaltungsrat separate Lohnbänder festgelegt.

Die Übersicht über die Richtprofile der Gehaltsordnung stellt einen transparenten und leistungsorientierten Entwicklungspfad dar. Neben der Linienkarriere (Richtprofile Führung) ist es in der Muster Produktions AG auch möglich, eine Fachkarriere (Richtprofile Experten und Fachspezialisten sowie Richtprofile Stab/Support) zu durchlaufen. Diese Karrierestufen werden nur intern angewendet.

Die Einordnung der Stellen zu den Richtprofilen erfolgte im Jahr 2013 durch die Geschäftsleitung. Dies hatte jedoch finanziell grundsätzlich kaum Auswirkungen, da die Löhne der Mitarbeitenden bereits im 2011 und 2012 teilweise deutlich angehoben wurden.

Abbildung 1: Übersicht Lohnbänder und Richtprofile

Lohnband	Richtprofile Experten und Fachspezialisten	Richtprofile Stab / Support	Richtprofile Führung
G	Experten-Ausnahmeprofil		Führung I
F	Experte I	Stab / Support I	Führung II
E	Experte II	Stab / Support II	Führung III
D	Experte III	Stab / Support III	Führung IV
C	Fachspezialist I	Stab / Support IV	Führung V
B	Fachspezialist II	Stab / Support V	
A		Stab / Support VI	

2.4. Umstellung Lohnzahlung

Ende 2013 erfolgte die Umstellung von der Lohnzahlung im Vorhinein auf die Lohnzahlung im Nachhinein. Damit bei den Mitarbeitenden möglichst keine «Lohnlücke» entstand, wurde der 13. Monatslohn nicht wie bisher mit dem Dezember-Lohn Ende November, sondern erst Ende Dezember 2013 ausbezahlt. Die Lohnzahlung im Nachhinein erfolgte erstmals Ende Januar 2014. Die Umstellung erfolgte – nach frühzeitiger vorgängiger Information der Mitarbeitenden – reibungslos und ohne Probleme.

Bei Mitarbeitenden, welche im Laufe des Jahres 2013 eingetreten sind, erfolgte die Lohnzahlung bereits im Nachhinein, wodurch bei diesen Mitarbeitenden keine Umstellung nötig war.

Der Auszahlungszeitpunkt wurde zuerst auf den drittletzten Arbeitstag des Monats definiert. Ab April 2013 wurde die Lohnzahlung jedoch auf den 25. jeden Monats fixiert. Ist der 25. ein dienstfreier Tag, erfolgt die Auszahlung am davorliegenden Arbeitstag.

2.5. Personalreglement

Das Personalreglement der Muster Produktions AG wurde per 1. Januar 2013 komplett überarbeitet und neu erstellt. Im Laufe des Jahres 2013 haben sich diverse kleine Anpassungen aufgedrängt. Diese waren grösstenteils formeller Art. Inhaltlich waren nur kleine Änderungen nötig. Das geänderte Personalreglement trat per 1. Januar 2014 in Kraft.

3. Personal- und Stellenbestand

Abbildung 2: Übersicht Personal- und Stellenentwicklung

	2010		2011		2012		2013	
	Pers.	St.	Pers.	St.	Pers.	St.	Pers.	St.
Total Muster Produktions AG	78	78.7	71	73.4	80	75.4	83	76.6
Festanstellungen 100%	68	68	59	59	63	63	66	66
Festanstellungen Teilzeit	8	5.2	12	7.6	16	10.9	17	10.2
befristete Anstellungen	2	1.9	–	–	1	1	–	–
nicht besetzte Stellen	–	3.6	–	6.8	–	0.5	–	0.4
Praktikanten	2	2	–	–	2	1.5	3	3
Geschäftsleitung	3	4	5	5	5	5	5	5
Stab G	5	5	8	7.8	8	7.8	9	8.8
Stab Z	12	11.7	13	12.9	14	12.7	14	12.8
Bereich BW	34	32.1	–	–	–	–	–	–
Bereich B	–	–	10	8.6	11	10.1	12	10.6
Bereich W	–	–	12	11.6	13	12.8	13	12.8
Bereich V	12	14	10	14	16	14.9	16	13.9
Bereich A	12	11.9	13	11	13	11.6	14	12.3

3.1. Stellenplan

Per 31. Dezember 2013 besetzten 80 Mitarbeitende 74.9 Stellen. 20% des Personals arbeitete Teilzeit. Der Stellenplan im Jahr 2014 umfasst 78.7 Stellen.

Abbildung 3: Personalbestände per 31. Dezember

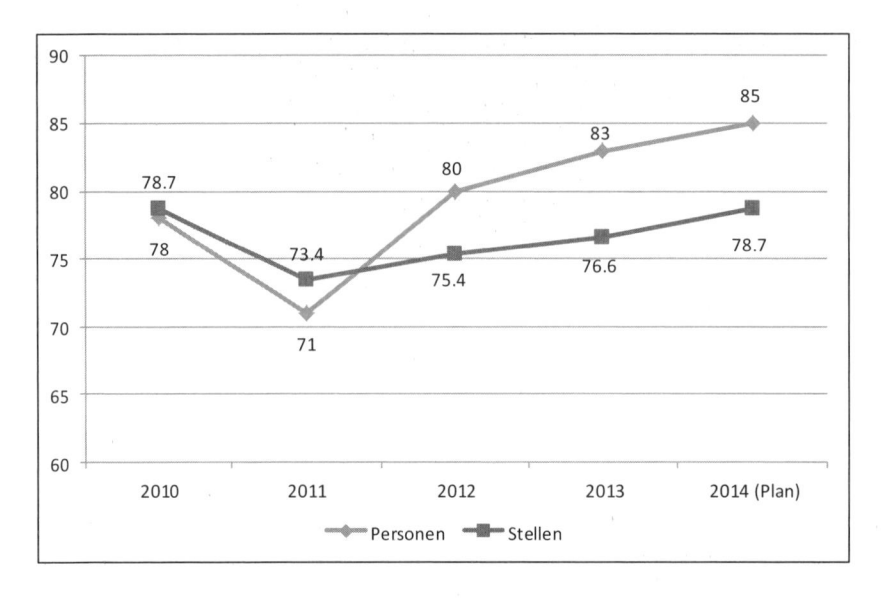

3.2. Teilzeitarbeit

2013 arbeiteten 80% des Personals Vollzeit (Beschäftigungsgrad = 100%). 37.1% der Frauen und 6.7% der Männer waren teilzeitbeschäftigt. Der Anteil an Teilzeitbeschäftigten ist von 2011 auf 2013 um rund 12% gestiegen. Mit der Möglichkeit zur Teilzeitarbeit bietet die MUSTER AG ihren Mitarbeitenden attraktive Arbeitsplätze.

Abbildung 4: Teilzeitarbeit

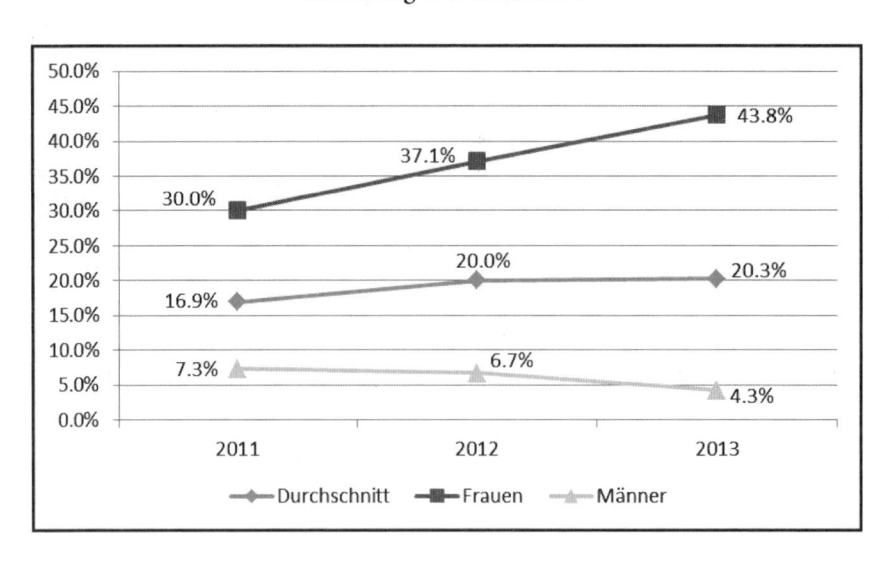

3.3. Nationalitäten

Die Muster Produktions AG beschäftigte per 31. Dezember 2013 rund 77% schweizerische, 9% liechtensteinische, 2% österreichische und 10% deutsche Staatsangehörige. Knapp 2% der Mitarbeitenden hatten eine andere Staatsangehörigkeit.

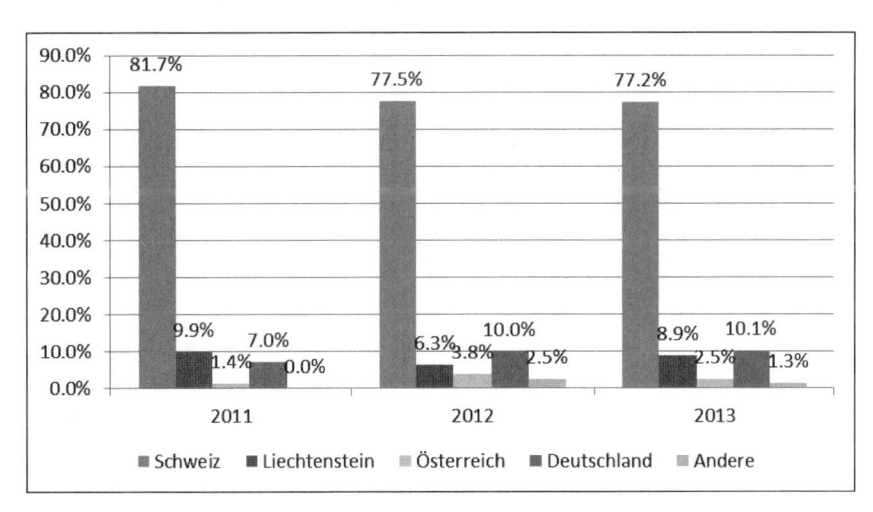

Abbildung 5: Nationalitäten

Jahr	Schweiz	Liechtenstein	Österreich	Deutschland	Andere
2011	81.7%	9.9%	1.4%	7.0%	0.0%
2012	77.5%	6.3%	3.8%	10.0%	2.5%
2013	77.2%	8.9%	2.5%	10.1%	1.3%

3.4. Altersstruktur

Das Durchschnittsalter betrug im Jahr 2013 37.7 Jahre; seit 2011 stieg das Durchschnittsalter um 3.5 Jahre. Bei Neuanstellungen wurde viel Wert auf Berufs- und Branchenerfahrung gelegt und dank der neuen Lohnordnung konnten einige neue Mitarbeitende mit entsprechender Erfahrung gewonnen werden.

Abbildung 6: Durchschnittsalter

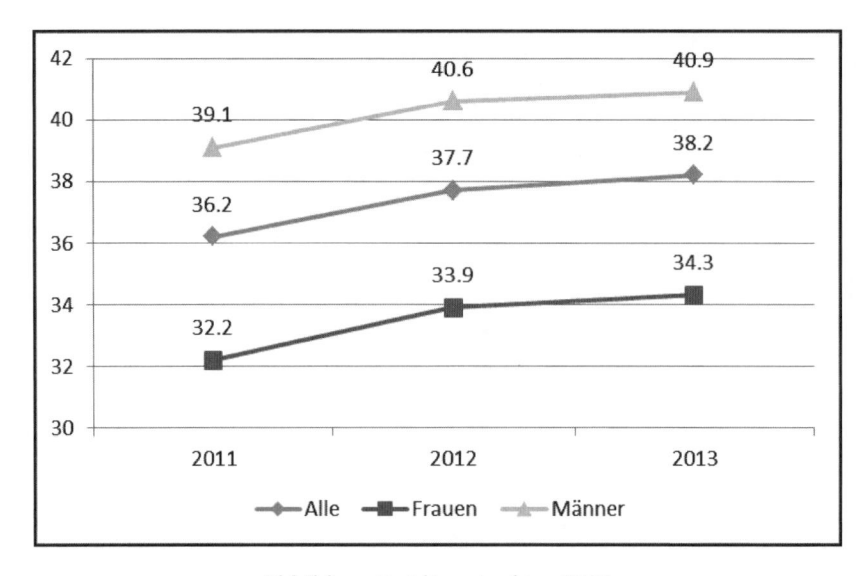

Abbildung 7: Altersstruktur 2013

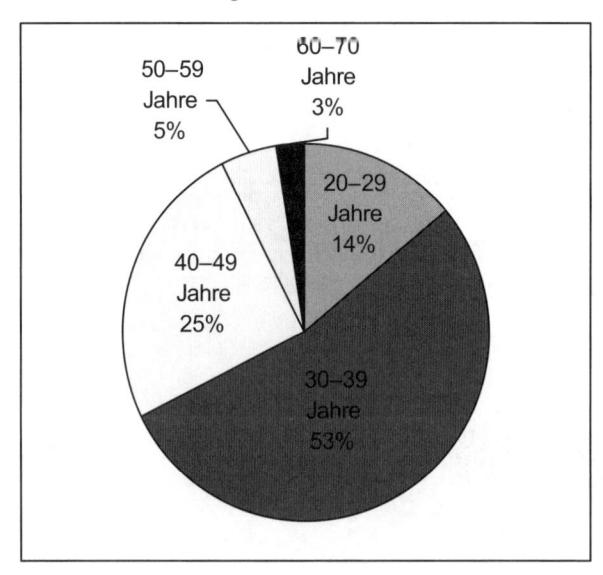

3.5. Dienstalter

Das durchschnittliche Dienstalter ist seit 2011 um rund ein Jahr gestiegen und lag in 2013 bei 13.2 Jahren. Das neue Personalreglement, die Gehaltsrichtlinien sowie die Durchführung von Führungsschulungen haben zur Steigerung der Attraktivität der MUSTER AG als Arbeitgeberin beigetragen. Gezielte Aus- und Weiterbildungsmassnahmen sowie die Veranstaltung von Teamevents haben die Loyalität der Mitarbeitenden zur MUSTER AG ebenfalls beeinflusst.

Abbildung 8: Durchschnittliches Dienstalter

3.6. Geschlechterverteilung

Der Frauenanteil hat sich in den vergangenen drei Jahren nur geringfügig verändert und lag 2013 bei 430.5%. Auf Führungsebene betrug dieser per 31. Dezember 2013 18%. Zur Führung werden Geschäftsleitungsmitglieder, Abteilungsleiter, Stabsstellenleiter und Gruppenleiter gezählt, welchen mindestens ein Mitarbeitender unterstellt ist.

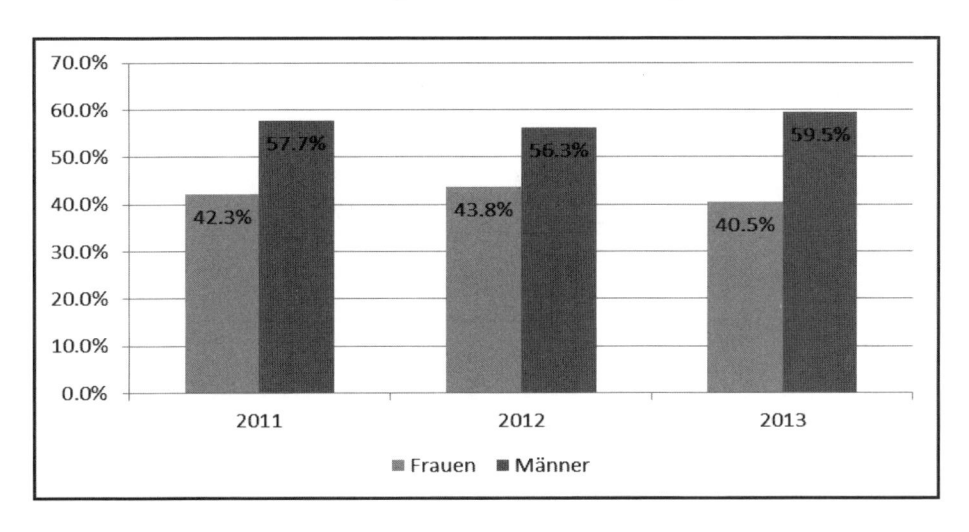

Abbildung 9: Geschlechterverteilung

Abbildung 10: Geschlechterverteilung Führung 2013

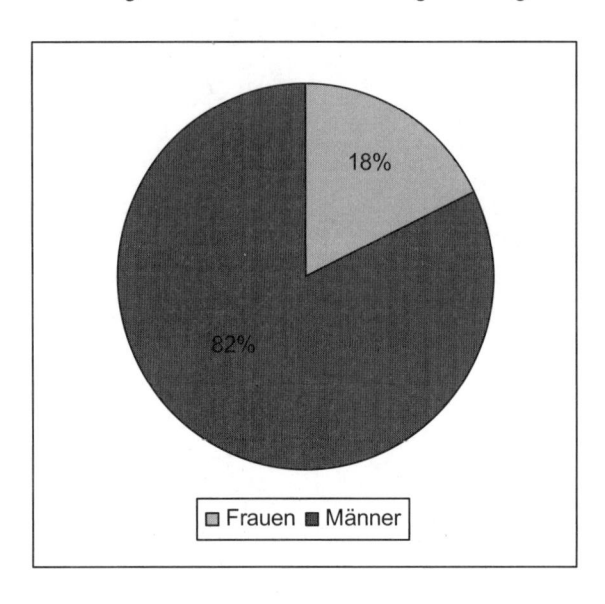

4. Fluktuation

Im Jahr 2011 sind 13 Mitarbeitende und ein Praktikant aus der MUSTER AG ausgetreten. Austritte aufgrund einer befristeten Anstellung sind in der Berechnung der Fluktuation nicht enthalten. Intern sind insbesondere die freiwilligen Austritte von Bedeutung. Seit 2012 werden standardisierte Austrittsgespräche geführt und die Gründe für die Austritte analysiert.

Abbildung 11: Fluktuation

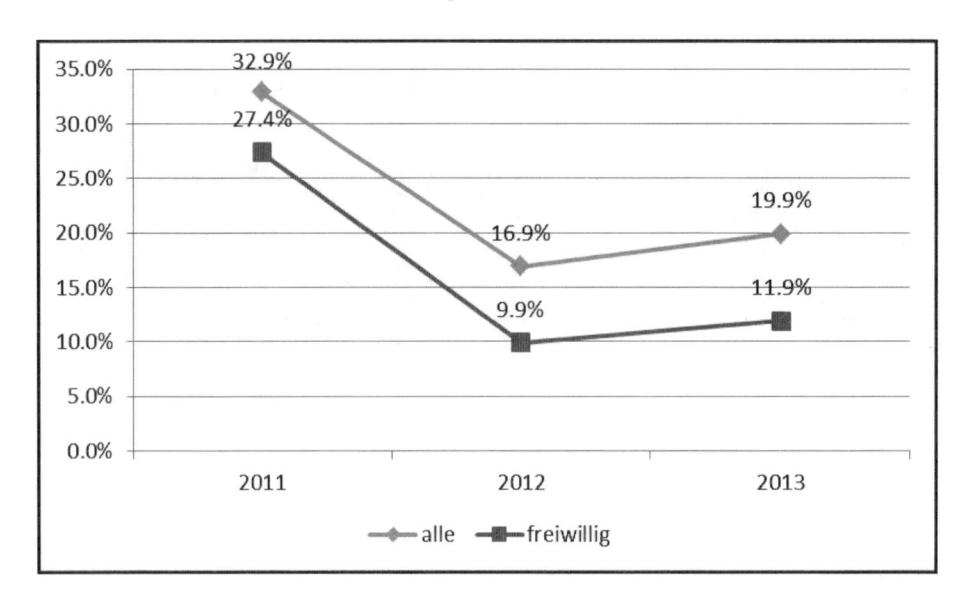

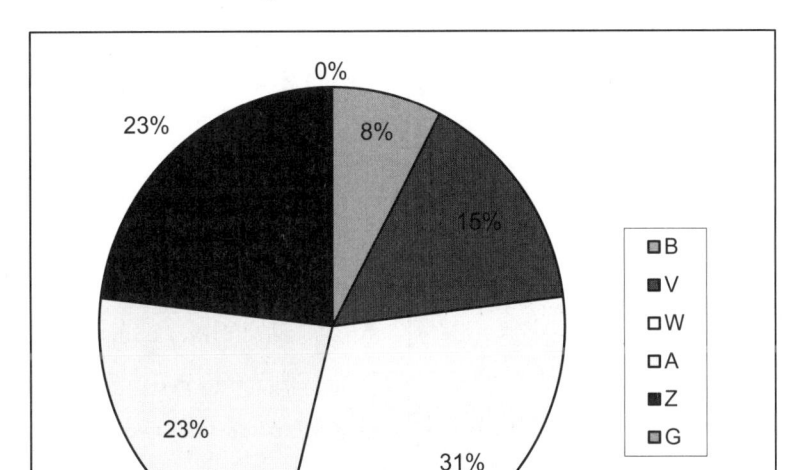

Abbildung 12: Austritte 2013 nach Bereichen

[Kreisdiagramm: B 8%, V 15%, W 31%, A 23%, Z 23%, G 0%]

Abbildung 13: Austrittskategorien 2013

Kategorie	Anzahl	in %
Kündigung durch Arbeitnehmer	7	50.0%
Kündigung seitens MUSTER AG beeinflusst	4	28.6%
Befristete Anstellung	1	7.1%
Mutterschaft	1	7.1%
Befristetes Praktikum	1	7.1%

4.1. Austrittsgespräche

Die bisher ausgewerteten Austrittsgespräche 2013 zeigen, wie die Wichtigkeit und Zufriedenheit verschiedener Faktoren beurteilt werden (ausführliche Grafik siehe Folgeseite). Da die Auswertung auf nur wenigen Gesprächen (8 Mitarbeitende) und z.T. auch Spezialfällen beruht, sind diese ersten Resultate nur bedingt aussagekräftig und somit mit Vorsicht zu geniessen. Einige Bewertungen sind zudem sehr bereichsspezifisch und sind für die Muster Produktion AG nicht allgemein gültig.

Besonders positiv bewertet	Eher negativ bewertet
– Gute Sozialleistungen – Gutes Verhältnis zu Arbeitskollegen – Gute Verpflegungsregelung – Angenehme Arbeitsplatzumgebung und -gestaltung – Gute Ferienregelung	– Kostenbewusstsein (hier wurden insbesondere die hohen Expertenkosten der Vergangenheit erwähnt) – Guter Name in der Öffentlichkeit – Guter Informationsfluss und Informationszugang – Gute Organisation der Abteilung
Positiv-Abweichungen	Grosse Negativ-Abweichungen
– Gute Ferienregelung – Angenehme Arbeitsplatzumgebung und -gestaltung – Gute Verpflegungsregelung – Gute Sozialleistungen	– Gute Organisation der Abteilung – Gerechte Beurteilung der Leistung – Guter Informationsfluss und Informationszugang – Gute Führungsqualitäten des Vorgesetzten

Für 37.5% der ausgetretenen Mitarbeitenden ist ein Wiedereintritt in die Muster Produktions AG vorstellbar und für 50% nicht. Für 12.5% kommt eine Wiederanstellung nur vielleicht in Frage.

Abbildung 14: Wiedereinstellung vorstellbar

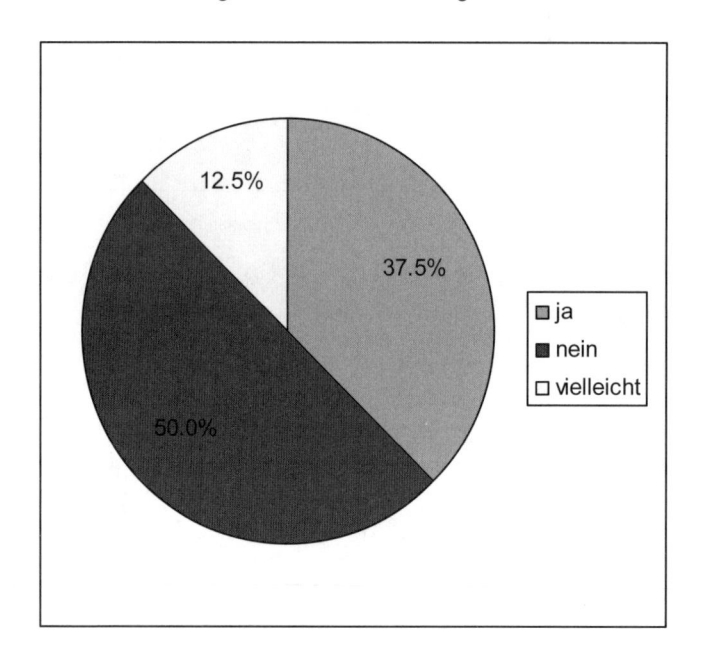

Personalkosten

4.2. Durchschnittslöhne

Der Durchschnittslohn ist in den letzten Jahren leicht angestiegen (Stichtag jeweils 31. Dezember). Die Gehälter der Geschäftsleitungsmitglieder wurden nicht in die Berechnung einbezogen. Zum Kader gezählt werden Abteilungsleiter, Stabsstellenleiter und Gruppenleiter, welchen mindestens ein Mitarbeitender unterstellt ist. Die übrigen Mitarbeitenden (MA) haben keine Führungsfunktion.

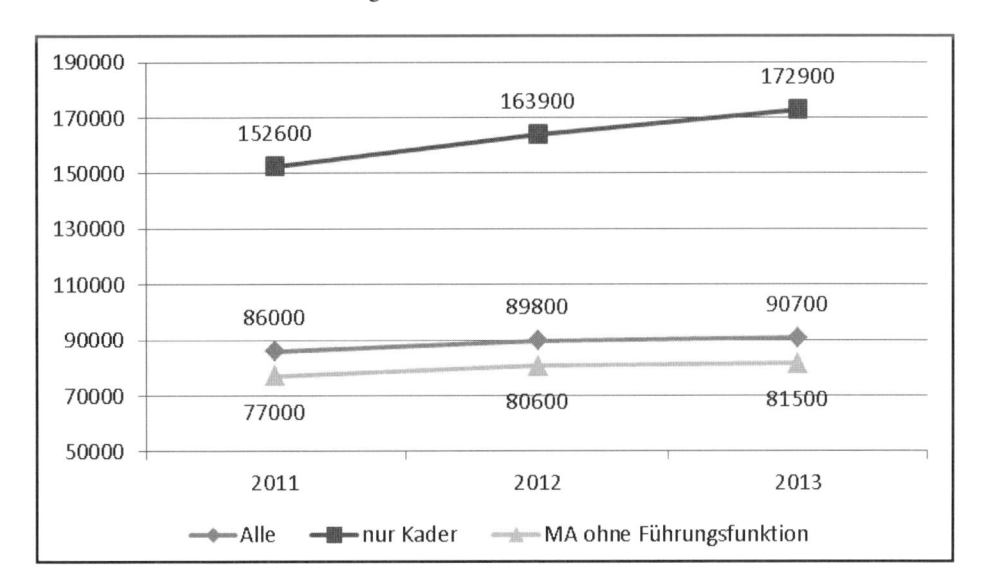

Abbildung 15: Durchschnittslöhne in CHF

	2011	2012	2013
Alle	86000	89800	90700
nur Kader	152600	163900	172900
MA ohne Führungsfunktion	77000	80600	81500

4.3. Rekrutierungskosten

Im Jahr 2013 sind 21 Mitarbeitende und 3 Praktikanten in die Muster Produktions AG eingetreten. Die Kosten pro Eintritt konnten von 2012 auf 2013 halbiert werden und betrugen im 2013 rund CHF 14 400. 7 Personen (= 33%) wurden über ein Personalvermittlungsbüro eingestellt. Die durchschnittlichen Vermittlungskosten sind von 2012 auf 2013 um rund CHF 4700 gesunken. Die Inseratekosten pro Ausschreibung haben ebenfalls leicht abgenommen. Die Rekrutierungskosten setzten sich zusammen aus Inseratekosten und Vermittlungskosten.

4.4. Kosten für Aus- und Weiterbildung

Die Kosten für die fachspezifische Aus- und Weiterbildung bewegen sich seit 2011 jeweils etwa im selben Rahmen und betragen pro Mitarbeiter pro Jahr rund CHF 3000. Per 31. Dezember 2013 hatten 11 Mitarbeitende einen laufenden Aus- und Weiterbildungsvertrag.

Abbildung 16: Aus- und Weiterbildungskosten pro Mitarbeiter in CHF

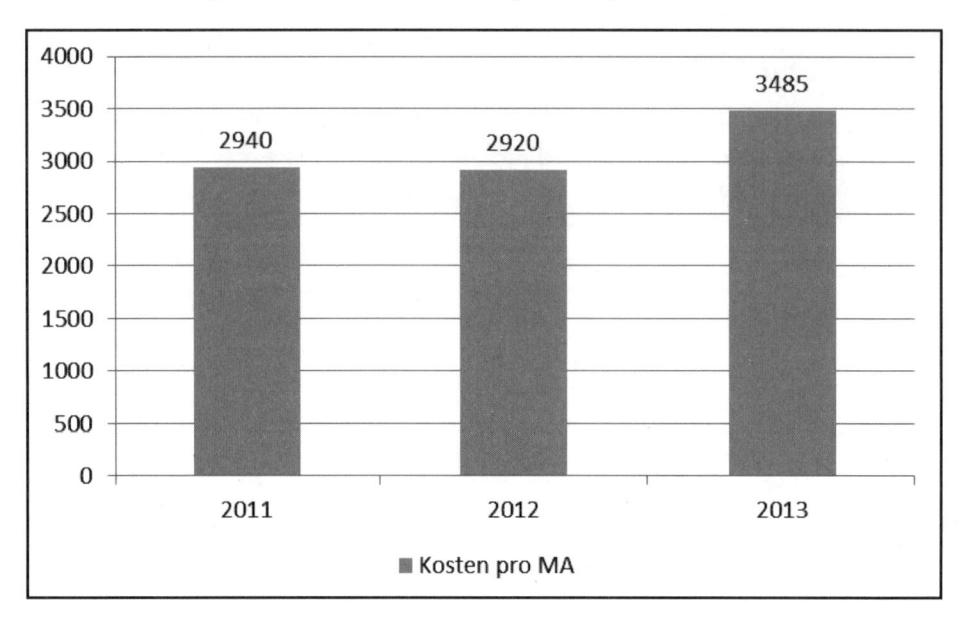

[Balkendiagramm: 2011: 2940; 2012: 2920; 2013: 3485 — Kosten pro MA]

Internes Schulungsangebot (ISA)

Den Mitarbeitenden standen im 2013 erstmalig die Kurse des internen Schulungsangebots zur Auswahl. Die Kurse werden von Mitarbeitenden der Muster Produktion AG angeboten und durchgeführt. Die Schulungen sind ein wichtiges Instrument für den Wissenstransfer und -aufbau zwischen den Mitarbeitenden. Die Muster Produktions AG lädt zudem regelmässig externe Fachpersonen ein, die über aktuelle Themen aus dem Umfeld der Geschäftstätigkeit referieren.

5. Absenzen

Die leichte Steigung der Gesamtabsenzrate von 2012 auf 2013 um 1.3% ist hauptsächlich auf die Zunahme der Aus- und Weiterbildung sowie der anderen Absenzgründe zurückzuführen. In den übrigen Absenzgründen enthalten sind Karenz, Bonustage, unbezahlter Urlaub, Umzug, Hochzeit, etc. Bei 242 Soll-Arbeitstagen im Jahr 2013 entspricht die Gesamtabsenzrate von 16.1% rund 39 Tagen. Die international definierte Absenzrate (Differenz von Soll- zu Ist-Arbeitszeit unter Elimination der Absenzen von mehr als 60 Tagen wegen Unfall oder Krankheit) liegt bei ausgezeichneten 1.3%.

Absenzen in % der Sollarbeitszeit

Absenzgrund	2012	2013
Ferien	8.9%	9.1%
Krankheit und Unfall	1.5%	1.3%
Dienstreisen	1.0%	1.0%
Aus- und Weiterbildung	0.5%	1.5%
Andere	2.9%	3.2%
Absenzrate	14.8%	16.1%

Absenzgründe in % der Total-Absenzen

Absenzgrund	2012	2013
Ferien	60.2%	56.5%
Krankheit	10.2%	8.1%
Dienstreisen	6.8%	6.2%
Aus- und Weiterbildung	3.6%	9.3%
Andere	19.3%	19.9%
Total Absenzen	100.0%	100.0%

6. Leistungsdialog

Die Auswertung der Leistungsbeurteilungen zeigt, dass die Mitarbeitenden die Anforderungen grösstenteils erfüllen und die Leistungen und Resultate gut bis gelegentlich sehr gut sind. Bei den Mitarbeitenden, welche die Anforderungen nur teilweise erfüllten, wurden entsprechende Massnahmen gesetzt.

A2 Anforderungen / Erwartungen werden übertroffen
    Leistungen / Resultate sind sehr gut und überdurchschnittlich

A1 Anforderungen / Erwartungen werden erfüllt
    Leistungen / Resultate sind gut, gelegentlich sehr gut

B   Anforderungen / Erwartungen werden teilweise erfüllt
    Leistungen / Resultate sind teilweise ungenügend

C   Anforderungen / Erwartungen werden nicht erfüllt
    Leistungen / Resultate sind ungenügend

Abbildung 17: Leistungsbeurteilung 2013

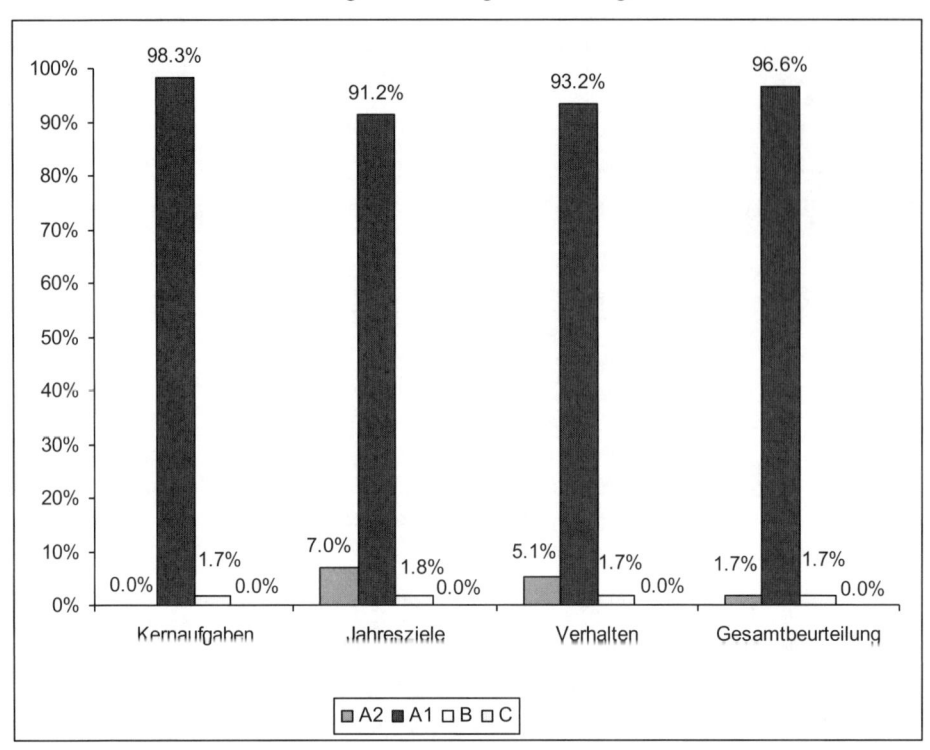

[Bar chart showing percentages for Kernaufgaben, Jahresziele, Verhalten, Gesamtbeurteilung with categories A2, A1, B, C:
- Kernaufgaben: A2 0.0%, A1 98.3%, B 1.7%, C 0.0%
- Jahresziele: A2 7.0%, A1 91.2%, B 1.8%, C 0.0%
- Verhalten: A2 5.1%, A1 93.2%, B 1.7%, C 0.0%
- Gesamtbeurteilung: A2 1.7%, A1 96.6%, B 1.7%, C 0.0%]

7. Ausblick 2014

7.1. Förderung der Führungsqualitäten des Kaders

Im April 2014 wird ein Kaderanlass zum Thema «Bewerbungsgespräche zielgerichtet und effizient führen» stattfinden. Max Beispiel, Leiter der Firma AB, und Susi Exempel, Psychologin bei der Firma CD, werden zu diesem Thema ein kurzes Referat halten.

Im August 2014 findet ein weiterer zweitägiger Kaderanlass statt. Nebst einem halbtägigen Teambildungsanlass werden auch interne Themen (wie zum Beispiel das Rollen- und Selbstverständnis) besprochen. Zudem wird ein externer Coach weitere Informationen zu Führungsinhalten vermitteln.

7.2. Personalcontrolling

Das Personalcontrolling stellt ein Konzept zur Überprüfung der Effektivität und der Effizienz personalwirtschaftlicher Massnahmen dar. Controlling ist nicht nur Kontrolle, sondern auch Lenken, Leiten und Steuern. Dabei ist der ganze Prozess der Zieldefinition, Überprüfung der Zielerreichung und das Ableiten von Korrekturmassnahmen aus der Abweichungsanalyse gemeint.

Ziel ist, ein einfaches Personalcontrolling zu erstellen, das den Zwecken der Muster Produktion AG dient. Kennzahlen nur dort einsetzen, wo sie sinnvoll sind oder durch die Geschäftsleitung oder den Verwaltungsrat gewünscht werden. Es soll ein kleines, überschaubares Kennzahlensystem (10–15 Kennzahlen) erarbeitet werden. Das Personalcontrolling soll die Grundlage für Verbesserungen und Optimierungen bieten. Zudem soll es auch Steuerungsmittel für das Kostenmanagement sein. Die Ergebnisse sind entsprechend im Reporting oder einem Bericht einzuarbeiten, um die Akzeptanz, Kommunikation und Beachtung sicherzustellen. Ein Schwerpunkt soll auch auf einem strategischen und qualitativ orientierten Personalcontrolling liegen, welches die Ziele der MUSTER AG sowie die Aus- und Weiterbildungen der Mitarbeitenden berücksichtigt.

Grundlagen für ein nutzbringendes Personalcontrolling bilden die Personalstrategie sowie eine valable Datenbasis.

7.3. Auswertung der Austrittsgespräche

Seit 2012 wird mit sämtlichen austretenden Mitarbeitenden ein standardisiertes Austrittsgespräch geführt. Die auf dem Gesprächsformular festgehaltenen Antworten des Mitarbeitenden werden elektronisch erfasst und weiterverarbeitet. Die Resultate aller Austrittsgespräche werden künftig jeweils Ende Jahr ausgewertet und zusammengeführt sowie in einem Zufriedenheits- und Wichtigkeitsprofil dargestellt. Aus den Ergebnissen können entsprechende Massnahmen abgeleitet werden.

7.4. Überarbeitung Stellenbeschreibungen

Bei vielen Mitarbeitenden haben sich im Laufe der Zeit die Funktion oder die Aufgaben verändert. Dabei sowie auch bei der Reorganisation im 2010 wurden die Stellenbeschreibungen meist nicht angepasst. Deshalb werden im Jahr 2013 sämtliche Stellenbeschreibungen überarbeitet und vereinheitlicht.

7.5. Übersicht Mitarbeiterentwicklung

Pro Mitarbeiter wird eine Übersicht erstellt, welche Auskunft über seine Entwicklung in der Muster Produktions AG gibt. Nebst den Personalien und den arbeitsvertraglichen Daten sind eine Zusammenfassung der Aus- und Weiterbildungen sowie die Lohnentwicklung enthalten. Ebenfalls darin aufgeführt werden die vergebenen Bonustage und allenfalls weitere relevante Informationen.

Die Übersicht über die Mitarbeiterentwicklung kann als Grundlage für Personalentscheide und weitere Entwicklungsmöglichkeiten dienen.

****

11.58 Projektliste.xls

Projektliste Stufe Verwaltungsrat   Muster AG

Name	Priorität	Dauer	Status	Bemerkungen	Verantwortung
Fit For Future	Hoch	Beginn: 1.7.2013 Ende Phase 1: 31.6.2014 Ende Phase 2: 31.12.2014	○○○ Gelb	Offertstellung abgeschlossen; Evaluierung dreier weiterer Offerenter zur Detailprüfung bis Ende 2. Quartal. Bedingt durch den Konkurs eines Kandidaten hat sich der Terminplan um einen Monat verzögert.	Moritz Muster (PL) Max Beispiel (CFO)
Phoenix	Hoch	Beginn: 23.3.2012 Ende: 31.3.2015	○○● Grün	Verwaltungsrat hat sich für die Beschaffung von acht neuen Maschinen des Typs X2011 entschieden. Zur Zeit werden die Verträge ausgearbeitet, die voraussichtlich am 19. Mai 2014 unterschrieben werden. Spezialisierte Anwaltskanzlei wurde beigezogen.	Felix Schmid (VRP/PL)
Helios	Normal	Beginn: 11.12.2011 Ende: 31.10.2015	○○○ Gelb	Genehmigung der Baubewilligung der Gemeinde erhalten. Nächster Schritt: Abschluss GU-Vertrag. Von der CBS-Bank ist die versprochene Finanzierungsofferte noch nicht eingetroffen.	Moritz Muster (PL) Karl Muster (CEO)
Forward	Hoch	Beginn: 24.9.2013 Ende: 31.6.2014	●○○ Rot	Mit dem Vertragspartner XYZ ins Stocken geratene Gespräche wegen zu weit auseinanderliegender Positionen bezüglich Preis und Amortisation sind inzwischen auf höherer Ebene wieder aufgenommen worden. Es ist fraglich, ob das Projekt Forward noch realisiert werden kann.	Karl Muster (CEO/PL)

Name	Priorität	Dauer	Status	Bemerkungen	Verantwortung
Ausschuss-minimierung	Hoch	Beginn: 1.10.2013 Ende: 31.8.2014	○○○ Gelb	Erste Analyse der Projektgruppe liegt vor. Leider noch zuwenig technische Informationen des Maschinenlieferante, wie das Problem der Einschlüsse beseitigt werden könnte. Zusammenarbeit mit Fachhochschule als Alternative ist angelaufen.	Moritz Muster (PL)
Homepage	Tief	Beginn: 15.11.2013 Ende: 31.12.2014	○○● Grün	Erster Entwurf Konzept in Bearbeitung. Entscheid an der nächsten VR-Sitzung wie vorgesehen.	Moritz Muster (PL)
IKS	Normal	Beginn: 6.2.2013 Ende: 31.12.2014	○○● Grün	Sämtliche Vorarbeiten zur Implementierung der nächsten Maturitätsstufe IKS angelaufen, um SAP und IKS zu verlinken.	Max Beispiel (CFO/PL)

Stand 1. April 2014　　　　　　　　　　　　　　　　　　VR-Sekretär

Protokoll

der

ordentlichen Generalversammlung

der

Mustergesellschaft AG

abgehalten am Dienstag, den 1. April 2014 um 19.00 Uhr

im Konferenzzimmer der Mustergesellschaft AG

I.   Feststellungen

Der Präsident des Verwaltungsrates, Herr Dr. Paul Meier, übernimmt den Vorsitz und begrüsst die Versammlungsteilnehmer. Vorab schlägt er die VR-Sekretärin Frau Petra Krause als Protokollführerin vor. Sie wird einstimmig gewählt. Im Weiteren schlägt er die Herren Anton Schnell und Hans Knapp als Stimmenzähler vor. Auch diese werden einstimmig gewählt. Nachdem gegen die Konstituierung der Generalversammlung keine Einwände erhoben worden sind, macht der Vorsitzende folgende Feststellungen:

- Die Einladung zur heutigen Generalversammlung ist mit Schreiben vom 5. März 2014 gesetzes- und statutengemäss erfolgt.

- Der Revisionsbericht und der Geschäftsbericht lagen rechtzeitig am Sitz der Gesellschaft auf, und die Aktionäre wurden darauf aufmerksam gemacht, dass sie diese Unterlagen beziehen können.

- Auf Anfrage des Vorsitzenden an die Versammlung wird gegen die Einladung und die Aktenauflage kein Einwand erhoben.

- Die Eingangskontrolle hat ergeben, dass 95% der ausgegebenen Aktien an der Generalversammlung vertreten sind, nämlich:

1600 Stimmrechtsnamenaktien	à nom.	CHF	100.–
85 Namenaktien	à nom.	CHF	1000.–
41 Inhaberaktien	à nom.	CHF	1000.–

    Das absolute Mehr beträgt demnach 864 Stimmen.

- Der Vorsitzende kommt seiner ihm obliegenden Bekanntgabepflicht aus Art. 689*e* Abs. 2 OR folgendermassen nach:

Organvertreter: Dr. Hans Müller; er vertritt 200 Stimmrechtsnamenaktien mit einem Nennwert von je CHF 100.– sowie 20 Namenaktien im Nennwert von je CHF 1000.–.

Unabhängiger Stimmrechtsvertreter: Dr. Ronald Kramer, Rechtsanwalt, Gerechtigkeitsgasse 12, 8001 Zürich; er vertritt 25 Namenaktien mit einem Nennwert von je CHF 1000.–.

Neben den Aktionären und dem gesamten Verwaltungsrat sind anwesend:

- Herr Walter Rotha, Direktor der Mustergesellschaft AG
- Herr Werner Peterer, Finanzchef der Mustergesellschaft AG
- Herr Max Steingruber, Vertreter der Treuhand AG als Revisionsstelle

Der Vorsitzende teilt mit, dass das Protokoll der heutigen Sitzung von den Aktionären ab dem 1. Juni 2014 am Sitz der Gesellschaft nach Voranmeldung eingesehen werden kann.

II. Traktanden

1. Protokoll der ordentlichen Generalversammlung vom 2. Mai 2013

Nach Einsichtnahme durch die Aktionäre wird im Traktandum 8 ein redaktioneller Fehler behoben: Es war nicht Herr Robert Willi, sondern Herr Wilhelm Roberts, welcher den Druck des Geschäftsberichtes auf Recyclingpapier vorschlug.

Anschliessend wird das Protokoll der Generalversammlung vom 2. Mai 2013 einstimmig genehmigt und der Protokollführerin verdankt.

2. Teilnahme der Revisionsstelle

Das Traktandum entfällt, weil mit Herrn Max Steingruber ein Vertreter der Revisionsstelle anwesend ist.

3. Bericht der Revisionsstelle

Der Vertreter der Revisionsstelle verliest den Bericht der Revisionsstelle, datiert vom 20. Februar 2014. Dieser stellt ohne irgendwelche Modifikationen und Hervorhebungen fest, dass die Buchführung und die Jahresrechnung sowie der Antrag über die Verwendung des Bilanzgewinns Gesetz und Statuten entsprechen. Der Vorsitzende eröffnet die Diskussion darüber. Vom Vorsitzenden danach befragt, erklärt der Vertreter der Revisionsstelle, dass er keine Ergänzungen zum schriftlichen Bericht anzubringen habe.

Der Revisionsbericht wird von der Generalversammlung ohne weitere Diskussion zur Kenntnis genommen.

4. Abnahme des Geschäftsberichtes 2013

4.1 Genehmigung des Lageberichtes

Der Lagebericht des Verwaltungsrates lag während eines Monats am Sitz der Gesellschaft auf. Die Aktionäre haben von der Möglichkeit eines Bezugs regen Gebrauch gemacht. Der Vorschlag des Vorsitzenden, auf eine Verlesung des Lageberichtes zu verzichten, wird ohne Gegenstimme angenommen.

Der Lagebericht gibt zu keinen Bemerkungen Anlass und wird einstimmig genehmigt.

4.2 Genehmigung der Jahresrechnung

Der Vorsitzende erörtert die Jahresrechnung 2013 und bringt zu einzelnen Positionen konkretisierende Bemerkungen an. Daraufhin eröffnet er die Diskussion.

Der Aktionär Gustav Bodmer erkundigt sich nach Klumpenrisiken in den Forderungen aus Lieferungen und Leistungen. Der Vorsitzende teilt mit, dass seiner Auffassung nach die möglichen Risiken sehr breit gestreut seien. Die dafür gebildete Wertberichtigung sei ausreichend. Danach befragt, teilt der Vertreter der Revisionsstelle diese Auffassung.

Die Jahresrechnung 2013 wird mit 1718 Aktienstimmen, 8 Enthaltungen und ohne Gegenstimme genehmigt.

5. Verwendung des Bilanzgewinns

Der Jahresgewinn per 2013 beträgt CHF 122 687.30; zusammen mit dem Gewinnvortrag von CHF 37 265.10 aus dem Vorjahr ergibt sich ein Bilanzgewinn von CHF 159 952.40. Nach Abzug der Reservezuweisung von CHF 17 000.– steht der Generalversammlung ein Betrag von CHF 142 952.40 zur Verfügung.

Der Vorsitzende schlägt die in der Einberufung beantragte Gewinnverwendung vor, nämlich eine Dividende von insgesamt CHF 120 000.– (CHF 40.– pro Stimmrechtsnamenaktie und CHF 400.– pro Namen- bzw. Inhaberaktie) mit Valuta 2.4.2014. Der Rest von CHF 22 952.40 sei auf die neue Rechnung vorzutragen. Der Antrag des Vorsitzenden wird ohne Diskussion einstimmig genehmigt.

6. Entlastung der Mitglieder des Verwaltungsrates

Unter Hinweis darauf, dass die Aktien der Verwaltungsräte sowie der Organvertreter bei der nachfolgenden Abstimmung nicht mitgezählt werden, stimmen die Anwesenden über die Entlastung des Verwaltungsrates in globo ab.

Mit 902 Stimmen ohne Gegenstimmen und Enthaltungen wird dem Verwaltungsrat Décharge erteilt für das Geschäftsjahr 2013.

7. Wahl des Verwaltungsrates und der Revisionsstelle

7.1 Wahl des Verwaltungsrates

Die bisherigen Mitglieder des Verwaltungsrates werden einzeln in ihrem Amt bestätigt. Die Amtsdauer sämtlicher Verwaltungsräte läuft bis zur ordentlichen Generalversammlung 2015.

7.2 Wahl des Präsidenten des Verwaltungsrates

Dr. Paul Meier wird einstimmig als Präsident des Verwaltungsrates für eine weitere Amtsdauer von einem Jahr bis zur ordentlichen Generalversammlung im Jahr 2015 wiedergewählt.

7.3 Wahl der Revisionsstelle

Die Treuhand AG, Zürich, wird einstimmig für ein weiteres Jahr als Revisionsstelle gewählt.

8. Allgemeine Umfrage

Der Aktionär Adrian Friedrich gratuliert der Geschäftsleitung zur am Vortag erfolgten Vorführung der neuen Produktionsmaschinen im Werk 2. Die Demonstration war sehr eindrücklich, und er hofft, dass diese guten Ideen verwertet werden können.

III. Schlussbemerkungen

Nach Behandlung aller Traktanden schliesst der Vorsitzende die Generalversammlung um 20.15 Uhr. Er hält zuhanden des Protokolls fest, dass gegen die Durchführung der heutigen Versammlung von den anwesenden Aktionären keine Einwendungen erhoben worden sind.

Auf Kosten der Gesellschaft werden die Anwesenden zu einem kleinen Imbiss im Restaurant Schäfli eingeladen.

Zürich, den 15. Mai 2014

Der Vorsitzende: Die Protokollführerin:

_____   _____

Dr. Paul Meier   Petra Krause

Protokoll

der

ausserordentlichen Generalversammlung (Universalversammlung)

der

Produktions AG

abgehalten am Dienstag, den 1. April 2014 um 16.20 Uhr
im Direktionszimmer der Produktions AG

I. Feststellungen

Der Präsident des Verwaltungsrates, Herr Dr. P. Meier, übernimmt den Vorsitz und begrüsst die Versammlungsteilnehmer.

Als Protokollführer und Stimmenzähler schlägt der Vorsitzende Dr. Manfred Müller vor. Nachdem gegen die Konstituierung der Generalversammlung keine Einwände erhoben worden sind, macht der Vorsitzende folgende Feststellungen:

- Die Einladung zur heutigen Generalversammlung erfolgte kurzfristig am 24. März 2014. Da alle Aktien vertreten sind, kann jedoch gemäss Art. 701 OR eine Universalversammlung ohne Einhaltung der Frist- und Formvorschriften betreffend Einladung durchgeführt werden, sofern alle Eigentümer bzw. Vertreter der Aktien damit einverstanden sind. Auf entsprechende Nachfrage bestätigen alle Eigentümer bzw. Vertreter der Aktien, dass sie mit der Abhaltung einer Universalversammlung einverstanden sind.

- Das Aktienkapital der Gesellschaft mit einem Nennwert von CHF 500 000.– und insgesamt 1 400 Stimmen ist nach Vorlage von entsprechenden schriftlichen Vollmachten vollständig wie folgt vertreten:

– Dr. P. Meier, pers. anwesend	140	Aktien
– E. Weder, vertreten durch Manfred Lustig	95	Aktien
– Karl Fröhlich, pers. anwesend	965	Aktien
– Anita Zackig, pers. anwesend	145	Aktien
Klaus Hoch, pers. anwesend	55	Aktien
Total	1400	Aktien

Gegen diese Feststellungen werden keine Einwendungen erhoben.

II. Traktanden

1. Protokoll der Generalversammlung vom 19. Mai 2013

Es sind keine Änderungsanträge zum Protokoll der letzten ordentlichen Generalversammlung eingegangen und es sind keine Ergänzungen zum Protokoll notwendig.

Dem Antrag des Verwaltungsrates entsprechend wird das Protokoll der letzten Generalversammlung vom 19. Mai 2013 einstimmig genehmigt und verdankt.

2. Rücktritt des VR-Mitgliedes Lukas Hintzig

Der Vorsitzende stellt fest, dass Lukas Hintzig mit Datum vom 20. Februar 2013 als Mitglied des Verwaltungsrates zurückgetreten ist.

Dem Antrag des Verwaltungsrates entsprechend nimmt die Generalversammlung Kenntnis vom Rücktritt des VR-Mitgliedes Lukas Hintzig. Der Zurückgetretene ist sofort im Handelsregister zu löschen. Seine Unterschriftsberechtigung ist erloschen.

3. Ergänzungswahl Verwaltungsrat

Der Verwaltungsrat schlägt der Generalversammlung als Ersatz für die beiden in diesem Jahr zurückgetretenen VR-Mitglieder Karl Hermann und Lukas Hintzig zur Wahl vor:

Herr Armin Wüst, geb. 24.5.1969, von Wil/SG, wohnhaft in St. Gallen

Herr Klaus Dietrich, geb. 10.11.1959, von Winterthur/ZH, wohnhaft in Zürich

Die beiden Kandidaten sind anwesend und stellen sich der Generalversammlung kurz vor.

Die Generalversammlung wählt die beiden Kandidaten Armin Wüst und Klaus Dietrich einstimmig als neue VR-Mitglieder für eine einjährige Amtsperiode bis zur Generalversammlung im Jahre 2015.

Die Gewählten erklären die Annahme des VR-Mandates. Der VR-Sekretär wird mit der Anmeldung beim Handelsregisteramt beauftragt.

4. Allgemeine Umfrage

Nachdem die allgemeine Umfrage nicht mehr weiter benützt wird, schliesst der Vorsitzende um 17.10 Uhr die Generalversammlung der Produktions AG.

****

St. Gallen, den 5. April 2014

Der Präsident des Verwaltungsrates: Der Protokollführer:

_____   _____

Dr. P. Meier   Dr. Manfred Müller

Verteiler:

- alle Aktionäre
- alle Verwaltungsräte
- Dr. Manfred Müller, VR-Sekretär
- Gesellschaftsakten (ungebundenes Expl. an Frau Ludwig)
- St. Galler Kantonalbank (Kopie an Herrn Leu)
- Treuhand AG St. Gallen
- Handelsregisteramt St. Gallen (als Beleg für die HR-Anmeldung)

PROTOKOLL 03/2014

der

Verwaltungsratssitzung

der

Mustergesellschaft AG

abgehalten am Dienstag, den 1. April 2014 um 13.00 Uhr

im Konferenzzimmer der Mustergesellschaft AG, Börsenplatz 2, 8001 Zürich

Anwesend:
- Norbert Eismann, Verwaltungsratspräsident/Vorsitz
- Paul Paulsen, Verwaltungsrat, Präsident AC
- Dagobert Freundlich, Verwaltungsrat
- Heiri Dentzler, Verwaltungsrat, Präsident RNC
- Michael Roth, Verwaltungsrat
- Rolf Meier, VR-Sekretär/Protokoll

Als Gäste:
- Felix Schmid, CEO (zu Traktanden 1 bis 8)
- Simon Ehrlich, CFO (zu Traktanden 1 bis 3)
- Alfred Holzer, Leiter HR (zu Traktanden 5.1 und 5.2)
- Reto Widmer, Assistent GL (zu Traktandum 6.3)

Entschuldigt:
- Markus Steier, Verwaltungsrat (Auslandabwesenheit)

TRAKTANDEN

1. Protokolle
1.1 Protokoll der VR-Sitzung 2/2014 vom 28.2.2014
1.2 Zirkulationsbeschluss Muster Technik
1.3 Pendenzenliste

2. CEO-Report

3. CFO-Report
3.1 Standardreport
3.2 Revision
3.3 Business Plan 2014 bis 2018
3.4 Refinanzierung

4. Committee Reports
4.1 Report Audit Committee
4.2 Report Remuneration and Nomination Committee

5. Personelles
5.1 Management Development Plan
5.2 Absentismus

6. Verschiedenes
6.1 Deckung Pensionskasse
6.2 Aktienübertragung T. Nauer
6.3 Risk Management

7. Nächste Sitzung

8. Allgemeine Umfrage

9. VR-Interna

Der VR-Präsident begrüsst die Anwesenden und entschuldigt für die heutige Sitzung das VR-Mitglied M. Steier zufolge Auslandabwesenheit.

Zusätzlich zur bestehenden Traktandenliste sollen auf Wunsch des CFO als Punkt 3.4 Refinanzierung und als Punkt 6.3 Risk Management behandelt werden. Damit sind alle Anwesenden einverstanden.

1. Protokoll

1.1 Protokoll der VR-Sitzung 2/2014 vom 28.2.2014

Das VR-Protokoll 2/2014 wurde allen Verwaltungsräten schon kurz nach der letzten Sitzung zugestellt. M. Steier hat schriftlich eine Korrektur von Punkt 5.2 auf S. 9 verlangt. Dort wird festgestellt, dass alle Verwaltungsräte einstimmig die Offerte der Software AG gutgeheissen haben. Tatsächlich hat jedoch M. Steier gegen den Antrag gestimmt mit dem Argument, die Software AG habe zwar eine günstige Offerte abgegeben, biete jedoch keine Gewähr für einen langfristigen Support. Die übrigen Mitglieder anerkennen die Korrekturforderung als berechtigt.

H. Dentzler wünscht eine Ergänzung zu Punkt 2 auf S. 2. Er hatte anlässlich der letzten Sitzung auf die allenfalls zu leistende Mäklerprovision von 2% an die MFH Immobilien AG hingewiesen, falls der Verkauf des Areals «Gutenbergstrasse» realisiert werde. Der Verwaltungsrat ist mit dieser Ergänzung einverstanden. Es werden keine weiteren Änderungen gewünscht.

Das Protokoll der VR-Sitzung vom 28.2.2014 wird mit den obigen Ergänzungen einstimmig genehmigt und dem Protokollführer verdankt.

1.2 Zirkulationsbeschluss Muster Technik

Aus dringendem Anlass hat der VR-Präsident am 3.3.2014 auf dem Zirkulationsweg dem Verwaltungsrat beantragt, dem vom Hausanwalt vorgeschlagenen Vergleich im Prozess Muster Technik über CHF 224 000.– per saldo aller Ansprüche zuzustimmen.

Alle Mitglieder des Verwaltungsrates haben dem Zirkulationsverfahren innert der angesetzten Frist von drei Tagen zugestimmt. Der Antrag des VR-Präsidenten zum Abschluss des Vergleiches wurde mit 4:1 Stimmen gutgeheissen. P. Paulsen hat den Vergleich abgelehnt, da er die Chancen in einem Gerichtsurteil als besser beurteilt.

Der Verwaltungsrat nimmt von der Zustimmung zum Abschluss des beantragten Vergleichs im Prozess Muster Technik Kenntnis.

D. Freundlich weist unter Berufung auf die Lokalpresse darauf hin, dass die Muster Technik auch von der Konkurrenzia AG wegen Vertragsverletzung eingeklagt worden sei. Es scheint zum Geschäftsgebaren der Muster Technik zu gehören, Vetragsverpflichtungen nicht einzuhalten.

Der VR-Präsident stellt in diesem Zusammenhang ausdrücklich klar, dass Prozesse nur auf der Stufe Verwaltungsrat eingeleitet und abgeschlossen werden dürfen. Dies ist klar im Funktionendiagramm geregelt. Auch ein Vergleich kann deshalb durch die Geschäftsleitung nur mit Zustimmung des Verwaltungsrates abgeschlossen werden.

1.3 Pendenzenliste

Die Pendenzenliste wird detailliert behandelt. Der VR-Präsident kann feststellen, dass die bis heute fälligen Pendenzen erledigt bzw. für heute traktandiert sind mit folgenden Bemerkungen und Ausnahmen:

- F. Schmid bemerkt, dass die Marketing GmbH erst nach mehrmaliger Aufforderung und nur rudimentär eine Offerte zur Moderation der Strategietagung eingereicht hat. Die Firma New Generation hat dagegen eine ausgezeichnete Offerte eingereicht, welche nun von der Muster AG akzeptiert wird.
- Als Massnahme zur Eingrenzung von transitorischen Aktiven und Passiven wurde das Reporting entsprechend ergänzt.
- Die Pendenz betr. Kundenprofitabilität erfordert zusätzliche Abklärungen durch den CFO. Als neuer Termin wird der 30.11.2014 angesetzt.

Der VR-Sekretär wird beauftragt, wie immer das Protokoll innert 14 Tagen zu verfassen und die aktualisierte Pendenzenliste als Anhang dem Protokoll beizufügen.

R. Meier bis 15.04.14 Protokoll der VR-Sitzung vom 1.4.2014 und Aktualisierung der Pendenzenliste

2. CEO-Report

Der CEO-Report per Februar 2014 wurde allen Verwaltungsräten per verschlüsseltem E-Mail am 15.3.2014 zugestellt. Einzelne Fragen der VR-Mitglieder konnten schon vorgängig bilateral geklärt werden. Dies betrifft insbesondere den gestiegenen Ausschussanteil und die weiterhin hohe Absenzenquote von 4,2%. Die im Reporting angegebenen Zahlen sind korrekt. Ergänzend bringt F. Schmid folgende Bemerkungen an:

- Der konsolidierte Umsatz liegt per 28.2.2014 rund 3,5% unter Budget. Nur die Abteilung Musterproduktion erreichte einen Umsatz über Budget. Dafür liegt nun der Auftragsbestand insgesamt rund 4% über Budget. M. Roth wünscht, dass im Monatsreport zukünftig auch die Vorjahreszahlen angeführt werden, damit ein saisonaler Vergleich möglich ist.

Der CFO wird beauftragt, die Vorjahreszahlen zur Vergleichsmöglichkeit in die zukünftigen Reports aufzunehmen. | S. Ehrlich bis 15.05.14 Vorjahreszahlen in Monatsreport integrieren

- Für die Firma Konkurrenzia AG wurde entsprechend der neuen Strategie ein Richtangebot für XL und XXL Musterprodukte mit MM-Verschluss abgegeben. Auf Nachfrage von D. Freundlich bestätigt der CEO, dass der MM-Verschluss zum Patent angemeldet wurde.

- Der problematische Markt ist noch immer die Westschweiz. Hier liegt der Umsatz 9,4% unter Budget, jedoch leicht über Vorjahr. Die Stimmung beim Aussendienst ist unverändert schlecht. Dazu bemängelt M. Roth, dass vom Verkaufsdirektor Westschweiz trotz Anregung durch den VR-Präsidenten bisher noch kein konkreter Antrag für mögliche Massnahmen gestellt wurde. Der CEO anerkennt diesen Einwand und ergänzt, dass auch in der Schulung und Betreuung des Aussendienstes Mängel festzustellen sind.

Nach eingehender Diskussion beauftragt der Verwaltungsrat den CEO, dem Verkaufsdirektor Westschweiz die Bedenken des Verwaltungsrates mitzuteilen und ihn aufzufordern, konkrete personelle Unterstützung anzufordern, um die eingeleiteten Massnahmen konsequent umsetzen zu können. Gleichzeitig wird der Verkaufsdirektor Westschweiz für die nächste Sitzung zu einer aktuellen Berichterstattung eingeladen. Dazu ist ein separates Traktandum vorzusehen. | F. Schmid bis 17.4.14 Bedenken des VR an VD Westschweiz mitteilen und Aufforderung zu konkreten Anträgen

- Sämtliche Standorte der Muster Gruppe wurden erfolgreich betr. ISO 9001 rezertifiziert. Das Risk Management wurde im Managementhandbuch eingearbeitet und wird nun systematisch aufgebaut. D. Freundlich beanstandet in diesem Zusammenhang, dass die Anzahl der Kundenreklamationen noch immer über der vorgegebenen Zielgrösse liegen. In diesem Punkt muss die Qualität dringend verbessert werden. | R. Meier bis 10.5.14 Einladung VD Westschweiz zur nächsten VR-Sitzung

- Der COO P. Nagel hat per 31.6.2014 gekündigt; er wäre nicht abgeneigt, die Firma früher zu verlassen. Ein früherer Austritt kommt nach

Ansicht von H. Dentzler nur bei entsprechendem Ersatz in Frage. Die Suche nach einem neuen COO ist unter Leitung des Nomination und Remuneration Committee bereits angelaufen. Der VR-Sekretär erinnert daran, dass der COO eine Kollektivunterschrift zu zweien führt.

Der Verwaltungsrat beschliesst einstimmig, dass die Unterschriftsberechtigung des COO Peter Nagel, von Winterthur, in St. Gallen, umgehend gelöscht wird. Der VR-Sekretär wird mit der Anmeldung der Löschung beim HR-Amt beauftragt.

R. Meier bis 5.4.14 Löschung der Unterschrift von P. Nagel im Handelsregister

Es werden keine zusätzlichen Fragen zum CEO Report gestellt. Der VR-Präsident dankt an dieser Stelle dem CEO für die ausgezeichnete Firmenpräsentation am 16.3.2014 im Rahmen der Internationalen ABC-Ausstellung in Frankfurt.

3. CFO-Report

3.1 Standard-Report

Der CFO-Report per Ende Februar wurde allen Anwesenden fristgerecht am 15.3.2014 per verschlüsseltem E-Mail zugestellt.

Auf Frage des VR-Präsiden erörtert S. Ehrlich vorab die Gründe für den grossen Cash-Zufluss im Februar von TCHF 1267. Hauptgrund war die pünktliche Zahlung aus dem Advance-Projekt. Im Forecast wird das Volumen dieses Projekts jedoch nur noch mit CHF 6,5 Mio. angenommen. Ursprünglich wurde von CHF 7,5 Mio. ausgegangen. Die Umsatzerwartung per Ende 2014 wird deshalb auf CHF 63,3 Mio. reduziert. Die plötzliche Negativabweichung im Forecast wird intensiv diskutiert.

Der CFO wird beauftragt, bis zum 30.4.2014 dem Verwaltungsrat eine detaillierte Analyse der Gründe für diese Reduktion zu liefern und Massnahmen zur kurzfristigen Korrektur vorzuschlagen. Die Ergebnisse werden am 3.5.2014 von 07.00 bis 08.30 anlässlich einer Telefonkonferenz besprochen, die vom VR-Sekretär zu organisieren ist.

S. Ehrlich bis 30.4.14 Analyse der Gründe für Reduktion Forecast und Vorschläge für Korrekturmassnahmen

Der VR-Präsident empfiehlt, Massnahmen im Personalbereich zu prüfen, z.B. Bezug von Ferien und Kompensation von Überstunden, Auflösung von Rückstellungen für Boni, da Ziele nicht erreicht werden, wodurch entsprechende Abgrenzungen aufgelöst werden können.

R. Meier bis 3.5.14 Organisation der Telefonkonferenz betr. Analyse Forecast

Der CFO legt den Anwesenden den aktualisierten Liquiditätsplan für die nächsten 12 Monate vor. Daraus ergibt sich, dass stets genügend Liquidität vorhanden sein wird. Der tiefste Punkt wird im Januar 2015 mit TCHF 1967 ohne Berücksichtigung der Kreditlimite bei der ABC Bank erreicht.

Auf Nachfrage von D. Freundlich bestätigt der CFO abschliessend, dass sämtliche Steuern und Sozialversicherungen ordnungsgemäss gebucht und soweit fällig bezahlt sind.

3.2 Revision

Der CFO kann mitteilen, dass die Revision plangemäss stattgefunden hat. Die vom Audit Committee vorgegebenen Punkte im Audit Plan wurden dabei alle berücksichtigt. Lediglich bei der Überprüfung des IKS wurden noch einige Schwachstellen gefunden. Dazu wird der CFO an der nächsten VR-Sitzung entsprechende Optimierungsanträge stellen.

Der Verwaltungsrat nimmt den Stand der Revisionsarbeiten zur Kenntnis und erwartet an der nächsten VR-Sitzung Optimierungsvorschläge für das IKS.

3.3 Business Plan 2013 bis 2018

Dem Verwaltungsrat wurde vorgängig von der GL der Entwurf eines angepassten Business Plans 2014–2018 zugestellt, in dem nun sämtliche Ergebnisse der Strategietagung berücksichtigt sind.

M. Roth beantragt, die Businessplanung wegen der plötzlichen Negativabweichung im Forecast zu stoppen, bis Klarheit über die entsprechenden Gründe bestehen. Der CFO ist jedoch überzeugt, dass die derzeitige negative Entwicklung des Forecast keinen Einfluss auf den vorgeschlagenen Business Plan haben wird.

Der VR-Präsident stellt fest, dass der Entwurf des Business Plan 2014–2018 im Audit Committee besprochen wurde und dem Verwaltungsrat zur Genehmigung vorgeschlagen wird. Der Entwurf wird deshalb entgegen dem Antrag von M. Roth ausführlich besprochen. Es werden an einigen Stellen noch zusätzliche Detailangaben und Begründungen gewünscht.

Der CFO wird beauftragt, diese Änderungen und Ergänzungen vorzunehmen und dem Verwaltungsrat noch vor der nächsten Sitzung ein bereinigtes Exemplar zuzustellen.

Der Verwaltungsrat verzichtet auf eine Abstimmung. Stattdessen wird der bereinigte Businessplan 2014–2018 an der nächsten Sitzung nochmals besprochen und erst dann allenfalls genehmigt.

S. Ehrlich bis 21.5.14 Detailangaben zu Business Plan 2014–2018

3.4 Refinanzierung

Der VR-Präsident beantragt eine Überprüfung der bestehenden Finanzierung im Hinblick auf eine mögliche Verbesserung unter der Annahme einer Standalone-Lösung auf Basis der erreichten Performance. Eine Refinanzierung könnte nach folgendem Zeitplan ablaufen:

– bis 07.05.2014 Erstellung eines Spreadsheet mit Kennzahlen zu den bestehenden Krediten und Covenants sowie Interdependenzen

– bis 07.05.2014 Formulierung der Zielsetzungen der Aktionäre

- bis 14.09.2014 Erstellung eines Booklet für die Banken mit Ausgangslage, Ist-Situation und Businessplan
- bis 31.12.2014 Unterzeichnung der neuen Finanzierungsverträge
- bis 31.01.2014 Vollzug bzw. Umsetzung der Refinanzierung

Der VR-Präsident schlägt vor, dass neben den bestehenden Banken ABC und DEF nun auch die GH-Bank und die MN-Bank angefragt werden. M. Roth wird aus Sicht der Hauptaktionärin allfällige Ergänzungen bekannt geben.

Der Verwaltungsrat ist mit diesem Vorschlag einverstanden und beauftragt den CFO, an der nächsten Sitzung über den Stand dieses Projekts zu berichten.

M. Roth bis 7.5.14 Ergänzung der Bankenliste betr. Refinanzierung

S. Ehrlich bis 21.5.14 Bericht über Stand Projekt Refinanzierung

4. Committee Reports

4.1 Report Audit Committee

P. Paulsen verweist auf das Protokoll der Sitzung des Audit Committee vom 22.3.2014, welches allen Anwesenden vorgängig zugestellt wurde.

Auf Frage von M. Roth bestätigt der CFO, dass keine Deckungslücke gemäss IFRS 19 bei der Pensionskasse besteht. Alle Forderungen gemäss dieser Rechnungslegungsvorschrift sind erfüllt, so dass kein negativer Vermerk in der Jahresrechnung erfolgt.

P. Paulsen stellt die Problematik von SAS 70 zur Diskussion und lässt dazu ein Factsheet verteilen. Bei diesen Auditing Standards geht es im Wesentlichen um die Überprüfung des IKS der Geschäftsprozesse, welche einen direkten Einfluss auf die «Financial Statements» eines Kunden haben. Die Erfüllung von SAS 70 wird bereits in der Ausschreibung der Firma Promatus AG verlangt. Gemäss seinen Abklärungen mit der Revisionsgesellschaft PMGW geht der CFO davon aus, dass solche Zertifizierungen in der Zukunft von allen Dienstleistern der Muster-Branche verlangt werden. Deshalb wird nun zu möglichst tiefen Kosten alles vorbereitet, um bei entsprechender Notwendigkeit auch die Voraussetzungen von SAS 70 zu erfüllen.

Das vom CFO vorgeschlagene Vorgehen wird ausführlich diskutiert und schliesslich einstimmig genehmigt.

4.2 Report Remuneration and Nomination Committee

H. Dentzler teilt mit, dass die nächste Sitzung des RNC am 21.5.2014 stattfinden wird. Dann werden die Zielvereinbarungen mit dem Management besprochen. Gleichzeitig erfolgt eine erste Selektion von Kandidaten für die Funktion des COO.

Vom Leiter HR wurden neue Business Conduct Guidelines entworfen. Damit soll versteckten Interessenkonflikten, unerlaubten Kartellabsprachen und Bestechungsversuchen vorgebeugt werden. Gleichzeitig soll auch das Whistleblowing konkret geregelt werden. Bevor der Verwaltungsrat sich damit befasst, möchte das RNC eine Vorbesprechung und Bereinigung durchführen.

Der Verwaltungsrat nimmt die Ausführungen zur Kenntnis und ist damit einverstanden, dass der Entwurf der Business Conduct Guidelines im RNC vorbesprochen wird.

H. Dentzler bis 21.5.14 Im RNC Vorprüfung der Business Conduct Guidelines

5. Personelles

5.1 Management Development Plan

A. Holzer präsentiert als Leiter Human Resources den Management Development Plan und gibt die entsprechenden Folien den Anwesenden ab. Ausgegangen wird vom BSC-Ansatz (Management Framework). Die Ziellohnvereinbarungen basieren auf weichen und harten Faktoren zu den Bereichen:

- Customers
- People
- Processes
- Financial

Um den Prozess umzusetzen, sind bereits entsprechende Formulare entworfen worden. Auch diese werden den Anwesenden abgegeben. Jeder Mitarbeiter wird bezüglich seines Potentials beurteilt und letztlich qualifiziert nach den Kategorien: marginal, solid, promotable oder excellent. Nach den Erfahrungszahlen in anderen Unternehmen werden nur 25% als promotable und nur 15% als excellent beurteilt werden können.

Auf Frage von M. Roth kann A. Holzer mitteilen, dass die vorgeschlagenen Mitarbeitergespräche und die vorgesehene Potentialqualifikation von den Kadermitarbeitern begrüsst und erwartet werden, um die bemängelten Defizite in der Kommunikation zu beheben.

P. Paulsen stellt aus seiner Erfahrung fest, dass jede Qualifikation sehr schwierig ist. Aufwand und Ertrag dieses Projekts stehen nach seiner Ansicht deshalb in einem Missverhältnis. Kann einem sehr guten Mitarbeiter keine höhere Position in Aussicht gestellt werden, so wird er nicht zufrieden sein. P. Paulsen beantragt deshalb, dieses Projekt vorerst bis Mitte 2015 zu verschieben und bis dahin die resultierenden finanziellen Konsequenzen im Detail abzuklären.

Für A. Holzer sind bereits das Gespräch und die Kommunikation der Aussichten sehr wichtig. Der VR-Präsident ist ebenfalls überzeugt, dass dieses

System ein Value Driver für die Muster AG ist, zumal mit diesem Prozess Klarheit über das Potential des Kaders geschaffen werden kann. Die anfallenden Kosten sind im Rahmen des Budgets zu berücksichtigen.

Nach eingehender Diskussion beschliesst der Verwaltungsrat mit Gegenstimme von P. Paulsen vorab, das Projekt nicht zu verschieben. Auf Antrag des VR-Präsidenten wird sodann ebenfalls mit Gegenstimme von P. Paulsen entschieden, das Projekt Management Development Plan wie vom Leiter HR vorgeschlagen bis Ende 2014 umzusetzen. A. Holzer wird beauftragt, bis zum 15.6.2014 einen schriftlichen Bericht über die Umsetzung inkl. resultierender finanzieller Auswirkungen dem Verwaltungsrat zuzustellen.

A. Holzer bis 15.6.2014 Bericht an VR betr. Umsetzung Management Development Plan

5.2 Absentismus

A. Holzer verweist zu diesem Punkt einleitend auf seinen Bericht vom 3.3.2014 zum Thema Entwicklung der Krankheitsabsenzen und Kurzabsenzen. Eine Absenzenquote von über 4% ist alarmierend und hat gravierende finanzielle Konsequenzen. Er begründet deshalb kurz die im Bericht enthaltenen Anträge betr. Massnahmen zur Reduktion des Absentismus. Konkret wird von A. Holzer beantragt, dass zukünftig pro Kalenderjahr bei der ersten Krankheitsabsenz ab dem dritten Tag nur noch eine Lohnfortzahlung in der Höhe von 80% erfolgt und zudem ab der 2. Krankheitsabsenz die ersten drei Tage gar nicht bezahlt werden, unabhängig davon, ob ein Arztzeugnis vorliegt bzw. wie lange die Krankheitsabsenz dauert. Bei besonderen Härtefällen soll die Geschäftsleitung entscheiden können, ob auf Karenztage verzichtet wird.

Der VR-Präsident befürwortet den Antrag von A. Holzer, dass im Krankheitsfalle eine Karenzfrist ab der zweiten Arbeitsverhinderung im gleichen Kalenderjahr eingeführt wird. Bei Entschädigungen durch die SUVA würden die ersten 3 Tage ebenfalls nicht bezahlt. Zur Durchsetzung der neuen Regelung sind allenfalls Änderungskündigungen anzudrohen.

Nach intensiver Diskussion stimmt der Verwaltungsrat dem Antrag des Leiters HR einstimmig zu. Die neue Regelung soll per 1. Januar 2015 eingeführt werden. A. Holzer wird mit der Umsetzung beauftragt.

A. Holzer bis 1.1.2015 Umsetzung der Massnahmen zur Reduktion des Absentismus

Der VR-Sekretär gibt im Hinblick auf die Rechtssituation zu bedenken, dass jedem Mitarbeiter ein neuer Arbeitsvertrag vorgelegt werden muss, da die Änderung der Lohnfortzahlung einer Änderung des Arbeitsvertrages gleichkommt. Nur gegenüber jenen Mitarbeitern, die den neuen Vertrag nicht unterzeichnen, muss allenfalls eine Änderungskündigung ausgesprochen werden. Dabei sind allenfalls die Vorschriften betr. Massenentlassungen zu beachten.

6. Verschiedenes

6.1 Deckung Pensionskasse

Dieser Punkt wurde bereits im Zusammenhang mit dem Report des Audit Committee besprochen. Der Verwaltungsrat verzichtet auf eine weitere Diskussion.

6.2 Aktienübertragung T. Nauer

Der VR-Präsident stellt fest, dass T. Nauer bereits am 28.1.2014 je einen Aktienübertragungsvertrag mit seinen Söhnen abgeschlossen hat. Danach werden von ihm mit Wirkung per 1.2.2014 folgende Aktien der Muster AG inkl. Dividendenanspruch per 2013 übertragen:

- an Fritz Nauer, Neubaustr. 7, 9000 St. Gallen, 50 Namenaktien à nom. CHF 100 (Zertifikat Nr. 17) und 45 Namenaktien à nom. CHF 1000 (Zertifikate Nr. 40–48)
- an Bruno Nauer, Unterdorf 20, 8000 Zürich, 50 Namenaktien à nom. CHF 1000 (Zertifikate Nr. 30–39)

Erst mit Schreiben vom 6.3.2014 hat T. Nauer ein Gesuch um Zustimmung zur Aktienübertragung eingereicht. Die Aktien sind gemäss Art. 8 der Statuten vinkuliert, doch liegt bei Übertragung an die Nachkommen kein Ablehnungsgrund vor.

Der Verwaltungsrat genehmigt die Aktienübertragung einstimmig. Der VR-Sekretär wird beauftragt, das Aktienbuch entsprechend nachzuführen und dem Gesuchsteller Mitteilung der Zustimmung zu machen.

R. Meier bis 14.4.14 Nachführung Aktienbuch und Mitteilung T. Nauer

6.3 Risk Management

Dem Verwaltungsrat wurde zu diesem Punkt vorgängig die Information «Top 10 Risks» und der Antrag «Vertiefte Risiko-Analyse» zugestellt. Für ergänzende Auskünfte wird zu diesem Traktandum R. Widmer als Projektleiter begrüsst.

R. Widmer kann feststellen, dass von den Mitarbeitern total 214 Risiken bei einem Rücklauf von guten 52% der Fragebogen identifiziert wurden. Nach dem Triage Prozess ergab sich eine konsolidierte Master List von 47 Risiken. An einem Work Shop wurden folgende 10 Top-Risiken definiert, entsprechende Massnahmen beschlossen und je ein Verantwortlicher bestimmt:

- IT-Sicherheit
- Lizenzkündigungen
- Ausfall Produktionslinien

- Staatliche Eingriffe und Beschränkungen
- Mandatsverluste
- Arbeitssicherheit
- Projekt-Risiken
- Offertprozess
- Vertragsmanagement
- Kundenbonität

Als nächster Schritt sollen die Top-10-Risiken vertieft analysiert werden, um dann für die obersten 4 Risiken die mögliche Massnahmen mit entsprechenden Kostenfolgen an der nächsten VR-Sitzung vorstellen zu können. Diese Vorgehensweise wird vom Verwaltungsrat nach kurzer Diskussion einstimmig gutgeheissen.

Der CFO ergänzt, dass mit dem Broker von AON die Versicherungs-Überprüfung bereits stattgefunden hat. Aus der Detailanalyse könnten sich jedoch nochmals Anpassungen ergeben. Der VR-Präsident wünscht deshalb, dass das Audit Committee bis Ende Juni die Überprüfung der Versicherungen auf Grund der Detailanalyse vornimmt. P. Paulsen nimmt den Auftrag entgegen.

P. Paulsen bis 30.06.14 Überprüfung der Versicherungen

7. Nächste Sitzung

Die nächste VR-Sitzung ist gemäss Jahresplanung auf den 21.5.2014 um 13.00 Uhr in den Räumlichkeiten der Mustergesellschaft AG in Zürich festgelegt. Vorgehend findet um 11.00 Uhr eine Sitzung des NRC statt.

Neben den Standardtraktanden werden folgende Zusatztraktanden festgelegt:

- Aktuelle Situation Verkauf Schweiz (Bericht durch Verkaufsdirektor Westschweiz)
- Stand Projekt Refinanzierung
- Business Conduct Guidelines (Antrag des RNC)
- Analyse und Massnahmen betr. Abweichung Forecast
- Businessplan 2014–2018
- Kostensenkungsprogramm «Fit Plus»

8. Allgemeine Umfrage

Der VR-Präsident orientiert über eine drohende Klage der Immo Treuhand GmbH im Zusammenhang mit dem Liegenschaftsvertrag vom 18.2.2011. Bis jetzt ist die GL der Muster AG davon ausgegangen, auf Grund eines noch nicht eingetragenen aber zugesagten Fahrrechts selbst noch eine Forderung in Höhe von CHF 145 000.– zu haben. Die entsprechende Rechnung wurde aber vorsorglich nicht als Debitor eingebucht. Nun macht die Immo Treuhand AG ihrerseits diesen Betrag als fehlende Kaufpreiszahlung inkl. Zinsen geltend.

Der CEO wird beauftragt, den Fall der Rechtsschutzversicherung zu melden, damit im Falle des Klageeinganges umgehend eine Gegenklage eingereicht werden kann. Gleichzeitig ist zu prüfen, in welcher Höhe eine Rückstellung für den allfälligen Prozess gemacht werden muss. — S. Ehrlich bis 21.5.2014 Abklärung Rechtsschutzversicherung und Rückstellung für Prozess Immo Treuhand AG

Die allgemeine Umfrage wird nicht weiter benützt.

9. VR Interna

H. Dentzler legt in seiner Funktion als Präsident des RNC die Auswertung der GL-Qualifikation vor. Der COO hat die schwächsten Resultate erreicht; dies dürfte auch der wirkliche Grund für seine Kündigung gewesen sein. Aber auch beim CFO besteht noch ein Verbesserungspotential. In Zusammenarbeit mit der HR-Beratungsunternehmung XPeople wurde ein konkreter Aus- und Weiterbildungsplan entworfen.

Der VR diskutiert die Resultate der GL-Qualifikation und den Vorschlag N&E-Ausschusses intensiv. Schliesslich wird dem Aus- und Weiterbildungsplan für den CFO zugestimmt.

H. Dentzler wird beauftragt, den CFO zu orientieren und für die Umsetzung der Aus- und Weiterbildung besorgt zu sein. — H. Dentzler bis 10.4.2014 Orientierung CFO über Aus- und Weiterbildungsplan

Um 17.30 Uhr schliesst der VR-Präsident die VR-Sitzung mit dem besten Dank für die konstruktive Mitarbeit.

St. Gallen, den 10. April 2014

Der VR-Präsident:					Der VR-Sekretär:

_____				_____

Norbert Eismann					Rolf Meier

Anhang:
- Aktualisierte Pendenzenliste per 1.4.2014

Geht an:
- Mitglieder des Verwaltungsrats (im Original)
- Sekretär des Verwaltungsrats (im Original)
- CEO und CFO (Traktanden 1–8, in Kopie)
- Direktor J. Bär ABC Bank (in Kopie gemäss Covenants)
- Auszug an das HR-Amt (im Original betr. Löschung Unterschrift COO)

Mustergesellschaft AG

Pendenzenliste 3/2014 per 1.4.2014

Termin	Pendenz	Verantwortlich	Ursprung*
05.04.2014	Löschung der Unterschrift von P. Nagel im Handelsregister	R. Meier	3/2014 S. 4
10.04.2014	Orientierung CFO über Aus- und Weiterbildung und Kontrolle der Umsetzung	H. Dentzler	3/2014 S. 11
14.04.2014	Nachführung Aktienbuch und Mitteilung an T. Nauer	R. Meier	3/2014 S. 9
15.04.2014	Protokoll der VR-Sitzung vom 1.4.2014 und Aktualisierung der Pendenzenliste	R. Meier	3/2014 S. 3
17.04.2014	Bedenken des VR an VD Westschweiz mitteilen und Aufforderung zu konkreten Anträgen	F. Schmid	3/2014 S. 4
30.04.2014	Analyse der Gründe für die Reduktion des Forecast und Vorschläge für Korrekturmassnahmen	S. Ehrlich	3/2014 S. 5
03.05.2014	Organisation der Telefonkonferenz betr. Analyse Forecast	R. Meier	3/2014 S. 5
07.05.2014	Ergänzung der Bankenliste betr. Refinanzierung	M. Roth	3/2014 S. 6
10.05.2014	Einladung VD Westschweiz zur nächsten Sitzung	R. Meier	3/2014 S. 4
15.05.2014	Vorjahreszahlen in Monatsreport integrieren	S. Ehrlich	3/2014 S. 4
21.05.2014	Abklärung betr. Rechtsschutzversicherung und Rückstellung für Prozess Immo Treuhand AG	S. Ehrlich	3/2014 S. 11
21.05.2014	Detailangaben zu Businessplan 2007–2012	S. Ehrlich	3/2014 S. 6
21.05.2014	Bericht über Stand Projekt Refinanzierung	S. Ehrlich	3/2014 S. 6
21.05.2014	Im RNC Vorprüfung der Business Conduct Guidelines	H. Dentzler	3/2014 S. 7
15.06.2014	Bericht an VR betr. Umsetzung Management Development Plan	A. Holzer	3/2014 S. 8

Termin	Pendenz	Verantwortlich	Ursprung*
30.06.2014	Überprüfung der Versicherungen	P. Paulsen	3/2014 S. 10
~~31.07.2013~~ 30.11.2014	Analyse der Kundenprofitabilität sämtlicher B-Verträge	S. Ehrlich	4/2013 S. 6 3/2014 S. 4
01.01.2015	Umsetzung der Massnahmen zur Reduktion des Absentismus	A. Holzer	3/2014 S. 9

11.62 Rangrücktrittsvereinbarung

Rangrücktrittsvereinbarung

zwischen

Muster AG, Gerechtigkeitsgasse 1, 8000 Zürich

(nachfolgend **Gläubiger**)

und

Perdita AG, Vadiangasse 2, 9000 St. Gallen

(nachfolgend **Gesellschaft**)

Feststellungen

Der in der Bilanz per 31.12.2013 ausgewiesene Bilanzverlust und der schlechte Geschäftsgang der Gesellschaft geben Anlass zur Besorgnis, dass eine Zwischenbilanz eine Überschuldung ausweisen könnte.

Der Verwaltungsrat der Gesellschaft erwartet jedoch, dass es ihm in absehbarer Zeit gelingt, die mögliche Überschuldung durch geeignete Massnahmen zu beseitigen.

Um zu vermeiden, dass der Verwaltungsrat der Gesellschaft den Richter im Sinne von Art. 725 Abs. 2 OR benachrichtigen muss und im Bestreben, den anderen Gesellschaftsgläubigern Deckung zu gewährleisten, treffen die Parteien vorliegende Vereinbarung.

Vereinbarung

1. Forderungen des Gläubigers im Gesamtbetrag von CHF 800 000 werden gegenüber allen bereits bestehenden und zukünftig entstehenden Forderungen gegen die Gesellschaft im Rang zurückgestellt. Für den Fall der Konkurseröffnung (Art. 175, Art. 192 SchKG) und für den Fall der Bestätigung eines Nachlassvertrages mit Vermögensabtretung (Art. 317 SchKG) verzichtet der Gläubiger auf die genannten Forderungen in dem Umfang, in dem das Verwertungsergebnis zur vollen Befriedigung der übrigen Gesellschaftsgläubiger und zur Deckung allfälliger Liquidations-, Stundungs- oder Konkurskosten benötigt wird.
2. Ohne gegenteilige Vereinbarung sind alle im Rang zurückgestellten Forderungen gleichgestellt.
3. Eingeschlossen in den Rangrücktritt sind auch alle auf den hier genannten Forderungen aufgelaufenen und künftig auflaufende Zinsen.
4. Die vom Rangrücktritt erfassten Forderungen und Zinsen sind während der Dauer der vorliegenden Vereinbarung gestundet.
5. Die vom Rangrücktritt erfassten Forderungen dürfen weder vollständig noch teilweise bezahlt, noch durch Verrechnung oder Neuerung getilgt, noch neu sichergestellt werden.

6. Im Falle des Konkurses oder der Nachlassliquidation des Gläubigers darf die Gesellschaft eigene Forderungen gegen den Gläubiger mit den vom Rangrücktritt erfassten Forderungen verrechnen.
7. Falls für die vom Rangrücktritt erfassten Forderungen Sicherheiten bestellt wurden, so wird das Recht des Gläubigers, aus diesen Sicherheiten Befriedigung zu verlangen, während der Dauer des Rangrücktritts ausgeschlossen. Vorbehalten bleiben durch Dritte bestellte Sicherheiten, für die kein Regressrecht gegenüber der Gesellschaft besteht.
8. Diese Vereinbarung kann durch die Parteien nur aufgehoben werden, wenn die vorliegende Vereinbarung durch einen anderen in Höhe und Ausgestaltung genügenden Rangrücktritt ersetzt wird (sei dies durch denselben oder durch einen andern Gläubiger).
9. Diese Vereinbarung fällt dahin,
    - wenn sich aus einer im Sinne der Schweizer Prüfungsstandards geprüften (Zwischen-)Bilanz ergibt, dass unter Berücksichtigung aller im Rang zurückgestellten Forderungen sämtliche Verbindlichkeiten der Gesellschaft durch Aktiven gedeckt sind; wird die Gesellschaft ordentlich geprüft, so genügt es, wenn dazu ein zusammenfassender Bericht der Revisionsstelle ohne Erwähnung von Art. 725 Abs. 2 OR vorliegt; oder
    - wenn der Gläubiger auf die im Rang zurückgestellten Forderungen endgültig verzichtet oder
    - wenn die im Rang zurückgestellten Forderungen zur Liberierung von Aktienkapital oder von Partizipationskapital der Gesellschaft verwendet werden.
8. Die Gesellschaft verpflichtet sich, der gesetzlichen Pflicht zur Erstellung der Jahresrechnung und deren Prüfung innert 6 Monaten stets nachzukommen. Sie stellt dem Gläubiger jeweils unaufgefordert ein Exemplar der Jahresrechnung inkl. Prüfbericht zu.
9. Diese Vereinbarung ist vom Verwaltungsrat der Gesellschaft in Würdigung der Bonität des Gläubigers genehmigt worden.
10. Der Gläubiger hat keinen Anspruch darauf, dass der Verwaltungsrat der Gesellschaft während der Dauer dieser Vereinbarung die Benachrichtigung des Richters wegen Überschuldung unterlässt.
11. Diese Vereinbarung untersteht ausschliesslich dem schweizerischen Recht.
12. Gerichtsstand für alle aus dieser Vereinbarung erwachsenden Streitigkeiten ist Zürich.

****

Ort, Datum: Ort, Datum:

....

Für die Gläubigerin: Für die Gesellschaft:

_____   _____

Muster AG   Perdita AG

11.63   Rechnungswesen Checkliste

Checkliste zur Ausgestaltung des Rechnungswesen

Vorbemerkungen

Die Ausgestaltung des Rechnungswesens ist gemäss Art. 716a Abs. 1 Ziff. 3 OR eine unübertragbare und unentziehbare Aufgabe des Verwaltungsrates. Er muss deshalb zumindest mit Einzelbeschlüssen dafür sorgen, dass die Ausgestaltung des Rechnungswesens den gesetzlichen Anforderungen genügt und überdies Gewähr für eine vollständige Information des Verwaltungsrates bietet. Die Grundlagen der Organisation des Finanz- und Rechnungswesens ergeben sich aus den Statuten, dem Organisations- und Geschäftsreglement sowie dem Funktionendiagramm.

Für grössere Gesellschaften wird empfohlen, das Rechnungswesen in einem Handbuch als Anhang zum Organisations- und Geschäftsreglement detailliert festzulegen. Die im Einzelnen zu regelnden Punkte sind von der Art und der Grösse der Gesellschaft abhängig. Nachfolgend werden Punkte aufgelistet, wie sie regelmässig in einem Produktionsbetrieb mittlerer Grösse geregelt werden sollten.

1.   Rechnungswesen

1.1   Grundsatzentscheide über die Buchführung

- Festlegung einer zweckmässigen Organisation
    - Buchführungssystem
    - Zuständigkeitsregeln
    - Abstimmungs- und Kontrollverfahren
- Einsatz der Hilfsmittel der elektronischen Datenverarbeitung
    - Konfiguration des EDV-Systems
    - Zu verwendendes Betriebssystem
    - Zu verwendende Anwendungssoftware
- Regelung von Datenschutz, Datensicherung und Zugriffsberechtigung
- Entscheid über die zu verwendende Währung und Sprache
- Sicherstellung der vollständigen, wahrheitsgetreuen uns systematischen Erfassung der Geschäftsvorfälle
    - Auswahlkriterien (lückenlos, periodengerecht, unverfälscht, richtig kontiert)
    - Systemkonforme Bewertung

- Systemkonforme Abgrenzung (Realisationsprinzip)
- Sicherstellung der ordnungsgemässen Verarbeitung
  - Festlegung von Journal, Hauptbuch, Hilfsbüchern
  - Kontenplan mit Gliederungsschema
  - Kontierungsrichtlinien
  - Sicherstellung des Belegprinzips
  - Sicherstellung der Nachprüfbarkeit
  - Sicherstellung der Chronologie
- Entscheid über die Umsetzung neuer gesetzlicher Bestimmungen und Standards: vorzeitige Anwendung? (Vorbereitung /Umstellung /Verbuchung / Offenlegung)

1.2 Grundsatzentscheide über die Rechnungslegung

- Sicherstellung der gesetzlich verlangten, differenzierten Rechnungslegung
  - Jahresrechnung gem. Art. 958-960e OR
  - Jahresrechnung für *grössere* Unternehmen (Art. 961–Art. 961d OR)
  - *Duale* Rechnungslegung (Jahresrechnung plus Abschluss nach einem anerkannten Standard zur Rechnungslegung gem. Art. 962 und Art. 962a OR)
  - Konzernrechnung
    - Nach anerkanntem Standard zur Rechnungslegung (Art. 963b Abs. 1 OR)
    - Nach Grundsätzen ordnungsmässiger Rechnungslegung (Art. 963b Abs. 2 OR)
- Grundsatzentscheid zur Bereitstellung/Offenlegung zusätzlicher Informationen trotz Vorliegens eines Befreiungsgrundes bzw. obwohl die gesetzliche Bestimmungen dies nicht verlangen, z.B.:
  - Entscheid zur Erstellung einer Jahresrechnung für grössere Unternehmen
  - Entscheid zur Erstellung eines Abschlusses nach anerkanntem Standard
  - Entscheid zur Erstellung eines Lageberichts etc.
- Festlegung der Informationspolitik gegenüber der Minderheitsbeteiligten
- Regelungen zur Ausübung der Minderheitsrechte
  - gemäss Art. 962 Abs. 1 (Abschluss nach anerkanntem Standard),
  - gemäss Art. 961d OR (bei grösseren Unternehmen),
  - gemäss Art. 963a Abs. 2 (Erstellung einer Konzernrechnung)
  - gemäss Art. 963b OR (Erstellung einer Konzernrechnung nach einem anerkannten Standard zur Rechnungslegung)
- Qualität der Rechnungslegung

- Sicherstellung der Stetigkeit der Rechnungslegung
- Sicherstellung der Vergleichbarkeit der Rechnungslegung

1.3 Grundsatzentscheide über das interne Kontrollsystem

- Organisatorische Massnahmen
    - Unterschriftenregelung
    - Instanzengliederung
    - Funktionentrennung (Anordnungen, Vollzug, Kontrolle)
    - Zutrittsberechtigung
    - Regelung von Arbeitsabläufen
- Führungsverantwortung
    - Pflichtenhefte
    - Teilnahme des Verwaltungsrates an der Inventur etc.
    - Vorschlags- und Antragswesen
    - Termine
- Anforderungen des Verwaltungsrates an das IKS
    - Entscheide zur Ausgestaltung, Implementierung und Aufrechterhaltung des IKS (unter Berücksichtigung der Zweckmässigkeit)
    - Anordnungen zur periodischen Überprüfung des IKS
    - Sicherstellung von geeigneten Kontrollmassnahmen zur Verhinderung von falschen Angaben (Verstösse und Irrtümer)
- Umsetzung des IKS
    - Entwicklung geeigneter Prozesse zur Identifikation, Einschätzung und Überwachung der eingegangenen Risiken
    - Aufrechterhaltung und Dokumentation der Organisationsstruktur (Verantwortlichkeiten, Kompetenzen und Informationsflüsse)
    - Identifikation von Schlüsselkontrollen und deren Überwachung, Vornahmen von Korrekturmassnahmen
    - Sicherstellung der Erfüllung delegierter Aufgaben

1.4 Grundsätze zur Prüfung des Abschlusses

- Sicherstellung der gesetzlich verlangten Prüfung des Abschlusses durch die Revisionsstelle
    - Feststellung der Art der gesetzlich verlangten Prüfung (ordentliche Revision/eingeschränkte Revision/Opting-out)
    - Optionen (Opting-out, Opting-in, Opting-down), Mischformen

- Auswahl einer geeigneten Revisionsstelle (gesetzliche Anforderungen/Zulassung/ Unabhängigkeit u.a.)
- Vergabe von übrigen Dienstleistungen an die Revisionsstelle
- Regelung der Berichterstattung der Revisionsstelle an den Verwaltungsrat (gesetzliche Mindestinhalte, zusätzliche Ansprüche der VR, Management Letter, etc.)
- Regelung betr. Umsetzung der Vorschläge der Revisionsstelle (Verantwortlichkeiten, Pendenzen-Kontrolle, Rapportierung durch GL, Zeitplan etc.)

1.5 Grundsätze über die Aufbewahrung der Geschäftsbücher

- Festlegung der nie zu vernichtenden Akten
- Festlegung der nach 10 Jahren zu vernichtenden Akten
- Festlegung der in einem früheren Zeitpunkt zu vernichtenden Akten mit Angabe der Aufbewahrungsfrist
- Register mit Standort der Aktenaufbewahrung

2. Bilanzierungs- und Bewertungsrichtlinien

2.1 Bilanzierungsrichtlinien

- Bestimmung der relevanten Bilanzierungsnormen
- Bestimmung der Bilanzierungsfähigkeit
    - Aktivierungsfähige Positionen
    - Passivierungspflichtige Positionen
- Festlegung der Grundsätze zur Gewinnermittlung
- Richtlinien für die Erstellung des Jahresabschlusses inklusive Termine und Verantwortlichkeiten

2.2 Bewertungsrichtlinien

- Bestimmung der relevanten Bewertungsnormen
- Festlegung der aktienrechtlichen Höchstwerte, sofern Wahlrechte bestehen
- Richtlinien für die Bewertung von Vermögenswerten zu Marktpreisen (Kriterien der einbezogenen Vermögenswerte, massgebende Kurswerte/Marktpreise, Kriterien für aktiven Markt, Schwankungsreserven)
- Bestimmung der Abschreibungen (Abschreibungsmethode, Nutzungsdauer etc.)
- Bestimmung des Vorgehens bei Anzeichen von unplanmässigen Wertminderungen, Grundlagen von Impairmenttests
- Bestimmung der Grundsätze zur Ermittlung der betriebsnotwendigen Rückstellungen
- Bestimmung der Umrechnungskurse

3. **Finanzplanung**

- Regelung des lang- und mittelfristigen Planungsprozesses hinsichtlich Verantwortung, Terminierung, Überarbeitung
- Regelung des Budget-Erstellungsprozesses hinsichtlich Verantwortung, Terminierung, Genehmigung
- Regelung der Liquiditätsplanung hinsichtlich Verantwortung, Rapportierung

4. **Finanzkontrolle**

- Einbau von internen Kontrollmechanismen
- Festlegung von Frühwarnsystemen
- Regelung der Abweichungsanalysen
  - Verantwortlichkeit zur Erkennung von Abweichungen
  - Festlegung der Empfänger der Abweichungsmeldungen
  - Regelung der Terminierung
  - Festlegung der Sofortmassnahmen
  - Massnahmenpläne für verschiedene Szenarien
- Investitionskontrolle
- Kostenkontrolle

5. **Berichtswesen**

5.1 Erfolgsrechnung	*Periodizität*
– Kurzfristige Erfolgsrechnung mit Abweichungsanalyse	quartalsweise
– Kostenstellenbericht/Spartenabrechnungen	quartalsweise
– Verkaufsstatistik	
– Umsatz	monatlich
– Absatzmenge	monatlich
– Deckungsbeitrag, Marge	monatlich
– Bestellungseingang	monatlich
– Liste neuer Kunden	monatlich
– Auftragsbestand	monatlich
– Handelsrechtliche Erfolgsrechnung	jährlich

5.2 Liquidität

- Liquiditätsstand
    - Bestand liquider Mittel am Monatsende — monatlich
    - Liquiditätsreserven, offene Limiten — monatlich
- Liquiditätsprognose — monatlich

5.3 Bilanz

- Monatsbilanz — monatlich
- Debitoren
    - Liste der offenen Posten nach Grösse — monatlich
    - Altersanalyse der Debitoren — monatlich
    - Liste der gefährdeten Debitoren — monatlich
    - Liste der Betreibungen — monatlich
    - Liste der Konkurse — monatlich
    - Debitoren nach Ländern — monatlich
    - Liste der überschrittenen Kreditlimiten — monatlich
    - Feststellung von Klumpenrisiken — monatlich
    - Kontrolle der Zahlungsfristen — monatlich
- Warenlager
    - Umschlagshäufigkeit/Reichweitenanalyse — quartalsweise
    - Feststellung der Inventurdifferenzen — quartalsweise
    - Feststellung von Ladenhütern — quartalsweise
    - Feststellung der Überbestände — quartalsweise
    - Stand der permanenten Inventur — monatlich
- Sachanlagen
    - Anlageninventar — jährlich
    - Umfang der Investitionen — monatlich
    - Umfang der Abgänge — monatlich
- Projekte
    - Stand der Projekte — quartalsweise
    - Ausgabenkontrolle — quartalsweise
- Beteiligungen
    - Bestimmung des Beteiligungsbestandes — jährlich

- Bericht über die Entwicklung | quartalsweise
- Prüfberichte zu Beteiligungen | jährlich
- Darlehen
  - Liste der Darlehen unter Angabe von Zinsertrag, Zinssatz, Amortisation, Sicherheiten | jährlich
  - Liste der gefährdeten Darlehen | quartalsweise
  - Liste der Verluste auf Darlehen | monatlich
- Kreditoren
  - Liste der Kreditoren nach Grösse | quartalsweise
  - Liste der Kreditoren nach Fälligkeit | monatlich
- Übriges Fremdkapital
  - Zusammensetzung | quartalsweise
  - Fälligkeitsliste | quartalsweise
  - Zinssatzliste | quartalsweise
- Eigenkapital
  - Zusammensetzung | jährlich
  - Bestand und Veränderungen der stillen Reserven | jährlich

5.4 Anhang

- Verzeichnis der Beteiligungen | jährlich
- Aufstellung über den Bestand der eigenen Aktien am Bilanzstichtag | jährlich
- Angaben über Erwerb, Veräusserung und Anzahl der von der Gesellschaft gehaltenen eigenen Aktien einschliesslich ihrer Aktien, die eine andere Gesellschaft hält, an der sie mehrheitlich beteiligt ist | jährlich
- Aufstellung der Bedingungen, zu denen die Gesellschaft die eigenen Aktien erworben oder veräussert hat | jährlich
- Aufstellung der Leasingverbindlichkeiten mit Restlaufzeit länger als ein Jahr | jährlich
- Verbindlichkeiten gegenüber Vorsorgeeinrichtungen | jährlich
- Liste der gestellten Sicherheiten für Verbindlichkeiten Dritter | jährlich
- Liste der zur Sicherung eigener Verpflichtungen verwendeten Aktiven und der Aktiven unter Eigentumsvorbehalt | jährlich
- Liste der rechtlichen oder tatsächlichen Verpflichtungen, bei denen ein Mittelabfluss entweder unwahrscheinlich erscheint oder in der Höhe nicht verlässlich geschätzt werden kann (Eventualverbindlichkeiten) | jährlich

- Aufstellung betr. Anzahl und Wert von Beteiligungsrechten oder Optionen auf solche Rechte für alle Leitungs- und Verwaltungsorgane — jährlich
- Erläuterungen zu ausserordentlichen, einmaligen oder periodenfremden Positionen in der Erfolgsrechnung — jährlich
- Angaben zu wesentlichen Ereignissen nach dem Bilanzstichtag — jährlich
- Liste der langfristigen verzinslichen Verbindlichkeiten (inkl. Beträge, Zinssätze und Fälligkeiten, Sicherheiten) — jährlich
- Aufstellung/Hilfsblatt über den Bestand der stillen Reserven — jährlich
- Aufstellung über das Honorar der Revisionsstelle (für Prüfung, für übrige Dienstleistungen) — jährlich
- Angabe der Gründe bei vorzeitigem Rücktritt der Revisionsstelle — jährlich
- Weitere gesetzlich verlangte Angaben — jährlich

5.5 Finanzplanung

- Umsatzbudget nach Produkten/Sparten — jährlich
- Absatzplan nach Produkten/Sparten — jährlich
- Massnahmenplan — jährlich
- Investitionsbudget — jährlich
- Personalbudget — jährlich
- Budget der Verwaltungs- und Vertriebskosten — jährlich
- Liquiditätsbudget — monatlich
- Finanzplan — monatlich
- Mittelflussrechnung — quartalsweise

5.6 Finanzkontrolle

- Investitionskontrolle — quartalsweise
- Kostenkontrolle — quartalsweise
- Abweichungsanalysen und Kommentierung — quartalsweise
- Bericht über die wichtigsten wirtschaftlichen Entwicklungen
    - Marktentwicklung — quartalsweise
    - Konkurrenzentwicklung — quartalsweise
    - Produktentwicklung — quartalsweise
- Bericht über die wichtigsten internen Ereignisse — monatlich

6. Checkliste zum Jahresabschluss

- Vorbereitung der Inventur, Inventurinstruktionen
- Durchführung der Inventur und Abstimmung der Inventurbestände mit den Buchsalden der Konten und allfälligen Hilfsbüchern (Anlagebuchhaltung, Lagerbuchhaltung etc.)
- Nachtragsbuchungen der laufenden Buchführung, insbesondere der Rechnungsabgrenzungsposten
- Erstellen der Probe- und Saldenbilanz
- Festlegung der Wechselkurse bei Fremdwährungsbeständen
- Festlegung der Bewertung, der Abschreibungen
- Beurteilung allfälliger Wertberichtigungen (Impairments)
- Durchführung Impairmenttest für Goodwill
- Beurteilung der Angemessenheit der Rückstellungen/Schwankungsreserven
- Festlegung der Informationen für den Anhang
- Ermittlung des tatsächlich erwirtschafteten Jahresergebnisses
- Entwurf der an der Generalversammlung vorzulegenden Jahresrechnung zuhanden des Verwaltungsrates, inkl. Angaben im Anhang
- Gegebenenfalls Entscheid über die Bildung und Auflösung von stillen Reserven durch den Verwaltungsrat
- Vornahme der vom Verwaltungsrat angeordneten Nachtragsbuchungen
- Antrag über Gewinnverwendung an die Generalversammlung
- Prüfung durch die Revisionsstelle, Vorlage des umfassenden Berichtes an den VR, Besprechung mit Revisionsstelle
- In Konzernobergesellschaften: Erstellung und Prüfung der Konzernrechnung
- Gegebenenfalls Nachtragsbuchungen in Absprache mit der Revisionsstelle
- Erstellung der definitiven Jahres-/Konzernrechnung und Lagebericht nach Autorisierung durch den Verwaltungsrat
- Unterzeichnung des Geschäftsberichts durch den VRP und der für die Rechnungslegung in der Gesellschaft zuständigen Person (CFO)
- Vorlage des Revisionsberichtes an die Generalversammlung sowie des Erläuterungsberichtes an den Verwaltungsrat
- Bekanntgabe der Jahresrechnung und des Geschäftsberichtes durch Auflage am Gesellschaftssitz 20 Tage vor der Generalversammlung, Zustellung auf Verlangen an die Aktionäre
- Genehmigung der Jahresrechnung und des Geschäftsberichtes sowie gegebenenfalls der Konzernrechnung durch die Generalversammlung

- Vorlage eines geprüften Abschlusses nach einem anerkannten Standard zur Rechnungslegung (gem. Art. 962 OR), spätestens bis GV (sofern erforderlich)
- Décharge-Erteilung den an der Rechnungserstellung Beteiligten
- Verbuchung der Gewinnverwendung und der definitiven Schlussbilanz im Journal und im Hauptbuch
- Vollzug der GV Beschlüsse: Auszahlung der Dividende etc. (Abrechnung/Meldung an Eidg. Steuerverwaltung, Verrechnungssteuer)
- Ablage der Abschlussdokumente (Aufbewahrungsfrist grundsätzlich 10 Jahre)

11.64 Reklamationsauswertung

Reklamationsauswertung Muster AG

Bereich	1. Quartal	2. Quartal	3. Quartal	4. Quartal	Kumulativ	Vorjahr	Zielgrösse	Kommentar
Administration								
– Freundlichkeit								
– Reaktionszeit								
– Kompetenz								
– Diverse								
Finanzen								
– Rechnungsstellung								
– Steuern								
– Adressfehler								
– Diverse								
Produktion								
– Lieferzeit								
– Falschlieferung								
– Produktefehler								
– Verpackung								
– Diverse								
Verkauf								
– Beratung								
– Bestellung								
– Preis								
– Sortiment								
– Diverse								

Graphische Darstellung des quartalsweisen Verlaufs in den letzten 10 Quartalen:

11.65 Reklamationsformular

Reklamationserfassung Muster AG

Monat:
Name und Vorname:
Abteilung:

Bereich	Anz. schr. Reklamationen	Anz. mdl./tlf. Reklamationen	Total	Bemerkungen
Administration				
– Freundlichkeit				
– Reaktionszeit				
– Kompetenz				
– Diverse				
Finanzen				
– Rechnungsstellung				
– Steuern				
– Adressfehler				
– Diverse				
Produktion				
– Lieferzeit				
– Falschlieferung				
– Produktefehler				
– Verpackung				
– Diverse				
Verkauf				
– Beratung				
– Bestellung				
– Preis				
– Sortiment				
– Diverse				

Checkliste
Pflicht zur Zuweisung an die Allgemeine Reserve

Mit der vorliegenden Checkliste kann auf einfache Weise überprüft werden, ob bei der Gewinnverwendung durch die Generalversammlung eine Zuweisung an die gesetzliche allgemeine Reserve gemäss Art. 671 ff. OR vorgenommen werden muss.

I. Fragen

1. Weist die Jahresrechnung einen Gewinn aus?

   a) Nein ⇨ Antwort 1

   b) Ja ⇨ weiter mit Frage 2

2. Enthalten die Statuten Bestimmungen zur Reservebildung, welche über die gesetzlichen Mindestvorschriften (5% des Jahresgewinnes bzw. Höhe der allgemeinen Reserve von 20% des einbezahlten Aktienkapitals) hinausgehen oder eine besondere Reservebildung vorsehen?

   a) Nein ⇨ weiter mit Frage 3

   b) Ja ⇨ weiter mit Frage 7

3. Besteht der Jahresgewinn teilweise aus einem Kaduzierungsgewinn (Kraftloserklärung von Aktien) oder einem Agio (Mehrerlös aus der Ausgabe von Aktien oder Partizipationsscheinen) das nicht zu Abschreibungen oder zu Wohlfahrtszwecken verwendet wird?

   a) Nein ⇨ weiter mit Frage 4

   b) Ja ⇨ weiter mit Frage 12

4. Beträgt die bestehende allgemeine Reserve bereits 20% des einbezahlten (nicht nominellen) Aktienkapitals?

   a) Nein ⇨ weiter mit Frage 25

   b) Ja ⇨ weiter mit Frage 5

5. Sollen Gewinnanteile (Dividenden oder Tantiemen) ausgeschüttet werden, welche den Gesamtbetrag einer 5%-igen Dividende übersteigen (bemessen auf Jahresbasis als Prozentsatz des einbezahlten und dividendenberechtigten Aktien- und allenfalls Partizipationskapitals)?

   a) Nein ⇨ Antwort 2

   b) Ja ⇨ weiter mit Frage 6

6. Beträgt die allgemeine Reserve bereits mindestens 50% des nominellen Aktienkapitals?

   a) Nein ⇨ Antwort 4

   b) Ja ⇨ Antwort 2

7. Sind die statutarischen Vorschriften betreffend Reservebildung bereits vollständig erfüllt?

   a) Nein ⇨ weiter mit Frage 16

   b) Ja ⇨ weiter mit Frage 8

8. Besteht der Jahresgewinn teilweise aus einem Kaduzierungsgewinn (Kraftloserklärung von Aktien) oder einem Agio (Mehrerlös aus der Ausgabe von Aktien oder Partizipationsscheinen) das nicht zu Abschreibungen oder zu Wohlfahrtszwecken verwendet wird?

   a) Nein ⇨ weiter mit Frage 9

   b) Ja ⇨ weiter mit Frage 21

9. Beträgt die bestehende allgemeine Reserve bereits 20% des einbezahlten (nicht nominellen) Aktienkapitals?

   a) Nein ⇨ weiter mit Frage 25

   b) Ja ⇨ weiter mit Frage 10

10. Sollen Gewinnanteile (Dividenden oder Tantiemen) ausgeschüttet werden, welche den Gesamtbetrag einer 5%-igen Dividende übersteigen (bemessen auf Jahresbasis als Prozentsatz des einbezahlten und dividendenberechtigten Aktien- und allenfalls Partizipationskapitals)?

    a) Nein ⇨ Antwort 2

    b) Ja ⇨ weiter mit Frage 11

11. Beträgt die allgemeine Reserve bereits mindestens 50% des nominellen Aktienkapitals?

    a) Nein ⇨ Antwort 4

    b) Ja ⇨ Antwort 2

12. Besteht der Jahresgewinn nur aus Kaduzierungsgewinn oder Agio?

    a) Nein ⇨ weiter mit Frage 13

    b) Ja ⇨ Antwort 5

13. Beträgt die bestehende allgemeine Reserve bereits 20% des einbezahlten (nicht nominellen) Aktienkapitals?

    a) Nein ⇨ weiter mit Frage 30

    b) Ja ⇨ weiter mit Frage 14

14. Sollen Gewinnanteile (Dividenden oder Tantiemen) ausgeschüttet werden, welche den Gesamtbetrag einer 5%-igen Dividende übersteigen (bemessen auf Jahresbasis als Prozentsatz des einbezahlten und dividendenberechtigten Aktien- und allenfalls Partizipationskapitals)?

 a) Nein   ⇨ Antwort 6

 b) Ja   ⇨ weiter mit Frage 15

15. Beträgt die allgemeine Reserve bereits mindestens 50% des nominellen Aktienkapitals?

 a) Nein   ⇨ Antwort 8

 b) Ja   ⇨ Antwort 6

16. Besteht der Jahresgewinn teilweise aus einem Kaduzierungsgewinn (Kraftloserklärung von Aktien) oder einem Agio (Mehrerlös aus der Ausgabe von Aktien oder Partizipationsscheinen) das nicht zu Abschreibungen oder zu Wohlfahrtszwecken verwendet wird?

 a) Nein   ⇨ weiter mit Frage 26

 b) Ja   ⇨ weiter mit Frage 17

17. Besteht der Jahresgewinn nur aus Kaduzierungsgewinn oder Agio?

 a) Nein   ⇨ weiter mit Frage 18

 b) Ja   ⇨ Antwort 5

18. Beträgt die bestehende allgemeine Reserve bereits 20% des einbezahlten (nicht nominellen) Aktienkapitals?

 a) Nein   ⇨ weiter mit Frage 31

 b) Ja   ⇨ weiter mit Frage 19

19. Sollen Gewinnanteile (Dividenden oder Tantiemen) ausgeschüttet werden, welche den Gesamtbetrag einer 5%-igen Dividende übersteigen (bemessen auf Jahresbasis als Prozentsatz des einbezahlten und dividendenberechtigten Aktien- und allenfalls Partizipationskapital)?

 a) Nein   ⇨ Antwort 10

 b) Ja   ⇨ weiter mit Frage 20

20. Beträgt die allgemeine Reserve bereits mindestens 50% des nominellen Aktienkapitals?

 a) Nein   ⇨ Antwort 11

 b) Ja   ⇨ Antwort 10

21. Besteht der Jahresgewinn nur aus Kaduzierungsgewinn oder Agio?

 a) Nein   ⇨ weiter mit Frage 22

 b) Ja   ⇨ Antwort 5

22. Beträgt die bestehende allgemeine Reserve bereits 20% des einbezahlten (nicht nominellen) Aktienkapitals?

    a) Nein ⇨ weiter mit Frage 32

    b) Ja ⇨ weiter mit Frage 23

23. Sollen Gewinnanteile (Dividenden oder Tantiemen) ausgeschüttet werden, welche den Gesamtbetrag einer 5%-igen Dividende übersteigen (bemessen auf Jahresbasis als Prozentsatz des einbezahlten und dividendenberechtigten Aktien- und allenfalls Partizipationskapital)?

    a) Nein ⇨ Antwort 6

    b) Ja ⇨ weiter mit Frage 24

24. Beträgt die allgemeine Reserve bereits mindestens 50% des nominellen Aktienkapitals?

    a) Nein ⇨ Antwort 8

    b) Ja ⇨ Antwort 6

25. Sollen Gewinnanteile (Dividenden oder Tantiemen) ausgeschüttet werden, welche den Gesamtbetrag einer 5%-igen Dividende übersteigen (bemessen auf Jahresbasis als Prozentsatz des einbezahlten und dividendenberechtigten Aktien- und allenfalls Partizipationskapital)?

    a) Nein ⇨ Antwort 3

    b) Ja ⇨ Antwort 12

26. Beträgt die bestehende allgemeine Reserve bereits 20% des einbezahlten (nicht nominellen) Aktienkapitals?

    a) Nein ⇨ weiter mit Frage 27

    b) Ja ⇨ weiter mit Frage 28

27. Sollen Gewinnanteile (Dividenden oder Tantiemen) ausgeschüttet werden, welche den Gesamtbetrag einer 5%-igen Dividende übersteigen (bemessen auf Jahresbasis als Prozentsatz des einbezahlten und dividendenberechtigten Aktien- und allenfalls Partizipationskapital)?

    a) Nein ⇨ Antwort 13

    b) Ja ⇨ Antwort 14

28. Sollen Gewinnanteile (Dividenden oder Tantiemen) ausgeschüttet werden, welche den Gesamtbetrag einer 5%-igen Dividende übersteigen (bemessen auf Jahresbasis als Prozentsatz des einbezahlten und dividendenberechtigten Aktien- und allenfalls Partizipationskapital)?

    a) Nein ⇨ Antwort 15

    b) Ja ⇨ weiter mit Frage 29

29. Beträgt die allgemeine Reserve bereits mindestens 50% des nominellen Aktienkapitals?

   a) Nein ⇨ Antwort 16

   b) Ja ⇨ Antwort 17

30. Sollen Gewinnanteile (Dividenden oder Tantiemen) ausgeschüttet werden, welche den Gesamtbetrag einer 5%-igen Dividende übersteigen (bemessen auf Jahresbasis als Prozentsatz des einbezahlten und dividendenberechtigten Aktien- und allenfalls Partizipationskapital)?

   a) Nein ⇨ Antwort 7

   b) Ja ⇨ Antwort 9

31. Sollen Gewinnanteile (Dividenden oder Tantiemen) ausgeschüttet werden, welche den Gesamtbetrag einer 5%-igen Dividende übersteigen (bemessen auf Jahresbasis als Prozentsatz des einbezahlten und dividendenberechtigten Aktien- und allenfalls Partizipationskapital)?

   a) Nein ⇨ Antwort 18

   b) Ja ⇨ Antwort 19

32. Sollen Gewinnanteile (Dividenden oder Tantiemen) ausgeschüttet werden, welche den Gesamtbetrag einer 5%-igen Dividende übersteigen (bemessen auf Jahresbasis als Prozentsatz des einbezahlten und dividendenberechtigten Aktien- und allenfalls Partizipationskapital)?

   a) Nein ⇨ Antwort 7

   b) Ja ⇨ Antwort 9

II. Antworten

1. Ist kein Jahresgewinn vorhanden, kann daraus auch keine Zuweisung an die Reserven erfolgen.

2. Es ist keine Zuweisung an die allgemeinen Reserven erforderlich. Eine Zuweisung kann aber freiwillig erfolgen.

3. Vom gesamten Jahresgewinn sind 5% der allgemeinen Reserve zuzuweisen, bis diese 20% des einbezahlten Aktienkapitals erreicht hat. Darüber ist keine weitere Zuweisung an die allgemeinen Reserven erforderlich. Eine solche Zuweisung kann aber freiwillig erfolgen.

4. 10% der vorgesehenen Gewinnausschüttung, welche eine Dividende von 5% übersteigt, sind der allgemeinen Reserve zuzuweisen, bis diese 50% des nominellen Aktienkapitals erreicht hat. Darüber hinaus ist keine weitere Zuweisung an die allgemeinen Reserven erforderlich. Eine solche Zuweisung kann aber freiwillig erfolgen.

5. Der Kaduzierungsgewinn und das Agio müssen vollständig der gesetzlichen Kapitalreserve zugewiesen werden.

6. Nur der Kaduzierungsgewinn und das Agio müssen vollständig der gesetzlichen Kapitalreserve zugewiesen werden. Darüber hinaus kann der Jahresgewinn frei verwendet werden. Eine Zuweisung an die allgemeine Reserve kann aber freiwillig erfolgen.

7. 5% des Jahresgewinns sind vorab der allgemeinen Reserve zuzuweisen, bis diese 20% des einbezahlten Aktienkapitals erreicht hat. Danach sind der Kaduzierungsgewinn und das Agio vollständig der gesetzlichen Kapitalreserve zuzuweisen. Darüber hinaus ist keine weitere Zuweisung an die allgemeinen Reserven erforderlich. Eine solche Zuweisung kann aber freiwillig erfolgen.

8. Der gesamte Kaduzierungsgewinn und das gesamte Agio müssen der gesetzlichen Kapitalreserve zugewiesen werden. Zudem sind 10% der Gewinnausschüttung, welche eine Dividende von 5% übersteigt, der allgemeinen Reserve zuzuweisen, bis diese 50% des nominellen Aktienkapitals erreicht hat. Darüber hinaus ist keine weitere Zuweisung an die allgemeinen Reserven erforderlich. Eine weitere Zuweisung kann aber freiwillig erfolgen.

9. 5% des Jahresgewinns sind vorab der allgemeinen Reserve zuzuweisen, bis diese 20% des einbezahlten Aktienkapitals erreicht hat. Danach sind der Kaduzierungsgewinn und das Agio vollständig der gesetzlichen Kapitalreserve zuzuweisen. Zudem sind 10% der Gewinnausschüttung, welche eine Dividende von 5% übersteigt, der allgemeinen Reserve zuzuweisen, bis diese 50% des nominellen Aktienkapitals erreicht hat. Darüber hinaus ist keine weitere Zuweisung an die allgemeinen Reserven erforderlich. Eine weitere Zuweisung kann aber freiwillig erfolgen.

10. Die statutarischen Bestimmungen betreffend Reservezuweisung sind zu erfüllen. Zudem müssen Kaduzierungsgewinn und Agio vollständig der gesetzlichen Kapitalreserve zugewiesen werden.

11. Kaduzierungsgewinn und Agio müssen vollständig der gesetzlichen Kapitalreserve zugewiesen werden. Danach muss vom verbleibenden Jahresgewinn eine Zuweisung an die allgemeine Reserve entsprechend den statutarischen Bestimmungen erfolgen. Schliesslich sind 10% der Gewinnausschüttung, welche eine Dividende von 5% übersteigt, der allgemeinen Reserve zuzuweisen, bis diese 50% des nominellen Aktienkapitals erreicht hat. Darüber hinaus ist keine weitere Zuweisung an die allgemeinen Reserven erforderlich. Eine solche Zuweisung kann aber freiwillig erfolgen.

12. Vom gesamten Jahresgewinn sind vorerst 5% der allgemeinen Reserve zuzuweisen, bis diese 20% des einbezahlten Aktienkapitals erreicht hat. Danach sind 10% der vorgesehenen Gewinnausschüttung, welche eine Dividende von 5% übersteigt, der allgemeinen Reserve zuzuweisen, bis diese 50% des nominellen Aktienkapitals erreicht hat. Darüber hinaus ist keine weitere Zuweisung an die allgemeinen Reserven erforderlich. Eine weitere Zuweisung kann aber freiwillig erfolgen.

13. Die Reservezuweisung hat gemäss den statutarischen Bestimmungen zu erfolgen. Mindestens sind vom gesamten Jahresgewinn 5% der allgemeinen Reserve zuzuweisen, bis diese 20% des einbezahlten Aktienkapitals erreicht hat. Darüber hinaus ist keine weitere Zuweisung an die allgemeinen Reserven erforderlich. Eine solche Zuweisung kann aber freiwillig erfolgen.

14. Die Reservezuweisung hat gemäss den statutarischen Bestimmungen zu erfolgen. In jedem Falle sind zuerst mindestens 5% vom gesamten Jahresgewinn der allgemeinen Reserve zuzuweisen, bis diese 20% des einbezahlten Aktienkapitals erreicht hat. Danach sind 10% der Gewinnausschüttung, welche eine Dividende von 5% übersteigt, der allgemeinen Reserve zuzuweisen, bis diese 50% des nominellen Aktienkapitals erreicht hat.

15. Die Reservezuweisung hat gemäss den statutarischen Bestimmungen zu erfolgen, obwohl das gesetzliche Minimum von 20% des einbezahlten Aktienkapitals bereits erreicht ist. Darüber hinaus können weitere Zuwendungen an die allgemeine Reserve freiwillig gemacht werden.

16. Die Reservezuweisung hat gemäss den statutarischen Bestimmungen zu erfolgen. In jedem Falle sind 10% der Gewinnausschüttung, welche eine Dividende von 5% übersteigt, der allgemeinen Reserve zuzuweisen, bis diese 50% des nominellen Aktienkapitals erreicht hat.

17. Die Reservezuweisung hat gemäss den statutarischen Bestimmungen zu erfolgen, obwohl das gemäss Rechtsprechung vorgegebene Minimum von 50% des nominellen Aktienkapitals bereits erreicht ist. Darüber hinaus können weitere Zuwendungen an die allgemeine Reserve freiwillig gemacht werden.

18. Die Reservezuweisung hat gemäss den statutarischen Bestimmungen zu erfolgen. Mindestens sind vom gesamten Jahresgewinn 5% der allgemeinen Reserve zuzuweisen, bis diese 20% des einbezahlten Aktienkapitals erreicht hat. Darüber hinaus müssen Kaduzierungsgewinn und Agio vollständig der gesetzlichen Kapitalreserve zugewiesen werden.

19. Die Reservezuweisung hat gemäss den statutarischen Bestimmungen zu erfolgen. Mindestens sind vom gesamten Jahresgewinn 5% der allgemeinen Reserve zuzuweisen, bis diese 20% des einbezahlten Aktienkapitals erreicht hat. Danach müssen Kaduzierungsgewinn und Agio vollständig der gesetzlichen Kapitalreserve zugewiesen werden. Schliesslich sind 10% der Gewinnausschüttung, welche eine Dividende von 5% übersteigt, der allgemeinen Reserve zuzuweisen, bis diese 50% des nominellen Aktienkapitals erreicht hat. Darüber hinaus ist keine weitere Zuweisung an die allgemeinen Reserven erforderlich. Eine solche Zuweisung kann aber freiwillig erfolgen.

Revisionsgesellschaft AG

Revisionsgesellschaft AG
Gatterweg 2
CH-8001 Zürich
Tel. +41 (0) 44 000 00 00
Fax +41 (0) 44 000 00 01
E-mail: w.mueller@reviges.ch
www.reviges.com

Bericht der Revisionsstelle zur eingeschränkten Revision
an die Generalversammlung der
Muster AG
8000 Zürich

Als Revisionsstelle haben wir die Jahresrechnung (Bilanz, Erfolgsrechnung und Anhang) der Muster AG für das am 31.Dezember 2013 abgeschlossene Geschäftsjahr geprüft.

Für die Jahresrechnung ist der Verwaltungsrat verantwortlich, während unsere Aufgabe darin besteht, die Jahresrechnung zu prüfen. Wir bestätigen, dass wir die gesetzlichen Anforderungen hinsichtlich Zulassung und Unabhängigkeit erfüllen. Mitarbeitende unserer Gesellschaft haben im Berichtsjahr für Ihre Gesellschaft Dienstleistungen im Bereich Steuern erbracht. An der eingeschränkten Revision haben sie nicht mitgewirkt.

Unsere Revision erfolgte nach dem Schweizer Standard zur Eingeschränkten Revision. Danach ist diese Revision so zu planen und durchzuführen, dass wesentliche Fehlaussagen in der Jahresrechnung erkannt werden. Eine eingeschränkte Revision umfasst hauptsächlich Befragungen und analytische Prüfungshandlungen sowie den Umständen angemessene Detailprüfungen der beim geprüften Unternehmen vorhandenen Unterlagen. Dagegen sind Prüfungen der betrieblichen Abläufe und des internen Kontrollsystems sowie Befragungen und weitere Prüfungshandlungen zur Aufdeckung deliktischer Handlungen oder anderer Gesetzesverstösse nicht Bestandteil dieser Revision.

Zur Offenlegung ist Folgendes zu bemerken: Unsere Revision hat ergeben, dass im Berichtsjahr stille Reserven in Höhe von rund 1,2 Mio. CHF netto aufgelöst wurden. Obwohl dadurch das erwirtschaftete Ergebnis wesentlich günstiger dargestellt wird, ist diese Auflösung entgegen der Bestimmung von Art. 959c Abs. 1 Ziff. 3 OR im Anhang nicht offengelegt.

Bei unserer Revision sind wir – mit Ausnahme der im vorstehenden Absatz dargelegten Einschränkung – nicht auf Sachverhalte gestossen, aus denen wir schliessen müssten, dass die Jahresrechnung sowie der Antrag über die Verwendung des Bilanzgewinns nicht Gesetz und Statuten entsprechen.

Ohne unsere Prüfungsaussage einzuschränken, machen wir auf Anmerkung 5 im Anhang der Jahresrechnung aufmerksam, in der dargelegt ist, dass eine wesentliche Unsicherheit besteht, die erhebliche Zweifel an der Fähigkeit der Muster AG zur Fortführung der Unternehmenstätigkeit aufwirft. Würde die Fortführung der Unternehmenstätigkeit verunmöglicht, müsste die Jahresrechnung auf Basis von Veräusserungswerten erstellt werden.

Zürich, 1. April 2014

Revisionsgesellschaft AG

W. Müller	H. Keller
Revisionsexperte	Revisionsexperte
Leitender Revisor	

Beilagen:

- Jahresrechnung (Bilanz, Erfolgsrechnung, Anhang)
- Vorschlag des Verwaltungsrates für die Gewinnverwendung

11.68 Revisionsbericht KMU Standard

Treuhandgesellschaft AG

Treuhandgesellschaft AG
Gatterweg 2
CH-8001 Zürich
Tel. +41 (0) 44 000 00 00
E-mail: treuhand@muster.ch

Bericht der Revisionsstelle zur eingeschränkten Revision
an die Generalversammlung der
Mustergesellschaft AG
8001 Zürich

Sehr geehrte Damen und Herren

Als Revisionsstelle haben wir die Jahresrechnung (Bilanz, Erfolgsrechnung und Anhang) der Mustergesellschaft AG für das am 31.12.2013 abgeschlossene Geschäftsjahr geprüft.

Für die Jahresrechnung ist der Verwaltungsrat verantwortlich, während unsere Aufgabe darin besteht, diese zu prüfen. Wir bestätigen, dass wir die gesetzlichen Anforderungen hinsichtlich Zulassung und Unabhängigkeit erfüllen.

Unsere Revision erfolgte nach dem Schweizer Standard zur Eingeschränkten Revision. Danach ist diese Revision so zu planen und durchzuführen, dass wesentliche Fehlaussagen in der Jahresrechnung erkannt werden. Eine eingeschränkte Revision umfasst hauptsächlich Befragungen und analytische Prüfungshandlungen sowie den Umständen angemessene Detailprüfungen der beim geprüften Unternehmen vorhandenen Unterlagen. Dagegen sind Prüfungen der betrieblichen Abläufe und des internen Kontrollsystems sowie Befragungen und weitere Prüfungshandlungen zur Aufdeckung deliktischer Handlungen oder anderer Gesetzesverstösse nicht Bestandteil dieser Revision.

Bei unserer Revision sind wir nicht auf Sachverhalte gestossen, aus denen wir schliessen müssten, dass die Jahresrechnung sowie der Antrag über die Verwendung des Bilanzgewinns nicht Gesetz und Statuten entsprechen.

Zürich, 1. April 2014
Treuhandgesellschaft AG

K. Hug, Revisionsexperte
Leitender Revisor

M. Meier, Revisor

Beilagen:
- Jahresrechnung (Bilanz, Erfolgsrechnung und Anhang)
- Antrag über die Verwendung des Bilanzgewinnes

Revisionsgesellschaft AG

Revisionsgesellschaft AG
Gatterweg 2
CH-8001 Zürich
Tel. +41 (0) 44 000 00 00
Fax +41 (0) 44 000 00 01
E-mail: w.mueller@reviges.ch
www.reviges.com

Bericht der Revisionsstelle
an die Generalversammlung der
Muster AG
St. Gallen

Bericht der Revisionsstelle zur Konzernrechnung

Als Revisionsstelle haben wir die beiliegende Konzernrechnung der Muster AG, bestehend aus Bilanz, Erfolgsrechnung und Anhang, für das am 31. Dezember 2013 abgeschlossene Geschäftsjahr geprüft.

Verantwortung des Verwaltungsrates

Der Verwaltungsrat ist für die Aufstellung der Konzernrechnung in Übereinstimmung mit den gesetzlichen Vorschriften und den im Anhang wiedergegebenen Konsolidierungs- und Bewertungsgrundsätzen verantwortlich. Diese Verantwortung beinhaltet die Ausgestaltung, Implementierung und Aufrechterhaltung eines internen Kontrollsystems mit Bezug auf die Aufstellung einer Konzernrechnung, die frei von wesentlichen falschen Angaben als Folge von Verstössen oder Irrtümern ist. Darüber hinaus ist der Verwaltungsrat für die Auswahl und die Anwendung sachgemässer Rechnungslegungsmethoden sowie die Vornahme angemessener Schätzungen verantwortlich.

Verantwortung der Revisionsstelle

Unsere Verantwortung ist es, aufgrund unserer Prüfung ein Prüfungsurteil über die Konzernrechnung abzugeben. Wir haben unsere Prüfung in Übereinstimmung mit dem schweizerischen Gesetz und den Schweizer Prüfungsstandards vorgenommen. Nach diesen Standards haben wir die Prüfung so zu planen und durchzuführen, dass wir hinreichende Sicherheit gewinnen, ob die Konzernrechnung frei von wesentlichen falschen Angaben ist.

Eine Prüfung beinhaltet die Durchführung von Prüfungshandlungen zur Erlangung von Prüfungsnachweisen für die in der Konzernrechnung enthaltenen Wertansätze und sonstigen Angaben. Die Auswahl der Prüfungshandlungen liegt im pflichtgemässen Ermessen des Prüfers. Dies schliesst eine Beurteilung der Risiken wesentlicher falscher Angaben in der Konzernrechnung als Folge von Verstössen oder Irrtümern ein. Bei der Beurteilung dieser Risiken berücksichtigt der Prüfer das interne Kontrollsystem, soweit es für die Aufstellung der Konzernrechnung von Bedeutung ist, um die den Umständen entsprechenden

Prüfungshandlungen festzulegen, nicht aber um ein Prüfungsurteil über die Wirksamkeit des internen Kontrollsystems abzugeben. Die Prüfung umfasst zudem die Beurteilung der Angemessenheit der angewandten Rechnungslegungsmethoden, der Plausibilität der vorgenommenen Schätzungen sowie eine Würdigung der Gesamtdarstellung der Konzernrechnung. Wir sind der Auffassung, dass die von uns erlangten Prüfungsnachweise eine ausreichende und angemessene Grundlage für unser Prüfungsurteil bilden.

Prüfungsurteil

Nach unserer Beurteilung entspricht die Konzernrechnung für das am 31. Dezember 2013 abgeschlossene Geschäftsjahr dem schweizerischen Gesetz sowie den im Anhang wiedergegebenen Konsolidierungs- und Bewertungsgrundsätzen.

Berichterstattung aufgrund weiterer gesetzlicher Vorschriften

Wir bestätigen, dass wir die gesetzlichen Anforderungen an die Zulassung gemäss Revisionsaufsichtsgesetz (RAG) und die Unabhängigkeit (Art. 728 OR und Art. 11 RAG) erfüllen und keine mit unserer Unabhängigkeit nicht vereinbare Sachverhalte vorliegen.

In Übereinstimmung mit Art. 728*a* Abs. 1 Ziff. 3 OR und dem Schweizer Prüfungsstandard 890 bestätigen wir, dass ein gemäss den Vorgaben des Verwaltungsrates ausgestaltetes internes Kontrollsystem für die Aufstellung der Konzernrechnung existiert.

Wir empfehlen, die vorliegende Konzernrechnung zu genehmigen.

Revisionsgesellschaft AG

Walter Müller   Hans Keller

Revisionsexperte   Revisionsexperte
Leitender Revisor

Zürich, 1. März 2014

Beilagen:

– Konzernrechnung (Bilanz, Erfolgsrechnung und Anhang)

11.70   Revisionsbericht Konzern nach IFRS Standard

Revisionsgesellschaft AG

Revisionsgesellschaft AG
Gatterweg 2
CH-8001 Zürich
Tel. +41 (0) 44 000 00 00
Fax +41 (0) 44 000 00 01
E-mail: w.mueller@reviges.ch
www.reviges.com

Bericht der Revisionsstelle
an die Generalversammlung der
Muster AG
St. Gallen

Bericht der Revisionsstelle zur Konzernrechnung

Als Revisionsstelle haben wir die beiliegende Konzernrechnung der Muster AG, bestehend aus Bilanz, Erfolgsrechnung, Geldflussrechnung, Eigenkapitalnachweis und Anhang, für das am 31. Dezember 2013 abgeschlossene Geschäftsjahr geprüft.

Verantwortung des Verwaltungsrates

Der Verwaltungsrat ist für die Aufstellung der Konzernrechnung in Übereinstimmung mit den International Financial Reporting Standards (IFRS) und den gesetzlichen Vorschriften verantwortlich. Diese Verantwortung beinhaltet die Ausgestaltung, Implementierung und Aufrechterhaltung eines internen Kontrollsystems mit Bezug auf die Aufstellung einer Konzernrechnung, die frei von wesentlichen falschen Angaben als Folge von Verstössen oder Irrtümern ist. Darüber hinaus ist der Verwaltungsrat für die Auswahl und die Anwendung sachgemässer Rechnungslegungsmethoden sowie die Vornahme angemessener Schätzungen verantwortlich.

Verantwortung der Revisionsstelle

Unsere Verantwortung ist es, aufgrund unserer Prüfung ein Prüfungsurteil über die Konzernrechnung abzugeben. Wir haben unsere Prüfung in Übereinstimmung mit dem schweizerischen Gesetz und den Schweizer Prüfungsstandards sowie den International Standards on Auditing vorgenommen. Nach diesen Standards haben wir die Prüfung so zu planen und durchzuführen, dass wir hinreichende Sicherheit gewinnen, ob die Konzernrechnung frei von wesentlichen falschen Angaben ist.

Eine Prüfung beinhaltet die Durchführung von Prüfungshandlungen zur Erlangung von Prüfungsnachweisen für die in der Konzernrechnung enthaltenen Wertansätze und sonstigen Angaben. Die Auswahl der Prüfungshandlungen liegt im pflichtgemässen Ermessen des Prüfers. Dies schliesst eine Beurteilung der Risiken wesentlicher falscher Angaben in der Konzernrechnung als Folge von Verstössen oder Irrtümern ein. Bei der Beurteilung dieser Risiken berücksichtigt der Prüfer das interne Kontrollsystem, soweit es für die Aufstellung der Konzernrechnung von Bedeutung ist, um die den Umständen entsprechenden

Prüfungshandlungen festzulegen, nicht aber um ein Prüfungsurteil über die Wirksamkeit des internen Kontrollsystems abzugeben. Die Prüfung umfasst zudem die Beurteilung der Angemessenheit der angewandten Rechnungslegungsmethoden, der Plausibilität der vorgenommenen Schätzungen sowie eine Würdigung der Gesamtdarstellung der Konzernrechnung. Wir sind der Auffassung, dass die von uns erlangten Prüfungsnachweise eine ausreichende und angemessene Grundlage für unser Prüfungsurteil bilden.

Prüfungsurteil

Nach unserer Beurteilung vermittelt die Konzernrechnung für das am 31. Dezember 2013 abgeschlossene Geschäftsjahr ein den tatsächlichen Verhältnissen entsprechendes Bild der Vermögens, Finanz- und Ertragslage in Übereinstimmung mit den International Financial Reporting Standards (IFRS) und entspricht dem schweizerischen Gesetz.

Berichterstattung aufgrund weiterer gesetzlicher Vorschriften

Wir bestätigen, dass wir die gesetzlichen Anforderungen an die Zulassung gemäss Revisionsaufsichtsgesetz (RAG) und die Unabhängigkeit (Art. 728 OR und Art. 11 RAG) erfüllen und keine mit unserer Unabhängigkeit nicht vereinbare Sachverhalte vorliegen.

In Übereinstimmung mit Art. 728*a* Abs. 1 Ziff. 3 OR und dem Schweizer Prüfungsstandard 890 bestätigen wir, dass ein gemäss den Vorgaben des Verwaltungsrates ausgestaltetes internes Kontrollsystem für die Aufstellung der Konzernrechnung existiert.

Wir empfehlen, die vorliegende Konzernrechnung zu genehmigen.

Revisionsgesellschaft AG

Walter Müller   Hans Keller

Revisionsexperte   Revisionsexperte
Leitender Revisor

Zürich, 1. März 2014

Beilagen:

– Konzernrechnung 2013 (Bilanz, Erfolgsrechnung, Geldflussrechnung, Eigenkapitalnachweis und Anhang

Revisionsgesellschaft AG

Revisionsgesellschaft AG
Gatterweg 2
CH-8001 Zürich
Tel. +41 (0) 44 000 00 00
Fax +41 (0) 44 000 00 01
E-mail: w.mueller@reviges.ch
www.reviges.com

Bericht der Revisionsstelle
an die Generalversammlung der
Muster AG
St. Gallen

Bericht der Revisionsstelle zur Jahresrechnung

Als Revisionsstelle haben wir die beiliegende Jahresrechnung der Muster AG, bestehend aus Bilanz, Erfolgsrechnung und Anhang, für das am 31. Dezember 2013 abgeschlossene Geschäftsjahr geprüft.

Verantwortung des Verwaltungsrates

Der Verwaltungsrat ist für die Aufstellung der Jahresrechnung in Übereinstimmung mit den gesetzlichen Vorschriften und den Statuten verantwortlich. Diese Verantwortung beinhaltet die Ausgestaltung, Implementierung und Aufrechterhaltung eines internen Kontrollsystems mit Bezug auf die Aufstellung einer Jahresrechnung, die frei von wesentlichen falschen Angaben als Folge von Verstössen oder Irrtümern ist. Darüber hinaus ist der Verwaltungsrat für die Auswahl und die Anwendung sachgemässer Rechnungslegungsmethoden sowie die Vornahme angemessener Schätzungen verantwortlich.

Verantwortung der Revisionsstelle

Unsere Verantwortung ist es, aufgrund unserer Prüfung ein Prüfungsurteil über die Jahresrechnung abzugeben. Wir haben unsere Prüfung in Übereinstimmung mit dem schweizerischen Gesetz und den Schweizer Prüfungsstandards vorgenommen. Nach diesen Standards haben wir die Prüfung so zu planen und durchzuführen, dass wir hinreichende Sicherheit gewinnen, ob die Jahresrechnung frei von wesentlichen falschen Angaben ist.

Eine Prüfung beinhaltet die Durchführung von Prüfungshandlungen zur Erlangung von Prüfungsnachweisen für die in der Jahresrechnung enthaltenen Wertansätze und sonstigen Angaben. Die Auswahl der Prüfungshandlungen liegt im pflichtgemässen Ermessen des Prüfers. Dies schliesst eine Beurteilung der Risiken wesentlicher falscher Angaben in der Jahresrechnung als Folge von Verstössen oder Irrtümern ein. Bei der Beurteilung dieser Risiken berücksichtigt der Prüfer das interne Kontrollsystem, soweit es für die Aufstellung der Jahresrechnung von Bedeutung ist, um die den Umständen entsprechenden Prüfungshandlungen festzulegen, nicht aber um ein Prüfungsurteil über die Wirksamkeit des internen Kontrollsystems abzugeben. Die Prüfung umfasst zudem die Beurteilung der

Angemessenheit der angewandten Rechnungslegungsmethoden, der Plausibilität der vorgenommenen Schätzungen sowie eine Würdigung der Gesamtdarstellung der Jahresrechnung. Wir sind der Auffassung, dass die von uns erlangten Prüfungsnachweise eine ausreichende und angemessene Grundlage für unser eingeschränktes Prüfungsurteil bilden.

Grundlage für das eingeschränkte Prüfungsurteil

In den Vorräten sind zwei Schleifmaschinen enthalten, die spezifisch für einen Kunden angefertigt wurden, der im Dezember 2013 in Konkurs gefallen ist. Dafür bestehen nur ungenügende Wertberichtigungen. Dadurch sind die Vorräte um rund CHF 1,7 Mio. überbewertet. Folglich wären der Umsatz um rund CHF 1,7 Mio., die Ertragssteuern um CHF 0,3 Mio., der Jahresgewinn und das Eigenkapital um CHF 1,4 Mio. tiefer.

Eingeschränktes Prüfungsurteil

Nach unserer Beurteilung entspricht die Jahresrechnung für das am 31. Dezember 2013 abgeschlossene Geschäftsjahr mit Ausnahme des im Absatz «Grundlage für das eingeschränkte Prüfungsurteil» dargelegten Sachverhaltes dem schweizerischen Gesetz und den Statuten.

Berichterstattung aufgrund weiterer gesetzlicher Vorschriften

Wir bestätigen, dass wir die gesetzlichen Anforderungen an die Zulassung gemäss Revisionsaufsichtsgesetz (RAG) und die Unabhängigkeit (Art. 728 OR und Art. 11 RAG) erfüllen und keine mit unserer Unabhängigkeit nicht vereinbare Sachverhalte vorliegen.

In Übereinstimmung mit Art. 728*a* Abs. 1 Ziff. 3 OR und dem Schweizer Prüfungsstandard 890 bestätigen wir, dass ein gemäss den Vorgaben des Verwaltungsrates ausgestaltetes internes Kontrollsystem für die Aufstellung der Jahresrechnung existiert.

Ferner bestätigen wir, dass der Antrag über die Verwendung des Bilanzgewinnes dem schweizerischen Gesetz und den Statuten entspricht. Trotz der im Absatz «Grundlage für das eingeschränkte Prüfungsurteil» dargelegten Einschränkung empfehlen wir, die vorliegende Jahresrechnung zu genehmigen, da die falsche Angabe das vermittelte Gesamtbild nicht grundlegend verändert.

Revisionsgesellschaft AG

Walter Müller

Revisionsexperte
Leitender Revisor

Hans Keller

Revisionsexperte

Zürich, 1. März 2014

Beilagen:

- Jahresrechnung (Bilanz, Erfolgsrechnung und Anhang)
- Antrag über die Verwendung des Bilanzgewinnes

Revisionsgesellschaft AG

Revisionsgesellschaft AG
Gatterweg 2
CH-8001 Zürich
Tel. +41 (0) 44 000 00 00
Fax +41 (0) 44 000 00 01
E-mail: w.mueller@reviges.ch
www.reviges.com

Bericht der Revisionsstelle
an die Generalversammlung der
Muster AG
St. Gallen

Bericht der Revisionsstelle zur Jahresrechnung

Als Revisionsstelle haben wir die beiliegende Jahresrechnung der Muster AG, bestehend aus Bilanz, Erfolgsrechnung und Anhang, für das am 31. Dezember 2013 abgeschlossene Geschäftsjahr geprüft.

Verantwortung des Verwaltungsrates

Der Verwaltungsrat ist für die Aufstellung der Jahresrechnung in Übereinstimmung mit den gesetzlichen Vorschriften und den Statuten verantwortlich. Diese Verantwortung beinhaltet die Ausgestaltung, Implementierung und Aufrechterhaltung eines internen Kontrollsystems mit Bezug auf die Aufstellung einer Jahresrechnung, die frei von wesentlichen falschen Angaben als Folge von Verstössen oder Irrtümern ist. Darüber hinaus ist der Verwaltungsrat für die Auswahl und die Anwendung sachgemässer Rechnungslegungsmethoden sowie die Vornahme angemessener Schätzungen verantwortlich.

Verantwortung der Revisionsstelle

Unsere Verantwortung ist es, aufgrund unserer Prüfung ein Prüfungsurteil über die Jahresrechnung abzugeben. Wir haben unsere Prüfung in Übereinstimmung mit dem schweizerischen Gesetz und den Schweizer Prüfungsstandards vorgenommen. Nach diesen Standards haben wir die Prüfung so zu planen und durchzuführen, dass wir hinreichende Sicherheit gewinnen, ob die Jahresrechnung frei von wesentlichen falschen Angaben ist.

Eine Prüfung beinhaltet die Durchführung von Prüfungshandlungen zur Erlangung von Prüfungsnachweisen für die in der Jahresrechnung enthaltenen Wertansätze und sonstigen Angaben. Die Auswahl der Prüfungshandlungen liegt im pflichtgemässen Ermessen des Prüfers. Dies schliesst eine Beurteilung der Risiken wesentlicher falscher Angaben in der Jahresrechnung als Folge von Verstössen oder Irrtümern ein. Bei der Beurteilung dieser Risiken berücksichtigt der Prüfer das interne Kontrollsystem, soweit es für die Aufstellung der Jahresrechnung von Bedeutung ist, um die den Umständen entsprechenden Prüfungshandlungen festzulegen, nicht aber um ein Prüfungsurteil über die Wirksamkeit des internen Kontrollsystems abzugeben. Die Prüfung umfasst zudem die Beurteilung der

Angemessenheit der angewandten Rechnungslegungsmethoden, der Plausibilität der vorgenommenen Schätzungen sowie eine Würdigung der Gesamtdarstellung der Jahresrechnung. Wir sind der Auffassung, dass die von uns erlangten Prüfungsnachweise eine ausreichende und angemessene Grundlage für unser Prüfungsurteil bilden.

Prüfungsurteil

Nach unserer Beurteilung entspricht die Jahresrechnung für das am 31. Dezember 2013 abgeschlossene Geschäftsjahr dem schweizerischen Gesetz und den Statuten.

Hervorhebung eines Sachverhalts

Wir machen auf Anmerkung 6 im Anhang der Jahresrechnung aufmerksam, in der eine wesentliche Unsicherheit hinsichtlich des Ausgangs eines Gerichtsverfahrens dargelegt wird. Der definitive Ausgang des Verfahrens ist zur Zeit gänzlich ungewiss, weshalb für allenfalls resultierende Verpflichtungen keine Rückstellungen gebildet worden sind. Unser Prüfungsurteil ist im Hinblick auf diesen Sachverhalt nicht eingeschränkt.

Berichterstattung aufgrund weiterer gesetzlicher Vorschriften

Wir bestätigen, dass wir die gesetzlichen Anforderungen an die Zulassung gemäss Revisionsaufsichtsgesetz (RAG) und die Unabhängigkeit (Art. 728 OR und Art. 11 RAG) erfüllen und keine mit unserer Unabhängigkeit nicht vereinbare Sachverhalte vorliegen.

In Übereinstimmung mit Art. 728*a* Abs. 1 Ziff. 3 OR und dem Schweizer Prüfungsstandard 890 bestätigen wir, dass ein gemäss den Vorgaben des Verwaltungsrates ausgestaltetes internes Kontrollsystem für die Aufstellung der Jahresrechnung existiert.

Ferner bestätigen wir, dass der Antrag über die Verwendung des Bilanzgewinnes dem schweizerischen Gesetz und den Statuten entspricht, und empfehlen, die vorliegende Jahresrechnung zu genehmigen

Ferner weisen wir darauf hin, dass entgegen den Bestimmungen von Art. 963 OR keine Konzernrechnung erstellt worden ist.

Revisionsgesellschaft AG

Walter Müller

Hans Keller

Revisionsexperte
Leitender Revisor

Revisionsexperte

Zürich, 1. März 2014

Beilagen:
- Jahresrechnung (Bilanz, Erfolgsrechnung und Anhang)
- Antrag über die Verwendung des Bilanzgewinnes

11.73 Revisionsbericht ord. Revision Standard

Revisionsgesellschaft AG

Revisionsgesellschaft AG
Gatterweg 2
CH-8001 Zürich
Tel. +41 (0) 44 000 00 00
Fax +41 (0) 44 000 00 01
E-Mail: w.mueller@reviges.ch
www.reviges.com

Bericht der Revisionsstelle
an die Generalversammlung der
Muster AG
St. Gallen

Bericht der Revisionsstelle zur Jahresrechnung

Als Revisionsstelle haben wir die beiliegende Jahresrechnung der Muster AG, bestehend aus Bilanz, Erfolgsrechnung und Anhang, für das am 31. Dezember 2013 abgeschlossene Geschäftsjahr geprüft.

Verantwortung des Verwaltungsrates

Der Verwaltungsrat ist für die Aufstellung der Jahresrechnung in Übereinstimmung mit den gesetzlichen Vorschriften und den Statuten verantwortlich. Diese Verantwortung beinhaltet die Ausgestaltung, Implementierung und Aufrechterhaltung eines internen Kontrollsystems mit Bezug auf die Aufstellung einer Jahresrechnung, die frei von wesentlichen falschen Angaben als Folge von Verstössen oder Irrtümern ist. Darüber hinaus ist der Verwaltungsrat für die Auswahl und die Anwendung sachgemässer Rechnungslegungsmethoden sowie die Vornahme angemessener Schätzungen verantwortlich.

Verantwortung der Revisionsstelle

Unsere Verantwortung ist es, aufgrund unserer Prüfung ein Prüfungsurteil über die Jahresrechnung abzugeben. Wir haben unsere Prüfung in Übereinstimmung mit dem schweizerischen Gesetz und den Schweizer Prüfungsstandards vorgenommen. Nach diesen Standards haben wir die Prüfung so zu planen und durchzuführen, dass wir hinreichende Sicherheit gewinnen, ob die Jahresrechnung frei von wesentlichen falschen Angaben ist.

Eine Prüfung beinhaltet die Durchführung von Prüfungshandlungen zur Erlangung von Prüfungsnachweisen für die in der Jahresrechnung enthaltenen Wertansätze und sonstigen Angaben. Die Auswahl der Prüfungshandlungen liegt im pflichtgemässen Ermessen des Prüfers. Dies schliesst eine Beurteilung der Risiken wesentlicher falscher Angaben in der Jahresrechnung als Folge von Verstössen oder Irrtümern ein. Bei der Beurteilung dieser Risiken berücksichtigt der Prüfer das interne Kontrollsystem, soweit es für die Aufstellung der Jahresrechnung von Bedeutung ist, um die den Umständen entsprechenden Prüfungshandlungen festzulegen, nicht aber um ein Prüfungsurteil über die Wirksamkeit des internen Kontrollsystems abzugeben. Die Prüfung umfasst zudem die Beurteilung der

Angemessenheit der angewandten Rechnungslegungsmethoden, der Plausibilität der vorgenommenen Schätzungen sowie eine Würdigung der Gesamtdarstellung der Jahresrechnung. Wir sind der Auffassung, dass die von uns erlangten Prüfungsnachweise eine ausreichende und angemessene Grundlage für unser Prüfungsurteil bilden.

Prüfungsurteil

Nach unserer Beurteilung entspricht die Jahresrechnung für das am 31. Dezember 2013 abgeschlossene Geschäftsjahr dem schweizerischen Gesetz und den Statuten.

Berichterstattung aufgrund weiterer gesetzlicher Vorschriften

Wir bestätigen, dass wir die gesetzlichen Anforderungen an die Zulassung gemäss Revisionsaufsichtsgesetz (RAG) und die Unabhängigkeit (Art. 728 OR und Art. 11 RAG) erfüllen und keine mit unserer Unabhängigkeit nicht vereinbare Sachverhalte vorliegen.

In Übereinstimmung mit Art. 728*a* Abs. 1 Ziff. 3 OR und dem Schweizer Prüfungsstandard 890 bestätigen wir, dass ein gemäss den Vorgaben des Verwaltungsrates ausgestaltetes internes Kontrollsystem für die Aufstellung der Jahresrechnung existiert.

Ferner bestätigen wir, dass der Antrag über die Verwendung des Bilanzgewinnes dem schweizerischen Gesetz und den Statuten entspricht, und empfehlen, die vorliegende Jahresrechnung zu genehmigen.

Revisionsgesellschaft AG

Walter Müller   Hans Keller

Revisionsexperte   Revisionsexperte

Leitender Revisor

Zürich, 1. März 2014

Beilagen:
- Jahresrechnung (Bilanz, Erfolgsrechnung und Anhang)
- Antrag über die Verwendung des Bilanzgewinnes

11.74 Revisionsbericht ord. Revision versagtes Prüfungsurteil

Revisionsgesellschaft AG

Revisionsgesellschaft AG
Gatterweg 2
CH-8001 Zürich
Tel. +41 (0) 44 000 00 00
Fax +41 (0) 44 000 00 01
E-mail: w.mueller@reviges.ch
www.reviges.com

Bericht der Revisionsstelle
an die Generalversammlung der
Muster AG
St. Gallen

Bericht der Revisionsstelle zur Jahresrechnung

Als Revisionsstelle haben wir die beiliegende Jahresrechnung der Muster AG, bestehend aus Bilanz, Erfolgsrechnung und Anhang, für das am 31. Dezember 2013 abgeschlossene Geschäftsjahr geprüft.

Verantwortung des Verwaltungsrates

Der Verwaltungsrat ist für die Aufstellung der Jahresrechnung in Übereinstimmung mit den gesetzlichen Vorschriften und den Statuten verantwortlich. Diese Verantwortung beinhaltet die Ausgestaltung, Implementierung und Aufrechterhaltung eines internen Kontrollsystems mit Bezug auf die Aufstellung einer Jahresrechnung, die frei von wesentlichen falschen Angaben als Folge von Verstössen oder Irrtümern ist. Darüber hinaus ist der Verwaltungsrat für die Auswahl und die Anwendung sachgemässer Rechnungslegungsmethoden sowie die Vornahme angemessener Schätzungen verantwortlich.

Verantwortung der Revisionsstelle

Unsere Verantwortung ist es, aufgrund unserer Prüfung ein Prüfungsurteil über die Jahresrechnung abzugeben. Wir haben unsere Prüfung in Übereinstimmung mit dem schweizerischen Gesetz und den Schweizer Prüfungsstandards vorgenommen. Nach diesen Standards haben wir die Prüfung so zu planen und durchzuführen, dass wir hinreichende Sicherheit gewinnen, ob die Jahresrechnung frei von wesentlichen falschen Angaben ist.

Eine Prüfung beinhaltet die Durchführung von Prüfungshandlungen zur Erlangung von Prüfungsnachweisen für die in der Jahresrechnung enthaltenen Wertansätze und sonstigen Angaben. Die Auswahl der Prüfungshandlungen liegt im pflichtgemässen Ermessen des Prüfers. Dies schliesst eine Beurteilung der Risiken wesentlicher falscher Angaben in der Jahresrechnung als Folge von Verstössen oder Irrtümern ein. Bei der Beurteilung dieser Risiken berücksichtigt der Prüfer das interne Kontrollsystem, soweit es für die Aufstellung der Jahresrechnung von Bedeutung ist, um die den Umständen entsprechenden Prüfungshandlungen festzulegen, nicht aber um ein Prüfungsurteil über die Wirksamkeit des internen Kontrollsystems abzugeben. Die Prüfung umfasst zudem die Beurteilung der Angemessenheit der angewandten Rechnungslegungsmethoden, der Plausibilität der vorgenommenen Schätzungen sowie eine Würdigung der Gesamtdarstellung der Jahresrechnung. Wir sind der Auffassung, dass die von uns erlangten Prüfungsnachweise eine ausreichende und angemessene Grundlage für unser versagtes Prüfungsurteil bilden.

Grundlage für das versagte Prüfungsurteil

In den Vorräten sind zwei Schleifmaschinen enthalten, die spezifisch für einen Kunden angefertigt wurden, der im Dezember 2013 in Konkurs gefallen ist. Dafür bestehen nur ungenügende Wertberichtigungen. Dadurch sind die Vorräte um rund CHF 1,7 Mio. überbewertet. Folglich wären der Umsatz und Eigenkapital um rund CHF 1,7 Mio. tiefer. Anstelle des ausgewiesenen Gewinnes resultierte eine Jahresverlust von rund CHF -1,1 Mio.; die beantragte Gewinnausschüttung wäre nicht möglich.

Versagtes Prüfungsurteil

Nach unserer Beurteilung entspricht die Jahresrechnung für das am 31. Dezember 2013 abgeschlossene Geschäftsjahr aufgrund der Bedeutung des im Absatz «Grundlage für das versagte Prüfungsurteil» dargelegten Sachverhalts nicht dem schweizerischen Gesetz und den Statuten.

Berichterstattung aufgrund weiterer gesetzlicher Vorschriften

Wir bestätigen, dass wir die gesetzlichen Anforderungen an die Zulassung gemäss Revisionsaufsichtsgesetz (RAG) und die Unabhängigkeit (Art. 728 OR und Art. 11 RAG) erfüllen und keine mit unserer Unabhängigkeit nicht vereinbare Sachverhalte vorliegen.

In Übereinstimmung mit Art. 728*a* Abs. 1 Ziff. 3 OR und dem Schweizer Prüfungsstandard 890 bestätigen wir, dass ein gemäss den Vorgaben des Verwaltungsrates ausgestaltetes internes Kontrollsystem für die Aufstellung der Jahresrechnung existiert.

Ferner halten wir fest, dass der Antrag über die Verwendung des Bilanzgewinnes aufgrund der Bedeutung des im Absatz « Grundlage für das versagte Prüfungsurteil» dargelegten Sachverhalts nicht dem schweizerischen Gesetz und den Statuten entspricht. Aufgrund des im Absatz «Grundlage für das versagte Prüfungsurteil» dargelegten Sachverhalts empfehlen wir die vorliegende Jahresrechnung an den Verwaltungsrat zurückzuweisen.

Revisionsgesellschaft AG

Walter Müller   Hans Keller
Revisionsexperte   Revisionsexperte
Leitender Revisor

Zürich, 1. März 2014

Beilagen:

– Jahresrechnung (Bilanz, Erfolgsrechnung und Anhang)
– Antrag über die Verwendung des Bilanzgewinnes

11.75 Revisionsunterlagen

Revisionsgesellschaft AG
Treuhandstrasse 1
8000 Zürich

Kunde: Muster AG, Zürich

Vorzubereitende Unterlagen für die ordentliche Revision der Jahresrechnung per 31.12.2013

		Verantwortlich	Kopie (K), Bereitgestellt (B)	Erhalten J/N
1	**Allgemeines**			
1.1	Saldobilanz inkl. Vorjahreszahlen			
1.2	Aktuelle Statuten bzw. Änderungen seit der letzten Statutenrevision			
1.3	Protokoll der letzten Generalversammlung			
1.4	Alle Verwaltungsrats-Protokolle des vergangenen Jahres (inkl. Protokoll der Sitzungen der VR-Ausschüsse)			
1.5	Unterzeichnete Jahresrechnung (Bilanz, Erfolgsrechnung, allenfalls Geldflussrechnung, Anhang): Per 31.12.2013 analog Vorjahr vorzubereiten			
1.6	Verwendete Fremdwährungskurse per Bilanzstichtag			
1.7	Aufstellung über stille Reserven per 1.1. und 31.12.2013 (Bildung/Auflösung)			
1.8	Aktuellster Handelsregisterauszug			
1.9	Anwaltsbestätigungen (sind durch Muster AG vorzubereiten (gem. zugestellter Vorlage) und durch Revisionsgesellschaft AG zu versenden)			
1.10	Soll-Ist-Vergleich mit Budget und Vorjahr für Erfolgsrechnung, inkl. Kommentar aller grösseren Fluktuationen			

		Verantwortlich	Kopie (K), Bereitgestellt (B)	Erhalten J/N
1.11	Zeitplan/Verantwortlichkeiten für Abschlusserstellung (inkl. Konzernrechnung): **sollte uns sofort zugestellt werden!**			
1.12	Überleitung handelsrechtliche Jahresrechnung zu den Zahlen, welche in die Konsolidierung (Abschluss nach anerkannten Standard zur Rechnungslegung (Swiss GAAP FER) einfliessen, (inkl. detaillierte Dokumentation zu den Umbewertungen, Umgliederungen und Überleitungen)			
1.13	Protokoll und Unterlagen zur Durchführung der Risikobeurteilung			
1.14	Aktuelles internes Handbuch über das Interne Kontrollsystem (IKS) der Muster AG			
1.15	Entwurf Lagebericht			
1.16	Entwurf Vorschlag des VR betr. Gewinnverwendung			
1a	**Konsoliderungsunterlagen** *(falls geprüft)*			
1a.1	Konsolidierungspackage(s), inkl. «Link» zwischen Saldobilanz und Konsolidierungspackage, Erläuterungen zu den Auswertungen der Beiblätter, Nachweis sämtlicher Veränderungen auf den Packages. Sämtliche Konsolidierungsbuchungen (einzeln)			
1a.2	Richtlinien/Instruktionen (Formularset), welche im Rahmen der Konzernberichterstattung an die Tochtergesellschaften versandt worden sind: **sollte uns sofort zugestellt werden!**			
1b	Rechnungslegungsgrundsätze in Bezug auf Beteiligungen (Abgrenzung: vollkonsolidierte Unternehmen, assoziierte Unternehmen, nicht konsolidierte Beteiligungen; Grundsätze der Bewertung (inkl. Impairmenttests); Grundsätze der Erfassung der Transaktionen mit diesen Unternehmen)			

		Verantwortlich	Kopie (K), Bereitgestellt (B)	Erhalten J/N
2	**Flüssige Mittel**			
2.1	Unterschriebene Kassenrapporte per 31.12.2013			
2.2	Kopie der Postsaldomeldungen für alle Postcheck-Konten per 31.12.2013			
2.3	Kopie der Bankauszüge aller Banken per 31.12.2013, inkl. Bankabstimmungen aller Banken mit Nachweis aller Verschiebungsposten (Nachweis der Abweichungen zwischen Bankauszug und Finanzbuchhaltung)			
2.4	Bestätigung für Call- oder Festgelder (nur falls flüssige Mittel entsprechend angelegt)			
2.5	Kopie der Kreditverträge mit Banken, Zusammenstellung aller Kreditlimiten, Fristigkeiten, Sicherheiten, Kreditbedingungen (Covenances)			
2.6	Bankbestätigungen für sämtliche Banken (Anfragen sind durch Muster AG gem. Ihnen zugestellter Vorlage vorzubereiten; der Versand an die Banken selbst erfolgt durch die Revisionsgesellschaft AG)			
3	**Kurzfristig gehaltene Aktiven mit Börsenkurs/Wertschriften**			
3.1	Verzeichnis der kurzfristig gehaltenen Aktiven mit Börsenkurs (Bestand, Bewertung, Nachweis der korrekten Bewertung); Depotauszug für jedes Wertschriftendepot per 31.12.2013)			
3.2	Abstimmung der Verzeichnisse mit Finanzbuchhaltung			
3.3	Zusammenstellung aller Käufe und Verkäufe im Berichtsjahr (inkl. Berechnung der Gewinne und Verluste aus Kauf/Verkauf)			
3.4	Marchzinsberechnungen bei Obligationsanleihen auf den 31.12.2013 und Abstimmung mit dem Konto Zinsertrag (Erfolgsrechnung)			
3.5	Zusammenstellung der Dividendenerträge der gehaltenen Aktien im Berichtsjahr			

		Verantwortlich	Kopie (K), Bereitgestellt (B)	Erhalten J/N
4	**Forderungen aus Lieferungen und Leistungen**			
4.1	Saldoliste/Liste der offenen Posten für Forderungen aus Lieferungen und Leistungen per 31.12.2013 mit Verfallanalysen per 31.12.2013			
4.2	Abstimmung Saldoliste/OP-Liste/Debitorenbuchhaltung mit dem Hauptbuch			
4.3	Aktuelle Saldoliste/Liste der offenen Posten per Ende Februar/Revisionszeitpunkt; Aufstellung der noch offenen Posten, die aus 2013 oder früher stammen			
4.4	Fakturakopien, der im Dezember 2013 gebuchten Forderungen (mit Lieferscheinen, Versandunterlagen)			
4.5	Fakturakopien, der im Januar 2014 gebuchten Forderungen (mit Lieferscheinen, Versandunterlagen)			
4.6	Detaillierte Delkredere Berechnung (Einzelwertberichtigungen/pauschale Wertberichtigungen; mit Ausweis des effektiv notwendigen und der zusätzlichen Wertberichtigungen (stille Reserven).			
4.7	Liste der Debitoren mit Überschreitung der festgelegten Kreditlimiten			
4.8	Liste der in neuer Rechnung (in 2014) ausgebuchten Debitoren, erstellten Gutschriften, Rabatte/Skonti etc.			
4.9	Zusammenstellung der Debitorenverluste für das Geschäftsjahr, mit Vorjahresvergleichen			
4.10	Debitoren-Betreibungskontrolle, Liste der gesperrten Debitoren, Unterlagen zu den Mahnungsläufen im Berichtsjahr			
5	**Übrige kurzfristige Guthaben**			
5.1	Zusammenstellung/Inventar/Nachweis aller Konten > TCHF 10 (mit Vorjahresvergleich)			
5.2	Mehrwertsteuer-Abrechnungen für das ganze Berichtsjahr			

		Verantwortlich	Kopie (K), Bereitgestellt (B)	Erhalten J/N
5.3	Zusammenstellung der Vorauszahlungen an Lieferanten (Nachweis anhand Zahlungsbelegen)			
5.4	Zusammenstellung über sämtliche gewährten Personaldarlehen (inkl. Angaben Sicherheiten, Zinsertrag); Nachweis anhand Verträgen, Zahlungsbelegen etc. Beurteilung möglicher Risiken			
5.5	Nachweis der Zu- und Abgänge im Berichtsjahr anhand Zahlungsbelegen			
6	**Vorräte und nicht fakturierte Dienstleistungen**			
6.1	Unterzeichnetes Inventar der Vorräte per 31.12.2013 mit Vorjahresvergleich; gegliedert in Rohmaterial, Erzeugnisse in Arbeit, fertige Erzeugnisse, Handelswaren, noch nicht fakturierte Leistungen (zu unterzeichnen ist die Gesamtrekapitulation)			
6.2	Sämtliche Detailinventare per 31.12.2013			
6.3	Bestandesnachweise für Aussenlager/Konsignationslager (externe Bestätigungen, Aufnahmeprotokolle etc.)			
6.4	Unternehmensinterne Instruktionen zur Jahresinventur, Dokumentation der vorgenommenen Inventur (Möglichkeit der Einsichtnahme in Original-Bestandesaufnahmen)			
6.5	Auswertung über die festgestellten Inventurdifferenzen (mit Abstimmung zur Buchhaltung), Genehmigungsvermerk zu vorgenommenen Korrekturen/Ausbuchungen)			
6.6	Bewertungsgrundlagen (aktuelle Kalkulationsgrundlagen, Anschaffungskosten, Herstellungskosten, Veräusserungswerte etc.) Methode zur Bewertung der angefangenen Arbeiten/noch nicht fakturierte Leistungen			

		Verantwortlich	Kopie (K), Bereitgestellt (B)	Erhalten J/N
6.7	Liste der Vorräte mit wenig oder keinen Bewegungen (Verkäufe/Verbrauch) per 31.12.2013; allenfalls Reichweitenanalysen je Artikel (Vergleich Verbrauch pro Jahr mit Bestand am Jahresende (hohe Reichweite könnte ein Zeichen sein für zu hohe Bestände, allfälligen Wertberichtigungsbedarf)			
6.8	Liste der Handelsvorräte mit tiefer Marge (->Risiko, dass Bewertung höher als Marktpreis)			
6.9	Grundlagen der Ermittlung der Wertberichtigungen (Details zu Einzelwertberichtigungen, Pauschalwertberichtigung; mit Ausweis der effektiv notwendigen und der zusätzlichen Wertberichtigungen (stille Reserven).			
6.10	Zusammenstellung über bestehende Einkaufskontrakte, Lieferverpflichtungen etc.			
7	**Aktive Rechnungsabgrenzungsposten**			
7.1	Zusammensetzung des bilanzierten Postens per 31.12.2013 mit Vorjahresvergleich (zeitliche Abgrenzungen Zins- und Wertschriftenertrag, Mieten, Versicherungsprämien, Abrechnungen über Sozialabgaben etc.)			
7.2	Unterlagen/Belege zum Nachweis des Bestandes und der Bewertung der aktivierten Rechnungsabgrenzungsposten			
8	**Sachanlagen**			
8.1	Anlageverzeichnis der Sachanlagen (Grundstücke, Gebäude, techn. Anlagen, Maschinen, Betriebs- und Geschäftseinrichtungen, Informationstechnologie, Fahrzeuge, Sachanlagen im Bau, Anzahlungen für Sachanlagen, Sachanlagen in Leasing) mit Anschaffungsjahr, ursprüngliche Anschaffungskosten, Zu-/Abgänge, kumulierte Abschreibungen/Wertberichtigungen, Restbuchwert per 31.12.2013 und Vorjahr			

		Verantwortlich	Kopie (K), Bereitgestellt (B)	Erhalten J/N
8.2	Abstimmung des Anlageverzeichnisses mit der Anlagebuchhaltung/Finanzbuchhaltung; Anlagespiegel			
8.3	Beschreibung und Beurteilung der Aktivierungs- u. Abschreibungspolitik (Aktivierungsuntergrenze, Nutzungsdauer, Abschreibungsmethode und -sätze),			
8.4	Nachweis der Zu- und Abgänge im Berichtsjahr anhand von Rechnungen/Fakturakopien			
8.5	Verzeichnis der geleasten Anlagen (inkl. Kopien vorhandener Leasingverträge); Dokumentation der Klassierung der geleasten Objekte (financial oder operational Leasing) und der entsprechenden Erfassung in der Buchhaltung (Aktivierung oder als Aufwand erfassen) durch Management/VR; Dokumentation der offen zu legenden Angaben im Anhang (Restbetrag der Verpflichtungen aus allen Leasingverhältnissen)			
8.6	Grundbuchauszüge (falls Änderungen gegenüber dem Vorjahr), Aufstellung über die als Sicherheit für Bankkredite dienenden Sachanlagen, Belehnung etc.			
8.7	Erläuterungen/Dokumentation zu ausserplanmässigen Wertberichtigungen/Impairments (Begründung, Genehmigung, Offenlegung)			
8.8	Vorhandene Pläne/Absichten für allfällige Umnutzungen, Umstrukturierungen, Verkäufe usw. von Sachanlagen: Beurteilung des Effekts dieser Transaktionen auf die Bewertung)			
8.9	Verzeichnis der Mietobjekte (Mieterspiegel usw.)			
8.10	Verträge Prämienrechnungen zur Versicherung der Sachanlagen (Gebäudeversicherungsunterlagen (Rechnungen im Berichtsjahr, Policen, falls Veränderung zum Vorjahr)			

		Verantwortlich	Kopie (K), Bereitgestellt (B)	Erhalten J/N
9	**Finanzanlagen**			
9.1	Verzeichnis/Zusammenstellung der Finanzanlagen (Darlehensguthaben, Wertschriften, Beteiligungen etc.) mit ursprünglichem Wert, Buchwert am 31.12.2013 und Vorjahr			
9.2	Nachweis anhand Depotauszügen, Verträgen, Saldenbestätigungen, Zahlungsbelegen, Korrespondenz etc.			
9.3	Zusammenstellung der erfassten Zu-/Abgänge im Berichtsjahr mit entsprechenden Kaufverträgen/Zahlungsbelegen etc.			
9.4	Angaben über den Ertrag je Anlage im Berichtjahr			
9.5	Angabe der erhaltenen Sicherheiten			
9.6	Angabe über Beschränkungen der Verfügbarkeit, Belehnung, Verpfändung etc.			
10	**Beteiligungen**			
10.1	Verzeichnis aller Beteiligungen (dh. inklusive Minderheitsbeteiligungen) mit Firma, Rechtsform, Sitz der Unternehmen, an denen eine Beteiligung besteht, inkl. Angabe des jeweiligen Kapital- und Stimmenanteils (analog der Offenlegung im Anhang der Vorjahresrechnung			
10.2	Verzeichnis der Beteiligungen (ursprünglicher Anschaffungswert, Beteiligungsquote, Buchwert am 31.12.2013 und Vorjahr, Zu-/Abgänge im Berichtsjahr, kumulierte Wertberichtigungen, Ertrag im Berichtsjahr, anteiliger Unternehmenswert der Beteiligung) und Nachweis anhand Depotauszügen/Effektivaufnahme/Korrespondenz etc.			
10.3	Zusammenstellung der erfassten Zu-/Abgänge im Berichtsjahr mit entsprechenden Kaufverträgen/Zahlungsbelegen etc. (inkl. allfälliger Unterlagen zu Kaufpreisallokationen im Hinblick auf Konsolidierung)			

		Verantwortlich	Kopie (K), Bereitgestellt (B)	Erhalten J/N
	Nachweis des Eigentums an neu gegründeten Tochtergesellschaften (Gründungsurkunden, HR-Auszüge, Anwaltsbestätigungen usw., inkl. Minderheitsbeteiligungen)			
10.4	Unterlagen zur Beurteilung der Werthaltigkeit der Beteiligungen (externe Bewertungsgutachten, aktuelle Analystenberichte, Jahresrechnung der betreffenden Unternehmen, vereinnahmte Erträge aus der Beteiligung etc.)			
10.5	Erläuterungen/Dokumentation zu ausserplanmässigen Wertberichtigungen/Impairments (Begründung, Genehmigung, Offenlegung)			
10.6	Unterlagen über die Geschäftsvorfälle/Transaktionen mit Unternehmen, an denen eine Beteiligung besteht (gegenseitige Umsatzerlöse/Aufwendungen, Zinsen, Management Fees etc.); Begründung für die den Transaktionen zugrundeliegenden Bedingungen, sofern diese von den üblichen Bedingungen im Verkehr mit Dritten abweichen.)			
10.7	Dokumentation des Bestandes an Guthaben und Schulden bei Unternehmen, an denen eine Beteiligung besteht.			
10.8	Nachweis der in der Jahresrechnung offenzulegenden Beträge			
11	**Immaterielle Werte**			
11.1	Inventar der immateriellen Werte (immaterielle Rechte (Marken, Patente, Muster, Konzessionen, etc.), Entwicklungskosten, Goodwill) mit Angaben zu Anschaffungsjahr, ursprüngliche Anschaffungskosten, Zu-/Abgänge, kumulierte Abschreibungen/Wertberichtigungen, Restbuchwert per 31.12.2013 und Vorjahr			
11.2	Abstimmung des Anlageverzeichnis mit der Anlagebuchhaltung/Finanzbuchhaltung, Anlagespiegel			

		Verantwortlich	Kopie (K), Bereitgestellt (B)	Erhalten J/N
11.3	Nachweis der Zu- und Abgänge im Berichtsjahr anhand von Rechnungen/Fakturakopien inkl. Genehmigungsvermerk, Investitionsentscheid, Entscheid über Behandlung in der Buchhaltung (Aktivierung oder direkte Belastung in Erfolgsrechnung)			
11.4	Beschreibung und Beurteilung der Aktivierungs- u. Abschreibungspolitik (Aktivierungsuntergrenze, Nutzungsdauer, Abschreibungsmethode und -sätze)			
11.5	Unterlangen zur Beurteilung der Werthaltigkeit der immateriellen Werte, insbesondere Impairmenttests für Goodwill (mit Genehmigungsvermerk des VR betr. Annahmen über Umsatz- und Aufwandsentwicklung, Investitionsausgaben, Diskontierungssätze, Sensitivitätsanalyse, Unterlagen von externen Experten)			
11.6	Unterlagen zu den vorgenommenen ausserplanmässigen Wertberichtigungen/Impairments (Begündung, Genehmigung, Offenlegung)			
11.7	Vorhandene Pläne/Absichten für Umnutzungen, Umstrukturierungen, Verkäufe usw. von Sachanlagen: Beurteilung des Effekts dieser Transaktionen auf die Bewertung			
12	**Verbindlichkeiten aus Lieferungen und Leistungen**			
12.1	Saldoliste/Offenposten-Liste der Kreditoren per 31.12.2013 mit Altersanalyse (Umgliederung Kreditoren mit Sollsaldo; Kreditoren mit Fälligkeit über einem Jahr)			
12.2	Nachweis der Salden der Durchgangskonten (Wareneingangs-, WERE-Konten) mit Altersgliederung, Begründung für alte Posten			
12.3	Abstimmung Bestand Kreditoren mit eingeholten externen Saldenbestätigungen			
12.4	Kreditorenrechnungen, die im Januar 2014 erfasst worden sind.			

		Verantwortlich	Kopie (K), Bereitgestellt (B)	Erhalten J/N
13	**Kurzfristige verzinsliche Verbindlichkeiten**			
13.1	Kopie der Bankauszüge aller Banken per 31.12.2013, inkl. Bankabstimmungen aller Banken mit Nachweis aller Verschiebungsposten (Nachweis der Abweichungen zwischen Bankauszug und Finanzbuchhaltung)			
13.2	Kopie der Kreditverträge mit Banken, Zusammenstellung aller Kreditlimiten, Fristigkeiten, Sicherheiten, Kreditbedingungen (Covenances), Bankverträge betr. Amortisationsverpflichtungen			
13.3	Bankbestätigungen für sämtliche Banken (Anfragen sind durch Muster AG gem. Ihnen zugestellter Vorlage vorzubereiten; der Versand an die Banken selbst erfolgt durch die Revisionsgesellschaft AG)			
13.4	Zusammenstellung der Verbindlichkeiten gegenüber Vorsorgeeinrichtungen (Nachweis anhand Kontoauszug, Abstimmung mit Personalvorsorgestiftung etc.)			
14	**Übrige kurzfristige Verbindlichkeiten**			
14.1	Zusammenstellung des bilanzierten Postens mit Vorjahresvergleich, Nachweis sämtlicher Posten anhand von Belegen			
14.2	MwSt-Abrechnungen für das gesamte Geschäftsjahr, inkl. Umsatzabstimmung			
14.3	Zusammenstellung der Depotgelder			
15	**Langfristige Verbindlichkeiten**			
15.1	Zusammenstellung des bilanzierte Postens mit Vorjahresvergleich (gegliedert in verzinsliche und nichtverzinsliche Verbindlichkeiten) nach Gläubiger, mit Angabe des Bestand am Ende des Vorjahres, Amortisationen, Zugängen, Zinsaufwand, Bestand am Jahresende, abgegebene Sicherheiten			

		Verantwortlich	Kopie (K), Bereitgestellt (B)	Erhalten J/N
	Gliederung der verzinslichen langfristigen Verbindlichkeiten nach Fälligkeit: fällig innerhalb ein bis fünf Jahre, fällig nach fünf Jahren. Falls Anleihensobligationen ausgegeben worden sind: Beträge, Zinssätze, Fälligkeiten und weitere Konditionen (Art. 959c Abs. 4)			
15.2	Nachweis der Zu-/Abgänge im Berichtsjahr anhand der Bankbestätigungen, Saldenbestätigungen, Zahlungsbelegen und Korrespondenz			
15.3	Zusammenstellung der Zu-/Abgänge im Berichtsjahr mit Zahlungsbelegen, Aufstellung der Amortisationsverpflichtung im kommenden Jahr (ab 2014 Umgliederung in kurzfristige Verbindlichkeiten)			
15.4	Zusammenstellung der Zinsaufwendungen sowie Marchzinsen			
16	**Rückstellungen**			
16.1	Zusammenstellung des bilanzierte Postens mit Vorjahresvergleich, Gliederung nach erwarteter Fälligkeit (im Folgejahr, in 2–5 Jahren, später)			
16.2	Aufstellung der Veränderung im Berichtsjahr (Zugänge, Beanspruchung im Berichtsjahr, Auflösungen, Diskontierungseffekte etc.): Rückstellungsspiegel			
16.3	Analyse der Beanspruchung der Rückstellungen durch VR: Aufteilung in beanspruchte Rückstellungen (rechtliche oder faktische Verpflichtung) und nicht beanspruchte (stille Reserven)			
16.4	Dokumentation und Berechnungsgrundlagen (Annahmen über Höhe, Eintrittswahrscheinlichkeit, Diskontierung) zu den Rückstellungen (inkl. Protokolle/Genehmigungsvermerk durch VR), allenfalls vorhandene externe Gutachten von Experten/Rechtsanwalt etc.			

		Verantwortlich	Kopie (K), Bereitgestellt (B)	Erhalten J/N
16.5	Liste der Rechtsfälle, in denen die Gesellschaft beklagt ist, Abstimmung mit Anwaltsbestätigung			
16.6	Liste über Garantiefälle, Beurteilung deren Folgen			
16.7	Vorhandene Pläne/Absichten für Umnutzungen, Restrukturierungen, Verkäufe usw. von Sachanlagen: Beurteilung des Effekts dieser Transaktionen auf die Rückstellungen			
16.8	Unterlagen zur Berechnung von Schwankungsreserven im Sinne von Art. 960b OR			
17	**Eigenkapital**			
17.1	Aufstellung über die Entwicklung der einzelnen Posten des Eigenkapitals: Aktienkapital, gesetzliche Kapitalreserven, gesetzliche Gewinnreserven (Allgemeine Reserve Art. 671 OR; Aufwertungsreserven Art. 671b OR), freiwillige Gewinnreserven, Minusposten für eigenen Aktien			
17.2	Aufstellung über den Bestand an Aktien der Muster AG, welche von der Muster AG und deren Tochtergesellschaften gehalten werden, mit Angabe des Erwerbszeitpunktes			
17.3	Aufstellung über den Erwerb und die Veräusserung von Aktien der Muster AG im vergangenen Jahr, mit Angabe der Bedingungen bei diesen Transaktionen (Käufer/Verkäufer, Datum, Preis, Marktpreis im Transaktionszeitpunkt, Begründung bei Abweichung)			
18	**Steuern**			
18.1	Unterlagen zu den Steuerveranlagungen (Abrechnungen, Rückstellungen, Berechnungsgrundlage für Steuerrückstellung)			
18.2	Berechnungsgrundlage(n) für die Steuerrückstellung			

		Verantwortlich	Kopie (K), Bereitgestellt (B)	Erhalten J/N
19	**Forderungen und Verbindlichkeiten gegenüber Beteiligten, Organen und Beteiligungen**			
19.1	Zusammenstellung der Forderungen, Darlehen und Verbindlichkeiten gegenüber Aktionären und Partizipanten mit Angabe des ursprünglichen Betrages, Zu/Abgänge im Berichtsjahr, Restbuchwert am 31.12.2013 und Vorjahr, allfällige Sicherheiten, Zinsen im Berichtsjahr,			
19.2	Saldobestätigungen, interne Abstimmungen			
19.3	Einsicht in Darlehensverträge, falls vorhanden			
19.4	Zusammenstellung der Zinsabrechnungen			
20	**Zusätzliche Informationen**			
20.1	Angabe über den Bestand an Mitarbeitern (Anzahl Vollzeitstellen im Jahresdurchschnitt)			
20.2	Gesamtbetrag der für Verbindlichkeiten Dritter bestellten Sicherheiten (Bezeichnung des Vermögenswertes, der als Sicherheit dient, mit Angabe des Buchwerts am Bilanzstichtag und Vorjahreswert, der max. Höhe der Sicherheit sowie des beanspruchten Betrags			
20.3	Bekanntgabe von Eventualverpflichtungen, falls vorhanden			
20.4	Bekanntgabe von Ereignissen nach dem Bilanzstichtag			

Risk Management Muster Produktions AG

Einzelrisikobeurteilung

Risiko Nr. 9 Wechselkursentwicklung

Vorbemerkung

Im Rahmen des Risk Managements der Muster Produktions AG werden systematisch alle potentiellen Gefahrenquellen für den Bestand, den Betrieb und die Entwicklung des Unternehmens erfasst und analysiert. Die dabei als relevant erkannten Risiken werden nach einheitlichen Kriterien bezüglich finanzieller Tragweite, Eintrittshäufigkeit und Vorwarnzeit bewertet. Entsprechend dem resultierenden Risikofaktor werden die Einzelrisiken anschliessend in einer Master Risk List nach Prioritäten zusammengefasst. Dies ist die Basis für die Einzelrisikobeurteilung, bei welcher die massgebenden Risiken einzeln dargestellt und Massnahmen zur Vermeidung oder Verminderung des jeweiligen Risikos vorgeschlagen werden.

Ausgangslage Risiko Nr. 9 Wechselkursentwicklungen

- Veränderungen der Wechselkurse beeinträchtigen die Erträge und Kosten, aber auch die Aktiven und Passiven der Muster Produktions AG u.U. extrem ungünstig. Die Muster Produktions AG fakturiert in folgenden Währungen: CHF, EUR, USD und YEN. Der in den letzten Jahren starke CHF ist aus Sicht der Muster Produktions AG als Exporteur kein Vorteil.

- Seit mehreren Jahren sichert die Muster Produktions AG die Währungen CHF, EUR und USD, nicht jedoch YEN, durch Absicherungsinstrumente bei der UBS nach unten ab, mit dem Ziel der Planungssicherheit. Der entsprechende operative Spielraum ist in der verbindlichen Fremdwährungsrichtlinie vom 3. Oktober 2013 beschrieben.

- Bezüglich eines natürlichen Hedging sind die Möglichkeiten der Muster Produktions AG gering (z.B. keine Produktionsstätte im USD- oder YEN-Raum, beschränkte Möglichkeit, die Lieferanten und Mitarbeiter in EUR zu bezahlen).

Risiko Nr. 9 Wechselkursentwicklung

Risikoeigner	CFO Karl Muster
Überraschungsfaktor	Entwicklung (allmählich) ☐ ☐ ☑ ☐ Ereignis (plötzlich)
Gefahrengebiet	Finanzen
Gefahrenbereich	Marktpreise (Master Risk List Punkt 6.2)
Ursachen des Risikos	- Negative Wechselkursentwicklungen - Sinkende Verkaufspreise bei Lieferungen ins Ausland (Export) - Einbruch beim Auslandgeschäft, weil ausländische Wettbewerber preisgünstiger anbieten können (Arbitragegeschäfte) - Fehlende Absicherung von Währungsrisiken - Steigende Inflation

Ziele	Vorgehen / Handlungsbedarf
☐ Risiko vermeiden ☑ Risiko vermindern ☐ Risiko akzeptieren	Frühwarnindikatoren - Wechselkursprognosen von Banken, etc.
Reduktion Häufigkeit	- Umsetzung der Fremdwährungsrichtlinie
Reduktion Auswirkung	- Laufender Abschluss von Währungsabsicherungen gemäss Fremdwährungsrichtlinien - Bestände an nicht abgesicherten Währungen limitieren - Möglichkeiten der Spekulation mit Währungen, Finanzinstrumenten, etc. verhindern - Kein zusätzlicher Aufbau von Wahrungsrisiken bei der mittel- und langfristigen Anlage in Wertschriften

Risiko Nr. 9 Wechselkursentwicklung

Massnahmen	Verantwortlich	Termin	Status
Erledigte Massnahmen			
Erstellung einer Fremdwährungsrichtlinie.	Karl Muster	30.06.2010	Erledigt
Prüfen, ob die Währung YEN auch abgesichert werden soll.	Karl Muster	30.09.2011	Erledigt
Pendente Massnahmen			
Einsatz von Absicherungsinstrumenten bei der UBS in Zürich	Max Beispiel	31.12.2014	In Prozess
Regelmässige Bewertung der Währungspositionen bezüglich Kurslimiten und Bestände (Pro Währung darf eine bestimmte Bestandsgrösse nicht überschritten werden)	Karl Muster	31.12.2014	In Prozess
Verzicht auf Finanzinstrumente und -anlagen, die zusätzliche Währungsrisiken beinhalten.	Karl Muster	30.06.2014	In Prozess
Jährliche Überprüfung der Preisvereinbarungen mit unseren Tochterunternehmen hinsichtlich Währungszuschlag bzw. -abschlag	Karl Muster	31.12.2014	In Prozess
Prüfen, ob ein gruppenweites Cash Pooling sinnvoll und zweckmässig sein kann.	Karl Muster / Max Beispiel	31.03.2014	In Prozess

11.77 Risikobeurteilung IKS

IKS Risikobeurteilungsliste RBL der Muster AG

Risikobeurteilung IKS

	Risikobeurteilung				Risikomanagement
Risikoidentifikation	Risikobeschrieb	Eintrittswahrscheinlichkeit	Auswirkung	Entscheid über Risikostrategie	Massnahmen: Definition des notwendigen IKS
		1: gering	1: unwesentlich	1: vermeiden	
		2: möglich	2: moderat	2: versichern	
		3: fast sicher	3: katastrophal	3: kontrollieren	
				4: eingehen	

Externes Umfeld
Welche wesentlichen Risiken ergeben sich aus dem externen Umfeld des Unternehmens. Unter dem externen Umfeld sind bspw. folgende Bereiche zu verstehen:

1	Politische Entwicklungen	Zusammenbruch der Marktwirtschaft	1: gering	1: unwesentlich		
2	Volkswirtschaftliche Tendenzen	Wirtschaftswachstum gegen Null, Rezession	3: fast sicher	1: unwesentlich		
3	Neue oder geänderte Konsumentenbedürfnisse	Hybrides Konsumverhalten	3: fast sicher	2: moderat	3: kontrollieren	Marktbeobachtungen
4	Umweltentwicklungen	Möglicher Eintritt einer Schweinepest Umweltgifte wie Dioxin etc. in Rohstoff(-gruppen)	2: möglich	3: katastrophal	3: kontrollieren	Kontakt zu Aemtern, Verbänden und Lieferanten
5	Gesetzesänderungen	Verbot unserer Rohstoffe	1: gering	2: moderat	3: kontrollieren	Kontakt zu Aemtern, Verbänden und Lieferanten
6	etc.					

Konkurrenzsituation
Welche wesentlichen Risiken ergeben sich aus der aktuellen und erwarteten Konkurrenzsituation des Unternehmens:

7	Aus Sicht unserer Produkte / Dienstleistungen (neue Technologien, neue Anwendungen, Ersatzprodukte, etc.)	Huber, Meier etc, bieten unser Produkt in gleicher Qualität zu einem deutlich tieferen Einkaufspreis an	2: möglich	3: katastrophal	3: kontrollieren	Beobachtung von Mitbewerbern und Markt, Kontakt zu Innovationsanbieter suchen
8	Aus Sicht von Konkurrenzanbieter (neue Konkurrenten, ausländische Anbieter, Anbieter mit alternativen Produkten, etc.)	Neuer Produzent tritt in den Markt ein	1: gering	1: unwesentlich	3: kontrollieren	Beobachtung von Mitbewerbern und Markt, Kontakt zu Innovationsanbieter suchen

	Risikobeurteilung				Risikomanagement
Risikoidentifikation	Risikobeschrieb	Eintrittswahrscheinlichkeit	Auswirkung	Entscheid über Risikostrategie	Massnahmen: Definition des notwendigen IKS
		1: gering 2: möglich 3: fast sicher	1: unwesentlich 2: moderat 3: katastrophal	1: vermeiden 2: versichern 3: kontrollieren 4: eingehen	

Beschaffungsrisiken
Welche wesentlichen Risiken oder Abhängigkeiten bestehen auf der Beschaffungsebene:

9	Wesentliche Lieferanten	Keine Lieferanten für unsere Rohstoffe und Verpackungsmaterialien	1: gering	3: katastrophal	3: kontrollieren	Mindestens 2 Lieferanten pro Rohstoff
10	Wesentliche Mitarbeiter	Schlüsselpersonen verlassen das Unternehmen	1: gering	2: moderat	1: vermeiden	Mitarbeiter fordern und fördern
11	Wesentliche Rohstoffe	Kein Rohstoff mehr vorhanden	1: gering	3: katastrophal	3: kontrollieren	Mindestens 2 Lieferanten pro Rohstoff
12	Wesentliche externe Dienstleister					
13	etc.					

Produktionsrisiken
Welche wesentlichen Risiken oder Abhängigkeiten bestehen im Produktionsprozess:

14	Gefährliche Rohstoffe	Kontaminierte Rohstoffe gelangen in die Verarbeitung	1: gering	3: katastrophal	3: kontrollieren	GMP Richtlinien einhalten, Mindestens 2 Lieferanten pro Rohstoff
15	Gefährliche Produktionsschritte	Verletzung bei der Manipulation an den Anlagen	2: möglich	1: unwesentlich	3: kontrollieren	Arbeitssicherheitsbestimmungen einhalten
16	Produktrisiken im Fertigprodukt (Garantiearbeiten)	Fremdstoffe im Fertigprodukt (Feste Stoffe) nicht verkaufbare Produkte	2: möglich	3: katastrophal	3: kontrollieren	GMP Richtlinien einhalten
17	Wesentliche Patente und Know-How	Know how-Abfluss zu Mitbewerbern	1: gering	3: katastrophal	1: vermeiden	Konkurrenz-Klausel in Arbeitsverträgen einbauen
18	etc.					

Absatzrisiken
Welche wesentlichen Risiken oder Abhängigkeiten bestehen auf der Absatzseite:

19	Wesentliche Kunden	Umstrukturierung von einer Marketing-Organisation zu einer Absatz-Organisation Medela: neuer Abfüller	3: fast sicher	1: unwesentlich	3: kontrollieren	Regelmässige Sitzungen mit den Verantwortlichen
20	Wesentliche Produkte oder Produktegruppen	Produktionsverlust XYZ Produkt	1: gering	3: katastrophal	3: kontrollieren	Lieferantenbewertung
21	Wesentliche geographische Märkte	Verkaufsverbot in einem Markt	1: gering	3: katastrophal	3: kontrollieren	
22	etc.					

	Risikobeurteilung				Risikomanagement
Risikoidentifikation	Risikobeschrieb	Eintrittswahr-scheinlichkeit	Auswirkung	Entscheid über Risikostrategie	Massnahmen: Definition des notwendigen IKS
		1: gering 2: möglich 3: fast sicher	1: unwesentlich 2: moderat 3: katastrophal	1: vermeiden 2: versichern 3: kontrollieren 4: eingehen	

Finanzrisiken
Welche wesentlichen Risiken bestehen im Finanzbereich der Unternehmung:

23 Zinsrisiken	Steigende Zinsen	1: gering	2: moderat	3: kontrollieren	Zins-Absicherungsinstrumente abschliessen
24 Währungsrisiken	Euro-Einkauf	1: gering	2: moderat	3: kontrollieren	Euro-Kontrakte mit der Bank abschliessen
25 Liquiditätsrisiken	Debitoren-Verlust	1: gering	2: moderat	3: kontrollieren	Mahnwesen aktivieren
26 Finanzierungsrisiken	Steigende Zinsen	1: gering	2: moderat	3: kontrollieren	Zins-Absicherungsinstrumente abschliessen
27 etc.					

Prozess-/Ablaufrisiken
Welche Prozesse / Abläufe im Unternehmen sind mit besonderen Risiken verbunden:

28 Kunden-/Projektannahme	Anfragen können nicht beantwortet werden	1: gering	3: katastrophal	3: kontrollieren	Abläufe einhalten
29 Produktionsplanung und Kontrolle	Produktionsaufträge können nicht erfüllt werden	1: gering	3: katastrophal	3: kontrollieren	Führungsprozess GF/PL
30 Einkauf	Schwierigkeiten bei der Beschaffung von Menge und Qualität	2: möglich	2: moderat	3: kontrollieren	Suche nach alternativen Lieferanten, Preiskontrolle laufend
31 Personal	Personal fühlt sich nicht wohl/richtig eingesetzt	1: gering	1: unwesentlich	3: kontrollieren	
32 Forschung + Entwicklung	Keine Weiterentwicklung in den Knowhow-Bereichen Lebensmittel und Abfüllungen nach GMP	1: gering	2: moderat	1: vermeiden	
33 etc.					

Bewertungs- und Bilanzierungsrisiken
Welche wesentlichen Positionen in der Jahresrechnung sind einem speziellen Bewertungs- und Bilanzierungsrisiko unterworfen:

34 Ware in Arbeit	Falsche Bewertungen	1: gering	2: moderat	3: kontrollieren	Kalkulationen
35 Garantierückstellungen	drohende Rückrufe, Rücknahmen	1: gering	1: unwesentlich	1: vermeiden	Versicherung abgeschlossen
36 Immaterielle Werte	Verwendung unserer Marke durch Dritte	1: gering	1: unwesentlich	3: kontrollieren	Marktbeobachtungen, Internet, Zefix, IGE (Institut für geistiges Eigentum)
37 etc.					

Ort, Datum   Unterschrift(en)

Auszug aus der Risikoanalyse der Muster Gruppe (1. April 2014)

streng vertraulich

Vorbemerkung

Bei dieser Risikoanalyse handelt sich um ein Inventar und eine Bewertung der **wichtigsten** tatsächlichen und denkbaren Risiken. Diese Bewertung ist durch den Verwaltungsrat und das Management periodisch zu aktualisieren.

Legende

Risikotyp	S	Strategisch	
	O	Operativ	
	F	Finanziell	
Tragweite	H	Hoch	(> CHF 1 Mio.)
	M	Mittel	(CHF 0,5–1 Mio.)
	T	Tief	(< CHF 0,5 Mio.)
Eintrittswahrscheinlichkeit (WS)	H	Hoch	
	M	Mittel	
	T	Tief	

Auszug aus dem Kapitel Logistik

Ziele	Aktivitäten	Hauptrisiken	Risikotyp	Tragweite	Eintritts-WS	Etablierte Massnahmen	Handlungsbedarf/ zu ergreifende Massnahmen
Zeitgerechte Bereitstellung der benötigten Güter an den Produktionsstandorten und Läger	Logistikplanung (Abstimmung mit Beschaffung/ Produktion /Verkauf)	Komplexe Konzernlogistik (viele gruppeninterne Transporte, Ineffizienzen und/Doppelspurigkeiten)	S/O	H	H	Dispositionsverantwortliche je Standort	Konzernlogistik ist aus Sicht Gruppe zu optimieren. Zentrale Überprüfung der Distributionslogistikkosten
	Gruppeninterne Warenverschiebungen/ Werkzeuglogistik	fehlende gruppenweite Optimierung der Logistikströme (dezentrale Werke) Logistik wird nur aus Sicht Standort optimiert.	S	H	H	Dezentrale Zentrale Bestandsführung der Lager	Zentrale Übersicht der Lager einführen Analyse mehrfach vorhandener Werkzeuge
	Lieferanten-Management	Verzögerungen/Ausfall eines Lieferanten Suboptimale Losgrössen/Bestellmengen aus Konzernsicht (inkl. schlechtere Konditionen)	S	H	H	Lieferantenbewertungssystem	Beziehung zu Lieferanten beurteilen/ Reduktion der Lieferanten/Qualitätsbeurteilung Zentrale Erfassung der Bestellmengen: Optimierung im Bestellwesen Einführung Lead Buyer Konzept studieren Verantwortlichkeiten je Lieferant im Konzern zuteilen

Ziele	Aktivitäten	Hauptrisiken	Risikotyp	Tragweite	Eintritts-WS	Etablierte Massnahmen	Handlungsbedarf/ zu ergreifende Massnahmen
	Disposition	Zu späte Anlieferung der Roh-, Hilfs- und Betriebsstoffe sowie von Bauteilen.	O/F	H	T	Pufferung über Lage. Transport teilweise ausgelagert	Festlegen von Sicherheitsbeständen, Optimale Bestellmenge EDV-mässig festlegen. Auslagerung gewisser Warenlager zu Speditionsfirmen überprüfen. Personeller Ausbau zentrale Dispositionsabteilung/in kürzeren Perioden
	Disposition	Immer kurzfristigere Bestellungen seitens der Grosshändler (=> Lageraufbau bei XXX-Gruppe).	S	H	H	Konditionenmodell für Grosshändler. Zahlungsbedingungen/Mengenplanung	Liefer-/Margendruck auf Lieferanten weitergegeben; Verbesserung der Qualität der Absatzplanung. Umstellung auf Kanban (selbststeuernde Systeme). Auslagerung C-Teile Logistik. Kunden/Lieferanten im Rahmen eines Supply Chain Management noch besser zu integrieren und so das Lagermanagement weiter optimieren
Kosteneffizienz (Reduktion Kapitalbindung im Lager)	Lagermanagement	Keine laufende, zentral gesteuerte Überprüfung der Distributionslogistikkosten	F	M	M	Erfolgsrechnung, Kostenstellenrechnung	Einsatz von Optimierungsrechnungen

Ziele	Aktivitäten	Hauptrisiken	Risikotyp	Tragweite	Eintritts-WS	Etablierte Massnahmen	Handlungsbedarf/ zu ergreifende Massnahmen
	Bewertung der Lager	Technische Überalterung der Warenbestände.	F	H	T	Elektronische Bestandsführung. Analyse Reichweite/Umschlagshäufigkeit	Überwachung der Sortimentsbereinigung mit quartalsweiser Rapportierung. Abstimmung der Sortimentsbereinigung mit Verkauf
	Sicherheit	Physische Sicherheit: Diebstahl.	F	T	T	Permanente Inventarisierung. Kontrollierte Lagerzutritte	Elektronische Überwachung der Lager. Personelle Rotation der kontrollierenden Mitarbeiter
	Sicherheit	Physische Sicherheit: Brand, Erdbeben, Luftfeuchtigkeit, Temperatur...	F	H	T	Interne Feuerwehr. Sicherheitsbeauftragter in den Werken, diverse bauliche Massnahmen, feuertechnische Einrichtungen	Schulungen der Mitarbeiter. Versicherungsdeckung. Periodische externe Überprüfungen der Brandschutzvorrichtungen der Werke. Dezentrale Lagerung sensibler Teile prüfen (inkl. Auslagerung)
	Bestandsführung	Unzuverlässige Bestandsführung	O	M	T	Permanente Inventarisierung	Quartalsweise Rapportierung der Differenzen

Ziele	Aktivitäten	Hauptrisiken	Risikotyp	Tragweite	Eintritts-WS	Etablierte Massnahmen	Handlungsbedarf/ zu ergreifende Massnahmen
	Bestandsführung	Fehlerhafte Kommissionierung an die Kunden.	O/F	M	T	Reklamationsauswertungen, papierlose Kommissionierung	durch Entnahmen mit Barcode/Scanning Schulung, Überwachung
	Versand	Rücknahme/Entsorgung von Verpackung und Recycling-Gütern.	S/O	M	M	Mehrzweckgebinde	Abfallrücknahmekonzept, Gitterboxen statt Karton

Gesamtbeurteilung Bereich Logistik

Der Logistikprozess hat in den letzten 3 Jahren starke Veränderungen erfahren (edv-systemseitig, Produktionsstrategie, Beschaffungsstrategie, etc.). Das Risiko liegt in der geringen Transparenz der logistischen Gesamtströme in der Gruppe: Diese werden zur Zeit nicht durch eine zentrale Stelle geführt/koordiniert/optimiert werden. Mit den Güterströmen sollte man auch die Kosten der Distributionslogistik einer laufenden Beurteilung (Benchmarking) unterziehen.

Die Lager an den verschiedenen Produktionsstandorten beinhalten teilweise dieselben Artikel. Die Sicherheitsbestände werden dadurch teilweise mehrfach angelegt, was zu höherer Kapitalbindung (Kosten) führt.

Grosse Herausforderung wird die weitere Optimierung der Logistik im Rahmen eines umfassenden Supply Chain Management in den nächsten Jahren sein.

11.79   Risikoliste aus Umfrage

Muster AG Risikoliste Stand 1.4.2014

Nr.	Titel	Risikobeschreibung	Anzahl
1	Unfallrisiko	– Fehlende Sicherheitsabdeckungen bei Maschinen	1
2	Lösungsmitteldämpfe	– Dämpfe von Lösungsmittel explodieren oder verursachen Gesundheitsschäden	1
3	Gabelstaplerunfall	– Mitarbeiter werden von Gabelstapler angefahren	4
4	Fluchtwege	– Fluchtwege sind durch Auto oder Material versperrt	2
5	Veraltete Maschinen	– Ausfälle/Stillstand alter Maschinen – fehlende Ersatzteile	1
6	Notstrom-Aggregat	– Bei Stromausfall muss die Stromzufuhr sichergestellt sein	2
7	Hochwasser	– Fluss neben Produktionshalle führt Hochwasser	1
8	Insekten	– Insekten verunreinigen Produkte	1
9	IT-System	– IT-Systemabsturz oder Unterbrüche, Hacker-Angriffe, Datenklau, Verlust von gespeicherten Dokumenten (Rezepturen, etc.)	2
10	Lagerfläche	– Zu wenig und ungeschützte Lagerfläche	3
11	Trafobrand	– Langfristiger Energieausfall	1
12	Luftqualität	– Ungenügende Luftqualität in den Produktionsräumen	5
13	Brandfall	– Ungenügender Schutz vor Brandfall und ungenügende Vorsorgemassnahmen	2

Nr.	Titel	Risikobeschreibung	Anzahl
14	Umweltauflagen	– Abluftfilter genügt behördlichen Auflagen nicht	1
15	Lagerbrand	– Lieferausfall	1
16	Lieferantensicherheit	– Nicht überall gibt es einen Ersatzlieferanten für Rohstoffe und Halbfabrikate	3
17	Maschinensteuerung	– Support ist nicht 100% gewährleistet	1
18	Schliesssystem	– Schliesssystem ist nicht einheitlich, unklare Regelungen – ungenügender Zugang für Rettungskräfte	1
19	Einbruch/Vandalismus	– Fehlendes Alarmsystem – Fehlende Absicherung – Technische Anlagen können durch Vandalenakte oder absichtlich zerstört werden – Vandalismus generell, auch an abgestellten Fahrzeugen	3
20	PW-Parkplatz	– PW-Parkplatz weist sehr grosse und tiefe Löcher auf (Beinbruch/Körperverletzung)	1
21	Beleuchtung	– Beleuchtung rund um Fabrikareal ungenügend	1
22	Klumpenrisiko	– Ausfall eines Grosskunden	7
23	Währungsrisiko	– EUR, USD, GBP Wechselkurs entwickelt sich ungünstig	1
24	Stromkasten und EDV	– Sehr schlechte oder fehlende Abdeckungen bei Stromkasten und EDV (Kurzschluss/Verletzung der Isolation)	1
25	Rohstoffpreise	– Rohstoffpreise steigen rasant an	1
26	Substitution	– Substitution unserer Produkte durch neue Entwicklungen	2

Nr.	Titel	Risikobeschreibung	Anzahl
27	Stellvertreter für GL-Mitglieder und CEO	– Fehlendes Know-how in der Unternehmung sowie der fehlende Einblick in die einzelnen Tätigkeitsgebiete machen die schnelle Übergabe an einen Stellvertreter schwierig	1
28	Personelle Engpässe	– Personelle Engpässe aufgrund plötzlicher Krankheit, Unfall, Tod, Mutterschaft betreffen sämtliche Abteilungen, ganz extrem jedoch Finanzabteilung, wo spezielles Know-how nötig ist – fehlende Stellvertretungen div. Positionen z.B. CEO, CFO, zuwenig Flexibilität bei Engpässen, Fehlplanung im Personalmanagement	8
29	Betriebsklima	– Dienstleistungsdown infolge unzufriedener Beschäftigten – interne Probleme und Ungereimtheiten sorgen für schlechtes Klima und Unsicherheiten, können auch Auswirkungen auf andere Abteilungen haben und schlussendlich bis zum Kunden gelangen – zu wenig Förderung des Teams	3
30	Personal, Personalwechsel, Kündigungsfrist	– Durch vermehrten Personalwechsel geht Wissen und Geld verloren (Ausbildung, Einarbeitungszeit und Zertifizierung), reibungsloser Ablauf ist nicht möglich, da die neue Person zuerst zertifiziert werden muss – Personelle Entscheide, «Angst» um den Job – Wertschätzung fehlt	3
31	Übernahme, Verlust der Arbeitsplätze	– Was geschieht mit der Produktionseinheit in Musterhausen (Verkauf oder Schliessung?)	3
32	Finanzierung	– Banken künden Kreditlimiten	5
33	Personenkontrollen	– Mangelhafte Personenkontrollen im Bereich Produktion	2
34	Sicherheitsvorschriften	– nur ungenügende Sicherheitsvorschriften in verschiedenen Bereichen	1

Nr.	Titel	Risikobeschreibung	Anzahl
35	Listenführung bzw. Kontrolle	– Mangelhafte Führung von Listen/Kontrollen betreffend Aus- und Rückgabe von Schlüsseln und Ausweisen in Frankenberg – keine Übersicht	2
36	Sicherheitsmangel Kontrolle	– Eine Kontrolle über Besuche von Dritten fehlt heute gänzlich; ein elektronisches Türöffnungssystem und Besuchserfassung würden Sachwerte und Informationen vor unbefugtem Zugriff schützen – unkontrollierter Arealzugang bei Nacht	5
37	Beschränkungen und Formalitäten	– Behördliche Beschränkungen und Formalitäten reduzieren Rentabilität	1
38	Personalanpassung	– In Musterhausen wegen Tarifverträgen keine Personalanpassung möglich	4
39	Infrastruktur	– Veraltete Rohre können bei Schaden das technische Equipment lahmlegen – Gebäude-Infrastruktur entspricht nicht der Zielkundengruppe	6
40	Wirtschaftliches Risiko	– Kaufkraft geht zurück	5
41	Hygiene	– ungenügende Hygiene führt zu Kundenverlusten	5
42	Entzug der Bewilligung	– Entzug der Betriebsbewilligung (Lärm, Luft, etc. als Gründe)	1
43	Forschung und Entwicklung	– ungenügende Forschung und Entwicklung – Verlust von Marktanteilen	1
44	Konkurrenz	– Konkurrenten investieren massiv und werben uns Kunden ab	1
45	Technologie	– verpasster Technologiesprung	1
46	Ausschuss	– Übermässiger Ausschuss führt zu Kundenverlusten	3
47	Investitionen	– zaghafte Investitionen in die Erneuerung von Produktionslinien (insbeso. Musterhausen)	1

Risk Policy

der

Musterproduktion AG

INHALTSVERZEICHNIS

1. **Grundsätze des Risk Managements** ... 2
   - 1.1. Begriff des Risk Managements ... 2
   - 1.2. Zielsetzungen des Risk Managements ... 2
   - 1.3. Strategie des Risk Managements ... 2
   - 1.4. Jährliche Besprechung der Risiken auf Stufe VR ... 3
   - 1.5. Risk Management Organisation ... 3
   - 1.6. Rollen und Verantwortlichkeiten ... 3

2. **Risk Management Prozess** ... 5
   - 2.1. Prozessphasen ... 5
   - 2.2. Prozessübersicht ... 5

3. **Risk Management-Richtlinien** ... 6
   - 3.1. Phase Vorbereitung ... 6
   - 3.2. Phase Risikoidentifikation ... 6
   - 3.3. Phase Risk Assessment ... 6
     - 3.3.1. Konsolidierung und Klassifizierung ... 6
     - 3.3.2. Priorisierung der Risiken ... 8
   - 3.4. Phase Risikomassnahmen ... 10
   - 3.5. Phase Risikoneuzuordnung ... 10
   - 3.6. Phase Berichterstattung ... 11

4. **Schlussbestimmungen** ... 11
   - 4.1. Inkrafttreten ... 11
   - 4.2. Änderungen und Ergänzungen ... 11

1. Grundsätze des Risk Managements

1.1. Begriff des Risk Managements

Risk Management (RM) ist das permanente, systematische Erfassen, Analysieren und Bewerten von allen potentiellen Gefahrenquellen sowie das Minimieren sämtlicher signifikanten Risiken für den Bestand, den Betrieb und die Entwicklung eines Unternehmens.

Nicht zum RM gehören die Strategieentwicklung, das Krisenmanagement und die Schadenbewältigung.

Zweck des RM ist es, Risiken zu vermeiden oder wenn dies nicht möglich ist, wenigstens zu minimieren und damit eine angemessene Sicherheit in Bezug auf die Erreichung von Unternehmenszielen zu gewährleisten. Mit der frühzeitigen Erkennung von Risiken soll der Handlungsspielraum der Organe zur Erhöhung der Unternehmenssicherheit vergrössert werden. Gleichzeitig kann das RM dazu beitragen, dass allfällige mit Risiken verbundene Chancen erkannt und ausgenützt werden.

Das RM der Muster AG ist eingebettet in die bestehenden Managementprozesse des Unternehmens. Auf dem RM basiert das Interne Kontrollsystem (IKS), womit ein ordnungsgemässer Ablauf des betrieblichen Geschehens sichergestellt wird.

1.2. Zielsetzungen des Risk Managements

Das Hauptziel des Risk Managements besteht darin, dem Verwaltungsrat und der Geschäftsleitung eine vollständige und laufend aktualisierte Unternehmensrisikoübersicht für die Muster AG zu liefern. Gestützt darauf können dann die wichtigsten Risiken systematisch entsprechend ihres Risikopotentials bearbeitet und soweit möglich mitigiert (eliminiert oder reduziert) werden. Die wichtigsten Detailziele des RM sind deshalb:

- Koordinierung von Unternehmensstrategie, Risk Management und internen Kontrollen
- Optimierung von Entscheidungen im Zusammenhang mit der Mitigation oder dem Akzeptieren von Risiken
- Verbesserung der Prognosesicherheit
- Identifizierung und Beherrschung unternehmensweiter Risiken
- Verbesserung des Risikobewusstseins im Gesamtunternehmen
- Standardisierung der Abläufe und der Sprache für das Risk Management auf Unternehmensebene
- Jährliche Neubeurteilung der wichtigsten Risiken und Festlegung angemessener risikomitigierender Massnahmen
- Bereitstellung eines ausreichenden Versicherungsschutzes
- Sicherstellung, dass das IKS laufend umgesetzt und soweit möglich optimiert wird.

1.3. Strategie des Risk Managements

Als Risiko werden diejenigen Umstände erfasst, analysiert und bewertet, welche die Erreichung der strategischen und operativen Ziele der Muster AG beeinträchtigen können. VR und GL der Muster AG sind überzeugt, dass Risiken immer mit Chancen verknüpft sind. Ein kalkuliertes Eingehen von Risiken ist für das Wachstum des Unternehmens unerlässlich. Jeder Mitarbeitende des Unternehmens sollte sich der strategischen Ausrichtung des Unternehmens bewusst sein und für die Erreichung dieser Ziele arbeiten, indem er angemessene Schritte unternimmt, um Risiken effektiv zu beherrschen und Chancen zu nutzen.

Die Strategie der Muster AG basiert auf folgender Vision:

«Die MUSTER AG ist der universelle Anbieter von Werkzeugen und Lösungen für Isolationen in der Schweiz»

Daraus ergeben sich folgende strategische Zielsetzungen für die Muster AG:

1) Ergreifung von Wachstumchancen in der Schweiz durch gut gewählte Marktsegmente und Branchenlösungen
2) Marktführerschaft in der Schweiz bezüglich Isolation mit der Auszeichnung Swiss Made
3) Erweiterung des reinen Isolationsgeschäftes durch Anbieten von Werkzeugen und Lösungen für Wärme- und Kältedämmungen ausserhalb des Baubereiches.

1.4. Jährliche Besprechung der Risiken auf Stufe VR

Der Verwaltungsrat diskutiert jährlich mindestens einmal das Risikoumfeld und die diesbezüglichen Gefahren für die Muster AG zusammen mit der GL. Die gewonnenen Erkenntnisse werden in der Aktualisierung der wichtigsten Risiken und deren Abarbeitung umgesetzt.

1.5. Risk Management Organisation

Bei der Muster AG trägt der Verwaltungsrat die oberste Verantwortung für das Risk Management. Im Rahmen des gesetzlich Zulässigen und basierend auf dem Organisationsreglement delegiert der VR die Durchführung des Risk Managements an die GL. Die GL wird hierbei durch den Risk Manager unterstützt. Dieser führt seine Tätigkeit im Auftrag der GL aus und rapportiert an diese. Bei dringlichen Risiken oder falls die Befürchtung besteht, dass diese Risiken nicht angemessen wahrgenommen und/oder abgedeckt werden, kann der Risk Manager sich direkt an den VR-Präsidenten wenden.

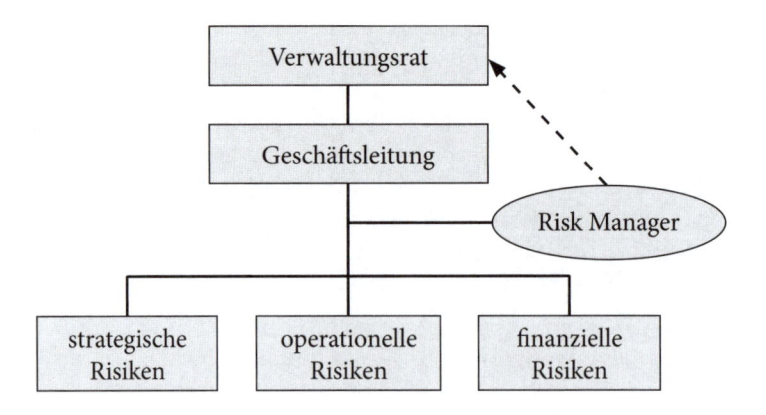

1.6. Rollen und Verantwortlichkeiten

Verwaltungsrat (VR)

- Festlegung der Risk Management Organisation
- Festlegung des Risk Management Prozesses
- Festlegung der Risk Management Politik und Erlass der Risk Policy
- Sicherstellung der funktionierenden Implementation von Risk Management Organisation, Risk Management Politik und Risk Management Prozessen
- Tragung der Gesamtverantwortung für das Risk Management

Geschäftsleitung (GL)

- Management aller Risikofaktoren, um innerhalb des strategischen und finanziellen Rahmens Risiken zu entschärfen bzw. zu reduzieren
- Bereitstellung von zeitnahen und korrekten Informationen über die Risiken, mit denen das Unternehmen konfrontiert ist sowie über unternommene Schritte, um deren Effektivität zu gewährleisten
- Verantwortung für die Umsetzung und die Koordinierung des Risk Managements
- Koordination von Informationsfluss und Dokumentation in Bezug auf das Risk Management
- Durchführung von Stichproben zur Sicherstellung, dass alle Risiken erfasst, analysiert und soweit erforderlich eine Einzelrisikobeurteilung vorgenommen wird und entsprechende risikomitigierende Massnahmen festgelegt werden

Risk Manager (RM)

- Vorbereitung jährliche Risikoanalyse (im Rahmen der jährlichen SWOT-Analyse) zuhanden GL und VR
- Vorbereitung der Definition von risikomitigierenden Massnahmen zuhanden GL und VR sowie Monitoring der Durchführung dieser risikomitigierenden Massnahmen

- Vierteljährliche Berichterstattung an die GL über die Entwicklung der wichtigsten Risiken und den Stand der risikomitigierenden Massnahmen (Risikoradar im Rahmen des Quartalsreportings)
- Jahresbericht über das Risk Management an den VR
- Koordination der Risikomanagementfunktion mit Massnahmen des IKS
- Laufende Identifikation, Vorschlag Definition Massnahmen und Reporting von signifikanten Änderungen im Risikoumfeld
- Erstellung der jährlichen Versicherungsübersicht
- Sicherstellung, dass alle Mitarbeiter im Zusammenhang mit dem jährlichen Mitarbeitergespräch auch über neue oder verschärfte Risiken befragt werden

Risk Management ist die Verantwortung eines jeden im Unternehmen, einschliesslich Geschäftsleitung und Mitarbeitenden, und ist deshalb ausdrücklich oder konkludent Teil der Stellenbeschreibung eines jeden Angehörigen des Unternehmens. Um eine angemessene Wahrnehmung dieser Verantwortung durch alle Mitarbeiter zu ermöglichen, werden die relevanten Informationen zum Risikomanagement für alle Mitarbeiter zugänglich im Intranet publiziert.

2. Risk Management Prozess

2.1. Prozessphasen

Der Gesamtprozess der Risikoanalyse, der Risikozuordnung, der Risikomassnahmen und der Risikoneuzuordnung mit dem sich daraus ergebenden strategischen Umfeld findet einmal jährlich statt. Im Falle von unvorhergesehenen aussergewöhnlichen Vorfällen kann dies mehr als einmal jährlich erfolgen.

Die sechs Phasen des Risk Management-Prozesses sind:

Phase 0:	Vorbereitung
Phase 1:	Risikoidentifikation
Phase 2:	Risk Assessment
Phase 3:	Risikomassnahmen
Phase 4:	Risikoneuzuordnung
Phase 5:	Berichterstattung

2.2. Prozessübersicht

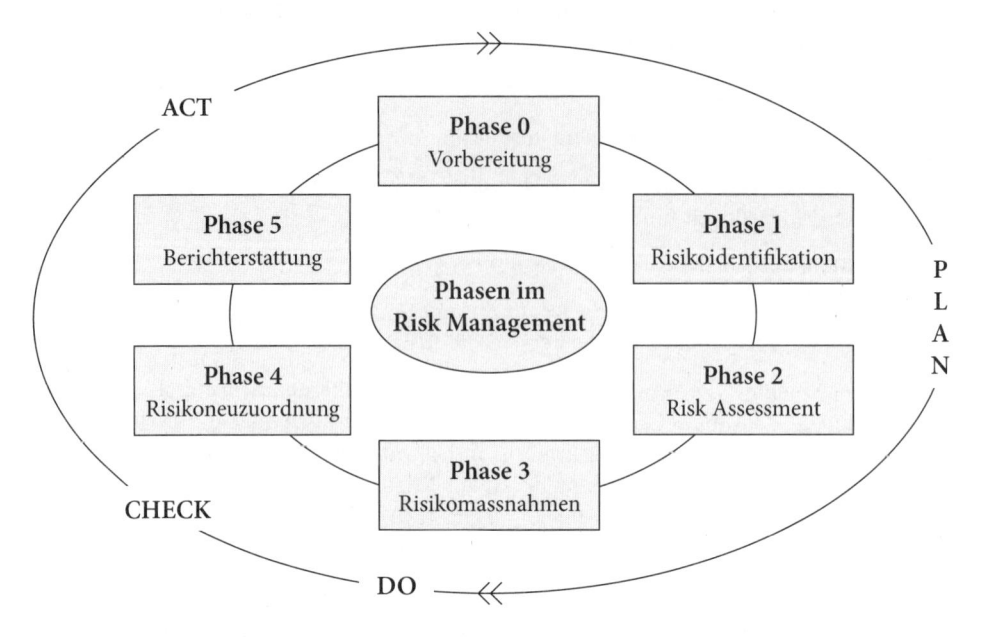

```
            ACT
                    Phase 0
                    Vorbereitung
    Phase 5                         Phase 1                 P
    Berichterstattung               Risikoidentifikation    L
                    Phasen im                               A
                    Risk Management                         N
    Phase 4                         Phase 2
    Risikoneuzuordnung              Risk Assessment
                    Phase 3
                    Risikomassnahmen
    CHECK
                    DO
```

Der RM-Prozess ist Standard im gesamten Unternehmen. Die Geschäftsleitung unternimmt zudem alle erforderlichen Anstrengungen, um in den untergeordneten Ebenen das Bewusstsein für das Risk Management zu erhöhen.

3. Risk Management-Richtlinien

3.1. Phase Vorbereitung

| Risk Management Organisation | Risk Management Prozess | Risk Management Politik | Risk Management Richtlinien |

Die Vorbereitungsphase ist langfristig und wird nicht jährlich durchgeführt. Sie wird für einen längeren Zeitabschnitt festgelegt, überdacht und geändert, wenn es zu wichtigen strategischen Veränderungen kommt, aussergewöhnliche Ereignisse stattfinden oder neue Informationen berücksichtigt werden müssen. Zu den Aufgaben während dieser Phase gehören:

- Aufstellung der Risk Management-Organisation
- Festlegung des Risk Management-Politik
- Festlegung des Risk Management-Prozesses

Meilenstein 0: *Aufstellen der Risk Management-Organisation, Genehmigung der Risk Management-Politik, Anstoss zum Risk Management-Prozess und Erlass von Risk Management-Richtlinien. Als Ergebnis wird durch den VR die Risk Policy erlassen bzw. überarbeitet.*

3.2. Phase Risikoidentifikation

In der ersten Phase werden sämtliche Risiken identifiziert, mit denen die Muster AG konfrontiert ist.

Ein Risiko ist ein Vorfall oder ein Ereignis, der bzw. das aus internen oder externen Quellen entspringt und die Umsetzung der Unternehmensstrategie oder die Erreichung der Unternehmensziele beeinträchtigen könnte. Es kann positive oder negative Auswirkungen haben; jedoch liegt der Schwerpunkt des Risk Management bei der Muster AG auf negativen Ereignissen. Die Geschäftsleitung verfolgt in diesem Stadium der Identifizierung aktiv alle potentiellen Ereignisse auch bei geringer Wahrscheinlichkeit ihres Eintritts, wenn die mögliche Auswirkung auf die Erreichung einer wichtigen Zielsetzung gross ist.

Um sämtliche relevanten Risiken zu erfassen, werden vom Risk Manager nicht nur die VR- und GL-Mitglieder befragt. Vielmehr sind einmalig sämtliche Mitarbeiter der Muster AG mittels eines standardisierten Fragebogens zu möglichen Risiken zu befragen. Anschliessend kann die Befragung im Zusammenhang mit den jährlichen Mitarbeitergesprächen realisiert werden.

Meilenstein 1: Identifizieren sämtlicher Risiken, mit denen die Muster AG konfrontiert ist, unter Beteiligung sämtlicher Mitarbeitender. Nach Implementierung des Risk Management Prozesses werden alle Mitarbeiter im Zusammenhang mit ihrem jährlichen Mitarbeitergespräch über mögliche neue oder verschärfte Risiken befragt.

3.3. Phase Risk Assessment

3.3.1. Konsolidierung und Klassifizierung

Sämtliche ermittelten Risiken werden zuerst durch ein von der GL bestimmtes und interdisziplinär zusammengesetztes Team unter Leitung des Risk Managers konsolidiert. Dabei werden gleichartige Risiken zusammengefasst und einmalig genannte Risiken ohne relevantes Schadenspotential gestrichen.

Anschliessend werden sämtliche verbliebenen Risiken nach den folgenden drei Kategorien klassifiziert: strategische Risiken, operationelle Risiken und finanzielle Risiken.

Strategische Risiken: Alle Risiken, welche die Existenz oder die Entwicklung des Unternehmens gefährden und es in die Liquidation oder den Konkurs treiben können, sind strategische Risiken. Im Allgemeinen beziehen sich diese Risiken auf den langfristigen Erfolg und die Zukunftsfähigkeit des Unternehmens. Dazu gehören:

– Risiken von Katastrophen oder höherer Gewalt: Produktions- und Betriebsunterbrechungen aufgrund von Naturkatastrophen, Ungewissheiten, Produkthaftungen usw. Diese Risiken werden im Rahmen des Business Continuity Managements (BCM) zusätzlich bearbeitet, welches einen integrierenden Bestandteil des Risk Managements bildet.

- Markt- oder Produktrisiken: Starke Wettbewerber beeinträchtigen das Geschäft schwer. Nicht zutreffende, nicht rechtzeitige oder nicht verfügbare Informationen über Mitbewerber oder Konkurrenten und ihre Produkte könnten das Geschäft negativ beeinflussen.
- Führungsrisiken: Neben einer angemessenen Organisation ist der Führungsstil eine der entscheidenden Voraussetzungen für den Erfolg oder Misserfolg eines Unternehmens. Mangelnde Führungsstärke (unklare Anweisungen, unklare Verantwortlichkeiten) kann deshalb ebenso ein Risiko für ein Unternehmen darstellen, wie die Abhängigkeit von leitenden Kompetenzträgern.
- Risiken in Bezug auf Interessenvertreter: Sicherstellung, dass das Unternehmen an den Bedürfnissen und Bestrebungen aller Interessenvertreter ausgerichtet ist, darunter Aktionären, Geschäftskunden und Partnern, Behörden, Lieferanten und der Gesellschaft im Allgemeinen.

Operationelle Risiken: Alle Risiken, welche die Erreichung der Unternehmensziele infolge ungeeigneter bzw. fehlender interner Prozesse, oder infolge Menschen und Systeme bedrohen, sind als operationelle Risiken zu betrachten. Im Allgemeinen sind diese Risiken kurz- bis mittelfristiger Art und umfassen solche Risiken wie:

- Prozessrisiken: Risiken, die sich auf die internen Unternehmensprozesse beziehen, wie z.B. Budgetprozess, Einkaufsprozess, Buchungsprozess, etc.
- Betriebliche Risiken: Risiken, die im täglichen Betrieb auftreten, wie z.B. ungenügende Rohmaterialien, Qualitätsprobleme, Krankheit, Unfall, Fehlkalkulationen, Unterhaltsmängel, etc.
- Ausfallrisiken: Risiken im Zusammenhang mit dem Ausfall von wichtigen Anlagen für das operative Geschäft, wie z.B. Ausfall der notwendigen IT-Infrastruktur, etc.
- Menschliche und kulturelle Risiken: Risiken, die sich auf die Mitarbeiter und die Unternehmenskultur beziehen, wie z.B. ungenügende Stellvertretungen, Fluktuation, Verlust von Know How, fehlendes Risikobewusstsein, mangelnde Integrität, fehlende Motivation, Unfreundlichkeit im Umgang mit Kunden, etc.
- Rechtliche Risiken: Risiken, die sich aus der Ungewissheit von rechtlichen Prozessen oder zukünftigen Vorschriften ergeben, wie z.B. Ausgang von Gerichtsverfahren, unklare Regulierungen, etc.

Finanzielle Risiken: In diese Kategorie werden diejenigen Risiken eingeordnet, die rein finanzielle Folgen (kurz- oder langfristig) für das Unternehmen haben, beispielsweise:

- Ertragsrisiken: Möglichkeit von Verlusten, die aus nachteiligen Veränderungen der Marktpreise und Kurse resultieren könnten, darunter Rohstoffpreise, Zinssätze und Wechselkurse.
- Liquiditäts- und Kreditrisiken: Das Liquiditätsrisiko beschreibt eine Situation, in der eine der Parteien nicht in der Lage ist, zu einem bestimmten Zeitpunkt ihre fälligen Verbindlichkeiten zu bedienen. Betrifft etwa das Inkasso, die Verwaltung der flüssigen Mittel, die Absicherung und die Finanzierung.

- Bilanzierungsrisiken: Die Rechnungslegung unterliegt einer genauen Überprüfung und stellt einschliesslich die Existenz bedrohender Rechtsstreite und gesetzgeberischer Massnahmen ein grosses Risiko dar.

- Steuerrisiken: Internationale Geschäftsvorfälle und komplexe Steuersituationen in verschiedenen Ländern können zu einer anderen Beurteilung durch die jeweiligen Steuerbehörden führen und allenfalls nicht erwartete Steuerfolgen nach sich ziehen.

- Bewertungsrisiken: Risiken von nicht geplanten Wertberichtigungen (Impairments, Debitorenverluste, Wertberichtigungen auf Vorräten, Sachanlagen, immateriellen Werten etc.).

- Kapitalstruktur: Das Unternehmen hat kein hinreichendes / optimales Kapital, was zu höheren Kapitalkosten, niedrigerer Rentabilität sowie zu einer Verringerung des Cash Flows und der Liquidität führt.

3.3.2. Priorisierung der Risiken

Es wird ein Workshop unter Leitung des Risk Managers organisiert, um die gesammelten und konsolidierten Risiken auf Grund eines fundierten Risk Assessments in einer Master Risk List zu priorisieren. An dem Workshop nehmen alle GL-Mitglieder und soweit notwendig externe Berater teil. Mit dem Workshop soll gleichzeitig der Geist eines offenen Risikodialogs gefördert werden.

Alle ermittelten Risiken werden anhand einer Risikoprioritätszahl (RPN) analysiert, die auf fünf Kriterien und einer Gewichtung mit einer Skala von 1–5 basiert. Als Kriterien werden definiert:

- Auswirkung des Ereignisses (Effekt des Risikos in finanzieller Hinsicht)
- Wahrscheinlichkeit des Eintretens (Häufigkeit, mit der diese Risiken auftreten).

Die Risikoprioritätszahl (RPN) ergibt sich auch der Multiplikation der beiden Risikofaktoren. Der niedrigste RPN beträgt demnach 1 und der höchste 25. Im Rahmen des Risk Assessments wird zusätzlich geprüft, ob bei einem Risiko eine relevante Vorwarnzeit besteht. Diese wird als Überraschungsfaktor mit dem Risikofaktor -1 berücksichtigt. Aufgrund der ermittelten RPN wird eine Priorisierung in einer Master Risk List vorgenommen.

Die Master Risk List ist von allen Mitarbeitern vertraulich zu behandeln. Sie kann jedoch den Versicherungsbrokern und Versicherungsexperten im Zusammenhang mit der jährlichen Versicherungsüberprüfung vorgelegt werden.

Die Matrix zur Ermittlung der RPN wird nachstehend graphisch dargestellt.

Katastrophe	> 20 Mio. CHF	5	10	15	20	25
Kritisch	> 3 < 20 Mio. CHF	4	8	12	16	20
Mässig	> 0,3 < 3 Mio. CHF	3	6	9	12	15
Klein	> 0,03 < 0,3 Mio. CHF	2	4	6	8	10
Unbedeutend	< 0,03 Mio. CHF	1	2	3	4	5
	Kriterium	< 1 pro 100 Jahre	> 1 pro 100 Jahre < 1 pro 10 Jahre	> 1 pro 10 Jahre < 1 pro 1 Jahr	> 1 pro Jahr < 1 pro Monat	> 1 pro Monat
	Potential	Praktisch unmöglich	Unwahrscheinlich	Möglich	Gelegentlich	Häufig

Zone 1		Risiko nicht akzeptabel, Massnahmen zur Risikominimierung dringend nötig
Zone 2		Hohes Risiko, Massnahmen zur Risikominimierung erforderlich
Zone 3		Mittleres Risiko, Massnahmen zur Risikominimierung prüfen
Zone 4		Kleines Risiko, keine Massnahmen nötig

Die Risiken mit einem Risikopotential von mehr als 10 RPN gemäss Risk Assessment bilden die wichtigsten Risiken (Top Risk) der Muster AG. Diese top Risiken werden mit Priorität bearbeitet aus folgenden Gründen:

- um in Gestalt des Projekts die Aufmerksamkeit auf die ausgewählten Risiken gerichtet zu halten;
- um die verfügbaren Ressourcen an Zeit, Humankapital und Finanzen effizient zuzuweisen;
- um jedem top Risiko einen Verantwortlichen (Risiko Eigner / Risk Owner) zuordnen zu können.

Meilenstein 2: Identifizieren, Ausarbeiten und Zuordnen der wichtigsten Risiken (Top Risk)

3.4. Phase Risikomassnahmen

Für jedes der wichtigsten Risiken (top Risk) werden die Massnahmen in einer sogenannten Einzelrisikobeurteilung definiert. Die Analyse umfasst:

- das vollständige Szenario des eintretenden Risikos
- die Ursachen für das Risiko
- die Verflechtung des Risikos mit anderen Risiken
- Angaben zur Quantifizierung des Risikos
- Identifikation des Handlungsbedarfs und Definition der notwendigen risikomitigierenden Massnahmen.

Die Einzelrisikobeurteilungen werden in der GL periodisch diskutiert. Jedes Risiko wird vom Risikoeigner bezüglich folgender Punkte überwacht:

- klare und erreichbare Ziele und Richtwerte
- detaillierter Planungsprozess einschliesslich klarer Termine, wichtiger Meilensteine und Kosten-Nutzen-Analyse
- Festlegung von Key Performance Indicators (KPIs) oder Massstäben
- klar umrissene Methodologie
- klare Ressourcenzuordnung.

Meilenstein 3: Mindestens für jedes top Risiko werden Massnahmen zur Mitigation (Verhinderung oder Verminderung) definiert; dabei wird für jedes dieser wichtigen Risiken jeweils ein Verantwortlicher namentlich bestimmt.

3.5. Phase Risikoneuzuordnung

Der Aktionsplan für Reaktionen auf Risiken wird in ein bestimmtes Projekt umgesetzt. Die Risikozuordnungen werden in jedem zweiten Quartal neu vorgenommen, um die Trends der wichtigsten Risiken und die Effektivität der Reaktionen auf Risiken zu sehen.

Die Neuzuordnung ist aus den folgenden Gründen wichtig:

- um die Entwicklung des Risikoszenarios im Auge zu behalten
- um die Effektivität der Massnahmen auf Risiken zu überprüfen
- um den Risk Management-Prozess zu steuern

Die Master Risk Liste mit sämtlichen Risiken wird einmal jährlich aktualisiert.

Um ein angemessenes und vollständiger Verständnis aller möglicher Risiken sicherzustellen, werden einerseits periodische Befragungen aller Mitarbeiter (im Rahmen der jährlichen Mitarbeitergespräche) zu ihrer Risikoeinschätzung vorgenommen und andererseits wird die Risikoneuzuordnung soweit möglich durch ein interdisziplinäres Team vorgenommen.

Meilenstein 4: Die Einzelrisikobeurteilungen werden durch den jeweiligen Risikoeigner in Abstimmung mit dem Risk Manager laufend bearbeitet.

3.6. Phase Berichterstattung

Die Überwachung des Risk Management Prozesses wird wie folgt dokumentiert, wobei die Berichterstattung durch den Risk Manager vorzubereiten ist:

- Vierteljährliche Berichterstattung an die GL über die wichtigsten Risiken (im Rahmen des Quartalsreportings)
- Jährliche Berichterstattung über sämtliche Risiken gemäss Master Risk Liste und die Tätigkeit des Risikomanagers an den VR
- Jährliche Aktualisierung aller Dokumente im Zusammenhang mit dem Risk Management.

Um das Risk Management und die Art der Berichterstattung den neuesten Entwicklungen anpassen zu können, absolviert der Risk Manager in Absprache mit der GL entsprechende Weiterbildungskurse.

Meilenstein 5: Regelmässige Erstattung von Berichten über die Prozessnachbereitung, die Effektivität von Reaktionen auf Risiken und Vorschläge für den nächsten Zyklus.

4. Schlussbestimmungen

4.1. Inkrafttreten

Diese Risk Policy tritt mit Beschluss des VR per sofort in Kraft und ersetzt alle früheren Bestimmungen zum Risk Management bei der Muster AG.

4.2. Änderungen und Ergänzungen

Diese Risk Policy ist mindestens alle vier Jahre zu überprüfen und allenfalls anzupassen.

****

Zürich, 1. April 2014

Der VR-Präsident: Der VR-Vizepräsident:

Michael Lehmann Roland Meier

11.81 Rücktrittserklärung

Hermann Wagner
Alte Landstrasse 13
3000 Bern 15

Herrn
Dr. Max Meier, VR-Präsident
zHd. der Generalversammlung der
Muster Trading AG
Bahnhofstrasse 12
8000 Zürich

Bern, 1. April 2014

Rücktrittserklärung als Verwaltungsrat der Muster Trading AG

Sehr geehrte Damen und Herren

Ich erkläre hiermit den Rücktritt als Verwaltungsrat der Muster Trading AG auf den Tag der nächsten ordentlichen Generalversammlung.

Mit freundlichen Grüssen

Hermann Wagner

11.82 Sitzungsdokumentation

Muster Produktions AG

Industriestrasse 1
9000 St. Gallen

Dokumentation zur Sitzungsvorbereitung

VR-Sitzung vom:	Traktandum Pkt.:	Aussteller:	Datum:
Thema:			Zeitbedarf:

Antrag:

Ausgangslage und Begründung

Konsequenzen bei Nichtentscheid oder Ablehnung des Antrages:

Anhänge:

Spesenreglement der Muster AG für den Verwaltungsrat

1. Allgemeines

1.1. Geltungsbereich

Dieses Spesenreglement gilt für alle Mitglieder des Verwaltungsrates und für den Sekretär des Verwaltungsrates.

1.2. Definition des Spesenbegriffs

Als Spesen im Sinne dieses Reglements gelten die Auslagen, die den VR-Mitgliedern im Interesse des Unternehmens angefallen sind. Die VR-Mitglieder sind verpflichtet, ihre Spesen im Rahmen *ihrer Sorgfalts- und Treuepflicht gemäss Art. 717 OR* möglichst tief zu halten. Aufwendungen, die für die Arbeitsausführung nicht notwendig waren, werden von der Gesellschaft nicht übernommen, sondern sind von den VR-Mitgliedern selbst zu tragen.

Im Wesentlichen werden den VR-Mitgliedern folgende geschäftlich bedingten Auslagen ersetzt:

- Fahrtkosten   nachfolgend   Ziffer 2
- Verpflegungskosten   nachfolgend   Ziffer 3
- Übernachtungskosten   nachfolgend   Ziffer 4
- Übrige Kosten   nachfolgend   Ziffer 5

1.3. Grundsatz der Spesenrückerstattung

Die Spesen werden grundsätzlich effektiv nach Spesenereignis und gegen Originalbeleg abgerechnet, *sofern nicht die Regelung der Pauschalspesen (Ziffer 6) zur Anwendung gelangt*. Pauschalspesen werden nur in den nachfolgend angeführten Ausnahmefällen gewährt.

2. Fahrtkosten

2.1. Bahnreisen

Für Geschäftsreisen im In- und Ausland sind alle VR-Mitglieder berechtigt, im Zug die 1. Klasse zu benützen. Bei Bedarf wird den VR-Mitgliedern ein persönliches Halbtaxabonnement zur Verfügung gestellt.

Für VR-Mitglieder, die aus geschäftlichen Gründen oft mit der Bahn reisen, kann nach Bedarf ein Generalabonnement ausgestellt werden. Dies gilt insbesondere für den VR-Präsidenten. Inhaber eines zur Verfügung gestellten Generalabonnements haben keinen Anspruch auf Autoentschädigungen. Im Lohnausweis wird ein entsprechender Hinweis angebracht.

2.2. Tram- und Busfahrten

Für Geschäftsfahrten wird den VR-Mitgliedern ein entsprechendes Tram- bzw. Busbillet zur Verfügung gestellt.

Bei Bedarf kann einem VR-Mitglied ein regionales Spezialbillet oder eine Verbundkarte ausgestellt werden. Inhaber solcher Fahrausweise können in der Regel keinen Abzug für die Kosten des Arbeitsweges vornehmen. Im Lohnausweis wird ein entsprechender Hinweis angebracht.

2.3. Flugzeug

Alle VR-Mitglieder können für Flugreisen die «Business-Class» benützen.

Meilengutschriften, Bonuspunkte und Prämien etc., die den VR-Mitgliedern anlässlich von Geschäftsreisen von den Luftverkehrsgesellschaften gutgeschrieben werden, sollen für geschäftliche Zwecke verwendet werden.

2.4. Dienstfahrten mit Privatwagen oder Taxi

Grundsätzlich sind die öffentlichen Verkehrsmittel zu benützen. Die Kosten für den Gebrauch des privaten Motorfahrzeuges oder von Taxis für eine Geschäftsreise werden nur dann vergütet, wenn durch deren Benützung eine wesentliche Zeit- und/oder Kostenersparnis resultiert bzw. die Verwendung der öffentlichen Verkehrsmittel unzumutbar ist. Wird trotz guter öffentlicher Verkehrsverbindungen das eigene Fahrzeug oder ein Taxi benützt, werden nur die Kosten des öffentlichen Verkehrsmittels vergütet.

Die Kilometer-Entschädigung beträgt unabhängig von der Art des eingesetzten Privatfahrzeuges CHF 0.70.

3. Verpflegungskosten

Treten VR-Mitglieder eine Geschäftsreise an oder sind sie aus anderen Gründen gezwungen, sich ausserhalb ihres sonstigen Arbeitsplatzes zu verpflegen, haben sie Anspruch auf Vergütung der effektiven Kosten. Die folgenden Richtwerte sollen nicht überschritten werden.

- Frühstück (bei Abreise vor 07.30 Uhr bzw. bei vorangehender   CHF 15
  Übernachtung, sofern das Frühstück in den Hotelkosten
  nicht inbegriffen ist)

- Mittagessen   CHF 40
- Abendessen (bei auswärtiger Übernachtung oder Rückkehr nach 19.30 Uhr)   CHF 50

4. Übernachtungskosten

4.1. Hotelkosten

Für Übernachtungen sind in der Regel Hotels der Mittelklasse zu wählen.

Ausnahmsweise kann, sofern es durch das Geschäftsinteresse bedingt ist, aus Repräsentationsgründen ein Hotel einer höheren Preiskategorie gewählt werden.

Entschädigt werden die effektiven Hotelkosten gemäss Originalbeleg. Allfällige Privatauslagen (z.B. private Telefongespräche) sind von der Hotelrechnung abzuziehen.

4.2. Private Übernachtung

Bei privater Übernachtung bei Freunden etc. werden die effektiven Kosten bis max. CHF 80 oder pauschal CHF 60 für ein Geschenk an den Gastgeber vergütet.

5. Übrige Kosten

5.1. Repräsentationsausgaben

Im Rahmen der Kundenbetreuung sowie der Kontaktpflege zu der Gesellschaft nahe stehenden Drittpersonen kann es im Interesse des Unternehmens liegen, dass diese Drittpersonen von VR-Mitgliedern eingeladen werden. Grundsätzlich ist bei solchen Einladungen Zurückhaltung zu üben. Die anfallenden Kosten müssen stets durch das Geschäftsinteresse gedeckt sein. Bei der Wahl der Lokalitäten ist auf die geschäftliche Bedeutung der Kunden bzw. Geschäftspartner sowie die ortsüblichen Gebräuche Rücksicht zu nehmen. Vergütet werden die effektiven Kosten. Folgende Angaben sind auf dem Mehrwertsteuerkonformen Rechnungsbeleg zu vermerken:

- Name der massgebenden Kunden bzw. Geschäftspartner
- Name und Ort des Lokals
- Datum der Einladung
- Geschäftszweck der Einladung

5.2. Kleinausgaben

Kleinausgaben wie Parkgebühren und Kosten für geschäftliche Telefongespräche von unterwegs werden gegen Originalbeleg vergütet, sofern nicht die Regelung der Pauschalspesen (Ziffer 6) zur Anwendung gelangt.

Sofern die Beibringung eines Originalbeleges unmöglich bzw. unzumutbar ist, kann ausnahmsweise ein Eigenbeleg bis CHF 30 eingereicht werden.

5.3. Kreditkarten

Den VR-Mitgliedern kann eine auf den Namen der Gesellschaft lautende Kreditkarte zur Verfügung gestellt werden (Corporate Card). Die Jahresgebühren werden vom Unternehmen übernommen. Diese Karte darf ausschliesslich zu geschäftlichen Zwecken benutzt werden. Bargeldbezüge sowie die Nutzung der Kreditkarte für private Auslagen sind untersagt.

6. Pauschalspesen

Den VR-Mitgliedern erwachsen im Rahmen ihrer geschäftlichen Tätigkeit Auslagen für Repräsentation sowie Akquisition und Pflege von Kundenbeziehungen. Die Belege für diese Repräsentations- und Kleinauslagen (Bagatellspesen) sind teilweise nicht oder nur unter schwierigen Bedingungen zu beschaffen. Aus Gründen einer rationellen Abwicklung kann der Verwaltungsrat deshalb beschliessen, einzelnen seiner Mitglieder und insbesondere dem VR-Präsidenten Pauschalspesen auszurichten. Die Höhe der Pauschalspesen darf 10% des gesamten Jahreshonorars nicht übersteigen.

Mit der Pauschalentschädigung sind sämtliche Kleinausgaben im Betrag unter CHF 30.– je Geschäftsvorfall abgegolten. Als Kleinausgaben gelten insbesondere:

- Einladungen von Geschäftspartnern zu kleineren Verpflegungen im Restaurant
- Einladungen von Geschäftspartnern zu Verpflegungen zu Hause, unabhängig von der Höhe der tatsächlichen Kosten, aber exkl. Catering-Service
- Geschenke, die bei Einladungen von Geschäftsfreunden überbracht werden, wie Blumen und Bücher
- Zwischenverpflegungen (Mittag- und Abendessen auf Geschäftsreisen können jedoch abgerechnet werden)
- Trinkgelder (Trinkgelder können für die Beurteilung, ob eine Kleinausgabe vorliegt, zum Rechnungsbetrag hinzu gerechnet werden,)
- Geschäftstelefone vom Privatapparat
- Einladungen und Geschenke an Mitarbeitende
- Beiträge an Institutionen, Vereine etc.
- Nebenauslagen für und mit Kunden ohne Quittungen
- Kleinauslagen bei Besprechungen und Sitzungen
- Tram-, Bus-, Taxifahrten
- Parkgebühren
- Geschäftsfahrten mit dem Privatwagen im Ortsrayon (Radius 40 km)
- Gepäckträger, Garderobengebühren
- Post- und Telefongebühren
- Kleiderreinigungen

Die ausgerichteten Pauschalspesen werden auf dem Lohnausweis vermerkt.

7. Administrative Bestimmungen

Für die Spesenabrechnung ist das vom Unternehmen vorgeschriebene Formular zu benützen.

Die Spesenabrechnungen sind in der Regel nach Beendigung des Spesenereignisses, mindestens jedoch einmal monatlich zu erstellen und zusammen mit den entsprechenden Spesenbelegen dem CFO zu übergeben. Die Genehmigung zur Auszahlung erfolgt durch den VRP.

Belege, die der Spesenabrechnung beigelegt werden müssen, sind Originaldokumente wie Quittungen, quittierte Rechnungen, Kassenbons, Kreditkartenbelege und Fahrspesenbelege.

8. Gültigkeit

Dieses Spesenreglement wurde von der Steuerverwaltung des Sitzkantons der Gesellschaft genehmigt.

Aufgrund der Genehmigung verzichtet die Gesellschaft auf die betragsmässige Bescheinigung der nach tatsächlichem Aufwand abgerechneten Spesen in den Lohnausweisen.

Jede Änderung dieses Spesenreglements oder dessen Ersatz wird der Steuerverwaltung vorgängig zur Genehmigung unterbreitet. Ebenso wird sie informiert, wenn das Reglement ersatzlos aufgehoben wird.

9. Inkrafttreten

Dieses Spesenreglement ist per 1. April 2014 in Kraft getreten.

****

Musterhausen, 1. April 2014

Für den Verwaltungsrat:

_____

Dr. Felix Muster / Hans Schmid

11.84 Statuten Alternativklauseln

Muster für Alternativklauseln in den Statuten

1. Klausel für die Durchsetzung der Unabhängigkeit von Verwaltungsräten

Die Mehrheit der Mitglieder des Verwaltungsrats muss unabhängig sein. [*Variante:* ..., insbesondere bezüglich jedes Aktionärs, der über mehr als 5% der Aktienstimmen verfügt.]

Ein Verwaltungsrat gilt insbesondere nicht mehr als unabhängig, wenn er:

- in den letzten 5 Jahren Arbeitnehmer der Gesellschaft oder des Konzerns war
- in den letzten 3 Jahren eine massgebende Geschäftsbeziehung zur Gesellschaft hatte, entweder direkt in eigener Person oder indirekt als Partner, Aktionär, Verwaltungsrat oder leitender Arbeitnehmer einer juristischen Person oder Personengesellschaft
- enge familiäre Beziehungen zu einem Berater, Verwaltungsratsmitglied oder leitenden Arbeitnehmer der Gesellschaft hat
- mehr als 9 Jahre seit der ersten Wahl dem Verwaltungsrat angehört.

2. Klausel für die Annäherung an das dualistische System

Der Verwaltungsrat soll die Geschäftsführung soweit möglich und gesetzlich zulässig an Dritte, nicht jedoch an Mitglieder des Verwaltungsrats oder ihnen nahe stehende Personen übertragen. Zur Festlegung und Klarstellung der Geschäftsführungsdelegation hat der Verwaltungsrat ein Organisationsreglement zu erlassen, worin der Ausschluss von Mitgliedern des Verwaltungsrats und der ihnen nahe stehenden Personen als Delegationsempfänger konkret festzuhalten ist. [*Variante:* ...; die Generalversammlung kann in besonderen Fällen eine an Bedingungen geknüpfte Ausnahme bewilligen].

3. Klausel für erweiterte Wahlkompetenzen der Generalversammlung

Die Generalversammlung ist das oberste Organ der Gesellschaft. Ihr stehen folgende unübertragbaren Befugnisse zu:

a) ...

b) Wahl und Abberufung des Präsidenten des Verwaltungsrats

c) Wahl und Abberufung der Mitglieder des Vergütungsausschusses

d) …

4. Klausel für die Durchsetzung der Weisungsfreiheit

Alle Mitglieder des Verwaltungsrats haben ihre Aufgaben im Rahmen des Gesetzes, der Statuten und Reglemente frei von jeglichen Weisungen Dritter zu erfüllen, ausgenommen davon sind lediglich zwingende behördliche Anordnungen. Kein Mitglied des Verwaltungsrats kann mit der Gesellschaft einen Arbeitsvertrag oder mit Aktionären einen Mandatsvertrag mit Weisungsbefolgungspflicht abschliessen [*Variante:* …, zulässig ist nur die treuhänderische Übertragung von Aktien ohne gleichzeitige Weisungsbefolgungspflicht].

5. Klausel für die Einsetzung eines paritätischen Verwaltungsrats

Der Verwaltungsrat ist paritätisch aus Arbeitgeber- und Arbeitnehmervertretern zusammengesetzt. Er besteht aus insgesamt sechs Mitgliedern, welche Aktionäre sein müssen. Alle Mitglieder des Verwaltungsrats werden von der Generalversammlung für eine Amtsdauer von drei Jahren gewählt und sind ohne Beschränkung wiederum wählbar. Drei Mitglieder des Verwaltungsrats sind dabei von der Generalversammlung aus den Vorschlägen der Arbeitnehmervertretung zu wählen [*Variante:* Die Arbeitnehmer haben als eigene Aktionärsgruppe mit besonderem Schutzinteresse Anrecht auf drei Sitze im Verwaltungsrat; dazu sind der Generalversammlung von den Arbeitnehmern entsprechende Vorschläge zu unterbreiten].

6. Klausel für die Begrenzung von VR-Bezügen durch die Generalversammlung

Die Generalversammlung ist berechtigt, die maximale Höhe des individuellen VR-Honorars bzw. VR-Lohnes [*Variante:* … des Honorar- und Lohnanspruchs für den Gesamtverwaltungsrat] festzulegen [*Variante:* … in Prozenten vom Bilanzgewinn im entsprechenden Geschäftsjahr festzulegen]. Jedes Mitglied des Verwaltungsrats hat jedoch mindestens Anspruch auf eine Erstattung der im Zusammenhang mit seinem Mandat erforderlichen Spesen sowie eine angemessene Entschädigung für die von ihm erbrachten Leistungen in orts- und branchenüblicher Höhe [*Variante:* … in Höhe eines durchschnittlichen VR-Honorars entsprechend seiner Funktion gemäss jeweils letzter repräsentativer Umfrage in der Schweiz]. Die Begrenzung der VR-Bezüge gilt jeweils nur für eine Amtsdauer [*Variante:* … gilt jeweils bis auf Widerruf].

7. Klausel für einen Aktionärsausschuss zur Festlegung der Entschädigung bei nicht kotierten Gesellschaften

Die Generalversammlung kann einen Aktionärsausschuss bestehend aus drei bis fünf Aktionären zur Festlegung der VR-Entschädigung [*Variante:* ... zur Festlegung der Entschädigung von Verwaltungsrat und Geschäftsführung] für das nächste Geschäftsjahr wählen [*Variante:* ..., die zusammen nicht mehr als 50% der Aktienstimmen vereinen]. Dieser Aktionärsausschuss hat jeweils innerhalb von zwei Monaten nach der Generalversammlung die jeweilige Höhe des Honorar- bzw. Lohnanspruches der einzelnen VR-Mitglieder festzulegen [*Variante:* ... der gesamten Bruttoentschädigung inkl. beruflicher Vorsorge für den Verwaltungsrat und die Geschäftsführung zu fixieren]. Solange der Aktionärsausschuss die Entschädigungshöhe nicht festgelegt hat, gilt die Gesamthöhe aller Entschädigungen gemäss letzter genehmigter Jahresrechnung als Obergrenze für die zukünftigen Entschädigungen [*Variante:* Solange die Generalversammlung von ihrem Recht auf Wahl eines Aktionärsausschuss zur Festlegung der Entschädigung keinen Gebrauch gemacht und der Ausschuss noch keine Obergrenze fixiert hat, entscheidet der Verwaltungsrat in eigener Kompetenz über die Entschädigung].

8. Klausel für Aktionärszustimmung zu Arbeitsverträgen über drei Jahren

Befristete Arbeitsverträge zwischen der Gesellschaft und den Mitgliedern des Verwaltungsrats oder der Geschäftsleitung bedürfen zu deren Gültigkeit der Zustimmung der Generalversammlung, sofern und soweit sie für eine feste Dauer von mehr als drei Jahren abgeschlossen werden. Sofern die Gesellschaft börsenkotiert ist, dürfen solche Verträge maximal für die Dauer von einem Jahr abgeschlossen werden.

9. Klausel für den Vorsitz in der Generalversammlung

Der Vorsitz in der Generalversammlung wird durch den Präsidenten des Verwaltungsrates, bei dessen Verhinderung durch den Vizepräsidenten und bei dessen Verhinderung durch einen von der Verwaltung bezeichneten Tagespräsidenten geführt. Der Vorsitzende muss in jedem Falle von der Gesellschaft unabhängig sein, darf also nicht einem Arbeitsverhältnis zur Gesellschaft stehen oder in den letzten drei Jahren vor der Generalversammlung in einem solchen Verhältnis gestanden haben. [*Variante:* Er darf zudem nicht mehr als 20% aller Aktien der Gesellschaft halten oder vertreten].

Statuten

der

Muster AG

mit Sitz in St. Gallen

I. Firma, Sitz, Dauer und Zweck der Gesellschaft

Art. 1 Firma, Sitz und Dauer

Unter der Firma

Muster AG (Muster SA)

besteht aufgrund dieser Statuten auf unbestimmte Dauer eine Aktiengesellschaft gemäss Art. 620 ff. OR mit Sitz in St. Gallen.

Art. 2 Zweck

Die Gesellschaft bezweckt die Erbringung von Dienst- und Beratungsleistungen im Finanzbereich.

Die Gesellschaft kann im Übrigen alle Geschäfte tätigen, welche geeignet sind, die Entwicklung des Unternehmens und die Erreichung des Gesellschaftszwecks zu fördern oder zu erleichtern.

Die Gesellschaft kann Immaterialgüter erwerben und verwerten, sich an anderen Unternehmen im In- und Ausland beteiligen, solche finanzieren sowie Tochtergesellschaften und Zweigniederlassungen im In- und Ausland errichten. Die Gesellschaft kann im In- und Ausland Grundeigentum erwerben, belasten, veräussern und verwalten. Sie kann auch Finanzierungen für eigene oder fremde Rechnung vornehmen sowie Garantien und Bürgschaften für Tochtergesellschaften und Dritte eingehen.

II. Aktienkapital, Aktien und Aktionäre

Art. 3 Aktienkapital

Das Aktienkapital der Gesellschaft beträgt CHF 100 000.00 (Schweizer Franken einhunderttausend) und ist eingeteilt in 10 000 Namenaktien mit einem Nennwert von je CHF 10.00 (Schweizer Franken zehn).

Sämtliche Aktien sind vollständig liberiert.

Art. 4 Aktien / Zertifikate

Anstelle von einzelnen Aktien kann die Gesellschaft Zertifikate über mehrere Aktien ausstellen oder auf die Ausstellung verzichten.

Sofern Aktien oder Zertifikate ausgegeben werden, sind diese von mindestens einem Mitglied des Verwaltungsrates zu unterschreiben.

Der Erwerb eines Aktientitels bzw. eines Zertifikates schliesst die Anerkennung der Gesellschaftsstatuten in sich.

Art. 5 Umwandlung, Zerlegung und Zusammenlegung von Aktien

Die Generalversammlung kann bei unverändert bleibendem Aktienkapital durch Statutenänderung jederzeit Namenaktien in Inhaberaktien umwandeln und umgekehrt sowie Aktien in solche von kleinerem Nennwert zerlegen oder zu solchen von grösserem Nennwert zusammenlegen, wobei letzteres der Zustimmung des Aktionärs bedarf.

Art. 6 Aktienbuch

Die Gesellschaft hat über die Eigentümer der von ihr ausgegebenen Namenaktien ein Aktienbuch zu führen, worin die Aktionäre und Nutzniesser mit Namen und Adresse einzutragen sind. Zuständig für die Führung des Aktienbuches ist der Verwaltungsrat der Gesellschaft.

Die Eintragung ins Aktienbuch setzt den Ausweis über den formgerechten und statutengemässen Erwerb der Aktien bzw. der Aktienzertifikate oder die Begründung einer entsprechenden Nutzniessung voraus.

Im Verhältnis zur Gesellschaft gilt als Aktionär oder als Nutzniesser nur, wer im Aktienbuch eingetragen ist.

Die Eintragungen im Aktienbuch können auf Beschluss des Verwaltungsrates gestrichen werden, wenn sie durch falsche Angaben des Erwerbers zustande gekommen sind. Der betroffene Aktionär muss über die Streichung sofort informiert werden.

Art. 7 Aktienübertragung

Die Übertragung der Namenaktien oder die Begründung einer Nutzniessung an den Namenaktien bedarf der Genehmigung durch den Verwaltungsrat.

Der Verwaltungsrat kann das Gesuch um Zustimmung ablehnen, wenn er im Namen der Gesellschaft dem Veräusserer der Aktien anbietet, die Aktien für deren Rechnung, für Rechnung anderer Aktionäre oder für Rechnung Dritter zum wirklichen Wert im Zeitpunkt des Gesuches zu übernehmen oder wenn der Erwerber nicht ausdrücklich erklärt, dass er die Aktien im eigenen Namen und auf eigene Rechnung erworben hat.

Sind die Aktien durch Erbgang, Erbteilung, eheliches Güterrecht oder Zwangsvollstreckung erworben worden, so kann der Verwaltungsrat das Gesuch um Zustimmung nur ablehnen, wenn er im Namen der Gesellschaft dem Erwerber die Übernahme der Aktien zum wirklichen Wert anbietet. Der Erwerber kann verlangen, dass der Richter am Sitz der Gesellschaft den wirklichen Wert bestimmt. Die Kosten der Bewertung trägt die Gesellschaft.

Art. 8 Erwerb eigener Aktien

Die Gesellschaft darf eigene Aktien nur dann erwerben, wenn frei verwendbares Eigenkapital in der Höhe der dafür nötigen Mittel vorhanden ist und der gesamte Nennwert dieser Aktien 10 Prozent des Aktienkapitals nicht übersteigt.

Werden im Zusammenhang mit einer Übertragbarkeitsbeschränkung Namenaktien erworben, so beträgt die Höchstgrenze 20 Prozent. Die über 10 Prozent des Aktienkapitals hinaus erworbenen eigenen Aktien sind innert zweier Jahre zu veräussern oder durch Kapitalherabsetzung zu vernichten.

III. Organisation der Gesellschaft

A. Generalversammlung

Art. 9 Befugnisse

Oberstes Organ der Gesellschaft ist die Generalversammlung der Aktionäre. Ihr stehen folgende unübertragbare Befugnisse zu:

a) die Festsetzung und Änderung der Statuten;

b) Beschlüsse über Auflösung oder Fusion der Gesellschaft;

c) die Wahl und die Abberufung der Mitglieder des Verwaltungsrates;

d) die Wahl und die Abberufung des Präsidenten des Verwaltungsrates;

e) die Wahl und Abberufung der Revisionsstelle; gegebenenfalls Entscheid über Verzicht auf die eingeschränkte Revision, sofern die gesetzlichen Voraussetzungen gegeben sind;

f) die Genehmigung der Jahresrechnung sowie allenfalls des Lageberichtes und der Konzernrechnung;

g) die Beschlussfassung über die Verwendung des Bilanzgewinnes, insbesondere die Festsetzung der Dividende und der Tantieme;

h) die Entlastung der Mitglieder des Verwaltungsrates;

i) die Beschlussfassung über Anträge des Verwaltungsrates, der Revisionsstelle und der Aktionäre sowie über alle anderen Gegenstände, welche der Generalversammlung durch das Gesetz oder die Statuten vorbehalten sind oder ihr vom Verwaltungsrat zum Entscheid unterbreitet werden.

Art. 10 Einberufung und Traktandierung

Die ordentliche Versammlung findet alljährlich innerhalb sechs Monaten nach Schluss des Geschäftsjahres statt, ausserordentliche Versammlungen werden je nach Bedürfnis einberufen.

Die Generalversammlung ist spätestens 20 Tage vor dem Versammlungstag durch Brief, Telefax oder E-Mail an die im Aktienbuch verzeichneten Adressen einzuberufen. Die Einberufung erfolgt durch den Verwaltungsrat, nötigenfalls durch die Revisionsstelle. Das Einberufungsrecht steht auch den Liquidatoren und den Vertretern der Anleihensgläubiger zu.

Die Einberufung einer Generalversammlung kann auch von einem oder mehreren Aktionären, die zusammen mindestens 10 Prozent des Aktienkapitals vertreten, verlangt werden. Aktionäre, die Aktien im Nennwert von 5000 Franken vertreten, können die Traktandierung eines Verhandlungsgegenstandes verlangen.

In der Einberufung sind neben Tag, Zeit und Ort der Versammlung die Verhandlungsgegenstände sowie die Anträge des Verwaltungsrates und der Aktionäre bekanntzugeben, welche die Durchführung einer Generalversammlung oder die Traktandierung eines Verhandlungsgegenstandes verlangt haben.

Spätestens 20 Tage vor der ordentlichen Generalversammlung sind der Geschäftsbericht und der Revisionsbericht den Aktionären am Gesellschaftssitz zur Einsicht aufzulegen. Jeder Aktionär kann verlangen, dass ihm unverzüglich eine Ausfertigung dieser Unterlagen zugestellt wird. Die Aktionäre sind hierüber in der Einberufung zu unterrichten.

Über Anträge zu nicht gehörig angekündigten Verhandlungsgegenständen können keine Beschlüsse gefasst werden; ausgenommen sind Anträge auf Einberufung einer ausserordentlichen Generalversammlung, auf Durchführung einer Sonderprüfung und auf Wahl einer Revisionsstelle infolge Begehrens eines Aktionärs.

Zur Stellung von Anträgen im Rahmen der Verhandlungsgegenstände und zu Verhandlungen ohne Beschlussfassung bedarf es keiner vorgängigen Ankündigung.

Ist eine Generalversammlung aufgrund allfälliger gesetzlicher oder statutarischer Quorumsvorschriften nicht beschlussfähig, so kann auf einen mindestens 20 Tage späteren Termin eine zweite Generalversammlung einberufen werden, welche vorbehältlich der gesetzlichen Bestimmungen ohne Rücksicht auf die Anzahl der vertretenen Aktien Beschluss fassen kann.

Art. 11 Universalversammlung

Die Eigentümer oder Vertreter sämtlicher Aktien können, falls kein Widerspruch erhoben wird, eine Generalversammlung ohne Einhaltung der für die Einberufung vorgeschriebenen Formvorschriften abhalten.

In dieser Versammlung kann über alle in den Geschäftskreis der Generalversammlung fallenden Gegenstände gültig verhandelt und Beschluss gefasst werden, solange die Eigentümer oder Vertreter sämtlicher Aktien anwesend sind.

Art. 12 Vorsitz und Protokoll

Der Vorsitz der Generalversammlung wird durch den Präsidenten des Verwaltungsrates, bei dessen Verhinderung durch den Vizepräsidenten und bei dessen Verhinderung durch einen von der Verwaltung bezeichneten Tagespräsidenten geführt. Ist kein Mitglied des Verwaltungsrates anwesend, so wählt die Versammlung den Tagespräsidenten.

Der Vorsitzende bezeichnet den Protokollführer, der nicht Aktionär zu sein braucht. Die Stimmenzähler werden bei Bedarf in offener Wahl aus den anwesenden Aktionären oder Aktionärsvertretern gewählt.

Das Protokoll der Versammlung hat neben genauen Angaben über die vertretenen Aktien die Beschlüsse und Wahlergebnisse sowie die Auskunftsbegehren der Aktionäre und die Antworten der Verwaltung zu enthalten. Auf Verlangen kann ein Aktionär seine Erklärungen zu Protokoll geben.

Die Protokolle sind jeweils vom Vorsitzenden und vom Protokollführer zu unterzeichnen. Sie können auf Verlangen von jedem Aktionär eingesehen werden.

Art. 13 Stimmrecht und Vertretung

Die Aktionäre üben ihr Stimmrecht in der Generalversammlung nach dem Verhältnis des gesamten Nennwerts der ihnen gehörenden Aktien aus.

Jeder Aktionär kann seine Aktien in der Generalversammlung selbst vertreten oder durch einen Dritten vertreten lassen, der nicht Aktionär zu sein braucht. Der Vertreter hat sich durch schriftliche Vollmacht auszuweisen.

Art. 14 Beschlussfassung

Falls kein Widerspruch erfolgt, finden die Abstimmungen und Wahlen offen statt. Die Mehrheit der vertretenen Aktien kann geheime Abstimmungen oder Wahlen verlangen.

Die Generalversammlung fasst ihre Beschlüsse und vollzieht die Wahlen, soweit das Gesetz oder die Statuten es nicht anders bestimmen, mit der absoluten Mehrheit der vertretenen Aktienstimmen. Wird das absolute Mehr nicht erreicht, so findet eine 2. Abstimmung oder Wahl statt, in der das relative Mehr entscheidet. Bei Stimmengleichheit gilt ein Antrag als abgelehnt. Dem Vorsitzenden steht kein Stichentscheid zu.

Ein Beschluss der Generalversammlung, der mindestens zwei Drittel der vertretenen Stimmen und die absolute Mehrheit der vertretenen Aktiennennwerte auf sich vereinigt, ist erforderlich für:

a) die Änderung des Gesellschaftszweckes;

b) die Einführung von Stimmrechtsaktien;

c) die Beschränkung der Übertragbarkeit von Namenaktien;

d) eine genehmigte oder eine bedingte Kapitalerhöhung;

e) die Kapitalerhöhung aus Eigenkapital, gegen Sacheinlage oder zwecks Sachübernahme und die Gewährung von besonderen Vorteilen;

f) die Einschränkung oder Aufhebung des Bezugsrechtes;

g) die Verlegung des Sitzes der Gesellschaft;

h) die Auflösung der Gesellschaft;

Für die Fusion, die Spaltung, die Umwandlung und den Vermögensübertrag der Gesellschaft gelten die entsprechenden Quoren des Fusionsgesetzes (FusG).

Statutenbestimmungen, die für die Fassung bestimmter Beschlüsse grössere Mehrheiten als die vom Gesetz vorgeschriebenen festlegen, können nur mit dem erhöhten Mehr eingeführt und aufgehoben werden.

B. Verwaltungsrat

Art. 15 Wahl und Zusammensetzung

Der Verwaltungsrat der Gesellschaft besteht aus einem oder mehreren Mitgliedern.

Er wird von der Generalversammlung auf eine Amtsdauer von einem Jahr gewählt. Eine Wiederwahl ist möglich. Die Amtsdauer endigt mit der Abhaltung der ordentlichen Generalversammlung im letzten Amtsjahr des Verwaltungsrates.

Scheidet ein Mitglied oder der Präsident des Verwaltungsrates vor Ende seiner Amtsdauer aus, so kann die Verwaltung durch die verbleibenden Verwaltungsräte geführt werden, sofern sie nicht die Einberufung einer ausserordentlichen Generalversammlung und die Ersatzwahl eines Verwaltungsrates für angebrachter hält.

Der Präsident des Verwaltungsrates wird von der Generalversammlung bestimmt. Im Übrigen konstituiert sich der Verwaltungsrat selbst. Er bezeichnet den Sekretär, welcher dem Verwaltungsrat nicht angehören muss.

Art. 16 Sitzungen und Beschlussfassung

Der Vorsitz in den Verwaltungsratssitzungen wird durch den Präsidenten und bei dessen Verhinderung durch den Vizepräsidenten oder ein anderes vom Verwaltungsrat bestimmtes Mitglied geführt.

Zur Beschlussfähigkeit des Verwaltungsrates ist grundsätzlich die Anwesenheit des absoluten Mehrs seiner Mitglieder erforderlich. Kein Präsenzquorum ist erforderlich für die Anpassungs- und Feststellungsbeschlüsse des Verwaltungsrates im Zusammenhang mit Kapitalerhöhungen. Im Übrigen werden die Beschlussfähigkeit, die Beschlussfassung und die Geschäftsordnung im Organisationsreglement geregelt.

Jedes Mitglied des Verwaltungsrates kann unter Angabe der Gründe vom Präsidenten die unverzügliche Einberufung einer Sitzung verlangen.

Bei der Beschlussfassung in Sitzungen des Verwaltungsrates hat der Vorsitzende den Stichentscheid.

Beschlüsse können auch auf dem Wege der schriftlichen Zustimmung zu einem gestellten Antrag gefasst werden, sofern nicht ein Mitglied die mündliche Beratung verlangt.

Über die Verhandlungen und Beschlüsse wird ein Protokoll geführt, das vom Vorsitzenden und vom Protokollführer zu unterzeichnen ist. Das Protokoll muss auch dann geführt werden, wenn die Verwaltung einer einzigen Person anvertraut ist.

Art. 17 Recht auf Auskunft und Einsicht

Jedes Mitglied des Verwaltungsrates kann Auskunft über alle Angelegenheiten der Gesellschaft verlangen.

In den Sitzungen sind alle Mitglieder des Verwaltungsrates sowie die mit der Geschäftsführung betrauten Personen zur Auskunft verpflichtet.

Ausserhalb der Sitzungen kann jedes Mitglied von den mit der Geschäftsführung betrauten Personen Auskunft über den Geschäftsgang und, mit Ermächtigung des Präsidenten, auch über einzelne Geschäfte verlangen.

Soweit es für die Erfüllung einer Aufgabe erforderlich ist, kann jedes Mitglied dem Präsidenten beantragen, dass ihm Bücher und Akten vorgelegt werden.

Weist der Präsident ein Gesuch auf Auskunft, Anhörung oder Einsicht ab, so entscheidet der Verwaltungsrat.

Regelungen oder Beschlüsse des Verwaltungsrates, die das Recht auf Auskunft und Einsichtnahme der Verwaltungsräte erweitern, bleiben vorbehalten.

Art. 18 Aufgaben und Entschädigung

Der Verwaltungsrat kann in allen Angelegenheiten Beschluss fassen, die nicht nach Gesetz oder Statuten der Generalversammlung zugeteilt sind. Er führt die Geschäfte der Gesellschaft, soweit er die Geschäftsführung nicht übertragen hat.

Der Verwaltungsrat hat folgende unübertragbare und unentziehbare Aufgaben:

a) die Oberleitung der Gesellschaft und die Erteilung der nötigen Weisungen;

b) die Festlegung der Organisation;

c) die Ausgestaltung des Rechnungswesens, der Finanzkontrolle sowie der Finanzplanung, sofern diese für die Führung der Gesellschaft notwendig ist;

d) die Ernennung und Abberufung der mit der Geschäftsführung und der Vertretung betrauten Personen;

e) die Oberaufsicht über die mit der Geschäftsführung betrauten Personen, namentlich im Hinblick auf die Befolgung der Gesetze, Statuten, Reglemente und Weisungen;

f) die Erstellung des Geschäftsberichtes sowie die Vorbereitung der Generalversammlung und die Ausführung ihrer Beschlüsse;

g) die Benachrichtigung des Richters im Falle der Überschuldung.

Der Verwaltungsrat kann die Vorbereitung und die Ausführung seiner Beschlüsse oder die Überwachung von Geschäften Ausschüssen oder einzelnen Mitgliedern zuweisen. Er hat für eine angemessene Berichterstattung an seine Mitglieder zu sorgen.

Die Mitglieder des Verwaltungsrates haben Anspruch auf Ersatz ihrer im Interesse der Gesellschaft aufgewendeten Auslagen sowie auf eine ihrer Tätigkeit entsprechende Entschädigung, die der Verwaltungsrat selbst festlegt.

Art. 19 Übertragung der Geschäftsführung und der Vertretung

Falls der Verwaltungsrat die Geschäftsführung ganz oder zum Teil an einzelne Mitglieder oder an Dritte überträgt, so hat der dies in einem Organisationsreglement zu regeln.

Dieses Reglement ordnet die Geschäftsführung, bestimmt die hierfür erforderlichen Stellen, umschreibt deren Aufgaben und regelt insbesondere die Berichterstattung.

Soweit die Geschäftsführung nicht übertragen worden ist, steht sie allen Mitgliedern des Verwaltungsrates gesamthaft zu.

Der Verwaltungsrat kann die Vertretung einem oder mehreren Mitgliedern (Delegierte) oder Dritten (Direktoren) übertragen. Mindestens ein Mitglied des Verwaltungsrates muss zur Vertretung befugt sein.

C. Revisionsstelle

Art. 20 Revision

Die Generalversammlung wählt eine Revisionsstelle.

Sie kann auf eine eingeschränkte Revision verzichten, wenn:

a) die Gesellschaft nicht zur ordentlichen Revision verpflichtet ist;

b) sämtliche Aktionäre zustimmen; und

c) die Gesellschaft nicht mehr als zehn Vollzeitstellen im Jahresdurchschnitt hat.

Der Verzicht gilt auch für die nachfolgenden Jahre. Jeder Aktionär hat jedoch das Recht, spätestens 10 Tage vor der Generalversammlung die Durchführung einer eingeschränkten Revision und die Wahl einer entsprechenden Revisionsstelle zu verlangen. Die Generalversammlung darf diesfalls die Beschlüsse nach Art. 9 lit. f–g erst fassen, wenn der Revisionsbericht vorliegt.

Bei einem Verzicht finden alle die Revisionsstelle betreffenden Statutenbestimmungen keine Anwendung.

Art. 21 Anforderungen an die Revisionsstelle

Als Revisionsstelle können eine oder mehrere natürliche oder juristische Personen oder Personengesellschaften gewählt werden.

Die Revisionsstelle muss ihren Wohnsitz, ihren Sitz oder eine eingetragene Zweigniederlassung in der Schweiz haben.

Ist die Gesellschaft zur ordentlichen Revision verpflichtet, so muss die Generalversammlung als Revisionsstelle einen zugelassenen Revisionsexperten bzw. ein staatlich beaufsichtigtes Revisionsunternehmen nach den Vorschriften des Revisionsaufsichtsgesetzes vom 16. Dezember 2005 wählen.

Ist die Gesellschaft zur eingeschränkten Revision verpflichtet, so muss die Generalversammlung als Revisionsstelle einen zugelassenen Revisor nach den Vorschriften des Revisionsaufsichtsgesetzes vom 16. Dezember 2005 wählen. Vorbehalten bleibt der Verzicht auf die Wahl einer Revisionsstelle nach Artikel 20.

Die Revisionsstelle muss nach Art. 728 bzw. 729 OR unabhängig sein.

Die Revisionsstelle wird für ein Geschäftsjahr gewählt. Ihr Amt endet mit der Abnahme der Jahresrechnung. Eine Wiederwahl ist möglich. Eine Abberufung ist jederzeit und fristlos möglich.

IV. Rechnungsabschluss und Gewinnverwendung

Art. 22 Geschäftsjahr und Buchführung

Das Geschäftsjahr beginnt am 1. Januar und endet am 31. Dezember.

Die Jahresrechnung und gegebenenfalls die Konzernrechnung sind gemäss den Vorschriften des Schweizerischen Obligationenrechts Art. 957 ff. aufzustellen.

Art. 23 Reserven und Gewinnverwendung

Aus dem Jahresgewinn ist zuerst die Zuweisung an die Reserven entsprechend den Vorschriften des Gesetzes vorzunehmen. Der Bilanzgewinn steht zur Verfügung der Generalversammlung, die ihn im Rahmen der gesetzlichen Auflagen (insbesondere Art. 671 ff. OR) nach freiem Ermessen verwenden kann.

Art. 24 Auflösung und Liquidation

Die Auflösung der Gesellschaft kann durch einen Beschluss der Generalversammlung, über den eine öffentliche Urkunde zu errichten ist, erfolgen.

Die Liquidation wird durch den Verwaltungsrat besorgt, falls sie nicht durch einen Beschluss der Generalversammlung anderen Personen übertragen wird. Die Liquidation erfolgt gemäss Art. 742 ff. OR.

Das Vermögen der aufgelösten Gesellschaft wird nach Tilgung ihrer Schulden nach Massgabe der einbezahlten Beträge unter die Aktionäre verteilt.

V. Benachrichtigung

Art. 25 Mitteilungen und Bekanntmachungen

Mitteilungen an die Aktionäre erfolgen per Brief, Telefax oder E-Mail an die im Aktienbuch verzeichneten Adressen.

Publikationsorgan der Gesellschaft ist das Schweizerische Handelsamtsblatt.

****

St. Gallen, den 1. April 2014

Der Tagespräsident: Der Stimmenzähler / Protokollführer:

_____   _____

Dr. Roger Hubacher   MLaw Franz Zobrist

Muster Produktion AG

Stellenbeschrieb Compliance Officer

1. Allgemeine Angaben

Stellenbezeichnung	Compliance Officer (CO) / Leiter Recht und Compliance
Bestellung durch	Geschäftsleitung (GL)
Vorgesetzter	Vorsitzender der GL (CEO)
Stellenantritt	1. April 2014
Stellenprozent	100 Prozent
Stellvertretung	Finanzchef (CFO)
Unterstellte	Mitarbeiter des Bereichs Recht und Compliance
Zusatzfunktion	Verwaltungsratssekretär (VRS)
Zeichnungsberechtigung	Kollektivunterschrift zu zweien
Rechte	Einsichtsrecht in sämtliche Geschäftsdokumente, Auskunftsrecht gegenüber sämtlichen Mitarbeitern, direktes Reportrecht an den VR-Präsidenten

2. Ziel der Stelle

- Auf- und Ausbau sowie Leitung des Bereichs Recht und Compliance
- Führen der Mitarbeiter des Bereichs Recht und Compliance
- Detailziele in der Abteilung Recht:
  - Beantwortung juristischer Fragestellungen in sämtlichen Belangen des Tagesgeschäftes
  - Organisation und Überwachung des Vertragsmanagements
  - Koordination und Überwachung der Prozesse im Zusammenhang mit Steuern und Immaterialgütern

- Auswahl, Überwachung und Koordination der für das Unternehmen tätigen Rechtsanwälte
- Detailziele in der Abteilung Compliance:
  - Sicherstellung der Einhaltung und Umsetzung aller gesetzlicher und regulatorischer Vorgaben (inkl. Verhaltenskodex) mit Relevanz für die Geschäftstätigkeit
  - Gewährleistung von strategiekonformen Geschäftsabläufen zur Erreichung der Unternehmensziele
  - Implementierung der Compliance-Prozesse in die normalen Geschäftsabläufe
  - Redaktion von Arbeitshilfen für Mitarbeiter (Formulare, Weisungen etc.)
  - Zusammenarbeit und Überwachung der externen Whistleblowing Stelle
- Mitarbeit an Projekten mit Rechts- und Compliance-Bezug sämtlicher Bereiche

3. Anforderungen an den Stelleninhaber

- Sozial- und Persönlichkeitskompetenz
  - Selbständige, korrekte und strukturierte Arbeitsweise
  - Flexibel und belastbar, problemlösungsorientiert
  - Freundliches und kompetentes Auftreten gegenüber Kunden, Mitarbeitern und Vorgesetzten
  - Gestaltungsfreude und Optimierungswille
  - Offenheit gegenüber Neuem und Veränderungen
  - Fähigkeit zu diskretem Umgang mit firmeninternen Themen und Kundendaten (Sorgfaltspflicht, Datenschutz)
  - Fähigkeit zur direkten und angemessenen Kommunikation, Bereitschaft zum Austausch von Anregungen und Verbesserungsvorschlägen, aber auch zur Konfliktlösung mit den Mitarbeitern, Kollegen und Vorgesetzten
  - Planungs- und Organisationsfähigkeit
- Fachkompetenz
  - Anwaltspatent
  - Sehr gute Kenntnisse des schweizerischen und internationalen Vertrags- und Gesellschaftsrechts
  - Mehrjährige Berufserfahrung
  - Weiterbildung im Bereich Compliance
  - Sehr gute mündliche und schriftliche Ausdrucksweise in Deutsch
  - Interdisziplinäres Verständnis (Themen sowie Organisationsstruktur)

- Sprachkenntnisse: Deutsch, Englisch, weitere Fremdsprache (Französisch, Spanisch oder Italienisch) von Vorteil
- Bereitschaft zur permanenten Weiterbildung in den Bereichen Recht und Compliance sowie Führung
- gute EDV-Kenntnisse
- Führungskompetenz (nur bei Führungsfunktionen)
  - Führungsverantwortung
  - Interesse an und Flair zur Förderung der unterstellten Mitarbeiter in persönlicher und fachlicher als auch unternehmerischer Hinsicht
  - Durchsetzungskraft
  - Fairness
  - Repräsentierung resp. Vertretung der Muster Produktion AG an externen Anlässen

4. Kernaufgaben

- Organisation
  - Auf- und Ausbau sowie Führung des Bereichs Recht und Compliance für die Standorte Zürich und Bern
  - Sicherstellen, dass die Geschäftsleitung sowie die Mitarbeiter der Muster Produktion AG jederzeit über einen erstklassigen und zuverlässigen Ansprechpartner verfügen, der sie bei Fragen zu Recht und Compliance optimal beraten und unterstützen kann
  - Erkennen von Bedürfnissen betreffend die Entwicklung der Abteilungen Recht sowie Compliance, Organisation und Umsetzungsverantwortung
  - Regelmässiges Reporting an den Vorgesetzten
  - Dokumentation der Anfragen im Rahmen der Internen Rechtsberatung
  - Erstellung eines Jahresberichtes zu Handen der Geschäftsleitung
  - Durchführung eines jährlichen Compliance Risk Assessments
- Führung
  - Wahrnehmung der Führungsverantwortung
  - Mitarbeiterentwicklung (fachlich und persönlich)
  - Durchführung von internen Schulungen/Informationen der Mitarbeitenden über relevante Neuerungen und Änderungen
- Weisungswesen

- Sicherstellen angemessener Systematik, Verfügbarkeit und Aktualität der internen Richtlinien und Weisungen
- Identifikation fehlender Weisungen anhand Ist-/Soll-Analyse
- Entwurf neuer interner Weisungen im Auftrag der GL
- Regulierungen
    - Identifikation und Risikobeurteilung von kritischen Vorschriften und Prozessen
    - Vorgaben zur Umsetzung von neu anwendbaren Regulierungen
    - Monitoring der Empfehlungen zur Corporate Governance
    - Überwachung der Einhaltung von gesetzlichen Fristen und Prozessen

5. Spezialaufgaben

Nach Rücksprache mit dem Delegierten des Verwaltungsrates können dem Stelleninhaber zusätzliche Spezialaufgaben übertragen werden, insbesondere im Zusammenhang mit konkreten Projekten.

****

St. Gallen, den ....

Der Stelleninhaber: Für die Muster Produktion AG:

_____   _____

Dr. Martin Zäch   Bruno Lange / Ingrid Andres

Stellenbeschrieb
Geschäftsführer (CEO) der Muster AG

1. Stellenbezeichnung:

Geschäftsführer (CEO)

2. Tätigkeitsschwerpunkte:

- Verantwortliche Führung der Muster AG und der direkt unterstellten Mitarbeiter
- Durchsetzung der Geschäftspolitik, Erarbeiten und Realisieren der dazu notwendigen Konzepte und Massnahmen
- Führung und Förderung der unterstellten Mitarbeiter, sowie die vorausschauende Planung von personellen Ablösungen und die Rekrutierung fähiger Mitarbeiter
- Vertretung des Unternehmens nach aussen im Rahmen seiner Kompetenzen

3. Stellenbezeichnung des direkten Vorgesetzten:

Gesamtverwaltungsrat
(direkte Ansprechpartner sind der Präsident und der Delegierte des Verwaltungsrates)

4. Stellenbezeichnung der direkt unterstellten Mitarbeiter:

- GL-Mitglieder
- GL-Mitarbeiter

5. Der Stelleninhaber vertritt:

das Gesellschaftsinteresse innerhalb des Unternehmens und nach aussen

6. Der Stelleninhaber wird vertreten von:

CFO der Muster AG

7. Spezielle Vollmachten / Verantwortlichkeiten:

- Kollektivunterschrift zu zweien
- Entscheid über Investitionen gemäss Funktionendiagramm
- verantwortlich für die Führung der Muster AG und der Muster Tochter AG im Rahmen seiner Kompetenzen und der direkt unterstellten Mitarbeiter
- verantwortlich für die Erfüllung und Einhaltung der an die GL zugeteilten Aufgaben und Kompetenzen gemäss Funktionendiagramm
- ordnungsgemässes Funktionieren der Geschäftsleitung

8. Aufgaben:

Der Stelleninhaber hat im Einzelnen insbesondere folgende Aufgaben wahrzunehmen:

- operative Führung des Unternehmens
- Vertretung des Unternehmens nach Aussen im Rahmen seiner Kompetenzen
- Durchsetzung der Geschäftspolitik sowie das Erarbeiten und die Realisierung der dazu notwendigen Konzepte und Massnahmen
- Führung und Förderung der ihm direkt unterstellten Mitarbeiter
- vorausschauende Planung von personellen Ablösungen und die Rekrutierung fähiger Mitarbeiter
- Ausarbeitung einer Personalpolitik sowie eines Lohn- und Qualifikationssystems
- Anstellung, Entlassung und Beförderung von Mitarbeitern unterhalb der GL-Stufe
- Festlegung und Verteilung von Kompetenzen, Verantwortlichkeit und Aufgaben unterhalb der GL-Stufe
- Orientierung des VR in allen Angelegenheiten grösserer Tragweite
- Regelung seiner Stellvertretung und die Sicherstellung des Informationsflusses zum VR auch während seiner Abwesenheit
- Vorschläge zur Optimierung des Unternehmensleitbildes an den VR
- Vorschlag zur Formulierung und Gestaltung des Geschäftsberichts an den VR
- Ausarbeitung von einem Grundsatzorganigramm und Organisationsreglement sowie eines Funktionendiagramms
- Ausarbeitung eines Informations- und Berichtsystems
- Überwachung des Budget
- Entscheid über Investitionen im Rahmen seiner Finanzkompetenz gem. Funktionendiagramm

- Bestell- und Einkaufsabwicklung
- Qualitätskontrolle sowie Massnahmen hinsichtlich Produkthaftpflicht und Produktsicherung
- Erarbeitung und Vollzug eines EDV-Konzepts sowie der Datensicherung
- Marketing- und Verkaufsaktivitäten
- Festlegung von Verkaufspreisen und Verkaufskonditionen
- Preisnachkalkulation
- Ausarbeitung und Vollzug der Grundsatz-Sortiments-Politik
- Sicherstellen von Sicherheitsmassnahmen, insb. zur Unfall- und Brandverhütung, Alarmstufenkonzept
- Durchsetzung der relevanten Vorschriften hinsichtlich Luftverkehr, Umweltschutz u.ä.

9. Anforderungsprofil:

Persönlichkeitskompetenz

- Integrität
- Loyalität
- Charisma
- Souveränität
- Autorität
- Engagement
- Durchsetzungs- und Durchhaltevermögen
- Dienstleistungsbereitschaft
- Kundenorientierung
- belastbar
- Eigeninitiative

Sozialkompetenz

- Teamfähigkeit
- Integrationsfähigkeit
- Kommunikationsfähigkeit
- Motivationsfähigkeit
- Verhandlungsgeschick

Führungskompetenz

- Führungserfahrung
- Führungsqualifikation
- hohe Fähigkeit zum Konfliktmanagement
- Entscheidungsfreudigkeit
- Selbstbehauptung und Leadership

Konzeptionelle Kompetenz

- unternehmerisches Denken und Handeln
- analytische Fähigkeiten
- Stratege

Fachliche Kompetenz

- Kenntnisse und Erfahrung in Führungsgrundsätzen, Führungsrythmus und Führungsprozessen
- Branchenkenntnisse
- Englisch- und Französisch-Kenntnisse
- Vertrautheit mit dem Finanz- und Rechnungswesen
- Kenntnisse über rechtliche und wirtschaftliche Zusammenhänge

Übrige

- keine persönlichen oder vertraglichen Beziehungen zu Konkurrenzunternehmen
- Reputation, Kredibilität

Gültig ab:	Der Stelleninhaber:	Für die Muster AG:
1. April 2014	Hans-Jochen Braun	Dr. Kurt Fröhlich
		Anna Wegmann

Muster Produktion AG

Stellenbeschrieb Risk Manager

1. Allgemeine Angaben

Stellenbezeichnung	Risk Manager
Bestellung durch	Geschäftsleitung (GL)
Vorgesetzter	Vorsitzender der GL (CEO)
Stellenantritt	1. April 2014
Stellenprozent	30 Prozent
Stellvertreter	Finanzchef (CFO)
Unterstellte	keine
Zusatzfunktion	Head of Quality
Zeichnungsberechtigung	keine
Kompetenzen	Einsichtsrecht in sämtliche Geschäftsdokumente, Auskunftsrecht gegenüber sämtlichen Mitarbeitern, direktes Reportrecht an den VR-Präsidenten

2. Ziel der Stelle

- Überwachung und Optimierung des Risk Management Prozesses
- Laufende Mitigation der Hauptrisiken der Muster Produktion AG
- Sicherstellung eines ausreichenden Versicherungsschutzes

3. Anforderungen an den Stelleninhaber

- Sozial- und Persönlichkeitskompetenz
    - Selbstständige, korrekte und strukturierte Arbeitsweise
    - Flexibel und belastbar, problemlösungsorientiert

- Gestaltungsfreude und Optimierungswille
- Offenheit gegenüber Neuem und Veränderungen
- Loyal und verschwiegen
- Planungs- und Organisationsfähigkeit
- Fachkompetenz
  - Grundausbildung im Bereich Risk Management
  - Interdisziplinäres Verständnis
  - Vernetztes Denken
  - Organisationsstärke
  - Bereitschaft zur permanenten Weiterbildung im Bereich Risk Management

4. Kernaufgaben

- Risikoanalyse:
  - Vorbereitung jährliche Risikoanalyse (im Rahmen der jährlichen SWOT-Analyse) zuhanden GL und VR
  - Laufende Identifikation von Risiken, Vorschlag zur Definition von Massnahmen und Reporting von signifikanten Änderungen im Risikoumfeld
  - Sicherstellung, dass alle Mitarbeiter im Zusammenhang mit dem jährlichen Mitarbeitergespräch auch über neue oder verschärfte Risiken befragt werden
- Definition und Überwachung risikomitigierender Massnahmen:
  - Vorbereitung der Definition von risikomitigierenden Massnahmen zuhanden GL und VR (im Rahmen der Einzelrisikobeurteilungen)
  - Koordination mit den jeweiligen Risikoeignern und sofern nötig Coaching der Risikoeigner
  - Monitoring der Durchführung dieser risikomitigierenden Massnahmen durch die Risikoeigner
- Erstellen entsprechender Reportings an die GL und den VR
  - Vierteljährliche Berichterstattung an die GL über die Entwicklung der wichtigsten Risiken und den Stand der risikomitigierenden Massnahmen (Risikoradar im Rahmen des Quartalsreportings)
  - Jahresbericht über das Risk Management an den VR
- Koordination der Risikomanagementfunktion mit Massnahmen des IKS
- Erstellung der jährlichen Versicherungsübersicht
- Beratung der GL bei Risikomanagement-relevanten Fragestellungen

5. Spezialaufgaben

Nach Rücksprache mit dem Delegierten des Verwaltungsrates können dem Stelleninhaber zusätzliche Spezialaufgaben übertragen werden, insbesondere im Zusammenhang mit konkreten Projekten.

****

Zürich, den ....

Der Stelleninhaber:　　　　　Für die Muster Produktion AG:

_____　　　　_____

Franz Meier　　　　　　　　　Bernhard Lange / Inge Ackermann

Stellenbeschrieb
VR-Präsident der Muster AG

1. Stellenbezeichnung:

Präsident des Verwaltungsrates

2. Tätigkeitsschwerpunkte:

- formelle Leitung des Verwaltungsrates
- Informationsbeschaffung und Weiterleitung an die Mitglieder des VR
- Sicherstellung, dass der Verwaltungsrat als Team funktioniert und seine Aufgaben erfüllt
- Repräsentation der Gesellschaft und des Verwaltungsrates nach aussen

3. Stellenbezeichnung des direkten Vorgesetzten:

Gesamtverwaltungsrat

4. Stellenbezeichnung der direkt unterstellten Mitarbeiter:

- GL-Mitglieder (in der Funktion als Repräsentant des Gesamtverwaltungsrates)
- VR-Sekretär
- interner Revisor

5. Der Stelleninhaber vertritt:

das Gesellschaftsinteresse innerhalb des Verwaltungsrates und gegenüber den Aktionären und Dritten

6. Der Stelleninhaber wird vertreten von:

Vizepräsidenten des Verwaltungsrates

7. Spezielle Vollmachten / Verantwortlichkeiten:

- Kollektivunterschrift zu zweien
- Entscheid über Investitionen gem. Funktionendiagramm
- bestätigt mit seiner Unterschrift Vollständigkeit und Richtigkeit der VR- und GV-Protokolle
- verantwortlich für die Umsetzung der vom Verwaltungsrat gefassten Beschlüsse und Entscheidungen
- verantwortlich dafür, dass Verwaltungsrat als Gremium seine Aufgaben erfüllt, unter Beachtung gesetzlicher, statutarischer und reglementarischer Vorschriften
- stellt sicher, dass der VR seine Aufgaben als Gremium und als individuelles Mitglied erfüllt

8. Aufgaben

- alle Aufgaben gemäss Gesetz und Statuten, die nachstehend nicht aufgeführt sind
- Einberufung des VR, Festlegung der Traktanden und Unterlagenbereitstellung
- Unterzeichnung des Arbeitsvertrages, Ausstellen von Zeugnissen und Entlassen von GL-Mitgliedern
- Kontrolle bezüglich Umsetzung von Beschlüssen über Lohn- und Qualifikationssystem gem. Funktionendiagramm
- zeitgerechte Einladung, ordnungsgemässe Durchführung und Leitung der GV
- Leitung von VR-Sitzungen
- Kontrolle über Ausführung der GV-Beschlüsse
- Durchführung einer periodischen Selbstbeurteilung des Verwaltungsrates
- verantwortlich für Aus- und Weiterbildung der VR-Mitglieder
- verantwortlich für langfristige Nachfolgeplanung auf Stufe VR und GL
- verantwortlich für ordnungsgemässen Besetzung und für effiziente Arbeit der Committees
- Kontrolle über die ordnungsgemässe Führung des Aktienbuches
- Erteilung der Zeichnungsberechtigung
- Sicherstellung, dass sämtliche massgebende Informationen den VR-Mitgliedern weitergeleitet werden
- Entscheid über Auskunftsbegehren, Einsichts-, und Zutrittsrecht (soweit nicht generell im Organisationsreglement zugestanden)
- Stichentscheid bei Pattsituationen

- Schlussredaktion und Unterzeichnung von sämtlichen Reglementen auf Stufe Verwaltungsrat
- Korrektur und Unterzeichnung der VR- und GV-Protokolle
- vermittelnde Funktion bei Spannungen innerhalb der GL
- mindestens eine monatliche Besprechung mit dem CEO
- Führung und Entscheidungen in Krisensituationen
- Entscheid über Durchführung von a.o. Sitzungen und Telefonkonferenzen
- unterzeichnet Anmeldungen für Mutationen im Handelsregister
- Berücksichtigung der Eignerstrategie bei der Festlegung und Umsetzung der Strategievorgaben des Verwaltungsrates
- verantwortlich, dass Vizepräsident bestimmt wird und dieser in der Lage ist, jederzeit die Aufgaben des VR-Präsidenten zu übernehmen
- Festlegung der Zielsetzungen für GL und Remuneration Committee
- führt und qualifiziert seine direkt unterstellten Mitarbeiter
- jährliche Berichterstattung an Revisionsstelle betr. allfälliger aktueller Rechtsfälle
- Unterzeichnung der Vollständigkeitserklärung zuhanden der Revisionsstelle inkl. Berichterstattung über aktuelle Rechtsfälle an Revisionsstelle

9. Anforderungsprofil:

Persönlichkeitskompetenz

- Integrität
- Loyalität
- Charisma
- Souveränität
- Autorität
- Engagement
- Durchsetzungs- und Durchhaltevermögen
- Dienstleistungsbereitschaft
- Kundenorientierung
- belastbar
- Eigeninitiative

Sozialkompetenz

- Teamfähigkeit
- Integrationsfähigkeit
- Kommunikationsfähigkeit
- Motivationsfähigkeit
- Verhandlungsgeschick

Führungskompetenz

- Führungserfahrung
- Führungsqualifikation
- hohe Fähigkeit zum Konfliktmanagement
- Entscheidungsfreudigkeit
- Selbstbehauptung und Leadership

Konzeptionelle Kompetenz

- unternehmerisches Denken und Handeln
- analytische Fähigkeiten
- Stratege

Fachliche Kompetenz

- Kenntnisse und Erfahrung in Führungsgrundsätzen, Führungsrythmus und Führungsprozessen
- Branchenkenntnisse
- Englisch- und Französisch-Kenntnisse
- Vertrautheit mit dem Finanz- und Rechnungswesen
- Kenntnisse über rechtliche und wirtschaftliche Zusammenhänge

Übrige

- keine persönlichen oder vertraglichen Beziehungen zu Konkurrenzunternehmen
- Reputation, Kredibilität

Gültig ab:	Der Stelleninhaber:	Für die Muster AG:
1. April 2014	_____ Dr. Max Muster Präsident des Verwaltungsrates	_____ Eva Huber Vizepräsidentin des Verwaltungsrates _____ Dr. Reinhart Muster Mitglied des Verwaltungsrates

Stellenbeschrieb
VR-Sekretär der Muster AG

1. Stellenbezeichnung:

Sekretär des Verwaltungsrates

2. Tätigkeitsschwerpunkte:

- Führung des VR-Sekretariates der Muster AG
- Unterstützung des VR-Präsidenten bzgl. VR-Sitzungen und Generalversammlungen
- Verantwortlich für die Einhaltung der formellen Compliance bzgl. Gesetz, Statuten und Reglemente

3. Stellenbezeichnung des direkten Vorgesetzten:

Verwaltungsratspräsident der Muster AG

4. Stellenbezeichnung der direkt unterstellten Mitarbeiter:

Der Stelleninhaber hat keine direkt unterstellten Mitarbeiter

5. Der Stelleninhaber vertritt:

Der Stelleninhaber wird nur in gegenseitigem Einverständnis zu einer Stellvertretung eingesetzt

6. Der Stelleninhaber wird vertreten von:

Mitglied der Geschäftsleitung gemäss ad hoc Bezeichnung durch den VR-Präsidenten

7. Spezielle Vollmachten / Verantwortlichkeiten:

- Der Stelleninhaber wird ohne Unterschriftsberechtigung im Handelsregister eingetragen
- Der Stelleninhaber ist verantwortlich für die Vollständigkeit und Richtigkeit der von ihm verfassten Protokolle von VR-Sitzungen, Committee-Meetings und Generalversammlungen
- Der Stelleninhaber ist verantwortlich für die Vollständigkeit und Richtigkeit der jeweiligen Handelsregisteranmeldungen
- Der Stelleninhaber erhält zur Ausübung seiner Funktion das Recht, in alle Gesellschaftsakten und alle Unterlagen zur Vorbereitung einer VR-Sitzung Einsicht zu nehmen

8. Aufgaben:

- Erbringung von Dienstleistungen für alle Mitglieder des Verwaltungsrates im Zusammenhang mit ihrer Funktion als Verwaltungsräte
- Unterstützung des VR-Präsidenten in allen Bereichen seiner Funktionsausübung
- Zusammenstellung und Führung der Gesellschaftsakten (Statuten, Reglemente, Aktienbuch, Protokolle, Monatsberichte, Geschäftsberichte etc.)
- Zusammenstellung und periodische Aktualisierung eines Sitzungsordners für VR-Mitglieder mit allen erforderlichen Unterlagen für die Funktionsausübung als Verwaltungsrat
- Mithilfe bei der Erarbeitung und Aktualisierung von Organisationsreglement, Funktionendiagramm, Guidelines for Corporate Governance und Risk Management
- Vorbereitung von Einladungen zu VR-Sitzungen und Generalversammlungen in Abstimmung mit dem VR-Präsidenten
- fristgerechter Versand der erforderlichen Unterlagen für VR-Sitzungen und Generalversammlungen
- Reservation und Organisation der Räumlichkeiten und technischen Einrichtungen für VR-Sitzungen, Generalversammlungen und sonstigen Meetings gemäss Vorgabe des VR-Präsidenten
- Protokollführung an VR-Sitzungen und Generalversammlungen sowie weiteren Meetings gemäss Weisungen des VR-Präsidenten (z.B. Committee-Meetings, Strategiemeetings, etc.) und Zustellung des definitiven Protokolls innert 14 Tagen gemäss Verteilliste
- Erstellung und Aktualisierung der Pendenzenliste für Verwaltungsrat und Geschäftsleitung
- Anmeldungen zur Eintragung und Löschung von Mutationen im Handelsregister

- Mithilfe bei der Gestaltung des Geschäftsberichtes insbesondere in den Bereichen Corporate Governance und Compliance
- Orientierung der Mitglieder des Verwaltungsrates über Änderungen in der Gesetzgebung oder Rechtsprechung, soweit dies für die Funktionsausübung als Verwaltungsrat hilfreich ist
- Mithilfe beim Aufbau und Unterhalt des Legal Managements (Vertragsgestaltung, Vertragsübersicht, Allgemeine Geschäftsbedingungen), soweit vom Verwaltungsrat gefordert und solange keine Abteilung Recht und Compliance besteht
- Überprüfung von Auswahl, Beizug und Arbeitsweise externer Rechtsanwälte
- juristische Beratung und rechtliche Unterstützung in den Bereichen Gesellschaftsrecht, Arbeitsrecht, Vertragsrecht und Immaterialgüterrecht soweit vom Verwaltungsrat gefordert, mindestens jedoch während der Teilnahme an Sitzungen und Versammlungen
- jährliche Berichterstattung an Revisionsstelle betr. allfälliger aktueller Rechtsfälle

9. Anforderungen:

- integre, loyale und verschwiegene Persönlichkeit
- Teamfähigkeit und Dienstleistungsbereitschaft
- Selbstmotivation und Eigeninitiative
- grosse zeitliche Verfügbarkeit
- Erfahrung im Bereich Protokoll- und Sekretariatsführung
- Beherrschung der Sprachen Deutsch, Englisch und Französisch
- Kenntnisse im Bereich Corporate Governance und Compliance
- gewandt im Umgang mit der notwendigen Technik (Laptop, Beamer, etc.)

10. Besondere Bestimmungen:

- der VR-Sekretär erklärt sich bereit, als Anwalt zusätzliche Spezialaufträge des Verwaltungsrates bei Bedarf zu erledigen und dafür die notwendige Zeit zur Verfügung zu stellen; diesbezüglich erfolgt eine separate Abrechnung
- der VR-Sekretär wird im Auftragsverhältnis engagiert, womit das Vertragsverhältnis jederzeit ohne Einhaltung einer Kündigungsfrist aufgelöst werden kann
- der VR-Sekretär hat über seine Tätigkeit jeden Monat detailliert nach Stunden abzurechnen

Gültig ab:	Der Stelleninhaber:	Für die Muster AG:
1. April 2014	Reto Meier	Dr. Max Muster Präsident des Verwaltungsrates Eva Huber Vizepräsidentin des Verwaltungsrates

Strategieprozess der Muster AG

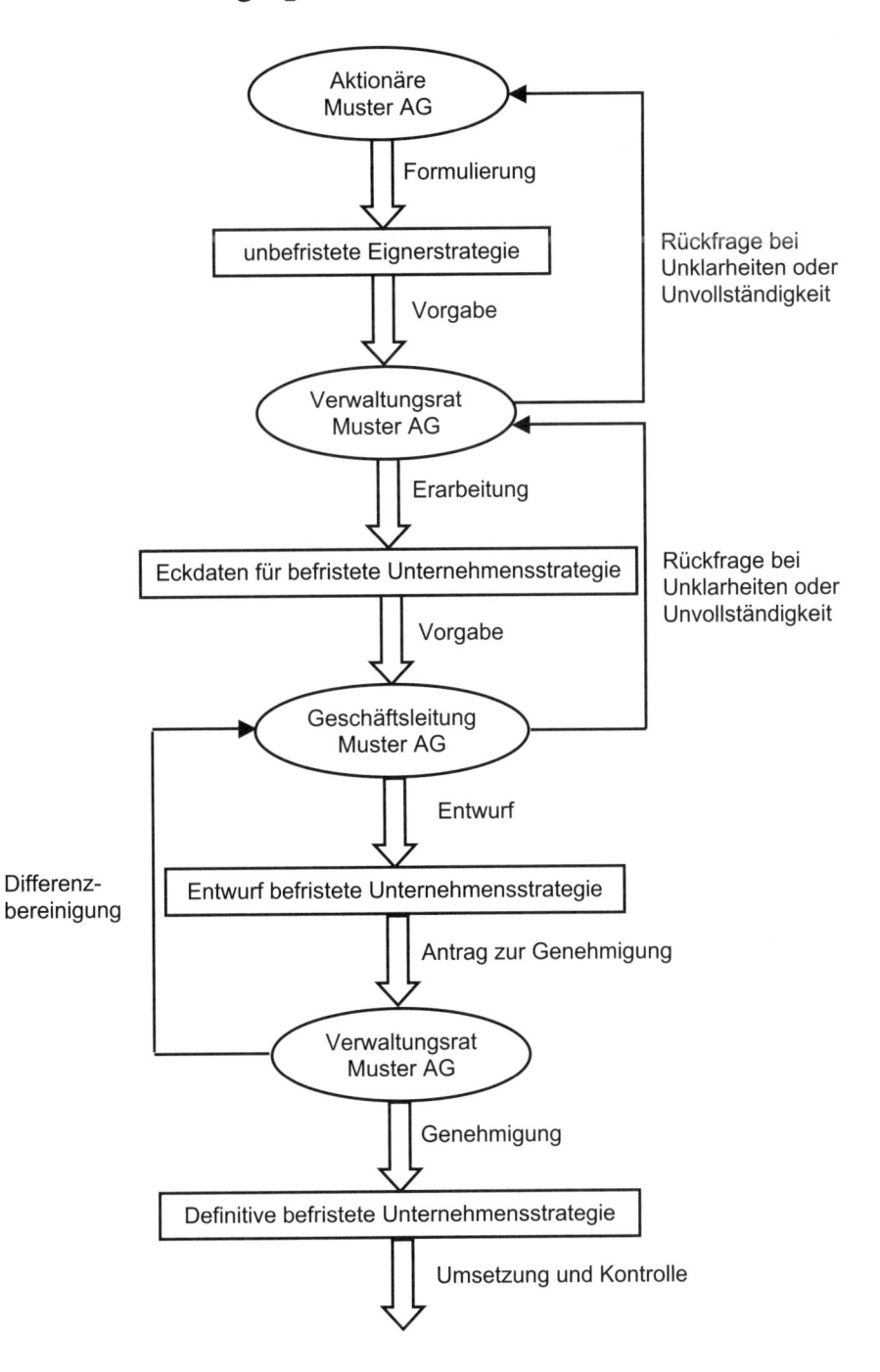

```
         ┌─────────────┐
         │  Aktionäre  │◄──────────┐
         │  Muster AG  │           │
         └──────┬──────┘           │
                │ Formulierung     │
                ▼                  │
   ┌──────────────────────────┐    │ Rückfrage bei
   │ unbefristete Eignerstrategie │ Unklarheiten oder
   └──────────┬───────────────┘    │ Unvollständigkeit
              │ Vorgabe            │
              ▼                    │
         ┌─────────────┐           │
         │Verwaltungsrat│◄─────────┘
         │  Muster AG  │◄──────────┐
         └──────┬──────┘           │
                │ Erarbeitung      │
                ▼                  │
 ┌──────────────────────────────┐  │ Rückfrage bei
 │ Eckdaten für befristete       │  Unklarheiten oder
 │ Unternehmensstrategie         │  Unvollständigkeit
 └──────────┬───────────────────┘  │
            │ Vorgabe              │
            ▼                      │
       ┌─────────────┐             │
  ┌───►│Geschäftsleitung├──────────┘
  │    │  Muster AG  │
  │    └──────┬──────┘
  │           │ Entwurf
  │           ▼
  │  ┌────────────────────────────┐
Differenz- │ Entwurf befristete         │
bereinigung │ Unternehmensstrategie     │
  │  └──────────┬─────────────────┘
  │             │ Antrag zur Genehmigung
  │             ▼
  │        ┌─────────────┐
  └────────┤Verwaltungsrat│
           │  Muster AG  │
           └──────┬──────┘
                  │ Genehmigung
                  ▼
     ┌────────────────────────────────┐
     │ Definitive befristete          │
     │ Unternehmensstrategie          │
     └──────────┬─────────────────────┘
                │ Umsetzung und Kontrolle
                ▼
```

Muster AG
Mitarbeiter-Umfrage zum Thema «Risk Management»

Sehr geehrte Mitarbeiterinnen und Mitarbeiter

Die Muster AG ist gesetzlich verpflichtet, im Lagebericht Angaben über die Durchführung einer Risikobeurteilung zu machen. Zu diesem Zweck müssen auch wir ein sogenanntes «Risk Management System» betreiben.

Unter dem Begriff «Risk Management» versteht man das permanente, systematische Erfassen und Analysieren von allen möglichen Gefahrenquellen sowie das Minimieren sämtlicher bedeutsamen Risiken für den Bestand, den Betrieb und die Entwicklung eines Unternehmens.

Um die Risiken in unserem Unternehmen vermeiden oder wenigstens minimieren zu können, müssen sie bekannt sein. Dazu sind wir auf Ihre Unterstützung angewiesen. Sicher haben Sie während Ihrer täglichen Arbeit schon Risiken wahrgenommen, welche allenfalls unseren Betrieb in ernste Schwierigkeiten bringen könnten. Mögliche Beispiele wären:

- Stromausfall während längerer Zeit
- Verlust von wichtigen Kunden
- Ausfall einer wichtigen Maschine
- Währungsrisiken beim Einkauf

Bitte überlegen Sie sich, welche Risiken aus Ihrer Sicht eine Bedrohung für unser Unternehmen darstellen könnten. Nennen Sie uns bitte auf beiliegendem Formular bis zum 30.06.2014 mindestens drei Gefahrenquellen.

Diese Umfrage dient als wichtige Grundlage für Geschäftsleitung und Verwaltungsrat, um unsere Risiken besser einzuschätzen und entsprechende Massnahmen zur Minimierung zu treffen. Wir danken Ihnen deshalb bereits heute für Ihre Unterstützung.

St. Gallen, 1. April 2014
Für die Geschäftsleitung:

Felix Schmid, CEO

Beilage:
Fragebogen Risk Management

Mitarbeiter-Umfrage zum Thema «Risk Management»

Ich sehe für den Bestand, den Betrieb oder die Entwicklung unseres Unternehmens folgende möglichen Risiken:

	Kurzbeschreibung Risiko (bitte möglichst detailliert ausfüllen, dies erleichtert eine Bewertung)	Bewertung (auszufüllen durch VR/GL)
1	....	
2	....	
3	....	
4	....	
5	....	

Name: .... Vorname: ....

Abteilung: .... Funktion: ....

Unterschriftenregelung

Unterschriftenregelung für Verträge in der Muster AG

(ergänzt die Kompetenzregelung gemäss Funktionendiagramm unabhängig vom Handelsregister)

Name und Vorname	Abteilung	Funktion	Handlungsvollmacht
Muster Max	Werkstatt	Sachbearbeiter	Der Mitarbeiter hat die Vollmacht, Einkaufsbestellungen mit einem Wert einmalig bis zu CHF 5 000.00, wiederkehrend bis zu CHF 60 000 pro Jahr, kollektiv mit einem zweiten Zeichnungsberechtigten zu unterzeichnen.
Meier Anna	Verkauf	Teamleiterin	Die Mitarbeiterin hat die Vollmacht, Angebote mit einem Wert bis zu CHF 10 000.00 kollektiv mit einem zweiten Zeichnungsberechtigten zu unterzeichnen. Die Wertgrenze gilt ebenso für Auftragsbestätigungen.

11.94 Verbesserungsvorschlag

| Muster AG | Vers. 1.4.2014 |

Verbesserungsvorschlag

Name und Vorname: _____ Datum: _____

Ich habe ein Anliegen/eine Idee/eine Reklamation und möchte deshalb mit folgenden Personen darüber diskutieren:

- ☐ VR-Präsident
- ☐ Geschäftsführer
- ☐ Finanzchef
- ☐ Produktionsleiter
- ☐ Abteilungsleiter
- ☐ Andere:

Ich habe einen konkreten Vorschlag:

_____
_____
_____
_____
_____
_____
_____

BITTE NICHT AUSÜLLEN!

	DATUM/ZEICHEN	DATUM/ZEICHEN
ERHALTEN:	_____	
		GEPRÜFT: _____
MASSNAHMEN:	_____	
	_____	
	_____	
	_____	
	_____	
BEMERKUNGEN:	_____	

Verhaltenskodex
der
Muster AG und ihrer Geschäftspartner

Die Muster AG handelt integer und verhält sich ethisch korrekt gegenüber allen ihren Anspruchsgruppen. Dies entspricht unserer nachhaltigen Unternehmensphilosophie, unserer Mission und Grundhaltung. Wir halten unsere Mitarbeitenden und Geschäftspartner an, uns bei der Umsetzung unseres Verhaltenskodex zu unterstützen. Nur gemeinsam können wir die Ziele erreichen. Die Muster AG ist deshalb bestrebt, nur mit Geschäftspartnern zusammenzuarbeiten, deren Wertvorstellungen und Verhaltensweisen mit jenen der Muster AG im Einklang sind.

Sämtliche Geschäftspartner der Muster AG sind gehalten, die nachfolgend aufgeführten Verhaltensregeln einzuhalten und die geeigneten Massnahmen umzusetzen. Ebenso sind unsere Geschäftspartner aufgefordert, diese Erwartungen auch an deren Geschäftspartner verpflichtend zu vermitteln.

Für Ihre Unterstützung und Mitwirkung dankt Ihnen die Muster AG bestens. Bei Fragen oder Anliegen steht Ihnen ihre Ansprechperson bei der Muster AG jederzeit zur Verfügung.

1. Einhaltung von Gesetzen

Alle gültigen und relevanten Gesetze und Verordnungen, insbesondere auch Kartell- und Wettbewerbsgesetze, Geldwäschereigesetze, Gesetze bezüglich Geschäftsgebaren, Produktqualität, Umweltstandards, Sicherheit und Gesundheitsschutz am Arbeitsplatz sowie das gesamte Arbeitsrecht sind einzuhalten.

2. Vertrauliche/urheberrechtlich geschützte Informationen

Geschäftspartner respektieren das geistige Eigentum, Geschäftsgeheimnisse und andere vertrauliche, urheberrechtlich oder anderweitig geschützte oder schutzwürdige Informationen der Muster AG und dürfen diese Informationen weder selber nutzen noch an Dritte weitergeben. Sämtliche geschäftlichen Daten und/oder Informationen müssen von den Geschäftspartnern stets vertraulich behandelt und dürfen nur mit schriftlicher Zustimmung der Muster AG an Dritte weitergegeben werden.

3. Ethisch korrekter Umgang

Der ehrliche Umgang unter Geschäftspartnern ist essentiell für eine solide und langjährige Geschäftsbeziehung. Die Muster AG wählt ihre Geschäftspartner unter fairen Bedingungen aus. Entscheidungen beruhen auf objektiven Gesichtspunkten wie Preis, Qualität, Serviceleistungen, Zuverlässigkeit und Integrität des Geschäftspartners. Die Entgegennahme bzw. das Angebot von Schmier- oder Bestechungsgeldern ist untersagt.

4. Geschenke

Den Mitarbeitern der Muster AG ist es grundsätzlich nicht erlaubt, Geschenke, Zuwendungen und sonstige Leistungen, welche geschäftliche Entscheidungen beeinflussen können oder den Anschein einer solchen Beeinflussung erwecken, zu vergeben oder anzunehmen. Wir ersuchen daher unsere Geschäftspartner von Geschenken und unangemessenen Leistungen an Mitarbeitende der Muster AG bzw. an Personen in deren persönlichem Umfeld abzusehen. Gegen Geschenke mit einem geringfügigen Wert und einmal pro Kalenderjahr ist nichts einzuwenden.

5. Arbeitspraktiken

Die Muster AG lehnt die Nutzung von illegaler Kinderarbeit, die Ausbeutung von Kindern, Jugendlichen und alle weiteren Formen missbräuchlicher oder ausbeuterischer Arbeitspraktiken ab. Es werden keine Geschäftsbeziehungen zu Geschäftspartnern unterhalten, sofern bekannt ist, dass diese oder deren Geschäftspartner ihre Mitarbeitenden unter gesetzlich unzulässigen, missbräuchlichen oder ausbeuterischen Arbeitsbedingungen arbeiten lassen.

6. Allgemeine Menschenrechte

Die Muster AG respektiert die internationalen Menschenrechte gemäss den internationalen Menschenrechtsverträgen der UNO und des Europarats. In diesem Sinne ist die Muster AG nur an der Zusammenarbeit mit Geschäftspartnern interessiert, welche die folgenden Grundsätze ebenfalls einhalten:

- Gleichbehandlung von Mann und Frau
- Chancengleichheit für alle Mitarbeitenden
- Lohn- bzw. Gehaltszahlungen, welche es den Mitarbeitenden ermöglichen, zumindest ihre Grundbedürfnisse zu decken
- Arbeitszeiten und Vergütungen von Überstunden nach örtlichem Recht und Gesetz
- Achtung der gesetzlichen Koalitionsfreiheit von Mitarbeitenden

7. Gesundheit und Sicherheit am Arbeitsplatz

Geschäftspartner der Muster AG sind aufgefordert, alle Gesundheits- und Arbeitssicherheitsmassnahmen für ihre Mitarbeitenden zu implementieren und unterhalten, welche mindestens den anwendbaren Gesetzesbestimmungen entsprechen. Mitarbeiter von Geschäftspartnern, welche sich in Einrichtungen der Muster AG aufhalten, müssen sich an die Gesundheits- und Sicherheitsnormen der Muster AG halten.

8. Umwelt- und Sicherheitsfragen

Verfahren und Standards für die Abfallbewirtschaftung, den Umgang mit Chemikalien und anderen gefährlichen Stoffen sowie deren Entsorgung als auch für Emissionen und für die Abwasserbehandlung müssen mindestens den anwendbaren Gesetzesbestimmungen entsprechen.

9. Managementsysteme

Jeder Geschäftspartner der Muster AG soll eine Politik der sozialen Verantwortung pflegen. In sämtlichen Geschäftsbereichen herrscht eine Antibestechungs- und Antikorruptionspolitik. Der Geschäftspartner ist verantwortlich für die korrekte Umsetzung und fortwährende Verbesserung der Umsetzung dieses Verhaltenskodex. Er ergreift Korrekturmassnahmen, überprüft regelmässig die Einhaltung des Verhaltenskodex sowie die jeweils gültigen Gesetzesvorschriften und ist ebenfalls verantwortlich dafür, dass alle Arbeitnehmer über die Anforderungen des Verhaltenskodex informiert sind.

10. Qualitätsanforderungen

Die Muster AG erwartet, dass die mit den Geschäftspartnern gemeinsam erarbeiteten Qualitätsvereinbarungen und Qualitätsstandards jederzeit eingehalten werden.

Zürich, 1. April 2014

Erklärung

Verpflichtungserklärung zur Einhaltung des Verhaltenskodex der Muster AG

Der Unterzeichnende erklärt hiermit,

- dass er den Verhaltenskodex der Muster AG erhalten und hinreichend davon Kenntnis genommen hat,
- dass er den Verhaltenskodex der Muster AG in seiner Gesamtheit und ohne Veränderung oder Aufhebung einzelner Bestimmungen beachtet und einhält, wobei dies auch für seine Mitarbeiter gilt,
- dass die Geschäftsleitungsmitglieder der Muster AG oder eine neutrale Organisation, die im Auftrag der Muster AG tätig ist, gegen Voranmeldung jederzeit eine Überprüfung der Einhaltung dieses Verhaltenskodex beim Geschäftspartner durchführen können.

Ort und Datum ....

Name des
Unternehmens ....

Rechtsgültige
Unterschrift ....

Name ....

Adresse ....

Dieses Dokument ist vom Geschäftspartner rechtsgültig zu unterzeichnen und an die Muster AG zurückzusenden.

11.96   Vermögensdelikte Aufdeckung

Checkliste zur Aufdeckung von Vermögensdelikten

1. Betriebsorganisation

- ☐ Fehlendes Organigramm
- ☐ Häufige Kompetenzüberschreitungen
- ☐ Kompetenzkonflikte
- ☐ Fehlende Unterschriftskarten
- ☐ Vorbereitete Spezialvollmachten und Blankounterschriften

2. Personalsektor

- ☐ Fehlende oder lückenhafte Personaldossiers
- ☐ Lebensstil über Einkommensverhältnisse
- ☐ Schulden, Liquiditätsengpässe
- ☐ Übermässiger Erfolgsdruck und dadurch Risikobereitschaft
- ☐ Mangelnde Erfahrung oder Überforderung bei Finanzverantwortlichen
- ☐ Eingeschüchterte Mitarbeiter und fehlende Eigeninitiative

3. Finanz- und Rechnungswesen

- ☐ Unerklärbare Kassendifferenzen
- ☐ Unerklärbare Inventurdifferenzen
- ☐ Unerklärbare Margen- und Umsatzverluste
- ☐ Fehlende Budgetkontrolle
- ☐ unerklärbare Kreditkartenbelastungen
- ☐ Barabhebungen und -einzahlungen
- ☐ Unerklärbare Differenzen auf Bank- und Postcheckkonten

- ☐ Übermässiger Geldtransfer zwischen internen Konten
- ☐ Auffällige Buchungen vor und nach Bilanzstichtag
- ☐ Fehlende Originalbelege
- ☐ Saldierung von Aktiv- und Passivposten
- ☐ Liquiditätsengpass trotz normalem Geschäftsgang
- ☐ Wiederholtes Überschreiten von Kreditlimiten
- ☐ Wechsel und Checks ohne Deckung

4. Produktionsbereich

- ☐ Übermässiger Ausschuss
- ☐ Fehlende oder mangelhafte Lagerkontrolle
- ☐ Wiederholte Veränderung von einzelnen Lagerstandorten
- ☐ Grosse Warenbestellungen ohne Bedarf
- ☐ Investitionen ausserhalb des Investitionsbudgets

5. Übrige Indizien

- ☐ Geschenke und Einladungen von Arbeitnehmern ohne besonderen Grund
- ☐ Negative Pressemeldungen über dubiose Tätigkeiten der Gesellschaft
- ☐ Nachforschungen von Untersuchungsorganen
- ☐ Nachfragen von Banken
- ☐ Wiederholte Verzögerungen bei der Vorlage von angeforderten Geschäftsunterlagen
- ☐ Enge persönliche Bindung zwischen den Finanzverantwortlichen und der Geschäftsführung bzw. den Verwaltungsratsmitgliedern oder Aktionären
- ☐ Schlechtes Betriebsklima ohne erklärbare Ursachen

Versicherungsüberprüfung 2014   Musterproduktions AG

1. Sind die allgemeinen Versicherungen vollständig?

Versicherung	Versicherer	Versicherungssumme	Laufzeit	Bemerkungen
1.1 Sachversicherungen – Feuer/Wasser/Diebstahl/Glas – Betriebsunterbrechung Geschäft – Elementar – Terrorismus				
1.2 Technische Versicherungen – EDV-Anlagen/Infrastruktur – EDV-Datenträger/ Wiederherstellung – Maschinen und Werkzeuge – Betriebsunterbrechung Maschinen – Bauwesen – Montage				
1.3 Transportversicherungen – Waren und Güter – Ausstellungen und Messen – Betriebsunterbrechung Transport – Fracht und Spedition				

Versicherung	Versicherer	Versicherungssumme	Laufzeit	Bemerkungen
– Lagerhaltung – Kasko – Valoren – Reisegepäck				
1.4 Fahrzeugversicherungen – Haftpflicht – Vollkasko und Teilkasko – Unfall – Bonusschutz – Grobfahrlässigkeit – Dienstfahrten – Wasserfahrzeuge				
1.5 Vermögensversicherungen – Betriebshaftpflicht – Verpackungen – Rückrufkosten – Be- und Entladeschäden – Rechtsschutz im Strafverfahren – Umwelthaftpflicht – Organhaftpflicht – Gebäudehaftpflicht				

Versicherung	Versicherer	Versicherungssumme	Laufzeit	Bemerkungen
1.6 Übrige Versicherungen – Rechtsschutz Betrieb – Rechtsschutz Motorfahrzeuge – Rechtsschutz Vertrag – Kaution – Kredit inkl. Inkasso – Garantien – Annullationskosten				

2. Sind die Personenversicherungen vollständig?

Versicherung	Versicherer	Versicherungssumme	Laufzeit	Bemerkungen
2.1 Berufliche Vorsorge – BVG Basis – BVG Zusatz – BVG Rückdeckung				
2.2 Unfall – SUVA – UVG Heilung – UVG Tod und Invalidität – UVG Sonderrisiko – Kunden- und Besucherunfall – Kollektivunfall – Einzelunfall				

2.3 Krankheit – Taggeld – Geburtengeld als EO Ergänzung – Lohnnachgenuss im Todesfall	
2.4 Spezialrisiken – Leben – Ausländische Gäste/Praktikanten – Internationale Reisen – Ausfall Schlüsselpersonen – Entführung und Erpressung – Diskriminierung – Produkteschutz	
– Datenmissbrauch – Gewährleistungsbereich	

3. **Sind alle Risiken der Master Risk List soweit möglich durch Versicherungen gedeckt?**

   ☐ Ja
   ☐ Nein
   Massnahmen? ....

4. **Sind die Risiken in genügendem Umfang versichert?**

   ☐ Ja
   ☐ Nein
   Massnahmen? ....

5. Sind die Laufzeiten genügend lang?

    ☐ Ja
    ☐ Nein
    Massnahmen? ....

6. Sind keine Risiken doppelt versichert?

    ☐ Ja
    ☐ Nein
    Massnahmen? ....

7. Wurde bei gesetzlich geforderten Risiken der gesetzliche Standard eingehalten?

    ☐ Ja
    ☐ Nein
    Massnahmen? ....

8. Liegt eine schriftliche Beurteilung durch den Versicherungsbroker vor?

    ☐ Ja
    ☐ Nein
    Massnahmen? ....

9. Liegt eine schriftliche Bestätigung des Versicherungsbrokers insbesondere im Hinblick auf die Allg. Versicherungsbedingungen (ABV) vor?

☐ Ja
☐ Nein
Massnahmen? ....

10. Sind die Retrozessionen bzw. Provisionen im Zusammenhang mit den Versicherungsabschlüssen/Neuabschlüssen transparent ausgewiesen?

☐ Ja
☐ Nein
Massnahmen? ....

11. Besteht Transparenz, an wen und in welcher Höhe allfällige Retrozessionen oder Provisionen im Zusammenhang mit Versicherungsabschlüssen oder Versicherungsverlängerungen ausbezahlt werden?

☐ Ja
☐ Nein
Massnahmen? ....

geprüft am ....

durch ....

11.98 Vollmacht zur Aktienvertretung

VOLLMACHT

Der Unterzeichnete:

Fritz Meier
Hauptstrasse 1
9000 St. Gallen

beauftragt und bevollmächtigt hiermit:

Barbara Muster
Rosenstrasse 7
9001 St. Gallen

zur Vertretung seiner

insgesamt 45 Namenaktien à nom. CHF 1000.– der Muster Produktions AG

anlässlich der a.o. Generalversammlung / Universalversammlung der Muster Produktions AG am 1. April 2014 in St. Gallen, an welcher insbesondere eine Ergänzungswahl in den Verwaltungsrat stattfindet. Die Bevollmächtigte ist befugt, im Namen des Vollmachtgebers und mit Rechtswirksamkeit für ihn als Aktionär das Stimmrecht an diesen Aktien auszuüben.

Der Vollmachtgeber erklärt sich damit einverstanden, dass die Bevollmächtigte mehrere Aktionäre vertreten kann.

_____   _____

Ort und Datum   Fritz Meier

11.99 Vollständigkeitserklärung eingeschr. Revision

Mustergesellschaft AG

Mustergesellschaft AG
Börsenplatz 2
8001 Zürich

Revisionsgesellschaft AG
Herrn Walter Müller
Gatterweg 2
8000 Zürich

Zürich 1. März 2014

Vollständigkeitserklärung

Im Zusammenhang mit Ihrer eingeschränkten Revision der Jahresrechnung der Muster AG für das am 31.12.2013 abgeschlossene Geschäftsjahr geben wir Ihnen die vorliegende Vollständigkeitserklärung ab.

Wir haben diese Jahresrechnung zur Bekanntgabe an die Generalversammlung gutgeheissen. Wir anerkennen unsere Verantwortung für diese Jahresrechnung sowie für die Einrichtung und das dauerhafte Funktionieren eines Rechnungswesen-Systems und einer internen Kontrolle.

1. Die Jahresrechnung entspricht dem schweizerischen Gesetz und den Statuten und ist in diesem Sinne frei von wesentlichen Fehlaussagen (z.B. fehlerhafte Erfassung, Bewertung, Darstellung und Offenlegung von Geschäftsvorfällen oder unvollständige bzw. fehlende Angaben).

2. Wir haben Ihnen alle Aufzeichnungen der Buchhaltung, Belege und Geschäftskorrespondenzen sowie die Protokolle aller Generalversammlung, Sitzungen des Verwaltungsrates und Sitzungen der Ausschüsse des Verwaltungsrates zur Verfügung gestellt. Es gibt keine Beschlüsse, die eine wesentliche Auswirkung auf die Jahresrechnung haben könnten, über die wir Sie nicht informiert hätten.

3. In der Ihnen vorgelegten und von uns unterzeichneten Jahresrechnung sind alle Geschäftsvorfälle erfasst, die für das genannte Geschäftsjahr buchungspflichtig sind und alle bilanzierungspflichtigen Vermögenswerte und Verpflichtungen berücksichtigt. Über die stillen Reserven und deren Veränderungen haben wir im Sinne von Art. 959c OR Ihnen eine Aufstellung zur Verfügung gestellt. In der Jahresrechnung wurde insbesondere Folgendes vollständig und richtig erfasst und wenn notwendig offengelegt:

   – Aktiven, welche mit Pfand oder anderen Lasten belastet sind. Die Gesellschaft hat einen ausreichenden Rechtsanspruch auf alle Vermögensgegenstände und es bestehen keine Pfandrechte oder Belastungen hinsichtlich der Vermögensgegenstände der Gesellschaft, soweit im Anhang nichts anderes angegeben ist.

- Passiven und Angaben im Anhang, insbesondere gegenwärtige Verbindlichkeiten, Wertberichtigungen, Rückstellungen, drohende Verluste aus Kauf- und Verkaufsverpflichtungen, Verbindlichkeiten im Zusammenhang mit der Sanierung möglicher Deckungslücken von Personalvorsorgeeinrichtungen, Garantien, Bürgschaften oder andere Eventualverpflichtungen sowie vergleichbare Erklärungen gegenüber Dritten;
- Salden und Transaktionen mit Nahestehenden – auch sind die Ihnen abgegebenen Informationen zur Identifizierung nahe stehender Parteien vollständig;

4. Verträge, Kreditvereinbarungen, Rechtsstreitigkeiten oder Auseinandersetzungen, die nicht in der Jahresrechnung offengelegt worden sind, für die Beurteilung der Jahresrechnung des Unternehmens aber von wesentlicher Bedeutung sind, *bestehen nicht/ sind in der Beilage angeführt**.

5. Wir bestätigen Ihnen, dass es keine Verstösse gegen gesetzliche oder andere Vorschriften (z.B. betreffend direkte Steuern; Mehrwertsteuern; Sozialversicherungen; Umweltschutz) gegeben hat bzw. wir haben Ihnen alle uns bekannten Verstösse gegen Gesetze oder andere Vorschriften mitgeteilt. Die Gesellschaft hat alle vertraglichen Vereinbarungen und gesetzlichen Auflagen, die bei Nichterfüllung eine wesentliche Auswirkung auf die Jahresrechnung gehabt hätten, erfüllt.

6. Wir haben keine Pläne oder Absichten,
   - und es sind uns keine Ereignisse bekannt, die erhebliche Zweifel an der Fähigkeit der Muster AG zur Fortführung ihrer Tätigkeit (Going Concern) aufwerfen könnten;
   - welche den Buchwert oder den Ausweis von Aktiven oder Verpflichtungen in der Jahresrechnung wesentlich beeinflussen könnten;
   - die zu Überbeständen oder zur Entwertung von Vorräten oder von Anlagevermögen führen könnten. Keine Vorräte sind höher als mit dem netto realisierbaren Wert und keine Anlagen höher als mit dem Nutzungswert oder Nettoveräusserungspreis bewertet.

7. Alle bis zum Zeitpunkt der Beendigung Ihrer Prüfung bekannt gewordenen und bilanzierungspflichtigen Ereignisse sind in der vorliegenden Jahresrechnung angemessen berücksichtigt. Wir werden Ihnen alle bis zum Zeitpunkt der Generalversammlung bekannt werdenden Ereignisse, die sich auf die Jahresrechnung auswirken, unverzüglich mitteilen.

Mit freundlichen Grüssen

_____

Muster AG

Beilagen: Unterzeichnete Jahresrechnung (Bilanz, Erfolgsrechnung und Anhang)
Zusammenstellung zu Ziffer 4

* Nichtzutreffendes streichen

11.100 Vollständigkeitserklärung ord. Revision

Mustergesellschaft AG

Mustergesellschaft AG
Börsenplatz 2
8001 Zürich

Revisionsgesellschaft AG
Herrn Walter Müller
Gatterweg 2
8000 Zürich

Zürich 1. März 2014

Vollständigkeitserklärung

Im Zusammenhang mit Ihrer Prüfung der Jahresrechnung der Muster AG für das am 31.12.2013 abgeschlossene Geschäftsjahr geben wir Ihnen die vorliegende Vollständigkeitserklärung ab.

Wir haben diese Jahresrechnung zur Bekanntgabe an die Generalversammlung gutgeheissen. Wir anerkennen unsere Verantwortung für diese Jahresrechnung sowie für die Einrichtung und das dauerhafte Funktionieren eines Rechnungswesen-Systems und einer internen Kontrolle, einschliesslich der Massnahmen zur Verhinderung und Aufdeckung von deliktischen Handlungen und wesentlichen Fehlern.

1. Die Jahresrechnung entspricht dem schweizerischen Gesetz und den Statuten und ist in diesem Sinne frei von wesentlichen Fehlaussagen (z.B. fehlerhafte Erfassung, Bewertung, Darstellung und Offenlegung von Geschäftsvorfällen oder unvollständige bzw. fehlende Angaben).

2. Wir haben Ihnen alle Aufzeichnungen der Buchhaltung, Belege und Geschäftskorrespondenzen sowie die Protokolle aller Generalversammlungen, Sitzungen des Verwaltungsrates und Sitzungen der Ausschüsse des Verwaltungsrates zur Verfügung gestellt. Es gibt keine Beschlüsse, die eine wesentliche Auswirkung auf die Jahresrechnung haben könnten, über die wir Sie nicht informiert hätten.

3. In der Ihnen vorgelegten und von uns unterzeichneten Jahresrechnung sind alle Geschäftsvorfälle erfasst, die für das genannte Geschäftsjahr buchungspflichtig sind und alle bilanzierungspflichtigen Vermögenswerte und Verpflichtungen berücksichtigt. Wir haben eine Aufstellung über die stillen Reserven und deren Veränderungen im Sinne von Art. 959c Abs. 1 erstellt. In der Jahresrechnung wurde insbesondere Folgendes vollständig und richtig erfasst und wenn notwendig offengelegt:

    – Aktiven, welche mit Pfand oder anderen Lasten belastet sind. Die Gesellschaft hat einen ausreichenden Rechtsanspruch auf alle Vermögensgegenstände und es bestehen keine Pfandrechte oder Belastungen hinsichtlich der Vermögensgegenstände der Gesellschaft, soweit im Anhang nichts anderes angegeben ist.

- Passiven und Angaben im Anhang, insbesondere gegenwärtige Verbindlichkeiten, Wertberichtigungen, Rückstellungen, drohende Verluste aus Kauf- und Verkaufsverpflichtungen, Verbindlichkeiten im Zusammenhang mit der Sanierung möglicher Deckungslücken von Personalvorsorgeeinrichtungen, Garantien, Bürgschaften oder andere Eventualverpflichtungen sowie vergleichbare Erklärungen gegenüber Dritten;

- Salden und Transaktionen mit Nahestehenden – auch sind die Ihnen abgegebenen Informationen zur Identifizierung nahe stehender Parteien vollständig;

- Die im Rahmen der Bewertung und Offenlegung von Zeitwerten (Fair Value) verwendeten wesentlichen Annahmen sind aus unserer Sicht angemessen, entsprechen unseren Absichten und stehen mit den angewendeten Rechnungslegungsgrundsätzen in Übereinstimmung.

4. Verträge, Kreditvereinbarungen, Rechtsstreitigkeiten oder Auseinandersetzungen, die nicht in der Jahresrechnung offengelegt worden sind, für die Beurteilung der Jahresrechnung des Unternehmens aber von wesentlicher Bedeutung sind, *bestehen nicht/ sind in der Beilage angeführt**.

5. Wir bestätigen Ihnen, dass es keine Verstösse gegen gesetzliche oder andere Vorschriften (z.B. betreffend direkte Steuern; Mehrwertsteuern; Sozialversicherungen; Umweltschutz) gegeben hat bzw. wir haben Ihnen alle uns bekannten Verstösse gegen Gesetze oder andere Vorschriften mitgeteilt. Die Gesellschaft hat alle vertraglichen Vereinbarungen und gesetzlichen Auflagen, die bei Nichterfüllung eine wesentliche Auswirkung auf die Jahresrechnung gehabt hätten, erfüllt.

6. Wir sind der Auffassung, dass die Auswirkung der von Ihnen während der Prüfung zusammengestellten und von uns nicht korrigierten Fehlaussagen auf den Abschluss als Ganzes – einzeln und zusammen genommen – unwesentlich ist. Eine Zusammenfassung dieser Posten ist dieser schriftlichen Erklärung beigefügt.

7. Wir haben Ihnen die Ergebnisse unserer Einschätzung des Risikos einer wesentlichen Fehlaussage im Abschluss aufgrund deliktischer Handlungen mitgeteilt. Wir bestätigen Ihnen, dass uns keine wesentlichen deliktischen Handlungen oder deliktische Handlungen bekannt sind, in die Mitglieder des Verwaltungsrates, der Geschäftsleitung oder Mitarbeiter mit einer wesentlichen Funktion innerhalb der internen Kontrolle involviert sind.

8. Uns sind keine Anschuldigungen über deliktische Handlungen bekannt, die einen wesentlichen Einfluss auf unsere Jahresrechnung haben könnten. Solche Anschuldigungen könnten beispielsweise durch Mitarbeiter oder Dritte geäussert worden sein.

9. Wir bestätigen Ihnen, dass ein gemäss unseren Vorgaben ausgestaltetes Internes Kontrollsystem für die Aufstellung der Jahresrechnung existiert.

10. Wir haben keine Pläne oder Absichten,

- und es sind uns keine Ereignisse bekannt, die erhebliche Zweifel an der Fähigkeit der Muster AG zur Fortführung ihrer Tätigkeit (Going Concern) aufwerfen könnten;
- welche den Buchwert oder den Ausweis von Aktiven oder Verpflichtungen in der Jahresrechnung wesentlich beeinflussen könnten;
- die zu Überbeständen oder zur Entwertung von Vorräten oder von Anlagevermögen führen könnten. Keine Vorräte sind höher als mit dem netto realisierbaren Wert und keine Anlagen höher als mit dem Nutzungswert oder Nettoveräusserungspreis bewertet.

11. Alle bis zum Zeitpunkt der Beendigung Ihrer Prüfung bekannt gewordenen und bilanzierungspflichtigen Ereignisse sind in der vorliegenden Jahresrechnung angemessen berücksichtigt. Wir werden Ihnen alle bis zum Zeitpunkt der Generalversammlung bekannt werdenden Ereignisse, die sich auf die Jahresrechnung auswirken, unverzüglich mitteilen.

Mit freundlichen Grüssen

_____

Muster AG

Beilagen: Unterzeichnete Jahresrechnung (Bilanz, Erfolgsrechnung, Geldflussrechnung und Anhang)
Zusammenstellungen zu Ziffer 4 und 6

* Nichtzutreffendes streichen

Checkliste zur Vorbereitung der ordentlichen Generalversammlung

10 Monate vor der Generalversammlung

- ☐ Mittelfristige Personalplanung Stufe VR (Besetzung VR, Ausschüsse), allenfalls Beginn der Suche nach geeigneten Kandidaten (siehe sep. Checkliste)
- ☐ Festlegung/Terminierung der Sitzungen des VR und der Ausschüsse, inkl. Grobplanung des Jahresabschlusses
- ☐ Update Strategie/Risikomaster etc.
- ☐ Besprechung des Prüfungsplans mit der externen Revisionsstelle: Prüfungsschwergewichte/Risikobeurteilung/gegenseitige Erwartungen/Abstimmung der Tätigkeitsgebiete mit der internen Revision/Termine/ Entwicklungen in der Rechnungslegung
- ☐ Zwischenabschlüsse, Zwischenrevision durch externe und interne Prüfer, Besprechung der Ergebnisse der Zwischenrevision, Auflistung möglicher Probleme bei der Erstellung der Jahresabschlusses inkl. Vorschläge zu deren Behandlung (inkl. Aufzeichnung der Auswirkungen in der Jahresrechnung)
- ☐ Entscheide (Budget, Personelles, Akquisitionen/Verkäufe, wichtige Verträge, Änderung der GV-Einladung, etc.)

3 Monate vor der Generalversammlung

- ☐ Feststellung der provisorischen Jahresrechnung mit Erfolgsrechnung, Bilanz und Anhang sowie Gewinnverwendungsvorschlag; wo erforderlich: Festlegung der Konzernrechnung mit Konzernerfolgsrechnung, Konzernbilanz und Anhang zur Konzernrechnung, Geldflussrechnung, Lagebericht, Vergütungsbericht
- ☐ Durchführung der Arbeit der Revisionsstelle
- ☐ Festlegung von Ort und Datum der Generalversammlung sowie von allfällig speziell Einzuladende, Orientierung der betroffenen Personen
- ☐ Reservation eines Saales (Grösse nach Erfahrungswerten)
- ☐ Aufforderung an die Aktionäre zur Eingabe von allfälligen Traktandenvorschlägen

2 Monate vor der Generalversammlung

- ☐ Gemeinsame Sitzung des Verwaltungsrates mit der Revisionsstelle, Kenntnisnahme des Berichtes der Revisionsstelle, Orientierung über die Prüfungsdurchführung und das Prüfungsergebnis im Einzelnen, Prüfungsfeststellung zum internen Kontrollsystem etc.
- ☐ Definitive Festlegung der Jahresrechnung/Konzernrechnung inkl. Anhang; Abgabe der Vollständigkeitserklärung an die Revisionsstelle sowie des Vorschlags zur Gewinnverwendung durch den Verwaltungsrat
- ☐ Festlegung des Geschäftsberichts, bestehend aus Jahresrechnung, Lagebericht und allenfalls Konzernrechnung
- ☐ Formulierung der Anträge des Verwaltungsrates zu den einzelnen Traktanden sowie Aufnahme der Anträge der Aktionäre
- ☐ Festlegung der Traktandenliste aufgrund der Anträge des Verwaltungsrates und der allfälligen Anträge der Aktionäre
- ☐ Vorbereitung der Einberufungsakten, Bereinigung der Publikationstexte, eventuell Bereitstellung ergänzender Unterlagen, die den Aktionären zugestellt werden sollen

1 Monat vor der Generalversammlung

- ☐ Versand der Einberufung und der dazugehörigen Unterlagen unter Einhaltung der gesetzlichen Frist von 20 Tagen oder einer längeren statutarischen Frist (Achtung: bei Pflicht zur eingeschriebenen Zustellung Abholfrist von 7 Tagen berücksichtigen)
- ☐ Sofern Partizipationsscheinkapital ausgegeben wurde: gesetzlich vorgeschriebene Mitteilungen über die Einberufung an die Partizipanten
- ☐ Einladung der Revisionsstelle, Beizug einer Urkundsperson bei Statutenänderungen oder beim Liquidationsbeschluss
- ☐ Erstellen einer genauen Dokumentation für die Anfahrt mit den Varianten: Auto, Park & Ride und öffentliche Verkehrsmittel
- ☐ Bereitstellung der Unterlagen, die von Gesetzes wegen am Sitz der Aktiengesellschaft zur Einsicht aufgelegt werden müssen (Geschäftsbericht, Revisionsbericht, allenfalls Vergütungsbericht)

2 Wochen vor der Generalversammlung

- ☐ Festlegung der Formalitäten für die Überprüfung der Teilnahme- und Stimmberechtigung an der Generalversammlung
- ☐ Vorbereitung der Protokollführung und Stimmenzählung
- ☐ Versand von angeforderten Revisions- und Geschäftsberichten

- ☐ Medien einladen und allenfalls mit einer besonderen Dokumentation bedienen
- ☐ Massnahmen bei Störungen: Stromausfall, Feuer, Randalierer

Am Tag vor der Generalversammlung

- ☐ Anordnung der Raumaufteilung, Sitzplatzverteilung etc.
- ☐ Bereitstellung technischer Hilfsmittel (sofern benötigt): Mikrophone, Hellraumprojektor, Leinwand
- ☐ Bereitstellung von Geschäftsberichten zur Auflage
- ☐ Allenfalls Bereitstellung von Werbematerial zur Auflage
- ☐ Bereitstellung von Material für das Einsammeln der Stimmzettel
- ☐ Instruktion des Hilfspersonals (Zutrittskontrolle, Helfer der Stimmenzähler)
- ☐ Vorbereiten eines geeigneten Raumes und der Hilfsmittel zur Auszählung der Stimmzettel
- ☐ Bereitstellung von Konsumations- und Erfrischungsmöglichkeiten

****

11.102 Wahlverfahren

Checkliste zum Wahlverfahren

Mit der vorliegenden Checkliste kann das Wahlverfahren (insbesondere bei Kampfwahlen) für vakante Verwaltungsratssitze in allen denkbaren Varianten vollzogen werden. Wird konsequent jede Frage beantwortet und jeweils in der angegebenen Reihenfolge fortgefahren, so gelangt der Anwender schliesslich zu einem der möglichen Ergebnisse:

a) Es kann gar keine Wahl durchgeführt werden, da die in den Statuten vorgeschriebene Anzahl von Verwaltungsräten bereits bestellt ist.

b) Die Wahl des oder der Verwaltungsratskandidaten kommt zustande.

c) Die Wahl kann nicht abgeschlossen werden und eine neuerliche Wahl bzw. die Durchführung einer neuen Generalversammlung ist nötig.

d) Die Wahl kommt nicht zustande, doch ist auch keine neuerliche Wahl möglich; stattdessen sind andere Handlungen nötig.

Da vom Gesetz kein spezielles Wahlverfahren vorgeschrieben wird, sind auch alternative Formen des Wahlablaufs zulässig, insbesondere Wahlwiederholung, wenn kein Kandidat das absolute Mehr erreicht. Um die Checkliste jedoch nicht zu komplizieren, wurde nachfolgend auf entsprechende Verweise verzichtet.

1. Wie viele Verwaltungsratssitze sind vakant bzw. stehen zur Wiederwahl?

   a) keiner   -> weiter mit Punkt   31
   b) einer   -> weiter mit Punkt   2
   c) zwei   -> weiter mit Punkt   9
   d) drei oder mehr   -> weiter mit Punkt   17

2. Wie viele Kandidaten werden vorgeschlagen?

   a) keiner   -> weiter mit Punkt   26
   b) einer   -> weiter mit Punkt   3
   c) zwei   -> weiter mit Punkt   4
   d) drei oder mehr   -> weiter mit Punkt   6

3. Wahl eines Kandidaten bei einem vakanten Sitz

   a) Kandidat erreicht das absolute Mehr   -> weiter mit Punkt   44
   b) Kandidat erreicht das absolute Mehr nicht   -> weiter mit Punkt   26

4. Wahl von zwei Kandidaten bei einem vakanten Sitz. Jeder Stimmberechtigte kann seine Stimme für jeden Kandidaten abgeben.

   a) kein Kandidat erreicht das absolute Mehr -> weiter mit Punkt 26
   b) ein Kandidat erreicht das absolute Mehr -> weiter mit Punkt 44
   c) zwei Kandidaten erreichen das absolute Mehr -> weiter mit Punkt 5

5. Neuer Wahlgang, wobei jeder Stimmberechtigte nur noch für einen Kandidaten stimmen kann.

   a) kein Kandidat erreicht das absolute Mehr -> weiter mit Punkt 26
   b) ein Kandidat erreicht das absolute Mehr -> weiter mit Punkt 44

6. Wahl von drei oder mehr Kandidaten bei einem vakanten Sitz, wobei jeder Stimmberechtigte seine Stimme für jeden Kandidaten abgeben kann.

   a) kein Kandidat erreicht das absolute Mehr -> weiter mit Punkt 26
   b) ein Kandidat erreicht das absolute Mehr -> weiter mit Punkt 44
   c) zwei Kandidaten erreichen das absolute Mehr -> weiter mit Punkt 5
   d) mehr als zwei Kandidaten erreichen das absolute Mehr -> weiter mit Punkt 7

7. Neue Wahl, wobei Kandidaten welche das absolute Mehr verfehlt haben, nicht mehr zur Wahl stehen. Jeder Stimmberechtigte kann seine Stimme für jeden verbleibenden Kandidaten abgeben.

   a) kein Kandidat erreicht das absolute Mehr -> weiter mit Punkt 26
   b) ein Kandidat erreicht das absolute Mehr -> weiter mit Punkt 44
   c) zwei Kandidaten erreichen das absolute Mehr -> weiter mit Punkt 5
   d) mehr als zwei Kandidaten, aber nicht alle erreichen das absolute Mehr -> weiter mit Punkt 7
   e) alle Kandidaten erreichen das absolute Mehr -> weiter mit Punkt 8

8. Neue Wahl, wobei jeder Stimmberechtigte nur noch so viele Stimmen abgeben kann wie Anzahl Kandidaten minus eins.

   a) kein Kandidat erreicht das absolute Mehr -> weiter mit Punkt 26
   b) ein Kandidat erreicht das absolute Mehr -> weiter mit Punkt 44
   c) zwei oder mehr Kandidaten erreichen das absolute Mehr -> weiter mit Punkt 7

9. Anzahl der Kandidaten?

   a) keiner -> weiter mit Punkt 26
   b) einer -> weiter mit Punkt 10
   c) zwei -> weiter mit Punkt 12
   d) drei oder mehr -> weiter mit Punkt 13

10. Wahl von einem Kandidaten bei zwei vakanten Sitzen.

   a) der Kandidat erreicht das absolute Mehr   -> weiter mit Punkt   11
   b) der Kandidat erreicht das absolute Mehr nicht -> weiter mit Punkt   26

11. Wahl eines Verwaltungsrates bei zwei vakanten Sitzen ist zustande gekommen. Für die Besetzung des zweiten vakanten Sitzes

                                     -> weiter mit Punkt   26

12. Wahl von zwei Kandidaten bei zwei vakanten Sitzen. Jeder Stimmberechtigte kann seine Stimme für jeden Kandidaten abgeben.

   a) kein Kandidat erreicht das absolute Mehr   -> weiter mit Punkt   26
   b) ein Kandidat erreicht das absolute Mehr   -> weiter mit Punkt   11
   c) zwei Kandidaten erreichen das absolute Mehr   -> weiter mit Punkt   45

13. Wahl von drei oder mehr Kandidaten bei zwei vakanten Sitzen. Jeder Stimmberechtigte kann seine Stimme für jeden Kandidaten abgeben.

   a) kein Kandidat erreicht das absolute Mehr   -> weiter mit Punkt   26
   b) ein Kandidat erreicht das absolute Mehr   -> weiter mit Punkt   19
   c) zwei Kandidaten erreichen das absolute Mehr   -> weiter mit Punkt   45
   d) drei oder mehr Kandidaten
      erreichen das absolute Mehr   -> weiter mit Punkt   14

14. Neue Wahl, wobei Kandidaten, welche das absolute Mehr verfehlt haben, nicht mehr zur Wahl stehen. Jeder Stimmberechtigte kann seine Stimme für jeden verbleibenden Kandidaten abgeben.

   a) kein Kandidat erreicht das absolute Mehr   -> weiter mit Punkt   26
   b) ein Kandidat erreicht das absolute Mehr   -> weiter mit Punkt   11
   c) zwei Kandidaten erreichen das absolute Mehr   -> weiter mit Punkt   45
   d) mehr als zwei Kandidaten, aber nicht alle
      erreichen das absolute Mehr   -> weiter mit Punkt   14
   e) alle Kandidaten erreichen das absolute Mehr   -> weiter mit Punkt   15

15. Neue Wahl, wobei jeder Stimmberechtigte nur noch so viele Stimmen abgeben kann wie Anzahl Kandidaten minus eins.

   a) kein Kandidat erreicht das absolute Mehr   -> weiter mit Punkt   26
   b) ein Kandidat erreicht das absolute Mehr   -> weiter mit Punkt   16
   c) zwei Kandidaten erreichen das absolute Mehr   -> weiter mit Punkt   45
   d) mehr als zwei Kandidaten erreichen
      das absolute Mehr   -> weiter mit Punkt   14

16. Wahl eines Verwaltungsrates bei zwei vakanten Sitzen ist zustande gekommen. Neue Wahl für den verbleibenden vakanten Sitz, wobei der gewählte Verwaltungsrat nicht mehr zur Auswahl steht. Jeder Stimmberechtigte kann seine Stimme für jeden Kandidaten abgeben.

   a) kein Kandidat erreicht das absolute Mehr   -> weiter mit Punkt   26
   b) ein Kandidat erreicht das absolute Mehr   -> weiter mit Punkt   45
   c) zwei Kandidaten erreichen das absolute Mehr   -> weiter mit Punkt   4

d) mehr als zwei Kandidaten
erreichen das absolute Mehr -> weiter mit Punkt 6

17. Anzahl der Kandidaten?

a) keiner -> weiter mit Punkt 26
b) einer -> weiter mit Punkt 18
c) zwei -> weiter mit Punkt 20
d) drei oder mehr -> weiter mit Punkt 22

18. Wahl von einem Kandidaten bei drei oder mehr vakanten Sitzen.

a) Kandidat erreicht das absolute Mehr -> weiter mit Punkt 19
b) Kandidat erreicht das absolute Mehr nicht -> weiter mit Punkt 26

19. Wahl eines Verwaltungsrates bei drei oder mehr vakanten Sitzen ist zustande gekommen. Für die Besetzung der weiteren vakanten Sitze

-> weiter mit Punkt 26

20. Wahl von zwei Kandidaten bei drei oder mehr vakanten Sitzen. Jeder Stimmberechtigte kann seine Stimme für jeden Kandidaten abgeben.

a) kein Kandidat erreicht das absolute Mehr -> weiter mit Punkt 26
b) ein Kandidat erreicht das absolute Mehr -> weiter mit Punkt 19
c) zwei Kandidaten erreichen das absolute Mehr -> weiter mit Punkt 21

21. Wahl von zwei Verwaltungsräten bei drei oder mehr vakanten Sitzen ist zustande gekommen. Für jeden weiteren vakanten Sitz

-> weiter mit Punkt 26

22. Wahl von drei oder mehr Kandidaten bei drei oder mehr vakanten Sitzen. Jeder Stimmberechtigte kann seine Stimme für jeden Kandidaten abgeben.

a) kein Kandidat erreicht das absolute Mehr -> weiter mit Punkt 26
b) ein Kandidat erreicht das absolute Mehr -> weiter mit Punkt 19
c) zwei Kandidaten erreichen das absolute Mehr -> weiter mit Punkt 24
d) mehr als zwei Kandidaten, aber nicht alle
erreichen das absolute Mehr -> weiter mit Punkt 23
e) alle Kandidaten erreichen das absolute Mehr -> weiter mit Punkt 23

23. Verhältnis der Anzahl Kandidaten mit absolutem Mehr zu der Anzahl vakanter Sitze?

a) Anzahl der Kandidaten mit absolutem Mehr
entspricht der Anzahl der vakanten Sitze -> weiter mit Punkt 46
b) Anzahl der Kandidaten mit absolutem Mehr
ist grösser als Anzahl der vakanten Sitze -> weiter mit Punkt 25

24. Ist in den Statuten eine bestimmte Anzahl von Verwaltungsräten vorgeschrieben?

a) nein -> weiter mit Punkt 42
b) ja; die vorgeschriebene Anzahl von Verwaltungsräten ist aber bestellt -> weiter mit Punkt 42
c) ja; es sind aber nur weniger Verwaltungsräte
bestellt, als in den Statuten vorgeschrieben -> weiter mit Punkt 1

25. Neue Wahl, wobei jeder Kandidat, der das absolute Mehr nicht erreicht hat, bzw. jener mit dem schlechtesten Ergebnis, nicht mehr zur Wahl steht. Jeder Stimmberechtigte kann seine Stimme für jeden verbleibenden Kandidaten abgeben.

   a) kein Kandidat erreicht das absolute Mehr   -> weiter mit Punkt   26
   b) ein Kandidat erreicht das absolute Mehr   -> weiter mit Punkt   19
   c) zwei Kandidaten erreichen das absolute Mehr   -> weiter mit Punkt   21
   d) mehr als zwei Kandidaten, aber nicht alle
      erreichen das absolute Mehr   -> weiter mit Punkt   46
   e) alle Kandidaten erreichen das absolute Mehr   -> weiter mit Punkt   23

26. Wie viele Verwaltungsräte sind in den Statuten vorgeschrieben?

   a) keine Vorschrift   -> weiter mit Punkt   27
   b) mindestens ein Verwaltungsrat   -> weiter mit Punkt   27
   c) mehr als ein Verwaltungsrat   -> weiter mit Punkt   28
   d) eine konkrete Zahl   -> weiter mit Punkt   34
   e) eine Maximalzahl   -> weiter mit Punkt   27

27. Ist mindestens ein Verwaltungsrat bereits rechtsgültig Organ der Gesellschaft?

   a) ja   -> weiter mit Punkt   29
   b) nein   -> weiter mit Punkt   38

28. Sind mindestens zwei Verwaltungsräte bereits rechtsgültig Organe der Gesellschaft?

   a) ja   -> weiter mit Punkt   29
   b) nein   -> weiter mit Punkt   34

29. Genügt der bereits gewählte Verwaltungsrat den gesetzlichen Vorschriften?

   a) ja   -> weiter mit Punkt   30
   b) nein   -> weiter mit Punkt   39

30. Genügt der bereits gewählte Verwaltungsrat den gesetzlichen Vorschriften bezüglich Vertretungsbefugnis bzw. Zeichnungsberechtigung?

   a) ja   -> weiter mit Punkt   42
   b) nein   -> weiter mit Punkt   39

31. Kann eine Aktionärsgruppe ein Recht auf einen Verwaltungsratssitz geltend machen? (Andere Ansprüche auf einen Verwaltungsratssitz, z.B. auf Grund eines Aktionärbindungsvertrages, brauchen von der Gesellschaft nicht beachtet zu werden.)

   a) ja   -> weiter mit Punkt   32
   b) nein   -> weiter mit Punkt   41

32. Ist in den Statuten eine maximale Anzahl von Verwaltungsräten vorgeschrieben?

   a) ja   -> weiter mit Punkt   33
   b) nein   -> weiter mit Punkt   2

33. Ist die maximale Anzahl von Verwaltungsratssitzen gemäss Statuten schon besetzt?

   a) ja   -> weiter mit Punkt   40
   b) nein   -> weiter mit Punkt   2

34. Die in den Statuten vorgeschriebene Anzahl Verwaltungsräte ist auf Grund einer Vakanz nicht mehr erfüllt. Da kein Kandidat vorhanden ist, muss das Wahlverfahren unterbrochen und zu einer späteren, ausserordentlichen Generalversammlung eingeladen werden. Kann bis dahin ein Kandidat gefunden werden?

a) ja   -> weiter mit Punkt   2
b) nein   -> weiter mit Punkt   35

35. Genügt der bereits gewählte Verwaltungsrat den gesetzlichen Vorschriften?

a) ja   -> weiter mit Punkt   36
b) nein   -> weiter mit Punkt   39

36. Genügt der bereits gewählte Verwaltungsrat den gesetzlichen Vorschriften bezüglich Vertretungsbefugnis bzw. Zeichnungsberechtigung?

a) ja   -> weiter mit Punkt   37
b) nein   -> weiter mit Punkt   39

37. Solange kein Aktionär gerichtlich die Durchsetzung der statutarischen Anzahl von Verwaltungsräten verlangt, wird die Vakanz im Verwaltungsrat keine Folgen haben. Beim Handelsregisteramt wird jedenfalls keine Kontrolle der statutarischen Anzahl von Verwaltungsräten geführt. Es ist jedoch zu empfehlen, den statutenwidrigen Zustand durch Herabsetzung der vorgeschriebenen Anzahl Verwaltungsräte zu bereinigen. Dazu bedarf es aber wiederum einer Generalversammlung.

38. Bei dieser Gesellschaft ist kein einziger Verwaltungsrat mehr vorhanden. Der Richter kann auf Begehren eines Aktionärs oder eines Gläubigers die Auflösung verfügen, sofern die Gesellschaft nicht binnen angemessener Frist den gesetzmässigen Zustand wiederherstellt.

39. Der Handelsregisterführer wird bei Entdeckung der Situation die Gesellschaft auffordern, den gesetzeskonformen Zustand innert einer Frist von 30 Tagen wiederherzustellen. Kommt die Gesellschaft innert dieser Frist der Aufforderung nicht nach, so stellt das Handelsregister dem zuständigen Gericht einen Antrag auf Löschung der Gesellschaft.

40. Um das Recht der Aktionärsgruppe auf einen Vertreter im Verwaltungsrat zu erfüllen, muss ein Mitglied über die statutarische Höchstzahl hinaus gewählt werden. Auf jeden Fall kann das gesetzlich zwingende Recht nicht durch eine statutarische Höchstzahl unterdrückt werden. – Gegebenenfalls muss in einer Statutenänderung die statutarische Höchstzahl erhöht werden.

41. Die Durchführung der Wahl kann nicht erzwungen werden. Das Wahlverfahren ist deshalb abzubrechen bzw. zu sistieren, bis ein Verwaltungsratssitz vakant wird.

42. Die Gesellschaft kann auch ohne Wahl eines weiteren Verwaltungsrates weitergeführt werden.

43. Der Handelsregisterführer hat die Auflösung der Gesellschaft einzutragen.

44. Wahl eines Verwaltungsrates für einen vakanten Sitz ist zustande gekommen.

45. Wahl von zwei Verwaltungsräten bei zwei vakanten Sitzen ist zustande gekommen.

46. Wahl von drei oder mehr Verwaltungsräten für die entsprechende Anzahl Sitze ist zustande gekommen.

Weisung des Verwaltungsrates an die Geschäftsleitung

Betr. Verfahren bei Rechtsfällen in der Muster-Gruppe

1. Ziel der Weisung

Mit der vorliegenden Weisung sollen Rechtsfälle in Gesellschaften der Muster-Gruppe so weit als möglich vermieden und bei Unausweichlichkeit mit möglichst geringem Aufwand rasch erledigt werden. Dabei wird dem Umstand Rechnung getragen, dass Rechtsfälle i.d.R. die personellen Ressourcen der Geschäftsleitung stark beanspruchen und deshalb weit mehr als nur Gerichts- und Anwaltskosten verursachen.

2. Mitteilung über den Eintritt eines Rechtsfalles

Die Geschäftsleitung der Muster-Gruppe hat umgehend den VR-Präsidenten zu informieren, falls eines der folgenden Ereignisse eintritt:

– Anhebung einer Betreibung gegen eine Gesellschaft der Muster-Gruppe

– Anhebung einer Klage gegen eine Gesellschaft der Muster-Gruppe

– Drohung der Anhebung einer Klage gegen eine Gesellschaft der Muster-Gruppe mit finanziellen Auswirkungen von mehr als CHF 10 000.–

Der VR-Präsident orientiert je nach Bedeutung des Ereignisses die übrigen Mitglieder des Verwaltungsrates über den Eintritt eines Rechtsfalles.

3. Orientierung über den Verfahrensstand eines Rechtsfalles

Ist ein Rechtsfall mit vorhersehbaren finanziellen Konsequenzen von über CHF 10 000.– gerichtlich anhängig gemacht worden, so ist der Verwaltungsrat von der Geschäftsleitung an jeder Sitzung über den aktuellen Verfahrensstand zu orientieren.

Im Hinblick auf die Erstellung der Jahresrechnung nimmt die Geschäftsleitung eine Bestandesaufnahme und eine Bewertung der hängigen und drohenden Rechtsverfahren vor, und unterbreitet dem VR einen Vorschlag für deren Berücksichtigung in der Jahresrechnung (inkl. Offenlegungsvorschlag bei Unsicherheiten).

Diese Orientierung hat auch dann stattzufinden, wenn das gerichtliche Verfahren von einer Gesellschaft der Muster-Gruppe selbst eingeleitet wurde.

4. Erledigung durch Vergleich

Für jeden Rechtsfall bestimmt der Verwaltungsrat einen Verantwortlichen, der alles Zumutbare zu unternehmen hat, um den pendenten Rechtsfall rasch möglichst durch Vergleich erledigen zu können. Der Verwaltungsrat gibt dabei den konkreten Rahmen für einen Vergleichsabschluss verbindlich vor. Ausserhalb dieses Rahmens hat der Verantwortliche keine Vergleichskompetenz.

5. Inkrafttreten und Gültigkeitsbereich

Die vorliegende Weisung ist vom Verwaltungsrat an seiner Sitzung vom 1. April 2014 mit sofortiger Wirkung erlassen worden.

St. Gallen, den 1. April 2014

Für den Verwaltungsrat: Sekretär des Verwaltungsrates

_____   _____

Dr. Ernst Redlich   Max Meier

Whistleblowing-Reglement der Muster AG in Zürich

I. Geltungsbereich, Zielsetzungen und Grundlagen

1. Geltungsbereich

Das vorliegende Reglement gilt für sämtliche Mitarbeiter der Muster AG, unabhängig von ihrer Funktion und Stellung; es gilt insbesondere auch für temporäre Arbeitnehmer und Praktikanten.

Für externe Geschäftspartner, Kunden, Lieferanten, Berater und Beauftragte der Muster AG gilt das vorliegende Reglement nicht. Solche Personen können allfällige Missstände schriftlich an den Verwaltungsrat der Muster AG richten.

Das Reglement ist anwendbar auf sämtliche Meldungen von Missständen an die interne oder externe Whistleblowing-Stelle. Es spielt dabei keine Rolle, ob die Person des Meldenden gegenüber dem Unternehmen offengelegt werden darf oder ob der Meldende die Wahrung der Anonymität verlangt.

Im vorliegenden Reglement wird zur Vereinfachung jeweils nur die männliche Form für Personen verwendet. Das Reglement gilt jedoch uneingeschränkt und ohne Unterschied auch für weibliche Personen.

2. Zielsetzungen

Verwaltungsrat (VR) und Geschäftsleitung (GL) der Muster AG sind bestrebt, bei jeglichen geschäftlichen Tätigkeiten die gesetzlichen Vorgaben einzuhalten und der sozialen Verantwortung des Unternehmens gerecht zu werden. Die Muster AG will deshalb gegenüber ihren Arbeitnehmern, Geschäftspartnern und Aktionären, aber auch gegenüber Behörden und Öffentlichkeit die Grundsätze der Integrität, Fairness und Professionalität strikte wahren. Weder vom VR oder von der GL noch von den Arbeitnehmern, Kunden, Lieferanten und sonstigen Geschäftspartnern der Muster AG werden gesetzwidriges Verhalten oder Verstösse gegen die Business Conduct Guidelines akzeptiert. Mit dem Whistleblowing System werden diese Anstrengungen unterstützt. Die Einhaltung der Compliance liegt dabei in der Verantwortung jedes einzelnen Mitarbeiters der Muster AG.

Um gesetzeswidriges Verhalten oder Verstösse gegen die Business Conduct Guidelines wirksam zu verhindern, sind VR und GL der Muster AG darauf angewiesen, dass drohende Verfehlungen oder bereits stattgefundene Verstösse aber auch andere Missstände im Unternehmen umgehend an die vorgesetzte Stelle gemeldet werden. So weit als möglich sollten diese Meldungen mit direkter Identifikation des Meldenden erfolgen. Ist dies jedoch aus irgendwelchen Gründen nicht möglich, wird die Möglichkeit der anonymen Meldung an eine interne oder externe Whistleblowing-Stelle zur Verfügung gestellt.

Das vorliegende Reglement soll die Grundsätze, die Organisation und das Verfahren des Whistleblowing (WB) bei der Muster AG klarstellen und den Schutz der Whistleblower garantieren.

3. Grundlagen

Der VR ist gemäss Art. 716a Abs. 1 Ziff. 1 OR gesetzlich zur Oberleitung der Gesellschaft und zur Erteilung der nötigen Weisungen verpflichtet. Dazu gehören auch die Einhaltung aller gesetzlichen Vorgaben einerseits und der Schutz der Privatsphäre der Mitarbeiter andererseits.

Das vorliegende Reglement wird vom VR gestützt auf das Organisationsreglement der Muster AG erlassen und allen Mitarbeitern abgegeben.

II. Grundsätze des Whistleblowings

1. Begriffsbestimmungen

Unter *Whistleblowing* wird in diesem Reglement das Melden eines drohenden oder entdeckten Missstandes durch einen Mitarbeiter der Muster AG mit privilegiertem Informationszugang verstanden. Die Weitergabe von Informationen, welche allen Mitarbeitern zugänglich sind, fällt nicht unter den Begriff Whistleblowing.

Als *Missstände* gelten illegales, illegitimes oder unmoralisches Fehlverhalten sowie Störungen, Schäden, Unregelmässigkeiten und andere ernsthafte Risiken, welche durch den Mitarbeiter nicht selbständig beseitigt werden können.

Die *Meldung* des Missstandes erfolgt an eine interne bzw. mit der Organisation verbundenen Stelle (internes Whistleblowing) oder an eine nicht mit der Organisation verbundene externe Stelle (externes Whistleblowing), welche zur Entgegennahme von Meldungen durch das Unternehmen autorisiert ist und die Möglichkeit hat, den Meldenden zu identifizieren, ohne seine Identifikation aber dem Unternehmen bekannt zu geben.

2. Meldepflicht und Melderecht der Mitarbeiter

Die Mitarbeiter der Muster AG sind aufgrund ihrer arbeitsvertragsrechtlichen Treuepflicht gemäss Art. 321a OR berechtigt und verpflichtet, eingetretene oder drohende Missstände zu melden. Eine Meldepflicht besteht insbesondere dann, wenn konkrete Hinweise oder Anhaltspunkte auf einen der folgenden Missstände bestehen:

- Verstösse von Mitarbeitern der Muster AG gegen die Business Conduct Guidelines der Muster AG
- Verstösse von Mitarbeitern der Muster AG gegen zivil- oder strafrechtliche Normen im Zusammenhang mit der Ausübung von geschäftlichen Funktionen
- Geschäftspraktiken oder gefährliche Geschäftsgebaren von Mitarbeitern der Muster AG, die eine Schädigung der Muster AG zur Folge haben könnten
- Vorkommnisse, welche die Gesundheit oder die Sicherheit der Mitarbeiter der Muster AG oder der Allgemeinheit gefährden könnten

Die Meldung eines Missstandes muss sich zwingend auf die Geschäftstätigkeit der Muster AG beziehen. Vom Melderecht und von der Meldepflicht ausgenommen sind Privatangelegenheiten und Bagatellfälle.

3. Organisation des Whistleblowing-Systems

Der Verwaltungsrat bezeichnet die interne und die externe Whistleblowing-Stelle. Mit der externen Whistleblowing-Stelle ist ein Vertrag abzuschliessen, mit dem insbesondere der Datenschutz geregelt wird.

Die Whistleblowing-Stellen stehen unter der Oberaufsicht des Verwaltungsrates der Muster AG. Mit einem jährlichen Bericht haben sowohl die interne als auch die externe Whistleblowing-Stelle Rechenschaft über ihre Tätigkeit gegenüber dem Verwaltungsrat abzulegen.

III. Whistleblowing-Verfahren

1. Meldung eines Missstandes

Die Meldung eines festgestellten oder vermuteten Missstandes soll so rasch als möglich und in der Regel an den *direkten Vorgesetzten* erfolgen.

Wenn zu befürchten ist, dass dieser nichts unternimmt oder dass Repressalien gegen den meldenden Mitarbeiter resultieren könnten, oder die Meldung den direkten Vorgesetzten selbst betrifft, kann die Meldung an *die interne Whistleblowing-Stelle* der Muster AG erfolgen. Dies ist möglich per Telefon, Fax, E-Mail oder persönlich über die im Anhang 1 angeführten Kontaktdaten.

Erst wenn diese interne Meldung nicht zu einer Verbesserung der Situation führt oder wenn zum Vornherein die Gefahr besteht, dass die interne Meldung keine Besserung bewirken wird, weil z.B. Mitarbeiter der internen Whistleblowing-Stelle selbst betroffen sind, soll die Meldung an die *externe Whistleblowing* Stelle erfolgen. Dies ist möglich per Telefon, Fax, E-Mail oder persönlich über die im Anhang 1 angeführten Kontaktdaten.

2. Inhalt der Meldung

Die Whistleblowing-Meldung sollte drei Teile enthalten:

a) Informationen über den Whistleblower, welche eine Identifikation ermöglichen. Ansonsten besteht die Gefahr, dass z.B. Konkurrenten das Whistleblowing-Verfahren der Muster AG sabotieren. Diese Identifikationsinformationen werden streng vertraulich behandelt, um die Identität des Whistleblowers zu schützen.

b) Informationen zum festgestellten oder vermuteten Missstand, insbesondere eine detaillierte Beschreibung der Umstände, Zeit und Ort des festgestellten Fehlverhaltens, Namen der in den Missstand involvierten Personen und Angaben über allfällige Kenntnisse der Geschäftsleitung vom Missstand.

c) Informationen zu möglichen Verbesserungsmassnahmen, insbesondere Angaben zur möglichen Untersuchungen und Präventionsmassnahmen.

3. Bearbeitung der Meldung

Die Meldung eines Missstandes wird durch die Whistleblowing-Stelle gemäss dem Ablaufschema in Anhang 2 entgegengenommen und bearbeitet.

In einem *ersten Schritt* wird ein WB-Report gemäss Anhang 3 erstellt und darin die Meldung vollständig festgehalten. Sofern erforderlich wird dabei vom Sachbearbeiter der Meldung ein Übersetzer beigezogen. Der WB-Report wird verschlüsselt im System hinterlegt, wobei nur die Meldestelle über den Codeschlüssel verfügt. Auf diese Weise sind sämtliche Meldungen dokumentiert ohne Rücksicht auf die Identifikation des Meldenden.

In einem *zweiten Schritt* wird die Berechtigung des Meldenden zur Erstattung einer Meldung überprüft. Dabei sollte der Meldende anhand von Namen und Adresse sowie Rückfragen zur Funktion identifiziert werden können. Damit wird sichergestellt, dass es sich wirklich um einen Mitarbeiter der Muster AG handelt. Auch die Identifikationsbemühungen werden im WB-Report festgehalten. Scheitert die Identifikation, erfolgt nur eine Kurzmitteilung an den Compliance Officer der Muster AG und der WB-Report wird abgeschlossen. Ist die Identifikation erfolgreich, wird die Meldung gemäss WB-Report auf einem separaten Übermittlungsblatt derart zusammengefasst und anonymisiert, dass Rückschlüsse auf die Person des Meldenden nicht mehr möglich sind, der Missstand selbst aber verständlich angeführt ist.

In einem *dritten Schritt* wird die anonymisierte Meldung im Normalfall an den Compliance Officer weitergeleitet oder im Ausnahmefall direkt an den VR-Präsidenten, falls ein GL-Mitglied selbst in den Missstand involviert sein sollte. Der Empfang der anonymisierten Meldung ist zu quittieren.

In einem *vierten Schritt* wird der Sachbearbeiter beim Empfänger der anonymisierten Meldung nachfragen, welche Reaktion bzw. welche Massnahmen die Meldung ausgelöst hat. Dies wird auf dem WB-Report abschliessend vermerkt. Damit ist die Meldung für die Meldestelle abgeschlossen.

Mitarbeiter, welche ihren Vorgesetzten direkt einen Missstand gemeldet haben, sollen vom Vorgesetzten über die Bearbeitung der Meldung informiert werden; insbesondere soll mitgeteilt werden, ob korrigierende oder andere Massnahmen eingeleitet worden sind. Bei Meldungen an die interne oder externe Whistleblowing-Stelle erfolgt keine derartige Information.

IV. Schutz von Whistleblowern

1. Wahrung der Anonymität

Mitarbeiter, welche eine Meldung von Missständen an die interne und externe Whistleblowing-Stelle erstatten, haben das Recht auf Wahrung der Anonymität. Dies bedeutet konkret, dass die Whistleblowing-Stelle insbesondere weder den Namen noch die Funktion des Meldenden bekannt gibt. Zudem wird der Inhalt der Meldung derart zusammengefasst und anonymisiert, dass Rückschlüsse auf den Meldenden nicht mehr möglich sind.

Trotz dem Recht auf Wahrung der Anonymität muss der Meldende gegenüber der Whistleblowing-Stelle seine Identität offen legen, sonst wird die Meldung nicht weitergeleitet.

2. Sanktionsfreiheit

Mitarbeiter, die gutgläubig gemäss dem vorliegenden Reglement einen Missstand melden, dürfen deswegen von ihren Vorgesetzten nicht sanktioniert werden.

Wird ein Mitarbeiter nachweisbar auf Grund seiner Meldung eines Missstandes mit der Entlassung sanktioniert, so hat er Anspruch auf eine Entschädigung bis zu sechs Monatslöhnen und gegebenenfalls auf Ersatz des darüber hinausgehenden Schadens.

V. Schutz vor Whistleblowern

1. Schutz beschuldigter Mitarbeiter

Werden durch die Meldung eines Missstandes andere Mitarbeiter der Muster AG beschuldigt, ist diesen die Möglichkeit einer Stellungnahme einzuräumen.

Die beschuldigten Mitarbeiter erhalten Kenntnis von den sie betreffenden Vorwürfen, soweit dadurch allfällige interne Untersuchungen nicht gefährdet werden und die Anonymität des Meldenden gewahrt bleibt.

Von einer Meldung betroffene Arbeitnehmer sind berechtigt, die Darstellung des Sachverhalts gegebenenfalls richtig zu stellen und eine Berichtigung der bearbeiteten Personendaten und Informationen zu verlangen. Meldungen über einen Arbeitnehmer, die sich als gegenstandslos erweisen, werden umgehend nach Beendigung der internen Untersuchung gelöscht und dürfen nicht im Personaldossier des betroffenen Arbeitnehmers dokumentiert werden.

2. Schutz gegen missbräuchliche Meldungen

Sowohl die interne als auch die externe Whistleblowing-Stelle hat sicherzustellen, dass missbräuchliche Meldungen nicht bearbeitet werden. Falls notwendig, können zur Abklärung externe Fachleute beigezogen werden.

Erstattet ein Mitarbeiter der Muster AG absichtlich eine falsche oder irreführende Meldung an die interne oder externe Whistleblowing-Stelle, verwirkt er sein Recht auf Wahrung der Anonymität und Sanktionsfreiheit.

VI. Wahrung des Datenschutzes

1. Datensammlung

Zur erfolgreichen Umsetzung des Whistleblowing-Systems bei der Muster AG ist es unumgänglich, dass die jeweilige Whistleblowing-Stelle die eingegangenen Meldungen dokumentiert. Dazu gehören insbesondere die für den WB-Report notwendigen Informationen:

- Name, Funktion und Kontaktdaten des Meldenden
- Zusammenfassung der gemeldeten Missstände inklusive Angaben über allfällig beschuldigte Mitarbeiter oder Drittpersonen

Die ermittelten Daten werden auf dem WB-Report gemäss Anhang 3 festgehalten und von der internen und externen Whistleblowing-Stelle separat und verschlüsselt gespeichert.

Die ermittelten Daten und WB-Reporte werden nur so lange aufbewahrt, wie deren Kenntnis für die Bearbeitung der Meldung und gegebenenfalls für die Einleitung von Massnahmen erforderlich ist, längstens jedoch 10 Jahre.

2. Datenkontrolle

Nur die interne und die externe Whistleblowing-Stelle hat Zugang zu den von ihr gespeicherten Daten und angelegten WB-Reporten.

Jeder Mitarbeiter, welche eine Meldung über Missstände an die interne oder externe Whistleblowing-Stelle erstattet hat, ist berechtigt, Auskunft über seine bearbeiteten Personendaten zu verlangen.

Wird vom Verwaltungsrat der Muster AG eine Kontrolle der Datensammlung bei der internen oder bei der externen Whistleblowing-Stelle verlangt, so ist damit eine externe und unabhängige Fachstelle zu beauftragen, welche die Wahrung der Vertraulichkeit der Daten auch gegenüber dem Auftraggeber garantiert.

VII. Meldungen an Behörden oder die Öffentlichkeit

Jeder Mitarbeiter der Muster AG darf Missstände, die das öffentliche Interesse berühren, auch der zuständigen Behörde melden, sofern:

a) trotz erfolgter Meldung der Missstände an den Vorgesetzten oder an eine Whistleblowingstelle von der Muster AG nicht selber innert angemessener Frist wirksame Massnahmen dagegen ergriffen wurden, oder

b) aufgrund der Umstände anzunehmen ist, dass die Muster AG keine wirksamen Massnahmen ergreifen wird, oder

c) die Verfolgung der Taten andernfalls vereitelt werden könnte, oder

d) Gefahr im Verzug ist.

Unternimmt die zuständige Behörde nicht innert angemessener Frist die nötigen Schritte oder ist aufgrund besonderer Umstände anzunehmen, dass sie nichts unternehmen wird, so kann der Mitarbeiter der Muster AG auch die Öffentlichkeit über die Missstände informieren, namentlich indem er sich an die Medien oder interessierte Organisationen wendet. Diese Massnahme darf jedoch wirklich nur als allerletztes Mittel ausgenützt werden, um auf einen drohenden Missstand, der die Öffentlichkeit berührt, aufmerksam zu machen.

VIII. Inkrafttreten und Überprüfung

Das vorliegende Reglement ist vom Verwaltungsrat am 25. Juni 2012 erlassen wurde und sofort in Kraft getreten. An der VR-Sitzung vom 1.4.2014 wurde die aktualisierte Version in der vorliegenden Form genehmigt.

Für Missstände, die auf ein Fehlverhalten vor dem Inkrafttreten dieses Reglements zurückzuführen sind, besteht eine umgehende Meldepflicht.

Das Whistleblowing-Reglement wird gemäss Führungskalender jeweils an der ersten VR-Sitzung im laufenden Jahr überprüft und sofern notwendig aktualisiert.

****

Zürich, den 1. April 2014

Der VR-Präsident: Der VR-Sekretär:

Dr. Max Muster   Hans Müller

Anhänge:

1. Kontaktdaten Whistleblowing-Stelle
2. Ablaufschema Whistleblowing-Meldung
3. Whistleblowing-Formular

Anhang 1: Kontaktdaten Whistleblowing-Stelle

Kontaktdaten der internen Whistleblowing-Stelle

Head of Compliance
Dr. Fritz Fröhlich
Rosenweg 3
8000 Zürich

Telefon:
Mobil:
E-Mail:

Deputy Head of Compliance
Rosa Friedlich
Nelkenweg 5
8000 Zürich

Telefon:
Mobil:
E-Mail:

Kontaktdaten der externen Whistleblowing-Stelle

Anwaltskanzlei
Meier&Müller
Blumenau 4
3000 Bern

Telefon:
Mobil:
E-Mail:

Anhang 2: Ablaufschema Whistleblowing-Meldung

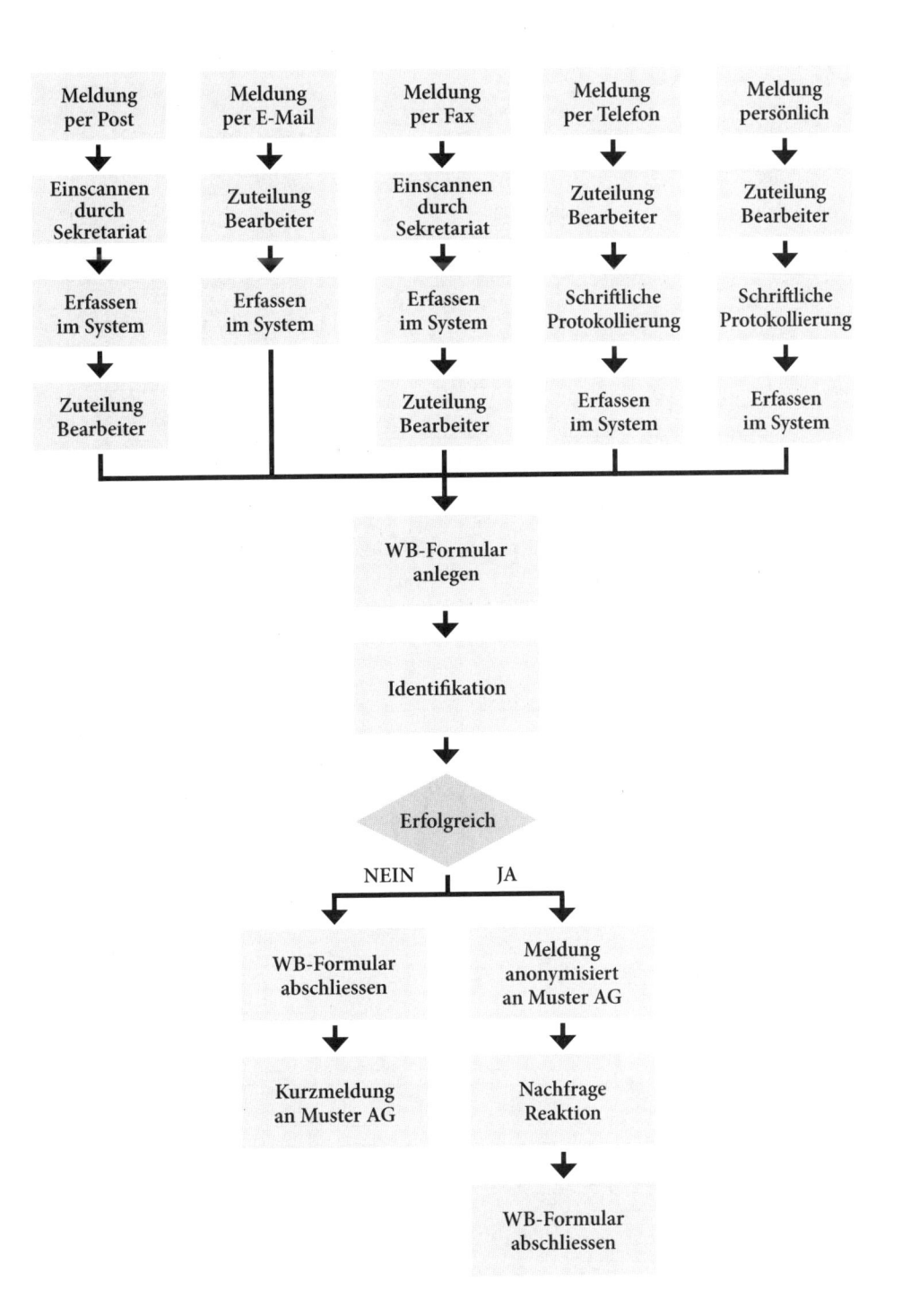

```
Meldung          Meldung          Meldung          Meldung          Meldung
per Post         per E-Mail       per Fax          per Telefon      persönlich
   ↓                ↓                ↓                ↓                ↓
Einscannen       Zuteilung        Einscannen       Zuteilung        Zuteilung
durch            Bearbeiter       durch            Bearbeiter       Bearbeiter
Sekretariat                       Sekretariat
   ↓                ↓                ↓                ↓                ↓
Erfassen         Erfassen         Erfassen         Schriftliche     Schriftliche
im System        im System        im System        Protokollierung  Protokollierung
   ↓                                 ↓                ↓                ↓
Zuteilung                         Zuteilung        Erfassen         Erfassen
Bearbeiter                        Bearbeiter       im System        im System
```

↓

WB-Formular anlegen

↓

Identifikation

↓

◇ Erfolgreich ◇

— NEIN → WB-Formular abschliessen → Kurzmeldung an Muster AG

— JA → Meldung anonymisiert an Muster AG → Nachfrage Reaktion → WB-Formular abschliessen

Anhang 3: Whistleblowing Report

Whistleblowing Report
(Bitte nur die weissen Felder ausfüllen)

Allgemeine Angaben zur Meldung

Art der Meldungsüberbringung	Datum der Meldung	Empfänger der Meldung

Betroffene Gesellschaft	Betroffene Division/Abteilung oder betroffene Personen

Identifikation des Melders

Name des Melders	Vorname des Melders	Funktion des Melders

Adresse	Wohnort	Wohnort überprüft

Telefon Privat	Telefon Mobil	Telefon überprüft

Kenntnis der Gesellschaft	Weitere Massnahmen zur Identifikation

Zusammenfassung der Meldung

Vorschläge für Verbesserungen

Umgang mit der Meldung

Datum der Weiterleitung	Art der Weiterleitung	Empfänger der Weiterleitung

Datum der Eingangsbestätigung	Art der Bestätigung	Absender der Bestätigung

Datum der Nachfrage	Art der Nachfrage	Adressat der Nachfrage

Zirkulationsbeschluss des Verwaltungsrates der Muster Produktions AG betreffend Produktionsmaschine XYZ

1. Ausgangslage

Die Muster Produktions AG erwartet in den nächsten zwei bis drei Jahren grosse Engpässe in der Herstellung von T-förmigen Aluminiumleisten. Im Rahmen dieser Problemstellung stellt sich die Frage nach der Beschaffung einer Produktionsmaschine XYZ, wie sie bereits vom Konkurrenzunternehmen Altec AG eingesetzt wird.

Das gesamte Investitionsvolumen für die Produktionsmaschine XYZ inklusive Montage und Schulung beträgt CHF 1,35 Millionen netto. Die Finanzierung dieses Betrages könnte über eine von der Hausbank bereits zugesicherte zweite Hypothek von CHF 1,5 Millionen für Maschineninvestitionen erfolgen.

Die Muster Produktions AG könnte die Produktionsmaschine XYZ bis 2016 lediglich zu 20% auslasten. Gemäss beiliegendem Brief vom 5.3.2014 verpflichtet sich jedoch die Aluminium AG, von der Muster Produktions AG in den nächsten drei Jahren T-förmige Aluminiumleisten mindestens in einem Ausmass zu beziehen, um diese Maschine zu 80% im Zweischichtbetrieb auszulasten. Die entsprechenden Werkzeuge werden dabei von der Aluminium AG zur Verfügung gestellt.

Gestützt auf die klar befristete Abnahmeverpflichtung der Aluminium AG, wurde von der Finanzabteilung der Muster Produktions AG eine Kosten- und Renditenberechnung erstellt, welche von einem gleichbleibenden jährlichen Umsatzvolumen von rund CHF 3 Millionen für den Verkauf von rund 1000 Tonnen T-förmigen Aluminiumleisten ausgeht. Nach Ablauf der Abnahmeverpflichtung seitens der Aluminium AG sollte es der Muster Produktions AG nämlich möglich sein, den allenfalls wegfallenden Bezug durch eigene Aufträge zu kompensieren. Diese beiliegende Berechnung zeigt, dass bei ordnungsgemässer Abschreibung und Verzinsung in den nächsten fünf Jahren eine akzeptable Rendite erzielt werden kann.

2. Antrag der Direktion

Die Direktion der Muster Produktions AG beantragt dem Verwaltungsrat eine Produktionsmaschine XYZ gemäss beiliegendem Angebot Nr. 07.10.50111 vom 6.1.2014 zum Gesamtkaufspreis von CHF 1,35 Millionen netto anzuschaffen und über die Hausbank durch entsprechende Belastung des Inhaberschuldbriefes im 2. Rang über CHF 1,5 Millionen zu finanzieren mit folgenden Argumenten:

a) Die Muster Produktions AG verfügt mit dieser Produktionsmaschine XYZ über die neuste Technologie bzw. die modernste Maschine, und diese hätte aus Gründen der Konkurrenzfähigkeit in ein bis zwei Jahren ohnehin angeschafft werden müssen.

b) Die Maschine kann aus dem Cash Flow verzinst und amortisiert werden.

c) Die Auslastung der Maschine ist gemäss schriftlicher Verpflichtung der Aluminium AG sichergestellt.

d) Die zukünftigen Absatzaussichten für T-förmige Aluminiumleisten in der von der Muster Produktions AG bereitgestellten Qualität werden eine genügende Auslastung der Maschine auch über längere Zeit garantieren.

3. Beschluss des Verwaltungsrates

Der unterzeichnete Verwaltungsrat nimmt zum Zirkulationsverfahren gemäss Art. 713 Abs. 2 OR wie folgt Stellung:

☐ Dem Zirkulationsverfahren wird zugestimmt

☐ Das Zirkulationsverfahren wird abgelehnt und stattdessen eine mündliche Beratung verlangt

Unter dem Vorbehalt, dass alle Verwaltungsräte dem Zirkulationsverfahren zugestimmt haben, wird vom Unterzeichneten über den vorliegenden Antrag der Direktion wie folgt entschieden:

☐ Dem Antrag wird zugestimmt

☐ Der Antrag wird abgelehnt

Bemerkungen zum angekreuzten Entscheid:

_____
_____
_____
_____

Ort und Datum: Unterschrift:

_____   _____

Beilagen: – Prospekt über die Produktionsmaschine XYZ
– Abnahmeverpflichtung der Aluminium AG vom 5. März 2014
– Kosten- und Renditeberechnungen

Sachregister

A

Abberufung
- als Beendigungsgrund für VR-Mandat 53
- der Geschäftsleitung 71 f., 153, 171 ff.
- der Revisionsstelle 571, 585 f.
- des Verwaltungsrates 44, 56 ff.
- des VR-Delegierten 43
- durch den Richter 61
- durch die GV 56 ff.
- durch die öffentl. Hand 36

Abgangsentschädigung
- Empfehlung im Swiss Code 120, 716
- Verbot in kotierten Gesellschaften 49, 128, 138, 304, 522, 537

abgeordneter Verwaltungsrat
- Abberufung durch die öffentl. Hand 36
- als delegierter Verwaltungsrat 33 f., 95 f.
- organschaftliches Verhältnis 39

abhängiger Verwaltungsrat
- delegierter Verwaltungsrat 33 f.
- organabhängige und organunabhängige Tätigkeit 47, 131 f.

Abkürzungsverzeichnis LXXIII ff.

Ablauf
- der Amtsdauer der Revisionsstelle 583 ff.
- der Amtsdauer des Verwaltungsrates 53 ff.

Abschluss *siehe auch Jahresrechnung*
- Abschlussbuchungen 193
- Aufgabe des VR 204 f.
- Befreiung von der Erstellung 231
- Einzelabschluss 188, 197
- Konzernabschluss 202, 243
- nach anerkanntem Standard 190, 197, 228 ff.
  - nach IFRS 234 ff.
  - nach Swiss GAAP FER 233 f.
  - Wahl des Standards 232
- Versicherungsabschluss 420
- Wahl des Standards 232

Abschlussprüfung *siehe auch Revision*
- Abschlussprüfer 542
- Berichterstattung an den VR 605, 613
- Berichterstattung an die GV 606 ff.
- Erwartungslücke 542
- Funktion 543 ff.
- Auftragsbestätigung 582, 804, 807
- Prüfgegenstand 550 f., 590 ff., 631 f.
- Prüfung des IKS 601 ff.
- zusätzliche Dienstleistungen 575
- Zweck für die Stakeholder 545 f.

Absetzung
- des VR durch den Richter 5

Absolute Solidarität
- bei Haftung aus aktienrechtlicher Verantwortlichkeit

Absicht
- Form des Verschuldens 341

absolutes Mehr
- bei Generalversammlungsbeschlüssen 28, 33, 317, 422, 495, 501 ff., 580
- bei VR-Beschlüssen 273

Abstimmung
- Aktienstimmen 495 f.
- Anordnungen an der GV 477, 487, 492 ff.
- an der Generalversammlung 28 ff., 429 ff.
- bei der Wahl des Verwaltungsrates 28 ff., 461 ff.
- Durchführung 499 ff.
- eigene Aktien 497
- Entlastungsbeschluss 461, 470, 497
- geheime 500 f.
- Grundprinzip 496
- Konsultativabstimmung 152, 177, 463, 495
- Protokollierung 503
- nicht einbezahlte Aktien 497
- Quorumsvorschriften 434 f., 501 ff.
- statutarische Beschränkung 501
- Stichentscheid
  - im VR 74 ff., 140 f., 143
  - in der GV 503
- Vergütungen 461 f.

Abtretung
- von Verantwortlichkeitsansprüchen 350

Abwahl
- der Revisionsstelle 583 f.
- des Verwaltungsrates 21, 43, 56
- Erschwerung von Übernahmen 533
- Konsequenz für die Organhaftpflichtversicherung 420
- Mitteilung der Gründe in öffentl. Unternehmen 58
- Quorumsvorschrift 58

Abweichung
- Analyse bei der Finanzkontrolle 248 ff.
- bei der Risikobeurteilung 429 ff.
- Beurteilung durch Revisionsstelle 587 ff.
- vom Standardtext im Revisionsbericht 608 f.
- von den Empfehlungen des Swiss Code of Best Practice 711 ff.

1175

- von der ordnungsgemässen Rechnungslegung 196, 211, 592 f.
- von Gewinnverwendungsantrag 600
- von Konsolidierungsgrundsätzen 247

Abwesenheit
- des VR-Kandidaten bei der Wahl 29

adäquater Kausalzusammenhang
- bei der Haftung für Sozialversicherungsabgaben 383
- bei Schaden durch Revisionsstelle 655 ff.
- Definition 340
- Voraussetzung für Verantwortlichkeit 337, 340 f., 371, 383

adhäsionsweise Zivilklage
- im Strafverfahren 405

Agent
- Bedeutung im angelsächsischen Raum 701
- Ausgangspunkt für Corporate Governance 695

AHV
- Abrechnungspflicht auf VR-Entschädigung 128, 134
- Auswirkungen der Rechtsnatur des VR-Mandates 44 f.
- Fragestellung bei VR-Sitzung 410, 997
- Haftungsrisiko für den VR 78 ff., 350, 380 f.
- Kausalhaftung für nicht abgelieferte Beiträge 50, 379, 383
- keine Deckung durch Organhaftpflichtversicherung 419 f.
- Prämienerfüllung als Haftungsprävention 410

Aktenrückgabe
- der Revisionsstelle 586
- Muster einer Rückgaberegelung 958
- beim Ende des VR-Mandates 334 f.

Aktienbuch
- Einsichtsrecht 294 f.
- gesetzliche Vorschrift zur Führung 289
- Gestaltung 289 f.
- Muster dynamisches Aktienbuch 751 ff.
- Muster statisches Aktienbuch 760 ff.

Aktienkapital
- Aufgaben des VR bei Veränderung 309 ff.
- Erhöhung *siehe Kapitalerhöhung*
- Haftung bei Scheineinzahlung 313
- Herabsetzung *siehe Kapitalherabsetzung*
- Musterdarstellung im Aktienbuch 290, 751,
- Problem mit Lex Friedrich 293
- Recht auf Einberufung einer GV 56, 112, 279, 306, 467

- Rückzahlung an Aktionär 594
- statutarische Festlegung 639
- Verlust und GV-Einberufung 307, 612

Aktienmantel
- Haftung für Steuern 377

Aktienstimmen
- Ausnahme vom Nennwertprinzip 496
- massgebend für Abstimmung 28, 33, 317, 422, 501, 580, 767, 1101

Aktienübertragung
- Auswirkungen auf Aktienbuch 292 ff.
- Mustereinträge 751 ff., 760 f.
- Pflichten des VR 291 ff.
- Problem Lex Friedrich 293 f.

Aktienvertretung
- Muster einer Vollmacht 1144

Aktionärbindungsvertrag
- Anrecht auf VR-Sitz 37
- Bedeutung für das Stimmrecht 499
- Muster 762 ff.

Aktionär
- Gleichbehandlung 18, 31, 38, 54, 100, 280 f., 285 ff., 329, 369, 494 f., 509, 520 ff., 593 ff.
- Eintragung ohne Stimmrecht 291 ff.
- Minderheitenschutz 119, 197 ff., 230 ff., 279, 466, 513, 559, 741
- Minderheitsrechte 230 f., 242, 465 f., 558 f., 1011
- Muster von Angaben in einem Aktienbuch 751 ff., 760 f.
- Stimmrecht bei eigener Wahl als VR-Mitglied 29, 143
- Vertretungsrecht an der GV 488 ff.

Aktionärseigenschaft
- der Partizipanten 36 f.
- keine Voraussetzung für VR-Mandat 13

Aktionärsgruppen
- Anrecht auf Verwaltungsratssitz 34 ff.
- Stellung des Vertreters 38

Aktionärskategorien *siehe Aktionärsgruppen*

Aktionärsrechte
- Anspruch auf geheime Abstimmung 500
- Bezugsrecht 279, 312, 348, 459, 503
- Einspruch gegen unbefugte GV-Teilnehmer 488
- Eintragung im Aktienbuch 289 ff.
- Gleichbehandlungsanspruch *siehe Gleichbehandlung*
- Informationsrecht 506 ff.
- Klagerechte 145, 330, 347, 388, 423

- Mängel in der Organisation der Gesellschaft 15, 60
- Minderheitsrechte 197 ff., 230 ff., 242, 465 f., 559
- Offenlegung des Geschäftsberichts 198
- Offenlegung des Revisionsberichts 198 f., 248 f., 303, 461 ff., 473, 477, 545 ff.
- Pflicht zur Beachtung durch den VR 279 f.
- Protokolleinsicht 437 f.
- Revisionsrecht 545
- Sonderprüfung 510 ff.
- statutarische Festlegung 279 f.
- Stellung von Ordnungsanträgen 488, 494 f., 500
- Stimmrecht 143, 241, 429 ff., 477 f., 489, 496
- Teilnahme an der GV 486 ff.
- Traktandierungsrecht 466
- Vertretungsrecht an der GV 488
- Vetorecht bei Opting-out 560
- Vorgaben an VR-Vertreter 488 ff.

Aktivlegitimation
- bei Gründungshaftung 364 f.
- bei Haftung aus Geschäftsführung 369 f.
- bei Prospekthaftung 360
- bei Verantwortlichkeitsklage 348 ff.
- des Genussscheinberechtigten 365
- des Partizipanten 365

Alleinaktionär
- als einziger Verwaltungsrat 151 f.
- Haftung bei ungetreuer Geschäftsführung 400
- Problematik der Einzelunterschrift 409
- Weisungen gegenüber Arbeitnehmern 72

allgemeine Reserven
- als Teil der gesetzlichen Reserven 216, 318, 901
- Berücksichtigung bei Gewinnverwendung 600, 837, 901, 1022 ff.
- Prüfung durch die Revisionsstelle 599

Alter
- als Rücktrittsgrund in der GV-Einladung 840
- Altersguillotine 21
- Ausschlussgrund für VR-Mandat 20
- Berücksichtigung im Ethik-Code 744
- der Gesellschaft und Firmenwert 412
- im Personalbericht 973 ff.
- Voraussetzung für VR-Mandat 14

Alternativklauseln
- in den Statuten 1094 ff.
- im Organisationsreglement 951 ff.

ALV
- Abrechnungspflicht auf VR-Entschädigung 128, 134
- Prämienerfüllung als Haftungsprävention 410
- Schaden bei Nichtablieferung 378

Amtsantritt
- des VR-Mitglieds 50 f.
- der Revisionsstelle 582
- unmittelbare Haftung 347
- Haftung für Ereignisse vor Amtsantritt 347
- Haftung
  - für früher entstandene Steuerforderung 375
  - für früher entstandene Gefährdung 347, 395

Amtsdauer
- Ablauf bei der Revisionsstelle 584
- Ablauf beim VR-Mandat 54 ff.
- Beginn bei der Revisionsstelle 582
- Beginn beim Verwaltungsrat 50 ff.
- Begrenzung 18
- Berechnung 54 f.
- Fortdauer des VR-Mandates trotz Ablauf 55 f.
- gesetzliche Regelung bei der Revisionsstelle 582 ff.
- gesetzliche Regelung beim VR 54 f., 278
- kein Einfluss auf Rücktrittsrecht 59
- Konsequenz der Beendigung 55
- Massnahmen zur Haftungsprävention nach Ablauf 411
- Maximaldauer beim VR 231, 721
- Pflicht zur Kontrolle 279
- statutarische Festlegung 278 f.
- vorgezogene VR-Wahl 29 f.
- Wahlen während laufender Amtsdauer 29 f.

Amtszeit *siehe Amtsdauer*

Änderung
- der Einberufung zur GV 480 ff.
- des Gesellschaftszwecks mit Quorum 501
- der gesetzlichen Grundlagen seit dem Jahr 2000 2 f.

Anerkannte Standards der Rechnungslegung
- Swiss GAAP FER 188, 208 ff., 228, 233 f., 444, 460, 519, 587 ff., 606 ff., 631, 1047
- IFRS 234 ff.
- Vergleich Swiss GAAP FER-IFRS 237 ff.

Anfechtung
- der VR-Wahl 17
- einer mangelhaften GV-Einberufung 481 f.
- Anfechtungsklage 328

1177

Anforderungen
- an eine Revisionsstelle 552 f.
- an einen Verwaltungsrat 13 ff.
- an den Wohnsitz eines VR 15

Anforderungsprofil
- der VR-Mitglieder 7 ff.
- des VR-Präsidenten 78, 1118 ff.
- keine gesetzlichen Mindestanforderungen 20
- Muster 772 ff.
- notwendige Voraussetzung zur VR-Suche 24

Angaben
- bei der HR-Anmeldung 86 f.
- empirische zur VR-Entschädigung 121 ff.
- über die Bestellung der VR-Mitglieder in Statuten 3 f.
- über die Durchführung der Risikobeurteilung 299
- unrichtige bei Prospekthaftung 355 ff., 358
- zur VR-Vergütung 122, 127

Anhang der Jahresrechnung
- Allgemeines/Teil der Jahresrechnung 188, 194 ff., 197 ff., 211 ff.
- Angaben zu Bewertungsgrundsätzen 211 ff.
- Angaben zu Unsicherheiten 212 ff.
- Angaben zu Stufen der FER-Standards 233 ff.
- Angaben zum Rücktritt der Revisionsstelle 585
- Angaben zur Auflösung von stillen Reserven 222 ff.
- Angaben zur Konsolidierung 211
- Angaben zu Wahlrechten 211
- Bestandteil des IFRS-Abschlusses 233 ff.
- Checkliste zum Inhalt 904 ff.
- Grundsätze der Vollständigkeit, Klarheit und Wesentlichkeit 195 f.
- Jahresrechnung 211
- Konzernrechnung 247
- Offenlegungsvorschriften 198, 593
- Prüfungsgegenstand 590 ff.
- zusätzliche Angaben bei grösseren Unternehmen 197, 214

Anlagereglement
- Muster für KMU 779 ff.
- Muster für Konzern 781 ff.

Anlasstat
- für Strafbarkeit des Unternehmens 397

Anmeldung
- Muster einer Anmeldung der Verwaltungsratswahl 785 ff.
- Muster einer Anmeldung zur Löschung eines Verwaltungsratsmitglieds 785 f., 848
- zur Eintragung im Handelsregister 309 f.

Annahmeerklärung
- als Beginn des VR-Mandates 50 f.
- durch den VR-Kandidaten 30 f.
- durch die Revisionsstelle 581 ff.
- Muster der Revisionsstelle 788
- Muster des Verwaltungsrats 789
- Notwendigkeit für VR-Wahl 30 f.
- unter Bedingungen 31

Anrecht
- auf Verwaltungsratssitz 34 ff.
- der Partizipanten 36 f.
- einer Körperschaft des öffentl. Rechts 33 ff.

Anrufung
- des Richters 90, 91, 145 ff.

Anspruchskonkurrenz
- Organhaftung und unerlaubte Handlung 388 f.

Antrag zur Verwendung des Bilanzgewinns
- Antrag des VR 206, 461 ff.
- GV-Kompetenz 461
- Prüfung 554, 599, 632

Anträge
- auf Sonderprüfung 512 ff.
- Bekanntgabe mit GV-Einberufung 465 ff., 476 f.
- Muster für GV-Anträge 837, 839

Antragsdelikt
- Unterschied zum Offizialdelikt 147, 404
- bei Verletzung der Geheimhaltungspflicht 626

Anwesenheitspflicht
- der Revisionsstelle an der GV bei ordentlicher Revision 600, 607
- der Revisionsstelle an der GV bei eingeschränkter Revision 634 ff.

Anzahl der Verwaltungsräte
- Angabe in den Statuten 1102
- Empfehlungen der Corporate Governance 9
- gesetzliche Vorschrift 1, 9
- Idealzahl 9
- Unterschreitung der Mindestanzahl 4 f.

Anzahl der Verwaltungsratsmandate
- keine gesetzliche Begrenzung 18 f.
- zwingende Statutenbestimmung bei kotierten Gesellschaften 3

Anzahl der Verwaltungsratssitzungen
- keine gesetzliche Vorgabe 109

- Minimum zur sorgfältigen Gesellschaftsführung 111
- Muster einer Vorgabe im Führungskalender 862

Anzeigepflichten der Revisionsstelle
- Grundlagen 317, 325, 555, 617, 624
- bei der eingeschränkten Revision 634
- bei der ordentlichen Revision 617, 624
- Hinweis im zusammenfassenden Revisionsbericht 618 f.
- Verstösse gegen Gesetz, Statuten, Organisationsreglement 617 f.

Anzeigepflichten des Verwaltungsrates
- bei Kapitalverlust 317 ff.
- bei Überschuldung 321 ff.

Arbeitnehmer
- Doppelstellung als VR und Arbeitnehmer 45 ff.

Arbeitsvertrag
- Ausübung des Weisungsrechts 47, 115 ff.
- beim VR-Delegierten 40 ff.
- beim VR-Präsidenten 43 ff.
- Empfehlungen des Swiss Code of Best Practice 120
- Konsequenzen einer Doppelstellung 48 ff.
- Kumulation von Lohn und VR-Honorar 129 ff.
- Lohn statt VR-Honorar 132 f.
- mit Verpflichtung zu Verwaltungsratsmandat 46
- Problematik einer Doppelstellung 45 ff.
- Statutenklausel zur Zustimmung 129, 1096
- von VR-Mitgliedern in kotierten Gesellschaften 13
- Voraussetzungen beim Verwaltungsrat 47 f.
- zusätzlich zum organschaftlichen Verhältnis 39 f.

Audit Committee
- Anforderungen an die Mitglieder 20, 571, 576
- Aufgaben 66 f.
- Ausschuss des Verwaltungsrates 66
- IKS (internes Kontrollsystem) 255 ff.
- interne Revision 206, 250
- Kommunikation mit der Revisionsstelle 327, 615, 626
- Konstituierungsmöglichkeit für VR 66
- Musterreglement 790 ff.
- Schlussbesprechung 615 f.
- Verhältnis zum Risk Management 432, 447
- Genehmigung von parallel erbrachten Nichtprüfungsleistungen 571

- Wirkung der Corporate Governance 698 ff., 713, 715

Arztgeheimnis
- und Auskunftsrecht des VR 106 f.

Aufdeckung von Wirtschaftsdelikten
- Checkliste 1136 ff.

Auffanggesellschaft
- keine Änderung des Gerichtsstands durch Errichtung einer 351

Aufgaben
- Checkliste zur Aufgabenerfüllung durch VR 798 ff.
- Verteilung innerhalb des Verwaltungsrats 67 ff.

Auflage
- des Kollokationsplans 379

Auflösung der Gesellschaft
- Androhung bei fehlendem VR
- Beendigungsgrund für VR-Mandat 53 f., 59 f.
- Begriff 59, 374
- Gründe 59 f.
- Haftung für Steuern 373 ff.
- Klage der Minderheitsaktionäre 130
- Musterklausel in Statuten 1106
- Notwendigkeit einer öffentlichen Urkunde 87
- Quorumsvorschriften in der GV 501 f.
- Verwaltungsräte als Liquidatoren 60

Auflösung von stillen Reserven
- Bekanntgabe im Anhang 222 ff.
- Prüfung 595 f.

Auftragsbestätigung an die Revisionsstelle
- Muster eingeschränkte Revision 804 ff.
- Muster ordentliche Revision 807 ff.
- schriftliche Bestätigung 582

Auftragslage
- Offenlegung im Lagebericht 297, 301

Auftragsverhältnis
- bei besonderen Aufgaben 42, 134
- und organschaftliches Verhältnis beim VR 39 ff.

Aufwertung
- von Grundstücken und Beteiligungen 216 f., 219 f., 223, 239, 318 ff., 597

Ausbildung und Fachpraxis
- Zulassung der Revisionsstelle 553, 564 ff.

Ausführung
- von Generalversammlungsbeschlüssen 307

Auskünfte bzgl. Revision
- des Verwaltungsrates an die Revisionsstelle 646

- der Revisionsstelle in der Generalversammlung 620, 634

Auskunftspflicht
- an der Generalversammlung 506
- ausserhalb der GV 509
- bei VR-Wahl 27 f.
- der Revisionsstelle 620
- der GL-Mitglieder 99 f.
- der VR-Kandidaten 27 f.
- der VR-Mitglieder 99 f.

Auskunftsrecht
- Abweisung durch den VR-Präsidenten 104
- an der Generalversammlung 27, 506
- allgemein 98 ff.
- ausserhalb der Generalversammlung 509
- ausserhalb der Sitzungen 100, 102 f.
- Bedeutung 27
- bei öffentlichen Unternehmen 105 f.
- des Aktionärs 27, 507 f.
- des Lead Directors 85
- des Sonderprüfers 515
- Durchsetzung 107 f.
- gemäss Mandatsvertrag 416
- in den Sitzungen 102
- Muster für Klausel im Organisationsreglement 956
- Recht des VR-Präsidenten 76
- Spannungsfeld 98
- Umfang 104
- und Arztgeheimnis 106 f.
- von Beratern 104 f.
- Zustimmung des VR-Präsidenten 76

Auslegungsprobleme
- bei Amtsdauer 54
- bei begründeter Besorgnis der Überschuldung 321
- bei Décharge-Erteilung 498
- bei Delegierten und Direktoren 81
- bei Mandatsverträgen 44
- bei Statuten 280

Ausnützung vertraulicher Tatsachen
- kursrelevante vertrauliche Tatsachen 401
- Tatbestandselemente 401 f.

Ausscheiden *siehe auch Demission*
- Anmeldung beim Handelsregister 90, 148 f.
- durch Rücktritt 53, 59, 90
- Haftung bis zum Ausscheiden 346 f.
- kein Anspruch auf Zeugnis 54

Ausschluss aus dem Prüfungsgegenstand
- Funktionieren des IKS 602
- Geschäftsführung 598
- Lagebericht 598

Ausschluss des Verwaltungsrates
- bei der Entlastungsabstimmung 498
- bei der Geschäftsführung 795
- nicht bei eigener Wahl 29, 143

Ausschuss
- Aktionärsausschuss 137
- Anforderungen 20
- Arten 64 ff., 447
- besondere Regelung 45
- Empfehlungen im Swiss Code 120, 715 f.
- gesetzliche Regelung 64 ff., 153
- Haftungsfolgen 367 f.
- Möglichkeit zur Aufgabenbewältigung 9, 111
- Muster für Klausel im Organisationsreglement 1104
- Muster Audit Committee/ Prüfungsausschuss 790 ff.
- Muster Nominations- und Vergütungsausschuss 946 ff.
- Regelung im Organisationsreglement 72 f.
- Suspendierung der Mitglieder 61, 172
- Unabhängigkeit der Ausschussmitglieder 15
- Vorschriften in der VegüV 22 f., 64, 66, 73, 135, 277

Ausschüttung *siehe Gewinnverwendung*

ausserordentliche Generalversammlung
- auf Verlangen der Aktionäre 306, 460, 467, 473
- bei Besorgnis der Überschuldung 321 f., 625
- bei hälftigem Kapitalverlust 317 ff.
- für ausserordentliche Dividende 600
- für die Wahl einer neuen Revisionsstelle 586
- für eine Zwischendividende 601
- im Übernahmerecht 527, 535
- Pflicht zur Einberufung 317, 622
- zur Abwahl eines unliebsamen VR 265

Ausstand
- Ausfluss der Treuepflicht 281 f.
- Ausstandsregeln 281
- bei der Genehmigung von Arbeitsverträgen 48
- bei Interessenkonflikt 12
- bei Konzernverhältnissen 74
- bei Übernahmen 525
- gemäss Swiss Code of Best Practice 714
- gesetzliche Grundlage 280 f.
- Hauptfehler von VR 428
- Muster einer Ausstandsklausel 268, 962
- Pflicht 268, 518, 522

- Protokollierung 271
- von GL-Mitgliedern 12
- Vorlage an die GV 463

Auswahl
- Auswahl des Delegationsempfängers 49
- der Gesellschaft als Haftungsprävention 411
- der GL-Mitglieder 171
- der Revisionsstelle 576 ff.
- der Verwaltungsratskandidaten 20, 23, 24 ff.
- des Sonderprüfers 514
- des VR-Mandates 421
- Haftung 174 f., 367 f., 370

B

Banken
- Leitung aus der Schweiz 14
- Trennung von VR und Geschäftsführung 11, 18, 80, 176
- Voraussetzung des guten Rufes 21

Bedeutende Gesellschaften
- Grössenkriterien für ordentliche Revision 533 ff.
- Grössenkriterien für Konzernrechnung 245 ff.
- Grössenkriterien für Rechnungslegung 213 ff.

Bedeutung
- von Verwaltungsräten 1 ff.

Beendigung
- des Revisionsstellenmandates 583 ff.
- des Verwaltungsratsmandates 53 ff.
- Gründe für die Beendigung 53

Befähigung
- der Revisionsstelle 581 f., 645
- des Verwaltungsrates 20

Befragung der Unternehmensleitung
- eingeschränkte Revision 554, 604, 630 ff., 645

Begehren von Aktionären
- Festhalten im Protokoll 504
- um Auskunft und Einsicht 506 f.
- um Durchführung einer Sonderprüfung 510 f.
- um Einberufung einer a.o. GV 112 f., 307, 460, 467, 473, 535, 583, 622, 803
- um ordentliche Revision (Opting-up) 558 ff.
- um Einsicht ins Aktienbuch 103, 294, 645
- um Traktandierung 466 ff.
- um Wahl einer Revisionsstelle 562 ff.

Begehren von Verwaltungsräten *siehe auch* *Auskunftsrecht*
- im Konzern 108
- um Abberufung eines VR 56
- um Auskunft vom Präsidenten 99 f.
- um Bereinigung des Sonderprüfungsberichts 515 ff.
- um Eintragung im Handelsregister 88
- um mündliche Behandlung 331
- um Sitzungseinberufung 266

Beginn
- des Revisionsstellenmandates 582
- des Verwaltungsratsmandates 50 ff.

Beglaubigung
- von Unterschriften zur Eintragung 86, 787

Begrenzung
- der Amtszeit 18 ff.
- der Mandatsanzahl 18 f.
- des Alters von Verwaltungsräten 18 ff.

begründete Besorgnis
- einer Überschuldung 317, 321, 411, 622 f., 803

Beirat
- Abberufung 172
- Abstimmung über Vergütung 66, 123, 126
- Konkurrenzverbot 958
- Offenlegung der Vergütungen 121, 134 f., 137 ff.
- statutarische Vorgaben 3 f., 135
- Verbot von Abgangsentschädigungen 128

Benachrichtigung des Richters
- Beispiel 393
- durch Revisionsstelle 623, 325 f.
- Klagemöglichkeit 370
- Verpflichtung des VR bei Überschuldung (Insolvenzanzeige) 145, 153, 321 ff.

Beratungsleistungen
- parallele Beratung durch die Revisionsstelle 574, 590, 616, 629

Berichterstattung der Revisionsstelle
- über die Zwischenbilanz 643 f.
- umfassende Berichterstattung an den VR 613 ff., 633 f.
- zusammenfassender Revisionsbericht an die GV 606 f.
- über Prüfung der Existenz des IKS 605 f.

Berichtswesen
- Muster einer Berichtsregelung (MIS-Konzept) 939
- Muster eines CEO-Monatsreports 941 f.
- Muster eines CFO-Monatsreports 943 f.

1181

- Revisionsberichte 606 ff.
- zur Finanzkontrolle 248 ff.

Beschluss
- Anfechtung durch Aktionär 130, 328
- Entlastungsbeschluss *siehe Décharge*
- Festhaltung im Protokoll 84, 85, 115, 268 f.
- Kompetenzvermutung 140 ff., 150 ff.
- mit der Mehrheit der Aktienstimmen 28
- mit der Mehrheit der VR-Stimmen 263 f.
- Nichtigkeit 110
- Quoren 58
- Regelung im Organisationsreglement 72 ff.
- Umsetzung 92, 271 ff., 307
- Zirkulationsbeschluss 272 f.
- zur Auflösung 59
- zur Konstituierung 62

Beschlussdelegation
- ausgeschlossene Geschäfte 424
- vorgezogene Einzelfall-Décharge 423 ff.

Beschlussfähigkeit
- des Verwaltungsrats in den Statuten 1103
- Muster für Klausel im Organisationsreglement 955
- Stichentscheid in der GV 144

Beschlussprotokoll
- bei der Generalversammlung
- bei VR-Sitzung 270
- zur HR-Anmeldung 85

Besorgnis einer Überschuldung
- Massnahmen des VR 321 ff.
- Massnahmen der Revisionsstelle 323 f., 643

Beteiligung
- Bewertung 212, 218 ff., 227
- Offenlegung 139, 216
- Übernahmerecht 520 ff.

Betreibungsregister
- mögliche statutarische VR-Voraussetzung 18

Betrug
- Abgabebetrug 619
- Ausschluss eines VR-Mitglieds 265
- Pfändungsbetrug 399
- *siehe betrügerischer Konkurs*
- Steuerbetrug 377
- Straftatbestand 398, 660
- Verhinderung durch IKS 251, 258, 702

betrügerischer Konkurs
- strafrechtliche Verantwortlichkeit 399

Beurteilung der Jahresrechnung durch Revisionsstelle
- bei eingeschränkter Revision 630 ff.
- bei ordentlicher Revision 587 ff.

Bevorzugung eines Gläubigers
- gesetzliche Grundlage 403
- nicht bei Sicherheitsinvestitionen 164
- Tatbestand und Beispiel 403
- Vorwurf im Falle eines Konkurses 395, 403

Bewertung
- bei der Rechnungslegung 190 ff., 217 ff.
- Grundsätze 193, 208, 211 ff.
- Impairments/Wertberichtigungen, 205, 220
- Prüfung der Einhaltung der Bewertungsvorschriften 594 ff.
- stille Reserven, 222 ff.

Bezugsrecht
- Angaben im Prüfungsbericht bei Kapitalerhöhung 638
- Aufhebung 312, 459, 503
- Einschränkung gemäss Statuten 312, 329
- Musterbestimmung in Statuten 1102
- Quorum zur Aufhebung oder Beschränkung 503
- Spezialbestimmungen 279

Bilanz
- Finanzberichterstattung an Aktionäre 189 ff.
- Bilanzerklärung, Vollständigkeitserklärung 465, 591, 632, 647 f.
- Deponierung beim Richter 317 ff.
- Gliederung 209 ff.
- Handelsbilanz 193
- Stichtagsrechnung 188
- Teil der Jahresrechnung 197, 207

Bilanzgewinn
- Antrag zur Verwendung 206, 464
- Prüfung des Antrages zur Verwendung 599, 632

Bilanzverlust
- bei Kapitalverlust und bei Überschuldung 317 f.

Börse
- besondere Kotierungsvorschriften 199, 519
- Eigentumsübergang von Aktien 291
- Going Public 356
- Insidergeschäft 401
- Konsolidierungspflicht 246 ff.
- Notwendigkeit der Segmentberichterstattung 241
- Pflicht zur Offenlegung von Vergütungen 137 ff.
- Übernahmerecht 519 ff.

briefliche Stimmabgabe
- nicht bei Verwaltungsratssitzungen 110

Bucheffekten
- Aktivlegitimation von Inhabern 33

Buchführung
- Gesetzliche Grundlagen 178 ff., 189 ff.
- Grundsätze ordnungsmässiger, 190 ff.
- Mitwirkung der Revisionsstelle in KMU 569 f., 575, 628 f.
- Muster für Ausgestaltung des Rechnungswesens 1010
- ordnungsgemässe Buchhaltung 130 ff.
- Prüfung durch die Revisionsstelle 551 ff., 587 ff., 630 ff.
- Tatbestand der Unterlassung 341

Business Conduct Guidelines
- Ethik-Code 744 ff.
- Muster eines Code of Conduct 814 ff.
- Muster eines Verhaltenscodex für Geschäftspartner 1132 ff.

Business Defense
- bei der Haftung für Sozialversicherungsabgaben 383

Business Judgement Rule
- Begriff 339
- Bedeutung 735

Bürgerrecht
- keine Vorschrift für Revisor 563
- keine Voraussetzung für VR 14

C

Cash Pool
- Begriff 689
- Checkliste zur Überprüfung der Zulässigkeit 810 ff.
- Teilaufgabe des Finanzmanagements 185, 319, 368
- Zulässigkeit im Konzern 689

CEO/Geschäftsführer
- Muster Monatsreport 941 f.
- Personalunion mit VR-Präsident 45, 715, 722, 726 f.
- Stellenbeschrieb 1111 ff.

Checklisten
- Aufdeckung von Vermögensdelikten 1136 ff.
- Aufgaben des VR 798 ff.
- Ausgestaltung des Rechnungswesens 1010 ff.
- Darstellung der Jahresrechnung 892 ff.
- Geschäftsbericht 868 ff.
- Kapitalerhöhung 907 ff.
- Reserven 1022 ff.
- Vorbereitung der Generalversammlung 1150 ff.
- Vorzubereitende Unterlagen für Revision 1046
- Wahlverfahren 1153

Claims-made-Prinzip
- bei Organhaftpflichtversicherungen 420

Cockpit Charts
- als Komponente des Finanzcontrollings 186
- Muster jährliche Darstellung 812
- Muster rollierende Darstellung 813

Code of Conduct
- als Vorgabe für ethisches Verhalten 743
- Muster eines Code of Conduct 814 ff.
- Muster eines Verhaltenscodex für Geschäftspartner 1132 ff.

Compensation Committee *siehe* *Vergütungsausschuss*

Comply or explain
- Grundsatz des Swiss Code of Best Practice 705, 711

Compliance (Normeneinhaltung)
- Führungsaufgabe des Managements 63, 206, 409, 522, 602, 670 ff., 715 ff.
- als Massnahme zur Haftungsprävention 409
- IKS 250 ff.

Controller
- zur Finanzkontrolle 248 ff.

Cooling-off period
- Abkühlfrist des Revisors 795
- Abkühlfrist des VR 715

Corporate Governance
- Angaben im Geschäftsbericht 718 ff.
- Ansatzpunkte 698 ff.
- Äusseres Dreieck 698 f., 735 f.
- Audit Committee 713 ff.
- Begriff 696 ff.
- Bedeutung für KMU 730 ff.
- Bedeutung in der Schweiz 709 ff.
- Best Practice im KMU (BP-KMU) 709, 723
- Comply or explain 711 ff.
- Doppelspitze/ Dualismus 724 ff.
- Entschädigungsausschuss *siehe* *Vergütungsausschuss*
- Entwicklung 701 ff.
- Exekutive/nicht-exekutive Mitglieder 713, 734
- Expertenbericht 710, 721
- EU-Richtlinien 705 ff.

- Gewaltentrennung als Forderung 724 ff.
- Finanzielle Führung 181 f.
- inneres Dreieck 698, 733 f.
- im Konzern 600
- Lead Director 715
- Nomination Committee 24, 65, 699, 716, 946
- OECD-Grundsätze 708
- Offenlegung 137 f., 717 ff.
- Prüfungsausschuss 713 ff.
- Remuneration Committee siehe Vergütungsausschuss
- Sarbanes Oxley Act (SOX) 701
- Swiss Code of Best Practice (SCBP) 696, 710
- SIX Corporate Governance Richtlinie (RLCG)
- Transparenzvorschriften 718 ff.
- unabhängige VR-Mitglieder 734
- UK Corporate Governance Code 705
- Vergütungsausschuss 4, 22, 64 ff., 73, 135, 277, 460, 715 f.

COSO
- Bestandteile eines IKS 251

D

Darlehen
- an Mitglieder des VR und der GL 304, 593 f., 645 f., 702, 708 f., 737, 932, 947
- in Konzernverhältnissen 687 ff.
- ohne ausreichende Sicherheit 411, 810
- Statutenbestimmung bei kotierten Gesellschaften 4

Datum
- des Revisionsberichts 607, 633
- der ordentlichen GV 468

Décharge
- an den Verwaltungsrat 421 ff., 468,
- als Haftungsprävention 421
- Beispiel einer Einzelfall-Décharge 425 f.
- Beschlussfassung 421
- Beschränkung des Stimmrechts 143, 497 f.
- bei Einmanngesellschaften 421 f.
- durch Beschlussdelegation 421, 423 ff.
- durch Erben 425 f.
- Einzelfalldécharge 425
- gegenseitige 422
- gesetzliche Regelung 421 ff.
- Quorum 422

- Stimmrechtsausschluss 422, 426
- Wirkungen 421 ff.

Delegation
- an Managementgesellschaft 70, 108 f., 176, 666 ff., 672 f.
- der Geschäftsführung 62 ff., 70 f., 171
- Einrede 354
- externe 176 f.
- in Konzernverhältnissen 666 ff.
- interne 175 f.
- Möglichkeit der Haftungsbefreiung 148, 367 f., 370
- Muster einer Klausel im Organisationsreglement 953
- Rechtswirkung der Delegation 174 f.
- Rückdelegation an die GV 150, 177 ff.
- Voraussetzungen der Delegation 173 f.
- Zulässigkeit 153 f.

Delegierter
- Abwahl 43
- als Geschäftsführer 11
- Aufgaben 68 f.
- Beendigungsgründe 53
- Begriff 80 ff.
- delegierter Verwaltungsrat 33 f.
- Eintragung im Handelsregister 52, 81
- Funktion 75, 81 f., 863 ff.
- Haftungsverschärfung 342
- Honorar 122, 851
- Informationsvorsprung 72
- Konstituierungsmöglichkeit 62 f.
- Mitglied der Geschäftsleitung 80 f.
- Muster einer Organisationsregelung 953 ff.
- Qualifikation der Zusatzfunktion 39 f.
- Sonderstellung 40 ff.
- Suspendierung 61
- Übertragung der Vertretung 11

deliktische oder dolose Handlungen
- beschränkte Prüfung 548, 554
- Checkliste zur Aufdeckung von Vermögensdelikten 1136 ff.
- Hinweis in der Vollständigkeitserklärung 1148
- Konkursdelikte 403
- Offizialdelikte 147

Demission siehe auch Ausscheiden
- der Revisionsstelle 583 ff.
- Haftungszeitraum für AHV-Prämien 382
- Massnahmen zur Haftungsprävention 411
- Muster einer VR-Rücktrittserklärung 1087
- Voraussetzungen 147 f.
- Wirkung 135, 382

Depotvertreter
- an der Generalversammlung 487 ff., 490 ff., 503
- Verbot bei kotierten Gesellschaften 30

differenzierte Solidarität
- bei Haftung aus aktienrechtlicher Verantwortlichkeit 391 f.

Differenztheorie
- Schadensberechnung 338

diligentia quam in suis 342

direkte Bundessteuer
- Haftung 373, 376

Direktion
- Muster einer Organisationsregelung 960 f.
- Überwachung durch VR 67, 69, 72, 171

Diskretionspflicht *siehe auch Geheimhaltungspflicht*
- Muster für Klausel im Organisationsreglement 957

Dispensation
- der Revisionsstelle von der GV-Teilnahme 619 f.

Disziplinarmassnahmen
- gestützt auf Weisungsrecht 116

Dividende
- Antrag des Verwaltungsrates 125, 184, 295, 461
- Liquidität als Voraussetzung 600
- Prüfung des Dividendenantrags auf Legalität 595 f., 599 ff.
- Rückerstattung 97, 283, 333
- Zwischendividende 601

Dokumentation
- als Haftungsprävention 410
- Muster eines Verwaltungsratsordners 886
- notwendige Unterlagen für VR-Mandat 335
- Rückgabe *siehe Aktenrückgabe*

Domizilannahmeerklärung
- Muster 822

Domizil
- Erklärung betr. Domizil bei Gründung 310
- Muster Domizilannahmeerklärung 822
- Muster Domizilvertrag 823 ff.

Doppelfunktion
- Verwaltungsrat und Geschäftsführer 17 f.

Doppelstellung
- als Verwaltungsrat und Arbeitnehmer 45 ff.
- arbeitsrechtliche Konsequenzen 48 f.
- Ausschluss bei Banken 11
- Entstehung 46
- gesellschaftsrechtliche Konsequenzen 49

- Problematik 45 f.
- Voraussetzungen und Zulässigkeit 47 f.
- Konsequenzen 48 ff.
- Lohnanspruch 131 ff.
- prozessrechtliche Konsequenzen 50
- strafrechtliche Wissenszurechnung 163 f.
- Regelung im Entschädigungsreglement 852
- versicherungsrechtliche Konsequenzen 49 f.
- Vor- und Nachteile 725 f.

D&O-Versicherung
- Berücksichtigung bei der VR-Honorierung 127
- Deckung 418
- in Konzernen 680
- Nachversicherung 54, 420 f.
- versicherte Personen 419 f.
- Versicherungsnehmer 419

Dualismus
- bei der Rechnungslegung 230
- Forderung der Corporate Governance, 136, 724
- Gründe gegen die Einführung 735
- Statutenklausel zur Annäherung 70 f., 154, 1094
- Vorschrift bei Banken 11, 18, 80, 176

Due Diligence
- bei Übernahmen 537 f., 540, 735 ff.
- Dienstleistung der Revisionsstelle 575
- durch Umstrukturierungsprüfer 641 f.
- Gleichbehandlungspflicht 527
- im Letter of Intent 538
- Mehrwert der Corporate Governance 701
- Verzichtsfolgen 655

Durchgriff
- auf Aktionär 561
- auf Muttergesellschaft 417, 883
- im Steuerrecht 665
- Haftung 683

Durchsetzung der Unabhängigkeit
- der Revisionsstelle 571 f.

E

Ehevertrag
- Erwerb von Namenaktien durch Güterrecht 291 ff.
- Güterrechtsforderung 426
- Möglichkeit zur Haftungsprävention 426

Ehrenpräsident
- keine Regelung im Gesetz 78

- Musterreglement 826 ff.
- Rechte und Pflichten 78 f.
- Rechtsanmassung 96

Eidg. Revisionsaufsichtsbehörde
- Prüfung der Revisionsstellen 562 ff., 572 f., 580, 586, 607, 625, 660
- Registerhinweis in Mandatsannahmeerklärung 580 f.

Eidg. Versicherungsgericht
- Verurteilungen von Verwaltungsräten 378

eigene Aktien
- Berücksichtigung bei den gesetzlichen Reserven 208, 318
- im Übernahmerecht 528, 534
- Prüfung der Vorschriften 597
- Reserve für eigene Aktien 217, 318, 901
- Ruhen des Stimmrechts an GV 143, 497

Eigenkapital
- Bedeutung 183 ff.
- bei Überschuldung 318 f.
- Eigenkapitalspiegel 238
- Kapitalschutz 267, 318 ff., 326, 446, 530, 544, 595 f.
- Verdeckte Gewinnentnahme 333, 530, 595

Eignerstrategie
- Grundlage für VR-Anforderungsprofil 7
- Klarstellen der Interessen, Ziele und Prioritäten 737 f.
- Steigerung des Mehrwertes durch CG 699
- Muster Familienunternehmen 828 ff.
- Muster öffentl. Unternehmen 832 ff.
- Vorgabe der Aktionäre 157

Einberufung
- Adressaten bei der GV 469 f.
- Änderung der GV-Einberufung 480
- Aufgabe des VR 306 ff., 469
- Bekanntgabe der Anträge für GV 473, 476
- Berücksichtigung der Partizipanten 479
- der GV durch Revisionsstelle 621
- der Verwaltungsratssitzungen 109 ff.
- Form bei der GV 470
- Fristen bei der GV 471
- Muster für GV-Einberufung 836 ff., 839 ff.
- Muster für VR-Einberufung 847
- Rechtsfolgen einer mangelhaften 481 f.
- Verantwortung des VR 469
- Widerruf der GV-Einberufung 480 f.
- Universalversammlung, 472

Eingeschränkte Revision
- analytische Prüfungshandlungen 631
- Anforderungen an den Prüfer 564 ff.
- Anzeigepflichten bei Normverletzungen 634
- Auftragsbestätigung 804
- Auskunftspflicht gegenüber Revisionsstelle 633
- Befragung der Unternehmensleitung 631
- begrenzte Sicherheit 554 ff.
- Berichterstattung an die GV 633
- Detailprüfung 631
- Gegenstand der Prüfung 533, 631 f.
- Gewinnverwendungsantrag 632
- Hauptaufgaben der Revisionsstelle 626 ff.
- Muster Revisionsbericht 1029, 1031
- Negative Assurance 630
- Offenlegung von übrigen Dienstleistungen 629
- Opting-out 560
- Pflicht zur eingeschränkten Revision 551 ff.
- Prüfungsmethodik 631
- Unabhängigkeit 628 ff., 569 ff.
- Unterschiede zur ordentlichen Revision 552 ff.
- Vollständigkeitserklärung 647

Einheitsprozess
- für Verantwortlichkeitsklagen 392

Einladung *siehe auch Einberufung*
- Angabe von Ort und Zeit der GV 474
- Anträge 23, 476 f., 576
- der Minderheitsaktionäre 119
- der Urkundsperson 486
- des VR-Kandidaten zur GV 26 f.
- des Ehrenpräsidenten 78 f.
- Mustereinladung zur GV eines KMU 836 ff.
- Mustereinladung zur GV einer Publikumsgesellschaft 839 ff.
- Mustereinladung zur Strategietagung 844 ff.
- Mustereinladung zur VR-Sitzung 847 ff.
- ohne Traktanden 513, 559
- strikte Form- und Fristvorschriften 410, 470 ff.
- Traktandenliste 113 f., 474
- Verantwortung des VR-Präsidenten 77
- zur Generalversammlung 26 f.
- zur VR-Sitzung 101, 110

Einlage
- Einlagerückgewähr 594, 619, 688 f.
- Verbot der Rückvergütung 330

Einmannaktiengesellschaft
- Beispiel ungetreuer Geschäftsführung 400
- Décharge-Problematik 421
- Einhaltung der Formvorschriften 410
- unmögliche Amtszeitbeschränkung 20

Einreden
- gegen Verantwortlichkeitsklage 354 f.

Einschränkungen
- bei Aktienübertragungen 291
- bei Doppelstellung 47
- bei kotierten Gesellschaften 73
- bei Mandatsannahmen 21
- der Rechte eines VR 94 ff.
- der Stellvertretung 142, 490
- der Unabhängigkeit 569
- im Bericht der Revisionsstelle 609
- im Mandatsvertrag 17, 417
- Muster eines entsprechenden Revisionsberichts 1036

Einsichtsrecht
- Abweisung eines Gesuches 104, 143, 330
- bei öffentlichen Unternehmen 105 f.
- der Revisionsstelle ins Aktienbuch 295
- des Aktionärs ins Aktienbuch 294 f.
- Durchsetzung 107 f.
- Erstellen von Kopien und Abschriften 107
- erweitertes 98
- Güterabwägung 98 f.
- in Bücher und Akten 103 f.
- Muster für Klausel im Organisationsreglement 956
- Überblick 98 f.
- und Auskunftsrecht *siehe Auskunftsrecht*
- von Beratern 104 f.
- zeitliche Einschränkung 94
- Zustimmung des VR-Präsidenten 98

Einsitznahme
- von GL-Mitgliedern im VR 11 ff., 17, 45 f.
- von Regierungsräten in öffentl. Unternehmen 8

Eintragung
- der Revisionsstelle im Handelsregister 561, 572, 581 f.
- des VR im Handelsregister 51
- Muster einer Anmeldung zur VR-Eintragung 785 ff.

Einzelfall-Décharge
- Beispiel 425
- durch Beschlussdelegation 423 f.

Einzelrisikobeurteilung
- Muster 1060 ff.

Einzelunterschrift
- Aufhebung durch Organisationsreglement 74
- Checkliste 930
- Kollektivunterschrift als Alternative 94

- Organisationsdefizit 397
- Problematik 52 f.
- Regelung der Zeichnungsberechtigung 167 ff.
- Vermeidung zur Haftungsprävention 415

Emissionsprospekt
- keine Anwendung der allg. deliktischen Haftung 355
- *siehe Prospekthaftung*
- Veröffentlichung bei Kapitalerhöhung 356
- zivilrechtliche Verantwortlichkeit 355 ff.

Empfehlungen der Revisionsstelle an die GV
- bei eingeschränkter Revision 633
- ohne Einschränkung 608, 611 ff.
- Rückweisungsempfehlung 611 ff.

Ende
- der Amtsdauer eines VR 54 ff.
- des Revisionsstellenmandates 583 ff.
- des Verwaltungsratsmandates 53 ff.

Engagement Letter
- Auftragsbestätigung an die Revisionsstelle 582, 804 f., 807 f.
- Muster VR-Mandatsbestätigung 928 f.

Enthaftungsklausel
- Formulierung 417
- im Mandatsvertrag 46, 416
- Musterklausel 935
- und Lohnanspruch 131

Entlastungsbeschluss *siehe Décharge*

Entmündigte
- Möglichkeit zu Verwaltungsratsmandat 14

Entsandter Verwaltungsrat *siehe abgeordneter Verwaltungsrat*

Entschädigung *siehe auch Vergütungsausschuss*
- Abgangsentschädigung 49, 138, 304, 537
- AHV- und ALV-Abrechnungspflicht 128
- Aktienrechtlicher Minderheitenschutz 119
- Anspruch nach Demission 147 f.
- Anspruch je nach rechtlicher Qualifikation 44
- Art der VR-Entschädigung 123 ff.
- Ausschuss 65, 119 ff., 715 f.
- bei börsenkotierten Gesellschaften 529 f.
- bei Grossgesellschaften 123
- bei KMU 122
- beim Mantelhandel 377
- Bestandteil des Anforderungsprofils 7
- der GL-Mitglieder 961
- der Revisionsstelle 649
- des VR-Delegierten 42, 960

1187

- Empfehlung des Swiss Code of Best Practice 119 f., 715 f.
- Empirische Angaben 121 ff.
- Festsetzung der Entschädigung 126 ff.
- gemäss Mandatsvertrag 416
- gemäss Organisationsreglement 73, 957
- im Konzern 126
- Kumulation mit Lohnforderung 129 ff.
- Legalität und Legitimität 117 ff.
- Minderheitenschutz 119
- Möglichkeiten zur Begrenzung 134 ff., 1095 f.
- Muster für Klausel im Organisationsreglement 951, 957
- Musterreglement 850 ff.
- nach Funktion 94 f.
- Offenlegung 137 ff.
- Prämien der Organhaftpflichtversicherung 421
- Quellensteuerabzug 128
- Recht der Revisionsstelle 649
- Recht des Verwaltungsrates 91, 94, 118
- Rechtsanmassung 97
- Reglement 850 ff.
- Statutenklausel zur Begrenzung 1095 f.
- über eigene GmbH 134
- Überprüfung 127 f.
- variable 13
- Zusammensetzung 124

Entschädigungsausschuss siehe *Vergütungsausschuss*

Entzug der Zulassung
- der Revisionsstelle 564 f.

Erbengemeinschaft
- Berechtigung zur Décharge 425
- Décharge durch 425 f.
- Muster einer Angabe im Aktienbuch 752
- Vertretung an der GV 488, 491

Erbgang
- Erwerb von Namenaktien 291 f., 293
- im Aktionärbindungsvertrag 763
- in den Statuten 1099
- Universalsukzession 426

Erbvertrag
- moralisches Anrecht auf VR-Sitz 37

Erfolgsrechnung
- aussergewöhnliche Ereignisse 301
- Begriff und Inhalt 201 ff.
- Bestandteil des Abschlusses 238
- Gliederung 208 ff.
- Kommentierung im Lagebericht 298
- Konsolidierung 243

- Offenlegung 198
- Pflicht des VR 204
- Prüfung durch Revisionsstelle 590, 643
- Teil der Jahresrechnung 191, 197, 207
- Teil der Rechnungslegung 188
- Teil des Geschäftsberichts 296
- Vorlage für GV 464

Ermessensentscheide
- bei der Rechnungslegung 205, 220, 227, 465

Ermessensreserven
- Begriff 222 f.

Ersatzvornahme durch Revisionsstelle
- Einberufung der Generalversammlung 320 f., 621 ff.
- Insolvenzanzeige beim Gericht 325, 622 ff.

Ethik
- Ausgangspunkt 743 ff.
- Ausschuss 66
- Bedeutung für den VR 743 ff.
- Ethik-Code 743 ff.
- Muster Business Conduct Guidelines 814 ff.

Europäische Menschenrechtskonvention 359

Evaluation des VR
- durch den VR selbst 857 ff.
- durch die GL 854 ff.
- Selbstevaluation 155 f.

Existenz eines internen Kontrollsystems
- Komponenten des IKS 251 ff.
- Prüfung der Existenz des IKS 601 ff.

Expectation Gap bez. Revisionsstelle
- Erwartungslücke 370

F

Fabrikationsgeheimnis
- bedingt durch Arbeitsvertrag 48
- Umfang 402
- Verletzung 402

Fachliche Voraussetzungen
- bei der Revisionsstelle 565 ff.

Fahrlässigkeit
- bei der Haftung aus Verwaltung/ Geschäftsführung 369
- bei der Prospekthaftung 359 f.
- Definition 341
- der Revisionsstelle 656 ff.
- des VR 341, 359, 369, 382, 388, 390, 408
- durch Unterlassen 369

faktische Liquidation
- Haftung für Steuern 377

faktische Organschaft
- Beweislast für – 415
- Vermeidung zur Haftungsprävention 415 f.

faktisches Organ *siehe auch stiller und verdeckter VR*
- Beispiel ungetreuer Geschäftsführung 400
- Décharge 422
- Definition 346, 352 f.
- Haftung aus Verwaltung/Geschäftsführung 367 ff., 415
- Haftung für AHV-Prämien 380
- strafrechtliche Verantwortlichkeit 395 ff.
- untaugliche Haftungsprävention 415 f.
- zivilrechtliche Verantwortlichkeit 352 ff.

Falschbeurkundung
- bei Protokollen 84
- bei der Vollständigkeitserklärung 648

Fehlaussagen
- in der Rechnungslegung 556, 631

Fehlen
- einer Revisionsstelle 583 ff., 586
- eines Verwaltungsrates 4

FER (Swiss GAAP FER)
- anerkannter Standard 188, 208, 449, 460, 519, 587, 606 ff.
- Bedeutung und Aussagekraft 233 ff.

fiduziarischer Verwaltungsrat
- Rechtsstellung 96

Finanzberichterstattung *siehe Rechnungslegung*

finanzielle Führung
- Ausgestaltung des Rechnungswesens 187 ff.
- Bedeutung 178
- Dimension 178 ff.
- Festlegung Finanzziele und Rahmenbedingungen 182 f.
- finanzielle Krise 317 ff.
- Finanzcontrolling 179, 185 ff.
- finanzielle Gesamtführung 179 ff.
- Finanzmanagement 185 ff.
- Liquiditätsmanagement 183 f.
- Pflicht des Verwaltungsrates 178 ff.
- Wertmanagement 180 f., 242
- Werttransfer an die Aktionäre 184 f.

Finanzintermediär
- besondere Tätigkeit des VR 169 f.

Finanzkontrolle
- Grundlage 248 ff.
- Muster Monatsrapport 941 ff.
- zur Erkennung der Überschuldung 317 ff.

Finanzplanung
- Ausgestaltung 261 f.
- Erfordernis des Rechnungswesens 261 ff.
- Muster eines Liquiditätsplans 928

Finanz- und Rechnungswesen
- Ausgestaltung 187 ff.
- Muster eines Funktionendiagramms 863

Folgeschaden
- Fortführungsschaden 333
- Verantwortlichkeit der Revisionsstelle 655

Forderungen
- Bilanzposition 209 ff.
- Höchstwert 218 ff., 225

Form
- der Organisation 63 f.
- der Sitzungseinberufung 110
- des Vertragsverhältnisses mit VR-Delegierten 40
- von GV-Protokollen 503 ff., 986 ff.
- von VR-Protokollen 268 ff., 993 ff.

Fortführungsfähigkeit
- Going-concern-Prämisse 184, 194, 206, 235, 318 ff.
- Prüfung 591 ff., 632 ff.

Fortführungsschaden
- bei Weiterführung einer zahlungsunfähigen oder überschuldeten AG 339, 348, 371

Führungskalender
- Festlegung im Vorjahr 111
- Muster 862

Full audit (Vollprüfung) *siehe ordentliche Revision*

Funktionen
- der Revisionsstelle 543
- des VR 6
- Eintragung im Handelsregister 52 f.
- Trennung bei Banken 18
- von VR-Ausschüssen 15

Funktionendiagramm
- Anhang zum Organisationsreglement 75, 166 f.
- Begriff und Gestaltung 75
- Festlegung der Kompetenzen von VR und GL 75
- keine Einzelunterschrift 53
- Muster 863 ff.
- notwendige Unterlage für VR 335 f.

Funktionstrennung
- Kontrollaktivität beim IKS 250 ff.

G

Gebühren
- Angabe auf HR-Anmeldung 787
- bei eigener Anmeldung zur Löschung 90, 149
- Betreibungsgebühren als Schaden 381
- Haftung für HR-Gebühren 386 f., 386 f.
- Haftung für Mahngebühren bei AHV 381

geheime Abstimmung
- auf Verlangen der Aktionäre 500 f.
- Friktionsmöglichkeit bei der GV 483 f.

Geheimhaltung
- bei Aktenrückgabe 334 f.
- der delegierten Vertreter im VR 95
- der Revisionsstelle 625
- der Überschuldungsanzeige 325
- des Aktienbuches 294
- Erklärung des VR-Kandidaten 27
- Fortdauer nach Mandatsende 54
- Regelung im Mandatsvertrag 935
- Regelung im Organisationsreglement 16
- Umfang und Abgrenzung 288 f.
- und Aktionärsrecht an GV 507 ff.
- und Einsichtsrecht des VR 94, 509
- und Informationsrecht des VR 105 f.
- und Treuepflicht 282 f.

Geheimhaltungspflicht
- Abgrenzungskriterium 288
- Bestimmung im Organisationsreglement 957
- Bestimmung im Aktionärbindungsvertrag 768
- der Revisionsstelle 579, 587, 622, 625 ff.
- des Verwaltungsrates 288 f.
- gesetzliche Grundlage 288 f.
- über Amtsdauer hinaus 411
- Umfang 288
- und Informationspflicht an Aktionäre 507 ff.

Geheimnisverletzung
- als Straftatbestand 402

Generalversammlung
- Abberufung der Revisionsstelle 585
- Abberufung des VR 56 ff.
- Abstimmung 495 ff.
- Abstimmung mit absolutem Mehr 501 ff.
- Aktionärsfragen 506 ff.
- Anträge an die GV 466 ff.
- Anzeigepflicht der Revisionsstelle gegenüber der GV 617
- Ausführung von GV-Beschlüssen 307
- Auskunfts- und Einsichtsrecht 509
- Auskunftspflicht der Revisionsstelle 619 ff.
- Auskunftspflicht des Verwaltungsrates 506 ff.
- ausserordentliche, bei hälftigem Kapitalverlust 319 ff.
- ausserordentliche, für die Wahl einer neuen Revisionsstelle 585
- ausserordentliche, für eine Zwischendividende 601
- Beschlussfassung
  - Décharge/Entlastung VR 461
  - Gewinnverwendung 461
  - Jahresrechnung, Konzernrechnung 461
  - Lagebericht 460
  - Statutenänderungen 459
  - Vergütungen an VR und GL 461
- Beschlussvoraussetzung Revisionsbericht 461, 472, 482
- Checkliste zur Vorbereitung 1150
- Décharge-Beschluss *siehe Décharge*
- Durchführung 484 ff.
- Einberufung
  - durch Revisionsstelle 621 f.
  - Einberufung durch Verwaltungsrat 469 ff.
- Einberufungsrecht der Aktionäre 466
- Einladung
  - zur GV eines KMU (Muster) 836 ff.
  - zur GV Publikumsgesellschaft (Muster) 839 ff.
- Einsichtsrechte vor GV 473
- Empfehlung der Revisionsstelle 611 f.
- Entlastungsbeschluss *siehe Décharge*
- Fragen der Aktionäre 506 ff.
- Friktionen, mögliche 482 f.
- Informationspflicht 473 f.
- Kapitalverlust, hälftiger (Sanierungs-GV) 317 ff.
- Kompetenzen der GV 459 ff.
- Konstituierung 492 ff.
- Konsultativabstimmungen 120, 152, 177, 305, 421, 463, 495
- Leitung der GV 493
- Muster einer Einladung Publikumsgesellschaft 839 ff.
- Opting-out durch Generalversammlung 560 ff.
- Ort der GV 474
- Organvertreter 488 ff.

- Orientierung der Aktionäre 473, 453
- Pflicht zur Einberufung durch den VR 469
- Protokoll der GV 503 ff.
  - Muster Protokoll ord. GV 986 ff.
  - Muster Protokoll Universalversammlung 990 ff.
- Quorumsvorschriften 501
- Revisionsbericht, Vorliegen 461
- Revisionsstelle, Teilnahmepflicht 485 f.
- Sonderprüfung *siehe Sonderprüfung*
- Statutenänderungen 459
- Stichentscheid 503
- Stimmberechtigung 477 ff.
- Stimmrechtsvertretung 478 f.
- Teilnehmer 469 f., 479, 484 ff.
- Traktandenliste 473, 475 ff.
- Traktandierungsbegehren 465
- Universalversammlung 472
- Urkundsperson 486
- Vertretung 488 ff.
- Verwaltungsrat Teilnahmepflicht 485
- Vorbereitung 464
- Vorsitz gemäss Statuten 493
- Wahlen
  - Wahl der Revisionsstelle 460, 580
  - Wahl des Stimmrechtsvertreters 460, 488 ff.
  - Wahl von Sachverständigen 460
  - Wahl des Verwaltungsrates 460
  - Wahl des Verwaltungsratspräsidenten 460
  - Wahl des Vergütungsausschusses 461
- Zeitpunkt der GV 474

Geldflussrechnung
- als Mittel des Finanzcontrollings 186
- Begriff und Bedeutung 214 f.
- Bestandteil der Rechnungslegung 191, 197
- Offenlegungsvorschrift 198
- Notwendigkeit bei grösseren Gesellschaften 213

Gerichtsstand
- bei Verantwortlichkeitsklagen 351
- Muster vertragliche Regelung 825, 929, 936, 1009

Gesamtverwaltungsrat
- Anrufung des Richters 145
- Aufgabe des VR-Präsidenten 76
- Entscheid über Auskunftsverweigerung 102, 112
- Entscheid über Einsichtsverweigerung 104, 112
- Fragestellung an VR-Kandidat 27
- Genehmigung
  - des Jahresabschlusses zu Handen GV 66
  - von Arbeitsverträgen 48
  - von Vergütungen 65
- Konstituierungsmöglichkeit 63 f.
- Offenlegung neuer Mandate 17
- Rechte 91 f.
- Rechtsanmassung 96
- Regelung im Funktionendiagramm 75
- Sanktionen 97
- Überwachung des VR-Delegierten 71 f.
- Verantwortung 67, 69
- Vertragsverhältnis bei Zusatzfunktionen 39, 41, 45
- Weisungsrecht 42 f.

Geschäftsbericht
- Abgabe an Aktionäre 111, 302 f.
- Aufgabe des Verwaltungsrates 153, 205, 295 ff., 446, 464 ff.
- Auflage zur Aktionärseinsicht 466
- Checkliste 868 ff.
- Einsichtsrecht des Aktionärs 509, 606
- elektronische Aufbewahrung 275
- Frist zur Erstellung 231
- Hinweis in der GV-Einladung 836, 842 f.
- Inhaltsübersicht 296
- Instrument der Unternehmenskommunikation 302 ff.
- Konzernrechnung als Bestandteil 248, 302
- Lagebericht als Bestandteil 215, 444
- Mittel des Finanzcontrollings 186
- Muster 871 ff.
- Rechnungslegung als Bestandteil 198, 207

Geschäftsführer
- Muster Monatsrapport 941 f.
- Personalunion mit VR-Delegiertem 81, 725
- Personalunion mit VR-Präsident 17 f., 163, 395, 726
- Risikomanagement 432
- Stellenbeschrieb 1111
- ungetreue Geschäftsbesorgung 400

Geschäftsführung *siehe auch Geschäftsleitung*
- Bestellung und Beaufsichtigung 171 f.
- Haftung für Sorgfaltspflichtverletzung 367 ff.

Geschäftsführung ohne Auftrag
- bei drohender Gefahr 93
- Haftung aus Geschäftsführung ohne Auftrag 390
- Problem der Rechtsanmassung 86 ff.

1191

- Überschreitung der Rechte des Verwaltungsrates 96 f.

Geschäftsführungsprüfung
- Ausschluss (kein Prüfungsgegenstand) 598
- bei fraglicher Unternehmensfortführung 321 ff.
- bei Überschuldung 324, 643 ff.
- Meldepflicht bei ins Gewicht fallenden Verstössen 617 ff.

Geschäftsgeheimnis
- bei Mandaten in Konkurrenzunternehmen 16, 286
- gegen Informationsrecht der Aktionäre 38, 294, 507 f.
- Grundlage für Aktenrückgabepflicht 335 f.
- Grundlage für Geheimhaltungspflicht 282, 288
- Konsequenzen einer Verletzung 265, 402 f.
- nach Mandatsende 335
- Straftatbestand 402 f.
- Umfang 402

Geschäftsleitung
- Abgangsentschädigung an GL 128, 716, 961
- anstelle des VR-Delegierten 11, 80
- Aufgaben bzgl. Buchführung und Rechnungslegung 179, 207
- Aufgaben bzgl. IKS 254 f., 256
- Aufgaben im Risk Management 436, 448
- Auskunftspflicht der Geschäftsleitung gegenüber der Revisionsstelle 646 ff.
- Ausnützung vertraulicher Tatsachen 401 f.
- Begrenzung der Vergütung 118
- Bestellung und Beaufsichtigung 171 ff.
- Compliance 522, 1107
- Controlling 179
- Delegation 49, 62 f., 70 ff., 115
- Einsitznahme im VR 11 ff.
- Erstellung des Geschäftsberichts 295 ff.
- Haftung für Sorgfaltspflichtverletzung 284, 342 f.
- Management Letter 615 f.
- mit Überkreuzmandaten 10
- Muster einer Organisationsregelung 960 f.
- Offenlegung der Vergütung 137 f.
- Pflicht zur Auskunfts- und Einsichtsgewährung 99 f.
- Regelung im Funktionendiagramm 863 ff.
- Regelung im Organisationsreglement 960 f.
- Risikobeurteilung 438 ff., 448
- Risikomanagement 432 f., 436, 443
- Stellvertreterregelung nötig 67, 167

- Stimmrecht des VR in den GL-Sitzungen 144 f.
- Überprüfung der Leistung des VR 155 f.
- Überprüfung der Leistung durch VR 111, 144, 153, 171 ff., 428, 522
- ungenügende Zusammenarbeit mit VR als Hauptfehler 428
- Verantwortung bzgl. Jahres- und Konzernrechnung 207
- Vergütungen 305

Geschäftsreglement *siehe Organisationsreglement*
- Muster Organisationsreglement 953 ff.

Geschäftsrisiko *siehe Risikomanagement*

Geschenke
- an die Revisionsstelle 569
- Musterregelung im Business Conduct Code 783, 814 ff.

Gesellschaftszweck
- im Konzern 685

Gesetzesänderungen
- seit der 3. Auflage 2 f.

Gesetzeskonformität
- Überprüfung der Statuten 276

Gesetzesverstoss
- Mitteilung durch die Revisionsstelle 611, 617 ff.
- typische Fälle 619

gesetzliche Reserven
- allgemeine 216, 318
- Aufwertungsreserven 217, 219, 318
- Berücksichtigung bei Dividendenantrag 600
- Berücksichtigung bei Überschuldung 318 f.
- Bilanzverlust 318 f.
- Prüfung 599 ff.
- Reserven für eigene Aktien 217, 318

Gewaltentrennung
- Forderung der Corporate Governance 724

Gewinnausschüttung *siehe auch Dividende und Gewinnverwendung*
- als VR-Entschädigung 125
- Berücksichtigung der Liquidität 600
- des Cash Flow 215
- Gleichbehandlungspflicht 285
- in Form von Darlehen 97
- mit Auflösung von stillen Reserven 224
- verdeckte 334, 530, 595

Gewinnbeteiligung
- Bestandteil der VR-Entschädigung 124 f.

Gewinnentnahme
- verdeckte 333, 530, 595
- *siehe Gewinnausschüttung*

Gewinnverwendung
- Dividende *siehe Dividende*
- Muster eines Antrages 837, 839
- Prüfung der Anträge 599, 632
- Voraussetzungen für Beschluss 600

Gläubiger
- Adressat des Geschäftsberichts 295
- als Geschädigte 338, 340 f., 348 ff., 369 f.
- als Kläger 338, 340 f., 344, 346, 348 ff., 364, 367, 369 f.
- Berücksichtigung bei VR-Entscheiden 164
- Bevorzugung *siehe Gläubigerbevorzugung*
- kein Anfechtungsrecht 328
- kein Einsichtsrecht ins Aktienbuch 294
- keine Wirkung von Konsultativabstimmungen in der GV 177
- kein Anspruch auf Einblick in Jahresrechnung 199
- Rangrücktritt 214
- Schutz durch die Revisionsstelle 545 ff.
- Schutz durch Rechnungslegung 188 f., 193

Gläubigerbevorzugung
- gesetzliche Grundlage 395, 403
- nicht bei Sicherheitsinvestitionen 164
- Risiko bei Kapitalverlust 643
- Tatbestand und Beispiel 395, 403
- Vorwurf im Falle eines Konkurses 395

Gläubigerschutz
- Alarmglocke 188, 544
- bei Opting-out-Problematik 560
- hälftiger Kapitalverlust 317 ff.
- Kapitalschutz 193, 595 f., 639 f.
- Klagerechte der Gläubiger 348 ff., 366, 369
- Neugläubiger 544

Gleichbehandlung
- gesetzliche Grundlage 38, 280 f., 285
- Grundsatz 280
- von Aktionären 54, 105, 285, 369
- von Verwaltungsräten 18, 54

Grobfahrlässigkeit
- bei Nichtablieferung von Sozialversicherungsprämien 382 f.
- Beschränkung der Haftung im Arbeitsvertrag 46
- Reduktion der Versicherungsleistung 420
- Versicherungsdeckung 420

Grössenkriterien
- Anforderungen an Revision 552
- Differenzierung Rechnungslegung 213

Grundsätze ordnungsgemässer Rechnungslegung (GoR)
- Bedeutung 195 ff.

- Einhaltungsprüfung 592 ff.
- Konzernrechnung 243

Gründung
- Anmeldung beim HR-Amt 309 f.
- Bargründung 310
- Bestellung der Organe 2, 18
- einfache Gründung 310
- Gründervorteile 311
- Gründungsbericht 278
- Gründungshaftung *siehe Gründungshaftung*
- Gründungsprüfung 627, 635 ff.
- Mängel
- Notwendigkeit einer öffentlichen Urkunde
- Prüfung des Gründungsberichts 312, 635
- qualifizierte Gründung 310
- Sacheinlagegründung 311
- Sachübernahmegründung 311
- Verantwortliche 365 f.
- VR-Konstituierung

Gründungshaftung
- Aktivlegitimation 364 f.
- Beispiele 366
- gesetzliche Grundlagen 362 ff.
- Grundsatz 362 ff.
- Klagevoraussetzungen 362 ff.
- massgebende Handlungen 362 f.
- Passivlegitimation 365 f.
- Pflichtverletzungen 363 f.
- Schadensbegriff 366
- Verjährung 363

Gründungsprospekt *siehe Prospekthaftung*

Gründungsstadium
- einer Aktiengesellschaft 363

Gruppenführung
- Konzernbegriff 663 f.
- Überlegungen zur Führung 883 ff.

Gütertrennung
- Möglichkeit zur Haftungsprävention 426 f.

GwG-Unterstellung
- VR als Finanzintermediär 169 ff.

H

Haftung *siehe auch Haftung aus Verwaltung/ Geschäftsführung*
- aus Geschäftsführung ohne Auftrag 390
- aus Konzernvertrauen 693
- aus Vertrag 387 f.
- aus Verwaltung und Geschäftsführung 367 ff.

1193

- Ausschluss bei Weisungsbefolgung als Arbeitnehmer 46
- Ausschluss durch Mandatsvertrag 416 f., 935
- ausserhalb Konkurs 349
- bei Delegation 148, 367 f., 370
- bei Gründung *siehe Gründungshaftung*
- der Revisionsstelle 651 ff.
- des faktischen Organs 352 ff.
- des stillen Verwaltungsrats 346, 352 ff.
- Enthaftung durch Mandatsvertrag 416 f., 935
- Fortdauer bei Mandatsende 283, 388
- für Angaben betr. Risikobeurteilung 300 f.
- für direkte Bundessteuern 376
- für Emissionsprospekt *siehe Prospekthaftung*
- für Konkurrenzierung 286
- für Liberierung 278
- für öffentlich-rechtliche Forderungen 372 ff.
- für Scheineinzahlung des Aktienkapitals 363 f.
- für Sorgfaltspflichtverletzung 284, 339 f., 368 f.
- für Sozialversicherungsabgaben 378 ff.
- für Steuern 372 ff.
- für strafbare Handlungen 395 ff., 396
- für Umweltschutzvorschriften 385 f.
- für unerlaubte Handlung 283, 388 f.
- für ungerechtfertigte Bereicherung 390
- für Verrechnungssteuern 373 ff.
- im Konzern 682 ff., 693
- Kausalhaftung für Sozialversicherungsabgaben 50, 379
- nach Billigkeit 390
- Präventionsmöglichkeiten 407 ff.
- Rückgriff 390 f., 394
- Solidarität 391 ff.
- strafrechtliche *siehe strafrechtliche Verantwortlichkeit*
- Vertrauenshaftung im Konzern 693
- zivilrechtliche *siehe zivilrechtliche Verantwortlichkeit*

Haftung aus Verwaltung/Geschäftsführung
- Aktivlegitimation 369 f.
- Beispiele 368, 372
- Fahrlässigkeit 369
- der faktischen Organe 367
- gesetzliche Grundlagen 367 ff.
- Klagevoraussetzungen 369 ff.
- Kausalzusammenhang 371
- bei Kompetenzdelegation 367
- Passivlegitimation 369 f.
- Schaden 370
- Verjährung 368
- Verschulden 371

Haftungsbefreiung
- durch Delegation 148, 367 f., 370

Haftungsprävention
- Auswahl der Gesellschaft 409, 411
- Ausschluss der Haftung 408
- Begriff und Bedeutung 407
- bei Mandatsausübung 409 ff.
- Décharge-Erteilung 421 ff.
- Ehevertrag 426 f.
- Enthaftungsklausel 416 f., 935
- generelle Möglichkeiten 407 ff.
- in Konzernverhältnissen 417
- Mandatsvertrag 416 ff.
- nach Mandatsniederlegung 411 f.
- Organisation 414 f.
- Überwälzung der Haftung auf Versicherer 408
- Risikomanagement 427 ff.
- und Unterschriftenregelung 415
- Vermeidung faktischer Organschaft 415 f.
- Versicherung 417 ff.
- vor Mandatsannahme 408
- zivil- und strafrechtlich 407
- Zulässigkeit 408
- Zusammensetzung des VR 413

Hälftiger Kapitalverlust
- Alarmglocke 317
- Definition 317 f.
- Hinweis im Revisionsbericht 609
- Sanierungsplan 319 f.
- Verwaltungsrat, Pflichten 150, 319 f.

Handelsregister
- Androhung der Löschung 5
- Durchsetzung der Bestimmungen über die Revision 572
- Eintragung der Revisionsstelle 581
- Eintragung des Verwaltungsrates 51 ff., 85 f.
- Erklärung beim Opting-out 334, 560
- Gründung einer Gesellschaft 545 f.

Handelsregistereintrag
- Anmeldung 86 ff., 785 ff.
- bei Mutationen 111
- der Revisionsstelle 581
- des VR-Delegierten 81
- des Verwaltungsrates 51, 85 ff.
- Eintragungspflicht 85 ff.
- öffentlicher Glaube 89
- Publizitätsprinzip 88 f.

- Selbstanmeldung 90, 148 f.
- Wirkung 89

Handelsregistergebühren
- Haftung für HR-Gebühren 386 f.
- Übernahme durch den ausscheidenden VR 90

Handelsregisterverordnung
- Änderung per 1. Januar 2008
- Grundlage für Handelsregistereintrag 85 ff.
- Totalrevision im Jahr 2000 2

Handlungsfähigkeit
- der Gesellschaft 4 f.
- als Voraussetzung für VR-Mandat 14, 60

Handprinzip
- bei der GV-Abstimmung 428

Häufigkeit
- von Verwaltungsratssitzungen 111 f., 954

Hauptfehler
- von VR in KMU 428

Hinterlegung
- der Bilanz beim Gericht 321 f.
- einer Inhaberaktie zur Legitimation 478

Hinweise auf Normverstösse
- an Generalversammlung 611, 618
- an Verwaltungsrat 613, 617
- Organisationsreglement 617
- VR-Reaktion auf einen Hinweis auf Verstösse 618

Höchstwert
- bei wesentlichen Bilanzpositionen 218 ff., 225 ff.

Honorar/ Honorierung
- aktienrechtlicher Minderheitenschutz 119
- Anfechtung durch Aktionäre 119
- Art der VR-Entschädigung 123 ff.
- bei Grossgesellschaften 136
- bei kotierten Gesellschaften 134 f.
- bei KMU 137 f.
- der Revisionsstelle 578, 649
- Empfehlung des Swiss Code 119 f.
- Empirische Angaben 121 ff.
- Festsetzung der Entschädigung 126 ff.
- Formen 124
- Kumulation von Lohn und Honorar 129 ff.
- Legalität und Legitimität 117 ff.
- Möglichkeiten zur Begrenzung 134 ff., 1095 f.
- Muster für Klausel im Organisationsreglement 951, 957
- Offenlegung 136, 137 f.
- Statutenklauseln zur Begrenzung 1095 f.

I

IFRS (früher IAS)
- anerkannte Standard zur Rechnungslegung 188, 208, 228, 460, 519, 606
- Unterschiede zu Swiss GAAP FER 237 f.

immaterielle Anlagen
- Angabe im Anhang 212
- Angabe in der Bilanz 209
- Bewertung 225 ff.
- Verkauf bei kotierten Gesellschaften 529

in dubio pro reo
- im Strafverfahren 403 f.

Informatik
- Gefährdungspotenzial und Lösungsvorschläge 159 ff.
- Oberleitungspflicht des VR 158 f.
- periodische Überprüfung 161 f.

Informationspflicht
- an der Generalversammlung 473 f., 509 f.
- Muster Inhaltsverzeichnis VR-Ordner 886
- vor der VR-Sitzung 101 f.

Informationsrecht
- in den VR-Sitzungen 102
- ausserhalb der Sitzungen 102 f.
- der Revisionsstelle 646
- im Konzern 108

Inhaberaktien
- Bestimmung einer Hinterlegungsstelle 466, 478
- Hinterlegung zu Legitimationszwecken 487

Inhalt
- Inhaltsübersicht XIII
- Inhaltsverzeichnis XV ff.
- Muster Inhaltsverzeichnis eines Verwaltungsratsordners 886

Innominatvertrag
- nicht beim Verwaltungsratsmandat 40
- zwischen Gesellschaft und VR 388

In-sich-Geschäft
- Begriff 268, 282 f.
- Festsetzung der Entschädigung 126, 852
- gesetzliche Regelung 282 f.
- Interessenkollision 268
- Muster für Klausel im Organisationsreglement 961

Insidergeschäft
- Definition 401
- Straftatbestand 660
- Verbot 280 f.
- Verhaltensregeln 522

Insidertransaktion
- Straftatbestand 401

Insolvenzanzeige
- bei eingeschränkter Revision 634
- bei ordentlicher Revision 623 ff.
- Besorgnis einer Überschuldung 321 ff.
- Zwischenbilanz und Prüfung 323, 634 f.

Interessenkonflikt
- als pflichtwidriges Verhalten 339
- Ausschluss bei Entlastungsabstimmung 497
- bei GL-Mitgliedern im VR 11 f.
- bei Übernahmeangeboten 518, 522, 525
- beim Umstrukturierungsprüfer 642
- Beurteilung durch Prüfungsausschuss 794
- des VR-Präsidenten 79
- Hauptfehler von VR 428
- Herausforderung für KMU 732
- Muster einer Ausstandspflicht 962
- Reduktion durch externe VR-Mitglieder 681
- Regelung im Swiss Code 714
- Regelung durch Ausstandspflicht 268
- Vermeidung 410, 739, 818
- Vorlage an die GV 463

Interimsdividende
- Verbot 601
- Zwischendividende 601

Interne Revision
- Aufgaben des VR in diesem Zusammenhang 206
- Mittel zur Kontrolle des CEO 735
- Musterreglement 887 ff.
- prozessunabhängige Überwachung 445 f.
- Überprüfung der Zeichnungsberechtigung 167
- Zusammenarbeit mit externer Revision 717

Internes Informationssystem
- Grundlage für die VR-Informationen 100 f.

Internes Kontrollsystem (IKS)
- Ausgestaltung 257 ff.
- Begriff des IKS 250
- Berichterstattung der Revisionsstelle über das IKS 604 ff.
- Berücksichtigung des IKS bei Planung und Durchführung der Prüfung 603 f.
- Dokumentation 251 ff., 602 f.
- dolose (deliktische) Handlungen 253 f.
- Einführungsprojekt 258
- Existenzprüfung 194, 603
- Funktionstrennung 260
- Geschäftsleitung 256 ff.
- Kontrollaktivitäten 254
- Kontrollumfeld 252
- Komponenten 251
- Mindestanforderungen 257
- Prozesse 259 f.
- Prüfung des IKS durch Revisionsstelle 555, 601 ff.
- Prüfungsauftrag, gesetzlicher 601 ff.
- Prüfungsstandard für die Revisoren des IKS 551, 602 ff.
- Risikobeurteilung 253
- Selbstbeurteilung 258 f.
- Überwachung des IKS (monitoring of controls) 254
- Unterschriftenregelung 254
- Vermögenswerte, Sicherung 251
- Verwaltungsrat, Verantwortung 255, 602
- Vieraugenprinzip 248 f., 525
- Vorgaben und Vergleich 248 f.
- Weisungen, Kontrolle der Beachtung 254
- Wirksamkeit 254 ff., 257
- Wirksamkeitsprüfung des IKS, durch Verwaltungsrat 257, 259

Investitionen
- Investitionspolitik, 182
- Investitionsantrag, Muster 1171 f.

Investorenschutz
- als Zweck des Revisionsberichts 547

Irrtum
- bei der Wahlannahmeerklärung 44

IT-Governance
- IT-Risiken 158

IT-Risiko
- Risikobeurteilung, Risikomanagement 158, 964, 1002
- Sicherheit 160, 254
- Verantwortung des VR 158

J

Jahresabschluss *siehe Jahresrechnung*
Jahresbericht (alt) *siehe Lagebericht*
Jahresrechnung *siehe auch Abschluss*
- Bestandteile 207 ff.
- bei grösseren Gesellschaften 213 ff.
- Checkliste zur Darstellung 892 ff.
- Differenzierte Anforderungen 196 f.
- Element des Geschäftsberichts 296, 870
- Empfehlung zur Abnahme oder Rückweisung 611

- Fehlaussage, wesentliche 556, 631
- Muster einer Vollständigkeitserklärung 1145, 1147
- Offenlegung, wesentliche 198 ff.
- Pflicht zur Veröffentlichung 198
- Prüfung durch die Revisionsstelle 587 ff.
- ungeprüfte (Opting-out) 561
- Verwaltungsrat, Verantwortung für die Jahres- und Konzernrechnung 188 ff., 203 ff.

Juristische Person
- als Revisionsstelle 563, 652, 1105
- Delegation der Geschäftsführung an Managementgesellschaft 176
- Handlung durch Zeichnungsberechtigte 167
- Rechte und Pflichten 145
- Versicherungsnehmerin 418
- Vertragspartei im Mandatsvertrag 416
- Weisungsberechtigung 96

K

Kapitalerhöhung
- Gründungshaftung 362
- Aufgabe des VR 312, 869
- Checkliste 907 ff.
- Generalversammlungsbeschluss 461
- Kapitalerhöhungsbericht 312
- Musterdarstellung im Aktienbuch 758 f.
- Notwendigkeit einer öffentlichen Urkunde 87, 486
- Prüfung des Kapitalerhöhungsberichts 312, 638 ff.
- Quorumsvorschrift 502 f., 767 Verantwortlichkeit (wie Gründerhaftung) 362 ff.

Kapitalherabsetzung
- Aufgabe des VR 313 ff.
- Generalversammlungsbeschluss 461
- Gründe für Kapitalherabsetzung 313 f.
- Notwendigkeit einer öffentlichen Urkunde 87
- Prüfung 639
- Quorumsregelungen 502
- Sanierungsmassnahme 320

Kapitalschutz
- hälftiger Kapitalverlust 317 ff.
- Kapitalerhaltung 545, 595 f.
- Prüfungsinhalt 544
- Überschuldung 321 ff.

- verdeckte Gewinnentnahmen 333, 530, 595
- Zweck der Revision 543 ff.

Kapitalschutzvorschriften
- Prüfung der Einhaltung 595

Kapitalstrukturpolitik 183 f.

Kapitalverlust
- Aufgabe des VR 318 f.
- Bemessungsgrundlage 317
- Ersatzvornahme durch Revisionsstelle 321, 621 ff.
- Fortführungsfähigkeit infrage gestellt (Going Concern) 194, 321 f., 591, 563
- Sanierungsmassnahmen 206, 307, 318 ff., 320 f.

Kauf
- Aktienrückkauf 180, 184
- börsenkotierter Namenaktien 291 f.
- Gleichbehandlungspflicht 285
- Kompetenz gemäss Funktionendiagramm 75
- nicht börsenkotierter Namenaktien 292 f.
- Schadenersatzklage 146

Kausalzusammenhang
- adäquater 340
- bei Haftung aus Verwaltung/Geschäftsführung 371
- bei Prospekthaftung 358
- natürlicher 340

Kennzahlen
- Beispiele von Kennzahlensystemen 249
- Dienstleistung der Revisionsstelle 563
- Kommentierung im Lagebericht 298
- Komponenten des Finanzcontrollings 186
- Mittel zur Risikoidentifikation 437 f.
- Muster von wichtigen Kennzahlen 909
- Notwendige Analysekenntnis des VR 20
- Prüfung durch Revisionsstelle 631

Klageberechtigung
- gegenüber der Revisionsstelle 653 f.

Klagerecht
- auf Absetzung des VR 61
- Aktionäre 328 ff., 348 ff., 360, 364 f.
- Anfechtungsklage 328 ff., 426, 481 f., 492, 682
- auf Feststellung der Nichtigkeit 330 ff.
- der juristischen Personen 145, 328 ff.
- fehlende Unabhängigkeit der Revisionsstelle 571 f.
- Gläubiger 348 ff.
- Klage auf Einsetzung eines Verwaltungsrates oder eines Sachverwalters 61

- Klage wegen Mängeln in der Organisation der Gesellschaft 15, 60
- Verantwortlichkeitsklage gegen Revisionsstelle 651 ff.
- Verwaltungsrat 145, 328 ff.

KMU (kleine und mittlere Unternehmen)
- Checkliste zum Geschäftsbericht für KMU 87
- Definition für das Rechnungslegungs- und Revisionsrecht 196 ff., 551
- eingeschränkte Revision 551
- Opting-out 558 ff., 560
- zehn Vollzeitstellen im Jahresdurchschnitt (Opting-out) 560

Kollektivunterschrift
- Empfehlung zur Haftungsprävention 53, 94, 168, 409, 415

Kommunikation
- durch transparente Rechnungslegung 242 f.
- Gefährdung durch Kommunikationssysteme 160 f.
- Krisenkommunikation 453 ff., 922 ff.
- Musterreglement 910 ff.
- Prinzip guter Corporate Governance 741
- Risikokommunikation 442 ff.
- Selektionskriterium für VR-Kandidaten 25
- Unternehmenskommunikation durch Geschäftsbericht 302 f.
- Vernachlässigung durch VR 6
- zwischen Verwaltungsrat und Revisionsstelle 613 ff.

Kompetenzdelegation
- und Haftung aus Verwaltung/ Geschäftsführung 367 f.

Kompetenz
- Anforderung an VR 8, 26, 78
- Beschränkung 117 f.
- des VR-Präsidenten 77
- Delegation an Dritte 70 f.
- gemäss Funktionendiagramm 41, 863 ff.
- gemäss Organisationsreglement 62, 73, 958
- Kompetenzvermutung zugunsten des VR 140 f.
- Rechtsanmassung 96
- richterliche 5
- Übertragung an einen VR-Delegierten 42
- von VR-Ausschüssen 9 f., 64
- zur Abberufung von VR-Delegierten 43
- zur Einberufung von VR-Sitzungen 64

Konkurrenzverbot
- gegenüber der Gesellschaft 16, 48, 117, 280 ff.

- Muster einer Klausel im Organisationsreglement 958
- ohne gesetzliche Regelung 285 f.
- Umfang 286

Konkurrenzunternehmen
- Abgrenzung 286
- gleicher Verwaltungsrat 16 f.
- Mandatsverbot in Statuten 16 f.

Konkursaufschub
- nach Art. 725a OR 93, 324 ff.

Konkursdelikte
- betrügerischer Konkurs 399
- Bevorzugung eines Gläubigers 395, 403
- fahrlässige 395
- Pfändungsbetrug 399
- Übersicht 392 f.
- Unterlassung der Buchführung 399
- Vermögensminderung 398

Konkurseröffnung
- bei Überschuldungsanzeige 321 ff.

Konsequenzen
- bei fehlendem Verwaltungsrat 4

Konsolidierung siehe Konzernrechnung

Konstituierung
- Ausschüsse des VR 64 ff.
- Bedeutung für den Beginn des VR-Mandates 51 f.
- bei kotierten Gesellschaften 73 f.
- Delegation an Dritte 70 ff.
- der Generalversammlung 492
- Klärung durch Organisationsreglement 62, 70, 72 ff.
- Möglichkeiten 61 ff.
- Muster eines Konstituierungsbeschlusses 921 ff.
- Muster einer Konstituierungsregelung in den Statuten 1094, 1102
- Notwendigkeit 61 ff.
- Selbstkonstituierung 68 ff.

Kontrolle
- der Amtsdauer 278
- der statutarischen VR-Anzahl 4
- der Stimmberechtigung an der GV 477, 485 ff., 492, 499
- Instrumente zur Finanzkontrolle 248 ff.
- interne (IKS) 250
- Kontrollprinzip 244 f., 662 f.
- von Konzernmassnahmen 664
- von Konzernklauseln 692

Kontrollumfeld 252

Konzern
- Aushandlungskonzept (bei grossen Drittaktionären) 680
- Begriff 663 f.
- Durchsetzungsmittel im Konzern 670
- Eingliederung 666
- einheitliche Leitung 662
- Einordnungskonzept 667
- Entschädigung des VR 126
- Gestaltungsformen 666
- Gründe für Konzernbildung 661
- Haftung aus Konzernvertrauen 693
- Haftung des Verwaltungsrates 682
- Informationsrechte 108
- Kompetenzdelegation 666 f.
- Kontrollprinzip 244, 662 f.
- Konzerninteresse 677
- Konzernklauseln 695
- Konzernprüfung *siehe ordentliche Revision*
- Konzernrechnung *siehe Konzernrechnung*
- Konzernrecht 661 ff.
- Managementgesellschaft 666
- Mandatsvertrag 678
- Minderheitsaktionäre 680 f.
- Problemstellung 665
- Sonderfragen
  - Cash Pooling 689
  - Darlehen 687 f.
  - Institutionalisierung 685 f.
  - Patronatserklärungen 690 f.
  - wechselseitige Beteiligungen 691
- Unterwerfungskonzept 667
- Verantwortlichkeit des VR 682
- VR in Obergesellschaft 668 ff.
- VR in Tochtergesellschaf 671 ff.
  - residuelle Aufgaben 672 ff.
  - Stellung 671 f.
- Weisungen in Konzernverhältnissen 676 f.

Konzernrechnung
- Allgemeines 197 ff., 202 ff., 243 ff.
- Element des Geschäftsberichts 250 f.
- Kontrollprinzip 244
- Grundsätze der Konsolidierung 246 f.
- Konsolidierungsregeln 243 ff.
- Konsolidierungspflicht 244
- Wegfall der Konsolidierungspflicht 245 f.
- Prüfung *siehe ordentliche Revision*

Konzernsachverhalte
- internationale 661 ff., 694

Konzernvertrauen
- Haftung aus 693

Körperverletzung
- Haftung wegen Körperverletzung 395, 398

Körperschaft des öffentlichen Rechts
- Anrecht auf VR-Sitz 36
- Abberufung des abgeordneten VR 36 f.
- Delegation eines VR nach 762 OR 33 f.
- Informationsrechte 38

Kotierte Gesellschaft
- zwingende Statutenbestimmungen 3 f.

Kredite
- an Mitglieder des VR und der GL 304 ff.
- Prüfung der Angaben Vergütungsbericht 504

Krisensituationen
- Bedeutung der Finanzkommunikation 242, 303, 319 ff., 409, 443, 553 ff., 922 ff.
- häufigere VR-Sitzungen 111
- Krisenkommunikation 453 ff., 922 ff.
- Notwendigkeit einer Finanzplanung 319 ff., 326
- Notfallmanagement 449 ff.
- vorbeugende Massnahmen 326 f.

Kündigung
- des Verwaltungsratsmandates 44, 53, 147
- zur Unzeit 147

Kursmanipulation
- Tatbestandselemente 402

Kündigungsfrist
- Statutenbestimmung betr. Arbeitsverträgen mit GL-Mitgliedern 4

Kurzprotokoll
- bei VR-Sitzungen 268 ff., 790

L

Lagebericht
- Bestandteil des Geschäftsberichts 215 ff., 296 ff.
- Checkliste 868
- gesetzlicher Inhalt 297 ff.
- Muster 871 ff.

Lead Director
- Einberufung von VR-Sitzungen 85
- Empfehlung des Swiss Code of Best Practice 715, 727
- Funktion 84 f.
- bei Personalunion 46
- separater Stellenbeschrieb 85

Leitender Revisor
- Angabe im zusammenfassenden Revisionsbericht 608, 634
- Mandatsleiter 577
- Rotation des leitenden Revisors bei ordentlicher Revision 554, 569, 572, 582

Leitung
- der Generalversammlung 493

Lex Friedrich
- Probleme bei Aktienübertragung 293 f.

Liberierungspflicht
- Mindestliberierung 277 f.
- Haftung des Aktienverkäufers 278

Liquidation
- faktische 374 f.
- Haftung für Steuern 372 ff.
- und Beendigung des VR-Mandates 59 f.
- durch den VR 59, 285

Liquidationsdomizil
- keine Änderung des Gerichtsstands 351

Liquidator
- Haftung für Verrechnungssteuern 373 ff.

Liquidität
- Angabe im Monatsrapport 184, 410, 943 ff.
- Bedeutung für den VR 178 ff., 261 ff., 319 ff., 326, 601 f.
- Geldflussrechnung 186 ff., 197 ff., 204, 213
- Liquiditätspolitik 182
- Muster eines Liquiditätsplans 926
- Voraussetzung für Ausschüttung 599 ff.

Liquiditätsplan
- Muster 926
- unübertragbare Aufgabe des VR 111, 184
- vorbeugendes Mittel betr. Überschuldung 326

Liquiditätsplanung *siehe Liquidität*
Literaturverzeichnis XXXVII ff.

Lohn
- Kumulation von Lohn und Honorar 129 ff.
- Legalität und Legitimität 117 ff.
- Möglichkeiten zur Begrenzung 134 ff., 705 f.
- Muster für Klausel im Organisationsreglement 953
- Offenlegung 134, 137 f., 303 ff.

Löschung
- des VR im Handelsregister 4, 54 ff., 90 f.

M

Management
- als Erfolgsfaktor 7 ff., 723 ff.

Management Information System (MIS)
- Muster Konzept für Verwaltungsrat 939

Management Letter
- zusätzliche Berichterstattung an GL 578, 615 f.

Mandatsaktie
- Muster einer Angabe im Aktienbuch 751 ff.
- zur Erfüllung einer statutarischen Aktionärseigenschaft 13

Mandatsannahme des VR
- Massnahmen zur Haftungsprävention 409
- Mustererklärung 789
- Vorprüfung 21 f.

Mandatsanzahl des VR
- keine gesetzliche Beschränkung 10, 18 f.
- zwingende Statutenvorschrift bei kotierten Gesellschaften 3, 10, 19

Mandatsbestätigung
- Muster 928 f.

Mandatsleiter *siehe Leitender Revisor*

Mandatsniederlegung des VR
- Massnahmen nach der Niederlegung 411
- Massnahmen zur Haftungsprävention 407 ff.
- Muster einer Rücktrittserklärung 1087
- Recht des VR 91, 147 ff.
- Voraussetzungen 147 ff.
- trotz fester Mandatsdauer 59
- Wirkung 148, 269

Mandatsübernahme
- Checkliste zur Vorprüfung 930 ff.
- keine Haftung vor Mandatsübernahme 347
- kritische Haltung von VR-Kandidaten 25

Mandatsvertrag des VR
- als Haftungsprävention 416 f.
- Enthaftungsklausel 416 f.
- Inhalt 416
- in Konzernverhältnissen 676, 678 ff.
- keine Rücktrittsbeschränkung 148
- Muster mit Enthaftungserklärung 934 ff.
- Problem der Unabhängigkeit 17
- Regelung der Geheimhaltungspflicht 16
- Weisungsgebundenheit gegenüber Aktionär 17
- Weisungsrecht des Mandanten 416
- Zulässigkeit 17, 46, 416 f.

Mängel
- in der Organisation der Gesellschaft 146 ff., 397 ff.
- qualifizierte, von der Revisionsstelle festgestellte 609 ff., 633

Mantelhandel
- Haftung für Steuern 377

Master Risk List
- Gruppen Master Risk List im Konzern 448
- Muster Inhaltsverzeichnis 937 ff.
- Schritt zur Implementierung eines Risikomanagements 446

Mehrfachstimmrecht
- in VR-Sitzungen 140
- des VR-Präsidenten 143 f.

Mehrfachverwaltungsräte
- keine gesetzliche Beschränkung 10 f.

Mehrwertsteuer
- Aufhebung der VR-Abrechnungspflicht im Gesetz 44
- Haftung des 372

Minderheitenschutz
- aktienrechtlicher Minderheitenschutz 119
- Anrecht auf VR-Sitz 35
- Forderung nach ord. Revision 559
- in Konzernverhältnissen 232
- Transaktionen an nahestehende Personen 230

Minderheitsaktionäre, Minderheitsrechte
- Begehren um ordentliche Revision durch 10% des Aktienkapitals 545, 558 ff.
- Einberufung GV 306, 466 f.
- Minderheitsschutz 35, 203, 230 ff., 246, 279, 328, 413, 465 ff., 479, 500
- im Konzern 664 ff., 680 ff., 686 f.
- Rechnungslegung 230, 242, 1011
- Sonderprüfung 510 ff.
- Traktandierungsrecht 466, 476
- Übernahmerecht 534, 541
- Verbesserung durch das Opting-up 558 f.
- Verbesserung durch das Vetorecht beim Opting-out 545, 558 ff.

Mindestgliederungsvorschrift
- bei der Rechnungslegung 208 ff.,
- Prüfung 593

Mindestliberierung
- gesetzliche Vorschrift 277 f.
- statutarische Angabe 277 f.

MIS (Management Information System)
- Grenzen des Einsichts- und Auskunftsrechts 98 f.
- Mittel zur Überwachung der Geschäftsführung 172
- Muster für MIS-Konzept 939
- Recht auf periodische Berichterstattung 91

Mitarbeiteraktien
- statutarische Bezugsrechtsbeschränkung 279, 312, 329, 459, 477, 519, 529
- statutarisches Recht auf VR-Sitz 35

mittelbarer Schaden
- Abgrenzung 349
- Definition 338, 346
- Gegensatz zum unmittelbaren Schaden 653
- Wirkung der Décharge 422

Mittelgrosse Unternehmen (oberhalb der KMU-Schwelle)
- Audit Committee 66, 100, 250, 447, 699 ff.,
- Dokumentation des IKS 255 ff.
- erhöhte Anforderungen bzgl. Revision 551 ff., 587 ff.
- Rechnungslegung für grössere Unternehmen 190 f., 197 ff., 234 f., 296 ff., 443

Monatsreport
- Muster CEO-Report 941 f.
- Muster CFO-Report 934 f.
- Muster Gesamtübersicht 945

Monitoring of controls *siehe IKS*

Muster
- Aktienbuch dynamisch 751 ff.
- Aktienbuch statisch 760 f.
- Aktionärbindungsvertrag 762 ff.
- Anforderungsprofil Verwaltungsrat 772 ff.
- Anlagereglement KMU 779 ff.
- Anlagereglement Konzern 781 ff.
- Anmeldung zur Eintragung eines VR 785 ff.
- Annahmeerklärung als Revisionsstelle 788
- Annahmeerklärung als VR 789
- Audit-Committee-Reglement 790 ff.
- Auftragsbestätigung eingeschränkte Revision 804
- Auftragsbestätigung ordentliche Revision 807
- Cash-Pool-Überprüfung 810 ff.
- Cockpit Charts jährlich 812
- Cockpit Charts rollierend 813
- Code of Conduct 814 ff.
- Domizilannahmeerklärung 822
- Domizilvertrag 823 ff.
- Ehrenpräsident Reglement 826 ff.
- Eignerstrategie Familie 828 ff.

- Eignerstrategie öffentliches Unternehmen 832 ff.
- Einladung GV KMU 836 ff.
- Einladung GV Publikumsgesellschaft 839 ff.
- Einladung Strategietagung 844 ff.
- Einladung VR-Sitzung 847 f.
- Entschädigungsreglement 850 ff.
- Evaluation VR durch GL 854 ff.
- Evaluation VR durch VR 857 ff.
- Führungskalender 862
- Funktionendiagramm 863 ff.
- Geschäftsbericht 871 ff.
- Gruppenführung 883 ff.
- Inhaltsverzeichnis VR-Ordner 886
- Interne Revision Reglement 887 ff.
- Kennzahlen 909
- Kommunikationsreglement 910 ff.
- Konstituierungsbeschluss 921 ff.
- Krisenkommunikation 922 ff.
- Liquiditätsplan 926
- Mandatsbestätigung 928 ff.
- Mandatsübernahme Vorprüfung 930 ff.
- Mandatsvertrag 934 ff.
- Master Risk List Inhaltsverzeichnis 937 ff.
- MIS-Konzept 939 f.
- Monatsreport CEO 941 f.
- Monatsreport CFO 943 f.
- Monatsreport Übersicht 945
- Nominations- und Vergütungsausschuss 946 ff.
- Offenlegung Risikobeurteilung 949 ff.
- Organisationsreglement Alternativklauseln 951 ff.
- Organisationsreglement 953 ff.
- Periodische Risikoüberprüfung 964
- Personalbericht 966 ff.
- Projektliste 984 f.
- Protokoll ordentliche GV 986 ff.
- Protokoll Universalversammlung 990 ff.
- Protokoll VR-Sitzung 993 ff.
- Rangrücktrittsvereinbarung 1008 ff.
- Reklamationsauswertung 1020 f.
- Reklamationsformular 1021
- Revisionsbericht
    - KMU Modifikation 1029 f.
    - KMU Standard 1031 f.
    - Konzern nach Handelsrecht 1032 ff.
    - Konzern nach IFRS-Standard 1034 ff.
    - ord. Revision Einschränkung 1036 ff.
    - ord. Revision Hervorhebung 1039 ff.
    - ord. Revision Standard 1042 ff.
- ord. Revision versagtes Prüfungsurteil 1044 ff.
- Risikobeurteilung Einzelrisiko 1060 f.
- Risikobeurteilung IKS 1063 ff.
- Risikoinventar 1066 ff.
- Risikoliste aus Umfrage 1071 ff.
- Risk Policy 1075 ff.
- Rücktrittserklärung 1087
- Sitzungsdokumentation 1088 f.
- Spesenreglement Verwaltungsrat 1089 ff.
- Statuten Alternativklauseln 1094 ff.
- Statuten vinkulierte Namenaktien 1097 ff.
- Stellenbeschrieb Compliance Officer 1107 f.
- Stellenbeschrieb Geschäftsführer 1111 f.
- Stellenbeschrieb Risk Manager 1115 f.
- Stellenbeschrieb VR-Präsident 1118 f.
- Stellenbeschrieb VR-Sekretär 1123 f.
- Strategieprozess 1127
- Umfrage Risk Management 1128 f.
- Unterschriftenregelung 1130 f.
- Verbesserungsvorschlag 1131
- Verhaltenskodex 1132 ff.
- Versicherungsüberprüfung 1138 ff.
- Vollmacht zur Aktienvertretung 1144
- Vollständigkeitserklärung
    - eingeschränkte Revision 1145
    - ordentliche Revision 1147
- Weisung betreffend Rechtsfälle 1159
- Whistleblowing Reglement 1161 ff.
- Zirkulationsbeschluss 1171 f.

N

Nachfrist
- zur Bestellung von Verwaltungsräten 5

Nachlieferierung
- Einforderung durch den VR 312 f.
- Notwendigkeit einer öffentlichen Urkunde 87, 313

Nachversicherung
- bei Beendigung des VR-Mandates 54, 420 f.

Nahestehende Personen
- Transaktionen mit nahestehenden Personen 139, 205, 230, 593 ff., 645, 699, 732, 739

Namenaktien
- Beschränkung der Übertragbarkeit 291 ff.
- Erwerb durch Erbgang 292
- Muster einer Vinkulierung 1097 f.
- nicht voll liberiert 277 f.
- Notwendigkeit eines Aktienbuchs 289 ff.

- Stichtag für Nachführung 478
- Stimmberechtigung 477 f.
- Übertragung von börsenkotierten 292 f., 407
- Übertragung von nicht börsenkotierten 291 f.
- Vertretung an GV 488 ff.

Nationalität
- der Revisionsstelle 563
- keine Voraussetzung für VR-Mandat 14

Negative assurance *siehe auch eingeschränkte Revision*
- eingeschränkte Prüfungshandlungen 626 ff.
- begrenzte Prüfungssicherheit 554, 556
- negativ formulierte Prüfungsaussage 630

Nennwertprinzip
- bei Abstimmungen an der GV 496

Nichtaktionär
- Teilnahme an der GV 487 f.

Nichtigkeit
- der Genehmigung der Jahresrechnung ohne Revisionsbericht 486
- einer mangelhaften GV-Einberufung 470 ff., 481 ff.
- von GV-Beschlüssen 330, 468 ff.
- von VR-Beschlüssen 279, 283, 329 ff.

Nominations- und Vergütungsausschuss
- Aufgaben und Zusammensetzung 65 f.
- Musterreglement 946 ff.

Normeneinhaltung
- Compliance 206, 251 ff., 409, 447, 552, 602, 670, 715 ff., 741 ff.

Normenverstösse
- Anzeigepflichten der Revisionsstelle 617 ff.
- Meldepflicht der Revisionsstelle an GV 609 ff., 613 ff.
- Organisationsreglement 617
- Säumigkeit des Verwaltungsrates in der Behebung 618
- Straftatbestände 398 ff.

Notfallmanagement
- Alarmierung 453 f.
- Begriffe und Stufen 451
- Leitlinie 452
- Kommunikation 454 ff.
- Prozess 450 ff.
- Sofortmassnahmen 454
- Verantwortung 452
- Ziel 449 f.

Notwendigkeit
- von Verwaltungsräten 1, 4
- einer Revisionsstelle 543 ff.

Nutzniesser
- Eintragung im Aktienbuch 290
- Vertreter an der GV 491

O

Oberaufsicht
- über die Geschäftsführung 11, 49, 71, 111, 144, 153, 165, 171 ff., 276, 331, 724
- im Konzern 670, 673
- Risikobeurteilung als Teil der Oberaufsicht 446

Oberleitung
- aktive Ausübung als Haftungsprävention 409, 432 f., 711
- Bedeutung 157
- Delegation an Dritte 70 f.
- der Gesellschaft 156 ff.
- im Informatikbereich 158 ff.
- im Sicherheitsbereich 162 f.
- im Strategiebereich 156 ff.
- in Konzernverhältnissen 662, 666, 669 ff., 673 ff.
- und IT-Governance 158
- undelegierbare Aufgabe des VR 71, 91, 106, 115, 153 ff., 156 ff.
- Zusammenhang mit Weisungsrecht 91, 115, 145

Obligationen
- Anleihensobligationen und Revisionspflicht 199, 248, 510, 552, 558, 638

Offenlegung
- Entschädigungen an VR und GL 137 ff., 304
- Angaben zu den Verwaltungsräten 10, 19, 26, 73, 138, 156, 699, 718
- Angaben zur Revisionsstelle 214, 585, 650
- Jahresabschluss 198 ff., 212, 214, 218, 222, 444, 892 ff.
- Organisationsreglement 367
- Pflicht des Verwaltungsrates 204 f., 303 ff.
- Risikobeurteilung im Lagebericht 205, 299, 949 ff.
- Vergütungen, Kredite, Beteiligungsrechte 3, 19, 66, 121, 135 ff., 198
- Transaktionen mit Nahestehenden 139, 205, 230, 593 ff., 645, 699, 732, 739

Offensichtliche Überschuldung
- Aufgaben und Verantwortlichkeiten 206, 306 ff., 317 ff., 622 ff., 634, 643 ff.

1203

öffentliche Urkunde
- Notwendigkeit zum Handelsregistereintrag 3, 51 ff., 85 ff., 275, 309 ff., 366

öffentlicher Glaube
- des Handelsregisters 88

öffentlich-rechtliche Forderungen
- Haftung 372 ff.

Offizialdelikt
- Unterschied zum Antragsdelikt 404

Operationelle Risiken

Opinion, Prüfungsurteil
- Fairness Opinion 282, 522 ff., 642, 703
- Prüfungsurteil der Revisionsstelle 554, 606 ff.

Opting-down
- freiwillige Revision 561
- Voraussetzungen 561

Opting-in 562

Opting-out
- erhöhtes Haftungsrisiko für den Verwaltungsrat 561
- Erklärung gegenüber dem Handelsregister 561
- im Übernahmerecht 534, 537, 720
- Statutenänderung 561
- Verzicht auf Revision 560 ff.
- Voraussetzung, kumulative 560 f.

Opting-up
- Begehren um eine ordentliche Revision 558 ff.
- im Übernahmerecht 537, 720

Ordentliche Revision
- Anforderung an den Revisor 553 f., 563 f.
- Gewinnverwendungsanträge 599 ff.
- IKS-Existenzprüfung 601 ff.
- Inhalt der ordentlichen Revision 590 ff.
- Minderheitsrecht von 10% des Aktienkapitals (Opting-up) 558
- Pflicht zur ordentlichen Revision 551
- Prüfung 587 ff.
- Prüfungsgegenstände 590 ff.
- Publikumsgesellschaften 552
- Revisionsbericht (umfassender) an VR 613 ff.
- Revisionsbericht (zusammenfassender) an GV 606
- Unabhängigkeit 567 ff.
- Unterscheidung zur eingeschränkten Revision 552 ff.
- zugelassener Revisionsexperte 564 ff., 638

Ordnungsgemässe Rechnungslegung (GoR)
- Grundsätze 90 f., 196, 247, 304, 895
- Prüfung Einhaltung 592, 596,

Organ
- Eintragung im Handelsregister 85
- Leitungsorgane 520, 671, 697
- Organeigenschaft der Revisionsstelle 548
- Revisionsorgan als sekundäres Organ 548
- faktisches 352 ff.
- formelles 352 f.
- infolge Kundgabe 353
- materielles 290, 324, 352 ff.
- strafrechtliche Verantwortlichkeit 396
- zivilrechtliche Verantwortlichkeit 352 ff.
- Verantwortlichkeit 278 ff.

Organhaftpflichtversicherung *siehe auch D&O-Versicherung*
- Deckungsausschlüsse 418
- Grobfahrlässigkeit 420
- Kollektivversicherung 418

Organisation *siehe auch Organisationsreglement*
- als Haftungsprävention 409, 414 f.
- Bestellung und Abberufung der GL 171 f.
- beim VR als Finanzintermediär 169 f.
- Delegation an Dritte 70 f.
- der Gesellschaft 153 ff., 156 ff.
- einfachste Form 63
- Eintragung im HR 51
- Festlegung 153, 166 ff.
- im Rahmen der Konstituierung 61 ff.
- Mängel 397
- Zweckmässigkeit 409, 414,

Organisationsdefizit
- und Strafbarkeit des Unternehmens 397 f.
- Minimalorganisation 62
- Zeichnungsberechtigung 167 ff.
- Zuteilung von Aufgaben, Kompetenzen, Verantwortung 166 ff.

Organisationsreglement
- Festlegung der Organisation 72 ff., 143 f.
- Grundlage für Übertragung der Geschäftsführung 72 ff.
- Inhalt 73
- keine Genehmigung durch GV 73
- Muster eines Organisationsreglements 953 ff.
- Muster von Alternativklauseln 951 ff.
- Verpflichtung zum Erlass 72 f.
- Verstösse, Anzeigepflicht der Revisionsstelle 617 f., 634 f.

Organisationsverantwortung 139
Organisationsdefizit 396 ff.
Organschaftliches Verhältnis
- Grundlage des VR-Mandates 39 f.
- Folgen der rechtl. Qualifikation 44 f.

Organstellung
- der Revisionsstelle 548
- des Verwaltungsrates 39 ff.

Organvertreter
- an der Generalversammlung 465, 478, 487, 490, 498
- Verbot bei kotierten Gesellschaften 478

P

Parallele Beratung durch die Revisionsstelle (Nichtprüfungsleistungen)
- bei ordentlicher Revision 568, 574
- bei eingeschränkter Revision 569, 628 ff.
- Offenlegung der Honorare (grössere Unternehmen) 212 f., 214, 720
- Selbstprüfungsverbot 575
- Steuerberatung 575
- Unabhängigkeit 567 ff., 628 ff.
- Vorausgenehmigung durch Audit Committee 702

paritätischer Verwaltungsrat
- Muster für Statutenklausel 1095

Partizipanten
- Anrecht auf VR-Sitz 36 f.
- Berücksichtigung in der GV-Einberufung 143, 466 ff., 479, 487, 558
- Einsichtsrecht in GV-Protokoll 505
- kein wohlerworbenes Recht 37
- Legitimation zu Verantwortlichkeitsklagen 328, 364 f., 369, 653

Passivlegitimation
- bei Gründungshaftung 365 f.
- bei Haftung aus Verwaltung/Geschäftsführung 369 f.
- bei Prospekthaftung 360
- bei Verantwortlichkeitsklage 350 f.

Patronatserklärungen
- Abgabe 307 f., 324, 624
- als Bestandteil des Anhangs zur Jahresrechnung 309
- Inhalt und Bedeutung 690 f.
- in Konzernverhältnissen 690 f.

Pendenzenliste
- Muster 1006 f.

Pensionskasse/Personalvorsorge
- Entschädigung VR 121, 305
- Rechnungslegung 228, 240, 737, 842, 865

Personalbericht
- Muster 966 ff.

Personalunion *siehe auch Doppelfunktion*
- bei GV und VR 151
- beim VR-Sekretär 82 ff.
- beim VR-Präsidenten und CEO 726 f.
- Empfehlung im Swiss Code of Best Practice 45, 715
- Problematik 45

persönliche Voraussetzungen
- für Revisoren 564 ff.
- für VR-Mandat 7 f., 13 ff.

Pfändungsbetrug
- strafrechtliche Verantwortlichkeit 399
- Tatbestand 399

Pflichten
- Checkliste Pflichten des VR 798 ff.
- der Revisionsstelle 552 ff. *siehe auch Prüfung, Revision*
- des Verwaltungsrates 150 ff., 798 ff.
- Handlungsbedarf des VR 154 f.
- im Zusammenhang mit den Statuten 275 ff.
- in Konzernverhältnissen 669 ff., 672 ff., 680 ff.
- Muster für Klausel im Organisationsreglement 953
- neue Pflichten des Verwaltungsrates 152
- Überprüfung der eigenen VR-Tätigkeit 155 f.
- übertragbare 153 f.
- unübertragbare 152 f.

Pflichtrevision
- Freistellung, Opting-out 560
- Pflicht zur eingeschränkten Revision 551 ff.
- Pflicht zur Prüfung einer Konzernrechnung 553
- Pflicht zur ordentlichen Revision 551 ff.

Pflichtverletzung
- bei der Haftung für Sozialversicherungsabgaben 382 f.
- des Verwaltungsrates 171 ff., 308 ff., 339, 350 ff., 368 ff., 382
- des VR im Konzern 681
- durch die Revisionsstelle 651 ff., 656 f.
- Sorgfaltspflichtverletzung 368

Präsenzkontrolle
- Weisungen an der GV 487, 492

Präsident
- Anforderungsprofil 77, 772 ff.
- Aufgaben 76 ff.
- Ehrenpräsident 78 f.
- Eintragung im Handelsregister 85
- Entscheid über Auskunftsbegehren 76, 99 f.
- Muster Stellenbeschrieb 1118 ff.
- Musterklausel gegen Personalunion 1094
- Musterregelung im Organisationsreglement 953 ff.
- notwendige Konstituierung 51, 61 ff.
- Personalunion mit CEO 704 ff., 715 ff., 722, 726 ff.
- Pflicht zur Sitzungseinberufung 76, 109 ff., 264 f.
- Protokollunterzeichnung 76
- Rechte 93 ff.
- Stellenbeschrieb 1118 ff.
- Stichentscheid
  - in der VR-Sitzung 76, 140 ff.
  - an der GV 503
- Vizepräsident 79 f.
- Vorsitz an der Generalversammlung 69, 493.
- Wahl durch GV bei kotierten Gesellschaften 460

Principal
- Ausgangspunkt für Corporate Governance 695
- Principal-Agent-Theorie 701, 740

Projektliste
- Muster Stufe Verwaltungsrat 984 ff.

Prospekthaftung
- adäquater Kausalzusammenhang 358 f.
- Aktivlegitimation 360
- bei ausländischen Gesellschaften 357
- Beispiele 361 ff.
- durch Unterlassen 358
- Emissionsprospekt 356
- gesetzliche Grundlagen 355 ff.
- Klagevoraussetzungen 357 ff.
- massgebende Kundgebungen 356 f.
- massgebender Zeitpunkt 356
- Passivlegitimation 360
- Schaden 357 f.
- Schutzbereich 355
- Verschulden 359
- Widerrechtlichkeit 358

Protokoll *siehe auch Protokoll der VR-Sitzung*
- als Anmeldungsbeleg für Handelsregister 86 f.
- als Haftungsprävention 371, 410 f., 414 f.

- Aufbewahrung 274
- elektronische Aufbewahrung 275
- Festhalten einer Auskunftsverweigerung 102
- Festhaltung der Abstimmungsergebnisse 500
- Form 269 f.
- Genehmigung an der nächsten Sitzung 272
- Inhalt 270 ff.
- keine Genehmigungspflicht des GV-Protokolls 437
- Mindestinhalt 270
- Muster einer Protokollregelung in den Statuten 993
- Muster für Klausel im Organisationsreglement 956
- Muster Generalversammlung 986 ff.
- Muster Universalversammlung 990 ff.
- Muster VR-Sitzung 993 ff.
- Muster Zirkulationsbeschluss 1171 f.
- Notwendigkeit 268 f.
- Protokollführer VR-Sitzung 82 ff., 268 ff.
- Protokollführer GV 503 ff.
- Recht zur Einsichtnahme in VR-Protokoll 272
- Recht zur Einsicht in GV-Protokoll 505
- Zirkulationsbeschluss 272 ff.

Protokoll der VR-Sitzung
- als Anmeldungsbeleg für Handelsregister 86 f.
- als Haftungsprävention 371, 410 f., 414 f.
- Basierung auf Traktandenliste 110 f., 263 ff.
- Festhalten einer Auskunftsverweigerung 102
- Form 269
- Genehmigung an der nächsten Sitzung 272
- Inhalt 270 ff.
- Muster 993 ff.
- Notwendigkeit 268 f.
- Telefonkonferenz 274
- Videokonferenz 274
- Zirkulationsbeschluss 110, 140, 272 f.

Protokollführer
- bei VR-Sitzungen 82 ff., 268 ff.
- Bestimmung an der GV 503 ff.

Prüfbericht *siehe Revisionsbericht*
Prüfung *siehe Revision*
Prüfungsauftrag
- Muster der Revisionsstelle 804 ff., 807 ff.

Prüfungsausschuss *siehe Audit Committee*
Publizitätsprinzip
- beim Handelsregistereintrag 88 f.

Q

Qualifikation
- des Verwaltungsratsmandates 39 ff.

Quellensteuer
- auf Entschädigung ausländischer VR 128

Quorumsvorschriften
- bei GV-Abstimmungen 28, 58, 501 ff., 513 f., 558, 580 ff.
- bei VR-Abstimmungen 74, 104, 141
- Muster Statutenbestimmung 767, 955, 1100 ff.

R

RAB, Revisionsaufsichtsbehörde
- massgebend für Publikumsgesellschaften 553, 564, 566, 570 f.
- Meldepflicht gegenüber RAB 573
- Prüfung der Revisionsstellen 562 ff., 572 f., 580, 586, 607, 625, 660
- Registerhinweis in Mandatsannahmeerklärung 581
- Zulassung 559, 564, 581, 585, 710

Rangrücktrittserklärung
- bei Überschuldung 206, 214, 323 ff., 371, 611, 624, 636

Raschein-Doktrin
- Doktrin 349 ff.
- Muster 1008 ff.

Rechnungslegung
- Aufgaben des VR 203 ff.
- bei grösseren Unternehmen 197, 213 ff.
- Fehlaussagen, wesentliche 507
- Grundsätze der Ordnungsmässigkeit 190 ff., 195 ff.
- Mindestgliederungsvorschriften 209 ff.
- Neues Rechnungslegungsrecht /Umstellung 200
- Offenlegungsvorschriften 198 f.
- OR-Vorschriften 190 ff., 207 ff., 216, 218
- Prüfungsgegenstand 590 ff.
- Standards 197 ff., 229 ff., 232 ff.
- stille Reserven 221 ff., 595
- Transparenz 187, 242 f.
- True and Fair View 228 ff., 302,
- Verantwortung des Verwaltungsrates 188 f., 203 ff.
- Vorsichtsprinzip 196, 218 ff.
- Wesentlichkeit 195

Rechnungswesen *siehe auch Buchführung*
- Ausgestaltung 187 f.
- Elemente 188
- Muster zur Ausgestaltung 1010 ff.
- Verantwortung VR 188 f., 203 ff.

Recht/Rechte
- auf Anrufung des Richters 145 ff.
- auf einen Verwaltungsratssitz 34 ff.
- auf Honorar und Lohn 117 ff.
- auf Mandatsniederlegung 147 ff.
- auf Sitzungseinberufung 109 ff.
- der Aktionäre *siehe Aktionärsrechte*
- der Revisionsstelle 646 ff.
- der VR-Mitglieder 90 ff.
- des Gesamtverwaltungsrates 91 f.
- des Verwaltungsrates 90 ff.
- des VR-Präsidenten 76 ff.
- Einschränkung von VR-Rechten 95 f.
- Einsichts- und Auskunftsrecht 98 ff.
- Entschädigungsrecht 117 ff.
- Informationsrecht 98 ff.
- Stimmrecht 140 ff.
- Weisungsrecht 91, 281

Rechtsanmassung
- durch Überschreitung der Rechte 96 f.

Rechtsnatur
- des Revisionsstellenmandates 548, 562 f., 584 f., 590, 642 ff., 651, 652 ff.
- des Verwaltungsratsmandates 39 ff.
- organschaftliches Verhältnis als Grundlage 39 f.
- Sonderstellung VR-Delegierter 40 ff.
- Sonderstellung VR-Präsident 43 f.
- Auswirkungen der rechtlichen Qualifikation 44 f.

Rechtsverhältnis
- bei eigener Beratungsgesellschaft 41
- bei einer Doppelstellung als Arbeitnehmer 45 ff.
- bei Fehlen von Abmachungen 117, 132 ff.
- beim VR-Delegierten 40 ff.
- beim VR-Präsidenten 40
- Klarstellung im Organisationsreglement 953
- zwischen Gesellschaft und Revisionsstelle 548, 562 f., 584, 590, 642, 651, 652 ff.
- zwischen Gesellschaft und Verwaltungsrat 33 ff., 39 ff.

rechtswidriges Verhalten
- Anzeigepflichten der Revisionsstelle 611 ff., 617 ff.

- Voraussetzung für Verantwortlichkeit der Revisionsstelle 656 f.
- Voraussetzung für Verantwortlichkeit des VR 337, 339 ff., 370 f.

Reduktion
- der Schadenersatzpflicht der Revisionsstelle 565
- der Schadenersatzpflicht des Verwaltungsrates 375, 392 ff.

Regelwerke zur Rechnungslegung
- Allgemein 197 f., 228 ff.
- IFRS/IAS 232, 234 ff.
- Swiss GAAP FER 232, 233 ff.
- Vergleich Swiss GAAP FER mit IFRS 237 ff.
- Verwaltungsrat, Verantwortung 204, 206, 232

Registrierungsverfahren
- für Revisoren (Zulassungsbedingungen) 564 ff.

Reklamationen
- Muster Reklamationsauswertung 1020
- Muster Reklamationsformular 1021

relatives Mehr
- bei Generalversammlungsbeschlüssen 502

Remuneration Committee *siehe* *Vergütungsausschuss*

Reserven
- Checkliste 1022 ff.
- Ermessensreserven 223
- Prüfung der Zuweisung 599, 632
- Schwankungsreserven 220
- spezielle Vorschriften 209, 212, 216 f.
- stille Reserven 193 f., 197, 204, 212, 218 f., 222
- Verwaltungsreserven 223
- Zwangsreserven 222 f.

Revision
- Art der Revision 551 ff.
- Auftrag 553 ff.
- Checkliste vorzubereitende Unterlagen 1046 ff.
- Funktion 543 ff.
- Revisionspflicht 551 ff.

Revisionsaufsichtsbehörde
- Beaufsichtigung der Revisionsstellen 564 f., 570 ff., 586, 607, 660

Revisionsaufsichtsgesetz
- Inkrafttreten 2

Revisionsbericht
- Abgabe an Aktionäre 473, 477, 509
- Beschlussvoraussetzung für die ordentliche Generalversammlung 461, 599 f.
- Einschränkungen 609
- Empfehlung zur Abnahme 610
- Hervorhebung eines Sachverhaltes 610
- Hinweise 611
- Modifikationen im Prüfungsurteil 609
- mündliche Berichterstattung 615
- Muster KMU-Modifikation 1029 ff.
- Muster KMU-Standard 1031 f.
- Muster Konzern nach Handelsrecht 1032 ff.
- Muster Konzern nach IFRS-Standard 1034 ff.
- Muster ord. Revision mit Einschränkung 1039
- Muster ord. Revision mit Hervorhebung 1039 ff.
- Muster ord. Revision Standard 1042 ff.
- Muster ord. Revision mit versagtem Prüfungsurteil 1044 ff.
- Nichtigkeit der Genehmigung beim Fehlen 599 f.
- Standardtext 607 ff.
- umfassender Bericht an VR bei der ordentlichen Revision 613 ff.
- zusammenfassender Bericht an GV bei eingeschränkter Revision 633 ff.
- zusammenfassender Bericht an GV bei ordentlicher Revision 606
- Zusätze *siehe* Hervorhebung eines Sachverhaltes

Revisionsexperten
- Erfordernis für bedingte Kapitalerhöhungsprüfung 638
- Erfordernis für Konzernprüfung 248
- Erfordernis für Kapitalherabsetzungsprüfung 315 ff.
- Erfordernis für ordentliche Revision 551, 558 f., 564 f.

Revisionshonorar
- Offenlegung 212 ff., 214, 561, 570, 720
- Vereinbarung 205, 327, 561, 578, 649

Revisionsstelle
- Abberufung 583 f.
- Abberufung durch den Richter 585 f.
- Aktenrückgabe 586 f.
- Amtsdauer 582 ff.
- Anforderungen an die Revisionsstelle 553, 563, 572
- Anwesenheitspflicht an GV bei ordentlicher Revision 619 ff.
- Anzeigepflicht der Revisionsstelle 617 ff.

- Auftragsbestätigung (Engagement Letter) 582
- Auskunftspflicht an der GV 620
- Auswahl 576 ff.
- Beendigung des Amtes, Folgen 583 ff.
- Befähigung 564 ff.
- Beginn des Amtes 582 ff.
- Benachrichtigung des Richters 623 ff.
- Beratungsdienstleistungen an den Prüfungskunden 574, 628, 635
- Berichterstattung bei eingeschränkter Revision 633
- Berichterstattung bei ordentlicher Revision 605 ff.
- Bestätigungsfunktion 543
- Einberufung der GV 621 ff.
- eingeschränkte Revision
  - Anzeigepflichten 634
  - Berichterstattung an GV 633
  - Prüfungsaussage 554, 630, 633
  - Teilnahme an GV 634
  - Vergleich mit ordentlicher Revision 552 ff.
  - Ziel 630
- Ernennung durch den Richter 586
- ersatzweise Handlungspflichten 621 ff.
- Funktion 543 ff.
- Geheimhaltungspflicht 572 ff., 625 ff.
- Gewinnverwendungsantrag 599 f.
- Haftungsproblematik 651 ff.
- Handelsregistereintrag 581
- Hauptaufgaben bei der eingeschränkten Revision 626 ff.
- Hauptaufgaben bei der ordentlichen Revision 587 ff.
- Hinweise auf Normenverstösse 611
- Honorare *siehe Revisionshonorar*
- interne Revision, Zusammenwirken 206, 717
- Klumpenmandat 568
- Konzernrechnung, Revision 590
- Meinungsverschiedenheiten mit dem Verwaltungsrat 205, 624
- Meldpflicht der Revisionsstelle, Anzeigepflicht 617 ff.
- Mitteilung von Gesetzesverstössen 611, 617 ff.
- Mitteilung von Statutenverstössen 611, 617 ff.
- Opting-down 561
- Opting-in 562
- Opting-out 560
- Opting-up 558
- Prüfung der Existenz des IKS 603 ff.
- Prüfung der Konzernrechnung 590
- Prüfungsauftrag (Muster) 804 ff., 807 ff.
- Prüfungsgegenstände ordentliche Revision 590 ff., 599, 601
- Prüfungsstandards, Schweizer (PS) 552 ff., 554, 570, 577, 582, 588, 606, 607, 614
- Prüfungsstandards, International (ISA) 614 f.
- Prüfungsurteil 552, 554, 589 ff., 592 ff., 607 ff., 633
- Rechte 646 ff.
- Review *siehe eingeschränkte Revision*
- Revisionsberichte bei eingeschränkter Revision 633 f.
- Revisionshonorar 205, 212 ff., 327, 561, 570, 578 ff., 561, 649, 720
- Rotation des leitenden Revisors bei ordentlicher Revision 554, 569, 572, 582, 703
- Rücktritt, Anhang, Offenlegung 584 f.
- Schweigepflicht 572, 579, 587, 625 ff., 635 f., 660
- Schweizer Sitz 563
- Selbstprüfungsverbot 568 ff.
- Standard zur eingeschränkten Revision (SER) 627
- strafrechtliche 659 ff.
- Teilnahmepflicht an der GV 619, 634
- Unabhängigkeit
  - eingeschränkte Revision 569 f., 626 ff.
  - ordentliche Revision 564 ff., 568 f., 587 ff.
- Verantwortlichkeit
  - zivilrechtliche 651 ff.
  - strafrechtliche 659 f.
- Vergütungsbericht (Prüfung) 644
- Voraussetzungen 473
- Wahl an der Generalversammlung 580
- Wahlrechte bezüglich Revision 557
- Zusatzaufträge 574, 628, 635 ff.
- Zulassung 564 f., 585

Revisor
- beaufsichtigtes Revisionsunternehmen 564 f., 570
- zugelassener Revisionsexperte 564
- zugelassener Revisor 564

Risiko
- Begriff 433
- Erkennen und Erfassen 437 ff.

- Klassen 439 f.
- Muster Einzelrisikobeurteilung 1060 ff.
- Risikoliste aus Umfrage 1071 ff.

Risikobeurteilung
- Aufschlüsse im Lagebericht 297, 299
- durch Verwaltungsrat 427
- Muster Einzelrisikobeurteilung 1060 ff.
- Muster IKS-Beurteilung 1063 ff.
- Verantwortung des VR 446

Risikoinventar
- Muster 1066 ff.

Risikomanagement
- Bedeutung 435
- Begriffe 434
- bei Banken 433
- Beurteilung, Bewertung 439
- Controlling 434
- Einzelrisikobeurteilung 1060 ff.
- Entwicklung 430 ff.
- Festlegung der Strategie 433 ff.
- gesetzliche Grundlage 433
- Identifikation 437
- im Konzern 449
- Kreislauf/Prozess 435 ff.
- Kommunikation 442
- Notwendigkeit 427 f.
- Organisation 447 f.
- periodische Risikoüberprüfung 964 ff.
- Risikoinventar 1066 ff.
- Steuerung 444
- Überwachung 445
- Umfrage zur Risiko-Erfassung 1128
- Umsetzung 447 ff.

Risikopolitik
- Muster Risk Policy 1075 ff.
- zentrale Führungsaufgabe 435 ff.

Risikoradar
- beim integrierten Risk Management 431

Risikoüberprüfung
- Offenlegung im Lagebericht 299
- Muster Offenlegung im Lagebericht 949 ff.
- Muster periodische Überprüfung 964 ff.

Risk Assessment
- Einteilung in Risikoklassen 439 ff.

Risk Management siehe Risikomanagement

Risk Policy
- Muster einer Risk Policy 1075 ff.

Rückdelegation
- an die Generalversammlung 150, 177

Rückerstattung
- Einlagerückgewähr 333, 593, 619, 688

- Klage auf 333 ff.
- Tantiemen 97, 119, 129, 333, 595

Rückgriff
- im Verantwortlichkeitsprozess 390 ff., 394 ff.

Rückstellungen
- Bewertung 196, 202, 204, 207 f., 217, 225
- Bilanzposition 204, 209, 220, 239, 436, 443
- für Patronatserklärungen 308
- Offenlegung 205, 212, 224, 443

Rücktritt
- als Beendigungsgrund des VR-Mandates 53
- der Revisionsstelle 583 ff.
- des Verwaltungsrats 59
- Muster Rücktrittserklärung eines VR-Mitglieds 1087
- Recht der Revisionsstelle 650
- Recht des Verwaltungsrates 59, 82, 134 ff.

Rückweisung der Jahres- bzw. Konzernrechnung
- Empfehlung durch die Revisionsstelle 611

S

Sachanlagen
- Bewertung 225 ff., 239
- Bilanzposition 209, 219 ff.

Sacheinlagen
- Haftung bei Überbewertung 364 ff.
- Liberierung 278, 310 ff., 320, 503, 557, 635 f., 640

Schaden
- bei Gründungshaftung 362 ff.
- bei Haftung aus Sozialversicherungsabgaben 379, 381 f.
- bei Haftung aus Geschäftsführung 367 ff.
- bei Haftung Geschäftsführung ohne Auftrag 390 f.
- bei Prospekthaftung 357
- Definition 337 ff.
- mittelbarer *siehe mittelbarer Schaden*
- unmittelbarer *siehe unmittelbarer Schaden*
- Verantwortlichkeit der Revisionsstelle 655
- Verantwortlichkeit des Verwaltungsrates 337 f.
- Voraussetzung für Verantwortlichkeit 337

Schadenersatz
- Klagerecht der Gesellschaft 146, 332 ff., 337

Schadenersatzpflicht
- Abdeckung durch Versicherung 352, 417 ff.

Schlussbesprechung
- zwischen Revisionsstelle und Unternehmensleitung 615 f.

Schmiergelder
- Muster einer Klausel im Ethik-Code 1133

schriftliche Abstimmung
- mit Stimmkarten 500

Schutzklausel
- Enthaftung im Mandatsvertrag 416 f., 935

Schutznormtheorie
- pflichtwidriges Verhalten 339

Schweigepflicht
- der Revisionsstelle 572 ff., 625 ff., 635
- des Verwaltungsrates 280 ff.

Sekretär
- Anforderungsprofil 83
- Bestimmung ad hoc 70
- Muster Stellenbeschrieb 1123 ff.
- Notwendigkeit der Bezeichnung 62
- Organisationsmöglichkeiten 82
- Personalunion mit VR-Mitglied 84
- Pflicht zur Protokollunterzeichnung 88

Sekundäres Organ
- Revisionsstelle 548 f.

Selbständigkeit
- Recht der Revisionsstelle 650
- selbständige Tätigkeit 134

Selbstanmeldung
- bei Mandatsniederlegung 148 f.
- durch den ausscheidenden VR 90 f.
- Muster 1087

Selbstevaluation des VR
- Beurteilung der eigenen Tätigkeit 155, 206, 705

Selbstkontrahieren
- zu vermeidende «Insich»-Geschäfte 52, 282,

Selbstprüfungsverbot
- bei eingeschränkter Revision 569 ff., 628 ff.
- bei ordentlicher Revision 567 ff.

Selektion/Auswahl
- von Revisionsstelle 576 f.
- von VR-Kandidaten 22 f.
- Zuständigkeit 23

Sicherheit
- als Chefsache 163 ff.
- Entscheidungsgrundlagen für den VR 164 f.
- durch Risikomanagement 427 ff.
- Massnahmenpflicht des CEO 1113
- Oberleitungspflicht des VR 162 ff.
- Problematik für den VR 163 ff.
- Versicherungsreview 165, 1138 ff.

Sicherstellung
- von Verrechnungssteuern 375

Sitz
- der Revisionsstelle 563
- Verlegung mit Quorum 501 f.

Sitzung
- Häufigkeit 111 f.
- Leitung 267
- Muster VR-Einladung 847 f.
- Muster Protokoll 993 ff.
- Muster für Regelung im Organisationsreglement 953 f.
- Notwendigkeit 263 f.
- Recht und Pflicht zur Teilnahme 264 ff.
- Vorbereitung 265 f.

Sitzungseinberufung
- Form 110
- Häufigkeit 111 f.
- Muster VR-Einladung 847 ff.
- Muster Sitzungsdokumentation 1088
- Recht der VR-Mitglieder 109
- Recht des VR-Präsidenten 109
- Traktanden 113 f., 265 f.
- Voraussetzungen 112 f.
- Zeitpunkt 109

Sitzungsprotokoll
- Muster Protokoll VR-Sitzung 993 ff.

Sitzungsteilnahme
- Ausstand 268
- Leitung 267 ff.
- Möglichkeit zur Haftungsprävention 408 ff.
- Pflicht des VR 264 ff.

Solidarität
- absolute 391
- bei der Haftung für Sozialversicherungsabgaben 379
- bei der Haftung für Steuerforderungen 375
- bei Haftung der Revisionsstelle 658
- Beispiel 393 f.
- differenzierte 658 391 f.
- Einheitsprozess 392
- gesetzliche Grundlage 390 f.
- im Verantwortlichkeitsprozess 391 ff.
- und Rückgriff 390

Sonderaufträge an die Revisionsstelle
- zusätzliche Aufträge an Revision 563, 574 f., 628 ff., 635 ff.

Sonderfunktion
- Beendigung zusammen mit VR-Mandat 53 f.
- Beispiel in einem Funktionendiagramm 863 ff.

1211

Sondergeneralversammlung
- der Aktionärsgruppen 34

Sonderprüfer
- Unabhängigkeit 514

Sonderprüfung
- Abstimmung nach Nennwertprinzip 496
- Antragstellung 512 f.
- Durchführungsbeschluss ohne Traktandum 513
- Genehmigung durch den Richter 514 f.
- Konsequenzen 516
- Kostentragung 516
- Unabhängigkeit des Sonderprüfers 514
- Verhalten des VR 514
- Voraussetzungen 512 ff.
- Wesen und Bedeutung 501 ff.

Sorgfaltspflicht
- Geschäftsführung 368 ff.
- Gliederung 368 f.
- Kriterien 284
- Muster für Klausel im Organisationsreglement 957
- Umfang 283 f.

Sorgfaltspflichtverletzung
- Beispiele 368 f.
- Voraussetzung für Haftung aus Verwaltung 368 f.

Sozialversicherungsabgaben
- adäquater Kausalzusammenhang 383
- Business Defense 383
- Haftung formeller Organe 380
- Haftung für Prämien 378 ff.
- Haftung materieller Organe 380
- Haftung vor Konkurs 385
- Kontrolle als Haftungsprävention 379, 410
- Pflichtverletzung 382 f.
- Schaden 379, 381 f.
- Solidarität 379
- Verjährung 379
- Verschulden 382 f.

Spesen
- Akzeptierung durch Steuerbehörden 125 f.
- Bestandteil der VR-Entschädigung 97, 119, 124 ff., 137
- Muster Spesenreglement für VR 1089 ff.

Staatlich beaufsichtigtes Revisionsunternehmen
- befristete Zulassung 565
- Entzug der Zulassung 586
- Sanktionen 573, 626
- Überwachung durch RAB 565
- Unabhängigkeit, verschärfte 570
- Wahl durch Generalversammlung 576 ff.
- Zulassungsverfahren 564 ff.

Standard-Revisionsbericht
- Muster eingeschränkte Revision 1031
- Muster Konzern nach IFRS 1034 ff.
- Muster ordentliche Revision 1042 ff.
- Normalwortlaut des Prüfberichts 607 ff., 633 f.

Statuten
- Aktionärsrechte 279 ff.
- Alternativklauseln 1094 ff.
- Amtsdauer 278 f.
- Amtsperiode der Revisionsstelle 582
- Änderung durch GV 275 ff.
- Anforderungen an den Wohnsitz eines VR 15
- Anpassung bei Opting-out bzw. deren Aufhebung 561
- Anrecht der Aktionärsgruppen auf VR-Sitz 34 ff.
- Anzahl Verwaltungsräte 3
- Auslegungsprobleme 44
- Bestimmungen über Organe 3
- Festsetzung durch GV 275 ff.
- kotierter Gesellschaften 3 f.
- Mindestliberierung 277 f.
- Muster Alternativklauseln 1094 ff.
- Muster mit vinkulierten Namenaktien 1097 ff.
- Opting-up 558
- Quorumsvorschriften 58, 74, 104, 141, 276, 279, 501 ff., 513, 580
- resultierende VR-Pflichten 150 ff.
- Revisionshinweise auf Statutenverstösse 611 f., 617
- Sonderstellung der öffentlich-rechtlichen Körperschaft 33 ff.
- Statutenänderung 277, 459, 468 f.
- Voraussetzungen für VR 3, 18
- Vorgaben zur Unabhängigkeit der VR 464
- Vorschriften über die Organe für die Verwaltung 3

Statutenänderung
- Notwendigkeit einer öffentlichen Urkunde 87, 277
- Vorprüfung 468 f.
- zwingende Befugnis der GV 459

Stellenbeschrieb
- Muster Compliance Officer 1107 ff.
- Muster Geschäftsführer 1111 ff.
- Muster Risk Manager 1115 ff.

- Muster VR-Präsident 1118 ff.
- Muster VR-Sekretär 1123 ff.

Stellvertretung
- an der Generalversammlung 488 ff.
- der Organpersonen 167 f.
- im VR durch Suppleanten 32
- Muster einer Vollmacht 1144

Stempelabgaben
- Haftung 376

Stetigkeit (GoR)
- der Bewertung 196
- der Darstellung 196

Steuern
- Haftung 372 ff.
- Direkte Bundessteuern 376
- Kontrolle als Haftungsprävention 410
- Sicherstellung der Verrechnungssteuern 375
- Solidarität bei der Haftung für 375
- Verrechnungssteuer 373 ff.
- latente Steuern 228, 240,

Stichentscheid
- des VR-Präsidenten 14, 74 ff., 93
- in der Generalversammlung 76, 143 f., 503
- in VR-Sitzungen 9, 93, 140, 141, 267
- Musterklausel im Organisationsreglement 956 ff.
- Musterklausel in den Statuten 1102 f.
- Qualifikation als Mehrfachstimmrecht 140
- Regelung im Organisationsreglement 956
- Regelung im Stellenbeschrieb 1119
- Vermeidung durch ungerade Anzahl Mitglieder 9

stille Reserven
- Auflösung 194, 212, 224 f.
- Begriff 221 ff.
- Muster einer Vollständigkeitserklärung 1145 f., 1147 f.
- Notwendigkeit der Kontrolle 222 f.
- Prüfung der Veränderung 595
- Tabelle/Übersicht 225 ff.
- Voraussetzungen 224, 218, 237

stiller Verwaltungsrat *siehe auch faktisches Organ*
- Begriff 31
- Décharge 422
- ohne Eintrag im Handelsregister 31 f.
- zivilrechtliche Verantwortlichkeit 346, 352 ff.

Stillhalteroptionen
- keine Aktivlegitimation von Inhabern 355

Stimmberechtigung
- Ausschluss bei Entlastung 497

- des Vertreters 488 ff.
- Feststellung 466, 477 f., 499
- nach Aktienzahl 496, 580

Stimmenthaltung
- zivilrechtliche Verantwortlichkeit 140

Stimmenzähler
- Aufgabe und Rekrutierung 492, 504
- Bestimmung an der GV 500

Stimmrecht
- in den Geschäftsleitungssitzungen 144
- in den Verwaltungsratssitzungen 140 ff.
- in der Generalversammlung 143 ff., 712 f.
- Regelung der GV-Vertretung 488
- Ruhen bei eigenen Aktien 497
- statutarische Beschränkung 498 ff.
- Stichentscheid des Vorsitzenden 140, 143
- Vertretungsrecht an VR-Sitzungen 141 f.
- von Aktien 143, 495 ff.

Stimmrechtsaktien
- Berechtigung 727 ff.
- Bildung von Aktionärsgruppen 34 ff.
- Einführung mit Quorum 315, 496, 503, 533, 712

Stimmrechtsvertreter
- Abberufung durch die GV 172
- Aufgabe des VR betr. Wahlvorschlag 802
- elektronische Vollmacht 30
- fehlende Bekanntgabe 329, 487
- Muster in GV-Einladung 841 f.
- Nennung im GV-Protokoll 503, 987
- ohne Weisung der Aktionäre 490
- Regelung in den Statuten 135
- Unabhängigkeit 465, 490
- Wahl durch die GV 460, 462, 465

Strafantrag
- Rückzug 404

Strafanzeige
- gegen Unbekannt 147
- Recht des VR 147 f.
- Verantwortlichkeitsansprüche bei Unterlassung 145

strafbare Handlungen
- Bedeutung 395
- im Geschäftsbetrieb 394 ff.
- kein Versicherungsschutz 420 f.
- mögliche Straftatbestände 398 ff.
- Verantwortlichkeit 395 ff.

Strafbarkeit
- des Unternehmens 396 ff.

Strafklagen
- gegen Mitarbeiter und Dritte 146 f.

strafrechtliche Verantwortlichkeit
- Adhäsionsklage 405
- Anlasstat 397
- Antragsdelikte 404
- Bedeutung 395
- der Revisionsstelle 659
- des faktischen Organs 396
- des Unternehmens 396 ff.
- des Verwaltungsrats 395 ff.
- Geheimnisverletzung 402 f.
- Gläubigerbevorzugung 403
- Insolvenz- und Konkursdelikte 395, 398 ff.
- Kosten 405
- mögliche Straftatbestände 398 ff.
- statistische Bedeutung 341
- Verwaltungsstrafrecht 398
- von Organpersonen 396
- wirtschaftlicher Nachrichtendienst 402

Straftatbestände
- Ausnützung vertraulicher Tatsachen 401
- betrügerischer Konkurs 399
- Bilanz und Erfolgsrechnung als Urkunden im Sinne des Steuerstrafrechts 399
- Geheimnisverletzung 402 f.
- Kursmanipulation 402
- ungetreue Geschäftsbesorgung 400

Strategiekontrolle
- als Hauptfehler des VR 428

Strategieprozess
- Übersicht 11127

Suche
- nach geeigneten VR-Kandidaten 22 ff.
- nach VR-Mandaten 25

Suppleanten
- als eingetragene VR-Ersatzmitglieder 32
- Zulässigkeit 32

Swiss Code of Best Practice
- Begriff bzw. Leitidee 711
- Entwicklung 710
- Regelungen 713 ff.
- Empfehlungen zur Personalunion 715, 722, 725 f.

Swiss GAAP FER
- anerkannter Standard zur Rechnungslegung 188, 232 f., 237, 245, 298, 592 ff., 606 ff.

T

Tagespräsident
- der Generalversammlung 493

Tantieme
- Ausrichtungsart der Entschädigung 123 ff.
- Rückerstattung bei Rechtsanmassung 96, 116
- Rückerstattung ungerechtfertigter Vergütungen 116

Tausch
- börsenkotierter Namenaktien 291
- nicht börsenkotierter Namenaktien 292

Teamfähigkeit
- innerhalb des Verwaltungsrats 414

Teilnahme
- der Revisionsstelle an der GV 619, 634

Teilnahmepflicht
- an der Generalversammlung 485
- an Verwaltungsratssitzungen 264 ff.

Telefonkonferenz
- Protokollierung 274

Teleologische Reduktion 667, 676, 684

Testament
- moralisches Anrecht auf VR-Sitz 37

Testat der Revisionsstelle *siehe Berichterstattung*

Tippnehmer
- mögliche Strafbarkeit 401

Tod
- als Beendigungsgrund des VR-Mandates 56, 60 f.
- als Beendigungsgrund für Versicherung 419
- Ausschlagungsfrist der Erbschaft 351
- des Verwaltungsrates 60 f.
- ersatzweise Einberufung der GV durch Revisionsstelle 621
- Problematik der Aktenrückgabe 335

Traktanden
- Anpassung durch den VR-Präsidenten 77
- Anträge 476
- auf Verlangen von Aktionären 466 f.
- Behandlung an der GV 493 f.
- bei Verwaltungsratssitzungen 101, 266
- Bekanntgabe mit der GV-Einberufung 473, 475 ff.
- Bekanntgabe mit der VR-Einladung 110
- Festlegung durch den VR-Präsidenten 76
- Gliederung zur Auszugserstellung 88
- keine Sitzung ohne Traktandenliste 113
- Liste 475

- Muster für GV einer Publikumsgesellschaft 839 ff.
- Muster für GV eines KMU 836 ff.
- Muster für VR-Sitzung 847 f.
- Reihenfolge 113 f.
- Vorteile 113
- Unterstützung durch den VR-Sekretär 83

Treuepflicht
- bundesgerichtliche Vorgabe 282 f.
- des VR gegenüber der Gesellschaft 7 f., 48 f., 280 ff.
- Grundsatz 280 f.
- Grundlage für Geheimhaltungspflicht 16, 27 f., 282 f., 288 ff.
- Muster einer Klausel im Organisationsreglement 953

Treuhand-Kammer
- Richtlinien zur Unabhängigkeit 567, 574, 628 ff.

U

Überkreuzmandate
- Zulässigkeit beim VR 10 f.

Übernahmen
- Abwehrmassnahmen bei nicht kotierten Gesellschaften 535
- Börsen- und Effektenhandelsgesetz (BEHG) 519
- Interessenkonflikte des VR 518, 525 f.
- Motive für Übernahmen 517
- Übernahme bei kotierten Gesellschaften 519 f.
  - Abwehrmassnahmen 532 ff.
  - Regelungen für die Zielgesellschaft 521
  - Pflichten des VR der Zielgesellschaft 521, 527 f.
  - Sofortmassnahmen 523 ff.
  - Stellungnahme zum Angebot 524 f.
  - Verbot bestimmter Massnahmen 529 f.
  - Vorkehrungen 521
- Verhalten als Anbieter 537 ff.
  - Letter of Intent 538
  - Übernahmeangebot 538 f.
  - Voranmeldung 538

Überschuldung
- Benachrichtigung des Richters 321 ff., 623 f.
- Definition 317 ff.
- Erstellung einer Zwischenbilanz 312 ff.
- Prüfung der Zwischenbilanz 323, 643 ff.

Überschuldungsanzeige
- Verantwortlichkeit 321 ff., 643 ff.

Übertragbare Pflichten
- Delegationsmöglichkeit 173

Überwachungsausschuss siehe Audit Committee

Umstrukturierungsprüfungen
- Fusionsprüfung 640
- Spaltungsprüfung 641
- Umwandlungsprüfung 641
- Unabhängigkeit des Prüfers 642

Umweltschutz
- Haftung für gesetzliche Auflagen 385 f.
- Strafbestimmungen 395

Unabhängiger Vertreter
- an der Generalversammlung 488 ff.
- Mustermitteilung in einer GV-Einladung 839

Unabhängigkeit
- Angaben im Anhang der Jahresrechnung 214
- Aufgabe des VR zur Überprüfung 802
- der Internen Revision 887
- der Revisionsstelle 554, 558, 567 ff., 628 f.
- des Sonderprüfers 514
- des Stimmrechtsvertreters 465
- des Umstrukturierungsprüfers 641 ff.
- des Verwaltungsrates 15 ff., 19
- Durchsetzung in den Statuten 464, 1094
- Einschränkung im Mandatsvertrag 416
- Feststellung im Standardtext der Revision 608, 614
- gemäss Blue Ribbon Report 701
- gemäss OECD Principles 708
- gemäss Swiss Code 715, 717
- Hauptfehler von VR 428
- Muster in einer Annahmeerklärung der Revisionsstelle 788
- Muster in einem Revisionsbericht 1029, 1031, 1033, 1035, 1037
- Schutz beim Revisor 549
- Sicherstellung bei Wahlvorschlägen 580 f.
- Strafbestimmung beim Revisor 660
- trotz Mandatsvertrag 17
- Weisungsunabhängigkeit 280 f.

Unentziehbare Aufgaben des VR 150 ff.

Unerfahrenheit
- kein Entschuldigungsgrund 657

Unerlaubte Handlung
- Anspruchskonkurrenz 388 f.
- Haftung 388 f.

- Überschreitung der Rechte des
  Verwaltungsrates 96 f.
Ungerechtfertigte Bereicherung
- Haftung 390
- Überschreitung der Rechte des
  Verwaltungsrates 96 f.
ungetreue Geschäftsbesorgung
- Beispiele 398 f., 400 ff.
- gesetzliche Regelung 400 ff.
- strafrechtliche Verantwortlichkeit 400
- Tatbestandselemente 400
Ungleichbehandlung der Aktionäre
- als Sorgfaltspflichtverletzung 283 ff., 368
Universalversammlung
- Abstimmung über alle GV-Geschäfte 472 f.
- Einberufung 472
- Muster eines Protokolls 990
unmittelbarer Schaden
- Definition 338, 346
- Wirkung der Décharge 422 f.
Unmündiger
- als Verwaltungsrat 14
Unschuldsvermutung
- Besonderheit des Strafverfahrens 403 f.
- Europäische Menschenrechtskonvention
  403 f.
Unterlassung der Buchführung
- strafrechtliche Verantwortlichkeit 399
Unternehmen
- Strafbarkeit 396 ff.
Unternehmensübernahme *siehe Übernahme*
Unterschriftenregelung
- als Haftungsprävention 254, 415
- Empfehlung 53
- Muster 1130
Unterschriftsberechtigung
- Bedeutung der Konstituierung 50
- Eintragung im Handelsregister 51 ff.
- Verzicht auf Einzelunterschrift 53
unübertragbare Aufgaben des VR 150 ff.
unübertragbare Pflichten
- Checkliste der VR-Aufgaben 798 ff.
- Übersicht 152 f.
Urkundendelikte
- Falschbeurkundung 399
Urkundsperson
- Teilnahmepflicht an der GV 486, 639, 809
Urteilsfähigkeit
- Auflösung des VR-Mandates 60
- Voraussetzung für Verwaltungsratsmandat
  13 ff.

V

Verantwortlichkeit *siehe auch Haftung*
- der Revisionsstelle 651 ff.
- des faktischen Organs 352
- des Verwaltungsrates 37 f.
- im Konzern 682 ff., 693
- Rechtsanmassung des
  Gesamtverwaltungsrates 96 f.
- strafrechtliche *siehe strafrechtliche
  Verantwortlichkeit*
- Unterschied zivil- und strafrechtlich 342 f.
- zivilrechtliche *siehe zivilrechtliche
  Verantwortlichkeit*
Verantwortlichkeitsklage
- Beschluss der GV gemäss Nennwertprinzip
  496, 497
- Einheitsprozess 392
- Einredemöglichkeiten 339, 346, 354 ff.
- Rückgriff 394
- Solidarität 391 ff.
- Statistik 407
- Verfahrenskosten 287, 348
- Wirkung der Décharge 422 ff.
- Zuständigkeit 328 ff., 332 ff.
Verbesserungsvorschlag
- Muster für Mitarbeiter 1131
verdeckte Gewinnausschüttung
- Klage auf Rückerstattung 333 f.
- Prüfung 410 ff., 593 ff.
verdeckter Verwaltungsrat *siehe auch fakti-
sches Organ*
- Begriff 31
- Décharge 422
- ohne Wahl und Eintragung 31
- zivilrechtliche Verantwortlichkeit 352
Vergleich
- zivil- und strafrechtlich 404
Vergütung
- für besondere Aufgaben 47, 117 ff., 124 ff.,
  129 ff.
Vergütungsausschuss *siehe auch
Entschädigungsausschuss*
- Aufgaben und Zusammensetzung 65 f.
- Musterreglement 946 ff.
- Statutenbestimmung bei kotierten
  Gesellschaften 4, 135, 277
- Wahl der Mitglieder durch die GV 22, 64,
  66, 460
**Vergütungsbericht bei kotierten
Gesellschaften**
- Erstellung 303 ff.

- Offenlegung 137 f.
- Prüfung 644

Verhaltenscodex
- Muster Code of Conduct 814 ff.
- Muster Verhaltenscodex für Geschäftspartner 1132 ff.

Verhandlungsleitung
- in den Verwaltungsratssitzungen 76, 267 ff.

Verhandlungsteilnahme
- Möglichkeit zur Haftungsprävention 409
- Pflicht des VR 264 ff.

Verhalten
- pflichtwidriges 339

Verjährung
- absolute 363, 368
- allgemeine Verjährungsfrist 343, 347
- der Gründungshaftung 363
- der Haftung für Sozialversicherungsabgaben 379
- der Haftung für Verwaltung 347, 368
- des Schadenersatzanspruches 347
- Einredemöglichkeit 346, 354
- nach Entlastungsbeschluss 347
- relative 363, 368
- strafrechtliche Verjährungsfrist 343

Verlässlichkeit
- Grundsatz ordnungsmässiger Rechnungslegung 195

Vermögensdelikte
- Checkliste zur Aufdeckung 1136 ff.

Vermögensminderung
- strafrechtliche Verantwortlichkeit 399
- Tatbestand 399

Veröffentlichung *siehe auch Offenlegung*
- des Prospekts 356 ff., 524
- des Angebots 524 ff.
- von Jahresrechnung und Revisionsbericht 198

Verordnung gegen übermässige Vergütungen
- Abstimmung über Vergütungen 123, 126
- Begrenzung der Mandatsanzahl 10, 19
- einjährige Amtsdauer von VR 54
- Inkrafttreten der VegüV 3
- Maximaldauer von Arbeitsverträgen 48
- Prüfung durch die Revisionsstelle 644 f.
- Sondervorschriften 30
- statutarische Mindestvorschriften 3 f., 124, 135, 277
- Strafbestimmung 396
- unzulässiges Depotstimmrecht 30
- unzulässige Vergütungen 13, 49

- Verbot von Abgangsentschädigungen 49, 128
- Vergütungsbericht 66, 135, 137 f., 303 ff.
- Wahl des unabhängigen Stimmrechtsvertreters 172
- Wahl des Vergütungsausschusses 64
- Wahl des VR-Präsidenten durch GV 22

Verrat
- von Fabrikations- und Geschäftsgeheimnis 38, 99, 282, 288, 399 ff., 507, 512, 572, 622, 626

Verrechnungssteuern
- bei Sitzverlegung ins Ausland 373
- bei Liquidation 373 ff.
- Haftung 373 ff.
- Sicherstellung von 375

Verrechnungsverbot 196

Verschulden
- bei der Haftung für Sozialversicherungsabgaben 382 f.
- bei der Haftung für Verwaltung/Geschäftsführung 371
- bei Prospekthaftung 359 f.
- Fahrlässigkeit als 369
- Definition 341
- der Revisionsstelle 657 f.
- Voraussetzung der Verantwortlichkeit 341 f.

Verschuldensmassstab
- objektiver 342

Versicherung
- als Haftungsprävention 417 ff.
- des Konzernverwaltungsrates 678 ff.
- Muster Versicherungsüberprüfung 1138 ff.
- Versicherungsreview 165

Vertrag
- Haftung aus Vertrag 387 f.
- Vertragskonzern 661

Vertrauliche Tatsachen
- Straftatbestand der Ausnützung 401

Vertretung
- an der Generalversammlung 478 ff., 488 ff.
- der Aktionärsgruppen 34 ff.
- der Gesellschaft durch einen VR 2, 15
- durch Person mit schweizerischem Wohnsitz 15
- in Verwaltungsratssitzungen 141 f.

Vertretungsbefugnis
- Einschränkung 52
- Einzelvertretungsbefugnis 168
- gemäss Organisationsreglement 72, 961
- keine Befugnis der Revisionsstelle 548
- nach Gesetz 93, 95, 168

Veruntreuung
- strafrechtliche Verantwortlichkeit 398

Verwaltung
- Haftung für Sorgfaltspflichtverletzung 284, 368 f.
- Verjährung der Haftung 368

Verwaltungsrat
- Absetzung durch den Richter 5
- Abstimmung 28 ff.
- Aktionärseigenschaft 13
- als Arbeitnehmer 45 ff.
- als Finanzintermediär 169 f., 774
- als Interessenvertreter 287 f.
- Amtsdauer 28 ff., 53 ff., 278 f.
- Anforderungsprofil 7 f., 24, 78, 772 ff.
- Anzahl 1, 8 f.
- Aufgabenverteilung 68 ff.
- Bedeutung 1 ff.
- Begriff 1
- delegierter Verwaltungsrat 33 f., 95 f.
- Eintrag im Handelsregister 1
- entsandter Verwaltungsrat 10, 45
- faktischer Verwaltungsrat 31 f.
- fiduziarischer Verwaltungsrat 45, 96
- im Konzern 668 ff., 671 ff.
- gesetzliche Vorschriften 1 ff.
- Konsequenzen bei Fehlen 4 f.
- Konstituierung 61 ff., 72 ff.
- Mehrfachverwaltungsräte 10 f.
- Notwendigkeit 1 ff.
- Nutzen für die Gesellschaft 5 ff.
- Protokollierung von VR-Sitzungen 268 ff.
- Rechte 91 ff.
- Sekretär des Verwaltungsrates 82 f.
- statutarische Vorschriften 3 f., 18
- stiller Verwaltungsrat 31 f.
- Teamfähigkeit 8 ff., 20 ff., 78 f., 414, 775 ff.
- Suppleant des ordentlichen VR 32 f.
- Überschreitung der Rechte 96 f.
- Unabhängigkeit 15 ff., 280 ff., 416 ff., 479, 522, 701 ff., 715 ff., 733 ff.
- und Generalversammlung 459 ff.
- und Revisionsstelle 542 ff.
- Urteilsfähigkeit 14
- verdeckter Verwaltungsrat 31 f.
- Voraussetzungen 13 ff.
- Wahl 22 ff.
- Wohnsitzerfordernis 14 f.
- Zusammensetzung als Haftungsprävention 413 f.

Verwaltungsratskandidat
- Annahmeerklärung 30 f.
- Auskunftspflicht 27 f.
- Einladung zur GV 27 f.
- Vorselektion 22 ff.

Verwaltungsratsmandat
- Beendigung durch Abberufung 56 ff.
- Beendigung durch Gesellschaftsauflösung 59 f.
- Beendigung durch Rücktritt 539
- Beendigung durch Tod des VR 60
- Beendigung durch Urteilsunfähigkeit 60
- Beendigungsgründe 53 ff.
- Beginn 50 ff.
- Ende 54 ff.
- Fortdauer trotz Ablauf der Amtszeit 55 f.
- Haftungsprävention vor Annahme 409
- in der Liquidationsphase 59 f.
- kein Arbeitsvertrag 39 ff.
- keine gesetzliche Maximalanzahl 9 f.
- Niederlegung 59, 91, 147 ff., 411 ff.
- Rechtsnatur 39 ff.
- Versicherung 49 f., 416 ff.
- Voraussetzungen 13 ff.
- Wegfall von Wählbarkeitsvoraussetzungen 53

Verwaltungsratspräsident
- Eintragungspflicht im Handelsregister 52 f., 76 ff.
- Entscheid über Auskunftserteilung 98 ff., 506 ff.
- Entscheid über Einsichtsrecht 98 ff., 103 f.

Verwaltungsratsprotokoll
- Einschränkung von Rechten des Verwaltungsrates 94 ff.
- Muster 993 ff.

Verwaltungsratssitz
- Anrecht der Aktionärsgruppen 35 ff.
- Anrecht der Partizipanten 36 f.
- kein wohlerworbenes Recht 37

Verwaltungsratssitzung
- Muster einer Einladung 847 ff.
- Protokollführung 268 ff.
- Teilnahme als Haftungsprävention 410
- Teilnahmepflicht 264 ff.
- Verhandlungsleitung 267 f.
- Vorbereitungspflicht 265 ff.

Verwaltungsstrafrecht
- für zahlreiche Spezialgesetze 398

Verweisungsrecht
- Bestandteil des Weisungsrechtes 116

Vetorecht
- des einzelnen Aktionärs 502

- Unzulässigkeit beim Vorsitzenden der GV 144
- Unzulässigkeit beim Vorsitzenden in der VR-Sitzung 140 f.

Vinkulierung
- Muster einer Übertragungsbeschränkung 1097 ff.

Videokonferenz
- Protokollierung 274

Vizepräsident
- Eintragung im Handelsregister 79
- keine Notwendigkeit, aber Empfehlung 78 f.
- Zusatzaufgaben 79

volenti non vit iniuria
- Einwilligung der Gesellschaft 340

Vollmacht
- Muster zur Aktienvertretung 1144

Vollständigkeit
- Buchführungsgrundsatz (GoB) 192
- Rechnungslegungsgrundsatz (GoR) 195

Vollständigkeitserklärung
- gegenüber der Revisionsstelle 465, 591, 647
- Muster bei eingeschränkter Revision 1145 ff.
- Muster bei ordentlicher Revision 1147 ff.

Vollstreckung
- des Verantwortlichkeitsurteils 352

Voraussetzungen für VR-Mandat
- Aktionärseigenschaft 13
- Handlungsfähigkeit 14
- Nationalität 14
- persönliche 18 ff.
- statutarische 18
- Unabhängigkeit 15 ff., 19
- Urteilsfähigkeit 14
- Wohnsitz 14 f.

Vorbereitung
- Checkliste für GV 1150 ff.
- der Generalversammlung 464 ff.
- der VR-Sitzung 101 f., 265 ff.

Vorprüfung
- Checkliste 930 ff.
- vor Mandatsannahme 21 f.

Vorselektion *siehe Selektion*

Vorräte
- Bewertung 211, 218 f., 225 f., 594, 643
- Bilanzposition 209, 255

Vorschlagsrecht
- der Aktionärsgruppen 34 ff., 58 f.

Vorselektion
- in Konzernverhältnissen 671

- zur Wahl der Revisionsstelle 576 ff.
- zur Wahl des VR 22 ff.

Vorsichtsprinzip
- Grundsatz 196, 218

Vorsitzender
- der Generalversammlung 492 ff.
- der Verwaltungsratssitzung 76 ff., 267 ff.

VR-Delegierter *siehe Delegierter*
VR-Mitglied *siehe Verwaltungsrat*
VR-Präsident *siehe Präsident*
VR-Sekretär *siehe Sekretär*
VR-Sitzung *siehe Sitzung*

W

Wahlannahme
- durch Revisionsstelle 581, 788 (Muster)
- durch VR-Kandidat 24 f., 789 (Muster)

Wählbarkeitsvoraussetzungen
- für Revisionsstelle 563 ff.
- für Verwaltungsrat 13 ff.
- Konsequenzen bei Wegfall 21, 53 ff.

Wahl der Revisionsstelle
- durch Generalversammlung 580
- gemäss Nennwertprinzip 580

Wahl des Verwaltungsrates
- Abstimmung 28 ff.
- Ausgangssituationen 22
- als Beginn des VR-Mandates 50 f.
- Anmeldung beim Handelsregister 31 f., 785 ff.
- Annahmeerklärung 29, 30 f., 44, 50, 310, 789
- Auskunftspflicht 28 f.
- bei abwesenden VR-Kandidaten 29
- bei kotierten Gesellschaften 30
- Checkliste zum Wahlverfahren 1153 ff.
- Einladung zur GV 26 f.
- in der Konzerngesellschaft 671
- Muster einer Annahmeerklärung 789
- Vorprüfung 21 f., 930 ff.
- Vorselektion 22 ff.

Wahlverfahren
- Checkliste 1153 ff.
- Wahlleitung 28

Wegweisung
- von Nichtaktionären an der Generalversammlung 487 f.

Weisungen
- beschränkte Gültigkeit 17 f., 33 f., 96 ff.

1219

- betr. Rechtsfälle 1159 f.
- in Konzernverhältnissen 108, 664, 666, 669 f., 673, 676 ff.

Weisungsfreiheit
- Durchsetzung mit Statutenklausel 1095

Weisungsrecht
- arbeitsvertraglich 145
- Bedeutung 115 ff.
- Delegation an die Muttergesellschaft 47
- des Mandanten 17, 416
- eingeschränkte Zulässigkeit 17
- Form der Ausübung 116
- gegenüber dem VR-Delegierten 42
- gegenüber den Direktoren 72
- im Konzern 108, 664, 666, 669 f., 673, 676 ff.
- nicht der Revisionsstelle 549, 650
- Recht des VR 91, 281
- Schranken 117
- zur Durchsetzung der Oberleitung 158

Wertberichtigungen
- Bewertung 196, 207, 226 f., 238
- Position der Jahresrechnung 210, 211, 219 ff., 298

Wertschriften
- Bewertung 226 f.
- Position der Bilanz 225

Whistleblowing
- Ablauf 1169
- Begriff 1162
- Grundlagen 1162
- Meldepflicht und Melderecht 1163 f.
- Muster Reglement 1161 ff.
- Organisation 1163
- Orientierung des VR 261
- Report 1170
- Schutz des Whistleblowers 1165 f.
- Verfahren 1163 ff.
- Zielsetzungen 1161 f.

Widerrechtlichkeit
- bei der Prospekthaftung 358

Widerruf
- der Einberufung zur GV 480 f.

Wiederwahl
- der Revisionsstelle 278, 581, 582, 584
- des Verwaltungsrats 54 ff.
- Kompetenz der GV 460
- Stimmabgabe für sich selbst 29
- Vergessen trotz Ablauf der Amtsdauer 55 f.
- Zulässigkeit 54 f., 278

Willkürreserven
- Begriff 222 f.

wirklicher Wert
- der Aktien 219, 292 f., 532, 535 f.

wirtschaftlicher Nachrichtendienst
- Tatbestandelemente 402 f.

wohlerworbenes Recht
- auf Verwaltungsratssitz 37

Wohnsitz
- bei ausländischen Verwaltungsräten 15
- des Revisors 563
- Voraussetzung für Verwaltungsratsmandat 14 f.

Z

Zeichnungsberechtigung
- schweizerischer Wohnsitz vorausgesetzt 14 ff.
- Organisationsreglement 72 ff., 167 ff.
- Muster einer Klausel im Organisationsreglement 961 ff.

Zeitpunkt
- zur Sitzungseinberufung 109 f.

Zentralstrafregister
- mögliche statutarische VR-Voraussetzung 18

Zeugnis
- kein Anspruch beim Ausscheiden aus VR 54

Zertifizierung
- IKS 259 f.
- Best Board Practice 736 ff.

Zirkulationsbeschluss
- keine briefliche Stimmabgabe 110, 140, 263, 273 ff.
- Muster 1171 f.
- spezielle Protokollierung 272 ff.

Zivilklage
- adhäsionsweise im Strafverfahren 405 f.

Zivilrechtliche Verantwortlichkeit
- Bedeutung 343 ff.
- der Revisionsstelle 652 ff.
- des faktischen Organs 352 ff.
- des Organs infolge Kundgabe 353
- Einreden 354 f.
- Durchsetzung 347 ff.
- Grundlagen 337 ff.
- Haftung aus Verwaltung und Geschäftsführung 367
- Wirkung der Décharge 422 f.

Zollforderungen
- Haftung für Zollforderungen 387

Zukunftsaussichten
- Angaben im Lagebericht 297

Zusammensetzung
- des VR als Haftungsprävention 413 f.
- des VR als Hauptfehler 395
- des VR gemäss Anforderungsprofil 7 ff.
- des VR mit GL-Mitgliedern 11 ff.
- des VR von Banken 11
- des VR von öffentlichen Unternehmen 8

Zuständigkeit bei Verantwortlichkeitsklagen
- örtliche 351
- sachliche 351

Zutrittsberechtigung
- in der Generalversammlung 479 ff., 484 ff.

Zutrittsbeschränkung
- als Einschränkung der VR-Rechte 94 ff., 98 ff.

Zutrittsrecht
- bei öffentlichen Unternehmen 105 f.
- des VR-Delegierten 959
- Entscheid des VR-Präsidenten 1119
- Durchsetzung 107 f.
- Überblick 98

Zwangsreserven
- Begriff 222 f.

Zwangsvollstreckung
- Erwerb von Namenaktien 291 ff.

Zwischenbilanz
- Notwendigkeit bei Überschuldung 321 ff.
- Prüfung durch die Revisionsstelle 643 ff.